思皓
大众旗下子品牌
天生出众 我敢不同
思皓E10X
智美
纯电潮车
思皓E10X
扫一扫关注
微信公众号

2021年《节能与新能源汽车年鉴》

顾问单位

（以单位名称汉语拼音顺序为序）

东风汽车集团有限公司

华为技术有限公司

中国第一汽车集团有限公司

湖南华菱涟源钢铁有限公司

上海汽车集团股份有限公司

中国汽车工程研究院股份有限公司

理事单位

（以单位名称汉语拼音顺序为序）

安徽江淮汽车集团股份有限公司

北汽福田汽车股份有限公司

长城汽车股份有限公司

广州汽车集团股份有限公司

浙江吉利控股集团

北京汽车集团有限公司

贝特瑞新材料集团股份有限公司

重庆长安汽车股份有限公司

天津力神电池股份有限公司

中国第一汽车股份有限公司

协办单位

（以单位名称汉语拼音顺序为序）

阿尔特汽车技术股份有限公司

大连中比能源科技有限公司

东风柳州汽车有限公司

广汽埃安新能源汽车有限公司

湖南智点智能新能源汽车有限公司

科力美汽车动力电池有限公司

镁佳（北京）科技有限公司

上汽大众汽车有限公司

苏州电器科学研究院股份有限公司

沃尔沃汽车（亚太）投资控股有限公司

中国船舶重工集团公司第七一二研究所

北京千方科技股份有限公司

东风本田汽车有限公司

广东国鸿氢能科技有限公司

广汽丰田汽车有限公司

江铃汽车股份有限公司

岚图汽车科技有限公司

上汽R汽车

上汽通用五菱汽车股份有限公司

苏州智行众维智能科技有限公司

先导（苏州）数字交通产业投资有限公

中汽院智能网联科技有限公司

支持单位

（以单位名称汉语拼音顺序为序）

ABB（中国）有限公司
爱驰汽车有限公司
奥动新能源汽车科技有限公司
奥特佳新能源科技股份有限公司
邦迪智能科技（上海）有限公司
北奔重型汽车集团有限公司
北京福田康明斯发动机有限公司
北京理工大学机械与车辆学院
北京理工华创电动车技术有限公司
北京四维图新股份有限公司
北京万集科技股份有限公司
比亚迪汽车工业有限公司
博格华纳（中国）投资有限公司
池州西恩新材料科技有限公司
重庆理想汽车有限公司
大运汽车股份有限公司
德燃（浙江）动力科技有限公司
电装（中国）投资有限公司
东风汽车零部件（集团）有限公司
恩斯克投资有限公司
风帆有限责任公司
甘肃建投重工科技有限公司
赣州市豪鹏科技有限公司
赣州亿鹏能源科技有限公司
广东汽车检测中心有限公司
广东喜玛拉雅氢能科技有限公司
广东亿顶新能源汽车有限公司
广汽三菱汽车有限公司
广州领世汽车科技有限公司
广州鹏辉能源科技股份有限公司
广州市威浦机电有限公司
广州小鹏汽车科技有限公司
贵州航天电器股份有限公司
国唐汽车有限公司
杭州沃镭智能科技股份有限公司
合众新能源汽车有限公司
湖北亿咖通科技有限公司
辉能科技股份有限公司
加特可（广州）自动变速箱有限公司
江苏奥易克斯汽车电子科技股份有限公司
江苏新能源汽车研究院有限公司
江西五十铃汽车有限公司
开沃新能源汽车集团股份有限公司
莱茵检测认证服务（中国）有限公司
领克汽车销售有限公司
蘑菇车联信息科技有限公司
南斗六星系统集成有限公司
南京康尼新能源汽车零部件有限公司
南京能瑞电力科技有限公司
奇瑞万达贵州客车股份有限公司
云控智行科技有限公司
清华大学——汽车安全与节能国家重点实验室
三一汽车制造有限公司
山东龙立电子有限公司
上海ABB工程有限公司
上海奥威科技开发有限公司
上海电器设备检测所有限公司
上海加冷松芝汽车空调股份有限公司
上海交通大学
上海申龙客车有限公司
上海淞泓智能汽车科技有限公司
上海蔚来汽车有限公司
上海翼飞天地电控科技有限公司
上海治臻新能源装备有限公司
上海重塑能源科技有限公司
上汽依维柯红岩商用车有限公司
深圳精智机器有限公司
深圳市力辉电机有限公司
深圳市未来智能网联交通系统产业创新中心
四川南骏汽车集团有限公司
深圳市有为信息技术发展有限公司
深圳威迈斯新能源股份有限公司
泰科电子（上海）有限公司
四川新筑通工汽车有限公司
苏州先莱新能源汽车零部件有限公司
武汉菱电汽车电控系统股份有限公司
同济大学
武汉海亿新能源科技有限公司
银隆新能源股份有限公司
西门子（中国）有限公司上海分公司
欣旺达电子股份有限公司
长春汽车检测中心有限责任公司
宇通商用车有限公司
张家港友诚新能源科技股份有限公司
浙江新吉奥控股集团有限公司
招商局检测车辆技术研究院有限公司
浙江龙芯电驱动科技有限公司
中检西部检测有限公司
珠海华粤传动科技有限公司

中国一汽
红旗 E-HS3
新红旗 新梦想
红旗 让梦想成真

思皓
大众旗下子品牌
天生出众 我敢不同
思皓E10X
智美纯电潮车
思皓E10X
潮 有型
大众旗下子品牌
德国包豪斯风格设计
新世代美学车身
四叶双色铝合金轮毂
LED前大灯
潮流车色，随心所定
潮 有品
大众智造、德系品质
精致内饰、潮流搭配
激光雕刻科技纹理
女神化妆台
女司机四件套：高端怀档、自动驻车
一键启动、倒车影像
撞色海岸式中控台
潮 有智
数字化座舱：科大讯飞智能语音
J-LINK3.0智能网联系统
智慧双屏：6.2英寸悬浮液晶仪表+
10.25英寸液晶中控屏
APP智慧体验：远程车控
OTA空中无感升级
无钥匙进入

长城汽车
ORA
欧 拉
猫力觉醒
欧拉 好猫 新世代智美潮跑
OPEN
BURGERS
欧拉 好猫
欧拉汽车
更爱女人的汽车品牌

东风风行
风行天下 智驭未来
智慧空间 享你所想
风行S50EV
长续航·高品质 宽适纯电轿车
续航无忧 舒逸全程
风行S50EV 2021款 全新上市
风行S50EV

VOYAH
岚图FREE
性能级智能电动SUV
自由随心 不断探索
NEDC综合续航860km，带你探索诗和远方
岚图FREE
扫码关注“小程序”

VOYAH
岚图汽车
中国高端电动汽车先行者
零焦虑的智慧电动体验
岚图FREE
码关注“小程序”

科技兑现想象
想象兑现杰作
以杰作之名，升G未来
5G智能电动SUV
MARVEL R代言人
MARVEL R 5G
5G 智能电动SUV
下载"R汽车"App
扫码关注"R汽车"

科技兑现想象
620km硬核续航
有料溢于「颜」表
新动版 ER6 为心动而来
新动版ERG
R汽车
ER6
定义可靠的标准
下载“R汽车”App
扫码关注“R汽车”

全新纯电
ID.4 X
点亮你心中的光
综合补贴后售价：
199,888元~272,888元
ID.4 X
ID.4 X 品牌代言人 - 刘亦菲
扫码订购
获取你的ID.
上汽大众
SAIC VOLKSWAGEN

VOLVO
沃尔沃 XC40纯电版
都市豪华纯电SUV
Hej，欢迎进入沃尔沃 XC40纯电版的理想新世界！
功能与美学交织，安全与速度兼顾，智慧与装备相连。处处出新，一路焦点！
XC40
RECHARGE
即刻扫码 了解更多

东风Honda CR-V锐·混动e+（插电式混合动力版）搭载了Honda的SPORT HYBRID e+系统，以全新的高容量、高输出IPU智能动力单元，实现超长里程的纯电动续航里程，

TOYOTA
到山前必有路　有路必有丰田车
广汽丰田
品质感动世界
别去冒险
惊奇不在远方
威兰达
高性能版
兰达 高性能版
不可挡　惊奇不止
外插充电式混合动力
PLUG-IN HYBRID 双擎E+
TNGA
Toyota New Global Architecture
丰巢概念

哪吒汽车
智能纯电汽车先锋
哪吒V
智能潮玩纯电跨界车
哪吒U Pro
性价比硬杠燃油车的智能纯电SUV
哪吒S
智趣高能 电动轿跑
你就是哪吒
全国客服热线：400-608-7777

NIO eT7
READY FOR TOMORROW
eT7

爱驰汽车
AIWAYS
中国新能源汽车全球化先行者

爱驰汽车创立于2017年，是一家国际化的新能源智能汽车公司，也是一家用户深度参与的智能出行服务公司，致力于以全球化智能科技，持续改善用户的出行体验，实力成就中国新能源汽车全球化的先行者。

爱驰汽车自成立之初，就秉承国际化、智能化两大基因，确立国际化发展路径，坚持国内、国际两个市场同步推进，短短四年，爱驰已实现横跨欧亚的全球化布局。公司行政总部和技术中心位于上海，在江西以工业4.0标准自建具备整车资质的数字化、智能化、柔性化的智慧工厂，在江苏建设有电池包工厂，在山西建有甲醇制氢燃料电池工厂，在欧洲设有完善布局的市场销售公司，在丹麦参股甲醇制氢科研中心和制造基地。2020年4月，爱驰汽车获选2019年度独角兽企业。在目前已经量产的造车新势力中，爱驰成立较晚，发展速度较快，是一家大批量出口欧盟市场的中国造车新势力。

爱驰超级智慧工厂全貌

爱驰汽车超级智慧工厂焊装车间

爱驰汽车超级智慧工厂涂装车间

广汽埃安
GAC AION

广汽埃安新能源汽车有限公司（简称“广汽埃安”）成立于2017年7月28日，是广汽集团（601238.SH）立足于10年自主创新体系建设基础和8年新能源事业技术积累上，面向未来发展成立的创新科技公司，是广汽集团发展智能网联新能源汽车的核心载体。公司位于广州市番禺区广汽智联新能源汽车产业园内，占地面积703亩，注册资本14.19亿元，现有员工2800余名。成立以来，广汽埃安秉承“成为世界和社会信赖的绿色智慧移动价值创造者”企业愿景，致力于为用户带来先人一步的科技享受。

2018年底，广汽埃安建成了国内一家智能生态纯电工厂，拥有10万产能，在汽车行业内突破实现了大规模的定制化生产。2019年正式投产，先后推出广汽埃安品牌旗下AION S、LX、V、Y四款世界级智能纯电车型，并开创了业内向外资方输出新能源汽车技术和产品的先河。公司销量从2017年的5000台增长到2020年的6万台，年复合增长率达28.9%，销量排名由第16名提升至第5名。2021年1—4月，公司销量2.59万辆，同比增长114%。成为具成长性的新能源汽车企业。

经过近4年的高质量发展，广汽埃安在EV（纯电动）+ICV（智能网联）方面初步形成自主可控体系的基础布局。EV方面，开创国内先进的GEP纯电专属平台，并进化到第二代；开创全球领先的电机、电控、差减“三合一”电驱技术；推出弹匣电池，实现NCM、LFP电池整包针刺不起火，全面提升电池安全性。ICV方面，率先量产了L3级智能驾驶技术，预计2021年底投放L4级自动驾驶试营运。面向未来发展，可实现1000公里续航的海绵硅负极片电池、8分钟充满80%的高速快充电池等前瞻性科技技术即将量产。广汽埃安通过先进的技术、健康的产品、线上线下充分融合的营销服务新生态，逐步构建起世界核心竞争体系，赢得了客户的信赖。

在先进战略的引领下，广汽埃安已走在时代变革的前沿。未来，广汽埃安致力于打造成数据驱动的科技创新平台，布局能源生态、智能出行生态、商业模式创新生态，不断创造用户价值，争取再用三到五年的时间，实现全球引领。

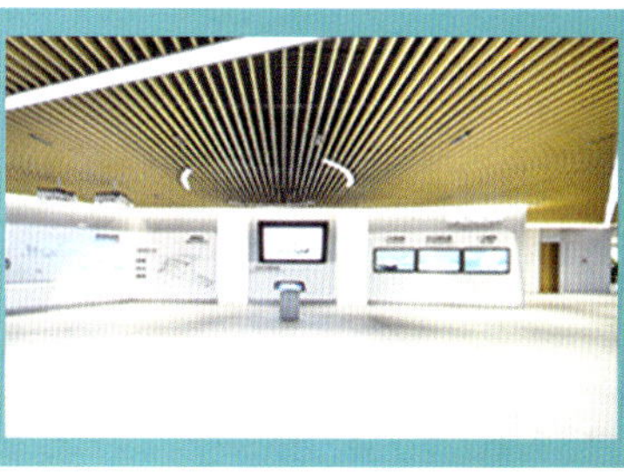

品牌口号：更聪明的陪伴 ■ **品牌价值：先人一步的科技享受** ■ **品牌定位：高端智能电动车品牌**

品牌个性：智能、情感、信赖 ■ **品牌基因：先进、好玩、新潮、高品质**

品牌愿景：成为世界领先和社会信赖的绿色智慧移动价值创造者

企业核心价值观：远见、创新、进取、信赖、共享

地　址：广州市番禺区龙瀛路36号
电　话：400-188-3333
抖音号：广汽埃安（抖音ID：GAC_AION）
微　博：广汽埃安 HTTPS://WEIBO.COM/GACNE?IS_ALL=1
小红书：广汽埃安（书号：448855585）
微信公众号：广汽埃安（公众号ID：GAC_AION）
B　站：广汽埃安（UID：1712677288）

江铃汽车

江铃汽车股份有限公司（以下简称“江铃汽车”），是国家高新技术企业、国家创新型试点企业、国家认定企业技术中心、国家知产权示范企业，国家整车出口基地。

江铃汽车是以商用车为核心竞争力的中国汽车行业劲旅，并拓展至SUV及MPV等领域。江铃汽车于二十世纪八十年代中期在中国率引进国际先进技术制造轻型卡车，成为中国主要的轻型卡车制造商。1993年11月，公司成功在深圳证券交易所发行A股，成为江西一家上市公司，并于1995年开创以ADRs发行B股方式引入外资战略合作伙伴。美国福特汽车公司（以下简称“福特”）现持有公司2%股份。

江铃汽车拥有青云谱工厂、小蓝工厂、富山工厂等整车生产基地，涵盖冲、焊、涂、总及柴、汽油发动机先进制造工艺。江铃汽车产基地以高度智能化和高度柔性化生产线打造智慧制造中心，被评为江西省两化融合示范企业。借助福特的全球化平台，江铃逐步成了自主研发的核心竞争力，建立自主研发体系，架构先进的全球数字化设计平台，与福特全球同步开发设计和新产品发布，是国工业设计中心、是率先通过国家企业知识产权体系认证的企业，自主研发的驭胜SUV和轻卡凯锐800荣获中国外观设计优秀奖，凯锐00还荣获“中国汽车工业科学技术奖”一等奖。

富山工厂

• 小蓝产品办公楼

江铃汽车前瞻布局，紧跟汽车工业发展步伐，攻占研发领域新高地，在车联网、新能源及自动驾驶等汽车新技术领域规划并逐步实。江铃汽车加快转型升级，实现创新发展：全系列产品规划新能源，截至目前，已推出轻卡凯锐EV、域虎EV、特顺EV以及福特领界V等新能源产品；江铃汽车在中国商用车中率先搭载北斗企业；推出L4级自动化驾驶产品。

江铃汽车始终坚持双品牌战略：JMC品牌和福特品牌比翼齐飞。福特品牌包括全顺系列产品、福特MPV途睿欧、福特SUV撼路，福特联手江铃汽车推出全新中型SUV福特领界，福特领界S，2021年福特领裕上市；JMC品牌包括轻卡（凯锐系列、凯运系列以顺达系列产品）、皮卡（新宝典、域虎7、域虎9）、轻客特顺、驭胜SUV等。作为全国较大的救护车企业，江铃汽车在救护车市场额超过60%，江铃福特全顺救护车在抗疫期间表现出色，是全国率先交付的负压救护车。江铃汽车以先进的技术优势、前沿的健康念，出色的客户服务，快速推出包括全顺中药车、隔离转运车、疫苗冷链车、体检医疗车，医废转运车、消毒防疫车等10余种“大康”产品系列，为国民大健康贡献江铃力量。

江铃汽车将充分发挥自身优势，进一步加大和福特汽车在新产品领域深度合作。在中国汽车市场率先建立现代营销体系，公司按照售、配件、服务、信息“四位一体”的专营模式，目前拥有400多家一级经销商，经销商总数超过1000家。江铃汽车是中国轻型柴商用车主要出口商，并被商务部和国家发改委认定为“国家整车出口基地”，江铃汽车品牌也是商务部重点支持的两家商用车出口牌之一。

作为江西较早引入外商投资的企业，江铃汽车吸收世界前沿的产品技术、制造工艺、管理理念，并以合理的股权制衡机制、高效透的运作和高水准的经营管理，江铃汽车形成了规范的管理运作体制，并先后荣获江西省省长质量奖、全国质量奖入围奖、全国企业保成就奖等。

江铃汽车自觉承担社会责任，以“绿色、关爱、安全”为公益宗旨，打造品牌公益“江铃·溪桥工程”，累计投入3200多万元，截目前，全国25个省捐建412座便民桥，受益村民达60万人，荣获“中国扶贫大使”“责任中国公益伙伴”“中国企业社会责任优奖”。

江铃人将以更宽广的发展视野，载誉前行，将“诚信 敬业 创新 合作”的核心价值观融入企业发展的血脉，坚定“成为轻型商用的行业标杆和福特高性价比产品的提供者”的战略方向，直面汽车新科技领域日新月异的新挑战，迈向更广阔的未来。

成为轻型商用车的行业领导者和福特高性价比产品的提供者

亿顶新能源
充电服务车
一车多用 满足多重应用需求
移动充电
道路救援
基站发电
应急供电保障
亿顶新能源
纯电动 移动储能
KING LONG
亿顶新能源
广东亿顶新能源汽车有限公司
www.ea-auto.cn

四川新筑通工汽车有限公司（简称通工汽车）位于雅安市经济开发区，始建于1958年，现系由四川发展轨道交通产业投资有限公司代四川发展（投资）有限公司控股，雅安经济开发区建设投资有限公司、成都市新筑路桥机械股份有限公司、新筑投资集团有限公司参股的国有控股企业，注册资本2.85亿元，占地面积289亩。主要从事新能源商用车的研发、生产、销售及服务，主要产品包括新能源公交车（客车）和新能源物流车、新能源环卫车等专用车辆。
NO.7689
品质 · 全球共享
纯电动城市客车
四川新筑通工汽车有限公司
SICHUAN XINZHU TONGGONG VEHICLE CO., LTD.
地址：四川省雅安市名山区园区大道188号 用户服务热线：4008123790
电话：0835-5167111 传真：0835-5167015 邮编：625100

奇瑞万达贵州客车股份有限公司

奇瑞万达贵州客车股份有限公司（以下简称“奇瑞万达”）是奇瑞集团与贵阳市政府合资成立的客车专业制造厂，是奇瑞集团客车生产基地。公司总投资 22.6 亿元，注册资金 3 亿元，占地面积 517 亩，建筑面积 16.4 万平方米，建设了焊装车间、涂装车间、总装车间、交检车间、动力站房以及完整试车跑道，具备年产 3 万台客车的生产能力。公司产品覆盖公务及商务用、公路、旅游、城市公交、团体、专用车、校车等各个市场，产品以中、高端客车为主，是国家客车定点生产企业，贵州省一家具备新能源整车、轻型客车及氢燃料电池客车生产资质的企业。

依托奇瑞集团的研发与实验资源，“奇瑞万达客车”已被业内公认为“安全高效、性价比高、服务优良”的知名客车品牌。同时公司与贵州大学、同济大学进行产学研合作，设立贵州大学汽车工程博士点，致力于开发新能源、智能化新型客车，2020 年成功评定省级工业设计中心。截止目前，公司的新能源公交车、公路客车已累计实现销售近 1.5 万余台，销售区域涵盖贵州、云南、湖北、安徽、黑龙江等众多省市，为当地新能源汽车推广应用及节能环保事业作出了应有的贡献。

奇瑞客车型谱图

6米/6.6米电动公交车

8米/8.6米电动公交车

10.5米电动公交车

5.99米商务车

18米铰链车

10.7米低入口电动公交车

12米电动公交车

5.4米商务车

双层客车

12米混合动力公交车

12米电动旅游车

6米中巴

联系方式：奇瑞万达贵州客车股份有限公司 Chery & Wanda Guizhou Bus Co.,ltd.
地址：贵州省贵阳市经济技术开发区开发大道 888 号
网址：www.mycherybus.com 咨询热线：0851-88545678

甘肃建投
重工科技
GEMC

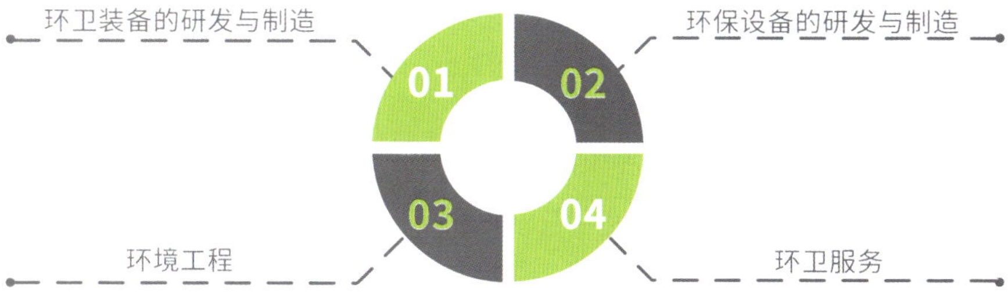
环卫装备的研发与制造
01
环保设备的研发与制造
02
环境工程
03
04
环卫服务

湖南华菱涟源钢铁有限公司
HUNAN VALIN LIANYUAN IRON & STEEL CO.,LTD

公司简介

COMPANY PROFILE

亚洲先进的中薄规格热处理基地
AM中国区合作伙伴

华菱涟钢位于湖南省娄底市，1958年建成投产，1997年进入华菱集团。拥有从炼焦、烧结、冶炼到轧钢等一整套现代化工艺装备，其中包括2200~3200m³高炉3座，100~210t转炉5座，1750mmCSP热轧生产线1条、2250mm常规热轧生产线1条、1720mm冷轧薄板生产线1条、热镀锌生产线1条、横切生产线2条、热处理生产线10条、棒材生产线3条，是国家高新技术企业，湖南省“绿色工厂”，亚洲先进的中、薄规格高端热处理板材加工基地。目前已具备年产钢1200万t以上综合规模，总资产418亿元，在岗员工11000余人。

近年来，华菱涟钢全面实施“质量效益型”战略，着力供给侧结构性改革，加快高质量发展。目前形成冷热轧汽车用钢、工程机械用钢、耐磨钢、中高碳钢、家电用钢、取向硅钢等600余个特色产品，“三大核心产品”（薄规格高强钢、薄规格耐磨钢和中高碳用钢）国内市场占有率居先，36大重点产品全面替代进口。2020年，累计产钢1037万t（钢产量首次迈上1000万t台阶）、产铁802万t、产材1000万t，实现销售收入567亿元，较上年分别增长9%、3.73%、8.31%、12.73%、12.93%。

华菱涟钢重点产品进入了徐工集团、中联重科、三一重工、中国中车、北汽股份、上汽通用五菱、吉利汽车、长城汽车、比亚迪、东风汽车、美的集团、格力电器、富士康、四川长虹等行业标杆客户，并为拥有第三代高端汽车板生产技术的华菱安赛乐米塔尔汽车板公司（VAMA）提供基板。“涟钢制造”登上了“复兴号”高铁，部分汽车用钢供货奥迪、奔驰等高端用户，三峡工程、武广高铁、湘西矮寨大桥、海南昌江核电站二期等100多个重点工程指定使用“双菱”品牌，产品远销东南亚和欧美等50余个国家和地区。40余个产品获得冶金产品“特优质量奖”“卓越产品奖”“金杯奖”华菱涟钢率先荣获“产品质量监督（国家和省级）抽查连续5年合格企业”称号，“双菱”热轧带肋钢筋曾连续三届获国家银质奖，“双菱牌”商标被国家工商总局认定为“中国驰名商标”。

华菱涟钢认真贯彻“创新、协调、绿色、开放、共享”新发展理念，累计投入环保资金40亿元，先后实施100余项节能减排、超低排放改造项目，各项环保指标以严于国家标准来控制，努力建设花园式生态工厂，成为国家工信部审定的45家符合《钢铁行业规范条件》的钢铁企业之一。

创新 协调 绿色 开放 共享

华菱涟钢

汽车用钢介绍

热轧汽车用高强度钢

涟钢研发的超高强汽车用钢LG980LE，用于替代700MPa高强钢，减重达到21%~35%，引领半挂车轻量化的发展方向。热轧汽车钢产品强度等级从300~1600MPa，厚度范围1.2～20.0mm、宽度范围900～2000mm，品规品种齐全，覆盖乘用车及商用车的市场需求，轻量化减重达到10%~40%不等。高端品种产销量排名为全国居前。

名称：汽车底盘部件
用途：主要用于商用车的纵横梁、挂车工字梁、车厢等部件
特点：良好的疲劳性能，组织性能稳定性高，板形和可焊性良好，尺寸精度较高

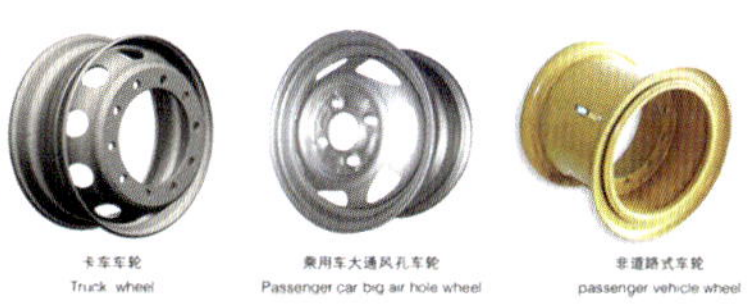

名称：车轮用钢
用途：用于商用车和乘用车的轮辐和轮辋
特点：具有较高塑性、韧性和疲劳服役性能，钢水洁净度高，尺寸精度和表面质量良好

冷轧汽车用钢

冷轧汽车用钢广泛应用于乘用车内外覆盖件、冲压结构件、加强件、安全件以及厢式货车等。主要品种有无间隙原子钢、高强度无间隙原子钢、碳素结构钢、低合金高强钢、热成型钢、高强厢体用钢。涟钢热成型钢已实现2000MPa级稳定生产，是汽车轻量化后能保证安全的首要材料。冷轧高强厢体用钢涵盖350~1000MPa 不同强度等级，用在海运集装箱、货车车厢侧板、厢式货车厢体、高强焊管等行业上。目前已与北汽股份、比亚迪、吉利汽车、长城汽车、上汽通用五菱等主机厂紧密合作，和门业行业的步阳集团、长沙盼盼已成为战略合作伙伴。

名称：道路运输车厢体
用途：适用于厢式货车的车厢制作
特点：强度高、焊接性能好，优良的板形保证系数，辊压成形性能好

耐磨钢

涟钢研发4大类、20余个牌号新型高强韧匹配耐磨钢，攻克冶炼、连铸、轧制及热处理等关键技术问题，实现了世界新一代2mm耐磨钢生产，近三年产量超过40万t，实现对欧美等钢铁强国部分产品的反向出口。涟钢耐磨钢产品市场占有率达70%以上，在薄规格、强度等级、质量与交付方面均占据国内主要地位。

名称：混凝土搅拌车
型号：NM300TP
用途：用于混凝土搅拌车筒体以及出料口
特点：具有良好的加工性能与耐磨性能，可焊性好，减重33%，减少CO$_2$的排放量20%以上

名称：改装自卸车
型号：NM400~NM600钢系列牌号
用途：改装车的车厢底板、侧板、前后板等部位
特点：轻量化减重40%，焊缝减少35%以上，优良的弯曲和抗冲击性能，安全系数大大提高，使用寿命提高1倍

硅钢

涟钢取向硅钢连续两年热轧基板销量国内居前，联合下游客户成功开发了高磁感取向硅钢并实现批量稳定供货。无取向电工钢稳定供应中山中圣、浙江天洁等多家下游客户，具备高牌号无取向硅钢生产能力。

名称：汽车雨刮器电机
型号：LWB1300-LWB600
用途：各种电机、发电机和变压器的铁芯，如雨刮电机、车窗玻璃升降电机、座椅移动电机等
特点：钢板表面光滑、平整及厚度均匀，铁损低，磁感高、冲片性良好

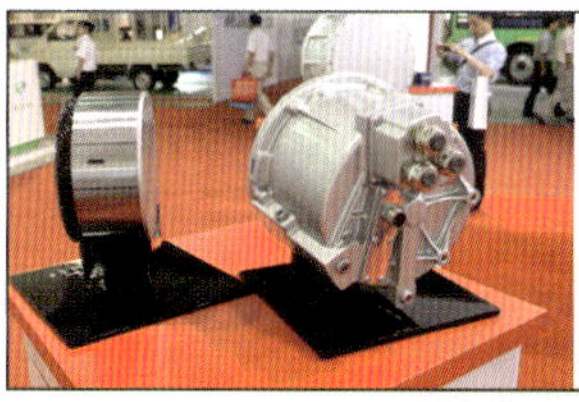

名称：电动汽车电机
型号：20WD1300-27WD1500
用途：用于各种电动汽车电机的定转子制作。
特点：超薄厚度，高频低铁损，高饱和磁感，高强度、超高尺寸精度、冲片性良好

销售电话：0738-8664303 8665406
网址：http://www.lysteel.com

尔特汽车技术股份有限公司

ernational Application Technology

核心零部件：

发动机：V6 3.0T 发动机
型号：6G30T

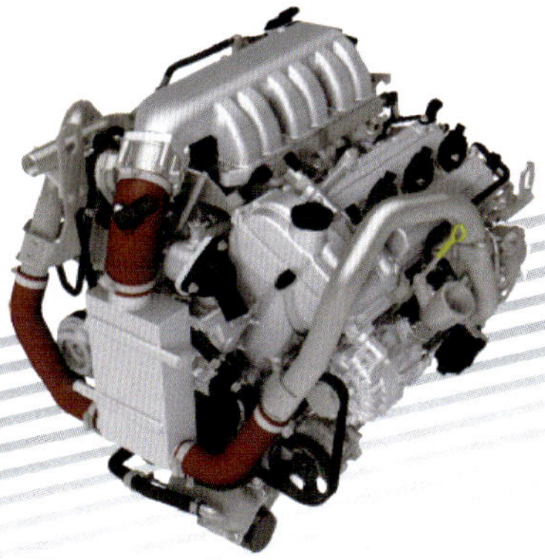

动力参数

▶**最大扭矩** 420/1750~3500 Nm

缸数	V6	高效双涡轮增压
压缩比	9	4 V V T
长x宽x高(mm)	516X813X837	独立式水空中冷
排量	2990	全铝发动机
排放水平	CHN VI	电子节温器
最大功率	200/5200 kW	高效树脂水泵
最大扭矩	420/1750~3500Nm	多点电喷
		启停起/发电机

2 零部件名称：纯电动汽车减速器
型号：E1M20、E1M30、E1M30P系列减速器

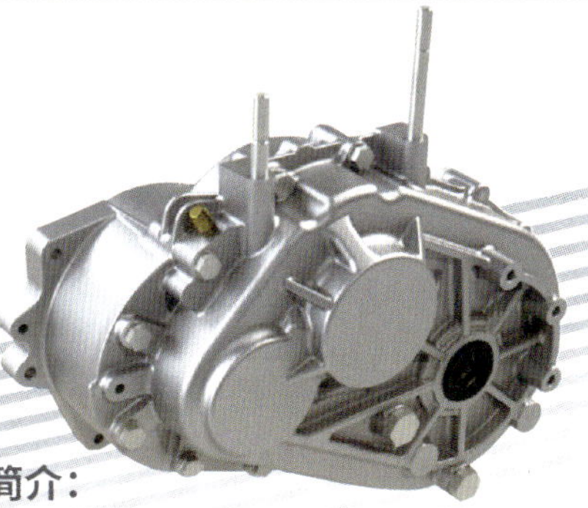

零部件简介：

▶最大输入扭矩范围：200～350 Nm

▶最高转速：12000～16000 r/min

▶速比：9～11.8

零部件优点、亮点介绍：

单档两级减速器，可带驻车机构，覆盖从A0-C级乘用车平台（适用于轿车、MPV、SUV）动力系统。产品结构简单，采用平行轴斜齿轮构造，成本低、噪声低、传动效率高、重量轻。

3 零部件名称：混合动力汽车耦合器
型号：P1M35、P1M40系列耦合器

零部件简介：

P1M系列耦合器总成的主要技术规格

▶ 发动机扭矩：200～350 Nm；速比：3～3.5

▶ 电动机扭矩：240～500 Nm；速比：9～10

▶ 发电速比：0.3～0.5

零部件优点、亮点介绍：

采用混联结构、电磁式离合器，节省布置空间，可带驻车机构，产品传动效率高、噪声低、重量轻、成本低、可系列化搭载。

4 零部件名称：增程器四合一总成
型号：R1M25、R1M35

零部件简介：

增程器四合一总成主要技术规格

▶驱动电机扭矩：220～320 Nm

▶驱动电机最高转速：12000～16000r/min

▶驱动电机速比：9～10

▶发电机扭矩容量：90～150Nm

▶发电机最高转速：12000r/min

▶发动机-发电机速比：0.3～0.5

零部件优点、亮点介绍：

模块化集成、占用机舱空间小，齿轮采用平行轴结构，传动平稳、噪声低、效率高、质量轻，适用范围广。

JaevRI | 江苏新能源汽车研究院

Jiangsu Alternative Energy Vehicle Research Institute

公司简介

公司全称江苏新能源汽车研究院有限公司，LOGO为JaevRI，是集汽车核心零部件研发、生产、检测服务和销售一体化的股份制企业公司，注册资本2000万元，计划5年投资超4亿元。

公司总部坐落在江苏省盐城市，上海设立研发和业务接洽中心分公司，公司核心管理层均由海归团队和国内专业人才组成。研究院的核心发展理念是以创新研发为本，产业化落地为宗旨。

研究院产品规划

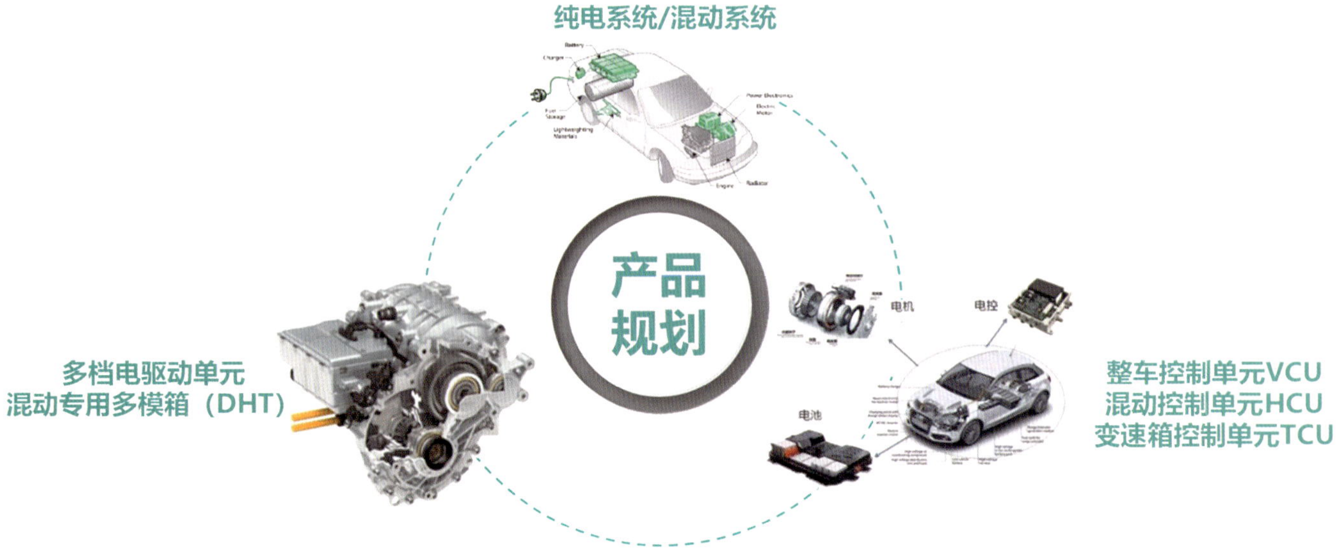

动力总成部

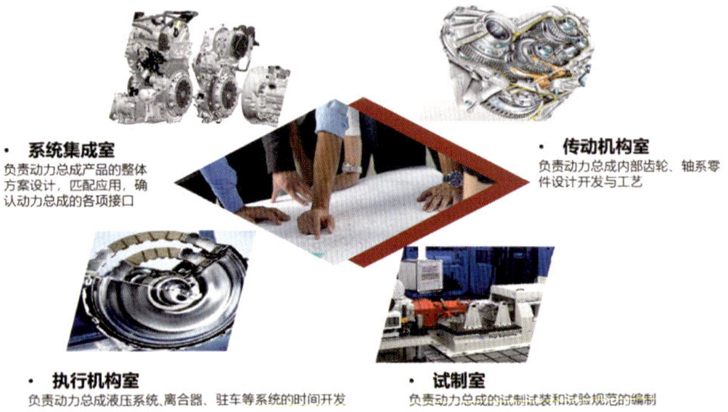

整车控制与集成部

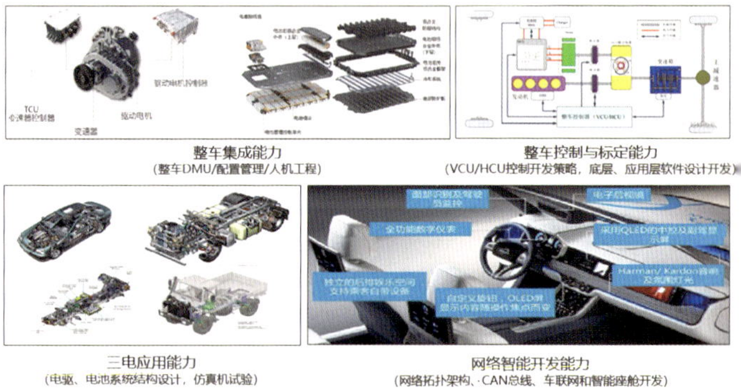

先进工程部

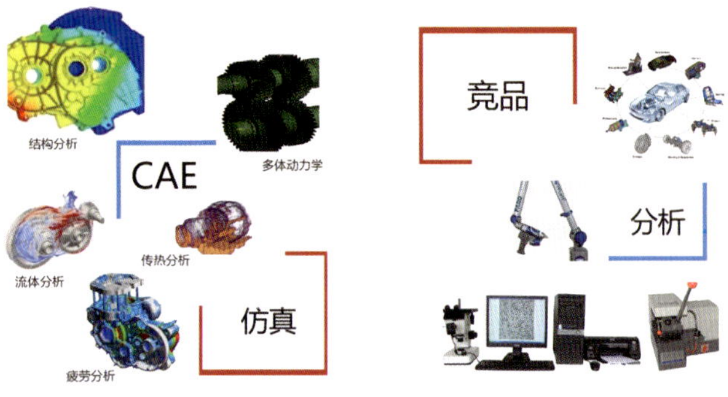

DHT产品

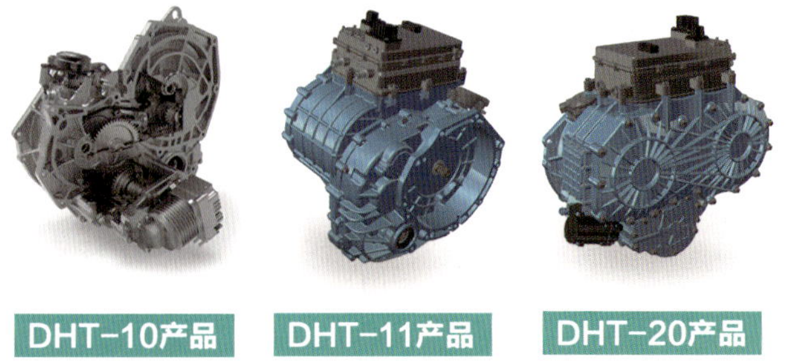

MOTION & CONTROL™
NSK
http://www.nsk.com.cn
新灵感 新未来
New Inspiration New Future
NSK通过对汽车总成设计理念中的“行驶”、“转向”、“制动”三大基本模块的深入探究，充分运用NSK 4大核心技术，开创多项前沿技术产品，为加速实现汽车“高性能”“低能耗”“碳中和”的步伐，助力中国汽车CASE（新四化）的发展作出贡献。
电动化
共享化
自动化
网联化
观看NSK
最新研发技术视频
关注NSK
了解更多资讯

——先莱新能源汽车零部件有限公司

苏州斯莱克精密设备股份有限公司（300382）成立于2004年，2014年1月在深圳证券交易所创业板挂牌上市。2018年，公司设立全资子公司先莱新能源汽车零部件有限公司，主要从事投资生产、销售电动汽车电池壳，氢燃料汽车空压机。可以提供全套汽车3D视觉系统检测、引导、抓取等过程完整方案。

先莱将斯莱克主营业务积累的自动化制罐技术应用于电池壳的自动化生产线。其控股子公司新乡盛达新能源，占地面积20000m²，生产车间约12000m²，员工200余人，集成型、电镀生产为一体，专业生产圆柱电池钢壳，主导产品18650和21700，正在建设使用全自动电池壳生产线的新基地占地110亩。先莱的另一个控股子公司安徽斯翔将专业生产圆柱铝壳，正在合肥建设占地50亩的圆柱铝壳自动化生产基地。先莱公司未来目标是成为圆柱电池壳制作技术的引领者。

先莱与斯莱克控股的韩国NEX-D共同研发、生产氢燃料汽车用高速空压机。NEX-D在鼓风机和压缩机领域专注30余年，在永磁同步电机，高速空气轴承领域有深厚的技术积累和相关专利。采用空气轴承的空压机效率高、维护简单、噪声震动小，无润滑油泄露危险。NEX-D具有配合现代汽车研发氢燃料汽车电池的丰富经验，正在努力研发应用于中国客户的乘用汽车的高速风机。先莱利用其拥有的先进成型和自动化制造技术，帮助NEX-D设计的产品实现高质量和稳定的现代化生产。

先莱和斯莱克控股子公司蓝斯视觉，采用加拿大的先进3D软件技术，为中国的汽车行业提供3D视觉应用系统。包括3D实时在线尺寸和缺陷测量系统，3D实时机器人操作引导系统，3D实时工件抓取系统等应用。蓝斯已经为包括整车、副车架系统、车灯和其他汽车零部件厂商提供了很多不同应用场景的应用系统，是汽车行业3D视觉系统的技术先进的供应商。

CONTACT US

联系我们

地址：苏州市吴中区胥口镇孙武路1028号　联系人：单金秀

电话：0512-66930111/18662297318

邮箱：SHANJX@SLAC.COM.CN

苏州斯莱克精密设备股份有限公司

↓

先莱新能源汽车零部件有限公司

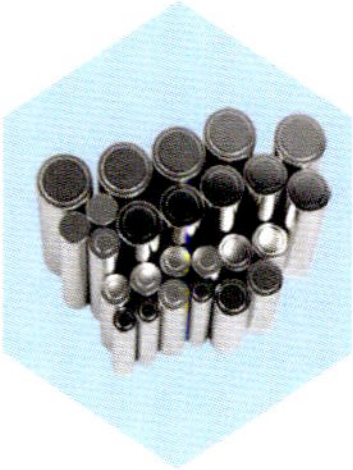

镀镍钢壳
18650
20650
21700
26650
32650
日产100万只

预镀镍高亮度镜面钢壳
18650
20650
21700
日产1000万只

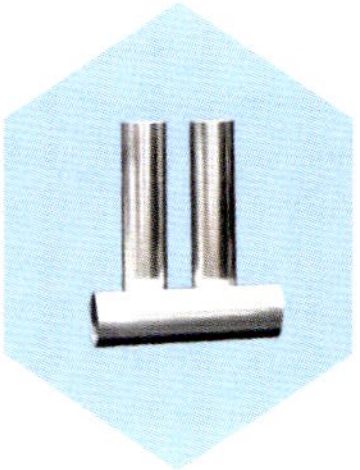

铝材电池壳
33135

高速空压机
空气轴承
永磁同步电机驱动
效率75%以上
转速100000r/min

前沿机器人引导
基于CAD或训练模型
6自由度位姿调整及轨迹修正
提高工艺质量

WWW.SLAC.COM.CN

BTR®
Better our world
中国宝安集团旗下企业
股票代码:835185
新能源材料领域
全球标杆企业
创建全球示范新能源技术研究院
全球先进的锂离子电池正负极材料供应商
拥有负极材料完整价值产业链的标杆企业
《锂离子电池石墨类负极材料》国家标准制定者
贝特瑞新材料集团股份有限公司
0755-26514655
www.btrchina.com
深圳市光明区公明办事处西田社区贝特瑞高新技术工业园

专注于废旧电池回收利用
Devote to recycle retired batteries

SUNWODA 欣旺达

股票名称：欣旺达

股票代码：300207

企业简介

1997年，欣旺达在深圳创立。历经二十余年，公司发展成为全球锂离子电池领域的领军企业，形成了3C消费类电池、智能硬件、电动汽车电池、储能系统与能源互联网、智能制造与工业互联网、第三方检测服务六大产业群，并致力于为社会提供更多绿色、快速、高效的新能源一体化解决方案。

电动汽车电池业务作为欣旺达产业布局的重点，于2008年正式启动。欣旺达电动汽车电池业务以电动汽车电池系统（电芯、模组、BMS和PACK）为产品核心，上游延伸到矿产原材料、电芯正负极材料等关键环节，下游延伸至电动汽车、储能电站、动力电池梯次利用等产业，形成了全产业链一体化的事业蓝图；欣旺达布局华南华东两大核心区域，主打安全竞争优势，坚持高性能定位，目前已进入国内外知名车企供应链。

六大产业基地

深圳宝安工业园 7万平方米

深圳光明产业园12万平方米

惠州博罗产业园170万平方米

印度新德里工业园4.5万平方米

南京动力产业园86万平方米

浙江兰溪产业园40万平方米

混合动力汽车电池

欣旺达集中4年时间开发HEV动力汽车电池，产品经过500多项测试和验证，早于行业一年多实现SOP。拥有自主权利专利400余项，产品具有高性能、高安全、高可靠性等优势，在行业处于居前地位。目前成为柳汽、雷诺、日产、广汽等车企及动力总成商的定点。

HEV电芯

HEV模组

HEV CTP PACK

HEV BMS

纯电动汽车电池

在纯电动汽车电池上，欣旺达聚焦客户需求，开发出三元、磷酸铁锂等优势产品。同时积极布局长电芯、大模组、CTP无模组等产品技术，以满足客户多样化需求。主要客户包括吉利、上汽通用五菱、东风柳汽、易捷特、东风乘用车、云度等。

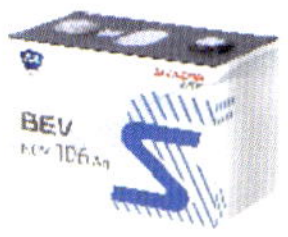
NCM-106Ah电芯

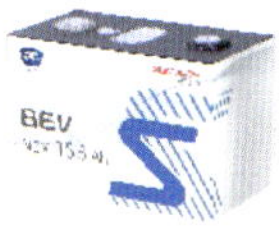
NCM-153Ah电芯

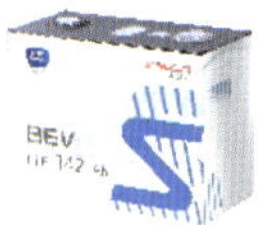
LFP-142Ah电芯

106Ah模组

153Ah模组

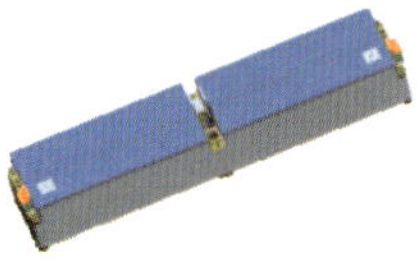
142Ah模组

106Ah PACK

153Ah PACK

配套车型

五菱宏光mini

吉利英伦TX

易捷特K-ZE

吉利帝豪GSE

日产e-power

东风柳汽S50

吉利帝豪EV PRO

小鹏G3

中比电池

大连中比能源科技有限公司

以电能驱动 绿色生活

POWER THE WORLD WITH ELECTRIC ENERGY

产品介绍 PRODUCT INTRODUCTION

01 电芯CELL

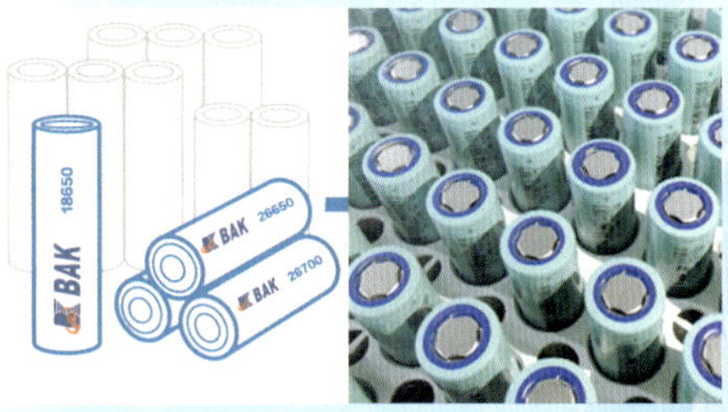

02 模组MODULE

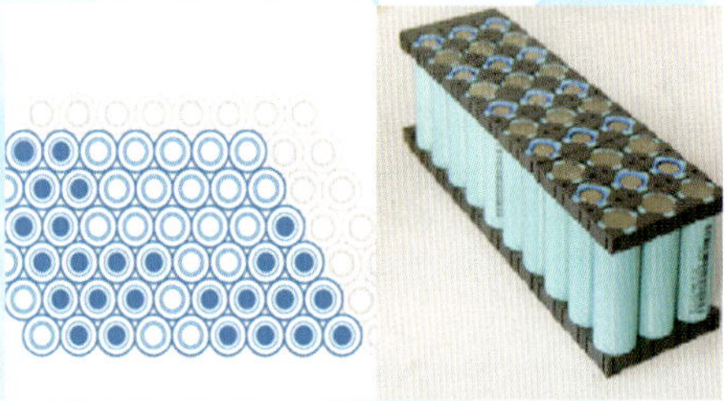

03 电池包PACK

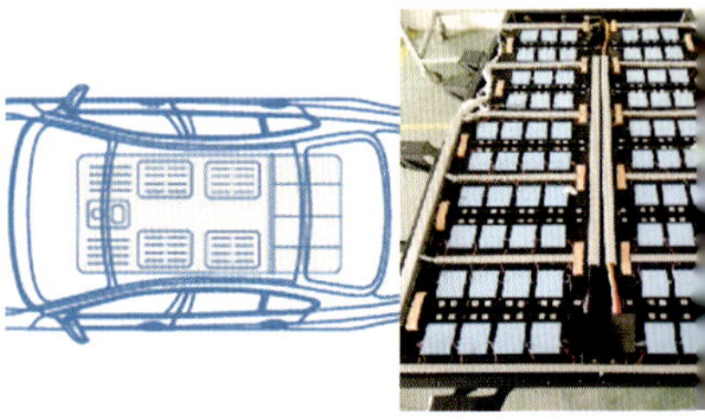

公司简介 COMPANY PROFILE

公司名称：大连中比动力电池有限公司，DALIAN CBAK POWER BATTERY CO., LTD.

业务范围：在动力电池、储能、数码等应用领域具备从电芯、模组到系统完整的设计研发及批量化生产制造能

注册资本：6000万美元；总投资：10000万美元；占地面积：16万平方米；地点：辽宁省大连市花园口经济区

投资者：中比能源科技股份公司（Nasdaq：CBAT，100%控股）

产能：2020年达成产能1GWh / 2022年底达成产能4.5GWh / 2025年规划产能10GWh

产品储能 PRODUCT ENERGY STORAGE

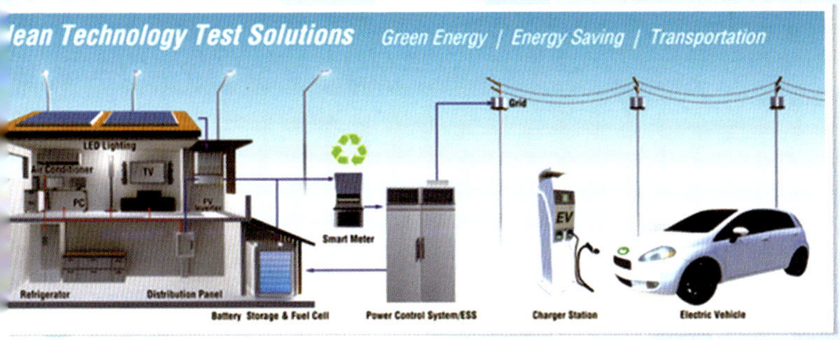

'S BATTERY

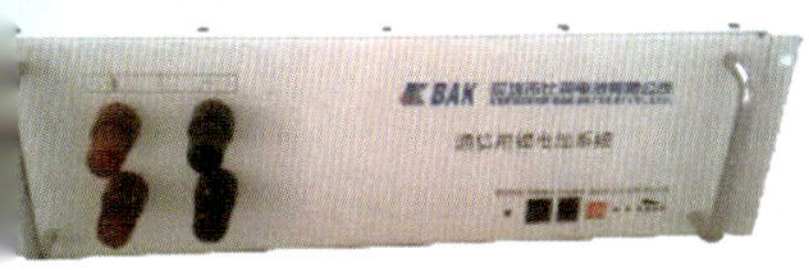

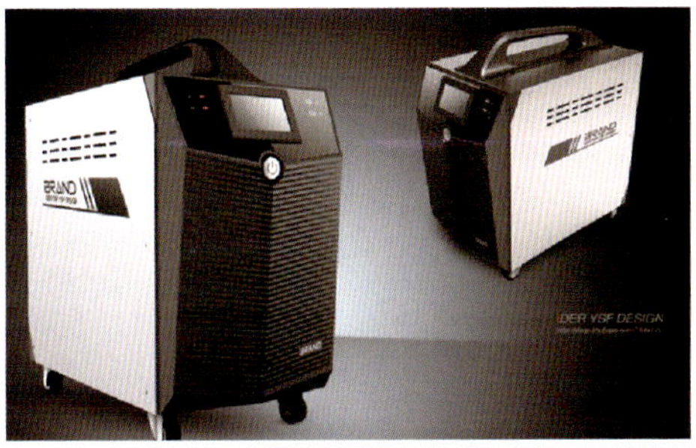

SOME PARTNERS COOPERATION UNIT

MINI	宝马	东风汽车	中国一汽	北京克莱斯勒	奇瑞汽车

吉利汽车	北汽集团	福田汽车	大运汽车	东风隆裕	雷丁汽车	长安汽车
宇通汽车	唐骏汽车	长城汽车	江淮汽车	小鹏汽车		海马汽车

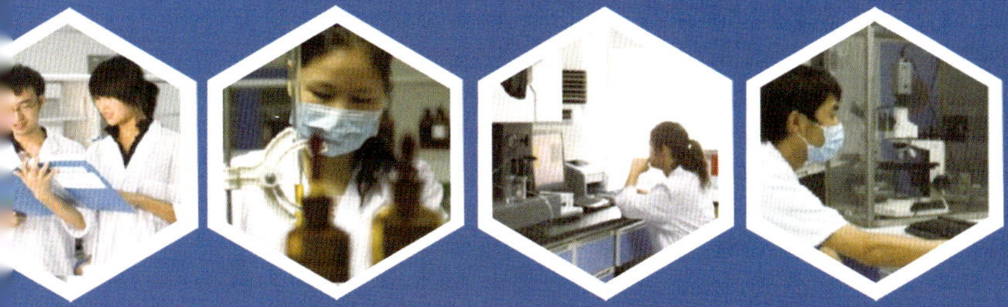

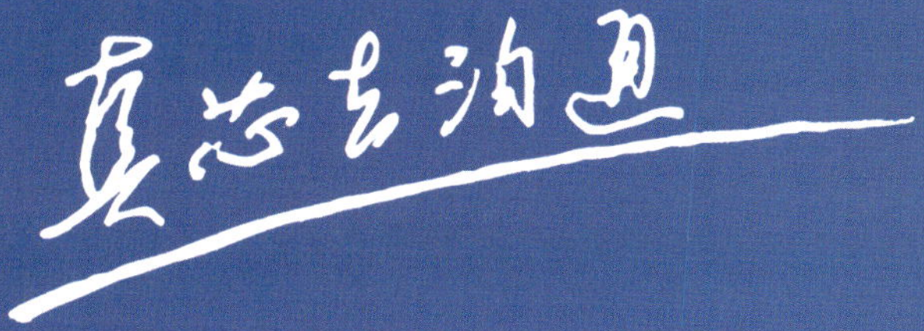

院一所”研究背景

国科学院大连化学物理研究所、大连理工大学、大连海事大学、大连交通大学签署产学研合作协议，进行学术交流、项目合作。

精智 FINE AUTOMATI
深圳精智
智慧交通与新能源汽车服务领域先行者
<<<<<< 早期进入停车设备行业的国家高新技术企业之一 >>>>>>
核心团队拥有20多年行业经验
参与起草机械停车设备行业标准
香港科大、哈工大、北大产业化基地
承担多项科技部创新基金、863项目
深圳精智机器有限公司（总部）
地址：深圳市南山区西丽街道西丽社区同发南路万科云城六期二栋1501房
（深圳国际创新谷6栋A座15层）
电话：0755-86017508
邮箱：marketing@xjfam.com

TE Connectivity 新能源汽车解决方案

随着新能源汽车车内电压电流的升级，高电压高电流环境对各部件的性能要求更为苛刻。安全、可靠、高效的配电及传导成为新能源汽车整车安全的核心和关键。TE能为新能源汽车高压电路的连接、保护和管理提供全套解决方案。

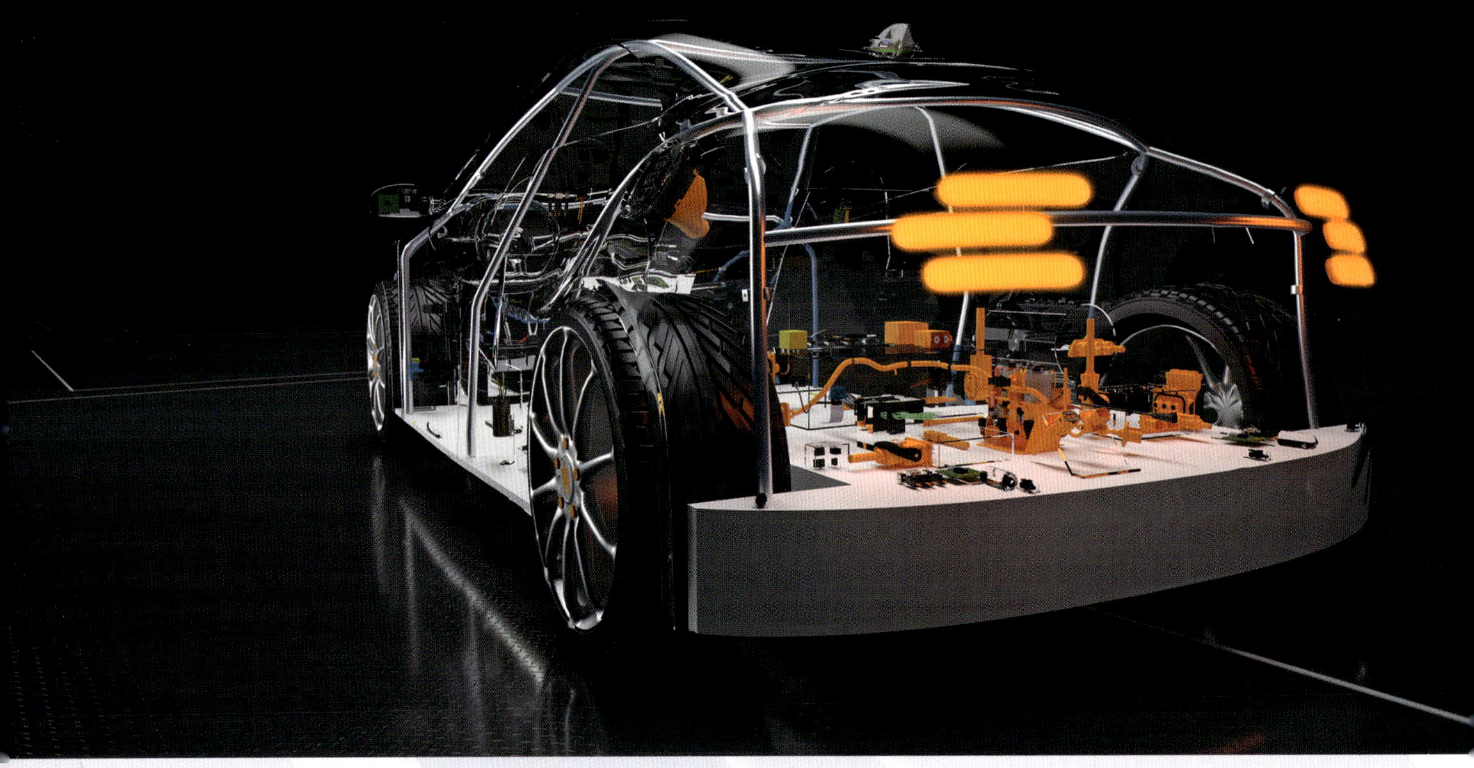

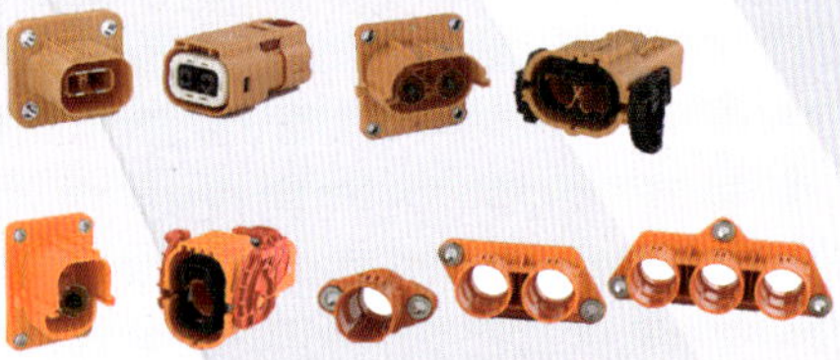

高压连接器及端子系列

符合国际汽车级标准的设计及验证要求（LV/USCAR），适用于严苛环境。

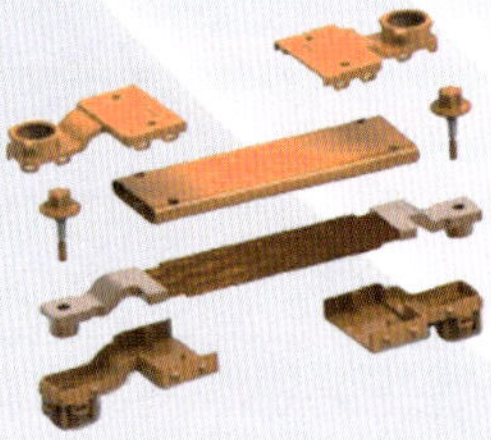

动力电池包解决方案

高度集成化的电芯及模块连接方案，可提供多种信号采样及保护方案。

高压线束

可定制的高压屏蔽及非屏蔽线束

高压接触器

创新性的非充气式和充气式高压接触器，提供持续稳定的性能及优异的抗斥力。

充电解决方案

集成高精度及快速响应的温度传感器方案，满足严苛的应用环境，产品结构便于组装及自动化生产。

扫一扫，关注TE汽车解决方案

2021
节能与新能源汽车年鉴

YEARBOOK OF ENERGY-SAVING AND NEW ENERGY VEHICLES OF 2021

工业和信息化部装备工业发展中心
北京国能赢创能源信息技术有限公司　编
《节能与新能源汽车年鉴》编制办公室

中国铁道出版社有限公司
CHINA RAILWAY PUBLISHING HOUSE CO., LTD.

图书在版编目(CIP)数据

节能与新能源汽车年鉴. 2021/工业和信息化部装备工业发展中心,北京国能赢创能源信息技术有限公司,《节能与新能源汽车年鉴》编制办公室编. —北京:中国铁道出版社有限公司,2021.10
ISBN 978-7-113-28420-6

Ⅰ.①节… Ⅱ.①工… ②北… ③节… Ⅲ.①节能-新能源-汽车-中国-2021-年鉴 Ⅳ.①U469.7-54

中国版本图书馆 CIP 数据核字(2021)第 192379 号

书　　名:**节能与新能源汽车年鉴 2021**
作　　者:工业和信息化部装备工业发展中心　北京国能赢创能源信息技术有限公司　《节能与新能源汽车年鉴》编制办公室

责任编辑:朱景芳　　　　　编辑部电话:(010)51873407
封面设计:崔丽芳
责任校对:孙　玫
责任印制:赵星辰

出版发行:中国铁道出版社有限公司(100054,北京市西城区右安门西街 8 号)
网　　址:http://www.tdpress.com
印　　刷:北京铭成印刷有限公司
版　　次:2021 年 10 月第 1 版　2021 年 10 月第 1 次印刷
开　　本:889 mm×1 194 mm 1/16　印张:51.75　插页:113　字数:2 200 千
书　　号:ISBN 978-7-113-28420-6
定　　价:980.00 元

2021 年《节能与新能源汽车年鉴》编制委员会

邹大中	南方电网电动汽车服务有限公司	董事长
沈　晖	威马汽车科技集团有限公司	威马汽车创始人
沈剑平	上海机动车检测认证技术研究中心有限公司	总经理
沈浩明	上海汽车集团股份有限公司	副总经理
张　放	北京智行者科技有限公司	联合创始人/研发副总裁
张义国	宇通商用车有限公司	总经理
张立军	同济大学汽车学院	院长
张立强	阿尔特汽车技术股份有限公司	总经理
张新中	国唐汽车有限公司	总经理
陈　勇	河北工业大学机械工程学院	教授、博导
陈　涛	中汽院智能网联科技有限公司	总经理
陈　路	四川新筑通工汽车有限公司	副总经理
陈晓敏	广东国鸿氢能科技有限公司	总经理
武锡斌	北汽福田汽车股份有限公司	常务副总经理
林　琦	上海重塑能源科技有限公司	董事长兼 CEO
欧阳谨	大众汽车金融（中国）有限公司	董事兼总经理
尚　进	国汽智控（北京）科技有限公司	CEO/CTO
赵福全	清华大学车辆与运载学院	教授
胡德霖	苏州电器科学研究院股份有限公司	院长、总经理
侯　明	中国科学院大连化学物理研究所	研究员
袁小林	沃尔沃汽车亚太投资控股有限公司	亚太区总裁
贾英才	上海申龙客车有限公司	总裁
夏顺礼	安徽江淮汽车集团股份有限公司新能源乘用车公司	总经理
夏信德	广州鹏辉能源科技股份有限公司	董事长
凌和平	比亚迪汽车工业有限公司工程研究院	副院长
郭　阳	北京百度智行科技有限公司百度智能汽车事业部	总经理
郭淑英	中车株洲电力机车研究所有限公司	首席专家
黄国强	上海加冷松芝汽车空调股份有限公司	副总裁
黄学杰	中国科学院物理研究所	研究员
崔龙建	科力美汽车动力电池有限公司	副总经理
章　桐	同济大学新能源汽车工程中心	主任
韩永杰	深圳威迈斯新能源股份有限公司	副总裁
曾士哲	蔚来控股有限公司	电池系统助理副总裁
廉玉波	比亚迪汽车工业有限公司汽车工程研究院	院长、副总裁

特邀委员（以姓氏笔画为序）

1. 各地方政府部门

王　琳	淄博市工业和信息化局
王大宁	吉林省工业和信息化厅
王灯明	安徽省经济和信息化厅
王学峰	黑龙江省工业和信息化厅
王海峰	甘肃省工业和信息化厅
文　彬	成都市经济和信息化局
尹　春	郑州市工业和信息化局
朱　鸣	河南省工业和信息化厅
朱小建	佛山市发展和改革局
朱照伟	盐城市工业和信息化局
刘　珂	四川省经济和信息化厅
刘志洲	河北省工业和信息化厅
杜军国	陕西省工业和信息化厅
李　莉	新乡市工业和信息化局
李纪军	济南市工业和信息化局
李林清	武汉市经济和信息化局
杨　斌	福建省工业和信息化厅
杨云贵	南通市交通运输局
余　伟	广州市发展和改革委员会
冷新法	潍坊市工业和信息化局
张　平	苏州市工业和信息化局
张春福	辽宁省工业和信息化厅
张晓川	新疆维吾尔自治区工业和信息化厅
张晓辉	襄阳市经济和信息化局
陈可乐	上海市经济和信息化委员会
陈成海	宁波市经济和信息化局
邵先平	青岛市工业和信息化局
林　敏	海南省工业和信息化厅
金红岗	山西省工业和信息化厅
赵　明	山东省工业和信息化厅
赵　嘉	天津市工业和信息化局
赵云峰	内蒙古自治区工业和信息化厅
胡　奎	浙江省发展和改革委员会
段洪涛	大连市工业和信息化局
保建彬	云南省工业和信息化厅
姜广智	北京市经济和信息化局
耿江波	扬州市工业和信息化局
高　扬	沈阳市工业和信息化局
郭玉臣	南京市工业和信息化局
涂兴永	重庆市经济和信息化委员会
黄学工	湖南省工业和信息化厅
黄群英	合肥市科学技术局
熊斌谦	江苏省工业和信息化厅
魏兆宏	杭州市经济和信息化局

2. 企事业单位

Alban BRISSET	佛吉亚排气控制技术开发（上海）有限公司
丁　涛	南京奥特佳新能源科技有限公司
丁光法	安徽江淮汽车集团股份有限公司
丁烜明	无锡利普思半导体有限公司
于　民	北京亿华通科技股份有限公司
于树怀	江苏奥易克斯汽车电子科技股份有限公司
万支庆	上海申龙客车有限公司
马小利	国联汽车动力电池研究院有限责任公司
马东辉	重庆理想汽车有限公司
王　凯	华为技术有限公司
王　祥	苏州大族智能装备有限公司
王　锋	山东省产品质量检验研究院
王　磊	合肥合锻智能制造股份有限公司
王　潘	深圳市比克动力电池有限公司

王文军	浙江龙芯电驱动科技有限公司
王先锋	邦迪智能科技(上海)有限公司
王安贵	四川新筑通工汽车有限公司
王红霞	珠海广通汽车有限公司
王青峰	石家庄金士顿轴承科技有限公司
王和平	武汉菱电汽车电控系统股份有限公司
王学思	北京万集科技股份有限公司
王贺武	清华大学车辆与运载学院
王富生	宇通客车股份有限公司
王德平	中国第一汽车集团有限公司
王耀洲	深圳市力辉电机有限公司
韦卫平	北汽蓝谷新能源科技股份有限公司
区汉成	赣州市豪鹏科技有限公司
牛铭奎	浙江方正电机股份有限公司
公维洁	国汽(北京)智能网联汽车研究院有限公司
方艳平	珠海华粤传动科技有限公司
尹必峰	江苏大学汽车与交通工程学院
邓　波	中国汽车工程研究院股份有限公司
邓正维	浙江吉利新能源商用车集团有限公司
邓志伟	蘑菇车联信息科技有限公司
左伏桃	上海淞泓智能汽车科技有限公司
厉丽华	苏州电器科学研究院股份有限公司
石振懿	上海翼飞天地电控科技有限公司
叶红宇	江铃汽车股份有限公司
叶婉柔	湖北亿纬动力有限公司
田飞云	三一汽车制造有限公司
田秀君	大连中比能源科技有限公司
田毓璠	爱驰汽车有限公司
丛　林	山东省产品质量检验研究院
冯炜沾	广东威浦电器有限公司
兰志波	奥动新能源汽车科技有限公司
朴志刚	国家智能商用车质量监督检验中心
毕　欣	深圳市未来智能网联交通系统产业创新中心
朱　毅	江西五十铃汽车有限公司
朱光海	宇通客车股份有限公司
乔　丽	上海市新能源汽车公共数据采集与监测研究中心
华剑锋	四川新能源汽车创新中心有限公司
全　琎	武汉海亿新能源科技有限公司
刘　颖	沃尔沃汽车亚太投资控股有限公司
刘乃胜	北汽福田汽车股份有限公司
刘双合	风帆有限责任公司
刘志祥	广东国鸿氢能科技有限公司
刘国鹏	南京能瑞电力科技有限公司
刘振国	北京机械工业自动化研究所有限公司
刘跃峰	陕西法士特汽车传动集团有限责任公司
刘喜合	蜂巢能源科技有限公司
齐士泉	长城汽车股份有限公司
江浩斌	江苏大学汽车与交通工程学院
安仲勋	上海奥威科技开发有限公司
许向东	博格华纳(中国)投资有限公司
孙　力	河钢集团有限公司
孙　丰	上海 ABB 工程有限公司
孙　昊	贵州红星电子材料有限公司
孙　晶	北京千方科技股份有限公司
孙月雷	莱茵检测认证服务(中国)有限公司
孙彦芳	苏州智行众维智能科技有限公司
阳如坤	深圳吉阳智能科技有限公司
远勤山	大运汽车股份有限公司
严克广	南京能瑞电力科技有限公司
劳　力	华霆(合肥)动力技术有限公司
苏晓聪	武汉光昱明晟智能科技有限公司
李　乔	国汽(北京)智能网联汽车研究院有限公司
李　芊	贝特瑞新材料集团股份有限公司
李　勋	南方电网电动汽车服务有限公司
李　勇	东风汽车集团有限公司
李　罡	广州汽车集团股份有限公司
李立国	四川新能源汽车创新中心有限公司
李汉斌	新源动力股份有限公司
李曲明	广汽三菱汽车有限公司
李红艳	浙江吉利新能源商用车集团有限公司
李红旗	精进电动科技股份有限公司
李佩佩	合众新能源汽车有限公司
李宝民	扬州嘉和新能源科技有限公司
李重洋	长沙矿冶研究院有限责任公司
李晓祎	国汽智控(北京)科技有限公司
李鹏程	广州小鹏汽车科技有限公司
杨　希	ABB(中国)有限公司
杨　林	工业和信息化部电子第五研究所
杨　敏	上海电气集团股份有限公司
杨思栩	辉能科技股份有限公司
杨徐烽	池州西恩新材料科技有限公司
杨登峰	石家庄金士顿轴承科技有限公司
肖文建	广东汽车检测中心有限公司
肖阳珂	镁佳(北京)科技有限公司
吴　弢	中航锂电科技有些公司
吴　琼	北京智能车联产业创新中心有限公司
吴壬华	深圳欣锐科技股份有限公司
吴旭东	同济大学汽车学院
何　明	紫光国芯微电子股份有限公司
何广利	国家能源集团北京低碳清洁能源研究院
何天翼	北斗星通智联科技有限责任公司
何章翔	北汽蓝谷新能源科技股份有限公司
余　康	无锡中车浩夫尔动力总成有限公司
邹大庆	江苏新能源汽车研究院有限公司
闵照源	招商局检测车辆技术研究院有限公司
汪　净	湖南华菱涟源钢铁有限公司
汪晓健	上海汽车集团股份有限公司
沈　珺	浙江吉利控股集团有限公司
宋　强	北京理工大学机械与车辆学院
张　希	上海交通大学机械与动力工程学院
张　锋	北京东方中科集成科技股份有限公司
张　斌	襄阳达安汽车检测中心有限公司
张　鹏	北京氢燃料电池发动机工程技术研发中心
张　巍	合肥国轩高科动力能源有限公司
张天锷	上海馨联动力系统有限公司
张永明	上海交通大学化学化工学院
张华中	上海电器设备检测所有限公司
张欢欢	安徽江淮汽车集团股份有限公司新能源乘用车公司

张春昱　弗迪电池有限公司
张珊珊　奇瑞万达贵州客车股份有限公司
张晓东　北奔重型汽车集团有限公司
张耀华　深圳市有为信息技术发展有限公司
陈文良　长春汽车检测中心有限责任公司
陈吉贯　杭州海康汽车技术有限公司
陈思英　领克汽车销售有限公司
陈顺东　安徽安凯汽车股份有限公司
陈洪新　广州鹏辉能源科技股份有限公司
陈积先　襄阳达安汽车检测中心有限公司
陈浩舟　南方电网电动汽车服务有限公司
陈海彬　湖南智点智能新能源汽车有限公司
纵　伟　苏州绿控传动科技股份有限公司
苗小丽　上海奥威科技开发有限公司
范一剑　甘肃建投重工科技有限公司
茅志强　先导(苏州)数字交通产业投资有限公司
林　杰　领克汽车销售有限公司
林　琦　上海重塑能源集团股份有限公司
林长波　东风柳州汽车有限公司
郁红忠　赣州亿鹏能源科技有限公司
郁国平　恩斯克投资有限公司
金　亮　南斗六星系统集成有限公司
周　江　天津力神电池股份有限公司
周　钘　上汽通用五菱汽车股份有限公司
周　海　西门子(中国)有限公司
周　辉　北京理工华创电动车技术有限公司
周　鹏　华霆(合肥)动力技术有限公司
周　靖　湖北亿咖通科技有限公司
郑必伟　深圳威迈斯新能源股份有限公司
郑隽一　万帮数字能源股份有限公司
单金秀　苏州斯莱克精密设备股份有限公司
孟令军　东软集团股份有限公司
孟庆昕　北京四维图新科技股份有限公司
孟祥峰　宁德时代新能源科技股份有限公司
赵　宇　普天新能源有限责任公司
赵　勍　北京智行者科技有限公司
赵　璇　广东喜玛拉雅氢能科技有限公司
赵永刚　广汽丰田汽车有限公司
赵志安　池州西恩新材料科技有限公司
赵经纬　九江天赐高新材料有限公司
赵树廉　中汽院智能网联科技有限公司
胡志远　首钢智新迁安电磁材料有限公司
胡芳芳　北京市产品质量监督检验院
胡国民　南京康尼新能源汽车零部件有限公司
柳昌昇　东风悦达起亚汽车有限公司
段保民　中检西部检测有限公司
侯锦毅　北京北方华德尼奥普兰客车股份有限公司
施文会　开沃新能源汽车集团股份有限公司
闾陈立　天津市捷威动力工业有限公司
姜　辉　上海汽车集团股份有限公司
娄　静　广东亿顶新能源汽车有限公司
宣智渊　云控智行科技有限公司
姚安仁　天津大学内燃机燃烧学国家重点实验室
秦根才　宇通商用车有限公司
袁　泉　启明信息技术股份有限公司
倪　俊　北京理工大学机械与车辆学院
徐世利　中国第一汽车集团有限公司
徐梁飞　清华大学车辆与运载学院
殷　文　四川南骏汽车集团有限公司
高文彬　山东龙立电子有限公司
高晓杰　爱驰汽车有限公司
高海宇　德燃(浙江)动力科技有限公司
高培基　湖南湘江智能科技创新中心有限公司
郭　俊　广州领世汽车科技有限公司
郭　晓　荣成锻压机床有限公司
郭　斌　杭州沃镭智能科技股份有限公司
郭元涛　阿尔特汽车技术股份有限公司
陶　晖　启明信息技术股份有限公司
黄　旭　贵州航天电器股份有限公司
黄　鹏　深圳精智机器有限公司
黄光继　加特可(广州)自动变速箱有限公司
曹　飞　招商局检测车辆技术研究院有限公司
崔龙建　科力美汽车动力电池有限公司
崔星灿　黑龙江省交投智能网联汽车产业创新有限公司
康雨辰　国唐汽车有限公司
鹿政华　北汽福田汽车股份有限公司
梁　虎　深圳精智机器有限公司
梁　锐　欣旺达电子股份有限公司
隗寒冰　重庆交通大学机电与车辆工程学院
彭永伦　北京市产品质量监督检验院
彭能岭　宇通客车有限股份公司
蒋元广　南京越博动力系统股份有限公司
程亚非　北京氢璞创能科技有限公司
谢伯元　上海易巴汽车动力系统有限公司
蓝树槐　上海治臻新能源装备有限公司
楼建平　上汽依维柯红岩商用车有限公司
雷　新　岚图汽车科技有限公司
蔡　勇　深圳市大地和电气股份有限公司
管清平　上海市新能源汽车公共数据采集与监测研究中心
端文照　开沃新能源汽车集团股份有限公司
熊　璐　深圳市未来智能网联交通系统产业创新中心
缪雪中　浙江新吉奥控股集团有限公司
黎瑞德　大众汽车金融(中国)有限公司
戴建侠　张家港友诚新能源科技股份有限公司
戴振坤　绿传(北京)汽车科技股份有限公司
魏长河　北汽福田汽车股份有限公司
魏学哲　同济大学新能源汽车工程中心
魏跃远　北京新能源汽车股份有限公司
魏鹏飞　北京百度智行科技有限公司

2021 年《节能与新能源汽车年鉴》特约编辑

1. 各地方政府部门（以姓氏笔画为序）

王小龙　重庆市经济和信息化委员会
王永强　济南市工业和信息化局
王晓宁　淄博市工业和信息化局
王雪东　盐城市工业和信息化局
王煜阳　北京经济技术开发区管理委员会
韦　扬　扬州市工业和信息化局
卢哲明　福建省工业和信息化厅
乔　洋　内蒙古自治区工业和信息化厅
华　毛　浙江省发展和改革委员会
安　强　新疆维吾尔自治区工业和信息化厅
孙师迪　南京市工业和信息化局
李　妍　四川省经济和信息化厅
李东平　山东省工业和信息化厅
李新涛　吉林省工业和信息化厅
杨洪旭　天津市工业和信息化局
杨晓春　河北省工业和信息化厅
邹海鹏　江苏省工业和信息化厅
宋英伟　大连市工业和信息化局
张玉栋　河南省工业和信息化厅
张松苍　黑龙江省工业和信息化厅
张冀驰　襄阳市经济和信息化局
陈　宏　长春市工业和信息化局
陈　清　甘肃省工业和信息化厅
陈　琳　佛山市发展和改革局
陈梦群　青岛市工业和信息化局
苗　群　潍坊市工业和信息化局
易再尧　广州市发展和改革委员会
金敏光　云南省工业和信息化厅
周伟蒙　广西壮族自治区工业和信息化厅
郑　斌　安徽省经济和信息化厅
赵慕然　上海市经济和信息化委员会
侯　颖　北京市经济和信息化局
袁玉坤　武汉市经济和信息化局
倪　坤　金华市发展和改革委员会
徐　涛　海南省工业和信息化厅
徐东辉　郑州市工业和信息化局
徐鹏远　辽宁省工业和信息化厅
高　宇　陕西省工业和信息化厅
高　曌　成都市经济和信息化局
郭川铭　山西省工业和信息化厅
唐　勇　湖南省工业和信息化厅
靳鲁泉　宁波市经济和信息化局
潘　祎　苏州市工业和信息化局
禤鹏翔　广东省发展和改革委员会
戴　兵　合肥市科学技术局

2. 企事业单位（以姓氏笔画为序）

丁　涵　山东东岳未来氢能材料股份有限公司
丁嘉乐　北奔重型汽车集团有限公司
于长虹　中国第一汽车集团有限公司
于焕英　北京理工华创电动车技术有限公司
马天翼　中国汽车技术研究中心有限公司
马永跃　蔚来控股有限公司
马晓宇　广东汽车检测中心有限公司
马晓娟　山东东岳未来氢能材料股份有限公司
马晓骏　泰科电子（苏州）有限公司
马喜伟　电装（中国）投资有限公司
王　娟　北京机械工业自动化研究所有限公司
王　渊　泰科电子（苏州）有限公司
王　鹏　长城汽车股份有限公司
王　毅　德燃（浙江）动力科技有限公司
王才振　南京康尼新能源汽车零部件有限公司
王凤石　江苏奥易克斯汽车电子科技股份有限公司
王双喜　贝特瑞新材料集团股份有限公司
王占锐　中国汽车工程院研究院股份有限公司
王孙阳　弗迪电池有限公司
王克车　上海申龙客车有限公司
王闰新　启明信息技术股份有限公司
王林峰　蔚来控股有限公司
王海龙　北汽福田汽车股份有限公司
王继辉　湖南湘江智能科技创新中心有限公司
韦　倩　奇瑞万达贵州客车股份有限公司
比　利　精进电动科技股份有限公司
方　杰　蔚来控股有限公司
孔玉蓉　上海重塑能源科技有限公司
邓召学　重庆交通大学机电与车辆工程学院
卢　晴　湖南智点智能新能源汽车有限公司
叶　磊　招商局检测车辆技术研究院有限公司
叶成艳　深圳市力辉电机有限公司
冯纪朋　上海淞泓智能汽车科技有限公司
朴世文　襄阳达安汽车检测中心有限公司
曲　兴　中国汽车工程学会
吕　鹏　阿尔特汽车技术股份有限公司
朱　翀　上海交通大学机械与动力工程学院
朱　琳　宁德时代新能源科技股份有限公司
向在喜　苏州斯莱克精密设备股份有限公司
全书海　武汉理工大学自动化学院
刘　岩　国联汽车动力电池研究院有限责任公司
刘　佳　北京氢璞创能科技有限公司
刘　峰　深圳市比克动力电池有限公司
刘广智　广东国鸿氢能源科技有限公司

刘卫民　深圳精智机器有限公司
刘玉婷　广东喜玛拉雅氢能科技有限公司
刘仕强　中国汽车技术研究中心有限公司
刘姗姗　先导(苏州)数字交通产业投资有限公司
刘艳秋　北京氢燃料电池发动机工程技术研发中心
刘雷蕾　蔚来控股有限公司
刘福建　中国汽车工程研究院股份有限公司
闫　海　上海电气集团股份有限公司
安　航　湖北亿咖通科技有限公司
安冬洋　首钢智新迁安电磁材料有限公司
许　忠　深圳市有为信息技术发展有限公司
孙恒政　潍柴动力股份有限公司
苏晓霞　华为技术有限公司
杜　蓉　宇通商用车有限公司
杜本文　广州小鹏汽车科技有限公司
杜魁善　比亚迪汽车工业有限公司
李　丹　深圳市比克动力电池有限公司
李　斌　博格华纳(中国)投资有限公司
李　静　南京奥特佳新能源科技有限公司
李艾霖　南方电网电动汽车服务有限公司
李春林　东软集团股份有限公司
李晓芳　上海机动车检测认证技术研究中心有限公司
李浩帆　南方电网电动汽车服务有限公司
李菁菁　奥动新能源汽车科技有限公司
李朝斌　中国汽车工程院研究院股份有限公司
李瑞雪　南斗六星系统集成有限公司
李蓝特　南方电网电动汽车服务有限公司
李德海　深圳市未来智能网联交通系统产业创新中心
杨　斌　甘肃建投重工科技有限公司
杨　潮　蔚来控股有限公司
杨东升　泰科电子(苏州)有限公司
杨丽军　中航锂电科技有些公司
杨沛然　天津市捷威动力工业有限公司
杨建锋　北汽福田汽车股份有限公司
杨家林　北京市产品质量监督检验院
杨程宇　广西汽车集团有限公司
肖　峰　中国汽车工程院研究院股份有限公司
肖美玲　广州领世汽车科技有限公司
吴　可　荣盛盟固利新能源科技有限公司
吴　俊　安徽安凯汽车股份有限公司
吴　艳　同济大学汽车学院
吴　章　上海易巴汽车动力系统有限公司
吴　磊　蜂巢能源科技有限公司
吴章华　武汉菱电汽车电控系统股份有限公司
邱佳萍　德燃(浙江)动力科技有限公司
余　静　南京能瑞电力科技有限公司
谷　川　贵州红星电子材料有限公司
邹业成　山东东岳未来氢能材料股份有限公司
辛　勇　山东省产品质量检验研究院
沙红军　扬州嘉和新能源科技有限公司
沈　懿　无锡中车浩夫尔动力总成有限公司
沈轶清　上海翼飞天地电控科技有限公司
宋冉冉　山东龙立电子有限公司
张　宁　蔚来控股有限公司
张　欣　汉阳专用汽车研究所
张　琼　深圳欣锐科技股份有限公司
张文乐　北京智能车联产业创新中心有限公司
张华树　襄阳达安汽车检测中心有限公司
张志强　东风柳州汽车有限公司
张芳杰　北京东方中科集成科技股份有限公司
张倩男　新源动力股份有限公司
张银杰　北京亿华通科技股份有限公司
张静一　清华大学车辆与运载学院
陆　丹　浙江方正电机股份有限公司
陈　宁　上海市新能源汽车公共数据采集与监测研究中心
陈　华　中汽院智能网联科技有限公司
陈　峰　恩斯克投资有限公司
陈华东　珠海华粤传动科技有限公司
陈旭建　东风悦达起亚汽车有限公司
陈丽佳　邦迪智能科技(上海)有限公司
陈珏璇　武汉光昱明晟智能科技有限公司
陈俞行　三一汽车制造有限公司
陈皓利　大运汽车股份有限公司
陈蓓娜　中国第一汽车集团有限公司
邵赓华　北汽福田汽车股份有限公司
苗永青　广东亿顶新能源汽车有限公司
范伟军　杭州沃镭智能科技股份有限公司
林　熙　国汽(北京)智能网联汽车研究院有限公司
欧艳琼　上海电器设备检测所有限公司
金　磊　北京四维图新科技股份有限公司
金慧芬　天津力神电池股份有限公司
周　阳　蔚来控股有限公司
周　超　池州西恩新材料科技有限公司
周　媛　山东省产品质量检验研究院
周建平　上海治臻新能源装备有限公司
周建军　东风汽车集团有限公司
周盛堂　华霆(合肥)动力技术有限公司
庞永东　广东威浦电器有限公司
郑明和　北斗星通智联科技有限责任公司
赵　云　浙江新吉奥控股集团有限公司
赵　颖　万帮数字能源股份有限公司
赵云峰　广州汽车集团股份有限公司
赵立博　中国船舶重工集团公司第七一二研究所
赵光辉　北汽福田汽车股份有限公司
赵尚义　广西汽车集团有限公司
赵国良　绿传(北京)汽车科技股份有限公司
赵昱阳　北京万集科技股份有限公司
胡志航　四川新筑通工汽车有限公司
胡尊严　清华大学车辆与运载学院
胡瑶迪　合肥国轩高科动力能源有限公司
胡嘉森　上海汽车集团股份有限公司乘用车公司
钟　礼　长沙矿冶研究院有限责任公司
钟　梅　四川南骏汽车集团有限公司
段　艳　上汽通用五菱汽车股份有限公司
侯　强　浙江龙芯电驱动科技有限公司
祝　阳　招商局检测车辆技术研究院有限公司

秦勇波　云控智行科技有限公司
夏飞武　苏州绿控传动科技股份有限公司
顾宇佳　科力美汽车动力电池有限公司
顾裕洁　珠海广通汽车有限公司
党子硕　镁佳(北京)科技有限公司
钱　坤　重庆理想汽车有限公司
钱珍珍　浙江吉利控股集团有限公司
倪　珺　国汽智控(北京)科技有限公司
徐　亮　国家智能商用车质量监督检验中心
徐　斌　上海 ABB 工程有限公司
徐华伟　工业和信息化部电子第五研究所
高　琳　重庆理想汽车有限公司
高维凤　蔚来控股有限公司
郭　瑞　北京机械工业自动化研究所有限公司
郭佩盈　辉能科技股份有限公司
郭跃宁　沃尔沃汽车亚太投资控股有限公司
宾潇林　广州鹏辉能源科技股份有限公司
黄文斌　合肥合锻智能制造股份有限公司
黄晓伟　九江天赐高新材料有限公司
黄福良　国唐汽车有限公司
曹　冰　湖北亿纬动力有限公司
曹　晨　大众汽车金融(中国)有限公司
戚中刚　贵州航天电器股份有限公司
盘香霖　加特可(广州)自动变速箱有限公司
章　琦　岚图汽车科技有限公司
梁　亮　湖南华菱涟源钢铁有限公司
彭　钊　安徽江淮汽车集团股份有限公司
彭友臻　北京千方科技股份有限公司
葛晓滢　上海汽车集团股份有限公司
董　非　江苏大学汽车与交通工程学院
董　洁　张家港友诚新能源科技股份有限公司
董吉亮　赣州亿鹏能源科技有限公司
韩　冰　领克汽车销售有限公司
韩　兵　上海馨联动力系统有限公司
覃北阶　襄阳达安汽车检测中心有限公司
程　琰　北汽福田汽车股份有限公司
焦雨欣　杭州海康威视数字技术股份有限公司
敦　玥　普天新能源有限责任公司
童　心　上海重塑能源科技有限公司
曾永红　南京越博动力系统股份有限公司
温玉贞　领克汽车销售有限公司
谢　辉　天津大学内燃机燃烧学国家重点实验室
谢丰海　赣州市豪鹏科技有限公司
赖国强　安徽江淮汽车集团股份有限公司新能源乘用车公司
赖建文　蔚来控股有限公司
詹　剑　德燃(浙江)动力科技有限公司
窦　喜　工业和信息化部电子第五研究所
管艳红　北京北方华德尼奥普兰客车股份有限公司
廖贺龙　苏州电器科学研究院股份有限公司
熊　林　风帆有限责任公司
熊　辉　苏州大族智能装备有限公司
黎小媛　广东国鸿氢能科技有限公司
潘钊地　欣旺达电子股份有限公司
冀英超　蘑菇车联信息科技有限公司
戴　锋　四川新能源汽车创新中心有限公司
魏文博　北汽福田汽车股份有限公司
魏敏华　奥动新能源汽车科技有限公司
瞿丽娟　广东国鸿氢能源科技有限公司

2021年《节能与新能源汽车年鉴》编制办公室

主　　编：李方生

副 主 编：邱　斌　李国俊　王云龙

编　　辑：赵世佳　孟　顺　王　芳　李京泰　刘万祥　吕钊凤　李光凯　潘春雷　万　亮
王　虎　任秋森　任丽丽　杨月静　佟　彤　张　梅　尹丽霞　王　迪

美工设计：陈　晨　刘晓蕊

编制说明

《节能与新能源汽车年鉴》(以下简称《年鉴》)是集权威性、指导性、学术性、综合性于一体的重要资料,真实地记录了我国新能源汽车产业的发展历程。《年鉴》用翔实的数据信息和权威的专家视点,对行业进行全面的梳理和汇总,客观反映行业发展所面临的问题,为政府出台相关政策法规和企业制定相关战略规划提供重要参考和有效借鉴,是新能源汽车行业不可或缺的信息资料支撑与技术交流合作的重要平台。

《年鉴》编制办公室由工业和信息化部装备工业发展中心(以下简称装备中心)联合北京国能赢创能源信息技术有限公司组织成立,全面负责《年鉴》的统筹、编制、出版、发行等相关事宜。装备中心全资子公司北京艾迪智联科技有限责任公司全面协助《年鉴》的统筹等工作。

2021 年《年鉴》共收集了我国近 60 个重点地区的新能源汽车产业发展、推广及政策等相关信息和近 180 家节能与新能源汽车、燃料电池汽车、智能网联汽车各领域的重点企事业单位的生产经营、产能建设及技术研发能力进展、合资合作等发展情况。《年鉴》邀请了 100 多位行业权威专家、资深人士、代表性企业负责人等,围绕节能与新能源汽车、燃料电池汽车、智能网联汽车各领域,涉及领域包括纯电动乘用车、纯电动客车、纯电动专用车、车用动力电池、锂离子电池材料、动力电池测试、动力电池装备、动力电池回收循环与梯次利用、车用固态锂电池、车用超级电容器、车用驱动电机及系统、车用电机测试、新能源汽车电子、新能源汽车控制系统、新能源汽车车规级芯片、新能源汽车自动变速器、新能源整车热管理、新能源汽车轻量化电动汽车充电基础设施、新能源汽车换电技术与系统、电动汽车无线充电、新能源汽车车载充电系统、插电式混合动力乘用车、插电式混合动力客车、增程式电动乘用车、增程式电动商用车、换电式电动乘用车、甲醇汽车领域、燃料电池乘用车、燃料电池客车、燃料电池专用车、燃料电池物流车、车用燃料电池、燃料电池系统、氢燃料电池电锥、车用燃料电池压缩机、燃料电池隔膜、加氢站、智能网联汽车、自动驾驶客车、无人驾驶物流配送车、智能网联汽车关键技术、智能网联汽车云控系统、智能网联汽车测试与评价等焦点问题,进行全面、深入、系统的汇总与梳理,勾勒出行业未来的走向与趋势,并提出下一步发展建议,继而帮助我国新能源汽车产业持续、健康、高质量发展。

2021 年《年鉴》在征集资料及编制过程中,得到了国家有关部门、各省、市、自治区节能与新能源汽车行业主管部门的关怀、指导,以及各汽车工业集团(公司)、关键零部件厂商、科研院所等相关企事业单位的大力支持和协助,在此表示诚挚的谢意!《年鉴》将一如既往以翔实、权威、科学、严谨的数据,全面、系统、客观、真实的内容,回报编委单位和广大读者的厚爱。

由于时间仓促和水平所限,书中不足之处在所难免,敬请各位领导、专家、读者批评指正,希望今后各相关单位继续积极参与其中,大力支持《年鉴》的编制工作,进一步为行业发展献计献策,拓展技术交流与市场合作,也欢迎对《年鉴》的充实和完善提出宝贵意见和建议,组织编制单位将不胜荣幸与感激。

《节能与新能源汽车年鉴》编制办公室

2021 年 8 月

企业形象专版目录

封　面
《节能与新能源汽车年鉴》编制办公室

封　二
上汽大众汽车有限公司

封二对页
安徽江淮汽车集团股份有限公司

封　底
工业和信息化部装备工业发展中心

封　三
北京福田康明斯发动机有限公司

封三对页
北京福田康明斯发动机有限公司

扉　插
中国第一汽车集团有限公司
广汽埃安新能源汽车有限公司
安徽江淮汽车集团股份有限公司新能源乘用车公司
长城汽车股份有限公司
东风柳州汽车有限公司
上汽通用五菱汽车股份有限公司
岚图汽车科技有限公司
R 汽车品牌事业部
上汽大众汽车有限公司
沃尔沃汽车(亚太)投资控股有限公司
东风本田汽车有限公司
广汽丰田汽车有限公司
合众新能源汽车有限公司
上海蔚来汽车有限公司
广州小鹏汽车科技有限公司
重庆理想汽车有限公司
爱驰汽车有限公司
广汽埃安新能源汽车有限公司
安徽江淮汽车集团股份有限公司
江铃汽车股份有限公司
江苏开沃汽车有限公司
广东亿顶新能源汽车有限公司
北汽福田汽车股份有限公司
宇通商用车有限公司
上海申龙客车有限公司
四川新筑通工汽车有限公司
奇瑞万达贵州客车股份有限公司
国唐汽车有限公司
浙江新吉奥控股集团有限公司
甘肃建投重工科技有限公司
湖南华菱涟源钢铁有限公司
华为技术有限公司
阿尔特汽车技术股份有限公司
江苏新能源汽车研究院有限公司
恩斯克投资有限公司
加特可(广州)自动变速箱有限公司
博格华纳(中国)投资有限公司
邦迪智能科技(上海)有限公司
苏州先莱新能源汽车零部件有限公司
贝特瑞新材料集团股份有限公司
池州西恩新材料科技有限公司
赣州市豪鹏科技有限公司
科力美汽车动力电池有限公司
欣旺达电子股份有限公司
大连中比能源科技有限公司
广东国鸿氢能科技有限公司
广东喜玛拉雅氢能科技有限公司
深圳精智机器有限公司
ABB(中国)有限公司
泰科电子(上海)有限公司

智能网联汽车专版
华为技术有限公司
北京百度智行科技有限公司
中汽院智能网联科技有限公司
北京千方科技股份有限公司

镁佳(北京)科技有限公司
苏州智行众维智能科技有限公司
湖北亿咖通科技有限公司
北京万集科技股份有限公司
蘑菇车联信息科技有限公司
启明信息技术股份有限公司
南斗六星系统集成有限公司
北京四维图新科技股份有限公司
深圳市有为信息技术发展有限公司
国汽智控(北京)科技有限公司
上海淞泓智能汽车科技有限公司
云控智行科技有限公司
工业和信息化部电子第五研究所
国汽(北京)智能网联汽车研究院有限公司
深圳市未来智能网联交通系统产业创新中心
先导(苏州)数字交通产业投资有限公司
湖南湘江智能科技创新中心有限公司
北京艾迪智联科技有限责任公司
《节能与新能源汽车年鉴》编制办公室

前　插

上海汽车集团股份有限公司
领克汽车销售有限公司
广汽三菱汽车有限公司
东风悦达起亚汽车有限公司
比亚迪汽车工业有限公司
广西汽车集团有限公司
湖南智点智能新能源汽车有限公司
江西五十铃汽车有限公司
大运汽车股份有限公司
北奔重型汽车集团有限公司
三一汽车制造有限公司
四川南骏汽车集团有限公司
上汽依维柯红岩商用车有限公司
宇通客车股份有限公司
厦门金龙联合汽车工业有限公司
银隆新能源股份有限公司
北京北方华德尼奥普兰客车股份有限公司
东风汽车零部件(集团)有限公司
广东威浦机电有限公司
上海 ABB 工程有限公司
杭州沃镭智能科技股份有限公司
芜湖顺荣汽车部件有限公司
广州领世汽车科技有限公司
武汉菱电汽车电控系统股份有限公司
南京奥特佳新能源科技有限公司
国家汽车电气化产品及系统质量监督检验中心
广东汽车检测中心有限公司
苏州电器科学研究院股份有限公司
中国船舶重工集团公司第七一二研究所
北京理工大学机械与车辆学院
同济大学汽车学院
清华大学——汽车安全与节能国家重点实验室
上海交通大学汽车工程研究院
上海翼飞天地电控科技有限公司
佛吉亚排气控制技术开发(上海)有限公司

后　插

安徽威灵汽车部件有限公司
北京理工华创电动车技术有限公司
浙江龙芯电驱动科技有限公司
上海馨联动力系统有限公司
上海易巴汽车动力系统有限公司
苏州绿控传动科技股份有限公司
深圳市大地和电气股份有限公司
柳州五菱柳机动力有限公司
江苏奥易克斯汽车电子科技股份有限公司
陕西法士特汽车传动集团有限责任公司
珠海华粤传动科技有限公司
自贡市江阳磁材有限责任公司
重庆奥兴嘉科技有限公司
首钢智新迁安电磁材料有限公司
福建省闽铝轻量化汽车制造有限公司
紫光国芯微电子股份有限公司
大唐恩智浦半导体有限公司
无锡利普思半导体有限公司
西门子(中国)有限公司上海分公司
中信泰富特钢集团股份有限公司
广州鹏辉能源科技股份有限公司
赣州亿鹏能源科技有限公司
弗迪电池有限公司
蜂巢能源科技有限公司
天津力神电池股份有限公司
中航锂电科技有限公司
湖北亿纬动力有限公司
荣盛盟固利新能源科技有限公司
风帆有限责任公司
辉能科技股份有限公司

上海奥威科技开发有限公司
长沙矿冶研究总院有限责任公司
北京机械工业自动化研究所有限公司
大族激光智能装备集团有限公司
贵州红星电子材料有限公司
九江天赐高新材料有限公司
上海重塑能源科技有限公司
德燃(浙江)动力科技有限公司
武汉海亿新能源科技有限公司
上海治臻新能源装备有限公司
上海电气集团股份有限公司
北京氢璞创能科技有限公司
北京亿华通科技股份有限公司
上海捷氢科技有限公司
国家氢能动力质量监督检验中心
招商局检测车辆技术研究院有限公司
上海机动车检测认证技术研究中心有限公司
襄阳达安汽车检测中心有限公司
长春汽车检测中心有限责任公司
国家智能商用车质量监督检验中心
北京市产品质量监督检验院
山东省产品质量检验研究院
中检西部检测有限公司
莱茵检测认证服务(中国)有限公司
比艾克来检测技术(天津)有限公司
四川新能源汽车创新中心有限公司
天津大学先进动力与智能车辆控制团队
重庆交通大学机电与车辆工程学院
江苏大学节能与新能源动力总成系统研究所
江苏大学燃料电池发动机研究所
江苏大学先进燃烧与排放控制研究所
电装(中国)投资有限公司
上海加冷松芝汽车空调股份有限公司
扬州嘉和新能源科技有限公司
浙江省汽车空调产品质量检验中心
南方电网电动汽车服务有限公司
普天新能源有限责任公司
奥动新能源汽车科技有限公司
南京能瑞电力科技有限公司
南京康尼新能源汽车零部件有限公司
山东龙立电子有限公司
张家港友诚新能源科技股份有限公司
贵州航天电器股份有限公司
深圳威迈斯新能源股份有限公司
深圳欣锐科技股份有限公司
深圳市力辉电机有限公司
常州市三生机械有限公司
深圳市柳溪机械设备有限公司
浙江黎明智造股份有限公司
合肥合锻智能制造股份有限公司
四川瑞雅科创汽车安全技术有限公司
太航常青汽车安全系统(苏州)股份有限公司
襄阳精鑫电子设备制造有限公司
荣成锻压机床有限公司
巴斯夫催化剂(上海)有限公司
北油电控燃油喷射系统(天津)有限公司

>>> 目 录 | CONTENTS |

第一篇 行业篇

第二篇　政策篇

第三篇　城市篇

第四篇 单 位 篇

第五篇 成果篇

第六篇 公告目录篇

第七篇 大事记篇

第八篇 标 准 篇

智能网联汽车
专版

Baidu百度 | apollo

01.自动驾驶

百度Apollo正成为全球自动驾驶“先行者”

- 2013年布局，全球生态合作伙伴超210家，汇聚全球开发者55000 名，开源代码70万行。
- 自动驾驶测试车500辆，专利2900件，世界30个城市测试，总里程超1200万公里。
- 中国测试牌照278张，载人牌照218张，获得高技术等级北京T4牌照。出行服务Apollo Go已在北京、长沙沧州全面开放，已接待乘客超21万名，未来将拓展服务至30城，部署3000辆自动驾驶出租车，为300万用户提供服务。
- 知名研究公司Navigant Research连续两年把百度列为全球四大自动驾驶领域先行者之一。

02.汽车智能化

百度Apollo推出汽车智能化乐高式解决方案，包括智驾、智云、智图、智舱四大产品系列

智驾 以先进的AVP解决方案为起点，基于L4级纯视觉自动驾驶技术Apollo Lite，发布可量产的高等级智能驾驶解决方案ANP，从泊车域到行车域，实现面向城市复杂道路的全场景自动驾驶量产解决方案，未来3~5年预计前装量产搭载100万台。

智云 推出自动驾驶中台、汽车AI中台、安全大脑等一系列汽车云解决方案。开启自动驾驶云、大数据云、汽车安全云“三朵云”模式。

智图 包含给人看的车机导航地图、给车看的高精地图和用户城市治理的动态孪生地图。

智舱 Apollo智舱与超过70家车企600款车型合作，已实现超过100万台的小度车载OS前装量产搭载，在2020年智能新车市场占比居前。预计2023年，搭载Apollo智能车联AI能力的车辆将超过1亿台。

03.百度ACE智能交通

百度打造Apollo车路行融合全栈式智能交通解决方案：ACE智能交通引擎

2020年4月，百度正式对外发布“ACE智能交通引擎”，披露Apollo智能交通解决方案。百度ACE智能交通引擎采用“1+2+*N*”的系统架构，兼具技术和成本两大优势，目前已落地北京、广州、上海、重庆等全国20多个城市和地区。

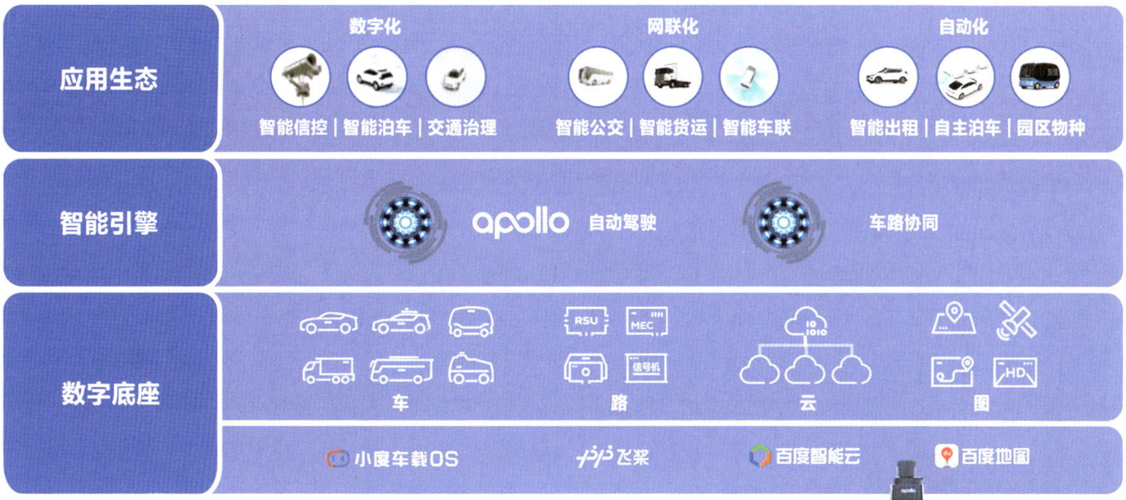

2021年6月24日，百度Apollo与清华大学智能产业研究院（AIR）共同推出全球车路协同技术《面向自动驾驶的车路协同关键技术与展望》，为车路协同前沿技术创新提供坚实理论参考，更为自动驾驶规模商业化落地带来破局之道。

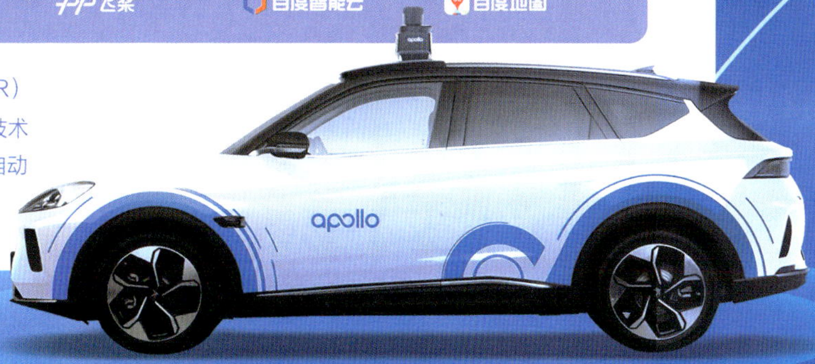

中汽院智能网联科技有限公司
Intelligent Connected Technology of CAERI Co.,Ltd.
中国汽研 CAERI

i-VISTA中国智能汽车指数

中国智能汽车指数是中国汽研在中国汽车工业协会和中国汽车工程学会的指导下，基于i-VISTA智能汽车集成系统试验区，结合中国自然驾驶数据和中国交通事故数据研究成果，着力打造的全球首个面向消费者的第三方智能汽车测试评价体系。自2018年至2020年，累计发布了55款量产车型的测评结果，为消费者提供中立、公正、专业的参考信息，助力企业产品优化升级。

2021年4月1日，正式实施 i-VISTA2020版。i-VISTA2020版测评规程是基于中国自然驾驶数据和中国交通事故数据研究，多次开展方案研讨和技术交流活动，已经完成了2020版新规程的研究和规程制定工作，并于2020年11月发布。2020版测评规程由智能行车、智能泊车、智能安全、智能交互、智能能效五大版块组成，制定了“五星智能”评价规则，将更全面地评价具备智能驾驶、智能座舱等智能化功能的传统能源车和新能源车。2021年度i-VISTA中国智能汽车指数的正式测评试验已陆续开展，即将发布新款车型的智能星级评价结果。

i-VISTA智能指数始终坚持中立、公正、专业的原则，以服务消费者买车用车、引导企业产品优化升级、服务国家战略为宗旨，愿在社会各界的监督下，提升中国汽车的智能化水平，积极推动中国汽车产业的高质量发展，助力建设交通强国战略。

千方科技
（股票代码002373）

技术先进、数据驱动的行业专家

2000 年创立　8000 余员工　150 国家和地区

千方科技（股票代码002373）创立于2000年，现有员工近8000人，业务遍及全球150多个国家和地区。公司作为国内先进的行业数字化解决方案和大数据服务提供商，依托大数据、人工智能、云边端融合等创新优势，构建开放协同的产业生态，赋能行业数字化治理与转型。

千方科技是交通信息化服务领域较早布局车联网的业内公司，2016年千方科技、百度、北汽新能源等十五家京冀地区汽车、交通、通信、互联网的行业龙头、高校与科研院所签署合作协议，共同发起建设京冀示范区；并牵头发起成立北京市智能车联产业创新中心，获批北京市智能网联测试与服务领域的市级产业创新中心，重点围绕国家智能汽车与智慧交通（京冀）示范区（简称“示范区”）开展建设、管理和运营工作。

依托产业联盟（智联会）推动团体/地方及行业标准研制，与信通院合作，开展“基于LTE技术的V2X无线通信标准研究和实验”项目，建立行业/地方标准，参与《合作式智能运输系统　车用通信系统应用层及应用数据交互标准　第二阶段》和《基于车路协同的高等级自动驾驶数据交互内容》两项国内主要的车路协同协议标准。

千方科技参与并完成了IMT-2020(5G)推进组C-V2X工作组组织的网络层应用层互操作协议一致性测试。参与2018年11月，世界“三跨”测试，跨通信模组、跨终端、跨整车的互联互通。参与2019年10月C-V2X全球初次“四跨”测试，实现“跨芯片模组、跨终端、跨整车、跨安全平台”的车路协同应用测试，“四跨”测试首次将信息安全机制引入到V2X的体系中，增加安全的模块，意味着C-V2X的车路协同技术路线，进一步接近商用。

千方科技秉承“优先满足客户需求，更好实现客户价值”的价值主张，践行“成就客户、人才为本、拥抱变化、开放协同、追求超越”的核心价值观，不断创新技术，积极推进行业应用场景落地，致力于让世界更安全、更便捷、更智能。

智能网联

核心产品

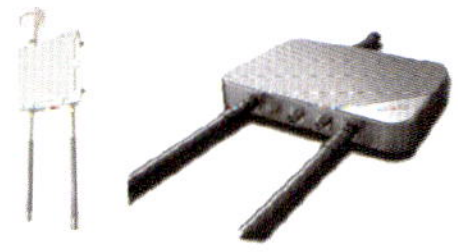

路侧单元（RSU）

云控管理服务平台

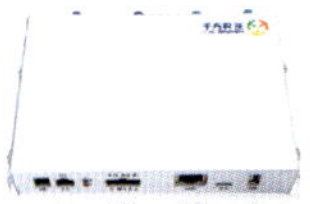

车载单元（OBU）

V2X软件开发套件

智能基础设施

协同控制机CCU
边缘计算单元ECU

应用场景

交通安全

信息服务

交通效率

智慧高速应用场景

- 运行监测与预警
- 收费运营
- 主动交通管控
- 准全天候通行
- 车路协同服务

智慧公路应用场景

- 路网运行监测
- 道路安全智能预警
- 车路协同服务

城市道路应用场景

- 自动驾驶试场
- 智能网联应用示范
- 智能路口

智慧ETC

ETC城市创新，赋能应用

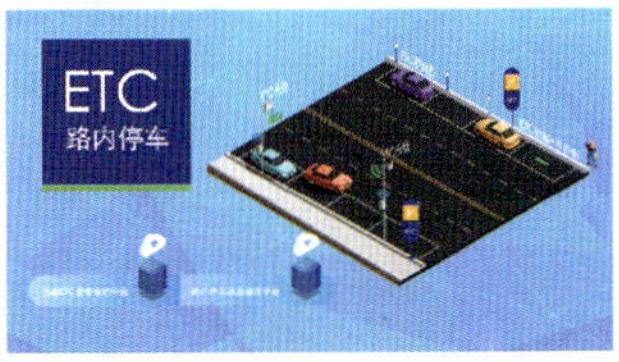

ETC路内停车

ETC非现场治超应用

ETC停车无感支付

ETC无感加油

前装ETC车载终端OBU

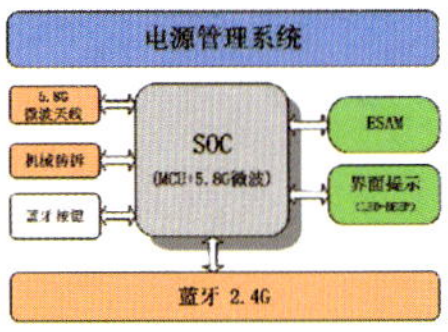

前装OBU电子标签系统组成

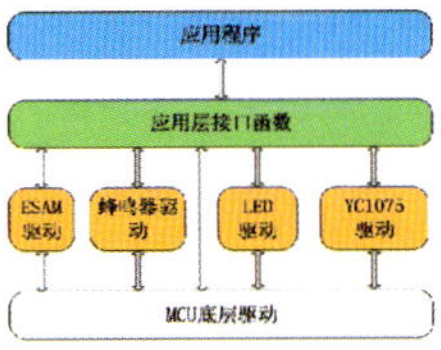

前装OBU电子标签软件架构

QF-R90B前装式电子标签

QF-M16前装OBU模组

镁佳 | 以OS软件为核心 打造先进的智能汽车软件基础设施

镁佳(北京)科技有限公司成立于2018年。秉承着“软件改变世界”的梦想,凭借多年在互联网和汽车行业的积累,镁佳持续扎根于智能汽车软件、车联网服务的开发组件的研发中。

两年前,镁佳创新性地提出了模块化的汽车软件开发方式,通过自主研发的整车级别分布式智能操作系统SmartMega®OS+和软件开发基础组件SmartMega®Core,不仅帮助整车厂更好地掌控智能汽车中的软硬件开发过程,还让车厂更自主、灵活地构建了优质的用户体验。SmartMega®OS+和SmartMega®Core可覆盖从车到云的核心软件构架,根据车型可快速定制专属零部件软件产品和云端业务系统,同时也提供硬件零部件的设计和定制开发,并实现一年数次软件大版本迭代。目前该系统支持的零部件包括:数字座舱、多个域控制器、T-Box、网关,具有较强的平台化和规模化能力。

镁佳的总部&软件平台化研发中心设立在北京,武汉有第二研发中心,同时在重庆、广州等地也有项目交付中心。目前公司员工400人,覆盖硬件、软件、云端全部领域,团队50%以上为硕士,80%以上工程师有超过8年的工作经验。

2020年,镁佳和国内外多家整车集团共达成总额近10亿人民币的量产零部件研发和供应合同,充分验证了基于SmartMega®OS+系列车载操作系统和SmartMega®Core软件及云服务组件的普适性。镁佳以多种灵活的合作模式赋能整车厂,包括传统的Tier1零部件供应模式,以及软件服务模块授权、合作开发等崭新的合作方式。2021年一季度以来,镁佳与各大车厂的量产合作还在持续增加。

2021年5月镁佳完成新一轮超亿级美元融资,投资商为Transcendence Capital、大湾区共同家园发展基金、南山资本、红点中国及山行资本。

公司创始人庄莉女士表示:“赋能整车厂,让整个汽车行业都能开发出高智能的软件,是我们的初心和愿景。通过几年的实践和积累,我们取得了阶段性的商业落地成绩,验证了我们正在开创一条全新的正确技术路线。我们会持续地投入大量有技术挑战的研发项目,也希望更多互联网行业和汽车行业的优秀人才加入我们,一起做在时代浪潮中共赢的事!”

公司网址:https://www.megatronix.cn
公司地址:北京市朝阳区创远路34号融新科技中心C座12层
商务合作:bd@megatronix.com

镁佳

Megatronix

汽车智能化赋能者 | 让车内没有难写的软件

SmartMega®
智能化软硬件基础设施

变革性的整车智能化开发平台：
硬件+软件 + 云

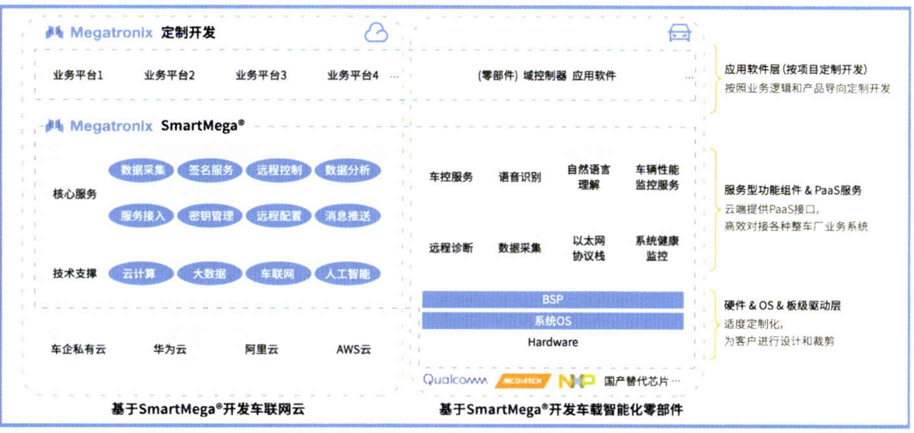

智能数字座舱
Intelligent Digital Cockpit

智能语音交互引擎
AI Engine for Voice UI

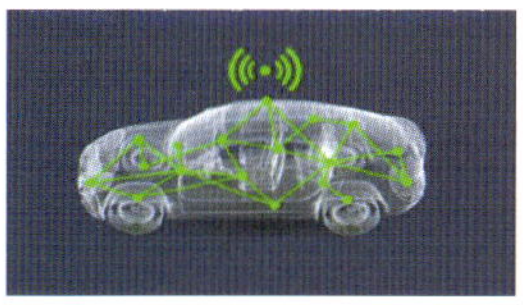

联网网关 & 域控制器
Telematics Gateway & Domain Controller

智能车云
Connecte Vehicle Cloud

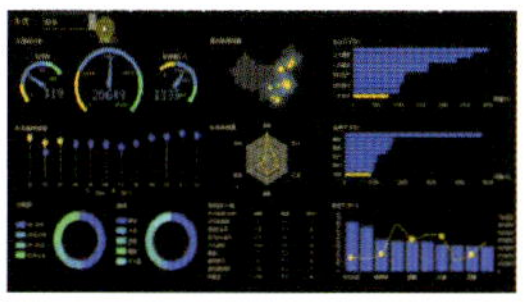

大数据和车辆管理平台
Big Data & Vehicle Management Platforms

移动端应用
Mobile Apps

SmartMega® 合作模式

一站式车内智能化零部件供应商与
智能网联解决方案提供商

SmartMega® 合作模式

新一代智能车联网云解决方案

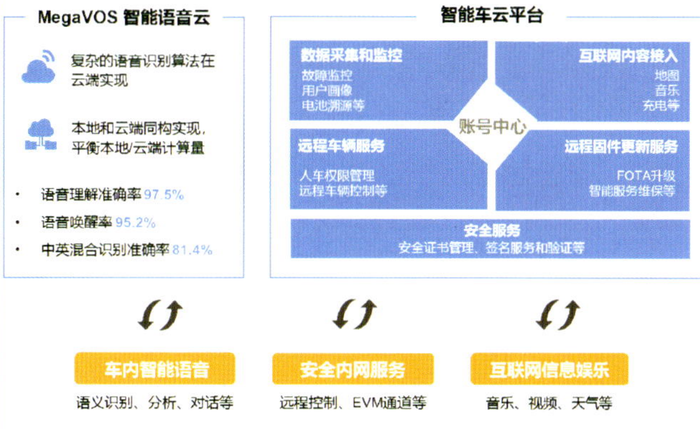

- 在客户指定的公有云/私有云均可快速部署
- 容器化微服务部署，可横向扩展
- 多可用区部署，保证服务高可用
- 服务运维自动化

SmartMega® 合作模式

赋能整车厂自研

ECARX

亿咖通科技成立五周年 以不变初心 拥抱汽车智能化美好未来

5月26日，中国汽车智能化科技公司亿咖通科技成立五周年庆典暨全体员工大会在杭州举行。五载风雨，亿咖通科技已初步成长为汽车智能科技领域的独角兽企业。面向未来，亿咖通科技将持续构建汽车智能化全域能力、赋能全球汽车制造商，为用户提供智能化出行体验，与行业伙伴们共创智能出行的美好未来。

亿咖通科技成立五周年庆典暨全体员工大会在杭州举行

所有过往，皆为序章

亿咖通科技成立于2016年，是中国知名汽车企业家李书福先生携手沈子瑜先生共同创立的汽车智能化科技公司。在过去五年里，亿咖通科技从初创起步到快速发展，一个个里程碑见证了亿咖通科技从零开始探索汽车智能产业的步伐。

如何让用户在每天的出行时光里享受安全、愉悦的体验？这是亿咖通科技成立之初就在探索的课题。历经一年的研发，一代亿咖通科技车机产品在2017年量产上车。2018年，亿咖通科技凭借对用户出行需求的深度积累和前瞻洞察，发布了为吉利汽车深度定制的车载智能网联系统GKUI。随着版本的更迭，GKUI已由围绕座舱内“听、行、说”提供服务的交互系统，发展为基于“出行场景”提供主动式服务的智能化系统。未来，亿咖通科技不仅将持续推进智能网联系统的迭代进化，更将在中国市场积累的先进经验与技术运用于全球，领军全球汽车智能座舱系统体验的融合与发展。

高算力的车规级芯片是智能网联系统优质体验的基石。在成立至今的五年里，亿咖通科技在芯片领域持续投入、深度布局。2020年，车规级全栈AI语音芯片正式流片。2020年10月，亿咖通科技与安谋中国共同成立的芯擎科技正式公开亮相，并宣布新一代采用7纳米制程工艺的车规级数字座舱芯片于2021年流片。目前，亿咖通科技已拥有四大车规级芯片序列矩阵：高性能数字座舱芯片E系列、全栈AI语音芯片V系列、驾驶辅助芯片AD系列、微控制处理器M系列，为整车智能技术发展打下坚实的基础。

在全球汽车智能化浪潮的席卷下，亿咖通科技深知，任何囿于单一市场的产品都存在局限。唯有历经全球市场的考验，才能真正为汽车智能化进程赋能。于是，2019年中，亿咖通科技联手宝腾汽车、ALTEL登陆马来西亚市场。2020年底，亿咖通科技更在瑞典哥德堡落成了独立运营的欧洲总部与研发中心。在随后的2021年初，亿咖通科技又与伟世通、高通合作研发智能座舱解决方案；与沃尔沃汽车成立合资公司研发新一代车载智能操作系统。这一系列不曾间断的举措与步伐正式拉开了亿咖通科技全球布局的序章。

初心不变，战略升级

历经五年发展，如今的亿咖通科技已拥有超过1900名员工，在杭州、北京、上海、武汉、大连及瑞典哥德堡设立了分支机构及研发中心。凭借车载芯片、智能座舱、高精地图、大数据及车联网云平台等核心技术产品，亿咖通科技已成为汽车智能化领域的独角兽头部力量。

亿咖通科技联合创始人李书福也来到庆典现场向全体员工寄语：“亿咖通科技是一家商业科技企业。我们大家相聚在一起，不仅为了实现科技理想、创造科技奇迹，更要为市场提供有竞争力的产品、为用户提供良好的消费体验。对于企业来讲，员工的心就是企业的元气。希望大家相互帮助、相互学习、相互鼓励，共同培育企业的元气，为亿咖通商业理想与科技自由大胆探索，不断实现自我超越，不断破圈，持续超前。”

亿咖通科技联合创始人李书福也来到庆典现场，肯定了公司五年成就并对未来发展寄予厚望

亿咖通科技CEO沈子瑜在致全体员工的讲话中提到：“亿咖通科技是一家充满活力的创业型企业。在过去的五年里，我们倾注于技术和产品研发，建立了中国市场的竞争优势和行业地位。面向未来发展，我们需要保持创业精神，以具备全球化经营能力的组织架构、完善的全域技术能力、优越的产品体验，向全球领军的汽车智能化科技公司迈进。”

亿咖通科技CEO沈子瑜在庆典中回顾了公司五周年发展历程并分享了未来发展规划

在创始人统一战略的引导下，亿咖通科技将以“让智慧出行驱动美好生活”为全新愿景，以“加速汽车智能化，创建人车新关系”为新使命，全力拥抱未来全球汽车智能化发展格局。

高阶自动驾驶能力在汽车智能化发展中扮演着举足轻重的角色。唯有实现高阶自动驾驶，用户才能真正从每日通勤的负担中解放出来，享受智能座舱系统带来的优越体验。亿咖通科技早在2018年就开始布局高阶自动驾驶能力，目前已具备规模化高精地图专业构建的能力。面向未来，亿咖通科技将进一步完善在高阶自动驾驶领域的软、硬件技术布局，并将符合全球市场需求的高阶自动驾驶能力快速落地。

拥抱全球汽车产业快速向智能进化的大趋势，亿咖通科技将积极拓展与全球汽车工业头部企业的合作机会，快速学习先进的安全、合规、隐私标准，打通全球化价值链。与此同时，亿咖通科技将围绕座舱智能化和驾驶智能化两大重要板块能力，完成汽车智能化全域能力的构建，实现芯片、软件、算法、数据能力的打通，并由此驱动整车由分布式计算向域计算、向中央计算的进化。以强大中央算力为基石，丰富、多样、个性化的软件实现对未来智能汽车以及智慧出行美好生活的全新定义。

亿咖通科技全体员工共同参与了这场盛会

回首过去，铿锵五载，亿咖通科技与中国汽车行业共同向智能化飞速发展。面向未来，初心恒在，亿咖通科技致力打造汽车智能化全域技术平台，为全球汽车智能进化赋能。随着新征程的开启，亿咖通科技将加速向世界先进的汽车智能化科技公司迈进，并以不变的坚持与韧性，全力拥抱汽车智能化的美好未来。

蘑菇车联

蘑菇车联 自动驾驶智慧交通

赋能行业，打造车路云一体化AI生态

蘑菇车联是一家全球先进的自动驾驶全栈技术与运营服务提供商，打造了全球新一代的自动驾驶与智慧交通系统，并通过车路云一体化体系，加速了自动驾驶商业化落地。

L4级单车自动驾驶技术

蘑菇车联拥有全国规模较大的训练数据集，全球先进的算法体系以及完善的自动驾驶套件方案，打造了具有高稳定性与可靠性的单车自动驾驶系统，同时可融合路侧与云端的综合信息，更加适合中国城市开放道路的实际交通情况。

车路云一体化体系

蘑菇车联通过单车智能、车路协同、AI云平台实现融合感知、协同定位规划和协同决策，突破单车智能瓶颈，大幅提升自动驾驶的可靠性和安全性，开创国内车路云一体化体系。

智慧交通AI云平台

全国较大规模云控平台，打造交通元素全覆盖的全息数据感知体系和场景化智能决策服务，是完全具备交通AI底层系统与应用运营系统的智慧交通大数据平台。

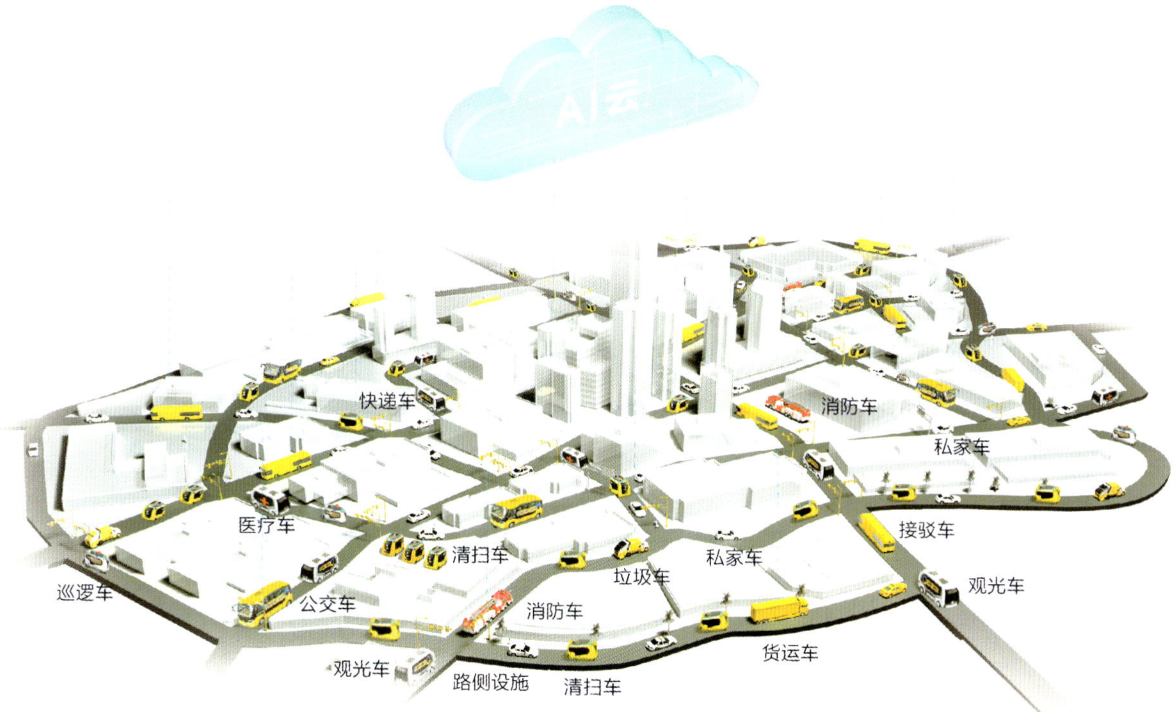

自动驾驶公交车

自动驾驶医疗车

自动驾驶园区车

自动驾驶接驳车

自动驾驶巡逻车

自动驾驶清扫车

自动驾驶快递车

自动驾驶私家车

启明未来

无人驾驶汽车在示范区内进行测试

以技术进步为驱动，启明信息二十载潜心技术研究与应用，拥有1400多位ICT技术精英与启明同行至今。公司连续14年入选国内软件及服务业务收入前百家企业及中国十大创新软件企业，并先后获得各级科学技术进步奖31项，其中国家科学技术进步奖2项；承担政府专项课题100余项，其中国家课题39项。现拥有国家智能网联汽车应用(北方)示范区、汽车电子产品检测中心，以及省级数据灾备中心、汽车电子创新中心、汽车电子工程中心。是十佳运营商。现为国家高新技术企业、工业互联网产业联盟成员单位、中国软件行业协会副理事长单位，承担着产业发展进步的社会责任。

启明信息以“点亮数字世界”为使命，服务于汽车行业及产业上下游，为汽车产业提供数字化解决方案，为企业赋能；产品涉及每辆车、每位车主的出行与生活，为每位车主提供数字化产品体验。服务深入每一个人的汽车生活，从车辆的设计、生产、运输到交付消费者，融入在汽车全生命周期的每一个环节。

面向未来，启明信息将以客户为中心，以产品创新为主线，以技术进步为驱动，成为中国先进的数字化解决方案提供商。

国家智能网联汽车应用（北方）示范区测试车辆

南斗六星系统集成有限公司

South Sagittarius Integration Co.,Ltd.

成立于2001年8月，公司专注于智能网联汽车云、端产品的研发与市场推广，以大数据分析为核心，深耕智能网联、网络安全、数据价值挖掘等领域。公司基于"南斗六星系统"（自主研发的）云计算、数据分析及人工智能等技术，提供智慧汽车云控系统(机场、港口)、智慧交通(城市交通)、智慧检测整体解决方案。

公司获得湖北省隐形冠军科技小巨人证书、软件和信息技术服务业优秀企业、武汉市软件百强企业荣誉称号；获得武汉市互联网信息办公室的大数据企业资质。近三年申报专利及知识产权388项，其中发明专利78项，软件著作权255项，实用新型55项。

公司拥有约280余人的研发团队（
括数据分析、软硬件产品开发及试验
试）。自主开发的商用车整车实物TSP监
系统、道路试验车远程监控管理系统、
风指南针监控系统、新能源车辆智能管
系统等已经广泛应用于东风集团内、外
市场。其中智能座舱、3D-360全景环
系统、疲劳驾驶监控等产品，应用于政
部门及部分商用车、乘用车车企和物流
业，并得到客户一致肯定与好评。

南斗六星系统，基于南斗云计算、数据分析与建模，创新数据价值，提供智能网联服务

应用层：车辆网应用、智慧检测应用、智慧城市应用、数字化运营

平台层：API网关、数据中台、业务中台、网络层；安全体系、运维体系、服务体系

接入层：数据协议、平台对接、指令上下行

基础云环境：私有云、共有云、混合云

车联网应用

燃油车车联网应用

- 车辆远程控制
- 油耗管理
- 驾驶行为评价
- 故障诊断
- ……

新能源车联网应用

- 实时车况
- 电池电压信息
- 在线率统计
- 故障提醒
- ……

智慧检测应用

数字试车场

- 车辆实况
- 试验场地实况
- 测试报告输出
- 试验数据分析
- ……

道路试验数据采集与分析

- 试验车数据采集
- 试验车数据分析
- 试验车辆监控
- 试验车辆诊断
- ……

智慧城市应用

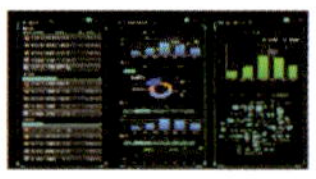
城市数据大脑

- 补贴核查
- 城市交通
- 尾气排放
- 政策支撑
- ……

数字化运营

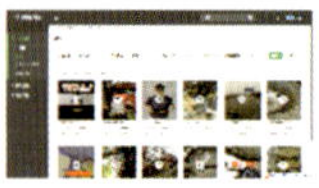
楚道行系统

- 用户画像
- 线索推荐
- 舆情监控
- 流量分析
- ……

机动车环境管理综合业务平台

智能网联自动驾驶测试平台

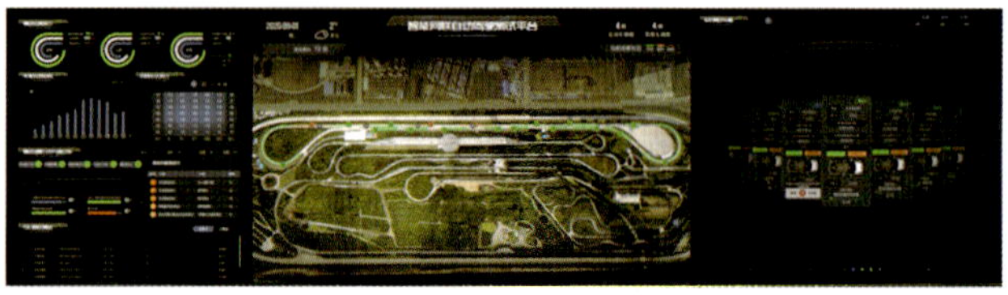

新能源车辆监控平台

车联网运营平台

NAVINFO 四维图新

四维图新简介

四维图新成立于2002年，是中国导航地图产业的开拓者。经十余年的创新发展，四维图新已成为导航地图、导航软件、动态交通信息、位置大数据，以及乘用车和商用车定制化车联网解决方案领域的先行者。如今，四维图新以全面的技术发展战略迎接汽车“新四化”时代的来临，致力于以高精度地图、高精度定位、云服务平台，以及应用于ADAS和自动驾驶的车规级芯片等核心业务，打造“智能汽车大脑”，赋能智慧出行，助力美好生活，成为中国市场乃至全球更值得客户信赖的智能出行科技公司。

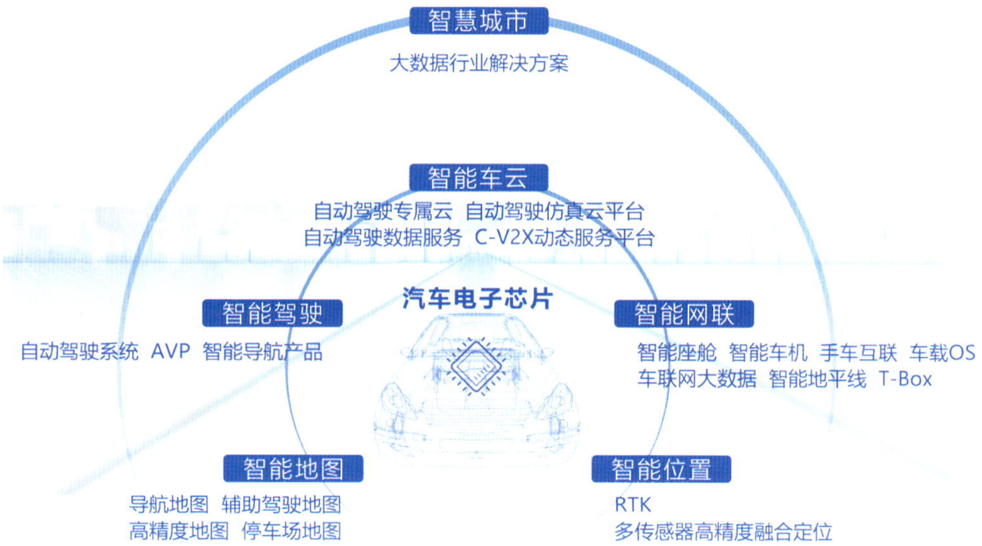

使命：赋能智慧出行，助力美好生活

愿景：用户信赖的智能出行科技公司

四维图新订阅号

四维图新服务号

www.navinfo.com

国汽智控（北京）科技有限公司

国汽智控（北京）科技有限公司（AICC）基于顶层设计、优势人才、科技创新和重磅资源，研发智能网联汽车基础台产品并产业化落地，提升我国智能网联汽车及相关产业在全球价值链中的地位，打造具有世界影响力的市场化公。公司注册成立于2020年7月，总部位于北京经济技术开发区，在北京、上海、硅谷均设有研发中心。

智能汽车基础脑iVBB（intelligent Vehicle Base Brain） 是软硬件及网联云控一体的智能驾驶计算基础平台产品，含智能网联汽车操作系统（iVBB）、智能汽车域控制器（ICVHW）、车路云协同基础软件（ICVEC），具有统一5、跨车型、跨平台、全生态、应用定制开发5大优势。iVBB采用分层解耦、模块化设计的架构。在下层实现ICVOS与件平台、车辆平台解耦，广泛适配行业主流及国产自主芯片和硬件平台，支持算力扩展；在上层实现ICVOS与应用解，基于数据流引擎、可插扩算法引擎。iVBB支持云端和边端部署，实现车云计算数字孪生，通过多种行业严格认证，足车规级要求。

智能汽车基础脑

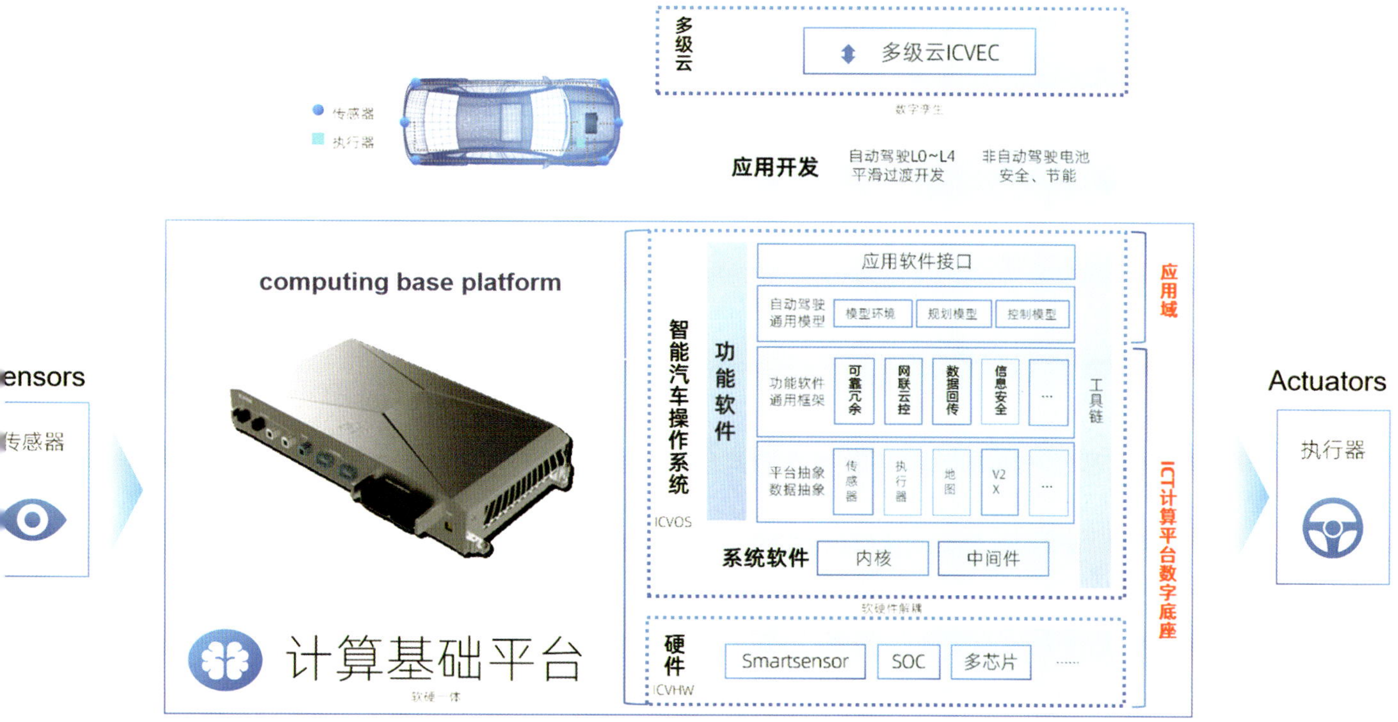

上海市/SHANGHAI
智能网联汽车创新中心

SH INTELLIGENT

Intelligent Connected Vehicle Innovation Center

上海淞泓智能汽车科技有限公司成立于2017年6月。股东方包括上海国际汽车城（集团）有限公司、中[
汽车技术研究中心有限公司和上海电科智能系统股份有限公司等5家单位。公司是国家智能网联汽车（上海
试点示范区具体规划设计和运营管理单位，是上海市智能网联汽车道路测试推进工作小组（市经济和信息
委、市交通委和市公安局联合组建）指定的一家第三方机构，承担上海市智能网联汽车道路测试牌照申请、
试和管理工作。

淞泓公司起步于嘉定，服务上海、辐射长三角，致力于发展成为国内先进、国际出色的智能网联汽车工
技术服务商！我们将为人类真正实现零伤亡零拥堵的愿景，砥砺前行，奋斗不息。

技术测试认证

封闭区测试
- 5.05 公里道路
- 280+ 测试场景
- 完善的测试设备
- 系统的测试体系

实验室与仿真测试
- 高性能整车及零部件测试台架
- 厘米级高精度定位
- 可控的环境模拟

开放道路测试
- 53.6 公里道路
- 68 个信控交叉口
- LTE-V、5G 全覆盖
- 1000+ 智慧路侧设备

智能网联汽车路测许可管理
- 上海市智能网联汽车道路测试牌照申请
- 上海市智能网联汽车示范应用牌照申请
- 长三角智能网联汽车道路测试牌照申请

辅助驾驶测试
- 辅助驾驶功能对标
- 辅助驾驶标准研究
- 实验室与仿真测试

自动驾驶测试
- 智能化测试
- 网联化测试

实验室与仿真测试
- 整车测试
- 关键零部件测试
- MiL/SiL/HiL 测试
- 100平方公里城市级高保真

产品开发与集成应用

集中行业资源优势，聚焦关键共性技术产品开发与集成，智能网联汽车行业痛点问题解决及工具开发。

路侧智能设备（Sibox）

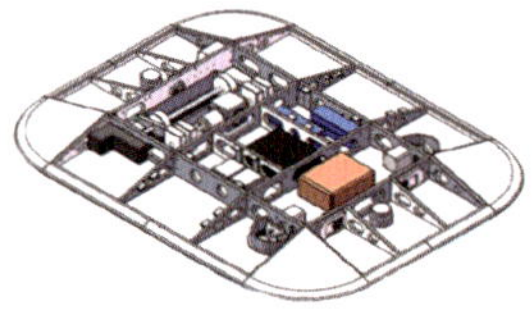

测试设备（GST）

上海市智能网联汽车道路测试数据采集与运行监测平台

关键共性技术研发

依托行业资源集聚优势，面向智能网联汽车道路及虚拟仿真测试、数据分析与人工智能算法训练等行业需求，牵头参与多项国家以及市级科研项目，开展关键共性技术研发。

- 智能网联汽车道路测试监管
- 城市典型驾驶场景库
- 数字孪生技术
- 感知、 决策与控制算法训练与评估
- 5G 远程驾驶技术

行业咨询研究

建设政府和行业智库，支持政府、企业等开展智能网联汽车产业发展战略、规划及管理政策的咨询研究工作。

标准研究制定

智能网联汽车领域高新技术研发与成果的标准转化与创新平台，行业技术标准策划、行业技术标准研究与制定、行业技术标准试验验证、行业技术标准会议策划与组织。

行业交流合作

输出“上海方案”
牵头长三角地区智能网联汽车一体化

创新场景设计
承接国家重大会展自动驾驶体验活动

发起合作联盟
打造智能网联汽车行业国际交流窗

封闭测试区一 上海市嘉定区墨玉南路451号北侧国家智能网联汽车（上海）试点示范区 **封闭测试区二** 上海市嘉定区伊宁路2155号国家智能网联汽车（上海）试点示范区

电话：021-60196756　传真：021-60192057　邮箱：songhong@icv-sh.com

云控智行

中国网联自动驾驶引领者

Tsingcloud 云控智行

清華大学 Tsinghua University　清華大学 车辆与运载学院 School of Vehicle and Mobility Tsinghua University　CAICV 中国智能网联汽车产业创新联盟 China Industry Innovation Alliance for the Intelligent and Connected Vehicles　CICV 国汽智联 国家智能网联汽车创新中心

云控智行科技有限公司（简称“云控智行”）是中国网联自动驾驶先行者，成立于2017年。依托清华大学在智能汽车领域的20年技术积累，围绕智能汽车云控基础平台、智能路侧设备、网联车载终端及网联自动驾驶应用服务等核心业务，持续为政府及产业链各方提供“车路云一体化”综合解决方案，致力于赋能未来智能汽车与智慧交通融合的创新生态。国家智能网联汽车创新中心发起股东之一，云控基础平台牵头单位，中国智能网联汽车创新产业创新联盟基础数据工作组牵头单位。

先进完整的云支持自动驾驶系统产品体系

目前公司产品包括智能汽车云控基础平台、智能路侧设备（传感器、计算单元、V2X通信单元）、网联车载终端（T-box）以及各类网联自动驾驶应用服务。由云、路、车、应用组成的“车路云一体化”综合解决方案已具备为整车企业、整车零部件供应商、政府及各类公共机构、智能驾驶生态企业等提供网联核心技术支撑，持续推动智能汽车的推广普及与商业模式创新，加快实现未来智能汽车与交通融合的创新生态。

雷达摄像一体机（II代）

道路目标多传感器融合感知系统

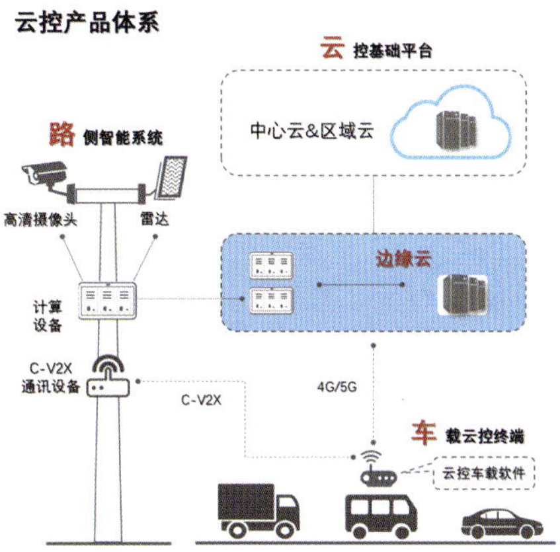

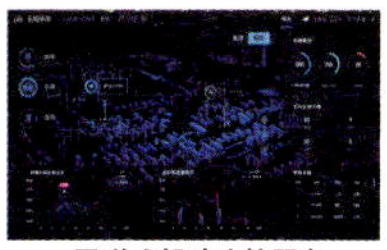

网联式驾驶决策服务

车路云融合感知

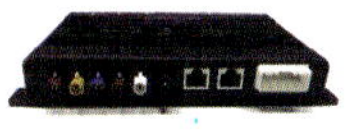

车规级高适配多模多源终端

典型丰富的云控项目落地实践与运营

成立至今，云控智行先后承担了国家发改委、工业和信息化部、北京市科委、上海科创办等“车路云一体化”项目。目前云控智行已作为核心系统供应商建设了北京、上海、雄安、长沙、河北等地的智能网联汽车示范区，国家云控基础平台的示范效应已经显现，向全行业输出的综合解决方案已覆盖城市、高速、封闭园区三大场景，并与众多具备行业影响力的整车企业形成了网联自动驾驶的实质性合作。

BJHAD 北京市高级别 自动驾驶示范区

- 全球新一代网联云控式高等级自动驾驶示范区

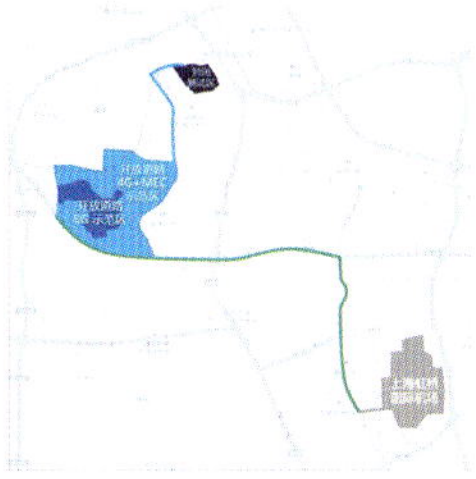

- 全国新一代获国家发改委资金支持的车路云一体化项目

- 2020中国汽车工业科学技术进步奖

- 全国新一代省会城市自动驾驶商业化项目

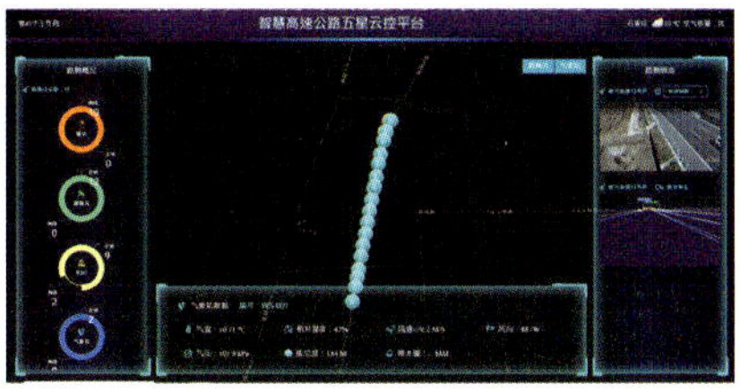

- 全国新一代云支持自动驾驶系统与高速信息化深度结合项目

- 网联自动驾驶在半开放场景中的商业化落地运营

智能网联汽车创新应用路线图

牵头单位 CAICV 中国智能网联汽车产业创新联盟 China Industry Innovation Alliance for the Intelligent and Connected Vehicles　CICV 国汽智联 国家智能网联汽车创新中心

支持单位 NISSAN　VOLVO　JAGUAR　LAND-ROVER　宇通客车　东风悦享　安凯客车　陕汽重卡　HUAWEI　IDRIVERPLUS 北京智行者科技有限公司

《创新应用路线图》于2021年1月18日启动编制,得到了行业内众多企业和专家的高度关注与广泛参与。通过联合行业力量,共梳理重点应用场景、组建编制团队,形成13个专题编写组,结合行业内90余家单位、140余位专家的智慧,按照不同场景方向共同展智能网联汽车创新应用发展路径研究。

目的

结高度自动驾驶车辆应用推广现存的问题、困难、挑战,为相关部门决策提供参考。提出合理化建议,以确保部署的示范项目得现模化应用。

也方政府推动智能网联汽车产业发展,制定一系列政策措施和产业规划、选取推广场景、设计实施方案提供依据。

企业重点布局业务领域提供集成应用、测试示范及商业化部署参考。研判在商业化应用前所面临障碍与重要问题,提出商业化用实现路径。

新应用路线图》研究成果形成后,联盟将选取多个重点场景,组织行业力量开展高级别智能网联汽车测试验证与示范应用活动,期推动相关场景应用渐进成熟。

对象及场景分类

【对象】多场景的网联式高度智能网联汽车/车辆应用

【类型】根据车辆的行驶环境和主要行驶速度进行场景选取

行驶环境	主要行驶速度	典型场景
封闭区域(行驶的道路一般属于内部配建设施,多有出入口)	较低速度	停车场(库)泊车
		场内货运(港口、厂区等)
		矿山重载货运
限定区域(一定程度限制社会机动行人通行,也包括城市支路)	较低速度	园区/景区通勤区域微循环巴士(网约)
		末端配送
		环卫清扫
		巡逻侦查
	中等速度	专用车道快速公交
城市道路(主干路、次干路)	中等速度	Robotaxi
速路(高速公路、城市快速路)	较高速度	高速路自动驾驶(HWP)
		干线物流

较低速度:<40 km/h,中等速度:40~60 km/h,较高速度:60~100 km/h

停车场(库)泊车组	乘用车-出行服务
Robotaxi组	
高速公路自动驾驶乘用车组	
通勤客车组(如园区、景区通勤)	客运车辆-出行服务
专用车道自动驾驶公交组	
高速公路自动驾驶货车组	货运车辆-物流服务
场内货运组	
矿山运输组	
末端配送组	功能型无人车-特定服务
环卫清扫组	
巡逻侦查组	

无缝化服务组、数据组

研究成果

内容1:梳理智能网联汽车创新应用所面临的主要问题

政策法规
面临入市上牌、运营收费、车辆保险制度事故责任认定、网络安全和数据保护监管等诸多法律问题

道路测试
面临标准及管理办法不一致、缺乏互认机制、时间和资金成本高、场景不健全、测试服务能力等问题

基础设施
需要跨部门协调、跨产业协同,建设投资大、周期长,投资主体不明确等问题,没有形成有效的商业模式

关键技术
自动驾驶系统技术有待进一步验证;部分关键零部件需要进一步迭代性能;部分特殊场景提出更高要求

商业模式
商业模式尚待探索,尚未形成商业闭环

内容2:研判各场景智能网联汽车应用目标

《创新应用路线图》研判,到2030年,智能网联汽车各类场用将覆盖我国主要城市,成为交通运输重要组成部分,逐步商业化运行;汽车与交通、信息通信等产业深度融合,新型生态基本建成。

核心内容3:规划各场景应用目标具体实现路径

针对不同场景预期发展目标,梳理实现路径,重点梳理不同场景下的功能定义、法规标准、测试等方面需求,进一步为智能网联汽车准入和产品管理形成有效参考。

步了解《智能网联汽车创新应用路线图》情况,请联系总体编写组,联系人:张泽忠 15222599582 zhangzezhong@china-icv.cn

助力长沙落地 Robotaxi 项目

智慧定制公交

智能系统检测实验室

打造了以智能网联云控管理平台为中枢的数字底座

将推动智能环卫车场景大规模落地

湖南湘江智能科技创新中心有限公司

湖南湘江智能科技创新中心有限公司成立于 2018 年 8 月，注册资金 10 亿元，其中湖南湘江新区发展集团有限公占股 99.32%，湖南智谷投资发展集团有限公司占股 0.68%。公司是湖南湘江新区重点培育的新兴产业载体，主要负责家级湖南（长沙）车联网先导区规划、建设和运营，获批湖南省制造业创新中心（智能网联车辆测试）、国家高新技术企业、家技术标准创新基地（长株潭）智能网联汽车标准创新中心。

公司自成立以来，深耕智能网联汽车产业，打造了六个“创新”（开创国内智慧公交示范线；开创全国基于 5G+V2技术、支持 L3 级及以上自动驾驶测试与示范应用的智慧高速；开创国内智能化改造范围广、道路类型全面、安全防护严的城市开放道路；开创投入运营全国智慧共享出行示范项目；开创完成全国规模大的公交线路和重点车辆改造；开创国基于信号优先和专享路权的智慧定制公交），支撑长沙获得国家智能网联汽车（长沙）测试区、国家湖南（长沙）车联网先区，获批筹建国家智能网联汽车质量监督检验中心（湖南），被确认为全国智慧城市基础设施与智能网联汽车协同发展试城市，成为全国一座获得四块高等级牌照的城市，智能汽车产业投资潜力跻身全国前列。

未来，湘江智能将以习近平新时代中国特色社会主义思想为指导，贯彻落实习近平总书记考察湖南重要讲话精神，发智能网联、片区开发、产业基金三大板块，努力成为国内先进的智能网联汽车产业智能化产品总成供应商和系统方案解商，奋力书写实施“三高四新”战略的新答卷。

荣誉资质

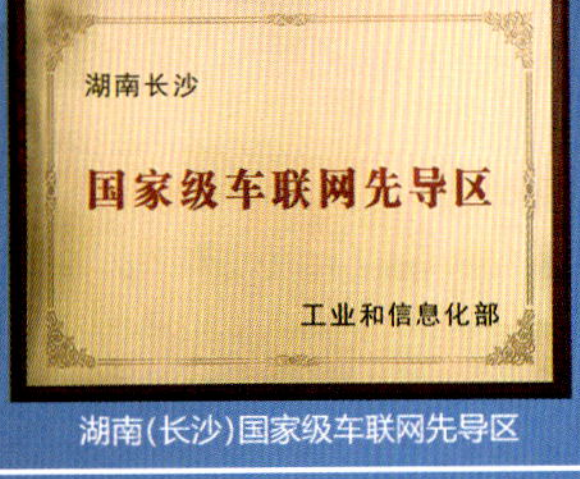

湖南（长沙）国家级车联网先导区

国家智能网联汽车（长沙）测试区

国家高新技术企业证书

湘江智芯云途为我司全资

第一篇

行业篇

一、产业发展综述

节能与新能源汽车发展综述

（工业和信息化部装备工业发展中心　李方生　赵世佳）

2020年，国际环境错综复杂，世界经济陷入低迷期，全球产业链供应链面临重塑，不稳定性、不确定性明显增加。汽车产业作为国民经济的支柱产业，总体保持稳定发展，对经济和社会发展作出了重要贡献。

1. 汽车市场加速回暖

2020年，尽管受新冠肺炎疫情影响，我国一季度汽车销量大幅下滑，但在稳定和扩大汽车消费的各项政策支持下，汽车市场快速恢复，全年同比降幅收窄，市场展现出较强韧性。根据中国汽车工业协会统计数据，我国汽车市场全年销量2 531万辆，同比下降1.9%，降幅比2019年收窄6.3个百分点，在全球汽车销量7 797万辆市场份额提高至32.5%，我国连续12年成为全球第一大市场。从产品类别看，乘用车销量2 018万辆，商用车销量513万辆，同比增长18.7%，创下历史新高，货车成为支撑商用车增长的主要车型，国三排放标准汽车加速淘汰、超限超载治理加严、货运需求提升等因素带动中重型货车市场扩大。

2020年，新能源汽车发展势头强劲，全年销量136.7万辆，同比增长10.9%，连续6年位居全球第一，成为全球汽车产业电动化转型的重要驱动力。中国品牌比亚迪、吉利等进入全球新能源乘用车销量前10，全球影响力进一步提升。新能源乘用车消费主体逐步由公共领域向私人购买转变，主要消费区域由限购城市向非限购城市转变，新能源乘用车全年销量124.6万辆，同比增长14.6%，占新能源汽车销量达到91.1%。新能源商用车推广应用面临瓶颈，2020年新能源客车销量7.9万辆，同比下降18.4%，新能源货车销量4.2万辆，同比下降13.9%。

2. 技术水平稳步提升

受益于汽车节能和新能源汽车技术进展，传统能源乘用车平均燃料消耗量实际值持续下降，从2016年的6.87 L/100 km降至2019年的6.46 L/100 km，年均降幅2.1%。计入新能源乘用车后，乘用车平均燃料消耗量实际值由2016年的6.43 L/100 km降至2019年的5.56 L/100 km，年均降幅4.7%，降幅明显。

在节能汽车技术领域，传统动力技术方面，发动机热效率逐步提高带动节油水平提升，我国自主研发的汽油机和柴油机量产产品的最高热效率分别达到了40%和50%。涡轮增压、缸内直喷、怠速启停等技术在汽油机上得到了广泛应用。2020年，汽油乘用车涡轮增压、缸内直喷和怠速启停的搭载率分别为65.0%、69.1%和72.2%。变速器呈现多档化、自动化发展趋势，乘用车自动变速器的搭载率超过95%，机械无级自动变速器（CVT）和双离合自动变速器（DCT）成为市场主流，搭载率超过50%，搭载手动变速器（MT）的产品已经很少。商用车领域，变速器产品档位分布在5～16档，自动变速器的应用呈现上升趋势。混合动力技术方面，企业积极研发混合动力相关技术，通过高效机电耦合机构设计、整车多动力源热管理系统一体化集成设计、人车路协同智能化能量管理开展技术优化，混合动力产品产量稳步增长。整车节能技术方面，整车企业积极通过整车轻量化设计、风阻优化设计、使用低滚阻轮胎、开发驾驶辅助等技术来实现节能，商用车企业开展车队管理和智能调控技术的研究，通过提升运行效率实现节能。通过结构设计、新材料的使用和改进制造工艺降低整备质量，乘用车车型高强度钢的使用比例超过50%。

在新能源汽车技术领域，我国新能源汽车技术创新能力显著增强，推动新能源汽车产业实现了从跟跑到领跑的历史性跨越。动力电池、电机、电控等核心技术基本实现自主可控，动力电池技术水平全球领先，宁德时代推出了搭载CTP技术的高镍电池，比亚迪以磷酸铁锂电池为基础开发了“刀片电池”，蜂巢能源发布了无钴电池。2020年，我国动力电池装机量达到63.8 GWh，其中三元电池的装机量为38.9 GWh，占总装机量的61.0%，磷酸铁锂电池装机量为24.4 GWh，占总装机量的38.2%。按照《公告》车型数据统计，2020年，纯电动乘用车、客车平均续驶里程提升至378 km、423 km。纯电动乘用车、客车平均电量增长52 kWh、201 kWh。通过纯电动平台化与集成化设计、整车轻量化及低风阻设计、电池能量密度及热管理技术提升、电驱动效率优化等方式降低整车电耗。纯电动乘用车NEDC工况条件下新车平均电耗为12.49 kWh/100 km。纯电动乘用车、客车的动力电池系统能量密度平均值分别为146 Wh/kg、145 Wh/kg，动力电池系统成组效率分别达到69.3%和79.0%。纯电动乘用车、客车电池单体能量密度为212 Wh/kg、172 Wh/kg。动力电池系统能量密度提升带来续驶里程增加及成本下降，但也存在热失控安全隐患，做好动力电池全生命周期安全防护设计至关重要。未来，随着固态电池、基于监控平台大数据的动力电池安全预警、电池热失控扩散防护等新技术应用，动力电池逐步向高安全、高能量密度、低成本发展。2020年，纯电动乘用车与客车的电驱动系统峰值功率平均值分别为103 kW与180 kW。电驱动系统呈现高度集成化、电机永磁同步化、高功率密度化、冷却系统多样化的趋势，有助于提升性能、降低电耗及实现轻量化。

网联化、智能化技术加快发展，车载多线束激光雷达、应用于智能驾驶功能的车载视觉芯片已实现量产，车载24 GHz和77 GHz毫米波雷达核心射频收发芯片和雷达波形控制芯片已实现自主研制，我国企业推出多款自主研发的自动驾驶计算平台，辅助驾驶系统实现量产搭载，自动驾驶系统搭载的车辆已在园区、机场、矿山等封闭、半封闭场景示范应用。车企纷纷发布智能网联汽车规划，L2 级车辆陆续量产。国内众多车企纷纷发布了智能网联汽车发展计划，制定了各级别技术落地时间表，全力开展智能网联汽车核心技术的研发。中国一汽发布了"旗偲计划"，北汽集团发布"海豚 +"计划，东风汽车发布了"五化"技术路线规划，广汽集团制定"GIVA 计划"、研发"Adigo 系统"，长安汽车制定"北斗天枢"智能化战略，吉利制定"G-Pilot"战略，上汽集团制定"新四化"战略，比亚迪计划打造"D + +生态圈"。截至 2020 年底，工信部、公安部、交通部等已累计授牌智能网联汽车测试示范区（场）16 家。全国 20 多个省市开放超过 3 200 km 测试道路，共计 70 余家企业申请近 700 张道路测试牌照、载人载物测试许可等，安全测试里程超过 530 万 km。

3. 政策环境日臻优化

党中央、国务院高度重视节能与新能源汽车的发展，围绕顶层设计、标准法规、财税政策、推广应用等领域出台了一系列政策，加强产业战略规划，明确产业发展方向，有力支撑产业的发展。

在顶层设计方面，2020 年 10 月，国务院办公厅印发《新能源汽车产业发展规划（2021—2035 年）》（以下简称《规则》），明确了电动化、网联化、智能化发展方向，深入实施发展新能源汽车国家战略。强调了充分发挥市场在资源配置中的决定性作用，强化企业在技术路线选择等方面的主体地位，政府在战略规划引导、标准法规制定、质量安全监管等方面发挥作用。

在标准法规方面，工业和信息化部积极实施标准化战略，组织相关机构结合我国汽车行业实际需求持续开展标准制修订，努力打造技术水平高、创新能力强、国际化程度深的新型技术标准体系。组织行业全年制定完成并经国家标准化管理委员会批准发布的国家标准 49 项，工业和信息化部批准发布汽车行业标准 16 项，涵盖汽车安全、汽车节能、电动汽车、智能网联、关键部件等方面，汽车标准体系得到进一步完善。

2020 年 6 月，工业和信息化部、财政部、商务部、海关总署、市场监督管理总局五部门联合发布《关于修改〈乘用车企业平均燃料消耗量与新能源汽车积分并行管理办法〉的决定》，着重进行 3 个方面的调整：一是对现有政策条款考核要求进行更新，明确了 2021—2023 年新能源积分比例要求，分别为 14%、16%、18%。二是增加了传统能源乘用车节能水平引导措施，对生产/供应低油耗车型的企业在核算新能源积分达标值时给予核算优惠，建立了传统车平均油耗与新能源积分挂钩的灵活性措施。三是顺应产业发展新形势的调整，放宽关联企业的认定条件，允许同一外方母公司旗下的合资企业间、国内汽车企业与其持股的境外生产企业所对应的授权进口供应企业间转让油耗积分。

在财税政策方面，国务院常务会议提出将新能源汽车购置补贴和免征购置税政策延长两年至 2022 年，以推动产业高质量发展，缓解新冠肺炎疫情影响，拉动新能源汽车消费。2020 年，中央政府出台多项汽车促消费支持政策，应对新冠肺炎疫情冲击，改善消费环境，助力形成强大国内市场，促进汽车经济稳定运行。3 月，工业和信息化部、公安部等多部门共同印发《关于促进消费扩容提质　加快形成强大国内市场的实施意见》提出，促进汽车限购向引导使用政策转变，鼓励汽车限购地区适当增加汽车号牌限额。《关于稳定和扩大汽车消费若干措施的通知》提出，完善新能源汽车购置相关财税支持政策，加大对汽车个人消费信贷支持力度，持续释放汽车消费潜力。各地及时推出了一批针对性和实用性较强的政策措施，有力促进了全国汽车消费市场加速回升。主要支持方式包括资金补贴、优化汽车限购政策、支持新能源汽车消费、鼓励汽车下乡、完善汽车消费环境政策等。

在推广应用方面，2020 年 7 月起，工业和信息化部、农业农村部、商务部印发《关于开展新能源汽车下乡活动的通知》，促进农村地区新能源汽车推广应用，引导农村居民出行方式升级，助力美丽乡村建设和乡村振兴战略。组织开展了山东青岛、江苏南京、海南海口、四川成都、云南昆明等新能源汽车下乡专场活动，通过多种方式吸引广大农村居民参加，有力拉动了农村地区新能源汽车消费，助力农村居民绿色低碳出行。2020 年，工业和信息化部组织行业力量，开展推动公共领域用车电动化行动计划编制工作，积极推动公交、环卫、邮政、出租、通勤、轻型物流配送等车辆电动化水平提高。2020 年 9 月，财政部、工业和信息化部、科技部、发展改革委、国家能源局下发了《关于开展燃料电池汽车示范应用的通知》（财建〔2020〕394 号），对燃料电池汽车的购置补贴政策调整为示范应用支持政策。

汽车行业落实"放管服"改革要求，优化市场准入，加强准入监管，不断提升政务服务能力，为产业提供良好的发展环境。2020 年 7 月，工业和信息化部发布《关于修改〈新能源汽车生产企业及产品准入管理规定〉的决定》（工业和信息化部令第 54 号），删除申请新能源汽车生产企业准入有关"设计开发能力"的要求，更好激发企业活力，进一步优化准入管理。工业和信息化部发布第 327 批至第 339 批共 13 批《公告》。持续加强道路机动车辆产品生产一致性监督检查、新能源汽车补助资金清算现场核查、新能源汽车安全监管、货车非法改装专项整治等事中、事后监管。

4. 未来展望

展望"十四五"，在《规划》的指引下，我国节能与新能源汽车发展未来可期。随着产品丰富度和智能化水平的提升，充换电基础设施建设的加速推进，政策环境和使用环境的持续优化，产品的竞争力将进一步提升。《规划》提出的"新能源汽车新车销售量达到汽车新车销售总量的 20% 左右"的目标有望提前实现，公共领域用车逐步实现电动化替代，纯电动乘用车平均电耗降到 12 kWh，新能源汽车与能源、交通、信息通信深度融合，电动汽车充电与新能源发电协同调度，高速公路队列行驶等特定场景实现自动驾驶。新能源汽车产业也将成为我国制造强国的"新名片"，引领全球汽车产业电动化、网联化、智能化转型，为我国早日实现"碳达峰""碳中和"贡献力量。

二、纯电动汽车领域

(一)纯电动乘用车

(北京新能源汽车股份有限公司 魏跃远)

1. 2020年纯电动乘用车产业与技术总体情况

受新冠肺炎疫情影响,2020年汽车市场总体呈现低开高走发展态势,汽车销量自4月以来持续保持增长,根据中国汽车工业协会发布的数据,全年销量完成2 531.1万辆,销量继续蝉联全球第一。其中乘用车产销分别完成1 999.4万辆和2 017.8万辆。新能源汽车自7月开始月度销量同比呈现大幅增长,全年产销分别完成136.6万辆和136.7万辆,同比分别增长7.5%和10.9%,增速较2019年实现了由负转正。其中纯电动汽车产销分别完成110.5万辆和111.5万辆,同比分别增长5.4%和11.6%。从纯电动汽车产品细分市场来看,纯电动乘用车销售量约占整体的90%。

2020年纯电动汽车企业的战略方向较为明确,通过高低两端发力拉动,即高端化发展,以此来承担电池成本和车辆档次向B级车方向发展的成本;或者是不依靠补贴,走低端化发展路线。代表车企业是特斯拉和上汽五菱,其中12月特斯拉国产Model 3销量达23 804辆,五菱宏光MINIEV销量则超3万辆,分别成为细分纯电动市场的主销车型。

总体而言,2020年中国纯电动乘用车发展呈现出以下几点重要特征:

(1)市场呈现"低开高走,两端强中间弱,私人消费比例提升"的发展特征。上半年在疫情及补贴退坡的影响下,纯电动汽车销量延续2019年的大幅下滑态势,下半年在新产品供给驱动下快速回升,连续6个月实现超高增长。2020年,纯电动乘用车消费中,私人购买占纯电动乘用车比例提升至84%,私人购买成为市场增长重要驱动力,较2019年提升10个百分点。

(2)从车型方面看,以特斯拉Model 3、比亚迪汉、蔚来ES6等为代表的高端电动车和五菱宏光MINIEV、欧拉黑猫等为代表的微型纯电动车成为市场增长驱动力。很多传统车企业,包括新造车企业推出的A级车(轿车和SUV)很大一部分都是之前推出的产品,总体造型、内外饰和智能化只是做了些小改,产品更新速度偏慢,导致A级电动车市场拓展缓慢。

(3)纯电动乘用车大型化、高端化趋势明显:A00车型占比从2017年54.4%持续下降到2020上半年的15.0%,B级车占比从2017年4.3%持续提升到2020上半年的27.3%。

(4)互联网科技巨头集体抢滩智能网联新战场,融合、赋能、升级成趋势。华为志在成为"智能网联汽车增量部件供应商",2019年5月单独成立智能汽车解决方案BU,其车联网解决方案Hicar已经与超过20家车厂超150款车型进行合作。2019年底阿里对斑马网络进行重组,致力于打造属于中国的车联网"安卓系统"。

(5)电动化、智能化水平持续提升,产品竞争力显著增强。产品续航里程大幅提升:纯电动乘用车平均续航里程从2017年第1批211.6 km持续提升到2020年第7批的391.4 km。智能化持续渗透:ADAS代表性功能LDW、AEB、APA、AVM搭载率分别为19.2%、30.2%、11.1%、14.8%,相比2019上半年均有较大提升,渗透明显提速。

(6)造车势力开始分化。特斯拉连续占据月度产量榜首:2019年特斯拉成为中国首家外资独资车企,经过2020年初的产能爬坡,3月产量突破1万辆,2—7月Model 3连续6个月占据纯电动乘用车车型产量第一。新势力"八仙过海",表现分化:新势力代表蔚来、理想、小鹏或凭借服务或聚焦智能化打造差异化优势,积极探索自主品牌向上路径。与此同时补贴退坡叠加新冠肺炎疫情冲击,大批车企濒临困境。

(7)私人桩建设提速,换电站受重视,基础设施更加完善。据中国充电联盟披露,我国充电桩保有量从2015年6.6万台增加到2020上半年的132.2万台,累计增长超19倍;近几年私人桩占比提速,占比从2015年的12.2%提高到2020上半年的57.8%。换电站受重视,或成充电基础设施重要补充。2020年换电站建设首次被写入《政府工作报告》。截至2020年6月,我国换电站保有量达到452个。

2. 2020年纯电动乘用车技术发展特点

2020年中国纯电动乘用车技术的发展特点主要体现在以下几个方面:

(1)整车:续航里程提升明显,百公里电耗下降显著

据工信部推荐目录统计,2017年第1批推荐目录纯电动乘用车型平均续航里程仅211.6 km,持续提升到2020年第7批的391.4 km,三年半时间续航里程提升85.0%,极大缓解了里程焦虑。据工信部免征目录统计,我国纯电动乘用车单位载质量百公里电耗平均值从第1批免征目录的12.7 Wh/100(km·kg)下降到第25批的8.6 Wh/100(km·kg),同比减少32.3%,节能效果显著。

(2)电池:技术水平持续提升

近年来我国动力电池技术取得巨大进步,尤其是电池系统能量密度和材料体系改善显著。据工信部推荐目录统计,纯电动乘用车型电池系统平均能量密度从2017年第1批104.3 Wh/kg,持续提升到2020年第7批的152.6 Wh/kg,三年半时间平均能量密度提升46.3%,极大缓解了里程焦虑。据工信部装备中心合格证统计,2020上半年我国新能源乘用车动力电池装机量13.2 GWh,其中三元、磷酸铁锂分别为12.2 GWh、0.5 GWh,对应占比92.3%、4.0%。我国新能源乘用车三元体系动力电池装机比例从2015年46.1%持续提升到2020上半年的92.3%,份额翻倍。值得注意的是,2020上半年磷酸铁锂份额(4.0%)相比2019年(4.1%)基本保持稳定,没有出现进一步下滑;主要原因在于三元材料尤其是高镍体系仍面临安全问题,下半年随着比亚迪汉搭载LFP刀片

电池上市，LFP 动力电池装机量占比预计会有所回升。

（3）智能化：智能化水平持续提升，加速渗透

2020H1 中国部分品牌，如沃尔沃、凯迪拉克、丰田、长安、吉利汽车新车 ADAS 搭载率分别为 100.0%、85.0%、81.0%、22.8%、18.5%，其中新车达到 L2 级别占比分别为 77.6%、9.3%、56.3% 5.5%、11.1%；不同品牌车型智能化水平差别较大。ADAS 代表功能方面，2020H1 中国乘用车部分 ADAS 功能，如 LDW（车道偏离预警）、AEB（自动紧急制动）、ACC（自适应巡航控制）、全速 ACC、APA（自动泊车辅助）、AVM（全景影像监测）、LKA（车道保持辅助）搭载率分别为 19.2%、30.2%、4.8%、12.4%、11.1%、14.8%、13.1%；相比 2019H1 均有较大提升，渗透明显提速。

3. 2020 年纯电动乘用车实现的主要技术突破点

（1）动力电池领域

高集成刀片动力电池技术：该技术突破传统拉深/挤出工艺制约，并攻克超薄铝壳焊接技术，成功开发长宽比为 10∶1、厚度为 0.3 mm 的超长超薄铝壳刀片电池，打破传统电池系统的模组概念，利用刀片电池独特长宽比特征，实现超长尺寸电芯的紧密排列，获得超过 60% 的体积集成效率。同时，基于磷酸铁锂先天的安全优势，刀片电池的紧密组排设计、多功能集成包络设计和系统三明治式结构设计可以从多层级多维度保障动力电池系统安全。

动力电池高效成组 CTP 技术：CTP 电池包将电芯直接集成到电池包，打破了行业固有的“单体成组模组再成组电池包”三级成组设计思维，从电池包结构高度集成、新工艺研发及热管理优化等方面开发了全新的动力电池高效成组 CTP 技术，实现两级成组——单体直接成组电池包。CTP 技术将电池包的重量成组效率从行业平均水平 70% 提升至 80%，体积成组效率从 56% 提升至 65%，零件数量减少 25%。同时，减少了传统模组的生产工序，生产效率提高 20%。

（2）电驱动领域

800 V 碳化硅逆变器技术：该逆变器技术的核心是开发和应用了 Viper 电源开关。该开关高度集成了双面散热技术，并将原来的硅质绝缘栅双极晶体管（IGBT）电源开关更换为了碳化硅金属氧化物半导体场效应晶体管（MOSFET）开关。与前几代逆变器相比，可以减少 40% 的重量，缩小 30% 的整体尺寸，提高 25% 的功率密度，同时可以减少最高 70% 的开关损耗。该技术下的逆变器可以赋能电压高达 800 V 的电气系统，相比如今最先进的 400 V 系统，因重量和损耗的较少，它可以提升电动汽车的行驶里程并将充电时间缩短一半。

（3）自动驾驶领域

基于昇腾 AI 的自动驾驶云服务技术：HUAWEI Octopus 基于“昇腾 910”AI 芯片和 AI 训练平台，通过软硬件加速，自动分析算法、并行仿真等技术实现车云协同的自动驾驶数据快速闭环。Octopus 提供数据、训练和仿真三大服务。Octopus 突破了真实世界时空的约束，在仿真空间更高效地运行算法，快速得到算法里程数据和性能评测数据，旨在降低自动驾驶开发门槛，让自动驾驶开发变得更智能、更高效、更便捷。

4. 未来几年纯电动乘用车技术发展趋势

（1）高能量密度三元动力电池是纯电动乘用车的首选技术，发展高镍三元蓄电池已经成为行业共识，众多动力蓄电池企业积极布局高镍三元蓄电池研发，同时安全技术是发展高镍三元蓄电池的关注重点。具有高安全、长寿命和低成本特性的磷酸铁锂动力电池仍具有发展空间。通过更换负极材料及蓄电池设计优化等，进一步提升其性能和经济性，可满足部分纯电动乘用车需求。采用富锂锰基材料的高比能锂离子蓄电池和具有高安全、长寿命特性的固态蓄电池是未来发展的热点。

（2）持续提高驱动电机转矩/功率密度与效率，提高电机转速，降低电机振动噪声和制造成本，是未来驱动电机的发展方向。高性能乘用车驱动电机重点是不断提升电机峰值功率密度和峰值转速，发展高密度绕组、高效冷却结构集成等技术；经济性乘用车重点关注降低成本、提高产品可靠性和寿命，以产品的高性价比、高可靠性、免维护性等性能促进产业规模持续扩大。利用功率器件双面冷却与功率部件集成技术，提升电力电子部件的集成度、功率密度和效率是电机控制器的发展方向。纯电驱动总成技术发展重点是集成设计，发展目标是集成化、平台化、模块化、小型化、高效化、高可靠、长寿命、低噪声和高性价比。

（3）到 2025 年，车辆关键技术全面满足有条件自动驾驶、部分场景高度自动驾驶需求。障碍物检测能力达到200 m 以上；能过提供覆盖全国 80% 道路的智能决策技术；实现面向 ADAS 功能的车辆纵向、横向、垂向动力学协同耦合控制及低层执行器控制算法开发；建立基于域控制器的电子电气架构平台，计算平台支持有条件自动驾驶和协同感知。

（4）在充换电技术领域，未来主要研发方向有：高效智能化双向充放电关键技术，充电安全协同防护技术，自动充电技术，信息平台互联互通及信息安全技术，适应车电分离、共享换电及共享电池租赁新业态发展模式增长需求的换电技术和标准。

5. 目前亟须解决的技术难点及解决方案

（1）车规级芯片过度倚赖进口

中国车用芯片进口率超 90%，先进传感器、车载网络、三电系统、底盘电控、ADAS、自动驾驶等关键系统芯片过度依赖进口。其中，电动汽车中价值仅次于动力电池的 IGBT，98% 以上需要从国外进口，且价格是国外的 1.2 倍至 1.8 倍。2020 年初以来，伴随着新冠肺炎疫情影响导致的全球性芯片产能下降等问题，出现了全球性车规级芯片短缺的局面，国内外众多汽车厂商陆续表示因芯片短缺而减产，给国内汽车产业发展带来了负面影响。建议在原有芯片产业发展的基础上，继续加强政府顶层设计，推进产业链上下游协同发展，努力缓解车规级芯片供应紧张问题，为中国汽车产业平稳健康发展提供有力支撑。

（2）底盘电子技术由外资巨头主导

底盘电子系统是实现智能电动汽车最终执行落地的关键产品，技术壁垒较高，主要由博世、大陆、天合等国际零部件巨头垄断。汽车电动化智能化程度持续升级，对底盘电子

技术的稳定性、安全性和冗余性要求越来越高，对整车厂与零部件协同开发要求越来越深入，国内拿森、格陆博、伯特利等企业相关产品已开始打入市场，但要占据主导地位，还任重道远，需要产业链上下游进一步融合发展。

（3）纯电动汽车热管理技术有待突破

纯电动汽车安全的问题一直是全社会的关注，这其中关注的焦点是电动车热失控安全问题。根据不完全统计，2020 年全年被媒体报道的烧车事故（自燃 + 冒烟）就有 124 起。究其原因，技术“不过关”是一方面，相关标准缺失也是一个方面。应进一步加强动力电池热失控技术研究和相关标准制定。

6. 2020 年行业企业发展情况

小鹏汽车全年累计交付 27 041 台，同比增长 112%。具体车型方面，在 12 月交付的 5 700 台中，小鹏 P7 单月交付量为 3 691 台，小鹏 G3 单月交付 2 009 台，二者均创下 2020 年交付量新高。而值得一提的是，小鹏汽车第四季度累计总交付量为 12 964 台，超出公司对四季度交付量 10 000 台的目标。小鹏超充的终身免费充电服务城市已扩张至 100 个，全国更是拥有 670 个超充站点。

蔚来全年累计交付量达 43 728 台，同比增长 112.6%。就销售的产品来看，蔚来有 3 款产品在售，2020 年 12 月 ES8 交付 2 009 台，创上市以来交付量新高，ES6 和 EC6 分别交付 2 493 台和 2 505 台。除了交付量的大幅提升，蔚来在线下服务体验上也增加布局，在 2020 年内新建换电站 49 座，超充站 80 座，已累计在国内建成 172 座换电站和 100 座超充站。同时，推出了基于高精地图的领航辅助功能 NOP，100 kWh 长续航电池，蔚来电池租用服务 BaaS 和电池灵活升级方案等。

2020 年，比亚迪新能源汽车累计销量为 18.97 万辆，同比下降 17.35%；纯电动汽车累计销量为 13.10 万辆，同比下降 11.02%。比亚迪新能源汽车销量在第四季度 3 个月同比连续暴涨，与纯电动轿车汉的持续放量有关。截至年底，比亚迪新能源车销量已近百万辆，汉已实现单月销量破万辆。

7. 2020 年重点车型技术特点分析

2020 年在纯电动轿车市场表现较好或受关注度高的车型主要车型有特斯拉 Model 3、小鹏 P7、比亚迪汉和宏光 Miniev。

Model 3 外观设计沿用了特斯拉家族式设计语言，动感前卫造型，简约内饰，无边框车门。国产版分为标准续航升级版和高性能版，售价分别为 25 万元和 34 万元。标准续航版搭载永磁同步电机，最大马力为 275 hp，NEDC 综合续航里程为 468 km，百公里加速时间为 5.6 s；高性能版本前轴搭载异步感应电机，后轴搭载永磁同步电机，最大马力 461 hp，NEDC 综合续航里程为 605 km，百公里加速时间 3.3 s。采用三大域集中式控制电子电气架构，中央计算模块（CCM）直接整合了驾驶辅助系统（ADAS）和信息娱乐系统（IVI）两大域，以及外部连接和车内通信系统域功能；左车身控制模块（BCM_LH）和右车身控制模块（BCM_RH）分别负责剩下的车身与便利系统、底盘与安全系统和部分动力系统的功能。

P7 是一款中大型轿车，采用了“前双叉臂 + 后多连杆”的悬架组合，小鹏 P7 四驱高性能版车型提供 430/660 Nm 的最大动力输出，0 ~ 100 km/h 加速时间为 4.3 s。高配车型搭载由 CDC 可变阻尼减振器，小鹏 P7 长续航版里程达到 708 km，成为国内在售纯电动车中续航里程最长的车。小鹏 P7 搭载全新的 XPILOT 3.0 智能辅助驾驶系统，配备 13 个摄像头、12 个超声波雷达、5 个毫米波雷达、双频高精度 GPS，支持高精度地图及 V2X 技术。由于其在设计上大量取消了物理按键，所以内饰显得十分简洁。

汉 EV 是比亚迪 2020 年推出的一款重磅级产品，汉 EV 的推出除了丰富比亚迪产品线外，也担任了品牌向高端市场进军的重任。比亚迪汉率先搭载的刀片电池，重新定义了动力电池的安全标准。汉 EV 全系搭载 76.0 kWh 的刀片电池，两驱版本 NEDC 续航 605 km，四驱版本 NEDC 续航 550 km。

2020 年在纯电动 SUV 市场表现较好或受关注度高的车型主要有名爵 EZS、蔚来 ES6 和威马 EX5。

名爵 EZS 是上汽名爵推出的首款纯电动车型，搭载最新一代运动级高性能电机——在行业内首先采用 Hair-pin 绕组设计，最大功率 110 kW，搭载 EDS 智能电驱动系统、VCU 高效智能电控系统、CATL 高能量密度抗衰减锂电池、智能电池温控管理系统等，百公里电耗低至 13.8 kWh。顶配车型拥有斑马智行 2.0 系统。

蔚来 ES6 性能版前后各搭配一台电机，前电机为永磁同步电机，后电机采用交流异步电机。最大功率达到 400 kW，最大扭矩 725 Nm，百公里加速 4.7 s，最高续航里程为 510 km，高配车型搭载了空气悬挂。内饰科技感强，配置丰富，中控台采用大尺寸液晶显示屏，方向盘将多种功能集于一体。在配置方面，消费者可以对 NOMI Mate 2.0、高级环绕音响系统、舒享套装、女王副驾、NP 全配包、增强显示套装、HUD 进行选装。全系搭载 NOP 辅助驾驶系统，标配车道偏离预警、主动刹车、疲劳驾驶提示、360°全景影像、感应后备厢等。

威马 EX5-Z 是威马 EX5 中期换代车型，采用最新一代高比能电芯模组，NEDC 综合续航里程最高可达 520 km；配备 AI 小威智能语音系统，能有效识别中英文混合信息，支持驾驶场景中 120 多种常见功能的语音控制；拥有全球首创“CleanPro 健康头等舱”，升级了 CN95 微米空气过滤系统，增加独创车规级 UVC 感应式净舱功能（高效杀灭车内细菌、病毒）。威马与百度合作研发的最新成果——AVP 自主泊车系统，也将应用于威马 EX5 的下一代车型，这让威马汽车成为“全球最快落地、最快量产 L4 级自动驾驶技术的品牌”。威马与百度联手打造的这套 AVP 自主泊车系统并非业内独创，早在多年前博世便开始在现实场景下测试 AVP 系统。两种 AVP 的技术方案并不相同，威马和百度把重点放在了高精地图部分，而博世的产品依托于 V2I 技术，车辆需要与停车场智能基础设置建立通信。

8. 未来几年纯电动乘用车产业发展建议

中国新能源汽车经历了萌芽期和成长期，进入调整期，积累了一定的先发优势和规模优势，但在补贴退坡、新冠肺炎疫情、特斯拉国产等冲击下也暴露出诸多问题。未来需要一场企业、产品和技术的供给侧结构性变革，为未来十年行业的高质量发展奠定基础。建议如下：

(1)进一步引导电动化转型:在公交、物流、出租等公务领域先行试点燃油车禁售,鼓励部分大气污染重点治理区域和纯电动汽车普及率较高的城市优先试点燃油车禁售,明确网约车中纯电动汽车比例要求。

(2)鼓励支持核心技术研发:加大对高研发投入企业的税收减免力度,成立国家新能源汽车产业基金对产业链薄弱环节进行扶持;统筹政府、企业与高校等各方力量对电池材料、核心芯片等关键共性技术进行攻关。

(3)聚焦供应链,加强产业协同:汽车正处于百年未有之大变局之中,随着社会发展和用户需求变化,汽车将不仅仅只是出行工具,更会被赋予很多功能和属性,并由此带来产业价值链和生态服务的变化,比如软件定义汽车、出行即服务、数据创造价值等。汽车本身产业链长、价值量大,如今又与通信、半导体、互联网等领域深度融合发展,仅靠单个公司远远不够,需要加强产业协同、共同创新才能实现良性发展。

(4)完善基础设施建设,鼓励推广社区智慧充电、换电等新模式:充电难是限制纯电动汽车发展步伐的重要因素。推广社区智慧充电可有效实现削峰填谷,降低电网负荷。完善换电标准制定,探索换电新模式。

(二)纯电动客车

(北汽福田汽车股份有限公司　魏文博　魏长河　杨建锋　王海龙)

1. 2020 年纯电动客车产销总体情况

2021 年 1 月 13 日,中国汽车工业协会发布 2020 年汽车行业经济运行情况。2020 年全国汽车产销分别完成 2 522.5 万辆和 2 531.1 万辆,其中新能源汽车产销分别完成 136.6 万辆和 136.7 万辆,同比分别增长 7.5% 和 10.5%(见表 1-1,表 1-2),增速较 2019 年实现了由负转正。其中纯电动汽车产销分别完成 110.5 万辆和 111.5 万辆,同比分别增长 5.4% 和 11.6%;插电式混合动力汽车产销分别完成 26 万辆和 25.1 万辆,同比分别增长 18.5% 和 8.4%;燃料电池汽车产销均完成 0.1 万辆,同比分别下降 57.5% 和 56.8%。

表 1-1　2020 年 12 月新能源汽车生产情况

(单位:万辆)

	12 月	1—12 月累计	环比增长(%)	同比增长(%)	同比累计增长(%)
新能源汽车	23.5	136.6	17.3	55.7	7.5
新能源乘用车	21.4	124.7	15.6	88.3	11.3
纯电动	18.3	99.1	19.6	89.7	9.4
插电式混合动车	3.2	25.6	-3.4	80.8	19.6
新能源商用车	2.1	12.0	38.5	-43.7	-20.8
纯电动	2.0	11.4	41.1	-40.9	-19.9
插电式混合动力	0.04	0.4	-18.1	-74.9	-23.8

表 1-2　2020 年 12 月新能源汽车销售情况

(单位:万辆)

	12 月	1—12 月累计	环比增长(%)	同比增长(%)	同比累计增长(%)
新能源汽车	24.8	136.7	22.0	49.5	10.5
新能源乘用车	22.6	124.6	19.4	76.9	14.6
纯电动	18.9	100.0	20.2	76.0	16.1
插电式混合动车	3.7	24.7	-15.2	81.4	9.1
新能源商用车	2.2	12.1	55.7	-41.4	-17.2
纯电动	2.2	11.6	59.6	-38.5	-16.3
插电式混合动力	0.03	0.4	-19.6	-75.5	-22.2

具体到新能源商用车细分领域的客车市场,从保险数据来看,2020 年全年,行业共销售新能源客车 61 733 辆,其中纯电动客车销量 55 395 辆,占比 89.73%,插电式混合动力客车 4 995 辆,占比 8.09%,燃料电池客车 1 343 辆,占比 2.18%,纯电动客车销量在新能源客车销量中占主体地位。2020 年新能源客车销量构成如图 1-1 所示。

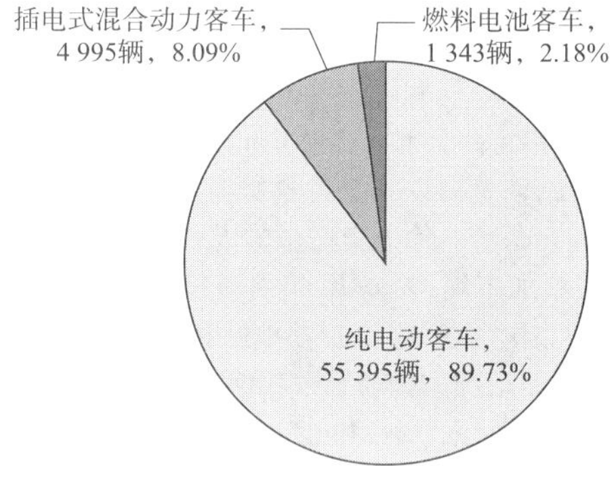

图 1-1　2020 年新能源客车销量构成

2. 2020 年纯电动客车技术发展情况

(1)2020 年纯电动客车技术发展特点

在新能源客车技术上中国具有一定优势,在全球应用规模也是最大的。而且,新能源客车领域的创新也比较活跃,演化出很多技术路线,在各地都得到了规模化的实际应用。2020 年纯电动客车相对之前,整车轻量化、全天候运行需求更加迫切,更加注重安全运行及智能控制。

资料显示,车身轻量化对于车辆节约能源、减少废气排放均十分重要。若整车重量降低 10%,燃油效率可提高 6%~8%,车辆每减重 100 kg,二氧化碳排放可减少约 5 g/km。新能源客车轻量化技术是通过基于仿真分析的结构优化设计、高强轻质材料,如铝材质及先进制造工艺集成的应用来保证。

我们国家的东西和南北跨度都非常大温度和湿度的跨度也非常大,高温、高湿、极寒和极端干燥的气候对新能源客车厂商提出了非常严峻的挑战。纯电动客车对工作温度的要求比内燃机客车更苛刻。对于新能源客车动力源锂离子动力电池,其最佳工作温区在 10 ~40 ℃,所以研究保障动力锂离子电池在极寒和高温区域稳定运行是这几年的重点。

新能源客车具体在哪个位置,当前车速多少,剩余电量、正在运行还是停站、车内载客人数、有无故障报警等一系列的信息，将随时掌握。这些需求，导致新能源客车智能控制，实时调度，实时了解客车运行情况及各零部件状态成为研究热点。

(2)2020年纯电动客车实现的主要技术突破点

纯电动汽车是由多个子系统构成的一个复杂控制系统，除了传统车具备的各种功能和系统外，还包括动力电池系统、电机及其控制系统等。汽车作为单体，有整体目标和要求，如动力性、经济性、驾驶性等目标，为了满足这些要求，一方面各部件必须具有智能化的人车交互接口；另一方面，各系统之间还必须彼此进行紧密的配合和有序的协作，以实现互相之间的动态优化和匹配。

在整车控制方面，根据司机需求、车辆状态、工况，对驱动电机的工作状态及功率输出进行合理分配、协调控制，精确满足驾驶员对车辆控制的具体要求，定制化需求突出。能量管理系统是电动汽车的智能核心，特别是制动能量回馈，根据制动踏板和加速踏板数据、车辆行驶综合信息、动力电池状态，对制动模式进行判断，通过计算制动力矩分配，对部分制动能量进行适当回收并将此能量回存到储能装置中，再在适当的时候将能量反向充电给动力电池。

在动力电池方面，更加突出整车使用特性，以满足客户使用为最终目的。客车动力电池涉及磷酸铁锂、钛酸锂、锰酸锂等电池，磷酸铁锂电池由于较高的性价比及安全性，占比逐年增加。其中，动力电池全天候特性、提高能量密度、长寿命、高安全性、实时监控是发展重点。在福田与盟固利开发全天候动力电池系统，采用动力电池自加热技术，动力电池温升可以达到5 ℃/min以上，即使在极寒－30 ℃环境下，加热到10 ℃，仅需要8 min时间。动力电池能量密度也在逐步提高，磷酸铁锂标准箱的能量密度约在160 Wh/kg，预计2022年将增加到180 Wh/kg左右。长寿命电池一直都是动力电池研究的难点技术，特别是滥用条件下的寿命，需求与整车同寿命。

驱动系统方面，其未来将向集成化、高效化、轻量化发展。基于新材料和新元器件的高效电驱动技术，特别是超级铜线技术、SiC技术是当下开发的热点。高性能轮毂/轮边集成技术的发展，推进电机与电动化底盘一体化深度融合。高效机电耦合技术在轻量化、小型化方面，提升空间较大，也是未来重点发现的技术方向。

(3)目前亟须解决的技术难点及解决方案

对于制约纯电动汽车的发展的因素有车辆的续航里程，车辆的安全及车辆保值率等问题，第一个方面是车辆的续航，对于纯电动客车来说，车辆的电池会受到环境等各方面的影响导致车辆的续航出现一定的衰减情况，尤其是在冬季低温情况，对于这样的季节使用纯电动汽车的人来说会产生续航里程的焦虑，是产生制约纯电动汽车发展因素之一。第二个方面就是动力电池的安全特性。安全是动力电池行业的痛点，涉及电池材料安全、结构设计、热管理设计、电气设计等基础设计。此外，在车辆遭受严重撞击时，强大的撞击力可能导致电池电芯遭受挤压变形，造成电池内部短路，严重的情况下会引发电池起火或爆炸。为了解决这方面问题，整车安装动力电池位置及结构件强度需要重点考虑。第三方面就是车辆的保值率，特别是成本较高的动力电池。动力电池在使用过程中，容量会逐步衰减，当动力电池容量不足以维持车辆的正常使用时，动力电池何去何存，需要建立梯次利用的机制，引导行业健康发展。

3. 主要企业经营发展情况

根据中国客车统计信息网数据，2020年1—12月TOP10企业6 m以上新能源客车销量、同比及市占率见表1-3。

表1-3　2020年TOP10企业6 m以上新能源客车销售情况

序号	企业	销量(辆)	同比(%)	市场占有率(%)
1	宇通客车	15 940	−26.59	26.11
2	比亚迪	9 125	44.45	14.95
3	中车电动	5 503	−25.7	9.01
4	中通客车	4 965	−38.91	8.13
5	海格客车	3 636	10.38	5.96
6	安凯客车	2 799	18.65	4.59
7	金龙客车	2 753	−16.85	4.51
8	福田欧辉	2 663	−27.36	4.36
9	开沃汽车	2 126	−30.64	3.48
10	申沃客车	2 116	87.42	3.47
行车合计		61 044	−20.1	100.00

2020年纯电动客车市场占有率超过1%的企业销售情况见表1-4。

表1-4　2020年纯电动客车市场占有率超过1%的企业销售情况

企业	上险销量	市场占有率(%)
宇通客车	14 811	26.74
比亚迪	5 251	9.48
中通客车	4 120	7.44
中车电动	4 107	7.41
海格客车	3 123	5.64
安凯客车	3 099	5.59
厦门金龙	2 726	4.92
申沃客车	2 046	3.69
金旅客车	1 943	3.51
珠海银隆	1 861	3.36
南京金龙	1 819	3.28
中汽宏远	1 142	2.06
亚星客车	889	1.60
福田欧辉	881	1.59
一汽	827	1.49
吉利	723	1.31
东风集团	603	1.09

注：数据来源于机油车保险数据(2020年)

2020年纯电动客车市场销量如图1-2所示。

(1)北汽福田汽车股份有限公司

2020年新冠肺炎疫情、宏观经济、行业政策及市场环境影响，国内整体客车市场波动巨大，福田欧辉结合公交、客运及校车市场新的需求变化，积极调整业务战略，围绕业务实际深入推进价值工程、质量提升、降本增效、流程优化、产品平台化及模块化管理，全年累计实现纯电动客车销售881辆。

福田欧辉始终在技术研发方面持续发力，2020年8月22日，福田欧辉全气候高性能客车高温、高湿试验活动于海南省琼海市海南汽车试验场举行。至此，福田欧辉纯电动客车已先后通过内蒙古海拉尔－35 ℃极寒环境及海南高温、高

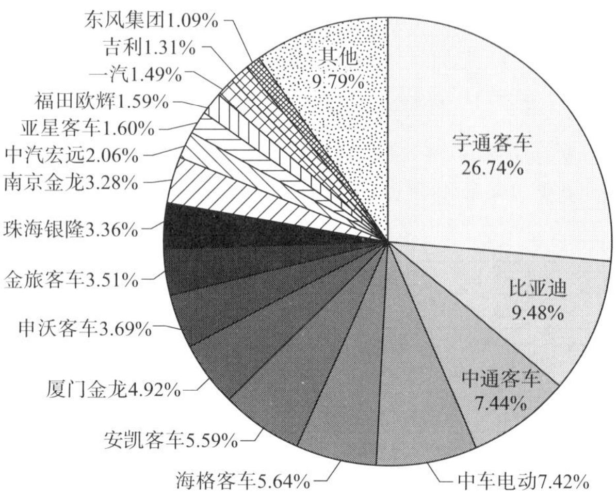

图 1-2　2020 年纯电动客车市场销量

湿环境测试,成为国内首个单一车型通过全气候品质验证的纯电动客车品牌。

(2)郑州宇通客车股份有限公司

2020 年受新冠肺炎疫情冲击、经济下行和行业调整三重压力,宇通客车业绩出现大幅下滑。全年累计实现纯电动客车销售 14 811 辆,但从行业来看,宇通客车仍保持了行业第一的地位。宇通客车紧跟智能化、网联化等技术发展趋势,针对未来智能化市场提前布局,在电驱动系统效率提升等方面实现了较大突破。2020 年,公司完成了多款产品的开发和升级。新能源产品方面,国内新能源公交完成了 8 m、10 m、12 m 系列产品的升级换代,海外产品完成了 8 m、12 m、18 m 等系列新能源公交的布局和开发。智能网联产品方面,发布智慧出行解决方案品牌 WitGo,L3 级自动驾驶公交车在郑州金融岛正式运营;L4 级自动驾驶巴士"小宇"获得首届自动驾驶客车营运能力挑战赛优胜奖,"宇通小宇 2.0 版"批量下线并在金融岛、天健湖示范运营。

4. 未来几年纯电动客车技术发展趋势

根据新能源汽车"十四五"发展要求,新能源汽车向着低碳化、信息化、智能化融合发展。新一轮的科技革命加快汽车行业电动化的变革,高效集成技术、新材料应用等技术将与智能网联技术相互赋能,共同发展。在商用纯电动客车领域,将向以下几面加大技术投入。

(1)一体化电动底盘技术

随着乘用车电动化底盘技术日益趋向成熟,客车一体化电动底盘技术也将成为未来的发展趋势。整车以电池和电驱动为核心模块进行整车平台架构设计,电池融入车架内,横置或纵置多种布置形式,模块化程度高;传动和驱动集成化设计,无传动轴,提高驱动效率;一体化电动底盘技术平台拓展性好,模块化程度高,非常有利于整车降重。

(2)基于 SiC 的电控技术

碳化硅(SiC)作为世界公认的替代硅(Si)的半导体材料,具有耐压高,开关速度快,开关损耗小的优势,是实现车用电机控制器的功率密度提升的最佳途径。可以有效地降低整车能耗,提高整车续驶里程。由于 SiC 器件的小体积、低散热要求、高工作结温等特性,可帮助将电控系统体积大大减小,是电控系统未来几年发展的关键技术之一。

(3)智能化技术

客车作为道路交通的主要参与者,智能化技术在客车行业的发展锐不可当。自动驾驶、智能座舱、远程车辆监控、人脸识别技术、深度神经网络学习技术、5G 通信技术、自动无线充电等智能化技术,在客车智能客车领域迅速发展。

(4)高环境适应动力平台技术

多应用场景的电驱动系统、动力电池系统、低温高效热泵空调系统等组成高环境适应动力平台,运用智能高效一体化热管理,最终实现极寒环境整车低能耗自保温能力、高温高湿环境下动力平台高效冷却能力。全天候客车的应用特点,将成为新的客车技术开发趋势。

5. 纯电动客车产业发展存在的问题

国家政策的大力扶持,以及地方政府的积极响应,为纯电动客车整体市场的扩大发挥了至关重要的推动作用。但是,电动客车市场的迅速发展,同时也带来了一系列的问题。

(1)法规不健全

在电动化背景下,客车的智能化、信息化快速发展。部分法规,已不能再适应新能源客车的技术发展特点,特别是智能网联客车的法规适应性。随着整车集成化水平的逐步提高,单个零部件的评价认证,也不能完全适用。

(2)核心元器件依赖进口

纯电动客车的部分零部件和技术已实现国产化,但 IGBT、芯片、薄膜电容、高性能磁钢等关键器件与材料仍依赖进口,存在被国外"卡脖子"的问题。

(3)整车的可靠性验证不足,系统集成度相对较低

国内商用车的正向开发过程中,与国外相比,开发验证周期较短。为了抢占市场,整车的可靠性存在一定的风险。同时客车与乘用车相比,三电核心模块的集成度较低,发展较为缓慢。

6. 未来几年市场需求分析预测

在近年纯电动公交车型的采购中,8 ~ 9 m 和 10 ~ 11 m 是最为市场欢迎的两大主力车型。但随着近年大城市公交市场的逐渐饱和,同时受新冠肺炎疫情冲击,电动客车的销量也受到一定的影响。2021 年以来,国内新冠肺炎疫情已得到基本控制,旅游市场逐渐回暖,财政压力减少,二、三线地级市新能源置换也提上日程。在补贴取消之前,电动化进程推进及大型客车空载率较高,同时也受地铁网络扩大等因素影响,6 ~ 8 m 小米段纯电动公交车型需求将进一步增加。随着智能网联的进一步发展,无人驾驶(mini)客车也是当下电动客车的热点,未来几年预计市场会有小批量的示范运行需求。

7. 纯电动客车产业发展建议

(1)增强核心技术创新力

持续推进工业半导体材料、芯片、器件及 IGBT 模块产业发展,引导国内企业、研究机构等加强与先进发达国家产学研机构的战略合作,进一步鼓励我国企业引进国外专家团队,促进我国工业半导体材料、芯片、器件及 IGBT 模块产业

研发能力和产业能力的提升。积极部署新材料及新一代产品技术的研发，推动我国工业半导体材料、芯片、器件、IGBT模块产业的发展。

(2)进一步推进充电基础设施建设

应大力推动充换电网络的建设，提升服务水平，鼓励商业模式创新，引导企业建设智能基础设施、高精度动态地图、云控基础数据等服务平台，开展充换电、智能交通等综合服务试点示范，实现基础设施的互联互通和智能管理，强化政策扶持，推动纯电动客车行业发展。

(3)提高产品安全性

纯电动客车的安全性不应低于燃油汽车。纯电动客车要做到零火灾、零事故，要让消费者放心。纯电动客车发生火灾的原因，一方面是技术没到位，另一方面也跟过度追求能量密度、续驶里程有关。纯电动客车企业要沉下心来，做好安全技术方面的工作，依靠精细的设计与制造，做好充分的产品安全验证，留足安全裕量，保证纯电动客车获得高安全性能。同时，要建立全寿命过程安全体系，利用大数据与互联网工具，对投放市场后的电池健康状况进行持续监控，把好使用过程的安全关。

(三)纯电动专用车

(北汽福田汽车股份有限公司　邵赓华　魏长河　程　琰)

1. 2020年纯电动专用车产业与技术的总体情况

2020年9月22日，“美丽乡村＋无废城市＋城镇化建设”等政策拉动城镇化进程加快，一线城市环卫车新能源化升级，一、二线城市环卫车产品电动化进程稳步提升。民航局也印发《民航贯彻落实〈打赢蓝天保卫战三年行动计划〉工作方案》，国内大型机场已逐渐从传统燃油车向电动化转变。商用车积分政策的推进、四阶段油耗限值的提升，将进一步压缩传统燃油车市场空间，商用车电动化将成必然。

截至2020年底，新能源专用车底盘公告总计1 412个，其中环卫车1 039个，占比高达73.58%，公告集中度极高。2020年全年新能源专用车销售4 707台，其中环卫车3 674台，占比78%，机场车470台，占比10%，冷链车370台，占比8.1%，销售集中度极高；产品平台主要以轻卡、中卡、微卡、重卡产品为主，共销售4 629台，占比高达99%，其中中、轻卡合计销售超3 000台。

2020年纯电动专用车市场仍呈现销量不均衡等特征，区域集中度较高，主要集中在广东、北京、上海、河南等10个省市，销量占比达90%。销售区域主要受地方推广政策影响，最关键的是运营补贴及路权两大因素，例如环卫车、机场车等作业类车辆主要受地方政府的推广政策引导，运输类车辆主要受路权影响。

纯电动专用车主要技术特点在于具有专用功能的上装系统，需要底盘提供上装高压取电接口，同时需要低压供电及控制联动。另外，续驶里程焦虑也是纯电动专用车用户的一大痛点，因此换电模式越来越受到关注，针对换电的一系列标准和法规也在酝酿出台。

2. 2020年纯电动专用车技术发展特点

(1)功能特点

纯电动专用车主要特征为小批量、多品种，从功能划分主要分为作业类和运输类。其中，作业类专用车功能复杂，主要为：底盘一般需要进行专用化改制、高/低压配电预留、高/低压系统联合控制、通信接口适配、智能化适配、网联化适配，以上均需要定向专门开发，无法与传统物流车同平台改制。运输类专用车主要依托传统物流底盘资源进行适应性改制，底盘改动量小，改装难度较低，配置需求简单，以运输为主，底盘及上装配置简单，相互独立工作。

(2)性能逐步提升

2020年纯电动专用车续航里程有小幅增长，分析2020年新进《新能源汽车推荐车型目录》(以下简称《目录》)的纯电动专用车数据可见，95%的车型续航里程超过200 km，66%的车型续航里程超过300 km；而2019年新进《目录》的纯电动专用车数据显示，续航里程超过200 km和300 km的车型比例分别为93%和58%。

随着电池配方和生产制造工艺的不断优化升级以及电池能量管理系统的不断迭代升级，电池充放电性能不断提升，充电时间不断缩短；电池作为一个化学产品，化学反应其实都跟温度有关，寒区和高温环境下车辆不仅耗电增加，充电也会变慢。通过技术手段(如电池充电加热功能、行车加热功能等)及策略调整，逐步提升了电池环境适应性能和整车在恶劣环境下的实际充放电能力，不断提升电动车的适用范围。

(3)电驱动系统

纯电动专用车驱动技术主要向集成化、轻量化、高效化、高可靠性方向发展。在轻量化方面，高速驱动电机匹配单级减速箱逐渐取代成本和重量更高的低速直驱电机驱动方式，集成化的电驱动桥也在商用车上进行了广泛的应用。在高效化方面，发卡绕组和更高效的磁性材料，例如损耗系数更小的硅钢片，正逐步在新能源专用车驱动电机上应用；高效的电机控制策略，例如载频动态调整、过调制技术等，正在普遍应用。在可靠性方面，按照ISO 26262功能安全标准开发的纯电动专用车电机控制器需求增强。

(4)电池系统

2020年，新能源汽车用动力电池总产量为83.4 GWh，出货量同比微降2.3%，其中三元电池产量累计48.5 GWh，占总产量58.1%，同比下降12.0%；磷酸铁锂电池产量累计34.6 GWh，占总产量41.4%，同比累计上升24.7%。

专用车以磷酸铁锂为主，能量密度基本趋于稳定。以第11批《目录》为例，共104款车型，84.8%的车型采用了磷酸铁锂电池。在硅碳负极未取得应用前，磷酸铁锂电池的能量密度增长到150～160 Wh/kg后逐渐趋于平稳。小电量车型稳定在130～150 Wh/kg，大电量车型可达到160 Wh/kg。

动力电池出货量集中在头部企业，其中宁德时代国内市场份额占比达到50%见表1-5。

表 1-5　2020 年动力电池出货量头部企业情况

序号	企业名称	装车量(GWh)	占比(%)
1	宁德时代	31.79	50.0
2	比 亚 迪	9.48	14.9
3	LG 化学	4.13	6.5
4	中航锂电	3.55	5.6
5	国轩高科	3.32	5.2
6	松　下	2.24	3.5
7	亿纬锂能	1.18	1.9
8	瑞浦能源	0.95	1.5
9	力神电池	0.92	1.4
10	孚能科技	0.85	1.3

注:数据来源于中国汽车动力电池产业创新联盟

(5)轻量化

纯电动专用车轻量化有 3 种方式:底盘系统轻量化、上装系统轻量化、上下装一体化开发轻量化。其中上下装一体化开发是专用车轻量化的根本,当前仅有少数改装厂协同主机厂联合开发。福田汽车与盈丰中联进行联合开发一款轻卡环卫车,主要采用福田轻量化底盘配合盈丰中联轻量化上装系统,底盘与上装联合装配的连接部分采用专用设计,而并非原来的冗余结构设计,再者通过机械取力方式取代传统的配电方式,这样既降低了整车成本又减轻了整车重量。

(6)网联化

纯电动专用车逐步规划实现车辆行驶数据的上传、交通信息提醒、车载信息服务、天气信息提醒、紧急呼叫服务等。在封闭和半封闭区域,基于道路基础设施的数字化、网联化建设,纯电动专用车获得了道路标志、标线、信号灯相位、危险路况、事故、气象、拥堵等状态信息;通过对驾驶人行为采集与分析,对不同条件下驾驶人行为进行动态跟踪与分析,构建针对车辆局部工况下的参数自适应控制模型,提高了车辆安全性、经济性、舒适性,降低了单车成本。

3. 2020 年纯电动专用车实现的主要技术突破点

(1)动力电池成本降低

成本稳步降低,电池度电成本从 2019 年的 1.1 元/Wh,降为 2020 年的 1 元/Wh 以内。

(2)动力电池性能提升

①补锂技术突破,磷酸铁锂开始向长寿命方向发展。主流专用车采用磷酸铁锂电池,在能量密度趋于稳定后,开始向长寿命方向发展。从主流的 2 500 ~ 4 000 次循环,采用补锂技术后可达 8 000 次循环以上,从而满足重载应用场景 60 万 ~ 100 万 km 寿命要求,预计 2021—2022 年可投入市场应用。②比亚迪发布"刀片电池",进一步拓展了磷酸铁锂电池的应用。刀片电池采用较长长度,较低高度和较薄厚度,可以较大幅度提升电池包的体积利用率,在磷酸铁锂电芯能量密度无法再大幅提升的情况下,使磷酸铁锂电池包的体积能量密度可以和主流三元电池包体积能量密度基本持平。

(3)电驱动技术

纯电动专用车的驱动架构采用了高速驱动电机匹配单级减速器集成方案,替代了原成本较高的低速大转矩电机直接驱动方案;驱动电机、减速箱和车桥集成的一体化电驱桥产品,在部分商用车型上进行了应用,性能和耐久可靠性得到验证。驱动电机依旧以采用高能量密度的永磁同步电机为主,电机少磁化技术、低损耗材料应用方面得到广泛发展,扁线电机也从低压的乘用车平台技术迁移到高压的专用车平台。电驱动控技术在载频动态调整技术、过调制技术、功能安全等领域取得突破。

(4)整车控制技术

新能源专用车型存在市场功能需求变形多,定制化开发需求丰富、开发周期紧凑等特点,为最大化开发效率,优化开发成本,整车控制多采用同一硬件平台化应用,应用层软件根据需求适应性开发,同时功能安全、信息安全设计融入整个开发过程。

硬件方面,随着整车控制策略的复杂化、精细化,以及功能安全概念的不断普及,主流采用 32 位 ASILD 等级高性能多核微处理器作为控制平台,配备满足功能需求的输入输出接口、电源管理、诊断功能等外围电路。同时随着智能化、网联化的 EE 架构趋势,整车控制功能开始向动力域控制发展,车载通信向 CANFD、以太网发展。

基础软件方面,基于 CP AUTOSAR 架构已成为主流,结合平台化硬件进行微处理器驱动、外围芯片复杂驱动、嵌入式操作系统、软件整体架构与集成的开发,基于此实现 OTA、远程故障诊断等功能开发。

整车控制策略方面,随着车辆功能不断增加,智能化、网联化的不断发展及专用车特殊的需求多变性,整车控制在对传统的控制功能不断优化基础上,实现远程诊断、预约充电、预约空调、无线充电、专用车特殊控制等功能开发,使车辆更加智能。同时随着自动驾驶技术的不断发展,整车控制算法愈加复杂,与智能驾驶域之间的交互融合、功能安全及预期功能安全分析、软件的 MIL/HIL 测试等尤为重要。

(5)大功率充电技术

大功率充电是一项系统工程,涉及动力电池、充电桩、电网配电、电动汽车等多个行业。对于专用车来说,大多数车型采用了大电量电池,常常达到 200 ~ 400 kWh,而当前国标 GB/T 20234 能够承受的最大充电参数 1 000 V/250 A,理论上最大功率 250 kW,实践中受限于充电桩、充电枪、充电座匹配等因素,只能达到 150 kW 左右。

针对专用车常常需要采用非标的"双枪"或"四枪"进行充电,对大功率充电技术的需求也更为迫切。国家电网、中国电力企业联合会牵头制定"chaoji"充电标准最高支持 1 500 V,600 A(500 kW)充电。2020 年 6 月新一代电动汽车充电技术中日联合发布会发布了采用"chaoji"充电接口并兼容国标的 CHAdeMO3.0 标准。对于专用车动力电池而言,2020 年普遍可做到支持 1C 持续充放电的技术水平。

(6)换电技术

换电和充电是电动汽车补充能源的两种方式,在当前动力电池技术和充电效率的制约下,充电不能充分满足车辆的运行需求,而换电成为重要的解决方案。

在特殊应用场景,商用电动汽车换电是一种很好的能量补给来源,有利于推动纯电动商用车的推广,尤其是矿山、港口、短途作业运输车的重卡车型。北汽集团一直在与合作伙伴共同努力发展换电技术、建设换电站,2020 年 7 月北汽福田在北京密云建设了重卡换电站。

换电技术除了"车"与"电"分离解耦外,还包括快换连接技术、底盘换电系统、快换电池箱、电池全生命周期管理、换电站运营管理等多项关键技术。

虽然换电模式在商用车领域应用前景广阔,但并未形成相关的技术标准,导致换电无法在各品牌间互通,换电设施得不到最大化的应用,也是行业发展难题。

(7)智能网联技术

纯电动专用车正在从单车智能化向智能化与网联化相融合的方向发展,自主环境感知为主、网联信息辅助;基于车—路、车—后台通信,实现导航等辅助信息的获取及车辆行驶与驾驶人操作等数据的上传。

通过 V2X 无线通信实时共享人、车、路的状态,可使得交通事故大幅降低、交通拥堵显著减少,汽车能耗达到最佳。

通过对驾驶人行为采集与分析,构建基于驾驶人行为学习的轨迹动态决策方法,对不同条件下的响应状态、跟踪精度的采集与分析,构建针对车辆局部工况下的参数自适应控制模型。提高车辆安全性、经济性、舒适性,推动实现智能交通。

4. 未来几年纯电动专用车总体技术发展趋势

动力电池行业专用车场景多样化,为满足不同场景下多样化产品市场需求,产品需要高度模块化、定制化,规划平台化、模块化产品,降低成本。例如电池通过模块化开发,缩减种类和规格,规划 2 ~ 3 种电芯规格、4 种模组规格、4 套系统标准箱,通过系统的组合应用,实现匹配商用车的不同需求,提高对成本、质量、周期控制。除此之外,通过无模组设计来提高电池包的成组效率,进一步提高电池包的能量密度,降低成本,提高安全性能。

电机、电控、减速器三合一是电驱动系统产品将来主要的发展方向,具体分为直接三合一、集成驱动桥两种技术路径。三合一系统和桥集成,难度更大,但技术优势更加明显,是未来发展的终极方向。国外大陆、博世、吉凯恩等电驱动系统集成企业都推出了电驱动一体化总成产品。

充电设施仍是制约新能源汽车发展的主要制约因素之一,解决充电难问题,除了单纯建设充电桩以外,还需要全新商业模式和技术突破;2020 年工信部多次提到鼓励换电模式发展,换电模式可以为客户带来低廉的电池成本及较高的时间效率。国内各主机厂家都在积极探索换电模式,未来会根据各应用场景(如港口、矿山、城建、环卫等场景)的特征逐步深化探索换电模式。

轻量化是汽车领域的发展趋势,新能源汽车的轻量化不仅可以提升车辆动力性,降低行驶能耗,增加续航里程,还可以降低客户使用成本,轻量化的效果及意义可见一斑。在不降低性能的前提下,通过结构优化设计、先进工艺和轻质材料的集成应用,同时兼顾性能、重量和成本 3 个因素,实现"性、价、重"最优化,为落实节能减排战略目标提供有力支撑。

5. 目前亟须解决的技术难点及解决方案

受环保及路权影响,纯电动专用车在细分市场领域有较好的发展前景,但因专用车使用场景多样、使用工况复杂,单一产品难以覆盖全部客户需求。且同类专用车改装厂对底盘厂改制条件略有不同,由于每家改装厂的上装系统不尽相同,控制逻辑也大相径庭,因此底盘厂适配上装时基本上一家一样,一车一改,从电器接口、机械接口都不尽相同,需要定向专门开发,唯有"定制化"产品解决方案才能解决该问题。

福田通过对不同种类专用车进行了大量沉浸式跟车调研及访谈调研,对专用车市场进行了细分归类,选用公司现有产品线及模块进行组合,给客户提供了适应各类场景及工况的高性价比产品。

对于纯电动专用车工况适应性问题,福田积极开展大量先行技术项目进行了技术积累,同时各产品线成熟技术相互借鉴,各取所需。如基于新疆低温工况开发电池保温系统及定时加热功能,基于电动车坡起溜坡工况开发 HSA 坡道辅助功能,基于机场用车场内外限速不同工况开发特定区域限速功能,基于上装长时间作业工况开发了电量预警功能。

6. 2020 年行业重点企业发展情况

纯电动专用车市场体量较小,底盘趋近同质化,竞争上遵循先入为主的规则。其中东风传统专用车市场规模较大且改装厂客户基础较好,新能源专用车可同平台同步切入;比亚迪多为与地方政府建立属地工厂,实现产品区域突破;福田汽车依托传统专用车领域客户资源,纯电动产品资源正逐步开发到位,在原有客户基础上进行新业务、新领域的开发,取得了较好的成绩。

纯电动机场车:自 2019 年以来福田汽车在纯电动机场车领域取得重大突破,截至 2020 年底共销售纯电动机场车超 300 台,占纯电动机场车总销量 70%,并且呈逐年上涨趋势。

纯电动环卫车:福田已经与徐工环境、盈丰中联、福建龙马、京环装备、普罗科等头部环卫改装企业取得合作,并完成多款车辆的公告提报及销量,发展态势向好,有较大可能在纯电动环卫领域产生突破。

纯电动冷藏车:福田已与中集、新宏昌、冰熊、新飞、等改装企业形成战略合作,在传统动力冷藏车基础上深入合作开发电动冷藏车,取得行业领先的轻量化技术;与冷王、凯雪、英维克等头部冷机企业形成战略合作,开发出低能耗、高可靠性冷机产品,为后续的纯电动冷藏车产品开发奠定良好基础。

7. 2020 年重点车型技术特点分析

从市场表现来看,比亚迪、东风、陕汽、宇通等厂家均有较大产品技术突破。

比亚迪 T10ZT 纯电动自卸车,搭载比亚迪的磷酸铁锂动力蓄电池、双驱动集成桥总成技术及六合一电机控制技术,整车电量 435 kWh,续航里程达到 280 km 以上,该车配备两个直流 120 kW 充电口,最快 2 h 可以充满电;采用双驱动集成桥,电机最大功率 344 kW。

东风天锦纯电动城市环卫车,配备宁德时代电池,电池电压为 579.6 V,在城市平均车速下,续航里程 365 km,一台永磁同步电机,最大输出功率 160 kW,与电机相匹配的是一款 AMT6 挡自动变速箱,最高挡为超速挡,带PTO 取力。

陕汽纯电动密闭式桶装垃圾车,货箱尺寸为 5 500 mm × 2 180 mm × 1 535 mm,该车通过垃圾箱,起重尾板及液压升降顶盖装置,用于桶装垃圾的收集转运作业。电池采用宁德时代 98.040 kWh 磷酸铁锂电池,电机峰值功率 120 kW,等速续驶里程 215 km。

宇通环卫 18 t 纯电动自卸式垃圾车，采用宁德时代 350 kWh 磷酸铁锂电池，循环寿命长，满足整车 8 年使用寿命。车辆充满电后可行驶超过 300 km，可满足一天 8 h 的正常作业。该车技术平台以整车控制器、五合一集成控制器、智能化电池管理系统为核心，车辆集成化、模块化程度高，零部件数量少，结构简单，车辆故障率低、可靠性高。

8. 未来几年纯电动专用车产业发展建议

在汽车制造业高速高质量发展的大背景下，作为汽车制造业的重要组成部分，国内纯电动专业车行业要把握住机会，合理布局产业结构，做好长远战略规划，花大力气开发核心三电产品及上装组成，满足客户的专业化需求，逐步扩大市场规模；持续关注政策法规变化，适时调整产品型谱，做好产业规划，提高产品质量控制意识，推动企业的不断成长；在智能化制造的大背景下，企业要结合自身产品特征，实现产品模块化设计、标准化生产，形成标准化车型，建立高效的产能机制；同时，企业应进一步发挥协同作用，不断整合资源和市场，以产业聚集和企业兼并重组的方式实现资源、技术、市场的优势最大化，促进行业高质量发展。各部门在标准制修订过程中，要结合我国产品的特征，并考虑国外相关车型的发展历程，进行符合国内实际情况的制修订，确保标准法规的可操作性；各分管部门应在监管过程中，做好权利和职责的分工，统筹标准的执行进度和力度，进一步保障整个行业的高质量可持续发展，促进纯电动专用车与国际市场接轨，推动整个行业的国际化发展。

(四)车用动力电池

(中国汽车技术研究中心有限公司　王　芳　刘仕强)

2020 年是“十三五”的收官之年，在新冠肺炎疫情和国际紧张局势的双重压力下，新能源汽车产业实现了持续健康增长，全年产量 128.1 万辆，连续 3 年超百万辆。与之相应的，动力电池全年装车量达到 63.6 GWh，同比增长 2.3%。动力电池产业在新技术研究和应用层面也呈现了新的态势。尽管在安全性方面仍然存在难题，但随着新材料应用、新技术融合的进度加快有望在未来得到解决。

1. 产业总体情况

在新能源汽车市场稳步发展的情况下，动力电池产业发展态势稳定。2020 年累计产量达到 83.4 GWh，不同材料体系电池的占比情况如图 1-3 所示。

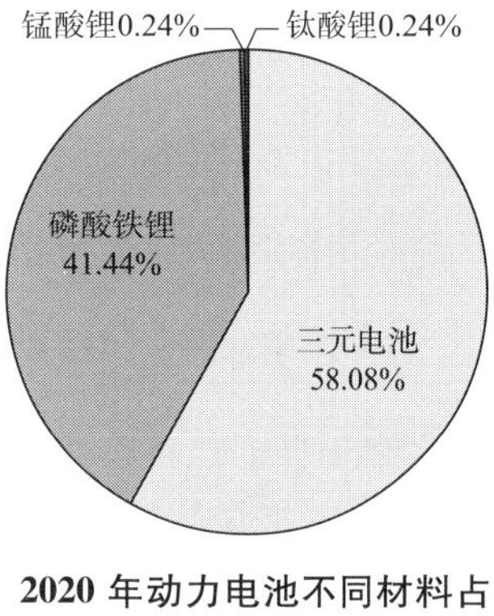

图 1-3　2020 年动力电池不同材料占比情况

与 2019 年相比，三元电池的占比下降 12%，磷酸铁锂电池占比上升 24.7%，锰酸锂和钛酸锂电池产量同样呈现不同幅度下降。

在装车量方面，2020 年达到 63.6 GWh，同比增长 2.3%。其中三元电池装车量为 38.9 GWh，磷酸铁锂电池装车量为 24.4 GWh。不同材料体系电池的装车量占比情况如图 1-4 所示。

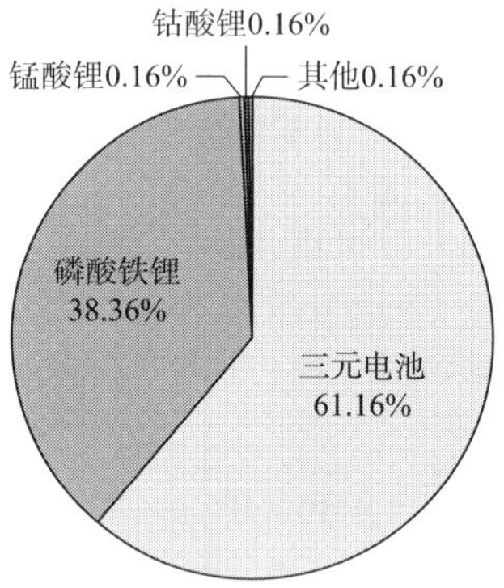

图 1-4　2020 年不同材料电池装车辆占比情况

随着新能源汽车补贴的持续退坡，以及新能源汽车安全引起越来越多的重视，低成本、高安全、长寿命的磷酸铁锂电池呈现较强的竞争优势，装车量占比增长 20.6%。同时比亚迪、国轩等在磷酸铁锂电池结构设计、产品研发等方面的新思路、新突破也助推了技术的发展。在市场导向趋势明显的情况下，磷酸铁锂电池的装车量有望持续提升。

在充分的市场竞争时期，产品性能、知识产权、上下游产业整合能力、质控能力以及成本因素等企业核心竞争力左右动力电池行业优胜劣汰的新局面。据统计，2020 年，共有 72 家动力电池企业实现装车配套，同比减少 3 家。

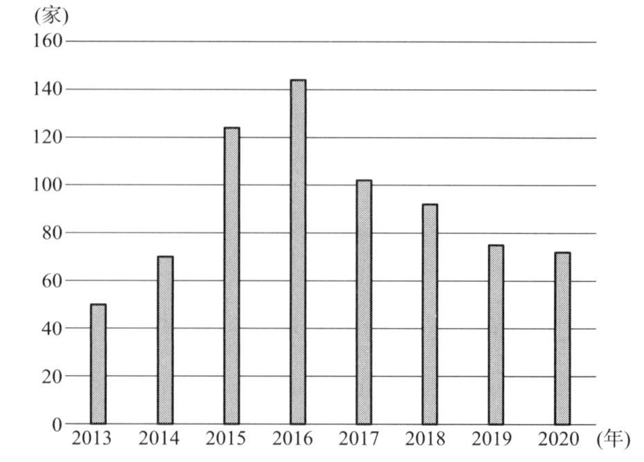

图 1-5　动力电池企业数量演化情况

动力电池企业数量在2016年达到峰值后逐年减少，2020年企业数量为巅峰时期的一半。在新能源汽车市场差异化及电池企业产品路线差异的情况下，企业数量减少的趋势变缓。但是市场资源配置更加集中，具有较强产业整合能力、实现产业链整体布局的头部企业优势明显。在2020年，前10家企业的装车量为52.3 GWh，占比91.8%。其他62家企业的装车量占比仅为8.2%。其中，宁德时代的市场占比达到50%，比亚迪的市场占比为14.9%。同时，市场竞争格局仍不稳定，有企业退出，也有企业表现出色，如中航锂电等。

表1-6　2020年动力电池企业装车量排名

序号	企业名称	装车量(GWh)	占比(%)
1	宁德时代	31.79	50.0
2	比亚迪	9.48	14.9
3	LG化学	4.13	6.5
4	中航锂电	3.55	5.6
5	国轩高科	3.32	5.2
6	松下	2.24	3.5
7	亿纬锂能	1.18	1.9
8	瑞浦能源	0.95	1.5
9	力神电池	0.92	1.4
10	孚能科技	0.85	1.3

注：数据来源于中国汽车动力电池产业创新联盟数据

与之前相比，日韩企业重新进入排名榜单引人关注。LG化学和松下主要得益于国产特斯拉Model 3车型的产量拉伸实现爆发式增长。

按照不同省份对动力电池企业分布情况分析，2020年主要有97家企业(非集团公司口径)，分布在22个省(市)，其中江苏省21家，广东省16家，产业密集度凸显(如图1-6所示)。

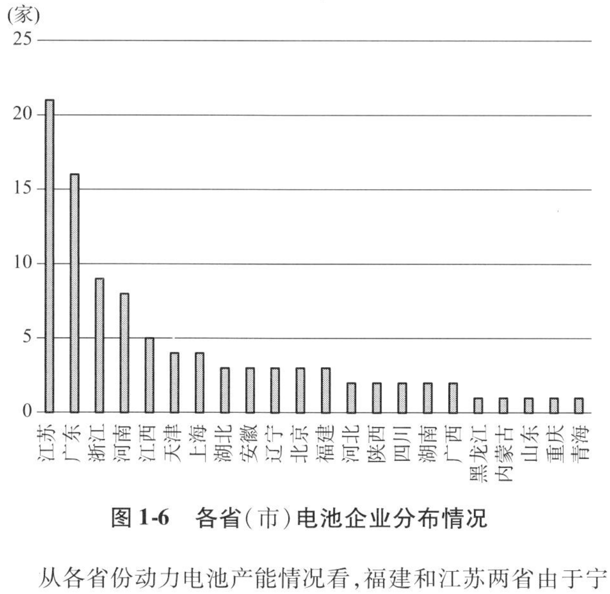

图1-6　各省(市)电池企业分布情况

从各省份动力电池产能情况看，福建和江苏两省由于宁德时代以及其他企业聚集的原因排名前两位，详细情况如图1-7所示。

青海省主要由于比亚迪西宁工厂逐渐释放产能，排名快速上升。其他区域产业聚集度较高，长三角和粤港澳两个湾区的产业链协同作用明显，也是该区域新能源汽车产业发达的带动作用导致。

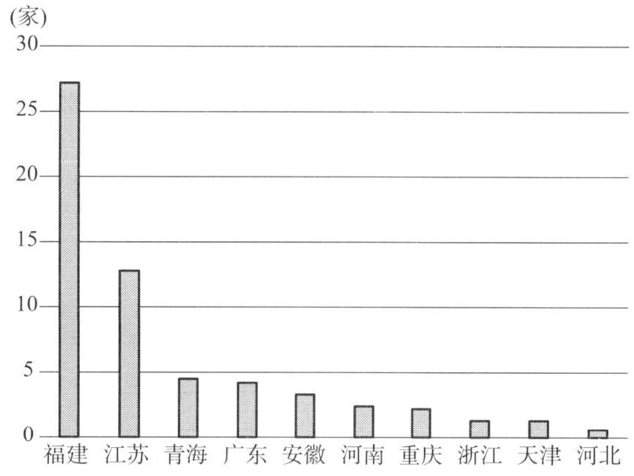

图1-7　各省(市)动力电池产能情况

2. 技术发展情况

以市场为导向，新能源汽车产业发展步入健康稳步可持续发展阶段。各大车企在充分开展市场调研的基础上开发全新电动平台，放弃传统的油改电模式，对产品品质提升具有极大的推动作用。同时新能源车企与动力电池企业深度绑定，将车端需求无缝衔接动力电池研发生产，推动了动力电池研发、制造技术的更新和迭代，以及动力电池性能的提升。

2020年，磷酸铁锂动力电池的单体能量密度最高达到190 Wh/kg，电池系统能量密度接近140 Wh/kg。三元动力电池的单体能量密度在240～260 Wh/kg，电池系统的能量密度在160 Wh/kg左右，最高值超过190 Wh/kg。

动力电池能量密度的普遍提升，一方面得益于新材料的应用，如高压5系三元正极材料的应用；另一方面依靠电池制造工艺的创新和提升，如比亚迪的刀片电池及行业内普遍采用的CTP模式，创新结构形式去除模组环节，减少系统零部件的用量，达到效率提高、降低成本的目标。

在高电压5系三元正极材料普遍使用的同时，高镍811材料使用脚步放缓，国内车企基本暂缓了高镍811电池的装车步伐，只有合资企业如戴姆勒、宝马、大众等仍在推进811电池的使用和产品化。

同时，由于钴资源紧张和价格波动大，低钴或者无钴电池的研发一直是行业的热点。国内企业中蜂巢能源科技有限公司一直致力于高镍无钴电芯的研发，通过阳离子掺杂、单晶化、纳米表面包覆等先进技术改善电池的安全性和循环寿命，2021年进入规模化批量应用。

3. 安全现状分析

在新能源汽车产销量持续攀升的同时，新能源汽车火灾事故时有发生，引起了行业的高度关注，也影响了消费者的信心，对新能源车辆的推广普及起到负面的影响。

对事故的深入分析发现与动力电池具有极高的关联性，并且诱因模糊化。2020年，充电过程中及使用中发生的无征兆类自燃事故占比高达90%。无论是运行数据分析，还是事

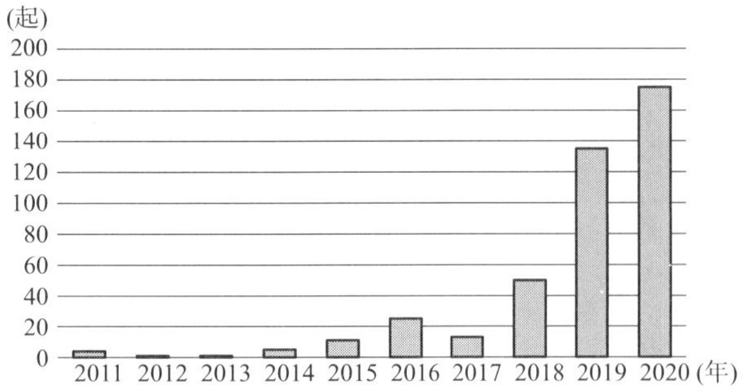

图 1-8　新能源汽车烧车事故情况

故后现场勘查，以及事故后电池残骸分析，均难以定位事故原因。但是，通过对大量事故的形态和分布情况进行分析后发现，新能源车辆的事故跟季节、地域、使用工况、电池材料体系等具有较高的相关性，呈现出夏季多发、南方多发的态势，以及在高电量状态易发的典型特征。

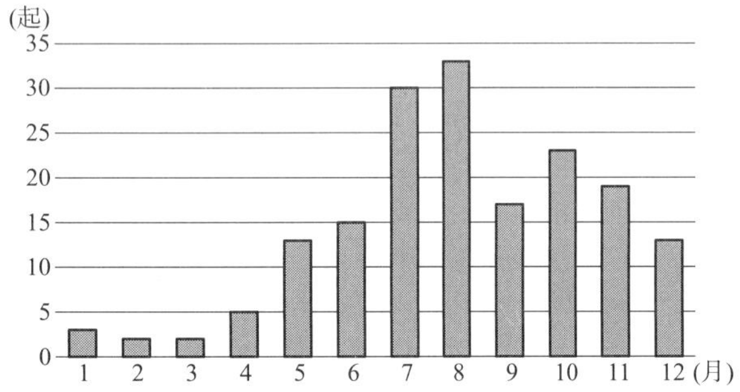

图 1-9　2020 年新能源车辆季节烧车事故情况

而且相比于私人用车，营运车辆的使用强度高，使用频次高，事故发生率显著偏高。并且事故车辆中新车占比较低，绝大多数是使用一段时间后的车辆。

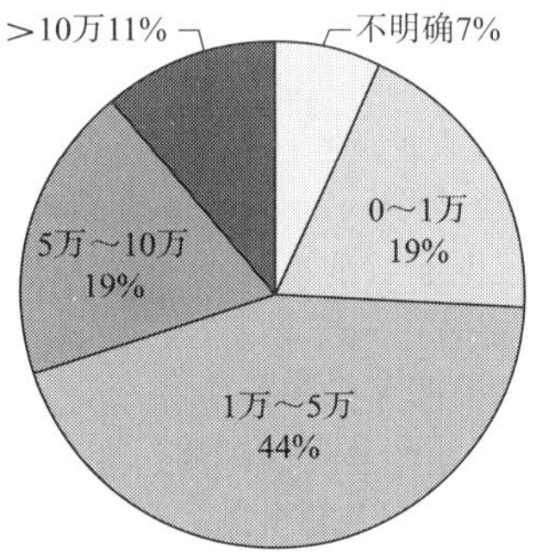

图 1-10　新能源汽车行程事故发生率(单位：km)

基于事故的典型特征分析，动力电池测试的广度需要持续拓展，并且亟须建立完善的全生命周期安全性的测试验证体系。我国动力电池标准体系以新电池测评为主，对车辆准入及约束新产品质量起到较强的支撑作用。但是对于使用中及使用后的安全性的评价尚缺少系统性的技术体系，需要着眼于动力电池的全部使用阶段，从多维度、多应力、多层级开展电池安全性量化评价技术的研究和攻关，填补标准体系的空白，支撑产品安全使用。

4. 动力电池发展趋势浅析

2020 年，市场需求导向为新能源汽车带来了新的面貌。一方面，以满足家用代步为主的五菱宏光 Mini 等经济性较强的车型陆续上市；另一方面高端车型的平台化凸显，众多车企均陆续发布全新的纯电动平台，为新能源汽车产业健康发展打下良好基础。面向未来，一方面满足短途出行的经济性车型继续发力；另一方面高端车型的长续航和营运车辆的长寿命以及车辆运行的高安全高可靠也对动力电池技术水平提出了更高的要求。

5. 全固态金属锂电池技术

新能源汽车着火事故的频发对动力电池的安全性提出了更加严峻的考验，而固态电池的高安全性高热稳定性成为行业关注的焦点和热点。与传统液态锂离子电池的有机电解液可燃不同，固态电池的固体电解质本身不燃烧，具有更好的化学稳定性和热稳定性。基于固体电解质的优良特性，通过匹配高电压、高容量正极和金属锂负极，有望实现固态电池的能量密度达到 500 Wh/kg 的目标，其中“十四五”科技部的“新能源汽车”重点专项“全固态金属锂电池技术”中明确规定了比能量 >600 Wh/kg 的考核指标。

6. 安全性多维参数量化评价技术

动力电池的安全性问题是行业内关注的焦点话题，也是亟待突破的难题。造成电池发生安全问题的原因大致分为三类，一是非正常滥用或者破坏导致的安全事故，二是由于电池本征安全性导致的安全隐患，三是正常使用过程中老化引起的安全风险。

行业内的电池安全性测试技术以符合性判定为主，从机械安全、热安全、环境安全、电安全等方面对电池进行全方位的测试，对于保障新产品的安全性具有较高价值。但是对于全生命周期中电池安全性的评价上缺乏权威的具有高置信度的评价体系。

面向动力电池的全生命使用周期，从“机—电—热—化”等多因素综合考虑，建立基于生命维度的电池安全性多参数(如电压、温度、烟气、质量等)动态评价体系，对提升动力电池使用中安全性具有显著意义，将有力支撑新能源车辆运行安全的动态管控。

7. 先进技术融合

在智能时代、数据时代的发展浪潮中，动力电池产业也成为先进技术的应用高地。一方面在智能制造领域，以新一代信息技术和人工智能的应用为典型特征的先进制造落地应用，推动动力电池产业向智能化、协同化方向发展；另一方面在动力电池使用端，基于车辆运行大数据，依托云平台、人工智能及大数据分析等先进技术开展电池运行安全预警，加强车辆安全运行的管控。

8. “车电分离”模式

为解决初始购车成本高、补能时间长、充电安全等核心限制因素，汽车行业积极探索新的生态模式和商业模式。在此背景下，“车电分离”成为行业的热点。

新的商业模式下，降低初始购车成本有助于减轻用户购车的负担，并且将充电补能变成换电补能，实现“高效补能”，将大幅提高车辆的使用便捷性和用车效率，对于商业用途的车辆具有较高的价值和应用前景。

同时，对电池系统的集中补能将有助于加强充电过程的数据监控，提高充电过程的干涉力度，降低充电过程的安全风险。此外，结合先进无损检测技术的研究和应用，在集中换电站内将为电池开展定期检查，提前发现问题产品，并且基于电池系统充电数据的分析可以准确识别并发现存在缺陷或者问题的产品，实现安全风险早发现、早替换、早排除。

（五）锂离子电池材料

（中国科学院物理研究所　黄学杰）

2020年，动力电池需要强劲，锂电池关键四大主要材料包括正极、负极、电解液、隔膜均实现快速增长。动力电池2020年总出货量达193 GWh，同比增长30%，主要增长来自国际市场。我国动力电池装车量累计63.6 GWh，同比累计上升2.3%。其中三元电池装车量累计38.9 GWh，占总装车量61.1%，同比累计下降4.1%；磷酸铁锂电池装车量累计24.4 GWh，占总装车量38.3%，同比累计增长20.6%，是驱动装车量上升的主要产品。电动两轮车、电动工具等小动力产品的超预期增长，原材料价格的上涨导致部分小型锂离子电池价格上调以应对原料价格上涨和产能供不应求的局面。

1. 正极材料

正极材料是锂电池最为关键的原材料，是电池的能量密度和安全性能的主要决定因素，同时也是锂电池成本占比最高的材料，对于锂电池生产发展具有重要影响。已经规模化生产的正极材料主要包括高电压钴酸锂、橄榄石结构磷酸铁锂、层状结构镍钴锰三元材料（含镍钴铝）及尖晶石结构锰酸锂等，其中钴酸锂主要用于移动电子终端产品中的小电池。国外动力电池企业的产品主要以镍钴锰、镍钴铝正极材料为主；中国汽车动力电池企业的产品中，三元材料和磷酸铁锂材料共存，随着汽车企业对动力电池比能量和能量密度要求的快速提升，三元材料向高镍化发展，高镍三元材料（NCM811）的比容量达到205 mAh/g；基于能量密度、安全和寿命的考虑，单晶高电压三元材料（NCM523，NCM622）当前体现出较为突出的技术优势。中国还是电动两轮车和电动工具等使用的小动力锂电池的主要生产国，锰酸锂因成本低和低温倍率特性好成为小动力电池的优选正极材料，电动工具电池则以三元材料为主。

2020年中国正极材料出货量约51万t，同比增长26.2%。其中，三元材料占比由2019年的48%降至46%，磷酸铁锂占比由22%上升到25%。正极材料TOP10销量占比56%，市场集中度相对于负极、隔膜、电解液较低。

中国正极材料企业占据份额已经成为全球第一，超过日本和韩国。随着中国正极材料的规模化增大，正极材料技术水平与国外先进水平差距正在缩小。国际正极材料企业已经将中国作为主要正极材料生产基地，并对中国企业进行股权投资。正极材料向高比容量和低成本两个方向发展，材料体系仍是层状、橄榄石、尖晶石结构材料多元化齐头并进。低钴或无钴层状材料技术、三元材料单晶化技术、磷酸铁锂高密度化和低成本生产技术、高压尖晶石镍锰酸锂材料技术、富锂锰基材料技术及电解液匹配技术将支撑高能量密度和低成本动力电池的技术发展，满足从高端到经济性新能源汽车的需求。

2. 负极材料

负极材料的功能是储锂，充放电过程中发生锂离子嵌入和脱嵌反应，也是锂离子电池区别于金属锂电池的特征。负极材料在电芯成本中的占比为10%，与充电特性密切相关，为关键材料之一。

负极材料以碳材料为主，人造石墨占比最大且增加迅速。根据使用功能可分为高比能、快充、超高功率等方向，快充型负极材料充电倍率可以达到1.5～3C，极速快充可达到5C。2020年中国负极材料出货36.5万t，同比增长37.7%。其中，人造石墨占比达到84%，天然石墨占比16%。2020年TOP3市场占比仍为53%，市场集中度较高。含硅新型负极材料未能实现进一步增长。

从负极产品结构来看，2020年人造石墨产品占比进一步提升，市场占比达到84%。天然石墨占比出现下降，主要是因为2020年主流电池企业采购天然与人造石墨混合材料，一定程度上降低纯天然石墨的采购。以硅基负极为代表的其他负极材料，日韩企业在其高容量圆柱产品中已经有较大比例使用，国内主要生产商硅基负极材料已给日韩企业供货。受到国内圆柱电池产品主要出货型号切换，以及方型动力电池高镍体系升级暂缓的影响，未能实现预期增长。与石墨混合的氧化亚硅和硅基负极材料稳定量产的硅碳负极材料价格约11万～12万元/t，与石墨负极材料相比差不多高一倍，价格方面没有优势。技术方面硅碳负极材料还需解决脱嵌锂时存在体积膨胀效应问题，这也是加硅负极材料仅在圆柱类电池上有成熟应用的原因。

3. 隔　膜

隔膜作为锂离子电池的重要组成部分，在锂电材料总成本占比已降至5%。

隔膜向薄层化以及功能化方向发展加快。2020年细分产品型号主要集中在7/9/12 μm领域，其中5 μm湿法隔膜正在加快市场导入。从世界隔膜材料市场来看，随着对动力电池安全性要求的提高，通常在基膜材料表面涂覆无机陶瓷涂层和/或有机涂层以提高隔膜的耐温性能。

2020年中国锂电隔膜出货量37.2亿m^2，同比增长35.8%，保持快速增长的态势。其中，湿法隔膜出货量26亿m^2，占隔膜总出货量的70%，干法隔膜出货量11亿m^2。2020年

TOP3 企业市场占比超过 60%，头部企业产能规模化效应进一步显现。2020 年国内隔膜生产企业成本优势进一步显现，隔膜价格降幅收窄，下半年基本稳定。低成本高性能优势帮助国内企业抢占更多全球市场份额。

4. 电 解 液

电解液对锂离子电池的电性能及安全性都有重要影响。电解液以碳酸酯类溶剂、六氟磷酸锂电解质盐为主，添加多种功能型添加剂，优化组合出高电压电解液、磷酸铁锂快充电解液、阻燃电解液、低温电解液、高镍 NCA 和 NCM811 用电解液等不同品种。在提高耐久性前提下，向高电压、高功率、高低温和安全型方向发展。

2020 年中国电解液市场出货量 26 万 t，同比增长 36%，增速超过预期。下游需求跃增叠加新增产能不足，电解液产业链整体供需偏紧，带动电解液及原材料价格上涨。出口量为 4.3 万 t，其中动力电池应用占比超 75%。

中国主要电解液企业来看，出货量在 2 万 t 以上的企业达到 4 家，市场集中度较 2019 年进一步提升。电解液均价及细分产品价格同比均出现提升，特别是四季度六氟磷酸锂价格大幅度上调。

（六）动力电池测试

（中国汽车技术研究中心有限公司　王　芳　马天翼）

我国新能源汽车的蓬勃发展，衍生出对于动力电池测试技术和相关产业发展的迫切需求。动力电池测试服务于新能源汽车和动力电池产业，位于整个产业链中游，是动力电池在电动交通领域安全、可靠应用的重要保障。动力电池技术瓶颈突破、安全隐患的检测和预防、优质产品的筛选等关键环节，均离不开动力电池测试技术的保障和推动。

1. 2020 年动力电池测试技术总体情况

2020 年受新冠肺炎疫情影响，新能源汽车前半年整体产销量不佳。随着疫情防控常态化，从后半年开始市场逐步回暖，产量占全年的 70% 以上。具体来说，我国 2020 年新能源汽车总产量 128 万辆，其中乘用车 115 万辆，比 2019 年增长 12.5%；商用车 13 万辆，比 2019 年下降 14.1%。动力电池方面，2020 年我国动力电池总产量 83.4 GWh，其中三元电池产量 48.5 GWh，比 2019 年下降 12%；磷酸铁锂电池产量 34.6 GWh，比 2019 年上升 24.7%。电池企业方面，宁德时代以 31.79 GWh 装机量继续位于榜首，占全国动力电池总装机量 50%；比亚迪、LG 化学、中航锂电、国轩高科分别以 9.48 GWh、4.13 GWh、3.55 GWh 和 3.32 GWh 的装机量排名前 5。总的来说，新能源汽车市场竞争日趋激烈，产品性能、知识产权、供应保障、质量管控能力与成本价格等市场因素已成为企业竞争力的重要体现，市场资源分配也更为集中。

总体技术水平方面，从政策的角度看，2020 年新能源汽车补贴政策在电池能量密度指标方面与 2019 年保持一致。从实际数据上看，纯电动乘用车电池系统能量密度 140 Wh/kg 的车型产量占比超过了 70%，相比 2019 年有所提升。具体来说，磷酸铁锂动力电池单体能量密度 160 ~ 190 Wh/kg，系统能量密度 120 ~ 140 Wh/kg；三元动力电池单体能量密度 240 ~ 260 Wh/kg，系统能量密度 140 ~ 160 Wh/kg。从能量密度提升的技术路线分析，在单体层级，811 高镍电池配套速度有所放缓，高电压 5 系三元电池成为另一个重点发展方向；在系统层级，电芯直接集成为电池包（Cell to Pack，CTP）、刀片电池等结构创新是提升能量密度的新兴途径。电池技术的革新也同时促进动力电池测试技术的进步，尤其是测试样品的改变，对测试技术的与时俱进提出了更高要求。

各大整车厂和电池厂需要加码投资提升的不仅仅是产能，还有各层级产品的安全技术水平。新能源汽车和动力电池的安全使用是其广泛应用的前提条件，是消费者最关注的内容，也是新能源汽车产业持续健康发展的根本保障。2020 年共有 8.8 万辆新能源汽车被召回，新能源汽车的安全性问题使部分消费者仍持观望态度。正因如此，新能源汽车的安全性测试技术也愈发受到行业关注。新能源汽车整车安全体系涉及多个方面，动力电池的安全技术是其重要组成部分。由于电芯热失控而导致的电池包热扩散具有较高的发生概率和安全风险，因此动力电池的热安全技术及配套的热失控和热扩散测试技术成为动力电池测试技术的重要发展方向。

2. 2020 年动力电池测试技术发展特点

2020 年动力电池测试技术在标准化方面获得了进一步突破。我国一直高度重视新能源汽车的标准化进程，《节能与新能源汽车产业发展规划（2012—2020 年）》《国务院办公厅关于加快新能源汽车推广应用的指导意见》等指导文件高度重视新能源汽车的安全问题，要求进一步完善新能源汽车准入管理制度和汽车产品公告制度，严格执行准入条件、认证要求，加强新能源汽车安全标准的研究与制定，完善新能源汽车产品质量保障体系，确保新能源汽车安全运行。结合新能源汽车产业发展实际和技术进步需要，工信部从 2016 年开始就启动了电动汽车安全强制性标准的制定工作。主要思路是以我国原有推荐性国家标准为基础，并与我国牵头制定的联合国电动汽车安全全球技术法规（UN GTR 20）全面接轨，进一步提高和优化对电动汽车整车和动力电池产品的安全技术要求。

2020 年 5 月 12 日，GB 18384—2020《电动汽车安全要求》、GB 38032—2020《电动客车安全要求》和 GB 38031—2020《电动汽车用动力蓄电池安全要求》3 项强制性国家标准由国家市场监督管理总局、国家标准化管理委员会批准发布，并于 2021 年 1 月 1 日起开始实施。GB 18384—2020《电动汽车安全要求》主要规定了电动汽车的电气安全和功能安全要求，增加了电池系统热事件报警信号要求，能够第一时间给驾乘人员安全提醒；强化了整车防水、绝缘电阻及监控要求，以降低车辆在正常使用、涉水等情况下的安全风险；优化了绝缘电阻、电容耦合等试验方法，以提高试验检测精度，保障整车高压电安全。GB 38032—2020《电动客车安全要求》针对电动客车载客人数多、电池容量大、驱动功率高等特点，在《电动汽车安全要求》标准基础上，对电动客车电池仓部位碰撞、充电系统、整车防水试验条件及要求等提出了更为严格的安全要求，增加了高压部件阻燃要求和电池系统最小管理单元热失控考核要求，进一步提升电动客车火灾事故风险防范能力。GB 38031—2020《电动汽车用动力蓄电池安全要求》在优化电池单体、模组安全要求的同时，重点强化了电池系统热安全、机械安全、电气安全及功能安全要求，试验项目涵盖系统热扩散、外部火烧、机械冲击、模拟碰撞、湿热循环、振动泡水、外部短路、过温过充等。特别是标准增加了电池系统热扩散试验，要求电池单体发生热失控后，电池系统在 5 min 内不起火不爆炸，为乘员预留安全逃生时间。

3 项强标是我国电动汽车领域首批强制性国家标准，综合了我国新能源汽车产业的技术创新成果和实际验证经验，不仅有助于保护人民群众的生命财产安全，也有利于促进新能源汽车产业持续健康发展，与国际标准法规进行了充分协调，对提升新能源汽车安全水平、保障产业健康持续发展具有重要意义。

3. 2020 年动力电池测试技术发展趋势和挑战

2020 年，针对新能源汽车的事故，以及事故中与电池的高度相关性，动力电池测试技术的主要发展方向是安全性测试，尤其是在各类情况下衍生而来的热安全隐患及其致灾危害的测试。动力电池热安全测试技术服务于电池的热安全技术，包括动力电池的本征热安全技术、主动热安全技术和被动热安全技术。本征热安全技术从电池材料层面出发，旨在从根本上解决热失控的问题；主动热安全技术从系统控制角度出发，利用电池管理系统，对电池的使用边界进行严格控制，并对可能存在的热安全风险进行预警；被动安全技术则针对电池发生热失控后，基于电池系统设计将热失控电池热量释放进行管理和控制，达到电池系统不起火的目的。对于以上三类热安全技术怎样测试和评价，是动力电池热安全测试技术的重点发展方向，而这一方面的测试技术提升也面临着多方面的挑战。引发动力电池热失控的原因复杂，涉及材料、部件、电芯制造、系统集成和使用工况等多层级因素。因此动力电池热安全测试技术的发展不仅需要从机理上揭示引发热失控各层级因素之间的关联关系，建立能够充分衡量动力电池热安全的测试方法，还需要从外特征参数上建立能够有效测试、便于获取的评价指标。如何通过测试和验证建立内外二者的关联关系，是动力电池热安全测试技术发展亟待解决的关键问题和重要挑战。

4. 未来几年动力电池测试技术发展趋势

2020 年 10 月 27 日，由工业和信息化部指导、中国汽车工程学会组织全行业千余名专家历时一年半修订编制的《节能与新能源汽车技术路线图 2.0》发布。在动力电池测试评价方面，路线图 2.0 要求了开展关键材料、电池单体和电池系统的系统性、规范性测试评估，实现电池系统全生命周期综合性能、安全可靠性和循环耐久性的测试评价，实现对关键材料、电池单体及电池系统性能参数的精准、定量分析，解决黑箱测试难题，开发高效和贴合整车实际应用环境的性能和耐久和安全可靠性量化测评技术和方法，建立覆盖全生命周期、全工况的标准和通用化测评体系。

近年来，动力电池测试领域已经构建了比较完善的测试方法和标准体系，包括电性能、安全性、循环寿命、互换性、系统附件、回收利用等。未来几年，更多的动力电池测试技术将会随着方法的成熟和评价指标的完善进一步以支撑行业管理、引领产业发展、规范产品生产为目标，持续开展标准化工作。一方面强化国标、行标、团标等不同层次标准的协调，提升国家标准与行业标准的供给范围与数量，国际标准、国家标准、行业标准和团体标准等标准体系的分层与实施效果将进一步显现；另一方面，以动力电池产业的规模化发展需求和新技术创新发展为导向，瞄准重点测试技术开展标准化工作，持续强化标准对产业发展的支撑作用。

针对动力电池测试领域，结合产业技术发展现状，未来几年将继续以动力电池安全性测试和寿命测试作为重点发展方向。安全方面，继续深入研究多维度、多应力、多层级的电池安全评价手段。热管理系统测试方法的研究是重点发展方向之一，随着电池能量密度的提升，热管理系统在提升电池循环寿命、降低安全风险及在电池存在热失控风险时进行主动抑制等方面具有重要的作用，而针对这方面行业尚无热管理系统的标准化测试方法。需要聚焦动力电池全生命周期的性能和安全性测试方法。标准中针对电池的安全性测试主要针对新鲜样品展开，随着对于电动汽车起火事故理解的逐渐加深未来将加强对于生命周期内电池安全性的测试验证，在现有的电池安全性测试方法基础之上进行丰富和完善，以实现对实际使用条件下电池复杂失效场景的更真实模拟。如电池系统安全性测试中主要是将单个因素施加在样品上的影响评估，而在实际应用场景中则是多个复合应力施加于产品上，因此需要开发考虑多应力耦合工况下的电池安全可靠性测试方法。对于电池热失控，关注的焦点多集中在能量释放量、能量释放速率和如何防止热扩散，对于热失控产生的烟气，尤其是烟气对人的危害等方面的研究较少，未来需要关注电池热失控后的致灾危害量化评价领域。总的来说，国家标准和国际法规只是最低的要求，电池技术水平的提升应该是以满足整车的实际使用安全为目标，应该从材料、电芯、BMS 和系统各个层级建立面向产品开发的各层级的研发性的测试评价体系。

测试方法的国际化也将是动力电池测试技术的重要发展方向。动力电池方面，ISO 共计发布 5 项标准，IEC 共计发布 4 项标准。其中针对尺寸及结构的 1 项，针对性能的 3 项，另外 5 项均是针对安全可靠性。我国积极牵头参与电动汽车安全全球法规（EVS-GTR），第一阶段在电动车遇水后的触电防护、电池热失控及热扩散、商用车安全要求等方面做了大量工作，并取得显著成果，正式发布 UN GTR 20。第二阶段，我国将继续深度参与新能源汽车全球法规制定工作，在电动汽车动力电池热扩散、浸水安全、振动安全、有毒气体防护等领域发挥更加积极的作用。

5. 未来几年动力电池测试产业发展建议

未来几年动力电池测试产业的发展，离不开新能源汽车和动力电池产业的技术需求，以及动力电池测试技术的发展方向。从整体来说，面对动力电池技术瓶颈突破、安全隐患的检测和预防、优质产品的筛选等关键环节，动力电池测试产业需要完善“材料—电池—BMS—系统”全产品层级全技术领域的动力电池测试技术链，建立贯通全产业链的闭环测评体系，突破安全性量化和全寿命动态评价等关键技术，建立智能化动力电池测评平台。具体来说，在动力电池测试产业的发展上，应进一步注重动力电池性能、寿命和安全性的综合评价。由动力电池引发的事故，绝大多数均为老化后的电池。如何实现动力电池安全性随着性能衰减变化趋势的测试，即通过测试和验证的方式，摸清动力电池安全性的动态边界，是解决车用动力电池在实际工况下安全性测试评价的重要思路。需要结合线下检测和线上检测的技术特点，进一步提升车用动力电池安全隐患的预警能力。这一技术发展方向的难点是如何有效融合线下检测数据、车端记录数据及云端分析数据，实现优势互补，对新能源汽车运行过程中的安全性实现动态监控，建立在线动力电池安全检测系统与软件平台，实现动力电池安全风险识别和有效预警。

动力电池测试技术正处于不断提升、不断突破的阶段。在测试对象方面，所有的标准都只规定了新电池的测试，对使用过的电池没有相关规定和要求，电池在出厂时没有问题，不代表使用一段时间后仍然安全，因此有必要对使用不同时间的电池进行同样的测试，相当于定期体检。在结果判定方面，判定依据较宽泛和单一，缺少可量化的评判体系。从动力电池产品和产业技术的进步考虑，未来的动力电池标准应建立分层分级、可量化的测试评价体系，促进市场的开放发展。在测试体系方面，未来会有硅碳电池、锂硫电池等技术进一步提高电池能量密度，也会有全固态电池这样有望彻底解决安全性问题的技术路线在不断发展。动力电池测试技术的发展始终在路上，也会持续为动力电池和新能源汽车技术的发展提供有力的支撑。

（七）动力电池装备

（深圳吉阳智能科技有限公司　阳如坤　叶　盼）

1. 2020 年动力电池装备与技术总体情况

动力电池作为移动产业的“心脏”已成为节能与新能源汽车产业的基础产品，也是新能源产业能否持续健康发展的核心关键。动力电池在电动汽车、智能移动等产品上约占有40% 的成本。在国家政策的驱动下，中国动力电池在全球占有率超过 50%，随着中国对动力电池市场需求的不断扩大，中国已成为世界上电动汽车生产、销售最大的国家。为适应我国发展新能源产业的战略需求，提高动力电池生产工艺水平，研发并生产拥有自主知识产权的动力电池制造设备势在必行。近年来，随着国家政策激励，行业市场需求快速增长，国内涌现了一大批研发和制造能力较强的动力电池生产专用设备制造商。中国的动力电池制造技术也逐渐从模仿阶段走向大规模、数字化、智能化制造阶段，并且在制造效率，制造合格率方面不断提升，表现在装备的效率指标，如涂布速度、模切速度、卷绕速度、组装速度、注液效率等方面，国内的动力电池设备厂商也有设备出口到德国、美国、日本、俄罗斯等国家。我国动力电池产业也正处于从政府驱动到市场驱动，从技术跟随到技术引领，从产能最大到质量和产能同步领先的新阶段。

2020 年，尽管锂电池行业发展面临一系列不利的外部条件，如新冠肺炎疫情持续、宏观经济下行、全球贸易壁垒加剧等，但我国锂电装备行业仍获得了快速发展，根据中国汽车工业协会数据显示，国内新能源汽车销量为 136.7 万辆，同比增长 13.35%。而锂电池装备出货量为 143 GWh，同比增长 22%。根据高工产研锂电研究所数据显示预计 2025 年中国锂电池市场出货量将达到 615 GWh，2021—2025 年复合增长率超过 25%。

2. 2020 年动力电池装备技术发展特点

中国锂电池生产装备的优势在于产业规模大，创新升级快，装备的国产化率达到 90% 以上。装备技术发展的综合评估，核心优势在于随着动力电池产品的需求快速换型优势、联合创新优势、价格优势以及技术不断创新升级优势。但在设备的稳定性以及大规模的生产经验上和国外还存在一定差距。这个差距需要一个逐步追赶的过程，工业基础的差异导致稳定性差异，这需要一定的时间去验证、去突破。

3. 2020 年动力电池装备主要技术突破点

动力电池生产制造包括极片制造、电芯制造、PACK 制造 3 个制造单元，生产工艺路线长，每个环节直接影响锂电池的生产效率、安全性能及使用性能，任何环节的失误都有可能导致爆炸、起火等危险产生。

2020 年在动力电池制造装备方面主要实现了以下技术突破：①涂布速度 120 m/min；②激光切割效率 90 m/min；③卷绕线速度 120 m/min（高速直驱方形卷绕机）；④叠片效率 480 ppm；⑤实现合浆、涂布、滚压、分条集成一体化；⑥激光切模切卷绕、激光模切叠片、组装过程一体化。

4. 未来动力电池装备技术发展趋势

（1）锂电装备

锂电装备技术趋势主要表现在 3 个方面：建立动力电池制造工艺体系、现有制造工艺装备创新升级和新型工艺装备创新。

建立动力电池制造工艺体系，体系分为 6 个独立模块，即极片制造工艺与装备研发平台、芯包制造工艺与装备研发平台、模组 PACK 制造工艺与装备研发平台、电池回收工艺与装备研发平台、智能制造体系平台以及固态电池工艺与装备平台。每个平台都要负责研究平台技术建设和平台装备产品研发两项任务，平台建设完成后是开放的，样机研发是平台建设企业必须承担的孵化产品任务。

现有工艺装备创新升级主要表现为：高速化、集成化和数字化，如涂布速度突破 120 m/min，卷绕线速度突破 3 m/s，叠片效率突破 800 ppm；实现合浆、涂布、滚压、分条集成一体化；激光切模切卷绕、激光模切叠片、组装过程一体化，以上技术的突破可以大大减少人工成本和环境控制成本，缩短制造链，提高制造效率，提升材料利用率。设备数字化的目标是实现平台化设备接口、通过边缘计算实现设备制造质量的工艺闭环，提升设备的稳定性和制造质量。

新型工艺装备创新：主要面对材料技术、电池技术升级开发新型装备，如干法制片制备设备、预锂化设备、多层极片复合设备、极片隔膜复合设备以及极片、电芯3D打印成型设备等。

在动力电池智能制造方面，核心目标是基于精准数据获取、大数据管理、云计算和工业人工智能技术，利用工业互联网平台、提升动力电池制造的质量、安全性和效率，满足车规级动力电池要求。

(2)半固态、固态电池装备

锂离子电池，300 Wh/kg的能量密度基本已经到了液态锂离子电池的极限，下一步或者新一代电池就是要发展固态电池，逐渐要过渡到全固态锂电池。

为了追求锂电池的高比能量、长循环寿命及更高的安全性，不断降低制造成本，锂电池从钴酸锂、磷酸铁锂发展到三元材料体系。日韩企业把固态电池作为下一阶段(2025年左右)量产的主攻方向，锂硫电池、锂空气电池也在研究范围之内。电池的形态将从液态、半固态发展到全固态成为新一代电池。锂电池的制造工艺及制造技术会随着电池材料(正负极、隔膜、电解液)特性和电池形态的变化而发生较大的变化。车规级锂电池技术发展目标见表1-7。

表1-7　车规级锂电池技术发展目标

目标内容	现在—2025年	2025—2030年	2030—2035年
电池体系	铁锂、三元、半固态	固态、锂硫	锂硫、锂空电池
电池容量	单体：300 Wh/kg 系统：200 Wh/kg	单体：400 Wh/kg 系统：280 Wh/kg	单体：500 Wh/kg 系统：300 Wh/kg
制造成本	0.7元/Wh	0.5元/Wh	0.3元/Wh
寿　命	3 000次	3 000次	3 000次
制　造	模型化、数字化制造	智能化制造	虚拟现实制造

现在全球固态电池技术处于研发和中试阶段，预计2025年、2030年硫化物全固态电池在日本动力电池市场的渗透率分别达50%、95%以上。全固态电池在研发中，预计2030年后实现商品化。根据全球动态及市场需求，锂电装备未来往半固态、固态电池装备方面发展已成为必然趋势。

5. 目前亟须解决的技术难点及解决方案

动力电池装备还存在诸多问题需要解决，主要在以下3个方面：

(1)电芯尺寸规格及相关标准规范滞后。国内电动汽车的研发和产业化工作发展很快，但相关标准的制修订工作周期相对较长，现有的新能源汽车标准体系对一些新技术和新产品覆盖不全面，存在新材料和新的电池结构的出现而缺乏新的标准或标准不能满足现状的情况，同时还存在标准的制修订工作跟不上发展需要的情况。针对以上问题，国家相应的标准管理部门、行业协会组织行业头部企业牵头制定一个既符合各方利益，又能指导实际生产的动力电池尺寸规格团体标准，为其他企业提供数据模板。行业内各个企业在已经制定的基本标准模板的基础上进行修改和建议，提出自己符合标准的电池形状和标准化尺寸，多方面的共同努力，真正实现动力电池尺寸规格的统一，通过标准引领行业的发展。

(2)制造工艺一致性差。动力电池制造企业很难把控每道工序的各个细节以达到较高的一致性。以正负极浆料制备环节为例，物料配比和固液比不精确，原材料一致性差，导致活性物质、导电剂、黏结剂不能按正确比例充分混合并均匀分散，不同环境以及不同的搅拌工艺、搅拌速度、搅拌温度、搅拌时间等都会影响浆料的分散性。由于没有统一的制造标准，加上动力电池制造过程又非常复杂，影响制造质量和制造效率的因素众多，各个企业的理解和重视程度的不同，导致电池企业的制造水平和制造质量存在很大差异，因此迫切需要强强联合、达成共识、取长补短、共同推进从而提升动力电池的制造水平。

(3)制造装备技术差距大、自动化水平不高。与国外设备相比，国内设备在精度、可靠性、无人化、可视化、信息化等方面存在着一定差距。对于装备制造企业而言，要加大研发投入，在设计装备时，要充分沟通，灵活运用上下游资源，明确开发目标，同时要充分考虑全生命周期内的失败成本，还应充分利用建模和仿真分析，重视机理研究。而在具体制造上，国内动力电池的产品设计和制造工艺技术没有完全成熟，验证不够充分，一次通过率低且较难实现在线自动测试及品质追踪。因此，动力电池系统生产仍以半自动化为主，仅有少数电池企业实现了动力电池电芯或模组的全自动化生产。要解决这些问题，就需要以过程检测和信息化管理为核心，以品质管控为优先考虑原则，加快自动化、智能化生产的进程。

6. 2020年行业重点企业发展情况

先导智能、赢合科技、杭可科技、星云股份等典型动力电池装备上市公司2020年的经营发展情况。

(1)先导智能

先导智能于2021年4月23日发布2020年年报，报告期内，公司实现营业收入58.58亿元，同比增长25.07%，实现净利润7.68亿元，同比增长0.25%，加权平均净资产收益率13.67%，基本每股收益0.870 8元，总资产126.62亿元，总负债70.47亿元，资产负债率55.66%，现金流净额为22.18亿元，现金流净增加额为4.76亿元。报告期内，先导智能在一季度营业收入为8.66亿元、二季度营业收入为9.98亿元、三季度营业收入为22.85亿元、四季度营业收入为17.09亿元，可见公司在去年第三季度收益最好。2020年虽然受到疫情影响，欧洲市场在碳排放政策和高补贴驱动下取得暴发式增长，国内市场内生消费成为新能源车的最大驱动力，下半年开始国内新能源车产销量持续刷新历史纪录，整个新能源车行业实现了由"中国主导、补贴驱动"向"全球共振、内生驱动"的产业阶段跨越。受其驱动，2020年三季度开始，国内锂电池厂提出大规模扩产计划并展开大规模设备招标，海外电池厂加快建设，整车厂开始布局锂电池制造，极大地拉动了锂电设备的需求，锂电设备行业订单快速增长。整体来看，锂电设备行业随着"碳达峰"和"碳中和"目标的提出，未来新能源车行业将加速发展且中长期成长空间巨大，锂电设备也将同步受益。

(2)赢合科技

赢合科技于2021年3月23日披露年报，公司实现营业总收入23.85亿元，同比上升42.82%；归属于上市公司股东的净利润为1.91亿元,同比上升15.79%。截至2020年12月31日,公司总资产为80.71亿元,同比增长42.12%;归属于上市公司股东的所有者权益为52.46亿元,同比增长66.80%。

报告期内,公司投入研发资金17 303.04万元,新增发明专利17项,实用新型专利70项,软件著作权17项。截至期末,公司拥有研发技术人员855人,占公司员工总数的24.13%。受益于持续加大研发投入,赢合科技锂电设备性能和品质持续优化,其核心竞争力和可持续发展能力大幅提升。2020年11月公司获得宁德时代14.4亿元的定点采购订单,成为宁德时代中前段的核心供应商。依托产品性能和品质的持续提升,公司的客户黏性亦不断增强,被宁德时代、亿纬锂能等多家客户评为年度优秀供应商。

(3)杭可科技

杭可科技于4月16日公布2020年年度报告,实现营业收入14.93亿元,同比增长13.70%;净利润3.72亿元,同比增长27.73%;基本每股收益0.93元;拟10派2.8元。2020年度上半年,全球新冠肺炎疫情扩散,杭可科技业务主要在日韩、欧洲和国内,下游客户生产及扩产受到不同程度的影响,综合导致公司营业收入同比下降3.53%;随着疫情得到有效防控,公司全年实现营收、同比增长率数据变动原因主要系新能源行业快速发展,市场需求旺盛,公司作为锂电池后端设备龙头,具有较强的竞争力所致。

(4)星云股份

星云股份于2021年4月24日披露年报,公司2020年实现营业总收入5.7亿元,同比增长57.2%;实现归母净利润5 699.6万元,同比增长1 506.3%;每股收益为0.42元。2021年一季度公司实现营业总收入1.2亿元,同比增长64.9%;归母净利润1 984.1万元,2019年同期为-315.2万元,同比扭亏。

业绩变动原因:①报告期内,受益于新能源汽车市场需求的快速增长和锂电池生产厂家的加快扩产,公司产品的市场需求不断扩大,公司经营业绩整体保持良好的增长态势,营业收入与利润实现稳步增长。②公司积极拓展营销渠道,海外市场取得显著突破,出口收入增加。③随着公司战略布局日趋深入,产品结构持续改善,客户结构进一步优化,公司产品得到行业内优质大客户的高度认可,市场投入获得回报,对公司销售收入及净利润带来正向影响。④公司继续保持研发创新投入,不断提升公司核心竞争力,核心技术转化成果,规模效应逐步显现。

7. 未来几年动力电池装备产业发展建议

(1)随着电动化趋势在全球逐渐形成,建议高度重视锂电制造技术、制造工艺研究,强调电池技术与制造工艺、制造装备结合,突破电池制造的安全性、制造质量和制造效率。

(2)动力电池装备产业对动力电池高质量发展至关重要,是动力电池提高质量,降低成本,提升安全性的重要保证。鉴于动力电池产业在未来会成为继汽车产业、信息产业、半导体产业之后新的万亿级产业。锂电装备应该如集成电路装备一样得到重视,建议把锂电装备列入国家重大装备规划、支持、发展。

(八)动力电池回收循环与梯次利用①

(清华大学环境学院 董庆银 郝硕硕 李金惠②)

[摘要] 2020年全球动力电池总装机量137 GWh,我国占46.4%。2020年,我国磷酸铁锂电池装机量占比增至38.3%,同比增长20.6%。回收体系建设方面,全国(31省)共发布回收服务网点13 137个,790余家企业完成动力电池溯源管理平台注册。梯次利用方面,将出台梯次利用管理办法明确产品要求。再生利用方面,拟将禁止人工拆解、破碎、分选单体电池,并明确镍、钴、锰、锂的综合回收率。2020—2021年,我国电池回收相关企业注册数量激增,但公示的符合行业规范条件的企业仅22家。2025年动力电池累计的退役总量将升至约78万t,回收市场或将达千亿级别。动力电池回收渠道、安全性、电池一致性、梯次利用经济性以及再生利用技术等方面还存在诸多难点问题,建议加强动力电池回收利用立法和溯源管理,强化关键环节安全控制,推进动力电池生产标准化,提高动力电池再生利用水平。

[关键词] 动力电池;回收;梯次利用;再生利用

1. 2020年动力电产业与回收利用政策概况

(1)动力电池产业概况

2020年全球动力电池总装机量达137 GWh,同比增长17%。其中,宁德时代以34 GWh的装机量第一、占比34%,也是其连续第四年装机量第一,同比增长2%。排名第二的LG化学全年装机量为31 GWh、占比31%,同比增长150%。松下位列第三,全年装机量达到25 GWh、占比25%。此外,另外两家韩国动力电池企业SDI和SKI分列第五和第六位,全年装机量分别为8 GWh和7 GWh,增长率81%和284%。除了宁德时代之外,比亚迪、远景、国轩高科、中航锂电,分列第四、第七、第八、第九,排名前9的企业装机量达到125 GWh,占据90%以上的市场份额[1]。

2015—2020年我国动力电池总装机量从15.72 GWh持续增长到63.6 GWh。2016—2019年三元电池占比逐年上升,从22.74%增长到65.11%,2018年三元电池装机量占比超过磷酸铁锂电池(如图1-11所示)。2020年,我国动力电池装机量,占全球46.4%。其中三元电池装机量累计38.9 GWh,占总装机量61.1%,同比下降4.1%;磷酸铁锂电池装机量累计24.4 GWh,占总装机量38.3%,同比增长20.6%[2]。基于对安全、成本等的考虑,以及技术进步,相对安全、成本更低的磷酸铁锂电池,在能量密度以及充放电效率方面,都可以满足电动汽车

① 基金项目:国家自然科学基金青年科学基金项目“报废动力电池收集模式及成效评估方法研究”(71804085);北京市社科基金重大项目“新能源汽车动力电池回收模式研究”(17ZDA27)

② 作者简介:董庆银(1984—),男,汉族,硕士研究生,主要开展固体废物和动力电池管理与技术研究,邮箱:dongqingyin@ tsinghua. edu. cn
李金惠(1965—),邮箱:jinhui@ tsinghua. edu. cn

技术需求。2020 年,我国磷酸铁锂电池装机量提升,占比接近 40%,未来有可能进一步增加。

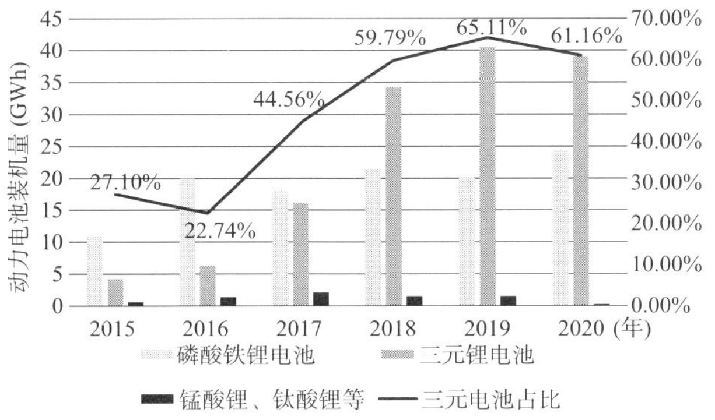

图 1-11 2015—2020 年我国主要动力电池类型及其装机量情况

在 2020 年我国动力电池生产企业中,宁德时代排名第一,装机量为 31.79 GWh,占市场份额的 50%。排名第二的公司是比亚迪,装机量为 9.48 GWh,占市场份额的 14.9%。排名第三的公司是 LG 化学,装机量为 4.13 GWh,占市场份额的 6.5%,与国际装机排名稍显不一致。我国有 55 家电池制造商(截至 2019 年),与 2017 年的 145 家相比大幅减少[3]。由于电动汽车行业的发展,电池制造正朝着提升其制造能力的方向发展。

(2)动力电池回收利用政策

2020 年 9 月 22 日,在第七十五届联合国大会一般性辩论上习近平总书记表示,中国二氧化碳排放力争于 2030 年前达到峰值,努力争取 2060 年前实现"碳中和"。"碳达峰""碳中和"已成为全国关注热点和焦点。工信部部长在中央经济工作会议上提出,将围绕"碳达峰""碳中和"目标,推动新能源汽车动力电池回收利用。

2020—2021 年,我国发布(修订)国家法律、部门规章、政府报告、发展规划等多项重要文件涉,将动力电池回收利用管理纳入国家战略。2020 年最新修订的《中华人民共和国固体废物污染环境防治法》(简称《固废法》)明确,国家建立车用动力电池等产品的生产者责任延伸制度。《报废机动车回收管理办法实施细则》要求,回收拆解企业拆卸的动力蓄电池应交售给动力蓄电池回收服务网点、梯次利用企业或综合利用企业。李克强总理在 2021 年政府报告指出,要加快建设动力电池回收利用体系。《规划》提出,加快推动动力蓄电池回收利用立法,强化溯源管理,建设高效循环利用体系。《"十四五"循环经济发展规划》,部署了包括废旧动力电池循环利用在内的六大重点行动,具体包括加强溯源管理,建设回收服务网点,规范梯次利用,加强技术装备应用,完善标准体系以及培育骨干企业等内容。

此外,工信部发布符合动力电池回收利用行业规范条件的规范名单,共 22 家企业,其中 13 家企业申报梯次利用、8 家企业申报再生利用、1 家企业同时申报梯次及再生利用。工信部就动力电池梯次利用管理办法征求意见,生态环境部就动力电池处理污染控制技术规范征求意见,体现了两部委对动力电池回收利用的管理方向。此外,国家市场监督管理总局、中国国家标准化管理委员会发布了包装运输规范、拆卸要求和材料回收要求的国家标准,规范电池回收利用行为。

国际社会也逐渐推进动力电池回收利用产业发展。2021 年 1 月,欧盟向世界贸易组织(WTO)通报了《关于电池和废电池的法规提案》(通报号:G/TBT/N/EU/775),将现行电池管控方式由"指令"上升为"法规",并撤销指令 2006/66/EC[4]。法规将电动汽车电池从工业电池中分离出来,确定监管的电池类别包括便携式电池、汽车电池、电动汽车电池和工业电池四类[5]。

表 1-8 2020—2021 年动力电池回收利用政策标准一览表

序号	发布日期	政策标准名称	发布单位
1	2020-4-29	中华人民共和国固体废物污染环境防治法	全国人大常委会
2	2021-3-5	2021 年政府工作报告	国务院
3	2020-10-20	新能源汽车产业发展规划(2021—2035 年)	国务院办公厅
4	2021-7-1	"十四五"循环经济发展规划	国家发展和改革委员会
5	2020-7-18	报废机动车回收管理办法实施细则	商务部、国家发展和改革委员会、工业和信息化部、公安部、生态环境部、交通运输部、国家市场监督管理总局
6	2021-1-20	符合《新能源汽车废旧动力蓄电池综合利用行业规范条件》企业名单(第二批)	工业和信息化部
7	2020-10-10	新能源汽车动力蓄电池梯次利用管理办法(征求意见稿)	
8	2020-6-16	废锂离子动力蓄电池处理污染控制技术规范(征求意见稿)	生态环境部
9	2020-3-31	车用动力电池回收利用 管理规范 第 1 部分 包装运输规范(GB/T 38698.1—2020)	国家市场监督管理总局、中国国家标准化管理委员会
10	2020-3-31	车用动力电池回收利用 梯次利用 第 2 部分 拆卸要求(GB/T 34015.2—2020)	
11	2020-3-31	车用动力电池回收利用 再生利用 第 2 部分 材料回收要求(GB/T 33598.2—2020)	

2. 回收产业进展

(1)回收服务网点建设

根据工业和信息化部发布的新能源汽车动力蓄电池回收服务网点信息(https://www.miit.gov.cn/datainfo/zysjk/xnyqcdlxdchsfwwdxx/index.html),截至 2021 年 6 月 24 日,全国(31 省级行政区)共发布回收服务网点 13 137 个。其中,位于广东省的回收服务网点 1 292 个,占全国(31 省级行政区)总数量的 9.83%,居首位;位于江苏、浙江、山东三省的回收服务网点数量分别为 999 个、962 个和 954 个,分别为第二、三、四名。前 10 名回收服务网点数量占全国(31 省级行政区)总数量的 60%。全国动力电池回收服务网点分布情况如图 1-12 所示。

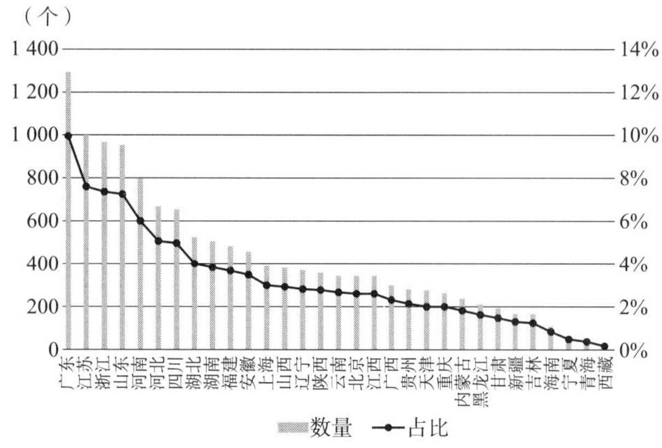

图 1-12 全国动力电池回收服务网点分布

全国(31 省级行政区)共发布的回收服务网点 13 137 个,其中 12 986 个由汽车生产企业发布,其余 151 个回收服务网点由 17 家其他企业发布。非汽车生产企业发布的回收服务网点分布为:天津赛德美 63 个、珠海中力新能源 13 个、河南森源重工 12 个、中天鸿锂清源 10 个、四川长虹润天 8 个、长沙中联重科 7 个、格林美(武汉)城市矿产 7 个、格林美(无锡)能源材料 6 个、蓝谷智慧(北京)6 个、衢州华友钴新材料 4 个、深圳市比亚迪锂电池 4 个,其余 9 个回收服务网点由另外 6 家单位发布。

(2)溯源管理

根据《新能源汽车动力蓄电池回收利用管理暂行办法》(工信部联节〔2018〕43 号)要求,建立"新能源汽车国家监测与动力蓄电池回收利用溯源综合管理平台"(以下简称溯源管理平台),对动力蓄电池生产、销售、使用、报废、回收、利用等全过程进行信息采集,对各环节主体履行回收利用责任情况实施监测。电池生产、梯次利用企业需进行厂商代码申请和编码规则备案,对本企业生产的动力蓄电池或梯次利用电池产品进行编码标识。汽车生产、报废汽车回收拆解及综合利用企业在溯源管理平台申请账号,并上传溯源信息。汽车生产企业报送回收服务网点信息,并向社会公布。截至 2020 年 4 月,共有 790 余家产业链上下游企业完成溯源管理平台注册。车载管理模块已有 330 家国内新能源汽车生产企业和 12 家新能源汽车进口企业完成注册。回收利用管理模块已有 269 家报废机动车回收拆解企业,86 家梯次利用企业完成注册,95 家再生利用企业完成注册,回收利用模块共上传 94 万余溯源数据。

3. 梯次利用产业发展

(1)产品要求

2020 年 10 月,工业和信息化部发布《新能源汽车动力蓄电池梯次利用管理办法(征求意见稿)》,对梯次利用产品提出明确要求:

①梯次产品的设计应综合考虑电气绝缘、阻燃、热管理以及电池管理等因素,保证梯次产品的可靠性;采用易于维护、拆卸及拆解的结构及连接方式,以便于其报废后的拆卸、拆解及回收。

②梯次产品应进行性能试验验证,其电性能和安全可靠性等应符合标称容量、标称电压以及所应用领域的相关国家标准要求。

③梯次产品应有商品条码标识,并按要求统一编码,在梯次产品标识上标明(但不限于)标称容量、标称电压、梯次利用企业名称、地址、产品产地、产品执行标准、溯源编码等信息,并保留原动力蓄电池编码。

④梯次产品的使用说明或其他随附文件,应提示梯次产品在使用防护、运行监控、检查维护、报废回收等过程中应注意的有关事项及要求。

⑤梯次产品应根据产品特点采用适当的包装防护方式,包装运输应符合有关标准要求。

⑥市场监管总局会同工业和信息化部建立梯次产品自愿性认证制度,获得认证的梯次产品可在产品及包装上使用梯次利用电池产品标志。

(2)产品应用

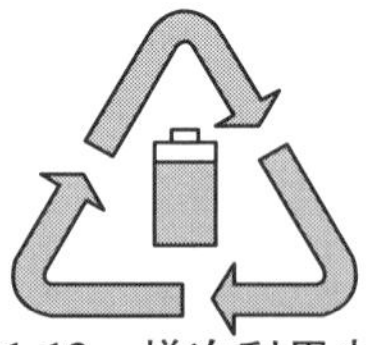

图 1-13 梯次利用电池产品标志

动力电池退役后,经检测筛选后可进行整包梯次利用、模组梯次利用和单体梯次利用,无梯次利用价值的进行再生利用。国内退役动力电池情况复杂,有的电池包使用时间比较短,性能稳定,可直接使用;有的电池包不能用,但模组一致性很好,可以直接用模组;但是大概 80% 是使用比较旧的,真正退役下来的动力电池,需要做电芯级重组才能保证稳定运行。根据某公司运行实践[6],经过电芯级重组的梯次储能系统运行稳定,容量衰减很小,具备应用价值;经过模组级分选的梯次储能,运行稳定,但容量衰减迅速,经济价值不大;未经过分选的梯次电池在储能系统无法稳定运行。

我国鼓励梯次利用企业研发生产适用于基站备电、储能、充换电等领域的梯次产品,不得开发充电宝、手持照明设备等不易回收的梯次产品。2021 年 6 月 22 日,国家能源局发布的《新型储能项目管理规范(暂行)(征求意见稿)》提出,在电池一致性管理技术取得关键突破、动力电池性能监测与评价体系健全前,原则上不得新建大型动力电池梯次利用储能项目;已建成投运的动力电池梯次利用储能项目应定期评估电池性能,加强监测、强化监管。我国梯次利用产业正处于由示范工程向商业化转变的过渡阶段,在通信基站备电、电网储能、低速车等领域,梯次利用已开始商业化[7]。

4. 再生利用产业发展

(1)管理规范

2020 年 6 月,生态环境部发布《废锂离子动力蓄电池处理污染控制技术规范(征求意见稿)》,规定不得人工拆解或解体单体电池,未经拆解的废锂离子动力蓄电池电池包(组)不得直接进行焙烧处理;不得采用人工方式进行破碎、分选作业。采用火法处理工艺的可不经过拆解、焙烧、破碎、分选等处理工艺。采用湿法处理工艺处理,必须去除废锂离子动力蓄电池中的电解质、有机溶剂。采用湿法处理工艺处理废电极材料粉料,镍、钴、锰的综合回收率应不低于 98%。国家标准《车用动力电池回收利用 再生利用 第 2 部分 材料回收要求》(GB/T 33598.2—2020)也明确提出,锂离子动力蓄电池材料中镍、钴、锰的综合回收率应不低于98%，锂的回收率应不低于85%。

（2）技术进展

动力电池包含大量的Li、Ni、Co、Mn、Cu、Fe、Al等金属，按照主流程的不同，动力电池再生利用技术可分为火法回收、湿法回收两类。我国在动力电池拆解、正极材料回收、电解液处理等方面已经有相关技术案例和应用实践，但负极材料回收研究较少。具体研究进展情况如下：

①拆解是指将废旧动力蓄电池包（组）、模块进行解体的作业。退役动力电池的拆解是一个危险性较强且劳动密集型的工作，我国大部分废旧动力电池回收利用企业对动力电池的拆解还是停留在人工拆解或者半自动化阶段，全自动电池拆解机械匮乏，拆解效率低下[8]。

②废旧三元锂离子电池中含大量的有价金属，通常含有5%～20%钴（Co），5%～10%镍（Ni），5%～7%锂（Li），5%～10%其他金属（铜（Cu）、铝（Al）、铁（Fe），15%的有机化合物和7%的塑料[9]，具有显著的经济价值，退役电池材料的回收主要聚焦在三元材料镍、钴、锂上。由于废旧磷酸铁锂正极材料不含钴、镍等高价值金属，其回收价值相对于三元电池等其他类型的废旧锂离子电池较低。

③废旧磷酸铁锂电池的回收研究大部分都是针对正极材料，其主要由磷酸铁锂、导电炭黑、聚偏氟乙烯（PVDF）等组成[10]。废旧磷酸铁锂正极材料中含有丰富的铁、锂等金属，其中最有回收价值的元素是锂。磷酸铁锂材料电性能衰减的主要原因是材料中活性锂的损失[11]，废旧磷酸铁锂修复通常是在除杂后的废旧磷酸铁锂中补加缺失的锂、铁等元素，然后在惰性气体中高温处理，恢复其电化学性能[12]。

④电解液是锂离子往返于正负极的媒介，影响锂电池的电导率、稳定性和充放电效率等性能，电解液中的六氟磷酸锂（$LiPF_6$）在空气环境中容易水解产生五氟化磷、氟化氢等有害物质，可能对环境带来威胁。锂离子电池的回收利用大部分研究集中于有价金属的回收，而对电解液的回收与处理关注不够。电解液的处理方法，主要是通过焚烧或吸收，消除$LiPF_6$和有机溶剂产生的污染，造成资源的浪费[13]。

⑤负极石墨的研究相对较少。在负极石墨的再利用方面，大部分都是将废旧的石墨应用在其他领域，关于石墨材料在结构和性能上的修复报道较少。现有的研究石墨修复的文献仅关注电化学性能的修复，对于石墨性能的失效机理以及商业化的应用提到的很少。因此。在石墨二次利用方面，对于其失效机理的研究以及回收再生实验在工业方面的可行性研究也是未来电池回收领域研究的重点[14]。

5. 重点企业情况

（1）企业注册情况

从近十年动力电池回收相关企业发展状况来看，2020年之前，企业注册量增长缓慢。2020年企业注册量迅速增长，全年共注册了2 579家企业，同比增长了253.3%。2021年上半年企业注册量进一步激增，半年内注册了9 435家企业，同比增长了2 611.2%。我国现存的动力电池回收相关企业主要分布在山东（1 750家）、河南（1 336家）、江苏（1 298家）等省份。动力电池回收相关企业注册资本在100万元以内的企业数量占25%，注册资本在100万～500万元和500万元以上的分别占35%和40%[15]。

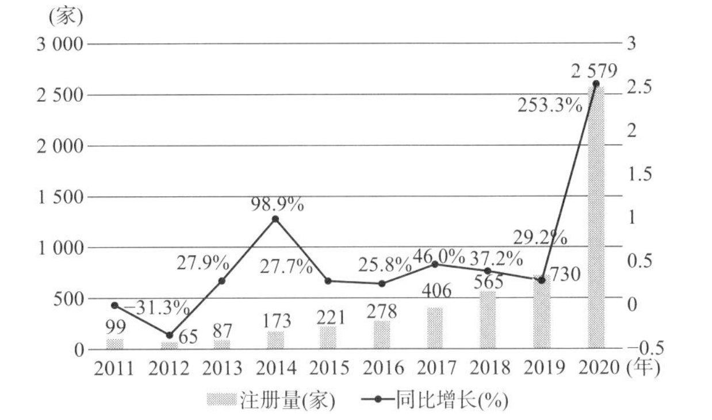

图1-14　动力电池回收相关企业注册情况（2011—2020年）

注：1. 仅统计企业名、产品、经营范围内含“动力电池回收”的企业

2. 统计时间2021年7月12日

3. 数据来源：企查查

（2）重点企业名单

2021年1月，工信部发布第二批符合《新能源汽车废旧动力蓄电池综合利用行业规范条件》企业名单（简称企业名单），共22家企业上榜。广东上榜企业最多，有5家企业，其次是江西3家，浙江和天津有2家企业，其余地区仅1家企业。企业名单中，13家梯次利用企业，8家再生利用企业，还有1家同时申报为梯次利用和再生利用企业。

2020年8月24日，北京资源强制回收环保产业技术创新战略联盟发布“动力蓄电池生产者责任延伸履责评价结果”，评级最高的企业为：浙江华友钴业股份有限公司、赣州市豪鹏科技有限公司、格林美（武汉）城市矿产循环产业园开发有限公司、天津绿色再生资源利用有限公司[16]。

6. 难点与问题分析

（1）回收渠道问题。据报道[17]，某非正规回收企业回收三元锂电池的报价为1.5万元/t，而正规企业回收的价格约为1万元/t，甚至更低。由于缺乏严格的监管措施，一些个人和无资质企业以高价回收电池，真正拥有处理技术的大企业的回收数量也有限。目前我国有20多家正规的大型动力电池回收企业，有充足的处理产能，但对应的实际回收量却只有每年2万～3万t[18]，行业龙头企业格林美2020年动力电池实际回收量也仅为1万t左右，大量的退役电池没有回收到有处理能力的正规回收企业。

（2）安全性问题。动力电池退役后，安全性、稳定性等不如新品电池，但还剩余80%左右的电量，在废旧动力电池收集贮存过程中，大量电池积聚存在安全风险[19]。另外，不合理的运输方式会导致电池破损、有害物质泄漏[20]。梯次利用技术还不成熟，不同类型、不同型号尺寸的电池都需要成套、系统性地进行测试、评估，线路故障可能造成电芯瞬时短路，电池热失控后，会释放可燃气体，并有爆炸风险。废旧动力电池在拆解的过程中，由于材料、残余电量的原因，在高温、压力、电火花等因素下，可能引发电池的自燃甚至爆炸。

（3）梯次利用电池一致性问题。当多种异构类型的退役电池梯次利用时，系统面临明显的"短板效应"和不确定性。因此，需要对退役电池进行筛选重组，来保证电池的一致性。电池一致性的表征参数包括电压、容量、自放电性能和内阻等参数，并受到环境温度、充放电倍率和 DOD 等因素的影响[21]。电池容量和性能缺陷将造成电池单体之间的差异加大，电池过充或过放，将导致整个电池模块容量衰减迅速，影响整个电池组/包的寿命，甚至无法保证系统的稳定运行，并带来严重的经济损失。

（4）梯次利用经济性问题。2018 年的一项研究显示[22]，当退役电池和新电池购买价格分别为 0.55 元/Wh 和 1.8 元/Wh 时，梯次利用电池储能电站的成本约为 1.29 元/kWh，而新电池仅为 0.71 元/kWh。与新电池相比，电动汽车的退役动力电池价格低廉，但是，进行梯次利用时需要进行筛选和重组，增加额外成本。不同汽车厂家的不同车型的动力电池结构、技术参数差异较大，进一步增加了梯次利用成本。随着技术不断进步，动力电池的价格呈下降趋势，梯次利用的成本优势将逐渐消失。

（5）再生利用技术问题。一方面，三元电池的镍、钴、锰的回收率较高，具有良好的经济性，但磷酸铁锂电池经济性较差，再生利用相对薄弱；另一方面，动力电池再生利用以正极材料回收为主，对石墨类负极材料、电解液等的回收利用比较薄弱[23]。此外，退役动力电池再生利用技术普遍依赖传统的选矿与冶金原理过程，存在资源循环过程流程长，物料分选效率低，二次污染严重，装备自动化水平低等问题。

7. 发展趋势与建议

2020 年我国动力电池累计的退役总量约 20 万 t，2025 年将升至约 78 万 t，完善动力电池回收利用体系刻不容缓。2020—2021 年，国家出台《固废法》《规划》《"十四五"循环经济发展规划》《报废机动车回收管理办法实施细则》《新能源汽车动力蓄电池梯次利用管理办法（征求意见稿）》等系列重要政策文件，多次明确加强动力电池回收利用管理，体现了国家从顶层设计对动力电池回收利用工作的高度重视。随着动力电池退役量的增长和国家相关政策的推进，动力电池回收利用会更规范更具有经济效益。据估算[24]，2020—2030 年三元电池累计回收空间将达 1 305 亿元，磷酸铁锂电池的梯次利用和回收累计市场空间分别将达到 680 亿元和 163 亿元。但是，动力电池回收利用产业快速发展的同时，仍然存在安全性、经济性、技术性等方面的诸多难点问题，不应盲目乐观。各方资本处于布局和观望阶段，大部分回收企业无法满产，更多是瞄准未来潜在市场，真正成熟的商业化运作还很少。

基于上述研究，针对动力电池回收利用过程的难点问题，我们提出以下几点建议。

（1）提升动力电池回收管理文件层级。我国动力电池回收利用政策的法律层级较低，没有强制执行力和相应的罚则，执行效果并不理想。建议借鉴发达国家的做法，引入具有强制执行力的专项法律法规，考虑建立类似"双积分"的奖惩制度，让整车企业和动力电池企业更多地参与到动力电池回收利用体系中。

（2）加强动力电池的溯源管理。一是扩大溯源管理范围，溯源管理平台的管控范围不应该只是大型汽车生产企和正规回收利用企业，更应该将中小型的利益相关方纳入管理范围，真正实现动力电池的全生命周期追溯。二是加大溯源管理强度，利用溯源管理平台，配合国家相关管理部门，对不明去向、无法追溯的废电池加强查处和惩罚力度，打通动力电池回收利用前端的收集渠道。

（3）重视回收利用关键环节的安全控制。破损严重的电池放进运输防爆箱，所有退役电池采用危险品运输车运输，贮存库房做好消防、应急管理，电池拆解和重组过程做好人员防护和安全监控，梯次利用产品出厂前严把质量关，梯次利用产品使用时注意避免过大电流充放电。

（4）推进动力电池生产的标准化工作。动力电池生产没有形成统一的标准规范，导致退役动力电池品类繁多、结构设计各异、标准不一，退役动力电池容量、健康状况、循环寿命等方面存在巨大差异。动力电池结构的标准化有助于简化电池退役后的一致性检验和电池重组，便于梯次利用，并减低梯次利用成本。

（5）提高动力电池再生利用水平。对传统湿法动力电池材料回收工艺需要进行升级，提升环保性和回收效率。建议从动力电池废料特征入手，研发构建新型电池处理工艺体系，全面提升再生利用绿色化与智能化水平，提高我国电池再生利用技术的国际竞争力。

参考文献

[1] 第一电动. 宁德时代登顶 2020 动力电池装机量出炉宁德时代登顶[EB/OL]. https://www.d1ev.com/news/qiye/136303, 2021-01-17/2021-07-23.

[2] 中商产业研究院. 2020 年中国动力电池行业市场回顾分析[EB/OL]. https://www.askci.com/news/chanye/20210201/1017021347990_2.shtml. 2021-02-01/2021-07-23.

[3] 新产业智库. GGⅡ:2019 年中国动力电池出货 71 GWh，同比增长 9.4%[EB/OL]. https://www.sohu.com/a/370537764_99957767. 2020-02-04/2021-07-23.

[4] 欧盟委员会. 欧洲议会和理事会关于电池和废电池的法规提案，及撤销指令 2006/66/EC 和修订法规（EU）No 2019/1020[COM(2020)798][EB/OL]. http://www.hebwto.info/e/action/ShowInfo.php?classid=6&id=30753. 2021-01-26/2021-07-23.

[5] 中华人民共和国深圳海关. 欧盟发布电池和废电池管理新规[EB/OL]. http://ningbo.customs.gov.cn/shenzhen_customs/zfxxgk15/2966748/shrd2394/3654076/index.html, 2021-04-30/2021-07-23.

[6] 中国储能网. 煦达新能源李剑铎. 动力电池梯次储能的技术边界探讨及应用实践总结[EB/OL]. http://escn.com.cn/news/show-1232717.html, 2021-07-13/2021-07-23.

[7] 张廷，李龙辉，陈平. 新能源汽车动力蓄电池梯次利用行业发展情况分析[J]. 中国资源综合利用，2019，7:76-78.

[8] 吴金东，余海军，谢英豪，等. 动力电池单体拆解机械的研究现状与发展趋势综述[J]. 南方农机，2021，52(03):169-173.

[9] YUN L, SANDOVAL J, ZHANG J, et al. Journal of Electrochemical Energy Conversion and Storage, 2019, 16(2), 21011.

[10] 吴越，裴锋，贾蕗路，等. 从废旧磷酸铁锂电池中回收铝、铁和锂[J]. 电源技术，2014，38(4):629-631.

[11] 陈永珍，黎华玲，宋文吉，等. 废旧磷酸铁锂电池回收技术研究

进展[J]. 储能科学与技术,2019,8(2):237-247.
[12] 伍德佑,刘志强,饶帅,等. 废旧磷酸铁锂电池正极材料回收利用技术的研究进展[J]. 有色金属(冶炼部分),2020(10):70-78.
[13] 赵光金. 锂离子电池电解液回收处理技术进展及展望[J]. 电源技术,2020,44(01):139-141.
[14] 郭京龙. 锂离子电池石墨负极资源化及再生利用研究[D]. 江汉大学,2020.
[15] 企查查. 动力电池回收纳入“十四五规划”:上半年相关企业注册量同比上涨 2611.2%[EB/OL]. https://www.sohu.com/a/477188124_422199. 2021-07-13/2021-07-23.
[16] 北京资源强制回收环保产业技术创新战略联盟. 关于动力蓄电池/铅蓄电池生产者责任延伸履责评价结果的公示[EB/OL]. http://www.atcrr.org/show-19-7580-1.html. 2020-08-24/2021-07-23.
[17] 胡立彪. 动力电池回收利用要做好先手布局[N]. 中国质量报,2021-06-29(007).
[18] 陶凤,阮航达. 求解新能源车电池退役潮[N]. 北京商报,2021-07-08(002).
[19] 雷蕾,李维,李红宇,李文斌,张冰. 废旧锂离子动力电池回收技术及安全风险分析[J]. 科学技术创新,2020(25):189-190.
[20] 佘海军,谢英豪,李长东. 废旧电动汽车用动力电池运输安全的试验研究[J]. 安全与环境工程,2014,21(05):170-180.
[21] 林武,史新民,蒋丽丽,朱佳伟. 动力电池梯次利用的异构储能电站设计与实践[J]. 浙江电力,2020,39(05):41-49.
[22] 李娜,刘喜梅,白恺,董建明,孙丙香,龚敏明. 梯次利用电池储能电站经济性评估方法研究[J]. 可再生能源,2017,35(06):926-932.
[23] 肖武坤,张辉. 中国废旧车用锂离子电池回收利用概况[J]. 电源技术,2020,44(08):1217-1222.
[24] 时代财经. 动力电池回收再发利好！比亚迪、格林美早已布局,概念股半年涨超 40%[EB/OL]. https://www.tfcaijing.com/article/page/6a53646c68594765356552675a3069314b43322f73413d3d. 2021-07-07/2021-07-23.

(九)车用固态锂电池

(中国科学院物理研究所　李　泓;北京卫蓝新能源科技有限公司　徐航宇　向　晋)

1. 2020 年车用固态电池产业总体情况

在“十三五”收官之际,中国新能源汽车在 2020 年交出了一份满意的答卷。自 2020 Q2 国内疫情减缓后,中国新能源汽车产销量开始回暖。根据中国汽车工业协会统计数据显示,2020 年,新能源汽车产量达到 136.6 万辆。在新能源汽车快速发展的同时,固态电池作为下一代动力电池的重要技术路线在 2020 年也进入攻坚阶段。

2020 年 1 月 9 日,蔚来汽车发布了新型电动轿车车型 ET7,其中一大亮点在于 ET7 计划采用固态电池技术,其单体能量密度达到了 360 Wh/kg,整车续航超过 1 000 km。蔚来“ET7”新车型再度引发了行业内对固态电池的热切关注。2020 年,卫蓝新能源采用高镍三元正极材料的 300 Wh/kg 混合固液动力电池的循环寿命达到 1 500 周,顺利通过针刺和 150 ℃热冲击试验,已经给国内外多家整车厂送样测试。宜春清陶动力固态锂电池项目(一期)投产仪式于 2020 年 7 月 29 日顺利举行,在活动现场,搭载清陶固态电池系统的哪吒 U 固态电池板纯电动样车正式下线。国外固态电池企业产业化进程同样如火如荼:2020 年 6 月大众向 Quantum Scape(以下简称 QS)追加 2 亿美元投资,并以持股 23% 成为 QS 最大股东;同年 11 月,QS 通过与 Kensington Capital 合并,在纽交所成功上市,成为第一家上市的固态电池企业。

总的来说,2020 年固态电池的产业化进程不断加速,在新能源汽车领域的应用呈现出全面推进的态势。

2. 2020 年车用固态电池技术发展情况

(1)固态电池主要的技术路线及分类

传统的固态电池的开发主要包括聚合物固态电池、薄膜固态电池、硫化物固态电池、氧化物固态电池 4 种技术路线,这些技术路线基于不同种类的固态电解质材料,各自具备不同的优势和挑战。其中薄膜固态电池虽然已经实现商业应用,但其容量仅能达到 μAh 级别;氧化物固态电池很难做成大容量的动力或者储能电池;聚合物固态电池体系受限于现有的 PEO 材料体系,无法在室温下工作且难以兼容高电压正极;硫化物固态电池则面临电解质对空气敏感、制造条件苛刻、原材料昂贵等问题。

①聚合物全固态电池

聚合物全固态动力电池早在 2012 年就已经在法国实现装车应用,电池基于聚环氧乙烷(PEO)的固体电解质材料,由法国 Bolloré 集团旗下的子公司 Blue Solutions 生产,主要用于小型出租车和公共巴士上。这种固态电池的主要优点是电解质具有柔性、容易加工,兼容现有的锂离子电池卷对卷的制备工艺,易于实现量产。但是,其缺点同样不可忽视,聚合物固态电池有以下 3 个缺点。

a. 室温离子电导率低:必须加热到 60 ℃以上,离子电导率才会提升,接近 10^{-3} S/cm,电动车必须配备加热系统。

b. 容易发生内短路:由于聚合物较为柔软,锂枝晶容易刺穿聚合物固体电解质,造成内短路。

c. 能量密度有局限:基于 PEO 的聚合物电解质的电化学窗口不够高,与磷酸铁锂正极的兼容性尚可,但无法匹配 4 V 以上正极材料(如三元正极材料),导致电池的能量密度难以提升。

②氧化物全固态电池

氧化物电解质的室温导电率高于聚合物,离子电导率可达到 10^{-4} S/cm,通过掺杂能够达到 10^{-3} S/cm 的级别,但不如液态电解液。典型的代表有锂镧锆氧(LLZO)、锂镧钛氧(LLTO)、磷酸钛铝锂(LATP)、磷酸锗铝锂(LAGP)等,这些电解质的热稳定性良好,且具有较高的机械强度,能够在一定程度上抑制锂枝晶的生长。氧化物全固态电池同样面临挑战。

a. 氧化物电解质必须制备成致密度较高的陶瓷片才能

实现较高的表观离子电导，然而大面积陶瓷片难以制备、且容易脆裂。

b. 氧化物固体电解质不具备柔性，与电极材料的固固接触从面接触变成了点接触，导致界面阻抗过大。

以上缺点导致大容量氧化物固态电池难以制备，氧化物固体电解质只能与电解液或者聚合物配合使用，弥补其短板。

③硫化物全固态电池

硫化物固体电解质是发现的各类固体电解质材料中离子电导率最高的一类材料，个别硫化物电解质的离子电导率甚至超过了液态电解质的水平。硫化物全固态电池是全固态动力电池当中较有潜力的技术路线，但是其产品成本和价格非常高、且空气稳定性较差。硫化物化学活性很强，与空气、有机溶剂、正负极活性材料反应都很强，尤其是与水接触后直接就产生具有剧毒的硫化氢气体，导致其生产、运输、加工等环节都十分困难。此外，硫化物全固态电池制备的复杂程度也远高于传统液态锂离子电池，界面空间电荷层等关键问题也有待解决。

（2）2020 年国内车用固态电池发展现状

2020 年，国内推动车用固态电池研发的企业主要有卫蓝新能源、清陶新能源、台湾辉能、浙江锋锂、电科能源等。其中，电科能源研制的 5 Ah 固态电池能量密度达到 270 Wh/kg，循环次数达到 900 周，10 Ah 固态锂电池能量密度达到 380 Wh/kg，循环次数达到 100 周，并且正在加紧建设中试线，产业化进程越来越近。同年，清陶能源研制的 LLZO 陶瓷涂层隔膜量产，其开发的混合固液电池比能量达到 300 Wh/kg，循环次数达到 1 500 周；高比能固态电池能量密度达到 450 Wh/kg，循环次数达到 100 周。7 月，一辆搭载清陶固态电池系统的纯电动样车在北汽新能源完成调试并成功下线，这台样车是国内首次公开的可行驶的固态电池样车，它的下线标志着清陶在固态电池汽车技术研究上迈出关键一步。2020 年，台湾辉能实现了规模量产的固态电池，其比能量达到了 231 Wh/kg，循环超过 1 500 次，同时也实现了 85. 2 V、20 kWh 大容量的电池模组的量产。浙江锋锂固态电池产业化也在有条不紊地进行中，浙江锋锂投资2. 5 亿元建设了一条 2 GWh 的生产线，采用了自主掌握的大面积柔性固态膜技术，10 Ah 混合固液电池的比能量达到250 Wh/kg，循环可达 1 500 次，最大支持 5C 放电。高比能型电池的比能量达到 420 Wh/kg，可循环 103 次。卫蓝新能源作为中国科学院物理研究所清洁能源实验室固态电池技术的唯一产业化平台，其发展速度同样迅速。其研制的270 Wh/kg 混合固液动力电池经第三方检测，可以批量通过针刺试验；超高比能型混合固液电池的比能量可达500 Wh/kg，循环可达 50 次。2020 年 7 月，江苏卫蓝年产 2 亿 Wh 的固态电池产线在江苏溧阳正式投产。

过去一年里，我国的车企和电池公司在固态电池方面积极投入，有效地推动了车用固态电池技术的发展和产业化进程。

（3）目前需要解决的技术难点

尽管固态电池有望在高比能的条件下兼容高安全、快充、长寿命等优良的综合性能，解决传统液态锂电池面临的瓶颈问题，但车用固态电池在综合性能和成本方面仍然无法与传统的液态锂电池相匹敌。车用固态电池仍然存在几个关键的技术难点。

①在生产工艺方面和成本方面。无论是混合固液电池还是全固态电池，都会涉及新技术和新工艺的导入，这些新技术、新工艺可能比传统液态锂电池的制造工艺更加复杂，从而对生产制造工艺提出更高的要求，需要引入数值模拟仿真技术和数字化智能制造技术克服工程放大和生产制造过程中的难题。由于固态电池的产业链尚不完善，生产工艺尚不成熟，部分关键材料和设备仍然有待开发，因此无论是混合固液锂电池还是全固态电池，其成本都无法与传统的液态锂离子电池媲美。

②高比能正负极材料的匹配问题。为了兼顾高能量密度、高安全、长寿命等综合性能，固态电池需要匹配高比能的正负极材料如高镍三元正极、硅碳负极、金属锂负极等，这些高比能正负极材料的引入为固态电池带来了一系列的挑战，如正极与电解质间的副反应、正极颗粒粉化、负极体积变化、SEI 持续生长等，需要提出综合的解决方案。此外，研究者们对固态电池关键基础科学问题的理解还不够全面，材料和电芯构效关系还需要进一步充分理解。

③缺乏综合性能理想的固态电解质材料。固态电解质是固态电池的核心组件，尽管在过去的 40 多年里，全世界的科研工作者们已经开发出了种类繁多的固态电解质材料（如图 1-15 所示），但尚无任何一种固态电解质能够满足大容量固态动力电池所需的全部综合性能，需要开发新型固态电解质材料或综合多种固态电解质材料的优势。

④固固界面接触有待改善。传统液态锂电池中，由于电解液具有一定的浸润性，电解液与电极材料间易于形成良好的界面接触，固态电池使用固态电解质替代传统的电解液，电解质与电极间的接触为固固界面接触，易于产生较大的界面电阻，影响离子传输，增大车用固态电池内阻、降低电池的倍率性能。

⑤固态电池电极体积变化问题需要克服。在固态电池的循环过程中，电极的体积变化可能导致固固界面劣化，这一问题在负极侧尤为突出，作为下一代高比能负极材料的硅基负极和金属锂负极在循环过程中均存在较大的体积变化，负极与固态电解质间易于产生空隙、失去电接触，从而增大电池电阻，影响电池的循环寿命。

⑥各项综合性能及成本的平衡需要综合解决方案。固态动力电池中，比能量、安全性、快充特性、功率性能、循环性能、高低温性能之间存在着错综复杂的物理矛盾，世界范围内已经开发出的固态电池体系包括聚合物固态电池、硫化物固态电池、氧化物固态电池等，尽管这些固态电池各自具有独特的优良特性，但其综合性能均难以满足电动汽车的应用需要，需要提出综合解决方案，克服车用固态动力电池的所有短板问题。

在全固态锂电池技术尚未突破情况下，车用混合固液电池有望兼容传统液态锂电池的大部分材料、设备和工艺，综合平衡安全性、能量密度、功率密度、循环寿命、高低温性等综合性能，率先实现商业化，逐步替代传统的液态锂电池。

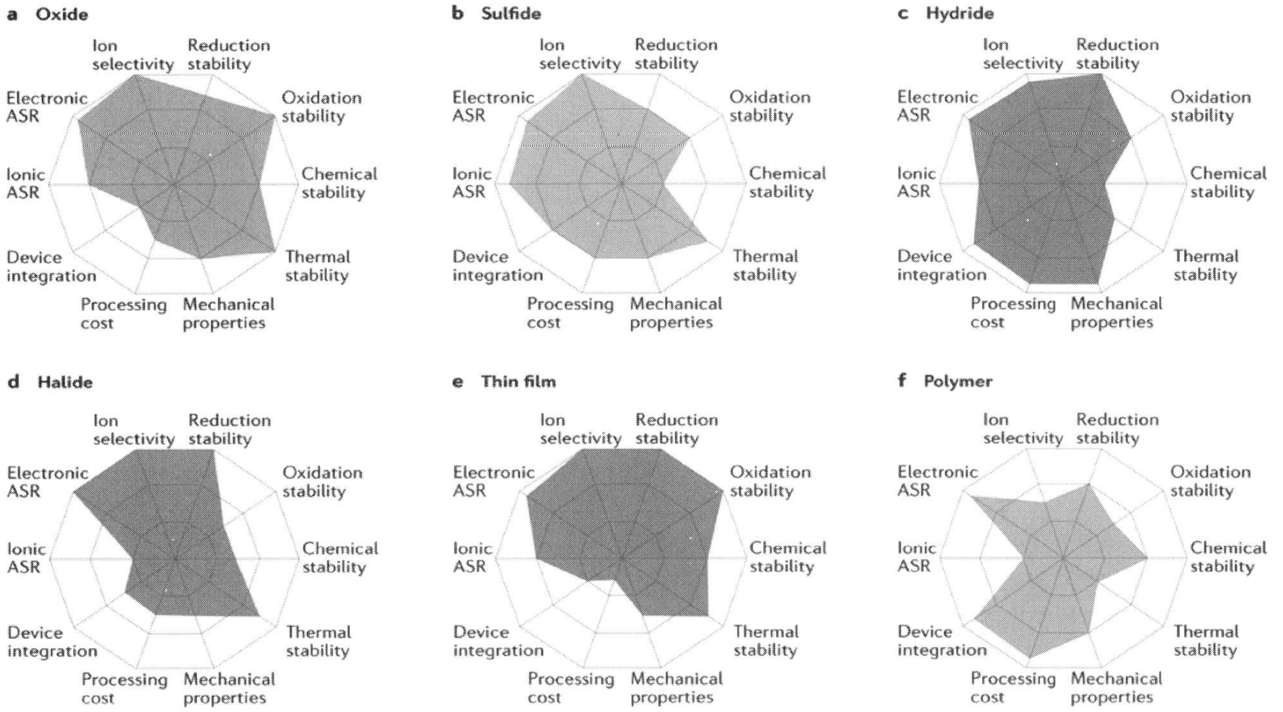

图 1-15 几类典型固态电解质材料的综合性能①

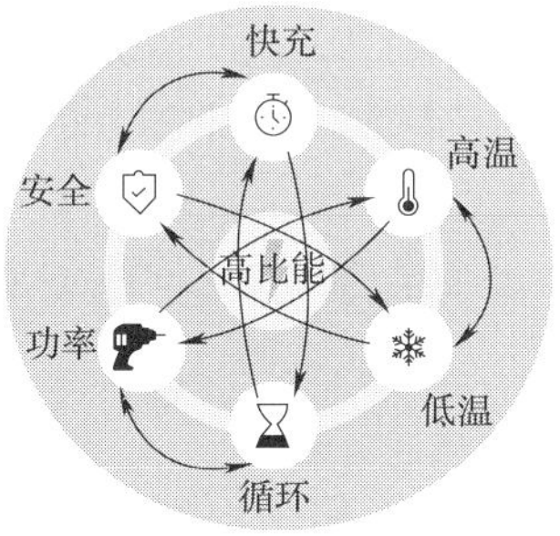

图 1-16 固态电池各项性能指标间的物理矛盾

注:箭头表示存在矛盾,需要平衡;高比能则与其他性能指标间普遍存在矛盾

3. 国内外企业发展情况

固态电池的研发主要集中在中国、日本、韩国以及欧美国家。相比中国企业,其他企业在固态电池研发所需的资金、技术、专利以及政策支持等方面都拥有较大的竞争优势。根据产业链调研,固态电池将在 2025 年逐步实现商业化,在 2030 年成为动力电池主要技术路线。在此背景下,世界上主要国家均在大力布局该领域,主要分布于欧洲,以及美国、中国、日本、韩国,共有 53 家企业在布局研发固态电池,其中大约 9 家专注从事硫化物固态电池。

(1)欧洲

主要是德、法、英三国,车企推动为主。英国戴森公司曾投资美国的 Sakti3,后因为 Sakti3 经营不善和技术路线问题倒闭,戴森暂时放弃。德国主要是宝马和大众两大车企,大众投资 Quantum Scape,宝马投资了 Solid Power,德国 2018 年投入 10 亿欧元支持固态技术发展。

(2)美国

美国的固态电池开发工作主要由一些初创公司进行,主要包括 Quantum Scape、Cymbet、Solid Power、Polyplus、24M、Sakti3 等。

Quantum Scape 是一家成立于 2010 年的初创公司,位于加利福尼亚州圣何塞市,由斯坦福大学科学家 Jagdeep Singh、Fritz Prinz 和 Tim Holme 创立,主要研发固态电池,试图通过开发一种全新级别的电能存储设备改变储能模式。公司拥有超过 200 多项关于固态电池的技术专利,并将研发可量产的固态电池。QS 使用的是一种陶瓷材料的固态隔膜,代替传统的液态电解质和多孔隔膜,同时采用了无负极的电芯设计。无负极的设计意味着在电芯生产过程中并不存在负极,当电池首次充电时,从正极材料中析出的锂穿过电解质层,并在负极集流体表面聚集形成临时的锂金属负极;当电池放电时,锂离子重新回到正极,这层临时组建的负极消失,周而往复。

Cymbet 是美国的一家薄膜固态电池公司,做薄膜全固态电。24M 由麻省理工蒋业明教授创立(A123 创办者),做的是半固态电池,其主要技术是把正负极材料加厚,通过厚电极实现高比能。Solid Power 成立于 2012 年,是位于美国科罗拉多州的固态电池制造商,主要应用于电动汽车和航天领域。2020 年 10 月 9 日 Solid Power 宣布公司第一代 10 层,2 Ah 的全固态锂金属软包电池开始生产和交付。电池是基于硫化物固体电解质材料,使用锂离子电池行业标准化流程和自动化设备制造。Solid Power 宣称生产的每个电池都不含任何液体或凝胶物质,是真正意义上的固态电池,能量密度达到

① Manthiram, A. S. F. Wang, et al. (2016) Lithium battery chemistries enabled by solid-state electrolytes Nat. Rev. Mater. doi:10.1038/natrevmats.2016.103.

了 320 Wh/kg。该电池通过 Solid Power 的兆瓦时级的卷对卷中试线制造。在 2020 年第三季度，其中试线电池和固体电解质均已得到多家汽车 OEM 合作伙伴和一流电池供应商的成功验证。

（3）中国

国内有多家企业专注于固态电池开发，如台湾辉能、江苏清陶、北京卫蓝、浙江锋锂、无锡海特等。前 4 家离产业化比较接近，已经建成至少是中试规模实验线，并有产品在无人机、消费电子、特种行业进行应用。CATL 等电池龙头企业均在大力研发固态电池，但其研发进展尚未对外公布，为了在基础性研究及材料方面实现新的突破，宁德时代于 2020 年成立了 21C 创新实验室，全固态电池也在实验室的重点攻关领域范围内。此外，作为混合固液动力电池关键材料的氧化物固体电解质在国内的开发和规模化生产已经具备一定的成熟度，我国的氧化物固体电解质产业处在全球领先水平。

（4）韩国

加入固态电池军备竞赛的企业包括三星、现代、LG 化学等。2020 年，三星 SDI 研究所在《自然 · 能源》杂志上发表了一项基于高性能的硫化物全固态电池的研究①，其比能量 >400 Wh/kg，能量密度 >900 Wh/L，无论是电池容量、能量密度、面容量、循环寿命，还是正极材料的比容量发挥，在全固态电池领域几乎都是公布的最高水平，同时兼具良好的安全性。该工作在全固态电池领域具有里程碑式的意义，其采用的银-碳复合负极技术引发了行业内的广泛关注。

（5）日本

在固态电池的投入非常大，日本科技省和日本新能源和工业技术发展组织（NEDO）共投入 3 个项目支持固态电池开发。日本投入固态电池的企业众多，而且以联合开发方式为主，如丰田、本田、松下、日立、三井化学、NGK 等，都在联合开发硫化物全固态电池。其中丰田在硫化物固态电池领域具有扎实的研究基础，丰田现有 400 多人的团队专注于研究硫化物全固态电池；丰田自 2008 年开始布局专利，2008—2013 年主要是对硫化物固态电池安全性考量，包括硫化氢的产量、硫化氢抑制、电池构造等；2013 年后加大硫化物固态电池布局，之后的专利囊括硫化物固态电池构造、正负极材料和固态电池材料等。日本的丰田、松下、日立等企业也都有展出硫化物全固态电池样品，大多对外宣称 2025 年硫化物全固态电芯量产。

4. 对现有产业的影响

（1）对锂电池上游产业的影响

在全固态电池中，固体电解质将完全取代电解液和隔膜；而现有的混合固液电池的制造仍然需要依赖于隔膜基材，因此短期内对于隔膜产业并不会造成巨大冲击。在正负极材料方面，原有的活性材料如高镍三元正极材料、硅碳负极材料仍然可以使用；当然，固态电池的核心优势在于有望兼容更高比能量的正负极材料体系、从而提升能量密度，因此超高镍正极材料、富锂锰基正极材料、金属锂负极等新一代正负极材料有望逐步成熟，取代现有的正负极材料。其中金属锂负极在安全性、循环性能方面面临的挑战短时间内难以解决，因此在过渡阶段，硅氧碳负极、硅碳负极和复合锂负极仍然是负极材料的主要选择。从现有技术趋势看，无锂负极技术同样具备一定的应用前景，Quantum Scape 和三星报道的电池采用的都是无锂负极的技术。此外，固体电解质是固态电池的核心组件，随着固态电池的发展，固体电解质产业也将得到快速发展，为固态电池提供材料保障。

（2）对电池生产装备、充电桩、新能源汽车产业的影响

北京卫蓝、清陶能源等企业开发的混合固液动力电池可兼容锂离子电池现有的制备工艺，仍然保有电解液，其电池制备工艺变化不大，这意味着固液混合动力电池的生产线和绝大多数生产设备都可以从现有锂离子生产线生产商去购买。全固态电池制造工艺则与现有工艺差别较大，由于世界范围内全固态动力电池尚无值得商业化的技术路线，因此全固态电池的规模化生产设备也并不成熟。

至于充电方面，固态电池的倍率性能仍然是基于正负极材料本身的倍率性能，由于固体电解质的热稳定性优于液体电解质，其高温性能和安全性能都优于传统的液态锂离子电池，因此有望更好地适应高倍率充放电下的工况，在电池快充的过程中可以提供更好的安全性保障，有利于推动快速充电桩的布局。此外，现在的很多新能源汽车是支持换电的，可以单纯将电池包换成固态电池的电池包，包括不少政策导向也都支持换电方案，未来有望借助换电站搭建快速充电系统。

对于新能源汽车而言，固态电池有望兼顾高比能、高倍率、高安全等，有望助力新能源汽车的续航里程突破 1 000 km，同时兼具良好的安全性和一定的快充能力。固态电池技术的突破将大幅提升新能源汽车的市场竞争力，加速新能源汽车取代燃油车。在能源汽车其他部件的运作方面，固态电池并不会有明显影响。

5. 如何推进中国固态电池的市场化

截至 2021 年，我国的新能源汽车的产销量已经连续 6 年蝉联世界第一，我国的锂离子动力电池市场占有率也已经超越日韩、成为全球第一，实现了锂离子电池从跟跑到并跑的蜕变。现如今，固态电池已经成为锂离子电池发展的重要方向，纵观全球固态电池的发展格局，我国的科研机构和相关企业获得了赶超世界一流技术水平的绝佳机会。但是相比于日本，我们还需要大力加强和改进固态电池方面的投入。从 2018 年开始，日本 NEDO 斥资 100 亿日元联合包括丰田、本田、日产三大主要汽车制造商在内的 38 家知名日企和院校研发固态锂离子电池，旨在提升电动车车载电池的能量密度及安全性；此外，日本政府还启动了多个项目，与优势企业携手致力于固态电池实用化。我国固态电池发展面临的问题不仅仅是企业投入不够、社会资本把握时机和精准度不够，更重要的是原始创新的总体能力不足、产学研的合作薄弱。基础研究的机构更倾向于出新成果，往往不太关心市场的需求，与企业的合作不够密切，产、学、研链条不能打通，就难以肩负起时代赋予的科技创新的重任。因此，中国应从以下 4 个方面着手抢占固态电池高地。

（1）政策引导方面：国家应分类下达重点研发计划、地方政府重点科技项目、产学研合作项目等。针对固态电池的关

---

① Lee Y G，Fujiki S，Jung C，et al. Nature Energy，2020，5（4）：299-308.

键材料、电芯开发、系统集成和智能管理，全方位地布局相关的基础研究、工程化攻关，以及产业化项目培育。

（2）产业化方面：为了加快开发固态动力电池的产业化进程，应在关键原材料、电芯制造、装备制造、电源管理、电池模块、系统应用、诊断测试等产业链各个环节进行布局，对其中的关键工程技术问题组织力量集中攻关。

（3）技术支撑方面：应尽快建设高水平的国家级研发和诊断测试平台，提升我国固态锂电池的技术保障能力，通过对领先企业和优势科研团队的集中支持，解决其所面临的技术难题，提升核心团队在世界学术界、专业领域的影响力。

（4）商用策略上：全固态电池虽具备广阔的应用前景，未来必将成为动力电池的主流，但从当下情况来看，全固态电池的技术水平和成本问题都制约了其大规模商用化，从加快商用的角度来看，积极发展混合固液动力电池是最可行的方案。传统液态锂离子电池在综合性能和成本方面仍然具有较强的竞争力，在混合固液动力电池成本仍然较高的当下，固态电池企业应找准市场定位，打造产品的核心竞争力，赢取生存和发展的空间。

6. 结　语

在过去的一年里，我国的车用固态电池仍然保持着持续发展的动力，相比于传统液态锂离子电池，固态动力电池已经在综合性能方面展现出了一定的优势，可以预见固态电池将成为未来动力电池发展的必经之路。当然，成本问题可能成为固态电池技术商业化面临的最大挑战，从本质上讲，续航里程、使用成本和安全性能仍是电动车的薄弱环节，任何固态动力电池产品都必须同时解决这些问题。可以预见，未来的 3～5 年内，车用固态电池技术将迎来突破性进展和快速发展期，混合固液动力电池有望率先进入市场，新能源汽车动力大变局即将到来。

（十）车用超级电容器

（上海奥威科技开发有限公司　华　黎　安仲勋　夏恒恒　杨重阳）

1. 2020 年车用超级电容器产业的总体情况

超级电容器自 20 世纪七八十年代逐渐步入商业化应用阶段，经过几十年的快速发展逐渐转向动力电源、备用电源、脉冲电源领域，且已经取得了卓有成效的成就，并诞生出一批知名的超级电容商用公司，如美国的 Maxwell 和 Evans 公司、日本的 Panasonic 和 NEC 公司、韩国的 Ness Cap 公司、法国的 Saft 公司和 Bollore 公司、德国西门子公司，以及俄罗斯的 Econd 和 Esma 公司等。

我国的超级电容行业虽起步较晚，但近年来随着国家对新能源产业的政策性扶持，基础研究不断取得进展，国内的超级电容产业发展迅速，诞生了上海奥威、宁波中车新能源、南通江海、北京集星、锦州凯美、哈尔滨巨容、烯晶碳能、深圳今朝时代等多家较大规模的电容公司。在车用超级电容器的应用方面，上海奥威、宁波中车新能源、南通江海、烯晶碳能、深圳今朝时代等均达到国际较高水平。

近年来随着电动汽车的迅速发展，超级电容被广泛应用于混合动力汽车、纯电动城市客车、纯电动场地车辆、轨道交通、电机车等领域。2020 年因新冠肺炎疫情的影响，市场规模有所下滑，但在国家和地方政策大力的支持、市场消费需求的强劲恢复等因素利好下，汽车行业表现大大好于预期。2020 年，汽车产销分别完成 2 522. 5 万辆和 2 531. 1 万辆，再次领跑全球。汽车市场规模的不断回温和扩大也将带动超级电容器的使用率，从而扩大超级电容器的市场需求。国内汽车企业如一汽、东风、上汽申沃、宇通客车和吉利等，都进行了与超级电容相关的应用开发和技术储备。2021 年初，我国工信部发布《基础电子元器件产业发展行动计划（2021—2023 年）》，重点推动超级电容器在新能源汽车和智能联网汽车的应用。可以预见，如果超级电容技术在保持自身优势的前提下，不断提高比能量，将在新能源汽车巨大市场需求的内驱动下，其应用也将愈加广泛。

在电动客车方面，2020 年 7 月，奥威科技与白俄罗斯知名车辆制造企业 BKM 合作生产的超级电容公交车亮相白俄罗斯首届“电动汽车日”，起终点只需充电 6 min 即可运行 30 km，且最高可满足 -40 ℃低温条件下安全运营。

随着新能源汽车的热度越来越高，超级电容器从早期的客车领域应用为主逐步过渡到乘用车领域，乘用车制造商对超级电容器也投入了更多的关注。宁波中车新能源、烯晶碳能、上海奥威等企业纷纷与乘用车企业展开技术合作，推广超级电容在乘用车领域的应用。2020 年 3 月，烯晶碳能已为沃尔沃、一汽红旗等国内外车企总计供货 6 万多台超级电容。2020 年 7 月，兰博基尼推出 Sian Roadster 敞篷车，配置电容 34 kg 的超级电容，电动机最大功率 34 hp，可以在高达 130 km/h 的行驶速度下提供瞬时动力提升，比没有此系统的汽车快 10% 以上。

在其他新能源汽车方面，2020 年 8 月，上海临港新片区中运量 T1 示范线项目启动建设，全球首列由光电磁数字化导向的胶轮低地板列车正式发布，列车配置上海奥威开发的高能量超级电容系统，可满足 30 km 线路全天候 24 h 不中断运行。法国公司 NAWA Technologies 在 2020 年国际消费电子展上推出了他们的混合动力摩托车，该车采用超级电容器和锂离子电池组合的混合动力系统，也是第一次使用超级电容的电动摩托车。

车用超级电容器的发展主要集中在如何提高超级电容器的能量密度、功率密度，拓宽使用温度和降低成本，这涉及新材料研发、制作工艺改进和超级电容系统技术的高效集成，需要加强车用超级电容器企业与上游原材料企业和下游汽车企业的合作，共同推动车用超级电容器产业的发展。

2. 2020 年车用超级电容器技术发展情况

（1）2020 年车用超级电容器技术发展特点

2020 年车用超级电容器技术发展主要方向：一是应用于汽

车主动力源的高能量混合型超级电容器。二是应用于混合动力领域的高功率双电层电容器。三是超级电容低成本化。

①高能量混合型超级电容器

对于用作主动力源的混合型超级电容器，在保持长寿命和安全性的前提下，提高能量密度和车辆续航里程是当前技术发展的主要方向。发展高比能量和高低温性能优异的新型储能电极材料，开发高电导率和宽温度电解液，高离子传导性隔膜，低内阻集流体，使其在保持超级电容高比功率、长寿命和快速充电特性的同时大幅度提高比能量，并且兼顾混合型超级电容的低温使用性能，提高性价比和关键材料国产化率，是高能量混合型超级电容研究的主要方向。

上海奥威基于国家重点研发计划开发的高能量混合型超级电容器单体应用于公交车辆续航里程提高到 30～40 km，实现超级电容公交车营运中途无需充电，车辆可 24 h 运营。另外，更高能量的新型超级电容已经试车。随着新能源汽车行业的大力发展，更高的续航里程是动力电源发展的主要方向，高能量密度混合型超级电容器产品仍然是车用超级电容器技术发展的大趋势。

②高功率双电层电容器

大容量、高电压、高功率的双电层超级电容技术仍然是当前超级电容器技术发展的主要方向。通过采用高比表面、低成本、高电压、低内阻碳材料，高电压、高电导率电解液代替现有超级电容电池材料，提高双电层超级电容的容量和响应时间，降低 RC 值，实现超级电容的超高比功率，关键材料国产化率大幅度提升、生产成本显著降低。对于混合动力领域，双电层电容器凭借突出的功率特性已在应用于汽车启停装置，目前已经在全球装载几百万辆汽车。

双电层电容器的工作电压逐渐从 2.7 V 提高到最新的 3.0 V，甚至 3.2 V，今朝时代、烯晶碳能都有 3.0 V，3 000 F 的超级电容单体。宁波中车新能源科技有限公司研制出 12 000 F 的纯碳基双电层电容器，能量密度接近 10 Wh/kg，单体性能在功率型超级电容方面达到国际领先水平。中科超容也发布了 3.2 V 的双电层电容器产品。为节省空间，乘用车制造商更希望超级电容安装在发动机所在的前舱中，车用超级电容器工作温度需提高至 85 ℃以满足要求。宽工作温度和耐久性，是双电层电容器发展的另一特点。

③ 低成本超级电容器

车用超级电容器相比于车用锂离子电池，价格仍偏高，大大限制了其在车用领域的推广。通过原材料的国产化替代，提高超级电容智能化生产水平，降低车用超级电容器的生产成本以满足市场要求，采用新的推广模式，提升用户的认可度是当前车用超级电容器技术发展的突破口。

(2)2020 年车用超级电容器实现的主要技术突破点

上海奥威在国家科技部和上海市科委项目支持下，通过对能量混合型超级电容器反应机理的深入研究，选择和开发高容量大比表面积的碳材料、调整优化工艺技术、开发高电导率电解液和无孔集流体负极预掺杂等技术进行攻关，成功突破了传统超级电容器能量密度的限制，将混合型超级电容器的能量密度和功率密度进一步提高，在 50% SOC 下 10 s 的充电功率达到 6 500 W/kg，最大比功率超过 20 kW/kg，循环 5 万次 92% 以上能量保持率。2020 年，使用该高能量混合型超级电容器的城市公交在上海 930 路投入运营，还将投放于上海 17 路、18 路、隧道 8 线、146 路公交等。

①混合型超级电容工作温度达到 －50 ℃

受限于电解液的低温耐受性，能量型超级电容最低使用温度不低于 －20 ℃。由于全球气候的多样性，特别是中国黑龙江北部，以及靠近北极圈的俄罗斯、北欧等国家，冬季温度长时间 －30 ℃以下，严重制约了超级电容的应用范围，开发超低温耐受性的超级电容具有很重要的战略意义。中国科学院电工研究所在 2020 年研发成功了 －50 ℃低温型锂离子电容器，在低温启动、高空无人机、国防等战略领域具有极大的应用潜力。上海奥威开发出一款新型高能量超级电容，在 －40 ℃环境大功率放电容量保有率超过常温的 60%，能量密度 65 Wh/kg，最大功率达 24 kW/kg，克服了超级电容的超低温气候的耐受性问题，已应用于白俄罗斯、北欧等公共交通、有轨电车等项目。

②双电层超级电容单体电压达到 3.2 V，能量密度达到 15 Wh/kg

双电层电容器的工作电压一般在 2.7 V，能量密度一般在 5～8 Wh/kg，提升电压和能量密度是该体系最重要的技术需求。重庆中科超容在保证电容器其他特性的基础上，从单体额定电压和电容量两个方面对电容器储能密度进行了提升，单体额定电压提高到了 3.2 V，产品能量密度能达到 13～15 Wh/kg。2020 年，研发的 3.2 V 600～3 000 F 双电层超级电容器产品已经下线。

③超级电容在新能源客船的应用突破

2020 年 5 月，采用超级电容和柴油发电机组混合动力系统的客船“鹭江 66”轮顺利下水，这也是国内第一艘柴电混合推进沿海客船和国内首批入级中国船级社《钢质海船入级规范》的新型直流组网电力推进客船。超级电容装机量 25 kWh，与普通电池船和传统交流电推船舶相比，可在加速航行、紧急避让、恶劣天气逆风航行等情况下，保证船舶电网稳定运行。

3. 目前亟须解决的技术难点及解决方案

对于车用超级电容器，亟须解决的技术难点主要是关键电容材料国产化和低成本化，以及超级电容单体实现更高的能量密度和功率密度、宽的工作温度范围。相比于主流的车用锂离子电池，当前车用超级电容器产品能量密度偏低且价格高昂。

对双电层电容器来说，需要开发低成本、高容量活性炭材料，高电压电解液和低内阻腐蚀铝箔，优化电极制造工艺和产品结构设计，提高超级电容规模化、自动化生产水平。一直以来高品质超级电容活性炭、隔膜和集流体等关键材料长期被日本、韩国等外国公司垄断，成为制约中国超级电容发展瓶颈。需要对国产超级电容碳材料等关键材料进行广泛试用，提高性价比，实现高性能超级电容关键材料国产化和低成本化，材料结构可控化、产业化制备，从而满足超级电容的需求和发展。国内活性炭材料代表企业主要有北海星石、福建元力、阿佩克斯、大潮炭能等，国产隔膜代表企业主要有凯恩、柔创、中国制浆造纸院等，国产铝箔代表企业主要有博罗冠业、东阳光铝、湖南永箔等。

对于混合型超级电容器来说，需要寻找更高比容量的材料，优化复配技术、电极工艺和结构设计，规模化自动化生产。开发兼具高能量和高功率特性的超级电容和锂离子电池一体化体系技术研究，使超级电容的高功率优势和锂离子电池的高能量优势结合在一个全新的电化学体系中。开发干法电极技术相比于湿法涂布技术，电极的厚度能进一步提高，有利于超级电容往更高能量密度方向发展。

另外，智能制造设备也是制约超级电容材料和器件性能和成本的关键环节，关键设备如干法电极产线、卷对卷预锂机、外壳封装机械均通过进口，很多设备均沿用锂离子电池产业的相关设备，缺乏对口设备的自主研发和制造。

4. 2020 年国内外技术差异

国外超级电容器生产厂商以日、美、韩三国处于世界领先水平。国内外车用超级电容器技术的发展在方向上各有侧重点。日韩超级电容器企业更多发展活性炭正极/锂电池负极体系的锂离子电容器，这种产品相对于双电层电容器有更高的工作电压和能量密度，但生产成本高，限制了产品的应用推广。美国超级电容器企业，以 Maxwell 为代表，更多发展双电层电容器，技术上着力于提高超级电容器的可靠性和功率密度，主要应用于混合动力公交车和汽车启停装置。

国内的车用超级电容器企业，技术发展则更多偏向于高能量混合超级电容器，兼顾高功率和长寿命，提高能量密度，更符合国内市场需求，在新能源汽车领域尤其是新能源城市公交得到了广泛应用，未来也将在乘用车领域有所突破。

5. 未来几年车用超级电容器技术发展趋势

车用超级电容器的技术发展的主要方向是在保持长寿命、高安全和高可靠性的前提下，提高超级电容的能量密度和功率密度，降低超级电容的成本。因而未来几年技术的发展趋势主要有以下几方面。

（1）低成本高性能碳材料

碳材料是超级电容器最核心的关键原材料，常见活性炭材料原材料主要是两种：常规容量低成本的椰壳炭和高容量高成本的焦炭。开发出高比表面、高电压、低内阻碳材料，显著降低生产成本，实现碳材料国产化率大幅度提升是超级电容器行业技术发展的主要趋势。

（2）宽温度、高电压、高电导率的电解液技术

在寒冷的北方作为主动力电源、汽车低温冷启动或是启停装置、冶金行业和数据中心的高使用温度，都需要超级电容器具有宽的工作温度范围。另外，对于高功率双电层电容器，需要高电导率电解液保证高功率密度，同时需要提高电解液的工作电压来提升产品的能量密度。对于混合型超级电容器，需要高电导率电解液在满足能量密度提高的同时保持高的功率密度。因而开发宽温度、高电压、高电导率的电解液迫在眉睫。

（3）高能量高功率混合电容器技术

发展高功率、高比能量和高低温性能优异的新型储能电极材料的可控制备或改性，开发高电导率和宽温度电解液，高离子传导性隔膜，低内阻集流体，使其在保持超级电容高比功率、长寿命和快速充电特性的同时大幅度提高比能量，是车用超级电容器行业追求的目标。

（4）先进的电极制造工艺和智能化设备

高性能的电极制造工艺，能够带来产品性能的极大提升。通过自动装配工艺和自动化工装设备实现批量化生产，提高超级电容产品的一致性，通过智能化设备，提高产品的性能和生产效率，从而降低生产成本。

干电极制造工艺，不使用溶剂，降低成本，简化工艺，可制备厚电极从而提升产品能量密度，开发具有自主知识产权的干电极生产设备，打破国外垄断格局。

6. 未来几年市场需求分析预测

2020 年，国内超级电容市场较为平稳，但部分细分市场出现下降。海外出口持续收到疫情的影响，需求大幅减少。总市场规模萎缩明显，约为 2019 年的 50%。2020 年，我国新能源汽车产销分别完成 136.6 万辆和 136.7 万辆，同比分别增长 7.5% 和 10.9%，创历史新高。随着《规划》的正式发布，到 2025 年新能源汽车渗透率达 20%。未来几年全球疫情逐步得到控制，在“碳达峰”“碳中和”“绿色发展”、国内新能源汽车的大力推广和普及的大环境下，车用超级电容器的市场规模有望加速扩大，未来 5 年国内超级电容器行业仍将保持高景气度。交通运输领域超级电容市场规模占比巨大，根据中商情报网的数据，交通运输领域在超级电容应用行业的占比达到 38%。随着车用市场的推动，预计 2025 年交通运输领超级电容市场规模有望达到 100 亿元，在启停、混动和纯电动等领域将取得突破。

随着新能源汽车、物联网和 5G 技术推广，超级电容器的市场规模将会快速增长。对车用超级电容器企业，需要加强自主创新，研发生产出更符合新能源汽车需求的车用超级电容器，促进超级电容器行业整体技术水平的发展，开拓超级电容汽车或超级电容作为助力电源在新能源汽车的应用市场，能够推动能源生产和利用方式变革，优化能源结构，推动构建安全、稳定、经济、清洁的现代能源产业体系。

7. 车用超级电容器产业发展存在的问题和建议

车用超级电容产业发展存在的问题有关键原材料国产化、生产设备智能化、产品评价一致化和产业政策明确化。

超级电容关键材料产业发展滞后于器件产业，高品质超级电容活性炭、隔膜、集流体等关键材料长期被日本、韩国等外国公司垄断，成为制约中国超级电容产业发展瓶颈。需要对国产超级电容关键材料进行广泛试用，提高性价比，实现高性能超级电容关键材料国产化和低成本化，从而满足超级电容的需求和发展。但国内关键材料产业规模偏小、研发资金投入不足、技术和管理水平还有差距，产业布局分散。推进关键材料国产化是超级电容产业迫在眉睫的工作。

超级电容的产业规模和成熟度比锂离子电池产业低得多，很多设备均沿用锂离子电池产业的相关设备，缺乏专向对口设备。而超级电容的市场规模较小，难以支撑起较大的设备企业对超级电容产业作定向设备开发。需要国家设立设备专项，对国内成熟的锂离子电池设备制造企业进行资金和研发的支持，开展超级电容关键设备的开发。

不同产家对超级电容器产品的评价指标不一致，客户难以对不同的产品进行有效的对比和判断。因此，需要建立完善的禅机电容产业相关技术标准体系，规范行业发展方向，明确应用领域，提高相关企业及产品市场准入门槛，促进行

业的健康发展。由政府主导,超级电容产业联盟、行业专家推进建立超级电容器标准化技术委员会,推动超级电容器产业的标准化工作,筛选出行业优势领域和龙头企业,提高行业集中度。

超级电容产业在政策支持方面相比于锂离子电池弱,电动汽车的补贴政策推动了锂离子电池行业的发展,却严重阻碍了超级电容产业的发展。超级电容的研发创新投入不足,国家、科研院所还是企业的研发投入少。另外,科技创新成果转化和产业化率低。因此,需要建立和健全产学研合作机制。建立由教育、科技、发改委、财政等相关部门联合组成的产学研合作协调部门,负责研究、制定推进产学研合作的发展方向、重点和扶持政策、措施等,同时协调在合作过程中出现的问题。由政府牵头,根据产学研合作的现实情况,从立法层面上明确合作各方的地位、关系、权利、义务和利益分配。结合实际情况,制定优惠政策,对承担产学研合作项目的企业和科研院所,或有突出业绩的产学研合作项目的承担单位,享受一定的优惠政策。

随着新能源汽车的发展,国内车用超级电容器的产业化水平也快速提高。新技术的迭代创新,市场期望超级电容器拥有更大的电容量、更高的能量、更宽的工作范围及更长的使用寿命,这也为超级电容器的产业发展迎来宝贵契机。超级电容器产业发展,需要加强车用超级电容器企业与上游原材料企业和下游汽车企业的合作,紧贴用户需求,建成与先进交通技术紧密结合、适应新能源技术产业发展要求,提升我国车用超级电容器产业整体水平和国际竞争力。

超级电容的发展路线应以满足终端应用为驱动,以开发新型高性能器件和系统为目的,以研发关键电极、电解液、隔膜、容纳件或新的技术体系为前提,以关键制造技术和智能制造设备为支撑,各部分环环相扣,最终实现上下游产业链的协同发展。

(十一)车用驱动电机及系统

(国家电动汽车电驱动系统全产业链技术创新战略联盟
上海燃料电池汽车商业化促进中心　贡　俊)

1. 2020 年车用驱动电机及系统产业总体情况

根据中国汽车工业协会统计数据,2020 年我国新能源汽车产销量分别达到 136.6 万辆和 136.7 万辆,同比分别增长 7.5% 和 10.9%,其中,新能源乘用车产销均为 124.6 万辆,同比分别增长 11.3% 和 14.6%;新能源商用车产销分别为 12.0 万辆和 12.1 万辆,同比下降 20.8% 和 17.2%。值得一提的是,2020 年,特斯拉凭借 Model 3 实现销售 13.8 万辆,成为年度畅销车型;上汽通用五菱的 Mini EV 实现销售 12.7 万(辆);蔚来、理想、小鹏汽车在新造车势力中名列前茅,新能源汽车产品销售格局发生了较大变化。

在电驱动系统方面,2020 年我国新能源汽车驱动电机系统实现产销 135.7 万台(套),同比实现增长 8.9%。随着外资企业持续进入,产业集中度进一步提高,前 10 家驱动电机与电机控制器的配套比例分别达到 73.3% 和 75.8%,较 2019 年增加 21.1% 和 26.1%。前 10 家配套企业中,驱动电机和电机控制器的国内企业占比分别达到 60% 和 70%,独立零部件企业占 6 家。其中,方正电机装车量 10.5 万台、双林电机装车量 7.9 万台,均为五菱汽车配套;上海电驱动装车量 9.1 万台,主为长城欧拉、长安 EV460、小鹏汽车等配套;日本电产装车量 7.5 万台,主要为广汽埃安 EV 配套;博格华纳装车量 5.4 万台,主要为理想、威马和爱驰等新造车势力配套;精进电动装车量 4.9 万台,主要为小鹏和吉利汽车配套。

2. 2020 年车用驱动电机及系统主要技术进展

驱动电机、功率电子单元和减速器集成的电驱动一体化驱动总成是乘用车驱动电机系统领域的主要发展方向。现阶段的总成主要形态体现为"驱动电机 + 电机控制器 + 减速器"的三合一总成,以及在三合一基础上集成 DC/DC 和 OBC 等功率电子集成的多合一是重要的发展方向。

乘用车三合一电驱动总成产品以博世、大陆汽车、麦格纳、博格华纳、吉凯恩、采埃孚和日本电产等为代表,国内以精进电动、上海电驱动、巨一自动化、汇川技术、比亚迪等为代表。大众 iD4 后驱总成、一汽 E-HS9 EDS 总成实现量产,精进电动 200 kW 三合一电驱动总成获得了北美客户批量订单。在多合一总成方面,国外如宝马 i3 采用"驱动电机 + 电机控制器 + DC/DC + OBC + 减速器"的五合一集成,国内如北汽新能源、长安新能源、华为技术等均提出了采用多合一总成系统。

在驱动电机方面,具有更高槽满率和更高刚度的发卡式绕组/扁导线绕组电机逐步成为新能源汽车应用需求,多种线型(U 形线、I-pin 型)、不同绕线形式(叠绕组、波绕组)的扁导线电机制造工艺与制造能力不断提升,多家企业建立了扁导线定子专用生产线,多个扁导线电机产品实现量产应用。油冷因技术其热传递路径短和冷却油的绝缘特性,使得油冷电机成为提升电机热管理效率的途径之一,喷油冷却、转子甩油冷却、定子密闭循环油冷却等多种方式在不同机电耦合总成上获得应用。

在电机控制器方面,碳化硅器件具有高温、高效、高频的优势,可降低电机控制器损耗,提高集成度与功率密度。国外特斯拉、保时捷率先量产应用基于 SiC 器件的电机控制器,国内比亚迪汽车推出的"汉"电动汽车后驱系统也量产 SiC 电机驱动系统。德尔福、电装、斯达等推出了应用芯片正面金属化焊接技术、模块双面银浆烧结技术的双面冷却碳化硅模块,芯片热阻与模块寿命大幅度提升。宇通客车、中车时代电动、精进电动、阳光电源、上海电驱动等在新能源汽车上加速开展 SiC 控制器的研发和应用,推出了功率密度达到 30 ~40 kW/L 的多种封装 SiC 电机控制器。由于碳化硅器件的高压优势,被认为是更加适合于 800 V 直流电压平台的电驱动系统。

在减速器方面,高速减速器是乘用车电驱动总成高速化的核心零部件，国外博格华纳、吉凯恩、麦格纳等开发出了14 k～18 kr/min高速减速器；我国上汽变速器、重庆青山、比亚迪等自主减速器产品级以达到最高转速在16 000 r/min。在高输入转速和大速比的小型化高速减速器、两挡/多挡化高速减速器和减速器本体NVH性能方面取得进步。

在轮毂电机方面，径向式轮毂电机仍然是研究热点，国内主要企业如上海电驱动，推出了640 Nm、功率密度达到2.2 kW/kg的高性能直驱轮毂电机，样机应用于东风汽车和北汽新能源样车。轴向磁通轮毂电机逐渐在轮毂电机场景下展开应用，MAGNAX、YASA、SAIETTA、清华大学苏州研究院等研发了轴向磁通轮毂直驱或减速器样机；在关键零部件方面，舍弗勒、浙江万安等研发了轮毂电机动密封结构，丰田和浙江亚太等提出了轮毂电动轮转向装置与转向拉杆结构等，进一步加快了轮毂电机工程化。

3. 未来几年车用驱动电机及系统技术发展趋势

结合国家"节能与新能源汽车技术路线图2.0"技术发展规划，未来3～5年新能源汽车驱动电机系统技术发展趋势归纳为以下几个方面。

（1）车用驱动电机的功率密度、转速持续提高，振动噪声和制造成本不断降低将成为我国未来车用驱动电机的重要发展趋势。高磁阻电机设计（多层磁钢）设计技术、扁线成型绕组和圆线精密排线工艺技术、驱动电机的高速化技术以降低体积和重量、驱动电机与减速器的深度集成技术、基于驱动电机系统的大数据挖掘的"自知和自诊断"智能化技术、高效液冷与复合冷却技术、新材料及材料服役技术发展应用等是未来驱动电机的重要发展方向。

（2）在电机控制器方面，利用芯片双面冷却集成、电力电子功率部件的高效冷却与集成技术，提升电力电子部件集成度、功率密度和效率是集成电机控制器的重要发展方向。低阻大电流碳化硅芯片、双面焊接SiC封装及全SiC电机控制器、基于高性能MCU的类AutoSAR软件架构和ISO 26262功能安全技术、控制软件加密与OTA升级技术、高等级电磁兼容技术、电机系统的NVH控制性能提升等是电机控制器发展重点。

（3）高速高密度集成化电驱动总成是新能源乘用车驱动电机系统明确的发展方向，三合一电驱动总成已成为乘用车驱动系统主流。高速减速器（16 000～18 000 r/min以上）、系统集成技术、高电压与新型功率电子和控制平台、系统级方案创新是主要的技术发展趋势。

（4）插电式混合动力机电耦合电驱动总成性能持续提升，为了应对越来越高的能耗要求和不断增加的成本压力，集成化、轻量化、高效化、低成本已成为未来插电式混合动力机电耦合电驱动总成的发展趋势。集成化与平台化、新型高效机电耦合构型技术、高效混合动力发动机、轻量化和低摩擦零部件、低振动噪音控制技术是机电耦合电驱动总成未来发展重点。

（5）我国新能源商用车动力系统技术发展迅速，为满足未来整车动力性、经济性和节能需求对动力系统的要求，节能效果更优、全工况适用、高度集成、平台通用性是商用车动力总成的技术发展趋势，分布式与集中式电驱动桥、分布式轮边电驱动是两个重要的技术发展方向。

（6）在轮毂电机及电动轮方面，高密度轮毂电机的电磁机热声等多物理场协同设计与仿真、故障诊断与容错控制、转矩脉动抑制、噪声抑制和可靠性与耐久性验证方法、新材料新结构和新工艺技术应用、轮毂电机与制动、转向和悬架系统深度集成与转矩矢量分配技术、专用场景下的轮毂电机专用底盘与应用技术是轮毂电机和电动轮的发展重点方向。

4. 2020年行业重点企业发展情况

我国新能源汽车电驱动企业在2020年在稳定市场产品的同时，加大研发投入，积极通过平台化、集成化和产品技术升级，保持企业在行业的竞争力。

在乘用车三合一总成方面，上海电驱动、精进电动、汇川技术、巨一自动化、联合电子、弗迪动力、蔚来驱动科技、蜂巢电驱动、上汽变速器、重庆青山等推出三合一总成产品并实现量产配套。以上海电驱动为例，35～145 kW纯电驱动总成产品为国内外多家新能源汽车企业配套，实现销售超过10万台。特别值得注意的是，华为技术发布了集成了BCU、PDU、DC/DC、MCU、OBC、电机和减速器的多合一电驱动系统，利用其通信领域技术积累，在机械和功率部件的深度融合、端云协同与控制集成方面形成一定优势，并为北汽、金康等量产配套。

我国多个企业推出了扁线定子和扁导线电机产品，华域汽车为大众MEB平台辅助驱动电机实现稳定量产，天津松正、方正电机、浙江龙芯等加大了在扁导线定子研发和设备投入，扁线电机专用线为多个电机企业配套或代工生产，形成了细分领域的特色产品。

在碳化硅逆变器产品方面，比亚迪汽车在国内率先量产了自主封装的碳化硅器件的电机控制器，用于"汉"纯电动汽车；上海电驱动、精进电动、中车时代电动、阳光电源等也纷纷推出了碳化硅电机控制器样机和产品。

得益于上汽通用五菱经济型纯电动轿车宏光Mini EV的畅销，方正电机、双林电机、阳光电源、英博尔、央腾电子等驱动电机和电机控制器的配套企业获得了快速的发展，也进一步开拓了企业在新能源汽车电驱动总成领域的市场。

在节能汽车方面，我国自主48 V BSG产品实现稳定量产。上海电驱动为上汽通用混合动力汽车开发的48 V BSG总成搭载了别克英朗、君威等多个混合动力车型，实现销售10万台（套）。同时为上汽通用五菱印度出口车型配套48 V总成。

随着新能源技术的不断发展，传统的内燃机技术投入逐步降低，电池、电机和电控技术等已经成为传统零部件巨头转型的重要动力点。国际动力总成供应商博格华纳先后于2015年收购雷米电机获得先进电机技术，2020年收购德尔福科技获得在电力电子及软件控制技术，完成了在新能源汽车驱动电机、电力电子控制器的布局，加快电动化转型。中国是全球最大的新能源汽车市场，国际电驱动供应商集中发力，以多种形式与国内企业进行多种形式的合资合作，抢占电驱动市场份额，如日本电产与广汽乘用车合资、德国浩夫尔（Hofer）与恒大汽车合资、采埃孚与卧龙电机合资等，2020年我国前10家电驱动量产配套供应商中，国外企业份额已达到30%以上。我国本土电驱动系统企业一方面需要持续加大研发投入提升技术和产品竞争力，另一方面需要发挥本土优势，积极开拓全球新能源汽车市场，扩展市场空间。

5. 未来几年车用驱动电机及系统产业发展建议

对比国内外新能源汽车电驱动技术发展现状与技术发展方向，制约我国车用驱动电机发展的技术短板主要集中在电驱动总成设计、关键材料与核心工艺、核心装备等方面，具体表现在：

（1）车用驱动电机智能化、深度集成化设计能力不足。实当前我国对于车用电机实时运行状态、故障实时诊断、振动噪声、电磁兼容等仍缺乏系统的理论支撑，影响了我国车用电机产业竞争力持续提升。我国软件水平参差不齐，软件架构研发缓慢，网络安全较为缺失。

（2）驱动电机系统的关键零部件与新材料开发与制造工艺仍有差距。我国在新型电超导与热超导材料、漆包线成型与加工性、扁导线制造工艺方面待进步。我国在高速轴承及高速变速箱的设计与制造能力不足。在第三代宽禁带半导体器件方面，我国在芯片电流密度、外延材料及生长工艺、模块可靠性设计与封装等方面仍与国外存在差距。

（3）电驱动总成的部分核心零部件自主能力不足。在乘用车电驱动集成一体化方面，我国有多个三合一电驱动总成样机推出并开展应用，然而机—电、电—电的集成度、性能（功率密度和转速）、可靠性仍需要进一步提高，同时缺少可靠性高的后桥电驱动总成产品。

（4）电驱动系统产业化制造工艺与装备水平不足。我国在高端试验、高速试验和关键生产设备、检验设备的水平相对落后，基本依赖进口；批量化与“智能”产业化技术，高端工艺与装备技术与国际先进水平尚存差距，自动产线的自主装备能力欠缺。通过聚焦新能源汽车电驱动系统核心技术和产业发展重大需求，引导、促进战略性新兴技术进步和产业转型升级。

①优先开展卡脖子技术攻关。包括第三代宽禁带功率半导体器件、控制和驱动芯片、专用集成电路 ASIC、车规级被动电子元器件、高精密传感器、高速轴承、高速油封、低拖曳损失湿式离合器、低摩擦同步器等开发与攻关。

②加快开展平台共性技术攻关。对于基于 AutoSAR 的模块化平台软件开发、功能安全技术、EMC 设计和评价、NVH 设计和评价、行星排齿圈热后精加工技术、高精度齿轮制造技术等聚集行业资源，共同攻关开发。统筹资源开发我国自主的高质量的 CAE、CAD 辅助分析设计软件工具，以及硬件测试工具，台架检测设备，制造装备等。

③通过产品的平台化、模块化、通用化，协同创新采用，发展规模经济，降低制造和管理成本，持续增加研发和制造投资，开发有竞争优势的高性价比电驱产品。推进产业化基地建设，集聚资源发挥协同优势。鼓励组建战略性产业联盟，利用各自优势集中突围。

（十二）车用电机测试

（北京理工大学　宋　强）

1. 2020 年车用电机测试产业与技术总体情况

2020 年车用电机测试技术及产业化总体进展主要体现在以下 6 个方面。

第一，在 2020 年，由于受到新冠肺炎疫情的影响，车用电机测试产业的发展有所放缓，电机测试产品的生产和销售受到了不同程度的影响，整体发展相对平缓，继续延续着 2019 年的技术路线和产品结构。

第二，受到电机高速化、低成本发展趋势的影响，以及以碳化硅为代表的第三代半导体技术在电机控制中应用的引领，电力测功机的高速化需求更加明显，超过 20 000 r/min 的高速高动态电力测功机继续受到市场的重视和欢迎。

第三，对新的电动汽车动力总成试验测试技术的需求逐渐升温，除了常规的混合动力系统、电机减速器（变速箱）电驱动桥系统的电机测试结构外，针对分布式动力驱动结构的试验测试技术获得了较大的发展，新的轮毂电驱动技术、轮边电驱动技术及其工作特征为电机测试技术提出了负载模拟的新要求。

第四，电传动硬件在环技术的市场需求迎来了快速发展，不管是传统汽车企业还是造车新势力，借助于硬件在环技术实现了基于电传动平台的整车性能设计和分析，从而大大加快了电传动系统的开发进度，并降低了新冠疫情对新产品开发所带来的不利影响。

第五，为了适应车用电机产业化配套趋势，电机产品的自动下线性能检测和质量控制设备继续受到重视，国内外主要车用电机测试设备供应商都提供了相关的测试设备，并在部分厂家配套使用。

第六，功率分析仪、大功率电池模拟器、大功率电机模拟器等设备的国产化开发和应用规模继续扩大，已经在为电机测试设备供应商提供产品的配套服务。

总之，在 2020 年，突如其来的新冠肺炎疫情对电机测试产业的发展产生了不利影响，但是市场对高速测功设备、先进硬件在环设备的需求仍然旺盛，新型分布式电驱动技术的测试方法开始受到重视，故障诊断和下线监测成为电机系统产业化过程中提升可靠性的重要手段，车用电机测试设备的国产化和产业化应用也在不断扩大。

2. 2020 年车用电机测试技术发展特点

第一，测功机转速在向高速化发展的同时，低速测功机的市场需求也在不断扩大。一方面，随着对车用电机小型化、高功率密度、低成本需求的增强，以及碳化硅高压高频高温控制技术的应用，对于更高转速电力测功机的需求变得更加强烈，最高转速超过 20 000 r/min 的测功机成为未来的趋势，由此也带来了高频控制和测试技术、高频功率及谐波分析技术、电磁兼容技术、快速响应电源技术、热管理技术等方面的技术难点；另一个方面，随着电驱动桥及电动轮毂驱动结构的测试需要，以及工程机械电动化技术的发展趋势，低速大转矩电力测功机的市场需求也随之扩大，在低速大电流控制稳定性、电磁兼容技术等方面，尤其需要重点关注。

第二，电机测试技术和测试设备的虚拟化，以及硬件在环技术受到市场的欢迎，面向驱动电机和控制器的硬件在环技术和设备逐渐成为电机测试台架的标准配置。面向电机控制策略及软件开发的信号级硬件在环设备在控制策略开发和测试中获得广泛应用，面向电机控制器的功率级硬件在环设备开发也受到高度重视，大功率级电机模拟器逐步成熟，国内外企业已经推出相关产品，并在行业中获得应用，但是国外产品的技术成熟度更高，在国内整车企业中的普及率也高一些。电机测试的虚拟化和硬件在环设备的优劣也体现在基于电机测试台架的整车传动结构及负载的准确建模和实时模拟技术方面，出于开发效率和开发成本考虑，这一技术不仅为传统车企所采用，诸多造车新势力也对此倾心有加。通过整车及零部件的系统化建模模拟，促进了新型电机和控制技术的开发应用，增强了车用电机系统对整车性能影响的分析能力，有利于整车动力性、经济性、舒适性的前期性能测试和验证，节省了开发成本，缩短了开发时间。

第三，除了常规的集中式混合动力驱动系统以及电机减速器（变速箱）传动系统外，面向电驱动桥、电驱动轮毂、48 V电驱动等新型结构的电传动测试系统应用逐渐增多，现有的车用电机测试设备和测试方法还无法支持新型集成电驱动系统的试验要求，测试标准缺乏。为此，基于产业化推动，部分测试设备开发商与整车及零部件企业共同探索了相关的试验方法，开发了测试试验设备。

第四，电机测试技术的自动化和网络化成为趋势，电力测功机、电池模拟设备、传感器、检测分析设备、硬件在环设备、被测电机等形成一个自动化网络化的试验平台，通过系统控制，提高了试验检测的自动化程度和试验数据的分析能力。除了单个台架测试系统的网络化通信技术、数字化控制技术和自动化测量技术需求之外，对多个测试平台的网络化管理技术和云端技术也是平台建设的需求。从试验调度、试验安排、试验数据分析和数据挖掘等方面实施分级网络化管理，能够更好地服务于科研开发和生产制造。

第五，电机测试过程的高效化和快速化成为提高电机系统生产效率的关键手段之一。为此，一方面优化下线检测过程中的连接和加紧装置的自动化水平，减少测试准备时间；另一方面，从测试过程安排、测试程序设置、测试故障诊断等方面增强电机下线检测自动化程度和检测质量，提高测试效率。

3. 2020 年车用电机测试实现的主要技术突破点

在电机测试相关设备的国产化开发和应用方面，国产功率分析仪已经具备了较为完善的功能和计算能力，相关生产企业积极地进行市场推广和台架配套；大功率电池模拟器已经在市场上进行了应用，其可靠性获得了市场的初步验证，具有了与国外产品相当的静态性能和动态性能，性价比更高；而大功率电机模拟器还处于国产化开发过程中，现阶段的市场份额还是由国外相关企业占据。在电机测试系统的数字化控制和网络化集成方面，在增强单个测功台架自动化水平的同时，多个测试台架的协同网络化管理成为电机测试技术的需求，电机测试过程云平台的建设和应用、电机试验数据的大数据分析和挖掘、数字孪生技术的应用等，可以为电机测试技术的发展和测试设备功能的充分发挥提供新的技术手段，但是这方面的开发效果还不尽如人意，国内供应商在测功机的高动态控制能力和试验管理能力方面也还有所欠缺，软件水平有待提高。

电驱动总成测试平台开始推向市场。集中式电驱动结构的试验测试方案相对简单，其技术也趋于成熟，随着无人驾驶汽车的发展，分布式轮毂电机驱动、轮边电机驱动的试验测试技术受到了行业的关注，与此相适应的基于整车动力学特性的多测功机负载动态模拟技术成为技术发展的瓶颈，有望结合硬件在环技术，通过软硬件设计和动力学建模，使之具备车辆行驶特性的精确模拟加载能力。

随着碳化硅技术在电机控制中的应用，电机控制器在高频高压高温工作条件下的效率准确测试也成为行业关注的重点之一，常规的基于电压电流的测量方法忽视了高频下寄生参数的影响，热损耗分析技术的引进为该效率的测量提供了有效的途径。

4. 未来几年车用电机测试技术发展趋势

未来几年，基于高性能交流电力测功机系统的电机测试平台的数字化控制、自动化测试和网络化集成将更加普遍，利用互联网技术的测试台架也将出现，互联网技术、自动测试技术、数据挖掘技术、数字孪生技术相结合，将推动测试设备对电机功能的深度开发和充分利用，对电机系统进行在线智能故障诊断将成为新的技术研究热点；面向电驱动集成系统的测试平台和测试方法将逐渐完善，并建立起相关的试验和评价体系；分布式多电机驱动系统的试验测试方法将引起行业的重视，并推动新型试验测试方法的提出；开发的新型电机测试设备会更为成熟，国产电池模拟器可靠性会更高，电机模拟器将投入应用；计算机仿真软件、试验台架和被试电机相结合的程度越来越大；分别依托于电机测试台架、电机控制策略开发和电机控制器的硬件在环仿真和试验测试技术将更为成熟，并成为技术发展的主要方向之一。同时，由于碳化硅新技术的应用和普及，适用于高温高频高效控制条件下的电机及控制器的高精度测试技术将获得发展。

5. 目前亟须解决的技术难点及解决方案

需要进一步提高电机系统参数检测的精度和动态响应能力。现有测试台架可以很容易地实现车用电机稳态工作性能的试验测试任务，但是随着研究的深入和技术优化的需求，电机工作的动态性能已经成为关注的焦点。由于试验台架和被测电机系统之间存在着控制的稳定性、响应的快速性和控制精度之间的矛盾，以及数据采集分析的综合性不足等问题，导致测试准确度降低。为此，应该进一步增强测试装置的控制能力和高速数据采集分析能力，既要升级控制算法，减少自动化试验过程中人为因素的调整和干涉，又要实现电机性能的实时判断和评价，在机电协同方面增强电机性能检测和标定的效率，为电机性能检测和产品下线检测提供高效率保障。

需要进一步完善电驱动总成的测试方法。既要关注电机和控制器各自性能的试验测试方法，也要关注新型多电机动力总成的试验测试方法，其中涉及的信号多样，控制方法和控制策略更为复杂，各动力源的负载需要高精度的协调控制，现阶段还缺乏相关的标准支撑。为此，需要电驱动总成开发企业与测试设备供应商协同开发，加强共性技术的研究和新型测试设备的开发，实现试验配置模块化，并推进相关标准和规范建设。

需要加强基于电机测试台架的整车建模及硬件在环技术研究。这将极大的扩展电机测试台架的功能，提高附加值，但是这也涉及整车、零部件及台架建模的准确性、整车驾驶模式变换模拟的合理性，以及测试台架硬件的耦合性等诸多关键技术难题。为此，需要在整车及台架的工作特性和建模方法，以及负载模拟和控制技术等领域加强研究。

需要加强关键核心电机测试设备的开发和升级。包括功率分析仪、大功率电池模拟器、大功率电机模拟器等，关键设备的开发涉及数据高速采集和实时算法、新型电力电子拓扑及控制策略、电磁兼容及可靠性等诸多难点，需要结合应用需求，加强从基础原理分析到产业化工艺的正向开发。

6. 2020 年行业重点企业发展情况

国际上，电机测试设备供应商还是以 AVL、HORIBA、FEM 等公司为主，还包括了电池模拟器、功率分析仪、电机模拟器、硬件在环系统等诸多生产企业。在国内，电机测试设备供应商主要包括诚邦、凯迈机电、南通常测等公司，以及科威尔、周立功等电池模拟器、电机模拟器和功率分析仪等生产企业。国内的硬件在环产品相对不成熟。

在经营上，国内外企业都从事电机测试台架的生产业务，除了单电机测试台架之外，也为诸多企业生产配套了双电机以及四电机传动测试台架。高端设备更多的应用于新产品开发和试验研究，更强调设备的高性能和高精度；在车用电机的下线检测过程中，则更多的强调了价格因素以压缩成本。

2020 年，对整车模型分析仿真系统的需要逐渐增多，这为硬件在环设备供应商提供了更多的市场机遇。在企业规模上，国外相关企业的规模远大于国内企业，占领了较多的国际和国内市场，或者依托于较大的企业集团，在产品研发、行业引导等方面占据较大的主动权。而国内从事车用电机测试设备供应商的企业规模还很小，产品较为单一，市场占有率低，各个企业之间的合作性不高，小的企业规模导致无法在国内市场中占据主体地位。

7. 未来几年车用电机测试产业发展建议

应加强车用电机测试设备供应商与整车及零部件企业之间的合作，熟悉车用电机的实际工作特性，了解车用驱动电机的发展趋势和市场需求。要结合汽车智能化、电动化、无人驾驶发展趋势，结合新型汽车及关键零部件的开发需求，加强分布式电传动系统的测试技术和测试设备的研发生产，掌握关键核心技术，掌握先进技术和产品引导的主动权。国家相关部门应加强对车用电机测试技术及相关设备开发的支持力度，同时，国内相关的企业应该建立产业联盟，在技术发展和产业应用上相互支撑，促进测试设备行业做大做强，更好地服务于行业发展。

（十三）新能源汽车电子

（同济大学新能源汽车工程中心　魏学哲）

［摘要］　智能化、网联化和电动化的赋能使得汽车电子系统架构出现了明显的分层，即上层为信息处理层，下层为嵌入式系统控制层，两者的对象、要求、发展逻辑、技术路线等有很大不同。在此背景下，以电子电气架构、软件架构、开发流程为代表的汽车电子方法论面临着新的挑战和机遇。

［关键词］　汽车；智能化；电动化；汽车电子；软件开发

1. 引　　言

近几十年来，汽车工业与电子技术不断融合发展，孕育出了汽车产业链中的一个重要细分类别——汽车电子，并逐渐发展出两类产品方向：一类是为驾驶员或车内乘员提供信息支撑的汽车电子信息装置，包括汽车信息系统、导航系统、娱乐系统和车载通信系统等；另一类是需要与机械结构耦合工作的汽车电子控制装置，用来完成发动机、传动、底盘和车身电子控制，典型系统有燃油喷射系统、制动防抱死控制、电子控制悬架、电子动力转向等[1]。

智能化、网联化和电动化的赋能使得电动汽车可以产生和需要处理的信息量呈几何级数增长，汽车和信息的融合度不断提升，汽车电子系统架构出现了更加明显的分层，即上层为信息处理层，下层为嵌入式系统控制层，两者的对象、要求、发展逻辑、技术路线等有很大不同。控制层仍依赖于传统的嵌入式系统，以实时可靠为主要特征管理着汽车上的各种执行器和部件。信息处理层将作为通用计算系统的衍生，在系统、通信架构等方面将更不依赖于传统的汽车电子。信息处理层逐渐从汽车电子系统中突出成为举足轻重的新功能。在智能网联的电动汽车时代，面向信息的汽车电子系统需要同时具备车辆基础设施通信（V2I）、车际通信（V2V）和人车通信（V2P）等能力，越来越多地需要被动接受或主动发现来自外界的信息，信息安全、功能安全、实时性、带宽瓶颈和算力黑洞成为面向信息的汽车电子系统所面临的主要挑战[2]。

伴随着技术架构的变革，传统的汽车电子开发方法也由软硬件同步迭代开发的 V 型开发模式向更具有灵活性的 OTA 模式转变，面向信息的汽车电子体系在开发模式的方法论上具备更鲜明的互联网特色。敏捷开发、快速迭代等互联网式的开发手段越来越多地运用于汽车电子领域。

在汽车电子系统架构出现明显分层的背景下，以电子电气架构、软件架构、开发流程为代表的汽车电子方法论正在迎来新的挑战，也潜藏着巨大的发展机遇。

2. 汽车电子电气架构的变化

（1）汽车电子电气架构的集中化

汽车电子电气架构（Electronic & Electrical Architecture，EEA）的概念可以理解为汽车电子电气系统的总布置，是在功能需求、法规和设计要求等的特定约束下，综合考虑功能、性能、成本和装配等方面的因素后,得到的最佳电子电器模型。

传统的电气架构是分布式的,每个功能有一个电子控制单元(Electronic Control Unit,ECU)来控制。但是,随着以智能电动汽车为代表的汽车功能定义的日趋复杂,汽车电子控制系统逐渐由单一功能的发动机控制深入到功能复杂的动力、底盘、车身、信息、娱乐等,汽车电子传感器和控制器的数量越来越多,汽车ECU的数量急剧增加。复杂的线束、有限的计算能力为车辆的成本、高效运行造成了阻碍。为此,硬件上的域控制器和软件上的集中化成为汽车电子电气架构新的发展趋势[3]。在智能化和电动化兴起的今天,以域控制器为代表的集中化电子电气架构具有更强的需求和应用场景。一方面,智能化需要处理庞大数量信息的接收、传输、处理、决策,对于处理器的传输带宽、计算速度、多核心化等都有非常高的要求;另一方面,电动化带来了如电池、电机、电控等“三电”关键零部件,使得汽车电子电气架构相比于传统汽车更加复杂且多变,具有通用性、强大计算力的控制器要求越来越迫切。基于高性能SOC构建的算力更强的域控制器(Domain Control Unit,DCU)集中控制策略逐步取代基于MCU的多ECU分布式控制方式。随着功能的进一步整合、硬件计算能力的提升、传感器技术的发展,汽车电子电气架构将向中央计算单元方向发展。

(2)汽车电子电气架构中功能域的划分

图1-17为典型的智能电动汽车集中式汽车电子电气架构示意图。域的划分可以依据不同零部件控制的功能进行。一般将其分为动力总成域、底盘域、车身域、信息娱乐域和辅助/自动驾驶域[4]。动力总成域与参与车辆纵向推进的系统有关,包括发动机、变速器和所有所属部件;底盘域是指4个车轮和它们的相对位置与运动,作用是控制道路与车辆之间的相互作用(车轮、悬架等);车身域相关的功能包括,车门、车窗、天窗、雨刮、照明、空调、空气净化、无钥匙进入等,它们与动力学控制无关;信息娱乐域的技术和生态是消费电子在车场景的延展,其核心是围绕人机交互展开,探索人与设备之间的关系;辅助驾驶/自动驾驶可以使驾驶员无须操控汽车或汽车上的部分功能,已成为现代汽车软件的主要趋势,其核心是算法和数据的积累。

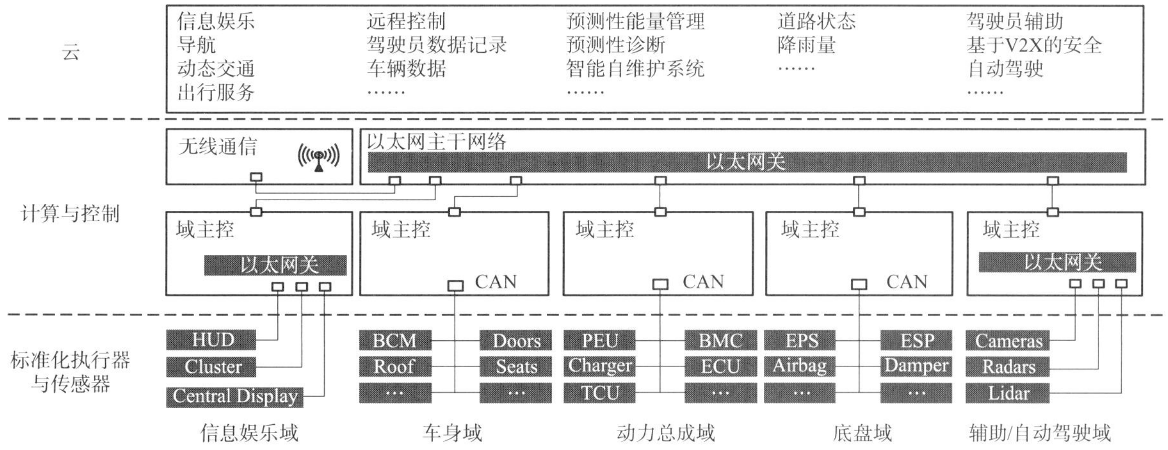

图1-17 集中式汽车电子电气架构示例[3]

随着智能化和电动化进一步发展,域控制可以进一步相互集成,形成以车身、底盘和动力总成控制为一体的运动控制域以及以交通信息处理交换为一体的辅助/自动驾驶域两大核心域控制器。这两大核心域控制器与汽车电子电气架构的信息处理层、嵌入式系统控制层相对应,进一步发挥汽车电子在未来智能电动汽车中的重要作用。

(3)汽车电子电气架构通信网络的变化

车载网络是构建车辆内部通信的桥梁,是联通每个ECU的通信通道。由于面向的对象不同,车载网络将分成两层,并且短期内不会统一。

面向传统机电系统的通信,如传感器和执行器,出于安全性和快速性的考量,会控制在域内通讯,形成封闭式网络,仍会采用CAN总线技术。但是由于汽车电子部件的增加,汽车数据传递所需要的带宽大大增加,CAN-FD总线的运用越来越多。

而对于面向信息系统的通信,如智能座舱、自动驾驶等,先进辅助驾驶系统的数量不断增加,为了保证这些系统性能的有效发挥,需要借助于高分辨率的传感器,这使车载网络上传输的数据量急剧增加。与此同时,还需要尽可能地减少车载网络通信信息传输的延迟。因此,汽车行业对高传输速度车载网络的需求不断增加,传统的总线将不能满足带宽需求,所以最高带宽达1 Gbit/s的车载以太网更适合将来面向信息的大量数据的传输,成为研究的一个重要方向。

车载以太网(Automotive Ethernet)在传统以太网协议的基础上,通过改变物理接口的电气特性,显著提升了电磁兼容性能,可以满足车内环境对电磁兼容性能的严苛要求。同时,结合车载网络需求,专门定制了一系列新的标准和协议,形成了适应汽车环境要求的网络体系,从而得以应用于汽车。数据量的提升、OTA更新、HAD的冗余要求、互联环境下的安全保障,以及跨行业标准协议的需求,推动汽车以太网的快速发展。车载以太网可以实现跨域通信,通过添加以太网扩展,如音视频桥接(AVB)和时间敏感网络(TSN)等,来满足实时性要求[5]。

3. 汽车软件开发面临的挑战和变化趋势——聚焦于信息处理层

(1)面临的挑战

软件正在迅速重塑汽车行业。近年来,业内的四股颠覆浪潮——智能化、网联化、电动化、共享化——全都重度依赖先进的软件。无论功能层面还是架构层面，汽车软件的复杂度都在升高，而开发工作的效率却没有以同等速率跟上。研究显示，软件复杂度在过去 10 年已增加到原来的 4 倍，而软件开发效率只提升了 1 到 1.5 倍[6]。这个问题在变得日益复杂的大型模块中最为严重，如信息娱乐系统和高级驾驶辅助系统。此外，当前逐渐加快的汽车电子软件更新速度以及严苛的车载代码安全等级要求也急需一种方案提高软件开发的效率。

在传统的汽车嵌入式系统开发环节中，汽车电子供应商和主机厂主要采用的是 V 模式，该模式体现出的开发理念是从系统产品的功能定义和方案设计一直到产品完成后的集成测试/匹配/标定，可靠的功能性设计—实现—验证贯穿研发过程的每一个阶段，有效兼顾了软硬件系统调试，开发过程中的每一步都可以进行有效验证，该方法规范了开发流程，培养了相关的工具链，大大提高了汽车电子技术的规范性和可靠性。其与专门针对汽车嵌入式应用软件开发的 AUTOSAR 体系规范以及其他一些由非功能性需求驱动建立的架构方法共同构成了传统汽车电子系统产品开发的方法论。但由于 V 模式开发流程本质上是硬件和软件同步的开发流程，客观上制约了软件和数据的快速更新，该方法在功能迭代和优化上越来越难以满足需求。在面向信息的汽车电子体系中，一种更加灵活、高效的汽车电子开发方法非常必要。

AUTOSAR 作为一个针对分布式嵌入系统软件开发的、开放的，以及标准化的软件架构，旨在改善汽车电子系统软件的更新与交换，同时更方便有效地管理日趋复杂的汽车电子软件系统。AUTOSAR 规范的运用使得不同结构的电子控制单元的接口特征标准化，应用软件具备更好的可扩展性以及可移植性，能够实现对现有软件的重用，大大降低了重复性工作，缩短开发周期。传统的 AUTOSAR 平台是面对物理系统的，不需要进行大规模的计算，但需要保证硬实时和高安全性，而汽车智能化、网联化的发展趋势需要汽车拥有一套面向信息的系统，例如可以实现 V2X 技术及 OTA 技术的一套体系，对实时性的要求稍低一点，但对于计算能力以及存储能力的要求较高。如高级自动驾驶，需要在车辆上引入高度复杂和计算资源需求量大的软件，同时这些软件在车辆上必须完全兼容和绝对安全。对于 ADAS 这种控制器，传统的 AUTOSAR 平台无法满足其需求。此外，传统的 AUTOSAR 平台尽管支持以太网，但主要是针对传统通信技术而设计的，因此很难充分利用基于以太网的通信功能并从中受益。

从行业发展的角度来看，软件和电子产品的快速迭代，不止推动了汽车行业的快速发展，同时带来了极大的价值增量。一辆汽车拥有约 1 亿行软件代码。而到 2030 年，软件密集型电子系统市场将以每年约 15% 的速度增长。相对于行业的增长来讲，汽车电子领域应该是未来一个非常快的价值增量空间，这意味着，一家公司只有拥有广泛的电子和软件专业知识，才能真正助力未来智能交通出行的服务变革。汽车供应链也发生了深刻的转变。汽车行业很可能会从一个供应商驱动的全面解决方案发展成为一个在很多方面类似于个人电脑行业的多重“软件技术堆栈”。同时，围绕汽车功能销售的商业模式正在发生变化。许多即将推出的功能将以订阅模式提供。这就需要汽车制造商在车辆中进一步整合硬件和软件，以支持未来的附加功能或按需服务。在“软件无线更新”(SOTA)的帮助下，车辆的整体逻辑正从定点更新向持续更新转变，车辆性能不再是在购车时达到最佳，而是在机器学习、人工智能和基于大数据学习的帮助下逐步得到提升。

(2)发展趋势

信息化和网络化的赋能使得汽车电子功能迭代不再只依靠传统的售后服务、召回等方式，面向信息的汽车电子体系在开发模式的方法论上具备更鲜明的互联网特色。互联网的开发流程虽然不能直接套用在车上，但是其在软件工程领域的实践经验对于解决车载软件领域的问题是很有帮助的。敏捷开发、快速迭代等互联网式的开发手段越来越多地运用于汽车电子领域，尤其是在全新的基于中央计算的汽车电子电气架构的支撑下，算力可以集中到少数几个中央单元，冗余能力便于后续软件升级，在平台化设计的基础上硬件单元也可以获得升级能力。

AUTOSAR 自适应平台(AUTOSAR Adaptive Platform)。与面向物理系统的传统经典 AUTOSAR 平台(CP)不同，AUTOSAR 组织于 2017 年正式推出的 AUTOSAR Adaptive Platform(AP)标准，其主要目标是满足汽车电子面向信息系统的需求。AUTOSAR AP 规范的“自适应”其含义主要表现为原先在经典 AUTOSAR 平台中设计阶段需静态固化的对象在自适应 AUTOSAR 上可以动态指定，原先适应性比较小的范围扩展到比较大的范围等。如 AP 平台可以扩展支持多种不同的操作系统，如 Android、Linux 等；支持类似 Linux 的开发集成方式；所有的内存空间对于应用程序而言都是虚拟的，可在程序加载时动态分配等。通过新的 AUTOSAR 自适应平台，AUTOSAR 旨在为新的应用提供一个最优的标准化软件框架，特别是对于汽车互联、高度自动化和自动驾驶领域的应用[7]。

敏捷开发。“敏捷”是一种源自“精益”的理念，始于 2001 年，一开始仅用于软件开发，已应用于生产、零售、人事资源、预算、审计，企业组织形式等领域。敏捷开发是互联网领域的一种开发手段，以用户的需求进化为核心，其理念是及时响应客户不断变化的需求，采用迭代、循序渐进的方法进行软件开发，将开发阶段分成若干周期，从而有效提高软件工程项目团队的工作效率，提高了交付产品的质量[8]。敏捷开发能使项目团队在更快地获取投资回报的同时，构建出更高质量的系统，从而在软件开发过程中有着较高的应用价值。在智能化的背景下，汽车被赋予越来越多的信息属性，敏捷开发在汽车软件开发中的应用正得到越来越多的关注。

面向服务的架构(Service-Oriented Architecture，SOA)。SOA 来源于软件技术，在互联网行业已经应用了很多年，是一种架构设计思想，它将应用程序的不同功能单元(称为服务)通过这些服务之间定义良好的接口和契约联系起来。面向服务的中间件技术通过对通信协议的标准化，将各种通信行为和数据抽象为服务，实现了异构操作系统下软件组件的松耦合和可扩展，中间件接口是采用中立的方式进行定义的，独立于实现服务的硬件平台、操作系统和编程语言。这使得构建在各种各样的系统中的服务可以以一种统一和通用的方式进行交互。简单来说，SOA就是要求各个控制器，把自己的能力，以服务的方式提供出来，以此来构建一个与车型、芯片、操作系统无关的灵活可变的平台系统。SOA将跨ECU交互由"基于信号的通信"变为"基于服务的通信"，其意义有以下方面：应用服务化，车辆上各个功能域将自己的能力提供出来，在权限允许的情况下，供大家随意使用，使"全车智能"成为可能；服务的灵活部署；SOA的松耦合特性，可以使软件更新/升级更灵活快速；服务高内聚，软件易重用。SOA汽车软件分层模型，如图1-18所示，展现了一个清晰简单的SOA汽车软件架构。不同于IT行业，汽车是一个高可靠性、高安全性的产品，SOA在汽车上的应用推广是一个循序渐进的过程，SOA的适用范围还需要逐步摸索。

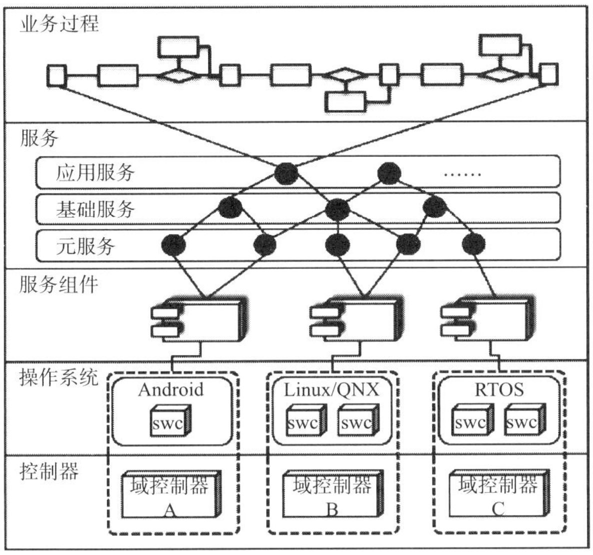

图1-18 SOA汽车软件分层模型[9]

OTA(Over the Air)升级技术。特斯拉在2013年开始研发并使用OTA升级技术。这种更新方式通过Tbox连接无线网络直接实现汽车电子系统的功能、数据、软件相应更新，如图1-19所示。利用该升级方式可以线上修复系统漏洞、减小因故障召回概率、提供及时的售后服务、加速系统个性化的功能更新[10]。OTA升级包括了FOTA(固件升级)和SOTA(软件升级)两种。如果可以在车辆的使用过程中，同时完成中央计算单元和应用层软件的OTA升级。对于用户而言，这种体验无异于车辆完成了一次改款升级，对于用户体验的持续改善意义重大。OTA技术已经成为国际上主流的技术趋势。

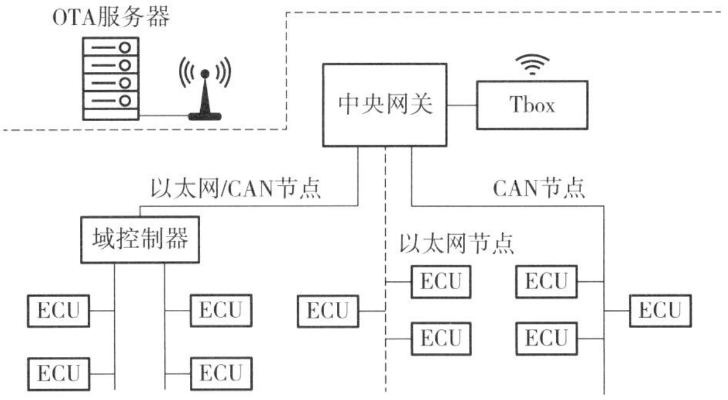

图1-19 汽车OTA升级架构示意图

4. 总　　结

汽车电子技术架构上层为信息处理系统、下层为嵌入式控制系统的新架构将为汽车融入交通网和能源网赋能。伴随着技术架构的变革，电子电气架构的演进呈现出集中化的趋势，汽车功能域的划分也体现了汽车电子技术架构的分层，传统的汽车电子开发方法也由软硬件同步迭代开发的V型开发模式向更具有灵活性的OTA模式转变，在面向信息的层面上互联网特色正不断融入汽车电子方法论。

参考文献

[1] 魏学哲，戴海峰，孙泽昌. 汽车嵌入式系统开发方法、体系架构和流程[J]. 同济大学学报(自然科学版)，2012，40(7)：1064-1070.

[2] 李星宇，余凯. 向超级中央计算机迈进：智能汽车电子电气构架变革迎接数字化重塑[J]. 微纳电子与智能制造，2019，1(2)：62-71.

[3] 刘佳熙，丁锋. 面向未来汽车电子电气架构的域控制器平台[J]. 中国集成电路，2019，28(9)：82-87.

[4] 闫红梅，谢忠红，奚美丽，等. 软件定义汽车之E/E架构迭代演变[J]. 汽车与配件，2020(18)：66-70.

[5] 涂孝军，张莹，李晓平. 汽车以太网技术发展现状与趋势探究[J]. 汽车实用技术，2021，46(5)：35-38.

[6] BURKACKY O. 代码为王的时代：车企如何掌握卓越软件开发能力[Z]. https://www.mckinsey.com.cn/. 2021.

[7] PALLIERER R，SCHMELZ B R. 适用于高性能车载计算平台的自适应AUTOSAR[J]. 汽车与配件，2019(3)：43-45.

[8] 黄敏珍. CMMI、敏捷开发和DevOps在项目管理实践中的应用[J]. 项目管理技术，2020，18(9)：91-95.

[9] 刘佳熙，施思明，徐振敏，等. 面向服务架构汽车软件开发方法和实践[J]. 中国集成电路，2021，30(Z1)：82-88.

[10] 严娟，张玉川，杨鹏翔，等. 基于以太网OTA远程升级的研究[J]. 上海汽车，2020(3)：15-18.

(十四)新能源汽车控制系统

(广州领世汽车科技有限公司　郭　俊)

[摘要] 本文对新能源控制系统的技术发展进行了分析探讨，重点研究了在新能源汽车电动化、智能化、网络化、共享化四化趋势下，新能源控制系统在电子电气架构、芯片应用、算法策略等方面的变化趋势。文章指出新一代的新能源控制系统必将具备系统高度集成化、可移植性好、适应性强、算力高等特点。因此，以高度集成的中央控制器(CCU)为核心的新能源控制系统必将是新能源控制系统的发展方向。在特斯拉的"鲇鱼效应"下，集成式的电子电气架构则将以其优异的性能，成为将来新能源控制系统的主流。在今后，新能源电子电气网络结构将在拓扑上产生趋同性趋势，各家都会采

用集中式的电子电气架构来实现的新能源控制系统的整体算力提升、控制器成本递减，并实现整车软件OTA。

[关键词] 新能源控制系统；电子电气架构；中央控制器；OTA

经过3个五年计划的艰苦努力，中国新能源汽车经历了从打基础、示范考核、到产业化启动的发展进程，“三纵三横”研发布局的内涵和外延不断得到完善，“纯电驱动”的技术转型战略得以确定，核心技术的突破带动了产品性能的提升，中国已成为全球新能源汽车技术研发和产业化最活跃的区域之一，新能源汽车产业发展被李克强总理称为中国“新经济”在工业领域的标志性行业。

在新能源汽车产业发展的过程中，由于相对于传统汽车可采用逆向开发的模式，新能源汽车各总成系统存在紧密关联性，因此要想开发出高品质和具有核心竞争力的电动汽车，新能源汽车控制系统设计必须采用正向开发模式，首先进行顶层设计，要站在整车性能的全局角度对整车控制系统进行全面而系统化的功能理解，这样才能制定出符合整车定位，能够实现完整产品功能及性能的新能源电控系统。而近些年，随着新能源汽车智能化、网络化的进一步普及，随着以特斯拉为代表的造车新势力的介入，互联网思维深深影响了新能源控制系统的设计，新能源控制系统在汽车电子电气架构集成化的趋势下，向着越来越智能，芯片算力越来越高，数据传输量越来越大的方向在发展。

1. 新能源控制系统

新能源控制系统本质上是由整车能量管理、动力控制系统、辅助控制等系统组成的以整车控制器（VCU）为核心的整车控制网络。在这个控制网络中，整车控制器（VCU）是电动汽车三电系统的纽带、也是底盘驱动功能和制动功能的综合控制枢纽，不同于传统汽车中的驱动控制功能和制动控制功能各自独立开发，新能源控制系统中驱动控制功能和制动控制功能可以在整个控制网络中共用同一个起点。在一个基本的带智能驾驶的新能源控制系统网络中，整车控制器（VCU）可以占据咽喉之地，它往上与自动驾驶的传感器相连，往下与传统汽车的驱动、制动等控制器相连，它本身连同电机控制器和BMS等三电系统是新能源汽车电动化升级中关键一环，然后它又是与传统汽车上原有的控制系统连接的关键门户。它是汽车共享、车联网、自动驾驶的入口，也是整车大数据的必经之地。因此在新能源控制系统设计中，整车控制器的设计尤为关键，造车新势力、传统主机厂、零部件厂商都从电子电气架构入手，对整车控制器进行了升级换代，其中一个趋势就是将它升级为中央控制器（CCU）。

纵观主流车厂和汽车电子厂商的技术发展，可以发现通过设计集中式的电子电气架构来重新构建新能源控制系统网络结构，新能源控制系统正以整车控制器升级换代为突破口，以域控制器或者中央控制器为核心让车上所有控制器在不同层面联成控制网络，共享芯片算力，发挥大数据传输，实现更高级别的智能算法，从而让智能驾驶真正在软硬件层面落地，并最终并实现车联网和云计算。

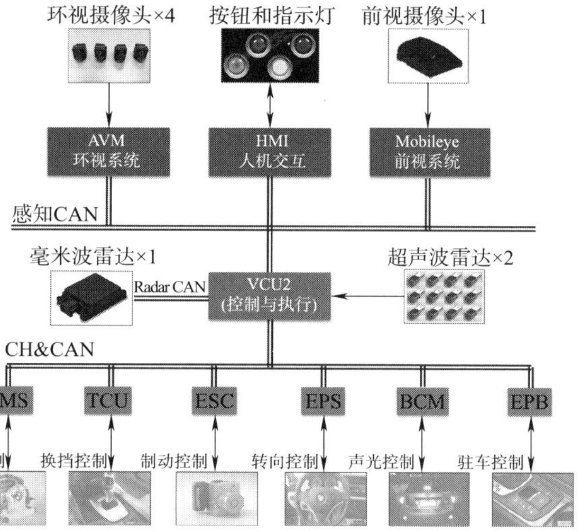

图1-20 一种典型的新能源控制系统架构

2. 集中式电子电气架构

为了丰富汽车的电子功能，主机厂曾大张旗鼓地往车上搭载各种电子控制单元（ECU）。1993—2010年，奥迪A8车型上使用的ECU数量从5个骤增至100余个。随着车辆的电子化程度逐渐提高，ECU占领了整个汽车，从防抱死制动系统、四轮驱动系统、电控自动变速器、主动悬架系统，逐渐延伸到了车身安全、网络、娱乐、传感控制系统等。如此多的ECU错综交错，不仅带来了十分复杂的线束设计，而且逻辑控制也十分混杂。

以往汽车的每一个功能都需要单一或者多个ECU模块来进行控制，以此实现整车信息的转化和处理。由此这些遍布全车的ECU组成的架构就叫分布式电子电气架构。ECU越多意味着车辆电子功能越丰富，但随之而来的是分散的ECU模块容易导致车辆线束布置复杂，车身越来越重，从而导致整车成本高昂；另外，由于涉及的供应商众多，ECU模块的软件开发始终无法同步，后续更新也难以为继，遑论当下热议的软件OTA升级。在汽车智能化时代，这种架构显然满足不了整车数字化转型的需求，车辆需要有不断进化的能力。于是，在特斯拉这条“鲶鱼”的搅动下，一场“将ECU功能集中化”的变革也在进行：传统ECU模块开始软硬件分离，硬件被逐步取消，软件被集中到一起，通过单个计算平台来实现对多个功能的控制。

2012年特斯拉Model S横空出世，意味着车上安装数百个ECU的时代即将过去，ECU减法时代到来。如今Model 3车型上，ECU更是大大减少。但ECU的减负，并非表面看到的硬件物理集成那么简单。这个过程需要将上百个ECU逐一进行软硬件剥离，然后将软件注入集中式的计算单元，逐步催生出一个汽车大脑。如何化繁就简，让众多主机厂头疼不已；如何在复杂的线路中，保证数据处理以及网络安全的最优化成为难题，而用一个或几个“大脑”来操控全车ECU与传感器正逐渐成为汽车电子电气架构公认的未来。以博世、大陆为首的汽车电子企业认为，以域为单位的DCU（域控制器）集成化架构是当前最佳的解决方案。所谓域控制器，其实是主机厂将 ECU 化繁为简之后的衍生物。

域控制器本质就是将离散的 ECU 软件功能集成的黑匣子，因此基于“域”的电子电气架构也开始出现。域控制器可以将汽车电子各部分功能分为动力总成，底盘控制，车身控制，ADAS，娱乐系统等，然后利用处理能力强大的多核 CPU/GPU 芯片相对集中的控制域内原本归属各个 ECU 的大部分功能，以此来取代传统的分布式架构。

使用域架构的好处是能够将传感与处理分开，传感器与 ECU 不再是一对一的关系，管理起来比较容易。另外可以适当地集成化，减少 ECU 数量，平台的可扩展性也会更好。

业内流传甚广的电子电气架构进化图（图 1-21）出自博世，几乎所有玩家的电子电气架构研发进程都可以在这张图上找到大致踪迹，包括特斯拉。在博世看来，整车电子电气架构的进程大致分为 3 个阶段：分布式架构、跨域集中式架构、中央式架构。伴随汽车自动化程度从 L0 ~ L5 逐级提升，大部分传统车企电子电气架构处在从分布式向跨域集中式过渡的阶段。分布式电子电气架构主要用在 L0 ~ L2 级别车型，此时车辆主要由硬件定义，采用分布式控制单元、专用传感器、专用 ECU 及算法，资源协同性不高；从 L3 级别开始，跨域集中式电子电气架构走向舞台，域控制器在这里发挥重要作用，通过域控制器的整合，分散的车辆硬件之间可以实现信息互联互通和资源共享，硬件和传感器可以更换和进行功能扩展；再往后发展，以特斯拉 Model 3 领衔开发的集中式电子电气架构基本达到了车辆终极理想——也就是车载电脑级别的中央控制架构，而这个架构的核心正是中央控制器（CCU）。

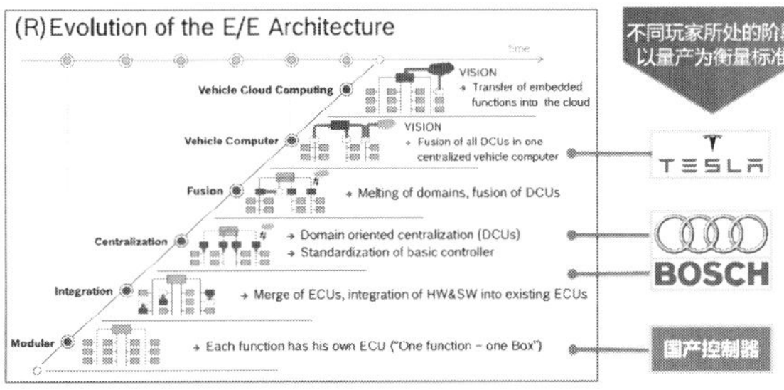

图 1-21　电子电气架构进化图

3. 中央控制器(CCU)

随着域控制器的出现，汽车的智能化演进越来越迅猛。未来最理想的状态是：汽车能够拥有一个整车计算平台——中央大脑。但这对所有人来说都是一个巨大挑战，即便是特斯拉也还在向中央式电子电气架构进发，只达到了局部集中式。而未来集中式汽车电子电气架构将分为三层，顶层为云计算服务平台，中层为车载计算控制平台（即完全的中央控制器 CCU），下层为机电一体化的标准化执行器、传感器控制器。因为中央域控制器最终可能会成为一台计算机的形态，它涉及 AI 芯片的算力能否支持、汽车的操作系统能否跟上等。实际上汽车的座舱域、智驾域、动力域、车身域等几大“域”对操作系统的需求并不一致，如座舱系统对于屏幕色彩处理和渲染要求比较高，而智驾功能则对系统的安全要求特别高。因此还没有一种芯片或者一个嵌入式的硬件平台，既有高算力能够支撑丰富图像处理，又有高性能、高存储，同时还具有丰富的 IO 接口。这样导致中央控制器在当前必须结合域控制器用局部集中式的架构来实现。

业界一般将汽车电子电气系统分为 5 个功能域，分别是动力总成域、底盘域、车身域、信息娱乐域和自动驾驶域，因此中层的计算与控制即中央控制器应该包括 5 个域的主控和以太网通信、无线通信共 7 个元素。而根据这 7 个元素在具体硬件上的分配以及底层执行器、传感器控制器的具体设计，集中式电子电气架构有不同方案。在这些方案中，区域控制器不再以功能为导向划分控制器的边界，而是以车辆特定物理区域为导向定义控制器，如前区域控制器、左区域控制器、右区域控制器，通过在整车不同区域内布置该区域内的中央控制器（即局部中央控制器）来控制和驱动该区域内的部件。采用区域控制器可从两方面降低电子电气架构的成本，一是将该区域内的功能型控制器集成到区域控制器。二是由于区域控制器采用就近接线可减少车辆线束成本。区域控制器如果同时集成了高算力芯片，在实现集中化需求的同时又可保持整车物料成本平衡，其功能已经相当于中央控制器。

业内已经在开发面向未来集中化电子电气架构的区域控制器，例如领世汽车的 CCU（中央控制器）平台，联电的 XCU（扩展型域控制器）平台，华为的 iDVP 平台等，这些适合于未来域集中化电子电气架构的域控制器，也可适用于局部集中式电子电气架构。如图 1-22 所示，这是一个典型的局部集中式电子电气架构图，图中整车含 3 个局域控制器（PCCU、BCCU、CCCU），分别对应动力、底盘、车身

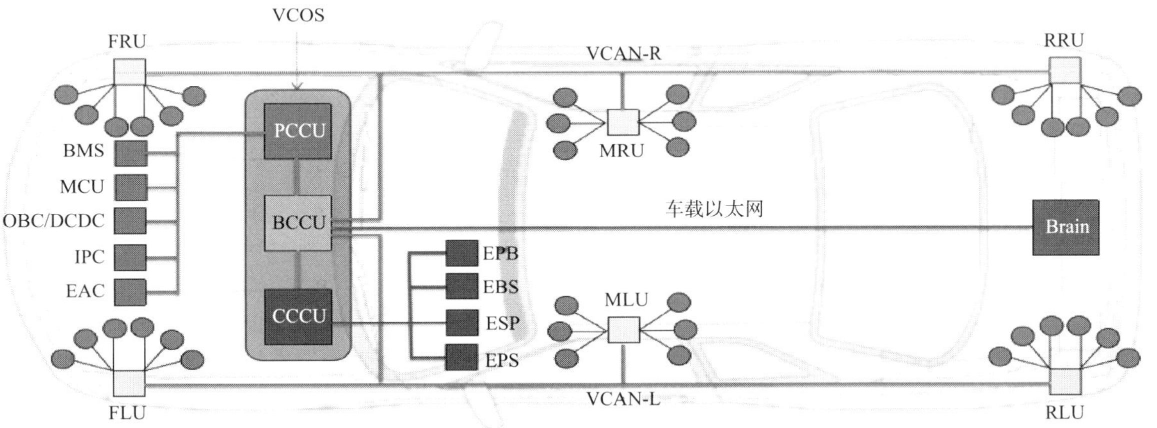

图 1-22　领世 CCU 平台架构

3 个域，通过 BCCU 连接中央大脑，车上所有执行器和传感器都通过布置在不同区域的接口单元，连接到 BCCU。所以这是一个包含了融合域控制器（BCCU），又包含了功能域控制器（PCCU、CCCU）的架构。这个局部集中式架构的好处在于可以利用现有的域控制器资源，与整车行车安全相关的动力域和底盘域保持当前架构，而与车身域、信息娱乐域和自动驾驶域相关的控制器和传感器则整合在一个集中式的网络架构里面，通过中央控制器 BCCU 来跨域控制，并连接云计算。

4. 软件 OTA

汽车电动化、智能化、网联化和共享化对汽车电子电气系统提出了新的技术挑战与需求。汽车电动化引入了电机、电池、电控等电子电气设备，使系统复杂性上升；驱动形式方面纯电动和不同拓扑结构的混合动力也在共同发展；以上两点结合终端客户的个性化需求，大幅增加了未来汽车变形开发的需求，汽车企业需要有效的变形管理来降低变形开发的成本。汽车智能化面向自动驾驶的实现，摄像头和雷达等环境传感器的信息传递需要高通信带宽；信息的处理和融合需要较高计算能力；另外车辆运动控制系统需要跨功能域的总体协调控制。汽车网联化将使终端客户对车辆功能的预期发生改变，更趋向于消费电子的经验，期望快速的功能更新和升级。汽车共享化改变了商业模式和汽车的拥有模式，运营商需要车队管理和云端控制，需要智能化的车辆状态监控和维护，这也需要高算力。以上汽车“四化”对汽车电子电气系统的需求可以总结为：有效的变形管理，高计算性能，高通讯性能，有效的跨域功能协调和软件持续更新升级。另外，汽车“四化”的功能很大程度上依靠软件实现，软件驱动创新是未来汽车“四化”的核心。

分布式汽车电子电气架构在计算性能、通信带宽、变形管理和支持跨域功能等方面均存在瓶颈。另外，因为 ECU 都是以高度嵌入式控制器为主，硬件与软件高度集成，在车辆量产后软件难以升级，较难支持软件创新。而集中式电子电气架构通过域控制器和以太网提供了未来汽车所需的计算能力和通讯能力；将整车控制层级的软件集中于中央控制器，这样可以更好地支持变形管理和跨域功能；而由于更好地实现了硬件抽象，集中式架构可以通过软件 OTA 来支持软件创新和软件持续升级更新。

过去汽车是没有 OTA 一说的，而现在车型要跟上时代潮流就不能不提 OTA，就像苹果用 OTA 升级手机系统，开启了智能手机时代，特斯拉也借助 OTA 开启了智能网联汽车时代。汽车软件 OTA 全称 Over the air，顾名思义就是空中下载软件升级，通过 OTA 汽车上的控制器实现了软件持续升级更新，从而实现软件创新。相对于手机，当前汽车上的 OTA 才只是刚刚起步，汽车 OTA 的刷新范畴是整车上几乎所有控制器，包括车身电子、动力系统、制动系统、娱乐系统等，在分散式电子电气架构时代，这些控制器的系统类型、刷新流程多种多样，汽车 OTA 技术实现非常困难。同时由于汽车产品关乎用户生命财产安全，OTA 需要充分考虑功能安全、信息安全等要求。

现代车企都已开始应用 OTA 技术，但大部分只是应用在仪表、车机和 TBOX 等，能够把整车 OTA 应用到极致只有少数几家，其中特斯拉自 2013 年就已经开始使用 OTA 技术，为旗下多个车型更新地图、语音、刹车、电机电控、autopilot 等数十项内容。可见车辆软件是否能够与时俱进，不断为用户提供更贴心的智能体验，已经成为用户选购车辆的一个基本因素。

随着车辆电子化程度越来越高整车代码量超过一亿行，汽车软件变得日益复杂，在开发周期有限的情况下有可能会造成功能不完善，所以汽车软件 OTA 解决的几大核心问题是：

（1）软件缺陷修复

对于如此庞大的代码，车厂很难做到软件无缺陷，使用 OTA 能做到对软件缺陷的及时响应，快速修复问题。软件的缺陷不止包含功能性 Bug，信息安全漏洞在网联汽车中也至关重要。

（2）新功能引入

很多车企都开始借鉴互联网思维，将互联网快速迭代敏捷开发的方式用在了控制器领域，车辆只需要安装包含基本功能的软件，即可完成交付，而后续新功能将通过 OTA 的方式推送给用户，这样就极大缩短了新车型开发周期，缓解了用户交付压力。

（3）用户体验提升

通过大数据分析用户对车的使用情况，有针对性的修改软件功能和参数，如优化人机交互 UI、调整天窗开启角度、改善 Autopilot 算法等，可以大幅度提升用户体验。

作为解决以上问题的最优方式，OTA 远程升级已逐渐成为智能网联汽车的标配，不断赋予汽车价值提升的潜力；而在控制器开发领域，软件 OTA 也已经成为新能源控制器系统的标配。

5. 结　论

从全球格局来看，新能源控制系统的主要生产企业为美国的通用、福特、特斯拉等；日本的丰田、日产、日立等；欧洲的博世、大陆、法雷奥等，部分汽车设计公司也为整车厂提供新能源控制系统技术方案，如 AVL、FEV、RICARDO 等。这些国外的汽车企业和汽车电子供应商在电动汽车领域积累充足，控制策略成熟度高，整车节能效果良好，控制器产品通过市场证实了其可靠性。国内整车控制企业虽然能够完成整车控制器硬件结构设计，但由于我国芯片集成力量相对比较薄弱，制造能力较差，可靠性和稳定性仍有很大的提升空间。总体来讲，我国整车控制器软硬件水平与国外存在一定差距。

但随着我国新能源汽车运行量逐渐增多，整车控制技术已逐步完成前期积累，国内整车企业及汽车电子企业开始掌握核心技术，对相关硬件的进口依赖逐渐减少，产业化能力已得到较大地提升。从市场规模来看，新能源控制系统市场规模与新能源汽车产量相关，预计到 2023 年中国新能源控制系统中仅中央控制器、域控制器硬件的市场规模将达到 112.1 亿元，而随着整车电子电气架构集成化的程度提高，硬件成本实际在降低，更高的利润实际发生在控制器软件开发和软件 OTA 升级上面。因此国内厂家的新能源控制系统是否能够弯道超车，获取更大的市场份额，很重要的就是看是否能够适应集中式电子电气架构趋势，将整车控制器升级成为中央控制器，并实现整个新能源控制系统的软件 OTA。

（十五）新能源汽车车规级芯片

（紫光国芯微电子股份有限公司 何 明）

1. 2020年新能源汽车用芯片产业与技术总体情况

2020年11月2日，国务院办公厅发布的《规划》指出，实施新能源汽车基础技术提升工程，突破车规级芯片等关进技术和产品，支持基础元器件、关键生产装备等基础共性技术研发创新。这也标志着我国未来将进一步深入实施新能源汽车国家战略，突破关键核心技术。随着汽车电动化、智能化、网联化、共享化正在成为汽车产业的发展潮流和趋势，车规级芯片需求仍是持续增长。我国车规级芯片市场规模约占全球的20%，但是国产车规级芯片在全球占比不到1%，绝大部分市场被恩智浦、英飞凌、瑞莎、意法半导体等国际厂商垄断，车规级芯片长期严重依赖进口。

国内车规级芯片产业规模小，技术水平落后，发展严重滞后于整车产业，导致国内汽车产业"缺芯少魂"。汽车产业方面，根据中国汽车工业协会统计数据显示我国汽车产量超过2 800万辆，全球占比稳步整长。汽车半导体方面，根据IHS数据显示，我国每辆汽车半导体成分约为235美元，远低于日本、美国、欧洲水平。预计到2025年，关键领域芯片自已率达到70%。随着汽车产业的"新四化"转型，"芯片自主可控"成为建设汽车强国的关键一环，自主车规级芯片也将迎来行的发展机遇。

汽车电子由半导体器件组成，用以感知、计算、执行汽车的各个状态和功能。伴随着汽车的"新四化"的快速发展，汽车电子已成为未来发展主攻方向，下一代汽车系统将应用于混合动力汽车、电动车等新型车型，因此需要汽车系统中的各控制单元具备更高效能、更高功能的整合度，以便能够对周边通信设备进行及时响应，同时运用丰富的图形化接口展示人机交互界面，提升使用体验度。

2. 2020年新能源汽车车规级芯片技术发展特点

在智能网联汽车产业大变革背景下，软件定义汽车理念已成为共识。传统汽车采用的分布式电子电气架构因计算能力不足、通讯宽带不足、不便于软件升级等瓶颈，不能满足现阶段汽车发展的需求，电子电气架构升级已成为智能网联汽车发展的关键。汽车电子电气架构升级主要体现在：（1）硬件架构升级。由分布式ECU向域控制器/中央集中架构方向发展。好处在于提升算力利用率，减少算力设计总需求；数据统一交互，实现整车功能协同；缩短线束，降低故障率，减轻质量。（2）软件架构升级。通过AutoSAR混合架构方向发展。好处在于可实现软件、固件OTA升级、软件架构的软实时、操作系统可移植；采集数据信息多功能应用，有效减少硬件需求量，真正实现软件定义汽车。（3）通信架构升级。车载网络骨干由LIN、CAN总线向以太网防线发展。好处在于满足高速传输、高通量、低延迟等性能需求，同时也可减少安装、测试成本。

硬件架构升级驱动车规级芯片算力呈现指数级提升趋势。传统汽车功能简单，与外界交互较少，常为分布式ECU，主要为控制指令运算（每秒约为百万条指令）、无AI运算能力、存储较小；新能源智能网联汽车，不仅需要与人交互，也需要大量与外界环境甚至云数据中心交互，未来将面临海量的非结构化数据需要处理，车端中央计算平台需要500多个百万条指令/秒的控制指令运算能力、300 + TOPS（即为300 × 1 012/s）的AI算次力。智能网联汽车四大核心技术：芯片、操作系统、算法、数据共同形成生态闭环，芯片是智能网联汽车生态发展的基石。

3. 2020年新能源汽车车规级芯片实现的主要技术突破点

（1）智能化带来的芯片算力的突破

智能汽车发展的核心瓶颈是算力不足，计算芯片未来首先要进一步着力发展高性能计算，更加适应人工智能算法的需求。计算存储一体化突破AI算力瓶颈、模块化降低芯片设计门槛将成为新的趋势。计算存储一体化突破AI算力瓶颈是指冯诺伊曼架构的存储和计算分离，已经不适合数据驱动的人工智能应用需求。频繁的数据搬运导致的算力瓶颈以及功耗瓶颈已经成为对更先进算法探索的限制因素。类似于脑神经结构的存内计算架构将数据存储单元和计算单元融合为一体，能显著减少数据搬运，极大提高计算并行度和能效。计算存储一体化在硬件架构方面的革新，将突破AI算力瓶颈。

（2）汽车电子电气架构持续演进，需要进一步优化异构芯片硬件方案

智能网联需求持续推动汽车电子电气架构变革。随着汽车智能化网联化发展，汽车电子底层硬件不再是由实现单一功能的单一芯片提供简单的逻辑计算，而是需要提供更为强大的算力支持；软件也不再是基于某一固定硬件开发，而是要具备可移植、可迭代和可拓展等特性。智能化与网联化共同推动了汽车电子电气架构的变革，一方面是车内网络拓扑的优化和实时、高速网络的启用；另一方面是ECU（电子控制单元）的功能进一步集成到域控制器甚至车载计算机中。

智能网联汽车需要集成不同类型的计算模块以满足应用服务需求。智能网联汽车内部需集成ECU、域控制器等多种计算模块，自动驾驶和智能座舱计算模块是产业探讨的热点。自动驾驶是智能网联汽车的核心功能，需要满足高安全、高可靠等要求，将会引发汽车产业链和技术链的重构。发展支撑实现自动驾驶功能的车载智能计算基础平台，具有十分重要的战略意义和现实意义。

车载智能计算基础平台需进一步优化异构芯片硬件方案。面向L3及以上等级自动驾驶车辆，车载智能计算基础平台需兼容多类型、多数量传感器，并具备高安全性和高可靠性。现有单一芯片无法满足诸多接口和算力需求，采用异构芯片的硬件方案可以改善性能。异构可以体现在单板卡

集成电路架构芯片，如奥迪 zFAS 集成 MCU（微控制器）、FPGA（现场可编程门阵列）、CPU（中央处理器）等；也可以体现在功能强大的系统级芯片 SoC，同时集成多个架构单元。

（3）突破汽车智能计算平台弹性扩展技术

自动驾驶计算基础平台当前需采用分布式硬件方案。当前汽车电子电气架构由众多单功能芯片逐渐集中于各域控制器，L3 及以上等级自动驾驶功能要求车载智能计算基础平台具备系统冗余、平滑扩展等特点。一方面，考虑到异构架构和系统冗余，利用多板卡实现系统的解耦和备份；另一方面，采用多板卡分布扩展的方式满足自动驾驶 L3 及以上等级算力和接口要求。整体系统在同一个自动驾驶操作系统的统一管理适配下，协同实现自动驾驶功能，通过变更硬件驱动通信服务等进行不同芯片的适配。

汽车智能计算基础平台需具有弹性扩展特性以满足不同等级自动驾驶需求。针对 L3 及以上等级自动驾驶汽车，车载智能计算基础平台算力、接口等需求都会增加。除提高单芯片算力外，硬件单元也可复制堆叠，自动驾驶操作系统弹性适配硬件单元并可进行平滑拓展，达到整体系统提升算力、增加接口、完善功能的目的。

（4）突破汽车全栈工具链，端—边—云协同计算技术

从传统的分布式系统、域控制器到中央计算机，汽车电子本身就是一个移动的边缘侧的计算平台，而且是人工智能的第一商业化形态，是第一个可以集中大规模商业化的领域。构建自主机器人的计算平台，开放的工具链是一个最好的敲门砖。车载智能计算基础平台的研发需要对产品进行整体迭代，而不只是针对单一的模块，或者其中几个功能。车载智能计算基础平台开发的软硬件环境以及全栈工具链，成为提升开发效率的重要途径之一。

（5）突破网联化带来的信息隐私安全技术

功能安全、预期功能安全和信息安全构成了智能网联特别是自动驾驶体系的安全要素。功能安全和预期功能安全是对部件和系统失效、设计不完备等情况下的可靠性保证和冗余设计。此外，自动驾驶产品化需要信息安全防护，也需要考虑信息安全的功能安全和预期功能安全防护。

软硬件可靠冗余作为功能安全正向设计，需融合复杂嵌入式系统和自动驾驶的安全设计特点，不仅包含系统软件和功能软件，也要兼顾传感器、车辆网络、芯片、硬件平台等，可以高效完备地实现车载智能计算基础平台的车规级功能安全。

车载智能计算基础平台需要应用智能网联汽车信息安全防护体系。智能网联汽车具有高复杂的软硬件系统，也是网联、云控制、大量数据聚集的重要载体。国内外智能网联汽车信息安全的标准正在制定和逐渐推出，如 ISO/SAE 21434 及国内的国标、行标、团标。车载智能计算基础平台的信息安全防护，不仅需要应用智能网联汽车的信息安全防护体系，也需要考虑自动驾驶应用带来的更多相关需求。

车载智能计算基础平台需要建立具备纵深防御、长期监控和全生命周期的信息安全防护体系。信息安全防护体系包括车边界网络防护、车内处理器全栈防护、车内外网传输保护、车辆安全服务生态等诸多方面。车载智能计算基础平台作为边界节点，需考虑与外部环境，以及车内网络各节点的访问隔离及网络层安全。车载智能计算基础平台的处理器安全需要考虑从硬件、固件、系统软件到功能软件的全栈软硬件处理器防护。车载智能计算基础平台与车内网中其他节点，以及外部车辆和云端的传输安全，包括如基于信任链认证、加密等。考虑到自动驾驶应用，车载智能计算基础平台也要求其内部多域之间的访问控制和监控、与执行器传输的高等级认证和加密要求、更多代码安全、海量数据的存储安全如防泄漏功能，以及相应的 OTA（空中升级）升级支持。

个人信息保护也是车载智能计算基础平台的重要安全功能。自动驾驶使得智能网联汽车可能成为最大的移动数据采集、存储和计算节点，除数据信息安全外，个人信息保护也是计算基础平台需要考虑的安全功能。保护个人信息，首要是数据的管理，如数据的拥有者认证数据的可追溯、可审计等需求。车载智能计算基础平台的信息安全基于智能网联信息安全防护体系，并考虑其架构与承载业务，实现安全防护和业务合规，保障自动驾驶系统和资产的安全。

（6）突破新一代电子电气架构带来的域控制器与车载以太网技术

由于自动驾驶的新型需求，带来了汽车电子电器架构的演进变化。以域控制器结构为代表的集中化的计算需求，决定了新一代的计算芯片应该具有高速传输接口，能通过域控制器或者车载交换设备将车内各个系统进行连接。鉴于现有以太网系统相对成熟稳定，新协议时间确定网络（TSN），能够实现便捷的实时时间网络构建。因此，以太网交换系统作为各个计算节点和机电系统之间的连接系统，将是大势所趋。新的交换系统的引入，也会改变各个机电系统的控制器形态。机电系统之间具有了高速连接接口，车内分布式计算系统也将应运而生。各个机电系统的控制器，也将由低端 CPU 核心向高速、高性能 CPU 核心方向发展。为此，GPU、NPU（神经网络节点）这些通用计算节点也将出现在机电系统的控制器中。

4. 未来几年新能源汽车车规级芯片技术发展趋势

（1）车规级芯片的数据处理能力由控制集中式向运算高效式方向发展

车规级芯片由以控制指令运算为主的 MCU 向智能运算为主的 AI 芯片方向发展。①控制指令运算可执行如等待指令、停机指令、空操作指令、终端指令等。其运算单位为 DMIPS：即 Dhrystone MIPS 测试下，计算能力为百万条指令/s，一般通用芯片常用其表示，如汽车电子的 MCU 等，代表厂商如英飞凌、瑞萨、恩智浦等。②AI 矩阵运算常指对矩阵运算做加速的能力，对于应用于图像、视频等非结构化数据的运算处理的情况，单位消耗将更低、计算速度更快，其运算单位为 TOPS 或 T flops。这里的 TOPS，指数据类型为整数型，常用于自动驾驶等领域。代表产品如华为昇腾系列芯片、地平线征程系列芯片、寒武纪的 MLU 系列的芯片等。T flops：指数据类型为单精读浮点数，较整数型数据精读更高，通用 AI 芯片用它表示，常用于核实验室运算、分子动力学运算等，代表产品为英伟达的 GPU 芯片。

（2）车规级芯片的结构形式由 MCU 向 SoC 异构芯片方向发展

汽车数据处理芯片按应用可分为 MCU（微控制器）、SoC

(System on Chip 系统级芯片)。MCU 结构简单,可视为简版的 CPU,其将 CPU 的频率和规格适当缩减,并将内存、计数器、IO 接口、I/D 转换等结构都整合到单一芯片,形成芯片级的计算机,主要用于汽车执行端 ECU 中进行控制指令运算。SoC 是一颗系统级芯片,常有“CPU + GPU + DSP + NPU + 各种外设接口”、存储类型等电子元件组成,现阶段主要应用于座舱 IVI、域控制器等较为复杂的领域。

表 1-9　MCU 与 SoC 芯片的差异分析

类别	MCU	SoC
定义	芯片级芯片,常用于执行端	系统级芯片,常用 ADAS、座舱 IVI、控制域等
系统组成	CPU + 存储(RAM + ROM) + 接口	CPU + 存储(RAM + ROM) + 较复杂的外设 + 音频处理 DSP/图像处理 GPU/神经网络处理器 NPU 等
带宽	多为 8 bit,16 bit,32 bit	多为 32 bit,64 bit
主频	MHz 级别	MHz ~ GHz
RAM(主存)	MB 级别	MB ~ GB
额外存储	KB ~ MB (Flash,EERPROM)	MB ~ TB(SSD,Flash,HDD)
单片成本价格	便宜(0.1 ~ 15 美元/个)	较贵(座舱 IVI:10 美元左右,ADAS 域芯片超 100 美元)
常见厂商	瑞萨、意法半导体、NXP、英飞凌	英飞凌、英伟达、特斯拉(FSD)、华为、地平线、寒武纪等
复杂度	低	高
运行系统	较简单,一般不支持运行多任务的复杂系统	支持较多任务的负载系统(如 Android,Linux,黑莓等)

(3)汽车存储芯片向高安全、高稳定、高可靠、高性能方向发展

在关于整车行驶安全性的部分,存储器在响应速度、抗震动、可靠性、纠错机制、Debug 机制、可回溯以及数据存储的高度稳定性等方面的要求,随自动驾驶的等级提升,呈现指数级爆发。鉴于车用内存芯片采用焊接而非插槽接口,召回和维修需要更换整个主板,对车商开销庞大。汽车内存必须至少遵循以下 3 项标准:ISO 26262、AEC-Q100、IATF 16949。Counterpoint Research 预计,L3 ~ L5 级智能驾驶汽车的车载存储系统将从 SLC/MLC NAND 转向 UFS/SSD,以实现数据管理所需的速度和性能。汽车电子等高可靠性及高性能领域退出了 256 MB、512 MB 等产品;并依据 AEC-Q100 标准认证了 GD25 全系列产品,是唯一国产化和符合上述标准的闪存解决方案,为汽车前装市场以及需要车规级产品的特定应用,提供高性能和高可靠性的闪存解决方案。

5. 目前亟须解决的技术难点及解决方案

(1)车规级芯片存在高可靠和高性价比等芯片工程化需求

车规级芯片需要符合各国立法的关于汽车标准的法规,由于各国的标准有所不同,车规级芯片和工业级、消费级电子领域所使用的芯片是不同的,车规级芯片在各种恶劣环境下都要保证至少 15 年的品质,来应对不同的温度、湿度、抗震、抗静电、抗辐射等,与工业级芯片相比,车规级芯片具有极高的高可靠性和高安全性,品质要求做到 100% 的良品率。而且出货的价格不能太高,因为,随着国家新能源汽车的普及,车规级芯片在单车的上车数量骤然猛增。一辆新能源智能汽车,其所使用的车规级芯片数量是一辆汽油车的两倍,车规级芯片使用数量、种类逐年在增加,庞大的需求量导致了传统车企的车用芯片供给不足。

车规级芯片市场是近年来发展最快的 IC 芯片应用市场之一,受益于汽车智能化、数字化等因素的影响,车规级芯片增速显著。通常工作在高温、高湿、严寒等恶劣极端环境下,加上汽车对安全事故的零容忍,对产品的抗干扰能力、可靠性及稳定性要求极高,同时由于产品开发周期比较长以及产品的定制化需求等,新进企业很难进入芯片行业的产业链当中,所以车规级芯片拥有极高的技术壁垒和行业壁垒。从供给端来看,国内在车规级芯片处于弱势地位,对外依赖度非常高,国内芯片产品主要依赖进口。受国际贸易的影响,国内厂商急需在国际厂商严密的技术封锁下,加强技术研发投入,突破芯片制造工艺的壁垒,逐步抢位芯片的国产化程度,为国内芯片行业的国产化进程添砖加瓦,加速实现技术升级与创新成果。

(2)车规级芯片标准远高于消费级芯片,认证流程较长

车规级芯片工作环境较为恶劣:相比于消费芯片及工业芯片,车规级芯片的工作环境温度范围(-40 ~ 155 ℃)、高振动、多粉尘、多电磁干扰。可靠性安全性要求高:一般的汽车设计寿命都在 15 年或 20 万 km 左右,远大于消费电子产品寿命要求。车规级芯片认证流程长。一款芯片一般要求 2 年左右时间完成车规级认证,进入车企供应链后一般拥有 5 ~ 10 年的供货周期。

表 1-10　车规级芯片与其他芯片区别

参数要求	消费级	工业级	汽车级
温度	0 ℃ ~40 ℃	-10 ℃ ~70 ℃	-40 ℃ ~155 ℃
温度	低	根据使用环境而定	0 ~100%
验证	JESD47(Chips)	JESD47(Chips)	AEC-Q100(Chips)
出错率	ISO 16750(Modules)	ISO 16750(Modules)	ISO 16750(Modules)
使用时间	<3%	<1%	0

汽车标准需要通过车规级可靠性标准 AEC-Q 系列或质量管理标准 ISO/TS 16949 其中之一,此外需要通过功能安全标准 ISO 26262 ASIL 等级。ISO 26262 在 2011 年 11 月 15 日正式发布,主要分为 4 个等级:A、B、C、D。ISO 26262 安全是汽车电子元件稳定性优劣的评判依据之一,通过该等级的车规级芯片代表其产品稳定性合格、耐用、但不代表其算力和能效比高。此外,还需要通过零失效的供应链质量管理标准 TS 16949/ISO 9000 国际认证体系下的汽车行业分支标准认证;另一个是 AEC-Q 认证,由克莱斯勒、通用、福特制定的汽车电子元件安全性检测标准。

表 1-11　车规级芯片故障等级与其他芯片区别

故障类别	单点故障等级	潜在故障等级
ASIL A	NA	NA
ASIL B	>90%	>60%
ASIL C	>97%	>80%
ASIL D	>99%	>90%

（3）车规级芯片产业链亟须解决方案

方案一：车规级芯片产业链组建需求迫切，窗口期较短，国家相关部委，组织优势产学研力量，选取若干芯片企业，集中资源优势，突破关键技术。

方案二：设立车规级芯片人才专项基金，颁布车规级芯片人才奖励政策，对该领域作出突出、重大贡献的人员实施奖励。

方案三：建立芯片人才信息库，建立车规级芯片技术人才储备机制，以解决研发人才缺口问题。

方案四：由政府出面引导，整车厂、模组制造厂、零部件供应商、芯片厂组成联合共同体，共同推动车规级芯片产品落地。

方案五：设立专项经费，对高可靠、高稳定、高安全、高实时等车规级芯片产品工程化问题进行支持。

方案六：仿照新能源汽车补贴政策，对车规级芯片国产化率达标的整车企业和芯片企业进行补贴。

方案七：参考首台套装备保险政策，以金融手段解决国产芯片应用的顾之忧。

方案八：由于车规级芯片落地周期长，建立产业政策的长效支持机制。

6. 2020 年行业重点企业发展情况

（1）国外企业发展情况

在车规级芯片领域，国外企业领先于中国企业，2020 年恩智浦、英飞凌、瑞萨、德州仪器和意法半导体保持汽车半导体厂商的前 5 名，这 5 家企业的市场份额占比合计达到 50%。同时，在新能源汽车领域，作为新能源汽车关键技术之一的 IGBT 等功率半导体市场也主要由外企业占领，虽然国内比亚迪、中车、华为等已经或正在布局 IGBT，然而国内企业与国外企业的差距仍然较大，2019 年在中国 IGBT 市场中，英飞凌占据了 58.2% 的市场份额，比亚迪占比 18%，斯达半导体占比 1.6%。

日本近期发生的地震也波及汽车行业。由于地震引起的断电、机台移位、设备管线内的化学药剂发生渗漏等不可抗事故的发生，都会导致车规级芯片以及其他器件短时间内无法继续生产，进而加剧全球车规级芯片的短缺潮。

根据 IHS 的调研，短缺的部件后续和车载核心控制器 MCU 有很大的关系，由于车载核心控制器 MCU 适用于所有的领域，由于 IC 小型化和高频的需求，MCU 需要 40 nm 以下的工艺制程，大部分 IDM 都把芯片生产外包给台积电（TSMC）等代工厂，目前台积电生产出货的所有汽车 MCU 约占市场份额 70%。从全球来看，汽车 MCU 芯片的市场也是高度集中化的，排名前 7 位的 MCU 供应商约占需求的 98%，只有极少数在意法半导体保持了较高的垂直整合水平。

（2）国内企业发展情况

从全球范围来看，2017 年车规级芯片市场大约 374.7 亿美元，预计 2022 年汽车市场规模将达 656.6 亿美元，增长 75.2%。从中国市场来看，车规级芯片市场规模为 450 亿元人民币，预计 2025 年中国车规级芯片市场规模将会超过 1 200 亿元人民币。我国车规级芯片的进口率达到 95%，可见国内车规级芯片有非常大的市场机会。近年来，国家加大了车规级芯片的政策支持，资本也在加大对该领域企业的投资，各大厂商也在不断投资研发、加强合作，陆续向市场推出新产品。车规级芯片的市场非常大、行业成长快、壁垒高、难进难出。汽车 SoC 处理芯片基本上被国外汽车半导体垄断，而国内公司在汽车半导体产业的布局才刚刚起步，市场前景广阔。

同时资本也在加大车规级芯片领域的投资。如 2020 年 9 月 28 日，芯驰科技宣布完成 5 亿元人民币的 A 轮融资，并表示，该笔资金将用于加速车规级芯片的量产落地。围绕 X9、G9、V9 三个系列在软件、应用和生态上增加投入，帮助客户量产落地，同时，加快新产品研发、在新能源汽车、自动驾驶、C-V2X 等领域扩大布局。

万安科技与万安投资共同设立基金，用于投资车规级芯片等领域。该基金主要投资新能源、车规级芯片等领域，有利于推动公司在汽车电子领域的战略投资，带动公司新技术产业的发展。

紫光国微日前也拟募资投资与车规级芯片项目，于 2021 年 6 月 16 日晚，紫光国微发布公告称，公司公开发行可转公司债券募集资金，募集资金总额为 15 亿元人民币。其中 4.5 亿元人民币用于车规级芯片研发及产业化项目。车载控制器芯片项目针对国内车载控制器芯片日益旺盛的市场需求设计研发，从而形成工艺技术能力和量产能力。通过车规级整车控制器芯片的研发，一定程度上提升国内车载芯片数字化、智能化、网联化水平，进而推动车载芯片关键技术和产业落地进程，抢位车载芯片国产化发展先机。同时培育公司新的利润增长点，降低经营风险。

7. 未来几年新能源汽车车用芯片产业发展建议

针对疫情和国际形势变化，2020 全球新能源汽车供应链创新大会提出“以强链补弱链”的建议，顾名思义就是以现在的优势为核心牵引，补齐短板，实现综合能力的塑造，具体分为三大环节。

（1）产品自身质量过硬

国内车规级芯片厂商需要扎扎实实把芯片的品质做好，好的产品是国产车规级芯片提升市场占有率的关键。国产车规级芯片需要尽快地完善自己的生态系统。更要深入本土市场的客户需求，找到主机厂和零部件供应商的痛点，研制自己特色的车规级芯片。在细分领域形成差异化优势，提供质量可靠，性价比高，有竞争力的产品，并提供优质的本地化服务。

（2）国家和地方政策机遇顶层指引和扶持

国家与地方政府制定战略目标和技术路线图，构建相关产业平台、统领资源和技术协同共享，特别是针对“卡脖子”的高端材料、芯片、设备等清单，合力攻关。国家新能源汽车技术创新中心牵头 70 多家企事业单位，成立了中国车规级芯片产业创新战略联盟，让车规级芯片领域拥有了统一的行动组织。仿照新能源汽车补贴政策形势，引导车厂进行国产车规级芯片补贴政策；通过保险等车险补贴和“首台（套）”形式解决车厂后顾之忧；通过地方政府的政策支持，鼓励芯片厂、部件厂、主机厂联合开发、拓展车规级芯片上车应用。

（3）车规级芯片积极应用和导入

对于已取得一定成功，可实现初步商业化的传统弱势环节，政府和上下游企业可以通过采购补贴，定点扶持等方式，积极引导相关产品的上车搭载和应用。如比亚迪在功率芯片研发初期，在功率小，逆变器性能要求低的秦系列等入门级纯电动车进行试点应用与搭载。在芯片、电子架构、三电系统方面仍需打破技术壁垒，补齐短板，才离真正的汽车强国越来越近。在这样的情况下，整车厂和零部件供应商都应该找准自己的优势和技术控制点。特斯拉核心部件如芯片、自动驾驶系统、电池等都在坚持自研，并且能将这些关键技术快速迭代与落地，这是特斯拉最具优势的地方，也是市值超过4 000亿元人民币的核心原因。

汽车"电动化、网联化、智能化、共享化"已成为行业普遍认可的变革方向，随着我国智能新能源汽车产量不断提升，车规级芯片的重要性不断增强、需求量不断增大，车规级芯片短缺的风险也愈加突出。

（十六）新能源汽车自动变速器

（河北工业大学机械工程学院　陈　勇）

1. 引　言

2020年，在国家战略的引领下，我国持续开展新能源汽车技术创新和产业化推广应用；汽车产业正在向高质量和高性价比和自主品牌升级的发展方向迈进，这也是我国由汽车大国逐步迈向汽车强国转变的重要标志之一。新能源汽车及传动系统关键部件开发与自主配套能力大幅提升，产品质量和性能取得较大突破，新能源汽车自动变速器产品作为变革因子，无疑为我国汽车工业的发展注入了崭新的活力。

产销量蝉联第一，全产业链布局全球领先。2020年，我国汽车全年销量完成2531.1万辆，同比增速收窄至2%以内；新能源汽车产销分别完成136.6万辆和136.7万辆，同比分别增长7.5%和10.9%，产销量创历史新高，我国汽车销量连续12年蝉联全球第一。截至2020年底，我国在新能源汽车全产业链投资累计超过了2万亿元，实现了"原材料—零部件—整车生产—周边基础设施—部件回收"全产业链布局世界领先，整车产品供给极大丰富，产品性能及质量提升显著。

变速器产业长足进步，核心技术全面突破。新能源汽车自动变速器技术已经开始适应"物联网 & 车联网"和自动驾驶技术的发展新趋势，在研发、试制、试验、生产等核心技术方面取得了比较全面的突破，建立了现代化产线与大致完整的零部件供应链体系，技术水平和产品质量逐步接近世界先进水准。产品范围包括纯电动汽车电驱动集成化总成、全新开发的各类混合动力自动变速器及多种类型的混动变速器DHT等，并已开始实现整车量产搭载。如比亚迪唐DMi、长城WEY；吉利领克、一汽红旗等自主品牌。

2. 产业发展概况

（1）2020年新能源汽车自动变速器技术发展特点

对于纯电动与混动新能源汽车，变速器仍然是必不可少的核心部分，为大幅度提高行驶动力性，2～3档位自动变速器的纯电动车会逐渐成为未来重要的发展趋势之一。混合动力车变速器主要源于对原有传统自动变速器AT、DCT等连接耦合部分的开发，在软件控制、智能化方面有了新的进步。

随着市场油耗排放法规和碳达峰需求，混合动力车辆技术在国内快速发展和进步，2～4档DHT混合动力车用变速器系统具有结构紧密有效率、更加节能环保、电气驱动性能更强的明显优势，越来越受到行业的重视，新的混合动力专用变速器多合一驱动系统日趋成熟。

DHT的形式多种多样，主流整车企业均提出了自家解决方案，两大代表性技术被两家日本汽车公司首先研究开发。丰田汽车推出的THS系统，经过20余年的升级迭代，已占有近70%的混动车份额；本田的i-MMD-DHT系统因其技术含量比较高成本bijiao低，受到了市场的积极评价；此外，还有通用Voltec system和大众Twin Drive等。国内厂商也推出了不同的解决方案，上汽多年前推出了电驱动变速器EDU也在进一步优化；长城汽车和吉利汽车开展了多档智能混动DHT产品研发，并都将在2021年推向市场；精进电动（上海）也开发双电动机实现串并联混合驱动的DHT方案；万里扬研制了混合动力无级变速器C38 P2P3等。DHT方案主要区别是圆柱齿轮式和行星齿轮式，圆柱齿轮式主要采用i-MMD-DHT系统，为2档自动变速器配合双电机模式，结构简单、可靠性好，适应中等扭矩混合动力车型。行星齿轮式DHT主要采用3～4档自动变速器，轴向长度小，一般配合双电机模式，适用大扭矩混合动力车型。

伴随着中国DCT变速器企业的快速长足发展，国内大多数车企都有DCT混动变速器的布局，如吉利P7DCT390H、长城9HDCT、长安7DCT、一汽"纵置P2 + DCT"等。DCT变速器本身具备动力性能、经济性与环境适应性优良的特点，适合在混合动力汽车P2模式中拓展应用；加之，我国本身对于DCT技术的配套产业链相对完善，DCT生产企业、零部件供应商、"产学研"机构等发展格局已经成熟，使得DCT混合动力变速器技术产业升级、提升产品核心竞争力等快速发展。

国产自动变速箱及零部件供应商在2020年实现了包括混合动力汽车新型变速箱开发的全面展开，零部件的国产化率基本达到了全自给。自动变速器的部分零部件供应从齿轮、轴承原材料到锻件制造和关键零部件，如轴承、TCU、传感器、同步器、双离合器、电机泵等实现了全国产化。然而，受供需错配等因素限制，国内新能源汽车专用变速箱产能仍然不能满足市场需求。普混、插混、纯电车型销量占乘用车总销量占比如图1-23所示。

（2）2020年第三届世界十佳变速器——混合动力变速器

①本田i-MMD混动变速器，获奖车型：雅阁混动

本田的i-MMD混动系统两次入选沃德十佳发动机，与丰田THS混动系统相比，本田的i-MMD拥有更强的性能、更好的驾驶感受、以及更未来化的动力形式，其热效率高达40.6%，是目前热效率最高的一套动力系统。

②吉利混动7DCT（7DCT390H），获奖车型：吉利星越插混版

7DCT390H变速箱是吉利与沃尔沃、FEV联合开发的成果，该款变速箱采用国内首创的P2.5混动架构，电机动力输出可实现三级变速，更加高效智能。并联的动力组合方式更容易发挥发动机、电机的最大效率，带来更好的节油效果。

7DCT390H 在吉利汽车产品覆盖轿车、SUV，以及 MPV 车型，并已实现批量出口。

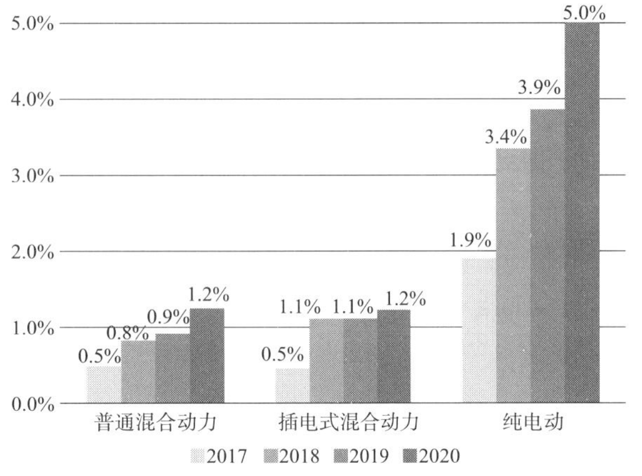

图 1-23 普混、插混、纯电车型销量占乘用车总销量比

注：销量数据来源于中国汽车工业协会

（3）企业重组

①一汽解放重组上市

2020 年 4 月 24 日，一汽轿车正式更名为一汽解放集团股份有限公司，标志着一汽解放完成重组成功上市。一汽解放注册资本由 16.275 亿元增长至 46.096 6 亿元，经营范围变更为中重型载重车、整车、客车、客车底盘、重型卡车等。

②吉利商用车收购华菱星马

2020 年 7 月 22 日，华菱星马发布公告，吉利商用车出资 4.35 亿元收购华菱星马 15.24% 股权。转让完成后，吉利商用车成为华菱星马的控股股东。双方有望实现在新能源商用车领域提升市场竞争力，提升资产质量和盈利能力，实现转型和良性发展。

③ 吉利-沃尔沃重组

2020 年底（2021 年初），在吉利汽车成功登陆科创板后，重启吉利汽车和沃尔沃汽车合并重组的讨论，或谋求双方更加紧密的合作方式，打造一个更强大、更具竞争力的全球企业集团，以应对未来更多的变革与挑战。

（4）2020 年新能源汽车自动变速器存在问题

我国汽车自动变速器研发与生产能力虽然已经长足进步，但仍然存在研究开发资源欠缺、尚未形成全面技术共享、产品规范和技术标准不完善、产业链配件参差不齐等问题。

初步具备研发能力，技术型人才紧缺。近年来，新能源汽车变速器的研发能力得到各大整车企业的关注，以吉利、长城、长安等为代表的国内领先车企，经营旗下子公司，开发了初代及第二代变速器产品。然而，与国外变速器企业相比，其研发实力仍需积累与沉淀，相关技术人员仍然存在“隔代”差距；高校相关专业对于自动变速器人才的培养依旧匮乏。下一步产业与技术的发展，需要整合全行业自动变速器技术资源，突破各自为战、力量分散的格局，实现技术与人员的全方位合作与共享。

总成架构基本明确，软硬件配套亟待完善。新能源汽车动力传动系统总成架构方案已基本定型，无论是纯电动平台还是混动平台，国内生产的“三合一”与“多合一”产品已经被市场认可接纳。反观与之配套的零部件公司，其质量一致性和产品开发能力与国外产品之间仍有较大差距，某些更关键零部件依然依赖外资公司和进口。国内仍缺乏与自动变速器零部件相关的标准。

产业转型升级缺乏动力。新能源汽车产业在无限潜力和压力重重之间迅猛发展，电机与自动变速器的优化匹配与高度集成使得整个产业需要不断地更新迭代。电动化新型动力总成的基础研究是引领产业升级的关键，然而，国内在齿轮、轴承、润滑与密封等方面的基础研究仍然薄弱，多学科融合和跨行业协同创新与产学研结合等仍需进一步深化。

3. 主要企业经营与发展情况

（1）宁波上中下自动变速器有限公司

宁波上中下自动变速器有限公司为吉利集团下属子公司，拥有世界一流的自动变速器生产技术和产品质量管理团队。为了适应下一代动力总成的电气化选择，选择开发两款低成本、高度集成、高性能、模块化的 3 档专用行星齿轮式 DHT，结构紧凑、搭载性强，具有纯电、串并联、发动机直驱等模式，可有效地覆盖各种复杂工况，实现节油减排的效果，满足整车动力性经济性要求。

2020 年 3DHT 研发及产业化已经完成了多轮台架试验验证；完成 B 样机软模件的装配，并顺利通过各项多轮变速器的电气性能、润滑冷却、效率、耐久等试验；子系统完成并通过电机标定试验、驻车耐久、差速器耐久、离合器制动器热模型标定、阀体耐久等试验。

（2）蜂巢传动科技有限公司

蜂巢传动科技有限公司是蜂巢易创旗下的一家综合性传动系统研发与制造供应商，前身为长城汽车传动板块。蜂巢传动在保定、上海设有两处研发机构，并在保定、徐水、扬中、泰州、重庆建有 5 座现代化工厂，产品涵盖手动变速器、自动变速器、混动变速器、电动驱动系统等。

蜂巢传动于在 2020 年底量产了全球首款横置 9 速湿式双离合自动变速器，同平台开发的集成式三离合 P2 混动 9HDCT 也将在今年量产上市。9DCT 产品将面向中高端品牌，将首搭 WEY 摩卡车型上市，而 9HDCT 产品将主要面向于欧洲市场。对于国内新能源市场蜂巢传动开发了更适合我国消费者需求的 2 档混动专用变速器，产品将于 2021 年首先应用于长城柠檬混动平台上市销售，蜂巢传动 2 档 DHT 产品采用高集成度七合一设计，支持整车 HEV/PHEV 架构，提供 9 种驾驶模式，全面满足消费者驾驶需求。

（3）比亚迪汽车工业有限公司

2020 年，比亚迪先后研发出低压 7 速湿式双离合变速器、高压 7 速湿式双离合变速器、高压 8 速湿式双离合变速器。在混合动力专用变速器领域，比亚迪首先完成了应用于唐 DM 的 T75 插电混合动力专用变速器的技术升级，并于 2020 年下半年推出 EHS 超级电混系统。EHS 已搭载于比亚迪秦 plus、宋 plus、唐 DM i 等车型量产。与此同时，比亚迪也在分布式电驱动系统方面进行了专利布局与项目规划，进一步提高了比亚迪新能源动力传动系统的平台拓展能力。

（4）凯博易控车辆科技股份有限公司

凯博易控车辆科技（苏州）股份有限公司是一家致力于

新能源商用车驱动系统研发与制造的科技公司，其在苏州汾湖和吴中建有两个智造基地，并在中国苏州及奥地利分别设有研究院和创新中心。

在新能源商用车驱动系统领域，具备高速大扭矩齿轮箱密封技术、高速大扭矩齿轮箱定点润滑技术、多动力源变速箱无动力中断序列换档技术、高速大扭矩行星排技术和高速大扭矩电机设计及工艺等多项核心技术。凭借多年的技术攻关，成功研制出一条全新的电驱系统技术路线——eDMT变速电驱系统，应用了公司几项核心技术：①商用车变速箱高速齿轮传动技术；②高可靠自锁、互锁转鼓序列换档技术；③主动定点定量压力润滑技术；④双电机多模态协同控制算法。

eDMT 变速电驱系统，在行业内率先实现了多动力源（双电机、三电机）驱动方案，有效满足重型车辆的大功率需求，并解决了传统技术路线换档动力中断的问题；率先实现了新能源商用车变速箱的高速化（ >8 500 r/min），两套可独立变速的传动链实现了单电机驱动、双电机并行驱动及双电机交替换档功能。

4. 产品技术进展与创新情况

（1）吉利 3 速 DHT 技术

3DHT 是吉利自主研发的首款 3 档混动专用双电机混动变速器，采用高液压执行系统，电子双联泵液压系统，提高离合器控制精度和响应时间。PCM 动力控制模块由逆变器和 TCU 深度集成，且 PCM 与变速器本体集成，可以有效地提升系统的集成度，实现降本降重的目标要求，满足多车型平台搭载需求。吉利 3DHT 具有结构紧凑、搭载性强的特点，可有效地覆盖各种复杂工况，实现节油减排的效果。此外，产品满足整车 35 万 km 耐久寿命需求及电气架构 EMC 要求，具备良好的 NVH 表现。

（2）中国一汽 DHT 技术

一汽 DHT 技术完成了横置混动平台及纵置混动平台技术研发及布局，采用双电机混联技术路线，变速器最高转速 15 000 r/min，轮端扭矩能力 3 500 Nm，NEDC 工况效率可达 94.8%，覆盖红旗 B 级及以下车型需求；纵置混动平台采用“P2 + DCT”技术方案，采用电子双联泵高液压执行系统，提高离合器控制精度，最大输入扭矩 700 Nm，满足红旗 C 级以上豪华车型需求。

（3）蜂巢传动科技有限公司

蜂巢传动于 2017 年量产了我国首款自主开发的湿式大扭矩 7DCT 产品，截至 2021 年 3 月该系列变速器销量已超 200 万台，同时蜂巢传动也推出了更加紧凑、高效的第三代 7DCT 产品。在 2020 年底量产了全球首款横置 9 速湿式双离合自动变速器，同平台开发的集成式三离合 P2 混动 9HDCT 也将在今年量产上市。9DCT 产品将面向中高端品牌，将首搭 WEY 摩卡车型上市，而 9HDCT 产品将主要面向于欧洲市场。

5. 产业发展趋势与预测

中国汽车产业在 2018 年结束了长达 28 年的高速增长，2020 年新冠肺炎疫情让处于转型升级过程中的汽车产业面临巨大的机遇与挑战，但从近几年快速增高的国产乘用车自动变速器渗透率及庞大的市场规模来看，中国自动变速器行业正处于黄金发展期。

2020 年各大整车与零部件企业聚焦电动化汽车发展，新能源汽车自动变速器向着集成化方向发展，以电机、变速器、控制器一体化集成设计，实现空间小、轻量化的目标稳步前行。纯电动两档化自动变速器与混合动力 DHT 化也开始进入量产阶段，可以提供更好的加速性能和动力性能、更长的续航里程、更高的最大车速、更优的系统效率。整个行业也将呈现以下发展趋势：

高品质变速箱逐渐成为各大车企刚需。无论是国际上还是在国内市场，对自动变速箱的要求都越来越高，包含车辆驾驶感受、车辆性能、燃油经济性在内的多方面性能都被时刻关注，各大整车企业将自动变速箱逐渐视为必要的需求。

产业融合趋势初显，企业协同合作突破。自主品牌新能源汽车自动变速器实现了核心零部件研发、制造技术规模化。为进一步赶超国外领先企业，零部件产业链逐渐的转型融合趋势日益明显，产学研合作愈发增多；同时，基于政策机制以及社会舆论对于自主研发的支持与鼓励，整车企业间协同合作也实现了突破，包含例如并购、中外合资等形式。

DHT 与 DCT 技术快速攻坚。以 DHT 和 DCT 技术为主的混合动力汽车自动变速器，将继续占据市场主导地位；配套基础更加完善、动力与经济性能更加优良、纯电动多挡化与混动 DHT 化相互拓展等契合本土化应用优势，将促使新能源汽车自动变速器产业持续蓬勃发展。

（十七）新能源整车热管理

（上海加冷松芝汽车空调股份有限公司　上海新能源汽车空调工程技术研究中心　黄国强）

1. 2020 年新能源汽车热管理产业与技术总体情况

中国新能源汽车（NEV）市场在 2020 年继续增长，新能源汽车销售总量达到 136.7 万辆，比 2019 年增长 10.9%。2020 年，纯电动汽车销量增长 11.6%，至 111.5 万辆，产量增长 5.4%，至 110.5 万辆。插电式混动汽车销量增长 8.4%，至 25.1 万辆，产量增长 18.5%，至 26 万辆。从车辆类型来看，2020 年新能源乘用车销量增长 14.6%，至 124.6 万辆，新能源商用车销量减少 17.2%，至 12.1 万辆。2020 年新能源汽车渗透率为 5.41%，比 2019 年的 4.67% 增加了 0.74 个百分点，提升了 16%，其中纯电动汽车占新能源汽车总量的 81.6%。截至 2020 年底，全国新能源汽车保有量 553.67 万辆。新能源汽车热管理也跟随新能源汽车行业的增长而增长，也呈现相同的销售和增长比例。新能源汽车热管理在原来电动空调的基础上增加了电池热管理模块、电机电控热管理和智能控制及智能运维保障 3 个领域，包括电子水泵、冷却器、电子膨胀阀、膨胀水壶、温度传感器、电子 PTC 水加热器、电池冷板等零部件及水回路集成及控制。新能源汽车热管理产业规模已经达到 77.45 亿元。

2. 2020 年新能源汽车热管理技术发展特点

针对新能源汽车热管理在低温下的制热不足、效率低下引起的行驶里程缩减、电池过热及安全预警预防等一系列技术问题，电动汽车热管理行业主要在电动化、高效化、智能化、环保化和舒适化 5 个方向进行场景化技术开发和优化。电动化主要是制冷制热循环驱动电动压缩机、电子水泵、电子加热器、电子膨胀阀的技术开发。高效化重点还是从能量全效率角度出发进行电机电控及电池的余热回收和再利用、热泵制热循环设计、热量储存和释放、快速大热流密度导热等方面技术的开发。智能化是针对乘员舱内温湿度精确控制、电池冷热温度控制、智能识别乘员和电池热负荷需求变化和智能响应以及物理操作器的人机界面（包括语音识别、手势识别等）、远程预冷预热控制、远程标定和远程故障诊断等方面进行技术开发。环保化主要是从再循环材料、低 GWP 制冷剂的使用和替代（应对欧盟对汽车热管理用制冷剂 GWP < 150 的法规要求）。舒适化主要是从解决乘员舱的空气质量（包括空气 TVOC、PM2.5、二氧化碳浓度、杀菌消毒）、热舒适性（包括快速降温、快速制热、模式切换）、声舒适性（包括气动噪声和机械振动）等方面提升用户感知质量进行技术开发。

在新能源汽车发展起步阶段，针对乘员舱制热困难主要采用空气 PTC 加热器替代传统热管理箱中的水暖加热器。行业内热管理供应商主要从两个方向来进行替代技术的研究和开发。一是采用热泵技术提高制热能力和制热效率。二是电机电控及电池的余热回收与再利用，将电机电控的余热用于电池和乘员舱的加热。针对电池冷却，早期采用自然空气冷却技术，其优势是成本低但电池温度不能精确受控，使得电池安全性受到挑战。针对上述问题进一步引入被动式冷却技术，包括空气强制冷却、冷却液强制冷却等，但入口空气或冷却液温度仍不受控，电池温度不受控范围依然较大。随着电池热失控预警预防管理要求的不断提高，2020 年新能源汽车热管理技术领域已经引入主动冷却技术，包括空气强制冷却、冷却液强制冷却、制冷剂强制冷却、热管技术、PCM 相变技术等，冷却介质入口温度按照电池发热量的变化受到更严格控制，极大地降低了电池热失控的风险，同时也使得电池工作在最合适的温度范围内。商用车和乘用车对于电池冷却方式的技术路径选择，从成本角度出发电池热管理也在从独立式向集成式转换。集成式电池热管理系统是将电池冷却加热和乘员舱的冷却加热集成在一个系统回路中，一方面可以大大降低系统成本，另一方面是电池及乘员舱温湿度控制和系统全能量效率也得到进一步提高。

3. 2020 年新能源汽车热管理实现的主要技术突破点

新能源汽车热管理技术的最大突破来自热泵技术的进一步普及和推广。热泵系统从两换热器回路架构到三换热器回路架构、带中间换热器的补气增焓回路架构、双级压缩回路都有热管理系统供应商在进行开发，部分厂家已经通过台架测试并且装车，实现了部分量产。如奥迪 e-tron、大众 iD3、理想汽车 ONE、小鹏 P4、上汽乘用车 ei5 和 Marvel X、一汽轿车 B30EV、比亚迪的汉、蔚兰汽车 ET7、广汽 Aion LX、长安汽车 C211EV4、特斯拉 Model Y，36% 的电动车已经采用热泵技术。零部件集成度也在不断提升，超级水壶和 8 通阀的导入，空调 ECU 被整合到整车 ECU 架构中。主动冷却和主动加热技术已经成为电池热管理的主流技术选择，并且在 74% 的新能源汽车上采用液冷技术，中高级轿车已经全面采用液冷技术。

4. 未来几年新能源汽车热管理技术发展趋势

总体上新能源汽车热管理技术发展趋势仍是前述的“五化”，但热管理范围延伸到了乘员舱、电池、电机电控、ADAS 智能系统及充电线充电桩等周边设备。未来几年，整车热管理企业的技术研发重点仍集中在热泵系统、全能量效率优化、客户感知质量提升和电池热失控预警和防止的技术开发上。热泵系统重点在制冷制热回路架构开发和高效制冷剂的选择，包括从两换热器回路到三换热器回路、带中间换热器的补气增焓回路、双级压缩回路的迭代升级，制冷剂的选择包括二氧化碳、R1234yf、R290、R410A、R32 等。全能量效率优化以电池能量利用率作为全效率计算和优化的基准目标，技术开发主要在电机电控余热回收和再利用的水回路架构、制冷剂回路的电子化精确控制回路、冷却液回路和制冷剂回路的热交换器应用、方向盘和座椅的局部加热、场景化的分区能量分配和分区温度控制、热量储存和释放（蓄冷蓄热技术）、远程标定等。客户感知方面主要是热舒适性、声舒适性和空气质量的提升，尤其是新冠肺炎疫情发生后，个人用户和公众对杀菌消毒、空气异味、污染颗粒物等的要求明显增强，车辆厂和热管理企业都已经在探讨各种现有空气处理技术的复合应用和产品推广。声舒适性会在新能源汽车领域得到更多的关注，因为热管理系统的气动噪音和振动已经变得更加突出，做得不好就会成为用户的最大抱怨点。电池热失控已经成为电池热管理的安全考虑重点，热失控的监测、预警和防止的系统性架构模型和执行系统会成为电池包及电动车企业关注的焦点和开发的重点。

5. 目前亟须解决的技术难点及解决方案

新能源汽车热管理系统仍亟须解决以下几个方面的技术难点：①热泵系统需要针对不同应用场景进一步优化与简化。目前提出的热泵系统回路控制元件仍显较多，系统控制仍较复杂，系统可靠性不高。②电动零部件集成化和模块化需进一步提高。如电子膨胀阀和电池冷却器的集成化、四通换向阀及系统可靠性和耐久性等。③热泵工况下系统性能进一步提升。尤其是在 −30 ℃ 北方使用场景下，R134a/R1234yf 系统性能急剧降低，制热量不够、功耗增加，同时车室外换热器在低温工况（2 ℃/1 ℃环境温度）下严重结霜、系统性能恶化等问题。④热泵系统成本需进一步降低。新能源汽车热泵系统由于其复杂性和更多零部件，使得其成本相对于常规热管理系统不具备优势。一方面需要进一步加大热泵系统推广力度，以摊薄设计和开发成本；另一方面通过技术改进(如前述系统优化、低成本替代材料等)和集成化设计与制造降低成本。⑤二氧化碳热泵系统的研发不够。在环保和热泵等发展趋势下,二氧化碳热泵系统具有天然的制热性能优势,在业界受到越来越多的重视,但其中仍有很多技术问题亟须解决,如制冷和制热性能的平衡考虑、系统高压安全问题、系统关键零部件设计与匹配、制造系统升级转换和改造、售后维修服务系统改造升级等。

对于上述新能源汽车热管理技术难点,国内外主要汽车热管理竞争厂商都在做解决方案和产品开发。在热泵系统方面,国外有宝马、特斯拉和大众等已在电动汽车产品上应用,国内也有一汽奔腾 B30EV、上汽荣威 Ei5 和荣威 Marvel X、小鹏汽车 P5 都已应用热泵空调系统。日本三电还开发了使用二氧化碳的热泵系统用压缩机,装配到奔驰车型上。国内 BYD 开发和生产了使用 R410A 的热泵热管理,能够满足 -40 ℃极寒环境的整车制热需要,COP 在 -10 ℃时达到 3.5,最近在研究 R290 热泵空调。上海加冷松芝开发的三换热器乘用车 R134a 热泵空调可以满足环境温度 -20 ℃的使用,COP 在 -10 ℃达到 1.8,并已成功应用在江淮汽车全系新能源车型上和上汽通用五菱 mini EV。开发和量产了带中间换热器和补气增焓制冷回路的超低温 R410A 大巴热泵空调,可以满足环境温度 -30 ℃的使用,COP 在 -20 ℃达到 1.48。特斯拉在热泵系统开发上,采用了空气回路、制冷剂回路、冷却液回路耦合的系统,将电机电控余热回收和再利用加入热泵系统中,并在 Model Y 上进行量产应用。值得一提的是特斯拉引入了在非效率区运行电动压缩机和无刷风机的辅助制热模式,可以在不增加零部件的情况下充分利用已有零部件进行辅助制热,大大提高了制热能力和制热能效,又可以有效地降低系统构件成本。国内外竞争厂商在热泵空调技术开发上基本上还是齐头并进、各有千秋,都覆盖制冷、制热、除湿、预冷、预热以及多种混合模式的乘员舱和电池热管理要求,在乘用车领域国外技术商业化量产比国内略早,在大型客车领域中国厂商还是一枝独秀、相对领先。

6. 2020 年行业重点企业发展情况

松芝股份(证券代码:002454)创立于 1998 年,始终坚持"科技引领未来,创新成就卓越"的发展理念,致力于打造移动式空调系统的民族第一品牌。专注于各类车辆空调及热管理系统的研发、生产和销售,产品广泛应用于大中型客车、乘用车、商用车、货车、轻型客车、轨道车及冷冻冷藏车等各类车辆。拥有 20 余家分子公司,形成以上海为中心、辐射全国的基地布局,包括合肥、重庆、武汉、柳州、厦门、苏州、北京、南京、成都、大连等。

以"热泵空调系统"和"电池热管理系统"为两个重点,建立了覆盖各型车辆的系统、模块总成、关键零部件的新能源产品研发和生产能力。在电动客车低温热泵空调、独立式电池冷却模块、电池冷却器、电动压缩机、乘员舱空气净化、控制策略等众多领域持续保持技术优势;同时积极探索二氧化碳热泵空调、储能电站热管理系统、轨道智能运维系统等全新产品和技术,打造新增长点。在稳固保持国内市场份额的同时,积极拓展海外业务;在传统和新能源汽车空调领域均保持自主品牌的领先地位。

浙江三花汽车零部件有限公司(简称三花汽零)于 2004 年成立,为三花智控全资子公司和三花控股集团下属核心产业公司。主要经营汽车热管理系统用各类核心零部件,产品包括膨胀阀、贮液器、电子膨胀阀、电子水泵、电子油泵、水阀、电磁阀、冷媒球阀、集成组件、各类车用换热器等,其研发的电子膨胀阀于 2017 年获得国际 PACE 创新奖。三花汽零正在成为全系列产品的高品质供应商、子系统解决方案的集成商和新技术的创新者。三花汽零的销售额也在逐年攀升,2020 年销售额为 24.7 亿元。

浙江银轮机械股份有限公司是一家民营上市公司,从 2011 年开始研发制造各种新能源热管理产品,有高、低温水箱、Chiller、电池冷却板、电机冷却器、电控冷却器、PTC 加热器、前端冷却模块、电子水泵、电子水阀、热泵空调等。至 2020 年有效专利 163 项,其中发明专利 18 项。已有多个定点和批产项目,该领域主要客户有沃尔沃、保时捷、特斯拉、华为、蔚来、小鹏、威马、通用、福特、宁德时代、吉利、广汽、比亚迪、上汽、长城、长安、宇通、江铃、亿华通。

法雷奥热系统,主营空调系统、压缩机、发动机冷却模块、前端模块、电池冷却系统。在 2020 年新冠肺炎疫情影响的情况下仍然维持增长,实现产销空调系统 410 万套、压缩机 165 万台、发动机冷却 220 万套、前端模块热 90 万套。其中新技术新产品的比例有很大的提升,配备热泵系统的空调成为行业的领导者。无刷电机在大众 MEB、奔驰 MRA 实现量产。电动压缩机出口欧洲 PSA 持续提升,2021 年有望达到 60 万台。电池冷却模块出口欧洲 PSA 持续提升,电池冷却模在大众 MEB 实现量产上市,预计 2021 年产量可以达到 80 万台。

上海光裕汽车空调压缩机有限公司为北特科技集团下属的一家全资子公司,旗下有广西光裕新能源压缩机空调有限公司和东风光裕新能源空调压缩机有限公司。上海光裕主要经营传统汽车空调用单向、双向活塞式压缩机、内控、外控变排量压缩机以及新能源汽车热管理系统用单冷、热泵用电动压缩机、热泵及热泵系统控制器、变排量空调系统控制器等,产品广泛配套于国内 OEM 主机厂。上海光裕商用车压缩机主机市场份额接近 30%,乘用车压缩机(传统和电动)领域主机市场份额获得显著稳步提升。

7. 未来几年新能源汽车热管理产业发展建议

新能源汽车热管理及零部件的产业链协同研究和协同开发程度不高,产业链上各环节各自独立研发,只是在点上的进步而不是链上的提升;没有形成产业联盟和知识产权联盟;核心电动化零件的产业化程度和产业集中度还是不高,与全球头部企业在业务规模和市场份额上的差距还很大;关键核心技术和尖端产品的产学研用合作不充分、不紧密,没有形成强大的核心技术攻关合力;热管理新技术及新产品的成本与传统热管理相比没有明显优势,对于市场推广和应用还是有很大的成本障碍;热管理的行业标准被汽车厂和用户的接受程度不高;用户关心的能耗及能效也没有建立出行业评价规范和评价标准,不利于行业自律和行业有序发展。

新能源汽车热管理产业面临上述很多困难和挑战,还是需要行业在政府政策的引导下积极行动和应对才能有效突破,我们提出以下几个方面的建议:①借助政府提出的"碳达峰”“碳中和”目标引导,在整车企业的引领下进行整车热管理系统的集成式核心技术开发。②积极推动核心零部件企业通过产学研用的模式进行技术创新和技术突破,形成自主知识产权和商业化量产能力。③重视对智能化及大数据方面的软件开发投入和热管理的人才培养。行业协会制定新能源汽车热管理系统能效标准和评价准则,建立公开公正的第三方测试评价体系。④政府在未来一段时间内继续推动研发补贴、能效补贴和专利联盟补贴的方式,疫情下要适度延缓退坡幅度和速度,助推新能源汽车热管理的技术进步和产业规模化提升。⑤从产业资本投入和税收方面支持产业链核心企业的发展,优化产业链、提高产业集中度。⑥发挥行业协会作用,促进跨行业的技术交叉和复合创新,加强对核心企业的热管理系统及零部件的技术开发能力和产品质量监督,促进高质量产品应用和高质量维护。

8. 未来市场需求分析和展望

随着新能源汽车细分市场的发展,电动车在新能源汽车中的比例会不断上升,新能源热管理系统的需求也会不断上升。但是新冠肺炎疫情的延续,给汽车行业还是带来一定的冲击,根据 HIS 在 2020 年 12 月预测,2021 年中国轻型汽车市场销量将反弹 6%,至 2 490 万辆左右。政府推出补贴政策延后和购置税减免、汽车下乡等政策,将会有助于新能源汽车的产销。预计 2021 年新能源汽车产销量会达到 160 万辆,占整个汽车市场 6.4% 左右,其中新能源汽车中乘用车占比会达到 90%,A00 级车、A 级车和 SUV 车仍然占主导地位。按照 160 万辆新能源汽车的产销量和年降 3% 的幅度测算,新能源汽车热管理系统产业新增产值在 87.93 亿元的量级规模上。

(十八)电动汽车充电基础设施

(中国电力企业联合会标准化管理中心　刘永东)

2020 年中共中央政治局常务会议将充电设施纳入新基建,充电设施建设备受各方关注,迎来充电设施建设新高潮,有力支撑了我国电动汽车产业的发展。截至 2020 年 12 月,我国公共类充电桩达到 79.81 万台,比 2019 年增约 28.18 万台,私人充电桩数量达到 87.35 万台。公共类充电桩和私人充电桩总量超过 167.16 万台,车桩比为 2.94:1,发展规模持续保持全球首位。

1. 行业动态

(1)政策发布

国务院办公厅印发的《规划》(国办发〔2020〕39 号),明确提出要加快充换电基础设施建设,提升充电基础设施服务水平;鼓励开展换电模式应用,加强智能有序充电、大功率充电、无线充电等新型充电技术研发。鼓励充电场站与商业地产相结合,建设停车充电一体化服务设施,提升公共场所充电服务能力,拓展增值服务。充电设施行业要围绕技术进步、围绕质量提升、围绕改善用户体验来开展工作。

(2)地方政府承担推动充电设施发展的主体责任

各地方政府是政策的执行者,2020 年部分地方政府在中央政策的指导下,各地方加速落实中央政策文件要求。一是北京、河北、江苏等地区发布充电设施补贴奖励政策,对社会公用充电设施运营给予运营考核奖励,对已建成并投运的社会公用充电设施和单位内部公用充电设施给予建设补助资金。二是天津、四川等地区加快规范居民小区公共充电桩建设,缓解居民小区充电难问题。三是新疆等地区鼓励相关企业投资建设“充电桩 + 分布式能源 + 储能项目 + 商业”的综合体。四是部分地区开始统计和梳理“十三五”规划目标的完成情况,并在此基础上筹备制定充电设施“十四五”规划。

(3)联盟标识管理(认证)体系

截至 2020 年 12 月,总计有 38 家企业的 55 款型号产品申请联盟标识(检测、认证)评定,其中已通过标识(检测、认证)评定工作的有 30 款型号产品。评定数量覆盖率达到 8%,标识(检测、认证)评定品牌覆盖率达到 33%。

有中国电力企业联合会认证中心、中国汽车技术研究中心天津华诚认证中心、许昌开普检测研究院股份有限公司、中国质量认证中心等授权认证机构发出标识,已发放标识 51 761 张。

2020 年,通过国家能源局和北京市城市管理委员会等地方政府有关部门的政策和制度引导,行业自律工作取得了积极成效,企业开展行业自律工作的意识正在不断加强。多家企业的多款充电桩型号产品参加联盟标识(检测、认证)评定,北京市将获得标识和产品证书列为奖补加分项。基于国家政策要求,行业发展需求,电动汽车用户的呼声和引导行业自律的需要,充电联盟协同地方政府主管部门和地方行业组织开展充电设施的互操作性、一致性、安全性和现场安全隐患排查等工作,促进行业自律,积极促进充电设施行业向规模化、规范化方向发展。

2. 充电设施标准体系建设

(1)深化充电设施标准体系

为适应充电技术的发展和产业需求,2020 年承担了充电设施产业十四五发展规划的编制工作。针对大功率充电、无线充电和 V2X、重卡换电等方面,开展了标准路线图和标准体系预研工作。新修订的标准体系共规划标准 158 项,其中,规划国家标准 57 项,行业标准 62 项,团体标准 39 项。

2020 年 6 月,中国电力企业联合会、国家电网有限公司与 CHAdeMO 协议会、东京电力控股株式会社共同主办新一代电动汽车充电技术中日联合发布会,中国两项充电相关国家标准修订和 ChaoJi 产业化路线图研究启动;2020 年 9 月正式发布电动汽车充电系统互操作测试案例库。为了总结前期成果经验,进一步提升我国充电设施与电动汽车充电互操作性、兼容性水平,2020 年 9 月中电联作为主要发起单位之一成立了“中国电动重卡换电产业促进联盟;2020 年 11 月,组织召开重卡换电标准体系研讨会,对重卡换电标准体系定位和协调性，当前亟须标准和中长期标准规划，标准与产业发展关系等进行了深入讨论。

(2)加快标准制修订步伐

2020 年度继续加大了充电设施的制修订力度，加强了充电设施计划项目的管理，制修订计划项目推进整体有序。2020 年度共发布标准 12 项，其中国家标准 4 项、行业标准 5 项、中电联标准 3 项。标委会正编计划项目共 58 项，其中国家标准 16 项，行业标准 21 项、中电联标准 21 项。处于启动编制阶段 26 项，达到征求意见稿阶段 5 项，达到送审稿阶段的 18 项，达到报批稿阶段 9 项。

(3)探索标准衍生物探新形势

出版《电动汽车充换电设施运维人员培训教材》，该培训教材将作为充电设施施工安装、运行维护、检修试验等方面的应知应会教材，供充电服务运营商现场人员、电动汽车车企充电桩安装人员，以及充电设施检测机构培训、考核人员的知识读本，为下一步确定充电设施现场施工维护检修人员分级奠定基础。完成《新能源汽车及充电设施标准化工作情况》《农村地区电动汽车充电设施建设运行有关情况的报告》等研究报告。公开发布新一代 ChaoJi 充电技术白皮书。

3. 充电基础设施建设情况

(1)公共充电设施总体情况

截至 2020 年 12 月，中国电动汽车充电基础设施促进联盟内成员单位总计上报公共类充电桩 807 398 台，其中交流充电桩 497 797 台、直流充电桩 309 120 台、交直流一体充电桩 481 台。2020 年 12 月较 2020 年 11 月公共类充电桩增加 112 207 台。2020 年 1—12 月，月均新增公共类充电桩约 24 250 台，2020 年 12 月同比增长 56.4%。

省级行政区域内所拥有的公共类充电桩数量前 10 的分别为：北京 87 634 台、广东 85 874 台、上海 85 538 台、江苏 77 053 台、浙江 61 542 台、山东 48 890 台、安徽 38 959 台、湖北 33 408 台、河南 32 816 台、河北 31 804 台。

截至 2020 年 12 月，联盟内成员单位总计上报充电站 63 853 座。省级行政区域内所拥有的充电站数量前 10 的分别为：广东省 6 527 座、江苏省 6 229 座、上海市 5 927 座、北京市 5 755 座、浙江省 5 590 座、山东省 4 840 座、河北省 3 160 座、天津市 2 587 座、四川省 2 369 座、福建省 2 159 座。

(2)公共充电设施类型情况

根据 2020 年 12 月数据显示，国内交流桩数量为 497 797 台，占比为 61.65%，直流桩 309 120 台，占比为 38.29%，交直流一体桩（同时具备直流充电和交流充电两种功能）仅为 481 台。

(3)私人充电设施发展情况

截至 2020 年 12 月，联盟内成员整车企业总计上报私人类充电桩 873 533 台，其中交流充电桩 872 963 台，直流充电桩 570 台。根据 2020 年车桩相随信息统计，私人充电桩配建率在 71% 左右。

4. 重点应用场景的充电难问题

我国的充电设施建设已经基本支撑电动汽车推广和产业化的需求，主要体现在几个关键性应用场景的充电设施建设困难。应重点关注这些充电短板：

一是老旧小区充电难。老旧小区充电存在电源容量不足、改造空间受限、停车位不足等限制性因素，应结合老旧小区的实际情况，因地而异，通过或扩容、或有序充电、或建立体充电停车库、或共享式直流充电桩、或小区附近大功率充电站等多种形式解决老旧小区的充电难问题，要为老旧小区充电提供组合方案。

二是农村充电难。农村电动汽车充电存在农村电网不强、电力接地安全风险大、农民安全意识淡薄等情况，应关注农村电动汽车充电的特殊性要求，加强宏观指导和指引，切实为电动汽车的下乡进村提供充电支撑。

三是重卡、物流车充电难。国家正在加大包括物流车在内的商用车以及重卡车的电动化进程，物流车充电存在充电场地不固定，充电设施建设困难，充电电压平台多样化、低压化，充电保护控制薄弱等状况，应加大物流车充电设施的建设布局，为我国的物流产业提升提供保障作用。要结合重卡电池容量大、行驶线路固定、电能补给快等特点，重点开展换电模式探索。

5. 促进充电基础设施建设的建议

(1)发挥市场机制作用与加强政府宏观管理相结合

要把握市场作用与政府管理的关系。在充电设施建设运营补贴中，政府应重点支持充电设施网络短板建设，对那些当前不盈利、一般充电运营商不愿建设，但对于充电设施网络建设至关重要的节点、薄弱点充电站重点支持。例如在高速公路、城乡接合部、农村地区等地的充电设施建设和运营，进一步明确该类充电服务的民生属性，建议定为普遍服务性质，加强政府补贴力度；而对于竞争性充电场站，可发挥市场机制实现充电设施的规划选点优化。要强化小区桩建设、公共桩规划（保障用地）等方面的政府职责，进一步明确建设主体责任，发挥政府的主导作用。

(2)结合充电产业发展趋势提前布局先进充电技术

要把握近期发展与远期布局的关系。针对大功率充电的产业化预期，应重点考虑在高速公路、城市群、一线城市等地区的提前进行 ChaoJi 充电设施布局规划。针对慢充应用场景，要分析有序充电、无线充电在 2022 年前后产业启动后对慢充桩充电在数量和结构上布局规划的影响，要考虑 V2G 的推广应用，加快慢充直流化技术的推广。针对重卡换电、共享换电，要结合商业模式和产业联盟进行规划。针对 V2G 要提前规划，创新 V2G 的商业模式，在政策上、在体制上扶持 V2G，为 V2G 的产业化启动提前布局；要大力建设主动配电网建设，为 V2G 的实现提供基础和条件；大力建设电力市场，为 V2G 的推广提供最终的价值输出渠道。

(3)充分考虑特种车辆充电需求

要把握一般充电与特殊充电的关系。针对不同应用场景要区分充电设施的技术路线和充电设施布局，既要满足一般公交大巴、私人车的充电需要，也要充分考虑高度重视物流车、环卫车、机场码头车辆等特种电动车辆的充电需求，只有建立适应不同充电需求的立体充电服务网络体系，才能全面推进和加速促进我国汽车电动化的全面转型。

(4)重视充电国际标准，布局国际市场

要把握国内市场和国际市场的关系。国际标准是国际市场通行证，要加强充电国际标准化工作力度，进一步提高站位，要按照习近平总书记在2019年为第83届IEC大会贺信指出的"中国将继续支持和参与国际标准化活动""不断完善国际标准体系和治理结构，更好发挥标准在国际贸易和全球治理中的作用"要求，着眼未来、着眼世界，以更开放的态度和更加进取的精神做好充电设施国际标准化工作，为未来的国际市场开拓"站好卡位、打下先手"。

（5）进一步注重协同发展

充电设施的产业布局应重点考虑电动汽车智能化、网联化的发展进展，提前考虑无线充电、机械臂辅助充电等自动充电的技术导入和设施建设；应结合下一代功率半导体的产业化推广和电压电流的升级方案提前推广宽电压、大电流、恒功率的充电设施布局。应结合智慧城市的建设，优化充电设施布局，便于方便充电，要充分考虑"充电+停车""充电+商业""充电+出行服务""充电+车辆服务"。应结合配电网的改造升级和电力市场建设，推动电动汽车充电与电网互动，发挥移动储能作用，实现电网的削峰填谷，通过V2G消纳更多新能源电力，引导"新能源汽车充新能源电"，替代更多化石能源，要以更高的站位提高V2G重大意义的认识，为我国实现二氧化碳排放于2030年前达到峰值，2060年前实现"碳中和"的目标发挥积极作用。

（十九）新能源汽车换电技术与系统

（中国工程院院士　北京理工大学教授　孙逢春；
奥动新能源汽车科技有限公司　杨　烨；奥动新能源汽车科技有限公司　魏敏华）

［摘要］ 新能源汽车的电能补给主要有慢充、快充和换电3种，其中换电是指在新能源汽车动力电池电能消耗完之后，通过整体更换成满电状态电池包的方式，使得车辆迅速获得行驶能力，更换下来的电池包进行集中充电和管理的技术。换电系统具备能量利用率高、安全性高和使用寿命长的特点，具有很强的发展潜力。本文从产业角度出发，对国内现有的换电系统技术及企业状况进行了汇总与分析，分析换电模式的现状与未来，并为换电模式的推广提出了建议。

［关键词］ 换电系统；集中充电；车电分离；换电标准化

1. 2020年新能源汽车换电系统技术发展情况

（1）换电系统的组成

典型的换电系统包括换电子系统、充电子系统和辅助子系统。换电子系统实现电池包总成的拆装，换电机器人在车辆定位装置的作用下实现电池包的夹取、拆卸和安装。充电子系统负责实现电池包的物流仓储和充电，充电子系统内的码垛机器人对电池进行智能选取与存放，并根据换电子系统的需求选择正确型号的满电电池，同时将空电电池准确地放置在充电存储架中充电。辅助子系统对换电系统进行供电、监控、温湿度控制，实现换电站内充电、换电、计量、电池状态等数据的采集和监测，并提供触电、火灾等事故的安全保障。

（2）换电技术的优点

慢充充电对电池损伤小，但用时长；快充充电速度快，但对电池寿命有一定损伤，电流对电网冲击大；快充采用的钛酸锂电池成本高，在3C充电倍率条件下能量转化效率低于90%。无论是慢充还是快充，都存在占地面积大、充电行为难以优化配置的问题。相比之下，换电的优点主要有：①兼顾效率高、补能快、电池低损伤。②集中充电和管理，提高了充电过程中的安全性。③更有利于实现电网的削峰填谷，实现电池梯次利用。④缓解里程焦虑。⑤易于实现车电分离。⑥为无固定车位车主（占车主70%左右）提供快捷方便服务，便于电动车辆推广。⑦较直充充电站，换电站建设具有集中节约用地的优势（占地约4个停车位，服务100辆以上车辆）。

（3）换电模式的分类

根据电池更换的位置和方向，换电模式可分为：①侧向换电模式，电池箱安装在车体两侧时的电池箱更换方式。②底部换电模式，电池箱安装在车体底部时的电池箱更换方式。③端部换电模式，电池箱安装在车体前后舱的电池箱更换方式。④顶部换电模式，电池箱安装在车体顶部或车体中间的电池箱更换方式。

（4）换电产业的现状

新能源汽车换电产业发展涉及车企、换电运营企业、电力企业、高校和政府部门等共同推动。在国外，创立于2007年的以色列公司Better Place依托雷诺Fluence ZE电动汽车推广换电模式，但该车型销量惨淡，Better Place在2013年宣布破产。特斯拉在2013年推出了换电技术并建设了大量换电站，但由于换电站高成本等因素，其在2015年宣布放弃换电而转向快充。换电产业陷入冷淡期。

在国内，北京理工、上海电巴、理工华创等2001年开始研究开发商用车换电技术，由北京理工大学和上海电巴联合攻关，实现的多箱侧向换电纯电动客车（图1-24），已经服务于2008年北京奥运会、2010年上海世博会、2010年广州亚运会、中国波兰e-Bus项目等。华菱汽车与中电投联合推出了顶部换电模式的星马纯电动重卡（图1-25）。此外，北奔重汽也研制出了采用顶部换电的纯电动重卡自卸车。

图1-24　上海电巴换电站与换电纯电动客车

在乘用车方面，国家电网早在2010年就制定了换电为主，插充为辅，集中充电，统一配送的充换电运营模式基本思路，但受限于当时产品技术、建站城市用地市场因素未能实现大规模推广。近几年来，北汽新能源、力帆汽车、时空电动和蔚来汽车等车企纷纷布局乘用车换电技术。奥动新能源为北汽新能源EU系列和广汽新能源的aion系列开发了底

图 1-25　华菱星马顶部吊装换电

盘整包换电技术，其换电技术和产品具有很高的普适性（图 1-26）；蔚来汽车 ES 系列也采用底盘整包换电，主要应用于自产的车辆，应用于私家车领域；时空电动 ER30 采用侧向换电，应用于物流车辆上；力帆汽车盼达则采用前后端部换电，应用于自家制造的 A0 级车辆，车辆应用于分时租赁领域。乘用车换电技术的发展极大地推动了换电产业的增长。国内共拥有换电车辆近 9 万辆，其中用于分时租赁、出租车等公共领域的换电车辆约 7 万辆，用于私人领域的换电车辆约 2 万辆。换电车辆的推广提升了车辆运行效率，受到了运营类车辆运营商和各地政府的认可。近两年，换电产业受到更多重视。

图 1-26　奥动全自动换电站

2. 目前亟须解决的技术难点及解决方案

（1）机械连接技术

在机械连接方面的难点在于实现不同车辆与电池包连接的定位和锁止机构设计，同时要实现快速、交叉、多次换电的成功率和稳定性，并且具备较高的误差容错能力。

近年来，各种换电站机械连接专利不断涌现，包括柔性锁止连接、非标螺栓、错齿锁止结构、涡轮蜗杆结构等（图 1-27）。电池和车辆连接则通过整体耦合器实现，整体耦合器具备 3 个方向的耦合设计，实现不同电池与耦合器的兼容匹配，并保证电池连接具有足够的刚度和强度。其中奥动电巴公司的机械连接和锁止机构（图 1-28）采用错齿紧固锁止原理，16 个承载点同时连接，多点分布式承载载荷分散，对车身结构不构成集中载荷，单一承载负荷轻，承载结构具有高度可靠性和长期稳定性，开发时按照 10 年工作 1 万次的标准进行了设计和测试验证，满足车辆寿命要求。奥动电巴的连接机构的特点是快速、可靠、通用性强，适合在从 A 到 B 级高频换电的乘用车上应用。

（2）电连接技术

电连接分为高压电连接和低压电连接，其难点主要有 3 个：一是实现连接器在 1 000 ~ 10 000 次插拔后不因磨损而出现电阻显著变化。二是实现电池浮动式连接器，与电池箱或电池包保持随动。三是实现 IP67 以上的防尘和防水等

图 1-27　蔚来螺栓周向锁止机构

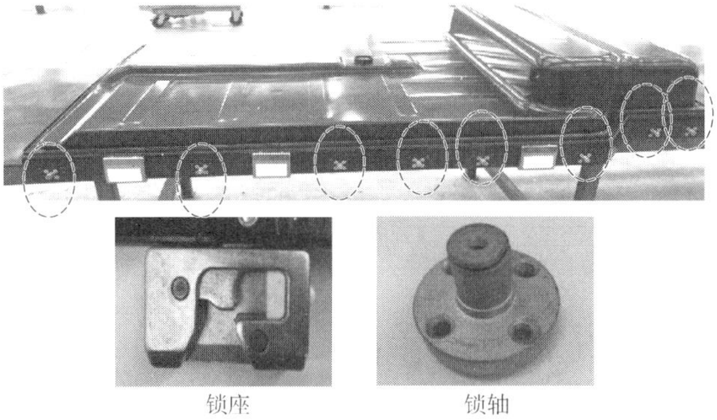

图 1-28　奥动电巴锁止机构

级，保护端子不受水、尘的影响而出现老化和电阻变化。

电连接主要有插拔式连接和平面连接两种，具有导向和浮动机构设计，预留搭铁点安装设计，结构设计上增加了径向或轴向的簧圈技术提升电连接的过流性能和连接的稳定性，浮动结构提升了结构的兼容性，蠕动结构保证行驶不松脱。奥动电巴的平面型电连接器（图 1-29）设计上满足车用连接器、充电枪、整车振动有关的 7 项国家标准，通过浸水、老化、绝缘等 22 项性能指标的设计验证（DV）在实验室内按照企业标准进行了 1 万次的耐久实验，正负极高压极柱接触电阻始终控制在 0.60 mΩ，实际应用实践表现了出色的可靠性。

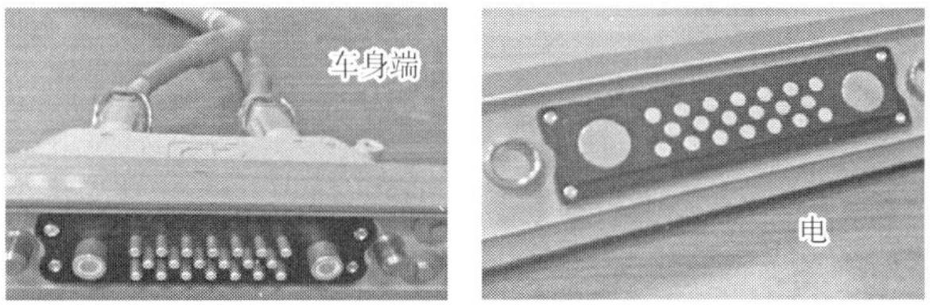

图 1-29　奥动电巴平面电连接器

（3）液冷连接技术

随着新能源汽车动力性能的提升，液冷电池包也在逐步推广，将液冷电池包应用于换电技术的难点在于液冷连接技术。冷却连接装置需要拥有快速插拔、自动截止及浮动功能。解决方案是将液冷连接装置与电连接装置一体化集成，采用双向截止阀，在换电过程中关闭电池包液冷系统回路，实现液冷电池包更换。

（4）电池箱定位技术

在换电过程中电动汽车停靠位姿存在误差，车身变形导致电池箱总成相对车辆的位姿也存在误差。因此电池箱的精确定位是换电技术的另一个难点。

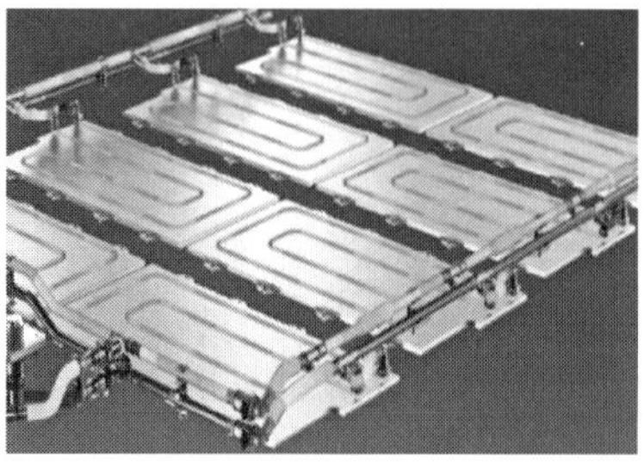

图 1-30　蔚来换电液冷电池包

根据 NB/T 33006—2013 标准要求，电池箱更换设备应对车辆停靠位置及停靠姿态、电池箱安装位置有一定的适应能力，具体的定位精度要求参见表 1-12。

表 1-12　更换设备全自动运行定位精度

动作分类	精度要求
纵向定位	≤2 mm
横向定位	≤2 mm
提升定位	≤2 mm
旋转定位	≤0. 2°
推拉定位	≤2 mm

电池更换设备通常借助车辆导引系统辅助进行车辆初步定位，将电动汽车停靠在预定的电池箱更换设备操作行程范围内；之后采用基于红外、激光、视觉等多传感器融合定位技术，减小定位误差，实现精准定位，有效提高电池箱更换设备对电动汽车电池箱的适应能力。

3. 2020 年新能源汽车换电站建设运营情况

据中国电动汽车充电技术与产业联盟统计，截至 2021 年 3 月，我国换电站保有量 613 座，相比 2019 年 10 月的 290 座增加 111%，换电站建设数量整体呈稳定增长趋势。从地域分布上看，截至 2021 年 3 月，北京市以 211 座领先，其次为广东省拥有 98 座；浙江省和江苏省分别以 62 座和 35 座位居第三、四名（图 1-31）。

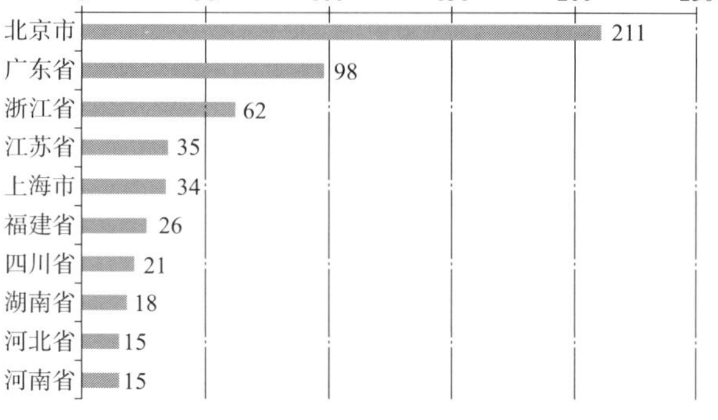

图 1-31　换电站 TOP10 省市（单位：座）

全国的换电服务主要集中在广东省、福建省和北京市。

4. 主要企业经营发展情况

我国换电站运营企业主要有奥动、蔚来、伯坦 3 家，分别运营 308 座、198 座、107 座换电站。

（1）奥动新能源

奥动新能源汽车科技有限公司是一家致力于纯电动汽车领域充换电站以及充电基础设施等新能源高新技术领域投资、建设、运营的综合型投资企业，拥有换电核心专利超 600 项，2016 年，北汽新能源、上海电巴新能源和奥动新能源签订了三方战略合作协议。奥动新能源已在全国 15 个城市累计建设换电站 313 座，作为第三方独立换电运营商为北汽新能源 EU 系列、上汽 ei5、广汽 AION S、一汽红旗 E111，一汽奔腾 1NAT、东风启辰 D60EV，长安新能源 EV460 等 20 款车型，主打出租车、网约车等车型提供换电运营服务，换电车辆累计运营里程超过 13 亿 km，单车最长行驶里程突破 90 万 km，累计更换电池超过 900 万次，在换电运营领域处于绝对领先地位。

（2）蔚来汽车

2014 年 11 月成立的蔚来汽车是一个着力布局换电系统的智能电动汽车品牌，在换电领域拥有超过 1 054 项专利，其主要针对蔚来 ES 系列私家车进行全自动底盘换电。蔚来在全国 51 座城市建设了 198 座换电站，上海和深圳部分换电站可以达到单日 20 次以上的使用频次。

图 1-32　蔚来换电站 NIO POWER 内部

（3）伯坦科技

杭州伯坦科技工程有限公司成立于 2014 年 10 月，是一家专注于换电技术体系的电动汽车国家高新技术企业，拥有专利 29 项。伯坦采用侧向分箱换电模式。伯坦科技已在全国 12 个城市建有 107 座换电站，提供换电服务。

5. 未来几年新能源汽车换电技术发展趋势

（1）利用自动控制与人工智能手段提高换电效率

在智能化换电运营方面，换电站的运营从自动化到智能化，逐步减少换电站人员操作。开发高效可靠的自动化换电设备，如换电机器人、码垛机器人等，有效降低换电站运营人力成本。开发先进便捷的可视化界面，强化换电站人机交互功能，降低换电站操作技术门槛。结合计算机视觉等智能辅助技术，精准判断车辆停入换电站的位姿，实现电池箱的高精度定位。基于云平台技术开发智能管理与监控系统，对充电过程、电池状态进行智能管理。

（2）集中式电池充电与大数据管控

在电池集中管理方面，从粗放型的充电和维护到精细化、数据化的管理。建立换电站内恒温恒湿环境，提升电池集中充电效率。在电池存储时定期进行维护，包括内阻测试、容量测试、均衡处理等。基于电池大数据平台，建立电池全生命周期管理模型,在电池充放电过程中,进行过压、过流和断电保护,及时发现温升异常的电池,实现电池使用寿命和价值利用的最大化。

(3)换电站快速部署

在换电站规划设计方面,换电站模块化特性不断凸显。以往直接根据建设用地进行换电站全局规划,设计工作量大,经常发生方案调整和修改的情况。换电企业通过对换电站进行区域模块化设计,能够细化换电站内部各区域的功能,在建站时直接进行模块化拼装,提升换电站建设速度,增强换电站的市场通用性和拓展性。

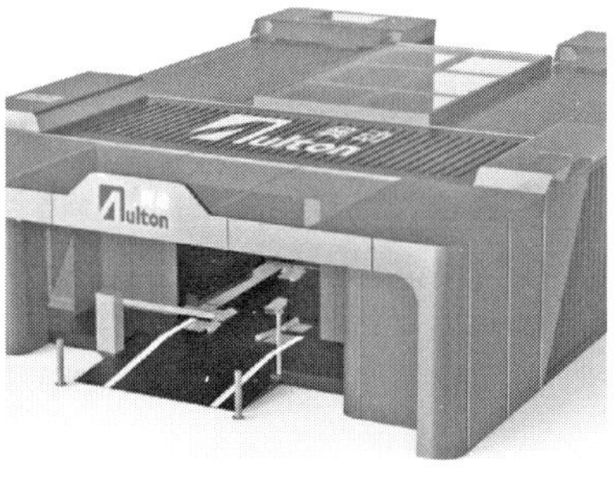

图 1-33 奥动新能源集装箱式换电站(1 天建站)

6. 新能源汽车换电技术发展存在的问题

(1)未制定换电产业标准体系

经过近 21 年的发展,国内新能源汽车换电技术出现百家争鸣。但由于换电车型众多、换电方式多种多样、电池包接口不统一,换电企业的技术投入成本高,严重阻碍了换电产业的推广。此外,换电电池包的型号繁杂,也不利于电池回收企业进行拆包,影响了电池的梯次利用。

(2)建站初期投资成本高

相比于充电桩和充电站,换电站的初期投资成本较高,换电企业的资金回流周期长、投资风险大、盈亏平衡点高,许多城市未明确换电站享受新能源汽车充电基础设施建设补贴。为保证换电站的运营可靠性,需要部分备用电池。此外,换电机器人等换电设备成本也较充电桩等充电设备高。尽管换电站的初期投入成本高,但换电站在全生命周期内的经济性优于充电桩和充电站,在克服了初期投入成本的问题后,换电模式就具备了较强市场竞争力。

(3)未制定用户充换电规范

大部分换电车型仍然具备充电功能,一些换电车型用户如果选择自行充电,存在充电环境不适宜、充电行为不专业导致电池寿命下降的可能,这就造成了换电电池寿命的不一致性。通常换电站为了维持运营,会根据一定方法淘汰掉旧电池,保持所有电池的质量维持在一个较高水平。如果这些用户再前往换电站更换电池,就造成了换电站运营企业的损失。因此,应当制定合理的用户补电行为规范,规定用户充电行为和换电行为的具体要求。

7. 新能源汽车换电技术发展建议

(1)逐步制定完善换电产业标准

逐步解决换电产业标准化问题是国家部委和产业职能部门的使命,应尽快依据不同车型的换电技术路线,建立完整的换电产业标准。换电产业标准化的推进,至少需要包括以下 5 个方面:①换电车辆车载电池安装位置标准化。②换电车辆的车载电池锁止机构标准化。③换电车辆车载电池包连接器物理尺寸和通信协议标准化。④换电站设备电池解锁与紧固方式标准化。⑤换电站电池充电连接器物理尺寸和通信协议标准化。

(2)发展车电分离商业模式

随着电池技术的发展和标准化进程,车电分离商业模式的优势将逐渐凸显。换电模式可以充分发挥车电分离的价值,盘活电池资源,打通从用户端到电池运营端的价值链。国家各部委应尽快研究出台车电分离的政策规范和实施细则,允许车身和电池分开销售,明确规定车辆年检时对车辆识别代码和电池编码不做匹配的要求,允许车辆和电池单独进行报废等,明晰电池和车辆的安全责任,制定将换电电池视为安全零部件的管理办法,促进换电产业健康发展。

(3)开展充换电站电网互动研究

通过 V2G 实现电网的削峰填谷,一直是新能源汽车产业的重要目标之一,但新能源汽车广泛分布于电网的各个位置,其位置和数量的随机性对电网而言仍是很大的不确定因素,难以实现大量电动汽车与电网的智能化互动。已经有研究表明,与 V2G 相比,使用换电站更利于电网的集中控制,削峰填谷作用更加明显。推广换电储能技术并结合电网互动,能够真正落实动力电池梯次利用。国家应该多鼓励高校和企业开展充换储结合项目,并进行不同电池、不同区域、不同车辆调度模式的灵活配置,挖掘出对电池、电网和换电站运营、车辆运营皆有利的方式。

8. 总　　结

换电较慢充和快充具有诸多经济性和安全性上的优点,随着换电技术的不断进步和换电产业标准的不断统一,换电产生的经济效益将会逐渐凸显。国内换电产业整体尚处于起步阶段。应当逐步制定完善换电产业标准;推行车电分离商业模式,实现动力电池与新能源汽车的解耦;通过换电与电网的融合,将换电模式的运营潜力充分释放。最终实现广大人民群众直接享受新能源汽车技术进步成果。

(二十)电动汽车无线充电

(中国科学院电工研究所　王丽芳)

1. 电动汽车无线充电系统产业发展现状

随着传统化石能源短缺和环境污染问题的日益突出,发展电动汽车成为世界各国的一项共识。美国、日本,以及欧洲等发达国家与地区纷纷出台鼓励政策,大力推动电动汽车及其相关领域的科学研究和产业化。

我国也已经开始新能源汽车的推广和基础充电设施的建设进程。近年来，我国电动汽车行业从完全靠政策推动，逐渐过渡到了由政策和市场共同推动，未来行业渗透能力将继续加强。根据中汽协数据显示，2014—2018 年我国纯电动乘用车产量逐年增加，其中 2018 年我国纯电动乘用车市场产量为 79.4 万辆，销售量为 79.2 万辆，同比分别增长 64.4% 和 68.5%。另外，我国电动汽车占汽车产量的比例从 2012 年的 0.06% 增长到 2018 年的 4.54%。此外，据权威机构预测，到 2027 年全球电动汽车无线充电市场规模将从 2020 年 1 600 万美元增至 2.34 亿美元，其间年复合增率达到 46.8%。

电动汽车的无线充电技术可分为静态无线充电与动态无线充电。静态无线充电系统通过安装在停车位地面以下的发射线圈为静止状态下的电动汽车充电。北汽新能源 2021 年发布的极狐阿尔法 S 车型已经支持无线充电技术。上汽智己也已透露，未来推出的汽车将装备 11 kW 大功率无线充电，并采用面板金属及活体异物探测技术，结合全自动自动泊车功能实现“无感补能”。宝马 BMW 在 2018 款 530e iPerformance 款混动汽车上搭配了无线充电技术，该系统搭配了一块充电板，充电板与 220 V 电源相连，仅需 3.5 h 就能充满 9.4 kWh 的电池组。奥迪推出了一种可升降无线充电系统，其特点就是可让供电线圈更靠近车辆底部的受电线圈，实现了超过 90% 的电力传输效率，这种方式能让一些高底盘的 SUV 在充电时保证更好的充电效率。相较于静态无线充电，动态无线充电能够增大电动汽车的行驶里程，并减小对电池容量的需求。

在新西兰奥克兰大学、日本东京大学、美国橡树岭国家实验室、韩国高等科学技术学院（KAIST）等国外研究团队已经对电动汽车动态无线供电相关的技术难点以及关键问题展开了一系列研究，主要集中在系统建模方法、电能变换拓扑结构、电磁耦合机构优化设计和电磁屏蔽技术等方面。新西兰奥克兰大学与德国康稳公司合作研制出世界上第一台无线充电大巴，功率为 30 kW，同时也研制出 100 kW 无线供电列车样机，列车轨道长 400 m。韩国 KAIST 将采用动态无线充电技术的电动车称为在线电动车，并于 2013 年在位于龟尾市的两条电动公交线路投入运行，线路总长为 24 km，传输功率为 100 kW，效率为 85%。

在国内从事电动汽车无线充电的企业主要有中兴新能源（ZTEV）、万安科技等。中兴新能源汽车有限公司是国内最早将无线电能传输技术商业化的企业之一，已经成功搭建了九条运行无线充电线路，可以提供 3.3 ~ 60 kW 充电功率，充电效率达到 91%，整体效率不低于 86%。2016 年 7 月，万安科技出资 74% 与 Evatran 在中国设立合资公司—浙江万安亿创电子科技有限公司，主要聚焦于电动汽车无线充电业务。

2. 无线充电系统技术概况

电动汽车无线充电系统主要由功率因数校正电路（PFC）、高频逆变器、无线能量传输线圈、补偿网络、高频整流桥组成。无线充电系统的结构简图如图 1-34 所示。功率因数校正电路将 220 V 的交流市电转变为直流电，减小输入电流谐波；高频逆变器将直流电转变为高频交流电；无线能量传输线圈包括发射端线圈与接收端线圈，通过空间电磁场实现能量的无线传输；补偿网络调整发射端的电源特性，以及接收端的负载特性，以优化系统的传输效率、输出功率、软开关等特性；高频整流桥将接收端的交流电转变为直流电，并为动力电池进行供电。

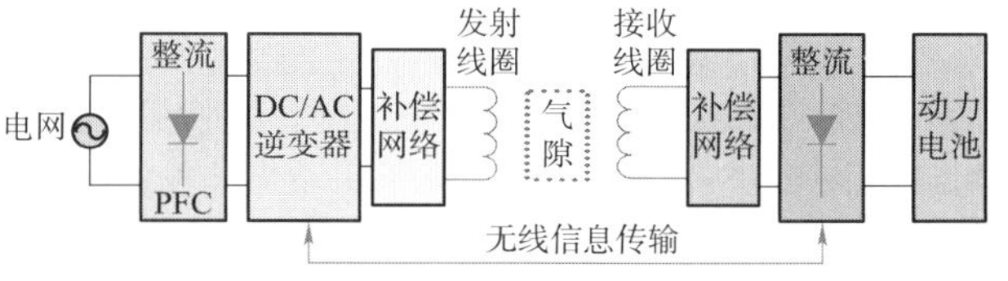

图 1-34 无线充电系统结构简图

动态无线充电系统由静态无线充电系统发展而来，其组成部分与静态系统相近，也包含功率因数校正电路、高频逆变器、无线能量传输线圈、补偿网络、高频整流桥等。二者的区别在于动态无线充电系统的发射端安装在公路路面以下，能够为行驶中的电动汽车进行充电。典型的动态无线充电系统包含多个发射线圈，并分别由多个高频逆变器供电，如图 1-35 所示。

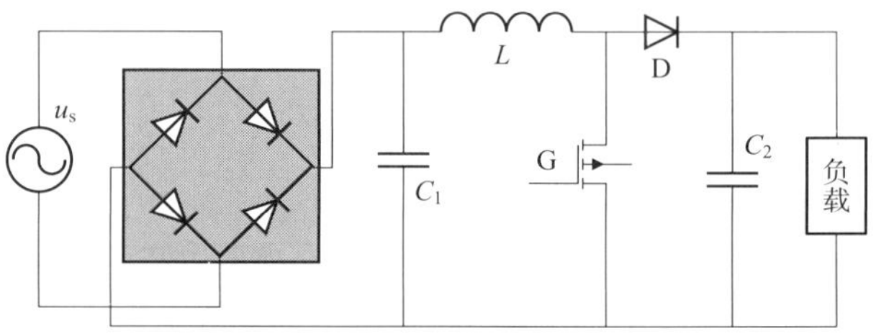

图 1-35 动态无线充电系统结构简图

（1）功率因数校正电路

在中国，市电是电压为 220 V/50 Hz 的交流电。作为市电负载的电气产品阻抗特性存在 3 种状况：电容性、电感性和电阻性。其中，电阻性负载消耗有功功率（实际做功的功率），而容性和感性负载则消耗无功功率。为了使电气产品正常工作，作为能量源的市电则需要提供的总功率应为负载消耗的有功功率和无功功率之和。当负载消耗的无功功率越小，市电需提供的总功率也越小，从而市电的利用率就越大。因此，为了实现市电利用率的最大化，在市电和市电负载之间需要增加功率因数校正电路，使得市电的输出负载特性接近纯阻性。常见的功率因数校正电路拓扑结构如图 1-36 所示。单相拓扑的功率因数校正电路主要应用于千瓦级的无线充电系统中，三相拓扑的功率因数校正电路主要应用于大功率的无线充电系统中。

（2）高频逆变器

高频逆变器是原边电路中的核心部分之一，其主要作用是把 PFC 电路输出的直流电转换成高频交流电。该高频交流电的波形为方波，幅值与直流电电压幅值相等。逆变器基本的结构有：推挽型逆变器、半桥逆变器和全桥逆变器。推挽逆变器通常应用与小功率场合，在中大功率应用场合中，多采用半桥逆变器和全桥逆变器，其中全桥逆变器以其灵活的控制方式以及无须均压电容的优点得到了广泛应用。因此，在电动汽车无线充电系统中，高频逆变器常采用全桥拓扑进行设计。采用全桥拓扑的高频逆变器如图 1-37 所示。

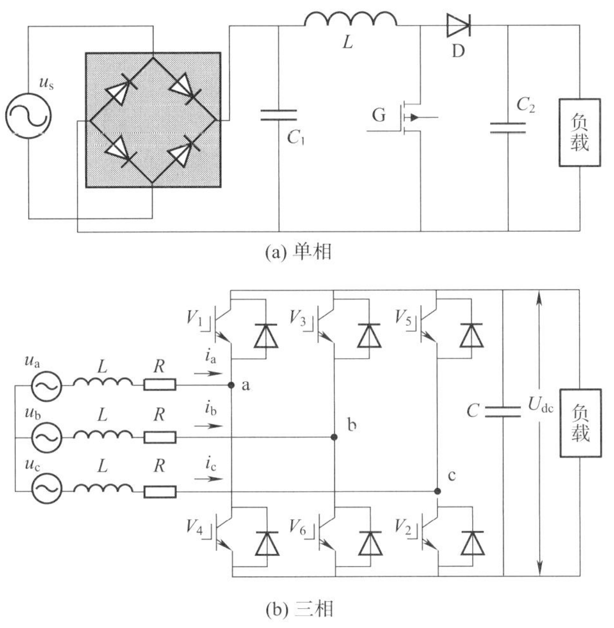

图 1-36　功率因数校正电路结构

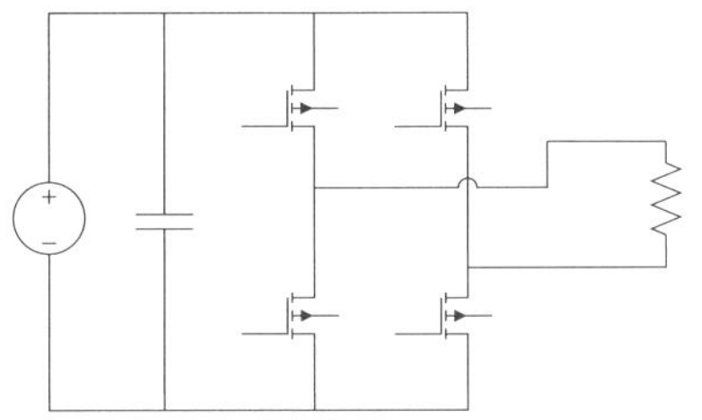

图 1-37　高频逆变器拓扑结构

(3)无线能量传输线圈

无线能量传输线圈包括发射线圈和接收线圈。发射线圈内的电流产生高频电磁场铰链到接收线圈,进而在接收线圈内产生感应电流提供给负载电能。无线充电系统线圈与传统变压器的本质区别,在于原副边耦合性能的差异,耦合系数 k 用来描述两个线圈之间的耦合程度($0<k<1$),传统变压器耦合系数通常在 0.95 ~ 0.98,而磁耦合无线能量传输系统的线圈属于松耦合,耦合系数一般在 0.5 以下,甚至不到 0.1。线圈之间的耦合性能是无线充电系统的核心和基础,耦合性能越好,传输效率越高,系统的稳定性也越高。目前,主流的线圈结构主要包括平面盘式螺旋线圈、交错并联式 DD 型线圈、串联式 DD 线圈和工字形线圈等结构,其各自形状如图 1-38 所示。

为了提高线圈间的耦合系数以及减小电磁辐射,在耦合线圈两侧需要添加电磁屏蔽材料。常见的电磁屏蔽示意图如图 1-39 所示。

(4)补偿网络

原副边补偿网络的主要作用是调整系统最大输出功率和传输效率的工作点。通过对原边补偿网络的设计,改变原边回路阻抗的实部和虚部,实现对系统最大输出功率点的调节;通过对副边补偿网络的设计,改变副边回路阻抗的实部和虚部,实现对系统最大传输效率点的调节。

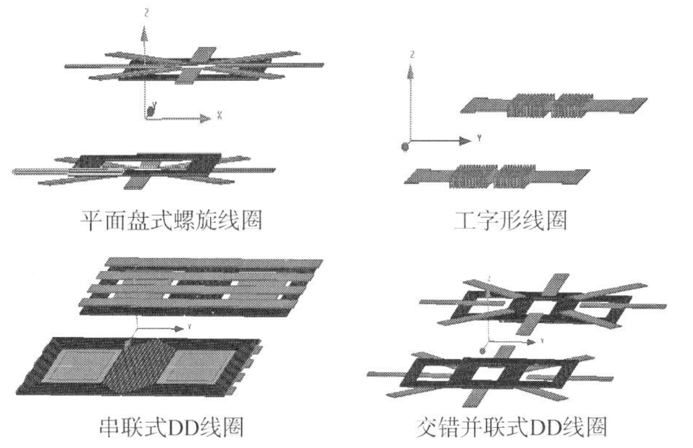

图 1-38　主流线圈结构图

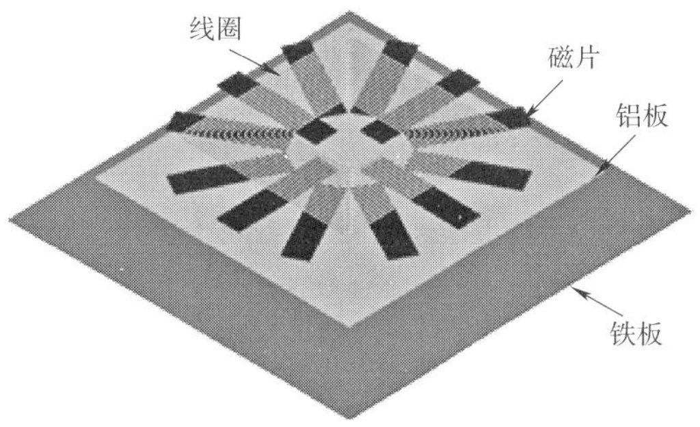

图 1-39　电磁屏蔽示意图

根据线圈自感和补偿网络中电容的连接方式,简单的补偿网络拓扑可分为:串联型拓扑和并联型拓扑。这两种补偿方式结构简单,易于实现,但不能达到最优性能指标,只适合特定的场合。含有多个电容或多个电感的复合补偿网络,如 LCC 补偿,结构相对复杂,但能更好地进行回路阻抗的阻抗变换,保证系统性能指标。主要补偿网络结构如图 1-40 所示。

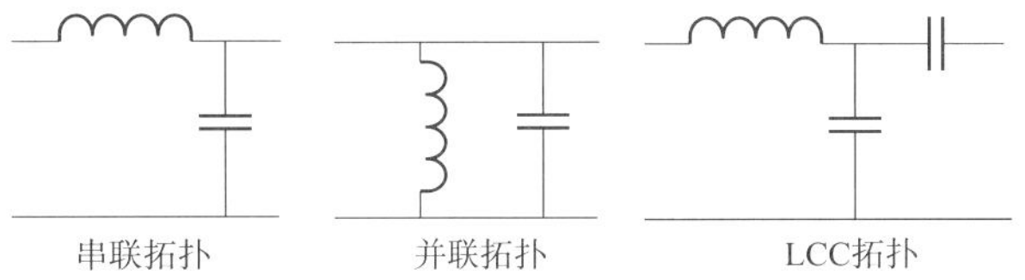

图 1-40　补偿网络结构

(5)高频整流桥

电动汽车无线充电系统中的高频整流桥通常采用全桥不控整流结构,其主要由 4 个二极管及一个滤波电容组成。它的作用是将副边接收线圈感应的交流电转化为直流电,经电容滤波后为电池供电。高频整流桥的电路如图 1-41 所示。

3. 无线充电技术研究进展概况

在无线充电技术方面,国外主要有新西兰奥克兰大学、美国橡树林国家实验室、韩国科学技术院、美国高通公司等国外科研机构与企业投入了大量研究,并提出一些典型结构与设计方案。新西兰的奥克兰大学早在 20 世纪 90 年代就开始研究无线充电技术在工业领域的应用。为了提高耦合

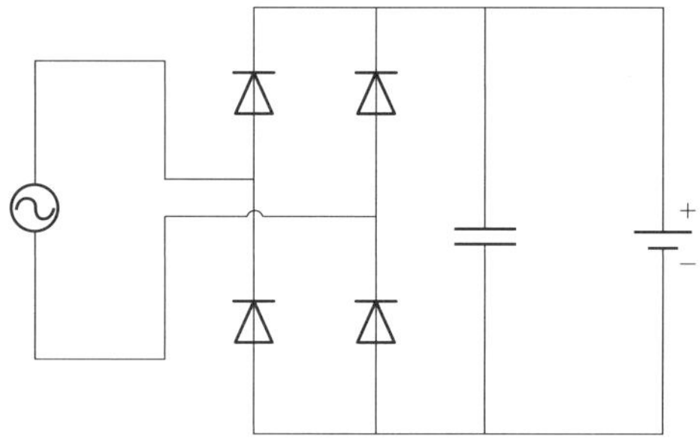

图 1-41　高频整流桥拓扑结构

线圈的品质因数，增强其抗偏移能力，他们对线圈的形状、尺寸等特性进行了研究，先后提出了 DD（Double-D）型、DDQ（Double-D Quadrature）型、BP（Bipolar）型、TP（Tripolar）型线圈结构。美国橡树林国家实验室（ORNL）从 2009 年开始开展了电动汽车用无线充电系统的研发工作，他们采用方形线圈（圆角）结构，2013 年开发了输出 6 kW 的电动汽车用无线充电系统，系统工作频率为 22 kHz，在 15 cm 传输距离时达到了超过 97% 的线圈效率。美国高通公司在 2017 年研发了一条长达 100 m 的可移动无线充电轨道，基于其无线充电（WEVC）技术，该轨道可以高达 20 kW 的功率向双向行驶的电动汽车供电。美国犹他州立大学的研究人员在 2018 年研发了可为电动大巴供电的动态无线充电系统，输出功率达 25 kW，在收发线圈对准时的效率达 86%，并且在偏移 15 cm 范围内仍能正常工作。

对于电动汽车无线充电技术，国内主要有中国科学院电工研究所、重庆大学、东南大学、天津工业大学、清华大学、哈尔滨工业大学等科研院所开展了相关研究工作。

中国科学院电工研究所是国内最早开展无线充电技术研究的单位之一，承担完成了多项无线充电方面的国家和北京市科技攻关项目，包括国家重点研发计划“新能源汽车”重点专项、国家“863”计划、国家科技支撑计划、自然科学基金和国际合作项目开展了深入的研究工作和应用产业化探索：对电动汽车无线充电系统能量传输线圈、补偿网络，电力电子变换器及控制策略等核心技术进行攻关，在 IEEE Transaction on Industrial Electronics、IEEE Transaction on Power Electronics 等国内外著名期刊和重要国际会议上发表 SCI/EI 检索论文 100 余篇；受理授权发明专利 50 多项；对高精度定位、异物检测、集成优化、热设计等电动汽车无线充电系统关键应用技术进行研发，并探讨了互操作性等产业化关键问题；研发了 3. 3 kW，6. 6 kW，10 kW，30 kW，60 kW 的系列化电动汽车无线充电系统，并在北京新能源汽车股份有限公司的 E150、E200、EU260 等纯电动乘用车上进行了装车试用（图 1-42），进而开展电动汽车无线充电系统的小规模示范运行与推广。

另外，中国科学院电工研究所团队还研发了如图 1-43 所示的动态无线充电系统实验平台，采用多发射线圈分组分段供电的方式，为行驶中的电动汽车进行充电。基于该实验平台，研究了供电轨段与阻抗匹配网络的优化设计方法，并对轨段的瞬态切换过程进行了分析，设计的系统平均输出功率为 2. 5 kW，平均能量传输效率达 90. 8%。

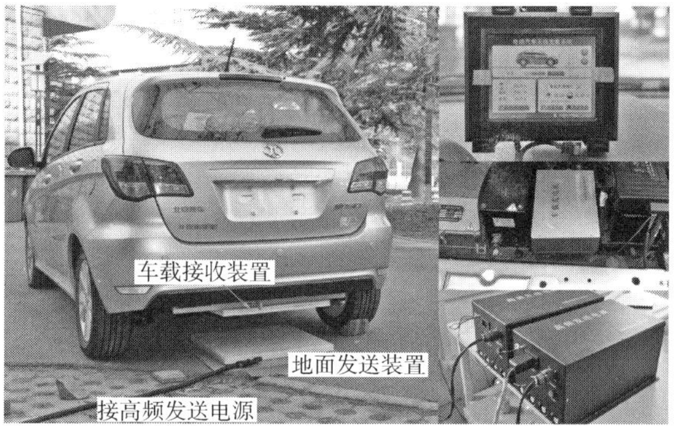

图 1-42　中科院电工所 3. 3 kW 无线充电系统

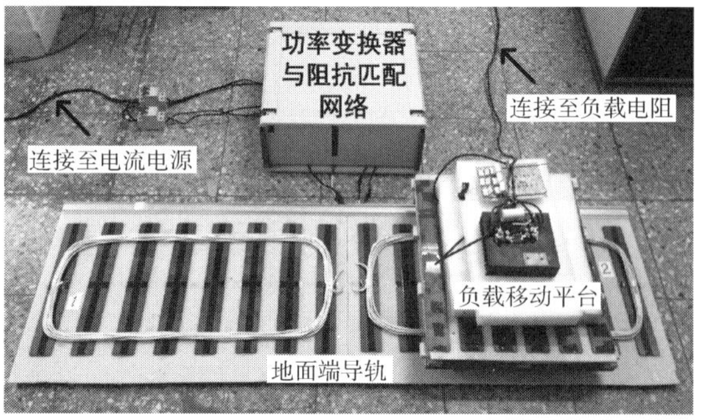

图 1-43　中科院电工所动态无线充电系统实验平台

重庆大学针对无线充电系统参数敏感度高、负载易变等特点，提出了多种控制方法提高系统的鲁棒性。在移动式无线充电技术方面，他们通过非线性规划对耦合机构进行优化设计，并研究了导轨的检测、切换以及输出端的稳压控制。2018 年，由重庆大学研发的“电动汽车动态无线充电系统”在江苏同里面世，输出功率达到 11 kW，最高效率在 90% 以上。哈尔滨工业大学以朱春波教授为领导的研发团队从 2007 年开始研究无线电能传输技术，对磁耦合谐振式无线电能传输系统进行损耗分析以及驱动电路软开关特性研究。在电磁机构设计方面研究了平板线圈结构以及中继线圈结构的传输特性并对能量和信息在原副边线圈同步传输技术进行了研究。东南大学黄学良教授带领的研发团队对电动汽车无线充电技术进行了深入研究，并就其与电网交互技术进行了研究，充分发挥其对电网“削峰填谷”的作用并研究了传输效率与线圈互感系数、谐振频率、线圈内阻等因素的关系。

4. 电动汽车无线充电系统标准相关进展

为了促进电动汽车无线充电系统产业化的进程，无线充电系统相关标准的制定已显得格外重要。在国外，国际电工委员会 IEC 在 2015 年 8 月发布了电动汽车无线充电系统通用要求，其通信要求、磁场无线充电技术要求两部分正在制定中。同时，国际标准化组织 ISO 正在制定电动汽车无线充电的互操作性及安全要求相关标准。此外，美国标准化组织 SAE 已正式发布了一种电动车无线充电技术的行业标准 SAE J2954，为设计功率最高达 11 kW（WPT3）的地面发射板和车辆之间的无线充电系统的最低安全性、互操作性、电磁兼容性(EMC)、电磁辐射(EMF)提供了指导意见,同时涵盖通信和低功率激发(LPE)技术,旨在为传统汽车和自动驾驶汽车的自动泊车和充电技术建立最低标准。在国内,2018年,由中国电力企业联合会牵头制定的《电动汽车无线充电电磁暴露限值与测试方法》《电动汽车无线充电系统特殊要求》《电动汽车车载充电机与无线充电设备通信协议》3 项国家标准送审稿已通过审查。2019 年,已启动《电动汽车无线充电系统 互操作性要求及测试》等标准的编制工作。2020年,国家标准化管理委员会公告发布 GB/T 38775.1《电动汽车无线充电系统　第 1 部分:通用要求》、GB/T 38775.2《电动汽车无线充电系统　第 2 部分:车载充电机与充电设备之间的通信协议》、GB/T 38775.3《电动汽车无线充电系统　第 3 部分:特殊要求》、GB/T 38775.4《电动汽车无线充电系统　第 4 部分:电磁环境限值与测试方法》4 项国家标准。这 4 项国家标准是中国电力企业联合会和中国汽车技术研究中心组织,由中国电力科学研究院有限公司等企业共同参与的成果,将成为电动汽车无线充电标准体系中重要的基础通用标准。进而,2020 年 10 月《电动汽车无线充电系统互操作性要求及测试　第 1 部分:地面端》等国家标准的征求意见稿也已经通过了专家评审。

5. 小　　结

基于电磁感应原理的无线充电技术由于其安全、便捷的特点,在诸如电动汽车、无人机、移动设备、嵌入式医疗等工业领域都有着广泛的应用。尤其是在电动汽车领域,相对于传统的有线充电方式,无线充电方式省去了充电线,适用于恶劣的天气和环境,且无须电气连接,避免了有线充电在插拔电插座时的电火花,大大提高了充电的安全性与可靠性。

电动汽车无线充电技术具有方便、快捷的优点,但还处于研发和探索阶段,在实用化方面还有大量的工作要做。随着该技术的不断完善,同时结合中国智能电网的建设,其在电动汽车智能充换电服务网络方面的应用必将大大推动电动汽车的大规模应用。

(二十一)新能源汽车车载充电系统

深圳威迈斯新能源股份有限公司　韩永杰　郑必伟

1. 2020 年新能源汽车车载充电系统总体情况

2020 年,受新冠肺炎疫情影响,新能源电动车整体市场进入低迷状态,中国汽车工业协会整理数据显示,2020 年 1—7 月新能源汽车累计销量为 46.6 万辆,同比下降 32.8%。其中 2 月是所有月份里的销量最低点,随着下半年的疫情缓和,销量整体回升显著,2020 年 7 月新能源乘用车单月同比增长 19.3%,实现年内首次同比转正,也是 12 个月以来首次增长(图 1-44)。

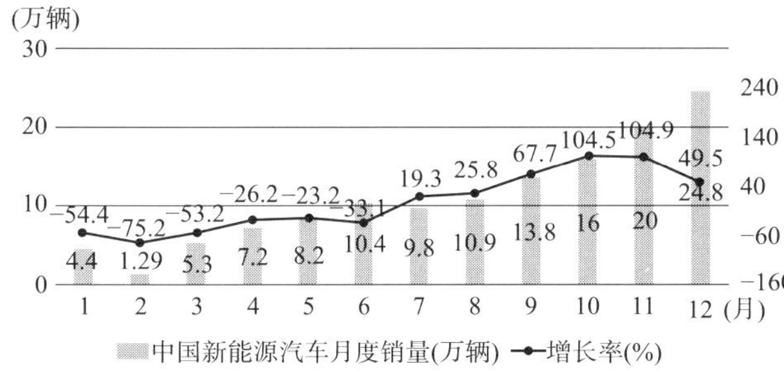

图 1-44　2020 年 1—12 月中国新能源汽车月度销量统计及增长情况

注:数据来源中国汽车工业协会,前瞻产业研究院整理

OBC 作为绝大多数新能源乘用车小三电的必备件,电动车的销量也直接影响或反映了 OBC 的销量,NE 时代的统计数据显示(图 1-45),2020 年上半年,新能源乘用车 OBC 装机量326 456 套,前 10 企业占据了 91.8% 的份额,集中度高,居销量榜首的 VMAX 销量虽然也同比下降了 46.5%,但仍有着 18.6% 的市场占有率,与新美亚和比亚迪三家企业合计占据了 46.8% 的份额,比亚迪从去年同期的第一跌落至第三,同比下跌了 67.5%;而大众的供应商科世达-华阳成绩较为亮眼,实现了超过 20% 的增长;另外法雷奥西门子也靠着宝马和长城 WEY 实现了较为明显的增长。随着下半年新能源汽车市场整体回暖,OBC 的销量也逐步回升,根据乘用车的上险数据统计,2020 年 OBC 装车量为 111.9 万套,VMAX 销量同比变化 25.4%,继续以 17.3% 的占有率引领市场,其不仅有理想、小鹏等热门的新势力车企客户,也有上汽、奇瑞、长安、吉利等传统的乘用车客户;另外,由于下半年五菱宏光 Mini 车型的热卖,铁城科技和富特科技的供货装机量也都超过了 10 万台,挤进年销量榜单前 5。

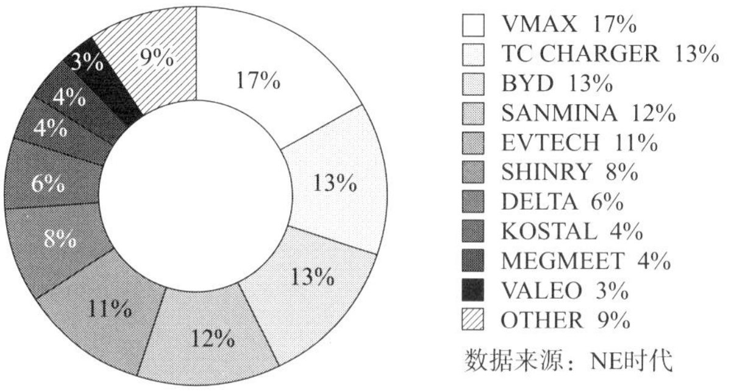

图 1-45　2020 年乘用车 OBC 销量占比

2020 年越来越多的国外车企开始关注中国零部件供应商,车载充电系统行业也不例外,如这一年 VMAX 专门针对海外市场对 OBC 产品在硬件和软件上进行了大量的匹配优化和更改,以确保产品符合海外客户相关使用标准,最终凭借优异的产品性能表现及完善的供应链体系,成功通过了 PSA 的"QSB +"体系认证,拿下了 PSA 项目,打开了为法国 PSA 供货的大门,使国货车载充电产品可以大批量走出国门,走向世界。

表 1-13 部分车载充电机企业及配套情况

企业名称	配套客户
威迈斯	上汽、吉利、奇瑞、长安、广汽、理想、小鹏、PSA 等
新美亚	特斯拉
台达电子	蔚来、大众、红旗等
欣锐科技	北汽、小鹏、威马等
富特	广汽、长城、上汽、江淮等
法雷奥西门子	宝马、沃尔沃、WEY 等
科世达-华阳	大众
铁城科技	上汽通用五菱
麦格米特	北汽

2. 2020 年新能源汽车车载充电系统技术特点及突破点

车载充电机总体说来是一个电力电子系统，主要由功率部分和控制部分组成，功率部分核心是由前级的 PFC 电路和后级的 DC/DC 电路组成，PFC 核心满足电网侧要求，高 PF 值、低 THD 及宽输入电压范围，而变压器和功率管组成的 DC/DC 则主要用于与前级进行电气隔离，实现电池充电要求，调节充电电压电流，适应不同类型 PACK 电池充电要求；控制部分通常是由多颗 DSP 或单片机组成，DSP 用于 PFC 和 DCDC 的数字控制，单片机则用于跟 BMS 通信，按 BMS 请求来控制整个充电流程，另外还要实现网络管理、故障诊断及 OTA 等功能。总体来说，2020 年新能源汽车车载充电系统技术特点及突破点主要表现在如下几点。

（1）功率需求提升

单独从充电机功率等级来看，6.6 kW 成本和体积的下降也使得更多车型搭载的 OBC 由 3.3 kW 级别向 6.6 kW 升级，这其中包括一部分的 PHEV 车型，但 PHEV 车型目前主流仍配置的是 3.3 kW，这其中主要原因还是考虑 PHEV 的电池容量相对较小，另外 PHEV 车主大部分仍以加油使用为主，极少充电。

对于纯电车型，2020 年各大车企纷纷在研制或推出高端车型，这些高端车型最大的共同点是续航里程都得到更大提升，续航里程提升的主要方式是降低车的能耗及提升动力电池容量，车企会综合考虑这两个因素，这些车型的电池容量一般都在 60 ~ 100 kWh，由于终端用户通常能接受的慢充时间是一个晚上 8h 能充满电，因此常规的 6.6 kW 交流充电机已经无法满足此类车型要求，11 kW、22 kW 甚至 44 kW 功率需求被越来越多车企提出，从 2020 年整体项目情况来看，此类需要大概占到了 2 ~ 3 成，相信未来会更多。考虑中国充电标准要求，6.6 kW 充电功率已是国内单相交流充电的极限。综合价格、市面大部分的动力电池容量及充电配套各方面来看，6.6 kW 的功率等级势必还将继续长期存在一段时间。

（2）磁集成

相对于早几年的物理集成（将结构及控制芯片进行集成），磁集成进一步将变压器及部分硬件电路进行集成（图 1-46），进一步提高了产品的集成度，也使得磁集成成为近几年车载充电系统行业技术方面最热门的话题。VMAX 于 2018 年上半年首创性推出磁集成产品，经过 3 年的发展，相关技术已经经受住市场考验，磁集成所带来的体积和成本上的优势得到了各大车企的认可，也引领业内同类产品往这个方向发展，2020 年 VMAX 主攻第三代磁集成平台，该平台核心在保证相同的功率密度前提下导入功能安全来满足车企的安全等级需求，同时在软件方面采用 AUTOSAR 架构，提高软件质量，使得软件需求的更改匹配也更加灵活，特别是满足国际车企对零部件的要求。

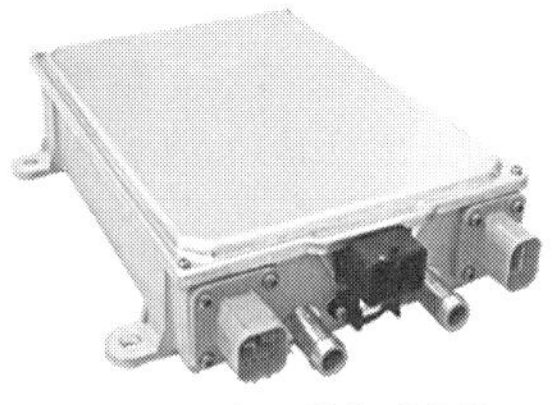

6.6 kW二合一磁集成产品

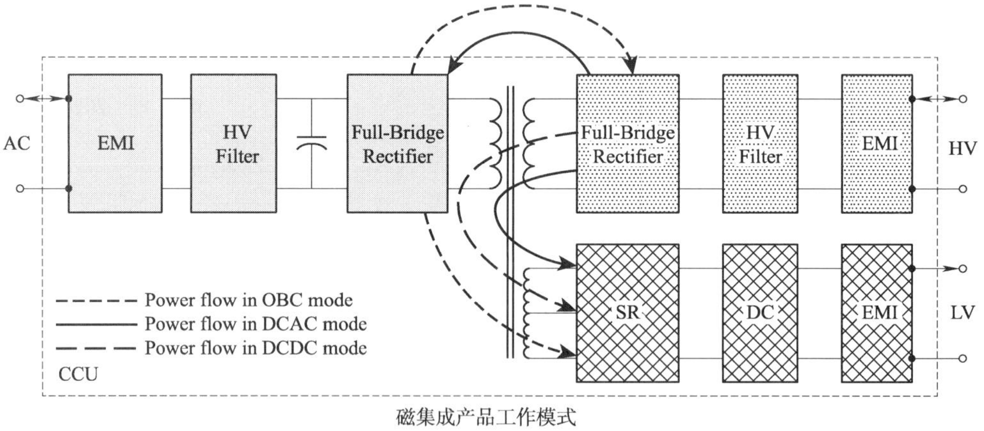

磁集成产品工作模式

图 1-46 磁集成产品及工作模式

（3）多合一

从产品形态来看，早期的单体 OBC 或 DC/DC 逐步被多合一产品所替代，多合一带来了车载充电机功率密度的进一步提升以及成本的更优下降，同时也降低了车厂组装工序的复杂度及生产成本，磁集成技术的出现进一步促进了多合一产品的发展，2019 年的补贴退坡也使得新能源汽车行业必须更加正视成本问题，因此越来越多车厂选择使用多合一产品，2020 年单体的 OBC 已经基本退出新车型市场，市面主流车型的车载充电系统配套多以二合一、三合一为主（图 1-47），按产品应用需求或车型级别及定位的不同，二合一主要有“OBC + DCDC”和“BOBC + DCDC”，三合一主要有“OBC + DCDC + PDU”及“BOBC + DCDC + PDU”（图 1-48），对于出口的车型，未来还有可能会直接增配 EVCC，进而出现四合一的产品。

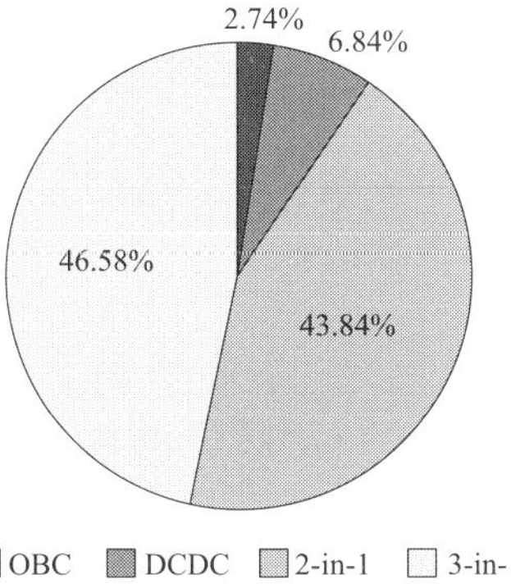

图 1-47　2020 年 VMAX 新项目产品类别汇总

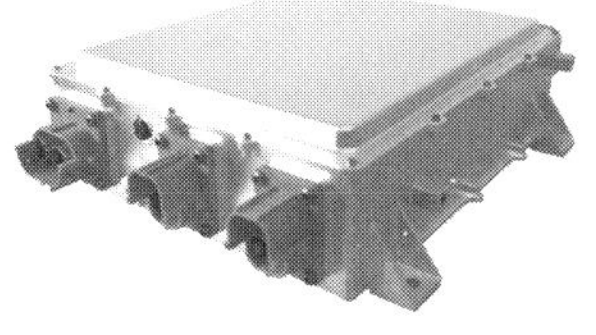

图 1-48　11 kW 三合一产品（BOBC + DCDC + PDU）

3. 未来几年新能源汽车车载充电系统技术发展趋势

前文所述产品基本都是针对的 400 V 左右的电压平台，目前使用的最大充电电流通常为 250 A，即最大 100 kW 的充电功率，电池 SOC 升到 80% 大概需要 30 min，距离燃油车的加油速度还存在很大距离，此类系统通过提高充电电流来提升充电功率的最大问题在于电流提高后，导线的截面积变粗，发热量成平方的增加（$Q = I^2Rt$），导线变粗使得电动车重量增加，进而引起能耗变大，同时也对整车的散热方式提出了更高的要求，从这个角度考虑，单纯通过电流来提升功率是有很大的弊端或瓶颈。从功率的物理公式来看，要提高功率，除了提高电流还可以提高电压，因此，开始有乘用车车企提出了 800 V 系统的概念和需求，相对于目前常规的 400 V 系统，同样的充电电流充电功率翻倍，同样的充电功率，充电电流减半，可以有效减小大功率线束的线径和重量，进一步减少了整车成本和有利于整车的轻量化，另外也使得超快速充电成为可能。800 V 已经在保时捷的 Taycan 上量产并逐步成为高端的代表，从工程角度来说，800 V 是现有充电系统的突破，可以解决 400 V 系统很多的痛点，未来充电功率达到 300 kW 以上时，只需要几分钟即可快速补能，弥补电车相对燃油车的不足，800 V 框架下的车载充电系统也需要同步升级到 800 V 平台，相信随着相关技术成熟及器件供应的稳定化，800 V 必定迟早飞入寻常百姓家。

2020 年的全球新能源车市场，一个非常显著的变化是，欧洲取代中国成为全球最大的新能源车市场，2019 年整年，欧洲总共销售了 125 万辆左右的新能源车。我们可以看到，越来越多的国家发布禁燃令，使得已经发展了将近 130 年的传统汽车行业似乎逐步走向尽头，日益收紧的排放监管网络使得欧洲加速了电动化步伐，该网络旨在解决汽车尾气中的二氧化碳排放、柴油车的细颗粒物排放等问题，甚至要求企业和较大投资者在减缓全球变暖方面出一份力。在欧盟绿色转型政策的推动下，欧洲新能源汽车市场逆势增长，多国对新能源车扶持力度加大，为中国品牌电动车发展提供了良好机遇，德国专业汽车机构施密特汽车研究公司近期发布的《欧洲电动车市场报告》显示，2020 年中国电动乘用车制造商品牌在欧洲 18 个主要汽车市场总销量达到 23 836 辆，与 2019 年同期相比增幅超过 13 倍，市场份额达到 3. 3%，显示中国电动车在欧洲市场正迎来快速发展期。对于要在欧洲国家销售的中国电动车，在充电接口和充电标准方面，欧标与国标车存在很大的不一对致，充电接口的不同国标车只需要做物理上的接口更换即可，但充电标准国标车是基于 CAN 通信，欧标车则基于 PLC（电力线载波）进行通信，国标车 BMS 如果直接从 CAN 通信改为 PLC 通信工作量非常大，需要花很大代价去研究欧洲充电标准（ISO 15118 或 DIN 70121），鉴于此，市面上开始有诸多厂家推出匹配充电系统使用的 EVCC 模块，如威迈斯、瑞凯诺、东软等，通过加装此类 EVCC 模块，国标车只需做简单的匹配更改和安装即可快速推向欧盟市场，2020 年越来越多的车企选择在他们的出口车型充电系统中加装 EVCC 模块（图 1-49）。

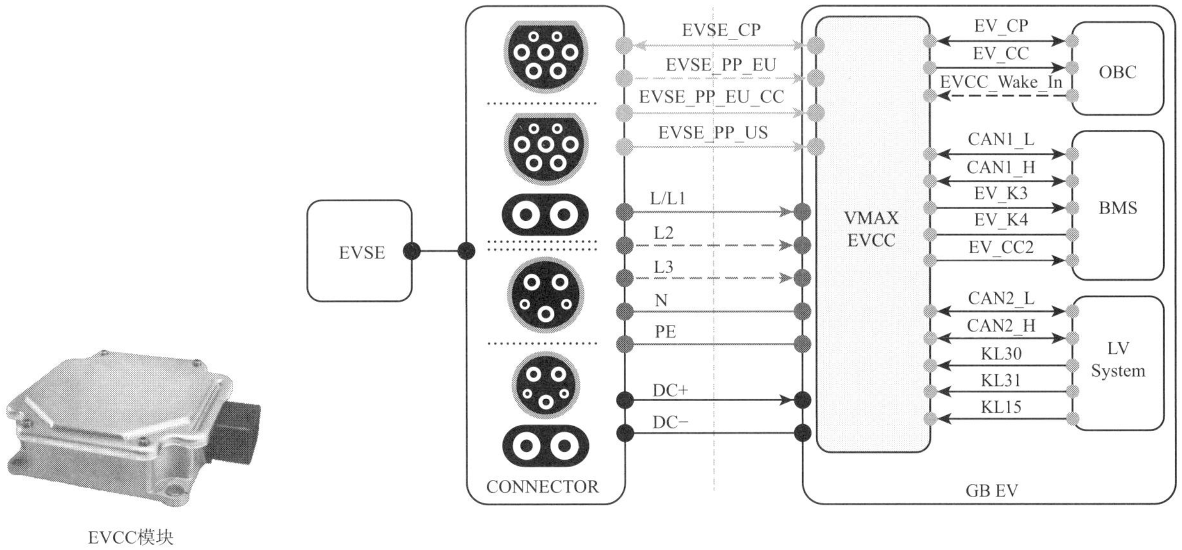

图 1-49　EVCC 模块的典型系统应用

4. 目前亟须解决的技术难点及解决方案

对于车载充电，虽然目前市面上的充电系统基本都是有线形式，但是有线充电存在接口限制、人工操作烦琐、占用公共占地面积过大、基础设施操作存在机械磨损和维护问题以及可能会有一些操作安全隐患等不足，使得越来越多国家或机构开始关注无线充电技术，同时，智能驾驶或无人驾驶的发展也促进了电动汽车无线充电技术的兴起和发展，无线充电将成为未来自动驾驶的关键一环，其具有使用安全、便捷、无积尘和接触损耗、使用过程中不存在机械磨损、基本无须维护以及没有触电风险等优点。

2020 年 4 月，国家市场监督管理总局和国家标准化管理委员会联合发布了电动汽车无线充电系统 4 项标准：GB/T 38775.1—2020、GB/T 38775.2—2020、GB/T 38775.3—2020、GB/T 38775.4—2020，规定了电动汽车无线充电系统分类、互操作性、通信、环境、安全、结构、材料及部件强度、EMC 及测试相关要求等，构成了电动汽车无线充电标准体系的重要通用标准，填补了我国电动汽车无线充电技术领域国家标准规范的空白，标志着我国电动汽车无线充电从技术研发、工程示范向产业化进程迈出关键一步，是推动产业化发展进程的里程碑。另外，国务院办公厅印发的《规划》同样提到了无线充电技术，提出要"加强智能有序充电、大功率充电、无线充电等新型充电技术研发，提高充电便利性和产品可靠性""加强充电设备与配电系统安全监测预警等技术研发，规范无线充电设施电磁频谱使用，提高充电设施安全性、一致性、可靠性，提升服务保障水平"等，足以看出国家对无线充电的重视程度。

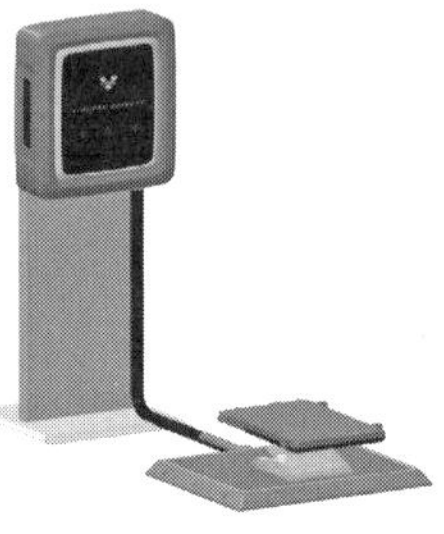

图 1-50 电动车无线充电产品

当前大部分无线充电产品还处于研发和探索阶段，实际应用还有很多工作要做，市面上还没有一款能支持无线充电的量产车型，相信随着技术的不断完善以及中国智能电网建设的发展，无线充电在未来必然会有很广的应用场景，也必将成为未来几年新的技术风口。

5. 小　　结

中国从十多年前推出各种巨额补贴政策来推动整个电动车行业发展至今，电动汽车行业已经进入了相当规模的阶段，预计在未来 2～3 年保有量会很快突破千万量级别，电动车的增多必然也使得车载充电机的需求进入井喷状态。总的说来，随着动力电池容量的不断提升以及对充电时间的要求，车载充电机必然是要朝着更大功率、更小体积、更高集成及更低成本的方向发展。

电池容量的提升也使得 V2X 技术得到了更进一步的推广和应用，目前主要有 V2L 和 V2V，V2L 将动力电池的直流电转换成民用交流电，用于给普通的家用电器供电，主要用于户外的一些供电需求；V2V 则是将动力电池直流电转换成交流电给其他电动车充电，即所谓的车车互充技术；未来还会有 V2G、V2B 及 V2H 等。V2G 将动力电池直流电转换成交流电参与公共电网运行，2020 年，国务院发布的《规划》，提出要加强新能源汽车与电网（V2G）能量互动。鼓励地方开展 V2G 示范应用，统筹新能源汽车充放电、电力调度需求，综合运用峰谷电价、新能源汽车充电优惠等政策，实现新能源汽车与电网能量高效互动，降低新能源汽车用电成本，提高电网调峰调频、安全应急等响应能力。

综上所述，未来几年新能源汽车车载充电系统技术主要会形成如下 2 个发展特点：一是充电功率的需求使得充电技术需要由单相向三相发展，但由于目前我国国内的慢充基础设施还是多以单相为主，因此三相的发展需要考虑兼容单相，三相的主要需求功率有 11 kW、22 kW 及 44 kW。二是单向充电需求逐渐向双向技术要求发展，系统化的集成方案使得车载充电系统双向方案的成本接近于单向方案，双向使得整车具备对外放电功能，让电动车能满足更多的应用场景需求，增大实用性同时也增加了整车卖点，因此我们可以看到在未来几年，双向车载充电机将替代单向成为大部分电动车的标配。

三、插电式混合动力汽车领域

（一）插电式混合动力乘用车

（比亚迪汽车工业有限公司　凌和平　杜魁善　周小伟）

1. 插电式混合动力乘用车整车产业与技术总体情况

近年来，新能源乘用车产业链培育逐步成熟，丰富和多元化的产品不断满足市场需求，基础设施和使用环境也在逐步优化和改进，新能源乘用车越来越受到消费者的认可。2015—2020 年新能源汽车销量逐年增长（图 1-51），上险量数据显示，2020 年，国内新能源乘用车（EV + HEV）销售 112 万辆。从销量结构来看，纯电动乘用车产量 91 万辆，混合动力乘用车产量 21 万辆，同比分别增长 35.8% 和 8.8%。整体上看，混合动力乘用车的销量在 2020 年实现了稳定的增长。受新冠肺炎疫情影响，2020 年全球汽车市场销量放缓。据 Marklines 统计，2020 全球新能源乘用车合计销售 473.7 万辆，同比增长 9.1%。中国占比 23.6%，增速较国外高 20.7 个百分点。国内新能源乘用车的持续增长，加速了新能源汽车的普及，更带动了全球新能源汽车发展。

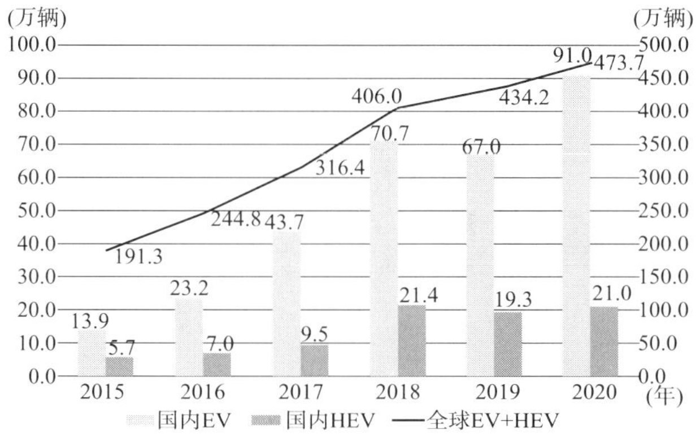

图 1-51 2015—2020 年新能源汽车销量(万辆)变化趋势图

各大汽车厂商积极推进新能源乘用车的研发生产。以 2020 年全年统计为例,混合动力乘用车(HEV)共计销售 21 万辆,约占新能源乘用车总数的 18.8%,其中绝大部分为插电式混合动力乘用车(PHEV)。插电式混合动力乘用车因为没有里程焦虑和牌照限制,用户使用相对便捷的原因,在市场上受到相当数量用户的青睐。随着节能减排的要求越来越高和技术的日趋成熟,在未来相当长的一段时间内,插电式混合动力乘用车仍然会是新能源汽车的重要组成部分。2020 年在疫情背景下,为支持新能源汽车产业高质量发展,做好新能源汽车推广应用工作,促进新能源汽车消费,国家将原计划于 2020 年底到期的新能源汽车购置补贴政策延长 2 年,新能源汽车在 2020—2022 年的补贴标准分别在上一年基础上退坡 10%、20%、30%。从销量来看,受补贴退坡影响,2019 年新能源乘用车销量呈现下降态势,2019 年,我国新能源乘用车销量为 86.3 万辆,较 2018 年降低 6.3%,但在 2020 年出现了明显反弹。

2020 年插电式混合动力乘用车市场,主要的厂家是比亚迪、理想汽车、上汽乘用车等,比亚迪汉 DM、宝马 5 系 PHEV 及理想 ONE 等车型表现相对较强,说明消费者对高端插电式混合动力乘用车还是有很好的接受度。广汽本田、一汽丰田、吉利沃尔沃的混合动力车型环比增长较大,德系、美系、日系高端豪华车型的混动化趋势明显,整车动力性及经济性改善较好。

2. 2020 年插电式混合动力乘用车技术发展特点

从 2020 年上市及发布的多款车型来看,插电式混合动力乘用车核心技术实现重大突破,关键技术领域果熟蒂落,产品力和使用体验全面超越传统燃油车,降维打击竞争优势明显,加速了插电式混合动力乘用车替代传统燃油乘用车的步伐,主要体现在以下方面:

(1)2020 年插电式混合动力乘用车技术发展特点

首先,混合动力串并联构型成为行业主要的技术发展路线。2020 年以前插电式混合动力乘用车主要以并联式构型为主,串联式构型及混联式构型为辅,主流的插电式混合动力系统有比亚迪 DM3.0 混动系统、长城 Pi4 混动系统及上汽 EDU 混动系统。面对追求经济性低油耗的广大车主,各大厂商进一步推出了以高效率发动机和双电机组成的串并联架构混动系统,发动机串联 GM 发电机同时并联 TM 驱动电机,正常驾驶为电机驱动、发动机增程,发动机将发电运行的转速及负荷控制在整个万有特性最佳油耗区间。只有在急加速或高速巡航等高电耗模式中,发动机才会辅助参与驱动。比亚迪(图 1-52,图 1-53)主打“超低油耗”的 DM-i 超级混动技术是典型的串并联架构混动系统,以骁云-插混专用 1.5 L 高效率发动机为基础,配合 E-CVT 及高容量电池,可外接充电,纯电续驶里程高达 120 km。并将亏电油耗控制在 4.0 L/100 km 以内。在静谧性、安全性、舒适性和驾乘平顺性方面全面超越同价位传统燃油车。也是继丰田 THS 和本田 i-MMD 之后,又一套设计合理、节能效果出众、兼顾动力表现的混合动力系统,可探索的应用非常广泛。长城推出基于串并联架构的柠檬混动 DHT 系统,搭载 1.5 L/1.5 T 高效率发动机,匹配不同型号的 DHT 混动专用变速箱,应用于不同车型平台。混合动力串并联构型既能保证性能,也能兼顾成本及油耗。将插电式混合动力车型对传统燃油车的“渗透”进一步增强,插电混动车型的技术路线也将因此有方向性的改变。上汽自主研发的第二代 EDU 混联式插电混合动力系统,搭载“1.5 T 发动机 + 10 速 EDU 变速箱”。通过采用双输入轴 DHT 构型及平行轴布局,在紧凑的结构下可实现发动机 6 挡和电机 4 挡的传动比。通过多挡位组合优化动力源转速,从而在不同工况下获得最佳的动力性、平顺性和经济性。

图 1-52 比亚迪“秦 Plus DM-i”

图 1-53 比亚迪“宋 Plus DM-i”

其次,混合动力专用变速箱(DHT)的应用:主流的混联式和串并联式混合动力系统架构都需要配套专用的混合动力专用变速箱(DHT),这是混合动力乘用车实现机电耦合的核心中的核心。相较由 P0 或 P4 与其他位置电机组成的串并联系统,DHT 方案在系统集成度、成本、重量,以及综合能效方面的优势,使 DHT 产品在未来更具竞争力,从当前各企业的混合动力系统产品规划方向上也能发现这一明显趋势。比亚迪超级混动 DM-i、长城柠檬混动 DHT 工作模式(图 1-54)及广汽钜浪动力 DHT 是我国率先实现量产的混联式混合动力专用变速箱,拥有 100% 自主知识产权。广汽钜浪动力 DHT 综合传动效率高达 96.6%,达到行业领先水平。采用双电机串并联设计方案,实现纯电、增程、混动、直驱等多种驱动模式；采用高效传动变速方案和高精度的机电集成设计，实现高传动效率、高扭矩密度和高 NVH 性能；采用全新的强制喷淋油冷电机技术，匹配设计喷油管，实现更高效的散热效果；通过自主设计和集成的高低压解耦液压系统，实现更低能耗和更低成本；模块化设计实现不同车型平台化搭载应用，实现自主品牌技术导入合资公司的历史性突破。

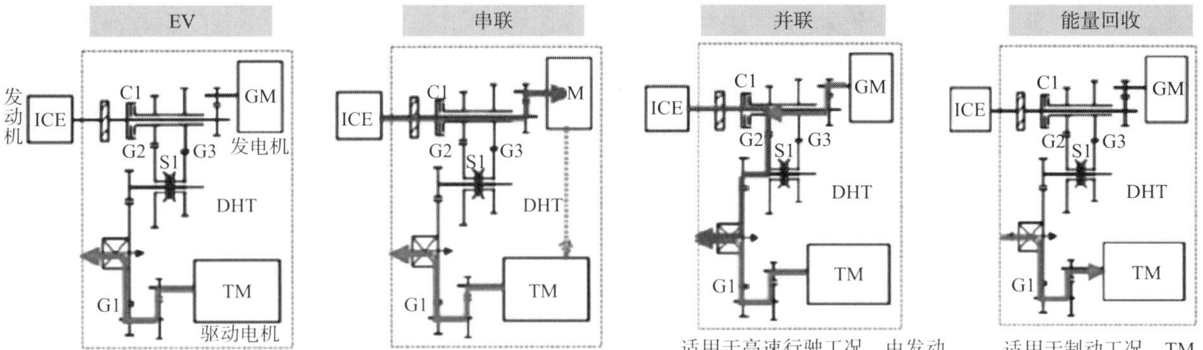

EV模式下，电机直接驱动车轮

适用于市区低速行驶工况，发动机驱动GM发电，TM电机直接驱动车轮，降低整车油耗

适用于高速行驶工况，由发动机两档直接驱动车轮，GM电机和TM电机负责调节发动机工作点和辅助驱动车轮

适用于制动工况，TM电机能力回收，优化能量使用率

图 1-54　长城 DHT 混合动力系统工作模式

再次，在智能网联化方面，自动驾驶技术日趋成熟。上市的插电式混合动力乘用车已实现 L2 级别自动驾驶，高级驾驶辅助系统（ADAS）配置包括汽车自动紧急制动系统（AEB）、自适应巡航系统（ACC）、车道偏离警示系统（LDWS）、车道保持辅助系统（LKAS）、自动泊车辅助系统（APA）、疲劳驾驶预警系统（BAWS）等主动安全功能，可以很好地起到提前预警和干预的作用，在很大程度上避免交通事故的发生、降低碰撞的损害。随着自动驾驶技术、大数据和车联网技术的不断发展，智能座舱逐渐被应用于汽车。车载信息娱乐系统通过语音识别控制系统、手势识别控制系统、智能情感识别系统、AR-HUD 抬头显示系统、家居及影院模式等功能实现全生态、全过程的沉浸式智能交互体验，实现真正意义上的人—车—路—云的高度协同融合，进一步迎合当下年轻消费者对汽车的多场景使用需求。

（2）2020 插电式混合动力乘用车的主要技术突破点

首先，高效率发动机技术的突破：比亚迪骁云—插混专用 1.5 L 高效发动机专为 DM-i 超级混动技术打造。它以实现超低油耗为开发目标，拥有 15.5 的超高压缩比，增大了冲程—缸径比，采用阿特金森循环，配备 EGR 废气再循环系统，发动机缸体缸盖分体冷却技术，取消前端轮系，附件（水泵、机油泵、真空泵等）由效率更高的电机带动运转，采取一系列降摩擦和损耗的措施，以高达 43% 的热效率问鼎全球热效率最高的量产汽油发动机。这款发动机针对插电混动系统的工作特点，对活塞、缸盖、缸体、曲轴、凸轮轴、进排气歧管、油底壳等零部件进行了特殊的优化设计，对发动机进气系统、电喷系统、点火系统及排气系统进行了颇为精确严苛的控制开发，不仅超级节油，轻松满足“国六 b”排放标准，还以出色的 NVH 性能带来平顺静谧的驾驶享受，在 DM-i 超级混动技术中扮演重要作用。广汽钜浪动力发动机热效率超过 42%，达到国际先进水平，获得中汽研“能效之星”称号。主要用于搭载广汽集团 A、A + 级混动车型。基于广汽 G 平台自主研发，以高效、低油耗为目标。钜浪动力发动机采用 350 bar 高压直喷系统，雾化更好，提升燃烧效率。采用阿特金森循环，提升发动机热效率。采用电动 VVT 系统，实现精准、快速正时调控，提升发动机响应性能；采用电控全可变机油泵，精确控制油压，降低整机油耗；采用冷却 EGR 技术，提高废气再循环率，降低整机油耗；采用快速暖机技术，由电子水泵、热管理模块、缸体缸盖分流水套组成，实现快速暖机、精准控制水温，降低整机油耗；附件如空压机、水泵均电气化，无须附件皮带驱动，降低摩擦损失；采用双平衡轴结构，改善整机 NVH 性能。

其次，高度集成化“多合一”动力系统的应用：近几年，电机、减速器和电机控制器集成的“三合一”电驱动系统如雨后春笋般涌现。由于采用一体化构型设计，简化零部件之间的外部布线，达到轻量化、节约成本等目的获得业内的青睐。比亚迪插电混合动力系统采用高度集成式的“多合一”动力域解决方案，包含 1.5 L/1.5 T 两款混动专用高效率发动机、定轴式混动专用变速箱、GM/TM 双电机、减速器及双电机控制器，配合 DC/DC 转换器、OBC 车载充电器以及 PDU 高压配电箱集成的高压系统“三合一”，不仅实现了机械部件和功率部件的深度融合，还将智能化及模块化带入插电混合动力系统，可实现动力域多功能软件协同控制、OTA 智能升级等功能，符合插电混合动力系统的高集成化的发展趋势，具有更小的体积、更轻的重量和更高的转换效率，NVH 可靠性更好的特点。

再次，电池模组技术“刀片电池”的应用。插电式混合动力乘用车搭载适当电量的动力电池，具备一定的纯电续航里程，能够进一步降低能耗。在动力电池技术发展过程中，磷酸铁锂电池因为具有成本低、寿命长、安全环保的特征，在新能源乘用车及储能市场得到广泛的应用。2020 年比亚迪推出的“刀片电池”，基于其所擅长的磷酸铁锂技术，采用自家研发的长度大于 0.6 m 的大电芯，电芯之间用导热结构胶固定，可充当散热通道，缓冲单体电池膨胀，并取消内部支撑结构。电芯形状更加扁平、窄长，通过阵列方式排布在一起，就像“刀片”一样插入到电池包里，因此被称为“刀片电池”。通过采用新型电池结构、高容量材料、优化电极设计，电池包能量密度提升50%，成本降低20%～30%，同时电池组扁平化使得电池容量扩大后车内空间仍优于同级，充当结构电池可以提升车身底盘刚度。

（3）目前亟须解决的技术难点及解决方案

插电式混合动力乘用车具有两个动力源，控制策略对发动机及电机在车辆不同工况下进行能量分配，使其更加高效节能的工作。控制策略根据驾驶员的指令和车辆的行驶情况，调整各部件之间的能量流动、动态响应，从而降低能耗与排放，在不影响整车性能的基础上，实现动力性、经济性和平顺性的协调。控制策略是插电式混合动力乘用车的核心技术，但是控制策略还有待完善。整车性能可以通过优化控制策略，包括工作模式、油门曲线、扭矩分配、能量回收、SOC控制等措施得到了较大的提升。

动力电池面临的主要问题是寿命、安全及成本。通过开发长寿命正负极新材料，提升电解液纯度，引入固态电解质，优化生产工艺提高寿命和一致性；通过引入新型隔膜及电极安全涂层，优化电池充放电控制，利用大数据平台进行监管，提升安全性；开展动力电池技术的前瞻性研发，显著提升单体电池能量密度，加速设计及仿真技术，测试评价及标准化体系建设和电池梯级回收再利用技术研究，引入数字化工厂大幅度降低动力电池系统制造成本，实现新体系动力电池实用化和规模化应用。

部分核心零部件高度依赖进口，如电控核心零部件MCU、IGBT器件和自动驾驶图像处理芯片。MCU芯片市场目前基本由瑞萨、恩智浦、英飞凌、意法半导体等巨头垄断，2020年全球IGBT市场占比排名前3为德国、日本、美国，主要厂商为英飞凌、三菱、富士电机、安森美、赛美控等，国内IGBT器件严重依赖进口；图像处理芯片基本被英伟达和Mobileye垄断，主要国内厂商为地平线、华为、黑芝麻等。国内汽车产业正在积极布局芯片领域，如比亚迪半导体，需要重点关注功耗、性能、成本3方面。

（4）2020年国内外技术差异

插电式混合动力乘用车结构相对复杂，需要既有发动机和变速箱的技术积累，又要有电池和电机的相关技术研发，同时还要掌握两套动力源的耦合和分配的相关技术，所以插电式混合动力乘用车相关技术，特别是控制策略依然掌握在传统主机厂手中。插电式混合动力乘用车根据动力源的耦合方式可以分为串联式PHEV，并联式PHEV和混联式PHEV。

串联式PHEV：发动机与电动机串联发电，电动机直接驱动车轮。串联式PHEV的发动机能够经常保持在稳定、高效、低排放污染的运转状态，从总体结构上看较为简单无须变速器，易于控制，其特点更加趋近于纯电动汽车，适合于城市道路中频繁起步和低速运行的状态，高速工况动力及油耗较差。代表车型有理想ONE、金康赛力斯SF5及岚图FREE。

并联式PHEV：发动机与电动机并联，P3架构发动机与电动机驱动车轮。并联式PHEV通过多模式和多挡位的切换，将车辆工作及运行模式作显著区分，利用模式之间的优势互补，以实现系统总体性能最优。同时具有电动汽车及燃油汽车的优点，混动模式下加速性能出色，但成本较高。代表车型有比亚迪秦Pro DM、宋Pro DM及唐DM。

混联式PHEV：在串联式的基础上增加一套单离合机电耦合装置，电动机与发动机驱动。混联式PHEV结合了并联和串联两种结构的优点，在全行驶工况下都有效率高、平顺性出色及排放低的优点。但由于其系统架构相对复杂，工作模式多样化，其控制系统技术难度较大。代表车型比亚迪秦Plus DM-i、丰田卡罗拉双擎E+及本田Clarity PHEV。

3. 未来几年插电式混合动力乘用车技术发展趋势

对于混动系统架构，未来国内插电式混合动力乘用车的系统架构形式将进一步向着混联形式为主、串联形式为辅的方向演进。混合动力汽车商业化发展20多年以来，由于不同国家和企业在战略规划、政策以及市场等层面上的差异，全球各车企在混合动力系统架构上的技术路线可谓纷繁多样，但近年来主流混联方案已逐步收敛。

电池成组形式向着集成化、无模组化（大模组化）、柔性化方向发展，头部供应商纷纷推出集成化成组方案。主要优势：①降低动力电池总成重量，提升能量密度。②散热板置于电芯之间，直接与电芯大面积接触，提升散热性能。③无模组设计，节省模组成本，组装工艺简化。由于简化了模组，需要加强电池包外壳的结构以提升被动安全能力。

在轻量化技术方面，近期重点发展超高强度钢和先进高强度钢技术，实现高强钢在汽车应用比例达到50%以上，中期重点发展第三代汽车钢和铝合金技术，实现铝合金覆盖件和铝合金零部件的批量生产和产业化应用；远期重点发展镁合金和碳纤维复合材料技术，实现碳纤维复合材料混合车身及碳纤维零部件的大范围应用。

在智能网联及自动驾驶技术方面，以“场景化智能座舱+车联网+自动驾驶”为核心变革方向，场景化座舱可与手机等智能终端共享生态，通过手机App实现人车互联，远程查看车辆状态、控制车辆等多种功能，通过OTA升级系统及应用，让用车更便捷。自动驾驶领域应用5G V2X车路协同技术，传感器、互联屏、芯片将成为汽车的核心零部件，汽车电子电气架构将由分布式向集中式架构（操作系统、应用软件）进化。

4. 未来市场需求分析预测

2020年，新能源汽车产业链迎来政策、销量和业绩三重因素共振，投资前景看好。随着2021年到来，新一轮的促销费政策再次发力于新能源汽车市场，新能源汽车由补贴为主导过渡到了以市场为主导，行业前景明朗。综合成本、性能等各方面优势，混动化将成为节能汽车未来发展的主流方向，不少品牌对插电式混合动力乘用车也持续看好。

从技术成熟度来看，我国插电式混动技术上产业起步比较早，在核心的电池、电驱和电控领域产业链、供应链较为完整，经过多年持续的研发投入和技术迭代，自主设计的插电混动系统在最大功率、综合油耗、纯电续航等性能指标上已处于世界的领先水平。比亚迪坚定不移发展新能源汽车，致力于打造绿色、可持续的出行生活，基于自主开发的核心技术，结合丰富的产业链资源，持续不断打造富有性价比的插电式混合动力乘用车。

从市场表现来看，现在中国和欧洲是全球最重要的两个新能源车市场，插电式混合动力乘用车短途可以用纯电模式，长途可以用混动模式，契合当下主流的消费市场的需求。既解决了短途绿色出行的问题，逐步培养市场使用纯电动汽车的使用习惯，同时又解决当下困扰用户的长途里程的焦虑，使用便利性及活动范围比纯电动汽车要好，插电式混合动力乘用车当前的市场表现充分证明其是现阶段满足用户绿色出行的重要选择。

5. 其他重要的方面

我国幅员辽阔，地理气候及环境复杂，各区域经济发展不平衡，多元化的新能源汽车技术的产业化应用更加符合我国节能减排的要求，也更加适应我国汽车产业良性发展的需求。根据《节能与新能源汽车技术路线 2.0》提出的目标来看，传统能源汽车油耗从 2025 年的 5.6 L/100 km 降低到 2035 年的 4.0 L/100 km，传统燃油技术路线难以实现目标；新能源技术路线成为车企新时期研发的重点，引导汽车产业由传统能源向新能源转变，2025 年混合动力乘用车占传统能源乘用车 50% 以上，2030 年混合动力乘用车占传统能源乘用车 75% 以上，2035 年混合动力乘用车占传统能源乘用车的 100%，这也意味着，传统能源乘用车届时将全面混动化，混合动力乘用车在 5 年后将至少达到千万辆级以上的规模。相比于小排量增压、整车轻量化、48 V 轻混系统等降油耗措施，插电式混合动力乘用车能够帮助企业大幅降低油耗水平，解决了企业未来受到双积分政策及法规制约的风险，未来混动化有望与电动化同步提速。

（二）插电式混合动力客车

（宇通客车股份有限公司　王富生）

1. 产业整体情况

2009 年，国家十城千辆推广政策发布后，混合动力客车销量呈现高速增长，2015 年行业累计推广 25 627 台，达到顶峰。随着纯电动客车技术的进步及国家补贴政策的调整，市场需求转向纯电动，插电式混合动力客车销量开始下滑。

根据中国客车行业上险数据库统计，2020 年插电式混合动力客车行业累计推广 5 006 台，同比 2019 年增长 16.2%，前 10 品牌占有率合计约 100%，同比 2019 年提升 4.4%，行业集中度进一步提升。具体情况见表 1-14。

表 1-14　2018—2020 年插电式混合动力客车市场销量及占有率情况

序号	2018 年			2019 年			2020 年		
	品牌	销量	占有率（%）	品牌	销量	占有率（%）	品牌	销量	占有率（%）
1	宇通	1 812	30.2	福田	1 200	27.9	福田	2 025	40.4
2	金龙	670	11.2	宇通	842	19.5	中车时代	1 017	20.3
3	金旅	630	10.5	金龙	696	16.2	宇通	974	19.5
4	黄河	521	8.7	苏金	499	11.6	金龙	275	5.5
5	苏金	359	6.0	金旅	221	5.1	苏金	253	5.0
6	福田	314	5.2	中通	165	3.8	万达	170	3.4
7	亚星	287	4.8	黄河	156	3.6	东宇	100	2.0
8	中通	266	4.4	亚星	150	3.5	金旅	74	1.5
9	中车时代	228	3.8	安凯	118	2.7	中通	68	1.4
10	安凯	197	3.3	中车时代	70	1.6	远程	48	1.0
前 10 合计		5 284	88.1	前 10 合计	4 117	95.6	前 10 合计	5 004	100.0
行业		5 999	—	行业	4 307	—	行业	5 006	100.0

注：数据来源于保险（车辆交强险）数据库

2. 政策补贴情况

2020 年 12 月 31 日，财政部等四部委发布最新通知，为创造稳定政策环境，2021 年保持现行购置补贴技术指标体系框架及门槛要求不变。根据《财政部　工业和信息化部　科技部　发展改革委关于完善新能源汽车推广应用财政补贴政策的通知》（财建〔2020〕86 号）要求，2021 年，新能源汽车补贴标准在 2020 年基础上退坡 20%；为推动公共交通等领域车辆电动化，城市公交、道路客运、出租（含网约车）、环卫、城市物流配送、邮政快递、民航机场以及党政机关公务领域符合要求的车辆，补贴标准在 2020 年基础上退坡 10%。为加快推动公共交通行业转型升级，地方可继续对新能源公交车给予购置补贴。插电式混合动力客车补贴标准按车长、节油率水平进行分档，具体情况见表 1-15。

3. 2020 年插电式混合动力客车技术发展特点

受排放法规升级及新能源补贴政策退坡影响，2020 年新开发混合动力车型均为国六产品，且在市场上已经规模推广，产品也进入成熟期。智能化技术渗透度加强，坡度辅助起步系统（HSA）、停车制动系统（Auto Hold）、电子驻车系统（EPB）、碰撞缓解控制系统（CMCS）、油门误踩防护系统（EAPM）、驾驶员行为监控系统（DMS）、车道偏离预警、360° 全景环视等智能辅助驾驶技术得到进一步推广和应用。车辆安全防护功能提升，采用功能安全开发方法并融合传感器技术，针对驾驶员误操作行为开发相应的行为识别和误操作防护功能，提升车辆使用安全性、舒适性。

混合动力车型使用电机为新能源客车专用稀土永磁同步电机，采用轻量化铝制壳体，提高电机功率密度，电机最高工作效率大于 96.5%，客车常用工况区间内平均效率大于 93%，处于行业领先水平；电机结合整车热管理系统采用高效水冷设计有效降低电机温升，保证电机工作在最佳状态；电机防护等级达到

表 1-15　2021 年插电式混合动力客车推广补贴方案及产品技术要求

车辆类型	中央财政补贴标准（元/kWh）	中央财政补贴调整系数			中央财政单车补贴上限（万元）		
					$6<L\leq8$ m	$8<L\leq10$ m	$L>10$ m
插电式混合动力（含增程式）客车	480	节油率水平			0.8	1.6	3.04
		60%～65%（含）	65%～70%（含）	70%以上			
		0.8	0.9	1			
单车补贴金额 = Min｛车辆带电量 × 单位电量补贴标准；单车补贴上限｝× 调整系数（包括：电池系统能量密度系数、单位载质量能量消耗量系数、快充倍率系数、节油率系数）							

注：数据来源于 2021 年新能源汽车推广补贴方案及产品技术要求

IP67 以上，接线盒增加抗凝露结构，提高电机系统在复杂环境下的安全性和可靠性。电机控制器大多采用集成设计方案，将驱动电机控制器、发电机控制器、助力转向电机控制器、DCDC 及高压配电集成于一体，大幅降低高压系统重量、体积，使系统高压连接点减少 50% 以上，线束连接精简、布置规范整齐，提高了高压系统安全性的同时方便客户维护。

4. 2020 年插电式混合动力客车实现的主要技术突破点

面对国六排放升级、燃油限值降低、补贴政策调整等带来的挑战，围绕“排放更低、经济性更好、可靠性更高、安全性更高、使用性更好”的目标开展技术研究，具体内容如下：

（1）国六排放水平混合动力产品

国六排放要求整车层级实施 PEMS 试验，受限于混合动力系统的发动机频繁启停的工况特性，发动机后处理系统温度相对低于传统车辆，对整车 PEMS 试验带来了较大挑战。针对此问题，通过发动机后处理保温措施优化、发动机扭矩加载路径优化、整车后处理温度智能维持等策略，完成了气电、油电国六产品 PEMS 认证。

（2）基于工况识别的高效能量管理策略

基于车辆行驶工况和驾驶员操作行为，开发出驾驶员误操作和不规范操作的行为识别功能，对安全风险高的误操作行为进行警示，并提供相应误操作防护功能，降低误操作引起的安全事故的发生概率和严重等级。

（3）高集成度电机系统

为了满足整车对大功率、强动力的使用需求，插电式混动系统的电机和变速箱开发了一体化共壳体设计技术，实现 TM 电机、ISG 电机和行星排机械结构上高度集成和轻量化，同时开发了“外部水冷 + 内部油冷”的系统集成化热管理方案，通过电机和变速箱共用冷却油道降低系统的温升，提升了电驱动系统可靠性；电机本体方面，优化提升端部绕组塑封工艺，提高塑封材料的可靠性和导热系数，大幅降低电机工作时的绕组温升，提升电驱动系统的动力性和安全性。

（4）高防护等级电机控制器

为了应对城市内涝、连续大雨等恶劣天气，集成控制器通过优选高防护等级高低压接插件、采用内部灌胶密封工艺等措施，使其防护等级从原有的 IP67 提升到 IP68，控制器可在 1 m 水深环境下浸泡 24 h 保证内部无进水，给客户预留出足够的抢修时间，增加客户处理被泡车辆的灵活性，降低客户损失。

（5）集成 24 h 监控、远程升级及智能预约加热功能的电池管理系统

为了进保证电池系统安全与可靠性、提升客户使用体验，开发了 24 h 监控、远程升级等功能。针对低温下动力电池功率受限影响整车动力性问题，开发了动力电池预约加热功能，通过手机 App 等终端进行预约操作，实现电池自加热开启，保证车辆运营时电池温度处于最佳工作温度范围内，从而保证整车性能。

（6）面向计算集中式电子电气架构

为了适应新能源汽车行业向智能化、网联化转型的大趋势，提升开发效率，新能源电控技术正朝着计算集中化、软硬件解耦、平台标准化以及功能定制化方向发展，同时也对整车电控系统及其软件的安全性与可靠性提出更高要求，更全面、等级更高的主动安全辅助驾驶功能已经成为整车控制技术发展的重心，通过提升整车控制芯片算力与数据吞吐能力，以支撑与信息化、智能化融合、整车域控制以及软件功能快速迭代的实现，更加丰富的整车智能化控制功能助推整车驾乘安全性、经济性和舒适性显著提高。

5. 目前亟须解决的技术难点及解决方案

受益于政府对新能源客车扶持的政策力度，插电式客车已实现大规模推广应用，整体运营效果良好，关键技术性能趋于成熟，燃油水平相对传统车辆大幅降低，但在机电耦合系统集成度与工况适应性、电池系统能量密度与功率密度兼顾性、电控系统信息安全性等方面距离国外先进水平仍存在部分差距，具体如下：

机电耦合系统集成度与工况适应性有待提高：混合动力系统整体扭矩密度较国外先进水平有差距，同时在兼顾大爬坡与高车速的使用工况下性能表现不足，针对此问题重点开展多模混动系统构型优选及匹配设计、高效复杂轴系机电耦合技术、多模混动系统集成设计及减振降噪技术等研究工作，开发集成度高、节能效果好、全工况适用、平台通用性好的多模混合动力系统。新能源驱动电机性能发展已经到达了一个技术瓶颈，行业竞品在效率、功率密度和转矩密度、防护等级等指标方面均能达到同等的水平。结合对插电式客车售后市场的大数据分析，亟须解决的技术难点主要集中在对电驱动系统的可靠性和维修保养方面。

由于插电式混合动力客车动力结构的特殊性，电驱动系统的常用工况相比纯电动客车往往更加恶劣，电机需要更多的承受来自发动机和变速箱的转速冲击和转矩冲击，对电机的轴承的可靠性提出了更严峻的考验。为了提高混合动力客车驱动电机轴承的可靠性，需要采集分析详细的整车工况进行轴承选型和轴承支撑结构设计优化，还需要单独针对轴承进行转速和转矩冲击的加速寿命验证，提高混动系统电机轴承可靠性和有效使用寿命。

电机控制器是新能源汽车的核心部件，其主要功能为控制驱动电机工作，为车辆提供动力，并且在车辆制动时可以提供辅助制动功能，将制动能量回收利用。车辆动力系统结构复杂，部分关键零部件失效可能引起电机输出转矩出现偏差，严重时将影响车辆运行安全，因此有效保证各种失效模式下电机输出转矩的准确性成为行业内一大难点。集成控制器针对电机输出转矩偏差问题，深入挖掘分析电机输出转矩出现偏差的根本原因，逐级分解失效点，并针对失效点制定切实有效的防护措施，实时监控电机实际输出转矩，保证车辆安全运行。

电池系统能量密度与功率密度兼顾性仍需提升：插电式客车动力电池大功率需求主要在纯电起步、制动能量回收阶段，由于成本及安装空间限制，混合动力系统电池电量少，电池充放电倍率较大，同时受限车辆安装空间，电池系统需要具备较高的能量密度，能量密度和功率密度两个性能指标存在相互矛盾点，实现两者兼顾是一个巨大的技术挑战。针对此问题可通过新型正负极材料开发、电解液优化、制程工艺改善等维度进行电芯开发，满足应用需求。

整车电子电气架构的演变涉及面广，整车厂研发能力有限，无法独立完成。可通过与国内高校、科研院所开展技术合作，与国际、国内零部件供应商进行产品联合开发等模式进行；同时由于商用车市场规模远小于乘用车市场，导致智能化零部件采购及应用成本较高，可通过智能传感器信息感知标准化的模式，供应商负责传感器开发和前端信息处理，形成标准化的零部件，而整车厂结合各类传感器特点自主开发功能策略，采用通用化、标准化、整车决策控制自研等方式，实现研发成本分摊，从而降低系统整体成本。

6. 2020 年国内外技术差异

插电式混合动力系统的国内外技术差异主要体现在系统构型、电池电芯类型、电机系统类型、电控系统类型等方面。

（1）系统构型

国外客车混合动力系统混联、并联和串联三类构型均有采用，混联构型以行星混联为主，代表厂商为艾利逊；并联以 P2 构型为主，虽然节油潜力不高，但成本低，相对传统动力系统改动较小，伊顿、采埃孚、沃尔沃等企业依托变速箱技术优势采用 P2 并联构型；串联构型结构简单、开发难度低，但节油效果差，MAN、BAE 及福伊特等企业采用串联构型。

受补贴政策节油率要求影响，国内客车混合动力系统构型以混联构型为主，主流混联构型又分为双电机直驱混联、P23 混联和行星混联三类。双电机直驱混联结构简单可靠，但系统重量重、爬坡能力差；P23 混联系统改善了 AMT 换挡动力中断，提升了系统动力性，但发动机转速无法实现与车速的解耦，发动机效率提升受限；行星混联系统可实现发动机转速、扭矩与车速、驱动扭矩的双解耦，同时可实现无级变速，节油效果佳、动力性好，是发展的主流方向，国内宇通客车已实现批量销售，其他整车及零部件企业均在研发。

（2）电机系统

国内外客车大多数均采用永磁同步电机，其综合性能相对其他类型电机较为优异，但考虑到各国原材料成本差异，国外方面除永磁同步电机外其他类型电机也有小部分应用，如 MAN 采用了开关磁阻电机、奔驰采用异步感应电机等。国外客车电机控制器暂无集成化产品，国内主流供应商汇川、英威腾、中车、吉泰科、阳光电源等都开发出客车用多合一集成控制器，并实现大批量应用。

（3）动力电池

国内插电式混合动力客车采用的动力电池主要分为两种类型，一种是以盟固利为代表的锰酸锂电池，另一种为 CATL 为代表的磷酸铁锂电池。国外插电式混合动力客车则主要采用三元 NCM 锂离子电池。相比而言，磷酸铁锂、锰酸锂电芯及系统的比能量低于三元 NCM 锂离子电池，但是在循环寿命及安全方面优于三元 NCM 锂离子电池。其中，锰酸锂电池在低温性能、大倍率充放电及成本方面有更明显的优势，使得锰酸锂电池在国内插电式混合动力客车行业中得以广泛推广应用。

（4）电控系统

新能源电控系统是电动化、智能化和网联化融合的执行主体，现阶段正朝着中央集成式电子电气架构、软件定义汽车方向发展。根据行业调研和国内外竞品对标结果，国外以特斯拉为代表，率先采用以中央域控制器为核心的域集中电子电气架构，国内多采用分布式电子电气架构，整车电控系统在跨域控制、ECU 数量等方面处于劣势；同时国外智能辅助驾驶技术向功能集成化发展，在功能扩展和整合方面处于领先地位，而国内的辅助驾驶功能各为独立的一套系统，存在控制功能分散、ECU 集成度低，辅助驾驶的功能配置成本高等劣势。

7. 主要企业经营发展情况

（1）宇通客车发展情况

①销量情况

2020 年销售各类客车 41 756 辆，同比下滑 28.85%。

②收入情况

2020 年营业收入 217.05 亿元，同比下滑 28.82%。

③利润情况

2020 年获得归属上市公司股东的净利润 5.16 亿元，同比下滑 73.43%，扣除非经常性损益的净利润 -0.55 亿元，同比下滑 103.56%。

④研发情况

报告期内，公司发生研发支出 15.52 亿元，占营业收入的比例为 7.15%，在同行业中居于较高水平。2020 年研发支出主要投向如下：

a. 自动驾驶技术产品开发及升级。

b. 燃料电池相关技术产品开发及升级。

c. T7 高端商务车产品研发与完善。

d. 海外 U 系列高端纯电公交、T 系列高端纯电公路车等新产品开发。

（2）金龙系（含厦门金龙、厦门金旅、苏州金龙）客车发展情况

①销量情况

2020 年，公司销售各型客车 43 594 辆，同比减少 23.86%，但总销量位居行业前列，其中大型客车销售 11 085 辆，同比减少 30.70%，中型客车销售 5 985 辆，同比减少 30.32%，轻型客车销售 26 524 辆，同比减少 18.81%。2020 年，实现新能源汽车销售 11 090 辆，同比增长 1.0%，销量位

居行业前列。海外市场方面,全年实现出口 16 104 辆,同比减少 36.3%,出口收入 32.53 亿元,同比减少 43.18%。2020 年即使在全球新冠肺炎疫情严重冲击下,出口量和出口收入均位居行业前列。

②收入情况

2020 年,金龙汽车集团营业收入 139.58 亿元,同比下降 21.98%。

③利润情况

2020 年,公司获得归属上市公司股东的净利润 0.32 亿元,同比下降 82.41%,扣除非经常性损益的净利润 -1.73 亿元,同比下降 93.27%。

④研发情况

报告期内,公司发生研发支出 6.28 亿元占营业收入比例 4.5%。2020 年研发支出主要投向如下。

a. 传统客车技术提升和产品开发。

b. 电驱新能源技术研究和产品开发。

c. 燃料电池技术系统集成和产品开发。

d. 电池和电机控制技术研究。

e. 智能网联技术研究和应用。

f. 自动驾驶技术研究。

(3)中通客车发展情况

①销量情况

2020 年累计销售各类客车 10 466 辆,同比下降 30.4%。

②收入情况

2020 年营业收入 44 亿元,同比下降 34.62%。

③利润情况

截至 2020 年底,公司获得归属上市公司股东的净利润 0.24 亿元,同比下滑 28.87%,扣除非经常性损益的净利润 -2.27 亿元,同比下滑 186.17%。

④研发情况

报告期内,公司发生研发支出 3.06 亿元,占营业收入比例 6.94%。公司的研发投入主要用于新能源、智能化、网联化研究等方面。

8. 未来几年插电式混合动力客车技术发展趋势

插电式混合动力客车兼顾了纯电动汽车节能、低排放、绿色环保以及传统汽车长续航等优势,是新能源汽车发展的重要方向。根据插电式客车关键零部件技术现状及特点,针对技术短板和存在的不足,未来插电式客车的技术发展将围绕机电耦合装置、电机系统、电池系统、整车智能能量管理技术、电控系统等几大关键方向进行节能、安全性、可靠性提升研究。

(1)机电耦合装置

行星混联系统节油效果佳、动力性好、平顺性好,国内外主流整车及零部件厂家均在投入大量精力研发,已成为未来的发展的主流构型,但动力系统存在集成度低、工况适应性不足的问题,系统整体扭矩密度较国外先进水平有差距,在兼顾大爬坡与高车速的使用工况下性能表现不足,针对此问题重点开展多模混动系统构型优选及匹配设计、高效复杂轴系机电耦合技术、多模混动系统集成设计及减振降噪技术等研究工作,开发集成度高、节能效果好、全工况适用、平台通用性好的行星多模混合动力系统。

(2)电机系统

对比国内外国家电机规划,高密度、高可靠性、低成本是新能源客车电机的发展趋势。为了达到电机性能指标的要求,电机未来发展需在方案设计、新材料、新工艺方面需要进行提升与突破。

在电机方案方面,采用高磁阻转矩永磁电机、开发无稀土/低重稀土电机技术,研究高功率密度轴向磁通电机技术;在设计方法方面,基于大数据的电机优化算法,进行电机多域多层面集成设计。

主流电机所采用的铁芯材料为 0.30~0.35 mm 硅钢片,铁芯为冲压成型的硅钢片通过叠片方式制成,磁饱和点约为 1.6~1.8 T,高频损耗较高,不利于电机转速的提升。更低铁损的硅钢片、非晶合金材料及磁粉压铸铁芯 SMC 材料成为研究的重点。磁钢多采用稀土永磁材料钕铁硼,该材料相对传统永磁材料,单位成本较高,且热稳定性较差,影响电机可靠性。稀土材料的发展趋势分为两个方向,一是提高磁能积等性能,提高电机小型化、轻量化水平;二是发展无稀土技术,降低单位材料成本。

绕组散热技术和绕组利用率的提升直接关系到电机体积与功率密度等指标参数。针对主流的散线绕组散热效率低、槽满率低等问题,绕组油冷技术、成型发卡绕组成为发展的主流趋势。

电机控制器沿用集成设计的技术路线,后续重点提升集成控制器的功能安全等级,降低控制器成本,不断提升电机控制器的效率、环境适应能力以及可靠性,主要表现在以下几方面:基于 ISO 26262 标准按照 ASIL C 功能安全等级要求进行控制器功能安全技术探索与开发,进一步完善控制器输出扭矩检测功能、电机状态监控功能、车辆故障处理机制,提高硬件冗余与软件容错能力,提升系统安全性、可靠性;通过采用新型高功率密度功率模块,根据集成控制器内部布局开发高效散热系统,提升 IGBT 电流利用率,实现控制器成本降低和功率密度提升;通过过调制、变载频等控制算法提升电机控制器效率;通过内部灌胶密封工艺、静密封和动密封相结合设计方案,优选高防护等级高低压接插件,提升集成电机控制器防护等级至 IP68 及 IP6K9K,提高车辆对极端雨水天气的环境适应能力。

(3)动力电池系统

随着新能源客车的推广普及,插电式混合动力客车用动力电池系统也会朝着比功率提升,成本降低,寿命延长,同时兼顾电池系统的比能量的方向发展。

在电芯比功率和比能量提升方面,短期内会基于高容量材料体系,优化电池设计,提升功率性能,未来会采用新型电池结构,优化新型材料体系;在成本控制方面,优化电池设计,提升制造工艺水平;在寿命延长方面,开发长寿命电池材料及新型电解液添加剂,优化生产工艺和环境。随着锂离子电池技术的发展,未来固态电池技术有所突破之后,采用新型固液电解质技术,降低电池内阻,提升电池的电性能和安全性能,可满足混合动力客车长寿命、高功率的使用。

在动力电池系统应用方面,基于大数据分析,研究智能化电池管理系统,优化电池的使用工况和使用策略,提升电池核心状态参数的估算精度和电池管理系统功能安全等级。通过研究电池系统机械安全、热管理优化及循环寿命提升的平衡关系，开发高防护等级的更安全可靠的动力电池系统。

（4）整车智能能量管理技术

随着智能化、网联化技术融合进一步加深，开发基于驾驶意图识别和智能交通信息的智能化整车能量管理技术，以及基于车联网技术，融合导航信息、路径规划等信息的全局能量优化控制技术，持续利用新技术挖掘整车的经济性提升潜力。建立实用化、多源信息协同认知的驾驶员和驾驶环境在线学习模型，建立多变量扰动下控制参数在线学习和自动标定的智能算法，提高能量管理策略的适用性和成效的鲁棒性。

（5）电控系统

随着新能源汽车向智能化、网联化方向快速发展，对电控系统软硬件的需求也日益提高。在整车控制方面，以提高控制芯片算力与数据吞吐能力为基础，通过标准化设计、开放性软件架构、软硬件解耦技术，实现与信息化、智能化融合及整车域控制功能；在智能化方面，以环境感知技术、智能控制技术、功能集成技术为核心，并与整车控制和车联网相结合，实现车辆智能协同控制。

9. 未来几年市场需求分析预测

客车燃料新能源化已成不可逆的趋势。由于各地环保压力及新能源补贴政策的支持，自 2015 年开始，新能源客车纯电动化比例超越混合动力比例后一路飙升，2020 年已达到 91. 9%，混合动力燃料结构占比则一路下滑，比例呈“剪刀”型结构。具体情况如图 1-55 所示：

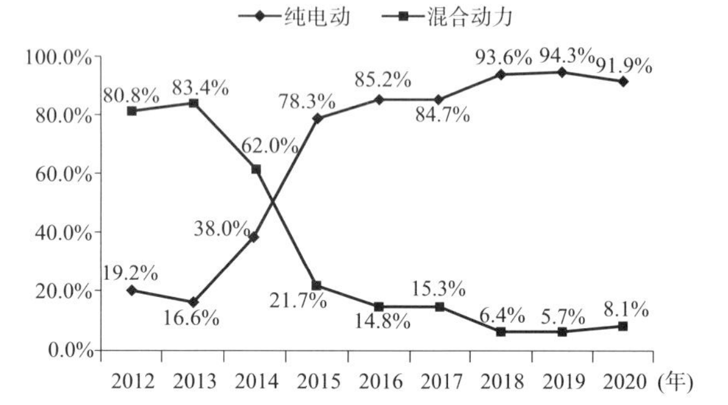

图 1-55　2012—2020 年纯电动及混合动力客车燃料结构占比

注：数据来源于保险（车辆交强险）数据库

随着纯电动接受度不断提高，8 年 LCC 较混合动力以及传统均有优势，预计纯电动结构占比将进一步提升。但是部分地区充电基础设施相对于车辆的发展有些滞后，混合动力车辆不受充电设施的限制，仍有部分市场需求；天然气资源丰富的部分地区，加气方便，使用成本低，也会有部分需求。所以插电式混合动力产品短期仍将点状存在，长期受资源的限制以及基础设施的发展会逐渐被替代。

10. 插电式混合动力客车产业发展存在的问题

当前纯电动技术逐渐成熟，国家政策支持大力推广，进入快速发展时期，作为燃油车和纯电动的纽带，混合动力客车的发展则备受争议，主要存在以下几个问题。

①插电混动是集成了内燃机、自动变速技术等传统内燃机技术和动力电池、电机、电控等新能源技术的集成化产品，因为它有两套动力系统同时具备发动机和电驱动系统，无论在机械还是电子系统的复杂性都比传统客车或者纯电动客车更高，这也就导致了它的故障隐患更多、更难排查、维修时间更长、维修费用更高。

②国家要求国六排放升级，混合动力的购置及使用成本进一步提高，影响产品的市场推广。

③免征购置税仅对插电式客车提出 40% 节油率要求，其他插电式商用车无节油率要求。由于国标工况特殊性，仅插电式城市客车能满足 40% 节油率要求，其他插电式非城市混合动力客车产品无法满足 40% 节油率要求，影响插电式非城市混合动力客车的推广应用。

11. 插电式混合动力客车产业发展建议

随着新能源补贴的退坡以及国六排放升级，我国插电式混合动力客车处于持续萎缩阶段，为保证插电式混合动力客车的持续发展，根据我国混合动力汽车的发展现状，提出以下几点建议：

①降低成本赢得市场，支持插电式混合动力客车及关键零部件的研发。因新能源补贴退坡、国六排放升级等因素，插电式混合动力客车出现了一个调整，在短期出现一定成本压力的情况下，未来几年势必要通过动力电池、驱动电机、车载操作系统等关键技术取得重大突破，以此来提升产品的市场竞争力。

②提升整车的安全性、智能化等配置应用。插电式混合动力客车的技术发展趋势是以国六排放升级为驱动因素，并且根据目前整个客车发展的趋势，安全性配置和智能化配置的提升也是提高产品竞争力的有效途径。

③建议国家相关部门针对插电式混合动力客车免征购置税车辆产品技术条款进行修正，即插电式城市混合动力客车需满足 40% 节油率要求，插电式非城市混合动力客车取消节油率硬性要求，促进插电式非城市混合动力客车的推广应用。

四、增程式电动汽车领域

（一）增程式电动乘用车

（重庆理想汽车有限公司　钱　坤　高　琳　白俊强）

1. 2020 年增程式电动乘用车产业与技术的总体情况

增程式电动乘用车特指能源系统由动力电池和“内燃机 + 发电机”集成的辅助动力系统（即车载发电机组，又称增程器）组成的乘用车。增程式乘用车同时具备驱动电机和发动机，驱动电动机直接驱动车轮，发动机则用来带动发电机给动力电池进行充电。与混合动力车型不同，车内仅有一套由电池、电机、电控组成的驱动系统，严格来说仍然是电动车。

增程式电动汽车技术最早由国外研发，2010 年全球增程式电动乘用车市场开始兴起，呈现较快增长态势。中国首款可量产的增程式电动乘用车是在 2018 年开始研发，2019 年 12 月由理想汽车推出的理想 ONE。理想 ONE 的出现，让消费者对“增程式”这个命题不再陌生，增程式乘用车逐渐被社会熟知和接受。

2020 年可以说是中国增程式电动乘用车发展的元年，这一年理想 ONE 凭借搭载领先的增程电动技术，规避了纯电动乘用车面临的充电难、续航短等实际问题，在 2020 年度新能源 SUV 销量排名中位列第一名，荣获第十四届中国汽车年会 2020 畅销新能源 SUV 奖，理想汽车成为所有造车新势力当中，第一个完成单车型年交付超过 3 万辆的车企。这一年充满活力的赛力斯增程式 SF5 上市，使市场上增程式产品不再单调。截至 2020 年底，中国市场累计销售增程式电动乘用车约 3.4 万台，其中理想 ONE 销售近 3.3 万台。

政策支持方面，2018 年国家发改委发布《汽车产业投资管理规定》，明确将增程式电动汽车归为纯电动汽车投资项目进行管理。2020 年 11 月，国务院办公厅正式印发《规划》，在宏观引导的技术创新方面，继续确认以纯电动汽车、插电式混合动力（含增程式）汽车、燃料电池汽车为“三纵”的整车技术路线发展方向。增程式电动乘用车在未来中长期内仍具有极大的发展空间，增程仍是用户最佳的出行解决方案。

2. 2020 年增程式电动乘用车技术特点

增程式电动汽车是目前最符合“国情”的新能源车型。在新能源汽车动力蓄电池技术升级速率放缓、充电网络发展不均衡的现阶段，国内消费者仍然面临着里程和充电的焦虑。增程式电动汽车可以实现快充、慢充、加油 3 种能源补给形式，用户可在不同的使用场景下自由选择来应对里程和充电焦虑的问题。大多数插电混动是基于汽油车的平台加了一套电池电机组合，增程式电动车则是在电动车的平台加入了一台汽油发电组合，完美地保留了电动汽车驾驶质感。增程式电动车有纯电动、增程、混动 3 种运行模式，用户可根据不同路况、使用习惯、充电资源等条件选择适合的模式。基于以上配置，增程式电动乘用车有以下技术特点。

（1）超级静谧，无限接近纯电车型

对比插电混合动力车型，增程式电动车 99% 是用电机进行驱动，即使用混动模式，燃油发动机也只运行在高效区间，由于它的转速相对固定，也就避免了由于发动机转速改变带来的噪音及震动，更不存在发动机和变速箱转速不匹配而出现的顿挫。用户感受到节油的同时，又能体验到平顺、静谧的驾驶感受，NVH 表现极其出色。

（2）卓越动力，超低油耗

颠覆了传统混合动力以油为主的设计架构，采取以大功率电机驱动和大容量动力电池供能、发动机为辅助发电的架构，百公里加速比同级燃油车快 2 ~ 3 s，核心节油机理为发动机工作在高效区域，能量转化效率高，市区油耗较常规车型节油率可达 30% ~ 45%，满足“追求更低行车油耗”的消费群体。

（3）超级便利的补能方式

充电场景全覆盖，充电倍率高达 2C 的快充，电量从 30% 充到 80% 不到 30 min；6.6 kW 交流慢充，满足家用充电需求；增程器补能模式，增加综合工况续航里程，提升长途出行便利性。

（4）优异的控制策略

为提升能量利用率，整车中低速行驶或者加速时，如果车辆 SOC 值较高，整车控制策略会智能的将驱动切换为纯电模式，发动机停机，油耗消耗量为零；如果车辆 SOC 值较低，整车控制策略使发动机工作在油耗最佳效率区，在极致的低油耗下，极大地提升了保电性能，实现全工况使用不易亏电。

3. 未来几年增程式电动乘用车技术发展趋势

由于增程式电动乘用车具有动力电池和增程器两个能量来源增加续驶里程，同时增加了不同工况条件下能量输出的复杂性，未来几年最重要的技术趋势是如何提升效率、降低能耗。

（1）高压高能量密度的电驱动系统

高压高能量密度的电驱动系统（高压 EDU）是一款高压、高速、油水混合冷却的电机、电机控制器、减速器高集成化电驱动系统。电机采用 8 层扁线、油水混合冷却、高速小型化的设计，同时与减速器共用机壳及油路。电机控制器功率模块采用第三代宽禁带半导体器件 SiC，其耐压、耐温、载频更高，损耗更小，电机控制系统效率更高，可提升工况平均效率 2% ~ 3%。研发该高压系统的关键是需要掌握第三代宽禁带半导体材料 SiC 的核心应用链，含芯片需求开发、封装开发设计、模块应用等；还需要掌握高压电驱动系统核心技术要点，含高压绝缘设计、先进油冷系统的开发等。

（2）能量管理系统

增程式电动汽车能量管理策略主要分为两大类：基于规则策略的能量管理和基于优化策略的能量管理。规则策略主要是简单规则策略和模糊规则策略，较容易实现工程应用，但这种方法没有考虑系统的动态特性，很大程度上无法实现最优化能量管理。优化策略主要分为全局优化策略和瞬时优化策略，全局优化策略使用规划算法在行驶循环全局上进行优化，可以获得全局最优解，非常适用于动态性强、非线性程度高、多控制目标的混合动力系统。瞬时优化策略将电池现阶段释放的电能等效为发动机未来消耗的燃油质量，通过计算瞬时等效油耗最小值（ECMS）来确定最优的能量分配比例。能量管理策略最终要应用于工程实际，如何设计高效高适应性的能量管理策略来满足系统复杂性和工况不确定性是未来技术发展的重点。

增程式电动车能量管理策略的最新发展趋势是设计组合优化算法同时匹配动力总成参数对能量管理进行优化。充分发挥各种算法和智能控制策略的优势，实现实时在线、多工况自适性的全局优化，利用智能交通和智能控制策略预测未来行驶工况，研发基于“人—车—路—环境”典型节能场景的混合动力整车能量管理及智能控制优化技术，实现最优节能策略，提升车辆综合性能。

（3）热管理系统

增程式电动汽车热管理系统是一个十分复杂的机械、电气、液流、热流、气体、控制的耦合体，涉及整车动力源、动力传动总成、机舱、乘员舱、冷却和空调等多个系统和零部件，具有结构复杂、控制部件多、控制策略复杂及多物理场耦合和多学科交叉的特点，对整车的热安全性、动力经济性、热舒适性、环境适应性、续航里程、可靠性和成本寿命等重要性能指标具有显著的影响(图1-56),导致其设计开发难度大,设计和试验周期长、成本高、风险大。因此,热管理集成设计与智能控制技术一直是增程式电动汽车的研发重点。

增程式电动汽车热管理技术的发展主线为“集成化”与“智能化”,未来几年主要研发方向为:①研发基于增程式混合动力汽车和纯电动汽车的热管理集成设计、联合仿真平台,为系统匹配、策略优化、能耗优化、多系统性能平衡等提供技术支持。②研发基于乘员舱内两级蒸发散热可切换的二氧化碳直接热泵技术的热管理架构,实现低温采暖能耗低的效果。③研发基于真实典型用户、区域、使用习惯的大数据分析技术,实现热管理系统能力匹配、可靠性设计、控制算法的优化设计。

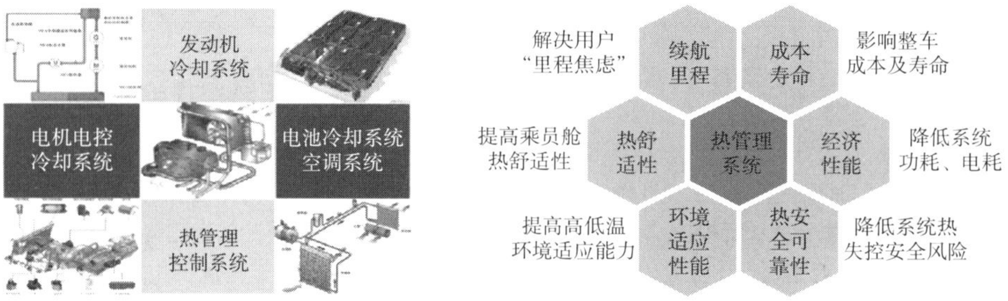

图1-56 热管理系统组成及影响

4. 增程式电动乘用车的技术难点及解决方案

增程式电动汽车在高低温环境条件下,续驶里程会严重下降,环境温度是影响续驶里程的最大因素。增程式混合动力车型高低温续航里程不仅与车辆整备质量、车轮滚动阻力、风阻、机械拖滞力、混合动力系统效率等因素有关外,在实际行驶中还与实际驾驶工况、热管理系统效率,空调系统效率、电池能量衰减等因素有关,核心主要在于整车能量控制及热管理系统开发的有效性。目前,还没有一套完整的技术方案能够满足高低温环境下混合动力汽车的能量管理需要。

增程式电动车辆在高低温环境下整车能量管理和热管理开发亟待解决的问题:①整车能量管理已有控制策略包括基于规则和基于优化方案,均在按照法规要求在试验室条件(23 ℃ ±5 ℃)下开展,缺乏针对高低温环境设计、开发和标定。②在能量流研发验证平台方面,仿真手段以一维数表为主,仿真精度不高,瞬态工况无法开展,测试方面整车能量流测试深度不够,能量解耦不彻底,无法支撑整车能量优化需求,开发手段不成体系。③在热管理系统设计、匹配、仿真方面,缺乏多维度、高精度的整车级热管理系统集成仿真与优化平台,无法支撑基于整车级能量管理与热管理优化需求。④在热管理系统优化与控制方面,热管理控制以单系统、单目标控制为主,缺乏针对热管理多系统、多目标的协同控制技术,导致热管理系统高低温环境条件下能耗巨大。

主要解决方向总结为以下几点:①开发增程式混合动力驱动系统能耗解耦及能量流“测试—评价—分析”平台,建立增程式整车能量流及热管理系统能耗解耦开发及验证能力。②研究增程式混合动力驱动系统的能量流传输机理、多动力源系统产热和热量传输机理,掌握增程式混合动力驱动系统的能量流及热管理集成设计、仿真与标定技术,建立增程式混合动力驱动系统的能量管理集成匹配仿真模拟及标定数字孪生软件平台,实现增程式混合动力驱动系统的能量流热管理多性能高精度动态仿真与优化,大幅提高能量管理系统开发效率。③研究多约束下能量流与热管理多目标协同优化控制技术,开发增程式混合动力驱动系统的能量管理智能控制算法,实现基于典型应用场景的增程式混合动力驱动系统的能量管理及智慧节能控制优化目标,以期降低增程式混合动力车辆的综合能耗,提高续驶里程,提升高低温环境适应性能。

5. 2020 年重点增程式电动乘用车企业的发展情况

(1)理想汽车

根据财报,理想汽车2020年第四季度总收入为41.5亿元,较上一季度25.1亿元增长65.2%,净利润为1.075亿元,首次实现季度净利润为正。2020年全年总收入为94.6亿元,远超2019年的2.84亿元。中国的智能电动车产业已经跨过了“早期培育期”进入“快速普及期”,理想汽车的首款智能增程式电动大型SUV——理想ONE,自2019年12月4日理想ONE正式开启交付以来,理想汽车仅用14.5个月就完成了首个40 000辆的交付,创下新造车势力最快交付纪录。截至2020年底,理想ONE用户已遍布全国31个省、自治区和直辖市的328个城市,累计行驶里程超过3.3亿km。理想汽车凭借单一车型,在线下销售网络不占优势的前提下获得相对较高的市场份额,证明增程式电动乘用车的市场认可度很高,发展潜力巨大。

(2)金康塞力斯

金康赛力斯(英文名SERES),这个品牌发布于2018年,原名“金菓EV”,塞力斯是小康集团的旗下全资子公司金康新能源的一个中高端新能源汽车品牌。金康塞力斯致力于电驱动系统和整车控制领域的原创研发,掌握从算法到工程开发的软硬件技术,正在申请及已获得的中美技术专利超过1 000项,为主销的增程式车型SF5在电驱动核心技术和基于电驱动的新电动技术研发打下了坚实的基础。

据小康股份2020业绩预亏公告,小康股份预计2020年的净利润为 -13.8亿~ -17.8亿元。其中金康塞力斯智能电动车板块对净利润的影响为 -13亿元。高性能增程式电驱轿跑SUV塞力斯SF5,2020年6月上市,2020全年销量不足1 000辆。由于赛力斯高端市场的开拓并不成功,市场对其增程式电动并不认可。金康新能源下一步计划开发6款赛力斯品牌智能网联新能源车型,其中增程式3款车型,纯电动3款车型。这亦表明曾经将品牌业绩全然托付至增程式技术的金康新能源将同步发展纯电动汽车。

6. 2020 年重点车型技术特点分析

(1)理想 ONE

理想 ONE 是首个将增程技术完成商业化的乘用车产品。搭载了增程四驱电动平台,采用独创的四屏与全车语音交互,标配辅助驾驶系统,让用户的驾乘体验更安全、更便捷。同时搭载整车 OTA 功能,让增程电动系统与智能技术在车辆全生命周期中不断更新完善,用户可以持续享受最新科技。具体优势如下:

①将产品定位对准家庭用户,轴距 2 935 mm,通过合理布局提升空间利用率,配备 3 排 6 座,即可满足家庭用户一车多用的需求,同时提供更便捷、更舒适的出行体验。

②综合续航里程长,搭载 40.5 kWh 动力电池,实现 180 km 的纯电动续航里程,800 km 的综合里程,城市内通过纯电行驶可覆盖日常通勤需求,和纯电动汽车一致具有节能环保零排放的优势。

③高效增程系统,在标定开发中,通过有针对性的提高工作带平均热效率,实现动力和经济性平衡,综合加权油耗降低至 1.5 L/100 km,在最恶劣的使用工况,完全不充电只加油的油耗为 8.8 L/100 km,依然低于同级别燃油车。

④优秀的驾驶体验,通过搭载前后双电机和四驱系统,实现 6.5 s 的百公里加速,与同级别六缸 3.0 T 燃油车的动力水平几乎一致,带来优异的驾驶性。

⑤先进的热管理系统,通过增程器余热管理,实现了增程器、电池、空调和电驱动四大系统的热量综合利用,降低车辆在冬季的能量消耗,同时解决纯电动车在北方城市里程衰减严重的问题。

(2)金康赛力斯 SF5

赛力斯 SF5 是一款充满运动感的中型增程式电动 SUV,整体采用流线型设计,造型较为饱满简洁,溜背式车尾颇为动感。全车采用一体式运动座椅,轻量化铝合金底盘以及前双叉臂后梯形臂悬架系统,车身尺寸长宽高分别为 4 700 mm/1 930 mm/1 629 mm,轴距为 2 875 mm。内饰风格极简,方向盘底部镂空的设计充满个性,全液晶仪表盘和大尺寸中控屏进一步提升科技感。赛力斯 SF5 搭载的是高性能驱动电机峰值功率 510 kW,峰值扭矩高达 1 040 Nm,可实现百公里加速 4.8 s,最高车速达 230 km/h,提供超过 150 km 的纯电续航里程,综合续航里程达 1 000 km。

对于现在的年轻人来说,这款赛力斯 SF5 的吸引力确实是太高了,高颜值的外观,也有很高的辨识度,超前卫设计风格也充分满足了现在消费者对个性化的要求。但该车型品牌知名度不足,中高端市场里没有存在感;线下体验店缺失,虽然宣布说未来要打造 200 家线下直营店,但未看到实质性的措施。至于为什么赛力斯 SF5 自由远征版比理想 ONE 的综合续航还要再多出 200 km,最直观的原因之一就是理想配备了一个 45 L 油箱,而赛力斯 SF5 采用的 56 L 大油箱。

7. 增程式电动乘用车产业发展建议

(1)加大政策支持力度

增程式电动汽车相比纯电动汽车具有成本更低、自重更轻、不依赖充电桩、无里程忧虑、动力电池二次污染小等优点,可解决我国现阶段充电设施不足、纯电动汽车使用受限、燃料电池汽车成本过高、商业推广缓慢等现实问题,是符合现阶段中国国情、可快速落地的新能源技术路线。基于“碳达峰”“碳中和”政策,从汽车碳管理转向全生命周期碳管理角度来看,增程式汽车虽然在燃料周期略高于 BEV(增程式燃料周期为 68.7%,BEV 为 54.8%),但增程式的制造阶段的车辆周期明显低于 BEV(增程式车辆周期为 31.3%;BEV 为 45.2%),而燃油车的车辆周期和燃料周期分别为 19.4% 和 80.6%。现阶段国家购置补贴政策、购置税减免政策、双积分管理办法均将增程式电动车划归为插电式混合动力汽车,北京市场仅有纯电动车型享受号牌和路权,上海市发布自 2023 年 1 月 1 日起,将不再对插电混合动力车型发放新能源专用牌照额度。增程式车型未能享受到同为新能源汽车的纯电动、燃料电池车型的政策待遇,尤其是在车辆上牌、新能源车辆路权及运营补贴等方面,增程式汽车在市场推广时受到严重制约。增程式汽车需要在补贴退坡、电池技术瓶颈尚未突破、充电仍不便利、节能减排要求趋严的背景下同燃油车抢占市场份额。

建议在以下两方面给予强力的政策支持:①国家层面明确采用增程式技术路线的车辆与采用纯电动、燃料电池技术路线的车辆享有同等的新能源车辆上牌政策。②要求各地方政府严格按照中央相关文件精神制定地方法规,使增程式电动汽车与纯电动、燃料电池汽车享有同等地方法规和政策支持,如各地推出的新能源路权、运营补贴政策等。

(2)推动国产车规级芯片的发展

芯片产业是整个信息产业的核心部件和基石,芯片高度依赖进口使得整个中国智能汽车行业备受掣肘。汽车级芯片与消费级芯片相比,不论是其复杂性,还是对质量和可靠性的要求,差别都非常大。如果能够集合国内各行业的优势,快速搭建国产车规级芯片的设计、制造平台,使国产芯片满足功能安全、功能开发的要求,自动驾驶、车载信息娱乐系统、驾驶员高级辅助系统(ADAS)、网关和主流微控制器等智能网联技术芯片有更多选择,突破车规级芯片卡脖子难题,为车企建立更多的选择可能,为智能网联电动汽车的健康发展奠定坚实基础。

(二)增程式电动商用车

(浙江吉利新能源商用车集团有限公司　李红艳　邓正维)

1. 2020 年增程式电动商用车产业与技术总体情况

(1)2020 年政策总体情况

国家政策总体上利好增程式电动商用车发展。2018 年国家发改委《汽车产业投资管理规定将增程式划入纯电动汽车管理,给与增程式很高的政策地位。2020 年 4 月财政部、工信部、科技部与发改委联合发布《关于完善新能源汽车推广应用财政补贴政策的通知》,对于增程式车型给予中央财政补贴,N2 类最高补贴 2 万元(新增),N3 类最高补贴 3.15 万元。2020 年

10月工信部《规划》》,规划深化“三纵三横”研发布局,其中增程式电动汽车技术是新能源汽车技术“三纵”的重要组成部分。

部分地方政府在落地新能源汽车推广时仅支持纯电动及燃料电池车型,一定程度上阻碍了增程式电动商用车的落地推广,如北京、上海、苏州、长沙等地。

(2)2020 年增程式市场销售总体情况

国内增程式电动商用车主要车型为轻卡、重卡、客车,真正实现批量交付的只有轻卡车型。2020 年增程式轻卡上牌数仅 218 台,其中吉利商用车 197 台,重汽豪曼 21 台。

(3)典型车辆技术路线

吉利商用车 GLR 增程式大电量冷藏车,增程器采用 1.5 T 汽油发动机,动力电池 54 kWh,综合纯电续航里程 120 km。重汽豪曼增程式小电量冷藏车,增程器采用 1.5 T 汽油发动机,动力电池 15 kWh,综合纯电续航里程 43 km。东风商用车凯普特增程式小电量冷藏车,增程器采用 2.4 L 柴油发动机,动力电池 17 kWh,综合纯电续航里程 50 km。

2. 2020 年增程式电动商用车技术发展特点

(1)燃料多元化

为寻找最佳整车经济性、成本及环境适应性,增程器燃料种类已呈现多元化现状,包含汽油、柴油、天然气、甲醇等燃料的增程器系统均在研究范围之内,均有企业在进行增程系统的匹配开发。

(2)不同细分市场匹配不同的动力系统

以吉利商用车为例,冷链、物流运输市场为降低整车综合使用成本及保证地方核心区域零排放需求,动力电池匹配 54 kWh 大电量电池,最大化增大纯电动续航里程,降低运营成本;

市政环卫及改装市场为最大化降低整车购置成本及整车自重动力电池匹配 26 kWh 中电量电池,保证车辆怠速工作时能使用纯电模式,降低传统燃油车怠速上装工作油耗过高的问题。

以重汽豪曼、东风凯普特为代表的小电量增程车型,主打“绿牌油车”概念,也满足了部分细分市场的客户需求。

(3)增程器系统高效化

吉利商用车增程器系统高效化共分为 4 个阶段,第 1、第 2 阶段的主要任务为发动机最优比油耗达到 215 g/kWh,增程器 239 g/kWh 的量产。第 3 阶段通过对发动机的增程器匹配性设计、标定,使其最低油耗低至 205 g/(kWh),GAPF 总成达到最优比油耗 221 g/kWh。第 4 阶段则采用深度专业优化的全新内燃机为动力,采用高能点火、深度米勒、稀薄燃烧、电晕点火、缸内喷水等技术,发动机达到最优油耗 186 g/kWh,可成为新能源车辆的主动力。

(4)增程器系统集成化

将发动机、发电机、控制器等零部件进行合理的集成匹配,实现增程器的高效发电。

① 增程器及其附件的总布置:合理紧凑的增程器及相关附件的布置是增程器总成集成匹配的首要内容。发动机 LP-EGR 系统(包括 EGR 阀、EGR 冷却器、混合阀、EGR 管路等)的布置方式直接影响 LP-EGR 的响应速度;发电机及其控制器集成式的布置;增程器总成、发动机及排放后处理器布置时得考虑纵置方式及空间问题等。

② 集成式发电机系统:分体式具有结构简单的优点,但由于发电机和 GCU 之间通过高压线连接,线路存在能量损耗,且 EMC 性能差。集成式发电机是指发电机与 GCU 统一封装,可避免上述缺点。在分体式发电机系统的基础上,探索集成式发电机系统,取消外露三相线,减少高低压线束长度、冷却水管、高低压接插件、控制器安装支架,降低重量、成本及优化管线路布置;选用带有高压互锁功能的接插件及优化 PCB 线路板,增加发电机系统高压互锁功能,提高整车系统安全性。

3. 2020 年增程式电动商用车实现的主要技术突破点

(1)整车经济性技术突破

增程轻卡产品能耗一直是客户关注度较高的属性,经济性提升一直是持续开展的工作。降耗这个议题,离不开能量流的分解,通过能耗构成的拆解,提升潜力部件的识别,结合仿真手段对比等手段来完成提升方案的制订。2020 年能耗提升主要围绕以下几个方面。

①增程器标定优化油耗;增程器启停策略优化,减少综合工况启停频次,提升综合工况下的发电效率。

②优化能量回馈策略,降低综合电耗。

③优化热管理策略,降低附件消耗。

④驱动电机标定优化,提升电机效率。

⑤低滚阻轮胎应用。

⑥同时在研项目应用更高效的增程器。

增程轻卡车型经过持续经济性优化,综合工况能耗降低了 5%;大电量增程式冷藏车如果充电使用运营成本较柴油车有明显优势,市区工况每公里运营成本节省近 50%,每天节省约 60 多元;综合工况每公里运营成本节省 20%,每天节省约 30 多元。

(2)NVH 性能突破

采用电气主动减振技术来提高增程器 NVH 性能,即在发动机正扭矩输出区间,发电机采用“发电”扭矩来吸收发动机扭矩;在发动机负扭矩输出区间,发电机采用“驱动”扭矩来增加发动机扭矩,抑制发动机的转速波动,提高总成 NVH 性能。

4. 未来几年增程式电动商用车技术发展趋势

(1)轻量化

增程式电动商用车同时具备燃油车和纯电车型的部分优点(长续航里程、动力性强、发动机经济性好),但由于比燃油车多了一套高压驱动系统,也存在整车重量比燃油车重的问题,需要持续进行轻量化设计优化;增程式轻量化可从以下几个方面展开。

①动力电池:可以考虑采用更高能量密度的电池,同时通过控制策略优化,尽量减少电池电量。

②动力系统:通过发动机及驱动系统选型、优化发动机及驱动系统重量。

③制动系统:电动车型的制动系统,特别是气制动系统,比传统车型增重不少,可以通过优化空气压缩机结构,改用铝合金储气筒,或改用液压助力制动系统等方案来实现制动系统轻量化。

④货箱、车架:主流货箱减重方案主要采用复合材料加

铝合金框架结构；全铝合金货箱方案也有采用，但成本较高；铝合金车架也是轻量化的一种方向。

⑤驾驶室：采用铝合金或高强钢材料，优化结构设计。

⑥底盘：独立悬架、复合板簧、铝合金轮辋、铝合金储气筒、盘式制动器等方案也是轻量化的主要途径。

（2）智能化

①全行程能量管理功能

由于增程式车型选择的发动机功率较小，车辆在部分工况下（如较长距离高速行驶）动力性会有所减弱，结合智能导航系统和3D电子地图，通过全行程能量管理，可以提前预留动力电池电量，在经过特殊工况时能够通过增程器和电池同时提供能量，满足动力性需求。客户只要输入目的地并选择路线，车辆会自动进行能量管理工作，最大限度提升特殊工况的动力性能。

②主动安全

AEBS先进紧急制动系统、LDWS车道偏离警报系统、DFMS疲劳驾驶预警系统、ACC自适应巡航控制系统等功能会逐步采用，极大地提升了车辆的智能、辅助驾驶水平。

③智能网联功能

可实现远程信息查询、远程车辆控制、远程诊断、云端消息及广告推送、疲劳检测、驾驶行为分析，在线娱乐功能、商用车导航信息、PKI安全认证、故障报警、异常车辆统计等。

④自称重系统

可让司机随时掌握货物总重，提升车辆安全性。

（3）增程器系统高效化

发动机采用高能点火、深度米勒、稀薄燃烧、电晕点火、缸内喷水技术使热效率提升至45%，发电机系统采用高速电机、油冷、轴向磁场、圆弧形磁钢、SiC功率器件、无稀土永磁材料、高耐温绝缘材料等技术使最高效率提升至96%。

（4）增程器系统平台化

增程器可以适用于轻卡、皮卡、客车等车型，实现增程器硬件通用，通过软件调节增程器发电功率适应不同载重车辆和不同工况。

（5）增程器系统集成化

未来增程车辆将控制系统集成设计，发电机与驱动电机集成一体设计，发动机与电机系统冷却系统一体设计。

5. 目前亟须解决的技术难点及解决方案

（1）热管理

增程式电动车热管理包含了热平衡性能、热害性能、乘员舱热舒适性及行驶安全性；涉及的部件较多，系统之间关联交互，如何在有限的布置空间里满足热管理性能，并且达到成本最低，能量利用率最高为主要技术难点。

解决方案：采用正向开发的思路，自主、完整、正向开发整车热管理；整车热管理性能开发与仿真分析结合紧密，在虚拟阶段识别风险并提前优化；通过仿真和设计充分结合，提前识别热害风险，优化机舱流场及模块布置选型。通过系统整体匹配优化、余热再利用等技术降低整体热管理系统需要散掉的热量，提高系统热效率。

（2）EMC

电气部件的抗扰能力不足，将可能导致汽车的部分功能收到干扰后失效，如自动驾驶技术需要摄像头、雷达以及控制器集成工作，若硬件抗扰性能不足，可能导致车辆行驶过程中，信号采集失准，发生事故。同时电气部件的发射能力较强，也会影响用户使用电子产品的体验。

增程式轻卡EMC性能开发，急需控制整车辐射发射强度，通过把关高压零部件EMC性能、整车电器布置方案、提升电器零部件自身抗干扰能力、降低自身电磁辐射等方式，提升用户的产品体验。

（3）动力系统

增程器国内国际无成熟产品可借鉴，无成熟的技术标准可以依托。需要国家出台增程器的国标或者行业标准。当前发电机与发动机机械连接是一大技术难点，主要解决方案有：双质量飞轮连接；电机定转子分离式连接，电机转子刚性固定在发动机曲轴后端；齿轮增速箱式连接。

6. 2020年行业重点企业发展情况

（1）典型整车企业发展情况

2020年8月吉利商用车开发出第二代GLR增程式大电量冷藏车及物流车，小批量投向市场，2020年12月重汽豪曼联合锐意泰克试水绿牌油车，2020年10月东风凯普特发布增程式冷藏车公告。

（2）动力系统企业发展情况

随着排放和油耗法规不断加严，典型传统发动机企业如玉柴和柳机均已成立新能源事业部，都在加紧研发增程式动力，其中玉柴和柳机增程产品已批产。一些新的动力系统企业如锐意泰克、中汽动力、无锡明恒等也全面进入增程式技术的研发领域。

7. 2020年重点车型技术特点分析

（1）吉利商用车增程式冷藏车

吉利车增程式冷藏车匹配54 kWh大电量电池，综合续航里程大于600 km，城配120～140 km可满足纯电动行驶，中途补电或用油发电均可继续行驶，满足用户灵活多变的用车需求。

（2）吉利商用车增程式房车

吉利商用车增程式房车是国内首款新能源房车，C照即可驾驶，整车自带26 kWh电池，100 L油箱，综合续航里程大于700 km。自带电池和高效发电机，可解决了房车用电需求的核心痛点。

（3）吉利商用车增程式市政环卫

吉利商用车增程式新能源市政环卫车匹配26 kWh电池，相比同规格纯电动车具有整车自重轻18%左右、降低采购成本、上装用电无忧，满足长时间作业及灵活调度等显著优势。

8. 未来几年增程式电动商用车产业发展建议

（1）建议将增程式技术路线作为单独的技术分类或归于纯电动车管理，提高增程式技术路线的政策地位，帮助增程式完成新能源汽车电动化过渡的历史使命。

（2）重型汽油国六排放标准尽快发布。市场主销的N2

类轻卡搭载1.5 T汽油增程器系统，需满足中重型汽油排放标准，当前适用的排放最高标准仅为国四，国六法规还在讨论制定中，但各地方均开始执行国五、国六排放标准，为市场推广增加了不必要的解释和麻烦。

（3）在增程式车型的随车环保清单中体现新能源特性。增程式车辆的环保清单还是标准为重型汽油，不利于增程式技术路线作为新能源技术路线的推广。

（4）增程式技术路线相关标准规范化。

9. 其他重要的方面

完善扶持增程式电动汽车发展的政策体系，针对增程式电动汽车产业出台相关扶持政策，从更高层面加大对增程式电动汽车的补贴力度，培育壮大增程式电动汽车产业。

加大增程式电动汽车技术研发力度，从国家层面引导和支持大中小企业、高校、科研院所等组建协同攻关、开放共享的动力电池创新平台。

五、换电式电动乘用车

换电式电动乘用车

（蔚来控股有限公司　沈　斐　赖建文　周　阳　杨　潮
方　杰　马永跃　王林峰　张　宁　高维凤　刘雷蕾）

1. 2020年换电式电动乘用车产业与技术总体情况

经过前期蓄力，换电式电动汽车及其配套换电行业在2020年迎来政策和市场的发展元年，在多方面、多层次都有了实质性的进展。

在国家政策层面，2020年换电产业得到了鼓励与支持。中央主管部门认可换电模式对解决诸如充电不方便、电池安全及全生命周期的价值管理等关键问题的价值，相继出台换电支持政策。2020年政府工作报告将换电站纳入新基建范畴中。2020年4月财政部为鼓励“换电”新型商业模式发展，明确“换电模式”车辆不受30万以下售价车辆才能享补贴的限制。同年发布的《规划》也明确鼓励开展换电模式应用。

在地方政策层面，2020年6月，北京发布《北京加快新型基础设施建设行动方案（2020—2022年）》，对换电车型进行大金额补贴。作为先行先试国家级示范区的海南，同年10月，明确2021年海南将推广车电分离的新能源汽车2 000辆以上，到2025年，车辆分离新能源汽车达10 000辆以上。

在各地市场上，北京市场政策导向明显。广州、上海、深圳、杭州等市场竞争充分。武汉、合肥、厦门等市场政策鼓励力度大。蔚来汽车是世界首家对私提供换电服务的整车企业，目前已面向市场交付3款换电式纯电动SUV，在全国实现10万多的销量。在B端换电式乘用车市场，主要以北汽为首。北汽在北京、广州、厦门等14座城市已经实现20 000多台换电出租车的投运。在国家鼓励换电政策刺激下，长安、吉利、上汽和东风等传统整车企业也加入换电车型研发和换电基础设施的布局中。

换电产业链逐步完善，行业涌现出一些优秀的新兴企业。产业从换电站研发到建设运营形成闭环。除蔚来自建自营外，伯坦、奥动等全国性换电设备运营商/制造商，昆山斯沃普、电巴、永乾等换电设备制造商，宁德时代、欣旺达等电池厂也积极开发换电型电池。2020年8月，首家电池资产管理公司成立，车电分离新模式形成闭环。

标准法规上，换电式乘用车和换电设施的各类标准也逐渐完善。现有各类换电体系标准共39项，已发布30项，正在制修订标准23项。其中，重量级国家标准《电动汽车换电安全要求》在2021年发布实施。对乘用车换电安全提供规范指导。换电站更换电池箱、冷却接口的技术要求与通用要求，换电站施工验收规范等行业标准也已发布。相关配套标准如安全要求、技术导则、零部件接口标准、建设施工规范等行标也在制修订中。

从行业发展现状看，换电式乘用车市场发展相对缓慢。2020年我国纯电动汽车销量为24.3万辆，截至2021年4月，全国已有换电式乘用车逾12万辆，其中私家车领域以蔚来为主，保有量10万多，运营车辆领域以北汽新能源为主，保有量2万多。全国已建成换电站逾600座。从地域上看，北京、广东和浙江换电站数量位列前茅；从运营商看，蔚来、奥动、伯坦为主要换电运营商。

2. 2020年换电式电动乘用车技术发展特点

2020年是换电，尤其是私人换电里程碑式的一年。根据中国充电联盟数据，截至2021年4月，全国上报617座换电站。其中蔚来206座，奥动304座，杭州伯坦107座。广东省、浙江省和北京市三地换电量达到500万kWh量级。私人换电以其快速的补能体验，高确定性的补能场景以及车电分离的商业模式，结合公共充电桩和私人充电桩，开辟出了全新的立体化电动汽车补能场景。

换电赛道百舸争流。蔚来是换电模式的引领者。上市的3款电动汽车ES8、ES6、EC6和正在开发的ET7，电池包既共享尺寸规格，又实现容量各异。北汽主营B端运营车换电，在多地推出换电出租车，并于2018年推出面向私人市场的换电车型EU300。随着换电模式被持续看好，诸多车企加速进入，上汽、吉利、广汽都已经推出换电车型，长安、一汽、东风、长城、小鹏也在蓄势待发。除乘用车外，换电在商用车领域也正在加速发展，华菱星马、北汽福田、北奔重卡均已推出换电重卡。

3. 2020 年换电式电动乘用车实现的主要技术突破点

(1)从站端换电技术看

电连接器上，行业技术发展从机械、电气、环境、防呆等多个方面进行设计。除了传统的车规级连接器设计以外，结合换电特有的 XYZ 方向浮动设计，同时能够承受 250 A 大电流充电以及超过 1 000 次的换电插拔。为兼容不同车型连接器的接线方式也不同，与高压线束的出线也会有明显不同。从目前的车型来看，换电连接器可以主动适配不同的车型，同时满足各类机械及电气需求。

热管理系统上，换电站的热管理系统是换电站特有的充电辅助方式，不仅可以冷却充电的电池，而且可以为低温环境下的电池进行加热。将电池放置在恒温环境中进行充电管理，同时将充电效率控制在合理的范围内，可以大幅提高换电站的运营效率。

换电电池包总成上，私人换电领域，整车定位架构的统一以及电池定位系统的统一，使得多车型、多容量电池互换成为可能。同一尺寸兼容不同容量，但内部结构差异较大的电池技术，支持 70 kWh、84 kWh、100 kWh 等多种容量，给予用户灵活选择。

(2)从换电式乘用车角度

自动泊车(图 1-57)及智能数字座舱技术提高了用户的换电体验。

软件定义硬件。换电站可具备整站 FOTA 功能，使换电站能适应不同的车机版本和电池 BMS 软件版本。通过 FOTA 更新到最新车机版本的车辆，可在其第二代换电站实现自动泊车入站并自助换电。另外，远程电池监控和设备操作成为换电站的必备功能，有效保障换电、充电、电池的安全。

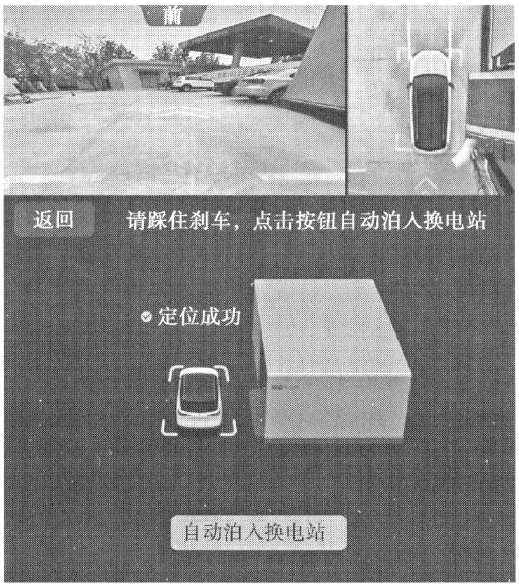

图 1-57 换电自动泊车入站

基于先进的数字座舱和车联网技术，车辆在泊入换电平台后，用户在车内点击大屏按钮，即可一键自助启动换电(图 1-58)。通过“车—站—云”互联交互，换电站在接收到车主换电指令后开始执行换电操作，即可在车内自助完成换电，用户全程无须下车。

图 1-58 车内一键自助换电

多品牌共享换电技术方案开始尝试落地

换电接口不统一，电池包尺寸不一致等问题是换电产业推广的难点。2020 年 7 月，工信部明确提出鼓励企业探索“车电分离”模式，加快充换电设施互联互通，并支持北京、海南等地开展试点推广。与此同时，国家有关部门也正在牵头制定共享换电的标准，也有部分企业进行了积极的尝试。如奥动新能源发布的最新换电站，可以实现多品牌车型共享换电，包括上汽荣威 Ei5、北汽 EU300、长安移动 EV460 等车型。

4. 未来几年换电式电动乘用车技术发展趋势

(1)换电式电动乘用车未来将步入“车电分离”模式。

电池包容量衰减限制电动乘用车寿命造成电动乘用车保值率低下。结合可换电的车型设计，从物理上与产权上实现车电分离，由电池银行持有电池资产，同时结合换电运营服务体系、政策支持的产权独立，从商业上给予用户多种购车选择以及更低购车首付支出。

车电分离实现了电动汽车保值，并提高了电池包全生命周期利用率，有利于梯次利用，使电池资产经济效益最大化。换电打开了电动汽车新的商业模式并引领了技术发展方向。

(2)换电式电动乘用车未来将实现电池包标准化。

电池包的外廓尺寸和接口需要以国家标准形式统一，避免不同厂商各自为战，重复建设，为国家 2060 年“碳中和”愿景提供切实支持。同时，统一的标准将快速实现换电资源的最大化，有利于解决电动乘用车里程焦虑问题和电池梯次回收难题。

5. 目前亟须解决的技术难点及解决方案

(1)在机械连接技术方面，换电车端需要有可靠的机械连接机构，实现车端和电池包端的可靠连接和安全锁止。目前需要解决如下技术难点：

车身与动力电池之间既保证安全可靠的锁止，又满足反复拆卸的要求。

车身与动力电池之间需要实现不同车身与电池包的偏差匹配，同时机械连接机构也要保证电池快换的时间和节拍要求。

市场上涌现了多种换电机械连接方案，蔚来汽车的螺纹式锁止机构，采用带防松机构的特殊螺栓进行紧固，可满足大尺寸乘用车和大容量电池的换电连接要求；奥动电巴采用错齿紧固锁止原理的连接方案，目前已在多家 OEM 车型上进行了推广，典型应用在出租车换电车型上；吉利汽车的复合式锁止机构，已在旗下枫叶 V80 换电车型中应用。

（2）在电池系统开发方面，换电需要兼顾已量产车型的电量升级，因此，需要包络空间和最大重量已固定前提下持续升级电池能量和提升性能。研发上以下方面需创新和突破：

①新型轻量化材料的突破与应用。

②创新电池系统集成的方式，提升系统的集成的效率。

③创新电芯的电化学体系。

④应用新型防火、隔热、绝缘材料，以及建立电池包内的热失控模型优化排烟通道设计，提升系统安全性。

⑤通过设计来补强铁锂电池的低温性能的弱点，提升铁锂电池的市场化应用空间。

⑥通过 BMS 及大数据的全天候监控与控制，实现电池故障智能探测和诊断，提高电池的安全性，延长电池寿命。

6. 2020 年行业重点企业发展情况

我国换电式乘用车整车企业主要有蔚来汽车、北汽新能源、长安新能源和吉利汽车 4 家。

（1）蔚来汽车

2014 年 11 月成立的蔚来汽车是一个坚持换电路线的高端智能电动汽车品牌。作为首家面向私家车进行全自动换电的企业，蔚来已推出三款智能电动 SUV——ES8、ES6 和 EC6，并于 2021 年 1 月发布首款换电式轿车车型 ET7（如图 1-59所示）。其在换电领域已拥有超过 1 200 项专利。蔚来推出的二代换电站是全球首个量产实现车辆自动泊入的换电站，具有自动停泊、自动换电、便捷高效等特点。

2020 年 8 月，蔚来创新发布电池租用服务 BaaS，面向用户提供车电分离、电池租用、可充可换可升级的服务。BasS 的渗透率已经超过 55%。截至 2021 年 5 月 20 日，蔚来已在全国建成 220 座换电站（图 1-60），用户换电次数已超过 216 万次，平均每 10 s 就有一台蔚来完成换电。2020 年实现了年换电超过约 150 万次，换电站年充电量超过 1 亿 kWh。

图 1-59　蔚来 ET7

（2）北汽新能源

北汽新能源汽车股份有限公司成立于 2009 年，是北汽集团旗下的新能源公司，也是国内最早从事换电模式推广的

图 1-60　蔚来二代换电站

整车企业。北汽已经推出 BEIJING EU260、BEIJING EU300（图 1-61）和 BEIJING EU5 三款支持换电的纯电动轿车，主要面向 B 端运营出租车市场。在北京地区，北汽新能源推出对私车电价值分离商业模式。在北京、厦门、兰州、广州、杭州等城市投放了 7 000 余辆换电出租车。据公开报道，截至 2020 年 6 月 8 日，北汽新能源在 19 个城市建成并启用了 187 座换电站（图 1-62），投入运营的换电车辆达 1. 8 万台，已累计完成换电 480 万次，换电车辆行驶总里程达到 6. 9 亿。

随着市场需求变化，北汽新能源也在谋求向私人电动车市场转型。

图 1-61　北汽 EU300

图 1-62　北汽换电站

（3）长安新能源

为响应国家发展新能源汽车战略及聚焦落地长安香格里拉计划，长安汽车集团于 2018 年 5 月成立重庆长安新能源汽车科技有限公司。长安新能源推出了运用换电卡扣式换电技术的逸动 EV（图 1-63）。该车型是长安新能源的代表产品，在 C 端和运营端推广。2020 年 7 月，长安新能源换电联盟在重庆成立，与联盟成员共同推动换电站的建设。2020 年 9 月，长安新能源换电站首站已在重庆奥体中心落成，并已进入示范运营阶段，主要面向高频高负荷的出租车、网约车、城际用车、物流等运营场景。

（4）吉利汽车

吉利科技集团有限公司于 2017 年开始换电技术研发，同时在换电产品、车型产品与商业模式三大领域发力。旗下的枫叶汽车是吉利集团全新品牌。其枫叶 V80（图 1-64）是吉利推出的首款纯电动 MPV 换电车型。它采用吉利科技集团最新的换电平台打造，也是吉利集团中首款采用换电模式的电动车。

图 1-63 长安逸动 EV460

2020 年 10 月，吉利第一座换电示范站在济南落地。吉利科技已签约的换电站超过 1 000 座，落地城市包括山东、重庆、浙江等省份。

图 1-64 吉利枫叶 V80

7. 2020 年重点车型技术特点分析

(1) 蔚来 ES6

蔚来汽车作为代表性的面向私人消费者提供换电服务的企业，，从 2017 年开启换电业务，并于 2020 年正式推出车电分离模式 BaaS。ES6 是蔚来第二款换电车型，在设计之初就考虑到了换电架构统一和平台兼容。全系全车型采用相同尺寸电池包，并支持不同容量电池包的升级。蔚来创新研发了螺纹防松锁止机构，可以实现安全锁止与可靠连接，并满足大尺寸、大容量电池的安全紧固要求。全新设计的快换电连接器和水冷连接器也能满足换电过程中反复插拔的技术要求。

(2) 吉利 枫叶 V80

吉利旗下枫叶汽车发布了换电车型枫叶 V80，并在多地推出了“双仓式智能换电站”。其换电平台架构涵盖了换电技术平台、车型架构平台和大数据运营平台，是国内首家集换电车型研发、换电站研发、换电运营、出行服务于一体的换电生态服务商。吉利换电平台架构能覆盖 2 700 ~ 3 100 mm 的轴距带宽，能够兼容轿车、SUV、MPV、CROSS、WAGON、轻型物流、皮卡等多种级别的车身形式；满足全天候条件的智能温控系统。

(3) 上汽荣威 Ei5 快换版

上汽集团发布的纯电动互联网休旅车——荣威 Ei5 快换版车型，可实现换电、充电两种模式，搭载 52. 5 kWh 三元锂电池，在充电模式下快充 30 min 充电可至 80%，同时，采用奥动新能源急速换电技术 20 min 就可以完成补能。其首批车型将面向出租市场，未来换车车型除了营运车辆以外还将向 C 端客户开放。

六、甲醇汽车领域

甲醇汽车

（天津大学 姚安仁）

1. 2020 年甲醇汽车产业与技术总体情况

2020 年 1—3 月，在全国疫情防控工作最紧张的时期，贵阳市有效保障甲醇出租车燃料供应需求，严格落实疫情防控主体责任，成立应对疫情防控工作领导小组，实行 24 h 应急值守制度，确保甲醇汽车市场运行稳定。

2020 年 3 月 23 日，工信部发布《2020 年工业节能与综合利用工作要点》，明确要加快甲醇汽车推广应用，并指导山西、陕西、贵州、甘肃等地区加快甲醇汽车市场化推广应用，完善甲醇汽车技术标准体系建设，提升甲醇汽车技术装备水平。

2020 年 4 月 3 日，2020 年贵州省重大工程项目集中开工仪式贵阳市分会场活动举行。甲醇综合加注站建设被列入在全市“六网会战”建设领域中，计划 2020 年在南明区、花溪区以及高新区等路段修建甲醇综合加注站。

2020 年 4 月 17 日，贵州省政府印发《多彩贵州促消费百日专项行动方案》，鼓励消费者购买我省重点汽车生产企业生产的乘用车，购买吉利甲醇汽车将给予购车消费补贴。

2020 年 5 月 22 日，全国“两会”期间，明确今年重点任务目标是做好“六稳”“六保”工作，为甲醇汽车发展指明了方向，甲醇汽车及相关产业发展将在稳就业、保能源安全和保供应链等方面提供有利条件。

2020 年 6 月 1 日，贵阳经开区启动 2020 年新增出租汽车运力指标投放工作，将投放 165 辆甲醇燃料出租汽车，以有效遏制非法营运，为群众出行提供更多选择和帮助。

2020 年 6 月 12 日，吉利商用车和新奥股份正式签署合作协议，双方将围绕加注、储运设施、行业标准制定等多方面，共同研发、推广新型清洁能源技术，构建甲醇清洁能源产业链。

2020 年 7 月中旬，爱驰汽车正式发布了世界上第一款可以量产的甲醇重整燃料电池汽车。随后，爱驰汽车年产 8 万台（套）甲醇制氢燃料电池工厂在山西省高平市开工奠基，项目建成后，将助力我国甲醇制氢燃料电池汽车实现量产，促进我国甲醇应用先进技术在全球化的推广发展。

2020 年 9 月 11 日，吉利汽车宣布将在马鞍山投入 200 亿元，导入新能源汽车产品及技术，未来重点开发应用增程式汽车和甲醇动力汽车，共同推动地方汽车产业转型升级，并表示正研发改进新一代甲醇发动机，以全面提升发动机的热效应，延长使用周期，降低使用成本。

2020 年 10 月 15 日，绿色氢能和液态阳光甲醇高端论坛期间，我国“千吨级液态太阳燃料合成示范项目”通过了中国石油和化学工业联合会组织的科技成果鉴定。其中，二氧化碳加氢制甲醇催化技术，为甲醇燃料在未来能源市场竞争提供了有力支撑。

2020年11月10日，生态环境部首次发布《甲醇燃料汽车非常规污染物排放测量方法》(如图1-65所示)并宣布即日实施，规定了车用甲醇燃料的轻型汽车、重型发动机和汽车(含柴油/甲醇双燃料发动机和汽车)排气中甲醛和甲醇的测量方法标准，被认为是甲醇汽车推广普及的又一个实质性进展。

《甲醇燃料汽车非常规污染物排放测量方法》首次发布并即日实施，旨在科学统筹甲醇汽车污染物排放，改善环境空气质量，全力推进污染防治攻坚战。一直以来，由于甲醇燃料的特殊性，我国还没有规定统一的甲醇汽车和发动机排放的甲醇、甲醛等非常规污染物排放测试方法。

图1-65 《甲醇燃料汽车非常规污染排放测量方法》发布

规定了车用甲醇燃料的轻型汽车、重型发动机和汽车(含柴油/甲醇双燃料发动机和汽车)排气中甲醛和甲醇的测量方法标准，被认为是甲醇汽车推广普及的又一个实质性进展。

我国对甲醇汽车和发动机尾气排放情况的监测和管理，并不是“一蹴而就”。早在2015年开展甲醇汽车试点工作以来，贵阳等地就已先行先试对甲醇汽车尾气排放进行了有力探索。当时贵阳市通过第三方机构对试点的甲醇汽车进行系列检测工作，包括整车性能、环境监测、人员健康等，以及尾气排放检测(含常规排放和非常规排放)。

2020年11月19日，陕西省技术转移中心组织行业专家学者对长安大学完成的“基于甲醇汽车试点运行工程中的重大技术攻关研究”成果评价显示，该项目核心成果甲醇燃料(汽油)识别技术、甲醇汽车冷启动技术、甲醇汽车金属部件防护技术和汽车甲醛排放测试技术的研究，达到了国际领先水平。

2020年12月15日，工信部发布了《关于调整甲醇汽车产品准入相关要求的通知》，对满足国六排放标准的甲醇汽车在申报准入上提出要求，这将对甲醇汽车下一步的生产标准形成统一，确保甲醇汽车市场竞争力更具优势。

我国的陕西、贵州、山西等多个省份已在甲醇汽车的推广应用上取得了显著成效，市场上甲醇汽车已有2万余台，甲醇燃料加注站也在不断完善建设中。甲醇汽车在“十三五”期间实现了大踏步前进，相信在即将到来的“十四五”规划中，甲醇汽车及相关产业将会取得更多新的发展成效。

2. 2020年甲醇汽车技术发展特点

在全球新能源迅猛发展的背景下，我国在甲醇燃料领域形成了自主可控的整车制造和燃料供应体系，甲醇燃料的技术储备、生产装备、工程化建设及应用等已经成熟，具备全面开展推广应用的条件，有利于推动绿色循环发展，实现能源多元化。亟须开展甲醇能源战略研究，对甲醇燃料生产和输配送、甲醇燃料应用安全保障措施要求、甲醇燃料产业化应用研究以及相关政策支持等方面进行科学合理的战略规划和分工定位，促进甲醇燃料全面推广和应用。

3. 2020年甲醇汽车实现的主要技术突破点

随着在全国10座城市开展甲醇汽车试点工作，国家部委出台甲醇汽车推广的相关政策，各地方政府积极作为，因地制宜进行有效推广。不得不说甲醇汽车及相关产业的发展，在扩大产业供需端的同时，也能提供更多就业岗位，满足更多人的就业需求，完全符合当前我国提出的全面做好“六稳”“六保”工作的要求。

甲醇汽车尾气排放检测方面，贵阳市当时除了包括碳化氢、一氧化碳、氮氧化物等常规污染物排放，还专门针对甲醛检测制定了检测方法和10 mg/km的限额值。报告显示，平均甲醛排放量1.576 mg/km，均低于规定的限值，也低于国际公认最严苛的美国加州2020年要求达到的排放标准。贵阳市甲醇汽车试点期间的检测方式方法和数据也为此次国家出台的《标准》提供了一定的参考。不仅如此，贵阳市在车辆推广上的成功推广模式也迎来各地纷纷借鉴和学习。

出租车作为城市综合交通运输体系的重要组成，自甲醇汽车试点推广全面启动以来，贵阳市以出租车为切入点，并出台政策明确出租车新增和更换优先选择以甲醇汽车为主的车辆，如今甲醇汽车在贵阳出租车市场已有1.4万余辆，普及覆盖率已达到95%以上，甲醇出租车成为贵阳这座城市一张新的靓丽名片。

2020年，陕西省西安市发布《鼓励甲醇汽车产业发展若干政策》，全力支持甲醇汽车及相关产业在当地的发展，甲醇出租车也推广发展至万余辆。

同时，山西省晋中市近期对该市出租车市场更换提出了新的要求和办法，明确出租车推荐使用国六标准甲醇汽车等。其中，从事巡游出租汽车经营的企业推荐使用国六标准甲醇汽车，个体经营者推荐使用国六标准甲醇汽车或纯电动汽车。对自愿使用国六标准甲醇汽车的巡游出租汽车经营企业，根据不同使用规模，每台给予不同的购置补贴。

甲醇汽车历经多年研发探索，市场化推广成效愈发明显，发展进程也仍在持续发酵中，“十四五”规划将至，立足新发展阶段、融入新发展格局，高比例M100甲醇燃料以及重整制氢燃料电池的发展，都必将为甲醇汽车及相关产业带来新的发展契机。

4. 未来几年甲醇汽车技术发展趋势

为了治理空气污染，打好蓝天保卫战，采用甲醇就很有优势。第一，与汽油和柴油相比，甲醇完全燃烧时需要的理论空气量只有其一半还不到，因此，氮氧化物生成量会比汽油和柴油少得多。第二，甲醇燃烧速度快，燃烧时无烟无焰，一般不会产生炭烟颗粒。对于柴油重型商用车，使用甲醇作为燃料，在清洁排放方面会有很大的优势。打赢蓝天保卫战的重要方面是商用柴油车，吉利汽车发力开发纯甲醇的商用车发动机，已经正式生产下线。另外根据天津大学提出的甲醇/柴油二元燃料燃烧技术，在重型柴油车上得到很好的应用。对于我们保有量超过 4 000 万台的柴油动力，这些动力承担了 75% 以上的陆路运输量，100% 的工程机械和农业机械，不但要考虑未来新车满足国六的排放标准，做好存量车的清洁化更加重要。不首先治理好存量车的排放清洁化，打赢蓝天保卫战就是难以落到实处。

5. 目前亟须解决的技术难点及解决方案

甲醇的特性要求，需要专门开发相应的甲醇泵、甲醇喷嘴、供醇管路、甲醇过滤装置。国内汽车零部件生产企业需要针对性进行开发，以满足甲醇汽车的要求。甲醇汽车的相关部件基本借助于现有汽油或柴油的部件，存在寿命短、可靠性差等缺陷。甲醇汽车现在都是采用汽油或柴油辅助启动的技术方案，两种燃料控制的电控系统开发也是重要环节。此外，甲醇的尾气处理中，由于排气温度低并且燃烧不完全可能带来的一定甲醛排放，都需要开发专有的后处理系统以满足超低排放的需求。

6. 2020 年行业重点企业发展情况

以吉利汽车为代表的车企开始着手研发甲醇动力的车型，推出了甲醇汽车、甲醇重卡、甲醇牵引车等多种甲醇动力车型，甲醇汽车及相关产业才得以实现跨越式发展。历经多年的推广应用，为甲醇汽车及相关产业大力度、快速度发展树立了可借鉴、可复制、可推广的方式方法。

7. 2020 年重点车型技术特点分析

爱驰 Nathalie 跑车以甲醇燃料电池作为驱动，通过由甲醇产生氢气并转化为电能，百公里加速只需要 2.5 s，该车可直接加注甲醇燃料，仅需 2 ~ 3 min 就能完成，加满可以一次性行驶超过 800 km，是当前市面上所有的量产电动车续航能力最强的车型。

460 hp 最大爬坡度达到 30%，动力性与传统柴油车不相上下，这就是吉利远程甲醇重卡的性能特点之一。吉利远程甲醇重卡，外观方面采用了全新设计，驾驶室为高顶双卧，整车看着比较威武霸气。前脸采用两段式设计，车顶比较圆润，中间有“吉利商用车”5 个大字，提升了车辆的品牌辨识度，黑色遮光罩可有效遮挡阳光，提升了驾驶的安全性。底盘设计借鉴了一些沃尔沃卡车的设计，车架为标准孔的设计，方便安装底盘上的附件，管线的布局非常规整，底盘设计完全可以媲美国产高端重卡。后桥速比为 4.111。这款车采用了铝合金双油箱设计，可使用车辆有更长的续租里程，对于长途高速物流用户来说更加实用。在 2019 年 8 月有高温测试中，吉利远程甲醇重卡 3 天长途奔袭 3 600 km，仅用了 1 900 L 甲醇。

吉利帝豪甲醇版车型即将上市，新车的外观内饰，基本上与汽油版车型保持一致，只是更换了甲醇发动机。在甲醇版车型外观上，仍采用 V 字中网配合瀑布式进气格栅，头灯设计也比较中规中矩，没有什么亮点，保险杠的设计突出了运动气息，让前脸不那么沉闷。新款轿车的侧线比较简洁流畅，看着尾部比较敦实，有一丝吉利博瑞的影子，保险杠两侧有镀铬的排气装饰，让尾部看着不那么单调，车身尺寸方面，甲醇版车型长宽高 4 632 mm/1 789 mm/1 470 mm，轴距 2 650 mm。新车将搭载型号为 JLC-4M18C 的甲醇发动机（符合国家六排放标准），最大功率 129 hp，传动系统预计采用 5 速手动和 CVT 无级变速箱，新车的油耗申报数据为 14 L/100 km（甲醇）。

8. 未来几年甲醇汽车产业发展建议

甲醇汽车的应用推广是一个系统工程，涉及的方面很多，甲醇发展必须坚持市场为导向，企业为主体的指导思想，坚持因地制宜的方针。不光是有车就行的，还需要加注站、甲醇供应和输运等多方面协同。关系到安全、消防、便利等方面，需要得到政府层面的支持和协调。应用甲醇不仅有利于改善发动机排放，而且也有利于我国的资源综合利用，最大程度地利用好自有资源，缓解能源安全压力，促进国家经济发展，甲醇一定将发挥其重要的作用。

七、燃料电池汽车领域

（一）燃料电池乘用车

（同济大学　章　桐）

1. 2020 年燃料电池乘用车概况

2020 年，韩国燃料电池汽车销量超过 5 000 辆，成为首个燃料电池汽车保有量过万的国家；美国年度新增燃料电池 937 辆，同比下降 55%，截至 2020 年底，燃料电池汽车保有量为 8 931 辆；日本年度新增燃料电池汽车 761 辆，累计保有量为 3 902 辆。截至 2020 年底，国外 3 款主要燃料电池乘用车车型——丰田 Mirai 及本田 Clarity 燃料电池乘用车累计全球销量为 12 679 辆，韩国现代 NEXO 燃料电池乘用车历年累计销量 12 717 辆。

国外车企加快燃料电池乘用车的技术研发与整体布局。宝马计划推出 X7 的燃料电池版本，并采用宝马与丰田联合研发的氢燃料电池系统；捷豹路虎宣布将进行燃料电池动力总成的开发，原型车的路试将于 2022 年开始。2020 年 12 月，丰田发布了新一代燃料电池乘用车 Mirai，搭载了第二代燃料电池系统，续驶里程达到了 850 km，电堆的体积功率密度由 3.5 kW/L 提升至 5.4 kW/L；现代也于 2020 年 12 月推出了氢燃料电池系统专属品牌 HTWO，并将建立首个海外燃料电池系统生产销售基地“HTWO 广州”。截至 2020 年底，全球主要燃料电池乘用车参数见表 1-16。

表 1-16　全球主要燃料电池乘用车参数

内容/主机厂	丰田	本田	现代
车型	Miral	Clairty	NEXO
车型尺寸(mm)	4 975 × 1 885 × 1 470	4 915 × 1 875 × 1 480	4 670 × 1 860 × 1 630
最高车速(km/h)	175	165	179
燃料电池电堆功率(kW)	128	103	100
储氢罐压力(MPa)	70	70	70
储氢量(kg)	5.6	5	6.3
续驶里程(km)	850(JC08)	750(JC08)	800(NEDC)
低温冷启动(℃)	-30	-30	-30

国内方面，受新冠肺炎疫情及政策转向影响，我国 2020 年燃料电池汽车产、销分别为 1 199 辆、1 177 辆，同比分别下降 57.5% 和 56.8%。但值得肯定的是，2020 年，燃料电池乘用车产业取得了一定突破，产业及项目布局不断深入，相关车型也不断涌现。2020 年 5 月，国内首个围绕燃料电池乘用车新建的产业园项目——格罗夫氢能产业生态园项目正式签约；2020 年 7 月，长城汽车发布“柠檬”平台，该平台车型将匹配第二代氢燃料电池动力系统，续驶里程可达 1 100 km，长城将于 2022 年展示小批量燃料电池车队，预计 2023 年推出成熟的燃料电池乘用车车型；2021 年 2 月，东风集团与佛山政府达成战略合作，将联合成立燃料电池乘用车示范运营车队并建立维保体系，到 2021 年底车队规模不小于 100 台。2020 年 10 月以来，多款燃料电池乘用车更是集中登上工信部产品目录。上汽大通 MAXUS EUNIQ 7 燃料电池 MPV 于 2020 年 10 月上榜，其燃料电池系统由捷氢科技配套，续航里程达到 605 km；广汽 Aion LX Fuel Cell 燃料电池 SUV 于 11 月上榜，其燃料电池系统由新源动力配套，续航里程为 650 km；东风氢舟 e · H2 燃料电池 SUV、长安 CS75 版燃料电池乘用车于 12 月上榜，其燃料电池系统均由新源动力配套，后者的续航里程达到 510 km。截至 2020 年底，国内各主机厂发布的燃料电池乘用车车辆参数见表 1-17。

表 1-17　国内主要燃料电池乘用车参数

内容/主机厂	上汽大通	广汽	长安	东风	海马汽车
车型	MAXUS EUNIQ 7	Aion LX Fuel Cell	CS75 FCEV	东风氢舟 e · H2	海马 7X
车型尺寸(mm)	5 225 × 1 980 × 1 938	4 814 × 1 935 × 1 685	4 650 × 1 850 × 1 705	4 640 × 1 860 × 1 680	4 815 × 1 874 × 1 720
最高车速(km/h)	/	160	160	/	/
燃料电池电堆功率(kW)	130	70	36	62	/
储氢罐压力(MPa)	70	70	70	/	70
储氢量(kg)	6.4	5.2	/	/	7.25
续驶里程(km)	605(NEDC)	650(NEDC)	510	/	800
低温冷启动(℃)	-30	-30	-30	/	/

2. 2020 年中国燃料电池乘用车技术发展

燃料电池乘用车领域，国内企业已掌握整车生产及动力系统的核心技术，燃料电池自主技术进步显著，国产化进程加速，尤其是电堆功率、功率密度方面具有较大提升，电堆、系统及主要零部件价格下降明显，我国的燃料电池乘用车已准备进入实质性发展阶段。但与国外先进燃料电池乘用车指标相比，在电堆功率、续驶里程方面还有一些差距，且由于乘用车的车身尺寸较小，对燃料电池系统及整车集成技术有更高的要求，使得与燃料电池商用车相比，乘用车技术发展相对缓慢，尤其是量产技术，还有较大进步空间。

燃料电池系统方面，电堆系统已经具备国产化能力，自主技术取得一定突破；电堆核心部件方面，国产膜电极的性能与国际水平相当，但启停、冷启动、抗反极等专业特性上与一流水平还有差距，批量化生产工艺尚待进步。国产金属双极板还处于研究阶段，待实车验证，已具备石墨双极板小规模量产的能力。国产的质子交换膜性能与国际接轨，处于中试阶段。催化剂国内已可实现小规模生产，但 Pt 载量有待进一步降低。碳纸的市场份额仍被国外企业把控；燃料电池系统关键零部件方面，空压机已基本实现国产化，但大功率的实车验证亟待实现。国产氢气循环泵已经进入实车验证阶段。国产增湿器起步较晚，市面上仍以进口产品为主。国产高压储氢瓶以Ⅲ型瓶为主，可实现 35 MPa 和 70 MPa 的批量生产。

2020 年之前，进入工信部《新能源汽车推广应用推荐车型目录》的燃料电池轿车只有 2016 年发布的上汽荣威 950 FCV 这一款车型，而 2020 年下半年，包括上汽大通 MAXUS EUNIQ 7、广汽 Aion LX Fuel Cell、东风氢舟 e · H2、长安 CS75 版燃料电池乘用车在内的多款燃料电池乘用车纷纷上榜，主流车企始终在进行燃料电池乘用车的研发和布局。国内燃料电池乘用车的重点企业及技术分析如下。

(1) 上汽集团

上汽集团自 2001 年起一直持续进行燃料电池乘用车的开发工作，尤其重视整车以及燃料电池系统的研发。2014 年发布的荣威 750 燃料电池轿车是国内第一款上榜公告的燃料电池汽车；2016 年发布的荣威 950 燃料电池轿车是国内首款实现公告、销售和上牌的燃料电池轿车；2020 年 9 月，上汽又发布全球首款燃料电池 MPV 乘用车——上汽大通 MAXUS EUNIQ7。该车驱动电机最高功率为 150 kW，最大扭矩达390 Nm，采用 70 MPa 储氢瓶，载氢量为 6.4 kg，加满氢后 NEDC 续航里程可达 605 km，百公里氢耗 1.18 kg，加氢总时间不超过 10 min，在电堆功率、燃料经济性、使用寿命等关键性能指标方面，达到了较为前沿的水平。该车搭载了上汽自主开发的第三代燃料电池系统，电堆为上汽集团旗下捷氢科技开发的 PROME P390。该电堆峰值功率可达 130 kW，功率密度 3.8 kW/L，寿命超过 10 000 h，可在 −30 ℃ ~95 ℃的环境下正常使用。其核心的 58 个一级零部件均实现国产化，采用金属双极板功率密度超过 1 W/cm²，Pt 载量低于 0.3 g/kW。采用高活性合金催化剂，与国际主流燃料电池乘用车相比效率提升 20%。此外，该燃料电池系统应用了水汽分离、多级减振设计、高压脉冲静音、无油空气轴承等技术，优化了燃料电池汽车的 NVH 性能。

（2）长城汽车

长城汽车从 2016 年开始研发燃料电池汽车，2018 年建立氢能技术中心并收购了上海燃料电池汽车动力系统有限公司，2019 年成立了未势能源科技有限公司。长城汽车注重燃料电池汽车研发体系的建设和动力系统平台的开发，其推出的自主研发的"氢柠技术"涵盖车规级研发体系以及氢电平台、电堆平台、储氢平台三大技术模块，实现了电堆及组件、燃料电池发电及组件（控制器等）、Ⅳ型储氢瓶、高压储氢阀门、氢安全、液氢工艺这六大核心技术和产品的知识产权自主化。

燃料电池发动机方面，长城具备商用车燃料电池发动机（石墨板电堆）和乘用车燃料电池发动机（金属板电堆）产品的生产能力，可实现 −30 ℃冷启动，系统匹配氢气引射循环技术和 12 万转的空压机，电堆方面，已具备大功率电堆的选型、设计、制造的全套能力，可年产 100 万片膜电极、3 000 套 150 kW 电堆，并实现了模块化的设计，通过模块的叠加满足不同范围的功率需求；储氢技术方面，长城自主设计开发了 70 MPa Ⅳ 型车载储氢瓶、多功能氢瓶瓶口阀、多功能减压阀，并在高压气氢和低温液氢两种储氢方式上均有布局；氢能产业链方面，长城汽车已经完成了绿电、"氢＋电储能"、燃料电池应用等领域布局，并将于 2021 年推出搭载未势能源的 95 kW 乘用车燃料电池系统发动机的首款量产的中型燃料电池 SUV，实现 100 辆 49 t 氢能重卡的落地工作，并在 2025 年前重点围绕公交/大巴、重卡/物流车、乘用车三大应用平台展开推广运营。

（3）东风汽车

东风汽车持续布局燃料电池汽车的开发，并在整车、燃料电池系统、电堆、核心关键零部件等领域取得突破。经过两年多的研发，搭载东风燃料电池电堆系统的东风氢舟已于 2020 年 12 月上榜工信部公告。该车轴距达到 2 710 mm，电机峰值功率 130 kW，燃料电池系统额定功率 62 kW，电机及采用的三元动力电池均由东风旗下公司生产。

东风汽车已建立燃料电池电化学、电堆、系统测试实验室，以及年产能可达 1 万台的国内首条全自动无人堆叠的电堆与系统工艺验证线，掌握了电堆批量化生产工艺。研制的采用一体化结构设计的燃料电池电堆系统具有体积小、轻量化、氢气利用率高的特点，氢气利用率可达到 95%，整体效率高出 5%~10%，自主开发了中功率燃料电池电堆，成功突破无辅助热源 −20 ℃冷启动，同时具备高功率燃料电池系统自主开发、动力总成系统匹配、高压储氢系统设计以及整车搭载能力。该公司计划于 2021 年底，实现 100 辆东风燃料电池乘用车在佛山市的示范运行，并于 2022 年开始逐年扩大示范规模。

3. 制约我国燃料电池乘用车的瓶颈

我国燃料电池乘用车经历了曲折向上的发展过程。燃料电池汽车在我国的应用仍以商用车为主，而制约我国燃料电池乘用车发展的瓶颈主要在于成本、技术、基础设施 3 个方面。

成本问题是阻碍燃料电池乘用车大规模市场化的重要因素。乘用车作为直接面向广大消费者的产品，价格是决定是否购买的关键点。燃料电池乘用车的成本不仅由燃料电池电堆及关键材料、零部件构成，也受整个氢能产业链成本的影响。燃料电池整车造价远高于传统燃油车及锂电池汽车，燃料电池电堆在成本中占三成以上，催化剂、膜电极、双极板等在性能与成本间的平衡是国产化需面临的重要问题。而就氢能产业链而言，上游的制氢和运输、中游的加氢都存在成本昂贵的现象，抬高了下游氢气应用的成本。

技术也是燃料电池乘用车发展历程中必须解决的核心问题。虽然近年来燃料电池技术上取得了明显进步，但在电堆关键材料核心技术如催化剂、碳纸等方面仍需依赖外企，规模化生产技术也尚不完善，这都会带来制造成本的增高。由于乘用车车身尺寸较小，对搭载的燃料电池系统及储氢容器的集成度和技术标准都有比商用车更高的要求，故适用于商用车领域的技术水平在乘用车领域尚显不足。此外，燃料电池系统在实车使用过程中的稳定性、可靠性、耐久性也是亟待验证与提升的重要方面。

不完善的基础设施也制约了燃料电池乘用车的发展。我国在运营中的加氢站有 115 座，已建成但尚未运营的加氢站 23 座，有 69 座加氢站在建中。但基础设施分布不均匀、规划不科学，也阻碍了燃料电池乘用车的普及。

4. 燃料电池乘用车发展建议

基于燃料电池乘用车的发展现状，提出以下发展建议。

第一，国家应做好氢能及燃料电池汽车产业的顶层设计和中长期产业发展规划，有重点、有计划地给予适当补贴，引导产业健康有序发展的同时，尽量减少大规模推广但收效甚微的现象。地方政府应合理规划产业布局，因地制宜，形成可靠的政策体系，安排燃料电池乘用车的示范运营以及租赁推广工作。通过示范运营、试点等工程，增进社会各界以及消费者对燃料电池乘用车的了解。同时，应避免在对现有技术路线缺乏了解的情况下，受资本与部分企业的推动而进行的盲目决策。

第二，遵循基础设施先行的原则，加强基础设施建设。在全国范围内合理规划加氢站，出台相应补贴政策，降低加氢站运营成本，完善配套硬件设施的铺设，改善氢能资源分布不均衡的现象。保证安全合理的基础上，可进行油氢混合加氢站的建设或改造，探索新式运营规则。明确加氢站的储氢、加氢等操作规程，以燃料电池商用车的规模化效应带动基础设施建设，进而带动乘用车的发展。

第三，从零部件以及核心材料入手，建立牢固而强大的产业链基础，在此之上进行技术、产品的迭代升级。鼓励企业在零部件层面的创新，自下而上实现技术的自主可控。推进产、学、研、用一体化，加强产品在燃料电池乘用车上的实际应用与验证环节。

第四，健全投资机制，引导资本关注一线的产业数据，关注龙头企业、标杆企业的同时，不能忽略掌握核心技术的小、微企业，疏通扶持通道，为创业型企业及时提供资金支持。

第五，推动燃料电池乘用车整车标准的确立，加强对燃料电池系统标准体系的梳理，建立完善的验证体系。从匹配性、功能性、经济性、安全性、耐久性等方面入手，保证燃料电池系统满足整车功能目标，保证氢气利用率达标，保证整车安全性、保证燃料电池系统及整车的使用寿命。

（二）燃料电池客车

（北京氢燃料电池发动机工程技术研发中心　张　鹏　刘艳秋；清华大学　徐梁飞　胡尊严　李建秋）

1. 2020 年燃料电池客车产业总体情况

燃料电池客车作为当前运营数量最多的燃料电池汽车，其商业化示范运营带动了燃料电池汽车技术研发、推动了加氢基础设施建设，在耐久性、可靠性、经济性等方面取得了很大的进步。

2020 年，中国燃料电池汽车销量 1177 辆，其中燃料电池客车销量共 1 095 辆，占比 90. 3% ①。截至 2021 年 1 月，根据工信部 340 批《道路机动车辆生产企业及产品公告》显示，氢燃料电池客车共有 91 款车型取得公告，较 2019 年大幅提升，主要以燃料电池公交车为主，共 83 款，车长集中在 7 ~ 12 m，燃料电池发动机系统功率覆盖 40. 5 ~ 90 kW；团体客车 8 款，主要集中在 10 ~ 12 m，燃料电池发动机系统功率都在 60 kW 以上，最高为 120 kW。

2020 年，氢燃料电池客车销售主要集中在第四季度，占比为 53% ②。涉及全国 12 省份，其中广东、山东、河北三省占到 71%，主要是由于佛山、潍坊、淄博、张家口等地氢能规划及奖励扶持政策出台拉动采购数量等因素影响。

2. 2020 年燃料电池客车技术发展特点

2020 年，我国燃料电池客车产业已经初步达到商业化应用的技术要求。车型种类不断丰富，已实现了 7 ~ 12 m 及以上全产品系列覆盖。整车能效优化控制技术、轻量化技术得到进一步发展，持续提升了燃料电池客车的动力性、经济性、安全性。

高集成度、高功率密度燃料电池动力系统得到开发应用。2020 年，燃料电池客车系统额定功率主要集中在 50 ~ 80 kW，平均额定功率为 64. 72 kW，较去年提升 18 kW。

3. 2020 年燃料电池客车实现的主要技术突破点

（1）核心零部件技术革新

经过几年的技术革新及积累，燃料电池客车核心零部件可根据实际需求情况，开发出更加适应燃料电池客车车况的零部件。实现长寿命高功率密度大功率燃料电池发动机系统研发，从电堆的材料、设计、制造、测试技术等方面进行优化设计，实现低成本、高功率密度、长寿命全国产材料燃料电池电堆。进行自主化柔性石墨双极板技术及轻薄耐腐蚀金属双极板技术研究，实现技术突破。

燃料电池空压机和氢气循环泵等核心零部件实现批量上车应用，引射器实现自主化开发及应用。质子交换膜、催化剂、碳纸等核心材料已有企业进行技术攻关。

产业链上下游加强对关键核心零部件的技术理解不断增强，对系统进行优化和迭代，推动了燃料电池客车的技术进步和快速发展。

（2）整车经济性及环境适应性不断改善

整车经济性进一步提升。燃料电池客车冬季供暖需求高达 18 kW，加热功耗占整车总能耗 29. 5% ~ 49. 6 %。2020 年，研发出整车综合热管理系统，通过热电联供耦合控制，利用燃料电池余热，解决乘员舒适性与能耗的矛盾问题，使得冬季能耗降低 12%，氢耗大幅下降。

整车环境适应性进一步改善。福田燃料电池客车通过 2020 年 1 月海拉尔极寒测试及 2021 年 2 月北京冬奥测试，在 -30 ℃环境下顺利通过低温存储启动试验、低温行驶试验等多项测试，充分验证了燃料电池汽车服务北京冬奥会的可能性。

（3）燃料电池可靠性及耐久性逐步提升

通过燃料电池核心材料、电堆设计、系统匹配与控制策略优化等措施的改进，燃料电池汽车的可靠性及耐久性不断提高。2020 年，国内产品宣称寿命都超过 10 000 h，个别企业超过 15 000 h。首次故障间隔里程达到 20 000 km，比 2019 年的 9 500 km 大幅提升，可靠性得到充分保障。

4. 未来几年燃料电池客车技术发展趋势

燃料电池客车的开发目标一方面是降成本、降能耗、提高续驶里程，另一方面是保持技术创新和先进性。未来几年，也将围绕这两条主线进行发展，主要体现在以下几点。

（1）高功率、高集成度燃料电池系统集成技术

高功率、高集成度燃料电池系统将是燃料电池客车的目标，动力系统向高度一体化方向发展是发展趋势。全球主流整车及零部件企业纷纷在系统高度集成化领域开展研究，未来随着燃料电池零部件国产化率的提升，匹配性提高，系统将更容易实现整体集成化。

（2）燃料电池客车能量管理和协调控制技术

适用于不同行驶工况和环境温度的整车能量管理和续驶里程预估技术，以及燃料电池氢—空—水控制策略的协同优化，提升核心零部件的能量效率，提高整车能效及使用经济性。

（3）高能量密度储氢技术

现阶段，国内车载储氢系统压力为 35 MPa，为进一步提高车载储氢能力，需有序推进 70 MPa 储氢、液态储氢技术和低温深冷气态储氢技术等大容量车载储氢技术，进一步提高车载储能能量密度，使得车载储氢系统在质量储氢率、体积储氢密度及系统成本方面逐步达到产业化要求，解决长续航难题。

---

① 数据来源于势银氢电 TrendBank 统计数据
② 数据来源于中国汽车工业协会

5. 目前亟须解决的技术难点及解决方案

(1)核心材料及零部件国产化

由于燃料电池部分关键材料及零部件生产规模小、工艺不完善,导致燃料电池客车成本稍高。通过对核心材料(催化剂、碳纸)及零部件(管阀件等)的技术攻关,提高各子部件关键技术和组件材料的国产化率,降低整体成本。

(2)可靠性、耐久性

燃料电池客车现阶段技术水平能够初步满足示范应用需求,但与燃油车仍有较大差距,可靠性、耐久性等性能仍需提升。一方面通过提高关键材料与部件的耐久性,增加与整车匹配性,降低故障间隔里程;另一方面通过优化控制策略,提高可靠性、耐久性。

6. 2020 年行业重点企业发展情况

2020 年,销售燃料电池汽车涉及 23 家整车企业,其中厦门金旅、佛山飞驰、云南五龙、中通客车、吉利四川商用车、北汽福田、成都客车、广日专用车、南京金龙数量相对较多,排在前 10 位。

(1)厦门金旅

2020 年,厦门金龙旅行车有限公司共销售 288 辆燃料电池客车,排名第一。厦门金龙旅成立于 1992 年,是集整车研发、制造和销售为一体的国内著名客车制造企业及国家汽车整车出口基地企业。厦门金旅具备年生产大、中型客车 1.5 万辆,轻型客车 5 万辆的能力,产品系列齐全,涵盖 4.5 ~ 19 m,2 ~ 82 座各类型客车,包括客运、团体、旅游、公交、校车及特种车,覆盖传统动力、CNG、LNG、混合动力及纯电动、氢燃料动力等多种动力平台,以及自动驾驶开发平台,满足各个细分市场和场景的用车需求。

作为全国首家实现新能源客车商业化运营的客车制造商,在技术研发和运营实践上,金旅一直以来都是国内新能源客车的先行者。在氢燃料电池汽车领域,金旅起步早、储备足。早在 2010 年,金旅客车就成立了专门的技术研发团队,并在 2016 年推出了第一代氢燃料电池客车。其中,金旅 8 m 氢燃料电池客车在 2017 年 9 月获得公告后,先后在厦门、上海汽车城等地进行示范运营并取得了良好运营效果。

厦门金旅已开发了 8 ~ 12 m 全系列氢燃料电池客车产品,进一步丰富了产品矩阵。而在市场运营方面,金旅氢燃料客车在福州、大同等全国各地进行示范运行,彰显了良好的示范效应。

(2)佛山飞驰

2020 年,佛山市飞驰汽车制造有限公司氢燃料电池客车产量为 256 辆,位列第二,2017—2020 年总产量为 960 辆。佛山飞驰始建于 1971 年,专业从事研发、生产、销售公路客车、旅游客车和城市客车,发展至今已有 40 多年,是首批列入国家公告目录的大中型客车生产厂家之一。飞驰公司始终致力于创新和发展,不断完善产品和工艺技术,自主开发出一系列技术先进、适合市场需求的客车产品,公司产品品种覆盖公路客车、旅游客车、城市客车、特种装备车等,涉及柴油、LNG 及新能源、氢能源等多种动力形式,拥有从 6 ~ 12 m 各种不同类型及型号的客车公告 20 余个。

在技术目标方面,继续加大技术引进和研发,深度研究燃料电池系统成组技术、燃料电池车载控制技术,吸收国际先进技术,拓展燃料电池车载应用,做好产品的基础研究、技术和应用的深层次开发。在产品目标方面,以氢能产品为主,利用 3—5 年的时间,从生产成本、产品品种及产量,满足市场需求。其中,生产成本方面,控制在和同类纯电动车相比不超过 20%;产品品种方面,能够满足客运、公交、物流等运输领域使用需求;产量方面,力争 3 年内实现年产 5 000 辆的目标。

(3)中通客车

2020 年,中通客车股份有限公司共销售 148 辆燃料电池客车,已涵盖 9 ~ 12 m 城市/城间燃料电池客车。2017—2020 年中通燃料电池客车产量全国第一,达到 1 624 辆。中通客车成立于 1958 年,自 1971 年开始专业生产客车,是国内最早的客车生产企业和客车上市企业之一,行业内首个获得最新版要求的燃料电池、纯电动及插电式混合动力商用车生产资质。公司产品体系涵盖了 6 ~ 18 m,包括公路客运、公交、旅游、团体、高端商务、校车等各个细分市场,共十五大系列 260 余个品种。具有极强的市场竞争力,畅销世界 100 余个国家和地区。

7. 2020 年重点车型技术特点分析

(1)北汽福田 11 m 燃料电池客车

在工信部第 338 批《道路机动车辆生产企业及产品公告》公告中,北汽福田一款 11 m 燃料电池客车取得公告。搭载北京亿华通燃料电池系统,燃料电池额定功率为 60 kW,最高时速达到 100 km,续航里程突破 650 km,处于领先水平。

(2)宇通自动驾驶氢燃料电池客车

2020 年,宇通客车展示了其自动驾驶氢燃料电池客车和自动驾驶明星公交车产品。该车即集中展现了宇通客车对氢燃料电池与人工智能相结合这一前瞻技术的研发突破成果。该车采用了“60 kW 燃料电池系统 + 动力电池的混合动力系统”方案,充氢仅需 10 min,续航能力高达 500 km。智能驾驶方面,该车具备自动加减速、自动转向、车路协同、自动识别红绿灯通过路口、自动进站、自动泊车等功能,达到 L3 级别自动驾驶能力,大大减轻了公交司机的驾驶劳动强度。此外,该车还搭载了 ECAS 空气悬架系统、无障碍通道、全气囊司机按摩座椅等人性化、智能化配置,进一步提升了城市智慧出行体验。

8. 未来几年燃料电池客车产业发展建议

(1)开发更多车型,拓展应用场景

2021—2024 年,我国燃料电池产业进入规模化示范应用期,随着燃料电池汽车示范推广政策开始实施,多地将加大燃料电池汽车推广应用力度。更大系统功率、低氢耗、长续航等高技术车型研发加快,产品更迭迅速。从应用场景看,未来将会有更多城市开展燃料电池客车省际、城际示范,并加大燃料电池客车在通勤、旅游、机场等场景的应用。

(2)持续降本,提高竞争力

充分发挥燃料电池客车加氢时间短、续驶里程长、低温环境适应强等优势,突破燃料电池零部件关键技术、降低关键材料成本,进一步降低加氢基础设施与燃料电池汽车制造及运营成本,提高燃料电池客车经济性,优化燃料电池客车与纯电动客车互补定位。

(3)规模化示范应用

规模化示范应用推广是提升氢燃料电池客车技术水平、降低成本、完善配套体系和使用环境的有效途径，也是加快推动燃料电池客车产业化的重要抓手。通过若干重大示范工程的特色示范区建设，不断积累氢能与燃料电池汽车商业化运营数据及经验，推动国内氢燃料电池客车发展。

9. 其他重要的方面

(1)氢气来源及成本

现阶段，我国氢气来源相对单一，均以工业副产氢为主，并通过长管拖车运输到加氢站加注使用。电解水制氢和可再生能源制氢还未大规模推广，仅张家口等少数城市针对区域“弃电”等可再生能源优势，建造可再生能源制氢加氢站，提前布局替代化石能源的终极解决方案。为保障燃料电池客车示范顺利进行及后续的商业化推广，我国亟须拓展氢气来源，因地制宜开展制氢技术与发展模式研究，充分利用工业副产氢、可再生能源制氢、电解水制氢、天然气重整制氢等对重制氢方式，降低氢气成本。

(2)燃料电池汽车标准

安全性始终是燃料电池客车发展过程中的重中之重。燃料电池汽车的电安全、整车和系统安全、动力蓄电池安全等标准均有国标规范，但在燃料电池汽车的安全要素中，碰撞后尚无标准规范。燃料电池汽车领域虽然已形成相对完整的标准体系，但在某些局部领域仍存在标准缺项情况。如燃料电池电动汽车加氢通信尚无标准规范，而随着加注压力、加注温度的增加，加氢通信协议对于加氢过程中的数据收集、安全监控非常必要。此外，在核心零部件领域，空压机试验方法、氢气循环泵技术条件、燃料电池空气滤清器等多个燃料电池汽车核心零部件都缺乏相应的标准。

(3)氢气储运技术及方式

氢气储运是联结车用氢能产业链前端的制氢和后端的燃料电池汽车应用的中间环节，氢气的大容量安全储运是实现氢气大规模推广应用的关键条件之一。

现阶段，结合我国氢能产业发展，高压气态储氢技术以其技术成熟度高、成本低等特点，成为主要应用的储运方式。但随着氢能产业的快速发展和氢气储运规模的增大，以及社会对储运安全性要求的提高，各类储运技术均获得较好的发展机遇。为适应氢能产业的快速发展，提高氢能储运效率、降低成本、保障安全是氢气储运技术发展的重要方向。未来，可针对储氢场景、输运距离、输运规模的不同，选择相应的氢气储运技术。

(三)燃料电池专用车

(北京亿华通科技股份有限公司　刘艳秋　张鹏)

1. 2020年燃料电池专用车产业总体情况

氢燃料电池专用车是指装置有专用设备，具备专用功能，用于承担专门运输任务或专项作业以及其他专项用途的汽车。2020年，氢燃料电池汽车销量为1 177辆，其中专用车占比12.4%。

截至2021年1月，根据工信部340批《道路机动车辆生产企业及产品公告》显示，氢燃料电池专用车共有32款车型取得公告，其中市政环卫车17款、冷藏车10款、牵引车5款，细分车型结构呈现进一步丰富，应用场景进一步扩展态势。

从车型来看，2020年，我国燃料电池专用车车型较为丰富，物流车、冷藏车、环卫车等专用车型(包括清洗车、洒水车、扫路车等细分车型)均有产品销售。燃料电池专用车以物流车为主，主要为总质量4.5～12 t货厢类厢式运输车和冷藏车，车长集中在6～7.6 m。相比2019年，2020年燃料电池物流车型除传统的普通厢式运输车以外，在对能量供应系统要求较高的冷藏车应用发展迅速。另外，市政环卫车车型较为丰富，路面养护车、清洗车、洒水车、洗扫车、多功能抑尘车均有对应车型取得公告。

从销售数量来看，2020年国内共销售燃料电池专用车146辆，同比下降92.75%。下降主要原因：第一，国内加氢站数量有限，氢燃料电池专用车运行范围受限。第二，氢燃料电池专用车使用经济性与同类型燃油车相比不具备优势。第三，氢燃料电池专用车市场经济性要求更高，应用场景还处于探索阶段，订单来源不确定。

从销售特点来看，2018—2020年国内氢燃料电池专用车销售每年集中在11月、12月和次年1月申报、上险，因此会出现当年年尾和下年年初氢燃料电池汽车销量较多现象。

从示范运营省份来看①，广东省目前示范运营有1 577辆物流车，位居全国第一，上海、陕西、江苏、北京运营的燃料电池物流车数量分别为861辆、401辆、260辆、176辆，分列2～5位。

2. 2020年燃料电池专用车技术发展特点

2020年，国内燃料电池产业已经达到商业化应用的技术要求，产业链体系形成，国产化率进一步提升，少数关键材料和核心零部件仍依赖进口。燃料电池电堆实现国产化并完成批量装车应用，燃料电池电堆的功率密度、寿命和可靠性等方面都得到提高，国产燃料电池空压机和氢气循环泵实现批量上车应用，引射器实现自主化开发及应用。

在燃料电池电堆技术方面，2020年，电堆功率和耐久性都有所提高，已量产的专用车电堆额定功率覆盖30～120 kW。石墨双极板电堆功率密度普遍达到2.5 kW/L以上，金属双极板电堆功率密度普遍达到3.0 kW/L以上，实现－30 ℃冷启动，耐久性≥10 000 h。

在燃料电池系统方面，2020年，车用燃料电池系统集成技术已达到国际水平，量产产品额定功率覆盖30～100 kW，新一代产品功率已达到120 kW以上，具备－30 ℃低温启动、－40 ℃储存能力。

① 由于目前我国燃料电池专用车以物流车为主，仅从物流车角度分析

在燃料电池专用车方面，2020年燃料电池专用车系统功率主要集中在50～110 kW，平均额定功率达到90.8 kW。其中31 t自卸车系统额定功率均大于90 kW，匹配的最高燃料电池系统额定功率达到120 kW。

3. 2020年燃料电池专用车实现的主要技术突破点

（1）高功率密度、大功率系统研发

面向大功率燃料电池专用车市场应用需求，突破大功率燃料电池系统的轻量化与一体化集成技术及高可靠性长寿命自适应水热管理和控制技术，研发出全功率、低成本、高功率密度、长寿命的燃料电池发动机系统。2020年国内企业开发的新一代120 kW燃料电池发动机系统，采用单堆设计方案、通过高性能引射器与电堆的联合匹配设计，有效降低零部件重量，实现700 W/kg高功率密度，具备－30 ℃低温启动、－40 ℃低温储存，具有良好稳定性及耐久性。

（2）电堆功率密度提升

2020年，石墨板及金属板电堆体积功率密度均实现提升。国内自主研发石墨板电堆功率覆盖30～120 kW，新一代产品体积功率密度≥3.5 kW/L，具备高防水防尘、高电磁兼容性、绝缘性强、抗振特性强等优势。金属板最大单堆额定功率143 kW，体积比功率4.7 kW/L，－30 ℃启动小于180 s，具有高性能，高可靠性，高集成的技术特点。

（3）双极板制备、工艺技术突破

针对石墨双极板易开裂、密封难和加工难等问题，突破流道和密封耦合设计及连续化生产工艺技术，开发辊压式双极板批量制备技术，能使石墨板电堆功率密度达到国内领先水平。金属双极板克服了钛合金塑性差、高温活性强等不利因素，形成精密成形、密封组对、表面处理、钛合金基材等核心工艺。

4. 未来几年燃料电池专用车技术发展趋势

未来几年，通过在催化剂、碳纸、质子交换膜等基础材料方面进行技术攻关，开展高性能长寿命低铂车用膜电极技术及高质子传导性质子交换膜等技术研究，实现关键核心零部件及材料国产化，改变依赖进口的弱势，以科技创新带动关键技术突破，优化动力系统匹配与控制技术，提升整车性能，提高自主化燃料电池汽车应用水平，使得氢燃料电池专用车动力性、经济性、耐久性、环境适应性及成本等方面的关键指标达到批量推广的产业化要求。

发挥传统低温气瓶企业技术优势，开展大容量液氢储氢罐内胆材料、绝热设计与工艺流程技术研究，突破大容量、高安全、高质量密度车载液氢储氢系统技术，使得车载储氢系统在质量储氢率、体积储氢密度及系统成本方面逐步达到产业化要求，解决长续航专用车的携氢难题，并且完成储氢瓶、关键阀门组件的国产化及批量制造能力，满足氢燃料电池专用车产业化发展需求。

5. 目前亟须解决的技术难点及解决方案

（1）研发大功率发动机系统

国内燃料电池汽车发动机系统功率仍不能满足日渐丰富的应用场景，尤其是长续航、重载、高速的燃料电池专用车。需要加大力度在“燃料电池＋动力电池”的氢-电混合电源系统协调控制研究、电堆关键技术研究、关键辅助零部件选型和研发等方面来提升发动机系统功率。

（2）关键核心材料及零部件技术突破

针对配套长寿命、大功率燃料电池系统设计需求，开展先进膜电极技术和生产工艺研究、高扩散性卷材碳纸技术及工艺研究、高性能大批量催化剂制备工艺研究，在电化学活性面积、质量比活性等方面取得突破。提高各子部件关键技术和组件材料的国产化率，增强与燃料电池系统的匹配性。

（3）彻底解决可靠性、耐久性、成本问题

可靠性、耐久性是燃料电池商业化的前提，成本、经济性是市场竞争的根本。一方面通过提高关键材料与部件的耐久性，另一方面通过优化控制策略，提高可靠性、耐久性。通过提高国产化率、规模化示范应用及生产，可有效降低燃料电池成本，提高市场竞争力。

6. 2020年行业重点企业发展情况

（1）北京亿华通科技股份有限公司

北京亿华通是一家致力于氢燃料电池动力系统的研发与产业化的高新技术企业。2020年，在研发及新品开发方面，攻克了高功率密度、高稳定性电堆开发、智能水管理、系统抗氧化设计等技术难题，发布了50 kW、80 kW等量产产品，开发全国首套120 kW发动机系统，产品成功应用于公交、环卫、城市配送等多款车型。同时与北汽福田、清华大学等联合开发的全球首款大功率液氢重卡于2020年9月正式发布，该款车型匹配109 kW大功率氢燃料发动机系统并选用液氢系统和大功率轮毂电机，为长续航重卡提供了新的解决方案。

在产品市场方面，亿华通按照“点—线—面”发展战略加大市场开拓力度，搭载亿华通燃料电池发动机的氢燃料电池汽车在北京、张家口、郑州、成都、淄博等地实现了商业化运营。截至2020年底，根据工信部发布的《道路机动车辆生产企业及产品》，全国发布274款燃料电池汽车整车公告（不含底盘），其中搭载亿华通燃料电池发动机系统的整车公告52款，位居行业前列。

另外，搭载亿华通发动机系统的汽车通过了2020年1月海拉尔极寒测试及2021年2月北京冬奥测试，充分验证了燃料电池汽车服务北京冬奥会的可能性，为迎接2022年北京冬奥会的成功召开积累实战经验。

（2）上海申龙客车有限公司

上海申龙客车有限公司年产能超过1万辆，专门致力于客车整车研发、制造和销售，拥有6～13.7m中高档20多类200多个客车品种的完整产品链，产品涵盖公路客运、旅游、公交、团体等各个细分市场，是上海唯一、国内为数不多的综合性客车制造企业。

2019年，申龙客车生产氢燃料电池专用车814辆，占全国燃料电池专用车产量的48.4%，位居全国第一。2020年，上海申龙开发出氢燃料电池专用车SLK5030、SLK5031、SLK5032并销售44辆，位居全国第二。

7. 2020年重点车型技术特点分析

（1）北汽福田冷藏车

北汽福田燃料电池冷藏车基于市场需求，采用正向开发的整体设计理念，调整和优化整车布局，研发出更加适合市场需求的车型。经过研发，已将第一代车载储氢系统以横卧叠排式放置于驾驶室后调整为放置在车架两侧，增加货车车厢的空间利用率。

（2）东风氢燃料电池洗扫车

2020 年在第 337 批《道路机动车辆生产企业及产品公告》中，北京天路通使用东风底盘发布一款 18 t 燃料电池洗扫车，该车搭载北京亿华通燃料动力系统，额定功率为 80.5 kW，续驶里程超过 350 km，加氢时间小于 10 min，低温环境适用性强，冬季可利用发动机余热供热，节能 30% 以上，可用于固定工作区域作业，适用于街干道、辅道进行洗扫、扫路作业场景。

（3）飞驰固态储氢燃料电池冷藏车

2020 年，佛山市飞驰汽车科技有限公司交付深圳市佳华利道新技术开发有限公司一台 4.5 t 固态储氢燃料电池冷藏车。该车辆采用佳华利道自主研发的低压合金储氢系统和加氢系统，拥有自主知识产权。车厢容积达 19.2 m^3，采用聚氨酯泡沫保温层，F 类冷藏箱，制冷效果好，保温性能高，可满足生鲜、冷冻品等多种运输要求。

8. 未来几年燃料电池专用车产业发展建议

（1）紧抓历史机遇期

2020 年 9 月，五部委下发《关于开展燃料电池汽车示范应用的通知》，若 2021 年上半年示范城市最终确定并落地实施，基于各地氢燃料电池汽车发展规划、部分地区对氢燃料电池汽车的支持力度及 2022 年北京冬奥会的示范带动，未来几年氢燃料电池汽车产销量将出现较快增长。氢燃料电池专用车应紧抓历史机遇期，攻克技术瓶颈，加快研制核心材料及零部件，提高燃料电池专用车市场占有率，带动产业发展。

（2）开发多种专用车车型

燃料电池专用车具备续驶里程长、无污染等优势，能够满足专用场景下应用需求。2020 年五部委下发的《关于开展燃料电池汽车示范应用的通知》中提到，鼓励氢燃料电池在物流、环卫等专用车上的应用。建议企业调整产品推广和应用方向，开发多种燃料电池专用车车型，探索更多应用场景，满足应用需求，如燃料电池环卫车、工程车、矿山车等，以提高市场占有率并获得更高奖励。

（3）开展先行先试示范运营

燃料电池专用车与政府主导的公交领域客车示范不同，燃料电池专用车示范具有一定的市场驱动性。未来，随着突破加氢站制约、提供运营补贴、落实通行路权、绿色货运配送示范工程等促进市场化应用的政策环境持续完善，燃料电池专用车市场将迎来快速发展。建议氢燃料电池专用车初步具备产业化条件的地区，积极开展氢燃料电池专用车的示范运营，先行先试，带动产业健康、快速发展。

9. 其他重要的方面

（1）氢瓶检测规范体系研究

建立完备的氢瓶检测体系对燃料电池技术水平的提升和产业的长远发展意义重大。国内从 2008 年开始逐步开发车载储供氢系统，在 2016 年有小批量装车，到 2019 年，大量车载储供氢系统要进行定期检验和评估，其中储氢气瓶是重点，但现阶段国家只有装车前的高压氢瓶检测评价标准——《车用压缩氢气铝内胆碳纤维全缠绕气瓶》（GB/T 35544—2017），没有明确的氢瓶定检及评估标准和方法提供可行的建议和参考。为了加强氢瓶的安全监察，保证氢瓶安全使用，必须完善氢瓶定检方法和标准，保证氢瓶安全使用，预防事故发生。

（2）安全监控平台建设

北京理工大学承建的新能源汽车运行服务与管理平台，全面负责了氢燃料电池汽车等领域应用的远程数据监控与安全预警工作，为多车型运营企业提供全系列车型的基础数据支持，也为政府监控管理提供了技术支撑。但未形成安全监控的标准体系，各安全监控环节彼此独立，尚未实现有效联动与一体化监控。建议应围绕站上氢安全、储运氢安全与使用氢安全，充分发挥智能传感器技术、大数据技术、物联网技术在氢安全中的互补优势，加快氢能源在车—站—输运全流程下的安全监控平台建设，具备持续扩展能力与氢安全预警能力。

（3）氢源及加氢基础设施建设

氢源及加氢基础设施是氢能源供给体系中重要的环节，对于氢燃料电池产业来说，氢源和加氢基础设施决定了氢燃料电池汽车商业化的速度和产业发展规模。

燃料电池专用车因其特殊的使用场景，运行范围较大，对加氢站的数量和布局依赖性更强。近期，随着燃料电池汽车示范城市及北京冬奥的示范带动作用，燃料电池汽车市场规模将迅速扩大，氢源供给及加氢基础设施建设是保障示范应用及商业化推广的前提。

（四）燃料电池物流车

〔德燃（浙江）动力科技有限公司　高海宇　王　毅　邱佳萍〕

2020 年 9 月，提出“二氧化碳排放力争于 2030 年前达到峰值，努力争取 2060 年前实现碳中和”的目标，能源结构的战略性调整，势必会引入大量的清洁、可再生能源以满足减排要求。其中，氢能是必不可缺的部分。燃料电池汽车作为氢能利用的关键领域，具有零污染、低温适应性好、加注时间短等优点，是我国汽车产业转型发展的重要方向，将促进碳达峰、碳中和目标的实现。

1. 2020 年燃料电池物流车产业与技术总体情况

2016—2020 年，国内燃料电池汽车销量大幅增加，根据中国汽车工业协会数据统计，截至 2020 年底，我国燃料电池汽车累计销售超过 7 300 辆如图 1-66 所示。其中，氢燃料电池公交车和物流车占主导地位。据新能源汽车国家监测和管理平台统计，截至 2020 年底，已累计接入氢燃料电池汽车 6 002 辆，其中氢燃料电池公交车和物流车分别为 2 222 辆和

3 153 辆，分别占平台氢燃料电池汽车接入量的 37.02% 和 52.53%，燃料电池物流车用户包括京东、申通快递、盒马鲜生、宜家等物流用户。

图 1-66　2016—2020 燃料电池汽车产销量走势图

注：数据来源于中国汽车工业协会

我国燃料电池汽车产业发展方向主要以商用车为主，燃料电池物流车相较于燃料电池公交车起步较晚、前期所获政策支持较少。但近两年来，在各地大力支持氢能利用、绿色物流等大背景下，燃料电池物流车在续航里程长、燃料加注时间短、装载能力强、综合成本可降空间大、低温适应性强等方面，不断显现出比纯电动物流车、传统燃油物流车更强的优势，已成为燃料电池车型中规模最大、市场化程度最高且上线应用最活跃的推广应用领域。

2020 年工信部《新能源汽车推广应用推荐车型目录》共发布了 13 批燃料电池车辆，其中 4.5 t 燃料电池物流车共 2 款，适配了 70 kW 燃料电池系统，8～12 t 燃料电池物流车 14 款，适配的燃料电池系统额定功率普遍在 60 kW 级，18 t 燃料电池牵引车 10 款，适配的燃料电池系统额定功率普遍在80 kW 级，25 t 燃料电池牵引车 7 款，适配的燃料电池系统额定功率普遍在 100 kW 级。不同燃料电池物流车对应的应用场景见表 1-18。

表 1-18　我国燃料电池物流车主要应用场景与车型

应用场景	场景特点	适用车型	续　航	代表车型	车型图片
城市物流	配送网点到用户的末端配送	4.5 t 燃料电池物流车	≥300 km	佛山市飞驰汽车制造有限公司 FSQ5040XXYCFCEV	
城市物流	主要为同城配送，从配送中心到配送网点的支线运输	8～12 t 燃料电池物流车	≥300 km	中通客车控股股份有限公司 LCK5095XBWFCEV8	
城际物流	城际干线运输	18 t 以上燃料电池物流车	≥500 km	上汽依维柯红岩商用车有限公司(底盘) CQ1180FCEVEQ1	

2. 2020 年燃料电池物流车技术发展特点

相比电动汽车、混合动力汽车，燃料电池汽车在加注燃料时间和续驶里程方面具有优势。对于续驶里程较长、动力性能要求较高、载重量较大的商用车，燃料电池是较好的技术解决方案。

2020 年 9 月，五部委联合发布了《关于开展燃料电池汽车示范应用的通知》，将燃料电池汽车的购置补贴政策，调整为燃料电池汽车示范应用支持政策，对符合条件的城市群开展燃料电池汽车关键核心技术产业化攻关和示范应用给予奖励，明确指出重点支持燃料电池商用车示范应用，重点推动中远途、中重型商用车示范应用。对于氢燃料电池中重型商用车产品的奖励政策给出了明确说明，后期中重型商用车，尤其是重型货车将会得到广泛应用，解决以燃料电池客车为主流车型的产业应用“偏科”现象。

从 2020 年市场表现来看，8～12 t 燃料电池物流车额定功率在 50～80 kW 的车型受到广泛使用。相较于 2019 年燃料电池物流车使用的电堆等核心部件大多数依赖进口的情况，2020 年我国在燃料电池技术方面已取得明显进步，系统装配的燃料电池电堆、空压机、氢气循环装置以国产化为主，但商业化水平与国外仍存在较大差距。国外燃料电池重卡装配的燃料电池系统功率已达到 200 kW 级，系统由两个燃料电池系统组成，其续航里程与国内水平接近。在商业化应用方面，现代重卡 Xcient Fuel Cell 于 2020 年底陆续小批量交付应用。国内燃料电池重卡依然处在研发阶段，暂未达到商业化应用阶段。国内外重卡车型对比见表 1-17。

表 1-19　国内外重卡车型对比

车　型	现代-重卡 Xcient Fuel Cell	丰田 & 日野 Profia	上依红 18 t FCV 物流车

总质量(t)	34	25	18
驱动电机(kW)	350	未公开	180
电堆/系统功率(kW)	95×2/190	128×2/256	/80
低温冷启动(℃)	-30	-30	-30
储氢量/(kg)	35	未公开	/
续航里程(km)	>400	>600	>300
订单量(辆)	50	2025 年上市	2021 年上线

3. 2020 年燃料电池物流车实现的主要技术突破点

燃料电池系统方面，从动力系统的功率、能量密度等指标看，国内领先企业已与世界先进水平相当，燃料电池系统产品往高功率方向发展，2020 年燃料电池物流车装配的燃料电池发动机额定功率普遍在 60 kW，并趋向于 80 ~ 100 kW，高功率发展趋势明显。国内的代表性企业有上海重塑、亿华通、德燃动力等，德燃动力是一家从事氢燃料电池发动机与核心部件（空压机、供回氢总成等）研发与生产的企业，已具备 10 ~ 120 kW 燃料电池发动机批量化生产能力，产品营运车型覆盖乘用车、物流车、客车、专用车及特种车辆等，在燃料电池物流车领域的合作客户有上依红、中通、江淮、重汽等。德燃与合作伙伴联合开发的 9 t 燃料电池保温车、18 t 燃料电池重卡已申报完成工信部公告。

系统核心零部件方面，电堆、空压机与氢气循环泵都已经实现了国产化。电堆领域，我国燃料电池电堆已经在逐渐起步，电堆及产业链公司数量逐渐提高，产能量级提升，2020 年中国氢燃料电池电堆市场规模为 10.7 亿元，从出货功率来看，2020 年中国氢燃料电池电堆出货功率（按额定功率调研）为 320 MW，同比增长 190.9%（GGⅡ调研数据显示）。我国电堆制造商主要是有两大类，自主研发以新源动力、神力科技为代表；引入国外完善电堆技术，以广东国鸿为代表。

空压机领域，燃料电池系统使用的空压机类型主要有离心式、涡旋式、螺杆式，其中离心式空压机在功率密度、效率、噪声等方面具有最好的综合效果，被业界认为是较有前途的燃料电池空气增压方式之一。德燃动力自主研发的多个系列的空压机产品，即采用离心式增压与无油润滑技术，适配 30 ~ 120 kW 燃料电池系统，已建成完备的生产与供应能力，并通过各类实车长期验证。

氢气循装置领域，国内氢循环装置有引射器和氢循环泵两种产品，国外以引射器为主要技术路线，国内以氢循环泵为主流。相比于氢气循环泵，引射器结构更为简单、无电机旋转部件更为可靠，而且无寄生功率，是实现燃料电池氢气循环利用的理想装置，但由于其需与电堆进行深度匹配，应用技术门槛更高。国内，所采用的氢气循环泵产品的典型代表企业为普旭公司，其氢气循环量 200 L/min；引射器产品的典型代表企业为德燃动力，基于电控喷氢与引射回氢相结合的技术自主开发出的供氢回氢组件，可实现各工况宽范围内的氢循环效果，压力调节精度为 ±0.01 bar，性能上与行业国际领先水平相差无几。

4. 未来几年燃料电池物流车技术发展趋势

根据中国物流信息中心统计，受互联网销售及冷鲜市场的影响，2020 年全国社会物流总额 300.1 万亿元，按可比价格计算，同比增长 3.5%。依据 2020 年 9 月五部委联合下发的《关于开展燃料电池汽车示范应用的通知》中针对奖励政策对 31 吨以上物流重卡的利好支持。从未来趋势看，综合考虑市场需求量、燃料电池技术成熟度以及落地应用条件等诸多因素，燃料电池物流车仍将是近、中期我国最具更大规模应用前景的细分领域，且城市内仍为最主要的推广目的地，城市物流仍为最主要的应用场景，随着加氢站等基础设施逐渐完善，燃料电池重卡车型将在城际物流中得到应用，并在港口、矿区等场景进行逐步示范运行。

根据重卡车型对燃料电池系统的需求，未来几年燃料电池系统将朝着大功率、长寿命、高功率密度的方向发展，同时带动电堆、空压机、氢气循环装置等一系列部件快速发展。

5. 目前亟须解决的技术难点及解决方案

经过不断的技术攻坚，国内燃料电池在寿命、可靠性、使用性上基本达到了实用要求，燃料电池物流车示范已经启步。但燃料电池系统产业链仍不甚完整，部分先进技术尚处于实验室阶段，一些关键材料与零部件无法实现批量化生产，仍需依赖进口，这不仅制约了燃料电池系统技术进步以及规模化发展，系统生产成本高，拉低了经济性。亟须解决的技术难点及解决方案有以下几点。

第一，加快关键核心技术攻关，提升零部件国产化率。着力突破高功率车用氢燃料电池电堆、空压机、氢气循环装置、增湿器等核心部件实现国产化，支持燃料电池系统技术研发及规模化发展。

第二，以企业为主体，以市场为导向，强化“产学研”深入融合。发挥联合优势以促进核心技术突破，促进氢燃料电池汽车产业链发展。

第三，以技术突破和产业培育为主线，加强关键核心技术攻关与科技成果转化，积极布局氢燃料电池及整车产业，拓展延伸氢能产业链，以试点示范促基础设施建设、基础设施建设促推广应用、推广应用促产业发展，加快推进氢能产业链建设，实现燃料电池系统批量化生产，大幅度降低成本走向市场化阶段。

第四，由国家检测机构、政府及企业联合制定示范及产业化标准与规范，引导产业向批量化发展，强化车规级标准体系与批量制造工艺。

6. 2020 年行业重点企业发展情况、重点车型

（1）中通客车控股股份有限公司

中通客车成立于 1958 年，自 1971 年开始专业生产客车，主要生产设备 2 000 台（套）（表 1-20），拥有国际领先水平的现代化生产线，具有年产 3 万辆节能与新能源客车的生产能力，行业内首个获得最新版要求的燃料电池、纯电动及插电式混合动力商用车生产资质的企业。

中通牌 9 t 氢燃料电池物流车型采用 50 kW 燃料电池系统，电堆、空压机、供氢回氢组件均为国内生产，国产化率高，系统性能可靠。

（2）上汽依维柯红岩商用车有限公司

上汽依维柯红岩商用车有限公司是一家以重型汽车研发与生产的国内重卡行业领先企业，产品涉及“杰狮”“金刚”“杰豹”“杰卡”等多种品牌车型，包括柴油、天然气、氢燃料等多种动力形式，已覆盖工程自卸、牵引车、载货车、专用车等多个领域，构成强大的产品矩阵，其产品见表 1-21。公司凭借多年在重卡方面积累的核心技术，并在上汽集团支持下，已全面掌握了氢燃料电池的相关核心技术。红岩牌 18 t 燃料电池物流车采用 80 kW 级燃料电池系统，基于国产自主核心部件开发，可应用于燃料电池重卡、燃料电池环卫车等车型。

表 1-20　中通客车上榜工信部公告车型

车　企	中通客车控股股份有限公司

产品分类	燃料电池保温车
产品型号	LCK5095XBWFCEV8
公告批次	2020 年第 333 批
外观参数（mm）	7 630 × 2 370 × 3 060
厢体内尺寸（mm）	4 600 × 2 250 × 2 000
总质量（kg）	9 000
整备质量（kg）	5 000
续航里程（km）	420
最高时速（km/h）	90
燃料电池系统额定功率（kW）	50
燃料电池系统生产厂家	德燃（浙江）动力科技有限公司
电机额定功率（kW）	60
电机峰值功率（kW）	120
电机型号	TZ370XS-LKM0758
电机厂家	中通客车控股股份有限公司
储能装置	磷酸铁锂电池
储能厂家	宁德时代新能源科技股份有限公司

表 1-21　上依红上榜工信部公告底盘

底盘生产厂家	上汽依维柯红岩商用车有限公司

品牌名称	红岩牌
底盘型号	CQ1180FCEVEQ1
公告批次	2020 年第 338 批
车型尺寸（mm）	9 150 × 2 550 × 3 220
总质量（kg）	18 000
整备质量（kg）	9 300
轴距（mm）	5 200
最高车速（km/h）	85
续驶里程（km）	120（氢系统不工作）/600（氢系统工作）
燃料电池类型	质子交换膜燃料电池
生产厂家	德燃（重庆）动力科技有限公司
燃料电池额定功率（kW）	80
燃料电池峰值功率（kW）	85.5
驱动电机型号/功率（kW）	150 额定/250 峰值
动力电池种类	磷酸铁锂电池
生产厂家	宁德时代新能源科技股份有限公司

（3）德燃（浙江）动力科技有限公司

德燃（浙江）动力科技有限公司（以下简称德燃动力）总部位于浙江清华长三角研究院，在上海设有技术中心，与德国下萨克森州科学技术中心成立联合技术中心，拥有先进的氢燃料电池发动机及核心部件生产基地、试验与试制中心。公司以核心技术与部件为业务支撑，产业布局涉及系统产品（燃料电池系统和动力系统）、核心部件（空压机和供氢回氢组件及其他）、工程服务、氢燃料电池观光车四大板块，多项产品填补国内空白。10 ~ 120 kW 系列燃料电池发动机产品通过国家权威机构产品检验及多家车企全面验证，技术指标国内领先，且具备批量化供应能力，其部分产品见表 1-22。

表 1-22　德燃动力燃料电池系统产品系列

产品编号	规格描述	适用车型
FCE-10	5 ~ 20 kW	观光车、叉车、无人机
FCE-30	20 ~ 50 kW	物流车、专用车、乘用车
FCE-60	50 ~ 80 kW	物流车、公交车、乘用车
FCE-100	80 ~ 120 kW	物流车、重卡、乘用车

7. 未来几年燃料电池物流车产业发展建议

2020 年，受新冠肺炎疫情影响，虽然燃料电池行业整体市场表现不理想，但燃料电池物流车产量呈现快速增长态势，燃料电池物流车发展进程将持续推进，市场长期向好发展的基本趋势不会改变。无论是政策引导，还是市场需求，燃料电池物流车向高功率方向发展趋势明显，应用车型向多元化方向发展，预计 2021 年，燃料电池重卡将成为发展热点。

（1）燃料电池物流车型进一步丰富，扩展应用场景

2020 年，我国燃料电池物流车以总质量 8 ~ 12 t 货厢类厢式运输车和保温车为主，车长集中在 7 ~ 9 m 之间，车型除传统的普通厢式运输车，延伸到了冷藏车、保温车等。相比 2019 年，燃料电池在对能源供应系统要求较高的半挂牵引车等领域也得到应用，其中 18 ~ 25 t 牵引车集中在 2020 年下半年开始发展。在未来城际干线运输中，燃料电池重型卡车车型暂未得到发展，公告空缺。未来燃料电池物流车细分车型结构需进一步丰富，应用场景进一步扩展。

（2）系统企业深耕物流车市场，产品开发向高功率发展

2020 年燃料电池系统额定功率主要集中在 50 ~ 80 kW，系统功率仅满足 8 ~ 12 t 运输车。随着燃料电池物流车向重卡方向发展，预计 2021 年系统功率将集中在 80 ~ 120 kW。系统企业燃料电池技术研究也需不断加强，在加大产品功率、提升产品可靠性和降低产品成本方向上加大研发力度，为后续大规模发展高功率燃料电池物流车做好技术储备。

（3）完善基础设施建设，为燃料电池物流车提供示范运营条件

加氢站是燃料电池产业发展的关键基础设施，氢站的快速和大量部署有利于带动上下游产业快速发展，促进燃料电池车辆示范运营有序进行。截至 2020 年 12 月 31 日，国内建成加氢站数量超过 120 座，位居世界第二，但当前加氢站建设瓶颈问题由来已久，包括建设成本高、运营成本高、标准法规不完善等，建议政府及相关机构从这些方面重点突破，构建完善的氢能网络，为氢能行业发展提供有力支撑。

(五)车用燃料电池

(中国科学院大连化学物理研究所　侯　明　衣宝廉)

1. 2020 年车用燃料电池产业的总体情况

2020 年是车用燃料电池行业发展“迎难而上”的一年,尽管新冠肺炎疫情重创全球经济,但行业发展势头丝毫不减,尤其是在提出“碳中和”的目标下,不仅为车用燃料电池产业提供了更多发展空间,更是为行业发展打入了一针强心剂。在国家政策的引导下,2020 年全国共发布 37 份氢电产业相关发展文件,近 20 个城市群申报氢燃料电池汽车示范城市群,国内多地掀起了发展热潮。受疫情和补贴政策改变的影响,2020 年燃料电池汽车产销量相较于 2019 年有所下滑,完成 1 497 辆,其中主要是燃料电池客车和燃料电池专用车[1]。截至 2020 年底,我国建成加氢站 128 座,燃料电池汽车累计保有量超 7 000 辆[2]。2020 年内燃料电池相关企业注册量达 708 家,工信部发布了 12 批次《新能源汽车推广与应用推荐车型目录》,共上榜 48 家燃料电池配套商,其中包括 45 家车企和 120 款车型[3]。随着政策法规标准体系不断健全,中国燃料电池汽车产业呈现出巨大的发展潜力和市场空间,中石油、中石化在内的[4]大央企在氢能和燃料电池领域都展开了深入布局,同时还吸引了众多国际车企及核心材料、零部件企业投入布局,对燃料电池汽车产业的发展起到了很好的带动作用。随着燃料电池车大规模商业化示范,大批国外企业涌入,为国内燃料电池汽车产业的发展注入了新的活力,2020 年膜电极、燃料电池堆、空压机、DC/DC 等核心材料及部件成本均有不同程度的下降,有多家燃料电池企业推出新产品,这些新产品不仅性能得到提升、成本降低,同时国产化程度也显著提高。

2. 2020 年车用燃料电池技术与产业发展情况

2020 年车用燃料电池在基础研究、技术应用、产业发展方面均取得长足进展,在燃料电池商业化目标驱动下,从催化剂、质子交换膜、碳纸到膜电极、双极板、电堆、系统等燃料电池技术都得到很大提升。

(1)催化剂

由于现在商业化的 Pt/C 催化剂存在原料储量稀少、价格昂贵等问题,越来越多的研究人员开始研究高稳定、高活性的低 Pt 和非 Pt 催化剂。Pt 合金催化剂已经得到广泛研究,如大连化物所的 Pt_3Pd/C 催化剂已经在电堆中得到应用,并在龙蟠公司落地转化;此外 PtCo、PtNi、PtCu 等合金催化剂具有替代 Pt/C 的潜力。在超低 Pt 基催化剂研究方面,大连化物所研究了高石墨结晶度的三维多孔基底 3D 结构的铂基合金催化剂(如图 1-67 所示)[5],其活性和稳定性大幅提升,Pt 用量可以降低到 0.1 g/kW。澳大利亚麦考瑞大学制备了具有超高比表面积菱形十二面体 PtNi/C,相比于传统的 Pt/C 催化剂,其 ORR 质量比活性与体积比活性分别增加 25 和 27 倍。重庆大学魏子栋课题组[6]合成 MAC-Pt/ZnFe-N-C 能 100% 暴露表面 Pt 原子,该催化剂在阴极极低 Pt 载量 0.035 mg/cm^2时,燃料电池最大的输出功率达到 1.02 W/cm^2。武汉大学陈胜利课题组[7]合成了 $PtCu_3@Pt_3Cu@Pt$ 催化剂,具有丰富暴露 n(111)×(110)高指数表面针状分支的纳米枝晶形态,ORR 质量比活性和面积比活性,分别是 Pt/C 的 14 倍和 24 倍。但 Pt-M 催化剂的稳定性还需要进一步研究,从应用的角度,Pt 合金催化剂的稳定性保障,除了提高自身的稳定性以外,还要从系统控制策略出发,减少引起催化剂的衰减工况,对催化剂稳定性提高起到保驾护航作用。

非 Pt 催化剂的研究也一直是热点,2020 年华侨大学谢水芬课题组[8]合成了 RuOx-on-Pd 纳米片的二维逆纳米催化剂,该催化剂通过一锅法在超薄 Pd 纳米片上原位合成原子分散的 RuOx/Pd 界面。与先进的 Pt/C 和 Pd/C 相比,其质量活性分别提高了 8.0 倍和 22.4 倍,为燃料电池提供了一种可替代 Pt 的优秀阴极电催化剂。另外,在非贵催化剂方面,Fe-N-C 作为研究最多的催化剂,已经取得极大的进步,厦门大学孙世刚课题组[9]报道了一种普遍的羧酸盐辅助策略,可显著提高 ZIF 衍生 Fe/N/C 催化剂的 ORR 质量活性。当应用于 H_2-O_2 PEMFC 时,活性醋酸盐辅助的 Fe/N/C 催化剂产生了 1.33 W/cm^2的峰值功率密度,创下了非贵 ORR 催化剂 H_2-O_2 PEMFC 的峰值功率密度的新纪录。目前非贵金属催化剂的实际应用还有待于进一步研究与开发。

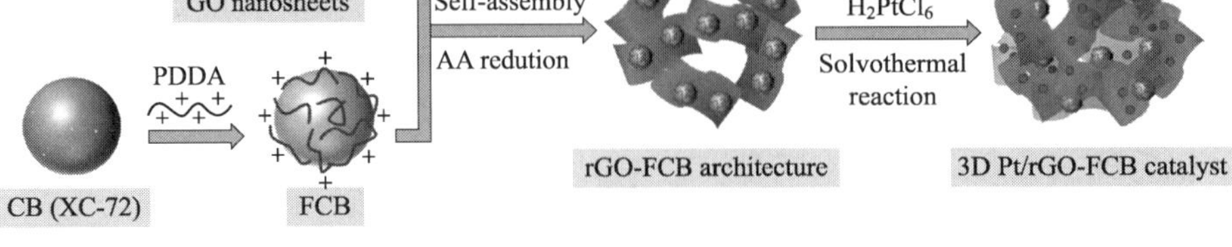

图 1-67　三维石墨烯/功能化炭黑复合物载催化剂的制备流程示意图

在催化剂产品方面，高工产研氢电研究所（GGII）统计显示，2019年国内现有催化剂企业15家，而在而在国内市场活跃的国外氢燃料电池催化剂供应商有田中贵金属（TKK）、庄信万丰（JM）、Umicore、Premetek、CALATER等。国内氢燃料电池催化剂市场主要被国外企业占据，约占市场75%～82%份额。但国内济平新能源自2019年8月投产交付新产品首次打破国际技术垄断开始，一直在突破技术瓶颈，2021年首次实现了国内产品出口，与加拿大巴拉德公司签订出口合同。

建议作为产品的催化剂需要进一步在燃料电池电堆中使用，并在实际燃料电池系统中装车检验，充分验证其产品的性能、稳定性及一致性；作为研究成果的催化剂，也需要进行经过单电池、全电池的试验，推进理论研究结果尽快在实际中得到应用。

（2）质子交换膜

质子交换膜的研究主要集中在以下方面：

①提高的膜耐久性。具有机械与化学稳定性增强的复合膜逐渐得到应用，如大连化物所的专利技术Nafion/PTFE复合膜及添加CeO_2淬灭自由基复合膜技术路线已被同行认可，并在产品中得到应用。按此思路，最近Choi等在膜与催化剂界面的阴极侧引入多功能树枝状Nafion/CeO_2结构（图1-68）[10]，树枝状结构增大了膜与催化剂层的界面接触面积，并在催化剂层与气体扩散介质之间形成了微尺度的空隙，CeO_2的加入有效地减轻了自由基对PEMFC运行过程中形成的自由基引起的膜外表面化学降解，而且在低湿度条件下CeO_2纳米粒子的吸湿效应提高了PEMFC的功率密度。此外，Liu等引入Fe（Ⅱ）-Fe（Ⅲ）氧化还原物种[11]，使用配体交换策略将Fe（Ⅱ）-Fe（Ⅲ）氧化还原物种引入聚合物基质中，由此产生的复合膜在PEMFC显示出增强的耐久性，甚至远远超过抗氧化剂Ce离子的复合膜。此外，Fe（Ⅱ）-Fe（Ⅲ）物种的加入在膜酸化后同时引入了额外的质子位点，从而增加了电导率和功率输出。另外，由于Fe（Ⅱ）-Fe（Ⅲ）物种上电离度较低的质子与聚合物基体的磺酸基之间的氢键作用，这些添加剂在复合膜中流失率很低，可以大大提高化学氧化稳定性。

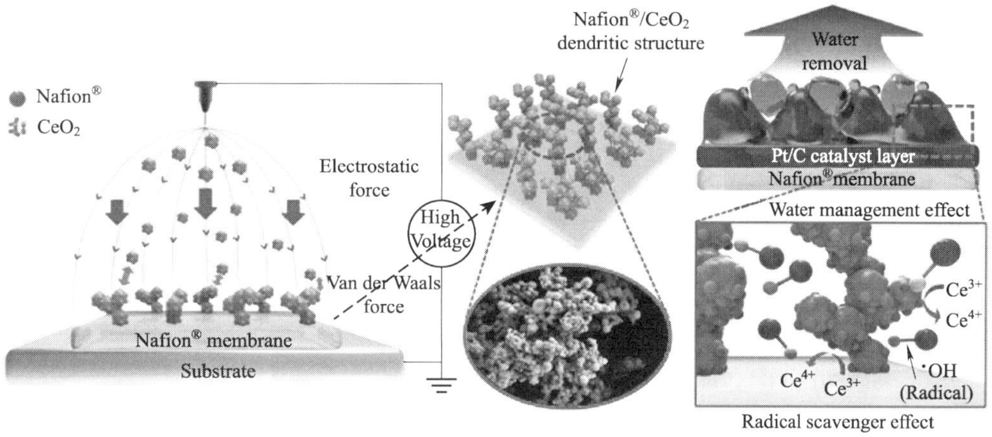

图1-68 引入多功能树枝状Nafion/CeO_2结构的复合膜

②高温质子交换膜：磷酸（PA）掺杂的聚苯并咪唑（PBI）作为高温质子交换膜具有巨大的应用潜力，但其燃料电池在低温（<100 ℃）下的性能较差，限制了它们的应用。Yin等[12]通过独特的设计，将不同含量的三维网状聚丙烯酰胺水凝胶引入到OPBI（OPBI-AM）膜中，同时吸附磷酸和水。由于其强大的磷酸和吸水能力，与原来的OPBI膜相比，OPBI-AM膜在较宽的温度范围内（40 ℃～180 ℃）具有很高的质子导电率，在80 ℃和160 ℃无水条件下，OPBI-0.8 AM的单电池最高功率密度分别达到了200和565 $mWcm^{-2}$，并表现出良好的稳定性。Cui等人将氯甲基化聚（2,5-苯并咪唑）（CMABPBI）与磺化聚醚醚酮（SPEEK）共混，制备了聚2,5-苯并咪唑（ABPBI）基高温质子交换膜[13]。CMABPBI自共价交联形成有利于离子键和氢键的形成，共价交联和离子氢键的结合提高了复合膜的综合性能。SPEEK/CMABPBI（20%）在170 ℃的质子电导率，100%相对湿度（RH）为0.193 S cm^{-1}。180 ℃下质子电导率在50% RH时为0.08 Scm^{-1}，在0% RH时为0.0082 Scm^{-1}。

高温质子交换膜燃料电池由于具有较高的杂质耐受性、高的废热品质及单相气态水管理的优势，是未来重要发展方向。特别是对氢品质要求的放宽，使得氢的成本具有较大的降价空间。这其中高温膜技术是一个关键，如磷酸PBI膜需要解决磷酸流失与有机材料的抗氧化问题，采用磷酸与无机抗氧化材料膜是一个可以探索的研究方向。

质子交换膜产品方面，戈尔公司的GORE-SELECT ® PEM具有超薄、耐用、高功率密度的特性，机械耐久性达到了23 000次，化学耐久性达到742 h。公司出货量较多的是18 μm、15 μm的质子交换膜，8 μm超薄膜也得到客户的好评，实验室里已经储备了5 μm乃至更薄膜的技术能力，正等待合适的产业化时机。

国内质子交换膜做得最成熟的企业是东岳集团，东岳DF260膜厚度可以做到15 μm，在OCV情况下，耐久性大于600 h；膜运行时间超过6 000 h；在干湿循环和机械稳定性方面，循环次数都超过2万次。近期，山东东岳未来氢能材料有限公司150万m^2燃料电池膜及配套化学品产业化项目正在加紧建设中，且东岳集团已建成年产50 t燃料电池离子膜所需要的全氟磺酸树脂生产装置，可满足2.5万辆电动汽车的质子膜所需。江苏科润膜材料有限公司是继东岳之后又一家能实现小批量供货的质子交换膜制造商。

质子交换膜燃料电池最核心的技术材料——全氟磺酸树脂，几乎完全依赖进口。能够批量商业化的全氟磺酸树脂基本被美国杜邦、德国索尔维（SOLVAY）和日本的旭化成等少数几家公司所垄断，东岳也正是凭借自产全氟磺酸树脂才能在众强林立的质子交换膜领域杀出一条路。价格是国产质子交换膜最大的优势，国产价格比进口的价格要低 30%～40%，但是考虑到稳定性和可靠性，在当前整个市场用量不高的背景下，进口膜依然是主导。

（3）碳纸/扩散层

气体扩散层（GDL）是质子交换膜燃料电池（PEMFC）的关键部件，对燃料电池的成本和寿命均有重要影响。GDL 在电池中需要起到支撑催化层、导气、排水、传导双极板与催化层之间电子和散热的作用，因此需要具备一定的机械强度、合适的孔径分布、高的憎水性、好的导电性和散热性。GDL 通常是采用炭纸或炭布作为支撑层（GDB），在其上涂覆一层微孔层（MPL）得到的。德国 SGL 公司生产的 GDL 市场占有率最高，全系列产品均可获得；日本 Toray 公司也占据较大的市场份额，且拥有的炭纸相关专利较多，生产的炭纸具有高导电性、高强度、高气体通过率、表面平滑等优点；但是 Toray 炭纸由于其脆性较大而不能连续生产的特点导致其难以实现规模化生产，极大地限制了供应量的增长。美国的 Avcarb 与电堆制造商巴拉德建立了长期的战略合作关系，巴拉德的许多电堆产品均采用该公司的 GDL。

从技术来看，气体扩散层技术处于国外垄断状态，国内还在加速研究。主要集中在中南大学、武汉理工大学以及北京化工大学等，但研究时间尚短，一些技术难题尚未解决。中南大学提出过化学气相沉积（CVD）热解炭改性碳纸的新技术，发明了与变形机制高度适应的异性结构炭纸，采用干法成型、CVD、催化炭化和石墨化相结合的连续化生产工艺，但产品的耐久性和稳定性有待提升。通用氢能已建成国内第一条卷对卷连续化生产 GDL 产线，年产能 10 万 m^2，并将于 2021 年下半年新建年产能 40 万 m^2 的新产线；中简科技、中南大学、江苏天鸟等也具有一定产业化基础，江苏天鸟开发的炭纸已提供给国内外多个公司试用；2020 年 4 月，上海华谊与与 VIBRANT EPOCH LTD. 正式签署合作框架协议，在中国建立“气体扩散层用炭纸/炭布”生产基地。气体扩散层的大规模生产是降低成本的重要措施，根据碳纤维量产成本及燃料电池电堆市场价格成本解析，GDL 实现国产化规模生产以后，预计成本能从当前进口的 200～300 美元/m^2 降低到 80 美元/m^2 以下。

气体扩散层从技术上要不断创新，发展新的制备技术或探索无支撑层的扩散层，可以进一步降低燃料电池材料成本。

（4）膜电极组件（MEA）

燃料电池中膜电极组件（MEA）是燃料电池的核心部件。从技术方面，开发低铂或无铂、高反应效率的 CCM 型薄催化层膜电极是目前 PEMFC 开发的重要技术方向。主要途径：①使用高活性、高耐久性催化剂，减少 Pt 担载量从而降低成本。②通过调控 Pt/离聚物界面以及开发价格低廉、性能优异的离聚物提升 PEMFC 性能。③采用薄型复合膜，降低质子传递电阻。④合理的 MEA 结构设计，改进质子、电子传导以及反应物和产物的传质。⑤采用高气体通量的扩散层，降低传质极化。⑥优化催化剂浆料的配方使其更能适应工业化生产，同时改善 PEMFC 性能。为进一步普及燃料电池车，丰田汽车公司成功开发了成本更低和性能更高的第二代量产版 Mirai。通过采用新型电极材料，如高固溶性的 PtCo 合金催化剂、高氧气透过性离聚物（ionomer）、介孔碳载体、增强薄质子交换膜、高气体通量的扩散层，使燃料电池性能得到大幅提升。

MEA 产品方面，2020 年中国市场氢燃料电池膜电极主要有四类来源渠道：①国外膜电极企业（巴拉德、Gore、JM 等）。②国外电堆企业通过电堆供应（丰田、Nuvera、Iluming Power Ine. Power Cell、爱尔铃克铃尔等）。③国内膜电极企业。④国内电堆企业自产膜电极。据统计 2020 年国内市场膜电极出货量为 3.68 万 m^2，同比增长 62.11%。增长动力主要来自下游电堆生产量增长。国内领先膜电极企业鸿基创能、武汉理工新能源、擎动科技膜电极产品功率密度均可达 1.2 W/cm^2，测试使用寿命达到 1 万～2 万 h，已基本满足产业化应用需求。2020 年 9 月，理工氢电与国内一家燃料电池上市企业签订 2 000 万元膜电极供应合同，而后又接连中标东风公司、潍柴动力等相关项目。

从生产制造方面，CCM 膜电极的生产工艺主要包括转印法、喷涂法、挤出涂布法等，膜电极 Roll to Roll 涂布生产线工艺是目前实现规模化生产的重要技术。大连化物所开发的催化层静电喷涂工艺，有希望与卷对卷工艺结合，实现催化层微观有序化。国内现已建成多条膜电极生产线，包括苏州擎动科技有限公司、武汉理工氢电科技有限公司、鸿基创能科技有限公司、中科院大连化学物理研究所张家港产业技术研究院、捷氢等。膜电极的国产化、规模化将推动成本下行，未来功率密度提升将会带来更大降本空间。

（5）电堆

2020 年国内燃料电池电堆产量在政策和资本刺激下有了长足进步。2020 年燃料电池电堆额定功率出货量 320 MW，同比增长 190.9%，其中金属板电堆占比 36%，石墨板（含复合板）电堆占比 64%[14]。在出货量上涨的同时各个厂商积极降低成本，例如国鸿氢能和雄韬氢瑞针对较大订单（>10 000 套）分别给出了 1 999 和 1 199 元/kW 的低价。

积极拉产能和降成本，国内燃料电池电堆技术上也有了一定的进步，国内燃料电池电堆向高额定功率、高体积功率密度方向迈进。如骥翀氢能、新源动力、大连化物所、上海氢晨等金属板电堆产品单堆额定功率均达到 100～150 kW。骥翀氢能的电堆最高功率达到 143 kW，得益于金属双极板的应用，其体积功率密度（不含端板）达到了 4.7 kW/L；新源动力的电堆峰值输出功率可达为 150 kW，其体积功率密度（不含端板）也达到了 4.5 kW/L。神力、国鸿基于复合石墨双极板技术，也生产出大功率电堆，但是，比功率与金属板电堆还存在差距。典型的国内电堆产品如图 1-69 所示。

在国内电堆技术整体提高的同时，国际电堆水平也在不断提高，丰田燃料电池汽车 Mirai 二代，其搭载的金属双极板再次减薄，大幅缩小系统体积，首次实现燃料电池系统在 C 级乘用车中的前置，电堆系统输出功率为 128 kW，体积比功率达到 5.4 kW/L(不含端板)。建议国内电堆要更重视耐久性提升技术,要加强在实际车辆上的运行。另外,加强电堆相关技术的创新,如改进组装工艺提高电堆一致性技术、消除两相流的高温燃料电池电堆技术等。

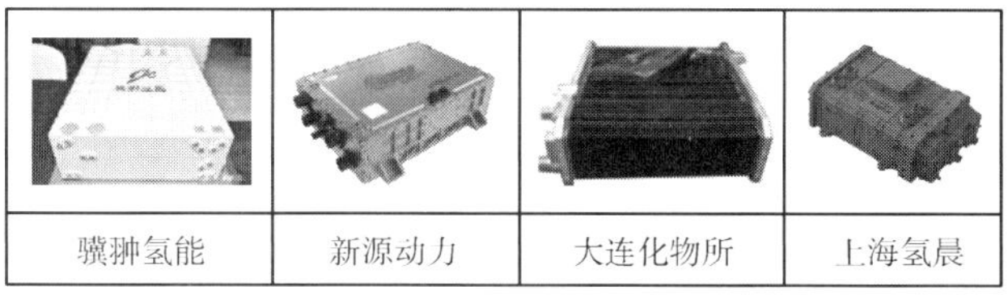

图 1-69　国内代表性的基于金属板的大功率燃料电池堆

(6)燃料电池系统

以政府补贴为初始动力、物流车和客车为突破点、电电混合为特色,中国燃料电池产业走了一条适合本国国情,与他国不同的道路。开发具有自主知识产权的低成本、高性能车用燃料电池系统成为中国燃料电池产业发展关键因素之一。2020 年 12 月,车用燃料电池系统领跑者日本丰田汽车公司,推出新一代量产化燃料电池商用车 Mirai 二代。相比于第一代丰田 Mirai,第二代丰田 Mirai 改进了流场结构和系统布置,续航里程晋升了 30%,达到了 850 km。同年,另一国际知名汽车制造商韩国现代汽车公司推出的 NEXO 燃料电池车销量突破万辆,成为商业化燃料电池车的又典范。因受多方面因素影响,2020 年我国氢燃料电池系统装机量约为 79.2 MW,同比下降 37%。其中,氢燃料电池系统在客车上的合计装机量约为 71.7 MW,同比增长 46%;在专用车上的合计装机量约为 7.5 MW,同比下降 90%。不难发现,国内车用燃料电池系统产业发展处于一个高速上升阶段,尤其是应用于客车的燃料电池系统,这与国家和地方扶持发展是分不开的。

国内的燃料电池系统产业化发展呈现出多头并进,新兴成长企业稳定发展的良好局面,基于国产电堆的燃料电池系统,展示了国产电堆系统的强劲竞争力。亿华通作为中国氢能产业先行者,基于多年的技术研发和车辆示范运行经验,近来新推出了两款大功率自主氢燃料电池发动机全新系列产品 G120 和 G80Pro,其中 G120 质量功率密度突破 700 W/kg,实现 -35 ℃低温启动、-40 ℃低温储存;可广泛适用于城际客车、重卡、环卫车、渣土车等车型,具有高可靠、长耐久、大功率、低噪声、快响应、高集成、高效率、高耐受等诸多优点。捷氢科技专为中重卡设计的大功率质子交换膜燃料电池系统 PROME P3X,系统及电堆一级零部件实现 100% 国产化,系统额定功率 117 kW,功率密度可达 631 W/kg,耐久性大于 10 000 hrs,可在 -30 ℃ ~95 ℃范围内工作,并可以实现 30 s 内 -30 ℃低温启动,无需外加热,具有高集成度、易于商用车布置和维护、快速响应等优势,可应用于燃料电池中重型卡车、城际客车等领域。部分代表性燃料电池系统如图 1-70 所示。近年来燃料电池系统成本得到大幅降低,得益于系统部件空压机、氢循环泵、阀件、氢气瓶等价格的降低,如空压机已经由原来的几十万元下降到 2 万元以下。未来还要简化系统,进一步降低成本。此外,车用燃料电池系统要注重耐久性控制策略的开发,避免启停、反极、低载怠速、电位循环、水管理引起的电堆衰减。

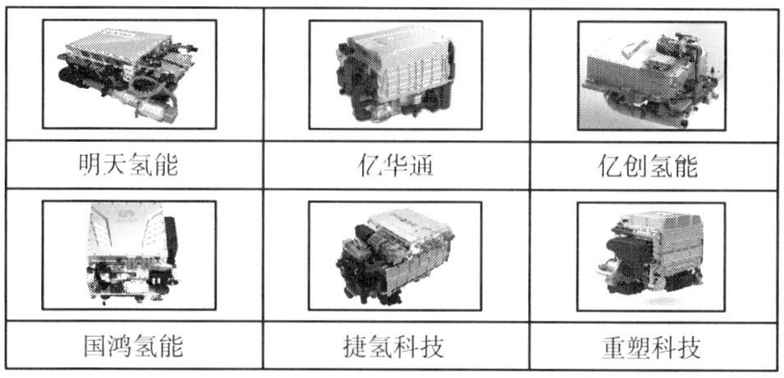

图 1-70　国内开发的代表性车用燃料电池系统

3. 车用燃料电池技术与产业发展存在的问题

(1)核心材料、部件、电堆技术水平有待提高

车用燃料电池技术与国际先进技术还存在一定的差距。在催化剂、膜、碳纸等核心材料方面,装车的材料大多采用国际供应商产品,国内技术需要加速转化,扩大市场应用;国内报道的大电堆、高比功率要尽快装车运行,提高产品的成熟度。

(2)电堆与材料批量生产技术有差距

规模化燃料电池汽车运行需要基于规模化的电堆与材料的生产。目前电堆与材料的生产工艺技术还需要开发,专用化的批量生产装备还需要研制。

(3)电堆核心材料产品缺乏,产业布局不均衡

国内新能源汽车产业园遍地开花,但在规划、发展等方向存在诸多问题,催化剂、膜、碳纸等关键材料还是主要依赖进口,国内缺乏核心材料的产品供应。有一些技术积累,需要进一步在产品上验证,实现关键材料国产化是发展燃料电池车的当务之急。

(4)政府主导为主,市场有待于开拓

燃料电池车市场还是以政府主导为主,未来大规模应用还需要市场进一步扩大应用场景,推动燃料电池汽车商业化。

(5)氢制、储、运、加的技术路线有待于进一步梳理

氢气是燃料汽车应用的上游产业,需要探索低碳/低成本氢气供给、储运、加注体系,保证燃料电池汽车运行的经济性。

4. 车用燃料电池技术与产业发展建议

第一,解决卡脖子技术,发展批量生产工艺与装备。

燃料电池车规模化生产依赖于先进的材料与零部件生产工艺与装备,要关注批量生产工艺的开发,解决卡脖子问题,引进自动化智能技术,研制先进的生产线,促进现有国内核心材料研发成果的转化与应用,实现产品可控供应。

第二,强化技术创新,提升车用燃料电池技术水平。

要从材料、电堆、系统三方面布局创新。进一步改进材料性能,探索无扩散层结构,降低成本;优化电堆组装工艺,提高电堆一致性,大幅度提高电堆比功率,促进乘用车产业化。系统要进一步简化,如去掉增湿器等,进一步降低成本。

第三,加速现代化的设计与检测平台建设,促进产品技术水平的提升。

要逐步形成正向开发能力,借鉴成熟汽车制造经验与技术积累,建立先进的设计与检测平台,全面提高产品技术水平。

第四，完善标准规范体系，指导燃料电池生产与运营。

要建立健全燃料电池车标准法规体系，统一评价标准，完善氢气瓶、加氢站等规范体系，促进燃料电池商业化进程。

第五，重视前沿技术布局，满足未来技术体系更新提升的需求。

加强研发投入，突破共性关键技术。并对新材料、新工艺等前沿技术进行布局，如高温质子交换膜、碱性阴离子膜、非贵金属催化剂、新电堆结构、新组装工艺等。

（本文由博士生唐帅、杨小康、罗文哲、吕波、刘志成、任红、孙嘉琪、孟祥超查阅相关资料）

参考文献

[1] 高工氢电，高工产业研究院. 2021 年中国氢电产业发展蓝皮书，https://max. book118. com/html/2021/0329/6213030241003130. shtm

[2] 中国汽车工业协会. 氢燃料布局加速 我国已建成加氢站 128 座，http://www. caam. org. cn/chn/38/cate_430/con_5233683. html

[3] 高工氢电网：https://www. gg-fc. com/art-41018. html

[4] Xuejun Tang, Yachao Zeng, et al. Anchoring ultrafine Pt nanoparticles on the 3D hierarchical self-assembly of graphene/functionalized carbon black as a highly efficient oxygen reduction catalyst for PEMFCs, J. Mater. Chem. A, 2018. 6: 15074-15082.

[5] Leteba GM, Wang YC, et al. Oleylamine Aging of PtNi Nanoparticles Giving Enhanced Functionality for the Oxygen Reduction Reaction. Nano Lett, 2021, 21: 3989-3996.

[6] Li J, Zhou Q, Yue M et al. Cross-linked multi-atom Pt catalyst for highly efficient oxygen reduction catalysis. Applied Catalysis B: Environmental 2021, 284.

[7] Liao Y, Li J, Zhang S, Chen S. High index surface-exposed and composition-graded PtCu3 @ Pt3Cu @ Pt nanodendrites for high-performance oxygen reduction. Chinese Journal of Catalysis 2021, 42: 1108-1116.

[8] Lyu Z, Zhang XG, Wang Y et al. Amplified Interfacial Effect on Atomically Dispersed RuOx-on-Pd 2D Inverse Nanocatalysts for High-Performance Oxygen Reduction. Angew Chem Int Ed Engl, 2021.

[9] Li Y, Zhang P, Wan L et al. A General Carboxylate-Assisted Approach to Boost the ORR Performance of ZIF-Derived Fe/N/C Catalysts for Proton Exchange Membrane Fuel Cells. Advanced Functional Materials, 2021, 31.

[10] Choi J, Yeon J H, Yook S H, et al. Multifunctional Nafion/CeO 2 Dendritic Structures for Enhanced Durability and Performance of Polymer Electrolyte Membrane Fuel Cells [J]. ACS Applied Materials & Interfaces, 2021.

[11] Liu X, Li Y, Li M, et al. Durability enhancement of proton exchange membrane fuel cells by ferrocyanide or ferricyanide additives [J]. Journal of Membrane Science, 2021, 629: 119282.

[12] Yin B, Wu Y, Liu C, et al. An effective strategy for the preparation of a wide-temperature-range proton exchange membrane based on polybenzimidazoles and polyacrylamide hydrogels [J]. Journal of Materials Chemistry A.

[13] Cui W, Lv Y, Sun P, et al. SPEEK/CMABPBI Ionic and Self-Covalent Cross-Linked Composite Membrane: A Method to Comprehensively Enhance the Properties of High-Temperature Proton Exchange Membranes[J]. ACS Applied Energy Materials. 2020, 3 (12): 12115-12126.

[14] https://www. sohu. com/a/443454256_99957767

（六）燃料电池系统

（同济大学　章　桐）

1. 引　言

截至 2020 年底，我国燃料电池汽车产、销量分别为 1 177、1 179 辆，保有量为 7 355 辆。但在销量遇冷的同时，我国燃料电池产业的技术进步超过预期，燃料电池系统的性能参数有了明显提升，核心部件及关键材料的国产化步入正轨，价格优势初见端倪。另外，随着亿华通科创板上市，数个氢能产业链企业获得资本加持，燃料电池产业在资本市场的热度愈发高涨。经过了一系列的政策调整，燃料电池产业的发展路线也逐渐明晰。

2. 政策支持

2020 年，无论是国家层面或是地方政府层面都出台了不少有关氢能与燃料电池产业的政策措施，对于行业发展有着深远影响。4 月，国家能源局发布了《中华人民共和国能源法（征求意见稿）》，将氢列为能源范畴，氢的身份由危险品变为能源；9 月，五部委下发了《关于开展燃料电池汽车示范应用的通知》，将对燃料电池汽车的购置补贴政策调整为燃料电池汽车示范应用支持政策，对符合条件的城市群开展燃料电池汽车关键核心技术产业化攻关和示范应用给予奖励。示范期暂定为 4 年，示范期间，五部门将采取“以奖代补”方式，对入围示范的城市群按照其目标完成情况给予奖励；习近平总书记在第七十五届联合国大会一般性辩论上提出了我国 2030 年“碳达峰”、2060 年“碳中和”的目标；10 月，《节能与新能源汽车技术路线图（2.0 版）》提出 2030—2035 年实现氢能及燃料电池汽车的大规模的应用，燃料电池汽车保有量达 100 万辆左右。

2017—2020 年，22 个省市已经陆续发布了 105 个关于鼓励燃料电池产业发展的文件，其中 2020 年有 19 个省市累计发布了 55 个文件，超过前 3 年的总和。各省市发布的政策包括发展规划、发展政策、加氢站管理办法及补贴政策等，其中氢能与燃料电池汽车发展规划类最多，为 63 项，发展政策类 14 项，加氢站管理办法类 12 项，补贴政策类 10 项。从省份层面来看，广东、江苏、山东出台政策数量较多，按城市划分，则成都、佛山、上海市出台政策较多。北京市发布的《北京市氢燃料电池汽车产业发展规划（2020—2025 年）》表明要在 2023 年前，培育 3 ~ 5 家具有国际影响力的氢燃料电池汽车产业链龙头企业，力争推广氢燃料电池汽车 3 000 辆、建成加氢站 37 座；广东省发布的《广东省加快氢燃料电池汽车产业发展实施方案》将从发展氢燃料电池汽车产业链、支持氢燃料电池技术创新、推广氢燃料电池汽车规模化应用等6个层面入手，进一步推广以氢燃料电池为动力来源的新能源汽车产业发展；山东省青岛市发布的《青岛市氢能产业发展规划(2020—2030年)》提出要在未来10年完善氢能产业链体系，打造国内重要的氢能产业基地，将青岛打造成国际知名的氢能城市。截至2020年底，全国有22个省市参与了"以奖代补""示范城市群"的申报。

依托各国的政策支持，截至2020年底，全球共有33个国家进行了加氢站的布局，建成加氢站584座。美国在全球加氢站中占比12%，欧洲、中东和非洲占比36%，亚太地区占比达到52%。在加氢站的布局方面，日本以近150座加氢站的数目位列第一，中国以128座的数目位列第二。依照目前规划，到2030年预计全国建设加氢站约1 000座。国内业已形成东西南北中的五大燃料电池产业集群区。其中东部包括长三角与山东地区，为中国最早研发与示范运营燃料电池汽车的区域，该区域有最为庞大的燃料电池汽车示范运行车队；西部包括四川、重庆，是国内可再生能源制氢及燃料电池电堆开发的重要地区；南部包括广东省，是燃料电池汽车大规模示范以及加氢网络较为成熟的地区；北部包括京津冀辽，为较早开展燃料电池电堆关键零部件研发的地区；中部包括河南及湖北，是燃料电池重要零部件研发及客车大规模示范的地区。

3. 技术现状

与过去相比，燃料电池的材料、技术、工艺与规模都有了一定的突破，电堆、关键零部件价格下降明显，在关键技术、核心材料、重要零部件方面均初步实现了国产化。总体而言，我国燃料电池技术水平与时俱进，在系统、电堆方面均已有布局，但与零部件尤其是燃料电池核心材料及部件相关的公司数量仍有限，产品的可靠性和耐久性与国外先进水平仍存差距，部分核心零部件及核心材料仍依赖进口。

燃料电池系统方面，我国已具有自主研发水平，以新源动力、亿华通、德燃动力、弗尔赛、重塑科技和国鸿、爱德曼等为代表的公司已经具备燃料电池系统的批量化生产能力。从2020年燃料电池装机量及系统配套数目来看，爱德曼、亿华通均分别位列前2。2020年2月，重塑科技发布了燃料电池系统PRISMA镜星系列，可根据用户的不同需求开发出60～110 kW中、高功率燃料电池系统，通过模块组合覆盖典型商用车的应用场景；9月，亿华通为北汽福田32 t首款液氢重卡配套燃料电池发动机系统，其功率为109 kW，采用国产自主研发电堆，可实现-30 ℃冷启动；长城控股未势能源发布了乘用车的95 kW燃料电池发动机，搭载该发动机系统的长城首款燃料电池SUV计划于2021年实现量产；10月，清极能源发布了E90燃料电池发动机系统，其额定输出功率为100 kW，质量功率密度为680 W/kg，并采用自主研发的氢气引射回流系统；国鸿氢能发布了鸿途G系列燃料电池系统，其中鸿途G110输出功率达110 kW，体积比功率555 W/L，系统最高效率达61%，并已实现包括4.5 t城市物料车、31 t自卸车、49 t重卡牵引车等多款车型的实车应用；德燃动力的100 kW级燃料电池发动机FCE-100型号产品峰值功率可达120 kW，系统中采用自主研发的空压机、供氢回氢组件等关键部件。根据2020年工信部上榜目录，装机的燃料电池系统平均功率为52.7 kW，50～80 kW范围的系统装机量与2019年相比增长近300%，后续随着大功率商用车以及乘用车对燃料电池发动机系统的要求，预计80～120 kW产品预计会显著增加，有望突破40%水平，与50～80 kW产品共同成为主流。国内外的燃料电池系统技术参数见表1-23。由表可知，国产燃料电池系统在冷启动温度、冷启动时间等方面的性能已与国外相差不大，与国外一流水平的差距主要表现在质量比功率、加/减载功率等动力性指标方面。

表1-23 国内外燃料电池系统技术参数对比

项目		国内	国外
动力性	额定功率(kW)	117	134
	质量比功率(W/kg)	650	890
	加/减载功率(kW/s)	30/30	50/50
	起动时间(s)	3s	/
	低温冷启动时间(s)	30	35
经济性	系统额定效率(%)	44	/
	系统最高效率(%)	57	/
环境适应性	工作环境温度(℃)	-30～85	/
	低温冷启动温度(℃)	-30	-30
	存储环境温度(℃)	-40～60	/
	工作海拔范围(m)	0～4 000	/
噪声	噪声[dB(A)]	80	/

燃料电池电堆方面，国产技术升级不断加快，国内外技术差距进一步缩小。国产电堆的代表企业有新源动力、神力科技、东方氢能、氢璞创能、武汉众宇、明天氢能、捷氢科技等。国内已有超过5家企业电堆功率达到150 kW，随着技术的进一步升级，电堆的体积功率有望突破5.0 kW/L，单堆峰值功率有望超过180 kW。2020年6月，新源动力发布了新款金属双极板燃料电池模块HYMOD-110，额定输出功率为110 kW，峰值输出功率可达130 kW，单堆体积比功率由2019年的3.4 kW/提升至4.2 kW/L；8月，捷氢科技发布了新一代燃料电池电堆PROME M3H，最高功率为130 kW，功率密度达到3.8 kW/L，耐久性达10 000 h，-30 ℃情况下可实现30 s内快速启动；11月，氢璞创能发布了第五代石墨电堆Nowogen V，其片数达350片，最大功率达150 kW，可实现-30 ℃冷启动，且该电堆全部采用国产化零部件。虽然多家企业积极研发，国产电堆在性能上取得了可喜进步，但在耐久性、比功率和启动温度方面，尚待实际乘用车工况验证，下游乘用车规模化应用也亟待加强。

电堆关键材料方面，国产催化剂、质子交换膜已可实现实车应用，预计2021年进行批量化上车应用，气体扩散层仍处于验证阶段。催化剂领域，济平新能源、中科科创、喜玛拉雅、擎动科技等实现了小批量出货，2020年8月，济平新能源在佛山建成首条全自动化催化剂生产线，但催化剂主流市场份额仍被外企占据，除了降低Pt用量以实现降本之外，如何减少催化剂中毒失效、提高催化剂的使用寿命，也是未来需要突破的难点；质子交换膜领域，搭载苏州科润公司研发的NEPEM-3015系列质子交换膜的燃料电池发动机产品于

2020 年 10 月通过强检并完成工信部上车公告。东岳于 2020 年 11 月投产了 150 万 m^2 质子交换膜生产线一期工程。国产质子交换膜的应用与规模化生产不断深入，但在实车工况下的稳定性、可靠性、一致性方面仍有进步空间，高电子传导率和高机械强度难以兼得的技术难点尚待攻坚；MEA 领域，以新源动力、鸿基创能、擎动科技、武汉理工新能源等为代表的企业的领先产品在性能参数上已可满足寿命超过 10 000 h、功率密度达到 1 W/cm^2 的商业化目标，并具备了批量供应能力。在制备工艺上，第二代 CCM 法为当前主流方案，第三代有序化膜电极制备技术仍待突破；气体扩散层领域，通用氢能已建成国内首条卷对卷连续化生产 GDL 产线，年产能达到 10 万 m^2，在 2020 年内实现了批量交付。但气体扩散层的关键原材料碳纸纤维的核心技术仍被日本东丽、德国 SGL、美国 AvCarb 等少数海外企业把控，我国碳纸企业仍处在研发及小规模生产状态；双极板领域，目前石墨双极板已可实现国产化，供应商有上海神力、上海弘枫、杭州鑫能石墨等，但金属双极板尚处于小批量开发阶段，未实现国产批量供应。上海佑戈、上海治臻新能源、新源动力等企业已研制出车用燃料电池金属双极板，但尚待实车应用。对于燃料电池乘用车来讲，体积小、成本低且强度高的金属双极板是该领域技术发展的新趋势，性能、成本间的平衡与加工工艺是亟待解决的重点。

系统关键零部件方面，包括 DC/DC、空压机等在内的各重要零部件已基本实现国产化，成本也进一步下降。空压机领域，2020 年国产空压机市场份额超过 90%，主要供应商有广顺新能源、德燃动力、势加透博、雪人股份等，其中德燃动力发布的 FAC-100-S 型空压机可配套 80 ~ 100 kW 的燃料电池系统，符合中高压电堆对高压比的性能要求；氢气循环泵领域，浙江宏昇、鸾鸟电气、未势能源等企业均推出引射器产品，并进入实车验证阶段。德燃动力自主开发出的供氢-回氢组件，可实现进堆氢气压力调节、电控喷射和引射回氢控制，在 10 ~ 100% 功率范围达到引射效果；增湿器领域，市面上仍以进口产品为主，国内相关研发起步较晚，伊腾迪、大洋电机、上海华熵、长城氢能、德燃动力等企业涉足增湿器研发及生产，2021 年可实现批量化的实车应用；高压储氢瓶领域，Ⅲ型瓶在国内市场占据主流，35 MPa 和 70 MPa 的技术较为成熟，可实现批量生产的供应商以中材科技、沈阳斯林达、京城股份为代表。而质量更轻、压力更高、储氢密度更大、寿命更长的Ⅳ型瓶还处于研发阶段，斯林达、京城股份等企业已有所布局。

4. 发展建议

燃料电池产业的发展离不开国家及地方产业政策的实施、燃料电池核心技术的积累、基础设施的建设、相关配套产业的完善等各方努力，主要聚焦于以下几个方面：

第一，重点提升核心技术。燃料电池产业作为高科技产业之一，其发展万万离不开技术的进步。我国燃料电池技术虽经历了突破性发展，但在某些核心部件方面仍旧依赖进口，量产工艺也稍显欠缺。应从燃料电池系统的核心——电堆及其关键材料、系统核心零部件入手，提升单堆的功率密度以及功率等级，提高燃料电池系统的集成度，不断探索适合燃料电池的新型材料，攻关制造工艺及量产技术，推进新产品的实车验证，基于不同运行工况优化控制策略，早日实现燃料电池产业链的国产化、系统及关键零部件的批量化实车应用。

第二，维持一定利好政策。国家应基于燃料电池产业的发展状况，做好顶层设计及规划，实时调整行业政策，把控大方向，引导燃料电池行业由政策导向步入市场导向，并赋予地方政府一定的自由度；各地方政府应综合考量本地优势制定具有可持续性的支持政策，同时应降低政策的重复性，防止产能过剩；坚持发展商用车、带动乘用车的路线，坚持燃料电池汽车的示范运营工作，以加深民众对于行业的了解，并带动基础设施的建设以及核心技术的进步。

第三，推进基础设施建设。统筹加氢站的规划，改善基础设施的不均衡分布状况。由国资企业牵头，带动区域范围内的基础设施建设工程。在保证安全性的基础上，探索更多样的运营模式，降低加氢站的运营成本。

第四，打造氢能全产业链。燃料电池的应用是氢能全产业链中重要的一环，若上下游环节成本过高或技术落后，则燃料电池的商业化亦会受阻。故应在推动制氢环节的工艺进步，鼓励可再生能源制氢，加快氢气储运环节高压运氢、液氢运氢的技术突破，降低氢气制造、储存、输运、加注等各环节的成本。

第五，鼓励各方交流合作。应加强科研院所、各大高校与企业的合作，鼓励前者的研究成果转化为产品，进而在各场景中进行实际验证与应用；应加强企业间的沟通，尤其是燃料电池零部件生产、研发企业与整车厂的沟通，鼓励强强联合实现技术突破，防止技术攻关与应用之间的断层；应加强资本与企业间的交流，设立健全的投资机制，构建良好的投资环境，避免掌握核心技术的企业“不被看见”的现象发生；另外，应加强国际间的学术、科研、资本联结，以新想法、新路线来启迪国内科研的进步，引进国际先进技术，促使国内技术的突破。

第六，完善相关标准体系。应明确包括燃料电池系统、燃料电池整车、加氢站储氢加氢规程等在内的相关标准，注重对燃料电池系统开发过程中的匹配性验证、功能性验证、经济性验证、安全性验证、环境可靠性验证、耐久性验证。

（七）氢燃料电池电锥

（广东国鸿氢能源科技有限公司　刘广智　瞿丽娟）

1. 2020 年氢燃料电池堆产业与技术总体情况

虽然燃料电池车产销量创 18 年以来新低，根据中国汽车工业协会数据显示，2020 年全年燃料电池车产销量仅为 1 199 辆和 1 177 辆，同比均下降超过 50%。氢燃料电池系统装机量约为 79. 2 MW，同比下降 37%。但根据高工产研氢电研究所(GGⅡ)的调研数据显示,2020年中国氢燃料电池堆的市场规模达到了10.7亿元,同比仅下降了2.7%;而全年的燃料电池堆出货功率(按额定功率计算)更是达到了320 MW,同比增长超过190%。其中值得一提的是,得益于捷氢科技、上海氢晨、新研氢能等企业金属板电堆实现了批量供货,金属板电堆市场占比由2019年的9.2%大幅增加到2020年的36%。

出货功率的大幅度提升有着多方面的原因。首先是2020年9月出台燃料电池示范城市群政策,一方面政策将以“以奖代补”的形式,推动装备大功率燃料电池系统(110 kW)的燃料电池车在重载卡车、矿场及机场物流等场景中实现商业化应用,受到下游系统客户的需求影响,国内主流的电堆供应商国鸿氢能、未势能源、捷氢科技、上海氢晨、清能股份、新源动力、氢璞创能、国电投氢能、明天氢能、雄韬氢瑞等企业纷纷推出了高功率电堆,其中清能股份的150 kW和上海氢晨的100 kW电堆已经实现了批量交付,并在港口物流车上面实现了应用;另外一方面,在示范城市群实施的4年过程中(2020—2023年),车辆的积分也逐渐降低,鼓励相关用户尽早采购燃料电池车投入运营,相关电堆厂家根据客户需求,预先生产一部分燃料电池堆,待示范城市群政策落地后,即可以快速实现装车应用。

除了政策因素外,2020年国内更多燃料电池堆生产线的投产也促进了出货量的增加。据GGⅡ调研数据显示,2020年国内建成的燃料电池堆生产线包括国电投氢能与未势能源的中试生产线及上海氢晨和潍柴动力的批量化生产线,同时还有捷氢科技的常熟产线、氢璞创能的山东和河南产线及骥翀氢能的张家港产线投建。加上此前投产的国鸿氢能、新源动力、氢璞创能、清能股份、弗尔赛、爱德曼、新研氢能及雄韬氢雄等企业批量化生产线及中试生产线,据不完全统计,国内各企业的电堆设计年产能超过6万台燃料电池堆。

随着电堆产能的提升及燃料电池核心部件(膜电极及双极板)的国产化水平稳步提高,电堆的成本及价格均明显下降。据GGⅡ 2019年5月调研结果显示,国内百台级以上订单中,燃料电池堆的价格区间为5 000~6 000元/kW,而百台级以下订单中,区间更是达到了6 000~8 000元/kW;而据GGⅡ 2020年8月的调研结果显示,此时国内百台级以上电堆的价格区间已经下探到了3 000~4 000元/kW,同比降幅超过了30%。自2020年10月开始,国鸿氢能、氢璞创能及雄韬氢瑞纷纷公布新品电堆价格,将电堆价格拖入到了1元/W时代,其中国鸿氢能战略合作价为1 999元/kW、氢璞创能500台以上订单价格为1 699元/kW、雄韬氢瑞2 000台起订单价格为1 599元/kW。

由于示范城市群政策的推出及能够批量供货的供应商逐渐增加,行业的市场集中度进一步下降,前5家企业的市场占有率(CR5)由2019年的86%下降到2020年的69.4%,市场竞争变得更为激烈。

虽然燃料电池车仍是主流应用,但燃料电池堆在车用领域的应用也进一步活跃了其他领域市场的应用,非车用燃料电池堆的出货功率相对于2019年增加了超过100%,市场占比增加0.3%。

从整体市场而言,2020年国内燃料电池堆企业在出货量、降成本、批量生产及新应用场景方面具有较多的亮点。总体而言,目前国内在燃料电池堆层面,产业发展条件良好,在华北、华东及华南等地形成了成熟的产业集群,在“以奖代补”的政策催化下,如华中、西南等地区也在竞相开展燃料电池堆的产业化建设。

燃料电池堆技术在2020年也得到了快速地发展。国鸿氢能、新源动力、清能股份、氢璞创能、上海氢晨等行业内的主要龙头企业均推出了具有自主技术的电堆产品。在体积功率密度、设计寿命、冷启动性能等主要技术的指标上,这些产品均达到了与2015年的丰田第一代Mirai燃料电池车中的电堆的同等水平,在个别指标上甚至有所提高。经过数年的技术上发展,国内自主燃料电池堆在乘用车及重载卡车等场景中,已经具有技术上的可行性。

在技术标准方面,国家也发布了一系列燃料电池相关技术标准,其中国标《燃料电池术语》(GB/T 28816—2020)对包括燃料电池堆在内的燃料电池专业术语进行了统一界定;而国标《车用质子交换膜燃料电池堆使用寿命测试评价方法》(GB/T 38914—2020)则为燃料电池堆的耐久性(寿命)测试提供规范的测试方法、测试要求及寿命评估方法,结束了因缺乏标准而出现各个厂家评价不一、各自为战的局面,有利于电堆产业的标准化建设。

2. 2020年氢燃料电池堆技术发展特点

2020年氢燃料电池堆主要呈现三大特点:

特点一:体积比功率密度快速上升。为了满足客户的需求,燃料电池堆在单堆功率大幅提高的同时,体积比功率也在快速地上升。以国鸿氢能、清能股份、雄韬氢瑞等为代表的石墨双极板燃料电池堆企业均推出了体积功率密度超过3.5 kW/L的燃料电池堆,超过了丰田第一代Mirai燃料电池车中搭载的电堆(3.1 kW/L),其中国鸿氢能的鸿芯GⅠ系列燃料电池堆已经实现了批量化生产;在金属双极板燃料电池堆方面,新源动力、上海捷氢、上海氢晨、骥翀氢能、国电投氢能也纷纷推出体积功率密度超过4 kW/L的燃料电池堆,其中新源动力与骥翀氢能的金属双极板燃料电池堆均超过4.2 kW/L,与丰田第二代Mirai燃料电池车中电堆的体积功率密度接近。

特点二:设计寿命进一步提高。为了满足补贴中对燃料电池乘用车不低于12万km及燃料电池商用车不低于20万km的质保要求,各个主流燃料电池堆企业均进一步提高了电堆的设计寿命。国鸿氢能推出的鸿芯GⅠ系列燃料电池堆设计寿命超过20 000 h,在快速寿命评估中,测试寿命与9SSL系列燃料电池堆相当;上海捷氢科技发布的PROME M3H燃料电池堆,设计寿命达到了10 000 h;明天氢能推出的80 kW燃料电池堆,寿命超过8 000 h;上海氢晨推出的H2150F燃料电池堆,已经通过了5 000 h以上的NEDC工况实测,电堆性能衰减率小于10%。

特点三:低温启动性能进一步提升。随着燃料电池车的广泛使用,对燃料电池堆的低温启动要求越来越高,包括新源动力、骥翀氢能、上海捷氢、国鸿氢能、明天氢能、清极能源、国电投氢能、神力科技等主要电堆企业均推出了在-30 ℃环境中低温启动燃料电池堆,其中骥翀氢能的MH170燃料电池堆在-39 ℃中实现了无辅助冷启动;国鸿氢能通过优化设计等手段,克服石墨双极板热容较大等问题，在 -30 ℃低温中实现鸿芯 GI系列燃料电池堆无辅助冷启动。

3. 2020 年氢燃料电池堆实现的主要技术突破点

2020 年实现氢燃料电池堆技术突破主要有：

第一，单电堆的额定功率实现了突破，包括新源动力、骥翀氢能、上海氢晨、上海捷氢等企业都推出了额定功率超过 100 kW 的燃料电池堆产品。一方面得益于政策及市场的需求，另外一方面也得益于对电堆的核心材料及部件的深入理解。

第二，金属双极板燃料电池堆寿命实现了突破。随着燃料电池堆正向设计能力的成熟，加上金属双极板表面涂层技术的突破与制造工艺的完善，上海捷氢科技、骥翀科技、明天氢能等公司推出金属双极板燃料电池堆均在寿命方面实现了突破，设计寿命达到 8 000 h 以上，上海氢晨的 H2150F 电堆也通过了 5 000 h 的 NEDC 工况实测。

第三，模压石墨双极板在减薄方面实现了突破。国鸿氢能通过调控极板基材组分、改进成型工艺及优化极板设计等手段，成功实现模压石墨双极板减薄突破，将模压石墨双极板厚度降低 20%。该模压石墨双极板已经实现规模化生产，并成功应用到鸿芯 G Ⅰ 系列燃料电池堆中。

4. 未来几年氢燃料电池堆技术发展趋势

在燃料电池车示范城市群实施期间（2020—2023 年），预计燃料电池堆的发展将呈现以下的趋势。

(1)燃料电池堆的体积比功率密度进一步增大。重载卡车、船舶、轨道交通等应用场景具有高负载率及持续高速工况等特点，同时为了便于集成应用，要求燃料电池堆在占用较小体积的前提下，具有较高的功率，这需要燃料电池堆的体积功率密度在未来几年里进一步提高。

(2)电堆设计寿命进一步增加。在短期内，燃料电池堆将从城市物流、城市公交等场景转向重载卡车、公路物流等长距离运输的场景，将会面临复杂多变的路况和环境，需要电堆有更长的寿命(超过 30 000 h)及更高的可靠性(5 000 h 以上不出现故障)来保证长时间的稳定运营。在长期看，燃料电池也有可能在住宅及储能电站等领域推广应用，在这些领域更要求电堆的寿命要超过 40 000 h。

(3)优化电堆运行条件。在保证燃料电池堆性能、寿命及可靠性的前提下，扩大燃料电池堆的运行条件，降低对燃料电池系统的氢气子系统、空气子系统、冷却子系统及控制子系统的要求，实现系统简化，进一步提高燃料电池系统的总体效率。

(4)电堆的智能化制造。相对于 2018 年，尽管燃料电池堆成本已经明显下降，而生产规模也在显著的上升，但预计示范城市群落地后市场需求会大幅上升，现有的生产线规模虽然能满足短期需求，但从长期看规模更大的燃料电池堆生产线势在必行。在生产线扩大后，为了保证电堆的一致性、可靠性以及生产效率，有必要提高生产线的智能化程度，实现降本增效，增强电堆产品的竞争力。

5. 目前亟须解决的技术难点及解决方案

(1)石墨双极板减薄技术。由于石墨双极板厚度较高(在 2.0 mm 左右)，因此石墨双极板燃料电池堆存在体积功率密度较低、低温启动性能较差、单堆功率降低等明显问题。采用硬石墨板雕刻的石墨双极板虽然厚度可以降低到 1.2 ~ 1.4 mm，但是存在脆性比较大且生产效率不高的问题，因此难以量产；采用柔性石墨为原材料，通过模压方式制备石墨双极板，制备方式简单，有利于规模化生产。基于模压石墨双极板方式，通过改进双极板设计、加入助剂及调整基材等手段，有望能将模压柔性石墨双极板厚度减薄至金属双极板目前的厚度，并可以实现规模化生产，大幅降低成本。

(2)、金属双极板涂层技术。燃料电池堆在反应过程中阴极处于酸性较强的环境，会极大地影响金属双极板的使用寿命，同时金属极板释出的金属离子也会影响催化剂的活性，降低燃料电池堆的寿命。丰田公司在第一代 Mirai 燃料电池车的电堆中采用以金属钛为基材的双极板，一定程度上解决寿命问题，但是金属钛资源有限，同时成本较高不利于规模化应用，因此在第二代 Mirai 中重新使用了以不锈钢为基材的双极板。为了提高金属双极板的寿命，需要进一步开发具有耐腐蚀且高导电率的金属双极板涂层，并实现涂层的规模化生产以降低成本。

(3)燃料电池堆自动化生产技术。国内已有燃料电池自动化生产线，但是生产规模并不大，因此自动化生产相对于半自动生产优势并不明显。另外电堆生产线的自动化程度尚有提升空间，可以通过燃料电池堆的设计过程中加入定位点、简化电堆组装过程、优化电堆结构、与上游材料及部件供应商合作开发等手段，进一步提高电堆生产的自动化程度，实现燃料电池堆的一致性和生产规模的提高。

6. 2020 年行业重点企业发展情况

在 2020 年，包括国鸿氢能、新源动力、上海捷氢、上海氢晨、雄韬氢瑞等行业内重点企业均有推出具有较强竞争力的产品。

骥翀氢能在 2020 年 5 月推出其第一代金属双极板燃料电池堆，电堆功率达到了 100 kW，体积功率密度达到了 4.7 kW/L。新源动力在 2020 年 6 月发布了 HYMOD-110 燃料电池模块，该模块额定功率达到 110 kW，相比上一代产品提升 57%，体积功率密度达到 4.2 kW/L。上海捷氢在 8 月产品发布会上推出了 PROME M3H 燃料电池堆，电堆额定功率可以达到 130 kW，体积功率密度达到 3.8 kW/L，耐久性可以达到 10 000 h。上海氢晨在 9 月发布了针对中重型卡车研发的燃料电池堆-H2150F，其峰值功率可以达到 150 kW，已经通过了 5 000 h NEDC 工况测试。明天氢能在 9 月也发布了车规级燃料电池堆，额定功率达到 80 kW，具有自主技术，寿命达到了 8 000 h。国电投氢能在 9 月发布掌握自主技术的燃料电池堆产品——氢腾 FC-ML80，该电堆额定功率为 88 kW，体积功率密度为 3.2 kW/L。国鸿氢能在 2020 年 10 月的新品发布会上推出了鸿芯 G Ⅰ 系列燃料电池堆，体积功率密度达到3.8 kW/L，设计寿命超过 20 000 h 并提供 8 年/50 万 km 的质保。该系列燃料电池堆的战略合作价为 1 999 元/kW 氢璞创能在 11 月发布会上宣布其 500 台以上电堆订单价格为 1 699 元/kW。雄韬氢瑞 12 月发布公司的第一代燃料电池堆产品——氢瑞 A1，该电堆额定功率 42 ~ 84 kW，体积功率密度达到了 3.5 kW/L。在发布会上，雄韬氢瑞还宣布 2 000 台起电堆订单价格为 1 599 元/kW。

7. 未来几年氢燃料电池堆产业发展建议

预计在未来几年里，燃料电池车市场会大幅增长，同时固定式燃料电池市场也会开始发展，对高性能、长寿命燃料电池堆的需求会越来越多，因此在产业方面建议：(1)应对市场需求，继续投入技术研发，提高产品竞争力，推出性能、寿命及可靠性等各项指标更为优秀的燃料电池堆。(2)做好产能规划，避免低水平产能的重复建设。(3)积极开拓更多的应用场景，做大燃料电池堆市场。

(八)车用燃料电池压缩机

〔德燃(浙江)动力科技有限公司　詹　剑〕

1. 2020 年氢燃料电池汽车压缩机产业与技术总体情况

车用燃料电池压缩机是燃料电池发动机核心零部件之一，为燃料电池堆阴极供应合适的压力和流量的洁净空气，其输出特性直接影响进入燃料电池堆阴极侧的空气化学计量比与空气加湿特性，进而影响燃料电池发动机的输出性能、效率以及水平衡等特性，因此其重要性不言而喻。

2020 年度我国车用燃料电池压缩机产业发展情况总体上"稳中有升"，国产化程度高，2020 年度国产车用燃料电池压缩机市场份额超 90%，主要供应商有势加透博、金士顿科技、东德实业、德燃动力等。据高工产研氢电研究所(GGⅡ)正式发布的《2021 年中国氢电产业发展蓝皮书(1.0 版)》显示，2020 年我国车用燃料电池压缩机出货量为 4 068 台，同比增长 7.3%，如图 1-71 所示。

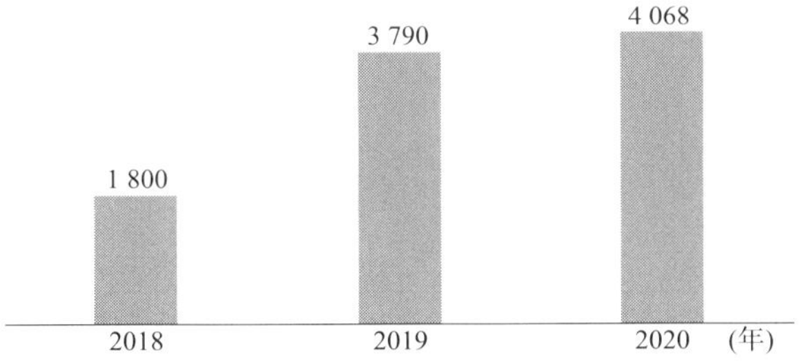

图 1-71　2018—2020 年我国车用燃料电池压缩机出货量(单位：台)

注：数据来源于高工产研氢电研究所

从市场规模来看，2020 年我国车用燃料电池压缩机销售额约为 1.7 亿元，同比增长 6.3%，车用燃料电池压缩机价格近乎"腰斩"，由于出货量增速大于价格下行速率，因此市场总体规模仍有小幅增长，如图 1-72 所示。

鉴于良好的市场预期，国内涉足车用燃料电池压缩机领域的企业逐年增加，并主要在华东、华北和华南三大区域集中。国内主要车用燃料电池压缩机厂商分布情况见表 1-24。

针对不同的燃料电池发动机性能要求，车用燃料电池压缩机仍然是多种技术路线并存的状态，所采用的车用燃料电池压缩机类型有螺杆式、罗茨式和离心式。从 2020 年度车用燃料电池压缩机技术总体情况来看，国内外企业中 80% 以上厂商选用离心式作为其产品研发方向(见表 1-25)；各主流汽车厂商绝大多数均采用离心式车用燃料电池压缩机(见表 1-26)。

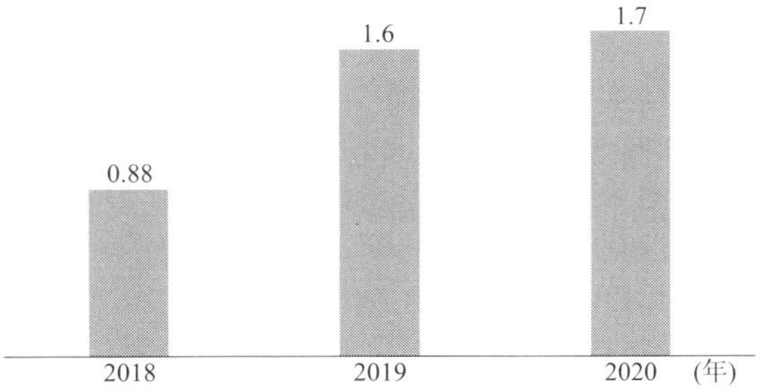

图 1-72　2018—2020 年我国车用燃料电池压缩机销售额(单位：亿元)

注：数据来源于高工产研氢电研究所

表 1-24　国内主要车用燃料电池压缩机厂商分布情况

区域	车用燃料电池压缩机厂商
华东	势加透博、德燃动力、华熵能源、汉钟精机、科华动力、芜湖杰锋、金通灵
华北	金士顿科技、东德实业、潍坊富源、伯肯节能
华南	广顺新能源、稳力科技、昊志机电
华中	毅合捷

表 1-25　国内外主要车用燃料电池压缩机厂商产品技术路线对比

车用燃料电池压缩机厂商	产品技术路线
Garrett	离心式
Liebherr	离心式
UQM	螺杆式
势加透博	离心式
金士顿科技	离心式
德燃动力	离心式
东德实业	罗茨式

表 1-26　主流汽车厂商车用燃料电池压缩机类型对比

汽车厂商	上一代	当前
丰田	罗茨式	离心式
本田	螺杆式	离心式
戴姆勒	螺杆式	离心式
通用	螺杆式	离心式
现代	离心式	离心式
上汽	罗茨式	离心式

2. 2020 年氢燃料电池汽车压缩机技术发展特点

为实现较高的能量转换效率，燃料电池内部的化学反应对空气的温度、湿度、压力和流量等参数有着严格的要求，因此针对车用燃料电池压缩机的技术要求主要表现在以下几个方面。

(1)无油，润滑油进入燃料电池堆内会导致燃料电池堆失效。因此车用燃料电池压缩机需要采用水润滑轴承、空气轴承等无油轴承。

(2)高效，车用燃料电池压缩机的寄生功率较大，一般性占到燃料电池发动机辅助功耗的80%左右，因此其效率直接影响着燃料电池发动机的性能与效率等关键指标。

(3)小型化和低成本，车用燃料电池发动机受其功率密度和成本的指标要求限制，小型化和低成本的车用燃料电池压缩机有助于提升燃料电池发动机功率密度以及燃料电池汽车的产业化。

(4)低噪声，车用燃料电池压缩机是燃料电池系统最大的噪声源之一，因此需要考虑做降噪处理。

(5)喘振线在小流量区，提供小流量高压比的空气供应可以实现燃料电池堆在低电密工况下高效地运行。

(6)良好的动态响应性，当整车需求功率发生变化时，燃料电池发动机在变工况条件下运行，此时需及时调整空气流量和压力，以跟随输出功率的变化。

针对上述技术要求，现阶段所采用的车用燃料电池压缩机类型有螺杆式、罗茨式和离心式。其中：

(1)离心式具有体积小、响应快、噪声低、无油润滑、可实现超高压比等优势；但其在小流量高压比工况下运行时容易发生喘振影响寿命、生产成本高、工作范围窄以及控制策略相对复杂等缺点；

(2)罗茨式具有工作范围宽、生产成本低等优势；但其排气过程中存在管路气体突然倒流的现象及其内部流道没有压力梯度，高压比工况下内漏气损失较严重等原因，导致其存在噪声大、压缩过程功耗最大，体积大、需要机油润滑等缺点；

(3)螺杆式具有流量大、工作范围宽等优势，但其内压比是固定值，在排气过程中存在突然膨胀和突然倒流现象，降低其机组性能，也是其气动噪声的重要来源；同时其还存在生产精度要求高、成本高、高频噪声大、体积大以及需要机油润滑等缺点。

3 种不同类型车用燃料电池压缩机性能对比见表 1-27。

表 1-27　不同类型车用燃料电池压缩机主要指标对比

项目	离心式	罗茨式	螺杆式
润滑方式	无油	机油	机油
功耗	低	高	低
体积/成本	小/较高	较大/低	大/高
噪声	低	高	高
工作范围	窄	宽	宽
动态响应性	好	较好	较差

考虑到螺杆式生产精度要求与成本较高，因此自 2019 年起，市场上主要采用离心式和罗茨式这两类车用燃料电池压缩机，其销售量达到 90% 左右。同时随着 2020 年氢燃料电池应用拓展到重卡领域发展，燃料电池发动机功率需求提升至 100 kW 级以上，以及针对高海拔的应用需求日益凸显，罗茨式在压比方面已无法满足重卡领域的应用需求，离心式车用燃料电池压缩机正逐步成为主流应用类型。

3. 2020 年氢燃料电池汽车压缩机实现的主要技术突破点

2020 年全球燃料电池发动机应用场景仍然以商用车为主，重卡为新增应用方向。因此 2020 年车用燃料电池压缩机技术突破点主要围绕商用车，特别是重卡应用场景的需求。主要表现在以下几方面。

(1)高压比大流量，燃料电池发动机功率需求提升至 100 kW 级以上，其所采用的燃料电池堆功率达到 120 kW 以上，其有效面积增大与单体数量增多，因此对阴极侧空气进气压比提升至 2.5～2.8，流量需求提升至 140～160 g/s。

(2)耐环境适应性，商用车特别是重卡车辆应用场景环境条件较为恶劣，包括温度、湿度及化学等环境条件。因此车用燃料电池压缩机工作环境温度范围已拓宽至 -40 ℃～85 ℃、工作环境湿度范围拓宽至 5～99% RH 并具备良好的耐化学环境。

(3)可靠性与耐久性提升，商用车用燃料电池发动机使用寿命(一般为 2 万～3 万 h)要求相较于乘用车(一般为 5 000 h)更长，同时其行驶路况较差，车用燃料电池压缩机自 2019 年起开始逐步搭载整车开展示范验证，其可靠性与耐久性得到了相应的提升，但仍需进行更加充分的验证与改进。

(4)国产化与成本大幅下降，2020 年国产车用燃料电池压缩机所占市场份额达到 90% 以上，同时得益于驱动器等关键部件国产化，其成本相较于 2019 年下降了近 50%。

4. 未来几年氢燃料电池汽车压缩机技术发展趋势

随着我国氢燃料电池行业技术进步、产业链不断完善，应用场景不断拓宽。未来几年燃料电池发动机通过政策引导与扶持，在商用车领域开展市场化前期的示范应用、验证与迭代的基础上，将逐步在乘用车领域推广应用。

结合应用场景的需求，燃料电池发动机需进一步提高功率密度、动态响应性与效率，提升可靠性、耐久性与环境适应性，并具有优良的 NVH 评价。由此针对车用燃料电池压缩机提出了更高的技术要求，下表通过燃料电池发动机指标要求分解，将未来几年车用燃料电池压缩机技术指标要求列出。

表 1-28　车用燃料电池压缩机技术指标要求发展趋势表

燃料电池发动机		车用燃料电池压缩机	
指标类型	指标要求	对应指标	指标要求
动力性	大功率	流量	大流量
	高比功率密度	压比/质量/体积	高压比、轻量化、结构紧凑
	高动态响应性	转动惯量/MAP	低转动惯量/宽 MAP 范围
经济性	高效率	效率	高效率/能量回收
	低成本	成本	低成本
可靠性	高可靠性(MTBF)	可靠性	启停可靠性、MTBF
耐久性	长寿命	耐久性	启停次数、多工况寿命、无油
环境适应性	高低温湿热	工作环境温湿度	工作环境温湿度范围宽
	高原	工作海拔高度	高海拔/压比可调
	振动冲击	振动冲击	满足国标
	EMC	EMC	满足国标
NVH	主客观评价	噪声/NVH	低气动、电磁、振动噪音

通过上述表格分析结合现阶段 3 种类型的车用燃料电池压缩机技术路线可知，罗茨式压缩机在高压比运行条件下效率低、

螺杆式压缩机压比适应性差以及噪声大，难以满足未来针对更高压比更大流量低噪声等方面的指标要求。而离心式压缩机较好地契合了车用燃料电池压缩机的技术发展趋势要求。

5. 目前亟须解决的技术难点及解决方案

2020年燃料电池发动机围绕大功率、高比功率密度、高效率以及长寿命等方向发展，进而对车用燃料电池压缩机提出了高压比、大流量、高效、轻量化、紧凑化与长寿命的要求，结合目前车用燃料电池压缩机主要的技术路线，现阶段亟须解决的技术难点与解决方案主要表现在以下几个方面。

(1)离心式车用燃料电池压缩机。面向大功率燃料电池发动机全工况运行条件下，特别是在小流量高压比工作点运行时的喘振问题。通过优化压缩机内部机械结构设计，减小空压机的喘振区以及对燃料电池系统控制策略进行优化，使得压缩机在运行过程中不进入或短时间进入喘振区，尽量避免喘振对离心式压缩机造成不可逆损伤。

在高压比工作点运行时，离心式压缩机功耗增大，从而影响燃料电池发动机输出功率与效率，因此须通过优化气动结构、电机设计以及控制策略等各环节来提高压缩机总括效率，降低压缩机功耗。针对采用空气轴承的离心式压缩机存在启停寿命限制，需通过提高空气轴承的可靠性和耐久性等来保障其启停寿命。

(2)螺杆式车用燃料电池压缩机。螺杆式压缩机具有压比高的优点，但其内压缩比固定，在宽压比范围运行其效率较低，同时存在噪声大、油润滑等问题，一般性通过调整燃料电池发动机控制策略、增加消音减震装置以及定期维护保养等方式解决上述问题。

(3)罗茨式车用燃料电池压缩机，罗茨式压缩机压比偏低且高压比效率低，难以满足大功率燃料电池发动机高压比高效运行需求，同时与螺杆式一样存在噪音大、油润滑等问题。一般性通过提高工作转速、增加消音减振装置以及定期维护保养等方式解决上述问题。

此外，针对车用工况条件下，3种类型的压缩机其可靠性与耐久性均要进行充分的验证以及优化迭代。

6. 2020年行业重点企业发展情况

(1)Garrett

Garrett的两级电动空压机为离心式结构，通过采用两级电动压缩机的创新设计结构——转子两端分别为低压空压机和高压空压机——能够最大限度地对空气进行压缩，为燃料电池堆带来400 kPa、125 g/s(该指标国内尚未有企业可以实现)的增压气流量，实现100%无油运行，电池堆输出密度达到3.1 kW/L，压缩机最大功率可达103 kW，转速为10万r/min，该款产品已于2016年搭载于本田新一代燃料电池CLARITY上。

(2)势加透博

势加透博车用燃料电池压缩机产品为离心式，XT-FCC燃料电池无油离心空压机已完成系列化研制，覆盖30～150 kW燃料电池系统需求。基于势加透博研发的XT-FCC无油离心空压机技术平台，其3个标准系列产品XT-FCC160/300/400可覆盖30～150 kW燃料电池系统需求，并可以为企业灵活开发与其燃料电池系统最佳匹配的定制款专供机型。

(3)金士顿科技

金士顿凭借在空气轴承及高速电机领域长期的技术沉淀，以燃料电池无油空压机为主打产品。针对50～120 kW系统，金士顿新推出了RDGF22-3.0和RDGF15-2.7两款产品，并实现批量供货。在这两款电机平台的基础上，又推出了两款新气动的机型，RDGF22-3.0-L和RDGF15-2.7-S。

(4)德燃动力

德燃动力是由专家和高端人才牵头的燃料电池系统与部件企业。公司核心骨干早在2003年起就开展燃料电池技术及产品的研发及国际重大活动的示范推广，积累丰富的产业化经验。公司以核心技术与部件为业务支撑，已具备10～120 kW燃料电池发动机及核心部件批量化生产能力，产品已通过国家权威检测机构产品检验及认证。在车用燃料电池压缩机产品方面形成了双级与单级离心式车用燃料电池压缩机产品系列，分别为FAC-40-D、FAC-50-D、FAC-53-D以及FAC-65-S、FAC-100-S两大系列覆盖10～120 kW级燃料电池发动机需求的压缩机产品。

7. 未来几年氢燃料电池汽车压缩机产业发展建议

2020年受新冠肺炎疫情与政策调整影响，市场需求延期释放。随着后续示范城市群政策落地，国内经济运行企稳以及地方财政拉动，未来几年国内车用燃料电池压缩机市场将达到百亿元量级。从产业技术方面来看，离心式压缩机将成为各方发展的主流技术方向，将朝着高压比、大流量、宽范围、高集成、低能耗的方向发展。我国在离心式压缩机领域具备较为丰富的技术储备，为车用燃料电池压缩机国产化奠定了基础。未来应加快全产业链国产化的进程，进一步降低成本、提高可靠性与耐久性。

(九)燃料电池隔膜

(上海交通大学　张永明；山东东岳未来氢能材料股份有限公司　马晓娟　丁　涵　邹业成)

1. 2020年燃料电池膜产业与技术总体情况

质子交换膜性能决定电池性能、寿命。聚合物电解质膜的主要作用是传导质子、用作电极反应介质、催化剂载体、隔离阴极和阳极反应物，是整个电池最重要的部分，决定着燃料电池的寿命和费用。一个优异的PEMFC质子交换膜具有以下性质：①低的燃料和氧化剂渗透性，主要作用是阻隔燃料和氧化剂，以避免氢气和氧气在电极表面发生反应，造成电极局部过热，影响电池的寿命。②高的质子传导率，以降低电池内阻并提高电流密度。③在不同的工作条件下，质子膜结构与树脂组成不发生改变，保持优异的化学和电化学稳定性，以保证电池的工作寿命。④良好的热稳定性、好的尺寸稳定性、良好的机械强度、适当的性价比。

高性能燃料电池质子膜作为燃料电池的核心关键材料，被称为氢燃料电池的“芯片”，是我国发展氢燃料电池汽车必须掌握的核心技术和关键材料。据统计，到2030年，国内质子交换膜的市场容量将达到4 000万m^2，市场规模将超过400亿元。

质子交换膜可以分为均质膜和复合膜两种。根据材料的主链组成和官能团不同，可以将均质膜分为5种不同类型：全氟磺酸膜、部分氟化磺酸膜、非氟化磺酸膜、聚苯并咪唑（PBI）/H_3PO_4膜等。但是只有全氟磺酸质子膜得到了应用，其他膜处在实验室研究中。

全氟磺酸膜具有优异的化学和电化学稳定性以及卓越的质子导电能力，已经成功应用在商业化的燃料电池中。它具有独特的结构，包括四氟乙烯疏水性主骨架和带有亲水端磺酸基团的侧链，前者使其具有一定的物理强度和优秀的化学稳定性，而后者使其在含水时具有理想的质子传导性。水在膜中的存在状态会影响PEM离子通道形成、尺寸和连接性，从而决定着PEM的质子传导率。

众多研究机构对其他种类的膜也进行了长期研究，但目前都不具备商业化应用水平。部分氟化磺酸膜主要包括辐射接枝膜和以商用氟聚物为主体的共混膜两种。在PEMFC中使用的辐射接枝膜通常是使用两步法制备而成：将苯乙烯或α,β,β-三氟苯乙烯接枝到含氟的惰性高分子膜上，[这种惰性高分子膜通常是聚四氟乙烯（PTFE）、聚偏氟乙烯（PVDF）、共聚的四氟乙烯和六氟丙烯（FEP）或交联的乙烯和四氟乙烯（ETFE）等]，然后磺化接枝。共混改性法研究主要集中在共混膜材料的选择及共混膜的制备上，一般选取聚砜（PS）、聚丙烯腈（PAN）、聚偏氟乙烯、醋酸纤维素等高性能高分子材料作为共混制膜材料，近年又开展了对丝素、壳聚糖和甲壳素等医用高分子材料的研究。聚合物共混或掺杂作为一种有价值的技术也被用于改进氟聚合物的力学、热学、表面和质子传导性能。但是，这种技术制备的部分氟化磺酸膜还没有可实用的报道。非氟质子膜是PEM的一个重要分支。这些PEM材料包括聚芳基醚、聚酰亚胺、聚醚酰亚胺、苯乙烯及其衍生物等。聚芳醚基膜由于其可加工性、优异的热化学稳定性、良好的力学性能和低成本等优点，磺酸基团是聚芳醚基膜的质子交换位点，比羧酸和膦酸更容易被引入芳香环。聚酰亚胺基磺酸膜，特别是磺化六元环（萘）聚酰亚胺，由于其优良的化学和热稳定性、较高的机械强度、良好的成膜能力和较低的燃料气体（或液体）渗透能力，一些实验室也对其进行了详细研究，希望找到替代全氟磺酸膜的替代品，达到降低成本、减少气体渗透率的目的，但是综合性能还没有达到实用水平，主要体现在电导率低、寿命短，机械性能差等方面。由于受到全氟磺酸树脂自身强度和制备工艺的限制，均质膜的机械强度较低、溶胀严重，并且厚度较厚，难以得到可以实用的低于25 μm厚度的均质膜。为了进一步降低膜厚度，提高自身强度和降低溶胀，美国Gore公司研制出了聚四氟乙烯（ePTFE）增强型复合PEM。这种复合PEM将PSFA填充到PTFE的微孔当中，在保证膜的机械性能的前提下，使膜的厚度进一步降低至10～20 μm，甚至更低，相应的质子导电性得到大幅提高。目前车用燃料电池PEM已经大部分改为使用复合膜。

复合质子交换膜是将全氟磺酸树脂加注到具有多孔结构的增强基体材料（如PTFE、PVDF等）中形成的复合结构的膜。全氟磺酸树脂填充到多孔增强基体材料的微孔内，既可以不阻塞质子传导通道，保持膜的质子传导性能，又可提高膜的机械强度和尺寸稳定性。美国Gore公司采用带有微孔的PTFE膜对全氟磺酸树脂进行增强，山东东岳未来氢能材料股份有限公司（以下简称“东岳未来氢能”）采用两种不同交换容量的PFSA聚合物制备增强PEM，低交换容量的PFSA形成增强网络，其优势在于增强相与质子传导相的界面结合更牢固。加入增强材料是目前最主流的复合膜制备方法。

全氟磺酸膜是主流质子交换膜。其中由于全氟磺酸聚合物具有聚四氟乙烯结构，其碳-氟键的键能高，使其力学性能、化学稳定性、热稳定性佳，使用寿命远好于其他膜材料的使用寿命，同时由于分子支链上存在亲水性磺酸基团，具有优秀的离子传导特性，全氟磺酸膜成为目前主流质子交换膜方案。全氟磺酸型质子交换膜常用的加工方法有热熔融挤出成膜法和溶液流延成膜法两种方法。熔融挤出法适合于连续化生产，成膜过程不使用溶剂，不会对环境造成危害。但是这种方法成膜后还需要将膜水解转型，而且只适于离子交换容量较低的离子聚合物；溶液成膜法则可用于离子交换容量较宽的离子聚合物成膜，该方法可以直接得到离子型的制品，制备时需要先将树脂转型后溶解于适当的溶剂中，然后进行浓缩处理再涂膜去除溶剂，整个工艺过程较为繁琐。成膜时根据设备的不同可以间歇式或者连续化生产，需要对溶剂进行回收处理。

由于DuPont公司是全氟磺酸质子膜的发明者（1960年），为客户提供均质的PEM，长期占据世界市场主导地位，只是2010年后被增强复合型PEM逐步取代。杜邦公司全氟质子聚合物及其质子膜的商标为Nafion，所以此处稍加详细说明其生产技术。以四氟乙烯、三氧化硫、全氟环氧丙烷等为原料，制备出磺酰氟烯醚单体，再与四氟乙烯共聚成前驱体聚合物。所得前驱体经过水解和氢质子的置换，得到全氟质子聚合物。该公司于20世纪90年代推出的第一代产品属于熔融挤出膜；第二代则是溶液浇铸膜，浇铸工艺使第二代膜比第一代膜具有更高的导电性能和更低的制造成本。受其他公司更有优势的增强复合膜的影响，杜邦公司开始研发并提供增强型的PEM，属于该公司第三代全氟质子膜，其在制备过程中采用了改善膜化学稳定性的技术和机械增强技术。杜邦公司这代增强复合膜与中国东岳未来公司的DMR100全氟质子膜、日本AsahiKasei公司的Acplex膜和Asahiglass公司Flemion膜具有类似结构。

Solvay公司推出的Aquivion膜都是以短侧链全氟磺酸树脂为成膜物质生产制备的熔融挤出膜，挤出成膜温度约比树脂熔融温度高30 ℃。

山东东岳集团通过与上海交通大学合作，采用溶液流延制备技术制备全氟磺酸质子交换膜并形成了一定产能。除了上述公司外，还有美国Gore公司将Dupont长链全氟磺酸树脂和膨体聚四氟乙烯通过浸渍-干燥工艺复合，形成了增强型全氟磺酸Gore-Select膜；美国3M公司通过浇铸工艺制备的全氟磺酸型质子交换膜具有比Nafion膜更高的玻璃态转化温度，且有更高的稳定性。

质子交换膜以海外企业供应为主。全球有十余家公司从事燃料电池全氟质子膜的研发，包括中国东岳未来氢能材料公司、美国的Gore公司，杜邦公司（科慕公司），3M公司；日本的旭硝子公司，旭化成公司；比利时的Solvay公司等，当前真正实现产业化的主要是中国的东岳未来氢能、美国的Gore公司和杜邦公司（科慕公司）。其中，中国市场应用最广泛的是美国Gore和东岳未来氢能的产品。

东岳未来氢能已形成全球最完善全氟质子膜产业链。①东岳集团于2003年开始联合上海交通大学研发质子交换膜及配套关键材料，2007年起与加拿大AFCC公司（奔驰和福特合资燃料电池动力公司）开始交流合作，2016年东岳DF260质子膜取得AFCC全面技术认证，成为继美国Gore公司之后的世界第二款获得此认证的世界一流燃料电池质子膜。②2018年9月公司150万m^2/年燃料电池膜及配套化学品产业化项目正式立项，2019年一期工程正式动工建设。东岳新开发的DMR100系列质子膜可满足不同的应用需求，开路电压（OCV）实验的耐久性大于600 h；在干湿循环和机械稳定性方面，均大幅超过DOE设定的2万次标准。③2020年，东岳未来氢能150万m^2 质子交换膜生产线一期工程也正式投产，高性能质子交换膜年产能可达到50万m^2。同时，国内外下游优势企业均正在加快东岳质子膜产品的应用进程，2021年将是国产质子膜得到大批量应用和快速发展的一年。

2. 2020年燃料电池膜技术发展特点

研究聚焦于超薄型、高机械强度、高耐久性质子交换膜。燃料电池是公认的将化学能转化为电能的效率很高的能量转换装置，要想让燃料电池离大规模产业化更进一步，就必须从其两大关键材料——质子交换膜和催化剂展开研究。而催化剂的种类和用量有很大程度上依赖于质子交换膜，所以开发新型质子交换膜成为研究核心。2020年质子交换膜的研究重点主要有两个方面，一是提高耐久性，二是降低成本。提高耐久性主要从以下方面入手：①高分子量离聚物合成。②与新结构PTFE复合制成的膜开发。③抑制自由基或消除自由基。④膜的聚集态结构优化。⑤装备规模扩展。国内非重卡用的主流膜电极厂商采用交换膜厚度在15 μm乃至更低（丰田Mirai二代搭载的是8 μm质子交换膜）。

3. 2020年燃料电池膜实现的主要技术突破

虽然至今组装PEMFC广泛使用的质子交换膜为上述全氟磺酸型质子交换膜，但从燃料电池汽车电池要求看，这种PEM还有3方面的不足：①膜的透气率偏高。②运行温度在90 ℃以下，热管理压力大。③全氟磺酸树脂制备工艺复杂，成本高。针对全氟磺酸型质子交换膜上述缺点，科学界一直尝试开发部分氟化质子交换膜、无氟质子交换膜和复合质子交换膜。

部分氟化膜。部分氟化膜一般体现为主链全氟，这样有利于在燃料电池苛刻的氧化环境下保证质子交换膜具有相应的使用寿命，质子交换基团一般是磺酸基团。制备方法一般分为3种：①首先进行全氟主链的聚合，然后通过电子或离子辐射产生活性点后将带有磺酸基的单体接枝到主链上。②全氟主链聚合后，先将不带有质子交换基团的单体侧链接枝到主链上，再通过磺化反应在侧链上引入磺酸基。③磺化单体直接参与聚合。该类质子交换膜最突出的代表是加拿大Ballad公司的BAM3G膜（磺化或者磷化三氟苯乙烯质子交换膜）。该膜综合性能差，巴拉德公司已经放弃这种膜的研发。

无氟质子交换膜。无氟质子交换膜实质上是碳氢聚合物膜。开发的无氟质子交换膜材料主要是磺化芳香聚合物，如磺化聚芳醚砜（SPAES）、磺化聚芳醚酮（SPEK）、磺化聚硫醚砜（SPSSF）、磺化聚酰亚胺（SPI）等，可以通过功能聚合物磺化法或磺化单体直接聚合法进行制备。它们具有良好的热稳定性和较高的机械强度。这类PEM的商业应用代表是美国DAIS公司研制的磺化苯乙烯-丁二烯/苯乙烯嵌段共聚物膜，在磺化度为50%时，电导率与Nafion膜相似，磺化度为60%时，膜的电化学性能与机械强度达到平衡。虽然这种无氟质子交换膜价格便宜、加工容易、化学稳定性好，但是苛刻工况下的寿命较短，难以满足PEMFC尤其是在车用工况下长时间稳定运行的要求。

复合膜将全氟的非离子化微孔介质与全氟离子交换树脂结合，可制成复合膜。这样的结构既改善原有膜的性质，又提高膜的机械强度和尺寸稳定性。美国Gore公司于1998年推出了这种复合膜。他们以多孔的聚四氟乙烯为基底，浸入Nafion树脂进行制备。这样不仅可以减少昂贵的全氟树脂用量，降低膜成本，还可以改善膜的尺寸稳定性。

4. 未来几年燃料电池膜技术发展趋势

质子交换膜是质子交换膜燃料电池的核心元件，以全氟磺酸膜为主，国产化进行在提速中，主流趋势是全氟磺酸增强型复合膜，质子交换膜逐渐趋于薄型化，由几十微米降低到十几微米，降低质子传递的欧姆极化，以达到更高的性能。

机械增强型质子交换膜。为了尽量克服全氟磺酸膜在低湿度或高温条件下因为缺水导致的电导率低，以及阻醇性能差等缺点，最近通过复合的方法来改性全氟型磺酸膜有了较多的研究。以聚糠基醇为修饰材料的Nafion掺杂膜在40 ℃与60 ℃均表现出比纯Nafion膜更好的DMFC性能。用经过磺化与交联处理的聚乙烯醇（PVA）与Nafion掺杂混合，得到阻醇性能很好的PEM。通过聚吡咯对Nafion进行修饰，可以有效降低Nafion的溶胀度与自由体积，从而将甲醇透过率降低到Nafion的一半。此外，由于无机材料具有良好的耐溶剂耐高温性，能够有效抑制膜材料的溶胀，阻止甲醇分子渗透，选用无机物作为填充物，采用有机无机复合也是一种改性方法。如将ZrP、SiO_2 通过离子交换反应填充进入Nafion膜的为结构中，有效降低膜材料甲醇渗漏。英国Johnson Matthery公司，采用造纸工艺制备了自由分散的玻璃纤维基材，其直径在微米量级，长度达到毫米量级。再用Nafion溶液将该玻璃基材中的微孔进行填充，然后在烧结的PTFE模型上成膜，并进行层压，制出了新的增强型复合质子交换膜，该膜厚度约60 mm。利用这种膜制出的燃料电池与Nafion膜电池性能相近，但其氢气的渗透性稍高于Nafion膜。高分子材料和无机填料共混，发挥各自的长处，是电池用质子交换膜的研发方向之一。

高温质子交换膜。一方面，在高温下，Nafion膜含水量会急剧下降而造成导电性大幅降低；另一方面，Nafion膜化学稳定性不够，化学降解的发生以及结构改变也造成膜的机械强度下降,因而限制了不能通过提高工作温度的方法来提高电极反应速度并克服催化剂中毒来提高膜的性质。因此,高温 PEM 的研究也成为一个热点。高温质子交换膜的主要传输载体包括高沸点无机酸或杂多酸,如磷酸、硅钨酸、磷钨酸等。加拿大的 Ecole Polytechnique 公司推出的 NASTA 系列杂多酸共混膜和 NASTATH 系列杂多酸共混膜,相比 Nfion 膜,质子导电率和吸水率均获得提高。利用其组装的燃料电池性能也优于 Nafion 膜制造的燃料电池。其中 NASTA 系列杂多酸共混膜是将硅钨酸加入 Nafion 溶液,利用注膜法进行制备。NASTATH 系列杂多酸共混膜则是利用硅钨酸、增塑剂液态噻吩和 Nafion 溶液三者混合制备。这类膜的缺点是电池只能在高温下工作,无法靠自身冷启动,况且磷酸易流失,膜寿命短。

阻醇型质子交换膜。直接甲醇燃料电池具有低温启动速度高、绿色环保以及电池结构简单等优势,在移动电源领域具有非常大的应用潜力。但全氟磺酸质 PEM 阻醇性能较差,无法制备直接甲醇燃料电池。目前通常利用对 Nafion 膜进行改性来提高膜材料的阻醇性。天津大学利用具有质子导电性的 Nafion、聚苯乙烯磺酸溶液和具有高阻醇性的聚偏氟乙烯共混制备出了 PVDF-PSSA 和 PVDF-Nafion 两种共混 PEM。和 Nafion117 膜相比,这 2 种膜的阻醇性具备明显优势。在 Nafion 质量分数为 25% 时,PVDF-Nafion 膜的电导率下降 100 倍,但甲醇透过率降低了接近 1 000 倍。

自增湿型质子交换膜。PEM 为了保持良好的质子传导能力,需要保持充足的水分。利用自增湿型 PEM 制造的燃料电池具有更简单的结构,同时由于自增湿型 PEM 的存在,水蒸气在电池反应过程中不会液化凝结。因此,自增湿型 PEM 也具有广泛的应用潜力。自增湿型 PEM 主要有亲水性氧化物掺杂自增湿 PEM 和 H2-O2 自增湿复合 PEM 两种。亲水性氧化物掺杂自增湿复合膜一般利用二氧化硅、二氧化钛等亲水性氧化物粒子对膜材料进行掺杂,由于这些亲水离子的存在,PEM 可吸收电池反应过程中生成的水,进而保持质子膜的湿润。可通过亲水氧化物的含量、直径、晶体类型等因素调节成膜的增湿性质。Honamai 等人结合将硅氧烷和聚合物电解质膜制出纳米硅氧烷骨架,显著提升了 PEM 的水分含量。他们进一步将分散的二氧化硅、二氧化钛颗粒引入到 Nafion112 膜中,也得到了较好的增湿效果。H2-O2 自增湿复合膜的工作原理是,在 PEM 中掺入商量 Pt 作为催化剂,让扩散至 PEM 内的氢气和氧气反应生成水。这种方式在实现 PEM 实时增湿的同时,还能阻止氢气在氧电极生成混合电位,因而提高电流效率,增加电池的安全性。但自增湿型质子膜也存在一定的缺陷。主要包括:由于无法对 PEM 内的 Pt 粒子进行固定,Pt 粒子容易汇聚成团簇并形成导电通路;再者,这些无机粒子与 Nafion 不相容,在水分的浓度梯度环境下容易造成球形颗粒局部压力升高,导致复合 PEM 的机械性能降低,加剧膜内反应气体的扩散。

5. 目前亟须解决的技术难点及解决方案

质子交换膜:海外企业供应为主,突破点在于超薄兼顾高耐久性

(1)质子交换膜性能决定电池性能、寿命。质子交换膜在燃料电池的主要功能是实现质子快速传导,同时也阻隔氢气、氧气和氮气在阴阳极间的渗透。质子交换膜性能的好坏直接决定着燃料电池的性能和使用寿命。理想的质子交换膜需要具备高质子传导率,低电子导电率,气体渗透性低,化学、电化学、热稳定性好。

(2)全氟磺酸膜是主流质子交换膜。①质子交换膜根据含氟情况进行分类主要包括全氟磺酸膜、部分氟化聚合物质子交换膜、复合质子交换膜和非氟化聚合物质子交换膜。②其中由于全氟磺酸聚合物具有聚四氟乙烯结构,其碳-氟键的键能高,使其力学性能、化学稳定性、热稳定性佳,使用寿命远好于其他膜材料的使用寿命,同时由于分子支链上存在亲水性磺酸基团,具有优秀的离子传导特性,全氟磺酸膜成为目前主流质子交换膜方案。

全氟磺酸质子交换膜的成型工艺主要有:挤出成型、溶液成型和复合成型。挤出成型工艺可分为熔融挤出成型和凝胶挤出成型,熔融挤出成型又分为熔融挤出流延成型和熔融挤出压延成型。质子交换膜的难点在于工艺周期长、工艺复杂、成膜的成本高。另外,全氟物质的合成和磺化都非常困难,而且在成膜过程中的水解、磺化容易使聚合物变性、降解,使得成膜困难,导致成本较高。

研究聚焦于超薄型、高机械强度、高耐久性质子交换膜。降低质子交换膜的厚度可以大幅提升膜电极性能,但可能造成其机械强度、耐久性降低。目前质子交换膜的研究主要聚焦于超薄型、高机械强度、耐久性好。国内主流膜电极厂商采用交换膜厚度在 15μm 上下,丰田 Mirai 搭载质子交换膜已降至 10 μm 以下。

表 1-29　质子交换膜技术方案

类型	全氟磺酸膜	部分氟化质子交换膜	复合膜
组成	由碳氟主链和带有磺酸基团的醚支链构成	用取代的氟化物代替氟树脂,或用氟化物与无机或其他非氟化物	修饰材料和全氟磺酸树脂构成的复合膜
优点	机械强度高、化学稳定性好、导电率较高、低温时电流密度大,质子传导电阻低	成本低、工作效率高、并且能够使电池寿命提高到 15 000 h	机械性能改善 改善膜内水传动与分布,降低质子传导内阻
缺点	温度升高质子传导性能变差、易发生化学降解、成本高	机械强度不足,氧溶解度低	制备技术要求高
商业应用/研究	杜邦-Nafion 系列	Ballard-BAM3G 膜	Gore-select 膜,e-PTFE 增强膜

6. 2020 年行业重点企业发展情况

市面上销售的质子交换膜主要包括美国 Gore 公司 SELECT 系列、东岳未来氢能的 DMR100 系列质子膜,Dupont 公司的 N、NC 系列全氟磺酸质子交换膜。

(1)东岳集团:车用质子交换膜国产化先锋

山东东岳未来氢能材料股份有限公司已形成全球最完善全氟质子膜产业链。东岳集团于 2003 年开始联合上海交通大学研发出质子交换膜及配套关键材料,2007 年与加拿大 AFCC 公司(奔驰和福特合资燃料电池动力公司)开始交流

合作,2016 年东岳 DF260 质子膜取得奔驰/福特公司全面技术认证,成为继美国 Gore 公司之后的世界第二款获得此认证的世界一流燃料电池质子膜。东岳新开发的 DMR100 系列质子膜可满足不同的应用需求,开路电压(OCV)实验的耐久性大于 600 h;在干湿循环和机械稳定性方面,均大幅超过 DOE 设定的 2 万次标准。美国戈尔公司质子膜和东岳质子膜是国内车用燃料电池主要选用的两家产品。2018 年 9 月公司 150 万 m^2/年燃料电池膜及配套化学品产业化项目正式立项,2019 年一期工程正式动工建设。2020 年,东岳未来氢能 150 万 m^2 质子交换膜生产线一期工程也正式投产,高性能质子交换膜年产能可达到 50 万 m^2,对中国燃料电池汽车产业的快速发展提供重要支撑。

(2)戈尔

戈尔是一家具有超过 25 年的增强型质子膜的开发和制造经验的公司,独特的 ePTFE 材料技术的超薄耐久 GORE-SELECT 质子交换膜几乎涵盖全球 90% 主机厂,每年几十万平方米出货量并保持高速增长的态势。2019 年 4 月,戈尔的新的一条生产线,也是全球首条的燃料电池车用达到百万平方米级规模的大规模的质子交换膜产线,已经开始投产了,位于日本的冈山市。(中国区高级销售经理陈走)国内新能源动力、东方电气进推出的电堆都采用国外戈尔膜。戈尔出货量较多的是 18μm、15μm 的质子交换膜。在超薄膜应用提速的形势下,戈尔 8μm 超薄膜也得到客户的好评。虽然超薄膜技术已经远远领先于同行,但戈尔实验室里已经储备了 5μm 乃至更薄膜的技术能力,正等待合适的产业化时机。除车用外还涉及无人机、便携式、固定式发电、储能等领域。

(3)杜邦(科慕)

杜邦于 2015 年 7 月完成拆分,成立一家独立运营的上市公司(科慕),科慕在钛白科技、氟产品和特殊化学品 3 个业务领域是全球领导者,致力于车载质子膜的开发,新品 NC700 已经发布。

7. 未来几年燃料电池隔膜产业发展建议

膜电极组件是氢燃料电池最为核心的组成部分,而由质子交换膜、催化层和气体扩散层三者构成的膜电极组件则相当于燃料电池的心脏。质子交换膜、催化层和气体扩散层这三大核心材料,决定着氢燃料电池的寿命和性能,在很大程度上,也是支撑着整座"大厦"的地基。

质子交换膜的重要性不言而喻,但是要做好车用燃料电池的质子交换膜并不简单。"目前车用质子交换膜逐渐趋于薄型化,由先前的几十微米降低到几微米,这样能降低质子传递的欧姆极化,以达到较高的性能。"国内一家质子交换膜企业的高层认为,质子交换膜薄型化有利于减少燃料电池的体积,提升性能。"但是这种薄型化膜的使用给耐久性带来了挑战,尤其是均质膜在长时间运行会出现机械损伤与化学降解。"并认为,在车辆工况下,操作压力、干湿度、温度等操作条件的动态变化会加剧这种衰减,膜越轻薄,难度系数也就越高。此外,全氟物质的合成和磺化都非常困难,而且在成膜过程中的水解、磺化容易使聚合物变性、降解,使得成膜困难,导致成本较高。

值得注意的是,国内质子交换膜当下的发展除对标国外领先企业的主要产品技术指标加快性能提升外,更需要注重国内当前下游客户的实际需求有针对性的研发适用性更好的产品,并且需要重视技术指标提升的同时,特别重视高一致性、高稳定性、高良率的全自动生产装备及质量管控技术的发展,还需要下游应用企业在批量化应用过程中不断迭代完善,切实提高国内质子交换膜产品的产业竞争力。

(十)加　氢　站

(国家能源集团北京低碳清洁能源研究院　何广利　缪　平　卫　昶)

[摘要]　截至 2021 年 6 月,全球共建成加氢站 597 座;中国 162 座,增长态势明显。本文详细介绍了加氢站四大核心设备即氢气压缩机、高压储氢罐、加氢机和加氢站控制系统的技术现状,重点介绍了国内外加注协议标准的最新进展和主要内容,对比国外加注协议《轻型汽车气态氢加注协议》(SAE J2601)、《重型汽车气态氢加注协议》SAE J2601-2(TIR)、《工业用车辆气态氢加注协议》SAE J2601-3(TIR)与我国仅有的《T/CECA-G 0002.1—2018 氢燃料电池车辆用加注规范　第一部分:通用要求》对加氢标准的要求显示出我国对于气态氢加注方面需要更加细致的分类和规范。加氢站装备技术方面,针对商业化加氢站的"高密度连续加氢"需求,还需在核心零部件、寿命,加注技术、加氢站整体系统集成的可靠性等方面持续努力。

[关键词]　加氢站装备;压缩机;高压储氢容器;加氢站控制系统;加注协议

1. 引　　言

截至 2021 年 6 月,全球共建成加氢站 597 座;中国 162 座,增长态势明显。氢气压缩机、高压储氢罐、加氢机和加氢站控制系统是加氢站的四大核心装备和系统。加氢站通过外部供氢获得氢气后,在氢气压缩机的输送下进入高压储氢罐储存,最后通过加氢机(可能含有氢气冷却系统)为燃料电池汽车进行加注,加氢站工艺控制系统则决定了上述设备之间的协调工作以及氢气管路阀门的开关和切换。加氢站装备技术水平及发展情况决定了加氢站的全周期成本,包括初期投入成本以及运营成本,因此加氢站装备技术对加氢站数量的发展至关重要。

2. 加氢站装备

(1)氢气压缩机

加氢站用氢气压缩机为高纯无油氢气压缩机,将氢源加压注入储气系统的核心装置,输出压力和气体密封性能是其最重要的性能指标。全球范围内来看，加氢站常用的压缩机主要包括隔膜压缩机、液压驱动无油氢气往复活塞压缩机和离子液体压缩机 3 种类型。

① 隔膜压缩机：

隔膜压缩机的主要结构包括腔体、腔体板、膜片、膜片组。一组膜片组中包含 3 层金属膜片用以隔离气体和液体。分为工艺气体层、中间层和液压油层膜片，中间膜片开有凹槽(从圆心到圆周)，一旦膜片发生破裂，用于传送气体或液体至泄漏检测系统。金属隔膜压缩机具有以下特点：

a. 气体压缩过程中没有污染、没有泄漏(或者说漏率极低，通常都能达到 10 ~4 mbar l/s)。区别于传统往复活塞式压缩机，隔膜压缩机由于气体压缩凹腔是由 1 组 3 层或者多层金属膜片(取决于隔膜头大小规格)通过静密封，将活塞驱动与液压润滑油部分和气体压缩工艺部分完全分割开，从而在技术上实现了气体无法进入曲轴、活塞及十字头连杆等驱动系统以及润滑油，同时润滑油也无法进入气体压缩腔。

b. 具有较好的传热效果，每级压缩比高。由于气体在压缩凹腔被压缩过程中，气体直接接触的是膜片组的气侧膜片和隔膜头气侧端盖内凹面，所以气体的压缩热可以通过 3 种途径导出：一是通过金属膜片传热到油侧，而液压油在其自身循环回路中有冷却器；二是通过隔膜头气侧端盖传热及端盖与周围环境空气的热扩散效应；三是气体排出压缩腔时带着一部分热量(高温气体)，而通过气体冷却器进行热交换，冷却到常温。所以，隔膜压缩机不同于传统往复活塞式压缩机，其压缩过程是一个偏向等温的多变压缩过程，而传统往复活塞式压缩机是偏向绝热的多变压缩过程。

c. 体积效率最高。由于隔膜压缩机隔膜头的特殊设计，除了气侧端盖中凹腔到吸/排气安装位置的通径小孔余隙和吸气阀和排气阀内部的一点余隙外，没有其他余隙。

d. 实时监控，连锁停机。因为隔膜头的专门技术设计结构，无论气侧膜片破裂还是油侧膜片破裂总是被实时仪表监控，在破裂的瞬间就能实现压缩机连锁停机，从而防止油、气两侧彼此直接接触。

但隔膜压缩机吸气能力受限。隔膜压缩机的吸气能力(等于排气能力)直接与进气压力(或者说气源压力)和温度有关，对于一个选定的一级隔膜头，吸气能力与进气压力成正比；而受进气温度的影响相对较小，一般进气温度越高，吸气能力有所下降，而进气温度越低，吸气能力有所提高。但是，对于一定进气压力的工艺来讲，压缩机隔膜头的大小是最直接影响压缩机的能力。隔膜头不能做到无限大，这受限于材料、结构等因素。一般隔膜头设计越大，其设计压力等级越低。

隔膜压缩机的正常无故障运行对工艺气体要求很高，工艺气体必须无任何固体颗粒杂质，并露点要低。因为金属膜片厚度一般在 0.3 ~0.5 mm，对工艺气体介质中的固体粉尘颗粒极其敏感，可以直接导致膜片破裂。如果工艺气体的露点太高，在某一级压缩过程中出现过度液化，有可能会导致十字头轴承，甚至曲轴大头轴承损坏(因为液体几乎不可压缩)。膜片的使用寿命直接关乎压缩机的维修维护频率。

对于多级(含 2 级)压缩的隔膜压缩机，压缩机前后条件(进气压力及组分和排气压力)相对稳定是保障压缩机无故障平稳运行的基本要素。因为一般一台针对具体工况的多级压缩隔膜压缩机，在工程计算和设计时已经确定了每级的压缩比，这个压缩比是通过每级的隔膜头油侧最高液压油压力设置来确定的；针对具体工况和能力的设计点选定和配置了每一级的隔膜头规格，设计配置中间级和最后排气气体冷却器规格，以及根据活塞推力和总曲轴功率配置的曲轴箱体规格。如果进气压力变化太大，就会直接导致一系列的不平衡。最后一级排气压力的不稳定，也会导致最后一级隔膜头膜片频繁破裂，所以，一般隔膜压缩机安装在工业生产装置中前后条件稳定，压缩机故障率非常低。

隔膜压缩机由于其本身结构特点，一般有固定的启/停程序特点。因为隔膜压缩机是通过油压来实现隔膜片组在隔膜头凹腔中来回摆动，从而实现吸气、压缩和排气的一个工艺过程，所以隔膜头油压的建立是隔膜压缩机正常工作前的最基本前提条件。而当压缩机停机后，一般要求撬装压缩机气体系统卸压(通常是放空)，这样保证压缩机每级隔膜头内在待机时膜片组不变形，以确保膜片较长使用寿命。但是，对于频繁启/停的工况，气体浪费严重，启/停间有时间间隔。在氢气加气站压缩机配置中，现在也通过技术措施实现隔膜压缩机的带载启/停，由于现在总体全球每个氢气加气站的使用频率度还远没有像现在汽、柴油那样，所以对压缩机整体运行效果或者导致复杂故障率还无法确定性评估。

对于隔膜压缩机来讲，连续工作可靠，在石化等工业领域大量可靠应用案例。但频繁启/停，间歇充装工艺工况，一定会直接导致隔膜片的使用寿命缩短，尽管压缩机带自动卸载鼓泡功能，防止膜片破裂。

加氢站设计方在应用隔膜压缩机时，需要优化设计和控制系统，准确设计隔膜压缩机每天启停次数来延长压缩机膜片寿命，隔膜压缩机不适合移动加氢站频繁启停工作工况。

隔膜式氢气压缩机在国内外的加氢站大量使用，在国外主要是排气量 20 kg/h 以下为多。国内目前订货的隔膜机以排气压力 45 MPa、排气量 41.6 kg/h(进气压力 12.5 MPa，500 kg/12 h)机型为多。

②液压驱动无油氢气往复活塞压缩机

液压驱动无油氢气往复活塞压缩机(也称为高纯无油增压器氢气压缩机)是采用大活塞驱动小活塞的方式，按照大活塞与小活塞的面积比将驱动压力同比例放大，将被增压介质增压。高纯无油增压器氢气压缩机具有以下特点：

a. 压缩机维护率明显低、维护简单、快捷。因为压缩机是液压油驱动液压油缸体活塞，从而驱动气体压缩腔活塞来回往复运动，以实现气体吸气、压缩和排气的工艺过程。液压油缸体连接一个液压油单元，提供动力。

b. 气体无污染压缩。气体压缩腔缸体活塞密封是一种特殊材料，无油润滑，气缸和油缸之间是一种特殊填料和结构设计，确保了气体不会泄漏到油侧，而同时液压油也不会泄漏到气缸侧。并设计有气体泄漏实时监控和液压油泄漏实时监控。

c. 压缩机没有曲轴箱体，结构简单，占用空间小。

d. 压力的能力可以通过自动调节活塞往复频率实现在 5%~100% 的调节。压力的能力除取决于进气压力外，还与气缸直径和液压油驱动的活塞往复频率直接相关。

e. 进气压力广，采用大口径高压接头形式，0.5 ~100 MPa 进气。

f. 频繁启动，低循环长寿命可靠运行（经过验证），可智能启停和控温，保证进出口气体温度并降低压缩能耗。

液压驱动无油氢气往复活塞压缩机的制造技术被欧美企业垄断，国内还没有能够独立生产该类型压缩机的企业（见表 1-30）。

表 1-30 液压驱动无油氢气往复活塞压缩机相关企业

制造商	国别
MAXIMATOR GmbH	德国
Andreas Hofer Hochdrucktechnik GmbH	德国
Idro Meccanica srl	意大利
HYDRO-PAC Inc.	美国
HASKEL International	美国
RESATO International B. V.	荷兰

③ 离子液体压缩机

离子液体压缩机是采用一种近零蒸汽压的液体作为工质和润滑截至，实现氢气的无污染压缩。离子液体压缩机可以通过设置多级气缸，实现合理的压缩比和较宽的压缩范围。液压驱动也提高了系统的整体安全性，并且整个压缩系统的压缩效率比传统压缩机提高约 25%。离子液体压缩机的主要供应商是林德，林德的 IC-90 离子压缩机串联了五级压缩，可将入口的氢气压缩到 90 MPa 输出，并已在全球多个加氢站中投入使用，上海驿蓝加氢站是我国首次引进该类型压缩机的加氢站。

各类型压缩机的性能比较见表 1-31。从全球范围内来看，各种类型的压缩机都有应用，我国加氢站用压缩机以隔膜压缩为主。国产隔膜压缩机逐步得到应用，但是质量有待进一步提升，压缩机用阀门等关键零部以来进口。

表 1-31 压缩机性能比较

类型	优势	劣势
隔膜压缩机	气体压缩过程中没有污染、没有泄漏（或者说漏率极低） 具有较好的传热效果，每级压缩比高 体积效率最高 实时监控，连锁停机 在国内加氢站应用较广	频繁启停容易降低压缩机寿命
液（气）驱动压缩机	单机排气量相对较大 结构简单，占用空间小 频繁启动，低循环长寿命可靠运行	氢气可能会受污染
离子压缩机	能耗较低	成本高

（2）高压储氢容器

在加氢站内配备高压大容量的固定式储氢装置，可以实现在短时间内给车辆加满氢气。另外，储氢瓶组作为缓冲装置还可以避免压缩机的频繁启动，优化氢气加气站的操作。加氢站的储氢装置的储氢压力、储氢容积及分级压力等是其主要技术指标。为了满足 35 MPa 和 70 MPa 车载储氢瓶的压力要求，加氢站的高压储氢装置压力分别通常为 45 MPa 和 87.5 MPa。

高压储氢装置的设计除了要考虑材料的强度以满足使用需要和安全需要外，还需要考虑材料疲劳性能和抗氢脆能力。国内加氢站高压储氢容器主要采用两种，一是 39 MPa 氢气长管气瓶；二是大容积全多层钢制高压储氢容器。

（3）加氢机

加氢机是燃料电池汽车加注氢燃料的核心设备，加氢机上配备有加氢枪、压力传感器、温度传感器、计量装置、加注控制装置、安全装置、软管等。若机-车实现通信功能，则加氢枪还需配备红外数据接收模块。

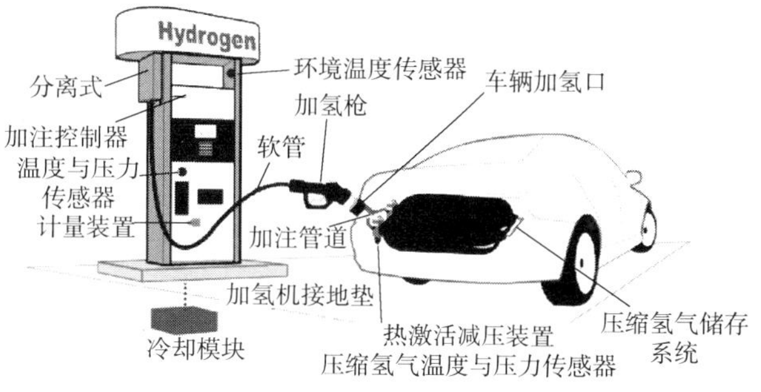

图 1-73 加氢机示意图

加氢机的基本功能是安全加氢和精确计量功能，即在保障对车载储氢瓶进行安全加注氢气的同时，要准确显示加氢量、金额等。同时，一般还具有防雷、防静电等安全保护的功能，最重要的是紧急拉断、防止过充的压力-温度补偿系统等安全功能。

加氢机目前主要有 35 MPa 与 70 MPa 两种，主要技术要求是做到加注过程不超温、不超压、同时时间尽可能短。

加氢机生产现状：国外，德国林德、美国空气化工、日本岩谷等企业生产的 70 MPa 氢气加注机，其安全性与智能化程度较高，并实现量产。国内企业中，北京低碳清洁能源研究院、上海舜华、国富氢能、厚普股份，河南正星等已成功研发氢气加注装置。

加氢机的氢气加注功能实现集成在加氢机加注控制装置中，对于加注控制装置，国际上公认的是按 SAE J 2601 或 SAE J2601-2 标准要求配置，日本、欧洲的标准和上述标准相近。

为保障氢气加注过程的安全，国际标准 ISO 15869 和美国汽车工程学会标准 SAE J2601 均对车载高压储氢系统 CHSS 定义了不超温与不超压的双重安全加注边界要求。气态氢加注过程中，CHSS 的工作温度不能超过 85 ℃，最大气体流速低于 60 g/s。对于 35 MPa 和 70 MPa 的车载储氢瓶，压力分别不能超过 43.8 MPa 和 87.5 MPa。为满足燃料电池汽车未来商业化要求，燃料电池汽车的氢气加注时间须与传统内燃机汽车的加油时间相当，即加氢时间 3 ~ 5 min（对于 A 型站，其他类型站所需时间更长），加氢后 SOC 状态达 90% ~ 100%。

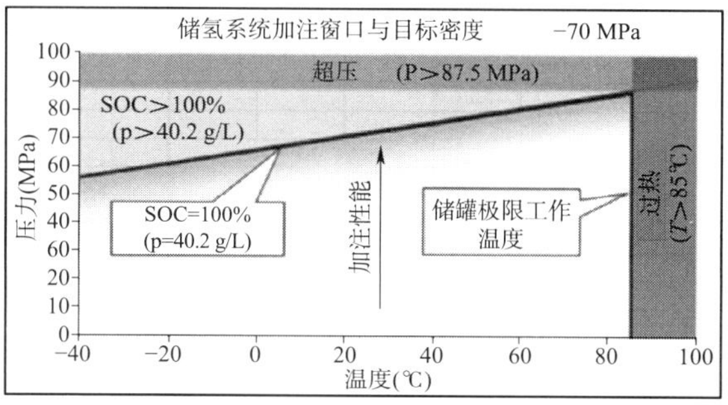

图 1-74 SAE J2601 中常规 70 MPa 加注边界条件

（4）加氢站控制系统

站控系统主要功能是监测和控制站内的工艺设备、辅助系统设施，为全线优化管理提供监测和控制信息，包括对现场的工艺变量进行数据采集和处理、进而控制加氢站内主要设备的工作状态以及工作参数，监控各种工艺设备、辅助系统设施的运行状态、逻辑控制及联锁保护、打印生产报表及报警和事件报告等。站控系统与安防系统、气体与火焰探测及报警系统有连锁功能。按照图 1-75 分析加氢站的运行能耗对氢气总体加注成本影响显著，所以加氢站工艺控制系统应该对加氢站如何降低运行能耗进行深入的开发，得到更优化的操作策略。

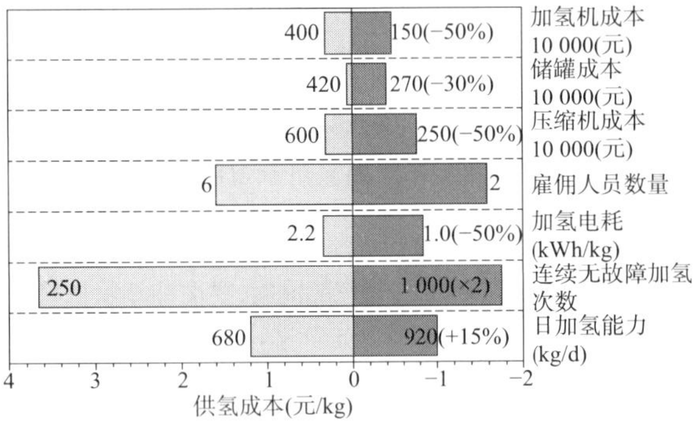

图 1-75　加氢站供氢成本影响因素分析

3. 加注协议

美国汽车工程师学会 SAE(Society of automotive Engineers)为加快燃料电池汽车的普及进程以及加氢基础设施的建设，于 2014 年 7 月颁布了《轻型汽车气态氢加注协议》(SAE J2601)，该标准对 2010 年 SAE 发布的第一版 SAE J2601 进行了更新，使用的数值模拟模型已经被世界范围内的加氢站的加注实验所验证，替代了原有的 TIR J601 及其他非 ANSI 标准制定的加注方案、汽车企业的企业规范和 CEP 与 CaFCP 氢气加注协议。由此，SAE J2601 凭借其在仿真和实际测试中表现出的准确性，成为全球范围内氢气加注的标准。SAE J2601 适用于 35 MPa 和 70 MPa 的Ⅲ型和Ⅳ型车用氢气瓶，可以满足对容积为 49.7 L 到 248.6 L 的储氢系统在 3 min 内加注 95%～100% 额定充装量的要求。按照加氢机与车用储氢系统是否能实现通信功能分别制定了预冷温度为 −40 ℃、−30 ℃、−20 ℃三个等级的加注方案。其中加氢机与车用储氢系统的通信要求必须满足 SAE J2799—2014《加氢站与车用储氢系统间通信的硬件和软件要求》的规定。SAE J2601 与 SAE J2799 两个标准一起促进燃料电池汽车与加氢站技术参数标准化，并进一步加速氢能与燃料电池汽车的市场化进程。

此外，SAE 除了对轻型汽车气态氢的加注制定了标准，还对重型汽车与工业用车辆等制定了气态氢加注协议，SAE J2601-2(TIR)规定了《重型汽车气态氢加注协议》，SAE J2601-3(TIR)规定了《工业用车辆气态氢加注协议》。

加氢站储氢系统通常由一定数量的储氢瓶组成，采用分级加注可以提高氢气利用率，降低加氢站功耗。分级取气即将加氢站的储氢瓶按照压力等级分成低压、中压和高压三级储氢瓶组。通过程序设计，在加注时加氢机将按从低压到高压的顺序依次从储氢瓶组中取气。

加氢机的温升控制策略中，选用如氢气预冷及合理的加注控制策略。氢气预冷技术：在 70 MPa 加注中，氢气源为常温，快速加注使温度快速增加并且气瓶温度远大于 85 ℃，如果采用自然降温，则需要较长的加注时间，这样就无法满足快速加注的需求，因此采用氢气预冷方式，在氢气加注之前启动制冷，使氢气气源的温度保持在 −40 ℃左右后进行氢气加注，这样就大大缩短了加注时间。温升控制加注技术：即使采取了对气源预冷的处理，并不能完全保证在大流量的工况下气瓶内的温度始终维持在安全限值以内，所以在追寻温度控制和加注速度最优化的加注中，仍需通过加注控制流量或气瓶内的压力上升速率的加注方式对气瓶温度加以控制。基于上述考虑，为控制氢气的温升、提高加注效率和安全性，可以在加注前对氢气进行预冷降温处理并控制氢气加注的流量或压力上升速率，从而保证氢气在加注过程中的温度不超过气瓶规定的使用温度。

4. 加氢站技术发展趋势

加氢站的规划设计、建造要想达到“商业化运营”的要求，其运营的经济性为首要条件，即要从规划设计阶段就开始关注加氢站类型的选择(独立站、合建站、集中/分散制氢等)、氢源的选择、能耗、符合率、维修运营成本等因素、然后在此基础上综合考虑设配的匹配、设备的特性以及可靠性等，从而达到能够满足加氢站完全商业化运行所需的“连续加氢运行、经济过关、安全可靠”等基本要求。

注：内文部分内容参考 T/CECA-G 0018—2018 氢燃料电池车辆用加注规范　第一部分：通用要求；SAE J2601 Fueling Protocols for Light Duty Gaseous Hydrogen Surface Vehicles《轻型汽车气态氢加注协议》；SAE J2601-2 Fueling Protocol for Gaseous Hydrogen Powered Heavy Duty Vehicles《重型汽车气态氢加注协议》；SAE J2601-3 Fueling Protocol for Gaseous Hydrogen Powered Industrial Trucks《工业用车辆气态氢加注协议》。

八、智能网联汽车领域

(一)智能网联汽车

(清华大学　李克强)

1. 2020 年智能网联汽车产业总体情况与突破

经过多年的产业培育，我国智能网联汽车产业快速发展，实现了汽车产业从追赶到引领的质变。随着汽车与能源、交通、信息通信等产业的充分融合，我国探索出了中国方案智能网联汽车创新发展路径，并取得一定成果。

中国方案发展路径推动行业共识形成。我国明确提出并坚持智能化与网联化充分融合的技术发展路线，基于中国的基础设施标准、联网运营标准、新架构汽车产品标准和国家战略规划与监管要求，探索出中国方案智能网联汽车发展路径，实现"车—路—云"一体化的协同创新发展。此外，成立国家智能网联汽车创新中心，充分聚集行业优势资源，联合国内外企业，开展基础技术研究、技术转移扩散、商业化应用拓展和创新公共服务，推动跨行业协同与融合创新，提升我国智能网联汽车及相关产业在全球价值链中的地位。

智能网联汽车公开道路测试实现突破，测试规模持续增长。2018 年 4 月，工信部、公安部、交通运输部联合发布《智能网联汽车道路测试管理规范（试行）》，智能网联汽车测试实现从测试场到开放道路的重大突破。截至 2020 年底，全国 20 余个省市开放智能网联汽车测试道路超过 3 200 km，累计为 70 余家企业发放超过 400 张道路测试牌照，安全道路测试里程超过 460 万 km。此外，多地探索道路测试政策创新，开放自动驾驶载人载物测试。

具备 L2 级自动驾驶功能车型实现大规模商用。经过多年的努力，L2 级自动驾驶技术已经得到成熟应用。2020 年，我国智能网联乘用车（L2 级）市场渗透率达到 15.0%。其中，新能源乘用车 L2 级渗透率达到 25.3%，电动化、网联化、智能化加速协同发展。以智能新能源汽车为核心定位，一汽红旗、东风岚图、蔚来汽车、比亚迪汉等高端品牌和高端车型推动国产汽车品牌价值不断提升。

多场景 L4 级智能网联车辆已经在全国广泛示范运行。北京、上海、广州等多个城市开展自动驾驶出租车的测试运行，合计运行载人测试车辆超过 200 台。同时，在园区、港口、矿山、停车场、厂区等限定区域，以及接驳、环卫、消杀、最后一公里物流配送等特定场景的自动驾驶示范应用项目蓬勃开展。此外，以国家级车联网先导区等为载体，实现城市级的智能网联汽车示范应用，构成由点及面的多方位、立体式示范应用体系。

基础平台推动基础研究、应用研究、成果转化与产业化的全链条打通。基础平台作为智能网联汽车的新型基础设施和新型零部件，聚集多元化、跨行业的创新资源，形成原始创新能力和核心竞争优势。计算基础平台方面，新型产业生态形成，自主可控的自动驾驶车控操作系统攻关进展良好。云控基础平台方面，在北京冬奥会、上海嘉定、湖南湘江新区等地实现了城市级车路云一体化落地应用。高精动态地图基础平台方面，建成 2 000 km 静态地图数据库，完成基础地图服务平台迭代开发，实现高精地图与定位服务建设。

关键器件打破国际垄断。激光雷达领域，众多国内企业纷纷推出量产的多线激光雷达产品，产品性能直追欧美产品。国内激光雷达的突破，彻底改变了全球市场竞争格局，国外激光雷达产品价格大幅降低。自动驾驶计算平台领域，整车企业、科技巨头、创投公司都进行大规模投入，部分产品已经实现量产车前装应用，完成国产替代。围绕国产计算平台，正在建立全新的产业生态格局。

C-V2X 快速发展，产业体系全球领先。我国 C-V2X 产业在频谱管理、标准体系建设、技术研发与产品、测试验证、终端应用等方面都取得快速发展。围绕 C-V2X 芯片、终端和系统全产业链，已经形成完备的产业生态体系。2018—2020 年，整车、通信、信息安全等领域企业开展 C-V2X"三跨""四跨""新四跨"互联互通测试活动，验证 LTE-V2X 技术和相关标准，进一步加强结合高精地图和定位的大规模网联应用，为 C-V2X 规模试验和推广奠定基础。

2. 智能网联汽车产业发展特点与趋势

（1）从单车智能逐步向智能网联相融合的路径发展

随着智能网联汽车设计运行范围的扩展，道路交通场景复杂程度越来越高，仅凭单车智能化方案难以在量产车上实现无人驾驶，通过采用智能化与网联化相融合的发展方向，可以有效弥补单车智能存在的能力盲区和感知不足，降低对自身搭载传感器、硬件性能等要求，降低单车成本，有利于快速实现自动驾驶。与此同时，该发展路径还可以与高速无线通信系统、智能化道路系统、交通信息网络、大数据管理平台、信息安全等形成高效协同。

（2）全生命周期安全管理保障智能网联汽车应用

通过自动驾驶技术提高车辆行驶安全性是汽车智能网联化的核心目的之一，因此在产品开发过程中保障自动驾驶系统自身安全性尤为重要。由于现有相关技术水平限制，功能安全、信息安全与预期功能安全成为智能网联汽车研发与商业化的核心难题，产业化应用也面临重大挑战。鉴于智能网联汽车的本地属性，需要充分结合实际道路、政策法规、交通参与者行为习惯等情况，研究制定符合中国国情的智能网联汽车安全标准和技术方案，将安全技术需求作为核心要素深入贯彻到智能网联汽车产品开发每一环节。

（3）智能网联汽车推动汽车产业生态体系重构

汽车产业进入全新时代，产业边界不断扩展，除了原先处于产业中心的汽车制造企业之外，提供新型软硬件的科技公司，出行服务的运营商、服务商、内容商，以及基础设施建设与运营单位都将成为未来汽车产业的重要组成部分。过去垂直线型的汽车产业链，将逐渐演变为立体网状的生态系统，产业的交叉融合可带动相关产业转型升级、促进产业深度交叉融合、推动形成新型产业生态体系。未来智能网联汽车产业将共同打造出全新的智能化移动交通工具，并推动智能网联汽车融合发展。

（4）智能网联汽车与智慧城市、智能交通深度融合

新一轮科技革命的影响下，智能网联汽车是智慧城市、智能交通实现融合的关键节点与抓手，可有力带动我国科技创新和产业发展。智能网联汽车和智能交通的融合将打通客流、物流、能源流和信息流，实现汽车与城市、交通、能源互联互通，促进城市运行效率提升及节能减排。智能网联汽车和智慧城市的协同将依靠现代化技术手段实现城市中产业、经济、生活、工作的有效布局与再完善。汽车产业链复杂，落地后商业模式丰富，深刻地改变着人类的生活方式，有利于带动城市实现未来发展、转型的目标。

3. 目前亟须解决的技术难点及解决方案

智能网联汽车是机电信息一体化融合的复杂产品，其研发设计是复杂的系统工程，需要跨界协同与融合创新，也没有成熟的发展路径可以借鉴。此外，智能网联汽车的区域属性及社会属性增加，在行驶过程中需要通信、地图、数据平台等本国属性的支撑和安全管理，每个国家都有自己的使用标

准规范，因此智能网联汽车开发和使用具有本地属性。

目前，行业围绕单车智能方案，已形成两大产业发展路径。

路径一：沿着单车智能化驾驶水平逐步提升的渐进式发展。该路径从辅助驾驶产品研制出发，进而实现部分或有条件自动驾驶，再通过软硬件的逐步迭代或升级，循序渐进地提升智能化程度。但该路径是以量产化的汽车产品作为首要发展目标，因此会依赖传统的汽车软硬件技术架构，难以满足智能驾驶汽车日新月异的发展需求。

路径二：以单车高度智能化驾驶为核心的阶跃式发展。该路径通过搭载高性能传感器与计算芯片等组成的系统方案，不断提高车辆的复杂环境感知和智能决策能力，旨在探索高度自动驾驶技术的商业化应用。该技术实现路径为颠覆创新，但由于该路径的软硬件技术架构与传统汽车存在巨大差别，其安全性和可靠性有待检验，同时系统量产能力与成本因素也会影响和制约规模化生产。

结合我国产业基础，不宜复制国际上已形成的单车智能发展路径。一方面，渐进式发展路径是以现有汽车架构为基础进行迭代升级，我国在汽车电子、车辆控制执行方面的差距在渐进式发展道路中会被持续放大；另一方面，对于阶跃式发展路径，我国不具备先发优势，颠覆性创新能力不足，存在诸多"卡脖子"技术，不符合产业战略安全要求。此外，汽车智能网联化涉及多个本国产业交叉融合，汽车在行驶过程中所需的通信、地图和数据又具有极强的本地属性，需要国家统一的安全监管，难以直接复制引用国外发展模式。

智能网联汽车跨界协同的特点与本地属性，决定了需要探索中国方案发展路径。为实现智能网联汽车产业的创新发展，中国方案发展路径需要具备以下特征：结合中国优势与产业发展趋势，通过优势产业的协同带动效应，实现跨越式发展；在凝聚共识的基础上，探索适应产业变革需求的发展路线；以汽车为核心，实现汽车、交通与智慧城市共同发展的智能网联汽车新型体系架构。

在符合中国的基础设施标准、联网运营标准、新体系架构汽车产品标准的前提下，要建立中国方案的智能网联汽车信息物理架构，充分融合智能化与网联化发展特征，以车载计算基础平台、智能终端基础平台、云控基础平台、高精动态地图基础平台和信息安全基础平台等五大平台为载体，最终实现"人—车—路—云"一体化协同的创新发展道路。

4. 2020 年行业重点企业发展情况

汽车主机制造商加速培育软件能力。2020 年 4 月，长城成立数字化中心，推动集团所有品牌车型数字化转型，并在 7 月发布整车智能化品牌"咖啡智能"，面向未来出行的智能系统，涵盖智能座舱、智能驾驶、智能电子电器架构。2020 年 7 月，上汽集团软件中心定名"零束"，零束将聚焦智能驾驶系统工程、软件架构、基础软件平台和数据工厂，包括 SOA 软件平台、新一代中央集中式电子架构、云服务平台、算力芯片、汽车大数据平台、边缘人工智能应用、智能驾舱系统、数据及网络安全等领域。此外，一汽、吉利、广汽等主机厂商也在积极探索汽车软件能力建设新模式，提升"软实力"。

百度持续落地推进智能网联汽车服务。2020 年 3 月，百度发布全球首个车路行融合的全栈式 ITS 解决方案——ACE (Autonomous Driving、Connected Road、Efficient Mobility) 交通引擎，并在北京、长沙、重庆等十余座城市落地，与广州市达成战略合作，共同打造粤港澳智能网联先导区。另外百度开发的 Apollo Go 服务是全国获得自动驾驶测试牌照总数量最多，覆盖范围最广的运营服务。截至 2020 年 12 月，已获得 190 多张测试牌照，接待乘客超过 21 万次，城市道路测试已经累计超过 700 万 km，路网覆盖面积达到 391 万 km^2。百度已经在 20 余个城市落地自动驾驶，承接重庆、山西阳泉、安徽合肥等多个智能交通、智慧城市建设项目。

华为定位增量零部件供应商，赋能汽车产业。华为已经发布了智能座舱，自动驾驶辅助零部件，智能驾驶计算平台，自动驾驶开放平台，以及热管理系统等五大领域的新产品。智能座舱涵盖麒麟机车模组，车载智慧屏，AR-HUD 三款新产品。面向高阶自动驾驶应用，华为新旗舰 MDC810 智能驾驶计算平台最高算力可达 400 TOPS 以上，同时还发布了 4D 成像雷达。另外，华为发布"八爪鱼"自动驾驶开放平台，平台包括硬件、数据、算法和高精地图等，以构建一套"开放的数据闭环系统"。热管理系统方面，华为 TMS 通过一体化设计、部件和控制两个集成，可以实现能效、标定效率、体验三大提升。

5. 2020 年重点车型技术特点分析

表 1-32　重点车型技术特点分析表

厂商	车型	发布时间	激光雷达	毫米波雷达	摄像头	计算平台	高精地图定位	V2X
极狐 ARCFOX	阿尔法 S	2021-04	3	6	13	ADCSC 中央超算平台	有	有
蔚来	ET7	2021-01	1	5	11	Adam 超算平台	有	有
小鹏	P7	2020-04	0	5	14	Xavier 超算平台	有	有
长安	UNI-T	2020-06	0	5	5	NPU 计算平台	有	无

（1）极狐阿尔法 S

2021 年 4 月 17 日，极狐 ARCFOX 发布了阿尔法 S 车型。该车型配备 3 个激光雷达、6 个毫米波雷达、12 个超声波雷达、9 个 ADS 的摄像头、4 个环视摄像头，采用 ADCSC 中央超算平台，具备高精地图定位，V2X 等功能。该车型可实现 HWA 高速公路自动变道辅助、CBC 智能弯道巡航、RCTA 后向车辆穿行预警、RPA 遥感泊等高级辅助驾车功能。另外，阿尔法 S HI 版搭载鸿蒙 OS 智能互联系统，可实现所有设备协同。

（2）蔚来 ET7

2021 年 1 月 9 日，蔚来发布了 ET7 车型。该车型配备 33 个高性能传感器，包括 1 个超远距高精度激光雷达、5 个毫米波雷达、12 个超声波雷达、2 个高精度定位单元等，采用具备 1 016 TOPS 算力的 Adam 超算平台，具备 V2X 功能。该车型搭载了蔚来最新的自动驾驶技术 NAD(NIO Autonomous Driving)。该技术从感知算法到地图定位，从控制策略到底层系统，全面由蔚来自研，将逐步实现高速、城区、泊车和加电场景的全覆盖。

(3)小鹏 P7

2020 年 4 月 27 日,小鹏汽车发布了 P7 车型。该车型配备 5 个毫米波雷达、12 个超声波传感器、4 个环视摄像头、10 个自动辅助驾驶感知摄像头、亚米级高精定位系统,采用 NVIDIA 的 Xavier 超级计算平台,具备 V2X 功能。该车型搭载了 XPILOT 3.0 自动驾驶辅助系统,可实现 NGP(Navi Guided Pilot)功能,NGP 功能对中国道路场景进行了充分的研发,并且优化了下雨天路况及大货车混行场景的策略,该功能于 2021 年 3 月完成了 3 000 km 测试。

(4)长安 UNI-T

2020 年 6 月 21 日,长安发布了 UNI-T 车型。该车型配备 5 个毫米波雷达、12 个超声波雷达、4 个环视摄像头、1 个车内驾驶员监控摄像头、1 个前视摄像头(地平线远征 2 代芯片方案),采用 NPU 计算平台,搭载 ADAS 地图。该车型具备 L3 级自动驾驶能力。另外,其配备的 APA 5.0 智能代客泊车系统可以由车主自主选择车位,由车辆完成全自动泊车。

6. 未来几年智能网联汽车产业发展建议

贯彻顶层设计,凝聚行业共识与战略协同。贯彻《智能汽车创新发展战略》等国家战略,明确中国方案发展路径,凝聚行业共识,依托国家智能网联汽车创新中心等创新机制,推动智能化与网联化的深度融合,强化智能网联汽车信息物理系统架构、基础平台的设计与部署,支撑中国方案智能网联汽车落地。

加速法规修订,支持自动驾驶汽车规模应用。围绕智能网联汽车的全生命周期,多角度全面分析我国现有法律、标准体系、行业规范等对智能网联汽车大规模应用的限制。在保障安全的前提下,快速灵活地进行法规标准的制修订,适应技术和产业发展需求。通过豁免、解释等方式,营造良好的创新氛围,避免对 L3 级以上自动驾驶大规模商业化应用的限制。

扩大应用示范,实现城市级大规模示范应用。推进智能网联汽车、智能交通系统和智慧城市规划建设的示范应用,构建多层次立体式示范体系。通过城市级示范应用,实现智能化与网联化的深度耦合,构建开放融合、创新发展的产业生态,形成可复制、可推广的经验做法,依托丰富的城市道路交通场景,探索解决产业化过程中的关键问题。

探索商业模式,培育多类型创新市场主体。推动在车载无线网络、智能化基础设施、测试区/先导区、五大基础平台等领域成立创新型市场主体。发挥市场作用,探索培育各类新型产业业态,打通智能网联汽车、智能交通系统的业务逻辑,形成新型产业生态体系,实现产业高质量、可持续发展。

杜绝监管空白,提升产品监管与信息安全防护能力。面对产业化需求,提升产品监管能力与信息安全防控能力。加强智能网联汽车产品管理与使用管理,构建质量安全、功能安全防控体系,明确安全责任主体。强化信息安全防控,完善安全管理联动机制,提升网络安全防护能力和数据安全监管能力。同时,加强科普宣传和舆论引导,增强参与感与体验感,提高社会认知度和接受度。

加速与智能交通、智慧城市深度融合发展。通过智能网联汽车与各产业之间有机的、深入的融合,带动我国科技创新和产业发展。推动智能网联汽车和智能交通、智慧城市的融合,促进实现汽车与城市、交通、能源互联互通,提升城市运行效率及节能减排。

(二)自动驾驶客车

(宇通客车有限股份公司　彭能岭)

1. 2020 年自动驾驶客车产业与技术总体情况

随着新一代信息通信及人工智能技术的快速发展,汽车作为这些新技术应用的重要载体,正在加速向智能化和网联化转型,自动驾驶汽车成为新一轮产业转型升级的重要标志和依托。当前的自动驾驶研发投入及商业化验证主要集中在智慧园区/示范园区、港口、码头、停车场等限定区域应用场景,自动驾驶客车在这些应用场景中具有独特优势。

自动驾驶客车可以提供更安全、更舒适、更节能、更环保的交通出行综合解决方案,是城市智能交通系统的重要环节,是构建绿色汽车社会的核心要素,其意义不仅在于客车产品与技术的升级,更有可能带来客车及相关产业全业态和价值链体系的重塑。对此,美、日、欧等发达国家和地区均从战略高度上给予了重视,在政策上加大对自动驾驶客车的研发和产业化推进的投入力度。而我国也在通过国家顶层规划、产业政策引导、法规标志修订、开放道路测试等方式,加速自动驾驶客车技术和产业化发展步伐。自动驾驶客车是我国汽车产业实现产业升级的重要战略契机,也是我国建设汽车强国的重要支撑。

最早的自动驾驶客车出现在欧洲,由戴姆勒集团于 2009 年世界客车博览会上发布。经过十多年的快速发展,客车自动驾驶技术已取得显著进展,国外各主流整车厂、科技公司纷纷发布了新一代客车自动驾驶产品,各国也相继出台了以车辆智能化、网联化为核心的发展战略。在自动驾驶客车研发方面,国外主要有奔驰、丰田、Easymile、Navya、沃尔沃等主流传统车企以及造车新势力,其测试、运营区域基本处于景区、园区、校园等一定封闭性的区域,产品主要以微型巴士和自动驾驶公交车为主,主要应用于解决“最后一公里”的短途运输或限定区域内的接驳服务。

我国自动驾驶客车技术虽然起步较晚,但发展势头猛烈,诸多整车厂纷纷自主研发或与互联网公司合作布局自动驾驶客车产业,开发自动驾驶客车产品。国内的自动驾驶客车行业呈现出百花齐放的态势。在国家大力支持、5G 技术迅速发展的大背景下,各主流客车企业纷纷涉足智能驾驶客车领域,诸如宇通客车、厦门金龙、厦门金旅、中车电动等企业在自动驾驶客车领域较早开展了布局,取得了较为显著的成绩。

2. 2020 年自动驾驶客车技术发展特点

自动驾驶有单车智能自动驾驶(Autonomous Driving,

AD）和车路协同自动驾驶（Vehicle-Infrastructure Cooperated Autonomous Driving，VICAD）两种技术路线。其中AD主要依靠车辆自身的视觉、毫米波雷达、激光雷达等传感器、计算单元、线控系统进行环境感知、计算决策和控制执行。VICAD则是在单车智能自动驾驶的基础上，通过车联网将“人—车—路—云”交通参与要素有机地联系在一起，助力自动驾驶车辆在环境感知、计算决策和控制执行等方面的能力升级，避免车辆在极限情况下陷入死锁，有利于最大化交通设施效能，是自动驾驶技术未来发展的主流趋势。

在自动驾驶客车产品方面，是以提高出行安全和效率为主要目的，以环境感知、通信互联、智能控制为研发核心，以车路、车车协同系统与高度/完全自动驾驶系统为发展重点。国内与国外技术路线基本相同，以微型巴士和自动驾驶公交车为主，实现“人—车—路—网—云”一体化的车联网服务平台，助力运输企业降低运营成本，提升客运安全，实现科学优化的运营管理模式。微型巴士方面，有多家整车厂、科技公司发布相关产品，主要应用于景区、园区等封闭区域；自动驾驶公交车方面，整车厂、科技公司布局较少，可实现L3级自动驾驶，一般应用于城市快速公交线路。国内智能驾驶客车基本进入半封闭和开放道路测试和示范运营阶段。

3. 2020年自动驾驶客车实现的主要技术突破点

针对“传统电子系统可控性差、系统感知及定位精度差、信息安全存在隐患、网联化有待提高”等行业共性技术难题，采用产学研联合协同攻关模式，实现以下关键技术的突破。

（1）基于深度学习的多源信息融合技术。①环境信息感知。依据激光雷达、毫米波雷达、视觉传感器不同的感知属性，通过传感器有效组合实现车辆周边环境全方位感知。②高精组合定位：多传感器、多信息源融合定位技术，结合差分卫星定位DGPS、惯性导航技术INS、视觉SLAM、激光雷达SLAM等绝对定位与相对定位技术特征，适应不同的环境场景，实现厘米级高精度定位定姿。

（2）基于增强学习的决策与协同控制技术。基于马尔科夫决策过程增强学习模型，模仿优秀驾驶员实现拟人化智能驾驶决策与控制。通过高速LTE无线网络、服务器端云脑决策及大数据技术，提升驾驶决策的智能化水平。

（3）高可靠性冗余线控执行机构。①线控转向系统：通过线控转向系统电控单元、高精度转矩/转角传感器及高速电机控制技术，融合智能驾驶控制需求及车辆动力学特征，实现自动调节方向盘转向角度及速度，控制精度更高，车辆横向控制更稳定。②线控制动系统：线控制动系统实现传统气压制动系统的机械解耦，通过电控单元实现制动力动态分配。基于高速动作、高安全冗余比例继动阀，实现系统响应时间更短，控制更精确，制动力分配更合理，与智能驾驶控制系统深度融合。

（4）多核异构车载超算平台。硬件架构，基于深度学习的自动驾驶车载超算平台；软件架构，基于AUTOSAR软件开发标准，开发电子控制单元（ECU）基础软件平台（SW）。

（5）高并发大数据云计算平台。实现全局控制与实时调度和数据收集与模型训练。

4. 未来几年自动驾驶客车技术发展趋势

从各国和地区研究成果来看，基本都预判在2025年前后L3级自动驾驶客车将得到规模化商业应用，L4级自动驾驶客车开始进入市场。从技术路线来看，智能网联客车从单车智能化逐步向智能化与网联化融合的方向发展，各国加速“人—车—路—云”一体化的项目示范与技术规划。从落地场景来看，限定区域运营场景由于路况简单、线路相对固定、车速相对较低、交通参与者较少等因素，更有利于自动驾驶的实现。大范围不定线路运营的场景、交通环境复杂场景和极端恶劣天气下运营的场景，短时间内难以实现自动驾驶。因此自动驾驶客车的发展将经历从封闭园区测试、半封闭园区测试、开放道路测试、特定路段运营、开放道路运营等阶段。自动驾驶客车会按照低速封闭场景—低速开放场景—高速开放场景的顺序实现商业化落地。

自动驾驶客车技术发展趋势可以总结为以下3个特点：

（1）车路协同自动驾驶是自动驾驶客车技术可以商业化落地的必然趋势。

（2）行业形成共识：面向“最后3公里”接驳场景、固定线路运行的自动驾驶微循环公交车是实现自动驾驶快速落地应用的最佳场景之一。

（3）我国在自动驾驶微循环公交车研发方面积累了大量经验，可支撑示范应用。

5. 目前亟须解决的技术难点及解决方案

主流的自动驾驶客车仍无法在实际场景中规模化应用，存在以下诸多不足，具体表现为：

（1）车辆智能化水平低，需配备安全员，无法实现无人驾驶，行驶速度低且舒适性、平顺性差。

（2）存在特定场景下应对能力不足和失效的风险。一些特殊道路条件、环境条件，过时的地图信息和其他特殊机械等都可能导致自动驾驶系统无法稳定运行。

（3）系统的可靠性和应对挑战性交通场景的能力亟待提升。目前自动驾驶系统的硬件并不满足车规级要求，以及功能安全和预期功能安全考虑不足，都会造成自动驾驶系统的不可靠，通过建立或健全功能安全、预期功能安全和网络安全等过程保障和准入测试体系，可以避免车辆在设计运行条件内发生可预见且可预防的事故。

（4）法律法规和标准体系尚不完善。法律法规方面，我国在允许智能网联汽车合法化商用行驶、保障未来智能网联汽车用户行驶安全和数据安全等方面，相关的法律法规基本处于空白状态。现行法律法规不能满足产业发展的需求，对自动驾驶合法性、开放道路测试和高精度地图测绘等方面产生制约、限制智能网联汽车产业的发展。

（5）系统成本高（单套系统硬件成本>35万元），无法支撑大规模应用。政府可以先期补贴，形成规模化后自然可以降低系统成本。

6. 2020年行业重点企业发展情况

宇通客车作为中国客车第一品牌，在智能网联技术研发方面，布局早，技术优势显著，整体水平处于国内领先，先后研发了面向客车的车联网公共服务平台、面向限定区域的L3/L4级自动驾驶客车，具体如下：

（1）技术进展

宇通客车早在2013年就自主研发智能驾驶相关技术。7年来，围绕着多源传感器信息融合、决策与协同控制、车载超算平台、云控平台等核心关键技术进行不断攻关，先后自主研发了满足车规要求的多核异构车载超算平台、面向多源、异构传感器的信息融合系统、面向多目标协同的决策控制系统以及基于VSLAM、LSLAM和GPS/IMU的高精度组合导航定位系统等。

2020年1月，宇通客车入选工业和信息化部“新一代人工智能产业创新重点任务”揭榜单位。

2020年6月，宇通L3级自动驾驶公交车在郑州金融岛正式试运行，线路全长17.4 km，共设34座智能公交站台，1个智能公交停车场。截至2021年4月，累计行驶超过32万km，平均车速提高1倍，出勤率100%，安全零事故。

2020年9月，在郑州高新区5G自动驾驶网约巴士项目发布，截至2021年4月，已累计行驶2.3万km，运送乘客2.5万人次。

图1-76 郑州智慧岛运营的微循环1.0

图1-77 郑州智慧岛运营的微循环2.0

图1-78 郑州金融岛的智能公交停车场

7. 2020年重点车型技术特点分析

在自动驾驶产品车型开发方面，宇通客车先后开发完成了面向BRT公交的L3级10～12 m纯电动客车（见表1-33）和面向园区、景区等封闭区域的L4级5 m微循环车2.0（见表1-34）。其中L3级10～12 m纯电动客车可以实现车道内

图1-79 郑州金融岛运营的智能公交

自动驾驶，已实现批量推广示范运营。具备巡线行驶、紧急制动、换道避障和路口通行、精确进站等主要功能，可有效降低驾驶员强度，提升行车安全。

表1-33 L3级12 m纯电动客车

	技术参数	
	外观尺寸（mm）	12 000×2 550×3 235
	动力及燃料	纯电动
	操控形式	驾驶员辅助
	续驶里程（km）	300（开空调）
	自动驾驶行驶最高车速（km/h）	60
	地板形式	低地板

宇通L4级自动驾驶微循环客车无方向盘、无油门、无刹车踏板，具备在园区、景区等限定场景以及开放道路专用道上多种天气条件下（大雨、小雪、大雾）全流程自动驾驶能力，有效降低客户运营成本，提升行车安全。同时，车内还实现了多种智能化交互功能，AR实景导航使乘客直观了解车辆行驶状态，让乘客知道所在何地、前往何处，使其乘车更加安心；智能语音交互功能，使乘客不必离开座位，不用寻找按钮就能对车内环境氛围（灯光、空调、音乐）进行调整，实现无接触式控制，减少特殊时期乘客乘车交叉感染风险。该L4级微循环自动驾驶车具备巡线行驶、自主避障、路口通行、车路协同、自主换道、自主超车、自主进站、精确停靠、自主会车、自主跟车功能。

表1-34 宇通L4级5 m微循环客车

	技术参数	
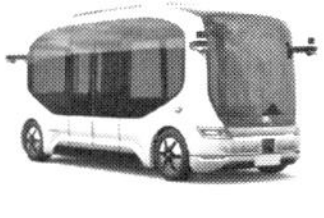	外观尺寸（mm）	5 500×2 060×2 610
	动力及燃料	纯电动
	操控形式	自动驾驶，无驾驶员
	续驶里程（km）	150～200（开空调）
	自动驾驶最高车速（km/h）	40
	地板形式	一级踏步、低地板

8. 未来几年自动驾驶客车产业发展建议

自动驾驶客车通过车联网将“人—车—路—云”交通参与要素有机联系在一起，除了上文中亟须解决的自动驾驶共性技术之外，对于路侧基础设施提出3点发展建议：

（1）借助智慧城市建设、道路基础设施改造升级的机会，加快路侧基础设施数字化升级，推动基础设施的数据开放，如交通信号灯、交通管理标识等数据的开放。针对数字化的路侧基础设施，定义统一的数据格式标准，制定互联互通接口和产品规范，加速自动驾驶商业化部署。

（2）建议出台补贴等相应扶持政策和必要的法规，推广车—车、车—路应用。路侧基础设施涉及种类多、行业广、投资规模大，不同于以往传统车联网的商业模式，当前部分城市或高速路段进行的局部道路智能化改造，仅服务于项目内车辆，存在车载终端渗透率低、路侧设施建设密度低，无法支撑全时空、全要素的道路交通信息感知，难以支撑各类自动驾驶应用的落地。建议出台补贴等相应扶持政策和必要的法规，推广车—车、车—路应用。

（3）建议建立跨行业协作的创新测试评估体系。路侧基础设施具有公共属性，一旦失效或受到攻击，社会影响较大，甚至影响人身安全、国家安全，建议建立跨行业协作的创新测试评估体系，协同开展标准制定、测试环境搭建，建立安全评价方法和标准化体系，全面覆盖路侧基础设施数字化、网联化改造的功能、性能的一致性、信息安全和可靠性等全方位测试认证。

（三）无人驾驶物流配送车

（北京智行者科技有限公司　张　放）

1. 2020 年无人驾驶物流配送车产业与技术总体情况

随着不同程度的无人驾驶商业化落地，无人驾驶物流配送逐渐成为智能网联汽车的重要应用场景之一。

近年来，国内围绕无人驾驶物流配送产业进行相关的技术发展和布局。2019 年 9 月，中共中央、国务院印发《交通强国建设纲要》，明确指出，加速新业态新模式的发展，积极发展无人机（车）物流递送、城市地下物流配送等。2020 年新冠疫情防控防疫特殊时期，无人驾驶物流配送车的发展迎来新的契机，多家企业将无人配送车部署到全国各地的防疫区域，全程实现无人化配送，将无人驾驶的智能化、高效率、安全性发挥到极致，为防疫防控提供了重要的智慧支撑。2020 年 12 月 30 日，交通运输部关于促进道路交通自动驾驶技术发展和应用的指导意见，提出要推动自动驾驶技术试点和示范应用，支持开展自动驾驶载货运输服务。鼓励在港口、机场、物流场站、交通运输基础设施建设工地等环境相对封闭的区域及邮政快递末端配送等场景，结合生产作业需求，开展自动驾驶载货示范应用，并在做好风险评估和应急预案的前提下，视情推广至公路货运、城市配送等场景，打造安全、高效、智能的物流运输服务。

从技术应用的难易情况以及法律法规的推进程度考虑，本文从干线物流运输和末端配送进行分析无人驾驶物流配送产业现状和技术总体情况。

（1）无人驾驶末端物流配送总体情况

末端物流配送指直接送达给消费者的物流活动，是以满足配送物流环节的终端客户需求为直接目的的物流活动，也是当下无人驾驶商业价值较高的应用场景。无人配送场景主要涵盖利用无人车完成物品流通环节中，产品生产到客户之间的配送过程的场景，可以实现提高效率、减少成本的目标。目前，利用无人驾驶完成配送的种类越来越多，主要包括快递配送、外卖、药品、图书以及其他小件货物等。无人末端物流配送解决了很多当前人工配送“最后一公里”的诸多问题，一方面，无人驾驶物流车通过网联功能、用户信息分析、减少重复配送，提高了配送效率；另一方面，无人驾驶物流车替代了当前三轮电动车等配送车辆，提高了道路交通秩序，消除了道路的安全隐患。

从技术角度，用于末端配送的无人驾驶物流车体型小、行驶速度低，大多运行在非结构化道路或非机动车道，运营场景较干线物流安全性更高；无人驾驶物流车单车成本相对其他无人驾驶产品较低，一般采用中低线激光雷达即可满足其短距离及周围的目标检测，数据融合所需的计算量较少，对芯片和计算平台的要求也相对较低。此类无人配送车不载人，当发生碰撞危险时，车辆可以通过“自损”来保证其他交通参与者的安全。以上几点使末端配送无人驾驶物流车具备了实现规模商业化应用的条件。

（2）无人驾驶干线物流运输总体情况

干线物流运输指利用道路的主干线路进行大批量、长距离的运输，是长距离运输的一种重要形式，是无人驾驶很有商业价值的应用场景。据某资本数据预测，当前无人驾驶干线物流场景潜在替代市场规模约 7 000 亿美元。从市场需求角度，随着人口老龄化的加剧以及物流市场的迅速发展，货车司机缺口日益增加，而无人驾驶能有效缓解司机短缺现象。从经济性和安全性看，无人驾驶在节省燃油成本、提升运营效率、减少人为因素导致的事故率方面也具有较大的优势。因此，涌现了多家提供干线物流自动驾驶解决方案的提供商，同时，一些商用车主机厂也相继进入这个领域，开展干线物流自动驾驶重卡测试，另外，一些物流平台方采取投资与合作的方式，积极推进干线物流自动驾驶的发展。

从技术角度，用于干线物流配送的无人驾驶物流车体型较大，且多为厢式货车，行驶速度较高，大多运行在高速公路和城市机动车道路；因此，无人驾驶物流车单车成本较高，一般采用较高线的激光雷达满足其长距离且 360° 的目标检测，数据融合所需的计算量较大，对芯片和计算平台的要求较高。以上几点使干线配送无人驾驶物流车在国内尚未实际落地。

2. 2020 年无人驾驶物流配送车技术发展特点

（1）末端无人驾驶物流配送车技术特点

从无人驾驶物流配送车关键技术层面，车辆取消了驾驶舱位，运营路线相对固定，依靠自动驾驶算法进行决策，以代替人类执行配送任务为主，引入了新的电子电器架构，其在环境感知、定位建图、规划控制及系统设计等方面既要保证如机器人般的灵活性，又要确保车规级的安全性和稳定性。从配送业务层面，不同于普通的监控系统，末端配送物流车需要通过云端对任务进行调度、监控等操作，对可操控性和实时性要求较高。

(2)干线无人驾驶物流运输车技术特点

干线无人驾驶物流运输利用车队管理平台，对驾驶任务、行驶线路优化，进一步提升运营效率。在这种管理模式下，编队行驶成为主要的技术特点。多辆无人驾驶车辆通过车—车通信与车—云通信的方式，构建一定的拓扑关系，在头车的带领下以队列的形式进行编队行驶，稳定行驶时，车与车之间保持 2 ~ 3 s 的跟车时距，维持队列的稳定性。另外，由于车辆行驶在城市道路或高速上，其高度融合了车联网技术，使车辆提前预知道路前方事故等潜在危险，提前避免二次事故的发生。

3. 2020 年无人驾驶物流配送车实现的主要技术突破点

无论是末端配送还是干线物流，安全是无人驾驶物流配送车推广应用的前提，而感知信息的质量直接影响着无人驾驶行为，其高准确性与可靠性是自动驾驶安全的保障。一直以来，受传感器硬件限制，感知系统通常对雨雾雪等气象环境显得无计可施，如图 1-80 所示。

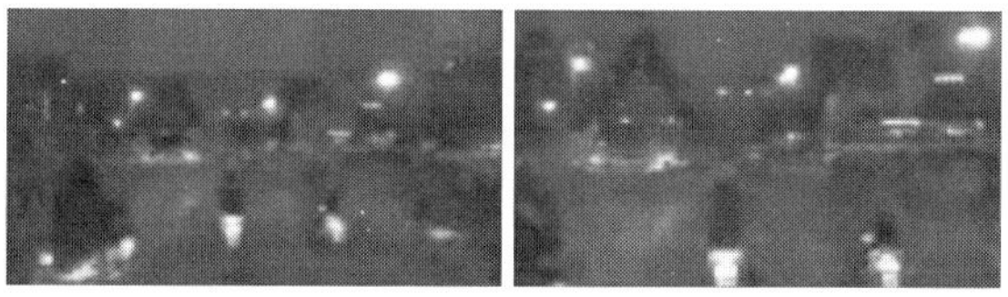

图 1-80 雨雾环境感知情况

为了解决遇到的类似工况，行业内无人驾驶物流配送车多采用了深度学习和传统算法的融合方法，利用多传感器深度融合技术，使感知系统具备障碍物检测、分类、追踪、场景理解能力，在一定程度上提升了不同的天气和环境中障碍物检测的准确性。

从避障角度而言，末端无人驾驶物流配送车的避障场景更加丰富，一般动态和静态障碍物的避障比较简单，因为需要避障的环境下一般交通参与者较少，且空间比较富余，所以基本上只需要沿着道路略微绕开障碍物即可，如图 1-81 所示。

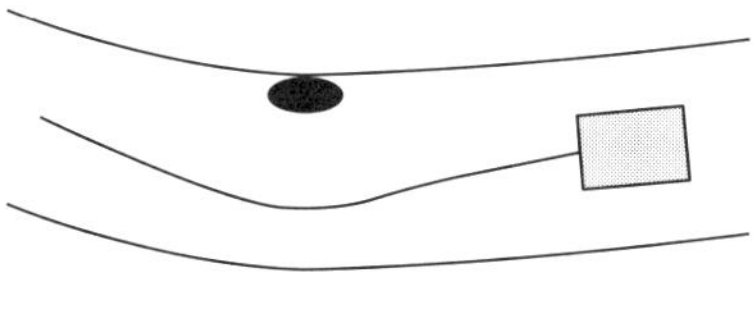

图 1-81 一般避障

无人配送车经常行驶在非结构化道路上，会遇到环境障碍物数量多、障碍物分布复杂、可通行空间狭窄的情况，如图 1-82 所示，这些情况对车辆避障能力提出来巨大的挑战。

为了解决遇到的各种工况，部分企业采用了改进的 DWA、泡泡算法、Hybrid A 等算法，如图 1-83 所示，在不同工况下自适应地使用合适的避障模式进行避障，实现狭窄空间、不规则道路和区域的避障。

图 1-82 面临的避障问题

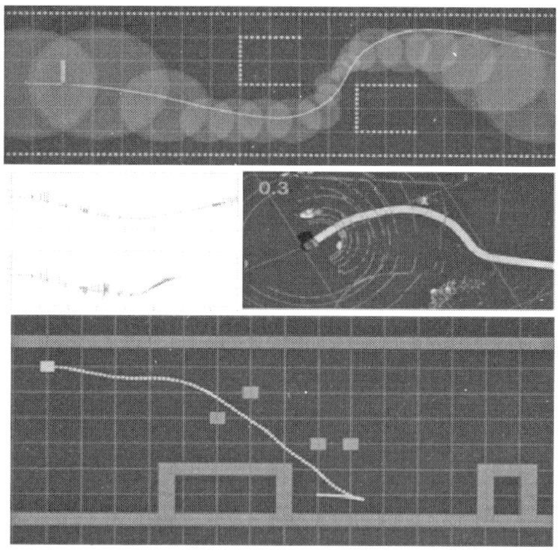

图 1-83 多种避障模式

4. 未来几年无人驾驶物流配送车技术发展趋势

表 1-35 技术发展趋势

技术发展	末端无人驾驶物流配送车	干线无人驾驶物流配送车
多环境下各类障碍物的识别	尤其对不规则、小体积、特殊表面材质的障碍物识别	能够识别远距离障碍物；能够在多气象环境、光照条件下对障碍物进行识别
实现高实时性的应急急停与远程控制		
能够场景快速适配且能够自动加载地图，以保证快速应用		
能够匹配各种应用场景	如工业园区、校园、住宅区、公园、商圈、停车场等	城市道路、高速公路
能够 OTA 升级，支持静默升级		
大数据分析，尤其发展自动化数据分析、数据清洗、进行模型训练，以实现算法技术的快速迭代		

5. 目前亟须解决的技术难点及解决方案

对于末端无人驾驶物流配送车来说，复杂环境下的微小且不规则障碍物的检测的准确性目前仍是业内亟待解决的技术难点，而对于干线无人驾驶物流运输车来说，复杂环境下的长距离感知，也是技术难点之一。应用传统的 V 开发流程无法缩短感知算法迭代的周期，也难以满足海量实际场景的覆盖。

针对上述问题，行业内主流的无人驾驶公司正在逐步开展基于数据闭环的算法模型开发方案，即自动或自然驾驶过程中，车端自动进行驾驶场景和状态检测，记录符合感知算法要求的场景数据或问题数据，上传至云端场景库，对数据进行抽帧、清洗和标注后，用于算法模型训练，并将场景数据与仿真打通，通过仿真和实车的验证，实现了感知算法的快速迭代和完整的数据闭环，这种方案的应用正在逐步提高感知算法对实际应用场景检测的准确性。

基于数据闭环的算法开发不仅适用于感知算法开发，同样可以应用于行为预测和决策规划算法开发，做好数据的全生命周期应用与管理将更高效地解决无人驾驶长尾问题。

6. 2020 年行业重点企业发展情况

表 1-36　2020 年行业重点企业发展情况

应用场景	企业名称	产品类型	运营情况
末端物流配送	北京智行者科技有限公司	无人配送车	2020 年 2 月，无人配送车“蜗必达”为温州乐清市人民医院提供送餐服务
末端物流配送	阿里巴巴达摩院自动驾驶实验室	无人配送车	2020 年 9 月起，自研小蛮驴 G 系列无人配送车在杭州、北京、天津、上海、成都、西安、武汉，南通等城市开启常态化配送运营服务
末端物流配送	北京京东乾石科技有限公司	智能快递车	2020 年 2 月，智能快递车“大白”为武汉第九医院提供医疗物资配送服务；2020 年 7 月，京东物流城市级智能配送项目在常熟正式落地运营
末端物流配送	北京三快在线科技有限公司	无人配送车	2020 年 2 月，美团无人配送车首次实现公开测试道路配送，并与顺义区政府合作，在示范区内落地运营
末端物流配送	新石器慧通（北京）科技有限公司	无人配送车	2020 年 2 月，无人配送车为海淀医院隔离点提供无接触送餐服务
末端物流配送	白犀牛智达（北京）科技有限公司	无人配送车	2020 年 2 月 17 日，白犀牛无人车赴武汉光谷方舱医院进行药品、生活物资配送
干线物流运输	图森未来	无人驾驶货运网络	2020 年，测试货车车队规模中国 15 辆，美国 40 多辆，中国测试里程 4 万 km，美国测试里程 300 万 km
干线物流运输	主线科技	L4 高速干线运输	2020 年，测试货车车队规模 4 辆，高速测试里程 10 万 km

7. 2020 年重点车型技术特点分析

（1）智行者无人配送车——蜗必达

智行者的无人配送车蜗必达作为一款末端物流配送车，在技术上具有以下特点。

①具备 L4 级别无人驾驶能力，适应低速复杂配送环境，其自动驾驶技术特点：a. 具备对动静态小目标的识别能力。b. 多传感器融合实现厘米级定位。c. 多路点的最优路径规划。d. 各种障碍物自动避障。e. 根据场景匹配多种速度要求。

②具备适配不同场景的能力，高效执行配送任务，其业务特点：a. 配送场景快速匹配。b. 复杂任务可多车调度。c. 后台实时监控车辆状态。d. 特殊驾驶环境下的行驶数据采集及数据上传。e. 平型驾驶可远程接入干预。f. OTA 升级自动驾驶软件、地图、客户端 App、整车固件及组件驱动。

（2）未来几年无人驾驶物流配送车产业发展建议

①推动政策法规制定。加快推动建设行政主管部门，归口负责无人驾驶物流车专用车辆政策制定和管理的工作。参考欧美日等发达国家政策法规，根据中国国情和交通环境制定中国无人驾驶物流车行业顶层规划，建成和完善无人驾驶物流车相关政策法规体系和运行监管制度。推出无人驾驶物流车详细的管理办法，为无人驾驶物流车的研发、测试、生产、销售使用等提供车辆注册登记、上路行驶、信息安全、刑事、民事、车辆保险、车辆牌照等多方面的法律法规保障。制定鼓励政策，为无人驾驶物流车的购买提供补贴政策，刺激应用。

②推广示范应用鼓励措施。鼓励国内各省市推出利于干线物流和末端物流发展的政策，鼓励无人驾驶物流车的开发和生产应用第五代移动通信技术（5G）、云计算、多源传感、智能交互、卫星定位、地理信息系统等各项技术，实现标准化、智能化的管理与反馈机制；鼓励加快无人驾驶物流运输/配送示范应用路线或区域的建设进程，增加无人驾驶物流车的社会认可。

③加快无人驾驶物流行业标准制定。建议智能交通相关社会团体组织开展团标和行标的制定，并逐步开展国家标准的制定，建议标准领域包括但不限于无人驾驶物流运输/配送车设计要求和共性标准、单车智能标准、云端或智能平台相关标准、适用于无人驾驶物流车行驶安全的软件及硬件安全标准、无人驾驶功能信息安全和功能安全标准等。

④规范无人驾驶物流配送相关基础设施建设。按照运输和配送场景要求，制定物流站点建设规范、智能路侧设备规范，应用于物流体系的接驳区域规范等。

⑤规范无人驾驶物流车的测试验证。首先，推进国家和地方建设无人驾驶物流车测试评价中心、专用测试场地，完善无人驾驶物流车产品软件和硬件测试，开放场地测试等测试验证体系。借助大数据、仿真平台等模拟和还原无人驾驶物流车的实际运行情况，加快产品测试迭代速度。其次，细化无人驾驶物流车功能和性能指标及验证方法与流程。最后，通过不断积累仿真和路测数据，丰富测试场景、降低无人驾驶物流车开发企业整体测试验证成本，同时保证车辆上路后的安全性和可靠性。

⑥多种商业模式的探索。无人驾驶行业仍处于研发测试、示范运营阶段，较高的零部件成本和研发费用使单车成本居高不下，成本的限制，加大了大规模商业运营落地的难度。目前阶段，无人驾驶企业仍需打磨技术，足够安全的技术方能推动产业的逐步落地，被市场接受。从行业角度，不仅要提供完善的标准、规范，还建议在一定范围内允许无人驾驶企业试错，创造条件推动无人驾驶物流车逐步落地。

（四）智能网联汽车关键技术

（国家智能网联汽车创新中心　李　乔；清华大学　边明远）

智能网联汽车已成为全球汽车产业发展的战略方向，产业界正处于技术快速演进、产业加速布局的商业化前期阶段。企业纷纷加大关键基础技术投入和数据积累，加快高等级智能网联汽车研发和应用。汽车主机厂与零部件供应商加速转型，开展电子电气信息架构（EEI）、操作系统等底层技术的发展布局，支持自动驾驶规模量产；科技公司依托人工智能、信息通讯、芯片、大数据等领域优势跨界融合，推动车辆智能化、网联化升级。同时，出行即服务、软件定义汽车等新理念得到越来越广泛的认同，新商业模式与落地场景成为产业争夺焦点。

1. 2020年国内外智能网联汽车总体技术进展

（1）美国

美国以人工智能、芯片等技术为切入点，旨在掌控自动驾驶汽车车载核心芯片、算法和新型整车架构等核心技术，主机厂和科技型公司在高级别自动驾驶技术上投入大量研发资源，取得领先成果。Waymo于2020年3月发布了旗下第五代自动驾驶系统，累计完成超过2 000万mi的自动驾驶道路测试和超过100亿mi的模拟测试。2020年5月，通用汽车对外宣称正在开发新一代自动驾驶系统——Ultra Cruise，具备高速公路变道、进出匝道以及城市工况下相应自动驾驶功能。

（2）日本

日本汽车产业和交通设施基础均较好，自动驾驶方面技术水平也在稳步推进。丰田、本田、日产、马自达、三菱、铃木等车企已全面掌握L2级自动驾驶技术，陆续发布量产车型。2021年3月，本田发布具备L3级自动驾驶功能的Legend车型，可实现交通拥堵驾驶、脱手驾驶、自动紧急靠边停车等功能。丰田汽车开展Woven city建设，开发e-Palette移动平台并在Woven city开展探索应用。Woven city项目实现出行方式向以电动化为基础的移动出行服务商转型，并实现智慧城市、智能移动出行的战略愿景。e-Palette取消驾驶员座位，打通通勤、物流以及用餐、办公等各类生活场景。电装、爱信精机、瑞萨、日立等公司在毫米波雷达、激光雷达、立体成像系统、线控部件等零部件技术上积累深厚。

（3）中国

我国智能网联汽车已经取得了一定成果，并形成了明确的技术发展路径。我国早在2016年就已经发布《智能网联汽车技术路线图》，指导行业发展。为进一步研判智能网联汽车技术路径与产业目标，2019年，中国智能网联汽车产业创新联盟牵头集合行业力量，共同编制面向2035年的智能网联汽车技术路线图。智能网联汽车技术路线图中提出，到2025年我国PA（部分自动驾驶）、CA（有条件自动驾驶）级智能网联汽车销量占当年汽车总销量比例超过50%，C-V2X终端新车装配率达50%，高度自动驾驶汽车首先在特定场景和限定区域实现商业化应用，并不断扩大运行范围；到2035年各类网联式自动驾驶车辆广泛运行于中国广大地区，HA（高级自动驾驶）和FA（完全自动驾驶）具备与其他交通参与者间的网联协同决策与控制能力，高速快速公路、城市道路等基础设施智能化水平满足HA级智能网联汽车运行要求。智能网联汽车实现与交通、信息、互联网等领域充分协调，与智能交通、智慧城市产业生态深度融合，支撑我国成为汽车强国的目标。

（4）欧洲

欧洲具有世界领先的整车企业和汽车电子零部件供应商，其基于车载传感器的自动驾驶技术相对领先，OEM由低等级自动驾驶逐渐向高级别自动驾驶迈进，技术积累深厚。为充分验证自动驾驶技术成熟度，欧洲整车、零部件供应商以及科研机构联合开展跨区域的技术示范验证，以期实现智能网联汽车技术落地与发展。如由来自12个国家的34家成员联合开展的L3 Pilot项目。该项目关注L3级及L4级自动驾驶功能量产前的功能与技术验证，在2019年3月到2020年9月期间，通过组织100辆测试车辆与1 000名测试驾驶员，针对交通拥堵辅助自动驾驶、高速公路有条件自动驾驶、智能泊车、城区自动驾驶4类自动驾驶功能，利用不同用户在多个国家驾驶环境下开展大规模公共道路测试。

2. 2020年智能网联汽车实现的主要技术突破点

（1）车辆关键技术层面

车载计算平台重要性愈发凸显，多家企业纷纷布局并取得重要进展。汽车电子电气架构正在由分布式向集中式持续演进，车载计算平台是高等级智能网联汽车核心控制中心，其重要性愈发凸显。国内厂商纷纷布局，并取得了重要进展。比如华为推出的MDC解决方案，集成自研的鲲鹏CPU芯片，昇腾AI芯片、图像处理芯片等，搭载创新研发的操作系统，是一个平台化、标准化的系列产品。华为MDC支持L2至L5级自动驾驶的平滑演进，兼容AUTOSAR架构，具有高性能、高安全、高可靠、高能效、确定性低时延的技术优势，满足ISO 26262 ASIL-D等级功能安全要求。

其他智能网联汽车车辆关键技术领域也取得突破。激光雷达方面，自主激光雷达形成系列性产品，对标国际产品具备较强竞争力。自主机械式激光雷达产品已经覆盖16～128线，半固态激光雷达研发与产业化取得积极进展，相关产品已经量产应用。国内多家车载摄像头供应商进入量产前装，形成批量供应；毫米波雷达方面，毫米波雷达整机已经进入量产前装，毫米波雷达芯片具备自主解决方案。自主毫米波雷达企业开发的24 GHz、77 GHz毫米波雷达已经正式搭载于一汽、东风、上汽等车企的多款量产车型之上；同时，相关企业已经发布多款车规级77 GHz CMOS毫米波雷达芯片，形成从长距、中距到短距完整解决方案。

（2）信息交互关键技术层面

LTE-V2X通讯芯片与终端形成系列产品，开展规模化应用实践。华为已经发布双模LTE-V2X芯片Balong765与车规级商用通信模组ME959，与一汽、上汽、长安、奥迪等车企开展联合调试并实现小规模量产。大唐提供的基于PC5通信的单模芯片Mode 4已搭载在其自研、千方科技、万集科技等多款通信终端产品之上，实现小规模量产。

通信终端方面，大唐、德赛、东软、华为、金溢科技、千方科技、三旗通信、万集科技、星云互联、中兴等国内企业均可提供支持LTE-V2X的车载终端和路测单元产品。

应用实践方面，2018—2020年，中国智能网联汽车产业创新联盟连续三年组织C-V2X互联互通应用示范活动。在2020年10月开展"新四跨"应用示范中，共有来自整车、芯片模组、终端、安全、地图、定位等130余家企业参与，60余辆国内外品牌车辆进行演示，进一步深化C-V2X相关技术和标准的测试验证。"新四跨"活动展现了中国C-V2X发展理念与中国方案智能网联汽车技术路径，推动全球形成产业共识。

（3）基础支撑关键技术层面

高精地图企业积极探索采集与应用模式。在地图采集与应用方面，国内高精地图相关企业在高精地图采集、制作与应用过程中，逐步探索形成各自模式。如高德使用搭载有激光雷达、摄像头和组合导航系统的高精度测绘车辆获取道路模型数据，并通过人工和自动化提取融合的方式生产高精地图数据。在地图测绘管理方面，在相关管理部门的支持下，积极探索高精度地图应用与管理模式。另外北斗卫星导航系统完成组网，高精度卫星导航定位设备已实现核心技术自主化。

安全技术标准方面，2020 年 5 月，技术标准 GB/T 38628《信息安全 汽车电子系统网络安全指南》正式发布，此为我国第一个发布的汽车领域的信息安全国家标准。2021 年 4 月，全国信息安全标准化技术委员会发布《信息安全技术 网联汽车 采集数据的安全要求（草案）》，进一步落实《网络安全法》的相关要求，加快网联汽车标准研制工作。

（4）整车集成层面

L2 级智能网联汽车已成主流，L3 级智能网联汽车量产逐渐布局。主流车企基本已经大规模量产 L2 级智能网联汽车，2020 年我国 L2 级智能网联乘用车新车占比达到 15%，同比增长 107%，渗透率保持在 15% 左右。此外，一汽、东风、长安、广汽、上汽、吉利、长城等自主车企纷纷加快 L3 级智能网联汽车的量产步伐。

3. 智能网联汽车技术发展特点与趋势

智能网联汽车产业备受关注，发展迅速。智能网联汽车将是未来智能交通、智慧城市的重要组成部分。从各国战略规划来看，各个国家和地区都把智能网联汽车放到核心战略发展地位，制定一系列技术路线图以及法律法规支持产业发展。从市场端来看，以车辆安全为核心目标的智能网联汽车技术必将受到越来越高的重视，到 2025 年，我国 L2、L3 级智能网联汽车将占新车市场销量的 50%，高级别智能网联汽车开始进入市场。从技术产品端来看，随着智能网联汽车技术发展路线不断完善，汽车电子电气架构、操作系统与应用软件、智能化基础设施等关键技术也在快速迭代。

（1）从单车智能化逐步向智能网联相融合的路径发展

单车智能化方案存在能力盲区和感知不足、硬件性能要求高，单车成本高等问题使其难以在量产车上实现无人驾驶功能。我国从谋划智能网联汽车产业以来，就一直强调智能化与网联化协同。与此同时，在网联化分级方面率先提出网联辅助信息交互、网联协同感知、网联协同决策与控制 3 个等级，为我国产业发展开辟了新思路和新路径，也为国际智能网联汽车发展提供重要参考与借鉴。

（2）基础设施加速智能化，构建多级化智能网联交通体系

未来路侧基础设施将加速智能化进程，连接云控平台与智能网联汽车，形成多级化智能网联交通体系。通过路侧基础设施智能化，可以有效提升交互实时性、车辆定位精度，并提高信息交互效率。一方面，通过车联网技术，能够实现智能网联汽车与周边车辆、行人等周边交通参与方的信息交互及其相关场景应用。通过与云控平台交互获取全域交通信息，与自动驾驶汽车共享实时高精度地图和高精度传感器信息，保障实时交互性。另一方面，在不依赖全球导航卫星系统和地基增强系统的前提下，路侧感知设备能够支持对车辆、行人为主的交通参与者全时、全方位、全要素的亚米级高精度定位，保障可靠准确性。此外，在路侧边缘借助机器智能算法，以交通数据流整合为核心，支持实现智能交通物联网和信息网的融合，构建起全局动态的交通管控系统、数据驱动的智能化协同管控系统，保障全面动态性。

（3）集中式电子电气架构成为发展趋势，软件能力备受重视

电子电气构架正在从分布式走向集中式发展，未来基于域控制器、中央计算平台的电子电气架构将成为趋势。如特斯拉采用集中式分层架构，由“中央 + 左右车身控制器”实现绝大多数功能，其中中央控制器直接整合了驾驶辅助系统（ADAS）和信息娱乐系统（IVI）两大域功能，以及外部连接和车内通信系统域功能，接有全部 3 组 CAN 网络。博世将整车电子电气架构的发展被分为了 6 个阶段：模块化阶段、整合阶段、集中阶段、融合阶段、车载计算机阶段和汽车云计算阶段。

得益于新型电子电气架构的优势，软件能力成为众多汽车制造商和零部件供应商的关注焦点。戴姆勒、丰田、博世等公司通过外部合作、业务重组等方式提升软件能力，推动自动驾驶、高精度地图等业务发展。我国主流车企也在积极构建软件化能力。长城成立数字化中心，推动集团所有品牌车型向数字化转型。2020 年 5 月，上汽成立零束软件公司，围绕中央集中式电子电气架构、智能网联汽车基础软件、数据架构与网络安全展开全面布局。此外，一汽、吉利、广汽等主机厂商也在积极探索汽车软件能力建设新模式。

4. 目前亟须解决的技术难点及解决方案

我国在智能网联汽车还存在诸多限制产业发展的难题。基础软件与操作系统方面，计算平台的控制单元、计算单元与 AI 单元分别需要部署智能网联汽车操作系统。相对成熟的内核系统及中间件等基本掌握在欧美厂商中，国内存在较大差距。车规级芯片方面，车规级芯片的安全等级、性价比以及量产能力等方面和国外仍有差距。视觉处理芯片、毫米波雷达收发芯片、激光雷达收发芯片等环境感知核心元器件仍需对性能、稳定性进行进一步验证。线控底盘方面，国内供应商技术在冗余系统架构设计、机电液耦合轻量化设计、核心控制算法、多执行器协同控制等领域存在差距。面对以上难题，我国应加快研发核心技术，开展基础技术攻关，突破操作系统、车规级芯片和线控底盘等技术瓶颈。

（1）发挥国家创新中心、产业联盟等作用，加强跨领域协同合作，形成跨产业协同机制，构建整车、关键零部件、基础数据与软件等领域市场主体深度合作的开发与应用生态。

（2）设立重大科技专项，坚持软硬协同攻关，推动前沿共性关键基础技术与产品突破。依托相关平台公司，探索共性关键技术首次商业化实现。

（3）在战略布局及产业政策上进行引导，围绕创新中心，以及华为等龙头企业进行研发和产业化，突破车规级芯片、操作系统核心技术。

5. 2020 年行业重点整车企业发展情况

表 1-37　2020 年行业重点整车企业发展情况

企业智能化战略	企业智能化主要发展布局
一汽：i. Rflag 旗偲计划 & 解放创领	①一汽集团在南京成立人工智能公司 ②红旗在北京旗偲智能科技有限公司子公司，发布 E-HS9 等高端智能新能源汽车 ③解放发布技术品牌“解放创领”，推出 L3 级智能驾驶重卡解放 J7

续上表

企业智能化战略	企业智能化主要发展布局
东风："五化"技术路线规划	①发布高端智能电动汽车品牌"岚图"，推出 ESSA 智能电动架构及 iFree 概念车 ②打造无人驾驶小巴 Sharing-VAN
长安：北斗天枢智能化战略	①2020 年推出 L3 级自动驾驶车型 UNI-T，计划 100% 车辆具备辅助驾驶和网联功能 ②投资 10 亿元启动 L4 级自动驾驶运营项目，L4 级自动驾驶产品预计 2025 年实现量产
上汽：新四化战略	①发布 L4 级 5G 无人驾驶概念车 Vision ②发布 MARVEL X Pro，达到 L3 级自动驾驶水平，具备自主泊车功能 ③成立软件中心"零束"软件公司，与阿里合资成立"智己汽车"
广汽：GIVA 计划与 Adigo 系统	①向全球有志于智能驾驶研发的机构、团队及个人，开放广汽智能驾驶平台架构 ②新能源旗舰 Aion LX 搭载 Adigo 系统（L3 级） ③争取在 2022 年推出 L4 级自动驾驶车型
北汽："海豚＋"战略	①到 2022 年，北汽集团将力争实现所有产品具备智能驾驶和智能互联功能 ②发布具备 L4 级自动驾驶技术的概念车 RADIANCE ③发布高端智能新能源汽车品牌 ARCFO
吉利：G-Pilot 战略	①发布"爬行者智能系统"，实现自主泊车 ②以 2022 年杭州亚运会为契机，计划推出 L5 级接驳车，曹操出行与元戎启行合作推出 Robotaxi
长城：多路径布局智能化	①发布智能化品牌"咖啡智能"，涵盖智能座舱、智能驾驶和智能电子电气架构 ②与腾讯、仙豆智能合作，探索自动驾驶虚拟仿真平台、高精度地图等前沿技术 ③成立"毫末智行"，聚焦自动驾驶落地应用
比亚迪：打造 D＋＋生态圈	①发布比亚迪 D＋＋开放生态，开放 341 个传感器和 66 项控制权 ②比亚迪汉成为全球首款搭载华为 5G 技术量产车型，采用华为基于鸿蒙的 HiCar 系统 ③与滴滴合作开发定制 D1，推动电动化、智能化、共享化融合发展

6. 未来几年智能网联汽车产业发展建议

当前，世界各国高度重视自动驾驶技术发展，但对技术发展路径尚没有成功经验和既定道路可以借鉴。我国需要基于中国国情并结合产业发展需要，坚持中国方案智能网联汽车发展路径，实现产业创新发展。

完善顶层设计，加快法规标准制修订，营造良好产业发展氛围。进一步加强跨部门、跨行业协同与融合，明确共同目标、任务、分工、保障措施。加快推动开展智能网联汽车责任认定、地图众包采集、数据安全传输、地图加密审核、网络安全等法律问题和伦理规范研究，修订完善相关法律。强化数据安全和风险防控，建立智能网联汽车安全管理体系，增强网络信息系统安全防护能力。

充分发挥领先产业与体制优势，坚持智能化与网联化融合技术路线。总体来看，我国具备发展智能化与网联化深度融合的技术和体制优势，拥有世界领先的信息通信产业，特别是下一代通信技术将提供满足车辆高速驾驶低时延、高可靠、大并发的信息交互环境，基于 C-V2X 技术的频谱管理、标准体系建设、产品研发、测试验证、基础设施建设、终端应用等已经全面发展。同时，我国在跨产业协同的制度优势和基础设施建设方面的优势，也会为智能化与网联化的深度融合和协同发展提供保障。

夯实基础研发，推进基础平台技术突破。智能网联汽车通过车载传感器感知车辆及环境信息，同时也接收路侧基础设施及交通信息，将自车数据、环境数据和网联数据通过车载计算平台和云端平台分级融合计算，将计算结果输出供车辆进行路径规划等决策参考，整个过程中又需要信息安全技术的保障和低时延高可靠的网络支撑。因此，计算基础平台、智能终端基础平台、云控基础平台、高精动态地图基础平台和信息安全基础平台构成了智能网联汽车的运行闭环。未来，需要创新中心联合行业头部企业，深化与整车企业合作，集合行业力量组织设立基础平台公司，加速完善创新技术与新型零部件体系，夯实基础研发。加速技术突破与产品化，以构筑中国智能网联汽车产业化基础。

围绕"新基建"，提升端、云基础设施水平。以"新基建"为契机，加速云控基础数据平台、高精度动态地图、智能化道路基础设施、5G 车用网络、北斗地面增强基站等基础设施建设。加强前瞻性规划布局，升级基础设施，加快信号灯、交通标识等道路基础设施的信息化和接口标准化改造，推动 LTE-V2X 等路侧设备部署，在城市新区规划和建设中推进道路网、信息网、交通网、能源网集成融合的示范建设项目，打造开放型智能网联汽车基础数据云平台。推动电信运营商在高速公路、城市主干道、城市道路和停车场等相关区域加快 C-V2X 网络部署，优化网络覆盖，实现全国主要干道的 LTE-V2X 网络广泛覆盖与 5G-V2X 的前瞻部署。

（五）智能网联汽车云控系统

（云控智行科技有限公司　李克强　杜孝平　宣智渊　常雪阳　秦勇波　欧鹏飞）

1. 云控技术概述

（1）云控系统

2020 年 9 月，中国智能网联汽车产业创新联盟联合 30 余家单位编写发布了《车路云一体化融合控制系统白皮书》（以下简称《白皮书》），对云控相关概念进行了阐述。根据《白皮书》，车路云一体化融合控制系统是利用新一代信息与通信技术，将人、车、路、云的物理层、信息层、应用层连为一体，进行车路融合感知、决策与控制，实现车辆行驶和交通运行安全与效率综合提升的一种信息物理系统，也可称为"智能网联汽车云控系统”,或简称“云控系统”[1]。云控系统是一个复杂的信息物理系统,由网联式智能汽车与其他交通参与者、路侧基础设施、云控基础平台、云控应用平台、保证系统发挥作用的相关支撑平台及贯穿整个系统各个部分的通信网6个部分组成。

(2)云控基础平台

云控基础平台是云控系统的核心,采用分级架构,由边缘云、区域云与中心云组成,形成逻辑协同、物理分散的云计算中心。三级云服务实时性要求逐渐降低,但服务范围逐步扩大。其中边缘云服务于车辆驾驶决策等实时性应用,区域云服务于智能交通等弱实时性应用,而中心云服务于非实时性应用[2]。云控基础平台定位行业共性基础平台,为行业应用提供互联互通、数据融合、云端协同、仿真测试等共性基础服务,通过开放的应用接口支撑行业应用生态的构建。

云控系统要解决的问题有:①增强单车感知能力。对于个体车辆来说,由于其传感系统在感知范围和感知能力上的局限性,使得自动驾驶车辆无法保证在各种条件下的行驶安全。云控系统接入所有车路感知信息,通过协同感知,突破单一车辆对环境感知存在的局限性,有力提升车辆传感系统的感知范围和感知能力,确保车辆在各种条件下的安全行驶。②协同多车驾驶行为。车与车之间独立决策,在多车驾驶行为冲突时,多个个体最优决策无法实现群体最优目标。如多车路口通行、变道、合流等场景。要从根本上解决这些问题,不能仅依靠单车智能,需要在车与车之间形成协同决策和控制的机制。云控系统可以站在全局的角度,利用云端数字映射与计算分析能力,基于车辆、交通与环境的实时状况进行实时计算,并将协同感知和全局最优的决策或控制结果,反馈给物理世界,建立车与车之间的协同运行机制,实现车与车之间的高效配合,满足各种出行场景与交通系统的安全与高效等运行需求。③打通道路交通设施。道路基础设施与车辆之间各自独立运行,无法做到车路一体化调度,造成交通效率低下。云控系统构建的开放、协同、高效的基础设施体系,能够打通各类道路交通设施,为车辆提供超视距的全域全要素感知数据,为交通出行提供车路一体化协同的决策与控制功能。

(3)发展云控系统的意义。①云控系统是智能网联汽车产业生态建设的基础。新一代汽车产业升级的实现需要端、管、边、云的高度协调和融合,云控基础平台作为智能网联汽车产业生态的“大脑”,不仅是各类车辆信息、交通信息的收集方,也是复杂控制、指挥调度所必需基础数据和基础服务的提供方,可以为各类智能网联驾驶与交通应用提供支撑,是智能网联时代推动汽车产业向开放、共享、有序方向发展的重要基础。此外,云控系统响应国家需求,旨在基于开源开放、资源共享的机制,构建一个完整的云控技术体系与生态系统,为国家智能汽车大数据云控基础平台建设提供技术方案和参考。②云控系统是国家《智能汽车创新发展战略》和交通强国战略的有力支撑。《国家智能汽车创新发展战略》提出“人—车—路—云”系统协同发展的概念,并将其作为“构建协同开放的智能汽车技术创新体系”的重要任务之一。“人—车—路—云”系统协同能力建设是未来智能汽车示范应用工作的重要目标,是完善智能汽车技术标准体系建设的重要参考。云控系统定位于“人—车—路—云”系统,通过系统架构设计和产业生态升级,推动产业相关方完成我国智能汽车强国的目标。此外,进入智能网联时代之后,汽车、交通等相关领域将产生大量实时数据,这些数据不仅有利于实时掌控车辆与交通运行状态,而且可以为制定相关政策、指导行业发展提供重要支撑,甚至同国家安全息息相关。③云控系统是政府实现行业有序监管的重要支撑。云控系统可以实现“人—车—路—云”系统协同控制,不仅为单车决策提供有效信息,还可以在现有车路协同基础上通过全域规划与控制实现对所有交通参与者的全路段、全天候、全场景的运行辅助与增强,在云控系统的帮助下,政府及行业监管机构能够实现对道路交通的协同感知、协同决策和协同控制,从根本上改变汽车和交通系统的运行模式,打造全新的智能交通体系,进而缓解当前面临的治理难题。此外,云控基础平台可以实时收集准确的各类数据,为汽车行业、交通行业监管提供真实、透明的数据来源,进而通过专业的数据分析为各类监管应用提供数据输入。同时,大数据的存储与挖掘和特定事件的重构与分析在调查分析和数据溯源方面也能起到很重要的作用。

2. 云控应用与实践

依托云控技术的车路云一体化融合控制系统具有扩大感知范围、降低感知成本、增强行车安全、提升交通效率、拓展应用场景的技术优势。近年来,在国家政策指引和各地政府企业的主动作为下,在全国各地开展的智能网联汽车示范区建设中,云控技术得到了广泛的应用,取得了突出的示范效益。2018年,上海成立了全国首个云控基础平台示范基地-智能网联汽车云控基础平台(上海)示范基地,旨在建设以云控基础平台为核心的“车路网云一体化”产业示范区,获得了国家发改委的大力支持。2020年,北京市在深入研判行业发展形势后,也决定重点建设全球首个网联云控式高级别自动驾驶示范区,在支持单车智能继续迭代完善的基础上,利用云控技术赋能,加快实现L4及以上高级别自动驾驶的规模化运行。

云控技术不仅广泛应用于全国各地的示范区,在产业化应用方面,基于云控技术的商业应用已在广域范围的网联辅助驾驶、限定场景高级别自动驾驶、智能网联汽车产业效果外溢等方向上取得了丰硕的成效。

(1)广域范围的网联辅助驾驶

云控系统在广域范围的网联辅助驾驶方向的应用对于地理范围没有特殊要求,易于实现规模化量产,是逐步实现广域范围的高级别自动驾驶规模化应用的必经之路与有效途径。其典型应用场景是干线物流商用车。现有单车智能驾驶系统的感知范围有限,对道路交通信息的获取能力不足,造成车辆动力系统最佳工作状态和道路交通条件难以匹配,无法构建全局范围的节能驾驶策略,导致车辆行驶过程的节能效果欠佳。

清华大学、云控智行、潍柴动力等机构联合在基于云控的商用车节能巡航控制技术方面开展了卓有成效的探索应用。云控平台融合网联车辆及道路设施的感知信息,将云端的交通信息实时共享给道路行驶车辆,实现车辆的超视距感知。使用云控平台在线计算车辆能耗最优的行驶策略,对整车动力系统进行动态调控,实现大范围多车群体的协同节能行驶。该方案在不改变司机驾驶行为及车辆动力总成的情况下,根据车辆行驶数据,从地图数据中提取出前方道路的路型、坡度等信息,通过云端节能巡航规划算法,形成滚动优化、迭代更新的节能巡航最优车速策略,并下发给车端。车端解析最优车速指令,进行单车闭环控制。

基于云控的节能巡航控制方案有效改善了发动机工作状态,通过节能车速调节,使发动机工作点集中于更节能的区域。相对于定速巡航,节能巡航模式下平均节油率稳定在2.2%以上。在典型节油工况下,节能巡航控制可以做到超过6.9%的节油率，真正做到“又快又省油”的效果，后期通过改善车辆匹配算法和优化地图信息链路，能够使节能巡航控制系统的节油率水平进一步提升。另一方面，基于云控的节能巡航控制方案，使得发动机接近100%节气门开度的工况数量大幅度减少，降低了发动机工作恶劣工况的时间比例，有利于延长发动机使用寿命。该项目获得2020年中国汽车工业科学技术进步奖特等奖。

(2)限定场景高级别自动驾驶

高级别自动驾驶应用受技术成熟度、产业链完善度、社会接受度以及法律法规等各因素的制约，还难以实现广域范围的规模化应用，但对于限定场景如园区、港口、矿山等，车辆运行环境相对简单，容易实现高级别自动驾驶的规模化应用，同时也能提升作业效率，降低人工劳动强度。典型的园区物流场景下，人工作业下一方面物流配送准确率无法保证，另一方面驾驶员人力成本较大。

云控智行联合知名整车企业共同打造了国内首个云控园区无人物流解决方案。车辆通过安装低成本传感器，保留一定的感知能力，保证最基本的安全。在路侧通过安装传感器设备实现道路交通环境的实时感知。在云端，云控基础平台融合车路数据，对接物流车辆运营平台，实时引导车辆行驶，下发行驶路径与车速，以及起停、停车等候、跟随、绕行等行驶策略。实现全天候规模化云控无人物流车的运营。

云控园区无人物流解决方案的特点主要体现在以下几方面。一是通过物流车辆的自动化，在提升物流效率与运行准确度的前提下节省了高昂的人力成本。二是通过云控化，降低了单车传感器的配置要求，进一步降低了运营成本。三是通过云控协同，解决了车辆超视距与盲区感知难题并提升了路口等特定场景下的通行效率。基于云控的园区无人物流解决方案有助于形成可复制、可推广、可落地的智慧园区商业模式，对于革新园区物流运输，推动智慧园区成为智慧城市的重要单元和功能载体作用突出。云控无人物流解决方案可进一步拓展到港口、矿山等限定场景。

(3)智能网联汽车产业效果外溢

智能网联汽车的发展必然伴随与相关产业的深度融合，智能网联汽车产业效果必将进一步外溢，对智能交通、智能出行、智慧城市等相关产业产生促进作用。以智能交通细分领域之一的智慧高速为例，目前高速公路管理中的典型关切点在于增强行车安全、提升通行效率、实现准全天候通行。依托云控技术构建提供协同感知、决策和控制能力的车路协同系统，对于提高车辆与交通的安全与高效运行作用突出。

云控技术在雄安新区对外高速路网的建设与应用方面进行了深入实践，实现了全息化感知、多场景多策略动态化车道控制、多模式车路协同、精细化交通管理、以及智能化交通服务五大系统的车路云网一体化智慧高速公路解决方案，具有系统性，先进性和技术迭代性，是目前国内前沿的智慧高速系统化架构，能够有效满足高速公路数字化、综合效率、融合交互、精准管理和服务提升需求，全面支撑智慧高速建设发展，也为世界智慧高速建设贡献了中国智慧和中国方案。

云控智慧高速实现各类传感器设备与云控系统的互联互通，实现道路交通事件的实时动态感知，并采用相应的车道级主动控制策略，提升行车安全与通行效率，同时具备扩展能力以支持智能网联汽车高速公路的应用。

3. 面临的问题与挑战

(1)保证各地建设的云控系统架构的一致性，是能否形成物理分散、逻辑协同的关键。随着智能网联汽车产业的快速发展，各示范区和产业链相关主体都在建设自己的车联网云平台或大数据中心，基于示范区的不同需求和企业不同研发、生产、销售以及售后应用及运营模式的考虑，加之各自建设所依托的汽车数据标准和体系不同，使用的运营商的方案也不尽相同。因此，这些现有或者在建的云平台和大数据中心的架构存在一致性问题，而推动智能网联汽车一体化发展的关键是要形成物理分散、逻辑协同的云控基础平台。同时，道路基础设施、通信基础设施等都存在类似的问题，各家因产品技术要求、建设和使用用途等方面的差异，使得现有基础设施存在部署方案和标准不统一的情况，成为基础设施共享的主要瓶颈。

(2)产业效益不清晰，制约行业规模化应用发展。智能网联汽车的技术迭代和商业化落地离不开道路、通信、云平台等基础设施的建设，按照智能网联汽车云控系统方案进行通信、道路以及云平台和大数据基础设施的全面部署，也面临路侧基础设施布设密度高、成本高、产业效益不突出等难题。目前相关基础设施主要依托政府投资在小区域的示范区内开展部署，还未广泛实现规模化商业应用。无论是通信基础设施、云平台与大数据中心，还是道路基础设施，都存在基础设施建设成本高、运维成本高、数据私有化等特点，各部门、单位都因其职责和抱着数据就是资源的期望而投入建设，但如果没有可持续的商业模式，产业效益不能得到有效保证，依然难以构建起全国规模化的智能网联汽车应用。

(3)行业主体跨领域协同不足，技术探索与业务发展有待进一步协同。云控系统的产业生态构成十分丰富，从区域范围角度，包括城内、城际、特定区域产业生态；从产业链角度，包括政府及行业监管机构、供应商、网联车辆、出行业务服务商及特定业务提供商等。云控系统增强车辆行车安全、提升行车效率和节能性以及提升交通运行性能，离不开车联网、自动驾驶与路侧基础设施的技术能力支撑。但目前，云控系统生态在跨领域协同发展方面尚存在一定的不足，各领域的技术探索与业务的实际发展尚不能有效匹配。

4. 发展建议

(1)发挥国家体制优势，集中行业力量统一云控系统架构，统一标准。充分发挥中国特色社会主义制度和国家治理体系能够集中力量办大事的国家制度优势，建议国家牵头或授权相关单位，联合相关部委及通信运营商、大型互联网平台运营商、第三方行业机构等产业相关方，充分利用现有设施和数据资源，明确各方职责、权力和相关利益分配，进行国家级智能汽车大数据云控基础平台建设和云控系统协同平台运营，重点开发建设逻辑协同、物理分散的云计算中心，标准统一、开放共享的基础数据中心，风险可控、安全可靠的云控基础软件，逐步实现车辆、基础设施、交通环境等领域的基础数据融合应用，推动产业发展[3]。

(2)技术探索与规模化应用并举。云控系统通过整体架构设计，以资源共享的方式对现有基础设施进行有机集成，通过示范应用完善架构设计并进行全国统一的智能网联汽车基础设施建设，分摊各单位的建设成本，提高资源有效利用率，形成产业统一的标准和规范。通过开放式的生态建设加速智能汽车技术研发和迭代，为智能汽车商业模式探索提供标准统一的基础设施环境，推进智能汽车商业化落地进程。在规模化应用方面，通过政府引导下的应用示范试点项目，积极探索商业模式，在广域范围的网联辅助驾驶、限定场景高级别自动驾驶、智能网联汽车产业效果外溢等方向探索规模化应用，推动“人—车—路—云”系统的建设，助力我国在智能汽车领域实现引领作用和高质量发展。

（3）鼓励云控系统产业主体跨领域协同，推动智能网联汽车生态构建。云控系统的实现与应用涉及多行业与多领域的技术成果与落地实施，通过领域先行先试和政府给予的有利条件可实现技术与产业业务的协同发展。政府及行业管理机构可出台相关激励政策，统一标准和数据格式，鼓励产业生态中有能力的企业进行跨行业、跨品牌及差异化规格的基础设施相关产品研发和技术成果转化，为云控系统的基础设施真正实现互联互通提供有效的产品和解决方案，推动云控系统实现对国家现有基础设施的转化升级和有效利用。

参考文献

［1］中国智能网联汽车产业创新联盟，等. 车路云一体化融合控制系统白皮书［R］. 2020.

［2］李克强，常雪阳，李家文，许庆，高博麟，潘济安，等. 智能网联汽车云控系统及其实现［J］. 汽车工程，2020：42（12）：1595-1605.

［3］李克强，李家文，常雪阳，高博麟，许庆，李升波. 智能网联汽车云控系统原理及其典型应用［J］. 汽车安全与节能学报，2020，11（03）：261-275.

［4］中华人民共和国国家发展和改革委员会. 发改产业〔2020〕202号：关于印发《智能汽车创新发展战略》的通知，2020.

（六）智能网联汽车测试与评价

（中国汽车工程院研究院股份有限公司　李朝斌　陈　华　肖　峰　王占锐）

1. 2020 年产业与技术总体情况

（1）产业基本情况

2020 以来，我国智能网联汽车继续保持良好发展势头，约 15% 的新上市车型搭载了 L2 级自动驾驶系统，部分汽车开展了特定场景下 L3 级自动驾驶车型的测试与验证，自动驾驶环卫消毒车、物流配送车等实现了批量使用；27 个城市发放智能网联汽车道路测试牌照 750 多张；此外，工信部组织开展关键技术攻关和载人载物应用实验，推动计算平台、激光雷达等技术研发取得突破。

（2）测试评价方法

智能网联汽车的测试评价方法有虚拟仿真测试、封闭场地测试和开放道路测试。虚拟仿真测试是加速自动驾驶研发过程和保证安全的核心环节，封闭场地测试是自动驾驶研发过程的有效验证手段，真实道路测试是检测自动驾驶系统性能的必要环节，也是实现自动驾驶商业部署的前置条件。

（3）国外技术现状

在国外，头部企业正致力于打造闭环仿真平台，布局已涵盖到 80% 以上仿真板块，在 2020—2021 年，主要更新优化了摄像头、毫米波雷达、激光雷板块的统一仿真；拓展了云端仿真；同时还有越来越多的方案开发商开放软件接口，与其他解决方案进行联合仿真。

（4）国内技术现状

在国内，伴随整个行业的快速发展，我国智能网联汽车测试评价技术也稳步提升，科技公司、车企、自动驾驶解决方案商、仿真软件企业、高校及科研机构等主体均已开始进入仿真测试领域，其中腾讯、中国汽研、中汽中心、百度、51World 等公司已建立了自动驾驶仿真场景库，将以此为突破口，进入自动驾驶仿真行列。同时，国内正在大力推动智能网联测试示范区、先导区建设，各地方政府通过封闭测试场景建设、开放道路 V2X 场景改造，全国多地已建成较为完善的 L3、L4 级自动驾驶测试环境。依托各地近两年来的自动驾驶测试累计数据，北京、上海、长沙、重庆等地初步构建起高等级自动驾驶的评价体系。

2. 2020 年技术发展特点

（1）虚拟仿真测试

自动驾驶仿真已经被行业广泛接受，且国内外均采用仿真测试与道路测试相结合的方式推动自动驾驶研发，以此来降低开发成本、提升开发效率。国外主要以更新优化传感器仿真、拓展云仿真、联合仿真为主，国内主要以建立虚拟场景库为主。虚拟仿真测试主要包含仿真闭环平台、车辆动力学仿真、交通流仿真、场景仿真、传感器仿真等模块。目前，在仿真场景中，普通场景下的自动驾驶算法已经比较完善，自动驾驶算法测试大约 90% 通过仿真平台完成。

（2）封闭场地测试

国内外针对 L0 ~ L2 级自动驾驶辅助系统已制定了明确的标准法规和测评规程，如 ISO、NHTSA、E-NCAP、J-NCAP、CNCAP、i-VISTA、C-IASI、CCRT 等，已涵盖 FCW、AEB、LDW、LKA、APS 等大量 ADAS 功能的测评，这些测评已经能够有效地贯通标准场景的测试流程（见表 1-38）。

针对 L3 级自动驾驶功能的第一个具有约束力的国际法规《自动车道保持系统（ALKS）》已经发布，该法规从系统安全与失效保护响应、人机界面、OEDR、DSSAD、信息安全及软件升级等方面对 ALKS 提出严格要求，且已被《1958 协定书》采用。

全国 16 个省份 22 个城市内已建有 30 家智能网联汽车封闭测试场。截至 2021 年 4 月底，已经认定了 7 个自动驾驶封闭场地测试基地，分别分布在北京、西安、重庆，上海、泰兴、襄阳，亦庄。此外，截至 2020 年底，已经在北京、上海、重庆、浙江、长春、武汉、无锡等地建设了超过 23 个智能网联汽车测试示范区，积极推动半封闭道路的测试验证。

（3）开放道路测试

在 2020 年，自动驾驶开放道路测试呈现出大规模增长的态势，截至年底，全国各地指定供智能网联汽车道路测试用的路段里程超过 2 800 km，其中上海已累计开放 243 条、559. 87 km 测试道路，2020 年全年，开放道路测试有效测试时长 1. 17 万 h，有效测试里程 39. 7 万 km，上传第三方机构数据平台 1. 68 亿条测试数据，累计向 22 家企业、152 辆车颁发道路测试或示范应用资质。国内其他城市，如北京、重庆、武汉、苏州、深圳等地也在积极推进开放道路测试，但仍面临者测试场景不健全的共性难题。

国内很多测试区都在推行智能网联汽车测试结果互认，但还缺乏一套全国统一的标准和规范，目前仅有长三角地区等少量测试区实现了测试结果互认。

表 1-38 国内外现有 ICV 相关第三方测试评价体系内容对比

测试内容分类	美国	欧盟	日本	中国			
	IIHS & NHTSA	EURO NCAP	JNCAP	CNCAP	i-VISTA	C-IASI	CCRT
FCW(前方碰撞预警)	NHTSA						
AEB-C2C(AEB 车对车)	IIHS&NHTSA						
AEB VRU TW(AEB 二轮车)							
AEB VRU_Ped(AEB 行人)	IIHS						
RAEB(倒车 AEB)	IIHS						
RVMS(倒车后视)	NHTSA						
HEADLAMP(大灯测试)	IIHS						
LDW(车道偏离报警)	NHTSA			审核			
LKA(车道保持辅助)							
ELK(紧急车道保持)							
BSD(盲区监测)				审核			
SAS(速度辅助)				审核			
ACC(自适应巡航)							
APS(泊车辅助)							
L2(二级辅助驾驶)		Higway Assist Systems					
智能交互							

3. 2020 年实现的主要技术突破点

(1)场景仿真

2020 年 6 月,腾讯发布 TAD Sim2. 0 版本,打破了真实数据和虚拟数据间的壁垒,用户可根据自动驾驶测试的需求,结合路采的交通流数据,形成虚实一体的测试场景。

2020 年 9 月,中汽中心发布 AD Chauffeur 2. 0,新增 AD Scenario 场景生成器,可解决场景构建、多源数据格式转化 OpenSCENARIO、逻辑场景拼接及重组等行业断点问题,内置场景库扩大至 4 000 个。

2020 年 12 月,中国汽研发布"i-VISTA 中国典型驾驶场景库 V3.0",新增典型事故场景、自动驾驶事故场景、预期功能安全场景,支持仿真测试评价,可应用于 MIL、SIL、HIL 等仿真系统。

(2)交通流仿真

2020 年 1 月,Prescan 宣布支持 PTV Vissim 的接入,代表了传统交通流行业与自动驾驶领域的深度结合的起步。Vissim、SUMO 等交通流仿真工具,可以提供较为贴合实际的交通流行为的建立,通过与其他自动驾驶仿真软件联合仿真,增强交通目标物与被测车辆的自主交互性,实现了基于连续交通流环境的真正的闭环虚拟测试,通过建立道路竞争关系更加有效的测试自动驾驶车辆在面对真实交通环境时的安全性。

(3)传感器仿真

2020 年初,Ansys 与 FLIR System 达成合作,在其驾驶模拟器中加入热传感器模型,标志着仿真工具链向着补齐短板、优化功能,构建完整闭环仿真系统的方向迈进。行业内企业纷纷加入或升级物理级传感器模型,包括摄像头、毫米波、激光雷达模型,构建了光学反射和声学反射特性的机理模型,能够对特定材料根据其表面形状与结构、材质特性、反射特性等模拟真实传感器的原始数据特征,从而实现在多种虚拟环境中对感知—决策—控制的全域测试。

4. 未来几年发展趋势

(1)虚拟仿真测试

①丰富场景库。自动驾驶系统能处理的场景覆盖范围越大(涵盖极端场景),自动驾驶汽车可行驶的区域就越广。随着自动驾驶功能升级,从 L1 到 L4/L5 的升级迭代过程中,需要测试与验证的场景数量呈几何级增加,场景库的搭建成为仿真产业链中至关重要的一环。

②企业联合仿真。不同的仿真平台在仿真模块上侧重点不同,比如有专注于车辆动力学仿真的 Carsim、CarMaker、VI-Grade、VeDYNA 等,专注于交通流仿真的 Vissim、SUMO 等,通过与其他解决方案进行联合仿真,可以提升虚拟仿真测试的全面性,提升虚拟仿真的有效性,进一步提升仿真测试占比,降低自动驾驶汽车研发投入,缩短研发周期,加快完善自动驾驶系统。

③拓展云仿真。云计算能力可以支持大规模仿真构建,覆盖海量驾驶场景,实现高并发运行测试,加快仿真运行速度。因此云端大规模并行加速是自动驾驶仿真测试平台必备核心能力之一。

(2)开放道路测试

①统一测评标准。从单一场景走向多场景串联的趋势来看,行业还需对更广泛和更复杂的测试内容达成统一的标准,其中在车、场、人、网、管等多方面均存在大量影响测试结果的因素,因此,需要进一步完善并统一标准。同时,统一的标准和规范是实现测试结果互认的前提,让自动驾驶企业和认证机构都有规可循,这样结果互认才会更有权威性。

②完成测试互认。测试结果互认是不可逆转的趋势,主要具备以下几大优势:可以大大节省企业的成本和时间,在不同城市落地项目时,将省去大量重复的测试认证工作,减少企业的运营压力;各地有着各异的城市环境和不同开放程度的道路,在多地测试能使自动驾驶的测试和道路验证获得更多的场景以及测试数据支撑。

③打造差异化场景。场景不健全是当前各封闭测试场面临的共性难题;当实现测试互认后,测试场景单一的测试场将面临被淘汰的风险;未来测试场景的需求将更加多元化,因此,在"硬件"层面走出差异化的优势,将成为未来测试场的一大发展趋势。

5. 目前亟须解决的技术难点及解决方案

(1)测试场景不健全

难点：缺乏极端场景，虚拟场景库建设效率较低，前期需要对真实场景数据进行大量人工标注，需要根据系统功能定义进行人工分析与功能场景定义，制约了未来大规模虚拟仿真测试的应用。

解决方案：增加极端场景测评，深化场景库相关标准，推进原始场景描述和虚拟场景描述标准，深度学习加强场景理解研究，构建系统功能定义描述标准规范，突破基于功能定义的功能场景自动生成技术。

（2）评价体系不完善

难点：L3～L5 级的自动驾驶评测体系尚未建立，对同等级的高级别自动驾驶汽车上不同的功能需要不同的要求。

解决方案：自动驾驶功能评价分级需独立于现行 NCAP 的主流星级评级方法，需要结合每一款产品的功能和应用环境做详细界定，提出一个单独的分级方案，用简单的、描述性的分级来评估功能等级与系统安全，分阶段实施，首先将重点放在持续辅助系统上，特别是 HWP 和 TJA。

（3）安全评价不充分

问题：测试评价关注对安全的关注度不足，功能安全场景不全，安全测试验证规范及评价标准未形成系统化、标准化和统一化。

解决方案：加强安全测试评价体系的研究与完善，统一安全测试验证的标准，构建功能安全场景库。一方面，从驾乘人员状态监控、自车操作、ODD、OEDR、失效响应 5 个方面进行安全测评；另一方面，评价由于智能网联汽车性能局限、规范不充分或对功能的合理误用等因素导致的参与风险是否在社会可接受水平。

6. 2020 年行业重点企业发展情况

（1）仿真测试设备供应商发展情况

国外：2020 年，国外企业巨头纷纷布局仿真测试领域，且大多采取收购（或并购）“单科”领先企业的方式，如 Ansys 收购光学仿真领域软件 OPTIS、西门子收购 TASS。国外初创企业融资加码，力争改变“被收购”的命运，如 Applied Intuition 引入 1.25 亿美元 C 轮融资、Parrallel Domain 获 1 100 万美元 A 轮融资、Cognata 在 2020—2021 年新增现代摩比斯、Atlatec、Ouster 等合作伙伴。

国内：国内企业主要以虚拟场景为切入点，开始布局仿真测试，目前腾讯、中汽中心、中国汽研、百度、51World 等公司均建立了自己的自动驾驶仿真场景库。其中腾讯场景生成系统能够基于 2 000 类逻辑场景衍生出 2 000 万个虚拟场景，覆盖 99% 以上的自动驾驶汽车模拟场景；中汽中心新增 AD Scenario 场景生成器，内置场景库扩大至 4 000 个；中国汽研发布“i-VISTA 中国典型驾驶场景库 V3.0”，新增了典型事故场景、自动驾驶事故场景、预期功能安全场景。

（2）实车测试设备供应商发展情况

国外：2020 年国外主要的智能网联汽车实车测试设备供应商通过合作或并购的方式，不断推出更完善的系统解决方案。如 ABD 收购 DRI，完成了机器人和目标物驱动底盘的集成联动并实现了基于复杂场景的场地实车测试解决方案；软体目标物供应商 4A 公司增加了目标物驱动底盘系列产品，并通过与 STAHLE 公司合作推出了基于复杂场景的场地实车测试解决方案；Messring 增加了弱势群体软体目标物及其钢丝悬挂式驱动新产品；Moshon DATA 在软体目标物产品上不断扩展品类，且推出了高精度惯导测量系统新产品线；Racelogic 和 OxTS 在原有高精度惯导测量系统产品上，增加了新的室内测试方案。

国内：国内供应商相对起步较晚，仅软体目标物系统较为成熟，在专用的高精度惯导测试设备、自动驾驶机器人和目标物驱动底盘领域均处于起步阶段。长沙立中已布局自动驾驶机器人和目标物驱动底盘产品的研发；上海诚钜和河北普傲公司的软体目标物系统已较为成熟，自动驾驶机器人和目标物驱动底盘产品已有产品面相低端市场推广；中国汽研的软体目标物系统和 i-TESTER 场地高精度惯导测试系统已得到市场的初步认可，自动驾驶机器人和目标物驱动底盘产品已基本完成开发正进行可靠性验证。

7. 未来几年产业发展建议

（1）统一测评标准，加速测试结果互认

统一各地自动驾驶道路测试牌照准入测试的标准，保证测试场景具有可重复性和一致性，加快推动测试结果互认，以此加速自动驾驶技术落地与优化。对于测试企业来说，短期来看，发达地区优势测试区的测试收入可能会有所减少，但从长期来看，结果互认或将加速产业洗牌，经过优胜劣汰之后，更有利于产业生态成长。

（2）加强仿真技术，完善仿真测试场景

加强仿真测试能力的建设，提升仿真测试占比，降低产品开发成本，缩短开发周期；补充自然驾驶场景、标准法规场景、危险工况场景等未覆盖的未知场景与极端场景，有效覆盖自动驾驶功能测试盲区；构建完善的测评场景用例库，提升虚拟场景对现实世界的覆盖率，验证各项功能在各种场景的安全性，提升仿真测试结果的真实性与可靠性；构建充分体现中国区域特征、气候特征、交通特征和驾驶员行为习惯的驾驶场景数据库与虚拟仿真测试用例库，构建具有中国特色的虚拟仿真平台，建立中国特色智能网联汽车测试评价体系。

（3）完善测评体系，支撑高级自动驾驶

建立健全的测试标准法规，推动高级别智能网联汽车产品实现商业化落地。自动驾驶等级不能作为责任认定的完全依据，对于高等级自动驾驶，需要结合每一款产品的功能和应用环境做详细界定，实现同一等级自动驾驶车辆差异化的测评，同时提升测试场景与评价指标的相关度，针对性的评价自动驾驶汽车的各项性能与功能。可参考 UNECE/WP.29（ALKS）相关法规，结合《丰富智能网联汽车生产企业及产品准入管理指南（指南）》的要求，制定智能汽车产品认证、运行安全、自动驾驶能力测试标准，逐步完善虚拟仿真、封闭场地、公共道路测试方法，逐步建立高级自动驾驶准入管理制度。

注：本文部分内容参考智能网联汽车产品测试评价白皮书（2020 年），中国智能网联汽车创新产业联盟；2020 中国智能网联汽车示范区评析，赛迪顾问股份有限公司；国内外智能网联汽车道路测试对比研究，汽车文摘，于胜波；中国智能网联汽车测试示范区发展调查研究，汽车工程学报，陈桂华；2020 中国自动驾驶仿真蓝皮书，中国电动汽车百人会；自动驾驶仿真研究：国外巨头打造闭环仿真平台，国内企业侧重场景库建设。

上海汽车集团股份有限公司
SAIC MOTOR CORPORATION LIMITED
爱上汽车
SAIC
畅行天下

安全是领克CO PHEV的首要原则。针对电池安全，领克CO PHEV采用了电池中置式设计，充分考虑了车辆碰撞时的电池安全。同时，在领克“全域安全理念”和沃尔沃汽车安全标准的基础上，领克CO PHEV还特别引入了三电安全，从物理防护、软件防护和隔离防护入手，构筑三重有力防护，清除起火隐患。不仅如此，领克还采用多重极限测试，涵盖极限挤压、极限环境、极限电气和极限滥用测试，以及127项电池包测试，36项电池包控制器测试和18项电池模组测试，全面消除消费者对新能源电池安全的顾虑。

为在节能的同时又不损失操控乐趣，领克CO PHEV采用将电机集成在变速箱内的P2.5高效能混合动力技术，减少传动过程中的能量损耗，有效提升动力和节油率，实现了更高传动效率、更平顺动力切换和更敏捷加速性能。基于P2.5技术，领克PHEV车型搭载了与沃尔沃共享的Drive-E 1.5TD+7DCT-H动力总成，匹配高效率西门子电动机，可实现81km的纯电动续航里程。同时，双动力组合搭配4+1的智能驾驶模式，在保证高乐趣性的同时，也兼顾低油耗表现。1.4L的百公里综合油耗，充分印证了领克CO PHEV家族的节油实力。

不止于出众的安全与动力性能，领克CO PHEV还将智能科技和越级豪华做到优越，给予用户更高的价值感体验。17项行业先进的智能驾驶科技，全方位解决各种驾车场景困扰；环保座舱、Infinity豪华音响、一体式运动座椅、全景天窗，以及手机智能互联、远程控制等功能，也为整个旅途带来超乎想象的高品质享受。目前，领克新能源产品已经形成完整的CO PHEV家族产品谱系，涵盖全新领克01 PHEV Halo、02 PHEV、03 PHEV、05 PHEV和06 PHEV，为用户提供新能源出行的丰富选择。领克CO PHEV家族既解决了燃油车的不环保与限行等实际问题，又解决了纯电动车带来的里程焦虑同时不牺牲性能与操控，真正做到“可油可电，可城市可远方”。

在汽车领域，产品好，能满足消费者是亘古不变的硬道理。只有打造出真正解决用户痛点、满足市场需求的新能源产品，才能在新能源出行时代赢得市场先机。领克始终以用户需求为导向，将继续坚持越级产品与创新服务的打造，让出行更美好。

MITSUBISHI MOTORS
广汽三菱
阿图柯
AIRTREK

凯酷 酷我Z世代
全球车型 ALL NEW K5
东风悦达起亚汽车有限公司 400-799-0000 www.dyk.com.cn
KIA
东风悦达·起亚

• 以上功能为部分车型配置享有，详情请咨询当地比亚迪授权经销商

总质量2510Kg
五菱 EV50

智点汽车
智点 智创
itransforms
ev

智能 智行
派送中
PICKUP
公司网址：https://www.ievcn.com/
电子邮箱：zhidianITU@ievcn.com
公司地址：湖南省株洲市天元区新马北路899号

ISUZU
江西五十铃
劲蓝动力
BLUEPOWER
ISUZU
D-MAX
全新一代D-MAX，不拘泥当下，不框定于一处，不为眼见所限，让眼见激发远见。
打开全球视野，唤醒充满灵感的意识，为您开启高等级皮卡生活方式。
MAX性能 · MAX设计 · MAX科技 · MAX安全

ALL-NEW ISUZU
D-MAX
全球化全领域高端皮卡
释放想象 引领无限
ALL-NEW
携全球视野，打破所限，颠覆上市
D-MAX
江西五十铃官网
江西五十铃官方微信

公司介绍

大运汽车股份有限公司，总部位于山西省运城经济技术开发区，是一个集汽车研发、生产、销售、服务为一体的民营企业，总资产逾110亿元，拥有全系列汽车生产资质，旗下拥有运城、成都、十堰三大生产基地，其中运城基地以重卡、新能源汽车为主，成都基地以轻卡为主，十堰基地以中卡为主。

企业紧跟国家“绿色发展”战略布局，将新能源汽车作为企业的核心战略着力点，超前谋划、精准发力，实现新能源重卡、中卡、轻卡、客车、乘用车全系列产品布局。大运新能源汽车生产基地，位于运城经济技术开发区，厂区占地面积1000余亩，总建筑面积30万平方米，具备年产2万辆纯电动轻型客车和10万辆多用途乘用车的生产能力，项目产品涵盖纯电动SUV、MPV、轿车三大系列乘用车产品，产品质量定位高等级，整车智能化、网联化、动力性、经济性、舒适性、可靠耐久及底盘性能与竞品车型相比具有明显优势。2020年9月19日，大运新能源汽车投产下线仪式在省、市领导及人民日报社、新华社等近百家媒体的共同见证下隆重举行，标志着大运汽车作为山西省本土新能源汽车制造企业的代表，已成为山西省能源革命的排头兵。目前大运纯电动SUV、MPV首款车型已正式开始销售，四款新的电动轿车和SUV正在开发进行中。

大运公司始终坚持“建立具有敦厚理念及价值观的企业文化，成为对社会有贡献企业”的发展目标，为打造世界知名汽车品牌而不懈奋斗！

荣誉证书

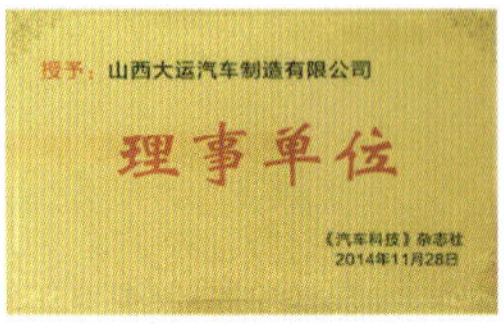

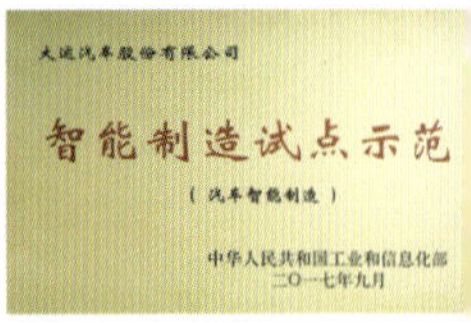

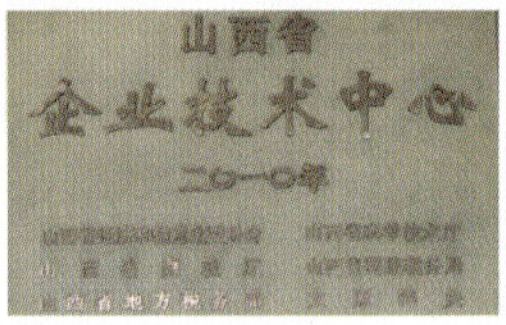

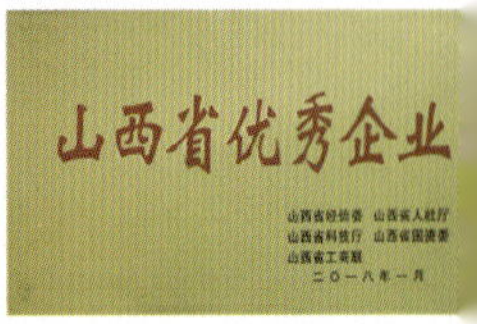

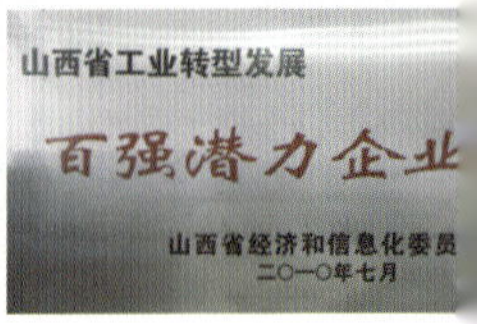

大运汽车运城分公司（新能源汽车基地）

- **2004年** 大运重卡生产基地在山西运城开工，进入重卡制造行业
- **2007年** 成立山西大运汽车制造有限公司
- **2009年** 大运重卡正式投产下线
- **2015年** 大运汽车运城分公司成立新能源汽车研发中心
- **2016年** 建成新能源汽车生产基地，一期产能达到5万台/年
- **2017年** 完成了新能源重卡、中卡、轻卡、专用车和客车全系列产品布局
- **2018年** 启动新能源乘用车战略规划
- **2019年** 投资50亿元打造新能源乘用车生产基地，产能10万台/年
- **2019年12月** 大运推出首款新能源乘用车，命名“悦虎”
- **2020年** 明确将发展新能源乘用车作为企业的核心战略发力点
- **2021年** 按计划完成深交所创业板上市

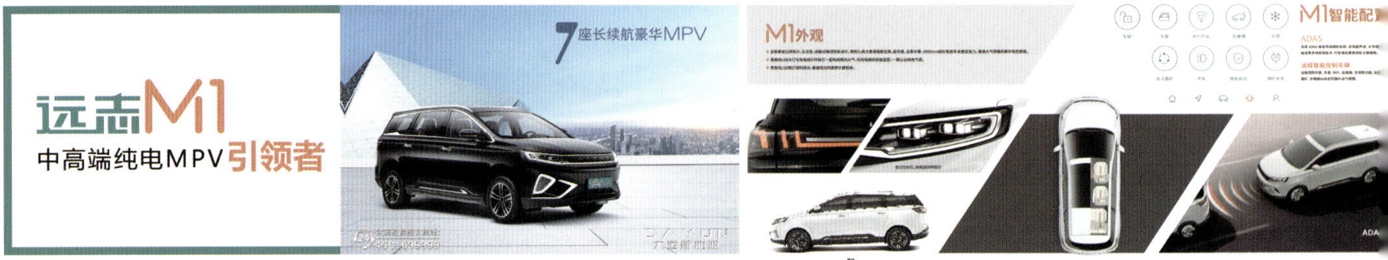

SANY
创建标杆企业，造就出色人才，作出有力贡献
一切为了客户，一切源于创新
——品质改变世界

上汽红岩 中国力量

KING LONG
建设美好出行社区
金龙地铁巴士
金龙客车
金龙地铁巴士
美好出行新生活，城市公交新生态
厦门金龙联合汽车工业有限公司
地址：福建省厦门市集美区金龙路9号　361023
400-886-6700　www.king-long.com.cn
公司官网
微信公众号

WEiPU® 威浦电器
WEIPU ELECTRICAL APPLIANCE CO.,LTD
让中国连接器技术与世界同步
SP21 SERIES
扫我关注更多资讯
IP 67
0A大电流
IP 67
200A大电流
广东威浦电器有限公司
广州商务总部 | 020-81003048 Email: weipu@weipu.cn
上海商务部 | 021-53751711 Email: shanghai@weipu.cn
北京商务部 | 010-88144778 Email: beijing@weipu.cn
http://www.weipu.cn 请至官网下载中心下载产品选型目录

企业简介

广州领世汽车科技有限公司
Guangzhou Future Mobility Technology Co.,Ltd.

领世汽车科技主营新能源和智能汽车控制系统产品和技术开发，现为国家高新技术企业。公司依托所掌握的汽车ECU（电子控制单元）开发平台、电动汽车控制、智能汽车控制三大核心技术，面向整车企业、汽车零部件企业、互联网汽车公司提供各类汽车控制系统产品和服务。

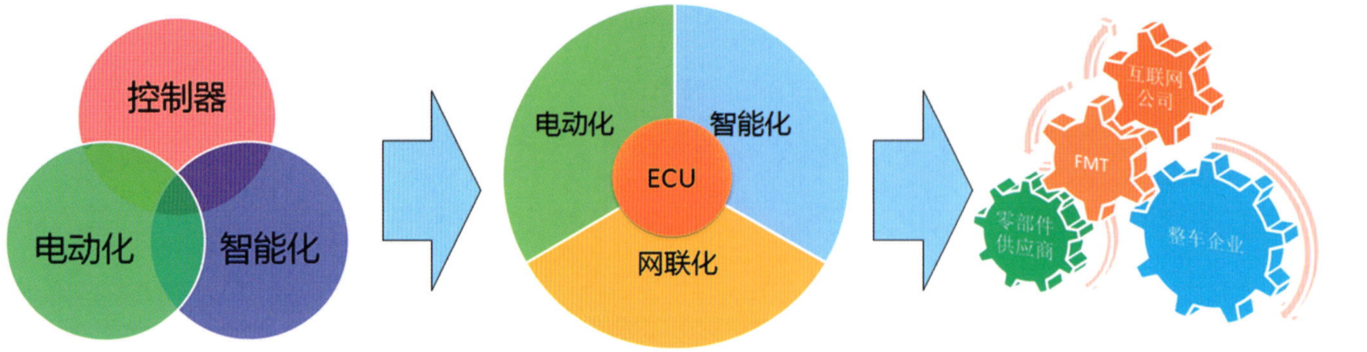

核心技术　　产品与应用领域　　市场与客户

集中式电子电气架构和中央控制器

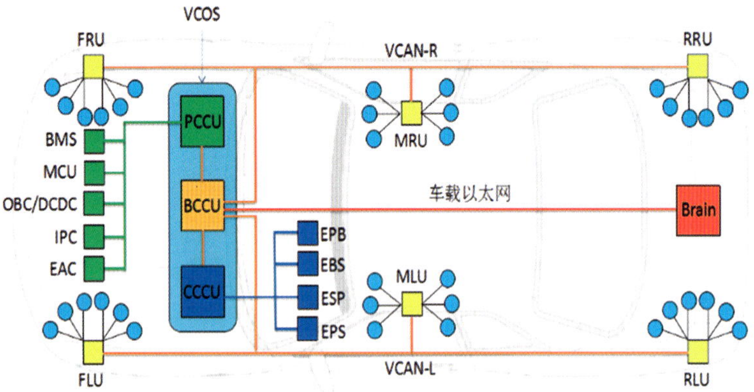

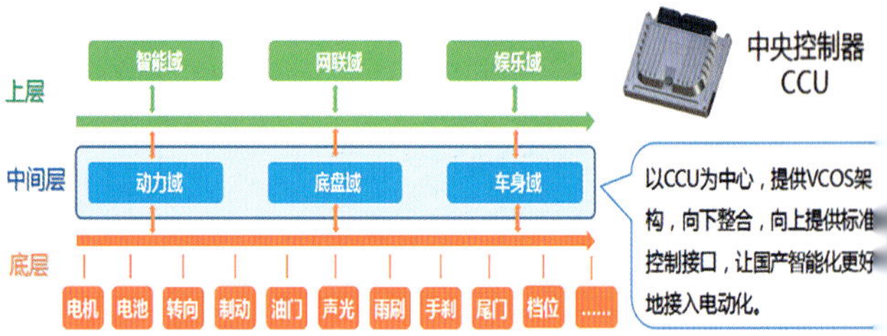

根据智能网联电动车需求，向客户提供集中式电子电气架构设计方案，以中央控制器（CCU）为核心，跨域整合动力域、底盘域及车身域，通过VCOS系统，聚焦中间层，打通底层，有效为智能驾驶上层提供标准接口。

国内行业先进的线控车解决方案

2017年国内推出林肯MKZ线控车，供应阿里、华为、商汤等数十家自动驾驶公司，打破国际垄断，通过自主研发的自动驾驶线控套件，使国内驾驶公司可以根据需求定制线控车辆开发。

2019年国内开发出AionLX线控车平台，这是首款性能不逊色于林肯MKZ的线控车平台，实现完全意义上的对林肯MKZ的国产替代，使中国自动驾驶公司有了全性能国产线控平台车辆来进行开发。

2021年领世率先通过CCU自主中央控制器将自动驾驶线控技术应用于前装量产车，实现国内自动驾驶线控技术从改装到前装的重大突破。这大大降低了自动驾驶线控车辆成本，有力推动国产自动驾驶实现规模化运行。

领世智行
FUTURE MOBILITY TECHNOLOGY

电话：020-66822658
邮箱：public@fmt-auto.com
网址：www.fmt-auto.com
地址：广州市番禺区创启路63号清华科技园A2栋201

电动压缩机实验室在2018年6月全面建成投入使用，试验设备能力满足VW、GM、PSA等电动压缩机测试要求。

试验设备 Laboratory equipment

性能试验台

可进行制冷、制热工况测试
测量范围：500～14000W

耐久试验台

可进行温度和转速交变试验
可进行高温高湿试验

清洁度显微镜分析

莱卡显微分析系统
可分辨金属和非金属颗粒

振动试验台

可进行正弦振动和随机振动
频率:5～2500Hz、最大加速度:100g

半消音室

背景噪声小于25dB(A)
可满足大众MQB平台要求

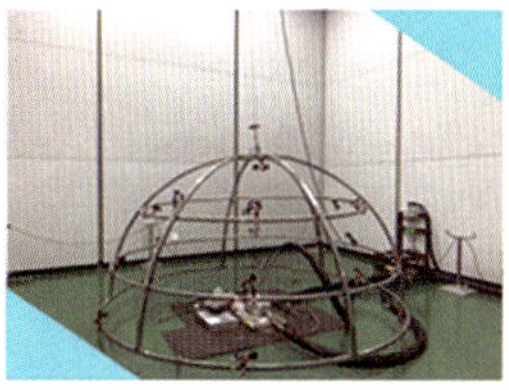

盐雾试验箱

中性盐雾试验箱
温度：10～65℃
湿度：25%～98%

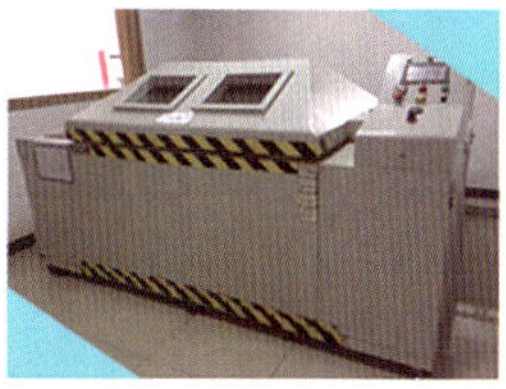

电机测功机

额定功率：15kW，额定扭矩100Nm，最高转速18000r/min

氦检试验台

测量范围：1～1.01×105pa
最大测试压力：50bar

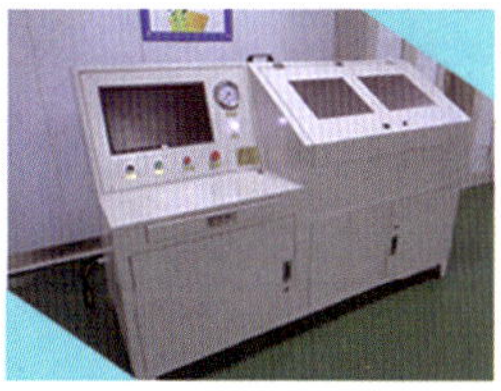

爆破压力试验台

最大输出压力：160bar

高低温冲击箱

温度冲击范围：-40℃～150℃
压缩机可带负载进行冲击试验

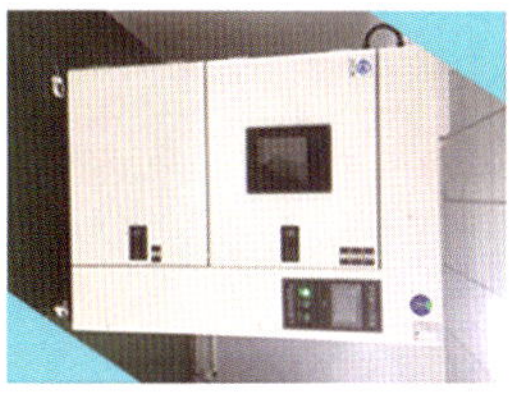

高低温交变箱

高低温存储及交变湿热试验
压缩机可带负载进行温度试验

NVH数据采集

图中所示分别为：数采、麦克风、压力脉动、力锤和振动加速度传感器。

广东汽车检测中心 GATC

公司简介

广东汽车检测中心有限公司，创立于2008年，是国家汽车质量监督检验中心（广东）的运营主体，是以汽车整车及零部件检验检测服务为主的国家第三方检测机构。

广东汽车检测中心2011年开展整车企业的委托试验业务，2013年“国家汽车质量监督检验中心（广东）”获得授权，2014年率先在华南开展电动汽车动力电池检测业务，2015年确立传统汽车和新能源汽车检测并行发展的思路，2018年获得环保部“检测机构视频监控及数据传输联网”资质，2019年成为国家认证认可监督管理委员会强制性产品指定实验室，2020年成为广东省高新企业。

广东汽车检测中心可开展汽车（乘用车、货车、客车、专用车、挂车、新能源汽车整车及驱动电机、动力电池、BMS等零部件）和三轮汽车等产品的《公告》检验，相关汽车及零部件产品的CCC认证检验，轻型车排放、发动机排放及整车加速行驶噪声检验等公告、CCC和环保检验检测业务。广东汽车检测中心具备在华南乃至全国范围提供一站式检测服务的能力！

广东汽车检测中心与中国汽车工程研究院合作联动，着力打造氢能动力、动力电池、电子安全等特色能力，为大湾区汽车产业蓬勃发展作出贡献。

广东—轻型车—环境仓

广东—轻型车—密闭蒸发室

排放环模仓

碰撞试验室

侧倾试验台

和国际接轨　与巨人同行　研发结硕果　创新争前列

地址：广东省佛山市禅城区季华西路罗格工业园科汇路2号　邮编：528061
电话：0757-88036955　传真：0757-88036966　邮箱：gatc@gdatc.net　网址：www.gdatc.net

苏州电科院

公司简介

苏州电器科学研究院股份有限公司（简称：苏州电科院）始建于1965年，1982年被江苏省机械工业厅批准为“江苏省高低压电器及日用电器归口研究所”，多年来承担了大量江苏省及国内外高低压开关设备和电力变压器的质量检测业务，是我国电器检测领域条件较完备、检测能力较强、检测规模较大的独立第三方检测机构之一。经国家工信部、国家能源局、国家市场监管总局、国家认监委批准，院内设有国家汽车电气产品质量监督检验中心、工信部道路机动车整车公告资质、国家电器产品质量监督检验中心、国家智能电网中高压成套设备质量监督检验中心、国家防爆电气产品质量监督检验中心（江苏）、国家能源开关设备评定中心、国家能源变压器评定中心等10个国家行业质检中心。同时，苏州电科院也是IECEE-CB 国际电工产品互认实验室、IECEx 国际防爆产品互认实验室、江苏省太阳能和风能发电设备检测公共技术服务中心和江苏省电磁兼容专业测试中心。

国家汽车电气产品质量监督检验中心挂靠在苏州电器科学研究院股份有限公司，是汽车电气领域内新兴发展起来的国家质检中心，着力于开展汽车电子电器的检测技术、新能源汽车检测技术、汽车整车及零部件的电磁兼容检测技术、汽车动力电池、电机与电控、充电装置的检测技术、强电磁脉冲试验技术、混响试验技术、汽车整车及零部件的环境和可靠性试验技术、汽车风压试验技术等方面的研究和实践。

设备实验室

1~40GHz RS103 辐射抗干扰度测试系统

谐波电流

3D程控天线

大型10米法电波暗室

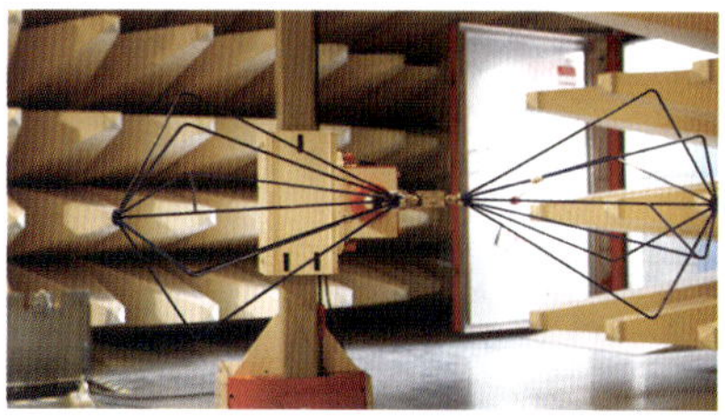
辐射骚扰场强

消音实验室

公司规模

苏州电科院现有试验面积25万平方米，检测设备10000余台（套），总资产40多亿元，建有计算机数据采集、管理系统和计算机现场监视系统，拥有各类专业检测室40多个。从事检测工作人员1200余名，国家实验室主任评审员和评审员8名，国家注册高级审核员和审核员12名，注册高级检验师和检验师5名，“CCC”工厂审核员26名，国家标准化委员会专业委员会委员33名，输配电试验领域专家20余名，高压试验设备国外专家5名，抗震、电磁兼容、低压领域专家8名，博士、硕士90余名，海外归国人才7名，技术人员占总人数85%。在高压开关设备、变压器、低压电器、汽车电子电气、电磁兼容、抗震、RoHS等各领域均有以行业专家为技术带头人的专业服务团队。

苏州电科院作为江苏省高低压电器检测技术科研开发基地，创造了科研、开发、服务的基本条件，提供了为行业服务的基础。国家中小企业公共服务示范平台、江苏省质量技术监督小容量电器产品质量检验站、江苏省智能电气设备检测工程中心、江苏省电磁兼容专业测试中心、江苏省苏州太阳能和风能发电设备检测公共技术服务中心、博士后科研工作站、清华大学深圳研究生院专业实践基地、上海交通大学电气工程专业实习基地、西安交通大学研究生联合培养基地、沈阳工业大学研究生培养基地、苏州大学教学实习基地、河北工业大学电器可靠性试验研究基地、北京工业大学教学实习基地、苏州科技大学教学实习基地、苏州大学电子信息学科工程硕士培养基地、海智计划江苏（苏州）基地、中国苏州APEC工业园实验室等均依托在研究院内。

苏州电科院作为国内电器检测行业的龙头机构之一，始终以提升电器产品质量为己任，积极服务国内外电器技术及检测市场。大浪淘沙勇者胜，走在新时代，苏州电科院将在各级政府的支持和领导下，为实现跻身国际先进实验室目标不懈奋斗。

所获荣誉

- 2001年“低压电器可靠性设计及检测技术研究”项目获国家科技进步奖二等奖；
- 2002年“低压电器试验技术与检测技术的研究”项目获国家科技进步奖二等奖；
- 2003年“断路器可靠性技术”获省科技进步一等奖；

- 2008年“保护电器研究”项目获国家科技进步奖二等奖；
- 2012年“23500MVA冲击发电机电源系统”项目获省科学技术奖；
- 2014年“大容量低电压大电流动热稳定试验系统”获得江苏机械工业科学技术进步一等奖；

- 2015年“53500 MVA冲击电源试验系统”获中国机械行业科技进步奖；
- 2017年“500 kV/1200 MVA变压器突发短路试验系统”获中国机械行业科技进步奖；
- 2018年“大型复杂气候环境电器试验系统”获中国机械行业科技进步奖

获得国家专利90余项，主持和参与制修订国家标准、行业标准和团体标准80余项，服务国内外客户10000多家

积分球光色电综合测试系统

立式分布光度计

汽车灯具光度测试系统

车辆跑道航拍

电动汽车车用电池包-容量测试

电动汽车群智能充电系统全项目试验

极端气候环境厅

雷电冲击实验室

CSSC 中国船舶集团第七一二研究所

INTRODUCTION TO THE INSTITUTE

研究所简介

中国船舶第七一二研究所组建于 1963 年 4 月，主要承担舰艇电力推进系统及化学电源的研究设计、制造、试验及总装总调任务。

内设机构包括 12 个管理部门、6 个支持部门和 19 个执行单位。现有从业人员 2000 余人，国家和省部级专家 71 人，享受国务院政府特殊津贴专家 25 人，集团公司高级专家 3 人。拥有“电气工程”学科，“船舶综合电力技术”“船舶化学电源技术”专业博士学位授权点和“博士后科研工作站”，以及 4 个专业硕士学位授权点。

建所以来，先后取得国家和省部级科技成果 300 余项，包括国家科技进步特等奖 1 项、一等奖 3 项，国防特等奖 2 项、一等奖 7 项。授权专利 580 余项，其中发明专利 340 余项。申请计算机软件著作权登记 50 余项。

专业范围主要涉及：电力推进系统、电机、自动控制、开关电器、化学电源、新材料。主要军品包括：舰艇电力推进系统及核心装备、舰艇动力电池、鱼雷动力电池。五大重点产业方向：船海综合电力、船海化学电源、氢能及燃料电池、新材料、交通运输机电装备。

相继规划和建成武汉南湖、武汉光谷、武汉融创智谷、鄂州葛店、黄冈化工园、黄冈禹王工业园、青岛海西湾等产业园区。总用地面积 1002.8 亩，总建筑面积 28.8 万平方米。拥有舰船综合电力推进系统、大功率推进电机、中压直流开关电器、燃料电池发电系统、大容量动力电池等多个世界先进的科研试验室。

未来，七一二所秉承“让舰船航行更快更远更安静”的使命，坚定不移沿着集团公司高质量发展战略纲要指引的方向奋力前进，抢抓发展机遇，在新时代创新创业实践中建功立业，向着建设世界先进舰船电动力与新材料研究所的战略目标迈进。

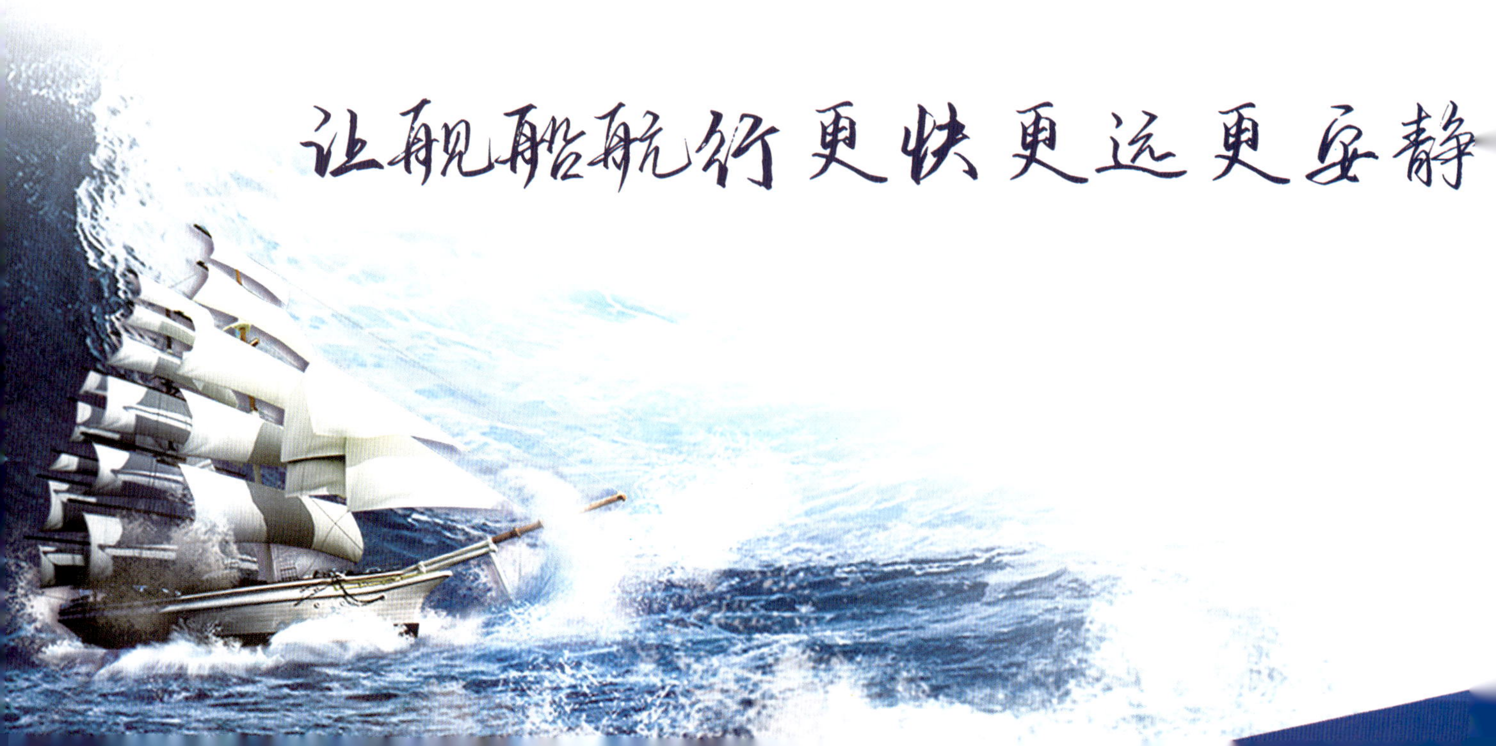

INDUSTRIAL
BASE

产业基地

◆武汉南湖

位于武汉市洪山区南湖汽校大院。

规划定位为七一二所管理、研发、试验总部。

◆武汉光谷

位于武汉市高新技术开发区长城科技园。

规划定位为开关电器及新材料研制基地。

◆鄂州葛店

位于湖北省葛店经济技术开发区。

规划定位为军用铅酸蓄电池研制基地。

◆黄冈化工园

位于湖北省黄冈化工园。

规划定位为新材料生产基地。

◆黄冈禹王工业园

位于黄冈市禹王工业园。

规划为新能源生产基地。

◆青岛海西湾

位于青岛市黄岛海西湾船舶产业园区。

规划定位为大功率电力推进系统、中压开关电器试验基地，电机产业基地。

◆武汉融创智谷

位于武汉市洪山区。

规划定位为武汉氢能与燃料电池产业技术研究院有限公司等办公地点。

地址:湖北省武汉市　信箱:64311　电话：027-68896899　传真:027-88035934(明)　邮编:430064

同济大学汽车学院

同济大学汽车学院作为上海国际汽车城科学研究与人才培养核心功能的承载体，以追求可持续发展世界先进学科为发展目标，以科研教学为发展基础，以立德树人为发展根本，为国内新能源汽车、智能汽车和空气动力学科学研究、技术开发与人才培养高地，汽车专业更是同济大学建设的特色和优质学科之一。

汽车学院面向汽车、动力和交通等行业，依托车辆工程、动力机械及工程、载运工具运用工程三个学科，针对新能源汽车和智能驾驶汽车的专业人才需求，设立了“汽车工程”“车用能源与动力”“汽车电子与智能”三大教研室，构建了完备的本、硕、博贯通人才培养体系，以德语、英语的双外语教学为培养特色。拥有机械工程一级学科博士后流动站、管理工程一级学科博士后流动站、车辆工程博士点、动力机械及工程博士点、车辆工程硕士点、动力机械及工程硕士点和车辆工程学士点。

截至2020年底，学院共有在编教职工123人。其中正高级专业技术职务40人，副高级专业技术职务37人，中级专业技术职务29人，其他15人，校聘派遣人员4人。学院现有教育部节能环保汽车创新团队1个，中国工程院院士2人，国家高层次人才计划专家6人，长江学者2人，973计划和863计划首席科学家3人，国家海外高层次人才计划青年项目专家2人，国家优秀青年基金获得者1人。

2020年度，实现新增500万以上重大项目8项，全年科研经费到款1.1312亿元。大力推进自然基金申报工作，深抓、细抓、紧抓基金申报全流程，实现汽车学院自然科学基金项目新的突破：2020年共获批主持的自然科学基金16项，环比增长220%，站上两位数的台阶，并且在区域重点基金方面实现零的突破。继续发挥学院在新能源汽车领域的积累和重大项目申请方面的传统优势，新获批重点研发计划项目“70MPa加氢站加压加注关键设备研发”项目，经费2325万元。不断加强学院论文、专利等各项科研产出，发表检索类论文 345 篇，SCI 179 篇，EI 126 篇，获批发明专利53项；同时更加注重标志性成果产出，ESI高被引论文数3篇。实现学院省部级科学技术奖励新突破，全年共获省部级一等奖励4项，并且在技术发明一等奖方面实现零的突破。共出版著作6部，其中专著4部、编著1部、译著1部。

汽车学院聚焦新能源汽车和智能驾驶汽车，拥有中德汽车联合研发中心、中瑞道路交通安全研究中心、智能型新能源汽车创新引领基地的三大国际化科创平台；智能型新能源汽车协同创新中心、燃料电池汽车及动力系统工程技术中心、新能源汽车及动力系统国家工程实验室、国家大型科学仪器中心平台——汽车风洞的四大国家科创平台；教育部新能源汽车工程研究中心、上海市交通工具空气与热模拟风洞重点实验室、上海电动汽车工程技术研究中心、上海科创中心——智能型新能源汽车功能型平台的四大省部级科创平台，积极开展前沿科学研究、前瞻技术研发和重大产品开发，形成了世界先进的学术影响力和竞争力。

校企合作和校地合作不断开花结果。与青岛院士港设立重大专项；建立了3个校企合作平台；与东风汽车、上汽集团等企业合作的项目进展顺利。校地合作平台建设初见成效。建立了3个校地合作平台并顺利运行，2020年通过南昌智能新能源汽车创新研究院、深圳市未来智能网联交通系统产业创新中心等校地合作平台进校经费1495万元。

汽车学院宁远馆

智能型新能源汽车协同创新中心

上海地面交通工具风洞中心

新能源汽车工程中心

智能网联汽车测试评价基地

汽车安全与节能国家重点实验室

实验室介绍 INTRODUCTION OF LABORATORY

汽车安全与节能国家重点实验室是国家计委利用世行贷款建设的75个国家重点实验室之一。实验室依托清华大学，涵盖车辆工程、动力机械及工程两个国家重点学科。

1989年经国家计委批准立项，1995年通过国家验收并正式运行和对外开放。自创建以来，实验室围绕汽车的“安全、节能、环保”三大主题以及我国国民经济发展中的重大需求，瞄准国际前沿、国家目标，定位于汽车工业共性关键基础技术、汽车工程交叉学科基础理论、汽车领域宏观发展基本问题，致力于绿色化、智能化的生态汽车的研究与发展，逐步形成了自己的优势领域和特色。实验室始终坚持“开放、流动、联合、竞争”的运行方针，支持国内外出色的科研人员和学者开展前瞻性研究，同时积极开展与世界著名大学、研究院所、汽车公司的广泛深入的学术交流与合作，形成了具有总体国内前沿和部分国际先进水平的科研基地，在跨地区、跨学科集成创新研究中发挥了国家公共科研基础平台作用。

实验室于1997年、2003年、2008年、2013年和2018年先后顺利通过了由教育部或科技部组织的国家重点实验室评估。

2020年实验室固定人员共有86人，其中研究人员75人，技术人员10人，管理人员1人。研究人员中，正高级33人、副高级34人、中级8人，包括院士3人、国家高层次人才特殊支持计划10人、国家海外高层次人才引进计划5人、中青年科技创新领军人才8人、教育部长江学者奖励计划6人、国家杰出青年科学基金获得者1人、国家优秀青年科学基金获得者3人。

2020年承担多项重要科研任务，科研经费再创新高。实到科研经费37975万元，其中国家及省部级经费1620[illegible]万元（43%）；国防经费1491万元（4%）；国际合作经费4926万元（13%）；校企合作经费15356万元（40%）。优化科研项目结构，国家及省部级项目、横向重大项目经费均突破了1个亿，助力科研总经费额度大为提升。获批2项国家重点研发计划，分别是杨福源牵头的“科技冬奥”重点专项和王贺武牵头的“政府间国际科技创新合作”重点专项。“中美清洁汽车技术国家级国际联合研究中心”顺利通过科技部评估。申请国家自然科学基金54项，获批21项，资助率38%，其中联合基金重点项目获批2项（李升波、黄晋），优秀青年基金项目1项（徐梁飞），面上基金9项，青年基金9项。李哲负责的面上项目“驱动与储能用电池的老化机理解析与老化状态建模”获评2020年基金委电工学科优秀结题项目。

2020年发表SCI论文267篇，EI论文319篇，近5年入选ESI高引论文30篇。欧阳明高院士第三次入选科睿唯安全球高被引科学家，并入选ResearchInterfaces发布的锂电池领域全球十大研究者，他的团队还在《自然·通讯》在线发表题为《LiFSI体系高浓度电解液锂离子电池热失控机理》的研究论文在国际重要学术会议上获得优秀论文奖。协助中国汽车工程学会推动汽车工程领域高质量科技期刊分级目录工作，其中实验室主办的《eTransportation》《Journal of Intelligent & Connected Vehicles》入选T1类期刊，《汽车安全与节能学报》入选T2类期刊。

2020年科研奖励再获佳绩，成果转化硕果累累。以先完成单位/完成人获评各类科技奖励7项，包括行业特等奖和一等奖3项。其中，“智能网联汽车云控系统关键技术及应用”项目获中国汽车工业科学技术进步特等奖（李克强团队）；“中重型燃气内燃机关键技术及应用”项目获中国机械工业科学技术发明一等奖（马凡华）；“场景驱动的多模态感知智能关键技术及应用 ”项目获中国指挥与控制学会科学技术一等奖（张新钰）。授权发明专利15[illegible]项，成果转化业绩突出，共完成了9项成果转化，共计转化专利数44项，转化金额4290余万元，这些成果的转化和应用也将有力支持我室未来的获奖项目。由欧阳明高院士与张家口政府合作的氢能与可再生能源研究院的氢能全产业链示范应用的做法，获得了国务院表彰。2016—2020年，共获国家奖4项，省部级特等奖2项，一等奖16项、二等奖7项、三等奖5项。

李骏院士在第二届汽车轮毂电机驱动技术高端论坛上致辞

李骏院士团队研制陆空两栖飞车

“全球汽车与出行新年论坛”合影留念

车辆与运载学科建设与人才培养研讨会合影留念

张新钰获2020中国指挥与控制学会科学技术一等奖（右2）

与科易动力签署知识产权转让协议

杨殿阁教授团队研发的无人驾驶体验车亮相服贸会

实验室教师参观亿华通

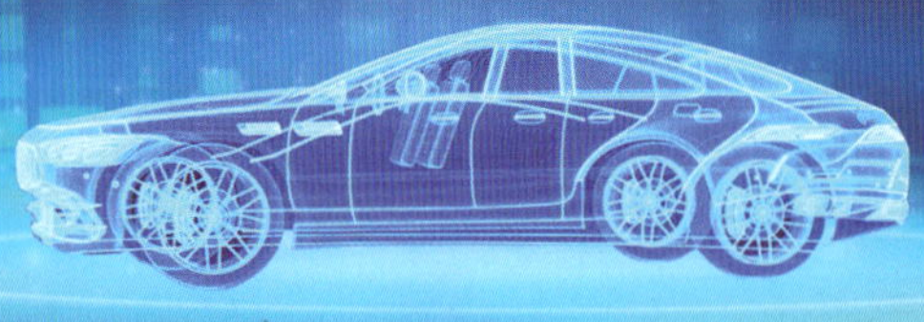

上海交通大学智能汽车研究所

上海交通大学车辆工程学科始建于1936年，1986年重建，2008年组建汽车电子控制技术国家工程实验室。为响应智能网联汽车国家战略，依托学科优势和政府基地平台，深度融合车辆智能化、网联化和电动化相关专业，于2019年将车辆学科的师资与研究队伍进行重组，正式成立智能汽车研究所，由张希教授担任所长。系所瞄准国际汽车科技前沿技术，在政府、学校以及企业等多方面的支持下，通过整合和优化上海交通大学汽车工程相关学科和研究方向，组建的具有上海交通大学特色的汽车学科大平台。学科下建有两大研究基地平台，分别是汽车电子控制技术国家工程实验室和上海市智能网联电动汽车创新中心。

智能汽车研究所的发展方向同时也是“中国制造2025”和“互联网+行动计划”两大政策的聚焦点，除发展新型发动机技术在排放和效率上尽快满足国家严格标准，重点进行汽车“新四化”（智能、网联、电动和共享化）的重大基础研究和核心关键技术的突破，主要由当前汽车产业技术发展痛点难点问题驱动开展，最终形成各个问题的根本技术解决路径。

智能汽车研究所依托汽车电子控制技术国家工程实验室，拥有一支事业心强、富于创新精神的科研团队，现有教职员工21人，其中教授（研究员）6人，副教授8人，硕士生以上研究人员200余人。目前，智能汽车研究所实验大楼具有10000m²的实验面积，拥有各类先进实验测试平台，包括发动机直喷测试台架、混合动力系统开发平台、动力电池测试平台、智能网联驾驶系统开发平台等。研究所的研究方向全面覆盖智能网联和电动汽车关键技术领域，包括自动驾驶与车联网技术、电池管理和无线充电技术、线控底盘控制和执行技术等。

目前，研究所以对接国家战略、进行人才培养和开展产学研合作为重心，承担包括科技部重点研发计划、自然科学基金、上海市科委/经信委项目在内的一大批国家及省部级项目，并多次获得上海市科技进步奖、上海市技术发明奖等省部级奖项。同时，研究所以产学研合作的方式，从学科层面服务于产业界的发展，与上汽集团、华为、特来电、商汤科技、英伟达、博世、中国联通等行业重点企业在“新四化”核心技术突破、高层次人才培养、重点基地建设等方面建立了紧密的校企合作关系，另外与斯图加特大学、滑铁卢大学、密歇根大学、俄亥俄州立大学、阿贡国家实验室等国际知名研究机构共同完成了一系列合作课题研究，产生了众多国际合作科研成果。

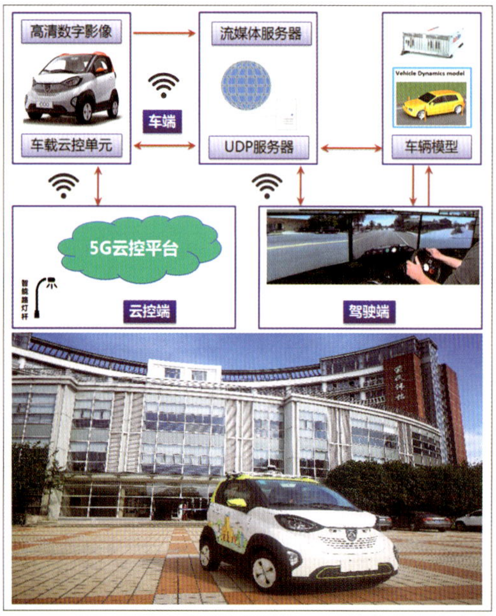

■ 智能云控驾驶

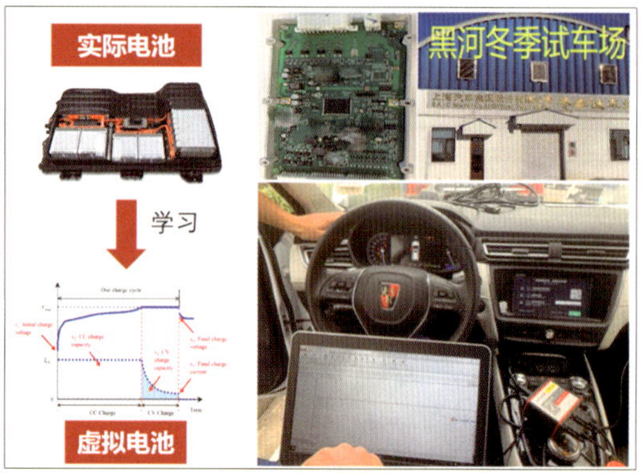

■ 全气候动力电池管理系统

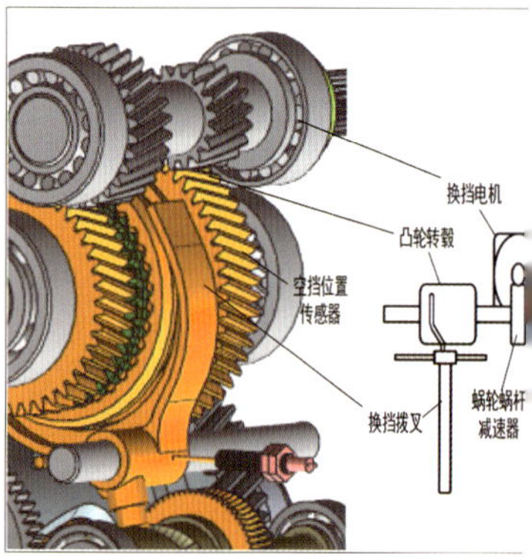

■ 电动汽车两档AMT

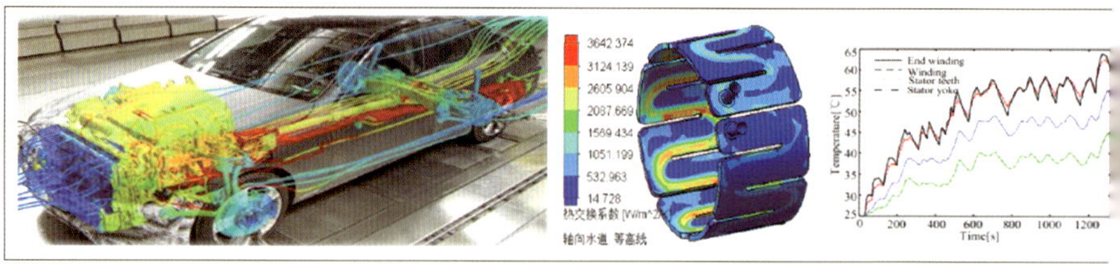

■ 电驱动热管理技术

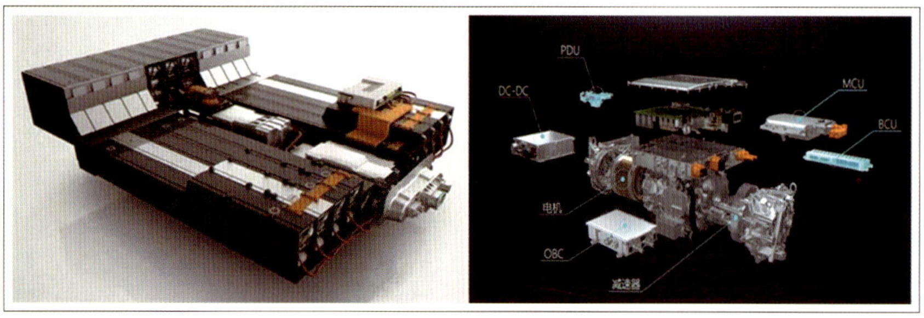

■ 新一代七合一智能电驱动系统

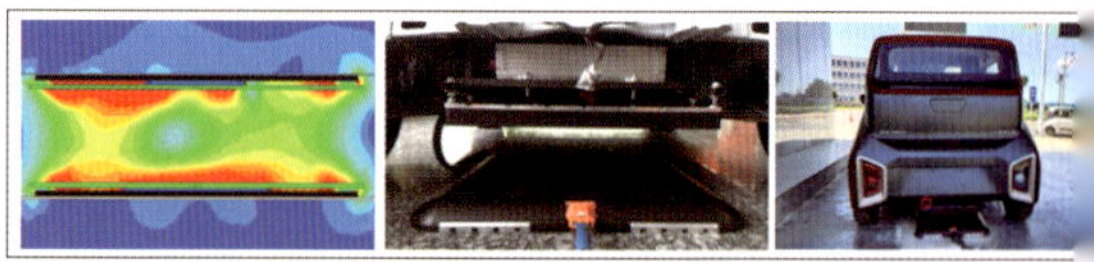

■大功率无线充电技术

■分布式线控驱动底盘

地址：上海市东川路800号机械楼D楼　电话：021-34206805　邮箱：braver1980@sjtu.edu.cn

节能与新能源汽车年鉴

第二篇

政策篇

一、国家主要政策

1. 关于调整《道路机动车辆产品准入审查要求》相关内容的通知

装备中心〔2020〕40 号

各车辆生产企业及检测机构：

为进一步加强《公告》管理，促进《公告》产品准入体系不断完善，经请示工业和信息化部同意，现对《道路机动车辆产品准入审查要求》相关内容进行调整，增加部分强制性标准检验要求，通知如下：

1. 将 GB 34660—2017《道路车辆 电磁兼容性要求和试验方法》列入公告产品准入审查要求，并取消 GB 14023—2011 强制性检验项目。

根据标准实施的要求，自 2020 年 1 月 1 日起，新申请型式批准的车型应符合 GB 34660—2017《道路车辆 电磁兼容性要求和试验方法》的要求；已获得型式批准的车型，可通过变更扩展进行整改，2021 年 1 月 1 日起公告内全部适用车型应满足 GB 34660—2017 的要求。GB 34660—2017 实施后，取消原 GB 14023—2011 强制性检验项目。

2. 将 GB 38262—2019《客车内饰材料的燃烧特性》列入公告产品准入审查要求，并取消 GB/T 32086—2015 强制性检验项目。

根据标准实施的要求，自 2020 年 7 月 1 日起，新申请型式批准的车型应符合 GB 38262—2019《客车内饰材料的燃烧特性》的要求；已获得型式批准的车型，可通过变更扩展进行整改，2021 年 7 月 1 日起公告内全部适用车型应满足 GB 38262—2019 的要求。GB 38262—2019 实施后，取消原 GB/T 32086—2015 强制性检验项目。

3. 将 GB/T 37706—2019《车用起重尾板安装与使用技术要求》列入公告产品准入审查要求。

按照《关于做好〈车用起重尾板安装与使用技术要求〉贯彻实施工作的通知》（交办运函〔2020〕38 号）的要求，自 2020 年 2 月 10 日起，新申请型式批准的安装或者选装起重尾板的车型，应在公告参数其他栏注明尾板质量，同时提供符合 GB/T 37706《车用起重尾板安装与使用技术要求》的检验报告；2020 年 2 月 10 日前已获得型式批准的相关车型，应在 2020 年 7 月 1 日前完成车型整改工作。

4. 罐式车辆在开展 GB 7258—2017 侧倾稳定角项目检验时，应按照 GB 28373—2012《N 和 O 类罐式车辆侧倾稳定性要求》进行检验，侧倾稳定角限值应符合 GB 7258—2017 的要求。

5. 对于选装 ETC 装置的车辆，应按照 GB/T 38444—2019《不停车收费系统 车载电子单元》进行相关检验检测。自 2020 年 7 月 1 日起，新申请产品准入的车型应在选装配置中增加 ETC 车载装置。

6.《公告》申报系统将于 2020 年 2 月 14—16 日进行相关调整更新，届时将暂时关闭申报系统，请各相关企业及检验检测机构做好准备。

附件：GB 34660—2017 同一型式判定技术条件

工业和信息化部装备工业发展中心

2020 年 2 月 6 日

附件 GB 34660—2017 同一型式判定技术条件

a）宽带发射：

- 车身或外壳基本材料相同；
- 发动机舱总体形状和尺寸相同；
- 电气/电子部件总体布置及总线布置相同；
- 发动机型号、生产企业、位置相同；
- 汽油发动机火花塞、高压线、点火线圈、发动机 ECU（硬件和软件）型号、生产企业相同；
- 柴油发动机电控喷油泵、电控喷油器、电控 EGR 阀、柴油发动机 ECU（硬件和软件）型号、生产企业相同；
- 发电机型号、生产企业相同；
- 刮水器电机型号、生产企业相同；
- 暖风电机型号、生产企业相同；
- 电动空调压缩机型号、生产企业相同；
- 闪光继电器型号、生产企业相同；
- 前位灯（LED 类和气体放电类）型号、生产企业相同；
- 后位灯（LED 类和气体放电类）型号、生产企业相同；
- 前示廓灯（LED 类和气体放电类）型号、生产企业相同；
- 后示廓灯（LED 类和气体放电类）型号、生产企业相同；
- 侧标志灯（LED 类和气体放电类）型号、生产企业相同；
- 昼间行驶灯（LED 类和气体放电类）型号、生产企业相同；
- 前雾灯（LED 类和气体放电类）型号、生产企业相同；
- 后雾灯（LED 类和气体放电类）型号、生产企业相同；
- 前照灯（LED 类和气体放电类）型号、生产企业相同；
- 前转向信号灯（LED 类和气体放电类）型号、生产企业相同；
- 侧转向信号灯（LED 类和气体放电类）型号、生产企业相同；
- 后转向信号灯（LED 类和气体放电类）型号、生产企业相同；
- 电动汽车驱动电机型号、生产企业、位置相同；
- 电动汽车驱动电机控制器型号、生产企业、位置相同；
- 电动汽车 DC/DC 变换器型号、生产企业相同；
- 车载能源管理系统型号、生产企业相同；
- 电动汽车动力电池组型号、生产企业、位置相同。

b）窄带发射：

- 车身或外壳基本材料相同；
- 发动机舱总体形状和尺寸相同；
- 电气/电子部件总体布置及总线布置相同；
- 汽油发动机 ECU（硬件和软件）型号、生产企业相同；

- 柴油发动机ECU(硬件和软件)型号、生产企业相同;
- 前位灯(LED类和气体放电类)型号、生产企业相同;
- 后位灯(LED类和气体放电类)型号、生产企业相同;
- 前示廓灯(LED类和气体放电类)型号、生产企业相同;
- 后示廓灯(LED类和气体放电类)型号、生产企业相同;
- 侧标志灯(LED类和气体放电类)型号、生产企业相同;
- 昼间行驶灯(LED类和气体放电类)型号、生产企业相同;
- 前雾灯(LED类和气体放电类)型号、生产企业相同;
- 后雾灯(LED类和气体放电类)型号、生产企业相同;
- 前照灯(LED类和气体放电类)型号、生产企业相同;
- 前转向信号灯(LED类和气体放电类)型号、生产企业相同;
- 侧转向信号灯(LED类和气体放电类)型号、生产企业相同;
- 后转向信号灯(LED类和气体放电类)型号、生产企业相同;
- 制动灯(LED类和气体放电类)型号、生产企业相同;
- 高位制动灯(LED类和气体放电类)型号、生产企业相同;
- 车载音视频系统型号、生产企业相同;
- 有意发射模块型号、生产企业相同;
- 刮水器控制器型号、生产企业相同;
- 暖风控制器型号、生产企业相同;
- 空调控制器型号、生产企业相同;
- 组合仪表型号、生产企业相同;
- 显示屏(娱乐应用除外)型号、生产企业相同;
- 行驶记录仪型号、生产企业相同;
- 车载视频行驶记录系统型号、生产企业相同;
- 间接视野摄像监视系统(CMS)型号、生产企业相同;
- 电子防盗系统型号、生产企业相同;
- 气囊或安全约束系统型号、生产企业相同;
- 可调节电子悬架型号、生产企业相同;
- 电子助力转向系统型号、生产企业相同;
- 定速巡航控制系统型号、生产企业相同;
- 限速装置型号、生产企业相同;
- 可调节缓速系统型号、生产企业相同;
- 制动系统型号、生产企业相同;
- 电动汽车整车控制器型号、生产企业相同;
- 电动汽车驱动电机控制器型号、生产企业、位置相同;
- 电动汽车DC/DC变换器型号、生产企业相同;
- 车载能源管理系统型号、生产企业相同;
- 电动汽车动力电池组型号、生产企业、位置相同。

c)抗扰性:

- 车身或外壳基本材料相同;
- 发动机舱总体形状和尺寸相同;
- 电气/电子部件总体布置及总线布置相同;
- 发动机型号、生产企业、位置相同;
- 汽油发动机ECU(硬件和软件)型号、生产企业相同;
- 柴油发动机ECU(硬件和软件)型号、生产企业相同;
- 前位灯(LED类和气体放电类)型号、生产企业相同;
- 后位灯(LED类和气体放电类)型号、生产企业相同;
- 前示廓灯(LED类和气体放电类)型号、生产企业相同;
- 后示廓灯(LED类和气体放电类)型号、生产企业相同;
- 侧标志灯(LED类和气体放电类)型号、生产企业相同;
- 昼间行驶灯(LED类和气体放电类)型号、生产企业相同;
- 前雾灯(LED类和气体放电类)型号、生产企业相同;
- 后雾灯(LED类和气体放电类)型号、生产企业相同;
- 前照灯(LED类和气体放电类)型号、生产企业相同;
- 前转向信号灯(LED类和气体放电类)型号、生产企业相同;
- 侧转向信号灯(LED类和气体放电类)型号、生产企业相同;
- 后转向信号灯(LED类和气体放电类)型号、生产企业相同;
- 制动灯(LED类和气体放电类)型号、生产企业相同;
- 高位制动灯(LED类和气体放电类)型号、生产企业相同;
- 前刮水器总成型号、生产企业相同;
- 暖风控制器(除霜除雾用)型号、生产企业相同;
- 空调控制器(除霜除雾用)型号、生产企业相同;
- 组合仪表型号、生产企业相同;
- 电子喇叭型号、生产企业相同;
- 转向盘电动调节控制系统型号、生产企业相同;
- 显示屏(娱乐应用除外)型号、生产企业相同;
- 驾驶员电动座椅型号、生产企业相同;
- 电动车窗型号、生产企业相同;
- 自动门型号、生产企业相同;
- 行驶记录仪型号、生产企业相同;
- 车载视频行驶记录系统型号、生产企业相同;
- 间接视野摄像监视系统(CMS)型号、生产企业相同;
- 电子防盗系统型号、生产企业相同;
- 气囊或安全约束系统型号、生产企业相同;
- 可调节电子悬架型号、生产企业相同;
- 电子助力转向系统型号、生产企业相同;
- 定速巡航控制系统型号、生产企业相同;
- 限速装置型号、生产企业相同;
- 可调节缓速系统型号、生产企业相同;
- 制动系统型号、生产企业相同;
- 电动汽车整车控制器型号、生产企业相同;
- 电动汽车驱动电机型号、生产企业、位置相同;
- 电动汽车驱动电机控制器型号、生产企业、位置相同;
- 电动汽车DC/DC变换器型号、生产企业相同;
- 车载能源管理系统型号、生产企业相同;
- 电动汽车动力电池组型号、生产企业、位置相同。

注：

1）在进行整车试验时，应按照零部件清单中的要求进行相应的整车宽带辐射发射试验、整车窄带辐射发射试验、整车辐射抗扰试验。

2）当有多种选装时，视同时可采用全覆盖的方式，即只要上述部件或系统均经过整车检验，可不再进行组合检验。

3）当零部件清单中涉及的部件或系统发生变更时，需要重新进行整车试验。

2. 关于2020年度乘用车企业平均燃料消耗量和新能源汽车积分管理有关事项的通知

工信部通装函〔2021〕37号

各乘用车企业：

为积极应对新冠肺炎疫情影响，保障汽车产业健康可持续发展，根据中央支持湖北省经济社会发展一揽子政策精神要求，以及《关于修改〈乘用车企业平均燃料消耗量与新能源汽车积分并行管理办法〉的决定》（工业和信息化部　财政部　商务部　海关总署　市场监督管理总局令第53号）等文件规定，现就2020年度乘用车企业平均燃料消耗量与新能源汽车积分管理有关事项通知如下。

一、循环外技术/装置计入燃料消耗量核算

在2020年度企业平均燃料消耗量积分核算中，对标准配置怠速起停系统、制动能量回收系统、换挡提醒装置的车型，其燃料消耗量可相应减免一定额度（可累加）。

（一）怠速起停系统是指在车辆即将停止或车辆停止且发动机处于怠速状态时，能够自动关闭发动机，并且能够根据驾驶员的操作或车辆需求重新起动发动机的系统。搭载该系统的车型燃料消耗量核算减免额度为0.15 L/100 km。

（二）制动能量回收系统是指车辆滑行、减速或下坡时，将车辆行驶过程中的动能及势能转化或部分转化为车载可充电储能系统（REESS）的能量存储起来，并可为整车动力输出提供辅助电能的系统。对具有制动能量回收系统且REESS标称电压等级为12 V的车型，燃料消耗量核算减免额度为0.05 L/100 km；标称电压等级超过12 V的车型，燃料消耗量核算减免额度为0.15 L/100 km。

（三）换挡提醒装置是指装配于手动挡车辆的可实时、直观地提醒驾驶员调整驾驶操作（换挡和/或加、减速）以降低实际驾驶中燃料消耗量的装置。搭载该装置的车型燃料消耗量核算减免额度为0.1 L/100 km。

二、企业2020年度产生的新能源汽车负积分，可以使用2021年度产生的新能源汽车正积分进行抵偿。

三、对于注册地在湖北省的乘用车企业，其在2020年度产生的平均燃料消耗量负积分和新能源汽车负积分，减按80%计算。

特此通知。

工业和信息化部

2021年2月7日

3. 关于印发《智能汽车创新发展战略》的通知

发改产业〔2020〕202号

各省、自治区、直辖市及计划单列市、新疆生产建设兵团有关部门：

为深入贯彻落实党中央、国务院重要部署，顺应新一轮科技革命和产业变革趋势，抓住产业智能化发展战略机遇，加快推进智能汽车创新发展，我们制定了《智能汽车创新发展战略》。现印发你们，请结合实际制定促进智能汽车创新发展的政策措施，着力推动各项战略任务有效落实。

国家发展改革委

中央网信办

科技部

工业和信息化部

公安部

财政部

自然资源部

住房城乡建设部

交通运输部

商务部

市场监管总局

2020年2月10日

附件　智能汽车创新发展战略

当今世界正经历百年未有之大变局，新一轮科技革命和产业变革方兴未艾，智能汽车已成为全球汽车产业发展的战略方向。为加快推进智能汽车创新发展，制定本战略。

一、发展态势

智能汽车是指通过搭载先进传感器等装置，运用人工智能等新技术，具有自动驾驶功能，逐步成为智能移动空间和应用终端的新一代汽车。智能汽车通常又称为智能网联汽车、自动驾驶汽车等。

（一）智能汽车已成为全球汽车产业发展的战略方向

从技术层面看，汽车正由人工操控的机械产品逐步向电子信息系统控制的智能产品转变。从产业层面看，汽车与相关产业全面融合，呈现智能化、网络化、平台化发展特征。从应用层面看，汽车将由单纯的交通运输工具逐渐转变为智能移动空间和应用终端，成为新兴业态重要载体。从发展层面看，一些跨国企业率先开展产业布局，一些国家积极营造良好发展环境，智能汽车已成为汽车强国战略选择。

（二）发展智能汽车对我国具有重要的战略意义

发展智能汽车，有利于提升产业基础能力，突破关键技术瓶颈，增强新一轮科技革命和产业变革引领能力，培育产业发展新优势；有利于加速汽车产业转型升级，培育数字经济，壮大经济增长新动能；有利于加快制造强国、科技强国、网络强国、交通强国、数字中国、智慧社会建设，增强新时代国家综合实力；有利于保障生命安全，提高交通效率，促进节能减排，增进人民福祉。

（三）我国拥有智能汽车发展的战略优势

中国特色社会主义制度和国家治理体系能够集中力量办大事，国家制度优势显著。我国汽车产业体系完善，品牌质量逐步提升，关键技术不断突破，发展基础较为扎实。互联网、信息通信等领域涌现一批知名企业，网络通信实力雄厚。路网规模、5G通信、北斗卫星导航定位系统水平国际领先，基础设施保障有力。汽车销量位居世界首位，新型城镇化建设快速推进，市场需求前景广阔。

二、总体要求

（一）指导思想

全面贯彻党的十九大和十九届二中、三中、四中全会精神，以习近平新时代中国特色社会主义思想为指导，牢固树立新发展理念，统筹推进“五位一体”总体布局，协调推进“四个全面”战略布局，充分发挥集中力量办大事的制度优势和超大规模的市场优势，以供给侧结构性改革为主线，以发展中国标准智能汽车为方向，以建设智能汽车强国为目标，以推动产业融合发展为途径，开创新模式，培育新业态，提升产业基础能力和产业链水平，满足人民日益增长的美好生活需要。

（二）基本原则

统筹谋划，协同推进。强化智能汽车发展顶层设计，营造支持创新、鼓励创造、宽松包容的发展环境。加强部门协同、行业协作、上下联动，形成跨部门、跨行业、跨领域协调发展合力。

创新驱动，平台支撑。建立开源开放、资源共享合作机制，构建智能汽车自主技术体系。充分调动社会各界积极性，推动智能汽车创新发展平台建设，增强战略实施保障能力。

市场主导，跨界融合。充分发挥市场配置资源的决定性作用，激发智能汽车发展活力。打破行业分割，加强产业融合，创新产业体系、生产方式、应用模式。

开放合作，安全可控。统筹利用国内外创新要素和市场资源，构建智能汽车开放合作新格局。强化产业安全和风险防控，建立智能汽车安全管理体系，增强网络信息系统安全防护能力。

（三）战略愿景

到2025年，中国标准智能汽车的技术创新、产业生态、基础设施、法规标准、产品监管和网络安全体系基本形成。实现有条件自动驾驶的智能汽车达到规模化生产，实现高度自动驾驶的智能汽车在特定环境下市场化应用。智能交通系统和智慧城市相关设施建设取得积极进展，车用无线通信网络（LTE-V2X等）实现区域覆盖，新一代车用无线通信网络（5G-V2X）在部分城市、高速公路逐步开展应用，高精度时空基准服务网络实现全覆盖。

展望2035到2050年，中国标准智能汽车体系全面建成、更加完善。安全、高效、绿色、文明的智能汽车强国愿景逐步实现，智能汽车充分满足人民日益增长的美好生活需要。

三、主要任务

（一）构建协同开放的智能汽车技术创新体系。

1. 突破关键基础技术。开展复杂系统体系架构、复杂环境感知、智能决策控制、人机交互及人机共驾、车路交互、网络安全等基础前瞻技术研发，重点突破新型电子电气架构、多源传感信息融合感知、新型智能终端、智能计算平台、车用无线通信网络、高精度时空基准服务和智能汽车基础地图、云控基础平台等共性交叉技术。

2. 完善测试评价技术。建立健全智能汽车测试评价体系及测试基础数据库。重点研发虚拟仿真、软硬件结合仿真、实车道路测试等技术和验证工具，以及多层级测试评价系统。推动企业、第三方技术试验及安全运行测试评价机构能力建设。

3. 开展应用示范试点。开展特定区域智能汽车测试运行及示范应用，验证车辆环境感知准确率、场景定位精度、决策控制合理性、系统容错与故障处理能力，智能汽车基础地图服务能力，“人—车—路—云”系统协同性等。推动有条件的地方开展城市级智能汽车大规模、综合性应用试点，支持优势地区创建国家车联网先导区。

（二）构建跨界融合的智能汽车产业生态体系

1. 增强产业核心竞争力。推进车载高精度传感器、车规级芯片、智能操作系统、车载智能终端、智能计算平台等产品研发与产业化，建设智能汽车关键零部件产业集群。加快智能化系统推广应用，培育具有国际竞争力的智能汽车品牌。

2. 培育新型市场主体。整合优势资源，组建产业联合体和联盟。

鼓励整车企业逐步成为智能汽车产品提供商，鼓励零部件企业逐步成为智能汽车关键系统集成供应商。鼓励人工智能、互联网等企业发展成为自动驾驶系统解决方案领军企业，鼓励信息通信等企业发展成为智能汽车数据服务商和无线通信网络运营商，鼓励交通基础设施相关企业发展成为智慧城市交通系统方案供应商。

3. 创新产业发展形态。积极培育道路智能设施、高精度时空基准服务和智能汽车基础地图、车联网、网络安全、智能出行等新业态。加强智能汽车复杂使用场景的大数据应用，重点在数据增值、出行服务、金融保险等领域，培育新商业模式。优先在封闭区域探索开展智能汽车出行服务。

4. 推动新技术转化应用。开展军民联合攻关，加快北斗卫星导航定位系统、高分辨率对地观测系统在智能汽车相关领域的应用，促进车辆电子控制、高性能芯片、激光/毫米波雷达、微机电系统、惯性导航系统等自主知识产权军用技术的转化应用，加强自动驾驶系统、云控基础平台等在国防军工领域的开发应用。

（三）构建先进完备的智能汽车基础设施体系

1. 推进智能化道路基础设施规划建设。制定智能交通发展规划，建设智慧道路及新一代国家交通控制网。分阶段、分区域推进道路基础设施的信息化、智能化和标准化建设。结合5G商用部署，推动5G与车联网协同建设。统一通信接口和协议，推动道路基础设施、智能汽车、运营服务、交通安全管理系统、交通管理指挥系统等信息互联互通。

2. 建设广泛覆盖的车用无线通信网络。开展车用无线通信专用频谱使用许可研究，快速推进车用无线通信网络建设。统筹公众移动通信网部署，在重点地区、重点路段建立新一代车用无线通信网络，提供超低时延、超高可靠、超大带宽的无线通信和边缘计算服务。在桥梁、隧道、停车场等交通设施部署窄带物联网，建立信息数据库和多维监控设施。

3. 建设覆盖全国的车用高精度时空基准服务能力。充分利用已有北斗卫星导航定位基准站网，推动全国统一的高精度时空基准服务能力建设。加强导航系统和通信系统融合，建设多源导航平台。推动北斗通信服务和移动通信双网互通，建立车用应急系统。完善辅助北斗系统，提供快速辅助定位服务。

4. 建设覆盖全国路网的道路交通地理信息系统。开发标准统一的智能汽车基础地图，建立完善包含路网信息的地理信息系统，提供实时动态数据服务。制作并优化智能汽车基础地图信息库模型与结构。推动建立智能汽车基础地图数据和卫星遥感影像数据共享机制。构建道路交通地理信息系统快速动态更新和在线服务体系。

5. 建设国家智能汽车大数据云控基础平台。充分利用现有设施和数据资源，统筹建设智能汽车大数据云控基础平台。重点开发建设逻辑协同、物理分散的云计算中心，标准统一、开放共享的基础数据中心，风险可控、安全可靠的云控基础软件，逐步实现车辆、基础设施、交通环境等领域的基础数据融合应用。

（四）构建系统完善的智能汽车法规标准体系

1. 健全法律法规。开展智能汽车“机器驾驶人”认定、责任确认、网络安全、数据管理等法律问题及伦理规范研究，明确相关主体的法律权利、义务和责任等。推动出台规范智能汽车测试、准入、使用、监管等方面的法律法规规范，促进《道路交通安全法》等法律法规修订完善。完善测绘地理信息法律法规。

2. 完善技术标准。构建智能汽车中国标准体系。重点制定车载关键系统、智能汽车基础地图、云控基础平台、安全防护、智能化基础设施等技术标准和规范，以及“人—车—路—云”系统协同的车用无线通信技术标准和设备接口规范。建立智能汽车等级划分及评估准则，制定智能汽车产品认证、运行安全、自动驾驶能力测试标准，完善仿真场景、封闭场地、半开放场地、公共道路测试方法。制定人机控制转换、车路交互、车车交互及事件记录、车辆事故产品缺陷调查等标准。

3. 推动认证认可。建立健全企业自评估、报备和第三方技术检验相结合的认证认可机制，构建覆盖智能汽车全生命周期的综合认证服务体系。开展关键软硬件功能性、可靠性、安全性认证，制定面向不同等级智能汽车的认证规范及规则。推动测试示范区评价能力和体系建设。

（五）构建科学规范的智能汽车产品监管体系

1. 加强车辆产品管理。完善智能汽车生产、准入、销售、检验、登记、召回等管理规定。研究制定智能汽车相关产品安全审核和管理办法。加强智能汽车产品研发、生产制造、进出口等监管，构建质量安全、功能安全防控体系，明确安全责任主体，完善智能汽车道路交通违法违规行为取证和处置、安全事故追溯和责任追究相关规定。明确车用无线通信设备型号核准和进网许可办理流程。完善智能汽车场地测试标准和管理办法，加强公共道路测试审核和监管，推进运行安全和自动驾驶能力测试基地建设。

2. 加强车辆使用管理。颁布智能汽车标识管理办法，强化智能汽车的身份认证、实时跟踪和事件溯源。建立公开透明的智能汽车监管和事故报告机制，完善多方联动、信息共享、实时精准的运行监管体系。加强道路基础设施领域联网通信设备进网许可管理。制定智能汽车软硬件升级更新、售后服务、质量担保、金融保险等领域管理规定，积极推进智能汽车商业化应用。

（六）构建全面高效的智能汽车网络安全体系

1. 完善安全管理联动机制。严格落实国家网络安全法律法规和等级保护，完善智能汽车网络安全管理制度，建立覆盖汽车制造企业、电子零部件供应商、网络运营商、服务提供商等产业链关键环节的安全责任体系，建立风险评估、等级测评、监测预警、应急响应等机制，定期开展网络安全监督检查。

2. 提升网络安全防护能力。搭建多层纵深防御、软硬件结合的安全防护体系，加强车载芯片、操作系统、应用软件等安全可靠性设计，开展车载信息系统、服务平台及关键电子零部件安全检测，强化远程软件更新、监控服务等安全管理。实施统一身份权限认证管理。建立北斗系统抗干扰和防欺骗安全防护体系。按照国家网络安全等级保护相关标准规范，建设智能汽车网络安全态势感知平台，提升应急处置能力。

3. 加强数据安全监督管理。建立覆盖智能汽车数据全生命周期的安全管理机制，明确相关主体的数据安全保护责任和具体要求。实行重要数据分类分级管理，确保用户信息、车辆信息、测绘地理信息等数据安全可控。完善数据安全管理制度，加强监督检查，开展数据风险、数据出境安全等评估。

四、保障措施

（一）加强组织实施

贯彻落实党中央、国务院决策部署，加强统筹协调，推进智能汽车创新发展重大政策、重大任务、重大工程实施，及时解决重大问题。充分发挥国家制造强国建设领导小组车联网产业发展专项委员会等工作机制作用，按照部门职责，落实工作任务，形成发展合力。培育智能汽车创新发展平台等新型市场主体，推动落实战略确定的各项任务。组织相关领域知名专家学者和机构开展咨询服务，加强智力保障。

（二）完善扶持政策

研究制定相关管理标准和规则，出台促进道路交通自动驾驶发展的政策，引导企业规范有序参与智能汽车发展。利用多种资金渠道，支持智能汽车基础共性关键技术研发和产业化、智能交通及智慧城市基础设施重大工程建设等。强化税收金融政策引导，对符合条件的企业按现行税收政策规定享受企业所得税税前加计扣除优惠，落实中小企业和初创企业的财税优惠政策。利用金融租赁等政策工具，重点扶持新业态、新模式发展。

（三）强化人才保障

建立重大项目与人才引进联动机制，加大国际领军人才和骨干人才引进力度。推动汽车与信息通信、互联网等领域人才交流，加快培养复合型专家和科技带头人。深化产教融合，鼓励企业与高等院校合作开设相关专业，协同培养创新型中青年科技人才、工程技术人才、高级技工和管理人才。

（四）深化国际合作

鼓励国内外企业加强产业合作，联合开展基础研究、技术开发和市场化应用。支持国内企业加快国际市场布局，增强海外研发能力。鼓励外资企业积极参与智能汽车产业发展。充分利用多双边合作和高层对话机制，搭建国际产业合作平台。深度参与国际标准、区域标准制定与协调，加强认证认可结果国际互认和采信。积极开展智能汽车法律法规国际交流合作。

（五）优化发展环境

加强产业投资引导，鼓励社会资本重点投向智能汽车关键技术研发等领域，严禁以发展智能汽车为名，新建或扩大汽车整车生产能力。加大质量、安全、环保、反不正当竞争等监管执法力度，规范智能汽车市场秩序。加强知识产权保护，健全技术创新专利保护与标准化互动支撑机制。完善智能汽车领域信用规范，营造诚实守信市场环境。加强智能汽车科普宣传和舆论引导，提高社会认知度。

4. 关于促进消费扩容提质加快形成强大国内市场的实施意见（新能源汽车节选）

发改就业〔2020〕293 号

各省、自治区、直辖市及计划单列市人民政府，新疆生产建设兵团，国务院有关部门：

消费是最终需求，是经济增长的持久动力。为顺应居民消费升级趋势，加快完善促进消费体制机制，进一步改善消费环境，发挥消费基础性作用，助力形成强大国内市场，经国务院同意，现提出以下意见：

一、大力优化国内市场供给

二、重点推进文旅休闲消费提质升级

三、着力建设城乡融合消费网络

（十）加强消费物流基础设施建设。推动电商物流节点与铁路、公路、水运、航空运输网络统筹布局、融合发展，建设一批综合物流中心。完善城市物流配送停靠、装卸等作业设施，优化城市配送车辆通行管理，简化通行证办理流程，推广网上申请办理，对纯电动轻型货车不限行或少限行。完善农村物流基础设施网络，加快特色农产品优势区生产基地、公益性农产品批发市场、区域性商贸物流配送中心、社区菜市场、末端配送网点等建设，加大对农产品分拣、加工、包装、预冷等一体化集配设施建设支持力度。（交通运输部、发展改革委、公安部、住房城乡建设部、农业农村部、商务部、铁路局、民航局按职责分工负责）

四、加快构建“智能＋”消费生态体系

（十三）鼓励使用绿色智能产品。健全绿色产品、服务标准体系和绿色标识认证体系。以绿色产品供给、绿色公交设施建设、节能环保建筑以及相关技术创新等为重点推进绿色消费，创建绿色商场。落实好现行中央财政新能源汽车推广应用补贴政策和基础设施建设奖补政策，推动各地区按规定将地方资金支持范围从购置环节向运营环节转变，重点支持用于城市公交。大力推进“智慧广电”建设，推动居民家庭文化消费升级。加快发展超高清视频、虚拟现实、可穿戴设备等新型信息产品。鼓励企业利用物联网、大数据、云计算、人工智能等技术推动各类电子产品智能化升级。加快完善机动车、家电、消费电子产品等领域回收网络。各地区结合实际制定奖励与强制相结合的消费更新换代政策，鼓励企业开展以旧换新，合理引导消费预期。促进机动车报废更新，加快出台报废机动车回收管理办法实施细则，严格执行报废机动车回收拆解企业技术规范，完善农机报废更新实施指导意见。促进汽车限购向引导使用政策转变，鼓励汽车限购地区适当增加汽车号牌限额。（发展改革委、工业和信息化部、财政部、生态环境部、住房城乡建设部、交通运输部、农业农村部、商务部、市场监管总局、广电总局按职责分工负责）

五、持续提升居民消费能力

六、全面营造放心消费环境

国家发展改革委
中央宣传部
教育部
工业和信息化部
公安部
民政部
财政部
人力资源和社会保障部
自然资源部
生态环境部
住房城乡建设部
交通运输部
农业农村部
商务部
文化和旅游部
卫生健康委
人民银行
海关总署
税务总局
市场监管总局
广电总局
体育总局
证监会
2020 年 2 月 28 日

5. 2020 年工业节能与综合利用工作要点

以习近平新时代中国特色社会主义思想为指导，深入贯彻中央经济工作会议、全国工业和信息化工作会议精神，坚持新发展理念，坚持以供给侧结构性改革为主线，围绕加快建设现代化经济体系和推动高质量发展，立足制造强国、生态文明建设全局，深入实施绿色制造工程，加快绿色技术产品推广，加强节能监察和节能诊断，提高资源能源利用效率，打好工业和通信业污染防治攻坚战，壮大节能环保产业，培育绿色经济新增长点，推动工业绿色高质量发展。全国规模以上单位工业增加值能耗下降 2.8%，单位工业增加值用水量下降 3%，工业固体废物综合利用水平进一步提高。

一、深入实施绿色制造工程。积极利用财政、信贷等手段支持重点项目建设，加大制造业绿色化改造力度。强化绿色制造重大项目监督管理，组织实施好重点项目，培育打造一批绿色制造系统解决方案供应商。加强与国家开发银行、中国农业银行等金融机构合作，进一步落实好绿色信贷政策。发布一批绿色制造系统集成项目典型案例，推广先进经验和典型做法。

二、加快建设绿色制造体系。开发绿色产品，建设绿色工厂和绿色供应链，打造绿色工业园区，发布第五批绿色制造名单。遴选发布一批工业产品绿色设计示范企业。交流宣传绿色产品、绿色工厂、绿色工业园区、绿色供应链创建经验，建立健全“有进有出”的动态管理机制，加强事中事后管理。

三、实施工业节能与绿色标准计划。加快制修订一批节能、节水、资源综合利用、绿色制造标准，完善绿色制造标准体系，督促标准研究项目加快工作进度。实施能效、水效“领跑者”制度，遴选发布2020年度重点行业能效、水效“领跑者”。发布重点行业单位产品取水量指标，并在钢铁、石化化工等重点用水行业开展对标达标活动。

四、开展工业节能监察专项行动。组织实施2020年工业节能监察计划，对炼油、纯碱、轮胎、铝合金、钛合金、糖、啤酒、数据中心等行业3 000家企业实施专项监察，实现“十三五”重点高耗能行业节能监察全覆盖。做好节能监察数据汇总、分析和应用，推动完善工业节能监察体系。

五、推进工业节能诊断服务行动。组织对1万家企业实施节能诊断服务，完善工作机制，推动各地区工业和信息化主管部门加强对节能诊断服务机构的联系指导，加强培训和宣传，分类实施，鼓励行业协会、大型企业、节能技术装备提供商等积极参与，扩大诊断成果运用，鼓励和引导企业加快实施节能技术改造。

六、推广应用先进节能技术产品。研究制定新的变压器能效提升计划，进一步提升重点用能设备能效水平。遴选发布2020年国家工业节能技术装备和“能效之星”产品。加快绿色数据中心建设，推广先进节能与绿色技术产品。组织开展“院士行”“节能服务进企业”、节能宣传周等活动，将先进节能技术工艺引入工业企业。

七、持续加强工业节水。对重点行业、重点地区节水技术实施分类指导，遴选适用于京津冀、长江经济带、黄河流域等重点地区的先进节水技术，开展技术现场交流，加快技术推广应用。

八、落实京津冀工业节水行动计划。加强协同推进工作机制，推动京津冀三地制定实施工业节水相关工作方案。按照《〈京津冀工业节水行动计划〉工作举措及分工》明确的重点任务和时间节点，落实好相关工作。

九、推动新能源汽车动力蓄电池回收利用体系建设。深入开展试点工作，加快探索推广技术经济性强、环境友好的回收利用市场化模式，培育一批动力蓄电池回收利用骨干企业。研究制定《新能源汽车动力蓄电池梯次利用管理办法》，建立梯次利用产品评价机制。依托“新能源汽车国家监测与动力蓄电池回收利用溯源综合管理平台”，健全法规，督促企业加快履行溯源和回收责任。

十、积极推进工业资源综合利用。实施工业资源综合利用“领跑者”行动计划，培育一批行业骨干企业。推进工业资源综合利用基地建设，实施京津冀及周边地区工业资源综合利用产业转型提升计划。推动废石、尾矿综合利用砂石料产业高质量发展，提高绿色砂石供给能力。

十一、开展生产者责任延伸试点。研究制定《汽车产品生产者责任延伸试点实施方案》，探索建立易推广、可复制的汽车产品生产者责任延伸制度实施模式。深化电子电器生产者责任试点，完善建立产品全生命周期生产者责任延伸管理体系。

十二、加快甲醇汽车推广应用。指导山西、陕西、贵州、甘肃等地区加快甲醇汽车市场化推广应用，完善甲醇汽车技术标准体系建设，提升甲醇汽车技术装备水平。

十三、组织好工业和通信业污染防治攻坚战。指导各地区工业和信息化主管部门对上年度落实情况开展评价，督促落实好本年度工业和通信业污染防治攻坚战工作。在重点行业推广一批绿色环保工艺、技术和装备。积极配合有关部门指导京津冀及周边、长三角和汾渭平原等重点地区做好相关攻坚行动，督促指导长江经济带生态环境有关突出问题的整改。建成生态环境保护信息化工程并上线运行。

十四、加强有害物质限制使用。充分发挥电器电子产品有害物质限制使用(中国RoHS)公共服务平台作用，加大政策宣贯实施力度，强化线上线下监管。发布《汽车有害物质可回收利用率管理要求》符合性情况名单，组织开展一致性验证。

十五、壮大绿色制造产业。发布《环保装备制造业(固废处理装备)规范条件》，培育发展污水治理、大气治理、固废处理、环境监测仪器等环保装备制造产业，以及废钢铁、废有色金属、废塑料、废轮胎、废纸、建筑垃圾和废弃电器电子产品等再生资源产业，公告一批规范企业名单，引导和支持生产要素向优势骨干企业集中。深入实施高端智能再制造行动计划，完善再制造产品认定制度，开展2020年度再制造产品认定工作。

十六、加快“十四五”规划研究。深入开展“十四五”工业节能与绿色发展重大问题研究及面向2035的前瞻性、战略性研究，提出进一步推行绿色制造、加快工业绿色发展的总体思路、重点任务和保障措施，研究制定“十四五”工业绿色发展规划，以及区域工业绿色发展评价指导意见。

十七、开展工业低碳行动。研究重点行业碳排放达峰目标和路径，加快工业低碳技术推广应用，推动一批示范项目建设。建立完善工业企业绿色低碳发展报告机制，加强绿色低碳信息披露。组织开展工业领域低碳日活动。参与联合国气候大会有关工作，积极宣传中国工业领域在应对气候变化中的贡献。

十八、推进绿色产业扶贫。支持对口联系县河北省围场满族蒙古族自治县实施绿色产业扶贫项目，开展对接活动，推动县域工业绿色发展。推进与洛宁县、南部县等4个部定点扶贫县开展绿色产业扶贫对接。推动相关贫困地区节能环保产业发展规划落地实施。

十九、深化工业绿色发展国际交流合作。充分利用中欧、中法、中意、中日、中韩等绿色制造交流合作机制开展交流，加强与联合国工业发展组织、联合国开发计划署等国际机构的合作，办好工业绿色发展大会，实施中国高效电机推广等项目，共同促进绿色“一带一路”建设。支持江苏盐城、山东肥城加快中韩绿色工业园区建设，推动开展中德绿色制造培训合作。

二十、加强系统队伍和能力建设。积极利用多种渠道、多种方式，组织开展全系统业务培训和交流，推广先进经验。加强对重点地区和薄弱环节的支持，开展联合调研和联合研究，强化指导和衔接，进一步提升各地区工业节能与绿色发展工作能力和水平。

工业和信息化部

2020年3月23日

6. 2020 年新能源汽车标准化工作要点

2020 年新能源汽车标准化工作，将深入贯彻实施发展新能源汽车的国家战略，秉承创新、融合、开放、合作的理念，持续优化标准体系，加快重点标准研制，深化国际交流合作，发挥标准对技术创新和产业升级的引领作用，支撑我国新能源汽车高质量发展。

一、持续优化标准体系

（一）加强标准顶层设计。以产业规模化发展需求和新技术创新发展为导向，全面梳理电动汽车在研标准项目和未来五年标准规划，加强重要标准的前期调研和效果评价，集中开展国内标准与国际标准法规比对工作，确定分阶段建设目标与关键工作节点，完成新能源汽车领域"十四五"标准体系编制工作。

（二）制定标准工作路径。根据新能源汽车及相关领域的技术发展趋势和产业发展需求，提出新能源汽车标准体系中长期发展目标，编制发布《中国电动汽车标准化工作路线图》第三版，为新能源汽车产业融合可持续发展提供支撑。

二、加快重点标准研制

（一）电动汽车整车领域：完成电动汽车碰撞后安全要求标准的技术审查，开展在用电动汽车安全性能评价方法及测试规程相关标准的预研；完成纯电动汽车能耗与续驶里程、混合动力电动汽车能耗试验方法标准的制定，并履行报批程序；推动纯电动汽车和混合动力电动汽车动力性能试验方法标准的修订立项。

（二）燃料电池汽车领域：加快燃料电池电动汽车加氢枪、加氢口等标准的制定，完成加氢通信协议的标准立项；推动燃料电池电动汽车碰撞后安全要求等整车标准，低温冷起动、能耗与续驶里程、动力性能等整车试验方法标准，以及燃料电池电动汽车发动机、空气压缩机、车载氢系统等关键部件标准的立项。

（三）动力电池领域：开展满足不同需求的动力电池安全试验方法标准的预研，加快动力电池电性能和循环寿命相关标准的立项；开展动力电池规格尺寸等标准修订预研，健全动力电池模块化标准体系；完成动力电池回收利用放电规范和梯次利用产品标识等标准的技术审查，征求梯次利用设计指南和回收服务网点建设规范等标准的意见。

（四）充换电领域：完成传导充电电磁兼容相关标准的审查与报批，征求传导充电安全要求标准的意见，推动充电连接装置通用要求相关标准的修订，开展大电流充电测试验证工作；加快电动汽车无线充电互操作性要求与测试、电磁兼容性等相关标准的制定；完成电动汽车换电安全要求标准的审查与报批。

三、深化国际交流合作

（一）积极参与全球技术法规协调。切实履行联合国世界车辆法规协调论坛（WP.29）框架下法规制定工作组牵头方职责，积极推动电动汽车安全全球技术法规第二阶段工作，深入参与电动汽车与环境、燃料电池汽车工作组框架下相关技术法规的制定与协调。

（二）深入参与国际标准制定。系统跟踪国际标准化组织道路车辆委员会（ISO/TC22）和国际电工委员会电动车辆委员会（IEC/TC69）及其下属工作组的标准制定进展，以电动汽车安全、动力电池、充换电、燃料电池汽车等为重点，组织国内企业、技术机构和专家积极开展专项研究和技术验证，研提国际标准提案并深入参与制定。

（三）广泛开展国际合作交流。依托中欧、中德、中法、中日、APEC 等多双边合作对话机制，加强沟通与协调，深化重点领域的标准合作；把握共建"一带一路"建设机遇，重点加强与东盟、中亚等国家的电动汽车标准化交流，积极推动中国新能源汽车标准"走出去"。

工业和信息化部
2020 年 4 月 16 日

7. 2020 年智能网联汽车标准化工作要点

2020 年是完成智能网联汽车标准体系建设第一阶段目标的收官之年，也是下一阶段工作谋篇布局之年。2020 年智能网联汽车标准化工作，将以推动标准体系与产业需求对接协同、与技术发展相互支撑，建立国标、行标、团标协同配套新型标准体系为重点，促进智能网联汽车技术快速发展和应用，充分发挥标准的引领和规范作用，支撑我国汽车产业转型升级和高质量发展。

一、完成标准体系阶段性建设目标

（一）加快完善智能网联汽车标准体系建设。实现《国家车联网产业标准体系建设指南（智能网联汽车）》第一阶段建设目标，形成能够支撑驾驶辅助及低级别自动驾驶的智能网联汽车标准体系；系统开展国家、行业和团体标准需求调查和分析，进一步优化完善智能网联汽车标准体系，编制汽车网联功能与应用标准化路线图，为实现支撑高级别自动驾驶的标准体系第二阶段建设目标提供基础保障。

（二）建立智能网联汽车标准制定及实施评估机制。根据产业发展情况，针对先进驾驶辅助系统、自动驾驶、信息安全、功能安全、汽车网联功能与应用等技术领域特点，有计划、有重点地部署标准研究与制定工作；强化标准前期预研和关键技术指标验证，提高标准与产业发展的匹配度、黏合度；选择典型企业和产品，开展标准实施效果跟踪评估，实现智能网联汽车标准体系闭环管理与持续完善。

二、推进产品管理和应用示范标准研制

（一）加大智能网联汽车产品管理所需标准的有效供给。适应智能网联汽车商品化进程，加快开展自动驾驶系统通用技术要求、信息安全、功能安全等支撑智能网联汽车产品安全性评估的通用类标准制定；推进模拟仿真、封闭场地和实际道路测试评价类系列标准制定，建立智能网联汽车自动驾驶综合评价能力；完成自动驾驶汽车数据记录系统、测试场景、汽车软件升级等关键标准的立项和编制工作；启动智能网联汽车网联性能测试评价、测试设备和工具、试验室能力评价方法等标准研究，促进提升我国智能网联汽车测试服务能力。

（二）发挥标准对产业重点需求及应用示范的支撑作用。面向无人接驳、无人物流等新型产业模式及港口、园区、停车场等特定场景的应用示范需求，完成所需技术标准的立项研究；加快智能网联汽车自动驾驶功能测试相关标准制定，有力支撑智能网联汽车道路测试及应用示范；持续完善智能网联汽车测试评价标准体系，营造高质量的开发、测试及应用环境，助力智能网联汽车技术应用和商业化进程。

三、加快推进各类急需关键标准出台

（一）统筹开展基础通用类标准制定。做好汽车驾驶自动化分级标准宣贯，完成智能网联汽车术语及定义标准立项及智能泊车功能分级标准预研；根据车用操作系统标准体系规划，完成基础通用标准预研并形成标准草案；梳理智能网联汽车信息分类与代码、数据结构及传输格式、车载计算平台、高性能信息处理单元、车载高速网络等标准需求，并适时启动立项。

（二）加快推进汽车智能化标准制定。完成驾驶员注意力监控系统、商用车车道保持辅助系统等标准制定；加快汽车全景影像监测系统、汽车夜视系统、智能网联汽车自动驾驶系统通用技术要求、自动驾驶功能场地测试方法等标准的立项；开展抬头显示系统、组合驾驶辅助系统、自动驾驶仿真和实际道路测试方法、自动驾驶人机交互系统等标准预研并申请立项；在牵头起草自动驾驶测试场景国际标准同时，启动我国相关标准的制定工作。

（三）协同推动汽车网联化标准制定。完成基于 LTE-V2X 直连通信的车载信息交互系统、汽车信息安全通用技术要求、车载信息交互系统信息安全等标准的审查与报批；推进汽车诊断接口、风险评估、应急响应等相关标准的立项；完成智能网联汽车与移动终端信息交互功能、基于网联通信的安全预警系统等标准预研，启动智能网联汽车数字证书、车用密码等关键信息安全保障标准需求研究；开展 ISO 21434《道路车辆　信息安全工程》和 ISO 20077《道路车辆　网联车辆方法论》系列国际标准转化工作。

（四）加强行业协同和标准联合研究。在车路协同、高精度地图和定位、云平台、试验场地等跨行业交叉领域，强化与相关产业标委会的协同，促进与相关团体标准组织的对接，鼓励通过联合开展标准需求调研、跨行业联合开展标准研究等方式，持续优化完善各类标准化有效供给，满足智能网联汽车前瞻技术研发、跨行业协同创新及应用模式探索等需求。

四、深化国际标准法规交流与合作

（一）加强智能网联汽车国际标准法规协调。履行联合国 WP. 29 自动驾驶与网联车辆工作组、自动驾驶功能要求非正式工作组牵头方职责，以积极贡献的建设性态度，加快推动自动车道保持系统、自动驾驶数据记录系统、信息安全与软件升级等联合国全球技术法规协调进程；积极参与 ISO 层面智能网联汽车国际标准化活动，牵头推动自动驾驶测试场景术语和定义、自动驾驶设计运行范围规范等国际标准制定，共同承担预期功能安全、软件升级工程等关键标准的起草工作。

（二）积极开展与国外相关组织、机构的交流合作。充分发挥骨干单位及行业专家作用，系统开展智能网联汽车国际标准跟踪、协调和转化工作；充分发挥智能网联汽车标准国际专家咨询组的积极作用，与 WP. 29、ISO 等国际组织、主要汽车生产国标准化机构、国际先进汽车制造商及零部件企业等加强沟通交流，为中国智能网联汽车标准体系建设及实施建言献策；依托政府间汽车标准对话合作框架以及汽车领域各类合作机制，加强与欧盟、德国、法国、日本及“一带一路”沿线国家的交流合作，鼓励行业组织、产业联盟参与国际标准化活动，协同推进智能网联汽车技术及产业发展。

工业和信息化部
2020 年 4 月 16 日

8. 关于新能源汽车免征车辆购置税有关政策的公告

财政部　税务总局　工业和信息化部公告 2020 年第 21 号

为支持新能源汽车产业发展，促进汽车消费，现就新能源汽车免征车辆购置税有关政策公告如下：

一、自 2021 年 1 月 1 日—2022 年 12 月 31 日，对购置的新能源汽车免征车辆购置税。免征车辆购置税的新能源汽车是指纯电动汽车、插电式混合动力（含增程式）汽车、燃料电池汽车。

二、免征车辆购置税的新能源汽车，通过工业和信息化部、税务总局发布《免征车辆购置税的新能源汽车车型目录》（以下简称《目录》）实施管理。自《目录》发布之日起，购置列入《目录》的新能源汽车免征车辆购置税；购置时间为机动车销售统一发票（或有效凭证）上注明的日期。

三、对已列入《目录》的新能源汽车，新能源汽车生产企业或进口新能源汽车经销商（以下简称汽车企业）在上传《机动车整车出厂合格证》或进口机动车《车辆电子信息单》（以下简称车辆电子信息）时，在“是否符合免征车辆购置税条件”字段标注“是”（即免税标识）。工业和信息化部对汽车企业上传的车辆电子信息中的免税标识进行审核，并将通过审核的信息传送至税务总局。税务机关依据工业和信息化部审核后的免税标识和机动车统一销售发票（或有效凭证），办理车辆购置税免税手续。

四、汽车企业应当保证车辆电子信息与车辆产品相一致，对因提供虚假信息或资料造成车辆购置税税款流失的，依照《中华人民共和国税收征收管理法》及其实施细则予以处理。

五、从事《目录》管理、免税标识审核和办理免税手续的工作人员履行职责时，存在滥用职权、玩忽职守、徇私舞弊等违法违纪行为的，按照《中华人民共和国公务员法》《中华人民共和国监察法》等国家有关规定追究相应责任；涉嫌犯罪的，移送司法机关处理。

六、本公告自 2021 年 1 月 1 日起施行。2020 年 12 月 31 日前已列入《目录》的新能源汽车免征车辆购置税政策继续有效。

财政部
税务总局
工业和信息化部
2020 年 4 月 16 日

9. 关于完善新能源汽车推广应用财政补贴政策的通知

财建〔2020〕86 号

各省、自治区、直辖市、计划单列市财政厅（局）、工业和信息化主管部门、科技厅（局、科委）、发展改革委：

为支持新能源汽车产业高质量发展，做好新能源汽车推广应用工作，促进新能源汽车消费，现将新能源汽车推广应用财政补贴政策有关事项通知如下。

一、延长补贴期限，平缓补贴退坡力度和节奏

综合技术进步、规模效应等因素，将新能源汽车推广应用财政补贴政策实施期限延长至2022年底。平缓补贴退坡力度和节奏，原则上2020—2022年补贴标准分别在上一年基础上退坡10%、20%、30%（2020年补贴标准见附件）。为加快公共交通等领域汽车电动化，城市公交、道路客运、出租（含网约车）、环卫、城市物流配送、邮政快递、民航机场以及党政机关公务领域符合要求的车辆，2020年补贴标准不退坡，2021—2022年补贴标准分别在上一年基础上退坡10%、20%。原则上每年补贴规模上限约200万辆。

二、适当优化技术指标，促进产业做优做强

2020年，保持动力电池系统能量密度等技术指标不作调整，适度提高新能源汽车整车能耗、纯电动乘用车纯电续驶里程门槛（具体技术要求见附件）。2021—2022年，原则上保持技术指标总体稳定。支持“车电分离”等新型商业模式发展，鼓励企业进一步提升整车安全性、可靠性，研发生产具有先进底层操作系统、电子电气系统架构和智能化网联化特征的新能源汽车产品。

三、完善资金清算制度，提高补贴精度

从2020年起，新能源乘用车、商用车企业单次申报清算车辆数量应分别达到10 000辆、1 000辆；补贴政策结束后，对未达到清算车辆数量要求的企业，将安排最终清算。新能源乘用车补贴前售价须在30万元以下（含30万元），为鼓励“换电”新型商业模式发展，加快新能源汽车推广，“换电模式”车辆不受此规定。

四、调整补贴方式，开展燃料电池汽车示范应用

将当前对燃料电池汽车的购置补贴，调整为选择有基础、有积极性、有特色的城市或区域，重点围绕关键零部件的技术攻关和产业化应用开展示范，中央财政将采取“以奖代补”方式对示范城市给予奖励（有关通知另行发布）。争取通过4年左右时间，建立氢能和燃料电池汽车产业链，关键核心技术取得突破，形成布局合理、协同发展的良好局面。

五、强化资金监管，确保资金安全

地方新能源汽车推广牵头部门应会同其他相关部门强化管理，要把补贴核查结果同步公示，接受社会监督，对未按要求审核公示的上报资料不予受理。切实发挥信息化监管作用，对于数据弄虚作假的，经查实一律取消补贴。对监管不严、造成骗补等问题的地方和企业按规定严肃处理。

六、完善配套政策措施，营造良好发展环境

根据资源优势、产业基础等条件合理制定新能源汽车产业发展规划，强化规划的严肃性，确保规划落实。加大新能源汽车政府采购力度，机要通信等公务用车除特殊地理环境等因素外原则上采购新能源汽车，优先采购提供新能源汽车的租赁服务。推动落实新能源汽车免限购、免限行、路权等支持政策，加大柴油货车治理力度，提高新能源汽车使用优势。

本通知从2020年4月23日起实施，2020年4月23日—2020年7月22日为过渡期。过渡期期间，符合2019年技术指标要求但不符合2020年技术指标要求的销售上牌车辆，按照《关于进一步完善新能源汽车推广应用财政补贴政策的通知》（财建〔2019〕138号）对应标准的0.5倍补贴，符合2020年技术指标要求的销售上牌车辆按2020年标准补贴。补贴车辆限价规定过渡期后开始执行。2019年6月26日—2020年4月22日推广的燃料电池汽车按照财建〔2019〕138号规定的过渡期补贴标准执行。

其他相关规定继续按《关于2016—2020年新能源汽车推广应用财政支持政策的通知》（财建〔2015〕134号）、《关于新能源汽车推广应用审批责任有关事项的通知》（财建〔2016〕877号）、《关于调整新能源汽车推广应用财政补贴政策的通知》（财建〔2016〕958号）、《关于调整完善新能源汽车推广应用财政补贴政策的通知》（财建〔2018〕18号）、《关于进一步完善新能源汽车推广应用财政补贴政策的通知》（财建〔2019〕138号）、《关于支持新能源公交车推广应用的通知》（财建〔2019〕213号）等有关文件执行。

附件：2020年新能源汽车推广补贴方案及产品技术要求

财政部
工业和信息化部
科技部
发展改革委
2020年4月23日

附件　2020年新能源汽车推广补贴方案及产品技术要求

一、新能源乘用车补贴标准和技术要求

（一）新能源乘用车补贴标准

车辆类型	纯电动续驶里程R（工况法、公里）		
纯电动乘用车	$300\leq R<400$	$R\geq400$	$R\geq50$
	1.62	2.25	/
插电式混合动力乘用车（含增程式）	/		0.85

1. 纯电动乘用车单车补贴金额 = Min（里程补贴标准，车辆带电量×500）}×电池系统能量密度调整系数×车辆能耗调整系数
2. 对于非私人购买或用于营运的新能源乘用车，按照相应补贴金额的0.7倍给予补贴
3. 补贴前售价应在30万元以下（以机动车销售统一发票、企业官方指导价等为参考依据“换电模式”除外）

（二）新能源乘用车技术要求

1. 纯电动乘用车工况法续驶里程不低于300 km。

2. 根据纯电动乘用车能耗水平设置调整系数。按整车整备质量（m）不同，工况条件下百公里耗电量（Y）应满足以下门槛条件：当$m\leq1\,000$时，$Y=0.0112\times m+0.4$；$1\,000<m\leq1\,600$时，$Y=0.0078\times m+3.8$；$m>1\,600$时，$Y=0.004\,4\times m+9.24$。

比门槛提高0%（含）～10%的车型按0.8倍补贴，提高10%（含）～25%的车型按1倍补贴，提高25%（含）以上的车型按1.1倍补贴。

3. 纯电动乘用车30 min最高车速、纯电动乘用车动力电池系统的质量能量密度、插电式混合动力乘用车能耗等指标要求和相应的补贴系数见《关于进一步完善新能源汽车推广应用财政补贴政策的通知》（财建〔2019〕138号）。

二、新能源客车补贴标准和技术要求

(一)新能源客车补贴标准

车辆类型	中央财政补贴标准(元/kWh)	中央财政补贴调整系数			中央财政单车补贴上限(万元)		
					6<L≤8 m	8<L≤10 m	L>10 m
非快充类纯电动客车	500	单位载质量能量消耗量[Wh/(km·kg)]			2.5	5.5	9
		0.18(含)~0.17	0.17(含)~0.15	0.15及以下			
		0.8	0.9	1			
快充类纯电动客车	900	快充倍率			2	4	6.5
		3C~5C(含)	5C~15C(含)	15C以上			
		0.8	0.9	1			
插电式混合动力(含增程式)客车	600	节油率水平			1	2	3.8
		60%~65%(含)	65%~70%(含)	70%以上			
		0.8	0.9	1			

注:单车补贴金额=Min(车辆带电量×单位电量补贴标准;单车补贴上限)×调整系数(单位载质量能量消耗量系数、快充倍率系数、节油率系数)

(二)新能源客车技术要求

1. 非快充类纯电动客车单位载质量能量消耗量(E_{kg})不高于0.18 Wh/(km·kg)。

2. 电池系统能量密度等其他技术指标要求见财建〔2019〕138号文件。

三、新能源货车补贴标准和技术要求

(一)新能源货车补贴标准

车辆类型	中央财政补贴标准(元/kWh)	中央财政单车补贴上限(万元)		
		N1类	N2类	N3类
纯电动货车	315	1.8	3.5	5
插电式混合动力(含增程式)货车	450	—	2	3.15

根据GB/T 15089—2001,N1类指最大设计总质量不超过3 500 kg的载货汽车;N2类指最大设计总质量超过3 500 kg,但不超过12 000 kg的载货汽车;N3类指最大设计总质量超过12 000 kg的载货汽车

(二)新能源货车技术要求

1. 非快充类纯电动客车单位载质量能量消耗量(E_{kg})不高于0.18 Wh/(km·kg)。

2. 电池系统能量密度等其他技术指标要求见财建〔2019〕138号文件。

3. 纯电动货车单位载质量能量消耗量(E_{kg})不高于0.29 Wh/(km·kg)。

10. 关于稳定和扩大汽车消费若干措施的通知

发改产业〔2020〕684号

各省、自治区、直辖市人民政府,新疆生产建设兵团,国务院有关部门:

为稳定和扩大汽车消费,促进经济社会平稳运行,经国务院同意,现就有关事项通知如下。

一、调整国六排放标准实施有关要求。轻型汽车(总质量不超过3.5 t)国六排放标准颗粒物数量限值生产过渡期截止时间,由2020年7月1日前调整为2021年1月1日前;2020年7月1日前生产、进口的国五排放标准轻型汽车,2021年1月1日前允许在目前尚未实施国六排放标准的地区销售和注册登记。未经批准,各地不得提前实施国家确定的汽车排放标准。(生态环境部、工业和信息化部、公安部、地方各级人民政府负责)

二、完善新能源汽车购置相关财税支持政策。将新能源汽车购置补贴政策延续至2022年底,并平缓2020—2022年补贴退坡力度和节奏,加快补贴资金清算速度。加快推动新能源汽车在城市公共交通等领域推广应用。将新能源汽车免征车辆购置税的优惠政策延续至2022年底。(财政部牵头,工业和信息化部、科技部、发展改革委、税务总局等参与)

三、加快淘汰报废老旧柴油货车。支持京津冀及周边地区、汾渭平原等重点地区提前淘汰国三及以下排放标准的营运柴油货车,中央财政统筹车辆购置税等现有资金渠道,通过"以奖代补"方式,支持引导重点地区完成淘汰100万辆的目标任务。有关重点地区要认真落实《打赢蓝天保卫战三年行动计划》,尽快研究出台淘汰报废老旧柴油货车经济补偿措施。(交通运输部、生态环境部、财政部、商务部、公安部、有关省市人民政府负责)

四、畅通二手车流通交易。优化车辆交易登记等制度,落实全面取消二手车限迁政策,扩大二手车出口业务,修订出台《二手车流通管理办法》,发挥汽车维修电子档案系统作用,支撑二手车交易,加快二手车流通,带动新车消费。加强二手车行业管理,规范二手车经销企业行为,自2020年5月1日—2023年底,对二手车经销企业销售旧车,减按销售额的0.5%征收增值税。(商务部、公安部、生态环境部、财政部、交通运输部、税务总局、地方各级人民政府负责)

五、用好汽车消费金融。鼓励金融机构积极开展汽车消费信贷等金融业务,通过适当下调首付比例和贷款利率、延长还款期限等方式,加大对汽车个人消费信贷支持力度,持续释放汽车消费潜力。(人民银行、银保监会、地方各级人民政府负责)

各地区、各有关部门要切实加强组织领导,明确责任分工,积极主动履职,按照本通知要求扎实做好各项工作,积极

营造有利于汽车消费的市场环境。

国家发展改革委
科技部
工业和信息化部
公安部
财政部
生态环境部
交通运输部
商务部
人民银行
税务总局
银保监会
2020 年 4 月 28 日

11. 关于实施电动汽车强制性国家标准的通知

装备中心〔2020〕225 号

各车辆生产企业及检测机构：

为进一步推动新能源产业技术进步，促进新能源汽车行业整体安全水平提升，平稳有序的贯彻落实国家强制性标准，经请示工业和信息化部同意，在《公告》产品准入管理中提前实施《电动汽车安全要求》《电动客车安全要求》《电动汽车用动力蓄电池安全要求》三项强制性国家标准。即在标准实施日期 2021 年 1 月 1 日之前，允许企业根据自身情况提前执行以上强制性国家标准。具体要求如下。

一、2021 年 1 月 1 日前，《公告》管理中 GB 18384—2020《电动汽车安全要求》、GB 38031—2020《电动汽车用动力蓄电池安全要求》、GB 38032—2020《电动客车安全要求》与《新能源汽车生产企业及产品准入管理规定》（第 39 号部令）中相关新能源汽车产品专项检验项目依据标准并行。企业申请产品准入时，可依据以上三项电动汽车强制性标准进行检验检测，相关检验检测报告做为产品准入的依据。

二、在并行期间，实施以上三项电动汽车强制性标准时，应分别按照标准规定的替代关系执行，即：

1. GB 18384—2020《电动汽车安全要求》代替 GB/T 18384.1—2015《电动汽车 安全要求　第 1 部分：车载可充电储能系统（RESS）》、GB/T 18384.2—2015《电动汽车 安全要求　第 2 部分：操作安全和故障防护》、GB/T 18384.3—2015《电动汽车 安全要求　第 3 部分：人员触电防护》三项标准。

2. GB 38031—2020《电动汽车用动力蓄电池安全要求》代替 GB/T 31485—2015《电动汽车用动力蓄电池安全要求及试验方法》、GB/T 31467.3—2015《电动汽车用锂离子动力蓄电池包和系统　第 3 部分：安全性要求与测试方法》两项标准。同时，不再执行装备中心〔2019〕869 号《关于实施〈电动汽车用动力蓄电池系统热扩散乘员保护测试规范（试行）〉有关事项的通知》的文件要求。

3. GB 38032—2020《电动客车安全要求》代替《电动客车安全技术条件》（工信部装〔2016〕377 号《关于进一步做好新能源汽车推广应用安全监管工作的通知》），考虑到 GB 38032—2020《电动客车安全要求》不适用于燃料电池电动客车，现阶段燃料电池电动客车仍参照执行原《电动客车安全技术条件》。

三、2021 年 1 月 1 日起，以上三项电动汽车强制性国家标准正式实施，并替代相关新能源汽车产品专项检验项目依据标准以及《关于实施〈电动汽车用动力蓄电池系统热扩散乘员保护测试规范（试行）〉有关事项的通知》（装备中心〔2019〕869 号）的文件要求。

四、相关检测机构应尽快健全完善检验检测能力，完成检测资质认定和相关备案工作，为提前实施上述电动汽车强制性国家标准做好准备。

工业和信息化部装备工业发展中心
2020 年 5 月 29 日

12. 关于开展新能源汽车安全隐患排查工作的通知

装备中心〔2020〕225 号

各有关新能源汽车生产企业：

为进一步提高新能源汽车安全运行水平，推动新能源汽车安全标准规范建设，促进产业安全健康发展，保障社会公共安全和人民生命财产安全，受工业和信息化部委托，依据《道路机动车辆生产企业及产品准入管理办法》（工业和信息化部令　第 50 号）和《新能源汽车生产企业及产品准入管理规定》（工业和信息化部令　第 39 号）等有关规定，请各新能源汽车生产企业及动力电池供应商对生产的新能源汽车开展安全隐患排查工作，具体事项通知如下。

一、工作要求

（一）车辆安全排查

重点对已售车辆、库存车辆的防水保护、高压线束、车辆碰撞、车载动力电池、车载充电装置、电池箱、机械部件和易损件开展安全隐患排查工作，并根据车辆实际情况，采取有效技术手段，降低车辆起火风险。

1. 对于出租车、网约车、物流车、公交车等高使用强度的运营类车辆，应按照行驶里程和监测平台数据分析结果设定排查比例。行驶 10 万 km 以下的排查比例不低于 5%，行驶 10 万 ~20 万 km 的排查比例不低于 10%，行驶 20 万 km 以上的不低于 20%。

2. 对于私家车，生产企业应明确告知用户，车辆触发何种条件时应回店检修。触发条件应包括：车辆正常行驶里程或使用年限间隔，车辆发生碰撞、泡水等意外情况，车辆仪表出现严重故障报警信号（如电池、过压、过温、绝缘过低，充电插座过温）。生产企业通过监测数据发现车辆达到上述触发条件时，应及时通过电话、短信、车辆报警等方式提醒用户回店检查维护。生产企业应将上述触发条件、通知方式及记录、回店检修项目等列入年度报告，存档备查。

3. 对于监测平台出现 3 级报警故障、动力电池故障较多、6 个月及以上未行驶或收到风险提示的车辆应进行 100% 排查。

4. 企业应对各地区售后服务机构，包括但不限于专用维修设备工具配备及绝缘防护、技术人员维修及防护能力等进行排查，对存在问题的，应积极整改。

车辆生产企业应联合动力电池供应商共同开展动力电池的检查，检查内容应包括动力电池的常规性检查和延伸性检查。其中，外观检查和软件诊断为常规性检查，气密性检查和开箱检查及更换零件为延伸性检查。常规检查过程中发现问题的，再进行延伸检查。如通过外观检查，发现有电池箱碰撞、变形、过水等事故；通过软件诊断，发现温度、绝缘性能存在异常时，应进行气密性检查和开箱检查。延伸检查条件可由车企和电池企业自行商定，但需要在排查方案中明确。

（二）企业监测平台自查

1. 企业应当检查安全监测系统功能是否符合国家标准要求，是否及时反馈车辆安全信息，通过平台实时监测关键系统运行参数，及早发现安全隐患并启动预警机制，对发现的整车及动力电池等关键系统运行状态异常、存在安全隐患的车辆，及时采取有效措施解决问题。

2. 企业应采取有效技术手段，优化与各方交互机制、夯实数据基础，为安全隐患排查、事故调查等常态化安全监管工作提供可靠的信息支撑；同时，在平台有关测试方法、流程、数据校验机制等方面加强技术交流与沟通，积极强化各项功能，不断提升监测平台应用水平。

3. 企业监测平台应当落实 7×24 h 全天值班制度，设置故障处理联系人。对出现 3 级故障报警的车辆，应及时通知用户采取措施消除安全隐患并将处理结果在 1 日内反馈地方和国家监管平台。对 1 日内连续出现多次 3 级故障报警的车辆，应安排开展安全检查，并将处理结果于 5 日内反馈地方和国家监管平台。

4. 企业应当确保监测平台持续符合国家相关标准要求，及时处理相关预警信息。严格按照应急处理机制和应急处理预案妥善处置突发事件。跟踪记录新能源汽车的维护、维修情况，并对新能源汽车产品的技术状况、故障及主要问题等运行情况进行分析、总结，编写年度报告。

装备中心将联合有关单位，组织开展监测平台效能评估检查，掌握监测平台的实际运行情况，督促生产企业严格按照国家标准要求建设使用监测平台。

二、排查情况上报

新能源汽车生产企业应于 2020 年 10 月底前完成新能源汽车安全隐患排查工作，形成书面报告，如实向装备中心报送安全隐患排查的组织情况、实施情况、运营主体配合情况、存在问题及问题处理情况等内容，填写《新能源汽车安全排查统计表》。

三、新能源汽车起火燃烧事故调查

企业应承担新能源汽车安全第一责任，应建立并长期保持由研发、生产、售后、质量、监测等部门组成的安全分析和事故调查小组，由企业主管新能源和产品安全的领导担任调查小组负责人。

对发生火灾事故的，企业应及时上报地方新能源汽车工作联席会议牵头部门和装备中心，并主动开展事故调查，具体要求如下：

（一）生产企业应在 24 h 内（如造成人员死亡或重大社会影响的，应在 12 h 内）将事故的基本信息上报。

（二）生产企业应在 5 日内将事故详细信息上报，包括车辆唯一性特征信息（整车/电机/电池包的生产日期、型号、编号等）；现场记录（视频照片等）；失火前和失火时的描述（车主、后台监控、物业、其他目击者等）；救援灭火过程（及相关记录）；车辆使用维护信息（维护、保养、维修）；企业监测平台事故车辆事故当天以及前 3 个月监测数据等。

（三）生产企业应在 15 日内按要求上传事故全面分析技术报告。分析报告应包括以下几个方面：一是事故详细信息及处理情况介绍；二是事故车辆基本情况；三是事故车辆使用及售后服务信息；四是该车型动力电池、模组、pack 相关技术介绍；五是事故车辆的勘验及分析；六是企业平台数据分析；七是事故原因及改进措施。

装备中心将持续关注新能源汽车起火、燃烧等安全事故，并根据事故的严重程度，联合相关单位成立调查组，开展事故调查工作，并将结果上报工业和信息化部。

企业应按规定上报安全隐患排查报告和新能源汽车安全事故信息，对存在隐瞒不报、不按规定要求上报和不配合开展事故调查工作等行为的，装备中心将报请工业和信息化部进行处理。

新能源汽车安全隐患排查及事故上报系统网址为：http://app.miit-eidc.org.cn/gxapp/gx/bulletin/supvis/login

工业和信息化部装备工业发展中心

2020 年 6 月 8 日

13. 关于修改《乘用车企业平均燃料消耗量与新能源汽车积分并行管理办法》的决定

中华人民共和国工业和信息化部　财政部　商务部

海关总署　国家市场监督管理总局令　第 53 号

《关于修改〈乘用车企业平均燃料消耗量与新能源汽车积分并行管理办法〉的决定》已经 2020 年 4 月 23 日工业和信息化部第 15 次部务会议审议通过，并经财政部、商务部、海关总署、国家市场监督管理总局审议同意，现予公布，自 2021 年 1 月 1 日起施行。

工业和信息化部部长　苗　圩

财政部部长　刘　昆

商务部部长　钟　山

海关总署署长　倪岳峰

国家市场监督管理总局局长　肖亚庆

2020 年 6 月 15 日

关于修改《乘用车企业平均燃料消耗量与新能源汽车积分并行管理办法》的决定

为了适应我国节能与新能源汽车产业发展的需要，工业和信息化部等有关部门决定对《乘用车企业平均燃料消耗量与新能源汽车积分并行管理办法》作如下修改。

一、将第四条第三款修改为："本办法所称传统能源乘用车，是指除新能源乘用车以外的，能够燃用汽油、柴油、气体燃料或者醇醚燃料等的乘用车（含非插电式混合动力乘用车）。"增加一款作为第四条第四款："本办法所称低油耗乘用车，是指综合燃料消耗量不超过《乘用车燃料消耗量评价方法及指标》（GB 27999）中对应的车型燃料消耗量目标值与该核算年度的企业平均燃料消耗量要求之积（计算结果按四舍五入原则保留两位小数）的传统能源乘用车。"

二、将第十二条第一款修改为:对核算年度生产量2 000 辆以下并且生产、研发和运营保持独立的境内乘用车生产企业,进口量2 000 辆以下的获境外乘用车生产企业授权的进口乘用车供应企业,放宽其企业平均燃料消耗量积分的达标要求:

(一)2016 年度至 2020 年度,企业平均燃料消耗量较上一年度下降6% 以上的,其达标值在《乘用车燃料消耗量评价方法及指标》规定的企业平均燃料消耗量要求基础上放宽60%;下降 3% 以上不满 6% 的,其达标值放宽 30%;

(二)2021 年度至 2023 年度,企业平均燃料消耗量较上一年度下降达到 4% 以上的,其达标值在《乘用车燃料消耗量评价方法及指标》规定的企业平均燃料消耗量要求基础上放宽 60%;下降 2% 以上不满 4% 的,其达标值放宽 30%;

(三)2024 年度及以后年度的核算要求,由工业和信息化部另行公布。

三、第十六条增加一款作为第二款,传统能源乘用车中低油耗乘用车的生产量或者进口量按照以下规定计算:

(一)2021 年度、2022 年度、2023 年度,低油耗乘用车的生产量或者进口量分别按照其数量的 0.5 倍、0.3 倍、0.2 倍计算;

(二)2024 年度及以后年度的低油耗乘用车生产量或者进口量计算倍数,由工业和信息化部另行公布。

四、将第十七条第二款修改为:2019 年度、2020 年度、2021 年度、2022 年度、2023 年度的新能源汽车积分比例要求分别为 10%、12%、14%、16%、18%。2024 年度及以后年度的新能源汽车积分比例要求,由工业和信息化部另行公布。

五、将第二十二条第二款修改为:乘用车企业新能源汽车正积分可以依据本办法自由交易,并按照下列规定结转,结转有效期不超过三年:

(一)2019 年度的新能源汽车正积分可以等额结转一年;

(二)2020 年度的新能源汽车正积分,每结转一次,结转比例为 50%;

(三)2021 年度及以后年度乘用车企业平均燃料消耗量实际值(仅核算传统能源乘用车)与达标值的比值不高于123% 的,允许其当年度产生的新能源汽车正积分结转,每结转一次,结转比例为 50%。只生产或者进口新能源汽车的乘用车企业产生的新能源汽车正积分按照 50% 的比例结转。

增加一款作为第二十二条第四款:工业和信息化部可以根据汽车行业发展情况决定延长抵偿期限和调整 2020 年度新能源汽车正积分结转比例。

六、将第二十三条修改为:具有下列关系之一的乘用车企业,属于本办法第二十二条第一款规定的关联企业:

(一)境内乘用车生产企业与其直接或者间接持股总和达到 25% 以上的其他境内乘用车生产企业;

(二)同为第三方直接或者间接持股总和达到 25% 以上的境内乘用车生产企业;

(三)获境外乘用车生产企业授权的进口乘用车供应企业,与该境外乘用车生产企业直接或者间接持股总和达到 25% 以上的境内乘用车生产企业,以及直接或者间接对该境外乘用车生产企业持股总和达到 25% 以上的境内乘用车生产企业。

七、将第二十七条修改为:乘用车企业的新能源汽车负积分,应当通过新能源汽车正积分抵偿归零。

八、增加一款作为第二十八条第二款:工业和信息化部可以根据汽车行业发展情况,决定乘用车企业使用 2021 年度产生的新能源汽车正积分对 2020 年度产生的新能源汽车负积分进行抵偿。

九、将第三条、第二十一条、第三十一条、第三十二条中的“质检总局”修改为“市场监管总局”。

十、将第三十二条第五款修改为:市场监管总局负责对获得强制性产品认证的进口新能源乘用车参数、进口乘用车燃料消耗量等进行核查。

十一、将附件 2《新能源乘用车车型积分计算方法》修改为:

新能源乘用车车型积分计算方法

车辆类型	标准车型积分	备　注
纯电动乘用车	$0.0056 \times R + 0.4$	(1)R 为电动汽车续驶里程(工况法),单位为 km。 (2)P 为燃料电池系统额定功率,单位为 kW。 (3)当 $R > 100$ 时,标准车型积分为 0 分;$100 \leq R < 150$ 时,标准车型积分为 1 分。 (4)纯电动乘用车标准车型积分上限为 3.4 分,燃料电池乘用车标准车型积分上限为 6 分。 (5)车型积分计算结果按四舍五入原则保留两位小数
插电式混合动力乘用车	1.6	
燃料电池乘用车	$0.08 \times P$	

1. 纯电动乘用车积分相关要求

纯电动乘用车车型积分 = 标准车型积分 × 续驶里程调整系数 × 能量密度调整系数 × 电耗调整系数。

(1)当 $100 \leq R < 150$ 时,续驶里程调整系数为 0.7;当 $150 \leq R < 200$ 时,续驶里程调整系数为 0.8;当 $200 \leq R < 300$ 时,续驶里程调整系数为 0.9;当 $300 \leq R$ 时,续驶里程调整系数为 1。

(2)当纯电动乘用车动力电池系统的质量能量密度 <90 Wh/kg 时,能量密度调整系数为 0;当 90 Wh/kg≤质量能量密度 <105 Wh/kg 时,能量密度调整系数为 0.8,当 105 Wh/kg≤质量能量密度 <125 Wh/kg 时,能量密度调整系数为 0.9,125 Wh/kg≤质量能量密度,能量密度调整系数为 1。

(3)纯电动乘用车 30 min 最高车速不低于 100 km/h。按整备质量(m,kg)不同,设定纯电动乘用车电能消耗量目标值(Y)。车型电能消耗量(kWh /100 km,工况法)满足电能消耗量目标值的,电耗调整系数(EC 系数)为车型电能消耗量目标值除以电能消耗量实际值(计算结果按四舍五入原则保留两位小数,上限为 1.5 倍);其余车型 EC 系数按 0.5 倍计算,并且积分仅限本企业使用。纯电动乘用车电能消耗量目标值:$m \leq 1\,000$ 时,$Y \leq 0.0112 \times m + 0.4$;$1\,000 < m \leq Y1\,600$ 时,$Y \leq 0.0078 \times m + 3.8$;$m > Y1\,600$ 时,$Y \leq 0.0044 \times m + 9.4$。

2. 插电式混合动力乘用车应符合《插电式混合动力电动乘用车 技术条件》(GB/T 32694)要求。车型电量保持模式试验的燃料消耗量(不含电能转化的燃料消耗量)与《乘用车燃料消耗量限值》(GB 19578)中车型对应的燃料消耗量限值相比应当小于 70%;其电量消耗模式试验的电能消耗量应小于前款纯电动乘用车电能消耗量目标值的 135%。无法同时满足以上两项指标的车型按照标准车型积分的 0.5 倍计算,并且积分仅限本企业使用。

3. 燃料电池乘用车续驶里程不低于 300 km,当 P 不低于驱动电机额定功率的 30% 且不小于 10 kW 时,车型积分按照标准车型积分的 1 倍计算;其余车型积分按照标准车型积分的 0.5 倍计算,并且积分仅限本企业使用。

注:2021 年 1 月 1 日之前获得型式批准并且满足 GB/T 32694—2016 要求的插电式混合动力乘用车,在 2023 年 1 月 1 日之前可以获得 1.6 分的标准车型积分,具体积分倍数按照上述第 2 条中插电式混合动力乘用车要求执行;

在核算乘用车企业新能源汽车积分实际值时,同一车型在核算年度有多个新能源乘用车车型积分的,按照不同的积分分开计算此外,对个别文字作相应修改。

本决定自2021年1月1日起施行。《乘用车企业平均燃料消耗量与新能源汽车积分并行管理办法》(工业和信息化部　财政部　商务部　海关总署　质检总局令第44号)根据本决定作相应修改,重新公布。

14. 乘用车企业平均燃料消耗量与新能源汽车积分并行管理办法

(2017年9月27日,工业和信息化部　财政部　商务部　海关总署　质检总局令第44号公布,根据2020年6月15日工业和信息化部　财政部　商务部　海关总署　国家市场监督管理总局令第53号公布的《关于修改〈乘用车企业平均燃料消耗量与新能源汽车积分并行管理办法〉的决定》修订。)

第一章　总　　则

第一条　为了提升乘用车节能水平,缓解能源和环境压力,建立节能与新能源汽车管理长效机制,促进汽车产业健康发展,根据《中华人民共和国节约能源法》等规定,制定本办法。

第二条　中华人民共和国境内的乘用车企业平均燃料消耗量与新能源汽车积分管理,适用本办法。

第三条　工业和信息化部会同财政部、商务部、海关总署、市场监管总局实施乘用车企业平均燃料消耗量与新能源汽车积分管理。

第四条　本办法所称乘用车,是指《汽车和挂车类型的术语和定义》(GB/T 3730.1—2001)第2.1.1.1款至第2.1.1.10款规定的、最大设计总质量不超过3 500 kg的车辆,包括新能源乘用车和传统能源乘用车。

本办法所称新能源乘用车,是指采用新型动力系统,完全或者主要依靠新型能源驱动的乘用车,包括插电式混合动力(含增程式)乘用车、纯电动乘用车和燃料电池乘用车等。

本办法所称传统能源乘用车,是指除新能源乘用车以外的,能够燃用汽油、柴油、气体燃料或者醇醚燃料等的乘用车(含非插电式混合动力乘用车)。

本办法所称低油耗乘用车,是指综合燃料消耗量不超过《乘用车燃料消耗量评价方法及指标》(GB 27999)中对应的车型燃料消耗量目标值与该核算年度的企业平均燃料消耗量要求之积(计算结果按四舍五入原则保留两位小数)的传统能源乘用车。

第五条　乘用车企业包括中华人民共和国境内乘用车生产企业、进口乘用车供应企业。

本办法所称境内乘用车生产企业,是指取得工业和信息化部乘用车生产企业准入并获得强制性产品认证的乘用车企业。

本办法所称进口乘用车供应企业,是指从中华人民共和国境外进口并在境内销售获得强制性产品认证的乘用车的企业,包括获境外乘用车生产企业授权的进口乘用车供应企业和未获授权的进口乘用车供应企业。

第六条　工业和信息化部建立汽车燃料消耗量与新能源汽车积分管理平台,统筹推进企业平均燃料消耗量与新能源汽车积分公示、转让、交易等工作。

乘用车企业应当按照工业和信息化部的要求(见附件1),报送其生产、进口的乘用车燃料消耗量和新能源乘用车相关数据;通过汽车燃料消耗量与新能源汽车积分管理平台,开展积分转让或者交易。

第二章　乘用车企业平均燃料消耗量积分核算

第七条　境内各乘用车生产企业和各进口乘用车供应企业,是乘用车企业平均燃料消耗量积分的核算主体,单独实施核算。

第八条　乘用车企业平均燃料消耗量积分,为该企业平均燃料消耗量的达标值和实际值之间的差额,与其乘用车生产量或者进口量的乘积(计算结果按四舍五入原则保留整数)。

实际值低于达标值产生正积分,高于达标值产生负积分。

第九条　乘用车企业平均燃料消耗量达标值,是指该企业平均燃料消耗量目标值与该核算年度的企业平均燃料消耗量要求的乘积(计算结果按四舍五入原则保留两位小数)。

乘用车企业平均燃料消耗量目标值,按照《乘用车燃料消耗量评价方法及指标》第5.2款计算(计算结果按四舍五入原则保留两位小数)。同一车型在核算年度有多个不同的燃料消耗量目标值的,按照不同的目标值分开计算。

核算年度的企业平均燃料消耗量要求,是指《乘用车燃料消耗量评价方法及指标》第5.3款规定的相关比值。

第十条　乘用车企业平均燃料消耗量实际值,按照《乘用车燃料消耗量评价方法及指标》第5.1款计算(计算结果按四舍五入原则保留两位小数)。同一车型在核算年度有多个不同的燃料消耗量的,按照不同的燃料消耗量分开计算。

第十一条　境内乘用车生产企业的乘用车生产量,按照该企业在核算年度内生产的、用于境内销售的乘用车实际产量核算。

进口乘用车供应企业的乘用车进口量,按照该企业在核算年度进口用于境内销售的、获得强制性产品认证并经出入境检验检疫机构检验的乘用车数量核算。

第十二条　对核算年度生产量2 000辆以下并且生产、研发和运营保持独立的境内乘用车生产企业,进口量2 000辆以下的获境外乘用车生产企业授权的进口乘用车供应企业,放宽其企业平均燃料消耗量积分的达标要求:

(一)2016年度至2020年度,企业平均燃料消耗量较上一年度下降6%以上的,其达标值在《乘用车燃料消耗量评价方法及指标》规定的企业平均燃料消耗量要求基础上放宽60%;下降3%以上不满6%的,其达标值放宽30%;

(二)2021年度至2023年度,企业平均燃料消耗量较上一年度下降达到4%以上的,其达标值在《乘用车燃料消耗量评价方法及指标》规定的企业平均燃料消耗量要求基础上放宽60%;下降2%以上不满4%的,其达标值放宽30%;

(三)2024年度及以后年度的核算要求,由工业和信息化部另行公布。

未获境外乘用车生产企业授权的进口乘用车供应企业按照前款的规定管理,并自2019年度起实施企业平均燃料消耗量积分核算;但是,核算年度进口量2 000辆以下的,暂不实施积分核算。

第三章　乘用车企业新能源汽车积分核算

第十三条　境内各乘用车生产企业和各进口乘用车供应企业,是新能源汽车积分的核算主体,单独实施核算。

第十四条　乘用车企业新能源汽车积分，为该企业新能源汽车积分实际值与达标值之间的差额。

实际值高于达标值产生正积分，低于达标值产生负积分。

第十五条　乘用车企业新能源汽车积分实际值，是指该企业在核算年度内生产或者进口的新能源乘用车各车型的积分与该车型生产量或者进口量乘积之和（计算结果按四舍五入原则保留整数）。

前款规定的生产量、进口量，按照本办法第十一条规定的方法核算。

新能源乘用车车型积分按照《新能源乘用车车型积分计算方法》（见附件2）确定。

第十六条　乘用车企业新能源汽车积分达标值，是指该企业在核算年度内传统能源乘用车的生产量或者进口量，与新能源汽车积分比例要求的乘积（计算结果按四舍五入原则保留整数）。

传统能源乘用车中低油耗乘用车的生产量或者进口量按照以下规定计算：

（一）2021年度、2022年度、2023年度，低油耗乘用车的生产量或者进口量分别按照其数量的0.5倍、0.3倍、0.2倍计算；

（二）2024年度及以后年度的低油耗乘用车生产量或者进口量计算倍数，由工业和信息化部另行公布。

第十七条　对传统能源乘用车年度生产量或者进口量不满3万辆的乘用车企业，不设定新能源汽车积分比例要求；达到3万辆以上的，从2019年度开始设定新能源汽车积分比例要求。

2019年度、2020年度、2021年度、2022年度、2023年度的新能源汽车积分比例要求分别为10%、12%、14%、16%、18%。2024年度及以后年度的新能源汽车积分比例要求，由工业和信息化部另行公布。

第四章　积分报告和公示

第十八条　乘用车企业应当于每年12月20日前，向工业和信息化部提交下一年度乘用车企业平均燃料消耗量与新能源汽车积分年度预报告。

预报告的内容包括本企业平均燃料消耗量预期达标值、预期实际值和新能源汽车积分预期值等（见附件3）。

第十九条　乘用车企业应当于每年3月1日前，向工业和信息化部提交上一年度乘用车企业平均燃料消耗量与新能源汽车积分执行情况年度报告。

报告的内容包括本企业生产或者进口的各车型乘用车数量、关键参数、燃料消耗量、电能消耗量和对应车型的燃料消耗量目标值，以及本企业平均燃料消耗量达标值、实际值和新能源汽车积分等（见附件3）。

第二十条　工业和信息化部于每年4月10日前，通过汽车燃料消耗量与新能源汽车积分管理平台，向社会公示上一年度乘用车企业平均燃料消耗量与新能源汽车积分相关情况。

对公示的乘用车企业平均燃料消耗量与新能源汽车积分相关情况有异议的，可以在30日内向工业和信息化部提出。工业和信息化部在收到异议后30日内作出答复。

第二十一条　工业和信息化部会同财政部、商务部、海关总署、市场监管总局于每年6月30日前，对乘用车企业提交的企业平均燃料消耗量与新能源汽车积分执行情况年度报告和相关数据进行核实，并发布上一年度乘用车企业平均燃料消耗量与新能源汽车积分核算情况报告。

第五章　积分并行管理

第二十二条　乘用车企业平均燃料消耗量正积分可以结转或者在关联企业间转让。

乘用车企业新能源汽车正积分可以依据本办法自由交易，并按照下列规定结转，结转有效期不超过三年：

（一）2019年度的新能源汽车正积分可以等额结转一年；

（二）2020年度的新能源汽车正积分，每结转一次，结转比例为50%；

（三）2021年度及以后年度乘用车企业平均燃料消耗量实际值（仅核算传统能源乘用车）与达标值的比值不高于123%的，允许其当年度产生的新能源汽车正积分结转，每结转一次，结转比例为50%。只生产或者进口新能源汽车的乘用车企业产生的新能源汽车正积分按照50%的比例结转。

乘用车企业有平均燃料消耗量负积分、新能源汽车负积分的，应当在乘用车企业平均燃料消耗量与新能源汽车积分核算情况报告发布后60日内，向工业和信息化部提交其平均燃料消耗量负积分和新能源汽车负积分抵偿报告（见附件4），并在核算情况报告发布后90日内完成负积分抵偿归零。

工业和信息化部可以根据汽车行业发展情况决定延长抵偿期限和调整2020年度新能源汽车正积分结转比例。

第二十三条　具有下列关系之一的乘用车企业，属于本办法第二十二条第一款规定的关联企业：

（一）境内乘用车生产企业与其直接或者间接持股总和达到25%以上的其他境内乘用车生产企业；

（二）同为第三方直接或者间接持股总和达到25%以上的境内乘用车生产企业；

（三）获境外乘用车生产企业授权的进口乘用车供应企业，与该境外乘用车生产企业直接或者间接持股总和达到25%以上的境内乘用车生产企业，以及直接或者间接对该境外乘用车生产企业持股总和达到25%以上的境内乘用车生产企业。

第二十四条　乘用车企业平均燃料消耗量正积分结转后续年度使用的，按照一定比例进行结转，结转有效期不超过三年。2018年度及以前年度的正积分，每结转一次，结转比例为80%；2019年度及以后年度的正积分，每结转一次，结转比例为90%。

第二十五条　乘用车企业受让的平均燃料消耗量正积分，仅限其在当年度使用，不得再次转让。

第二十六条　乘用车企业平均燃料消耗量负积分应当采取下列方式抵偿归零：

（一）使用本企业结转的平均燃料消耗量正积分；

（二）使用本企业受让的平均燃料消耗量正积分；

（三）使用本企业产生的新能源汽车正积分；

（四）购买新能源汽车正积分。

前款所列的抵偿方式，可以组合使用。

新能源汽车正积分可以抵扣同等数量的平均燃料消耗量负积分。

第二十七条　乘用车企业的新能源汽车负积分，应当通过新能源汽车正积分抵偿归零。

第二十八条　乘用车企业2019年度产生的新能源汽车负积分,可以使用2020年度产生的新能源汽车正积分进行抵偿。

工业和信息化部可以根据汽车行业发展情况,决定乘用车企业使用2021年度产生的新能源汽车正积分对2020年度产生的新能源汽车负积分进行抵偿。

第二十九条　乘用车企业购买的新能源汽车正积分,仅限其在当年度使用,不得再次交易。

第三十条　乘用车企业发生分立、合并等情形,影响积分结转、转让、交易、抵偿等的,应当及时向工业和信息化部办理变更手续。

第六章　监督管理

第三十一条　工业和信息化部会同财政部、商务部、海关总署、市场监管总局建立乘用车企业平均燃料消耗量与新能源汽车积分信用管理制度。

乘用车企业提交平均燃料消耗量与新能源汽车积分执行情况年度报告时,应当同时向工业和信息化部提交信用承诺书(见附件5),由工业和信息化部向社会公示其信用承诺书。企业法定代表人未发生变动的,信用承诺书无需逐年提交。

乘用车企业不履行承诺的,工业和信息化部将其作为失信乘用车企业进行通报,并录入车辆生产企业信用信息管理平台。

第三十二条　工业和信息化部会同财政部、商务部、海关总署、市场监管总局对乘用车企业平均燃料消耗量与新能源汽车积分进行核查。

工业和信息化部负责对境内乘用车生产企业及其乘用车燃料消耗量、新能源乘用车参数、乘用车生产量等进行核查。

商务部负责对进口乘用车供应企业有关情况进行核查。

海关总署负责对乘用车进口量进行核查。

市场监管总局负责对获得强制性产品认证的进口新能源乘用车参数、进口乘用车燃料消耗量等进行核查。

第三十三条　对违反本办法的行为,任何单位和个人都有权向工业和信息化部举报。接到举报后,工业和信息化部会同有关部门及时依法调查处理,并为举报人保密。

第七章　法律责任

第三十四条　乘用车企业有下列情形之一的,工业和信息化部等部门按照职责给予通报,并按照核查值核算平均燃料消耗量与新能源汽车积分;情节严重的,作为失信乘用车企业进行通报,并录入车辆生产企业信用信息管理平台:

(一)未按照本办法的规定报送乘用车燃料消耗量和新能源乘用车相关数据的;

(二)报送的乘用车燃料消耗量数据、新能源乘用车数据与核查结果不符的;

(三)报送的乘用车生产量、进口量数据与实际数量不符的;

(四)未按照本办法的规定提交企业平均燃料消耗量与新能源汽车积分报告,或者报告的内容与事实不符的。

第三十五条　乘用车企业平均燃料消耗量负积分、新能源汽车负积分未按照本办法抵偿归零的,应当向工业和信息化部提交其本年度乘用车生产或者进口调整计划,使本年度预期产生的正积分能够抵偿其尚未抵偿的负积分。

第三十六条　乘用车企业平均燃料消耗量与新能源汽车积分管理要求,纳入乘用车生产企业及产品准入条件。乘用车企业有下列情形之一的,在其负积分抵偿归零前,对其燃料消耗量达不到《乘用车燃料消耗量评价方法及指标》车型燃料消耗量目标值的新产品,不予列入《道路机动车辆生产企业及产品公告》或者不予核发强制性产品认证证书,并可以依照《汽车产业发展政策》《强制性产品认证管理规定》等有关规定处罚:

(一)平均燃料消耗量负积分未按照本办法抵偿归零的;

(二)新能源汽车负积分未按照本办法抵偿归零的;

(三)未按照本办法第三十五条的规定提交年度乘用车生产或者进口调整计划,或者提交生产或者进口调整计划但本年度平均燃料消耗量积分、新能源汽车积分未满足要求的。

第八章　附　　则

第三十七条　本办法所称核算年度是指每年1月1日—12月31日。境内生产的乘用车以机动车整车出厂合格证上记载的制造日期为准确定相应的年度;进口乘用车以获得强制性产品认证车辆的随车检验单的签发日期为准确定相应的年度。

工业和信息化部收到乘用车企业依据本办法规定提交的材料后,转送其他相关部门。

第三十八条　本办法涉及的标准修订的,按照修订后的文本执行。

本办法中的“以上”“以下”“不超过”均含本数,“不满”不含本数。

第三十九条　工业和信息化部会同有关部门依据国家有关规定,完善乘用车企业平均燃料消耗量与新能源汽车积分管理的经济措施。

根据我国国情和汽车产业发展的需要,适时调整本办法有关制度、附件,并重新公布。

第四十条　本办法自2018年4月1日起施行。2013年3月14日公布的《乘用车企业平均燃料消耗量核算办法》(工业和信息化部2013年15号公告)、2014年10月14日公布的《关于加强乘用车企业平均燃料消耗量管理的通知》(工信部联装〔2014〕432号)同时废止。本办法施行前制定的规定与本办法不一致的,按照本办法执行。

附件:

1. 乘用车燃料消耗量与新能源乘用车数据报送要求
2. 新能源乘用车车型积分计算方法(略)
3. 乘用车企业平均燃料消耗量与新能源汽车积分报告(略)
4. 乘用车企业平均燃料消耗量负积分和新能源汽车负积分抵偿报告(略)
5. 信用承诺书(略)

附件1　乘用车燃料消耗量与新能源乘用车数据报送要求

工业和信息化部建立汽车燃料消耗量与新能源汽车积分管理平台。企业应当按照要求及时通过该平台报送生产或者进口的乘用车燃料消耗量和新能源乘用车相关数据。

一、报送范围

本办法中规定的,在中华人民共和国境内生产或者进口并用于境内销售的、最大设计总质量不超过3 500 kg的乘用车,包括能够燃用汽油、柴油或者气体燃料的传统能源乘用车(含非插电式混合动力乘用车),以及纯电动、插电式混合动力(含增程式)、燃料电池等新能源乘用车。

二、报送要求

(一)生产或者进口的乘用车产品,凡属于报送范围内的,应当按要求报送。

(二)境内乘用车生产企业和进口乘用车供应企业,作为核算主体,报送其乘用车燃料消耗量、新能源乘用车相关数据。

(三)按照“一车一条数据”的原则报送。

(四)境内生产的乘用车在下线后48 h内、进口乘用车在车辆进口核销后48 h内(节假日顺延)上报燃料消耗量和新能源乘用车相关数据。

(五)报送数据内容见《乘用车燃料消耗量与新能源乘用车数据表》。

(六)企业应当保证报送数据的真实性。企业可以根据需要进行数据修改、撤销和补传等操作,但相关操作应当作为历史记录保存。

(七)企业报送数据实施月度锁定管理。每月15日之前,企业可以对上月的数据进行确认,并进行修改、撤销和补传等操作。在每月15日之后,对上月数据实施锁定,企业确需进行修改、撤销或者补传的,应当提交企业法定代表人签名并加盖企业公章的纸质说明材料。

每年3月1日为上一年度数据修订截止日。

三、报送流程

(一)企业提交以下加盖企业公章的纸质材料,获取上传账号:

1. 企业基本情况表;

2. 企业营业执照复印件;

3. 企业相关人员从事数据报送相关工作的授权委托书以及相关人员身份证复印件;

4. 进口乘用车供应企业产品代理委托书复印件或者进口许可证明复印件。

(二)使用上传账号登录汽车燃料消耗量与新能源汽车积分管理平台,按照“用户手册”进行填报。

15. 2019年度中国乘用车企业平均燃料消耗量与新能源汽车积分情况公告

中华人民共和国工业和信息化部
商务部　海关总署　市场监管总局公告
2020年第31号

根据《乘用车企业平均燃料消耗量与新能源汽车积分并行管理办法》(工业和信息化部　财政部　商务部　海关总署　市场监管总局(原质检总局)令第44号)要求,现将2019年度中国乘用车企业平均燃料消耗量与新能源汽车积分情况予以公告。

2019年度中国境内144家乘用车企业共生产/进口乘用车2 093.00万辆(含新能源乘用车,不含出口乘用车,下同),行业平均整车整备质量为1 480 kg,平均燃料消耗量实际值为5.56 L/100 km,燃料消耗量正积分为643.43万分,燃料消耗量负积分为510.73万分,新能源汽车正积分417.33万分,新能源汽车负积分85.53万分。其中,119家境内乘用车生产企业累计生产乘用车2 001.75万辆,平均整车整备质量为1 461 kg,平均燃料消耗量实际值为5.53 L/100 km,燃料消耗量正积分为604.65万分,燃料消耗量负积分为455.57万分,新能源汽车正积分为387.47万分,新能源汽车负积分80.50万分。25家进口乘用车供应企业进口乘用车91.25万辆,平均整车整备质量为1905 kg,平均燃料消耗量实际值为6.28 L/100 km,燃料消耗量正积分为38.79万分,燃料消耗量负积分为55.16万分,新能源汽车正积分为29.86万分,新能源汽车负积分5.04万分。

附件:2019年度中国乘用车企业平均燃料消耗量与新能源汽车积分核算情况表

工业和信息化部
商务部
海关总署
市场监管总局
2020年6月30日

附件　2019年度中国乘用车企业平均燃料消耗量与新能源汽车积分核算情况表

一、乘用车平均燃料消耗量达标企业积分核算情况

序号	企业名称	企业类型	乘用车产量/进口量(辆)	新能源乘用车产量/进口量(辆)	平均整车整备质量(kg)	企业平均燃料消耗量(L/100 km)		实际值/达标值(%)	平均燃料消耗量积分	新能源汽车积分	
						2019实际值	2019达标值			共产生积分数量	可用于积分交易数量
1	安徽江淮汽车集团股份有限公司	境内乘用车生产企业	125 312	56 975	1 654.04	2.29	6.29	36.41	501 248	263 648	263 648
2	保时捷(中国)汽车销售有限公司	进口乘用车供应企业	77 716	5 460	2 005.87	6.79	6.99	97.14	15 543	3 688	3 688
3	北京汽车股份有限公司	境内乘用车生产企业	122 677	76 739	1 497.02	1.12	5.87	19.08	582 716	448 415	448 415
4	北京汽车制造厂有限公司	境内乘用车生产企业	3 613	822	1 550.5	4.37	6.02	72.59	5 961	1 055	488
5	北京新能源汽车股份有限公司	境内乘用车生产企业	40 256	40 256	1 399.43	0.00	5.69	0.00	229 057	207 352	207 352
6	北汽(广州)汽车有限公司	境内乘用车生产企业	8 581	1 325	1 416.78	4.42	5.71	77.41	11 069	7 944	7 944
7	北汽新能源汽车常州有限公司	境内乘用车生产企业	2 323	2 323	1 326.69	0.00	5.45	0.00	12 660	11 261	11 261
8	比亚迪汽车工业有限公司	境内乘用车生产企业	160 186	85 747	1 709.25	1.91	6.45	29.61	727 244	400 959	400 959

续上表

序号	企业名称	企业类型	乘用车产量/进口量（辆）	新能源乘用车产量/进口量（辆）	平均整车整备质量（kg）	企业平均燃料消耗量（L/100 km）		实际值/达标值（%）	平均燃料消耗量积分	新能源汽车积分	
						2019实际值	2019达标值			共产生积分数量	可用于积分交易数量
9	比亚迪汽车有限公司	境内乘用车生产企业	239 371	95 677	1 549. 69	2. 28	5. 96	38. 26	880 885	474 841	474 841
10	成都大运汽车集团有限公司	境内乘用车生产企业	94	94	1250	0. 00	5. 39	0. 00	507	363	363
11	大庆沃尔沃汽车制造有限公司	境内乘用车生产企业	42 888	2 211	1 793. 01	6. 18	6. 50	95. 08	13 724	354	354
12	东风汽车集团有限公司	境内乘用车生产企业	93 435	32 120	1 434. 71	2. 65	5. 74	46. 17	288 714	168 970	168 970
13	东风裕隆汽车有限公司	境内乘用车生产企业	974	642	1 573. 62	1. 15	5. 98	19. 23	8 201 **	3 731	3 731
14	东南（福建）汽车工业有限公司	境内乘用车生产企业	29 384	2 275	1 332. 13	5. 51	5. 54	99. 46	882	13 650	13 650
15	福建省汽车工业集团云度新能源汽车股份有限公司	境内乘用车生产企业	815	815	1 421. 19	0. 00	5. 69	0. 00	4 637	4 608	4 608
16	福建天际汽车制造有限公司	境内乘用车生产企业	2	2	1 998	0. 00	6. 82	0. 00	14	12	12
17	广汽乘用车（杭州）有限公司	境内乘用车生产企业	98 844	7 018	1 445. 19	5. 54	5. 76	96. 18	21 746	32 888	32 888
18	广汽乘用车有限公司	境内乘用车生产企业	270 465	36 919	1 613. 02	4. 93	6. 14	80. 29	327 263	191 539	191 539
19	广汽丰田汽车有限公司	境内乘用车生产企业	670 638	10 067	1 495. 51	5. 67	5. 90	96. 10	154 247	−36 699	0
20	国能新能源汽车有限责任公司	境内乘用车生产企业	8	8	1 700	0. 00	6. 27	0. 00	50	48	48
21	海马汽车有限公司	境内乘用车生产企业	24 639	17 176	1 546. 58	0. 91	5. 96	15. 27	124 427	100 251	100 251
22	杭州长江乘用车有限公司	境内乘用车生产企业	1 928	1 928	1 215	0. 00	5. 39	0. 00	10 392	8 599	8 599
23	河北红星汽车制造有限公司	境内乘用车生产企业	10	10	1 110	0. 00	5. 17	0. 00	52	38	38
24	河南速达电动汽车科技有限公司	境内乘用车生产企业	1 865	1 865	1 390	0. 00	5. 61	0. 00	10 463	7 936	7 936
25	湖南恒润汽车有限公司	境内乘用车生产企业	73	73	1 100	0. 00	5. 17	0. 00	377	438	438
26	湖南江南汽车制造有限公司	境内乘用车生产企业	13 200	2 237	1 454. 61	4. 69	5. 89	79. 63	15 840	9 940	9 940
27	湖南猎豹汽车股份有限公司	境内乘用车生产企业	2 656	316	1 399. 45	4. 82	5. 65	85. 31	2 204	1 884	1 884
28	华晨宝马汽车有限公司	境内乘用车生产企业	534 990	32 977	1 702. 71	5. 79	6. 24	92. 79	240 746	15 753	15 753
29	华晨鑫源重庆汽车有限公司	境内乘用车生产企业	22 857	1 757	1 474. 3	5. 87	6. 00	97. 83	2 971	7 338	7 338
30	江铃控股有限公司	境内乘用车生产企业	4 368	2 916	1 254. 22	1. 00	5. 30	18. 87	18 782	11 886	11 886
31	江西昌河汽车有限责任公司	境内乘用车生产企业	5 992	510	1 220. 7	5. 14	5. 43	94. 66	1 738	1 029	1 029
32	江西江铃集团新能源汽车有限公司	境内乘用车生产企业	11 404	11 404	1 049. 6	0. 00	4. 91	0. 00	55 994	53 831	53 831
33	金华青年汽车制造有限公司	境内乘用车生产企业	2 003	2 003	1 059. 29	0. 00	5. 07	0. 00	10 155	8 915	8 915
34	兰州知豆电动汽车有限公司	境内乘用车生产企业	194	194	865	0. 00	4. 73	0. 00	918	772	772
35	领途汽车有限公司	境内乘用车生产企业	514	514	1361. 07	0. 00	5. 56	0. 00	2 858	2 387	2 361
36	明君汽车有限公司	境内乘用车生产企业	2	2	1 615	0. 00	6. 27	0. 00	13	9	9
37	南京金龙客车制造有限公司	境内乘用车生产企业	636	636	1 446. 18	0. 00	6. 04	0. 00	3 841	2 638	2 638
38	奇瑞汽车股份有限公司	境内乘用车生产企业	302 087	25 167	1 378. 21	5. 52	5. 68	97. 18	48 334	104 817	104 817
39	奇瑞新能源汽车股份有限公司	境内乘用车生产企业	21 303	21 303	1 025. 59	0. 00	4. 96	0. 00	105 663	113 417	113 417
40	前途汽车（苏州）有限公司	境内乘用车生产企业	79	79	1 960	0. 00	6. 82	0. 00	539	395	395
41	山东国金汽车制造有限公司	境内乘用车生产企业	155	155	1 880	0. 00	6. 71	0. 00	1 040	930	930
42	山西新能源汽车工业有限公司	境内乘用车生产企业	19 338	19 338	1 615. 88	0. 00	6. 05	0. 00	116 995	116 028	116 028
43	上海汽车集团股份有限公司	境内乘用车生产企业	556 961	59 399	1 391. 93	4. 64	5. 63	82. 42	551 391	219 759	219 759
44	四川野马汽车股份有限公司	境内乘用车生产企业	6 396	1 208	1 301. 58	4. 11	5. 48	75. 00	8 763	3 774	3 333
45	特斯拉（上海）有限公司	境内乘用车生产企业	927	927	1 614	0. 00	6. 05	0. 00	5 608	5 562	5 562
46	特斯拉汽车（北京）有限公司	进口乘用车供应企业	46 996	46 996	1 932. 99	0. 00	6. 67	0. 00	313 463	271 282	271 282
47	天津一汽丰田汽车有限公司	境内乘用车生产企业	570 561	9 109	1 362. 48	5. 11	5. 58	91. 58	268 164	−37 927	0
48	威马汽车制造温州有限公司	境内乘用车生产企业	18 102	18 102	1 777. 03	0. 00	6. 41	0. 00	116 034	97 364	97 364
49	长城汽车股份有限公司	境内乘用车生产企业	858 808	41 942	1 624. 01	6. 02	6. 14	98. 05	103 057	133 905	133 905

续上表

序号	企业名称	企业类型	乘用车产量/进口量（辆）	新能源乘用车产量/进口量（辆）	平均整车整备质量（kg）	企业平均燃料消耗量（L/100 km）		实际值/达标值（%）	平均燃料消耗量积分	新能源汽车积分	
						2019实际值	2019达标值			共产生积分数量	可用于积分交易数量
50	浙江豪情汽车制造有限公司	境内乘用车生产企业	878 028	43 383	1 453. 7	5. 58	5. 79	96. 37	184 386	152 641	152 641
51	浙江合众新能源汽车有限公司	境内乘用车生产企业	9 025	9 025	1 184. 62	0. 00	5. 24	0. 00	47 291	42 906	42 906
52	中国第一汽车集团进出口有限公司	进口乘用车供应企业	53 462	5 129	2 023. 12	6. 01	6. 96	86. 35	50 789	17 002	17 002
53	中国第一汽车集团有限公司	境内乘用车生产企业	30 501	25 682	1 529. 32	5. 69	5. 94	95. 79	85 125	119 967	119 967
54	中恒天智骏（赣州）汽车有限公司	境内乘用车生产企业	1 516	1 516	1 211. 44	0. 00	5. 34	0. 00	8 095	8 184	8 184
55	重庆金康新能源汽车有限公司	境内乘用车生产企业	615	615	1 776. 31	0. 06	6. 45	0. 93	3 930	3 330	3 330
56	重庆理想汽车有限公司	境内乘用车生产企业	1 876	1 876	2 300	0. 50	7. 92	6. 31	22 831 **	3 752	3 752
57	重庆力帆乘用车有限公司	境内乘用车生产企业	24	15	1 420. 63	1. 12	5. 65	19. 82	109	87	87
58	重庆长安汽车股份有限公司	境内乘用车生产企业	631 666	34 678	1 481. 9	5. 70	5. 85	97. 44	94 750	143 601	143 601

二、乘用车平均燃料消耗量不达标企业积分核算情况

序号	企业名称	企业类型	乘用车产量/进口量（辆）	新能源乘用车产量/进口量（辆）	平均整车整备质量（kg）	企业平均燃料消耗量（L/100 km）		实际值/达标值（%）	平均燃料消耗量积分	新能源汽车积分	
						2019实际值	2019达标值			共产生积分数量	可用于积分交易数量
1	阿尔法罗密欧（上海）汽车销售有限公司	进口乘用车供应企业	1 885	0	1 737. 12	7. 35	6. 33	116. 11	5 259 **	0	0
2	阿斯顿马丁拉共达（中国）汽车销售有限公司	进口乘用车供应企业	540	0	1 769. 11	10. 31	6. 33	162. 88	－2 149	0	0
3	安徽猎豹汽车有限公司	境内乘用车生产企业	6 956	4	1 680. 38	8. 14	6. 27	129. 82	－13 008	16	16
4	宝马（中国）汽车贸易有限公司	进口乘用车供应企业	190 671	1 832	1 802. 15	7. 01	6. 49	108. 01	－99 149	－8 717	0
5	北京宝沃汽车股份有限公司	境内乘用车生产企业	48 881	94	1 582. 69	7. 06	6. 07	116. 31	－48 392	－4 415	0
6	北京奔驰汽车有限公司	境内乘用车生产企业	564 724	978	1 719. 15	6. 68	6. 27	106. 54	－231 537	－52 697	0
7	北京路特斯汽车销售有限公司	进口乘用车供应企业	64	0	1 368	10. 30	5. 61	183. 60	－300	0	0
8	北京汽车集团越野车有限公司	境内乘用车生产企业	19 422	0	2 118. 38	10. 27	7. 19	142. 84	－59 820	0	0
9	北京现代汽车有限公司	境内乘用车生产企业	648 032	3 735	1 322. 72	6. 00	5. 48	109. 49	－336 977	－50 525	0
10	北汽蓝谷麦格纳汽车有限公司	境内乘用车生产企业	4 635	2	1 472. 15	7. 51	5. 83	128. 82	－7 787	10	10
11	北汽福田汽车股份有限公司	境内乘用车生产企业	8 209	405	1 892. 25	7. 92	7. 01	112. 98	－7 470	1 898	1 898
12	北汽银翔汽车有限公司	境内乘用车生产企业	1 336	0	1 434. 89	6. 90	6. 05	114. 05	1 296 *	0	0
13	北汽云南瑞丽汽车有限公司	境内乘用车生产企业	27	1	1 824. 07	8. 25	6. 67	123. 69	－43	4	4
14	大众汽车（中国）销售有限公司	进口乘用车供应企业	31 483	1 746	2 004. 67	7. 73	6. 94	111. 38	－24 872	3 492	3 492
15	东风本田汽车有限公司	境内乘用车生产企业	791 880	5 296	1 429. 3	5. 83	5. 70	102. 28	－102 944	－46 882	0
16	东风雷诺汽车有限公司	境内乘用车生产企业	13 503	19	1 506. 48	6. 52	5. 89	110. 70	－8 507	81	81
17	东风柳州汽车有限公司	境内乘用车生产企业	1 037 62	6 366	1 573. 29	6. 39	6. 15	103. 90	－24 903	26 875	26 875
18	东风汽车股份有限公司	境内乘用车生产企业	190	0	1 931. 32	8. 16	7. 02	116. 24	－217	0	0
19	东风汽车有限公司	境内乘用车生产企业	1 327 939	14 371	1 351. 8	5. 75	5. 58	103. 05	－225 750	－46 604	0
20	东风小康汽车有限公司	境内乘用车生产企业	181 847	1 972	1 455. 6	7. 09	6. 01	117. 97	－196 395	－8 655	0
21	东风悦达起亚汽车有限公司	境内乘用车生产企业	267 582	2 300	1 263. 77	5. 92	5. 38	110. 04	－144 494	－19 774	0
22	法拉利汽车国际贸易（上海）有限公司	进口乘用车供应企业	485	0	1 657. 82	11. 26	6. 19	181. 91	－2 459	0	0
23	丰田汽车（中国）投资有限公司	进口乘用车供应企业	22 0758	0	1 804. 09	6. 60	6. 48	101. 85	－26 491	－22 076	0
24	福建奔驰汽车有限公司	境内乘用车生产企业	27 419	0	2 371. 16	8. 93	7. 84	113. 90	－29 887	0	0

续上表

序号	企业名称	企业类型	乘用车产量/进口量（辆）	新能源乘用车产量/进口量（辆）	平均整车整备质量（kg）	企业平均燃料消耗量(L/100 km)		实际值/达标值（%）	平均燃料消耗量积分	新能源汽车积分	
						2019实际值	2019达标值			共产生积分数量	可用于积分交易数量
25	福建新龙马汽车股份有限公司	境内乘用车生产企业	22	0	1 262.27	6.80	5.61	121.21	-26	0	0
26	福特汽车(中国)有限公司	进口乘用车供应企业	53 349	14	1 936.1	8.63	6.74	128.04	-100 830	-5 306	0
27	福州保税港区银河国际汽车进出口贸易有限公司	进口乘用车供应企业	2 434	0	2 209.94	11.49	7.43	154.64	-9 882	0	0
28	观致汽车有限公司	境内乘用车生产企业	20 207	1	1 462.46	6.44	5.79	111.23	-13 135	6	6
29	广东福迪汽车有限公司	境内乘用车生产企业	350	0	1 967.13	7.85	7.05	111.35	462 *	0	0
30	广汽本田汽车有限公司	境内乘用车生产企业	762 043	4 041	1 403.05	5.73	5.65	101.42	-60 963	-57 734	0
31	广汽菲亚特克莱斯勒汽车有限公司	境内乘用车生产企业	65 333	456	1 644.33	7.06	6.14	114.98	-60 106	-5 576	0
32	广汽三菱汽车有限公司	境内乘用车生产企业	127 550	1 340	1 536.08	7.23	5.93	121.92	-165 815	-6 161	0
33	贵航青年莲花汽车有限公司	境内乘用车生产企业	2 200	0	1 060	6.17	4.95	124.65	-2 684	0	0
34	贵州航天成功汽车制造有限公司	境内乘用车生产企业	7	0	1 160	6.40	5.39	118.74	-7	0	0
35	海马新能源汽车有限公司	境内乘用车生产企业	3 016	9	1 559.99	7.14	6.05	118.02	-3 287	42	42
36	汉腾汽车有限公司	境内乘用车生产企业	10 446	147	1 489.78	7.16	5.85	122.39	-13 684	607	607
37	合肥长安汽车有限公司	境内乘用车生产企业	137 688	2 913	1 439.9	6.21	5.74	108.19	-64 713	4 000	4 000
38	河北长安汽车有限公司	境内乘用车生产企业	49 318	50	1 372.1	7.33	5.80	126.38	-75 457	-4 669	0
39	华晨雷诺金杯汽车有限公司	境内乘用车生产企业	35 701	0	1 573.94	8.03	6.25	128.48	-63 548	-3 570	0
40	华晨汽车集团控股有限公司	境内乘用车生产企业	21 831	5	1 415.13	6.52	5.78	112.80	-16 155	13	13
41	江铃汽车股份有限公司	境内乘用车生产企业	59 364	153	1 681.82	7.14	6.30	113.33	-49 866	-5 029	0
42	江苏华梓车业有限公司	境内乘用车生产企业	26	1	1 798.85	7.95	6.48	122.69	-38	5	5
43	江苏九龙汽车制造有限公司	境内乘用车生产企业	621	36	1 964.49	8.26	7.11	116.17	-714	176	174
44	江西大乘汽车有限公司	境内乘用车生产企业	36 286	87	1 483.53	7.55	5.82	129.73	-62 775	-3 243	0
45	江西五十铃汽车有限公司	境内乘用车生产企业	1 700	0	2 042.99	8.18	7.04	116.19	-1 938	0	0
46	江西志骋汽车有限责任公司	境内乘用车生产企业	3 476	11	919.13	5.16	4.73	109.09	-1 495	23	23
47	捷豹路虎（中国）投资有限公司	进口乘用车供应企业	30 989	544	2 329.12	8.74	7.61	114.85	-35 018	-1 942	0
48	克莱斯勒（中国）汽车销售有限公司	进口乘用车供应企业	12 049	922	2 069.25	7.56	7.07	106.93	-5 904	1 844	1 844
49	玛莎拉蒂（中国）汽车贸易有限公司	进口乘用车供应企业	4 758	0	2 180.73	10.74	7.45	144.16	-15 654	0	0
50	迈凯伦汽车销售（上海）有限公司	进口乘用车供应企业	274	0	1 430.24	11.02	5.71	192.99	-1 455	0	0
51	梅赛德斯-奔驰（中国）汽车销售有限公司	进口乘用车供应企业	123 746	31	1 947.32	8.07	6.77	119.20	-160 870	-12 310	0
52	奇瑞捷豹路虎汽车有限公司	境内乘用车生产企业	51 464	0	1 907.14	7.27	6.68	108.83	-30 364	-5 146	0
53	奇瑞商用车(安徽)有限公司	境内乘用车生产企业	100 026	903	1 562	7.53	6.11	123.24	-142 037	-5 102	0
54	庆铃汽车股份有限公司	境内乘用车生产企业	223	0	1 926.26	7.80	6.82	114.37	-219	0	0
55	日产(中国)投资有限公司	进口乘用车供应企业	6 249	0	1 979.9	7.92	6.92	114.45	-6 249	0	0
56	荣成华泰汽车有限公司	境内乘用车生产企业	251	0	1 599.99	7.75	6.13	126.43	-407	0	0
57	三菱汽车销售(中国)有限公司	进口乘用车供应企业	3 410	0	2 155	12.00	7.48	160.43	-15 413	0	0
58	厦门金龙联合汽车工业有限公司	境内乘用车生产企业	89	0	1 957.19	9.07	7.04	128.84	-181	0	0
59	山西成功汽车制造有限公司	境内乘用车生产企业	110	0	1 220	6.40	5.61	114.08	-87	0	0
60	上汽大通汽车有限公司	境内乘用车生产企业	54 643	440	1 804.35	7.70	6.69	115.10	-55 189	-3 087	0
61	上汽大众汽车有限公司	境内乘用车生产企业	1 913 807	31 943	1 388.54	5.75	5.65	101.77	-191 381	-96 626	0

续上表

序号	企业名称	企业类型	乘用车产量/进口量（辆）	新能源乘用车产量/进口量（辆）	平均整车整备质量（kg）	企业平均燃料消耗量（L/100 km）		实际值/达标值（%）	平均燃料消耗量积分	新能源汽车积分	
						2019实际值	2019达标值			共产生积分数量	可用于积分交易数量
62	上汽通用（沈阳）北盛汽车有限公司	境内乘用车生产企业	170 673	0	1 510. 36	6. 84	5. 90	115. 93	－160 433	－17 067	0
63	上汽通用东岳汽车有限公司	境内乘用车生产企业	191 599	0	1 487. 07	6. 59	5. 89	111. 88	－134 119	－19 160	0
64	上汽通用汽车有限公司	境内乘用车生产企业	1 119 733	11 902	1477. 59	6. 29	5. 83	107. 89	－515 077	－42 310	0
65	上汽通用五菱汽车股份有限公司	境内乘用车生产企业	1 155 423	56 261	1299. 17	5. 80	5. 64	102. 84	－184 868	101 759	101 759
66	神龙汽车有限公司	境内乘用车生产企业	105 354	151	1 388. 47	6. 17	5. 63	109. 59	－56 891	－10 218	0
67	双龙汽车（上海）有限公司	进口乘用车供应企业	26	0	2 123. 08	8. 84	7. 41	119. 30	－37	0	0
68	斯巴鲁汽车（中国）有限公司	进口乘用车供应企业	22 969	0	1 555. 92	7. 08	6. 01	117. 80	－24 577	0	0
69	四川一汽丰田汽车有限公司	境内乘用车生产企业	161 168	0	1 719. 33	7. 39	6. 36	116. 19	－166 003	－16 117	0
70	天津博郡汽车有限公司	境内乘用车生产企业	673	3	1 242. 97	5. 92	5. 42	109. 23	－337	18	18
71	天津市揽驰汽车贸易有限公司	进口乘用车供应企业	3 639	0	2 578. 84	11. 79	8. 22	143. 43	－12 991	0	0
72	天津天保国际物流集团有限公司	进口乘用车供应企业	2 724	0	2 090. 46	10. 42	7. 16	145. 53	2 833 **	0	0
73	潍柴（重庆）汽车有限公司	境内乘用车生产企业	5 098	0	1 506. 12	7. 59	6. 13	123. 82	－7 443	0	0
74	沃尔沃汽车销售（上海）有限公司	进口乘用车供应企业	19 623	669	2 066. 67	7. 32	7. 29	100. 41	－589	1 338	1 338
75	一汽－大众汽车有限公司	境内乘用车生产企业	2 032 484	12 260	1 462. 41	6. 05	5. 78	104. 67	－548 771	－145 691	0
76	一汽海马汽车有限公司	境内乘用车生产企业	263	2	1 342. 17	6. 43	5. 62	114. 41	－213	9	9
77	一汽吉林汽车有限公司	境内乘用车生产企业	510	0	1 320. 1	6. 43	5. 47	117. 55	－490	0	0
78	张家港保税区恒兆车购库国际贸易有限公司	进口乘用车供应企业	2 193	0	2 216. 24	10. 56	7. 49	140. 99	－6 733	0	0
79	长安标致雪铁龙汽车有限公司	境内乘用车生产企业	350	0	1 583. 04	6. 22	6. 03	103. 15	－67	0	0
80	长安福特汽车有限公司	境内乘用车生产企业	196 303	3 272	1 508. 26	6. 34	5. 89	107. 64	－88 336	－12 759	0
81	长安马自达汽车有限公司	境内乘用车生产企业	132 017	0	1 383. 93	6. 12	5. 61	109. 09	－67 329	－13 202	0
82	浙江吉利汽车有限公司	境内乘用车生产企业	484 049	8 288	1 454. 84	5. 98	5. 79	103. 28	－91 969	－28 341	0
83	浙江众泰汽车制造有限公司	境内乘用车生产企业	2 012	0	1 654. 03	8. 31	6. 25	132. 96	－4 145	0	0
84	郑州日产汽车有限公司	境内乘用车生产企业	12 919	776	1 715. 83	7. 18	6. 41	112. 01	－9 948	3 416	3 416
85	重庆比速汽车有限公司	境内乘用车生产企业	117	0	1 564. 85	7. 03	6. 08	115. 63	－111	0	0
86	重庆长安铃木汽车有限公司	境内乘用车生产企业	17 449	0	1 170. 99	5. 44	5. 17	105. 22	－4 711	0	0

注：1. 按照 GB 27999，2019 年企业达标值为目标值的 110%。
2. 企业平均燃料消耗量按车型对应产量/进口量加权计算得出。车型燃料消耗量须按照统一的检测方法 GB/T 19233—2008《轻型汽车燃料消耗量试验方法》检测。
3. 试验室检测燃料消耗量数据与实际燃料消耗量数据存在差异。
4. 平均燃料消耗量核算不含出口乘用车。
5. 根据《乘用车企业平均燃料消耗量与新能源汽车积分并行管理办法》要求，对部分特殊企业在计算平均燃料消耗量积分时达标值乘以相应数值。标注“**”的表示达标值乘以 160%，标注“*”的表示乘以 130%。

16. 关于开展新能源汽车下乡活动的通知

工信厅联通装函〔2020〕167 号

各省、自治区、直辖市及计划单列市工业和信息化主管部门、农业农村（农牧）厅（局、委）、商务主管部门：

为促进农村地区新能源汽车推广应用，引导农村居民出行方式升级，助力美丽乡村建设和乡村振兴战略，工业和信息化部、农业农村部、商务部决定联合组织开展新能源汽车下乡活动。现就有关事项通知如下：

一、活动主题

绿色、智能、安全——一步跨入“新”时代，助力乡村振兴战略

二、活动时间

2020年7月—2020年12月

三、组织形式

(一)本次活动委托中国汽车工业协会组织实施,请各地工业和信息化、农业农村、商务主管部门(以下统称各地)做好配合工作。

(二)安排1场启动活动(山东省青岛市,时间拟于7月下旬)、4场专场活动(分别位于海南省海口市、云南省昆明市、四川省成都市、山西省太原市,时间从8月下旬—9月下旬)、系列企业活动。

(三)活动期间地方人民政府发布本地区支持新能源汽车下乡等有关政策,参与汽车企业发布活动车型和优惠措施。

(四)通过相关部委和地方政府宣传平台、中国汽车工业协会自有及联动媒体宣传平台、各车企传播渠道等开展活动宣传报道。

四、活动要求

(一)加强组织领导。各地要高度重视、密切配合,加强人员和经费保障,确保各项活动顺利进行并取得实效。同时,要坚决贯彻执行中央八项规定精神,坚持节俭办活动。

(二)做好安全保障。各地要严格遵守当地疫情防控要求,在做好常态化疫情防控的前提下,加强安全防护,严防事故发生。要制定工作方案、安全方案和疫情防控工作应急预案,细化工作措施,明确责任分工,确保任务落实到位。

(三)注重舆论引导。各地要运用新闻媒体、微博微信、广播电视等渠道,重点宣传新能源汽车绿色、智能、安全以及使用成本低、驾乘体验好、维护保养方便、配置选择丰富等优势,为新能源汽车推广应用营造良好舆论环境。

工业和信息化部办公厅
农业农村部办公厅
商务部办公厅
2020年7月14日

17. 报废机动车回收管理办法实施细则

商务部令2020年第2号

中华人民共和国商务部令
中华人民共和国国家发展和改革委员会
中华人民共和国工业和信息化部
中华人民共和国公安部
中华人民共和国生态环境部
中华人民共和国交通运输部
国家市场监督管理总局
二〇二〇年第2号

《报废机动车回收管理办法实施细则》已经本届商务部第25次部务会议审议通过,并经发展改革委、工业和信息化部、公安部、生态环境部、交通运输部、市场监管总局同意,现予公布,自2020年9月1日起施行。

部长 钟 山
主任 何立峰
部长 苗 圩
部长 赵克志
部长 黄润秋
部长 李小鹏
局长 肖亚庆
2020年7月18日

报废机动车回收管理办法实施细则

第一章 总 则

第一条 为规范报废机动车回收拆解活动,加强报废机动车回收拆解行业管理,根据国务院《报废机动车回收管理办法》(以下简称《管理办法》),制定本细则。

第二条 在中华人民共和国境内从事报废机动车回收拆解活动,适用本细则。

第三条 国家鼓励报废机动车回收拆解行业市场化、专业化、集约化发展,推动完善报废机动车回收利用体系,提高回收利用效率和服务水平。

第四条 商务部负责组织全国报废机动车回收拆解的监督管理工作,发展改革委、工业和信息化部、公安部、生态环境部、交通运输部、市场监管总局等部门在各自职责范围内负责报废机动车有关监督管理工作。

第五条 省级商务主管部门负责实施报废机动车回收拆解企业(以下简称回收拆解企业)资质认定工作。县级以上地方商务主管部门对本行政区域内报废机动车回收拆解活动实施监督管理,促进行业健康有序发展。

县级以上地方公安机关依据职责及相关法律法规的规定,对报废机动车回收拆解行业治安状况、买卖伪造票证等活动实施监督管理,并依法处置。

县级以上地方生态环境主管部门依据职责对回收拆解企业回收拆解活动的环境污染防治工作进行监督管理,防止造成环境污染,并依据相关法律法规处理。

县级以上地方发展改革、工业和信息化、交通运输、市场监管部门在各自的职责范围内负责本行政区域内报废机动车有关监督管理工作。

第六条 报废机动车回收拆解行业协会、商会等应当制定行业规范,提供信息咨询、培训等服务,开展行业监测和预警分析,加强行业自律。

第二章 资质认定和管理

第七条 国家对回收拆解企业实行资质认定制度。未经资质认定,任何单位或者个人不得从事报废机动车回收拆解活动。

国家鼓励机动车生产企业从事报废机动车回收拆解活动,机动车生产企业按照国家有关规定承担生产者责任,应当向回收拆解企业提供报废机动车拆解指导手册等相关技术信息。

第八条 取得报废机动车回收拆解资质认定,应当具备下列条件:

(一)具有企业法人资格;

（二）拆解经营场地符合所在地城市总体规划或者国土空间规划及安全要求，不得建在居民区、商业区、饮用水水源保护区及其他环境敏感区内；

（三）符合国家标准《报废机动车回收拆解企业技术规范》（GB22128）的场地、设施设备、存储、拆解技术规范，以及相应的专业技术人员要求；

（四）符合环保标准《报废机动车拆解环境保护技术规范》（HJ348）要求；

（五）具有符合国家规定的生态环境保护制度，具备相应的污染防治措施，对拆解产生的固体废物有妥善处置方案。

第九条　申请资质认定的企业（以下简称申请企业）应当书面向拆解经营场地所在地省级商务主管部门或者通过商务部“全国汽车流通信息管理应用服务”系统提出申请，并提交下列书面材料：

（一）设立申请报告（应当载明申请企业的名称、法定代表人、注册资本、住所、拆解场所、统一社会信用代码等内容）；

（二）申请企业《营业执照》；

（三）申请企业章程；

（四）申请企业法定代表人身份证或者其他有效身份证件；

（五）拆解经营场地土地使用权、房屋产权证明或者租期10年以上的土地租赁合同或者土地使用权出租合同及房屋租赁证明材料；

（六）申请企业购置或者以融资租赁方式获取的用于报废机动车拆解和污染防治的设施、设备清单，以及发票或者融资租赁合同等所有权证明文件；

（七）生态环境主管部门出具的建设项目环境影响评价文件的审批文件；

（八）申请企业高级管理和专业技术人员名单；

（九）申请企业拆解操作规范、安全规程和固体废物利用处置方案。

上述材料可以通过政府信息系统获取的，审核机关可不再要求申请企业提供。

第十条　省级商务主管部门应当对收到的资质认定申请材料进行审核，对材料齐全、符合法定形式的，应当受理申请；对材料不齐全或者不符合法定形式的，应当在收到申请之日起5个工作日内告知申请企业需要补正的内容。

省级商务主管部门可以委托拆解经营场地所在地地（市）级商务主管部门对申请材料是否齐全、符合法定形式进行审核。

第十一条　省级商务主管部门受理资质认定申请后，应当组织成立专家组对申请企业进行现场验收评审。

省级商务主管部门应当建立由报废机动车拆解、生态环境保护、财务等相关领域专业技术人员组成的专家库，专家库人数不少于20人。现场验收评审专家组由5人以上单数专家组成，从专家库中随机抽取专家产生，专家应当具有专业代表性。

专家组根据本细则规定的资质认定条件，实施现场验收评审，如实填写《现场验收评审意见表》。现场验收评审专家应当对现场验收评审意见负责。

省级商务主管部门应当参照商务部报废机动车回收拆解企业现场验收评审意见示范表，结合本地实际，制定本地区《现场验收评审意见表》。

第十二条　省级商务主管部门经审查资质认定申请材料、《现场验收评审意见表》等，认为申请符合资质认定条件的，在省级商务主管部门网站和“全国汽车流通信息管理应用服务”系统予以公示，公示期不少于5个工作日。公示期间，对申请有异议的，省级商务主管部门应当根据需要通过组织听证、专家复评复审等对异议进行核实；对申请无异议的，省级商务主管部门应当在“全国汽车流通信息管理应用服务”系统对申请予以通过，创建企业账户，并颁发《报废机动车回收拆解企业资质认定证书》（以下简称《资质认定书》）。对申请不符合资质认定条件的，省级商务主管部门应当作出不予资质认定的决定并书面说明理由。

省级商务主管部门应当及时将本行政区域内取得资质认定的回收拆解企业名单向社会公布。

第十三条　省级商务主管部门应当自受理资质认定申请之日起20个工作日内完成审查工作并作出相关决定。20个工作日内不能作出决定的，经省级商务主管部门负责人批准，可以延长10个工作日，并应当将延长期限的理由告知申请企业。

现场验收评审、听证等所需时间不计算在本条规定的期限内。省级商务主管部门应当将所需时间书面告知申请企业。

第十四条　回收拆解企业不得涂改、出租、出借《资质认定书》，或者以其他形式非法转让《资质认定书》。

第十五条　回收拆解企业设立分支机构的，应当在市场监管部门注册登记后30日内通过“全国汽车流通信息管理应用服务”系统向分支机构注册登记所在地省级商务主管部门备案，并上传下列材料的电子文档：

（一）分支机构《营业执照》；

（二）《报废机动车回收拆解企业分支机构备案信息表》。

回收拆解企业的分支机构不得拆解报废机动车。

第十六条　回收拆解企业名称、住所或者法定代表人发生变更的，回收拆解企业应当自信息变更之日起30日内通过“全国汽车流通信息管理应用服务”系统上传变更说明及变更后的《营业执照》，经拆解经营场地所在地省级商务主管部门核准后换发《资质认定书》。

第十七条　回收拆解企业拆解经营场地发生迁建、改建、扩建的，应当依据本细则重新申请回收拆解企业资质认定。申请符合资质认定条件的，予以换发《资质认定书》；不符合资质认定条件的，由原发证机关注销其《资质认定书》。

第三章　回收拆解行为规范

第十八条　回收拆解企业在回收报废机动车时，应当核验机动车所有人有效身份证件，逐车登记机动车型号、号牌号码、车辆识别代号、发动机号等信息，并收回下列证牌：

（一）机动车登记证书原件；

（二）机动车行驶证原件；

（三）机动车号牌。

回收拆解企业应当核对报废机动车的车辆型号、号牌号码、车辆识别代号、发动机号等实车信息是否与机动车登记证书、机动车行驶证记载的信息一致。

无法提供本条第一款所列三项证牌中任意一项的，应当由机动车所有人出具书面情况说明，并对其真实性负责。

机动车所有人为自然人且委托他人代办的，还需提供受委托人有效证件及授权委托书；机动车所有人为机关、企业、事业单位、社会团体等的，需提供加盖单位公章的营业执照复印件、统一社会信用代码证书复印件或者社会团体法人登记证书复印件以及单位授权委托书、经办人身份证件。

第十九条　回收拆解企业在回收报废机动车后，应当通过"全国汽车流通信息管理应用服务"系统如实录入机动车信息，打印《报废机动车回收证明》，上传机动车拆解前照片，机动车拆解后，上传拆解后照片。上传的照片应当包括机动车拆解前整体外观、拆解后状况以及车辆识别代号等特征。对按照规定应当在公安机关监督下解体的报废机动车，回收拆解企业应当在机动车拆解后，打印《报废机动车回收证明》。

回收拆解企业应当按照国家有关规定及时向公安机关交通管理部门申请机动车注销登记，将注销证明及《报废机动车回收证明》交给机动车所有人。

第二十条　报废机动车"五大总成"和尾气后处理装置，以及新能源汽车动力蓄电池不齐全的，机动车所有人应当书面说明情况，并对其真实性负责。机动车车架(或者车身)或者发动机缺失的应当认定为车辆缺失，回收拆解企业不得出具《报废机动车回收证明》。

第二十一条　机动车存在抵押、质押情形的，回收拆解企业不得出具《报废机动车回收证明》。

发现回收的报废机动车疑似为赃物或者用于盗窃、抢劫等犯罪活动工具的，以及涉嫌伪造变造号牌、车辆识别代号、发动机号的，回收拆解企业应当向公安机关报告。已经打印的《报废机动车回收证明》应当予以作废。

第二十二条　《报废机动车回收证明》需要重新开具或者作废的，回收拆解企业应当收回已开具的《报废机动车回收证明》，并向拆解经营场地所在地地(市)级商务主管部门提出书面申请。地(市)级商务主管部门在"全国汽车流通信息管理应用服务"系统中对相关信息进行更改，并通报同级公安机关交通管理部门。

第二十三条　回收拆解企业必须在其资质认定的拆解经营场地内对回收的报废机动车予以拆解，禁止以任何方式交易报废机动车整车、拼装车。回收的报废大型客、货车等营运车辆和校车，应当在公安机关现场或者视频监督下解体。回收拆解企业应当积极配合报废机动车监督解体工作。

第二十四条　回收拆解企业拆解报废机动车应当符合国家标准《报废机动车回收拆解企业技术规范》(GB 22128)相关要求，并建立生产经营全覆盖的电子监控系统，录像保存至少1年。

第二十五条　回收拆解企业应当遵守环境保护法律、法规和强制性标准，建立固体废物管理台账，如实记录报废机动车拆解产物的种类、数量、流向、贮存、利用和处置等信息，并通过"全国固体废物管理信息系统"进行填报；制定危险废物管理计划，按照国家有关规定贮存、运输、转移和利用处置危险废物。

第四章　回收利用行为规范

第二十六条　回收拆解企业应当建立报废机动车零部件销售台账，如实记录报废机动车"五大总成"数量、型号、流向等信息，并录入"全国汽车流通信息管理应用服务"系统。

回收拆解企业应当对出售用于再制造的报废机动车"五大总成"按照商务部制定的标识规则编码，其中车架应当录入原车辆识别代号信息。

第二十七条　回收拆解企业应当按照国家对新能源汽车动力蓄电池回收利用管理有关要求，对报废新能源汽车的废旧动力蓄电池或者其他类型储能装置进行拆卸、收集、贮存、运输及回收利用，加强全过程安全管理。

回收拆解企业应当将报废新能源汽车车辆识别代号及动力蓄电池编码、数量、型号、流向等信息，录入"新能源汽车国家监测与动力蓄电池回收利用溯源综合管理平台"系统。

第二十八条　回收拆解企业拆解的报废机动车"五大总成"具备再制造条件的，可以按照国家有关规定出售给具有再制造能力的企业经过再制造予以循环利用；不具备再制造条件的，应当作为废金属，交售给冶炼或者破碎企业。

第二十九条　回收拆解企业拆解的报废机动车"五大总成"以外的零部件符合保障人身和财产安全等强制性国家标准，能够继续使用的，可以出售，但应当标明"报废机动车回用件"。

回收拆解企业拆解的尾气后处理装置、危险废物应当如实记录，并交由有处理资质的企业进行拆解处置，不得向其他企业出售和转卖。

回收拆解企业拆卸的动力蓄电池应当交售给新能源汽车生产企业建立的动力蓄电池回收服务网点，或者符合国家对动力蓄电池梯次利用管理有关要求的梯次利用企业，或者从事废旧动力蓄电池综合利用的企业。

第三十条　禁止任何单位或者个人利用报废机动车"五大总成"拼装机动车。

第三十一条　机动车维修经营者不得承修已报废的机动车。

第五章　监督管理

第三十二条　县级以上地方商务主管部门应当会同相关部门，采取"双随机、一公开"方式，对本行政区域内报废机动车回收拆解活动实施日常监督检查，重点检查以下方面：

(一)回收拆解企业符合资质认定条件情况；

(二)报废机动车回收拆解程序合规情况；

(三)《资质认定书》使用合规情况；

(四)出具《报废机动车回收证明》情况；

(五)"五大总成"及其他零部件处置情况。

第三十三条　县级以上地方商务主管部门可以会同相关部门采取下列措施进行监督检查：

(一)进入从事报废机动车回收拆解活动的有关场所进行检查；

(二)询问与监督检查事项有关的单位和个人，要求其说明情况；

(三)查阅、复制有关文件、资料，检查相关数据信息系统及复制相关信息数据；

(四)依据有关法律法规采取的其他措施。

第三十四条　县级以上地方商务主管部门发现回收拆解企业不再具备本细则第八条规定条件的，应当责令其限期整改；拒不改正或者逾期未改正的，由原发证机关撤销其《资质认定书》。

回收拆解企业停止报废机动车回收拆解业务12个月以上

的，或者注销营业执照的，由原发证机关撤销其《资质认定书》。

省级商务主管部门应当将本行政区域内被撤销、吊销《资质认定书》的回收拆解企业名单及时向社会公布。

回收拆解企业因违反本细则受到被吊销《资质认定书》的行政处罚，禁止该企业自行政处罚生效之日起三年内再次申请报废机动车回收拆解资质认定。

第三十五条　各级商务、发展改革、工业和信息化、公安、生态环境、交通运输、市场监管等部门应当加强回收拆解企业监管信息共享，及时分享资质认定、变更、撤销等信息、回收拆解企业行政处罚以及《报废机动车回收证明》和报废机动车照片等信息。

第三十六条　县级以上地方商务主管部门应当会同有关部门建立回收拆解企业信用档案，将企业相关违法违规行为依法作出的处理决定录入信用档案，并及时向社会公布。

第三十七条　《资质认定书》、《报废机动车回收证明》和《报废机动车回收拆解企业分支机构备案信息表》样式由商务部规定，省级商务主管部门负责印制发放，任何单位和个人不得买卖或者伪造、变造。

第三十八条　省级商务主管部门应当加强对现场验收评审专家库的管理，实施动态调整机制。专家在验收评审过程中出现违反独立、客观、公平、公正原则问题的，省级商务主管部门应当及时将有关专家调整出现场验收评审专家库，且不得再次选入。

第三十九条　县级以上地方商务主管部门应当向社会公布本部门的联系方式，方便公众举报报废机动车回收拆解相关的违法行为。

县级以上地方商务主管部门接到举报，应当及时依法调查处理，并为举报人保密；对实名举报的，应当将处理结果告知举报人。

第六章　法律责任

第四十条　违反本细则第七条第一款规定，未取得资质认定，擅自从事报废机动车回收拆解活动的，由县级以上地方商务主管部门会同有关部门按照《管理办法》第十九条规定没收非法回收拆解的报废机动车、报废机动车“五大总成”和其他零部件，没收违法所得；违法所得在5万元以上的，并处违法所得2倍以上5倍以下的罚款；违法所得不足5万元或者没有违法所得的，并处5万元以上10万元以下的罚款。

违反本细则第七条第二款规定，机动车生产企业未按照国家有关规定承担生产者责任向回收拆解企业提供相关技术支持的，由县级以上地方工业和信息化主管部门责令改正，并处1万元以上3万元以下的罚款。

第四十一条　违反本细则第十四条规定，回收拆解企业涂改、出租、出借或者以其他形式非法转让《资质认定书》的，由县级以上地方商务主管部门责令改正，并处1万元以上3万元以下的罚款。

第四十二条　违反本细则第十五条第一款规定，回收拆解企业未按照要求备案分支机构的，由分支机构注册登记所在地县级以上地方商务主管部门责令改正，并处1万元以上3万元以下的罚款。

违反本细则第十五条第二款规定，回收拆解企业的分支机构对报废机动车进行拆解的，由分支机构注册登记所在地县级以上地方商务主管部门责令改正，并处3万元罚款；拒不改正或者情节严重的，由原发证部门吊销回收拆解企业的《资质认定书》。

第四十三条　违反本细则第十九条第一款、第二十条、第二十一条的规定，回收拆解企业违规开具或者发放《报废机动车回收证明》，或者未按照规定对已出具《报废机动车回收证明》的报废机动车进行拆解的，由县级以上地方商务主管部门责令限期改正，整改期间暂停打印《报废机动车回收证明》；情节严重的，处1万元以上3万元以下的罚款。

回收拆解企业明知或者应当知道回收的机动车为赃物或者用于盗窃、抢劫等犯罪活动的犯罪工具，未向公安机关报告，擅自拆解、改装、拼装、倒卖该机动车的，由县级以上地方公安机关按照《治安管理处罚法》予以治安管理处罚，构成犯罪的，依法追究刑事责任。

因违反前款规定，被追究刑事责任或者两年内被治安管理处罚两次以上的，由原发证部门吊销《资质认定书》。

第四十四条　违反本细则第十九条第二款规定，回收拆解企业未按照国家有关规定及时向公安机关交通管理部门办理机动车注销登记，并将注销证明转交机动车所有人的，由县级以上地方商务主管部门按照《管理办法》第二十二条规定责令改正，可以处1万元以上5万元以下的罚款。

第四十五条　违反本细则第二十三条规定，回收拆解企业未在其资质认定的拆解经营场地内对回收的报废机动车予以拆解，或者交易报废机动车整车、拼装车的，由县级以上地方商务主管部门责令改正，并处3万元罚款；拒不改正或者情节严重的，由原发证部门吊销《资质认定书》。

第四十六条　违反本细则第二十四条规定，回收拆解企业未建立生产经营全覆盖的电子监控系统，或者录像保存不足1年的，由县级以上地方商务主管部门责令限期改正，整改期间暂停打印《报废机动车回收证明》；情节严重的，处1万元以上3万元以下的罚款。

第四十七条　回收拆解企业违反环境保护法律、法规和强制性标准，污染环境的，由生态环境主管部门按照《管理办法》第二十四条规定责令限期改正，并依法予以处罚；拒不改正或者逾期未改正的，由原发证部门吊销《资质认定书》。

回收拆解企业不再符合本细则第八条规定有关环境保护相关认定条件的，由生态环境主管部门责令限期改正，并依法予以处罚；拒不改正或者逾期未改正的，由原发证部门撤销《资质认定书》。

回收拆解企业违反本细则第二十五条规定的，由生态环境主管部门依法予以处罚。

第四十八条　违反本细则第二十六条规定，回收拆解企业未按照要求建立报废机动车零部件销售台账并如实记录“五大总成”信息并上传信息系统的，由县级以上地方商务主管部门按照《管理办法》第二十三条规定责令改正，并处1万元以上5万元以下的罚款；情节严重的，责令停业整顿。

第四十九条　违反本细则第二十七条规定，回收拆解企业未按照国家有关标准和规定要求，对报废新能源汽车的废旧动力蓄电池或者其他类型储能设施进行拆卸、收集、贮存、运输及回收利用的，或者未将报废新能源汽车车辆识别代号及动力蓄电池编码、数量、型号、流向等信息录入有关平台的，由县级以上地方商务主管部门会同工业和信息化主管部门责令改正，并处 1 万元以上 3 万元以下的罚款。

第五十条　违反本细则第二十八条、第二十九条规定，回收拆解企业出售的报废机动车“五大总成”及其他零部件不符合相关要求的，由县级以上地方商务主管部门按照《管理办法》第二十一条规定责令改正，没收报废机动车“五大总成”和其他零部件，没收违法所得；违法所得在 5 万元以上的，并处违法所得 2 倍以上 5 倍以下的罚款；违法所得不足 5 万元或者没有违法所得的，并处 5 万元以上 10 万元以下的罚款；情节严重的，责令停业整顿直至由原发证部门吊销《资质认定书》。

回收拆解企业将报废机动车“五大总成”及其他零部件出售给或者交予本细则第二十八条、第二十九条规定以外企业处理的，由县级以上地方商务主管部门会同有关部门责令改正，并处 1 万元以上 3 万元以下的罚款。

第五十一条　违反本细则第三十一条规定，机动车维修经营者承修已报废的机动车的，由县级以上道路运输管理机构责令改正；有违法所得的，没收违法所得，处违法所得 2 倍以上 10 倍以下的罚款；没有违法所得或者违法所得不足 1 万元的，处 2 万元以上 5 万元以下的罚款，没收报废机动车；情节严重的，由县级以上道路运输管理机构责令停业整顿；构成犯罪的，依法追究刑事责任。

第五十二条　违反本细则第三十七条规定，买卖或者伪造、变造《资质认定书》的，由县级以上地方公安机关依法给予治安管理处罚。

买卖或者伪造、变造《报废机动车回收证明》的，由县级以上地方公安机关按照《治安管理处罚法》予以治安管理处罚。

第五十三条　发现在拆解或者处置过程中可能造成环境污染的电器电子等产品，设计使用列入国家禁止使用名录的有毒有害物质的，回收拆解企业有权向市场监管部门进行举报，有关部门应当及时通报市场监管部门。市场监管部门依据《循环经济促进法》第五十一条规定处理。

第五十四条　各级商务、发展改革、工业和信息化、公安、生态环境、交通运输、市场监管等部门及其工作人员应当按照《管理办法》和本细则规定履行职责。违反相关规定的，按照《管理办法》第二十五条规定追究责任。任何单位和个人有权对相关部门及其工作人员的违法违规行为进行举报。

第七章　附　　则

第五十五条　省级商务主管部门可以结合本地实际情况制定本细则的实施办法，并报商务部备案。

第五十六条　本细则实施前已经取得报废机动车回收资质的企业，应当在本细则实施后两年内按照本细则的要求向省级商务主管部门申请重新进行资质认定。通过资质认定的，换发《资质认定书》；超过两年未通过资质认定的，由原发证部门注销其《资质认定书》。

第五十七条　县级以上地方商务主管部门涉及本细则有关商务执法职责发生调整的，有关商务执法职责由本级人民政府确定的承担相关职责的部门实施。

18. 新能源汽车生产企业及产品准入管理规定

2017 年 1 月 6 日，工业和信息化部令第 39 号公布，根据 2020 年 7 月 24 日工业和信息化部令第 54 号公布的《工业和信息化部关于修改〈新能源汽车生产企业及产品准入管理规定〉的决定》修订。

第一条　为了落实发展新能源汽车的国家战略，规范新能源汽车生产活动，保障公民生命财产安全和公共安全，促进新能源汽车产业持续健康发展，根据《中华人民共和国行政许可法》《中华人民共和国道路交通安全法》《国务院对确需保留的行政审批项目设定行政许可的决定》等法律法规，制定本规定。

第二条　在中华人民共和国境内生产新能源汽车的企业（以下简称新能源汽车生产企业），及其生产在境内使用的新能源汽车产品的活动，适用本规定。

第三条　本规定所称汽车，是指《汽车和挂车类型的术语和定义》国家标准（GB/T 3730.1—2001）第 2.1 款所规定的汽车整车（完整车辆）及底盘（非完整车辆），不包括整车整备质量超过 400 kg 的三轮车辆。

本规定所称新能源汽车，是指采用新型动力系统，完全或者主要依靠新型能源驱动的汽车，包括插电式混合动力（含增程式）汽车、纯电动汽车和燃料电池汽车等。

第四条　工业和信息化部负责实施全国新能源汽车生产企业及产品的准入和监督管理。

省、自治区、直辖市工业和信息化主管部门负责本行政区域内新能源汽车生产企业及产品的日常监督管理，并配合工业和信息化部实施准入管理相关工作。

第五条　申请新能源汽车生产企业准入的，应当符合以下条件：

（一）符合国家有关法律、行政法规、规章和汽车产业发展政策及宏观调控政策的要求。

（二）申请人是已取得道路机动车辆生产企业准入的汽车生产企业，或者是已按照国家有关投资管理规定完成投资项目手续的新建汽车生产企业。

汽车生产企业跨产品类别生产新能源汽车的，也应当按照国家有关投资管理规定完成投资项目手续。

（三）具备生产新能源汽车产品所必需的生产能力、产品生产一致性保证能力、售后服务及产品安全保障能力，符合《新能源汽车生产企业准入审查要求》（见附件 1，以下简称《准入审查要求》）。

具备工业和信息化部规定条件的大型汽车企业集团，在企业集团统一规划、统一管理、承担相应监管责任的前提下，其下属企业（包括下属子公司及分公司）的准入条件予以简化，适用《企业集团下属企业的准入审查要求》（见附件 2）。

（四）符合相同类别的常规汽车生产企业准入管理规则。

第六条　汽车生产企业在已列入《道路机动车辆生产企业及产品公告》（以下简称《公告》）的新能源汽车整车或者底盘基础上改装生产新能源汽车产品，改装未影响到底盘、车载能源系统、驱动系统和控制系统的，不需要申请新能源汽车生产企业准入。

第七条　申请准入的新能源汽车产品，应当符合以下条件：

（一）符合国家有关法律、行政法规、规章。

（二）符合《新能源汽车产品专项检验项目及依据标准》（见附件3），以及相同类别的常规汽车产品相关标准。

（三）经国家认定的检测机构（以下简称检测机构）检测合格。

（四）符合工业和信息化部规定的安全技术条件。

工业和信息化部根据新能源汽车产业发展的实际情况和相关标准制修订情况，及时调整《新能源汽车产品专项检验项目及依据标准》的有关内容，并在施行前向社会公布。

第八条　申请新能源汽车生产企业准入的，应当向工业和信息化部提交以下材料：

（一）申请新能源汽车生产企业准入审查的文件。

（二）《新能源汽车生产企业准入申请书》（见附件4）及相关证明材料。

（三）新建新能源汽车生产企业的企业法人营业执照复印件，以及根据国家有关投资管理规定办理投资项目手续的文件。中外合资企业还应当提交中外股东持股比例证明。

第九条　申请新能源汽车产品准入的，应当向工业和信息化部提交以下材料：

（一）新能源汽车产品主要技术参数表（见附件5）。

（二）检测机构出具的新能源汽车产品检测报告。

（三）其他需要说明的情况。

第十条　工业和信息化部收到准入申请后，对于申请材料不齐全或者不符合法定形式的，应当当场或者在5日内一次性告知申请人需要补正的全部内容。申请材料齐全、符合法定形式的，应当予以受理，并自受理之日起20个工作日内作出批准或者不予批准的决定。20个工作日内不能作出决定的，经工业和信息化部负责人批准，可以延长10个工作日，并应当将延长期限的理由告知申请人。

第十一条　工业和信息化部委托第三方技术服务机构，组织专家对新能源汽车生产企业、新能源汽车产品准入申请进行技术审查，审查方式包括现场审查、资料审查。

工业和信息化部建立新能源汽车领域专家库，从中选取专家组成审查组。

第三方技术服务机构技术审查所需时间不计算在本规定第十条规定的期限内。

第十二条　申请新能源汽车生产企业准入的，如已按照相同类别的常规汽车生产企业准入管理规则通过了审查的，免予审查《准入审查要求》中的相关要求。

第十三条　检测机构应当严格按照工业和信息化部有关规定开展新能源汽车产品检测工作，不得擅自变更检测要求。

第十四条　通过审查的新能源汽车生产企业及产品，由工业和信息化部通过《公告》发布。

不符合本规定所规定的条件、标准的新能源汽车生产企业及产品，工业和信息化部不予列入《公告》。

新能源汽车生产企业应当按照《公告》载明的许可要求生产新能源汽车产品。

第十五条　新能源汽车生产企业应当加强管理、规范使用新能源汽车产品出厂合格证，确保出厂合格证及其信息与实际产品唯一对应、保持一致。

第十六条　新能源汽车生产企业应当建立新能源汽车产品售后服务承诺制度。售后服务承诺应当包括新能源汽车产品质量保证承诺、售后服务项目及内容、备件提供及质量保证期限、售后服务过程中发现问题的反馈、零部件（如电池）回收，出现产品质量、安全、环保等严重问题时的应对措施以及索赔处理等内容，并在本企业网站上向社会发布。

第十七条　新能源汽车生产企业应当建立新能源汽车产品运行安全状态监测平台，按照与新能源汽车产品用户的协议，对已销售的全部新能源汽车产品的运行安全状态进行监测。企业监测平台应当与地方和国家的新能源汽车推广应用监测平台对接。

新能源汽车生产企业及其工作人员应当妥善保管新能源汽车产品运行安全状态信息，不得泄露、篡改、毁损、出售或者非法向他人提供，不得监测与产品运行安全状态无关的信息。

第十八条　新能源汽车生产企业应当在产品全生命周期内，为每一辆新能源汽车产品建立档案，跟踪记录汽车使用、维护、维修情况，实施新能源汽车动力电池溯源信息管理，跟踪记录动力电池回收利用情况。

新能源汽车生产企业应当对新能源汽车产品的技术状况、故障及主要问题等运行情况进行分析、总结，编写年度报告（见附件6）。年度报告应当在新能源汽车产品全生命周期内存档备查。

第十九条　新能源汽车生产企业申请准入的新能源汽车产品类别或者动力系统（包括插电式混合动力、纯电动、燃料电池等）与已列入《公告》的新能源汽车产品不同的，或者增加、变更生产地址的，应当向工业和信息化部提交本规定第八条所列的材料，原则上应当进行现场审查。

取得插电式混合动力汽车或者燃料电池汽车产品准入的新能源汽车生产企业，申请相同类别的纯电动汽车产品准入的，只进行资料审查。

第二十条　新能源汽车生产企业应当持续满足《准入审查要求》和生产一致性等相关规定，确保新能源汽车产品安全保障体系正常运行。

第二十一条　新能源汽车生产企业发现新能源汽车产品存在安全、环保、节能等严重问题的，应当立即停止相关产品的生产、销售，采取措施进行整改，并及时向工业和信息化部和相关省、自治区、直辖市工业和信息化主管部门报告。

第二十二条　工业和信息化部应当对新能源汽车生产企业的《准入审查要求》保持情况、生产一致性情况和监测平台运行情况等进行监督检查，检查方式包括资料审查、实地核查、市场抽样和性能检测等。

省、自治区、直辖市工业和信息化主管部门应当对本行政区域内新能源汽车生产企业的生产情况、监测平台运行情况进行监督检查。发现新能源汽车生产企业有《准入审查要求》所列要求发生重大变化、生产管理存在重大安全隐患、产品不符合安全技术标准，以及违法行为等的，应当及时向工业和信息化部报告。

第二十三条　对于停止生产新能源汽车产品24个月及以

上的新能源汽车生产企业，工业和信息化部予以特别公示。

经特别公示的新能源汽车生产企业在恢复生产之前，工业和信息化部应当对其保持《准入审查要求》的情况进行核查。

第二十四条　工业和信息化部建立新能源汽车生产企业信用数据库，将企业违反生产一致性要求、申请材料弄虚作假、行政处罚等情况列入信用数据库。

第二十五条　新能源汽车生产企业不能保持《准入审查要求》，存在公共安全、人身健康、生命财产安全隐患的，工业和信息化部应当责令其停止生产、销售活动，并责令立即改正。

第二十六条　新能源汽车生产企业破产或者自愿终止生产新能源汽车产品的，工业和信息化部应当撤销、注销其相应的新能源汽车生产企业、产品准入。

第二十七条　隐瞒有关情况或者提供虚假材料申请新能源汽车生产企业、新能源汽车产品准入的，工业和信息化部不予受理或者不予准入，并给予警告，申请人在一年内不得再次申请准入。

以欺骗、贿赂等不正当手段取得新能源汽车生产企业、新能源汽车产品准入的，工业和信息化部应当撤销其新能源汽车生产企业、产品准入，申请人在三年内不得再次申请准入。

第二十八条　新能源汽车生产企业擅自生产、销售未列入工业和信息化部《公告》的新能源汽车车型的，工业和信息化部应当依据《中华人民共和国道路交通安全法》有关规定予以处罚。

第二十九条　本规定自2017年7月1日起施行。2009年6月17日工业和信息化部公布的《新能源汽车生产企业及产品准入管理规则》（工产业〔2009〕第44号）同时废止。本规定施行前公布的有关规定与本规定不一致的，以本规定为准。

附件：

1. 新能源汽车生产企业准入审查要求
2. 企业集团下属企业的准入审查要求
3. 新能源汽车产品专项检验项目及依据标准
4. 新能源汽车生产企业准入申请书（略）
5. 新能源汽车产品主要技术参数表（略）
6. 新能源汽车年度报告（略）

附件1　新能源汽车生产企业准入审查要求

序号	准入审查要求
一	生产能力
1 *	新能源汽车生产企业应具备保证产品质量和安全所需的生产设备设施。 应具备专用充电设备，数量应能保证产品充电需要。申请燃料电池汽车的，应能保证产品加氢需要。 应建立充分的安全生产管理措施、人员防护措施、应急处理措施
2 *	应按照投资项目审批文件要求完成项目建设。其中，投资项目审批文件中要求建设发动机生产条件的整车生产企业，申请插电式混合动力汽车产品时，应具备发动机的生产能力，至少应有缸体、缸盖的精加工生产线，机械化的发动机总成装配线及发动机试验台架。曲轴、凸轮轴、连杆可委托加工
二	产品生产一致性保证能力
3	新能源汽车生产企业应实施计算机信息化管理，至少应建立产品可追溯性信息管理系统，应对发动机、车载能源系统/燃料电池系统、储氢系统、驱动电机、整车控制器等关键零部件总成，以及整车配置、出厂检测数据等进行可追溯性信息管理
4	针对所有原材料、常规部件、车载能源系统及其他电器系统部件、软件及服务等供方，应建立供应链管理体系，确定供方及其产品评价标准、采购技术协议、产品验证规范，对供方及其产品进行评价和选择，并进行日常监督管理，以保证产品的质量和安全性。应保留对供方及其产品的评价、选择、管理记录
5 *	应具备保证产品质量所必需的进货检验、过程检验、出厂检验等设备和辅助检具，检验项目覆盖整车主要技术特性参数、主要零部件基本技术参数、功能和性能方面的检验内容，对安全、环保、节能等法规符合性、顾客特殊要求、新能源汽车专项检测项目要求应特别关注，性能指标应满足相关技术标准的要求，且与所要求的测量能力一致。进货检验可利用供方、外部机构的检验能力。 应具备车载能源系统/燃料电池系统、驱动系统的电气性能与安全、温度、储氢系统安全等项目的检验设备以及整车安全检测线。 申请燃料电池汽车的，还应具备燃料电池车载氢系统泄漏及高压气体安全方面的测试仪器和设备。 应具备整车控制器总成检验能力、整车下线后控制系统及其子系统的检验能力，具备故障诊断专用仪器和软件
6 *	应建立从关键零部件总成供方至整车出厂的完整的产品可追溯体系。应建立整车产品信息及出厂检测数据记录和存储系统，存档期限不低于产品的预期生命周期。 当产品质量、安全、环保等方面发生重大共性问题和设计缺陷时（包括由于供方原因引起的问题），应能迅速查明原因，确定召回范围，并采取必要措施；当顾客需要维修备件时，应能够迅速确定所需备件的技术状态。 对于发动机、车载能源系统/燃料电池系统、储氢系统、驱动电机、整车控制器等关键部件，应建立易见的、不可更换的、唯一性标识，并建立可以支持产品追溯的信息数据库
三	售后服务及产品安全保障能力
7	应建立完整的文件化的销售和售后服务管理体系，包括人员培训（企业内部人员、经销商人员、顾客或使用单位的人员）、销售和售后服务网络建设、维修服务提供、备件提供、索赔处理、信息反馈、整车产品召回、零部件（如电池）回收及再利用、客户管理等内容，并有能力实施。 应建立相应的技术文件体系，包括销售技术培训手册、整车/底盘/电子电器系统的维修手册、备件目录、专用工具和仪器清单、产品使用说明书、售后服务承诺、应急措施等。 售后服务承诺内容应充分适宜，应在本企业网站上向社会公开，并严格履行。 已获得新能源汽车生产准入的企业如果发生重组，应保证重组后企业提供的售后服务不低于重组前作出的售后服务承诺
8	维修服务、备件供应满足所有客户要求，能保证在产品的使用寿命期限内、在企业承诺的限定服务时间内向顾客提供可靠的备件、维修和咨询服务。 售后服务体系除能独立完成或与供方协作完成与常规汽车相同的售后服务项目外，还应具备整车及车载能源系统、驱动系统、控制系统及子系统和相关部件的故障诊断专用仪器和软件，具备相应的维修服务能力和更换能力。 应建立零部件（如电池）回收及再利用的渠道，与有关各方签订相关协议，确保回收及再利用的顺利实施

续上表

序号	准入审查要求
9 *	应建立质量信息及时反馈机制及产品安全保障机制。 应在产品全生命周期内为所销售的每一辆新能源汽车(含底盘)建立相应的档案,跟踪汽车使用、维护、维修情况,建立新能源汽车动力电池溯源信息管理系统,跟踪记录动力电池回收利用情况。 应按照与用户的协议,对已销售的全部新能源汽车(含底盘)的运行安全状态进行监测,直至汽车停止使用或报废。监测数据应至少包括车辆运行安全、故障、充电、能耗情况等方面,应对监测数据进行分析,并能为车辆改进提供数据支持。监测数据保存期应不低于产品的生命周期。企业监测平台应与地方和国家新能源汽车推广应用监测平台对接。 应建立新能源汽车安全事故应急处理制度,包括应急预案、抢险救援方案、事故调查及汇报方案等。 应编写年度报告。年度报告应长期存档备查

注:1. 申请新能源汽车生产企业准入的企业,如已按照相同类别的常规汽车生产企业准入管理规则通过审查,则对相关要求免予审查。
2. 表中准入审查要求分为否决项和一般项两类,共9个条款,标注“*”的条款(共5个)为否决项。
3. 判定原则如下:
(1)现场考核全部否决项均符合要求,一般项不符合不超过2项,审查结论为通过;其余情况均为不通过。
(2)当现场考核结果未达到本注中第1条要求时,申请企业可在3个月内针对不符合项进行整改,经验证后达到本注中第1条要求的,考核结论为通过;验证未达到第1条要求的,结论为不通过,企业需重新申请。整改验证只能进行一次。

附件2 企业集团下属企业的准入审查要求表

一、生产能力

企业集团下属企业应满足《准入审查要求》“生产能力”的相关要求。

对于车身、底盘等总成部件,如果企业集团在冲压、焊装等方面有统一生产布局,则可简化下属企业的相关能力要求。

二、产品生产一致性保证能力

企业集团下属企业应满足《准入审查要求》“产品生产一致性保证能力”的相关要求,并能够独立实施。但在检验能力中,涉及定期抽查、型式检验等方面的工作可由企业集团统一完成。

共用与通用产品的零部件配套可在企业集团统一管理、统一评价、统一要求下进行。下属企业的专有产品,应由下属企业自行制定要求、自行评价,指定配套企业。

三、售后服务及产品安全保障能力

可由企业集团统一销售渠道、提供通用性服务。下属企业的专有产品,应由下属企业提供专项服务。

附件3 新能源汽车产品专项检验项目及依据标准

序号	检验项目	标准名称	标准号	备注
1	储能装置(单体、模块)	电动汽车用锌空气电池	GB/T 18333. 2—2015	6. 2. 4、6. 3. 4,90°倾倒试验对水系电解液蓄电池暂不执行
		车用超级电容器	QC/T 741—2014	
		电动汽车用动力蓄电池循环寿命要求及试验方法	GB/T 31484—2015	6. 5 工况循环寿命结合整车可靠性标准进行考核
		电动汽车用动力蓄电池安全要求及试验方法	GB/T 31485—2015	6. 2. 8、6. 3. 8 针刺试验暂不执行
		电动汽车用动力蓄电池电性能要求及试验方法	GB/T 31486—2015	
	储能装置(电池包)	电动汽车用锂离子动力蓄电池包和系统 第3部分:安全性要求与测试方法	GB/T 31467. 3—2015	对于由车体包覆并构成电池包箱体的,要带箱体/车体测试;电池包或系统尺寸较大,无法进行台架安装测试时,可进行子系统测试
2	电机及控制器	电动汽车用驱动电机系统 第1部分:技术条件	GB/T 18488. 1—2015	5. 6. 7 电磁兼容性结合 GB/T 18387—2008 电磁兼容考核;5. 7 可靠性试验结合整车可靠性进行考核;附录A不执行
		电动汽车用驱动电机系统 第2部分:试验方法	GB/T 18488. 2—2015	10 可靠性试验、9. 7 电磁兼容性暂不执行
3	电动汽车安全	电动汽车 安全要求 第1部分:车载可充电储能系统(REESS)	GB/T 18384. 1—2015	5. 1. 2 (除乘用车和N1类车辆外的其他汽车)绝缘电阻测试条件,可在室温条件下进行; 5. 2 污染度暂不执行; 5. 3 有害气体和其他有害物质排放暂不执行
		电动汽车 安全要求 第2部分:操作安全和故障防护	GB/T 18384. 2—2015	6 用户手册涉及项目暂不执行; 8 紧急响应涉及项目暂不执行
		电动汽车 安全要求 第3部分:人员触电防护	GB/T 18384. 3—2015	6. 3. 3 电容耦合 暂不执行; 7. 2 B(除乘用车和N1类车辆外的其他汽车)绝缘电阻测试条件,可在室温条件下进行; 9 用户手册 涉及项目暂不执行
		燃料电池电动汽车 安全要求	GB/T 24549—2009	
4	电磁场辐射	电动车辆的电磁场发射强度的限值和测量方法,宽带,9 kHz ~30 MHz	GB/T 18387—2008	
5	电动汽车操纵件	电动汽车操纵件、指示器及信号装置的标志	GB/T 4094. 2—2005	
6	电动汽车仪表	电动汽车用仪表	GB/T 19836—2005	4. 2 电磁兼容试验结合 GB/T 18387—2008 标准的方法和要求进行

续上表

序号	检验项目	标准名称	标准号	备注
7	能耗	电动汽车　能量消耗率和续驶里程试验方法	GB/T 18386—2005	
		轻型混合动力电动汽车能量消耗量试验方法	GB/T 19753—2013	
		重型混合动力电动汽车能量消耗量试验方法	GB/T 19754—2015	
8	电动汽车除霜除雾	电动汽车风窗玻璃除霜除雾系统的性能要求及试验方法	GB/T 24552—2009	5.1.1 除霜试验环境温度对于燃料电池电动汽车为 -10 ℃
9	纯电动乘用车技术条件	纯电动乘用车　技术条件	GB/T 28382—2012	
10	燃料电池发动机	燃料电池发动机性能试验方法	GB/T 24554—2009	
11	燃料电池电动汽车加氢口	燃料电池电动汽车　加氢口	GB/T 26779—2011	
12	燃料电池电动汽车车载氢系统技术要求	燃料电池电动汽车　车载氢系统　技术要求	GB/T 26990—2011	
		燃料电池电动汽车　车载氢系统　试验方法	GB/T 29126—2012	
13	电动汽车传导充电用连接装置	电动汽车传导充电用连接装置　第 1 部分：通用要求	GB/T 20234.1—2015	
		电动汽车传导充电用连接装置　第 2 部分：交流充电接口	GB/T 20234.2—2015	
		电动汽车传导充电用连接装置　第 3 部分：直流充电接口	GB/T 20234.3—2015	
14	通信协议	电动汽车非车载传导式充电机与电池管理系统之间的通信协议	GB/T 27930—2015	
15	碰撞后安全要求	电动汽车碰撞后安全要求	GB/T 31498—2015	采用 B 级电压的燃料电池电动汽车应符合本标准规定
16	超级电容电动城市客车	超级电容电动城市客车	QC/T838—2010	5.1.3.1 绝缘、5.2.1 高压电器设备及布线、5.3 低压电器设备及电路设施暂不执行
17	插电式混合动力电动乘用车技术条件	插电式混合动力电动乘用车　技术条件	GB/T 32694—2016	
18	电动汽车远程服务与管理系统技术规范	电动汽车远程服务与管理系统技术规范　第 2 部分：车载终端	GB/T 32960.2—2016	
		电动汽车远程服务与管理系统技术规范　第 3 部分：通信协议及数据格式	GB/T 32960.3—2016	
19	定型试验	电动汽车　定型试验规程	GB/T 18388—2005	4.1.2、4.1.3 电动车除霜除雾结合 GB/T 24552—2009 标准的方法和要求考核。4.3 可靠性行驶对于纯电动乘用车按照 GB/T 28382—2012 标准 4.9 可靠性要求考核
		混合动力电动汽车　定型试验规程	GB/T 19750—2005	
		超级电容电动城市客车　定型试验规程	QC/T925—2013	
		电动汽车　动力性能　试验方法	GB/T 18385—2005	
		混合动力电动汽车　动力性能　试验方法	GB/T 19752—2005	9.7 混合动力模式下的 30 min 最高车速暂不执行
		燃料电池电动汽车　最高车速试验方法	GB/T 26991—2011	

19. 关于开展燃料电池汽车示范应用的通知

财建〔2020〕394 号

各省、自治区、直辖市、计划单列市财政厅（局）、工业和信息化主管部门、科技厅（委、局）、发展改革委、能源局：

为推动我国燃料电池汽车产业持续健康、科学有序发展，财政部、工业和信息化部、科技部、发展改革委、国家能源局（以下简称五部门）决定开展燃料电池汽车示范应用工作。现将有关事项通知如下：

一、支持方式

针对产业发展现状，五部门将对燃料电池汽车的购置补贴政策，调整为燃料电池汽车示范应用支持政策，对符合条件的城市群开展燃料电池汽车关键核心技术产业化攻关和示范应用给予奖励，形成布局合理、各有侧重、协同推进的燃料电池汽车发展新模式。

示范期暂定为四年。示范期间，五部门将采取“以奖代补”方式，对入围示范的城市群按照其目标完成情况给予奖励。奖励资金由地方和企业统筹用于燃料电池汽车关键核心技术产业化，人才引进及团队建设，以及新车型、新技术的示范应用等，不得用于支持燃料电池汽车整车生产投资项目和加氢基础设施建设。

二、示范内容

示范城市群应聚焦技术创新，找准应用场景，构建完整的产业链。一是构建燃料电池汽车产业链条，促进链条各环节技术研发和产业化。要依托龙头企业，以客户需求为导向，组织相关企业打造产业链，加强技术研发，实现相关基础材料、关键零部件和整车产品研发突破及初步产业化应用，在示范中不断完善产业链条、提升技术水平。二是开展燃料电池汽车新技术、新车型的示范应用，推动建立并完善相关技术指标体系和测试评价标准。要明确合适的应用场景，重点推动燃料电池汽车在中远途、中重型商用车领域的产业化应用。要运用信息化平台，实现燃料电池汽车示范全过程、全链条监管，积累车辆运行数据，完善燃料电池汽车和氢能相关技术指标、测试标准。三是探索有效的商业运营模式，不断提高经济性。要集中聚焦优势企业产品推广，逐步形成规模效应，降低燃料电池汽车成本。要为燃料电池汽车示范应用提供经济、安全稳定的氢源保障，探索发展绿氢，有效降低车用氢能成本。四是完善政策制度环境。要建立氢能及燃料电池核心技术研发、加氢站建设运营、燃料电池汽车示范应用等方面较完善的支持政策体系。要明确氢的能源定位，建立健全安全标准及监管模式，确保生产、运输、加注、使用安全，明确牵头部门，出台加氢站建设审批管理办法。

三、示范城市群选择

示范城市群采取地方自愿申报、专家评审方式确定。申报城市应打破行政区域限制，在全国范围内选择产业链上优秀企业所在城市进行联合，具体要求如下：产业链上优秀企业之间签订合同或合作意向书，企业所在城市（地级以上）本着自愿组合的原则组成城市群，协商产生牵头城市，牵头城市与其他城市签订合作协议，共同编制实施方案，明确任务分工，其他城市向牵头城市提供示范任务承诺函，形成产业链条各环节环环相扣、强强联合态势，协同推进关键核心技术研发和产业化。牵头城市将实施方案上报所在省份财政、工信、科技、发改、能源主管部门审定后，由所在省份向五部门申报示范（申报指南附后）。

五部门组织专家委员会对符合条件的申报方案进行综合评审，经五部门审核后确定示范城市群，方案成熟一个实施一个。示范应用工作将重点支持技术攻关基础好、资金落实到位、计划目标明确、应用场景清晰、政策制度有保障的城市群。

四、组织实施

燃料电池汽车链条长、参加示范主体多，示范城市群以及各城市所在省份应加强上下联动、横向协同。各省份应统筹本省资源，加大对示范城市和企业的支持力度；各相关省份之间应加强组织协调，共同支持示范城市群开展示范应用工作。

各示范城市群牵头城市人民政府要发挥主体作用，会同其他参与城市共同组成领导小组，负责领导小组的日常工作，强化城市间的沟通协调，统筹推进示范工作。领导小组要提出实施方案年度计划，明确责任和保障措施，负责示范项目组织实施、资金分配等，确保链条各环节衔接一致、协同作战。每个示范年度终了，领导小组经牵头城市所在省份相关部门向五部门提交实施方案进展、阶段性任务完成情况和资金申请报告。

各城市要围绕各自目标任务分工，细化实施方案；要强化组织实施，加大资金投入力度，保证中央财政拨付的奖励资金及时有效使用；要为企业营造良好的政策环境，帮助企业解决实施中的具体问题和困难；要加强监管，细化考核，在确保安全的基础上完成示范任务。领导小组应委托第三方机构对示范工作实施监督，对工作进展缓慢、确无法完成任务的城市提出处理意见，经牵头城市所在省份相关部门报五部门批准后调整实施方案。各相关企业要加大研发投入，提升研发能力，加强与上下游企业对接，确保目标任务保质保量完成。

五部门将发挥各自职能作用，加强对燃料电池汽车示范应用工作的支持、指导和监督，并组织专家委员会全程跟踪指导示范工作；将综合考虑技术进步等因素，适时优化技术指标并提前发布。每年中央财政以结果为导向，根据年度考核评价结果拨付奖励资金。中央财政设定示范期预算总规模，示范期间将根据进展情况适度调整奖励标准。示范实施2年后，五部门将组织开展中期评估，对未按序时进度完成目标任务的城市群，将视情况采取要求调整实施方案、扣减或暂停奖励资金、暂停参与城市甚至取消城市群示范资格等措施。为推进产业合理布局，示范区以外的地方原则上不宜再对燃料电池汽车推广给予购置补贴。

附件：燃料电池汽车示范城市群申报指南

财政部
工业和信息化部
科技部
发展改革委
国家能源局
2020 年 9 月 16 日

附件　燃料电池汽车示范城市群申报指南

一、示范城市群选择流程

（一）城市群组队。各城市围绕燃料电池汽车产业链上当地企业的技术水平和能力以及与上下游企业的合作情况，自愿与相关城市组队，强强联合（拥有产业链上优秀企业的城市可参加多个城市群）并协商产生牵头城市。牵头城市会同其他城市共同编制实施方案，与其他城市签订合作协议、明确任务分工。其他城市按照任务分工编制实施方案，向牵头城市提供示范任务承诺函。有关企业之间按照产业链上下游关系，签订合同或合作意向书。

（二）省级申报。牵头城市所在省份相关部门应对示范方案进行审核把关后，向财政部、工业和信息化部、科技部、发展改革委、国家能源局申报示范。

（三）评审程序。五部门委托第三方机构进行合规性审查，通过后进入专家评审环节。专家委员会对符合条件的申报城市群方案进行综合评审，经五部门审核后确定示范城市群。

二、申报基础条件

燃料电池汽车示范应用工作支持基础条件好、产业链上企业技术水平高的城市群。申报基础条件包括：

（一）产业基础。产业链条基本完整，链条上的企业技术水平国内领先。

（二）氢能供给及经济性。能够持续提供安全的车用氢能，经济性较好。

（三）应用场景。具备明确的适合燃料电池汽车示范的应用场景。已推广不低于100辆燃料电池汽车，已建成并投入运营至少2座加氢站且单站日加氢能力不低于500 kg。

（四）政策保障。有支持燃料电池汽车相关技术攻关、示范推广、安全监管等政策措施。

三、示范目标

示范城市群应在示范期间完成以下基础目标：

（一）燃料电池汽车搭载的基础材料、关键零部件技术取得突破并产业化。第1、2、3、4年度分别不低于2项、4项、5项、7项，产品通过第三方机构的综合测试，并示范应用不低于500台（套）。

（二）氢能经济性明显提高。车用氢能价格显著下降，终端售价不超过35元/kg。燃料电池汽车、关键零部件价格明显下降。

（三）应用新技术的车辆加快推广应用。整车产品性能应以客户需求为核心导向，符合技术指标的车辆推广规模应超过1 000辆，推广车辆累计运行里程满足要求。建成并投入运营加氢站超过15座。

（四）政策法规环境逐步建立并完善。建立支持燃料电池汽车相关研发攻关产业化、推广应用、安全监管、建设运营、资金投入保障等较为完善的政策体系。

具体目标和评价体系（见附件1）。

四、实施方案编制

申报示范的城市群要按照"布局合理、各有侧重、协同推进"的要求，由牵头城市会同其他城市科学编制燃料电池汽车示范应用实施方案。要将目标任务、实施方案、城市分工明确分解到各年度、各城市和各相关企业。燃料电池汽车示范应用实施方案编制大纲（见附件2）。

确定获得示范资格的城市群，牵头城市应会同其他城市按照专家委员会的评审意见修改完善实施方案，经牵头城市所在省份相关部门审核后报五部门备案，并按信息公开有关规定在各城市政府门户网站公开。

五、其他

（一）2020年入围城市群实施期为示范资格确认之日起四年。实施期间，五部门将组织进行节点考核，根据目标任务的完成情况，确定并拨付奖励资金。

（二）牵头城市所在的省级财政、工信、科技、发改、能源主管部门按要求联合申报示范，于2020年11月15日前向五部门提交两份申请文件和示范应用实施方案（并附电子版）。

（三）联系方式。

财政部经济建设司，电话：010-68552977

工业和信息化部装备工业一司，电话：010-68205644

科技部高新技术司，电话：010-58881582

发展改革委产业发展司，电话：010-68501571

国家能源局科技司，电话：010-59303783

附件：

1. 燃料电池汽车城市群示范目标和积分评价体系

2. 燃料电池汽车示范应用实施方案编制大纲

附件1 燃料电池汽车城市群示范目标和积分评价体系

领域	关键指标	城市群示范目标	奖励积分标准	补贴上限（分）
燃料电池汽车推广应用	推广应用车辆技术和数量	1. 示范期间，电堆、膜电极、双极板、质子交换膜、催化剂、碳纸、空气压缩机、氢气循环系统等领域取得突破并实现产业化。车辆推广规模应超过1 000辆。 2. 燃料电池系统的额定功率不小于50 kW，且与驱动电机的额定功率比值不低于50%。 3. 燃料电池汽车所采用的燃料电池启动温度不高于−30 ℃。 4. 燃料电池乘用车所采用的燃料电池堆额定功率密度不低于3.0 kW/L，系统额定功率密度不低于400 W/kg；燃料电池商用车所采用的燃料电池堆额定功率密度不低于2.5 kW/L，系统额定功率密度不低于300 W/kg。 5. 燃料电池汽车纯氢续驶里程不低于300 km。对最大设计总质量31 t（含）以上的货运车辆，以及矿山、机场等场内运输车辆，经认定后可放宽至不低于200 km。 6. 燃料电池乘用车生产企业应提供不低于8年或12万km（以先到者为准，下同）的质保，商用车生产企业应提供不低于5年或20万km的质保。 7. 平均单车累计用氢运行里程超过3万km。 8. 鼓励探索70 MPa等燃料电池汽车示范运行	1. 2020年度1.3分/辆（标准车，下同），2021年度1.2分/辆，2022年度1.1分/辆，2023年度0.9分/辆。燃料电池系统的额定功率大于80 kW的货运车辆，最大设计总质量12～25（含）t按1.1倍计算，25～31（含）t按1.3倍计算，31 t以上按1.5倍计算。 2. 关键零部件产品通过第三方机构的综合测试，每款产品在示范城市群应用不低于500台（套），产品实车运行验证超过2万km，技术水平和可靠性经专家委员会评审通过，给予额外加分。其中：电堆、双极板奖励积分标准0.20分/辆；膜电极、空气压缩机、质子交换膜奖励积分标准0.25分/辆；催化剂、碳纸、氢气循环系统奖励积分标准0.30分/辆。每款关键零部件产品最多额外奖励1 500分。 在全国范围内，根据关键零部件产品技术、质量和安全水平等因素进行综合评价，每类关键零部件最多给予5款产品加分	15 000
氢能供应	氢能供应及经济性	1. 车用氢气年产量超过5 000 t。鼓励清洁低碳氢气制取，每公斤氢气的二氧化碳排放量小于15 kg。 2. 车用氢气品质满足《质子交换膜燃料电池汽车用燃料氢气》（GB/T 37244—2018）要求。 3. 车用氢能价格显著下降，加氢站氢气零售价格不高于35元/kg	按照车用氢气实际加注量给予积分奖励： 1. 2020年7分/百t，2021年6分/百t，2022年4分/百t，2023年3分/百t。 2. 成本达标，奖励1分/百t。 3. 清洁氢（每公斤氢气的二氧化碳排放量小于5 kg）奖励3分/百t。 4. 运输半径<200 km，奖励1分/百t	2 000

注：1. 原则上1积分约奖励10万元，示范期间将根据示范进展情况适度调整补贴标准和技术要求。

2. 燃料电池标准车折算办法。燃料电池汽车按燃料电池系统额定功率（p，单位为kW）折算为标准车，折算系数（Y）为：

（1）乘用车：$Y=(p-50)\times0.03+1$；$p\geq80$时，$Y=1.9$；

（2）轻型货车、中型货车、中小型客车：$Y=(p-50)\times0.02+1$；$p\geq80$时，$Y=1.6$；

（3）重型货车（12 t以上）、大型客车（10 m以上）：$Y=(p-50)\times0.03+1$；$p\geq110$时，$Y=2.8$。

3. 示范结束后，对超额完成示范任务的，超额完成部分予以额外奖励，按照超额完成的任务量和奖励积分标准进行测算，额外奖励资金上限不超过应获得资金的10%。

附件2　燃料电池汽车示范应用实施方案编制大纲

为指导燃料电池汽车示范应用工作的实施，各申报城市群应按照《关于开展燃料电池汽车示范应用的通知》(以下简称《通知》)和《燃料电池汽车示范城市群申报指南》(以下简称《申报指南》)相关要求，由牵头城市组织编制总体实施方案，其中应包含其他城市具体实施方案。实施方案应包括但不限于以下内容：

一、城市群在燃料电池汽车产业链合作方面的总体情况及各城市在示范中的功能定位主要包括牵头城市、城市群组成、城市群申报基础条件、各城市优势及功能定位分析等内容。各城市群应按照《通知》相关要求，围绕全国范围内产业链上的优秀企业，由企业所在的城市联合申报，并确定牵头城市，强强联合、产业互补。应按照《申报指南》所列的基础条件进行描述，主要包括城市群产业基础、氢能供给及经济性基础、示范应用场景和政策保障基础等。应阐述各城市具备的优势，明确各城市在示范应用中的功能定位和责任，说明各城市间的定位衔接、互补以及企业间上下游联动情况。

二、主要任务和目标

各城市群结合本地实际情况，围绕技术创新和产业链建设、应用新技术的车辆推广和运行使用、有效商业模式探索、政策制度环境建设等方面，明确具体任务、推进措施和实现目标等内容，并以表格形式细化各示范年度的总体计划和分年度计划，以便进行相关考核，格式见附表。

(一)技术创新和产业链建设。应明确创新内容、参与企业、组织模式、项目进度计划等内容。应重点描述如何推动相关基础材料、关键零部件和整车产品研发突破并实现产业化应用。其中：创新内容包括电堆、膜电极、双极板、质子交换膜、催化剂、碳纸、空气压缩机、氢气循环系统等基础材料和关键零部件；参与企业指参与示范任务的整车、关键零部件和基础材料相关企业；组织模式要注重建立以整车或燃料电池系统企业为龙头，带动基础材料和关键零部件技术攻关的体系，加强产业链上下游企业对接，强强联合；项目进度要确定主要时间节点要求，明确主要节点考核指标。应将主要内容总结后汇总成表格，可参照但不限于以下表格形式。

序号	创新内容	参与企业	项目进度计划及考核指标
1	电堆		
2	膜电极		
3	双极板		
	……		

(二)应用新技术的车辆推广及运行使用。应明确推广的车辆类型、技术水平、应用场景等内容。应注重促进应用新技术的车辆推广，探索有效的商业运营模式，不断提高燃料电池汽车应用经济性，其中应重点推动燃料电池汽车在中远途、中重型商用车领域的产业化应用。应按照《通知》和《申报指南》要求的技术指标，明确关键零部件技术参数、配套企业名称等内容。应结合本地实际及需求确定适合的应用场景，如长途运输、物流、码头、矿山、长途客运等，并描述示范应用场景具体应用模式、本地区在该示范应用场景具备的基础和条件，将各示范应用场景拟推广车辆数量分解到各年度。应将主要内容总结后汇总成表格，可参照但不限于以下表格形式。

序号	应用场景	第1年度(辆)	第2年度(辆)	第3年度(辆)	第4年度(辆)	总计(辆)
1	总计划					
2	长途运输					
3	城建物流					
	……					

(三)有效商业模式探索。应明确氢能来源、氢能成本、加氢站建设等内容。应明确如何破除氢能供给和加氢站建设障碍、如何保障提供经济安全稳定的氢源、如何推动氢气成本不断降低等。其中：氢能来源是指在预测氢气需求量基础上，确定经济、安全、稳定的氢源保障，明确本城市群参与示范的氢能企业、氢能类型和产量、运输方式和距离等；氢能成本是指阐述氢能经济性，包括制氢成本、储运成本、加注成本和终端售价等，并对示范期间的氢能经济性进行预测；加氢站建设是指，对加氢站数量需求进行分析预测，明确拟建设的加氢站数量、类型，初步规划分布等。可参照但不限于以下表格形式。

序号	加氢站类型	第1年度(座)	第2年度(座)	第3年度(座)	第4年度(座)	总计(座)
1	总计划					
2	固定式加氢站					
3	撬装式加氢站					

(四)政策制度环境建设。应明确示范期间拟出台的政策措施，以及各项政策的具体牵头负责单位，并做好政策制定规划，确保及时出台相关支持政策。

三、保障措施

围绕示范目标和主要任务，应提出有针对性的保障措施。包括但不限于：一是组织保障。要明确牵头城市和领导小组，牵头城市要与其他城市签订合作协议，确定各城市任务分工和责任。其他城市要编制具体实施方案，向牵头城市提供示范任务承诺函，承诺愿与牵头城市组成城市群，在牵头城市组织协调下认真开展示范工作，完成好示范任务。企业之间要按照产业链上下游关系签订合同或合作意向书，列明各自任务和目标。要建立城市间的沟通、协调、组织机制，提出城市群内部的监督考核制度等。应明确省级部门的作用，为示范城市群示范应用提供良好的组织保障和政策环境，确保各城市间协同推进。二是政策保障。应建立支持关键零部件攻关和车辆示范应用等较完善的政策体系，为企业发展营造良好的政策环境。三是资金保障。应对示范所需资金投入进行测算，包括：企业投入、地方政府(包括省级、各示范城市)资金投入及社会资本投入等。

四、安全保障及应急机制

各城市群应承诺科学有序、安全稳妥推进示范应用，提高安全风险意识，建立健全安全管理制度。包括但不限于：确定具体责任部门，明确安全监管机制和管理措施，制定突发事件应急预案等。

五、相关支撑材料

包括已出台的政策制度文件汇编、其他相关支撑材料等。

附表1 申报城市群基本情况表(各城市分别填报)

填报单位:

一、基本情况		
城市名称及对应的牵头城市		
本市2019年财政收入		
二、产业基础		
燃料电池整车企业数量及重点企业名称		
核心材料及关键零部件企业数量及重点企业名称		
研发、试制试验及检测机构数量及单位名称		
三、示范经验		
参与国家或国际燃料电池汽车示范项目及名称		
燃料电池汽车累计推广量及应用场景描述		
四、氢能供给及加氢站		
车用氢气来源、主要企业及价格等		
建成并投入运营加氢站数量及类型		
五、出台补贴政策		
政策名称	文号	主要内容

注:补贴政策主要是指针对燃料电池汽车购置、加氢站建设及运营等方面的补贴政策。

附表2 燃料电池汽车示范应用计划表

填报单位①:

计划	技术创新和产业链建设计划	车辆推广计划(辆)				氢能供应和加氢站建设计划			政策制度	资金投入计划(亿元)				
	核心技术研发产业化项目简介	合计	乘用车	客车	货车	新增氢能供给类型及产能②	固定式加氢站数量(座)	撬装式加氢站数量(座)	拟出台支持政策	合计	示范城市投入	省级投入	企业投入	其他投入
总体计划														
第1年度计划														
第2年度计划														
第3年度计划														
第4年度计划														

注:①以城市群为单位填报,但具体计划分工应明确到各城市;
②总计×t,其中工业副产氢×t,可再生能源电解水制氢×t,以此类推。

20. 新能源汽车产业发展规划(2021—2035年)

国务院办公厅国办发〔2020〕39号

发展新能源汽车是我国从汽车大国迈向汽车强国的必由之路,是应对气候变化、推动绿色发展的战略举措。2012年国务院发布《节能与新能源汽车产业发展规划(2012—2020年)》以来,我国坚持纯电驱动战略取向,新能源汽车产业发展取得了巨大成就,成为世界汽车产业发展转型的重要力量之一。与此同时,我国新能源汽车发展也面临核心技术创新能力不强、质量保障体系有待完善、基础设施建设仍显滞后、产业生态尚不健全、市场竞争日益加剧等问题。为推动新能源汽车产业高质量发展,加快建设汽车强国,制定本规划。

第一章 发展趋势

第一节 新能源汽车为世界经济发展注入新动能

当前,全球新一轮科技革命和产业变革蓬勃发展,汽车与能源、交通、信息通信等领域有关技术加速融合,电动化、网联化、智能化成为汽车产业的发展潮流和趋势。新能源汽车融汇新能源、新材料和互联网、大数据、人工智能等多种变革性技术,推动汽车从单纯交通工具向移动智能终端、储能单元和数字空间转变,带动能源、交通、信息通信基础设施改造升级,促进能源消费结构优化、交通体系和城市运行智能化水平提升,对建设清洁美丽世界、构建人类命运共同体具有重要意义。近年来,世界主要汽车大国纷纷加强战略谋划、强化政策支持,跨国汽车企业加大研发投入、完善产业布局,新能源汽车已成为全球汽车产业转型发展的主要方向和促进世界经济持续增长的重要引擎。

第二节　我国新能源汽车进入加速发展新阶段

汽车产品形态、交通出行模式、能源消费结构和社会运行方式正在发生深刻变革，为新能源汽车产业提供了前所未有的发展机遇。经过多年持续努力，我国新能源汽车产业技术水平显著提升、产业体系日趋完善、企业竞争力大幅增强，2015 年以来产销量、保有量连续 5 年居世界首位，产业进入叠加交汇、融合发展新阶段。必须抢抓战略机遇，巩固良好势头，充分发挥基础设施、信息通信等领域优势，不断提升产业核心竞争力，推动新能源汽车产业高质量可持续发展。

第三节　融合开放成为新能源汽车发展的新特征

随着汽车动力来源、生产运行方式、消费使用模式全面变革，新能源汽车产业生态正由零部件、整车研发生产及营销服务企业之间的“链式关系”，逐步演变成汽车、能源、交通、信息通信等多领域多主体参与的“网状生态”。相互赋能、协同发展成为各类市场主体发展壮大的内在需求，跨行业、跨领域融合创新和更加开放包容的国际合作成为新能源汽车产业发展的时代特征，极大地增强了产业发展动力，激发了市场活力，推动形成互融共生、合作共赢的产业发展新格局。

第二章　总体部署

第一节　总体思路

以习近平新时代中国特色社会主义思想为指引，坚持创新、协调、绿色、开放、共享的发展理念，以深化供给侧结构性改革为主线，坚持电动化、网联化、智能化发展方向，深入实施发展新能源汽车国家战略，以融合创新为重点，突破关键核心技术，提升产业基础能力，构建新型产业生态，完善基础设施体系，优化产业发展环境，推动我国新能源汽车产业高质量可持续发展，加快建设汽车强国。

第二节　基本原则

市场主导。充分发挥市场在资源配置中的决定性作用，强化企业在技术路线选择、生产服务体系建设等方面的主体地位；更好发挥政府在战略规划引导、标准法规制定、质量安全监管、市场秩序维护、绿色消费引导等方面作用，为产业发展营造良好环境。

创新驱动。深入实施创新驱动发展战略，建立以企业为主体、市场为导向、产学研用协同的技术创新体系，完善激励和保护创新的制度环境，鼓励多种技术路线并行发展，支持各类主体合力攻克关键核心技术、加大商业模式创新力度，形成新型产业创新生态。

协调推进。完善横向协同、纵向贯通的协调推进机制，促进新能源汽车与能源、交通、信息通信深度融合，统筹推进技术研发、标准制定、推广应用和基础设施建设，把超大规模市场优势转化为产业优势。

开放发展。践行开放融通、互利共赢的合作观，扩大高水平对外开放，以开放促改革、促发展、促创新；坚持“引进来”与“走出去”相结合，加强国际合作，积极参与国际竞争，培育新能源汽车产业新优势，深度融入全球产业链和价值链体系。

第三节　发展愿景

到 2025 年，我国新能源汽车市场竞争力明显增强，动力电池、驱动电机、车用操作系统等关键技术取得重大突破，安全水平全面提升。纯电动乘用车新车平均电耗降至 12.0 kWh/百 km，新能源汽车新车销售量达到汽车新车销售总量的 20% 左右，高度自动驾驶汽车实现限定区域和特定场景商业化应用，充换电服务便利性显著提高。

力争经过 15 年的持续努力，我国新能源汽车核心技术达到国际先进水平，质量品牌具备较强国际竞争力。纯电动汽车成为新销售车辆的主流，公共领域用车全面电动化，燃料电池汽车实现商业化应用，高度自动驾驶汽车实现规模化应用，充换电服务网络便捷高效，氢燃料供给体系建设稳步推进，有效促进节能减排水平和社会运行效率的提升。

第三章　提高技术创新能力

第一节　深化“三纵三横”研发布局

强化整车集成技术创新。以纯电动汽车、插电式混合动力（含增程式）汽车、燃料电池汽车为“三纵”，布局整车技术创新链。研发新一代模块化高性能整车平台，攻关纯电动汽车底盘一体化设计、多能源动力系统集成技术，突破整车智能能量管理控制、轻量化、低摩阻等共性节能技术，提升电池管理、充电连接、结构设计等安全技术水平，提高新能源汽车整车综合性能。

提升产业基础能力。以动力电池与管理系统、驱动电机与电力电子、网联化与智能化技术为“三横”，构建关键零部件技术供给体系。开展先进模块化动力电池与燃料电池系统技术攻关，探索新一代车用电机驱动系统解决方案，加强智能网联汽车关键零部件及系统开发，突破计算和控制基础平台技术、氢燃料电池汽车应用支撑技术等瓶颈，提升基础关键技术、先进基础工艺、基础核心零部件、关键基础材料等研发能力。

专栏 1　新能源汽车核心技术攻关工程

实施电池技术突破行动。开展正负极材料、电解液、隔膜、膜电极等关键核心技术研究，加强高强度、轻量化、高安全、低成本、长寿命的动力电池和燃料电池系统短板技术攻关，加快固态动力电池技术研发及产业化。实施智能网联技术创新工程。以新能源汽车为智能网联技术率先应用的载体，支持企业跨界协同，研发复杂环境融合感知、智能网联决策与控制、信息物理系统架构设计等关键技术，突破车载智能计算平台、高精度地图与定位、车辆与车外其他设备间的无线通信（V2X）、线控执行系统等核心技术和产品。实施新能源汽车基础技术提升工程。突破车规级芯片、车用操作系统、新型电子电气架构、高效高密度驱动电机系统等关键技术和产品，攻克氢能储运、加氢站、车载储氢等氢燃料电池汽车应用支撑技术。支持基础元器件、关键生产装备、高端试验仪器、开发工具、高性能自动检测设备等基础共性技术研发创新，攻关新能源汽车智能制造海量异构数据组织分析、可重构柔性制造系统集成控制等关键技术，开展高性能铝镁合金、纤维增强复合材料、低成本稀土永磁材料等关键材料产业化应用。

第二节　加快建设共性技术创新平台

建立健全龙头企业、国家重点实验室、国家制造业创新中心联合研发攻关机制，聚焦核心工艺、专用材料、关键零部件、制造装备等短板弱项，从不同技术路径积极探索，提高关键共性技术供给能力。引导汽车、能源、交通、信息通信等跨领域合作，建立面向未来出行的新能源汽车与智慧能源、智能交通融合创新平台，联合攻关基础交叉关键技术，提升新能源汽车及关联产业融合创新能力。

第三节　提升行业公共服务能力

依托行业协会、创新中心等机构统筹推进各类创新服务平台共建共享，提高技术转移、信息服务、人才培训、项目融资、国际交流等公共服务支撑能力。应用虚拟现实、大数据、人工智能等技术，建立汽车电动化、网联化、智能化虚拟仿真和测试验证平台，提升整车、关键零部件的计量测试、性能评价与检测认证能力。

第四章 构建新型产业生态

第一节 支持生态主导型企业发展

鼓励新能源汽车、能源、交通、信息通信等领域企业跨界协同，围绕多元化生产与多样化应用需求，通过开放合作和利益共享，打造涵盖解决方案、研发生产、使用保障、运营服务等产业链关键环节的生态主导型企业。在产业基础好、创新要素集聚的地区，发挥龙头企业带动作用，培育若干上下游协同创新、大中小企业融通发展、具有国际影响力和竞争力的新能源汽车产业集群，提升产业链现代化水平。

第二节 促进关键系统创新应用

加快车用操作系统开发应用。以整车企业需求为牵引，发挥龙头企业、国家制造业创新中心等创新平台作用，坚持软硬协同攻关，集中开发车用操作系统。围绕车用操作系统，构建整车、关键零部件、基础数据与软件等领域市场主体深度合作的开发与应用生态。通过产品快速迭代，扩大用户规模，加快车用操作系统产业化应用。

专栏2 车用操作系统生态建设行动

适应新能源汽车智能化应用需求，鼓励整车及零部件、互联网、电子信息、通信等领域企业组成联盟，以车用操作系统开发与应用为核心，通过迭代升级，提升操作系统与应用程序的安全性、可靠性、便利性，扩大应用规模，形成开放共享、协同演进的良好生态。

推动动力电池全价值链发展。鼓励企业提高锂、镍、钴、铂等关键资源保障能力。建立健全动力电池模块化标准体系，加快突破关键制造装备，提高工艺水平和生产效率。完善动力电池回收、梯级利用和再资源化的循环利用体系，鼓励共建共用回收渠道。建立健全动力电池运输仓储、维修保养、安全检验、退役退出、回收利用等环节管理制度，加强全生命周期监管。

专栏3 建设动力电池高效循环利用体系

立足新能源汽车可持续发展，落实生产者责任延伸制度，加强新能源汽车动力电池溯源管理平台建设，实现动力电池全生命周期可追溯。支持动力电池梯次产品在储能、备能、充换电等领域创新应用，加强余能检测、残值评估、重组利用、安全管理等技术研发。优化再生利用产业布局，推动报废动力电池有价元素高效提取，促进产业资源化、高值化、绿色化发展。

第三节 提升智能制造水平

推进智能化技术在新能源汽车研发设计、生产制造、仓储物流、经营管理、售后服务等关键环节的深度应用。加快新能源汽车智能制造仿真、管理、控制等核心工业软件开发和集成，开展智能工厂、数字化车间应用示范。加快产品全生命周期协同管理系统推广应用，支持设计、制造、服务一体化示范平台建设，提升新能源汽车全产业链智能化水平。

第四节 强化质量安全保障

推进质量品牌建设。开展新能源汽车产品质量提升行动，引导企业加强设计、制造、测试验证等全过程可靠性技术开发应用，充分利用互联网、大数据、区块链等先进技术，健全产品全生命周期质量控制和追溯机制。引导企业强化品牌发展战略，以提升质量和服务水平为重点加强品牌建设。

健全安全保障体系。落实企业负责、政府监管、行业自律、社会监督相结合的安全生产机制。强化企业对产品安全的主体责任，落实生产者责任延伸制度，加强对整车及动力电池、电控等关键系统的质量安全管理、安全状态监测和维修保养检测。健全新能源汽车整车、零部件以及维修保养检测、充换电等安全标准和法规制度，加强安全生产监督管理和新能源汽车安全召回管理。鼓励行业组织加强技术交流，梳理总结经验，指导企业不断提升安全水平。

第五章 推动产业融合发展

第一节 推动新能源汽车与能源融合发展

加强新能源汽车与电网（V2G）能量互动。加强高循环寿命动力电池技术攻关，推动小功率直流化技术应用。鼓励地方开展V2G示范应用，统筹新能源汽车充放电、电力调度需求，综合运用峰谷电价、新能源汽车充电优惠等政策，实现新能源汽车与电网能量高效互动，降低新能源汽车用电成本，提高电网调峰调频、安全应急等响应能力。

促进新能源汽车与可再生能源高效协同。推动新能源汽车与气象、可再生能源电力预测预报系统信息共享与融合，统筹新能源汽车能源利用与风力发电、光伏发电协同调度，提升可再生能源应用比例。鼓励“光储充放”（分布式光伏发电—储能系统—充放电）多功能综合一体站建设。支持有条件的地区开展燃料电池汽车商业化示范运行。

第二节 推动新能源汽车与交通融合发展

发展一体化智慧出行服务。加快建设涵盖前端信息采集、边缘分布式计算、云端协同控制的新型智能交通管控系统。加快新能源汽车在分时租赁、城市公交、出租汽车、场地用车等领域的应用，优化公共服务领域新能源汽车使用环境。引导汽车生产企业和出行服务企业共建“一站式”服务平台，推进自动代客泊车技术发展及应用。

构建智能绿色物流运输体系。推动新能源汽车在城市配送、港口作业等领域应用，为新能源货车通行提供便利。发展“互联网+”高效物流，创新智慧物流营运模式，推广网络货运、挂车共享等新模式应用，打造安全高效的物流运输服务新业态。

第三节 推动新能源汽车与信息通信融合发展

推进以数据为纽带的“人—车—路—云”高效协同。基于汽车感知、交通管控、城市管理等信息，构建“人—车—路—云”多层数据融合与计算处理平台，开展特定场景、区域及道路的示范应用，促进新能源汽车与信息通信融合应用服务创新。

打造网络安全保障体系。健全新能源汽车网络安全管理制度，构建统一的汽车身份认证和安全信任体系，推动密码技术深入应用，加强车载信息系统、服务平台及关键电子零部件安全检测，强化新能源汽车数据分级分类和合规应用管理，完善风险评估、预警监测、应急响应机制，保障“车端—传输管网—云端”各环节信息安全。

第四节 加强标准对接与数据共享

建立新能源汽车与相关产业融合发展的综合标准体系，明确车用操作系统、车用基础地图、车桩信息共享、云控基础平台等技术接口标准。建立跨行业、跨领域的综合大数据平台，促进各类数据共建共享与互联互通。

专栏4 智慧城市新能源汽车应用示范行动

开展智能有序充电、新能源汽车与可再生能源融合发展、城市基础设施与城际智能交通、异构多模式通信网络融合等综合示范，支持以智能网联汽车为载体的城市无人驾驶物流配送、市政环卫、快速公交系统（BRT）、自动代客泊车和特定场景示范应用。

第六章 完善基础设施体系

第一节 大力推动充换电网络建设

加快充换电基础设施建设。科学布局充换电基础设施，加强与城乡建设规划、电网规划及物业管理、城市停车等的统筹协调。依托“互联网+”智慧能源，提升智能化水平，积极推广智能有序慢充为主、应急快充为辅的居民区充电服务模式，加快形成适度超前、快充为主、慢充为辅的高速公路和城乡公共充电网络，鼓励开展换电模式应用，加强智能有序充电、大功率充电、无线充电等新型充电技术研发，提高充电便利性和产品可靠性。

提升充电基础设施服务水平。引导企业联合建立充电设施运营服务平台，实现互联互通、信息共享与统一结算。加强充电设备与配电系统安全监测预警等技术研发，规范无线充电设施电磁频谱使用，提高充电设施安全性、一致性、可靠性，提升服务保障水平。

鼓励商业模式创新。结合老旧小区改造、城市更新等工作，引导多方联合开展充电设施建设运营，支持居民区多车一桩、临近车位共享等合作模式发展。鼓励充电场站与商业地产相结合，建设停车充电一体化服务设施，提升公共场所充电服务能力，拓展增值服务。完善充电设施保险制度，降低企业运营和用户使用风险。

第二节 协调推动智能路网设施建设

推进新一代无线通信网络建设，加快基于蜂窝通信技术的车辆与车外其他设备间的无线通信（C-V2X）标准制定和技术升级。推进交通标志标识等道路基础设施数字化改造升级，加强交通信号灯、交通标志标线、通信设施、智能路侧设备、车载终端之间的智能互联，推进城市道路基础设施智能化建设改造相关标准制定和管理平台建设。加快差分基站建设，推动北斗等卫星导航系统在高精度定位领域应用。

第三节 有序推进氢燃料供给体系建设

提高氢燃料制储运经济性。因地制宜开展工业副产氢及可再生能源制氢技术应用，加快推进先进适用储氢材料产业化。开展高压气态、深冷气态、低温液态及固态等多种形式储运技术示范应用，探索建设氢燃料运输管道，逐步降低氢燃料储运成本。健全氢燃料制储运、加注等标准体系。加强氢燃料安全研究，强化全链条安全监管。

推进加氢基础设施建设。建立完善加氢基础设施的管理规范。引导企业根据氢燃料供给、消费需求等合理布局加氢基础设施，提升安全运行水平。支持利用现有场地和设施，开展油、气、氢、电综合供给服务。

专栏5 建设智能基础设施服务平台

统筹充换电技术和接口、加氢技术和接口、车用储氢装置、车用通信协议、智能化道路建设、数据传输与结算等标准的制修订，构建基础设施互联互通标准体系。引导企业建设智能基础设施、高精度动态地图、云控基础数据等服务平台，开展充换电、加氢、智能交通等综合服务试点示范，实现基础设施的互联互通和智能管理。

第七章 深化开放合作

第一节 扩大开放和交流合作

加强与国际通行经贸规则对接，全面实行准入前国民待遇加负面清单管理制度，对新能源市场主体一视同仁，建设市场化、法治化、国际化营商环境。发挥多双边合作机制、高层对话机制作用，支持国内外企业、科研院所、行业机构开展研发设计、贸易投资、基础设施、技术标准、人才培训等领域的交流合作。积极参与国际规则和标准制定，促进形成开放、透明、包容的新能源汽车国际化市场环境，打造国际合作新平台，增添共同发展新动力。

第二节 加快融入全球价值链

引导企业制定国际化发展战略，不断提高国际竞争能力，加大国际市场开拓力度，推动产业合作由生产制造环节向技术研发、市场营销等全链条延伸。鼓励企业充分利用境内外资金，建立国际化消费信贷体系。支持企业建立国际营销服务网络，在重点市场共建海外仓储和售后服务中心等服务平台。健全法律咨询、检测认证、人才培训等服务保障体系，引导企业规范海外经营行为，提升合规管理水平。

第八章 保障措施

第一节 深化行业管理改革

深入推进“放管服”改革，进一步放宽市场准入，实施包容审慎监管，促进新业态、新模式健康有序发展。完善企业平均燃料消耗量与新能源汽车积分并行管理办法，有效承接财政补贴政策，研究建立与碳交易市场衔接机制。加强事中事后监管，夯实地方主体责任，遏制盲目上马新能源汽车整车制造项目等乱象。推动完善道路机动车辆生产管理相关法规，建立健全僵尸企业退出机制，加强企业准入条件保持情况监督检查，促进优胜劣汰。充分发挥市场机制作用，支持优势企业兼并重组、做大做强，进一步提高产业集中度。

第二节 健全政策法规体系

落实新能源汽车相关税收优惠政策，优化分类交通管理及金融服务等措施。推动充换电、加氢等基础设施科学布局、加快建设，对作为公共设施的充电桩建设给予财政支持。破除地方保护，建立统一开放公平市场体系。鼓励地方政府加大对公共服务、共享出行等领域车辆运营的支持力度，给予新能源汽车停车、充电等优惠政策。2021年起，国家生态文明试验区、大气污染防治重点区域的公共领域新增或更新公交、出租、物流配送等车辆中新能源汽车比例不低于80%。制定将新能源汽车研发投入纳入国有企业考核体系的具体办法。加快完善适应智能网联汽车发展要求的道路交通、事故责任、数据使用等政策法规。加快推动动力电池回收利用立法。

第三节 加强人才队伍建设

加快建立适应新能源汽车与相关产业融合发展需要的人才培养机制，编制行业紧缺人才目录，优化汽车电动化、网联化、智能化领域学科布局，引导高等院校、科研院所、企业加大国际化人才引进和培养力度。弘扬企业家精神与工匠精神，树立正向激励导向，实行股权、期权等多元化激励措施。

第四节 强化知识产权保护

深入实施国家知识产权战略，鼓励科研人员开发新能源汽车领域高价值核心知识产权成果。严格执行知识产权保护制度，加大对侵权行为的执法力度。构建新能源汽车知识产权运营服务体系，加强专利运用转化平台建设，建立互利共享、合作共赢的专利运营模式。

第五节 加强组织协同

充分发挥节能与新能源汽车产业发展部际联席会议制度和地方协调机制作用，强化部门协同和上下联动，制定年度工作计划和部门任务分工，加强新能源汽车与能源、交通、信息通信等行业在政策规划、标准法规等方面的统筹，抓紧抓实抓细规划确定的重大任务和重点工作。各有关部门要围绕规划目标任务，根据职能分工制定本部门工作计划和配套政策措施。各地区要结合本地实际切实抓好落实，优化产业布局，避免重复建设。行业组织要充分发挥连接企业与政府的桥梁作用，协调组建行业跨界交流协作平台。工业和信息化部要会同有关部门深入调查研究，加强跟踪指导，推动规划顺利实施。

国务院办公厅

2020 年 10 月 20 日

21. 交通运输部关于促进道路交通自动驾驶技术发展和应用的指导意见

交科技发〔2020〕124 号

为促进道路交通自动驾驶技术发展和应用，推动《智能汽车创新发展战略》深入实施，提出以下意见。

一、总体要求

以习近平新时代中国特色社会主义思想为指导，深入贯彻党的十九大和十九届二中、三中、四中、五中全会精神，坚定不移贯彻新发展理念，充分发挥创新驱动在交通强国建设中的第一动力作用，以关键技术研发为支撑，以典型场景应用示范为先导，以政策和标准为保障，坚持鼓励创新、多元发展、试点先行、确保安全的原则，加快推动自动驾驶技术在我国道路交通运输中发展应用，全面提升交通运输现代化水平，更好满足人民群众多元化、高品质出行需求，为加快建设交通强国提供支撑。

二、发展目标

到 2025 年，自动驾驶基础理论研究取得积极进展，道路基础设施智能化、车路协同等关键技术及产品研发和测试验证取得重要突破；出台一批自动驾驶方面的基础性、关键性标准；建成一批国家级自动驾驶测试基地和先导应用示范工程，在部分场景实现规模化应用，推动自动驾驶技术产业化落地。

三、主要任务

（一）加强自动驾驶技术研发

1. 加快关键共性技术攻关。围绕融合感知、车路信息交互、高精度时空服务、智能路侧系统、智能计算平台、网络安全等自动驾驶和基础设施智能化关键技术及装备，整合各类创新资源，组织开展科研攻关。

2. 完善测试评价方法和测试技术体系。组织开展自动驾驶和车路协同测试理论研究，完善相关测试评价方法和管理制度。鼓励构建自动驾驶测试场景库，研究智能设备测试技术，推动检测设备、数据分析软件、虚拟仿真系统等测试工具链的自主研发与制造，健全包括封闭场地、半开放区域、开放道路等场景的综合测试评价体系。

3. 研究混行交通监测和管控方法。鼓励研究自动驾驶与人工驾驶混行情况下的交通特性及影响机理，支撑建立可靠高效的运行监测体系。推动研究混合交通场景下出行需求管理、动态交通控制、事件应急响应和处置等方法，提升交通时空资源利用效率，提高安全应急能力。

4. 持续推进行业科研能力建设。以行业研发中心和重点实验室等为依托，持续推进高水平科研平台建设，夯实创新能力。围绕自动驾驶领域关键核心技术攻关，引导成立由企业牵头、产学研用紧密结合、上中下游有机衔接的行业协同创新联盟。

（二）提升道路基础设施智能化水平

1. 加强基础设施智能化发展规划研究。积极发挥规划引领作用，推动感知网络、通信系统、云控平台等智能化要素与基础设施同步规划。结合交通强国建设试点工作等，先行先试打造融合高效的智慧交通基础设施，及时总结经验，科学推进基础设施数字转型、智能升级。

2. 有序推进基础设施智能化建设。鼓励结合载运工具应用水平和应用场景实际需求，按照技术可行、经济合理的原则，统筹数字化交通工程设施、路侧感知系统、车用无线通信网络、定位和导航设施、路侧计算设施、交通云控平台等部署建设，推动道路基础设施、载运工具、运输管理和服务、交通管控系统等互联互通。

（三）推动自动驾驶技术试点和示范应用

1. 支持开展自动驾驶载货运输服务。鼓励在港口、机场、物流场站、交通运输基础设施建设工地等环境相对封闭的区域及邮政快递末端配送等场景，结合生产作业需求，开展自动驾驶载货示范应用，并在做好风险评估和应急预案的前提下，视情推广至公路货运、城市配送等场景，打造安全、高效、智能的物流运输服务。

2. 稳步推动自动驾驶客运出行服务。稳步推进辅助驾驶技术在城市公交、道路客运中的应用。支持在封闭式快速公交系统、产业园区等区域探索开展自动驾驶公交通勤出行示范应用，并根据技术演进情况和示范进展，在做好风险评估和应急预案的前提下，视情推广至其他客运场景。研究制定自动驾驶客运出行发展行动方案，提供安全、便捷、舒适的客运出行服务。

3. 鼓励自动驾驶新业态发展。鼓励有条件的地方开展自动驾驶车辆共享、摆渡接驳、智能泊车等试运行及商业运营服务。支持开展便捷高效、安全有序的自动驾驶出行模式开发与应用，促进“出行即服务”产业综合发展。

（四）健全适应自动驾驶的支撑体系

1. 强化安全风险防控。对自动驾驶技术应用衍生的运行和管理风险开展预评估研究。组织开展网络安全及数据保护相关法律问题及规范研究。强化自动驾驶车辆网络安全防护，落实网络安全等级保护要求，按规定做好自动驾驶路侧信息网络系统定级备案和测评工作。加强混行交通流下交通云控平台、营运车辆监管系统的安全防护。

2. 加快营造良好政策环境。完善自动驾驶道路测试管理规范，鼓励探索自动驾驶车辆载人载物测试和试点示范。研究基础设施智能化建设支持保障政策。研究自动驾驶车辆营运条件及管理办法，探索建立自动驾驶营运车辆运行安全监管体系。加强部省协同联动，鼓励有条件的区域探索制定自动驾驶新业态管理办法，适时制定相关规章制度。

3. 持续推进标准规范体系建设。研究自动驾驶和车路协同标准体系架构，加快制定关键性、基础性标准，支撑产业有序发展。围绕面向自动驾驶的智慧道路及其新型附属设施设计、建设、运行、管理、养护等，开展标准研究制定。鼓励企业、联盟等组织围绕生产制造、测试评价、人机控制转换、车路交互、事件记录、数据共享等制定团体标准，构建多元化标准工作机制。

四、保障措施

（一）加强组织领导

部将加强统筹协调，持续优化政策和机制。各省级交通运输主管部门要强化组织协调和督促指导，明确本地区促进自动驾驶技术发展和应用的目标及路径，充分调动各类创新主体积极性。

（二）开展试点示范

部将加大指导和支持力度，结合交通强国建设试点工作，选择条件成熟的区域或典型场景，组织实施自动驾驶先导应用示范工程。各省级交通运输主管部门要积极组织试点示范，探索形成自动驾驶技术行业应用方案。

（三）营造良好氛围

鼓励产、学、研、用各方加强技术、管理、标准、伦理等方面的交流与国际合作。注重宣传引导，加强自动驾驶科普工作，强化自动驾驶安全文化建设，为自动驾驶科学有序发展营造良性环境。

交通运输部

2020 年 12 月 20 日

22. 关于进一步完善新能源汽车推广应用财政补贴政策的通知

财建〔2020〕593 号

各省、自治区、直辖市、计划单列市财政厅（局）、工业和信息化主管部门、科技厅（局、科委）、发展改革委：

为支持新能源汽车产业高质量发展，做好新能源汽车推广应用工作，现就新能源汽车推广应用财政补贴政策有关事项通知如下：

一、坚持平缓补贴退坡力度，保持技术指标门槛稳定

为创造稳定政策环境，2021 年保持现行购置补贴技术指标体系框架及门槛要求不变。根据《财政部　工业和信息化部　科技部　发展改革委关于完善新能源汽车推广应用财政补贴政策的通知》（财建〔2020〕86 号）要求，2021 年，新能源汽车补贴标准在 2020 年基础上退坡 20%；为推动公共交通等领域车辆电动化，城市公交、道路客运、出租（含网约车）、环卫、城市物流配送、邮政快递、民航机场以及党政机关公务领域符合要求的车辆，补贴标准在 2020 年基础上退坡 10%。为加快推动公共交通行业转型升级，地方可继续对新能源公交车给予购置补贴。

二、做好测试工况切换衔接，实现新老标准平稳过渡

2021 年，我国新能源汽车试验方法标准将更新。新标准发布实施前，按照老标准进行检测的产品，只要符合补贴政策技术门槛要求，均可按规定享受补贴。插电式混合动力（含增程式）汽车在新试验方法标准下的补贴技术要求，有条件的等效全电续驶里程应不低于 43 km；电量保持模式试验的燃料消耗量（不含电能转化的燃料消耗量）与《乘用车燃料消耗量限值》（GB 19578）中对应车型的燃料消耗量限值相比应小于 65%，电量消耗模式试验的电能消耗量应小于同整备质量纯电动乘用车电能消耗量目标值的 125%。其他新能源汽车在新试验方法标准下的技术要求，适用财建〔2020〕86 号文件规定。

三、进一步强化监督管理，完善市场化长效机制

落实新能源汽车生产企业产品质量主体责任，鼓励企业积极开展缺陷调查及主动召回。生产企业安全管理体系不到位造成重大事故被主管部门行政处理处罚的，明知产品存在质量问题而不主动召回、造成重大事故的，或者被主管部门责令召回的，视程度予以暂停或取消推荐车型目录、暂缓或取消财政补贴等措施。推动建立跨部门信息共享和监管机制，强化对新能源汽车生产、销售、运营、报废等全流程监管，对于起火、重大安全事故等情况，开展跨部门联合调查。进一步加强购置补贴审核，提高重点关注企业现场审核比例。落实和完善新能源乘用车积分交易政策，加快研究新能源商用车积分交易制度，承接购置补贴有序退出，促进新能源汽车产业市场化发展。

四、切实防止重复建设，推动提高产业集中度

加强汽车投资项目和生产准入管理，严控增量、优化存量，严格执行新建企业和扩大产能项目等规范要求。加大僵尸企业退出力度，鼓励优势企业兼并重组、做大做强，坚决遏制新能源汽车盲目投资、违规建设等乱象，推动产业向产能利用充分、产业基础扎实、配套体系完善、竞争优势明显的地区和企业聚集，不断提高产能利用率和产业集中度。新能源乘用车、商用车企业单次申报购置补贴清算车辆数量应分别达到 10 000 辆、1 000 辆。

本通知从 2021 年 1 月 1 日起实施。本通知未作规定的事项，继续按照《关于新能源汽车推广应用审批责任有关事项的通知》（财建〔2016〕877 号）、《关于调整新能源汽车推广应用财政补贴政策的通知》（财建〔2016〕958 号）、《关于调整完善新能源汽车推广应用财政补贴政策的通知》（财建〔2018〕18 号）、《关于进一步完善新能源汽车推广应用财政补贴政策的通知》（财建〔2019〕138 号）、《关于支持新能源公交车推广应用的通知》（财建〔2019〕213 号）、《关于完善新能源汽车推广应用财政补贴政策的通知》（财建〔2020〕86 号）等有关文件执行。

附件：2021 年新能源汽车推广补贴方案

财政部
工业和信息化部
科技部
发展改革委
2020 年 12 月 31 日

附件　2021 年新能源汽车推广补贴方案

一、非公共领域补贴方案

新能源乘用车、新能源客车、新能源货车分别见附表 1、附表 2、附表 3。

附表1 新能源乘用车补贴方案(非公共领域) (单位:万元)

车辆类型	纯电动续驶里程 R(工况法、km)		
纯电动乘用车	$300 \leq R < 400$	$R \geq 400$	$R \geq 50$(NEDC 工况) $R \geq 43$(WLTC 工况)
	1.3	1.8	/
插电式混合动力乘用车(含增程式)	/		0.68

1. 纯电动乘用车单车补贴金额 = Min(里程补贴标准,车辆带电量×400 元)×电池系统能量密度调整系数×车辆能耗调整系数。
2. 对于非私人购买或用于营运的新能源乘用车,按照相应补贴金额的0.7倍给予补贴。
3. 补贴前售价应在30万元以下(以机动车销售统一发票、企业官方指导价等为参考依据,"换电模式"除外)

附表2 新能源客车补贴方案(非公共领域)

车辆类型	中央财政补贴标准(元/kWh)	中央财政补贴调整系数			中央财政单车补贴上限(万元)		
					$6 < L \leq 8$ m	$8 < L \leq 10$ m	$L > 10$ m
非快充类纯电动客车	400	单位载质量能量消耗量[Wh/(km·kg)]			2	4.4	7.2
		0.18(含)~0.17	0.17(含)~0.15	0.15 及以下			
		0.8	0.9	1			
快充类纯电动客车	720	快充倍率			1.6	3.2	5.2
		3C~5C(含)	5C~15C(含)	15C 以上			
		0.8	0.9	1			
插电式混合动力(含增程式)客车	480	节油率水平			0.8	1.6	3.04
		60%~65%(含)	65%~70%(含)	70% 以上			
		0.8	0.9	1			

单车补贴金额 = Min(车辆带电量×单位电量补贴标准;单车补贴上限)×调整系数(单位载质量能量消耗量系数、快充倍率系数、节油率系数)

附表3 新能源货车补贴方案(非公共领域)

车辆类型	中央财政补贴标准(元/kWh)	中央财政单车补贴上限(万元)		
		N1 类	N2 类	N3 类
纯电动货车	252	1.44	2.8	4
插电式混合动力(含增程式)货车	360	—	1.6	2.52

二、公共交通等领域补贴方案

新能源乘用车、新能源客车、新能源货车分别见附表4、附表5、附表6。

附表4 新能源乘用车补贴方案(公共领域) (单位:万元)

车辆类型	纯电动续驶里程 R(工况法、km)		
纯电动乘用车	$300 \leq R < 400$	$R \geq 400$	$R \geq 50$(NEDC 工况) $R \geq 43$(WLTC 工况)
	1.62	2.25	/
插电式混合动力乘用车(含增程式)	/		0.9

1. 纯电动乘用车单车补贴金额 = Min(里程补贴标准,车辆带电量×495 元)×电池系统能量密度调整系数×车辆能耗调整系数。
2. 对于非私人购买或用于营运的新能源乘用车,按照相应补贴金额的0.7倍给予补贴。
3. 补贴前售价应在30万元以下(以机动车销售统一发票、企业官方指导价等为参考依据,"换电模式"除外)

附表5 新能源客车补贴方案(公共领域)

车辆类型	中央财政补贴标准(元/kWh)	中央财政补贴调整系数			中央财政单车补贴上限(万元)		
					$6 < L \leq 8$ m	$8 < L \leq 10$ m	$L > 10$ m
非快充类纯电动客车	450	单位载质量能量消耗量[Wh/(km·kg)]			2.25	4.95	8.1
		0.18(含)~0.17	0.17(含)~0.15	0.15 及以下			
		0.8	0.9	1			
快充类纯电动客车	810	快充倍率			1.8	3.6	5.85
		3C~5C(含)	5C~15C(含)	15C 以上			
		0.8	0.9	1			
插电式混合动力(含增程式)客车	540	节油率水平			0.9	1.8	3.42
		60%~65%(含)	65%~70%(含)	70% 以上			
		0.8	0.9	1			

单车补贴金额 = Min(车辆带电量×单位电量补贴标准;单车补贴上限)×调整系数(单位载质量能量消耗量系数、快充倍率系数、节油率系数)

附表6 新能源货车补贴方案(公共领域)

车辆类型	中央财政补贴标准(元/kWh)	中央财政单车补贴上限(万元)		
		N1 类	N2 类	N3 类
纯电动货车	315	1.8	4.95	4.95
插电式混合动力(含增程式)货车	450	—	1.8	3.15

二、各地方政策

地方政府	政策	文件号	发布单位	发布日期	内容
北京市	2020年度新能源小客车公用充电设施项目建设投资补助资金申报工作	京发改〔2020〕45号	北京市发展和改革委员会	2020-01-08	明确：补助对象为北京市行政区域内已建成并投运的社会公用充电设施，即在社会公共停车场或可用于充电服务的停车场站内建设，向全社会开放的，为新能源小客车提供充电服务的经营性充电设施
	2020年度北京市单位内部公用充电设施建设补助资金申报指南	京管发〔2020〕9号	北京市城市管理委员会	2020-03-26	补助资金的支持对象：本市行政区域内各级政府机关、事业单位、社会团体、企业在单位内部停车场建设的主要供本单位及职工自有电动汽车使用的充电设施，不包括通勤、公交、环卫、出租、邮政、物流、租赁等单位在专用场站内建设的服务于各专用车辆、营运车辆的充电设施。 补助范围：2020年5月31日（含）以前投运且未获得建设补助的单位内部公用充电设施（以下简称充电设施），其中同一位置更换充电设施的，视为已获得建设补助。 补助标准：对符合要求的充电设施，以充电设施功率为基准给予补助，7 kW及以下0.4元/W；7 kW以上0.5元/W
	北京市电动汽车社会公用充换电设施安全生产管理办法（试行）	京管发〔2020〕5号	北京市城市管理委员会	2020-03-26	办法所称的社会公用充换电设施是指在社会公用停车场或可用于充换电服务的场站内建设，向社会开放的，有偿为新能源汽车提供充换电服务的经营性充换电站
	北京市加快新型基础设施建设行动方案（2020—2022年）	政府公报 2020年第33期	北京市发展和改革委员会	2020-06-10	行动方案涉及车联网、充电桩、氢燃料电池等内容。 1）车联网方面：加快建设可以支持高级别自动驾驶（L4级别以上）运行的高可靠、低时延专用网络，加快实施自动驾驶示范区车路协同信息化设施建设改造。以高级别自动驾驶环境建设为先导，打造国内领先的智能网联汽车创新链和产业链，逐步形成以智慧物流和智慧出行为主要应用场景的产业集群。 2）产业创新共性平台方面：打造梯次布局、高效协作的产业创新平台体系。在集成电路、生物安全等领域积极创建1~2家国家产业创新中心，在集成电路、氢能、智能制造等领域探索组建1~2家国家级制造业创新中心，积极谋划创建京津冀国家技术创新中心。 3）智慧城市应用方面：推进人、车、桩、网协调发展，制定充电桩优化布局方案，增加老旧小区、交通枢纽等区域充电桩建设数量。到2022年新建不少于5万个电动汽车充电桩，建设100个左右换电站
	2020年北京市新能源轻型货车运营激励方案	京交货运发〔2020〕17号	北京市交通委员会 北京市财政局	2020-08-19	激励标准方面，明确：可申请激励的车辆规模以实际更新的新能源轻型货车为基数，但上限不得超过报废或转出的汽柴油货车数量。激励资金总额为7万元/车，分三期发放，分别给予3万元/车，2万元/车和2万元/车激励资金。每期时长为12个自然月，自完成车辆定位监测数据上传的下一自然月1日起开始计算。期内车辆在京行驶载货总里程不少于1万km，方可获得当期激励资金。对一次性报废或转出的汽柴油货车并更新为新能源货车20辆（含）以上的企业，在资金激励基础上，叠加给予城区货运通行证奖励
	北京市氢燃料电池汽车产业发展规划（2020—2025年）	—	北京市经济和信息化局	2020-10-29	规划明确了总体目标和阶段目标。 1）总体目标：以科技创新驱动为核心，强化政策引领和产业培育，努力把北京市建设成为具有国际影响力的氢燃料电池汽车科技创新中心、关键零部件制造中心和高端应用示范推广中心，在打造燃料电池汽车供氢链、产业协同发展链和车辆推广应用链方面夯实基础、筑成优势，着力打造“全球领先、国内尖端、区域协同、辐射发展”的氢燃料电池汽车产业创新高地。 2）阶段目标：2023年前，做好冬奥会和冬残奥会重大示范工程保障，培育3~5家具有国际影响力的氢燃料电池汽车产业链龙头企业，力争推广氢燃料电池汽车3 000辆、建成加氢站37座，氢燃料电池汽车全产业链累计产值突破85亿元。2025年前，培育5~10家具有国际影响力的氢燃料电池汽车产业链龙头企业，形成氢燃料电池汽车关键零部件和装备制造产业集群，建设2家国际一流的氢燃料电池产业研发创新平台，推动科技创新与产业化落地深度融合，力争实现氢燃料电池汽车累计推广量突破1万辆、再新建加氢站37座（共计74座），形成城市公交、旅游客运、重型货运和中型物流相结合的推广结构，氢燃料电池汽车全产业链累计产值突破240亿元
	北京市自动驾驶车辆道路测试管理实施细则（试行）	—	北京市交通委员会 北京市公安局公安交通管理局 北京市经济和信息化局	2020-11-12	本次发布的《实施细则》是该政策自2017年12月发布以来第3次修订。 修订后的《实施细则》延长了自动驾驶车辆测试号牌有效期。原实施细则规定审查意见有效期1年且每3个月需要在同批次车辆中抽取一辆车进行测试评估，确保车辆未发生重大变更。本次修订将审查意见有效期改为2年，其间企业需承诺未对车辆进行重大变更，2年期满后，如企业仍未对车辆进行重大变更的，还可申请继续延期。 《实施细则》根据技术发展现状，自动驾驶车辆道路测试划分为通用技术测试、专项技术测试与试运营测试三大类型。继续支持通用技术测试，同时丰富专项技术测试内容，优化试运营测试内容。 专项技术测试方面，《实施细则》继续支持编队行驶测试，同时新增特殊天气环境（夜间、雨、雾）、高速环境、无人化技术测试场景。 《实施细则》持续支持运营服务模式探索，支持载人、载物技术测试。调整了道路测试里程要求，同时支持规模化的试运营探索，取消测试车辆数的限制

续上表

地方政府	政　策	文 件 号	发布单位	发布日期	内　容
北京市	北京市小客车数量调控暂行规定实施细则(2020年修订)	京交发〔2020〕7号	北京市交通委员会 北京市公安局 北京市发展和改革委员会 北京市科学技术委员会 北京市经济和信息化局 北京市民政局 北京市财政局 北京市人力资源和社会保障局 北京市生态环境局 北京市商务局 北京市市场监督管理局 国家税务总局北京市税务局 北京市人才工作局	2020-12-07	明确:扣除向单位配置的指标和营运小客车指标,2021年度新能源小客车配置指标数量的60%优先向家庭配置,2022年度该比例调整为70%,2023年度及以后该比例调整为80%,其余向个人配置。按上述比例向家庭配置后指标有剩余的,一并向申请轮候的个人配置。《〈北京市小客车数量调控暂行规定〉实施细则(2020年修订)》自2021年1月1日起施行
	大兴区促进氢能产业发展暂行办法	—	北京市大兴区人民政府	2020-12-16	明确:企业入区后三年内任意一个年度区域综合贡献达到100万元(含)以上,自该年起连续三年每年按照其上年度区域综合贡献总额的40%给予资金支持。鼓励区内企业优先采购经本区认定的燃料电池汽车,对企业2021年、2022年、2023年购买区内认定的燃料电池汽车分别按照国家补贴额度的40%、30%、20%给予资金支持。对从事车用氢气运输的企业,按车辆购置费用总额的20%给予一次性补贴,每家企业每年最高补贴额度为500万元
	北京市智能汽车基础地图应用试点暂行规定	—	北京市规划和自然资源委员会 北京市经济和信息化局	2020-12-22	明确:地图应用试点工作在保障安全基础上,分阶段、分步骤有序推进。第一阶段,在国家智能汽车与智慧交通(京冀)示范区亦庄基地(封闭测试场,面积约650亩)(1亩≈666.67 m^2)和北京经济技术开发区特定开放道路、开放测试区域开展基础工作及试点应用;经第一阶段技术验证后,第二阶段逐步放开北京市自动驾驶测试特定开放道路、开放测试区域,开展地图应用试点;经第二阶段小规模验证成熟后,第三阶段推动市域更大范围应用
天津市	天津市氢能产业发展行动方案(2020—2022年)	津政办规〔2020〕2号	天津市人民政府办公厅	2020-01-17	《行动方案》打造资源生产供给基地、装备研发制造集群、技术协同创新平台、氢能应用示范中心,构建技术、产业、应用融合发展的氢能产业生态圈,到2022年,氢能产业总产值突破150亿元。 技术产业方面:到2022年,培育和引进一批氢气制备和储运、氢燃料电池生产制造、科技研发和配套服务等企业,引育2~3家在氢燃料电池及核心零部件、动力系统集成、检验检测等领域具有国际竞争力的优势龙头企业,积极争取国家有关氢能产业集群的试点,初步形成氢能全产业链发展格局。 推广应用方面:到2022年,力争建成至少10座加氢站、打造3个氢燃料电池车辆推广应用试点示范区,重点在交通领域推广应用,开展至少3条公交或通勤线路示范运营,累计推广使用物流车、叉车、公交车等氢燃料电池车辆1 000辆以上;实现其他领域应用突破,建成至少2个氢燃料电池热电联供示范项目
	2020年居民小区公共充电桩建设实施方案	津发改工业〔2020〕94号	天津市发展和改革委员会	2020-03-19	明确:2020年,全市各区确保完成1 000台公共充电桩建设。按照国家有关规定,本次建设小区公共充电桩执行大工业电价,并采用峰谷分时形式。充分让利于民,充电服务费按不高于0.4元/kW时优惠价格收取。对于通过验收的充电设施,市发展改革委会同相关部门给予相应的建设和运营补贴
	天津市氢能示范产业园实施方案	—	天津港保税区管委会	2020-05-18	指出:近期目标(2020年)是聚焦加氢母站和加氢站建设、燃料电池电堆及系统集成、整车生产等核心装备制造,引进培育国内外有影响力的氢能龙头企业5家左右。渤化集团加氢母站建成投产,物流车、叉车等氢燃料电池车辆示范运营规模达160辆以上,园区及周边配套建成加氢站2座
	天津港保税区氢能产业发展行动方案(2020—2022年)	—	天津港保税区管委会	2020-05-18	提道:要牢牢把握氢能技术发展与能源结构变革机遇,通过政策引导扶持,以基础设施建设为先导,加强加氢站等涉氢基础设施建设;以应用场景为切入点,推广叉车、物流车、通勤车等示范应用;以燃料电池研发、关键零部件制造和整车集成为核心,加快产业链布局,形成具有竞争力的氢能产业集群。到2022年建成加氢母站1座、加氢站6座,运营氢能燃料电池车辆(含叉车、物流车、公交大巴等)不少于800辆,氢能产业链年产值力争达到120亿元,初步建成天津氢能产业示范园,成为全国氢能产业一流园区
	天津市促进汽车消费若干措施	津政办规〔2020〕8号	天津市人民政府办公厅	2020-05-21	明确:鼓励新能源汽车消费,2021年1月1日—2022年12月31日,继续对购置的新能源汽车免征车辆购置税。2020年6月1日—12月31日期间,居住地在本市的人员或注册地在本市的单位在本市新购置新能源小客车,给予每辆车2 000元汽车充电消费券,全市不超过30 000辆

续上表

地方政府	政　　策	文 件 号	发布单位	发布日期	内　　容
天津市	天津市 2020 年新能源汽车推广应用工作要点	津新能源推广〔2020〕1 号	天津市新能源汽车推广应用领导小组办公室	2020-05-29	明确:天津市要加快新能源领域推广应用,加快新能源公交车购置工作,完成 700 辆新能源公交车的购置,加快 2019 年购置的 1 800 辆公交车投入运行,年底前建成区公交车全部更换为新能源汽车。加快新能源轻型物流车、新能源出租车、通勤领域新能源汽车、新能源环卫车辆、新能源邮政用车等推广应用,确保以上各类新能源车型到年底建成区范围内新增和更新新能源和清洁能源车辆占比超过 80%
	2019 年第二批新能源汽车充电基础设施建设奖补资金明细	津财建一指〔2020〕185 号	天津市财政局	2020-12-21	天津市第二批新能源汽车充电基础设施建设奖补资金共拨付给各单位 2019 年资金 4431.105 万元,其中包括北大纵横(天津)管理咨询有限公司 2019 年公共充电桩和 2020 年民心工程小区公共充电桩首笔审核费用 34 万元
上海市	上海市鼓励购买和使用新能源汽车专项资金管理办法	—	上海市经济和信息化委员会	2020-02-06	明确:新能源汽车财政补助为对消费者购买新能源汽车(除进口新能源汽车以外),在中央财政补助基础上,根据上海市新能源汽车登记车型有关备案信息和本市确定的补助标准,上海市再给予财政补助。新能源汽车生产厂商按照扣除中央和本市财政补助后的价格,将新能源汽车销售给消费者。除燃料电池汽车外,国家和本市财政补助总额,原则上最高不超过车辆售价的 50%。如补助总额高于车辆销售价格的 50%,按照车辆销售价格 50%,扣除中央补助后,计算本市财政补助金额
	上海市促进电动汽车充(换)电设施　互联互通有序发展暂行办法	沪发改规范〔2020〕4 号	上海市发展和改革委员会 上海市交通委员会 上海市财政局 上海市房屋管理局 上海市经济和信息化委员会	2020-04-01	办法明确:支持电动出租车充电措施主要包括三方面: 1)给予专享度电补贴。综合考虑出租车油改电节省燃料费用和出租车日间补电运营时间损失、停车费支出等成本增加因素,以及驾驶员不敢接长单带来的潜在运营损失,按千瓦时 0.4 元标准(2020 年)补贴驾驶员。 2)支持示范站建设。计划 2020—2022 年,在全市范围内按一定的建设标准,每年组织建设 15 个出租车充电示范站,对示范站延续 30% 设备补贴政策,同时享受国家集中性充换电设施基本电费减免,以此引导充电设施布局满足电动出租车替代需求。 3)支持"桩车匹对"工作。把组织"桩车匹对"职责压到市级平台,由市级平台作为信息枢纽,调动充电企业积极性,并对"桩车匹对"的充电桩提出为出租车服务的具体要求,压实"桩车匹对"工作
	上海市推进新型基础设施建设行动方案(2020—2022 年)	沪府〔2020〕27 号	上海市人民政府	2020-04-29	明确: 1)加快布设新能源终端和智能电网设施。积极推进电动汽车充电设施布局,三年内新建 10 万个电动汽车充电桩,建设 45 个左右出租车充电示范站,积极引导公用、专用充电设施接入市级平台,强化对充电设施的科学管理和高效使用,支持新能源汽车发展。适度超前布局燃料电池汽车终端设施,三年内建设 20 个左右加氢站,力争氢燃料电池汽车商业化率先应用落地。 2)建设国内领先的车路协同车联网和智慧道路。丰富自动驾驶开放测试道路场景,积极推进风险等级齐备、测试场景完善的开放道路测试环境建设,三年内新增 50 km 开放测试道路,探索开放城市快速路、高速公路等不同类型和风险等级的道路测试场景。探索推进车路协同技术应用路径、标准规范,支撑自动驾驶汽车在复杂路况下的适应能力
	关于促进本市汽车消费若干措施	—	上海市发展和改革委员会 上海市交通委员会 上海市商务委员会 上海市财政局 上海市经济和信息化委员会 上海市住房和城乡建设管理委员会	2020-04-29	明确: 1)积极支持新能源汽车消费。落实延长新能源汽车购置中央财政补贴、免征车辆购置税等政策。2020 年 12 月 31 日前,本市个人消费者按照《上海市鼓励购买和使用新能源汽车实施办法》(沪府办规〔2018〕7 号)及相关规定,在本市注册登记的汽车销售企业购买纯电动汽车或插电式混合动力汽车(含增程式汽车),并在本市公安部门办理车辆牌照登记手续的,对消费者在本市使用具有独立报桩电表的个人自有充电桩充电产生的电费,以及在本市公共或专用充电设施充电并使用上海充电设施公共数据采集与监测市级平台支付结算的电费和服务费,本市给予每位消费者 5 000 元补贴。 2)加大公共领域燃油车置换为新能源汽车力度。2020 年全市更新新能源公交车 2 500 辆左右,实现中心城区和郊区建成区内公交车全部更换为新能源车的目标;加快燃油出租车置换纯电动车型,2020 年完成 5 000 辆左右纯电动出租车上牌并投入使用
	消费者购买新能源汽车充电补助实施细则	沪发改规范〔2020〕5 号	上海市发展和改革委员会 上海市财政局	2020-05-18	对于补助标准,实施细则明确:对符合申领条件的消费者,本市给予每人 5 000 元充电补助,补助资金可以支付消费者在本市使用具有独立报桩电表的个人自有充电桩充电时产生的电费,也可以支付消费者在本市公共或专用充电设施充电并使用上海充电设施公共数据采集与监测市级平台支付的电费和服务费,但不得用于除上述范围外的其他用途
	临港新片区创新型产业规划	沪经信规〔2020〕743 号	上海市经济和信息化委员会 中国(上海)自由贸易试验区临港新片区管委会 上海市发展和改革委员会 上海市商务委员会 上海市科学技术委员会 上海市交通委员会 上海市金融工作局	2020-09-23	新能源汽车产业链方面,规划明确:深度跨界融合的智能新能源汽车产业。 1)以跨界融合、绿色智能为驱动,推进智能网联示范应用,成为上海建设世界级汽车产业中心的重要增长极。聚焦关键技术研发和产业化。 2)支持开展新能源汽车新一代电池、动力系统一体化集成、燃料电池,以及智能网联汽车机器视觉环境感知、人工智能决策、线控制动及转向控制执行、V2X 通信、信息安全、高精度地图定位等技术攻关,加强核心零部件研发及产业化。 3)优化智能新能源汽车产业布局。 4)引入全球领先的智能新能源汽车整车企业及产业链上下游企业,构建智能新能源汽车核心部件创新产业集群,鼓励整车、重点零部件企业、高校和科研机构组建国家智能汽车研发应用平台,加快自动驾驶及智慧交通云平台建设。 5)开展智能网联示范应用。全面开展基于多场景的示范应用,加强车路协同技术的智慧道路基础设施建设,优化智能网联汽车综合测试示范区功能,推进洋山港智能重卡示范运营和规模化应用,扩大自动驾驶特定场景应用,探索智能网联汽车市场化应用模式,培育"平台 + 生态"服务新模式。

续上表

地方政府	政　策	文件号	发布单位	发布日期	内　容
上海市	临港新片区创新型产业规划	沪经信规〔2020〕743 号		2020-09-23	6）在产业空间布局——总体布局方面：四团海港组团，整合四团、海港板块，着力提升物流服务功能，布局智能新能源汽车上下游产业链，建设先进制造产业和生产性服务业集聚区。 7）在产业空间布局——先行启动区方面：积极引入氢能源汽车产业项目，依托智能新能源汽车龙头企业，集聚发展以关键配件为基础的产业集群
	上海市燃料电池汽车产业创新发展实施计划	—	上海市经济信息化委 市发展改革委 市交通委 市科委 市住房城乡建设管理委 市财政局	2020-11-13	明确：到 2023 年，上海燃料电池汽车产业发展实现"百站、千亿、万辆"总体目标，规划加氢站接近 100 座并建成运行超过 30 座，加氢网络全国最大，形成产出规模约 1 000 亿元，发展规模全国前列，推广燃料电池汽车接近 10 000 辆，应用规模全国领先；燃料电池汽车产业整体发展水平达到国际领先，关键技术实现自主掌握，创新产品推向全球市场，氢能基础设施趋于完善，推广应用规模持续扩大，核心竞争能力显著提升，产业创新生态基本形成
	上海市 2020 年节能减排专项资金安排计划（第十四批）	沪发改环资〔2020〕130 号	上海市发展和改革委员会	2020-12-16	第十四批节能减排专项资金明确： 1）新能源汽车购车补贴方面：安排经审核通过的 2016 年、2018 年度 14 527 辆新能源汽车购车补贴资金 12 959. 187 万元。 2）电动汽车充换电设施发展扶持方面：安排经审核通过的补贴资金 9 121. 575 万元，其中 2019 年四季度设备和运营补贴资金 3 481. 605 1 万元；2020 年 1—4 月设备和运营补贴资金 4 439. 969 9 万元；市级平台升级建设补贴资金 1 200 万元
重庆市	重庆市推广应用新能源汽车充电运营企业备案名单（2019 年第三批）	—	重庆市经济和信息化委员会	2020-01-02	2019 年第三批公示共包括国网重庆电动汽车服务有限公司等 31 家企业列入
	重庆市汽车电子产业发展指导意见	渝经信发〔2020〕1 号	重庆市经济和信息化委员会	2020-01-06	指导意见明确了聚焦发展重点： 1）新能源汽车电子领域：大力发展动力电池系统、电机驱动系统、整车控制系统、电控制动、线控转向、热泵空调等新能源汽车"大小三电"，以及燃料电池电堆及核心零部件，不断完善新能源汽车产业链条。重点突破高能量密度高安全动力电池集成、高精度电池管理系统、多合一电驱动深度集成、高功率密度电机控制器、基于域控的整车控制、高比功率高耐久性燃料电池电堆等关键核心技术。支持长安汽车新能源产业园、比亚迪动力电池、雪人股份燃料电池电堆及核心零部件等项目做大做强，不断提高全市新能源汽车电子研发制造水平，加快提升新能源汽车核心零部件本地化配套能力。 2）智能网联汽车电子领域。 3）其他汽车电子领域
	重庆市氢燃料电池汽车产业发展指导意见	渝经信发〔2020〕35 号	重庆市经济和信息化委员会	2020-03-20	明确： 1）到 2022 年，氢燃料电池汽车产业链体系初步形成，自主创新能力显著提升，产业发展环境更加优越，示范应用初具规模。在技术链层面，实现电堆、系统集成与控制等核心技术达到国内先进水平。在产业链层面，制氢、储氢、运氢、加氢、氢燃料电池电堆、关键核心部件到氢燃料电池汽车产业集群初步形成，建成国家级质量检测机构 1 个，引进和培育氢燃料电池电堆和核心零部件企业 6 家，整车量产车型超过 5 个。在示范推广层面，建成加氢站 10 座，探索推进公交车、物流车、港区集卡车等示范运营，氢燃料电池汽车运行规模力争达到 800 辆。 2）到 2025 年，全市氢燃料电池汽车示范应用及产业规模大幅提升，创新发展能力进一步增强，基本形成氢燃料电池汽车全产业链竞争优势，成为具有全国影响力的氢燃料电池汽车产业基地。在技术链层面，氢燃料电池电堆、系统集成与控制、核心零部件、基础材料等关键技术达到国内先进水平。在产业链层面，产业集群进一步壮大，全市氢燃料电池汽车相关企业超过 80 家，其中有全国影响力的整车企业 2 家、动力系统企业 3 家、核心零部件企业 10 家。在示范推广层面，建成加氢站 15 座，在区域公交、物流等领域实现批量投放，氢燃料电池汽车运行规模力争达到 1 500 辆
	重庆市 2020 年度新能源汽车推广应用财政补贴政策	渝财规〔2020〕8 号	重庆市财政局 重庆市经济和信息化委员会 重庆市能源局	2020-08-05	补贴政策明确购置补贴标准：2019 年 6 月 26—2019 年 8 月 7 日，符合 2018 年国家技术指标要求但不符合 2019 年国家技术指标要求的销售上牌新能源公交车，按照 2018 年市级补贴标准的 0. 1 倍执行，符合 2019 年国家技术指标要求的销售上牌新能源公交车，按照 2018 年市级补贴标准的 0. 6 倍执行。2019 年 8 月 8 日—2020 年 7 月 22 日为过渡期。过渡期期间，符合 2019 年国家技术指标要求但不符合 2020 年国家技术指标要求的销售上牌新能源公交车，按照 2020 年市级补贴标准的 0. 5 倍执行，符合 2020 年国家技术指标要求的销售上牌新能源公交车，按照 2020 年市级补贴标准执行。2019 年 6 月 26 日以后，不再对除新能源公交车以外的其他新能源汽车给予购置补贴，新能源公交车购置补贴政策实施期限原则上延长至 2022 年底。补贴标准根据国家补贴政策，结合本市实际，每年进行调整。新能源公交车补贴标准约为同期国家标准的 20%

续上表

地方政府	政　策	文 件 号	发布单位	发布日期	内　容
重庆市	重庆市新能源汽车推广应用有关备案管理办法(暂行)	渝经信汽车〔2020〕20 号	重庆市经济和信息化委员会	2020-08-18	明确: 1. 新能源汽车生产企业及产品备案 1)新能源汽车生产企业监测平台应接入重庆市新能源汽车与充电基础设施监测平台。 2)新能源汽车生产企业应在市内建立废旧动力蓄电池回收网点并提供网点基本信息。 3)提供工业和信息化部授权的国家级道路机动车辆产品检验检测机构出具的新能源客车安全专项检验报告。 2. 充电运营企业备案 1)备案资料需补充提交属地管理部门出具的企业投资项目备案证、市新能源汽车与充电基础设施监测平台出具的平台接入证明。 2)充电场(站)需具有资质的充电运营企业进行运营日常管理,并要求与充电费用补贴申报单位主体保持一致。 3)新建充电场(站)在接入重庆市新能源汽车与充电基础设施监测平台起,一个月以内应提交备案资料
	重庆市支持新能源汽车推广应用激励措施(2020 年度)	渝府办发〔2020〕106 号	重庆市人民政府办公厅	2020-09-02	明确:在私人和公共领域以降价优惠促销售的乘用车企业分别按照优惠价的 25% 和 30% 给予整车企业奖励,其中在巡游出租车方面,重庆市提出了 6 年周期内动力电池衰减 70% 以下免费更换,不限里程数。鼓励全市新增和到期更新的公交车使用新能源汽车,继续执行新能源公交车购置补贴政策,按照此前重庆市发布的 2020 年新能源汽车补贴方案,2020 年仅对新能源公交车给予购置补贴,补贴标准约为同期国家补贴的 20%。另外对购买(或融资租赁)并运营纯电动(或燃料电池)公交车达到一定规模的市内运营企业,市财政按一定比例给予奖励
	重庆市自动驾驶道路测试管理办法(试行)	渝经信发〔2020〕105 号	重庆市经济和信息化委员会 重庆市公安局 重庆市城市管理局 重庆市交通局 重庆市城市管理局 重庆市交通局	2020-09-02	对于测试车辆,办法明确要求: 1)包括乘用车、商用车,不包括低速汽车、摩托车。 2)未办理过机动车注册登记;但对于《智能网联汽车道路测试管理规范(试行)》(工信部联装〔2018〕66 号)施行前已经依法注册登记的车辆,经所属企业所在地区人民政府有关部门证明,可按照本办法申请道路测试。 3)应满足对应车辆类型除耐久性以外的强制性检验项目要求;对因实现自动驾驶功能而无法满足强制性检验要求的个别项目,测试主体需证明其未降低车辆安全性能。 4)具备人工操作和自动驾驶两种模式,且能够以安全、快速、便捷的方式实现模式转换并有相应的提示,保证在任何情况下都能将车辆即时转换为人工操作模式。 5)应配备自动驾驶数据记录装置,具备车辆状态记录、存储功能,应自动记录和存储下列各项信息在车辆发生碰撞、事故、脱离自动驾驶状态或失效状况发生前至少 90 秒的数据,数据存储时间不少于 3 年
河北省	2020 年河北省新能源汽车发展和推广应用工作要点	—	河北省新能源汽车发展和推广应用工作领导小组办公室	2020-04-29	明确:2020 年河北省推广应用新能源汽车最低 3 万辆(标准车),力争 5.5 万辆(标准车),累计推广新能源汽车 30 万辆(标准车)。全省公务用车领域新增或更换车辆选用新能源汽车比例逐步提高;更新或新增的公交车中,新能源公交车比例不低于 85%,不得新增燃油公交车。同时全省累计建成充电站 1 970 座,充电桩 65 625 个。推动 2022 年京张冬奥会核心区新能源汽车全覆盖
	河北省汽车制造业数字化转型行动计划(2020—2022 年)	—	河北省工业和信息化厅	2020-07-03	在“数字化改造”专项行动中,行动计划明确:新能源汽车模块化制造。鼓励保定、石家庄、邢台围绕新能源汽车重点龙头企业对标新一代模块化高性能整车平台,攻关纯电动汽车底盘一体化设计、模块化动力电池、多能源动力系统集成技术,提升新能源汽车模块化制造能力,实现产品的生产的标准化和共享化,做大做强模块化新能源汽车品牌
	河北省汽车产业链集群化发展三年行动计划(2020—2022 年)	冀制强省〔2020〕3 号	河北省制造强省建设领导小组	2020-07-07	行动计划明确:培育 3 个新能源汽车和智能网联汽车产业链集群 1. 石家庄新能源汽车产业集群 石家庄市依托正定中博、中车新能源、奇瑞新能源、石煤机、安瑞科、新宏昌、鹏达等企业,重点发展电动公交车、乘用车等新能源汽车及半挂车、低温罐式运输车、移动警务室等专用车产品,发挥石家庄装备制造基地、无极装备产业园等装备制造(汽车)产业园区优势。 2. 张家口、承德北方氢能和燃料电池汽车产业链集群 张家口、承德市依托张家口吉利汽车、沃尔沃发动机、亿华通、比亚迪,重点发展新能源汽车整车、氢燃料电池发动机及关键零部件。 3. 雄安新区及周边区域智能汽车关键零部件产业集群 雄安新区及周边区域推动视觉系统、车载雷达、操作系统、智能车载、人机交互系统等创新成果产业化,进一步推动京津冀智能汽车与智慧交通应用示范区建设,支持长城等整车企业与百度、科大讯飞等互联网、人工智能企业合作,建设“基于宽带移动互联网的智能汽车与智慧交通应用示范”徐水基地
	河北省氢能产业链集群化发展三年行动计划(2020—2022 年)	冀发改能源〔2020〕1026 号	河北省发展和改革委员会	2020-07-14	行动计划明确:以培育壮大氢能产业为目标,加快构建“政策生态、产业生态、服务生态”三大氢能生态体系,率先将河北省打造成为全国氢能产业创新发展高地,推动氢能产业链集群化发展,为全省经济高质量发展提供新的战略引擎。到 2022 年,河北全省燃料电池公交车、物流车等示范运行规模达到 4 000 辆,其中张家口市不低于 2 500 辆

续上表

地方政府	政 策	文 件 号	发布单位	发布日期	内 容
河北省	关于做好加氢站项目审批管理工作的意见	—	保定市人民政府办公室	2020-09-24	工程建设施工许可方面，意见明确：将国有土地使用权出让合同作为使用土地的证明文件申请办理建设工程规划许可证和施工许可证。建设单位取得土地出让合同，设计方案公示期满无异议，按“拿地即开工”审批服务模式同步受理建设工程规划许可、施工许可等手续，符合审批条件的，限时依次发证
	保定市氢燃料电池汽车产业发展三年行动方案（2020—2022 年）	—	保定市人民政府办公室	2020-10-15	明确：2021 年底前，初步完成高碑店新发地至北京丰台新发地周边氢能路线规划并投入运营加氢站 1 座，推广燃料电池物流车 20 辆；2022 年底前，新建加氢站 1 座，累计推广燃料电池物流车 220 辆，该线路氢能物流占比超 20%。此外，为支持雄安新区建设，推广千辆规模的燃料电池自动驾驶渣土车经“容易线”承担雄安所需物料运输工作
	沧州市支持智能网联汽车产业发展若干措施	沧政办发〔2020〕11 号	沧州市人民政府办公室	2020-10-30	明确：支持创新技术平台建设。将推动重点实验室、技术中心、产业创新中心等创新平台落地，支持各类创新主体建设智能网联汽车计算基础平台、云控基础平台、车载终端基础平台、高精度动态地图基础平台、信息安全基础平台、仿真测试平台等共性技术基础平台，对认定为国家级、省级的技术创新中心、重点实验室、工程实验室、新型研发机构等科技创新平台分别给予最高 1 000 万元、100 万元的资助
山西省	山西省节能与资源综合利用 2020 年行动计划	—	山西省工业和信息化厅	2020-04-01	计划明确：推进新能源汽车动力蓄电池回收利用体系建设，推进山西铁塔进一步扩大退役动力电池梯次利用规模，围绕 5G 基站建设需求，2020 年力争在现在的基础上，全省新建或改造通信基站超过 5 000 个，使用梯次电池 7 000 组。鼓励山西铁塔能源公司发展备电、发电、换电、充电桩、储能、电池综合服务等能源类业务，拓展梯次电池的行业应用场景，探索新的商业模式。推进汾西重工退役动力蓄电池分类再加工利用以及终极拆解资源化处理项目建设
	新能源＋电动汽车协同互动智慧能源试点建设方案	晋能源电力发〔2020〕473 号	山西省能源局	2020-09-22	明确：以扩大需求侧（储能）响应系统规模，提升新能源消纳及需求响应能力。市场主体包括电网企业、发电企业、充电站/电动汽车等。 1）试点阶段，遴选 1～2 户具备条件的企业作为负荷聚合商，通过价格引导聚集电动汽车负荷资源参与市场，探索“新能源＋电动汽车”协同互动模式。文件还指出需求侧响应结算次序高于电能量和辅助服务等市场化交易。 2）试点初期，本着将红利最大限度传导至终端用户的考虑，对公交、物流、环卫为主的公益服务行业场站以不低于 70% 红利传导至运营商；对出租、网约为主的社会运营性质场站以不低于 60% 红利传导至用户。本方案自 2020 年 10 月 18 日起施行，11 月底前，将正式启动需求侧响应市场。 3）推广阶段（2022 年以后），随着电动汽车保有量及充电电量持续增多，可充可放的双向充电桩得到普及，将改进负荷聚合商平台技术条件及各系统功能，逐步过渡至实时开展方式。实时调动电动汽车等柔性负荷聚合参与协同互动，负荷聚合商通过调整负荷充、放电时间等手段进行互动响应，消纳弃风弃光电量和满足高峰用电需求
	大同市氢能产业发展规划（2020—2030 年）	同政发〔2020〕63 号	山西大同市人民政府	2020-09-30	明确：大同市氢能产业发展目标分为近期（2020—2023 年）、中期（2023—2025 年）和远期（2026—2030 年）三个阶段： 1. 近期发展目标（2020—2023 年）：到 2023 年，全市氢能产业规模持续增长，氢能产业体系、产业技术支撑平台与配套设施不断完善，产业空间布局进一步优化，氢能示范项目有序推进，氢能产业集聚发展格局基本形成。 2. 中期发展目标（2024—2025 年）：到 2025 年，全市氢能产业规模实现跨越式增长，氢能产业体系、配套基础设施相对完善，氢能产业关键核心技术实现重大突破，氢能产业链布局趋于完善，氢能产业集群形成规模。 3. 长期发展目标与未来展望（2026—2030 年）：到 2030 年，大同市氢能产业在国内居于领先地位，氢能产业由示范带动转向市场拉动，氢能产业链产值规模突破 1 600 亿元，氢能装备制造迈向高端，产业领军企业自主创新实力雄厚，氢气储运、氢燃料电池技术和制造达到国际先进水平；氢能交通体系和氢能物流运输体系基本完善，氢能社区建设取得较大进展
	长治市氢能产业发展规划（2020—2030 年）	长政发〔2020〕28 号	长治市人民政府	2020-10-17	明确：长治市氢能产业发展目标分为两个阶段：近期（2020—2025 年）和中长期（2026—2030 年）。 近期发展目标：充分借助全国氢能发展战略机遇期，通过国家“以奖代补”的政策支持和省、市两级地方政府政策引导，统筹规划和建设氢气制取、储运及加氢站等基础设施，与太原、大同等省内城市产业高度协同，积极探索与京津冀城市群、中原城市群的联动模式和切入点。 中长期发展目标：长治市氢能产业繁荣发展，制氢技术成熟，氢气成本大幅度降低，加氢站等基础设施完善，氢能应用场景丰富，氢能产业生态链建立。氢能科技创新平台、安全装备制造与检测平台、氢能和燃料电池系统与性能测试平台和氢能智慧物流平台等氢能产业公共发展服务平台建设完成，氢能产业蓬勃健康发展
	长治市氢能与燃料电池汽车产业发展行动计划（2020—2030 年）	长政发〔2020〕28 号	长治市人民政府	2020-10-17	发展目标如下。 1）中长期目标：到 2030 年，将长治发展成为联动全省、辐射津冀城市群和中原城市群的“氢源供应基地”“氢能安全装备研发和生产基地”“燃料电池重型货车汽车示范基地”和“大功率燃料电池汽车核心零部件生产基地”；氢能产业年产值超过 800 亿元，成为长治市的支柱产业与区域经济新的增长极，实现从“煤城”向“特色氢城”的战略转变。 2）四年行动计划目标：2020—2023 年为长治市氢能及燃料电池汽车产业商业化探索、构建与全省及周边城市群产业联动体系的重要阶段。充分利用四年黄金发展期，加快燃料电池汽车全产业链布局，与太原、大同等省内城市产业高度协同，积极探索与京津冀城市群、中原城市群的联动模式和切入点，构建覆盖全市、辐射周边周边地区的“制、储、运、加”氢能源供应网络，强化氢能安全装备研发及制造能力，强化大功率燃料电池重型货车汽车核心部件研发与制造能力；强化全市燃料电池重型货车的推广和应用，构建低碳、环保的晋煤外运枢纽和大通道。

续上表

地方政府	政策	文件号	发布单位	发布日期	内容
	长治市氢能与燃料电池汽车产业发展行动计划》(2020 年—2030 年)	长政发〔2020〕28 号	长治市人民政府	2020-10-17	到 2023 年,全市燃料电池重型货车保有量达到 3 000 辆以上,重点培育氢能产业链 2 ~ 3 家上市企业,产业集群初步成型,氢能产业年总产值达到 200 亿元。 3)分年度主要目标:2020 年,率先推广应用 100 辆燃料电池重型货车及其他车型,初步搭建燃料电池重型货车物流信息化管理平台,建成 5 座加氢站,商品氢气供应能力达到 2 100 t/年。 2021 年,推广应用 1 000 辆以上燃料电池重型货车及若干其他车型,建成 60 座 1 000 kg 级加氢站,实现约 2. 9 万 t 商品氢的生产和供应能力。制氢、储氢、运氢、加氢、电堆、燃料电池动力系统、车载供氢系统、驱动电机及整车冷却系统、整车制造等产业链相关企业全部落地投产,燃料电池核心零部件实现本地化生产,燃料电池重型货车物流信息化管理平台和氢能产业大数据平台建设完成,燃料电池汽车全产业链年产值达到 40 亿元。 2022 年,燃料电池重型货车保有量达到 2 000 辆以上,建成 65 座 1 000 ~ 3 000 kg 级加氢站,实现 4 万 t 商品氢生产和供应能力,燃料电池汽车全产业链年产值达到 100 亿元。 2023 年,燃料电池重型货车保有量达到 3 000 辆以上,建成 70 座 1 000 ~ 3 000 kg 级加氢站,实现 6 万 t 商品氢生产和供应能力,燃料电池汽车全产业链年产值达到 200 亿元
山西省	长治市加氢站审批和管理暂行办法	—	长治市行政审批服务管理局	2020-10-17	暂行办法适用于长治市行政区域内所有加氢站项目(含新建站和合建站)。对加氢站项目的立项、报建、施工、验收投产及运营等环节做出了明确规定
	长治市燃料电池汽车交通运输暂行管理办法	—	长治市交通运输局	2020-10-17	办法适用与在长治市销售和使用,已纳入国家《新能源汽车推广应用推荐车型目录》或其他相关车型目录,符合长治市管理规定的燃料电池汽车。办法有效期至 2023 年 12 月 31 日
	长治市燃料电池汽车推广应用财政补助实施细则	—	长治市财政局	2020-10-17	明确:本办法适用于工商注册地、税务征管关系在长治市属县区以及下辖园区范围内,以氢能产业(含氢能产业技术研发)为主营业务、财务制度健全、实行独立核算的氢能企业或机构。奖补范围包括氢燃料电池汽车购置奖补方案、车辆运营奖补方案、加氢站建设奖补方案、氢能科技创新奖补方案
	大同市燃料电池汽车交通运输管理实施意见(试行)	同政办发〔2020〕67 号	大同市人民政府办公室	2020-10-24	明确:本办法适用于在本市销售和使用的已纳入国家《新能源汽车推广应用推荐车型目录》或其他相关车型目录,符合本市管理规定的燃料电池汽车。 1)消费者购买燃料电池汽车后,应向公安交通管理部门申领新能源汽车专用号牌,依照法律规定办理登记。购买燃料电池汽车享受免收新能源汽车新车上牌费用。 2)燃料电池汽车实行独立分类注册登记,以便于税收和保险分类管理。在机动车行驶证上标注燃料电池汽车类型,便于执法管理中有效识别区分。改进道路交通技术监控系统,通过号牌自动识别系统对燃料电池汽车的通行给予便利
	制造强省建设行动计划	浙委办发〔2020〕8 号	中共浙江省委办公厅 浙江省人民政府办公厅	2020-03-13	在新能源及新能源装备重点领域,计划明确:要加快构建清洁低碳的新能源及新能源装备产业体系。开展氢能应用试点,建成国内氢能产业高地。在汽车产业领域,计划明确:推动汽车产业向电动化、智能化、网联化、共享化方向发展。突破整车关键核心技术,推进燃油汽车转型升级,发展新能源汽车。创新发展关键零部件,强化整零协同,建成全国汽车创新高地。打造国家级车联网先导区和国内领先的智能网联汽车现代产业集群
	湖州市充电设施电力红利分配对象设施清单	—	湖州市新能源汽车推广应用工作领导小组办公室	2020-01-03	充电设施所有方参与负荷聚合应满足以下基本条件:1. 具有独立法人资格,财务独立核算,信用良好,能够独立承担民事责任。2. 参与聚合的充电设施有独立的计量点及对应的电力户号,并直接向所在供电公司缴纳电费。3. 同意将获取红利部分传导至电动汽车终端用户,按聚合和监管要求提供相关信息。4. 充电设施供电电压等级在 10 kV 及以上。5. 已参与浙江省电力直接交易的用户不重复享受价差
浙江省	嘉兴市加快氢能产业发展的工作意见	—	嘉兴市发展和改革委员会 嘉兴市经济和信息化局 嘉兴市科学技术局 嘉兴市财政局	2020-01-08	关于发展目标,意见明确: 1)到 2022 年:初步形成较为完整的氢能产业链,创新驱动力不断提升,关键环节产业实力显著增强,产业基础设施不断完善。建成液氢等氢气源生产企业 2 家以上和固定式加氢站 8 座以上(包括综合能源站);新引进 10 家以上氢能相关企业或项目;全市运行氢能汽车 200 辆以上,力争建成 1 个氢能分布式发电项目;充分发挥浙江长三角氢能产业技术联盟作用,谋划设立长三角氢能研究院,成立氢能产业技术研发中心、氢能创新中心等。 2)到 2025 年:形成较为完整的产业链条,积极创建绿色货运配送示范城市,建设国内具有影响力的氢能示范城市。氢能产业关键零部件制造等产业链环节均有 1 ~ 2 家国内领先企业,氢能产业年产值突破 300 亿元。全市建成 20 座以上固定式加氢站(包括综合能源站);氢能源汽车数量突破 1 500 辆;氢能相关规模以上企业数量突破 50 家
	关于阶段性降低新能源出租车和网约车充电费用的通知	甬发改价格〔2020〕73 号	宁波市发展和改革委员会	2020-02-27	明确:新能源出租车、网约车公用充电桩充电服务(含电费)基准价由现行每千瓦时 1. 40 元降为 1. 30 元。其他事项仍按原《宁波市物价局关于核定新能源电动汽车公用充电桩充电服务价格的通知》(甬价费〔2018〕53 号)执行。执行时间:自 2020 年 3 月 1 日起至 5 月 31 日止

续上表

地方政府	政　策	文件号	发布单位	发布日期	内　容
浙江省	杭州市建设交通强国示范城市行动计划（2020—2025年）	杭政办函〔2020〕18号	杭州市人民政府办公厅	2020-06-01	智能网联汽车方面，行动计划明确：加快产业交通建设，打造交通智造强市。开展综合交通产业运行监测与发展评估，编制实施《杭州市综合交通产业发展规划》。加强营商环境建设，构建财政资金与社会资本多元参与、风险可控的开放式投融资格局。成立未来交通实验室，加快智能驾驶、轨道交通、航空航天等重点领域发展，形成交通产业体系。打造迎亚运绿色公交智能驾驶示范区，开展智能网联汽车、水上智能驾驶应用。到2025年，形成人工智能、5G应用、智能网联车等多个百亿级产业集群，推进3条以上智能网联汽车示范运营线路
	绍兴市电动汽车充电基础设施建设运营管理暂行办法	绍市发改能通〔2020〕19号	绍兴市发改委	2020-06-05	征求意见明确：逐步在市域范围内形成以住宅小区、办公场所自用、专用充电设施为主体，以公共停车位、道路停车位、独立充电站等公用充电设施为辅的充电基础设施服务网络。具体为： 1）在住宅小区、办公场所建设以慢充为主的自（专）用充电设施。 2）在办公场所建设快慢结合的专用充电设施。 3）在商业、公共服务设施、公共停车场、加油站，以及具备停车条件的道路旁等场所建设以快充为主、慢充为辅的公用充电设施
	义乌市纯电动物流车辆规模化运营扶持方案	义政发〔2020〕37号	义乌市人民政府办公室	2020-06-22	推广方案明确了给予相关企业车辆运营奖励、给予相关企业车辆运营便利以及其他事项。 1）给予相关企业车辆运营奖励，包括：申请企业应具备的条件；申请奖励的车辆应具备的条件；备案内容、年度考核期以及车辆行驶里程的解释说明；奖励原则及标准；奖励申请流程。 2）给予相关企业车辆运营便利，包括：充分保障纯电动物流车辆通行便利；给予纯电动物流车辆临时停车和装卸便利
	丽水市智能网联汽车道路测试管理办法实施细则（试行）	丽经信〔2020〕36号	丽水市经济和信息化局 丽水市公安局 丽水市交通运输局	2020-08-21	明确：测试主体是指提出在公共道路进行智能网联汽车道路测试申请、按照法律法规要求组织测试及承担测试责任的单位，应符合具备汽车及零部件制造、技术研发或试验检测等智能网联技术相关业务能力，包括具有智能网联技术及产品研发、生产能力或运营能力的整车企业、改装车生产企业、零部件企业、自动驾驶解决方案企业、互联网企业、科研院所、高校、交通运输企业以及其他科技型企业等条件
	绍兴市加快推进工业经济高质量发展若干政策	绍政办发〔2020〕36号	绍兴市人民政府办公室	2020-10-21	明确：加快新能源汽车基础设施建设。对由专业充电设施经营企业投资当年建成投运的公共充电设施，按设备实际投资25%进行补助；对公交企业自建且对外开放的充电设施，功率≥150 kW按设备投资30%补助，功率<150 kW按设备投资20%补助；对城市出租车、专业物流快递企业自建充电设施及社区专用充电设施且对外开放的，给予设备投资15%资金补助。直流充电设施（含交直流一体）、无线充电设施补助标准不超过600元/kW，交流充电设施补助标准不超过200元/kW
	平湖市加快推进氢能产业发展和示范应用实施意见	平政发〔2020〕128号	平湖市人民政府	2020-12-21	实施意见明确： 1）在产业发展层面，到2022年，以关键核心部件、燃料电池电堆、动力系统集成等核心装备制造和制氢、储氢、运氢、加氢为重点，引进和培育5家以上在行业内有影响力的企业或项目。不断完善氢能产业体系，成立氢能产业技术研发中心、氢能创新中心等。推动氢燃料电池龙头企业与知名整车制造企业建立战略联盟，燃料电池年销售突破2 000台。到2025年，氢能产业链产值达到100亿元以上。 2）在应用示范层面，推动燃料电池公交车、燃料电池物流车及燃料电池产品实现市场化规模应用。到2022年，开通氢燃料电池公交车示范线路5条以上，氢燃料电池公交车占新能源公交车总保有量的30%以上。全市运行氢能汽车150辆以上。 3）在设施服务层面，加大氢能产业基础设施建设力度，在现有加油、加气站基础上，同步建设加氢设施服务体系。到2022年，新建加氢站5座以上，建成富余氢能资源综合利用试点项目2个以上
	温州市级2020—2021年新能源汽车推广应用支持政策	温发改产〔2020〕179号	温州市发展和改革委员会	2020-12-22	1）关于补贴对象：补贴对象为市区购买新能源公交车和燃料电池汽车的消费者、充电基础设施建设运营主体以及个人充电桩安装者。 2）关于补贴标准：购置补贴，对购置新能源公交车和燃料电池汽车按国家补助标准1∶0.5比例配套，技术标准按照部委年度文件执行；建设补贴，专用和公用充电基础设施建设已验收投入使用并接入市级服务平台的，按充电基础设施的直流给予250元/kWh、交流给予100元/kWh分类补助；运营补贴，以充电基础设施的实际充电量为基准，对充电基础设施运营单位给予运营补贴0.10元/kWh；电费补贴，个人消费者建设自用充电桩给予一次性600元/桩的充电费补贴，由电力部门以充值方式划入个人消费者自用充电桩电表账户
	嘉兴市汽车制造产业集群培育和发展实施意见	嘉转升办〔2020〕10号	嘉兴市工业转型升级领导小组办公	2020-12-23	1）按照“政府统筹、市场主导、整车突破、部件做强、协同创新”本市汽车制造产业发展原则，加快产业链的强链、补链工作进度，以汽车整车和关键零部件突破为重点，培育和招商引进并重，提升产业整体竞争力，鼓励自主品牌企业技术开发力度，提高研发能力和技术创新能力，大力发展智能、互联和新能源汽车（包括氢能源）和主要零部件。 2）依托南湖经济开发区、平湖经济技术开发区、桐乡经济开发区、嘉兴市经开区等重点平台，以及长城汽车、合众新能源、敏实集团等重点企业，优先发展整车集成开发、智能控制系统等关键技术，重点发展新能源汽车的电子、电池、电控、电机等关键零部件。 3）平湖市：依托长城汽车工业平湖基地项目，重点发展新能源汽车核心零部件、汽车电子、氢能源电池及零部件等新兴领域，做优底盘、传动、内饰等传统优势领域，加快构建整零协同创新的汽车产业现代化集群，打造国内技术领先的汽车零部件制造基地。 4）桐乡市：开发一批与主流车型相配套的汽车制动系统、承载系统、传动系统、转向系统等高附加值产品，发展新能源汽车、无人驾驶和房车等特色领域，打造长三角领先的汽车制造业基地

续上表

地方政府	政　策	文 件 号	发布单位	发布日期	内　容
浙江省	关于加快培育舟山市氢能产业发展的指导意见	舟政办发〔2020〕112 号	舟山市人民政府办公室	2020-12-25	明确：到 2022 年，引进 5 家以上国际或国内有较强竞争力、技术领先的氢能制备、储能企业；引进 5 家以上氢燃料电池海洋应用相关企业或项目；建设加氢站 2 座以上（包括综合供能站）；示范运行氢能公交车 15 辆以上；推进氢燃料电池港区集卡、叉车等应用等。到 2025 年，建成 5 座以上固定式加氢站（包括综合供能站）；示范运行氢能公交车 50 辆以上；氢能领域规模以上企业数量突破 30 家等
	绍兴市推进新型基础设施建设三年行动计划（2020—2022 年）	绍政办发〔2020〕48 号	绍兴市人民政府办公室	2020-12-25	行动计划明确： 1）建设产业创新平台。面向智能制造、前沿新材料、新能源汽车、轨道交通等重点领域，提升和优化研发平台及公共测试平台，同步推进产业化项目落地。 2）动产业融合发展。围绕基础产业推进强链工作，重点发展集成电路、新能源汽车等产业。 3）推进智能化能源基础设施建设。继续推进综合能源服务站建设，加快推进氢能基础设施建设。到 2022 年，累计建成综合供能服务站 46 座左右，建成加氢站 3 座以上。推进充电基础设施物联网和互联互通，全面应用绍兴市充电基础设施智能服务平台，加快实现智能服务和自用充电桩智能有序充电。到 2022 年，全市建成智能公用充电桩 4 000 个左右，自用充电桩 20 000 个以上
山东省	山东省人民政府关于济南新旧动能转换先行区发展规划（2020—2035 年）的批复	鲁政字〔2020〕13 号	山东省人民政府	2020-01-11	氢能源方面，规划明确：加快“中国氢谷”建设，打造全国氢能源产业高地。建设“氢能源科技园”，布局氢能源研发利用的大创新载体，引进集关键材料、零部件、电堆、动力系统、整车研发为主要业务的氢能源创新集群，开展氢能前沿技术研发。建设“氢能源产业园”，集聚国内外氢能源产业链上下游生产企业，形成链条完整、协同高效的产业集群。建设“氢能源会展商务区”，集国际科技中介、交流、展示与商务于一体，点推进国内外技术及产业引进、国际交流与展览展示、国际化技术和商业人才培育引进。创建“氢能源应用示范区”，率先实施“氢能先行计划”，以交通领域和发电领域为点，在区内推广氢能源城市公交车、物流车、环卫车等市政专用特种车辆，合理规划配套建设具有优势技术的加氢站，积极布局氢燃料电池分布式发电系统
	济青烟国际招商产业园建设行动方案（2020—2025 年）	鲁政办字〔2020〕37 号	山东省人民政府办公厅	2020-03-22	新能源汽车、氢能相关方面，通知明确： 1）济南市：重点打造整车整机及氢能源高端装备制造、绿色建设、智能制造三大产业集聚区。 2）青岛市：重点打造数字科技与智能制造、新能源汽车、智能家电三大产业集聚区。 3）烟台市：重点打造高端化工新材料、海洋生物与医养健康、高端装备制造三大产业集聚区
	山东省新能源汽车动力蓄电池回收利用工作实施方案	鲁工信绿发〔2020〕92 号	山东省工业和信息化厅 山东省科技厅 山东省财政厅 山东省生态环境厅 山东省交通运输厅 山东省商务厅 山东省市场监督管理局 山东省能源局	2020-06-05	方案明确了下一步工作的目标：到 2023 年，在山东省重点区域打造动力蓄电池回收利用的产业聚集区，建设一批退役动力蓄电池梯次利用、高效再生利用的先进示范项目，发布一批动力蓄电池回收利用相关技术标准，培育一批动力蓄电池回收利用标杆企业
	山东省氢能产业中长期发展规划（2020—2030 年）	鲁政办字〔2020〕81 号	山东省人民政府办公厅	2020-06-17	发展目标方面，规划明确：通过 10 年左右的努力，实现山东省氢能产业从小到大、从弱变强的突破性发展，打造“中国氢谷”“东方氢岛”两大品牌，培育壮大“鲁氢经济带”（青岛—潍坊—淄博—济南—聊城—济宁），建成集氢能创新研发、装备制造、产品应用、商业运营于一体的国家氢能与燃料电池示范区，成为国内领先、国际知名的氢能产业发展高地。2020—2022 年，为氢能产业全面起步期。2023—2025 年，为氢能产业加速发展期。2026—2030 年，为氢能产业塑造优势期
	山东省传统产业智能化技术改造三年行动计划（2020—2022 年）	鲁工信改〔2020〕101 号	山东省工信厅	2020-07-01	汽车行业方面，征求意见明确：在整车制造、电控制动系统、配套设备等领域推动数字车间、智能工厂技术集成应用。推广智能化生产、网络化协同、服务化延伸、数字化管理及产融结合等新模式。建立行业工业互联网平台，实现全要素、全产业链、全价值链联通。推动智能网联汽车技术研发应用，加速促进智能网联汽车产业化
	京津冀及周边地区工业资源综合利用产业协同转型提升计划（2020—2022 年）	鲁工信绿发〔2020〕137 号	山东省工业和信息化厅	2020-09-02	明确：加快退役动力电池回收利用。加强在储能、通信基站备电等领域建设退役动力蓄电池梯次利用典型示范项目。充分发挥骨干企业、科研机构、行业平台及第三方机构等方面优势，统筹推进本省动力蓄电池回收利用体系建设
	山东省新基建三年行动方案(2020—2022 年)	鲁政字〔2020〕228 号	山东省人民政府	2020-11-09	在融合基础设施升级行动方面，行动方案明确：科学配置充电桩和加氢站。完善山东省充电基础设施信息公共服务平台功能，加快公共充电基础设施建设，到 2022 年公共停车场充电桩占车位比不低于 15%。合理配置、适度超前布局加氢站，强化高速公路服务区、公路加油站等重点交通区域的配套建设。到 2022 年，全省各类充电桩保有量达 10 万个以上、加氢站 30 座，依托具备条件的高速服务区基本建成充电站间距合理的服务圈

续上表

地方政府	政　策	文 件 号	发布单位	发布日期	内　容
山东省	潍坊市促进加氢站建设及运营扶持办法	潍政办发〔2020〕3号	潍坊市人民政府办公室	2020-03-17	通知明确,固定式加氢站补贴标准为: 1)日加氢能力200≤Q<500 kg的,2019年建成的补贴200万元,2020年建成的补贴100万元,2021年建成的补贴50万元。 2)日加氢能力500≤Q<1 000 kg的,2019年建成的补贴400万元,2020年建成的补贴300万元,2021年建成的补贴200万元。 3)日加氢能力Q≥1 000 kg的,2019年建成的补贴600万元,2020年建成的补贴500万元,2021年建成的补贴400万元
	青岛西海岸新区汽车加氢站规划建设和运营管理暂行办法	青新城管〔2020〕162号	青岛西海岸新区城市管理局	2020-04-28	建设补助方面,暂行办法明确: 1)固定式加氢站。日加氢能力≥500 kg,2020年12月31日(含)前建成的新建站补贴900万元,改建站补贴600万元;2021年1月1日—2021年12月31日(含)建成的新建站补贴700万元,改建站补贴500万元。日加氢能力<500 kg,2020年12月31日(含)前建成的新建站补贴700万元,改建站补贴500万元;2021年1月1日—2021年12月31日(含)建成的新建站补贴500万元,改建站补贴400万元。 2)撬装式加氢站。日加氢能力≥350 kg,2020年12月31日(含)前建成的新建站补贴400万元,改建站补贴300万元;2021年1月1日—2021年12月31日(含)建成的新建站补贴300万元,改建站补贴200万元
	关于加强烟台市党政机关新能源汽车推广应用工作的通知	烟事管〔2020〕11号	烟台市机关事务管理局	2020-04-29	明确: 1)党政机关应当配备使用国产汽车,带头使用新能源汽车,按照规定逐步扩大新能源汽车配备比例,实现新能源汽车全覆盖。市级党政机关配备公务用车,除有特殊工作要求外,应当全部配备新能源汽车。 2)鼓励党政机关自筹资金或与充电桩运营企业合作,利用内部停车场建设充电基础设施,满足电动公务用车需求。具备场地条件的,实现充电基础设施全覆盖。 3)公务用车主管部门、公共机构节能管理部门应当加强对新能源汽车购买和充电桩建设情况的监督检查,将执行情况纳入公共机构节约能源资源和公务用车管理绩效评价考核范围,大力推进新能源汽车的使用和充电桩的建设工作
	关于加快推进全市新能源汽车充电基础设施建设的实施意见	济政办发〔2020〕13号	济南市人民政府办公厅	2020-07-02	明确:到2022年底,全市充电基础设施保有量力争突破50 000个,基本建成布局合理、管理规范、智能高效的充电基础设施体系,形成统一开放、竞争有序的充换电服务市场,满足不同领域、不同层次的充换电需求。意见自2020年8月1日起施行,有效期至2022年12月31日。重点任务方面: 1)加快推进居民小区充电基础设施建设。 2)完善公共停车场充电基础设施。 3)加快行业专用充电基础设施建设。 4)积极构建高等级公路城际快充网络。 5)推进公务用车充电基础设施建设。 6)鼓励旅游景区充电基础设施建设。 7)推进油气电氢交通能源设施融合
	济南市新能源汽车充电基础设施建设运营管理办法	济发改电力〔2020〕299号	济南市发展和改革委员会 济南市财政局 济南市住房和城乡建设局 济南市市场监督管理局	2020-07-17	明确:充电基础设施建设运营企业在项目建设前期,应与物业所有权人或其授权代理人(管理人)签订协议,充电换设施的运营权归属于建设运营企业,同时协议须明确充换电设施运营时间不少于5年,对于非独立增容的充换电设施还需明确配电容量能满足充换电设施正常运营的需要。符合条件的充电基础设施建设运营企业可按照售电企业管理办法规定,注册成为售电企业,参与电力市场交易。管理办法自2020年8月1日起施行,有效期至2022年12月31日
	济南市氢能产业发展三年行动计划(2020—2022年)	济政办字〔2020〕34号	济南市人民政府办公厅	2020-07-28	明确重点实施七大工程。 1)产业园区建设工程。 2)产业链条完善工程。围绕氢能制备、生产、储运和装备研制、服务配套、示范应用等环节,培育和引进一批骨干企业,在关键零部件、动力系统集成、检验检测等领域,形成若干具有国际竞争力的优势企业,打造氢能全产业链发展格局。 3)创新平台补齐工程。围绕燃料电池汽车技术创新,建设氢能汽车创新中心。发挥济南市标准化公共服务云平台作用,建立完善氢能产业标准体系。围绕氢能应用大数据平台建设,聚焦氢能行业数据采集与分析、燃料电池发动机大数据分析等,打造集数据采集、会聚处理、挖掘分析、主动预测为一体的智能化氢能产业分析应用平台。 4)龙头企业培引工程。通过开放市场、资源合作等方式,引进国外先进技术,吸引国内外企业到济合作,重点加强与氢能乘用车整车制造企业的交流,培育本地龙头企业。 5)产业集群打造工程。打造制储氢装备产业集群、燃料电池产业集群、能整车产业集群等重点产业集群。 6)核心技术突破工程。明确了低成本制氢技术研发、储氢新材料研发、质子交换膜产业化、氢燃料电池整车生产技术方面的重点发展方向。 7)整车示范应用工程。鼓励有条件的区县,优先利用商用车、物流车、环卫车、公交车开展氢燃料电池车示范应用。积极申报燃料电池汽车示范城市

续上表

地方政府	政　策	文 件 号	发布单位	发布日期	内　容
山东省	济南市网络预约出租汽车经营服务管理实施细则	济政办发〔2020〕22 号	济南市人民政府办公厅	2020-08-21	实施细则明确，申请从事网约车经营的车辆应符合以下条件： 1）本市号牌，7 座及以下乘用车。 2）符合营运车辆环保、安全技术标准，且车龄从初次注册登记取得机动车行驶证之日至申请日不超过 3 年。 3）新能源汽车（含纯电动汽车、插电式混合动力汽车、燃料电池汽车）轴距不低于 2 600 mm；非新能源汽车轴距不低于 2 650 mm，车辆购置价格（不含购置税）不低于 10.5 万元。 4）具备 ABS 防抱死制动系统和车身电子稳定控制系统，以及前排座位安全气囊和前后座安全带。 5）安装符合相关部门技术要求的车载智能终端设备，包括具有行驶记录功能的车辆卫星定位装置、应急报警装置、发票打印装置，以及具备固态存储（15 日）、人脸识别、无线传输、车内外影像监控功能的行车记录装置，接入交通运输、公安等相关部门监管平台，并可实时发送位置信息等运营数据。本细则自 2020 年 10 月 1 日起施行，有效期至 2023 年 1 月 31 日
	关于加快新能源汽车推广应用的若干政策（征求意见稿）	—	济南市发展和改革委员会	2020-10-13	明确：制定燃料电池汽车补助标准，安排专项资金用于补助燃料电池商用车生产企业，加快推进燃料电池商用汽车推广应用。 1）在氢燃料电池汽车方面，支持氢燃料电池公交车推广示范运行，按照燃料电池示范城市标准，推广不少于 60 辆氢燃料电池公交车，开通公交运营线路 3 条，投资建设公交加氢站 1 座，并将氢能源公交运营新增成本，纳入公交企业成本范围予以财政补贴。并制定燃料电池汽车补助标准，安排专项资金用于补助燃料电池商用车生产企业，加快推进燃料电池商用汽车推广应用。 2）在加氢站补贴方面，对日加氢能力 500 kg（含）~ 1 000 kg（不含）的固定式加氢站，2021 年 6 月前、2022 年 6 月前建成的，分别补贴 400 万元、300 万元；对日加氢能力 1 000 kg 及以上的固定式加氢站，2021 年 6 月前、2022 年 6 月前建成的，分别补贴 600 万元、400 万元。在氢气销售价格不高于 35 元/kg 前提下，2021 年、2022 年度对加氢站运营销售的氢气，分别给予 10 元/kg、5 元/kg 的奖补
	关于组织实施青岛市氢能产业发展规划（2020—2030 年）的通知	青政字〔2020〕25 号	青岛市人民政府	2020-10-19	明确：各级各有关部门和单位要充分认识《规划》的重要性，把握好氢能产业作为能源转型选择的重大机遇，加快实施“东方氢岛”发展战略，加大氢能基础设施建设力度，完善氢能产业链体系，努力走在全国氢能产业发展前列。各区（市）政府和有关部门、单位要密切协调配合，严格按照《规划》确定的目标、主要任务和工作责任，补齐短板，破解难题，合力推动《规划》落到实处，争取各项规划目标早日实现。充分发挥青岛市氢气资源、科技研发和应用场景优势，有针对性地做好招商引资工作，助推青岛市氢能产业做大做强
	关于推进我市汽车加氢站规划建设运营管理工作的实施意见	济政办发〔2020〕32 号	济南市人民政府办公室	2020-11-09	实施意见主要明确加氢站规划建设运营管理中以下重点问题： 1）确定加氢站监管原则。在汽车加氢站行业相关法律法规颁布实施前，本市汽车加氢站参照天然气汽车加气站（CNG）管理模式进行管理。市燃气行业主管部门（市住房城乡建设局）负责全市汽车加氢站的行业管理工作，各区县（含功能区）燃气主管部门，负责本辖区汽车加氢站行业管理工作。相关部门按照各自职责依法做好汽车加氢站相关管理工作。 2）确定项目规划建设条件。针对项目选址难、落地难的现状，研究放宽了示范项目、油气电氢合建项目、公交物流服务项目的规划建设条件，以此鼓励社会资本参与建设。 3）系统性梳理制定加氢站项目审批流程，明确项目立项、报建审批、土地规划审批、施工许可、竣工验收、许可证核发有关程序。确定市县两级审批服务部门的加氢站项目审批工作职责，并明确各级发改、自然资源和规划、生态环境、应急管理、市场监管、住建等相关部门在加氢站项目实施中的相关审批工作职责。 4）制定相应安全管理措施。对加氢站项目的建设规范要求、图纸审查和验收标准，以及加氢站经营单位的安全管理职责和经营服务行为提出了明确要求
	关于申报中央新能源汽车充电基础设施奖励资金的通知	济发改电力〔2020〕522 号	济南市发展和改革委员会 济南市住房和城乡建设局 济南市财政局	2020-12-11	奖励对象：电动汽车充电服务示范居民小区（以下简称示范小区）。 奖励标准：1）设备奖补，按照单桩参照额定输出功率，给予一次性奖补。其中，直流快充桩奖补 400 元/kW，奖励上限 4.8 万元/桩；交流慢充桩奖补 300 元/kW，奖励上限 2 000 元/桩；带有有序充电控制功能的交流充电桩奖补 400 元/kW，奖励上限为 4 000 元/桩。设备奖补金额不高于设备采购（招标）价格。2）建设奖补，在充电服务示范居民小区内配套建设充电基础设施，按照总投资扣除充电设施购置费用外剩余投资的 40% 给予建设奖补
	青岛市氢能产业发展规划（2020—2030 年）	—	青岛市发展和改革委员会	2020-12-14	发展目标方面，通知明确：在未来 10 年将青岛发展成为国际化氢能城市，打造国内重要的氢能产业基地，实现“东方氢岛”的总体发展目标。 1）近期目标（2020—2022 年）夯实氢能产业发展基础，推进氢能产业集成创新、燃料电池汽车、氢能港口、氢能小镇等应用示范项目建设，建成行业合作交流平台，初步建成国内知名的氢能产业集聚区和示范区。 2）中期目标（2023—2025 年）完成氢能产业生态链和应用体系建设，广泛推进氢能和燃料电池的深度应用，实现氢能产业集群式发展。 3）远期目标（2026—2030 年）把氢能发展成为我市除化石能源、可再生能源以外重要的能源品类之一，在交通、物流、发电、供热等领域得到全面的应用。在局部地区完成自主供氢、自主用能、循环利用的氢能社会示范项目，实现“东方氢岛”的总体发展目标
	关于支持氢能产业发展的意见	济政字〔2020〕79 号	济宁市人民政府	2020-12-19	明确：加大氢能项目引进力度。鼓励涉及氢能产业的境外跨国公司和平台型企业设立地区总部，总部法人企业在济宁市新购、自建自用办公用房的，按建房核算成本或购房合同价格的 1% 给予一次性补助，最高补助 300 万元；在济宁市设立采购中心、财务管理中心、结算中心等汇总纳税功能性机构的，采取“一事一议”方式给予支持。对确定优先发展且用地集约的氢能产业项目，土地出让底价按不低于所在地工业用地出让最低价标准 70% 执行

续上表

地方政府	政　策	文件号	发布单位	发布日期	内　容
山东省	青岛市智能网联汽车道路测试与示范应用管理实施细则(试行)	青工信规〔2020〕6号	青岛市工业和信息化局 青岛市公安局 青岛市交通运输局	2020-12-24	实施细则适用于在青岛市行政区域内进行的智能网联汽车道路测试与示范应用。 实施细则所称道路测试,是指在公路、城市道路等用于社会机动车通行的各类道路指定的测试路段进行的智能网联汽车自动驾驶功能测试活动。 实施细则所称示范应用,是指在限定的公路、城市道路、区域范围内开展的具有试点、试行效果的智能网联汽车载人载物运行活动。 本实施细则所称测试区(场),是指在固定区域设置的具有可封闭物理界限及智能网联汽车自动驾驶功能测试所需道路、设施及环境条件的场地
山东省	关于加快推进氢能产业发展的实施意见	泰政办字〔2020〕62号	泰安市人民政府办公室	2020-12-29	意见明确:到2022年,储氢关键装备实现量产,电池重要零部件基本实现自主化,氢能产业链年营业收入实现10亿元。到2023年,建成加氢站1座,燃料电池汽车营运车辆示范运行规模达到10辆;到2025年,累计建成加氢站3座,燃料电池汽车规模达到300辆,培育国内领先的企业2~3家,氢能产业链年营业收入达到30亿元。到2030年,累计建成加氢站7座,燃料电池汽车规模达到1 500辆
河南省	河南省氢燃料电池汽车产业发展行动方案	豫工信联装〔2020〕27号	河南省工业和信息化厅 河南省发展和改革委员会 河南省财政厅 河南省科学技术厅 河南省住房和城乡建设厅 河南省交通运输厅 河南省应急管理厅 河南省市场监督管理局	2020-04-29	明确:以客车为牵引,促进物流等商用车产业发展,以重点城市群辐射带动全省范围开展氢燃料电池汽车示范应用;到2025年,全省氢燃料电池汽车相关产业年产值要突破1 000亿元;并实现70 Mpa氢瓶技术成熟。力争到2023年,实现以下发展目标: 示范应用:参与氢燃料电池汽车示范应用城市5个,示范公交和物流线路不少于60条,适时推进乘用车示范应用,各类氢燃料电池汽车推广应用达到3 000辆以上,加氢站建成数量50座以上。 产业培育:引入和培育超过30家燃料电池汽车产业链相关企业,打造拥有国内影响力的氢燃料电池汽车及核心零部件生产企业2~3家,产业关键技术不断突破,核心竞争力不断提升,氢燃料电池汽车动力性、经济性、耐久性、环境适应性及成本等方面得到充分验证。 保障体系:供氢体系基本建立,基础设施基本满足示范应用需求,政策体系不断完善,产业协同优势逐步形成。 到2025年,示范应用城市不断扩大,示范应用氢燃料电池汽车累计超过5 000辆,加氢站80个以上,产业体系、保障体系不断完善,协同创新能力优势明显加强,市场竞争能力不断提升,基本形成以客车为主,环卫、物流等氢燃料电池汽车全面发展的产业格局,氢燃料电池汽车相关产业年产值突破1 000亿元
河南省	河南省加快电动汽车充电基础设施建设若干政策	豫政办〔2020〕30号	河南省人民政府办公厅	2020-07-23	政策明确:到2025年,全省累计建成集中式充换电站2 000座以上,各类充电桩15万个以上;郑州、洛阳都市圈公共充电桩与电动汽车比例达到国内先进水平,城市核心区公共充电设施服务半径小于1 km;其他省辖市和济源示范区公共充电桩与电动汽车比例达到1∶8,城市核心区公共充电设施服务半径小于2 km。 1)省财政根据各地居民区自用充电桩建设推广情况,分3个档次给予一次性奖补:省辖市、济源示范区年度新增自用充电桩数量达到5 000个及以上的,省财政给予100万元奖补;年度新增自用充电桩数量达到1万个及以上的,省财政给予260万元奖补;年度新增自用充电桩数量达到2万个及以上的,省财政给予600万元奖补。 2)建立省级财政运营服务奖补机制,对公共公用充电设施运营主体按照充电量多少给予运营奖补,奖补对象主要包括公用快速充电桩(直流)、提供分时共享服务的专用或自用充电设施。 3)公用快速充电设施,参考其他省市经验,结合本省财政资金安排和企业享受建设补贴情况,暂分两档标准对充电设施运营企业实施省级财政奖补:按照30%及以上标准享受建设补贴的,运营奖补按照0.03元/kWh标准执行;按照30%以下标准享受建设补贴的,运营奖补按照0.05元/kWh标准执行。每年每桩享受奖补的电量不高于10万kW/h时,每年每桩最高补贴5 000元
河南省	河南省推动制造业高质量发展实施方案	—	河南省人民政府办公厅	2020-08-16	在智能网联及新能源汽车方面,方案明确:巩固新能源客车优势,支持氢燃料电池客车研发和示范应用,建设智能网联汽车测试应用示范区。到2022年、2025年,产业规模分别达到1 000亿元、2 000亿元。在新能源方面,发展锂电池、氢燃料电池等,建设智能电网,打造光伏、风电装备应用高地。到2022年、2025年,产业规模分别达到1 000亿元、1 500亿元
河南省	河南省进一步降低物流成本实施方案	豫政办〔2020〕39号	河南省人民政府办公厅	2020-10-14	明确:从制度、要素、税费、综合等多个维度降低河南物流成本,促进省内物流产业发展。加快郑州、许昌、安阳、济源等城市绿色货运配送示范工程建设进度,推广应用新能源配送车辆,鼓励发展共同配送、统一配送、集中配送、分时配送等集约化配送
河南省	郑州市2020年制造业高质量发展实施方案	郑政办〔2020〕19号	郑州市人民政府办公厅	2020-04-15	新能源及智能网联汽车方面,方案明确:编制出台氢燃料电池汽车等6个战略性新兴产业发展规划。积极实施相关补贴政策,扩大纯电动汽车、氢燃料汽车和智能网联汽车产量,加快示范运营,规划建设黄河沿线S312全国标杆无人驾驶汽车示范线路,加快东三环智能驾驶网联客车公交线路示范运营,推动加氢站建设,增加氢燃料电池汽车示范运营线路
河南省	关于促进汽车消费若干措施的通知	郑发改工业〔2020〕407号	郑州市发展和改革委员会 郑州市科学技术局 郑州市工业和信息化局 郑州市公安局 郑州市财政局	2020-07-31	新能源汽车相关支持政策方面,通知明确: 1)落实新能源汽车财税支持政策。执行国家新能源汽车购置补贴、免征车辆购置税延续至2022年底政策,加快已有政策明确的补贴资金清算速度。 2)推进燃油出租车置换纯电动车。加快推动新能源汽车在城市公共交通等领域推广应用,2020年底前完成3 000辆纯电动出租车替代目标。

续上表

地方政府	政策	文件号	发布单位	发布日期	内容
河南省	关于促进汽车消费若干措施的通知	郑发改工业〔2020〕407号	郑州市生态环境局 郑州市交通运输局 郑州市商务局 郑州市金融工作局 国家税务总局郑州市税务局	2020-07-31	3）鼓励郑州市整车生产企业研发适合本地市场需要的新能源出租车、网约车和物流车。对生产企业2020—2021年在郑州市销售、上牌的新能源巡游出租车、网约出租车和物流车给予奖励，奖励标准按照原有基础上顺延一年的标准执行。 4）加快充电基础设施建设，进一步提升新能源汽车充电能力。2020年底郑州市充电终端累计将达到2万个，满足电动汽车充换电需求。支持整车企业让利于民。2020年6月1日至12月31日，在郑州市销售并进行机动车注册登记的本地整车产品（含燃油车、新能源车等），在整车企业优惠的基础上，市财政配套5 000元/辆优惠资金支持汽车消费
	开封市电动汽车充电基础设施发展专项规划（2020—2025年）	汴政办〔2020〕43号	开封市人民政府办公室	2020-07-31	充电基础设施建设目标方面，规划明确：按照"适度超前、车桩相随、智能高效"的原则，到2025年，全市规划建成集中式公共充电站37座，公共充电桩9 200个，其中中心城区集中式公共充电站25座，公共充电桩7 200个。到2022年，中心城区建成专用充电桩825个，公共充电桩2 972个，其中集中式公共充电站10座（充电桩118个），满足电动汽车公共充电需求。推进各类电桩协调、有序发展，形成统一开放、竞争有序的充电服务市场
	洛阳市城市配送领域新能源汽车运营奖励政策及资金管理办法	洛商〔2020〕137号	洛阳市商务局 洛阳市财政局 洛阳市交通运输局 洛阳市邮政管理局	2020-08-28	明确：办法所称城市配送领域新能源汽车是指总质量为4.5 t（含4.5 t）以下轻型物流货运（含冷藏等专用运输）车辆，且为工业和信息化部《新能源汽车推广应用推荐车型目录》中推荐车型。2020年9月1日—2021年8月31日为运营奖励考核期。奖励标准为： 1）奖励前500辆〔动力电池总储电量50 kWh（不含）以下的车辆〕，每辆车奖励0.6万元； 2）奖励前1 000辆〔动力电池总储电量50 kWh～80 kWh（不含）的车辆〕，每辆车奖励1.2万元； 3）奖励前1 500辆〔动力电池总储电量80 kWh（含）以上的车辆〕，每辆车奖励2万元
湖北省	稳定和扩大汽车消费若干措施	鄂政办发〔2020〕51号	湖北省人民政府办公厅	2020-09-26	明确：落实新能源汽车购置财税支持政策。新能源汽车购置补贴政策延续至2022年底，平缓2020—2022年补贴退坡力度和节奏，及时拨付中央新能源汽车购置补贴资金。新能源汽车免征车辆购置税的优惠政策延续至2022年底
	十堰市新能源城市货运配送车辆推广应用行动计划（2019—2020年）	十经信文〔2020〕3号	十堰市经济和信息化局 十堰市交通运输局 十堰市财政局 十堰市发改委 十堰市商务局 十堰市公安局	2020-01-15	明确：将给予在十堰城区从事城市绿色货运配送企业的新能源物流车运营补贴核定载质量2.5 t（含2.5 t）以下的一个考核期内奖补标准为：3 000元/辆；2.5～4.5 t（含4.5 t）奖补标准为：3 500元/辆；4.5 t以上奖补标准为：4 000元/辆
	关于进一步加快推进城市优先发展公共交通的实施意见	十政发〔2020〕12号	十堰市人民政府	2020-04-27	明确：加快公交充电设施建设。经信部门要制定城市公共交通新能源车辆充电设施发展规划，优先布局和建设城市公共交通充（换）电站、充电桩等设施，支持公交企业积极利用现有场地和设施，加快推进充电设施项目建设，形成以充电站为主体，换电站、充电桩为辅助，数量适度超前、布局合理的充电设施服务体系。电网企业要做好公交基础设施电力网络建设、供电保障和充电设施报装增容服务等工作，落实公交企业电价优惠政策，为城市公共交通新能源车辆用电提供支撑保障
	武汉市开展城市智慧汽车基础设施和机制建设试点工作方案	武政办〔2020〕57号	武汉市人民政府办公厅	2020-06-10	明确： 1. 布局智能汽车开放测试环境：1）继续推进国家智能网联汽车（武汉）测试示范区建设，扩大示范成果，为智能汽车提供半开放道路或者开放道路测试区域，加快实现智能汽车与测试区域信息、道路信息的可感知、可连接、可传输。2）支持武汉东湖新技术开发区、武汉中央商务区积极推进城市智能汽车基础设施建设，与武汉经济技术开发区共同形成"一主两副"的智能网联汽车测试示范区格局，在全市发挥示范引领作用。 2. 开展自动代客泊车和智能停车场实验：着眼智能汽车和停车设施发展，开展自动代客泊车和智能停车场建设改造实验，推进自动驾驶应用落地，探索建立并完善相关管理制度和标准规范。 3. 开展智能汽车和智能出行应用示范：在公交、物流、出租车、环卫等领域开展智能汽车应用示范
	武汉市新能源汽车充电基础设施建设运营管理暂行办法（征求意见稿）	—	武汉市发展和改革委员会	2020-08-13	明确：电网企业应当加大充电基础设施配套电网建设改造投入，负责建设、运行和维护小区产权分界点以外的充电基础设施配套接网工程，确保电力供应满足充电基础设施运营需求。充电运营企业必须为本企业运营的充电基础设施购买充电安全责任保险。鼓励充电基础设施制造企业、新能源汽车生产销售企业为自用、专用充电设施购买充电安全责任保险
	武汉市氢能产业突破发展行动方案	武政办〔2020〕88号	武汉市人民政府办公厅	2020-09-14	明确：把握燃料电池汽车产业市场导入期机遇，力争通过3年时间打造国内氢能产业创新研发、生产制造、示范应用引领区，为把武汉建设成为世界一流的氢能产业基地打下坚实基础。 1）建设氢能源链，突破工业副产氢、常温常压液态储氢、超高温垃圾转化制氢、电解水制氢等技术应用，培育5～10家制氢（氢源）、氢储运重点企业，建成15座以上加氢站，打造沿三环线、四环线加氢走廊。 2）强化氢能技术链。强化氢能产业基础研发，突破燃料电池膜电极、燃料电池电堆等关键环节，在氢能产业领域形成国内领先的关键核心技术；力争燃料电池汽车纯氢续驶里程达到500 km，集聚一批国家、省、市级氢能与燃料电池研发和检测、认证机构。 3）打造国内领先的氢能产业链，以交通领域应用为引领，按照"十、百、千"辆的节奏，以城市公交车、城际物流车、中重载商用车为突破口，逐步应用到船舶、无人机、分布式发电等领域，燃料电池汽车示范运营规模不低于3 000辆，培育和引进50家以上整车生产、船舶制造等氢能行业领军企业。

续上表

地方政府	政　策	文 件 号	发布单位	发布日期	内　容
湖北省	武汉市氢能产业突破发展行动方案	武政办〔2020〕88 号	武汉市人民政府办公厅	2020-09-14	4）以宝武清洁能源有限公司为重点，在青山区布局氢源产业集群，重点发展和引进燃料电池膜电极关键材料、氢气制储运、氢气干燥提纯等领域研发制造企业。以东风汽车集团有限公司为重点，在武汉经济技术开发区（汉南区）布局燃料电池汽车产业集群。 5）为支持氢能产业发展，武汉拿出真金白银为氢能源技术的产业化提供支持。以龙头企业作为核心发起人，联合金融、风投和产业资本，分期设立总规模为 200 亿元的氢能产业发展基金
广东省	广东省氢燃料电池汽车标准体系与规划路线图（2020—2024 年）	粤市监〔2020〕63 号	广东省市场监督管理局 广东省发展和改革委员会 广东省工业和信息化厅 广东省住房和城乡建设厅 广东省应急管理厅	2020-09-01	该标准体系与规划路线图全面整理了国内外氢燃料电池相关现行标准，编制了氢燃料电池产业标准体系框架，提出了氢燃料电池产业关键标准制修订建议和标准化路线图。旨在解决行业技术标准总体框架不清晰、关键标准缺失、自主标准推广不足、上下游协同度低、标准专利情报弱等制约广东省氢燃料电池汽车产业高效、健康发展的问题
	广东省培育新能源战略性新兴产业集群行动计划（2021—2025 年）	粤发改能源〔2020〕340 号	广东省发展改革委 广东省能源局 广东省科学技术厅 广东省工业和信息化厅 广东省自然资源厅 广东省生态环境厅	2020-09-29	明确：加快培育氢能、储能、智慧能源等新兴产业。氢能方面有如下几个方面。 1）氢能技术攻关领域方面 开展 PEM 电解水制氢、太阳能光解水制氢等氢源低成本高效制备、低温和高温燃料电池电堆、关键材料、零部件及其系统集成的技术攻关，加快金属板氢燃料电池电堆、新一代碳板、膜电极、催化剂、碳纸以及高压储罐、低压固态储氢、低温液氢系统等技术研发。 2）重点任务加快能源新基建方面 探索削峰填谷的氢电综合调峰站建设，强化充电保障能力，优化完善电动汽车充电设施布局，实现车、桩与智能电网灵活互动。稳步推进加氢站、氢油综合能源补给站和液氢站建设，初步建成与氢能应用相适应的供氢网络。 3）氢能产业链培育工程方面 聚焦氢能核心技术研发和先进设备制造，加快培育从氢气制储、加运、燃料电池电堆、关键零部件和动力系统集成的全产业链。利用低温氢燃料电池产业区域先发优势，形成广州—深圳—佛山—环大湾区核心区车用燃料电池产业集群。基于在 SOFC（固体氧化物燃料电池）电解质隔膜片等核心零部件制造方面全球领先的优势，布局建设以 SOFC 为核心的清洁高效发电产业集群。结合省内炼厂分布，合理规划沿海城市加氢站布局。整合利用省内大型化工氢源，提升低成本氢源供给规模化水平。积极推进富余核电和可再生能源制氢，拓宽氢源渠道。依托中广核和中集集团推进低温液氢设备、高压储运、低压固态储氢产业建设。推广高温燃料电池冷热电三联供应用示范，支持建设大型民用液氢示范工程
	广东省推进新型基础设施建设三年实施方案（2020—2022 年）	粤府办〔2020〕24 号	广东省人民政府办公厅	2020-11-05	明确：将支持粤港澳大湾区内地九市及重点城市创建国家氢燃料电池汽车推广示范城市，加快推进氢燃料电池车辆加氢设施建设，到 2022 年新建 200 个加氢站，重点建设广州—深圳、广州—珠海氢能运输走廊，规划建设沿海经济带氢能高速运输走廊
	广东省加快氢燃料电池汽车产业发展实施方案	粤发改产业函〔2020〕2055 号	广东省发展改革委 广东省科学技术厅 广东省工业和信息化厅 广东省财政厅 广东省住房和城乡建设厅 广东省应急管理厅 广东省市场监管局	2020-11-12	明确：着力培育氢燃料电池汽车产业链；支持氢燃料电池技术研发创新；开展氢燃料电池汽车规模化推广应用；加快推进加氢站规划建设；多渠道增加氢源供应；着力完善产业配套
	深圳市 2019—2020 年新能源汽车推广应用财政补贴实施细则	深发改规〔2020〕1 号	深圳市发展和改革委员会	2020-02-18	明确，在深圳市行政区域范围内依法注册登记并符合本政策规定条件的新能源汽车，在获得国家车辆购置补贴后，可按要求申领深圳市车辆购置补贴。财政补贴标准按 3 种情况执行： 1）2019 年 1 月 1 日—2019 年 3 月 25 日上牌的新能源汽车。按照财建〔2018〕18 号文中《新能源汽车推广补贴方案及产品技术要求》中补贴标准的 50% 执行。 2）2019 年 3 月 26 日—2019 年 6 月 25 日上牌的新能源汽车。按照财建〔2019〕138 号文有关要求，过渡期期间：符合 2018 年技术指标要求但不符合 2019 年技术指标要求的销售上牌车辆，按照财建〔2018〕18 号对应标准 0.1 倍的 50% 给予补贴。符合 2019 年技术指标要求的销售上牌车辆按 2018 年对应标准 0.6 倍的 50% 给予补贴。 3）2019 年 6 月 26 日—2020 年 12 月 31 日上牌的新能源汽车。 2019 年 6 月 26 日—2019 年 8 月 7 日上牌的新能源汽车，仅对市公共交通主管部门批准新增或更新的纯电动公交车给予购置补贴。根据财建〔2019〕213 号文要求，符合 2018 年技术指标要求但不符合 2019 年技术指标要求的纯电动公交车，按照财建〔2018〕18 号对应标准 0.1 倍的 50% 给予补贴；符合 2019 年技术指标要求的纯电动公交车按 2018 年对应标准 0.6 倍的 50% 给予补贴。2019 年 8 月 7 日以后上牌的新能源汽车不再给予购置补贴

续上表

地方政府	政　策	文 件 号	发布单位	发布日期	内　容
广东省	佛山市南海区氢能产业发展规划（2020—2035 年）	南发改产业〔2020〕6 号	佛山市南海区发展和改革局	2020-02-19	规划将南海区氢能产业发展目标分为近期（2020—2025 年）商业化创新探索阶段、中期（2026—2030 年）商业化推广阶段和远期（2031—2035 年）商业化应用 3 个阶段。提出了“到 2025 年，氢能产业累计总产值达 300 亿元；到 2030 年，氢能产业累计总产值达 1 000 亿元；到 2035 年，氢能产业累计总产值突破 1 500 亿元”的发展目标。 规划提出 3 项重点任务：一是在产学研支撑方面强化六大平台建设，包括仙湖实验室、国家技术标准创新基地（氢能）、华南氢安全促进中心、氢能检测中心、华南新能源汽车大数据服务与管理中心、UNDP 氢能经济职业学院等。二是在产业链强化方面强补关键环节，健全氢能产业链条包括氢源供给、氢储运体系、标准加氢站建设模式、燃料电池核心材料及部件、加氢设备核心阀件关键技术、氢燃料电池汽车整车设计与制造水平等。三是在商业化应用方面构建多样化应用场景，在交通服务领域、发电备电领域、氢农业、氢生活领域等进行推广应用
	广州市新能源公交车推广应用财政补贴奖励办法	穗交运规字〔2020〕7 号	广州市交通运输局 广州市财政局	2020-02-24	明确：对符合标准的新能源公交车给予 37 万 ~59 万元/台的减排奖励，办法自印发之日起施行，有效期至 2023 年 8 月 21 日
	广州新能源公交车减排配置补贴奖励办法印发	穗交运规字〔2020〕7 号	广州市交通运输局 广州市财政局	2020-02-24	明确：补贴奖励对象为 2016 年 1 月 1 日起在广州市首次办理车辆注册登记，且在本市中心区（指越秀区、海珠区、荔湾区、天河区、白云区、黄埔区等 6 区）依法取得公共交通营运证的新能源公交车。外围 5 区（花都区、番禺区、南沙区、从化区、增城区）可参照本办法另行制定补贴奖励办法。本市新能源公交车购车按照中央财政同期补贴标准的 50% 给予地方配套购置补贴（包括省和市补贴）。地方配套购置补贴对象是公交企业
	广州市新能源公交车推广应用财政补贴奖励办法	穗交运规字〔2020〕7 号	广州市白云区人民政府均禾街道办事处	2020-02-28	明确：对符合标准的新能源公交车给予 37 万 ~59 万元/台的减排奖励，办法自印发之日起施行，有效期至 2023 年 8 月 21 日
	广州市促进汽车生产消费若干措施	穗工信规字〔2020〕2 号	广州市工业和信息化局	2020-04-03	明确：提振新能源汽车消费。一是降低新能源车购买成本，给予购买新能源车的个人消费者 1 万元综合补贴。二是新增 5 000 个巡游出租车和网约车运营车辆指标。对于新增巡游出租车购买纯电动高级车型的（含因跨年度提前更新而新增购买的），每辆车给予 1 万元综合性补贴。三是加快落实《广州市加快推进电动汽车充电基础设施建设三年行动计划（2018—2020 年）》各主要任务，推动新能源车配套设施建设
	汕头市 2019—2020 年度新能源汽车推广应用地方财政补贴的实施方案	汕市发改〔2020〕99 号	汕头市发展和改革局 汕头市财政局 汕头市工业和信息化局 汕头市科学技术局	2020-04-20	补贴须满足的条件： 1）车辆应纳入国家《新能源汽车推广应用推荐车型目录》，符合国家有关政策对生产企业和产品基本条件的要求。车辆登记注册地与申报地一致。 2）汽车生产企业或经销商已完成车辆销售、开具发票，消费者完成车辆上牌，车辆已安装车载终端等远程监控设备，并按规定接入汽车生产企业（或政府部门）建立的监控平台。 3）车辆须处于正常运行状态。除私人购买新能源乘用车、作业类专用车（含环卫车）、党政机关公务用车、民航机场场内车辆外，其他类型车辆的运营里程为累计行驶里程须达到 2 万 km，其中 2019 年 3 月 26 日后销售的车辆应在车辆注册之日起 2 年内运行达到运营里程要求，2019 年 3 月 26 日前销售的车辆应在车辆注册之日至 2021 年 12 月 31 日运行达到运营里程要求。补贴标准和技术要求按照获得行驶证的年度执行。 4）已过户车辆涉及“非个人用户”的，车辆期限内累计行驶里程均需达到 2 万 km 才可申请补贴
	广州市黄埔区　广州开发区促进氢能产业发展办法实施细则	穗埔发改规字〔2020〕1 号	广州市黄埔区发展和改革局 广州开发区发展和改革局	2020-04-28	细则对日加氢能力 350 kg 及以上的加氢站给予建设补贴，加氢站建设补贴按以下标准进行。 1）固定式加氢站，日加氢能力 500 kg 及以上的新建站，2019 年 12 月 31 日（含）前建成补贴 600 万元，2020 年 12 月 31 日（含）前建成补贴 500 万元，2021 年后建成补贴 300 万元；日加氢能力 500 kg 及以上的改建站，2019 年 12 月 31 日（含）前建成补贴 500 万元，2020 年 12 月 31 日（含）前建成补贴 400 万元，2021 年后建成补贴 300 万元。 2）固定式加氢站，日加氢能力 500kg 以下的新建站、改建站，2019 年 12 月 31 日（含）前建成补贴 400 万元，2020 年 12 月 31 日（含）前建成补贴 300 万元，2021 年后建成补贴 200 万元。 3）撬装式加氢站，2019 年 12 月 31 日（含）前建成的新建站、改建站补贴 250 万元；2020 年 12 月 31 日（含）前建成的新建站、改建站补贴 150 万元；2021 年后建成不再补贴。本条加氢站建设补贴不超过实际固定资产投资额的 50%
	佛山市南海区促进加氢站建设运营及氢能源车辆运行扶持办法	南府办〔2020〕3 号	佛山市南海区人民政府办公室	2020-05-06	申请加氢站建设、运营补贴须同时具备以下条件： 1. 在南海区注册、运营的独立法人企业； 2. 所运营的加氢站应符合南海区相关规划，具备高密度、连续加氢能力，并经行政审批和南海区加氢站专家组评审通过，按国家加氢站相关标准规范建设、验收，日加氢能力不低于 350 kg； 3. 享受补贴的企业，须承诺在南海区连续经营 5 年以上，并按照本办法第九条规定的加氢销售价格标准给予符合补贴条件的氢能源车辆优惠。 申请氢能源车辆运行补贴须同时具备以下条件： 1. 在南海区注册、具有独立办公经营场所并实际运营的独立法人企业、单位，其中物流企业需取得道路运输许可证；或在南海区注册并实际运营的个体工商户；或具备南海区居住证明的个人；

续上表

地方政府	政　策	文 件 号	发布单位	发布日期	内　容
广东省	(修订)	南府办〔2020〕3 号	佛山市南海区人民政府办公室	2020-05-06	2. 运行车辆必须在南海区登记上牌并在南海区新能源汽车推广应用工作领导小组办公室办理资格确认; 3. 运行车辆需加入科技部/联合国开发计划署"促进中国燃料电池汽车商业化发展项目"佛山项目,并按相关规定提供运行数据; 4. 享受补贴的企业、单位和个人,须承诺车辆在南海区连续运行 3 年以上
	佛山市新能源公交车推广应用和配套基础设施建设财政补贴资金管理办法	佛发改新能〔2020〕15 号	佛山市发展和改革局 佛山市住房和城乡建设局 佛山市财政局	2020-05-22	1. 补贴范围 1)新能源公交车。补贴产品为 2017—2020 年在本市依法初次注册登记的氢能公交车和纯电动公交车。 2)配套基础设施。2016—2020 年在本市行政区域范围内建成、竣工验收并投入使用的公交充电设施和加氢站。 2. 补贴标准 1)新能源公交车。本市对氢能公交车按中央财政专项资金补贴(以下简称国家补贴)的 100% 确定地方购车补贴(地方各级财政购车补贴总和,以下简称地方补贴);对纯电动公交车按照国家补贴的 50% 确定地方补贴。各级财政对车辆购置补贴总额(国家补贴 + 地方补贴)最高不超过车辆销售价格(国家补贴 + 地方补贴 + 消费者支付金额)的 60%;如补贴总额高于车辆销售价格的 60%,按车辆销售价格的 60% 扣除上级补贴后计算本市地方补贴。 补贴标准和技术要求按车辆获得行驶证日期对应政策执行。 2)公交充电设施。本市对公交充电设施按照充电设施额定输出功率给予一次性建设补贴,2016—2018 年建成并竣工验收的公交充电设施,按直流充电桩不高于 150 元/kW、交流充电桩不高于 30 元/kW 的标准进行补贴;2019-2020 年建成并竣工验收的公交充电设施,按直流充电桩不高于 250 元/kW、交流充电桩不高于 40 元/kW 的标准进行补贴。 3)加氢站。本市对加氢站按照日加氢能力给予一次性建设补贴,日加氢能力为 350(含)~500(不含)kg 的固定式加氢站,地方补贴 300 万元;对日加氢能力达到 500kg 及以上的固定加氢站,地方补贴 500 万元;对日加氢能力不低于 500kg 的撬装式加氢站,地方补贴 200 万元。各级财政补贴资金累计不得超过加氢站标准造价的 60%,如果补贴总额超过加氢站标准造价的 60%,按加氢站标准造价的 60% 扣除上级补贴后计算本市地方补贴
	佛山市南海区促进新能源汽车产业发展扶持办法(修订)实施细则	南发改产业〔2020〕35 号	佛山市南海区发展和改革局	2020-07-02	对于申请资格的核定,办法明确:对办法颁布之日前在南海区内登记注册的新能源汽车去产业企业,须在办法颁布后 30 个自然日内申报扶持资格;对办法颁布之后前在南海区内登记注册的新能源汽车去产业企业,须在注册后 30 个自然日内申报扶持资格,逾期申报的以申报日期作为排序时间
	广州市氢能产业发展规划(2019—2030 年)	穗发改〔2020〕67 号	广州市发展和改革委员会	2020-07-03	明确: 1)到 2022 年,完成氢能产业链关键企业布局,落实一批核心技术研发项目,推动氢能基础设施建设及示范应用。环卫领域新增、更换车辆中燃料电池汽车占比不低于 10%;公交、物流、工程服务、仓储、港口等领域燃料电池汽车示范运行不低于 3 000 辆。建设绿色氢能电综合调峰示范应用电站 1 座,建成加氢站不少于 30 座。氢能产业实现产值预计 200 亿元以上。 2)到 2025 年,形成大湾区氢能运营中心,培育广州氢能及燃料电池相关企业 100 家,其中年营业收入突破 50 亿元的 1~2 家。公交、环卫领域燃料电池汽车占比不低于 30%。建设绿色氢能电综合调峰电站 4 座,建成加氢站不少于 50 座。氢能产业实现产值预计 600 亿元以上。 3)到 2030 年,建设绿色氢能电综合调峰电站不低于 10 座,建成加氢站 100 座以上。氢能产业实现产值预计 2 000 亿元以上
	东莞市网络预约出租汽车经营服务管理实施细则(暂行)	东交〔2020〕204 号	东莞市交通运输局	2020-07-21	明确:申请《网络预约出租汽车运输证》的车辆须为本市登记注册的 7 座及以下纯电动乘用车;车辆行驶证载明的初次注册日期至申请时未满 2 年;轴距不少于 2 600 mm
	深圳市关于推进智能网联汽车应用示范的指导意见	深交规〔2020〕6 号	深圳市交通运输局 深圳市发展改革委 深圳市工业和信息化局 深圳市公安交警局	2020-08-01	明确:顺应智能网联汽车技术发展态势,采用定点定线的形式在细分领域先行开展智能网联汽车应用示范,在推动技术持续验证和积累优化的基础上,由点及面逐步开放更多更复杂道路环境,开展多场景多模式示范应用,逐步实现深圳市智能网联汽车技术落地及商业化运营
	关于促进汽车产业加快发展的意见	穗府办规〔2020〕25 号	广州市人民政府办公厅	2020-09-02	明确:到 2025 年,全市汽车产业加快发展初见成效,力争实现以下目标。 1)产业集群:广州市汽车产能突破 500 万辆,规模以上汽车制造业产值力争达到 1 万亿元,基本形成世界级汽车产业集群。 2)新能源汽车:开发出具有自主核心技术的氢燃料电池乘用车,实现氢燃料电池汽车初步商业化运营,新能源汽车年产能进入全国城市前三名,占全市汽车产能 30% 以上。 3)智能网联汽车:L3(含)以下级别自动驾驶汽车新车装配率超过 80%,L4 级别自动驾驶汽车实现产业化。建成全国领先的 5G 车联网标准体系和智能网联汽车封闭测试区,基本建成国家级基于宽带移动互联网智能网联汽车与智慧交通应用示范区。 4)汽车零部件产业:打造智能网联汽车关键核心零部件、核心技术产业高地,形成较完备的世界级汽车零部件产业供应体系,其中汽车电子集成系统销售收入 500 亿元,配套能力涵盖内燃动力、混合动力、新能源和智能网联汽车产业链条体系

续上表

地方政府	政　策	文 件 号	发布单位	发布日期	内　容
广东省	2020 年深圳市纯电动物流配送车辆运营资助项目申报指南	深交字〔2020〕419 号	深圳市交通运输局	2020-09-07	资助标准方面，指南明确：资助金额按照提供驱动动力的动力电池总储电量，采取分段超额累退方式计算，资助资金分三年平均发放。每年考核运营达标的车辆可获得当期资助，运营不达标的车辆不能获得当期资助。电池总储电量中：30kWh（含）以下部分，资助 750 元/kWh；30～50kWh（含）部分，资助 600 元/kWh；50kWh 以上部分，资助 500 元/kWh。单车 3 年资助总额不超过 7.5 万元。当年度财政安排资金不足时，各企业实际资助资金按财政安排资金与计算资助总额的比值等比例缩减
	佛山市燃料电池汽车市级财政补贴资金管理办法	佛发改新能〔2020〕31 号	佛山市发展和改革局 佛山市财政局	2020-09-19	明确：佛山燃料电池汽车的地方补贴标准，对燃料电池汽车按照中央财政单车补贴金额的 100% 确定地方补贴，即中央补贴与地方补贴比为 1:1，中央补贴多少，佛山就补贴多少，但补贴总额不超过汽车销售价格的 60%。补贴范围仅限于氢燃料电池汽车
	佛山市城市物流配送氢能源货运车辆扶持资金管理办法（征求意见稿）	—	佛山市交通运输局	2020-09-21	明确：对符合条件的氢能源货运车辆，原则上按照以下标准进行补贴。自车辆登记注册之日起至申报通知规定时间止，车辆行驶里程在 2 万～10 万 km 的，补贴标准为 2.2 元/km（由市、区两级财政按照 2:8 分担，其中市级补贴 0.44 元/km，区级补贴 1.76 元/km）。每辆车的补贴金额计算公式为：车辆补贴金额 = 2.2 元/km × 核准的行驶里程数；自车辆登记注册之日起至申报通知规定时间止，车辆行驶里程超过 10 万 km 的，按最高 22 万元给予补贴
	肇庆市关于促进新能源汽车产业发展的若干措施的通知	肇府规〔2020〕9 号	肇庆市人民政府	2020-10-20	明确： 1）鼓励新能源整车企业研发新车型。在肇庆市注册的新能源整车生产企业取得国家工信部汽车产品公告的，每公告 1 款新能源汽车整车产品且实现 100 辆以上销售后，分别给予乘用车 200 万元/款，客车、货车 100 万元/款，专用车 50 万元/款的一次性奖励。 2）完善新能源汽车产业链。支持本市新能源整车企业引进核心汽车零部件企业完善产业链。对本市整车企业每引进一个固定资产投资额 2 000 万元以上项目在本市落户投产的，在项目投产并实现开票销售后，按已形成固定资产（不含购地款）总额 1% 的标准给予该新能源整车企业奖励，每家整车企业每年最高奖励不超过 300 万元。 3）支持新能源整车企业开展零部件配套。本市新能源整车企业当年采购配套汽车零部件总额达到 1 亿元以上的，按照采购汽车零部件总额 1% 给予奖励，奖励金额不超过卖方企业与整车企业交易对本市财政贡献量，且每家整车企业每年累计奖励不超过 500 万元
	广州市推进新型基础设施建设实施方案（2020—2022 年）	穗府办〔2020〕8 号	广州市人民政府办公厅	2020-12-31	明确：推进氢能产业发展规划实施，编制氢能基础设施发展专项规划，推动氢燃料电池车辆加氢设施建设，到 2022 年平均每年新建 3 个加（供）氢站，参与建设广州—深圳、广州—珠海氢能运输走廊
	深圳市应对新冠肺炎疫情影响促进新能源汽车推广应用若干措施	深府办规〔2020〕7 号	深圳市人民政府办公厅	2020-12-31	明确： 1）对个人新购新能源小汽车给予综合使用财政补贴：对新购新能源小汽车的个人消费者给予综合使用财政补贴，其中新购纯电动高级型或经济型乘用车补贴 2 万元/车，新购插电式混合动力高级型乘用车补贴 1 万元/车。所新购的新能源小汽车须为在深圳市注册登记的汽车销售企业购买的新车，且机动车销售发票中销货单位须为深圳市注册登记企业。 2）对个人置换更新新能源小汽车实施财政补贴：对将原有深圳市牌照燃油小汽车（或新能源小汽车）旧车置换更新为新能源小汽车的个人消费者给予财政补贴，其中置换更新为纯电动高级型或插电式混合动力高级型乘用车补贴 2 万元/车，置换更新为纯电动经济型乘用车补贴 1 万元/车
海南省	关于加快海南省道路货运行业转型升级促进高质量发展实施意见	琼府办〔2020〕1 号	海南省人民政府办公厅	2020-01-15	明确： 1）对符合标准的新能源城市配送车辆给予通行便利，除特殊区域外，对纯电动轻型货车原则上不得限行。 2）推广应用先进货运车型。加快推进海南省物流园区、产业园、配送中心和城市建成区内轻型物流配送车辆使用新能源或清洁能源汽车，并加快建设专用充电设施
	关于实施海南省新能源汽车促消费临时性政策的通知	琼工信装科〔2020〕97 号	海南省工业和信息化厅 海南省财政厅 海南省公安厅	2020-05-12	明确：新能源汽车综合奖励实行总额控制，奖励资金总额不超过 1.5 亿元，奖励标准为每辆新能源汽车奖励 1 万元，新能源汽车奖励总量不超过 1.5 万辆。具体按照奖励对象材料申报时间先后排序
	海南省智能汽车道路测试和示范应用管理办法（试行）	—	海南省工业和信息化厅	2020-08-16	对于申请主体要求，办法明确： 1）具备汽车或零部件技术研发、生产制造、试验检测或出行服务等智能汽车相关业务能力，包括具有智能网联技术及产品研发、生产能力或运营能力的整车企业、改装车生产企业、零部件企业、自动驾驶解决方案企业、互联网企业、科研院所、高校、交通运输企业以及其他科技型企业； 2）与第三方机构签署承诺书，按照要求将监控数据接入第三方机构监管平台； 3）具备对道路测试或示范应用车辆的相关事件进行记录、分析和重现的能力； 4）具有智能汽车自动驾驶功能测试评价规程； 5）为申请车辆购买每车不低于 500 万元的交通事故责任保险或提供不低于 500 万元的交通事故赔偿保函，并提交相关证明材料
	海南省新能源汽车售后服务规范	—	海南省市场监督管理局	2020-12-21	服务规范规定了新能源汽车售后服务经营者、售后服务流程、售后服务质量和投诉处理、紧急救援服务等要求。明确适用于海南省纯电动汽车、插电式混合动力汽车（含增程式）两种类型的新能源汽车经营者的售后服务

续上表

地方政府	政策	文件号	发布单位	发布日期	内容
海南省	三亚市新能源汽车停放服务收费暂行规定的通知	三发改收费〔2020〕93 号	三亚市发展和改革委员会	2020-05-29	明确：新能源汽车享受停放服务费的减免优惠。自 2020 年 7 月 1 日起施行，有效期 3 年。 新能源汽车停在道路停车泊位，8 时至 22 时 1 h 内免收车辆停放服务费，22 时至次日 8 时，免收车辆停放服务费。停在实行政府定价的立体停车设施及机场、车站、码头、交通枢纽站配套的停车设施，30 min 内免收车辆停放服务费。停在旅游景区、公立医疗机构、未具备议价条件的住宅小区停车设施，以及政府全额投资建设的非立体公共停车设施，1 h 内免收车辆停放服务费。停在实行政府定价的停车设施充电的，2 h 内免收车辆停放服务费
	三亚市电动汽车充电基础设施建设规划（2019—2030 年）	三府办〔2020〕72 号	三亚市人民政府办公室	2020-05-12	在重点任务方面，规划明确：推动充电基础设施网络布局和建设如下。 1）优先推进公共服务领域充电基础设施建设。 2）积极开展单位内部停车场充电基础设施建设。 3）加快推进住宅小区充电基础设施建设。 4）稳步完善旅游区域内部停车场充电基础设施服务体系，实现全市绿色旅游无缝衔接
湖南省	湖南省先进储能材料及动力电池产业链三年行动计划（2021—2023 年）	湘制造强省办〔2020〕8 号	湖南省工信厅	2020-12-30	明确：重点将株洲打造为国家动力电池及新能源汽车制造示范基地，将湘潭、娄底、益阳打造为国内领先的新能源动力电池和储能产业基地，将常德打造为先进储能材料及新能源客车生产基地，将永州、郴州、衡阳等打造为珠三角地区产业转移承接基地。加大财税支持，优先支持先进储能材料、动力电池及新能源汽车产业链领域重点企业申报国家重点实验室，对新认定的国家重点实验室，从创新型省份建设专项中予以重点支持。加大财税支持，对氢燃料电池、加氢站、氢燃料电池汽车、储能电站等走在市场前端的示范应用项目给予重点支持
	长沙市智能网联汽车道路测试管理实施细则（试行）V3.0	长工信数字发〔2020〕77 号	长沙市工业和信息化局 长沙市公安局 长沙市交通运输局 长沙市城市管理和综合执法局 湖南湘江新区管理委员会产业促进局	2020-06-18	明确：细则适用于在本市行政区域范围内从事智能网联汽车道路测试及其相关监督管理活动。测试车辆是指申请用于测试的智能网联汽车，智能网联汽车包括乘用车、商用车、特种（专用）车和低速电动汽车
	岳阳市加氢站建设管理暂行办法	岳城管发〔2020〕52 号	岳阳市城市管理和综合执法局 岳阳市发展和改革委员会 岳阳市自然资源和规划局 岳阳市住房和城乡建设局 岳阳市市场监督管理局 岳阳市应急管理局	2020-12-28	明确：加氢站是为氢燃料电池汽车加注氢气的专业场所，近期主要为氢能公交车、氢能物流车辆加氢。加氢站不属特许经营范畴，不实行特许经营管理，市政府鼓励各类资本投入建设加氢站。同时，为达到节约土地、环保安全的目标，市政府支持现有加油站、加气站、充电桩经营单位建设油氢、气氢、电氢合建站。此外，新建、改建、扩建加氢站工程项目，应当符合全市加氢站建设布局规划，在加氢站布局规划实施前，加氢站布点规划实施前，为服务公交、物流车辆确需建设加氢站的，由市燃气主管部门会同市发改、资规等部门按照相关规划进行选址
安徽省	进一步加强新能源汽车暨智能网联汽车产业技术创新工程项目和资金管理实施细则	皖发改产业规〔2020〕8 号	安徽省发展和改革委员会	2020-06-24	明确：新能源汽车暨智能网联汽车产业技术创新工程项目，给予承担单位投入最高 50% 的补助，单个项目补助金额最高 3 000 万元。补助资金采取分期分批拨付方式，项目启动后拨付 40%（即第一阶段资金），中期评估通过后再拨付 50%（即第二阶段资金），项目完成并通过验收后再拨付剩余 10% 资金（即第三阶段资金）
	关于印发 2020 年安徽省 5G 发展工作要点的通知	皖 5G 办〔2020〕2 号	安徽省经济和信息化厅	2020-06-24	在深化 5G 产业领域应用方面，工作要点明确：推进“5G＋智能网联汽车”发展，组织实施“5G-V2X 场景测试示范基地建设工程”，推进合肥塘西河智能道路与网联汽车示范线建设
	安徽省智能汽车创新发展战略实施方案	—	安徽省发展和改革委员会 中共安徽省委网络安全和信息化委员会办公室 安徽省科技厅 安徽省经济和信息化厅	2020-12-18	发展目标方面，通知明确： 1）关键技术突破。到 2025 年，在人机交互、新型电子电气架构、环境感知与控制、智能芯片等领域及整车集成应用技术取得重要突破，技术水平进入全国第一梯队。到 2030 年，在环境感知、人机交互、智能决策及系统集成应用等领域形成国内领先优势，部分技术达到国际一流水平。 2）生态体系构建。到 2025 年，智能汽车研发创新、设计制造、出行服务产业集群基本建成，形成 3～5 家智能汽车整车企业和若干家智能汽车业务规模超过 10 亿元的零部件企业。到 2030 年，在中高级智能汽车领域实现从测试示范向商用化应用转变，智能汽车新车市场占有率国内领先。 3）基础设施建设。到 2025 年，多级别、多场景的智能汽车测试和智能交通示范路网设施环境基本建成；新一代车用无线通信网络（5G-

续上表

地方政府	政　策	文件号	发布单位	发布日期	内　容
安徽省	安徽省智能汽车创新发展战略实施方案	—	安徽省公安厅 安徽省财政厅 安徽省自然资源厅 安徽省住房和城乡建设厅 安徽省交通运输厅 安徽省商务厅 安徽省市场监管局	2020-12-18	V2X）基本实现全覆盖，“人—车—路—云”高度协同的智能基础设施初步建成。到 2030 年，形成覆盖全省大部分地市的智能汽车应用基础设施环境。 4）政策法规体系。到 2025 年，与示范测试相适应的地方性智能汽车政策法规体系基本建立，省智能汽车公共道路测试管理办法等相关政策法规基本完善。到 2030 年，与商业化应用相适应的地方性智能汽车政策法规体系基本建立
	推动新能源汽车高质量发展助力打赢蓝天保卫战若干政策	合政办〔2020〕7 号	合肥市人民政府办公室	2020-05-09	明确：对运营新能源汽车的单位用户，运营规模不少于 100 辆，且单车行驶里程达到 1 万 km 的，对其新购置的新能源汽车给予 3 000 元/辆的一次性运营奖励。对新购和使用新能源乘用车的个人用户，给予 2 000 元的电费奖励，转让、过户外地的车辆不予奖励，个人用户当年不重复享受
	六安市氢能产业发展规划（2020—2025 年）	六政秘〔2020〕134 号	六安市人民政府	2020-09-23	在目标方面，规划明确：根据市场和技术发展情况，力争到 2025 年，实现产业集聚发展，以燃料电池为核心的研发生产企业达到 10 家左右。大功率燃料电池系统制造能力大幅提升，燃料电池电堆和系统合计产量达到每年 8 000 台左右，氢能产业产值达到百亿规模。应用场景不断丰富，燃料电池汽车累计推广应用规模达到 600 辆左右，燃料电池船舶示范应用规模达到 10 艘左右，加氢站数量达到 5 座左右；燃料电池固定发电系统在储能、备用电源和冷热电联供等领域的累计装机达到 100 台（套）左右
	关于加快新能源汽车产业发展的实施意见	合政秘〔2020〕64 号	合肥市人民政府	2020-11-19	明确：到 2025 年，全市新能源汽车整车以及动力电池、驱动电机、车载操作系统等关键技术达到国际先进水平；高度自动驾驶智能网联汽车实现限定区域和特定场景商业化应用，新能源汽车与交通、能源、信息通信等实现融合发展；新能源汽车产业规模超过千亿，整车产能达到 100 万辆，质量品牌具有国际竞争力，成为全国重要的新能源汽车产业基地
福建省	福建省新能源汽车动力蓄电池回收利用体系建设实施方案（2020—2022 年）	闽工信法规〔2020〕32 号	福建省工业和信息化厅 福建省发展和改革委员会 福建省科学技术厅 福建省财政厅 福建省生态环境厅 福建省交通运输厅 福建省商务厅 福建省市场监督管理局 国家税务总局福建省税务局	2020-02-17	明确： 1）工作目标：到 2022 年，全省动力蓄电池生产、使用、贮运、回收、利用、报废和拆解等各环节的管理水平和技术能力初步建成，具备相应的梯次利用技术和残余物质无害化处置技术，合理布局电池回收、处置及拆解网点，形成有效的回收利用商业模式，建成一系列示范项目，实现对动力蓄电池的全生命周期监管，厦门市形成回收利用的典型经验和模式。 2）适用范围：本方案的动力蓄电池是指为机动车运转提供动能，具备多次充放电功能的储能设备，主要包括锂离子动力蓄电池和金属氢化物镍动力蓄电池等，不包含铅酸蓄电池
	进一步加快新能源汽车推广应用和产业高质量发展推动“电动福建”建设三年行动计划（2020—2022 年）	闽工信法规〔2020〕99 号	福建省工业和信息化厅 福建省发展和改革委员会 福建省科学技术厅 福建省公安厅 福建省财政厅 福建省住房和城乡建设厅 福建省交通运输厅 福建省文化和旅游厅 福建省人民政府国有资产 福建省机关事务管理局 监督管理委员会	2020-07-08	明确：将大力支持省内新能源产业扩大规模，到 2022 年全省动力电池产能超过 150 GWh，资金补贴支持新车型研发和电池租赁业务，公共用车全面实行电动化替代，对新能源汽车给予停车便利、不限行不限购、高速通行优惠等支持政策。主要目标： 1）培育壮大产业。重点培育和打造新能源汽车、储能电池、新能源装备产业集群，壮大和延伸产业链。到 2022 年，全产业链产值超过 2 800 亿元。 2）加强新能源汽车推广应用。到 2022 年，全省累计推广应用新能源汽车标准车 56 万辆，在 2019 年累计推广应用基础上翻一番。全省新增和更新的公交车全部采用新能源汽车；适宜应用新能源汽车的公路客运线路新增和更新车辆全部采用新能源汽车；全省新增和更新的城市巡游出租车、网约出租车原则上全部采用新能源汽车，加快推进分时租赁汽车采用新能源汽车；中心城区新增和更新的环卫、邮政物流车原则上全部采用新能源汽车。 3）加快配套设施建设。按照“适度超前、车桩相随、智能高效”原则，统筹协调、全面推进，形成公交及环卫与物流、公务等为重点的专用车辆充电设施体系，公共停车位、独立充电站等为重点的公用充电设施服务体系，结合骨干高速公路网建设的与城市充电基础设施相衔接的城际快充体系，满足群众出行需要的随车配套的私人充电设施体系。各设区市城市核心区公共充电网络较为完备，各县（市、区）城市核心区公共充电服务网络初步建成，全省便捷高效的充电网络基本形成。 4）开展电池储能应用。2020 年，启动大型储能电站试点项目建设；到 2022 年，力争储能规模化发展和商业化应用取得突破。 5）推广应用新能源装备。积极推动全省有条件的内河、湖泊、内海新增和更新的公务船舶采用电动船舶，固定航线车客渡船、旅游休闲等民用领域采用电动船舶；开展新能源工程机械和农用机械示范应用；培育若干个产销规模居国内前列的电动船舶、新能源工程机械等新能源装备生产企业。 6）打造产业创新体系。到 2022 年，在新能源汽车，动力电池、储能电池，电动船舶、新能源工程机械及相关配套等领域形成国内领先的产业创新体系和完善的政策保障体系

续上表

地方政府	政　策	文件号	发布单位	发布日期	内　容
福建省	福州市推进新型基础设施建设行动方案（2020—2022年）	榕政综〔2020〕104号	福州市人民政府	2020-06-02	明确：2020年将建立电动汽车充电基础设施7 500个，到2020年数量则增长到9 500个。加快清洁能源电力新型基础设施建设，推动核能、风能、太阳能等产业智能化发展。推进氢能"制、运、储、用、管"设施智能化升级，培育氢能燃料电池、加氢站、氢能源汽车等产业链
	厦门市推进新型基础设施建设三年行动计划（2020—2022年）	厦府办〔2020〕85号	厦门市人民政府办公厅	2020-09-25	明确： 1）建设技术创新中心，谋划创建国家技术创新中心，推动国家新能源汽车技术创新中心在厦设立分中心。 2）加速产业升级培育新动能，提高新能源汽车配套能力，培育"车—桩—云"融合发展的产业集群。 3）智慧能源基础设施。进一步完善市级充电基础设施平台，形成以城际高速公路服务区城际快充站、居民区和单位停车场充电桩等为重点的公用充电设施服务体系。谋划氢能燃料电池、加氢站等清洁能源建设。到2022年底，充电桩保有量达到12 000个，充换电站点数量达到500个
	福州市加氢站建设及经营管理暂行办法	榕政办〔2020〕109号	福州市人民政府办公厅	2020-11-17	明确：办法适用于本市行政区域内加氢站规划、建设、经营和安全管理工作。加氢站建设用地应符合有关规划，且应依法通过招标、拍卖、挂牌方式出让取得。加氢站、加氢合建站建设（含新建、改建、扩建）包括加氢站、加氢合建站布点规划，加氢站、加氢合建站选址、设计、施工、运行及安全管理应符合有关规定
	福州市促进氢能源产业发展扶持办法	榕工信装备〔2020〕192号	福州市工业和信息化局 福州市财政局 福州市地方金融监督管理局 福州市商务局 福州市科学技术局 福州市公安局 福州市交通运输局 福州市城市管理委员会	2020-12-07	明确：对于日加氢能力达到500 kg/d的35 Mpa加氢站，按加氢站设备投入金额的30%补助，最高不超过300万元；对于加氢能力达到500 kg/d的70 Mpa加氢站或者1 000 kg/d的35 Mpa，按加氢站设备投入金额的30%补助，最高不超过500万元。在氢气补贴方面，2020—2021年度销售价格40元/kg及以下，补贴20元/kg；2022年度销售价格35元/kg及以下，补贴14元/kg；2023年度销售价格30元/kg及以下，补贴9元/kg
	厦门市网络预约出租汽车经营服务管理办法	厦府规〔2020〕17号	厦门市人民政府	2020-12-29	明确：从事网约车经营的车辆，车型需是符合7座及以下纯电动乘用车，轴距不低于2 650 mm。且纯电动乘用车，是指符合国家工业和信息化部新能源汽车推广应用推荐车型目录的纯电动乘用车以及国家有关规定许可的原装进口纯电动乘用车
江西省	2020年新能源汽车产业发展奖励方案	赣车办字〔2020〕4号	江西省工业和信息化厅	2020-08-21	对于奖励方案，方案明确： 1）车辆销售奖励。按车辆享受国家补贴前售价给予新能源汽车生产企业销售奖励。乘用车、专用车单车售价在10万元（含）以下的每辆奖励4 000元，售价10万以上的每辆奖励5 000元，单个企业奖励原则上不超过1 000万元；客车单车售价40万元（含）以下的每辆奖励6 000元，40万元以上的每辆奖励8 000元，单个企业奖励原则上不超过400万元。 2）车型研发奖励。对于2019—2020年上市的新能源汽车产品，销量达到规定数量的，给予车型研发奖励。乘用车单一车型累计销量500辆（含）以上的，奖励80万元；专用车单一车型累计销量200辆（含）以上的，奖励40万元；客车单一车型累计销量50辆（含）以上的，奖励40万元。 3）协同配套奖励。省内新能源汽车关键零部件系统生产企业与新能源汽车整车生产企业相互建立了协同配套合作关系，且形成实际配套的，按照实际采购金额，给予协同配套奖励。实际采购金额达到5 000万元（含）以上的，配套合作双方各给予奖励100万元；采购金额达到1亿元（含）以上的，配套合作双方各给予奖励200万元。 4）品牌营销补助。支持新能源汽车整车生产企业扩大品牌宣传，加快产品推广，提高品牌知名度和影响力，以品牌促销售，提升产品销量。按企业在国内主流媒体上的品牌推广费用的10%给予奖励，单个企业奖励200万元封顶。 5）运行监控补助。新能源汽车需安装车载监控装置，保障车辆运行安全，对于产生的流量费用，给予一定的运行监控补助。对在奖励实施期内省内新能源生产企业销售的新能源汽车，每辆给予补助200元。 6）车联网平台补助。推进智能新能源汽车车联网系统平台开发，对于企业或相关科研机构建设的车联网平台，具备远程升级诊断、机器学习、实时状态监测功能的，给予一定的补助。按2020年已完成投入的专用设备费用的20%给予补助，单个企业或科研机构补助200万元封顶

续上表

地方政府	政策	文件号	发布单位	发布日期	内容
江西省	江西省加快推进电动汽车充电基础设施建设三年行动计划(2021—2023年)	赣发改能源〔2020〕1007号	江西省发展和改革委员会	2020-12-04	明确:到2023年,江西省确保新建成各类充电站96座、各类充电桩30 000个;南昌市、九江市、赣州市公共充电桩与电动汽车比例不低于1:8,其他设区市公共充电桩与电动汽车比例不低于1:15;设区市主城区原则上按服务半径每6 km建设1座公共充电站,南昌市城市核心区公共充电设施服务半径不大于1 km,其他城市核心区公共充电设施服务半径不大于2.5 km
江西省	南昌市关于加快新能源汽车推广应用及产业高质量发展若干措施(2019—2020)	洪府发〔2020〕21号	南昌市人民政府办公厅	2020-07-01	明确:新能源乘用车单一车型,年销售量超过(含)1 000辆,给予奖励160万元;年销售量超过(含)2 000辆,给予奖励320万元;年销售量超过(含)5 000辆,给予奖励640万元。新能源客车、货车及专用车单一车型,年销售量超过(含)50辆,给予奖励160万元;年销售量超过(含)100辆,给予奖励320万元
江西省	南昌市城乡高效配送专项行动实施方案	5部门联合发文105号	南昌市商务局 南昌市公安局交通管理局 南昌市交通运输局 南昌市邮政管理局 南昌市供销	2020-10-10	新能源汽车相关方面,方案明确: 1)发展环境更加优化。制定出台新能源配送车辆通行管理规定,专项行动企业新能源配送车辆占比达20% 2)简化城市配送车辆出行限制。研究制定新能源货车通行便利管理措施,适时放开轻型以下新能源货车在城区内的不受限通行,实现新能源货车差别化通行管理。调整城区货运交通管理政策,缩短禁货时段,对新能源货车达到一定数量的大型专业第三方商贸物流企业,放宽通行线路办理,为城市高效配送车辆进入城市快速路、高架道路通行,提供便利。在全市农贸市场实行线上线下协同发展基础上,组建全市新能源货车配送车队,提供统一配送服务。 3)推进城乡配送车辆标准化提升。积极推进符合国家标准的新能源车辆在城市配送中的应用,加快新能源车辆充电桩等配套设施的建设
江西省	南昌市网络预约出租汽车经营服务管理实施细则(修订稿)	—	南昌市交通运输局	2020-10-16	明确:南昌市新增网约车一律使用新能源汽车,车型应列入工业和信息化部发布的《新能源汽车推广应用推荐车型目录》。其车辆轴距不低于2 560 mm,其中纯电动车型续驶里程不低于300 km,插电式(含增程式)混合动力车型在纯电驱动状态下续驶里程不低于50 km(以工业和信息化部网站公布的《免征车辆购置税的新能源汽车车型目录》为准)
江苏省	关于加快新型信息基础设施建设扩大信息消费的若干政策措施	苏政办发〔2020〕31号	江苏省人民政府办公厅	2020-04-30	智能网联汽车方面,措施明确:加快智能网联汽车研发制造。加大智能网联整车技术攻关力度,组织省内企业协同开展智能感知、决策控制等系统研发,重点研发L2~L3级智能网联商用车。支持整车企业融合应用机器视觉、激光雷达、毫米波雷达、线性控制等关键部件,推出智能辅助驾驶量产车型。鼓励新车型推广应用和传统汽车更新换代。推进智能网联汽车封闭测试场地建设,鼓励开展高级别自动驾驶汽车研发测试
江苏省	南京市城市绿色货运配送示范工程实施方案	宁政办发〔2020〕10号	南京市人民政府办公厅	2020-04-02	新能源汽车方面,方案明确:建立以标准化城市配送车辆为主体的城市货运车辆体系,更新一批标准化、专业化、环保型运输与物流装备,新增新能源城市配送车辆占新增(更新)城市配送车辆的比例达50%以上,加强充电基础设施建设,示范期末城市配送新能源纯电动货车与充电桩的配置比例达2:1
江苏省	常熟市关于氢燃料电池产业发展的若干政策措施	常政办发〔2020〕50号	常熟市人民政府办公室	2020-04-27	措施明确支持加氢站建设运营。 1)建设补助。单个加氢站按照项目实际建设中设备投资的20%给予一次性补贴,单个加氢站建设最高补贴额不超过400万元。 2)运营奖励。在常熟市内注册的加氢站运营主体,在加氢站运营3年内,给予加氢站加氢业务增值税和所得税地方留成部分全额返还奖励。 3)运营补助。在常熟市内注册的加氢站运营主体,在加氢站运营3年内,给予加氢运营补贴。35 MPa氢气销售价格不高于35元/kg,按20元/kg补助标准给予补助;70 MPa氢气销售价格不高于45元/kg,按25元/kg补助标准给予补助。每年最高不超过100万元
江苏省	南通市推进新型基础设施建设行动方案(2020—2022年)	通政发〔2020〕25号	南通市人民政府办公室	2020-07-29	明确:加快智慧能源应用推广,推进公用和专用充电桩等新能源终端设施建设,鼓励新改建住宅小区、办公楼、商业综合体等场所车位同步建设充电设施,3年内新建公用和专用充电桩1 000个。围绕"制氢—储氢加氢—氢燃料电池—氢能应用及示范",加大核心关键技术的研发攻关和产品开发,推动氢能产业科技成果落地转化,推动开展可再生能源制氢和氢燃料电池示范应用
江苏省	南通市城市绿色货运配送示范工程创建工作方案	通政办发〔2020〕69号	南通市人民政府办公室	2020-09-11	明确:推进充电桩设施建设,示范工程建设期末,城市配送新能源纯电动货车与充电桩的配置比例达4:1,充电需求热点区域配套设施实现全覆盖。支持社会资本参与新能源货车商业运营,探索融资租赁等创新运营模式。制定绿色货运配送车辆运营奖补办法。示范工程建设期末,新增新能源城市配送营运车辆数量不少于示范工程建设期初新能源配送车辆保有量的20%。落实国务院、公安部、交通运输部等部门关于新能源货车的便利通行政策,对新能源配送车辆发放专用通行证。城市建成区新增新能源城市配送营运车辆数量占示范工程建设期内全部新增和更新城市配送营运车辆数量的比例不小于50%
江苏省	昆山市氢能产业发展规划(2020—2025)征求意见稿	—	昆山市发展和改革委员会	2020-09-18	明确:昆山市计划通过15年的时间把昆山氢能产业打造成为县域经济引领性、支柱性的战略性新兴产业,具体目标分为期(2020—2025年)、中期(2026—2030年)和远期(2031—2035年)三个阶段。 1. 近期目标(2020—2025)产业空间布局初步形成,以氢燃料电池为核心的产业链加快构建,产业规模持续增长,氢能示范项目稳步推进,氢能综合利用水平不断提升。 2. 中期目标(2026—2030年)氢能产业空间布局不断优化,氢能生产能力进一步提升,燃料电池汽车产业链日趋完善,氢能基础设施、推广应用实现大跨越,在长三角氢走廊版图中占据重要位置。 3. 远期目标(2031—2035年)氢能产业成为昆山特色产业之一,在交通、厂用叉车、发电、供热等领域实现规模化应用,氢能汽车相关的研发设计、生产制造、装备制造、检验检测等具有国际国内领先水平,产值规模突破150亿元,建成自主可控的先进制造业集群,成为国际国内知名的氢能产业制造基地、产业创新中心和示范应用城市

续上表

地方政府	政　策	文 件 号	发布单位	发布日期	内　容
江苏省	张家港市鼓励氢能产业发展的有关意见	张政发〔2020〕84 号	张家港市人民政府	2020-10-15	明确：将对加氢站建设和运营给予补贴，补贴标准如下： 1）建设补贴。对日加氢能力达到 500 kg/d 的 35 MPa 加氢站或日加氢能力达到 200 kg/d 的 70 MPa 加氢站，按加氢站设备投入金额的 30% 补贴，最高不超过 300 万元；对日加氢能力达到 1 000 kg/d 的 35 Mpa 加氢站或日加氢能力达到 400 kg/d 的 70 Mpa 加氢站，按加氢设备投入金额的 30% 补贴，最高不超过 500 万元。 2）运营补贴。加氢站运营采取逐步退坡的运营补贴政策。加氢站 2020 年度氢气补贴为 20 元/kg，2021 年度氢气补贴为 14 元/kg，2022 年度氢气补贴为 9 元/kg。每年每座加氢站氢气补贴不超过 200 万元
	南京市新兴产业发展基金实施方案	宁政办发〔2020〕55 号	南京市人民政府办公厅	2020-12-19	明确：基金重点投向《南京市推进产业链高质量发展工作方案》明确的软件和信息服务、新能源汽车、新医药与生命健康、集成电路、人工智能、智能电网、轨道交通、智能制造装备等产业领域
辽宁省	大连市氢能产业发展专项资金管理办法	大发改工业字〔2020〕608 号	大连市发展改革委 大连市工业和信息化局 大连市财政局	2020-10-30	明确：大连市对专项用于促进该市氢能产业发展资金的使用范围及标准进行了规定。其中，专项资金主要用于支持氢能整机装备与核心零部件开发及氢能重大制造投资项目建设、大连市氢能综合利用示范工程、氢能装备公共检验检测研发平台、氢能产业生态建设等方面
四川省	新能源与智能汽车产业 2020 年度工作要点	—	四川省领导联系指导新能源与智能汽车产业机制办公室	2020-04-07	明确：2020 年重点在推动龙头骨干企业加快升级改造，促进四川省新能源与智能汽车产业高质量发展，打造具有全国影响力的新能源汽车尤其是氢燃料电池汽车产品，推动中德合作智能网联汽车、车联网项目取得阶段性成果，建成封闭测试场，力争四川全省实现新能源汽车生产 3.5 万辆，同比增长 10%，新能源汽车累计推广应用达 12 万辆
	关于推进智能网联汽车产业发展的通知	川经信汽车〔2020〕91 号	四川省经济和信息化厅 四川省发展和改革委员会 四川省科学技术厅 四川省公安厅 四川省交通运输厅	2020-05-12	明确：四川省高度重视智能网联汽车产业发展，将新能源与智能汽车列为构建“5＋1”现代产业体系的重要领域。在具体任务方面，通知提道：提高创新能力；建设基础设施；完善标准体系；强化车辆监管；提升网络安全等
	四川省加快推进新型基础设施建设行动方案（2020—2022 年）	川办发〔2020〕56 号	四川省人民政府办公厅	2020-09-08	明确：到 2022 年底，全省 5G 基站总量达到 12 万个，在用数据中心机柜数达到 10 万架，设备联网数量达到 1 000 万台，建设区块链技术应用示范场景 20 个以上，打造车路协同示范线路 3 条以上，建成新能源汽车充电桩 20 万个以上。 1）加快构建新能源汽车充电基础设施网络体系。加快在学校、医院、旅游景区等公共服务区域建设公（专）用充电基础设施。积极布局高速公路、国省道沿线快速充电基础设施，形成连接全省主要城市的城际快充网络。实施“充电桩进小区”示范项目，推动建设集中式充换电站。支持将充电设施供电纳入配电网专项规划。推进智能充电试点。建立充电基础设施信息管理平台，提高充电基础设施监控、运营管理和服务的智能化水平。 2）加强政策实施。探索实行工业用电阶梯电价政策，进一步降低 5G、数据中心、新能源汽车充电桩等新型基础设施用电价格
	四川省氢能产业发展规划（2021-2025 年）	川经信汽车〔2020〕168 号	四川省经济和信息化厅	2020-09-21	通知明确总体目标为：到 2025 年，四川氢能产业发展初具规模，核心技术实现阶段性突破，保持国内领先、达到国际同步水平。形成一批具有自主知识产权和较强市场竞争力的氢能核心产品。氢能产业链进一步优化，应用场景进一步拓展，燃料电池汽车实现规模化商业应用，将四川打造成为国内国际知名的氢能产业基地、示范应用特色区域和绿氢输出基地。 1）提升技术水平 到 2025 年，燃料电池核心技术、氢气制储运加技术实现阶段性突破。车载电堆寿命、电堆体积功率密度、系统经济性、低温启动等燃料电堆各项指标显著提升。氢气制备、储运、加注等多个核心环节实现自主突破。 2）扩大示范效应 到 2025 年，燃料电池汽车（含重卡、中轻型物流、客车）应用规模达 6 000 辆，氢能基础设施配套体系初步建立，建成多种类型加氢站 60 座；氢能示范领域进一步拓展，实现热电联供（含氢能发电和分布式能源）、轨道交通、无人机等领域示范应用，建设氢能分布式能源站和备用电源项目 5 座，氢储能电站 2 座。 3）培育产业龙头企业 到 2025 年，逐渐健全强化氢能产业链，培育国内领先企业 25 家，覆盖制氢、储运氢、加氢、氢能利用等领域。其中核心原材料企业 2 家，制氢企业 7 家，储运和加氢企业 6 家，燃料电池及整车制造企业 10 家
	四川省支持新能源与智能汽车产业发展若干政策措施	川府发〔2020〕16 号	四川省人民政府	2020-09-29	明确：党政机关更新公务用车的，除特殊情况外，应优先选用新能源汽车；政府或政府平台公司投资的公共停车场（点）停放新能源汽车 2 h 内免费，超过 2 h 停车费减半征收；2021 年，成都市公交车新增和更新车辆原则上全部为新能源汽车。 1）在鼓励研发方面，将对省内企业新开发的新能源乘用车、客车、货车和氢燃料电池汽车产品，进入工业和信息化部《新能源汽车推广应用推荐车型目录》的新发布车型，且在进入目录后一年时间内销量分别达到 1 000 辆、200 辆、500 辆、50 辆的，按照每个车型 100 万元给予开发生产企业一次性奖励，单个企业奖励最高不超过 500 万元。将氢燃料电池产品纳入四川省重大技术装备首台（套）支持范围，根据成套设备和单台设备的单价和实际销售总额按一定比例给予研制单位和用户单位一次性奖励，最高不超过 500 万元。支持国内领先的，投资大、产业带动强的智能汽车测试场项目，对其中的基础设施建设、技术改造、研发创新等项目，根据建设规模和应用效应，按照项目实际投入，给予最高不超过 3 000 万元一次性奖补。

续上表

地方政府	政　策	文件号	发布单位	发布日期	内　容
四川省	四川省支持新能源与智能汽车产业发展若干政策措施	川府发〔2020〕16 号	四川省人民政府	2020-09-29	2）在鼓励应用方面，将鼓励新能源汽车在公路客运、出租、环卫、邮政快递、城市物流配送、机场、港口等领域的应用。党政机关更新公务用车的，除特殊情况外，应优先选用新能源汽车。全力推进公交电动化（含氢燃料电池汽车），2021 年，成都市公交车新增和更新车辆原则上全部为新能源汽车。2022 年，具备条件的市（州）政府所在地城市及县（市、区）公交车新增和更新车辆全部为新能源汽车。 3）将支持有条件的市（州）重点在公共交通、物流等领域开展氢燃料电池汽车示范，根据示范规模及效应，按照实际投入给予最高不超过 4 000 万元一次性奖励。在全省范围内，政府或政府平台公司投资的公共停车场（点）停放新能源汽车 2 h 以内免费，超过 2 h 的停车费减半征收
	关于做好新能源与智能汽车相关政策奖励申报工作的通知	川经信汽车函〔2020〕744 号	四川省经济和信息化厅	2020-11-27	关于政策支持范围，通知明确有如下 8 个方面：新能源汽车新车型奖励；新能源汽车市场开拓奖励；新能源与智能汽车展会活动支持；智能汽车公共平台支持；氢燃料电池汽车示范奖励；新能源与智能汽车研发支持；关键零部件支持；新能源汽车推广应用新业态新模式奖励
	成都市支持氢能暨新能源汽车产业发展及推广应用若干政策实施细则（充换电设施部分）	成经信办〔2020〕1 号	成都市经济和信息化局	2020-02-21	1. 补贴范围及条件：财政补贴资金主要用于支持成都市建成投运的充换电基础设施。2017 年 4 月 12 日后建成投运的充换电基础设施，可申请建设补贴，同一项目不得重复申报。向电网经营企业直接报装接电的经营性集中式充换电设施，2019 年 1 月 1 日以后的充电量可申请运营补贴。 2. 补贴对象及标准：1）建设补贴对象及标准，（1）自（专）用充电桩（群），按照装机功率给予投资主体交流 100 元 kW、直流 200 元 kW 的一次性补贴，单个充电桩（群）最高 20 万元。（2）经营性集中式公（专）用充换电站（BOT 充换电站除外），按照装机功率给予投资主体交流每千瓦 150 元、直流每千瓦 400 元，单个充换电站最高 500 万元的一次性补贴。2）运营补贴对象及标准，充换电设施年度累计充电量（BOT 充换电站除外），按照分段超额累进的方式，给予投资主体最高 500 万元的运营补贴。补贴标准为：1 000 万（含）kWh 以内部分，补贴 0. 1 元/kW；1 000 万 kWh 至 2 000 万（含）kWh 部分，补贴 0. 15 元/kWh；2 000 万 kWh 以上部分，补贴 0. 2 元/kWh
	成都市新型基础设施建设行动方案（2020—2022 年）	成办发〔2020〕65 号	成都市人民政府办公厅	2020-07-07	新能源汽车方面，通知明确：优化终端设施布局。优化完善新能源充电桩、加氢站等能源终端设施布局。坚持桩站先行、适度超前，大力推进新能源汽车充（换）电站和充电桩建设，加快构建布局合理、便捷高效的公交充电站、加氢站等基础设施网络，新建建筑物配建停车场、新建公共停车场按照一定比例配建新能源汽车停车位，加强居民小区、商业楼宇、行政办公、公园、大型产业功能区等重点区域停车场充电桩建设，推进居民小区智能充电试点
	关于促进氢能产业高质量发展的若干意见	成办发〔2020〕63 号	成都市人民政府办公厅	2020-07-07	意见从推动氢能全产业链发展、加大氢能项目引进力度、强化氢能产业集群培育、支持氢能企业科技创新、营造氢能产业生态五个方面对成都市氢能产业进行政策支持
	成都市智能网联汽车道路测试管理规范实施细则（试行）	成经信发〔2020〕8 号	成都市经济和信息化局 成都市公安局 成都市交通运输局	2020-12-31	明确：道路测试主体为在中国境内登记注册的独立法人，具有智能网联汽车技术及产品研发、生产、科研或试验检测能力的整车企业、改装车生产企业、零部件企业、电子信息企业、科研院所或高校、交通运输企业、其他科技型企业。道路测试主体必须具备足够的民事赔偿能力，为道路测试购买交通事故责任强制险；每车不少于 500 万元的交通事故责任保险；不少于 100 万元/人的车上人员责任保险
陕西省	创建国家绿色货运配送示范城市工作方案	市政办函〔2020〕66 号	西安市人民政府办公厅	2020-06-30	明确：提高新能源车辆更新率，支持新能源配送车辆的研发制造，鼓励金融机构等针对物流企业车辆更新给予一定优惠；进一步完善城市配送车辆环保标准体系，提升新能源车辆比例，城市新增新能源城市配送营运车辆数量应不少于城市新能源配送车辆保有量的 20%；新增新能源城市配送车辆应不少于新增城市配送车辆的 50%。 加快新能源汽车充电基础设施建设。到 2021 年底，城市配送新能源纯电动货车及插电式混合动力货车保有量之和与可用于新能源物流配送车辆充电桩总量的比值应小于或等于 4:1。加快发展城市共同配送模式。到 2021 年底，中心城区商贸流通企业门店配送货运量占全部商品配送货运总量的比例达到 50% 以上
	西安市推进新能源汽车充电基础设施建设三年行动方案（2020—2022 年）	市政办发〔2020〕33 号	西安市人民政府办公厅	2020-09-25	明确：到 2022 年底，西安市基本建成适度超前、车桩相宜、智能高效的充电基础设施体系，确保满足新能源电动汽车充电服务需求。计划新建成投运集中式充电场站 200 个；充电桩 10 000 个，其中 2020 年完成 3 900 个，2021 年完成 3 290 个，2022 年完成 2 810 个。新建住宅配建的停车场，应设置 30% 的新能源汽车充电车位，100% 预留充电设施安装和在车位附近敷设低压线缆及安装电缆分线箱；大型公共建筑物配建停车场和社会公共停车场，应设置 10% 的新能源汽车充电车位，预留总车位数量 30% 的配电容量
	西安市新能源汽车充（换）电基础设施运营财政补贴实施细则	市发改发〔2020〕216 号	西安市发展和改革委员会 西安市财政局 西安市住房和城乡建设局	2020-12-31	细则明确补贴对象为： 1）对在西安市（不含西咸新区）备案、建设、通过验收并正式投用的公（专）用充（换）电设施的投资主体给予财政补贴。申领公（专）用充（换）电设施补贴应同时满足以下条件：投资主体近 3 年内在财政资金申报、专项审计、政府主导的专项监督检查中无违法违规现象；投资主体年度建设充（换）电设施功率总数不少于 1 000 kW（以充电设施额定输出功率计算），换电设施不受此条限制；申请财政补

续上表

地方政府	政策	文件号	发布单位	发布日期	内容
陕西省	西安市新能源汽车充（换）电基础设施运营财政补贴实施细则	市发改发〔2020〕216 号	西安市住房和城乡建设局	2020-12-31	贴前，新建充（换）电设施应通过住建部门的正式验收；申请财政补贴前，投资主体将新建充（换）电设施应按互联互通要求接入市级平台。 2）对在西安市新购新能源汽车，且在自有车位上新建固定充电桩的个人给予一次性财政补贴
甘肃省	关于进一步促进消费扩大内需的实施意见、关于进一步促进消费扩大内需的行动计划	甘政办发〔2020〕41 号	甘肃省政府办公厅	2020-05-11	新能源汽车产业链方面，实施意见明确： 1）多方融资培育新业态和消费新模式：通过引导各类社会资本投入，合理布局重点城市、重点景区、交通干线服务区充电桩建设，推动新能源汽车消费和汽车更新换代。 2）创新完善旅游服务：加快自驾车房车营地建设，完善高速公路服务区、公路沿线加油站、新能源汽车充电桩等服务功能，发展与自驾游、休闲度假相适应的汽车租赁等服务。
甘肃省	关于进一步促进消费扩大内需的实施意见、关于进一步促进消费扩大内需的行动计划	甘政办发〔2020〕41 号	甘肃省政府办公厅	2020-05-11	3）大力促进汽车消费。落实延长新能源车购置补贴和税收优惠、减征二手车销售增值税、支持老旧柴油货车淘汰等新政策新措施。加大报废汽车整治力度，规范二手车交易市场。加大公交、出租等公共领域燃油车置换为新能源汽车工作力度。鼓励汽车销售企业通过降价促销、买车送交强险等措施，促进汽车消费。加快汽车整车进口口岸建设，积极扩大进口汽车消费。鼓励开展以旧换新等促销活动，扩大汽车消费总量。 新能源汽车产业链方面，行动计划明确：开展汽车与油银保联动促销活动。省市县政府投入 5 500 万元对新购家用车辆给予补贴，对销售前 10 名的经销商分类给予最高 30 万元奖励，刺激汽车消费。在保障措施方面，争取和落实新能源汽车推广应用补贴政策和基础设施建设奖补政策，推动各市州按规定将地方资金支持范围从购置环节向运营环节转变，重点支持用于城市公交
甘肃省	甘肃省稳定和扩大汽车消费若干措施	甘发改产业〔2020〕563 号	甘肃省发展改革委 甘肃省科技厅 甘肃省工信厅 甘肃省公安厅 甘肃省财政厅 甘肃省生态环境厅 甘肃省交通运输厅 甘肃省商务厅 人行兰州中心支行 甘肃省税务局 甘肃银保监局	2020-08-10	新能源汽车方面，通知明确：落实新能源汽车购置相关财税支持政策。 1）将新能源汽车购置补贴政策延续至 2022 年底，并平缓 2020—2022 年补贴退坡力度和节奏，加快补贴资金清算速度。将新能源汽车免征车辆购置税的优惠政策延续至 2022 年底，及时落实《甘肃省新能源汽车补贴资金管理办法》。 2）加大公交、出租等公共领域燃油车置换为新能源汽车工作力度，支持充电基础设施补“短板”建设和完善配套运营服务。 3）结合新型城镇化建设和城镇老旧小区改造，统筹利用既有资源空间，增加公共停车场、立体停车库、小区停车位（场）及充电设施供给，推动乡镇以下具备条件的地区使用存量集体用地建设加油站、加气站、充电站等基本配套设施。 4）鼓励各地在充电电费、停车费以及自用充电桩建设等环节对引导新能源汽车消费予以支持，稳定汽车大宗消费
甘肃省	兰州市 2020 年出租汽车投放实施方案	兰政办发〔2020〕37 号	兰州市人民政府办公室	2020-03-17	明确：新增出租汽车经营权按 2:1 的比例投放油气双燃料和纯电动出租汽车车型。出租汽车车型标准方面，要求 OA 纯电动车型续航里程应在 300 km 以上
云南省	云南省加快新能源汽车产业发展和推广应用若干政策措施	云政办发〔2020〕45 号	云南省人民政府办公厅	2020-08-03	明确： 1）优化新能源汽车使用环境：加大充电基础设施建设力度；加强充电基础设施建设统筹规划；完善充电基础设施建设规范；推进居民住宅小区充电基础设施建设；推行新能源乘用车车电分离模式；构建省级新能源汽车公共充电信息平台；降低新能源汽车使用成本；加大充电基础设施建设支持力度。 2）大力推广应用新能源汽车：公务用车领域推广使用新能源汽车；在公共领域加快推广新能源汽车；引导个人购买和使用新能源汽车；加大新能源汽车推广应用支持力度；营造新能源汽车推广使用氛围。 3）支持新能源汽车产业做优做强：支持新能源汽车生产企业扩产促销；推动新能源汽车配套产业集聚发展；推动新能源汽车智能驾驶示范
云南省	云南省推进新型基础设施建设实施方案（2020—2022 年）	—	中共云南省委 云南省人民政府	2020-08-04	明确：推进智慧能源基础设施建设。在全省公共停车场、高速公路服务区、旅游景区等重点公共场所安装智能充电桩，加快推广新能源汽车，扩大新能源汽车产能。到 2022 年，打造 7 个智能电网和 5 个智慧煤矿试点，建成 4 万个充电桩，新能源汽车产能突破 10 万辆
云南省	关于做好 2020—2022 年充电基础设施建设工作的通知	—	云南省能源局	2020-09-10	明确：2020—2022 年云南省充电基础设施建设任务为 200 000 个，其中 2020 年公用充电基础设施 10 000 个，换电站 14 座；2021 年公用充电基础设施 16 000 个，换电站 26 座。要求各州（市）按省能源局要求报送充电基础设施建设实施方案，和各企业规划、实施方案、建设计划，云南电网有限责任公司反馈省级充电基础设施建设运营监管平台充电基础设施接入进展
云南省	关于落实新能源汽车停放服务收费优惠政策的通知	云发改价格〔2020〕1162 号	云南省发展和改革委员会	2020-12-10	明确：实行政府定价或指导价管理的城市规划区内经批准的城市道路（含市政道路）临时停车泊位、政府财政性资金或政府平台公司投资建设的停车设施（场、库、泊位），对新能源汽车 2 h 内（含 2 h）免收停放服务费。鼓励其他停车设施（场、库、泊位）结合实际，对新能源汽车停放服务给予优惠

续上表

地方政府	政策	文件号	发布单位	发布日期	内容
云南省	昆明市加快推进电动汽车充电基础设施建设实施意见	昆政办〔2020〕22 号	昆明市发展改革委	2020-05-14	明确：科学建设充电基础设施，主要包括适度超前建设公用充电设施，优先推进公共服务领域专用充电设施建设，切实推动自用充电设施建设。建立完善服务体系，主要包括优化昆明市新能源汽车运营信息管理及服务平台。对在昆明市投资建设、通过验收并对社会运营、已接入市级新能源平台的充换电设施、集中式充换电示范站、充电设施示范小区给予财政补贴
	关于支持实体经济发展的若干措施	昆政发〔2020〕1 号	昆明市人民政府	2020-07-06	明确：推动工业转型升级。进一步壮大工业发展引导资金，推动新兴产业加快发展。对昆明市新进入国家《道路机动车辆生产企业及产品公告》的新能源乘用车、其他新能源汽车生产企业，分别给予 1 000 万元、500 万元一次性奖补。对新进入国家公告的新能源乘用车（产销量达 1 000 辆以上）、客车（产销量达 100 辆以上）、其他车型（产销量达 200 辆以上）产品，每个产品分别给予企业 200 万元、100 万元、100 万元奖补。对纳入工业和信息化部《重点新材料首批次应用示范指导目录》的企业产品，按照产品销售合同和发票金额的 10%，给予不超过 200 万元补助
	昆明市加快新能源汽车产业发展和推广应用若干政策（试行）	昆政办〔2020〕43 号	昆明市人民政府办公室	2020-09-29	明确：采用发放新能源汽车消费券奖励的形式鼓励新能源汽车消费，其中新能源巡游出租车消费券不超过备案价格的 40%，其他新能源乘用车消费券金额不超过备案价格的 20%，新能源物流车消费券金额不超过备案价格的 5%，新能源汽车消费券用于消费者购买并在昆明市落户上牌使用的新能源汽车
吉林省	长春市汽车加氢站管理暂行办法	长府规〔2020〕1 号	长春市人民政府	2020-10-29	明确：从事汽车加氢站经营活动，应当具备下列条件： 1）有经专业培训并考核合格的人员：汽车加氢站主要负责人（站长）；安全管理人员；运行、维护和抢修人员。 2）有符合国家标准的氢气气源：应与氢气供应企业签订供气合同；氢气质量应符合《质子交换膜燃料电池汽车用燃料氢气》（GB/T 37244）的标准。 3）有符合《氢能车辆加氢设施安全运营管理规程》（GB/Z 34541）相关要求的企业安全管理制度、岗位责任制、安全操作规程、安全生产责任制度、风险管理体系和事故应急预案等。 4）有固定的、符合安全条件的办公、经营和服务场所。 5）有符合《加氢站安全技术规范》（GB/T 34584）的标准且与经营规模、经营类型相适应的加氢设施
黑龙江省	中共哈尔滨市委关于制定国民经济和社会发展第十四个五年规划和二〇三五年远景目标的建议	哈尔滨市第十四届委员会第九次全体会议	哈尔滨市人民政府	2020-12-25	1）打造优势产业集群。打造机器人及智能制造、新能源汽车等重点产业链，形成千亿级、百亿级产业集群。 2）提升承载功能。加大交通基础设施建设力度，完善城市快速路体系，提升新城区路网密度。坚持公交优先，建立以轨道交通和快速公交为骨干、常规公交为支撑的现代都市公交系统。完善静态交通设施，大力增加停车泊位。推进充电桩基础设施建设，为电动汽车提供更加便捷的充电服务
青海省	西宁市进一步加快纯电动车推广应用支持锂电新能源产业发展的措施	宁政〔2020〕24 号	西宁市人民政府	2020-04-28	明确：以激发纯电动车应用市场活力、推动锂电产业集群为目标，从加快重点领域纯电动车推广应用、加强基础设施建设保障、优化纯电动车推广应用政策环境 3 个方面提出 17 条措施。 1）加快重点领域纯电动车推广应用。着眼提高绿色出行水平，加快构建布局合理、生态友好、清洁低碳、集约高效的绿色出行服务体系，结合西宁实际，着重从公交领域、客运领域、邮政快递物流配送领域、市政环卫领域、公务领域、警务用车领域和旅游景区 7 个领域提出具体措施，推动各领域纯电动车的推广使用。以此优化能源结构和培育消费市场，为加快推动锂电下游应用、促进锂电产业发展和锂电产业集群建设奠定基础。 2）加强基础设施建设保障。着眼为纯电动车推广使用提供科学合理的充电设施支撑，在全市范围内形成布局合理、科学高效的充电基础设施体系，从科学统筹充电设施规划、推进纯电动车公共停车设施建设、加快住宅小区电动车充电设施建设与改造、加快公共服务场所充电设施建设和探索研究动力站建设 5 个方面提出具体措施。 3）优化纯电动车推广应用政策环境。着眼用更好的政策推动本市纯电动车的推广使用，从保障充电设施建设用地供应、严格执行国家电价政策、进一步降低充电服务费、落实财税扶持政策、鼓励支持投融资创新 5 个方面提出具体措施
广西壮族自治区	广西“能源网”基础设施建设大会战实施方案（2020—2022 年）	桂发改电力〔2020〕180 号	广西壮族自治区发展和改革委员会	2020-02-29	充电设施方面，方案明确： 共 14 个项目，总投资 13.94 亿元，3 年投资 13.94 亿元。2020—2022 年，全区 14 个设区市共新建新能源汽车充电桩 20 335 个、充电插座 58 100 个，总投资 13.94 亿元。新能源汽车充电基础设施更加完善，充电便利性大幅提升，全区新能源汽车推广应用进入全国先进行列
	关于提升广西关键产业链供应链稳定性和竞争力若干措施的通知	桂政办发〔2020〕43 号	广西壮族自治区人民政府办公厅	2020-07-02	明确：到 2022 年底逐步形成以南宁、柳州为主的新能源汽车产业链，以玉林为主的锂电新能源材料产业链。 1）培育未来新兴优势产业链。巩固传统优势产业，加快布局发展新能源汽车、第五代移动通信（5G）设备及应用、高端装备制造、前沿新材料等新兴产业，形成一批新兴优势产业链。 2）新能源汽车产业链：乘用车重点发展纯电动汽车、插电式混合动力汽车，商用车重点发展纯电动客车、燃料电池货车；以上汽通用五菱、东风柳汽等企业为基础，建立“三电系统”核心技术体系，拓展电池、电机、电控配套产业链，推动本地配套率提高到 60%，稳步扩大新能源汽车产业规模。 3）前沿新材料产业链：重点发展锂锰新能源电池、稀土、石墨烯等前沿新材料，推动本地转化率提高到 50%。锂锰新能源电池材料以新能源汽车动力电池三元正极材料为核心，重点开发锂电新能源材料、新型储能材料等产品，推进玉林 70 万 t 锂电新能源材料等项目建设，打造形成精炼—化工—材料一体化新能源电池材料产业

续上表

地方政府	政　策	文 件 号	发布单位	发布日期	内　容
广西壮族自治区	关于推进广西汽车工业转型升级发展工作方案的通知	桂政办发〔2020〕47 号	广西壮族自治区人民政府办公厅	2020-07-20	明确:加快汽车"新四化"发展。 1)加快新能源汽车(电动化)发展。推动新能源汽车产品提档升级,产品质量和技术达到国内先进水平。发展混合动力汽车,实现混合动力、纯电动、燃料电池等技术路线全覆盖。建立新能源汽车"三电系统"核心技术体系,培育设计研发和测试验证人才队伍。 2)加快智能化、网联化发展。着力提升汽车产品的人、车、路、后台等信息交互及决策能力,全面提高智能网联水平。推动上汽通用五菱与华为技术有限公司开展全面战略合作,探索在特定区域及环境中的无人驾驶场景,为用户提供卓越的智能汽车产品和服务,打造智能驾驶、智能网联、智能交通示范区,建设与智慧城市深度融合、人—车—路协同的车联网应用生态环境。推动贵港金奔腾项目建设运营,利用人工智能实现汽车零部件智能化检测。 3)加快共享化发展。开发满足共享条件的汽车产品,通过集成车端、用户端、云端技术,实现用户拓展、网点建设、车辆维护保养、事故处理、客服响应等功能。在南宁、柳州等城市建设新能源共享网点,鼓励企业探索数据共享的商业合作模式
	广西新能源汽车充电基础设施建设及配套运营服务财政补贴办法实施细则	桂财规〔2020〕3 号	广西壮族自治区财政厅 广西壮族自治区发展和改革委员会 广西壮族自治区工业和信息化厅	2020-10-12	细则明确了补贴范围、补贴标准、申报条件、申报材料、补贴资金审批、支付及补贴资金安排等实施细则。 1)充电设施建设或运营单位(企业)向项目所在地发展改革部门提出补贴申请需满足以下条件:充电设施已建成投运;属于向社会提供公共服务或单位专用的充电桩、充电插座;充电设施应通过有资质的第三方机构现场检测,并取得检验合格报告;按要求接入自治区电动汽车充电服务及政府监管平台(以下称八桂充),并由"八桂充"运营单位出具接入证明;充电设施项目在 2019 年 10 月 1 日—2020 年 12 月 31 日(含)期间建成投运。
	广西新能源汽车充电基础设施建设及配套运营服务财政补贴办法实施细则	桂财规〔2020〕3 号	广西壮族自治区科技厅	2020-10-12	2)在全区范围内对新能源汽车推广应用攻坚行动期间(2019 年 10 月 1 日—2020 年 12 月 31 日)建成投运并向社会提供公共服务且已接入"八桂充"的充电桩、充电插座(含单位专用充电桩、充电插座)予以建设补贴及运营补贴。补贴标准:对充电设施建设和充电设施运营的补贴按成本(或费用)的 20% 进行补贴。直流充电桩建设补贴,每个桩体补贴总额不超过 30 150 元;交流充电桩建设补贴,每个桩体补贴总额不超过 1 150 元;充电插座建设补贴,每个插座补贴总额不超过 500 元。充电设施运营补贴连续补贴 3 年,从 2019 年 10 月 1 日起至 2022 年 9 月 30 日止
	桂林市基础设施补短板"五网"建设三年大会战总体方案(2020—2022 年)	市政办〔2020〕8 号	桂林市人民政府办公室	2020-04-28	重点任务方面,总体方案提道:构建稳定可靠的能源网。建成运行乌东德电站送电广东广西特高压直流输电工程(桂林段)、桂林市新能源汽车充电设施建设等项目。完善新能源汽车充电基础设施建设,建成充电桩 1 435 个
	贺州市中心城区新能源汽车充电基础设施专项规划(2020—2035 年)	—	贺州市自然资源局	2020-11-16	据批后公告,新能源充电桩和专用停车位规划目标为:规划到 2020 年底,建设充电桩 397 个,专用停车位 834 个;2025 年底建设充电桩 1 480 个,专用停车位 2 960 个;2035 年底,建设充电桩 5 290 个,专用停车位 10 580 个
内蒙古自治区	内蒙古自治区关于加快重点域新能源车辆推广应用实施方案(送审稿)(征求意见)	—	内蒙古自治区工业和信息化厅	2020-09-22	明确:加大内蒙古自治区公共领域、重卡和矿用车重点领域新能源车辆的推广力度,带动新能源汽车及相关产业加快发展。力争到 2025 年,全区重点领域累计推广新能源车辆 17 万辆,其中公共领域新能源汽车保有量达到 6 万辆;新能源重卡保有量达到 10 万辆,矿用车保有量达到 1 万辆
	内蒙古自治区促进燃料电池汽车产业发展若干措施(试行)(征求意见稿)	—	内蒙古自治区能源局	2020-12-08	明确:经过 5 年左右的努力,形成具有竞争力的氢能制取、存储、运输、应用一体化发展产业集群,打造全国重要的创新研发、装备制造、示范应用氢能产业基地。 具体包括 2 个阶段性目标: 1)2020—2023 年氢能产业发展全面起步。燃料电池在公交、物流、矿山等领域推广应用形成一定规模,累计推广燃料电池汽车 3830 辆以上,建成加氢站(包括合建站)60 座;基本形成覆盖氢的纯化与分离、储氢材料、燃料电池电堆及关键零部件等领域的技术研发体系。启动可再生能源电解水制氢示范项目,氢制备、氢储运、加氢站、燃料电池及核心零部件、燃料电池整车等产业链基本形成,培育或引进 3-5 家拥有自主知识产权、核心竞争力强的龙头企业,氢气制备能力达到 4 亿 m^3/年,氢能产业总产值达到 400 亿元。 2)2024-2025 年氢能产业发展加速推进。累计推广燃料电池汽车 10 000 辆,建成加氢站(包括合建站)90 座。启动燃料电池分布式电站的试点应用。开发建设可再生能源电解水制氢示范项目 3 ~ 6 项,大规模储氢示范项目 1 ~ 2 项。突破可再生能源水电解制氢设备的集成设计及制造技术,掌握高效低成本的氢气制取、储运、加注和燃料电池等关键技术,加氢站设备、燃料电池电堆、核心原材料技术达到领先水平,大幅提高国产化率,显著降低应用成本。在氢制备、氢储运、加氢站、燃料电池等重点环节,培育或引进 10 ~ 15 家国内技术领先、有一定影响力的龙头企业,氢能产业总产值力争达到 1 000 亿元

续上表

地方政府	政　　策	文 件 号	发布单位	发布日期	内　　容
内蒙古自治区	乌海市氢能产业发展规划(摘要版)(2020—2025)	—	乌海市发展和改革委员会	2020-09-07	明确: 1)近期目标(2019—2022年):聚焦氢能上游产业链,完善氢能中下游产业链,形成乌海氢能产业示范效应。大力推进氢能汽车的示范运行,推进公交车、物流车、市政环卫车等示范运营,氢燃料电池汽车运行规模力争达到20辆,重卡500辆(含HCNG);建成或改造加氢站3座,HCNG站10座;落地首个民用液氢工厂;西北地区首个燃料电池检测中心;率先在国内发展高温燃料电池分布式发电项目,装机容量累计达到1 MW;投产首座氢气炼铁示范项目;力争氢能产业产值达到20亿元。 2)中期目标(2023—2025年):辐射周边,打造乌海市成为西北区域氢能产业核心区。推动完成新建/改造5座加氢站,液氢加氢站1座,HCNG站25座,油气电氢站5座,形成规模化、低成本加氢方案的推广应用,新建氢气输送管道,形成相对完善的加氢配套基础设施建设。燃料电池分布式发电应用规模达到20 MW。 3)远期目标(2026—2030年):引领西北部地区成为全国标杆氢能产业。在示范应用与基础设施建设方面,实现公交、物流车、乘用车、出租车及其他特种车辆总计5 000辆的运行体量,重型卡车30 000辆(含HCNG),分布式发电装机容量100 MW。通过新建和改造加油加气站等方式,建成各类加氢站60座,铺设连接周边城市的输氢网络,建设成完善的供氢储氢运氢加氢基础设施网络
	呼和浩特市人民政府关于推进氢能产业高质量发展的实施意见(征求意见稿)	—	呼和浩特市工业和信息化局	2020-11-05	明确:预计到2023年,呼和浩特将建设一批氢能重点项目。制氢、储运、加氢产业链形成规模,液氢制备能力达到30 t/d,建成加氢站5座以上,加氢能力超过3 000 kg/d,氢能产业链产值达到50亿元。到2025年,液氢制备能力达到60 t/d,建成加氢站10座以上,加氢能力超过6 000 kg/d,形成覆盖氢能装备、燃料电池电堆及核心零部件、整车制造及应用的完整产业链,氢能产业链年产值达到150亿元
宁夏回族自治区	自治区人民政府办公厅关于加快培育氢能产业发展的指导意见	宁政办规发〔2020〕10号	宁夏回族自治区人民政府办公厅	2020-05-06	明确:优化产业布局;强化创新能力建设;构建全产业链发展支撑体系;加快基础设施建设;重点培育发展氢燃料电池汽车及零部件产业;开展氢能应用试点示范

节能与新能源汽车

年鉴

第三篇

城市篇

北京市

一、2020年节能与新能源汽车产业概况

纯电动领域：

北京市是中国最早发展新能源汽车的城市，于2009年率先建立了新能源汽车联席会议制度，统筹推进电动车技术创新、产业推广及基础设施建设等工作，北京市积极响应国家关于新能源汽车的购置补贴政策，累计为12.8万辆新能源汽车发放购置补贴超64亿元。截至2020年12月底，全市累计推广新能源汽车40.6万辆，建成充电桩22.96万个，产业发展全国领先。

北京市科技创新资源要素集中，借助区位与先发优势，已打造国家新源汽车技术创新中心和国家动力电池创新中心两个国家级创新中心，通过搭建协同创新平台，解决行业共性问题，推进产业升级发展。成立了新能源汽车国家监测与管理平台作为国家级监测平台，累计接入超过360万辆新能源汽车，有效支撑新能源汽车的信息化安全监管和质量监管。建成国家级电动汽车检测服务平台，具备电动汽车整车性能、电机及电控、动力电池、充电设施4个方面的全面检测能力，进一步完善配套服务。

在配套消费支持政策方面，针对符合北京推广应用要求的纯电动汽车产品，实行不限行、不限购的鼓励政策。陆续出台了“针对本市无车家庭，一次性增发2万个新能源小客车指标”的新能源小客车指标配置方案等一系列政策，进一步开拓了新能源汽车市场，促进汽车消费。

氢燃料电池汽车领域：

加快构建氢燃料电池汽车发展体系。2020年9月8日，北京市经济和信息化局发布了《北京市氢燃料电池汽车产业发展规划(2020—2025年)》。“十四五”期间，将立足北京市科技创新优势，充分协同京津冀地区市场资源和产业基础，在城市公交、旅游客运、重型货运和中型物流领域加大推广力度，着力构建“全球领先、国内尖端、区域协同、辐射发展”的氢燃料电池汽车产业新生态。力争在2025年前培育5～10家具有国际影响力的氢燃料电池汽车产业链龙头企业，形成氢燃料电池汽车关键零部件和装备制造产业集群，建设2家国际一流的氢燃料电池产业研发创新平台，力争实现氢燃料电池汽车累计推广量突破1万辆、新建加氢站74座，氢燃料电池汽车全产业链累计产值突破240亿元。

申报燃料电池示范城市群。根据国家财政部等五部委下达的《关于开展燃料电池汽车示范应用的通知》要求，经市政府批准，由大兴区政府牵头组织京津冀燃料电池汽车示范城市申报工作。示范期内将以“宜电则电，宜氢则氢”为推广原则，将车辆性能特点和应用场景需求深度结合，示范期内燃料电池汽车推广计划涵盖冬奥、渣土运输、港区作业、物流配送、市政环卫、通勤客运、机场快线、公交、乘用车等十大应用场景。同时，借助北京2022年冬奥会和冬残奥会这一超高影响力的国际舞台，全面展示我国燃料电池汽车领域的雄厚实力，支撑我国打造具有国际影响力的“中国制造”燃料电池汽车品牌，塑造全球形象。

二、2020年新能源汽车推广应用情况

2020年，北京市推广新能源汽车89 378辆，全市新能源汽车累计推广超过40万辆。

三、2020年新能源汽车主要企业经营情况

序号	单位名称	2020年营业收入(万元)
1	北汽福田汽车股份有限公司*	1 050 000(估)
2	北汽蓝谷新能源科技股份有限公司	400 000(估)
3	北京当升材料科技股份有限公司	270 000(估)
4	荣盛盟固利新能源科技有限公司	105 000
5	北京车和家信息技术有限公司	83 321.99
6	北京经纬恒润科技股份有限公司*	70 000
7	精进电动科技股份有限公司	60 000
8	北京华商三优新能源科技有限公司	50 226.31
9	隆瑞三优新能源汽车科技有限公司	42 274
10	阿尔特汽车技术股份有限公司	40 000(估)
11	北京亿华通科技股份有限公司	33 000(估)
12	北京华林特装车有限公司*	23 272.65
13	北京环卫集团环卫装备有限公司*	15 555.86
14	国网(北京)新能源汽车服务有限公司	15 039.09
15	北京理工新源信息科技有限公司*	12 531
16	北京理工华创电动车技术有限公司	9 182
17	北京科易动力科技有限公司	8 000
18	新石器慧通(北京)科技有限公司	6 000
19	北京奥特尼克科技有限公司	5 947.42
20	北京新研创能科技有限公司	4 000
小计		2 303 350.32

注：带*的企业表中仅为新能源汽车相关业务数据

四、2020年新能源汽车项目及园区建设情况

1. 北汽新能源“北京高端智能生态工厂项目”

项目内容：一期在北京经济技术开发区建设年产5万辆整车工厂，建设包括冲压车间、车身车间、涂装车间、总装车间(含动力电池系统装配)，以及公用动力站房、办公楼等生产和办公生活配套设施在内的生产基地，以满足新能源乘用车产品的生产需求，项目总体规划12万辆产能，总投资27.21亿元，其中固定资产投资25.08亿元，建安投资11.48亿元。项目建成后将投产中高端新能源乘用车。

项目理念：参照“中国制造2025”理念，打造国内及行业领先水平、运营卓越的纯电动新能源乘用车整车制造工厂。

可持续进化升级智能科技创新工厂。建立IT(系统)和OT(设备)连通的物联网数字双生工厂，实现研—产—供—销系统集成，工厂运营管理少人、精准、高效，实现无纸化办公。在物联网系统的支持下，可通过5G、大数据、人工智能等先进技术应用，针对不同应用场景，逐步建立人机一体化

智能系统，使其在制造过程中能进行诸如分析、推理、判断、构思和决策等活动，实现智能制造。

注重用户体验个性化定制工厂。建立 C2M 模式电子商务平台，打通从网站定制选车—采购供应—工厂生产—客户交车的流程，拥抱客户个性化需求。

节能环保绿色生态工厂。大量应用绿色节能环保技术，包括雨水收集、余热回收、中水回用等，园区安防、环保、能源、楼宇等实现智能化管理。通过风光发电、电池梯次利用，打造能源智能微网系统，削峰填谷，降低工厂运营成本。

2. 国际氢能中心建设

氢能中心拟将总部和研发中心设立在海淀区，中心定位于实现技术研究、产业培育和投资孵化三元结合，氢能中心一期（2020—2024 年）的建设经费约 5 亿元，用于氢能中心北京研发和产业总部的空间建设、科研设备、团队建设和日常运营等。2020 年完成氢能中心的备案和审批工作，并同步开始总部办公区域建设，技术研发人才和团队组建，开展氢能关键核心技术研发和产业应用示范；预计 2025 年初步产生全球影响力并逐步建成全球知名氢能技术和产业创新平台，实现氢能技术和产业的全球输出。

3. 丰田研发中心建设

丰田与北京亿华通科技股份有限公司、中国第一汽车股份有限公司、东风汽车集团有限公司、广州汽车集团股份有限公司、北京汽车集团有限公司在北京联合成立全球首个具有独立法人资质的燃料电池汽车联合研发中心，开发适合中国市场的商用燃料电池车的架构，开发商用燃料电池车的系统及组件。

丰田将依托北京市建设全国科技创新中心的定位，积极推动丰田全球首个具有独立法人资质的燃料电池汽车联合研发中心在京落地，以开放的姿态协同氢能及燃料电池产业链上下游企业，灵活运用丰田最先进的技术研发体制，与合作伙伴共同开发燃料电池系统，为燃料电池产品提供技术服务支持。

丰田将依托北京市高端要素集中优势，积极协助在京布局燃料电池产业链。加强与在京高校、科研机构与企业的合资合作。介绍优质配套资源来京发展，落地高端制造项目，协助完善本地化产业链布局。

五、2020 年基础设施建设及运行情况

充电设施建设方面。截至 2020 年 12 月底，累计建成约 22.96 万个充电桩。其中：自用领域，建成充电桩约 17.52 万个，配建比约为 60%；公用领域，建成充电站约 5 213 处、充电桩约 4.74 万个。公用领域又包含：社会公用充电站 2 750 处、充电桩约 2.87 万个，单位内部公用充电站约 2 463 处、充电桩约 1.87 万个。专用领域建成充换电场站约 654 处，充电桩约 0.70 万个。

六、发展规划

北京市将通过深入实施国家关于新能源和智能网联汽车的相关战略部署，充分发挥在新能源汽车和智能网联汽车领域的先发突出优势，不断突破关键核心技术，提升产业基础能力，构建新型产业生态，引导、推动产业结构转型升级、培育未来汽车服务产业基础和生态。

重点聚焦智能新能源汽车产业，以高级别自动驾驶示范区建设为核心，打造创新应用场景，开展政策先行先试，全力构建国内领先的智能网联产业与服务生态，培育一批产业龙头企业。加速产品的电动化、智能化更新换代，积极发展高端乘用车、投放更多战略车型，在燃料电池汽车示范应用、公共领域用车全面电动化等方面展开积极探索，支持汽车节能环保技术的研发和推广，推动企业产品、技术、品牌等全面实现绿色升级。

统筹京津冀协同发展，依托京津冀三地产业基础和资源优势，在新能源汽车、智能网联汽车、高端乘用车及核心零部件等方面实现场景协同、政策协同、布局协同，打造三地产业融合发展新格局。

为加快本市氢燃料电池汽车产业发展，推动氢燃料电池汽车产业集群建设。2020 年 10 月 29 日，北京市经济和信息化局发布了《北京市氢燃料电池汽车产业发展规划（2020—2025 年）》。

七、本地区新能源汽车推广应用统计表

（单位：辆）

燃　料	公交车	旅游大巴	公务车	出租车	租赁用车	私人用车	环卫车	物流车	邮政车	载货车	其他领域	合　计
纯电动	1 200	31	0	7 006	1 227	75 321	739	3 106	0	0	216	89 378
合　计	1 200	31	0	7 006	1 227	75 321	739	3 106	0	0	216	89 378

八、本地区新能源汽车企业产销量统计表

生产企业名称	产品商标	车辆类型	通用名称	产量统计（辆）	销量统计（辆）
北京奔驰汽车有限公司	奔驰	纯电动 SUV	EQC	3 745	3 863
北京现代汽车有限公司	现代	插电混动轿车	领动	721	785
		纯电动轿车	菲斯塔	1 464	1 260
		插电混动轿车	索纳塔	1 399	1 491
		纯电动 SUV	昂希诺	272	578
北汽新能源股份有限公司	北汽新能源	纯电动轿车	EU300	5 470	5 529

续上表

生产企业名称	产品商标	车辆类型	通用名称	产量统计(辆)	销量统计(辆)
北汽新能源股份有限公司	北汽新能源	纯电动轿车	EC180	5 071	5 154
		纯电动轿车	EX3	831	864
		纯电动轿车	EU5	169	169
		纯电动 SUV	ARCFOX α-T	1 605	709

九、本地区电动汽车充(换)电站(桩)统计表

城市名称	充电站		充电桩		换电站
	2020 年底保有量(座)	2020 年新建数量(座)	慢充(个)	快充(个)	数量(座)
北京市	5 213	527	2.36 万	2.38 万	157

十、本地区氢燃料电池加氢站统计表

城市名称	加氢站名称	类 型	供给能力(kg/d)	日加注量(kg)	加氢站氢气总储存量(kg)	储氢最高压力(MPa)	说明(运营/新建/在建)
北京市	房山氢能产业园	独立加氢站	500	150	800	20	运营
	永丰	独立加氢站	1 500	1 500	600	45	运营
	国家电投中关村延庆园	独立加氢站	1 000	1 000	未设置储氢容器,氢源为长管拖车和临近制氢厂管道供氢气	0	运营
	房山窦店高端制造基地	独立加氢站	500	—	—	—	新建
	大兴国际氢能示范区	独立加氢站	4 800	4 800	2 000	45	新建
	福田	独立加氢站	600	600	720	45	新建
	金龙	加油加氢合建站	1 200	1 200	980	87.5	在建
	北京中石化公交庆园街	独立加氢站	1 500	1 500	950	90	在建
	北京中石化公交王泉营	独立加氢站	1 500	1 500	1 000	90	在建
	燕化兴隆	加油加氢合建站	1 000	1 000	≤1 000	45	在建

天 津 市

一、2020 年节能与新能源汽车产业概况

2020 年,天津市节能与新能源汽车产业进一步加大政策支持力度,集成有效措施,推动产业持续发展。一是全力保障新能源汽车产业链稳定,开展汽车产业和动力电池产业链撮合对接会、一汽大众配套企业招商会等一系列补链、串联、强链活动,有力保障了新能源产业链上下游的稳定。二是积极借助智能制造政策,支持新能源汽车产业链上下游企业 60 余个项目,支持资金超过 2.6 亿元,有效拉动了产业投资。2020 年,天津市新能源汽车产量超过 2.8 万辆,同比增长 205%,欧拉白猫、奕泽 E 进擎等新能源车型陆续投入市场。

二、2020 年新能源汽车推广应用情况

2020 年,为克服年初新冠肺炎疫情对新能源汽车消费的冲击,天津市实施多项政策措施,积极推动全市新能源汽车推广应用。一是实施《天津市促进汽车消费的若干措施》,按照 2 000 元/辆标准对在津销售且初次登记注册新能源汽车给予财政补助。6—12 月政策期内共发放充电消费券 2.1 万张,带动当期新增 3.4 万辆,占全年总量的 78.6%,同比增长 84.8%,月均环比增速 14.8%,一举扭转上半年疫情对天津市汽车消费的不利影响。二是持续不断实施新能源汽车不限行、不限购等措施,全年为 4.9 万辆新能源汽车核发了专用号牌,发放新能源汽车指标 5.6 万个,对轻型和微型新能源载货车继续实施全额配发专用通行证措施。2020 年,天津市共推广新能源汽车 4.3 万辆,同比增长 47.0%,创年度新增历史新高,保有量达到 18.9 万辆,占全市机动车保有量比例超过 5.4%,较 2019 年提高 0.6 个百分点。

三、2020 年新能源汽车主要企业经营情况

2020 年,全市拥有一汽丰田、一汽大众、长城汽车、恒大新能源汽车等多家新能源汽车生产企业,全年超销量为 27 821 辆和 22 129 辆,分别同比增长 205% 和 142%,卡罗拉双擎 E +、探岳 GTE、白猫等多款车型受到市场好评。

四、2020 年新能源汽车项目及园区建设情况

2020 年,新能源汽车产业的重大项目不断推进,一汽丰田新能源汽车项目正式开工,长城哈弗、一汽大众产线改造项目完成,大众自动变速器 APP310 新一代电驱动产品正式

投产，恒大国能新能源汽车项目、纬湃电子新能源动力总成研发总部项目、经纬恒润智能网联汽车研发总部项目、中国汽车技术研究中心新能源汽车检测基地项目先后开工建设，涵盖整车开发、动力电池、控制系统和试验检测等全产业链的产业生态不断完善。

五、2020 年基础设施建设及运行情况

2020 年，天津市新建各类公共充电桩约 4 500 台，全市公共充电桩总数达到 2.2 万台，“0.9 km、3 km、5 km”（中心城区间隔 0.9 km、市区间隔 3 km、郊区间隔 5 km）的充电服务圈规划目标基本达成。其中，小区公共充电桩建成 3 700 多台，有效解决了小区充电难的问题；建成及在建新能源公交充电场站共计 61 处，圆满解决了新投放新能源公交车充电需求；高速公路服务区已建设快充站 30 座，充电桩 140 台，初步建成了覆盖京津冀全部高速公路的充电服务网络。

六、本地区新能源汽车推广应用统计表

（单位：辆）

燃　料	公交车	旅游大巴	公务车	出租车	租赁用车	私人用车	环卫车	物流车	邮政车	载货车	其他领域	合　计
纯电动	729	829	5 031	0	0	27 705	0	8	0	675	0	34 977
插电式	0	200	1 495	0	0	6 886	0	0	0	0	0	8 581
合　计	729	1 029	6 526	0	0	34 591	0	8	0	675	0	43 558

七、本地区新能源汽车企业产销量统计表

生产企业名称	产品商标	车辆类型	通用名称	产量统计（辆）	销量统计（辆）
天津一汽丰田汽车有限公司	丰田牌	插电式混合动力乘用车	卡罗拉 E +	7 452	7 449
天津一汽丰田汽车有限公司	丰田牌	插电式混合动力多用途乘用车	奕泽 E 进擎	1 296	1 314
长城汽车股份有限公司天津哈弗分公司	欧拉牌	纯电动多用途乘用车	白猫	6 967	6 651
一汽—大众汽车有限公司天津分公司	大众牌	插电式混合动力多用途乘用车	探岳 GTE	12 106	6 715

上　海　市

一、2020 年上海新能源汽车推广情况

2020 年，上海汽车产量达到 264.7 万辆（同比 -3.7%，占全国汽车产量比例为 10.5%）。截至 2020 年底，上海新能源汽车保有量约 42.4 万辆（北京 41.2 万辆，深圳 39.7 万辆），其中，2020 年推广 12.1 万辆（同比 +92%），2020 年 12 月推广 3.6 万辆（同比 +411%）。

销售品牌方面，累计 115 家国内外整车生产企业的 125 个品牌进入上海市场，共计销售 731 款新能源车型，其中纯电动车型 530 个、插电式混合动力车型 190 个、燃料电池车型 11 个。保有量 42.4 万辆，上汽自主品牌约 13.9 万辆（占比 32.8%），比亚迪约 9.9 万辆（占比 23.3%），特斯拉约5 万辆（占比 11.8%）。

能源类型方面，上海插电式混合动力汽车保有量约 24.7 万辆，占新能源汽车总量的 58%，其中上汽自主品牌 11.3 万辆，占插电式混合动力汽车总量的 46%；上海纯电动汽车保有量 17.4 万辆，占新能源汽车总量的 42%，其中上汽自主品牌 2.6 万辆，占纯电动汽车总量的 15%，占比偏低。随着电池技术水平提高，加上全市充电设施的逐步完善，插电式混合动力汽车的里程优势逐渐减弱，纯电动汽车产品经济性和充电便捷性逐渐显现，推广占比逐年提升，上海纯电动汽车推广占总量比例已从 2017 年 35% 上升到 2020 年 42%，提高 7 个百分点（2020 年，上汽自主品牌插电式混合动力占比 61%、纯电动占比 39%，纯电动比例相比于 2017 年的 6%，提高 33 个百分点）。

推广领域方面，上海私人领域新能源汽车保有量约 29 万辆、占总量比 68%，公共领域（出租、公交、公务、环卫、物流和租赁）新能源汽车保有量约 13.3 万辆、占总量比 32%。在新能源汽车免费牌照、限行新政等驱动下，私人购买新能源汽车积极性、推广数量呈现稳步提升态势，但公共领域以政策补贴为主要驱动，在国家补贴逐年退坡情况下，推广数量相对较少，还需进一步挖掘公共领域应用场景。纯电动出租车推广量方面，上海荣威 EI5 纯电动出租车 6 093 辆（占比约 15%，2020 年新增 4 105 辆），北京超过 8 700 辆（占比约 14%），深圳推广超过 1.7 万辆（占比超过 85%）。

推广车型方面，上海累计推广新能源乘用车约 39 万辆（占比 92%），商用车约 2 万辆（占比 5%），专用车约 1.3 万辆（占比 3%）。推广应用以乘用车为主，符合市场发展规律，后续应进一步加强政策引导，加大商用和专用车新能源车型研发力度。

二、上海汽车产值数据

类　别		2018 年	2019 年	2020 年
汽车	总产值（亿元）	6 832.07	6 409.57	6 735.07
	同比增长（%）	0.8	-4.4	9.3
	占全市规上工业总产值（%）	19.6	18.6	19.3
其中新能源汽车	总产值（亿元）	259.23	263.52	663.64
	同比增长（%）	5.4	2.2	170

三、上海汽车产量数据

类　别	2018 年	2019 年	2020 年
本地汽车产量(万辆)	297.8	274.9	264.68
同比增长(%)	2.2	-7.7	-3.7
占全国比重(%)	10.7	10.7	10.5
其中新能源汽车产量(万辆)	8.2	8.3	23.86
同比增长(%)	-7.9	1.2	190
占全国比重(%)	6.5	6.7	17.5

四、上海新能源汽车推广及充电桩数据

类　别	累　计
新能源汽车累计推广数量(至 2020 年 12 月底)(万辆)	42.4
其中 2020 年 1—12 月推广(万辆)	12.1
充电桩累计建成数量(至 2020 年 12 月底)(万个)	37.7
其中公共充电桩(万个)	6.3
专用充电桩(万个)	4.4
私人充电桩(万个)	27
车桩比	1.1:1

五、上海新能源汽车推广应用品牌情况

(单位:万辆)

品　牌	类　别	2014 年	2015 年	2016 年	2017 年	2018 年	2019 年	2020 年	累计量
上汽自主品牌	数量	0.19	1.16	1.73	2.32	3.3	2.44	2.74	13.88
	占当年度比例(%)	19	29	47	52	59	33	23	32.8
比亚迪	数量	0.64	2.25	1.29	1.37	1.45	1.33	1.55	9.88
	占当年度比例(%)	64	56	35	30	26	18	13	23.3
特斯拉	数量	0.06	0.09	0.17	0.46	0.22	0.6	3.39	4.99
	占当年度比例(%)	6	2	5	10	4	8	28	11.8

六、上海新能源汽车推广应用车辆类型情况

(单位:万辆)

类　型		2014 年	2015 年	2016 年	2017 年	2018 年	2019 年	2020 年	合　计
乘用车	数量	0.97	4.32	3.99	5.11	6.93	6.0	11.7	39.03
	占比(%)	86.3	91	88	83	94	95	97	92
商用车	数量	0.15	0.31	0.44	0.41	0.2	0.27	0.27	2.05
	占比(%)	13.3	6	9	7	3	4.2	2	5
专用车	数量	0.005	0.12	0.12	0.62	0.24	0.05	0.11	1.27
	占比(%)	0.4	3	3	10	3	0.8	1	3
合计		1.13	4.75	4.55	6.14	7.37	6.32	12.08	42.35

七、上海新能源汽车推广应用领域分布情况

(单位:万辆)

领域	2014 年	2015 年	2016 年	2017 年	2018 年	2019 年	2020 年	合计
私人	0.77	2.96	2.32	3.85	5.28	4.44	9.40	29.03
出租	0	0	0	0	0.04	0.20	0.41	0.64
公交	0.09	0.09	0.19	0.19	0.19	0.18	0.26	1.18
公务	0.21	1.00	0.45	0.71	0.81	0.97	1.44	5.58
环卫	0	0.01	0.01	0	0	0	0	0.02
物流	0	0.11	0.11	0.62	0.24	0.13	0.06	1.26
租赁	0.06	0.58	1.47	0.77	0.82	0.41	0.54	4.63
合计	1.13	4.74	4.55	6.14	7.37	6.31	12.1	42.35

八、上海新能源汽车推广应用动力类型情况

(单位:万辆)

类　型		2014 年	2015 年	2016 年	2017 年	2018 年	2019 年	2020 年	合　计
纯电动	数量	0.30	1.15	1.40	2.16	2.16	2.71	7.53	17.42
	占比	27%	24%	31%	35%	29%	41%	62%	42%
混合动力	数量	0.82	3.60	3.14	3.91	5.21	3.47	4.57	24.73
	占比	73%	76%	69%	64%	71%	58%	38%	58%

重 庆 市

一、2020 年节能与新能源汽车产业概况

重庆市已形成长安、金康、瑞驰、鑫源、庆铃、中车恒通等为骨干的新能源汽车产业体系，整车品类涵盖了乘用车、专用车、客车等各细分类别；拥有比亚迪电池、凯瑞电驱动、德国大陆电制动，重庆耐世特电助转向、重庆三电汽车空调等30 多家核心零部件企业，“大小三电”关键零部件都基本涵盖，新能源汽车产业化水平持续提升。2020 年，全市累计生产新能源汽车 5.1 万辆，同比增长 2%。

二、2020 年新能源汽车推广应用情况

在推广应用方面，重庆市印发《重庆市支持新能源汽车推广应用激励措施（2020 年度）》（渝府办发〔2020〕106 号）《重庆市 2020 年度新能源汽车推广应用财政补贴政策》（渝财规〔2020〕8 号），明确在新能源汽车购置、运营和充电桩建设、运营等环节给予一定比例的财政资金奖励。制定实施停车减免、通行便利、宣传推广等支持政策，持续优化新能源汽车使用环境。

2020 年，全市推广应用新能源汽车 1.5 万辆，同比增长11%。其中，乘用车 9 718 辆，公交客运 1 481 辆，货车（专用车）3 768 辆。截至 2020 年底，重庆市累计推广应用新能源汽车 10 万辆。

三、2020 年新能源汽车主要企业经营情况

1. 重庆长安汽车股份有限公司

长安汽车新能源近年来实现快速增长，累计销售突破25.7 万辆（截至 2020 年 12 月）。2020 年，在传统汽车产业及新能源汽车产业同比下滑、新能源补贴大幅退坡的艰难环境下，长安汽车新能源实现销售 3.7 万辆，同比下降 2.0%，市占率下降 0.4 个百分点；实现整车产值约 14 亿元，零部件产值约 7.17 亿元。

2. 重庆小康工业集团股份有限公司

小康集团新能源业务近年来实现快速增长，2020 年，在疫情与补贴退坡的双重影响下，小康集团逆势而上，实现新能源整车销量 2.1 万辆，同比增长 123.07%，营收 186 991.05万元。在新能源商用车领域，小康集团旗下瑞驰新能源汽车公司一直致力于纯电动商用车的研发、制造、销售、服务，拥有 EC35、EC31、EK05S 等多款产品，2020 年产销均突破 1 万辆，在微型电动商用车领域排名第一。在新能源乘用车领域，公司推出的智能网联新能源汽车“华为智选 SF5”，该产品采用了智能增程核心技术，有电充电，无电加油，彻底解决了用户充电难的顾虑，在满油满电状态下的综合续航里程1 000⁺ km，而且不受高温高寒等恶劣条件影响。产品可实现百公里加速 4.68 s、50 km 1.99 s。智能交互方面，可实现在手机和车内中控大屏间随时随地切换如导航、音乐等功能，车内外应用无缝衔接，可实现语音进行交互控制，给用户带来更好的体验。

3. 华晨鑫源重庆汽车有限公司

鑫源新能源一直扎根新能源城配物流市场，在 2020 年克服疫情影响，补贴退坡，市场竞争日趋激烈等诸多不利影响，全年累计销售 7 508 辆，累计增幅 248.5%，远超城配物流总体市场 22.1% 的增幅，市占率达到 18.0%，排名第二，实现产值 11.3 亿元。鑫源新能源已实现高新区含谷生产基地、涪陵生产基地两大园区与传统燃油车共线生产，共享产能。涪陵生产基地三期工程也在有序推进之中。

四、2020 年新能源汽车项目及园区建设情况

重庆弗迪锂电池有限公司，位于重庆璧山高新技术产业开发区，是比亚迪股份有限公司全资子公司，主要从事汽车动力电池生产项目。项目计划总投资 180 亿元，占地 1 500亩（总建筑面积约 100 万 m^2），规划新能源动力电池年产能35 GWh，是全球首个“刀片电池”生产基地。项目于 2019 年2 月开工，一期规划产能 20 GWh，2020 年 3 月首个“刀片电池”下线，年底一期全面建成。2021 年 4 月，二期动力电池项目（年生产 15 GWh）动力电池生产线正式开工建设，建设 6条动力电池生产线，用于动力电池电芯、模组以及相关配套产业等核心产品的生产与制造。预计 2025 年，二期工厂达产，整个基地形成年生产 35 GWh 动力电池项目。满产后可实现年产值 260 亿元，带动就业 10 000 人以上，并成为公司最大的动力电池生产基地。

五、2020 年基础设施建设及运行情况

截至 2020 年底，重庆市累计建成充电站 2 021 座、充电桩 16 332 台，其中直流充电桩 6 710 台，交流充电桩 9 622 台，公用充电基础设施已实现全市覆盖。全市建成换电站 19座，建设范围涵盖主城区及部分高速公路服务区，在 2021 年内形成以主城区为核心的新能源汽车换电服务网络。

六、发展规划

一是推动新能源汽车产业高质量发展，不断提升产品市场竞争力。鼓励长安、福特、金康等加大研发投入力度，打造高端品牌，推动产品投产上量，抢占高端私人市场。鼓励瑞驰汽车、华晨鑫源等巩固和提升在城市物流车市场的领先优势，积极发展入门级新能源乘用车等特色产品。推动上汽红岩、庆铃集团等商用车企业，加快新能源中重型卡车的示范推广，尽快实现商业化量产。

二是加快私人领域、公共领域纯电动化进程，联动市级相关部门及区县政府，依托汽车产业稳产促销、新能源汽车下乡等活动开展，鼓励市内生产企业加速开拓私人领域、公共领域市场，持续优化用户体验，推动消费者购买使用新能源汽车，加快新能源汽车推广应用。

三是加大充（换）电基础设施建设，持续优化新能源汽车使用环境。进一步优化充电桩布局，有效提高使用效率，积极推动“车电分离”商业模式创新发展，形成覆盖交通热点区

域的充换电网络。落实新能源汽车停车减免、通行便利、降低充电服务费等优惠政策,营造良好推广应用氛围。

七、本地区新能源汽车推广应用统计表

(单位:辆)

燃料	公交车	旅游大巴	公务车	出租车	租赁用车	私人用车	环卫车	物流车	邮政车	载货车	其他领域	合计
纯电动	521	35	0	0	63	7 985	0	1 329	332	1 630	421	12 316
插电式	925	0	0	0	0	1 733	0	0	0	2	0	2 660
合计	1 446	35	0	0	63	9 718	0	1 329	332	1 632	421	14 976

八、本地区新能源汽车企业产销量统计表

生产企业名称	产品商标	车辆类型	通用名称	产量统计(辆)	销量统计(辆)
重庆长安汽车股份有限公司	长安	纯电动轿车	奔奔 E-Star	11 366	11 266
重庆长安汽车股份有限公司	长安	纯电动轿车	逸动 EV460	11 622	13 673
重庆长安汽车股份有限公司	长安	纯电动轿车	CS55E-Rock	919	857
重庆长安汽车股份有限公司	长安	纯电动运动型多用途车(SUV)	欧尚 X7-EV	344	281
重庆长安汽车股份有限公司	长安	纯电动货车	KY5mimiEV	255	221

九、本地区电动汽车充(换)电站(桩)统计表

城市名称	充电站		充电桩		换电站
	2020 年底保有量(座)	2020 年新建数量(座)	慢充(个)	快充(个)	数量(座)
重庆市	2 021	447	9 622	6 710	19

河 北 省

一、2020 年节能与新能源汽车产业概况

2020 年,河北省将新能源汽车推广应用工作作为改善大气环境质量、培育新兴产业、推动新旧动能转换的重要举措,采取积极有力措施推动节能与新能源汽车产业发展和推广应用。全省新能源汽车产业拥有各类生产企业 40 多家,产品涵盖纯电动轿车、客车、物流、教练、动力电池、电池材料等。

二、2020 年新能源汽车推广应用情况

2020 年,全省共推广新能源汽车 35 977 辆,标车 64 230.5 辆。截至 2020 年底,全省累计推广应用各类新能源汽车 31.38 万辆(标准车),新能源汽车保有量达到 16 万辆,居全国第十一位。

三、2020 年新能源汽车主要企业经营情况

2020 年,全省新能源汽车产业体系逐步建立,产业链条初步形成。产品涵盖纯电动客车、混合动力客车、纯电动轿车、纯电动物流车、纯电动教练车、纯电动环卫车、动力电池等,长城汽车欧拉品牌产品阵容不断扩大,已形成包括欧拉 iQ、欧拉黑猫、欧拉白猫、欧拉好猫在内的产品矩阵。石家庄中博汽车的新能源公交车、沧州明珠动力电池隔膜、张家口亿华通氢燃料动力电池等已达到国内同类产品先进水平,石家庄跃迪在全国警务用车市场位居前列。

1. 长城汽车股份有限公司

长城汽车欧拉品牌创新营销模式,以用户为中心打造产品,持续对车型进行升级改款,打造时尚、舒适且智能懂用户的"新一代电动小车"。欧拉作为长城汽车营销创新和商业模式变革的先锋军,欧拉好猫是基于长城汽车"柠檬"架构下的"纯电平台 + 咖啡智能生态"打造的首款纯电动车型,造型复古潮流,得益于专业平台的"可成长"的强大性能,让欧拉好猫在驾驶、安全、造型、续航、配置等维度拥有全面领先的硬核实力。长城汽车还将投入 300 亿元,打造全球化研发体系,在主被动安全技术、智能互联、自动驾驶等方面形成领先优势。

截至 2020 年底,保定工厂具有纯电动乘用车、纯电动货车的生产资质,涂装车间为独立生产厂房,整个车间为三层钢筋混凝土结构,占地面积约 2.41 万 m^2,建筑面积 6.31 万 m^2,设计年产能 27 万辆,从绿色环保、品质保证、人文科技等方面建设,具备国内前沿工艺水平的现代化车间。2020 年 7 月,针对欧拉黑猫套色能力提升改造,由年产 6 万台提升至 30 万台,涂装黑猫套色车型生产能力达到 36 台/h,纯色占套色比例实现 4:2。总装车间引进上海申克高精度四轮定位仪、双轴防抱死制动系统制动试验台及上海申克灯光检测仪,主要采用联网系统,形式为"站"式,对车辆监测数据统一上传至主控机,由设备依据设定值进行判定,从而保证车辆品质。

2. 河北中兴汽车制造有限公司

中兴汽车具备乘用车(含轿车)、客车、货车传统燃油车

及新能源汽车资质，时为国内具有一定规模、拥有完全自主知识产权及整车研发能力的现代化皮卡、SUV 整车生产企业。公司瞄准乘用车和商用车发展，以高能量密度电池为载体，轻量化设计的车身为依托，重点布局细分市场。未来 3～5 年，中兴汽车有限公司将生产“1 系、3 系、7 系”为主导的新能源汽车、乘用车在内的 9 个车型。其中，1 系包括青春版、家庭版车型汽车；3 系有轿跑型 SUV、高性能版新能源轿车；7 系包括大领主 G7、G9 等。

3. 河北长安汽车有限公司

新能源汽车与传统车为共线生产，总生产能力 15 万辆。

4. 河北红星汽车制造有限公司

2020 年 9 月 30 日，邢台龙冈投资发展有限公司与多氟多化工股份有限公司、鹰潭多氟多能源发展投资中心签订股权转让协议，收购上述两家公司持有红星汽车的 58.88% 和 30.97% 股权，成为持有红星汽车 100% 股权的公司。2020 年 10 月 17 日，红星汽车完成工商变更，成为信都区龙冈投资有限公司的全资子公司，注册资本 43 144.115 2 万元，总占地面积 27 万 m^2。股权变更完成后，信都区委、区政府多方招商引资，红星汽车最终与杭州骏歌新能源汽车销售服务有限公司达成初步合作意向，将实施“三步走”战略，推进红星汽车快速发展；2020 年生产 HX5010XXYBEV 型物流车辆 303 台。

5. 河北领途汽车有限公司

领途汽车是一家专注发展小型电动汽车的创新型企业。2009 年建厂，2014 年取得了其他乘用车、厢式物流车、皮卡整车和新能源汽车整车资质；2015 年有 25 款新能源汽车和其他乘用车产品列入国家工信部公告目录；2016 年有 3 款纯电动运动型乘用车获得新能源汽车准入资质。公司总投资 19.89 亿元的搬迁技术改造项目（三工厂项目），搬迁原有设备 982 台（套），新增压力机、悬挂式电焊机、机器人、喷漆涂装设备等生产和配套设施 334 台（套），建成后可实现年产纯电动轿车 3 万辆、其他乘用车 1.8 万辆、客车 2 000 辆、全封闭摩托车 15 万辆产能，年可实现净利润 5.75 亿元。2019 年 1—5 月，生产新能源汽车 467 辆，实现销售收入 7 563 万元；2020 年因兼并重组未进行生产。

6. 石家庄中博汽车有限公司

石家庄中博汽车有限公司有改装类大中型客车、纯电动大中型客车（含自制自用底盘）生产资质。2013 年 5 月，珠海银隆新能源有限公司旗下珠海广通汽车有限公司对中博汽车进行了资产重组，注册资金 4 亿元，在正定县投资建设石家庄中博汽车有限公司搬迁改造扩能项目，具备年产 1 万辆纯电动大中型客车的生产能力。共有公告产品 20 个车型。

7. 比亚迪汽车工业有限公司承德分公司

比亚迪汽车承德公司于 2015 年 4 月成立，注册资金 0.5 亿元，2018 年比亚迪汽车承德公司被工信部授予整车生产资质，已形成年产 1 000 辆纯电动客车生产能力，是比亚迪总公司全国整车生产五大厂区之一。主要产品纯电动公交车、专用车等，产品主要销往承德及北方市场。2020 年实现产量 252 台，其中新能源客车 200 辆、新能源货车 52 台；产值 4.4 亿元，增长 3.5 倍；利税 298.4 万元，增长 13.6 倍。未来拟转型生产新能源专用车，打造比亚迪专用车生产基地。

8. 上汽唐山客车有限公司

唐山上汽客车有限公司，是由福泰基业集团旗下的海天新能源有限公司与上海汽车集团投资管理有限公司、曹妃甸海兴投资有限公司、唐山市公交总公司共同出资组建，位于唐山市曹妃甸区。公司是大中型客车（含纯电动客车、混合动力客车、燃料电池客车）、专用车和汽车零部件设计、制造、销售和售后服务的专业生产厂家。

四、2020 年新能源汽车项目及园区建设情况

奇瑞新能源汽车股份有限公司石家庄分公司拟在石家庄装备制造产业园西部片区南车路南侧建设年产 3 万辆纯电动乘用车项目，项目租用河北瑞腾新能源汽车有限公司厂房进行建设，生产厂房、锅炉房、联合动力站房、试车跑道均已建成，总装、调检车间部分生产设备已安装到位，项目环评手续已通过石家庄市行政审批局审批。

五、2020 年基础设施建设及运行情况

截至 2020 年底，全省累计建成投运充电站 3 271 座，充电桩 101 051 个，已形成可满足本省及周边省市新能源汽车充电需求的充电网络。

全省已建成投运加氢站 4 座，加注能力为 3 t/d，已建成尚未投运的有 1 座，设计加注能力为 0.5 t/d，在建的有 2 座，设计加注能力为 1.5 t/d。

六、发展规划

1. 加快推进新能源汽车产业创新发展。完善新能源汽车产业创新体系，健全创新激励机制，发挥企业创新主体作用，鼓励整合优势创新资源，通过原始创新、集成创新和引进消化吸收再创新，形成创新驱动的浓厚氛围。

2. 加快构建新型产业生态。提升供给体系对需求的适配性，打通产业循环堵点，形成需求牵引供给、供给创造需求的更高水平动态平衡。依托现有优势产业基础，分别打造保定—石家庄新能源汽车整车及零部件产业集群，张家口—保定氢能和燃料电池汽车产业集群，雄安新区—沧州智能网联汽车应用示范基地，形成“2＋2＋2”产业发展格局。

3. 加快推动产业融合发展。依托 5G、大数据、人工智能、物联网等新一代信息通信技术，统筹新能源汽车充放电、电力调度需求，综合运用峰谷电价、新能源汽车充电优惠等正常，实现新能源汽车与电网能力高效互动，新能源汽车与能源融合发展；加快新能源汽车在分时租赁、城市公交、出租汽车、场地用车等领域的应用，优化公共服务领域新能源汽车使用环境，促进新能源汽车与交通融合发展；基于汽车感知、交通管控、城市管理等信息，构建“人—车—路—云”多层数据融合与计算处理平台，开展特定场景、区域及道路的示范应用，促进新能源汽车与信息通信融合应用服务创新。

4. 加快完善基础设施体系。以“新基建”重大战略布局为契机，统筹协调多方资源，推动能源、交通、信息通信基础设施改造升级，加快新能源汽车产业基础配套设施建设。

七、本地区新能源汽车推广应用统计表

（单位：辆）

城 市	石家庄市	承德市	张家口市	唐山市	秦皇岛市	廊坊市	保定市	沧州市	衡水市	邢台市	邯郸市	定州市	辛集市	合 计
实车数量	8 652	528	885	4 809	1 194	2 741	3 988	3 893	1 383	3 452	4 452	328	297	35 977
标车数量	12 114.5	3 227.5	7 487.5	9 232.5	1 850.5	3 533.5	7 500	4 388.5	2 349	4 983	6 763	504	297	64 230.5

八、本地区新能源汽车企业产销量统计表

生产企业名称	产品商标	车辆类型	通用名称	产量统计（辆）	销量统计（辆）
长城汽车股份有限公司	欧拉	纯电动汽车	iQ	371	30
长城汽车股份有限公司	欧拉	纯电动汽车	黑猫	45 621	552
长城汽车股份有限公司	欧拉	纯电动汽车	白猫	0	161
长城汽车股份有限公司	欧拉	纯电动汽车	好猫	0	18
长城汽车股份有限公司	魏派	插电式混合动力多用途乘用车	VV7	934	9
长城汽车股份有限公司	魏派	插电式混合动力多用途乘用车	VV7GT	175	3
河北红星汽车制造有限公司	红星	纯电动厢式运输车	HX5010XXYBEV	303	0
唐山上汽客车有限公司	德纳迪	纯电动客车	—	10	10

九、本地区电动汽车充（换）电站（桩）统计表

地区名称	充电站		充电桩		换电站
	2020 年底保有量（座）	2020 年新建数量（座）	慢充（个）	快充（个）	数量（座）
河北省	3 271	375	40 714	60 337	—

十、本地区氢燃料电池加氢站统计表

地区名称	加氢站名称	类 型	供给能力（kg/d）	日加注量（kg）	加氢站氢气总储存量（kg）	储氢最高压力（MPa）	说明（运营/新建/在建）
张家口	东望山加氢站	固定式	1 000	0	0	0	运营
张家口	纬三路加氢站	固定式	1 000	0	0	0	运营
张家口	创坝加氢站	撬装式	500	0	0	0	运营
邯 郸	邯郸河钢加氢示范站	固定式	500	0	0	35/70	运营

山 西 省

一、2020 年节能与新能源汽车产业概况

2020 年，受到上半年新冠肺炎疫情和电动汽车国家补贴标准逐年退坡的影响，山西省新能源汽车产销量大幅下降，全年产量 19 502 辆，销量 19 475 辆，同比分别下降 66.6% 和 66.5%。其中纯电动汽车产量 19 502 辆，销量 19 470 辆；燃料电池重卡产量 0 辆，销量 5 辆。节能汽车中天然气重卡产量 6 990 辆，销量 7 373 辆，同比分别下降 17.06% 和 7.19%。

山西省新能源汽车整车生产企业主要有大运汽车股份有限公司、山西新能源汽车工业有限公司、山西成功汽车制造有限公司、江铃重型汽车有限公司、山西皇城相府宇航汽车制造有限公司。生产的新能源汽车产品涵盖纯电动乘用车、客车、物流车、重卡、氢燃料电池重卡等类型。大运汽车股份有限公司以重卡及轻卡业务为核心，正积极拓展纯电动乘用车、氢燃料电池重卡业务。山西新能源汽车工业有限公司生产的帝豪牌和几何系列纯电动乘用车质量口碑不断提升受到市场欢迎，并根据市场需求退出远程牌纯电动客车和物流车，产品线不断丰富。山西成功汽车制造有限公司以纯电动多功能乘用车、物流车为主打产品，开发出纯电动乘用车，并积极拓展海外市场。江铃重型汽车有限公司和山西皇城相府宇航汽车制造有限公司处于资产重组阶段。

爱驰汽车在晋城高平市建设甲醇制氢燃料电池动力系统制造基地。以甲醇在线重整制氢技术作为电动车的增程器，“动力电池 + 燃料电池”的布局解决了纯电动车续航里程与加注时间两大痛点，也为氢燃料电池汽车在氢气存储、运输、加注方面的难题提供了解决新思路。

二、2020 年新能源汽车推广应用情况

截至 2020 年底，全省机动车保有量约 800 万辆，新能源汽车上牌总量约为 12 万辆，占 1.45%，与国家水平持平。2020 年度，全省推广新能源汽车 37 168 辆，创历史新高，同比增长 57.1%。占整个"十三五"推广量的 30.8%。其中，太原市总保有量占全省的 39.5%、运城和长治分列二三位，占比均为 13.1%。

省内大部分地市新能源汽车年度推广量均实现了大幅增长，太原市成为省内唯一的年度推广量超过万辆的城市，推广辆超过 3 000 的城市还有长治、临汾、运城和忻州，环保任务重的重点地区如临汾、忻州、晋中、运城、吕梁的年度推广增长量均在一倍以上。

三、2020 年新能源汽车主要企业经营情况

各新能源汽车生产企业经营情况差异较大。山西新能源汽车工业有限公司生产的吉利新能源乘用车降幅达 73.5%，商用车产销量实现翻倍。大运汽车股份有限公司产销接近同期最好水平，新能源车辆业务实现突破，产销量增长约 7 倍。山西成功汽车制造有限公司和江铃重型汽车有限公司产能利用率较低，全年产量不足 2 000 辆，占比均不足 2%。电动车型以吉利和大运的乘用车为主，占到 87%。吉利在电动物流车生产端发力，全年生产 1 868 辆，是山西省产业新的增长点。

四、2020 年新能源汽车项目及园区建设情况

山西省作为全国首个能源改革综合试点，肩负国家"能源革命排头兵"和"转型综改示范区"的重要使命，规划以太原为核心，大同拥有大同和长治为两翼，点面结合、产业互补、错位发展、辐射带动全省的氢能源经济圈。大同市正在建设氢能产业园区，助力大同市由"煤都"向"氢都"转变。通过引进氢燃料电池、整车及相关零部件企业，打造布局完整、功能齐全的氢燃料全产业链发展格局"。大同拥有大同氢雄云鼎氢能科技有限公司、大同重塑能源科技有限公司、大同新研氢能源科技有限公司、大同华熵氢能科技有限公司、山西美锦氢能科技有限公司等氢燃料电池及零部件企业等。近年引进的陕汽新能源重卡研发基地、中车集团大同机车厂、中植一客大同新能源商用车制造基地、苏州高迈新能源有限公司大同项目快速成长，已形成一定的氢能产业链优势。

五、2020 年基础设施建设及运行情况

截至 2020 年底，全省建成充电站 15 354 个，同比增长 13.8%。国网公司建设充电桩 3 643 个，占比 23%；太原地区充电桩 8 678 个，占全省总量的 56.15%，其中服务于电动公交车、电动物流车、电动环卫车的专用桩 4 423 台。2020 年，专用车充电量 2.9 亿 kWh，占全社会充电量 6.6 亿 kWh 的 44%。

六、本地区新能源汽车企业产销量统计表

生产企业名称	产品商标	车辆类型	通用名称	产量统计(辆)	销量统计(辆)
大运汽车股份有限公司	大运	天然气重卡	大运 N 系列	6 647	6 795
大运汽车股份有限公司	大运	电动物流车	大运 E3	121	58
大运汽车股份有限公司	大运	电动客车	大运 EK	208	208
大运汽车股份有限公司	大运	电动重卡	大运	38	34
大运汽车股份有限公司	大运	电动轿车	悦虎/远志	1 980	2 010
大运汽车股份有限公司	大运牌	氢燃料电池重卡	大运	5	5
山西新能源汽车工业有限公司	吉利	电动轿车	几何/帝豪	15 032	15 032
山西新能源汽车工业有限公司	吉利	电动客车	吉利远程	220	220
山西新能源汽车工业有限公司	吉利	电动物流车	吉利远程	1 868	1 868
江铃重型汽车有限公司	江铃	天然气重卡	江铃威龙	343	578
江铃重型汽车有限公司	江铃	氢燃料电池重卡	江铃威龙	0	10

辽 宁 省

一、2020 年节能与新能源汽车产业概况

2020 年，辽宁继续推进新能源汽车产业发展，鼓励企业加大研发投入，积极开展示范运行和产业化，加快转型升级步伐，新能源汽车产业发展取得明显成效。辽宁已初步形成产学研用相结合的新能源汽车产业体系，拥有新能源汽车整车、零部件企业和科研院所约 80 家，主要分布在沈阳、大连、丹东、朝阳等地区，产品型谱涵盖纯电动汽车、插电式混合动力汽车、氢燃料电池客车等，电池、电机、电子控制及系统集成等核心零部件和关键技术取得重大进步，锂离子电池正、负极材料、隔膜、电解液和充电设备等配套产品实现快速发展。根据辽宁省汽车工业协会数据，2020 年，全省共有新能源汽车生产企业 16 家，实现新能源汽车产量 32 401 辆，其中纯电动 5 430 辆，插电式混合动力 26 951 辆，氢燃料电池 20 辆。

二、2020 年新能源汽车推广应用情况

2020 年，辽宁新增登记新能源汽车 9 522 辆，同比增长 17.3%。截至 2020 年底，辽宁新能源汽车保有量为 46 347

辆,其中插电式混合动力汽车 15 280 辆,纯电动 30 985 辆,燃料电池 82 辆。全省清洁能源和新能源城市出租汽车比重已经达到 99.7%,沈阳、大连等 12 个城市出租汽车清洁能源和新能源比例达到 100%;鞍山、抚顺、丹东、营口、阜新、铁岭、盘锦、沈抚示范区 8 个市主城区(除郊区、近郊外)新能源、清洁能源公交车比例达到 100%。

三、2020 年新能源汽车主要企业经营情况

1. 华晨宝马汽车有限公司

华晨宝马 2020 年实现汽车产量 60.3 万辆,同比增长 12.4%;实现销量 60.7 万辆,同比增长 11.2%;其中新能源汽车产量 3.2 万辆。2020 年,华晨宝马动力电池中心二期正式建成投产,成为宝马集团全球首个生产 BMW 第五代动力电池的生产基地,将在宝马集团内率先实现第五代动力电池量产;iX3 在沈阳生产基地正式下线,并采用海铁联运的运输方式,正式出口全球。华晨宝马在中汽数据有限公司发布的我国“2020 年汽车企业绿色发展指数”中排名第一位,成功实现生产方式领域的高质量转型,成为践行绿色智能制造的先进典范,并搭建起产品全生命周期可持续体系。

2. 大连新源动力股份有限公司

大连新源动力股份有限公司是一家致力于燃料电池产业化的股份制企业。公司集科研开发、工程转化、产品生产、人才培养于一体,主要从事氢燃料电池膜电极、电堆模块、系统及相关测试设备的设计开发、生产制造和技术服务。累计拥有专利 527 项,其中国际专利 4 件,涵盖了质子交换膜燃料电池关键材料、关键部件、电堆、系统各个层面。2019 年成为首家上榜国家专利 500 强燃料电池企业,排名第 286 位。2020 年 6 月,新源动力发布了最新款金属双极板燃料电池模块 HYMOD®-110,该型产品额定功率为 110 kW,实测峰值功率可达到 130 kW,单堆体积比功率提升至 4.2 kW/L,产品技术水平全国领先。

3. 洺源科技(大连)有限公司

洺源科技(大连)是致力于氢燃料电池技术研发及相关产品开发的科技型企业,拥有一支功能完整、技术先进、经验丰富的燃料电池动力系统研发团队,在燃料电池动力系统集成、控制策略开发、燃料电池汽车动力系统匹配设计,特别是针对中重卡的燃料电池动力系统方面,具备独特的技术优势。公司燃料电池动力系统功率范围覆盖 50~120 kW,已在多个知名主机厂多个车型完成了匹配,并批量投入实际运行。其中,自主研发的 MY-MX400 系列燃料电池动力系统于 2019 年 8 月通过国家机动车质量监督检验中心检测,在系统功率、加载性能、比功率密度等核心技术指标方面处于行业先进水平。

4. 一汽客车(大连)有限公司

一汽客车(大连)从事客车整车生产经营 62 年,具备大型新能源客车年产 3 000 辆(客厢式专用物流车 10 000 辆)的生产能力;在客车(包括底盘)及专用车研发设计、制造管理、质量管理、采购管理、市场营销、售后服务等方面拥有坚实的经营保障基础和丰富的实践经验。2019 年 7 月,通过国家新能源企业升级准入。2020 年,投入氢燃料客车研发制造,牵手大连地区关键技术企业,形成氢燃料供给、新能源汽车动力总成、整车及智能网联服务为一体的研发制造体系。2020 年 8 月,一汽大客“海豚精灵”氢燃料电池城市客车正式下线,该客车是具有完全知识产权的全新产品,续航能力可达 400 km,平均补充氢燃料时间为 10~15 min,与纯电动公交车相比,充电时间缩短了 60%~70%,同等车型续驶里程提高了 50%。

四、2020 年新能源汽车项目及园区建设情况

华晨宝马动力电池中心二期正式建成投产。

2020 年 9 月,华晨宝马动力电池中心二期正式建成投产,成为宝马集团全球首个生产 BMW 第五代动力电池的生产基地。其生产的动力电池将率先搭载在宝马 iX3 上。这是华晨宝马首款全球车型,只在沈阳生产,于年内投放市场并出口全球。宝马集团采用的动力电池生产过程分为两个阶段:首先将电芯组合成电池模组,再进一步组装为电池包。华晨宝马动力电池中心的模组生产线实现 100% 自动化生产,采用喷涂工艺、加装绝缘隔膜等多种方式确保电芯之间彼此绝缘;生产线上运用等离子清洁、智能光学检查等先进的“工业 4.0”技术,保证生产品质的可靠性和一致性。

吉 林 省

一、2020 年节能与新能源汽车产业概况

吉林省拥有 4 家新能源整车公告资质的生产企业(一汽集团、一汽-大众、一汽吉林、延边国泰),产品覆盖乘用车、商用车各个细分领域的公告车型。2020 年,全省新能源汽车产销达到 4.5 万辆和 4.3 万辆,同比增长 16.6% 和 59.3%。

二、2020 年新能源汽车推广应用情况

自 2014 年以来,针对吉林省内购买并落籍的新能源汽车,持续开展新能源汽车推广应用购置补贴。截至 2020 年底,吉林省上牌的新能源汽车保有量已达到 15 355 辆,2019 年新增 3 694 辆,同比提高 35.2%,通过实施地方补贴政策,吉林省新能源汽车存量逐步形成了规模。

三、2020 年新能源汽车主要企业经营情况

中国一汽全年实现整车销量 370.6 万辆,同比增长 7.1%;营业收入 6 960 亿元,同比增长 12.7%;利润 467 亿元,同比增长 6%;员工人均收入 14.6 万元,同比增长 4.8%。其中,新能源汽车产销 5.4 万辆和 5.1 万辆,同比增长 13.1% 和 41.3%,销售收入约为 102 亿元。

四、2020 年新能源汽车项目及园区建设情况

围绕插电式混合动力、纯电动及氢燃料电池 3 条技术路线,吉林省整车集成及关键部件开发能力较完备。2020 年,中国一汽红旗 E-HS9、奔腾 E01 等自主品牌新能源整车项目,大众迈腾 GTE、探岳 GTE 插电混动等合资新能源整车项

目纷纷建成投产。一汽解放在 J6EV 底盘基础上，自卸、环卫、物流等纯电动商用车项目已完工生产。一汽解放氢燃料电池商用车项目进展顺利，多款公交、物流车型已取得产品公告。围绕新能源汽车“三电”、燃料电池等关键组件，省内布局落位一批优质新能源供应链项目，富奥红旗、大众 MEB 平台逆变器，一汽新能源动力总成工厂 140 kW、160 kW、245 kW 电驱动平台，国电投氢能装备产业园等项目有序推进，建成投产后，将有力地填充吉林省新能源汽车产业链。

五、2020 年基础设施建设及运行情况

吉林省较早的将电动汽车充电基础设施和配电网建设与改造纳入城市规划，截至 2020 年底，共建设 3 个充电桩以上的公用、专用充电站 153 座，充电桩 2 183 个（直流充电桩 1 491 个，交流充电桩 692 个）。

六、发展规划

到 2025 年，吉林省新能源汽车产能预计超过 100 万辆；新能源汽车年销量占比达到 20% 以上。引导一汽集团等整车企业加快布局新能源汽车，加快大众 MEB 平台导入及奥迪新能源项目建设；加快解放在特定领域开展氢燃料电池汽车示范运营；推进长春应化所重点突破氢燃料电池核心技术和产业化应用。积极对接比亚迪、宁德时代等国内龙头电池企业，推动产能落地，带动省内动力电池产业集聚发展。推动省内“三富”、旭阳、博世（长春）加快新能源关键组件研发及导入。支持一汽集团加快电驱项目建设，并联合开展纯电动和插电式混合动力整车控制系统技术攻关。

七、2020 年本地区新能源汽车推广应用统计表

（单位：辆）

燃　料	公交车	旅游大巴	公务车	出租车	租赁用车	私人用车	环卫车	物流车	邮政车	载货车	其他领域	合　计
纯电动	218	0	0	0	0	387	6	0	0	0	0	611
插电式	0	0	7	0	0	626	0	0	0	0	0	633
合　计	218	0	7	0	0	1 013	6	0	0	0	0	1 244

八、2020 年本地区新能源汽车企业产销量统计表

生产企业名称	产品商标	车辆类型	通用名称	产量统计（辆）	销量统计（辆）
一汽集团	红旗	纯电动多用途乘用车	EV	4 068	3 907
一汽集团	奔腾	纯电动轿车	B30EV	1 498	2 538
一汽集团	大众	纯电动轿车	宝来 BEV	2 296	5 341
一汽集团	大众	纯电动轿车	高尔夫 BEV	3 035	5 081
一汽集团	大众	插电式混合动力轿车	迈腾 GTE	9 429	5 617
一汽集团	大众	插电式混合动力多用途乘用车	探岳 GTE	12 285	8 178
一汽集团	奥迪	插电式混合动力轿车	奥迪 A6PHEV	6 707	6 940
一汽集团	奥迪	纯电动多用途乘用车	奥迪 Q2BEV	3 750	3 656
一汽集团	奥迪	纯电动多用途乘用车	奥迪 C-BEV	678	40
一汽集团	丰田	插电式混合动力轿车	卡罗拉 PHEV	7 448	6 892

九、2020 年本地区电动汽车充（换）电站（桩）统计表

地区名称	充电站		充电桩		换电站
	2020 年底保有量（座）	2020 年新建数量（座）	慢充（个）	快充（个）	数量（座）
长春市	155	60	84	1 422	0
延边州	57	2	75	375	0
通化市	57	6	181	159	0
吉　林	51	17	423	210	0
白　山	36	3	7	230	0
松　原	12	2	4	60	0
白　城	17	2	28	151	0
四　平	8	0	1	34	0
辽　源	8	0	0	118	0
梅河口	3	0	0	55	0
长白山	7	0	5	15	0
公主岭	3	2	0	30	0
合　计	414	94	808	2 859	0
			3 667		0

十、2020 年本地区氢燃料电池加氢站统计表

城市名称	加氢站名称	类 型	供给能力(kg/d)	日加注量(kg)	加氢站氢气总储存量(kg)	储氢最高压力(MPa)	说明(运营/新建/在建)
长春市	中石油加氢站	固定式	500	0	0	70	新建
白城市	洮北区加氢站	撬装式	200	200	200	35	在建
延吉市	空港区加氢站	撬装式	200	0	0	35	在建

黑龙江省

一、2020 年节能与新能源汽车产业概况

(一)整体概况

黑龙江省以纯电驱动为新能源汽车发展和汽车工业转型的主要战略取向,重点培育和发展以新能源整车、低温动力电池为主的新能源汽车产业,重点推进纯电动汽车和插电式混合动力汽车研制开发和产业化。重点围绕新能源汽车整车和低温动力电池技术实现突破,力争成为全国重要的新能源汽车整车及关键零部件研发、生产基地,将新能源汽车产业发展作为全省新兴支柱产业。

省内共有新能源汽车生产企业 4 家,其中黑龙江龙华汽车有限公司、哈尔滨通联客车有限公司及哈尔滨龙江客车制造有限公司生产商用车(新能源客车),大庆沃尔沃汽车制造有限公司生产乘用车。受限于市场订单及企业自身发展等原因,2020 年,黑龙江龙华汽车有限公司、哈尔滨龙江客车制造有限公司,哈尔滨通联客车有限公司,3 家商用车生产企业已停产,大庆沃尔沃新能源乘用车发展趋势良好。配套企业方面,东安动力的混动增程器受理想汽车销量提升带动,对东安动力公司的整体业绩起到了拉动作用。

(二)存在的问题

1. 产业规模较小。全省规上汽车生产企业产值和营收规模较小,与兄弟省份相比尚存在较大差距。2020 年,黑龙江省实现汽车工业总产值 217.23 亿元,同比增长 28.9%。与吉林、辽宁等兄弟省份已形成巨大差距,更无法与北京、上海、广东、重庆等城市的汽车产业规模相比。

2. 产能利用率较低。长安福特哈尔滨分公司、一汽哈轻、哈飞汽车、通联客车、龙华汽车、龙江客车等整车生产企业均处于调整期,除一汽哈轻恢复定量生产燃油货车以外,其余整车生产企业全部停产,产能没有得到有效释放。

3. 产业集群度不高。由于新能源整车生产企业停产,未能发挥产业链上的齿轮带动作用,黑龙江省为本地整车车企业配套的数量和规模还不够,特别是受长安福特哈尔滨分公司停产影响,为其配套的 18 家企业大多数处于停产或者搬迁状态。大庆沃尔沃汽车产量尚未突破 10 万辆,落地黑龙江省的配套企业只有 3 家。全省的汽车产业集群效应尚未显现。

4. 个别企业有待盘活。哈飞汽车、通联客车、龙江客车等企业处于停产状态,未发挥支撑作用,需要引入战略投资者予以盘活。

二、2020 年新能源汽车推广应用情况

截至 2020 年底,全省累计推广应用新能源汽车 22 330 台,其中纯电动车型 16 883 台,插电式混合动力车型 5 447 台。2020 年度推广应用 3 569 台,包括纯电动车型 2 355 台,插电式混合动力车型 1 214 台。

三、2020 年新能源汽车主要企业经营情况

大庆沃尔沃汽车制造有限公司 2020 年度生产新能源汽车 3 232 辆,均为插电式混合动力轿车,其中 S90 车型 2 641 辆,S60 车型 591 辆。

四、2020 年新能源汽车项目及园区建设情况

大庆汽车零部件产业园二期的项目坐落在大庆高新区安萨路以南、沃庆路以北区域,工业厂房部分计划投资 3.86 亿元,用地面积 18.9 万 m^2,建筑面积 11.5 万 m^2,分 3 个地块建设 8 栋标准化厂房和 2 栋定制化厂房及道路、绿化、市政管网等配套工程。零部件产业园二期预计 2020 年底前 8 栋标准厂房完工,可以交付企业使用,两栋定制化厂房 2022 年 6 月交付使用。8 栋标准化厂房主要为汽车顶棚、门板、地毯,汽车仪表板、中控板,汽车线束,汽车冲压件,汽车管路,排气系统和零部件组装等企业而建设。随着项目建成投用,可容纳 20 ~ 30 家企业在大庆落地投产,新增地方工业产值近百亿元,解决就业 3 000 人以上,同时可以有效地降低沃尔沃大庆工厂生产成本,为 2024 年两款新车型落户大庆提供保障,使大庆的汽车产业真正成为千亿级地方支柱产业。

五、2020 年基础设施建设及运行情况

2020 年,黑龙江省充电基础设施建设步伐不断加快,全省新建充电站 12 个,全省充电站保有量达到 244 个;充电桩 6 733 个,其中慢充 1 472 个,快充 5 261 个;全省共有换电站 7 个。

六、发展规划

为贯彻落实省政府常务会议关于实施产业链链长制的工作部署,根据《黑龙江省人民政府关于印发实施产业链链长制推动全省产业高质量发展工作方案的通知》《关于印发〈黑龙江省产业链链长制实施方案〉的通知》要求,依据《黑龙江省汽车及零部件产业发展规划(2019—2025 年)》产业发展重点,结合黑龙江省汽车产业发展实际,重点推动汽车整车及零部件产业链发展。围绕大庆沃尔沃整车生产基地,

继续积极开展新能源汽车推广应用工作，加快推进黑龙江省新能源汽车产业布局，推动哈尔滨通联客车、黑龙江龙华汽车等企业重组工作。以纯电驱动为新能源汽车发展和汽车工业转型的主要战略取向，重点推进纯电动汽车和插电式混合动力汽车研制开发和产业化，推广普及纯电动和插电式混合动力汽车。

七、本地区新能源汽车推广应用统计表

（单位：辆）

燃　料	公交车	旅游大巴	公务车	出租车	租赁用车	私人用车	环卫车	物流车	邮政车	载货车	其他领域	合　计
纯电动	1 072	216	0	0	4	816	0	230	0	2	13	2 353
插电式	138	0	0	0	0	1 044	0	0	0	0	32	1 214
燃料电池	0	0	0	0	0	2	0	0	0	0	0	2
合　计	1 210	216	0	0	4	1 862	0	230	0	2	45	3 569

八、本地区新能源汽车企业产销量统计表

生产企业名称	产品商标	车辆类型	通用名称	产量统计（辆）	销量统计（辆）
大庆沃尔沃汽车制造有限公司	沃尔沃	插电式混合动力轿车	S90	2 641	2 641
大庆沃尔沃汽车制造有限公司	沃尔沃	插电式混合动力轿车	S60	591	591

九、本地区电动汽车充（换）电站（桩）统计表

地区名称	充电站		充电桩		换电站
	2020 年底保有量（座）	2020 年新建数量（座）	慢充（个）	快充（个）	数量（座）
哈尔滨	0	0	883	3 297	1
齐齐哈尔	35	5	39	456	0
牡丹江市	24	3	15	147	0
佳木斯	9	1	185	66	0
大庆市	0	0	121	0	0
双鸭山	30	0	22	186	5
大兴安岭	29	0	73	27	0
绥化市	33	0	50	410	0
鸡西市	5	0	0	140	0
黑　河	41	3	51	232	0
七台河市	7	0	8	41	0
伊春市	21	0	13	97	1
鹤岗市	10	0	12	162	0
合　计	244	12	1 472	5 261	7

江　苏　省

一、2020 年节能与新能源汽车产业概况

2020 年全省新能源汽车生产 9.6 万辆，同比增长18.6%，占全国总量 7.0%；销售 9.7 万辆，同比增长 18.2%，占全国总量 7.1%，新能源整车销售收入约 260 亿元，同比增长 20%。分地区看，全省新能源汽车产量排名前三的地区是南京、常州、无锡，分别为 4.3 万辆、3.3 万辆和 0.5 万辆。全省内销动力电池产销和装机量分别为 33.6 GWh、32.2 GWh 和 27.9 GWh，约占全国总量的 40.3%、48.9% 和 43.9%，同比增长均超过 20%，江苏省已成为国内最大的动力电池制造基地，形成了以南京、常州为两大核心，苏州、盐城、镇江等多点支撑的产业布局。截至 2020 年，全省燃料电池汽车相关企业近 150 家，在燃料电池堆、膜电极、质子交换膜、催化剂、双极板、空气压缩机和氢气制储运等环节，已具备全国性竞争力。示范应用取得初步成效，苏州、南通、无锡、盐城等地累计投放燃料电池汽车 300 余辆，建成商业化加氢站 5 座，具备氢气年产能 76.9 万 t。

二、2020 年新能源汽车推广应用情况

2020 年，全年推广应用新能源汽车 7.5 万辆，折合标准车 12.2 万辆，超额完成省政府确定的年度目标任务。截至 2020 年底，全省累计推广应用新能源汽车约 27.4 万辆。

三、2020 年新能源汽车主要企业经营情况

重庆理想汽车有限公司常州分公司投入生产，产能持续爬坡，2020 年全年完成新能源汽车产量 3.3 万辆。中航锂

电、乐金化学、上汽时代、欣旺达等动力电池项目持续扩产。

四、2020 年新能源汽车项目及园区建设情况

坤泰 7 速双离合变速箱项目、盐城 SK 三元锂电池项目、泰州长城汽车制造项目等省重大投资项目建设顺利，相继投入生产。

五、2020 年基础设施建设及运行情况

全省建成各类充电桩超过 4 万个，其中公共充电桩 0.6 万个。截至 2020 年底，全省累计建设各类充电桩 12.5 万个。

六、本地区新能源汽车推广应用统计表

（单位：辆）

燃 料	公交车	旅游大巴	公务车	出租车	租赁用车	私人用车	载货车	合 计
合 计	5 098		64 917				4 480	74 495

七、本地区新能源汽车企业产销量统计表

生产企业名称	产品商标	车辆类型	通用名称	产量统计（万辆）	销量统计（万辆）
南京汽车集团有限公司	荣威	纯电动乘用车	Ei6 等	1.4	1.4
重庆理想汽车有限公司常州分公司	理想	增程式乘用车	—	3.3	3.3

八、本地区电动汽车充（换）电站（桩）统计表

地区名称	充电站		充电桩		换电站
	2020 年底保有量（座）	2020 年新建数量（座）	慢充（个）	快充（个）	数量（座）
江苏省	0	0	4 万		50

安 徽 省

一、2020 年节能与新能源汽车产业概况

产业链情况。安徽省已经形成以乘用车、客车、货车等产品为主导的新能源整车协同发展态势，在整车、动力电池、电机及控制系统、充电设施建设运营等关键领域形成了一批具有核心技术的行业领先企业，整车—电池—电机—电控的产业体系不断健全，“关键零部件—整车—产业链—产业集群”发展格局初步形成，建立了合肥、芜湖两大新能源汽车产业集聚基地，集聚了江淮、奇瑞、蔚来、安凯、合肥长安、大众（安徽）、国轩高科、华霆动力、巨一动力、奇瑞安川等一批龙头企业，涵盖传统车企、合资企业、造车新势力。2020 年，安徽省新能源汽车实现生产 10.5 万辆。

二、2020 年新能源汽车推广应用情况

2020 年，合肥市推广新能源汽车 1.4 万辆，其中新能源乘用车 1.18 万辆（其中私人领域 0.28 万辆、租赁运营等领域 0.9 万辆），新能源客车 0.1 万辆；芜湖市推广新能源汽车 2 218 辆，累计推广新能源汽车 44 389 辆。

三、2020 年新能源汽车主要企业经营情况

2020 年，江淮新能源汽车销量为 54 263 辆，其中新能源乘用车 49 835 辆，新能源商用车 4 428 辆，销量排名行业第七；蔚来汽车销售 43 728 辆，全年营收 162.6 亿元，全新换电商业模式推广成效显著，截至 2020 年底共在全国建设 172 座换电站，覆盖全国用户服务体系初具规模，成为造车新势力领头羊；合肥长安新能源汽车销量 7 807 辆；奇瑞新能源汽车生产 37 381 辆，销售 42 519 辆，位居国内自主纯电动乘用车领域第七名；奇瑞商用车新能源汽车生产 1 982 辆，销售 1 389 辆；国轩高科动力全年电池销量 3.32 GWh，行业排名第五。

四、2020 年新能源汽车项目及园区建设情况

合肥。2020 年，合肥新能源汽车产业基地产值增速 31.7%，重大项目有序推进。江淮汽车与大众汽车集团签署战略合作相关投资协议，2020 年 12 月 8 日大众汽车（安徽）有限公司正式揭牌。大众汽车投资约 11 亿欧元获得国轩高科 26.47% 的股份并成为其大股东。蔚来中国总部投资 70 亿元，落户安徽合肥，建设包括总部管理、研发、销售、供应链等体系。

芜湖。项目建设情况：整车制造方面，总投资 130 亿元的奇瑞未来一工厂项目开工建设，项目建成后可实现年产 50 万辆整车生产规模；总投资 70 亿元的“国家级绿色技术示范项目—奇瑞新能源汽车四期基地”正式签约，项目达产后可实现年产 15 万辆新能源纯电动汽车生产规模；总投资 15 亿元的奇瑞商用车二期项目正在进行改造施工。关键零部件方面，总投资 30.8 亿元的忠旺铝合金精深加工项目已建成投产 2 栋厂房，其余 6 栋已完成主体结构；总投资 20 亿元的安瓦新能源高安全半固态电池项目产品样件已进入测试阶段，大批量生产工艺正在加速开发，即将建设投产；总投资 10 亿元的丛林铝业高端新型轻量化汽车装备制造项目快速推

进。总投资10.3亿元的芜湖禾田新能源汽车零部件项目1栋厂房已改造完成;总投资5亿元的森思泰克毫米波及激光雷达传感器智能应用项目加快推进,建成后将实现年产120万套毫米波系列雷达、8万套激光系列雷达的生产能力;总投资5亿元宏景电子汽车智能驾驶舱电子终端项目进展顺利,将实现年产50万套智能车载终端的生产能力。汽车芯片方面,总投资14.5亿元的第三代半导体工程研究中心建设项目将形成材料、芯片到系统封装与测试的整体化解决方案的能力,并形成年产50 000片的产能;总投资10.8亿元的安徽领晨半导体封装项目已开工建设。园区建设情况:芜湖已经形成以高新区为基地的新能源汽车产业集群,基地打造以奇瑞新能源、奇瑞商用车为代表的整车龙头企业,积极拓展爱瑞特环卫车、中集瑞江工程搅拌车、瑞弗特种车等多领域智能网联及新能源整车企业,形成以天弋锂电、奇瑞安川电机、杰诺瑞电控等为代表的电池电机电控企业,以豫新世通电空调、瑞来电子等为代表的电空调充电机企业,以忠旺铝材、明基隔膜等为代表的新材料企业,以奇英智能、盟博科技、阿法硅、云木科技、瑞视达、泊啦图为代表的智能网联企业,以好用、易同等为代表的运营推广企业集群,打造智能网联汽车小镇为产业集聚应用场景。基地规模以上工业企业从2015年的19家增长至129家。

五、2020年基础设施建设及运行情况

合肥市:截至2020年底,合肥市共建设充电站1 000座。建成充电桩48 400个,其中交流桩42 700个,直流桩5 700个。建成新能源汽车换电站3座。

芜湖市:2020年,芜湖市新建充电桩528个(其中直流桩154个,交流桩374个),截至2020年底累计建设充电桩4 905个(双口充电桩2 404个),充电站68个。

六、发展规划

打造世界级新能源汽车和智能网联汽车产业集群,到2025年,力争安徽省新能源汽车产量占全国比重10%以上,基本形成“纯电动为主、氢燃料示范、智能网联赋能”的发展格局。

七、本地区新能源汽车企业产销量统计表

生产企业名称	产品商标	车辆类型	通用名称	产量统计(辆)	销量统计(辆)
安徽江淮汽车集团股份有限公司	江淮	纯电动汽车	iEV7L	77	93
安徽江淮汽车集团股份有限公司	江淮	纯电动汽车	iEV7S	383	413(含出口371辆)
安徽江淮汽车集团股份有限公司	江淮	纯电动汽车	iEV6E	1787	1 949(含出口119辆)
安徽江淮汽车集团股份有限公司	江淮	纯电动汽车	iEVA50	1 075	1 195
安徽江淮汽车集团股份有限公司	江淮	纯电动汽车	iEVA60	6	6
安徽江淮汽车集团股份有限公司	江淮	纯电动汽车	iEVS4	774	781(含出口58辆)
安徽江淮汽车集团股份有限公司	江淮	纯电动汽车	E40X	101	71
安徽江淮汽车集团股份有限公司	江淮	纯电动汽车	iC5	1 388	1 043(含出口1辆)
安徽江淮汽车集团股份有限公司	江淮	纯电动汽车	E20X	12	-209
安徽江淮汽车集团股份有限公司	江淮	纯电动汽车	ES8	11 106	11 106
安徽江淮汽车集团股份有限公司	江淮	纯电动汽车	ES6	28 020	28 020
安徽江淮汽车集团股份有限公司	江淮	纯电动汽车	EC6	5 367	5 367
安徽江淮汽车集团股份有限公司	江淮	纯电动汽车	i3	306	424(含出口31辆)
安徽江淮汽车集团股份有限公司	江淮	纯电动汽车	i5	408	651(含出口47辆)
安徽江淮汽车集团股份有限公司	江淮	纯电动汽车	i6	227	285(含出口37辆)
安徽安凯汽车股份有限公司	安凯	纯电动汽车	—	3 050	3 063(含出口7辆)
安徽安凯汽车股份有限公司	安凯	插电式混合动力汽车	—	4	5
合肥长安汽车有限公司	长安	纯电动汽车	CS15-Epro	260	1 033
合肥长安汽车有限公司	长安	纯电动汽车	逸动EV460	7 161	6 774
奇瑞新能源汽车股份有限公司	奇瑞	纯电动轿车	小蚂蚁	32 516	37 067
奇瑞新能源汽车股份有限公司	奇瑞	纯电动轿车	艾瑞泽5e	146	733
奇瑞新能源汽车股份有限公司	奇瑞	纯电动轿车	艾瑞泽e	1 411	1 672
奇瑞新能源汽车股份有限公司	奇瑞	纯电动轿车	瑞虎3xe	25	143
奇瑞新能源汽车股份有限公司	奇瑞	纯电动轿车	驾校车	660	679
奇瑞新能源汽车股份有限公司	奇瑞	纯电动轿车	瑞虎e	990	921
奇瑞新能源汽车股份有限公司	奇瑞	纯电动轿车	大蚂蚁	1 633	1 304
奇瑞商用车(安徽)有限公司	开瑞牌	纯电动货车和专用车	优优EV	4 005	1 919
奇瑞商用车(安徽)有限公司	开瑞牌	纯电动货车和专用车	优劲EV	996	564
奇瑞商用车(安徽)有限公司	开瑞牌	纯电动货车和专用车	海豚EV	1 926	1 199
奇瑞商用车(安徽)有限公司	开瑞牌	纯电动货车和专用车	大象EV	—	110
奇瑞商用车(安徽)有限公司	开瑞牌	纯电动乘用车	k系列	—	1 712

八、本地区电动汽车充(换)电站(桩)统计表

城市名称	充电站		充电桩		换电站
	2020 年底保有量(座)	2020 年新建数量(座)	慢充(个)	快充(个)	数量(座)
合肥市	1 000	59	42 700	5 700	3
芜湖市	68	25	3 630	1 275	0

九、本地区氢燃料电池加氢站统计表

城市名称	加氢站名称	类型	供给能力(kg/d)	日加注量(kg)	加氢站氢气总储存量(kg)	储氢最高压力(MPa)	说明(运营/新建/在建)
六安市	1 座加氢站	—	—	—	—	—	运营

福 建 省

一、2020 年节能与新能源汽车产业概况

全省现有新能源汽车整车生产企业 6 家、专用车生产企业 1 家,分别为东南(福建)汽车工业有限公司,厦门金龙联合汽车工业公司、厦门金龙旅行车有限公司,上汽集团乘用车公司福建分公司,云度新能源汽车股份有限公司,福建新龙马汽车股份有限公司、中国重汽集团福建海西汽车有限公司和福建省龙马环卫装备股份有限公司等,基本涵盖了所有类别的新能源汽车产品。其中,上汽集团福建分公司主要布局新能源和传统能源乘用车,产能 24 万辆,已于 2019 年 9 月 28 日正式投产。2020 年,上汽集团宁德基地生产汽车 51 486 辆,产值约 54 亿元,其中新能源汽车 9 822 辆,预计 2021 年新能源汽车产销将超过 2 万辆。新能源汽车“三电系统”(电池、电机、电控)方面,拥有宁德时代、厦门钨业等龙头企业。其中,宁德时代 2020 年动力电池出货量 50 GWh,产值 397 亿元,出货量连续 4 年全球第一,全球市场占有率 25%,国内市场占有率达到 51%。其他配套产业方面,拥有福耀玻璃、漳州正兴车轮、莆田佳通轮胎、厦门正新轮胎等汽车零部件龙头企业。其中,福耀玻璃汽车玻璃产量全球第一,漳州正兴车轮商用车车辆产量国内第一,厦门正新轮胎和莆田佳通轮胎产量继续保持国内领先。

二、2020 年节能与新能源汽车推广应用情况

截至 2020 年底,全省累计推广应用新能源汽车 12.5 万辆;其中新能源公交车共 16 780 辆,2019 年提前实现了传统燃油城市公交车全部更新为新能源汽车的任务;新能源巡游出租汽车、网约车分别为 3 595 辆和 30 485 辆,占比 15.3% 和 54.1%,电动化率高于全国平均水平。2020 年,福建省推广应用新能源汽车 3.34 万辆,其中新增和更新新能源公交车 1 150 辆;新能源巡游出租汽车、网约车分别为 341 辆、2 461 辆;全省各级党政机关和事业单位共配备新能源汽车(主要为插电式混合新能源汽车)231 辆;全省各级执法执勤系统单位申请购置的新能源执法执勤车辆 61 辆。

三、2020 年节能与新能源汽车主要企业经营情况

2020 年,全省新能源汽车产销 2.58 万辆和 2.33 万辆,同比增长 65.1% 和 57.1%。其中,新龙马汽车公司、云度新能源汽车公司正重整旗鼓,逐步恢复生产经营,但由于品牌影响力弱、市场竞争不强,企业仍面临较大生产经营压力。东南汽车公司受战略重组等种因素影响,产销规模维持在较低水平。

四、2020 年节能与新能源汽车项目及园区建设情况

项目方面:

一是上汽集团乘用车公司福建分公司总投资 50 亿元,规划产能 24 万辆,主要生产荣威和名爵品牌的传统燃油和新能源汽车,已于 2019 年 9 月正式投产下线。在其带动下,已入驻园区的零部件配套企业 30 多家,涵盖了排气系统、空调系统、底盘车架、轮胎总成、电池组装、整车线束、座椅系统、仪表中控、软饰系统、车身小分拼、冲压件等整车零部件产品。

二是金龙集团龙海基地项目一期投资 36 亿元,规划年产 1.5 万辆大中客车和 0.5 万辆考斯特,大量采用智能制造技术和先进的自动化生产设备,并配备国内最长、最先进、全路况的试车跑道,已于 2019 年 12 月 28 日正式投产。

三是一汽集团与宁德时代共同投资 60 亿元,产能 20 GWh 的时代一汽动力电池生产项目于 2020 年 9 月竣工投产。

园区建设方面:

福建闽侯青口汽车工业园区:福建闽侯青口汽车工业园区是省、市重点打造的汽车生产基地,全区规划面积 33.06 km^2。基础设施区内水、电、路、通信、治污配套齐全。入住企业东南(福建)汽车工业有限公司、福建奔驰汽车工业有限公司以及零部件配套企业。

福建宁德蕉城三屿园区:上汽乘用车宁德基地位于蕉城区三屿园区,占地 6 879 亩,项目总投资 200 亿元,包括上汽主机厂、供应商园区 2 个产能项目和 45 个配套项目。其中,主机厂用地 2 019.10 亩(一期约 1 500 亩)、物流用地约 690 亩、配套零部件园区用地 1 462 亩。上汽乘用车宁德基地项目主要生产荣威、名爵品牌的新能源和传统燃油乘用车。

福建宁德东侨经济技术开发区:2012 年 12 月,经国务院批准升级为国家级开发区,规划面积 24 km^2,位于中心城市核心区,为宁德行政中心所在地,东临世界级天然深水良港

三都澳，宁德八号、九号5万t码头就在区内，沈海高速、福温铁路穿区而过，区内设有动车站、汽车南站，衢宁铁路宁德北站即将建成，交通便捷。拥有宁德新能源科技有限公司、宁德时代新能源科技股份有限公司等消费类电池、动力电池龙头企业，以及安费诺集团、杉杉股份、厦门钨业、侨云电子、卓高新材料等一批上下游产业链项目，为构建新能源产业千亿集群提供支撑。

福建三明埔岭汽车工业园：福建三明埔岭汽车工业园由三明、永安市两级于2006年联合开发，2013年经福建省人民政府批准设立为省级经济开发区，地处永安市南区，距离市区约5 min车程，高铁永安南站、高速公路永安南互通口位于园区内，南三龙铁路及泉三、永武、永宁、永漳4条高速公路、307省道贯穿境内，并距离龙岩连城机场、三明机场都在1 h车程之内。园区规划面积20 km^2，开发利用6 km^2，完成土地整理、七通一平7 000多亩，建成道路总长20 km、标准厂房4.4万 m^2，建有一座110 kV变电站、日供12万 m^3 天然气站、日处理1 000 t污水处理厂以及210余套保障性住房和职工文体中心等配套设施，为入驻企业提供全方位保障。园区已入驻企业30多家，规模以上企业10家，有重汽福建海西汽车有限公司等重点企业，涵盖整车制造、专用车、零部件及其他汽车商贸物流企业，初步形成以海西汽车为龙头，以商用车、新能源汽车、专用车为主导的产业配套体系。

集美机械工业集中区：厦门（集美）机械工业集中区于2001年获批为省级工业区，总规划用地面积13.62 km^2，分为灌口和后溪两个工业区。其中，灌口工业区主要发展机械制造、汽车工业及其配套相关行业，现已引进包括厦工、金龙客车、金龙礼宾车、三圈日化等省市重点大型项目。后溪工业区主要发展高科技、低能耗、低污染的机电及轻工行业。机械工业集中区紧邻福建省最大的公路、铁路货物集散地——前场物流园区。工业集中区内场地平整，水、电、通信、排污等市政设施齐备，且交通运输十分便利。工业区距厦门国际机场16 km，距东渡、海沧码头20 km，319国道、324国道、厦漳泉高速路、鹰厦铁路、福厦和厦深高速铁路均从工业区内穿过。

五、2020年基础设施建设及运行情况

截至2020年底，全省累计建设公共充电桩3.69万个，全省108对高速公路服务区（含海门岛）已实现充电站全覆盖。其中，2020年，全省建设公共充电桩9 597个。全省充电设施政府监管和便民信息服务（App）第三方平台已完成建设，目前正在试运行。省内大部门充电设施运营企业经营状况良好，在厦门、福州、泉州等新能源汽车保有量较多的城市已能够实现较好市场收益，正呈现出竞争日益激烈的趋势。

六、发展规划

着力打造新能源汽车产业集群。重点培育和打造福莆宁新能源乘用车、厦门新能源客车、龙岩新能源物流和专用车，形成闽东北乘用汽车、闽西南商用汽车千亿产业集群；壮大宁德、漳州、南平动力电池基地，打造千亿级新能源汽车动力电池及材料产业集群。

（1）整车方面：做大乘用车、做优客车、做精专用车。支持宁德上汽扩大产销规模；金龙客车继续保持产销优势，拓展负压救护车等应急装备；海西重汽研发生产新能源卡车。推动东南、云度、新龙马加快转型升级、引入战略投资者、优化股权结构。支持宁德上汽、龙海金龙、闽侯青口、三明埔岭等汽车工业园加快建设，通过龙头招商、产业链招商等多种模式，促进优质生产要素集中集聚，全面提升园区发展水平。

（2）“三电”方面：支持动力电池龙头企业扩大产销规模，继续保持产品技术领先，带动电池正负极材料、隔膜、电解液等配套产业链发展。支持研发生产车用高性能驱动电机、电控系统。支持锂电新能源特色小镇、永磁电机产业园、稀土精深加工园等建设。

（3）其他方面：支持组建电池租赁企业，在新能源汽车购买和使用环节开展电池租赁、分期付款等业务。构建动力电池回收利用体系。支持企业开展动力电池回收、梯次利用和再资源化的循环利用。鼓励整车、动力电池、梯次利用和拆解回收企业等共建共用回收渠道，推动动力电池全价值链发展。

七、2020年本地区新能源汽车推广应用统计表

（单位：辆）

地区	车辆类型	载客车		载货车		其他专用车		合计
		9座以下（含）	9座以上	最大设计总质量≥3 500 kg	最大设计总质量<3 500 kg	最大设计总质量≥3 500 kg	最大设计总质量<3 500 kg	
福州	纯电动汽车	4 100	401	68	808	1	0	5 378
	混合动力汽车	842	0	0	0	0	0	842
	氢燃料	0	0	0	0	0	0	0
厦门	纯电动汽车	7 282	288	68	2 233	9	0	9 880
	混合动力汽车	1 185	0	1	0	0	0	1 186
	氢燃料	0	0	0	0	0	0	0
莆田	纯电动汽车	2 900	0	0	130	0	0	3 030
	混合动力汽车	103	0	0	0	0	0	103
	氢燃料	0	0	0	0	0	0	0
三明	纯电动汽车	829	42	0	10	0	0	881
	混合动力汽车	58	0	0	0	0	0	58

续上表

地区	车辆类型	载客车		载货车		其他专用车		合计
		9座以下（含）	9座以上	最大设计总质量≥3 500 kg	最大设计总质量<3 500 kg	最大设计总质量≥3 500 kg	最大设计总质量<3 500 kg	
三明	氢燃料	0	0	0	0	0	0	0
泉州	纯电动汽车	2 987	276	5	976	0	0	4 244
	混合动力汽车	666	0	0	0	0	0	666
	氢燃料	0	0	0	0	0	0	0
漳州	纯电动汽车	1 901	97	1	180	0	0	2 179
	混合动力汽车	147	0	0	0	0	0	147
	氢燃料	0	0	0	0	0	0	0
南平	纯电动汽车	539	107	1	8	0	0	655
	混合动力汽车	42	0	0	0	0	0	42
	氢燃料	0	0	0	0	0	0	0
龙岩	纯电动汽车	1 243	64	4	90	0	0	1 401
	混合动力汽车	77	0	0	0	0	0	77
	氢燃料	0	0	0	0	0	0	0
宁德	纯电动汽车	1 783	182	0	50	0	0	2 015
	混合动力汽车	241	0	0	0	0	0	241
	氢燃料	0	0	0	0	0	0	0
平潭	纯电动汽车	255	100	0	5	0	0	360
	混合动力汽车	39	0	0	0	0	0	39
	氢燃料	0	0	0	0	0	0	0
合计		27 219	1 557	148	4 490	10	0	33 424

八、2020年本地区重点新能源汽车企业产销量统计表

生产企业名称	产品商标	车辆类型	通用名称	产量统计（辆）	销量统计（辆）	备注
云度新能源汽车股份有限公司	云度	纯电动乘用车	π1	1 422	1 562	—
	云度		π3	1 736	1 718	—
	云度	物流车	云度 V01L	0	12	—
东南（福建）汽车工业有限公司	东南	纯电动乘用车	DX3 EV	36	203	—
福建新龙马汽车股份有限公司	启腾	纯电动厢式物流车	启腾 M70	1 861	1 628	—
福建龙马环卫装备股份有限公司	福龙马	纯电动环卫车	—	436	395	—
厦门金龙联合汽车工业有限公司	金龙牌	纯电动轻型客车	—	695	117	—
	金龙牌	纯电公交客车	—	2 660	2 516	—
	金龙牌	纯电公路客车	—	164	182	—
	金龙牌	混动公交客车	—	176	285	—
	金龙牌	燃料电池公交客车	—	31	31	—
厦门金龙旅行车有限公司	金旅牌	纯电动物流车	—	2 145	2 145	—
	金旅牌	插电式混动客车	—	20	20	—
	金旅牌	纯电动客车	—	1 804	1 804	—
	金旅牌	燃料电池客车	—	228	228	—
上汽集团乘用车公司福建分公司	名爵	插电式混合动力多用途乘用车	名爵 eHS	1 261	1 261	—
	名爵	插电式混合动力多用途乘用车	MG 领航 PHEV	766	766	—
	荣威	纯电动轿车	科莱威	7 795	10 511	—
中国重汽集团福建海西汽车有限公司	豪曼	插电式增程混合动力载货汽车底盘	—	1	1	—
	豪曼	—	—	1	1	还未上公告
	豪曼	—	—	1	1	还未上公告

九、2020 年 12 月底本地区电动汽车充(换)电站(桩)保有量统计表

充电站		充电桩(公共桩/专用桩)		换电站
城市名称	数量(座)	慢充(个)	快充(个)	数量(座)
福州市	575	1 784/567	3 758/1 286	0
莆田市	158	694/0	1 363/231	0
泉州市	482	101/0	5 500/1 330	0
厦门市	517	766/39	4 818/819	17
漳州市	371	424/0	2 573/429	0
龙岩市	115	233/0	873/78	0
三明市	212	408/587	871/536	0
南平市	0	821/4	950/142	0
宁德市	226	1 127/31	1 742/326	0
平潭市	49	774/0	427/82	0

江 西 省

一、新能源汽车产业总体情况

江西新能源汽车产业初步形成了从整车到“三电”关键零部件较完整的产业体系。整车建成了南昌、上饶两个聚集区,培育了江铃新能源、江铃股份、上饶客车等重点企业,引进了爱驰汽车、国机智骏等一批新能源整车企业。动力电池建成了宜春、赣州、抚州 3 个聚集区,培育了孚能科技、福斯特、江西安弛和星盈科技等重点企业。2020 年,江西省 12 家汽车生产企业共生产销售 1.44 万辆新能源汽车。

二、新能源汽车推广运用情况

2020 年,江西省推广应用新能源汽车 1.26 万辆,全省新能源汽车保有量达 8.76 万辆。

三、重点企业发展情况

孚能科技动力电池装机量排全国第 10 位,在三元软包领域继续保持头部地位。江铃新能源与雷诺合资后推出首款纯电动车型江铃 GSE,续驶里程最高达到 500 km,电耗指标优于同行业平均水平。爱驰汽车的纯电高端车型爱驰 U5 出口欧盟 1 000 余台,是国内首个批量出口欧盟的新能源整车企业。北汽昌河推出的北汽 EV5 运输车,疫情期间作为防疫物资车无偿为政府、公益组织提供运输服务,被中国汽车报评为优秀战“疫”产品。

四、2020 年节能与新能源汽车项目及园区情况

(一)新能源汽车整车项目

(1)江铃汽车股份有限公司在小蓝工业园建设富山新工厂项目。

(2)江铃新能源有限公司在赣江新区建设江铃集团新能源汽车有限公司新基地项目。

(3)博能上饶客车有限公司在上饶经开区建设新能源客车技术改造项目。

五、基础设施建设与运行情况

截至 2020 年 12 月,江西省公共充电站 1 071 个,公共充电桩保有 10 883 根,保有量排全国第十八位,占比全国 1.3%。

山 东 省

一、2020 年新能源汽车产业发展概况

生产经营方面。全省共有新能源汽车生产企业 26 家,其中整车企业 8 家,全省累计生产新能源汽车 43.95 万辆。2020 年,新能源汽车产销完成 3.06 万辆和 3.05 万辆,同比分别下降 60.24% 和 62.29%,占全国总产销量的 2.24% 和 2.23%。其中新能源乘用车产销均完成 2.19 万辆,同比分别下降 65.08% 和 67.15%,新能源商用车产销分别完成 8 413 辆和 8 471 辆,同比分别下降 38.68% 和 36.71%;专用车产销分别完成 343 辆和 61 辆,同比分别下降 49.26% 和 90.47%。2020 年全省新能源汽车(挂牌)新增 6.62 万辆、保有量为 40.59 万辆。

配套充电基础设施方面。全省基本实现以高速公路为骨干、高等级公路为支撑的跨城际电动汽车出行保障网络,到 2020 年底,山东省建成各类充换电站 3 920 余座、充电桩 3 万多个,公共场所、居民小区、单位内部、高速公路等主要场所覆盖率逐年提升。

乘用车方面。主要有北汽新能源青岛分公司、上汽通用五菱青岛分公司、荣成华泰汽车和即将投产的日照中兴汽车,以及山东省第一家取得《公告》资质的山东国金新能源汽车。商用车方面,客车主要有聊城中通客车、中国重汽豪沃客车、烟台舒驰等,其中中通的燃料电池客车整体性能指标达到国际先进水平;重汽商用车、一汽解放青岛公司、淄博唐

骏欧铃、山东凯马汽车等载货车企业在国内新能源商用车市场也占有较高份额。

氢能及燃料电池方面。山东省既是工业大省，也是能源大省，氢气来源广泛，年产量260万t左右，居全国首位。其中，可利用的高纯度氢气规模每年约为10万t，可满足约12万辆燃料电池车辆的运行使用。另外，山东省光伏发电装机规模全国第一、风电装机规模全国第四，可以有效用于电解水制氢，具备大规模利用条件。近年来，山东省充分发挥特色优势，在氢能及燃料电池产业发展上取得了积极进展。

全省已建成加氢站14座，济南、青岛、潍坊、聊城、济宁、德州等市示范运营氢燃料电池车辆650多辆，开通燃料电池公交专线16条，示范运营燃料电池公交车300余辆，运营总里程超过500万km。特别是济南、青岛、潍坊、济宁等市，针对加氢站建设运营管理出台了政策性文件，解决了加氢站行业监管、选址、经营许可、建设运营补助等实际问题，为全省乃至全国加氢站建设管理探索了经验。

山东省氢能燃料电池产业链可以覆盖氢气制取、储运、燃料电池关键材料、燃料电池汽车及配套产业全领域，重点企业(研究机构)达50余家。其中，潍柴集团已推出完成了40～100 kW电堆，开发了30～120 kW氢燃料电池发动机等系列产品，建成“单电池—电堆—发动机—整车”的全套研发试验台架，具备了燃料电池全技术链和全产业链研发测试能力，正在创建国家燃料电池技术创新中心。重汽集团成功研发氢燃料电池客车、码头牵引车、轻卡(城市垃圾转运车)，已完成试验任务。中通客车2015年部署开发燃料电池车，已实现9～12 m公交车、7 m豪华商务车、物流车全覆盖，并在全国实现批量示范运营，性能指标达国内先进。东岳集团掌握了燃料电池全氟质子膜核心制备技术，质子交换膜在国内具有一定优势，且已具备较大产能。明泉、莱钢、泰钢、滨化、圣泉等企业，已具备成熟的氢气制取、储存和利用经验，并正在推动变压吸附(PSA)提纯技术与设备的布局。烟台冰轮、东德实业等企业在加氢站用压缩机、燃料电池专用空气压缩机、氢气循环泵等关键零部件的开发上实现了突破。省能源研究院牵头成立氢能燃料电池功能实验室，积极开展关键技术攻关和示范应用，投资50亿元的青岛国际院士港氢能与燃料电池汽车关键零部件研发生产项目一期工程正在加紧建设。

2020年6月，山东省在国内率先发布首个省级氢能产业系统性政府指导文件《山东省氢能产业中长期发展规划(2020—2030年)》，济南、青岛、潍坊、济宁等市结合当地实际，出台了一系列氢能产业政策。积极参与国家、地方标准的制定，2020年出台《氢燃料电池电动汽车运营规范》等地方标准9项，数量居全国首位。立项《质子交换膜燃料电池空气过滤通用要求》等地方标准4项。已发布企业标准50余项，涉及氢气制备燃料电池电堆及系统、燃料电池汽车整车及运营维护等多个方面。

积极开展新能源汽车下乡活动。为顺应乡村消费升级、引导乡村居民出行方式升级、助力美丽乡村建设和乡村振兴战略，2020年7月，全国新能源汽车下乡活动首站启动仪式在山东省青岛举行。为了扩大新能源汽车下乡成果，11月，省工信厅、省农业农村厅、省商务厅又在济南共同举办了山东省新能源汽车下乡活动启动仪式。举办了新能源汽车产业发展高峰论坛。12月，省工信厅、国网山东电力公司，在潍坊寿光举办了新能源汽车下乡现场经验交流会。累计参加活动的企业有60多家、近100种产品，都不同程度地进行了优惠展销，大部分车型不错，价格也很优惠，让农民得到了实惠。山东省经验在全国新能源汽车下乡活动工作总结大会上作为典型发言。

二、存在的困难和问题

山东省新能源汽车等产业起步早，规模大，但在发展中仍然存在一些突出问题。一是新能源汽车自主创新能力不强。除新能源客车具有一定技术优势外，乘用车技术水平和性能与国内外高端产品相比存在明显差距，产品层次低，品种单一，新能源乘用车企业除山东国金汽车外，其余均为外省企业在山东设立的分公司或生产基地，缺少研发能力。二是产业布局分散，重复建设趋势明显。新能源汽车产业产值高、潜力大、带动性强，成为许多地方招商引资的重点，导致各地“各自为战”、项目“遍地开花”，需要统筹规划，科学布局。三是核心零部件配套企业数量少、规模小。山东配套率低于上海、广东、浙江、江苏等省市，电池、电机、电控等核心零部件配套能力不足，关键技术仍需突破。

三、2021年规划

一是继续抓好新能源汽车产业的推广应用。会同省财政厅积极做好国家新能源汽车补贴政策，为促进全省新能源汽车推广应用提供保障。按照省新能源产业发展规划，加快全省新能源汽车产业高质量发展，促进汽车产业结构调整和转型升级。

二是积极推动氢燃料电池汽车发展。加快培育和发展新能源汽车产业，是应对能源和环境挑战、推动汽车产业转型升级的迫切需求，而燃料电池汽车将成为新能源汽车发展的最终方向和未来竞争制高点。因此，省工信厅将加大工作力度，配合有关部门积极推动氢燃料电池及氢能汽车产业发展。

三是指导市县、企业抓好重大项目发展。指导济南、东营两市，抓好重汽智能网联重卡、一汽华东智能网联汽车试验场等重大项目建设。

四、2020年本地区重点新能源汽车企业产销量统计表

生产企业名称	产品商标	车辆类型	产量统计(辆)	销量统计(辆)
山东唐骏欧铃汽车制造有限公司	欧铃	轻型载货汽车	32 395	35 020
中通客车控股股份有限公司	中通牌	纯电动汽车	4 724	4 693
中通客车控股股份有限公司	中通牌	插电式混合动力汽车	68	68
中通客车控股股份有限公司	中通牌	燃料电池汽车	96	95
烟台海德专用汽车有限公司	海德	纯电动扫路车	98	56

五、2020年12月底本地区电动汽车充(换)电站(桩)保有量统计表

城市名称	充电站		充电桩		换电站
	2020年底保有量(座)	2020年新建数量(座)	慢充(个)	快充(个)	数量(座)
济南市	458	142	3 620	2 385	3
青岛市	1 037	601	7 425	5 276	10
淄博市	165	65	1 072	860	0
枣庄市	117	50	516	961	0
东营市	88	36	345	492	0
烟台市	387	145	1 425	1 341	1
潍坊市	300	148	714	2 035	0
济宁市	440	242	1 560	1 918	0
泰安市	191	54	806	946	0
威海市	79	37	1 417	440	0
日照市	121	60	490	592	0
临沂市	380	101	1 865	2 242	1
德州市	142	55	122	954	0
聊城市	104	32	556	329	0
滨州市	70	25	169	748	1
菏泽市	107	57	190	674	0

河　南　省

一、2020年节能与新能源汽车产业概况

截至2020年底,全省具有资质的新能源汽车生产企业28家,其中新能源整车企业14家,新能源改装车企业14家。全年新能源汽车整车实现产销4.9万辆和4.8万辆,占全省汽车总量的8.4%和8.3%,同比分别下降29.6%和31.1%,高于全国平均降幅37.1和42.0个百分点。其中,新能源乘用车实现产销量2.7万辆和2.7万辆,同比下降18.9%和20.5%,占新能源汽车的比重提升至55.2%和56.3%;新能源商用车实现产销量2.2万辆和2.1万辆,同比分别下降39.5%和41.2%。新能源商用车中,客车实现产销量1.6万辆和1.6万辆,同比下降24.9%和25.5%。

二、2020年新能源汽车推广应用情况

截至2020年底,全省新能源汽车保有量33.6万辆,新能源汽车新增8.5万辆,同比增长62.5%,其中纯电动汽车新增7.5万辆,插电式混合动力汽车新增1.0万辆。郑州、洛阳、驻马店、商丘、新乡、濮阳、南阳、许昌、开封、安阳、焦作、周口等12个省辖市〔含省直管县(市)〕新能源汽车新增数量均超3 000辆,商丘、信阳、洛阳、郑州、驻马店、漯河、南阳、三门峡、周口、许昌、开封等11个省辖市新能源公交车新增数量均超100辆,郑州、洛阳、驻马店、商丘、新乡、濮阳、许昌、南阳、开封9个省辖市新能源轿车新增数量均超3 000辆,郑州、安阳、洛阳、平顶山、新乡、许昌等省辖市新能源载货车新增数量位居全省前列。

三、2020年新能源汽车项目及园区建设情况

宇通客车实施的“高可靠高环境适应性燃料电池客车整车开发及示范”项目,已突破电-电混合动力系统、高安全车载氢系统等关键核心技术,-30℃低温启动性能达到国际先进水平,整车氢耗、续驶里程行业领先,产品在郑州、张家口、张家港等地示范运行超过810万km;2020年实施完成的高性能纯电动客车项目,实现纯电动客车整车工况电耗降低15%~20%,续驶里程提升37%,产品竞争力达到国际领先水平。针对纯电动环卫车“能耗高、作业时间短、智能化水平低”的难题,宇通重工实施完成“高效纯电动环卫车整车开发及产业化”项目,在高效电驱动、整车控制与节能、远程监控与智能调度等方面开展了关键技术研究,技术水平达到国内领先。科隆新能源实施完成“电动汽车用高镍动力锂离子电池材料研发及产业化”项目,打破日韩企业市场垄断,产品批量供应比亚迪、优美科等国内外行业知名企业,进入特斯拉动力电池供应链体系。多氟多化工实施完成“高性能锂离子电池用新型电解质盐开发及产业化”项目,产品可拓宽锂离子电池使用温度范围,提高锂离子电池能量密度、循环寿命和安全性,促进锂电池行业技术进步。豫氢动力实施完成“氢能与燃料电池产业链关键技术开发及产业化”项目,研制出省内首台超过百千瓦的燃料电池电堆产品,电堆性能和功率密度达到国内先进水平。豫新公司根据2020年国家发布GB 38031—2020《电动汽车用动力蓄电池安全要求》强制标准,承担实施郑洛新自创区产业集群专项项目,积极布局动力电池热管理系统研发攻关。信大捷安实施完成“自主可信

的 SoC 安全芯片设计与应用研究”项目，研发的车规级安全芯片性能指标处于国际先进、国内领先水平，已与 14 家国内外汽车厂商、29 家国内外汽车电子厂商开展合作。利达光电实施完成“车载摄像模组与 360°全景（AVM）光学系统研发”项目，实现从车载光学器件、车载镜头到摄像模组系统的产品升级，与长安汽车、长城汽车、商汤科技等新能源汽车产业链企业开展合作。豫北转向实施完成“新能源乘用车无刷电控转向系统研发及产业化”项目，产品填补国内空白，打破国外技术垄断，为国内自主品牌中高端车型全面配套，并开始在福特、日产等合资独资市场拓展应用。

在郑州宇通、郑州日产、郑州海马、东风日产、开封奇瑞、上汽郑州等行业骨干企业的带动下，全省新能源汽车产业集聚效益不断显现。郑州新能源汽车重要生产基地地位得到加强，整车产量已占全省的 86% 以上。全省整车发展基本呈现以郑州为主，开封为辅，许昌、洛阳、三门峡等地共同发展的产业格局。全省动力电池产业发展迅速，基本构成了从正负极材料、隔膜、电解液、电池零部件、电池芯、电池组及电池生产检测设备、回收、质量监督检验等较为完整的产业链条，在国内具有较高的知名度。

四、2020 年基础设施建设及运行情况

2020 年，省充电智能服务平台正式上线运行，省新能源汽车综合服务平台已建设完成。全省已累计建成充换电站 1 059 座，郑州、洛阳、开封、新乡、驻马店、焦作、周口、三门峡等地数量位居全省前列；公共及专用充电桩 4.31 万个，郑州、濮阳、洛阳、许昌、商丘、焦作、安阳、三门峡、驻马店、新乡、南阳等地数量位居全省前列。2020 年全省新建公共充电站 312 座，洛阳、郑州、开封、焦作、驻马店、周口、三门峡等地数量位居全省前列；公共充电桩 7 623 个，郑州、洛阳、三门峡、焦作、南阳、商丘、驻马店地数量位居全省前列。

五、发展规划

《河南省汽车产业发展规划（2019—2025 年）》提出，以郑州汽车产业基地为主体，以发展新能源汽车及智能网联汽车为突破口，培育集群优势，建设全国区域性汽车生产基地及新能源汽车、智能网联汽车推广应用先行区。计划到 2025 年，河南省汽车产量新能源占比 30% 以上，推广应用规模居国内前列，燃料电池客车在示范运营基础上加速推向市场，新能源客车市场份额进一步提升；掌握智能网联汽车及其零部件关键技术，示范运营形成一定规模，传感器、车载终端、操作系统等形成产业化应用；产业创新系统不断完善，企业创新能力明显增强，动力系统、高效传动系统、汽车电子等节能技术取得重大突破，动力电池、电控等关键核心技术处于行业领先水平。

六、2020 年本地区新能源汽车推广应用统计表

新能源汽车分类	新增数量（辆）
纯电动汽车	74 857
插电式混合动力汽车	10 078
燃料电池汽车	22

七、本地区新能源汽车企业产销量统计表

生产企业名称	产品商标	车辆类型	产量统计（辆）	销量统计（辆）
郑州日产汽车有限公司	东风	商用车、乘用车	1 070	1 236
郑州宇通客车股份有限公司	宇通	商用车	16 449	16 461
海马汽车有限公司	海马	乘用车	12 726	12 726
奇瑞商用车（安徽）有限公司河南分公司	开瑞	商用车	4 755	3 472
上海汽车集团股份有限公司乘用车郑州分公司	名爵、荣威	乘用车	7 230	7 230
广州风神汽车有限公司郑州分公司	启辰	乘用车	4 574	4 574
森源汽车股份有限公司	森源	商用车	102	102
河南德力新能源汽车有限公司	德力	商用车	121	65
河南速达电动汽车科技有限公司	速达	乘用车	1 550	1 976

湖　北　省

一、2020 年节能与新能源汽车产业概况

至 2020 年，全省新能源汽车产能达到 50 万辆/年，总体技术达到国内领先水平，部分关键技术达到国际领先水平，产业规模位居全国前列，产销量占全国比重 10%。

二、2020 年新能源汽车推广应用情况

根据国家新能源汽车监控平台数据，2020 年全省在公交、出租、环卫、物流、通勤及社会购车等多个领域，推广应用新能源汽车 105 107 辆。

三、2020 年新能源汽车主要企业经营情况

东风汽车集团新能源汽车项目 30 万辆、东风乘用车公司新能源汽车项目 30 万辆、十堰新能源汽车项目 12 万辆、黄冈星晖新能源汽车项目 5 万辆。东风公司在关键核心技术领域不断突破：

1. 华中地区首只量产的车规级 IGBT（绝缘栅双极型晶体管）模块产品从智新半导体模块封装工厂下线。

2. 在新能源核心“三电”方面，已具备 40 万套电控、20 万套扁线电机、28 万套电驱动总成、10 万套电池系统、30 万只 IGBT 模块的产能。

3. 完成了 80 kW 燃料电池系统开发，极大提升了行业氢能汽车商业化能力。

4. 与中国移动合作，共建 5G 车联网实验室；与腾讯携手，推进产业互联网融合；与华为深化战略合作，共建“智行隆中”项目，把数字世界带入汽车；与国家电网、宁德时代战略合作，推进新能源汽车发展；与中远海运合作，共同打造 5G 智慧港口无人集卡项目；与中国石化合作，布局氢能产业链；与佛山市政府合作，推动“氢舟”氢能汽车示范运营；与武汉市合作，推动高等级自动驾驶常态化运营；与武汉大学、武汉理工大学合作，推动产学研融合等。

四、2020 年新能源汽车项目及园区建设情况

吉利、威马、金龙、比亚迪、江淮等公司在湖北省投资一批新能源汽车项目，宁德时代、天津力神、中航锂电、骆驼电池、亿纬动力、雄韬电池等一批动力电池项目，以及东风汽车集团武汉新能源汽车产业基地、东风小康十堰新能源汽车基地建设项目，夯实了湖北省新能源汽车产业链基础，形成区域特色和比较竞争优势。武汉市以新能源乘用车为主建立集群优势和自主创新优势；随州市以轻型新能源商用车底盘、公共服务领域新能源专用车等为特色，提升“中国专用汽车之都”产业链水平；襄阳市以新能源乘用车和商用车为主加快新能源汽车发展；十堰市以中重型新能源物流、作业车和新能源汽车动力系统为重点加快推进新能源商用车发展。

五、发展规划

积极开展汽车产业链供应链受新冠肺炎疫情影响、中美经贸关系汽车关税影响、汽车产业调整等研究，对新能源汽车产业发展加强政策引导。依托武汉、随州、襄阳、十堰等汽车生产基地，提高整车项目建设水平，加大零部件项目招商引资力度，不断完善汽车产业配套。促进新一代信息技术与新能源汽车融合发展，以电控、动力传动等关键核心零部件为重点方向，积极鼓励企业研发低碳、环保的汽车材料及先进制作工艺，增强产业创新能力。

湖　南　省

一、2020 年节能与新能源汽车产业概况

近年来，湖南省节能与新能源汽车产业发展迅速，已经成为湖南工业经济的支柱产业。2020 年，全省现有规模以上的汽车、摩托车及其零部件生产企业 455 家，列入工信部《道路机动车辆生产企业及产品公告》的企业有 80 余家，其中制造类生产企业 17 家，具有新能源汽车生产企业资格的 14 家，全部从业人员平均人数 88 626 人，产品涵盖了乘用车和商用车，包括轿车、越野车、载货车、客车、专用车、新能源汽车、三轮车、摩托车等产品系列。现有整车生产能力 200 万辆左右。

据调查，2020 年，在经受新冠肺炎疫情冲击和全国汽车行业普遍不景气情况下，湖南省汽车制造行业完成主营收入 1 487.03 亿元，同比下降 17.1%。生产整车 66.6 万辆，同比增长 -30.2%，约占当年全国产量 2 522.50 万辆的 2.6%。其中：新能源汽车生产 9.3 万辆，同比下降 48.4%，占当年全省汽车总产量的 13.9%，占当年全国新能源汽车总产量 136.6 万辆的 6.8%。另外，湖南省智能网联汽车产业生态培育进程加快，支持湖南湘江新区投资打造了模拟场景类型全国最多、综合性能全国领先、测试服务配套全国最全的智能网联汽车测试区。从获工信部授牌“国家智能网联汽车（长沙）测试区”牌照以来，截至 2020 年底共发放了 55 张自动驾驶路测牌照，位居全国第三。已有 49 家单位、226 余台车在测试区开展了 3 200 余场测试，积累了 205 000 km 测试里程，工业和信息化部“赛迪顾问”发布的《2020 中国智能网联汽车示范区评析》白皮书，国家智能网联汽车（长沙）测试区综合实力排名全国第一。2020 年，全国第三个车联网先导区落户湖南，国家智能网联汽车数据交互与综合应用服务平台项目在长沙启动，长株潭岳城市级大规模智能网联汽车示范应用发布，中汽院智能网联汽车检测中心（湖南）有限公司成立。自 2018 年来，湖南湘江新区智能网联产业“筑巢引凤”吸引了一大批企业落户长沙，其中世界 500 强企业 10 余家。长沙市共集聚智能网联领域算法、芯片、大数据、通信导航等上下游企业 350 余家，实现年产值逾 200 亿元，其中产值过亿元的重点企业 36 家。2020 年 5 月，工信部直属赛迪研究院评价长沙智能汽车产业投资潜力位居全国第三。株洲市、湘潭市、岳阳市也在加速智能网联汽车发展，为打造车联网发展新高地再添助力。

二、2020 年新能源汽车推广应用情况

2020 年，湖南省新能源汽车推广总量为 30 874 辆。其中，新能源客车 1 752 辆，新能源乘用车 25 755 辆，新能源专用车 3 367 辆；按燃料类型统计，纯电动汽车（含换电式）27 679 辆，混合动力汽车（插电式或增程式）3 195 辆；按城市或地区统计，推广数量最多的城市依次为长沙市、株洲市、衡阳市、岳阳市、常德市、湘潭市、邵阳市；长株潭城市群推广数量为 23 121 辆，占全省的 74.8%；其他地区推广 7 753 辆，占全省的 25.2%。

截至 2020 年底，全省有公交 3.22 万辆。其中，有纯电动车 22 812 辆、混合动力车 6 253 辆、天然气车 1 718 辆。按以上数据推算，新能源汽车在全省公交车领域的市场占有率为 90.26%。近年来，湖南省新能源公交车推广工作取得了明显成效：2017 年、2018 年全省新增及更换公交车中新能源车比例均超过 99%，居全国前列；2019 年新增及更换新能源公交车 3 917 辆，占全省新增及更换公共汽车比重的 100%。截至 2019 年底，全省新能源公交车数量居全国第四位，比例居全国第一位。

截至 2020 年底，湖南省新能源汽车保有量 14.7 万辆，占全省汽车保有量 956.6 万辆的 1.5%。

三、2020 年新能源汽车主要企业经营情况

1. 比亚迪汽车工业有限公司长沙分公司全年产值 347.57 亿元、产量 62 668 辆，同比分别增长 6.7%、-33.1%。其中，新能源汽车产值 69.36 亿元，新能源汽车产量 41 760 辆，同比增长 -35.3%。

2. 北京汽车股份有限公司株洲分公司全年产值 89.41 亿元、产量 105 100 辆，同比分别增长 -42.0%、-33.3%。其中，新能源汽车产值 62.72 亿元，新能源乘用车总产量 51 574 辆，同比增长 -51.5%。

3. 中车时代电动汽车股份有限公司全年新能源汽车产值 41.56 亿元，新能源客车总产量 4 534 辆，同比分别增长 -26.7%。

四、2020 年新能源汽车项目及园区建设情况

2020 年湖南省汽车行业的重大项目：吉利集团已利用长丰集团长沙工厂注入帝豪牌新能源汽车进行代工生产，并在湖南省增加项目投资，实现年产 50 万辆新能源汽车的生产能力；广汽三菱总投资 10 亿元的新能源车技改项目在长沙经开区开工，预计首款由广汽和三菱联合开发的新能源车，于 2021 年在长沙正式量产，到 2025 年，年产新能源车将达 10 万台；中车电动在常德经开区 2 万辆/年的纯电动客车生产基地已建成投产，项目总投资 40 亿元；德国舍弗勒集团已成立舍弗勒智能驾驶科技（长沙）有限公司（独资），并设立舍弗勒大中华区第二研发中心，将线控技术以其他相关技术、产品和平台系统在长沙投入生产；湘江智能开展了智慧公交、自动驾驶出租车、智能环卫、100 km 智慧高速、100 km^2 城市级开放道路、自动泊车、智能系统检测实验室、国家智能网联汽车质量监督检验中心（筹）等重点项目。中车智驭公司持续进行了湖南湘江新区智慧公交线的示范运营工作，投入 4 辆 12 m 纯电动智能网联公交客车，累计里程数达到超过 2 万 km。

长株潭集聚了湖南省汽车产业 80% 以上的重点企业，拥有 300 多家规模汽车工业企业，长沙经开区、长沙高新区、宁乡经开区、株洲高新区、湘潭经开区、湖南环保科技园等园区已经成为汽车整车生产的重要载体，邵阳宝庆工业园、永州长丰工业园、衡阳高新区等一批园区初步形成了各具特色的汽车零部件配套基地。湖南湘江新区智能网联汽车产业新城、长沙岳麓高新区正启动智能网联汽车产业园规划建设。

五、2020 年基础设施建设及运行情况

截至 2020 年底，湖南省建成的电动汽车公共充电桩合计约 2.3 万个，换电站 10 座，车桩比约为 7∶1。从市州看，长沙建成公共充电桩 1.2 万余个，株洲 1 256 个，衡阳 2 362 个、邵阳 1 342 个，其公共充电桩建设情况较好。从运营情况看，已建成的充电桩中，交流慢充桩占据绝对优势地位的局面逐步改变，直流桩建设速度明显加快，占比逐年提升，已达 42%，但充电桩总体利用率仍较低。从应用领域来看，省内电动公交推广应用情况较好，公交专用充电桩基本实现盈利，社会公用充电桩普遍亏损。高速公路方面，京港澳高速湖南段沿线建成 18 座快充站，其他“国”字头高速公路电动汽车快充站正加速建设中。

六、发展规划

湖南省工业和信息化厅 2020 年 12 月发布《湖南省新能源及智能网联汽车产业链三年行动计划（2020—2022 年）》，制定相关发展定位、发展目标和主要措施。主要发展目标如下。

产业规模进一步扩大。到 2022 年，全省新能源及智能网联汽车基本形成较为完整的产业链，重点培养出 1～2 家国内领先的上市公司或独角兽企业，新能源汽车年产量占全省汽车年产总量的比重达到 20%。

创新能力进一步提升。到 2022 年，全省在新能源汽车整车、三电系统、氢燃料电池、新一代整车架构等重点细分领域，以及智能网联汽车“车—路—云”协同相关重点细分领域实现重大技术创新和技术突破 4～6 项，有效增强核心竞争力。

基础设施进一步加强。到 2022 年，全省高速公路、国省干道、城市公共停车区域充（换）电基础设施进一步完善；车联网先导区内新一代通信基础设施、LTE/5G-V2X 路侧单元等智能化新建/改造基本建成；完成 3～5 个智慧物流示范营运线路建设，支撑 5～8 个 L3～L5 自动驾驶乘用车、商用车、专用车及无人工程机械应用场景落地。

服务平台进一步完善。到 2022 年，国家级湖南（长沙）车联网先导区、国家智能网联汽车质量检验中心（湖南）基本建成，国家智能网联汽车（长沙）测试区实际道路测试范围进一步扩展，新能源及智能网联汽车相关大数据平台、信息安全体系建设取得实质性进展。

七、本地区新能源汽车推广应用统计表

（单位：辆）

燃　料	公交车	旅游大巴	公务车	出租车	租赁用车	私人用车	环卫车	物流车	邮政车	载货车	其他领域	合　计
纯电动	1 751	1	100	8 526	200	13 693	53	2 079	1 213	19	1	27 636
插电式	0	0	0	0	0	2 535	0	0	0	0	2	2 537
换电式	0	0	0	0	0	43	0	0	0	0	0	43
增程式	0	0	0	0	0	658	0	0	0	0	0	658
合　计	1 751	1	100	8 526	200	16 929	53	2 079	1 213	19	3	30 874

八、本地区新能源汽车企业产销量统计表

生产企业名称	产品商标	车辆类型	通用名称	产量统计（辆）	销量统计（辆）
比亚迪汽车工业有限公司长沙分公司	比亚迪	纯电动乘用车	元 EV	9 185	9 185

续上表

生产企业名称	产品商标	车辆类型	通用名称	产量统计(辆)	销量统计(辆)
比亚迪汽车工业有限公司长沙分公司	比亚迪	纯电动乘用车	E1	1 539	1 539
		纯电动乘用车	E2	19 437	19 437
		纯电动乘用车	E3	6 069	6 069
		插电式混合动力乘用车	宋 MAX DM	1 625	1 625
		纯电动乘用车	宋 MAX EV	1	1
		纯电动乘用车	S2	201	201
		纯电动乘用车	M3	258	258
		纯电动客车	B66	83	83
		纯电动客车	K8	814	814
		纯电动客车	K7	738	738
		纯电动客车	C6	68	68
		纯电动客车	C8	71	71
		纯电动客车	C7	127	127
		纯电动客车	K6	64	64
		纯电动客车	K9	276	276
		纯电动乘用车	新 e6	4	4
		纯电动乘用车	D1	1 200	1 200
中车时代电动汽车股份有限公司	中国中车	纯电动客车	—	4 105	4 105
北京汽车股份有限公司株洲分公司	北京	纯电动乘用车	EU/EX/EC 系列	46 359	46 359

九、本地区电动汽车充(换)电站(桩)统计表

地区名称	充电站		充电桩		换电站
	2020 年底保有量(座)	2020 年新建数量(座)	慢充(个)	快充(个)	数量(座)
湖南省	2 361	865	16 800	11 200	10

广 东 省

一、2020 年节能与新能源汽车产业概况

2020 年,广东省汽车产量为 313.31 万辆,同比上升 0.6%(在全国汽车产量下降的情况下保持了增长),广东省汽车产量占全国总产量 2 522.5 万辆的 12.42%,继续位居全国第一。在新能源汽车方面,2020 年全省新能源乘用车产量约为 20.87 万辆,同比增长 27.6%,占全国新能源汽车同期产量 136.6 万辆的 15.3%。

二、2020 年 1—12 月新能源汽车推广应用进展情况表

车 型		合 计
纯电动客车	公交客车	3 683
	旅游客车	101
	租赁	2
	企业通勤车	55
	公务	3
插电式混合动力客车(含增程式)	公交客车	18
	旅游客车	0
	租赁	0
	企业通勤车	0

续上表

车 型		合 计
纯电动特种车	邮政	1
	物流	2 165
	环卫	451
	工程	0
	其他	146
纯电动乘用车	租赁	3 157
	出租	9 786
	公务	2 415
	私人	59 214
插电式混合动力乘用车(含增程式)	租赁	80
	出租	1 661
	公务	560
	私人	16 754
燃料电池汽车	公交车	782
	客车	80
	物流车	0
	乘用车	0
总计		101 114

注:1. 上述车辆应为符合国家推广政策的新能源汽车。
2. 车辆推广时间所属月份以行驶证时间为准

广西壮族自治区

一、2020 年节能与新能源汽车产业概况

广西壮族自治区拥有新能源汽车生产企业 12 家，包括上汽通用五菱、东风柳汽、桂客集团、广西申龙、广西汽车集团、五菱汽车工业、桂林比亚迪、广西华奥、玉柴专汽、柳州延龙、重汽运力、都安建兴等。产品涵盖了纯电动轿车、纯电动多用途乘用车、纯电动客车、插电式混合动力客车、纯电动邮政车、纯电动厢式运输车、纯电动仓栅式运输车、纯电动自卸式垃圾车、纯电动冷藏车和纯电动洒水车等多种车型，多种新能源汽车车型纳入工业和信息化部《道路机车车辆生产企业及产品公告》。

2020 年，广西新能源汽车产销分别为 18.3 万辆和 18.2 万辆，同比分别增长 189.8% 和 175%。其中，上汽通用五菱小型纯电动汽车宏光 MINI EV 年度销量突破 12.7 万辆，年内单日最高销量突破 2 000 辆，摘获 2020 年中国纯电动汽车销量冠军。

二、2020 年新能源汽车推广应用情况

2020 年，广西新能源汽车保有量为 156 906 辆，较 2019 年增加 66 051 辆。

三、2020 年新能源汽车主要企业经营情况

上汽通用五菱：2020 年，汽车产销分别完成 155.5 万辆和 160 万辆，产销量同比分别下降 6% 和 3.6%；生产汽车发动机 127.2 万台，下降 17%；完成工业总产值 823.1 亿元，下降 17.9%。年内，微型载货车产销量分别完成 50.7 万辆和 50.5 万辆，同比分别增长 23.6% 和 20.7%；MPV 产销量分别完成 34.7 万辆和 36.9 万辆，同比分别下降 39.6% 和 34.9%；SUV 产销量分别完成 20.5 万辆和 22.5 万辆，同比分别下降 26.5% 和 20.9%；轿车产销量分别完成 23.8 万辆和 24.4 万辆，同比分别增长 86.3% 和 90.1%；交叉型乘用车产销量均完成 25.8 万辆，同比分别下降 2.1% 和 1.8%。上汽通用五菱加快品牌进阶，2020 年连续推出 6 款新车型（E300、E300Plus、RC-5 和 RC-5W、宏光 MINI EV、五菱凯捷），新车型上市步伐进一步提速。在新能源汽车发展领域，全年新能源汽车产销分别完成 17.7 万辆和 17.8 万辆，同比分别增长 215.2% 和 196.2%。

东风柳汽：2020 年，东风柳汽生产汽车 18 万辆，销售 18.2 万辆，同比分别增长 5.4% 和 4.7%。完成工业总产值 243.9 亿元，下降 22.7%。受新冠肺炎疫情、企业车型更新换代缓慢、市场竞争日趋激烈等因素影响，乘用车销量严重下滑。MPV 产销量分别完成 5.1 万辆和 5.2 万辆，同比分别下降 1.4% 和 1.2%；SUV 产销量分别完成 3.9 万辆和 4.2 万辆，同比分别下降 27% 和 24.4%；轿车产销量分别完成 0.3 万辆和 2.2 万辆，同比分别下降 58% 和 75.4%。2020 年东风柳汽 T5 EVO 发布；商用车实现逆势增长，全年产销量分别完成 8.8 万辆和 8.5 万辆，同比分别增长 47.2% 和 46.2%，销量增速高于行业 27.5 个百分点，再创历史新高，其中重型载货车产销量分别完成 8.6 万辆和 8.3 万辆，同比分别增长 50.1% 和 48.5%。2020 年，东风柳汽新能源汽车产销量分别完成 5 069 辆和 3 950 辆，同比分别下降 22.2% 和 35.2%。

四、2020 年新能源汽车项目及园区建设情况

（一）柳州高新技术产业开发区

柳州高新技术产业开发区是 1992 年 10 月经自治区人民政府批准成立的自治区级开发区，2010 年 11 月升级为国家高新技术产业开发区。园区由城中片区、官塘工业园和雒容工业园三部分组成，总规划面积为 203 km^2。依托“广西柳州汽车城”建设，重点发展汽车、轨道交通制造、新一代电子信息产业，2020 年规模以上工业总产值 1 040.3 亿元。

（二）柳州阳和工业新区（北部生态新区）

阳和工业新区成立于 2003 年 8 月，2010 年阳和工业新区成为广西首个获得国家新型工业化产业示范基地——“汽车产业 · 广西柳州市”的主体园区。2021 年 1 月，经自治区人民政府批准成为柳州经济技术开发区，规划总面积约为 12.79 km^2，重点发展汽车和工程机械零部件、铝深加工产业，致力于打造西南地区重要的汽车及零部件生产制造基地，2020 年规模以上工业总产值 223.1 亿元。

北部生态新区 2017 年 6 月挂牌成立，规划范围包括沙塘、石碑坪、凤山、沙埔和社冲部分用地，面积约 265 km^2。近期重点建设沙塘和石碑坪为核心规划范围，面积约178.9 km^2。重点发展智能电网、机器人、工业设计产业。

（三）柳州河西高新技术产业开发区

河西高新技术产业开发区 2013 年 3 月成为国家工信部授予的第四批国家新型工业化产业示范基地——“装备制造（工程机械）· 广西柳州柳南区”的主体园区，2015 年 10 月被自治区科技厅认定为自治区高新技术产业开发区。园区与柳工、上汽通用五菱主机厂仅 2 m^2 距离，总规划面积 21.3 km^2，重点发展汽车和工程机械零部件、先进装备制造业、食品加工产业，2020 年规模以上工业总产值 167.3 亿元。

五、2020 年基础设施建设及运行情况

截至 2020 年底，全区共建成充电桩 22 243 个，建成充电插座 37 683 个，建成加氢站 1 座。

六、发展规划

到 2025 年，全区汽车产业规模和实力位居全国前列，力争全区汽车年产量达 300 ~ 350 万辆，其中新能源汽车占比达到 20% 以上。优化产业集群布局，形成优势突出、特点鲜明、专业化强、区域分布的优势产业集群。南宁新能源汽车产业集群、柳州汽车城产业集群，桂林商用车等产业集群协同效应显现。

加强零部件配套体系建设，以同等优先为原则，继续提升零部件的本地化配套率，做大做强优势零部件产业，力争区内（龙头/重点企业）供应链配套率达到 70%，全区汽车工业规模以上企业工业总产值达 4 000 亿元以上。

培育 1 ~ 2 个国内一流知名品牌，企业品牌在全国的影响力进一步提升。

全区汽车年出口量力争超 20 万辆，打造集聚全国资源、面向东盟的南方汽车出口基地。

“十四五”期间，总投资额达到500亿元以上，各地培育发展具有特色的产业集群，到2025年，区内各地具备差异化竞争优势的产业集群基本成型。

七、本地区新能源汽车推广应用统计表

（单位：辆）

燃 料	公交车	旅游大巴	公务车	出租车	租赁用车	私人用车	环卫车	物流车	邮政车	载货车	其他领域	合 计
纯电动	355	58	101	350	2	22 660	20		7	87	1 523	25 163
插电式	0	0	0	0	0	235	0	0	0	0	0	235
智能网联	0	0	0	0	0	42	0	0	0	0	0	42
合 计	355	58	101	350	2	22 937	20	0	7	87	1 523	25 440

八、本地区新能源汽车企业产销量统计表

生产企业名称	产品商标	车辆类型	通用名称	产量统计（辆）	销量统计（辆）
上汽通用五菱汽车股份有限公司	五菱	纯电动轿车	五菱宏光 MINIEV	128 260	127 651
上汽通用五菱汽车股份有限公司	宝骏	纯电动轿车	E100	16 441	17 822
上汽通用五菱汽车股份有限公司	宝骏	纯电动轿车	E200	18 360	18 975
上汽通用五菱汽车股份有限公司	宝骏	纯电动轿车	E300	9 962	9 557
东风柳州汽车有限公司	风行	纯电动轿车	S50EV	2 620	1 402
东风柳州汽车有限公司	风行	纯电动多功能乘用车	M5EV	2 400	2 525
东风柳州汽车有限公司	乘龙	纯电动乘龙汽车	L2	49	23
柳州五菱汽车工业有限公司	五菱牌	纯电动	G100	4 767	4 706
中国重汽集团柳州运力专用汽车有限公司	运力	纯电动环卫车	纯电动车厢可卸式垃圾车	3	0
中国重汽集团柳州运力专用汽车有限公司	运力	纯电动环卫车	纯电动多功能抑尘车	3	0
中国重汽集团柳州运力专用汽车有限公司	运力	纯电动环卫车	纯电动路面养护车	2	0
中国重汽集团柳州运力专用汽车有限公司	运力	纯电动环卫车	纯电动绿化喷洒车	3	0
中国重汽集团柳州运力专用汽车有限公司	运力	纯电动环卫车	纯电动清洗车	3	0
中国重汽集团柳州运力专用汽车有限公司	运力	纯电动环卫车	纯电动洒水车	4	0
中国重汽集团柳州运力专用汽车有限公司	运力	纯电动环卫车	纯电动压缩式垃圾车	3	0
中国重汽集团柳州运力专用汽车有限公司	运力	纯电动环卫车	纯电动自装卸式垃圾车	3	0
比亚迪汽车工业有限公司	比亚迪	纯电动公交车	—	691	691
比亚迪汽车工业有限公司	比亚迪	纯电动厢式运输车	V3	121	121
比亚迪汽车工业有限公司	比亚迪	纯电动新型货车	—	50	50
桂林客车发展有限责任公司	五菱	纯电动客车	—	206	206

九、本地区电动汽车充（换）电站（桩）统计表

城市名称	充电站		充电桩		换电站
	2020年底保有量（座）	2020年新建数量（座）	慢充（个）	快充（个）	数量（座）
柳州市	608	304	5 760	1 586	0
百色市	0	0	453	386	0
贵港市	18	1 039	836	395	0
崇左市	59	47	351	98	0
桂林市	260	218	1 756	720	0
河池市	422	338	261	161	0
北海市	31	26	463	43	0

十、本地区氢燃料电池加氢站统计表

城市名称	加氢站名称	类型	供给能力（kg/d）	日加注量（kg）	加氢站氢气总储存量（kg）	储氢最高压力（MPa）	说明（运营/新建/在建）
柳州市	博园油氢合建站	撬装式	1 000	500	1 000	45	运营

海　南　省

一、2020 年节能与新能源汽车产业概况

2020 年，全省汽车制造企业累计生产汽车 1 270 辆，同比增长 251.8%；实现工业总产值 9.26 亿元，同比增长 90.8%。海南省有汽车工业规模以上生产企业 8 家。其中，汽车整车制造企业 1 家，即一汽海马汽车有限公司；汽车零部件及配件制造企业 7 家。一汽海马汽车有限公司 2020 年全年销售汽车 1 153 辆，同比下降 45.8%；销售收入 6.96 亿元，同比增长 80.3%；公司处于持续亏损状态。2020 年，一汽海马汽车有限公司没有量产新能源汽车车型上市销售。

二、2020 年新能源汽车推广应用情况

2020 年海南省共推广应用新能源汽车 31 167 辆，其中个人用户 22 923 辆，单位用户 8 244 辆，纯电动 25 026 辆，混合动力 6 141 辆，小型汽车 30 601 辆，大型汽车 566 辆。截至 2020 年 12 月 31 日，海南省汽车保有量为 1 500 595 辆，新能源车保有量为 64 010 辆，新能源汽车保有量占有率为 4.27%。

三、2020 年新能源汽车主要企业经营情况

2020 年，海南省唯一的整车生产企业一汽海马汽车有限公司全年销售汽车 1 153 辆，同比下降 45.8%；销售收入 6.96 亿元，同比增长 80.3%；公司处于持续亏损状态。汽车及运输设备制造业在 2020 年 3 月止跌回升，全年高速增长，同时，2020 年也结束了海南省汽车产业长达 8 年的持续大幅下跌，实现由降转升。海南省汽车配件重点企业有 7 家，主要为一汽海马汽车有限公司提供配件，部分企业也向岛外整车车企提供汽车配件，主要产品有发动机、车架、车门、座椅、空调、音响等。2020 年，7 家规模以上企业完成工业总产值 2.31 亿元，同比下降 17.5%。配套厂整体未能实现增长的一个主要原因是钧达汽车将上汽五菱的业务全部转回柳州，形成较大缺口。剔除该因素，配套厂产值同比增长近 10%。

四、2020 年基础设施建设及运行情况

截至 2019 年底，全省已累计建设充电站点 625 个，换电站 6 个（配备电池 178 个），合计建设充电桩 16 702 个，其中公共桩 8 343 个，车桩比 3.4∶1，小于全国的 6∶1。有 7 个市县（洋浦、定安、屯昌、琼中、保亭、白沙、昌江）公共桩多于电动汽车保有量，14 个市县充电桩总数多于电动汽车。环岛高速公路 G98 及中线高速公路 G9811 共 22 处服务区，其中 7 对服务区配有充电站，共 69 个桩。

五、发展规划

《海南省清洁能源汽车发展规划》提出要推动清洁能源汽车全产业链高质量发展。到 2025 年，基本实现若干家龙头整车企业和具备较强竞争力的零部件企业聚集，省内产业链发展实现较大突破，建成集研发设计、测试评价、高端制造、后市场、文化等在内的完整清洁能源汽车产业链体系。到 2030 年，海南清洁能源汽车产业链、创新链、价值链形成鲜明特色，具备突出的全球化品牌效应，成为拉动区域经济发展的战略性支柱产业。

六、本地区新能源汽车推广应用统计表

（单位：辆）

燃　料	公交车	旅游大巴	公务车	出租车	租赁用车	私人用车	环卫车	物流车	邮政车	载货车	其他领域	合　计
纯电动	533	0	208	10 792	721	11 452	1	0	0	398	2 589	26 694
插电式	0	0	13	599	50	4 880	0	0	0	0	752	6 294
合　计	533	0	221	11 391	771	16 332	1	0	0	398	3 341	32 988

七、本地区电动汽车充（换）电站（桩）统计表（一）

序　号	市　县		保有量（枪）				新能源汽车保有量	车桩比
			总数	公共桩	专用桩	自用桩		
合计			26 402	11 020	1 639	13 743	64 010	2.4∶1
1	重点发展区域	海口	13 493	5 395	115	7 983	37 672	2.7∶1
2		三亚	5 311	3 070	276	1 965	15 432	2.9∶1
3		儋州	698	175	81	442	1 127	1.6∶1
4		洋浦	355	143	49	163	234	0.7∶1
5		琼海	818	229	80	509	1 651	2.0∶1
6	优先发展区域	文昌	1 883	253	151	1 479	1 698	0.9∶1
7		万宁	302	179	19	104	815	2.7∶1
8		陵水	380	114	65	201	1 223	3.2∶1

续上表

序号	市县		保有量(枪)				新能源汽车保有量	车桩比
			总数	公共桩	专用桩	自用桩		
9	优先发展区域	东方	336	188	20	128	489	1.5:1
10		澄迈	611	228	6	377	1 241	2.0:1
11	积极发展区域	五指山	226	53	137	36	277	1.2:1
12		定安	245	132	55	58	322	1.3:1
13		屯昌	435	210	177	48	268	0.6:1
14		临高	152	77	45	30	269	1.8:1
15		乐东	217	95	5	117	396	1.8:1
16		琼中	223	168	23	32	173	0.8:1
17		保亭	174	128	25	21	303	1.7:1
18		白沙	388	133	214	41	124	0.3:1
19		昌江	155	50	96	9	296	1.9:1

本地区电动汽车充(换)电站(桩)统计表(二)

序号	市县		任务数	实际数	完成率(%)
合计			5 030	12 704	252.5
1	重点发展区域	海口	1 685	7 063	419.2
2		三亚	1 785	2 164	121.2
3		儋州	530	536	101.1
4		洋浦	50	105	210.0
5		琼海	280	554	197.9
6	优先发展区域	文昌	90	1 230	1 366.7
7		万宁	80	104	130.0
8		陵水	80	101	126.3
9		东方	60	103	171.7
10		澄迈	40	83	207.5
11	积极发展区域	五指山	40	46	115.0
12		定安	40	81	202.5
13		屯昌	40	53	132.5
14		临高	70	77	110.0
15		乐东	50	137	274.0
16		琼中	30	39	130.0
17		保亭	30	59	196.7
18		白沙	20	130	650.0
19		昌江	30	39	130.0

八、本地区氢燃料电池加氢站统计表

城市名称	加氢站名称	类型	供给能力(kg/d)	日加注量(kg)	加氢站氢气总储存量(kg)	储氢最高压力(MPa)	说明(运营/新建/在建)
琼海市	中石化琼海银丰加氢站	撬装式	500	500	380	35	新建
洋浦经济开发区	中石化洋浦加氢站	固定式	500	—	500	35	拟建

四 川 省

一、2020 年节能与新能源汽车产业概况

全省现有新能源汽车生产企业 18 户,初步形成了较为完整的产业链。2020 年,全省生产新能源汽车 3.2 万辆,与 2019 年基本持平;累计推广应用新能源汽车 17.8 万辆。充分利用四川省优势,推动氢能和燃料电池汽车产业迅速发

展，已聚集了以成都亿华通、东方电气为龙头的产业链相关企业及科研院所超100家，掌握氢燃料电池、氢源制备、加氢储氢装备等核心技术，基本打通产业链。

二、2020年新能源汽车推广应用情况

2020年全省推广应用新能源汽车5.2万辆，累计推广应用新能源汽车17.8万辆。同时，四川大力开展燃料电池示范应用，截至2020年底，已累计投入燃料电池汽车220辆（公交车120辆、物流车100辆），建成加氢站5座，应用规模西部第一、全国领先。

三、2020年新能源汽车项目及园区建设情况

成都吉利BMA乘用车项目6月建成投产，投入领克牌乘用车。南充吉利商用车二期主体工程建设完成，投入远程牌新能源客车，2021年全面建成投产。四川一汽丰田亚洲龙项目主体厂房完工，正按照冲压，焊接，涂装，成型设备，2021年建成投产，将导入丰田全新TNGA生产平台，投入亚洲龙轿车产品。宜宾宁德时代动力电池基地一期项目正进行设备安装调试，2021年全面建成投产。

四、2020年基础设施建设及运行情况

已建成充电站1 000余座，各种充电桩3.8万余个，建成加氢站5座，初步构建了互联互通的充电服务网络。

五、发展规划

四川省政府出台了《四川省支持新能源与智能汽车产业发展若干政策措施》（川府发〔2020〕16号），四川省经济和信息化厅印发了《四川省氢能产业发展规划（2021—2025）》（川经信汽车〔2020〕168号）。

六、本地区氢燃料电池加氢站统计表

城市名称	加氢站名称	类 型	供给能力（kg/d）	日加注量（kg）	加氢站氢气总储存量（kg）	储氢最高压力（MPa）	说明（运营/新建/在建）
成都市	龙泉华通加氢站	固定式	1 000	0	0	0	运营
成都市	郫都固定式加氢站	固定式	500	0	0	0	运营
成都市	丰田加氢站	撬装式	200	0	0	0	运营
德阳市	德阳加氢站	撬装式	200	0	0	0	运营
凉山州	月城加氢站	固定式	500	0	0	0	运营

贵 州 省

一、2020年节能与新能源汽车产业概况

贵州省紧抓国家大力发展新能源汽车产业的重大机遇，构建汽车产业新体系。以发展节能和新能源汽车为重点，加快传统汽车转型升级，差异化发展燃油汽车，形成特色竞争优势。同时，着力提升产业配套能力，健全服务体系，不断完善产业链，构建良好发展环境，初步形成以节能和新能源汽车为引领，燃油汽车特色优势突出，零部件配套能力较强，服务体系相对健全的汽车产业发展新体系。

截至2020年底，贵州省共有列入工信部《道路机动车辆生产企业及产品公告》的汽车生产企业16家，其中商用车生产企业13家、乘用车生产企业3家，产品包含乘用车、载货汽车、客车、专用车等。汽车零部件企业50余家，产品主要有发动机、汽车电机、轮毂、汽车门锁、汽车散热器、密封件、铝合金铸件、汽车内饰件等。

截至2020年底，贵州省汽车保有量579万辆，新增46万辆，增长7.9%，其中新能源汽车保有量4.1万辆，新增1.2万辆，增长41.3%，需求旺盛。2020年，贵州省生产汽车7.9万辆。

二、2020年新能源汽车推广应用情况

2020年，贵州省推广应用新能源汽车9 982辆，按车辆类型分，纯电动乘用车6 209辆、插电式混合动力乘用车2 339辆、纯电动客车1 013辆、纯电动货车377辆、换电式纯电动乘用车44辆；按地区分，贵阳市3 014辆，遵义市1 520辆，安顺市468辆，黔南州459辆，黔西南州1 309辆，六盘水市777辆，黔东南州368辆，毕节市613辆，铜仁市1 432辆，其他22辆。

2020年，贵州省累计推广数量43 933辆。

三、2020年新能源汽车主要企业经营情况

1. 贵州吉利汽车制造有限公司

贵州吉利汽车制造有限公司已建成冲压、焊装、涂装、总装等整车四大工艺生产线及试车道路、成品车停放场、综合库房等相关配套设施，主要生产清洁能源“甲醇”汽车及吉利基于VF平台架构全新开发的嘉际MPV、豪越跨界SUV汽车产品等。

2020年，贵州吉利汽车制造有限公司生产汽车7.24万辆，同比增长67.5%；产值80.42亿元，同比增长59%；实现营业收入63.05亿元。

2. 奇瑞万达贵州客车股份有限公司

奇瑞万达贵州客车股份有限公司位于贵阳市经开区，是奇瑞集团与贵阳市政府合资成立的客车制造厂，是奇瑞集团唯一的客车生产基地。主要生产“万达”品牌6～12 m客车、多功能商务车、特种车等，产品涵盖了中高档次的22个产品

系列200多个客车品种。近年来，在原有汽/柴油、天然气传统能源基础上开发出纯电动、混合动力、氢燃料等动力燃料的全系列客车产品。

2020年，奇瑞万达贵州客车股份有限公司共生产各型号客车1 418辆，实现营业收入16.53亿元，完成工业总产值16.63亿元，同比增长128%。

3. 贵州万仁汽车集团有限公司

贵州万仁汽车集团有限公司成立于2016年4月。公司注册资金1亿元。2020年，公司总资产14.57亿元，资产负债率41%，在岗职工420人。公司主要从事新能源汽车及相关产品的设计研发、制造、销售等业务，已具备年产5万辆纯电动汽车生产能力。

四、2020年新能源汽车项目及园区建设情况

贵州万仁纯电动商用车项目于2020年上半年建成投产，并通过工业和信息化部道路机动车生产企业及产品准入，取得纯电动商用车生产资质。贵州长江纯电动货车项目（一期）、观致新能源汽车项目、中电新能源汽车等一批新能源汽车项目有序推进。

五、2020年基础设施建设及运行情况

截至2020年底，贵州省累计建成充电基础设施23 354个，其中直流桩10 569个、交流桩12 785个，总充电功率749 520 kW。

六、发展规划

到2025年，贵州新能源汽车产业力争在氢燃料电池、智能网联、轻量化汽车领域形成特色优势。全省新能源汽车产量超40万辆，工业产值突破1000亿元，在轻量化材料、电池正极材料取得重要突破，形成由核心零部件到系统再到整车的完备产业链供应链体系，整车产品本地配套率达到45%以上，形成以贵阳贵安为核心的千亿级新能源汽车产业集群。

七、本地区新能源汽车推广应用统计表

（单位：辆）

燃　料	合计
纯电动	7 599
插电式	2 339
换电式	44
合　计	9 982

八、本地区新能源汽车企业产销量统计表

生产企业名称	产品商标	车辆类型	通用名称	产量统计（辆）	销量统计（辆）
比亚迪汽车工业有限公司	比亚迪	纯电动	—	0	1 469
比亚迪汽车工业有限公司	比亚迪	插电式	—	0	349
上汽通用五菱汽车股份有限公司	五菱牌	纯电动	—	0	1 029
上汽大众汽车有限公司	大众汽车牌	插电式	—	0	711
上汽大众汽车有限公司	大众汽车牌	纯电动	—	0	58
北京汽车股份有限公司	北京牌	纯电动	—	0	661
山西新能源汽车工业有限公司	帝豪牌	纯电动	—	0	426
浙江豪情汽车制造有限公司	帝豪牌	纯电动	—	0	88
浙江豪情汽车制造有限公司	帝豪牌	插电式	—	0	21
重庆理想汽车有限公司	理想智动牌	插电式	—	0	429
重庆理想智造汽车有限公司	理想智动牌	插电式	—	0	50
郑州宇通客车股份有限公司	宇通牌	纯电动	—	0	468
长城汽车股份有限公司	欧拉牌	纯电动	—	0	448
华晨宝马汽车有限公司	宝马牌	插电式	—	0	407
上汽通用五菱汽车股份有限公司	宝骏牌	纯电动	—	0	404
特斯拉（上海）有限公司	特斯拉牌	纯电动	—	0	362

九、本地区电动汽车充（换）电站（桩）统计表

地区名称	充电站		充电桩		换电站
	2020年底保有量（座）	2020年新建数量（座）	慢充（个）	快充（个）	数量（座）
贵州省	23 354	0	0	0	0

云 南 省

一、2020 年节能与新能源汽车产业概况

云南省共有 7 家新能源汽车生产企业，总产能约 6 万辆，产品主要包括纯电动乘用车、客车、厢式货车，以及混合动力客车等，超过 100 个车型进入国家公告目录。云南省新能源汽车产业主要分布在昆明及滇中城市，云南滇中新区作为重点打造的新能源汽车核心区域，产业聚集发展态势基本形成。2020 年，云南省共生产新能源汽车 6 367 辆，增长 198.36%，实现工业总产值 9.8 亿元；共销售新能源汽车 3 964 辆，增长 91.49%，实现销售收入 7.5 亿元。

二、2020 年新能源汽车推广应用情况

2020 年全省新增（登记上牌）新能源汽车 15 617 辆，新能源汽车保有量 64 288 辆。

三、2020 年新能源汽车项目及园区建设情况

云南滇中新区汽车产业园是云南省规划新能源汽车产业核心园区，位于国家级杨林经济技术开发区，总规划控制面积为 18.58 km^2，拟打造成云南省最重要的新能源汽车聚集发展区。截至 2020 年，北汽昆明新能源汽车、东风云汽、江铃汽车、中汽中心高原检测中心等项目入驻，正在积极引进关键零部件配套项目。

北汽云南瑞丽汽车有限公司昆明分公司项目位于云南滇中新区杨林国家级经济开发区，总投资 50 亿元，其中项目一期投资 25 亿元，项目 2016 年 12 月开工，2020 年建成投产，形成 3 万辆新能源汽车产能。东风云南汽车有限公司整体搬迁项目位于云南滇中新区杨林国家级经济开发区，项目于 2016 年 12 月正式开工，总投资 15 亿元，产品规划有传统客车、载货汽车、皮卡、新能源客车和物流车，2019 年初一期项目建成，并完成新工厂准入。航天神州汽车有限公司公司整体搬迁项目位于云南滇中新区安宁工业园区，项目于 2018 年开工，总投资 10 亿元，预计 2021 年建成投产，产品规划和新能源客车、物流车。

四、2020 年基础设施建设及运行情况

2020 年，全省共建成充电桩 16 383 枪（公用 6 389 枪，自用 9 994 枪），建成换电站 11 座（均分布在昆明市区），省级平台接入充电基础设施 9 206 枪。其中昆明市新增充电桩 11 218 枪（公用桩 3 447 枪、自用桩 7 771 枪）。

五、发展规划

云南省正在编制《云南省新能源汽车产业发展规划（2021—2025 年）》，提出构建以滇中新区汽车产业园为核心、滇中周边城市配套协同发展的新能源汽车产业发展格局，在曲靖、楚雄、玉溪、红河等地因地制宜发展动力电池、电机、电控等关键零部件以及轻量化零部件、电池材料、智能汽车电子元器件等配套产业链。拟规划到 2025 年，全省具备年产 35 万辆新能源汽车生产能力，实现新能源汽车年产量不低于 25 万辆、年销售收入 400 亿元。新能源汽车本地配套率达 60%，形成较完整的电池产业链，基本建成整车、零部件集聚发展的新能源汽车产业集群。

六、本地区新能源汽车推广应用统计表

（单位：辆）

燃 料	公交车	旅游大巴	公务车	出租车	租赁用车	私人用车	环卫车	物流车	邮政车	载货车	其他领域	合 计
纯电动	579	0	0	100	0	7 047	0	0	0	0		
插电式	0	0	0	0	0	2 425	0	0	0	0		
换电式	0	0	0	300	0	0	0	0	0	0	5 136	15 617
增程式	0	0	0	0	0	30	0	0	0	0		
合 计	579	0	0	400	0	9 502	0	0	0	0		

七、本地区新能源汽车企业产销量统计表

生产企业名称	产品商标	车辆类型	通用名称	产量统计（辆）	销量统计（辆）
北汽云南瑞丽汽车有限公司昆明分公司	北京牌	纯电动轿车	EU7	1 122	500
北汽云南瑞丽汽车有限公司昆明分公司	北京牌	纯电动轿车	EU5	2 561	780
东风云南汽车有限公司	东风牌	纯电动物流车	—	1 310	1 310
云南航天神州汽车有限公司	神州牌	纯电动物流车	—	602	602
云南五龙汽车有限公司	长江牌	纯电动客车	—	260	260
江西江铃新能源汽车有限公司昆明分公司	易至牌	纯电动轿车	—	512	512

八、本地区电动汽车充(换)电站(桩)统计表

地区名称	充电站		充电桩		换电站
	2020 年底保有量(座)	2020 年新建数量(座)	慢充(个)	快充(个)	数量(座)
云南省	815	235	2 165	7 159	14
昆明市	322	86	1 253	3 789	11
红河州	111	45	332	735	0
玉溪市	60	14	68	897	0

陕 西 省

一、2020 年节能与新能源汽车产业概况

在省委、省政府打造汽车支柱产业战略部署的强力推动下,陕西省汽车产业呈现提档升级加快、核心竞争优势明显、多点支撑有力的鲜明特点,取得了较为明显的发展成效。

一是产业规模不断提升,发展活力持续增强。习近平总书记在调研陕汽时,对企业疫情防控和复工复产情况给予了充分肯定。2019 年在全国汽车产量下降 2% 的情况下,陕西省汽车产量 62.83 万辆,创下历史新高,产量增速 14.9%,实现逆势两位数增长,增速列各省份第二,成为最具汽车发展活力的省份之一。特别是陕汽集团,更是取得了复工复产行业最快、复产以来满产满销的好成绩,2019 年产量突破 24 万辆,再次创下历史新高。

二是新模式新业态新技术新产品加快发展,产业档次不断提升。如陕汽率先探索车联网等新模式、新业态,并积极与西安交通大学开展合作,不断加大应用的深度和广度,延伸后市场服务已经取得成熟经验和不错的效果。比亚迪汽车从陕西起步,已成为全国一流汽车品牌,其新能源汽车研发实力和市场推广领跑全国。宝鸡吉利"博越"SUV 持续热销,产销规模突破 10 万辆。法士特集团先后与多家世界顶尖企业展开技术联合攻关,走出一条"以我为主,合作创新"的发展之路,重型变速器产销量连续 15 年稳居世界第一。汉德车桥产值过百亿元,产销规模连续 5 年居全国车桥行业第一。

三是锻长补短精准发力,汽车产业链供应链初具规模。实施"链长制",聚焦产业链供应链的短板弱项,制定方案,挂出"作战图",全力推动重卡、乘用车等汽车产业链强优势、补短板,持续增强产业链韧性和竞争力。陕西省规模以上关键部件配套企业已近 300 户,汽车零部件及二、三级配套企业近千户。

四是加快推进重大项目,发展基础进一步夯实。紧紧抓住我省地处西部大开发桥头堡、"一带一路"建设重要节点机遇优势,在一批龙头企业发展壮大的同时,西安吉利、西咸宝能、比亚迪二期、陕汽重卡扩能等一批汽车重大项目落地建设,整车企业和在建整车项目加起来产能已经突破 200 万辆,这些项目将在近两年陆续建成,释能放量。西安、宝鸡、咸阳、渭南等市还在积极洽谈引进一批中高档轿车、新能源汽车项目,为我省汽车产业发展持续注入强劲动力。

五是新能源汽车产业基础好、潜力足。新能源汽车已成为全球汽车产业转型发展的主要方向,是我国从汽车大国迈向汽车强国的必由之路。陕西省及早动手厚植产业优势,全省新能源汽车已达到 10 万辆产销水平,规模稳居全国前列。其中,比亚迪掌握全产业链核心技术,"秦""宋"等系列车型,性能优、口碑好、市场份额高;陕汽是较早实现电动技术产品化的重卡企业,已形成了重、中、轻、微全规格,牵引、载货、环卫全系列的发展格局。另外,还有一批新能源汽车重大项目正在落地建设。新能源汽车将成为我省汽车产业高质量发展的主引擎和重要增长极。

二、2020 年新能源汽车推广应用情况

截至 2020 年底,全省新能源汽车保有量 12.3 万辆。2020 年新推广新能源汽车 2.24 万辆。其中:2020 年新推广插电池混合动力汽车 5 908 辆;推广纯电动汽车 1.65 万辆。按车型分类:2020 年新推广公交车等大型客车 1 642 辆;乘用车推广 2.3 万辆;新能源货车推广 1 923 辆。

三、2020 年新能源汽车主要企业经营情况

比亚迪汽车有限公司,主要车型为 F3 燃油车,"秦""宋"等系列化燃油、混合动力、纯电动轿车,"e5"纯电动轿车。2020 年,汽车产量 25.5 万辆,同比增长 9%;产值 243 亿元,与 2018 年持平。其中,新能源汽车产销 7.2 万辆。

四、2020 年新能源汽车项目及园区建设情况

西安吉利、西咸宝能、比亚迪二期、陕汽重卡扩能等一批节能与新能源汽车重大项目落地建设。其中,西安吉利项目将于 2021 年下半年建成投产,西咸宝能、陕汽重卡扩能项目将于 2021 年底建成。

五、2020 年基础设施建设及运行情况

截至 2020 年底,全省共有设充电桩(含充电站内充电桩)1.3 万个,换电站 3 座。其中,公共充电桩 7 381 个,专用充电桩 3 385 个,私人充电桩 2 370 个。

六、发展规划

陕西省"十四五"汽车产业发展规划正在制定当中。

七、本地区新能源汽车企业产销量统计表

生产企业名称	产品商标	车辆类型	通用名称	产量统计(辆)	销量统计(辆)
比亚迪汽车有限公司	比亚迪	插电式混合动力乘用车	—	14 587	14 587
比亚迪汽车有限公司	比亚迪	纯电动轿车	—	57 740	57 740

八、本地区电动汽车充(换)电站(桩)统计表

地区名称	充电站		充电桩		换电站
	2020 年底保有量(座)	2020 年新建数量(座)	慢充(个)	快充(个)	数量(座)
陕西省	13 163	8 150	3 533	4 545	0

甘 肃 省

一、2020 年节能与新能源汽车产业概况

甘肃省依托丰富的镍、钴、锂等电池材料的基础矿产资源禀赋优势,利用兰白试验区国家级优惠政策和国家"一带一路"建设历史发展机遇等政策条件,新能源汽车产业发展取得了长足的发展,已陆续在兰州新区建成初具规模的整车和零部件企业,整车产品涵盖新能源公交车、客车,新能源轿车,新能源物流车、环卫车等系列专用车,零部件配套企业包括电机及驱动、汽车轻量化铝合金材料及加工、车用各零部件机械加工、汽车内外饰材料等配套企业,初步形成具有一定规模的产业链。积极引进专业化服务公司为新区重点新能源企业提供项目设计、人员培训、节能低碳等服务,推动新能源汽车产业快速发展。

兰州新区借力"一带一路"建设重要节点和辐射西北地区的区位优势,着力发展集研发设计、配件生产、整车组装、销售为一体的新能源汽车产业集群,打造西北绿色智能新能源产业制造基地。引进兰州广通、兰州知豆、兰石兰驼、建投重工等一批新能源汽车产业项目,建成冲压、焊装、涂装、总装等标准化汽车生产线,涉及新能源客车、纯电动乘用车、专用车、电瓶车、物流车、商务车、特种车等生产领域,设计生产新能源客车 6 000 辆、专用车 6 万辆的规模。兰州广通新能源汽车有限公司已成功收购重组塞尔维亚-伊卡布斯-贝尔格莱德公交车和特殊车辆厂,取得了国家商务部、工业和信息化部、海关总署、市场监管总局核批整车出口资质,成为甘肃省首家获批整车和零部件出口资质的企业,开启了甘肃省企业走向海外市场的先河。以兰州广通新能源汽车有限公司为理事长单位、兰州新区兰白试验区联合创新研究院为秘书长单位联合申报的甘肃省新能源汽车产业技术创新战略联盟获批备案。

二、2020 年新能源汽车推广应用情况

2020 年,全省推广应用节能与新能源汽车 4 273 辆,其中:新能源客车 735 辆,新能源乘用车 3 042 辆,新能源专用车 496 辆。

三、2020 年新能源汽车主要企业经营情况

2020 年受新冠肺炎疫情影响,兰州广通新能源汽车有限公司生产新能源客车 100 辆,完成产值 10 825. 8 万元;兰州知豆电动汽车有限公司生产新能源纯电动乘用车 197 辆,完成产值 1 925. 5 万元。

四、2020 年新能源汽车项目及园区建设情况

兰州广通新能源汽车有限公司成立于 2017 年 1 月,是国家级高新技术企业,拥有涵盖钛酸锂动力电池技术、整车制造技术等多个领域的 11 项国家专利,前身是甘肃驼铃客车厂,是甘肃省、也是甘青宁新藏等西部 5 省区唯一具有客车生产资质的企业。公司兰州新区生产基地项目是 2017 年兰洽会重点招商引资项目和 2018 年省列重大项目,该项目于 2017 年兰洽会正式签约,同年 6 月项目一期开工建设,一期总建设用地面积 668 亩,总建筑面积 18 万 m^2,主要按世界一流标准建设全套客车、物流车生产厂和其他配套车间,具有年产新能源客车 6 000 辆、客车底盘 3 000 辆、物流车 5 000 辆的生产能力。2018 年 10 月,公司新建的整车厂顺利通过国家工信部生产资质审核验收,取得了全套产品目录、车辆免税目录和补贴目录,2018 年 11 月,正式投产,翻开了甘肃省商用车生产的崭新一页。公司积极抢抓"一带一路"建设机遇,大力开拓西北地区及海外新能源汽车市场。2018 年 9 月,收购重组了塞尔维亚贝尔格莱德市的伊卡布斯(Ikarbus)这一具有百年历史的中东欧老牌汽车厂,并取得国家商务部核批的整车出口资质,为公司占领欧洲新能源汽车市场创造了良好的业务资源和竞争优势。2020 年 4 月,在新疆奎屯参与投资成立了新疆伊电新能源科技有限公司。2020 年 6 月,成立了兰州广通新能源汽车有限公司新疆分公司,为进一步开拓新疆市场创造了新的便利条件。

兰州知豆电动汽车有限公司前身为兰州吉利汽车工业有限公司,始建于 2006 年。2014 年,公司进行了重大战略调整,即由传统汽车的制造,转型为新能源纯电动汽车的制造,2015 年 5 月正式更名为兰州知豆电动汽车有限公司(以下简称兰州知豆),兰州知豆地处兰州新区中川街西段 4536 号。公司先后通过了质量管理体系、环境管理体系、职业健康安全管理体系等体系认证、ISO 9001:2015 质量管理体系认证及 3C 强制产品认证。产品"知豆"系列车型以时尚小巧的外观,灵活便捷的操控,智能远程保障系统,以及精准的定位、亲民的价格、灵巧便捷的车身设计和突出的环保和安全性能,迅速获得了国内市场的认可和广大消费者的青睐。同时凭借 3 项欧盟专利、6 项国内发明专利、100 多项实用新型和外观专利,获得了欧盟 E-MARK、CE 认证,顺利进入意大利、法国、西班牙、卢森堡、瑞士、土耳其、斯洛文尼亚等欧美国家,以及全国各地,得到了国内外市场的广泛认可。知豆电动汽车已经成功开发了纯电动乘用车产品 D1、D2、D2S、D3 车型。2017 年 11 月 1 日,兰州知豆顺利通过国家工信部的审核并获得新能源乘用车的生产资质,作为西北五省首家也是唯一一家"双资质"企业,从 2014 年转型至 2018 年上半年,累计产销量达到 61 970 辆,实现销售收入近 50 亿元,纳税 8 466 万元。

兰州兰石集团兰驼农业装备有限公司始建于1952年，作为兰石集团的全资子公司，隶属甘肃省国资委，是兰石集团重要的战略板块和全新的产业增长点。2012年，兰石兰驼启动“出城入园”项目建设，在兰州新区建设研发、设计、生产基地，项目总占地面积696亩，建筑面积22.36万m^2，拥有国内一流的产品研发中心，拥有行业领先的柔性加工中心、焊装线、电泳自动化涂装线及年产30万台(套)能力总装流水线和全套整车检测设备。项目可实现各类产品综合产能2万台(套)、工业总产值8亿元，利税总额1亿元，可提供就业岗位800人。同时建成5 000 m^2国内首家集整车销售、零配件、售后服务、信息反馈为一体的4S互动体验营销中心，已经一次性顺利投产。兰石兰驼公司在快速推进城市环境卫生治理方面开发了各类环卫车辆；按照省委省政府大力发展旅游产业的号召，开发了旅居车(又称房车)、集装箱酒店及其他营地装备，并提供露营地整体规划及运营策划；在物流运输方面，开发了冷藏车、厢式运输车及新能源物流车；响应国家“厕所革命”战略开发了生态卫浴、移动卫生间，并致力于卫浴产品生物降解技术的研发，为甘肃省城市治理、物流运输及旅游业发展作出了杰出的贡献。公司已取得专用作业车、专用货车、特种作业车、专用客厢车、通用货车挂车、其他挂车6类专用车产品生产资质。已完成25种专用车产品的开发工作，其中22种专用车产品已取得产品公告。围绕国家“一带一路”建设发展，抢抓国家大力发展新能源物流车的机遇，在甘肃省拥有得天独厚的发展物流产业的丰富资源基础上，兰石兰驼经过近几年努力成功推进了新能源物流车项目的产品研制和应用，填补了甘肃省新能源物流车制造的空白。开发和制造动力由池PACK系统，BMS管理系统，为新能源汽车供高性能的动力电池PACK系统，进而不断提升兰石集团新能源物流车在西北地区的核心竞争力，积极助推甘肃物流产业经济发展。

五、2020年基础设施建设及运行情况

甘肃省积极推进充电基础设施建设，共建设充电站318座(占地面积500 294.99 m^2)，充电桩4 488个，换电站23个，充电机功率总计240 410 kW，投资72 803.75万元，运行情况良好。

六、发展规划

2021年1月28日，《甘肃省国民经济和社会发展第十四个五年规划和2035年远景目标纲要》通过。纲要提出，要加快氢能、动力电池、半导体材料等产业化步伐，全面推广新能源汽车，配套建设相关设施。巩固发展新能源、新能源装备、新材料等具有一定比较优势的新兴产业，打造全国重要的新能源及新能源装备制造基地和新材料基地。

七、本地区新能源汽车推广应用统计表

(单位:辆)

燃　料	公交车	旅游大巴	公务车	出租车	租赁用车	私人用车	环卫车	物流车	邮政车	载货车	其他领域	合　计
纯电动	728	1	6	839	0	1 254	29	0	0	1	332	3 190
插电式	0	0	0	2	0	947	0	0	0	0	134	1 083
合　计	728	1	6	841	0	2 201	29	0	0	1	466	4 273

八、本地区新能源汽车企业产销量统计表

生产企业名称	产品商标	车辆类型	通用名称	产量统计(辆)	销量统计(辆)
兰州知豆电动汽车工业有限公司	知豆	纯电动轿车	D2S	197	197
兰州广通新能源汽车有限公司	广通	纯电动客车	公交车	100	0

九、本地区电动汽车充(换)电站(桩)统计表

地区名称	充电站		充电桩		换电站
	2020年底保有量(座)	2020年新建数量(座)	慢充(个)	快充(个)	数量(座)
陇南市	0	0	56	169	0
白银市	15	9	20	63	0
定西市	19	6	57	72	7
甘南州	2	0	3	27	0
平凉市	0	0	107	244	0
临夏州	13	6	351	476	0
天水市	19	8	21	163	0
兰州市(不含兰州新区)	188	8	727	1 675	6
庆阳市	8	6	46	281	0

续上表

地区名称	充电站		充电桩		换电站
	2020 年底保有量(座)	2020 年新建数量(座)	慢充(个)	快充(个)	数量(座)
金昌市	4	2	7	84	0
嘉峪关市	0	0	39	5	0
酒泉市	22	15	90	379	0
武威市	11	2	278	291	0
张掖市	7	2	232	74	3
兰州新区	5	1	0	77	0

浙 江 省

一、2020 年节能与新能源汽车产业概况

2020 年,浙江省新能源汽车产量为 7.45 万辆,占全省汽车产量的 5.85%、全国新能源汽车产量的 5.12%;其中燃料电池汽车 10 辆,其余均为纯电动汽车。全省共有 14 家新能源汽车整车生产企业,已批复新能源汽车产能(非共线)23.23 万辆;主要分布在杭州、温州、嘉兴、台州等地区。吉利集团连续 9 年入选世界五百强,威马、合众、天际、零跑等一批新势力造车项目相继投产。关键核心零部件制造能力不断提升,部分领域达到国内领先水平,三花集团新能源汽车热管理产品市场占用率全球领先,华友钴业成为全球核心车企的电池材料供应商,旭升股份稳居新能源轻量化系统全国龙头地位。

二、2020 年新能源汽车推广应用情况

根据省公安厅交管局机动车上牌数据,2020 年度全省完成新能源汽车推广应用 10.39 万辆,“十四五”时期累计推广应用超过 42 万辆;截至 2020 年底全省新能源汽车保有量为 43.05 万辆。

三、2020 年基础设施建设及运行情况

充电基础设施建设快速推进,2020 年度新建公共服务领域充换电站 579 座、充电桩约 0.6 万根,累计建成充换电站 2 887 座和公共充电桩超 4 万根;新建自用充电桩数量超过 7.8 万个,累计建成数量 23.6 万个以上。高速城际快充网络基本成型,建成高速公路城际快充站 180 座;综合供能服务站规模和能力持续提升,具备电动汽车充电功能的服务站比例超过 50%。氢燃料电池汽车示范应用稳步推进,嘉善县开通全省第一条氢燃料电池公交车路线,建成加氢站 2 座,同时含有 100 辆氢能源车。

四、发展规划

深入贯彻实施新能源汽车国家战略,顺应电动化、网联化、智能化、共享化发展趋势,突出创新驱动发展,增强核心技术创新动力,强化关键零部件基础配套能力,提升整车综合竞争实力,把市场优势转化为产业优势,打造自主可控、高效协同的现代化产业链,构建新能源汽车与新型基础设施、智慧交通、数字技术、绿色能源深度融合的产业生态,推动新能源汽车产业成为我省高质量发展的战略性支撑,加快建设汽车强省。

到 2025 年,全省新能源汽车产业规模持续做大,推广应用进一步扩大,综合发展水平位居全国前列:

(1)新能源汽车产量力争达到 60 万辆,规上工业产值力争达到 1 500 亿元。

(2)车载操作系统、感知与控制、车联网云控平台等智能汽车关键核心技术实现突破,L2 级别以上智能汽车技术新车渗透率达到 60% 以上。

(3)建成综合供能服务站 800 座以上、公共领域充电桩 8 万个以上(其中智能公用充电桩 5 万个以上)、自用充电桩 35 万个以上。

(4)优先在产业基础好、氢气资源丰富、推广运营有潜力的地区建设加氢示范站,建成加氢站 30 座。

内蒙古自治区

一、概况

截至 2020 年底,内蒙古自治区拥有新能源整车生产企业 2 户:包头北方奔驰重型汽车股份有限公司,主要生产重型载货汽车、自卸车、专用车;奇瑞汽车股份有限公司鄂尔多斯分公司,主要生产轿车和越野车。新能源汽车整车产能 2.3 万辆,累计生产新能源汽车 1.76 万辆;新能源专用汽车产能 2 万辆;汽车动力电池生产企业 4 户,产能 8 GWh。新能源汽车动力电池企业有 1 户锂电池,4 户镍氢动力电池生产企业,各类动力电池材料产能 80 万 t。

二、生产经营

内蒙古自治区新能源汽车产业发展较快,截至 2020 年底,内蒙古自治区具有新能源汽车整车资质的有两家企业,北奔重汽和奇瑞汽车,产能 2.3 万台。北奔重汽和杉杉集团合作成立青杉客车,主要生产新能源客车。2017 年,奇瑞汽车投资约 6 亿元,启动了鄂尔多斯新能源汽车生产项目,改扩建后的新能源生产线具备了批量生产新能源乘用车的能

力，年产能 2.35 万台；2018 年该项目通过了工信部的审核，具备了生产新能源乘用车的资质；2019 年北方重汽新能源专用重卡进入公告目录，具备生产能力。2020 年共生产新能源汽车 456 辆，主营业收入 5 亿元。

新能源汽车动力电池发展较快，有 1 户锂电池生产企业，4 户镍氢动力电池，主要集中在呼和浩特市、包头市。呼和浩特市企业 1 户。内蒙古安鼎新能源有限公司主要生产 32 700 磷酸铁锂圆柱电池，产能 3 GWh（60 万只/天）。包头市 4 户，内蒙古稀奥科年生产能力 350 万只镍氢动力电池，长荣电池制造有限公司产能 1.6 亿只镍氢电池，包头昊明年产 2 亿Ah 镍氢电池，包头三德电池材料有限公司年产 5 100 t 储氢合金粉及镍氢电池。新能源动力电池正负极材料生产企业共 30 家，集中在呼和浩特市、包头市和乌兰察布市，年生产锂离子电池正、负极材料、石墨电极等材料共约 80 万 t。

三、市场发展

依托内蒙古的区位优势、资源优势，突出发展新能源汽车生产制造业、现代生产服务业、生态居住业，带动工业物流、商贸物流、储运加工、城市配送等行业的全面发展。以新能源汽车动力电池和储能工程为产业发展核心，新能源汽车核心零部件生产制造、新能源汽车运营服务为产业发展重点，整力生产制造、汽车配套生产与服务为产业重要支撑，以专业化、现代化、市场化、产业化为主要标志，建设开放式、多层次、多元化的重点突出、种类齐全、特色鲜明的复合产业发展体系。按照国家有关政策，新能源汽车重点支持电动汽车和燃料电池汽车发展，提高关键技术产业化水平。主要是新能源汽车整车控制系统产业化水平、新能源汽车车身和结构轻量化水平、插电式深度混合动力系统产业化水平和先进动力电池及系统集成产业化水平。形成从关键零部件到整车的完整工业体系和创新体系，推动自主品牌新能源汽车同国际先进水平接轨，实现新能源汽车的电动化、智能化、网联化。

四、新能源汽车推广应用情况

内蒙古自治区新能源汽车产业及推广应用工作取得进展，自治区有关部门认真落实《自治区政府办公厅关于加快新能源汽车推广应用的实施意见》精神，加大政策宣传力度，细化任务，明确目标，落实支持政策，营造了推广应用新能源汽车的良好社会氛围。截至 2020 年底，内蒙古自治区具有新能源汽车整车资质的有两家企业，北奔重汽和奇瑞汽车，产能突破 2.3 万台。其中 2015 年北奔重汽和杉杉集团合作成立青杉客车，主要生产新能源客车；2017 年，奇瑞汽车投资约 6 亿元，启动了鄂尔多斯新能源汽车生产项目，改扩建后的新能源生产线具备了批量生产新能源乘用车的能力，年产能 2.35 万台；2018 年元月该项目通过了工信部的审核，具备了生产新能源乘用车的资质，截至 2020 年底共生产新能源汽车 1.76 万辆。北奔重汽新能源重卡项目和宁德时代计划在鄂尔多斯生产重型新能源卡车。

充电基础设施建设稳步增长，新能源汽车运行条件逐步改善。截至 2020 年底，全区累计建成充电站 242 个，各类充桩 3 684 个，总输出功率达到 154 201 kW。呼和浩特市、包头市、乌海市和鄂尔多斯市初步构建了城市公交车的充电网络，其他盟市充电基础设施建设也处在高速增长期。自治区规划到 2022 年，全区充换电基础设施建设基本完善，新建公共充电站不低于 5 000 个，新建各类充电桩不低于 1.7 万个。为鼓励使用新能源汽车，降低运行成本，自治区出台了《自治区政府关于进一步深化电力体制改革促进产业结构调整有关事宜的通知》（内政发〔2016〕61 号），将新能源汽车充电列入优先交易范围，风光发电参与，不设限值，使新能源汽车运行成本进一步降低。

新疆维吾尔自治区

一、2020 年节能与新能源汽车产业概况

新疆维吾尔自治区汽车工业具备覆盖重型载货车、乘用车、客车、专用车和城市越野车等车型组装生产能力约 14 万辆（不含兵团），其中整车 12.5 万辆，包括乘用车产能 10 万辆、商用车 2.5 万辆。截至 2020 年底，具有公告资质汽车生产企业 11 家，从业人员近 2 000 人。11 家汽车生产企业包括整车生产企业 4 家、客车改装企业 1 家、专用汽车改装企业 6 家。其中，3 家无法维持正常生产的企业被工信部列入《特别公示车辆生产企业（第 3 批）》。其中陕汽新疆汽车有限公司、东风商用车新疆有限公司新疆工厂，研发生产的 LNG/CNG 天然气载重汽车在新疆及中亚有一定市场。截至 2020 年，新疆维吾尔自治区暂无新能源汽车生产企业。

二、2020 年节能与新能源汽车推广应用情况

2020 年新疆维吾尔自治区 15 个地州市，共推广新能源汽车 3 311 辆（以 2020 年 1—12 月登记的新能源汽车专用号牌为准）。2016 年以来，合计登记注册推广新能源汽车 15 767 辆，其中新能源汽车推广前三位的地区依次是乌鲁木齐 3 290 辆、伊犁 1 826 辆、喀什 1 489 辆，新能源汽车推广数量最少的地区依次是克州、吐鲁番、阿勒泰。（未登记专用新能源汽车号牌车辆不在统计范围内）

三、2020 年节能与新能源汽车主要企业经营情况

东风商用车新疆有限公司新疆工厂：2020 年生产载重汽车 263 辆，同比下降 33.3%；实现工业总产值 9 949 万元，同比下降 30%。

陕汽新疆汽车有限公司：2020 年生产载重汽车 6 227 辆，同比增长 36.6%；实现工业总产值 19.8 亿元，同比增长 56.2%。

四、2020 年节能与新能源汽车项目及园区建设情况

国盛车马赫汽车零部件制造项目为 2019 年招商引资项目，项目总投资 7.5 亿元，主要建设 6 条德国消失模汽车零部件生产线。该项目于 2019 年 8 月正式开工建设，当年即

完成了项目1号铸造车间、试制车间、研发中心及办公楼、宿舍楼等配套设施建设。2号车间土建工程正在建设,2020年正式投产。项目一期建成后预计年产混合动力汽车发动机缸盖240万件,项目完成后全线可实现年产值600万件。

五、发展规划

围绕培育汽车产业集群的发展目标,以乌鲁木齐技术开发区(头屯河区)为汽车及零部件产业核心集聚区,坚持内地引进和本地培育并重策略,大力发展配套零部件产业,积极培育汽车制造业产业链,形成产业集群,发挥产业集聚效益,将乌鲁木齐建成为西部地区重要的汽车组装、制造出口基地。

六、本地区新能源汽车推广应用统计表

燃料	公交车	旅游大巴	公务车	出租车	租赁用车	私人用车	环卫车	物流车	邮政车	工程车	载货车	其他	合计
纯电动	2 622	4	0	1 307	4	3 382	0	0	0	0	75	262	7 656
插电式	947	1	0	0	9	3 428	0	0	0	0	5	37	4 427
合计	3 569	5	0	1 307	13	6 810	0	0	0	0	80	299	12 083

沈阳市

一、2020年节能与新能源汽车产业概况

新能源汽车产业初步实现规模化发展。本地新能源汽车企业实力增强,配套能力稳步提升,产业基地建设步伐加快,新能源汽车领域布局提速,成功引入了恒大新能源汽车、新能源电池、轮毂电机等新能源整车及零部件项目。2020年,沈阳市新能源汽车产量约为32 000辆,产量实现突破,相当于2017年的15倍,实现工业产值约为160亿元,产量和产值与2019年持平。

二、2020年新能源汽车推广应用情况

新能源汽车推广应用取得阶段成效,共推广新能源汽车10 400余辆,占全部机动车辆的0.44%。其中纯电动物流车307辆,纯电动公务车30辆,纯电动公交车484辆,2020年更新1 128辆,届时全市公交车全部更换成新能源和清洁能源汽车。

三、2020年新能源汽车主要企业经营情况

华晨宝马是沈阳市新能源汽车产业的龙头企业,2020年销量实现60.7万辆,同比增长11.2%,主要产品为X1插电式混合动力,5系插电式混合动力,X3纯电动车型。华晨宝马全新iX3纯电动车型2019年9月15日正式投产,11月11日iX3整车出口首航仪式在大连汽车码头举行,销往以欧洲市场为主的39个国家和地区,大大拓展了国际市场。

四、2020年新能源汽车项目及园区建设情况

华晨宝马已形成全球领先的动力电池系统集成能力,年产能达到10.3万套;国科金能公司拥有在国内处于领先水平的低温(-20 ℃)磷酸铁锂电池及材料技术,已经量产。恒大新能源汽车项目一期将于2022年投产,届时将形成每年10万台的生产能力。自2019年以来,德国采埃孚公司新能源汽车电机及电控系统、韩国科伦斯电动汽车马达驱动装置等项目先后签约,中汽动力新能源汽车动力总成、敏能集团和凌云公司新能源汽车关键零部件等项目陆续投产,中车电动客车等项目已经过多轮洽谈。

五、2020年基础设施建设及运行情况

公共充电基础设施建设不断加快,沈阳市累计建设公共充电终端1 633个。沈阳市新能源汽车大数据采集与监测平台已建设完成并投入运营,大数据中心结合高德地图和百度地图研发了沈阳易充电App已经上线运行,可以有效帮助车主解决寻桩找桩难的问题。我局联合市自然资源局制定的《沈阳新能源汽车充电基础设施专项规划》已经正式出台。

六、发展规划

1. 贯彻落实《国务院办公厅关于印发新能源汽车产业发展规划(2021—2035年)的通知》国办发〔2020〕39号要求,加快沈阳市新能源汽车产业创新发展及推广应用,正在制定《沈阳市加快新能源汽车产业创新发展及推广应用的实施方案》。

2. 市发改委正在牵头制定《沈阳市汽车产业发展规划》。

七、本地区新能源汽车推广应用统计表

(单位:辆)

燃料	公交车	旅游大巴	公务车	出租车	租赁用车	私人用车	环卫车	物流车	邮政车	载货车	其他领域	合计
合计	2 730	86	30	51	0	0	0	389	0	0	0	10 400

八、本地区新能源汽车企业产销量统计表

生产企业名称	产品商标	车辆类型	通用名称	产量统计(辆)	销量统计(辆)
华晨宝马汽车有限公司	华晨宝马	插电式混合动力轿车	530Le 混合动力	24 251	23 473
		插电式混合动力多用途乘用车	X1 混合动力	2 699	2 894
		纯电动多用途乘用车	X3 纯电动	4 698	2 782

九、本地区电动汽车充(换)电站(桩)统计表

城市名称	充电站		充电桩		换电站
	2020 年底保有量(座)	2020 年新建数量(座)	慢充(个)	快充(个)	数量(座)
沈阳市	120	18	0	1 633	1

大 连 市

一、2020 年节能与新能源汽车产业概况

大连新能源汽车示范总数量为 31 520 辆;新能源公交车数量总数量为 3 000 辆;市内新能源公交车数量为 1 700 辆;城际新能源公交车数量为 1 300 辆;新能源物流车总数量为 600 辆;新能源物流车租赁车数量为 200 辆;各公司自用新能源物流车数量为 400 辆;公务新能源车数量为 200 辆;新能源私人乘用车数量为 27 120 辆;新能源出租车 1 500 辆。

二、2020 年新能源汽车项目及园区建设情况

为推动氢能产业发展,大连市专门成立了以市长为组长的氢能产业发展工作领导小组,并在领导小组第一次会议上明确发展氢能产业要规划先行,谋定而动,突出系统思维和市场化思维,以实现“关键核心技术自主可控”为核心,走“自主培育为主,引进消化吸收并重”的道路,加大产业发展初期投入,集中优势资源,精准发力,着力打造产业发展生态环境,引导鼓励社会资本共同参与大连市氢能产业发展。

在氢能产业发展领导机制建立的同时,氢能产业发展的规划初稿也已经完成。《大连市氢能产业发展规划》采用“1 + N”的方式进行编制,即一个总体规划加 N 个专项课题研究。已经完成规划编制及“国内外氢能产业发展趋势及大连重点产业领域选择研究”等 6 个专题研究。

“大连市氢能综合利用示范工程”将首先启动氢燃料电池汽车示范应用项目,包括本地化整车联合研制攻关、示范运营线路建设、加氢站建设和审批体制机制建立等内容。此外,多型氢燃料电池汽车整车联合研制项目也已开始实施;氢能大厦、氢能产业园已启动建设规划,相应的招商工作同步启动;氢能小镇、氢能分布式能源等示范应用场景的开辟研究工作已经展开。

《大连市加快培育氢能产业发展的指导意见》等配套文件已完成多轮专家咨询论证,开始征求意见;《大连市氢燃料电池汽车加氢站管理办法》已完成初稿;氢能产业相关技术标准研究制定工作已经全展开。

三、2020 年基础设施建设及运行情况

公共服务充电桩 5 251 个,私家车充电桩 5 060 个。

长 春 市

一、2020 年节能与新能源汽车产业概况

长春市拥有一汽红旗、一汽轿车、一汽解放、一汽大众、一汽马自达、一汽客车等整车企业 6 户。2020 年,长春汽车产业克服新冠肺炎疫情影响,逆市上扬,全市统计口径累计产销整车 265.4 万辆和 264.9 万辆,同比分别增长 3.7% 和 4.8%,增速高于全国 5.7 和 6.7 个百分点。其中,自主品牌共实现产销 49.6 万辆和 49.7 万辆;合资合作品牌共实现产销 215.8 万辆和 215.1 万辆。新能源汽车产业也取得积极进展,产业规模不断扩大,2020 年全市属地新能源汽车产销分别为 45 940 辆和 41 804 辆。2020 年,长春市启动智能网联汽车“三区四路”示范工程建设,新红旗大街已完成 10 km 路段全面改造,形成测试、示范能力。

二、2020 年新能源汽车推广应用情况

2020 年,全市在公交领域共推广纯电动公交车 709 辆。

三、2020 年新能源汽车主要企业经营情况

2020 年,一汽集团全年实现产销 372.9 万辆和 370.6 万辆,同比增长 6.6% 和 7.1%,分别高于全国 8.6 和 9 个百分点,市场占有率达 14.6%。实现营业收入 6 950 亿元,同比增长 12.5%。同时,一批重点项目稳步推进:一是红旗新能源工厂,年产能为 20 万辆新能源汽车,达产后年产值约 600 亿元;二是蔚山基地扩能,红旗产能提升至 20 万辆;三是解放 J7 智能装配线,年装配 5 万辆解放品牌 J7 系列高端商用车;四是丰越 RAV4 新车型导入及扩能,将新增产能 12 万辆,同时引进 RAV4PHEV 车型。2020 年,一汽集团新能源汽车产销分别为 53 876 辆和 50 968 辆。

四、2020 年新能源汽车项目及园区建设情况

2020 年,一汽红旗新能源工厂正式启动,项目占地 75 万 m^2,总投资 78 亿元,将新建冲压、焊装、涂装、总装等生产车间及

辅助配套设施。建成后形成20万辆新能源汽车产能。

五、2020年基础设施建设及运行情况

2020年，长春市建有公用及专用充电桩2 050个，其中，快充1 784个，慢充266个。此外，长春已建成换电站4座，加氢站1座。

六、本地区新能源汽车推广应用统计表

（单位：辆）

燃　料	公交车	旅游大巴	公务车	出租车	租赁用车	私人用车	环卫车	物流车	邮政车	载货车	其他领域	合　计
纯电动	709	0	0	0	0	0	0	0	0	0	0	709
合　计	709	0	0	0	0	0	0	0	0	0	0	709

七、本地区新能源汽车企业产销量统计表

生产企业名称	产品商标	车辆类型	通用名称	产量统计（辆）	销量统计（辆）
中国第一汽车集团有限公司	红旗	纯电动多用途乘用车	E-HS3	4 068	2 924
中国第一汽车集团有限公司	红旗	纯电动多用途乘用车	E-HS9	296	3
一汽奔腾轿车有限公司	奔腾	纯电动轿车	B30EV	1 495	2 532
一汽奔腾轿车有限公司	奔腾	纯电动轿车	X40EV	0	395
一汽奔腾轿车有限公司	奔腾	纯电动轿车	E01	284	44
一汽-大众汽车有限公司	大众	纯电动多用途乘用车	ID. 4 CROZZ	322	0
一汽-大众汽车有限公司	大众	纯电动轿车	高尔夫·纯电	3 032	5 081
一汽-大众汽车有限公司	大众	纯电动轿车	宝来·纯电	2 300	5 341
一汽-大众汽车有限公司	大众	插电式混合动力轿车	迈腾 GTE 插电混动	9 865	5 645
一汽-大众汽车有限公司	大众	插电式混合动力多用途乘用车	探岳 GTE 插电混动	12 106	8 166
一汽-大众汽车有限公司	奥迪	插电式混合动力轿车	奥迪 A6L e-tron	6 688	6 940
一汽-大众汽车有限公司	奥迪	纯电动多用途乘用车	奥迪 Q2L e-tron	3 732	3 656
一汽-大众汽车有限公司	奥迪	纯电动多用途乘用车	奥迪 e-tron	700	40
一汽解放汽车有限公司	解放	纯电动环卫车底盘	J6L	49	26
一汽解放汽车有限公司	解放	纯电动厢式运输车底盘	J6L	8	6
一汽解放汽车有限公司	解放	纯电动自卸汽车底盘	J6P	30	30
一汽解放汽车有限公司	解放	纯电动混凝土搅拌车底盘	J6P	2	0
一汽解放汽车有限公司	解放	10.5米纯电动城市公交客车	—	826	827
一汽解放汽车有限公司	解放	10.99米公路客车	—	119	129
一汽解放汽车有限公司	解放	纯电动厢式运输车	捷客 K5	0	1
一汽解放汽车有限公司	解放	燃料电池半挂牵引汽车	J6P	3	3
一汽解放汽车有限公司	解放	10.5米燃料电池公交客车	—	15	15
合计	—	—	—	45 940	41 804

八、本地区电动汽车充（换）电站（桩）统计表

城市名称	充电站		充电桩		换电站
	2020年底保有量（座）	2020年新建数量（座）	慢充（个）	快充（个）	数量（座）
长春市	82	19	266	1784	4

九、本地区氢燃料电池加氢站统计表

城市名称	加氢站名称	类型	供给能力（kg/d）	日加注量（kg）	加氢站氢气总储存量（kg）	储氢最高压力（MPa）	说明（运营/新建/在建）
长春市	中油长发超达加氢站	撬装站	35 MPa：500（12 h）/70 MPa：230（12 h）	35 MPa：500（12 h）/70 MPa：230（12 h）	0	70	新建

南 京 市

一、2020 年节能与新能源汽车产业概况

汽车是南京市支柱产业之一，作为传统汽车产业的重要转型方向，市委市政府始终高度重视新能源汽车产业的培育和发展。在产业链生态上，全市新能源汽车产业企业近 500 家，每年新增企业 30 家以上。拥有整车生产企业 9 家，改装企业 14 家，动力电池企业 8 家，电机、电控、电动空调等核心零部件企业 40 余家，是国内新能源汽车产业链最全的城市之一。在车型储备上，车型由最初的新能源客车，逐步拓展到乘用车、物流、环卫、渣土、矿山等诸多领域。在新技术应用上，银茂微电子、浩鲸云计算、中电科 28 所、中智行等重点企业在智能网联芯片、算法、车路协同设备及道路测试等领域积极开展先行先试，加速推动新能源汽车智能化、网联化。南京市新能源汽车动力由单一的纯电动方式，全面转向插电式油电混合、插电式气电混合、氢燃料电池等多元化发展方向。全市共有南大、东大、南航、南理工等 7 所院校开设新能源汽车相关专业，上汽大通、乐金化学等重点企业与东大、同济、北理工等高校深入开展产学研合作，有力促进了关键技术攻坚和成果转化；全市新能源汽车从业人员超 10 万人，研发技术骨干约 2.6 万人，创新高层次人才储备雄厚，有效支撑了产业创新活跃度；全市共建成新能源汽车领域的省级重点实验室 6 家、备案新型研发机构 4 家，中汽创智、清研华科等各类重点创新平台 10 余个，技术优势显著，创新资源充分集聚。2020 年，全市新能源汽车产业实现营业收入超 800 亿元、整车产量超 7 万辆。

二、2020 年新能源汽车推广应用情况

全市新能源汽车保有量超 5.5 万辆，2020 年新增新能源汽车 6 179 辆，其中新能源公交车 59 辆、新能源出租汽车 1 724 辆、物流厢式货车 503 辆、旅游大巴 1 辆、各类小型乘用车 921 辆；私人领域新增新能源汽车 2 971 辆。

三、2020 年新能源汽车主要企业经营情况

整车企业。上汽大众南京分公司 2020 年实现新能源整车产量超 2 万辆，开沃新能源汽车集团实现新能源整车产量超 1 万辆。

零部件企业。新能源汽车动力电池总装机量排名前 10 的企业有 2 家在宁投产（乐金、国轩），本地总部企业江苏塔菲尔和深圳上市企业欣旺达电子 2021 年均有新项目投产。南京玻璃纤维研究院的一次锂电膜、铅酸蓄电池隔膜、越博动力商用车动力总成、南京博士朗无刷直流电机、南京奥特佳空调压缩机等均在国内细分市场占有率名列前茅。

四、2020 年新能源汽车项目及园区建设情况

1. 重点项目。南京市针对新能源汽车产业链的弱点、空白，瞄准产业未来发展方向，积极加强重大项目谋划、储备、培育，招引了“锦鲤”（福特）、哥伦布（一汽解放）等重点整车项目；英博新能源（氢燃料电池电堆）、欣旺达（动力电池）等关键零部件生产项目；百度、一汽智能研发院等智能网联项目。同时，鼓励和引导现有整车企业导入新车型、改进生产工艺，丰富产品种类，提升产品附加值。多措并举加强招商引资，支撑新能源汽车实现更高质量的增长，培育产业发展新动能。

2. 重点园区。全市新能源汽车产业加快集聚，形成了各具特色的“4＋1”空间布局体系。

——江北板块（含浦口区、六合区）重点发展以上汽自主品牌乘用车、轻型商用车为主的整车产业，同时加快推进电机、电控等关键零部件研发和产业化。

——江宁区重点发展以动力电池、电动空调、充电系统等为主的核心零部件产业，积极打造整车及核心零部件研发和产业基地。

——溧水区重点发展以公共领域商用车、专用车为主的生产基地，加快推进动力电池及燃料电池的研发及产业化进程。

——南京开发区重点突出电机、电控、变速箱等核心零部件研发，并加快产业化发展。

——秦淮区重点建设车联网先导区，构建 5G 背景下智能网联汽车示范应用场景，突出新能源汽车未来发展导向。

五、2020 年基础设施建设及运行情况

全市现有获得省级运营资质的充电设施建设运营企业 20 家，2020 年新建各类充电设施 3 822 根，全市充电桩累计达 2.6 万根，车桩比达到 2.2:1，累计充电量超 2 亿 kWh。

六、发展规划

到 2025 年，全市新能源汽车产业营业收入达到 3 000 亿元，新能源汽车保有量力争达 15 万辆。2021 年，全市新能源汽车产业营业收入达 1 050 亿元，新能源整车年产量力争达 10 万台，全市新能源汽车保有量力争达 6.5 万台，建成新能源汽车各类充电设施 2 000 根。

七、本地区新能源汽车推广应用统计表

（单位：辆）

燃 料	公交车	旅游大巴	公务车	出租车	租赁用车	私人用车	环卫车	物流车	邮政车	载货车	其他领域	合 计
纯电动	50	1	30	1 724	0	2 702	0	503		0	864	5 874
插电式	9	0	27	0	0	262	0	0	0	0	0	298
增程式	0	0	0	0	0	7	0	0	0	0	0	7
合 计	59	1	57	1 724	0	2 971	0	503		0	864	6 179

苏 州 市

一、2020 年节能与新能源汽车产业概况

新能源汽车产量 3 661 辆，同比下降 2.8%，销量 3 691 辆，同比增长 4.6%，库存情况有所好转。全年共推广应用新能源汽车 6 144 辆，折合标准车 21 782.5 辆，截至 2020 年底，全市累计上牌各类新能源汽车超 5.5 万辆，苏州市公专用领域建设完成充电站 968 座，充电桩 7 733 台，其中交流桩 3 755 台，直流桩 3 978 台。

二、2020 年节能与新能源汽车推广应用情况

全年共推广应用新能源汽车 6 144 辆，折合标准车 21 782.5 辆。

全市拥有省级备案资质的充电设施建设运营企业共新建充电桩 802 个。

三、2020 年节能与新能源汽车主要企业经营情况

重点企业有凯博易控、捷力新能源、国泰华荣、绿控传动、汇川等。捷力新能源是国内电池隔膜行业龙头企业，主要产品为锂离子电池隔膜，全年产销量均突破 3 亿 m^2，占国内市场 10% 以上，主营业务收入 9 亿元，同比增长 55.0%。国泰华荣主要产品包括鲤离子电池电解液、硅烷偶联剂，生产规模和工艺技术处于国际先进水平。绿控传动自主研发的新能源汽车自动变速器填补了国内空白，新能源商用车混合动力系统总成是国内首个基于 AMT 技术的同轴并联式混合动力系统，打破了国外垄断。凯博易控产品涵盖高效纯电系统（EV）、高效混合动力系统（HEV）、智能双源无轨系统（IMC）及核心零部件，是国内唯一的双源客车领域全系统供应商，连接系统在国内处于垄断地位，市场占有率 90% 以上。汇川技术主要产品包括各种电机控制器、辅助动力系统、高性能电机、DC/DC 电源及动力总成系统等，全年实现产值 82 亿元，同比增长 31.2%。

四、2020 年节能与新能源汽车项目及园区建设情况

光束汽车项目总投资 51 亿元，占地 1 068 亩，同时配套零部件生产基地和研发中心，桩基工程已完成，正在进行主厂房基础施工。观致新能源整车项目计划总投资 332 亿元，动力电池一期项目设备已进场。

五、2020 年基础设施建设及运行情况

2020 年全市拥有省级备案资质的充电设施建设运营企业共新建充电桩 802 个。截至年底，苏州市公专用领域建设完成充电站 968 座，充电桩 7 733 台，其中交流桩 3 755 台，直流桩 3 978 台。

六、2020 年本地区新能源汽车推广应用统计表

（单位：辆）

燃 料	公交车	旅游大巴	公务车	出租车	租赁用车	私人用车	环卫车	物流车	邮政车	工程车	载货车	其他	合 计
纯电动汽车	1 372	0	0	81	0	0	11	202	0	0	0	4 368	6 144
插电式混合动力汽车	110	0	0	0	0	0	0	0	0	0	0		
合 计	1 482	0	0	81	0	0	11	202	0	0	0	4 368	

七、2020 年本地区重点新能源汽车企业产销量统计表

生产企业名称	产品商标	车辆类型	通用名称	产量统计（辆）	销量统计（辆）
金龙联合汽车工业（苏州）有限公司	海格	纯电动汽车	—	3 371	3 328（其中出口 72 辆）
		插电式混合动力汽车	—	209	298（其中出口 38 辆）
		燃料电池汽车	—	85	65

八、2020 年 12 月底本地区电动汽车充（换）电站（桩）保有量统计表

充电站		充电桩		换电站
城市名称	数量（座）	慢充（个）	快充（个）	数量（座）
苏州市	968	3 755	3 978	0

南 通 市

一、2020 年节能与新能源汽车产业概况

南通市拥有新能源汽车生产企业 2 家，分别为枫盛汽车（江苏）有限公司、江苏紫琅汽车集团股份有限公司。

二、2020 年新能源汽车推广应用情况

2020 年南通市新增新能源汽车 6 834 辆，保有量达到 3 万辆。

三、2020 年新能源汽车主要企业经营情况

2020 年枫盛汽车(江苏)有限公司新能源汽车整车产量 2 354 辆,销量 2 390 辆。枫盛汽车成功获批全国第 16 张新能源汽车生产资质牌照,在吉利汽车控股后,企业 2019 年 8 月通过工信部道路机动车辆生产企业现场考核,并已完成新款纯电动 SUV 开发,于 2020 年 1 月进入公告目录,当年完成产销 2 000 余辆。紫琅客车集团已有 4 个车型取得公告资质,联合苏州金龙开发全铝车身新能源客车产品。

四、2020 年新能源汽车项目及园区建设情况

斯堪尼亚收购原皋开汽车公司(皋开汽车有货车类整车全资质),该项目总投资 50 亿元,其中 33 亿元投资建设冲压、焊装、涂装、总装四大工艺,17 亿元投资发动机和其他动力系统项目。斯堪尼亚总部已建立由集团副总裁负责的如皋项目建设团队,全面开始厂房设计、工艺流程设计等各项工作。项目建成后,将逐步完全纳入其全球生产体系,并快速带动本土供应商的发展,未来能够实现零部件 80% 的国产化率,有利于进一步提升南通汽车产业链现代化水平,推动产业整体竞争能力跃升。捷捷微电子功率半导体"车规级"产业化建设项目,计划总投资 30 亿元,项目建成后可形成年产"车规级"大功率器件 7.2 亿只的生产能力。江苏海四达锂离子电池及电源系统项目,计划总投资 10 亿元,项目建成后可形成年产 2 GWh 高比能高安全动力锂离子电池及电源系统产能。亚太轻合金轻量化铝合金产品项目,计划总投资 20 亿元,项目建成后可年产轻量化铝合金深加工产品 2.5 万 t。

南通市逐步形成了以如皋市为核心,通州区、崇川区、海安市、启东市多地协同的汽车产业发展格局。如皋市已初步形成集乘用车、大中型客车、专用车等为一体,以纯电动、混合动力、燃料电池动力系统以及关键零部件并行发展的产业集群;通州区已形成精密压铸、精密模具、压铸机械产业基地,涵盖铝合金溶解、模具设计与制造、压铸后加工与热处理、精密数控加工、产品浸渗等全产业链环节;海安市、海门区、苏锡通园区等地培育形成了发动机曲轴、汽车铸锻件、车用玻璃及天窗总成、车灯、千斤顶、差速器组件、行星齿轮等汽车零部件产业集群。

五、2020 年基础设施建设及运行情况

2020 年南通市新建公(专)用充电桩 336 个,其中直流桩 321 个,交流桩 15 个,运行正常。

六、本地区新能源汽车推广应用统计表

(单位:辆)

燃　料	公交车	旅游大巴	公务车	出租车	租赁用车	私人用车	环卫车	物流车	邮政车	载货车	其他领域	合　计
纯电动	624	0	0	161	0	5 464	0	44	0	0	0	6 293
插电式	0	0	0	0	0	541	0	0	0	0	0	541
合　计	624	0	0	161	0	6 005	0	44	0	0	0	6 834

七、本地区新能源汽车企业产销量统计表

生产企业名称	产品商标	车辆类型	通用名称	产量统计(辆)	销量统计(辆)
枫盛汽车(江苏)有限公司	枫叶牌	纯电动轿车	枫叶 30X	2 354	2 390

八、本地区电动汽车充(换)电站(桩)统计表

城市名称	充电站		充电桩		换电站
	2020 年底保有量(座)	2020 年新建数量(座)	慢充(个)	快充(个)	数量(座)
南通市	190	30	724	1 007	0

九、本地区氢燃料电池加氢站统计表

城市名称	加氢站名称	类　型	供给能力(kg/d)	日加注量(kg)	加氢站氢气总储存量(kg)	储氢最高压力(MPa)	说明(运营/新建/在建)
如皋市	神华如氢站	35 MPa/70 MPa 双模式加氢站,三级站	1 000	1 000	600	87.5	运营

扬　州　市

一、2020 年节能与新能源汽车产业概况

扬州市主要生产纯电动和插电式混合动力客车、纯电动专用车,年产约 4 000 辆。商用有亚星、九龙、潍柴(扬州)亚星 3 家新能源整车资质企业,2020 年整车产辆 1 226 辆。专用车主要生产新能源环卫车,有银宝、海沃机械、金威环保科技、三源机械等企业。

深入推进氢能产业资源整合和布局优化,共有 6 家氢燃

料电池汽车相关企业，氢璞创能科技从事氢燃料电堆生产，扬州氢蓝时代新能源科技主要生产氢燃料发动机系统，扬州嘉和新能源科技生产氢燃料汽车热管理与辅助系统，扬州阿斯莫科技有限公司生产整车集成热管理系统，扬州嘉氢工业装备制造有限公司主要研发氢能实验室装备。

有4家省备案的公共服务领域充电设施建设运营单位，分别是国网江苏省电力有限公司扬州供电分公司、扬州市交通特来电新能源有限公司、扬州北辰电气集团有限公司、扬州万帮星星新能源科技有限公司；充电设施生产企业有北辰电气、鼎充、智绿等企业；还有部分企业正在争取进入新能源汽车领域。

恒大新能源科技锂电池、中化锂电池等一批百亿元重特大项目落户扬州市，正在加快实施。

二、2020年节能与新能源汽车推广应用情况

截至2020年底，全市新能源汽车保有量为13 321辆，其中乘用车7 357辆、公交等各类客运车辆2 579辆、网约车374辆、物流车296辆、各类租赁车辆269辆。2020年推广新能源汽车实物车3 798辆，其中乘用车3 559辆、纯电动客车104辆、专用车135辆。

三、2020年节能与新能源汽车主要企业经营情况

亚星客车产销量为1 058辆，实现开票销售136 600万元，入库税收1 077万元；亚商新能源产量为97辆，开票销售16 690万元，入库税收333.8万元；九龙汽车产量为23辆。氢燃料电池汽车方面，扬州市亚星客车和九龙汽车2家整车企业具备氢燃料电池汽车生产资质。

四、2020年节能与新能源汽车项目及园区建设情况

2020年全年认定新开工汽车及零部件重大项目7项，包括扬州恒大新能源科技发展有限公司的12 GWh三元软包电池项目。

五、2020年基础设施建设及运行情况

截至2020年底，扬州市共建成公共服务领域充电桩超过2 600个，其中直流桩1 100个，交流桩1 500个。2020年建设充电桩近100个。2020年累计充电量达到18 957 708 kWh。

六、发展规划

突破新能源乘用车，争取形成"乘用车、客车、专用车"产品体系；打造具有比较优势的区域氢能产业示范应用基地；加快车用动力电池、关键原材料布局；形成完整的充电服务解决方案、设备制造、建设运营、数据管理等服务体系；科技服务能力和创新水平明显增强。

七、2020年本地区新能源汽车推广应用统计表

（单位：辆）

燃　料	公交车	旅游大巴	公务车	出租车	租赁用车	私人用车	环卫车	物流车	邮政车	工程车	载货车	其他	合　计
纯电动汽车	120	0	0	0	113	3 462	63	0	40	0	0	0	3 798
合　计	120	0	0	0	113	3 462	63	0	40	0	0	0	3 798

八、2020年本地区新能源汽车推广应用车型及数量统计表

应用地区	车　型	通用名称	数量(辆)
扬州市	埃尔法 JTNHS3DH	纯电动乘用车	3
	艾力绅牌 DHW6499R9HEV	纯电动乘用车	98
	奥迪 WAURRCGE	纯电动乘用车	3
	奥迪牌 FV70010BABEV	纯电动乘用车	24
	宝骏牌 LZW7001EVAEP	纯电动乘用车	152
	宝马牌 BMW7201HMHEV	纯电动乘用车	82
	保时捷 WP0AE297	纯电动乘用车	13
	保时捷混合动力 WP1AJ29Y	混合动力乘用车	15
	北京牌 BJ7000C5FBEV	纯电动乘用车	105
	北京现代牌 BH7000BEVSCA	纯电动乘用车	1
	本田牌	纯电动乘用车	463
	比亚迪牌 BYD7009BEV	纯电动乘用车	115
	别克牌	纯电动乘用车	33
	传祺牌	纯电动乘用车	58
	大马牌 HKL6520BEV	纯电动乘用车	2
	大通牌 SH6481N1BEV	纯电动乘用车	1
	大众牌 FV7004BABEV	纯电动乘用车	12
	大众汽车 WVWCM3AU	纯电动乘用车	12

续上表

应用地区	车　型	通用名称	数量(辆)
扬州市	大众汽车牌	纯电动乘用车	51
	帝豪牌	纯电动乘用车	41
	东风标致牌	纯电动乘用车	2
	东风雷诺牌	纯电动乘用车	1
	东风牌	纯电动乘用车	2
	东风日产牌 DFL7000NAH2BEV	纯电动乘用车	6
	东风雪铁龙牌 DC6456KXBB16HEVA	纯电动乘用车	1
	丰田 JTNHS3DH	纯电动乘用车	26
	丰田牌	纯电动乘用车	671
	枫叶牌 JWT7001BEV	纯电动乘用车	19
	福龙马牌 FLM5181TXSDFBEV	纯电动洗扫车	3
	福特牌 CAF7200A6PHEV	纯电动乘用车	14
	广汽牌 GTM70002BEV	纯电动乘用车	14
	国机智骏牌 ZHT7000KD00EV	纯电动乘用车	1
	吉普牌 GFA6490CHEV1DA	纯电动乘用车	1
	几何牌 JHC7003BEV06	纯电动乘用车	24
	江淮牌 HFC1037D1EV4	纯电动乘用车	1
	捷豹 SADHA2B1	纯电动乘用车	1
	捷途牌 SQR6480BEVF11	纯电动乘用车	2
	金赢牌 YJW5184TXSBEV	纯电动乘用车	2
	金鸽牌 YZT5180TXSSXBEV	纯电动洗扫车	3
	俊风牌 DFA7000A1F4BEV	纯电动乘用车	1
	开瑞牌 SQR5032XXYBEVH12	纯电动厢式运输车	1
	开沃牌 NJL5026XXYEV	纯电动厢式运输车	5
	科莱威牌 CSA7001KBEV2	纯电动乘用车	28
	雷克萨斯	纯电动乘用车	165
	理念牌 GHA7000PAN0BBEV	纯电动乘用车	5
	理想智动牌 LXA6500SHEVM1	纯电动乘用车	47
	零跑牌	纯电动乘用车	7
	领克牌	纯电动乘用车	2
	梅赛德斯-奔驰牌	纯电动乘用车	4
	名爵牌	纯电动乘用车	1
	哪吒牌	纯电动乘用车	55
	讴歌牌	纯电动乘用车	5
	欧拉牌	纯电动乘用车	94
	奇瑞牌	纯电动乘用车	67
	前途牌 QTE7000BEV02	纯电动乘用车	2
	沁威牌 DHW7001DHBEV	纯电动乘用车	9
	荣威牌	纯电动乘用车	3
	瑞驰牌 CRC5030XXYFC4-BEV	纯电动乘用车	1
	森林人 JF1SKECC	纯电动乘用车	2
	申沃牌	纯电动客车	46
	思威牌	纯电动乘用车	62
	特斯拉	纯电动乘用车	28
	特斯拉牌	纯电动乘用车	268
	腾势牌 QCJ6490ST6HEV1	纯电动乘用车	2
	威尔法 JTNHS3DH	纯电动乘用车	4

续上表

应用地区	车 型	通用名称	数量(辆)
扬州市	威尔马斯特牌	纯电动乘用车	16
	蔚来牌	纯电动乘用车	156
	沃尔沃牌	纯电动乘用车	17
	五菱牌	纯电动乘用车	445
	小鹏牌	纯电动乘用车	33
	亚星牌 JS6851GHBEV22	纯电动城市客车	43
	燕铃牌 BJ7000UB41BEV	纯电动乘用车	8
	野马牌	纯电动乘用车	4
	一汽牌 CA7006BEVA	纯电动乘用车	3
	易至牌 JX7001ESDBEV	纯电动乘用车	8
	银宝牌	纯电动自装卸式垃圾车	32
	英菲尼迪	纯电动乘用车	9
	宇通牌 YTZ5180TXSD0BEV	纯电动洗扫车	3
	长安牌	纯电动乘用车	10
	中通牌 LCK6118EVGA1	纯电动城市客车	15
	众泰牌 JNJ7000EVK9	纯电动乘用车	4

九、2020 年本地区重点新能源汽车企业产销量统计表

生产企业名称	产品商标	车辆类型	通用名称	产量统计(辆)	销量统计(辆)
潍柴扬州亚星新能源商用车有限公司	亚星	纯电动汽车	亚星客车	96	96(全部出口)
扬州亚星客车股份有限公司	亚星	纯电动汽车	亚星客车	1 083(其中出口 302)	1 057(其中出口 283)
		插电式混合动力汽车	亚星客车	0	1
		燃料电池汽车	亚星客车	36	31
江苏九龙汽车制造有限公司	大马牌	纯电动汽车	九龙汽车	11	35(其中出口 12 辆)
江苏银宝专用车有限公司	银宝牌	纯电动汽车	—	109	109

十、2020 年 12 月底本地区电动汽车充(换)电站(桩)保有量统计表

充电站		充电桩		换电站
城市名称	数量(座)	慢充(个)	快充(个)	数量(座)
扬州市	210	1 500	1 100	0

盐 城 市

一、2020 年节能与新能源汽车产业概况

盐城市现有 7 家新能源汽车生产企业,其中东风悦达起亚、国新新能源、北汽摩登、华人运通 4 家乘用车生产企业,奥新公司为改装类商用车生产企业、悦达专用车为改装类专用车生产企业、国唐汽车为改装类新能源客车生产企业。乘用车生产企业中东风悦达起亚是传统燃油车企生产新能源汽车的企业。

2020 年全市产销新能源汽车近 2 000 辆,其中东风悦达起亚销售新能源乘用车 1 902 辆、国唐客车销售 44 辆。

二、2020 年节能与新能源汽车推广应用情况

2020 年盐城市推广新能源汽车 3 542 辆,其中乘用车 3 232 辆,客车 298 辆,专用车 12 辆,已有 998 辆出租车更新为 DYK 的 K3 纯电动出租车。截至 2020 年底,全市累计推广新能源汽车 15 802 辆,其中公交车 2 084 辆、私人乘用车 6 073 辆、专用车 3 560 辆、公务车 309 辆、共享车 930 辆、其他用车(企业用车、出租车等)2 846 辆。

三、2020 年节能与新能源汽车主要企业经营情况

1. 东风悦达起亚。公司注册资本 62 400 万美元,员工 5 000 名,在盐城、上海分别设立销售分公司和上海分公司。拥有 K2、K3、K4、K5 等 K 系列轿车以及智跑、傲跑、KX5 等 SUV 车型,研发上市插电混动、纯电动 3 款新能源车型,产品覆盖乘用车全系列。2018 年来,公司累计上市 30 多款新车型,累计产销汽车 580 万辆,累计实现销售收入 5 800 亿元,

上缴税收560亿元,公司新车品质指数和用户满意度位居行业第一位。

2020年,公司先后上市全新一代K5(凯酷)、K3纯电动和2021款K3等新车型。尤其是9月上市的全新一代K5(凯酷),全国消费者反响热烈,上市4个月国内销售1.75万台。新开发了右侧行驶国家的车型,产品销往“一带一路”沿线国家,全年出口整车2.47万台,出口发动机2.27万台,实现创汇2.25亿美元。公司荣获J.D.POWER中国新车质量研究(IQS)以及售后满意度(CSI)主流汽车市场第一名。DYK品质在现代起亚全球工厂排名第一,KIA品质在美国排名第一。

2. 华人运通项目。华人运通(江苏)技术有限公司成立于2017年9月13日,注册地在盐城经济技术开发区,项目总投资100亿元,设备投资38亿元打造高合汽车品牌,2020年9月24日高合HiPhi X在北京车展全球发布,已经实现小批量交付。

3. 北汽摩登新能源汽车项目。北汽摩登新能源汽车项目由摩登汽车有限公司在盐城投资,利用北京汽车制造厂有限公司江苏分公司资质进行合作。项目总投资约26亿元,注册资金12.5亿元,设备投资10亿元,主要建设冲压、焊接、涂装、总装、电池等车间,建成后可实现5万辆新能源汽车的年产能。首款MD11试制样车于2020年11月18日下线。

4. 国新新能源。江苏国新新能源乘用车有限公司是一家专业从事新能源汽车研发、制造、销售服务的创新型高科技企业。公司成立于2016年10月,注册资本20亿元,总占地面积为611亩,总规划建筑面积为20万m^2,总投资30亿元,年产7万辆整车和10万台(套)复合材料车身能力。项目一期于2019年11月通过工信部“生产企业及产品准入审查”,2020年1月,工信部237批公告正式发布,江苏国新公司成为工信部公告内新能源乘用车整车生产企业,A28车型已完成公告申报并已在工信部第339批公告及推荐目录中公示。

四、2020年节能与新能源汽车项目及园区建设情况

1. 项目情况

华人运通项目。华人运通年产5万台新能源汽车项目顺利投产,首款L3级别智能网联汽车量产车型高合HiPhiX列入工信部发布的第336批《道路机动车辆生产企业及产品》车型公示,并在北京车展正式亮相,创始版3 000辆订单全部售罄,计划在2021年完成交付。

SKI动力电池项目。2019年5月17日,盐城经开区与韩国SKI株式会社签订一期动力电池项目投资协议,于2020年8月25日签订补充协议,项目从事锂离子软包动力电池的生产和销售,项目一期产能27 GWh,总投资约20.1亿美元,注册资本12.17亿美元,其中固定资产投资约94亿元人民币,规划建设用地605亩,建筑面积31.8万m^2、计容面积48.6万m^2。2020年10月30日SKI动力电池盐城基地项目一期建成。

长三角(盐城)智能网联汽车测试示范区项目。在全面满足传统汽车法规和研发试验测试环境和测试设施的同时,积极在智能网联汽车测试领域布局,2020年10月成功打造了长三角(盐城)智能网联汽车半封闭测试示范运行区、正在加快建设全球领先的长三角(盐城)智能网联汽车全封闭试验场项目。通过半封闭和全封闭的智能网联汽车测试环境和测试场景的搭建,为汽车行业和相关客户提供场景最全面、设施最专业、技术最领先的智能网联汽车测试基地。

2. 园区建设情况

盐城经济技术开发区新能源汽车产业园作为发展新能源汽车产业的主体园区,成立于2010年,总辖区面积7.84 km^2,围绕新能源汽车产业定位,重点发展整车、汽车电子、智能制造、汽车服务业及新能源汽车推广应用等,已完成基础设施投资10亿元。园区共有汽车产业链企业95家。其中整车企业4家(DYK、华人运通、国新、摩登);汽车零部件企业58家;研发(检测)平台8家(省研究院、上电科、长三角、师范学院、工学院、东南大学、中技检测);汽车贸易企业25家。共有“四上”企业19家。其中,整车企业2家(DYK、国新)、汽车零部件企业16家、研发检测平台1家。经过多年的发展,新能源汽车形成了一定产业规模,成为江苏省新能源汽车产业产学研协同创新基地、江苏省汽车服务业集聚示范区。

五、2020年基础设施建设及运行情况

1. 基础设施建设情况

整合现有充电设施运营企业接入“我的盐城”App,实现全市充电设施实时查询,积极推动全市范围新建1 500多根充电桩,为全市更新的新能源出租车提供良好使用环境。截至2020年,共建成充电站432座,布设各类公共充电桩3 970个,车桩总体比例约为3.9:1。

2. 研究平台情况

江苏新能源汽车研究院。2020年主要研发方向一是新能源汽车多模箱项目,研究院已开展4款多模箱项目的研发工作,项目进展顺利,其中DHT10已成功完成样机装配。二是整车控制类项目,已开展KX3改制项目和新一代动力总成开发项目的研发工作,取得阶段性成果。江苏悦达汽车研究院主要以新能源汽车研究院公共技术服务平台建设为载体,与江苏新能源汽车研究院两块牌子一套班子。

长三角新能源汽车研究院。从事新能源整车设计开发、整车电控、轻量化、氢能和燃料电池系统等方面研发。申报了31项专利和软件著作权,与东华大学余木火团队合作建成了车用复合材料国家重点实验室企业分中心通过江苏省市场监督管理局现场评审,获得CMA检验检测机构资质认定证书,具备向社会出具第三方检测报告的资格。

六、发展规划

坚持“稳定传统汽车基本盘、突破新能源汽车、瞄准智能网联、开拓汽车服务和后市场”的总体思路,推动传统汽车与新兴技术深度融合,围绕产业链布局创新链,加强模式创新、布局新兴领域、完善产业配套,推动产业向多元化、高端化、国际化、服务化发展,围绕研发、整车及零部件制造、汽车服务全产业链,构建集产业链、创新链、服务链于一体的汽车产业新生态。

整车方面以推动汽车产业高质量发展为核心,坚持“做大存量、培育增量”,以整合成立江苏悦达汽车产业投资发展集团有限公司为契机,增强龙头企业的引领带动作用,实现

全市汽车产业的统筹发展。推动企业“增品种、提品质、强品牌”，向“电动化、智能化、网联化”转型升级，产品向高端化发展，重点支持东风悦达起亚、华人运通等乘用车企业做大做强，推动国新新能源加快战略重组，谋划提升商用车及专用车产业战略定位，提升企业产能利用率及发展质量，增强龙头企业的引领带动作用。

零部件方面抢抓汽车“新四化”发展契机，以完善盐城汽车产业供应链布局为总体目标，主动承接长三角、珠三角、长江经济带产业转移，吸引先进汽车零部件研发与制造企业落户盐城，加快集聚各类创新要素，打造层次结构分明、产业链条完备、特色鲜明的汽车零部件产业聚集区。

汽车服务业方面把握创新驱动产业发展趋势，建设国内领先的汽车测试服务基地，打造科技服务集聚地，带动盐城构建汽车产业新生态。扩大二手车交易、汽车改装、运动赛事等服务业态，加快汽车服务产业链、价值链的优化升级。

支持华人运通高端化发展。充分发挥华人运通技术研发优势，加快设立盐城研发创新中心，推动“电机、电控”等核心零部件产业化，构建“研发 + 生产 + 三电 + 销售 + 售后服务”全产业链。推动加快新车型研发上市和营销网点布局，促进高端新能源汽车市场快速上量，实现产能充分释放，逐步扩大产销规模，打造盐城高端自主新能源汽车品牌。逐步向下延伸产品系列，满足更多消费市场需求，做到固化产品线、做强产品力，打造自身品牌特色和竞争力。依托“三智”战略，立足新能源智能汽车开发和产业化，加强智捷交通布局，积极融入智慧城市建设框架。

支持东风悦达起亚良性发展。明确东风悦达起亚发展战略及定位，深入落实“新十年战略愿景”。加强战略车型打造、丰富产品阵容；推动东风悦达起亚加快向“本土化、电动化、数字化”转型，加强本土研发，开发全方位满足中国消费者需求的全新车型；实施电动化战略，导入起亚全球专属电动平台车型；秉承“更中国”的品牌战略，打造清晰化、差异化的品牌形象。聚焦新能源和智能网联汽车等新兴领域，加强产品研发和市场推广，推进产品向高端化发展。加快出口基地建设，积极发展整车、CKD、DKD 出口等多种模式，将盐城作为起亚面向全球市场的重要产业基地，积极开拓“一带一路”建设、RCEP 等海外市场，到 2025 年实现出口区域超 50 个国家。持续对接韩国现代起亚集团总部，以推进深度本地化、更加适应中国市场为目标，争取引入起亚品牌更多战略车型及产业链资源。

支持国唐汽车大力发展智能网联新能源公交车。充分发挥企业在信息化、智能化、网联化、整车控制的技术优势，打造面向“一体・四翼”市场的客车、物流车、货车、通勤车等智能网联拳头产品。重点发展新能源公交车，支持国唐汽车加快智能网联公交车示范推广，提供智能网联新能源公交车解决方案。坚持轻量化发展路线，通过智能网联新技术附加服务模式，提高“国唐”品牌价值，并向氢燃料电池客车领域延伸；加强产品研发试制、生产制造、售后服务等环节管控流程，有效提高产品全生命周期的质量水平。

合 肥 市

一、2020 年节能与新能源汽车产业概况

（一）主要指标完成情况

2020 年 1—12 月，合肥新能源汽车产业基地产值增速 31.7%，新能源汽车产销量超过 6 万辆，同比增长 1%。

（二）创新能力提升情况

依据国家新能源汽车“三纵三横”研发布局，组织实施一批关键技术研发项目，突破卡脖子难题，实现产业链关键技术环节自主可控。江淮集团积累九代技术、四代产品平台，突破 6 项核心技术，蜂窝电池技术有效解决三元锂电池安全控制问题，实现一颗电芯爆炸后，电池包不失控，整车不失火，解决热失控产业难题；“三合一”静音高效电驱动技术，解决了电机啸叫问题，NVH 性能比标杆更优，系统最高效率 92%，国内领先。智能刹车系统（eBooster）技术与供方联合开发，解决全生命周期的制动踏板一致性及 7 层次的制动安全冗余，突破了该技术被德国企业垄断的局面。国轩高科磷酸铁锂电池产品能量密度 210 Wh/kg，技术水平全球领先；推出 JTM 先进技术及工艺，实现与铅酸电池同样的成本，成本降幅行业领先。蔚来发布首款轿车产品 ET7，搭载固态电池续航达到 1 000 km。2020 年，合肥市整车企业参与制定新能源汽车国家标准 2 项（电动汽车安全要求 GB 18384—2020，电动客车安全要求 GB/T 38032—2020），新申请新能源汽车专利 254 项，新授权新能源汽车发明专利 103 项。

二、2020 年新能源汽车推广应用情况

截至 2020 年底，合肥市推广新能源汽车 6.5 万辆，约占全国总销量的 4.8%；累计推广总量超 29 万辆，约占全国总量的 5%。在本地推广 1.4 万辆，其中新能源乘用车 1.18 万辆（其中私人领域 0.28 万辆、租赁运营等领域 0.9 万辆），新能源客车 0.1 万辆。

三、2020 年新能源汽车主要企业经营情况

按照“龙头企业—产业链—产业集群—产业基地”的发展思路，全市集聚了蔚来、大众、江淮、安凯、长安、奇瑞（巢湖）、国轩高科、华霆动力、巨一电机等一批龙头企业，企业类型涵盖传统车企转型企业、合资合作企业、造车新势力，构建了涵盖整车、关键零部件（电池、电机、电控）、应用（公交、分时租赁）、配套（充电基础设施、电池回收）的完整产业链，建成产能 35.8 万辆，在建产能 12 万辆。

2020 年，江淮新能源汽车销量为 54 263 辆，其中新能源乘用车 49 835 辆，新能源商用车 4 428 辆，销量排名行业第七，销售收入约 178 亿元；蔚来汽车销售车辆 43 728 台，全年营收 162.6 亿元，毛利率 17.2%，全新换电商业模式推广成效显著。截至 2020 年底共在全国建设 172 座换电站，覆盖全国用户服务体系初具规模，成为造车新势力领头羊；奇瑞新能源合肥分公司新能源汽车销量 3 216 辆，产值 3.16 亿元；合肥长安新能源汽车销量 7 807 辆；国轩高科动力全年电池

销量 3.32 GWh，行业排名第五。

四、2020 年新能源汽车项目及园区建设情况

2020 年，合肥新能源汽车产业基地产值增速 31.7%，重大项目有序推进。江汽控股与大众汽车集团签署战略合作相关投资协议，大众中国完成对江汽控股和江淮大众增资的股权交割和工商变更登记并更名为大众汽车（安徽）有限公司。同年，大众汽车（安徽）有限公司研发中心竣工落成，并摘牌取得江淮汽车乘用车二工厂部分资产，整车制造基地一期建设 30 万辆产能，2021 年开工；大众汽车投资约 11 亿欧元获得国轩高科 26.47% 的股份并成为其大股东，国轩高科未来将成为大众汽车集团系能源汽车电池认证供应商；蔚来中国总部投资 70 亿元人民币，落户合肥经济技术开发区，建设包括总部管理、研发、销售、供应链等实体架构。

五、2020 年基础设施建设及运行情况

合肥市积极推进充电桩建设工作，破解充电设施建设选址难、落地难、场站不便捷等问题，合理布局、优选各类公共停车场等重要交通枢纽、旅游景区停车场、各类市民服务设施停车场、政府、企事业单位、科研院所等交通便利、群众使用方便的停车场作为充电设施建设选点，结合城市骨干交通网络、重点区域，建设大功率公共快充场站，切实保障新能源汽车便捷、高效充电，充分发挥政府主导的优越性和公益服务属性，积极推进构建公共快充服务体系。截至 2020 年底，合肥市共建设充电站 1 000 座。建成充电桩 48 400 个，其中交流桩 42 700 个，直流桩 5 700 个。建成新能源汽车换电站 3 座。

六、发展规划

（一）落实兑现新能源汽车产业支持政策。贯彻落实国家和省市打赢蓝天保卫战以及财政部等国家部委完善新能源汽车补贴政策等有关文件精神，指导企业用好政策，从供给侧、消费侧、新能源汽车运营、产业链配套等方面支持新能源汽车产业高质量发展。

（二）对标产业国际水准提升品牌影响力。持续建设江淮、奇瑞等本地品牌，借助蔚来、威马、零跑等新势力造车品牌影响力，提升合肥在新能源汽车行业的地标识别度，培育引导整车企业钻技术、谋升级、增产量、扩品种、提品牌。改善新能源汽车使用环境，大力推动新能源汽车下乡，激发消费本地品牌新能源汽车的动力。

（三）完善产业发展链条提高产业竞争力。加快推进新能源汽车产业强链、补链、延链。加强关键技术与关键材料研发，大幅降本实现规模化发展，谋划布局车载软硬件产品，提升车载智能芯片的运算速度、系统功耗、安全等级、抗干扰能力等软硬件核心性能，满足产业未来发展需求，实现新能源汽车产业做大做强。

七、2020 年本地区新能源汽车推广应用统计表

（单位：辆）

燃　料	公交车	旅游大巴	公务车	出租车	租赁用车	私人用车	环卫车	物流车	邮政车	载货车	其他领域	合　计
纯电动	1 001	0	861	1 695	7 479	2 808	0	104	0	0	374	14 322
合　计	1 001	0	861	1 695	7 479	2 808	0	104	0	0	374	14 322

八、2020 年本地区新能源汽车企业产销量统计表

生产企业名称	产品商标	车辆类型	通用名称	产量统计（辆）	销量统计（辆）
安徽江淮汽车集团股份有限公司	江淮	纯电动汽车	iEV7L	77	93
安徽江淮汽车集团股份有限公司	江淮	纯电动汽车	iEV7S	383	413（含出口 371 辆）
安徽江淮汽车集团股份有限公司	江淮	纯电动汽车	iEV6E	1 787	1 949（含出口 119 辆）
安徽江淮汽车集团股份有限公司	江淮	纯电动汽车	iEVA50	1 075	1 195
安徽江淮汽车集团股份有限公司	江淮	纯电动汽车	iEVA60	6	6
安徽江淮汽车集团股份有限公司	江淮	纯电动汽车	iEVS4	774	781（含出口 58 辆）
安徽江淮汽车集团股份有限公司	江淮	纯电动汽车	E40X	101	71
安徽江淮汽车集团股份有限公司	江淮	纯电动汽车	iC5	1 388	1 043（含出口 1 辆）
安徽江淮汽车集团股份有限公司	江淮	纯电动汽车	E20X	12	-209
安徽江淮汽车集团股份有限公司	江淮	纯电动汽车	ES8	11 106	11 106
安徽江淮汽车集团股份有限公司	江淮	纯电动汽车	ES6	28 020	28 020
安徽江淮汽车集团股份有限公司	江淮	纯电动汽车	EC6	5 367	5 367
安徽江淮汽车集团股份有限公司	江淮	纯电动汽车	i3	306	424（含出口 31 辆）
安徽江淮汽车集团股份有限公司	江淮	纯电动汽车	i5	408	651（含出口 47 辆）
安徽江淮汽车集团股份有限公司	江淮	纯电动汽车	i6	227	285（含出口 37 辆）
安徽安凯汽车股份有限公司	安凯	纯电动汽车	—	3 050	3 063（含出口 7 辆）
安徽安凯汽车股份有限公司	安凯	插电式混合动力汽车	—	4	5

续上表

生产企业名称	产品商标	车辆类型	通用名称	产量统计(辆)	销量统计(辆)
奇瑞新能源汽车股份有限公司合肥分公司	奇瑞	纯电动汽车	M1AEV	1 514	1 739
奇瑞新能源汽车股份有限公司合肥分公司	奇瑞	纯电动汽车	S32EV	660	558
奇瑞新能源汽车股份有限公司合肥分公司	奇瑞	纯电动汽车	T19EV	952	919
合肥长安汽车有限公司	长安	纯电动汽车	CS15-Epro	260	1 033
合肥长安汽车有限公司	长安	纯电动汽车	逸动 EV460	7 161	6 774

九、2020 年本地区电动汽车充(换)电站(桩)统计表

城市名称	充电站		充电桩		换电站
	2020 年底保有量(座)	2020 年新建数量(座)	慢充(个)	快充(个)	数量(座)
合肥市	1 000	59	42 700	5 700	3

杭　州　市

一、2020 年节能与新能源汽车产业概况

(一)整车生产能力不断提升。杭州市新能源汽车产业具有整车、动力电池、电控及轮毂电机等核心部件、车载充电机、充电桩制造及运营服务等较为完备的产业链。形成了钱塘新区(新能源乘用车)、余杭区(新能源商用车)、萧山区(动力电池、汽车零部件)三大产业集聚区。新能源整车及专用车企业共有 5 家。2020 年,杭州市共生产新能源汽车 9 200 余辆,其中乘用车 8 005 辆、客车 1 263 辆以及少量专用车。全年新能源汽车产值超 70 亿元,同比增长 40%。

(二)新能源零部件产业链完整。杭州市新能源汽车核心零部件基本涵盖动力电池、电机、电控、充电设施等领域。亚太机电近几年加大技术研发,主攻新能源轮毂电机,取得了积极成效,2020 年底产品正式批量生产。铁城信息科技、富特科技等生产的车载充电机市场份额不断扩大。中恒电气、万马新能源、久融科技积极投入新能源充电设施生产与运营,并已在全国其他城市布点和推广。

二、2020 年新能源汽车推广应用情况

2020 年,全年推广应用新能源汽车 41 500 辆,其中公交车 2 304 辆。截至 2020 年底,杭州市累计推广应用新能源汽车超 21 万辆,主要集中在交通公共领域和私人领域,推广数量处于全国先进、全省领先水平。其中交通公共领域推广约 10.1 万辆,占比近 50%。交通公共领域总体情况:新能源公交车 6 406 辆,主城区公交新能源和清洁能源车型 100%;新能源出租车 65 507 辆(网约车 64 714 辆、巡游车 793 辆);新能源租赁车 29 033 辆;新能源客车 16 辆;新能源营运货车 66 辆。

三、2020 年新能源汽车主要企业经营情况

零跑科技有限公司(长江代工)生产新能源乘用车 8 005 辆,比亚迪汽车工业有限公司杭州分公司生产 1 000 辆新能源客车,上汽万向新能源客车有限公司生产 263 辆新能源客车。

四、2020 年基础设施建设及运行情况

2020 年,杭州市新增公用和共用充电桩 2 166 个,提前超额完成年度目标任务。截至 2020 年底,杭州市累计建成各类充电桩约 4.7 万个,其中公用充电桩约 8 000 个,共用充电桩约 7 000 个,通过国网报装流程建设安装的自用充电桩超过 3 万个,主城区早晚高峰时段“错峰限行”区域内公用充电服务半径已小于 0.9 km。主城区外围区、县(市)公用充电设施也在随着当地新能源汽车发展不断进行同步配套建设。

五、本地区新能源汽车推广应用统计表

(单位:辆)

燃　料	公交车	旅游大巴	公务车	出租车	租赁用车	私人用车	环卫车	物流车	邮政车	载货车	其他领域	合　计
纯电动	1 920	0	0	6 772	27	21 105	0	0	0	267	0	30 091
插电式	536	0	0	3 142	0	7 515	0	0	0	1	0	11 194
合　计	2 456	0	0	9 914	27	28 620	0	0	0	268	0	41 285

六、本地区新能源汽车企业产销量统计表

生产企业名称	产品商标	车辆类型	通用名称	产量统计(辆)	销量统计(辆)
比亚迪汽车工业有限公司杭州分公司	比亚迪	纯电动客车	—	1 000	1 000
万向新能源客车有限公司	万向	纯电动客车	—	263	263
零跑科技有限公司	长江零跑	纯电动智能网联乘用车	T03	8 005	8 005

七、本地区电动汽车充(换)电站(桩)统计表

城市名称	充电站		充电桩		换电站
	2020 年底保有量(座)	2020 年新建数量(座)	慢充(个)	快充(个)	数量(座)
杭州市	924	203	2 299	13 265	9

宁 波 市

一、2020 年节能与新能源汽车产业概况

截至 2020 年底,全市汽车制造业规上企业 722 家,比 2019 年增加 11 家;1—12 月,全市汽车制造业完成规上工业总产值 2555.7 亿元,同比增长 0.4%;实现增加值 676.7 亿元,同比增长 6.2%。规上企业实现利税总额 560.5 亿元,同比增长 33.7%,其中实现利润总额 459 亿元,同比增长 44.7%;完成出口交货值 168.5 亿元,同比下降 3.7%,主要是受国外新冠肺炎疫情和集装箱紧缺影响。

全市共有 13 家整车制造企业,车型包括乘用车、客车和专用车,动力包括燃油、纯电动、混合动力。浙江吉利、上汽大众是宁波市汽车生产企业的主力,产值占全部整车企业的产值 98% 以上。1—12 月,全市实现汽车整车产量 76.1 万辆,同比下降 10.4%,实现产值 844.4 亿元,约占全市汽车制造业产值份额的 1/3,同比增长 -5.1%。其中 2020 年新能源汽车产量 2 966 辆,同比下降 7.4%。

二、2020 年新能源汽车推广应用情况

2020 年,全市推广应用新能源汽车 14 138 辆,折合标准车 25 441 辆。宁波市已累计推广应用新能源汽车 54 453 辆,其中纯电动客车 4 815 辆,插电式混合动力客车 782 辆,纯电动专用车辆 839 辆,纯电动乘用车 42 315 辆,插电式混合动力乘用车 5 697 辆。

三、2020 年新能源汽车主要企业经营情况

2020 年,浙江吉利汽车整车产量为 44.5 万辆,实现产值 341.6 亿元,其中新能源汽车产量 1 745 辆;上海大众宁波分公司整车产量为 31.3 万辆,实现产值 506.4 亿元,其中新能源汽车产量 743 辆;浙江中车电车有限公司生产的电动客车 478 辆,产值 0.4 亿元。

四、2020 年新能源汽车项目及园区建设情况

2020 年全市 10 亿元以上工业投资项目中涉及汽车制造业类项目有 23 个,2020 年完成固定资产投资 54.4 亿元。其中有 5 个项目已竣工,16 个项目正在施工,2 个项目还在前期。

五、2020 年基础设施建设及运行情况

2020 年全市完成新建充电桩 1 496 个(其中快充 1 001 个、慢充 495 个),超额完成年度目标(1 300 个),累计建成 8 100 个,全市的车桩比达到了 6.7,城市核心区公共充电服务半径为 0.6 km,已超额完成省电动汽车充电基础设施“十三五”发展规划对宁波设定的目标,保障了电动汽车充电需求。

六、发展规划

一是出台产业发展规划。发布《宁波市新能源汽车产业发展三年行动计划》,提出了新能源汽车三年发展目标、重点领域、主要任务和工作举措。同时明确要求各领域加快全市新能源汽车的推广应用,要求在城市公交、出租、租赁、环卫、物流、机场等领域(区域)优先推广应用本地生产的新能源汽车;加快充换电桩(站)、加氢站等新能源汽车基础设施网络建设,促进基础设施互联互通;要求新建民用建筑工程的电动汽车充电设施和充电设备应同步设计、同步施工、同步验收,并在土地出让规划条件中明确。

二是强化招商引资和重点项目推进。按照“选优、创新、补链、强链”的八字方针,紧盯世界 500 强、国内 500 强和行业龙头,加快引进主导产业的总部企业、头部企业,发挥新产业平台集聚作用。推进项目提速,加快 smart 全球总部等项目推进速度。

三是积极推进科技创新。瞄准产业发展的关键环节,围绕车路协同、智能网联、动力锂电池及其关键材料、氢燃料电池等关键领域,实施关键共性技术攻关。持续推进重大创新平台建设,围绕新能源汽车产业链,加快甬江科创大走廊、甬江实验室等重大科创平台建设。鼓励组建新能源汽车创新联合体,推进产业生态体系建设;依托宁波科技大市场,开发“市场走廊”,打通产业化市场化桥接通道;持续发挥宁波科技人才周等高层次国际科技创新交流展示平台作用,加强国际合作与交流。

四是继续做好新能源汽车推广应用工作。继续以公共交通、公务用车、环卫以及出租、物流等公共服务领域为重点,鼓励新能源汽车采用分时租赁、网约车等新型商业化模式提高车辆使用效率,带动新能源汽车私人领域市场发展。按照市政府中车、比亚迪、吉利推广应用要求,结合充电设施建设进度,有序推进新能源公交投放。同时加快老旧车辆淘汰更新,制定年度报废计划,按照购置年限,到期一批报废一批。

五是推进基础设施建设。市能源局、市财政局联合制定出台《宁波市电动汽车充电基础设施奖励补贴专项资金管理暂行办法》,落实好《宁波市推进新型基础设施建设行动方案(2020—2022 年)》提出的目标任务,争取 2021 年全市新建电动汽车配套充电设施公(专)用充电桩 1 000 个,累计建成 9 100 个。

七、本地区新能源汽车推广应用统计表

（单位：辆）

燃 料	公交车	旅游大巴	公务车	出租车	租赁用车	私人用车	环卫车	物流车	邮政车	载货车	其他领域	合 计
纯电动	970	0	3	41	1 651	9 400	4	128	0	0	54	12 251
插电式	121	0	4	0	35	1 019	0	0	0	0	708	1 887
合 计	1 091	0	7	41	1 686	10 419	4	128	0	0	762	14 138

八、本地区新能源汽车企业产销量统计表

生产企业名称	产品商标	车辆类型	通用名称	产量统计（辆）	销量统计（辆）
浙江吉利汽车有限公司	吉利	插电式混合动力乘用车	博瑞 GE PHEV	1 351	1 351
浙江吉利汽车有限公司	吉利	插电式混合动力乘用车	星越 PHEV	394	394
上海大众宁波分公司	大众	纯电动乘用车	途岳（纯电版）	743	743
浙江中车电车有限公司	中车	纯电动客车	中车	478	478

九、本地区电动汽车充（换）电站（桩）统计表

城市名称	充电站		充电桩		换电站
	2020 年底保有量（座）	2020 年新建数量（座）	慢充（个）	快充（个）	数量（座）
宁波市	0	0	1 001	495	6

金 华 市

一、2020 年节能与新能源汽车产业概况

新能源汽车产业是金华市重点培育的主导产业之一，是金华市实体经济的重要组成部分。金华市通过出台规划政策、召开产业大会、打造发展平台、培育龙头企业、推进重点项目等措施，积极推进新能源汽车产业发展。全市共有新能源汽车及配件企业 170 家。2020 年 170 家企业总产值 258.92 亿元，同比下降 12.32%，营业收入 286.87 亿元，同比下降 12.56%，实现税收总额 12.38 亿元，同比上涨 47.25%。研发支出为 12.14 亿元，占营业收入的 4.2%。众泰汽车和青年汽车这本地两大车企的停产并导致相关上下游企业停产是全市汽车产业总产值大幅下降的原因。

二、2020 年新能源汽车推广应用情况

金华市大力探索新能源汽车推广应用商业模式，在公交领域以 BRT 示范线建设进行推广，物流领域以租赁模式进行推广，公共领域以组团租赁进行推广，私人领域以补助降本进行推广，多种模式合力推进新能源汽车的推广应用进程。同时，金华市大力发展氢能产业，积极引导推广氢燃料电池汽车，金华市与嘉兴市、杭州市、宁波市、绍兴市、衢州市共同组建成杭州湾燃料电池汽车城市群申报国家燃料电池汽车示范应用城市，申请材料已于 2020 年 11 月上报财政部。2020 年金华市推广新能源汽车 8 439 辆，其中进口车 120 辆，超额完成年度推广任务。截至 2020 年底，金华市共推广新能源汽车 30 358 辆，建设公共快电桩 1 455 个。

三、2020 年新能源汽车主要企业经营情况

从代表企业看，金华市培育和引进了众泰、青年、英伦、零跑、爱特等一批新能源整车制造企业，2020 年主要整车制造企业众泰汽车和青年汽车均已停产。新兴造车势力金华零跑汽车具备智能传感器与视觉识别等智能汽车关键技术，该公司在获取整车生产资质后，迅速释放产能，2020 年生产零跑纯电动汽车 7 982 辆，其他新能源整车企业处于成长扩张阶段，义乌英伦商用车属于外省产能，吉利汽车义乌分公司混合动力乘用车产能 3 万辆，归口统计不在金华。此外，金华市拥有创驱科技、盘毂动力（原核心驱动）、锋锐、吉利等动力总成制造企业；衡远、康迪、东磁等动力电池企业；万里扬、今飞、联宜等零部件制造企业以及部分二三级零件配套生产企业。产品已覆盖发动机、变速箱、轮毂、刹车泵、发动机传感器等各领域。全市还拥有路捷顺爆破器材、锦宇冷藏、赵龙重工、永康飞神等一批专用车改装制造企业。在氢能产业方面，金华市集聚了氢途科技、洺源科技、畔星科技、晨阳新材料等一批氢燃料电池产业链上下游企业，婺城、武义等地已签约开展 50 辆氢燃料电池汽车的示范运营。装配了盘毂动力驱动电机的 14 辆地板公交已在金华市区 24 路运行，该电机噪声小、效率高，是助推新能源公交车“地铁化”升级，广泛用于新能源汽车的理想电机；武义恒友已实现空气压缩机、氢气循环泵制造的量产，其中空气压缩机技术指标与丰田汽车水平相当，占国内装车量 43%。畔星科技（浙江）有限公司，以上海大学、大连理工大学为技术支撑，拥有浙中地区第一条自主研发的标准化氢燃料电池研

发与生产线，开发的45 kW氢能燃料电池系统已通过国家强检论证，公司已形成年产500套氢燃料电池电堆生产能力。兰溪风登环保科技有限公司每年副产氢气2 850 t，每日可提供40个加氢站的高纯度氢气，氢气成本控制在每公斤30元以内。

四、2020年新能源汽车项目及园区建设情况

《金华新能源汽车产业园三年发展行动计划》编制完成，对园区蟠龙单元的控制性详细规划进行了调整，金华新能源汽车小镇已发展成为全省集聚新能源汽车企业最多、产业配套最强、发展环境最优的产业平台之一。义乌绿色动力小镇积极打造全球最大的汽车动力生产基地，启动"万亩千亿"新产业平台创建，平台规划编制已完成，项目建设初显成效，基础配套日渐完善；婺城飞扬智能制造小镇成功列入省级特色小镇培育名单，今飞、万里扬、氢途科技等项目落地小镇，启动建设。

零跑新能源汽车项目、锋锐发动机项目、义利动力总成项目发动机区块、吉利发动机项目、英伦新能源整车项目、众泰新能源汽车E系列车型模具开发及自动化焊装线建设项目、铝合金汽车底盘及零部件机器换人生产线技改项目等建成投产，爱特新能源汽车、创驱动力总成项目、吉利DHT专用混动变速器、英伦二期项目已开工建设。今飞、万里扬、盘毂动力等项目已完成前期。另外金华开发区已成立氢能产业园，晨阳新材料等研发燃料电池汽车零部件的企业已入驻生产。

五、2020年基础设施建设及运行情况

金华市共有充电站222个，其中城市公用站167个，其余为公交专用站，2020年以来已新建48个充电站。全市共有慢充桩24 932个，公共快充桩1 455个，蔚来汽车还建设了2个换电站。

加氢站方面，确定建设的加氢站有3座，武义县桐琴镇依托浙江石油综合供能站在建日加500 kg氢气的撬装式加氢站，兰溪风登环保依托本公司的氢源在该公司厂区内在建日加500 kg氢气的撬装式加氢站，婺城区二环西路靠近婺城区政府拟建日加500 kg氢气的撬装式加氢站。

六、发展规划

金华市拟借用氢能产业发展的良机，谋划出台《金华市加快氢能产业发展的实施意见》，带动全市新能源汽车及配件产业的整体发展，具体的举措有。

（一）率先布局，培育发展氢能源产业链。当前汽车"新四化"（电动化、智能化、网联化、共享化）趋势俨然成为共识，应对汽车产业的深刻变革，金华市不仅需要全方位谋篇布局，坚持"多元化发展、多条腿走路"，构建纯电动、混合动力以及电机、电池、电控关键零部件为核心的新能源汽车产业链，也需要在点上谋求突破、弯道超车。氢燃料电池汽车代表了未来汽车产业的一大发展方向，当前氢能产业发展正处于风口期，加快相关领域布局对抢抓产业发展先机、推动产业转型升级尤为关键。建议对照标准，积极推进燃料电池汽车示范应用城市申报工作，争取国家层面的政策扶持，同时加快推进加氢站等配套设施建设布局，丰富拓展氢燃料电池应用场景，加快制定金华市专项扶持政策，构建良好的氢能产业发展生态，加速氢燃料电池产业化步伐，如探索在甬金通道上推广氢燃料电池物流车等，以示范应用为突破口，逐步打开市场局面。计划2025年前推广氢燃料电池汽车500辆以上，建设加氢站5座以上。

（二）精准服务，营造优质高效的营商环境。积极围绕研发设计、生产制造、物流配送、市场营销、金融服务、文化体验等延伸、打造价值链，深化新能源汽车制造业与服务业融合发展，提升行业整体质效。针对金华市新能源汽车产业发展的共性问题，以产业创新服务综合体建设为重点，构建"产学研用金、才政介美云"十联动的创新创业生态体系，为产业创新提供全链条式服务。进一步完善以推动市场化为导向的产业配套扶持政策、增强政策体系系统性和完备性，优化政策服务和兑现力度，如推进应收账款融资等供应链金融产品创新，破解零部件企业面临的资金周转难题；积极探索产学研合作、校企联合培养等人才培养模式创新，更好地满足产业发展对研发及技能型人才的需求；鼓励企业大胆创新，引导保险等金融机构参与企业创新研发环节，创新研发投入风险分担补偿机制等。

（三）错位发展，加强产业链分工协作。坚持"内培"和"外引"并举，推动新能源汽车及配件产业强链延链补链，发挥整车、关键零部件龙头企业集聚和串联产业链作用，打造国内特色整车基地和能够快速响应全球配套市场的专业化、规模化汽车零部件产业集群。在项目招引上，瞄准产业链供应链关键和薄弱环节，注重重大项目风险研判，不唯体量更重质效。在整车市场尤其乘用车市场竞争日益白热化的情况下，建议依托金华市在区位条件、要素成本等方面的比较优势，有针对性的盯引集聚各类优质关键零部件和配件项目，树立"配件不是配角""栽梧桐引凤凰"理念，逐步构建完善金华市新能源汽车产业协作配套生态圈，厚植产业发展土壤。支持企业深耕细分市场，保持和扩大金华市在专用车等领域的独特优势和市场份额。推动企业生产、管理、销售等环节向数字化转型，深化产业链分工协作，探索采取"共享车间"等模式，提升行业内设备等资源整合利用效率。

（四）练好内功，提升企业核心竞争力。坚持技术创新，构建核心竞争力是企业立于不败之地的根本。支持氢途科技、恒友机电、洺源科技、畔星科技、泓林新能源、晨阳新材料等企业深化氢能产业领域研发创新，持续技术积累和迭代升级，率先投入产业化应用；支持浙江衡远、横店东磁、创驱科技、盘毂动力等企业掌握三电（动力电池、电机、电控及BMS）系统核心技术，攻关突破能量密度和比功率高、使用寿命长的电池技术等。品牌形象和技术优势的建立并非一朝一夕，建议企业在科学研判内外部环境、技术趋势的基础上，结合自身发展阶段，采取灵活的技术创新战略，通过内外部研发相结合、并购合作等模式路径，更好的借力借势，例如引入高端品牌带动子品牌发展，从而快速确立技术优势和市场地位，并最终实现从技术跟随、合作创新到自主创新的跨越。

七、本地区新能源汽车推广应用统计表

（单位：辆）

燃 料	公交车	旅游大巴	公务车	出租车	租赁用车	私人用车	环卫车	物流车	邮政车	载货车	其他领域	合 计
纯电动	251	0	0	0	0	7 290	0	0	0	0	0	7 541
插电式	5	0	0	0	0	773	0	0	0	0	0	778
合 计	256	0	0	0	0	8 063	0	0	0	0	0	8 319

八、本地区新能源汽车企业产销量统计表

生产企业名称	产品商标	车辆类型	通用名称	产量统计（辆）	销量统计（辆）
青年汽车制造有限公司	青年牌	纯电动城市客车	JNP 客车	22	22
零跑汽车有限公司	零跑牌	纯电动轿车	零跑 S01	722	741
零跑汽车有限公司	零跑牌	纯电动轿车	零跑 T03	7 260	6 905

九、本地区电动汽车充（换）电站（桩）统计表

城市名称	充电站		充电桩		换电站
	2020 年底保有量（座）	2020 年新建数量（座）	慢充（个）	快充（个）	数量（座）
金华市	222（包括公交专用＋城市公用）	48（包括公交专用＋城市公用）	24 932（包括公用＋自用）	1 455	2

十、本地区氢燃料电池加氢站统计表

城市名称	加氢站名称	类型	供给能力（kg/d）	日加注量（kg）	加氢站氢气总储存量（kg）	储氢最高压力（MPa）	说明（运营/新建/在建）
金华市	武义桐琴综合供能服务站	撬装式	500	500	550	45	在建
金华市	二环西路供能服务站	撬装式	500	500	550	45	新建
金华市	兰溪凤登加氢站	撬装式	8 000	500	1 000	20	在建

武 汉 市

一、2020 年节能与新能源汽车产业概况

2020 年，受新冠肺炎疫情影响，全市汽车产量同比下降 8.45%，工业产值微增 0.16%。新能源汽车总产量 2.01 万辆，同比下降 38.46%。

武汉市乘用车整车企业东风本田、上汽通用、神龙汽车、东风乘用车均已投产新能源汽车，还拥有比亚迪、扬子江、武汉开沃、武汉客车厂 4 家新能源客车厂，拥有九通、斯贝卡等多家新能源专用车整车厂。

武汉市在新能源汽车锂电池模组、电池包和电机、电控等“三电”领域集聚了东风时代、武汉惠强、武汉力神、东软睿驰、东风航盛等重点企业，龙头企业东风公司已整合旗下三电资源，成立智新科技股份有限公司。

武汉市具有较好的燃料电池汽车示范推广基础，聚集了东风公司、武汉开沃、武汉泰歌、武汉客车、扬子江汽车等多家具备燃料电池整车研发和生产能力的整车企业以及智新科技、众宇动力、雄韬氢雄、海亿氢能、理工氢电等燃料电池汽车产业链企业。

二、2020 年新能源汽车推广应用情况

积极推进新能源汽车在汉推广应用。继续给予新能源汽车优先通行权、财政补贴和基础设施配套等支持政策，截至 2020 年底，全市新能源汽车保有量已超 10 万辆，推广规模排在全国传统燃油汽车非限牌城市前列。已示范推广燃料电池车辆 158 辆，其中燃料电池公交车 23 辆，燃料电池通勤客车 31 辆，燃料电池物流车 104 辆。

充分发挥新能源汽车及充电基础设施监管平台作用，平台已累计接入车企 70 家，对接车型 433 款，接入车辆 65 843 辆；接入充电桩企业 51 家，接入充电站 308 所，接入充电桩 10 409 部，充电枪头 12 345 个。

三、2020 年新能源汽车项目及园区建设情况

武汉市四大乘用车企业（东风本田、上汽通用、东风乘用车、神龙公司）新能源乘用车和四大客车企业〔比亚迪、扬子江（当前处于停产状态）、武汉开沃、武汉客车厂〕新能源客车均已量产，东风岚图高端新能源乘用车 2020 年 6 月将实现投产，吉利汽车武汉基地高端新能源汽车路特斯将于 2022 年投产。

四、2020 年基础设施建设及运行情况

武汉做到配套设施建设先行，全市成立了市停车场及新能源汽车配套设施建设工作领导小组，下设指挥部，专班推

进新能源汽车配套设施建设工作。截至2020年底，全市已累计建成充电桩27.1万个(其中实际建成10.5万个、具备完全接入安装条件的桩位16.6万个)、充电站913座。已投入运营的加氢站5座，为新能源汽车推广应用提供良好的设施配套环境。

五、发展规划

一是提速新能源汽车产业化发展，加快东风岚图、云峰、吉利路特斯、通用新能源汽车生产线技改等重大项目进度，大力推进造车新势力项目引进落地，鼓励乘用车和客车企业研发投产新能源汽车；以龙头整车项目为牵引，强化关键零部件企业的培育和招商引进，促进锂电池、氢燃料电池以及电池隔膜、电机、电控等全产业链项目集中集聚发展。

二是营造新能源汽车良好运营环境制定充电基础设施和加氢站建设的标准和规范，鼓励社会机构以市场化模式推进充电基础设施和加氢站建设，进一步完善全市新能源汽车示范应用基础设施，完善市新能源汽车及充电基础设施一体化监管平台。

三是组织开展新能源汽车推广应用财政补贴资金有关工作，继续做好新能源汽车推广应用中央财政补贴资金的申报和拨付工作，做好武汉市新能源汽车推广应用地方财政补贴资金的清算工作。

六、本地区新能源汽车推广应用统计表

(单位：辆)

燃　料	公交车	通勤客车	公务车	出租车	租赁用车(网约车)	私人用车	环卫车	物流车	邮政车	载货车	其他领域	合　计
纯电动	4 500	0	0	1 200	23 000	0	0	0	0	0	0	28 700
插电式		0	0			0	0	0	0	0	0	
换电式		0	0			0	0	0	0	0	0	
增程式		0	0			0	0	0	0	0	0	
燃料电池	23	31	0	0	0	0	0	104	0	0	0	158
合　计	4 523	31	0	1 200	23 000	0	0	104	0	0	0	28 858

七、本地区新能源汽车企业产销量统计表

生产企业名称	产品商标	车辆类型	通用名称	产量统计(辆)	销量统计(辆)
东风本田汽车有限公司	—	—	—	3 540	7 119
上汽通用汽车有限公司	—	—	—	9 023	9 023
神龙汽车有限公司	—	—	—	2 381	18
东风汽车集团有限公司乘用车公司	—	—	—	5 201	4 973

八、本地区电动汽车充(换)电站(桩)统计表

城市名称	充电站		充电桩		换电站
	2020年底保有量(座)	2020年新建数量(座)	慢充(个)	快充(个)	数量(座)
武汉市	913	0	105 000	0	

襄　阳　市

一、2020年节能与新能源汽车产业概况

襄阳是国内新能源汽车产业起步较早的城市之一，是国家首批新能源汽车示范生产基地、节能与新能源汽车示范推广试点城市和推广应用城市，也是国内为数不多的生产与推广相结合的城市。经过十多年的发展，襄阳从事新能源汽车研发和生产的企业及院所40多家，拥有近200项专利和实用技术，形成了“三纵三横三平台”(纯电动汽车、插电式混合动力汽车、燃料电池汽车，动力电池、驱动系统、控制系统；部分标准平台、基础设施平台、检测平台)的产业形态，逐步发展了以整车研发、生产(纯电动、插电式混合动力公交车、市政环卫车等新能源商用车)—检测基地(国家动力电池检测中心、东风新能源汽车检测线)—动力电池—驱动、控制系统—充电器生产和充电辅助系统—教育(培训)基地—示范运行—推广应用—售后服务等较为完整的产业链。整车方面形成了以东风汽车股份有限公司、中车九州汽车有限公司为代表的新能源整车企业。零部件和检测机构方面则是形成了以骆驼集团新能源电池、东风海博、襄阳泽东化工、华虹高科为代表的动力电池，以东风电驱动、东风德纳车桥、中车电机、宇清电驱动、中克骆瑞新能源科技有限公司为代表的电驱动系统，以追日电气、德普电气等为代表的充电及检测设备，以国家动力电池检测中心、国家汽车质量监督检测中心和清研新能源汽车工程中心为代表的新能源汽车检测机构，以襄阳群龙、乐泰机电为代表的汽车电器系统的产业集

群。2020 年襄阳市新能源汽车产值 208.52 亿元。在纯电动汽车产业方面,东风汽车股份有限公司推出了两款纯电动车型升级产品 EV350、EM19。在氢燃料电池汽车产业方面,东风襄阳旅行车公司积极研发新车型,东风襄阳旅行车公司已有 3 个氢燃料电池整车公告和 22 个燃料电池汽车底盘公告。在智能网联汽车产业方面,东风无人驾驶汽车在襄阳市发布,襄阳达安检测中心已建成数字化试车场,被交通部和工信部联合认定为“智能网联自动驾驶封闭区测试基地”。在新能源汽车推广应用方面,市交通运输局、市经济和信息化局、市财政局联合印发了《襄阳市新能源货运配送车辆运营补贴资金管理实施细则》,加快推广新能源车辆在配送领域的使用。襄阳市绿色城配-东风汽车股份物流工贸智慧物流项目战略协议在襄阳签订,东风汽车股份将投放节能环保的智能电动车,建立第三方物流服务体系,打造现代互联网智慧物流企业。

二、2020 年新能源汽车推广应用情况

截至 2020 年底襄阳市新能源汽车保有量突破 3 万辆。

三、2020 年新能源汽车主要企业经营情况

2020 年东风汽车股份有限公司推出了两款纯电动车型升级产品 EV350、EM19。

四、2020 年新能源汽车项目及园区建设情况

2020 年,东风无人驾驶汽车在襄阳市发布,东风试车场四期扩建及智能网联生态小镇项目建设加快推进,襄阳达安检测中心已建成数字化试车场,被交通部和工信部联合认定为“智能网联自动驾驶封闭区测试基地”。

五、2020 年基础设施建设及运行情况

截至 2020 年底,已累计建设充电桩突破 1 500 个,充电桩群超过 140 个,其中 3 座大型充电站全部满负荷运营且未发生一起安全事故。

六、发展规划

推动纯电动汽车产业链升级。支持东风汽车股份有限公司和中车九州汽车有限公司等企业技术创新,推动企业新能源汽车产品升级。服务骆驼新能源、东风海博和奥杰轻量化车身等新能源汽车项目加快产品技术升级,积极应对市场和政策变化。聚焦新产业培育新动能,一是积极开展氢燃料电池汽车产业链布局,支持东风汽车股份公司等在襄阳开展包括氢燃料电池汽车在内的氢能产业项目建设,做好襄市加氢站建设运营和燃料电池示范线推广应用等项目工作。二是着力推进智能网联汽车产业发展,发挥“智行隆中”项目示范效应,依托东风汽车、华为公司、中国联通等龙头企业,针对智能网联汽车产业链研发、制造企业开展招商工作,壮大襄阳市智能网联汽车上下游产业实力,培育智能网联汽车产业生态。

郑 州 市

一、2020 年节能与新能源汽车产业概况

郑州市拥有宇通客车、海马汽车、郑州日产、东风日产郑州工厂、上汽乘用车郑州分公司等新能源汽车生产企业,宇通重工、宏达汽车、比克新能源汽车等新能源专用车生产企业。郑州市新能源汽车产品种类齐全,产品涵盖客车、乘用车、渣土车、物流车、卡车、环卫车等系列车型,电池、电机、电控等关键零部件。宇通新能源大中型客车市场占有率 27%,海马汽车在新能源乘用车、物流车流域具有较强实力,郑州日产生产的纯电动皮卡和物流车具有良好市场前景,上汽乘用车郑州分公司生产的荣威 Ei5、名爵 EZS,东风日产郑州工厂生产的启辰 D60EV 等新能源乘用车,市场表现良好,宇通重工生产的新能源环卫装备市场占有率 21%。

二、2020 年新能源汽车推广应用情况

2020 年,郑州市推广应用新能源汽车总计 22 828 辆,其中,新增新能源公交车 252 台,占新增公交车数量的 100%;新增新能源出租车(含网约出租车)10 396 辆,占新增出租车数量的 95%;新增新能源环卫车 174 辆,占新增环卫车数量 82%;新增新能源公务车 60 辆,占新增公务车数量的 100%;新增新能源邮政车 571 辆,占新增邮政车数量的 82.9%。截至 2020 年底,郑州市新能源汽车保有量超过 10 万辆(其中燃料电池公交车 223 辆),累计建成充电桩超 2 万个,市区公交车已全部更换为新能源汽车(6 316 辆)。

三、2020 年新能源汽车主要企业经营情况

2020 年,受新冠肺炎疫情影响,郑州市新能源汽车产量 3.86 万辆,同比下降 28.7%。其中:宇通客车新能源汽车产量 1.64 万辆,同比下降 24.9%;上汽乘用车郑州分公司新能源汽车产量 0.72 万辆,同比增长 26.5%;郑州日产新能源汽车产量 0.11 万辆,同比下降 65.8%;广州风神郑州分公司新能源汽车产量 0.46 万辆,同比下降 8.5%;海马汽车新能源汽车产量 1.26 万辆,同比下降 26.5%。

四、2020 年新能源汽车项目及园区建设情况

重点抓好恒大新能源年产 30 万件汽车零部件建设项目、宇通集团纯电动中重卡项目等整车项目,恒大新能源动力电池项目、智驱科技新能源汽车电驱动系统项目等新能源汽车配套项目,扩大新能源汽车产业规模和零部件本地配套能力。

五、2020 年基础设施建设及运行情况

2020 年,郑州市新建充电站 88 个,新增充电桩 3 000 个,新建撬装式加氢站 3 座。

六、发展规划

1. 加快产品结构调整。支持宇通客车推进氢燃料电池

客车产业化，加强自动驾驶关键技术及整车开发，推出面向园区微循环公交、快速公交的自动驾驶客车；加快恒大新能源项目建设，尽快建成投产；支持海马汽车开发混合动力车型；加快宇通纯电动商用车项目建设。

2. 优化企业产能利用。推动骨干企业以中高端新能源及智能网联车型开发、智能制造、高密度电池研发等为重点实施改造升级，鼓励本地整车企业与国内新兴汽车企业开展新能源车型开发、代工制造、租赁共享、股权投资、并购重组等合作，推动闲置产能释放。

3. 加快产业链现代化提升。坚持培育本地企业和引进龙头企业并重，聚焦动力电池、驱动电机、电控系统等领域，做强新能源汽车产业链。

4. 完善技术研发和创新体系。深化"三纵三横"研发布局，聚焦产业转型中的"卡脖子"技术瓶颈，实施重点研发专项，开展关键核心技术攻关。积极引进新能源及智能网联汽车领域科技研发机构，持续释放创新活力。

5. 推进燃料电池汽车示范应用。以发展氢燃料电池客车为重点，逐步形成客车、环卫车以及卡车、乘用车等系列产品。聚焦电堆、膜电极、双极板、质子交换膜、催化剂、碳纸、空气压缩机、氢气循环系统等领域，开展技术研发和项目引进，构建完整产业链。以城市公交和物流配送等公共服务领域为突破口，逐步带动旅游客运、市政环卫、长途货运等应用场景和乘用车领域氢燃料电池汽车示范运营。

6. 完善产业制度和政策体系。完善燃料电池汽车产业支持政策、充换电站建设支持政策等政策体系。创新新能源渣土车、物流车、工程车等领域更新替代模式。加快推进纯电动汽车、燃料电池汽车、智能网联汽车示范应用和充换电站及加氢站建设，创造良好的产业发展环境。

新 乡 市

一、2020 年节能与新能源汽车产业概况

全市前拥有锂离子电池年产能约 120 亿 Wh、各类电池正负极材料年产能 11 万 t、锂电隔膜年产能近 3 亿 m^2、电解液年产能 2.6 万 t。2020 年，全市电池及相关产业规上企业 51 家，占全市 1364 家规上企业的 3.7%，主要分布在牧野区、凤泉区、新乡县。规上企业营业收入占全市总量 3.1%，营业务收入同比增长 2.6%。

二、2020 年新能源汽车推广应用情况

2020 年，新乡市共推广新能源汽车 4 375 辆，其中：大中型客车 47 辆、其他车辆 4 328 辆。

三、2020 年新能源汽车项目及园区建设情况

2020 年，新能源汽车专业园、动力电池专业园、电池及电动车专业园营业收入分别为 89.4 亿元、21.4 亿元、19.1 亿元，分别同比增长 29.4%、28.9%、23.2%。

四、2020 年基础设施建设及运行情况

2020 年，新乡市建设充电站 10 座，建设充电桩 182 个，建成加氢站 1 座。

五、本地区电动汽车充(换)电站(桩)统计表

城市名称	充电站		充电桩		换电站
	2020 年底保有量(座)	2020 年新建数量(座)	慢充(个)	快充(个)	数量(座)
新乡市	65	10	735	496	4

六、本地区氢燃料电池加氢站统计表

城市名称	加氢站名称	类型	供给能力(kg/d)	日加注量(kg)	加氢站氢气总储存量(kg)	储氢最高压力(MPa)	说明(运营/新建/在建)
新乡市	氢能产业园加氢站	撬装	—	500	—	35	新建

广 州 市

一、2020 年节能与新能源汽车产业概况

2020 年全年，广州市新能源汽车产量达 8.4 万辆，新增新能源汽车约 5.9 万辆，截至 2020 年底，全市新能源汽车保有量约 26.9 万辆。广州市已基本形成包括新能源智能汽车整车、动力电池及其管理系统、电控系统、驱动电机、电动空调以及通信、地图、检测和出行服务等在内的较完整产业链，产业规模迅速扩大。受新冠肺炎疫情影响，上半年新能源汽车行业面临严峻挑战，产销一度下滑，但随着疫情逐步稳定，各项促进汽车消费政策出台，三季度产销开始提速。

智能汽车方面，广州市在全国率先提出三级测试道路标准以及开展载客测试、远程测试、编队测试等多类型测试，已颁发智能汽车道路测试牌照共 41 张，开放道路测试路段长度总计 156 km。市公交集团与文远知行成立自动驾驶出租运营企业，已投放 80 台自动驾驶出租车，将逐步实现无安全员、无人驾驶出租车目标，并在广州国际生物岛启动了 1 条

自动驾驶公交应用示范线。

二、2020 年新能源汽车推广应用情况

2020 年,广州市新增推广应用新能源汽车约 5.9 万辆,截至 2020 年底,全市新能源汽车保有量约 26.9 万辆。公交车方面,全市已累计推广应用电动公交车 14 632 台;出租车方面,全市累计推广应用新能源出租车 13 589 台(均为纯电动车)、新能源网约车 66 138 台(其中纯电动车 60 765 台);客运货车方面,截至 10 月,累计推广应用新能源营运客车 360 台,新能源货车 24 146 辆,发放城市配送证的新能源配送车辆 591 台;公务车方面,广州市党政机关、事业单位新能源汽车保有量达 710 辆;环卫专用车方面,全市大中型纯电动环卫作业车保有量为 150 台;港口作业车方面,新能源港作车辆新增 42 辆,全港新能源港作车辆保有量达到 130 辆;氢燃料电池汽车方面,已投运车辆 58 辆,其中公交车 15 辆,物流车 41 辆,环卫车 2 辆。

三、2020 年新能源汽车主要企业经营情况

广汽埃安新能源汽车累计产销量达 6 万辆,同比分别增长 77%、43%;广汽丰田、广汽本田新能源汽车稳步增长。

四、2020 年新能源汽车项目及园区建设情况

广汽智能网联汽车产业园、小鹏智能网联新能源汽车产业园、中汽中心华南基地、日立汽车马达系统开发及生产基地等一批新能源智能汽车重大项目加快推进。广汽智能网联汽车产业园包括新能源整车工厂、电池工厂、智能网联零部件配套、自动变速箱工厂、动力总成工厂、集成驱动电机工厂、创客区、汽车小镇等项目,目前产业园已落实建设用地规模约 5 230 亩,其中建设用地约 3 817 亩。小鹏汽车智能网联汽车智造基地项目于 9 月奠基,计划投资总额超 100 亿元。中汽研汽车检验中心(广州)有限公司项目目前已完成一期项目建设并通过市场监管总局验收发证,该中心获批筹建将填补广州市乃至华南地区在新能源汽车整车领域缺乏国家级第三方检测检验机构的空白。日立汽车马达系统开发及生产基地项目于 12 月投产,预计达产后年产值 47 亿元。

五、2020 年基础设施建设及运行情况

截至 2020 年 12 月 31 日,在广州市充电设施智能管理平台登记的充电运营商 256 家,共接入充电站点 3 191 座,充电桩 32 234 台,总功率 181.86 万 kW,其中直流桩 17 093 台,直流换电桩 1 358 台,合计 18 451 台,总功率 172.86 万 kW,交流桩 13 783 台。总功率 9.0 万 kW;共接入换电站 56 座,换电工位 83 个,总功率 4.02 万 kW,超额完成《广州市加快推进电动汽车充电基础设施建设三年行动计划(2018—2020 年)》90 万 kW 充电能力的目标任务。加氢站方面,已建成加氢站 4 座(广州开发区西区、中新知识城新南、广州开发区东区、力康加氢站),另有 5 座加氢站正在推进建设,近 10 座加氢站正在开展相关前期工作。

六、本地区新能源汽车推广应用统计表

1. 2020 年节能与新能源汽车推广应用数量

(单位:辆)

燃　料	公交车	旅游大巴	公务车	出租车	租赁用车	私人用车	环卫车	物流车	邮政车	载货车	其他领域	合　计
纯电动	87	7	217	6 676	4 597	17 197	0	831	0	0	0	29 612
插电式	0	0	58	0	87	894	0	0	0	0	0	1 039
合　计	87	7	275	6 676	4 684	18 091	0	831	0	0	0	30 651

2. 2020 年节能与新能源汽车推广应用车型及数量

应用地区	车　型	数量(辆)
广州市	北京牌纯电动新能源乘用车	183
	比亚迪牌纯电动新能源乘用车	1 589
	吉利牌插电式混合动力乘用车	96
	东风日产牌纯电动新能源乘用车	467
	广汽传祺牌纯电动新能源乘用车	19 009
	广汽传祺牌插电式混合动力乘用车	263
	广汽丰田牌纯电动新能源乘用车	293
	广汽丰田牌插电式混合动力乘用车	85
	开瑞牌纯电动新能源物流车	831
	领克牌插电式混合动力乘用车	125
	名爵牌纯电动新能源乘用车	5
	名爵牌插电式混合动力乘用车	20
	欧拉牌纯电动新能源乘用车	791
	奇瑞牌纯电动新能源乘用车	170
	荣威牌纯电动新能源乘用车	221
	荣威牌插电式混合动力乘用车	127
	小鹏牌纯电动新能源乘用车	3 989

七、本地区新能源汽车企业产销量统计表

生产企业名称	产品商标	车辆类型	销量统计(辆)
广汽乘用车有限公司	广汽传祺	GAC6451CHEVA6 插电式混合动力乘用车	263
		GAM6460BEVC0C 纯电动乘用车	779
		GAM6460BEVC0E 纯电动乘用车	271
		GAM6480BEVB0C 纯电动乘用车	239
		GAM7000BEVA0C 纯电动乘用车	4 235
		GAM7000BEVA0G 纯电动乘用车	7 909
		GAM7000BEVA0K 纯电动乘用车	162
		GAM7000BEVA0L 纯电动乘用车	4 700
		GAM7000BEVA0N 纯电动乘用车	350
广汽丰田汽车有限公司	广汽丰田	GTM7180LCHEVM 插电式混合动力乘用车	85
		GTM70002BEV 纯电动乘用车	273
比亚迪汽车工业有限公司	比亚迪牌	BYD6461ST6HEV1 纯电动乘用车	395
	比亚迪牌	BYD6490ST6HEV 纯电动乘用车	132
	比亚迪牌	BYD7002BEV2 纯电动乘用车	123
	比亚迪牌	BYD7003BEV4 纯电动乘用车	135
	比亚迪牌	BYD7009BEV 纯电动乘用车	299
	比亚迪牌	BYD7009BEV1 纯电动乘用车	294
东风汽车有限公司	东风日产	DFL7000NAH1BEV 纯电动乘用车	22
	东风日产	DFL7000NAH2BEV 纯电动乘用车	445
长城汽车股份有限公司	欧拉牌	CC7000ZM00CBEV 纯电动乘用车	492
	欧拉牌	CC7000ZM02DBEV 纯电动乘用车	107
安徽江淮汽车集团股份有限公司	蔚来牌	HFC6483ECEV2-W 纯电动乘用车	317
	蔚来牌	HFC6483ECEV-W 纯电动乘用车	213
	蔚来牌	HFC6483ECSEV2-W 纯电动乘用车	113
	蔚来牌	HFC6502ECEV5-W 纯电动乘用车	242
	蔚来牌	HFC6502ECSEV5-W 纯电动乘用车	156
肇庆小鹏新能源投资有限公司	小鹏牌	HMA7001DEBEV 纯电动乘用车	1 358
	小鹏牌	HMA7001DGBEV 纯电动乘用车	199
	小鹏牌	NHQ7000BEVEA 纯电动乘用车	442
	小鹏牌	NHQ7000BEVEC 纯电动乘用车	1 690
	小鹏牌	NHQ7000BEVED 纯电动乘用车	130

八、本地区电动汽车充(换)电站(桩)统计表

城市名称	充电站		充电桩		换电站
	2020 年底保有量(座)	2020 年新建数量(座)	慢充(个)	快充(个)	数量(座)
广州市	2 997	194	13 783	17 093	56

九、本地区氢燃料电池加氢站统计表

城市名称	加氢站名称	类　型	供给能力(kg/d)	日加注量(kg)	加氢站氢气总储存量(kg)	储氢最高压力(MPa)	说明(运营/新建/在建)
广州市	东晖加氢站	固定式加氢站	1 000	—	—	—	2019—8 建成
	新南加氢站	固定式加氢站	500	—	—	—	2019—6 建成
	东区加氢站	固定式加氢站	1 000	—	—	—	2020—11 建成
	力康加氢站	固定式加氢站	500	—	—	—	2020—12 建成
	开泰北加氢站	固定式加氢站	500	—	—	—	2020—12 建成

佛 山 市

一、2020 年节能与新能源汽车产业概况

佛山市是广东省三大整车制造基地之一，年产能超过 100 万辆。在新能源整车制造领域，拥有一汽—大众佛山工厂、北汽福田南海汽车厂、飞驰客车、福迪汽车、顺肇专用车等 5 家企业，成功引入一汽解放南方新能源汽车基地项目，将建成“高质量、低成本、多品种、小批量、数字化、绿色化、智能化”新工厂；在配件及基础设施领域，已引入科力远、金辉高科、德方纳米、中研能源、柏克新能、邦普科技动力等优势企业。全市规模以上新能源汽车零部件企业超 150 家，涵盖整车制造、关键零部件、材料生产和汽车服务等环节。

佛山市在国内率先发展氢能源产业，已布局有佛山南海“广东新能源汽车产业基地”、佛山高明“中车四方现代有轨电车车辆制造基地”、佛山云浮两市共建的“佛山（云浮）产业转移工业园”等三大氢能产业基地，汇集了飞驰客车、国鸿氢能公司、广东爱德曼、广东济平、佛山清极、广东探索、广顺新能源、海德利森等一批产业骨干企业，相关项目涵盖了上游氢能基础设施、中游氢燃料电池核心部件和动力总成、下游氢能源汽车制造等环节，氢能产业发展水平继续领跑全国。纳入燃料电池汽车产业的八大核心零部件（分别为电堆、膜电极、双极板、质子交换膜、催化剂、碳纸、空气压缩机、氢气循环系统）中，佛山市已布局 5 项（分别为电堆、膜电极、双极板、催化剂、空气压缩机）。国家技术标准创新基地（氢能）经过近 3 年的努力，全面完成六大平台的建设任务，以优异成绩于 2020 年 12 月 10 日顺利通过国家市场监管总局验收。季华实验室、先进能源科学与技术广东省实验室佛山分中心（佛山仙湖实验室）、广东省武理工氢能产业技术研究院等科研平台加快建设，为全市氢能产业发展提供有力技术及专业服务支撑。

二、2020 年新能源汽车推广应用情况

2020 年，佛山市已全面实现新能源公交应用 100%（已全部替代为纯电动或燃料电池客车），并逐步提高全社会新能源汽车使用普及率，扩大新能源汽车应用覆盖面。1—12 月，全市上牌新年能源汽车 9 688 辆；累计推广新能源汽车 28 273 辆。按车型分，乘用车 19 444 辆，商用车 8 829 辆（其中：客车 7 369 辆，专用车 1 460 辆）；按动力来源分，纯电动汽车 23 944 辆，插电式混合动力汽车 2 872 辆，氢燃料电池汽车 1 457 辆。

三、2020 年新能源汽车主要企业经营情况

在新能源整车制造领域，拥有一汽-大众佛山工厂、北汽福田南海汽车厂、飞驰客车、福迪汽车、顺肇专用车 5 家企业，成功引入一汽解放南方新能源汽车基地项目，将建成“高质量、低成本、多品种、小批量、数字化、绿色化、智能化”新工厂；在配件及基础设施领域，已引入科力远、金辉高科、德方纳米、中研能源、柏克新能、邦普科技动力等优势企业。全市规模以上新能源汽车零部件企业超 150 家，涵盖整车制造、关键零部件、材料生产和汽车服务等环节。

四、2020 年新能源汽车项目及园区建设情况

佛山市顺德新能源汽车小镇是碧桂园集团投资开发运营的产城融合战略重点项目。项目聚集新能源汽车产业链，围绕新能源化与智能网联化两大方向，协同新一代信息技术、高端服务业共同构建的创新生态体系。项目一期占地面积 178 亩，分东西两区同步开发，总建筑面积为 53 万 m^2，规划企业独栋、高层写字楼、创意办公等多种建筑业态。项目一期以新能源化与信息化为招商主导方向，已招商企业超 150 家，其中新能源汽车产业 32 家，已开放入驻企业面积达 10 万 m^2。

聚龙湾新能源汽车产业园位于佛山市三水区白坭镇中南部，是由佛山市高起点高标准、倾力打造 23 km^2 的高端科技园区平台，依托“一心两轴，三廊道六组团”的发展规划，建成两大核心基地：新能源汽车核心零部件制造基地和新能源汽车整车产业基地。项目建设情况方面，把产业发展作为平台建设的首要任务，坚持产业规划为引领，瞄准先进装备、新能源汽车等重点产业，对该园区进行精准化招商，已引入 Auto space 智车港、强流明智能汽车照明制造项目等优质项目落户发展。

五、2020 年基础设施建设及运行情况

2020 年 1—12 月，全市建成充电站 60 座；建成充电桩 1 076 个（不含私人充电桩）。截至 2020 年底，全市累计建成充电站 217 座，建成充电桩近 14 800 个（含私人充电桩）。

在加氢站建设方面，截至 2020 年底，全市已启动建设加氢站 28 座，其中建成 24 座（正式投运 16 座），有效夯实了氢能汽车推广应用基础。

六、发展规划

按照国家《新能源汽车产业发展规划（2021—2035 年）》总体要求，认真抓好全市新能源汽车产业发展指导监管工作，跟进《佛山市新能源汽车产业发展规划（2019—2030）》和《佛山市氢能源产业发展规划（2018—2030）》任务落实。全力配合创建国家燃料电池汽车示范城市群。通过试点示范建设，重点在长途物流、城市物流、市政环卫等领域，通过场景化应用、商业模式创新、财政资金支持等一系列措施，将佛山市打造成为规模领先、场景丰富、绿色低碳的燃料电池汽车示范运行区。

七、本地区新能源汽车推广应用统计表

（单位：辆）

燃　料	公交车	旅游大巴	公务车	出租车	租赁用车	私人用车	环卫车	物流车	邮政车	载货车	其他领域	合　计
纯电动	1 056	0	0	1 212	1	6 507	0	47	0	0	3	8 826

续上表

燃 料	公交车	旅游大巴	公务车	出租车	租赁用车	私人用车	环卫车	物流车	邮政车	载货车	其他领域	合 计
插电式	0	0	0	0	0	215	0	0	0	0	0	215
燃料电池	647	0	0	0	0	0	0	0	0	0	0	647
合 计	1 703	0	0	1 212	1	6 722	0	47	0	0	3	9 688

八、本地区电动汽车充(换)电站(桩)统计表

城市名称	充电站		充电桩		换电站
	2020 年底保有量(座)	2020 年新建数量(座)	慢充(个)	快充(个)	数量(座)
佛山市	217	60	2 366	3 852	1

九、本地区氢燃料电池加氢站统计表

城市名称	加氢站名称	类型	供给能力(kg/d)	日加注量(kg)	说明(运营/新建/在建)
佛山市	国联氢能塱沙加氢站	固定站	500	500	运营
	佛罗路加氢站(一期)	撬装站	500	500	运营
	佛罗路加氢站(二期)	撬装站	500	500	运营
	南海丹灶瑞晖加氢站	固定站	350	350	运营
	南海中石化西樵樟坑(青龙)加油加氢合建站	油氢合建站	1 000	1 000	运营
	瀚蓝松岗禅炭路加氢站	固定站	1 000	1 000	运营
	南海桃园加氢站	固定站	1 000	1 000	运营
	瀚蓝平洲东信北路加氢站	固定站	500	500	运营
	九江大道撬装站	撬装站	500	500	运营
	三水广海路加氢站	固定站	1 000	1 000	运营
	顺德强劲荔村加氢站	固定站	500	500	运营
	顺德容桂兴顺加氢站	气氢合建站	500	500	试运营
	三水锦江路加氢站	固定站	600	600	试运营
	高明有轨电车加氢站	固定站	1 000	1 000	试运营
	河滘加油加氢站	油氢合建站	500	500	建成
	城北加氢站	固定站	1 000	1 000	建成
	瑞辉(扩建)加氢站	固定站	1 000	1 000	建成
	狮山集络加油加氢合建站	油氢合建站	1 000	1 000	建成
	丹灶政府东侧加氢站	固定站	1 000	1 000	建成
	佛南 N171 加油加氢站	油氢合建站	500	500	建成
	顺德强劲荔村加氢站二期扩建工程	固定站	500	500	建成
	顺德大良顺风加氢站	固定站	1 000	1 000	建成
	高明更合加氢站	固定站	1 000	1 000	建成
	罗格加油加氢站	油氢合建站	500	500	在建
	南庄污水处理厂加氢站	固定站	1 000	1 000	在建
	里水新材料产业 A 区油氢合建站	油氢合建站	1 000	1 000	在建
	西樵简村加氢站	固定站	500	500	在建
	大沥岭南车天地加油加氢站	固定站	500	500	在建
	顺德大良五沙加氢站	固定站	500	500	在建

成 都 市

一、2020 年节能与新能源汽车产业概况

成都市拥有新能源汽车企业 60 余户，其中整车企业近 20 户，整车产能已达 28 万辆/年，形成了“新能源乘用车(轿车、SUV) + 新能源商用车(客车、载重货车、特种作业车)”的整车制造体系。2020 年，全市新能源汽车产业逆势增长，全年实现产量 2.85 万辆，同比增长 18%。成都市拥有新能源汽车零部件及充电设施运营企业 40 余户，产品涵盖“三电”关键零部件及配套设备，形成了研发、制造、检验检测、后端服务等较为完善的零部件制造体系。氢能产业发展方面，全市

聚集了氢能企业及院所超60户，涵盖氢源供给及储运设备、燃料电池核心零部件与系统集成、整车整机研制、加氢站投资及建设运维等重要环节，规上21户氢能企业实现主营业务收入300亿元，取得阶段性成效。

二、2020年节能与新能源汽车扶持政策与措施

政策名称	文件号	发布单位	发布日期	政策概要
关于印发《成都市支持氢能暨新能源汽车产业发展及推广应用若干政策实施细则（充换电设施部分）》的通知	成经信办〔2020〕1号	成都市经济和信息化局	2020-1-20	充换电设施补贴实施细则
关于印发成都市支持氢能暨新能源汽车产业发展及推广应用若干政策实施细则的通知	成经信办〔2020〕12号	成都市经济和信息化局	2020-7-15	氢能暨新能源汽车产业发展及推广应用若干政策实施细则

三、2020年节能与新能源汽车推广应用情况

2020年，全市新增推广新能源汽车4万辆，累计推广14.1万辆，新能源汽车推广总量位居全国第7，非限购城市第一。全年新增推广新能源公交车456辆，累计达到6 015辆，占全市公交车总量的35%；全年新增推广新能源货车4 755辆，累计达到3.11万辆；全年新增私人用车1.73万辆，累计达到4.29万辆，占比1%。

四、2020年节能与新能源汽车主要企业经营情况

2020年成都市完成整车产量2.85万辆。中嘉汽车制造（成都）有限公司XC60实现产量2.23万辆、产值64.74亿元；成都大运汽车集团有限公司实现产量0.23万辆、产值3.68亿元；四川野马汽车股份有限公司T50、T70实现产量0.12万辆、产值3.02亿元。

五、2020年节能与新能源汽车项目及园区建设情况

成都市汽车产业形成了“一核+三新”的布局，即以成都汽车产业功能区发展智能网联、氢燃料、中高端燃油、新能源等整车及关键零部件，融合研发检测、设计咨询等产业，打造绿色智能网联汽车产业核心区；以简州新城发展新能源和智能网联整车，融合动力电池、汽车电子、车联网设备、电控系统等关键部件设备研制，打造绿色智能网联汽车产业智造新城；以中法生态园发展车联网、智能网联、工业数字化运用，打造智能网联汽车产业国际商务、对外交往的新窗口；以天府新区新能源新材料产业功能区发展动力电池、储能电池产业、新能源汽车零部件和各类新材料，打造智能网联汽车产业加速前行的动能新引擎。

成都汽车产业功能区：聚集一汽大众、一汽丰田、吉利、沃尔沃等10家整车企业，落户一汽大众发动机、富维江森等300余个关键零部件项目，搭建了年产能230万辆的整车生产平台，形成了集整车制造、零部件生产、研发设计和贸易博览、文化娱乐等于一体的汽车全产业链格局。2020年，汽车产量达104.5万辆，其中新能源汽车2.5万辆、同比增长23%。

简州新城：以生产、生活、生态“三生融合”公园城市示范区为建设目标，围绕新能源及智能网联汽车产业方向，优化运行体制机制，夯实城市配套功能，着力产业集聚成链，创新投融资模式，功能区建设取得一定成效。聚焦新能源智能网联汽车，重点发展新能源整车、三电系统、网联设备、传感算法等七大细分领域，城市规划提升、产业项目招引和重大项目促建等方面取得良好效果。是绿色智能网联汽车产业生态圈的“智造新城”。

中法生态园：加快中德智能网联汽车四川试验基地建设，分阶段推进封闭测试场、半开放式体验区、综合示范区，打造成都智能网联新硅谷。加快引进智能网联汽车的传感器、控制器、执行器等技术链高端核心环节项目，推动西门子创新中心等核心项目开工建设。规划布局电子信息产业，加快自动驾驶、智能交通等新技术的示范应用，推动以智能化道路、网联化设备系统、底层零部件为主的智慧交通产业及新一代信息技术、智能制造产业发展。

天府新区新能源新材料产业功能区：围绕功能区绿色智能网联汽车产业生态圈产业细分领域建链补链，强化项目招引促建，加快推动功能区产业结构重塑，有效推动绿色智能网联汽车生态圈建设。以开放创新为引领，以羊安新城规划建设为抓手，以泉水湖高品质科创空间为核心，以天新功能区法定机构改革为契机，以璞泰来、中微科技等龙头企业为重点，加快提升新能源新材料产业基础高级化和产业链现代化，着力培育区域经济的增长极和动力源，是绿色智能网联汽车产业生态圈加速前行的动能新引擎。

六、2020年基础设施建设及运行情况

成都市累计建成充电桩28 035个，其中2020年新建充电桩5 874个。2020年完成新建加氢站1座。

七、发展规划

力争到2025年，新能源汽车产能达到100万辆，产值达到2 000亿元，努力建成具有全球竞争优势的汽车产业生态圈。

八、2020年本地区新能源汽车推广应用统计表

（单位：辆）

燃料	公交车	旅游大巴	公务车	出租车（网约车）	租赁用车	私人用车	环卫车	货运、物流车	邮政车	工程车	载货车	其他	合计
纯电动汽车	456	35	71	1 279（7 719）	3 578	17 354	0	4 755	0	0	0	5 103	40 350
合计	456	35	71	1 279（7 719）	3 578	17 354	0	4 755	0	0	0	5 103	40 350

九、2020 年本地区重点新能源汽车企业产销量统计表

生产企业名称	产品商标	车辆类型	通用名称	产量统计（辆）	销量统计（辆）
成都高原汽车工业有限公司	吉利	纯电动轿车	帝豪 ev	400	400
中嘉汽车制造（成都）有限公司	沃尔沃	插电式混合动力 SUV	Xc60、S60	22 300	22 300
成都大运汽车集团有限公司	大运	纯电动汽车、客车	—	2 300	2 300
四川野马汽车股份有限公司	野马	纯电动 MPV	EC30、EC70	1 200	1 200
成都客车股份有限公司	蜀都客车	纯电动客车	城市公交	100	100
成都广通汽车有限公司	广通	纯电动客车	城市公交	400	400
中植一客成都汽车有限公司	中植汽车牌	纯电动物流车	城市公交	400	400
四川客车厂	峨眉	纯电动客车	城市公交	100	100

十、2020 年 12 月底本地区电动汽车充（换）电站（桩）保有量统计表

充电站		充电桩		换电站
城市名称	数量（座）	慢充（个）	快充（个）	数量（座）
成都市	701	5 574	22 461	11

济　南　市

一、2020 年节能与新能源汽车产业概况

1. 济南市商用车整车产业实力比较雄厚，拥有全国最大的重型汽车研发制造基地。2020 年，中国重汽集团生产汽车 48.22 万辆（主要为传统汽车），销售汽车 47.05 万辆，其中生产新能源汽车（客车）178 辆。总体技术水平国际先进，位居全国重卡行业第三位，并进入世界重卡企业前五位。中国重汽集团旗下 7 家子公司均已获得新能源汽车整车企业生产资质，产品覆盖中重卡、轻卡、客车、特种车，形成了较完善的新能源汽车型谱。纯电动港口牵引车在多个港口运行；在核心零部件方面，由中国重汽自主研发的纯电动、混合动力等动力总成和整车控制器已经得到了广泛的市场验证。在研发能力建设方面，中国重汽集团已投入数千万元开展氢系统、燃料电池及动力系统相关试验能力建设，引进高压氢安全测试设备、大功率燃料电池堆测试台架、大功率燃料电池系统测试台架、多功能环境试验舱、动力系统性能台架等关键设备，建成设施齐全、功能完备的燃料电池实验室，具备对氢系统、燃料电池及动力系统开展多工况及环境下完整性能测试能力。拥有完善的新能源汽车开发工具链，已完成包括动力电池包、单体、模组的性能测试试验台建设，并具备包括绝缘、耐压检测设备等在内的高压安全测试、验证能力。现初步具备整车集成和匹配半实物仿真平台和整车控制器开发及验证能力，动力及传动系综合匹配、标定和集成能力。具有 500 kW 多功能交流测功机系统、整车控制器硬件在环仿真系统、温湿振动三综合试验箱、盐雾试验箱、电池模拟器、功率分析仪等试验设备，具备整车控制器开发、温湿振动和盐雾试验、混合动力和纯电动系统功能试验、高压安全测试等验证试验能力。

2. 山东豪驰智能汽车有限公司在济南市莱芜区建立的具有核心自主知识产权的全国第一个基于 5G 场景的无人驾驶大批量整车智造基地。一期年产 5 万辆（双班 10 万辆）智能新能源整车，打造 5G 基础上的智能汽车，聚集国际领先的三大核心技术（超级轻量化核心部件、智能可变车身、先进氢能动力），是国内第一家智能可变车身、欧洲智能汽车核心部件生产基地。该项目 2020 年 1 月列入济南市重点项目，2020 年 2 月列入山东省重大项目，已于 2020 年底完成全部建设准备批产。

二、2020 年新能源汽车推广应用情况

2020 年济南市新能源汽车保有量 34 215 辆〔私人领域约 40%，出租车（网约车）领域约 20%，公务乘用车领域 19%，公交、公路、旅游客车领域 15%〕。2020 年共计推广应用新能源汽车 16 896 辆，其中乘用车 16 703 辆，商用车 193 辆。

三、2020 年新能源汽车主要企业经营情况

2020 年，中国重汽集团生产汽车 48.22 万辆，销售汽车 47.05 万辆，其中销售新能源汽车（客车）178 辆。汇总收入口径，中国重汽集团全年实现营业收入 1 743 亿元，同比增长 49.5%；实现利税总额 177.81 亿元，实现工业增加值 215.14 亿元。

四、2020 年新能源汽车项目及园区建设情况

1. 中国重汽集团济南卡车股份有限公司智能网联（新能源）重卡项目将位于济南市市中区党家庄镇南首的济南卡车股份有限公司搬迁，在济南莱芜区形成年产 16 万辆智能网联（新能源）重卡生产能力，其中智能网联（燃油）卡车 12 万辆、智能网联（新能源）卡车 4 万辆。项目总投资 87 亿元。项目采用整体规划，分期实施的原则，一期 10 万产能，二期 6 万产能，建筑面积近 80 万 m^2，占地面积 3 106 亩。智能网联（新能源）重卡项目一期工程，2020 年 2 月举行开工仪式，

2020年11月第一辆重卡下线。

2. 山东豪驰智能汽车5万辆纯电动物流产业基地建设：该项目一次规划，分期实施。一期厂房、公用设施及研发设备于2020年9月全部建成，于2021年达到2万辆新能源商用车规模，随后启动二期建设，新增工艺设备及人员，于2023年达到5万辆新能源商用车规模。

五、2020年基础设施建设及运行情况

1. 2020年本市新建充电站356座，快充电桩9 407个，慢充电桩2 812个，换电站22座，覆盖主城区及高速服务区，运行状况良好。

2. 新建三级固定加氢站两座，分别为泰钢氢能源加氢站（日加注量1 200 kg）和济南公交第一加氢站（日加注量1 000 kg）。以上加氢站建完正式运营后，可满足近百辆氢能汽车加氢需要。

六、发展规划

1. 整车方面：充分利用中国重汽集团、吉利集团、山东豪驰智能汽车有限公司等整车龙头企业拥有的新能源汽车的产品生产资质，重点发展纯电动、混合动力汽车、氢燃料电池等全系列商用、乘用汽车产品。重点围绕山东重工（济南莱芜）百万辆整机整车绿色智造产业园建设、山东豪驰智能汽车有限公司5万辆纯电动物流产业基地，布局新能源物流车，2021年达到2万辆、产值8亿元，2023年达到5万辆、产值20亿元。在济南高新区重点推动吉利集团尽快有效利用已有的乘用车产能，丰富济南制造基地的产品类型，引导吉利集团新能源车生产线来济布局。

2. 零部件方面：围绕提升中国重汽整车本地配套水平，充分发挥在钢铁、机械制造方面的优势，将莱芜区、钢城区、章丘区、长清区等零部件产业集聚区打造成围绕整车产业园区周边的卫星园区。推动本地底盘、结构件、车桥、车身等零部件生产企业精准对接整车企业需求，提升现有关键零部件技术水平，优化产品结构，增强为整车企业的配套能力。

3. 氢燃料电池车方面：围绕氢燃料电池汽车产业培育，在先行区、济南高新区重点布局燃料电池研发、燃料电池控制系统项目，加快在提升整车耐久性、续驶里程和燃料电池使用寿命等领域取得突破；在章丘区探索发展氢燃料电池车储氢瓶等关键装备；在先行区、莱芜区、钢城区重点进行氢燃料电池车应用示范。

4. 政策支持方面：重点扶持优势企业做大做强。积极帮助企业争取国家、省、市各类专项资金，支持新能源和智能网联汽车领域重大项目建设、核心关键技术研发和产业化、品牌建设。鼓励济南市企业积极承担国家、省汽车及零部件产业领域的重大专项和科技计划。

青 岛 市

一、2020年节能与新能源汽车产业概况

截至2020年底，青岛市共拥有新能源整车生产企业5家，关键零部件生产企业7家，已建成总产能48万辆，产品涵盖纯电动乘用车和商用车，包括纯电动轿车年产能8万辆、纯电动微型乘用车年产能10万辆，纯电动经济型乘用车年产能25万辆以及纯电动卡车年产能5万辆。2020年青岛市共生产新能源汽车整车12.9万辆，创历史最高纪录。

二、2020年新能源汽车推广应用情况

1—12月推广新能源汽车2 506辆，其中纯电动乘用车2 092辆，插电式混合动力乘用车（含增程式）237辆，纯电动特种车17辆，插电式混合动力客车（含增程式）10辆，纯电动公交车150辆。截至2020年底，青岛市共有新能源汽车91 369辆，其中全市运营的新能源公交车5 356辆，用于公共服务领域的新能源邮政车辆的保有量为890辆，用于公共服务领域的新能源环卫车辆的保有量为179辆。

三、2020年新能源汽车主要企业经营情况

2020年，北汽新能源青岛分公司实现整车产量7 029辆，同比下降76.2%。上汽通用五菱汽车股份有限公司青岛分公司生产整车66万辆，其推出的宏光MINI-EV上市即受到市场热烈欢迎，该车型全年共生产约11.5万辆。

四、2020年新能源汽车项目及园区建设情况

一汽解放新能源轻卡基地项目于10月16日正式开工，预计2021年底竣工。项目规划占地约800亩，主要从事新能源及燃油轻型卡车生产，项目总投资32亿元，达产后年产量可达10万台。

五、2020年基础设施建设及运行情况

2020年新建充电站72座，共有充电站1 197座，慢充桩13 819个，快充桩6 198个，换电站9座。

六、发展规划

推动新能源汽车产业集群发展。力争新能源汽车年产量达到15万辆，同比增长超过15%，带动汽车产业链产值增幅高于全国行业平均水平。

七、本地区新能源汽车推广应用统计表

（单位：辆）

燃　料	公交车	旅游大巴	公务车	出租车	租赁用车	私人用车	环卫车	物流车	邮政车	载货车	其他领域	合　计
纯电动	150	0	0	0	0	2 092	0	0	0	0	17	2 259

续上表

燃　料	公交车	旅游大巴	公务车	出租车	租赁用车	私人用车	环卫车	物流车	邮政车	载货车	其他领域	合　计
插电式	10	0	0	0	0	237	0	0	0	0	0	247
合　计	160	0	0	0	0	2 329	0	0	0	0	17	2 506

八、本地区新能源汽车企业产销量统计表

生产企业名称	产品商标	车辆类型	通用名称	产量统计(辆)	销量统计(辆)
一汽解放青岛汽车有限公司	解放牌	纯电动货车	J6F	1 170	1 025
一汽-大众汽车有限公司青岛分公司	大众	纯电动轿车	宝来·纯电	2 300	5 341
北汽新能源青岛分公司	北汽新能源	纯电动车	EC3	6 271	6 269
上汽通用五菱汽车股份有限公司青岛分公司	五菱	纯电动轿车	五菱宏光 MINIEV	115 650	115 444
上汽通用五菱汽车股份有限公司青岛分公司	新宝骏	纯电动轿车	新宝骏 E300/E300P	557	553
上汽通用五菱汽车股份有限公司青岛分公司	五菱	纯电交叉型乘用车	五菱荣光 EV	3 770	3 769

九、本地区电动汽车充(换)电站(桩)统计表

城市名称	充电站		充电桩		换电站
	2020 年底保有量(座)	2020 年新建数量(座)	慢充(个)	快充(个)	数量(座)
青岛市	1 197	72	13 819	6 198	9

十、本地区氢燃料电池加氢站统计表

城市名称	加氢站名称	类型	供给能力(kg/d)	日加注量(kg)	加氢站氢气总储存量(kg)	储氢最高压力(MPa)	说明(运营/新建/在建)
青岛市	贵定路制氢加氢一体站	撬装站	500	500	490	45	运营
	滨海路加氢站	固定站	1 000	1 000	980	45/预留 90	在建
	格尔院士港加氢站	撬装式	1 000	1 000	900	35	运营
	青岛美锦桥头堡加氢站	三级	1 000	1 000	200	45	运营
	青岛美锦泊里镇加氢站	三级	1 970	1 970	300	45	在建

淄　博　市

一、2020 年节能与新能源汽车产业概况

全市共有汽车产业相关企业 110 余家,列入工信部《道路车辆生产企业及产品公告》的产品 1 000 余项。淄博市新能源汽车产业链共有骨干企业 80 余家,新能源汽车产品涵盖纯电动、燃料电池、智能网联汽车三大技术路线,目前拥有山东吉利新能源、唐骏欧铃、舜泰汽车、启征新能源(原国金汽车)等新能源汽车生产企业,得普达电机、联美弹簧等新能源汽车零部件生产企业,2020 年实现营业收入 100 亿元左右。淄博市电机、电池、电控三大核心零部件具有了一定产业基础,部分产品形成了一定的规模。山博电机的汽车微电机年产 130 万台,市场占有率排在前三名;火炬能源牵引电池市场占有率 30% 左右,排国内第一位;博一新能源已具备了锂电池包产业化生产能力;联美弹簧成为戴姆勒在中国唯一板簧供应商。2020 年 8 月 28 日,吉利商用车首款皮卡在淄博基地下线。全市以山东吉利新能源为龙头,形成了整车制造与零部件集成相呼应的产业格局和配套完善的汽车产业体系。氢燃料电池发动机知名企业亿华通、爱德曼均在淄博市注册成立了新公司,布局了氢燃料电池发动机产业化项目,自主可控的燃料电池膜—电堆—发动机—整车的氢燃料电池汽车产业链已具雏形。2021 年 4 月,奇瑞集团、奇瑞雄狮科技在我市落地,其中奇瑞集团在淄博市全力建设海外整车 KD 出口制造基地,奇瑞雄狮科技与淄博市在智能网联和无人驾驶领域开展协同创新,推动淄博市无人驾驶产业加速发展。

二、2020 年节能与新能源汽车推广应用情况

淄博市于 2014 年被批准为国家新能源汽车推广应用城市。近年来,淄博市以"公交先行示范、市场牵引、服务保障、加速推进"为原则,加快新能源汽车的推广应用。截至 2021 年 5 月,淄博市电动汽车累计推广 11 014 辆。

三、2020 年节能与新能源汽车主要企业经营情况

2020 年山东唐骏欧铃汽车有限公司实现销售收入 19.4 亿元。

四、2020 年节能与新能源汽车项目及园区建设情况

推动吉利新能源多功能高端商用车(淄博)基地建设;建

设北汽集团(淄博)新能源汽车零部件生产基地。

五、发展规划

充分发挥现有汽车产业基础优势,主要依托淄川区、博山区新能源汽车及零部件产业基地、临淄区无人驾驶产业园区、高新区新能源汽车产业基地,提升整车及零部件的技术水平和产品档次,带动汽车及零部件产业向轻量化、智能化、高端化转型,打造特色优势汽车产业集群。其中,淄川区依托吉利商用车,打造新能源汽车生产基地;博山区依托北汽集团(淄博)新能源汽车零部件生产基地,打造国家级汽车零部件出口制造基地和新能源汽车绿色产业基地;临淄区依托智能装备产业园,打造智能网联汽车、海外整车出口、新能源及专用车研发生产基地;高新区依托启征新能源,打造集新能源汽车技术研究、生产制造于一体的新能源汽车产业基地。依托山东吉利新能源等骨干企业,联合行业、高校科技力量,建设具有国内领先水平的汽车技术开发基地。依托得普达电机、东岳未来氢、博一新能源等企业,大力发展以新能源汽车电池、电机、电控为核心的"三电"系统,加快锂离子电池、氢燃料电池、永磁电机、控制系统等产品技术突破。加快新能源汽车轻量化,积极推动企业采用新材料、新工艺、新技术开展轻量化技术研究,不断提高续驶里程、增强效能、优化成本。开发动力电池、高效节能电机、轻量化车身、智能车载终端等新能源汽车关键技术产品,鼓励关键零部件企业发展壮大,培育以三电系统为代表的单项冠军。

潍 坊 市

一、积极推动氢能动力和新能源汽车产业发展

一是积极协调推进,加强相关产业发展的顶层设计和规划。自领导小组成立以来,召开了3次专题会议布置工作任务,落实工作责任。领导小组组长、副组长亲赴济南、北京向国家部委和省政府汇报有关工作,领导小组成员单位也积极对上展开衔接,争取上级业务主管部门的支持。潍坊市已经在氢能发展规划、加氢站规划建设、加氢站管理、加注氢气补贴、公交车示范等方面出台了系列政策措施,2020年12月市政府办公室发布了《潍坊市氢能产业中长期发展规划(2020—2030年)》,确定了潍坊市氢能产业的发展方向和目标。

二是积极参与氢燃料电池示范城市建设。在领导小组的正确决策下,潍坊市参与了山东燃料电池汽车示范城市群申报,同时积极支持潍柴等企业参全国范围内的示范工作,并在国家初步确定的第一批示范城市群中,潍坊市将以参与城市身份参加郑州城市群的示范。在前期的争创工作中,潍坊市从完善产业链条、完备配套基础设施建设、加快推广应用等方面做了大量努力,已经具备了与示范相匹配的基础条件。在氢能供给方面,潍坊市是国内最大的海洋化工生产基地,并且有焦化、钢铁等副产氢气企业,年产氢气28.1万t,为氢能发展提供了坚实基础。现阶段,仅海化氯碱、石大昌盛、雷奥等企业就可通过副氢提纯等技术,在未来4年内提供可支撑全市氢能产业发展的稳定氢源。在配套基础设施方面。2019年5月,潍坊市在全国范围内率先出台了《关于做好全市汽车加氢站规划建设运营管理工作的意见》(潍政办字〔2019〕61号),完成7座加氢站建设选址工作;2020年3月,又出台《潍坊市促进加氢站建设及运营扶持办法》(潍政办发〔2020〕3号),进一步增强各类社会资本来潍坊投资建站的信心,加快了加氢站建设步伐。已建成并投入运营3座加氢站,日加氢能力2 500 kg,可满足200辆以上的公交车用气需求,2021年市财政已确定900万元资金用于加氢站建设补贴。为氢能产业健康发展创造了条件。在推广应用方面。自2019年,潍坊市公交公司通过市公共资源交易中心公开招标采购34台氢燃料电池公交车投入运营。全潍坊市开通氢燃料电池公交专线10条,运行总里程约300万km,车况良好,运行稳定,是全国氢燃料公交线路最密集的区域之一。

三是积极争创国家燃料电池技术创新中心。潍柴动力正在联合燃料电池领域国际一流、国内领先的研究单位和产品应用单位申报国家燃料电池技术创新中心。国家燃料电池技术创新中心将以燃料电池产业共性关键技术研发与应用为核心,服务国家燃料电池产业发展战略需求,推动重大科技成果转化,加快共性关键技术突破、科研条件平台与研发体系建设、成果转化体系建设。

四是突破氢能及氢燃料电池核心关键技术。以潍柴集团为龙头,富源增压器、奥扬科技等骨干企业致力于氢能产业发展,初步建立起氢能产业发展链条。在技术研发方面,自2008年以来,潍柴集团在新能源汽车动力总成领域累计投入40亿元,开展研发攻关和推广应用工作,具备完整的燃料电池系统、整车研发试验及生产制造能力。氢燃料电池产品已在卡车、客车等领域开展示范应用,累计获得13款燃料电池整车公告,突破49 t重型牵引车用氢燃料电池的整车构型与设计,联合国家能源集团完成全球首台200 t级氢能重载矿用卡车的样车开发。

五是加快潍柴燃料电池产业园建设,打造燃料电池系统电堆及核心零部件的生产基地。项目规划建设氢燃料电池产线及技术与工艺研发基地,其中包括固态氧化物燃料电池及关键零部件产业化项目、燃料电池动力总成核心零部件研发及制造能力建设项目以及氢燃料电池及关键零部件产业化项目。规划建成年产氢燃料电池系统2万台和3万台(套)新型燃料电池及关键零部件的产能,并具备核心的双极板等核心零部件的制造能力,同时建成固态氧化物燃料电池系统(SOFC)5 000台(套)能力,至2024年底投资完成,2025年实现销售收入200亿元。

六是推进企业间合作。潍坊市内参与氢能产业的相关企业和科研单位已达14家,以潍柴集团为龙头,拥有燃料电池汽车研发和产业化能力,已布局原材料、关键零部件、试制试验及检测等产业链多个环节,初步建立了氢能产业链条。另外,市工信局积极推动潍坊市企业与烟台冰轮、东岳氢能、光威复材、通用氢能(深圳)、苏州擎动、上海唐峰、武汉理工氢电等知名企业也保持紧密合作关系。通过企业间在科研、协作、配套、市场推广等方面的合作,进一步补链、建链、强链,打造核心竞争力,提升协同发展能力。

七是积极推进新能源汽车产业发展。从实行政府优先采购、落实财政资金奖补、支持整车生产企业做强做大等方

面支持新能源汽车产业优先发展。目前,潍坊市凯马汽车、野马(潍坊)分公司等企业取得国家新能源车辆准入资质,可以生产纯电动轻型卡车、专用车、乘用车。其中,凯马汽车于2014年10月获得国家新能源车辆准入资质,40多款纯电动载货物流运输车、环卫车、园林绿化洒水车、市政用车及底盘获得国家工信部新产品公告,数量居全国同行业前列。比德文集团通过控股四川野马汽车,获得工信部新能源汽车资质,年产6万辆新能源乘用车项目已于2021年投产,产业链配套企业达到20家;新能源汽车智能制造产业园一期项目全面建成,新能源汽车科创产业园开工建设,着力打造全省最大的新能源汽车产业基地。

二、存在的问题和困难

一是新能源汽车产业链条有待完善。潍坊市新能源汽车产业规模偏小,本地化配套率低,特别是在电池、电机、电控等核心零部件方面,全市缺乏上规模的企业,与上海、合肥、苏州等地相比,产业集聚度较低,集群优势不明显,竞争力不强。比德文集团反映,在动力电池领域,潍坊市缺少大型动力电池生产企业,集团主要向青岛国轩电池有限公司和福建宁德时代新能源科技股份有限公司采购,由于动力电池重量较重,运输成本较高,抬升企业生产成本。

二是部分扶持政策落实不到位。凯马汽车销售的新能源汽车累计可获得上级财政补贴约7 000万元,但因国家政策调整等原因,补贴资金一直没有到位,影响企业正常经营。

三是有关配套设施建设滞后。潍坊市建成加氢站仅2座,在建2座,推广燃料电池车辆不到200台,已经落后于其他先进地市。根据《潍坊市氢能产业发展三年行动规划(2019—2021年)》要求,到2021年底,潍坊市氢能公交车将达到300辆,加氢站数量无法满足公交车加氢需求,而公交公司至今没有自己的加氢站,原本计划在潍城区月河路公交枢纽战建设加氢站,因土地指标问题而搁浅。电动汽车充电设施建设滞后,超市卖场、办公区域等场所充电设施覆盖面不足,小区充电设施建设远没有达到要求,使用率低。据不完全统计,全市已建成的社会充电桩日均充电时间1.9 h,低于全省平均水平。

四是国家产业政策调整影响企业发展。国家新能源汽车补贴逐年退坡,影响企业生产积极性。以一款装载74.32 kWh的车辆为例,2018年此车可领取国补款56 308元,2019年可领取26 012元,2020年只能领取23 410元。2020年国家首次提出新能源汽车生产企业的车辆产品,行驶里程达2万km的车辆满1 000台才可以申报国补,导致生产销售量不高的企业面临更大的经营压力。

三、意见建议

一是建议保留市推进氢能动力与新能源汽车产业工作领导小组。市推进氢能动力与新能源汽车产业工作领导小组作为市新兴产业发展的领导机构,自成立以来做了大量卓有成效的工作,极大地推进了潍坊市抢抓氢能和新能源汽车产业发展政策机遇,培育发展新兴产业,必将促进潍坊市经济高质量发展。

二是实施精准招引,提升氢能动力与新能源汽车产业整体水平。借鉴先进地区经验做法,实施精准招引,着力引进氢燃料电池汽车、动力电池等核心零部件企业和整车生产企业,建立完善的产业配套体系和良好的产业生态,形成产业集群优势,降低企业生产成本。指导企业通过战略合作、技术引进、股权合作或兼并重组等方式做大做强,尽快掌握核心技术,提高研发创新能力,不断提升产品核心竞争力。

三是抢抓政策机遇,加快新能源汽车推广应用。抓住国务院将2020年底到期的新能源汽车购置补贴和免征车辆购置税政策延长2年的有利时机,以实现整车项目落地建设、现有汽车及零部件生产企业技改提升为目标,依托潍柴氢燃料电池项目和野马潍坊分公司纯电车辆项目,加大科技投入和政府采购力度,重点发展新能源乘用车、商用车、专用车三大类产品,逐步构建我市新能源汽车产业新体系。

四是强化政策扶持,加快推广应用步伐。新增公交车、出租车、市政环卫用车时,建议全部购置纯电动或氢燃料电池等新能源车辆,在公共服务领域内逐步淘汰燃油汽车。参照佛山、珠海、宁波等城市的做法,出台汽车消费竞争刺激政策,由国家电网公司等充电运营商配套建设充电站,保障车辆充电需求,逐步提高电动汽车使用比例。鼓励支持有能力、有基础的企业利用自有加油、加气站点网络改扩建成具有加氢功能的能源合建站,重点推进城市公交、物流、环卫等专用加氢站建设。积极进行国家燃料电池汽车示范,在燃料电池汽车推广应用、关键核心技术及零部件研发、产品产业化、人才引进、品牌建设、企业上市等领域强化政策和资金扶持,打造覆盖从关键零部件、电堆、燃料电池发动机、整车应用到氢气制备、储运、加注各个环节的千亿级产业链。

四、2020年新能源汽车推广应用情况

2020年,全市共新注册上牌新能源汽车29 500台。

五、本地区电动汽车充(换)电站(桩)统计表

城市名称	充电站		充电桩		换电站
	2020年底保有量(座)	2020年新建数量(座)	慢充(个)	快充(个)	数量(座)
潍坊市	6 037	1 500	2 802	3 235	/

六、本地区氢燃料电池加氢站统计表

城市名称	加氢站名称	类型	供给能力(kg/d)	日加注量(kg)	加氢站氢气总储存量(kg)	储氢最高压力(MPa)	说明(运营/新建/在建)
潍坊市	潍柴加氢站(撬装)	撬装站	500	0	0	35	运营
潍坊市	潍柴加氢站(固定)	固定站	1 000	0	0	70	运营
潍坊市	坊子区加氢站(固定)	固定站	1 000	0	0	70	运营

聊　城　市

一、2020 年节能与新能源汽车产业概况

聊城市节能与新能源汽车产业拥有规模以上企业 7 家，2020 年实现主营业务收入 60.4 亿元，比 2019 年下降 31.2%；利润 0.67 亿元，同比增长 416.4%。中通客车报送的“燃料电池商用车关键技术研究及产业化应用”项目，正式获颁“中国交通运输协会科学技术奖”特等奖；智能网联汽车开始公开道路测试，公布了公开测试道路、授权第三方管理机构、首张道路测试牌照。

二、2020 年节能与新能源汽车主要企业经营情况

中通客车控股股份有限公司实现营业收入 44.08 亿元，比 2019 年下降 34.62%，利润 2 481.8 万元，比 2019 年减少 43.3%。销售客车。

三、2020 年节能与新能源汽车项目及园区建设情况

投资建设新能源汽车升级改造项目、新能源汽车驱动系统关键零件及轻量化部件智能制造项目等重点项目，完成投资 6.7 亿元。

四、2020 年本地区重点新能源汽车企业产销量统计表

生产企业名称	产品商标	车辆类型	通用名称	产量统计（辆）	销量统计（辆）
中通客车控股股份有限公司	中通牌	纯电动汽车	—	4724	4693
中通客车控股股份有限公司	中通牌	插电式混合动力汽车	—	68	68
中通客车控股股份有限公司	中通牌	燃料电池汽车	—	96	95

五、2020 年 12 月底本地区电动汽车充（换）电站（桩）保有量统计表

充电站		充电桩		换电站
城市名称	数量（座）	慢充（个）	快充（个）	数量（座）
聊城市	0	2 349	0	

北京经济技术开发区

一、经开区智能网联汽车产业发展现状

北京经济技术开发区重点培育智能网联汽车产业生态，全面建设城市级高级别自动驾驶示范区，推进多形式的公共服务平台建设，为企业提供全方面的成长保障，构建优秀的“自动驾驶营商环境，”已逐渐发展为智能网联汽车产业创新的策源地。

（一）率先建设网联云控式高级别自动驾驶示范区

北京市高级别自动驾驶示范区以北京经济技术开发区全域为核心开展建设，将完成“聪明的车、智慧的路、实时的云、可靠的网和精确的图”五大体系建设，打通网联云控式自动驾驶的技术和管理关键环节，形成城市级工程试验平台，实现一系列应用场景商业化落地和一批中间产品推广应用。1.0 阶段已经开展 12 km 城市道路建设、10 km 高速道路建设和云控平台建设，总投资超过 2 亿元。

（二）设立智能网联汽车政策先行区

“两区”建设为北京市设立智能网联汽车政策先行区提供了良好的历史机遇，北京市“两区”建设中的重要特色是强化制度创新。4 月 10 日，北京市政府正式批复由市经信局和经开区联合制定《北京市智能网联汽车政策先行区总体实施方案》（简称《实施方案》），同意依托高级别自动驾驶示范区设立北京市智能网联汽车政策先行区（简称政策先行区），发挥政策叠加效应，为企业在京发展营造良好的“自动驾驶营商环境”。政策先行区将建立起“安全高效、创新包容、衔接顺畅、国际一流”的智能网联汽车示范应用政策管理体系，以管理创新推动智能网联汽车道路测试、示范应用和商业运营服务在此政策管理体制下，先行区以“政策先行、统一管理办法、合规有序开放”为亮点，有以下 4 项特色政策：一是企业可开展基于收费的商业运营服务，二是允许无人配送车获取路权上路运营，三是开放自动驾驶汽车高速测试，四是支持智能网联汽车异地测试结果互认。

先行区获批一个月内，已为小马智行、百度、滴滴等企业的 112 辆车发放了先行区道路测试通知书，为京东、美团、新石器发放先行区无人配送车车辆编码。同时为进一步加强监管，已组织为测试车辆安装了监管设备，并构建云端监管平台，开展测试车辆的日常监管工作。下一步，先行区将对监管系统进行软件升级，完善数据采集项目，加强事中事后监管，逐步实现科学化管理。

（三）拥有全国首个 T5 级别自动驾驶封闭测试场

经开区自动驾驶封闭测试场是全国首个面向 T1 ~ T5 级自动驾驶车辆研发测试、能力评估而建设的封闭试验场。其总占地面积 30.6 万 m^2，新建试车场道路共 33 条，总长 8 km，

搭载网联通信(5G-V2X)设备与系统,支持网联驾驶研发测试,可构建上百种静态与动态典型交通场景。

(四)经开区全域开放自动驾驶车辆开放测试道路

经开区已于2019年底实现全域开放自动驾驶开放测试道路,共约40 km^2 区域面积、322 km测试道路,为企业提供区域性的自动驾驶路测服务,常态化开展载人及测试的自动驾驶车辆超百辆。北京市已为14家企业的87辆自动驾驶车辆累计发放各类测试牌照571套,累计安全测试里程超过268万km。

(五)发布场景机会清单,加快场景示范应用

立足政策先行区全域,鼓励技术创新,探索商业模式新方向,推进智慧城市基础设施与智能网联汽车共同发展,服务高级别自动驾驶应用场景落地,打造城市服务应用类、前沿技术研发类和跨界融合创新类场景。示范区已对外发布智能网联汽车应用场景清单,组织各示范企业,加快场景应用建设工作。一是部署了百度、小马智行自动驾驶出租车超50辆,设置站点超200个,可为市民免费提供自动驾驶出行服务。二是于南海子公园投放了智行者公司的无人清扫车、无人巡检车和新石器公司的无人零售车,正在落地自动驾驶接驳车。三是在亦庄控股所属园区内部署新石器无人零售车26辆。四是推进智能网联公交车,已联合宇通、百度进行功能测试。五是已启动城市自动驾驶清扫车、洒水车的落地部署工作。

(六)全国首个自动驾驶地图试点示范区

2019年12月31日,国家智能网联汽车创新中心建设启动会暨车联网(智能网联汽车)和自动驾驶地图应用试点签约活动在北京经济技术开发区举行,自然资源部库热西·买合苏提副部长、工信部王志军副部长、北京市殷勇副市长共同签署了《关于车联网(智能网联汽车)和自动驾驶地图应用试点的合作协议》,将在经开区范围内率先启动自动驾驶地图试点示范工作,为自然资源部授权的全国唯一自动驾驶地图示范测试区。

(七)集聚一批优秀企业和创新中心

在智能网联汽车产业共性技术研发方面,已集聚工信部批复的全国唯一一家国家智能网联汽车创新中心,重点开展智能网联汽车的共性关键技术研发和技术转移及产业培育服务,弥补我国在车载传感器、车载操作系统等方面的短板。支撑北京智能车联产业创新中心创新发展,初步形成自动驾驶虚拟仿真—封闭场地—开放道路逐级联动的自动驾驶测试评价服务体系。

在领军企业方面,经开区集聚了北汽新能源、北京奔驰两家大型整车企业,引领产业链发展。在智能网联汽车方面,已集聚百度智行、小马易行、主线科技、踏歌智行、行易道、启迪云控等相关产业链上下游企业,初步形成了涵盖独角兽、蹬羚、金种子的科技企业成长梯队。

二、下一步发展方向

着力按照“车路云网图”五大体系逐一分解产业链,逐步提高自主比例,并吸引产业落地北京。一是在“车”端,创建良好的营商环境,吸引具有智能化生产工艺的车企入驻。二是在“路”端,重点支持高性能传感器和边缘计算单元产业发展。三是在“云”端,重点关注智能网联汽车云控基础平台、信息安全基础平台,在现有X86系统架构下,适时支持北京市信创园安可系统应用,支持启迪云控等企业发展。四是在“网”端,大力支持新岸线等企业组建自主高可靠、低时延通信网络,培养产业生态。五是在“图”端,重点布局全球导航卫星系统(GNSS)板卡和惯性传感器(IMU)等快速定位技术和产品。

示范区已开展2.0阶段示范区建设总体规划,目标是实现经开区核心区智能网联基础设施全覆盖和网联云控核心能力迭代优化。

中关村科学城

一、中关村科学城产业发展现状

(一)产业基础情况

一是中关村科学城智能网联汽车领域拥有良好的产业创新资源。驻区知名高校、科研院所密集,聚集了北大、清华、北航、北理工、中科院、信通院等一批源头创新的高校院所,拥有一批国家重点实验室,汇聚了一批全球顶尖科学家、产业领军人才和创新人才,为产业发展提供了原始创新能力支撑。

二是ICT产业基础扎实,为智能网联汽车产业提供了基础支撑。电子信息产业领域,聚集着百度、大唐电信等一批领军企业。在集成电路设计领域,围绕智能网联汽车,有一批企业加快汽车芯片及电子器件布局,展讯与百度加强车际间通信方面的技术合作,兆易创新提供MCU产品服务,大唐半导体、北京君正也积极加强车用电子芯片布局。中科寒武纪、地平线等智能芯片企业崭露头角,已研发出可用于图像识别领域的智能加速芯片。

三是智能网联汽车产业生态蓬勃发展,产业链布局完善,在高精尖产业的基础支撑、关键技术、成果转化等产业链关键环节上,聚集了一批智能网联领军企业和创新机构,一批国内自动驾驶领域顶尖的科技企业,一批车载芯片、高精度定位、智能感知、信息安全等领域的创新企业,形成了从源头创新、关键技术研发到成果转化和产业化全产业链布局。

1. 环境感知系统:包含光学镜头、车载视觉驾驶辅助系统、车载毫米波雷达、专用图像处理芯片与复杂图像处理技术、4线至64线激光雷达、车载传感融合关键技术、激光雷达三维成像技术和产品。激光雷达代表企业:北科天绘、北醒光子。车载毫米波雷达:易行道、经纬恒润。视觉感知设备企业有中科慧眼。

2. 定位与导航系统:GPS的车载高精度定位系统、动态高精度地图、北斗车载高精度定位定姿系统代表企业:百度、高德、四维图新、北斗星通。

3. 车联网通信和信息交互系统:主要有基于C-V2X代表企业有千方科技、大唐高鸿、华为、万集科技、星云互联,EUHT车路协同设备企业:新岸线。

4. 车载智能终端及HMI系统:主要有车载智能网关、数据协同处理、智能信息服务、人机交互等车载智能终端企业

有:大唐半导体、展讯、百度、中科创达、云知声、声智科技。

5. 集成控制及执行系统:有效利用网联感知信息的集成式控制器,可实现自动驾驶功能的集成控制器,支撑智能化整车产品代表企业有:百度、滴滴、小马智行、禾多科技、初速度。

6. 多源信息融合系统:建立车辆多源感知信息的优化组合、多方向多传感器信息融合、基于网联通信和车载多源信息在数据层的信息融合,支撑高度自动驾驶系统。代表企业:百度、初速度、地平线、驭势科技、中科慧眼。

7. 信息安全系统:联合信息安全厂商与汽车厂商,对智能网联过程中涉及的数据交互分析、攻击防护、信息源认证、访问控制、漏洞处理等安全领域进行重新定义,构建与产业需求相符的安全体系,代表企业:启明启辰、梆梆安全。

四是出台产业政策,支持产业创新发展。为进一步抢抓智能网联汽车产业创新发展机遇期,抢占智能网联汽车产业创新发展制高点,出台了《关于支持中关村科学城智能网联汽车产业创新引领发展的十五条措施》,从共性技术研发平台、关键技术创新,示范区建设,自动驾驶示范应用、测试与标准创新等多方面加大支持力度,加快推进高精尖产业创新发展。

五是产业环境不断丰富,为产业创新发展提供保障。海淀区加快建设 100 km^2 范围的自动驾驶创新示范区,积极推进示范区全域自动驾驶车辆开放测试。国家智能汽车与智慧交通(京冀)示范区海淀基地是北京市首个自动驾驶车辆封闭测试场,于 2018 年 2 月正式启用,累计为 25 家测试主体提供多种测试服务,测试基地测试里程超过 7 万余 km,场景测试近百万次,覆盖城市交通环境中 R1-R3 级道路类型和测试场景。在中关村环保科技园建成国内首个集 LTE-V、EUHT 两种标准的车联网环境,提供 5G 通信网络、激光雷达、毫米波雷达、视频摄像头于一体的智能感知系统和云控平台,提供高精度地图、高精度定位、自动驾驶仿真测试等专业服务,率先开展自动驾驶场景示范应用。

二、下一步发展方向

中关村科学城紧跟国家和北京市智能网联汽车产业发展战略,按照"技术创新、应用引领、高端集聚、跨越发展"的发展思路,发挥中关村科学城的创新资源优势及新型科研力量在产业推进过程中巨大作用,加强智能网联汽车产业政策支持,完善产业金融服务,优化产业组织,通过突破一批关键技术、搭建共性技术平台、聚集一批创新企业,培育和引入一批顶尖人才、优化产业服务环境等方式,加快智能网联汽车产业创新发展。

一是聚焦一批关键项目。紧跟国家和北京市对网联汽车产业的规划与布局,跟踪国内外先进的技术应用,重点聚焦芯片、算法等核心技术,加强车载智能感知、操作系统、计算单元等关键技术项目突破。

二是搭建一批共性技术服务平台。联合国内外优秀的高校、领军企业和创新机构,建立智能网联汽车领域共性技术服务平台,形成合力,支撑产业领域共性技术研发。

三是聚集一批创新企业。与高校研所、新型研发机构等创新主体加强协同创新,加大国内外智能网联优秀的企业引入和培育,形成智能网联汽车产业高端集聚,形成产业集群化发展。

四是引育一批顶尖产业人才。关注一批智能新能源汽车领域的顶尖创新创业人才及团队,特别是具有国内外知名高校教育背景的顶尖人才,通过黏性服务方式,营造最佳的产业服务环境,引入顶尖人才在海淀创新发展。

五是提升公共服务水平。积极对接金融服务、知识产权、法律咨询等服务机构,为基地企业提供优质、全面的配套服务。同时,进行国际资源整合与对接,开展中小企业国际化创业服务,搭建国际交流平台,促进优秀企业"走出去",先进技术"引进来"。

中关村科学城将全面优化智能网联汽车产业布局,逐步落实好"智能网联汽车十五条"政策措施。加快建设世界领先、技术先进、场景丰富的自动驾驶创新示范区,打造功能齐全、特色突出的自动驾驶封闭测试场,营造智能网联汽车与智能交通全面融合的测试环境,构建技术先进、体系完备的开放测试区域。推动中关村科学城成为国际领先的智能网联汽车产业创新高地。

节能与新能源汽车

年鉴

第四篇

单位篇

整 车

中国第一汽车集团有限公司

一、单位概况

中国一汽直面全球新一轮科技革命、产业变革和对外开放新格局，以"美妙出行，美好生活，打造世界一流、环境友好〔绿色低(零)碳〕、深受消费者喜爱的移动出行服务公司"为愿景，以"树立民族汽车品牌，成为用户愉悦伙伴，强大中国汽车产业"为使命，奋力开创新时代中国汽车产业转型发展新道路、新格局。秉持"创新到不能再创新"理念，以创新驱动发展，加快掌控核心技术、关键资源，不断探索创新工作模式，面向打造具有全球竞争力的世界一流企业，实现跃迁式发展，助力实现汽车强国梦。

二、经营情况

中长期来看，2025 年之前，市场将在政策引导和拉动下规模持续扩大，预计超 350 万辆。2025 年之后，在市场驱动下，新能源汽车、智能网联汽车发展将成为主基调。近期来看，受到相关政策支持的推进，未来一段时间，预判市场规模还是会有两位数以上的增长空间。

三、产能建设

构建全产业链的生态保障，以客户为中心，发挥中国一汽强大的资源整合能力及数字化平台优势，赋能能源流向的各个节点，打造智慧能源计划。建立一套行业最优的充电体系一汽智慧能源计划，并联合集团内五大品牌共建共享，为各品牌提供充电服务；满足用户购车、用车、换车极致体验需求。

四、技术进展及研发能力建设

中国一汽以"旗羿·登峰(Climb)"新能源技术发展战略为引领，以 2020 年"清洁"、2025 年"高洁"、2030 年"纯洁"为目标，布局 xHEV、EV 及 FCV 三条技术路线，突破羿清、羿安、羿控、羿驱及羿能 5 项核心能力，构建人力资源、生态资源及资金保障三维资源保障体系，打造中国领先、世界一流的新能源技术、产品及产业。

中国一汽通过固态电池、氢燃料和分布式驱动研发，实现技术领先和安全无忧。运用大数据，建立和完善电池寿命预估、梯次利用、能量管理等模型，提升产品竞争力。

已实现新能源"三电"系统集成技术及控制软硬件技术、电机电池热管理技术、轻量化技术、高压安全技术、全新百兆以太网总线技术等 20 余项核心技术的突破，并已在红旗系列车型上进行搭载应用。

针对电动车技术安全，通过深入研究电池安全失效模式及机理，大量电池单体安全性试验及模组的热扩散试验，从电池管理系统开发及电池总成自主开发等多维度保证电池的机械安全、电气安全和热安全；开展充电安全专项技术研究，全面构建充电安全规范，建立充电系统本体安全、控制策略安全、大数据防护三级防护机制等多项技术研究来保证整车涉水安全、充电安全及碰撞安全。中国一汽建立了具有国际先进水平的新能源汽车整车、电机、电池、电控及高压体系的试验和验证基地，拥有动力总成综合试验台架、HIL 试验台、电机性能试验台、电池单体穿刺试验台、电池单体测试体系、电池模块测试系统、电池总成测试系统、纯电动高压系统试验台、高压配电盒性能试验台等新能源总成及零部件试验设备。

五、主要新产品

序号	产品型号	产品名称	通用名称
1	红旗牌	纯电动 SUV	红旗 E-HS3
2	红旗牌	纯电动 SUV	红旗 E-HS9
3	红旗牌	纯电动 SUV	红旗 E-QM5

六、发展目标与规划

中国一汽持续深入贯彻习近平总书记 2020 年 7 月 23 日调研的重要讲话精神，创新驱动发展，奋斗改变未来。2021 年，中国一汽立足新发展阶段，贯彻新发展理念，构建新发展格局，识变应变，洞悉本质、创新突破，以客户为中心，以全面创新驱动为主线，推进新时期中国一汽高质量发展。

东风汽车集团有限公司

一、单位概况

东风汽车集团有限公司是中央直管的汽车企业，前身是始建于 1969 年的第二汽车制造厂。

公司是汽车行业的骨干企业。现有总资产 4 353 亿元，从业人员 13.7 万人，2020 年汽车销售 345.8 万辆，实现销售收入 5 993 亿元，同比增长 3.2%，经营规模居中国汽车行业第三位，《财富》世界 500 强企业排名第一百位。

公司是行业内产品和价值链最齐全的汽车集团，主要业务涵盖全系列商用车、乘用车和军车、新能源汽车、汽车零部件、汽车装备、出行服务及汽车水平事业等。

事业布局遍及国内外。建立了武汉、十堰、襄阳、广州四大基地，主要事业分布在全国 20 多个城市。在瑞典建有海外研发基地，是法国 PSA 集团三个并列最大股东之一；在俄罗斯设有海外销售公司，海外销量遍及全球 80 多个国家。

研发能力和科技创新水平行业领先。东风技术中心在汽车行业中排名第二位，形成了基础研究、商品开发和前瞻研究三位一体的研发体系。围绕轻量化、电动化、智能化、网联化、共享化"五化"趋势，建设了国际先进、国内一流的产品设计与试验设施。拥有授权专利 10 238 项。

公司发展目标是建设世界一流企业。以"为用户提供全方位优质汽车产品和服务的卓越企业"为战略定位，提出了实现"三个领先、一个率先"的阶段性奋斗目标(经营质量、自主事业、新兴业务行业领先；东风员工高质量跨越小康，率先享有新时代美好生活)，规划了建设世界一流企业的路线图，为满足客户对美好汽车生活的向往和建设汽车强国贡献更大力量。

二、经营情况

2020 年东风公司新能源汽车销售 5.6 万辆，累计销量超过 28 万辆。

三、产品出口

东风自主新能源汽车出口业务尚处于起步阶段，出口规模较小。主要产品有东风风神 E70、东风风行 S50EV、郑州日产电动皮卡、东风易捷特纯电动车等，主要出口欧洲、南美洲、中东等地区。易捷特新能源汽车有限公司出口欧洲车型于 2020 年 10 月实现量产，全年向欧洲市场交付 4 000 余辆。

四、产能建设

岚图汽车科技公司致力于提供零焦虑的高端智能电动汽车，公司已建成 15 万辆/年新能源乘用车整车产能。

东风新能源汽车产业园 2 号园区建设正在进行中，规划产能为年产 200 万套电驱动系统和 1 万套燃料电池系统。

五、技术进展及研发能力建设

在新能源汽车领域，全面自主掌控三电核心总成技术。掌握了安全可靠的电池系统管理技术、行业领先的 IGBT 封装集成技术、高度集成的多合一电驱动总成技术、全球领先的高效扁线电机技术。完成了 80 kW 燃料电池系统开发；实现了电堆零下 20 ℃无辅助热源冷启动；掌握了从控制减压系统、储氢装置到电机的全部技术链，取得了"氢芯、氢元、氢舟"一系列成果。完全自主、正向研发原生智慧新能源专属 ESSA 模块化架构，集成了行业领先的三电技术、国际水平的高性能底盘、精准高效的能量管理系统。正在打造的中央集中式 SOA 电子电器架构。

在智能网联领域：自主开发人工智能车机系统，智能化体验行业领先。L3 级自动驾驶乘用车联合开发量产落地。在 L4 级限定区域无人驾驶车辆方面，已完成 Sharing-VAN、Robo-Taxi 的研发。

六、主要新产品

序号	产品型号	产品名称	品　牌	通用名称
1	DFL7000NA63BEV	纯电轿车	启辰牌	D60EV
2	YQZ7004BEV	纯电轿车	起亚牌	K3EV
3	DFL7000NAH1BEV	纯电轿车	东风日产牌	轩逸
4	DFM7000N1FBEV	纯电轿车	风神牌	亦炫 EV
5	DHW7003DHBEV	纯电 SUV	毅威(M-NV)牌	M-NV
6	DHW7004DHBEV	纯电 SUV	沁威(X-NV)牌	X-NV
7	DHW6471R7HEV	插电 SUV	思威(CR-V)牌	CR-V PHEV
8	EQ7000FL2F1BEV	纯电 SUV	东风牌	东风 EX1
9	DC6456KXBB16HEVA	插电 SUV	东风雪铁龙牌	天逸 PHEV
10	DC6431XLAXBEVB	纯电 SUV	东风标致牌	2008EV
11	DC6456KLBB16HEVA	插电 SUV	东风标致牌	4008PHEV
12	DC7168KSABHEVC	插电轿车	东风标致牌	508LPHEV
13	SKE6470SHEVAS	插电 SUV	赛力斯牌	SF5

七、合资合作及重大项目建设

聚焦智能制造，打造高端制造能力。为满足岚图高端乘用车生产能力，对现有工厂生产线进行改造，从工艺、装备等方面进行柔性化、数字化升级，充分运用网络信息技术打造 5G 全连接工厂平台，建设智能化工厂，形成制造技术领先的年产 15 万辆高端新能源整车生产工厂。

八、发展目标与规划

"十四五"规划目标：到 2025 年东风公司新能源汽车销量突破 100 万辆，销量占比达到 20%。其中，自主新能源汽车销量挑战 80 万辆，新能源汽车的新车占比挑战 40%。整车性能水平达国际一流水平，完全自主掌控新能源核心总成。

上海汽车集团股份有限公司

一、单位概况

上海汽车集团股份有限公司(简称上汽集团，股票代码 600104)作为国内规模领先的汽车上市公司，努力把握产业发展趋势，加快创新转型，正在从传统的制造型企业，向为消费者提供移动出行服务与产品的综合供应商发展。上汽集团主要业务包括整车(含乘用车、商用车)的研发、生产和销售，正积极推进新能源汽车、互联网汽车的商业化，并开展智能驾驶等技术的研究和产业化探索；零部件(含动力驱动系统、底盘系统、内外饰系统，以及电池、电驱、电力电子等新能源汽车核心零部件和智能产品系统)的研发、生产、销售；物流、汽车电商、出行服务、节能和充电服务等移动出行服务业务；汽车相关金融、保险和投资业务；海外经营和国际商贸业务；并在产业大数据和人工智能领域积极布局。

二、生产与经营

2020 年，上汽集团全年销售整车 560 万辆，连续 15 年销量保持国内第一。其中，上汽自主品牌销售 260 万辆，在总销量中占比达到 46.4%，创出新高；新能源汽车销量为 32 万辆，海外市场销量为 39 万辆，实现全面领跑。2020 年 8 月，上汽集团以上一年度 1220.714 亿美元的合并销售收入，名列《财富》杂志世界 500 强第 52 位，已经连续 7 年进入百强名单，在此次上榜的全球汽车企业中名列第七。

三、产品出口

2020年，上汽实现整车出口和海外销售39万辆，同比增长11.3%，在疫情之下克服重重困难实现逆势增长，超过中国车企海外总销量的1/3，并连续五年蝉联全国第一。特别是在英国、荷兰、挪威、丹麦、法国、德国等欧洲发达国家，依托新能源产品的强力支撑，自主品牌MG和Maxus全年整车销量超过4万辆，其中新能源车占六成，在全球汽车工业发源地吹响了"中国智造"的冲锋号。

四、技术进展与研发能力

2020年9月22日，国家主席习近平在联合国大会上表示，中国将提高国家自主贡献力度，采取更加有力的政策和措施，二氧化碳的碳排放力争于2030年前达到峰值，努力争取到2060年前实现"碳中和"。上汽集团将遵照总书记的要求始终坚持推进"电动化、智能网联化、共享化、国际化"新四化创新转型，加快自主掌控核心技术，培育差异化竞争优势等措施，为我国如期实现"碳达峰""碳中和"的目标而努力奋斗。

上汽集团坚持"纯电、插电、燃料电池"3条技术路线全面推进，已累计投入数百亿元，形成近千人的自主研发团队，在自主掌控"电池、电驱、电控"核心技术的基础上，推出了30余款整车产品。2020年，上汽新能源汽车销量超过32万辆，同比猛增73.4%，增速大幅跑赢行业，勇夺国内新能源汽车市场销量冠军。

五、合资合作及重大项目建设

2020年底上汽、阿里和张江高科联手打造的百亿规模用户型汽车科创公司——智己汽车，正式落地浦东新区。定位于高端品牌的智己汽车，将围绕用户出行新需求，在续航能力、电池安全、沉浸式自动驾驶、全新人车交互、内容分享等方面打造极致智能体验，开启自主品牌"品牌向上、能级向上"的新篇章。

六、发展规划

"十四五"期间，上汽集团将坚持以自主品牌发展为龙头，以数字化转型为支撑，全力推动新四化创新，迈上全球汽车企业前5，成为具有产业全球竞争力和品牌国际影响力的万亿级汽车产业集团，争创世界一流汽车企业，为我国由汽车大国迈向汽车强国，不断作出新的贡献。

七、2020年1—12月企业在新能源汽车方面经济指标统计

填报单位名称	指标名称	单位	本期累计	同期累计	增长率(%)
上海汽车集团股份有限公司	2020年末资产总计	亿元	9 194.15	8 493.33	8.25
	2020年营业收入	亿元	7 421.32	8 433.24	-12
	2020年利润总额	亿元	358.92	409.58	-12.37

广州汽车集团股份有限公司

一、单位概况

广州汽车集团股份有限公司（简称广汽集团），成立于1997年6月，总部位于广州市天河区珠江新城。是一家"A+H"股上市的大型国有控股股份制企业集团，总市值超1 000亿元。

广汽集团主要有汽车研发、整车（汽车、摩托车）、零部件、商贸服务、金融服务五大业务板块。旗下拥有二十多家知名企业与研发机构，生产销售传祺系列、埃安系列以及广汽丰田、广汽本田、广汽三菱、广汽菲克等数十种知名品牌乘用车、商用车、摩托车、公交车产品。集团连续6年入围《财富》世界500强，2020年位列世界500强企业第206名，位列中国企业500强排名第54名。根据国家发展改革委发布的国家企业技术中心2019年评价结果，以广汽研究院为核心的广汽集团国家认定企业技术中心排名全国第六、行业第一。

广汽集团于2017年启动了广汽智联新能源汽车产业园建设，该产业园是广州市实施汽车产业"153"战略之一。总体规划面积约7 500亩，总投资450亿元，到2025年建成40万台汽车年产能，首期智能工厂已经竣工投产。围绕"智能制造、创新研发、汽车小镇"三大领域，打造智能、开放、创新、绿色、共享、生态的国际智联新能源汽车产业创新生态城。

2017年7月，广汽集团立足多年自主创新体系建设基础和新能源事业技术积累，顺应产业向"电动化、智能化、网联化、共享化"变革的时代大势，结合国家政策和技术形势的变化，投资46亿元成立了广汽新能源汽车有限公司，2020年11月更名为广汽埃安新能源汽车有限公司。广汽埃安是广汽集团发展新能源汽车事业的发展载体和极具成长性的创新企业，致力于向用户提供世界移动智能新能源产品和服务。

广汽集团2011年国内最早启动新能源汽车技术研究，在新能源汽车和智能汽车技术领域有了深厚积淀，并开创了向合资企业导入自主品牌车型先河。

"匠于心　品于行"，广汽集团始终坚持"人为本、信为道、创为先"的企业理念，努力成为客户信赖、员工幸福、社会期待的世界一流企业。

二、经营情况

广汽集团坚决贯彻落实习近平新时代中国特色社会主义思想，积极践行新发展理念，基本实现"十三五"规划各项目标，企业规模、综合实力、发展质量实现全面跨越式发展。2020年，实现汽车产销203.5万辆和204.4万辆，营业收入

3 894.6 亿元,同比增长 5.2%。在全国各大汽车集团的产销规模排名提升至行业第四位,行业排名创近十年以来最好水平。

三、产品出口

广汽集团国际化进程稳步推进,已完成中东、东南亚、东欧、非洲、美洲等五大板块十几个国家的布局。2020 年 1 月,广汽集团首批出口海外的电动车广汽新能源纯电动车 GE3 从上海登船启程,通过海运发往以色列,一经上市即广受好评。

四、产能建设

广汽集团顺应全球汽车产业"新四化"发展趋势、继续推行品牌进化的战略抉择,先后动工多项产能扩建项目,助力构建粤港澳大湾区新能源汽车产业集群。

为了满足日益增长的消费者定制化购车需求,广汽埃安智能生态工厂于 2021 年 4 月迎来进化升级,作为广东省重点建设项目,埃安工厂在原有 10 万辆/年的基础上,产能即将扩充至 20 万辆/年。

五、技术进展及研发能力建设

广汽集团是国内最早采用纯电平台技术进行新能源车型开发的车企之一,开发了 GEP 纯电专属平台。GEP 纯电专属平台通过将三电、车身、电子电器等系统平台化、模块化,对成本管控、产品性能提升等起到显著作用。在 GEP 平台架构下,推进了 Aion S、Aion LX、Aion V、Aion Y 等车型的开发,形成了广汽的纯电车型谱系,为新能源市场的持续发展提供了有力的支撑和保障。GEP2.0 全铝纯电专属平台产品实现了远超"油改电"平台的性能、空间、智能和安全的表现。例如基于 GEP2.0 平台开发的于 2019 年 11 月上市的 Aion LX 车型在当时率先实现了超越燃油车的 650 km 续航,提供百公里 3.9 s 的超跑级体验,极致平衡的 50:50 前后配重,燃油车难以做到的 61.7% 轴长比和越级体验的超大空间。

广汽聚焦三电核心技术,重点突破动力电池、自主电芯、机电耦合、集成电驱动、域控制器、高效热管理、大功率充电等关键零部件技术,适当储备燃料电池整车集成技术,积极开发混动技术,结合智能网联技术,抢占汽车产业发展制高点,支撑自主品牌实现换道超车。此外,开展碳中和相关基础性研究,履行减碳责任。

电池技术方面,攻克并掌握下一代动力电池电芯技术,能量密度达到行业领先水平。自主研发的海绵硅负极电池,有较高的能量密度,方型铝壳电芯能量密度超过 280 Wh/kg,体积能量密度超过 700 Wh/L,处于行业领先水平。通过高集成度的电池整包设计,大幅提升电池包体积利用率,使得电池体积缩小了 20%,重量减轻了 14%,整包电量达到 150 kWh,可支撑 Aion LX 续航突破 1 000 km。

电池安全方面,从电池本征、被动与主动安全方面入手,开发出弹匣电池技术,通过高耐热电芯、隔热安全舱、三维冷却系统及全时监控,首次实现了三元电池针刺无明火的结果。

快充技术方面,广汽自主研发的石墨烯基快充电池,具备 6C 的快充能力,最快 8 min 能充电至 80%,搭载超级快充电池的车型将于 2021 年推出。

电驱系统方面,广汽正在进行集成电驱系统的自主研发,根据不同的电驱系统综合采用扁线 Hair-pin 电机技术、多模式无动力中断技术、多动力源低能耗能量管理技术、全天候自适应高效冷却润滑技术、全域变频高效控制等多项技术,提升效率,降低重量、体积和成本。一档 IDU 产品输出功率≥200 kW,成本降低 15%,达到国内领先水平;二档 IDU 产品输出功率≥340 kW,输出扭矩≥6 250 Nm,将达到行业领先水平。

燃料电池方面,基于广汽 GEP 2.0 平台开发了氢燃料电池汽车,该车搭载的燃料电池系统额定功率超过 68 kW,最高效率达 62.2%,加满氢气 NEDC 工况续航里程超过 650 km,在 -30 ℃环境中,整车无须外部热源即可实现一键冷启动。

混合动力领域,着力打造中国最强混动技术平台,全面推进双电机混动系统的搭载应用。在合作开发方面,广汽传祺将是丰田 THS 混动系统首次搭载应用的自主品牌,在实现强强联合的同时,能给消费者带来更强的驾乘体验。在自主开发方面,独立自主开发的全新多模式机电耦合系统(G-MC,GAC Mechatronic Coupling),高效地将发电机、驱动电机、离合器、传动系统以及差减速器集成于一体,通过合理控制发动机、发电机和驱动电机的动力耦合输出,实现纯电动、串联、并联及混联等多种驱动模式。搭载广汽双电机技术的混动车型具备"质、省、快、静、顺"五大优点,除了大幅降低碳排放,还将为消费者带来极为可靠、极致省油、极速动感、极度舒适、极其愉悦的极致出行体验。

除了自研新能源车型外,广汽研究院还为多家合资公司开发新能源车型,开创性地实现了向合资企业输出新能源车型及技术的突破。

六、主要新产品

序号	产品型号	产品名称	品　牌	通用名称
1	GAM7000BEVA0C	纯电动轿车	广汽埃安	埃安 S(Aion S)
2	GAM6480BEVB0C	纯电动多用途乘用车	广汽埃安	埃安 LX(Aion LX)
3	GAM6460BEVC0H	纯电动多用途乘用车	广汽埃安	埃安 V(Aion V)
4	GAM7000BEVD0N	纯电动多用途乘用车	广汽埃安	埃安 Y(Aion Y)
5	GAC6451CHEVA6	插电式混合动力多用途乘用车	广汽传祺	GS4 PHEV

七、合资合作及重大项目建设

2020 年,广汽集团持续推进广汽智联新能源汽车产业园项目投资建设,其中广汽乘用车动力总成二工厂发动机一期、广汽爱信变速箱两大动力总成项目竣工投产,时代广汽动力电池项目主厂房正式封顶,广州尼得科汽车驱动系统有限公司项目进入量产爬坡阶段，广汽智联新能源汽车零部件产业园、广州中新延锋彼欧汽车外饰系统等项目均按计划稳步推进。广汽研究院化龙研发基地二期项目交付使用，三期计划2021年12月建成，将建成国内领先、国际先进的综合性研发基地。广汽丰田发动机TNGA系列发动机建设项目4线、M15C型发动机建设项目正式开始生产。此外，广汽丰田新能源车产能扩建（一期、二期）、南方智能网联新能源汽车试验中心等项目有序推进中。广汽本田增城工厂产能扩大建设项目二期于2020年2月投产。截至2020年底，广汽集团汽车总产能为273.3万辆／年。

八、发展目标与规划

2021年是"十四五"规划开局之年，也是广汽集团实现大发展、大提升的起步之年。积极推动"稳增长、提业绩、严对标、保供应、强自主、谋发展、育品牌"七大行动，在危机中育先机，于变局中开新局。统筹推进常态化新冠肺炎疫情防控和生产经营，挑战年度产销增长10%的目标，推动"十四五"取得良好开局；扎实推进对标世界一流管理提升行动方案和国企改革三年行动方案落实，持续完善公司治理，焕发企业活力；加速实现关键核心零件国产化、现代化，补强核心技术短板，形成自主可控、安全可靠的供应链；贯彻践行"高颜值、科技领先、PVA（感知价值）领先、品牌向上、特色服务"五大举措，聚焦资源打造消费者喜爱的明星车型，高效落实"金三角"营销战略，提升销售体系能力，塑强特色服务品牌，为自主品牌再上新台阶蓄能；强化攻坚电气化、智联化核心技术，深入推进数字化转型，探索共享化发展模式，加强业内合作、跨界合作，形成共荣共生的生态体系，抢占全球新一轮产业创新高地。

广汽集团已形成涵盖纯电动（EV）、混合动力（HEV）、插电式混合动力（PHEV）、氢能源（FCV）在内的组合。广汽集团计划在2025年，实现全集团新能源汽车销量占比20%，混动化占比超20%；自主品牌全面实现电气化，新能源汽车占比超36%，强混占比超15%。面向2035年，力争全面实现电气化转型，实现汽车产销500万辆，其中节能汽车和新能源汽车各占50%。2021年，广汽集团计划投放氢燃料电池车，通过如祺出行开展示范运行，率先实现粤港澳大湾区首个"网约车＋FCV（氢能源）"示范运行。

广汽将把握时代机遇，坚持创新驱动，科技赋能，以改革创新为引领，以智能网联新能源汽车为载体，加快推动"电动化、智联化、国际化、共享化和数字化"，加速向科技型企业转型，向移动出行价值创造者转型，为"十四五"高点起步良好开局，为我国汽车工业新一轮跨越式发展而努力奋斗！

北汽蓝谷新能源科技股份有限公司

一、单位概况

北汽蓝谷新能源科技股份有限公司（以下简称北汽蓝谷，证券代码：600733）是由北京汽车集团有限公司控股的高科技上市公司和绿色智慧出行一体化解决方案提供商。子公司北京新能源汽车股份有限公司创立于2009年，是我国首家独立运营、首个获得新能源汽车生产资质的企业，也是国内技术领先的新能源汽车企业之一。2018年9月27日，北汽蓝谷通过重大资产重组成为国内新能源汽车第一股。

北汽蓝谷主营业务包括纯电动乘用车研发设计、生产制造与销售服务，全力打造ARCFOX极狐、BEIJING汽车两大品牌。北汽蓝谷以技术研发和创新为核心竞争力，依托三电核心技术、智能网联和自动辅助驾驶技术，以及完备的充换电服务解决方案，为用户提供电动化、智能化、个性化的极致驾乘体验，构建汽车与能源、互联网、AI人工智能产业融合发展的新生态。依托在纯电动车领域的先发优势和长期积累，北汽蓝谷在整车安全性能方面持续领先，全系列产品车辆在极端环境得到可靠性验证——车辆实现全气候、全领域运营，全国超过300万km的整车路试实验。并拥有国内领先、国际一流的新能源汽车验证平台，2019年7月落成的新能源汽车试验中心具备电池、电机、电控、智能网联、轻量化、整车应用六大领域的行业领先的试验能力。

北汽蓝谷坚持市场与用户导向，立足技术和商业模式创新，为广大用户提供绿色、智慧、便捷的出行解决方案，致力于成为世界级新能源汽车技术创新中心和世界级新能源汽车企业。

二、生产与经营

通过10年创新发展，累计销量51.89万辆，连续7年蝉联中国纯电动汽车市场销量冠军，北汽蓝谷已成为中国新能源汽车行业的领航者。北汽蓝谷打造"ARCFOX极狐＋BEIJING汽车"双品牌布局，2020年7月14日，ARCFOX首台全工序车辆在北汽蓝谷麦格纳智造基地下线，标志着ARCFOX旗下第二款量产高端产品正式开始导入生产，将全面完善ARCFOX产品布局，进一步夯实ARCFOX在高端新能源汽车市场的地位，也意味着ARCFOX家族化产品矩阵初步成型，助推北汽集团"高、新、特"战略迈入新阶段。

在经营模式方面，北汽蓝谷始终是市场与商业模式创新的破局者，率先实现产品经营向产品＋服务经营转型，推广换电技术及换电商业模式，并建设换电站开展商业化运营。截至2020年底，已在北京、厦门、广州、兰州等15个城市运营换电出租车21 749辆；全国累计建成换电站231座，换电车辆累计运营里程4亿km。

三、产能建设

北汽蓝谷现拥有北京采育、山东青岛、江苏常州、河北黄骅、云南昆明等多个整车生产基地。其中，北京采育基地为试生产基地，主要生产动力零部件以及动力总成产品；青岛莱西基地定位为经济型新能源乘用车生产基地（EX3、EU5等）；黄骅基地规划定位为经济型纯电动汽车生产基地；江苏常州基地规划定位为中高端新能源乘用车生产基地。2020年北汽蓝谷投资4.697 6亿元对黄骅生产基地产能进行扩充，此次产能扩充后，使得北汽蓝谷现有年产能从18万辆提升到25万辆，整体提升38.8%。此外，北汽蓝谷位于北京经济技术开发区的高端智能生态工厂，一期规划总投资额25亿元，总产能12万辆，分期实施，一期规划产能5万辆，该项目已经在建设中。

四、技术进展与研发能力

北汽蓝谷始终将技术创新放在企业经营的第一位，秉持“市场驱动、集成创新、内生进化、精益求精”的研发理念，不断完善满足未来美好出行的技术解决方案，用技术突破和使命担当，引领智慧出行。2020年研发投入15.82亿元，占营业收入28.87%；拥有研发工程师1 990人，研发人员占公司总人数37.22%。2020年在“三电、智能网联、轻量化”等领域达成了诸多研发成果。如固态电芯资源开发，建立了下一代电芯资源储备，打造出行业内首家动态行驶的固态电池样车；全气候动力电池，实现升温速率7 ℃/min，全气候电池核心关键技术处于世界领先水平。

2020年9月，《电动汽车高性能一体化电驱动总成的关键技术与产业化》项目荣获北京市科学技术进步奖二等奖。此项目通过打造将整车控制器（VCU）、电机控制器（MCU）、车载充电机（OBC）、高低压电源转换（DCDC）、高压配电以及驱动电机、减速器等进行高度集成的一体化电驱动总成产品，成功突破了新能源汽车的行业关键技术壁垒，使北汽蓝谷掌握了电驱动总成关键技术的自主知识产权。2020年10月，“电动汽车三电平台关键技术与产业化”项目获中国汽车工业科技进步奖一等奖。

五、主要新产品

序号	产品型号	产品名称	品　牌	通用名称
1	ARCFOX-aT	高端智能纯电SUV	极狐	阿尔法T
2	ARCFOX-aS	新一代智能豪华纯电轿车	极狐	阿尔法S
3	BEIJING-EU7	大格局纯电中级车	BEIJING	北京EU-7
4	BEIJING-EU5	紧凑级纯电人工智能家轿	BEIJING	北京EU-5
5	BEIJING-EX5	全智能长续航纯电SUV	BEIJING	北京EX-5
6	BEIJING-EX3	人工智能跨界SUV	BEIJING	北京EX-3

六、合资合作及重大项目建设

1. 携手麦格纳，建设智造基地

北汽蓝谷与麦格纳成立技术和制造两个合资公司，并在镇江共同打造北汽蓝谷麦格纳智造基地，用于生产ARCFOX高端智能新能源汽车，并为第三方提供电动汽车研发和整车制造服务。北汽蓝谷麦格纳智造基地不仅是北汽集团实现转型升级的一项重要举措，更是ARCFOX引领新能源汽车2.0时代的重要保障。

2. 携手华为，开发智能模块架构

北汽蓝谷与华为联合设立“1873戴维森创新实验室”，在智能驾驶、智能座舱、智能电动、安全与隐私保护等方面深入合作，探索创新的技术与最佳的用户体验。ARCFOX极狐阿尔法T成为首批搭载华为新一代MH5000 5G芯片T-BOX的车型，实现真正5G智能电动汽车出行。

七、发展规划

开放共享战略是北汽蓝谷面向2025年发布的中长期核心发展战略，将在技术、研发、制造、资本、供应链、后市场及人才与文化等方面实施全面的开放共享，以开放式平台重新定义汽车、重塑产业结构，为行业内外所有的创业团队、创新型企业提供多样化的服务，共同推进新能源汽车产业可持续发展。

2021年是“十四五”开局之年，北汽蓝谷将继续围绕“一个卫蓝梦，两个世界级”战略目标，打造“一体两翼”“四大支撑”体系。通过整合产业链资源持续挖掘需求与商业机会，在“十四五”末期实现千亿级的产业链经营收入，再创造一个上市公司，为商品业务搭建保护层；通过打造“两级”产品、抓住“两级”市场，到2025年实现纯电动汽车100万销量目标，为持续保持中国第一、世界前三的行业地位。

长城汽车股份有限公司

一、单位概况

长城汽车股份有限公司（以下简称长城汽车）是全球知名的SUV和皮卡制造企业，已于2003年、2011年分别在香港和内地上市，旗下拥有哈弗、WEY、欧拉、坦克和长城皮卡5个品牌，产品涵盖SUV、轿车、皮卡三大品类，动力包括传统动力车型和新能源车型，具备发动机、变速器等核心零部件的自主配套能力。

长城汽车在全球已形成研、产、供、销的全球化体系布局。在技术研发上，长城汽车始终坚持“精准投入”，注重有效研发，追求行业领先，为持续的自主创新奠定了坚实的基础。长城汽车拥有国际一流的研发设备和体系，具备SUV、轿车、皮卡三大系列以及动力总成的开发设计能力。先后在日本、美国、德国、印度、奥地利和韩国设立海外研发中心，构建以保定总部为核心，涵盖欧洲、亚洲、北美等的“七国十地”全球研发布局。

长城汽车拥有迄今国内先进的汽车综合试验场之一，具有研发、试制、试验、造型、数据五大功能的哈弗技术中心，实现了整车及零部件的研发布局，研发实力实现质的飞跃。未来5年，长城汽车还将持续打造全球化研发体系，在主被动安全技术、智能互联、自动驾驶等方面形成领先优势。长城汽车的技术实力也得到了社会的广泛肯定，被国家发改委、科技部等五部委联合认定为“国家认定企业技术中心”“国家创新型企业”。

长城汽车秉承“每天进步一点点”的企业理念，拥有先进的企业文化和管理团队，创建了独具特色的经营和管理模式。长城汽车以“安全”作为品牌核心价值，秉持“安全至上”的造车理念，在追求安全之路上一直不断努力，砥砺向前。

二、生产与经营

充满挑战的2020年，长城汽车业绩表现稳健。截至2020年12月31日，长城汽车全年营业总收入1032.83亿元，创历史新高，同比增长7.35%，归属于母公司股东净利润53.92亿元，同比增长19%。

2020年，在终端市场，随着哈弗大狗、欧拉好猫、坦克300等一系列爆款车型的上市，长城汽车四大品牌全年销量超111万辆，同比增长4.8%，不仅连续第五年突破百万销量，更超额完成年度销量目标，目标完成率为109%。

面对行业变革，长城汽车加速前沿技术和创新产品的导入。过去一年中，长城汽车先后发布了面向未来10年的“柠檬”“坦克”“咖啡智能”三大技术品牌以及完全自主研发的新一代动力总成。新平台赋能下，“柠檬混动DHT”的诞生打破了合资品牌在技术上的垄断，为长城汽车在混动领域提供了全新解决方案。面向智能化与网联化的大趋势，长城汽车“咖啡智驾”应运而生，“咖啡智驾331战略”剑指中国智能驾驶领导者，长城汽车已有超过45%车型搭载L2级智能驾驶技术。在前瞻科技的加持下，长城汽车于2020年形成了更为坚实的全球化体系。

三、产品出口

长城汽车已在亚洲、非洲、南美、中东欧等60多个国家和地区市场完成布局，依托俄罗斯、澳大利亚、南非、南美、中东5大区域营销中心，畅销全球60多个国家和地区，建立全球（不包括国内）网络500余家，累计销售67万辆。

2020年，长城汽车持续加速全球化布局。2019年，长城汽车海外市场营业总收入66.72亿元，同比增长20.82%；海外销量6.89万辆，同比增长5.37%。其中俄罗斯、沙特阿拉伯、澳大利亚市场营收分别为22.08亿元、10.84亿元、6.05亿元，同比分别增长53.95%、50.49%、90.69%。全年出口量达7万辆。其中在俄罗斯市场蝉联销量最高的中国品牌，年销量达17 381辆，同比增长41%。

四、产能建设

长城汽车在全球已形成“11+5”的生产布局，包括11大全工艺整车生产基地和5个KD工厂。

在国内，保定、徐水、天津、永川、日照、平湖和泰州生产基地已经建成投产，长城汽车湖北荆门整车生产基地项目签约、泰州智慧工厂投产和光束汽车工厂先后打桩施工；在海外，长城汽车在厄瓜多尔、马来西亚、突尼斯、保加利亚等“一带一路”建设辐射国家进行KD组装生产，2020年长城汽车先后签署印度塔里岗工厂与泰国罗勇工厂收购协议，并正式获得泰国罗勇工厂所有权，以智能制造能力进一步夯实了全球发展基础。同时，长城汽车持续深耕产业链本地化，长城汽车俄罗斯图拉工厂与俄罗斯联邦工业和贸易部正式签署在俄特别投资合同（SPIC），并启动长城汽车俄罗斯发动机工厂项目，极大提高了长城汽车在俄市场的竞争力。

新能源方面，2020年长城公司已在国内河北保定、山东日照、江苏泰州等地建成年产16万台规模的新能源生产基地，其中：1. 插电式混合动力V51HEV、V51PHEV、V71HEV、V71PHEV 6万台/年；2. 纯电动轿车欧拉黑猫、欧拉白猫、欧拉好猫共计产能10万台/年。

五、技术进展与研发能力

长城汽车2020年费用化研发投入为22.75亿元，资本化研发投入为28.75亿元，研发投入合计为51.50亿元。相较于2019年，研发投入同比增长了21.22%。在2020一年的时间里，长城汽车申请的专利就多达1 815件，而授权的专利也多达1 136件。

经过持续多年的技术耕耘与优质经营，长城汽车市场销量与品牌形象已具备了全球竞争力，并逐步向高端化转型，产品技术含量与附加值逐渐提高，拥有广泛、自主的核心技术和超高的性价比，并形成了大中小、高中低、多规格、多品种的产品体系。

六、主要新产品

1. 整车

序号	产品型号	产品名称	品　牌	通用名称
1	CC7000BJ02ABEV	纯电动轿车	欧拉牌	欧拉好猫
2	CC7000BJ01CBEV	纯电动轿车	欧拉牌	欧拉好猫
3	CC7000BJ01BBEV	纯电动轿车	欧拉牌	欧拉好猫
4	CC7001ZM01BBEV	纯电动轿车	欧拉牌	欧拉白猫
5	CC7001ZM02CBEV	纯电动轿车	欧拉牌	欧拉白猫
6	CC7000ZM00EBEV	纯电动轿车	欧拉牌	欧拉黑猫
7	CC7000ZM005ABEV	纯电动轿车	欧拉牌	欧拉黑猫

2. 零部件

序号	产品名称	产品型号	产品应用
1	33 kWh 动力电池系统	PE328100B	欧拉纯电动轿车

续上表

2. 零部件			
序号	产品名称	产品型号	产品应用
2	31 kWh 动力电池系统	PE307100A	欧拉纯电动轿车
3	59 wh 动力电池系统	PE389152A	欧拉纯电动轿车

七、合资合作及重大项目建设

2020 年长城汽车与宝马集团合资的光束汽车项目在江苏张家港正式开工。根据规划，光束汽车将用于生产长城汽车旗下全新的纯电动汽车产品和 MINI 品牌纯电动汽车。2022 年建成将实现“联合研发，中国制造，服务全球顾客”的业态模式。2020 年长城日照魏牌生产基地正式投产；2020 年长城汽车泰州生产基地正式投产；2020 年长城汽车平湖生产基地正式投产。

八、发展规划

为响应新能源汽车产业政策，长城汽车已将新能源汽车列为重要发展战略：未来长城汽车将投入 300 亿元，打造全球化研发体系，在主被动安全技术、智能互联、自动驾驶等方面形成领先优势。同时，不断加快新能源汽车业务布局，通过梳理和完善哈弗产品结构，实现产品市场竞争力的提升。2021 年，新能源汽车年销 15 万辆。2025 年，新能源汽车年销 70 万辆，打造新能源汽车市场领先地位。

长城汽车将打造 2 个纯电动专属平台，并结合全新平台开发推出 10 余款新能源车型，包含 EV、PHEV 及 FCV，车型级别涵盖小型到大型，品类涵盖 SUV、轿车。

在智能化方面，长城汽车自 2010 年已开始进行 ADAS 技术研究。2017 年，长城汽车发布 i-Pilot“智慧领航”规划，公司根据美国 Level 4、Level 5 标准进行产品开发，Level 4 项目已到性能调试阶段。到 2021 年，量产车超过 L3 级别的自动驾驶水平；2025 年，完全实现 L5 级别的自动化驾驶。在网联化方面，长城汽车与国内外互联网巨头企业建立战略合作，已与百度、华为、京东和中国移动签署战略合作协议，在车联网技术、内容全面合作，打造专属车联网服务，共建未来汽车生态。

九、2020 年 1—12 月企业在新能源汽车方面经济指标统计

填报单位名称	指标名称	单位	本期累计	同期累计	增长率(%)
长城汽车股份有限公司	2020 年营业收入	万元	1 032. 83	962. 11	7. 35%
	2020 年利润总额	万元	53. 92	51. 01	19%

浙江吉利控股集团有限公司

一、单位概况

吉利控股集团始建于 1986 年，1997 年进入汽车行业，一直专注实业，专注技术创新和人才培养，是一家集汽车整车、动力总成和关键零部件设计、研发、生产、销售和服务于一体，并涵盖出行服务、线上科技创新、金融服务、教育等业务的全球创新型科技企业集团，资产总值超过 4 800 亿元，连续 9 年进入世界 500 强，连续 4 年位居中国品牌乘用车市占率第一，是首个乘用车产销突破 1 000 万辆、全球品牌组合价值排名前 10 中唯一的中国车企。

吉利控股集团总部设在杭州，员工超 12 万人，在中国、瑞典、英国、德国等 6 个国家建有 5 个造型设计和 5 个工程研发中心，研发、设计人员超过 2 万人；在中国、美国、英国等 8 个国家建有汽车整车和动力总成制造工厂，拥有销售网点 4 000 多家。吉利坚持全球化战略布局，先后收购英国锰铜、沃尔沃汽车、宝腾汽车等国际知名公司，赋能沃尔沃、宝腾汽车实现品牌复兴和持续发展，并成为沃尔沃集团第一大持股股东、戴姆勒公司第一大股东，成为第 19 届杭州亚运会官方合作伙伴。

二、生产与经营

2020 年，吉利控股集团通过多品牌协同发展，实现总销量超过 210 万辆，营业收入 3 256 亿元，税收 319 亿元。吉利汽车实现销量 132 万辆，市占率稳健增长，连续 4 年蝉联中国品牌乘用车销量冠军，旗下领克汽车作为中国品牌代表率先进入欧洲发达国家；沃尔沃汽车实现全球销量 66. 2 万辆，其中中国市场逆势上扬，销量 16. 6 万辆，同比增长 7. 6%，创下全球市场有史以来单一市场的最高销量；宝腾汽车销量 11 万辆，同比增长 8. 8%，市占率约 21. 1%，成为马来西亚唯一实现销量正增长的汽车公司。

三、产品出口

吉利汽车出口产品以传统汽车为主。

四、产能建设

截至 2020 年底，吉利控股集团新能源乘用车核准产能 27. 6 万辆；新能源商用车核准产能 9 万辆。

五、技术进展与研发能力

在新能源领域，吉利扎实落实公司制定的能源多元化战

略,在轻混、插混、纯电等新能源及电气化技术路径多线并举,全面推进整车电动化。吉利专注新能源技术创新,打造技术高地,提高产品竞争力,推进电动化开发,截至2020年底,累计申请新能源专利498个,其中发明专利253个。2020年吉利新能源整车销量超8万辆。

整车研发方面,吉利历时4年投入超过180亿元打造的SEA浩瀚智能进化体验架构,拥有全球最大带宽,实现从A级到E级的全尺寸覆盖,满足轿车、SUV、MPV、小型城市车、跑车、皮卡及未来出行车辆等全部需求。SEA架构作为全球开放式架构,不仅在吉利控股集团内部共享,也将开放给更多的合作伙伴。

核心技术及新能源零部件技术及产业化方面,吉利已自主掌握包括电池PACK、BMS、电驱动系统、混动系统、充电系统等新能源核心技术,已形成从产品研发到系统集成以及制造的一体化产业链,具备自主的三电控制策略软件开发能力,通过了功能安全和ASPISE开发流程国际认证。吉利重视新能源产业链安全管控和可持续发展,布局了动力电池电芯研发及生产、车规级芯片、混合动力模块等项目,保证了核心产品技术和生产的主动权。同时积极建立电池回收体系,推进电池产业链的闭环建设和可持续发展。

吉利新能源汽车技术已进入深水区,一方面坚持自主研发掌握核心技术、整合全球资源优势互补;另一方面在智能化结合、科技出行解决方案上,吉利新能源汽车围绕用户体验展开广阔的跨界联合,将打造出便捷舒适、服务体验、品牌黏性的新能源汽车商业模式。

六、主要新产品

序号	产品型号	产品名称	品牌	通用名称
1	HQ7003BEV01	纯电动轿车	几何	几何C
2	HQ7003BEV02	纯电动轿车	几何	几何C
3	HQ7003BEV03	纯电动轿车	几何	几何C
4	HQ7003BEV04	纯电动轿车	几何	几何C
5	HQ7002BEV67	纯电动轿车	几何	几何A PRO
6	HQ7002BEV68	纯电动轿车	几何	几何A PRO
7	HQ7002BEV78	纯电动轿车	几何	几何A PRO
8	HQ7002BEV69	纯电动轿车	帝豪	帝豪EV PRO
9	HQ7002BEV70	纯电动轿车	帝豪	帝豪EV PRO
10	HQ7002BEV77	纯电动轿车	帝豪	帝豪EV PRO
11	MR7153PHEV23	插电式混合动力轿车	吉利	博瑞ePro
12	MR7153PHEV24	插电式混合动力轿车	吉利	博瑞ePro
13	MR6463PHEV01	插电式混合动力多用途乘用车	吉利	星越ePro
14	MR6463PHEV05	插电式混合动力多用途乘用车	吉利	星越ePro
15	MR6463PHEV07	插电式混合动力多用途乘用车	吉利	星越ePro
16	MR6463PHEV08	插电式混合动力多用途乘用车	吉利	星越ePro
17	MR6463PHEV09	插电式混合动力多用途乘用车	吉利	星越ePro
18	MR6463DPHEV01	插电式混合动力多用途乘用车	吉利	星越ePro
19	JL6432PHEV06	插电式混合动力多用途乘用车	吉利	缤越ePro
20	JL6432PHEV12	插电式混合动力多用途乘用车	吉利	缤越ePro
21	MR6471PHEV08	插电式混合动力多用途乘用车	吉利	嘉际ePro
22	MR6471PHEV10	插电式混合动力多用途乘用车	吉利	嘉际ePro
23	HQ7152PHEV16	插电式混合动力轿车	吉利	帝豪GL PHEV
24	MR6453PHEV10	插电式混合动力多用途乘用车	领克	01 PHEV
25	MR7153PHEV11	插电式混合动力轿车	领克	02 PHEV
26	MR7152PHEV13	插电式混合动力轿车	领克	03 PHEV
27	MR7152PHEV14	插电式混合动力轿车	领克	03 PHEV
28	MR6463DPHEV02	插电式混合动力多用途乘用车	领克	05 PHEV
29	MR6432DPHEV02	插电式混合动力多用途乘用车	领克	06 PHEV
30	DNC4250GNK6	天然气国六6×4牵引车	远程	LN25
31	DNC1020G6L1	多用途货车	远程	远程FX

续上表

序号	产品型号	产品名称	品牌	通用名称
32	DNC6101BEVG12	纯电动低入口城市客车	远程	E10
33	DNC5042XLCSHEVGL2	插电式混合动力冷藏车	远程	GLR
34	DNC5042XXYSHEVGL1	插电式混合动力厢式运输车	远程	GLR

七、合资合作及重大项目建设

2020 年，吉利控股集团投资合作项目 7 个，投资范围涉及汽车整车、动力电池、金融科技等领域，投资金额超 40 亿元。

1. 在整车方面，浙江吉利控股集团和梅赛德斯-奔驰股份公司宣布：经相关监管部门批准，双方组建的 smart 品牌全球合资公司“智马达汽车有限公司”（smart Automobile Co., Ltd.）正式成立，在全球范围内联合运营和推动 smart 品牌转型升级。全新一代纯电动 smart 将由梅赛德斯-奔驰的全球设计部门负责设计，吉利控股全球研发中心负责工程研发。新车型预计 2022 年开始投放市场并销往全球。

2. 宁波杭州湾 PMA 工厂位于浙江省宁波市杭州湾新区滨海六路 688 号，占地约 1 946 亩，于 2018 年底开始打桩建设，2021 年第三季度正式投产。该工厂作为浙江省首批智能制造未来工厂，全面融合 5G、AI、工业大数据等先进制造技术，将以“多元、平等、可持续”的姿态，实现工厂数字化、智能化生产。

3. 在动力电池方面，吉利与宁德时代合资成立时代吉利动力电池公司，将生产动力电池，从事电芯、电池模组及电池包研发、制造及销售，为吉利新能源车型提供核心动力电池的稳定供应。

八、发展规划

在科技引领变革的当下，未来汽车产业的边界已被颠覆，未来的汽车是线上、线下高度融合的“超级智能移动终端”。同时，伴随全市场新能源渗透率的不断提升，吉利基于“两个蓝色吉利行动”战略规划，主攻节能与新能源汽车、纯电动智能汽车，于 2020 年 4 月发布全新智能纯电品牌极氪。

吉利持续坚定发挥产业排头兵的角色，夯实产业基础，开放协同，积极推进“一带一路”建设，共创汽车产业未来；继续深耕国内市场，不断提高在中国的市场占有率，继续参与国际市场竞争，加大在东南亚各国投资力度，不断打造中国汽车“走出去”示范项目；加大前瞻科技方面的研发投入，与腾讯、百度、富士康等科技企业深度合作，全面实现“用户全生命周期”数字化升级；以“新四化”为核心，掌握核心技术优势，在新能源、车联网、智能驾驶、车载芯片、低轨卫星、飞行汽车等前沿技术领域，共创天地一体化智慧出行生态，加速向智能电动出行科技企业转型。

比亚迪汽车工业有限公司

一、单位概况

比亚迪汽车工业有限公司（原名：深圳市比亚迪汽车有限公司，以下简称比亚迪或公司）是 2006 年 8 月 3 日经深圳市工商行政管理局批准成立的有限责任公司，由比亚迪股份有限公司和 BYD（H. K.）CO., LT. D 共同出资组建的合资公司，公司注册资本 44 800 万美元。

比亚迪汽车工业有限公司具有乘用车、商用车生产资质。主要承担着汉、全新一代唐、e6、腾势等车型的生产任务以及 K 系、B 系、C 系、T 系等一系列新能源车型的研发、试制任务。公司占地约 250 万 m^2，位于深圳市坪山新区比亚迪汽车生产园区内，地处比亚迪葵涌工业园和宝龙工业园之间，距盐田港、平湖编组站、大亚湾港等交通枢纽均为 30 ~ 40 km，是比亚迪研发和生产基地，也是比亚迪总部所在地；是集研发试制、整车生产、销售为一体的新的汽车企业。

二、经营情况

比亚迪的汽车业务包括新能源汽车和传统燃油汽车两大板块，其中，传统燃油汽车主要车型有：秦 Pro 燃油版、宋、宋 MAX、宋 Rro、宋 Plus、元、唐燃油版等。新能源汽车主要车型有：汉 EV、秦 Plus EV、秦 Pro EV、宋 EV、宋 Rro EV、宋 Plus EV、元 EV、唐 EV、e1、e2、S2、e3、e5、e6、腾势、腾势 X EV；插电式混合动力车汉 DM、汉 DMi、唐 DMi、唐 DM、宋 Plus DMi、秦 Plus DMi、秦 Pro、宋、宋 MAX、宋 Pro；纯电动物流车 T3-T7、纯电动洗扫车 T8SA；纯电动渣土车 T10、纯电动客车 K6-K12、C6-C10、B13、B60、B66 等。

2020 年，比亚迪营业收入约 1 534. 69 亿元，同比增长 26. 02%，其中汽车及相关产品业务的收入约 819. 58 亿元，同比增长 37. 66%。

比亚迪汽车总销量为 42. 70 万辆。其中，新能源汽车销量为 18. 97 万辆。2020 年，比亚迪新能源汽车产品结构进一步完善，销量依旧位列全球前列，品牌影响力持续提升。

三、产品出口

2020 年，比亚迪汽车累计出口 4 759 辆。

比亚迪新能源汽车历年销量统计表

年份	2009	2010	2011	2012	2013	2014	2015	2016	2017	2018	2019	2020	合计
销量（辆）	48	480	1 323	3 153	3 125	20 972	65 851	115 743	126 977	247 811	229 506	189 689	1 004 678

四、产能建设

2018 年,比亚迪汽车工业有限公司乘用车和客车产能利用率分别约为 85.92% 和 162.67%。

五、技术进展及研发能力建设

1. 技术创新能力。

技术是比亚迪的 DNA,强大的研发实力是公司迅速发展的根本。在汽车领域,比亚迪是全球率先同时掌握电池、电机、电控、IGBT 等新能源汽车核心技术的车企。比亚迪始终坚持"技术为王,创新为本"的发展理念,坚信技术改变生活,并最终改变世界。投入巨资成立"六大研究院",即中央研究院、汽车工程研究院、汽车智慧生态研究院、卡车研究院、客车研究院、产品规划及汽车新技术研究院。从硬件、软件及测试等配备 1.5 万名高精尖的技术队伍,在新材料、汽车、新能源等多领域积累了丰富的自主开发经验。比亚迪拥有在册研发人员数量约 5 万人,占比达 22.73%,2019 年公司研发投入 56.29 亿元,同比增长 12.83%,国内外共申请专利超过 3 万件,已授权约 2 万件,其中混合动力专利技术、比亚迪全新一代唐外观设计、SBID 专利技术 3 项专利荣获国家专利金奖。

(1)"542 科技",从性能、安全、油耗 3 方面重新定义汽车标准,动力更强劲、能耗更节省、操控更灵活。

(2)驱动电机及控制技术。在电机技术方面,比亚迪自主开发了永磁同步电机系统,能够开发更为节能、环保的电动汽车产品;比亚迪生产的高能效电机完全可以替代国外的同类产品。在电控系统方面,比亚迪完全掌握了能量控制系统、再生制动控制系统、电动助力转向控制系统、动力总成控制系统,且诸多技术指标已经达到国际先进水平。

(3)动力电池技术。比亚迪是国内最早开展车用动力电池领域研发的单位之一,主要应用于消费电池、汽车电池、储能电池。已形成从核心矿产资源投资,到核心电芯原材料开发制造,电芯研发制造,模组设计制造,BMS 设计制造,PACK 设计制造,梯级利用及回收的全产业链布局。

(4)IGBT 技术。IGBT 与动力电池是新能源汽车的核心技术,2005 年比亚迪组建研发团队,正式布局 IGBT 产业。2009 年 IGBT1.0 芯片研发成功,并通过中国电力协会组织的科技成果鉴定。2017 年 IGBT4.0 芯片研发成功,并将 IGBT 晶圆的厚度由原来的 180μm 降低至 120μm。整体功耗降低约 20%,具有更优秀的 EMC,对系统干扰更小,并且提升使用寿命。2019 年比亚迪又研发了的 SiC 产品将用于汽车电控,并推出中国首辆搭载 SiC 电控的电动车。2023 年采用 SiC 基半导体将全面替代硅基半导体,引领下一代电动车芯片变革。比亚迪拥有从材料研发、芯片设计、晶圆制造、模组设计与制造再到整车应用的全产业链布局。

(5)BYD 双向逆变充放电技术。集驱动电机、车载充电器、直流充电站三者功能于一身,使电动车摆脱对专业充电站的依赖,同时也使得电动车成为移动电站,有效解决充电站带来的占地空间大、成本高、不利普及等问题。

2. 全球领先的汽车三大实验室。比亚迪汽车已建成 120 多个专业实验室,实验室总占地面积约 30 万 m^2,可以进行 4 000 多项汽车试验。汽车工程研究院汽车及零部件检测中心和中央研究院材料分析测试中心,均通过了中国合格评定国家认可委员会认可。比亚迪斥资数十亿元建成的碰撞实验室、EMC 实验室、NVH 实验室更是达到了世界一流水平。

六、主要产品

整车

序号	产品型号	产品名称	品牌	通用名称
1	BYD7009BEV	纯电动轿车	比亚迪	汉 EV
2	BYD7008BEVA7	纯电动轿车	比亚迪	秦 Pro
3	BYD6461ST6HEV1	插电式混合动力多用途乘用车	比亚迪	宋 Pro DM
4	BYD6461SBEV	纯电动多用途乘用车	比亚迪	宋 Pro EV
5	BYD7003BEV4	纯电动轿车	比亚迪	元 EV
6	BYD6470SBEV	纯电动多用途乘用车	比亚迪	宋 Plus
7	BYD7005BEV8	纯电动轿车	比亚迪	e5(5AEC)400
8	BYD5030XXYBEV6	纯电动厢式运输车	比亚迪	T3 货车
9	BYD6110HLEV2	纯电动客车	比亚迪	C8
10	BYD6122LGEV7	纯电动低入口城市客车	比亚迪	K9KA
11	XBE5180GQXBEV	纯电动清洗车	比亚迪	T8QX
12	BYD3310EL9BEV	纯电动自卸车	比亚迪	T10

零部件

序号	产品名称	产品型号	产品应用
1	磷酸铁锂蓄电池	FADM07315B	比亚迪纯电动自卸车
2	涡轮增压/缸内直喷/分层燃烧/自动延时冷却/可变气门正时/全铝合金发动机	BYD476ZQA	比亚迪插电式混合动力多用途乘用车
3	镍钴锰酸锂电池	FADM07326	比亚迪插电式混合动力多用途乘用车

续上表

零部件			
序号	产品名称	产品型号	产品应用
4	镍钴锰酸锂电池	FADM07328	比亚迪插电式混合动力多用途乘用车
5	永磁同步电机	BYD-2217TZ-XS-F	比亚迪插电式混合动力多用途乘用车

七、合资合作及重大项目建设

比亚迪以电池起家，先后成为 MOTOROLA、NOKIA 等第一个中国锂离子电池供应商。

2010 年 5 月 27 日，比亚迪股份有限公司与戴姆勒股份公司签署合同，成立深圳比亚迪戴姆勒新技术有限公司，双方各占一半股权。2012 年 3 月 30 日，推出了中国首个专注于新能源汽车的品牌腾势（DENZA）。

2017 年 10 月 31 日，比亚迪汽车工业有限公司与佛吉亚（中国）投资有限公司合资设立深圳佛吉亚汽车部件有限公司。

2018 年 7 月 5 日，深圳佛吉亚汽车部件有限公司正式成立。

2018 年 6 月 27 日，比亚迪青海动力电池工厂正式投产。

2018 年 7 月 5 日，比亚迪与长安汽车签署战略合作协议，合资成立动力电池公司。

2018 年 12 月 10 日，比亚迪发布 IGBT4.0 技术。

2019 年 3 月，比亚迪首次发布全新三电技术平台“e 平台”。

2019 年 11 月，比亚迪与滴滴合资成立美好出行（杭州）汽车科技有限公司，其中比亚迪占 65%。

2019 年 12 月 31 日，比亚迪在深圳坪山基地举行弗迪模具有限公司、弗迪动力有限公司、弗迪电池有限公司、弗迪视觉有限公司、弗迪科技有限公司等 5 家弗迪公司授牌仪式，正式成立 5 家弗迪公司，进一步加快新能源汽车核心零部件的对外销售。

2020 年 3 月 29 日，比亚迪正式发布了刀片电池，并确认比亚迪“汉”新车型将首发搭载刀片电池。

2020 年 4 月 2 日，比亚迪股份有限公司与丰田汽车公司合资成立纯电动车研发公司——比亚迪丰田电动车科技有限公司。

2020 年 12 月 25 日，比亚迪与滴滴出行联合打造的全球首款定制网约车 D1 正式投产，同时首批新车交付。

2021 年 1 月 1 日，比亚迪汽车正式发布品牌全新标识（LOGO）。全新 LOGO 应用于国内乘用车市场，集团其他业务维持原 LOGO 不变。

八、发展目标与规划

比亚迪力争把中国道路交通领域所有用油的地方全部用电替代，逐步实现全市场布局。在个人消费领域，比亚迪以插电式双模电动汽车为主、纯电动车为辅，二者共同推进；在公共交通领域，坚持发展纯电动汽车。公交电动化和出租车电动化是大势所趋，接下来的三到五年，比亚迪将积极推进新能源汽车从一线及限购城市向二、三线城市的拓展，最终实现新能源汽车在全国范围的销售。比亚迪进一步加强研发，提升产品竞争力，全面推进技术、产品和品牌三大战略。通过技术创新，颠覆传统，打造汽车互联网生态，重新定义汽车动力和安全；贯彻“7 + 4”全市场战略，面向全国范围内大力推广新能源汽车；投入更多资源和精力到品牌升级中，并进行一系列旨在提升品牌的战略部署，引入更多世界级团队，在不断丰富“王朝”系列车型的基础上，推出更多高性价比并具有竞争力的产品。

九、2020 年 1—12 月企业在新能源汽车方面经济指标统计

填报单位名称	指标名称	单位	本期累计
比亚迪汽车工业有限公司	2020 年营业收入	万元	153 469 184
	2020 年利润总额	万元	27 243 591

安徽江淮汽车集团股份有限公司

一、单位概况

安徽江淮汽车集团股份有限公司始建于 1964 年，是一家集全系列商用车、乘用车及动力总成研产销和服务于一体，涵盖汽车出行、金融服务等众多领域的综合型汽车企业集团，致力打造一个“全生态链、全产业链、全价值链”的综合性汽车服务平台。是安徽省 12 家重点企业集团之一，先后获国家火炬计划重点高新技术企业、中国企业 500 强、中国汽车品牌前 5 强荣誉，是首家荣获我国工业领域最高奖项——中国工业大奖的综合型汽车集团。

安徽江淮汽车集团股份有限公司现有主导产品：重、中、轻、微型卡车、多功能商用车、MPV、SUV、轿车、客车，专用底盘及变速箱、发动机、车桥等核心零部件。拥有“思皓”“瑞风”“JAC”等知名品牌。

二、生产与经营

在宏观经济下行、国际国内新冠肺炎疫情、汽车行业压力进一步加大的背景下，安徽江淮汽车集团股份有限公司在紧抓疫情防控的同时积极复工复产，大力推进结构调整，强化底线预算管理，强化风险管控，持续推进产品升级、技术进步、工艺革新和营销创新，大力强化品质品牌提升，有效支撑了公司发展稳定，2020 年，安徽江淮汽车集团股份有限公司系统梳理全新品牌架构，针对不同细分市场及用户群体，打造“思皓”“瑞风”“JAC”三大品牌，全年销售各类汽车 45.34 万辆，营业总收入 429.06 亿元，归属于母公司净利润 1.43 亿元，实现了稳中向好、稳中有进的发展态势。

三、产品出口

安徽江淮汽车集团股份有限公司积极响应国家“一带一路”倡议，截至2020年，累计出口近70万辆，出口市场覆盖70个“一带一路”沿线国家。2019年，共建“一带一路”进入新阶段，安徽江淮汽车集团股份有限公司成功参与收购哈萨克斯坦最大汽车工业集团——Allur集团，成为安徽江淮汽车集团股份有限公司开发关税同盟市场和中亚市场国际化战略的重要起点。

秉承“创造美好车生活”的品牌愿景，安徽江淮汽车集团股份有限公司以“为客户提供最佳的交通解决方案和驾乘体验，推动世界持续进步”为使命，在“务实稳健　学习创新　勇于抗争　开放协同　客户中心　全向沟通”的价值观指引下，“实·现未来”。

四、产能建设

安徽江淮汽车集团股份有限公司形成了以合肥为核心研发及高端制造中心、安徽省为核心零部件及整车制造地，向全国辐射汽车整车生产制造及销售的产业布局，具备轻型商用车25万辆/年、重型商用车8万辆/年、轿车26万/年，多功能商用车3万辆/年的生产能力。同时与大众汽车、蔚来汽车分别合资成立新能源汽车制造和技术服务公司，深耕布局发展新能源汽车产业。截至2021年3月底，江淮蔚来牌高端新能源汽车销量突破10万辆。安徽江淮汽车集团股份有限公司具备15万辆/年新能源乘用车、5万辆/年新能源商用车的生产能力。

五、技术进展与研发能力

安徽江淮汽车集团股份有限公司拥有一支近5 000人的研发团队，坚持“节能、环保、安全、智能、网联、舒适”的关键技术研发路线，是国内首家专利过万的车企。共10款自主研发的发动机荣获“中国心”十佳发动机。国家“863”计划重点项目6DCT自动变速箱，实现TCU上层软件开发完全自主，打破国际垄断。

作为我国新能源汽车产业的先行者，安徽江淮汽车集团股份有限公司通过14年九代技术、四代产品迭代，形成了国内领先、国际先进的电动车技术平台，产品安全可靠、值得信赖。累计示范推广超17万辆新能源汽车，累计行驶里程突破47亿km，单车最高运行里程36万km，在私人领域累计推广规模名列前茅。在电池热管理技术、本质安全管理技术等方面，安徽江淮汽车集团股份有限公司实现重要的六项核心技术突破。蜂窝电池率先通过新国标热失控安全测试；国际领先的液冷恒温技术，让电池始终处于最佳温度区间，保障电池安全且电池寿命长达百万公里。

六、主要新产品

序号	产品型号	产品名称	品牌	通用名称
1	HFC7000WEV10	纯电动乘用车	思皓牌	E·10X
2	HFC7000WEV6	纯电动乘用车	思皓牌	E·10X
3	HFC7001EAEV11	纯电动乘用车	江淮牌	江淮 iEV7S
4	HFC7000BEV11	换电式纯电动轿车	江淮牌	江淮 iEVA50
5	HFC7002MEV7	纯电动乘用车	思皓牌	E·40X
6	HFC5049XXYEV6H	纯电动厢式运输车	江淮牌	帅铃 i6
7	HFC5031XXYEV8	纯电动厢式运输车	江淮牌	帅铃 i3
8	HFC5045XXYEV1-2	纯电动厢式运输车	江淮牌	帅铃 i5
9	HFC5037XXYD4EV2	纯电动厢式运输车	江淮牌	帅铃 i3
10	HFC5045XXYSEV1	换电式纯电动厢式运输车	江淮牌	帅铃 i5

七、合资合作及重大项目建设

安徽江淮汽车集团股份有限公司与大众汽车、蔚来汽车等知名企业分别建有合资公司。江淮大众新能源汽车项目是安徽省先进制造业发展的“一号工程”，通过与大众战略合作，打开研发、营销和制造国际化水准能力建设通道；与蔚来汽车联合打造的世界级“智造”工厂，采用“互联网+智造”模式，拥有国内自主品牌首条高端全铝车身生产线，焊装整体自动化率高达97.5%。

八、发展规划

安徽江淮汽车集团股份有限公司致力于中国民族汽车工业进步，以持续品牌向上和稳健经营为基础，将JAC培育成世界级品牌。做强做大商用车，做精做优乘用车，大力发展新能源汽车和智能网联汽车技术，强化汽车服务业务，完善产业生态链。

江铃汽车股份有限公司

一、单位概况

江铃汽车股份有限公司，是国家高新技术企业、国家创新型试点企业、国家认定企业技术中心、国家知识产权示范企业，“国家整车出口基地”。江铃汽车股份有限公司股份有限公司是以商用车为核心竞争力的中国汽车行业劲旅，并拓展至SUV及MPV等领域。江铃汽车股份有限公司于20世纪80年代中期在中国率先引进国际先进技术制造轻型卡车，成为中国主要的轻型卡车制造商。1993年11月，公司成功在深圳证券交易所发行A股，成为江西省第一家上市公司，并于1995年在中国第一个以ADRs发行B股方式引入外资战略合作伙伴。美国福特汽车公司（以下简称福特）现持有公司32%股份。

江铃汽车股份有限公司拥有青云谱工厂、小蓝工厂、富山工厂等整车生产基地，涵盖冲、焊、涂、总及柴、汽油发动机先进制造工艺。江铃汽车股份有限公司生产基地以高度智能化和高度柔性化生产线打造智慧制造中心，被评为江西省两化融合示范企业。借助福特的全球化平台，江铃逐步形成了自主研发的核心竞争力，建立自主研发体系，架构先进的全球数字化设计平台，与福特全球同步开发设计和新产品发布，是国家工业设计中心、是首批通过国家企业知识产权体系认证的企业，自主研发的驭胜SUV和轻卡凯锐800荣获中国外观设计优秀奖，凯锐800还荣获“中国汽车工业科学技术奖”一等奖。

江铃汽车股份有限公司始终坚持双品牌战略：JMC品牌和福特品牌比翼齐飞。福特品牌包括全顺系列产品、福特MPV途睿欧、福特SUV撼路者，福特联手江铃汽车股份有限公司推出全新中型SUV福特领界，福特领界S，2021年福特领裕上市；JMC品牌包括轻卡（凯锐系列、凯运系列以及顺达系列产品）、皮卡（新宝典、域虎7、域虎9）、轻客特顺、江铃重卡威龙、驭胜SUV等。作为全国最大的救护车企业，江铃汽车股份有限公司在救护车市场份额超过60%，江铃福特全顺救护车在抗疫期间成为战疫第一车，是全国第一批交付的负压救护车。江铃汽车股份有限公司以领先的技术优势、前沿的健康理念，优质的客户服务，快速推出包括全顺中药车、隔离转运车、疫苗冷链车、体检医疗车，医废转运车、消毒防疫车等十余种“大健康”产品系列，为国民大健康贡献江铃力量。

二、生产与经营

为应对加剧的竞争挑战、更加严格的法规要求以及成本上升，公司致力于提升产品质量、推动新产品研发、控制运营成本、提升生产效率，同时推出一系列营销方案积极应对市场风险，2020年实现整车销售331 098辆，同比上升14.15%；实现营业收入330.96亿元，同比上升13.44%；实现净利润5.51亿元，同比上升272.57%。全年公司销量连续保持9个月逆势增长，显示出良好的韧性。在轻型商用车领域，公司轻型客车、轻型卡车和皮卡销量保持行业领先地位，乘用车领域，公司驭胜品牌SUV，福特品牌SUV等产品销量持续突破，并不断扩展海外市场。

1. 2020年生产经营情况

产量（辆）				销售量（辆）		
本报告期		上年同期	与上年同比增减（%）	本报告期	上年同期	与上年同比增减（%）
轻客	94 945	81 312	16.77	92 994	81 601	13.96
卡车	128 949	96 513	33.61	128 875	96 915	32.98
皮卡	66 209	58 368	13.43	65,204	59,486	9.61
SUV	46 212	51 881	-10.93	44 025	52 056	-15.43
总计	336 315	288 074	16.75	331 098	290 058	14.15

2. 2020年新能源汽车生产经营情况

产品类别	产量（台）	销量（台）
新能源客车系列	154	140
新能源乘用车及皮卡	288	285
新能源货车	116	117
合计	558	542

三、产品出口

江铃汽车股份有限公司股份有限公司整车产品分JMC和Ford两大出口品牌，满足从欧1到欧6排放要求，左盘驾驶和右盘驾驶不同驾驶要求，为各个不同地区及市场开发了适应性的产品（包括法规配置及市场特殊需求）。JMC品牌皮卡产品系列为宝典、新宝典、域虎5、域虎7、域虎9；轻卡产品系列为顺达、凯运、凯锐；轻客产品系列为特顺；SUV产品系列为驭胜。Ford品牌轻客为全顺、新全顺；SUV为领界、领裕。

江铃汽车股份有限公司整车产品已在全球超过110个国家实现了销售，营销网络覆盖中东、非洲、拉丁美洲、东南亚及南亚、大洋洲等区域，共拥有50家海外经销商，332家展厅和272家服务站。江铃汽车股份有限公司整车出口销量实现了由2016年的12 920台增长到2020年的17 079台。出口的主要国家为智利、巴西、厄瓜多尔、哥伦比亚、秘鲁、乌拉圭、巴拉圭、越南、孟加拉国、菲律宾、沙特、埃及等。在新能源车型方面，从2019年首台JMC凯锐电动卡车交付智利展示开始，2020年智利又下达10台EV卡车，也成功实现了交付DHL使用JMC电动轻卡。同时2020年开发欧标IEC 62196充电枪接口及出口通用性配置来满足智利市场。另外2021年也在同步开发皮卡及轻客的欧标充电枪接口及通用性配置，已在南美的智利、哥伦比亚、哥斯达黎加及墨西哥推广及下达展示样车，其他市场也在陆续的推广。

四、产能建设

青云谱工厂正搬迁至富山工厂，完成搬迁后产能数据如下：公司整车年产能32万台，其中小蓝工厂20万台，富山工厂12万台；小蓝工厂新能源产能7万台，富山工厂新能源产能6万台。

五、技术进展与研发能力

江铃汽车股份有限公司前瞻布局，紧跟汽车工业发展步伐，攻占研发领域新高地，在车联网、新能源及自动驾驶等汽车新技术领域规划并逐步实施。江铃汽车股份有限公司加快转型升级,实现创新发展:全系列产品规划新能源,已推出轻卡凯锐 EV,域虎 EV,特顺 EV 以及福特领界 EV 等新能源产品;江铃汽车股份有限公司在中国商用车中率先搭载北斗企业;推出 L4 级自动化驾驶产品。

新能源核心三电以市场客户需求为驱动,关键技术集成化、平台化的创新研发模式,依托大数据、云平台、正向开发等业务创新,坚持“赋能全领域,智享正能量”的理念,打造了轻卡、轻客、皮卡、SUV 等多领域、多场景、全生命周期服务的新能源产品。随着研发能力进一步提升,新能源自主创新科技成果获得公司高度认可,制定三电相关设计技术标准 322 条,测试规范及标准 139 条,挖掘专利 116 件,发表论文 20 篇。

江铃汽车股份有限公司在 2020 年投产了领界 EV(2020 款),该项目的动力电池通过优化结构,更改布置,更换电芯等措施,使整车 NEDC 续航里程提升约 20%。动力电池通过增加热防护设计、BMS 热失控预警策略以及大数据平台分析,实现电池热失控防护要求和电池状态 24 h 实时监控,提高了电动车的安全性。动力电池通过优化热管理结构和策略,增加插枪保温、行车加热和电机余热利用策略等,大大提高了电池的环境适应性和低温下的整车驾驶性和续航里程,一定程度上解决了纯电动车低温下使用的各种痛点。轻卡平台充分利用顺达底盘高度低,重量轻,成本低的优势,开发 66 kWh/89 kWh 顺达 BEV 相关底盘及整车。顺达 66 kWh 车型,价格低、且可以进入地库,满足搬家,建材,短距离城配行业需求;顺达 89 kWh 车型,满足蓝牌冷藏车的改装需求,同时底盘兼顾民航机场的市场需求;顺达双排自卸 BEV 车型,满足双排自卸 BEV 车型的市场需求;轻卡车型的动力电池采用了轻量化设计,电箱上盖使用 PCM 复合材料,底板使用铝型材并集成液冷板,能量密度由 120 Wh/kg 提升至 154.59 Wh/kg。电池包热管理进行了优化设计,温度适应性更强,加热速率提升 50%。液冷电池系统质保周期可由5 年/20 万 km 延长至 6 年/30 万 km,质保周期内电池容量衰减小于 20%。轻客、皮卡的驱动形式实现了纯电车型匹配电驱动桥的技术,具有传动效率高、布置空间紧凑、承载能力强等特点,同时可降低整车成本。特顺 EV、域虎 EV 动力电池包采用宁德时代标准箱体,极大地降低了投资。6 年/30 万 km 的质保也让顾客有良好的售后体验。全顺 EV 车型进行新能源 PT 系统功能安全设计,从而提高整车功能安全性。

六、主要新产品

1. 整车				
序号	产品型号	产品名称	品牌	通用名称
1	JX6571TA-M5BEV	纯电动客车	江铃牌	特顺 EV
2	JX5040XXYTHB-M5BEV	纯电动厢式运输车	江铃牌	特顺 EV
3	JX5040XXYTCA-M5BEV	纯电动厢式运输车	江铃牌	特顺 EV
4	JX6462PE5BEV	纯电动多用途乘用车	福特牌	领界 EV
5	JX5043XXYTGE25BEV	纯电动轻卡	江铃牌	凯锐 EV
6	JX5043XXYTGF25BEV	纯电动轻卡	江铃牌	凯锐 EV
7	JX5063XXYTGA25BEV	纯电动轻卡	江铃牌	凯锐 EV

2. 零部件			
序号	产品名称	产品型号	产品应用
1	65.17 kWh 动力电池系统	L173C01、L173G01	江铃纯电动多用途货车、江铃纯电动多用途乘用车、宇通纯电动客车
2	60 kW 永磁同步电机	TZ220XSFDM60A	江铃纯电动多用途货车、江铃纯电动多用途乘用车
3	60.16 kWh 动力电池系统	L173G01	江铃纯电动多用途货车、江铃纯电动多用途乘用车、宇通纯电动客车
4	整车控制器	VCU-LE2-AA-01	江铃纯电动多用途乘用车
5	60.4 kWh 动力电池系统	1P88S-187A	领界 EV
6	60 kW 永磁同步电机	TZ242XS005	领界 EV
7	整车控制器	VCU-LS2-AA-01	领界 EV
8	80,6 kWh 动力电池系统	L150TX8	江铃纯电动轻卡
9	106.3 kWh 动力电池系统	L173TB2	江铃纯电动轻卡
10	60 kW 永磁同步电机	TZ260XSD81	江铃纯电动轻卡
11	整车控制器	VCU-LE1-EA-01	江铃纯电动轻卡

七、合资合作及重大项目建设

江西省重点新产品计划《凯锐 EV 电动物流车》:项目基于江铃凯锐轻卡平台进行电动化设计开发,针对电驱动动力系统、整车控制核心算法、轻卡商用车电动化的结构设计等关键技术进行科技攻关,目前该项目已完成工程设计并实现产业化应用。

山西科技创新项目《新能源电动汽车用轮毂电机的研

发》:该项目由东辉引进日本轮毂电机技术,发挥江铃和东辉双方技术优势,在江铃领界 BEV 上适配东辉轮毂电机,项目已完成山西转型综合改革示范区科技项目验收结题。

八、发展规划

为响应国家新能源汽车产业发展规划,江铃汽车股份有限公司不断发展包括 48V、BEV、PHEV 及 FCV 等多元化新能源技术路线,逐步建立江铃新能源特色技术布局。2021 年,江铃股份启动全新纯电平台的研究,整车按照集成化、轻量化、平台化方向进行设计。动力电池系统启动 CTC 技术研究,拟通过一体化集成底盘 CTC 及车身方案实现降本、减重及提高车辆性能的目的。为实现整车新能源控制自主开发,启动 VCU&&BMS 的 ASPICE 流程的开发工作,并同步启动整车域控制器的研究及开发工作。

上汽通用五菱汽车股份有限公司

一、单位概况

2002 年 11 月 18 日正式挂牌成立的上汽通用五菱汽车股份有限公司(英文缩写 SGMW),是由上海汽车集团股份有限公司、通用汽车(中国)投资有限公司、广西汽车集团三方共同组建的大型中外合资汽车公司。上汽通用五菱积极响应国家能源战略和节能减排的要求,在新能源研发和产业化建设方面持续加大投入。在新能源产品开发方面,上汽通用五菱通过创新创造、跨界融合、共享模式等持续探索并打造新物种,建立了 GSEV(Global Small Electric Vehicle)全球小型电动架构,重新定义了小型电动车的空间、安全、能耗、能源补给和服务。上汽通用五菱全球小型电动车 GSEV 系列产品累计销量已突破 40 万辆,持续领跑中国新能源市场。

二、生产与经营

2020 年,上汽通用五菱全年整体销量突破 160 万大关,连续 9 个月实现同比、环比双增长,不仅成为销量第一的民族品牌,更是得到超过 2 300 万用户的认可,是拥有最多用户的民族汽车企业。

上汽通用五菱在新三大战略之一“电动化”的引导下,2020 年凭借全球小型电动车(GSEV)系列产品摘得中国纯电动汽车行业销量冠军,全年销量达到 174 005 辆,连续 10 个月保持环比增长,成为拉动市场增长的核心力量。其中,2020 年 7 月上市的“人民的代步车”宏光 MINIEV 受到了广大消费者的喜爱,上市 270 天销量突破 27 万,9-12 月连续登顶中国新能源销量第一,刷新中国新能源汽车的销售纪录。据《中国小型纯电动乘用车出行大数据报告》报告显示,上汽通用五菱小型纯电动乘用车市场占有率高达 51%,占据了半壁江山。

三、产品出口

2020 年上汽通用五菱海外业务全面发力,整车及散件出口累计 77 376 台(套),海外市场销售收入累计 34.6 亿元,出口覆盖中南美洲、非洲、中东和东南亚等 40 个国家。2021 年 4 月底,上汽通用五菱印尼子公司携全球小型电动车平台 GSEV 旗下宝骏 E100、宝骏 E200 亮相 IIMS 印尼雅加达国际车展,成为车展中备受关注的新能源车型。未来上汽通用五菱将以强大的技术创新、优质的产品和服务、全新的商业模式,为印尼新能源市场注入新动能,助力国家“一带一路”建设,将中国汽车品牌的强硬实力推广海外。

四、产能建设

上汽通用五菱在国内拥有柳州河西总部、柳州宝骏基地、青岛分公司和重庆分公司四大制造基地,形成了南北联动、东西呼应的发展格局。此外,上汽通用五菱积极响应国家“一带一路”建设号召,于 2017 年 7 月 11 日在印尼成立上汽通用五菱印尼汽车有限公司,成为国内首家在印尼投资建厂的中国汽车企业,也是中国汽车品牌首次在海外投入设备及资源独立建厂,输出品牌及产品并形成完整供应链、制造、销售、服务体系的范例,实现了中国汽车企业知识产权、品牌与产品、人力资源与团队、业务运营与模式等全方位海外输出。

五、技术进展与研发能力

在 2018 年中央经济工作会议上,5G、人工智能、工业互联网、物联网等相关的基础设施被定义为“新型基础设施建设”,汽车产业作为国民经济支柱,也成为新基建关注的焦点。而早在“新基建”概念提出之前,上汽通用五菱就已经开始关注并大力发展新型基础设施建设,在 5G 基站及应用、光伏电网及特高压、工业互联网、新能源汽车充电桩、人工智能、云计算大数据中心等方面进行研发投入与落地应用,形成了多点覆盖、深入探索的发展格局。

1. 5G 智能网联汽车示范区道路。

上汽通用五菱已启用全球首条四位一体的无人驾驶公开测试道路,其能够同时对 5G、V2X、无人驾驶、远程驾控等技术进行展示、测试及应用。该道路上已开通 9 个 5G 基站,是全国首个建设于公开测试道路的 5G 基站群,在该条道路上,上汽通用五菱已经累计进行了超过 12 720 次测试,积累的自动驾驶大数据涵盖全天候、全路况、多场景,100% 通过视觉定位、超视距预警、路口碰撞预警、行人检测等测试项目。

2. 光伏储能电站。

由上汽通用五菱组织研发的宝骏基地兆瓦级大型光伏风能一体化梯次利用储能电站已投入使用,该电站采用退役电池建成,是广西首个动力电池梯次利用储能系统;其配备了智慧能量管理系统,具备并离网智能切换功能,可蓄电 1 000 kWh、额定功率可达 250 kW,实现工厂日常生产活动中动力电池价值回收和能源节约的目的。

3. 无人物流车

以宝骏新能源无人物流车作为运输载体,上汽通用五菱建成国内第一条无人驾驶物流线路。无人物流运输路线由无人物流车与云端智能运营管理系统构成,搭载行业领先的

L4 级别无人驾驶系统，能够做到全方位实时环境感知，厘米级高精度定位，真正实现无人自主运输。云端智能运营管理系统则提供远程控制、数据分析等服务，有效提升管理效率及安全性。2019 年 11 月开始试用以来，行驶里程已超过 15 000 km，运输超过 8 000 次，无人化、智能化、网联化的物流模式已然形成。

六、主要新产品

序号	产品型号	产品名称	品牌	通用名称
1	LZW7004EVJDJ	纯电动轿车	上汽通用五菱	宏光 MINI EV
2	LZW7003EVGMAJ	纯电动轿车	上汽通用五菱	新宝骏 E300
3	LZW7003EVGKAB	纯电动轿车	上汽通用五菱	新宝骏 E300Plus

七、合资合作及重大项目建设

为更好地将前瞻技术运用到生产与研发当中，上汽通用五菱同清华大学、上海交通大学、湖南大学、武汉理工大学、国防科技大学等知名高校展开了长期的产学研模式深度合作，充分利用高校深厚、创新、超前的学术理念，针对性的培养汽车专业人才，引进高端研发人员队伍，建立完善的人才梯队体系，与高校一并承担省、市级科技计划课题。上汽通用五菱与武汉理工大学张清杰院士团队，联合开发了首款氢燃料电池汽车，填补了广西氢燃料电池汽车的空白；与中车株洲电力机车研究所丁荣军院士团队，联合挂牌电子电力实验室，聚焦于国产 IGBT 在新能源汽车上的测试与应用，共同探索适用于微小型电动汽车的标准化电驱系统产品和相关技术标准；与上海交大开展的 5G 云控智慧无人物流项目，已实现首个 5G 云控物流落地，里程超 300 km。

八、发展规划

2018 年面对着“三期叠加”下的国内汽车市场新形势，上汽通用五菱迎难而上，主动求变，全面进攻，推动公司业务转型升级和高质量发展，提出“乘用化、新四化、国际化”的新三大战略。2021 年是中国共产党建党 100 周年，也是“十四五”规划开局之年，站在新的历史交汇点上，上汽通用五菱将以“成为全球创新、跨界、体验的标杆公司”为愿景，在国家“新基建”趋势下持续引领汽车行业在数字化方面的转型升级；同时秉持以用户为中心的理念，力争通过创新创造促进企业高质量发展，持续促进国家经济高质量发展。

东风柳州汽车有限公司

一、单位概况

东风柳汽前身为创立于 1954 年的柳州农械厂。1969 年进入汽车行业，同年生产出广西第一辆汽车——“柳江”牌载货汽车；1981 年加入东风汽车集团；1997 年改制为东风柳州汽车有限公司。在 50 多年的造车育人历程中，秉承着“自立自强、创优创新、同心同德、为国为民”的企业精神，一代又一代的柳汽人艰苦创业，用勤奋和汗水书写了一个又一个的中国汽车工业史上的“第一”：1981 年开发生产中国第一款中型柴油载货汽车；1991 年开发生产中国第一款平头柴油卡车；2001 年推出国内第一款自主品牌 MPV——风行菱智；2007 年推出国内第一款采用龙骨框架结构驾驶室的霸龙 507 重卡产品；2017 年推出国内第一款高端长头驾驶室乘龙 T7 牵引车。2019 年第三届柳汽品牌日上，乘龙汽车品牌率先发布全系国六商用车产品，2020 年 6 月，推出乘龙 H7 新一代升级产品——乘龙 H7 2020 款。

拥有员工 5 700 多人，拥有科技创新人员 1 400 多人，占地面积 345.4 万 m^2，已形成商用车基地年产 10 万辆商用车、乘用车基地年产 40 万辆乘用车、发动机年产 10 万台的生产能力，拥有“乘龙”商用车品牌和“风行菱智”、“风行景逸”等乘用车品牌，在全国拥有近 2 500 个营销服务网点，覆盖全国 30 多个省、市、自治区，产品远销美洲、非洲、中东、东南亚等近 40 个国家和地区。东风柳汽始终注重把握市场的脉搏、重视用户的需求，不断开发适应市场发展、满足市场需求的高品质产品。凭借优质的产品和服务被中国质量协会评为“重质守信 3·15 放心单位”“维护消费者权益 3·15 满意单位”“全国售后服务十佳单位”。近年来荣获“全国质量先进企业”“2020 年度全国质量诚信标杆企业”“全国产品和服务质量诚信示范企业”“广西十佳企业”等称号。

二、生产与经营

2020 年，东风柳汽持续推进“巩固南方，突破北方”课题，聚焦重点细分市场，打造 35 家核心经销商网络，通过微电影、品牌日等强化推广活动实现全年销售汽车 18.5 万辆，同比增长 4.1%，营业收入 253.02 亿元，同比增长 18.5%，利润 5.8 亿元，利润及现金流持续向好。其中，商用车事业迎来历史性突破，全年生产商用车 88,189 辆，同比增长 47%，销售 85 188 辆，同比增长 46.2%，实现 4、5、6 连续 3 个月产销过万，单月及全年产量、销量均创历史新高；乘用车销售 96 340 辆，MPV 销量 5.9 万辆，自主 MPV 份额提升到 8.1%。

2020 年 11 月，东风风行在北京水立方隆重举办“风行^3·进化论——新风行品牌之夜”活动，正式向外界发布新风行“智慧空间 享你所想”的品牌价值理念，全面推进设计理念、技术理念、服务理念三大进化。通过价值驱动，技术赋能，新风行面向新时代，开启“设计 + 技术 + 服务”强强联合的出行体验新纪元。同时，公司新产品悬挂全新劲狮标，采用锋动力学设计理念的首款车型——风行 T5 EVO 也正式亮相。

三、产品出口

2020 年疫情背景下商用车海外出口 3 176 辆，同比增长 58.5%，市占率提升 3 个百分点，市场排名提升 1 位，出口目的地主要为东南亚的越南，老挝，菲律宾等国，以及南美洲的秘鲁、智利等国。

四、产能建设

东风柳汽商乘用车产线全线采用自动化输送、机器人自动焊接、在线测量等先进技术、，机器人使用率高达 89%，实现多车型柔性共线。涂装完成国内首创的一次性过线双色车工艺；采用阴极电泳工艺，提高车身耐腐蚀性，100% 机器人自动喷涂。车架、车身、发动机等大总成采用空中跨线自动输送系统；采用模块化装配，全集配物流模式，AGV 智能小车配送上线，采用 Andon 系统提高质量和效率。同时利用信息化技术，基于 ERP、MES、CP 等系统，重构业务流程，实现过程透明化、可视化。

五、技术进展与研发能力

东风柳汽逐步完善“以我为主、集团协同、产学研协同、供应商协同”的自主创新机制，构建以柳汽为中心的汽车产业生态集群，联合区内外汽车产业链优势资源、科研院所、试验检测机构协同创新，推动自治区汽车产业共性技术、关键技术、先进技术突破。一方面加强与区内外科研院所的合作，深入开展产学研用协同攻关以促进科技成果转化，共同构建充满活力的科技人才联合培养机制；另一方面联合国内外优秀供应商的优质资源进行协同创新，共同提升产品性能与市场竞争力，优化自治区汽车产业向价值链中高端跃升。

东风柳汽研发试验中心，建筑面积 3.7 万 m^2，一期投资 1.2 亿元，建成整车排放、耐久转鼓、NVH 半消声室、部件试验、电子电器和部件 EMC、新能源等多个大型综合试验室，试验大纲项目扩展至 4 850 项，整车试验能力覆盖率提升至 86.75%，已形成较为完善的整车设计、整车试验、底盘、车身及零部件试验能力。

2020 年东风柳汽商用车完成纯电轻卡迭代开发和 E-CVT 混动、电驱桥、液冷技术预研。完成全新电子电器架构、H7 变道辅助系统等 15 项技术开发，智能化技术达到国内先进水平。实现 H7 车型降重 138 kg，H5 车型降重 82 kg，M3B 车型降重 43 kg，继续保持行业轻量化领先优势。乘用车 T5 EVO 新车型搭载腾讯新一代 TAI3.0（实现车载微信及腾讯视频）；开发全景自动泊车系统，园区自动驾驶技术预研，实现厂区间固定区域的无人驾驶；完成 500 km 续航车辆试制及换电车型逐渐批量装车。

六、主要新产品

序号	产品型号	产品名称	品　牌	通用名称
1	LZ7005SLAEV	纯电动轿车	东风风行	风行 S50EV
2	LZ7006SLAEV	纯电动轿车	东风风行	风行 S50EV
3	LZ7007SLAEV	换电式纯电动轿车	东风风行	风行 S50EV
4	LZ7008SLAEV	换电式纯电动轿车	东风风行	风行 S50EV
5	LZ6513MLAEV	纯电动多用途乘用车	东风风行	菱智 M5EV
6	LZ6514MLAEV	纯电动多用途乘用车	东风风行	菱智 M5EV
7	LZ6511MLANEV	纯电动多用途乘用车	东风风行	菱智 M5EV
8	LZ6515MLAEV	纯电动多用途乘用车	东风风行	菱智 M5EV
9	LZ6516MLAEV	纯电动多用途乘用车	东风风行	菱智 M5EV
10	LZ6512MLANEV	纯电动多用途乘用车	东风风行	菱智 M5EV
11	LZ6517MLAEV	纯电动多用途乘用车	东风风行	菱智 M5EV
12	LZ6513MLANEV	纯电动多用途乘用车	东风风行	菱智 M5EV
13	LZ5031XXYMLAEV	纯电动厢式运输车	东风风行	菱智 M5EV

七、合资合作及重大项目建设

数字化智能工厂建设，针对公司柳东乘用车基地智能工厂建设的需求，推进数字化设计、装备智能化柔性化升级、工艺流程优化、精益生产、可视化管理、质量控制与追溯、智能物流等应用，推动企业全业务流程智能化整合。东风柳汽积极开展对外合作，与“帮宁工作室”、“汽车通讯社”、《Dear Auto》等媒体代表围绕风行“品质向上品牌向上”的全新品牌战略进行了深入的探讨与交流，深层解读“新风行”品牌的价值和未来发展。同时，东风柳汽致力于推进校企合作发展，务实打造创业创新型实践基地，以市场需求为导向、以合作项目为载体建立了东风柳汽-广西科技大学研究生联合培养基地，打造链接高校和企业的一流人才平台。

八、发展规划

东风柳汽持续推进企业数字化转型，梳理以客户为中心、以市场需求为导向的业务流程架构，规划未来 3 ~ 5 年业务流程变革项目，构建东风柳汽业务流程管理基础体系；积极响应国家智能制造战略，加快推进智能制造发展，结合新生产基地建设需求，探索商业智能与数字化智能工厂的结合新模式，建立完全网络管理机制。

东风柳汽视“五化技术”作为实现企业转型升级的突破口；未来5年在“轻量化”方面，开展铝合金防撞梁、后轴液压成型、热成型整体门环等技术预研及应用，从关注车身轻量化到关注整车轻量化转变，系统开展整车轻量化工作，建立整车轻量化体系。在“新能源”方面，技术路线以EV为主，HEV、FCV为辅。在“智能互联化”方面，持续开展汽车智能座舱、园区自动驾驶、无人代客泊车系统等L3/L4级别智能化技术预研工作，力争到2025年实现量产应用。

上汽R汽车

一、单位概况

1. 基本信息：R汽车履行“用户即伙伴，陪伴成长；出行即服务，科技赋能”的品牌使命，让用户从喜欢到信赖，用科技兑现每个人对未来出行的所有想象。旗下ER6、MARVEL R，分别于2020年8月13日、2021年2月7日正式上市。

2. 品牌介绍：

R汽车致力为用户打造中高端新能源智能移动空间，用科技兑现人类对智能出行的美好想象。此外，R汽车采用全新的线下体验店模式，为用户提供更便捷，更规范，更统一的“购—用—养—换”一站式服务。

3. 品牌愿景——用科技兑换人类对未来智能出行的美好想象；品牌使命——用户即伙伴，出行即服务；品牌定位——新能源智能移动空间。

4. R CARE心易服务：

——周全服务布局，全周期服务渠道（全新线下体验店、标准化服务体验）。

——无忧售前体验，售前服务创新（7×24 h实时专属顾问在线服务、随时随地线上看车、上门试驾、在线订购、一对一客服服务）。

——尊享售后服务：售后服务创新（R Station售后服务中心、24 h随身服务、全面升级服务）。

二、技术进展与研发能力

2021年3月正式推出了全新技术品牌“R-TECH高能智慧体”，历时5年研发，总投入超过200亿元，能够实现硬件“可插可换可升级”，软件“可买可卖可定义”，电池“可充可换可升级”全栈自研高阶智驾方案——PP-CEM，构建了全天候、全场景、超视矩、多维度的“六重融合式感知体系”。

全球首创数字座舱——A LOT硬件即插即用，SOA软件“智能我创”。

自主专利三电科技——0燃失控用不自燃，1 km补电生态，2 min快速换电，“700 kW+可升级”，100座自有充电站。

三、主要新产品

序号	产品名称	品　牌	通用名称
1	纯电轿车	R汽车	ER6
2	智能电动SUV	R汽车	MARVEL R

四、合资合作及重大项目建设

1. 2021年，R汽车集结Luminar、采埃孚、英伟达、腾讯智慧出行、微软、华为、斑马智行、国家电网、南方电网、特来电、星星充电、京东方、奥动新能源等企业，组建共创者战略联盟，联手打造——“智能数字产品”。

2. 2020年9月，“科技点亮童梦”R公益计划于四川西南凉山彝族自治州大凉山民乐小学正式启动。

3. 2020年R品牌大事件：“510”R LOGO发布；“725”第一家R STORE R汽车北京东直门来福士体验中心落地营业；“813”R品牌魔都星耀浦江活动首款ER系列旗舰车型ER6发布；“1001”R SPACE安团快闪事件；“1025”ER6荣膺2020新能源年度推荐车型；“1209”2020中国设计红星奖银奖。

五、发展规划

依托于R-TECH高能智慧体打造的首款智能车ES33，计划于2022年下半年全球上市。

岚图汽车科技有限公司

一、单位概况

岚图汽车科技有限公司是一家高端智能电动汽车科技公司（以下简称岚图），组建于2018年。作为中国“造车新实力”，岚图充分整合东风公司超50年的造车技术和优势资源，以用户为中心构建创新的商业模式，致力于成为“中国高端新能源品牌领先者”。岚图定位为“零焦虑高端智慧电动品牌”，以“让汽车驱动梦想，为美好生活赋能”为品牌使命，为当代社会新中坚力量创造现代格调的美好生活。

二、生产与经营

岚图汽车2020年7月正式发布品牌战略和首款概念车iLand，2020年9月全球首发量产概念车iFree，2020年12月18日首款量产车型“性能级智能电动SUV”岚图FREE发布，2021年3月岚图FREE公布售价并正式接受预订，2021年6月19日正式上市，2021年6月30日正式量产下线。

三、产品出口

预计2022年5月底前完成挪威、荷兰、瑞典、比利时、丹麦、德国、法国的出口认证。

四、产能建设

产能规模为15万辆,2021年6月30日正式量产下线。

五、技术进展与研发能力

岚图汽车首款性能级智能电动SUV岚图FREE已于2021年6月30日投产。岚图汽车拥有完整的新能源平台架构、高端新能源整车,以及新能源关键总成和系统技术研发能力,已全面布局新能源整车、高压系统开发、下一代自动驾驶平台、下一代电子电气架构等重大项目的开发与研究,未来每年将向市场投放至少一款新车。同时承担了多项"国家重点研发计划""湖北省科技厅重点研发计划"科技攻关项目。"十四五"期间,岚图汽车将加速突破高端新能源乘用车、关键动力总成和智能网联核心技术,建立新能源整车及关键技术的领先优势,形成东风集团以至新能源汽车全价值链的自主开发和制造的核心竞争力。

六、主要新产品

续上表

序号	产品型号	产品名称	品牌	通用名称
1	EQ6490AL5F1SHEV	插电式混合动力多用途乘用车	岚图	FREE
2	EQ6490AL5F2SHEV	插电式混合动力多用途乘用车	岚图	FREE
3	EQ6490AL5F1BEV	纯电动多用途乘用车	岚图	FREE
4	EQ6490AL5F2BEV	纯电动多用途乘用车	岚图	FREE

七、合资合作及重大项目建设

2020年12月18日首款量产车型"性能级智能电动SUV"岚图FREE发布,今后5年,岚图汽车产品将涵盖轿车、SUV、MPV等多个车型。

八、发展规划

从2021年起,岚图汽车每年将向市场投放至少一款新车;今后5年,岚图汽车产品将涵盖轿车、SUV、MPV等多个细分市场,不断扩展高端电动汽车品牌的产品阵容。为了直达用户,打造温暖体验,岚图汽车采用全直营模式。截至2021年底,岚图汽车将在全国建立超50家直营渠道,覆盖20个核心城市,为用户提供"物有所值、价有所信、购而不悔、用而无忧、赋能生活、收获友情"的产品和服务。

安徽江淮汽车集团股份有限公司新能源乘用车分公司

一、单位概况

安徽江淮汽车集团股份有限公司是一家集全系列商用车、乘用车及动力总成研产销和服务于一体,涵盖汽车出行、金融服务等众多领域的综合型汽车企业集团,已形成燃油和新能源动力的整车业务(乘用车、商用车、客车)、核心零部件、汽车出行、汽车服务四大核心板块,致力打造"全生态链、全产业链、全价值链"的综合性汽车服务平台。先后荣获国家火炬计划重点高新技术企业、中国企业500强、中国自主汽车品牌前4强。

新能源汽车领域,中国最早开启新能源产业化研发,涵盖新能源家用车领域,拥有SUV、轿车等车型,历9代技术4代产品更迭,形成国内领先、国际先进的技术平台。攻克电动车领域核心技术50余项,试验里程累积达4 300万km。授权专利629件,发明专利189件。首家开启纯电动汽车万里长途品质公测。截至2020年,累计示范推广超17万辆,累计行驶里程突破51亿km。

二、生产与经营

江汽集团的汽车业务包括新能源乘用车、轻型车、重型车、商务车、SUV及轿车及客车等,全年累计销售各类整车46.5万辆,同比增长7.3%,其中新能源乘用车5万辆;实现营业收入582.9亿元,同比增长20.9%。

三、产品出口

江汽集团矢志为全球客户制造更好产品,创世界知名汽车品牌。产品远销全球130多个国家和地区。截至2020年底,江汽集团累计出口近70万辆,中高端轻卡连续多年行业出口第一。2020年出口4.9万辆。

四、产能建设

江汽集团已建成8大国内生产基地和19个海外KD工厂,具备百万辆整车产能,综合产能名列汽车行业前列,大大提升了江汽集团品牌实力。拥有各类先进生产设备5 200余台(套),包括亚洲最大的6 000 t压力机、尖端技术的德国KUKA、瑞典ABB焊接机器人、德国数控加工中心、自动喷涂机器人等国际一流精大稀设备,在硬件上保证高品质生产。高端新能源乘用车制造基地:与蔚来汽车联合打造世界级"智造"工厂,采用"互联网+智造"模式,拥有国内自主品牌首条全铝车身生产线,自动化率高达97.5%,达到世界一流水平。江淮大众共线生产与德国大众战略合作,大众专家技术调校,大众质量管理,大众共线生产,打造国际品质。

五、技术进展与研发能力

1. 研发能力。

研发体系及人才队伍,坚持"以我为主、兼收并蓄、自成一体、实现超越"的指导思想,持续推进"以客户为中心"的研发体系建设。拥有国家级企业技术中心、国家级工业设计中心、两个海外研发中心,近5 000人的高水平研发团队,正高级工程师29人,享受国务院津贴8人,技能大师工作室39个,技术首席大师工作室9个,黑带大师工作室7个,高级工程师259人。先进试验,拥有三大研发实验室,①整车碰撞试验室:具备开展国标、C-NCAP、ECE(欧标)、FMVSS(美标）、Euro NCAP（欧盟第三方评价标准）等被动安全试验开发能力，达国内领先水平。通过数据传感器、高速摄影机等尖端设备，全方位保证安全出行。②NVH 试验室：由四驱转鼓双边通过噪声试验室、两驱转鼓整车半消声室、材料声学性能试验室（全消 + 混响室）、音品质评价试验室、模态试验室组成，达到国际一流标准，打造极致驾乘体验。③EMC 试验室：用于测量车辆各种电子电器性能及相互影响。包含 1 个整车 10 m 法半电波暗室（内置四轮独立驱动转毂系统）、1 个零部件半电波暗室、2 个屏蔽室，营造全能智驱实力。研发投入，公司每年将销售收入的 3%～5% 投入研发，2020 年研发投入超 18 亿元，同比增长 11.5%。

2. 取得的突入领先优势。

（1）安全。国内独创、国际领先的蜂窝电池技术五层次解决方案：①电芯定向爆炸；②模组内电隔离与热隔绝；③相邻模组间安全隔离；④电池包机械结构可靠；⑤整车“机—电—热”耦合。2020 年 7 月，经安徽省科技成果转化服务中心组织专家评价，该科技成果技术水平国际领先。

（2）智能。积累了自主可控的整车域控软硬件技术：①“面向服务”即插即用的“全域”电子电气架构；②国际先进的整车域控制器；③安全的 OTA 系统。

（3）低噪。突破电驱动系统“结构 + 软件”噪声抑制技术：①电机多物理场多目标寻优；②国内领先的“结构 + 软件”多维电驱动系统噪声抑制技术；③高性价比的电驱动系统 NVH 性能实证。

（4）节能。国际化的整车能量流集成开发技术：①热泵空调技术，冬季制热能耗下降 40%；②小型车能耗≤11 kWh/100 km。

（5）长寿。突破磷酸铁锂电池百万公里长寿命技术：①寿命预测模型；②32131 圆柱磷酸铁锂电芯；③热传导速率快的液冷电池系统；④5 000 辆出租车市场运行实证。

六、主要新产品

序号	产品型号	产品名称	品牌	通用名称
1	HFC7000WEV6/HFC7000WEV7/HFC7000WEV9/HFC7000WEV10	纯电动轿车	思皓	思皓 E10X
2	HFC7002BEV2/HFC7002BEV5/HFC7002BEV6	纯电动轿车	思皓	思皓 E50A
3	HFC7002MEV7/HFC7002MEV8	纯电动 SUV 车	思皓	思皓 E40X

七、合资合作及重大项目建设

为提升中国自主汽车品牌的综合实力和影响力，近年来，江汽集团积极寻求与国际领先相关企业的战略合作，不断提升企业实力，实现了发展质的飞跃。

（1）江淮蔚来：2016 年 4 月，江淮汽车正式与蔚来汽车签署战略合作框架协议，树立企业“两化融合”新典范。2020 年 4 月，蔚来中国总部项目正式签约入驻合肥。2020 年产量超过 4.4 万辆。

（2）江淮大众：与大众汽车成功签署合资协议，成立大众汽车（安徽）有限公司，研发中心已顺利启用，全新的制造基地正式开工。

（3）江淮百度：共同研发自动驾驶量产车型。

（4）瑞福德：与世界银行巨头西班牙桑坦德强强联合，成立国内自主品牌车企首家中外合资汽车金融公司。

（5）安徽康明斯：与美国康明斯公司正式签署合作协议，商用车再添强“芯”剂。

（6）中科大产学合作：与中国科学技术大学正式签署战略合作框架协议，双方将在科技协同创新、人才培养等领域开展全面的战略合作。

（7）江淮华为：与华为正式签署全面合作框架协议暨 MDC 平台项目合作协议。双方将在智能汽车解决方案、企业信息化、智慧园区、智能工厂等领域展开深入合作。

八、发展规划

“十四五”时期，江汽集团将坚持纯电动技术路线，同时积极跟进氢燃料电池技术，以创新研发为核心，以先进技术支撑产品力，搭建全新专用平台，强化智能网联技术应用，兼顾换电模式，全面推进新能源汽车市场化，陆续推出 10 多款高端智能化产品，覆盖 A00 级-B 级细分市场，实现“2025 年新能源车型占比 30%”的发展规划。

广州小鹏汽车科技有限公司

一、单位概况

广州小鹏汽车科技有限公司（以下简称小鹏汽车）成立于 2015 年，是中国领先的智能电动汽车企业，面向庞大并且不断增长的热爱科技的中国中产消费者设计、开发、制造和销售智能电动汽车。小鹏汽车致力于通过科技及数据驱动智能电动汽车的变革，引领未来出行方式。小鹏汽车研发总部位于广州，并在北京、上海、以及美国硅谷和圣地亚哥设有办公室，汽车生产制造由位于肇庆和郑州的工厂进行。

二、生产与经营

小鹏汽车是专注于研发、生产、销售、服务及智能运营的新生代智能汽车公司，也是融合前沿“智能网联”“人工智能”的科技公司。小鹏汽车 2020 全年交付智能电动汽车 27 041 辆，同比 2019 年增长 112%。2020 年 1 月，小鹏 G3 获得中保研碰撞测试（C-IASI）的 4 项“优秀”及 2 项“良好”成绩，获得堪比传统车企豪华品牌车型的成绩，定义了纯电车型在汽车行业的安全标准。小鹏 G3 荣获中国汽协颁发的 2020 年度智能汽车指数“智能泊车奖”，是 i-VISTA 智能指数所有公开发布结果的车型中自动泊车辅助系统得分最高的车型。

2020 年 4 月 27 日，超长续航智能轿跑小鹏 P7 正式上市，综合补贴后个人零售价 22.99 万～34.99 万元。2020 年 6 月，小鹏 P7 如约启动大规模交付。2020 年 10 月，小鹏 P7 第 10 000 辆下线，创新势力单车型最快纪录。同期，小鹏汽车向 P7 用户分批推送 Xmart OS 2.1.0 版本 OTA 升级软件，实现小鹏 P7 上市以来的第一次重大 OTA 升级，并将开放自动驾驶辅助系统的相关功能。2020 年 11 月，为富有突破、探索精神玩家打造的具备极致探索精神的 P7 旗舰新品——P7 鹏翼版正式发布。

小鹏汽车坚持品质制造是基础，小鹏汽车在肇庆高新区投资建设智能网联科技产业园，2020 年 5 月获得主要审批许可，成为小鹏汽车全球首个自建整车生产基地。2020 年 9 月 28 日，小鹏汽车智能网联汽车智造基地在广州市知识城智能装备区奠基，广州智造基地奠基标志着小鹏汽车将形成“广州＋肇庆”智造双擎布局，为后续产品稳扎自主研发、制造的基础。

品质制造是基础，生态运营是核心。小鹏汽车在打磨产品品质的同时，全面布局销售、售后以及充电服务等各项工作，通过产品运营闭环和服务运营闭环，满足产品全生命周期的用户全触点体验。小鹏汽车通过“自建自营＋开放授权”“2S＋2S”“线上＋线下”的新零售模式为用户提供“一体化，多触点”的服务体验，实现全国线上线下价格统一、销售流程一致、服务标准一致，保障用户体验，截至 2020 年底，小鹏汽车销售服务网络覆盖 69 座城市，包括 160 家销售网点和 54 家服务网点。售后服务方面，小鹏汽车依托自主开发的远程诊断系统、智能理赔、移动服务等功能，提高用户的服务效率和智能体验。

截至 2020 年底，小鹏汽车自建自营 159 座超级充电站，并持续通过高质量对外合作和服务运营，与优秀的伙伴共建智能生态圈，终身免费充电计划开通 670 座站点，覆盖 100 座城市，为用户提供便捷的出行充电体验，有效解决智能电动汽车用户的里程焦虑。小鹏汽车于 2020 年 8 月 27 日以 XPEV 的股票代码登陆纽约证券交易所，募资 17 亿美元，创造了当时造车新势力中融资金额和发行估值最高的 IPO。2020 年 12 月，小鹏汽车完成上市后的首次增发，融资 25 亿美元，创下中概股史上最大规模的首次股票增发。

2020 年初，面对新冠肺炎疫情，小鹏汽车积极承担起社会责任。自 2020 年 1 月起，小鹏汽车与何小鹏个人持续投身捐赠行动，累计已向武汉等地的医疗机构捐赠价值超过 400 万元的现金、医疗物资、车辆与服务等支援一线防疫工作。2020 年 2 月 21 日起，小鹏汽车为全国小鹏车主及预订客户免费寄送防疫口罩。复工复产时期，小鹏汽车请全国所有小鹏 G3 车主免费充电，2 月 9 日—3 月 8 日，全国小鹏 G3 车主包含租车用户，均可在小鹏汽车自营及加盟超级充电站免费充电。同时利用自身技术优势为全国小鹏车主免费远程 OTA 升级车内“高温抑菌”功能，增强座舱净化功能。

三、产品出口

2020 年 9 月 24 日，100 台超长续航智能 SUV 小鹏 G3i 在广州新沙港集结，列队驶上滚装船，宣告了小鹏汽车在欧洲市场获得的第一批订单正式发运出口。2020 年 12 月，小鹏汽车首批向挪威市场出口的 100 辆 G3 智能纯电 SUV 已向分布于挪威 28 个城镇的用户交付，这一举动标志着小鹏汽车成为首个真正向欧洲消费者直接交付的中国智能汽车品牌。作为核心软件全栈自研的领军品牌，小鹏汽车正以独特的高智能品牌定位、扎实的研发能力，用户第一的理念服务挪威市场的用户，成为民族品牌出海的新标杆企业。

四、产能建设

小鹏汽车坚持品质制造是基础，小鹏汽车在肇庆高新区投资建设智能网联科技产业园，总体规划 60 万 m^2，建筑面积 22.7 万 m^2。2017 年 12 月奠基，2019 年底基本竣工，2020 年 5 月获得主要审批许可，成为小鹏汽车全球首个自建整车生产基地。厂区共设有冲压、焊装、涂装、总装、PACK 五大车间，设置 264 台智能工业机器人，具备不同平台 4 种车型柔性生产能力，设计生产能力每年 10 万辆。2020 年 9 月 28 日，小鹏汽车智能网联汽车智造基地在广州市知识城智能装备区奠基，广州智造基地奠基标志着小鹏汽车将形成“广州＋肇庆”智造双擎布局，为后续产品稳扎自主研发、制造的基础。

五、技术进展与研发能力

小鹏汽车通过全球化布局组建了一支规模化、多元化、重自研的跨界团队。截至 2020 年 12 月底，公司员工超 5 000 人，除一线员工外研发人员占比超 60%。为优化用户出行体验，小鹏汽车自主研发全栈式自动驾驶技术和智能语音车载操作系统，以及包括动力系统和电子电气架构在内的核心车辆系统。小鹏汽车以“自动驾驶和智能网联”为核心差异，拥有国内外核心专利超 2 000 项。小鹏汽车始终致力探索更全面和更安全的自动驾驶解决方案继续推动智能汽车普及。小鹏汽车已拥有以感知、行为规划及行为/运动预测、地图融合等多个模块的量产车最强自动驾驶架构，结合小鹏 P7 量产最强自动驾驶硬件基础，打造出 XPILOT 3.0 的 NGP 自动导航辅助驾驶功能和 VPA 停车场记忆泊车功能。

小鹏汽车基于智能座舱和智能网联的路径，自主研发 Xmart OS 车载智能系统，Xmart OS 车载智能系统在市面上语音交互体验最好，也最懂中国消费者和中国使用场景的车载 OS，支持“全场景语音”、“智能音乐座舱”和“车载应用生态”等功能。2020 年“你好，小 P”AI 智能助理为小鹏车主服务超 30 000 000 次。

小鹏汽车以用户思维和反馈而不断进化的整车 OTA 的能力，能在较长的生命周期里不断迭代升级提供新的智能能力。小鹏汽车整车 OTA 具备车辆核心的硬件类控制系统及软件类车载系统升级的能力。2020 年，小鹏汽车累计进行 11 次 OTA 升级，新增优化功能 41 次，为用户带来全场景语音、小 P 私人定制等功能，小鹏汽车常用常新。

六、主要新产品

序号	产品型号	产品名称	品牌	通用名称
1	NHQ7000BEVEA	纯电动轿车	小鹏	P7
2	NHQ7000BEVEB	纯电动轿车	小鹏	P7
3	NHQ7000BEVEC	纯电动轿车	小鹏	P7
4	NHQ7000BEVED	纯电动轿车	小鹏	P7
5	HMA7001DHBEV	纯电动轿车	小鹏	G3

七、合资合作及重大项目建设

2020 年 9 月 28 日，小鹏汽车智能网联汽车智造基地在广州市知识城智能装备区奠基，并获广州开发区 40 亿元融资，小鹏汽车与广州开发区管委会将共同推动广州智造基地项目的建设。广州智造基地计划于 2022 年底建成投产，并设有冲压、焊装、涂装、总装、PACK 五大工艺车间的智能汽车制造基地，用于旗下新款车型研发、整车生产及销售等业务。此次合作标志着小鹏汽车将形成"广州 + 肇庆"智造双擎布局，稳扎自主研发、制造的基础。

八、发展规划

小鹏汽车预测，2023 年第一个智能汽车行业拐点来自自动辅助驾驶，2025 年在中国一线城市"智能汽车 + 电动汽车"占比会在新车中将占比达 60%，智能汽车占到其中 50% 以上；2028 年会形成非常急速的跳跃，智能汽车将会迅速地发展。小鹏汽车致力于打造软硬件闭环的组织和基因，为更多用户提供真正好用的智能电动汽车。

合众新能源汽车有限公司

一、单位概况

合众新能源汽车有限公司成立于 2014 年 10 月，注册资金 16.72 亿元，是一家以创新型技术研发、智能化生产制造与渠道销售服务为基础的，集智能硬件产品、软件服务于一体的创新型高科技公司。在北京、上海、嘉兴、桐乡、美国硅谷等设立研发中心。拥有 3 款产品投放市场（N01、U、V）。公司汇聚了业界各领域的高端人才精英，现有员工约 2 800 人，专业技术人才占比为 67%；本科以上学历占比 57% 以上，其中硕博人员 146 人；中高级职称人员超 100 人；国家级引进计划专家 2 人；23% 的人来自跨国和合资企业，49% 的人具有 10 年以上汽车行业从业经验。公司成立的 7 年以来，分别于 2020 年获评全球独角兽企业 500 强、浙江省高新技术研究开发中心、浙江省制造业与互联网融合发展示范企业、嘉兴市重点实验室；2019 年获得高新技术企业、嘉兴市企业技术中心；2017 年获批嘉兴市院士专家工作站；2016 年被评为浙江省科技型中小企业。

二、生产与经营

2019 年是企业销售元年，销售 10 006 辆；2020 年销售 15 019 辆，同比增长 51%，排名新创车企第四名；2021 年销量继 1 月迎来开门红以后，2 月销量 2 002 台，同比增长 1 863%，2021 年累计销量排名新创车企第三名，3 月份销量 3 246 台，同比增长 680.3%。哪吒汽车自销售以来累计实现生产交付 40 000 台。

三、产能建设

公司于 2017 年 4 月获得国家发改委核准整车生产资质，2018 年 5 月获得国家工信部生产资质公告，建有桐乡生态智慧工厂，位于浙江省桐乡市，规划产能 5 万辆，占地面积 700 亩，建筑面积 10 万 m^2，建有冲压、焊装、涂装、总装整车四大工艺，以及试制和试验中心、树脂和 PACK 生产线等。

四、技术进展与研发能力

公司建立了一整套汽车零部件开发与核心技术研发能力，搭建了基于整车"V"字形的正向开发流程，形成了新能源汽车的正向研发体系和试验能力；围绕绿色、智能出行生态链理念，开展了智能网联技术、自动驾驶技术、轻量化技术、整车控制技术、电机驱动技术、电池管理系统、整车集成技术等核心技术研发，在电动汽车整车、电池包、电驱动、汽车安全、轻量化、控制系统、智能驾驶等技术领域申请 1 000 多项专利（包括 PCT4 项），其中发明专利占到 39%。

在智能座舱方面：通过智能网联技术和新型车载终端的创新开发应用，塑造差异化的产品亮点，高集成度域控制器实现云管端一体化，支撑以小 You 机器人为载体的主动式 AI 情感交互体验，以透明 A 柱为载体的安全增强系统，和以 4G/5G 通讯为管道的 OTA 软件在线升级。不断跨界融合车内外生态，打造创新差异化用户体验。在自动驾驶方面：以实现 L4 级自动驾驶为规划目标，利用最新感知技术和高性能处理器，自主开发智能驾驶硬件平台和软件平台，实现 L3 级辅助驾驶功能在合众汽车上的降维应用从而保持产品竞争力，并应用于 L4 级特定场景的完全自动驾驶。将感知融合、智能算法、信息交互、计算平台作为四大技术研发方向。以域控制器为智能驾驶大脑（IDB），以智能座舱为核心人机界面，以人工智能、深度学习、区块链、大数据等先进技术提供算法解决方案，云端服务作为增值服务触角，全面定义智能出行新体验。

五、主要新产品

序号	产品型号	产品名称	品牌	通用名称
1	THZ7000BEVS113	纯电动轿车	哪吒	哪吒 V
2	THZ7000BEVS112	纯电动轿车	哪吒	哪吒 V
3	THZ7000BEVS115	纯电动轿车	哪吒	哪吒 V
4	THZ7000BEVS116	纯电动轿车	哪吒	哪吒 V
5	THZ6450BEVS30A	纯电动多用途乘用车	哪吒	哪吒 U
6	THZ6450BEVS307	纯电动多用途乘用车	哪吒	哪吒 U
7	THZ6450BEVS303	纯电动多用途乘用车	哪吒	哪吒 U

六、发展规划

通过集硬件、软件、服务为一体的产品。以 PIVOT 智能系统的两大核心:智能座舱、智能驾驶作为支点,致力打造“下一代智能移动终端”,撬动未来出行巨大市场。合众 PIVOT 智能座舱系统:通过智能网联技术和新型车载终端的创新开发应用,打造云管端一体化智能移动驾驶座舱,塑造差异化的产品亮点和营销热点,助力合众汽车成为国内高品质智能电动车的普及者。合众 PIVOT 智能驾驶系统:以域控制器为智能驾驶大脑(IDB),以智能座舱为核心人机界面,以人工智能、深度学习、区块链、大数据等先进技术提供算法解决方案,云端服务作为增值服务触角,全面定义智能出行新体验,并以此为支点,撬动未来智能出行的大市场。产品平台与车型规划:公司聚焦 20 万元以下大众消费市场,覆盖 A00 级到 A + 级,A 级及以下轿车、SUV 市场,容量大、成长性好,为主要目标市场。规划 HPC、HPA 两个平台与 5 款产品,布局主流市场,丰富产品线,满足用户差异化需求,将每年推出一款车型,首款车型哪吒 N01 已经上市销售;第二款车哪吒 U 于 2020 年 3 月上市销售,第三款车哪吒 V 于 2020 年 11 月上市销售;未来每年计划推出一款新车。

上海蔚来汽车有限公司

一、单位概况

上海蔚来汽车有限公司(以下简称蔚来)是一家全球化高端智能电动汽车公司,致力于通过提供高性能的智能电动汽车与极致用户体验,为用户创造愉悦的生活方式。蔚来成立于 2014 年,在上海、合肥、北京、南京、圣何塞、慕尼黑以及伦敦等多地设立研发与生产机构,搭建起覆盖全国超过 300 座城市的销售及售后服务网络。

二、生产与经营

2020 年,蔚来累计交付新车 43 728 辆,同比增长 112.6%。其中,蔚来智能电动旗舰 SUV ES8 累计交付 10 861 辆,蔚来智能电动全能 SUV ES6 累计交付 27 945 辆,蔚来智能电动轿跑 SUV EC6 累计交付 4 922 辆。

三、技术进展与研发能力

蔚来始终坚持高效率、高水准正向研发理念,继续坚决投入新产品和核心技术研发,累计研发投入超 150 亿元,全球范围已获得授权专利及申请超过 4 000 件,其中发明专利授权及申请超过 1 500 件。在整车方面,蔚来继续深耕高端智能电动汽车细分领域,加快研发下一代智能电动轿车产品及整车平台,持续打造行业领先产品力。在“三电三智”方面,蔚来加大电驱动系统研发和量产力度,电驱动产品荣获 ISO 262622018 功能安全流程认证;2020 年电驱动系统交付量达 87456 台,环比增长 32.4%,装机量排名行业领先,产品获得行业和市场一致认可;蔚来实现 100 kWh 电池包开发及投产,凭借无热蔓延安全设计、高性能、全天候温控及端云融合 BMS 等技术优势,使得整车续航得到再突破;蔚来领航辅助功能(NOP)落地,率先实现了自动调整车速、智能变换车道及超越慢车等功能,为用户提供更安全、更智能的用车体验;蔚来升级迭代智能操作系统(NIO OS),凭借清晰精准产品定位、高效易用交互方式和精致美观的界面呈现,先后荣获德国“iF”、红点大奖。蔚来积极参与政府重点科研项目,如蔚来与合工大围绕安徽省《支持新能源汽车产业创新发展和推广应用若干政策》支持研发创新项目,联合申报“预期功能安全下的 5G 智能网联汽车关键技术研究及产业化应用”项目研究,蔚来汽车及造型设计中心获得上海市市级企业技术中心、工业设计中心认定等。

四、主要新产品

序号	产品名称	品牌	通用名称
1	蔚来智能电动旗舰 SUV	蔚来	ES8
2	蔚来智能电动全能 SUV	蔚来	ES6
3	蔚来智能电动轿跑 SUV	蔚来	EC6

五、合资合作及重大项目建设

2020 年,蔚来加强与政府、行业龙头企业的合作,优化产业布局,确保持续推出领先的智能电动汽车产品和服务,为用户提供超越期待的体验。4 月,蔚来与合肥市建设投资控股(集团)有限公司、国投招商投资有限公司以及安徽省高新技术产业投资有限公司等战略投资者签署关于投资蔚来中国的协议，并与合肥经济技术开发区就蔚来中国总部入驻达成协议，整车研发、供应链、销售与服务、能源服务等蔚来中国的核心业务在合肥全面展开，一个以安徽合肥为中心、与G60科创走廊高度契合、立足长三角辐射全中国的产业布局初步形成。7月，蔚来中国与中国建设银行安徽省分行等6家银行签署蔚来中国银企战略合作协议，以支持蔚来中国业务的运营与发展；蔚来中国与各银行在企业账户体系搭建、供应链金融、汽车金融等业务领域展开广泛合作。

六、发展规划

2021年，蔚来仍将坚持技术和商业模式创新双轮驱动，持续提升产品力和品牌力，将以用户为中心的发展理念更加深入贯彻到公司运营的全过程，努力成为全世界用户满意度最高的公司。一方面，蔚来将加快建设服务基础设施，持续提升用户发展和服务体系，保持高用户满意度；另一方面，蔚来将继续加快电动化、智能化研发落地速度，确保交付极具竞争力的新车型与新技术；蔚来还将深化价值体系驱动，不断加强人才队伍建设，持续提升组织能力和创新活力。

爱驰汽车有限公司

一、单位概况

爱驰汽车有限公司创立于2017年2月，是在汽车“新四化”(电动化、网联化、智能化、共享化)背景下诞生的智能新能源汽车公司，也是一家用户深度参与的智能出行服务公司，致力于以全球化智能科技，持续改善用户的出行体验，实力成就中国新能源汽车全球化的先行者。公司行政总部、销售公司和研发中心位于上海，在江西上饶以工业4.0标准自建了具备整车资质的超级智慧工厂，以及动力总成工厂，在江苏常熟设立了电池PACK工厂，在山西建有甲醇制氢燃料电池工厂。在德国巴伐利亚州，建有欧洲销售中心以及研发机构；在丹麦，参股建设了甲醇制氢科研中心及制造基地。

二、经营情况

定位国内一、二线及欧美主流市场的爱驰品牌，拥有高度可扩展的纯电动MAS平台，该平台首款量产车型“A+级智能纯电SUV爱驰U5”已于2019年12月推向市场，其首创“上钢下铝”车身结构实现全球领先的整车轻量化，自主研发的干湿分离“三明治”结构电池包最大程度避免用电安全事故；优于同级的智能交互和智能驾驶畅享个性化的驾乘体验，百公里13.8 kWh超低电耗，实现NEDC工况下503 km的续航里程，同等电池重量下达业内领先续航。爱驰U5在中国和欧洲同步发售，深受国内外用户喜爱；该平台第二款纯电智能轿跑SUV爱驰U6将计划于2021年四季度推向国内外市场，爱驰后续产品U7 ion概念车等正紧张开发者，不久将来将陆续推向市场。

爱驰汽车于2020年4月获选2019年度江西省唯一一家独角兽企业，2020年12月底被江西省工信厅认定为2020年江西省智能制造标杆企业。

围绕用户第一性原理，爱驰汽车深耕电动化、智能化两大核心技术领域，以创新科技解决用户和行业的痛点，截至2021年5月，共申请专利987项，其中国内929项，国际58项；获得授权共593项(发明107项)，月均专利申请数在造车新势力中排名前三。

三、产品出口

爱驰汽车自成立之初，就秉承国际化、智能化两大基因，仅用三年多的时间就实现了自建工厂、量产上市、批量出口的“三大跨越”，实现横跨欧亚的全球化布局。通过联袂西门子打造工业4.0标杆工厂，研发制造秉承中国欧盟双标准，甄选全球顶级供应链合作商，以严苛的德系汽车制造标准打造爱驰U5等举措。在2020年5月23日，爱驰汽车成功实现对法国科西嘉岛的大批量出口，顺利获得欧盟WVTA大批量认证，建立起中国新能源汽车品牌出口欧盟的全新里程碑，时为唯一一家获得欧盟大批量准入的企业、国内第一家大规模出口欧盟国家智能电动汽车的中国新创车企。2020年出口欧盟达1 029辆；2021年第一季度出口达1 082辆，超2020年全年总和。爱驰汽车主要出口市场为欧盟及中东，已批量交付法国、德国、荷兰、以色列、比利时等国家。在一年时间中出口量突飞猛进，为全球更多用户带来高品质的出行体验。

四、产能建设

爱驰超级智慧工厂：数字化、柔性化、智能化、环保。爱驰汽车全工序自建的超级智慧工厂位于上饶国家经济开发区，总占地面积为950亩，项目分两期建设，一二期产能可达15万辆，自动化率达90%。已于2018年完成全线贯通，2019年年底完成U5量产下线。

电池包工厂：爱驰汽车全资投资建设位于江苏常熟的电池包工厂，一期年产能可达3.5万台(套)。

五、技术进展及研发能力建设

爱驰汽车通过智能生产、智能物流、智能质量、智能管理四大板块的建设，打造出1:1超级智慧工厂，集冲压、焊装、涂装、总装、质量中心及PACK电池包为一体，可实现自动化、集成化、柔性化管理，满足定制化、小批量和短周期的交付需求。爱驰造车质量贯穿整个生命周期，德系传承，严谨造车。2020年6月，爱驰汽车获得ISO 9001:2015质量管理体系证书。

在技术创新上：①轻量化。采用全球首创“上钢下铝”车身架构，采用行业领先的航空级车身连接技术，能量密度达到181 Wh/kg。②平台化。MAS平台支持A、A+、B、C车型级，全系车型通用化率达到60%。③高性能。采用高速一体化电驱动系统，峰值放电功率300 kW，0～80%充电时间小于44 min。④智能化。搭载自有AI技术的人机交互系统，实现定制化的独特体验。⑤网联化。爱驰汽车正逐步开发自动驾驶在不同产场景化的应用，已达到L2+级高级辅助智能驾驶集成，布局未来 L3 ~ L4 级产品。⑥安全性。通过对电芯供应商的严格赛选和测试、采用创新的干湿分离结构及先进的 BMS 及热管理确保整个生命周期的产品安全。⑦耐久性。采用先进的热管理技术，夏标温差可控制在 2 ℃以内，大大延长电池的使用寿命。⑧可靠性。通过大量的模拟分析和试验验证确保产品的可靠性。爱驰汽车作为以智能科技为基本内核的新创智能新能源汽车制造商，以国家重点推进新能源汽车的充电桩、工业互联网、人工智能、大数据中心，以及大数据和 5G 通信等领域“基建”紧密联系开展工作。

在人工智能领域，爱驰汽车始终致力于以领先的智能科技、智能制造和智能服务加速汽车产业进化，为用户创造一个全新的出行生活方式。爱驰已在自动驾驶领域，工业智能化领域等，均取得了多项突破性成果。

在工业互联网领域，爱驰汽车在江西上饶建立了超级智慧“双模”工厂，通过新一代信息技术赋能制造业，利用智能设备、大数据平台、云分析等，实现数字驱动/精益化管理，实现运营过程的透明化和智能化，确保生产计划的及时高效交付。

在国家为促进新能源车市场发展而列入“新基建”的充电桩建设领域，爱驰汽车将通过在“7921”营销体系的各级体验、销售、服务网点，布局充换电设施，为爱驰车主提供专属的充电服务。除了为新能源汽车提供智能充电，爱驰还将加快应用甲醇在线制氢燃料电池技术的各类充电桩、充电设备的开发制造，为输电线很难布设到达的通信基站，提供不间断电源。

六、主要新产品

序号	产品型号	产品名称	品牌	通用名称
1	JX6470UBEV	纯电动乘用车	爱驰	U5
2	JX6473UBEV	纯电动乘用车	爱驰	U5
3	JX6471UBEV	纯电动乘用车	爱驰	U5

七、合资合作及重大项目建设

整合全球优秀资源的供应链体系，爱驰汽车拥有国际一流的供应商和合作伙伴，如博世、西门子、乔治费歇尔等全球顶尖企业。这些优秀的供应商和合作伙伴在动力和充电、内饰与外饰、制造与生产、电子电器、底盘车身与安全、车联网等方面给予支持，助力爱驰汽车快速地落地优质产品。已与部分关键供应商建立长期合作关系并签署战略合作协议，并推动部分关键供应商如富晟李尔、上海汇众、芜湖常春等在江西上饶建厂。

八、发展目标与规划

爱驰汽车得益于 MAS 平台的可扩展性，未来 U5 将于 U6 ion、U7 ion，以及更多智能化产品，共同组成爱驰汽车的产品阵营。秉持以用户为中心的设计理念，爱驰同步推出“一诺千金、大道至简”的“诺道”服务，打造智能化、全场景的服务体验，并通过与合作伙伴共建创新的营销和服务模式、能源监控平台和“5AI”充电解决方案，推动新能源汽车使用的生态环境良性发展。爱驰汽车着力推动实施“三步走”战略。2019—2022 年将努力成为新势力造车头部企业；2022—2025 年将着力打造成为数字化驱动的汽车智能科技公司；未来努力成为全球领先的出行服务提供商。

重庆理想汽车有限公司

一、单位概况

北京车和家信息技术有限公司于 2015 年 7 月 1 日由李想先生创立，以“用科技改变出行，创造移动的家，创造幸福的家”为使命，致力于打造出高质量、高科技感的全新汽车品牌“理想汽车”。秉承着“把用户利益放在第一位，创造用户价值，追求极致效率”的核心价值观，理想汽车的愿景是在 2025 年成为受用户认可的智能电动车品牌，为用户提供“没有里程焦虑”的智能电动产品。理想汽车总部位于北京市顺义区中关村顺义园，下辖产品研发、自动驾驶技术开发、产品销售、财经与支持等群组。园区内主要设办公大楼、试制中心、试验中心、造型中心，总占地约 7 万 m^2，建设项目总投资近 25 亿元。理想汽车融合了汽车、互联网、信息科技三大领域的顶尖人才，合力在研发、生产、供应链、销售等各个方面进行创新，并找寻更高效地经营方式。理想汽车共有员工超 4 000 人，其中拥有国际知名车企工作背景的研发人员 2 000 余人。理想汽车研发的全球首款增程式电动 SUV 车型“理想 ONE”自上市以来，获得了消费者和行业各界人士的一致好评，连续 14 个月蝉联国内插电式混合动力 SUV 榜第一名，2020 年取得交付用户 32 624 辆的傲人成绩，成为 2020 年度新能源 SUV 销量冠军，荣获第十四届中国汽车年会 2020 畅销新能源 SUV 奖。

“理想 ONE”是首个将增程技术完成商业化的乘用车产品，实现 180km 纯电续驶里程和 1 000 km 总续驶里程，整车具有燃油/慢充/快充 3 种能源补给方式，满足用户城市用电/长途用油的实际使用场景，实现了车辆用户便利性、经济性和节能减排社会效益的整体目标，不仅使客户能够享受纯电动汽车的所有优势（如加速性、平顺性），而且使用户摆脱纯电动汽车带来的里程焦虑。“理想 ONE”还搭载了标志性的车内智能互动系统、全覆盖式车载语音控制系统以及高级驾驶员辅助系统（ADAS），可为客户提供安全愉快的驾驶和极致的乘车体验。

截至 2020 年底，理想汽车在全国已有 73 家零售中心，覆盖 53 个城市；售后维修中心及授权钣喷中心 143 家，覆盖 105 个城市。公司创建之初的理念就是深耕于满足客户的需求角度出发，一切以客户的实际需求来处理各类服务，全部都是在线上进行预定，采用订单制生产。客户在直营的零售中心进行看车试驾，最终通过理想汽车 App 进行预订，客户预订以后由理想制造基地进行生产，并通过高效的物流团队运送到直营交付中心，客户可选择去直营交付中心提车，也可以选择远程交付。当车辆出现故障，理想汽车直营的维修中心可以通过远程检测锁定车辆故障并根据故障进行有针对性地维修，为用户做好售后保障。

二、产能建设

理想汽车主要生产基地位于江苏省常州市，涵盖冲压、焊接、涂装、总装四大车间。工厂的建设充分融合了信息技术、先进制造技术、自动化技术、通信技术和人工智能技术，不仅生产过程可实现自动化、透明化、可视化、精益化，而且在产品检测、质量检验和分析、生产物流等环节也能与生产过程实现闭环集成。车间采用大量的先进工艺和自动化设备，可实现信息共享、准时配送和协同作业，保障“理想 ONE”的制造品质达到豪华品牌标准。基地项目总投资 50 亿元，总占地面积 49 万 m^2，建筑面积 20 万 m^2，年产能 10 万辆。工厂全面采用绿色材料、绿色工艺及节能减排技术，在危险和存在污染的环节，优先使用机器人替代人工，注重环境友好，能够实现废料的回收和再利用，可实现“高品质、智能化、零污染”的绿色制造。

三、技术进展及研发能力建设

理想汽车着眼未来，在新能源技术方面，通过与国际先进技术的接轨，自主研发、自主生产，使得工程、生产团队无缝协作，形成了稳定可靠的新能源智能汽车研发制造能力。在从事技术研究与开发的工程技术人员中，大学本科以上学历的占技术人员总数的 95% 以上。研发中心具备专业研发团队和整车正向研发能力（包括整车及驱动控制系统、动力蓄电池系统、整车集成及轻量化等方面的核心技术以及相应的试制验证能力），能完成新产品定位策划、概念设计、总布置设计、汽车造型设计、结构设计、平台开发、CAE 分析、NVH 匹配验证、工艺设计、样车试制、试验验证、投产服务等全过程的汽车整车设计开发和服务，研发的车辆能够满足设计和国家行业标准的要求。

2020 年主要研发项目如下。

1. 开发高压高功率密度电驱动系统（EDU）。

高压 EDU 是一款高压、高速、油水混合冷的电机、电机控制器、减速器的高集成化电驱动系统。电机采用 8 层扁线、油水混合冷却、高速小型化的设计，同时与减速器共用机壳及油路。电机控制器功率模块采用第三代宽禁带半导体器件 SiC，其耐压、耐温、载频更高，损耗更小，使得电机控制系统效率更高，可提升工况平均效率 2%～3%。该技术将应用于理想汽车下一代纯电平台车型上，支撑整车高压快充电压平台，同时为整车提供强劲高效的动力驱动系统，支持整车动力性及高续航里程目标。开发该系统不仅可掌握第三代宽禁带半导体材料 SiC 的核心应用链，包含芯片需求开发、封装开发设计、模块应用等，还可掌握高压电驱动系统核心技术要点，含高压绝缘设计、先进油冷系统开发等，并且基于此系统可建立健全高压电驱动总成规范及设计标准。

2. 增程式电动汽车先进动力及控制系统。

研究增程式混合动力系统的产热、热量传输、能量管理及控制机理，为能量流和热管理控制提供理论支撑；研发增程式混合动力系统能量流及热管理集成设计、仿真与标定技术，为能量管理设计、仿真、优化等提供平台；研发增程式混合动力能耗解耦及能量流“测试—评价—分析”平台，实现能量流及热管理解耦及控制策略解析；研发增程式混合动力热管理多性能目标智能控制与能耗优化技术，实现热管理多系统性能平衡及能耗优化目标；研发基于“人—车—路—环境”典型节能场景的混合动力整车能量管理及智能控制优化技术，实现最优节能策略。通过以上研究可提高整车动力性能仿真精度，提高标定数据采集能力，单工况增程式混合动力能量流及热管理智能控制最高节能降耗比例≥5%。

3. 热管理系统。

研发基于增程式混合动力汽车和纯电动汽车的热管理集成设计和联合仿真平台，为系统匹配、策略优化、能耗优化、多系统性能平衡等提供技术支持；研发超大冷却能力的热管理系统及智能预测性热管理控制算法，实现纯电动汽车的 HPC 高功率超级快充功能；研发基于乘员舱内两级蒸发散热可切换的二氧化碳直接热泵技术的热管理架构，实现低温采暖能耗低的效果；研发基于脉冲高频大电流及电机热量回收的电池自加热技术，实现电池加热速度的大幅提升；研发基于电机电控的电流转矩矢量调节和电机热量回收技术，实现低温下制动能量回收率大幅增加；研发基于真实典型用户、区域、使用习惯的大数据分析技术，实现热管理系统能力匹配、可靠性设计、控制算法的优化设计。通过以上研究增程式混合动力热管理系统在标准工况下能耗比 2020 年初降低 15%；实现纯电动汽车在低温环境的采暖的能效比 > 3，比 2021 年的标准工况下制动能量回收率增加 5%；实现低温环境下纯电动汽车电池加热速度在 2021 年基础上提高 1 倍以上，最终实现低温行驶无里程焦虑的目标。

四、主要新产品

序号	产品型号	产品名称	品牌	通用名称
1	LXA6500SHEVM6	插电式混合动力多用途乘用车	理想	理想 ONE
2	LXA6500SHEVM7	插电式混合动力多用途乘用车	理想	理想 ONE

五、发展目标与规划

2021—2025 年是智能电动汽车的高速发展阶段，预计 2025 年中国市场将会销售超过 800 万辆智能电动车。理想汽车力争在 2025 年获得 20% 的市场销售份额，成为中国智能电动汽车的头部企业。

理想汽车未来在技术上将采用增程和高压纯电平台两条路线并行的发展战略，充分发掘增程电动技术在能源使用效率上潜力的同时，大力发展超级快充的高压纯电平台。在满足用户多元化的能源补给需求的同时，逐步减少对石油资源的依赖，尽可能提升出行过程中的电力使用比例。通过开发自有的 Li OS 操作系统，在智能化上掌握核心科技实力，通过 4G/5G 技术在车辆端的普及和推广，以及车辆 OTA 的常态化，使所有车辆都可以享受不断迭代的智能化体验，保证车型常用常新，保证持久的智能化竞争力。将辅助驾驶和自动驾驶功能普惠到普通消费者，降低拥有和使用的门槛，提升驾驶安全，降低事故率。通过数据驱动功能的不断完善，逐步提升辅助驾驶的使用率，并在技术成熟时提供有限场景自动驾驶服务。2020 年理想汽车的研发费用支持为 11 亿元，在 2021 年的研发费用将投入到 30 亿元。2022—2024 年的年度研发费将逐步提升到 60 亿元。研发资金用于研发下一代电动汽车技术（包括高电压平台、高放电倍率电池和超快速充电设施）、下一代电动汽车平台和未来的新车型、自动驾驶解决方案。未来几年，理想汽车消费人群继续定位于更广泛的家庭用户，多平台（第二代增程电动 X 平台、高压纯电 W 平台、高压纯电 S 平台）增加开发产品种类，产品覆盖15 万 ~ 50 万元价格区间，旨在让更多人拥有高品质移动的家。

沃尔沃汽车（亚太）投资控股有限公司

沃尔沃汽车（亚太）投资控股有限公司总部、产品研发、营销和行政管理等部门主要位于瑞典哥德堡。沃尔沃汽车在哥德堡（瑞典）、根特（比利时）、成都（中国）、大庆（中国）、路桥（中国）和查尔斯顿（美国）设有汽车制造厂，在舍夫德（瑞典）和张家口（中国）设有动力总成制造厂，在乌洛夫斯特伦（瑞典）设有零部件制造厂。沃尔沃汽车于 2010 年为吉利控股集团所并购。沃尔沃汽车亚太区总部位于中国上海。沃尔沃汽车在中国拥有 3 家汽车制造基地、1 家动力总成制造基地、1 个研发中心和 1 个设计中心。沃尔沃汽车在中国的员工有 8 000 余人。沃尔沃汽车在全球市场销售纯电、插电式混合动力等十余款车型，涵盖 SUV（XC 系列）、轿车（S 系列）和旅行车（V 系列）。首款纯电动车型 XC40 Recharge 在中国市场采用完全线上直售模式。

2014 年起，中国市场已成为沃尔沃汽车全球最大单一市场。2020 年，尽管受到新冠肺炎疫情影响，沃尔沃汽车在中国大陆全年销量突破 16.6 万辆，再创沃尔沃汽车单一市场年销量纪录。中国已经成为带动亚太区乃至全球发展的引擎。

一、沃尔沃汽车（2010—2020 年）

1. 发展影响力。

作为唯一一个中国人拥有的全球豪华汽车品牌，沃尔沃汽车的跨越式发展，是经济全球化下中国汽车行业乃至全球汽车行业发展的典型代表之一，也是过去十年中国经济从“粗放型发展”向“质量型发展”转变的缩影。

2. 文化影响力。

沃尔沃汽车通过一系列展示北欧文化、艺术、体育等的体验活动，与消费者共享北欧幸福生活方式。从北欧文化到多元文化，沃尔沃汽车已经成为全球多元文化大融合的案例，成为“人类命运共同体”意识下，中西文化融合的企业典范。

3. 创新影响力。

面向未来，沃尔沃汽车正在从一家传统的汽车制造商向出行服务商和高科技公司转型，并引领汽车新四化的发展以及全球汽车工业的产业升级。

2010—2020 年的 10 年间，沃尔沃汽车坚持“以人为出发点”，用前瞻性技术改变着世界。从“带有完全自动制动的行人监测系统”到“全面电气化战略”的提出，沃尔沃汽车以先进技术引领行业创新趋势，以个性化、可持续和安全的方式提供畅行无忧的出行方案。

在汽车“新四化”领域，沃尔沃汽车与谷歌、优步、英伟达、百度、华为、中国联通、阿里巴巴、高德、科大讯飞等科技公司深入合作，通过创新开放合作，共同推动新技术的研发与应用，在未来出行方面先行一步。

二、发展影响力

1. 对世界汽车工业发展的贡献。

沃尔沃汽车每年投入大量资金进行汽车安全产品研发，如笼式车身、三点式安全带、防侧撞保护系统、带氧传感器的三元催化器等等，为世界汽车工业的发展贡献了许多发明创造。2010 年 8 月 2 日，吉利控股集团获得了沃尔沃轿车集团 100% 股权和知识产权，创造了中国汽车工业收购史上的一个独特案例。

2. 对中国汽车工业发展的贡献。

吉利控股集团成功并购沃尔沃汽车，使中国拥有具备国际竞争力的世界知名企业和品牌，对中国由汽车大国转变为汽车强国，具有重要意义。沃尔沃汽车已经完成在欧洲、亚太、美洲三大本土市场的战略性布局。在生产、研发、采购和销售等不同方面，沃尔沃汽车均实现全球范围内本土资源的优化配置，快速响应全球市场和消费者需求的变化，灵活应对全球经济环境和产业结构的变化。沃尔沃汽车是中国首个将产品出口至欧美成熟市场的豪华汽车品牌，开启了全球化生产和出口新时代。

3. 对区域经济发展和产业升级的贡献。

2013 年 8 月，中国政府正式批准了沃尔沃汽车在华国产化工业布局。该布局包括在大庆和成都建立汽车制造基地，在张家口成立发动机制造基地，在上海设立中国研发基地。

3 个制造基地严格遵循沃尔沃汽车集团的全球采购、质量控制、研发体系和管理标准，致力为消费者生产与欧洲工厂同等质量的优质产品。

4. 十年体系力。

“体系力”，就是建立一套完整、高效、符合市场和企业本身特性的组织结构和机制，这套机制涵盖研发、采购、制造、销售、售后等多个环节。从 2010 起，沃尔沃汽车稳扎稳打，已打造出覆盖采购、研发、制造、销售的强大体系。

（1）本土研发与全球研发融合互补。沃尔沃汽车亚太区研发中心与瑞典总部没有壁垒，全球三大研发中心（欧洲、美洲、亚太）的高效率共同研发，并让研发的资源和成果实现了实时全球共享，实现与全球市场协同效应的最大化。

沃尔沃汽车亚太区研发中心设有电池实验室和电机实验室，推动沃尔沃汽车电气化战略和核心市场更紧密的结合，进一步增强沃尔沃汽车的本土化研发和全球研发协作能力。

（2）中国制造开创全球化生产和出口新时代。沃尔沃汽车全球制造版图横跨三大本土市场，其中中国制造是制造战略的核心之一。“在中国，为世界”——沃尔沃汽车在中国的制造基地完全遵循沃尔沃汽车“全球设计、本土制造、面向全球销售”的生产战略。作为中国第一个出口欧美成熟市场的豪华汽车品牌，沃尔沃汽车中国所生产的车型已经出口至全球超过 80 个国家和地区。作为中国第一家通过欧亚大陆铁路运输汽车的汽车制造企业，沃尔沃汽车积极利用横贯“丝绸之路经济带”的中欧班列，进一步实现了全球范围内本土资源的优化配置，能够快速响应全球市场和消费者的需求、灵活应对全球经济环境和产业结构的变化。

（3）生产与采购集中化。沃尔沃汽车在中国的供应商数量从 2013 年的不到 200 家增长到 1 700 多家。坚持“生产与采购集中化”的原则，沃尔沃汽车持续推进国产化。

（4）十年销量增长。经过十年发展，沃尔沃汽车全球销量近乎翻一番，中国销量是原来的 5 倍。

沃尔沃汽车销量（2010—2019 年）

年份	全球	同比（%）	中国	同比（%）
2019	705 452	9.8	154 961	18.7
2018	642 253	12.4	130 593	14.1
2017	571 577	7.0	114 410	25.8
2016	534 332	6.2	90 930	11.5
2015	503 127	8.0	81 588	0.5
2014	465 866	8.9	81 221	32.2
2013	427 840	1.4	61 416	46.3
2012	421 951	-6.1	41 989	-10.9
2011	449 255	20.3	47 140	54.3
2010	373 525	—	30 552	—

三、文化影响力

沃尔沃汽车始终秉持“享我所想、履责于行、护我所爱”的承诺，为用户制造安全、健康和环保的汽车。

1. 以安全为核心。

（1）E. V. A. 沃尔沃安全平等行动。安全是沃尔沃汽车品牌和发展的基石。在创立之初，安全就成为沃尔沃汽车的品牌 DNA。90 多年来，沃尔沃汽车始终领先的安全技术，与时俱进的安全理念，给予车主全面的保护。2019 年 3 月，在三点式安全带问世 60 周年之际，沃尔沃汽车启动了“E. V. A. 安全平等行动”，向公众开放了中央数字图书馆，分享 60 年来对汽车安全的深入研究，同时指出在汽车安全开发领域的不平等问题。（2）关注社会交通安全问题，提出前瞻策略与解决方案。

沃尔沃汽车的研究显示，94% 的交通事故是由于人为错误而引发的，主要包括超速、醉驾和毒驾，以及注意力分散。为解决这些问题，沃尔沃汽车宣布限速 180 km/h，并通过发布“Care Key 关爱钥匙”、增配驾驶员监控摄像头等系列举措，改善驾驶员的驾驶行为，积极承担实现零交通事故的社会责任。

2. 以健康为起点。

沃尔沃汽车关注全球客户及其家人的健康，以创新发明，从身体、心理和生态 3 个层面，引领汽车产品进入全面健康新时代。围绕用户在车内的身体需求，沃尔沃汽车聚焦嗅感、触感和体感，以原发性创新提出行业领先的解决方案，驾乘者得以尽享自由的呼吸、安心的触摸和舒适的身体感受。沃尔沃汽车内饰设计采用经典斯堪的纳维亚设计，同时坚持汽车行业罕见的自主车内音响开发和调校传统，为驾乘者创造愉悦的感受。此外，沃尔沃汽车还致力于保护生态健康，包括车外的行人、动物及大自然等。

3. 以环保和可持续发展为己任。

（1）汽车行业首个环保宣言。

沃尔沃汽车对可持续发展的关注，可以追溯到 20 世纪 70 年代。早在 1972 年，沃尔沃就在斯德哥尔摩举办的联合国首届人类环境会议上发表了《环保宣言》，成为汽车行业中第一个提出环保理念的厂商。（2）发布“2040 环境计划”。沃尔沃汽车于 2019 年发布“2040 环境计划”，力求在 2040 年之前将沃尔沃汽车发展成为全球气候零负荷标杆企业。作为实现该目标的第一步，沃尔沃汽车计划于 2018—2025 年将旗下每辆汽车全生命周期中的碳排放平均降低 40%。

四、创新影响力

自创立以来，沃尔沃汽车在技术研发上保持着多项首创纪录。在“新四化”领域，沃尔沃汽车与众多领先科技公司合作，共同推动新技术的研发与应用，引领行业创新趋势。

1. 自动驾驶。

安全是沃尔沃汽车的 DNA。“新四化”浪潮下，自动驾驶的核心仍将是安全。自动驾驶是迈向零伤亡的必由之路。沃尔沃汽车的自动驾驶技术基于 40 多年来采集的 4 万多起交通事故数据进行研发，是其全球领先的主动安全技术的延伸。沃尔沃汽车计划将公司发展成为全球汽车行业引领者和消费者出行服务商。届时，公司年销量中将有 1/3 是自动驾驶汽车。

2. 电气化。

2017 年 7 月 6 日，沃尔沃汽车率先发布全面电气化战略，宣布自2019年起，沃尔沃汽车所有新上市车型均将配备电动机，计划到2025年累计交付使用100万辆新能源汽车，到2030年成为纯电豪华车企。

3. 智能互联。

沃尔沃汽车在智能互联领域的创新，旨在为全球消费者提供便捷的个人车内数字体验和服务。通过携手全球范围业内的顶级合作伙伴，沃尔沃汽车致力为中国消费者提供本地化、定制化的服务和应用程序，为中国消费者打造开放的车内智能服务平台和全场景智慧生活体验。

4. 未来出行。

2018年6月，沃尔沃汽车宣布下个十年中期将公司发展成为全球汽车行业引领者和消费者出行服务商。2018年7月，沃尔沃汽车宣布推出全新品牌M，通过直观的应用程序为用户提供可靠的、按需获取汽车和服务的途径，扩展沃尔沃汽车在全球范围内的出行运营服务。2019年2月，沃尔沃汽车科技基金入股儿童共享出行服务公司Zūm，旨在为儿童提供定制化共享出行服务，以满足不断增长的市场需求。

五、2020年，以稳制胜

对于沃尔沃汽车来说，2020年是具有里程碑意义的阶段性收官之年，也是全球车企在新冠疫情冲击之下面对市场巨大挑战的一年。

年初爆发的新冠肺炎疫情给商业环境带来巨大波动，沃尔沃汽车凭借长期以来的体系建设，以及和供应商之间形成的协作效应，不仅在疫情期间保产保供，确保了整个产业链、供应链的稳定，同时肩负起一家全球化汽车企业的使命，为抗击新冠疫情采取了诸多措施。疫情出现之后，沃尔沃汽车通过上海市医药卫生发展基金会成立抗击新型冠状病毒专项资金，并向上海市公共卫生临床中心以及部分上海市三甲医院捐赠1 000万元的医疗紧急物资和设备用于疫情防控工作，更与上海公共卫生临床中心共同成立“上海公卫沃尔沃健康及生物安全大数据超算中心”，促进医药卫生行业可持续化的发展。作为最早提出全面电气化的豪华品牌，沃尔沃汽车在2020年持续深化电气化战略。2020年，亚太区电池实验室正式投产，沃尔沃汽车在亚太区的首座电机实验室也正式揭幕。至此，集电机、电池、电控等电动汽车三大核心部件为一体的整体研发格局将为沃尔沃汽车的本土研发实力和电气化进程提供强大动能。在不平凡的一年中，沃尔沃汽车在中国大陆市场总销量达166 300辆，同比增长7.6%，再创历史新高，收获全球市场有史以来单一市场的最高销量。其中XC40在2020年的销量同比翻番，于2020年底上市、开启官方直售的XC40纯电版与S60共同成为沃尔沃汽车销量的全新增长点。此外，中国制造的XC40还在2020年踏上“21世纪海上丝绸之路”，出口到国外市场。在2020年，沃尔沃汽车积极助力上海马拉松、沃尔沃中国公开赛等各类体育赛事，通过体育赛事的正能量传递品牌所倡导的自然、环保、健康的北欧幸福生活方式。在可持续发展领域，沃尔沃汽车亚太区于2020年举办了汽车行业首个可持续发展技术展。沃尔沃汽车成都工厂和大庆工厂已实现电能碳中和，并获得工信部“绿色工厂”认证。同时，沃尔沃汽车也号召供应商不断降低生产过程中的碳排放，共同创造更广泛的绿色工业环境，践行“2040环境计划”。2020年，沃尔沃汽车启动了“绿电·成都”计划，位于成都的沃尔沃汽车供应商将在2021实现100%可再生电能。

大事记：沃尔沃汽车十年发展概述（2010—2020年）

2010年3月28日，吉利控股集团和美国福特汽车公司签署了吉利控股集团并购沃尔沃轿车集团100%股权的正式协议；2010年8月，吉利控股完成对沃尔沃汽车的并购，并明确未来将充分发挥协同效应，在研发、采购、质量管理、品牌建设、人员培养等方面充分发挥各自优势，在保持双方品牌独特定位基础上，争取效率和效益的最大化。

2011年，沃尔沃汽车制定了全球复兴战略，并发布“中国成长战略”。2013年，沃尔沃汽车全球发布Drive-E动力总成战略，同年11月，V60插电式混合电动车发布；国产沃尔沃S60L在成都工厂下线，沃尔沃汽车在中国的快速发展正式拉开序幕。

2014年，沃尔沃汽车全球发布基于SPA可扩展模块架构的全新XC90，全新一代产品正式问世。随着中国3家工厂投产，中国跃升成为沃尔沃汽车在全球的最大单一市场。同年，沃尔沃汽车全球销量达465 866辆，创全球历史销量纪录。

2015年9月，第一批S60 Inscription商品车通过海运起航，前往美国。中国制造的豪华汽车出口美国，在中国汽车工业史上尚属首次。

2015年9月，中国新研发中心正式启用，亚太区总部奠基，以中国为核心的亚太区雏形乍现。沃尔沃汽车全球销量达503 127辆，连续两年创历史纪录。

2016年，沃尔沃汽车中国实现常规车型在线销售。沃尔沃汽车全球发布基于SPA可扩展模块架构的全新S90/V90；全球销量达534 332辆，连续3年创历史销售纪录。

2017年6月，中国大庆制造的S90出口欧洲，中国制造的豪华品牌汽车登陆欧洲市场；11月，全新XC60广州车展开启国内预售。沃尔沃汽车全球和奥托立夫公司携手英伟达推进可量产自动驾驶技术开发，一步步实现自动驾驶汽车的量产化目标。全新高性能汽车品牌Polestar发布。沃尔沃汽车发布全面电气化战略，荣登《财富》杂志“2017年50家改变世界的公司”榜单。基于CMA基础模块架构的全新XC40发布，并推出Care by Volvo合约购车模式。同年，沃尔沃汽车开展全球首个普通用户自动驾驶道路测试项目Drive Me。全球销量连续4年创历史销售纪录，达571 577辆。

2018年4月，沃尔沃汽车宣布2025年纯电动汽车销量占比50%的目标。6月，沃尔沃汽车宣布下个十年中期将公司发展成为全球汽车行业引领者和消费者出行服务商。同年，随着美国南卡罗莱纳洲查尔斯顿工厂的落成，沃尔沃汽车完成了立足欧洲、亚太、美洲三大本土市场的全球制造布局。2018年7月，沃尔沃汽车宣布推出全新品牌M，扩大全球出行业务。9月，发布360c自动驾驶概念车，展示自动驾驶时代新方向。并与全球领先的人工智能（AI）计算公司英伟达（NVIDIA）携手开发针对下一代沃尔沃汽车的先进人工智能中央处理器。2018年11月，沃尔沃汽车与中国互联网搜索巨头百度达成协议，双方将共同为中国这个全球最大的汽车市场开发纯电动高度自动驾驶汽车。同月，与研发自动驾驶汽车先进传感器的领先初创企业 Luminar，在洛杉矶车展上联合展示了全球领先的激光雷达传感器技术。2018 年 12 月，沃尔沃汽车大庆工厂第 10 万辆 S90 下线。同月，沃尔沃汽车宣布将携手高德地图、阿里巴巴人工智能实验室和科大讯飞等国内领先科技企业，为中国消费者倾力打造下一代智能车载交互系统。2018 年，沃尔沃汽车集团自 1927 年成立以来首次突破 60 万辆销量纪录，销量达 642 253 辆，连续 5 年创全球销量历史纪录。

2019 年 3 月，沃尔沃汽车为警示超速驾驶带来的相关危险，宣布从 2020 年起将其所有新出厂汽车的最高时速限制在 180 km/h；同月宣布从 2021 年款车型起，旗下所有车型都将配备“Care Key 关爱钥匙”；并在三点式安全带问世 60 周年之际，推出“E. V. A. 安全平等行动”，首次向公众开放数十年积累的安全中央数字图书馆。

2019 年 3 月，坐落于上海嘉定的沃尔沃汽车全新亚太区总部正式落成启用，象征沃尔沃汽车在以中国为核心的亚太市场持续发力。4 月，沃尔沃汽车宣布与华为达成双方针对中国市场的战略合作，目标在其下一代智能车载互联系统中引入华为应用市场等“智能互联”服务，共同为中国消费者打造开放的车内智能服务平台和全场景智慧生活体验。

2019 年 5 月，沃尔沃汽车集团与著名电池制造商 CATL（宁德时代）和 LG Chem（LG 化学）签订长期协议，确保在未来十年内为下一代沃尔沃汽车和 Polestar 车型供应价值数十亿美元的锂离子电池。6 月，沃尔沃汽车与共享汽车平台优步（Uber）联合推出 XC90 自动驾驶基础车型。7 月，由沃尔沃汽车成都工厂生产的沃尔沃 XC60，正式通过“长安号”中欧班列运抵比利时。沃尔沃汽车大庆制造基地，凭借在绿色生产和节能减排等方面的卓越表现，获评工信部“国家级绿色工厂”。10 月，沃尔沃汽车发布“2040 环境计划”，力求在 2040 年之前将公司发展成为全球气候零负荷标杆企业。11 月，沃尔沃汽车宣布将成为首家通过应用区块链技术实现电动汽车电池原材料全球可追溯性的汽车制造商；同月，沃尔沃汽车亚太区研发中心电池实验室在上海嘉定揭幕，推动全面电气化战略在本地的实施。2019 年，沃尔沃汽车全球销量再创新高，共售出 705 452 辆，连续 6 年创全球销量历史纪录。其中大陆市场全年销量首次突破 15 万辆，达到 154 559 辆。

2020 年，沃尔沃汽车成立全资子公司 Zenseact，专注于自动驾驶和主动安全软件的开发，同时与 Waymo 开展战略合作，开发高度自动驾驶技术。同年，根特工厂建成电池组装线，亚太区电机实验室在上海落成。沃尔沃汽车创历史最佳下半年销售纪录——391 751 辆。

上汽大众汽车有限公司

一、单位概况

上汽大众汽车有限公司（简称上汽大众）是一家中德合资企业，由上汽集团和大众汽车集团合资经营。公司于 1984 年 10 月签约奠基，是国内历史悠久的汽车合资企业之一。公司总部位于上海安亭，并先后在南京、仪征、乌鲁木齐、宁波、长沙等地建立生产基地。公司已形成六大生产基地、9 个整车厂、2 个动力总成厂、1 个电池工厂、1 个技术中心的生产布局，累计产量超 2 400 万辆，员工人数近 3.1 万人。

上汽大众生产与销售大众、奥迪和斯柯达 3 个品牌近 30 款产品，覆盖 A0 级、A 级、B 级、C 级、SUV、MPV 等细分市场。其中，大众品牌车型有 Polo、桑塔纳家族、Lavida 家族、凌渡、帕萨特、辉昂、途观、途昂、途岳、途铠、途安、威然、ID. 4 X、ID. 6 X、ID. 3 等产品系列；斯柯达品牌车型有 RAPID 家族、明锐、速派、柯迪亚克家族、柯珞克、柯米克家族等产品系列；此外，未来三年，上汽奥迪将陆续推出四款全新车型，首批产品全新奥迪 A7L 和纯电 SUV Audi concept Shanghai 在 2021 年上海车展正式亮相，并将于 2022 年一季度上市。

公司积极进军新能源汽车市场，已推出途观 L 插电式混合动力版、帕萨特插电式混合动力版、朗逸纯电、途岳纯电等车型。2020 年 10 月，大众汽车集团全球首个 MEB 纯电动车工厂正式投产；2021 年，基于全新 MEB 纯电动车模块化平台的 ID. 4 X、ID. 6 X 及 ID. 3 在不到一年的时间内陆续投入市场。未来新工厂还将投产包括奥迪品牌在内的多款 MEB 平台纯电动车型。

二、研发与经营

在产品研发方面，经过多年的探索与实践，上汽大众培养了一支高效率、高素质的研发队伍，建立了功能完善、具备国际水平的技术中心，包括位于上海安亭国内首个国际标准的乘用车专用综合性试车场、位于新疆吐鲁番的全球最大的极热干旱综合性试车场，以及造型中心、试制中心、零部件试验中心、碰撞中心、排放试验中心、声学试验中心、电磁兼容中心等研发配套设施；公司形成了能充分满足中国用户出行需求、创造高品质客户体验的整车研发能力及在新能源、智能驾驶和移动在线服务领域的技术创新能力。上汽大众已参与到大众汽车集团产品研发，并开展了一系列车型的国际联合开发、本土自主开发工作。

在质量管理方面，公司秉持“质量是上汽大众的生命”这一理念，建立了贯穿于整个产品生命周期的全过程质量管理体系，覆盖了整个业务链，并延伸到供应商体系。凭借在质量管理方面的优异表现，公司荣获了“全国质量奖”“上海市市长质量奖”等质量领域的重量级奖项。

在营销服务方面，上汽大众经过多年的发展和完善，建设了近 2 000 家销售与售后服务网络，为全国各地客户提供专业、便捷的服务。公司持续关注客户体验，致力于提升用户满意度。大众品牌“Techcare 匠心挚诚”与斯柯达品牌“Human Touch 真心呵护”为客户提供了更具针对性、更专业的服务。面对消费者需求的升级，上汽大众加速拓展全新的营销与服务生态，多种直连方式与线下渠道联动，为用户实现互通的闭环体验。在社会责任方面，上汽大众努力成为负责任的企业公民。公司坚持绿色生产，推出节能环保的产品，注重新能源的研究和开发。同时，公司积极践行“回报社会、造福社会”的理念，广泛投身于科学、教育、文化、卫生等领域的社会公益事业，开展了希望小学援建、上汽大众儿童医疗救助专项基金等公益项目。此外，凭借在企业文化建设、人才培养与管理机制等方面的创新实践，连续第十五年荣膺“中国杰出雇主”认证。

展望未来，在汽车行业转型变革的新时期，上汽大众将坚持以创新驱动发展，并始终以市场为导向，不断提升用户满意度，努力成为“值得信赖、最具价值、富有创新精神的汽车合资企业”。

广汽丰田汽车有限公司

一、单位概况

广汽丰田汽车有限公司成立于2004年9月1日，由广州汽车集团股份有限公司和丰田汽车公司各出资50%组建的合资企业。广汽丰田扎根广州南沙，具有粤港澳大湾区核心区位优势。持续改善创新，始终保持稳健的高质量发展态势，被誉为21世纪丰田全球模范工厂。

二、生产与经营

全球品质，打造“零不良”模范工厂。广汽丰田秉承丰田数十年汽车制造之精义，引进了全球最先进的生产设备和工艺，布局了冲压、焊装、成型、涂装和总装五大生产工艺，取得丰田全球品质监察双线“零不良”，着力打造“丰田全球模范工厂”。

三、产能建设

PHEV（插电式混合动力车型），是国内集多种动力技术于一体的全擎全动力汽车生产服务提供商。广汽丰田占地面积288万 m^2，建筑面积86万 m^2，共有员工近1.5万人。已建成3条生产线，产能60万辆。截至2020年12月有经销店632家，已经导入凯美瑞、汉兰达、威兰达、致炫、致享、雷凌、C-HR、广汽丰田iA5等8款车型，实现了对轿车和SUV各主流细分市场的全覆盖。

四、技术进展与研发能力

先进技术，实现多产品线优化生产。发挥丰田TNGA全球最新造车理念综合优势，不断导入丰田全球最新技术，并运用大数据、信息化、物联网构筑供应商—广汽丰田—顾客三位一体、行业领先的智慧供应链体系，用更低成本、更短周期实现零库存、实现柔性生产。产品方面，广汽丰田产品线涵盖燃油车、HEV（混合动力车型）、EV（电动车型）。

五、主要新产品

序号	产品型号	产品名称	品牌	通用名称
1	GTM7000XBEV	纯电动轿车	丰田	CHR
2	GTM70022BEV	纯电动轿车	广汽	iA5
3	GTM7180LCHEVM	插电式混合动力轿车	丰田	LEVIN
4	GTM6470FFCHEVM	插电式混合动力多用途乘用车	丰田	WILDLANDER
5	GTM6470FWCHEVM	插电式混合动力多用途乘用车	丰田	WILDLANDER

六、发展规划

创新服务，提供多元高价值。广汽丰田致力成为顾客最喜爱的品牌，协同销售渠道，为顾客提供高价值产品、高品质服务、高品位体验。通过销售店为顾客带来全方位的出行服务，以及丰富多彩的社区服务。同时，积极探索共享、移动出行领域，加速布局未来战略新兴业务。

东风悦达起亚汽车有限公司

一、单位概况

东风悦达起亚汽车有限公司系由东风汽车集团有限公司、江苏悦达投资股份有限公司、韩国起亚自动车株式会社按25%∶25%∶50%的股份结构共同组建的中韩合资乘用车企业。公司2002年成立，注册资本6.24亿美元，总资产150多亿元，公司员工4 600名，在盐城建成3个工厂共90万台产能规模，其中一工厂15万台产能与华人运通合作。在盐城、上海分别设立销售分公司和上海分公司。公司拥有焕驰、K3、凯绅、凯酷等K系列轿车，以及奕跑、智跑、傲跑、KX5、尊跑等SUV车型，研发上市K3插电混动、K3纯电动等新能源车型，产品覆盖乘用车全系列。

二、生产与经营

公司成立19年来，累计上市30多款新车型，累计产销汽车580万辆，累计实现销售收入5 800亿元，上缴税收503亿元，提供全产业链岗位10万个，是江苏省最大的乘用车制造企业。

三、产品出口

自2018年以来，公司积极响应国家“一带一路”建设及“国内国际双循环”战略，努力开拓整车和CKD出口业务，累计出口整车和CKD 5.7万台(套)，累计出口额6.25亿美元，产品远销东南亚、中东、中南美洲，非洲等47个国家。

四、产能建设

在盐城建成3个工厂共90万台产能规模，其中一工厂15万台产能，二工厂30万台产能，三厂45万台产能。

五、技术进展与研发能力

东风悦达起亚研发中心于2016年获批江苏省企业技术中心，现拥有整车设计造型室、整车排放室、噪声试验室、发动机及变速箱试验室、纯电动汽车研发试验室、部品试验室等，共有51种设计和试验设备，研发中心拥有CATIA、ANSYS等先进的设计和分析软件，构筑产品生命周期管理系统(PLM)，研发中心的软、硬件能力国内领先、国际先进，达到国际合资企业水平。东风悦达起亚研发中心现有研发人员350余名，全部是本科以上汽车、机械、电子等专业毕业，研发中心第一阶段的重点任务是针对现有量产车型进行年度款和改款车设计、开发，以及新能源汽车的研发。未来将引进更多优秀人才，逐步形成全新整车平台的研发设计，形成自主研发能力，确保公司可持续发展。

六、主要新产品

产品型号	产品名称	品牌	通用名称
YQZ7004BEV	纯电动乘用车	起亚	K3纯电动

七、发展规划

未来将进一步应用信息技术，创新物流技术和模式，带动上下游形成高效的节能环保型的供应链，帮助公司进一步降本增效和产业转型。

从研发，计划，采购，制造，销售及售后等环节，革新理念，引入绿色环保的指标。计划2025年前，导入6款电动，插电，混动的新产品；制造环节通过大数据计算，持续优化制造工艺流程，不断节约能源使用，减少污染排放，实现绿色制造；在销售和售后过程，采用信息技术进行绿色营销及服务。

宇通客车股份有限公司

一、单位概况

宇通客车股份有限公司是一家集客车产品研发、制造与销售为一体的大型制造业企业，主要产品可满足5~18 m不同长度的市场需求，拥有122个产品系列的完整产品链，主要用于公路客运、旅游客运、公交客运、团体通勤、校车、景区车、机场摆渡车、自动驾驶微循环车、客车专用车等各个细分市场。宇通客车股份有限公司的业务覆盖国内所有市县市场及全球主要的客车进口国家，以直销为主，经销为辅，以订单模式提供标准化及定制化的产品。近年来，公司正在从“制造型+销售产品”企业向“制造服务型+解决方案”进行转型。独创中国制造出口的“古巴模式”，成为中国汽车工业由产品输出走向技术输出的典范，批量销售至全球30多个国家和地区，形成覆盖欧洲、美洲、亚太、独联体、中东、非洲六大区域的发展布局。

宇通客车股份有限公司自2011年成立技术研究院开始，就致力于客车电动化、智能化、网联化的技术研究和产业化应用。组建由车辆工程、电机与电器、控制理论与控制工程等专业博士牵头的专职研发团队，涵盖整车控制、电机及其控制、电池及其管理、智能驾驶技术研究、动力系统匹配与集成、整车及零部件试验验证等技术方向，全力支持新能源客车关键技术攻关，另有技术中心2 000多名研发人员提供相关专业技术支持。建立了行业内首家“博士后科研工作站”，是国家首批、行业首家“国家创新型企业”、行业首家“国家火炬计划重点高新技术企业”和“国家技术创新示范企业”，是被科技部等部委认定的“高新技术企业”“国家认定企业技术中心”，建有“国家电动客车电控与安全工程技术研究中心”“客车安全控制技术国家地方联合工程实验室”“河南省新能源客车技术重点实验室”等多个创新平台，全面具备从零部件、动力系统到整车“三位一体”试验验证能力。

二、生产与经营

2020年，面对疫情冲击、经济下行和行业调整三重压力，宇通客车股份有限公司认真落实和推进“十三五”和“五条主线”的战略规划要求，攻坚克难，迎难而上，全年累计实现客车销售41 756辆，同比下降28.85%；实现营业收入217.05亿元，同比下降28.82%。其中6 m以上客车销量35 316辆，公司大中型客车的产销量稳居行业第一。公司净利润出现下降的主要原因为2020年，受国内外新冠肺炎疫情影响，各地人员流动受限，人员出行需求减少，导致城市公交客运量、中短途客运量、旅游客运量大幅下降，市场竞争加剧；同时，受疫情防控影响，公司出口业务开展受阻。

三、产品出口

宇通客车股份有限公司累计出口各类客车超过75 000辆，产品远销至法国、英国、卡塔尔、新加坡、俄罗斯、哈萨克斯坦、智利、秘鲁、埃塞俄比亚、安哥拉、尼日利亚、菲律宾、缅甸、澳大利亚、巴基斯坦、沙特等全球主要客车需求国家与地区。在主要目标市场，公司已成为主流客车供应商之一。在新能源客车领域，公司已在欧洲、拉美、东南亚等地区的主要市场形成批量订单销售。2020年，公司与卡塔尔国家运输公司通过线上方式，签约1 002辆2022年卡塔尔世界杯车辆供应及服务合同，订单总金额近18亿元，其中741辆纯电动客车是卡塔尔当地的首批纯电动客车订单，刷新了纯电动客车整车出口海外的最大订单量。

四、产能建设

宇通客车股份有限公司 2020 年大型客车累计生产 16 596 辆，中型客车 17 303 辆，轻型客车 8 080 辆，合计产量 41 979 辆。其中新能源汽车纯电动 15 265 辆，纯电动 1 144 辆，燃料电池 40 辆，合计产量 16 449 辆。

五、技术进展与研发能力

（一）技术进展

1. 新能源研发方面：按照国家纯电驱动的技术转型战略，宇通客车股份有限公司坚持电动化、智能化、网联化、轻量化的产业发展方向，确立了“三横五纵”的研发布局，开发插电式、纯电动、燃料电池、自动驾驶系统，重点突破自动驾驶、车联网、智能网联云平台、电动客车智能化、充电/加氢技术等共性核心技术，围绕着多源传感器信息融合、决策与协同控制、车载超算平台、云控平台等核心关键技术进行不断攻关，自主研发的新能源客车综合技术处于国际先进水平，其中整车节能与控制技术、高压隔离电源变换技术、高密度电驱动控制技术等方面处于国际领先水平。截至 2020 年末，宇通客车股份有限公司新能源技术共获得授权专利及软件著作权 1 155 项，其中发明专利 215 项，软件著作权 110 项。

2. 智能化研发进展方面：宇通客车早在 2013 年就自主研发智能驾驶相关技术。7 年来，围绕着多源传感器信息融合、决策与协同控制、车载超算平台、云控平台等核心关键技术进行不断攻关，先后自主研发了满足车规要求的多核异构车载超算平台、面向多源、异构传感器的信息融合系统、面向多目标协同的决策控制系统以及基于 VSLAM、LSLAM 和 GPS/IMU 的高精度组合导航定位系统等。2015 年 8 月，宇通客车实现了全球第一台自动驾驶大型客车在开放道路交通条件下全程无人干预的成功运行。2018 年 5 月，研发完成 L3 级 10～12 m 纯电动客车。2018 年 8 月研发完成 L4 级 5 m 微循环车。2019 年 5 月，基于河南省“5G＋示范工程”，宇通 L4 级 5 m 微循环车在郑州智慧岛开放道路正式示范运营。截至 2021 年 4 月，已零事故运营超 5.8 万 km，接待市民约 3.4 万人。该项目在智慧岛的落地，标志着宇通实现了从“单车智能”到“群体智能”的转化，在构建智能交通新业态、建立智能交通新体系的过程中，完成从自动驾驶车辆提供商向 5G 智能交通系统解决方案提供商的转变。2020 年 1 月，宇通客车入选工业和信息化部“新一代人工智能产业创新重点任务”揭榜单位。2020 年 6 月，宇通 L3 级自动驾驶公交车在郑州金融岛正式试运行，线路全长 17.4 km，共设 34 座智能公交站台，1 个智能公交停车场。截至 2021 年 4 月，累计行驶超过 32 万 km，平均车速提高 1 倍，出勤率 100%，安全零事故。2020 年 9 月，在郑州高新区 5G 自动驾驶网约巴士项目发布，截至 2021 年 4 月，已累计行驶 2.3 万 km，运送乘客 2.5 万人次。

3. 网联化研发进展方面：2012 年，宇通客车推出客车行业首个车联网客车公共服务平台“安节通”。2016 年面向智能网联需求，构建了覆盖“云—管—端”的智能网联客车信息安全防御体系，保障远程升级、远程控制、智能调度、自动驾驶等智能网联业务安全运行。2017 年推出涵盖公交、客运、旅游、团体、校车五大领域解决方案。2020 年宇通在业内最先提出基于“一车一码”的精准管理理念，并设计研发出小程序应用“安睿通”。

（二）研发能力

1. 新能源研发方面：宇通客车股份有限公司建设有国家电动客车电控与安全工程技术研究中心、国家认定企业技术中心、企业博士后科研工作站、客车安全控制技术国家地方联合工程实验室、应急信息技术国家工程实验室车辆信息技术分实验室、国家认可实验室共计 6 个国家级研发平台，以及客车安全控制技术河南省工程实验室、河南省新能源客车技术重点实验室、河南省客车工程技术研究中心、河南省智能网联客车工程技术研究中心、河南省客车技术开发国际联合实验室等创新平台，为聚集创新人才及科技成果工程化和产业化创建了优良环境。

2. 智能化研发进展方面：宇通客车股份有限公司早在 2013 年就开始布局自动驾驶技术，积累了丰富的工程经验。宇通客车在自动驾驶、车联网、大数据分析方向现有专职研发人员 434 人，其中博士 21 人，硕士 116 人。涵盖了模式识别与智能系统、传感器数据处理、计算机科学与技术、大数据分析等专业技术人才。拥有系统匹配优化、自动驾驶仿真、整车控制仿真等全方位的计算仿真能力，建立了“零部件—模拟仿真测试—场地测试”三级试验验证体系。建立了 6 800 m^2 智能网联电动客车技术中试基地，5 000 m^2 试验场进行下线路试，300 m^2 智能网联专业培训基地，830 m^2 数据中心机房，满足智能网联客车产业化需求。此外，宇通客车承担并参与了国家“863”计划、国家科技支撑计划、新能源汽车产业技术创新工程、国家重点研发计划、河南省重大科技专项及郑州市重大科技专项等 30 余项国家及省部级科研项目，其中智能网联方面参与国家重点研发计划 4 项、省市 3 项；获得智能网联技术相关专利 71 件，软著 37 件，研发水平得到行业认可。

六、主要新产品

序号	产品型号	产品名称	品牌	通用名称
1	ZK6710BEV2	纯电动高档商务车	宇通客车	T7
2	U12	海外 12 m 高端公交	宇通客车	—
3	ZK6128H	海外 12 m 后置公路车	宇通客车	—

（一）自动驾驶产品：宇通客车先后开发完成了面向 BRT 公交的 L3 级 10～12 m 纯电动客车和面向园区、景区等封闭区域的 L4 级 5 m 微循环车。其中 L3 级 10～12 m 纯电动客车实现车道内自动驾驶，具备巡线行驶、紧急制动、换道避障

和路口通行、精确进站、自动泊车和自动充电等主要功能，可有效降低驾驶员强度，提升行车安全。L4级5 m微循环车具备自主巡航、换道避障、紧急制动、路口通行、车路协同、精确停靠、自主会车、自主超车和自主跟车等功能，可实现工业园通勤、景区摆渡、机场摆渡等封闭区域的自动驾驶，有效降低客户运营成本，提升行车安全，提高通勤效率。

（二）车联网产品：宇通客车自主研发基于车联网技术的车辆综合服务平台。(1)安芯校车智能管理系统集产品、管理、服务、安全教育四位一体，保障校车运营安全。通过云服务系统架构提供丰富的增值配置，提供电脑版、管理者App、家长App、微信小程序、公众号等多种形态的产品。实现车内儿童监测的电子防遗忘功能以及视频点播，乘车助手等附加服务。(2)车联网解决方案涵盖公交、客运、旅游、团体、校车五大领域，涉及安全、能耗、机务、维修维护4个专业产品域。(3)小程序应用"安睿通"，满足客户从司机（维修工）—车队长（中层管理）—管理员（信息科监管人员或高级管理者）的多层级权限分配，实现管理下沉，精准管理。支持客户对车辆的安全预警，对司机的管理培训，实现车辆的批量控制，通过定制化的运营报告实现对公司运营管理的服务提升。

此外，宇通客车还自主研发完成了AEBS、FCW、LDW、LKAS、BSD等高级辅助驾驶系统以及面向自动驾驶客车运营的一体化解决方案，一体化解决方案除了自动驾驶车辆以外，还包含有车路协同系统、云控平台以及自动充电等。

七、合资合作及重大项目建设

宇通客车股份有限公司先后承担了国家"863"计划、国家科技支撑计划、新能源汽车产业技术创新工程、国家重大科技成果转化、国家重点研发计划、河南省重大科技专项等55项国家和省市级科研项目，突破多项制约产业发展的关键技术难题。此外，与高校和科研院所合作开展基础研究，共同开展人才培养，实现成果转化；与供应商通过联合开发，实现技术升级和产品改进；与用户合作实现成果应用，促进产品性能提升；与行业企业合作制定标准规范，推动产业技术升级。目前已形成产业成果转化反哺技术创新的良性循环，推动了行业整体技术水平的提高。

八、发展规划

宇通客车将紧跟智能化、网联化技术发展趋势，围绕"智能网联一体化解决方案"和软件即服务（SaaS）的模式，为客户提供集交通规划、方案设计、产品交付、运营服务为一体的智能化、网联化、协同化的一站式和多场景解决方案，构建共享出行系统、无人物流配送系统、无人环卫清洁系统，为交通强国贡献力量，服务美好出行。

（一）构建"车—路—云"全面协作的新一代智能网联交通系统，为不同出行目的的公交出行者提供有效的交通方式，提升公众的出行体验。(1)持续提升自动驾驶客车能力，提升车辆的场景适应性，增强决策系统的拟人化水平，提高乘客乘坐的舒适性。(2)升级车路协同系统，基于V2X通信技术实现信号优先与绿波通行，提升车辆、行人盲区通行安全及行驶效率，降低事故率和通勤时间；拓展站台信息及增值服务，提升乘客满意度和舒适度。(3)打造智能网联云控平台，实现物理空间与信息空间中包括"车、交通、环境"等要素的相互映射，利用云端大数据计算形成融合感知结果，并与高精地图配合形成高精动态地图发送给出行车辆，支撑智能出行应用与智慧交通应用的可靠实施。在此基础上，面向全局进行综合决策和控制，解决系统性的资源优化与配置问题，促进人—车—路运行按需响应、快速迭代、动态优化，以群体智能驱动交通参与因素的运行规划，全面提高交通安全性，优化交通通行效率。

（二）构建软件即服务（SaaS）的商业模式，拉动研发、制造、订单、销售、售后全价值链的数据流转，打通数据孤岛，通过车辆全生命周期的数据管理与价值挖掘，不断提升公共交通管理效率，研发国际领先的车队管理系统，实现车辆更高级别的主动安全管理，聚焦车辆安全管理领域，最大限度地避免各类公共交通安全事件，为公共交通安全提供技术保障与支持，并通过商业模式的创新，为客户创造价值。

北汽福田汽车股份有限公司

一、单位概况

北汽福田汽车股份有限公司（简称福田汽车）成立于1996年，1998年在上海证券交易所上市，是中国品种最全、规模最大的商用车企业，2020年品牌价值达1 685.92亿元，连续16年蝉联中国商用车行业第一位。2021年，在福田汽车成立的第25周年，总销量突破1 000万辆，成为中国汽车工业史上首个销量突破千万辆的商用车企、中国首个千万级"双自主"商用车企、全球突破千万销量用时最短的商用车企。海外累计出口65万辆，连续10年位居中国商用车出口第一，产品覆盖全球110个国家和地区。2020年，福田汽车三年行动计划顺利收官。2021年，福田汽车将跃升至一个新的发展高度，品牌向上，在技术突破、产品升级、营销模式、服务理念等方面引领行业发展，开启中国商用车"X新世代"。未来，福田汽车将以科技引领发展，品质铸就价值，为客户提供智慧与高效的综合解决方案，持续强化中国商用车第一品牌价值，努力成为科技与品质领先的世界级商用车企业。

二、生产与经营

福田汽车聚焦商用车主业，围绕"聚焦价值·精益运营"的核心经营理念，坚持以客户为中心，夯实基础，创新求变，产品力、营销力、运营力全面提升。2020年，面对突如其来的新冠肺炎疫情，全体福田人上下一心，奋力拼搏，精准施策，通过技术变革、产品创新、品牌向上、服务升级、文化驱动等多维度跃升，实现产销量同比大幅增长，打赢"双线战役"，交出圆满答卷，全年实销680 166辆，同比增长25.96%，再创历史新高，勇夺商用车行业桂冠，以实际行动实现"三年行动计划"完美收官！

三、产品出口

2020年福田汽车欧辉客车海外订单出口569台（其中整车479台、KD85台、底盘5台）；按能源类型分，其中传统能源250台，新能源319台，新能源订单主要分布在智利、韩国、印度、马耳他等国家；按产品平台分，其中城市客车361台、城间客车208台。2020年受海外新冠肺炎疫情影响，公共出行减少、旅游客运市场也受到较大冲击，中国大中客车全年累计出口14 185台，同比下滑37.5%。

四、产能建设

根据国家《汽车产业中长期发展规划》中明确的发展方向和《中国制造2025》中提出的发展战略，结合公司新能源产品发展规划及业务需要，在北京、山东、广东等3个区域建立了7个新能源产品生产基地，产品覆盖新能源客车、中轻卡、微卡和皮卡，标准产能共计3.6万辆/年。

五、技术进展与研发能力

福田结合新能源产品多场景的使用需求和产业政策，基于纯电动、混合动力和燃料电池三种技术路线，开发了微卡，皮卡，VAN，轻卡，中重卡，客车等多种新能源车型，实现了新能源商用车全覆盖。

福田已建立完善的整车功性能集成开发测试能力，具备电驱动系统、电池系统和整车控制系统的软硬件集成开发测试能力；对换电，增程式混动，大功率燃料电池技术进行了开发并形成市场销售，突破了轻量化，智能化，大数据等共性基础技术，实现了新材料，结构化设计，智能辅助控制，动力电池安全预警等技术在整车的应用。

整车系统集成方面：建立了完整的性能指标体系，功能规范体系，通过仿真技术构建系统正向需求，通过平台化控制系统软硬件功能开发及标定匹配实现整车功性能，通过福田零部件试验室及整车可靠耐久测试进行整车验证。动力电池，电驱动，整车控制模块具备功能定义，选型及策略开发，测试验证等集成应用能力。自主开发方面：整车控制模块具备完全自主开发能力，32位整车控制器实现新能源车型全覆盖，具备电机控制器需求定义、软硬件开发能力；电池系统具备PACK及BMS自主设计、开发、仿真及测试验证能力；电驱动系统已建立电机的电磁、结构设计能力，具备电驱桥和三合一动力总成的集成设计能力，具备电机控制系统需求定义、策略开发能力。

六、主要新产品

序号	产品型号	产品名称	品牌	通用名称
1	BJ1045EVJA10、BJ5045XXYEV10	纯电动轻卡	福田	时代纯电动轻卡
2	BJ1045EVJA10、BJ5045XXYEV4、BJ5045XXYEV9、BJ1065EVJA1、BJ5045XXYEV7、BJ1045EVJA3	纯电动厢式运输车	福田	奥铃纯电动厢式运输车
3	BJ5065XXYEV3	纯电动厢式运输车	福田	奥铃纯电动环卫垃圾车
4	BJ1065EVJA1	纯电动厢式运输车	福田	奥铃纯电动抑尘车
5	BJ1128EVJA	纯电动厢式运输车	福田	奥铃纯电动环卫车
6	BJ1045EVJA3、BJ5045XXYEV3、BJ1045EVJA7、BJ5045XXYEV7、BJ5045XXYEV4	纯电动厢式运输车	福田	欧马可智蓝纯电动厢式运输车
7	BJ1188EVJA	纯电动环卫车	福田	欧马可智蓝纯电动环卫车
8	BJ1188EVJA1	纯环卫车运输类	福田	欧马可智蓝纯环卫车运输类
9	BJ5045XLCEV10	纯电动冷藏车	福田	欧马可智蓝纯电动冷藏车
10	BJ5048XCCEV1	纯电动餐车	福田	图雅诺纯电动餐车
11	BJ5048XXYEV3	纯电动厢式运输车	福田	图雅诺纯电动厢式运输车
12	BJ5048XYZEV2	纯电动邮政车	福田	图雅诺纯电动邮政车
13	BJ6608EVUA2	纯电动轻型客车	福田	图雅诺纯电动轻型客车
14	BJ6608EVAA1	纯电动多用途乘用车	福田	图雅诺纯电动多用途乘用车
15	BJ5039XXYEV6	纯电动厢式运输车	福田	风景纯电动厢式运输车
16	BJ5039XYZEV4	纯电动邮政车	福田	风景纯电动邮政车
17	BJ6533EVCA1	纯电动多用途货车	福田	福田皮卡纯电动多用途货车
18	BJ1037EVMA1	纯电动多用途货车	福田	福田皮卡纯电动多用途货车
19	BJ5032XJEEV-H1	纯电动环境监测车	福田	福田皮卡纯电动环境监测车
20	BJ5033TYHEV-H1	纯电动路面养护车	福田	福田皮卡纯电动路面养护车
21	BJ5033XGCEV1	纯电动工程车	福田	福田皮卡纯电动工程车

续上表

序号	产品型号	产品名称	品牌	通用名称
22	BJ6533EVCA	纯电动多用途货车	福田	福田皮卡纯电动多用途货车
23	BJ5122TXSEV-H1	3 T 洗扫车	福田	普罗科纯电动洗扫车
24	BJ5182TXSEV-H1	8 T 洗扫车	福田	普罗科纯电动洗扫车
25	BJ5122TSLEV-H1	3 T 湿扫车	福田	普罗科纯电动湿扫车
26	BJ5102GQXEV-H2	3 T 低压清洗车	福田	普罗科纯电动低压清洗车
27	BJ5182GQXEV-H2	8 T 低压清洗车	福田	普罗科纯电动低压清洗车
28	BJ5182GQXEV-H1	8 T 高压清洗车	福田	普罗科纯电动高压清洗车
29	BJ5044TYHEV-H1	2 T 路面养护车	福田	普罗科纯电动路面养护车
30	BJ5044XTYEV-H1	1 T 桶装垃圾车	福田	普罗科纯电动桶装垃圾车
31	BJ5044CTYEV-H1	1 T 桶装垃圾车	福田	普罗科纯电动桶装垃圾车
32	BJ5062XTYEV-H1	3 T 桶装垃圾车	福田	普罗科纯电动桶装垃圾车
33	BJ5122ZYSEV-H1	3 T 压缩式垃圾车	福田	普罗科纯电动压缩式垃圾车
34	BJ5182ZYSEV-H1	8 T 压缩式垃圾车	福田	普罗科纯电动压缩式垃圾车
35	BJ6816EVUA	纯电动客车	福田	欧辉纯电动客车
36	BJ6816EVCA、BJ6117EVCA-1、BJ6117EVCA-2、BJ6117EVUA-6、BJ6650EVCA-7、BJ6650EVCA-8、BJ6650EVCA-9、BJ6805EVCA-30、BJ6805EVCA-31、BJ6805EVCA-32、BJ6805EVCA-33、BJ6851EVCA-22、BJ6851EVCA-30、BJ6851EVCA-31、BJ6851EVCA-32、BJ6851EVCA-33、BJ6851EVCA-35、BJ6851EVCA-36、BJ6105EVCA-35、BJ6105EVCA-45、BJ6105EVCA-46、BJ6105EVCA-47、BJ6105EVCA-49、BJ6105EVCA-50、BJ6105EVCA-51、BJ6105EVCA-52、BJ6105EVCA-53、BJ6123EVCA-52、BJ6123EVCA-53、BJ6123EVCA-55、BJ6123EVCA-58	纯电动城市客车	福田	欧辉纯电动城市客车
37	BJ6116FCEVUH-1、BJ6116FCEVUH-2	燃料电池客车	福田	欧辉燃料电池客车
38	BJ6956FCEVCH、BJ6105FCEVCH-1、BJ6123FCEVCH-5	燃料电池城市客车	福田	欧辉燃料电池城市客车
39	BJ6855SHEVCA-1、BJ6855SHEVCA-2、BJ6105CHEVCA-15、BJ6105CHEVCA-17、BJ6105SHEVCA、BJ6107SHEVCA、BJ6123SHEVCA-2、BJ6123SHEVCA-7、J6123CHEVCA-9、BJ6123CHEVCA-11、BJ6127SHEVCA-2、BJ6147SHEVCA	插电式混合动力城市客车	福田	欧辉插电式混合动力城市客车
40	BJ6128SHEVCA-5	插电式混合动力双层城市客车	福田	欧辉插电式混合动力双层城市客车
41	BJ6160SHEVCA-3	插电式混合动力铰接城市客车	福田	欧辉插电式混合动力铰接城市客车
42	BJ5180XYLEV	纯电动医疗车	福田	欧辉纯电动医疗车

七、合资合作及重大项目建设

1. 福田汽车与丰田汽车、亿华通合作推出 FC 客车项目。2019 年 1 月 15 日，福田汽车与丰田汽车、亿华通三方签署《FC 整车开发合作意向书》。2019 年 4 月 21 日，丰田汽车在清华大学举办小型氢燃料汽车展示活动，福田汽车与丰田汽车、亿华通合作推出 FC 客车（9 m）亮相。2019 年 4 月 22 日，北汽集团、福田汽车、丰田汽车、亿华通通过官方平台及全网宣布 FC 客车合作项目、正式对外宣布。2019 年 11 月 5 日，第二届中国国际进口博览会在上海拉开帷幕，福田汽车与丰田汽车、亿华通合作推出 FC 客车（9 m）亮相进博会汽车创新技术和自动驾驶体验区。

2. 为发展燃料电池整车，福田汽车正在拟通过合资方式建立燃料电池、燃料电池整车合资公司，合作伙伴已选定，正在推进相关合资前期方案规划的论证工作，拟在 2022 年完成该项目。

八、发展规划

福田新能源业务定位于新能源中高端物流市场，为客户提供一体化解决方案，2019 年福田汽车发布了以“开启智蓝新能源打赢蓝天保卫战”为主题的智蓝新能源 2025 战略，提出了打造“中国新能源商用车第一品牌”的企业愿景。业务规划：福田汽车采用纯电动、插电混动、氢燃料三线并举的技术路线，规划了商用车全系新能源产品，并实现核心三电模块的自主研发和自制。其中纯电动为核心技术路线，做商品化开发，覆盖解决城市物流及特定封闭场景，混合动力做技术开发与储备，根据油耗法规及市场需求适时转为商品开发，同时针对适用场景做示范运行推广，氢燃料做技术开发与示范，针对适用场景进行示范推广，3 条技术路线各有侧重，依据不同的运输场景，打造最适合客户需求的新能源产品。

厦门金龙联合汽车工业有限公司

一、单位概况

厦门金龙联合汽车工业有限公司(简称金龙客车)创立于1988年,是中国客车自主品牌代表和领军企业。2020年金龙客车品牌价值520.36亿元,位列中国汽车行业品牌前茅。金龙客车致力于大、中、轻型客车整车的研发、生产、销售和服务。公司拥有国家认定的企业技术研究院、国家级试验中心及博士后工作站,是国家"两化融合"示范和智能制造试点企业。近年来,公司大力推进"新四化"转型升级和技术创新,以先进的智能网联和自动驾驶技术为中国客车发展注入强大动力。

金龙累计生产客车超过50万辆,海外销售突破12万辆,市场遍及全球140多个国家和地区。坚持以"国车"的使命与担当,广泛为国家及国际的重大盛会提供用车服务保障,有力展示"中国制造"的风采,同时金龙客车也成为享誉全球的中国客车品牌。

二、产品出口

2020年,在新冠肺炎疫情影响的不利因素下,金龙客车仍然持续保持行业出口领先地位。客车行业出口整体下滑的背景下,金龙客车海外市场迎难而上,除在沙特、埃及等传统海外市场上持续保持优势外,还成功出口塞浦路斯200台城郊车,可谓中国客车出口欧洲第一大单;同时金龙客车仍不断在新市场上寻求增量,诸如在法属波利尼西亚等地获取批量订单;在新能源车的出口方面也加大力度。2020年金龙客车全年出口车辆8 555台,仍旧位列行业首位。

三、技术进展与研发能力

1. 在新技术储备方面,开发了高效快捷的闪充系统,实现公司在大功率充电技术领域零突破;ISG搭载EBS3项目的实车应用,拓展了车辆的销售局限;燃料电池系统低温热管理控制技术的研究,成功实现了燃料电池客车在 -30 ℃低温下的冷起动,打破了燃料电池产品在北方地区的应用限制。

2. 在品质提升方面,新能源客车动力电池系统容量不均衡程度量化研究项目通过对后台数据的分析,实现了对于新能源车用电池全生命周期的健康状态监测,能够对可能产生的风险进行提前预警,大大提升了公司对于零部件质量的管控能力;新能源车辆运营分析评价系统的建立,能够更好地对车辆运营情况、零部件性能、故障率等进行全方位的分析和记录,为全面了解车辆实际运行状况提供了强大的数据支撑。

3. 在节能降耗方面,纯电动客车以及ISG客车节能降耗项目通过对控制策略进行不断迭代优化,实现了节能降耗的目标,改善了产品品质。

4. 在新产品研发方面,搭载全新一代轮边驱动系统的地铁巴士产品在多个地区上线运营,塑造了城市公交新体验。

四、主要新产品

序号	产品型号	产品名称	品牌
1	XMQ6850AGBEVL22	纯电动城市客车	金龙牌
2	XMQ6106AGBEVL32	纯电动城市客车	金龙牌
3	XMQ6601AGBEVL1	纯电动城市客车	金龙牌

开沃新能源汽车集团股份有限公司

一、单位概况

开沃新能源汽车集团股份有限公司(以下简称开沃集团)是集新能源整车及核心零部件研发、生产、销售、服务于一体的高新技术企业、独角兽企业。开沃集团总部位于江苏省南京市溧水开发区,产业布局全国,在深圳、武汉、徐州、呼和浩特、西安、渭南均建有生产基地。开沃集团2017年正式进军乘用车市场,实现商乘并举。已拥有齐全的产品链,涵盖4~18 m客车、物流车、专用车、卡车、乘用车、无人驾驶等全系产品,可为客户提供完备的充电解决方案。

二、经营情况

开沃集团,2014年电动客车产销量排名全国第二,2015—2017年排名全国第四,2018年排名全国第三,2019年排名全国第二,2020年纯电动客车销量6 232台,位居全国第三。

三、产品出口

从2017年开始,开沃纯电动客车已陆续获得智利、蒙古国、韩国、菲律宾、泰国、印度、乌克兰、克罗地亚、南非等国,以及中国香港、澳门地区的订单,开沃纯电动客车已经初步打开外部市场。

四、产能建设

开沃新能源汽车集团股份有限公司占地面积83万 m^2,建筑面积50万 m^2,总投资50亿元,可年产2万台大中型客车、20万台轻型客车、10万台乘用车。

五、技术进展及研发能力建设

在技术研发上,开沃汽车拥有一支以专家、博士、硕士为技术领头人的近800人的技术团队,集中了国内优秀的研究、试验队伍和先进的技术成果。新能源技术开发平台在自主研发和试验检测方面均做到国内一流;技术成果在电驱动智能化、整车控制策略、电安全保障、轻量化、舒适性设计、内外饰等方面打造国内一流产品。2014年通过"南京市高端人才团队引进项目"审核,成为南京唯一一家入围的新能源汽车企业。除了紧跟国家新能源战略步伐以外,公司在产学研合作创新方面也有所突破，被评为2017年中国产学研合作好案例。通过自主创新和对外合作，开沃已累计申请专利1 214项，其中发明专利439项；获得专利授权720项，其中发明专利29项。

六、主要新产品

1. 整车			
序号	产品型号	产品名称	通用名称
1	—	纯电动智能中级SUV	创维汽车
2	NJL6450ICEV	纯电动智能驾驶观光车	蓝鲸号
3	NJL5041XXYEVC	纯电动物流车	K10
4	NJL5043XXYEVA	纯电动物流车	K15
5	NJL5042XXYEVA	纯电动物流车	K15T
6	NJL6600EV	纯电动城市客车	H6
7	NJL6871EVLG	纯电动销销车	—
8	NJL6106EV	纯电动城市客车	H10
9	NJL6822EV	纯电动公路客车	—
10	NJL6902EV	纯电动公路客车	—
11	NJL5020T172BEV	纯电动小型轮式拖拉机	—
12	XQX5160ZLJBEV	纯电动自装卸式垃圾车	—
13	—	氢燃料6×4半挂牵引车	TP11
14	NJL5040ZZZBEV3	纯电动自装卸式垃圾车(后翻桶)	Z04
15	NJL5040XTYBEV	纯电动密闭式桶装垃圾车	—
16	NJL5080XTYBEV	纯电动密闭式桶装垃圾车	—

续上表

2. 零部件		
序号	产品名称	产品型号
1	高能电池标准箱	C173LY-1P63S
2	高能电池标准箱	B173LY-1P42S
3	高能电池标准箱	C173LY-1P54S
4	高能电池标准箱	C230LY-1P48S
5	高能电池标准箱	C230LY-1P39S
6	高能电池标准箱	C304LY4-1P36S
7	高能电池标准箱	C304LY4-1P30S

七、合资合作及重大项目建设

2018年10月，开沃汽车自主研发的“新一代VCU和BMS二合一控制器”荣获国家级技术金桥奖“优秀项目奖”，这也是开沃汽车首次获得国家级技术奖项。2019年开沃汽车推出了自主研发的L4级无人驾驶观光车“蓝鲸号”，获得了“2019年度ICT中国创新项目最佳城市创新应用奖”。同年5月，开沃汽车荣登中国独角兽企业榜单。

八、发展目标与规划

2017年开沃汽车正式进军乘用车市场，商乘并举。预计在2025年实现大客车年产销2万台，实现主营业务收入200亿元；轻型车年产销20万台，主营业务收入200亿元；乘用车年产销50万台，主营业务收入500亿元；零部件主营业务收入300亿元，全年总收入突破1 200亿元。实现开沃新能源汽车的千亿级目标。

上海申龙客车有限公司

一、单位概况

上海申龙客车有限公司位于上海，占地20万m^2，年产能超过1万辆。公司致力于常规动力和新能源汽车整车研发、制造和销售，产品涵盖公路客运、旅游、公交、团体、专用车、物流车、货车、环卫车等等各个细分市场，是上海唯一、国内为数不多的综合性汽车制造企业。2017年，申龙客车正式成为国内知名上市公司东旭光电科技股份有限公司(证券代码:东旭光电000413)旗下全资子公司。申龙客车是业内公认为“外观时尚、服务优良、性价比高”的知名客车品牌。

二、生产与经营

公司拥有冲压、车架、底盘、焊装、电泳、涂装、总装、调试等生产线和整车检测线。自2005年9月成立以来，不断创新，坚持自主设计制造满足客户需求。严格执行IATF16949标准、获得国家3C认证，已形成了6～13.7 m，中高档产品档次的20多类200多个客车品种的完整产品链。经过几年的发展，开发出拥有柴油、天然气、纯电动、混合动力、氢燃料等动力燃料的全系列客车和新能源货车产品。

三、产品出口

公司一直致力于开拓国内和国际市场。在国内大中型客车销售排名中，申龙连续数年进入10强，成为中国客车行业的佼佼者。凭借出众的环保性能、舒适性和安全性，申龙客车成功进军海外市场，先后进入泰国、新加坡、俄罗斯、美国等10多个国家和地区，通过俄罗斯GOST、北美DOT、欧盟ECE等各项海外认证，在中国海外客车出口量和出口额排名始终位列前5。在历届国际客车展及活动中，多次获得年度“巴士制造商大奖”“最佳新能源客车大奖”等近60项荣誉。在由中国汽车报举办的中国客车业60周年评选活动中，申龙客车更是被评定为“优秀客车品牌”和“十大新能源客车品牌”。

四、产能建设

商用车年生产能力为8 000辆，计划2023年年生产能力为10 000辆。

五、技术进展与研发能力

公司下设汽车研究院，负责各类客车新产品和新能源货车开发。自2005年成立以来，逐步具备轻型客车、大中型客车及底盘、新能源客车及底盘、新能源货车和专用车及底盘的开发资质和能力。已积累了300多个车型的开发经验，研发的产品覆盖城市客车、公路客车、校车、厢式物流车、环卫车、特种车等，具备很强的汽车整车设计开发能力。研发的产品实现国内销售累计突破6万辆、海外销售累计突破1.5万辆。针对新能源汽车，汽车研究院具备一套完善的新能源系统匹配开发设计体系，包括整车动力性仿真、新能源部件技术协议签订、VCU软硬件开发、VCU程序台架测试、新能源部件设计规范修制订、新能源标准研读及宣贯、招标技术支持、车辆试验技术支持、小程序开发、UDS开发、售后技术支持等。历年来共完成200多车型近12 000辆新能源客车及货车的大小三电硬件以及软件控制系统的匹配开发工作。

六、主要新产品

序号	产品型号	产品名称	品牌	通用名称
1	SLK6123UBEVN3	纯电动低地板城市客车	申龙牌	智能熊猫车
2	SLK6129UFCEVH1	燃料电池低入口城市客车	申龙牌	燃料电池公交车
3	SLK6129UNHEVL3	插电式混合动力低入口城市客车	申龙牌	混合动力公交车
4	SLK6903ABEVL1	纯电动客车	申龙牌	纯电动公路车
5	SLK6128TFCEVL	燃料电池客车	申龙牌	燃料电池公路车
6	SLK5090XBWEFCEVH	燃料电池保温车	申龙牌	保温车
7	SLK5035XXYCBEV1	纯电动厢式运输车	申龙牌	物流车
8	SLK5030XLCSBEV1	纯电动冷藏车	申龙牌	冷藏车

七、合资合作及重大项目建设

2017年6月，申龙客车与南宁市政府签署了新能源汽车生产基地项目投资协议，投资30亿元建设年产1万辆新能源客车和3万辆新能源物流车的大型新能源汽车生产基地，打造以新能源汽车制造为龙头，零部件配套生产加工为辅，集研发、创新、制造、推广应用为一体的新能源汽车科技产业园。

八、发展规划

公司依托东旭光电在石墨烯电池领域卓越的技术实力与资金、渠道、市场资源，在新能源客车领域加快步伐，朝着更高的目标迈进，致力于将申龙客车打造成为中国新能源客车的领导品牌。

安徽安凯汽车股份有限公司

一、单位概况

安徽安凯汽车股份有限公司是国家定点生产高、中档，大、中型豪华客车及客车底盘的大型企业。公司于1997年7月25日成立，同日安凯客车股票（证券代码：000868）在深圳交易所挂牌上市。公司拥有“安凯”“赛特拉”“宝斯通”等客车品牌，形成了公路、旅游、团体、公交、新能源客车等系列，长度覆盖6～18 m。

安徽安凯汽车股份有限公司是国家级高新技术企业、国家创新型试点企业、国家级管理现代化企业、国家知识产权优势企业。现拥有国家电动客车整车系统集成工程技术研究中心、电动客车整车系统开发与应用国家地方联合工程研究中心、国家级企业技术中心，国家CNAS整车性能试验室，国家级博士后科研工作站。

安徽安凯汽车股份有限公司是中国豪华客车的领导者和标杆，1993年，第一辆安凯豪华客车在成渝高速运营，填补了国内高档豪华客车的市场空白，开创了中国道路客运的新里程。安徽安凯汽车股份有限公司也是最早上电动客车国家公告的企业。安凯新能源客车已在北京、上海、大连、哈尔滨、海口、合肥等100个城市，以及法国、意大利等海外市场示范运营，累计推广数量23 000余辆。

二、生产与经营

2020年，安徽安凯汽车股份有限公司实现客车销量5 605台，同比下降1.5%；6 m以上客车市场占有率4.6%、同比上升1.3个百分点，位居行业第8位；新能源客车实现销量3 061台，同比增长20%，市场占有率上升3个位次；合并营业收入33.2亿元，同比下降2.1%。

三、产品出口

2020年安徽安凯汽车股份有限公司出口销量928台，销售收入2.79亿元，主要出口国家沙特800台，菲律宾55台，泰国14台，哥斯达黎加10台，合计879台，占比95%；新能源出口7台，出口乌拉圭和俄罗斯，也销往中国台湾和澳门地区。

四、产能建设

截至2020年底，安徽安凯汽车股份有限公司拥有客车一厂、客车二厂共两个客车整车生产厂，年设计产能分别为6 000辆，合计产能12 000辆（含新能源客车产能6 000辆，均与传统客车共线生产）。

五、技术进展与研发能力

依托国家级平台，安徽安凯汽车股份有限公司建有动力系统试验室、动力电池试验室、电控系统试验室、整车研发与性能试验室、零部件性能试验室5个试验室，实验室购置了奥地利AVL公司混合动力测试设备和车载排放测试系统、美国宝克公司底盘测功机、比利时NVH测试设备、氢燃料电池系统性能测试设备等65余台（套）国际领先的进口设备，实验室达到国内领先水平，具备了新能源汽车零部件性能测试、验证及开发能力、新能源汽车动力系统开发及集成匹配能力、动力电池系统开发及测试能力、整车控制系统软硬件开发及验证能力、新能源整车性能仿真及测试能力、实验室条件下的新能源整车性能测试及验证能力，试验室并通过国家 CNAS 整车性能试验室认证。

安徽安凯汽车股份有限公司在电动客车整车集成与匹配、动力系统集成技术、整车控制技术、交流异步与永磁同步电机研发生产及电驱动系统集成技术、远程监控技术等核心技术方面取得突破，迭代完成四代整车控制系统、迭代完成四代驱动电机研发及量产、迭代完成四代混合动力系统研发及量产，电机控制系统、锂电池管理系统（BMS）、远程监控系统、绝缘监测系统、CAN 总线系统等多种关键零部件，并成功运用于新能源整车上。在新能源核心技术方面取得突破性进展，在电动客车散热、增程式技术、能量管理、整车控制系统、数据采集、动力电池、驱动电机等方面申请 482 项国家专利，其中发明专利 201 项，实用新型 269 项，外观设计专利 9 项；已授权专利 304 项，其中发明专利 58 项。近 3 年，在新能源汽车领域主持和参与制定国家及行业标准 9 项，其中国家标准 4 项，行业标准 5 项；获得省部级科技成果 21 项，其中省部级科技进步奖 8 项，省级科技成果鉴定 8 项；承担国家及省级科研项目 9 项，其中国家级项目 1 项；与高校、科研院所及企业合作研发的横向课题 20 余项。

六、主要新产品

序号	产品型号	产品名称	品牌	通用名称
1	HFF6829GEV2	纯电动城市客车	安凯	A6
2	HFF6120G9EV11	纯电动城市客车	安凯	G9
3	HFF6855G03EV12	纯电动城市客车	安凯	G9
4	HFF6100G9EV21	纯电动城市客车	安凯	G9
5	HFF6119A6EV11	纯电动客车	安凯	A6
6	HFF6710K7EV21	纯电动客车	安凯	K7
7	HFF6600K8EV21	纯电动客车	安凯	K8
8	HFF6600G6EV21	纯电动城市客车	安凯	G6
9	HFF6829KEV	纯电动客车	安凯	A6
10	HFF6668GEV1	智能驾驶纯电动城市客车	安凯	

七、合资合作及重大项目建设

安徽安凯汽车股份有限公司产学研合作基础好，与美国加州大学戴维斯分校、中国科学技术大学、合肥工业大学、安徽大学、同济大学、北京理工大学等高校联合在电动客车整车控制及驱动电机控制系统、动力系统集成匹配、燃料电池汽车、智能网联等方面开展产学研合作，并取得创新成果。

八、发展规划

“十四五”期间实现纯电动客车和燃料电池客车双技术路线同步发展，整车在安全性、舒适性、经济性、动力性、轻量化、长里程、智能化等指标和品牌影响力方面均处于自主客车品牌前列。加强前沿技术研究能力，以技术进步为核心，以研发高效、安全、舒适、智能电动客车产品为目标，进行分布式驱动系统技术、燃料电池电动客车整车集成技术、智能与集成化的整车域控制技术、智能驾驶等前沿应用技术和共性技术攻关，强化迭代研发。

银隆新能源股份有限公司

一、单位概况

银隆新能源股份有限公司成立于 2008 年，是一家集钛酸锂电池核心材料、电池、电机电控、充电设备、智能储能系统、新能源汽车研发、生产、销售以及动力电池回收梯次利用为一体的全球综合性新能源产业集团。公司以科技创新为核心，打造新能源闭合式循环产业链，旗下拥有广通汽车、奥钛储能两大品牌。

公司先后获得“中国民营企业制造业 500 强”“广东省百强民营企业”“全国质量信得过产品”等荣誉。2018 年，获得工信部颁发的“绿色工厂”荣誉称号；上榜科技部发布的新能源领域独角兽企业；银隆 18 m 海豚公交车荣获“中国专利奖——外观设计金奖”，成为新能源汽车行业唯一入选的产品。2019 年，上榜“2019 年中国制造业企业 500 强”榜单。2020 年，银隆钛酸锂电池荣获“客车安全技术成果奖”、银隆双层巴士荣获“城市观光客车之星”称号；连续两年获得“中国储能产业最具影响力企业奖”；连续 6 年入选全球新能源企业 500 强。

二、生产与经营

公司总部位于珠海，在全国拥有邯郸、石家庄、成都、天津、南京、洛阳、兰州等产业园。公司生产的新能源汽车已于北京、天津、成都、南京、洛阳、西安、武汉、长沙、青岛、杭州、哈尔滨、海口、珠海等全国 140 多个城市运营。

三、产品出口

银隆新能源生产的新能源汽车，凭借过硬的品质，在市场上获得了客户的一致好评。并远销意大利、德国、马来西亚、印度、菲律宾、泰国、越南等国家和中国香港、澳门地区。

四、产能建设

银隆新能源拥有客车制造线体 12 条，规划年产能达到 2.6 万台，日产能达到 90 台；电池制造线体 37 条，规划年产能 25 亿 Ah，充电储能产品年产能 2 500 套。

五、技术进展与研发能力

1. 技术创新能力。（1）动力电池、动力系统、电机电控三大核心研发及试验能力。公司拥有广东省新能源汽车安全与节能技术重点实验室，具有动力电池、动力系统、电机电控三大核心研发及实验能力，包括 30 多个零部件专业检测室和 1 个远程监控中心，拥有国内领先的研发试验仪器 200 余台（套），如瑞典优胜公司 truckaligner 的四轮定位设备，德国拜斯瓦特的制动检测台，德国 wabco 的 ABS/ASR 测试仪，美国 ROBINAIR 空调真空检测仪等进口设备。(2)无人驾驶技术。2017 年 11 月，银隆新能源首辆 6.8 m 自动驾驶公交车在新加坡圣淘沙试运行，累计载客约 4 000 人，自动驾驶里程为约 4 000 km。2019 年 2 月，“三车自动驾驶编队行驶”系统的研发，可解决公交公司高峰时间车辆不足，低峰时间车辆闲置及驾驶员紧缺问题，该项技术在公交领域首创。2021 年，公司 L4 级自动驾驶客车面世。该自动驾驶车型全新正向研发，集外观造型、内饰及线控底盘、各种感知系统设计等融为一体，具有科技时尚的外形、无方向盘无制动踏板等设备，整车达到 L4 级全自动驾驶水准。(3)氢钛动力总成技术。该项技术集成了氢燃料电池的高能量转化效率与钛酸锂电池的高功率、高安全、长寿命的优势，二者优势互补，具有续航里程高、动力强劲、环境适应性强、运行噪声低、排放零污染、运行高安全等优势。(4)钛酸锂电池技术。凭借钛酸锂电池 6 min 快充放、-50 ℃ ~60 ℃耐宽温、30 000 次循环使用寿命、不起火不爆炸高安全、高效率等优异性能，已有 3 万辆公交车在全国 140 多个城市运营。经过多年来的运营，银隆钛酸锂动力电池衰减少、安全性高，从未发生过一起安全事故，广受客户好评。

2. 研发能力建设。公司以“6 + 1”的研发体系，加快技术创新与产业升级的步伐。在全球拥有材料研究院、电池研究院、商用/专用车研究院、电池应用及工艺研究院、储能系统研究院、燃料电池研究院 6 个研究院和示范型国际科技合作示范基地、院士专家服务基地、广东省战略性新兴产业基地、广东省新能源汽车安全与节能工程技术研究中心、广东省省级企业技术中心、广东省钛酸锂电池工程技术研究中心、广东省教育部科技部产学研结合示范基地、广东省钛酸锂动力电池材料工程实验室等政府认可省级科技平台。公司研发的锂电池系列产品，具有高能量、高倍率、高安全、耐宽温、长寿命等特性，可覆盖全储能应用场景，被广泛应用于新能源汽车以及工商业园区、通信基站、电网调频、轨道交通、船舶岸电、家庭住宅、军事科研等储能领域，具有广阔的市场前景和应用价值。

3. 检测中心。公司拥有 8 大检测中心，1 个省级实验室，24 个行业先进实验室，8 条场景一体化的实验试车跑道，具备检测能力项目 500 多项，覆盖从电池原材料到整车检测的所有项目，保证出厂车辆 100% 的合格率，坚持以“立足开拓创新、追求精工品质、创立一品牌、实现客户满意”为质量目标。

六、主要新产品

序号	产品型号	产品名称	品　牌	通用名称
1	GTQ6600BEVB30	纯电动客车	广通汽车	6 m 公交
2	GTQ6102FCEVBT31	燃料电池低入口城市客车	广通汽车	10.5 m 奔马公交
3	CAT6119ARBEV	纯电动客车	广通汽车	11 m 脸谱大巴
4	TJR6105CHEVBT1	插电式混合动力客车	广通汽车	10 m 混动公交车
5	TJR6119CHEVBT1	插电式混合动力客车	广通汽车	11 m 混动公交车
6	TJR6121CHEVBT1	插电式混合动力客车	广通汽车	12 m 混动公交车
7	CAT5043TDYBEV	纯电动多功能抑尘车	广通汽车	4.5 t 除霾专用车
8	CAT5181XYLBEV	纯电动医疗车	广通汽车	18 t 医疗车
9	LGQ5181TXSBEV	纯电动洗扫车	广通汽车	18 t 专用车

七、发展规划

未来，银隆新能源将立足于新技术、新模式、新产业，结合自身技术、产品、渠道等优势，积极践行“科技创新与商业模式”双驱动，以打造“5G 智慧城市分布绿色能源运营商”为品牌发展方向，为城市发展提供智能化、闭合式新能源综合解决方案，始终秉承“与绿色同行”发展理念，引领行业走向可持续发展的未来。

四川新筑通工汽车有限公司

一、单位概况

四川新筑通工汽车有限公司是一家集设计开发、生产和销售服务为一体的新能源客车和专用车制造企业。始建于 1958 年，前身名为四川雅安通工汽车厂，为省交通系统的全资国有企业，20 世纪 70 年代末开始生产汽车产品，主要产品有大中型客车、轻型客车、轻型越野车、轻型货车等，迄今已有 40 多年汽车生产历史。2019 年初，由四川发展(控股)有限责任公司控股，雅安经济开发区建设投资有限公司、成都市新筑路桥机械股份有限公司、新筑投资集团有限公司三方参股，投资重组的一家国有控股企业，是四川发展布局“5 + 1”重点支柱产业的装备制造产业和“16 + 1”重点领域的“新能源与智能汽车”领域的重要组成部分。

二、生产与经营

1、通工汽车占地面积 289 亩，厂房建筑面积 60 000 m^2，已具有下料车间(含下料、机加、冲压、成型、制件等)、焊装车间、涂装车间(含电泳、喷涂)、总装车间(含底盘装配、整车装配、电池 PACK)、完检车间五大个生产车间。拥有新能源汽车系统总成及整车的全套试验设施，具有整车动力性能、经济性能、耐久疲劳性能、操作稳定性能、制动性能、转向性能及道路路试等验证测试能力，具有完整的新能源汽车整车研发验证试验能力；具有整车试车跑道、电池专用库房、油漆库房、综合库房等辅助设施，拥有完备的新能源客车（含纯电动客车和燃料电池客车）生产条件；其下料（冲压）、焊接、涂装、总装调试四大工艺齐全，已实现新能源客车整车柔性生产，具备年产 5 000 辆新能源客车整车的生产能力。

2. 根据国家关于新能源汽车动力蓄电池、关键零部件可追溯性规定，2020 年公司建立了 MES 溯源信息管理系统。对储能装置（动力蓄电池、超级电容器、燃料电池系统）、关键零部件（驱动电机、整车控制器、储氢系统等）实施可追溯性标识和管理，其中储能装置全部按国家规定纳入了《新能源汽车国家检测与动力蓄电池回收利用溯源综合管理平台》监管。

三、产品出口

2020 年出口俄罗斯的 13 m 纯电动客车底盘组件。

四、产能建设

建有新能源客车整车完整生产的四大工艺，设备满足新能源客车生产工艺要求以及年产 5 000 辆新能源客车的生产能力。

五、技术进展与研发能力

近年来，公司积极响应国家新能源汽车发展战略，积极推动四川发展的新能源与智能汽车产业发展战略，以公司科研团队（智能公交研究院）为主体，依托集团掌握的先进超级电容技术（新筑股份控股的上海奥威科技有限公司），以及通工汽车多年积累的整车集成技术，按新产品设计开发流程，规划了新能源客车产品系列平台，启动了公司新能源客车车型的开发，并采用与国内知名高校、科研院所（联合西南交通大学、中国汽车工程研究院股份有限公司、德国 tricon 公司等）探索产学研合作模式，开展项目合作。与国内国际上的优秀的供应商展开深入合作，形成产品技术优势和研发力量、资源互补，持续提升新能源汽车产品设计开发能力。公司特别重视新能源汽车技术团队的培养及核心三电控制技术的培育工作。依托四川发展集团资源，在原有车辆研发团队基础上，搭建了新能源整车和专业的研发团队，以及试验验证团队，引进了大批长期从事新能源汽车开发，整车控制系统开发、电驱动系统设计、车载能源系统设计及整车调试与标定等方面的专业人才，与公司现有的开发力量形成资源互补。同时招聘国内知名高校与电驱、电动专业相关的学生，为公司新能源开发储备人才。为公司新能源汽车产品设计开发能力提供了强大的动力，不断掌握并提升整车控制系统的设计及开发技术能力。研发试验能力方面建立了新能源汽车系统总成及整车的全套试验设施。系统总成试验设施涵盖驱动电机、动力电池、整车控制器、燃料电池发动机及其他关键零部件与核心总成的开发验证试验、HIL 仿真测试试验、三电联调验证试验、高低温试验、振动试验、盐雾试验、材料性能试验等设备。整车试验设施涵盖整车转鼓试验台（底盘测功机）、整车道路模拟试验机（四立柱整车道路模拟试验台）、整车路试道路、操作稳定性能测试系统、整车下线性能检测线等设施，具有整车动力性能、经济性能、耐久疲劳性能、操作稳定性能、制动性能、转向性能及道路路试等验证测试能力，形成完整的新能源汽车整车研发验证试验能力，能够确保研发的整车产品的性能和品质，满足市场的需求。

六、主要新产品

序号	产品型号	产品名称	品　牌
1	TG6105GBEV2	纯电动低地板城市客车	通工牌
2	TG6106GBEV1	纯电动城市客车	通工牌
3	TG6901GFCEV2	燃料电池低入口城市客车	通工牌
4	TG6810GBEV3	纯电动城市客车	通工牌
5	TG6101GBEV3	纯电动城市客车	通工牌
6	TG6103GBEV2	纯电动城市客车	通工牌
7	TG6810GBEV1	纯电动城市客车	通工牌

七、合资合作及重大项目建设

1. 与德国 TRICON 外观设计公司合作，开展了车辆外观造型设计，合作开发了一款全新城市客车造型，融入德国包豪斯现代主义设计的造型简约和注重功能的理念，通过对流畅的直线和张力十足的折线等设计元素的运用，塑造出新车的简练大气、硬朗、干净利落的整体设计语言。该造型总体上符合当代审美观、富有科技感、亮点突出。样车已经试制了两台，外观效果得到了用户的认可。

2. 与俄罗斯 PC 公司联合开发了 13 m 低地板城市客车出口底盘，该项目是通工汽车产品出口战略的重要产品之一。

3. 与东方电气氢能科技有限公司联合研发合作，成功开发出了氢燃料电池客车。

八、发展规划

1. 以“新技术 + 新产品 + 特色优势产品”为重点，走产品差异化之路。

2. 以“市场拓展 + 股权合作 + 产业链整合”三轮驱动为动力，走路径差异化之路。

3. 以“产品营销 + 金融服务”为重点，走模式差异化之路。

4. 长远发展目标：到 2025 年，面向全球拓展市场，输出技术、产品和服务，初步建成四川本土的新能源商用车制造龙头企业，实现高质量可持续发展。

国唐汽车有限公司

一、单位概况

国唐汽车有限公司（以下简称国唐汽车）是中国信息通信科技集团有限公司（国务院国有资产监督管理委员会管理的中央企业）旗下大唐高鸿数据网络技术股份有限公司（SZ. 000851）控股的子公司，前身是江苏登达汽车有限公司，成立于2011年，坐落于水乡明珠——江苏省盐城市建湖高新经济区。

国唐汽车客车产品车型覆盖车长4～12 m，包括节能型柴油及CNG/LNG、插电式混合动力，纯电动、燃料电池等多种动力类型，可服务于城市BRT公交、城市干线/支线公交、城乡公交、旅游客运、公务通勤、城市物流等多种应用场景。国唐汽车已通过ISO 9001质量管理体系认证、IATF 16949质量管理体系认证、ISO 14001环境管理体系认证、ISO 45001职业健康安全管理体系认证、售后服务体系完善度五星认证，建立了完善的管理流程和人员培训体系，实现从研发、采购生产、检验、服务全过程控制产品品质。

二、生产与经营

2020年，国唐汽车荣获沈丘公交、福州马尾、滨海公交，以及武汉公交等相关批次订单，并顺利交付投入运营。

三、产能建设

国唐汽车占地面积700余亩，建筑面积约20万 m^2。是集整车设计研发、生产销售一体化的大型整车制造企业，可年产大中型客车5 000台，轻型客车1万台。公司具有完整的整车生产制造工艺，拥有冲压、焊装、涂装、总装全过程生产工艺，各车间配备国内先进的生产设备，为客车的加工制作提供充分的设备保障，并提升生产效率。U形厂房布局，充分考虑到车辆生产工序流转的特点，焊装—涂装—总装—调试—检测，布置更加合理有序，制造效率明显提升。

四、技术进展与研发能力

国唐汽车研究院拥有通用技术部、核心技术部两大研发部门，具有新能源整车、客车底盘、汽车零部件、汽车电子、汽车安全、智能驾驶等核心部件的研发测试能力。国唐汽车“智能悬轨”充电技术系统是国唐汽车具有自主知识产权的公交电动化解决方案，能够实现多车智能捕捉悬轨的充电模式，根据车辆的优选顺序进行顺序充电，自适应充电容量优化。“智能悬轨”充电技术系统设施（也称充电走廊）包含微型撬装直流变电站、充电线网（悬轨）、智能充电调度管理平台。采用“智能悬轨”充电技术系统组建的纯电动公交车运营车队，可利用公交现有停车场站布置充电设施，取代充电桩，大幅提升场站土地利用率，降低充电基础设施建设成本，避免纯电动公交车往返于集中式充电站之间的无效空驶，降低能耗。根据公交线路运行里程合理配置车载电池容量，利用发车间隔进行快速补电，既可提升公交车载客能力，也让行车安全性进一步提升。应用互联网技术实现远程智能监控与管理，每车充电功率自动分配，充电过程无须专人职守，能够自动捕获充电贵，实现人电分离，不存在触电风险，既能消除充电安全隐患，又可降低充电运维成本。国唐汽车自主研发的L3级无人驾驶巴士——“鸿智号”，以安全管理系统和人机交互系统为核心，搭载了激光雷达、毫米波雷达、摄像头等设备用于道路环境感知，能够主动进行车辆、行人检测，实现主动减速避让、紧急停车、障碍物绕行、变道、自动停靠站点等功能。依托高鸿股份在C-V2X领域的积累，部署安全可靠的C-V2X网络，使用基于自研芯片的OBU、RSU、和T-Box，实现了C-V2X多场景下的应用。

截至2020年12月，国唐汽车累计申报受理与授权的智能网联新能源公交车相关专利115件，软件著作权若干。

五、主要新产品

序号	产品型号	产品名称	品牌	通用名称
1	SGK6600BEVGK01	5.99 m纯电动公交车	国唐牌	纯电动城市客车
2	SGK6606BEVGK01	6 m纯电动公交车	国唐牌	纯电动城市客车
3	SGK6809BEVGK15	8 m纯电动公交车	钻石牌	纯电动城市客车
4	SGK6851BEVGK15	8.5 m纯电动公交车	钻石牌	纯电动城市客车
5	SGK6856BEVGK01	8.5 m纯电动公交车	国唐牌	纯电动城市客车
6	SGK6856BEVGK02	8.5 m纯电动公交车	国唐牌	纯电动城市客车
7	SGK6856BEVGK03	8.5 m纯电动公交车	国唐牌	纯电动城市客车
8	SGK6109BEVGK13	10.5 m纯电动公交车	钻石牌	纯电动城市客车
9	SGK6109BEVGK15	10.5 m纯电动公交车	钻石牌	纯电动城市客车
10	SGK6106BEVGK01	10.5 m纯电动公交车	国唐牌	纯电动城市客车
11	SGK6106BEVGK02	10.5 m纯电动公交车	国唐牌	纯电动城市客车
12	SGK6106BEVGK11	10.5 m纯电动公交车	国唐牌	纯电动城市客车
13	SGK6126BEVGK11	12 m纯电动公交车	国唐牌	纯电动城市客车
14	SGK6126BEVGK21	12 m纯电动公交车	国唐牌	纯电动城市客车

六、发展规划

国唐汽车深入实施创新驱动发展战略，推进技术、管理、体制和模式创新，实现重点领域和关键环节的突破发展；加快推进设计、制造和服务一体化，实现产品全生命周期网络协同；创新整车与零部件合作模式，推进协同发展。依托中国信科集团、高鸿股份在信息化、智能化、网联化领域的领先优势，加快智能网联汽车技术研究，推动智能驾驶技术与智能网联技术并轨，强化技术应用与场景应用的融合，促进新一代智能网联汽车规模化商业应用。规划到2025年新能源汽车销量达到2 500辆，市占率3%以上，整车性能达到行业一流水平。

奇瑞万达贵州客车股份有限公司

一、单位概况

奇瑞万达贵州客车股份有限公司是奇瑞集团与贵阳市政府合资成立的集研发、生产、销售、售后为一体的商用车车企。公司总投资22.6亿元（2019年新增投资6.3亿元），具备年产1万台大型客车与2万台轻型客车的生产能力。产品覆盖公务、商务、旅游团体、城市公交、专用车等各个领域，是贵州省内唯一一家具备客车整车资质、新能源资质、轻客资质及氢燃料客车资质的本土车企。自2013年以来，公司的新能源公交车、公路客车已累计实现销售近1.5万余台，销售区域涵盖贵州、安徽、云南、广州等众多省市，为贵州省汽车产业发展及节能环保事业作出了应有的贡献。

二、生产与经营

公司2020年全年累计实现销量2 758台（贵州省内为99台，占总销量的3.5%），实现产值18.67亿元，同比增长128%。

三、产品出口

奇瑞万达贵州客车股份有限公司依托奇瑞集团连续18年自主品牌出口第一的市场资源与销售能力，以高端新能源客车和特种改装车辆拓展东南亚、西亚、中东及南美洲等国际市场，实现"贵州制造"的对外批量出口，促使整体海外市场成为公司业绩新一轮的增长点。

四、产能建设

奇瑞万达贵州客车股份有限公司具备年产1万台大型客车与2万台轻型客车的生产能力，精细生产组织，突出规模效益建产。

五、技术进展与研发能力

新型智能化产品（智能无人驾驶、双层客车、18 m铰链客车）、新自动化生产线（焊装机器人）、新能源实验室（氢燃料动力）等相关建设。其中特别针对贵州公交、客运旅游市场而开发的18 m铰链客车、旅游客车等高端产品已具备批量生产条件。2020年在获得氢燃料电池客车生产资质后率先在安徽省实现氢燃料动力电池公交15台的示范应用。

六、主要新产品

序号	产品型号	产品名称	品牌
1	WD6187BEVG01	18 m铰链客车	万达牌
2	WD6117BEVSG01	双层客车	万达牌
3	WD6117BEVG05	纯电动公交车	万达牌

七、合资合作及重大项目建设

以奇瑞万达公司车企为龙头，带动贵阳市乃至贵州省氢燃料电池汽车产业链不断技术创新、传统企业转型升级。结合奇瑞集团氢能产业布局，适时推进建设奇瑞集团瑞氢动力公司建设项目。

八、发展规划

奇瑞万达公司始终坚持以汽车产品新"四化"为基础，通过整合氢能产业、自动驾驶、智能互联、大数据云平台等技术，为客户提供一个绿色智慧交通解决方案，将会按计划逐步申报轻/重型卡车等资质，为做大做强新能源汽车产业创造相应的资质条件并紧紧围绕将奇瑞贵阳基地建设成奇瑞西南百亿级商用车生产基地的目标，为贵州省打造成为西南地区先进装备制造业发展高地贡献力量。

北京北方华德尼奥普兰客车股份有限公司

一、单位概况

北京北方华德尼奥普兰客车股份有限公司是由中国交通建设股份有限公司全资子公司中国公路车辆机械有限公司控股、中国兵器工业集团公司直管单位北京北方车辆集团有限公司参股的大型国有股份制客车生产企业，是中国首家豪华大客车生产制造基地。1986年公司率先引进世界著名客车德国尼奥普兰公司全套车型和制造工艺技术，北京北方客车的诞生填补了国内豪华大客车生产的空白，结束了国内高档豪华客车依靠进口的历史。北京北方客车致力于产品创新和发展，通过技术引进、消化吸收、自主研发相结合的模式，制造出了一系列符合国际最新标准的客车产品，涵盖公路客车、豪华旅游客车、城市公交车、团体通勤、景区接驳、机场摆渡、自行走房车等细分市场。新能源产品包含纯电动公交、纯电动旅游团体客车。

二、产能建设

北京北方客车拥有4条总装生产线、3条焊装生产线、20间喷漆房、整车自动检测线和两个大型综合库房。拥有德国进口大合拢工装、蒙皮电热张拉设备、电动汽车电机加载试验平台、电动网架等设备及各类工位器具。具备年产3 000台大中型豪华客车的生产能力，设备水平及工艺水平处于国内领先地位。

三、技术进展及研发能力建设

北京北方客车微循环公交，秉承了安全、便捷、智能、高效的设计理念，一体化的外观造型，萌动时尚，简约大方，配着火红的外形，宛如涅槃重生的凤凰。强聚光LED大灯配以流线型日行灯，充满了时代感和科技感。整车长6.9 m、宽2.2 m、高2.9 m，低地板车身结构，搭载了90 kWh的磷酸铁锂电池，典型公交工况下续航里程不低于180 kM。车身小巧、底盘灵活，可以自由穿梭于背街小巷、小区、写字楼等地面交通线路。对于小型化、弹性化、精品化的末端公共交通形成了的有力支撑。可全面满足定线接驳、高（地）铁专线、小区专线、公交客运等交通需求。北京北方客车自主研制的微循环公交，颠覆了传统小型公交车的设计理念，在整车的高效便捷、驾乘舒适、智能安全等方面提供了完整的解决方案，具体体现以下几点。

1. 高效便捷的解决方案

（1）载客人数多，车辆运载效率高。北京北方微循环公交采用超短后悬、超长轴距的设计理念（轴距4.1 m），2.2 m的车厢内高，大幅提升了有效的载客空间。可轻松布置10～20个座椅，最大载客量可达45人，从容应对高峰期客流，6.9 m的车身可达到近似8 m公交车的车内布局空间。

（2）乘客上下车更便捷。北京北方微循环公交率先采用低地板车身结构，860的大开度的前门、1.2 m的双开度中门，配合700的超宽通道的前独立前桥，乘客上下车的既便捷又安全,上下车效率大大提高。

(3)整车传动效率高。北京北方微循环公交采用一体式同轴电机中央驱动桥,动力系统高度集成式,传动效率高,比常规纯电动公交车的传动效率提高5%~6%。

(4)节能技术。整车关键部位采用高强度钢,极大降低整车重量;最大限度控制电机能量回馈等技术,进一步降低整车能耗,提高整车运营的电效率,典型公交工况下能耗控制在42 kWh/100 km以下。

2. 驾乘舒适解决方案。

(1)北京北方微循环公交率先采用前独立前桥,四气囊空气悬架,前后盘式制动器,路况适应性更佳,制动性能更稳定,驾驶舒适好,乘客体验感优越。

(2)整车控制中设置了低速蠕行功能,挂D档、松刹车,不踩油门车辆仍能以低速(<5 km/h)行驶,增强乘坐稳定性,缓解驾驶员脚疲劳。

3. 智能安全解决方案

北京北方微循环公交采用全液晶仪表、全液晶化显示屏,信息显示更清晰,提升驾驶体验感和科技感;整车采用了360°全景环视、车道偏离及防撞预警、牵引力控制、油门误踩防护、坡道辅助起步,驾驶员行为分析等融合技术,大大提高了驾驶安全性;一体式的司机包围保护驾驶员行车中不受乘客干扰。整车搭配智能监控调度终端,借助大数据分析、云端智慧调度系统、移动互联网等技术可实时响应乘客的出行需求、动态规划公交路线、为乘客提供更便捷、更高效的公交出行服务。

四、主要新产品

产品型号	产品名称	品　牌
BFC6690GBEV6	纯电动城市客车	北京北方

五、发展目标与规划

展望未来,北京北方客车将在中国交建“五商中交”战略引领下,在车辆公司“交通车辆全产业链供应服务商”发展目标下,逐步完善“产品研究+产品孵化+交易+物流+管理平台”五位一体的全产业链模式。以NEOPLAN平台为基础,持续发展大中型高等级客车,大力拓展新能源车辆全产业链,构建新能源车辆产业生态圈。以更为开放的视野、更为优质的平台和更具性价比的产品积极参与国际市场竞争。北京北方客车将秉承“让世界更畅通、让城市更宜居、让生活更美好”的企业愿景,向世界领先的汽车制造商目标迈进。

中国重型汽车集团有限公司

一、单位概况

中国重型汽车集团有限公司的前身是济南汽车制造总厂,始建于1930年,是我国重型汽车工业的摇篮。1960年生产制造了中国第一辆重型汽车——黄河牌JN150型8 t载货汽车,结束了我国不能生产重型汽车的历史。中国重汽已成为我国最大的重型汽车生产基地,是我国重卡行业驱动形式和功率覆盖最全的企业,拥有黄河、汕德卡、豪沃等商用车品牌,并形成了以重卡为主导,同时涵盖中卡、轻卡、特种车等全系列商用车的产业格局。全球拥有员工4万余人,产品出口110多个国家和地区,重型汽车出口连续16年保持全国首位。

新能源方面:中国重汽集团旗下7家子公司均已获得新能源汽车整车企业生产资质,产品覆盖中重卡、轻卡、客车、特种车,形成了较完善的新能源汽车型谱。纯电动港口牵引车正在多个港口运行;核心零部件由中国重汽自主研发的纯电动、混合动力等动力总成和整车控制器已经得到了广泛的市场验证。2014年开始布局燃料电池板块,并与国内外企业、科研机构建立了合作关系。2017年,中国重汽推出国内第一台氢燃料码头牵引车。系氢燃料商用车型覆盖:城市环卫、城市公交、码头牵引、牵引车,同步加深对氢动力整车的开发和控制经验,具备氢燃料商用车生产资质和多种产品公告。

二、生产与经营

2020年,中国重汽集团完成汽车生产48.22万辆,其中重型汽车30.33万辆,中、轻型汽车17.87万辆;全年累计完成汽车销售47.05万辆,其中重型汽车29.37万辆,中、轻型汽车17.66万辆。汇总收入口径,中国重汽集团全年实现营业收入1 743亿元,同比增长49.5%;实现利税总额177.81亿元,实现工业增加值215.14亿元。

新能源方面:2020年生产新能源汽车(客车)178辆。2020年新能源汽车推广量193台,均为纯电动汽车(客车161台,货车32台)。2020年新能源汽车保有量9 397台,其中纯电动汽车6 880台(客车5 463台,货车1 474台),插电式混合动力汽车2 460台(均为客车)。2020年智能网联汽车保有量115 296台(客车174台,货车115 122台),其中L0级别115 225台,L1级别1台,L4级别57台。除25台L4级别智能网联汽车外,其他均为2020年推广。

三、产品出口

2020年中国重汽实现重卡出口3.1万辆,营业收入88亿元,连续16年稳居中国重卡行业出口首位。出口主要市场为非洲、东南亚、中亚、南美等区域,其中非洲区域新车市场占有率超过50%。

四、产能建设

截至2020年底,中国重汽共有整车制造单位8个,分布在山东省济南市和济宁市、四川省成都市、福建省永安市,整车产能合计55.8万辆/年,主要产品品牌包括豪沃、汕德卡、豪瀚、斯太尔等。研发中心2个,分布在山东省济南市和浙江省杭州市。新能源方面:中国重汽集团智能网联(新能源)重卡项目智能网联(新能源)产能4万辆。

五、技术进展与研发能力

2020年,中国重汽发动机、变速器、驱动桥等商用车核心总成技术领域均取得了突破性研究成果。在发动机方面，开发了MT13重卡用燃气机，其具有马力大、经济性好、设计优良等多重优势，实现了行业中同排量燃气机的水平领先。在变速箱方面，研发出适配AMT的无忧换挡系统，兼具动力模式与经济模式，驾驶员手动选挡、系统自动换挡，操作轻便，实现了真正的换挡无忧。在车桥方面，开发出矿用MCK60三级减速双连桥，是国内首创120 t级大速比矿用双联驱动桥，实现了国内同类产品大速比、高承载、高可靠性有效结合的突破。2020年，中国重汽集团完成专利申请487项，其中发明专利136项，截至2020年底有效专利3 324件，其中发明专利295件。

2020年，中国重汽集团在国家重型汽车工程技术中心基础上，建设山东省重型汽车创新中心，中心瞄准重型汽车整车集成技术、重型汽车重要总成和零部件关键技术、重型汽车行业共性技术工程化开发及推广应用三大方向进行研发，实现技术全球引领。新能源方面：中国重汽已经具备新能源汽车整车控制器和动力总成集成开发能力。具备完整的新能源整车控制器V模式开发平台、具备较完善的试验检测能力、具备新能源整车控制器自主开发能力。开发了多款具有国内领先水平的新能源汽车产品，其中包括国内首台重型新能源港口牵引车、首次采用强电隔离的18 m电电纯绿双源无轨电车等多项新能源技术，填补了国内空白，掌握了国内先进的新能源智能商用车整车及关键零部件开发与测试技术。已拥有新能源汽车相关专利170余项，其中发明专利20余项。开展氢系统、燃料电池及动力系统相关试验能力建设，引进高压氢安全测试设备、大功率燃料电池堆测试台架等关键设备，建成燃料电池实验室，具备对氢系统、燃料电池及动力系统开展多工况及环境下完整性能测试能力。拥有完善的新能源汽车开发工具链。现初步具备整车集成和匹配半实物仿真平台和整车控制器开发及验证能力。

六、主要新产品

产品型号	产品名称	品　牌
ZZ6126GBEVQ3	纯电动城市客车	豪沃

七、合资合作及重大项目建设

2020年，中国重汽集团智能网联（新能源）重卡项目启动建设，项目总投资86.9亿元，占地3 106亩；产品主要为NG17、T7H、T5G、A7、HOWO等整车系列产品。项目顺利实施后，在济南市莱芜区形成年产16万辆智能网联（新能源）重卡生产能力，其中智能网联（燃油）卡车12万辆、智能网联（新能源）卡车4万辆。2020年2月举行开工仪式，2020年11月第一辆重卡下线。

八、发展规划

中国重汽发挥自身资源优势，继续提供更具竞争力的产品。围绕高端化、智能化、轻量化和体验型，加快产品转型，特别是在智能驾驶、车联网、新能源方面充分协同大集团优质资源，确保走在行业前列。在营销方面要围绕重点省份、重点细分市场和战略产品进行网络布局，引导经销商、服务商向基建投资量大、欠发达地区、增长空间持续提升的地区投放资源。要打造亲人服务升级版，建立标准化、高效化、数字化的服务体系和共生共赢的服务生态，为客户提供全生命周期增值服务。

北奔重型汽车集团有限公司

一、单位概况

北奔重型汽车集团有限公司是中国兵器工业集团直属大型高端支柱型重型商用汽车制造企业。集团总部在内蒙古包头市，拥有资产总额70.71亿元，占地面积655.75亩。公司拥有较为先进的整车总装、驾驶室、车架及车桥生产线。北奔重汽以先进独特的奔驰技术为核心，深度融合严谨领先的车工技术，通过消化吸收，自主创新，集成开发，建成学科门类齐全的科研开发队伍和专业吗成熟完善的科技创新体系。

北奔重汽作为国家企业技术中心、国家高新技术企业和我军武器装备高机动轮式发展的重要承重平台，构建NG80、NG08、NG09、NG10四大产品平台，通过先进的整车总装、驾驶室、车架、车桥生产线打造北奔重卡精品，并以卓越军工品质在重要领域大显身手，产品远销“一带一路”沿线百余个国家和地区。北奔重汽积极探索开展产业转型升级，高度关注、聚焦新能源汽车产业发展。2019年7月取得国家工信部核准的新能源汽车生产资质。2020年加入电动交通换电产业联盟理事单位，2021年1月北奔8×4，31 t纯电动换电版自卸车被中国卡车网评选为“2021年度值得用户信赖零排放电动自卸运输车型”、北奔6×4，标载电动运输牵引车被中国物流商用车专业委员会评选为“2020年度新能源优胜”。北奔重汽将全力履行好强军首责，坚持打造“选北奔重卡、可靠更安全，奔驰技术、兵器出品”的品牌特性，实现“产品终身可托付”的服务目标，为国家国防建设和国民经济建设作出更大贡献。

二、生产与经营

北奔重汽在2020年在“军品、外贸、中高端民品”三大目标市场取得积极进展。2020年，公司全面贯彻落实集团公司决策部署，围绕质量效益可持续发展，按照“为客户创造全生命周期产品价值最大化”经营理念，调整战略战术，狠抓工作落实，充分发挥全面预算引领作用，各项工作取得了积极成效，为后续良性发展奠定了基础。全年实现整车销售12 161台、同比增长31%。

2020年北奔新能源全年实现销售512台，销量同比增长20余倍，运行总里程达320万km，取得总量销售行业排名第二，纯电动牵引车销量第一，钢铁行业新能源重卡销量第一的辉煌战绩。北奔重汽经过两年的发展，在新能源板块已建立起了较为完备的纯电动牵引车、纯电动自卸车、氢能源环卫车等系列车型的开发和生产环境，正在积极推进新能源电动车在全国地区的示范运营工作,在新能源汽车产业化道路上迈出了坚实的步伐。新能源事业部深入贯彻落实自治区氢产业发展规划部署,全力推进氢燃料环卫车型开发工作,2020 年 11 月正式启动氢燃料环卫车型开发工作,2020 年 11 月正式启动氢燃料环卫车型研发,2021 年 1 月底完成样车底盘装配及整改工作,2021 年 3 月 1 日内蒙古氢燃料车首台套包头下线仪式在公司举行。公司氢燃料车型的研发为北奔重卡抢占氢燃料市场,率先取得氢燃料汽车准入资质,进一步优化新能源技术储备打下坚实的基础。北奔重汽作为自治区打造国家氢能示范城市群的核心企业,在包头市委,市政府的大力支持和帮助下,积极履行央企社会责任,充分发挥整车制造产业优势,带动氢燃料商用车上 24 下游产业链及科技创新平台属地化合作,搭建新能源产业集聚效应,打造氢燃料商用车产业发展新生态,推动自治区,包头市氢能商用车产业发展,助力包头打造创新创业城市、建设美丽宜居城市、幸福平安城市,助力自治区氢能产业发展迈入新阶段。

三、产能建设

北奔重汽拥有较为先进的整车总装、驾驶室、车架及车桥生产线,有各类设备 2 218 台(套),其中进口设备 252(套),专业化的生产线和制造设备成为整车卓越品质的坚强保证,拥有年产 5 万台重卡的生产能力。

未来在新能源重卡板块,北奔重汽将取缔新能源汽车与传统车并线生产的方式,计划 2023 年前完成新能源车辆生产线建设投产工作。新能源车辆生产线建成后,新能源智能网联汽车生产线具备机械化焊(铆)、预装、底盘装配能力,新建电机装配生产线,下线自动检测台等,产能将达到 3 000 台/年。

四、技术进展与研发能力

本着军民融合发展的原则,北奔重汽投入大量资金建成了国内一流的综合研发基地。占地面积 5 3000 m^2,拥有图形工作站 28 余台,具备综合办公、部件及整车台架试验、数据采集、工艺验证等功能。技术中心现有员工 310 人,科技人员 289 人,其中研究生以上学历 55 人,本科学历 224 人;研高工 17 人,高级工程师 77 人,工程师 82 人,中国兵器科技首席科学家 1 人,科技带头人 3 人,青年技能带头人 2 人,技能带头人 1 人。

北奔新产品开发已实现了全数字化开发环境和工作流程,建立了基于 BOM 和 VPM 系统的同步设计系统,实现协同开发同步设计;3D 数据应用贯穿产品定义、概念设计到 SOP 整个开发过程。技术中心目前采用 CATIA 进行三维设计,干涉检查,装配工艺性检查,采用 HyperMesh/ANSA、MSC. NASTRAN、DYTRAN、MSC. ADAMS、FEMFAT、LS-DYNA、HyperViewCRUISE、KULI 等专业设计、分析和计算软件,在专家团队的带领下,形成了整车性能开发能力。产品验证中心试制车间采用全新的工艺定置方案,同时具备 3 台整车的试制能力。

拥有 INTEST、VBOX、M + P 三套先进的试验设备,主要用于温度、压力、加速度、方向盘转角转矩、车速的测量。能够独立完成整车的平顺性、动力性、制动性、经济性、热平衡、NVH 等基本定型试验。

在研发能力建设方面,北奔重汽目前拥有新能源生产企业准入要求的整车及系统试验验证能力,结合企业发展要求,进一步发展新能源汽车试验能力,建设先进的新能源汽车试验中心,推动北奔自主研发体系不断趋于完善,大幅提高北奔的核心竞争力。

新能源汽车试验中心承担北奔新能源重型汽车开发的试验验证工作,以及为产品质量提升、结构优化、各项基础研发、专项科研任务提供试验支持。逐步成为提高北奔可持续创新能力,实现技术跨越,增强市场竞争力的平台。北奔新能源汽车试验中心将多层次、分阶段、全方位的逐步建设,具体规划如下:

试验中心逐步建设四个试验室、一个试验场以及一个平台,分别为"新能源道汽车路性能与环境试验室""新能源汽车动传系统试验室""新能源汽车强度与疲劳试验室""新能源汽车电器试验室""新能源汽车智能网联试验场""新能源智能网联汽车云平台"。

五、主要新产品

序号	产品型号	产品名称	品牌
1	ND4250BBXJ7Z01BEV	纯电动牵引车	北奔
2	ND4250BBXJ7Z02BEV	纯电动牵引车	北奔
3	ND4250BBXJ7Z03BEV	换电式纯电动牵引车	北奔
4	ND3310DBXJ7Z01BEV	纯电动自卸车	北奔
5	ND3310DBXJ7Z02BEV	换电式纯电动自卸车	北奔
6	—	氢燃料环卫车	北奔
7	—	纯电动宽体车	北奔

六、发展规划

北奔重汽将在新能源领域持续发力,在重卡板块,已完成纯电动牵引车、自卸车、90 t 矿用宽体车、氢燃料环卫车等系列车型的研发,后续根据市场需求及政策完成、AGV、城市渣土等系列产品开发,掌握新能源整车集成开发、整车控制、新能源轻量化、新能源 NVH 等核心技术及先进的试验验证能力,成为内蒙古地区率先拥有新能源重卡研发能力的汽车企业。

浙江新吉奥控股集团有限公司

一、单位概况

浙江新吉奥控股集团有限公司(以下简称新吉奥集团)位于上海浦东新区。集团下辖房车智造、新能源汽车智造和融资租赁三大板块,拥有桐乡、台州及澳大利亚墨尔本三大智造基地,在桐乡和上海分别设有研发中心和互联网运营中心。新吉奥集团在"互联网 + 汽车领域"主动探索,研发并运营共享房车、新能源物流车互联网平台,已成为国内造车企业进军互联网的先锋。

新吉奥集团以十余年整车研发及制造经验为基础，联合清华大学新能源研究院、合肥工业大学、同济大学、德国亚琛工业大学等国内外权威机构，整合新能源汽车生产制造的新材料、新技术、新工艺，全力聚焦新能源物流车、新能源城市公交车及新能源关键零部件的研发及智造。在桐乡设有新能源汽车研发中心和试制试验中心，拥有专业、资深的研发、工艺团队，构建了完备的研发体系，是新吉奥集团新能源汽车产业的科技创新平台和技术研发平台。在台州路桥建有新能源汽车智造基地，同时在台州湾循环经济产业集聚区一期投资42亿元，建设占地600余亩、年产2万辆商用车的智造基地。在上海成立融资租赁公司，专门从事汽车融资租赁，尤其是新能源汽车金融服务，为客户提供一站式的汽车金融服务体验。集团新能源汽车产品包括小型车平台、中型车平台和大型车平台，涵盖纯电动汽车、增程式电动汽车以及氢燃料汽车。

新吉奥集团在沪、杭、苏金三角中心、世界互联网大会永久会址地——中国桐乡成立了国内首家房车研发中心，占地550亩，投资2i.6亿元，是亚洲具有一定影响力的房车领域综合性企业。并积极在全球进行战略布局，成功收购澳大利亚第二大房车生产商Regent公司，成为国内特种车行业率先在国外建立了完整研发、制造、销售和售后服务体系的房车企业。集团房车产品涵盖自行式旅居车与旅居挂车，可提供高端私人定制化设计服务，配备国际化的室内设计团队，在科技与舒适感方面具有独特优势。

新吉奥集团在“互联网＋汽车”领域主动探索，成功开发房车共享互联网平台，与旅游产业紧密对接，包含O2O房车共享、房车租赁及销售、高速公路服务区微营地、旅游景区房车营地连锁酒店开发建设、招商加盟、运营辅导、客户引流、培育房车出行智慧旅游新生态，打造互联网运营服务平台，通过线上引流、输出品牌、提供产品，联创共投、合作加盟多模式构建房车旅游产业生态圈，全力推动房车互联网化运营。

二、生产与经营

新吉奥集团下设桐乡、台州及澳大利亚墨尔本三大智造基地，建立健全了营销售网络及售后服务网络，2020年车辆销售772辆。

三、产品出口

新吉奥集团在聚焦国内市场的同时，加速海外市场的战略布局，已成功开拓澳洲房车市场，并已形成完整的销售及售后服务网络，2020年共计出口近504辆。

四、技术进展与研发能力

新吉奥集团建立了完善的新能源汽车开发团队和新能源汽车试验能力。已掌握纯电动汽车、增程式电动汽车、氢燃料汽车整车及关键零部件的集成应用能力，具备新能源汽车整车控制器、电池管理系统、驱动电机、电机控制器、车联网、动力电池集成自主开发能力，并已有成熟产品应用。集团与全球知名的轻量化科研院所——德国亚琛工业大学签署了轻量化战略合作合同，通过学习亚琛工业大学轻量化科研所的轻量化策略，利用研究所研发的轻量化新型材料，实现轻量化目标，使新吉奥集团走在了行业的前列。

五、主要新产品

序号	产品型号	产品名称	品牌	通用名称
1	NGA1040BEV2	纯电动载货汽车	吉奥牌	吉奥帅驰
2	NGA5040XXYBEV2	纯电动厢式运输车	吉奥牌	吉奥帅驰
3	NGA5030XXYBEV1	纯电动厢式运输车	吉奥牌	吉奥帅凌
4	NGA5030XXYBEV2	纯电动厢式运输车	吉奥牌	吉奥帅凌
5	NGA6650BEV1	纯电动城市客车	吉奥牌	逐影
6	ZDD5042XLJ	旅居车	隆翠牌	凯哥
7	ZDD5042XLJ1	旅居车	隆翠牌	哆啡
8	ZDD5048XLJ6	旅居车	隆翠牌	隆翠1号/隆翠3号
9	ZDD5047XLJ2	旅居车	戴德牌	自由风
10	ZDD5049XLJ2	旅居车	戴德牌	E途
11	ZDD5069XLJ2	旅居车	戴德牌	E途

广西汽车集团有限公司

一、单位概况

广西汽车集团有限公司成立于2015年5月，是以柳州五菱汽车有限责任公司为主体组建的广西区属大型国有企业。总部设在广西柳州，历史追溯至1958年，集团经历了拖拉机时期、微车时期及集团化运作时期。2020年营业收入200.7亿元，是中国汽车工业30强、中国制造业企业500强。

二、生产与经营

公司业务涵盖汽车零部件及发动机制造、客车及改装车制造、汽车服务与贸易。在国内已形成柳州、桂林、青岛、重庆、贵阳南北联动的制造基地，并积极扬帆出海，在印尼、印度建立了公司海外零部件生产基地。在集成原有零部件制造资源基础上，集团潜心开发高价值乘用车零部件，打造出汽车底盘、车身、内外饰、发动机等核心产品模块，乘用车零部件配套占比达70%，形成了与整车企业同步开发能力，广西乘用车底盘智能示范性工厂已建成投产。在将成熟微车制造资源输送给合资企业上汽通用五菱之后，集团即从零开始，跻身国内最具影响力的微小型改装车生产企业之列。五菱校车已发展成为幼儿校车领域的排头兵；五菱观光车成为“一带一路”高峰论坛和特朗普访华故宫接待用车。

三、产品出口

新冠肺炎疫情冲击着全球经济，客车运营需求下降明显，益于五菱客车良好的口碑、品质和服务，五菱新能源车EV50、电卡、S100客车斩获海外订单，出口到"一带一路"沿线国家。

四、产能建设

拥有超200万台(套)汽车零部件、80万台汽车发动机、2万台轻型客车和10万台微型改装车的综合产能。未来，广西汽车集团将积极培育新能源汽车产业，形成企业发展的新动能，促进企业产品结构和业务结构的转型升级，努力实现高质量的发展。

五、技术进展与研发能力

具备新能源混合动力驱动系统开发能力：具备拥有自主知识产权的全新一代混合动力驱动系统开发能力，研究整车驱动模式，与现有产品形成显著差异，技术水平与日本汽车行业同类产品抗衡，处于国际领先地位。

具备整车控制器开发能力：具备整车控制器硬件选型、控制策略设计、基于模型的应用层软件编程、MIL和HIL测试、实车功能调试、动力性和经济性能标定的能力。

具备电池系统集成开发能力：建立了电池系统集成开发体系，具备电池系统选型设计、电池结构CAE仿真、电池系统虚拟装配、控制逻辑策略设计、电气原理设计等能力。

具备三电系统集成开发能力：具备整车电安全设计、高压电气架构设计、整车控制策略设计、高压辅驱系统集成开发设计、整车CAN总线网络拓扑结构设计、整车CAN通信协议设计等能力。

六、主要新产品

产品型号	产品名称	品牌	通用名称
GXA5030XXYBEV7	纯电动厢式运输车	五菱	EV50

七、合资合作及重大项目建设

致力于国家发展新能源汽车战略和汽车产业中长期发展规划，以构建广西特色现代汽车产业体系为目标。公司以新能源汽车、新能源动力系统、新能源汽车关键零部件、智能制造装备为突破口，构建新型产业生态，带动产品结构转型升级，推进新能源汽车及相关核心零部件的落地普及。

1. 新能源汽车方面。2019年10月获得新能源纯电动轻型客车生产资质，公司已有5款新能源货车、10款新能源纯电动轻型客车获得国家公告，形成以新能源轻型客车和新能源物流车两大系列产品为主的产品布局。

2. 新能源动力方面。(1)新能源混动发动机，通过研究开发阿特金森循环、热管理等发动机技术，进一步提高发动机热效率，为串并联新能源混动系统提供动力来源；通过研究开发结构紧凑、高效率的串联发动机技术，为国家政策鼓励支持增程式纯电动汽车发展建立动力系统基础。已完成L3R12W35增程发动机、ISG电机、驱动电机等的开发，正在加紧研发高功率大扭矩驱动电机和高速运转电机等两款电机。(2)新能源动力核心零部件，构建新能源三电能力，新能源试验室已建设完成，新能源电机及电机控制生产线正在建设，已完成开发的电机控制器有：IGBT双电机控制器2×180 kVA，12L，IGBT单电机控制器180 kVA，5.7 L(345 V)，IGBT单电机控制器180 kVA(540 V)，下一步实现电机控制器的批量生产，并加紧研发碳化硅电机控制器250 kVA控制器。同时正在进行合资合作等方式引入外部产品技术，积极推进为本地化新能源整车配套服务。(3)新能源动力系统集成，以高效发动机为基础，整合高效率的电机及电机控制器，形成各类型新能源动力系统集成产品技术(串并联混动系统，增程式串联混动系统)，通过建设相应的产品试验、生产制造能力，为新能源整车提供专业的新能源动力系统解决方案。已完成IGBT模块650 V/400 A，IGBT模块650 V/600 A，IGBT模块1 200 V/450 A等功率模块的开发，正在加紧全碳化硅模块1200 V/285 A/7 nH的研发。

3. 新能源汽车关键零部件方面。围绕轻量化汽车底盘关键零部件"一厂两线：智能工厂，后桥主减速器/独立悬架智能装配生产线"智能工厂建设展开，引入信息物理系统(CPS)，通过工业通信网络实现互联和集成，形成企业统一的数据平台，构建能够与物理生产线同步镜像与交互的全映射虚拟生产线，实现虚拟与物理融合制造；并将虚拟现实/增强现实(VR/AR)技术贯穿于产品研发、装配工艺规划、工厂布局规划、产品品质在线检测、产品性能评估中，实现制造全过程透明化与智能化；同时，进行智能化在线检测与装备研发、柔性可视化装配装备研制。已实现E300P电驱桥的量产。

八、发展规划

广西汽车集团紧紧围绕国家发展战略，以汽车全产业链为竞争核心，拓展上下游资源，加强创新驱动，优化产业结构，推进产融结合，巩固传统优势业务(汽车零部件和发动机)，积极培育发展新动能，在创新发展、绿色低碳产业上加大研发投入，着重发展新能源汽车及核心零部件业务以及智能制造装备产业。

1. 新能源整车。利用集团优势，根据市场需求，全面发展2~6 m新能源物流车，形成系列新能源物流车平台及车型；同时开发6 m以上新能源客车，特别是新能源公交，形成全系列新能源客车车型。同时不断开发适用于各行业、场景的新能源专用车、新能源改装车，不断丰富新能源整车产品系列。

2. 新能源动力方面。结合新能源整车的发展规划及外部市场需求，公司将继续积极向新能源动力系统转型升级，寻求新的增长点。开展新能源混动发动机、电机/电机控制器产品、新能源动力系统集成(包括纯电动、插电式、增程式、混合动力等)研究开发工作，提升自主研发能力，助力新能源汽车的发展。

3. 新能源汽车关键零部件方面。以工业互联网、云平台及智能软件、装备为基础，完善数字化产线及配套产线级MES系统开发；集智能物流系统、能源管理系统、设备管理系统、全生命周期管理系统、工艺规划系统、大数据服务平台、VR/AR装配工艺仿真平台，MBD标准制定等优势，实现后桥产品从设计、制造、质检及运营的全过程的数字化、信息化，通过工业互联网建设，实现全生产过程信息的集成与互通，实现了实时现场数据驱动工业生产。通过技术、工艺、设备的提升和改进，实现转型升级。

湖南智点智能新能源汽车有限公司

一、单位概况

湖南智点智能新能源汽车有限公司(以下简称为智点汽车)成立于2018年,是一家生产基于新能源、自动驾驶、智能驾舱、车联网技术的全新一代高品质智能电动商用车的科技型企业。智点公司布局了智能物流领域建设的高品质智能电动商用车基地,围绕“智能化”“新能源化”为核心思想,以整车网络架构系统、整车智能化、高效驱动系统研发、自动驾驶系统研发、智能物流系统研发等为主要方向,目标瞄准高品质智能化电动商用车市场;也是湖南省将长株潭率先打造为国内绿色配送示范区的重点项目。

二、生产与经营

智点汽车经过3年的发展,现已完成研发、制造、采购、销售渠道、售后服务以及品牌营销的体系搭建,正向开发商用车电动平台;公司深入开发智能无人驾驶新能源厢式货车以及新能源专用车,结合株洲市成功入围中国移动全国第一批5G试点城市,智点公司正与所在园区深度合作,打造智点汽车的“平台化智慧城市应用新能源车辆”涵盖智慧物流、智能新零售、智慧医疗健康、智能安防等应用场景,主要为解决医疗健康、环境卫生、治安保障和民生相关社会问题,积极推进新能源纯电动车示范运营工作,为新能源汽车产业化奠定了坚实的基础。

三、产品出口

湖南智点智能新能源汽车有限公司以国内新能源物流车市场为基础,同时以日本和东南亚为出口目标进行产品开发中。

四、产能建设

湖南智点智能新能源汽车有限公司为省2020重点建设项目,占地近500亩,总建筑面积20万m^2,总投资50亿元,用于投产高品质智能新能源商用车。建设有冲焊联合厂房、车架联合厂房、智能货厢车间、涂装车间、总装车间、PACK车间和PDI车间;主要生产辅助设施:试车道、消防水泵房、发车中心、综合站房、污水处理站、光伏充电雨棚等。产品覆盖新能源轻卡、微卡、微面和皮卡,标准产能将达到5万辆/年。

五、技术进展与研发能力

公司在湖南中部示范区株洲动力谷研发中心以及上海中心共拥有近100人资历深厚的智能汽车研发团队。核心成员拥有20年以上深厚的行业积淀,管理层及员工来自一流车企,以及知名的互联网企业。80%以上拥有5年以上汽车行业研发经验,90%为本科生及以上学历。公司致力于新能源驱动系统、自化驾驶技术、智能化应用、平台化开发,为实现2025智能商用车规模化生产努力。

湖南智点智能新能源汽车有限公司从企划到研发制造模块均配备日本专家,专家成员均来自本田、丰田、日产等知名日本汽车企业。整合日本企业的精细化管理模式和日籍专家团队的专业经验,为新产品开发和制造保驾护航。智点汽车已拥有完整、系统性的研发、设计、供应链、质控、生产、营销等体系管理经验,在研发能力建设方面,智点公司在新能源核心技术(三电系统、燃料电池)、自动驾驶、V2X、智能座舱、底盘线控应用上都有深入的研究和开发方案,未来智点汽车其会更加注重技术的进化和品质升级,以标准体系、试验设备、技术人才和创新文化,满足面向未来的世界级智能网联电动汽车的开发需求。

试验中心建设:智点汽车除了拥有新能源生产企业准入要求的整车及系统试验验证能力,为了实现更高效和快速的测试验证体系,以实现技术的迭代更新,支撑整车竞争力的升级。智点汽车计划建设面积预计为2万m^2,超有10个实验室,拥有各类测试设备50余台(套),涵盖整车试验测试、电池系统试验、全环境&全范围的高端驱动系统测试等关键领域能力和核心功能。

六、主要新产品

序号	产品型号	产品名称	品牌
1	HZD14301	纯电动厢式货车	智点
2	HZD14201	纯电动多功能货车	智点
3	HZD11101	纯电动封闭式货车	智点

七、合资合作及重大项目建设

智点汽车连续3年被评为湖南省重点建设项目。

八、发展规划

湖南智点智能新能源汽车有限公司基于车联网应用,开展满足高级驾驶辅助系统大规模无人驾驶要求的相关模组、终端产品及平台的产业化研发推动行业标准、政策法规的制定,通过全局规划、逐步完善、滚动发展,助力智能网联汽车产业规模发展。基于“人+车+路+云”的智能车联网发展战略,完成智能汽车和云服务是企业首要任务。湖南智点智能新能源汽车有限公司产品开发一期投资5亿元,完成两大工程开发。其项目内容主要包含:平台化智慧城市应用新能源车辆和智能物流应用系统。“平台化智慧城市应用新能源车辆”涵盖智慧物流、智能新零售、智慧医疗健康、智能安防等应用场景。主要为解决医疗健康、环境卫生、治安保障和民生相关社会问题。在新基建的高速发展时期,随着5G规模化应用,各类应用场景车型市场规模巨大。智点汽车将以平台化自动驾驶底盘为基础,模块化应用软件为架构,开发满足各类智能场景需求的车辆。“智能物流应用系统”实现的框架式底层架构设计和开放式应用层结构,可根据任何应用场景进行变更设计。在功能上实现物流快递远程监控、远程调度及控制、安全与防盗、货运管理和投递管理等。以智能交互车机和5G开放网络实现车载电子应用、手机应用及管理、PC端管理、云服务的立体结构，推进中国物流行业进入自动化进程。

四川南骏汽车集团有限公司

一、单位概况

四川南骏汽车集团有限公司是国家定点商用车生产企业，是资阳市构建“西部车城”的核心支撑之一，总占地2 800余亩，厂房面积达52.2万m^2，总资产逾30亿元，现有员工2 800人，旗下子公司9家，业务涵盖商用车、专用车及零部件设计、制造、销售和相关服务。四川南骏汽车集团有限公司专注造车近30年，拥有货车整车、新能源货车、专用汽车、挂车生产资质，已形成满足国六标准的重中轻微型货车产品线和纯电动轻微型货车产品线，南骏牌商用车累计产销量已达90余万辆以上，“南骏”是国家工商总局商标局认定的“中国驰名商标”。四川南骏汽车集团有限公司于2015年开始研发新能源汽车技术，在驱动电机、动力电池、增程器、电动空调、电动转向、电动制动等关键产品和整车机电耦合、能量回收、轻量化等关键技术方面取得一系列成果，通过了新能源汽车生产准入、新能源汽车整车生产准入，取得了插电式混合动力运输车（含增程式）的生产资质。

二、生产与经营

南骏牌新能源商用车于2020年批量上市，销往四川、重庆、深圳、厦门等地，平均每台车行驶2万km无重大故障，赢得了市场和客户的一致肯定。

三、产品出口

四川南骏汽车集团有限公司建立了覆盖全国的销售和服务网络，产品远销东南亚、中亚、非洲、南美洲十余个国家。其中，南骏瑞帅CE系纯电动厢式运输车已成功销往厄瓜多尔和多米尼加等国家，经受住了当地潮湿炎热气候的考验，广泛赢得客户好评。

四、产能建设

四川南骏汽车集团有限公司冲压、焊装、涂装、总装四大生产工艺齐全，具备年产重中轻微型货车10万辆、专用车10 000辆和车桥、车架、车身、车厢、线束等零部件生产能力，通过了中国国家强制性产品认证（3C认证）、质量管理体系认证、环境管理体系认证、职业健康安全管理体系认证，具备生产一致性保证能力。

五、技术进展与研发能力

南骏高度重视产品研发和技术创新，建立了专门负责产品规划、研发、改进、试制、试验、测评的省级企业技术中心，拥有数百名汽车、机械、机电、电气工程技术人员，建立了产品全生命周期管理系统（PLM）、研发软硬件系统和试制、试验、测评设施，与中国汽车工程研究院等建立了战略合作关系，形成了联合汽车设计公司、战略供应商高效协同创新的机制，为面向市场、面向未来持续推进新产品开发和量产车改进奠定了技术基础。南骏坚持围绕客户需求、法规要求推进产品创新与技术进步，紧跟时代脚步，不断研发更安全、更环保、更可靠、更舒适、更经济的货车新产品，积极满足客户多样化需求，从自卸汽车到载货汽车，从普通货车到越野货车，从两轴货车到四轴货车、燃油货车到电动货车、国一排放到国六排放，实现了一次又一次自我超越，赢得了一代又一代客户喜爱。南骏已拥有重型货车、中轻型工程车、中轻型载货车、纯电动货车、专用货车五大系列产品，形成了推动南骏可持续发展的强大动力。四川南骏汽车集团有限公司对纯电动商用车和混合动力商用车的电气架构、整车电气安全、整车控制技术有深入研究，经过5年的发展和研究，已开发完成15款微型、轻型、中型纯电动载货车和混合动力载货车。南骏牌新能源商用车出厂前经过严格检验，包括专项电气性能、绝缘、制动、灯光、水密性、动态性能检测等各项专业检测，以保障车辆品质。针对不同用户需求的使用环境，南骏牌新能源商用车采用了纯电动车和混合动力技术，驱动系统开发了直驱、AMT、桥电一体三种模式，动力电池搭载了三元锂电池和磷酸铁锂两种最主流的电池类型。

六、主要新产品

序号	产品型号	产品名称	品牌	通用名称
1	NJA1030SDE30BEV	纯电动载货汽车	南骏牌	南骏瑞帅CE系
2	NJA5030CCYSDE30BEV	纯电动仓栅式运输车	南骏牌	南骏瑞帅CE系
3	NJA5030XXYSDE30BEV	纯电动厢式运输车	南骏牌	南骏瑞帅CE系
4	NJA1040EDF33BEV	纯电动载货汽车	南骏牌	南骏瑞捷D20系
5	NJA5040CCYEDF33BEV	纯电动仓栅式运输车	南骏牌	南骏瑞捷D20系
6	NJA5040XXYEDF33BEV	纯电动厢式运输车	南骏牌	南骏瑞捷D20系
7	NJA1040PDF33BEV	纯电动载货汽车	南骏牌	南骏瑞捷D30系
8	NJA5040CCYPDF33BEV	纯电动仓栅式运输车	南骏牌	南骏瑞捷D30系
9	NJA5040XXYPDF33BEV	纯电动厢式运输车	南骏牌	南骏瑞捷D30系
10	NJA3090EDH32BEV	纯电动自卸汽车	南骏牌	南骏新祥康系

七、合资合作及重大项目建设

四川南骏汽车集团有限公司不断完善和提升自身研发能力，积极与相关企业开展技术合作：与陕西法士特公司共同开发了驱动系统靠齿扭矩控制策略，可以保证传动系统主动轮和从动轮始终处于贴合状态，解决了传动系统的冲击，极大提高了整车的平顺性，降低了传动系统故障率。与宁德时代公司合作开发了磷酸铁锂电池包冷却系统，确保电池工作在理想的温度区间，延长电池寿命，提高电池安全性，杜绝夏季车辆行车后电池温度高不能充电、充电后不能行车的行业诟病。

八、发展规划

未来，四川南骏汽车集团有限公司将坚定不移聚焦商用车领域谋发展，紧紧围绕城乡基建和中短途物流用车市场，优先发展重型货车，巩固发展中轻型工程车，加快发展中轻型载货车，战略发展新能源货车和专用汽车，以整车为龙头、以部件为支撑、以改装为补充、以贸易为前哨，不断推进经营革新、产品升级、品质精进、品牌扎根、收益改善，不断提升企业核心竞争力和可持续发展能力，奋力推动企业高质量发展、跨越式发展。在新能源汽车开发方面，四川南骏汽车集团有限公司将重点加强智能化与网联化相关技术的储备应用，加快推进全系共性平台的搭建，为后续智能汽车、自动驾驶技术的发展应用提供战略基础。

三一汽车制造有限公司

一、单位概况

三一汽车制造有限公司成立于 2003 年 4 月 28 日，位于湖南省长沙市国家级经济技术开发区，是三一重工投资控股的核心企业，主营业务为汽车（不含小轿车）及其零部件的制造与销售，在许可证核定范围内从事起重机械及其零部件的制造与销售，建筑工程机械、停车库、通用设备、塑料机械及其零部件、金属制品、橡胶制品、电子产品、销售、维修；提供建筑工程机械租赁服务。三一汽车制造有限公司秉持“创建一流企业，造就一流人才，作出一流贡献”企业愿景，以打造“工程机械装备”世界品牌、成为“一带一路”建设领军企业为己任。随着新能源产业链的成熟、技术的突破及国家政策的支持，三一汽车制造有限公司聚焦于纯电和氢燃料工程用车的研发、生产与销售运营，融汇传统能源工程车技术积淀，布局充电、换电和氢燃料三种技术路线，实现产品型谱全部覆盖，打造具有国内一流水平的精品，服务顾客，为客户创造最大价值，在工程机械领域为“绿色制造”贡献自己的力量。

二、生产与经营

近年来，三一汽车制造有限公司连续获评为中国企业 500 强、“工程机械行业综合效益和竞争力顶尖企业”、福布斯“中国顶尖企业”、中国工程机械行业标志性品牌、亚洲品牌 500 强。三一汽车制造有限公司多年来致力于以技术创新引领企业持续快速发展，用高新技术改造传统产业，不断推进自主品牌建设，先后自主研发多个国际领先水平的产品，并以此来促使行业升级换代至世界一流水准，引领中国高端制造。

2020 年 11 月 19 日，三一汽车制造有限公司正式成立电动科技研究院，并配有各领域的专业技术人员，负责电动化产品从设计、研发到制造全过程的工作。电动科技研究院在新能源车领域独立研发了 V2V 充电、智能补电及双源电动转向等一系列创新技术。三一汽车制造有限公司生产的新能源专用汽车均采用自主研发、制造的驾驶室和纯电动载货汽车底盘，可以根据不同的上装需求进行深度定制开发，无缝对接，实现更优产品性能。

三、产品出口

近年来，三一汽车制造有限公司获评为“中国外贸出口先导指数样本企业”，上榜“出入境检验检疫信用管理 AA 级企业”。多年来，三一汽车制造有限公司一直秉承“质量为本，诚信经营”的理念，在执行进出口业务时，严格按国家法律法规如实申报、接受检验检疫，做到申报零差错。借力“一带一路”，三一汽车制造有限公司也不断创新海外业务发展的模式。打破过去在海外的单打独斗，联合央企抱团出海，与中建五局、中铁五局等央企签订全面战略合作协议，构建了全产业链战略联盟，共同获取海外项目。通过优势互补，提升在海外的整体竞争实力，依靠整体实力优势增强国际市场开拓能力。

四、产能建设

三一汽车制造有限公司注册资金 10.083 亿元，占地面积 2 260 亩，建筑面积 80 万 m^2，具备完整的冲压车间、焊装车间、涂装车间、底盘车间及总装车间五大工艺生产线；拥有多种试车跑道、涉水池、整车淋雨实验室、全数字化汽车综合性能检测线；具有常规汽车和新能源汽车整车、底盘及其关键零部件生产、检测、试验的能力；拥有加氢站、各类充电桩和污水处理站等附属设施。三一汽车制造有限公司的 18 号厂房打造全球智能制造标杆工厂，成为工程机械智能制造的“灯塔”，被列为首批国家智能制造试点示范项目，并首批通过国家两化融合贯标，同时也为新能源项目的智能制造升级改造奠定了一定基础。三一汽车制造有限公司在长沙拥有 1 条新能源车总装装配生产线，主要从事新能源车（纯电动和燃料电池专用车）底盘和上装的装配、检测线及调试等工作。总装车间主要设备 22 台（套），规划纯电动车年产能 3 000 台，燃料电池车年产能 500 台。

五、技术进展与研发能力

三一汽车制造有限公司高度重视技术研发，坚持“创新驱动、技术引领市场”战略。在新能源汽车研发及制造过程中，共产生 74 项专利和软著，例如配电盒布置整车、五星安全电池系统、可扩展的电池包等。这些专利和软著均有广泛的应用前景，将更好地助力三一汽车制造有限公司打造一流产品，提供一流的服务，作出一流贡献。

三一汽车制造有限公司建立了系统化的产品信息化管理方案，包括 PLM 产品生命周期技术管理系统、GSP 全球供应链管理系统、ERP 企业资源管理系统、MES 制造执行系统、QMS 质量信息管理系统、CRM 营销服务管理系统、车联网远程监控平台系统、OA 办公系统等，实现了全过程的信息化管理，保证了关键零部件总成、关键工艺参数、关键质量控制结果等信息的可追溯性，满足产品全生命周期的追溯、管理和执行需求。

六、主要新产品

序号	产品型号	产品名称	品牌
1	SYM3311ZZX1BEV	纯电动自卸汽车	三一牌
2	SYM3251ZZX1BEV	纯电动自卸汽车	三一牌
3	SYM5316GJB1BEV	纯电动混凝土搅拌运输车	三一牌

续上表

序号	产品型号	产品名称	品牌
4	SYM5311GJB1BEV	纯电动混凝土搅拌运输车	三一牌
5	SYM3311ZZX1FCEV	燃料电池自卸汽车	三一牌

七、合资合作及重大项目建设

1. 参建全球标志性重点工程，包括世界第一高楼迪拜塔、北京大兴国际机场、北京奥运场馆、伦敦奥运场馆、巴西世界杯场馆、香港环球金融中心、天津高银金融 117 大厦等重大工程的施工建设。2014 年，三一汽车制造有限公司泵送设备浇筑"中国第一高楼"上海中心，创造 632 m 的世界泵送新纪录。

2. 参与全球重大灾难事故救援。三一汽车制造有限公司泵车工程机械先后参与 2011 年日本福岛核电事故、2008 年汶川地震等一系列重大灾害性事件救援工作，凭借卓越产品性能及安全作业，在救援中发挥重要作用。

八、发展规划

三一汽车制造有限公司将逐渐向数字化、智能化转型，使企业的制造行为向精益制造、绿色制造方向发展，进一步加大智能制造的研究和投入，通过转型升级，实现企业的再造和发展。未来，三一汽车制造有限公司将坚守工程机械主业，深耕数字化、国际化、多元化等领域，打造中国制造的世界品牌。公司牢记"品质改变世界"的使命，以"打造最符合客户应用场景的产品"为己任，致力于攻关核心技术、构建新能源生态、推广新能源产品，发展成为国内新能源工程机械的行业引领者。

甘肃建投重工科技有限公司

一、单位概况

甘肃建投重工科技有限公司是集环卫装备、环保设备、专用车辆等高新技术装备的研发和制造，全环境产业项目投资与运营为一体的综合性提供商。拥有省级专用汽车工程研究中心、西北专用汽车试验基地；是国家级高新技术企业、甘肃省生产性服务业示范企业、AAA 级信用企业、重合同守信用单位、中国城市环境卫生协会理事单位；是中国 500 强企业甘肃省建设投资（控股）集团有限公司的全资子公司。公司以"共建人类美好家园"为使命，秉持"与世界标准接轨、与国家战略融合、与区域发展协调"的发展理念，践行"诚信、高效、创新、专业"的核心价值观，以加快构建国内大循环为主体、国内国际双循环相互促进的新发展格局为契机，同时响应国家"一带一路"的号召，立足甘肃，服务于国内国际双市场，全力打造"高漠环境"品牌，坚持一流的管理，生产一流的产品，提供一流的服务，创建一流的企业，致力于成为服务型制造业的领跑者。

二、生产与经营

公司持续推动"智能制造 + 智慧服务"协同发展战略。在智能制造端，已形成以环卫装备、环保设备、专用车辆为核心的三大产品体系，为客户提供了道路清扫保洁、市政园林养护、生活垃圾分类收运、垃圾资源化利用、生活垃圾综合处理、村镇污水处理等成套设备解决方案。在智慧服务端，基于"智慧环卫 +"的管理模式和"大环卫、一体化、全方位"的服务模式，充分应用智慧大数据云平台，为业主提供道路桥梁清扫保洁，城乡生活垃圾分类、收运，公厕管养，水域保洁，园林绿化等环卫服务。同时，在环境工程领域中，不断探索创新餐厨垃圾资源化处理、生活垃圾高温热解处理、垃圾填埋场渗滤液处理、村镇污水处理等末端处理处置模式，打造了"投融资、工程建设、装备制造、运营服务"为一体的"4 +"模式。公司现有的环卫服务、生活垃圾综合处理、村镇污水处理等项目遍布于国内多个省份，并得到业主单位的一致好评。

公司拥有金属加工切削机械、焊接机械及生产线、工装、模具、起重设备、"涂装喷烘"一体化涂装线及其他机械设备共计 466 台，已有检测试验仪器设备 55 台（套）、生产设备 163 台（套），建有西北唯一一家专用汽车国家级定型试验基地，可进行多种专用汽车核准、测验。厂区配备了甘肃省内首条混凝土搅拌运输车智能化焊接生产线，包含自动焊接机器人、坐标系自动焊机、激光器切割机、数控加工中心等，设备能力和加工精度在行业内处于领先水平，建成道路清扫保洁、垃圾收集转运、市政园林养护等环卫装备系列生产线 6 条，半挂车类生产线 3 条，涂装喷烘一体涂装线 1 条，建成具备数字化设计及数字化制造技术的混凝土搅拌运输车数字车间 1 个，可实现多生产线协同生产，具备年产 1 500 台以上专用汽车生产能力。

三、产能建设

在制度建设及运行管理方面，公司制定了产能建设运行管理办法，明晰产能建设运行流程，使各环节程序清晰、工作内容清晰、问题来源清晰，更好地提高了产能建设整体效益和运行效率。开发了产能建设工作运行平台，使产能建设技术手段更高效；由公司安全生产部牵头，各相关部门充分参与，依靠公司产能建设工作运行平台，对产能动态、静态信息及工序流程全部实现网上运行，解决了产能建设各部门在信息的沟通和传递上缺乏共享渠道、产能建设生产各环节衔接不及时、不能及时解决投产运行的瓶颈问题。

在建设生产方面，公司拥有西北地区最大的专用汽车生产基地，引进国内一流的生产、检测、试验和工艺装备，具备完善的专用汽车产品生产线，并在已有生产线基础上进行升级改造，形成纯电动抑尘车、纯电动清洗车等多条新能源环卫车生产线，配套生产设备 163 台（套）、检测试验仪器设备 55 台（套），可实现年产 500 台新能源环卫车的生产能力。

四、技术进展与研发能力

技术进展：公司结合国家汽车产业发展规划、城市建设发展规划等相关政策，以及结合企业总体战略规划，以调整产品结构为主线，以纯电动压缩式垃圾车、纯电动多功能抑尘车、纯电动清洗车等新能源环卫专用汽车制造为产业重点，通过关键技术研究、创新和产业化发展，提升企业新能源专用汽车专业化生产水平。已完成纯电动压缩式垃圾车、纯电动洗扫车、纯电动多功能抑尘车、纯电动清洗车、纯电动自卸式垃圾车、纯电动自装卸式垃圾车等产品的开发设计，申报专利项，在新能源专用车开发设计过程中，进行新能源环卫专用车纯电动技术研究、智能化关键技术研究、动力系统一体化技术的研究，通过技术创新，实现了新能源环卫车底盘上装一体化集成设计、新能源环卫车上装动力驱动系统与控制系统的设计等。主要从智能AI视觉识别、流畅的人机交互控制系统，到L1～L5级别的无人自动驾驶技术，自动作业技术等方面进行新能源环卫车智能控制技术的研究。

研发能力：投入研发设备硬件及软件153台（套），引进CAXA、SolidWorks等二维、三维设计和ANSYS分析软件，研发条件完备；检测试验仪器设备投入55台（套），主要有液压试验台、便携式油液颗粒度检测仪、五轮仪、淋雨实验房等。创新活动开展情况：已承担公司内部自主开发项目50多项，申报国家、省、市、集团各类项目20多项，申请相关专利44项，其中发明专利4项、实用新型专利32项、外观专利8项，现已获得授权专利23项。

人才队伍建设方面：通过各种途径先后从高校、科研院所以及专业技术领先的先进企业聘请专家来担任技术顾问，及时调整、优化人才结构及人员配置，注重专业技术人才的培养，逐步形成了一批优秀的、具有创新精神的专业技术人才队伍。

五、主要新产品

序号	产品型号	产品名称	品牌
1	GSK5070ZYSBYBEV	纯电动压缩式垃圾车	高漠牌
2	GSK5180ZYSBYBEV	纯电动压缩式垃圾车	高漠牌
3	GSK5180TXSBYBEV	纯电动洗扫车	高漠牌
4	GSK5180TDYBYBEV	纯电动多功能抑尘车	高漠牌
5	GSK5180GQXBYBEV	纯电动清洗车	高漠牌
6	GSK5040ZLJBYBEV	纯电动自卸式垃圾车	高漠牌
7	GSK5040ZZZBYBEV	纯电动自装卸式垃圾车	高漠牌

六、合资合作及重大项目建设

公司先后与武汉理工大学、兰州交通大学、兰州理工大学、东风商用车技术中心、中国重汽公司等外单位在专用汽车关键技术研发方面进行交流与合作，构建了一个创新要素集聚共享、产业关键共性技术研发、高水平产业技术人才培养、中间试验、工程化验证、成果转化和科技交流合作的平台，促进产业与科研开发融合发展，延伸和完善产业链，支撑专用汽车行业高新技术产业和优势产业创新发展。在产学研合作、促进科研成果转化方面，与高等院校建立了长期、稳定的合作机制和技术人员培养计划，已形成了校企合作的常态化模式。

重大项目建设：

1. 公司与武汉理工大学共建“甘肃省专用汽车工程研究中心”获得批复，并签订了多项产学研合作协议，共同开展“洗扫车及相关清扫装置智能避让技术的研究与应用”“洗扫车清扫液压系统热平衡研究”“整车环境下洗扫车气力输送系统流场特性研究”等项目与创新课题的研究，与兰州交通大学共同开展了《5 T压缩垃圾车液压举升系统及填充器锁钩机构优化项目》设计创新课题研究，与甘肃省机械科学研究院就《后装卸压缩式垃圾车的结构优化及数字智能化与产业化推广》项目研发开展合作，并与兰州新区兰白试验区联合创新研究院签订了“关于新能源汽车产学研合作协议书”。

2. 主持申报国家省市级科技项目、工业和信息产业发展专项项目、人才项目等27项，包括国家级项目1项、省级项目14项、市级项目12项，已主持完成省市级科技计划项目《后装卸压缩式垃圾车的结构优化及数字智能化研究》《专用汽车的研制与应用》《洗扫车及相关清扫装置智能避让技术的研究与应用》等。

3. 主持完成省科技项目《随PM值改变喷雾量大小的单发全液压抑尘环卫车的研制与应用》《基于新能源汽车和物联网技术的雾炮抑尘车关键技术集成研发与应用》《新能源环卫专用汽车制造关键技术研究及产业化》等。

七、发展规划

甘肃建投重工科技公司2021—2023年的发展目标是：提高经济运行质量和管理创效水平，确保国有资产保值增值，到2023年，完成经济总量10亿元。

自主创新能力建设，强化科研平台建设，提升科技创新能力。在进行传统车型和新能源车型研发制造的同时，适时研发出符合市场潮流，具备引领意义的专用汽车产品。加大产品研发，丰富产品种类。深入研读行业政策导向，做好产品的结构调整及产品质量服务的技术支持，通过新品自主研发、技术引进以及自主研发与引进相结合的方式，丰富产品种类。新能源专用汽车研发以纯电动（充电、换电）、氢燃料电池为主要方向，推动氢燃料电池专用汽车示范线路建设，形成运营方案，助力甘肃省申报国家氢燃料电池汽车示范城市。重点实现掌握环卫装备全系列产品研发制造核心技术的目标，掌握重要零部件结构有限元分析、底盘动力性分析、上装动力性分析、液压电气系统设计选型等核心技术。

产品研发方向，突破多电机分层次分功能节能技术，加强上装动力驱动系统效率与控制系统安全的设计；对新能源环卫车远程监控、数据上传、远程升级及远程控制技术进行研究，与大数据及物联网技术结合，对所生产的车辆统一监控其运营、质量等数据，并且实现软件的远程升级，准确的把握产品质量，产品市场，产品运营与客户群体等关键数据。

广东亿顶新能源汽车有限公司

一、单位概况

广东亿顶新能源汽车有限公司成立于2015年,是西藏亿纬控股有限公司的子公司。新能源专用车项目于2017年落户潼湖生态智慧区国际合作产业园三和村。依托于上市公司亿纬锂能(SZ.300014)的先进动力电池技术,公司致力于新能源专用车的研发、生产、销售,并提供集租赁运营、售后维保、充电网络于一体的新能源汽车综合服务,项目产品主要服务于通信基站应急发电、社会化应急发电和电动汽车道路应急救援等细分市场。

2017年被认定为高新技术企业,并于2019年6月通过"专用车生产公告目录资质企业"审核,取得了新能源专用车的生产资质,成为惠州市首家获得新能源汽车生产资质的企业,填补了惠州市整车制造领域的空白。公司专注于应急创新发电新模式,先后开发出多款新能源静音发电车,在通信静音发电领域居于领先地位,广受客户的好评和信赖。

二、生产与经营

公司以锂电池核心技术做依托,是锂电池应急备电产品提供商。业务涵盖纯电动充电服务车、车载储能发电系统等,能满足基站应急补电、巡检等多功能需求,客户涵盖中国铁塔、中国移动、中国联通、中国电信等。

三、产能建设

公司一期已完成投资约1.5亿元,项目全面投产后可形成年产1 000辆新能源专用车能力(单班)。

四、技术进展与研发能力

公司研发人员20多名,本科及以上研发人员占比70%,具备专用汽车专用装置设计开发及整车匹配能力,并通过国家法定授权检测机构的检测检验。公司拥有专利授权32项,其中发明专利4项,主导编写广东省地方标准1项;先后承担和参与了2项广东省重大科技专项。

五、主要新产品

1. 整车				
序号	产品型号	产品名称	品牌	通用名称
1	EVE5030XDYJLBEV1	纯电动电源车	亿顶	EV260C-1
2	EVE5031XDYJLBEV1	纯电动电源车	亿顶	EV260C-2

2. 零部件			
序号	产品名称	产品型号	产品应用
1	便携式发电装置	DCL-51100	通信基站备电发电、家庭储能
2	手提式发电装置	DCL-5130	

六、发展规划

聚焦新能源汽车平台应用,坚持在发电车细分领域深耕;公司在专用车研发制造上持续扩大优势,并逐步拓展到充电解决方案、自动驾驶等领域;以科技与创新,为电动化时代提供最好的产品和服务。

零部件及相关产业

宁德时代新能源科技股份有限公司

一、单位概况

宁德时代新能源科技股份有限公司是全球领先的锂离子电池提供商,专注于新能源汽车动力电池系统、储能系统的研发、生产和销售,致力于为全球新能源应用提供一流解决方案。公司在电池材料、电池系统、电池回收等产业链关键领域拥有核心技术优势及可持续研发能力,形成了全面、完善的生产服务体系,并通过商业模式创新推动锂离子电池作为优质能源储存载体的广泛应用。

二、生产与经营

公司拥有独立的研发、采购、生产和销售体系,主要通过销售锂离子动力电池系统、储能系统和锂电池材料等产品实现盈利。研发方面,公司根据发展战略要求,以自主研发为主,凭借经验丰富的研发团队和广泛、深入开展的对外合作,建立了多部门、内外协同的研发模式,构建了规范、标准、高效、持续的研发体系。采购方面,公司通过严格的评估和考核程序遴选合格供应商,并通过技术合作、长期协议、合资合作等方式与供应商紧密合作,以保证原料、设备的技术先进性、可靠性以及成本竞争力。生产销售方面,公司综合考虑客户需求及季节性销售特征安排生产。售后服务方面,根据客户的采购合同及具体订单需求,通过各地设立的售后服务站向客户提供完善的产品及售后服务。产业链布局方面,公司通过参股、合资、控股等多种方式,开展与产业链上下游相关企业的深度合作。

2020年,公司实现营业总收入5 031 948.77万元,同比增长9.90%,归属于上市公司股东的净利润为558 333.87万元,同比增长22.43%。报告期内,公司实现锂离子电池销量46.84 GWh,同比增长14.36%,其中动力电池系统销量44.45 GWh,同比增长10.43%。其中,公司动力电池系统销售收入为3 942 582.07万元,较2019年增长2.18%。根据中汽研合格证数据,国内动力电池装机总量为63.6 GWh,同比增长2%,其中公司装机量为31.9 GWh,市场占有率为50%。实现储能系统销售收入为194 345.02万元,同比增长218.56%。

三、产品出口

2020年，宁德时代境外业务营收为79.08亿元，营收占比达到15.71%，而2019年这一数字仅为4.37%，同比大增295.30%。动力电池方面，宁德时代赢得多个重点客户关键平台定点，811体系产品在海外实现大批量交付，陆续得到海外主流汽车企业的认可，进一步巩固长期合作伙伴关系，目前合作的国际车企包括宝马、丰田汽车、戴姆勒、现代、捷豹路虎、PSA、大众和沃尔沃等。在储能市场快速启动的背景下，公司持续加强研发投入，基于长寿命电芯技术、液冷CTP电箱技术，推出了户外系统EnerOne产品，实现了在海外市场从提供部件到提供电池系统的转型，其安全、经济性等各项指标行业领先。

四、产能建设

公司已公告的主要产能建设项目包括18亿(欧元)欧洲基地、100亿元车里湾项目、320亿元宜宾项目(1～6期)、170亿元福鼎一期项目、120亿元溧阳四期项目、120亿元肇庆一期项目等。截至2020年底，公司电池系统产能69.1 GWh，在建产能77.5 GWh。公司将根据市场需求及客户订单情况，提前规划布局产能扩张计划并灵活调整。

五、技术进展与研发能力

完善的研发体系，前瞻性的技术布局公司高度重视产品和技术工艺的研发，建立了涵盖产品研发、工程设计、测试验证、工艺制造等领域完善的研发体系，拥有电化学储能技术国家工程研究中心、福建省锂离子电池企业重点实验室、中国合格评定国家认可委员会(CNAS)认证的测试验证中心，设立了“福建省院士专家工作站”“博士后科研工作站”。截至2020年12月31日，公司拥有研发技术人员5 592名，其中拥有博士学历的127名、硕士学历的1 382名，整体研发团队规模和实力在行业内处于领先。完善的研发体系、强大的研发团队推动公司研发技术水平持续提升。截至2020年12月31日，公司及子公司共拥有2 969项境内专利及348项境外专利，正在申请的境内和境外专利合计3 454项。此外，公司在建的21C创新实验室将对标国际一流实验室，研究方向包括金属锂电池、全固态电池、钠离子电池等下一代电池研发。

六、合资合作及重大项目建设

公司在全球主要布局了六大生产基地(福建宁德、青海西宁、江苏溧阳、四川宜宾、广东肇庆、德国埃尔福特)，主要项目包括：18亿欧元欧洲基地、100亿元车里湾项目、320亿元宜宾项目(1～6期)、170亿元福鼎一期项目、120亿元溧阳四期项目、120亿元肇庆一期项目等。

七、发展规划

宁德时代将聚焦于三大发展方向。一是以“电化学储能+可再生能源发电”为核心，实现对固定式化石能源的替代，摆脱对火力发电的依赖。二是以动力电池为核心，实现对移动式化石能源的替代，摆脱交通出行领域对石油的依赖。三是以“电动化+智能化”为核心，实现市场应用的集成创新，为各行各业提供可持续、可普及、可信赖的能量来源。

天津力神电池股份有限公司

一、单位概况

天津力神电池股份有限公司(以下简称力神电池)是一家国有控股的混合所有制高科技企业，创立于1997年，注册资本约17.30亿元。具有100亿Wh锂离子蓄电池的年生产能力，国际高端市场占有率位居全球锂电行业前列。力神电池成立之初即定位为国际高端配套、技术质量型企业，经过20年发展，从无到有、从小到大，已成为国际一流、国内领先的专业锂离子蓄电池制造商，拥有业内领先的核心技术和自主知识产权、授权专利超过2 000项，并拥有国内电池行业首家UL目击测试实验室、国家级博士后科研工作站。已成为国家认定企业技术中心、国家锂离子动力电池工程技术研究中心、央企电动汽车联盟电池组组长单位、《移动电话用锂离子蓄电池及蓄电池组总规范》等多项国家标准主起草单位，荣获“中国驰名商标”、“中国质量诚信企业”和“出入境检验检疫信用管理AA级企业”等众多奖项。力神电池秉承技术质量、国际一流、绿色能源、造福人类的经营理念，致力于为客户提供整体电源解决方案，产品包括圆(柱)型、方型、动力和聚合物电池以及光伏系统、超级电容器六大系列近千个型号。产品应用涵盖消费类电子产品、新能源交通工具和储能三大领域，客户包括Apple、Samsung、LG、Dell、HP、华为、联想、宇通、金龙、中通、江淮、现代、普天、华晨、东风、一汽、北汽、上汽、五洲龙、长安、吉利、中国国家电网、中国南方电网等国际国内一流企业。

近年来，随着动力电池产业的蓬勃发展，为保障公司可持续发展，力神电池已在北京、青岛、苏州、武汉、绵阳等地设立子公司及生产基地。

二、生产与经营

2019年力神行业排名国内第四，国际第九，2020年受新冠肺炎疫情影响有所下滑。力神电池销售收入总计46.8亿元，其中消费类电池31.3亿元，动力电池15.5亿元。

三、产品出口

成为奔驰国内首家定点供应商、雷诺日产易捷特项目唯一定点供应商、福特国内首家定点供应商。

四、产能建设

随着动力电池产业的蓬勃发展，力神电池的2025年愿景：动力电池形成50 GWh年产能，成为全应用方向的绿色能源解决方案提供商。

五、技术进展与研发能力

2020 年,研发投入近 3 亿元,研发投入占当期营业收入 6.41%。现有研发团队 462 人,其中博士 30 人,硕士 257 人。拥有国家锂离子动力电池工程技术研究中心、国内电池行业首家 UL 目击测试实验室。21700-4.3 Ah 成为力神公司第一款被国际一线车厂定点的圆形 PHEV 产品,同时填补了圆形电池高能量兼顾高功率 PHEV 体系的空白,LP27148117-52 Ah产品 35 天内通过强检认证,承接并稳步推进 172 Ah 运营车、302 Ah 商用车、280 Ah 储能等铁锂产品的开发,实现了电池系统的轻量化设计,提升系统成组效率。

六、主要新产品

序号	产品名称	产品型号	产品应用
1	圆型电芯	21700-4.3 Ah	乘用车
2	方型电芯	1714868-9.7 Ah	乘用车
3	方型电芯	71173207-280 Ah	储能

七、合资合作及重大项目建设

力神公司通过与宝马、通用、大众、戴姆勒、Exide 等汽车厂的合作,充分了解国外技术发展水平,提升公司的产品研发能力、设计验证能力及项目管理能力,巩固了力神公司的欧美市场。承担了国家高技术研究发展计划("863"计划)、国家战略性新兴产业项目等 50 多项国家及省部级科研产业化技术攻关任务。特别是"十三五"期间,力神公司牵头承担科技部国家重点研发计划新能源汽车重点专项"高比能量动力锂离子电池开发及产业化技术攻关""高安全高比能乘用车动力电池系统技术攻关""退役动力电池异构兼容利用与智能拆解技术"三大项目,囊括高比能量动力电池、系统及回收利用,形成产品全生命周期布局。

八、发展规划

动力电池业务,乘用车市场要积极配合高端客户车型开发,实现配套供货,拓展其全球项目开发;要深化与国内自主品牌车企战略合作,重点打造央企生态圈;面向 5G 智能网联汽车进行市场布局。商用车市场加强与一线车企战略合作。到 2025 年,动力电池形成 50 GWh 时年产能,跻身国际高端消费类电子产品配套市场前 3 位,成为新能源汽车、储能和特种设备配套市场主力供应商。

国轩高科股份有限公司

一、单位概况

国轩高科股份有限公司(以下简称国轩高科)是中国动力电池产业最早进入资本市场的民族企业,于 2015 年 5 月成功上市,(股票代码 002074),拥有新能源汽车动力电池、储能、输配电设备等业务板块,旗下包括合肥国轩高科动力能源有限公司、工研总院、资本中心和东源电器四大板块。

合肥国轩高科动力能源有限公司(以下简称合肥国轩)为国轩高科的全资子公司,成立于 2006 年 5 月,拥有合肥(新站、经开、庐江、肥东)、南京、青岛、唐山、南通、柳州、宜春十大生产基地。

公司是国内最早从事新能源汽车动力锂离子电池自主研发、生产和销售的企业之一,专业从事新型锂离子电池及其材料的研发、生产和经营,拥有核心技术知识产权。主要产品包括磷酸铁锂和三元材料及电芯、动力电池组、电池管理系统及储能型电池组等。产品广泛应用于纯电动商用车、乘用车、物流车和混合动力汽车等新能源汽车领域,并与国内多家主要新能源整车企业建立了长期战略合作关系。公司作为国家级企业技术中心、3 项国家"863"重大课题承担单位,参与了 3 项新能源汽车创新工程,先后通过 ISO 9000 等"三标一体"认证和 TS 16949 质量体系认证,被评为国家 CNAS 认可检测中心等,并在中国合肥、中国上海、美国硅谷、美国克利夫兰、新加坡、日本筑波、德国等地建立了全球研发中心。2016 年,由国轩高科牵头的"高比能量动力锂离子电池的研发与集成应用"课题、"年产 6 亿 Ah 锂离子动力电池生产基地项目",以及"新能源汽车锂动力电池智能工厂"项目分别成功申报国家"十三五规划"新能源汽车重大专项、发改委 2016 年增强制造业核心竞争力专项和工信部新能源汽车锂动力电池智能工厂重点项目。

公司是国家火炬计划项目单位、高新技术企业、安徽省政府质量奖、安徽省环境保护创新试点单位,并且拥有国家级博士后科研工作站和省级院士工作站,2019 年 1 月国轩高科企业商标被国家知识产权总局认定为中国驰名商标。

二、生产与经营

公司拥有成熟独立的研发、采购、生产和销售体系。研发方面,公司坚持自主研发,持续加大研发投入,引入高端技术人才,携手大众布局国际,构建高标准、高效率、高质量研发模式采购方面,公司与生产厂家建立长期稳定的产品供应渠道与合作关系,对供货商分类管理、严格考核,保证生产物料供应可靠稳定,提升规模效应,降低采购成本。生产方面,公司根据市场和订单情况合理安排生产计划,针对不同客户需求,制定生产计划,确保按期高质量交付。销售方面,公司根据客户的采购合同及具体订单需求,向客户提供相应产品及售后服务。

公司构建了独特而专一的全产业链体系,从电池的材料端、制造端,到产品端,建成了完整而科学的锂电池垂直产业链,环环相扣,在精耕细作之下能有效降低成本,保证企业成长、应对外部变化。伴随新能源汽车行业的高速发展,锂电池成本的不断下降,电池的梯次利用逐渐被市场认可,低容量电池的拆解回收价值也凸显,储能、低速电动车及两轮电动车应用场景逐步成熟,尤其储能已越来越受到政府能源部门和科技部门的关注与支持,该部分市场空间发展潜力巨大。

2020 年,国内动力电池装机量约为 62.85 GWh,同比上升约 1%。公司动力电池装机量约为 3.27 GWh,国内市占率约为 5.2%,行业排名全国第五,其中磷酸铁锂电池装机量约为2.9 GWh,约占国内市场磷酸铁锂电池装机总量的12.06%,排名全国第三。

三、产能建设

合肥国轩高科动力能源有限公司拥有合肥(新站、经开、庐江、肥东)、南京、青岛、唐山、南通、柳州、宜春十大生产基地。2020年公司产能已达28GWh。

四、技术进展与研发能力

国轩高科(SZ.002074)是专注于锂离子动力电池材料研发及制造的国家级高新技术企业,拥有国家级企业技术中心、国家CNAS认可检测实验中心、国家博士后科研工作站、安徽省院士工作站等创新平台,先后参与碳纳米管浆料国际标准、多项国家标准(GB/T 31485—2015、GB/T 31467.2—2015等)制定工作,并承担多项国家级重点科研项目(No.2012AA110407,No.2016YFB0100300等),相关成果获得国家专利优秀奖、安徽省专利金奖和安徽省科技进步奖等。

公司承担的国家工信部智能制造综合标准化与新模式应用项目顺利通过专家组验收,公司承担的国家科技部新能源汽车重点专项、国家发改委新能源重点专项及安徽省科技重大专项进展顺利。公司科研创新成果产业化突出。国轩高科拥有各类研发人员2 000多人,其中博士150余人,50外籍人才50多名,以及100多名海归人才,其中20多人是省级以上创新人才。2020年,公司研发专利再添新彩,共提交专利申请782项,授权专利501项,发表研究论文32篇,登记软件著作权4项。截至2020年12月底,公司累计申请专利4 426项,其中发明专利2 108项(含127项国外专利),实用新型专利1 964项,外观设计专利354项;累计授权专利2 525项,其中授权发明专利611项(含54项国外授权发明专利),授权实用新型专利1 605项,授权外观设计专利309项;累计发表研究论文243篇,其中SCI23篇、核心刊物139篇;登记软件著作权104项,知识产权覆盖锂电池全生命周期。

在磷酸铁锂电池产品方面,公司电芯单体能量密度已突破210 Wh/kg,系统能量密度已达到160 Wh/kg,在技术储备上兼具结构创新和材料创新能力,深挖磷酸铁锂技术潜力,开发大圆柱型、JTM等创新结构方案,不断打开磷酸铁锂应用上限。在高镍三元电池产品方面,承担的科技部"十三五"新能源汽车重点研发专项已经达到302 Wh/kg单体电池批量试制,系统能量密度突破200 Wh/kg,常温循环寿命达到1 500周。在材料技术方面,公司一直坚持磷酸铁锂正极材料自主研发、自主供给,并成功实现了三元材料开发及产业化。在以安全为前提的技术路线的引导下,公司取得了多项技术突破,电池一致性、成品率、配组率等性能指标逐年提升。

五、主要新产品

序号	产品型号	产品应用
1	DJ1818	纯电动乘用车动力电池组
2	DJ1906	纯电动乘用车动力电池组
3	DK1902	纯电动客车动力电池组
4	DK1910	纯电动客车动力电池组
5	DT1902	纯电动物流车动力电池组
6	DJ1818	纯电动乘用车动力电池组

六、合资合作及重大项目建设

1. 2020年3月,合肥国轩动力能源有限公司以其持有的参股公司合肥铜冠国轩铜材有限公司11.25%股权及现金679.50万元对铜陵有色全资子公司安徽铜冠铜箔有限公司进行增资,增资后持有安徽铜冠铜箔有限公司3.50%的股权。

2. 2020年6月,公司全资子公司合肥国轩高科动力能源有限公司与广西柳州市东城投资开发集团有限公司新设合资公司柳州国轩电池有限公司,股权占比66.67%。

七、发展规划

公司历经15年的发展,在技术研发、团队建设、产业链整合及客户开发等方面积累了具有竞争优势的资源和能力。公司将坚持"让绿色能源服务人类"的使命和"成为能源存储科学的领导者"的愿景,通过垂直整合资源、突破质量瓶颈、提高运营效率和搭建全球平台的手段,实现2025年产能达到100 GWh、技术能力世界一流、电能服务收入不低于20%、国内市场份额不低于20%的战略目标。

欣旺达电动汽车电池有限公司

一、单位概况

欣旺达电动汽车电池有限公司位于深圳市光明区凤凰街道,是一家集动力电池CELL、MODULE、BMS、PACK研发、生产和销售于一体的综合性民营企业,公司成立于2014年,注册资金224 000万元,在深圳设立销售研发基地,惠州和南京设立两大生产基地,现有员工4 189人。

公司致力于通过先进的锂电集成技术,为全球新能源车企提供电动汽车电池系统整体解决方案。采取"全产业链深度参与,培养综合竞争力;全区域化战略布局,建立战略客户资源;全生命周期质量管理,夯实可持续经营基础"的"三全"战略。公司建立了动力电池系统领域完整的研发、制造、测试评价能力,拥有完全自主知识产权的电池管理系统、高度的自动化电芯分选、模组组成和电池系统总成装配全自动化生产线,拥有海内外核心自主知识产权316项,并于2017年就被认定为国家高新技术企业。

二、生产与经营

欣旺达始终致力于通过先进的锂电池集成技术,为海内外整车纯电动、混合动力电池系统的研发及制造提供整套解决方案。2020年动力电池的业务实力和发展潜力得到国内外众多知名新能源车企的认同。BEV三元VDA和MEB产品型号各项技术指标行业领先，已经在市场全面应用，并批量进入欧洲市场；磷酸铁锂产品多个型号认证完成，各项数据表现优秀，已经获得多家知名车企认可并开始具备量产能力；HEV 电池技术成熟度行业领先，具备充分的市场竞争力。产品应用快速进入高端品牌车型，累计已有 34 款车型进入推广目录。2020 年 6 月 22 日欣旺达电动汽车电池有限公司与日产自动车株式会社签署了《谅解备忘录》，联合研发下一代日产电动汽车 e-POWER 的电池。2020 年 BMS 通过 ASPICE L2，BMS 系统和关键零部件达到 ASIL D 级，并为国内外知名客户批量提供汽车级电池管理系统。

在市场开拓方面，欣旺达已与来自欧美、亚洲的国际优质高端汽车厂商和国内众多知名汽车厂商建立了合作关系，并在多个市场主流车型上与客户建立联合同步开发机制。建立合作关系的车企包括：雷诺-日产联盟、VOLVO、吉利、易捷特、上通五菱、东风柳汽、东风乘用车、小鹏、云度等。此外，公司还参与了换电标准制定工作组，与行业各方推动换电技术的发展。同期还获得了东风柳汽颁发的“2020 年 VA/VE 贡献奖”“2020 年度优秀供应商”“2020 年度最佳换电电池品牌”“2020 年度中国电动汽车最具投资价值企业 TOP30”等荣誉。

三、产品出口

2020 年，公司海外合作客户主要包含易捷特、雷诺、日产等，主要出口地为法国、西班牙、土耳其和日本。出口产品包含模组和 PACK。

四、产能建设

产能：惠州生产基地已建成年产能 6 GWh，南京生产基地规划 30 GWh 产能，目前南京一期已投产 4 GWh，二期建设中产能 26 GWh。

产能规划：2021 年总 11 条线，产能 10 GWh，其中 HEV 1.5 GWh，BEV 规划 8.5 GWh，2022 年 25 GWh，其中 HEV5 GWh，BEV 20 GWh；2025 年达到 120 GWh（HEV15 GWh，BEV 105 GWh）同比 2021 年增加 1 200%。

五、技术进展与研发能力

公司基于市场需求及发展战略，持续加大对电动汽车动力电芯、汽车动力电池 BMS、储能系统以及其他新产品、新材料的研发。同时，积极推动产学研紧密合作，与清华大学深圳国际研究生院、华南理工、中山大学、北京大学深圳研究生院、北京交通大学、广东工业大学等多所国内知名高校在电动汽车电池、人工智能、石墨烯、电池材料、BMS 等多领域开展产学研合作。2020 年，欣旺达与广东工业大学在动力电池系统安全性关键技术及应用项目上联合获得广东省科技进步一等奖。

公司动力电池研发人员超过 900 人，其中 90% 以上为本科学历，30% 以上为博士学历。下设电芯研究院和电池系统研究院两大研究院，主要致力于电池模组、BMS 软硬件、电芯等技术开发。在 HEV 电池领域处于国内领先地位，其中长寿命高功率 HEV 电芯、15 ~ 30 min 快充 BEV 电芯、长寿命 BEV 电芯等，均达到国内领先水平并已批量生产。公司专注自主创新，积极布局专利，截至 2020 年底，累计申请专利 798 件，其中授权专利 322 件。

六、主要新产品

序号	产品名称	产品型号	产品应用
1	47.17 kWh 动力电池系统	G3	小鹏纯电动 SUV
2	56.97 kWh 动力电池系统	S50EVB	东风柳汽纯电动轿车
3	59.35 kWh 动力电池系统	S50EVG	柳汽纯电动轿车
4	52.56 kWh 动力电池系统	EV450/GSe. 几何 A	吉利纯电动 轿车/SUV
5	26.8 kWh 动力电池系统	易捷特 BBG	雷诺纯电动轿车

七、合资合作及重大项目建设

为更好地服务客户，2020 年 7 月在南京投资的南京工厂一期正式量产，总投资约 35 亿元，包含约 8Gwh 电芯和 8Gwh 电池系统生产线；同时南京二期于 2019 年 7 月动工，预计 2021 年量产，新增 10Gwh 电芯和 10Gwh 电池系统产能。

重要客户合作上，在 2020 年 6 月 22 日与日产签订 MOU，联合研发下一代日产电动车 e-POWER 的电池。与此同时，在换电项目上也有重大突破，2020 年 9 月获得东风柳汽定点，为其换电项目配套相应动力电池。

八、发展规划

继续贯彻实施“三全”发展战略，致力于成为全球中高端客户最值得信赖的动力电池合作伙伴。把握全球动力电池快速增长机遇，重点构建欣旺达核心能力，在产品安全、智能制造领域保持行业领先地位；强化内部精细化管理水平，强化质量管理和系统成本控制，为客户提供高性价比的产品，成为国际高端车企的主要战略供应商；到 2025 年发展成为年产值超 300 亿元的动力电池提供商。

中航锂电科技有限公司

一、单位概况

中航锂电科技有限公司是专业从事新能源电池、电源系统研发、生产及销售的高科技企业。公司成立于 2007 年，注册资本 70 亿元，员工 5 500 余人。公司现有常州、洛阳、厦门三大生产基地以及一个专业研发机构中航锂电技术研究院。中航锂电拥有国家级企业技术中心、博士后科研工作站等科研平台，先后承担了数十项国家级技术研发和产业化项目，形成了以专利为核心的雄厚技术储备，是行业标准的重要起草单位。公司相继取得了国内权威质量体系认证，以及 CE、UL、TUV、RoHS 等国际认证，是国内首家获得煤矿安标备案证明的企业，产品拥有广阔的市场前景和很高的美誉度。

二、生产与经营

自 2018 年 8 月起，中航锂电聚焦乘用车市场，重点开发长安、吉利、广汽等战略客户；2019 年持续发力乘用车市场，同步推进商用车及储能产品规划；2020 年进行乘用车为主，商用车、储能、装备市场并行发展战略，紧抓市场机会，乘用车市场比重继续增大，占比增加至 79.9%，国内乘用车市场排名进入并稳定在前三，乘用市场市占率达 7%。客户方面，乘用车市场增加量产客户的渗透率，不断培育国际客户，长安、广汽战略客户渗透率不断提升，实现战略客户车型全覆盖，支持客户多款车型首发；广汽年平均渗透率 70%，四季度渗透率 98.5%，广丰 IA5 量产交付，广本首款纯电轿车 EA6 开始量产；长安年平均渗透率 90%，下半年渗透率达到 100%，实现长安奔奔 E-star、CS55 E-Rock 车型的配套；吉利渗透率 100%，实现吉利几何 C 车型的配套；本田取得工程定点；小鹏、蔚来、零跑、一汽、北汽等客户按计划完成车型定点、量产、准入等工作；商用车市场，与金龙汽车集团达成战略合作，新能源重卡批量交付、取得奇瑞商用车、中通轻客等物流车型的定点；储能市场，与许继集团、平高集团形成战略合作。

中航锂电产品力行业领先，多款产品指标国际、国内领先，标准 VDA 产品容量最高，销量全球第一，在行业内率先实现 5 系高电压产品量产，是全球唯一具备 5 系 MEB 规格量产交付经验的动力电池企业，多项先进技术荣获国家与行业奖项。

三、产品出口

2020 年出口总额 2.1 亿元，主要出口产品为 72 Ah、100 Ah、180 Ah 和 200 Ah 等，产品广泛应用于乘用车、商用车、低速车、特种车和船用储能电源等细分市场领域，已基本实现主要市场应用领域的全覆盖。其中，印度乘用车市场装机排名第一；美国市场保持了 10 年的市场开拓和本土化服务，客户基础稳定；欧洲市场发展迅速，与商用车市场核心系统方案解决商建立了长期稳定的合作关系。

四、产能建设

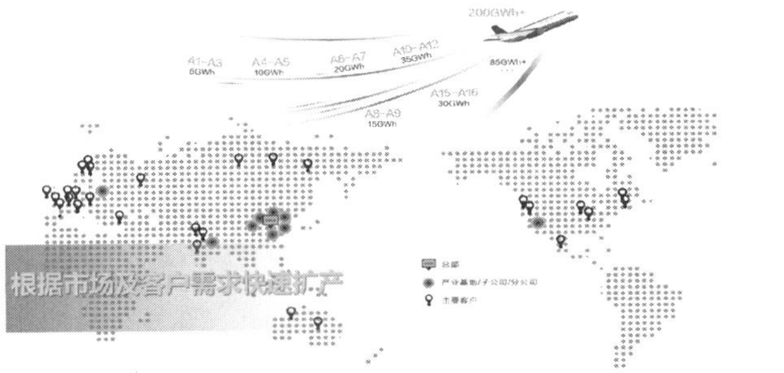

五、技术进展与研发能力

中航锂电技术研究院作为新能源高科技平台机构，以中航锂电技术发展为主线，着眼全球新能源锂电的前沿技术，着力成为国家级锂电技术研发、创新基地，打造具有全球影响力的锂电池科技创新平台，在产品、技术、工程能力、标准化和产业生态方向持续投入，构建新能源产业的基石。中航锂电坚持产品与技术领先，每年投入数亿研发资金，着力打造高水平的研发队伍及创新平台，拥有专业技术人员 2 000 人以上，形成以工程院士、人才为首的专家团队。中航锂电坚持自主创新，倡导“敢为天下先”，专注基础研发，深究机理，以终为始，已建成先进材料—先进电池—先进电源—智能制造四大技术平台，涵盖了纳米储能材料—电芯体系—电池/模组/系统产品—制造—检测等全链条核心技术。打造以本质安全，长寿命，快充为特性的超级动力电池，为全球客户提供完整的产品解决方案和完善的全生命周期服务，与客户携手共赢。

打造全球影响力锂电科技创新平台

科研创新平台

十大科研创新平台有“国家级企业技术中心”“博士后科研工作站”“河南省工程技术研究中心”等

标准制定

主持制定国家标准1项、参与制定国家标准1项、行业标准13项、团体标准3项

承担国家重点项目

承担国家重点研发计划项目3项；国家“863”计划项目6项；国家智能制造项目1项；国家工程项目1项

项目支持

累计获得国家级、省级、地市级、国有资本金及建设债券类支持项目110余项

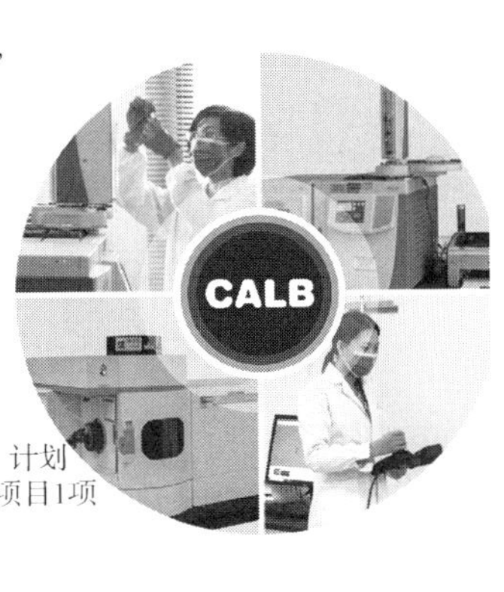

合作研发

建立厦门大学-中航工业动力及储能蓄电池研发中心与国内外14所高校和科研院所建立合作研发关系

知识产权

核心技术知识产权覆盖率100%；申请专利涵盖中国、美国、欧洲等多个国家和地区；并获“中国优秀专利奖”“江苏省知识产权管理贯标认定”“河南省知识产权运用示范标杆企业示”

科技成果鉴定

科研项目通过河南省或中国航空工业集团科技成果鉴定22项，其中10项被鉴定为“国际先进水平”，被鉴定为国际领先水平1项

行业贡献

承担中央企业电动车产业联盟共性技术项目4项；江苏省动力及储能电池产业联盟联盟理事长单位；中国电动汽车百人会电池全生命周期联合创新中心联合发起单位；作为首批国内唯一电池企业加入创新中心

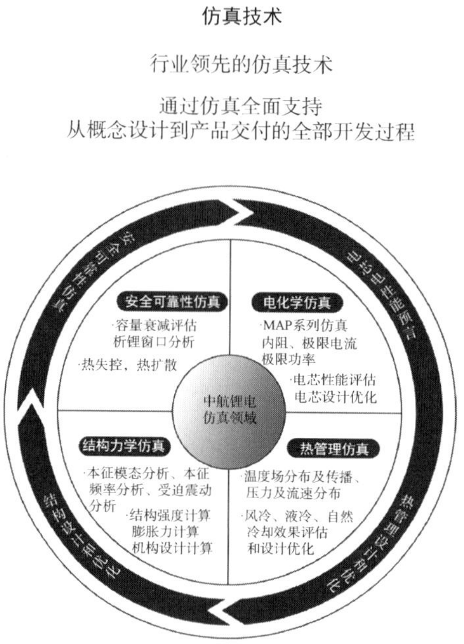

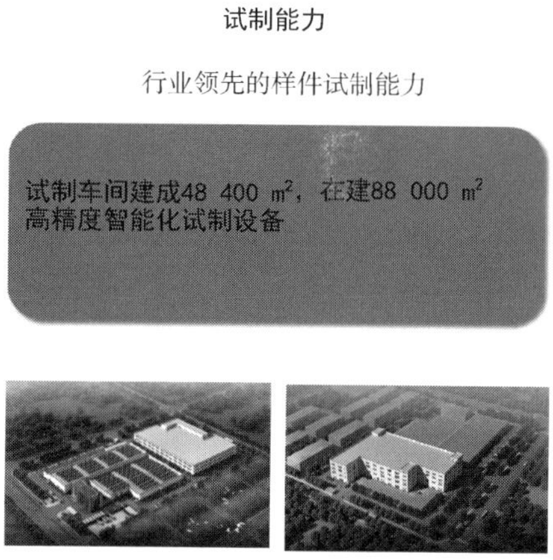

工程研究院Ⅰ（已建成）工程研究院Ⅱ（已建成）
工程研究院Ⅲ（在建）

六、主要新产品

序号	产品名称	产品型号	产品应用
1	三元锂电池	L148N 系列	广汽新能源、长安新能源
2	三元锂电池	L221N 系列	广汽新能源、小鹏汽车等
3	三元锂电池	L300N 系列	广汽新能源
4	磷酸铁锂电池	L173F 系列	金龙、东风襄旅、平高、许继等

深圳市比克动力电池有限公司

一、单位概况

深圳市比克动力电池有限公司，自 2001 年在深圳建厂以来，已发展成为集锂离子动力电池、新能源汽车、电池回收梯次利用三大核心业务为一体的国际领先的新能源企业。比克电池的产品和服务包括圆柱、方形和聚合物电芯，以及电池封装、电池解决方案等，主要应用于新能源汽车、智能终端产品及后备储能等领域。在动力电池领域，比克电池的应用范围遍布全系车型，服务全球十余家一线汽车制造商，同时也为新能源互联网新锐品牌提供强力“芯”脏。此外，依托锂离子电池核心技术，比克已提前布局并持续发力纯电动商用车领域的研发、制造和推广。比克电池坚持用智慧创造动力，为新能源汽车打造一颗可信赖的“芯”！在互联智能领域，比克电池不断拓展与互联智能硬件服务商的合作，提供的产品及解决方案应用范围覆盖包括笔记本电脑、平板电脑、手机、移动电源、相机及 VR 设备、可穿戴设备、蓝牙音箱等行业。与此同时，比克电池也持续关注绿色出行领域，为智能平行车、共享交通工具、助力自行车等提供动力支持。

比克电池立足中国，着眼世界，打造全球化布局。公司不断深入开拓欧洲、亚洲等海外市场，以自主研发的锂电池核心技术为基础，着重推进新能源汽车的动力及储能领域的电能供应，致力于成为“有担当精神”的中国民族企业及全球锂电生态链的行业领导者。

二、生产与经营

深圳市比克动力电池有限公司产品和服务包括圆柱、方型和聚合物电芯，以及电池封装、电池解决方案等，主要应用于新能源交通出行、消费数码及后备储能等领域。比克以 18650、21700 圆柱动力电池为基础，配合 46800 大圆柱及大方型电池，以超强循环寿命、稳定安全性能、领先续航里程、超强温度和空间适应性等优势，为国内外知名新能源汽车整车厂商提供动力驱动。

三、产能建设

比克电池推动智能制造升级，进行动力电池智能生产制造体系建设，着重推进新能源汽车动力电池产能提升；以深圳、郑州生产基地为主，实现高质量产能扩张；重点布局储能市场，扩大方形电池产能提升。2018 年已达到 8 GWh 产能，预计 2022 年达到 30 GWh 产能。

四、技术进展与研发能力

比克电池拥有一个国家级博士后科研工作站，多个研发团队,遍及国内和欧洲、北美等地。拥有专职研发人员超过800余人,并与多家国内知名院校、科研机构保持着长期合作。研发投入方面,比克每年保持8%以上的营业收入投入研发体系。比克在数码、储能、动力电池等应用领域具备从电芯、模组及系统完整的批量化制造能力。

五、主要新产品

序号	产品名称	产品型号	产品应用
1	N18650CP	18650 圆柱 3.2 Ah 电池	新能源电动车
2	N18650CK	18650 圆柱 3.0 Ah 电池	新能源电动车
3	N21700CB	21700 圆柱 4.6 Ah 电池	新能源电动车、电摩
4	N21700CG	21700 圆柱 4.8 Ah 电池	新能源电动车、电摩、移动电源等
5	大圆柱电芯	46800	新能源电动车、特种车等

六、合资合作及重大项目建设

2021年,江西抚州比克生产基地建成投产,新基地预计在2021年底年产能达2 GWh。

七、发展规划

通过拓展多元化产品路线,在圆柱电池领域,18和21系产品除了容量型外,倍率型取得技术突破,实现国际一线巨头批量供货,占据更多细分市场;大圆柱全极耳产品在国内率先亮相。在聚合物电池领域,始终坚持小而美,小而精的发展路线,也将是公司未来发展固态电池的重要技术储备。在方形电池领域,比克抚州生产基地也将在年内达产,主要生产储能及车用方形锂电池,这将极大弥补比克在方形电池产品上的产能短板。新基地预计在2021年底年产能达2 GWh。未来,比克将持续拓展各领域产品性能,真正实现“用电能创造无限可能”。

蜂巢能源科技有限公司

一、单位概况

蜂巢能源前身是中国汽车行业领军品牌——长城汽车的动力电池事业部,自2012年起开展动力电池的预研。2018年从长城汽车完全剥离独立面向全行业发展,正式更名为蜂巢能源科技有限公司。公司总部位于江苏,是一家专业从事汽车动力电池材料、电芯、模组、PACK、BMS、储能产品研发和制造的新能源高科技公司。

二、生产与经营

公司发展起点高,发展速度迅猛。公司人员规模5 100多人,其中包含具有尖端国际视野的动力锂电池研发团队及量产经验丰富的技术团队超过1 500人,超过1/3的人员具有硕士、博士研究生学历,来自欧美、日韩、印度等国的行业顶级专家60余人。

蜂巢能源研发中心采用全球化布局。中国保定研发中心占地106亩,投入研发费用7亿多元,电池试制车间、试验中心、分析中心已建成并投入使用。关键材料研究院具备新材料研发、测试、中试的能力;电芯及先进技术研究院具备下一代电芯技术研发、测试、中试的能力,中试线产能45 MWh,测试通道6 960个;电芯应用技术研究院具备电池包的设计,仿真,安全测试及量产的能力。

无锡研发中心已于2019年3月启动,位于锡山经济技术开发区,总投资10亿元,占地面积212亩,厂房面积96 781 m^2,预计2025年全面建成并投入使用。该中心将承接蜂巢能源最前沿的设计、研发项目,涵盖研发设计、营销策划、研发业务辅助三大功能。项目包括动力电池研发中心、固态电池、太阳能钙钛矿等多个技术研发中心,以及蜂巢能源销售公司及多家分公司,建成多条研发试制线、BMS试验室、性能实验室、安全试验室,为国内外知名汽车品牌客户提供研发样品、技术服务及整体解决方案。

中国上海研发中心专注于BMS系统先进技术、核心算法的研发及相关项目开发。

韩国研发中心位于首尔,专注于先进材料体系及电芯技术的研发。

印度研发中心位于班加罗尔,专注于电池管理系统软件开发和软件测试工作。

保定、上海,以及韩国和印度的研发中心已经投入使用;无锡118全球锂电研发中心也已建成投入使用;美国、日本,以及欧洲研发中心正在有序筹建中。公司已申请各类技术专利2 100余项,其中发明专利800余项,PCT国际专利申请48项,获“2020年度中国汽车行业知识产权优秀企业”荣誉。

三、产能建设

蜂巢能源全球建设5个制造基地:常州金坛、四川遂宁、湖州、马鞍山、德国萨尔州。蜂巢能源在江苏金坛率先打造出行业首家车规级AI智能动力电池工厂,为行业树立起动力电池生产制造的严苛标准。工厂一期、二期已分别于2019年11月、2020年12月先后投产,在洁净度、异物控制、自动化程度等多个方面大幅领先行业。金坛工厂分四期建设完成,总产能共计46 GWh,金坛一期、二期产能共计12 GWh,三期6 GWh,四期28 GWh;2021年1月27日,蜂巢能源与遂宁签署20 GWh动力电池生产基地建设协议,产能24 GWh;2月19日,蜂巢能源与湖州签约,计划在湖州南太湖新区建立年产20 GWh的动力电池新基地。4月28日,蜂巢能源与安徽省马鞍山市签订战略合作协议,将投资110亿元在当地经济技术开发区建设动力电池电芯及PACK生产研发基地,规划年产能28 GWh。海外工厂建设方面,公司计划投资20亿欧元在德国建厂,产能24 GWh,并配套建设欧洲研发中心和4万t级正极材料工厂。共计投资260亿元,预计到2025年,全球规划总产能将提升至200 GWh。

四、技术进展与研发能力

公司坚持“因创新而前进”的价值观,致力于让人类更轻松地获得和使用可持续能源。在电池材料创新方面，蜂巢能源依托雄厚的研发实力，于 2019 年 7 月率先研发推出定位下一代的世界首款无钴材料电池，并在 2020 年 5 月正式发布两款无钴材料电池新品（115 Ah 电芯、226 Ah 薄片长电芯），开创了动力电池的全新品类。蜂巢能源无钴电池产品具有高能量密度、高寿命、高安全的三大核心优势，可实现电动汽车超过 800 km 的续航，为电动汽车的未来发展提供了全新的解决方案。与此同时，蜂巢能源同步开展主流高镍三元成熟电池的研发优化，以及固态电池、锂硫、锂空气电池等前沿技术产品研发。在工艺创新引领方面，蜂巢能源在全球范围内创新性地率先将高速叠片工艺应用在方形硬壳电池领域，生产推出方形叠片三元电池，开创并引领动力电池行业进入叠时代。高速叠片工艺是打破主流卷绕电池瓶颈的下一代电池工艺。蜂巢能源量产工厂叠片效率目标为单工位 0.125 s/片。相比同类型卷绕工艺电池，蜂巢能源的叠片电池能量密度提升 5%，循环寿命提升 10%，成本降低 15%。

五、主要新产品

序号	产品名称	产品型号	产品应用
1	电池	51 Ah	长城 vv7
2	电池	156 Ah	长城好猫
3	电池	104 Ah、114 Ah	长城欧拉 R1

弗迪电池有限公司

一、单位概况

在二次充电电池领域，弗迪电池进行全产业链布局，从矿产资源开发到电池包产出、梯次利用、产品回收；技术上，具备深厚的材料研发实力，精湛的电芯以及封装设计能力。弗迪电池拥有完备的大规模全自动化生产线，处于国际领先水平；产品涵盖钴酸锂电池，磷酸铁锂电池，三元电池，广泛被应用于电子产品，电动汽车，储能等领域。

二、技术进展与研发能力

电池于 2020 年 3 月推出刀片电池。刀片电池运用“叠片工艺”把一片片极片压在一起，又把外部造型很规则的电池一片片阵列排布，加上去模组结构，使得电池包空间利用率有大幅提升，紧密排列的刀片电池既充当电池，又充当结构件。相比于传统电池包，刀片电池包的零件数量减少了 40%，体积利用率提高 50%，空间利用率可达到 60%，意味着，同等空间下的刀片电池包电量更大，拥有更长的续航里程。

三、发展规划

弗迪电池与整车厂无缝合作，积累丰富经验，打造了专业的开发及服务团队，拥有全面的预知及应对机制。已应用车型超过 40 款，涵盖乘用车、商用车、专用车等领域。

1. 全产业链布局：具备动力电池完整的研发及生产体系，包括矿产资源开发、材料研发制造、工艺研发、电芯研发制造、BMS 研发制造、模组研发制造、电池包开发制造、梯级利用回收。

2. 强大的产品研发能力：以基础材料研发为基石，以电池性能为中心，以创新技术为导向，进行全方位研发布局；在固态电解质、复合隔膜、电解液等领域都有深入研究。

3. 设备及测试能力：先进、全面的设备研发能力；完备的测试能力。

4. 智能制造：智能化、信息化、工业 4.0。

湖北亿纬动力有限公司

一、单位概况

湖北亿纬动力有限公司（以下简称亿纬动力）成立于 2012 年 7 月，是惠州亿纬锂能股份有限公司（股票代码：300014）的子公司，有员工 3 500 余人，产品涵盖锂离子动力、储能电池、电池集成系统，广泛应用于新能源电动车、电动船和储能领域。亿纬动力的愿景是“做世界上最好的锂电池，成为行业领先企业”，以进入全球动力储能电池第一阵营为目标。经近 5 年的快速发展，动力电池装机量排名稳步上升，2017 年动力电池装机量排名第八，2018 年装机排名第七，2019 年装机排名第五，截至 2020 年装机排名第三。商用车市场连续 3 年排名第三。2020 年 LFP 装机市场排名第三；软包三元刚上市，即排名市场第五。

公司秉承高质量发展战略，继续加大动力电池新技术新产品的研发力度，支撑该业务的快速成长。公司坚守“安全可靠是锂电池自然属性”原则，为万物互联及能源互联网服务，为各种“电动化、无绳化”提供电池解决方案，为中国电池行业持续、健康、快速的发展作出应有的贡献。

二、生产与经营

2020 年，虽受新冠肺炎疫情、中美贸易摩擦等外部环境影响，公司始终聚焦于既定的年度经营计划，灵活应对国内外市场的变化，在保证产品链的稳定、保证产品质量和交付的前提下，取得了良好的经营业绩。公司充分发挥技术和研发优势，洞悉市场，勇于创新，优化和完善产品系列，为客户提供更为全面的电源解决方案。与客户、供应商的紧密沟通，采取多项措施提升成本优势和管理效率，进一步提高了公司的综合竞争力。主营业务实现营业总收入 816 180.62 万元，与 2019 同期相比增长 27.30%，其中全资子公司湖北亿纬动力有限公司营业收入 25.81 亿元；基于参股公司思摩尔国际非经常性和非现金项目计提的影响，归属于母公司股东的净利润为 165 203.44 万元，比 2019 年同期增长 8.54%；。

公司采用增发方式向特定对象发行股份，实际募集资金净额 24.77 亿元用于“面向 TWS 应用的豆式锂离子电池项目”“面向胎压测试和物联网应用的高温锂锰电池项目”“三元方形动力电池量产研究及测试中心项目”并补充流动资金。募集资金投资项目的实施,有利于公司抓住 TWS 耳机快速增长和 TPMS 强制安装政策实施带来的市场机遇,充分满足市场和客户不断增长的需求,提升公司综合竞争实力;同时依托技术优势,进一步提高公司研发实力和产品质量,推动产业升级。在产品售后服务方面,公司服务体系逐渐完善。报告期内,子公司亿纬动力通过了 NECAS 全国商品售后服务达标五星级、CTEAS 售后服务体系完善程度七星级认证,售后管理水平的持续优化。

三、产品出口

2020 年,亿纬陆续获得华晨宝马、德国宝马等多家供应商定点。

四、产能建设

新能源市场的迅猛发展,亿纬动力进一步扩产满足客户和市场的需求。公司拥有三大生产基地,分布在湖北荆门、广东惠州、江苏启东,预计到 2021 年底,亿纬动力可形成产能为 50 GWh,2024 年前完成 200 GWh 产能建设,供货动力储能市场。公司同步完善全球化布局,规划启动海外生产基地建设。

五、技术进展与研发能力

亿纬动力一直强调以技术和质量促进企业发展,坚持“创新驱动发展”理念。2020 年研发投入大于营收 8%,属于国际领先水平。20 年来,由董事长刘金成博士带领的亿纬研发团队,在攻克锂电池关键技术的道路上不断前行,其带领的研究院由 40 多名博士领衔、拥有超过 1 200 人的研发人员。研究院占地 5 万 m^2,研发设备价值 4.3 亿元,并拥有十大实验室、八大电池研究所,涵盖材料、电芯、模组、系统研究,覆盖动力电池及未来电池技术领域,已申请 2 600 余件国家专利。测试中心获中国合格评定国家认可委员会(CNAS)授予的实验室认可证书。公司通过 TUV NORD 的 ISO 26262 国际认证和欧洲汽车工业协会安全最高级 TISAX 评估,标志亿纬具备设计与制造符合国际功能安全标准产品能力和满足欧洲车企信息安全要求能力。

亿纬动力已拥有动力储能电池多项关键技术,并在固态电池、锂硫电池、燃料电池等前沿技术方面深度布局。

六、合资合作及重大项目建设

亿纬动力协同华友钴业、德方纳米、贝特瑞、新宙邦等优质上游企业进行投资,强化产业链合作协同,推进全球化战略布局,保障关键资源的供应和利用效率,全面提升市场竞争力。先后获批国家工信部“智能制造新模式应用项目”、国家发改委“双创支撑平台项目”“湖北省博士后创新实践基地”“湖北省锂电池工程技术研究中心”“湖北省智能制造试点示范单位”“湖北省企业技术中心”“动力电池系统设计技术湖北省工程研究中心”“湖北省工业设计中心”。

七、发展规划

继续聚焦“高质量发展”战略,明确技术创新、产品创新对公司发展的重要意义,不断强化在行业内技术领先地位,继续提高产品品质。在新的环境和条件下,公司将以“打造最具创造力的锂电池龙头企业”为新愿景,在极度认真地做好各项运营工作的同时,拿出放眼全球格局、对标世界一流水平的勇气,奋力站上新的一流平台。

赣州市亿鹏能源科技有限公司

一、单位概况

赣州亿鹏能源科技有限公司(以下简称亿鹏能源)成立于 2018 年,是惠州市亿鹏能源科技有限公司全资子公司,注册资金 7 000 万元。总部位于惠州市惠城区水口街道东江工业园,是一家专注于新能源汽车动力锂离子电池系统和储能设备用锂离子电子系统的高新技术企业。公司主营业务为插电式混合动力汽车和纯电动汽车锂离子动力电池及系统的研发、制造、销售和服务。亿鹏能源是郑州宇通、苏州金龙、厦门金旅、上海申龙、南京金龙、奇瑞、东风商用等十几家大型汽车企业的正式供应商,尤其在混合动力客车细分市场,亿鹏能源电池凭借领先的技术优势,丰富的行业经验,快速的占领了市场,赢得了良好的口碑,行业排名位居全国前列。

二、生产与经营

装配亿鹏能源电池的商用车运行在北京、上海、广州、苏州等上百家公交客户和运营单位,并随整车出口菲律宾、马来西亚等国家和销往中国澳门、台湾地区,运营总里程超过 10 亿 km。

三、产能建设

亿鹏能源已形成从锂电池电芯,电池系统和废旧电池回收循环利用为一体的完整产业链。赣州有两个生产基地,一期生产厂房面积 2.4 万 m^2,拥有两条生产线,年产能 0.5 GWh,项目投资 2 亿元,于 2019 年初已完成投产;二期占地面积 100 亩,总建筑面积 9.2 万 m^2,拥有生产厂房 2 栋,仓库 2 栋,办公大楼 1 栋和员工宿舍 3 栋,规划年产新能源锂电池 5 GWh,总投资 20 亿元,预计全面投产后年销售额达到 60 亿元。

四、技术进展与研发能力

亿鹏能源汇集了一大批专业技术和管理人才,研发团队由海外归国的电池和 BMS 专家组成,在国际主流的锰酸锂电池技术的基础上自主研发了高功率锂离子动力电池,技术性能居领先地位;BMS 采用国际先进的实时动态自适应技术,保障电池系统的安全、可靠和长寿命。技术工程中心配备国内先进,安全可靠的锂离子电池实验室,具备 GB/T 31484,GB/T 31415,GB/T 31486 测试能力。亿鹏能源通过了 GB/T 24001—2016/ISO 14001:2015 环境体系,IATF 16964:2016 质量体系等体系证书。公司还建立了遍布全国的售后服务网络，获得 GB/T27922《商品售后服务评价体系》五星级标准认证。

五、主要新产品

序号	产品名称	产品类型	产品系列
1	软包磷酸铁锂电芯 20 Ah	能量型—磷酸铁锂	YPF89118170
2	软包磷酸铁锂电芯 51 Ah	能量型—磷酸铁锂	YPF12166246
3	软包磷酸铁锂电芯 68 Ah	能量型—磷酸铁锂	YPF118213245
4	软包锰酸锂电芯 16 Ah	功率型—锰酸锂	YPMP16N
5	软包锰酸锂电芯 26 Ah	功率型—锰酸锂	YPMTP 26 Ah

续上表

序号	产品名称	产品类型	产品系列
6	软包锰酸锂电芯 48 Ah	功率型—锰酸锂	YPMTE 48 Ah
7	海狮纯电动物流车（4.8～5.3m）	能量型—磷酸铁锂	41.08～51.8 kWh
8	纯电动公交客车（6～12 m）	能量型—磷酸铁锂	68～300 kWh
9	混合动力客车（8～12m）	功率型—锰酸锂	20～60 kWh
10	混合动力重卡（49 t）	功率型—锰酸锂	5.5～55 kWh
11	氢燃料电池客车（8～12 m）	功率型—锰酸锂	30～60 kWh
12	氢燃料电池物流车	功率型—锰酸锂	42.6 kWh

大连中比能源科技有限公司

一、单位概况

大连中比能源科技有限公司，坐落于大连市花园口经济区，是中比能源科技股份有限公司的全资子公司（Nasdaq：CBAT）。公司注册资本 6 000 万美元，总投资 1 亿美元，占地面积 15 万 m^2。

2006 年，中比能源在纳斯达克上市，成为中国第一家在美国上市的锂离子电池生产企业；2013 年，中比能源在大连成立了全资子公司大连中比能源科技有限公司，建有大型研发及生产基地，重点聚焦动力电池业务；2014 年，中比能源将总部迁往大连。

中比能源致力于世界新能源和环保科技产业的发展，以电能驱动无限可能。凭借在研发、制造等主要领域的技术优势和国际先进的自动化生产线，解决方案的应用范围覆盖交通、储能及后备电源、电动工具等领域。

二、生产与经营

大连中比能源科技有限公司是一家全球领先的集锂离子电池研发、生产、销售为一体的高新技术企业，专业提供从电池、模块到封装系统的全套服务。2014 年初，大连中比一期工程竣工，同年年底投产；2016 年初，通过扩建改造，产能达到 1 GWh；二期工程已于 2017 年初竣工。公司下设 2 个生产厂房、1 幢办公楼和 2 个仓库，分别配备了单电芯和 PACK 组装生产线、研发中心、检测中心、成品仓库和材料仓库。占地总面积 160 000 m^2，其中建筑面积占地 70 000 m^2。

三、产品出口

诚信和财务实力使大连中比能源科技有限公司成为中国最大的高品质锂离子电池及系统生产商和出口商之一。自公司成立以来，在锂电池进出口业务方面积累了经验。积极开拓国际市场，并在美国，以及欧洲，东南亚和南美的市场建立了强大的海外业务销售渠道。在世界各地的客户中赢得了良好的声誉。

四、产能建设

大连中比能源科技有限公司现已建成产能 0.75 GWh，2021 年 8 月将建成产能达到 1.5 GWh（包括自动装配线、自动化成系统及包装自动线），2021 年 11 月预建成产能达到 2.3 GWh（预建项目中包括连续出浆系统、制片段设备、自动装配线、自动化成系统扩产及包装自动线），3 年内规划产能达到 5 GWh。

五、技术进展与研发能力

公司专注于 26650、32140 等不同系列圆柱锂离子电池的研发、生产与销售。产品按照功能可分为长循环寿命型、高能量密度型、高功率型、超低温型等四大系列，被分别应用于高端欧美家庭储能、乘用车、大型 UPS、航空航天等领域。

大连中比能源科技有限公司拥有技术人员 50 余人，其中硕士学历 10 人，博士学历 2 人；拥有扫描电镜、X 射线衍射仪、比表面分析仪、ICP 等先进分析设备，拥有国内锂电业最先进的测试实验室、动力电池安全与可靠性实验室，在“自主研发为主，引进吸收为辅；引导产业发展，抢占行业高地”的研发战略的指导下，依托多层次的研发体系，先进的研发设备和巨资的研发投入，比克已取得了行业领先的研发成就。拥有长循环电池研发及组装技术、高能量密度电池研发及组装技术、高功率电池研发及组装技术、超低温电池研发及组装技术等核心技术。

大连中比能源科技有限公司研发生产的圆柱形电池与方形电池相比，具有生产效率高、电池一致性好等优点。特别是成组方便，适应用于欧美家庭储能这种对系统体积要求比较严苛的应用环境；大电池不具备高功率放电能力，无法应用于乘用车启停电源领域，而大连中比的 26650 高功率电池、32140 高功率电池完全适用于该领域。大连中比动力电池有限公司近期开发的超低温电池，可以在 －40 ℃ 到 －50 ℃的温度下正常工作，即在高纬度和高海拔低温环境中稳定使用——超低温环境中的储能、基站、交通、无人机、航空航天领域以及其他需要超低温电池的特定环境。研发中心具有独立的研发实力和自主知识产权，共申请专利 102 项、授权专利 57 项、其中发明专利 7 项、实用新型专利 33 项、外观设计专利 17 项。

六、主要新产品

序号	产品名称	产品型号	产品应用
1	77.6 kWh 动力电池系统	BHWBB902	大运纯电动物流车
2	80.5 kWh 动力电池系统	B304	唐骏两箱物流车
3	90.5 kWh 动力电池系统	BM01	鹤山东风两箱物流车
4	43.22 kWh 动力电池系统	BHWBA201	东风 4.2 m 厢式物流车
5	29.988 kWh 动力电池系统	ZPWN1798A	东风 1.75 T 高电压平台项目
6	29.22 kWh 动力电池系统	BHWHA215	东风 1.75 T 物流王项目
7	27.6 kWh 动力电池系统	BHWBA204	东风 1.5 T 物流宝贝项目
8	18.414 kWh 动力电池系统	BHWNA802-R	奇瑞 S51EV-150 km 项目
9	7.26 kWh 动力电池系统	BR01	汉唐低速车
10	7.18 kWh 动力电池系统	BAKPAP02VY 2234	万欣转运车
11	10.7 kWh 动力电池系统	047wK900100	雷丁 SC-3 低速车

七、合资合作及重大项目建设

2005 年，全球首家实现磷酸铁锂产业化（与 A123 合作）；2008 年，承担 863“节能与新能源汽车”重大项目，与 Valence 合作，向其提供 26650 高倍率铁锂电芯；2009 年，全球首款 EV 动力电池开发成功，BMW mini 装车成功并成功通过 HP、Dell 认证。2009—2013 年与知名汽车企业合作，如奇瑞，一汽等。2016—2017 年，与东风、大运等达成战略合作协议，批量交付电池系统；2020 年，大连中比将纳斯达克股票代码改为 CBAT，并向欧洲、澳大利亚、北美市场客户批量交付储能电池。

八、发展规划

大连中比能源科技有限公司未来 3 年计划继续扩大产能，发挥本公司圆柱型电池的技术优势，进一步开拓海外储能市场，同时积极研发 32140 等一系列大圆柱电池，进军电动自行车及乘用车市场。

广州鹏辉能源科技股份有限公司

一、单位概况

鹏辉能源（深圳创业板，股票代码 300438）成立于 2001 年，注册资本 4.2 亿元，20 余年来一直专注于锂电池生产制造与研发，公司业务范围已覆盖数码消费类电池、新能源汽车动力电池、储能电池以及轻型动力电池、电动工具电池等众多领域，全面实现了新能源产业链的完美覆盖，并率先实现规模化生产，拥有自主知识产权，主要技术指标处于国内、国际先进水平。

二、技术进展与研发能力

柔性石墨烯基电池技术、TWS 耳机扣式高电压快充技术、高能量密度磷酸铁锂技术、磷酸铁锂低温超导技术、超级快充技术、无极耳大圆柱电池技术、48V 微混动力系统技术、钠离子电池。

三、主要新产品

序号	产品名称	产品型号	产品应用
1	2120200-D-OML（前箱） 2120210-D-OML（后箱） 方形铝壳电池系统	ER30	东风汽车
2	2120200-EM10001 方形铝壳电池系统	EM10	东风汽车
3	23650635、23650637 方形铝壳电池系统	E200	上通五菱
4	23629832、23629829 方形铝壳电池系统	E100	上通五菱

荣盛盟固利新能源科技有限公司

一、单位概况

荣盛盟固利新能源科技有限公司成立于 2002 年 5 月 27 日，是一家专注于新能源汽车锂电子动力电池研发、生产及产业化应用推广的国家级高新技术企业，涵盖动力电池关键材料、单体电芯、电池模组、系统集成和 BMS 的完整技术链条，成功开发出高功率型、高能量型、能量功率兼顾型等动力电池产品。累计承担国家重点研发计划项目、国家发改委战略性新兴产业专项、北京市科委新能源汽车产业培育专项等国家和省部级重大研发及产业化项目 40 余项，参与制定国家、行业标准 17 项，申请专利 400 余项，荣获“国家科技进步二等奖”、“北京市科技进步一等奖”等省部级以上科技奖项 15 项，拥有“国家火炬计划重点高新技术企业”资质，已发展成为中国动力电池行业的重点骨干企业。

2008 年北京奥运会，实现全球首次纯电动公交车商业示范运营。承担 2010 年上海世博会纯电动公交车项目，成功实现了零故障、零排放、安全运行的承诺。2010 年广州亚运会期间，为纯电动和混动汽车提供的电池系统性能表现优异。全气候动力电池，能够实现在 −40 ℃及以下的低温条件电池快速、稳定自加热的性能，2022 年将正式亮相北京—张家口冬奥会。

二、生产与经营

1. 经营情况

2020 年，营业收入达到 95 028.60 万元，同比增长 12.0%。

（1）主营业务乘用车领域动力电池产品销售情况。2020 年，乘用车全年销售收入达到 2.35 亿元。上汽大通持续供货,奇瑞新能源、大运汽车项目批量销售;上汽通用五菱小批量生产。

(2)主营业务商用车领域动力电池产品销售情况。2020年,商用车实现销售收入5.79亿元。在客车PHEV领域完成了1 723套的销售量,占全年客车PHEV总市场的37%。其中,在厦门金龙客车PHEV的占有率为100%,在宇通客车PHEV的占有率超过95%。在客车EV领域,完成了全部主要客户布局,包括宇通、中通、金龙、福田、中车等。

2. 生产情况

2020年,共生产电芯单体0.76 GWh,同比增长33.3%。全年PACK完成1.12 GWh的交付任务,同比增长167.4%。

三、产品出口

2009年向美国伊顿公司出口混合动力公交车用高功率电池系统,成为国内第一家出口动力电池的科技企业。持续向EnerDel、Forsee Power、XL Fleet、AVL等多家公司出口多系列高功率电芯和模组产品,高功率电池单体累计出口超过150万支,应用于3万余套室内燃料电池混合动力叉车,在北美市占率超过80%。

四、产能建设

1. 2020年产能建设

战略布局五大基地:北京总部和研发中心、天津制造基地、南京制造基地、山西大运制造基地、广西柳州PACK制造基地,规划总产能超50 GWh。北京总部研发人员近500人,其中博士和硕士占比超50%。天津基地单体电池生产线的自动化率达到88%,自动化水平在国内动力电池行业中处于领先水平,生产LFP、三元等主流电芯和PACK产品。南京基地按照国际先进水平规划设计,生产拥有自主知识产权和独特竞争优势的全气候电池和全新高性价比超级电池。山西大运基地,主要服务中西部区域客户。广西柳州PACK基地,业务辐射西南区域,保障此区域制造、交付需求。

2. 重点建设项目

(1)天津一期LFP280产能扩建项目,2020年底,完成产线设备90%的安装工程,2021年3月带料试生产。

(2)天津柔性中试线建设,2020年10月,完成软包柔性产线和方形铝壳柔性产线建设,满足软包和方壳电池样品的开发和试制工作。

(3)天津二期590产能新建项目,2020年5月,在天津二期新建590产线,年产4.3 GWh,2021年12月启动试生产,实现达产。

(4)广西柳州PACK工厂扩建项目,2020年8月,完成广西柳州基地的PACK产线扩建项目,业务辐射西南区域,保障上汽通用五菱等重要合作伙伴的制造交付需求。

五、技术进展与研发能力

1. 前瞻技术成果

(1)全气候电池全国首创,荣盛盟固利新能源科技有限公司率先将全气候单体电池(ACB)技术工程化,首创全气候电池系统集成技术,开发出可在低温下快速自加热的锂离子动力电池系统。电池自加热速度达到5 ℃~7 ℃/min,是现有产品的10倍以上,每升温10 ℃耗电量仅为2%的额定电量,可在-40 ℃超低环境温度下正常运行,彻底解决了电动车低温运行难问题,为高寒地区新能源汽车推广奠定基础。2020年6月高比能全气候电池量产,获国家发改委的认可和大力支持,被列入增强制造业核心竞争力三年行动计划(2018—2020年),获项目资金支持1.06亿元,支持广汽、一汽、福田、北汽奔驰等主流企业全气候电池车型开发。

(2)极速快充技术,已积累大量关于电池降低内阻实现快充的技术基础,已开发出2C快充电池,搭载公交产品应用。未来可基于高比能量电池,完成极速快充产品开发,增强产品竞争力。

2. 电芯产品

(1)三元软包电池。三元EV电池高端产品能量密度超310 Wh/kg,已在沈航锐翔4座飞机进行了小批量试用,飞行时间持续近3 h。经历4代迭代的三元HEV 6 Ah高功率电池性能指标优异,功率密度达7 000 W/kg。

(2)方壳铁锂电池。2020年,磷酸铁锂产品已实现批量销售。方壳304 Ah电池0.5C/0.5C,25 ℃,100% DOD循环次数可达5 000次(EOL容量为BOL的80%),赶超行业整体水平,满足国标测试标准。

(3)钛酸锂软包电池。2005年起开发钛酸锂电池,拥有相关技术专利十余项。所有型号产品均已通过锂电池国家标准安全测试项目。先后为常州有轨电车、德令哈有轨电车及“复兴号”标准动车组项目提供多套储能系统。在售25 Ah和40 Ah产品,寿命可达2万次,广泛应用于轨道交通、快充客车、储能调频、工业用车等。

(4)锰酸锂软包电池。在锰酸锂PHEV开发方面行业领先,于2018年承担了科技部国家重点研发计划新能源汽车重点专项“高比功率长寿命动力电池及新型超级电容器技术开发”项目。已量产的快充型锰酸锂48 Ah电池能量密度达到200 Wh/kg,循环寿命突破5 000次,客车PHEV领域市占率领先。锰酸锂HEV 25 Ah电池低温性能好,功率性能强,成本可贴近磷酸铁锂电池,可8C充放电,寿命5 000次,广泛应用于重卡车型,在国际混动市场上具有较强的竞争力。

3. 模组及系统

(1)乘用车模组。355标准模组已批量应用于大通、奇瑞、上汽通用五菱等客户。2020年,开发的590 CTP模组,模组能量密度可达240 Wh/kg。该模组已与大运、奇瑞等客户达成合作意向。

(2)新一代高比能量快速加热商用车标准箱系统。在标准C箱和G箱尺寸、电压等级不变的前提下,开发了高比能量快速加热的新一代标准系统,电池系统的成组效率可达93%以上,远超行业91%的水平;比能量达到170 Wh/kg,超过行业160 Wh/kg的6%。

六、主要新产品

序号	产品名称	产品应用
1	590 CTP大模组	奇瑞纯电动轿车、大运纯电动轿车等
2	方壳304 Ah电芯	宇通纯电动客车、中通纯电动客车等

七、合资合作及重大项目建设

2020 年 9 月 28 日，在江苏省南京市六合区，新建 30 GWh 动力电池产业园一期 12 GWh 项目开工，计划于 2021 年底投产。项目总投资 120 亿元，一期达产后可实现年销售收入 120 亿元，税收约 6 亿元。该项目对标国际先进水平规划设计，生产拥有自主知识产权和独特竞争优势的全气候电池和全新高性价比超级电池，产品面世后将填补国内技术空白。

八、发展规划

坚持高端研发中心、智能制造中心定位，围绕绿色发展理念，2024 年前在全国主要经济圈京津冀，珠三角，长三角，成渝等建立 50 GWh 以上动力电池制造工厂；2024 年实现销售额达 300 亿元，市占率达 15%，综合实力挺进国内前 3；力争 2022 年实现科创板上市，在未来 10 年内全面布局产业链上游，实现产值超 1 000 亿元。

天津市捷威动力工业有限公司

一、单位概况

天津市捷威动力工业有限公司（以下简称捷威动力）成立于 2009 年，主要投资方为上海复星高科技（集团）有限公司、陕西煤业化工集团有限公司和悦达汽车发展有限公司，注册资本 91 370 万元。总部设在天津，拥有天津、盐城、嘉兴三大生产基地。捷威动力专注于新能源动力与储能，聚焦于乘用车领域软包叠片动力电池研发、制造与销售，旨在为全球提供绿色、安全的智慧新能源解决方案。捷威动力为国家高新技术企业，依托于国家企业技术中心、天津市锂离子动力电池企业重点实验室、天津市院士专家工作站等平台，具备单体电池、BMS、电池系统的完整开发能力，以及全产品体系的仿真能力。捷威动力与清华大学、南开大学、国家动力电池创新中心、中科院物理所/化学所等知名机构建立了良好合作关系。截至 2020 年，累计申请专利 428 项，其中发明专利 183 项，先后承担国家项目 14 项，地方项目 7 项。与长城、上汽、奇瑞、合众、国机等国内主机厂形成了良好的配套关系，已进入现代汽车全球供应商体系，相关产品完成技术论证。

二、生产与经营

捷威动力主要面向奇瑞、东风、长安、上汽、吉利、长城、广汽、江淮、现代、丰田、福特等国内外新能源乘用车企业，持续多年获得客户认可。截至 2020 年 12 月，累计装机运行车辆超过 8.7 万辆，单车最长累计行驶里程超过 26 万 km，在快充使用条件的情况下，能量保持率高于 85%。

在 BEV 方面，捷威动力 260 Wh/kg 高能量密度电芯已进行规模量产，未来定位 300 km 及以上续航里程。在 HEV 方面，捷威动力已经获得了现代汽车、东风汽车的项目定点。未来两年，将陆续实现批量化供货。

三、产品出口

插电式混合动力与钛酸锂电池长期出口欧美等国家和销往中国台湾地区。

四、产能建设

捷威动力已建成年产 4.3 GWh 动力电池的能力，其中天津基地 1.5 GWh，盐城基地 2.5 GWh，嘉兴先导项目 0.3 GWh。为进一步提升规模效应，盐城基地二期 4 GWh 计划 2022 年投产，届时，盐城基地产能将提升至 6.5 GWh。嘉兴签基地一期规划产能 8 GWh，二期规划 20 GWh。规划新增基地 2 处（湖州 + 黄石），至 2026 年计划达到 61 GWh 产能，总投资约 210 亿元。

五、技术进展与研发能力

捷威动力具备电芯、模组、BMS、电池系统的完整开发及全产品体系的仿真能力，采用国际先进的锂离子电池制备技术和工艺，聚焦于乘用车领域和软包叠片技术，专注于生产软包叠片锂离子动力电池产品，用于满足 PHEV（插电式混合动力汽车）、BEV（纯电动汽车）、HEV（混合动力汽车）等高端新能源汽车的应用需求，拥有完善的汽车关键零部件产业链，已成为国内主流动力电池企业。研发投入 2 大设计中心，6 大设计平台，拟增加投资额 8 亿元。

研发人员占比 23%，博士 26 人，硕士 166 人；2023 年拟增加到 2 500 人，占比 30%。发明专利 183 项，天津市高价值专利项目试点。承担国家项目 14 项，地方项目 7 项。

六、主要新产品

序号	产品名称	产品型号	产品应用
1	BEV 电芯	47.5/53.5/51 Ah	奇瑞、合众纯电动乘用车
2	PHEV 电芯	37 Ah	奇瑞、中华插电式混合动力乘用车
3	商用车电芯	30/70/46 Ah	商用车
4	BEV 标准模组	2P6S/3P4S/4P3S	纯电动乘用车
5	PHEV 标准模组	1P12S	插电式混合动力

七、合资合作及重大项目建设

与欧美、日韩等国际客户洽谈项目合作开发。

智能工厂建设采用先进的锂离子电池制备技术和工艺，实现产线自动化、信息化、智能化全覆盖。

八、发展规划

拥有创新性的核心技术，2022 年电芯能量密度 300 Wh/kg，2025 年电芯能量密度 400 Wh/kg。性能驱动产能，适度超前配置，2026 年产能达到 61 GWh；2030 年市场占有率达到 15% 以上，2022 年科创板 IPO 申报。

华霆(合肥)动力技术有限公司

一、单位概况

华霆动力公司是一家主要从事新能源汽车动力系统总成及关键零部件的研发及制造的国家级高新技术企业，公司成立于2010年4月19日，核心业务为设计和制造乘用车动力电池系统(含成组及管理系统)，除此之外，作为战略业务，公司在电机及驱动器、热电池、辅助动力系统等领域实现了技术储备。企业研发团队15%以上拥有硕士以上学历，其中包括来自特斯拉汽车(Tesla Motors)，麦格纳(Magna Powertrain)，A123 Systems，泰科电子(Tyco Electronics)，以及硅谷的资深专家和创业者。核心团队成员均具有10年以上电池、电机、驱动系统的开发、设计经验，累计具有数十余款电动汽车项目的开发资历和经验。平均年度累计开发项目数达35项，累计申请自主知识产权1 000余件，其中发明专利授权79件，2020年华霆动力实现产值10个亿，目前已成功为国内江淮、北汽、长城、上汽、东南、云度等十多家整车厂供货，并达成迭代研发长期合作意向。

随着产业市场的发展，华霆动力不断壮大团队建设，公司在美国成立研发事业部、合肥市经开区锦绣大道119号建立江淮华霆合资有限公司、莆田建立华霆动力莆田分公司，印度成立海外分公司基地和常州成立华霆(常州)动力技术有限公司，占地面积7 000 m^2，累计产能4 GWh/年，出货量40 00多台，装载车辆累计行驶650多百万公里。广西柳州、安徽安庆、张家港等分公司已积极筹建，业务储能、大巴、乘用车项目已拓展到海外，力争在新能源退坡补贴和双积分的双层政策的引导下公司发展成为行业领军企业。

二、生产与经营

2020年公司产值达10.8亿元，装机量达到1.4 GWh。作为科技驱动收入增长的公司，华霆动力持续加大对研发投入，2018—2020年研发投入超过1.2个亿元。2020年公司占比中国的市场份额大于10%。

三、产品出口

公司依托技术和制造能力，以美国公司为枢纽，积极布局全球市场，已在美国和印度市场取得阶段性突破在印度Pune筹建了一支10人团队，服务于塔塔汽车、利兰等印度主要电动车企业客户，2019年已经为塔塔汽车提供922套电动电池系统。公司为硅谷自动驾驶独角兽企业Nuro(2020年取得了软银Vision基金近10亿美元投资)首款全自动无人配送车提供动力电池系统；为加拿大汽车制造商Electra Meccanica提供动力电池系统。

四、产能建设

合肥基地产能4 GWh，安庆基地产能4 GWh，莆田产能0.3 GWh和印度Pune产能0.2 GWh，广西柳州、和张家港等分公司在积极筹建。

五、技术进展与研发能力

作为国家级高新技术企业，公司注重研发的投入，技术中心研发人员超过150，其中主要研发骨干具有本科及以上学历，30%以上具备工程师职称，博士5人，硕士22人，外聘咨询顾问3人。企业技术中心已成为省内领先的科研基地。形成包括软硬件、电气、结构、热管理、工艺等动力电池系统核心自主知识产权972项，其中发明申请425项件，获得授权专利605件，其中发明授权78件。

公司拥有先进的BMS开发平台和完善的测试验证平台，并且与中国科学技术大学、安徽大学、安徽建筑大学建立长期稳定的产学研合作。经过多年的持续研发和生产实践，已掌握了高比能高安全动力电池系统生产的整套核心技术，包括热管理、热失控防护、热失控报警、快充算法、成组设计、轻量化、BMS技术、梯次利用和VDA标准模组技术等。公司具有丰富的动力电池成组能力，圆柱电芯成组、方形电芯成组、软包电芯成组方面均有多个大批量设计及生产经验。具有先进的电芯选型、筛选机制，可与上游电芯企业合作开发定制电芯，丰富、科学的单体电芯试验验证手段，保证所选用单体电芯具有优越的功能性能。

六、主要新产品

序号	产品名称	产品型号	产品应用
1	50.4 KWh动力电池系统	101121335	江淮iC5纯电动轿车
2	9.6 KWh动力电池系统	136291316	上汽通用五菱E50纯电动轿车
3	13.9 KWh动力电池系统	136291317	上汽通用五菱E50纯电动轿车
4	41.73 KWh动力电池系统	139251336	福建云度A112纯电动轿车
5	88.9 KWh动力电池系统	1.01.980183	TATA Starbus

七、合资合作及重大项目建设

公司与力神、国轩、比克等国内一线电芯企业建立长期良好的合作关系，并通过股权合作与技术实力领先行业的三星SDI建立了紧密的合作关系 。华霆与江淮的成功合作案例帮助公司与国内外13家主机厂建立了合作，甚至有国际巨头塔塔汽车、智能驾驶领域独角兽公司Nuro等企业主动前来寻求合作。与多家整车企业的合作关系，有效的分散了公司产品组合的风险，年均有30～40个项目处于研发状态，能够持续的转入量产状态，保证公司收入的稳定增长。公司独家配套安徽省先进制造业发展“一号工程”德国大众和江淮汽车合资的电动车项目，确定公司为电池包独家供应商。属首例中外新能源车合资企业采用中国公司自主研发/生产的动力系统，为中国汽车工业实现了历史性的跨越。

八、发展规划

华霆动力将进一步加大对研发的投入，专注于技术创新和提高服务客户的能力，并根据客户需求扩大生产能力，巩固在新能源汽车动力电池系统领域的领导地位。2021可产值突破25亿元。

辉能科技股份有限公司

一、单位概况

辉能科技股份有限公司成立于 2006 年,是全球第一个成功研发并量产固态锂陶瓷电池芯的创新高科技公司,连续于 2018 年、2019 成为胡润研究院《胡润大中华区独角兽指数》中新能源领域唯一入榜企,技术与量产进程领先市场5 ~ 10 年。辉能采用固态陶瓷电解质取代传统易燃易爆的聚合物电解液,创造具绝对安全性与稳定性的固态电池,并导入卷自动化式生产制程,成为全球首家走出实验室、实现大规模量产的固态电池企业。为满足各市场应用需求,辉能推出多种类的固态电池:FLCB(超薄可弯曲固态锂陶瓷电池)、PLCB(高容量软包固态锂陶瓷电池)及 MAB 固态电池包。

产品获得 UL1642、IEC62133、PSE、BSMI、RoSH、UN38.3。

二、生产与经营

2012 年发表超薄可弯曲电池产品 FLCB 后,以安全、超薄可弯曲的特性打进穿戴、消费性、IOT 与智能卡市场,与 HTC、日本软银(Softbank C & S)、Digitsole 等品牌协力推出更轻薄安全的电子产品。随着电池技术与生产规模提升,2017 年起辉能进军对电池容量与电性要求更高的新能源车市场,电芯通过欧美中日各大车厂安全测试并获得极高评价,分别与各车厂进行合作案商讨,进行样车打造。2018 年,辉能发布突破传统锂电框架的“BiPolar + 技术(双极电池)”,直接于电芯内部串并联,从机构面大幅拉升能量密度。2019 年,发表了全球首个固态电池包设计,结合双极电池技术与固态锂陶瓷电池技术,创造出颠覆性固态电池包方案,荣获全球两大科技创新奖项——美国 CES 创新奖与美国爱迪生奖金奖的肯定,并与车厂共同完成固态电池装车测试。2020 年,辉能获得国内外指标性投资管理企业注资,将募资所得应用于固态电池量产线扩张计划,加速固态电池产业化进度。

三、产能建设

自有产能部分,2013 年完成在台湾桃园市建设 G1 工厂,是全球首条实现固态电池卷片生产的产线,2017 年完成全线自动化,产能 40 MWh/年。2018 年底开始于台湾桃园兴建 G2 厂,规划产能 0.5 ~ 2 GWh/年,成为首个跃上 10 亿 Wh 级生产规模的固态电池厂。

为满足新能源市场急迫且大量的固态电池需求,辉能与车厂及相关企业合作,共同为固态电池的产业化而努力,计划将于 2022 年前在国内完成首个固态动力电池生产基地,并拓展至欧、美等重点地区,以及日本市场,布局全球次世代动力电池市场。

四、技术进展与研发能力

15 年来,专注自主研发电芯与生产技术,在全球建立 100% 自有专利布局。截至 2021 年 5 月,共有 270 张专利证书及 176 个申请,范畴广含产品、技术、机构/化学系统、设备、制程、应用等。

动力电池技术方面,辉能同时发展固态电池芯技术以及针对固态电池所发展出的机构组装技术——MAB(多轴双极电池包),发挥陶瓷固态电池本质安全与高散热能力的优势,开发出气冷式 MAB 电池包,大幅拉升成组效率,创造高能量密度、低成本的创新电池包技术。此外,辉能于 2021 年成功开发 ASM(主动安全技术),主动终结造成热失控的副反应,确保大容量、紧密排列的电动车电池包也能拥有绝对的安全性。

产品连续多年荣获多项国际奖项:

2013—2015 年,连续三年荣获 Computex 台北国际计算机展“创新设计奖”。2013—2014 年,连续二年荣获 Computex 台北国际计算机展“最佳产品奖”。2015 年 4 月,荣获 2015 年“台湾第 23 届精品奖”殊荣。2017—2019 年,连续三年荣获美国 CES 消费性电子展“创新奖”。2018 年 11 月,入榜胡润研究院《2018 第三季度胡润大中华区独角兽指数》。2019 年 4 月,荣获美国爱迪生奖(Edison Awards)“金奖”。2019 年 5 月,入榜胡润研究院《2019 第一季度胡润大中华区独角兽指数》。2020 年 5 月,入榜 CB Insights 中国动力电池科技企业榜单 2020 辉能被誉为“固态电池领军企业”。2021 年 5 月,荣获美国爱迪生奖(Edison Awards)。

上海奥威科技开发有限公司

一、单位概况

上海奥威科技开发有限公司成立于 1998 年,注册资本 6 875 万元,是上海市高新技术企业。公司总部及研发基地位于中国(上海)自由贸易试验区郭守敬路 188 号(张江高科技园区),在浦东老港拥有一个占地 66 600 m^2 的产业化基地。

作为国家高新技术企业,奥威专业从事超级电容器及其应用系统的技术开发 20 余年,是国内最早的超级电容器生产企业,也是“国家车用超级电容器系统工程技术研究中心”依托单位,已建成了国内最具规模的超级电容器研发基地。奥威拥有“上海超级电容工程技术研究中心”“上海市超级电容技术创新中心”“上海市超级电容材料及检测专业技术服务平台”“上海市企业技术中心”4 个省级研究平台。奥威先后承担了包括国家“863”计划、国家科技支撑计划、科技部重大专项及上海市科委登山行动计划等在内的国家和地方重大科研项目攻关。公司拥有超级电容器的自主知识产权,产品广泛应用于电子电器和机械制造等行业,其中 UCK 系列产品能量密度大于 100 Wh/kg,已达国际领先水平,产品已广泛应用于电动城市客车、纯电动重型牵引车、有轨电车、电动游览车、混合动力汽车、港口机械、AGV 等诸多领域,并进军以色列、白俄罗斯、保加利亚、奥地利等海外市场。

二、生产与经营

作为超级电容器行业的领军企业，奥威产品的技术水平已得到国内外广泛认可，国内外多份超级电容行业调研报告和国家发改委市场分析报告均将奥威作为中国超级电容器行业的龙头企业。2018 年奥威成为首批通过“上海品牌”认证的 53 家企业之一。2019 年获“长三角区域绿色技术应用十佳”。奥威科技超级电容技术作为新能源产业的代表，获选“一带一路”首批项目正式落户白俄罗斯工业园，产业化基地已于 2018 年 8 月正式建成投产，是中白工业园第一个建成投产的项目。具有自主知识产权超级电容器产品，已广泛应用于超级电容城市客车、纯电动港口牵引车、矿用牵引车、超级电容电动游览车、混合动力汽车、重型机械、特种车辆、太阳能风能储能等领域。

三、产品出口

奥威一直以来秉承全球化发展的战略，车用超级电容系统在纯电动公交车上的应用主要在海外，已经在多个国家开辟纯电动公交市场，并获得一系列的好评：2014 年 4 月底，保加利亚索菲亚 11 路超级电容公交示范线开通运营；2016 年 8 月，塞尔维亚贝尔格莱德和奥地利格拉茨的公交示范线开通运营；2016 年 9 月，以色列特拉维夫 4 路超级电容公交示范线投入运营；2017 年 5 月，中白合作打造的新型 18 m 超级电容公交车样车在白俄罗斯首都明斯克正式开通运营；2018 年 5 月，超级电容公交车驶入马其顿共和国最大的城市斯科普里，同月，意大利拉兹佩齐亚超级电容公交示范线正式开通运营；2019 年 6 月，超级电容电动城市客车在丹麦奥尔堡正式开通公交试运营。

奥威科技在电动城市客车用超级电容系统领域的市场占有率全球第一。2017 年在中白工业园设立白俄罗斯生产基地用于当地生产和售后，2019 年设立丹麦分公司进一步开拓欧洲市场，解决欧洲特别是北欧寒冷地区的新能源储能问题。

四、产能建设

年产各种超级电容器单体 60 万只。

五、技术进展与研发能力

奥威科技已在产品的设计、研发和制造等关键环节形成了一批具有国际先进水平的自主知识产权和核心技术成果，申请专利百余项；通过与上游企业及高校等合作开发高性能活性炭等先进材料实现国产化；具有国际先进和领先水平的无机混合型超级电容器、有机对称型超级电容器和有机混合型超级电容器技术，特别是开创了我国有机混合型超级电容器的产业化和应用之先河；以高能量超级电容器城市客车等为代表的先进超级电容电动汽车技术，在实现应用推广的同时进入了国际市场；在节能电梯、消防电梯、储能电源等一批应用成果。通过不断整合优化资源配置，扩展使用场地，购置先进仪器设备，奥威科技建成车用超级电容器系统技术开发、试验和检测的七大技术平台；在科学布局、体制创新、文化建设、人才工程等方面进行了积极探索，初步建成了“超级电容器材料应用与单体技术”、“机械总成设计”和“电气控制与自动化”三大核心特色技术团队框架，并根据企业发展，增加顾问团队成员，成立“超级电容器材料和器件”顾问分团队、“有轨电车储能系统”顾问分团队和“公交电机车储能系统”顾问分团队，已经成为国家车用超级电容器系统技术创新基地、产品开发基地、应用推广基地、技术交流合作平台、人才培养平台和标准体系建设平台。

奥威研发团队已初步形成了超级电容器材料、器件和集成技术研究、开发与评价咨询服务为一体的能力，除围绕企业经营和市场需求不断开发新产品、拓展新应用以外，还通过依托奥威的“上海市超级电容材料及检测专业技术服务平台”面向全行业提供技术综合服务。

奥威科技主持和参与制定行业及地方标准 17 项，曾获“全国职工优秀技术创新成果一等奖”“上海市科学技术一等奖”“浦东新区科学技术一等奖”等荣誉，产品已通过 ISO 9001、ISO 14001、IATF 16949、SA 8000、OHSAS 18001 等体系认证和 ROHS、CE、UL、ECER10、ECER100 等产品认证，产品还通过了阿尔斯通模拟工况、法国国际轨道交通极端试验检测。

六、主要新产品

序号	产品名称	产品型号	产品应用
1	24 V 车用超级电容器模块	MUCK 24V 2870	有轨电车、船用储能电源、功率补偿装置
2	48 V 车用超级电容器模块	MUCR 48 V196A	有轨电车、城市地铁、混合动力汽车、节能电梯
3	UCK 系列超级电容器	UCK 42 V14000C	城市公交车、隧道机车、矿用机车、码头车
4	UCK 系列超级电容器	UCK 42 V9000	城市公交车、矿用机车、船用电源、节能电梯
5	UCR 系列超级电容器	UCR 27 V3000B	有轨电车、城市地铁、混合动力车辆、节能电梯

七、合资合作及重大项目建设

2019 年 3 月 5 日，奥威全资子公司丹麦奥威科技公司 Shanghai Aowei Technology Development，国家工程中心丹麦分中心 Nordic Ultra Capacitor Engineering Research Center 分别在丹麦奥尔堡市注册成立。

八、发展规划

奥威科技的定位是超级电容的研发、制造、集成为一体的，为用户提供整体解决方案的服务供应商，包括延伸的技术售后服务。作为国内超级电容器产业的龙头企业，奥威科技将立足现有的技术优势、系统集成优势和工程化应用优势，依托工程中心和产业化基地，进一步强化现有竞争优势，同时着重进行市场开拓和推广，通过引入资本迅速做大做强，辅以行业整合和并购，将奥威科技发展成为全国乃至全球的超级电容器产业领军者。力争在 2 年实现产值过 5 亿元，发展创造新的商业模式，努力提高服务收入，成为国内超级电容器产品体系最齐全的、名列前茅的超级电容器供应商和集成商。奥威将以国家“一带一路”建设为契机，以市场需求为原则，以企业多年研发为基础，通过优化股东结构争取在上海科创版上市为目标，分阶段在 2 年内引入 1 ~ 2 家重量级战略投资者，计划在 2024 年底前完成 IPO 上市计划。

科力美汽车动力电池有限公司

一、单位概况

科力美汽车动力电池有限公司是由 Primearth EV Energy 株式会社(以下简称 PEVE)、丰田通商株式会社、丰田汽车(中国)投资有限公司与湖南科力远新能源股份有限公司、常熟新中源创业投资有限公司共同出资建立的一家中外合资企业。是 PEVE 首次在日本本土之外投资建厂,其生产的镍氢动力电池主要用于配套一汽丰田、广汽丰田国产化混合动力汽车。科力美汽车动力电池有限公司成立于 2014 年 8 月,主要产品为汽车用镍氢动力电池。工厂建设和生产准备期共两年,于 2016 年末正式投产。公司传承工匠理念,以不断优化升级改造产能,满足市场的需求。产能供不应求,为满足客户的需求,公司扩建了二、三、四期工厂,其中二工厂于 2020 年 6 月正式投产,第三、四工厂相继于 2021 年上、下半年投产,扩建项目 2021 年建成并投产。

公司总占地面积 130 930 m^2,扩建工程建成并投产之际员工预计达 900 人。在生产准备期间,PEVE 及相关日方技术人员会派驻科力美,全程做技术支持和生产调试,以确保产品在量产时的品质安全性和稳定性。科力美的产能能满足一汽丰田、广汽丰田对镍氢动力电池需求的同时,还将能满足中国国内品牌的节能车用镍氢动力电池的需求。公司将发挥各出资方的技术优势及产业链资源优势,制造综合性能优越的、最安全的汽车动力电池,推动中国汽车混合动力产业发展,实现节能及环境改善使命。

二、经营情况

科力美为打造高品质的电池产品,进行了缜密精细的各项准备工作。一方面,科力美携手 PEVE 生产技术部历时数月对设备进行精密调试,并对出现的问题逐一排查、彻底解决。以此实现坚决不给客户生产不良品的信念;另一方面是人才的培养,科力美秉承"企业发展与人才培养密不可分"的管理理念,在提高技术技能的同时,也培养了众多抱有工匠精神的优秀员工。公司生产的动力电池模块组主要搭载于一汽丰田卡罗拉双擎和亚洲龙双擎、广汽丰田雷凌双擎和凯美瑞双擎。同时,为了让更多的顾客使用优质的电池,公司一直在积极开展营业活动。例如开展对外销售的宣传和推广活动,参加各类与新能源相关的知名展会,并陆续与若干家镍氢电池包组装厂商进行了不同程度的接触与磋商。

科力美于 2016 年底正式投产,同年 12 月份产能达到 1 000 台,2017 年初开始供货,2017 年 5 月基本开始满负荷稳定运转。2018 年科力美全年销售台数达 15.7 万台。2020 年全年销售台数达 16.5 万台(含部分进口)。始终秉持着安全第一、品质是企业的根本的方针理念,推动着中国混合动力汽车的发展。此外,公司在对环境贡献方面,着眼于引领汽车节能能科技最前沿,减少车辆废气的排放;同时在社会责任方面,着眼于中国汽车工业、提供优质技术产品、供应链;创造和谐工作环境,提供更多就业机会培养更加专业的人才。

三、产品出口

产品 100% 应对中国市场需求,根据客户(丰田汽车)的经营战略,不排除将来出口海外市场的可能性。

四、产能建设

公司实行三班两运转体制,即保证了机器设备的 24 h 运转。2017 年 5 月基本开始满负荷稳定运转,2018 年内实现了满产目标。为了满足客户的需求,公司在不断优化现有产能的同时,也全力投身于扩建的相关工作。扩建项目将于 2021 年下半年全部建成并投产,未来将更好地满足中国混合动力汽车市场的需求。

五、技术进展及研发能力建设

产品采用日本 PEVE 和丰田汽车最新、最安全的产品设计和制造工艺,不断与 PEVE、丰田汽车更新的技术相匹配,在提升产品性能的同时也力争降低成本。为了制造更严格质量标准的电池、赢得更多客户的信任,科力美一直在努力。

六、主要新产品

序号	产品名称	产品型号	产品应用
1	汽车镍氢动力电池模块组(28 模块)	G9028-02010	一汽丰田卡罗拉双擎 & 广汽丰田雷凌双擎
2	汽车镍氢动力电池模块组(34 模块)	G9028-06010	一汽丰田亚洲龙双擎 & 广汽丰田凯美瑞双擎

七、合资合作及重大项目建设

合资状况:Primearth EV Energy 株式会社占 41%、湖南科力远新能源股份有限公司占 40%、常熟新中源创业投资有限公司占 10%、丰田汽车(中国)投资有限公司占 5%、丰田通商株式会社占 4%。

八、发展目标与规划

积极进行对外销售的宣传和推广活动,加强与潜在客户的接触与技术交流;积极应对市场需求,扩大生产规模,以更好地满足中国混合动力汽车市场的需求。

科力美公司着眼于环保科技的最前沿,将积极为环境事业和汽车新能源产业作出更大的贡献。

风帆有限责任公司

一、单位概况

风帆有限责任公司,直属中国船舶集团有限公司,始建于 1958 年,"一五"期间国家 156 个重点建设项目之一,一直承担着国家起动型、动力型军用电池的研发、生产任务。

风帆一直承担着国家小型军用电池的研发、生产任务,包括航空、装甲、坦克、海航等多系列产品，是东风猛士、北汽勇士战车等高端军车的独家配套企业。国庆35周年、50周年、60周年和纪念抗日战争胜利70周年“9·3”阅兵、建军90周年阅兵场均由风帆提供产品与服务保障，并先后得到国务院、国家军委、总装备部表彰和嘉奖。风帆先后通过国军标 9001A—2001 和 ISO/TS 16949:2002 质量管理体系认证，ISO 14001 和 ISO 18001 环境和职业健康安全管理体系认证。

二、经营情况

2020年实现销售收入95.47亿元，利润总额3.89亿元。

三、产品出口

汽车电池，2020年出口到东南亚、非洲、欧洲等地区，出口金额约2710万元

四、产能建设

风帆有限责任公司已经具备年产3 000万只（约1 GWh）的数码类锂离子电池和小型动力电池的产能，动力电源分公司具有年产1.5 GWh的动力电池和70万套48 V混动系统车载电源产能。

五、技术进展及研发能力建设

拥有博士后科研工作站和发改委、科技部双认定的国家级企业技术中心，是国家高新技术企业，被国家知识产权局确定为第三批全国企事业知识产权试点单位取得国家认可委（CNAS）颁发的“国家实验室”和“国家军用实验室”认可证书、通信设备入网许可证、中国船级社CCS认证，通过国军标9001C和IATF 16949质量管理体系认证。锂电池通过CB、UL等25项产品三方认证。工业电池通过泰尔、UL、CE、CRCC、中国船级社、俄罗斯船级社型式认可。

六、主要产品

序号	产品名称	产品型号	产品应用
1	电芯	FC-N08-50G1M7-01SH	—
2	电芯	FC-N10-60G1M7-01SH	—
3	12VEV 起动电源	FS-F15-012030-00SS	—
4	12VICE 起停电源	FS-F14-012040-00SS	—
5	48VP0 混动电源	FS-N08-048008-00SM	—
6	48VP2 混动电源	FS-N10-048020-00SM	—

七、合资合作及重大项目建设

重大项目建设：动力型锂离子电池项目、汽车用动力电源研发中心项目。风帆有限责任公司与上海大学、大连化物所开展长期合作，主要研究动力锂离子电池技术及先进储能电池技术。2015年与中国科学院大连化学物理研究所在北京正式签订战略合作协议，并一同为先进电池技术联合研发中心揭牌。2016年与上海大学签订《战略合作协议》。2017年公司与上海大学正式签署《上海大学风帆动力电池系统工程技术创新中心合作协议》。

八、发展目标与规划

风帆是中国汽车起动/起停铅酸电池市场首屈一指的产品供应商，以“建设成为中国第一、世界前列的创新型电源企业”为愿景，以着重车载低压电源和民用储能市场、兼顾纯电动交通工具（汽车、船艇）和军品电源为产品策略，规划在2023年成为中国第一、全球主力的车载低压电源厂商。

上海翼飞天地电控科技有限公司

一、单位概况

上海翼飞天地电控科技有限公司（以下简称EVTD）成立于2012年，由日本NExT-e Solutions株式会社（以下简称NExT-eS）100%控股，是一家专注于锂离子电池管理系统（BMS）、锂电池均衡技术及电池系统的研发、制造、销售和提供咨询服务的企业。公司拥有一支精通电池、电机、电器、汽车等技术的专家团队，在电池及BMS应用上拥有丰富的知识和经验，已获得16项相关技术专利，还有多项专利在申请中。EVTD的电池系统涵盖从低压控制到高压控制共计四大系列50多种型号，可应用于电动汽车动力电池系统、工程机械车辆动力电池系统、新能源储能系统，以及通信基站、银行、写字楼、医院等备用电源系统及其他广泛领域。同时可以结合客户特殊需求和电池参数等，设计生产匹配的电池系统、BMS，确保电池安全、稳定、可靠，延长电池使用寿命。EVTD充分发挥全球化人才优势，灵活运用先进的管理理念，在上海成立了研发中心，并依托总部在东京的母公司，与全球多家著名院校及大型电子生产商、知名整车制造商、世界知名汽车零部件生产商建立了良好稳定的合作关系，将最尖端的科研成果应用于产品之中。EVTD以上海为辐射中心，已承接中国国内市场业务为核心，业务网络已覆盖全国、并延伸至日本，以及东南亚及欧美市场，技术水平与产品均受到极大好评。为多家电动汽车制造商、工程设备制造商、锂电池生产商、电力系统运营商等提供产品及技术服务。

二、生产与经营

2020年虽然受新冠肺炎疫情的影响，EVTD在国内工业车辆租赁业务市场实现逆势增长。其中，锂电叉车租赁业务数量2020年同比增长332%，研发生产的电池系统设备已运用于国内日系、德系、美系，以及国产系统等各类型叉车。在高空作业平台领域，EVTD配合国内知名高空作业平台主机生产厂商，从2020年9月起，以100台/月的数量提供锂电池系统设备。2020年4月，EVTD取得了包含商业模式的ISO 9001:2015质量管理体系认证，标志着EVTD已经步入规范化、标准化以及科学化的现代企业管理轨道。2020年9月，EVTD母公司NExT-eS再次上榜《日本经济新闻》下一代独角兽第58位，企业价值为126亿日元（约1.21亿美元），是2018年的两倍以上。

2020年11月，EVTD母公司NExT-eS携手丰田商通如约参展第三届中国国际进出口博览会，展出了公司的最新的技术和产品获得了更多市场机遇。

三、产品出口

2020年，EVTD的24 V、48 V、80 V主动均衡型锂电池设备出口至日本、缅甸等国家，以及销往台湾地区，应用在储能系统领域、工程车辆领域等多个领域，深得用户好评。

四、产能建设

EVTD继续与世界知名汽车零部件生产商开展生产合作，发挥各自优势，在上海、宁波、台湾，以及日本均拥有年产100万套BMS和均衡系统专用芯片的全自动化生产线。

五、技术进展与研发能力

EVTD将自研的新一代电源技术，主动均衡技术（芯片间均衡技术/模组间均衡技术）应用于现有的锂电池系统产品，通过均衡统一电池的性能，使电池可以长时间工作以及根据不同情况进行蓄电池的重复再利用。EVTD开发的电池远程智能数据平台，可通过获取的电池运行数据，分析并预估设备使用寿命，帮助评估SOH电池衰减程度，为电池的梯次利用等应用提供残值评判依据。

六、主要新产品

续上表

序号	产品名称	产品型号	产品应用
1	电池管理系统（BMS）	LEBM/SEBM/BEBM/MEBM	新能源大巴、工程叉车、高空作业车、储能系统
2	锂电池动力电池系统（磷酸铁锂）	24 V/48 V/72 V/80 V	工程叉车、高空作业车、储能系统
3	锂电池动力电池系统（三元）	24 V/48 V/72 V/80 V	新能源大巴、工程叉车、高空作业车、储能系统
4	均衡系统专用芯片	EHC系列	新能源大巴、工程叉车、储能系统
5	智能热拔插开关	IHS系列	储能系统

七、合资合作及重大项目建设

EVTD与国内新能源汽车制造商、工程车辆制造厂商、锂离子电池生产商，以及世界知名汽车零部件生产商开展合作，共同开发了一系列技术领先、安全性高、可靠性强的产品。同时与国内知名电池生产商共同研发制作的新能源储能系统，在双方紧密配合下，已出口日本，并与日本智能电网并网，平稳运行至今。

八、发展规划

截至2020年，EVTD完成了第一阶段的规划，以锂电池系统服务提供商的身份，将搭载新电池或梯次电池的EVTD锂电池系统应用到新能源各领域，包括电动汽车、电动大巴、工程车辆、储能系统等。第二阶段计划从2021—2025年，EVTD将持续致力于中国锂离子电池产业的技术发展与创新，不断完善现有产品、开发新产品，同时创建电池循环利用市场，促进锂电池的高效回收利用，降低电池使用成本。第三阶段计划从2025年起，实现可再生能源的导入和扩大，EVTD成为能源循环型社会的系统服务商，为中国实现碳达峰和碳中和目标作出自己的贡献。

赣州市豪鹏科技有限公司

一、单位概况

赣州市豪鹏科技有限公司（以下简称赣州豪鹏）是工业和信息化部公告的符合《新能源汽车废旧动力蓄电池综合利用行业规范条件》梯次利用，以及综合利用企业。主要从事废旧新能源汽车动力电池回收及梯次利用，废旧电池无害化和资源循环利用。处理能力1万t/a。经过近10年的砥砺前行，赣州豪鹏通过股权纽带，既整合产业资源，形成了“材料制造—电池制造—新能源整车制造—电池回收”上下游企业联动的产业体系，走出了一条锂电行业优势互补、资源相互对接、企业共同发展的新路，已发展成为国内外多家知名整车和电池生产企业信赖的配套服务商。

二、经营情况

赣州豪鹏一直围绕企业定位“专业、专注、专致”发展，积极开展废旧动力电池的回收、拆解、梯次利用、再生利用技术研究。专业的废旧电池回收处理团队和专业的废旧电池运输车辆和贮存仓库、拥有专业的回收处理生产线；专注于废旧电池回收市场开发废旧电池无害化处理技术研究及为客户提供优质的绿色服务，把废旧电池回收和无害化处理做好。基于成熟的技术团队、自主的知识产权、标准化的信息管理手段，以顾客为关注焦点的服务，赣州豪鹏绿色回收无害化处理网络体系正在形成。

三、产能建设

赣州豪鹏一期项目2015年已建成投产，年回收处理废旧锂电池1万t。

四、技术进展及研发能力建设

以技术创新为发展之魂：赣州豪鹏依托本企业技术研发中心积极开展废旧动力电池的回收、拆解、梯次利用、再生利用技术研究。（1）回收再利用技术方面，近年来，赣州豪鹏研制并应用了金属锂回收提纯、负极碳粉回收利用、电池粉料连续浸出工艺、镍钴锰协同萃取提纯、钴镍锰离子交换净化、精细拆解技术等，与中国科学院过程工程研究所等单位共同研制的退役锂离子电池短程回收技术，大幅简化废旧动力蓄电池处理流程和降低二次污染。赣州豪鹏研发的“废旧电池无害化处理技术”和“废旧新能源汽车动力电池无害化技术”分别入选工信部《绿色数据中心先进适用技术产品目录》及《江西省污染防治先进适用技术指导目录》。（2）梯次利用技术方面，赣州豪鹏开发的异构兼容梯次利用系列技术，可实现不同状态退役电池的交叉使用和替换；并基于此开发了500 kWh梯次利用储能系统，该系统支持接入各种新能源发电设备、负荷设备、储能设备、动环监测设备等；储能系统的能量调度策略可以根据电网峰、平、谷段电价和储能电池的SOC状态灵活的调整/设置，系统接受能量管理系统（EMS）的调度，由能量管理系统智能化充放电控制，该储能系统具备完善的通讯、检测、管理、控制、预警和保护功能，长时间持续安全运行，可通过上位机软件对系统运行状态进行检测，具备丰富的数据分析功能。赣州豪鹏与中国铁塔股份有限公司赣州市分公司合作成立创新研究中心，深耕退役动力电池在基站、备电等方面的技术开发与应用。

五、主要新产品

序号	产品名称	产品型号	产品应用
1	氯化钴	电子级	生产正极材料
2	硫酸钴	电子级	生产正极材料

六、合资合作及重大项目建设

2017年8月10日，厦门钨业股份有限公司向赣州豪鹏增资控股。至此，从股东结构分析，赣州豪鹏动力电池回收闭合生态圈已初步构成。

七、发展目标与规划

永无止境的改善与提升一直是赣州豪鹏追求的建设目标，公司围绕用地集约化、生产洁净化、废物资源化、能源低碳化原则，开展绿色改造，重点实行清污分流、废水循环利用、固废资源化和无害化利用。实施绿色设计和绿色采购，开发生产绿色产品，采用先进适用的清洁生产工艺技术和高效末端治理装备，建立资源回收循环利用机制，实现工厂持续绿色发展。赣州豪鹏废旧电池绿色回收无害化处理工厂在自身实现绿色工厂建设目标的同时，也恰恰再助力实现电池全生命周期的绿色化。

长沙矿冶研究院有限责任公司

一、单位概况

长沙矿冶研究院有限责任公司（以下简称长沙矿冶院）始建于1955年，曾先后隶属于中国科学院、国防科工委、冶金工业部、1999年转制为中央直属大型科技企业，2003年开始由国务院国资委直接管理，2009年成为中国五矿集团有限公司（以下简称中国五矿）的直管科研单位。拥有国家金属矿产资源综合利用工程技术研究中心、深海矿产资源开发利用技术国家重点实验室等国家及省部级研发平台13个。

作为国家金属资源开发利用重大创新基地，长沙矿冶院自建院以来一直是国家金属矿产资源开发利用科技计划项目的主要承担单位，取得国家及省部级科技成果1 200余项，为行业技术进步作出了突出贡献。践行国家海洋战略30年，先后成功开展我国首次深海输运试验和海底采矿试验，掌握了深海矿产资源开发利用核心技术，跻身国际先进行列。

作为中央企业电动车产业联盟成员单位，专业从事新能源材料研究开发30年，形成了完整的“基础研究—技术开发—中试孵化—产业转化—龙头示范”创新创业链，以“一院二园一基地一基金”（长沙新能源材料工业技术研究院、中国五矿麓山科技创新园、中国五矿麓谷科技产业园、中国五矿国家新能源材料产业基地、新能源材料双创基金）为建设内容，与长沙市人民政府共建“中国五矿新能源材料双创示范基地”，聚集全球高端人才和领军人物，吸引国内外创业创新企业，打造全球最重要的新能源材料科技协同创新平台。

长沙矿冶院坚持“技术研发、产业孵化、成果转移”创新发展模式，经过60余年的改革发展，培养造就了以余永富、刘宝琛院士为首的一大批科技创新人才，荣获“中国十大科技成就”“国家科学技术进步奖特等奖”等国家及省部级科技成果奖励500多项，孵化了以金瑞科技（已更名为五矿资本，股票代码：600390）、惠同新材（股票代码：833751）、长远锂科、金驰材料、金炉科技等公司为代表的高新技术企业集群，为集团公司打造“世界一流的金属矿产企业集团”提供强有力的科技支撑。

二、生产与经营

2020年，面对严峻复杂的国际形势，激烈竞争环境，长沙矿冶院认真贯彻落实党中央重大决策部署和习总书记重要指示精神，按照集团公司要求，克服新冠肺炎疫情影响积极复工复产，全院疫情防控工作有序开展，没有发生确诊病例和疑似病例；经营质量稳中有升，纵向项目获取和科技平台建设取得重要突破、关键技术和卡脖子技术取得重要进展、重点项目取得重大进展，科技体制机制改革实现良好开局，安全生产形势总体平稳，没有发生一般以上安全生产事故，也没有发生环境污染事故。全年实现营业收入12.68亿元，决算报表年度利润总额1.49亿元，经营效益稳步提升。

三、产能建设

长沙矿冶以传统优势专业有色金属选矿冶金技术为基础，深入推进科技创新，突破关键核心技术和“卡脖子”技术难题，切实承担起保障引领产业创新发展的使命任务。新能源材料方面，攻克了化学气相沉积原位包覆与歧化制备高性能硅基负极材料技术，年产500 t氧化亚硅/碳负极材料中试线（1025项目）已完成小试和扩试，硅石墨烯负极材料项目已获得公斤级产品；海洋采矿方面，突破了大水深、高浓度矿石输送技术；选冶方面，突破了大型铁矿密铁高硫选矿和废水回用技术，解决了复杂海水体系下铜铅锌的分离这一世界难题；智能化方面，智慧矿山业务取得新进展，在凡口铅锌矿实现了选矿全流程自动化和关键工艺段的生产管控智能化；浓缩输送技术方面，攻克了攀枝花选钛厂大体积量、微细粒级尾矿高效浓缩关键技术；锰基新材料方面，突破了高纯硫酸锰低成本净化除杂关键技术。长沙矿冶院第一批双创试点项目依托体制机制创新优势，实现良好开局。废旧电池回收体系项目打造了国内首家动力电池第三方回收服务网络平台，并成功上线运营，已注册企业及个人用户 800 余家，完成线下 8 个收集型回收网点授牌。梯次利用项目开发了集装箱式储能柜等系列产品，并推广应用。上述两个项目获中央电视台 CCTV-2 央视财经频道重点报道，在业内引起了广泛关注。

长沙矿冶研究院已建立从基础研究到产业转化的完整研发与运营体系，形成“资源—材料—器件—回收利用”一体的新能源化循环产业链，贯通上下游“新动力板块”，并实现绿色、高质量发展转型。

四、技术进展与研发能力

专利申请及标准制定创新高，科技成果奖励较前两年相比，获得显著突破。“复杂多金属矿伴生萤石资源盐酸剥离高效浮选关键技术及应用”获中国有色金属工业科学技术一等奖，“深海多金属结核集矿系统（“鲲龙 500”）研制与 500 m 海上试验”获集团公司科技进步二等奖，“和睦山磁铁矿提质增效选矿工艺技术集成研究”获冶金科学技术二等奖，“深海多金属结核采矿装备行走安全保障关键技术研究与应用”获湖南省科技进步三等奖，“黑色金属矿产资源高效清洁综合利用创新团队”获集团公司科技创新团队奖；年内申请专利 188 项（其中发明专利 99 项），获专利授权 82 项（其中发明专利 13 项）；主导制定并获批国家标准 2 项、行业标准 1 项，参与制订国家标准 24 项、行业标准 14 项、团体标准 3 项；围绕深海采矿、硅负极材料、石墨烯制备等技术进行专利挖掘布局及竞争态势分析，高价值组合培育和专利密集型培育企业两个项目通过验收；科技成果推广成效显著，金属表面无酸除鳞技术入选国家发改委《绿色技术推广目录》，移动式储能车和智慧储能充电站入选《长沙市第一批创新创意产品目录》。

获批国家级平台 1 个，省部级平台 8 个。获批“国家技术创新示范企业”“湖南省认定企业技术中心”“贵州省产学研结合示范基地”“湖南省科普教育基地”等，顺利通过高新技术企业再认定。

五、合资合作及重大项目建设

贵州金瑞 541 项目投产后，已创造贵州金瑞历史上最好业绩，2020 年实现利润近 2 000 万元，实现了扭亏脱困的战略目标。541 项目助推企业转型成果初现，贵州金瑞逐步进入良性发展轨道，充分证明了转型升级方向正确。项目获得了国务院国资委和贵州省政府高度肯定；国家重点研发计划“深海多金属结核采矿试验工程”项目已进入码头安装调试阶段，2021 年 6 月进行中国首次多金属结核采矿联动海试。与德国逆向物流有限公司（RLG）紧密合作，借助 RLG 端到端管理和逆向物流供应链集成能力，共同打造新能源废旧电池回收网络体系，经过一年开发，项目团队自主搭建的“锂汇通退役动力电池回收服务平台”于 2020 年 3 月正式上线，成为国内首家得到国家工信部认可的第三方退役动力电池回收服务平台，并荣获中国锂电产业“思锂奖”产品技术创新奖。平台二期已于 2020 年 12 月成功上线，二期功能的全面上线，标志着锂汇通电池回收平台初步具备了线上聚集匹配资源信息的能力，并可以承担起基本交易功能。2021 年 4 月，平台联合国内权威金属信息发布平台上海有色网推出废旧电池现货报价体系，该体系对规范行业价格体系指导性定价模型，规范市场报价起到推动作用。截至 2021 年 5 月 26 日，电池回收公共服务平台已注册企业及个人用户总共 1 480 个，其中企业用户 289 家，其中通过平台确认成交交易额 5 600 万元左右。

六、发展规划

大力发展新能源是国家已确立的能源安全战略，“碳达峰”“碳中和”已成为 2021 年我国经济工作的八大重点任务之一。随着新能源汽车爆发增长，以及光伏发电实现平价上网，新能源动力电池、光伏储能、民用储能行业将迎来广阔的市场发展空间。同时，随着动力电池大规模退役及报废期的到来，将催生巨大的动力电池回收利用市场。这将为长沙矿冶院的新能源负极材料、废旧电池回收、分布式储能等新兴业务提供难得的发展机遇。退役动力电池回收网络平台建设方面，将完成数据采集系统及动力电池回收中心智慧管理平台开发，平台全面实现从 C 端到网点再到回收中心的用户渠道体系管理，搭建示范性线下回收运营体系和分检中心。至 2025 年，回收体系覆盖全国，引领行业标准、规范的制定，平台回收资源控量占全国比例达 20%。

贝特瑞新材料集团股份有限公司

一、单位概况

贝特瑞新材料集团股份有限公司（以下简称贝特瑞），成立于 2000 年 8 月，隶属于上市企业——中国宝安集团股份有限公司（股票代码：000009）。贝特瑞是一家以技术创新为引领，以技术领先、产品及产业链布局完善、国际与国内主流客户并重为特色，以锂离子电池负极材料和正极材料为核心产品，行业地位突出的新能源材料研发与制造商。公司主要产品包括天然石墨负极材料、人造石墨负极材料、硅基等新型负极材料、磷酸铁锂正极材料、高镍三元正极材料（NCA、NCM811 等）等锂离子电池正负极材料。该等材料是制造新能源汽车动力电池、消费电子电池、储能电池的核心材料。

公司秉承“创新引领”的核心价值观和经营理念，始终坚持以技术创新为引领，通过持续研发投入，取得了丰硕的技术研发成果，获得国家、行业与市场的广泛认可。公司挂牌了院士工作站、博士后工作站、广州海关化验中心合作实验室，获得了国家企业技术中心、CNAS 实验室等认证，还挂牌了多项省级或市级工程技术中心或实验室。公司在锂离子电池正负极材料领域以及石墨烯等新能源、新材料领域形成了一系列行业领先的专利和非专利技术研发成果，率先在境内外实施了石墨负极材料、硅基等新型负极材料、高镍三元正极材料、磷酸铁锂正极材料，以及石墨烯及相关电极材料等方面的系列化发明专利布局。已获授权专利权283项，主导制定了新能源、新材料相关的国家标准7项和国际标准1项，参与制定了新能源、新材料方面的国家标准3项，正在主导或参与制定新能源、新材料方面的国家标准4项和国际标准4项。自成立以来，公司或下属子公司主导或参与了包括7项国家“863”计划项目，近30项省部级重大或专项科研项目在内的近50项政府科研项目，参与了《新能源汽车产业“十三五”规划》和工信部委托中国汽车工程学会牵头负责的《节能与新能源汽车技术路线图》的制定工作。

公司围绕锂离子电池正负极材料为核心的新能源材料领域形成了完善的产品及产业链布局；形成了重点突出、覆盖全面的产品研发与知识产权布局；形成了以锂离子电池正负极材料为核心的新能源材料产品体系；形成了覆盖华南、华东、华北、中西部地区等境内主要新能源产业集群区域的产能布局；形成了天然石墨负极材料、人造石墨负极材料以及三元正极材料等核心产品相关的关键原材料资源或关键工艺工序产能的产业链资源布局；形成了在储能应用、电池回收、石墨烯材料研发与应用等新能源产业发展前沿领域的前瞻性布局。

公司秉承“成就客户”的核心价值观与经营理念，致力于打造卓越的客户服务能力，准确把握各细分应用领域的市场机会，覆盖了以松下、三星SDI、LGES、SKI等为核心的国际主流客户群体，也覆盖了以宁德时代、国轩高科、力神、亿纬锂能及鹏辉能源等为代表的国内主流客户群体，形成了以锂离子动力电池应用为主导、以高端消费电子锂离子电池应用为重要组成部分、以储能锂离子电池应用为前景布局的结构合理的应用领域市场结构，形成了国内和国际两个市场平衡兼顾的良好区域市场结构，从而保障公司业务平稳健康发展。

二、生产与经营

公司2020年实现营业收入44.51亿元，同比上涨1.41%。其中，负极材料销量75 275.82 t，实现营业收入31.51亿元，销量与收入分别同比增长27.61%、7.57%；正极材料销量21 388.42 t，实现营业收入10.42亿元，销量与收入分别同比增长58.04%、29.26%。公司实现利润总额和净利润分别为5.64亿元和4.98亿元，同比分别下降30.13%和27.33%，实现归母净利润4.95亿元，同比下降25.79%。截至2020年12月31日，资产总额106.56亿元，较年初增长28.34%；负债总额42.55亿元，较2019年末增长6.53%；净资产62亿元，较年初增长50.54%。

三、产品出口

公司主要出口产品为天然石墨负极材料、人造石墨负极材料、硅基等新型负极材料与高镍三元正极材料等锂离子电池正负极材料，主要出口客户为松下、三星SDI、LGES、SKI等国际一流企业，发往日本、韩国、美国、匈牙利、马来西亚等国家，2020年公司出口业务达18亿元，同比增长2.48%。

四、产能建设

在产能布局方面，公司采用控股为主导、参股为辅的方式，建立覆盖了华南、华东等境内主要新能源产业集群区域的生产基地。公司2020年负极材料平均产能10万t，在建产能4万t；正极材料平均产能4.2万t，在建产能1.5万t。2021年将加快惠州、江苏、宜宾、天津和山东等重要生产基地产线建设及产能释放，保障客户物量需求。

五、技术进展与研发能力

公司高度重视研发工作，近几年研发投入持续加大，研发队伍日益壮大，也取得了丰硕的研发成果。2020年，研发投入占营业收入5.61%；研发人员占总人数的13.34%；获授权专利283项；发表核心期刊论文12篇；主导或参与制定的《硅碳》《球形石墨》2项国家标准和《纳米制造—关键控制特性—6—13部分：石墨烯表面含氧官能团Boehm滴定法》1项国际标准已发布实施。2020年，公司获得工信部认定的“国家绿色工厂”称号，荣获深圳市人民政府颁发的深圳市科技进步一等奖和深圳市标准奖，荣获第三方机构EVTank电池网等发布的2020年中国锂电池行业负极材料年度竞争力品牌榜第一名和电池网、能源财经网等联合颁发的中国电池行业2020年度优秀供应商奖等奖项。此外，公司还参与广东省重点领域研发计划“新能源汽车”重大科技专项项目之“动力电池电极绿色制造技术”的研发。

六、主要新产品

序号	产品名称	产品型号	产品应用
1	天然石墨	HRG 系列	乘用车、电动工具、数码
2	天然石墨	GSN 系列	乘用车、电动工具、数码
3	人造石墨	AGP-2L 系列	乘用车、大巴、两轮车、储能
4	人造石墨	BFC-P 系列	乘用车、大巴
5	新型负极	硅碳复合材料	乘用车、电动工具、数码
6	新型负极	硅氧复合材料	乘用车、电动工具、数码
7	磷酸铁锂	P198-S 系列	乘用车、大巴
8	高镍正极	NCA 系列	乘用车、电动工具、数码
9	高镍正极	NCM 系列	乘用车、电动工具、数码

七、合资合作及重大项目建设

2020年积极布局新能源产业，参控股投资深瑞墨烯、武汉锂工氢电等新能源领域优质项目，项目大体情况如下。

深圳市深瑞墨烯科技有限公司：由贝特瑞、瑞典SHT公司和惠科股份有限公司等投资创建的一家致力于石墨烯热管理新材料产业化应用的高科技企业，拥有以瑞典皇家工程院院士刘建影为首席科学家、辅以多名海归博士人才的研发团队，已成功实现年产40万m^2新型石墨烯导热膜的量产。

武汉锂工氢电项目：主营业务为膜电极的技术开发和产业化，与东风公司、潍柴动力等下游知名车企保持紧密的合作关系，是贝特瑞在燃料电池领域的重要布局。

八、发展规划

将立足于锂离子电池正、负极极材料的研发、生产与制造，积极关注锂电行业的发展，通过收购、重组、整合等手段，实现在锂电产业链上下游的强强联合和协同发展，打造产业生态链。同时，加大研发投入与技术储备，确保行业地位和领先优势，致力于成为新能源材料领域全球领先企业。在负极材料领域，坚持垂直产业链经营模式，强优势，补短板。公司拥有天然石墨、人造石墨、硅基负极等业界最全的产品系列，形成了从石墨矿、焦原料到成品的纵向一体化产业链，通过对完整价值产业链经营模式的打造，确保供应稳定、过程把控和品质保证，使负极材料保持竞争优势。未来，公司将继续以技术创新强化天然石墨核心竞争优势；持续完善人造石墨产业链布局，深化与战略供应商的合作绑定，加快技术及工艺革新，实现人造石墨市场份额的更大突破；加快推进对硅基负极、软炭、硬炭等新型负极材料的前瞻性布局，巩固公司负极材料整体竞争优势。在正极材料领域，坚持资源循环经营模式，集中优势资源与技术，聚焦核心业务。将通过导入正极材料前驱体供应商、投资布局锂电池回收拆解业务、与客户合作建厂等方式，确保资源保障及成本优势。集中资源发展优势业务，以技术创新持续优化产品，以定制化、高质量、低成本的经营策略为客户创造价值，做大、做强公司正极材料业务。石墨烯材料是公司的种子业务，仍处于培育阶段。公司石墨烯导热膜产品已实现量产。公司将与国内外石墨烯领域研究机构密切合作，推动石墨烯材料的产业化应用开发。

贵州红星电子材料有限公司

一、单位概况

贵州红星电子材料有限公司成立于2016年3月，注册资本6 850万元，坐落于贵州省铜仁市玉屏县大龙经济开发区，占地50亩。是由青岛红星新能源技术有限公司、深圳市振华新材料股份有限公司、深圳市新昊青科技有限公司等共同出资成立的股份制公司，主要致力于废旧动力锂电池湿法回收及金属资源再生利用。

二、生产与经营

贵州红星电子材料有限公司2016年开始筹备建设年处理6 000金属吨三元极片回收项目，项目总投资1.2亿元，2017年2月建设完成。主要以废旧锂电池正极材料为主要原材料，利用完全自主开发、拥有自主知识产权的工艺，“一步法”从废旧锂电池正极材料中全回收钴、镍、锰、锂等金属，制备三元硫酸盐、三元前驱体、碳酸锂等锂电正极基础材料，属资源再生循环项目。

三、产品出口

主要目标群体均为国内市场，已通过多家国内正极材料行业主流企业认证，产品已跻身锂电原材料一线供应商名录。

四、产能建设

已建成达产年处理6 000金属吨废料回收产线，在未来的3年里，公司计划将材料回收项目产能提高至年处理1.2万金属吨，年产20 000 t三元复合氢氧化物，6 000 t电池级碳酸锂。

五、技术进展与研发能力

贵州红星电子依托多年基础化工生产经验，独立自主开发锂电废料循环利用技术，国内首创化学法同步回收处理镍、钴、锰元素，使之达到电池级原料标准。钴、镍、锂、铜的综合回收率在98%以上，同时中间产物也得到有效利用，整个生产过程无废水、废渣、废气排放。该工艺保持国内领先水平，真正实现了废旧锂电池的循环利用。

六、主要新产品

序号	产品名称	产品型号	产品应用
1	镍钴锰三元硫酸盐溶液	电池级	应用于锂电池正极材料三元前驱体生产
2	镍钴锰三元氢氧化物	电池级	应用于锂电池正极材料生产
3	碳酸锂	电池级	应用于锂电池正极材料生产

七、合资合作及重大项目建设

公司股东青岛红星新能源技术有限公司与清华大学南策文院士团队共同出资成立兄弟公司，致力于锂离子动力电池的梯次利用，并积极推锂动力蓄电池拆解项目，形成梯次利用与再生利用的产业链条。目前已经取得了动力电池梯次利用的相关资质，并已经在原料电池资源、梯次利用技术储备以及梯次利用电池产品市场开拓方面奠定了良好的基础。上下游多方的深度合作，形成了以锂动力蓄电池为源头，从梯次利用、再生利用到资源重复利用的闭路循环。

八、发展规划

未来3年，公司计划将材料回收项目产能提高至年处理1.2万金属吨，年产20 000 t三元复合氢氧化物，6 000 t电池级碳酸锂，成为新能源材料循环利用的先进企业。

池州西恩新材料科技有限公司

一、单位概况

池州西恩新材料科技有限公司是一家专业从事固废综合回收利用的公司。成立于2010年9月，注册资本1.6亿元，为上海西恩科技股份有限公司全资子公司。公司生产基地位于安徽省池州市贵池区前江工业园，一期工程投资2.5亿元，二期投资3.5亿元，三期投资2亿元。

二、生产与经营

锂电池再生处理及锂电池正极材料生产、销售；固废、危废资源综合利用；有色金属及合金材料（危化品除外）销售；硫酸镍、化工原料及其他化工产品（危化品除外）销售。

三、产能建设

20 万 t 重金属项目投资 4 亿元，2020 年产值 5.5 亿元；6 000 t锂电池项目投资 1.8 亿元，2020 年产值 2.4 亿元。

四、技术进展与研发能力

1. 公司建有省认定企业技术中心，已配备 71 名直接从事科技研发人员，购置了 ICP、原子吸收分光光度计、XRD、XRF、SEM/EDS、反应釜（实验）、高频加热机、自动电位滴定仪、比表面积测试仪、激光粒度仪等设备近 70 台（套）；与池州学院签订了校企产学研合作协议，开展多种形式技术合作活动。

2. 完善了《技术中心管理章程》《科研项目管理制度》《研发准备金管理制度》《研发人员绩效考核管理办法》《研发投入核算管理体系》《研发费用辅助账编制管理制度》等制度，保障了研发项目顺利开展以及高效使用研发经费。

3. 公司进一步建立《科技成果转化实施激励奖励制度》，完善开放式创新创业平台，大力鼓励支持员工自主创新创业。

4. 已建立《科技人员培训进修管理制度》《职工技能培训制度》《员工教育培训管理制度》《优秀人才引进管理制度》《人才绩效评价奖励制度》《研发人员绩效考核管理制度》等制度；组织开展有针对性的员工技术技能培训，使员工自身成长与公司长远发展形成相互促进。

五、主要新产品

产品名称	产品型号	产品应用
三元前驱体	NCM811/NCM523/NCM5515	锂电池

六、发展规划

规划 2020—2022 年间拟在现有基础上计划投资 45 亿元建设四期 20 万 t/年锂电池综合回收利用项目，项目总规划占地 500 亩，年处理 20 万 t 报废锂电池材料，预计年新增产值 100 亿元，利税 15 亿元，新增就业 2 500 多人。

九江天赐高新材料有限公司

一、单位概况

九江天赐高新材料有限公司（以下简称九江天赐）成立于 2007 年 10 月，注册资金 4.07 亿元，企业总资产约 31 亿元，是一家拥有自主知识产权、核心竞争力的国家高新技术企业。公司面积从 308 亩扩增到 2 600 余亩，现有职工总人数约 1 700 人，科技人员 191 人，拥有 20 多条生产线，产品涉及锂离子电池材料、日化及特种化学品和有机硅功能材料三大业务板块，其中锂离子电池材料产品有六氟磷酸锂和锂离子电池电解液及电解液添加剂，是国内主流动力电池厂商的核心供应商，日化材料主要产品有卡波、氨基酸、表面活性剂、阳离子淀粉，产品远销至欧洲、东南亚，公司规模和市场份额在全国同行业中名列前茅。

二、经营情况

作为锂离子电池电解液生产的龙头企业，经过高工锂电统计，2020 年，天赐材料市场占有率为 30.3%，带动了本地新能源产业的发展及配套。2020 年销售收入 25.87 亿元，2019 年销售收入 15.19 亿元，同比增长 70.3%；2020 年净利润 4.78 亿元，2019 年净利润 8 643 万元，同比增长 453.47%；2020 年纳税总额 12 232 万元，2019 年纳税总额 3 786 万元，同比增长 223.09%。

三、产品出口

2020 年出口额 1 008 万美元，出口产品为锂离子电池电解液，较之 2019 年增长 587.75%。

四、产能建设

电池材料主要产品为六氟磷酸锂和锂离子电池功能电解液，现已建成 2 000 t/a 晶体六氟磷酸锂、30 000 t/a 液体六氟磷酸锂生产线和 100 000 t/a 高性能锂电池电解液生产线等，已为全球最大的锂电池电解液生产商。年产 15 万 t 锂电材料项目、年产 2 万 t 电解质基础材料及 5 800 t 新型锂电解质项目、年产 40 万 t 硫磺制酸项目均在建设中；日化材料类主要产品为卡波、氨基酸、丙二胺，已建成 3 000 t/a 水溶性聚合物树脂材料生产线、25 000 t/a 氨基酸表面生产活性生产线、5 000 t/a 丙二胺生产线等，成为个人护理品材料亚洲最大的生产商，是全球前十五大化妆品企业的核心供应商。

五、技术进展及研发能力建设

近年来，公司非常重视对产品技术开发的投入，每年科研经费投入占销售收入 3% 以上，仅 2020 年实际投入研发费用约 9 374 万元。对于重大科研项目，另设专项拨款，不受预算限制，确保技术创新活动的顺利开展。公司以技术创新推动产品的发展理念先后组建科研体系平台，省级院士站 1 个、省级博士后创新实践基地 1 个、省级企业技术中心 1 个、省级工程技术研究中心 1 个、省级工业企业设计中心 1 个、省级工程研究中心 1 个。2015 年被认定为“江西省节能减排科技创新示范企业”，2017 年自主研发的卡波产品被评为“江西省名牌产品”，2018 年被江西省促进非公有制经济发展领导小组办公室评为“省级科技示范企业”，同年“高能量密度锂离子动力电池电解液”获江西省科技进步三等奖和第九届中国技术市场金桥奖，2019 年被评选为“全国石油和化学工业先进集体”“江西省瞪羚企业”，总经理赵经纬入选“江西省百千万人才工程”。

六、合资合作及重大项目建设

继续聚焦于锂离子电池行业及日化材料领域，2020 年公司一大亮点是投资建设龙山基地 4 个项目，其中前 2 个项目预计在 2022 年建成并实现投产，该项目产品采用电解液关键原材料六氟磷酸锂优化后的先进工艺技术，并拥有多项核心自主知识产权，技术达到国际领先水平。2020 年，公司与国际著名电动车厂商签订了长期业务合作，进一步提升了公司在锂离子电池材料领域的竞争力，为公司成为锂电池电解液龙头企业提供基础。建设投资年产 40 万 t/a 硫磺制酸项目，围绕整个锂电绿色循环产业链，充分利用循环产业园内 40 万 t/a 硫酸项目产出的硫酸和副产蒸汽和电力；项目产出供六氟磷酸锂、电解液添加剂及五氟化磷产线，同时并支持 15 万 t/a 锂离子电解液母液的产能。以上项目的实施能够进一步加快和完善循环经济产业园区的构建，充分发挥公司的资金优势和产业园区的成本优势，提高循环经济产业园区内产品的市场竞争力；同时借助循环经济产业园的优势，有效的化解园区内各项目的环保压力，最大限度减少了污染物的排放，使园区成为一个真正绿色环保的循环经济产业园。

七、发展目标与规划

未来 5 年天赐材料的主营业务锂电材料会有稳健的发展，到 2025，在新能源汽车方面，天赐材料会加强构建电解液自产物资供应、保障、安全等方面，使天赐材料继续保持全球领先电解液供应商的核心竞争力。随着新能源产业全球性的发展提速，着力构建从锂资源到电解液材料，从磷酸铁到磷酸铁锂以及三元正极材料等新能源产业链的规划布局，实现电解液、正极材料、中天鸿锂、基础材料协同销售模式。区位布局上逐步形成以九江、宜春、东至为基地的重型生产基地，以及广州、天津、溧阳、台州、宁德为基地的轻型生产基地。在日化及个人护理材料方面，天赐材料会追随绿色制造、绿色化学的潮流，研发更加良好温和的原料。以高标准高要求抓好抓实安全环保工作，形成生产过程安全可靠，生产环境健康优美的制造中心。

苏州斯莱克精密设备股份有限公司

一、单位概况

苏州斯莱克精密设备股份有限公司成立于 2004 年，2014 年 1 月在深圳证券交易所创业板挂牌上市。公司定位于面向全球市场的高端专用成套设备的设计制造，为金属包装行业客户提供高端装备以及整体解决方案。主要从事高速易拉盖、易拉罐等金属包装制品生产设备的研发、设计、生产、装配调试，相关精密模具、智能检测设备、零备件的研发、加工制造及光伏发电等业务。凭借在易拉罐生产设备领域积累的研发成果及生产经验，公司开始向新能源电池壳智能生产线、工业互联网等相关领域延伸。公司的核心技术之一是超薄金属成型加工，经过近二三年的持续努力，通过充分的外部市场调研及内部技术总结，将现有制罐技术应用于新能源电池壳生产线的制造，研发出了基于易拉罐产线技术的电池壳专用生产线，并成功应用于合资公司的生产中，开始向各主要电池厂商供应电池结构件产品。

苏州先莱新能源汽车零部件有限公司是苏州斯莱克精密设备股份有限公司在 2018 年设立的全资子公司。主要研发生产制造、销售电动汽车电池用电池壳，氢燃料汽车用高速空压机等汽车零部件，并通过控股公司蓝斯视觉，提供 3D 视觉实时质量检测、引导和抓取系统。

二、生产与经营

2020 年，实现营业收入 8.83 亿元，归属于上市公司股东的净利润 6 484.10 万元。面对新冠肺炎疫情影响，积极采取有效措施，加强内部管理、成本管控与业务推广，实现营业收入平稳增长。

先莱控股的子公司新乡盛达新能源拥有员工约 200 人，60 余台数控冲床，数条全自动电镀生产线及完善的配套检测设备，集冲压、清洗和电镀生产为一体，专业生产圆柱电池钢壳。在建使用全自动电池壳生产线的生产基地。

先莱控股的安徽斯翔在建专业生产磷酸铁锂圆柱电池铝壳的生产基地，位于肥东县开发区，占地约 50 亩。

利润实现、分配及企业亏损情况：

截至 2020 年底，苏州先莱汽车（新乡基地）净资产约为：6 700 万元。随着新乡和肥东生产基地的建成，公司会加速为汽车新能源电池行业提供大批量优质的电池壳，努力成为电池壳专业制造的优秀供应商。

三、技术进展与研发能力

公司在研大批量生产圆柱电池壳的自动化生产线，用于生产圆柱钢壳和圆柱铝壳，服务新能源汽车电池行业。同时与韩国 NEX-D 共同研发用于氢燃料乘用汽车的高速空压机。

四、主要新产品

序号	产品名称	产品型号	产品应用
1	18 kW 空气压缩机	NTC-018-023	重塑科技氢燃料汽车
2	800 W 氢气循环泵	NBH-008-015	重塑科技氢燃料汽车
3	圆柱型钢壳	18650	特斯拉电动汽车
4	圆柱型钢壳	21700	特斯拉电动汽车
5	圆柱型铝壳	33135	特斯拉电动汽车

五、合资合作及重大项目建设

1. 公司全资子公司苏州先莱新能源汽车零部件有限公司主要从事新能源汽车相关业务，公司通过先莱汽车对安徽斯翔电池科技有限公司等新能源汽车电池壳企业进行了较大规模的投资，由于先莱汽车有可能对安徽斯翔继续加大投入，为进一步促进先莱汽车资金实力，缓解其资金压力，增加抗风险能力。2020 年 3 月 15 日,公司决定以自有资金对先莱汽车进行增资。先莱汽车注册资本由 1 亿元增加至 3 亿元。

2. 2020 年 8 月,公司控股子公司江苏正彦数码科技有限公司与常州市武进绿色建筑产业集聚示范区管理委员会签订《投资协议》,江苏正彦拟在园区内建造智造融合创新中心、数码制罐自动化生产车间和销售、物流展示场地,中心功能将分为智能制造创新体验中心、易拉罐主题交流空间、新媒体联合聚集地、产业服务平台、实训教育基地及投融资服务中心。

3. 2020 年 9 月 24 日,公司与奥瑞金科技股份有限公司签署《战略合作框架协议》,双方基于前期良好的合作基础,经过友好协商,奥瑞金科技股份有限公司拟将其未来 3 年两片易拉罐生产设备的提供和改造事宜部分交由斯莱克完成,涉及斯莱克的产品和服务总费用约为 3 亿元。

4. 2020 年 9 月 30 日,公司与蚂蚁区块链科技(上海)有限公司签署《蚂蚁区块链溯源平台服务协议》,协议约定蚂蚁区块链作为斯莱克蚂蚁链保真链体系运营合作项目的承包方,为斯莱克提供全产业链及合作所需的 SaaS 服务,包括蚂蚁商流链服务平台(Ant BlockChain Traceability As a Service)和溯源管理服务、支付宝扫码服务、区块链节点服务、业务配置服务等支撑服务事宜。双方就区块链在商品防伪溯源方面展开深入合作。

5. 2020 年 12 月 7 日,公司与常州西太湖科技产业园管理委员会签订《战略合作协议》,公司拟在西太湖科技产业园设立全资子公司,该电池壳公司投产后专门生产各种铝制电池壳,项目总投资 2.8 亿元,占地面积约 50 亩。常州西太湖管委会同意依据政策标准向斯莱克提供约 50 亩土地以及项目过渡期生产所需要的标准租赁厂房。

六、发展规划

(一)加快落地新能源汽车电池壳业务

公司一直看好新能源汽车行业的发展前景。充分应用公司多年积淀的易拉罐自动化生产线技术并创新,从新能源汽车圆柱电池壳自动化生产线入手,利用其独特的高速超薄金属板成型技术,创新设计研发出电池壳自动化生产线,进军新能源电池壳业务。将加快新乡盛达、安徽斯翔和常州项目的进一步落地,未来目标客户群体为国内外知名的新能源电池制造商。业务未来发展方向具体如下。

1. 成为国内外一流新能源车企的优秀供应商,进入世界一流供应商的行列,并努力服务国际国内一流的新能源汽车或新能源电池制造商,未来争取成为新能源电池结构件领域的市场主力。

2. 在成功做好圆柱电池壳的前提下,适时努力拓展产品范围,如拓展到电池盖帽业务,既生产电池壳,也同时生产配套的电池盖帽。也可以通过并购,实现产品范围的增加。另外,随着方形电池壳需求量的不断增加,公司对相关生产工艺的研发也在进行中,在条件成熟的情况下,可通过改善现有的生产工艺,从而进入到方形电池壳的制造领域。

3. 争取在扎扎实实做好电池壳业务的基础上,尽快做大做强新能源电池结构件业务,努力早日使得子公司苏州先莱新能源汽车零部件有限公司的新能源电池结构件项目成为公司收入的主要来源之一,比肩或超过现有的易拉盖,易拉罐自动化制造生产线设备的收入水平。

(二)继续培养引进专业人才

公司一直高度重视人才资源的发展,将培养和引进专业人才作为公司发展的重要任务,通过实施员工持股计划和股权激励吸引和留住优秀人才,充分调动公司中高层管理人员、核心技术(业务)人员及其他员工的积极性,打造一支技术过硬、不断创新、世界一流的设计和制造队伍。

北京机械工业自动化研究所有限公司

一、单位概况

北京机械工业自动化研究所有限公司(以下简称北自所)创建于 1954 年,是原机械工业部直属的综合性科研机构,1999 年转制为中央直属大型科技企业,现隶属于国资委监管的机械科学研究总院集团有限公司。北自所致力于制造业领域自动化、智能化、信息化、集成化技术的创新、研究、开发和应用。为客户提供由开发、设计、制造、安装到服务的整体解决方案,是制造业企业集成化装备和系统解决方案的提供者。北自所为国家重大工程和企业的技术进步作出了卓越的贡献,完成了千余项国家攻关项目及企业定制的装备工程。北自所成功研制了我国第一台液压伺服喷漆机器人、第一座自动化立体仓库、第一台高能电子直线加速器、第一个拥有自主知识产权的 MRPII 软件、首创的 MIC 系列可编程序控制器等高新产品。取得科研成果 500 多项,完成了数千项国家攻关项目及企业定制的装备工程。包括承担我国第一颗人造地球卫星的地面模拟震动试验;承接备受瞩目的三峡工程和引黄工程项目;承建了首都国际机场 T3 航站楼智能配电系统;开发了我国的第一条机器人喷漆生产线;打破国外封锁,研发出我国第一台高能电子直线加速器;完成了目前世界上最大的玻纤行业的物流生产线;开发出具有自主知识产权的 RS10 信息化软件;研发了具有国际先进水平的汽车发动机柔性自动化装配线;为我国装备制造业自动化技术的发展发挥了不可替代的作用。

二、科研项目及成果

北自所业务覆盖制造业信息化、智能物流和自动化立体仓库、自动控制系统开发与应用、工业机器人开发与应用、金属板材加工自动化装备、自动装配与实验装备、流体传动与控制、无损检测和电器物理装备制造、新能源汽车动力电池智能装配、拉膜生产线等。

近 5 年,北自所承担的纵向课题 100 余项,其中"智能制造专项"项目 69 项,国家省部级以上其他重点项目 30 余个。此外,北自所承担的课题曾多次获得北京市科学技术奖、中国机械工业科学技术奖等省部级奖项。

截至2020年12月,北自所拥有智能工厂解决方案相关的核心技术专利41项,其中发明12项,实用新型29项,拥有53项软件著作权。北自所是中国智能制造系统解决方案供应商联盟理事长单位,中国机器人产业联盟副理事长单位、中国工业互联网产业联盟理事单位、两化融合管理体系贯标咨询优秀服务机构。

三、科研设施及科研能力建设

北自所有员工近1 100人,其中工程技术人员800余人。建有9个工程事业部,4个子公司。拥有经国家批准建立的"制造业自动化国家工程研究中心""国家液压元件质量检验中心""国家'863'计划智能机器人产业化基地""国家智能化系统集成应用体验验证中心"等国家级的科研、开发基地;有"全国工业自动化系统与集成标委会""全国液压与气动标委会""中国机电一体化技术应用协会"等15个全国性行业组织依托在本公司;是国家批准的"控制理论与控制工程""计算机应用技术"两个专业的硕士学位授予点,已培养硕士研究生200多名。编辑发行两本中文核心期刊《制造业自动化》和《液压与气动》。

四、主要研究方向

北自所成立60多年来,一直致力于制造业领域自动化、信息化、集成化、智能化技术与设备的创新、研究、开发和应用,是离散制造领域智能制造系统集成的实践者和引领者。为企业提供自动化专机/单元、集成化产线/系统、数字化车间、智能工厂等多种解决方案,为客户实现高效、优质、柔性、绿色制造,助力企业提质增效、转型升级。以装备研制为标准来划分的研究方向如下。

1. 智能加工装备:双向拉伸薄膜生产线、带钢彩色辊涂生产线、连续带钢热镀锌生产线、带钢电镀铬/锡生产线、热管式真空集热管生产线、机器人焊接/涂胶/高压水切割工作站。

2. 智能物流装备:自动化信息化立体仓库、智能控制堆垛机系统、货到人智能分拣线、分拣机、自动导引小车(AGV)/穿梭车(RGV)。

3. 智能装配装备:专用输送设备发动机/变速箱柔性自动装配生产线、中压绝缘中空断路器智能装配生产线、汽车动力电池PACK生产线、电子产品自动化装配生产线、开关柜自动检测装配生产线。

4. 智能监控装备:数字化车间装备和产线自动检测与控制系统、基于物联网的车间数据采集系统、大坝计算机监控系统/船闸电气工程、城市供水及污水处理工程自动化仪表监控系统。

5. 智能管理软件:基于电子商务的企业资源计划管理系统RS10、集团版ERP、仓库管理系统(WMS)、基于电子商务的企业资源计划管理系统RS10。

6. 智能检测装备:数字化车间装备和产线自动检测与控制系统、基于物联网的车间数据采集系、大坝计算机监控系统/船闸电气工程、城市供水及污水处理工程自动化仪表监控系统。

五、国内外交流

北自所一贯重视国内外技术合作与交流,每年组织参加国内各种行业协会、技术交流会、专题研讨会等交流活动,平均每年派出50多人出国参加国际博览会、学术交流会、考察访问活动,平均每年邀请外国专家100余人来公司进行技术交流、访问洽谈;与国外著名企业、研究机构、大学进行了多形式多层次的技术交流与合作,通过互访、交流,及时了解国际学术发展现状,学习国外先进技术与管理,促进公司技术发展。北自所还定期举办科技节、技术研讨和专题交流等专项活动,邀请广大客户、行业领导和业内专家来公司探讨技术发展趋势,研究技术难题,交流市场和行业经验,谋求合作和发展,与十几家国外公司建立了战略合作关系。

六、发展规划

公司使命:努力引领我国装备制造业自动化、信息化、智能化、集成化技术的创新与发展。愿景:成为国内一流、国际知名的行业智能制造整体解决方案提供商。坚持市场导向,以客户需求带动业务发展,驱动技术研发升级和行业市场扩张;以市场机制推动整体发展,对外依托智能化示范工厂发展产业化,对内健全现代企业制度,提高集团资源管控,打通外部市场和内部管理机制。

深圳市大地和电气股份有限公司

一、单位概况

深圳市大地和电气股份有限公司成立于2005年,是由中国宝安集团控股(股票代码:000009)的一家致力于新能源汽车驱动系统的研发、生产与销售一体的新三板上市公司(证券代码:831385)、国家高新技术企业、深圳市高新技术企业。大地和凭借深厚的技术积累、广泛的客户应用、规范的企业管理,在国内新能源汽车电机和电机控制器产品市场业绩骄人,技术水平领先。

二、产品出口

大地和与欧洲车企合作的机场榆树车项目批量订单生产,车企为法国著名重工业集团公司,主要包括卡车、拖车、掐引车、巴士、军车等多用途车在内的多种车型。此次进入欧洲市场的产品为大地和AMC系列系统,配备CMLA32电机,AMC120控制器,IP67防护等级,最大输出功率为120 kW,产品设计符合国际功能安全标准。

三、产能建设

深圳为研发中心总部,办公面积7 000 m^2,生产基地在贵州遵义,厂房面积7万m^2。电机总装车间面积约35 000 m^2,实现电机定转子加工、电机装配、测试、包装全流程生产自制自控。自主研发了定子自动嵌线流水线一条和电机半自动装配流水线一条,单线产能是现在行业的3倍以上。电机车间定子综合测试仪、转子动平衡、绝缘、测试台架设备方案全部按照国内主流配置,具备较好的品质控制能力基础。控制器生产车间按照10万级无尘车间标准建立，远期设计年产能50万台。主要设备全部采用全球主流设备，覆盖PCBA贴片、单板测试、整机装配、老化及测试。全自动化焊接、装配IGBT。

四、技术进展与研发能力

大地和公司作为国家级高新技术企业，对产品开发和技术研究高度重视，经过多年持续研发投入，在新能源汽车驱动系统领域已经处于国内一流、国际领先水平。大地和产品布局完善齐全，包括AMC平台系列、IMC平台系列、MOS平台系列及SMA平台系列、CML平台系列、BML平台系列、动力总成产品平台系列等，覆盖新能源汽车的微型车、乘用车、商用车全部目标车型。结合优异的电机和控制器研究团队，引入资深顶级减速器研究人才，大地和在高集成化方向，起步早，投入大，已经完成了动力总成项目的技术研发等工作；整个驱动系统的电机、控制器、减速器一体化设计，大大提高了整个动力系统的可靠性、安全性和现场适应能力，获得众多车厂的高度认可和整车配套持续采购。

五、主要新产品

序号	产品名称	产品型号	产品应用
1	30 kW 永磁同步电机	CMLL20/CMLB20	新能源2.5 t物流车
2	30 kW 永磁同步电机控制器	AMC080平台产品	新能源2.5 t物流车
3	7.5 kW 永磁同步电机	SMAA10	新能源低速车
4	7.5 kW 永磁同步电机控制器	MMCA25	新能源低速车
5	60/120 kW 同步电机	BML10B	新能源环卫清洁车
6	60/120 kW 电机控制器	IMC20A	新能源环卫清洁车

六、发展规划

2015年5月7日成立全资子公司遵义大地和电气有限公司作为生产批量生产基地。2015年9月14日成立合资公司厦门捷欧大地和新能源有限公司。2016年5月24日成立合资公司深圳市大源高科有限公司，主要销售、研发及生产充电设备。2017年3月9日成立合资公司武汉优微道电气有限公司，主要研发设计适用于不限于汽车行业的特种电机。2018年3月7日成立合资公司深圳市和创诚技术有限公司，主要销售、研发及生产DCDC产品。

潍柴动力股份有限公司

一、单位概况

潍柴创建于1946年，全球拥有员工9万人，2020年收入超过3 000亿元，名列中国企业500强第八十三位，中国制造业500强第二十三位，中国机械工业百强企业第二位。潍柴是一家国际化跨国集团，在全球拥有动力系统、汽车业务、工程机械、智能物流、农业装备、海洋交通装备等业务板块，分子公司遍及欧洲、北美、亚洲等地区，产品远销110多个国家和地区。旗下拥有潍柴动力（HK.2338，SZ.000338）、潍柴重机（SZ.000880）、亚星客车（SH.600213）、德国凯傲（F.KGX）等海内外7家上市公司、9只股票。

潍柴以“绿色动力、国际潍柴”为使命，以客户满意为宗旨，形成了独具特色的企业文化。

二、生产与经营

2020年，潍柴集团克服全球新冠肺炎疫情不利影响，率先复工复产，抢抓市场机遇，累计产销各类发动机超过100万台，同比增长33%；在克服海外欧美企业收入、利润分别下降2%和89%的情况下，潍柴集团全年仍然保持收入和利润同比增长15%。潍柴新能源业务以“2030年新能源业务要引领全球行业发展”为战略目标，致力于成为全球领先、拥有核心技术的新能源动力系统解决方案提供商。潍柴坚持“混合动力、燃料电池、纯电动”多路线并举，通过自主研发与投资合作的方式，在新能源领域投入超过40亿元，形成新能源动力总成及核心部件的研发和生产能力，打造了以全系列动力总成产品为主，贯穿动力电池、电机、电控、燃料电池的全产业链。核心产品批量应用于公交、物流、叉车等市场，以实际行动践行“绿色动力、国际潍柴”的使命。

三、产能建设

在潍坊建立了全球唯一、年产销百万台发动机的研发制造基地。

2020年潍柴动力年产20 000台氢燃料电池发动机工厂正式投产，年产20 000套电机控制器产线和年产2 GWh锂电池PACK生产线也相继投产，核心零部件产品已经批量应用于公交、物流、叉车等场景。

四、技术进展与研发能力

潍柴动力高度重视科技创新，拥有内燃机可靠性国家重点实验室、国家商用车汽车动力系统总成工程技术研究中心、国家商用汽车及工程机械新能源动力系统产业创新战略联盟、卡车动力总成国家专业化众创空间、国家企业技术中心、博士后科研工作站等研发平台，建有国家智能制造示范基地。在中国潍坊、上海、西安、重庆、扬州等地建立研发中心，在美国芝加哥、德国亚琛、日本东京建立起了前沿科技创新中心。搭建起了全球协同研发平台，确保企业技术水平始终紧跟世界前沿。

潍柴高度重视科技创新，不断加大研发投入，发动机业务连续10年累计研发投入300亿元，研发费占销售收入比例达到6%，占期间费用比例达到48%。在潍坊建立了全球唯一、年产销百万台发动机的研发制造基地，成功研制了全球首款重型商用车动力总成，支撑我国自主品牌重型商用车形成全球领先的竞争优势。

潍柴获得省部级以上科技奖励91项，其中“重型商用车动力总成关键技术及应用”项目荣获2018年度国家科技进步一等奖，这时为2018年度全国机械行业唯一的科技成果一等奖。也时为是内燃机行业唯一的科技成果一等奖。在新能源领域，潍柴拥有新能源试验台架100余套，试验车辆超过30辆，突破了燃料电池商用车、燃料电池发动机、电堆关键技术，建成集研发、测试、检验、试制等功能于一体的国际先进水平的产业园，形成了覆盖燃料电池“基础材料—单电池—电堆—关键零部件—燃料电池发动机—动力系统—

整车”的完整检验检测能力和研发生产能力。潍柴已成功开发了 30 ~ 160 kW 系列燃料电池发动机产品，最新研发的燃料电池堆功率密度达到 4.0 kW/L，寿命超过 30 000 h，可实现 -30 ℃无辅热低温启动。在节能发动机领域，公司累计投资软硬件 80 亿元建成了国际一流水平的发动机研发中心，柴油机试验台架 182 个，进行 2-340 L 发动机试验，满足国六、欧六柴油机开发需求。零部件试验台架 127 个，满足关键零部件性能及耐久试验能力。整车试验间 5 个，进行整车集成匹配验证，仿真软件 35 款。该中心时为国际同行业规模最大、功能最全、能力最强的发动机研发试验基地之一，试验能力居国际领先水平。

2020 年 9 月 16 日，潍柴集团在山东济南正式发布全球首款突破 50% 热效率的商业化柴油机，引领全球行业新发展。以 46% 的行业平均热效率水平估算，热效率提升至 50%，柴油消耗将降低 8%，二氧化碳排放减少 8%，按照国内重型柴油机市场保有量 700 万台估算，如果全部替换为 50% 热效率的柴油机，每年大概可节约燃油 3 332 万 t，减少二氧化碳排放 10 495 万 t，这将为解决能源短缺和全球气候变暖问题作出重大贡献。

五、主要新产品

续上表

序号	产品名称	产品型号	产品应用
1	燃料电池发动机	WEF-50	公交、轻卡
2	燃料电池发动机	WEF-60	公交
3	燃料电池发动机	WEF-80	公交、重卡
4	燃料电池发动机	WEF-160	重卡
5	重卡混合动力系统	WNEH-357	牵引车、自卸车
6	轻卡混合动力系统	WNEH-130	轻卡

六、合资合作及重大项目建设

战略投资可替代燃料动力系统提供商美国 PSI、固态氧化物燃料电池供应商英国锡里斯、氢燃料电池提供商加拿大巴拉德和国际空压机龙头企业瑞士飞速，战略重组德国欧德思、奥地利 VDS。通过整合全球优质资源打造高质量的产业链，潍柴加速战略新兴产业的发展进程，实现了新能源业务的快速发展。

2020 年，潍柴动力年产 20 000 台氢燃料电池发动机工厂正式投产。

七、发展规划

潍柴以“绿色动力、国际潍柴”为使命，以客户满意为宗旨，形成了独具特色的企业文化。潍柴的战略目标是：2025 年传统业务要稳居世界一流水平，2030 年新能源业务要引领全球行业发展；2025 年前实现收入 1 000 亿美元，2030 年前实现收入 1 万元亿人民币；各主业核心业务进入全球前三，稳居世界 500 强前 150 位，打造受人尊敬的智能化工业装备跨国集团。

精进电动科技股份有限公司

一、单位概况

精进电动科技股份有限公司是全球新能源汽车电驱动领域的领先企业，致力于“做世界上最好的电动系统”，为全球客户开发、配套先进的电驱动核心零部件、总成和系统，产品覆盖乘用车和商用车，市场份额领先。在驱动电机、电力电子、汽车传动和软件控制方面拥有先进、全面的技术研发实力。秉承“追求极致”的企业文化，坚持精益的质量管理，产品技术领先、品质优异，多年来配套国际国内高中端整车客户，获得了多个顶级产品和质量奖项。精进电动总部位于北京市朝阳区，在上海、山东、河北、美国底特律设有研发中心或生产基地。

二、生产与经营

坚持科技创新，技术路线覆盖纯电动、插电混合动力、混合动力等，驱动电机产品形成了高功率密度、高转矩密度和高可靠性的技术特色，释放出强大的产品竞争力。以驱动电机产品为依托，精进电动把技术和产品拓展到电驱动总成及其核心零部件，形成了包括电机、电机控制器、新能源汽车专用变速器、减速器总成和先进控制软件的综合供应能力，为客户提供更全面的电驱动总成及核心零部件解决方案。国内外客户包括美国菲斯科、美国克莱斯勒和一汽、东风、上汽、广汽、吉利、北汽、长城、福田集团、中通客车、海格客车、厦门金龙、开沃客车、银隆客车等知名整车企业。公司在乘用车电机系统市场的持续保持领先，给美国三大配套的 10 万台油冷电机项目于 2015 年投产，2018 年产能扩展到年产 30 万 ~ 40 万台。精进电动是国际行业四家油冷电机系统企业之一，也是唯一的中国企业。公司大力度地拓展市场，连续多年乘用车和商用车配套份额领先。作为多年国内唯一将新能源汽车驱动电机出口北美的制造企业，精进电动以卓越的产品和系统的解决方案大力支持新能源汽车市场的快速发展，凭借出众的品质和技术优势赢得了全球客户的信赖，成功把中国新能源汽车电驱动产品推向产业化和国际化。

三、产品出口

出口到克莱斯勒、卡玛汽车、US Hybrid、Dana、EDI、Transpower 等美国客户、加拿大的 Encount 公司、澳大利亚的 SEA Auto 公司、法国的 ACTIA 公司等。2017 年出口电机 3 万台，2018 年全年突破 5 万台。2020 年 5 月，公司凭借 200 kW 三合一电驱动总成项目一举获得北美知名乘用车主机厂客户的量产订单，也是精进电动历史上最大的量产供货合同，标志着精进电动已跻身于国际电驱动行业第一梯队。2020 年 12 月，精进电动又凭借高功率密度碳化硅控制器，和德国 MAN、瑞典斯堪尼亚公司建立了业务合作关系，由精进电动其提供战略性零部件，应用于德国曼及瑞典斯堪尼亚不断增长的全球电动化卡车和客车业务。此业务也是精进电动历史上获得的最大的商用车电动驱动产品订单。出口的产品主要覆盖乘用车、卡车和客车。主要车型是 FISKER 跑车、PACIFICA 面包车和大指挥官吉普车、港口卡车、轻型物流卡车、海狮系列客车、美国定义的 3 到 7 级卡车和 8 级重载卡车。主要技术路线覆盖纯电驱动、增程和混合动力系统的电机和电控。

四、产能建设

在上海嘉定、山东菏泽、美国密歇根州,先后建设了先进研发及产业化基地,配备了具有自主知识产权的自动化生产线,在生产过程中实施了从供应链开发、生产制造、质量保障到物流管理的全面质量管理,质量第一的理念和标准全程贯穿。还在美国底特律设立了子公司,为前沿技术的研发和国际市场拓展提供平台。

五、技术进展与研发能力

长期以来,精进电动一直是全球新能源汽车电驱动行业的技术领军企业。公司坚定不移地聚焦高中端乘用车和商用车电驱动市场,坚持大力度的研发投入,引领行业技术潮头。公司在高效高性能驱动电机、碳化硅和硅基控制器、精密机械传动、电驱动系统集成、系统电控、储能系统方面有长期、深厚的技术积淀。公司更致力于试验考核、工艺、制造、装备和质量方面的技术开发,建立了高端、智能化的生产制造能力,把先进的技术转化成高品质、大批量、高性价比的产品和服务;公司还致力于和客户、同行、供应商及研发机构合作,协同推进新能源汽车电驱动技术的进步,为全球低碳科技的发展作出贡献。

六、主要新产品

序号	产品名称	产品型号	产品应用
1	200 kW 三合一电驱动总成	200 kW 三合一电驱动总成	200 kW 三合一电驱动总成
2	150 kW 三合一电驱动总成	EDM3000	菲亚特克莱斯勒,盛腾汽车
3	150 kW 二合一驱动总成	EDM1000R	福田集团,苏州金龙,大运汽车等轻卡
4	20 000 Nm 纯电四挡驱动总成	JJE20KR	某著名重载卡车制造商
5	300 kW 碳化硅控制器	300 kW	欧洲著名品牌
6	800 V 油冷驱动电机总成	SD220-300	欧洲著名品牌
7	800V 碳化硅电机控制器	400kW/500kW/600kW/700kW	欧洲著名卡车集团(全球前三)
8	80 kW 增程器发电机	R80F,R80R	冷链车制造商
9	800 V 碳化硅电机控制器	400 kW/500 kW/600 kW/700 kW	欧洲著名卡车集团(全球前三)
10	160 kW/200 kW 电机本体	TZ220XS701/TZ220XS529	小鹏汽车 P7 前后驱动电机
11	160 kW/245 kW 电机	—	一汽红旗 EHS9
12	2 100 Nm 纯电后驱三合一总成	EDM2000R	8.5 m 以下客车和 N2 卡车

七、合资合作及重大项目建设

精进电动携手合作伙伴共同前行,在乘用车电机系统市场,持续增加技术投入、扩大产能,满足包括美国三大汽车公司在内的大批量配套需求,商用车领域,积极发挥技术优势,与国内一线企业强强联合,打造出一系列冠军产品。

八、发展规划

精进电动继续秉承“中国创造”、“中国制造”和“中国品牌”战略,坚持为汽车电动化提供最好的电动产品和系统解决方案。

苏州绿控传动科技股份有限公司

一、单位概况

苏州绿控传动科技股份有限公司是一家致力于发展成为新能源汽车行业领先的驱动产品及整车动力系统解决方案和服务提供商。公司成立于 2011 年,注册资金 5 129 万元,占地面积 190 余亩,已建成厂房 8 万 m^2。在职员工近 600 人,其中博士 7 人、硕士 54 人、本科及以上员工占 50%;核心技术人员均来自国内“985”“211”高校及高端研究机构,主要管理层都有着丰富的新能源汽车动力系统的研发、生产以及运营管理经验。绿控的主营业务为汽车 AMT 变速箱、新能源汽车驱动电机、纯电动及混合动力汽车动力总成的研发、生产和销售。拥有国际先进的研发和生产设备,已实现电机、变速箱等关键部件完全自主的设计和生产能力;产品涵盖客车、环卫、物流车、自卸车、牵引车、工程机械等领域,既有有混合动力也有纯电动,既有电机直驱、带减速箱、带变速箱产品,也有双电机、电驱桥产品,基本满足了不同种类新能源商用车的需求。绿控致力开发高性能、低成本、能确实让用户获得效益的产品,为客户创造更大价值;不忘初心、用实干笃定前行,牢记使命、通过创新驱动企业发展,为实现中国汽车强国梦砥砺奋进,用技术为人类创造更加绿色美好的出行生活!

二、经营情况

绿控产品已在海外14个国家、在国内超过300个城市的近6万多辆新能源汽车上运营，累计运营里程超过100亿km；客户包括中通客车、北汽福田、厦门金龙、厦门金旅、苏州金龙、申龙客车等国内40余家客车企业，以及中国一汽、东风汽车、中国重汽、陕汽、江淮、柳汽、大运、徐工等20余家卡车企业。绿控的混动产品，获国家科学技术进步奖二等奖等殊荣，服务保障"杭州G20峰会"等重大活动。自2015年以来，在商用车市场的占有率保持超过30%。绿控的纯电动产品，年销量超过1.5万台；获"新能源公交最佳口碑电机"等殊荣，在物流车挑战赛中赢得了最佳爬坡、节电、续航3个奖杯；在隆重庄严的国庆70周年阅兵式上，"第零方阵"的环卫洗扫车，半数搭载了绿控的纯电总成。

2019年工信部发布的《新能源汽车推荐车型目录》中，绿控累计的配套数量达411款（客车+专用车），行业占比为13.7%；在新能源商用车的电机配套排行中，绿控位列第一名。

三、产能建设

绿控建立了新能源汽车专用齿轴、壳体等零部件的智能化、数字化生产车间，引进国际先进的定转子自动化生产线、电机和控制器的自动装配线；并形成了研发管理PLM系统、生产管理ERP系统及过程管理MES系统的高度融合，满足产品设计、工艺、制造、检测、物流等全生命周期各环节的智能化管理要求，大幅提高了产品的制造效率。

绿控已由发展初期的研发型企业，朝向"研发+制造"双轮驱动型企业成功转型，并实现了生产、检测的高效自动化，以及信息的有效集成，大步向智能制造迈进。

四、技术进展及研发能力建设

绿控将年收入的10%投入研发中，建立了国内一流的产品开发试验平台，有20多辆试验车、100多台先进的试验设备，以及专业完善的实验测试管理流程。绿控采用的PLM研发管理系统，可以与OFFICE、CAD、UG、Altium Designer、加密系统等软件相融合，统一管理项目开发过程中的资料；且产品开发流程也在该系统中融合，实现了产品开发的实时监控；APQP/PPAP/FMEA/MSA/SPC工具的使用，为项目开发、产品的设计开发、过程设计开发与验证提供支持与保证，确保研发的产品稳健到达量产过程。绿控所有产品都要经过三轮、六大类型的验证（模块、功能、性能、失效、耐久、可靠性），涉及146种试验、337个标准，确保产品研发达到严格的质量要求。

五、主要新产品

序号	产品名称	产品型号	产品应用
1	基于AMT纯电动系统	TED3380	客车、卡车
2		TED6610S	环卫车
3		TED5080	牵引车
4		STEA33300Z	公交、环卫
5		HTED12000	环卫车、专用车
6	纯电动直驱系统	DM1700	客车、上装电机
7	混合动力系统	PHD6300	客车
8		PHD29000	重卡
9		MHD3900	客车

南京越博动力系统股份有限公司

一、单位概况

南京越博动力系统股份有限公司（以下简称越博动力）成立于2012年，于2018年在深交所创业板上市（股票代码：300742），是国内该细分领域首家A股上市企业，也是我国少数同时掌握驱动电机及控制技术、自动变速器及控制技术、整车控制技术、动力系统集成一体化技术的动力总成方案提供商。拥有国家企业技术中心、博士后科研工作站、江苏省新能源汽车动力系统重点实验室等8个省部级以上创新研发平台。已申请国内外专利434项，其中授权专利270项。主营产品覆盖1.5～150 T全系列新能源车型，包括乘用车、物流车、公交车、通勤车、重卡、工程机械等，为一汽、东风、上汽、长安、陕汽、三一等国内70多家整车企业提供配套，并已连续多年市场占有率行业领先。

二、生产与经营

公司专业从事新能源汽车动力总成系统的研发、生产和销售，为新能源整车制造厂商提供整体动力系统解决方案，致力于成为新能源汽车动力系统领航者。

三、产能建设

公司在浦口经济开发区鼎业产业园内租赁近1万m^2厂房，建有2条纯电动动力总成装配线、1条电机自动化产线、1条整车控制器自动化产线和1条电机控制器装配线，满足年产能6万套电驱动系统装配。2017年11月，公司在江北桥林片区启动建设新能源汽车动力总成系统研发中心及生产基地，总投资10亿元，预计可实现动力总成系统年产量8万台（套）。公司在陕西渭南高新区建设新能源汽车动力系统基地，项目规划占地150亩，总投资12.78亿元，主要从事新能源汽车核心部件及动力系统研发、生产和销售，产品包括整车控制系统、驱动电机系统、自动变速系统，适用于不同动力驱动的各类新能源汽车，项目全面达产后将实现动力总成系统年产量15万台（套）。

四、技术进展与研发能力

依托于核心团队在新能源汽车动力总成系统尤其是纯电动汽车动力总成系统领域多年的积淀，在新能源汽车行业飞速发展的时代，公司精准把握了行业技术的发展和市场需求所带来的先机,针对行业的发展趋势,积极进行创新,成功研发了多项核心技术。申请了专利434项,授权专利270项。

公司建有"新能源汽车研究院","越博动力工程试验中心"(已通过国家CNAS实验室认可),依托越博动力建立了"国家企业技术中心""国家级博士后科研工作站""江苏省新能源汽车动力系统重点实验室""江苏省新能源汽车动力总成工程研究中心""江苏省新能源汽车动力总成工程技术研究中心""江苏省认定企业技术中心""江苏省博士后创新实践基地等国家和省部级研发创新平台",科技平台通过与高校产学研合作,使研发机构及公司充分发挥各自的优势,资源共享,从而形成强大的集研究、开发、生产于一体的研发系统,研发成果迅速转换成产品,并规模化生产。

五、发展规划

2021年,持续推进新能源氢燃料汽车动力总成的研发与应用,采取产品线延伸策略,产品向辅助控制系统相关产品领域延伸。产品包括多功能控制器、ADAS辅助驾驶系统、辅控套件控制系统、纯电动乘用车"三合一"电驱动系统、重型商用车双电机驱动系统、高转矩密度轻卡三合一动力系统等。

1. 继续推进新能源重卡领域的研究与市场开拓。公司在国内新能源汽车动力系统领域率先挺进新能源重卡、特种车辆市场,尤其在固定场所的矿山、港口、码头纯电动重卡,以及固定线路的渣土车、环卫车等领域。公司不断提高技术创新水平,取得了率先突破,产品得到了市场和客户认可。

2. 积极推进新能源乘用车技术研发与市场开拓。根据新能源汽车市场发展趋势,确立了"立足商用车、布局乘用车"的发展思路。在新能源客车领域,研发出了6~13 m及以上客车全系列产品。在新能源专用车领域,实现了2.5~99 T的新能源专用车市场全覆盖。在此基础上,公司积极布局乘用车,已成功研发出电机功率从40~150 kW不等的多种新能源动力总成乘用车方案,可以适配众多A00/A0/A级(微型、小型、中型)乘用车型。

3. 继续开拓电子通信领域业务。经过前期市场调研与可行性研究,成立全资子公司南京越博通信技术有限公司,进军电子通信领域,开拓电子通信领域业务,为公司业绩培育新的增长点。

浙江方正电机股份有限公司

一、单位概况

浙江方正电机股份有限公司是一家以电机研究开发、生产、销售为主的国家级高新技术企业,2007年12月12日公司在深圳证券交易所正式挂牌上市,公司建有浙江省博士后工作站试点单位、省级企业研究院。成立之初,主要业务是做缝纫电机(这项业务迄今依然占到了家用缝纫机电机全球市场的80%左右市场份额)。2006年开始拓展汽车座椅电机业务,成功进入汽车类供应商体系。随着国家新能源汽车战略的实施,方正电机把驱动业务向新能源驱动电机迈进,秉承技术优先的管理理念,方正电机吸引行业内优秀人才,搭建具备正向研发能力的技术团队,与国内外众多知名主机厂达成项目合作,在中国新能源汽车驱动电机市场出货量排名前列。

二、生产与经营

缝纫机和电动工具等小电机主要在丽水,以及越南生产,汽车座椅电机和新能源汽车驱动电机主要在丽水基地生产。方正电机建立了SAP企业运营管理系统,取得IATF 16949认证,过去几年对自动化设备不断加大投入,电机制造能力得到客户广泛认可。

通过多年的技术积累和市场开拓,公司已经在微特电机、新能源汽车驱动电机等细分领域处于市场领先地位。多功能家用缝纫机电机年产550万套,全球市场占有率约为75%;

座椅电机年产销量超1 200万台。作为二级供应商,座椅电机成功装入宝马,奔驰,特斯拉等知名汽车主机厂的车辆上,并与延锋安道拓成立合资公司。新能源驱动电机年产销超50万台,在新能源驱动电机行业排名前三。

三、产能建设

具备微特电机2 500万台年产能。新能源驱动电机60万台年产能,其中扁线电机15万台。

四、技术进展与研发能力

研发是方正电机的核心能力,方正电机共有350人的技术研发团队,其中博士超过20人。公司在新能源驱动电机领域不断加大软硬件投入,并成立了方德智驱应用技术研究院,吸引行业内的优秀人才,人才队伍由长期从事汽车传动系统研发的专家和拥有多年汽车驱动、电机,电控系统产品开发制造经验的专业人员组成,从而保证公司在该技术领域的正向研发能从专业技术,开发流程以及产业化的过程中向国际一流的同行业看齐。方正电机德生产及开发测试设备均已得到行业客户的认可,建立从需求分析,仿真计算,样件制造,测试验证全体系研发能力,配备了完整的功能测试,耐久测试,环境测试等实验室和样件制造车间来支持研发工作。

五、主要新产品

序号	产品名称	产品型号	产品应用
1	20~30 kW永磁同步电机	R-160	A00/A0级纯电动轿车
2	120/196 kW永磁同步电机	R-220	B/C级纯电动轿车
3	160 kW扁线电机	F-220	B/C级纯电动轿车

六、合资合作及重大项目建设

方正电机与延锋安道拓座椅有限公司合资成立延锋安

道拓方德电机有限公司，合资拓展汽车座椅电机业务；方正电机与关联方上海中振交通装备有限公司共同投资成立丽水方德智驱应用技术研究院有限公司，全面打造新能源驱动电机及系统的研发和试验平台，全面提升技术研发能力和试验验证能力。

七、发展规划

方正电机将着重拓展新能源汽车驱动电机的研发和生产，在2025年驱动电机产销将超过100万台，在成为国内主流乘用车驱动电机供应商后，逐步进入国际供应体系。

陕西法士特汽车传动集团有限责任公司

一、单位概况

陕西法士特汽车传动集团有限责任公司始建于1968年，旗下拥有10多家控、参股子公司，是中国齿轮行业首家年产销超百亿元企业，已形成年产销汽车变速器120万台、齿轮5 000万只和汽车铸锻件20万t的综合生产能力，产品广泛出口美国、日本以及澳大利亚、东欧、南美、东南亚、中东等十多个国家和地区。企业各项经营指标连续18年名列中国齿轮行业前茅，重型汽车变速器年产销量连续15年稳居世界前列，已跻身中国汽车工业30强、中国机械工业100强、中国制造业500强、国际国内汽车零部件“双百强”行列。

依靠自主创新和科技进步，已建成以“国家级企业技术中心”“院士专家工作站”“国家级博士后科研工作站”“英国创新中心”为支撑的国内一流科技研发体系和自主创新体系，形成集产学研于一体、国内外市场优势互补发展的新格局，开启了科技引领、创新驱动、技术支撑、高质量发展新征程，荣获国家科技进步一等奖、中国工业大奖等国家级殊荣。拥有核心技术专利1 400余项，技术专利数量与科技创新优势位居中国齿轮行业领先水平，部分自主创新产品的关键技术和核心技术已达到国际领先水平。自主研发推出的AT、AMT、S变速器、客车变速器、轻型变速器和液力缓速器、离合器、减速机等八大系列新产品以及轮边减速机、新能源汽车传动系统等智能化新能源产品，全面适应国家节能减排要求和汽车产业电动化、智能化、网联化、共享化、轻量化发展要求，在品牌效应、质量性能、节能环保等方面竞争优势突出，为商用车升级换代提供了源源不断的全新优化配置。产品适用于重型车、大客车、中轻型卡车、工程用车、矿用车和低速货车等各种车型，被国内外150多家主机厂的上千种车型选为定点配套产品，市场保有量超过1 000万台，国内市场占有率超过70%。

在深耕国内市场同时，抢抓“一带一路”发展机遇，先后与数十家知名跨国公司建立了良好战略合作关系。法士特汽车传动（泰国）有限公司已全面发力东盟市场，法士特马兹有限责任公司正紧锣密鼓加快建设，在北美、东欧、东南亚等地区设有分销公司和办事处，国际化、全球化辐射效应日益凸显。

先后获“全国五一劳动奖状”“全国国企十大典型”“全国模范职工之家”“全国文明单位”“全国企业文化建设最佳实践企业”“全国模范劳动关系和谐企业”等荣誉。

二、经营情况

率先实现市场化公司制改革，焕发新的生机活力，各项经营指标连年以倍增的速度高速增长，年销售收入和工业总产值已由2000年的1亿多元双双增长到240亿元以上，变速器产销量由5 000多台增长到118万台，出口创汇由200多万美元增长到6 600万美元以上，成为中国齿轮行业第一家年产销超百亿元企业。2020年实现营业收入249亿元，同比增长24%；销售汽车变速器118万台，同比增长18.4%，利润总额25.1亿元，净资产收益率13.9%，资产总额达到282亿元，资产负债率39%。各项指标再创历史最高纪录，连续18年名列全国齿轮行业前茅，重型变速器累计保有量突破1 000万台大关，年产销量连续15年稳居世界前列。

三、产品出口

已形成年产销汽车变速器120万台、齿轮5 000万只和汽车铸锻件20万t的综合生产能力，产品广泛出口全世界十多个国家和地区。抢抓“一带一路”发展机遇，法士特汽车传动（泰国）有限公司已全面发力东盟市场，法士特马兹有限责任公司正紧锣密鼓加快建设，在北美、东欧、东南亚等地区设有分销公司和办事处，国际化、全球化辐射效应日益凸显。

四、产能建设

始终坚持“生产一代、试制一代、研发一代、构思一代”的产品研发理念，坚持自己淘汰自己的迭代更新理念法则，运用国际一流水平的实验装备和制造装备，将一项项科技成果转化为市场需求的拳头产品，形成了30多个系列、数百品种千余款产品型谱。2020年，产销月月创新高，前10个月即完成了2019年全年生产总量。变速器一天的产销量相当于20年前九个半月的产销量；1个月的产销量相当于20年前月产销量的359倍。与企业改制前的2000年相比，工业总产值、销售收入分别增长240多倍，重型变速器产销量增长236倍，而职工总数仅增加不到3倍。企业综合竞争力显著提高，对国家、对社会的贡献越来越大，为我国汽车工业和地方经济发展作出了突出贡献。

五、技术进展及研发能力建设

新能源传动系统等新产品已批量配套矿用车、码头车、城市公交等市场领域，关键核心技术达到国内领先水平。企业由传统生产制造向智慧型企业转变，特别是新建的陕西法士特智能制动公司，是国内首个集数字化、智能化、自动化为一体的缓速器研发生产基地；2020年7月开工建设的法士特20万台S变速器项目，同样是以数字化标准正在规划建设中。已建成集国家级企业技术中心、院士专家工作站、博士后科研工作站、英国创新中心和校企合作于一体的创新研发体系，与里卡多、瓦伯科、AVL等国际知名专业机构建立战略合作联盟，签订智能产品联合研发协议，研发新一代智能产品；坚持国际研发队伍建设与培养，全面提升专业技术人员研发能力水平，为企业未来的产品研发、工艺创新做好技术储备，为打造世界一流企业奠定坚实的基础。研发投入占销售收入 3.3% 以上，累计获得专利 1 456 项，其中发明专利 160 项，仅“十三五”期间获得专利超过 870 项，创新成果呈爆发式增长态势。组织完成 172 项行业标准的制修订，累计牵头或参与国标 11 项、行标 10 项。其中发明专利增长 125.6%，科技成果转化率高达 95%；在 1 563 家国家级企业技术中心综合排名上升至第 56 位，位居行业领先水平。运用国际一流水平的实验装备和制造装备，通过严苛的高温、高原、高寒“三高”试验和各种工况、路况载荷等试验，将 95% 以上的核心技术专利被转化为各类科技成果。

六、主要新产品

序号	产品名称	产品型号
1	新能源电驱动产品	7E200K
2	新能源电驱动产品	6E240
3	新能源电驱动产品	6E150
4	新能源电驱动产品	6E95
5	新能源电驱动产品	4E100
6	新能源电驱动产品	4E50
7	新能源电驱动产品	2E110
8	新能源电驱动产品	2E50
9	轮边减速机	FJXBL1100 13 T
10	轮边减速机	FJXBL400 5 T

七、合资合作及重大项目建设

先后建成“国家级企业技术中心”“院士专家工作站”“国家级博士后科研工作站”，成立英国创新中心研发高端技术，形成以新能源为主导、新业态为支撑、国内外市场优势互补发展的新格局。加快高端化、智能化工厂建设，法士特中轻卡变速器产业基地、咸阳液力缓速器基地达产达效，出口基地达产达效，高新区 278 亩地智能工厂项目开工建设；推进数字化转型，对 50 余条产线进行升级优化，关键工序数控化率 98%，助推法士特变速器产销量跃上千万量级，创造行业新高度，跻身国家绿色工厂行列。

始终坚持合资合作共赢发展理念，近年来，累计实施战略投资数十亿元，建成宝鸡中轻型变速器及新能源传动基地、咸阳节能与新能源商用车制动系统智能工厂、法士特松正合资公司致力于打造国内商用车行业前 3 的电驱动独立供应商，其生产的 390 系列产品，具有扭矩大、体积小、散热好等优势，并顺利通过关键工艺、工装设备验证，可匹配 8 ~ 12 m 客车、中型卡车等车型。重卡纯电、混动等重点产品将在 2021 年陆续亮相。在现有 3 家中外合资公司的基础上，在白俄罗斯建成法士特马兹公司，于 2020 年 10 月全面投产，形成了辐射全球的产业链布局。

八、发展目标与规划

陕西法士特汽车传动集团有限责任公司聚焦新时代，融入新格局，贯彻新发展理念并紧紧抓住国家汽车产业转型升级重大战略机遇期，纵深推进“4321”战略（“4”，核心传统业务销售占比 40%；“3”，智能化与新能源业务销售占比 30%；“2”，国际市场销售占比 20%；“1”，资本市场和新业态占比 10%。），力争到 2025 年末，年营业收入突破 500 亿元人民币，实现新跨越。2021 年重点工作计划中年度经营目标显示，年底产销变速器总成将达 130 万台，实现销售收入达 300 亿元人民币，出口创汇达 9 000 万美元，力争到 2025 年，企业年销售收入突破 500 亿人民币，构建“内生式”和“外延式”双轮驱动平台，全力打造国际一流企业，为地方经济社会发展和实现汽车强国梦贡献更大力量。

邦迪智能科技（上海）有限公司

一、单位概况

邦迪智能科技（上海）有限公司成立于 2018 年 3 月，注册资金 2 000 万元，于 2020 年 9 月获得了高新技术企业的认定。公司核心团队成员均毕业于国内“985”知名院校；硕士比例超 35%，本硕比例达 75%。邦迪智能致力于成为新能源扁线驱动电机智能制造设备行业的领军企业。驱动电机作为新能源汽车的核心零部件之一，对新能源汽车的性能有着重要影响。而扁线驱动电机是性能、体积、发热的最大公约数，是市场的必然趋势。预计 2028 年前，扁线电机搭载率在 85% 以上，而目前只有不到 5%，其发展瓶颈在于生产设备的研发与制造，也是整个市场的竞争焦点。

邦迪智能科技抓住国外供应商价格极贵，周期长且配合差；国内供应商技术不成熟，缺乏量产经验的市场空白。自主研发了国内首例 8 层 Hairpin 量产线，成功试制了国内首例 12 层样件设备，一举打破了海外供应商的垄断，填补了国内空白。

邦迪智能坚持以技术革新为核心，在关键工艺上，如高速激光焊接、多层同步扭头等，完成了自主研发，扭转了被国外技术垄断的局面。

二、生产与经营

新能源扁线驱动电机定子生产设备、自动化产线的研发与制造；新能源扁线驱动电机定子样件试制；新能源扁线驱动电机定子代工。

三、产能建设

新能源扁线驱动电机定子代工 2020 年，10 万台/年；2021 年，100 万台/年；2022 年，500 万台/年；2023 年，800 万台/年；2024 年，1 000 万台/年。

四、技术进展与研发能力

扁线电机制造核心最典型的莫过于端部扭转和激光焊接。扁线电机按照设计分为 4 层、6 层、8 层等系列，层数越高，生产难度会级数倍提高。邦迪智能介入该领域之前，国内供应商最多可以完成 4 层电机的生产制造，即使是海外供应商,也没有任何一家有成熟的8层电机的端部扭转经验。当时客户国内一家主机厂提出了8层电机的应用需求,但国内没有任何一家公司敢承接此项目,邦迪智能基于充分的前期研究,决定配合客户正向研发该设备并承接此项目。项目启动后,邦迪智能核心团队从最基础的材料特性研究开始,结合计算机仿真等手段,从核心模具、机构的设计验证出发,经过近半年的努力,完成了第一台原理样机的开发和制造,成为全国第一家实现8层电机一次性端部扭转工艺的公司。后续公司基于该原理样机,配合客户完成了A/B样的交付,总计完成了约300台定子的生产,积累了非常丰富的经验。同步对设备进行了多次优化和迭代,迅速启动了量产级别设备的研发制造。在具体实施过程中,公司还创新地增加了定子PIN脚入模导向机构,使设备的稳定性大幅度提高,在此点上远超国内同行乃至海外竞争对手。设备从投入使用后得到客户一致认可,成为邦迪智能的拳头产品。

扁线电机在完成端部扭转后,需要把数量繁多的铜线进行两两焊接,因为焊点多、节拍要求高、焊接精度和质量非常苛刻等原因,焊接一直是扁线电机制造的难点。从技术路线上看,激光焊相对于国内普遍应用的TIG焊有压倒性优势的高效,更加适合于超高节拍需求的扁线电机焊接。但是国内对大功率激光在扁线电机焊接领域的积累几乎为零,焊接需要高精度的焊前位置识别、精准的激光路径控制及可靠的焊后质量判定。邦迪智能科技联合国内顶级焊接研究院,对扁线电机焊接工艺进行了深度研究,结合实践,通过超过100台定子的手工逐点焊接,积累了丰富的经验,得到了一套完整的焊接工艺参数控制方案。邦迪智能充分发挥自身团队在软件开发中的优势,完成了焊接前焊点扫描系统的开发,该系统可以利用超高精度线激光扫描系统,得到整个待焊接定子的PIN脚点云信息。邦迪智能针对点云数据的特征,开发了一套特殊的算法,可以过滤干扰信号,得到精准的焊点空间全息信息。数据通过内部协议传输到振镜控制系统,依据先前积累的大量焊接工艺参数,对逐个焊点进行优化参数后的焊接,得到符合客户要求的焊点。焊接完成后,再次使用3D点云技术对焊点进行数据分析,得到焊点质量判定的结果,设备还能自动对不符合质量要求的焊点进行补焊,提高整个产品的合格率。在满足基本需求的同时,邦迪智能不断进取,联合海外某软件公司,进行了深层次的开发,采用神经网络算法,构建一套具备深度自学习功能的AI系统,该系统可以根据焊点质量的实际判定结果和人工检查结果的偏差,进行快速自学习,并不断修正自身判定标准,达到趋近于100%准确的判定,该项技术颠覆了常规通过焊点点云参数化进行各种数学计算转化为固定标准阈值的判定逻辑,极大地提高了设备的稳定性和柔性。该系统已经初步完成功能测试,会搭载在邦迪智能后续推出的设备中提供给客户。邦迪智能在扁线电机定子生产设备领域,依托自身的技术优势,独立自主,潜心研究,勇于创新,设备无论在功能上、性能上还是成本上,都较海外供应商有非常大的竞争力。

五、主要新产品

序号	产品名称	产品型号	产品应用
1	全自动激光去漆校直断线一体机	NSS220L PRO	完成扁线自动放卷、校直去漆和定长切断
2	全自动线成型机	NP200U/I	自动把去漆后的直线成型为发卡线圈
3	全自动插纸机	NI200 PRO	全自动把槽底绝缘纸完成成型后插入铁芯
4	全自动插线机	NW200 PRO	全自动把发卡线圈组合并压入定子铁芯
5	全自动扭头机	NT280	把铜线按设计扭转到所需位置重新配对
6	全自动切平机	NL220	自动把扭转后的端部PIN脚进行切平
7	全自动激光焊接机	NLW100 PRO	自动把切平后的PIN脚按照要求配对焊接

六、发展规划

2018—2021年发挥产品先发优势,竖立行业技术标杆。2022—2025年确立国内行业龙头地位,开启扁线电机共享智造时代。2026—2030年打造全球化品牌形象,推出有世界影响力的拳头产品。

浙江龙芯电驱动科技有限公司

一、单位概况

浙江龙芯电驱动科技有限公司是一家集新能源汽车驱动电机研发、制造、销售于一体的技术型企业。公司拥有多款具有核心技术和自主知识产权的高性能扁线电机产品。公司属于民营资本和地方国有资本共建企业,注册资本约1.44亿元,规划总投资约8亿元,可年产新能源汽车驱动电机(主要为扁线电机)100万台。公司产品主要应用于混合动力汽车、纯电动汽车以及电动工程机械、电动船舶等所需的电动力总成领域。产品的功率范围从30 kW至200 kW,可以覆盖大部分新能源汽车市场的引用范围,还可以用于中大型工程机械、电动游艇或小型船舶。公司技术团队能够实现从产品的性能设计和相关工艺设备的研发,所研发产品在功率扭矩密度、噪声、成本控制等关键性能指标上具备明显竞争优势。

二、生产与经营

公司拥有一条自动化定转子生产线和一条柔性化电机生产线,到2021年底会新增两条自动化生产线;在2021年形成批产供货能力,2021年预计供货1万套,2022年预计供货超过10万套。公司于2020年8月通过ISO 9001体系认证,2021年2月通过IATF 16949体系认证。

三、产能建设

Q210 平台年产 10 万套扁线电机生产线已完成。柔性年产 2 万套电机试制线已完成。Q155 平台年产 15 万扁线电机生产线计划于 2021 年 10 月到位。Q190 平台年产 10 万扁线电机生产线计划于 2021 年 12 月到位。

四、技术进展与研发能力

1. 团队核心成员在新能源汽车电机领域均超过 10 年。团队主导设计开发的扁铜线电机项目超过 12 个，其中包含 5 个项目已批产。

2. 产品设计开发使用的软件包含 MAXWEL 电磁仿真软件，solidworks3D 结构软件，流体及机械强度仿真软件。不仅有足够的软件运算算力，还积累了大量的开发经验参数，为高效精确的产品设计保驾护航。

3. 已开发 Q155、Q190、Q210 和 Q260 平台扁线驱动电机并应用于多款研发车型，电机具有高磁阻扭矩、高转矩和高功率密度、低噪声等特点。

4. 设计多款混动动力系统用油冷电机，能够自主完成高精准的油冷电机温升仿真，仿真温度与实测温度相差低于 10 ℃。

5. 具备扁线生产线核心工位自主开发设计，实现秒级生产线模具快速换型能力。

6. 公司运营 2 年来已经申报专利 53 项，受理 49 项，授权的专利数量达到 30 项，公司相关核心技术及产品都有专利支撑，发明专利占总数量的 43%。

7. 已具备试验设备满足常规性能测试和耐久能力。

五、主要新产品

序号	产品名称	产品型号	产品应用
1	300 kW 永磁同步电机	TZ26XS22A	凯博易控
2	170 kW 永磁同步电机	TZ21XS12A	中车浩夫尔
3	30 kW 永磁同步电机	TZ15XZ09A	徐州金光

六、合资合作及重大项目建设

1. 基于油冷却的高性能扁线驱动电机平台及产线建设。公司通过研究高性能扁线绕组技术（包括设计和制造工艺）和新一代油冷却技术，开发出具备良好可柔性制造、更高功率密度、更高性价比、更低 NVH、更宽高效率区，并具有独立知识产权的电机产品平台，相关产品的性能指标超过国家 2025 年的要求。项目主要计划节点为 2019 年 7 月，完成功能样机测试；2020 年 7 月量产产线到位。产品线投产后，计划在不少于3 个车型（包括混合动力和纯电动项目）推广使用，产线满产后，计划形成产能 10 万台/年，形成产值 2 亿 ~ 3 亿元/年。

2. 商用车用扁线电机投产。

通过对商用车电机的研发，公司已经实现商用车扁线电机的量产。相比于同样体积尺寸的圆线电机，电机的转矩密度可提升 50%，功率密度可提升 50%。

七、发展规划

2022 年因混合动力系统需求在客户端建设二条 Q210 平台自动化产线，合计产能达到 30 万/年；2022 年底建设第二条 Q155 平台自动化产线；2021—2022 年，试验设备满足电机主要环境验证试验要求；2023—2024 年，增加 NVH 测试设备和振动试验设备，申请省级汽车电机试验中心和 CNAS 认证。

八、2020 年 1 ~ 12 月企业在新能源汽车方面经济指标统计

填报单位名称	指标名称	单位	本期累计	同期累计	增长率(%)	增长额(提高百分点)
浙江龙芯电驱动科技有限公司	2020 年末资产总计	万元	4 820	1 201	301. 33	3 619
	2020 全年完成投资额	万元	3 705	81	—	3 624
	2020 年营业收入	万元	292	150	94. 67	242
	2020 年利润总额	万元	-486	-601	—	—
	2020 年产品销售率	%	100	100	—	—
	2020 年销售利润率	%	-166. 44	-400. 67	—	—

北京理工华创电动车技术有限公司

一、单位概况

北京理工华创电动车技术有限公司成立于 2010 年，是广东华锋新能源科技股份有限公司全资子公司（上市代码：002806），是北京理工大学电动汽车技术唯一的产业化依托单位。公司长期致力于新能源汽车关键技术的研究，在整车动力学控制、电池成组及高压安全、电驱动与传动系统、分布式驱动和车辆智能网联等领域掌握了一系列核心技术，形成了整车控制器、功率转换集成控制器、分布式驱动系统控制器及电驱动传动系统等产品，可提供电动汽车动力系统平台解决方案，已成为我国电动汽车领域技术发展方向的引领者、先进动力系统平台及关键零部件提供者。

二、生产与经营

公司工厂位于顺义金马工业区内，厂房租赁面积 6 000 m^2。高附加值核心产品在公司工厂进行生产，低附加值产品及零部件委托外加工厂进行生产。公司已于 2013 年通过 ISO/TS 16949:2009 质量管理体系认证，并顺利通过每年的审核。

三、产品出口

2016 年，公司携手国内知名客车制造商为波兰客户量身打造的纯电动公交客车 e-Bus 项目首批样车通过欧盟认证，出口波兰并投入正式运营，标志着公司产品成功进入欧盟新能源汽车市场。

四、产能建设

公司工厂内拥有12条生产线。具有各种类型的整车控制器、高压集成控制器、电驱动与传动系统的专业生产设备，可满足8 000～10 000台(套)纯电动商用车配套零部件的年产量。

五、技术进展与研发能力

公司致力于前沿技术的攻关和新产品的研发，多年来主持承担或参与了由国家科技部和北京市科委组织的近20项新能源汽车技术领域的科技课题研究，在整车网络化控制技术、高压电安全及集成控制技术、一体化电驱动及传动技术、智能网联控制技术等方面取得重大突破，获得新能源汽车领域授权发明专利20余项、软件著作权60余项，荣获北京市政府颁发的科学技术一等奖一次、二等奖两次。2020年，公司承担的北京冬奥会新能源汽车重大科技项目顺利通过结题验收，在－35 ℃的环境温度下，通过电池自加热技术激活车辆并完美运行，为我国兑现2022年北京冬奥零排放承诺提供了核心技术支撑。

六、主要新产品

序号	产品名称	产品型号
1	整车控制器	HCDN67VCU-41B
2	智能网联整车控制器	HCDN67VCU-41A
3	双电机一体化驱动动力总成	HC2U12PWT-MQA
4	直驱电机	HCDM120WL1
5	直驱电机	HCDM090LH1

续上表

序号	产品名称	产品型号
6	三合一电驱动桥总成	HC1N60PWS-FHA
7	二合一电驱动总成	HC1N03PWT-LMC
8	六合一高压集成控制器	HC60LTPIC-F21
9	五合一高压集成控制器	HC60L9PIC-F60
10	四合一高压集成控制器	HC60LKPIC-K21
11	四合一高压集成控制器	HC60LLPIC-B11
12	四合一高压集成控制器	HC60L5PIC-720
13	12 kW DCDC	HC60LMPIC
14	40 kW 车载充电机	HC60LPPIC
15	高压线束/充电插座	HC6S14GXS/HC6S08GXS

七、发展规划

公司拟投入建设新能源汽车研发及生产基地。其中，面向新产品研制及产品中试，拟在北京顺义打造3万m^2的北方总部基地；面向南方市场，将在广东佛山建设工程研究院与南方运营中心，整合南方核心供应链资源。同时，将在广东肇庆打造占地30亩的南方新能源汽车产品生产基地，满足年产5万台(套)新能源汽车零部件产品的大批量生产订单需求。

未来5年，公司拟产品将由电动商用车拓展到电动乘用车领域，提升有效先进产能，打造高品质系列化产品，以满足市场快速发展的需要，继续引领我国新能源汽车动力系统平台技术发展方向。

武汉菱电汽车电控系统股份有限公司

一、单位概况

武汉菱电汽车电控系统股份有限公司(股票代码：688667)成立于2005年1月，是中国专业从事汽车发动机管理系统、纯电动汽车动力电子控制系统、混合动力汽车动力电子控制系统研发、生产和销售的高新技术企业。该公司拥有专业从事汽车发动机管理系统软件及控制策略开发、发动机台架标定和整车标定的专家队伍，建有具有自主知识产权的生产线，实现了汽油车、汽油/CNG双燃料车、纯电动车和混合动力汽车动力控制系统的产业化，时为中国最大的自主汽车EMS系统供应商。

二、生产与经营

菱电电控提供发动机管理系统、纯电动汽车动力电子控制系统及混合动力汽车动力电子控制系统三大系列产品，以及相关的设计开发及标定服务。发动机管理系统按照使用燃料的不同分为汽油EMS和两用燃料EMS，按照车型与软件平台的不同分为汽车EMS与摩托车EMS；纯电动汽车动力电子控制系统包括VCU、MCU；混合动力汽车的动力电子控制系统包括EMS、MCU、GCU、VCU。除提供上述三大系列电控系统产品外，在电控系统软件匹配具体车型的过程中还提供标定技术开发服务。电控系统是软件与数据相结合的载体，数据嵌入在软件程序中，没有数据的电控系统程序无法运行，标定就是获取数据的过程。菱电电控在电控系统标定的过程中，会根据情况向客户收取一定的费用，从而形成技术开发服务收入。

全球汽车电控系统主要被德国博世、美国德尔福、日本电装、日本日立、日本京滨、德国大陆集团、意大利马瑞利等国外厂商垄断，国内市场份额也主要被上述企业所占据，其中博世及其子公司在中国市场处于一家独大的地位。中国自主品牌电控系统生产厂商的市场占有率很低。由于日本EMS企业主要服务于日系车企，德国大陆集团、意大利马瑞利主要服务于合资企业及上汽通用五菱、众泰系等少数几家自主品牌企业。公司在自主品牌汽车的竞争对手主要是德国博世及其子公司联合汽车电子、美国德尔福以及中国自主EMS企业苏州奥易克斯3家企业。

三、产能建设

公司在武汉市东西湖区拥有占地近30 000 m^2的研发生产基地，建有ECU/VCU生产线、MCU/GCU生产线，年产能约80万套。根据企业实际发展经营情况，公司正在进行菱电电控汽车动力控制系统产业化项目。

四、技术进展与研发能力

菱电电控致力于打破中国汽车产业"核心技术空心化"的局面，通过研发团队多年持续的努力，成功开发出具有自主知识产权的发动机管理系统，实现了汽车动力电子控制系统的国产化。截至2021年6月30日，公司共有员工517名，其中研发人员368名，主要为控制策略开发、软件开发、硬件开发及数据标定的研发工程师。公司拥有发明专利14项，实用新型专利12项，外观设计专利7项，软件著作32项。

五、主要新产品

序号	产品名称	产品型号	产品应用
1	汽油发动机管理系统	LEC4AF	鑫源、福田、中兴、唐骏、众泰等
2	汽油/CNG双燃料发动机管理系统	LEC4AP	福田、黑豹、成功等
3	电机控制器MCU	PM60B4A	江南、跨越
4	整车控制器VCU	LEC-VCU	鑫源、跨越、江南
5	T-box	LECT100	成功

六、合资合作及重大项目建设

"863"计划《轻型汽车排放控制在线诊断及远程控制技术》；"863"计划《汽油车超低排放净化技术——氧传感器性能自动检测系统技术》；"863"计划《重型柴油车排放污染控制技术——催化剂快速老化评价系统开发》；《替代燃料车和摩托车排放后处理系统技术研究》；2012年国家级创新基金项目《多种燃料、可控比例电控独立喷射发动机管理系统》；2013年国家发改委项目产业振兴技术改造专项项目《汽车发动机管理系统生产项目》；2014年国家工业转型升级强基工程项目——《涡轮增压缸内直喷（TGDI）汽油机管理系统实施方案》。

七、发展规划

（1）业务发展战略：公司业务发展坚持"技术领先"战略和"成本领先"战略并重的原则。

①"技术领先"战略。在技术壁垒高、国内竞争对手少，需要长期研发投入和经验积累的EMS和混合动力汽车动力电子控制系统领域，公司坚持"技术领先"战略是根据油耗法规不断趋严对EMS、电控系统技术升级的要求，坚持"技术向上走"的研发思路；遵循电控系统产业化、国产化的客观规律，恪守"市场向下沉"的产业化方针。"技术向上走"：分析不同测试工况下不同技术路径的节油效果与排放情况，重点发展具有高性价比的节油技术方案；同时紧盯跨国EMS企业在主流乘用车市场使用的最新技术和正在研发的前沿技术，关注不同技术路径的产业配套基础。公司近期重点发展缸内直喷EMS技术、混合动力控制技术以及兼容舒适性和安全性功能的电控系统技术如兼容自动变速箱、车体电子控制系统、辅助驾驶系统、高级辅助驾驶系统等电控技术。坚持"技术向上走"的研发思路确保公司在排放、油耗法规升级时不被市场淘汰，同时确保公司具备进入一线自主品牌和合资品牌乘用车市场的技术条件。"市场向下沉"：就是要遵循EMS及电控系统产业化、国产化的客观规律，按照"低端—高端，边缘—核心"的国产化路径，从非主流市场做起，通过产业化验证提升产品质量和技术水平；对于新技术的产业化遵循先小批量验证，再规模化投产的顺序、提高产品市场认可度，逐步进入一线自主品牌和合资品牌乘用车市场。②"成本领先"战略。在国内竞争对手较多的纯电动车动力电子控制系统领域坚持"成本领先"战略，通过混合动力汽车电控系统中的电动机控制器（MCU）、发电机控制器（GCU）大规模产业化后形成的规模化采购优势，降低核心零部件的采购成本，从而在纯电动车的MCU产品形成成本优势。公司在EMS和混合动力汽车动力电子控制系统领域的市场规模优势将会使车规级芯片的采购成本相对较低，为本公司的纯电动车VCU产品带来一定的成本优势。在纯电动车领域形成成本优势后利用混合动力汽车电子控制系统技术兼容纯电动车控制技术的特点开拓纯电动车市场。

（2）产品线发展战略：汽车电子控制系统已经不再仅仅是为完成某个单一任务的独立系统，而是与其他子系统共同组成的多目标、多任务的分布式综合协调电子控制系统。系统控制器多层次化结构使系统对数量较少的单一变量的控制变成了对集群变量的控制，由于集群变量之间的相互影响，产生了控制器之间复杂的交互控制。基于上述客观规律，本公司将重点拓展与公司已有电控系统产品产生互操作的车体电子控制系统，包括自动变速箱控制系统TCU、驱动防滑系统ASR、车身稳定性控制系统ESC等车体电子控制系统以及部分辅助驾驶和高级辅助驾驶系统。

八、2020年1—12月企业在新能源汽车方面经济指标统计

填报单位名称	指标名称	单位	本期累计	同期累计	增长率(%)
武汉菱电汽车电控系统股份有限公司	2020年末资产总计	万元	75 980.98	64 183.35	18.38
	2020全年完成投资额	万元	4 741.18	4 073.75	16.38
	2020年营业收入	万元	76 241.29	53 569.48	42.32
	2020年利润总额	万元	17 864.11	9 065.87	97.05
	2020年产品销售率	%	100	100	—
	2020年销售利润率	%	23.4	16.9	—

上海馨联动力系统有限公司

一、单位概况

上海馨联动力系统有限公司成立于2013年，坐落于上海嘉定国际汽车城新能源汽车及关键零部件产业基地核心区，有研发中心1 500 m^2，生产基地41 000 m^2。除全资子公司曲阜馨联、蚌埠馨联作为生产基地外，公司还参股投资成

立了曲阜天科电动科技有限公司、安徽天鑫能源科技有限公司、蚌埠蓝驰汽车有限公司、上海南壁新能源科技有限公司、上海赛蓝得氢能源科技有限公司。公司致力于新能源汽车动力系统研发、生产和销售，主要产品包括非插电式混合动力汽车动力总成、插电式混合动力汽车动力总成、纯电动汽车动力总成。公司秉持着"以人为本，不断创新，为客户提供满意的产品及服务"的经营理念，竭力为客户提供高性价比、安全可靠、节能环保的混合动力总成。公司自主研发的 SHS (synetec hybrid synergy)方案，突破了丰田 20 年专利封锁，令公司成为国内唯一一家可以提供高性价比的功率分流混动全套解决方案的全产业链集团公司，也是千万级节能及新能源汽车方面的混动独角兽公司。

二、产能建设

公司在山东济南、山东济宁、安徽蚌埠建设了生产基地，电池包生产线和电机生产线已投入使用，并给奇瑞、长安、格特拉格等主机厂批量供货。2021 年底将混动变速箱生产线、电机控制器生产线建设完成后，产能约为 30 万台/年。

三、技术进展与研发能力

公司 SHS 系列的功率分流混动变速箱(包括前驱和后驱)已基本完成产品验证，性能受到众多主机厂的一致好评。系列产品显著优势在于机械机构简单、零件数量少、无换挡离合器、无液压系统；采用无内齿圈行星齿轮机构，加工容易；可用于强混 HEV 系统、插电混动系统及增程式电动系统；通过电机匹配实现系列化产品开发；拥有完全的自主知识产权，规避丰田混动技术专利。

研发团队近百人，多数来自国内知名车企，拥有多年混动系统研发经验。公司成功获得高新技术企业证书，同时拥有国家发明专利授权 4 项、实用新型专利授权 74 项、软件著作权授权 6 项、外观设计 1 项，专利技术主要涵盖混动系统、电池包、电机等结构方案设计。

四、主要新产品

序号	产品名称	产品型号	产品应用
1	两挡纯电动三合一	EV3000	乘用车、商用车等
2	两挡增程变速箱	PH3500	乘用车、商用车等
3	前驱功率分流混动箱	HV2000、HV3000	乘用车、商用车等
4	后驱功率分流混动箱	RHV1000	乘用车、商用车等
5	双联电机控制器	MP1381	乘用车、商用车等
6	PACK 电池	—	乘用车、商用车、城市公交等
7	油冷电机	—	乘用车、商用车等
8	水冷电机	—	乘用车、商用车等
9	风冷电机	—	乘用车、商用车等

五、合资合作及重大项目建设

截至 2021 年上半年，公司已与众多主机厂建立了战略合作关系，同时计划携手北京理工大学筹建产学研合作项目，以期共同推动循环经济潮流，共同建设绿色产业链生态。

六、发展规划

2021 年是中国新能源汽车产业发展规划的第一年，也是实现节能与新能源汽车技术路线图 2.0 版本的重要起步年，国家在新能源汽车发展规划方面的政策走势对公司产业发展十分有利。2021 年，公司将继续加深与现有合作主机厂的合作关系，同时争取与更多主机厂携手合作的机会，争取早日实现量产计划，将公司产品推向全国乃至全世界。

绿传(北京)汽车科技股份有限公司

一、单位概况

绿传(北京)汽车科技股份有限公司成立于 2018 年，是一家致力于新能源汽车智能高效驱动系统产品研发、生产、销售及整车动力传动系统技术咨询服务的高新技术企业。公司团队深耕汽车传动领域，拥有世界领先的核心技术，具备完善的研发体系、供应链体系、生产管理体系及质量保证体系，已与多家国内主流整车企业及核心零部件供应商达成合作。主营业务为动力域系统产品和服务，包含新能源汽车电驱动系统、自主可控的车辆传动系统智能控制系统、关键执行机构和工程服务四大板块。主营产品包括新能源汽车两挡自动变速器、两挡电驱动总成、商用车电驱动桥、适配于增程式和混合动力汽车的专用变速器以及智能控制系统(TCU)、执行机构(电子油泵等)，能够广泛应用于纯电动乘用车、纯电动轻型商用车、混合动力汽车、燃料电池汽车及军用项目等不同细分市场；此外，工程技术服务为辅助业务，包括新能源汽车及传统车型动力传动系统的结构优化、性能提升、控制策略开发、匹配标定、对标评估等业务。

公司秉承突破创新的正向设计研发理念，立足于整车智能高效动力传动系统研发，将智能算法植入传统自动变速器领域，并运用到新能源汽车电驱动产品中。通过构筑智能传动结构方案寻优、多学科协同与多系统集成式开发、智能驾驶及换挡控制、智能自我补偿下线控制等核心技术壁垒，将公司打造成具有强大品牌影响力的国内领先、世界一流的新能源汽车智能驱动系统专家，产品质量、成本和性能具备与国际同类产品同台竞争的能力，为客户提供智能高效电驱动总成产品和整车动力传动系统解决方案。

二、生产与经营

公司累计投资近亿元，已形成研发、采购、质量、试验、生产、销售、售后等的产品开发应用全流程能力，智能化生产线即将投入使用，保障产品量产。

智能驱动系统业务：已与北汽新能源等多家主机厂合作，在新能源汽车两挡电驱动总成、单挡电驱动总成及其平台化产品方面开展项目。

智能控制系统业务：已与国内多家独立供货自动变速器企业展开项目合作，并量产配套，签署 5 亿元意向订单。

工程技术服务业务：得益于团队十余年的整车动力传动

系统正向开发能力和行业口碑，助力玉柴、邦奇、上汽通用五菱等多家整车及零部件企业解决工程开发关键难题。

三、产能建设

一期两挡自动变速器产品智能化生产线，将于 2021 年 8 月完成建设，具备产品量产能力。

四、技术进展与研发能力

公司核心团队基于北京航空航天大学博士团队构建，成员中 6 人获得 2016 年国家科技进步一等奖，并汇聚了行业精英和高管。核心团队中 70% 人员具有博士学位或正高级职称，包含中国工程院院士增选候选人 1 人、国家“万人计划专家”1 人、省级“高层次人才”3 人、市级“拔尖人才”和“优秀青年科技人才”2 人。该团队在整车高效动力传动系统的研发和产业化研究领域深耕十余年，完全掌握传动系统正向设计开发全流程的关键技术。团队成员作为第一完成人，在相关领域授权发明专利超过 120 项，发表高水平论文 200 余篇，在汽车自动变速器领域完成年产 60 万台（套）的产业化建设，推动多款变速器搭载 20 余款整车顺利投产上市，累计产销量突破 35 万台，对产业化过程中设备、人员、技术都有大量经验储备。

实验室建设方面，公司已建成 3 000 m^2 试验中心，其中包括综合性能试验台、液压综合实验台、倾斜润滑试验台、高低温环境舱试验台以及油泵性能试验台等，形成了自动变速器正向开发与试验的能力。

基于以上研发与试验能力，公司已形成两大电传动产品平台：两挡自动变速器（2DET），以及围绕 2DET 的衍生产品。包括两挡电驱动二合一总成（2DEP）、两挡电驱动三合一总成（2EDS）、商用车两挡电驱动总成（2EDCP）、增程式两挡自动变速器（2DHT）等。系列产品与国内多家新能源汽车生产企业达成合作。智能控制系统产品及其工程技术服务。此部分业务已与国内多家独立乘用车与商用车自动变速器企业开展项目合作，合作客户的产品已搭载应用于多家整车企业的车型上。

五、主要新产品

续上表

序号	产品名称	产品型号	产品应用
1	两挡自动变速器	2DET-300/360-01	纯电动轿车
2	两挡电驱动三合一总成	2EDS-300/360/410-01	纯电动 SUV
3	高性能两挡自动变速器	2HET-360/410-01	纯电动 SUV
4	纵置两挡电驱动总成	2EDCP-350-01	纯电动轻型卡车
5	单挡变速器	EG-250/350-01	纯电动 SUV
6	单挡电驱动总成	EDS-250/350-01	纯电动 SUV
7	TCU 平台化产品	TCU-12/24	商用车及军民品

六、合资合作及重大项目建设

公司依托新能源汽车传动领域的人才储备和技术研发能力，先后入选省部级重大项目、科技创新人才项目、双百双新工程、创新驱动发展专项、中国汽车芯片产业创新战略联盟成员等。公司是国家新能源汽车技术创新中心首个投资孵化项目。A 轮数亿元融资也已完成。公司团队坚持独立自主研发，技术能力及产品性能获得广泛认可，已获得某军方装备项目 5 亿元采购意向订单。

七、发展规划

在未来 5 年内，绿传科技将以生产新能源汽车智能驱动系统产品为核心，建设新能源汽车智能驱动系统产业生态，依托传动系统核心技术，对匹配电机、电控进行产业链整合，构建“电机 + 电控 + 电传”为一体的新能源智能驱动系统集成体系。拉动上下游产业链落地，包括高效驱动电机、电机控制器、高速齿轮、差速器、电子油泵等零部件企业，形成新能源汽车智能驱动系统核心零部件产业集群，为我国“十四五”规划中的新能源汽车和智能汽车产业补齐传动系统的短板，引领科技和产业创新前沿发展。

公司聚焦智能控制系统 TCU 和智能驱动系统产品（如 2DET、2DEP 和单挡减速器等），以客户为中心打开市场，实现快速上量；混动 DHT、三合一等新产品谋定而后动，为未来发展进行战略储备。中长期，以两挡变速器和单挡减速器为基础，纵向上，向下进行精简版开发兼容中扭矩，打造高性价比方案；横向上，顺应集成式、总成式供货需求，迭代开发深度融合的 2DEP 电驱动总成、单挡/两挡三合一总成、增程式 2DET、混合动力专用变速器 DHT 和三合一电驱动总成等产品序列，丰富产品型谱，引领中国新能源汽车智能电驱动系统技术发展方向。

上海易巴汽车动力系统有限公司

一、单位概况

上海易巴汽车动力系统有限公司（以下简称易巴）成立于 2015 年，是一家专注于新能源与智能驾驶汽车各类控制器产品及系统解决方案提供商。经过多年技术沉淀，具备车用控制器全栈（基础软件、核心算法、硬件、工具链、标定匹配、测试验证、远程升级）开发能力，逐步形成了以车用控制器为核心产品，为客户提供定制化先进动力总成和商用车无人驾驶整体解决方案的产品和技术体系。产品以质量可靠、专业高效、至诚服务赢得市场认可及客户赞誉。易巴始终坚持自主研发，秉持“多维多能，创新驱动”的发展理念，通过了 IATF 16949 质量体系和知识产权管理体系认证，为高新技术企业。易巴生产的控制器类产品通过了电磁兼容性（EMC）测试认证和中国船级社（CCS）认证。公司具有年产 20 万套车规级控制器的生产能力，核心产品已经批量配套国内各大主机厂。坚持“产、学、研、用”结合的发展思路，与清华大学、上海交通大学、南京理工大学等多所国内知名高校开展合作，共建“新能源与智能汽车工程研究院”“创新型卓越工程师”培养基地等，也是“中国汽车工业协会”会员单位。

二、生产与经营

具有年产20万套车规级控制器（整车控制器VCU、变速箱控制器TCU、增程器控制器RCU、智能能源模块I-DC/AC和无人驾驶域控制器、无人驾驶底盘域控制器CCU、无人驾驶线控转向/制动控制器等）的生产能力；同时具备节能与新能源相关产品（AMT总成、EMT总成、增程器总成等）、L4级自动驾驶汽车（无人驾驶大巴、智能网联集装箱运输车等）研发能力。易巴生产的VCU、AMT、EMT产品已经批量配套国内各大主机厂，开发的一体化电驱动桥开始小批量配套、研发中的车用/船用增程式动力系统、新能源车载电力管理系统和智能网联集装箱运输车（ICGV）样机已开发完成。

上海易巴产品得到市场广泛认可和欢迎。近年来，公司与东风汽车、长安汽车、奇瑞万达贵州客车、玉柴新能源汽车、苏州汇川、博雷顿科技、珠海银隆、苏州金龙、蓬翔汽车、深圳中集专用车、深圳鑫吉顺房车等多个客户签订产品配套和技术合作协议，市场订单增长快速，发展势头良好。

三、产能建设

已建成产能≥20万套/年的无尘化、防静电控制器生产车间，产线将先进制造和检测装备与智能化的质量控制系统高度融合，使每道工序每个产品特性准确一致，确保车规级的高品质；推进落地“新能源动力总成与无人驾驶运输车研发制造基地”项目，未来3～5年，将陆续建成10万台（套）/年的先进动力总成生产车间、5万辆/年的无人驾驶运输车车（含无人驾驶集装箱运输车ICGV、无人叉车等）制造生产车间，推进公司技术产品产业化。

四、技术进展与研发能力

研发人员占比达65%，有研发人员中博士占10%，硕士占30%，员工毕业于国内清华大学、上海交通大学、北京理工大学、东南大学等知名高校，具有丰富的先进技术研发经验和产品工程化能力；公司与上海交通大学、南京理工大学等多所国内知名高校、研究机构和企业开展技术合作，具有很好的科研支撑基础。拥有先进动力系统开发实验室、电子电气开发实验室、环境测试实验室等检测开发设施，能满足绝大部分研发业务的需要。公司于2019年获得了国家高新技术企业认证，研发实力在不断提升，技术路线也逐渐丰满。

五、主要新产品

序号	产品名称	产品应用
1	整车控制器	陕汽、一汽、长安、东风轻卡、玉柴新能源汽车等
2	智能域控制器	奇瑞万达贵州客车等
3	EMT动力系统	梅花客车、中通客车、唐骏轻卡等
4	一体化电驱动桥	一汽蓬翔汽车等
5	AMT动力系统	嘉定公交、东北虎林园等
6	智能驾驶系统	苏州金龙客车、珠海银龙客车、一汽蓬翔及深圳中集AGV、奇瑞万达客车等

六、发展规划

上海易巴实施“科技创新”与“产业资本”双轮驱动战略，以服务产业生态为导向，按照“产线+技术+产品+服务”战略布局，依靠产线、技术、产品、服务实现对新能源与无人驾驶产业链前端、中端和末端的闭环模式，计划全国各地落地新能源与无人驾驶汽车研究院、产品制造生产基地、检测中心、无人驾驶AI交通示范区等。

无锡中车浩夫尔动力总成有限公司

一、单位概况

无锡中车浩夫尔动力总成有限公司成立于2018年10月，位于江苏省无锡市惠山经济开发区，注册资本4 000万欧元，由中车时代电气（香港）有限公司、hofer powertrain international GmbH、无锡惠程远达投资合伙企业共同出资设立。公司专注于新能源汽车驱动系统研发、生产、销售的“一站式”服务，立足于中车时代电气与hofer powertrain在电驱动领域的优势资源和专业能力，努力为客户提供高性能、高集成度及定制化动力总成系统解决方案。股东方中车时代电气是中国轨道交通装备制造业首家境外上市公司，掌握牵引电传动和网络控制关键核心技术，将轨道交通牵引电传动技术应用于新能源汽车领域，具备以电动汽车电机驱动系统为核心的系列产品及配套产业链，产品已批量应用到纯电动乘用车及专用车、混合动力轿车、燃料电池轿车等领域，是国内新能源汽车电机驱动系统解决方案的佼佼者。德资股东方hofer powertrain international GmbH致力于提供高效驱动系统解决方案已超过35年，与奔驰、宝马、大众等主流整车厂保持长期良好的合作关系，具备丰富的新能源汽车项目开发经验及变速箱传动设计经验，业内拥有一定品牌知名度。

秉持“创新驱动，绿色出行”的使命，中车浩夫尔致力于以不断探索的科研实力驱动绿色未来，助力碳达峰、赋能碳中和，为成为全球领先、高度集成，高效节能的新能源汽车动力系统解决方案供应商持续奋斗。

二、生产与经营

公司成立以来，致力于建设专业化、国际化精英团队，业已形成一支完备的、敢于拼搏、能打胜仗的精锐队伍，工程师占比高达78.6%（含研发、测试、工艺、质量）。在技术研发上持续投入，深耕中德股东方多年的技术沉淀并持续创新，具备卓越正向设计开发能力，不断打造系统集成＆减速箱开发能力。以客户及市场需求为导向，在推动首个项目量产的同时，进行碳化硅、扁线、油冷、高转速等前沿科技探究。拥有独立先进的制造中心及测试中心，位于无锡惠山经济开发区高端装备园内。制造中心投资1.2亿元，占地4 200 m^2，已建设完成高度自动化智能化产线，2021年8月实现首个项目量产；测试中心投资3.2亿元，占地7 900 m^2，配备行业领先的高速、动力总成、三轴等测试台架和EMC、NVH试验室，已承接对外测试业务。

三、产能建设

基于先进制造理念，借鉴行业先进标准和规范，综合物流，工艺，精益生产考虑，已建设完成具备15万套/年动力总成产能的数字化智慧工厂。融合WMS、ERP、PLM等软件平台，实现人、机、料、法、环、测的数字化高效管理。

四、技术进展与研发能力

公司拥有以中国工程院院士丁荣军先生领衔的核心技术研发团队，将中国中车60年来在轨道交通领域长期积累的电机及其控制系统、变流技术、网络控制等核心技术拓展到电动汽车领域，建立了完备的技术研发体系。已完成首个项目从A样到C样的开发周期，具备正向设计开发实力和工程化能力。依托于股东方中车时代电气的全产业链能力，半导体、控制器、电机等自有关键零部件内部配套，能够提升成本控制和产品附加值，提升产品性价比。在产品研发上，不断在产品的高集成度、高功率密度、轻量化等领域寻求突破，为客户提供定制化方案，业已开始了前沿技术（油冷电机、扁线、高压、碳化硅、高转速等）的可行性分析研究，紧跟国际一流动力总成供应商的步伐。

测试能力：具备从部件到总成及整车的完整测试范围，核心设备参数行业领先5年以上，能满足未来新产品研发性能指标要求；可支撑4~5个全新项目的并行研发，为研发项目和市场项目提供足够资源。

五、主要新产品

序号	产品名称	产品型号	产品应用
1	120~140 kW三合一电驱动系统	EPT10	纯电动乘用车
2	150~170 kW三合一电驱动系统	EPT20	纯电动乘用车

六、发展规划

将继续整合股东方全球范围的汽车行业资源，紧跟前沿技术及关键核心技术，丰富零件供应网优化供应链，集成智能先进制造，先进质量管理等核心产业优势，力求与国内外知名品牌直接对话，引领动力总成发展；将立足于传统及新能源汽车整车顶层设计和动力总成系统及关键零部件等开发经验，建立传动系统，变流控制和电驱系统集成等核心技术优势和标准体系，提高产品先进性和竞争力；将聚焦A级及以上中高端车辆的应用需求，包括A级，B级，C级以上车辆的动力总成开发，建立满足EV，FCV和PHEV需求的动力总成平台型谱，加大研发投入，结合新能源汽车市场需求，完善动力总成产品平台国产工程化，快速扩展市场应用。

江苏奥易克斯汽车电子科技股份有限公司

一、单位概况

江苏奥易克斯汽车电子科技股份有限公司（简称奥易克斯）是清华大学科技成果转化企业，2013年成立于北京，2018年迁至南通。

主要业务是新能源汽车电控产品和汽车传统动力电控产品，自主知识产权技术处于国内领军地位。奥易克斯已经在清华大学苏州汽车研究院完成孵化，并实现了大规模的产业化，南通基地2018年3月31日在港闸市北高新区正式动工，现已投产。奥易克斯主要客户以国内自主品牌的整车生产企业为主，产品以国六汽车发动机电控产品为主，主要客户包括上汽通用五菱、东风柳汽、江淮汽车、长安商用车、奇瑞商用车、北京汽车、昌河汽车、东风商用车、上汽大通、一汽吉林、广西汽车集团、厦门金龙、厦门金旅、江苏九龙、华晨鑫源、福田汽车、南京开沃等；轻型商用车客户约2/3，乘用车客户约1/3。

奥易克斯拥有南通生产基地和北京、重庆两个技术中心，员工约400人，其中技术管理人员200人。

二、生产与经营

电控产品是汽车的大脑，随着汽车行业的发展和新能源汽车的普及，未来汽车上电子产品的应用会越来越广泛，预计到2025年可以接近50%。汽车传统动力电控和新能源汽车电控产品的供应商以国际大公司，如博世（含中国合资公司上海联合电子）、德尔福、大陆、电装、日立等，基本占国内市场份额的99%。中国汽车路线图的规划是希望自主品牌的电控企业能够在2025年占据前装市场份额的15%左右，约80亿元。

自主品牌电控企业具备国六技术能力的企业，包括奥易克斯只有两家。而奥易克斯的产品无论传统动力电控还是新能源电控产品均处于国内领军地位，尤其在混合动力汽车电控产品上已经达到了博世或者德尔福的水平。新能源汽车主要包括纯电动汽车和混合动力汽车，纯电动汽车电控产品是整车控制器（VCU），混合动力汽车（插电混动、油电混动、增程和48伏弱混等几种类型）的电控产品包括动力总成电控系统产品和整车控制器。

三、产能建设

拥有3条全自动产线，年产值60万套以上。

四、技术进展与研发能力

奥易克斯是清华大学科技成果转化企业，团队主要成员均有国际大公司的长期工作经验。团队在汽车电子尤其是汽车动力总成电控技术方面已经进行了5年多的技术积累，累计申请的专利等知识产权超过40项，共有发明专利12项、实用新型28项、软著6项，在审发明专利13项。子公司北京奥易克斯被认定为“中关村高新技术企业”；子公司苏州奥易克斯是“国家高新技术企业”，获得2020年江苏省科技奖三等奖，同时被评为“江苏省民营企业”，于2019年承担苏州市重点研发产业化项目，通过GB/T 24001—2016环境管理体系认证和IATF 16949：2016质量管理体系认证。2019年，获长安凯程的最佳技术合作奖、五菱集团最佳供应商、东风柳汽技术开发奖和交付贡献奖、东风开发最佳供应商等诸多奖项。2020 年,获东风柳汽的先进供应商和江汽集团的协同开发奖、江苏省科学技术奖三等奖。

五、主要新产品

序号	产品名称	产品型号	产品应用
1	国六电控单元	FC34	国六汽油车电子控制单元
2	双燃料电控单元	FC50	国六双燃料电子控制单元
3	国六升级版电控单元	FC51	国六汽油车电子控制单元升级型

六、发展规划

在传统动力汽车产品方面,公司会针对即将到来的国七排放法规,提前布局,争取更多的客户。在新能源汽车产品方面,与客户和业内合作伙伴成立联盟,重点推动增程式电动汽车、插电混动汽车和油电混动汽车的产业化工作。十余个增程式、插混和油混的前期预研项目,争取 2022 年具备批量生产条件。

广州领世汽车科技有限公司

一、单位概况

领世汽车科技有限公司成立于 2015 年,致力于研究发展新能源汽车、智能网联汽车等前沿汽车科技,为国家高新技术企业。公司办公地点位于交通便利、环境优雅的广州清华科技园。公司主营新能源和智能汽车控制系统产品和技术开发,其愿景是成为品牌一流的汽车控制技术和产品提供商。依托所掌握的汽车 ECU(电子控制单元)开发平台、电动汽车控制、智能汽车控制三大核心技术,面向整车厂、汽车零部件企业、互联网汽车公司提供各类汽车控制系统产品和服务。

二、经营情况

1. VCU 产品经营情况。2018 年 6 月,领世发布第一代 VCU 产品,并同步启动东莞工厂的 VCU 生产线,着手建立 VCU 研发和生产质量管理体系。2018 年 11 月,领世 VCU 开始进入整车企业供应链,成为国内某纯电动乘用车车企 A 点供应商,该项目计划配套数量(2020—2023 年)超过 20 万台。2019 年 6 月,领世发布第二代 VCU 产品,并启动与国内多家主流新能源车企的合作与互动。截至 2020 年底,VCU 出货量累计超过 1 万台。

2. ACU 产品经营情况。2018 年 3 月,领世开发出第一款 ACU 应用,即满足自动驾驶测试车需求的线控套件 ADAS-Kit。目前,该线控套件已经成功应用于林肯 MKZ 和广汽 Aion LX,作为产品提供给数十家客户,其中包括整车企业、Tier1 系统供应商、互联网巨头、通信行业巨头、自动驾驶创业公司、科研院所、高校等,并受到自动驾驶行业同仁的一致青睐。

3. CCU 产品经营情况。2020 年 3 月,领世对标特斯拉提供自主整车中央控制技术,通过研究集中式 E/E 架构,面向整车企业和自动驾驶公司提供"中央控制器 + 高级智能驾驶系统 + OTA"一体化解决方案,开发出中央控制器 CCU,实现线控技术前装量产,赋能中国自动驾驶技术公司,解决国产线控车可用问题;以自动驾驶底座为基础,降低行业成本,通过减少线束和 ECU,每台车硬件成本降低 24 000 元,减少生产环节,提高生产效率,降低供应链管理成本,赋能电动汽车企业,发展新能源汽车和自动驾驶汽车应用生态,加速自动驾驶产业落地。

三、产能建设

与台湾 KUS 集团在汽车电子产品研发、生产和销售领域展开战略合作,所研发的汽车电子产品将主要在 KUS 集团位于东莞的工厂批量生产,已经建立年产能 20 万台的 VCU 生产线。具备 IATF 16949 生产质量管理体系认证,并于 2019 年内完成 IATF 16949 研发质量管理体系认证。

四、技术进展及研发能力建设

1. 动力域中央控制器(PCCU)技术进展。VCU 已经与车厂进行前装量产配套,成功应用于新能源乘用车和商用车的基础上,与国内多家主流新能源车企保持合作、互动的同时,针对不断升级的市场需求,快速开发出了业内领先水平的 VCU 升级产品动力域中央控制器(PCCU)。(PCCU 相比 VCU 不仅在技术、功能、性能方面有了较大提升,更是在功能安全和降本增效上有了质的飞跃,相比 VCU 产品,PCCU 具有更高的安全等级、更强的硬件性能和更全的软件功能,在覆盖各种 EV 和 PHEV 车型实现传统 VCU 控制的基础上,还包含热管理功能、支持 4WD 和各种 ADAS 控制,可以直接实现电池管理。)

2. 底盘域中央控制器(CCCU)技术进展。作为国内领先的线控企业,领世最早将 ACU 线控控制器应用于自动驾驶测试车线控系统,即 ADAS-Kit。ACU 通过 CAN 总线接口与上层智能驾驶系统 IDS 交互,实现完整的线控功能,即油门、刹车、转向、档位、驻车和声光系统均可通过软件进行完全控制。

领世采用车规级控制器在 ACU 的基础上进行了升级,将 ACU 升级为底盘域中央控制器(CCCU),保证了与前装零部件相同的可靠性;通过实施严格的功能安全方案保证 ASIL-C 级的功能安全等级,其主要的安全目标是安全驾驶员总是能够接管车辆;通过采用明确的分层架构,以及制定标准的控制接口协议保证了产品的易用性。通过 CCCU 对不同车辆的不同底盘控制器的控制,基本上可以实现对车辆所有部件的完全控制。不同的车辆,会有 200 ~ 300 个控制接口,这样在统一接口之后,就可以为自动驾驶完全控制车辆打下基础。领世汽车科技把这一中间层控制系统称为 VCOS,也就是整车控制操作系统,底盘域控制器 CCCU 向下整合传统 ECU 功能,向上提供智能化、网联化所需的车辆控制接口。使得客户与领世之间非常容易建立清晰的分工,实现有效合作。

2017 年,领世作为全球仅有两家林肯 MKZ 自动驾驶测试线控车平台提供商之一,国内第一个推出林肯 MKZ 线控车,供应十余家头部自动驾驶公司,打破美国公司对高端线控车市场的垄断。

2019 年,领世国内第一个开发出 Aion LX 线控车平台,实现对林肯 MKZ 平台的首次国产替代,并开始尝试在 Aion LX 的基础上进行底盘域中央控制器 CCCU 的开发。

2021 年,领世在国内第一个推出前装量产线控车平台,实现国内首例前装量产线控车,首次成功量产应用底盘域中央控制器 CCCU,在满足 L4 级自动驾驶要求的线控车方面,领世做到了从打破进口垄断、到国产替代,再到前装量产的 3 次引领式创新创造,赋能中国自动驾驶行业。

3. 车身域中央控制器(BCCU)技术进展。在车身域领世对标特斯拉的电子电气架构,以供应商的角色向本土车企提供集中式电子电气架构和中央控制器产品。将区域控制概念应用到集中式架构中作为补充,主要是为了“就地处理”一些非总线控制的模块,以简化整车线束。分别在车辆周边布置 3 ~6 个区域控制器接入该区域周边各模块。结合集中控制和区域控制,这种架构不但可以把 ECU 数量减少一半,也可以将线束长度缩短一半。在就近处理的基础上,领世的车身域中央控制器(BCCU)已完成开发,可以实现的主要功能有:灯光控制、门锁控制、雨刮控制、洗涤控制、防盗报警、网关、遥控等功能。采用领世的车身域中央控制器(BCCU),可以使整车全车无一个按键,所有车门、车灯、雨刮、空调控制等都在车辆中央大屏上通过智能人工语音操作,大大降低了驾驶员的驾驶强度,使车身操控更加智能化,机械操作变得具有智能网联时代的趣味性。

五、主要新产品

序号	产品名称	产品型号	产品应用
1	整车控制器	V1201	新能源电动/混动乘用车
2	整车控制器	V2401	新能源电动/混动商用车
3	整车控制器	V1202	新能源电动/混动乘用车
4	自动驾驶控制器	A1201	L1/L2 级自动驾驶汽车
5	整车中央控制器	C1201	新能源电动/混动乘用车
6	车身中央控制器	C1203	新能源电动/混动乘用车

整车控制器 V1201、V2401、V1202、A1201 已经批产,C1201 和 C1203 已经完成工程样件开发。

六、发展目标与规划

领世从成立之初就制定了 9 年发展计划(2016—2025 年),公司坚定不移地按照所制定的发展目标和规划前进。领世将 9 年计划划分成 3 个阶段,每个阶段的时间跨度是 3 年:

第一个 3 年(2016—2018 年),重点研发整车控制器产品,并实现批量生产和配套,截至 2018 年底该目标已经实现。

第二个 3 年(2020—2022 年),重点研发中央控制器产品,并实现批量生产和配套。控制器国内市场占有率超过 10%。

第三个 3 年(2023—2025 年),重点研发并推广网联驾驶控制器,并实现批量生产和配套。VCU 国内市场占有率超过 30%,智能驾驶国内市场占有率超过 10%。

上海加冷松芝汽车空调股份有限公司

一、单位概况

上海加冷松芝汽车空调股份有限公司创立于 1998 年,专业研发、制造各类车辆空调系统。2010 年在深交所成功上市(股票简称松芝股份,股票代码:002454)。控股厦门松芝、安徽松芝、重庆松芝、成都松芝、柳州松芝、武汉松芝、南京博士朗等 20 余家分子公司。上海总部建有春光路、华宁路、颛兴路三大厂区,总计占地面积 18.1 万 m^2,建筑面积 22.4 万 m^2。员工约 3 000 人,其中技术人员近 500 人。依托 20 年的卓越管理与雄厚的技术积淀,松芝股份业务领域逐步覆盖大中型客车空调、乘用车空调、轨道车空调、冷冻冷藏车空调、车用空调零部件、新能源汽车空调及压缩机领域。

二、经营情况

松芝股份致力于打造移动式空调系统的民族第一品牌,始终坚持“高效、节能、环保”的产品战略和“高技术、高品质、高服务”的技术营销市场理念。已拥有 20 余家分子公司,形成以上海为中心,以安徽、重庆、武汉、柳州、成都、北京、厦门等地区为主要基地的国内市场布局,业务覆盖全国 34 个省市。

2020 年公司克服新冠肺炎疫情的不利影响,抓住市场机遇,持续提升客户质量,扩大新产品销量。在大中型客车热管理业务板块,公司面对客车行业下滑的不利局面,稳住大中型客车空调系统基本盘的基础上,扩大大中型客车电池热管理产品销量,持续巩固公司在大中型客车热管理行业中的龙头地位;在小车热管理业务板块,公司坚持“商乘并举”的策略,抓住商用车快速发展的行业机遇的同时,持续提升乘用车客户质量和产品盈利能力;在其他业务板块,公司持续扩大客户范围,获得部分优质订单。

三、产品出口

松芝产品远销俄罗斯、智利、土耳其、巴西、马来西亚、印度尼西亚等海外 30 多个国家。2019 年,境外营收 184 811 392.27 元,同比上涨 31.14%。2020 年,受全球新冠肺炎疫情影响,海外业务略有下滑。

四、产能建设

公司已具备上千种产品的产业化能力,客车空调年产能达 6.5 万套,换热器芯体年产能达 400 万件,空调总成年产能 180 万套。引入国内领先的自动总装线、芯体装配线、自动焊接机、自动氦检机、激光切割等，形成以上海为中心，覆盖厦门、江淮、柳州、重庆、南京、武汉等地的全国生产布局。通过企业资源计划系统(ERP)、制造执行系统(MES系统)及仓库管理系统(WMS)等信息化系统进行资源整合，实现生产物料透明化、作业指导信息化、生产过程可视化，贯彻信息化和工业化深度融合，打造数字化智能制造的标杆工厂。

五、技术进展及研发能力建设

通过外部引进和内部培养相结合的方式，公司坚持打造高质量的研发团队。专业技术人员超过500人，其中博士、硕士超过30人；涉及前瞻技术、产品开发、应用研究、仿真/试验技术等各领域，构建了比较完善的开发系统。公司持续投资，新建、改造研发设备。投资1.5亿元、具有国际先进水平的环模风洞试验室自落成以来持续保持较高负荷运行，不仅满足内部试验的需求，还为标致-雪铁龙、蔚来汽车、长安汽车、江淮汽车、上海泛亚、上海大众等客户提供试验服务。持续对新能源热管理系统试验台、多功能试验室等关键设备进行技术升级，拓展了热泵空调、高性能换热器的试验能力。

构建自主创新与知识产权体系，核心技术累计申请专利600余项，参与制定国家标准2件、行业标准6件，注册商标25项。自主研发的产品获得国家科技进步二等奖、上海市科技进步二等奖、国家重点新产品、上海市重点新产品、国家机械工业科技进步二等奖、国家发明展"发明创造奖"项目奖金奖、产学研一等奖、闵行区科技进步奖一等奖等。

六、主要新产品

序号	产品名称	产品型号	产品应用
1	大中型客车空调	SZA~SZR系列、JLD系列、JLE系列等	大中型客车空调
2	乘用车空调	江淮J10、东风柳汽景逸S50、上汽通用五菱宝骏系列等	乘用车空调
3	轨道车空调	KLD29/35/40系列等	轨道车空调
4	冷冻冷藏车空调	全电式半挂车冷藏机组、新能源全电式机组等	冷冻冷藏车空调
5	电动涡旋压缩机	新能源C型、EVH型电动压缩机等	电动涡旋压缩机

七、合资合作及重大项目建设

2020年，收购京滨大洋(大连)55%股权。作为松芝小车空调全国布局中南北方基地的完善，巩固合资双方现有客户市场，对现有的客户市场"做深做透"；利用双方优势互补，开拓区域合资品牌和重要自主品牌客户。

八、发展规划

公司克服汽车行业波动大、大中型客车市场下滑的不利影响，继续稳定公司在大中型客车热管理行业中的地位的同时，抓住货车及工程机械行业快速发展的机遇，提升客户及订单质量，不断优化持续盈利能力。加快推进公司产品功能的模块化，推进产品体系整体的平台化、规格的系列化、零部件的通用化，从全球市场的视野高度，谋划公司的布局和产能建设，立足上海、辐射全国。加快上海标杆工厂的建设，推动两化融合进程，向智能化、信息化迈进。

九、2020年1—12月企业在新能源汽车方面经济指标统计

填报单位名称	指标名称	单位	本期累计	同期累计	增长率(%)
上海加冷松芝汽车空调股份有限公司	2020年末资产总计	万元	654 845	580 744	12.76
	2020全年完成投资额	万元	15 817	13 818	14.47
	2020年营业收入	万元	338 383	340 599	-0.65
	2020年利润总额	万元	29 901	20 983	42.50
	2020年产品销售率	%	98	98	0.00
	2020年销售利润率	%	8.83	6.16	43.34

南京奥特佳新能源科技有限公司

一、单位概况

南京奥特佳新能源科技有限公司(以下简称南京奥特佳)成立于2000年05月16日，注册地位于南京市秦淮区大明路103号，法定代表人为丁涛。经营范围包括新能源技术开发；开发推广替代氟利昂应用技术；制造、销售无氟环保制冷产品及相关咨询服务；制造和销售汽车零部件；道路货物运输。对外投资16家公司，具有1处分支机构，历经十多年的执着坚守，南京奥特佳已发展成为拥有五大生产基地，客户遍布各大车厂，国内行业位居第一的汽车空调压缩机行业领军企业。

二、经营情况

2020年，受新冠肺炎疫情影响下，主营业务收入134 740.312 3万元，同比-11.5%，利税10 157.28万元，同比-41.03%。企业主要产品为汽车空调压缩机，全年实现产量345.17，同比-15.24%，销量3 473 839，同比-14.02%。全年研发投入5 917.984 298万元，占销售收入3.93%。

三、产品出口

南京奥特佳是世界领先的涡旋式汽车空调压缩机生产商，附属公司空调国际集团是技术领先的汽车空调系统生产

商，业务覆盖全球80%的汽车生产区域，具备系统的研发体系与强大的创新能力，在中国上海、中国重庆、美国底特律、墨西哥杜兰戈、泰国罗勇府、澳大利亚墨尔本、德国法兰克福、印度普纳、捷克皮尔森、英国考文垂、巴西各地均有厂区或办公机构以支持产品研发、生产和客户服务。为全球25家汽车主机厂商设计和开发过75个以上的完整系统，拥有通用、福特、克莱斯勒、大众、北汽、蔚来、吉利等30余家世界级的重要客户。

四、产能建设

南京奥特佳拥有国内领先的汽车空调压缩机生产技术，具备国内较大的汽车空调压缩机产能，其规模化、体系化的生产能力也构成了自身独特的优势。首先，大规模专业化生产满足了下游客户对汽车空调压缩机的多批次、不同批量的弹性需求，巩固了与客户的合作关系，并使公司具备承接客户大订单的能力；其次，在规模化生产情况下，公司大规模原材料采购可以有效提升公司对上游供应商的议价能力，控制和降低公司原材料采购成本；规模化生产还有利于公司减少固定成本的分摊，提升产品的成本优势。

五、技术进展及研发能力建设

南京奥特佳时为全球领先的涡旋式汽车空调压缩机和国内产销量领先的汽车空调压缩机的生产企业，是《汽车空调用小排量涡旋压缩机》(GB/T 27942—2011)行业国家标准的起草单位。公司是国内首批进入新能源汽车热管理领域的厂商，拥有长达12年的丰富开发经验和众多客户，具备系统及核心部件压缩机的专业研发体系与强大的创造能力，同时具备丰富的开发经验和专业制造技术，研发队伍在设计和开发概念到生产方面有着出色的成绩。就压缩机业务而言，电动汽车空调压缩机的技术路线大多是采用涡旋压缩机结构，公司依托涡旋型传统压缩机技术上的深厚积累与强大生产能力，在“汽车用高效电动空调(热泵)压缩机技术关键技术开发与应用”项目上取得中国机械工业科学技术一等奖，成功开发了公司内部第四代高效电动热泵空调压缩机产品，具备长寿命、低故障率、较低能耗和低NVH等特色，相关技术处于国内外领先水平。就空调系统业务而言，公司为全球主流厂商设计和开发了大量的完整系统、模块和热交换器部件项目。近年来，公司还不断拓展技术和市场触角，将产品延伸到电池的热管理系统。公司通过不断研发积累，逐步形成自身的核心技术集群，涉及能效提升、原理优化、制造加工技术等多个方面，全方位地构筑了产业技术优势。新增11项专利，其中发明专利1项、实用新型专利10项。公司在空调压缩机业务板块共拥有相关技术专利200项(以上数据不含失效的专利数)。优化了新能源热管理零部件技术布局，空调压缩机的设计水平及制作工艺进一步优化，生产效率及产品质量改善，尤其是电动空调压缩机产品的性能质量出现了明显的提升。

六、主要新产品

斜盘式压缩机及其工作原理：斜盘式压缩机由斜盘、主轴、双向活塞、双向气缸、钢珠、阀板总成、气缸盖、电磁离合器等部件组成。斜盘与压缩机主轴固定在一起，斜盘的边缘装合在活塞中部的槽中，活塞槽与斜板边缘通过钢球轴承支承在一起。当主轴旋转时，斜盘也随着旋转，斜盘边缘推动活塞作轴向往复运动。如果斜盘转动一周，前后两个活塞各完成压缩、排气、吸气一个循环，相当于两个汽缸作用。

旋叶式压缩机及其工作原理：旋叶式压缩机主要由转子、叶片、缸体等组成。当转子在外力作用下旋转时，转子上的五个叶片由于受到离心力和油压差的共同作用，其边缘紧贴在气缸的壁上，由于固定的气缸为椭圆形的，转子上的叶片在转子旋转时，依气缸的几何形状而伸出缩进，使由气缸、叶片等零件组成的月牙形容积不断发生变化，从而实现吸气、压缩、排气等功能。

新能源电动压缩机主要采用的是涡旋式，涡旋式压缩机是一种借助于容积的变化来实现气体压缩的流体机械，这一点与斜盘式压缩机相同。涡旋式压缩机的主要零件动涡盘的运动，是在偏心轴的直接驱动下进行的，这一点又与旋叶式压缩机相同。涡旋式压缩机的压缩腔形状及其变化，既不同于斜盘式压缩机，又不同于旋叶式压缩机，故将其称为新一代容积式压缩机。凭借着高效率、低噪声、高可靠性，涡旋式压缩机在制冷行业得到了迅猛的发展。已经广泛地应用于家用空调，中央空调、汽车空调，空气压缩等各个领域。在汽车空调领域中，涡旋式压缩机被称为第三代压缩机，正在以其独特的性能优势逐渐代替传统的斜盘式压缩机和旋叶式压缩机。

七、合资合作及重大项目建设

南京奥特佳积极开展产学研合作，企业是江苏省博士后创新实践基地，企业与美国普渡大学联合开发的压缩机工作过程模拟系统。国内高校方面，积极与东南大学、华中科技大学、西安交大等知名高校开展合作研发，相关成果与产品获评南京市新兴产业重点推广应用新产品、通过了高新技术从产品认定。

八、发展目标与规划

积极应对行业波动风险，大力拓展客户范围，利用优势技术和产品扩大在短板市场中份额，压缩机产品扩大在主流自主品牌主机厂客户中的销量，争取获得合资品牌客户，空调系统产品继续巩固在新能源汽车市场的优势，以项目开发为先导，争取更大的市占率，尤其是落实产品中高端化战略，继续提升新能源汽车零部件产品及传统能源车零部件产品中价值量较高的单品的在总销量中的份额。抓好新客户、新订单项目的管理，投入资源确保相关研发顺利推进，拿出既适应于当前市场主流需求，又具备高质高效低能耗的拳头产品推向市场。继续应对疫情对海外业务的冲击，保持对原材料涨价的关注，强化采购管理，保障核心零部件正常供应。继续深入开展降低成本、提升效率活动，大力节约费用，降低费用压力，为利润回升创造有利环境。根据资金状况和市场反响，因地制宜地推进募投项目的投资建设，加快形成核心产能，切实提高对市场需求旺盛、订单充足的业务提高保供能力。对海外业务加强费用和成本管控，加大业绩考核力度，推动管理架构的扁平化，扭转整体亏损的局面，稳妥有效地开拓重点客户的新增业务。

扬州嘉和新能源科技有限公司

一、单位概况

扬州嘉和新能源科技有限公司成立于2017年9月，位于高邮苏中循环经济产业园，是一家专业从事新能源汽车系统解决方案的供应商。专业从事新能源汽车领域电池、电机、电控和电空调等“四电”的热管理系统的开发、生产和销售。产品主要包括3方面：氢燃料电池冷却系统、电动乘用车热管理系统（包括电机、电控和电池的冷却系统）、商用车（大巴和物流车）电池恒温机组。主要零部件有：液冷板、电池冷却器（Chiller）、管路等。拥有近10年新能源汽车行业热交换器研发制造经验的技术团队，具有自主研发、创新能力，在行业内处于领先地位。凭借良好的技术研发能力，优越的产品性能以及卓越的售后服务等综合管理优势，将扬州嘉和新能源科技有限公司打造成“国际一流、国内领先”的新能源汽车专业供应商。

二、经营情况

坚持以客户为中心，客户群体覆盖主流整车制造企业和电池PACK企业，主要聚焦于新能源汽车领域热管理系统产品的开发。根据客户的需求开发了机组和水冷板的产品，并逐步扩大生产规模。公司已与数十家企业签订了开发协议，并开始试配或批量供货，2019年实现销售收入6 200万元。

三、产能建设

与整车制造企业、电池PACK企业开展生产合作，已建成氢燃料散热模块1.2万套，电池水冷机组1.2万套，电池液冷板15万套的生年能力。

四、技术进展及研发能力建设

1. 技术进展。

（1）氢燃料散热模块：①形成系列化产品设计及装车验证，功率覆盖30～200 kW燃料电池系统。②通过优化管带配合，减小管子截面提升管内流速，使放热系数达到最大值。③通过发动机不同功率需求确定散热量，根据散热模块不同工况确定风扇、水泵的输出，实现节能减排。④形成模块化供货，加快整车的装配速度，降低了整车的制造成本；改善生产过程控制，降低管理费用。⑤对于散热器关键指标“离子析出速率”，已形成成套设备处理工艺，实现≤5 us/cm @ 48 H。

（2）电池水冷机组：①形成系列化产品设计，覆盖3～8 kW制冷要求。②结构上完成立式及卧式结构的实车验证，满足耐久及可靠性的要求。③为满足系统常规及高温工况的要求，电控系统进行策略优化设计，实现节能。④电气系统满足IP67、EMC三级。（3）电池液冷板：①产品结构类型覆盖口琴管、冲压板、蛇形管，广泛应用与乘用车及商用车标准箱。②过程工艺实现突破，全钎焊及平面度控制方法全系应用。③形成内部水冷板的工程规范。

2. 研发能力建设。

聚集了业内优秀的研发团队，以整车热管理开发专业人才为基础，整合合作单位优秀科研队伍并进一步吸引优秀人才，组建了一支约110人的研发团队，形成了高端人才领衔、专业技术人员为骨干、优秀科技青年为储备的多层次人才梯队，涵盖产品设计、系统仿真、工程研究、试验验证和项目管理等多个领域。

五、主要新产品

序号	产品名称	产品型号	产品应用
1	液冷板	SF-002（F15A）	宁德时代东风纯电动乘用车
2	液冷板	SF-001（BE11）	宁波威睿吉利纯电动乘用车
3	电池水冷机组	BTMS-4500A	湖州微宏中通、金旅纯电动客车
4	电池水冷机组	BTMS-001	扬州亚星纯电动客车
5	氢燃连散热模块	L15、L12	上海重塑 物流车、城市公交车

六、合资合作及重大项目建设

扬州嘉和新能源科技有限公司参与中汽研（天津）汽车工程研究院有限公司成立“联合工程技术研发中心”的项目，主要在燃料电池汽车关键技术开发与平台搭建、产品策划、集成开发研究、核心性能开发专项研究、智能化车辆技术创新研究等方面开展深入研究。

七、发展目标与规划

未来2～3年，扬州嘉和新能源科技有限公司将加大投入，不断完善现有产品，开发新品，拟建成氢燃料散热模块5万套，电池水冷机组5万套，电池液冷板30万套的生年能力，以满足日益增长的市场需求。

深圳市力辉电机有限公司

一、单位概况

深圳市力辉电机有限公司（力辉电机）成立于2001年，是一家可靠的电机解决方案供应商和制造商。领先的电机技术、丰富的电机应用经验和完善的定制平台，使力辉电机成为电机定制开发项目的理想合作伙伴。力辉电机致力于通过提供卓越的差异化产品和供应链，帮助客户在市场竞争中获得成功。对于需要保证电机性能和大批量稳定供货的企业来说，力辉电机是可靠的选择。为许多行业提供服务，包括智能家居及家电、医疗保健、工业和办公自动化、电动工具和汽车。

二、生产与经营

可定制多种电机方案，包括通用交流，有刷直流，无刷直流和齿轮减速电机方案，广泛应用于，智能家居及家用电器，医疗保健仪器，工业和办公自动化，电动工具和汽车领域。

三、产能建设

从成立之初就非常重视现代工艺和生产技术，从电机方案设计阶段就考虑生产工艺的合理性和便捷性；成立专门的部门负责国内外先进生产工艺及技术的引进、本土化及创新，构建业界领先的电机生产工艺体系及创新模式，不但提高了品质统一性，而且降低了生产成本。

2010 年成立自动化工程部，全面负责自动化生产线的引进、落地和升级改造，结合市场趋势自主开发高效自动化生产线，改进生产工艺及技术，不断提高自动化程度。拥有 40 多条高效的自动生产线，主要分为四大类型：交流电机、有刷直流电机、无刷直流电机和齿轮减速电机自动化生产线，所有自动生产线均配有伺服机械手，使生产效率和产品质量的一致性都处于业界领先。拥有 72 000 m^2 的现代化生产基地，40 多条自动化生产线，自动化程度高，产能稳定，每月可生产 300 多万台电机；产能还可以根据客户要求进一步提升。

四、技术进展与研发能力

拥有 100 多位定制经验丰富的工程师，20 年的电机应用方案设计、集成和创新经验，构筑了 300 多项电机专利技术优势。

专注于客户需求和前沿驱动技术，不断发展高性能电机基础技术，在技术上所能做到的极限上不断研究及创新。

连续两年（2017—2019 年）成为博世集团全球优秀供应商。

五、主要新产品

序号	产品名称	产品型号	产品应用
1	非标定制型汽车电动座椅角度调节电机 12 V11.5 N · m 直流齿轮箱电机	PGM-WH60 Series	汽车电动座椅
2	EV 冷却泵无刷电机	PBL7640024	比亚迪纯电动客车
3	汽车座椅电机	PGM-WP75AL	北汽新能源电动轿车

六、发展规划

预计未来 3 年汽车电机自动化生产线的投入达上亿元，不断提高汽车电机的产量。结合国内外最新技术，引进先进人才，不断改善原有产品以及开发新产品，产品设计不断实现轻量化以及无刷化的转变。着力于新能源汽车的车身系统的舒适性和自动化不断发展。

杭州沃镭智能科技股份有限公司

一、单位概况

杭州沃镭智能科技股份有限公司位于杭州经济技术开发区，是汽车零部件领域领先的工业自动化、信息化智能制造整体解决方案提供商，是集技术研究、产品开发、专业服务为一体的高新技术企业。产品主要有智能检测装备、自动化生产线、智能制造管理信息系统、工业机器人集成应用等几大系列。产品涵盖汽车电子电控、智能驾驶系统、新能源电机电控、轨道交通等领域。近几年来，先后研发了 I/E-Booster、EPB 卡钳、ABS/ESC、EBS、IGBT、控制器（ECU）等零部件的检测、装配生产智能装备，获浙江省首台套产品 5 台（套），在汽车电子、电控、电机领域，沃镭的装配检测技术处于国内领先地位。

公司是“国家高新技术企业”“双软企业”，浙江省第一批“机器换人先进适用装备推广企业”，浙江省“机器换人”工程服务公司。先后获得省级科技进步奖二等奖 4 项，省级科学技进步奖三等奖 4 项，市级科技进步奖三等奖 2 项。是 2018 年国家工信部“新能源汽车电控制动系统智能制造新模式示范项目”建设单位，2018 年浙江省重点研发计划项目“智造新模式及执行系统技术在汽车零部件生产领域的技术示范应用”、杭州市科技发展计划项目“基于工业互联网的新能源汽车电控制动控制器制造智能工厂”等省市重点项目责任单位。

产品广泛应用于中国中车、柳州五菱、比亚迪汽车、一汽集团、中国重汽、电装（中国）、采埃孚（中国）、万向集团、京西重工、瑞立集团、亚太机电、东科克诺尔、上海汇众、丰田爱德克斯、北京万都、万安科技、重庆金康、湖南机油泵等企业。

作为新一代专注于智能装备与成套自动化装备的高科技企业，沃镭智能不断开拓进取，加强自主研发，始终站在国内该领域研发的前沿，为客户提供更全面、更专业的服务，为中国制造业的发展进步与转型升级作出贡献。

二、产能建设

沃镭生产制造部共计 130 余人，占地面积达 20 000 m^2。其中，装配车间 60 余人，机加车间 40 余人，技术支持售后服务人员 20 余人，生产工艺及仓储人员十余人。装配车间具备气控及液压方向的综合装配员工 40 余人，装配钳工 20 余人，其中一级技师 1 人，二级技师 1 人，具备高级钳工及电工 20 余人，中级及以上技能人员约占装配车间人员总数的 80%；售后技术支持团队 20 余人，具备测试设备、装配线全流程装配及问题处理能力，其中十余人具备软件修改，软件调试能力，该团队按属性划分为 4 个地区，可在 24 h 内处理各区域客户反馈的售后问题。

机加车间有机械加工中心、数控车床、激光切割机等先进加工设备 50 余台，机械加工技术工人 40 余人，可完成工装夹具，钣金件等非标零件的加工生产，年产值达 1 500 万元。生产车间配有坐标测量机、硬度仪、粗糙度仪等检测设备40余台(套),生产车间的设备装配调试产能达3 000万元/月,年产能达3.0亿~4.0亿元。为进一步提升一线生产员工的复合型生产技能,建立了多支在液压、真空、高压及电控方向相结合的综合性生产装配人员队伍,高技能的生产装配人员能够适应公司试验室装备、新能源电控装备等领域的生产装配工作,快速、高效、高质量地完成生产任务。

此外,公司根据自身企业生产情况,建立健全了生产制造信息化MES系统,通过信息化的生产管理手段,对生产物料管理、物料配送、生产问题反馈、问题限时处理及问题升级等生产中关键要素进行数字化管理,实现了生产全过程的追溯管控,进一步推进生产环节的产能提升,打通了仓储、生产、质检、技术等环节的沟通壁垒,解决了非标制造业生产装配各环节的频繁沟通成本,提升了生产环节的响应速度,从而降低成本,提高效益。

三、技术进展与研发能力

公司注重企业技术创新体系的建设和发展,建有浙江省高新技术企业研发中心、浙江省企业研究院、杭州市汽车零部件智能检测科技创新服务平台等省市级研发创新平台,研发的核心技术覆盖汽车电控与智能驾驶系统、新能源三电系统、汽车底盘安全与控制系统、高铁与轨道交通制动系统等领域的装配检测技术。设有研发中心、工程技术中心、生产制造部等核心技术部门,共拥有150多名高素质研发人员的研发团队,其中博士3名,硕士26名,高级职称7人,中级职称32人,专业领域涵盖机械、电气、电子、自动化、软件、仪器等学科。公司注重产学研合作,与清华大学、天津大学、浙江大学、南京航空航天大学、浙江工业大学、中国计量大学、浙江省计量科学研究院等科研院所携手合作,建立了长期的战略合作关系。公司每年投入研发经费超2 000万元,占主营业务收入的30.1%,确保了公司技术创新能力处于同行业的领先地位。

近年来,公司先后承担了多项国家质检总局科技计划项目、浙江省重大科技专项项目、国家火炬计划项目等科技项目,研发了汽车制动卡钳智能化检测管理系统、制动器智能化柔性生产系统、底盘零部件性能测试装置、新能源汽车电控制动系统智能检测、汽车电子水泵智能制造成套装备、面向典型离散制造的智能工厂(车间)等多项新产品,荣获国家质检总局科技兴检二等奖、中国仪器仪表学会科学技术奖三等奖、杭州市科技进步三等奖、中国机械工业科学技术奖二等奖、浙江省科技进步三等奖等多项奖项。公司为"浙江省发明专利授权量百强企业",研发的成套装备核心技术都具有完全自主知识产权,拥有88项各类授权专利,其中包括47项已授权发明专利和20项软件著作权。

公司的相关技术与服务已在柳州五菱、比亚迪汽车、一汽集团、中国重汽、陕汽集团、万向集团、亚太机电、万安科技、KNORR、WABCO、上海汇众、丰田爱德克斯等国内外知名的汽车零件及整车生产企业实施,应用于汽车整车制造、汽车零部件制造、轨道交通、机械制造、空调制冷、汽车控制器等领域的先进检测、装配生产过程,提高了生产效率,降低了运营成本、产品不良率和单位能耗。

四、主要新产品

序号	产品名称
1	汽车电控ECU自动化装配线及测试设备
2	IGBT功率模块装配检测设备
3	制动器/卡钳柔性装配线及检测设备
4	汽车电控制动助力器装配及检测设备
5	汽车ABS/ESC柔性装配线及检测设备

五、合资合作及重大项目建设

项目一:北京海松元汽车部件有限公司的电动汽车压缩机变频器自动装配线。装配线实现了全自动化生产,可完成电动汽车压缩机变频器产品总成的装配与测试,装配过程包括电路板上料、微电脑涂层涂敷、微电脑涂层干燥、基板分板机、电容安装/锡焊、变频器箱上料、O型圈安装、玻璃端子/卡环安装、氦气气密性检测、连接器安装螺丝紧固、接头线束安装并紧固、油复合物涂敷、电容器固定用孔涂胶、后装零部件锡焊、人工焊点/ICT检测、后装零部件涂层、后装零部件涂层干燥、螺丝自动上料拧紧、气密性检测、常温/高温绝缘耐压检测、工作特性检测等。整个生产过程采用封闭式自动化模式。配备MES系统,生产过程数据保存,质量可控,数据可追溯。基板的上料、拧紧、焊接、视觉检测采用八工位集成装置,装置采用智能旋转及工位锁定机构实现工位的自动切换,上、下料工位采用工业机器人完成,实现了装配检测过程无人化和协同化。

项目二:浙江万向精工有限公司的EPB制动卡钳智能装配生产线。集成式EPB卡钳智能装配生产线是EPB制动卡钳的装配、检测、生产为一体的生产线,钳体采用工业机器人自动上料,可以完成铜套、矩形圈、防尘罩、活塞组件、卡簧、MGU组件、支架组件等产品零部件的装配,以及密封性、MGU电特性、卡钳制动特性、拖滞力矩、滑移阻力等性能测试。EPB制动卡钳生产线采用回形流水线设计,以倍速链线作为组装件输送线体,采用"工业机器人+机械手"协同装配方式,关键工位采用冗余设计,以提高整线设备的高可靠性,产品一次性下线合格率高达99.9%。生产现场配备MES系统和暗灯管理系统,以获取生产现场与制造过程中的品质信息,建立集成的生产现场控制与品质管理平台,实时动态显示生产数据和设备状态,满足对生产装配过程的实时监控与全面的追溯需求。

六、发展规划

在未来5~10年公司将围绕以下4个发展目标:

(1)完善现有检测产品系列,补全汽车底盘、转向、传动系统、功率芯片等领域的产品研发,研发通用化检测平台。

提高检测仪的测试精度、稳定性及重复性，提升信息化、智能化水平，拓展市场销售渠道，完善公司产品认证体系，实现产品市场的国际化。汽车电控制动部件（EPB、ECU、EBS 等智能制动系统部件）、高铁制动零部件、空调制冷部件、IGBT 芯片等综合性能检测装备是公司下一阶段的研发方向，作为新的市场方向和利润增长点。

（2）基于柔性自动化、信息物理融合系统的汽车零部件智能装配检测生产线及智能制造车间开发。柔性自动化已是自动化生产线发展的大势所趋，基于以前生产线的基础，充分利用 PLM、MES、ERP 及机器人协同技术、物联网互联技术、自动化控制技术、大数据诊断计算技术、智能检测技术、工业总线控制技术、AGV 智能生产物流技术，建立现代化高效生产线，实现生产设备网络化、生产数据可视化、生产过程透明化，实施汽车零部件制造业的“机器换人”产业升级换代是公司以后主要研发重点。

（3）工业自动化装配专机开发。自动化装配专机是工业自动化中关键基础设备之一，其标准化程度好，市场前景巨大，能够有效降低生产成本，提高生产效率，提高产品质量。

（4）模块化技术研究。在公司多年的设计过程中，形成了多项具有自主知识产权的技术，在其基础进行组合式的模块化设计，使自动化装配、检测系统具有更高的灵活性、方便维护及快速移植的特性，可为公司设计研发工作提供快速化解决方案和稳定性。

加特可（广州）自动变速箱有限公司

一、单位概况

加特可（广州）自动变速箱有限公司（以下简称加特可广州）是加特可为了向广阔的中国市场供应产品，2007 年在广州独资设立的生产据点，2009 年开始量产，已发展成为员工人数逾 2 000 人，年产能 120 万台的工厂。除了生产外，还具有研发、市场调查、品质保证、销售等职能，建立起了能够快速应对中国市场需求的体制。

二、生产与经营

加特可广州延用集团特有的“JEPS（JATCO Excellent Production System）”生产方式，秉承日本惯有的精密严谨，坚持“安全绝对”的生产管理，把从原料采购、加工、组装、检查到出货的所有工序整合到一条生产线上，在品质、成本、交货期等方面都以行业领先的生产制造为目标，在现状与目标差距上无限改善与变革，持续提升生产制造的水平。

加特可广州主要生产“Jatco CVT7”“Jatco CVT8”“Jatco CVT7 W/R”等加特可最新重点产品。截至 2020 年 4 月 1 日，加特可广州生产的 CVT 台数占加特可全球台数的 21%，截至 2020 年 12 月 31 日，累计生产 CVT 达 800 万台。

三、技术进展与研发能力

为了能够提供符合中国市场需求，实现超越客户期待价值的高品质产品制造，加特可广州于 2012 年设立了品质技术中心，通过开发、市场品质保证、采购、供应商品质保证等生产以外的制造功能，与生产紧密协作，为产品生产提供支持。随着电动汽车技术的发展，除了搭载在传统汽车上的 AT、CVT 之外，加特可结合自身 50 年专业变速器生产厂商所特有的齿轮设计、加工技术在新能源汽车领域也推出了适合混合动力车用的中型混合动力车用变速器和电动汽车用的电桥产品。加特可通过自由的想象汇聚点子，孜孜不倦地挑战技术，不断研发出切实满足客户与社会需求的高品质产品，为客户、汽车文化和社会创造价值。

四、主要新产品

序号	产品名称	产品型号	产品应用
1	JF020E 小型前置前驱车用 CVT	Jatco CVT7 W/R	东风日产蓝鸟、轩逸、劲客；东风启辰 D60/T60
2	JF015E 轻型小型前置前驱车用 CVT	Jatco CVT7	东风日产阳光、骊威、骐达、轩逸 东风启辰 M50V 东风裕隆纳智捷 S3、U5
3	JF016E/JF017E 大中型前置前驱车用 CVT	Jatco CVT8	东风日产天籁、奇骏、逍客、楼兰、西玛 东风雷诺科雷嘉、科雷傲

五、合资合作及重大项目建设

制定《无级自动变速器（CVT）技术要求及实验方法》的行业标准，填补业内空白。

博格华纳（中国）投资有限公司

一、单位概况

博格华纳全球：博格华纳公司（纽约证交所：BWA）是致力于提供创新可持续的车行方案的全球领先供应商，博格华纳正加速引领电动出行时代，推出蓄势 · 前行战略，旨在打造一个洁净、节能的世界，这也是博格华纳几十年来不变的承诺。博格华纳人持有共同的信念：包容、正直、卓越、责任和协作，这些信念成为博格华纳经营理念，是博格华纳公司文化的基石。凭借其为主机客户提供先进系统解决方案，积累的行业洞察，博格华纳还为全球售后市场带来了领先的产品和服务解决方案。得益于全球各地的紧密合作，博格华纳已将业务扩展至 24 个国家，拥有 96 个制造和技术设施，在全球拥有约 50 000 名员工。凭借其在全球的合理布局以及产品的领先地位，博格华纳 2020 年的合并销售量超过 102 亿美元。并于 2021 年推出蓄势·前行——加速引领电动出行时代的全新战略。博格华纳集团业务包含六大业务板块：排放·热能·涡轮增压系统、摩斯系统、传动系统、动力驱动系统、燃油喷射系统和售后市场。

博格华纳中国：博格华纳于 1993 年进入中国，深耕中国市场，业务得到快速发展。面对中国汽车行业快速发展和新能源汽车的重大创新和机遇，博格华纳迎来了一个更加开阔的市场，也得到了更充分的成长机会。在中国，博格华纳在 9 个地区（上海、宁波、太仓、苏州、北京、天津、大连、武汉、烟台）拥有 18 个制造和技术设施。其中技术研发中心位于上海，其他包括 17 个工厂（13 个独资、4 个合资）。2020 年中国区合并销售额为 159 亿元人民币。已经实现六大业务板块在中国的全面覆盖。博格华纳中国连续 3 年荣获“中国杰出雇主”（Top Employer）称号，彰显了博格华纳中国长期以来在雇主品牌建设、企业文化塑造、职场环境打造等领域的卓越表现，以及持续推动在华业务蓬勃发展的长期承诺。

博格华纳做出了一系列规划，通过三大支柱实现蓄势·前行战略。

1. 大幅度提升轻型电动车业务经营规模。在未来 5 年，通过 20 多亿美元的有机增长举措推动轻型电动车的收益增长。积极追求通过并购等实现的无机增长，加强电驱动系统的能力和规模。

2. 向商用电动车大力扩张。针对规模大且增长迅速的市场，利用博格华纳现有技术和能力，及早采取行动与合作伙伴合作，结合有机加无机的方式扩大产品组合。

3. 持续优化高效内燃机产品组合。专注于电气化转型、电动车互联方面的技术，用技术助力客户实现强劲的财务增长。通过该战略，预计 2025 年，电动车业务销售额占比大于 25%，2030 年，电动车业务销售额占比大于 45%。2035 年，为整个生产经营活动、供应链和产品生命周期实现碳中和。

4. 收购德尔福科技，加强电驱领域。博格华纳于 2020 年 10 月完成对汽车系统供应商德尔福科技的收购。增强了博格华纳在电子和功率电子产品方面的技术实力和业务规模，巩固了在电驱动系统领域的领导地位。收购 Akasol，加强电能领域。

博格华纳于 2021 年 6 月完成对欧洲领先商用车电池包供应商 Akasol 的收购。此次收购将增强博格华纳在电能领域的技术实力和业务规模，并扩大在电动商用车市场的业务占比。

二、生产与经营

电动车电驱领域：三合一电驱动模块 iDM、驱动电机、电控、减速器、两挡减速器、电动四驱系统

电动车电能领域：座舱及电池加热器、电池包、BMS、车载充电机、充电桩等。

电动车整车领域：整车电子架构。

混动领域：混合动力专用发动机、混合动力专用变速器、P2 同轴模块、ECU、TCU、混动四驱等。

2020 年合并销售额超过 102 亿美元。

三、产能建设

博格华纳苏州工厂的电控生产线会从三条增加至 5 条，博格华纳武汉工厂 xEV 电驱动模块 45 万套/年。

四、技术进展与研发能力

博格华纳旗下一款名为 Viper 的专利碳化硅电源开关，用于下一代逆变器。Viper 电源开关可在高达 800 V 的电气系统下工作，并带来多种优势，它能减少 70% 的开关损耗，提高 25% 的功率密度。它能利用电压的灵活性提升效率、缩短充电时间、延长续航里程、减小电池尺寸。三合一电驱动模块 iDM 涵盖 iDM 146、iDM200、iDM220 和 iDM220 +，满足功率 70 ~ 250 kW，扭矩 1 500 ~ 5 000 Nm

恩斯克投资有限公司

一、单位概况

恩斯克投资有限公司是日本精工株式会社（NSK LTD.）的中国总部，全权负责中国大陆及香港的生产技术销售营运。日本精工株式会社成立于 1916 年，是日本国内第一家设计生产轴承的厂商。NSK 在全球 30 多个国家和地区建立了销售网络，并拥有近 70 家工厂，行业排名位居世界前列。NSK 还利用生产轴承锤炼出的精密加工技术，从很早以前就开始通过向汽车零部件、精密机械产品、电子应用产品等领域的进军，推动多方位的事业拓展。NSK 在轴承领域排名世界第三，并且在电动助力转向器、滚珠丝杠等领域位居世界领先地位。

NSK 的企业理念是“通过 MOTION & CONTROL（运行与控制），为贡献一个舒适而安全的社会尽心尽力。在维护地球环境的同时，通过在全球的事业发展，加强国与国、人与人之间的团结和合作。”NSK 在企业成立 100 周年之际，制定了 NSK2026 愿景，提出要“齐心协力，慧动未来”，NSK 期待与世界共同创造社会价值，在实现企业发展的同时对社会作出贡献。

二、生产与经营

自 1992 年成立北京事务所以来，NSK 在中国设立的 12

个生产基地、1个研发基地、19个销售网点,营销网络遍及中国各地。作为一家深耕于汽车行业百年的世界知名汽车零部件企业,为顺应并推动中国汽车行业“新四化”(电动化,智能化,网联化,共享化)的发展,NSK 中国正在着力推进相关技术的研发,以及研发成果的市场化。

三、技术进展与研发能力

NSK 的百年发展中,始终坚持科技的开发与创新,以领先的技术优势为客户提供量身定制的解决方案。为满足中国市场的产品需求,NSK 在 1995 年建立首家中国工厂(昆山 NSK)后,立刻着手组建 NSK 中国技术中心——恩斯克(中国)研究开发有限公司。2009 年 9 月建造在江苏省昆山市花桥经济开发区的 NSK 研发大楼正式启用,这是 NSK 在日本以外建造的最大的研发中心,拥有日本派驻专家、博士、硕士等高级技术人员近百人,在职人数近 300 人。NSK 中国研发中心与位于日本藤泽的 NSK 综合研发中心及位于美国、英国、德国、巴西等 14 家研发中心合作,通过对终端客户的潜在需求调研,以前瞻性的眼光积极立项开发新产品、新技术,引领行业的发展。同时,我们也会配合尖端客户的需求,为客户提供关键部位的攻关支持,助力客户产品的创新发展。

珠海华粤传动科技有限公司

一、单位概况

珠海华粤传动科技有限公司(CNCDT)是成立于 1993 年的汽车传动领域科技型公司,是中国汽车工业协会理事单位及其离合器委员会理事长单位。CNCDT 作为自动变速器关键总成、节能与新能源汽车传动供应商,三地研发(珠海,南京,重庆),拥有正向开发及 OEM 所需整车匹配、系统评价、产品测试能力,是国家高新企业、省级企业技术中心/工程技术中心。始终秉承“客户满意是我们不懈的追求”的经营理念,以客户为导向,聚焦客户的价值需求,为客户提供个性化“智能传动”系统解决方案,让驾乘更舒适。CNCDT 致力于提供传动系统动力耦合方案、NVH 系统技术服务产品:

(一)节能与新能源汽车传动、减振解决方案

48 V 皮带轮解耦器;混合动力限扭减振器,湿式离合器;增程式减振器;纯电多挡变速器用湿式离合器。

(二)传统汽车传动、减振器方案

离合器的干式离合器,湿式离合器、湿式双离合器;减振器的 MT 双质量飞轮,DCT\CVT 减振器(含 CPA)。

二、生产与经营

产品已被国内外客户广为认知。公司的产品 80% 在国内市场销售,已为南北大众、上汽通用、上汽通用五菱、一汽集团、东风集团、上汽乘用车、长安汽车、吉利汽车、奇瑞汽车、比亚迪、江淮等汽车主机厂配套及合作,并在国内大中城市:北京、广州、重庆、沈阳、南京、武汉、郑州、哈尔滨、济南、昆明等地建立了 10 多个核心经销商,且在不断开发新平台客户,如康众连锁、三头六臂等。公司约 20% 的产品在欧洲、北美、南美、中东和非洲等 70 多个国家海外市场销售。根据行业统计资料,公司已成为最大的国内品牌乘用车离合器配套商。

三、产品出口

出口产品主要是离合器套件(clutch cover, disc and bearing 3 in 1 Kits),其中欧洲占 70%、亚非占 15%、美洲占 15%。

四、产能建设

2021 年双质量飞轮(DMF)、TD 产能 100 万套;湿式离合器(含湿式双离合器)产能 40 万套;混合动力限扭减振器产能 40 万套,干式离合器产能 300 万台。公司节能与新能源产品系列已进入大批量化生产阶段,可根据客户需求与项目进度同步扩产,能够快速响应节能与新能源产品发展需求。

五、技术进展与研发能力

(一)企业技术中心的组织机构及运行机制

技术中心具备先进的研究开发条件,拥有有效的激励机制,吸引科技人才到企业技术中心工作,增强企业对科技人员的凝聚力,提高企业技术人员的整体素质。截至 2019 年,公司自主研发 26 件授权实用新型专利。此外,公司也十分注重各国内知名高校进行产学研项目合作,从 2010 年起与南京理工大学建立了“离合器力学特性研究”的项目合作,2014 年公司又与吉林大学珠海学院建立产学研实习基地、与吉林大学开展“基于纯电动轿车两档自动变速器的干式双离合器总成及其电控系统开发”的研究项目,开始新能源电动汽车 DCT 产品的研究,充分发挥校企合作的人才与资源的双向优势。

(二)企业技术中心研究开发及试验的基础条件

技术中心现有面积 2 330 m^2,办公面积 1 890 m^2,拥有整车 NVH 测试、产品试验与理化试验室共占地面积 700 m^2,具有完善的试验检测设备,包含系统检验、功能测试、疲劳测试、材料及测量等设备 30 多台,试验专用车辆 8 辆。为研究系统提供了真实可靠的数据分析和试验结果。也为众多客户提供传动系统的 NVH 与耦合检测数据。公司不断加大研发投入,先后于 2017 年、2018 年成立南京研发中心、重庆研发中心,为公司研发提供源源动力。

（三）企业技术中心的研究开发工作开展情况

公司近年来不断加大科研投入，进一步研发新产品、新工艺、新技术，提高创新能力和服务水平，稳定产品品质，为汽车传动系统提供更快更好的振动、噪声、阻尼衰减、发抖等解决方案。公司十分注重与国内知名高校进行产学研项目合作，从2010年起与南京理工大学建立了“离合器力学特性研究”的项目合作，并在《汽车工艺与材料》刊物上发表了《冷强化对膜片弹簧载荷变形特性的影响分析》、在《机械传动》刊物上发表《膜片弹簧A-L修正公式的研究》等10篇与项目课题相关的研究文章。2014年公司又与吉林大学珠海学院建立产学研实习基地、与吉林大学开展“基于纯电动轿车两档自动变速器的干式双离合器总成及其电控系统开发”的研究项目，开始新能源电动汽车DCT产品的研究。公司在2012年、2018年成为珠海市“市级重点企业技术中心”，致力打造持久的企业核心产品竞争力、全方位卓越质量追求，成为一流企业，行业标杆。近年来通过不断的技术创新，获得了客户、行业与政府的充分认可，获得大众、通用、比亚迪、海马、东安动力等客户颁发的“优秀供应商”的荣誉称号；同时也是中国汽车工业协会离合器委员会理事长单位、国家高新企业、省级技术中心、广东省制造业500强、市级技术中心、珠海市创新产业化示范基地。

六、主要新产品

序号	产品名称	产品型号	产品应用
1	新能源湿式离合器	新能源湿式离合器	红旗、东风电动、智新科技、纳铁福
2	新能源减振器	新能源减振器	科力远、吉利汽车、上汽通用五菱、比亚迪
3	皮带轮隔振器	皮带轮隔振器	上汽、吉利
4	双质量飞轮	双质量飞轮	东风柳汽、江淮、上汽通用五菱、上汽乘用车、上汽通用、吉利汽车
5	湿式双离合器	湿式双离合器	比亚迪

续上表

序号	产品名称	产品型号	产品应用
6	标准离合器	标准离合器	一汽大众、上汽大众、上汽通用、上汽通用五菱、一汽轿车、东安动力、东风柳汽、江淮汽车、吉利汽车、北汽、奇瑞

七、发展规划

1. 立足于《新能源汽车产业发展规划(2021—2035年)》《节能与新能源汽车技术路线图(2.0版)》，为客户提供个性化“智能传动”系统解决方案，让驾乘更舒适。

2. 公司技术中心后续将坚持吸收人才的理念，不断吸收专业人才和专家，扩大技术中心队伍，加快培养高技能人才，形成老中青阶梯的团队构架组合成技术中心，实现可持续发展目标。

3. 技术中心加大科研投入，进一步研发新产品，新工艺，新技术，提高创新能力和服务水平，稳定客户品质，为汽车整车传动系统更快更好的解决整车振动、噪声、阻尼衰减、发抖等问题。打造持久的企业核心竞争力，成为一流企业，行业标杆，从提供单一产品的OEM配套商向提供综合产品与服务的传动科技公司转型，向新能源减振器与纯电动拓展。

4. 打造国家标准的实验室。技术中心的实验室不仅成为客户认可的实验室，后续将建立成为国家认可的实验室，利用购买的先进进口试验设备，为广大的客户提供专业的服务平台和建立分析系统。

5. 充分利用已经形成的产学研基地，重点研究汽车传动系统的NVH、EMT、DCT的技术难题，创建行业的领先技术。完成新能源汽车关键部件AT，DCT，CVT用减振器开发工作，实现混合动力产品量产，同时把纯电动产品推向市场。

南方电网电动汽车服务有限公司

一、单位概况

南方电网电动汽车服务有限公司于2019年3月22日正式挂牌成立，是中国南方电网旗下专业从事电动汽车产业服务的企业，业务范围涵盖电动汽车服务全产业链，以能源服务为核心，以充电服务为基础，以服务出行为导向，搭建产业链生态平台，以建设“智慧能源、智慧交通、智慧生活、智慧城市”为目标，坚持“绿色发展、创新驱动、能者无疆、相融共赢”的发展理念，开展“技术、服务、商业模式”创新。公司整合发展产业规模效应和叠加效应，坚持“以客户为中心”，为客户提供“最安全、最便捷、最优惠”的服务。打造卓越的电动汽车服务运营商，电动汽车产业价值链整合商，绿色能源生态服务商。

二、生产与经营

2020年，营业收入5.88亿元，同比上升191.1%；充电设施建设全网已布局超过4.4万支充电枪，互联互通充电枪25万支充电枪。覆盖南方区域城际高速及遍布城区的充电网络，在南网5省内为客户提供充电服务，成为全国第四，南方第一的充电运营商。公司充电网服务平台已介入第三方运营商平台30余家、政府监管平台7家，现有注册用户112.98

万,日活跃用户约 10 万人次。

三、技术进展与研发能力

作为中国电力企业联合会理事单位、中国电力企业联合会能源行业电动汽车充电设施标准技术委员会委员单位、中国电力企业联合会电动汽车与储能分会副会长单位、中国电力技术市场协会充电技术与设备专业委员会会长单位、中国电动汽车百人会理事单位、广东省充电设施协会会长单位,公司设有专门的研发中心,拥有自主研发在内的一批先进、专业检测设备,支持公司产品研发、科学实验、质量检验的技术需求。团队研发骨干多长期从事新能源汽车产业链相关产品的设计研发工作,深耕电力系统自动化、电力电子技术、自动控制技术、装备成套技术等领域,已获得广东省科技进步奖、中国电工技术学会科学技术奖、全国电力行业信息化成果奖、全国电力设备管理创新奖、南方电网公司专利一等奖等诸多荣誉,已申请电动汽车充电设施相关专利百余项,软件著作权 30 余项,并取得了知识产权贯标认证,充电桩系列产品也取得了国家认监委批准的产品认证。作为国家高新技术企业,公司构建了“三横一纵”研发体系,集科研、技术服务、解决方案和产品销售于一体,整合产学研等各方资源,与华为、腾讯、中兴、清华大学等单位建立了联合创新实验室,在智慧能源、超能充电、车网互动等方面开展合作研究。聚焦用户体验和技术前沿,专注新能源汽车能源服务设备研发制造,产品线涵盖交直流充电设备、充电连接装置、电源模块、集装箱式配电房、配充一体化智能柜、换电设备、充电检测设备、动力电池检测设备、港口岸电设备、移动补电设备、无线充电设备、便携式充电设备以及车载智慧终端等系列,掌握智能控制、物联网、功率定制等核心研发能力。经过不断的努力,公司的研发实力、科研成果、人才培养等综合实力得到国家有关部门的认可,公司顺利取得了博士后创新实践基地的挂牌。

四、主要新产品

序号	产品名称	产品型号	产品应用
1	600 kW(750 V)一机十桩柔性充电堆	NWDD-FL-D750/600-10	用于私家车、泥头车、客车充电
2	480 kW(750 V)一机八桩柔性充电堆	NWDD-FL-D750/480-8	
3	360 kW(750 V)一机六桩柔性充电堆	NWDD-FL-D750/360-6	

五、合资合作及重大项目建设

获批设立博士后创新实践基地(市级),推动产学研用结合;已与华为、中兴、腾讯及清华大学分别成立创新工作室、实验室;2020 年 12 月成功举办首届移动储能产业研讨会,揭牌成立“深圳储能创新中心”;拟与广州空港、广东电动成立合资公司。

六、发展规划

坚持低碳发展,展现国企战略担当:着力推进运力电气化,推动能源低碳化,顺应产业发展趋势发现碳资产价值;坚持市场导向,激发不竭发展动力,合作共赢打开市场局面;坚持创新驱动,勇做科创排头尖兵;坚持融合发展,打造价值链整合商;坚持数字转型,启动数字能源引擎;坚持生态发展,实现公司升维跨越。

七、2020 年 1—12 月企业在新能源汽车方面经济指标统计

单位名称	指标名称	单位	本期累计	同期累计
南方电网电动汽车服务有限公司	2020 年末资产总计	万元	137 043	28 755
	2020 全年完成投资额	万元	32 044	8 741
	2020 年营业收入	万元	58 759	20 030
	2020 年利润总额	万元	2 480	3 049
	2020 年销售利润率	%	4. 22	15. 22

奥动新能源汽车科技有限公司

一、单位概况

奥动新能源汽车科技有限公司成立于 2016 年,是一家电动汽车行业的高新技术企业,致力于电动汽车换电服务的商业化运营和新能源汽车换电整体解决方案。其子公司上海电巴新能源科技有限公司成立 2000 年,专注于新能源汽车换电技术的研发和快换产品制造。公司拥有动力电池快换核心专利超过 400 项,其智能自动充电和 1. 5 min 自动快速更换电池的技术解决方案使电动汽车摆脱了充电桩和充电时间的束缚,支撑纯电动汽车大范围内连续运行,这一高效电能补充方式尤其适合在出租、网约、物流等运营类车辆上应用,也给城市中没有停车位不能建充电桩的广大私人用户使用电动汽车的机会,解决了电动汽车充电的难题,使电动汽车大规模普及成为可能。公司研发的商用车快换设备及快换电池箱曾服务于 2008 年北京奥运会、2010 年上海世博会、2010 年广州亚运会,为绿色出行提供保障,得到中央及各地方政府的肯定。乘用车换电系统曾服务于 2017 年厦门金砖峰会、2018 中国两会、2018 上合峰会等国内外重要活动,为媒体交通和城市公共提供了 24 h 连续出行服务。并在中国 20 多个城市及德国、波兰等国成功示范和实践。

二、生产与经营

联合北汽、上汽、长安、一汽、东风等主流车企,以解决充电焦虑和提升运营类车辆运营效率为根本出发点,率先在全

国的出租车行业推广换电车型，并探索出全新的换电商业模式。换电技术已完成零部件、系统和整车三级验证，运行可靠。技术已搭载整车平台1套，实现北汽EU220、EU260、EU300、上汽ei5等多车型量产并应用，分别在北京、厦门、兰州、广州等20个城市投放了15 000辆换电出租车，累计更换电池900万次，累计换电里程13亿km，单车最长行驶里程超过90万km，已建换电站323座，在建40座。其中奥动新能源汽车科技有限公司广州、厦门的运营子公司均实现单城盈利。

三、产品出口

2017年，公司研发制造的电动巴士换电站出口到波兰TAURON集团，在波兰开展示范运营，推广电动巴士；2019年，公司的乘用车换电站出口到德国柏林，由欧亚电巴开展示范运营。

四、产能建设

公司投资4.5亿元在上海市浦东新区临港重装备产业区，建成新能源汽车充换电站设备研发生产基地，园区占地100亩，该基地集新能源汽车应用、智能储能站、节能增效管理为一体，对电动汽车退役的电池进行梯次利用，建成4 MWh容量的梯次储能站，是世界上首个集“风、光、储、行”为一体的绿色能源产业基地，成为绿色能源和绿色出行协同发展模式的典范。

公司具备各种自动化机械加工设备及全机械手自动焊接生产线，形成了换电电池箱10万套、换电站400座的年生产配套能力；具备完整的生产及质量管控能力，通过ISO 9001、IATF 16949、ISO 14001、ISO 45001、安全生产标准化二级的体系认证。

五、技术进展与研发能力

公司高度重视技术革新，不断进行发明创造，改进产品新能。是上海市认证的“高新技术企业”“专精特新企业”“小巨人企业”“市级专利试点企业”“浦东新区的企业研发机构”，年度研发投入超过1 500万元。公司产品集装箱式纯电动乘用车换电系统产品经中国科学院上海科技查新咨询中心的查新认证，达到国内领先，国际先进水平，电动巴士换电站产品通过德国TUV莱茵公司认证，获得全球首张换电系统的CE证书，并于2020年获上海市科委授予“高新技术成果转化认定项目A类”评级。公司累计申请专利1 600多项，已授权600多项，PCT32件。

公司的第四代换电站可达到1.5 min稳定换电，每天900次服务能力，设备占地仅140 m^2，小型撬装，即放即用，并与2020年6月正式投入运营。即将发布的第五代换电站，换电服务效率翻倍、更加智能化。公司投入5 000万元研发智能换电数据运营平台，实现车、站、电池、人的互联互通，实时在线，同时满足政府监管、安全监控以及支撑运营管理功能。

六、主要新产品

序号	产品名称	产品型号	产品应用
1	乘用车充换电站	H60B	乘用车换电
2	电池箱及安装架总成	DB01A.14.0C(c)	乘用车换电
3	乘用车车端连接器(直出线)	DB01A.14.20(b)	乘用车换电
4	乘用车电池端连接器	DB01A.13.8	乘用车换电
5	商用车充换电站	DB01H-J0612	商用车换电
6	托架总成	DB02J.01(a1)	商用车换电
7	箱体总成	DB02J.03(a)	商用车换电
8	车端连接器	DBL02C(2+14)A021	商用车换电
9	电池端连接器	DBL02D(2+14)A002	商用车换电

七、合资合作及重大项目建设

2017年，与德国Inframobility GmbH公司成立合资公司，欧亚电巴国际有限公司IMFRAMOBILITY GmbH，在德国和欧盟推广换电及储能的应用；2018年，与国网电动车建立战略合作关系，共同打造换电生态圈；2018年，与北京新能源汽车股份有限公司建立战略合作关系，启动“车电价值分离模式”；2020年，与软银能源正式达成战略投资合作；2021年，与中石化达成战略合作关系。

八、发展规划

以北京、广州、厦门等典型城市样本为起点，有序开启百站计划、百城千站计划以及联动计划，覆盖范围从城市换电网络到城市群换电网络最后形成全域换电网络。换电站数量单城不少于20座，全国网络在未来5年内达到5 000座，平均换电半径达到3 km，支撑各类换电车辆超过150万辆。

深圳精智机器有限公司

一、单位概况

深圳精智机器有限公司是国家级高新技术企业，总部位于深圳科技园。团队拥有多名国家起重机协会自动化设备专家委员会专家成员，汇聚了大批机器人技术、控制理论、供应链管理、项目管理等方面的优秀人才。公司已取得近200余项技术专利，其中20余项发明专利，多次获得国家科技部创新基金、863项目基金的支持。

二、生产与经营

一般经营项目：自动化设备、自动控制系统、机械装置及机电一体化产品、立体停车设备、电动汽车充换电系统及设备、机器人的技术开发、销售、上门安装及维保服务；控制和管理软件的开发和销售；电力工程及电力设备的上门安装；计算机软硬件、环保产品的技术开发、销售；企业管理咨询；国内贸易；经营进出口业务(以上法律、行政法规、国务院决定禁止的项目除外，限制的项目须取得许可后方可经营)。许可经营项目：自动化设备、自动控制系统、立体停车设备、机械装置及机电一体化产品、电动汽车充换电系统及设备、工业自动控制系统及装置、机器人的生产、维修；计算机软硬件、环保产品的生产；立体车库系统工程专业承包。

三、产品出口

在美国、俄罗斯、澳大利亚、新加坡、泰国、马来西亚等国家建成了多项智能停车设备精品工程，精智也因此具备了技术输出的能力，时为国内唯一向发达国家输出停车设备技术的企业。

四、产能建设

集智能停车系统、智能机器人、充换电机器人的研发、制造、销售、工程实施为一体的国家级高新技术企业。

五、技术进展与研发能力

布局许昌、韶关、芜湖三大现代化生产基地，拥有最成熟的制造团队、最先进的加工装备和最科学的管理体系。已经通过完善的质量、环境、职业健康安全认证体系，获得200多项国家和国际专利，其中发明专利27项，获得国家质量检验检疫总局颁发的国内层数最高，设备类型最全的A级制造资质。

六、主要新产品

序号	产品名称	产品型号	产品应用
1	车顶受电弓	FRP01001	矿卡、重卡、乘用车换电机器人
2	底面充电弓	FRP02000	矿卡、重卡、乘用车换电机器人

七、合资合作及重大项目建设

青岛薛家岛大巴车换电项目、青岛延安路大巴车换电项目、伊敏重卡项目、玉龙铜矿换电站项目等。

万帮数字能源股份有限公司

一、单位概况

万帮数字能源股份有限公司（星星充电），总部位于常州，专注于新能源汽车充电设备研发制造，智能平台兼容全部国标车型，产品线涵盖交直流设备、充电枪头、电源模块、智能电柜、换电设备等，掌握着智能控制、物联网、大功率定制等核心研发能力。作为充电领域的国标制定单位，参与了国内所有充电标准的起草，并作为中方代表参与IEC国际标准的起草，同时也是国家标准委员会指定的国内大功率充电两家牵头单位之一。曾获国家能源局“能源互联网重大应用示范”项目、国家工信部“智能制造2025新模式应用”项目、国家科技部新能源汽车2018年度重点专项这3个国家级荣誉。

在运营模式上，星星充电创新提出了“云—管—端”模式，“云”是指软件、“管”是指服务，“端”是指硬件，通过多种细化场景的开发与合作，为不同客户群体带来多种服务和价值。凭借在行业内多年的领先地位及先进的运营模式，2020年12月，获工信部、中国工业经济联合会公布的“第五批国家级制造业单项冠军示范企业”。

二、产品出口

交流充电桩：“极光”系列交流充电桩、互联网2代交流充电桩。直流充电桩：30 kW直流一体机、60 kW直流一体机、传统120 kW直流一体机（双枪）、180 kW直流一体机（双枪）。强大的研发力量有力地保障了星星充电拥有丰富的产品线，包括多感知智能充电设备、高智能运维管控平台、大功率快速充电系统、BEMS/HEMS、全自动智能充电系统、多层级电网互动系统等等，产品不断创新迭代，持续保持技术领先。产品在极热、极盐、极寒、极湿的新疆克拉玛依地区、海南地区、东北地区等极端环境下，仍能保持长期稳定运行。智能充电弓和500 kW的大功率液冷充电桩是场景化定制产品的代表，大大满足了公交车场景中快速补电、高效运营的需求。自动化机器人则可广泛应用于CBD/商业场景，带来全新的自动充电体验。

三、产能建设

2020年，首创提出“移动能源网”概念，对移动能源网做更具时代意义的定义，未来移动能源网将会成为人们生活中必不可缺的重要角色。创新“云管端”即“硬件+软件+服务”的商业模式，堪称数字能源生态中国样本。2020年9月22日，星星充电宣布获得8.55亿元A轮融资，这是星星充电首次启动社会化融资。2021年5月17日，万帮能源和星星充电宣布获得高瓴领投、IDG、泰康、宝龙与远洋地产等跟投的B轮融资，投后估值155亿元，成为亚洲数字能源领域头部独角兽。

四、技术进展与研发能力

以欧阳明高院士、李泽元院士、韩英铎院士、胡芬巴赫院士领军的科研团队，拥有超过800人并不断扩充，研发力量布局全球。“电动汽车智能充换电系统实验室”时为在电动汽车充换电设备领域覆盖检测项目最多的获得CNAS认可的实验室。星星充电累计申请专利400余件，多次获得国家专项研发奖励，非常重视人才培养和知识产权方面。曾获得工信部“智能制造2025新模式应用”项目，国家能源局能源互联网重大应用示范项目基地。

五、主要新产品

1. 充电桩

序号	产品型号	产品名称	品　　牌	通用名称
1	DH-AC0070XG30系列、DH-AC0070XG50/DH-AC0035XG50（4G pro版）	交流充电桩	7 kW互联网2代智能交流充电桩	互联网2代

续上表

序号	产品型号	产品名称	品　　牌	通用名称
2	DH-AC0070XG72 DH-AC0110XG72 DH-AC0220XG72	交流充电桩	极光系列交流充电桩	极光
3	DH-DC0600HG36(有屏)、DH-DC0600HG36-A(无屏)	直流充电桩	60 kW 电动汽车直流一体机(单枪)	60 kW 直流
4	DH-DC1200SG41/DH-DC1200SG43/ DH-DC1800SG40/DH-DC1800SG43	直流充电桩	120 ~ 180 kW 电动汽车直流一体机(双枪)	120 ~ 180 kW 直流
2. 零部件				
序号	**产品名称**	**产品型号**	**产品应用**	
1	电动汽车充电控制器	EVPC-100	动态平衡家用电器和电动汽车的用电功率,确保家庭进户总功率不超标,无跳闸断电风险,让客户安心用电。	
2	直流绝缘侦测模块	电源电压:10.2 ~ 13.8V	直流绝缘侦测模块是检测直流 IT 系统正负母线对地绝缘电阻的一种装置。	
3	B 型漏电传感器	DH-RCMU300	兼顾 B 型与 DC6mA 剩余电流检测,输出两路控制信号,集成自检校零。能满足交流充电桩、便携充电桩、光伏汇流箱、光伏逆变器等应用场景的漏电保护需求。	

六、合资合作及重大项目建设

星星充电是全球 60 多家知名车企充电生态战略合作伙伴,其中不仅包括梅赛德斯奔驰、保时捷、宝马、捷豹路虎、大众等国际品牌,还包括比亚迪、北汽等国内车企。2019 年,星星充电与大众汽车、一汽集团、江淮汽车成立合资公司,创造了大众汽车在中国首次与民营企业合资的历史。

普天新能源有限责任公司

一、单位概况

普天新能源有限责任公司是国内较早以新能源汽车充电网络建设、运营和服务为主业的中央企业,注册资本金近 30 亿元。作为"中央企业电动汽车联盟"核心成员单位、"电动汽车充电基础设施促进联盟"副主任单位,深耕充电运营行业十余载,积蓄了丰厚的运营经验,贯彻"创新、协调、绿色、开放、共享"五大发展理念,创新商业模式,打造核心竞争力,致力于成为中国最大的新能源汽车综合服务运营商之一。

二、单位运营

运营网络覆盖京津冀、珠三角、长江经济带等 26 个城市,网络规模近 4 万个,服务用户 40 余万个,累计充电量约 20 亿 kWh,交易额 60 余亿元。服务热线——95700,是工信部颁发的具有权威资质的专属号码,是国内充电服务运营商开通的首个"95"号段服务热线,为客户提供 7 × 24 h 热情、专业的一站式全方位服务。

公司自主研发了国内首个全国性的基于互联网的新能源汽车智能管理平台,以充电大数据为基础,以"便捷、安全、高效"的智慧型充电服务为目标,深度结合"云计算、云存储、云服务"、移动互联、车联网等信息应用技术,实现信息、业务、支付等全数字化互联互通和协同管理。在业务方面为中共中央办公厅、国务院办公厅、国家发改委等 28 个部委及近百家中央企业提供充电网络建设和充电运维服务;在工信部建成并运营首个"充电立体车库"示范项目;已为合肥等十余个城市和地方政府提供了新能源汽车充电基础设施网络规划和行业政策等方面的规划和咨询服务;发起并积极支持民航系统"油改电"工作,与各机场、航空公司等单位长期深入合作,提供从规划、产品、建设到运营管理的整体解决方案;与宝马、广汽等数十家车企在充电、互联互通、品牌宣传等方面开展广泛合作。

泰科电子(上海)有限公司

一、单位概况

泰科电子(TE Connectivity,简称 TE)总部位于瑞士,是全球行业技术企业,致力于创造一个更安全、可持续、高效和互连的未来。TE 广泛的连接和传感解决方案经受严苛环境的验证,持续推动着交通、工业应用、医疗技术、能源、数据通信和家居的发展。TE 在全球拥有近 80 000 名员工,其中 7 500 多名为工程师,合作的客户遍及全球近 140 个国家。TE 相信"无限连动,尽在其中"。

二、生产与经营

汽车事业部致力于为整车和汽车零部件企业提供连接和传感领域的专业技术解决方案,包括专业的汽车端子与连接器、混合与纯电动汽车解决方案、高低压继电器、高速数据连接解决方案、无线连接技术、车用传感解决方案、线束组装、中央电器盒、套管/热缩套管等,其产品通过了严苛的环境验证。产品被广泛应用于汽车动力系统、车身和底盘系统、安全系统、电子控制系统、自动驾驶系统、信息娱乐系统及舒适系统。研发中心和制造基地覆盖亚太、欧非及美洲地区,致力于在整个设计、生产过程中与客户密切合作。TE 中国汽车事业部总部位于上海,在全国拥有 4 000 多名员工和 10 个销售办公室,在苏州建有 4 座工厂。丰富的连接和传感解决方案,完善的本土开发、验证和生产能力,使 TE 可以为本土乃至全球客户提供卓越的解决方案和优质的服务。

三、产品出口

TE 中国团队自主研发生产的产品广泛出口日韩,远销欧美,并不断获得全球客户的认可,许多出口产品的国产化率也逐步接近 100%。

四、产能建设

在国内拥有 4 座工厂,总生产面积达 105 920 m^2。工厂已有多条自动化产线投产,生产工艺涵盖注塑/嵌件注塑、冲压/电镀、组装、绕线、焊接/热铆、灌胶等。

五、技术进展与研发能力

可提供丰富的连接与传感产品,系统架构能力与产品模拟分析能力,在上海、苏州拥有总面积约 2 600 m^2 的测试中心,包含百余台实验测试设备,30 余位顶尖行业专家,提供设计确认测试、产品验证测试、产品失效分析等,经过 CNAS 认证及欧洲主流整车厂认可。

六、主要新产品

序号	产品名称	产品型号	产品应用
1	HVP2100 高压连接系统	2385581-1	电动汽车电池包外部连接、电机连接
2	GB DC 充电插座	2383754	电动汽车国标充电接口
3	HC STAK 高压连接系统	3-2840672	电动汽车电池包外部连接

七、合资合作及重大项目建设

已同国际及国内大量主机厂、知名系统集成商及线束厂达成合作,产品与解决方案已广泛用于国内各车型,在市面上主流乘用车品牌的车型中均有应用。

八、发展规划

TE 中国规划积极赋能客户在汽车"新四化"变革下的发展,针对"电动化"与"智能网联化"趋势不断推出下一代产品,满足更高电力及高速高频数据的连接。同时,TE 正在积极与客户及行业组织合作,推出符合下一代连接需求的行业标准,以助力行业应对未来挑战。

南京康尼新能源汽车零部件有限公司

一、单位概况

南京康尼新能源汽车零部件有限公司(简称康尼新能源)是南京康尼机电股份有限公司的控股子公司。公司主要从事新能源汽车的高压电气系统的设计、制造、销售与服务,主要产品有新能源汽车的高压模块、高压线束及高压接口三大品类。公司属于民营科技型企业,实现多元化资本结构,注册资本 3 000 万元。生产办公面积约为 10 500 m^2,规划建设至 2020 年达到约 700 万只的生产能力。公司组建了专业的市场、营销团队进行市场开拓,以及专业的技术团队进行产品和制造过程开发,参与国家标准和产品认证规则的讨论和制定,执行汽车行业体系的要求。公司已经获得江苏省高新技术企业资质,通过 ISO 14001,OHSAS 18001,ISO 27001 及 IATF 16949 认证。

二、生产与经营

新能源汽车零部件产品主要包括充电总成、高压线束及高压模块三大品类,主要包括充电连接线、充电枪、充电插座、高压线束、高压连接器、高压分线盒等产品。康尼新能源是上汽、吉利、比亚迪、奇瑞、宇通、中通及北汽福田等国内主流乘用车及商用车主机厂的主要供货商。2020 年公司新能源汽车零部件业务受到行业补贴退坡及新冠肺炎疫情双重影响,在竞争日趋激烈的市场环境下,新增戴姆勒、广汽丰田、一汽丰田、长安马自达等客户项目订单;高压连接器、直流充电枪等新产品实现销售,为后续康尼新能源业绩增长奠定了基础。

三、产能建设

公司生产办公面积约 1.5 万 m^2,年产能达到 200 万只。

四、技术进展与研发能力

参与制定两项国家标准,并与主机厂共同制定 1 项行业标准,已实施、发布。拥有 84 项授权专利,其中包括 67 项实用新型专利、15 项国家发明专利、2 项外观专利。荣获中国标准创新贡献二等奖。荣获"中国知识产权优势企业"称号。康尼新能源是中国大功率充电标准委员会委员单位、中德大功率充电标准委员会中方委员单位、是铝/铝导体标准发起单位、电动汽车模式二用插头标准工作组成员单位、充电接口、高压线束、高压模块产品是国内八大主流整机厂的一级供应商。小型化电子锁产品国内领先,围绕高压电气系统的开发,提供全面的解决方案。

五、主要新产品

序号	产品名称	产品应用
1	交流充电枪	国内各乘用车主机厂及充电桩
2	直流充电枪	国内各乘用车、商用车主机厂及充电桩
3	充电模式二、三	国内各乘用车主机厂及充电桩
4	交流充电桩	国内各乘用车主机厂

续上表

序号	产品名称	产品应用
5	交流充电插座线束	国内各乘用车主机厂
6	直流充电插座线束	国内各乘用车主机厂
7	电子锁	国内各乘用车主机厂
8	PDU	国内各乘用车主机厂

续上表

序号	产品名称	产品应用
9	MSD	国内各乘用车主机厂、商用车主机厂、电池厂
10	高压连接器	国内各乘用车主机厂、商用车主机厂、电池厂
11	高压线束	国内各乘用车主机厂、商用车主机厂
12	小功率充电机	国内各乘用车主机厂

张家港友诚新能源科技股份有限公司

一、单位概况

张家港友诚新能源科技股份有限公司(证券代码:873087,品牌:多思达),建于2004年,集研发设计和生产销售为一体,为中国宝安集团旗下企业,下设全资子公司有苏州工业园区多思达科技有限公司、苏州多思达连接技术有限公司、控股子公司无锡市沃乐思科技有限公司。在电动汽车传导式充电连接装置、电动汽车高压连接器及总成、工业电源连接器的研发与制造方面取得了骄人的业绩,居行业前端。多思达科技主要生产电动汽车交/直流充电接口、高压连接器及总成、充电桩等产品,已被应用于比亚迪、蔚来、小鹏、理想、江淮等项目和车型。由于产品性能稳定可靠,还被选用于上海世博园区电动汽车及充电站,中国首座国家电网标准大型电动汽车充电站——唐山南湖国家充电示范站、京沪高速等若干国家重点项目,深受用户好评。

二、生产与经营

主要产品包含GB/IEC/SAE/CHADEMO标准下的各种充电模式的充电接口与总成、高压连接器及线束总成、充电适配转接器等系列产品。设有精密模具、数控机加、塑胶成型、金属冲压、成品总装整链生产线。公司始终严格执行IATF 16949和ISO 9001国际质量管理体系,产品分别通过CQC、UL、CSA、TUV、BS、CE、SAA、PSE等专业权威机构检测认证。

三、产品出口

自营出口全球58个国家:欧洲(德国、法国、英国、荷兰、等)、亚洲(韩国、新加坡、越南等)、美国。

四、产能建设

拥有制造厂房50 000 m^2,员工400余人。四大系列,400余种规格,设备达到150台,电动汽车充电插头、插座及线束总成100万套,电动汽车高压连接器及线束总成60万套,工业电源连接器2 000万个,充电桩10万套。

山东龙立电子有限公司

一、单位概况

山东龙立电子有限公司成立于2002年,位于山东省临沂市高新技术开发区,是集研发、生产、销售高端光电连接器于一体的国家高新技术企业。公司在济南、西安等地设有研发机构或分公司。公司先后获"山东瞪羚企业"、"山东省创新型企业"、"山东省专利明星企业"、山东省"一企一技术"创新企业、山东省"创新型民营企业"、山东省"隐形冠军"企业、山东省"专精特新"企业、山东省"电子信息行业优秀创新企业"、临沂市"十佳科技创新企业"等荣誉称号;产品通过了ISO 9001、IATF 16949等质量管理体系认证;"龙立"商标荣获山东省著名商标;龙立牌新能源汽车专用连接器被认定为"山东名牌产品"和"山东优质品牌";龙立牌智能电网专用连接器产品被认定为"山东优质品牌产品"和"山东省知名品牌"。公司主要有新能源汽车连接器、军工连接器、智能电网用连接器、铁路机车专用连接器等几十个系列、数千种规格的产品,广泛用于新能源、电网、铁路、通信、石油、煤矿和航空、航天、军事电子装备等领域。其中,新能源汽车连接器系列产品主要包括交、直流充电连接器、车载高压大电流连接器、车载信号连接器和高低压线束总成等系列产品,并有高压配电盒(PDU),低压控制盒等新能源汽车小三电产品,主要用于电动汽车的交直流充电和高压配电、车载充电器、空调、电池组等的电路连接。

龙立电子本着"以质量为生命、以客户为中心"的企业经营宗旨,坚持"开拓求实、科技创新、锐意进取、真诚服务"的企业经营理念,提倡"拼搏、创新、务实、求精"的企业精神文化,努力不懈的为客户提供优质产品和服务。

二、生产与经营

坚持差异化发展战略,重点围绕智能电网、铁路机车、新能源汽车和军工等领域发展,近年来重点加大新能源汽车连接器、交直流充电桩等充电设备的研发投入,开发系列产品,布局市场。2019年推出了电单车充换电服务品牌"闪电客",是龙立电子全新换电运营品牌,致力于改变人们的出行模式,打造无缝续航的能源共享平台。"闪电客"智能充换电系统,采用自助式户外换电柜、换电小程序、GPS和云平台的模式,用户只需要通过手机操作就轻松换电,完美解决电池充电不安全、不方便和电池续航里程短的问题,开启了高效的换电模式和持续续航时代。龙立电子拥有客户500余家,涵盖各新能源制造汽车制造公司。

三、产能建设

公司拥有先进的工艺装备、检测设备和完善的管理体系，现有生产设备1 500多台(套)，其中主要生产设备800多台(套)，引进了国内最先进设备，包括从产品设计研发、零件的冷热加工、工装模具的设计制造、产品的组装检测、试验等主要生产过程都采用了业内先进的工艺过程和装备，有效地保证了产品质量的稳定。公司各种实验检测设备齐全，满足了各种连接器性能指标检测需求，为企业技术创新和新产品开发提供了强有力的技术支撑。可实现年产符合国标、国军标的各类电连接器600余万套。

四、技术进展与研发能力

始终坚持创新发展战略，不断提升核心竞争力。2020年公司投入的研发费用占营业收入的11.95%，拥有博士后科研工作站、山东省电接插元件工程研究中心、山东省智能化电接插元件工程技术研究中心、山东省认定企业技术中心省级科研创新平台4处，临沂市电连接器重点实验室和市级工业设计中心市级科研创新平台2处。公司有68人的研发团队，其中电连接器行业专家10人、高级工程师9人。科研团队结构合理、技术素质高、创新能力强。公司承担各类科研项目50余项，包括科技部火炬计划、省科技重大专项、省重点研发计划等；获各类科技奖励21项，包括省科学技术奖、省中小企业科技进步奖等。近几年通过省市科技成果鉴定24项，其中2项达到国际先进水平、15项达到国内领先水平。

五、主要新产品

续上表

序号	产品名称	产品型号
1	充电枪	LDAC 国标交流充电枪系列 LDDC 国标直流充电枪系列 LDFC 非标交流充电枪系列 LDEA 欧标交流充电枪系列
2	充电插座	LDAC 系列国标交流充电插座 LDDC 系列国标直流充电插座 LDFC 系列非标交流充电插座 LDEA 系列欧标交流充电插座
3	高压连接器	LGY 系列卡扣式高压连接器 LGC 系列推拉式高压连接器 LGP 系列高压连接器 IGS 系列塑壳高压连接器
4	低压信号连接器	LGCA26 系列圆形推拉锁紧式连接器 LGCA20-3 圆形推拉锁紧式连接器 LGY 系列卡扣式低压信号连接器 LXS 系列推拉式低压信号连接器 LDY 系列卡扣式低压连接器 LDY1 卡扣式低压连接器
5	线束	LG 系列充电线束、高压线束和低压线束
6	智能充换电系统	LL-C1

六、合资合作及重大项目建设

注重与高校、科研机构的产学研合作，与北京交通大学、北京邮电大学、厦门大学、中国科学院、山东省科学院、山东省电力科学院、山东大学、山东理工大学、临沂大学等有着密切的合作关系，为企业的创新发展提供了有力的技术支撑。由山东龙立电子有限公司全资控股的济南无线电九厂有限公司，成立于1965年，积累了50余年的科研、生产经验，技术力量雄厚，研制生产的高可靠连接器先后为飞机、飞船、卫星、舰船等重点工程配套。

七、发展规划

在现有交直流充电连接装置、高压连接器、高低压线束等产品的基础上，继续拉伸新能源汽车配套产品的产业链，丰富产品品种，重点开发车内高压控制盒、低压控制盒、交流充电桩、直流快充充电装置、便携式快速充电器以及欧标美标充电装置等产品，预计到2022年，年生产各类新能源汽车配套产品50万台(套)，公司将由此发展成为国内知名的新能源汽车的配套企业。

广东威浦电器有限公司

一、单位概况

广东威浦电器有限公司成立于1996年，创立20多年来一直专注于工业接插装置的研发与制造。公司已形成一套完整的设计、生产、品检和服务体系，并拥有多项国家专利。自有厂区占地30亩，厂房面积约5万m^2，员工600多人，其中研发人员20多人，品管人员30多人，并且在北京、上海、广州设立商务中心，直接面对客户提供售前售后服务。

威浦电器是“全国电器附件标准化技术委员会”成员，国标GB/T 11918—2014的起草单位之一。威浦电器已通过ISO 9001质量管理体系认证和IRIS轨道交通认证，产品获得CCC、CQC、CE、UL、TUV、ROHS等多种证书。威浦电器拥有强大的研发能力，可以根据客户的特殊要求开发各种连接器。

威浦电器主要产品系列有：

1. 矩形连接器(重载)系列。外壳防护等级达到IP65/68/69K，有金属、塑料、高防护等多种外壳类型，适用多种应用场合。接插件的插芯采用复合UL94 V-0级防火的热塑性材料制成，接线方式有：螺丝压接、冷压接、弹片压接。

2. 圆形连接器(航空插)系列。航空插头、插座、连接器，耐压由5 00～4 000 V，电流由3～150 A，连接形式有普通螺纹锁紧、卡扣式锁紧和推入式快速锁紧3种，接线方式有焊接、螺丝压紧和冷压接3种，极数从1针到61针，防护等级从 IP44 到 IP68，可满足各种环境使用，尤其擅长于户外防水连接。

3. 防水工业插 CEE/IEC309 系列。包括 1 000 V 以下、10-400 A 工业用插头、插座和电缆连接器、组合插座配电箱、检修电源箱等。

以上三大系列连接器，均可以定制线束和配套防水电缆接头、波纹管等附件。

威浦电器的产品系列中，航空插的 WY/WF/WS 系列、防水插系列和重载系列在新能源汽车领域及其制造业上下游产品配套产业均有广泛的应用。

威浦电器产品有接触电阻小、插拔柔和、电流大、抗振耐冲击、可靠性高等特点，所有的产品均按不同应用场合的最高要求设计，并能随时为新能源汽车订制各种规格的连接器。

二、生产与经营

威浦电器始终坚持专业化的发展理念，产品的 WS 系列、TYP 系列和重载系列贯穿整个自动化设备和电工电气配套领域，近期开发的 WY、WF、SP、SA 等系列，在新能源商用车、氢能源车上广泛应用，并因高质量得到好评。

三、产品出口

威浦电器的产品现已销售到全球 78 个国家和地区，销量稳步上升。

四、产能建设

威浦电器产品从原材料进仓开始到成品检验出仓都是自主完成，配置注塑、压铸、数控、模具、铜件制造、铝件制造和装配 7 个车间。公司现有自动化数控设备 150 多台，注塑机 32 台，压铸机 10 台，目前每天产能 8 万只左右。

五、技术进展与研发能力

威浦电器有一个 20 多人的研发团队，从原型设计、模具开发到生产都是全程自主，还能根据客户的各种特殊要求快速开发各种特殊规格的连接器，加快新能源汽车生产企业的研发和生产进度。

近年来威浦电器在生产环节大量采用数控设备和引进工业机器人，以提高产品质量和可靠性，同时释放生产设备的产能。大型生产设备均已采用机器人协作实现无人操作。

威浦电器有严格的品控和检测，实验室设备配置齐备，检测技术上也有创新。原材料测试设备包括阻燃、耐热、抗电痕化、热变形和老化、抗 UV 等测试机。在产品性能测试方面则有测试振动、温度、湿度、防尘、防水、盐雾、综合试验系统等十几种大中型检测设备。生产线上还配套各种特制的检测仪器，其中全自动电脑检测设备是威浦电器的创新。连接器的关键部件插针和插套，都是经过全自动电脑检测各种插拔力，确保接插可靠性和一致性。

六、主要新产品

序号	产品名称	产品型号	产品应用
1	航空插头、插座、连接器	WY/WF/WS/SA/SP 等系列	整车及其制造业上下游产品配套产业
2	工业防水插头、插座、连接器	TYP 系列	新能源汽车制造业上下游产品配套产业
3	组合插座配电箱	拼接式插座配电箱、吊挂式插座配电箱、线盘插座配电箱、橡胶插座配电箱	新能源汽车制造业上下游产品配套产业
4	重载连接器	HA/HB/HP 系列	新能源汽车制造业上下游产品配套产业

贵州航天电器股份有限公司

一、单位概况

航天电器是中国航天科工集团第十研究院上市公司，始创于 1968 年，由原国营朝晖电器厂（三四一二厂）和国营朝阳电器厂（三四一九厂）改制而成，2004 年 7 月在深圳交易所挂牌上市（股票代码：002025）。是“全国五一劳动奖状”获得者、国家级企业技术中心、国家精密微特电机工程技术研究中心、中国电子元器件百强企业、国家创新型企业、国家技术创新示范企业、全国企事业知识产权示范创建单位、国家火炬计划高新技术重点企业、中国市场电子元器件领军厂商、国家级智能制造新模式应用示范企业。航天电器始终坚守“致力高科技领域，追求卓越，共享成就”的使命，在高端连接器、微特电机、继电器、光电模块、集成化产品、智能装备等领域从事研制、生产和技术服务，是中国电子元器件行业高端产品研制生产的骨干企业之一。航天电器有员工 6 000 余人，2020 年营业收入 42 亿元，已形成集团化、跨地域、专业优势互补的产业化布局，在贵阳、上海、苏州、泰州、镇江、东莞和遵义设有 8 家子公司、2 个研发中心、2 个可靠性试验中心，每年研发投入不低于营业收入的 8%，持有有效专利 700 余项。建有完备的 ISO 9001 质量管理体系、IATF 16949 质量管理体系、GBT 24001 环境管理体系、OHSAS 18001 职业健康安全管理体系等体系，部分产品通过 UL、3C、CE 等认证。

航天电器产品应用于航天、航空和军工、通讯/数据通信、石油装备、轨道交通、电力设备、新能源汽车等高端装备领域，并承担我国载人航天、北斗导航、探月工程、深空探测、C919 大飞机、复兴号高速动车、4G/5G 网络、陆上和深海石油测井等重大工程和设备的配套研制任务，为我国高端装备的发展等作出了贡献。

航天电器秉承“以客户为中心、勇于争先，体现奋斗价值”的核心价值观，以顾客需求为牵引，围绕新能源汽车市场开发了交/直流充电枪和充电插座、金属壳体高压圆形连接器、塑胶壳体高压自锁矩形连接器、高压线束、汇流排（软/

硬)、Fakra 射频连接器、HSD 四同轴高速传输连接器、维护开关、多合一(PDU/DCDC/DCAC/OBC/MCU)九大系列互连产品,以及大电流接触器产品,具备新能源汽车互连和电路保护的全套解决能力,已成为奇瑞、比亚迪、飞碟汽车等整车厂及众多电池、电机、电控的供应商和合作伙伴。同时,掌握了大电流传输、高速数据传输、防凝露、导线压接等多项核心技术,为客户创造价值。

苏州华旃航天电器有限公司是贵州航天电器股份有限公司(航天电器)全资子公司,于 2005 年在苏州市高新区嵩山路 268 号申请用地 150 亩建设民品生产基地,建筑面积 6.7 万 m^2,注册成立苏州华旃航天电器有限公司,注册资金 300 000 万元,有员工 1 800 人,下辖 6 个专业车间,11 个职能部门,77 条生产线和 1 个实验中心。主要从事连接器、继电器、线束的研制、生产和销售。其产品广泛应用于通信、新能源、家电、石油、轨道交通、医疗、工业等领域。经过近 14 年的发展,苏州航天电器已获得良好的市场口碑,先后多次被华为、美的等世界 500 强企业评为“核心供应商”和“战略供应商”,并被江苏省认定为高新技术企业、企业技术中心、抗电磁波干扰滤波连接器工程技术中心等。通过并获得 GB/T 28001—2011 职业健康安全管理体系认证证书、GB/T 19001—2008 质量管理体系认证证书、GB/T 24001—2004 环境管理体系认证证书、IATF 16949—2009 认证证书。公司主要客户有诺基亚、三星、华为、中兴、奇瑞汽车、飞碟汽车、比亚迪汽车、美的、哈里伯顿、中海油服、株洲中车、迈瑞医疗、GE 等。为更好地服务客户公司先后设立国内服务机构 8 处、海外销售服务机构 4 处。

二、生产与经营

苏州华旃航天电器有限公司立足于民用产业发展,致力于推动新能源领域主营充电传导装置、高压线束、高压连接器、多合一(PDU/DCDC/DCAC/OBC/MCU)等产品的市场应用与提升;企业凭借连接器行业的良好口碑及开发技术,以高品质、高可靠、高性价比等优势,先后取得与奇瑞汽车、五征飞碟汽车、比亚迪汽车等主机厂的合作,成为新能源整车生产厂商的重要供应商。

三、产能建设

公司生产办公面积约 5 500 m^2,未来规划建设年产 100 万套高压线束和 1 000 万只连接器生产能力。

四、技术进展与研发能力

苏州华旃航天电器有限公司积极引进各类人才,现有新能源领域从业 3 年以上资深专业设计研发人才 50 余人,技术实力雄厚。

五、主要新产品

序号	产品名称	产品型号	产品应用
1	汽车高压连接器	HVQ 系列、HVQJ 系列、HVL 系列、HVLJ 系列、HVPL 系列、HVTP 系列、HVTM 系列、MMSD 系列、HVBM 系列	新能源乘用车及商用车、“三电”企业
2	充电传到连接器	EV01-DC 系列、EV01-AC 系列、EV01-DCV 系列、EV01-ACV 系列、EV02-DCV 系列、EV02-ACV 系列	新能源乘用车及商用车、充电桩企业
3	高压线束	—	新能源汽车
4	多合一(PDU/DCDC/DCAC/OBC/MCU)	—	新能源汽车

南京能瑞电力科技有限公司

一、单位概况

南京能瑞电力科技有限公司成立于 2012 年,注册资金 14 397.4 万元,占地面积 4.8 万 m^2,是专业从事电动汽车充电设备研发、制造、充电站整体解决方案、充电设施承建运营服务的国家级高新技术企业,江苏省服务型制造示范企业。公司产品涉及充电运营、平台建设、充换电产品等多个板块,产品贯彻 5S 管理,通过 CQC 质量认证及德国 TÜV 等权威机构认证,拥有独立自主知识产权。经过多年在行业内的深耕发展,获得国家及行业内外的广泛认可,能瑞充电桩获评“中国电老虎网 2020 年度中国电力电气行业充电桩十大品牌”,大功率智能快速充电桩等产品先后获得江苏省重点推广应用新技术新产品,南京市名牌产品、南京市科技进步奖三等奖等奖项。

二、生产与经营

1. 南京能瑞电力科技有限公司构建了 ISO 9001:2015 质量管理体系、ISO 14001:2015 环境管理体系、ISO 45001:2018 职业健康安全管理体系三标一体的全面质量管理模式,主动导入 IATF 16949:2016 汽车行业质量管理体系,对标汽车行业标准来严格要求生产、质量管理过程。公司厂房面积 4.8 万 m^2,防静电及调试厂房约 3 万 m^2,建有全自动化智能制造车间,从国外引进了全套 SMT 生产线(全自动丝网印刷机、贴片机、热风回流焊炉等);拥有自动化波峰焊生产线;全自动化三防生产线;采集系统自动化生产线、计量系统自动化生产线、充电桩自动化生产线、充电桩自动测试系统、以及 MES 智能车间执行系统,具有坚实的生产基础能力。

2. 南京能瑞电力科技有限公司采用智能制造、适度运营的商业模式,一方面积极探索充电领域技术创新,打造数字化、网络化、柔性化的智能制造车间,以充电桩智能制造为主,为国家电网、中国普天、公交集团、大型物流公司等大型用电单位提供充电设备;同时,适度运营,建设新能源汽车充电运营监控管理云平台,具有完整的充电运营解决方案。

3. 河南省共计投建近 1 000 台有序充电桩。

三、产品出口

产品通过与汽车整车厂配套销往德国、英国、新加坡、秘鲁、泰国、印度等多个国家。

四、产能建设

拥有研发、生产及办公场所面积 4.8 万 m^2，具有充电桩 PCBA 全制程生产工序，包括国内一线品牌的全自动镭雕机、德国 DEK 印刷机、日本松下贴片机、美国 HELLER 回流焊及日本 JUKI 插件机、德国 ERSA 选择性波峰焊等设备，同时配备环境试验、电磁试验、例行试验等系列试验设备，具有年产交流充电桩 30 万台，直流充电机 3 万台的生产能力。

五、技术进展与研发能力

1. 经江苏省工信厅认定为“江苏省认定企业技术中心”，经江苏省科技厅认定为“江苏省新能源汽车充电技术工程技术研究中心”。近 3 年来，承担国家科技部重点研发计划项目电动汽车基础设施运行安全与互联互通技术、江苏省战略性新兴产业发展专项大功率充电桩产业化制造项目、江苏省关键核心技术攻关揭榜项目预装式配充一体化充电站等多项国家及省部级科技项目，其中“车桩网充电设施与智慧平台的技术开发及产业化应用”项目通过国家科技成果评价，技术水平达国内领先水平。

2. 每年研发投入占销售额比例 7% 以上，2020 年全年研发投入 1 722 万元。拥有自主知识产权 109 项，其中发明专利 21 项。参与制定了 GBT 34658—2017《电动汽车非车载传导式充电机与电池管理系统之间的通信协议一致性测试》等国家及行业标准 4 项。所研产品荣获中国电力电气行业充电桩十大品牌、江苏省重点推广应用新技术新产品、南京市名牌产品、江苏省科技进步奖三等奖、南京市科技进步奖三等奖等奖项。所研直流 V2X 有序系统在苏州同里能源小镇和国内首个智慧能源新城示范应用，所研预装式配充一体化充电系统，系统效率达到 96%、5 min 充电续航 200 km，单枪功率高达 500 kW。

3. 针对新能源汽车日益突出的充电安全问题，构建了新能源汽车充电桩充电全过程安全指标体系，提出充电桩主动感知电池健康状态监测模型，研制充电桩充电启动与接地安全控制模块，实现新能源汽车充电桩全能流、多维度的充电安全动态防护，保证充电能量的平稳转换、可靠存储，充电桩安全可靠性显著提升。

六、主要新产品

序号	产品名称	产品型号	产品应用
1	640 kW 电动汽车配充一体化直流有序充电系统	NRKJ9300-S11-500640	大型充电站、高速公路补电站、货运码头场站、公交场站、物流场站等城市快充场合
2	电动汽车交流有序充电系统	NRKJ9300-S12-8007	居民区、商业区充电场站
3	电动汽车非车载充放电机	NRKJ9300-R12-750601	适用于 V2G 功能的电动汽车充换电

七、发展规划

2020 年以来，在政策助推下充换电迎来“新风口”，南京能瑞电力科技有限公司也已开展充换电技术研究，所研直流 V2X 有序系统进入示范应用，未来还将加大 V2X 双向充放电技术、有序充电、物联网技术研究，促进智慧城市发展。随着 2020 年新基建的推进，未来智能高效、高可靠性、多网融合、绿色高效、核心部件标准化、大功率快速充电等将是新能源汽车行业发展方向。南京能瑞电力科技有限公司紧密围绕国家新能源发展战略，布局发展规划如下：(1) 多站融合，多能协同：综合利用场地优势，实现公交场站、社会场站、储能站等站点功能延伸，实现资源汇聚，能源供需协调，提高用户用能体验感，促进城市绿色发展。(2) 在光储充一体化、有序充电、V2X 双向充放电、物联网等技术方向加大研发投入，打造绿色高效充电网络，研制基于物联网 MQTT 协议的新一代智能充电设施，研制面向智慧城市物联网的路灯桩，促进智慧城市发展。(3) 数字化、智能化：通过智能电网、物联网、5G 通信、人工智能、车联网等技术实现区域、企业、充电桩网络集约运行、智能出行，实现“充电体验安全便捷、充电设施无人值守、远程运行维护、以及充电设施智能高效、充电网络智能调度”。(4) 规划在全国各大城市建设一批示范充电场站。包括专用车辆充电站、特种车辆充电站、公共服务充电站、商业地产充电站、事业单位充电站、小区地产有序充电站等。

ABB(中国)有限公司

一、单位概况

作为全球技术领导企业，ABB 领先的电动汽车充电技术解决方案能够提供全功率段充电系统，基于深厚的行业专长、广泛的产品组合与互联互通的智能管理，结合安全、智能、可靠的 ABB Ability TM 数字化解决方案，为智慧城市中各应用场景提供可靠保障，支持中国构建面向未来的、可持续的交通体系，引领全球未来出行变革。

二、产能建设

ABB(中国)有限公司位于浙江平湖的生产基地占地 36 亩、厂房面积 35 000 m^2，拥有 5 条交流智能充电桩自动化生产线，3 条直流智能充电桩自动化生产线。一期产能达 40 万套，二期产能达 100 万以上，制造能力处业界领先水平。具备 IATF 16949 汽车行业及充电桩行业最重要的认证，也是国际汽车行业的技术规范。

三、技术进展与研发能力

ABB(中国)有限公司拥有可靠性实验室、机械力学实验室、电学实验室、EMC 实验室，不仅拥有交流 7 kW 慢速充电，还推出了 21 kW 交流快速充电满足未来需求，其完善的智能有序充电功能更好地帮助充电基础设施应用居民社区、工业园等场景；此外，ABB(中国)有限公司的 Terra 直流充电系列产品，从 60 kW 到 240 kW 再到大功率液冷充电系统和顶部接触式充电系统，为车辆运营提供了安全可靠的快速充电解决方案；基于物联网技术，通过微信小程序作为入口，ABB Ability TM 充电服务平台在云端可实现经营数据管理、用户及订单管理、设备实时监控等，智能、便捷地提供无感维护和预测养护的极致运营体验。

四、合资合作及重大项目建设

2021 年国标 EVinn Ⅱ 7 ~ 21 kW 交流桩。2020 年中国发布国标直流快充 Terra CA/CB 60 ~ 240 kW。2019 年中国发布国标 EVinn Ⅰ 7 kW 充电桩。2018 年第二代大功率充电终端、Terra 及首个电动卡车充电桩与卡车厂全球化合作。2017 年发布大功率充电桩 150 ~ 350 kW 快速充电全球化合作。2016 年欧洲首个受电弓充电桩与巴士厂全球化合作。2013—2015 年发布全球变种 Terra 53。2013 年发布 CS & 多标准的 Terra 53“CCS + CHAde-MO + AC”。2012 年首台 CCS 充电样机 ABB & CCS 联盟在 EVS26 美国洛杉矶发布。成立 CCS 联盟。ABB 初创参与 IEC 标准的基础，首批全国性的直流快充网络在爱莎尼亚，丹麦，荷兰布局。2010 年欧洲首台基于主机厂私有协议 50 kW 充电桩；初创参与成立 CHAdeMO 并发布 ABB Terra 51 50 kW CHAdeMO 充电桩；首批配备直流快充的 EV Nissan Leaf & Mitsubishi iMieV。

深圳威迈斯新能源股份有限公司

一、单位概况

深圳威迈斯新能源股份有限公司成立于 2005 年，总部位于中国深圳。致力于电力电子与电力传动产品的研发、生产和销售，与众多汽车制造商合作，为客户提供优质的汽车动力域产品和高效的解决方案；以自主知识产权的电力电子技术为基础，以快速响应客户的定制需求为主要经营模式，实现企业价值与客户价值共同成长。作为新能源车载电力电子和电机驱动的领导者，威迈斯以客户需求和客户利益为中心，满足全球客户差异化的需求以及快速的创新追求，获得了行业内客户的普遍认可。公司获批国家高新技术企业(GR201744202135)，有着业界一流的研发团队、完善的企业流程体系、高效的管理结构、先进的软硬件系统，具备行业顶尖的研发设计技术和测试能力。专注于快速响应定制化的需求，为客户提供灵活的电源解决方案。VMAX 公司是国内外众多知名企业的电源解决方案的主流供应商。

二、产能建设

威迈斯深圳光明工厂总面积 13 500 m²，包含年产能 30 万套的九州全自动化车间和年产能 30 万套的证通半自动化车间。

威迈斯华东(芜湖)生产基地，电源制造工厂面积 21 000 m²，总体规划 10 条全自动化 CCU 生产线，芜湖电驱动制造工厂面积 12 000 m²，建有自动化率较高的定子绕线与浸漆线、控制器线、电机及驱动总成总装线，具有最大日产 440 套各品类驱动系统能力。

三、技术进展与研发能力

威迈斯在深圳和上海建立了国内一流的研发中心，拥有一支世界一流的研发团队，拥有高端的电力电子变换技术、电源结构工艺技术及高质量的产品设计能力和高水平的技术研究能力，以技术创新作为公司的核心竞争力，具备行业顶尖的研发设计技术和测试能力。在新能源汽车动力系统领域拥有数百项独立自主知识产权，产品覆盖车载充电、DC/DC、无线充电、电机驱动、整车控制等领域，具有高集成性、高效率、低成本等显著特点。

四、主要新产品

序号	产品名称	产品型号	产品应用
1	7 kW 二合一磁集成车载充电机	VX012	吉利、上汽、奇瑞、长安等纯电动汽车
2	11 kW 二合一车载充电机	VX2200	上汽大通、东风岗图纯电动汽车
3	电动汽车无线充电系统	VX2299	上汽智己纯电动汽车

五、合资合作及重大项目建设

威迈斯宝龙生产及实验基地，总面积 33 764. 7 m²，包含威迈斯试验中心及生产中心及部分员工生活配套。基地位于深圳市龙岗区宝龙街道宝龙社区，距离南山总部及光明工厂约 45 km。生产中心采用业界领先的自动化产线，已正式投入使用，预计到 2022 年，新增产能 60 万套。

六、发展规划

除了逐步扩大深圳光明、深圳宝龙及安徽芜湖三大生产基地的产能，在建的上海研发中心及华东总部基地，包括上海威迈斯研发办公室和实验室，具备独立完善的电驱、电源总成产品开发、试验能力。

深圳欣锐科技股份有限公司

一、单位概况

深圳欣锐科技股份有限公司(欣锐科技，股票代码：300745)，2005 年 1 月在中国深圳成立，公司是以新能源汽车产业为核心业务的国家高新技术企业，是国家科技部“863”项目和国家发改委战略性新兴产业项目的主承接单位。拥有汽车级 IATF 16949 体系认证标准的专业化工厂，为客户提供高效率、高功率密度、智能化、高可靠性的高压“电控”解决方案,产品服务全球。公司自2006年初进入新能源汽车产业,专注新能源汽车高压“电控”解决方案(其主要技术集中在车载DC/DC变换器和车载充电机,统称为车载电源),欣锐科技拥有车载电源原创性核心技术的全部自主知识产权,在车载电源和大功率充电领域积累了丰富的研发及产业经验,拥有业界领先的研发创新能力及工程制造能力,产品技术水平居行业前列。欣锐科技的车载电源配套了国内外众多主流车型,是车载电源细分领域的龙头企业,促进国内新能源汽车朝市场化方向发展。公司秉承锐意进取、特设服务的理念,通过频繁的国际交流开拓全球化专业视野。以卓越的产品创新理念,为行业客户提供专业价值服务,致力于成为全球技术领先的新能源汽车高压“电控”解决方案供应商。

二、产能建设

作为新能源汽车车载电源细分领域的龙头企业,SHINRY在不断积累和总结产业化经验的基础之上,加大对制造工厂的资金投入与系统升级,顺利于2017年完成领亚工厂的建设并投产,规模30 000 m^2,拥有自动化及信息化生产流程,信息平台化管理。

欣锐科技定义车载电源专业化制造的四大工艺、16道工序、9个质量控制门,为客户提供大批量量产的全方位专业化制造服务,提升客户满意度,朝服务型制造企业方向发展。

三、技术进展与研发能力

欣锐科技拥有新能源汽车车载电源(DC/DC变换器和车载充电机)的全部自主知识产权,已拥有核心技术专利300多项,核心软件著作权400多项,正在申请的PCT 90多项。是全球范围内重要的技术研究、产品开发团队之一。欣锐科技始终专注在新能源汽车车载电源细分领域,产品技术迭代升级。欣锐科技拥有符合国家实验室CNAS标准的创新研发中心,规模6 000 m^2,共有5个专用开发场地,每个开发场地8个单元,可同时开展40个全新技术平台研究或160个汽车级零部件项目开发。

四、主要新产品

序号	产品名称	产品应用
1	车载充电机	乘用车、商用车
2	DC/DC 变换器	乘用车、商用车
3	“D + C”一体化集成产品	乘用车、商用车
4	CDU 系统集成产品	乘用车、商用车
5	燃料电池车专用产品	乘用车、商用车

阿尔特汽车技术股份有限公司

一、单位概况

阿尔特汽车技术股份有限公司(以下简称阿尔特)成立于2007年5月,2020年3月在深交所创业板上市(股票代码:300825)。阿尔特办公地址位于北京市大兴区亦庄东工业区双羊路8号。阿尔特是我国首家上市的独立汽车设计公司,开创了独立汽车设计公司整车研发“交钥匙”服务和发动机/动力总成研发制造的先河,公司产业生态围绕服务汽车生产企业展开,产业生态的各业务板块融合发展、相互支撑。主营业务为新能源汽车和燃油汽车全流程研发及其他汽车行业相关的技术服务,是我国技术领先的汽车开发整体解决方案供应商。阿尔特整车研发业务主要为汽车生产企业提供新能源汽车整车研发和燃油汽车整车研发,燃油汽车整车研发业务内容包括商品企划、造型创意、工程可行性分析、结构设计、性能开发、SE同步工程、样车试制及管理8个业务模块。新能源汽车整车设计研发业务内容除包含上述八大业务模块外,还增加了新能源汽车的核心业务模块,包括新能源整车开发、电控系统设计开发、电驱动系统开发、电源系统开发及电子电气架构开发、SOA架构开发、新能源汽车平台开发等。另外公司还可提供对于燃油车和新能源汽车均越来越重要的感知质量提升的技术服务及符合国际标准的ADAS和自动驾驶系统开发支持服务。业务模块基本涵盖了汽车整车开发的全流程,无论是燃油汽车还是新能源汽车整车设计开发,均既可以提供整车全产业链的研发服务,又可以提供单独和组合型的研发服务。阿尔特在整车研发优势基础上,注重业务多元化建设和产业上下游延伸,多年来潜心打造的汽车发动机及新能源汽车核心零部件制造业务已经成为公司新的业绩增长动力。核心零部件制造业务包括混合动力系统、V6发动机、插电式混合动力耦合器、纯电动车减速器、整车控制器等单位或动力总成的研发、生产及销售。

二、生产与经营

阿尔特设全球四大设计中心(意大利、日本、美国、中国),在全国12个城市(北京、上海、长春、成都、重庆、南昌、广州、柳州、宜兴、武汉等)开设分子公司。截至2020年末,公司已成功研发超过200款车型,覆盖60余家客户,包括从轿车(A00级到C级)、SUV、MPV到商用车的多种车型。2020年度实现营业收入8.2亿元,其中新能源汽车设计开发营业收入占比达到75.10%。

三、产能建设

阿尔特高端零部件产能建设情况。

1. 6G30T发动机,6G30T发动机生产线采用自动化精益化生产模式,关键工位采用进口设备。整线配置呼叫显示系统、错漏装防止系统、驱动联动系统。目前具备年产5万台的能力。

2. 新能源汽车耦合器及减速器,新能源汽车耦合器及减速器柔性生产线为全日本进口,自动化率达到50%以上,关键工位采用激光自动测量、轴组件在线自动啮合检测、全自动气密检测,产品100%进行NVH下线检测。整线匹配SAP-ERP及MESS系统全过程追溯管理,同时实行TPS和TPM精益化生产管理。具备年产12万台的能力。

四、技术进展与研发能力

阿尔特是我国首批高新技术企业，通过在汽车研发领域近20年的技术积累，公司对于汽车设计理念、消费市场的心理需求和文化需求方面有着敏锐而又深刻的把握。阿尔特是国家级工业设计中心、北京高精尖产业设计中心、北京市设计创新中心、北京市科技研究开发机构，拥有新能源汽车整车控制系统技术北京市工程实验室和新能源汽车整车研发中试基地。

阿尔特拥有超过1 400余人的专业团队，技术骨干均来自一汽、二汽、上汽、北汽等各大主机厂。包括百余位国内外知名汽车创意大师及工程领域资深专家，这些专家拥有意大利博通、宝马美国设计中心、通用汽车、日本三菱、梅赛德斯奔驰、日产、丰田等世界著名汽车企业及设计公司多年的开发经验，尤其在汽车整车、造型、发动机、耦合器、减速器及新能源汽车设计开发等方面具备显著优势。

截至2020年12月31日，阿尔特拥有682项专利及23项著作权。在造型创意设计、工程可行性分析技术、电源系统开发、电动汽车整车控制器开发技术、耦合器开发、新能源汽车增程器开发、精致性开发、汽车碰撞仿真优化技术、汽车底盘调教技术、SE同步工程技术、发动机设计及仿真技术方面等均积累了丰富的设计成果和技术结晶，在汽车整车发动机、耦合器、减速器及新能源汽车设计开发、汽车智能化等方面具备显著的技术优势。

在动力总成相关技术方面，阿尔特已掌握BEV/REEV减速器、耦合器、增程器及集成式电驱动等技术储备，减速器及增程器均为自主研发，可以根据不同客户需求提供整套动力总成产品方案。控股子公司四川阿尔特新能源生产的减速器、耦合器等核心零部件已为广汽本田、东风本田等车企批量供货。

阿尔特控股子公司柳州凌特研发并生产的V6发动机已于2020年7月正式成为北汽旗下越野车品牌北汽BJ80进行批量配套，2020年已完成千台配套，2021年将持续增加配套数量。

五、主要新产品

序号	产品名称	产品型号	产品应用
1	V6发动机	6G30T	北汽BJ80
2	纯电动汽车减速器	E1M20、E1M30、E1M30P系列	广汽本田电动轿车、东风本田电动轿车
3	混合动力汽车耦合器	P1M35、P1M40系列	上汽通用五菱SUV、MPV
4	增程器四合一总成	R1M25、R1M35系列	宝能汽车纯电动轿车

六、合资合作及重大项目建设

阿尔特计划投资新建新能源汽车动力总成生产线，总投资约2 500万元，拟建成后项目年产新能源动力系统20万套，主要包括新能源汽车动力耦合器、增程器等。

七、发展规划

未来公司将继续把巩固和加强整车研发能力放在首要位置，重点强化新能源汽车的研发能力，提升现有核心零部件业务的盈利能力和规模化，并着力培育新的核心零部件产业化布局。将主要从产品企划、造型研发、整车性能开发、新能源汽车平台开发4个方面提升公司的整体开发能力。具体做法主要体现在以下3个方面：一是要全面掌握新能源汽车核心技术，继续加强新能源汽车核心零部件的开发和制造能力，如纯电动汽车三电系统、智能驾驶系统等，形成自主知识产权，进一步提升技术竞争力；二是继续加强造型原创能力建设，依托丰富的国际化资源，将造型设计业务建设成国内顶级、国际一流、具备全球化视野的优势业务；三是在关键技术的研究和应用上，积极响应国家关于新能源汽车的产业政策，着重研究符合节能、环保、智能要求的新技术、新功能，包括混合动力控制技术、燃料电池集成匹配技术。智能驾驶系统集成及功能开发等，并逐步将该技术应用于实际设计业务中。汽车核心零部件制造业务将成为公司新的发展方向。依托公司行业领先的整车研发能力，未来将为客户提供设计方案、产品交付、升级计划等一揽子优质解决方案。

莱茵检测认证服务（中国）有限公司

一、单位概况

TÜV莱茵集团是国际第三方检测、检验、认证、培训、咨询服务提供商，成立于1872年，总部位于德国科隆，全球员工数超过20 000。TÜV莱茵大中华区员工超过4 000人，共有五大事业群：工业服务与信息安全、交通服务、产品服务、管理体系服务、莱茵学院与生命关怀，业务涉及商业活动和日常生活的所有重要领域，从公正独立的角度提供严谨的测试认证和各项专业评估，为当地企业提供符合安全、质量以及环保的一站式解决方案。

二、测试技术及规范研究与制定

TÜV莱茵车辆检测认证服务始于1904年，致力于为价值链每个阶段的参与者提供精确、独立的服务。无论是传统车辆、还是新能源汽车，皆可提供涵盖研发阶段的目标市场法规调研，整车与零部件测试，道路适应性的测试、市场准入认证，到生产阶段的质量管理，售后阶段的服务质量提升，以及供应商能力搭建、人员资质认证等服务。还有针对智能互联交通的国内外自动驾驶车辆安全评估、自动驾驶场地安全评估、UNECE欧盟地区自动驾驶豁免审批等全方位服务。同时，也为航空产品的安全运营提供认证、测试和咨询服务。

针对新能源汽车，可提供一站式服务，涉及新能源汽车整车、核心部件和充电设施，包括电气安全、电磁兼容、电池安全、功能安全、网络安全、碰撞后安全、充电接口与协议、市场准入等多个方面，并致力于推动统一标准体系的建立。在管理体系方面，TÜV莱茵能够为企业提供质量、环境与职业健康安全、能源等一系列基于国际认可标准的认证服务。

三、检测能力建设

在中国，TÜV 莱茵拥有 20 多个服务中心和逾百人的车辆测试认证专业团队，同时也是在中国布局最多、团队技术实力最雄厚的第三方检测认证机构，在多个主要城市建有汽车零部件实验室可为汽车电子电器零部件，进行全系列的环境可靠性能测试及电磁兼容测试。TÜV 莱茵与位于德国亚琛的 ConAC 公司携手建立动力电池检测中心，实验室将具备先进的测试能力，包括大型气候室，可模拟极端温度波动、应力及湿度还有盐腐蚀室、溅水试验台及模拟振动和冲击的试验台等。此外，实验室内有模拟使用寿命和耐久性的设备，包括装卸电池，以及用于跌落测试、针刺、过充电和深度放电、压力、挤压和防火防爆的专用舱式设施，目的是能够依据当前所有安全标准进行全面检测。

四、国内外交流

2020 年 3 月，TÜV 莱茵与国家汽车质量检验中心（广西）达成战略合作，在试验室资源共享、技术交流、业务拓展、人才培养、科研合作等方面开展一系列广泛而深入的合作。双方将充分发挥各自的资源和技术优势，以共建实验室、联合开展服务为支点，携手打造符合区域和国家发展战略需求的检验、检测与认证公共服务平台。

2020 年 7 月 1 日，TÜV 莱茵与湖州莫干山高新技术产业开发区、浙江智能网联汽车创新中心达成战略合作，重点围绕自动驾驶汽车测试与验证，共同推动自动驾驶在不同应用场景的商业落地。

2020 年 10 月 13 日和 16 日，TÜV 莱茵先后获邀出席“第四届中德汽车大会”长春站和长沙站，分别在“下一代新能源技术路线演变”以及“商用车智能化”两大分论坛参与圆桌对话，与中德两国重量级企业家及多领域权威代表探讨中德汽车产业创新合作、助推中德汽车产业深度交流合作。

2020 年 11 月 7 日，TÜV 莱茵在第三届进博会上与新石器无人车达成战略合作，在自动驾驶、车联网相关产品及服务领域建立长期业务合作关系。同时，双方在活动现场联合发布中国首个申请德国豁免认证的 L4 级无人车阶段性认证成果。

五、发展规划

新能源汽车、自动驾驶、车载无线产品是 TÜV 莱茵交通服务三大主要发力的领域，在广州、北京等地也有一些政府项目在洽谈。TÜV 莱茵会发布 TÜV 莱茵 China-mark 或者 test mark 本地化定制认证，主要与汽车售后部件的用户需求、健康汽车概念、高级驾驶辅助系统、车辆网联、自动驾驶相关；还会升级 ACT 实验室和汽车电子 EMC 实验室的设备和能力。

北京东方中科集成科技股份有限公司

一、单位概况

北京东方中科集成科技股份有限公司（简称东方中科）是中国科学院控股有限公司旗下东方科仪控股集团有限公司的控股子公司，是在中关村科技园区注册的高新技术企业，2016 年 11 月在深圳证券交易所 A 股上市（股票代码：002819）。东方中科作为国内领先的测试技术和科技服务公司，为广大客户提供了包括仪器增值销售、科技租赁、系统集成及相关技术服务在内的“一站式”综合服务。多年来深耕测试测量领域，在 5G 通信、新能源、工业及消费电子、人工智能、云计算大数据、新基建等多个领域提供了具有竞争力的综合测试服务解决方案。营销网络覆盖北京、上海、广州、深圳、南京、苏州、杭州、西安、武汉、成都在内的国内众多制造与研发基地。

东方中科依托专业化的团队、强大的运营能力和业内领先的服务品牌，在不断优化服务质量、扩大市场辐射范围的同时，坚持以战略新兴产业测试应用为主要发展方向，紧密结合高技术相关产业的科技进步和发展，不断探索拓展测量领域技术和应用前沿，将硬科技领域作为未来的战略发展重点。以“科技无限、服务创新”为使命，在新能源汽车测试领域厚积薄发，为行业用户量身打造从信号级仿真到功率级性能测试，从零部件单品到整车系统测试等多种解决方案，产品覆盖无线充电测试、新能源动力总成、ADAS 智能驾驶、燃料电池等多技术领域。

二、测试技术及规范研究与制定

GB/T 38775—2020 电动汽车无线充电系统，标准制定参与单位。

三、检测能力建设

无线充电测试：电动汽车无线充电测试；消费电子无线充电测试；无线充电测试服务。

高压系统测试：MCU 功能耐久性测试；车载 OBC/DCDC/PDU 测试；充放电互操作性测试；动力电池（组）充放电测试；高压系统集成测试。

智能驾驶测试：ADAS 仿真测试；V2X 系统测试；5G 通信测试；智能座舱测试。

燃料电池测试：燃料电池电堆测试；燃料电池发动机测试；燃料电池智能温控系统。

非标系统定制：在环仿真测试；车辆电附件测试；旋转变压器测试；光伏组件测试。

四、发展规划

功率器件动静态测试；车载天线 OTA 测试；汽车电源变动测试：VW80000/LV124，ISO 16750/7637-2，GMW 3172/SMTC；汽车以太网域控制器测试；整车 VIL 测试。

无锡利普思半导体有限公司

一、单位概况

利普思半导体有限公司是一家专注于高性能功率模块研发、生产和销售的高科技公司。公司总部位于无锡，并在日本设立海外研发中心。公司拥有涵盖芯片设计、封装材料、模块设计、生产工艺及模块应用领域专家团队，均拥有多年国际著名功率半导体公司研发工作经验，可为客户提供独特产品定制解决方案。产品使用先进的封装材料及封装技术，为控制器的小型化、轻量化和高效化提供完整的解决方案。

二、生产与经营

公司主要提供高性能的 SiC 模块和 IGBT 模块，广泛应用于新能源汽车、充电桩、马达驱动、光伏逆变、高频电源、智能电网等领域。

三、产品出口

公司已经在欧洲、北美和日本建立完善的销售渠道，产品已经交付客户使用。

四、产能建设

利普思半导体在日本拥有一条年产 36 万颗大功率模块专用产线，同时规划将在 2022 年底前建成一条国产自主年产 50 万颗车规模块生产线。

五、技术进展与研发能力

关键技术：(1)代替绑定线的 ArcbondingTM 专利技术。采用创新的 Arcbonding 铜排连接技术替换铝线连接技术，从 2D 平面布线扩展到 3D 空间布线，大幅降低模块内部的寄生电阻和实现多芯片并联。

(2)高温环氧树脂灌封技术。采用定制化开发的环氧树脂配方灌封，从而提高模块运行温度和应对恶劣环境的耐受性。

(3)高性能绝缘基板技术。采用高性能厚铜绝缘基板技术。利用铜优秀的热传导特性降低模块的热阻从而提高模块电流输出能力。

六、主要新产品

序号	产品名称	产品型号	产品应用
1	ED3 系列	300 ~ 800A 1 200 V 或 1 700 V	燃料电池大巴 DCDC/商用车控制器
2	HPD 系列	400 ~ 800A 1 200 V	乘用车控制器
3	LPS PACK 系列	400 ~ 1 000A 750 V 或 1 200 V	乘用车控制器

大族激光科技产业集团

一、单位概况

大族激光科技产业集团（简称大族激光，股票代码：002008）于 1996 年创立、2004 年上市，是一家极具影响力与竞争力的大型企业集团，主要提供激光、机器人及自动化技术在智能制造领域的系统解决方案。注册资本 10.67 亿元，2020 年销售收入 119.4 亿元，销售额、市值等指标稳居全球激光上市公司前列；有员工 14 000 余人，研发人员占比近 35% 以上，多项核心技术处于国际领先水平，国内外技术专利 4 000 余项。大族激光坚守产业报国理想，以“做大民族工业，激光影响世界”为发展使命，致力于成为中国基础工业装备及自动化的主要供应商。公司大功率激光智能装备产品线涵盖中高功率激光切割、切管、焊接、3D 打印、清洗装备，焊装线，自动化生产线，折弯机，及激光器、数控系统与功能部件，为金属加工领域提供高品质激光智能装备及自动化解决方案，具有多项领先的技术与丰富的应用经验，引领光纤激光世界潮流。激光智能装备销往全球 100 余个国家和地区，广泛应用于能源石化、轨道交通、电力电气、汽车制造、特种车、工程机械、农业机械、建筑机械、电梯制造、环保设备、广告装饰、电器厨具等行业，助力制造业转型升级。

二、生产与经营

大族激光先后通过 ISO 9001、ISO 14001 认证，全系列产品取得欧盟 CE 认证，在来料、加工、组装、调试、检测、包装、出货等全过程各个环节严格把关，确保出货产品性能、质量与交货期。在国内深圳、苏州、北京、长沙设有华南、华东、北方、中西南四大片区与备品备件库，辖 100 余个办事处，在 30 余个国家和地区设立销售服务机构，为全球用户提供高品质的产品与优质高效的服务。是国家首批智能制造试点示范基地、国家高新技术企业、工信部智能制造新模式应用项目建设单位、激光行业国家标准制定单位、国家科技重大专项主持单位，获国家科学技术进步奖、国际信誉品牌、“全国质量标杆”等大奖，光纤激光切割机获评“中国好设计奖”、工信部全国制造业“单项冠军产品”等殊荣。

三、产品出口

激光焊接机、激光切割机、打标机、激光器等，全系列产品通过欧盟 CE 认证。

四、产能建设

2017 年起新建的大族激光全球智能制造新基地今年已投入使用；2018 年湖南大族建设完成；2019 年美国达纳斯工厂开始筹建，已完成；2020 年天津大族开始筹建，已完成；2020 年苏州大族开始筹建，完成投入使用；2021 年常州大族筹建，已投入使用；2021 年南通大族开始筹建。

五、技术进展与研发能力

1. 4 000人研发队伍、900余项国内外发明专利、3 000余项其他国内专利、800余项软件著作权、中国智造百强企业、国家重点高新技术企业、国家级创新型试点企业、国家科技成果推广示范基地、中国十佳上市公司、全系列产品通过欧盟CE认证。

2. 国家科学技术进步奖、国家首批智能制造试点示范单位、激光行业国家标准制定单位、激光技术系列成果获国家级鉴定、全国质量标杆。

六、主要新产品

续上表

序号	产品名称	产品应用
1	激光焊接机	吉利、一汽、东风
2	白车身智能焊装线	吉利、长城、北汽、一汽
3	汽车传动部件激光焊接机	比亚迪、宝马、大众、PSA、福特等
4	汽车座椅激光焊接机	特斯拉、福特、大众、通用(李尔、安道拓、佛吉亚、麦格纳、西德科)
5	汽车零部件激光焊接机	奥迪(门槛)奔驰(天窗)大众MEB(电池托盘)通用(水箱支架、车门)福特(立柱)
6	电机激光焊接机	理想、威马(汇川)
7	汽车零部件焊装线	理想、奔驰、福特、大众
8	弧焊、点焊工作站	一汽大众、Vinfast、
9	汽车飞轮装配线	大众

七、合资合作及重大项目建设

吉利汽车顶盖激光钎焊、顶盖激光自熔焊；路特斯全铝车身激光焊接；大众MEB电池托盘激光焊接；国内第一套自主研发新能源汽车发卡电机激光焊接系统；国际人造小太阳16 kW激光焊项目；长城侧围、四门两盖、主线、地板线、装调线体；上汽大通底盘框架激光电弧焊接系统(国内首创)；通用水箱支架激光焊接系统(国内首创)。

湖南华菱涟源钢铁有限公司

一、单位概况

湖南华菱涟源钢铁有限公司(以下简称华菱涟钢)位于湖南省娄底市黄泥塘，始建于1958年，1997年进入华菱集团，是一家以生产热轧、冷轧板卷、镀层产品为主、棒材为辅的国有大型钢铁企业。具备年产钢1 200万t的生产能力，是我国中南地区重要的钢材生产基地、亚洲最大的中薄规格高端热处理板材加工基地。华菱涟钢坚持走高端、精品、特色、差异化发展之路，成功开发了冷轧汽车用钢、热轧汽车用钢、中高碳产品、电工钢、工程机械用钢等系列特色产品，广泛应用于港珠澳大桥、三峡工程等国家重点建设工程及“复兴号”动车组等大国重器，供货奥迪、奔驰、三一重工、格力等知名品牌，出口欧美等40多个国家和地区。LG700T、NM300-500等累计40余个品种荣获国家冶金产品“特优质量奖”、“金杯奖”和“卓越产品奖”，“双菱牌”商标被国家工商总局认定为“中国驰名商标”。

华菱涟钢采用国际标准管理企业，建立健全的国际化管理体系。通过了ISO 9001质量管理体系、ISO 10012测量管理体系、ISO 14001环境管理体系、ISO 50001能源管理体系和ISO/IEC 17025实验室认可认证、海关高级企业认证；是国家特级信用企业和3A计量企业，荣获湖南省质量信用AAA级企业证书。2020年度湖南华菱涟源钢铁有限公司职务发明专利申请65项，其中42项为发明专利，其他23项为实用新型专利，2020年度先后有27项专利申请取得国家知识产权局的授权。2020年参与国家标准《耐硫酸露点腐蚀钢板和钢带》与行业标准YB/T 4872—2020《绿色设计产品评价规范　耐候结构钢》的起草、审定工作。截至2020年底，拥有有效专利123项，创制标准数共10项、商标拥有量43个。

华菱涟钢设有国家级博士后科研工作站、省级院士专家工作站、省级企业技术中心，湖南省高强结构及工程机械用钢工程技术研究中心，与科研院校共建国家重点实验室，与行业先进企业、科研院校建立创新联盟，理化测试中心获得国家CNAS体系认证，是国家高新技术企业、湖南省海智基地。华菱涟钢十多项科技成果达到国内领先水平，其中半数以上达到国际先进水平；获国家科学技术进步二等奖3项、省部级科技进步奖32项。2020年，华菱涟钢组织参加了2020年中国创新方法大赛，《混凝土搅拌车用轻量化钢板研发与应用》获得国赛的优胜奖和湖南赛区决赛一等奖，《基于TRIZ理论提高热轧作业率的工艺研究》和《高端合金锯切用钢的研发》分别获得湖南赛区决赛二、三等奖。

华菱涟钢紧跟汽车行业轻量、高质、绿色的发展步伐，成功开发出高强度、高成形性、高焊接性系列汽车用钢，以及新能源电动车电机、定向转子等需要的高磁感取向硅钢、高牌号无取向硅钢。超高强汽车用钢LG980LE替代700 MPa高强钢，减重达到21%～35%，引领半挂车轻量化的发展方向；热成形汽车用钢产品最高强度达到2 000 MPa，产品规格实现0.6～3.5 mm全覆盖，是汽车轻量化后能保证安全的首选材料；冷轧高强厢体用钢涵盖350～1 000 MPa不同强度等级，用在海运集装箱、货车车厢侧板、厢式货车厢体、高强焊管等行业上，已与北汽股份、比亚迪、吉利汽车、长城汽车、上汽通用五菱等主机厂紧密合作；NM300TP、NM400-NM600等系列耐磨钢广泛应用于三一重工、中联重科的混凝土搅拌车筒体，以及中国重汽、中集集团等大型装备制造企业的改装自卸车行业；重点研发推进新能源电动汽车高磁感取向硅钢、高牌号无取向硅钢、冷轧热成形钢、电磁壳钢等，为电动汽车的电机、转子、轮毂、电池包等配套零部件提供产品技术支持。华菱涟钢注重EVI团队培育，为多家汽车主机厂提供材料轻量化解决方案，努力为汽车行业节能减排作出重大贡献。

华菱涟钢始终坚持把绿色低碳发展摆在首要位置。近3年，累计投入环保资金20亿元，先后实施了100余项节能减排、超低排放改造项目，提升厂区环境质量。如今，华菱涟钢绿地率达到35%以上，先后荣获“全国部门造林绿化300佳单位”“湖南省园林式单位”“省级绿化先进单位”“全国绿化先进集体”等荣誉称号。

面向未来，华菱涟钢将加速推进绿色发展升级版，加快建设更高水平的资源节约型、环境友好型钢厂，不断以更加美丽的姿态展现在人们的面前。

二、生产与经营

热轧汽车用高强度、热成形钢、耐磨钢等年生产供货能力50万t以上。

冷轧汽车用钢年供货量30万t以上，与北汽、比亚迪、吉利、长城等汽车主机厂长期合作。

用于VAMA汽车基板销量为110万t以上。

三、产能建设

具备100万t以上热处理工程机械、耐磨钢等生产供货能力；具备40万t/年的冷轧汽车用钢供货能力。

四、技术进展与研发能力

适应汽车轻量化需求，开发了1 500～2 000 MPa级和免抛丸热成形钢；开发电池壳钢，用于新能源汽车的电池包；开发第三代先进高强钢HR800CP，用于汽车摆臂轻量化；企业配置专门的EVI团队，可为汽车主机厂提供设计选材方案。

五、主要新产品

续上表

序号	产品名称	产品型号	产品应用
1	左/右A柱加强板上段	LK007625	欧拉纯电动车
2	左/右B柱加强板	LK007624	欧拉纯电动车
3	前围板下加强梁	LK007623	欧拉纯电动车
4	左/右后门防撞梁	LK008283	比亚迪唐电动/混动汽车
5	前地板左/右上纵梁	LK008284	比亚迪唐电动/混动汽车
6	前防撞梁	LK008285	比亚迪唐电动/混动汽车
7	后防撞梁	LK008286	比亚迪唐电动/混动汽车
8	左/右A柱加强板下段	LK008287	比亚迪唐电动/混动汽车
9	前围板左/右加强板	LK008288	比亚迪唐电动/混动汽车
10	左右前地板上纵梁	LK008816	比亚迪宋电动/混动汽车
11	右前地板上纵梁	LK008817	比亚迪宋电动/混动汽车
12	中央通道	LK008818	比亚迪宋电动/混动汽车
13	前防撞梁	LK008819	比亚迪宋电动/混动汽车
14	后防撞梁	LK008822	比亚迪宋电动/混动汽车
15	前座椅后横梁	LK008823	比亚迪宋电动/混动汽车
16	左右侧顶框内板	LK008824	比亚迪宋电动/混动汽车
17	左/右前门防撞梁	LK010160	长城C30e电动汽车

六、发展规划

坚定推进汽车主机厂的认证工作，以热成形产品带动其他汽车用钢产品的使用，扩大汽车主机厂的供货渠道；利用罩式炉生产深冲钢优势，开发0.3 mm极薄规格电池壳钢用于新能源汽车；持续推进高强车厢板在卡车行业的减薄轻量化替代。

大众汽车金融(中国)有限公司

一、单位概况

大众汽车金融(中国)有限公司与大众汽车新动力投资有限公司(以下简称大众汽车金融服务中国)均是大众汽车金融服务股份公司的全资子公司。大众汽车金融(中国)有限公司是2004年成立的中国第一家外商独资汽车金融公司。大众汽车金融服务中国与上汽大众、一汽-大众、大众汽车(安徽)有限公司、大众汽车集团(中国)销售有限公司等企业紧密协作，为包括大众汽车、奥迪、斯柯达、捷达、保时捷、斯堪尼亚、宾利、兰博基尼以及曼恩在内的大众汽车集团各品牌提供一系列创新金融服务。主要业务范围包括：新车与二手车零售信贷、经销商融资、经营性租赁、融资租赁等。

二、生产与经营

大众汽车金融服务是大众汽车集团的一个重要业务组成，由大众汽车金融服务股份公司及其联营公司、大众汽车银行有限责任公司、保时捷金融服务，以及在美国、加拿大直接或间接隶属于大众汽车股份公司的金融服务公司构成(不包括斯堪尼亚品牌金融服务和萨尔茨堡保时捷控股公司金融服务。其核心业务领域涵盖了面向经销商和客户的个人信贷与融资、租赁、银行和保险、车队管理以及移动出行解决方案等业务。大众汽车金融服务在全球拥有16 558名员工，其中在德员工7 472名。大众汽车金融服务的总资产约为2 256亿欧元，营业利润为28亿欧元，现存合同存量为2 190万单(截至2020年12月31日)。

三、技术进展与研发能力

大众汽车金融深化金融数字化创新：

(1)大众汽车金融在线(FSO)。

大众汽车金融在线(FSO)作为一款便捷的经销商销售工具，同时也是客户线上贷车的方便渠道。FSO通过电子申请，电子签约等线上方式及进一步免除纸质文件等举措，从选车、贷车、购车全流程上大大提升了客户体验，助力经销商高效工作，将贷车流程缩短至最快17 min，真正实现数字化的货车之旅。截至2020年底，总计3 000多个经销商通过FSO成功递交1 100 000多份申请，共签署了300 000多份电子合同和320 000多份电子申请。

(2)智能服务机器人"融融"。

为了向客户提供精准化的金融服务,"大众汽车金融中国服务号"推出智能服务机器人"融融",不仅便于客户了解最新优惠,更让客户快捷地查询车贷流程与政策等。

(3)经销商数字交流学习互动平台"趣乐园"。

"趣乐园"作为的另一项数字化成果,集成了能力评估培训认证和线上学习的功能,运用游戏化设计理念激励培训对象的兴趣与动力,助力经销商伙伴,从容面对机遇与挑战。

大众汽车金融产品创新:

(1)大众汽车金融新能源金融产品创新。

大众汽车金融服务全力支持大众汽车集团碳中和战略及新能源大军,提供丰富多样的新能源汽车金融解决方案矩阵。大众汽车金融(中国)有限公司携手厂家推出了 ID.4 X 与 ID.4 CROZZ 特惠金融购车专案,首付低至 15%,享 12 期/24 期 0 利率,贷期最高至 60 期,助力轻松绿色出行。针对全新上市的奥迪 e-tron 系列车型,大众汽车金融服务除了传统车贷外,推出了更为灵活、便捷的移动出行解决方案——"奥迪易选",低至车价 10% 的首付,可让消费者拥有更充裕的现金流,为灵活的投资、理财留出了更多可能性;清晰的低月付金额,最大限度降低消费者的用车成本;2~3 年合理的月付周期,更让客户可以在 2~3 年后可灵活"易选"座驾返还、置换或升级,睿智优选,尽享绿色驾乘体验。

(2)大众汽车金融助力大众汽车直销平台创新。

随着 ID.家族登陆中国市场,大众汽车集团为 ID. 家族打造的线上平台 ID. Hub 也已全面投入运营,大众汽车金融服务中国为其提供优质专业的线上金融服务,方便中国消费者,助力厂家的直销平台。

(3)大众汽车金融建立了残值保障管理体系(残值管理)助力行业可持续发展。

作为车辆使用生命周期及汽车金融行业可持续发展的重要推动者,大众汽车新动力投资有限公司投资并建立了残值保障管理体系(残值管理)。残值管理在进一步降低客户每月用车成本之外,也是速享智选融资租赁以及二手车业务发展的有利助手。残值管理已覆盖大众汽车集团品牌,并将逐步覆盖非集团品牌,最终实现其成为具有再营销能力的战略目标,促进新车与二手车业务循环发展,带动资源的循环利用,助力行业的可持续发展。

四、主要新产品

序号	产品类别	产品名称	产品说明
1	个人信贷	标准信贷	首付 20% 起,贷款期限最高为 60 期
2	个人信贷	弹性信贷	首付 20% 起,贷款期限最高为 48 期,最高尾款为贷款金额的 25%;3 种尾款处理方式:一次还清、展期、二手车置换
3	个人信贷	阶梯信贷	首付 20% 起,贷款最高期限 36 期;每个阶段等额还款,可选择按阶梯递增或阶梯递减进行还款
4	个人信贷	组合贷款	首付 20% 起,贷款期限最高为 60 期;可将除车价外的保险、精品等附加项纳入贷款范围
5	个人信贷	玲珑轻松贷	首付 30%,贷款期限最高为 36 个月,尾款不超过车价的 35%;低首付,低月供,尾款处理方式可选择:一次还清、展期最长为 24 个月及二手车置换
6	个人信贷	尊享平衡贷	首付不低于车价的 50%,固定贷款期限 12 期、13 期、18 期、24 期、36 期(36 期产品适用于上汽大众、斯柯达、大众进口汽车、保时捷品 7 牌),尾款不高于车价的 50%;超低月供,更灵活的首付和尾款选择:一次还清,展期最长为 24 个月
7	个人信贷	悠享贷	首付 20% 起,贷款期限最高为 36 期;前 3 个月无月供
8	个人信贷	新能源车辆信贷	首付 15% 起;贷款期限 12~60 个月
9	个人信贷	二手车零售信贷	贷款期限为 12~36 个月;最低首付为车辆评估价的 30%
10	经销商单车融资	经销商单车融资	大众汽车金融服务中国为授权经销商提供单车融资服务,充分满足经销商资金的多样化需求

五、发展规划

大众汽车金融服务中国正在进行全面转型,不断扩展现有商业模式,其中就包括以数据驱动的直接销售方式、订阅式服务模式,进一步发展移动出行服务,如汽车订用、停泊服务、加油服务及充电服务等。未来,大众汽车金融服务中国也将协同大众汽车集团及各品牌,共同探索和深化电动化、数字化的创新出行服务,持续探索未来移动出行的新模式,通过不断增加与汽车和客户的联结,更好地参与汽车全价值链的发展。

燃料电池

广东国鸿氢能科技有限公司

一、单位概况

广东国鸿氢能科技有限公司坐落在广东省云浮市,成立于 2015 年 6 月,是一家以氢燃料电池为核心产品的高科技企业,致力于为社会提供优质的氢燃料电池产品和完善的系统解决方案。2017 年,公司建成年产 2 万台氢燃料电池电堆生产基地。公司始终坚持自主创新,追求突破与超越,成功实现研发创新的自主化、核心材料与生产装备的国产化、生产智造的高品质规模化。凭借雄厚的技术实力、优质可靠的产品、完善的服务体系,最近三年,电堆产品国内市场累计占有率约70%。公司始终秉承"坚韧、创新、开放、共赢"的宗旨,通过持续的技术创新和高品质规模化生产,推进燃料电池技术在道路交通、轨道交通、船舶、分布式发电等领域的商业化应用,并竭诚与上下游企业合作共赢,共同创造清洁可持续发展的美好未来。

二、生产与经营

燃料电池电堆生产线于2017年6月30日完成试产,主要产品为燃料电池电堆、燃料电池系统、燃料电池备用电源以及空气过滤器。

三、产品出口

2019年5月27日,佛山飞驰汽车制造有限公司向沙捞越州交付的首批3辆氢燃料电池公交车正式投入使用,搭载的燃料电池由广东国鸿氢能科技有限公司提供,这是中国氢燃料电池汽车初次出口国外。

四、产能建设

燃料电池电堆生产线设计产能为每年2万台电堆。

五、技术进展与研发能力

已拥有四大产品线,包括燃料电池电堆、燃料电池系统、燃料电池备用电源及空气过滤器。公司生产的批量化柔性石墨双极板厚度从原本的2.2 mm减薄到1.66 mm,加上双极板的优化设计,使得燃料电池电堆从原本的2.52 kW/L提升至3.8 kW/L。系统方面,拥有完全知识产权的鸿途G系列燃料电池系统。公司拥有强大的科研团队力量,以张久俊、叶思宇、李亚栋3位院士为指导,刘志祥、燕希强、赵钢等6位全职博士为核心,以及研发团队100余人,申请的各项专利共160余件。

六、主要新产品

序号	产品名称	产品型号	产品应用
1	鸿途B60燃料电池模块	鸿途B60	飞驰燃料城市客车
2	鸿途G70燃料电池模块	鸿途G70	飞驰燃料电池冷藏车
3	鸿途G110燃料电池模块	鸿途G110	飞驰燃料电池自卸汽车、飞驰燃料电池厢式运输车、飞驰燃料电池城市客车、飞驰燃料电池半挂牵引车
4	鸿源M2备用电源模块	鸿源M2	中国铁塔基站配套备用电源
5	鸿程T090燃料电池空气过滤器	鸿程T090	飞驰燃料电池厢式运输车、飞驰燃料城市客车
6	鸿程T150燃料电池空气过滤器	鸿程T150	飞驰燃料电池半挂牵引车

七、合资合作及重大项目建设

2021年3月18日,广东国鸿氢能科技有限公司携手鸿基创能科技(广州)有限公司、势加透博(北京)科技有限公司、理工清科(北京)科技有限公司、苏州瑞驱电动科技有限公司、群翌能源股份有限公司5家氢燃料电池头部企业与重庆市九龙坡区政府签订合作协议,合作建设全球领先的氢能科技产业园,打造中国西部(重庆)氢谷。6家企业将在九龙坡区共同出资,建设氢燃料电池八大关键核心零部件以及燃料电池系统集成科技产业园,项目达产产值200亿元/年以上,税收贡献8.1亿元/年以上。项目建成后将形成生态链闭环,大力增强重庆市氢能产业发展核心配套能力。同时,国鸿氢能、九龙坡区及产业相关方将共同出资数十亿元组建全国性的总部运营公司,开展燃料电池车辆示范推广等,并以重庆为基石在全国复制推广运营经验。

上海重塑能源科技有限公司

一、单位概况

上海重塑能源科技有限公司成立于2014年,总部位于上海,专注于燃料电池技术的研发,燃料电池系统相关产品的研发、生产、销售及燃料电池工程应用开发服务。作为国内领先的燃料电池技术提供商,公司具有一套成熟的研发组织结构,包括集燃料电池系统、核心零部件、工程应用开发服务三位一体的研发流程,以及一支专业化的研发团队,在燃料电池系统设计、控制、仿真、集成和安全等环节建立起了核心技术优势。截至2020年12月底,公司已开发完成32~56 kWCAVEN系列和63~110 kW PRISMA镜星系列两代燃料电池系统,产品在额定功率、质量功率密度、电堆额定功率密度、冷启动温度等关键技术指标层面具备突出优势,并在核心零部件环节取得突破,逐步实现国产化、产业化。作为全球氢能产业的一员,重塑科技积极与中国、日韩、欧洲等国的产业链上下游伙伴开展深度合作,推动燃料电池技术的规模化发展,探索多元商业化应用。截至2020年底,重塑科技燃料电池系统产品已用于多款车型,包括:客车、运输车、冷藏车、保温车、洒水车、半挂牵引汽车、垃圾车等,另外还在船舶、工程机械等领域开展应用探索。

二、生产与经营

截至2020年12月,重塑科技已开发完成CAVEN系列、PRISMA镜星系列两代燃料电池系统,在额定功率、质量功率密度、电堆额定功率密度、冷启动温度等关键技术指标层面具备突出优势,主要应用于燃料电池汽车领域。CAVEN系列燃料电池系统额定功率为32~56 kW,已批量生产并已广泛投入商业化应用。

三、产品出口

搭载重塑科技燃料电池系统的改装版梅赛德斯-奔驰Citaro客车预计于2021年中期在德国勃兰登堡州的下奥得

河河谷国家公园投入使用，为游客提供接送服务。

四、产能建设

2020 年 8 月，重塑科技位于江苏省常熟市的燃料电池制造基地竣工，同年 9 月正式投产，用于制造中、高功率燃料电池系统及关键零部件，截至 2020 年 12 月底，该工厂年产能为 5 000 套燃料电池系统。

五、技术进展与研发能力

技术研发方面，公司持续提升关键核心技术和自身创新能力的建设。拥有一支专业化的研发团队，并具备一套成熟的研发组织结构，建立起燃料电池系统、核心零部件、工程应用开发服务三位一体的研发流程，掌握了燃料电池系统设计、仿真、控制、集成以及安全性等核心技术。

未来重卡的大规模应用趋势对燃料电池产品的性能提出了更高的要求，包括持续大功率输出，更高耐久性以支持长距离运行，以及更好应对宽温度范围使用需求。基于此，2020 年 2 月，重塑科技针对未来中重型领域的应用需求自主开发而成新一代 63 ~ 110 kW PRISMA 镜星系列燃料电池系统，产品在额定功率、质量功率密度、电堆额定功率密度、冷启动温度等关键技术指标层面具备突出优势，并在核心零部件环节取得突破，逐步实现国产化、产业化，为商用车提供零碳动力的同时满足其长续航、高负载率、持续高速等设计要求。2019 年重塑科技的燃料电池技术创新获得国家和行业的高度认可。2020 年 10 月，由重塑科技牵头，联合上海交通大学、同济大学、宇通客车、一汽集团、东风汽车 5 家单位共同完成的“长寿命商用车燃料电池系统关键技术及产业化”项目，获得 2020 年“中国汽车工业科学技术奖”一等奖。2020 年 11 月，公司以突出的技术创新综合实力荣膺由国家工业和信息化部认定的第二批国家级专精特新“小巨人”企业称号。

六、主要新产品

产品名称	产品应用
63 ~ 110 kW PRISMA 镜星系列燃料电池系统	截至 2020 年 12 月底，该系列产品已被应用于从 18 ~ 49 t 的多款重卡车型上，包括搅拌车、自卸车、牵引车等，服务多元应用场景，如用于封闭场景内的低速短倒，市内运输、垃圾清运、洒水、渣土运输等

七、合资合作及重大项目建设

（一）推动燃料电池技术的终端应用

2020 年 2 月 27 日，重塑科技与上海轻程、中石化氢能源签署战略合作协议，共同构建以上海为中心，逐步辐射至长三角区域的氢能源应用场景。2020 年 7 月 16 日，重塑科技、宁东基地、宁夏京能、氢力氢为、塑云科技、宁夏海卓劲新能源科技六方共同签署《宁东基地氢燃料电池卡车示范试点运营合作协议》，将逐步完成宁东基地内工业固废（灰渣）运输车到煤炭、化工原料和产品重载运输车辆的氢动力替换。2020 年 7 月 29 日，重塑科技与宝武清能、宝钢特钢共同签署《氢产业合作及吴淞氢产业园意向协议》，共同打造长江经济带重载物流规模化运营的绿色氢运走廊，推动中国钢铁行业中、重载运输卡车及工程机械车辆的“柴改氢”示范化运营项目。2020 年 11 月 16 日，重塑科技与华菱星马、上海轻程签约 60 台燃料电池重卡合作协议，未来将陆续应用于长三角区域，推动当地绿色转型升级。

（二）产能建设

2020 年 9 月，重塑科技位于江苏省常熟市的制造基地正式投产，用于制造中、高功率燃料电池系统及关键零部件，截至 2020 年 12 月底，该基地年产能为 5 000 套燃料电池系统。

八、发展规划

未来，重塑科技将抓住氢能及燃料电池产业发展的黄金机遇期，持续推进燃料电池系统及核心零部件等技术创新，加速科技成果转化，并持续与产业伙伴一起积极构建氢能应用的生态圈，建立能源端、产品端、场景端上企业的合作闭环，验证和复制商业场景，为未来更大规模化的市场打好基础，用氢能和燃料电池的解决方案为中国乃至全球绿色交通与能源转型作出贡献，助力推进全球碳中和目标的实现。

北京亿华通科技股份有限公司

一、单位概况

北京亿华通科技股份有限公司是一家专注于氢燃料电池发动机系统研发及产业化的高新技术企业，具备自主核心知识产权，并实现了氢燃料电池发动机系统的批量生产。公司先后承担多项国家高技术研究发展计划（“863”计划）项目、科技部国家重点研发计划项目以及北京市科委、上海市科委项目等燃料电池领域重大专项课题。主要产品为氢燃料电池发动机系统及相关的技术开发、技术服务，应用于客车、物流车等商用车型，公司与国内主流的商用车企业宇通客车、北汽福田、中通客车及吉利商用车等建立了深入的合作关系，搭载公司发动机系统的燃料电池客车已先后在北京、张家口、郑州、成都、淄博等地上线运营。

二、生产与经营

按照预先拟定的生产计划开展生产活动，并根据市场预判进行适量的备货，主要生产程序包括生产准备、首件生产、正式生产、生产过程监控及成品检验入库等，整个过程严控质量关，确保最终产品的质量。公司属电气机械和器材制造业，主要产品和服务为燃料电池发动机系统及相关的技术开发服务。2020 年共计销售燃料电池发动机 494 台，实现营业收入逾 57 000 万元，同比增长 3.37%。

三、产能建设

于2018年在张家口建成投产我国首条具有自主知识产权的半自动化燃料电池发动机生产线，一期工程具备年产2 000台的产能，公司经过多年的探索和经验积累，形成了一整套燃料电池关键工序的工艺技术和操作规范，建立了严苛的质量控制和测试体系，保障产品的一致性和可靠性。

四、技术进展与研发能力

近几年随着公司研发技术能力的提升，攻克了高功率密度、高稳定性电堆开发、智能水管理、系统抗氧化设计等技术难点，在接下来的新品开发中将采用高性能单电堆与氢气再循环系统联合匹配的设计，进一步提高系统额定功率密度，并通过电压钳位技术和水含量闭环控制技术改善怠速点的稳定性，降低燃料电池的怠速电流，提升燃料电池系统效率，持续优化公司产品优良性能。

公司经过多年的探索和发展，形成了深厚的技术积累，突破了高功率密度燃料电池系统集成、车载氢系统集成、燃料电池发动机系统低温快速启动、空气流量与压力解耦控制、水含量闭环控制等多项技术难点，产品关键性能接近国际先进水平并在商业化实践中进行了广泛应用。公司具有一系列自主核心知识产权，其中包括146项燃料电池相关发明专利与91项发动机控制相关软件著作权。

五、合资合作及重大项目建设

合资：公司与空气化工产品（中国）投资有限公司合资成立了空气华通（北京）氢能源科技有限公司、与丰田汽车公司、北汽集团等成立联合燃料电池系统研发（北京）有限公司、与北汽福田、天海工业、科泰克等企业成立北清智创（北京）新能源汽车科技有限公司。

项目建设：张家口发动机生产基地二期工程、成都龙泉驿氢能基础设施项目、氢燃料电池发动机成都项目、大兴国际氢能示范区发动机生产线项目。

六、发展规划

作为中国氢能与燃料电池产业先行者，亿华通将按照国家氢能及燃料电池发展方向，充分利用氢能及燃料电池产业的政策与环境优势，紧抓北京冬奥会及燃料电池汽车示范城市群建设等历史发展机遇，创新发展思路、突破关键技术，推进亿华通燃料电池动力系统产业化基地项目建设，推动燃料电池汽车商业化运营，优化产业布局，为我国氢能及燃料电池产业发展探路领航。

新源动力股份有限公司

一、单位概况

新源动力股份有限公司是由中国科学院大连化学物理研究所等单位于2001年发起成立的致力于燃料电池产业化的股份制企业，经过20多年的发展已经成为中国燃料电池产业化的领军企业。新源动力战略定位是成为具有国际竞争力的燃料电池电堆及系统供应商。新源动力是国家燃料电池技术标准制定的副主任委员单位，同时也是高新技术企业。2006年，国家发改委授牌新源动力建设国内唯一的“燃料电池及氢源技术国家工程研究中心”；同年获得国家人事部批准设立“博士后科研工作站”；2016年，新源动力通过企业知识产权管理体系认证，成为行业内唯一的“国家级知识产权示范企业”；2019年，“燃料电池汽车关键技术研发及其产业化项目”获中国汽车工业科学技术进步特等奖；同年，“高功率密度燃料电池薄型金属双极板及批量化精密制造技术”获上海市技术发明奖特等奖；新源动力的燃料电池电堆技术先后在2019年、2020年两届全球新能源汽车大会上斩获前沿技术奖和创新技术奖，是国家科技部燃料电池技术攻关的“主力军”，关键技术已达到国际一流水平，是我国燃料电池发展水平的前沿核心技术，代表了我国燃料电池的最先进技术。2021年，新源动力的“高可靠性燃料电池模块及核心零部件开发”项目被认定为首批“大连市氢能综合利用示范工程”项目。

新源动力愿景：燃料电池驱动世界。企业使命：以创新报国为己任，致力于燃料电池产业化。企业价值观：有益社会、创造价值、客户满意、团队成长。

二、生产与经营

主营产品包括：燃料电池膜电极组件、电堆、系统以及测试台架，所有产品均具有自主知识产权。截至2021年6月，搭载有新源动力产品的燃料电池汽车装车超过1 000辆，累计运行里程超过1 500万km。全国11个城市有搭载新源动力产品的燃料电池汽车车队在运营。

三、产能建设

建设面积3 000 m^2，建设周期1年，规划产能3 000台（套）/单班次。

四、技术进展与研发能力

新源动力始终坚持自主开发，技术创新，通过20年的发展，已经建立健全了产品正向开发、批量制造、测试评价、销售及售后服务体系。新源动力参与起草的燃料电池相关国家标准超过30件。

新源动力于2018年通过IATF 16949质量体系认证，产品开发、生产制造严格按照质量体系要求高标准执行，保证产品的性能竞争力；同时新源动力有着清晰的降本路径，持续进行产品的降本工作，保证产品的价格竞争力。针对产品服务，新源动力制定了快速服务响应方案，进一步提升客户满意度。作为国家发改委唯一授牌的燃料电池及氢源技术国家工程研究中心，在国家发改委和大连发改委的支持下，已完成二期创新能力的技术研发、产品开发及测试服务等平台能力建设，成为国内研发和试验测试能力最强的国家级创新平台。一是燃料电池电堆、电堆关键材料及关键零部件工程技术、工艺验证平台,主要开展燃料电池电堆和电堆模块集成技术研究,开展燃料电池电堆关键部件 MEA、双极板等工艺技术研究。二是燃料电池系统集成、电堆模块集成、关键系统部件工程技术验证平台,主要开展燃料电池系统集成技术、电堆模块集成技术、关键系统部件等方面工程技术研究,涵盖了燃料电池模块及系统的高低温环境适应性验证、系统整体综合工况应用验证等多方面工程技术验证设备以及为各项工程技术验证提供配套支撑的各类负载设备及冷却系统。三是燃料电池系统、燃料电池电堆、燃料电池系统部件性能检测及工程技术验证平台,开展对燃料电池系统、燃料电池电堆及关键系统部件的检测,为其开发和研制提供依据和参考。四是氢源技术工程化实验平台,开展对重整、电解水等制氢技术领域小型化、快速启动、高效能的制氢设备工程技术的研究,向行业和相关企业提供完整的氢源技术设备产业化技术方案和不同应用领域的氢源技术解决方案。作为东北首座、国内第四座的同新加氢站位于新源动力中心厂区内东北侧,已完成建设,并投入使用。该加氢站也是中国第一座 35 MPa/70 MPa 双压加氢站。

2021 年 5 月,新源动力发布大功率燃料电池电堆模块 HYMOD-150 和系统 HYSYS-120 两款产品。电堆模块 HYMOD-150 峰值功率可达 150 kW,体积比功率 4.4 kW/L,可实现 -40 ℃ 无辅助低温启动。系统 HYSYS-120 额定功率 115 kW,峰值功率 117 kW,实现部件全国产化,寿命超过 10 000 h。该两款产品的性能指标处于国内领先,国际一流水平。

五、主要新产品

序号	产品名称	产品型号	产品应用
1	燃料电池膜电极	HYMEA	电堆
2	燃料电池模块	HYMOD-70	60 kW 级别系统开发
3	燃料电池模块	HYMOD-110	100 kW 级别系统开发
4	燃料电池模块	HYMOD-150	120 kW 级别系统开发
5	燃料电池系统	HYSYS-70	60 kW 系统,应用于乘用车、商用车
6	燃料电池系统	HYSYS-100	100 kW 系统,应用于商用车
7	燃料电池系统	HYSYS-120	120 kW 系统,应用于商用车
8	燃料电池测试台架	HYFTB-M/S	电堆及系统测试台架

六、合资合作及重大项目建设

投资 1.5 亿元,建设世界领先的自动化膜电极及电堆生产线,2021 年建设完成。

七、发展规划

新源动力的战略目标是成为具有国际竞争力的燃料电池电堆及系统供应商,同时通过力争 3 年科创板上市,借助资本市场发展成为创新驱动与市场化拓展双轮驱动高速发展的高科技成长企业。未来 5 年公司将进一步加大研发投入、产业布局和产能扩充,建立集团化组织与品牌体系,争创行业品质世界一流。到 2025 年,公司团队达到 500 人,燃料电池电堆及系统的年生产能力达到 1 万台(套)以上,实现销售额超过 20 亿元,市场份额超过 15%。

德燃(浙江)动力科技有限公司

一、单位概况

德燃(浙江)动力科技有限公司(以下简称德燃动力)成立于 2017 年 7 月,总部位于浙江清华长三角研究院,在上海设有技术中心,在重庆、安徽设有全资子公司,拥有先进的氢燃料电池发动机及核心部件生产基地、试验与试制中心,与同济大学成立联合实验室,与浙江清华长三角研究院联合成立氢燃料电池汽车技术研究中心,和德国下萨克森州汽车研究中心、氢燃料电池汽车技术研究中心成立中德氢燃料电池汽车联合研发中心。公司核心骨干是国内最早从事燃料电池发动机开发与示范运营的团队成员,早在 2003 年起就开展燃料电池技术及产品的研发及国际重大活动的示范推广,积累丰富的产业化经验。

德燃动力以核心技术与部件为业务支撑,产品覆盖系统产品(燃料电池发动机系统和动力总成系统)、核心部件(空压机和供氢回氢组件等)、工程服务、燃料电池观光车四大板块,实现行业全面发展。已完成国内多家一流车企的多款车型开发与配套,并发布系列自主研发的燃料电池发动机与核心部件产品,技术指标国内领先并填补国内多项空白,实现进口替代,始终坚持以技术创新助推行业发展,为中国燃料电池国产化起到显著的引领及促进作用。

公司已获得高新技术企业证书,通过 ISO 9001 与 IATF 16949 质量体系认证,具有多项燃料电池相关发明专利。获得第八届中国创新创业大赛浙江区新能源行业总决赛优胜奖、省内总决赛三等奖及市内总决赛一等奖、2019 年中科协双创活动"颠覆性创新潜力榜全国 40 强"、上榜 2020 年度中国隐形独角兽、汽车行业隐形独角兽企业等荣誉。

二、经营情况

德燃动力是一家从事氢燃料电池发动机与核心部件研发与生产的企业,产品营运车型覆盖乘用车、物流车、客车、重卡、专用车及特种车辆等。在乘用车领域的合作客户包括一汽、长安、大众、上汽、北汽、广汽等;在商用车领域的合作客户有中车、上依红、安凯客车、中通、奇瑞万达、江淮、重汽等。德燃动力产品配套多款燃料电池车型已上榜工信部《道路机动车辆生产企业及产品公告》。

合作车企	合作车型	公告批次	产品型号	系统功率(kW)
安徽安凯汽车股份有限公司	12 m 燃料电池城市客车	第 325 批	HFF6121G03FCEV	50
重庆恒通客车有限公司	10.5 m 燃料电池城市客车	第 334 批	CKZ6102HFCEV	50
奇瑞万达贵州客车股份有限公司	12 m 燃料电池城市客车	第 338 批	WD6120FCEVG01	55

续上表

合作车企	合作车型	公告批次	产品型号	系统功率(kW)
中通客车控股股份有限公司	9 t 燃料电池保温车	第 333 批	LCK5095XBWFCEV8	50
重庆凯瑞特种车有限公司	18 t 燃料电池清洗车	第 342 批	QYZ5180GQXFCEV	80

三、产能建设

德燃动力设有氢燃料电池发动机及核心部件研发与生产基地，已具备年产千套级燃料电池发动机的生产组装能力和配套的检测检验能力，整个厂区设有“5 区 1 场”，即燃料电池系统产线与测试区、零部件产线与测试区、仓储区、动力系统与车辆调试区、办公区、室外车辆调试场。规划在建年产 3 000 套车用燃料电池动力系统及核心零部件生产基地。

四、技术进展及研发能力建设

德燃动力具备完善的产品正向研发能力，遵照 ISO 26262 功能安全国际标准体系，具有先进的“V”开发流程。在产品研发与生产环节，遵照 ISO 9001 与 IATF 16949 质量体系，具备完整的系统及关键部件研发及测试能力。

氢燃料电池发动机产品：德燃动力自主研发的燃料电池系统已实现 5 ~ 120 kW 功率范围的覆盖，可满足乘用车、客车、物流车、重卡、市政环卫等整车应用场景，在船舶、叉车、无人机、热电联产和备用电源等领域探索应用。发动机产品基于自主开发的核心部件，采用中高压进气与引射回氢技术路线，具有配套多种应用场景的车型产品方案供用户选取，高度的集成化设计，具高可靠性与安全性。

关键部件产品：氢燃料电池发动机专用空压机完全自主研发，采用高速电机直驱、离心式增压、无油润滑等技术，有效降低传动系统噪声，避免润滑油泄漏导致电堆损坏，更符合中高压电堆对高压比的运行要求。

供氢回氢组件产品：采用“电控喷氢 + 引射回氢”的国际主流技术路线，满足各工况范围内氢循环要求，实现大工况范围内高当量比的氢气循环效果，并有效提高氢气利用率。

氢燃料电池观光车产品：燃料电池观光车采用前后双横臂独立悬架，整车操稳性及舒适性高，动力系统装配 10 kW 燃料电池发动机。整车续航里程可达 200 km，加氢时间 5 min，最高车速可达 45 km/h，爬坡度大于 20%，具有续航里程长、加注时间短、零污染等特点，适用于 VIP 接待、观光与景区接待、巡逻等应用场景，德燃动力可提供完善的应用支持，氢能展示、旅游等项目策划。

五、主要新产品

序号	产品名称	产品型号	产品应用
1	氢燃料电池发动机	FCE-10(5 ~ 20kW)	应用于观光车、叉车、无人机、热电联供、备用电源
2	氢燃料电池发动机	FCE-30(20 ~ 50kW)	应用于乘用车、物流车、专用车、热电联供
3	氢燃料电池发动机	FCE-60(50 ~ 80kW)	应用于物流车、公交车、乘用车
4	氢燃料电池发动机	FCE-100(80 ~ 120kW)	应用于客车、重卡、物流车、乘用车
5	氢燃料电池发动机专用空压机	FAC-40	适用 10 ~ 30 kW 燃料电池发动机
6	氢燃料电池发动机专用空压机	FAC-50	适用 30 ~ 80 kW 燃料电池发动机
7	氢燃料电池发动机专用空压机	FAC-100	适用 80 ~ 120 kW 燃料电池发动机
8	供氢回氢组件	HSE-22	适用 10 kW 燃料电池发动机
9	供氢回氢组件	HSE-72	适用 30 ~ 60 kW 燃料电池发动机
10	供氢回氢组件	HSE-152	适用 60 ~ 100 kW 燃料电池发动机
11	供氢回氢组件	HSE-202	适用 100 ~ 120 kW 燃料电池发动机
12	高压水泵	FCP-100	适用 60 ~ 100 kW 燃料电池发动机

六、合资合作及重大项目建设

德燃动力与同济大学、浙江清华长三角研究院、德国下萨克森州汽车研究中心等国际一流科研机构、高校建立长期合作伙伴关系，与中国一汽、长安汽车、中国中车、上依红等一线车企建立长期业务伙伴关系，共同推动燃料电池技术的发展与产品示范推广。

七、发展目标与规划

德燃动力始终致力于技术的创新与突破，追求行业的共同进步，为新能源社会的发展贡献企业的力量。在“双碳”及行业政策推动的背景下，公司整合先进的技术和资源，完善产品体系，踏实进取，做精做强。不断提升燃料电池发动机及核心部件的自主研发能力，为客户提供可行、可信、可再生的产品，成为行业一流氢能动力系统企业。

广东喜玛拉雅氢能科技有限公司

一、单位概况

广东喜玛拉雅氢能科技有限公司在国家高度重视新能源的开发和应用上，2015 年 1 月喜玛拉雅与清华大学联合成立了氢燃料电池产业化基地。喜玛拉雅已完成燃料电池用催化剂、膜电极、双极板等关键材料的研发和生产能力的建设，同时氢燃料电池发动机系列产品已经进入商业化应用。在氢燃料电池领域拥有自主知识产权近百余项，拥有“研发—生产—销售”的全产业链布局构建，并对环保、节能产品集于一体的燃料电池进行研发。同时喜玛拉雅还积极研发氢能其他领域的扩展应用，推动技术及产业升级、氢能应用范围。

二、生产与经营

自主研发和生产全系列氢燃料电池系统集成及核心零部件，产品包括催化剂、膜电极、石墨双极板、电堆、燃料电池系统、备用电源等。实施商业化运营和产业化升级，不断拓展氢燃料电池系统在乘用车、物流车、摩托车、农用机械、军工、通信、无人机、备用电源、分布式能源等多领域的应用和系统解决方案。

三、产能建设

催化剂产能达到1 200 g/d的规模。可满足40台36 kW燃料电池电堆使用，并具备大规模工业化生产条件，并持续进行产能优化，为推进产业结构发展作出贡献。

喜玛拉雅半自动化产线具备日产10台36 kW电堆用膜电极批量生产能力，解决膜电极关键材料的国产化，提高了国产膜电极的市场份额，对国产电堆降本起到了重要作用。

燃料电池电堆方面，喜玛拉雅在咸宁的工厂系统（含电堆）年产能大概在1 000台（套），平均每天3～4台（套）。喜玛拉雅在广东已经扩产了两个生产基地，年产量可以扩产到5 000台。

四、技术进展与研发能力

为顺应国家新能源汽车、战略性新兴产业发展方向和经济转型创新发展的需要，2015年1月，喜玛拉雅与清华大学签订技术成果转让合同，并成为“清华喜玛拉雅”氢燃料电池产业化基地。

喜玛拉雅的技术积累和研发实力雄厚，在燃料电池领域拥有自主知识产权百余项，其中发明专利占比50%以上。相关产品通过ISO质量管理体系、环境管理体系、CE、RoHS、CCC、CQC等认证。目前广东喜玛拉雅氢能科技有限公司已完成燃料电池用催化剂、膜电极、双极板等关键材料的研发和生产能力的建设，已经成功开发了三代燃料电池电堆模块，功率覆盖100 W～130 kW，实现氢燃料电池及其关键材料部件的国产化，降低对进口的依赖，大幅度降低制造成本。“喜玛拉雅”Pt催化剂、膜电极、双极板、电堆及车用动系统、备用电源等产品，已经被国内外多家企业配套，氢燃料电池发动机系列产品已进入商业化应用。

五、主要新产品

序号	产品名称	产品型号	产品应用
1	催化剂	—	电堆/燃料电池
2	膜电极	—	电堆/燃料电池
3	石墨双极板	—	电堆/燃料电池
4	水冷电堆（65 kW）	H02-65K	轻卡/中卡/公交车
5	水冷电堆（80 kW）	H07-80K	物流车/公交车/甲醇重整系统
6	水冷电堆（138 kW）	H08-130K	中卡/重卡/公交车
7	空冷电堆（2 kW/3 kW/4 kW/5 kW）	H03-0XK	备用电源、电站
8	65 kW燃料电池系统	HMHD065-02	轻卡/中卡/公交车
9	80 kW燃料电池系统	HMHD080-08	轻卡/中卡/公交车
10	110 kW燃料电池系统	HMHD110-08	中卡/重卡/公交车
11	130KW燃料电池系统	HMHD110-XX	重卡/拖头/船列/列车
12	备用电源	—	电信基站/机房/户外动力

六、合资合作及重大项目建设

喜玛拉雅氢能、中通客车正式签约张家口市。2020年10月，与中通客车控股股份有限公司、张家口市政府签订《氢能产业链建设项目框架合作协议》，三方将利用自身优势资源，在氢能产业建设领域展开合作。

喜玛拉雅氢能落地张家口。为推动氢能产业的发展提供更多优质的产品与服务，喜玛拉雅氢能全产业链项目于2020年10月正式落地张家口，开启布局北方市场的重要一环，并且在关键材料方面为张家口市弥补了缺少燃料电池核心零部件企业的不足。按照规划喜玛拉雅在张家口将建成年产能3 000台以上系统集成终端产品，产品包括催化剂、膜电极、双极板、电堆组装、系统集成、检测测试。

张家口（冬奥会）氢能应用产业链项目。

2022年冬奥会将张家口举办，在此背景下，政府将通过冬奥会来展示中国的新能源汽车（特别是氢燃料汽车）的发展成果。喜玛拉雅成功的把握住了这个政策和市场机遇，取得了在冬奥会供应喜玛拉雅燃料电池物流车600台以上的份额，并且支持建起“车—站联动”业务机制，成为氢能汽车应用的示范运营模式。

搭载“喜玛拉雅”系统，50台中通客车第四代氢物流车投运广州。2020年喜玛拉雅与中通客车合作装车，喜玛拉雅自主研发的45 kW一体化电堆首批配套氢燃料电池汽车落户于广州黄埔区进行交付，在粤港澳大湾区投入运营。这是喜玛拉雅配套的首批氢燃料电池汽车，所配置的核心材料及零部件均为喜玛拉雅自主开发生产，其国产化率超过95%以上，突破了依赖进口的历史。

七、发展规划

我国燃料电池行业正处于行业的成长期，行业上下游需求保持增长，广东喜玛拉雅氢能科技有限公司正致力于通过氢燃料汽车等多种应用场景规划及相关产业布局，构建“全产业链协同发展”的模式，以此推进氢能产业的快速发展。未来将在原材料、电堆及核心零部件、系统集成与控制等领域突破一批关键技术，实施一批重大产品创新，加速国产化氢能项目，实现成为有国际影响力的氢燃料电池系统及关键零部件的优秀民族企业。

北京氢璞创能科技有限公司

一、单位概况

北京氢璞创能科技有限公司（以下简称氢璞创能）成立于2010年，公司一直致力于燃料电池的研发和产业化，是国内为数不多的拥有核心技术自主知识产权的燃料电池厂家，已经拥有相关技术专利及保密技术百余项。同时，氢璞创能也是国家燃料电池标委会成员，截至2020年，公司已经参与20多项燃料电池相关国家标准的制定。公司已通过ISO 9001、IATF 16949认证企业。

公司总部及研发中心在北京，中试基地在江苏扬州，在国外建有前瞻研发实验室。氢璞创能拥有完整的电堆设计、材料研究及工艺验证团队，其中超过20年的燃料电池技术专家有6人，主要骨干力量行业经验也都在8年以上。

11年来，氢璞创能在燃料电池领域硕果累累，率先在国内建立起全自主知识产权的燃料电池电堆自动化生产线；自主研发五代碳基板电堆、三代金属板电堆；获国内首个批量叉车燃料电池订单2 000套，开国内港机先河，搭载氢璞创能的氢燃料电池汽车道路数据累计超过200万km。

二、生产与经营

2020年，氢璞创能共售出近400套电堆，销售覆盖华北、珠三角、长三角等国内重点区域，广泛装载于氢燃料叉车、物流车、环卫车、公交车、重卡等氢能车辆，从单堆到双堆开发的系统包括10～110 kW。

三、产能建设

现阶段，氢璞创能已经具备足够的量产能力及交付能力，公司产能达到2 000套/年，除了扬州的生产基地，河南新乡和山东德州两个新的产业基地完成后，预计可以达到总共10 000套/年的产能。

四、技术进展与研发能力

氢璞创能技术来源自主研发，拥有核心技术自主知识产权。公司核心团队来自德国、加拿大等燃料电池行业知名公司，研发团队75人，核心成员18人，从原材料到电堆生产，具备完整的产品设计、研发、测试、验证能力。氢璞第四代电堆复合板电堆额定功率70 kW，功率密度（堆芯）3.5 kW/L（@80 kW）；第五代电堆复合板电堆额定功率140 kW，功率密度（堆芯）4.0 kW/L（@154 kW）；第二代金属板电堆额定功率100 kW（堆芯），功率密度5.3 kW/L（@110 kW）。

五、主要新产品

序号	产品名称	产品型号	产品应用
1	F系列复合板电堆	ST70F	开沃氢燃料电池重卡、三一氢燃料电池渣土车、东风氢燃料电池洒水车
2	V系列复合板电堆	ST140V	车载动力
3	X系列金属板电堆	ST100X	海马氢燃料电池MPV

六、合资合作及重大项目建设

2020年，氢璞创能河南新乡、山东德州两大产业基地相继进行建设，2021年投产，投产后年产量可达8 000套。

七、发展规划

2021年，全年电堆出货量50～100 MW。

未来3年，公司计划年收入达到6亿元，利润达8 000万元。

公司计划2021—2022年完成科创板上市。

上海捷氢科技有限公司

一、单位概况

上海捷氢科技有限公司（以下简称捷氢科技）成立于2018年6月27日，以加快燃料电池产业化为己任，致力于推动氢能与燃料电池行业的发展，开创氢能时代新篇章。捷氢科技汇聚了国内燃料电池的中坚力量，核心团队来自“燃料电池＋汽车”多元化背景，具有资深燃料电池电堆、系统、整车开发及应用经验，人员构成具有高研发占比、高学历占比的特点。捷氢科技为行业提供燃料电池产品及工程服务，已完成多款燃料电池电堆和系统的产品开发，功率涵盖30～140 kW，并广泛应用于乘用车、轻型客车、城市客车和轻中重型卡车等诸多领域。

2021年5月，捷氢科技上海新园区投入运营，园区拥有研发办公、测试验证、生产制造、氢气供应四大功能，产线覆盖膜电极、燃料电池电堆、系统、储氢系统全系列产品。

二、生产与经营

捷氢科技以“应用一代、研发一代、规划一代”为原则，保障燃料电池技术的创新迭代和产品升级，通过技术储备和不断迭代，提升性能及降低成本，保证产品在市场上具有较强的竞争力。掌握从电堆核心零部件设计（双极板、膜电极）、电堆集成、燃料电池系统集成到动力系统集成、整车集成的完全正向开发能力，并具备完整的自主知识产权。具体产品系列如下：

1. 燃料电池电堆 PROME M3H、PROME M3X，采用超薄金属双极板、超薄质子交换膜、高活性合金催化剂，功率可达 130 kW、140 kW。

2. 燃料电池系统 PROME P390、PROME P3X 系统功率分别为 92 kW、117 kW。

3. 燃料电池储氢系统 PROME H35、PROME H70，提供 35 MPa 和 70 MPa 储氢系统及整车氢安全的解决方案。截至 2020 年底，捷氢科技已累计配套近 20 款车型，覆盖乘用车、公交车、物流车、团体客车、重卡等多类型、多领域、多用途车型。包含上汽大通、跃进、上汽红岩、南京依维柯、申沃客车、中车电动、吉利汽车、福田戴姆勒、东风襄旅、东风华神、国创中心、德燃动力等诸多整车和系统集成商等，为氢能产业的发展提供丰富的应用场景。

三、产能建设

捷氢科技上海新园区位于嘉定氢能港，园区拥有研发办公、测试验证、生产制造、氢气供应四大功能，产线覆盖膜电极、燃料电池电堆、系统、储氢系统全系列产品。为了推动捷氢科技的中性化发展并进一步扩大产品的市场占有率，公司于 2020 年 5 月落地常熟高新区并投资建设燃料电池系统生产线，借助苏州及常熟大力推进燃料电池产业的势头，推动公司快速发展，进一步夯实燃料电池产业化基础。

四、技术进展与研发能力

捷氢科技 PROME 系列产品兼具“车规级、高性能、高可靠”的显著优势，以燃料电池系统 PROME P3X 为例，系统额定功率达 117 kW，电堆体积功率密度为 3.7 kW/L，可在 30 s 内实现 -30 ℃低温启动，无外增湿的一体化集成架构，在台架上完成 10 000 h 耐久性的实测，结合自研的智能化燃料电池系统控制算法，实现 30kW/s 快速响应和控制误差小于 1%；此外，具有自主知识产权的 PROME M3X 燃料电池电堆产品在电堆功率、体积比功率、耐久性、低温冷启动等核心技术指标上全面逼近国际一流水平。

公司成立以来，不断规范及完善 HPDP 流程，建立燃料电池专用开发体系，完善动力系统、系统及电堆的正向设计能力和测试验证技术规范标准。具备完整的开发体系、工程化开发能力、多维度仿真分析、全方位的试验能力以及完备的售后服务体系等能力建设。通过技术不断迭代，提升性能及降低成本，保证产品在市场上具有较强的竞争力。

五、主要新产品

序号	产品名称	产品型号	产品应用
1	燃料电池系统	PROME P3X	产品是为中重卡设计的大功率质子交换膜燃料电池系统，系统及电堆一级零部件实现 100% 国产化。具有高集成度、易于商用车布置和维护、快速响应等优势，已搭载多款燃料电池中重型卡车、城际客车等车型
2	燃料电池系统	PROME P390	上汽 MAXUS EUNIQ 7 燃料电池多用途车、金龙燃料电池客车、申沃燃料电池客车、跃进燃料电池物流车、跃进燃料电池专用车、东风襄旅燃料电池物流车、东风华神燃料电池自卸车、红岩燃料电池重卡、福田戴姆勒燃料电池牵引车等
3	燃料电池电堆	PROME M3H	上汽 MAXUS EUNIQ 7 燃料电池多用途车、金龙燃料电池客车、申沃燃料电池客车、跃进燃料电池物流车、跃进燃料电池专用车、东风襄旅燃料电池物流车、东风华神燃料电池自卸车、红岩燃料电池重卡、福田戴姆勒燃料电池牵引车等

六、合资合作及重大项目建设

合资合作：与宝武集团、上海机场集团、华谊集团、国电投、未势能源、雄韬氢雄等建立战略合作，共建氢能生态。

重大项目建设：捷氢科技上海新园区落成。

七、发展规划

捷氢科技坚持“应用一代、研发一代、规划一代”的产品开发思路，P3 系列燃料电池产品稳步走向应用落地，能满足整车前舱一体化的设计要求，可直接替换车辆的内燃机，最大输出功率可达 117 kW，并实现快速的动态响应要求，实现整车最高车速可达 170 km/h 以上。同时匹配一定的储氢罐，可实现快速加注，长续航的需求，用户体验与传统汽车无异；中重型货车作为燃料电池未来重点发展方向，其要求高功率和效率，一些重型货车需要几百千瓦的功率，小功率型的燃料电池则需要采用多个系统共同运行，空间受到一定的限制，可靠性也存在一定的风险。为满足重型车辆应用以及为行业提供丰富且具有竞争力的产品组合，捷氢科技 P4 系列燃料电池产品开发工作已启动，产品性能进一步提升，推出时间及技术水平将与国际水平齐平。在产品应用方面，后续以中、重卡为主，兼顾大中型客车、乘用车的应用。除此之外，捷氢科技开发的燃料电池产品也可应用于船舶、分布式发电及氢燃料电池应急电源等领域。

武汉海亿新能源科技有限公司

一、单位概况

武汉海亿新能源科技有限公司是一家专注于氢燃料电池发动机系统及其核心零部件、燃料电池电堆和系统相关检测和测试设备、燃料电池汽车动力系统技术平台及其产业化的高新技术企业。致力于氢燃料电池发动机系统及其核心零部件、燃料电池电堆和系统相关检测和测试设备、氢燃料电池汽车的多能源多负载动力系统技术平台等产品的研发、生产、销售及工程技术服务和技术咨询。海亿新能由湖北省“海外高层次人才引进计划”专家及行业资深大学教授技术专家等联合创办，是高新技术企业、入选武汉市“千企万人”支持计划、“3551 光谷人才计划”、湖北省“双创战略团队”企业。

作为国内氢燃料电池汽车关键技术研发最早的一批探路人，海亿新能的核心技术团队自2001年以来先后承担了国家“863”计划中多个关于燃料电池汽车的重大专项课题，作为核心成员深入参与武汉理工大学和东风公司共同开展的“楚天一号”燃料电池轿车、“楚天二号”燃料电池客车的研发。积累了深厚的实践经验，具有了成熟的技术储备，并取得了多项创新成果。团队拥有多项自主知识产权专利技术，出版数部相关专著，形成了国内领先、国际先进的燃料电池系统及汽车动力系统的技术力量。

海亿新能围绕燃料电池系统及汽车动力系统技术平台坚持技术创新，打造核心技术链。联合产业链上下游各个关键节点，为我国新能源汽车发展作出卓越贡献，推动我国向全面资源节约型、环境友好型社会健康前进。

二、经营情况

公司已有全套的氢燃料电池发动机核心技术并自主开发完成了覆盖30～110 kW功率等级的多款氢燃料电池发动机系统，可实现环境仓内-40 ℃低温储存和－30 ℃低温启动性能要求，并具有功率密度高、抗震性能好、动态反应快、可远程智能监控和诊断等特点。根据氢燃料电池系统输入输出要求及系统设备特征，该系列燃料电池发动机系统采用平台化设计方案，实现了系统结构创新设计，完成了系统高度集成和最佳优化匹配。各项性能指标达到国内领先水平，并已通过国家检测中心的强制检测。适用于中重型物流车、大中型客车、工程车、全功率乘用车等各类车型。在老河口市设立智能制造中心，一期已完成年产1 000～3 000台(套)燃料电池系统的半自动化生产线的建设，全部达产后预计年销售达3亿～9亿元。

2020年主办全球首台氢燃料抑尘车发布会暨襄阳市首座加氢站运营和首条氢燃料公交示范线开通仪式；与东风襄阳旅行车公司合作研发的氢燃料电池公交车顺利下线，襄阳地区首条氢燃料公交运营线路在老河口正式开通；与东风华神、中联重科合作研发的全球首台氢燃料多功能抑尘车正式发布、下线运营。

三、产能建设

氢能技术研究院是武汉理工大学与老河口市政府联合签订协议共建，围绕氢能源汽车及核心零部件研发、试验检测、认证推广的产业链体系，开展系统的科学研究、新产品开发和成果转化工作，建设成为湖北省乃至全国氢能行业内集产品开发、科技创新、信息交流、成果转化和人才培训为一体的综合性产业科研和推广平台。

研究院整合武汉理工大学多学科资源与研究成果，依托武汉理工大学的人才和技术优势，充分发挥并利用老河口市在新能源汽车及零部件方面的工程实践、市场网络、品牌经营和资金等优势，为增强湖北襄阳老河口市氢能产品的市场竞争力作出贡献。

公司于2020年扩建老河口智能制造中心，将年产能1 000台(套)的半自动生产线升级为年产量3 000台(套)，在原生产基础上增加80～110 kW新一代大功率氢燃料电池发动机生产线，满足多种车型应用，如公交车、城际客车、环卫车、工程车、中远途、中重卡车等。

四、技术进展及研发能力建设

海亿新能现有员工50余人，研发人员占比70%以上，其中硕士研究生及以上学历员工占比60%以上，拥有已授权的发明专利7项、实用新型专利23项，软件著作权8项，另有30余项专利已在实审中。核心团队具有十多年的氢燃料电池领域研究背景及丰富的整车开发经验。公司首席技术官全教授首次提出“5G＋3D“(5高＋3低)特性新一代燃料电池系统要求：

高环境适应性：面对低温环境、高海拔环境、特定天气环境燃料电池系统具备高适应特征。

高功率密度：通过提高电堆功率体积比和系统功率质量比整体提升系统功率密度。

高耐久性：通过电堆耐久性设计、零部件耐久性、系统耐久性正向开发满足商用车5年/20万km，乘用车8年/12万km要求。

高可靠性：通过提高电堆、核心零部件的可靠性，降低系统设计复杂度，通过提高系统冗余设计能力提高系统可靠性。

高安全性：提供安全性设计要求，包括系统氢安全设计和电安全设计；

低功耗：通过降低系统空压机、循环泵、水泵、散热器耗能部件降低系统功耗提高系统整体设计效率。

低噪声：通过控制空压机、循环泵等主要噪声源降低噪声。

低成本：通过正向开发设计，主要零部件自主化开发，提高国产化零部件使用率，推进批量化规模化生产，实现降低系统成本目标。

公司燃料电池系统和整车动力系统技术水平国内领先，国际先进，首创独具特色的“多能源多负载”的“氢电混合”动力系统平台技术方案，在燃料电池汽车动力技术平台及控制、面向耐久性的燃料电池系统及控制、高效率能量变换技术方面有突出竞争优势。建立了具有自主知识产权的燃料电池商用车及乘用车的动力系统技术平台，形成了燃料电池系统、辅助动力电池、DC/DC变换器、驱动电机、供氢系统等关键零部件的集成研发、优化匹配的技术体系。

公司已掌握全套的氢燃料电池发动机核心技术并自主开发完成了覆盖30～110 kW功率等级的多款氢燃料电池发动机系统，可实现环境仓内－40 ℃低温储存和－30 ℃低温启动性能要求，并具有功率密度高、抗震性能好、动态反应快、可远程智能监控和诊断等特点。根据氢燃料电池系统输入输出要求以及系统设备特征，该系列燃料电池发动机系统采用平台化设计方案，实现了系统结构创新设计，完成了系统高度集成和最佳优化匹配。并且各项性能指标达到国内领先水平，并已通过国家检测中心的强制检测。适用于中重型物流车、大中型客车、工程车、全功率乘用车等各类车型。

五、主要新产品

序号	产品名称	产品型号	产品应用
1	高性能氢燃料电池发动机系统	海星 HYX80	公交车
2	高性能氢燃料电池发动机系统	海星 HYX110	工程车、环卫车
3	燃料电池主控制器	HYF20-FCU	燃料电池发动机系统
4	燃料电池整车控制器	HYV20-VCU	燃料电池汽车
5	燃料电池单片巡检仪	HYC20-CVM	燃料电池发动机系统检测
6	车载中控显示终端	HYR20-RTU	燃料电池汽车

七、合资合作及重大项目建设

2020 年海亿公司 8.5 m 氢燃料电池公交车示范线产品订单批量交付。

2020 年海亿与东风特商、东风智新科技等联合开发的全球首台氢燃料电池抑尘车成功下线，此车装载的是海亿公司自主研发的 HY60 型氢燃料电池发动机系统，以及完全自主知识产权的整车控制器(VCU)和“多能源-多负载”能量管理策略控制软件包。

2020 年底海亿公司发布了“海星牌”HYX80、HYX110 两款氢燃料电池系统新产品，适用于多种类不同车型。

八、发展目标与规划

产品和技术方面：公司计划持续完善研发体系，推出燃料电池系统和核心零部件的升级产品，并提供定制化电堆等核心零部件解决方案，提出燃料电池系统平台化标准化设计方案，系统最高功率达 150 kW 以上，主要指标业内领先。

生产方面：持续扩大生产能力，提升工艺水平和生产效率，实现自动流水线生产。

市场方面：扩大商业应用范围，对重点车型进行配套推广应用，如公交车、环卫车、渣土车、牵引车、冷链车等。

其他应用方面：在分布式发电、热电联供、固定电源等氢能应用新领域进行探索和布局，助力“碳中和”目标。

上海治臻新能源装备有限公司

一、单位概况

上海治臻新能源装备有限公司(以下简称治臻新能源)于 2016 年 3 月成立，是国内第一家专注于金属极板研发与制造的高新技术企业。核心研发团队于 2005 年开始燃料电池金属极板的开发，在极板构型设计、超薄板精密成形和高速激光焊接、高性能复合纳米涂层和一体化密封等方面拥有完全自主知识产权的关键核心技术。

治臻新能源在 2017 年建成国内首条具有独立自主知识产权的燃料电池金属极板生产线，首次在国内实现金属极板由板型设计到全工艺链加工的交付能力。2019 年成立全资子公司苏州治臻新能源装备有限公司，落户常熟市高新区，设计年产能为 1 000 万片，一期厂房于 2021 年 3 月底正式投产。

二、生产与经营

建立完整的金属极板研发与制造体系，研发出超薄、精度高、寿命长的金属极板，助力上汽捷氢、长城未势、新源动力、中汽创智等燃料电池项目的开发和金属极板的供应，铸就了拥有国产“心脏”的高性能燃料电池电堆产品。为满足市场需求，公司将上海基地定位为研发及生产基地，主要功能为研发和实验新产品，常熟基地因占地面积大，将建成更自动化，更智能化的燃料电池金属极板生产基地，目标建设成为国内最大的金属极板生产基地之一。

2019 年，通过 IATF 16949 和 ISO 9001 体系认证，是全国首家通过该体系认证的金属极板设计和制造企业；2021 年，通过 ISO 14001 和 ISO 45001 体系认证，更标准化的管理将打造更优质的产品。主要服务内容包括标准产品销售和为客户定制开发，合作客户有上汽捷氢、长城未势、新源动力、中国中车等国内主流主机厂和燃料电池企业，累计供货近 20 款产品。

三、产品出口

专攻国内市场，暂无产品出口

四、产能建设

临港自贸区新片区生产基地于 2017 年建成，拥有国内首条具有独立自主知识产权的燃料电池金属极板生产线，生产用地 3 000 m^2，研发用地 1 000 m^2，设计年产能 50 万片。

苏州常熟生产基地——一期于 2020 年中旬开工建设，2021 年 3 月正式投产，产能规模达 350 万片/年，整个项目全部达产后将具备 1 000 万片/年的产能。

五、技术进展与研发能力

坚持自主研发，2018 获得中国汽车工业技术发明奖一等奖，2020 年获上海市技术发明奖特等奖并通过上海市“专精特新”企业认定，申请专利百余项。治臻新能源金属极板采用精密成形、激光焊接、高性能纳米涂层、密封等技术，集产品全工艺链于一体，大幅度提高一致性、稳定性，为满足大规模量产低成本化奠定了基础。

金属极板设计能力：发明了具有自主知识产权的流场结构燃料电池金属极板，实现氢氧冷却水 3 个流场独立分割，便于冲压成形加工，提升燃料电池反应效率，联合电堆企业开发 80～200 kW 级电堆，功率密度达 2.8 kW/L(含端板)。

精密制造技术能力：金属极板制备工艺主要包括成形—焊接—涂层—密封，公司在复杂流道微细薄板成形方面，通过金属薄板微细成形新工艺，利用弹性与板料表面层间摩擦增强的尺度效应，建立流道成形质量和反应效率的成形工艺设计，大大提升精密制造能力及产品良率；在高精度成形、焊接热变形控制等方面达到了国际一流水平。

耐久性技术能力：发明了基于非平衡磁控溅射离子镀技术，提升了极板的导电率和耐腐蚀性，设计并制备了铬梯度涂层。2019 年,治臻新能源、上汽集团、新源动力联合开发的金属电堆按乘用车连续工况通过 5 010 h 的测试(测试后电阻低于 10 mΩcm^2),基本达到国际一流水准。

批量化生产能力:治臻新能源开发了具有自主知识产权的连续生产线及试验室;从极板设计,模具制备,到产品批量生产集于一体,拥有丰富设计及制造经验,为产品低成本大规模制造打下坚实基础,助力中国燃料电池行业发展。

六、主要新产品

序号	产品名称	产品型号	产品应用
1	金属极板	S06	90 kW 燃料电池系统
2	金属极板	S05C	60～70 kW 燃料电池系统

七、合资合作及重大项目建设

承担多项国家重点研发项目、上海市科委项目、广东省科技计划项目、苏州科技人才项目、上海市临港新片区科技小巨人工程项目等。

八、发展规划

建立健全绿色低碳循环发展的经济体系,统筹制定 2030 年前碳排放达峰行动方案,氢能的利用是实现碳中和目标关键的一环。治臻新能源集金属极板构型设计、工艺研发、量产制造及装备开发能力于一身,助力国内氢能和燃料电池事业发展。自上海开始逐步向长三角、珠三角,以及汽车产业集群地开拓科研合作及产业布局,进一步结合批量化制造相关核心技术开发,将提升金属极板寿命、降低金属极板的成本,依托产业应用场景逐步推广应用范围,随着"碳达峰""碳中和"的落地,大规模制氢、用氢技术等各方面的突破,将更有利于燃料电池的应用落地,共同推动上海、长三角乃至全国的产业发展与升级。

佛吉亚排气控制技术开发(上海)有限公司

一、单位概况

(一)佛吉亚集团

创立于 1997 年的佛吉亚集团已发展成为全球领先的汽车零部件科技公司。在全球 35 个国家建立了 266 家工厂和 39 处研发中心,拥有 114 000 名员工。佛吉亚集团在其四大产品业务领域:座椅系统、内饰系统、汽车电子和绿动智行系统均处于全球领先地位,围绕创赢绿动未来和智享未来座舱这两大技术战略方向提供解决方案。2020 年,集团销售额达到 147 亿欧元。佛吉亚集团的股票在泛欧巴黎证券交易所上市,是法国 CAC Next 20 指数的重要组成部分。

佛吉亚集团持续部署以"创赢绿动未来"和"智享未来座舱"为重点的技术战略,为整车客户和终端用户提供更具价值的创新技术解决方案,并致力于成为氢能源出行领域的全球领军者。身处日新月异的世界,企业更需灵活应对、着眼未来。新冠肺炎疫情、气候变暖、城市化进程等全球性议题带来新的环境和社会挑战,佛吉亚肩负使命感和责任感,秉承坚定的企业信念和价值观,积极推动以碳中和与性别多元化为重点的可持续发展倡议,为环境保护和社会发展贡献企业力量,共创"智行合一"的未来出行。

(二)佛吉亚排气控制技术开发(上海)有限公司—佛吉亚绿动智行

创新解决方案,推动移动出行和工业趋向零排放。应对日益严格的排放标准,佛吉亚绿动智行致力于实现零排放,其创新技术涵盖:适用于内燃机和混动汽车的轻量化和燃油经济技术解决方案、商用车及大马力后处理解决方案、专注于燃料电池的零排放解决方案。凭借其独特市场定位,将成为氢能源出行领域领军者。佛吉亚绿动智行零排放出行解决方案致力于研发新一代更高效、更轻型的高压储氢瓶和全套储氢系统;依托与米其林组建的合资公司森碧欧(Symbio)研发燃料电池电堆。佛吉亚已获得 PSA、现代汽车、雷诺集团等国际整车厂重要订单。佛吉亚绿动智行凭借先进的创新技术与丰富的制造经验积极携手中国本土品牌,深化合作,开发适应中国市场需求的新技术,实现共赢。

二、生产与经营

应对日益严格的排放标准,佛吉亚绿动智行致力于实现零排放,其创新技术涵盖:专注于燃料电池的零排放氢能源解决方案、乘用车的超低排放解决方案、商用车及工业的超低排放解决方案。

三、产能建设

佛吉亚绿动智行在中国共有 18 家工厂,紧随客户脚步,工厂遍布全国。

四、技术进展与研发能力

佛吉亚在欧洲已获得重要项目定点佛吉亚凭借储氢瓶和储氢系统立足中国,并准备就Ⅲ型瓶和Ⅳ型瓶应用服务于客户的本地开发。佛吉亚开发出储氢瓶和储氢系统,具备快速、高质和可靠的全系统研发能力,为客户提供定制化选项的交钥匙系统,并且以严格的供应商管理体系保障和实现复杂系统集成的优化性和安全性。

丰富的Ⅲ型瓶和Ⅳ型瓶产品阵容可根据客户需求定制。

五、主要新产品

序号	产品名称	产品型号	产品应用
1	排放系统冷端	—	大众、通用、长城、比亚迪
2	排放系统热端	—	大众、通用、沃尔沃、长城、红旗、比亚迪
3	储氢瓶	350 bar Ⅳ型	轻型、中型等多种车型
4	储氢瓶	700 bar Ⅳ型	轻型、中型等多种车型

六、合资合作及重大项目建设

2020 年 2 月 16 日,佛吉亚与宁波楷世环保科技有限公司达成协议,将共同成立一家主营商用车后处理系统业务的合资公司。

七、发展规划

未来,通过与斯林达安科新技术有限公司合资,佛吉亚可向中国市场同时支持Ⅲ型瓶和Ⅳ型瓶产品。

智能网联

北京百度智行科技有限公司

一、单位概况

2017 年 4 月 19 日，百度对外宣布 Apollo 计划，推出真正开放、完整、安全的自动驾驶平台 Apollo。百度 Apollo 已经在自动驾驶、智能汽车、智能交通三大领域拥有业内领先的解决方案。百度 Apollo 已经成长为全球知名的自动驾驶开放平台。

二、经营情况

（1）自动驾驶。Apollo 测试车队规模已达 500 辆级别，获得专利数 2 900 件，自动驾驶累积测试里程数已经超过 1200 万 km；获得测试牌照总计超过 244 张，其中载人测试牌照超过 179 张，拥有国内首个前装量产的 Robotaxi。全球知名调研机构 guidehouse 连续两年将 Apollo 列为全球自动驾驶领域四大“领导者”之一。百度 Apollo 在北京、长沙、沧州和美国加州四地进行开放道路无人化测试，百度也已经率先在沧州、重庆获得载人收费运营测试许可。

（2）汽车智能化。百度 Apollo 与全球 70 多个汽车品牌建立起合作关系，600 多款车型搭载 Apollo 汽车智能化产品，超过 100 万台的小度车载 OS 前装量产搭载。

（3）智能交通。“ACE 智能交通引擎”在近 20 个城市开展落地实践，获世界互联网领先科技成果奖；凭借这个引擎，Apollo 在广州中标了 2020 年国内智能交通领域的最大招标项目订单，金额接近 4.6 亿元，全年订单金额达 10 亿元。

三、产能建设

（1）自动驾驶。2020 年 6 月 24 日，成都市高新区与百度达成战略合作，联合推动四川省第一个智能驾驶标杆项目建设。2020 年 8 月 21 日，百度在沧州开放 Apollo Go 自动驾驶出租车服务。2020 年 9 月，湘江智能与百度公司联手打造国内首个 7×24 h 自动驾驶无人化封闭测试场。2020 年 9 月 10 日，百度 Apollo 宣布在北京正式开放自动驾驶出租车服务 Apollo Go。2020 年 9 月 17 日，百度 Apollo 承建西部自动驾驶开放测试基地正式投入使用。2020 年 10 月 14 日，北京市公安局交通管理局亦庄开发区交通大队与百度 Apollo 联合成立的“自动驾驶警务创新实验室”协作平台正式揭牌。2020 年 12 月 11 日，Apollo Go 正式进驻首汽约车平台。

（2）汽车智能化。2020 年 7 月 30 日，百度携手伟创力，在伟创力苏州吴中工厂举行了 ACU 量产下线发布仪式。发布会现场，百度正式宣布，全球首个量产自动驾驶计算平台 ACU 正式下线。2020 年 11 月 19 日，百度 CarLife + 与 vivo 的强强联合，打造车机互联的新标杆。2020 年 12 月 8 日，百度与广汽集团签署战略合作框架协议，共同为智慧出行提供全面、系统的解决方案。2020 年 12 月 22 日，百度 Apollo 与 Texas Instruments 德州仪器达成合作，加速智能汽车产品落地。

（3）智能交通。2020 年 5 月 22 日，大连金普新区与百度 Apollo、中国电科就数字经济试验区新基建项目签署战略合作协议，三方将在未来 5 年内在金普新区共同打造数字经济新基建试验区。2020 年 7 月 6 日，百度 Apollo 中标银川市智能网联汽车道路测试示范应用项目（一期），项目金额为 5 350 万元。2020 年 7 月 14 日，百度智行重庆公司在重庆举行揭牌仪式，致力于推动交通智能化和汽车网联化的发展。2020 年 9 月 3 日，百度 Apollo 中标承建的 5G 车路协同示范线“合肥市智能网联汽车塘西河公园 5G 示范运行线”项目建成交付，正式启动运行。2020 年 9 月 2 日，由百度 Apollo 支持建设的国内首条支持高级别自动驾驶车路协同的高速公路 G5517 长常北线高速长益段正式通车。2020 年 11 月 9 日，四川省交通投资集团有限责任公司与百度 Apollo 达成战略合作，联合发布基于车路协同的高速公路全天候通行联合解决方案。2020 年 12 月 9 日，广州市人民政府与百度签署战略合作协议，双方将紧密围绕智能经济应用，协力将广州打造成粤港澳大湾区人工智能产业集聚区。

四、技术进展及研发能力建设

（1）自动驾驶。2020 年 4 月 19 日，百度 Robotaxi 上线百度地图及百度 App 智能小程序 Dutaxi。2020 年 8 月 24 日，百度 Apollo 获批北京市首个自动驾驶第二阶段载人测试通知书。2020 年 9 月 15 日，湖南阿波罗智行获得了由长沙市工业和信息化局、公安局、交通运输局、城市管理和综合执法局、湘江新区管理委员会产业促进局五部门联合颁发的全国首批智能网联汽车主驾无人测试许可。2020 年 12 月 8 日，Apollo 携手广州开启了中国首个数字交通运营商模式及自动驾驶示范运营模式，广州黄埔正式启动了全球最大的自动驾驶 MaaS 平台。

（2）汽车智能化。2020 年 9 月 15 日，百度与威马发布了双方共同开发的 AVP 自主泊车技术。2020 年 10 月 12 日，百度 Apollo 与现代举行在线签约仪式，智能车联合作全面升级，基于小度车载 OS 核心能力，打造更丰富的车联生态系统，致力于为车主提供更智能、更便捷的出行体验。

（3）智能交通。2020 年 4 月 9 日，百度 Apollo 正式对外发布“ACE 智能交通引擎”，集成了百度在人工智能、大数据、自动驾驶、车路协同等领域的多年积累，其中 ACE 分别代表了自动驾驶、车路协同、高效出行，是国内外第一个车路行融合的全栈式智能交通解决方案。2020 年 9 月 15 日，百度 Apollo 平台研发总经理王京傲宣布了 Apollo 6.0 的发布。全新升级的 6.0 版本，包括智能新模型，安全无人化，系统新升级，联动新服务，V2X 车路协同五大功能，车辆认证平台、硬件开发平台、开源软件平台和云端服务平台四大平台的诸多升级。

五、合资合作及重大项目建设

2020 年 3 月，百度 Apollo 中标重庆永川区西部自动驾驶开放测试基地建设项目，项目金额为 5 280 万元。2020 年 7 月，百度 Apollo 中标银川市智能网联汽车道路测试示范应用项目（一期），项目金额为 5 350 万元。2020 年 8 月，百度 Apollo 拿下了长沙高新区智慧交通项目建设（一期）标的，项目金额超 4 000 万元。2020 年 8 月，百度 Apollo 中标广州市黄埔区广州开发区面向自动驾驶与车路协同的智慧交通“新基建”项目，项目金额接近 4.6 亿元。2020 年 11 月，百度以 8 669.777 万中标保定市公安局交通警察支队保定市智能交通（保定 AI 交管大脑）二期项目，采购人为保定市公安局交通警察支队。

六、发展目标与规划

（1）自动驾驶。百度计划在未来 3 年将 Apollo Go 自动驾驶出租车服务，从北京、长沙、沧州全面开放至 30 个城市，部署至少 3 000 辆自动驾驶出租车，为 300 万用户提供服务；在北京、长沙、广州、沧州 4 个城市开放 Robotaxi 运营，未来将开放至 30 个城市。

（2）汽车智能化。Apollo 智舱与超过 70 家车企 600 款车型展开合作，已实现超过 100 万台的前装量产搭载。到 2023 年，预计搭载 Apollo 智能车联 AI 能力的车将超 1 亿台，未来 3 ~ 5 年 Apollo 智驾产品预计前装量产搭载 100 万台。

中汽院智能网联科技有限公司

一、单位概况

中汽院智能网联科技有限公司（以下简称中汽院智能网联），以“让驾驶信任智能”为企业使命，以“创新、迎势、凝心、聚力、赢未来”为企业精神，秉承“以员工为根本，以客户为中心，以技术为支撑，以需求为导向”的价值观，致力于成为国际领先的智能汽车和智慧交通测试评价与集成应用供应商。中汽院智能网联作为中国汽车工程研究院股份有限公司以下简称“中国汽研”（股票代码：601965，）全资子公司，整合中国汽研智能网联领域技术开发与检测优势资源，最早于 1995 年开始探索智能网联前端技术和相关市场业务。作为国际领先智能网联技术探索与建设团队，经过 26 年深耕汽车智能化领域，获得 32 项 CNAS 资质，建有国家智能汽车与智慧交通应用示范公共服务平台、汽车噪声震动和安全技术国家重点实验室、重庆市智能网联汽车工程技术研究中心、智能网联汽车数据资源重庆市工程研究中心等多个国家或省部级平台，获得重庆市自动驾驶道路测试管理单位资质。在工信部和重庆市政府的支持下，先后建设 i-VISTA 国家智能汽车集成系统试验区、重庆（两江新区）车联网先导区；与成都市政府展开深度合作，打造了中德智能网联车联网临时封闭测试区、大运直连通道智能网联汽车示范线等一系列重点项目，具备优良的示范应用平台基础。

中汽院智能网联现拥有专业测试研发团队（硕士以上高端人才占比近半数）、多个控股合资公司。公司以智能网联汽车政府及行业智库服务、共性及关键技术研发、智能网联汽车测试评价与检测认证等服务为核心，业务涵盖智能汽车整车测试评价服务、功能安全与预期功能安全技术服务、场景库与仿真系统综合解决方案、智能汽车测试装备解决方案、车联网整体解决方案，服务我国智能网联汽车产业转型升级。

在公共服务及品牌建设方面，中汽院智能网联通过“一赛”“一会”“一指数”“一中心”四大品牌专项，构建智能网联领域顶级交流与展示平台，作为联接技术链与产业链的核心枢纽，促进高校、科研机构、技术公司，以及 OEM、供应商、跨界企业间建立紧密合作关系，推进制造业、通讯业、交通业、信息业等行业跨界融合创新，加速推进智能网联汽车领域核心关键技术突破，建设新型产业生态。

二、主营业务

1. 两大技术服务

（1）智能汽车整车测试评价服务：聚焦智能汽车实车测试服务，已构建对标测试、标定测试、验收测试、道路测试、法规测试的测试服务能力。提供从场地、设备、人员租赁，到标准法规验证、整车测试评价的完善测试服务。可开展直线道、弯道、坡道、动态广场等测试场地租赁服务，驾驶机器人、UFD 3D 假车、EVT 假车、自行车、大小行人目标物、itester 数采等设备的租赁服务，驾驶员租赁服务；可开展 AEB、FCW、LDW、LKA、ELK、BSD、DOW、RCW、RCTA、DMS、AHB、AVM、APS、FAPA、RPA、ACC、TJA、HWA、ALC、NOP 等系统的对标、标定、验收、道理测试服务；可开展 i-VISTA 智能指数、CIASI 安全指数的摸底测试、正式测评，以及 Euro NCAP 的摸底测试。作为重庆市自动驾驶管理单位，可开展重庆市自动驾驶准入测试和公开道路测试服务。

（2）功能安全与预期功能安全技术服务：专注于功能安全和预期功能安全技术研究，深耕领域多年，已成功整合功能安全和预期功能安全对应的技术培训，技术咨询，能力建设，认证辅导，支持工具等多方位服务。致力于为客户提供在智能汽车整车开发和验证、汽车电子电控开发（自动驾驶/ADAS 等）、汽车电子软硬件开发集成与测试、软件工具应用等领域的功能安全与预期功能安全一站式解决方案，结合智能网联汽车准入趋势和政策，协助企业加速自动驾驶落地。

2. 三大解决方案

（1）场景库与仿真系统综合解决方案：聚焦智能网联汽车的研发与测试，针对零部件级、系统级、整车级的 MIL、SIL、HIL、VIL 仿真测试，通过整合场景数据处理云平台 i-STAR、中国特色场景库、软硬件在环仿真系统、自动驾驶数据分析与评价软件 i-Evaluator，为用户提供从原始场景数据汇集—批量场景快速构建—虚拟仿真测试—结果多维分析评价的一站式仿真测试解决方案，支持不同等级智能网联汽车在复杂交通场景下的功能验证安全评估认证，助推智能网联汽车的技术进步与快速商业化落地。场景库构建工具链包含提供简单、快捷、准确的场景库构建软硬件工具；全量场景库包含提供高覆盖度的中国全量场景库；仿真系统集成方面覆盖了整车开发测试全流程的仿真系统集成服务。

（2）智能汽车测试装备解决方案：聚焦智能网联汽车的测试装备开发、实车道路测试、实车场地测试、实车场景库数据采集，提供从车载端到场地端全套设备产品。产品包括数据采集分析系统、驾驶机器人系统、目标物与驱动系统等，已为数十家主机厂、高校等客户提供优质满意的服务。场地测试设备包含驾驶机器人、目标物及驱动系统、GNSS 组合惯导等国际领先的场地测试装备；道路测试设备包含满足道路测试、场景库采集、传感器 KPI 评测的开放道路数据采集评价装备；前照灯评测设备包含 c-IASI2020 版整车前照灯评价专用测试设备；智能座舱测试方面包含了提供智能座舱功能、性能、兼容性、稳定性等台架或实车测试设备解决方案。

（3）车联网整体解决方案：聚焦从车路协同产品开发、测试认证到商业化应用的全研发周期，提供车路协同核心设备、封闭/开放道路场地集成建设、数据平台搭建、自动驾驶样车平台开发、自动驾驶测试认证和自动驾驶商业化运营推广等技术服务。以自主研发的 OBU、RSU、MEC、车联网大数据软件平台等核心产品为基础，集成建设车联网测试应用先导示范区域，开展测试验证、产品开发、数据应用、模式创新和市场推广等工作。针对不同细分领域用户进行适应性应用开发，打造智慧公交、智慧环卫、智慧观光等智能驾驶场景应用。通过自动驾驶连续场景测试系统等开展测试工作，服务于智能驾驶车辆的功能研发和准入认证。面向政府、行业、企业搭建数据监控平台和应用服务平台，满足客户的监管需求和信息服务需求，逐步实现车路协同大规模商业化落地应用。

i-VISTA 智能网联大数据云平台基于智能网联汽车和车路协同产业的发展，面向政府、行业客户及公众，提供全面的工具、服务与数据。业务上贯穿智能网联汽车的封闭/开放道路测试、开放道路应用示范、开放道路大规模数据运营，最终服务于公众的智慧出行，并通过数据开放赋能智慧城市的建设，形成智能网联产业的闭环。云平台包括标准化的车联网数据底座，包含车联网 IoT 接入系统、ITS-CA 信息安全系统、高精度地图系统、数据开放系统，六大应用系统，包括封闭试验场综合运营管理系统、自动驾驶测试服务系统、自动驾驶开放道路监管系统、车路协同终端运维系统、车路协同信息服务系统、城市级综合运营管理系统。通过 i-VISTA 智能网联大数据云平台，实现对智慧交通的全方位数据支撑。

三、战略规划

坚持勇于突破、敢于创新、勤于思考、善于总结的精神，成为引领智能网联行业技术发展的研发及合作平台，成为引导行业及消费者了解并信任智能汽车的公正第三方平台，成为国际领先的智能汽车和车路协同测试评价与集成应用解决方案供应商的道路上继续前行。

苏州智行众维智能科技有限公司

一、单位概况

苏州智行众维智能科技有限公司（以下简称 IAE）成立于 2018 年 12 月 24 日，注册资本 510.204 万元。IAE 是智能网联仿真测试领域的专业服务商，致力于打造全栈式的 X-IN-LOOP ®技术和解决方案体系，提供从软、硬件在环、高级整车在环、车辆—环境在环，到数字孪生场景工厂和云算力海量仿真等在内的完整技术方案和服务，通过融合虚拟仿真和混合仿真技术，实现研发、测试和验证在时间维度和空间维度上的加速，助力智能驾驶更快、更安全地商业化落地。

IAE X-IN-LOOP ®技术及方案体系，真正意义上实现了从整车级别的可靠性、功能性、安全性测试验证，弥补了单一测试方案的技术不足，IAE 自研技术体系在某些核心方向领先欧洲同行业 1 ~ 2 年。2020 年，IAE 销售额为 1.3 亿元，纳税额为 188.6 万元，公司在职员工 72 人，其中技术研发人员 55 人。

IAE 积极参与并推动行业标准体系的建设，联合清华大学苏州汽车研究院等单位共同编制智能网联仿真测试相关标准，联合苏州先导数字交通、国汽智联等单位共同打造自动驾驶场景城市落地和商业运营所需的训练、测试、认证及监管平台（Robo-X 场景城市测试认证平台，即“无人车驾校”）。在数字孪生场景工厂建设领域，IAE 已完成 C-NCAP 及 E-NCAP 法规场景库、V2X 场景库、事故场景库、FA 及 SOTIF 场景库，以及多省市动态-静态自然驾驶场景库的搭建（覆盖苏州、上海、长春、重庆、广州等主要城市）。同时，IAE 积极推进国际领先的车辆在环仿真体系的落地应用，至 2020 年底，IAE 建设了国内唯有的 5 套 VaHIL 高级整车在环仿真测试平台，用户包括国家级检测认证机构、一线主机厂和相关科研院校等。

2020 年，IAE 先后入选苏州市姑苏创业领军人才计划、阳澄湖创业领军人才计划，获评 2020 年度 WICV 世界智能网联大会“优秀虚拟仿真系统供应商”点津奖，并获得“江苏省车联网十大先进技术产品奖”（公司共两项产品获奖）。

二、测试方案、技术及研发能力

IAE 已经具备行业领先的全面覆盖 L1 ~ L5 级别自动驾驶仿真测试需求的技术能力。围绕 IAE X-IN-LOOP ®仿真测试平台，拥有多项核心知识产权，其中专利及软件著作权（含已授权与在申项目）34 项，查新报告 1 项、软件检测报告 2 项。

X-IN-LOOP ®仿真测试平台基于虚拟仿真和混合仿真融合的技术路线，包括虚拟仿真测试平台、数字孪生场景工厂、硬件在环测试及整车在环仿真测试等十余项行业领先的核心技术。

1. 虚拟仿真测试方案

建立与真实场景相对应的高性能虚拟测试环境，采用高性能计算集群以及云平台加速有效里程测试，以实现高效的智能网联功能性和安全性验证。方案基于先进的云技术和 E-HPC 高性能计算平台、IAE 行业领先的虚拟仿真平台以及强大的工程研发能力和仿真场景数据库，打造完备的云算力海量仿真解决方案，以解决智能网联日益增长的技术复杂性、场景多样性以及对于海量有效里程测试的迫切需求。

IAE 云算力海量仿真平台可以实现高达日行千万公里的虚拟里程仿真，将在最大维度上覆盖各类场景，通过海量里程及海量场景进行测试和验证，极大缩短开发验证的周期。

2. 数字孪生场景工厂（库）建设方案

IAE 数字孪生场景工厂可以全面的评测智能网联系统的功能性、安全性和可靠性，加速智能网联算法、软件和系统的迭代，推动智能网联车辆的加速落地。场景工厂包含典型场景库、极端场景库和故障注入场景库等仿真场景，IAE 已完成构建服务于行业的 ADAS 法规测试场景、L3 高速场景、自动泊车场景、L4 Robo-taxi 场景、事故场景、V2X 等场景库。

3. HIL 硬件在环测试技术方案

采用实时仿真系统运行车辆动力学模型，采用高性能图形工作站运行仿真平台软件，两者同步仿真，模拟 ADAS/AD HIL 平台需要的各种传感器和场景。通过传感器数据注入模拟器 IAE SensorSim，与 ADAS/AD HIL 平台形成完整的闭环测试系统。

4.（PGVIL）场地车辆在环测试技术方案

结合虚拟仿真与试验场测试，使用仿真工具创建基于场景的测试用例，将虚拟交通场景注入到真实移动的车辆中，用以测试和评估实际车辆中智能驾驶系统的功能，如泊车场景的仿真测试。这种方式相对于传统试验场测试，极大地丰富了场景的灵活性，相比于实物目标构成的交通场景，降低了碰撞风险，能够更有针对性的对车辆控制器智驾功能和车辆执行机构进行评测。

5. VaHIL 高级整车在环测试技术方案

高级整车在环（VaHIL）是 IAE X-IN-LOOP ®技术体系的核心验证平台之一。VaHIL 主要针对 ADAS 及自动驾驶系统与整车的匹配、系统响应、安全冗余程度、极端危险工况、失效工况等，以及在试验场和道路上无法安全有效测试的场景，或者通过海量仿真测试筛选出的极限场景等，在充分保证安全的条件下，从整车的级别进行加速测试，适用于包括功能安全和 SOTIF 预期功能安全等在内的全场景测试认证。

6. VTHILS 车辆—交通—环境在环仿真测试技术方案

智能驾驶发展到现阶段，迫切需要突破“理想天气”条件的限制，具备在恶劣天气条件下安全工作的能力。车辆—交通—环境在环实验室（VTHILS）正是对这一需求的响应。VTHILS 是 IAE X-IN-LOOP ®技术体系中最为复杂的实验室之一，可以提供最接近真实交通环境的模拟测试环境。VTHILS 通过对真实环境（雨、雾、光照、地面结冰湿滑等）和交通状况（行人、车辆、交通信号灯等）的准确模拟，在真实、可控、可重复、安全的条件下快速进行“真实车辆 + 真实传感器 + V2X 通信 + 天气环境 + 交通环境 + 道路环境模拟”的测试认证，可充分保证试验的可重复性和一致性，为智能驾驶提供全天候赋能，也为相关标准、法规的研究制定提供量化的、关键的依据。

7. 从海量场景到极限场景的技术闭环

基于 X-IN-LOOP ®技术路线，IAE 通过融合虚拟仿真和混合仿真技术实现技术闭环，从云算力海量仿真到高级整车在环，从海量场景到极限场景，为智能驾驶尤其是针对 Robo-X（Robo-taxi，Robo-bus，无人物流及环卫等）城市应用场景的研发、测试、认证和监管提供了有效的解决方案。其中，在海量仿真阶段，借助场景衍生和云算力高速并行能力，实现海量虚拟里程的加速测试（日行千万公里以上），从中筛选出的关键和极限场景，进一步用于基于整车、真实控制器及数字孪生仿真场景的功能和性能测试，完成智能驾驶软硬件综合能力的评估，实现车辆上路前的最终的安全确认。

三、合资合作及重大项目建设

2020 年 1 月，联合阿里云共同推出基于云算力的自动驾驶海量仿真联合解决方案。双方基于阿里云领先的云技术和 E-HPC 高性能计算平台，IAE 行业领先的仿真软件平台以及强大的工程研发能力和场景数据库，联合打造完备的云加速海量仿真解决方案，以解决自动驾驶日益增长的技术复杂性、场景多样性及对于海量有效里程测试的迫切需求。云加速海量仿真平台在将最大维度上覆盖各类场景，通过海量里程及海量场景进行测试和验证，极大缩短开发验证的周期。

2020 年 4 月，联合发起苏州相城区智能网联汽车产业联盟并任秘书长单位，旨在打造开放、和谐、健康、国际化的智能网联汽车产业新生态体系，积极促进联盟成员企业间协同交流、合作与信息共享。

2020 年 5 月，加入中国智能网联汽车产业创新联盟；2020 年 12 月，加入国家智能网联汽车创新中心基础软件工作组等。IAE 积极参与并协力推动国内智能网联汽车基础软件的发展，通过持续自主研发和高质量的建言献策，促进国内汽车产业革新转变，提升智能网联汽车软件质量，加快打造中国自主的汽车基础软件应用产业生态链。

2020 年 11 月，联合苏州先导数字交通公司发布了国内首个服务于智能网联仿真测试的云算力海量仿真 SaaS 平台，实现了“软件即服务”（Software as a Service）和“仿真即服务”（Simulation as a Service）的先进理念。该 SaaS 仿真平台已在苏州高铁新城智能网联示范区测试中得到广泛应用，平台技术逐步应用到智能网联产业链各环节，更好地提升自动驾驶的安全性和技术互补，助力各类应用示范场景的快速落地。

作为苏州智能网联产业链头部企业之一，IAE 整合苏州与国内外优质资源，计划用 3 年时间在苏州及周边城市共同建设智能驾驶仿真测试验证加速中心，全力为区域产业生态、主机厂/主要零部件企业，以及国内外智能驾驶研发企业和科技公司服务，为智能网联技术开发和应用场景安全落地加速助力。

截至 2020 年底，IAE 已为一汽红旗、上汽捷能、一汽解放、中国汽车技术中心（CATARC）、重庆车检院、吉林大学等单位搭建了基于数字孪生的场地车辆在环和高级整车在环等先进仿真测试平台，在该领域领先欧美相关行业一年以上。

四、发展规划

在“十四五”发展规划及碳达峰目标的推动下，以智能网联为代表的智慧交通产业迎来巨大发展机遇。目前，行业已达成共识，仿真测试是智能网联产业安全落地的关键支撑，也是新的核心赛道之一。据 2019 年 6 月发布的《中国自动驾驶仿真技术研究报告》显示，未来几年内，智能网联驾驶仿真测试的全球市场规模将达到百亿美元以上，相关技术将大规模应用于汽车智能产品的研发、测试和验证过程中。

基于这样的时代发展契机，IAE 将坚持并专注于智能网联仿真测试核心技术领域的突破和创新，不断解决产业技术发展和商业落地进程中所面临的“卡脖子”问题。从商业路线角度，IAE 将以数据驱动型业务（海量场景和海量数据）和法规驱动型业务（Robo-X 场景城市测试认证平台）为核心目标，实现双能驱动、高速发展。从产业生态布局角度，IAE 联合国内外生态合作伙伴，建设并运营中奥智能驾驶创新中心、阿里云生态伙伴车联网赋能中心及人工智能联合实验室，共同打造智能网联仿真测试领域的产业协同生态，为产业赋能。

上海淞泓智能汽车科技有限公司

一、单位概况

上海淞泓智能汽车科技有限公司成立于 2017 年 6 月，股东方单位包括上海国际汽车城（集团）有限公司、中国汽车技术研究中心有限公司、上海电科智能系统股份有限公司和上海机动车检测认证技术研究中心有限公司。公司是上海市智能网联汽车领域的唯一一家制造业创新中心，受上海市智能网联汽车道路测试推进工作小组（市经信委、市公安局、市交通委联合成立）委托，作为唯一第三方机构开展上海市智能网联汽车道路测试牌照申请、测试和管理工作，同时是国家智能网联汽车（上海）试点示范区运营及管理单位及长三角地区智能网联汽车一体化工作牵头单位，获批交通运输部自动驾驶技术交通运输行业研发中心。公司主要业务涵盖智能网联汽车测试认证、前瞻技术研究、大数据分析与人工智能服务等，具备国内领先、国际知名的面向智能网联汽车全生命周期的测试与技术服务能力。公司是上海市高新技术企业，2020 年成功入选上海市科技小巨人培育企业，并正式通过汽车先进驾驶辅助系统的检测服务 ISO 9001:2015 质量管理体系认证，获得全球首个工业智能领域奖项——湛卢奖。

二、经营情况

公司依托国家智能网联汽车（上海）试点示范区的建设，汇聚了 50 余名汽车、交通、计算机、通信等跨学科高端人才，探索建立了一套从虚拟仿真到开放道路完整的智能网联汽车道路测试技术服务、软硬件支撑体系，为汽车行业领先的整车、零部件企业以及通信、人工智能、互联网企业等提供优质测试服务及产品。截至 2020 年 12 月，已协助上海及长三角累计向 22 家企业发放了 152 张测试牌照。公司建设了国内第一个智能网联汽车道路测试数据分析和监管中心，实现人、车、路、环境数据实时动态采集呈现。

公司主要服务和产品：

1. 技术服务

（1）测试认证服务。公司依托国家智能网联汽车（上海）试点示范区封闭测试区建设，深耕 ADAS 研发测试领域，构建了一套从虚拟仿真到开放道路完整的智能网联汽车道路测试体系，为主机厂、Tier1 等企业提供专业的自动驾驶测试（智能化测试、网联化测试）、ADAS 测试（功能对标测试、标准研究测试）服务。

（2）大数据服务。公司持续扩大场景数据规模，实现更大范围、更加多样场景的覆盖。深耕上海市及长三角周边典型城市自然驾驶场景，重点加强与上海市智能网联汽车道路测试数据联动，实现场景库数据指导牌照测试场景构建，测试过程对场景库构建的补充数据的双向互动。

2. 系统平台开发

（1）智能网联汽车测试监管服务平台。按照《上海市智能网联汽车道路测试管理办法》，建设了智能网联汽车测试监管平台，平台能够接入包括车载自动驾驶路测监管数据、车载视频数据、RSU 数据、红绿灯、路侧视频数据（摄像头）。结合开放测试道路的智能化改建，建立了车端、路端一体化的全息监管方案，对智能网联汽车道路测试的整体情况做到了可观可查，保证了测试的安全有序开展。

（2）V2X Server。面向智能网联汽车 C-V2X 网联通信关键技术的测试、应用与数据服务需求，综合搭建 C-V2X Server 中心平台，实现路侧 RSU、MEC 和车端 OBU 等多源数据到中心平台的集成整合，开发基于高精度电子地图的车路信息交互系统，实现基于 PC5 接口的实时 V2X 通信及 PC5 接口通信消息的数据记录，以及实现基于 Uu 接口的消息定向下发。综合为测试客户提供功能完善、系统可靠的测试与服务环境，支撑网联测试业务的正常开展。

3. 硬件设备研发

（1）SiBox 智能路侧终端。开发一种为智能网联汽车开放道路测试的智能路侧设备，为 19 英寸标准尺寸机柜，内部采用模块化设计，主要控制单元采用工业级 32 位 ARM9 处理器，具有 2 个 RJ45 网络通信口、1 个 RS232 接口、1 个 RS485 接口、1 个 USB 接口，内置 GPS 模块，数据更新频率 10Hz。可集成多种检测和通信设备，已集成的 DSRC 通信单元工作频段 5.88～5.925GHz，发射功率≥20 dbm，时延小于 10 ms，已集成的 LTE-V 通信单元工作频段 5 855～5 925 MHz 可调，工作带宽 10 MHz，发送功率最大 23 dBm。设备整体安装方便，维护简单，对不同环境的适应力强，符合新一代智能交通设备科技感和实用感兼备的需求。

（2）多接入路侧边缘计算（MEC）设备。多接入路侧边缘计算设备，能够接入路侧微波雷达检测器、视频检测器、激光雷达检测器、信号灯信息采集单元，具备数据融合和集成的能力，可以与 RSU、OBU 实现信息互通。设备具备实现盲区行人检测、非机动车检测、大货车检测的功能，能够实现路侧微波雷达检测器、视频检测器、激光雷达检测器数据的融合，基于该设备形成了路侧交通状态与交通安全评价算法体系，结合 V2X 实时消息处理，具备 RSI、RSM、SPAT、MAP 消息内容的生成与发送的功能。

（3）智能转向系统高性能检测装备。智能转向系统高性能检测装备的技术方案包含机械、电气及测控三大系统方案。主要包括高动态 4 轴液压作动缸单元及其控制系统、精密力学与位移测量系统、HIL 硬件在环系统、精密伺服转向模拟控制系统、静压耐磨直线运动单元、可调整机械底座、减震系统、自动化测控系统等各类部件及功能，关键核心部件采用国际一流品牌。

三、产能建设

依托国家智能网联汽车(上海)试点示范区,公司建设了六大创新服务平台。“一场”:研究制定技术方案,协助汽车城集团建成国内第一个智能网联汽车专用封闭测试区,并负责具体运营和管理工作。测试区累计为100多家国内外企业提供超过1 200天次、10 000 h的测试服务,成为中国智能网联汽车产业的一张名片。“一路”:研究形成道路智慧化建设系统解决方案,协助汽车城(集团)建设国内第一条面向智能网联汽车测试运行的智慧道路并负责具体运营和管理,率先打造了车路网云一体化的智慧道路样板。“一库”:建设国内第一个智能驾驶全息场景库,定义和梳理了“中国工况”,有力支撑测试评价方法完善和产品技术研发,并推动我国牵头自动驾驶测试场景国际标准。“一中心”:研究制定建设方案,协助汽车城(集团)建设国内第一套智能网联汽车道路测试数据分析和监管中心,实现人、车、路、环境数据实时动态采集,确保道路测试安全有序可控。2020世界智能网联汽车大会上,经上海市经信委正式挂牌上海市智能网联汽车公共数据中心。“一平台”:构建面向高等级自动驾驶的虚拟仿真测试平台,面向自动驾驶研发与测试关键技术,搭载安亭全域100 km^2、450 km道路的高精度地图照片级精细化模型,为企业提供仿真测试服务。“一基地”:积极参与教育部“1+X”证书试点工作,成功申报第四批职业教育培训评价组织和职业技能等级证书(证书名称为《车辆自动驾驶系统应用》),努力打造中国自动驾驶领域职业教育人才培养基地。

四、技术进展及研发能力建设

公司聚焦公共服务平台建设和前瞻共性技术研究,致力于推动智能网联汽车从研发测试向商业化应用迈进。以“345”为抓手,即围绕智能网联汽车“上路难、评测难、监管难”的三难问题,构建了支撑智能网联汽车规模化应用的“新技术、新系统、新标准、新工程”,建立智能网联汽车“可运行、可推广、可监控、可认证和可提升”(五可)智能网联汽车应用关键技术体系。

可运行:构建完善的智能网联汽车测试示范环境和运行组织方法。建设智能驾驶全息场景库,研究制定智能网联汽车测试示范区规划设计和场景构建方法;牵头完成汽车工程学会团体标准《智能网联汽车测试场设计技术要求》的研究制定,联合工信部计算机与微电子发展研究中心(中国软件评测中心)完成《智能网联汽车测试场分级评价体系》构建,推动行业建立完善的封闭测试区设计规范。构建基于“交通流—测试车辆—场景级别”多重饱和度的路网承载能力和道路风险计算模型,实现测试车辆和路网负载动态均衡,支撑上海市开放测试道路选取,并联合汽标委牵头开展《智能网联汽车自动驾驶功能实际道路评价方法及要求》研究。

可推广:推进智能网联汽车示范应用探索应用关键技术和法律法规问题研究。牵头开展示范应用管理研究,构建示范应用体系,支撑《上海市智能网联汽车道路测试和示范应用管理办法》的研究制定,已推动实现百辆级示范应用规模。支撑V2X三跨、四跨和2020年的大规模测试和“新四跨”活动,推动V2X规模组网技术和信息安全技术的集成应用,进一步实现互联互通;积极参与长三角地区智能网联汽车测试示范区规划建设,推动“物理分散、逻辑统一”,为实现跨区域的推广应用奠定基础。此外,完成SH-Pad测试设备、Sibox、MEC边缘计算设备开发工作。

可监管:建设上海市智能网联汽车道路测试数据分析与监控平台。通过车端和路侧两个视角对智能网联汽车道路测试与示范应用牌照开展全生命周期实时监控,实时采集6项指标数据,并采用地理围栏开展精细化管理,实现多层次实时数据采集,全方位测试过程监管,系统性测试数据分析。在2020年世界智能网联汽车大会上,上海市经信委正式挂牌上海市智能网联汽车公共数据中心。

可认证:持续推进智能网联汽车驾驶能力和安全性评测体系建设。参考国家的《智能网联汽车道路测试管理规范(试行)》,研究构建了包含25个项目91个场景的测试体系,累计支撑超过100家企业的车辆测试;与公安部无锡所等积极推进测试规范和体系的互认,推动长三角一体化牌照的落地;同时,联合行业各方力量,积极推进智能网联汽车“大安全”(交通安全、信息网络安全、功能安全)测评体系建设。

可提升:持续完善道路测试环境,加强智能网联汽车环境适应性评估。不断完善和提升开放道路测试环境,联合行业合作伙伴共同推进智慧道路建设,推动智能的车与智慧的路协同发展;加强数据分析,构建了多阶层可靠性评估指标体系和时变运行环境的适应性量化评估方法,研究智能网联汽车对现有道路交通环境的影响。

公司自成立以来,联合行业合作伙伴承担智能网联汽车科研项目,成功牵头申请国家、市级科研项目十余项,涉及智能网联汽车、大数据、信息安全、5G通信等多方面前沿技术领域,在智能网联汽车前瞻共性技术方面作出了重大突破,研发人员占比80%,本科以上学历占比96%。累计参与国际、国家、行业、地方和团体标准共计36项,并建立了完善的市场化运营机制、智能网联汽车示范区技术方案“上海模式”输出机制和闭环运行的知识产权协同运用机制,累计申请专利、软著等知识产权成果42项。

五、发展目标与规划

未来,公司将坚持功能性和竞争性“双轮驱动”,在做好国家智能网联汽车(上海)试点示范区运营和管理的基础上,以上海市智能网联汽车创新中心建设为核心,为行业主管部门推进智能网联汽车行业管理和产业发展提供有力支撑,努力为智能网联汽车企业提供全生命周期的测试认证和技术研发服务,持续开展智能网联汽车前瞻共性技术研发,打造政府高度信任,行业高度认可的政企高效联动的“桥梁纽带”,建设国际一流的智能网联汽车测试认证能力,集中攻克一批智能网联汽车前瞻共性技术,成为上海乃至长三角区域最核心的智能网联汽车功能性平台、国内具有知名影响力的智能网联汽车技术服务机构,推动智能网联汽车产业实现高质量发展。

北京千方科技股份有限公司

一、单位概况

北京千方科技股份有限公司（股票代码 002373）创立于 2000 年，有员工近 8 000 人，业务遍及全球 150 多个国家和地区。公司作为国内领先的行业数字化解决方案和大数据服务提供商，依托大数据、人工智能、云边端融合等创新优势，构建开放协同的产业生态，赋能行业数字化治理与转型。历经 20 载的稳步发展，千方科技率先完成了覆盖城市交通、公路交通、轨道交通、民航、水运等的智慧交通全业务布局，以多维、丰富、精准的行业数据为基础，以全景、数智、物联的产品技术为核心，形成从产品到解决方案、从硬件基础设施到软件智慧中枢的完整产业链，并通过对先进技术攻关和行业智慧积累，将创新成果广泛应用于行业场景，助力行业数字化升级，共建数字经济基础设施。面向智能物联时代，千方科技率先推出交通行业首个全业务领域、全栈式技术、全要素数据及全生命周期的全域交通解决方案，构建行业 SaaS 平台，为客户提供产品、解决方案以及基于产业互联网的创新服务。作为技术领先、数据驱动的行业专家，千方科技已在智慧交通、智慧城市等领域形成领先优势，服务过近 2 000 个大型智慧交通项目，完成了 1 400 余个智能物联项目的交付，打造了一系列行业典型案例，如北京市 CBD 交通优化工程、杭州市滨江区全域智慧交通综合治理项目、北京海淀城市大脑、成都市交通运行协调中心项目、珲乌高速智能化示范工程、交通运输部路网中心收费业务分析平台项目、北京市高级别自动驾驶示范区高速项目、国家智能汽车与智慧交通（京冀）示范区亦庄基地、“1 号高速”项目、北京大兴国际机场项目、深铁建设工程数字化管理中心项目、北京延庆世园会项目，并为交通运输部国家级智慧路网检测平台、道路货运车辆公共平台提供核心服务，参编国际、国家标准近 30 项，引领多个行业标准建设。

千方科技已在北京、天津、深圳、武汉、杭州、西安等全国重点城市设立了研发基地，形成了“三院五所八中心”的研发布局。公司有研发人员 3 800 余人、行业专家 200 余人，拥有自主知识产权 2 000 余项，获得国家级、省部级奖项近百项，连续承担多个国家级、省部级重大课题及专项。

公司获“国家高新技术企业”“国家技术创新示范企业”“国家企业技术中心”“国家 CNAS 认可实验室”、交通运输部“智能交通技术和设备”行业研发中心、公安部“警务物联网应用技术”重点实验室等认定，是中国区交通领域首个入选 5GAA 联盟成员单位、国内 C-V2X——蜂窝车联工作组织标准成员、国家“863”计划首个车联网课题承担单位、工信部“基于宽带移动互联网的智能汽车与智慧交通应用示范”牵头建设单位。

公司连续承担多项“十五”“十一五”“十二五”国家科技支撑计划项目，主持参与了数个国家“863”计划专项，多项自主研发的系统（产品）已广泛应用于全国以及北京奥运会、上海世博会、国庆 70 周年等重要国事及大型社会活动。

公司获国家技术发明奖二等奖、国家科技进步奖二等奖、中国设计智造奖、“中国智能交通行业最具影响力企业”“德勤高科技/高成长中国 50 强”“福布斯中国潜力企业”等众多荣誉。

千方科技秉承“优先满足客户需求，更好实现客户价值”的价值主张，践行“成就客户、人才为本、拥抱变化、开放协同、追求卓越”的核心价值观，不断引领技术创新，积极推进行业应用场景落地，致力于让世界更安全、更便捷、更智能。

千方科技是交通信息化服务领域最早布局车联网的业内公司，2016 年千方科技、百度、北汽新能源等 15 家京冀地区汽车、交通、通信、互联网的行业龙头、高校与科研院所签署合作协议，共同发起建设京冀示范区；并牵头发起成立北京市智能车联产业创新中心，获批北京市唯一一家智能网联测试与服务领域的市级产业创新中心，重点围绕国家智能汽车与智慧交通（京冀）示范区开展建设、管理和运营工作。

依托产业联盟（智联会）推动团体/地方及行业标准研制，与信通院合作，开展“基于 LTE 技术的 V2X 无线通信标准研究和实验”项目，建立行业/地方标准，参与《合作式智能运输系统　车用通信系统应用层及应用数据交互标准　第二阶段》和《基于车路协同的高等级自动驾驶数据交互内容》两项国内主要的车路协同协议标准。

千方科技参与并完成了 IMT-2020（5G）推进组 C-V2X 工作组组织的网络层应用层互操作协议一致性测试。参与 2018 年 11 月，世界首例“三跨”测试，跨通信模组、跨终端、跨整车的互联互通。参与 2019 年 10 月 C-V2X 全球首次“四跨”测试，实现“跨芯片模组、跨终端、跨整车、跨安全平台”的车路协同应用测试，“四跨”测试首次将信息安全机制引入到 V2X 的体系中，增加安全的模块，意味着 C-V2X 的车路协同技术路线，进一步接近商用。完成 V2X 系列产品的研制，包含车载终端、路侧设备、协同控制机、管理服务平台，并配套搭载多项安全效率应用场景。

二、经营情况

千方科技于 2021 年 3 月 31 日披露年报，公司 2020 年实现营业总收入 94.19 亿元，同比增长 8%；实现归母净利润 10.81 亿元，同比增长 6.7%；每股收益为 0.72 元。报告期内，公司毛利率为 29.7%，同比降低 1.3 个百分点，净利率为 12.2%，基本维持 2019 年同期水平。

历年营业总收入及同比增长率

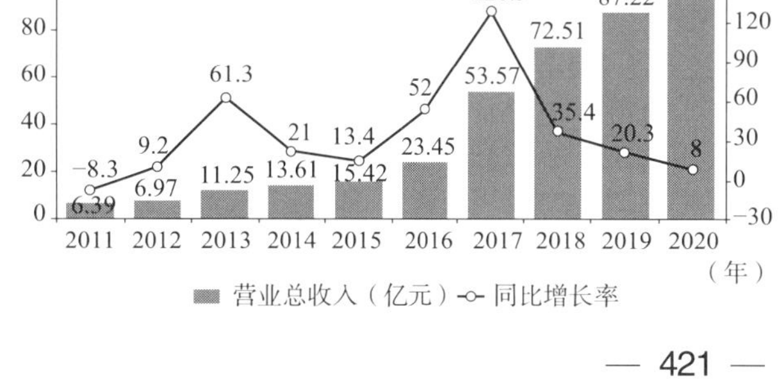

历年归母净利润及同比增长率

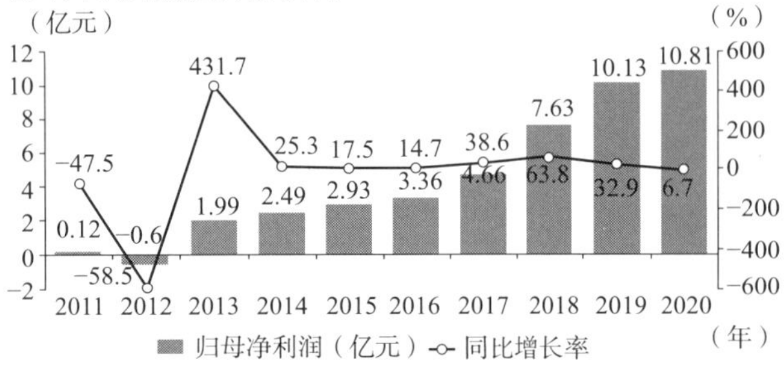

其间费用为 20.2 亿元,营业成本为 66.2 亿元。公司 2020 年营业成本 66.2 亿元,同比增长 10%,高于营业收入 8% 的增速,导致毛利率下降 1.3%。其间费用率为 21.4%,较 2019 年下降 1.1%。

历年期间费用及毛利率变比

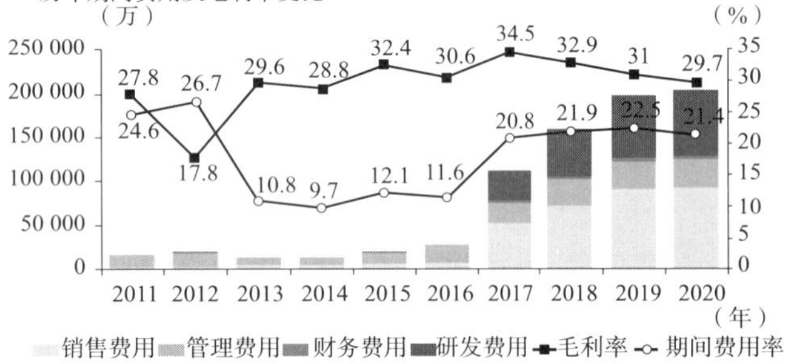

本期“销售”营收贡献较大,从业务结构来看,“销售”是企业营业收入的主要来源。具体而言,“销售”营业收入为 57.2 亿元,营收占比为 60.75%,毛利率为 33.2%。

报告期各业务收入占比

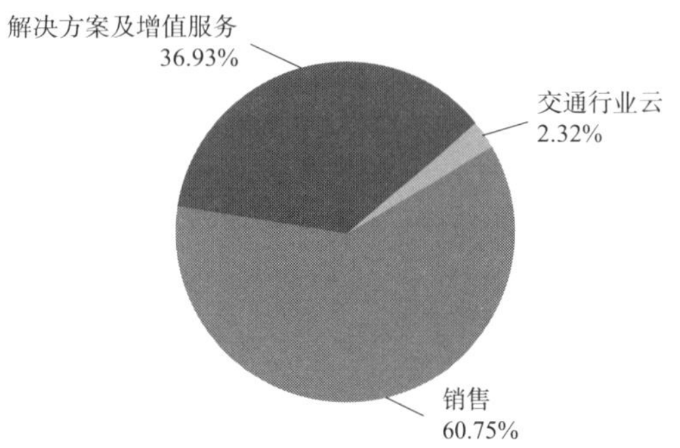

三、产能建设

千方科技有自己独立的生产制造产测体系,主要针对车载终端后装 OBU 产品,车载终端前装 OBU 产品、路侧设备 RSU 产品的产品线生产,产线设计是以智能制造的整体建设方案为主,扩建方案包括电子产品自动化生产线设备,同时还包括从物流、仓储、订单管理、产品生产过程等全过程予以自动控制的智能信息系统。智能制造产线的整体建设方案包括四大子项目:生产线设备、仓储及智能制造执行系统、生产辅助设备及工具、洁净厂房等。

生产线设备是专门针对车载终端前装/后装 OBU、路侧设备 RSU 核心主板 SMT 贴装的生产线,是智能制造的关键,所配置的生产线需要满足:基本产能车载终端 OBU,40 万台/年(ETC/V2X)、路侧设备 RUS:万台/年(ETC/V2X)。产能技术指标具备从后装 OBU 等普通产品到汽车前装等高端产品的加工能力。

四、技术进展及研发能力建设

研发实验室承担了研发过程调试,整机测试功能,实验设备含频谱仪、信号源等常用设备,对于电子兼容、环境类测试需预约到第三方机构进行测试,随着公司在硬件产品上的发展规划,相应的实验室建设需要加大投入,现有实验室区域划分布局,含测试试验区、硬件调试区、电性能试验区、环境性能试验区、电磁兼容试验区。

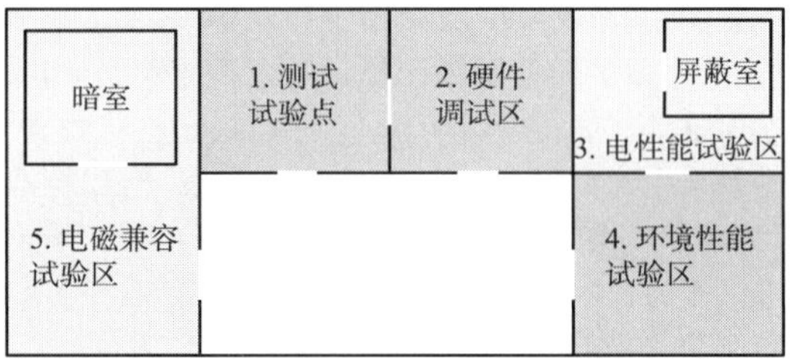

五、主要新产品

序号	产品名称	产品型号
1	V2X 路侧通信单元 4G 版本	QF-VX1000DH
2	V2X 路侧通信单元 5G 版本	QF-VX1000U5
3	V2X 车载终端 4G 版本(后装)	QF-VX2000D
4	V2X 车载终端 4G 版本(后装)	QF-VX2000U5
5	ETC 收费车道天线	QF-R83
6	ETC 道路门架天线	QF-R85
7	ETC 车载终端 OBU(后装)	QF-R63
8	ETC 车载终端 OBU(前传)	QF-R90B

六、2020 年 1—12 月企业经济指标统计

填报单位名称	指标名称	单位	本期累计	同期累计	增长率(%)
北京千方科技股份有限公司	2020 年末资产总计	亿元	193.8	162.2	16.31
	2020 全年完成投资额	亿元	26.6	12.36	53.53
	2020 年营业收入	亿元	94.19	87.22	7.40
	2020 年利润总额	亿元	10.81	10.31	4.63
	2020 年产品销售率	%	68	60	11.76
	2020 年销售利润率	%	11.5	11.8	−2.61

北京四维图新股份有限公司

一、单位概况

北京四维图新股份有限公司成立于 2002 年,是中国导航地图产业的开拓者。经十余年的创新发展,四维图新已成为导航地图、导航软件、动态交通信息、位置大数据,以及乘用车和商用车定制化车联网解决方案领域的领导者。如今,

四维图新以全面的技术发展战略迎接汽车“新四化”时代的来临，致力于以高精度地图、高精度定位、云服务平台，以及应用于ADAS和自动驾驶的车规级芯片等核心业务，打造“智能汽车大脑”，赋能智慧出行，助力美好生活，成为中国市场乃至全球更值得客户信赖的智能出行科技公司。

二、经营情况

根据四维图新2020年年报数据显示，2020年公司实现营收21.48亿元，归母净利润-3.09亿元。

三、技术进展及研发能力建设

公司所从事的主要业务板块包括导航业务、高级辅助驾驶及自动驾驶业务、车联网业务、芯片业务、位置大数据服务业务。具体业务概况如下：

导航业务。主要是指提供全国基础导航电子地图数据及基于此打造的场景化数据型产品、数据格式转换编译及在线更新服务、多模态导航软件及解决方案。其中，公司拥有的车规级全国基础导航电子地图数据，道路覆盖里程、场景丰富度及在线服务能力国内领先，同时满足卡车/行人/公共交通、小区/景区/园区、商业综合体/楼宇室内/地下停车场、高速收费/车辆限行限号/道路施工/新能源汽车充电等日益复杂和高等级的应用需求，具备亚米级精度及小时级更新发布能力。地图全量或基于NDS图幅(tile-based)的格式转换编译及在线更新解决方案，可以满足客户定制化及低成本的使用要求。导航引擎软件可支持混合导航、大数据智能动态路径规划、基于多种传感器的高精度混合定位、自然引导的语音播报、基于人工智能技术的语音控制及语音智能搜索等功能，AR导航的场景化方案具有图像分类识别、车道定位判断等多种ADAS功能。

高级辅助驾驶及自动驾驶业务。主要是指面向不同等别自动驾驶应用需求，提供ADAS地图、HD地图数据、自动驾驶仿真及云平台、高精度融合定位产品及自动驾驶整体解决方案，相关前沿技术研发、联合验证及项目落地实施。公司ADAS数据主干网络道路里程持续增加，覆盖全国高速、城高和国省县乡道等场景，实现与第三方基础导航数据在导航及ADAS功能上的无缝切换和在线离线无缝对接。HD地图具备重点城市开放道路量产和交付能力，支持全国高速道路数据的周期性更新及发布，满足L2～L4自动驾驶、5G/C-V2X、高速公路列队跟驰、自动驾驶仿真测试等领域的应用需求；云端平台HDMS通过OEM客户SLA服务能力测试，云端发布、车端更新融合的产品结构已完成从研发到量产的商业化验证。公司高精度地图采集及验证能力，可以帮助国内外OEM及Tier-1客户建立本地化的自动驾驶数据存储框架，实现原型车数据采集、量产车数据收集及自动驾驶能力验证。公司自动驾驶模拟仿真初步具备产品化能力，致力于打造自动驾驶模拟仿真平台、场景编辑平台、场景库等多种产品和服务，满足不同测试需求。公司基于地基增强系统的“网—云—端”高精度定位引擎及产品系列正式发布，基于高精度地图及诸多车身传感器数据融合的高精度融合定位方案已签订多个OEM量产订单。公司自动驾驶整体解决方案获得OEM客户的广泛认可，并获得合肥智能网联汽车开放道路测试牌照，L4级自动驾驶自动代客泊车方案可面向公共停车场/库、最后500 m开放道路、园区通勤等场景。

车联网业务。主要是指围绕车辆联网形成的数据生态，提供动态出行信息、智能联网终端设备及软硬一体解决方案、大数据运营平台及场景化应用方案等，具体包括动态交通信息服务业务、乘用车车联网业务和商用车车联网业务。其中，动态交通信息服务业务，主要是指依托海量的动态交通大数据及生态优势，通过自主研发的多源数据处理模型，每分钟生成并发布中国大陆全部城市及香港、澳门地区实时路况，支持分方向、分车道、高精度的路况及事件信息的应用需求。截至2020年底，车规级路况覆盖150多个城市，高速路况全国覆盖率超过90%。乘用车车联网业务，主要是指面向乘用车智能联网、智能座舱、新能源汽车智能出行等领域，提供前后装智能车载硬件及软硬一体解决方案、车联网云平台及Call-Center服务、Welink轻车联网解决方案、智能网联操作系统及解决方案、CP/SP信息聚合服务、大数据平台及应用方案、人工智能语音解决方案、新能源汽车出行解决方案等。乘用车联网业务主要由控股公司图迅丰达、满电出行及参股公司四维智联承担。商用车车联网业务，主要是指提供部标机、T-BOX、大屏机、PCC等智能终端，ADASIS等软件，车联网平台及App应用体系，满足卡车厂商构建覆盖卡车全生命周期的数据生态、实现数字化/智能化转型需求，满足两客一危企业、出租车公司、物流运输企业、驾培学校以及政府监管部门对车辆使用效率、安全驾驶的监控需求。商用车联网业务主要由中寰卫星承担。报告期内面向国家网络货运平台道路货物运输经营管理改革，中寰卫星旗下子公司获得甘肃省首个网络货运经营资质。

芯片业务。主要是指面向汽车信息娱乐系统、智能座舱系统、主动安全系统、车身控制系统、自动驾驶系统等汽车电子细分领域，设计、研发、生产并销售汽车电子芯片，并提供高度集成及一体化系统解决方案。公司主要芯片产品包括IVI车载信息娱乐系统芯片、MCU车身控制芯片、TPMS胎压监测芯片、AMP车载功率电子芯片等。报告期内，公司IVI芯片在国内后装市场持续保持行业领先地位，并不断获得新的前装市场订单。新一代智能座舱芯片AC8015完成量产投片，并与多家Tier-1厂商和车厂签订量产订单。第二代车规级MCU芯片研发完成并成功量产，在汽车电子市场及高端工业市场开始出货。TPMS芯片作为国内首颗自主研发的车规级TPMS全功能单芯片，客户群体稳固拓展。第二代AMP车载功率电子芯片得到市场验证与认可。

位置大数据服务业务。主要是指依托公司在导航电子地图领域十多年积累的数据、算法和技术优势，面向政府、企事业单位和行业用户对时空地理信息的定制化应用需求，基于Minedata大数据平台，提供数据汇聚、可视化展示、态势分析、算法预研、交互式开发、工程化落地、商业化运营及一体化解决方案。Minedata大数据平台，主要包括位置数据仓库及大数据管理平台数据蜂巢DataHIVE、一站式地图可视化平台MineMap、一站式位置大数据分析与深度学习平台MineLab、专业位置服务接口MineService四大模块。公司基于多年积累的项目经验，在交通、公安等重点行业已经形成产品和客户集群，并将继续加大与行业客户、生态伙伴的沟通与合作，共同推进符合行业特点和专业化应用需求的产品及可面向未来的商业模式落地，赋能城市智慧化建设和发展。

四、主要新产品与技术应用案例

1. 北京四维图新科技股份有限公司——智能驾驶全场景的一站式地图应用解决方案

面向不同的自动驾驶应用，四维图新拥有 ADAS、HD Lite、HD Map、Parking Map 适用不同自动驾驶场景的高精度地图数据，通过云服务的方式，将车周围的环境信息，包括高精度地图的静态信息、动态信息以及 OEM 或第三方提供的信息发送给车辆；同时可以为车厂提供车端高精度地图引擎，支持自动驾驶开发者开发相关应用和解决方案，如车道级融合定位、车道级路径规划等，以满足自动驾驶的车端应用需求，赋能智能驾驶全场景的一站式地图应用解决方案。四维图新高精度地图数据已经覆盖全国超过 32 万 km 高速，以及全国主要城市的城市快速路、城市内结构化道路和省道、国道。同时，面向室内外一体化导航及自主代客泊车场景，打造高精度、可扩展的量产地图产品，构建停车出行的闭环。四维图新也赋能地图用户，开放"做"地图能力。构建地图开放平台，帮助客户实现传感器数据价值，使客户有能力自主快速更新发布。通过地图开放平台高度扩展的编辑权限及接口，帮助客户构建灵活定制的制图闭环生态，包括数据回传、实时发现变化、快速更新、品质保障、实时发布等服务。

2. 北京四维图新科技股份有限公司——智能座舱芯片解决方案 AC8015

AC8015 是国产自主品牌设计研发的首款通过 AEC-Q100 Grade 3 验证的车规级高性能智能座舱解决方案，由四维图新旗下专业汽车电子芯片设计公司杰发科技成功研发并成功投片。该芯片可支持双路全高清显示，拥有先进的 HSM 安全架构，最大支持 4K 解码且可以灵活支持双路 1080P 视频同时编解码，依托杰发科技快速倒车专利保证实现冷启动 2 秒内倒车图像接入，同时集成高性能音频 DSP，且支持 USB3. 1、以太网、PCIe 等丰富的外设接口。体现了杰发科技独立完整的大型 SoC 架构设计水准、车规级芯片设计能力以及深度的系统应用整合经验。

AC8015 已经成功商业化落地国内知名 Tier1，并获得其他 Tire1 和系统设计公司认可。

3. 北京四维图新科技股份有限公司桩家——新能源出行智能服务解决方案

桩家是基于四维图新集团的高精定位与地图导航等核心技术优势，通过深度聚合行业上中下游充电服务资源，为企业客户提供以"充电服务集成""能源大数据运营""营销服务管理"为核心的一站式新能源出行服务解决方案。服务产品涵盖公共充电、私桩控制、品牌专充站、移动充电、代客充电等多维新能源出行场景。桩家平台已聚合国内 94% 的公共充电资源，服务范围遍布国内 300 多个城市，实现了从"充电策略推荐""智慧能源管理""跨平台充电运营管控"到"一站式便捷支付"的技术贯通。结合高端市场的个性化需求，桩家还为企业客户定制开发包括"预设充电""即插即充""移动充电"等创新产品及服务。基于平台大数据综合计算能力，桩家平台可以为企业客户提供充电站选址、现有充电站服务优化、品牌充电站运营等多种定制化服务产品及解决方案。基于对用户、车辆、设备等多维度的数据的采集与计算，桩家平台还可以赋能企业客户强化高精准的用户营销服务能力。其中包括电卡、优惠券等营销产品及工具的定向开发；基于时间、位置、社群、品牌等不同维度的用户营销运营；基于充电运营商、共享出行周边、汽服周边、生活周边等不同维度的渠道运营等运营服务方案。

五、合资合作及重大项目建设

面向自动驾驶、新能源智能出行及数据生态合作，通过股权合作、战略协同等方式，不断加强产业连接和协作，积极构建可面向未来的生态优势。2020 年主要的合资合作项目：

参股公司北京六分科技有限公司完成增资扩股交割事项。通过引进中网投、深圳赛星等战略股东，六分科技进一步拓展高精度定位领域的产业合作生态，借助股东各方的产业资源和优势，进一步提升在高精度定位产品和服务的市场竞争能力。

以自有资金增资禾多科技（北京）有限公司。通过本次交易，公司继续加大在自动驾驶领域的协同布局，提升面向不同应用场景的自动驾驶整体解决方案的应用和服务能力。

通过旗下四维互联并购基金战略领投中电昆辰 B 轮融资。借助中电昆辰在 UWB 领域的技术和产品能力，公司将进一步拓展硬件底层的设计能力，大幅提升室内外一体高精度定位解决方案及自动驾驶整体解决方案的服务能力。

通过旗下四维互联并购基金战略领投 Minieye Pre-C 轮融资。借助 Minieye 智能硬件及环境感知解决方案，公司将进一步提升自动驾驶数据生态建设进度，并将加速推动 Minieye 产品与自动驾驶地图、智能地平线、车联网、多源数据融合等业务的协同，推进公司"L2 + 自动驾驶"量产方案落地。

以自有资金与松下电器（中国）有限公司共同投资设立松下四维出行科技服务（北京）有限公司。通过本次交易，旨在通过股权纽带方式，有效整合股东各方的产业资源及优势，共同筹措在新能源汽车领域的合作与发展。

六、发展目标与规划

面对全球汽车产业重构带来的巨大变革，以及国家大力扶持智能汽车、智慧城市带来的发展契机，公司加速推动"智能汽车大脑"战略的转型升级，聚焦企业核心优势，以客户需求为出发点，面向智能汽车、智慧城市、万物互联，构建以增长为核心的数据、产品、服务及生态闭环，以智能位置服务及软硬一体解决方案，赋能智慧出行，成为中国市场乃至全球更值得客户信赖的智能出行科技公司。中短期，公司将聚焦导航、自动驾驶、车联网、芯片等智能汽车业务场景，以"数据 + 云 + AI + 芯片 + 软硬一体化"解决方案服务能力，打磨数据产品化及产品数据化的实现路径，夯实数据、产品、客户、场景间的有效运转通道，打造高品质的智能位置数据生态闭环。面向未来，公司将基于国内领先的智能位置大数据生态及场景化服务能力，面向智慧城市、万物互联，不断驱动成长飞轮高速运转，协同客户及行业伙伴，共同推动城市数字化建设，赋能智慧出行，助力美好生活。

在导航业务方面，公司积极推进地图数据生产与产品应用服务在云端一体化能力建设，全面提升第三代地图生产作业体系的自动化效率和面向产品与市场的服务能力，进一步优化工艺流程、完善平台功能。通过UGC、第三方合作等多种方式，积极拓展数据生态。基于大数据挖掘、AI等先进技术，不断改进多源数据融合及处理能力。面向新型应用场景及客户高等级数据服务需求，积极推进包括地下停车场导航、景区精细化地图导航、智慧园区地图导航、三维场景导航、AR导航等新产品研发和商业化落地，不断加强与国际知名品牌车厂的沟通和合作，持续提升车端用户的导航服务体验。面对全球新冠肺炎疫情蔓延，公司及时调整国际化拓展计划，已完成前期市场调研和数据型产品探索。报告期内，公司旗下子公司中交宇科成功获得导航电子地图甲级测绘资质增项批准。

在高级辅助驾驶和自动驾驶业务方面，面对传统导航电子地图产品形态和商业模式的递进演化，公司积极打造可面向不同等级自动驾驶应用需求的云端一站式平台服务能力，推动核心算法、数据和技术栈的云化整合，打通内部数据隔离墙，整合数据存储格式，聚合优秀算法，升级底层架构和关键技术，对内形成中台聚合效应，大幅降低IT整体运营成本，提升资源利用效率和协同能力。对外形成发展合力，满足国内外OEM及Tier-1客户建立自动驾驶数据统一存储框架的需求，并可以为原型车数据采集、量产车数据收集、自动驾驶能力验证及预研提供综合解决方案。

在芯片业务方面，2020年上半年受新冠肺炎疫情影响，全球汽车产业遭受严重打击，全年芯片需求预测悲观。2020下半年国内经济尤其汽车产业迅速恢复，汽车芯片供给不足出现大范围短缺，半导体上游厂商如晶圆厂、封测厂等因原材料储备不足，产能供给异常紧张，代工成本不断上升，公司芯片产品供应及采购成本同时面临较大压力。报告期内，公司积极发挥产品技术的整合和协同优势，提升面向客户的定制化服务能力，积极提升市场拓展力度，在稳定后装市场市占率的同时，加速推进前装市场拓展力度，与多家车厂和国内外多家Tier-1客户展开项目合作。

在位置大数据服务方面，公司持续加大Minedata基础平台的GIS引擎研发投入，拓展数据合作生态，提升三维可视化和分析能力，实现了球面模式下的二、三维应用的一体化开发，在“GIS＋BIM”、倾斜摄影、“GIS＋视频融合”等方面实现技术突破；提升了服务端的三维模型处理和发布能力，可支持城市级别的大范围三维数据的流畅加载，更好地满足了各类应用场景的精细化展示需求。

在动态交通信息服务方面，公司凭借多年来行业领先的产业优势，持续创新，拓展产品维度，提升用户体验，在技术能力和服务水平方面均实现突破。报告期内，在交通路况服务领域，通过将最新的机器学习和人工智能技术应用于全新一代路况处理引擎，路况准确率得到显著提升。此外，公司持续推进视觉识别及相关AI技术的开发，通过视频及图像获取路况状态。在交通事件服务领域，不断通过大数据分析提高事件的数量和准确率，同时接入舆情信息和交通部官方事件源，配合AI语义分析，提升事件录入、检索、更新效率。在新型服务领域，公司结合车厂客户需求，加大研发投入，打造车路协同的红绿灯、道路天气等创新服务。报告期内，公司不断提升面向ADAS的产品及服务能力，为宝马位置平台LP(Location Platform)项目提供的自动驾驶决策所需要的自动驾驶道路及交通事件信息服务，有效保证数据传输与安全传输的属性要求。

在乘用车联网业务方面，公司通过OEM项目、智能联网终端接入、第三方合作等多种方式，加速拓展以车辆为中心的数据生态建设。同时，公司不断提升车联网大数据平台的数据融合、分析处理及应用能力，开发空间轨迹挖掘与分析等技术，打造数据增值服务平台，面向驾驶行为、新能源汽车智能充电等商业化应用场景，加强与宝马、戴姆勒、丰田等国际客户的业务合作，并不断推进与自主品牌企业的沟通与交流，与行业伙伴共同探索大数据运营的商业运营模式。

在商用车联网业务方面，2020年下半年新老基建建设加速带动重型、轻型货车需求快速回升，“碳中和”等国家战略的提出加速推动商用车载重合规化、动力标载化、排放低碳化转型，冷链等专业化物流也对物流载体智能化、高端化、精细化发展提出更高要求。截至2020年底，公司已经与国内重卡TOP10车厂中的9家企业在车联网平台、硬件、软件、一体化等方面进行深入合作，2020年智能硬件产品T-BOX全年销量30多万套，商用车联网用户累计超过250万个。

北京万集科技股份有限公司

一、单位概况

北京万集科技股份有限公司(股票代码:300552)成立于1994年11月2日，是专业从事智能交通系统(ITS)技术研发、产品制造、技术服务的国家高新技术企业。公司是国内领先的智能交通产品与服务提供商，专业从事智能交通系统(ITS)技术研发、产品制造、技术服务，为公路交通和城市交通客户提供专用短程通信(ETC)、激光产品、智能网联、动态称重系列产品的研发和生产，以及相关的方案设计、施工安装、软件开发和维保等相关服务，公司始终以研发驱动业务发展，在北京、武汉、深圳建立了三大研发中心，拥有一支500余人的研发团队。在北京顺义区建设了42 000 m^2的现代化科研生产基地，拥有CNAS认证实验室和产品测试中心。2020年1月1日—12月31日，新增43项发明专利、81项实用新型专利，新增49项软件著作权。截至2020年12月31日，公司拥有专利共计744件，其中131项发明专利、587项实用新型专利、26项外观专利，186项软件著作权，另有528项专利正在审查阶段，申请PCT专利9项。同时在车联网、大数据、云平台、边缘计算及自动驾驶等多个领域积累了大量自主创新技术，开发了车路两端激光雷达、V2X车路协同设备、智能网联路侧智慧基站、智慧交通云平台等多系列产品，为智慧高速、智慧城市提供全方面综合的解决方案、系统、产品及服务。公司对相关产品拥有自主知识产权，并具备行业制造、施工、供货的必要资质。公司创始人翟军，现任公司董事长兼总经理，正高级工程师。翟军一直专注于智能交通行业，为行业内的领军人物，入选2019年科技部创新人才推进计划"科技创新创业人才"、科技部国家科技专家库专家。

公司是"首都提升计划工业设计领军机构""北京市设计创新中心""北京市级企业科技研究开发机构";北京市经信局认定的"北京市企业技术中心""北京高精尖产业设计中心";"北京市专利示范单位""北京市工业企业知识产权运用示范企业""企业知识产权管理标准化单位""中关村国家自主创新示范区标准化试点单位"。承担了"国家科技部重点研发计划""国家科技部科技创新2030'新一代人工智能'重大项目""国家科技部火炬计划""国家科技部创新基金""北京市科委科技计划课题""北京市重大科技成果转化项目""北京市火炬计划""中关村国家自主创新示范区高精尖产业培育项目"等科技项目。公司获得北京市人民政府颁发的北京市科学技术奖、北京市知识产权局颁发的北京市发明专利奖、中国交通运输协会科技进步奖等科技奖项及2019年度北京市民营企业百强及创新百强、2020年中国新经济企业500强等荣誉。

行业标准及专利方面,研发团队积极参与行业、团体标准的制定,在智能网联、V2X领域累计共参与18项行业、团体标准的制定和编写工作,其中包括工信部组织的《基于LTE的车联网无线通信技术直连通信系统技术要求》《基于LTE的车联网无线通信技术网络层测试方法》《基于车路协同高等级自动驾驶应用数据交互格式》等5项行业技术标准和《合作式智能交通系统车载通信终端前装技术要求》《基于车路协同高等级自动驾驶应用数据交互格式》《智慧高速公路车路协同系统框架及要求》等13项团体标准。

业务拓展方面,在城市场景加强与电信运营商、自动驾驶企业的方案合作。2020年公司参与了多个智能网联示范建设项目。雄安车路协同示范项目,在市区多点位安装了V2X路侧通信终端,并实施了雄安高铁新城数字孪生道路项目。苏州高铁新城5G自动驾驶项目,通过对自动驾驶汽车实现道路全域感知、对智能网联云控平台车路信息共享的赋能,打通了车—路—云端融合,实现多路口"全域强孪生"数字道路精准感知,实现了国内首个全面打通车路云数据闭环的开放道路自动驾驶应用。长安大学自动驾驶测试场地项目,公司对测试场进行高精地图采集和三维建模,打通了测试场的车路云通信,实现测试场动静态数字孪生,实现了比赛过程的多模式展示、V2X场景展示、历史数据时间同步保存和回放。西安京东航天车路协同项目,公司基于自主产品为该项目提供车—路—云一体化协同智能网联方案,打通路网范围内的车路云通信,实现了京东西安基地动静态数字孪生,以及孪生路口、无人车管理、V2X场景展示、视频监控回放、信息服务及设备管理等功能。公路应用方面,公司智慧数字隧道方案在广州获得应用,方案实现隧道全域感知系统,形成智慧隧道全域交通数字孪生平台。平台可为自动驾驶车辆、智能网联车辆、社会车辆提供安全驾驶辅助、效率引导、以及个性化服务,能够对隧道内及隧道出入口的停车、事故、火灾、抛撒物等各种异常事件进行高精度、高可靠的监测,同时通过基于高清地图的三维平台的实时展示,快速定位事故位置和事故类型,通过5G/4G通信手段,可提前发布车辆超视距的交通信息,解决了隧道出入口的盲区问题,提高社会车辆通行安全与通行效率。

二、经营情况

主要以"产品+服务"的方式获取利润,盈利来源主要包括产品及系统销售和服务提供。公司向客户销售ETC、激光产品、智能网联、动态称重等相关产品及配套软件或平台系统,并根据具体产品的要求进行土建施工、设备安装调试、系统联调、技术培训等流程,最后经过验收合格,取得对方的完工验收单,收取项目合同款,获得收入与盈利。此外,公司根据签订的技术服务合同为客户提供增值服务,包括设备日常养护、维修、更新与升级。

三、产品出口

2020年,公司在受全球新冠肺炎疫情的影响调整了海外营销思路,重点招聘外籍本地销售人员,以打破新冠肺炎疫情带来的各国封锁导致国际业务无法扩展的困境。公司在墨西哥、土耳其、印度尼西亚、巴西和加纳招聘到本地销售,销售团队对本国智能交通市场进行调研工作,寻找各国终端客户并进行关系建设如交通部业主、公路运营商和特许经营商,同时加强与本地代理公司的合作,大力拓展全球交通市场。公司重点向全球推广激光雷达、动态称重超限超载测量设备以及解决方案。

四、产能建设

在建项目"自动驾驶汽车用低成本、小型化激光雷达和智能网联设备研发及产业化",项目为2020年北京市发改委列为市重点工程项目。项目的建设将提高万集科技在激光雷达及智能网联产品的生产规模和产品质量,以满足公司未来业务发展的需要,增强公司持续盈利能力。达产后将形成年产30万套激光雷达、500万套V2X车载单元(OBU)、10万套V2X路测单元(RSU)及1 000万套ETC车载单元(OBU)的生产能力。生产基地建成后用于满足智能汽车中高级别L3以上自动驾驶的感知及控制系统、车载智能电子电气装置及关键零部件,智能汽车示范应用路网协同技术装备的生产和测试需求,实现研发成果的高效产品化,同时支持上下游企业生产需求,降低产业链企业建设成本。

五、技术进展及研发能力建设

坚持自主创新,每年投入大量资源进行自主技术研发,报告期内公司提升研发团队综合实力,全年研发费用为15 352.61万元,占本期营业收入的9.23%。公司的主要研发投入集中在V2X、激光雷达、新一代ETC、智能网联云控平台等新产品,以及人工智能、边缘计算、智能网联等新技术上。经过多年持续的研发投入,进行了大量的技术创新,构建了智能网联、专用短程通信、激光雷达、动态称重等领域的自主核心知识产权体系。2020年1月1日—12月31日,新增43项发明专利、81项实用新型专利,新增49项软件著作权。截至2020年12月31日,公司拥有专利共计744件,其中131项发明专利、587项实用新型专利、26项外观专利、186项软件著作权,另有528项专利正在审查阶段,申请PCT专利9项。公司持续加强对公司管理人员及研发人员的知识产权培训，增强知识产权保护意识，已通过 GB/T 29490 知识产权管理体系认证。充分认识本行业市场发展趋势，根据整体发展规划，通过不断完善产品线、稳定产品性能，提供技术标准、自主创新等一系列领先同行业厂商的差异化竞争策略，形成了技术研发优势。

智能网联领域，多年来持续在智能网联领域深耕，已经完成了基于 LTE-V2X 通信模组的 V2X 车载通信终端（V2X-OBU）和 V2X 路侧通信终端（V2X-RSU）的开发，V2X 路侧通信终端已经在雄安、北京、江苏、山东、湖北等车联网示范项目运行测试，公司的 V2X 车载通信终端与汽车厂商进行合作并在 LTE-V2X 安全示范验证活动中参与测试。公司与汽车厂商合作共同参与由 IMT-2020（5G）推进组 C-V2X 工作组、中国智能网汽车产业创新联盟、中国汽车工程学会、上海国际汽车城（集团）有限公司共同举办的“跨芯片模组、跨终端、跨政策、跨安全平台”的 C-V2X 应用展示项目。此外，公司的研发团队参与行业、团体标准的制定，在智能网联领域共参与 18 项行业、团体标准的制定和编写工作，其中包括工信部组织的《基于 LTE 的车联网无线通信技术直接通信系统技术要求》《基于 LTE 的车联网无线通信技术网络层测试方法》等 5 项行业技术标准。公司将以“工业互联”为目标，打造领先的智能交通生态综合服务提供商，建设“智慧道路”品牌，实现高速、城市、园区场景数字化、网联化、智能化，以“全息感知、数字中台”为支撑，实现垂直行业 C-V2X 解决方案规模落地，基于 C-V2X 通信技术的互联互通应用，实现智能交通管理控制、车辆智能化控制和智能动态信息服务的一体化网络。V2X 方面，将 V2X 和 5G 通信技术融合，重点开发 RSU 与后装 OBU，形成车路协同通信产品解决方案，实现应用场景的落地；路侧智慧基站方面，以智慧基站为核心，以道路交通环境全要素感知为目标，形成车路协同感知产品解决方案；大数据智能网联平台方面，将以高精地图、数字孪生技术为核心，融合全息感知、无人车等子系统，在高速场景下打造数字隧道、数字收费站和数字服务区平台，既服务于传统交通又能满足未来的智慧驾驶。在城市方面，万集推出的数字园区、孪生路口等智能网联平台，将为数字城市建设提供子场景解决方案。同时万集将推出服务于自动驾驶测试场的数字中台，为不同级别测试场提供高扩展性的数字底座和车路协同测试体系。

激光雷达领域，自 2011 年开始布局激光雷达，经过近 10 年的研发投入，公司已掌握光学准直、激光驱动、光学接收、光学扫描等多个方面的核心技术，累计取得激光相关专利 237 项，并具备了多品种大批量工业级激光雷达的供货能力。激光雷达产品已经成熟应用于公路、港航，并在积极开拓轨道、航空等智能交通行业。产品在智能装备行业实现了进口替代，尤其是在移动机器人和工厂自动化领域建立了深厚的品牌价值。面对自动驾驶行业，公司最早独创性地提出了车路两侧精准感知激光雷达整体解决方案，并在多个智能网联示范区实现了项目落地。万集科技坚持自主研发为主的发展路线，在光学结构、激光发射、接收电路设计等方面具有多年的技术积累和储备。定制化开发的第二代路侧激光雷达，提升了测距范围、测距精度和分辨率。开发 MEMS 激光雷达和硅基光子芯片，积极布局半固态及固态激光雷达。

汽车电子领域，在主机厂大规模推广测试 V2X-OBU，与车企进行技术交流、联调联试，争取技术对接全覆盖，获得主机厂定点，同时积极开发“V2X + Tbox”“V2X + ETC、V2X +”网关等融合型产品。在车企及无人驾驶公司推进车载激光雷达的测试应用，对现有车规级激光雷达进行优化设计。向主机厂推广车路协同及测试场方案。围绕车载激光雷达开展国内国际专利布局，参与车载激光雷达国家级行业标准的编写，提高研发标准化能力。在产品管理、生产制造、质量管理、项目管理、采购、供应链等提高运营水平。针对无人驾驶环境下的激光雷达应用，包括无人小巴、无人物流配送车、无人微循环车、无人特种作业车等，全面推广公司激光雷达产品。

2021 年，公司将继续加大研发投入，重点研发多线激光雷达、V2X 智能感知融合、智能网联云控平台等方面。

多线束激光雷达方面，实现激光雷达及智能识别算法的开发与应用，利用定制深度集成芯片、光学器件和机械构件，提升激光雷达的精度和分辨率。研究开发基于光学相控阵技术的固态激光雷达，开发高度集成的光学天线、激光光源和探测器。

智能感知融合方面，提升 V2X 车载通信终端与系统设计开发以及 V2X 路侧通信终端与系统设计开发的性能优化和稳定性。研究与开发道路智能感知设备、多源传感器信息融合技术，通过多源传感器信息融合算法，将激光雷达、摄像头、毫米波雷达等传感器的数据进行数据级融合，再结合边缘计算、V2X 和 5G 通信，实现道路环境信息的高精度、低延迟、全天候的感知、计算、传输和服务，提升道路智慧化水平。

智能网联云控平台方面，搭建端边云一体化架构，利用高精地图和三维建模搭建物理世界数字底图，通过时空技术实现对路侧感知、无人车、仿真等子系统的深度集成，将各子系统在同一时空标准下进行有效协同，形成具备真实数据数字孪生、场景仿真、高可靠交通事件检测、基于车辆位置的伴随式信息服务等能力的数字孪生平台。同时智能网联云控平台实现车—路—云三端的海量信息实时交互研究，可满足大数据量的智慧高速、智慧城市建设项目落地需求。

六、主要新产品

序号	产品名称	产品型号
1	车规级 8 线激光雷达	8L-LIDAR WLR-713
2	车规级 16 线激光雷达	16L-LIDAR WLR-736
3	32 线激光雷达	32L-LIDAR WLR-732
4	128 线激光雷达	128L-LIDAR WLR-739
5	V2X 路侧通信终端	WVR-9100（4G）
6	V2X 路侧通信终端	WVR-9110（5G）
7	V2X 车载通信终端（车规级）	W-980A（4G）
8	V2X 车载通信终端（车规级）	W-981B（5G）
9	乘用车（12 V 系统）前装 OBU	W-180B
10	乘用车（24 V 系统）前装 OBU	W-180C

七、合资合作及重大项目建设

公司在建项目"自动驾驶汽车用低成本、小型化激光雷达和智能网联设备研发及产业化",项目为2020年北京市发改委列为市重点工程项目。

八、发展目标与规划

战略目标是成为全球领先的智能交通生态综合服务提供商,以产业生态构建为核心,提供涵盖产品、系统、平台的全方位解决方案。公司将围绕"路"和"车"两个交通最基本要素构建生态。在"路"端,公司将围绕"感知—传输—计算"来进行产品和系统的布局,实现安全、高效、便捷、绿色的智慧道路。首先,公司会继续丰富ETC、激光雷达、动态称重等多种信息采集与处理产品线,为路侧提供更加精确、多维度的传感器;同时,将开发更多V2X路侧天线、路侧计算节点等产品,对路端采集的交通数据进行处理、分析及传输,将交通信息以低延时、大范围的方式传递给所有交通参与者,提高道路通行效率,减少事故发生;公司将为交通管理者和参与者建设一体化的交通信息管理与服务平台,在平台上为交通管理者实现一体化的管理、监督、执法等功能,为提升综合运输智能管控与协同运行提供支持;公司还将通过大数据等技术,深入挖掘海量的交通信息,为管理部门、驾驶者、物流、保险等交通参与者提供驾驶出行、设计规划、分析决策、车辆画像等增值服务。

在"车"端,公司将围绕智能网联汽车的感知和通信两个核心领域,重点布局车载激光雷达和V2X两大产品体系。车载激光雷达可以帮助车辆对周围环境做出立体的、动态的、精确的感知,为车辆辅助驾驶和自动驾驶提供关键信息。公司将布局多个激光雷达技术路线,不断丰富产品线,打造高质量的车规级产线和工艺流程,提升激光雷达产品的性能和可靠性,降低产品成本,加速激光雷达上车进程。V2X车载单元采用LTE-V2X及5G等先进通信技术,与V2X路侧天线通信,全方位实现车—车、车—路、车—云的动态实时信息交互,并在动态交通信息采集与融合的基础上开展车辆主动安全控制和道路协同管理,充分实现人车路的有效协同。

公司通过"路"和"车"的战略布局和相关产品落地,助力智能网联道路和智能网联汽车两大产业,最终实现智慧道路和自动驾驶。

未来公司将以车—路—云一体化协同的中国智能网联汽车发展思路为基础,通过V2X、路侧激光雷达、智慧基站、智能网联云控平台等产品和解决方案,实现基于全息感知技术的物理世界数据精细采集、基于实时通信技术的信息同步汇聚与分发、基于边缘计算的数据融合与特征提取、基于时空统一的数字孪生系统等关键技术,构建面向智能网联服务的数字孪生交通系统。

蘑菇车联信息科技有限公司

一、单位概况

蘑菇车联信息科技有限公司是一家行业领先的自动驾驶全栈技术与运营服务提供商,打造了业内领先的自动驾驶与智慧交通系统,并通过车路云一体化体系,加速了自动驾驶商业化落地。

二、经营情况

主营业务

(1)自动驾驶车队运营。包含自动驾驶出租车、自动驾驶园区车、自动驾驶公交车、自动驾驶医疗车、自动驾驶巡逻车、自动驾驶清扫车等。

(2)城市级智慧交通建设。包含全要素实时数字化、全息融合感知覆盖、交通事件监测发布、交通态势分析预测、自动驾驶车辆调度、全景还原智能决策等。

三、技术进展及研发能力建设

1. 核心技术

(1)L4级单车自动驾驶技术。蘑菇车联拥有全国规模最大的训练数据集,全球领先的算法体系以及完善的自动驾驶套件方案,打造了具有高稳定性与可靠性的单车自动驾驶系统,同时可融合路侧与云端的综合信息,更加适合中国城市开放道路的实际交通情况。

(2)车路云一体化体系。蘑菇车联通过单车智能、车路协同、AI云平台实现融合感知、协同定位规划和协同决策,突破单车智能瓶颈,大幅提升自动驾驶的可靠性和安全性,是国内领先且唯一的车路云一体化体系。

(3)智慧交通AI云平台。全国最大规模云控平台,打造交通元素全覆盖的全息数据感知体系和场景化智能决策服务,是国内唯一具备交通AI底层系统与应用运营系统的智慧交通大数据平台。

2. 研发能力建设

(1)技术领先。蘑菇车联打造全国首个成功落地基于车路云一体化的自动驾驶技术,全面覆盖黑夜暴雨等极端工况,相比单车智能成本更低,可靠性更高,真正实现自动驾驶商业化落地。蘑菇车联在国家级智慧交通示范基地北京市顺义区北小营镇成功落地了国内首个开放式5G商用智慧交通车路协同项目,覆盖300多个实际交通场景,稳定运行近2年,并在苏州、衡阳、上海、哈尔滨等多地成功复制落地。

蘑菇车联拥有及在研300多个自动驾驶、车路协同、智慧交通等相关发明专利。

(2)卓越团队。蘑菇车联以卓越的团队构建行业领先的产品技术壁垒,其核心团队主要来自于腾讯、百度、微软、华为、宝马等公司,在硬件架构、芯片设计、操作系统、智慧交通方面经验丰富,核心高管在自动驾驶、AI云、车路协同、高精地图等领域有10年以上研发、运营和管理经验。

四、合资合作及重大项目建设

1. 合资合作

蘑菇车联打造全领域、高层次合作伙伴生态圈,协同产业链共同发展。

2021年4月26日，蘑菇车联与奇安信、中电车联签署战略合作协议，共建智慧交通安全体系联合实验室，健全适应自动驾驶的安全体系，提升智慧交通的网络安全水平，推动自动驾驶规模化落地和应用。

2021年3月31日，蘑菇车联与长城汽车在智能驾驶、车路协同、智慧交通领域达成战略合作，共同推动车路云一体化的系统级方案在多个场景实现商业化落地，打造智慧交通创新融合新标杆。

2021年3月15日，衡阳市人民政府与蘑菇车联签署战略合作协议，双方在智能终端、车路协同、自动驾驶及智慧交通领域展开深度合作，共建智慧交通创新示范城市，打造"衡阳模式"，推动城市级自动驾驶大规模落地和商业化运营。

2020年11月24日，中国电信与蘑菇车联联合召开战略合作年度总结暨智慧交通研讨会。通过电信流量数据分析显示，蘑菇车联在中国电信车联网领域数据使用量名列前茅。

2020年11月9日，苏州高铁新城与蘑菇车联达成战略合作，蘑菇车联长三角研发总部正式落地。

2020年9月26日，比亚迪 DiLink 与蘑菇车联在北京车展期间签署合作协议，双方在智慧交通上展开合作，聚焦车路协同、探讨自动驾驶应用方案。

2020年4月17日，东风畅行蘑菇车联智能汽车方案车辆落地，双方共同以用户需求为核心，提供安全、高效、贴心的智能网联汽车服务，并在携手推进智能汽车规模落地的同时，进一步助力智慧交通、智慧城市建设。

2019年11月8日，腾讯与蘑菇车联达成战略合作，共同开拓车联网、自动驾驶等领域。

2019年8月30日，中国电信与蘑菇车联签署战略合作协议，双方在5G、云业务、物联网、大数据等信息化建设方面合作，探索5G环境下车联网应用新业务、新模式。

2. 重大项目建设

蘑菇车联基于在自动驾驶、车路协同与智慧交通的全面布局，已在北京、苏州、衡阳等多地落地，效果显著。

(1)北京：国内首个开放式5G商用智慧交通车路协同项目。2019年10月，在国家级智慧交通示范基地北京市顺义区北小营镇，蘑菇车联落地国内首个开放式5G商用智慧交通车路协同项目，在5G + C-V2X无缝连接和车路高效协同上开创先河，掀起了智慧道路建设的新篇章。该路段全长7.2 km，是典型的混合开放式道路。整套车路协同方案支持300多个交通关键事件场景，通过5G + C-V2X将车与路、车与车连接打通，各端感知数据彼此交互，让车、路两端具备追踪目标、捕捉风险、预测意图的能力，得到了交通部、科技部、顺义区等领导高度肯定。项目稳定运近两年，交叉路口安全性提升了60%，通行效率提升了20%，相当于两条车道即实现了3～4条通道的通行效率，消防车平均路上出警时间缩短了10%，为开放道路的5G车路协同建设提供了极富借鉴意义的示范样本。

(2)苏州：自动驾驶落地苏州 共建长三角自动驾驶高地。2020年11月，蘑菇车联车路云一体化自动驾驶落地苏州。此次落地，蘑菇车联与苏州高铁新城在自动驾驶、车路协同、智慧交通等领域开展深度合作。位于苏州高铁新城的长三角总部将作为蘑菇车联全球技术研发总部，集团三大基地支撑之标打造"苏州模式"，辐射推广到长三角更多区域。在落地仪式现场的体验环节中，自动驾驶车辆完成了交叉路碰撞预警、闯红灯预警、弱势交通参与者碰撞预警和绿波车速引导等日常高频场景，车路云一体化自动驾驶系统全局协同保障出行安全、提升通行效率。基于此次战略合作，双方将共同推进苏州高铁新城智能网联汽车产业的发展，形成在长三角地区具有明显竞争力和影响力的产业链体系，实现互利共赢，并充分发挥技术与资源优势，在苏州高铁新城建成全国领先的智能交通系统，为公众提供安全、便捷、畅通、环保的交通出行体验。

(3)衡阳：国内首个基于城市主干道的车路云一体智慧交通项。2021年3月，衡阳市人民政府与蘑菇车联签署战略合作协议，双方在智能终端、车路协同、自动驾驶及智慧交通领域展开深度合作，共建智慧交通创新示范城市，打造"衡阳模式"，推动城市级自动驾驶大规模落地和商业化运营。该项目总投资约5亿元，一期计划投资7 000万元。蘑菇车联通过车辆智能化、道路智能化和AI云，构建车路云一体的智慧交通体系，充分满足市民便捷、高效绿色环保的出行需求。同期，首批投入测试的自动驾驶车队上路运行，这也是国内首个车路云一体化的自动驾驶车队驶入主干道，标志着自动驾驶进入到城市级主干交通要道落地的新阶段。基于此次战略合作，蘑菇车联将针对衡阳主干交通要道开展道路智能化和车路协同智能网联化升级，覆盖智能驾驶网约车、公交车等城市公共出行和道路客运场景。首期自动驾驶车队已批量驶入城市主干道并陆续启动商业化运营，应用于衡阳旅游观光巴士、微循环公交、园区通勤摆渡、快速路公交等，后期还将覆盖智能驾驶网约车等城市公共出行场景。

五、发展目标与规划

自动驾驶与车路协同融入整个交通体系是我国交通战略的基本方针。协同发展、融合感知、全要素数字化是我国自动驾驶的着力点，并将渗透到智慧交通的方方面面。"十四五"规划纲要也将智慧交通作为数字经济的重点应用场景，是推动自动驾驶大规模落地和商业化的最大机遇，也是最好的发展土壤。蘑菇车联自动驾驶、车路协同系统在北京、湖南、江苏、上海、哈尔滨等多地已开展实施。

北斗星通智联科技有限责任公司

一、单位概况

北斗星通智联科技有限责任公司(简称北斗智联)隶属于北京北斗星通导航技术股份有限公司，是专业从事智能网联汽车电子产品研发、生产和销售的高新技术企业，也是国内唯一同时拥有汽车电子前装量产研制生产能力和北斗高精度定位及服务优势的汽车电子 Tier1。公司实缴注册资本 6 亿元，有员工 1 400 余人，拥有宿迁、重庆两大生产基地，年产能 200 万台。公司经过十余年的发展，形成了以汽车前装智能座舱终端研发、生产和销售的规模化主体业务、以高精度融合定位为核心优势的 ADAS 自动驾驶控制器相关产品及智能座舱软件技术开发与服务的两翼创新业务。公司主要客户包括长安、吉利、大众斯柯达、上汽通用五菱、奇瑞、红旗、北汽等国内 OEM 以及先锋、DAIICHI 等海外合作伙伴。北斗智联始终秉承"诚信、务实、坚韧、创新、精益"的企业文化，旨在赋车智能，为客户提供满意的汽车智能网联解决方案，致力于成为国内领先、国际一流的汽车智能网联产品、技术与服务提供商。

二、经营情况

2020 年北斗智联营业收入为 11 亿元，每年汽车前装座舱终端出货超过 120 万台。

三、产品出口

与海外 MH、pioneer、DAIICHI 等客户皆有合作。

四、产能建设

拥有宿迁、重庆两大生产基地，年产能 200 万台，拥有 12 条全自动高速 SMT 贴片线、18 条装配生产线、领先的自动化生产检测设备（西门子/松下高速贴片生产线、选择焊生产线、AOI 检测仪、X-RAY 检测、ICT/FCT、自动化成品检测等）。公司具备成熟的无铅生产能力，可以贴装包括 0201 在内的任何元器件及管脚距离在 0.3 mm 的高精度 BGA 芯片。满足主机厂大批量，高质量标准生产要求。

五、技术进展及研发能力建设

BICV 制定了"一体两翼"的发展战略，其中"一体"就是 BICV 的基础——座舱域产品，包括车载信息娱乐系统、智能互联车机系统，正在发力的数字液晶仪表，驾驶员监控系统，域控制器以及 ADAS、V2X 等。"两翼"就是"一软一硬"，未来把北斗的卫星定位、组合定位、融合定位能力等逐渐往车上去搬，两翼正处在从座舱域往智能驾驶域跨越的过程。

BICV 拥有国内外优秀的科研人才、管理人才和世界先进的生产、检测和研发设备，每年都有科技项目的预研及应用。其中研发人员核心骨干 70% 拥有多年 Global 企业工作经验，具备电子、软件、机械、测试全方位开发和工程能力，具备 DA、IVI、TBOX、数字液晶仪表、域控制器、V2X、智能天线、TSP、手机 App 全套汽车智能座舱类产品开发能力及量产经验。而且 BICV 多年的设计、研发、量产经验，配合采用 Qualcomm、NXP、MTK 等知名半导体公司的强大车载处理芯片，提供更高的主频、更多的内核、更强的音视频和图像处理器，打造更强性能的汽车多媒体娱乐系统。

集团——北斗星通拥有自己的芯片公司"和芯星通"，支持北斗卫星高精度定位的民用，也为 BICV 的车载产品提供北斗卫星高精度定位定姿和导航的技术支持。

重庆总公司于 2021 年下半年迁址到位于渝北区前沿科技城的"北斗星通智能产业园"，技术中心计划用地 2 000 m^2，实验室占地 800 m^2。技术中心积极建立与高等院校及科研院所、相关企业、客户的合作，致力于新功能、新技术的开发和应用，研发新品，完善公司产品结构，推动企业技术进步。

六、主要新产品

序号	产品名称
1	智能座舱（域控制器）
2	智能中控
3	数字仪表
4	4G-Tbox
5	5G-Tbox + V2X
6	智能天线控制器
7	高精度地图定位控制器
8	高精度融和定位总成
9	组合导航定位控制器
10	DMS/IMS/ADAS 视觉感知控制器

七、合资合作及重大项目建设

与主要客户、重要供应商、外包商和有实力的合作伙伴建立了共赢的战略合作关系，以此构建竞争优势突出的外部合作生态圈，例如和边缘人工智能芯片的全球领导者地平线、福耀集团、国汽智控等产业内头部企业积极合作，构建智能网联汽车生态，推进智能网联汽车产业发展。积极推进北斗产业建设，其中北斗重庆重大专项项目中与长安汽车及中国汽研合作在汽车智能化与城市智能化两个方向推进示范项目建设，于北斗产业意义重大。

八、发展目标与规划

作为国内唯一一个既做北斗融合定位，又做汽车 Tier1 的双引擎企业，BICV 希望依托一体两翼业务布局，以北斗高精度融合能力为基础，充分赋能汽车行业。在汽车前装领域形成一个比较大的规模效应，争取进入智能网联汽车 Tier1 领域第一梯队的头部位置。

武汉光昱明晟智能科技有限公司

一、单位概况

武汉光昱明晟智能科技有限公司（曾用名：武汉光庭科技有限公司）是一家人工智能助力的汽车 IT 公司，是国内最早开展智能网联汽车相关领域研发的公司，拥有符合汽车行业要求的自主核心技术研发、产品设计、制造和销售于一体的能力。随着汽车智能化网联化的发展趋势，汽车电控单元处理能力、控制逻辑复杂度和电气架构复杂度均在大幅提高。为了突破技术难题打造可落地的产品，公司开展了针对智能驾驶域控制器相关关键技术的研发，突破了高等级自动驾驶感知融合，地图定位，决策控制等核心算法，研发了全新架构的满足功能安全要求的车规级域控制器软硬件系统，辅以仿真测试平台以及 OTA 技术，形成了具有自主知识产权的智能驾驶域控制器产品，并取得了产业化突破。

二、经营情况

截至 7 月底，2020 营收已达 3 500 万元，相比 2019 年同期，有大幅的增长，并取得了多家车厂在智能网联领域的量产订单，主要是自动驾驶域控制器、地图传感器和车联网远程通信控制器等。

三、产品出口

主要出口客户是德国博世，用于新能源电动车的零部件；出口产品类型：智能通信及定位终端和仪表如 T-BOX 等；主要涉及出口国家涵盖东南亚如印度、越南等国家，欧洲如荷兰、德国等国家；出货量为 5 万套/年。

四、产能建设

产能建设主要聚焦在 T-BOX 和 AD-ECU 的产线。

1. 总产能 20 万/年：10 万/年（控制器，预测）、5 万/年（智能通信及定位终端）、5 万/年（仪表）。

2. 1 条自动化流水线（线长 10 m），配备："自动送板 + 自动烧录 + 自动打螺丝 + 自动检测"，实现产品"定位防呆 + 系统防呆"。

3. 5 条柔性生产线（线长 6 m），根据 PO 量可以实现柔性生产化，同时产品"实现定位防呆 + 系统防呆"，均配置自动防静电报警装置，适合各种生产模式。

4. 在线老化箱 2 组，可以根据产品需求自研开发老化夹具，可以实现温度 0 ℃ ~100 ℃ 自动调节及定时报警功能。

5. 生产车间为百万级无尘车间管理并定期维护，符合电子产品制造环境。

五、技术进展及研发能力建设

自 2013 年光昱智能开启研发自动驾驶技术，在 8 个方面开展技术研发工作并取得了相关研究成果。

1. 组建智能网联汽车产业联盟。2013 年，在光昱智能（原光庭科技）的发起下，集合国内外 30 多家产、学、研单位成立了全国首个省级产业联盟——湖北智能网联汽车产业创新联盟。联盟在经信委指导下先后完成了省部合作的《基于宽带移动互联网的智能汽车与智慧交通应用示范方案》的编制、《武汉市智能网联汽车产业"十三五"发展规划纲要》的起草，推动了武汉成为中部唯一的省部级智能汽车与智慧交通应用共建示范区。联盟联合创新中心，在 2019 年，正式获批成为公开道路自动驾驶测试的第三方运营机构。

2. 深耕智能网联汽车软件出口。围绕智能网联汽车，研发出具有核心竞争力的汽车智能座舱系统、远程终端通讯控制软件等。2017—2019 年，分别与日本歌乐公司、日本电装集团联合成立了合资公司，为美国伟世通、德国博世、日本日产汽车等世界 500 强和汽车电子世界百强企业进行产品配套。

3. 抢占智能驾驶高精度地图制高点。高精度地图是实现智能驾驶必备的关键技术。2017 年 9 月，与上汽集团签署战略合作协议，引入上汽资本入股旗下地图子公司，双方计划 2018 年投资数亿元，完成全国主要高速公路高精度地图采集。

4. 加速智能驾驶技术应用示范。2013 年在国内率先开展智能驾驶的自主研发，推出"光谷梦"智能网联汽车创新平台，已为国内外数十家主机厂、零部件企业或科技企业提供智能驾驶技术服务，相关成果已在车辆自动驾驶测试、港口物流、矿区运输、园区清扫、高速编队运输等领域进行了智能化甚至无人化的尝试。

5. 探索智能出行新模式。公司自 2014 年北京车展推出自动驾驶技术以来，分别在百度公司、长城汽车公司、日本横滨地区、日本阪神高速道路等进行了实地驾驶测试。2015 年 8 月，更是圆满完成了郑州—开封开放路况条件下的 32.5 km 的自动驾驶实验。2016 年 4 月 8 日，依托"光谷梦"智能网联汽车平台，率先在武汉光谷广场至未来科技城一线开通了国内首条自动驾驶示范运营线路"小鱼畅行"，由搭载光庭智能网联技术的新能源汽车开展常态化的示范运营和实验，第一批投放 10 辆智能网联汽车。市民通过手机 App 可以预约体验自动驾驶科技，探索了新的商业运营模式。

6. 打造核心竞争力，推进产业化落地。在面向智能网联汽车的持续探索中，我们一直在致力于自主攻克智能网联汽车的"大脑"——智能驾驶控制单元（AD-ECU）的关键技术。2018 年初，AD-ECU 阶段性成果发布，初步具备 SAE L2 ~ L4 级智能水平，并完全按照车规标准、充分考虑功能安全、可量产性价比要求打造。该产品的面世很快就引起了业内关注，取得了产业化突破。已获得了乘用车及商用车各一家客户的采购定点，助其在 2020 年推出具备自动泊车和高速公路自动驾驶功能的 L2/L3 级智能网联汽车，并计划在 2021 年后推出具备限定区域 L4 级自动驾驶功能的量产智能网联汽车。

7. 承担国家课题，光昱智能（原光庭科技）参与了中国工程院承担的"汽车强国战略"之"智能网联汽车"的课题研究，该课题为国家第十三个五年计划，以及国家的自动驾驶规划提供政策和规划依据。2016 年，光昱智能（原光庭科技）作为组长单位，由朱敦尧博士领衔，支持武汉市申报《中国中部：基于宽带移动互联的智能网联汽车和智慧交通国家创新应用示范区》的方案编制，联合省内高校、研究院所和企业协同创新，积极促进湖北省和工信部共建和落实"中国制造 2025"国家战略。2018 年 08 月，光昱智能（原光庭科技）正式入库工信部的人工智能与实体经济深度融合项目库。2019 年 11 月，武汉市科技局邀请参与了第七批科技成果转化项目签约仪式。2020 年 1 月，光昱智能（原光庭科技）正式入选"工信部新一代人工智能产业创新重点任务揭榜"项目潜力单位，开展"智能网联汽车智能驾驶控制与故障诊断监控系统开发"项目的技术攻关，也是湖北省智能网联汽车方向唯一入围的揭榜潜力单位。2020 年 8 月，承担了武汉市科技局科技成果转化项目。2021 年 3 月，参与了湖北省十四五规划（汽车产业和人工智能领域两个方向）。

8. 牵头组建省级制造业创新中心。在武汉市经信局领导的带领下，开展了一系列智能网联汽车系统前沿技术相关的研究与开发工作。基于联盟这个平台，2018 年 9 月，光昱智能（原光庭科技）正式牵头联合武汉市智能驾驶相关技术的领军企业，如极目、梦芯和蓝恩等，共同成立了武汉市智能网联汽车创新中心有限公司，并于 2019 年 1 月完成了工商注册，2 月正式获得了营业执照，正式进入省级制造业创新中心的培育期。智能网联汽车创新中心依托武汉地区雄厚的汽车产业基础，以智能网联汽车为主攻方向，整合国内外人工智能、大数据、云计算、5G 通信、导航定位、智能制造等创新资源，围绕智能网联汽车相关的人机交互、环境识别、信息传递、安全控制、检证测试等技术开展研发、服务、产业化等工作，打造国际领先的智能网联汽车技术和产业高地。建成后，将成为立足武汉、覆盖华中、辐射全国、影响国际的智能网联汽车技术集聚区、成果转化区、商务交汇区。智能网联汽车创新中心的核心研究目前定位是智能网联汽车自动控制单元，控制单元主要有两个模块：智能驾驶控制的 AD-ECU 控制模块；车载通信控制的 TCU 无线通信终端模块。结合湖北智能网联汽车示范区，进行各项性能、功能及整车智能驾驶安全的测试。创新中心的工作都聚焦智能网联汽车产业的良性循环发展，进行合作企业间的强强联合，取长补短，完善产业的体系架构，共同推进智能网联汽车系统研发与其技术推广，为日后的量产计划做铺垫，并致力于智能网联汽车系统的测试评价体系的建立，验证智能驾驶汽车整车、系统及其零部件的量产安全性与稳定性，从而真正达到新兴技术的产业化。

2015—2021 年，通过技术研究积累，共计申请专利 50 余项，已授权 21 项；授权许可与转让的发明专利十项；发布国内外核心期刊论文 8 篇。

六、主要新产品

序号	产品名称	产品型号
1	B03B C-BOX	KN1B1C130
2	I03V CBOX	KN1B1C12B
3	I03V HMI	KP1B1A421
4	H01S HMI	KP1B1A526
5	I01G CBOX	KN1B1C124
6	I01G HMI	KP1B1A525
7	专业版车联网远程通信控制器（T-BOX）	KN3C04A0B
8	车规标准版车联网远程通信控制器（T-BOX）	KN3C05A0B
9	工业标准版车联网远程通信控制器（T-BOX）	KN3C05A1B
10	5G/V2X 版车联网远程通信控制器（OBU）	KN5C05A0B
11	L2 + 自动驾驶域控制器（AD-ECU）	KAF03A0B
12	开发者版自动驾驶域控制器（AD-ECU）	KAF04A0B
13	车规标准版地图传感器（MAP-ECU）	KAF02A0B
14	车规标准版网关（GATEWAY）	KAF02A1B

七、合资合作及重大项目建设

合资：引入战略投资者，预计投资总额在 1 亿元以上，用于智能驾驶产品开发；

重大项目：与某车厂基于其首台创新性电子电器架构车型的智能网联域控技术的量产开发合作。

八、发展目标与规划

抓住市场机遇，快速发展，争取在 2025 年前营收突破 5 亿元，完成 IPO。

镁佳（北京）科技有限公司

一、单位概况

镁佳（北京）科技有限公司 2018 年成立于北京。秉承着“软件改变世界”的梦想，凭借多年在互联网和汽车行业的积累，镁佳创新性地提出了模块化的汽车软件开发方式，并成功推出镁佳整车级别分布式智能操作系统 SmartMega® OS + 和软件开发基础组件 SmartMega® Core。SmartMega® OS + 和SmartMega® Core 可覆盖从车到云的核心软件构架，根据车型可快速定制专属零部件软件产品和云端业务系统，同时也提供硬件零部件的设计和定制开发。基于 SmartMega® OS + 和 SmartMega® Core 定制的零部件，可实现一年数次软件大版本迭代。SmartMega® OS + 和 SmartMega® Core 目前支持的零部件包括：数字座舱、多个域控制器、T-Box、网关，具有极强的平台化和规模化能力。

镁佳通过自主研发的软硬件基础设施 SmartMega® OS + 和 SmartMega® Core，不仅帮助整车厂更好地掌控智能汽车中的软硬件开发过程，还能让车厂更自主、灵活地构建优质的用户体验。镁佳科技不断地赋能整车厂，同时也提供多种灵活的合作模式，包括传统的 Tier 1 零部件供应的模式，也包括软件服务模块授权、合作开发等智能化时代的崭新合作方式。镁佳已完成新一轮亿级美元融资。投资商包括：Transcendence Capital、大湾区共同家园发展基金、南山资本、红点中国及山行资本。

二、经营情况

2020 年，镁佳科技和国内外多家整车集团共达成总额近 10 亿元人民币的量产零部件研发和供应合同，这充分验证了基于 SmartMega® OS + 系列车载操作系统和 SmartMega® Core 软件和云服务组件，可以高效开发高质量和高智能的数字座舱、域控制器、T-Box 等零部件，以及强大的车联网云服务。

2021 年一季度以来，镁佳科技与各大车厂的量产合作还在持续增加，公司服务的整车厂客户包括广汽蔚来、理想汽车、东风、长安、奇瑞等重量级汽车厂商。

三、产能建设

镁佳的总部 & 软件平台化研发中心在北京，武汉有第二研发中心，同时在重庆、广州等地也有项目交付中心。

四、技术进展及研发能力建设

（一）技术与知识产权情况

公司自成立以来，注重研发与成果转化，已经获得了涉及与车辆的专利 3 项、实用新型专利 1 件、软件著作权 8 项，涵盖了云服务、安全、语音等多个系统。目前还有多项软著及专利在申请中。

（二）人才团队情况

约有员工 400 人，90% 以上是工程师，来自众多名校，如清华、北大、复旦、交大、中科大、中大、Berkeley 等知名学校。员工在互联网及汽车领域经验丰富，有的来自全球顶级软件企业，如微软、雅虎、谷歌、黑莓；有的来自国内一流大型互联网和实体企业，如百度、阿里巴巴、腾讯、京东、猎豹移动、华为、小米；还有的来自于名车企，如大众、北汽、蔚来、乐视、宝马等。

核心人员：

1. 庄莉，创始人，CEO，博士。

著名的 96 级清华大学计算机专业人，以第一名的成绩在清华计算机系取得本硕士学位后，就读于美国计算机科学专业排名第一的加州伯克利大学，并获得博士学位。博士论文关于机器学习与计算机安全科学的结合在业界引起广泛关注，被包括 CNN 在内的上百家美国主流媒体和专业机构报道。博士期间共同参与创建了网易有道（NYSE：DAO）公司，带领团队完成了有道分布式计算平台和存储平台的开发。随后分别在微软研究院、雅虎北京研究院、猎豹移动、蔚来任高管，带领的团队横跨交互视觉设计、产品、研发、商业等多个领域。20 多年的学习和工作经历覆盖了整个计算机科学领域几乎全部内容，对分布式系统、操作系统、计算机安全、计算机网络构架、人工智能技术、视觉图像技术等各方面都有过深入的研究和产品研发实战经验。2016—2019 年，担任蔚来汽车数字座舱和软件开发副总裁。其下 15 个总监在中美多地带领约 500 人的团队，全面覆盖了蔚来汽车的车端、云端、用户端的绝大多数软件研发、产品和设计工作。带领完成了 NIO OS 1.0/2.0 的全部设计和开发工作，其中包括广受好评的 NOMI 人工智能陪伴机器人。打通了从端到云的 NIO 车联网服务（是中国最先进的车联网系统）。带领团队构架和实现了包括 NIO APP、NIO Fellow、NIO Power 在内的用户端运营、支持和管理软件系统。通过过去几年在整车电子电气领域的积累，对计算机科学和汽车电子电气的结合及其商业机会的构建有很深领悟。

2. 肖阳珂，总经理兼综合管理部高级副总裁。

毕业于加拿大维多利亚大学，有长年海外工作经历。曾在知名企业 BlackBerry QNX、GoPro、蔚来汽车（美国）等多家公司负责操作系统和关键底层软件开发。有超过 10 年的主流操作系统及主流芯片方案开发和研发团队管理经验。作为核心人员参与了高通平台第一代的车载平台，蔚来汽车的联网网关，智能座舱平台。

3. 林锋，人工智能业务线高级副总裁。

毕业于清华大学计算机系。曾就职于网易、雅虎、京东、蔚来汽车等公司，在搜索、个性化推荐、语音对话等基于大数据的人工智能领域有十多年工作经验。在加入镁佳科技之前，曾是新势力造车领头企业蔚来汽车 AI 系统开发负责人，带领团队开发了中国最先进的车载语音对话系统 NOMI，成为该量产车上的最大的亮点和创新。

4. 顾瑜，智能应用业务线副总裁，清华大学计算机系博士，北京大学光华管理学院 EMBA。

曾任空中网研发中心主任、悟空搜索 CTO、阳光印网 CTO。有超过 15 年的互联网技术及产品经验。在镁佳科技主要负责车联网云及数字座舱相关工作。

5. 刘明路，汽车智能硬件副总裁。

毕业于北京交通大学，中国第一批既有互联网产品经验也有汽车车联网产品经验的人员之一。曾参与研发多个在国内具有重大影响力的项目，包括国产第一款“Intel 芯片 + Linux”智能手机的研发；联合中国移动成为国内首家从 Android1.0 开始产品化的公司；车联网平台开发十余年工作经验，在 NXP、CSR、TI、MTK、Qualcomm 平台上都有车联网产品成功量产经验，在入职镁佳科技前，曾担任乐视 FF91 双 820A 数字座舱硬件开发和设计负责人。

（三）公司所获荣誉

2020 年 4 月被评为“中关村高新技术企业”；2020 年新基建与行业创新应用优秀解决方案；第五届全球人工智能与机器人峰会（CCF-GAIR 2020）——“AI + 汽车”最佳数字化成长奖；第九届中国财经峰会，2020 最具成长价值奖、CEO 庄莉获评 2020 行业影响力人物奖；亿欧汽车 2020 全球科技出行产业创新榜——中国科技出行产业女性创业者 TOP10、中国智能网联汽车产业科技创新 TOP20；2020 年世界创新者年会（WIM2020）——全球汽车出行科技创新 TOP50；黑马 2020 中国科创产业新锐 TOP50。

五、主要新产品

序号	产品名称	产品型号
1	长安 EVE 智能座舱	00040-DF30
2	理想汽车 X01 智能座舱	X01-HMI-SOR-010-V00
3	东风岚图智能化 OIB 终端	H53A3632002BA
4	广汽蔚来车联网云平台	—

六、合资合作及重大项目建设

镁佳参与研发的重大项目建设：长安新能源汽车平台级智能座舱系统；东风岚图新能源汽车平台级智能座舱系统；电动汽车制造商 LMC 的第一代、第二代智能座舱系统。

合创 007 智能座舱系统；理想新能源汽车的智能座舱系统。广汽蔚来车联网云平台。

七、发展目标与规划

镁佳致力于成为最大的智能汽车基础设施平台，深度赋能全产业链。

1. 2018—2020 年：开发领先产品，扩大市场覆盖，迅速迭代基础软件，智能化产品全矩阵。规模复制既有产品优势和成功案例；推进产品迅速迭代，覆盖更多主机厂和车型。

2. 2021—2025 年：定义行业标准。构建多域协同的产品形态，全面赋能软硬件生态伙伴。以 OS 系统为核心，实现整车多域融合，构建从座舱域至自动驾驶域的完整解决方案能力；协同开发和积累产业链伙伴，实现更广范围客户的快速覆盖。

3. 2025 年后：赋能智能出行场景。基于集中计算架构，软硬件生态深度平台化，全面释放平台价值。链接全产业链,深度平台化,推进全产业链协同和迭代;最大化利用数据和流量,赋能全生态体系,扩展服务为核心的商业模式。

国汽智控(北京)科技有限公司

一、单位概况

国汽智控(北京)科技有限公司(AICC)基于顶层设计、优势人才、科技创新和重磅资源,研发智能网联汽车基础平台产品并产业化落地,提升我国智能网联汽车及相关产业在全球价值链中的地位,打造具有世界级影响力的市场化公司。公司注册成立于2020年7月,总部位于北京经济技术开发区,在北京、上海、硅谷均设有研发中心。国汽智控已完成由中军金融投资领投,中关村前沿基金、一旗力合等机构跟投的近亿元融资。主营市场化产品包括计算基础平台(含智能汽车操作系统),车路云协同基础软件等。

2020年7月,国汽智控(北京)科技有限公司成立,正式由国汽智联下属计算基础平台事业部转变为公司建制独立运营,并成功完成天使轮融资,投资方为原有股东增资。

2020年10月,在亦庄、清华、上海、硅谷四地均设立办公场所,开展四地共研。

2020年10月,在上海汽车工程学会年会期间,与13家合作伙伴(10家主机厂、3家供应商)举行了盛大的签约仪式。

国汽智控(北京)科技有限公司有明确的知识产权体系建设规划,并有知识产权专业从业人员。在知识产权管理方面,公司倡导创新文化,强化知识产权的创造、保护、运用,大力培育高价值核心专利,有效推进以知识产权为载体的科技成果首次商业化,努力成为中国智能网联汽车领域的创新高地。

2020年组建专业知识产权团队,不断完善知识产权体系建设。强化知识产权的创造、保护、运用,大力培育高价值核心专利。2020年底共获得34份专利申请号,覆盖计算基础平台的先进架构、关键技术、重点应用、核心算法创新等。基于经营战略和技术规划,通过参考智能网联汽车行业在专利领域的关键技术分解,合理构建专利有机组合,目标是:针对重点技术方向的专利申请量进行规划,通过多个技术方向的局部专利优势,确立公司相对于竞争对手的专利优势地位。

二、2020年技术形态及特点

主要技术形态包括3个内容。

(1)ICVOS(Intelligent Connected Vehicle Operation System,智能网联汽车操作系统):基于集中式电子电器架构和计算平台硬件的软件产品,是一套自底向上的全栈智能汽车操作系统,实现包括自动驾驶和车辆控制在内的智能网联汽车核心功能,以及V2X(车用无线通信技术)、网联云控相关的车路云协同功能,满足高实时、高可靠、高安全等性能要求。

(2)异构分布硬件平台:基于集中式电子电器架构的计算平台硬件产品,是一套域控制器硬件并支持扩展为车载中央计算机,为上层软件提供底层硬件支持。自研硬件在性能层面做到硬件资源集中化、共享化,满足高算力、高实时、高安全等性能要求。

(3)车路云协同基础软件:分布式部署在智能汽车计算平台、路侧计算单元、多级云平台的一组基础软件集合。通过数字孪生、5G、V2X技术实现车路云融合感知、协同决策、算法实时优化,提升自动驾驶能力。通过网络虚拟化技术及标准化工具实现车路云算力的动态分配,提高资源利用效率。通过提供基础的信息安全、数据安全、功能安全模块,提高系统安全可靠性。通过共性提取,提供统一、开放的API(应用程序接口),实现软硬件开发解耦。

基于自身研发实力,通过牵头国家部委重大项目,引领标准制定,联合多家车企开发产品。产品支持不同异构硬件平台,可适配不同车辆平台,可实现L2~L4自动驾驶核心功能,支持客户定制化开发,支持软硬件扩展及升级迭代。在架构覆盖、平台定位、智能网联技术与整车融合方面都具有竞争优势。其在产品和技术上的主要特点表现在以下几个方面:

(1)统一OS:以统一的操作系统软件平台架构,支持L2~L4级别自动驾驶应用开发。

(2)跨平台、跨车型、软硬件解耦:可运行于不同异构多芯片硬件方案,支持跨车型应用开发,支持市场主流传感器类型,具体型号不断增加,拿来即用。

(3)创新应用:领先支持新型激光雷达、4D毫米波、动态视觉和高像素摄像头等新一代自动驾驶专用传感器,支持更多创新性应用开发。

(4)快速应用开发:提供丰富的原子组件和算法库,创新的组件化开发方法,支持车厂应用定制开发和快速交付和部署,开发效率提升一个数量级。

(5)开放生态:开放合作形成软件平台和接口标准,技术方案和市场资源开放给全行业合作伙伴,算法研发、传感器、零部件、芯片等各类伙伴专注自身擅长的领域,协作创新。

(6)中国方案支持(车路协同)、高性价比(价格优势、自研硬件,算法优化)、可插扩框架和标准化算法接口,支持算法可替代、可升级,算法开发者生态。

三、2020年实现的主要技术突破点

智能汽车操作系统是一个跨车辆,跨平台的统一车控操作系统。它支持跨计算域和安全域的异构计算环境,基于不同的传感器、执行器组合,提供L0~L4的自动驾驶应用开发解决方案。

智能汽车操作系统包括系统软件和功能软件,涵盖了实时安全操作系统、分布式通信中间件、可插扩算法框架、基础感知和基础功能组件,提供面向组件的应用开发方法。作为智能汽车基础脑的核心基础设施,智能汽车操作系统为主机厂、自动驾驶应用车厂一级供应商、高级驾驶辅助系统算法供应商、提供了一个共同进行自动驾驶应用开发的平台。

在技术突破上,国内尚无成型的产品,国外有类似系统,包括特斯拉等头部企业,但是其产品软硬一体深度绑定,生态封闭,并非开放性的平台产品,不具有逐层解耦的公共平

台属性。国汽智控(北京)科技有限公司遵循系统软件和硬件解耦,应用开发和功能软件解耦的设计原则,突出层次化、组件化和可插扩化,以智能汽车操作系统为核心实现跨平台、跨车型、软硬件解耦并支持快速应用开发的平台化产品,推动构建行业领先的智能汽车开放生态,促进智能汽车产业健康发展。

云控智行科技有限公司

一、单位概况

云控智行科技有限公司(简称云控智行)依托于清华大学车辆与运载学院20年的技术积累,是中国网联自动驾驶的先锋和领导企业。云控智行作为国家智能网联汽车创新中心的发起股东之一,是创新中心云控基础平台的技术牵头单位和中国智能网联汽车产业创新联盟基础数据工作组的牵头单位,深入参与联盟地图工作组、V2X工作组、大数据工作组、信息安全工作组以及新型车载高速网络工作组的工作。2020年联合国家智能网联创新中心等单位发布了《车路云一体化融合控制系统白皮书》。

二、生产与经营

通过多个重点项目的落地实施以及与产业链上下游企业的广泛合作,云控智行已经在各类型项目中实现了云控产品体系的规模化应用以及云控基础平台与跨品牌车辆数据的标准化互联互通,并在"车路云一体化"基础设施体系的建设、示范、运营方面积累了丰富经验,有助于在城市道路、高速公路、封闭园区、整车应用等各类型云控项目建设中建成行业领先水平的云控系统,逐步实现系统商业化运营,有力支撑产业创新生态的构建。

三、技术进展与研发能力

云控智行在云控技术领域的研究处于行业领先水平,掌握云控相关核心专利,建成了行业领先的云控产品体系并实现规模化应用,包括代表行业领先水平的云控基础平台、多传感器融合的高精度与低时延智能路侧感知系统、5G/V2X/高精定位三合一云控车载终端、支撑产业链研发测试与示范运营的云控应用。公司承担了国家发改委提升制造业核心竞争力专项《基于智能汽车云控基础平台的车路网云一体化综合示范建设项目》、工信部《基于多接入边缘计算(MEC)的车路协同应用系统应用示范》、北京市科委《基于融合一体化自动驾驶技术的城市性一代共享出行系统与车辆架构前瞻研究》、上海市科创办《智能汽车云控应用场景库公共服务平台建设》等重大项目。云控网联式预测性巡航控制系统获2020中国汽车工业科学技术奖唯一特等奖。这是网联自动驾驶在商用车物流领域的典型应用,领先国际水平,显著提升商用车的燃油经济性。

四、主要新产品

续上表

序号	产品名称	产品应用
1	智能网联汽车云控基础平台	北京、上海、长沙等示范区
2	新一代车载TCU	百度阿波罗、滴滴等智能网联汽车
3	道路目标多传感器融合感知系统	各地智能网联汽车路侧基础设施

五、合资合作及重大项目建设

云控智行深度参与了全国各主要城市的车路协同示范项目建设。

(1)在北京,云控智行参与北京市网联云控式高级别自动驾驶示范区的建设,负责云控基础平台与路侧感知系统的建设。项目以服务于高级别自动驾驶为目标,同时服务于网联辅助车辆的规模化应用。该项目已经服务于北京市智能网联汽车政策先行区的自动驾驶测试监管,服务于整车厂如奥迪、宇通、北汽、福田等,以及小马智行、百度、主线科技等自动驾驶企业的研发测试。

(2)在上海,承担了基于智能汽车云控基础平台的"车路网云一体化"综合示范建设项目,这是全国首个集合了"车路网云"要素于一体的综合示范项目。项目总投资3亿元,覆盖道路里程71.8 km,涵盖高速、高架、省道、城市主干、乡村道路等。该项目已经服务于上汽、蔚来、滴滴等企业的网联自动驾驶研发测试。

(3)在雄安新区,云控智行负责云控基础平台的建设,以构建新型城市公共基础数据平台为目标,广泛接入车辆与各类基础设施数据,为车辆和城市提供公共基础数据服务。

(4)在湖南,云控智行主导了长沙双100项目的总体方案设计与建设,负责云控基础平台与智能路侧系统的建设,现已服务于城市道路与高速物流的研发测试服务。

(5)在河北,云控智行参与雄安新区对外骨干高速路网的智能化建设,不仅在高速公路实现车路协同,还为高速公路运营者提供车道级主动控制等能力。

(6)在广西,云控智行与上汽通用五菱合作,实现了量产车的云控车速协同巡航控制以及园区无人驾驶物流的运营。

六、发展规划

云控智行立足国家智能网联汽车战略的先行者、车路云一体化产业创新的赋能者、智慧城市基础设施与智能网联汽车协同发展的支撑者的企业定位,致力于构建"人、车、路、云"系统性协同产业基础设施体系,重塑汽车产业竞争规则,支撑中国标准智能汽车核心竞争力的建立,赋能未来智能网联汽车与交通融合创新生态的发展。

杭州海康汽车技术有限公司

一、单位概况

杭州海康汽车技术有限公司，成立于2016年7月，由原中电海康集团下的汽车电子事业部、智慧汽车事业部及海康威视汽车电子业务部组成，聚焦于智能驾驶领域，以视频传感器为核心，结合雷达、AI、感知数据分析与处理等技术，致力于成为行业领先的以视频技术为核心的车辆安全和智能化产品供应商，全面服务国内外乘用车、商用车客户以及各级消费者和行业用户。

公司有员工539人，其中研发人员404人，占比总人数75%以上。2019年度实现营业收入超5.74亿元，同比增长47.2%，研发费用投入占比营业收入总额的29.1%。

二、生产与经营

生产车用电子产品、汽车电子零部件、智能车载信息系统；技术开发、技术咨询、技术服务、成果转让；车用电子产品及软件、汽车电子零部件、智能车载信息系统；自产产品的出口及技术进出口（法律、行政法规禁止经营的项目除外，法律、行政法规限制经营的项目取得许可后方可经营）。

三、产能建设

2020年海康汽车电子持续深耕上汽乘用车、吉利汽车、长安汽车、长城汽车等自主品牌头部客户，全年累计新量产项目50余个，新增项目60余个，涉及车型40余款。持续拓展合资和国际品牌市场，正式通过包括PSA、马自达、沃尔沃、捷豹路虎等车企的供应商审核，并新获得包括东风本田、上汽通用和雷诺日产的多个定点项目。实现了客户、产品渗透率的提升和主流热销车型的覆盖，并具备了一定的平台化、规模化的优势。

在行车记录仪产品线，基于夜视、AI、联网等差异化的技术能力，丰富产品线，形成了全面的产品布局，并在线上主流电商平台、线下汽配销售渠道实现全渠道销售。其中F6/C6系列行车记录仪成为市场里500万像素高清智能网联记录仪的标杆产品。

2020年海康汽车电子在汽车后市场，行车记录仪产品、360°全景影像产品均实现近两倍的增长，在汽车后市场初步建立了品牌力，赢得客户信赖。

四、技术进展与研发能力

公司依托图像处理技术、视频分析技术、多元传感器融合技术、AI深度学习技术以及车规级生产制造体系，将车载摄像机、行车记录仪、车载多媒体娱乐系统、360°全景环视系统、流媒体后视镜、多媒体智能后视镜、ADAS、T-BOX以及车联网平台构建为一整套的汽车电子综合解决方案，实现道路行车“看得清”。通过实现车道偏离判别、盲区检测、危险驾驶行为分析等辅助驾驶功能实现安全行车“看得广”。未来将继续针对辅助驾驶/智能驾驶方向进行探索和布局，立足于图像传感器，结合雷达、热成像、声音等其他传感器，形成一整套采集、传输、处理、融合、计算分析、决策与反馈控制、复合显示的智能车载系统，实现智能驾驶“提前看”。

五、主要新产品

序号	产品名称	产品型号	产品应用
1	行车记录仪	F6/C6系列	上汽乘用车、吉利汽车
2	高级辅助驾驶系统	/	商用车

六、发展规划

将继续加大在智能驾驶传感器、算法和系统产品上的投入，全面发挥海康汽车电子基于视觉、超声波和毫米波雷达融合感知的技术优势，围绕智能驾驶和智能座舱，推出更具竞争力的解决方案，助力乘用车和商用车领域客户，在智能化、网联化方向上大踏步发展。

南斗六星系统集成有限公司

一、单位概况

南斗六星系统集成有限公司（简称南斗六星），成立于2001年8月，是东风汽车集团有限公司（简称东风集团）控股的国家高新技术企业。公司专注于智能网联汽车的云、端产品（智能座舱/智能网关/网联终端等）的研发、应用与市场服务。整合在车联网领域软硬件系统集成、应用和平台服务上深耕十余年的丰富经验，自主研发构建了“南斗VRP+N云平台”，融合车、路、人及业务系统数据，基于智能网联技术应用，以大数据分析及数据价值创新为核心，提供面向新一代汽车的云管端一体化智能驾驶及智慧出行解决方案和数据分析解决方案，主营产品为车联网应用、智慧检测应用、智慧城市应用、车辆控制及行车安全应用、数据分析平台等；致力于成为行业内领先的拥有“云/端+软件+硬件”综合能力的数字化运营服务提供商。

二、经营情况

智能网联终端产品、车联网系统、智能网联自动驾驶云控系统、智慧检测数字孪生系统、新能源汽车及充电基础设施监测与管理平台、机动车环境管理平台、智能试车场管理系统、数据分析平台等软硬件产品，已广泛应用于商用车和乘用车主要整车企业、政府相关部门、智能网联汽车测试基地、汽车检测机构等，在智能网联、智慧城市、智慧交通、数字化运营等方面取得成效。2018—2020年公司稳健发展，销售收入年均增长率超10%，经营质量良好；研发投入占比持续加大，分别为9.4%、12.2%、13.4%，支撑构建智能网联与大数据分析核心技术。

三、技术进展与研发能力建设

已形成了一支具有自主研发能力、掌握智能网联与大数据分析及应用核心技术的高素质研发团队，具备较为完备的技术力量，形成了面向 L1～L4 智能网联四层架构的端到端全链智能网联整体解决方案。

L1 层（终端产品），形成智能座舱、智能网关、车身域控制器、视觉感知、网联终端、数据采集设备六大产品线，面向云端提供车辆感知决策、用户感知能力等服务。在操作系统、基础软件、驱动软件、应用软件上夯实底层关键技术，如千兆车载以太网软硬设计、蓝牙通话多采样率的重采样技术、智能座舱屏热插拔等。

L2 层（云平台），在车端产品布局的基础上，基于面向服务的分布式架构设计理念，自研“南斗 VRP＋N 云平台”，融合车、路、人及业务系统数据，支撑业务场景创新应用。

L3 层（应用与服务），大数据分析与数据服务产品线已初具规模。（1）车联网系统，提供“车端＋云端＋应用服务端”一站式解决方案，可为客户提供模块化选择与应用。（2）自动驾驶云控系统，打通车云通信链路，整合 V2XServer 实现车路协同、感知融合辅助决策，支持自动驾驶运营落地。（3）智慧检测数字孪生系统，采用虚拟仿真技术，实现仿真监控和交互协同，提升数据验证能力，助力车辆持续迭代优化。（4）楚道行数字化产品＋服务，基于公司智能终端和云服务平台，凭借数字化手段，为整车销售及后市场衍生价值链提供数字化运营服务，实现业务创新与数据增值。在 2020 年东风集团科技进步奖评价中，“智能驾驶车路协同云控系统”被评为国内领先，“新一代智能座舱系统”被评为国内先进、“HLC 硬件虚拟化技术”水平国内领先。

L4 层（生态运营），实现多供应商接入与切换，封装 API 提供对外标准接口，打造统一的南斗 UI 生态服务平台，结合内容数据、场景数据、用户数据的多数据融合，实现多场景多模式服务和全触点运营。

四、产学研合作及重大项目

重视产学研合作，先后与中国航天科工二院 206 所、华中科技大学、武汉大学、天融信网络安全技术有限公司等进行产学研合作。

东风网联汽车平台（DCVP）项目开发与实施过程中，建立了产、学、研、用结合的协同创新机制，有效提升项目开发的技术创新、模式创新能力，推动场景应用，打造产学研用联合、互动开放机制下的自主创新研发团队。在项目实施过程中华中科技大学、武汉大学等在数据挖掘算法建模及创新应用上进行探讨与合作。特别是公司与华中科技大学合作，共同搭建 V2X 平台，和 LTE-V/5G NR-V2X 车联网通信终端开发。华科 HIL 主要进行设备与仿真场景测试联调，这是南斗六星首次涉及测试仿真 PerScan 相关技术，为后续网联类产品的研发测试提供新的思路。该项目通过与高校的合作，探索校企合作开发模式，为后续基于数据的人工智能算法开发等建立了长期的产学研开发机制。

五、智能网联技术成果应用案例

（一）智能网联自动驾驶云控系统

该系统解决方案聚焦于网联汽车云控基础平台，云控驾驶平台作为云控基础平台中最重要的一个子平台，通过为车端提供一个标准的 5G-V2X OBU 设备（可扩展其他方式），实现网联车辆的运行数据、状态数据、自动驾驶数据的标准化传输，同时接入路侧、交通、生态等多维数据，可为车辆提供安全驾驶辅助决策。基础平台还可扩展提供车路协同平台、虚拟仿真平台、研发测试平台 3 个子平台，支撑车辆的安全运营，持续丰富车辆运营场景，提高研发效率。近年来，南斗六星在智慧出行、智慧港口、智慧机场和智慧物流等自动驾驶示范运营场景均有成熟的项目案例落地，不仅开放了平台的车辆云控能力，更是有机地与客户的各个线上业务系统实现了互联互通，良好的支撑了自动驾驶车辆的示范应用。

1. 智慧出行：东风自动驾驶领航项目

东风 Robotaxi，是东风汽车公司与武汉市政府、多家国内头部自动驾驶科技公司，以及数家国内外顶级高校共同合作打造的自动驾驶示范运营项目，该项目 2021 年初上线试运营，计划未来 2～3 年，将投放超过 200 辆 Robotaxi，在武汉经开区建立全国范围最大、车辆最多、场景最丰富、技术最先进的自动驾驶研发示范运行车队，并开展规模化智慧出行服务。

南斗六星提供的自动驾驶云控基础平台则是作为核心支撑着车辆的安全运营。南斗六星智自动驾驶云控基础平台标准架构，通过实现车云/云云标准通信中间件打通了车、路的数据上下行链路，结合云平台、大数据技术构建了边缘云、区域云、全国云多层结构，用以支撑不同场景下业务对数据的实时性、多样性等诉求。保证平台和应用的高效运行，通过构建 Robotaxi 示范运营场景和整合供应商资源，测试自动驾驶场景的可行性，并通过不断丰富运营场景，推动项目商业化落地。

在 2019 年武汉市军运会期间，东风汽车公司在国家智能网联汽车（武汉）测试示范区示范运营了“车＋平台”的“车—路—网”一体化解决方案。南斗六星负责研发构建的东风智慧汽车云控系统，作为测试示范区智能网联车辆运营的支撑平台，打通车路网协同的数据链路，除了融合网联车辆数据以外，还集成了路侧设施、停车场、蜂巢快递、高精度地图等三方数据，实现 10 种类型、36 台车辆在智慧出行、智慧物流、智慧清洁等各类应用场景的展示，为示范区指挥调度大屏可视化展示、移动车辆调度等提供智能网联汽车数据服务。

2. 智慧港口：厦门远海车管平台项目

该项目基于 5G 专网环境，通过由“厦门远海车管平台”和“5G C-V2X 车载 OBU”组成的智能驾驶车路协同云控系统的开发，实现东风自动驾驶“车＋云”的接口标准化，可与交通设施、视频、示范运营业务系统等外部系统通信，利用边缘计算、高精度定位、人工智能、计算机视觉等技术，打造出 5G 智慧港口全业务场景。

厦门远海车管平台作为厦门远海码头项目中东风商用

车无人集卡 IGV 的数据(一期 6 台自动驾驶无人集卡)第一着陆点,实现与厦门远海码头 TOS 的车辆数据、调度指令交互,同时实现车辆的统一可视化监管,并结合中国移动实现车路协同。车管平台系统包含的功能主要有:数据接入、数据分析、视频监控、车管系统、可视化大屏、港机司机确认 App、遥控调试 App 等功能模块。

3. 智慧物流:东风汽车股份公司轻型商用车自动驾驶运营项目

该项目基于东风智慧汽车云控系统进行二次适应性开发。为形成智慧物流云控网络,南斗六星打通了东风汽车股份公司现有的生产调度系统,协同华为的 V2XServer,实现了 5G 环境下"封闭场区 + 公开道路的无人驾驶及车路协同",利用云控系统的远程控制实现了股份公司仓仓之间的智慧物流可视化调度,通过 App 一键招车,路径规划,安全预警等功能提高了物流作业运输效率,降低生产运输事故。

"十四五"期间,公司目标是将智能网联汽车云控基础平台发展成新一代 AI 型智慧汽车平台,构建"一云、三网(物联网、互联网、视联网)、一湖(网联数据湖)、一图(网联汽车时空信息图)、一中心(运行感知 + 决策控制中心)"的技术体系,通过持续的数据接入、整合,分析、挖掘,不断创新,真正实现集感知与监测、控制与服务于一体的数据运营大脑。

(二)智慧城市应用

1. 武汉市新能源汽车及充电基础设施第三方监管平台

该项目通过中国软件评测中心认证,由武汉市政府验收并上线运营,实现车桩一体化服务。截至 2021 年 5 月底,接入车企 76 家,接入车辆 82 921 台,接入充电站 364 个,充电桩 15 974 个。已开展车辆后市场服务、充电推荐与导航、武汉市新能源产业分析等业务。

2. 湖北省机动车综合业务监管平台

2019 年 12 月,南斗六星承接开发的"湖北省机动车综合业务监管平台"通过湖北省环保厅、环境科学研究院一期验收并上线运营。该平台旨在建设天地人车一体化平台,包含重型柴油车监管、非道路移动机械监管、道路执法、I/M 管理等,实现对湖北省机动车移动源排放的全天候监管、分析、治理。

3. 武汉市疫情防控医疗废物管理系统

2020 年武汉受新冠肺炎疫情影响,为协助武汉市生态环境局加强医疗废物监管,提高收运效率,杜绝二次传播风险,承建了该系统。该系统基于稳定版本的 Hadoop 集群运行,使用 kafka 数据接入、HIVE 数据仓库、ES 搜索引擎、redis 哨兵模式集群等技术,满足了医废设备车辆调度在批量数据处理和基于实时数据流的数据处理方面的需求,实现了系统的可扩展存储(HDFS)和分布式计算,并通过可视化 WEB 页面对任务进行监控。2020 年 3 月平台正式上线,实现了对医疗废物收集、贮存、交接、运输、处置全过程透明化、信息化、智能化监管,有效提升医疗废物处置的安全性,实现了武汉市生态环境局对武汉市医疗废物转运车辆运送线路的高效监管。

南斗六星在新冠肺炎疫情防控中作出的贡献获得了国家政府部门的肯定,被工信部认定为疫情防控重点保障企业。该项目获得 2021 年数博会领先科技成果"优秀项目"奖。

六、发展目标与规划

2020 年公司确立了"十四五"中期事业发展目标,即基于智能网联技术应用,丰富数字化内涵和外延,提供"云/端 + 软件 + 硬件"的数据智能解决方案。聚焦软硬件产品底层关键技术研究、算法 & 数据模型开发,以及技术应用研究,重点在 V2X 无线通信技术、信息安全技术、大数据与人工智能、智能座舱、自动驾驶等方面加大研发投入力度,不断提升平台能力、大数据处理能力、信息安全保障能力和数据价值创新能力,打造公司核心竞争优势,利用新数字化技术驱动业务模式重构和生态系统融合,为创造更美好的智能出行环境而努力。

亿咖通科技有限公司

一、单位概况

亿咖通科技有限公司是一家成立于 2016 年的汽车智能化科技公司,由中国知名汽车企业家李书福携手沈子瑜共同创立。公司已在杭州、北京、上海、武汉、大连及瑞典哥德堡设立了分支机构以及研发中心。亿咖通科技不仅聚焦车载芯片、智能座舱、智能驾驶、高精度地图、大数据及车联网云平台等核心技术产品,还持续打造行业领先的智能网联生态开放平台,赋能车企创造更智能、安全的出行体验。亿咖通科技智能网联系统在全球范围内已拥有数百万用户,也已于 2020 年和 2021 年分别获得了来自百度、海纳亚洲创投基金和中国国有资本风险投资基金、长江经开车联网产业基金的战略投资。

二、主要新产品

序号	产品名称	产品型号
1	高性能数字座舱芯片 E 系列	E01/E02、E03/E04
2	全栈 AI 语音芯片 V 系列	V01
3	驾驶辅助芯片 AD 系列	—
4	微控制处理器 M 系列	—
5	智能座舱交互系统	GKUI

三、合资合作及重大项目建设

2019 年 6 月 12 日,与宝腾汽车、ALTEL 组建马来西亚车联网合资公司,助推中国智造杨帆海外;与腾讯车联达成战略合作,共建智趣共享出行生态。

2019 年 7 月,与百度 Apollo 达成战略合作,赋能未来智能出行体验;与联发科技(MTK)达成战略合作,定义中国智能网联"芯"时代。

2020 年 9 月 15 日,与华为智慧出行签署合作协议,共同打造智能座舱互联体验。

2020 年 9 月 24 日,与火山引擎达成战略合作,携手打造智能座舱创新内容生态体验。

2020 年 10 月 20 日,与安谋中国合资成立的芯擎科技在武汉总部正式开业。

2020 年 12 月 22 日,在瑞典哥德堡落成了独立运营的欧洲总部与研发中心。

2021 年初,与伟世通、高通合作研发智能座舱解决方案。

2021 年 3 月 23 日,与沃尔沃汽车成立合资公司研发新一代车载智能操作系统。

四、发展目标与规划

在全球传统汽车产业向智能汽车快速进化的趋势下,亿咖通科技将以"让智慧出行驱动美好生活"为全新愿景,以"加速汽车智能化,创建人车新关系"为新使命,全力拥抱未来全球汽车智能化发展格局。凭借对用户出行需求的深度积累和前瞻洞察,亿咖通科技已拥有数百万智能网联用户,并将持续推进智能网联系统的迭代进化。同时,在芯片领域持续投入、深度布局,发布了四大车规级芯片序列矩阵。面向未来,亿咖通科技将围绕座舱智能化和整车智能化两大重要版块,积极拓展与全球汽车工业头部企业的合作机会,整合多方技术优势,打通全球化价值链,完成汽车智能化全域能力的构建。实现芯片、软件、算法、数据能力的打通,并由此驱动整车分布式计算向域计算、最终向中央计算的进化,实现对未来智能汽车以及智慧出行美好生活的全新定义。

启明信息技术股份有限公司

一、单位概况

启明信息技术有限公司是中国一汽控股的 IT 领域上市公司,以"汽车行业数字化解决方案创领者"为战略愿景,秉承"以客户为中心,以产品创新为主线,以技术进步为驱动"的经营路线,在智慧企业、智慧供应链、数字营销、智能网联、车路协同及数据运营领域,创新突破,拥有系列核心软件产品、掌握核心技术、构建产业生态,商用车智能网联信息终端供货量连续 3 年行业第一,乘用车智能网联运营用户数量增速行业第一,公司连续 3 年入选中国软件和信息技术服务综合竞争力百强企业,在汽车企业数字运营、智能网联等领域走在行业前列。

二、生产与经营

2020 年,面对空前严峻的经济形势和市场挑战,公司坚持以"3612"行动计划为引领,实施"以客户为中心、以产品创新为主线、以技术进步为驱动"的经营路线,完成营业收入 15.52 亿元,同比增长 2%;净利润 1.27 亿元,同比增长 39.48%。

三、产品出口

车载电子产品曾出口泰国、美国和日本,分别为三菱帕杰罗、美国通用和日本后装市场,年出口量超过 30 万套。

四、产能建设

1. 国家智能网联汽车应用(北方)示范区(新能源测试能力)

由启明公司承建的国家智能网联汽车应用(北方)示范区,具有北方冰雪寒区的四季气候环境,可以开展商用车和乘用车的智能网联测试。有基于 5G 环境的能够满足智能网联汽车试验、检测的智慧交通设施及高精地图。封闭场地面积 35 万 m^2,封闭道路 4 km,具有六大类 99 个测试场景,通过行驶场地和驾驶情景的组合可以扩展到 350 余个场景,智慧交通设施共有四大类 100 余个,实现了高精地图和 5G 信号的全覆盖。

2. 启明新能源政企监控平台(平台接入能力)

启明新能源政企监控平台包括吉林省新能源监控平台和新能源汽车监控企业平台。应用启明自主研发的 IOT 组件,平台当前支持 500 万并发接入,支持 100 万并发业务处理,数据查询时间 10 s 之内,数据存储达到 96T × 6,7 × 24 h 运行有保障。通过灵活可扩展架构设计,可实现百万车辆在线,千万车辆接入能力。

3. 零部件产能

启明全资子公司启明菱电车载电子有限公司有 6 条车载电子产品生产线,具备 TS 16949 证书、ISO 14001 证书、ISO 9001 证书、海关一般认证企业证书、雷诺日产 ASES 认证证书、通用汽车公司 BIQS 认证证书,单班具备年生产能力 50 万台的能力,主要客户整车厂、后装市场等。

五、技术进展与研发能力

1. 国家智能网联汽车应用(北方)示范区

测试标准规范方面,示范区参照《智能网联汽车自动驾驶功能测试规程(试行)》,结合测试区场地和场景情况,制定了智能网联汽车道路测试规程,已经应用于测试车辆的测试和评价。

管理平台及数据处理,示范区建有管理平台,涉及信息通讯和网联安全,基于云架构,包括智慧交通、测试管理、测试分析、模拟仿真等测试及运营平台。在数据采集及处理方面,通过管理平台,开展数据分析服务、大数据汇聚服务,建立了数据探索平台、数据仓库,已经开发至第 4 代平台产品,获得 3 项著作权。

研发能力,测试基地具备智能网联汽车及相关产品的研发服务能力,改装车辆包括红旗、大众、奔腾等品牌及观光巴士,数量共计 30 辆。另外,还自主研发了模拟行人、模拟车辆和 RSU 设备。

2. 启明新能源政企监控平台

启明新能源政企平台,32960 国标和国家政策要求为依据结合公共云和私有云服务，按照微服务架构设计功能模块，统一遵循 DevOps 开发标准，依据分层数据建仓的数据清洗、数据治理规则，实现启明新能源政企监控平台全场景闭环业务。平台已获得 3 项软件著作权，5 个国标平台符合性认证，1 个地方平台符合性认证，70 多个国标车辆符合性认证；接入车厂 49 家，接入充电桩运营商 33 个。

六、主要新产品

序号	产品名称	产品型号	产品应用
1	多媒体娱乐导航音响	红旗 H7	车载娱乐，具备音响、收音机、数字电视、导航、蓝牙，支持 USB、CD、SD 卡等多功能娱乐系统
2	北斗行驶记录仪	DRT3110	国标产品，具备北斗卫星定位、车辆行驶数据记录、车联网数据传输等功能
3	车联网智能车载终端	T-BOX	获取车身状态、车况信息，具备 GPS、Wi-Fi、远程诊断、安全控制等功能

七、合资合作及重大项目建设

1. 国家智能网联汽车应用（北方）示范区

（1）2019 年，在长春市建成国内首条高寒地区车联网（V2X）开放道路，填补了国内高寒冰雪网联化测试道路缺失的空白。

（2）2019 年，承建国家住建部福建莆田湄洲零排放、智慧出行试点项目，使能湄州岛成为“5G + 智慧交通 + 智能网联车”常态化运营的智慧旅游岛，为国家开展智慧城市探索提供示范参考。

（3）2019 年，完成海南热带试验场网联建设，具有城市道路模拟区、高速道路试验区、乡村道路模拟区、柔性测试区，测试区，可以满足智能网联汽车测试需求；博鳌东屿岛结合实际道路状况，进行半开放道路智能网联示范区，实现国内特有的沿海热带岛屿地理气候特色进行智能车示范体验区，使其具备智能网联汽车综合测试能力，为成为海南省智能网联第三方机构打下坚实基础。

（4）2020 年，承建“旗智春城”智能网联示范区项目一期建设，通过对以中国一汽 NBD 园区和汽开区管委会为核心，对周边涉及 10.5 km 道路进行智能化改造，构建了具有“感、联、算、控”一体化智能协同的示范应用基础环境，实现车路协同进化。

（5）2020 年中标南京中汽创智自动驾驶云控平台项目，该项目在业务上以三中心（监控、运营、数据）统领业务主线，在中台内容里，智能网联中台（路 + 车）、数字地图、大数据中台，信息安全，支撑道路测试业务、智慧出行、智慧城市、智慧生态等完备的业务，充分体现业务和技术细节，对标全国的最佳实践，超前设计，全面集成、科学实施。

2. 启明新能源政企监控平台

（1）新能源汽车监控企业平台项目。2017 年以来，先后承建一汽集团新能源汽车监控平台项目、一汽集团新能源汽车动力电池溯源项目，实现新能源汽车接入，对电池的全生命周期管理。满足国家对新能源汽车及动力电池的监管要求。

（2）承建吉林省新能源监控平台一期、二期项目，全面接入吉林省新能源汽车车企、车辆、充电基础设施。

八、发展规划

国家智能网联汽车应用（北方）示范区，聚焦车（智能汽车测试与评价）、路（智能交通基础设施建设）、云（自动驾驶服务云平台）互相协同、共同进化，打造智能网联汽车和智慧交通新产品，探索行业新模式，面向智能汽车生态体系提供数据价值服务，成为智慧出行行业一流服务商。促进中国自动驾驶商业化和规模化落地。启明新能源政企监控平台将深耕数据算法建模领域，旨在以新能源汽车数据清洗、数据建仓为基础，构建新能源大数据平台，实现电池、电机等关键部件和车辆报警数据模型的深度分析和挖掘，提高新能源汽车服务水平。

九、2020 年 1—12 月企业在新能源汽车方面经济指标统计

填报单位名称	指标名称	单位	本期累计	同期累计	增长率(%)	增长额(提高百分点)
启明信息技术股份有限公司	2020 年末资产总计	万元	223 504	193 383	15.58	30 121(15 个百分点)
	2020 全年完成投资额	万元	7 786	3 238	140.46	4 548(140 个百分点)
	2020 年营业收入	万元	155 185	152 138	2.00	3 047(2 个百分点)
	2020 年利润总额	万元	14 473	10 869	33.16	3 604(33 个百分点)
	2020 年销售利润率	%	9.33	7.14	—	—

紫光国芯微电子股份有限公司

一、单位概况

紫光国芯微电子股份有限公司（简称紫光国微，SZ 002049）是紫光集团有限公司旗下的半导体行业上市公司，专注于集成电路芯片设计开发业务，是领先的集成电路芯片产品和解决方案提供商，产品及应用遍及国内外，在智能安全芯片、高可靠特种集成电路、存储器芯片、安全自主 FPGA、功率半导体器件、超稳晶体频率器件等核心业务领域已形成领先的竞争态势和市场地位。

二、生产与经营

主营业务为集成电路芯片设计与销售，主要业务包括智能安全芯片、特种集成电路、存储器芯片等，分别由紫光同芯微电子有限公司、深圳市国微电子有限公司和西安紫光国芯

半导体有限公司三个核心子公司承担。下属子公司深圳市紫光同创电子有限公司是国内首家推出千万门级自主知识产权高性能 FPGA 芯片的公司;控股子公司无锡紫光微电子有限公司涉足功率半导体业务。此外,公司子公司唐山国芯晶源电子有限公司的石英晶体元器件产品主要出口欧美市场,在业内具有良好的品牌认知度。

三、产品出口

下属子公司唐山国芯晶圆电子有限公司是国内唯一掌握全系列石英频率器件加工技术企业,位居国内超稳晶体行业之首。拥有全品类晶体振荡器、谐振器共 26 类 6 000 多个品种。产品获得欧美等地区客户的深度依赖,出口达到 70%。广泛应用于通信设备、汽车电子、医疗仪器和工业控制等领域。

旗下子公司北京同芯微电子有限公司产品超级 SIM 卡既能满足手机指数增长的存储需求,又能保障数字资产存储的安全可靠,符合通信行业发展的需求与趋势,在世界范围内具备广泛的应用价值。超级 SIM 卡在乌兹别克斯坦实现首发,向全球市场迈出坚实一步。

四、产能建设

智能安全芯片业务累计出货量高达 120 亿颗,公司持续加大研发投入,为业务持续快速发展提供了空间和保障。此外,基于智能安全芯片的新业务也快速成长,有望成为该领域未来强有力的增长点。

五、技术进展与研发能力

掌握智能安全芯片相关的近场通信、安全算法、安全攻防、嵌入式存储、嵌入式方案、高可靠六大核心技术,拥有多项核心专利,搭载了设计、测试、质量保障和工艺外四大技术平台,可保障多种工艺节点的研发、制造、测试和应用开发。公司智能安全芯片采用领先的工艺技术节点和高效设计,性能、成本、可靠性等具有显著优势。

六、主要新产品

序号	产品名称	产品型号	产品应用
1	车规级通用安全芯片	T9 系列	汽车 Tbox、OBU、中控、网关
2	车规级晶体谐振器	SMD3225 27 MHz	面向汽车导向、功能控制电子地图、电子定位仪汽车音响系统
3	车规级 DRAM 存储器	HXI15H4G160	车载操作系统存储硬件
4	车规级 CPLD	PGL50G	车载屏幕扩展

七、合资合作及重大项目建设

发行 15 亿元可转债募集基金,其中 4.5 亿元用于车规级芯片的产线研发;参与多个国家部委关于汽车芯片研发及产业化项目;与多个国内车企和零部件供应商及汽车标准制定单位签署长期战略协议。

八、发展规划

将依托清华大学的科技资源和人才优势,做好“产业 + 科技 + 资本”这篇大文章那个,不断增强创新力和驱动力,为移动通信、金融、政务、汽车、工业、物联网、消费电子等多个行业提供基于芯片的终端和系统解决方案,致力于赋能千行百业,共创智慧世界。

东软集团股份有限公司

一、单位概况

东软集团股份有限公司创立于 1991 年,是中国第一家上市的软件公司,一直以来致力于以信息技术的创新,推动社会发展,创造美好生活。以软件技术为核心,业务领域覆盖智慧城市、医疗健康、智能汽车互联及软件产品与服务。在全球拥有近 20 000 名员工,在中国建立了覆盖 60 多个城市的研发、销售及服务网络,在美国、日本,以及欧洲等地设有子公司。此外,东软连续 4 次入选普华永道“全球软件百强企业”,还曾荣获最具全球竞争力中国公司 20 强、中国 50 强全球挑战者、亚洲最受赏识的知识型企业、亚太地区最佳雇主等奖项。东软集团进入智能汽车互联领域 30 年,构建以中国、日本、德国、美国、马来西亚为中心的研发、业务团队,全球约 4 000 名工程师致力于汽车电子产品研发,已服务全球 TOP30 汽车品牌 85% 汽车中,覆盖 60 多个国家及地区。

在智能汽车互联领域,东软以软件为核心,硬件为载体为汽车厂商提供成熟的软硬件一体产品、高复用度软件平台、完善的软件产品及资深的软件工程服务 & 咨询服务等智能车载领域全栈解决方案。

二、经营情况

2020 年主营业务分行业数据(主营业务分行业、分产业、分地区)　〔单位:元(人民币)〕

行业	营业收入	营业成本	毛利率(%)	营业收入比上年增减(%)	营业成本比上年增减(%)	毛利率比上年增减(%)
医疗健康及社会保障	1 433 798 120	858 697 170	40.11	-19.90	-20.20	增加 0.22 个百分点
智能汽车互联	2 572 472 079	2 084 661 694	18.96	7.93	6.71	增加 0.92 个百分点
智慧城市	1 542 393 901	1 158 915 697	24.86	-12.94	-13.23	增加 0.25 个百分点
企业互联及其他	2 073 323 566	1 522 080 140	26.59	-14.34	-15.88	增加 1.34 年百分点

三、技术进展及研发能力建设

东软深耕汽车电子领域30年,已服务全球TOP30汽车品牌85%汽车中,覆盖60多个国家及地区。公司拥有智能座舱系统(基于市场多款主流高性能芯片,集成高算力算法)、全液晶仪表、智能网联云平台、全球导航、车辆计算平台等产品。东软智能座舱系统已应用于红旗、奇瑞、吉利等多款新上线车型。东软全球导航完成日产、捷豹路虎、宝腾等众多车厂的量产交付。在创新产品领域,东软5G BOX率先获得工信部认证,东软V2X智能天线已于2020年实现量产。东软AR-HUD导航已与知名车厂达成合作。公司研发推出第一代车辆计算平台,通过分离计算单元与功能单元,依靠标准化计算子板与基板之间的软硬件接口,进一步提升车载硬件与软件的可持续迭代能力与进化能力。此外,公司与一汽成立联合创新中心,共同构建以SOA架构为基础的未来整车计算平台。

四、合资合作及重大项目建设

1991年,在电子地图、导航软件开发与阿尔派合作。

1996年,开展汽车音响、IVI、导航开发。

2004年,面向本田、丰田开发IVI软件平台。

2007年,面向宝马、奔驰、奥迪、大众开发IVI软件平台。

2009年,开拓中国市场为车厂提供车联网解决方案。

2010年,泛亚合作成立ODC,研发BCM、IVI等。

2012年,R&D研发中心成立研发软硬件一体平台。

2016年,发布国内首款基于虚拟化技术智能座舱系统——C4-Alfus,适用于红旗SUV平台全系。

2019年,推出面向全球市场的IVI软件平台。

2020年,东软V2X智能天线量产,东软5G BOX获工信部认证。

2021年,东软AR-HUD导航与知名车厂达成合作。

先导(苏州)数字交通产业投资有限公司

一、单位概况

先导(苏州)数字交通产业投资有限公司,承担苏州市相城区内数字交通道路、平台等基础设施建设,专注智能网联汽车产业链上的产品研发、运营、服务和推广,致力于成为专业的智能驾驶产业生态运营商。公司重点打造"一站式自动驾驶产业能力输出平台",汇聚产业链相关技术能力,满足企业从技术研发到应用落地的全流程服务需求。先导公司深度参与了国家5G新基建重大专项及江苏省车联网重大专项。公司及其负责的产业载体项目先后获"江苏省生产性服务业集聚示范区""江苏省车联网先导区""江苏省大众创业万众创新示范基地""江苏先进制造业和服务业深度融合产业集群试点""工信部5G车联网创新方阵""人工智能示范区"等诸多荣誉。先导公司致力于完善区内车联网产业生态,布局龙头企业招商,同时积极探索智能车联网产业的商业化落地,协助打造了丰富的示范应用场景,包括初速度Robotaxi、轻舟Robobus、智加干线物流车、仙途无人环卫、京东无人配送、新石器无人零售等等均实现基于5G车路协同的示范运营。

二、建设情况

苏州市相城区车联网先导区先后于2019年、2020年完成总长63.4 km高等级城市开放道路的智能化改造。在赛迪智库发布的《2020中国智能网联汽车示范区评析》中,"苏州相城区智能网联汽车公共测试道路"在全国综合排名位列第四。结合开放测试道路设施,先导区打造了智能驾驶产业五大公共服务平台,实现智能网联从数据采集,到测试验证的全流程闭环业务逻辑,为智能驾驶企业业务全流程开发做支撑。

1. 高性能计算平台:现有CPU计算节点峰值120 T,GPU计算节点双精度峰值120 T,存储2 PB,并将通过扩容达到10 P存储,1P算力。通过强大的底层算力为应用平台提供计算、大数据处理、对象存储等能力,满足自动驾驶全场景海量数据计算和存储需求。

2. 智能网联云控平台:聚焦"安全、效率、服务"业务场景,依托V2X、大数据、云/边计算、人工智能四项基本能力,融通"人—车—路—网"四要素,以信息处理为中心,实现交通基础设施数字化,提升驾驶安全和道路通行效率,助力自动驾驶规模化商用,支撑20 + V2X应用场景。

3. AI数据服务平台:采用"AI预标注 + 人工质检"标注方式,将采集到的照片、视频、点云等原始数据标注为层级化的标注结果,并通过模型优化,方法调参将结果转化为可供应用层决策使用的模型产出。累计标注车道线(含高速)超600万条,2D框超200万个,点云场景近1 000张。

4. 仿真模拟测试平台:覆盖超实时仿真、软件在环、硬件在环以及整车在环等全方位仿真测试需求,通过构建城市级数字孪生,城市高精地图采集,孪生场景建模以及车辆动力学模型,扩展实车级别仿真与测试,搭建典型场景库和极端场景库,在并行计算的仿真软件协同下实现海量云仿真。

5. 智能网联开放应用平台:提供丰富的智能网联开放应用部署与测试环境,拥有分时租赁、公共交通、园区物流、城市环卫、智慧泊车、智能交通、辅助驾驶等功能,多方位渗透居民生活,兼具社会效益和经济效益。此外,建成集改装、测试、标定、充电、维护、数据上传等功能于一体的智能驾驶综合服务载体——智驾运维港。目前已有包括特来电充电大数据平台、易为车辆改装在内的多家平台入驻。

三、测试场地、设备及能力

建成城市开放测试道路63.4 km I3等级以上智能网联道路,包含城市快速路、交通枢纽、隧道等多样化城市道路场景。以路口为单位建设多传感器智慧路口,共计包含50个智慧路口,全程包含丰富的城市开放道路场景,部署超过400套智能感知设备及边缘计算设备,其中采用300线固态激光雷达,有效探测距离达到280 m;毫米波雷达可同时支撑40个以上的有效目标输出,测速精度可达0.1 m/s;高清摄像头可同时跟踪60个以上目标,识别距离达到150 m;MEC边缘计算单元算力达到60TOPS/10.6T FLOPS;配套区域级超级边缘计算中心,打造 MEC 与 C-V2X 融合测试床,支持不同应用的差异化计算。通过激光雷达、毫米波雷达、感知摄像头等多源融合感知,精准识别乘用车、商用车、摩托车、非机动车、行人等多类型交通参与者,通过对道路障碍、交通事故的识别,有效输出障碍物尺寸及交通事件位置信息。定位精度达到厘米级,识别精度达到 90% 以上。通过路侧 RSU 和 5G 网络打通 PC5 口、Uu 口双链路通信,实时下发路端数据。

先导区提供多样道路场景及 48 种 V2X 测试场景。

序号	场景分类	场景名称	序号	场景分类	场景名称
1	安全类	弱势交通参与者碰撞预警	25	效率类	路网拥堵提醒
2		数字化标志标牌下发	26		交叉口动态车道管理
3		多路口 5G 超视距透视	27		特殊车辆优先
4		交通黑点治理	28		合流分流辅助
5		路侧停车检测预警	29		紧急车辆提醒
6		交通事故预警	30		后方来车提醒
7		道路施工提醒	31		基于信号灯的特种车优先
8		道路异物预警	32		无信号灯路口协同
9		混合交通流管控	33		车速引导
10		前向碰撞预警	34	服务类	全量信息交通展示
11		交叉口碰撞预警	35		交通流仿真
12		左转辅助	36		全息扫描
13		盲区预警/变道辅助	37		红绿灯消息转发
14		逆向超车预警	38		数据可视化
15		紧急制动预警	39		交通信息发布
16		车辆失控预警	40		交通事故快速处理
17		闯红灯预警	41		差分数据分发
18		路口车辆预警	42		前方学校提醒
19		关键路段/限速/弯道速度/减速区域提醒	43		前方急转弯提醒
20		疲劳驾驶提醒	44		禁行提醒
21		交叉路口碰撞预警/异常车辆预警	45		静态地图下发
22		长期占用应急车道	46		动态地图生成及下发
23		车辆系统失效告警	47		路侧视角透视
24		多路口绿波通行	48		车速/车流检测

四、运营及服务

依托已建成的智能网联道路与公共服务平台,提供混合算力服务、AI 数据服务、海量仿真服务以及智能网联云控服务。

混合算力服务:建有 C3 型弹性云服务器 CPU 计算节点核数约 704 个,S6 型弹性云服务器 CPU 计算节点核数 1 848 个,配套高性能网络,最大内网带宽可达 17 Gbps,最大 PPS 网络包转发能力 500 万;P2v 型 GPU 计算节点 NVIDIA V100-SMX2(16 G)共 34 块,P2v 型弹性云服务器支持 NVIDIA CUDA 并行计算,支持常见的深度学习框架 Tensorflow、Caffe、PyTorch、MXNet 等,单精度能力 15. 7TFLOPS,双精度能力 7. 8 TFLOPS,支持 NVIDIA Tensor Core 能力,深度学习混合精度运算能力达到 125 TFLOPS,单实例最大网络带宽 30 Gb/s,使用 16 GB HBM2 显存,显存带宽 900 Gb/s;平台块存储量总达 200 T,对象存储 2PB;支持 CPU 型弹性云服务器最高达约 450 台,规格从 1U 1 GB 到 32 U 128 GB 可选,GPU 型弹性云服务器最高达约 20 台,规格从 8U 64 GB 到 64U 512 GB 可选。

AI 数据服务:专注于自动驾驶、车联网领域的数据采集、标注以及训练管理。提供数据采集、标注、数据集的存储、管理、模型训练以及数据清洗、评测全流程配套产品和服务。其中数据采集包括自动驾驶车端数据采集,众包采集车队搭载激光雷达和工业相机,可提供跨城市的 2D、3D 道路数据采集服务;车路协同路端数据采集通过在本地路端架设激光雷达、工业相机、毫米波等提供道路数据融合感知数据采集。支持的数据类型包括 2D 图像、3D 点云、语音、语义分割等,安全高效地解决模型算法的数据来源问题。数据标注模块提供全面强大的标注工具,支持功能定制,支持与各类系统对接,功能模块包括数据管理、项目管理、标注、审核验收管理等等,采用安全的私有化数据部署方式及多轮审核机制,保证数据安全和数据质量,审核实行全检,合格率 98% 以上。AI 数据服务平台部署了一体化训练模块,拥有可调度多步训练任务的工作流引擎,支持主流训练框架,支持多 GPU server 调度以及多 GPU 卡亲和性/反亲和性调度,支持分布式文件使用访问,支持异构网络 GPU server 管理和计算节点动态扩展等。数据服务平台打通数据、模型与资源,提供专业模型评测服务,帮助挖掘模型缺陷。

海量仿真服务:由仿真管理调度、仿真测试(如模型库、场景库、实时仿真运算等)、仿真报告(如数据分析、数据后处理、用户管理和管理后台等)等模块组成。实现了 Software as a Service(软件即服务)和 Simulation as a Service(仿真即服务)的先进理念。平台支持场景建设、车辆动力学建模、传感器建模等智能网联仿真测试必备的能力,给决策算法的测试提供更加接近真实的测试场景,进一步提升测试的真实性和有效性。平台部署了结构化场景库和素材库,支持仿真项目和测试任务管理、仿真实时监控和仿真报告生成等领先且完善的能力。同时提供了仿真场景的海量衍生工具,可对外提供服务的场景库包括 V2X 场景、法规场景、事故场景、城市真实场景等。平台在仿真能力上可以同时支持 1 024 个场景的并行仿真,其云算力支持来自阿里云的高性能 GPU 计算平台,搭建了超过 100 台高性能 GPU 服务器以支撑仿真测试的并行计算,支持仿真计算结果的 100 T 在线存储,实现每天 100 万 km 有效测试里程的快速累积。

智能网联云控服务:聚焦"安全、效率、服务"业务场景,依托 C-V2X、大数据、云计算、人工智能四项基本能力打造的产品,云控平台可为智能网联汽车及其用户、管理及服务机构等提供车辆运行、基础设施、交通环境、交通管理等动态基础数据,实现全方位信息化与数字化管理,可接收并采集各类终端的上报数据,提供用户管理、设备统一管理等综合管控能力,同步进行数据挖掘、交通态势分析、交通事件检测与识别,实现人、车、路、网的智能协同与交通事件决策。支持百万级数据实时并发和十万级车辆并行接入,具备多路口绿波提通行、路网拥堵提醒、多路口 5G 超视距、交通流数字孪生等近 50 种车路协同及智慧交通应用场景测试能力。

五、愿景规划

将统筹车联网、5G 网络、数据中心等协同建设，推动交通基础设施与公共信息基础设施融合共建。以高铁新城为辐射中心，逐年实现全域“三横三纵一高速”300 km 智能网联道路改造，完成交叉路口红绿灯信号机网联化升级改造，5G 基站部署实现路口级覆盖，推动车用高精度时空服务、高精度地图规模化应用，在主要道路及重要路口点位协同部署路侧单元（RSU）、毫米波雷达、摄像头、激光雷达等感知设备及多接入边缘计算平台（MEC），形成杆侧—边缘—中心三层 MEC 架构，建设车联网大数据中心、应用服务平台及安全身份认证平台，形成全息场景库，建成全国首个基础设施完备、覆盖场景丰富的高级别开放道路测试示范区。

北京智能车联产业创新中心有限公司

一、单位概况

北京智能车联产业创新中心有限公司成立于 2016 年 10 月 26 日，注册资本为 6 000 万元，由千方科技牵头，联合京冀地区通信、互联网、汽车与交通产业的共计 9 家企业联合出资成立。公司是依照新兴产业创新主体模式设立的全国首家智能网联创新中心，也是北京市唯一一家智能网联测试与服务领域的市级产业创新中心。公司定位于打造智慧交通方向下国内领先的智能网联汽车“全生命周期”测试、验证、检测与评估机构以及应用示范的产业服务平台。2020 年，北京智能车联产业创新中心有限公司的资产总额为 1.33 亿元，营业收入为 2 988.94 万元，纳税总额为 75.91 万元，在职员工 36 人。

公司聚焦解决钳制智能网联行业发展的测试难、评价难与上路难等问题，牵头组织行业内知名企业、科研院所编制了自动驾驶能力评估、道路选取、试验场建设、数据传输等 10 项团体标准。公司支撑北京市建设完成“场—路—区”三级试验与示范环境，包括约 43.33 万 m^2 的自动驾驶封闭试验场，可模拟京津冀地区 85% 的城市交通场景、90% 的高速交通场景和 80% 的乡村交通场景，并已在亦庄核心区域建设完成 40 km 的 V2X 测试道路，与产业伙伴合作建设虚拟仿真实验室、人机混驾实验室和 V2X 网联测试实验室。推进自动驾驶道路测试与示范工作，全面负责国家智能汽车与智慧交通（京冀）示范区的管理、建设与运营，以及全国首个车联网（智能网联汽车）和自动驾驶地图应用试点的支撑、推进工作。公司已具备自动驾驶与车联网测试评估方法与标准研制能力和测试评估服务能力，自动驾驶与车联网测试评估政策研究推动能力、测试管理能力、技术方案咨询服务能力，以及自动驾驶与车联网测试设备、系统软硬件的设计开发与研制能力。2018 年 3 月 15 日，公司被授权为北京市自动驾驶车辆道路测试第三方服务机构，负责北京市自动驾驶车辆道路测试日常管理工作，构建全国首个自动驾驶道路测试管理服务平台，并连续 2 年发布北京市自动驾驶道路测试技术报告。2020 年 11 月 12 日，交通运输部将由北京智能车联产业创新中心有限公司管理和运营的国家智能汽车与智慧交通（京冀）示范区亦庄基地认定为自动驾驶封闭场地测试基地，挂牌“交通运输部认定自动驾驶封闭场地测试基地（北京亦庄）”，成为全国第七家由交通运输部认定的自动驾驶封闭场地测试基地。

二、建设情况

2020 年 1 月 1 日起，作为试点支撑单位，在两部一市有关政府部门的指导下支持示范区内的相关企业进行与高精度地图相关的自动驾驶测试与应用工作。

2020 年 2 月 10 日，由北京智能车联产业创新中心有限公司起草，清华大学、北京千方科技股份有限公司、北京百度网讯科技有限公司、北京中交兴路信息科技有限公司参与编制的《自动驾驶车辆道路测试数据采集要求》（T/CMAX 43001—2019）团体标准发布，于 2 月 11 日起实施。该标准规定了自动驾驶车辆道路测试过程中数据采集相关的技术要求，用于自动驾驶车辆道路测试的安全监管与脱离、事故的分析和还原。

2020 年 3 月，由北京市自动驾驶测试管理联席工作小组指导，北京智能车联产业创新中心有限公司与中关村智通智能交通产业联盟联合编写的《北京市自动驾驶车辆道路测试报告（2019）》发布。该报告从自动驾驶的政策创新、标准完善、测试环境建设、路测牌照发放与路测开展，以及应用示范几个维度，对北京市自动驾驶测试工作和产业发展状况进行总结和分析，为政策和标准的研制提供依据。同时，对标全球各国的自动驾驶道路测试报告，提升北京市乃至中国自动驾驶产业的国际影响力。

2020 年 8 月 18 日，由北京智能车联产业创新中心有限公司起草，北京三快在线科技有限公司、北京京东乾石科技有限公司、北京智行者科技有限公司、阿里巴巴（中国）有限公司等企业联合编制的《服务型电动自动行驶轮式车道路测试能力评估内容与方法》（T/CMAX 21001—2020）团体标准发布，于 8 月 19 日起实施。该标准规定了服务型电动自动行驶轮式车道路测试能力评估内容与方法，适用于对申请道路测试的服务型电动自动行驶轮式车自动驾驶能力的评估，评估结果可以作为服务型电动自动行驶轮式车能否进行道路测试的依据。

2020 年 11 月 12 日，交通运输部发布《交通运输部办公厅关于公布自动驾驶封闭场地测试基地认定名单的通知》（交办科技函〔2020〕1788 号），将由北京智能车联产业创新中心有限公司管理和运营的国家智能汽车与智慧交通（京冀）示范区亦庄基地认定为自动驾驶封闭场地测试基地，挂牌“交通运输部认定自动驾驶封闭场地测试基地（北京亦庄）”，成为全国第七家由交通运输部认定的自动驾驶封闭场地测试基地。

三、测试场地、设备及能力

2020 年，积极持续推动新测试技术的研发，初步构建基于真实世界交通场景的自然驾驶数据库，用于分析交通流与交通行为之间的关系以及各类交通事件的出现概率。在此基础上与百度联合完成混合现实测试技术的开发，通过在现实场地内虚拟注入部分交通目标，将真实世界与虚拟目标结合起来，验证了0成本危险碰撞场景测试及低成本复杂场景测试的可行性。

2020年5月28日，由北京智能车联产业创新中心有限公司、赛迪检测认证中心有限公司和中国移动通信有限公司共同承担的“车辆道路测试自动驾驶能力评估规范方法研究及技术验证”课题（课题编号：Z181100004618002）通过市科委组织的专家验收。该课题自2018年1月开展，至2019年12月结题，编制了全国首套自动驾驶系列标准，为北京市自动驾驶道路测试提供关键技术支撑。课题成果完善了北京市自动驾驶测试环境、测试设备与系统，为北京市自动驾驶道路测试提供技术基础；支撑开展技术验证测试服务，推进北京市自动驾驶道路测试安全有效进行；推动产业发展，带动经开区自动驾驶产业聚集。

2020年6月4日到5日，为贯彻落实《国家车联网产业标准体系建设指南（智能网联汽车）》《2020年智能网联汽车标准化工作要点》，推进自动驾驶领域标准制定进度，由全国汽车标准化技术委员会智能网联汽车分技术委员会（SAC/TC114/SC34）牵头、北京智能车联产业创新中心有限公司支持的推荐性国家标准《智能网联汽车　自动驾驶功能场地试验方法及要求》首次验证试验于国家智能汽车与智慧交通（京冀）示范区亦庄基地开展。此次验证试验聚焦于验证标准场景选取和重要参数设置的合理性，分为关键参数选取方案测试和测试用例可行性试验两部分。作为标准编辑组成员单位，在标准编制过程中贡献了在支撑推进北京市自动驾驶工作中取得的宝贵经验和体系化思考总结，并通过支撑本次验证试验有效推进标准制定，进一步完善标准内容，提升标准质量。

2020年9月23日，通过中国合格评定国家认可委员会（CNAS）认证，CNAS是根据《中华人民共和国认证认可条例》的规定，由国家认证认可监督管理委员会（CNCA）批准成立并确定的认可机构，统一实施对认证机构、实验室和检验机构等相关机构的认可工作。取得CNAS认证，意味着北京智能车联展开的测试工作是可信、可靠、具有权威性的，同时能够在国际范围内互认，展开多边合作交流，提高国际影响力。

四、运营及服务

2020年9月17—20日，参展第23届中国北京国际科技产业博览会，在主展馆的高精尖产业创新成果展区向市领导和展会来宾展示了在汇聚创新资源、建立共享机制、推动创新成果转移扩散以及首次商业化应用等多方面所取得的成绩。

2020年11月11—13日，作为技术支持单位参加2020年世界智能网联大会，利用北京智能车联自主研发的测试设备打造自动驾驶体验区，与参展智能网联汽车共同展示当前智能网联汽车的前沿成果，成为此次展会的一大亮点。

2020年，共计为12家企业提供52次测试服务，服务时长达2 943 h；支撑北京市评估开放公开测试道路49条，共计195.9 km；持续跟踪服务自动驾驶车辆开放道路测试共计1 173 192 km，测试全程安全，未对道路交通造成影响。

2020年，北京智能车联产业创新中心有限公司支撑自动驾驶车辆载人道路测试作为北京市开放测试区的重点应用示范场景深化落地。8月，百度Apollo取得载人测试第二阶段许可，允许测试企业面向社会公众开展自动驾驶载人测试（北京市要求测试以科学试验为目的，不得从事运输经营活动），并于12月开展无人化第一阶段测试。2020年，共有15 006人次通过手机App呼叫百度自动驾驶车辆参与试乘体验，九成以上的用户表示未来愿意继续使用此服务。

五、愿景规划

2021年是“十四五”规划的开局之年，作为国家交通强国战略的重要组成部分，“新基建”和“智慧交通”为自动驾驶产业的发展带来新的机遇和挑战，同时2021年也是L3级别自动驾驶车辆量产元年，世界各国均发布相关的政策法规为L3级别自动驾驶车辆的上路保驾护航，这期间必将释放海量的市场需求，对自动驾驶相关产业的格局带来难以预料的变数，唯一不变的就是变化本身，企业需要更多的机会和空间去研发技术、验证技术以及寻求商业模式上的合作和实践。在这样的背景下，依托北京高级别自动驾驶示范区而成立的北京市智能网联汽车政策先行区应运而生，为下一波商业落地和技术大爆发释放了充足的政策空间。北京智能车联产业创新中心有限公司作为北京市唯一一家智能网联测试与服务领域的市级产业创新中心，未来将持续支撑北京市加快自动驾驶示范应用环境建设，保障自动驾驶道路测试及商业模式探索安全有序地开展，为北京市智能网联汽车政策先行区的建设贡献力量。

国家智能网联汽车（上海）试点示范区

一、基本概况

2015年6月，工信部批准上海建设国内第一个智能网联汽车试点示范区（以下简称上海示范区）。由上海国际汽车城（集团）有限公司承担建设，上海淞泓智能汽车科技有限公司负责具体规划设计和运营管理工作。2016年6月，上海示范区封闭测试区在上海市嘉定区安亭镇正式开园。上海示范区已建设成为功能场景最多、通信技术最丰富、同时覆盖安全、效率、信息服务和新能源汽车应用四大领域的国际领先示范区，吸引了国内外大量智能网联企业参与测试、展示以及示范应用。上海示范区旨在建设成为我国智能网联汽车先进技术研发、标准规范研究制定和产品测试认证的主要基地，智能网联汽车新技术、新产品、新业态、新模式展示发布和交流合作的主要窗口，以及相关产业创新孵化基地、人才基地、产业资本的主要集聚地。

二、建设情况

2017年6月，上海示范区启动“昆仑计划”，致力于打造全球最完整、最系统、最先进的智能网联汽车测试能力，在100 km^2的范围内为智能网联汽车产业链的整车厂、零部件、整体解决方案等各个环节供应商，提供所需的测试工具，加快推进中国智能网联汽车产业技术进步，在缩小国际差距、参与全球竞争与合作中发挥重要作用。上海示范区已建成运营两个封闭测试区（F-ZONE 和 X-ZONE），3 个主要开放道路测试区（嘉定区 315 km、临港地区 118.2 km、奉贤区 97.37 km）。

上海示范区建设总体取得了“1+4+6”的成果，即研究形成了 1 套技术体系，建设了 4 个创新服务平台，实现了 6 个“率先”。

一是建立 1 套技术体系。围绕“可运行、可推广、可监控、可认证、可提升”的总体目标，上海示范区建立了一套智能网联汽车应用关键技术体系，突破了大规模组网条件下 V2X 应用技术等一批核心技术。同时，上海示范区积极联合行业合作伙伴开展智能网联汽车领域的科研工作，成功牵头、参与工信部工业强基、上海市人工智能专项等 20 余项重大科研项目，在智能网联汽车前瞻共性技术方面做出重大突破。二是建设 4 个创新服务平台。“一场”——建设国内第一个智能网联汽车专用封闭测试区，测试场景超过 280 个，具备完善的测试设备和系统的测试体系。已累计为 90 余家国内外企业提供超过 1 200 天次、超过 10 000 h 的测试服务，完成 1 000 余次参观接待及 100 余次的商业活动、媒体采访及会议和赛事服务。“一路”——建设国内第一条面向智能网联汽车测试运行的智慧道路，率先实现车路网云一体化。已支撑 22 家企业、152 辆自动驾驶车辆的测试和示范运行。“一库”——建设国内第一个智能驾驶全息场景库，定义和梳理了“中国工况”，已积累 2 000 例交通事故深度调查数据，完成 20 余类场景的提取工作，推动我国牵头自动驾驶测试场景国际标准。“一中心”——建设国内第一个智能网联汽车道路测试数据分析和监管中心，实现人、车、路、环境数据实时动态采集，确保道路测试安全有序可控。三是助力上海实现 6 个“率先”。率先在国内发布智能网联汽车道路测试牌照，实现自动驾驶车辆进入公共道路测试；率先在国内颁发智能网联汽车示范应用牌照，尝试功能化的载人载货应用，积极探索商业化运营；率先在国内发放自动驾驶车辆长三角一体化测试牌照，推动区域智能网联汽车道路测试互认；率先打造智能网联汽车完整测试工具链，形成从仿真到开放道路的完整体系，建成国内领先、国际先进的智能网联汽车测试体系；率先建设国内首个智能网联汽车云控平台，打造车路网云一体化样板工程，为探索智能网联汽车“中国解决方案”奠定基础；率先在国内系统开展5G 车联网规模测试和示范运行，建成全球首个5G 智慧交通示范区，支持 5G 汽车通信技术联盟（5GAA）全球首个 5G 智慧交通示范项目正式启动，开展全球第一次 V2X“三跨”（2018 年）、“四跨”（2019 年）、“新四跨”（2020 年）互联互通应用示范。

上海示范区在推进智能网联汽车道路测试和示范应用、智慧道路建设、政策和标准规范研究制定以及推进长三角智能网联汽车一体化发展等多个方面取得丰硕成果。

三、测试场地、设备及能力

上海示范区已建成运营两个封闭测试区（F-ZONE 和 X-ZONE），其中 F-ZONE 封闭测试区服务于自动驾驶测试及部分 ADAS 功能研发测试，X-ZONE 封闭测试区服务于自动驾驶车辆网联化测试及特定场景测试。F-ZONE 封闭测试区占地约 3 000 亩，道路总长约 3.6 km，道路结构主要以城市道路环境为主，配备了先进的 RSU、GPS 差分基站、Wi-Fi、摄像头和智能红绿灯等设备，建成 200 多个测试场景，支持 V2X 通信技术、ADAS 先进驾驶辅助系统、自动驾驶等技术和产品的测试。X-ZONE 封闭测试区占地约 240 亩，一期道路总长约 1.45 km，环岛直径 30 m，道路结构主要以城市道路环境为主，同时场地内建有专业模拟停车场，并配备了先进的 RSU、视频追踪系统、Wi-Fi、摄像头、气象站和智能红绿灯等设备。

2018 年 3 月 1 日，上海示范区在国内率先开放智能网联汽车测试道路，在嘉定区划定 5.6 km 道路作为第一阶段开放测试道路。截至 2020 年 12 月，上海示范区智能网联汽车开放测试道路里程累计达到 530.57 km。其中，嘉定区 315 km、临港新片区 118.2 km（含东海大桥 34 km）、奉贤区 97.37 km，涵盖城市主干道、城市次干道、产业园区主干道等多种道路交通环境，率先形成了乘用车自动驾驶测试示范基地和商用车自动驾驶测试示范基地联动发展的新格局。

上海示范区已建立了包括二十五大类测试项目、91 类场地测试逻辑场景的测试规范，场景分为安全类、效率类、信息服务类、NEV 应用类、通信能力类等，可多层次多类型组合，满足自动驾驶在正常行驶的行为能力、危险工况下的避撞能力以及退出机制和应对能力等的测试需求。同时，上海示范区还积极推进整车硬件在环（VeHIL）实验室建设，一期实验室已对外开放测试服务，主要面向目前行业紧迫的 ADAS 测试需求，涉及传感器标定及对标测试、功能安全等测试服务。二期实验室正在建设中，功能主要面向 L3 级以上自动驾驶汽车的整车硬件在环测试验证。

四、运营及服务

截至 2020 年 12 月，上海市示范区已支撑 22 家企业完成了 152 辆自动驾驶车封闭区测试工作，为超过 30 余家企业提供了专业的 ADAS 测试服务，积累了丰富的自动驾驶和 ADAS 测试经验。上海示范区还提供大数据分析挖掘、特殊数据采集等服务，场景库已积累近 2 000 个交通事故场景，累计处理 1 600 例交通事故数据，超过 150 万 km 自然驾驶场景，超过 100 h 1 000 人次的驾驶模拟器测试场景，可以为 ADAS 和自动驾驶的研发和验证提供支持，数据量和处理能力均处于国内领先水平。其中开放道路安全测试里程超过 107 万 km，累计时长达 4.5 万 h。

在全力推进智能网联汽车道路测试的同时，上海示范区积极推动一批示范应用项目落地：一是全球首个 5G 智慧交通示范项目。2019 年 4 月 15 日，上汽、中国移动、华为和嘉定区政府四方联合启动国内首个“5G 智慧交通示范区”建设，9 月 18 日，四方合作项目正式作为 5G 汽车通信技术联盟（5GAA 联盟）全球首个 5G 智慧交通示范项目启动。2020

世界智能网联汽车大会上,5G智慧交通示范区二期项目正式启动。二是国家级云控平台示范区。2019年9月18日,启迪云控联合工信部国家智能网联汽车创新中心、上海嘉定共同发布国家级云控平台示范区,覆盖上海国际汽车城25 km^2、70 km各类型道路,将为各级别智能网联汽车提供自动驾驶测试示范所需的实时动态数字化环境。三是面向园区环境的智能驾驶汽车规模化示范应用项目。2018年12月12日,上海国际汽车城集团推动汽车博览公园成功入选上海市首批"AI+交通"应用场景实施计划,启动汽车博览公园"AI+交通"规模化示范应用和体验平台建设。12月,淞泓公司获批人工智能创新发展专项资金支持,全力推动博览公园自动驾驶示范运营平台建设。项目已完成基于博览公园智能驾驶专用车运营道路环境一期改造工作。四是滴滴自动驾驶出租车规模化示范项目。2020年6月27日,上海智能网联汽车规模化载人示范应用启动,滴滴出行首次面向公众开放自动驾驶服务。五是仙途智能自动驾驶环卫车清扫上海高速高架道路试点运营项目。基于仙途智能与上海城建城市运营集团战略合作,双方正在推进在上海市中环快速路浦西段(全长38.2 km)率先进行自动驾驶清扫试点,以夜间封闭路段为主。六是裹动科技(AutoX)自动驾驶出租汽车示范运营项目。2019年8月31日,上海市嘉定区人民政府与上海裹动科技有限公司(AutoX)达成战略合作,宣布将共同建设中国首个自动驾驶出租车(RoboTaxi)运营示范区,位于上海嘉定安亭新镇,占地约150 km^2。2020年8月,AutoX在上海推出自动驾驶出租车服务。

五、愿景规划

未来,上海示范区将持续推进智能网联汽车封闭测试区和开放道路测试环境建设,不断完善智能网联汽车完整测试工具链,构建从仿真到开放道路的完整测试体系,加速推进智能网联汽车示范应用落地,加快探索商业化运营模式,建设成为国内领先、国际先进的智能网联汽车测试和应用基地,助力上海建设世界级汽车产业集群。

围绕建设世界级汽车产业中心的目标,上海需顺势而为,整合优势资源,加大示范区建设力度,加快推进智能网联汽车发展。

一是加大智能计算平台、车载操作系统等"卡脖子"技术攻关,通过"需求侧"驱动"供给侧",以示范应用和场景落地推动"卡脖子"技术集中攻关。二是加快智能网联汽车测试及监管相关法律规范的研究制定,设立"特区",加强顶层设计,推动"资源链开放",集中试点政策法规突破的先行先试。三是研究制定并组织实施智能网联汽车专项政策,统筹规划智能网联汽车产业区域集聚布局,配合国家区域发展总体战略深入实施,培育智能网联汽车产业特色集群,在全国形成点面结合、错位发展、协调共享的产业发展新格局。四是加大智能网联汽车领域国家、市级专项资金支持力度,聚焦核心技术突破和产业化落地应用,制定每三年滚动的计划持续支持。

湖南(长沙)创建国家级车联网先导区

一、基本概况

2020年9月30日,工业和信息化部正式复函湖南省人民政府,支持湖南(长沙)创建国家级车联网先导区,长沙成为全国第四个被批复的国家级车联网先导区。

(一)主要任务和目标

湖南(长沙)国家级车联网先导区的主要任务和目标是:在重点高速公路、城市道路规模部署蜂窝车联网C-V2X网络,结合5G和智慧城市建设,完成重点区域交通设施车联网功能改造和核心系统能力提升,带动全路网规模部署;构建丰富的场景创新环境,有效发展车载终端用户,推动公交、出租等公共服务车辆率先安装使用,促进创新技术和产品应用;深化政策和制度创新,探索新型业务运营模式,完善安全管理、认证鉴权体系,建设信息开放、互联互通的云端服务平台,构建开放融合、创新发展的产业生态,形成可复制、可推广的经验做法。

(二)先导区功能定位

1. 多场景研发测试示范区。一是在国家智能网联汽车(长沙)测试区内提供全面先进的技术验证产品研发测试服务,加速共性基础技术研发和核心产品成熟的进程。二是在半开放、开放道路环境下,提供大范围的LTE-V2X、5G、L2-L5自动驾驶研发测试服务,助力规模化应用及商业化运营。

2. 规模化商业应用先行区。一是在自动驾驶共享出行领域,全力推进百度RoboTaxi在长沙的商业落地,建设国内领先的"自动驾驶与车路协同创新示范城市"。二是在公共交通智慧出行领域,重点推进智慧公交和中车自动驾驶"ART智轨"商业推广。三是在无人专用车辆与工程机械领域,推动中联无人驾驶环卫车、中联无人驾驶路面机械、中联农机大型拖拉机无人耕作、三一无人驾驶挖掘机、三一无人驾驶矿卡等应用。四是在北斗特色应用建设领域,推出智慧驾驶考试,智慧桥梁涵洞检测等应用,提供北斗高精度定位服务支持自动驾驶等应用。

3. 检测认证与综合服务创新区。一是提供高端智能零部件及整车系统检测服务。建设先进全面的智能网联汽车相关的测试场地、基础设施,重点打造智能车辆虚拟仿真测试平台、环境感知传感器测试系统(视觉、毫米波雷达等)、导航定位测试系统、V2X虚拟仿真测试系统。二是实现智能网联汽车道路试商用监管与评估,包括智能驾驶车辆的申请受理、测试跟踪、数据采集、分析评估、运行服务等工作。三是构建智能网联汽车金融生态。引入多元化金融服务,健全智能网联汽车产业链资金流动机制。四是承办智能网联汽车赛事,提升行业知名度与影响力,使长沙成为车联网领域新技术、新应用的策源地。

4. 新技术新服务产业聚集区。建设符合产业发展主流趋势、覆盖产业各主要环节的车联网新技术与新服务的产业高地。结合长沙本地产业优势,加快北斗与车联网行业融合发展,重点培育自主导航优势企业;加速以智能网联工程车、物流卡车、公交车、渣土车为代表的智能网联商用汽车的产业化,实现产业升级,促进区域经济健康快速发展,打造国家级车联网产业及智能汽车软件化集群。

二、建设情况

长沙市以湖南湘江新区为核心培育和发展智能网联汽车产业,围绕智能汽车产业政策出台、场景建设、测试验证、标准法规、人才培养等开展了大量工作,成为全国唯一一座获得国家智能网联汽车(长沙)测试区、国家级车联网先导区湖南(长沙)、国家智能网联汽车质量监督检验中心(湖南)三块国家级牌照的城市和全国首批智慧城市基础设施与智能网联汽车协同发展试点城市。在2020年赛迪研究院推出的智能汽车产业投资潜力榜中,长沙位居全国第三。

(一)基础设施建设不断完善

1. 改造智慧道路。实施"头羊"计划,加快道路基础设施的智能化改造,对长沙主城区210个交叉口的城市道路和三环线、长益复线100 km高速公路进行智能化改造,安装部署近400套LTE-V2X路侧单元,使智慧的"路"有感知、能思考、会说话。

2. 打造可靠网络。与中国移动、中国电信、中国联通等密切合作,快速推进车用无线通信5G网络建设,累计完成34 260多个5G基站建设,实现重点区域全覆盖,构建了核心商圈、交通枢纽、旅游景区、产业应用的5G场景。

3. 构建强大云端。累计完成了LTE-V2X智能化改造终端数约2 800个、实现车载终端用户推广量12 600个。建设了全国领先的区域级智能网联大数据中心,汇聚了智慧的路、智能的车、智能红绿灯等海量、鲜活、权威数据,为重点车辆监管、百姓公交出行提供服务。

(二)示范应用场景不断丰富

1. 赋能智慧交通。打造了全国首个开放式、全长约7.8 km的L3级智慧公交示范线,累计测试里程51 404 km。完成73条公交线路、2 072台公交车的智能化、网联化升级,在主动安全、准点率、驾驶员监管、交通信号优先等方面示范应用,行程时间平均缩短了约13.3%,高峰准点优化率达80%。率先在全国开展L4级自动驾驶出租车示范运营,免费载人测试里程超过40万km,网上订单累计服务2万人次。

2. 赋能工程机械。推动智能网联与传统工程机械的融合发展,与三一重工签订合作协议共同打造5G-V2X智慧物流示范项目,推动新一代智能驾驶工程机械机群的研发与商业运营。与中联重科合作联合组建"智能网联融合工程机械创新应用实验室",联合打造车路云一体化搅拌车智能驾驶示范项目以及"搅拌车—搅拌站—泵车"协同的智慧工地解决方案。

3. 赋能智慧城市。累计实现车载终端用户推广量12 600个,为全市重点车辆(两客一危、渣土车、校车、公交车)约10 000余辆加装汽车电子标识,在148个节点路口建设识读基站,为城市智慧监管奠定了基础。打造智能环卫场景,低速智能驾驶环卫车已在大科城、橘子洲等地商业化运营落地,为城市运营增添了智能网联元素。

(三)标准规范不断突破

1. 积极为全国输送标准规范。将长沙先导区建设运营的成功经验向国家标准、行业标准转化。参与编制的《智能网联汽车测试场设计技术要求》通过中国汽车工程学会专家审查,填补了智能网联汽车测试场领域的标准空白,牵头了3项推荐国标、8项团标、1项行标的编制。

2. 积极争取在立法实践上取得突破。成立了长沙市智能网联汽车立法工作小组,并主动对接全国人大法工委,寻求地方立法突破。

3. 积极构建具有车联网特色的网络安全体系。建设智能网联汽车安全测评体系研究实验室,从全域车联网安全、终端信息安全、身份与安全认证等方面着手,打造层次丰富、维度智能的安全防御体系。

三、测试场地、设备及能力

国家智能网联汽车(长沙)测试区分为管理研发与调试区、越野道路测试区、高速公路测试区、乡村道路测试区、城市道路测试区5个主要功能分区,设置了78个常规智能系统测试场景和228个智能网联测试场景,拥有测试道路8条,测试区内测试道路里程达12 km,其中3.6 km的双向高速测试环境、无人机测试跑道、越野测试环境相结合的多元化场景在国内独具特色,同时,测试区还实现了园区5G信号全覆盖。2020年11月赛迪顾问发布《2020中国智能网联汽车示范区评析》白皮书,国家智能网联汽车(长沙)测试区综合实力排名全国第一。2020年12月28日佐思汽车研究发布《2020年中国智能网联和自动驾驶测试基地研究报告》,国家智能网联汽车(长沙)测试区综合实力水平排名全国第二。

四、运营及服务

截至2020年底,国家智能网联汽车(长沙)测试区已累计开展了超过3 000场测试,与48家来自不同领域的测试单位展开了合作,良好的支撑了各类企业及高校科研院所的科技创新活动。支持长沙市共计发放3个批次55张自动驾驶车辆开放道路测试牌照,涵盖智慧公交车、智能驾驶乘用车、智能驾驶环卫作业车、自动驾驶重型卡车4种类型车辆;建成了全国首个7×24 h自动驾驶无人化测试场,发放了全国第二批无驾驶人开放道路测试牌照。长沙市开放道路测试里程累计超过70万km,发牌总数和开放道路测试里程均居全国前三。

五、愿景规划

长沙将围绕加强国家级车联网先导区建设,以智慧城市基础设施与智能网联汽车协同发展国家试点为契机,重点做好以下3个方面的工作:

(一)坚持自主可控,加强基础设施建设

1. 突出道路智能化改造。继续实施开放道路智能化改造项目,3年内部署智能化改造交叉路口的路侧基站不少于872个,实现三环线内1 300多个路口路侧单元和智能红绿灯的全面覆盖,到2025年,"车路云"一体化覆盖路线公里数不低于800 km。

2. 突出新型网络建设。对5G基站进一步加密升级,到2022年将建成5G基站建设近5万个,完成全市5G网络全覆盖,优化和提升城市"骨干网"网络结构和网络带宽,加快构建由移动通信网络、Wi-Fi网络和北斗卫星导航网络等构成的无线移动宽带网络。

3. 突出智能网联云控平台建设。重点依托工信部智能网联汽车数据交互与综合应用公共服务平台建设项目，强化云控平台能力建设，实现云平台与多种产业平台、政府监管平台的互通，实现智能网联及智慧交通的监管和运营。

（二）聚焦融合创新，打造应用典范

1. 推动智能网联技术与智慧交通的创新融合发展。整合政府及行业大数据资源，打造面向全市的智慧交通中枢平台，推广以车路协同、信号优先的智慧定制公交，提供优质MAAS出行服务，构建智能网联汽车与智慧交通融合发展的“长沙模式”，提升广大市民幸福感和获得感。

2. 推进先进制造业集群赋能工程。加快三一合作，2021年底实现智能重卡智慧物流示范线常态化载货示范；加强中联重科合作，打造5G-V2X智慧搅拌车示范场景。通过智能网联与工程机械的相互赋能，助力将长沙工程机械打造成为世界级先进制造业集群。

3. 探索新型业务运营模式。积极探索商业化运营场景，为全国提供可复制的经验，为智能网联汽车产业赋予更多的生命力。

（三）加强载体建设，加快产业聚集

1. 加强产业生态体系的构建。通过搭平台、建机制，让生态企业深深扎根长沙、服务长沙，通过商业化技术合作，实现政府、企业、社会三方共赢等等。

2. 推动智能网联融创新城建设。打造以“城市数字化、数字产业化、产业数字化”为特点的双新（新基建、新产业）数智新城，通过数字化全过程全方位赋能城市发展，城市数字化承载产业创新，产业数字化支撑区域经济体高质量发展，探索“新基建—赋能平台—产业平台—产城融合”的城市发展新模式。

3. 加快组建产业基金。按照“政府引导、市场主导”的市场化运作思路，组建一支智能网联汽车产业基金。深耕长沙，面向全省，放眼全国，以投资本地具有成长潜力的、符合智能网联汽车产业链补强条件的“瞪羚企业”、优质项目为主，助推智能网联汽车产业高质量发展。

黑龙江省黑河市智能网联示范区

一、基本概况

黑龙江省黑河市智能网联示范区，位于黑龙江省黑河市，成立于2020年6月，是由黑龙江省交投投资集团的权属企业黑龙江省交投智能网联汽车产业创新有限公司负责规划、建设、运营、管理。示范区利用黑河市高寒气候环境及已有的寒区试车产业基础，规划建设有黑河市自动驾驶测试场、黑河市智能网联城市测试区、智能网联高速测试区等项目，可成为国内领先的将高寒地区汽车传统测试、自动驾驶汽车测试与智能网联应用示范相结合的第三方测试、认证、示范平台基地。示范区联合标准制定机构、高校、科研院所、智能网联上下游企业等，共同推动智能网联、自动驾驶汽车高寒地区路测标准的制定。示范区可在虚拟仿真测试、封闭受控测试的基础上，开放特定商业场景测试、开放市区道路测试及高速公路测试，实现全场景的智能网联车辆、自动驾驶车辆及相关设备智能化、网联化测试验证及应用示范。

二、建设情况

2020年7月，完成自动驾驶测试场的基础施工建设，基本实现封闭测试场内的智能网联设备、通信设备、自动驾驶汽车感知设备的高寒耐受度测试及边缘计算的研发与探索性应用条件。

2020年12月，完成智能网联高速测试区、智能网联城市测试区的改造省级建设，基本实现具备高速公路、城市市区场景下的智能网联汽车测试及应用示范条件。

三、测试场地、设备及能力

1. 自动驾驶测试场

位于黑龙江省黑河市北部上马厂乡，总占地面积0.78 km^2，满足《智能网联汽车测试场设计技术要求》场景设计要求，应用场景4大区域（快速路测试区 + 城市道路测试区 + 乡村路测试区 + 越野测试区），测试单元48个，测试内容91项，配套建设测试场信息化设施设备1 242台（套）及厂区附属公用工程，全区域“5G + C-V2X”全覆盖；全套辅助配套设施，包括保密车间，餐饮，住宿等；常规/压实雪/雪冰混合/冰路面测试环境等。自动驾驶测试场具有约9.5 km高附着力城市模拟道路、2×800 m长直道、2.5 km快速环道、4条乡村类型复合型铺装路面、3 km低附着力冰路面，以及越野车车测试区，自动驾驶泊车测试区、自动驾驶接驳车体验区等超过250种场景的综合性测试区；拥有交投智联运营中心综合大楼、综合性车辆服务车间、餐饮住宿区、充电站等配套基础设施建设；完成厂区5G通信覆盖，V2X智能网联通信覆盖，高精度地图覆盖、部分路段实现路侧边缘计算服务能力覆盖，实现基于5G的远程驾驶车辆调度能力、自动驾驶接驳车调度能力、寒区路面附着力系数变化预警能力、车辆寒地仿真测试服务能力、城市及快速路交通仿真测试模拟服务能力等能力。

2. 智能网联高速公路测试区

位于黑河市吉黑G1211高速公路，单向里程约为87 km，往返里程约为174 km。全程沿途部署V2X路侧通信单元及高精度地图扫描，配有自主研发的发智能网联汽车车端OBU设备及提供配套安装运维服务；区间内服务于升级改造，满足10个功能，包括接待展示、车企办公、餐厅、无人超市、监控室、运营人员办公区、库房、锅炉房、停车场、能源补给（加油站、充电桩）等。道路条件优越，往来车辆较少，测试区内涵盖各相应智能网联测试配套设施、服务设施；高速测试区沿途部署V2X路侧通信设备，实现智能网联全覆盖。

3. 智能网联城市测试区

位于黑河市爱辉区自贸区，道路总长约为2.5 km，信号灯6个，测试区道路呈日字状布局，长直道路段每间隔500 m安装RSU设备，满足V2X通信要求。对于有红绿灯的6个十字路口，则根据十字路口的面积各自安装1台RSU设备。

四、运营及服务

自动驾驶测试场业务范围：常规汽车寒区测试支持、高级辅助驾驶标准测试支持、自动驾驶全场景测试支持、智能网联路侧设备测试场景支持等。乡村道路测试区，可测试汽车的操稳性（例如转向回转、稳态过弯、转向轻便性等）、底盘结构稳定性、整车结构可靠性、低速 NVH 静谧性、ABS 制动稳定性、制动滑移率、坡道 TCS 牵引力及手刹制动性等；城市道路测试区，可测试汽车的自动灯光感应、智能识别、自动驾驶、联网通讯、机非识别及避让、标志标线识别及响应、跟车行驶、超车并道、路边临停、环岛通行、交叉路口通行、低附操稳性等；自动泊车测试区，可测试自动驾驶汽车的自动泊车入位功能、泊车场景识别功能；SUV 越野测试区，建设目标为可测试越野汽车在四季气候环境下，各种复杂、极端路况的越野通行能力等；快速路测试区，可测试汽车的高速可靠性、耐久性、直线加速性能、高速制动性能、高速 NVH 静谧性、高速公路智能识别、自动驾驶、联网通信等；越野测试区，可测试越野车的操稳性、通过性等；测试广场，为可测试汽车低温启动能力、急速弯道通过能力、低附操稳能力、空调性能、除霜能力等。

智能网联高速公路测试区业务范围：常规汽车高速公路耐久测试支持；自动驾驶汽车高速公路场景智能网联功能测试支持；对接黑河智慧城市建设管理平台，辅助城市交通管理、城市应急指挥管理、城市安防监控管理等。可测试汽车高速低温耐久、整车高速可靠性、新能源动力消耗、高速场景识别、高速静谧性等，可解决具有高级辅助驾驶功能、智能网联功能、高等级自动驾驶功能的车辆需要在长时间、高速度条件下进行相关车辆功能性和安全性测试的刚性需求。为智能网联路测设备和算法提供真实路面条件下面对高速行驶车辆的感知能力，算法能力和抗寒冷、抗风雪等恶劣气候条件的测试。

智能网联城市测试区业务范围：自动驾驶汽车城市场景智能网联功能测试支持；对接黑河智慧城市建设管理平台，辅助城市交通管理、城市应急指挥管理、城市安防监控管理等。可测试智能网联汽车在城市实景环境下的信号识别、网联识别、人工接管、动态交通规则响应、特定场景作业等测试。通过半开放自动驾驶城市测试示范区，将进一步验证被测试车辆在真实的城市环境、有限交通流、极寒温度和冰雪混合路面条件下的高级辅助驾驶 ADAS 功能，自动驾驶行车感知设备算法、智能网联路侧设备和融合算法的稳定性、可靠性及安全性，为高级辅助驾驶和自动驾驶技术进一步融入城市交通环境打下基础。通过部署路侧智能网联设备，为车辆提供基于盲区的智能网联安全预警服务和地面附着力系数变化信息服务，进一步增强车辆的车路协同融合感知和安全行驶能力。除此之外，在城市测试区内还可以为周边的工业企业提供从 A 点到 B 点（如从办公室到企业食堂或到临近公交车站）的短途自动驾驶接驳服务、现状公交车智能网联化升级改造等应用示范。

五、愿景规划

一是实现路侧车路协同技术、车联网技术在国内高寒地区城市道路和高速公路的落地应用；形成新一代车路协同及自动驾驶技术在高寒地区的国家级测试标准；形成一整套基于车路协同和智能网联汽车技术的新一代国家交通控制网试点示范样板工程。

二是与高速公路测试区、城市测试区直接连接，形成智能网联示范区与高速公路测试区的联通效应，将测试场孵化出的可落地的车路协同技术、智能网联技术等与道路相关的技术运用到下一代智慧高速的建设和管理之中，成为完整的下一代基于车路协同技术智慧高速建、管、运的样板和雏形。

三是通过将车路协同技术、路侧边缘计算技术、5G 技术、北斗高精度定位技术等相关技术融合，形成车道级导航整体解决方案，并通过导航软件或高速公路监管及信息平台将道路实时路况发送给行驶中车辆，从而实现降低高速公路路网的交通事故率、交通事故死亡率、平均拥堵时间等。

四是与“醉美龙江 331 交旅项目”深度融合，拓展“无人驾驶 + 创新旅游”服务，实现在高寒带地区短途无人驾驶接驳应用示范落地，实现智能网联汽车技术作为车辆间、车路间、车网间信息传输及展示平台的技术应用落地。

深圳市未来智能网联交通系统产业创新中心

一、单位概况

人深圳市未来智能网联交通系统产业创新中心（以下简称深智联）于 2019 年 9 月，由深圳市发改委直属的深圳国家高技术产业创新中心和同济大学发起，并与华为、比亚迪、中经网及中国信通院等行业领先企事业单位共同成立，是一家智能网联交通领域第三方测试服务机构，也是深圳智能网联交通测试示范区运营主体。深智联不仅提供面向自主式/网联式自动驾驶汽车的测试与评价服务，更致力于打造面向未来车路一体的智慧交通测试示范平台。依托深圳本地产业优势，融合电动汽车、5G 通信技术、数据平台等前沿技术，构建“政、产、学、研、资”的创新生态高地，实现产业聚集优势，推动深圳和全国智能网联交通产业发展。

二、建设情况

围绕智能网联汽车和车路协同系统的研发以及应用，并依托深圳“封闭、半开放、开放测试示范区”和“五大公共服务平台”，利用云端服务技术覆盖实验室、封闭场地、半开放区及开放区内的各类测试需求，赋能企业研发测试，实现高效自动化的场景测试，充分验证智能网联车辆的安全性及可靠性，保障智能网联汽车有序地开展测试工作。

3 个测试区：提供实车测试环境，从封闭、半开放到开放，形成逐级可控的测试道路。测试区内均部署相同标准的 V2X 通信终端，为测试企业提供基础的智能网联车辆测试环境。其中封闭测试场较为特殊，基于其完全可控的特点，可搭建车辆在环测试平台、平行测试平台及自动化场景构建系统,提高测试效率。半开放/开放主要通过真实的交通场景对智能网联交通系统进行效果验证。

五公共服务平台:共性基础数据存储分析平台、自动驾驶综合仿真测试平台、信息安全测试评价与服务平台、V2X网联化测试认证服务平台及前沿科技与共性技术研究平台五大平台,与封闭测试场整车测试、开放/半开放道路测试共同构成了完整的智能网联汽车开发与测试的模式体系。其中:自动驾驶仿真测试平台、V2X网联化测试认证平台、信息安全测试评价平台是3项核心的测试平台,前沿科技与共性技术研究平台及共性基础数据存储分析平台作为基础平台是三大核心测试平台的支撑。

第一阶段建设金联路封闭测试区已于2019年6月开放运营。金联路封闭测试区全长2.6 km,最高支持测试速度为80 km/h。测试区由现有道路(金联路—聚青路—金辉路—卢田路)进行改造而成,并模拟各种城市路况,如直行道路、转弯道路、掉头道路、红绿灯路口、环岛路口、人行过街设施等。同时还拥有支持多种通讯模式的路侧通信设施和基于边缘云计算的环境感知设备(感知摄像头、毫米波雷达、激光雷达)和路侧单元(LTE-V、DSRC),不仅支持现智能网联汽车规定的自动驾驶功能测试,还可以满足智能网联汽车网联化功能的调试。

第二阶段建设的开放区位于国家新型工业化产业示范基地南侧,范围约1 km^2,路网全长约6.5 km;半开放区位于出口加工区,范围4.36 km^2,路网全长约25 km。第二阶段建设计划于2021年8月建成并交付使用。

第三阶段建设的封闭测试区位于坪山高新区南片区环境园,田心社区范围内,占地约765亩,计划2022年建成投入使用。测试区内规划连续环路、模拟高速公路、低等级公路、山区道路、城市道路、乡村道路等丰富的道路形式,设置模拟隧道、高架桥、匝道等道路环境,能够支持面向不同应用场景的智能网联功能开发的测试与验证。

三、测试场地、设备及能力

2020年6月,金联路封闭测试区开放运营,深智联采用全球各顶尖设备商供应的自动驾驶机器人、软碰撞台车、碰撞假人、牵引机构、惯性导航系统等专用测试设备,依托智能网联汽车专业测试技术团队建设、持续性的硬件设备投入,深智联逐步提升试验项目承载能力,更好地服务于企业客户。

深智联测试能力覆盖《智能网联汽车道路测试管理规范》中的14项智能网联汽车自动驾驶功能检测项目,支持C-NCAP等标准ADAS功能测试及支持自动驾驶仿真测试。

(1)提供智能网联汽车道路测试牌照测试及检测报,能够完成14项场景测试及1 000 km里程测试,出具符合深圳市道路测试管理规范的自动驾驶检测报告。

(2)DIL,SIL,HIL,VIL等完整的自动驾驶仿真测试工具链,支持V2X测试与认证等多种路侧感知、MEC单元和5G通信设施。

(3)—已形成仿真—封闭—开放道路逐级联动的测试评价服务体系,可充分满足企业和科研机构在ADAS、自动驾驶、场地租赁等研发测试服务。

四、运营及服务

2020年8月21日,深智联举办"2020年深圳(坪山)智能网联汽车产业高峰研讨会",本次高峰研讨会以"'智'领坪山未来,'网'联交通生态"为主题,邀请了智能网联汽车行业顶尖专家、学者聚首坪山,发表"智慧车列交通系统及关键技术""5G赋能智能网联汽车落地""新基建下5G车联网发展趋势"等主题演讲,旨在抢抓深圳5G率先独立组网机遇,加快构建一流的5G创新生态,推出更多的5G应用场景、创新业态和示范工程,进一步释放5G发展的最大红利,全力打造深圳智能网联产业创新示范区。

2020年9月9—11日,深智联参展"深圳国际未来汽车及技术展",向现场观众展示了深圳市未来智能网联交通系统产业创新中心的公司形象以及发展历程。参展期间,深智联还成功主办了"深圳未来智能网联交通研讨会"。此次研讨会邀请了业内知名专家,为现场听众带来了一场又一场内容丰富的演讲。

2020年12月2日,深智联主办的"通过立法及标准推动深圳智能网联汽车产业发展"主题闭门研讨会在深圳坪山格兰云天国际酒店顺利召开。坪山区发改郭斌副局长,深圳市交通运输局智慧交通处的曾乾瑜科长,坪山区人大常委会法工委代表,以及来自高校科研、法律界、整车、检测机构,以及行业协会的专家代表共计32人参加本次闭门会议。

2020年12月3—4日,深智联联合中国汽车工程学会、国家智能网联汽车创新中心等单位在深圳坪山举办了智能网联汽车V2X标准宣贯交流会。此次会议针对2020年11月26日发布的《合作式智能运输系统 车用通信系统应用层及应用数据交互标准(第二阶段)》(T/CSAE 157—2020)、《基于车路协同的高等级自动驾驶应用层数据交互内容》(T/CSAE 158—2020)、《基于LTE的车联网无线通信技术 直连通信系统路侧单元技术要求》(T/CSAE 159—2020)三项V2X应用层标准进行了宣贯。

五、愿景规划

以技术创新、产业引领为目标,重点突出网联化、车路协同的建设特点,建设全球领先、国内一流的先进的智能网联测试中心。

(1)建设新一代信息通信技术和信息开放能力,结合路侧智能化基础设施,构建丰富、多元化的网联式测试场景,充分考虑网联化智能驾驶应用场景,率先构建混行条件下车路协同应用场景的功能、性能、协议接口等技术测试。

(2)建设云端基础设施,利用交通云控平台,在车车互联、车路协同的基础上,连接测试场内端侧、路侧等系统,构建"人—车—路—云"协同配合、和谐统一的系统,为开展智能网联交通测试提供智能化感知、互联、分析、预测、控制等功能。

(3)兼顾国内外智能驾驶技术的不同发展路线,以全球化的视野部署路侧设备,紧跟智能网联交通、车路协同技术发展潮流,保证测试技术、评价技术全球领先,在多样化的环境下保证测试的准确性。

科研院所及检测机构

国汽(北京)智能网联汽车研究院有限公司

一、单位概况

国汽(北京)智能网联汽车研究院有限公司(简称国汽智联)成立于2018年3月19日,由中国汽车工程学会、中国汽车工业协会等行业机构牵头,中国第一汽车集团有限公司、东风汽车集团有限公司等23家股东单位共同出资成立,注册资本11亿元,位于北京市荣华南路13号院7号楼,占地面积为1 437.42 m^2,包括占地面积为480 m^2的一期实验室(计算平台研发实验室、高精度动态地图与定位实验室、车载高速网络实验室、信息安全实验室4个智能网联汽车实验室)。主营业务包括工程技术研究和试验发展,技术开发、技术咨询、技术推广、技术检测、技术服务、技术转让等。2019年获工业和信息化部批复组建国家智能网联汽车创新中心、通过中关村高新技术企业认定、经市科协批准设立国汽智联院士专家工作站、成为中国卫星导航定位协会理事单位。

二、科研项目及成果

完成国内首次针对V2X安全芯片处理性能的第三方测试。

随着安全芯片厂商多家厂商推出针对V2X场景的安全芯片,汽车行业迫切需要客观地测试评价其处理能力。国汽智联面对行业共性需求,于2020年上半年自主创新搭建针对V2X应用场景的安全芯片处理性能测试系统,并完成首例国内安全芯片的测试。该测试不重复行业已有的车规级、安全性等针对芯片的专业测试,只聚焦V2X应用场景下的处理性能。这项针对V2X场景的测试能力的建成和投入使用是对我国V2X产业落地的又一有力推动。

发布车辆安全漏洞预警与分析平台。

2020年10月27日,国汽智联在2020年中国汽车工程学会年会暨展览会上正式发布车辆安全漏洞预警与分析平台(China Vehicle Vulnerability Database,简称CVVD)。CVVD由国汽智联牵头,与启明星辰信息技术集团股份有限公司、奇安信科技集团股份有限公司、杭州安恒信息技术股份有限公司、上海斗象信息科技有限公司4家企业联合运营,通过自主挖掘、社会提交、协作共享、网络搜集以及技术检测等方式,联合政府部门、行业用户、安全厂商、高校和科研机构等社会力量,共建车辆漏洞数据库,开发各类算法模型库,并对涉及国内外车辆主流网络架构、无线协议、应用软件、车载操作系统和车载嵌入式产品等软硬件系统的信息安全漏洞开展采集收录、测试验证、补丁发布工作,建立起规范的漏洞研判处置流程、通畅的信息共享通报机制以及完善的技术协作体系,为我国ICV产业落地提供体系化的安全技术、数据及服务支持。

发布《中国智能网联汽车产业发展报告(2020)》。

2020年12月17日,国汽智联于北京正式发布《中国智能网联汽车产业发展报告(2020)》(蓝皮书)。2020年蓝皮书由中国汽车工程学会、国汽智联以及中国智能网联汽车产业创新联盟共同组织40余家细分行业的标杆企业、100余位行业专家,历时近一年时间共同编写完成。蓝皮书宏观层面综述了2019年以来我国智能网联汽车产业发展现状和面临的挑战,提出了我国智能网联汽车产业发展对策;介绍了2019年以来智能网联汽车技术进展及趋势;评价了我国智能网联汽车产业在国际竞争中所处地位。蓝皮书就智能网联汽车基础平台开展专题研究,阐述了智能网联汽车计算基础平台、云控基础平台、高精动态地图基础平台、信息安全基础平台、智能终端基础平台的发展情况、平台内涵、参考架构、技术路线和生态体系,提出发展建议;分析了以上五大基础平台之间的产业化协同发展关系。

三、科研设施及科研能力建设

国汽智联系统规划和建设智能网联汽车技术研发、实验验证和测试评价综合能力体系,在建占地面积10.73万m^2的智能网联汽车试验基地,包含五大实验中心和一个试制中心,其中五大实验中心包括智能网联汽车智能化实验中心、智能网联汽车网联化实验中心、数据和信息安全中心、整车暗室中心、整车虚拟测试中心。基地项目预计2021年底完成各单体建筑主体结构验收,2022年底完成内外装饰装修,2023年6月完成整体验收。

四、主要研究方向

围绕智能网联汽车行驶环境融合感知、智能网联决策控制、智能网联复杂系统重构设计、智能网联安全和多模式测试评价等行业关键共性技术开展研究。

五、国内外交流

承办C-V2X“新四跨”暨大规模测试示范活动

在工业和信息化部指导下,由中国智能网联汽车产业创新联盟、IMT-2020(5G)推进组C-V2X工作组、中国汽车工程学会、上海国际汽车城(集团)有限公司、全国汽车标准化技术委员会、中国通信标准化协会、交通运输部公路科学研究院联合主办,国汽(北京)智能网联汽车研究院有限公司、中国信息通信研究院、上海淞泓智能汽车科技有限公司共同承办的2020智能网联汽车C-V2X“新四跨”暨大规模先导应用示范活动于2020年10月27—29日在上海举办。本次活动共有来自整车、芯片模组、终端、安全、地图、定位等130余家企业共同参与,60余辆国内外品牌车辆进行演示,活动加速了C-V2X规模化商用步伐,进一步推动了相关标准的完善,展现了中国C-V2X发展理念与中国方案智能网联汽车技术路径,推动全球形成产业共识,而这也得益于政策将智能网联汽车发展纳入国家战略的顶层设计,以及我国拥有世界领先的信息通信产业,特别是5G等下一代通信技术将为车辆提供低时延、高可靠的信息交互环境,基于C-V2X技术的频谱管理、标准体系建设、产品研发、测试验证、基础设施建设、终端应用等已经全面发展的良好产业发展环境。

协办第七届国际智能网联汽车技术年会（CICV2020）

作为协办单位参与组织第七届国际智能网联汽车技术年会，为年会开展充分协调衔接行业资源，并在年会同期组织了多场技术研讨，促进智能网联汽车行业的技术交流和发展。年会3天日程包含1天2场全体大会、49场专题会议、24场技术分会、505场专家精彩报告，吸引了3 416位参会代表。与此同时，年会同期10 000 m^2的技术展览吸引了80家行业领军企业参展，迎来了20 432人次专业观众，有效促进了智能网联汽车行业上下游的交流与合作，成为智能网联汽车行业最受认可的国际技术交流和展示平台之一。

六、发展规划

发挥国家智能网联汽车创新中心作用，担当国家创新战略的核心智库，突破关键共性技术，搭建创新服务平台，培育高端专业人才，持续引领行业发展，构建新型基础设施，支撑智能网联汽车的中国方案和中国标准，提升我国智能网联汽车及相关产业在全球价值链中的地位。

国联汽车动力电池研究院有限责任公司

一、单位概况

国联汽车动力电池研究院有限责任公司（以下简称国联研究院）是在国家政府部门大力支持下，由中国汽车工业协会倡导和组织、北京有色金属研究总院牵头发起，汇集国内的科研单位、动力电池生产企业和整车制造企业共同组建的产业技术协同创新平台，前身是有研科技集团（北京有色金属研究总院）下属动力电池研究中心。国联研究院于2014年9月在北京市怀柔区注册成立，现有股东14家，包括有研科技集团、华鼎新动力基金、一汽、上汽、东风、北汽、华晨、长安、广汽、宇通、宁德时代、贝特瑞、东软瑞驰、天津力神，注册资本9.3亿元，办公地点位于有研科技集团北京怀柔园区内，总占地面积为4万m^3。公司主要开展新能源汽车用动力电池共性技术研发、动力电池及关键材料测试验证、锂电产品设计制造及中试孵化三大主营业务。2016年6月，在工业和信息化部的支持下，依托国联研究院建成我国首个国家制造业创新中心——国家动力电池创新中心，以国联汽车动力电池研究院有限责任公司为核心、外延构建中国汽车动力电池产业创新联盟（以下简称创新联盟），联盟成员单位190余家。

二、科研项目及成果

截至2020年，公司获授权专利162项，发表文章124篇，公布标准8项，“按特性曲线分选二次电池的方法”获国家技术发明奖，“LBC-5120型二次电池检测分选系统”获国家科技进步奖，“锂离子电池用电极材料及其应用研究”获国家重点科技攻关计划优秀科技成果奖，“锂离子电池及其电极材料的研究及产业化”“高比能动力电池及其正极材料的产业化”获有色金属工业科学技术一等奖，“高比能量高镍体系电池及其产业化应用”项目、“‘汽车动力蓄电池编码规则’国家标准及其应用”项目获得中国有色金属工业科学技术奖二等奖，“高比能锂二次电池用高安全电解质和高容量电极材料”获中国发明协会发明创业奖二等奖。

三、科研设施及科研能力建设

研发设施及科研能力：具备扣电极片制备、电池组装及电性能测试能力，可开展电池关键材料电性能的正向分析及逆向解析工作。具备1～10 Ah软包电池制备、测试能力，可开展电池材料体系设计、初始工艺过程、关键性能指标的实验、验证工作。

检测设施及科研能力：总投资3亿元，增加设备500台（套），以建立动力电池设计方法、标准规范、大数据库为目标，建成检测试验中心。检测中心现已完成CNAS,CMA和强检扩项，检测能力全面覆盖新国标，获得ECE-R100，UN38.3授权资质，具备强制性检测、欧盟范围产品电池系统安全性测试、锂离子电池航空运输安全性检测能力，可开展关键材料、单体电池、电池系统和管理系统功能特性、耐久性、环境适应性、安全可靠性的测试研究。

中试设施及科研能力：动力电池中试线具备最大年产7 000万Ah动力电池中试线，环境控制严格、制造流程完善，柔性化设计，可开展产品设计验证、中试研究、批量试制工作；电池模组及系统中试线最大产能72万套模组、3万台（套）电池系统制备能力，工艺技术体系完善，通过IATF 16949体系认证，可开展电池模组、电池系统批量试制。

四、主要研究方向

主要分为关键共性技术、电池关键材料、动力电池和电池系统四大方向。

关键共性技术方面，一是锂离子电池安全性技术，包括开发温敏型、阻燃型安全助剂材料，用于温度敏感电极的设计和验证，实现公斤级中试试制和客户验证；开发含不燃/阻燃溶剂的电解液，将电解液的闪点从43 ℃提高到120 ℃。电池针刺后2 s内未出现大面积短路，短路5 s后电池中心温度达到170 ℃后降低；建立热失控抑制、热失控阻断、热失控风险控制等三方面技术方案；实现高镍-硅基体系的20～23 Ah单体电池，3 mm钢针针刺刺穿不起火、不爆炸，3C倍率性负影响小于5%；60 Ah单体电池，1 mm陶瓷针针刺刺穿不起火、不爆炸。二是动力电池的耐久性（循环寿命）技术，开发了电化学反应体系、结构稳定电极、电极/溶液均相复合界面的设计和工艺技术，发展了电池新配方、新结构、新电解液的添加剂，建立了界面均匀成膜、抑制活性锂损失、阻止循环失效的技术方案，形成了动力电池耐久性的技术体系。研制开发的高镍/Si基电池体系循环寿命超过1 500周。三是锂离子电池的环境适应性（耐低温特性）技术，包括开发低温电解液，发展三元碳酸酯类低温溶剂体系、低阻抗成膜添加剂和低温高电导率锂盐；电池工作温度由－20 ℃下降至－40 ℃，将高比能电池－40 ℃放电容量提高到室温容量的85%左右，放电功率提高到室温的11%，且高温循环性能可达700周以上。

电池关键材料方面，一是三元正极材料，开发了532型、622型、811型系列三元材料，实现了工程化制备，完成了2 000 t试产和客户批量验证；并在四川建立了年产4 000 t的示范生产线，实现技术授权转让，形成了材料设计、产品设计和制造设计的技术体系。新开发比容量210 mAh/g高热稳定高镍材料，正在进行中试验证。二是富锂正极材料，开发组分调控、表面掺杂、高压实密度的设计和工艺技术，发展了不同组分的系列富锂固溶体材料。设计开发的新型富锂材料，比容量250～290 mAh/g的材料实现工程化验证。三是固态电池电解质，联合加拿大西安大略大学、加拿大固态电池公司，在国际上首次开发出高离子导卤化物基固体电解质及干燥间环境下稳定的硫化物固体电解质，已实现单批次公斤级稳定制备；开发出百纳米可控LATP/LAGP电解质材料及大尺寸电解质薄片。

动力电池方面，新一代动力电池主要分为高镍/硅基锂离子电池和富锂固溶体/硅基锂离子电池两大方向，研发出81 Ah高镍/硅氧体系电池比能量356 Wh/kg，循环寿命500周，3C倍放97%，－40 ℃容量保持率85%，安全满足法规性检测，取得第三方检测报告；固态电池方面包括开发出Ah级无机全固态电池原型，循环150周；首次实现卤化物电解质在全固态电池应用；开发基于新型锂盐的凝胶化固态电池原型，容量79 Ah，比能量343 Wh/kg，原型电池循环500周容量保持率85%；开发基于不燃电解质体系的凝胶化固态电池原型，容量76 Ah，比能量328 Wh/kg，循环390周容量保持率89%。三是锂硫电池，在北京市和特种需求项目的支持下，公司开发了352 Wh/kg的锂硫电池，电池循环超过60周，下一步可根据需要开发400 Wh/kg以上的锂硫电池。

电池系统方面，公司模组设计技术已获得30余项专利，覆盖电池模组关键技术和制造工艺。开发出多尺度，多物理场的仿真方法，包括结构仿真、热仿真、电仿真等多个维度。

五、国内外交流

2020年12月18日，国家车用动力电池产品质量监督检验中心依托国联研究院成立，同日成立中国汽车动力电池产业创新联盟测试验证分会。两个平台将在行业企业服务、动力电池标准体系建设、测试验证技术创新、产品推陈出新方面发挥作用，为动力电池行业的健康持续高质量发展提供保障。国联研究院依托创新联盟行业服务平台，紧密跟踪产业发展热点问题召开大型论坛及内部研讨会议，搭建产业交流合作平台，2020年共计完成我国动力电池产业发展形势和企业应对策略专题研讨会、车电分离生态圈研讨会、动力电池安全设计及防护技术线上研讨会等十余场大型会议交流活动。

六、发展规划

展望未来，国联研究院将立足新发展阶段，贯彻新发展理念，构建新发展格局，一是加强关键共性技术（安全性、耐久性、低温性等）、新体系电池技术（固态电池及固态电解质材料）、新检测技术的攻关力度。二是进一步提升动力电池测试验证服务水平，扩展强检、研发类测试等方面的检测能力。三是开展技术转让孵化和多品种、小批量的定制化开发试制服务，技术及行业咨询服务。四是充分发挥创新联盟平台作用，集中产业优势资源，以解决行业共性问题为目标，大力开展政策法规研究、统计与信息服务、标准研究和实施、技术交流与服务、国际合作与协调等工作，为推动动力电池和新能源汽车产业健康可持续发展，促进中国从汽车大国迈向汽车强国贡献力量。

中国船舶重工集团公司第七一二研究所

一、单位概况

中国船舶第七一二研究所组建于1963年4月，主要承担舰艇电力推进系统及化学电源的研究设计、制造、试验及总装总调任务，是军调核准的重点保军单位。有从业人员2 000余人，国家级和省部级专家78人，享受国务院政府特殊津贴专家23人，集团公司高级人才10人。拥有“电气工程”国家一级学科，“船舶综合电力技术”“船舶化学电源技术”专业博士学位授权点和“博士后科研工作站”及4个专业硕士学位授权点。建所以来，先后取得国家和省部级科技成果390余项，包括国家科技进步特等奖1项、一等奖3项，国防特等奖2项、一等奖5项。授权专利500余项，其中发明专利280余项。被国家六部委联合授予高技术武器装备发展建设工程突出贡献奖。相继规划和建成武汉南湖、武汉光谷、武汉融创智谷、鄂州葛店、黄冈化工园、黄冈禹王工业园、青岛海西湾等七大产业园区。总用地面积1 002.8亩，总建筑面积28.8 m^2。

二、科研项目及成果

“十三五”期间，研究所共承担各渠道科研项目125项，科研合同总计8.53亿元，同时自主投入科研经费5.25亿元，研发投入占营业收入达到12%，直接从事科研工作的人员占比达到员工总数的65%以上，培养高层次专家和技能人才20余人。获得省部级科技成果48项，其中国防科技进步二等奖2项、三等奖4项、国防科技发明三等奖1项；集团科技进步一等奖1项、二等奖13项、三等奖23项；中国铁建科技一等奖2项；其他行业学会科技奖2项。申请发明专利293项，拥有有效发明专利216项，发表EI/SCI收录论文28篇，发布国家及行业标准10项，等级计算机软件著作权21项，形成国防科技报告299篇。

研究所是国内唯一拥有机电与花店两个专业的军工科研院所，能提供军用能源与动力装备的全系统解决方案。在大功率电气传动领域拥有国内领先的科研试验保障条件，可有力支撑相关的科研工作。

三、科研设施及科研能力建设

拥有舰船综合电力推进系统、大功率推进电机、中压直流开关电器、燃料电池AIP系统、大容量动力电池等多个世界领先的科研实验室。

四、主要研究方向

专业范围主要涉及电力推进系统、电机、自动控制、氢能与燃料电池、开关电器、化学电源、绝缘化工材料、贵金属材料。

主要业务包括舰艇电力推进系统及核心装备、舰船化学动力、氢能与燃料电池(含车用、船用、电站、特种领域)、动力电池测试系统、轨道交通直流牵引供电系统、机车用开关电器、大电流短接开关、矿用大功率永磁直驱电气设备、太阳能光伏用银粉、高纯贵金属、环保型绝缘树脂等。

五、发展规划

自建所以来为装备使用单位提供了所有在役水下大型装备的电力推进系统及化学储能电源,面对新形势、新要求,七一二所提出了“让舰船航行更快更远更安静”的使命,确立了“建设科技创新力强、军工核心突出、军民深度融合、产业结构合理、质量效益领先的世界一流舰船动力与新材料研究所”的战略目标,致力于推动舰船动力行业向前向强,致力于推动中国海军走向深蓝,致力于推动我所的技术与产品服务国家战略。

江苏新能源汽车研究院有限公司

一、单位概况

江苏新能源汽车研究院有限公司(以下简称苏汽研)注册成立于2017年,经两年筹划布局,于2019年初正式开始运营,苏汽研是一家以节能及新能源汽车核心零部件(软件及硬件)开发为主要方向,并实现技术落地生产及市场销售一体化的先进科创型企业。苏汽研由江苏省产业技术研究院、悦达集团、国家级盐城经济技术开发区和江苏智车动力有限合伙企业四方共建及组成,既具有国投背景稳定资金力量,又具有海内外先进创业团队朝气和国际技术实力,5年内计划总投资超4亿元。苏汽研研发核心团队均由国内外各大主机厂及核心零部件厂技术专家组成,市场团队由国内外市场精英组成并执行全员市场拓展理念,公司执行扁平化管理,具有活跃、积极、团结、共创、共享的办公氛围和现代、时尚、温馨、舒适的办公环境,同时实行人才引进股份制激励、人才引进补贴、盐城外来人才住房补贴、团建补贴及节假日、生日补贴等各种创业福利制度。苏汽研研发部门包括四大板块,分别为整车控制与集成部、动力总成部、先进工程部及检测公共服务平台,其中检测公共服务平台已经通过CNAS认证,包括电池、电机、动力总成、整车、汽车零部件等多项测试服务,既对外部其他汽车零部件进行试验测试服务,同时也对内部研发的相关产品进行DV认证试验。公司已经完成和正在进行开发的项目产品包括:DHT单档位分体式混动多模箱、DHT单档位三合一集成混动多模箱、DHT两档位三合一集成混动多模箱、纯电三合一集成减速箱等混动及纯电系列核心动力产品,也包括TCU及HCU等整车控制软硬件系列产品,未来公司还将着重汽车电子智能系统、新燃料、新工艺、新材料等新技术领域的发展,完成苏汽研在未来汽车领域的完整布局。

二、团队建设

截至2020年底苏汽研团队建设方面共有团队成员80余人,其中博士以上学历的人员有3人,占公司总人数的4%;硕士以上学历的人员有13人,占公司总人数的16.25%;本科以上学历的人员有52人,占公司总人数的65%。研究院员工均来自美国通用汽车集团、上汽集团、众泰汽车、上海汽车变速器等国内外知名的汽车整车、核心汽车零部件公司。江苏新能源汽车研究院团队以石方辉博士为首,经过对国内外汽车领域先进人才的不断引入,已经形成一个具有汽车核心零部件研发的技术团队。团队核心领军人物主要如下:石放辉博士,原美国通用汽车公司高级主任工程师、部门主管、技术院士、通用汽车最高荣誉奖“Boss Kettering”奖获奖者、目前为研究院院长及总经理一职;邹大庆博士,原美国通用汽车动力系统资深专家,于2019年9月正式入职苏汽研并担任动力总成部研发副总一职;蒋宇翔博士,原美国福特公司动力传动控制及先进工程项目经理,上汽、北汽、克莱斯勒等国内外知名车企总工程师,于2020年4月入职苏汽研担任整车控制与集成副总一职。以上3位核心领军人物均定居在盐城,一线亲临指导核心工作。

三、企业软实力

知识产权方面,苏汽研重视知识产权体系建设,贯彻《企业知识产权管理规范》国家标准,于2020年12月顺利通过知识产权贯标。专利作为知识产权核心内容的体现,也是苏汽研科研工作的重中之重,截至2020年底合计已申报自主专利数26项,其中申请发明专利10项、实用新型专利16项,已授权发明专利1项、实用新型专利6项。

奖励荣誉方面,苏汽研积极配合当地政府,引进高质量行业内领军人才,切实搭建人才梯队。已成功申报盐城市工程技术研究中心、盐城市中小科技型企业、盐城市高企培育入库、“盐城市创业人才领军项目”企业创业类、“盐城市创业人才领军项目”企业创新类、江苏省“双创人才”、江苏产业技术研究院“JITRI研究员”、江苏省“外国专家工作室”等项目;此外,苏汽研积极推进产学研合作项目,2020年9月与江苏大学签约研究生实践基地协议,展开多方面的科研研发合作、重点项目申报等。2020年11月积极推进博士后入站事宜,分别申请王辉博士入站“悦达集团-吉林大学-江苏新能源汽车研究院三方联合培养博士后工作站”;丁仁凯博士入站“悦达集团-江苏大学-江苏新能源汽车研究院三方联合培养博士后工作站”。

产品开发方面,苏汽研已完成两款双电机混合动力系统开发,其中包括软件开发及硬件开发。软件开发方面,双电机混动系统HCU苏汽研已经成功运用在五菱样车中,并经过领导层测试,达成了非常满意的测试效果,动力性和经济性均超出了预期。硬件方面,苏汽研已经完成了两款混动多模箱的研发及试制工作,并同时完成了相关专利和供应链体系的编写和搭建。目前苏汽研正在研发三合一新一代产品,并针对前两代产品进行量产化事宜推进。

清华大学汽车安全与节能国家重点实验室

一、发展概况

2020年实验室固定人员共有86人，其中研究人员75人，技术人员10人，管理人员1人。研究人员中，正高级33人、副高级34人、中级8人，包括院士3人、国家高层次人才特殊支持计划10人、国家海外高层次人才引进计划5人、中青年科技创新领军人才8人、教育部长江学者奖励计划6人、国家杰出青年科学基金获得者1人、国家优秀青年科学基金获得者3人。

高端人才引进与布局工作再创新高度。拟引进欧洲科学院院士、瑞典查尔姆斯理工大学教授、城市交通系统研究中心主任曲小波，全面建设智能交通学科；拟引进潍柴动力副总裁、首席技术官、国家高层次人才胡浩然，支撑车用能源领域学科建设。通过一系列高端人才布局，实现国内国际技术和行业的双引领。加强青年教师队伍建设。出台《青年教师"优才计划"实施办法》，配齐科研发展基金和行业导师，着力激发青年教师学术志趣。继续扩大青年人才储备，新冠肺炎疫情期间转变全球招聘模式，组织参加了清华大学全球线上宣讲，持续增强影响力，新增近20位有意向的海外人才，目前多位纳入学院人才库。全年引进青年人才2名：冯旭宁（助理教授）、温福喜（副研究员）。多人斩获重要人才奖项：罗禹贡、李升波、刘亚辉、李哲入选国家高层次人才特殊支持计划，张新钰获中国智能交通协会科技创新人才，徐梁飞入选基金委优青。

教师国际与行业影响力持续增强。新增国际学术组织任职3人，新增行业人才称号6人，赵福全被授予"FISITA终身名誉主席"，李骏、王建昕荣获"中国内燃机工业协会30周年纪念——杰出人士"称号，帅石金当选"中国汽车工程学会会士"，王建强、王志当选"中国汽车工程学会高级会员"。

研究生培养方面，破除五唯，全程管理，优化研究生培养体系。研究生培养质量代表了我室人才培养的高度。今年7月29日召开的全国研究生教育大会上，习近平总书记对研究生教育工作作出重要指示。我室制定研究生申请学位创新成果标准，改革研究生评价体系，坚决破除"五唯"倾向。制定博士生指导小组管理办法，严格全过程质量管理，促进研究生踏实做好学术研究、扎实写好学位论文，形成更高质量的学术创新成果。研究生规模与结构进一步优化。举办全国优秀学生暑期夏令营，选拔和录取优秀学生。深度参与创新领军工程博士培养，围绕智能制造、长三角一体化建设和国防领域招收工程博士，立足国家科技发展战略与汽车行业需求培养高层次应用型创新型人才。继续加强研究生国际化培养，全英文硕士项目和中法双学位项目顺利通过学校评估。王翔宇、郑讯佳、任东生获得清华大学优秀博士学位论文、黄超获得优秀硕士学位论文。王翔宇获评研究生学术新秀。

二、科研项目及成果

2020年承担多项重要科研任务，科研经费再创新高。实到科研经费37 975万元，其中国家及省部级经费16 202万元（43%）；国防经费1 491万元（4%）；国际合作经费4 926万元（13%）；校企合作经费15 356万元（40%）。优化科研项目结构，国家及省部级项目、横向重大项目经费均突破了1个亿，助力科研总经费额度大为提升。获批2项国家重点研发计划，申请国家自然科学基金54项，获批21项，资助率38%。

2020年发表SCI论文267篇，EI论文319篇，近5年入选ESI高引论文30篇。欧阳明高院士第三次入选科睿唯安全球高被引科学家，并入选Research Interfaces发布的锂电池领域全球十大研究者，他的团队还在《自然·通讯》在线发表题为《LiFSI体系高浓度电解液锂离子电池热失控机理》的研究论文在国际重要学术会议上获得优秀论文奖。协助中国汽车工程学会推动汽车工程领域高质量科技期刊分级目录工作，其中实验室主办的《eTransportation》《Journal of Intelligent & Connected Vehicles》入选T1类期刊，《汽车安全与节能学报》入选T2类期刊。

2020年以第一完成单位/完成人获评各类科技奖励7项，包括行业特等奖和一等奖3项。其中，"智能网联汽车云控系统关键技术及应用"项目获中国汽车工业科学技术进步特等奖（李克强团队）。授权发明专利150项，成果转化业绩突出，共完成了9项成果转化，共计转化专利数44项，转化金额4 290余万元。由欧阳明高院士与张家口政府合作的氢能与可再生能源研究院的氢能全产业链示范应用的做法，获得了国务院表彰。

三、科研设施及科研能力建设

实验室有50万元以上大型仪器67台，总价值9 294万元。按照实验室的要求，大型实验设备需要由专人进行管理，每台设备均必须建立设备台账和技术档案。鼓励和支持设备共享和设备开放，所有的大型设备均在清华大学实验室与设备处的网站上进行了开放使用备案，面向社会开放。基于实验室开放课题合作和企业课题合作，很多国内外高校和科研单位的工作人员也经常到实验室科研平台上从事研究与开发工作。如实验室动力系统集成测试平台的发动台架既帮助了烟台大学的老师进行课题研究，也为奇瑞、吉利、东风、壳牌等多家企业进行了发动机的匹配和标定。

四、主要研究方向

实验室的主要研究方向为汽车主动安全性、汽车被动安全性、先进发动机与排放控制、电动汽车与新型动力、汽车电子控制。

汽车主动安全性包括汽车动力学与控制、汽车震动与噪声控制、驾驶行为识别与安全辅助系统、交通安全与事故再现。

汽车被动安全性包括汽车碰撞力学、汽车安全性设计、乘员保护及人体损伤机理、汽车新型材料与轻量化。

先进发动机与排放控制包括发动机燃料与燃烧、发动机排放控制、发动机热流体学、动力总成与性能优化。

电动汽车与新型动力包括车用动力电池系统、纯电驱动系统、混合动力系统、燃料电池动力系统。

汽车电子控制包括发动机电子控制、底盘电子控制、智能汽车、智能交通。

五、国内外交流

因疫情防控要求，实验室对公众开放的频次比往年略有缩减，接待实验室参观27次，其中参观访问19次、科普讲座7次、其他活动1次；参观总人次为316人次，其中大学生180人次、中学生50人次、社会其他86人次。在2020年1月14日接待工科营高中生20名，在2020年7月28日接待各省高考状元30名，在9月25日接待来自设备处实验室处组织的安全党团日活动人员20名等，进行科普讲座并开展互动活动。各实验室的讲解人员以现场讲解、展板介绍、视频播放、邀请来访者参与体验的方式，让公众走进实验室，深入了解实验室的研究内容和日常运转，体验实验室环境，让公众零距离观摩现场演示和设备操作过程，得到广泛好评。

实验室配合《科技日报》报道3次，配合多家新闻媒体对实验室新闻报道30次，各类新媒体报道45次。向社会全面展示实验室近年来的重大科技创新成果和科研进展，全面展现实验室科研成果在服务国家发展方面发挥的重要作用。围绕安全、节能、环保三大主题，提升公众对汽车安全与节能国家重点实验室的了解、增强全社会科技意识、提高全民族科学文化素质、让公众从更广阔的视野去思考和理解科学知识，也启发了实验室的科技工作者们科学研究和科普服务的工作。

六、发展规划

争创优秀级的车辆领域国家重点实验室，联合国内优势学术团队，引领国家汽车技术发展。建立起适应国家重点实验室改革的人才队伍体系：一方面调整人员结构，实现汽车、能源、先进交通、人工智能、互联网与大数据等人才多样化；另一方面改善人才梯队，加强顶尖人才突破的支持力度、加强中青年人才蓄积。结合汽车系升级为车辆与运载学院，突出学科发展的新思路：一方面形成优势学科团队，聚焦“智能汽车＋新能源汽车”；另一方面加强发展新学科和交叉学科，以更好适应车辆学科高度交叉融合的特点。

同济大学汽车学院

一、单位概况

同济大学汽车学院作为上海国际汽车城科学研究与人才培养核心功能的承载体，以追求可持续发展世界一流学科为发展目标，以科研教学为发展基础，以立德树人为发展根本，为国内新能源汽车、智能汽车和空气动力学科学研究、技术开发与人才培养高地，汽车专业更是同济大学“双一流”建设的特色和优质学科之一。

汽车学院面向汽车、动力和交通等行业，依托车辆工程、动力机械及工程、载运工具运用工程3个学科，针对新能源汽车和智能驾驶汽车的专业人才需求，设立了“汽车工程”“车用能源与动力”“汽车电子与智能”三大教研室，构建了完备的本、硕、博贯通人才培养体系，以德语、英语的双外语教学为培养特色。拥有机械工程一级学科博士后流动站、管理工程一级学科博士后流动站、车辆工程博士点、动力机械及工程博士点、车辆工程硕士点、动力机械及工程硕士点和车辆工程学士点。截至2020年底，学院共有在编教职工123人。其中正高级专业技术职务40人、副高级专业技术职务37人、中级专业技术职务29人，其他15人，校聘派遣人员4人。学院现有教育部节能环保汽车创新团队1个，中国工程院院士2人、国家高层次人才计划专家6人、长江学者2人、“973”计划和“863”计划首席科学家3人、国家海外高层次人才计划青年项目专家2人、国家优秀青年基金获得者1人。

二、科研项目及成果

2020年度，实现新增500万元以上重大项目8项，全年科研经费到款11 312亿元。大力推进自然基金申报工作，深抓、细抓、紧抓基金申报全流程，实现汽车学院自然科学基金项目新的突破；2020年共获批主持的自然科学基金16项，环比增长220%，首次站上两位数的台阶，并且在区域重点基金方面实现零的突破。继续发挥学院在新能源汽车领域的积累和重大项目申请方面的传统优势，新获批重点研发计划项目“70 MPa加氢站加压加注关键设备研发”项目，经费2 325万元。不断加强学院论文、专利等各项科研产出，发表检索类论文345篇，SCI 179篇，EI 126篇，获批发明专利53项；更加注重标志性成果产出，ESI高被引论文数3篇。实现学院省部级科学技术奖励新突破，全年获省部级一等奖励4项，并且在技术发明一等奖方面实现零的突破。共出版著作6部，其中专著4部、编著1部、译著1部。

三、科研设施及科研能力建设

汽车学院聚焦新能源汽车和智能驾驶汽车，拥有中德汽车联合研发中心、中瑞道路交通安全研究中心、智能型新能源汽车创新引智基地的三大国际化科创平台；智能型新能源汽车协同创新中心、燃料电池汽车及动力系统工程技术中心、新能源汽车及动力系统国家工程实验室、国家大型科学仪器中心平台——汽车风洞的四大国家级科创平台；教育部新能源汽车工程研究中心、上海市交通工具空气与热模拟风洞重点实验室、上海电动汽车工程技术研究中心、上海科创中心—智能型新能源汽车功能型平台的四大省部级科创平台，积极开展前沿科学研究、前瞻技术研发和重大产品开发，形成了世界一流的学术影响力和竞争力。

校企合作和校地合作不断开花结果。与青岛院士港设立重大专项；建立了3个校企合作平台；与东风汽车、上汽集团等企业合作的项目进展顺利。校地合作平台建设初见成效。建立了3个校地合作平台并顺利运行，2020年通过南昌智能新能源汽车创新研究院、深圳市未来智能网联交通系统产业创新中心等校地合作平台进校经费1 495万元。

四、主要研究方向

面向未来汽车发展趋势，重点开展汽车动力电动化、汽车安全智能化和汽车整车平台化三大硬技术方向，和汽车出行一体化一个软科学方向，主要研究内容如下：

1. 汽车动力电动化

在电源技术方面，重点针对电池寿命短、能量密度低、环境适应性差，以及燃料电池成本高、寿命短、环境适应性差等瓶颈问题，重点开展电池新型材料体系、电池系统的机—电—热耦合集成设计、低铂催化剂、长寿命燃料电池系统集成、高效低成本车载储氢等关键技术研发。在电驱动与机电耦合技术方面，针对机电耦合传动系统结构复杂，成本高，混合动力发动机起停排放差、噪声大等瓶颈问题，开展高功率/转矩密度、低损耗电机设计与控制、新型轮边及轮毂电机构造与驱动系统、新型机电耦合传动装置、增程器专用发动机设计及系统集成等关键技术。在电控技术方面，针对多能源协调管理能效果不理想、多动力源协调控制不够柔顺等问题，开展多动力源系统架构设计及建模、多源动力总成集成与控制、故障诊断与容错控制、结合智能网联的动力系统协调控制等关键技术。

2. 汽车安全智能化

在环境感知技术方面，针对系统架构完整性差、传感器成本高、环境稳健性差等瓶颈问题，重点突破车辆识别（定位、距离、速度等）、非机动车与行人识别、道路标识/障碍物识别、驾驶员状态/意图/行为识别等关键技术。在通信与人机交互技术方面，针对车载无线通信可靠性和实时性差、人机交互不够友好等瓶颈问题，重点突破 V2X 通信技术（车车/车路通信）、先进车载网络通信技术、车载智能化信息平台、人机交互信息现实增强技术等关键技术。在辅助驾驶与无人驾驶技术方面，针对信息提取速度慢、识别判断精度低、综合判断与决策智能化程度低等问题，重点突破多源信息融合与容错、纵向避撞系统控制、主动避障系统控制、车路协同自动驾驶等关键技术。在汽车底盘线控系统方面，针对汽车底盘线控系统可靠性和稳健性差等问题，重点突破线控制动、线控转向等汽车底盘线控技术。

3. 汽车整车平台化

针对动力电动化和安全智能化引起的整车层面新技术需求，包括轻量化新要求、安全性新需求、舒适性新需求等，在轻量化技术方面重点突破轻质材料（复合材料、铝合金等）、轻质结构与优化设计、轻质材料制备与轻质结构制造工艺。在车身造型技术方面，重点研究超低风阻车身造型与制造、模块化车身造型与制造、车身空气动力学理论与数值计算。在振动噪声（NVH）控制技术方面，重点研发噪声源测试、分析与建模、振动噪声主、被动一体化控制、声品质评价与设计技术。在碰撞安全技术方面，研发碰撞条件下的电安全及电池滥用防控、碰撞条件下的氢安全防控、电动汽车碰撞安全综合测试、仿真与评价。在热管理技术方面，开展整车综合热管理系统集成与控制、低温差分布热源的散热方案与实施、关键部件抗低温保护和冷启动技术的研发与应用。

4. 汽车出行一体化

针对未来智能汽车、智能交通和智慧城市发展趋势，围绕汽车交通互联网和汽车能源互联网集成的汽车出行一体化系统，系统开展科学、技术和产品路线图，以及配套的国家、行业和区域政策，国家标准与法规，基础设施规划与布局等的调研、咨询与决策研究工作。

五、国内外交流

2020 年，汽车学院克服新冠肺炎疫情带来的困难，在国际合作方面，与泰国法政大学工程学院通过网络以云签约的形式签署了合作备忘录，有力推动校际合作。与斯图加特大学定期举行线上例会，有效推进上海-斯图加特会议的进程。中德汽车联合研发中心从海外引进高层级人才 2 人，新建由保时捷和莱茵金属汽车公司资助的基金教席。申报国家自然科学基金委员会与德国研究联合会合作研究项目 2 项，合作发表学术论文 4 篇。

招收双学位项目硕士研究生 31 名，联合培养博士生 7 人（中国学生 6 人、德国学生 1 人）；通过线上和线下多次会议商讨推进 Tongji-UIC 硕士项目；JTEKT 继续赞助汽车学院翼驰车队和 Dian 车队，为车队在各类比赛取得优异成绩作出巨大贡献；JTEKT 中野史郎先生为汽车学院"同车行"大讲堂进行了一次远程视频学术讲座，助力同济汽车的人才培养。

六、发展规划

在制造强国和交通强国的重大国家需求牵引下，在新一轮科学和技术革命的推动下，在能源安全、气候变化和城镇化发展等资源约束条件下，未来中国汽车将朝着绿色、智慧、安全和宜人移动空间的方向发展。汽车学院的战略选择就是紧密围绕智慧交通出行这个中心，在综合交通网、信息互联网和能量互联网的大框架下，聚焦可再生能源驱动的能源与动力转型、人工智能/大数据/云计算驱动的信息与智能转型、新材料驱动的材料与结构转型，以及用户体验驱动的人机关系转型四大方向，坚持多学科交叉、多技术集成和多单位协同，构建大平台，聚集大团队，承担大任务，催生大成果。"十四五"期间，面向国家新能源汽车战略性新兴产业重大发展战略，重点瞄准氢能燃料电池与智能驾驶汽车的世界科技前沿，强化原创性基础研究、前瞻性技术研发和颠覆性技术创新，抢占未来汽车技术制高点，增强汽车竞争话语权，有力支撑制造强国和交通强国建设，推动能源安全与生态文明发展。

北京理工大学机械与车辆学院

一、发展概况

机械与车辆学院的科研工作始终瞄准国家重大战略需求和国际科技发展前沿，在车辆总体、车辆传动、车辆电子、车辆悬架、新概念车辆、车辆结构强度与振动噪声、大功率柴油机总体技术、发动机燃烧与排放、发动机增压、先进加工、微小型制造、数字化制造、工业工程、激光微纳制造、检测与控制、机电系统与装备、交通规划与控制等方向达到了国内先进水平，在车辆传动、新能源车辆、智能车辆、大功率柴油机、难加工材料加工、激光微纳制造等研究方向上形成了鲜明的特色和优势。

近5年，学院承担了国家重大专项、“973”基础研究项目（以首席单位获批“国防973项目”4项，“科技”部“973项目”1项，“青年973项目”1项）、国家自然科学基金重大研究计划（集成和重点）/重点/杰青/仪器专项/优青项目、科技部国际合作项目、“863”高技术项目、总装探索一代项目、总装预研项目和国防基础科研项目等，年均科研经费超过3亿元。5年来学院总计授权国家或国防发明专利301项，在国内外学术刊物及学术会议上共发表论文2 000多篇，其中SCI收录论文600余篇，EI收录1 000余篇，ESI论文28篇。

学院在多个方面取得重大成果，“一种电动车辆动力系统关键技术产品及其应用”获国家科技发明二等奖（2004），“某车辆系列变矩器及其设计理论”获国家科技进步二等奖（2006），“纯电动客车关键技术在公交系统中的应用”获国家科技进步二等奖（2008），“车辆电传动系统关键技术”获国家科技发明二等奖（2009），“某车辆液力机械综合传动技术与应用”获国家科技进步二等奖（2012），“超快激光微纳制造机理、方法及新材料制备的基础研究”或国家自然科学二等奖（2016），“车辆大功率告诉机电复合传动技术与装置”获国家技术发明一等奖（2019），“装甲车辆自动机械变速操控系统”获国家科技进步二等奖（2019）。

二、科研项目及成果

2020年，北京理工大学机械与车辆学院到校科技经费突破5亿元，其中基础研究经费1.25亿元。被ESI引用论文38篇，入选全球“高被引科学家”3人。授权发明专利287项。出版专著13本。基金申报突破140项。牵头获批国家重大项目5项，包括国家重点研发计划项目1项，JKW基础加强项目2项，JKW创新特区重大项目1项（首年度批复经费3 000万元）。牵头撰写激光制造、增材制造等领域国家中长期发展规划3项，新能源汽车、陆军动力传动等科技部、装发部、基金委等“十四五规划”15项。牵头军科委先进陆上动力、超快激光精密制造两个战略优先方向论证。依托重庆等地研究院获校外经费5 500万元，新增专职队伍86人。

三、科研设施及科研能力建设

北京电动车辆协同创新中心是中国国家级的电动车辆技术创新基地、人才培养和技术孵化基地。协同创新中心汇集了整车、驱动与传动、发动机、电池、电机、基础设施、智能电网等门类的试验与测试总计90台（套）。该中心具有中国功能最完备的电动车辆动力驱动系统开发及测试系统，其功能包括针对电动车辆3种典型的动力驱动系统（纯电动、混合动力和燃料电池），能够动态模拟整车行驶道路负载功能，能够开展电机驱动系统控制策略试验、双电机驱动系统协调控制策略试验、发动机-发电机组控制策略试验、综合冷却系统的试验考核、燃料电池电堆特性测试、燃料电池动力系统匹配标定和测试、道路车辆电气/电子零部件电磁兼容性和电气性能试验等。拥有中国规模最大的电动汽车监控平台，能够对北京市的电动公交车、电动环卫车、电动出租车，以及电动乘用车的电池状态、车辆状态和地理位置等信息予以不间断实时监控。

车辆传动国家级重点实验室于1998年正式成立，是我国车辆传动领域唯一的国家级实验室。实验室拥有大型仪器设备220余台（套），包括动态性能仿真试验台、综合传动转向性能试验台、传动环境模拟试验台、机电传动试验台、传动装置减振降噪试验平台、摩擦元件润滑与密封试验台、虚拟装配试验平台、现代设计中心等。同时实验室还拥有履带车辆全工况性能试验台，可完成1 400 kW大功率履带车辆综合传动装置转向性能试验。采用高低温—湿度—振动综合的环境试验系统平台全天候的模拟车辆传动装置的各种使用工作环境试验。对综合传动装置进行低温至高温温度范围内的环境适应性试验和湿度试验，进行产品的振动环境与冲击环境试验，可对整车及零部件开发过程中振动噪声提供声学测试。

电动车辆国家工程实验室于2008年成立，是我国唯一的国家级电动车辆整车工程实验室，也是中国电动车辆电机及其控制器测试的权威检测机构。实验室有仪器设备68台（套），包括电动车辆电机及其控制器测试基地、电动车辆系统集成与仿真技术平台、电动车辆数据库系统、电动车辆关键部件电动化开发与试验平台等实验设施和条件。具备多套高性能车用电机系统专用试验测功机，可满足全型号车用驱动电机及其控制器的性能测试和研发试验需求。具有多轴驱动底盘测功系统8×8转鼓实验台，可完成轴距12 m以下车辆的底盘测功测试、失效安全等控制模式测试，而且能够对不同工况下电动汽车的制动回收性能进行测试。部件电动化开发与试验平台可以满足车用电动助力转向、电制动、电空调等关键部件的性能开发和试验需求。电动车辆系统集成、控制与仿真技术平台能够按照电动车辆开发流程，实现整车总体布置和匹配计算、整车造型设计和轻量化设计、电动车辆整车综合控制策略半实物仿真和性能预测、结构安全和高压安全仿真分析、电动车辆整车性能测试和标定等功能。

无人车技术重点实验室2015年获工业和信息化部批准成立。实验室目前拥有仪器设备等100多台（套）。实验室地面无人车辆配备了先进的外部传感器设备、车辆底层平台电控系统，同时具备适应地面无人系统测试与仿真所需要的软件平台，能够完成的实验有（1）地面无人车辆电控技术相关实验：转向、制动、发动机、电动车辆电机车辆平台系统适应自动驾驶的电控化技术与线控技术实验。（2）车辆平台动力学与运动学特性对无人驾驶车辆感知、规划、控制的影响实验；复杂动力学系统的建模与仿真研究实验。（3）地面无人车辆环境感知技术实验：环境感知多传感器信息融合测试实验、特定环境检测实验、交通要素包括车辆行人等检测实验等，目标识别与搜索测试实验。（4）地面无人车辆行为决策技术实验：驾驶行为研究与类人经验与知识的学习实验。（5）地面无人车辆规划控制技术测试：全局路径规划测试实验、局部路径规划测试实验、车辆纵向速度跟踪测试实验、车辆路径跟踪控制实验，地面车辆自主导航系统综合开发及实验。（6）编队与智能车辆联网技术实验：多智能体协同规划与综合智能控制实验，基于互联网的网络控制系统技术测试。此外实验室每学年能够接待本科学生50人课外科技活动及课程教学任务，同时满足研究生 60 人的课程、课题研究实验与验证测试实验任务。

先进加工技术重点学科实验室于 2007 年 7 月批准成立立项建设，是我国先进加工技术的重要研究基地。实验室拥有设备总计 230 台（套），包括飞秒时域/空域整形加工平台、飞秒泵浦-探测显微成像平台、飞秒激光诱导击穿光谱平台、光纤传感器加工检测平台、残余应力检测平台、残余应力调控平台、超声显微检测平台、双机械手超声自动扫查平台等仪器设备。

微细结构加工技术研究应用中心 2007 年正式成立，主要开展用传统加工方法无法实现的、尺度从微米级到厘米级的三维结构及系统的加工、检测、装配工艺方法与装备的工程化开发和技术推广。中心实验室现有仪器设备数总计 277 台（套），包括最高转速精密微小型车铣复合中心、数控万能复合加工机床，微小型系统超高转速加速度实验系统等。

四、主要研究方向

机械与车辆学院经过多年发展建设，形成了 8 个特色鲜明、享有较高学术声誉的研究方向：

（1）现代车辆理论与技术：重点研究车辆系统理论与集成、车辆系统动力学、车辆仿真、车辆 NVH、车辆可靠性理论、车辆新型传动系统理论与技术等。在车辆综合传动、液力传动、大功率液压传动、机电复合传动、车辆悬挂等技术方面达到国际先进水平。

（2）节能与新能源车辆技术：重点研究电动车辆设计理论/系统集成与控制、车载能量源安全和高效利用、高效高能量密度一体化电驱动系统、电池系统智能管理系统、新型燃料电池系统等。在纯电动商用车平台技术和纯电动客车应用技术方面处于国际前列。

（3）无人车和智能车技术：重点研究感知与测控、微小型无人系统设计与集成、先进控制与驱动、信息与综合电子控制技术等。在无人系统的智能控制方面具有明显优势和特色。

（4）车用动力技术：重点研究燃料燃烧与高效热功转换、车辆动力系统综合控制理论和集成设计方法、内燃机涡轮增压系统设计与调节技术、动力机械热机耦合失效及振动噪声机理、新概念动力系统理论与方法、内燃机排放物生成机理及其环境效应等。在高强化柴油机方面达到国际先进水平。

（5）流体机械水动力学与强化传热传质：重点研究流体机械内部复杂流动特性、水中航行器减阻、空化和超空化流动现象、强化传热与高效冷却、太阳能高效利用等。在水中武器空化流动方面具有明显优势和特色。

（6）先进制造技术：重点研究数字化设计与制造、难加工材料高效精密加工理论与工具、质量控制与监控检测、生产过程管理与控制技术等。在难加工材料的切削、CAD/CAM、无损检测技术等具有明显特色和优势。

（7）非硅微纳制造：重点研究超快激光微纳制造多尺度建模、电子动态调控的超快激光微纳制造新方法、超快激光微纳制造新应用、精密微小型制造技术、纳米材料的合成与微纳加工等，在精密微细制造与装备技术方面具有明显特色，在激光微纳制造方面居国际前列。

（8）机械设计理论与方法：重点研究微小型动力系统设计理论与方法、微纳机械表/界面行为与调控机理、高效精密驱动与传动新原理、极端工况机械零部件摩擦学设计等。在微小型动力系统设计理论与方法、高速重载传动摩擦学及微/纳机械表界面设计等方面具有鲜明特色。

五、国内外交流

2019 年，机械与车辆学院深化同国际一流高校在人才培养、科学研究领域的全方位合作，获批 111 引智项目 2 项（含参与 1 项），新建国际联合实验室 2 个（北京理工大学国际系统实现联合实验室、北京理工大学-弗吉尼亚大学旋转机械技术联合创新中心），新建中俄学院，稳步推进与俄罗斯莫斯科鲍曼国立技术大学、德国汉诺威工业大学联合学位项目合作。

加强与国际学术同行的交流，主办、承办国际学术会议 6 场、交流论文 672 篇，教师参加国际会议 92 人次、特邀报告 47 个；申请获批短期外专引智项目 24 项，来自 12 个国家的 36 名外专到校开展学术交流或课程讲授；教师在国际学术组织或重要国际刊物任职 43 人次；教师因公出国境交流 127 团组、194 人次。

高质量承办北京市“一带一路”国家大学生科技创新集训营；实施京港澳大学机械与航空工程专业交流与合作项目；强化与大众汽车学院战略合作，共同组织 15 名本科生赴德国大众总部实践项目；2018 年度本科生出国交流人数有创新高，达 236 人次，其中参与长期项目（3 个月及以上）本科生 64 人，短期项目 144 人，获 CSC 资助 13 人。

六、发展规划

围绕“理工品牌，中国特色，国际一流”的办院目标，培养兼具道德情怀、科学精神、人文素养、实践能力和创新思维的综合能力突出的领军领导人才，为国家重大工程和国民经济作出不可替代的系列重大贡献。

全面深化人才培养综合改革，以校院两级管理机制局部重构为保障，重点实施本研培养供给侧改革，进一步营造教师潜心育人、科研，学生潜心学习、研究的学术氛围。

瞄准军民领域重大需求，巩固车辆传动、电动车辆、激光制造、绿色能源与高效动力等方向领先优势，重点发展全域高速无人机动平台、智能网联车辆、新能源车辆大数据、新概念动力、军用储能技术、新型增材制造、生物制造、智能交通等新兴科研方向。

上海交通大学汽车工程研究院

一、单位概况

上海交通大学车辆工程学科始建于 1936 年，1986 年重建，2008 年组建汽车电子控制技术国家工程实验室。为响应智能网联汽车国家战略，依托学科优势和政府基地平台，深度融合车辆智能化、网联化和电动化相关专业，于 2019 年将车辆学科的师资与研究队伍进行重组，正式成立智能汽车研究所，由张希教授担任所长。系所瞄准国际汽车科技前沿技术，在政府、学校及企业等多方面的支持下，通过整合和优化上海交通大学汽车工程相关学科和研究方向，组建的具有上海交通大学特色的汽车学科大平台。学科下建有两大研究基地平台，分别是汽车电子控制技术国家工程实验室和上海市智能网联电动汽车创新中心。

智能汽车研究所的发展方向同时也是"中国制造2025"和"互联网+行动计划"两大政策的聚焦点，除发展新型发动机技术在排放和效率上尽快满足国家严格标准，重点进行汽车"新四化"(智能、网联、电动和共享化)的重大基础研究和核心关键技术的突破，主要由当前汽车产业技术发展痛点难点问题驱动开展，最终形成各个问题的根本技术解决路径。

智能汽车研究所依托汽车电子控制技术国家工程实验室，拥有一支事业心强、富于创新精神的科研团队，现有教职员工21人，其中教授(研究员)6人，副教授8人，硕士生以上研究人员200余人。智能汽车研究所实验大楼具有10 000 m^2的实验面积，拥有各类先进实验测试平台，包括发动机直喷测试台架、混合动力系统开发平台、动力电池测试平台、智能网联驾驶系统开发平台等。研究所的研究方向全面覆盖智能网联和电动汽车关键技术领域，包括自动驾驶与车联网技术、电池管理和无线充电技术、线控底盘控制和执行技术等。

研究所以对接国家战略、进行人才培养和开展产学研合作为重心，承担包括科技部重点研发计划、自然科学基金、上海市科委/经信委项目在内的一大批国家及省部级项目，并多次获得上海市科技进步奖、上海市技术发明奖等省部级奖项。研究所以产学研合作的方式，从学科层面服务于产业界的发展，与上汽集团、华为、特来电、商汤科技、英伟达、博世、中国联通等行业重点企业在"新四化"核心技术突破、高层次人才培养、重点基地建设等方面建立了紧密的校企合作关系，另外与斯图加特大学、滑铁卢大学、密歇根大学、俄亥俄州立大学、阿贡国家实验室等国际知名研究机构共同完成了一系列合作课题研究，产生了众多国际合作科研成果。

二、科研项目及成果

汽车电子控制技术国家工程实验室以对接国家战略、进行人才培养和开展产学研合作为重心，承担包括科技部重点研发计划、自然科学基金、上海市科委/经信委项目在内的一大批国家及省部级项目，服务于国家对推动科技进步和提升自主创新能力的战略性需求。国家工程实验室旨在培养面向企业的高端人才，同时以产学研合作的方式，从学科层面服务于产业界的发展，与美国通用、上海汽车、上汽通用五菱、江淮汽车、吉利汽车、华为、百度等国内外知名车企长期合作，建成了多个研究中心，在国际合作和校企合作方面做出了特色。近期典型科研成果包括创新性48 V电驱动车辆，全线控驾驶底盘系统，高效增程式发动机系统，车载无线充电系统，高效电池管理系统等。

三、科研设施及科研能力建设

汽车电子控制技术国家工程实验室定位为围绕国家节能减排和汽车产业升级的重大需求，突破汽车电子控制技术瓶颈，在汽车电子核心技术原始创新方面为行业技术进步、企业产品创新提供有力支撑。发展的方向是：形成一个以公共平台为支撑，面向整车与关键零部件企业服务的"三纵三横"(三纵为动力与传动、底盘与安全和汽车总线电子，三横为基础核心技术、共性关键技术和工程应用技术)研发布局。实验室建有基础元器件研发、控制仿真与策略研发、动力传动系统控制、汽车总线与电子电器、底盘控制与主动安全5个研发平台。国家工程实验室的具备科研设备先进、功能合理、管理科学的实验平台，有一支国际水平的研发创新团队；通过产学研合作，突破了数项汽车电子行业急需解决的共性关键技术和基础核心技术，承担一批重大产业工程，开发一批自主知识产权的汽车电控产品并推广应用。同时为行业提供技术支撑与服务，培训高级工程技术人员。实验室根据车辆工程专业特点，紧密联合企业，构建汽车行业公共研发平台；进行汽车电子核心技术攻关；促进先进技术的成果转化；研究与制定我国汽车电子技术产品标准；检测与评估汽车电子产品和技术；培养我国汽车电子行业发展所需的高级人才；起到作为我国汽车电子行业资讯交流及国际合作交流的枢纽作用。

四、主要研究方向

先进汽车发动机技术：发动机燃烧喷雾研究，发动机使能装置研发与产业化，发动机工程化开发，汽车电子使能装置研发与产业化，先进发动机技术研发。

先进新能源汽车技术：汽车功率电力电子系统设计和开发，新能源动力总成系统研究，电池管理系统研究与开发，无线充电系统研究与开发，基于能量流的高效动力系统分析技术。

汽车底盘与控制技术：车辆动力学理论与控制，线控转向/制动系统设计与开发，汽车底盘控制技术，汽车变速箱开发和先进传动技术。

智能网联汽车技术：全面覆盖智能网联电动汽车的关键技术领域，包括面向自动驾驶的多源异构传感器信息融合方法；研究汽车驾驶路径规划和智能行为决策技术；智能网联电动汽车车载信息系统安全和网络安全防护技术。面向智能驾驶的线控底盘优化控制技术；基于大数据分析的无人驾驶行为优化和测试评价分析。

五、发展规划

上海交通大学智能汽车研究所将继续加大科研投入，加强与海内外各科研机构的学术交流。如今汽车产业挑战与机遇并存，如何发挥高校在学术界和工业界的推动作用十分棘手。上海交通大学汽车工程学科将立足中国，放眼全球，一方面为汽车产业培养优秀人才，另一方面进一步促进产学结合，使前沿科技成果更好地服务汽车产业，提高中国汽车产业的国际竞争力。

江苏大学汽车与交通工程学院

一、发展概况

江苏大学汽车与交通工程学院有车辆工程、动力机械工程、交通运输工程 3 个学科。车辆工程专业是国家特色专业、国家一流专业、教育部首批"卓越工程计划"专业、江苏省品牌专业(A 类),已通过中国工程教育专业认证。车辆工程学科是全国高校第四个获得该领域博士学位授予点的学科,新能源汽车学科是江苏省第二期优势学科,所属机械工程学科是江苏省第三期优势学科。能源与动力工程(动力机械工程及自动化)是国家一流专业、江苏省品牌专业(A 类)。动力工程及工程热物理学科是江苏省重点一级博士点学科和江苏省第一期、第二期和第三期优势学科。交通运输专业是国家一流专业,交通工程专业已通过中国工程教育专业认证,交通运输工程学科是江苏省重点一级博士点学科、江苏省重点学科。设有车辆工程系、动力机械工程系、交通工程系、交通运输系、中心实验室 5 个教学机构,以及智能拖拉机与工程机械研究所、轮胎与车用橡胶制品研究所、振动噪声研究所、新能源汽车轻量化与安全研究所、智能车辆感知与线控技术研究所、车辆驱动与控制研究所、交通大数据与车联网研究所、智能网联交通与物流研究所、智能交通管理研究所、先进交通技术研究所、节能与新能源动力总成系统研究所、先进燃烧与排放控制研究所、燃料电池发动机研究所 13 个内设科研机构。学院拥有一个国家级科研平台:混合动力车辆技术国家地方联合工程研究中心。9 个省级科研平台:江苏省汽车工程重点实验室、江苏省动力机械清洁能源与应用重点实验室、江苏省道路载运工具新技术应用重点实验室、江苏省中小功率内燃机工程研究中心、江苏省生物柴油动力机械应用工程中心、江苏省电动车辆驱动与智能控制重点实验室、江苏省新能源汽车运行智能化技术工程实验室、江苏省汽车零部件中小企业公共服务平台、江苏省内燃机学会。

二、科研项目及成果

科研项目:2020 年,新增纵向项目立项 24 项,其中国家重点研发计划子课题 1 项、国家自然科学基金项目 7 项、国家重点实验室开放课题 3 项、江苏省自然科学基金面上项目 1 项、江苏省自然科学基金青年项目 1 项、江苏省高校自然科学基金项目 1 项,其他省部级项目 5 项。

科研成果:全年以第一单位发表科技论 200 余篇,其中 SCI 二区以上论文 41 篇。授权国家发明专利 88 项,高价值专利 33 项。年度获省级政府二等奖 1 项、三等奖 2 项,全国一级学会奖 2 项。"动力总成低摩擦功能表面设计制造关键技术及装备"获省部级政府二等奖;"汽车电磁制动与摩擦制动的系统集成和协调控制"与"汽油车国六排放控制关键技术研发及产业化"分别获省部级三等奖;"超长服役年限商用车混合动力传动系统关键技术及应用"与"柴油机颗粒物来源解析与多场协同后处理关键技术及应用"分别获中国机械工业联合会和中国机械工程学会三等奖。

三、科研设施及科研能力建设

拥有约 6 000 m^2 的实验室用房,仪器设备近千台(套),设备资产总值 5 000 余万元。中心实验室是江苏省汽车工程重点实验室、江苏省动力机械清洁能源重点实验室、江苏省中小功率内燃机工程研究中心、江苏省生物柴油工程研究中心、江苏省道路载运工具新技术应用重点实验室、江苏大学汽车电子研究所、混合动力车辆技术国家地方联合工程研究中心的主要实验基地。依托中心实验室建立的江苏大学车辆产品实验室于 2003 年通过了中国实验室国家认可委员会的认可。

中心实验室下设车辆、内燃机、交通、排放和振动噪声 5 个学科方向模块。各个学科方向模块分别拥有 MTS320 型道路模拟试验机、INSTRON 单通道电液伺服试验系统、车辆结构部件模态测试分析系统、车辆动态性能测试系统、动感型驾驶模拟器、中小功率内燃机性能试验台架、喷油嘴高压液体流量试验台、汽车及发动机排放测试分析系统、Head Acoustics 噪声诊断分析系统、发动机半消声室、轮胎动力学性能测试分析系统、电涡流缓速器性能试验台、自动变速器试验台、制动能量回收及控制试验台、电动助力转向综合性能试验台、电磁转差离合器(电磁滑差耦合器)性能试验台、迪卡龙电池充放电测试系统、BMS 仿真开发系统、电池正负极材料制备及单体电池测试系统、智能泊车开发测试平台、车-路协同智能交通模拟系统、智能电动汽车开发测试平台、空气悬架及互联油气悬架测试平台、ISD 惯容式悬架测试平台等大型设备和其他实验仪器。

四、主要研究方向

热管理技术、热失控技术、轻量化技术、低摩擦技术、自动泊车技术、先进轮胎技术、电磁悬架技术、能量回收技术、助力转向技术、动力电池材料技术、振动噪声控制技术、高效清洁发动机技术、智能汽车底盘线控技术、智能汽车融合感知技术、先进模具技术。

五、国内外交流

在国内与上汽集团、北汽集团、奇瑞汽车、中国重汽集团、徐工集团等著名整车生产企业进行了产学研合作关系。与汽车零部件各龙头企业同样进行着深入的合作。学院与美国、加拿大、英国、德国、日本、奥地利等国家的知名大学建立了良好的学术交流关系,教学科研国际化水平稳步提高。与美国韦恩州立大学共建中美新能源汽车与智能交通系统国际联合实验室,与加拿大康考迪亚大学共建中加汽车与智能系统技术国际联合实验室。2020 年获批国家留学基金委"智能电动车辆及控制系统创新型人才联合培养"项目,每年选派 5 名博士、2 名硕士赴国外名校深造学习。学院与美国密歇根大学、美国密西根州立大学、美国韦恩州立大学、美国北亚利桑那大学、英国克兰菲尔德大学、加拿大康考迪亚大学、德国汉诺威大学、德国安贝格应用科技大学、日本三重大学、奥地利格拉兹工业大学等高校建立长期合作关系，开展国际学生交换、交流学习、研修及联合培养等合作项目。学院与美国韦恩州立大学签订《3＋2本硕联合培养协议》和《双学位硕士研究生联合培养协议》；与加拿大康考迪亚大学微纳集成中心签订《博士研究生联合培养协议》；与美国北亚利桑那大学按照"1＋2＋1"的模式联合培养车辆工程专业本科生，学分互认、学位联授。2015年以来，学院邀请国外专家来校讲学100多人次，招收20多名国外本科生和研究生，来华留学生招生规模逐年扩大；共有近50名教师到国外知名大学访学、近700名学生出国交流和学习，3个月以上出国学生80多名，70多名学生赴美国约翰．霍普金斯大学、英国利兹大学、日本东京大学、德国亚琛工业大学等国际知名大学深造。

天津大学无人驾驶汽车交叉研究中心

一、发展概况

天津大学无人驾驶汽车交叉研究中心依托天津大学，以"双一流"学科建设为契机，由动力、车辆、计算机、电信、自动化、数学、精仪和力学7个一级学科构成。以车辆控制、仪器工程、图像处理、机器学习、自动控制、数学优化和非线性系统等领域多年的优势积累为基础，面向智能驾驶的感知、决策、控制等核心算法，以及仿真建模技术、测试评价技术、基础数据库技术、人工智能机器学习技术等基础技术，开展协同创新研究，已取得突破性成果。

交叉中心科研团队力量雄厚，有天津大学内燃机燃烧学国家重点实验室副主任、天津大学智能驾驶汽车交叉研究中心主任谢辉教授、天津大学计算机学院副院长胡清华教授、天津大学精仪学院蔡怀宇教授、天津大学自动化专业系主任左志强教授等7位智能驾驶专家、副教授和讲师20余人，博士后、博士生和硕士生50余人，研究团队中有国家优青1人，青年长江学者1人，教育部新世纪人才5人，形成由高水平科研人员、管理和技术支持一体化的科研、教学实体。交叉中心共承担国家重大科技专项、国家自然科学基金重点项目等科研项目近6项，经费累计超过1 000万元，发表录用论文32篇，SCI论文22篇，IEEE汇刊论文10篇，授权发明专利15项。

二、科研项目及成果

天津大学无人驾驶汽车交叉研究中心承担有国家重大科技专项、国家自然科学基金重点项目、校企合作项目等共6项。围绕智能驾驶的感知、决策、控制等核心算法，以及仿真建模技术、测试评价技术、基础数据库技术、人工智能机器学习技术等基础技术，开展协同创新研究，已实现真实道路交通场景下的多目标检测识别、路径轨迹跟随控制，搭建了三维道路场景和多维车辆动力学联合仿真的无人驾驶汽车虚拟仿真平台，驾驶行为数据快速采集和硬件在环测试平台；已完成实车传感器安装标定、线控改装，具备自主转向、制动、加速的功能；基于SUV、物流车和工程机械等多种车型的无人驾驶样车平台以及无人驾驶封闭试验场，具备多种场景可用于实车测试；在无人驾驶的基于视觉的复杂环境感知，多传感数据融合，三维全景地图实时重建，路径规划算法，车辆控制算法，基于深度学习的驾驶决策控制等方面，研发了具有自主知识产权的多项核心技术，并进行了大量室内仿真和现场试验，掌握了图像识别、雷达感知、信息融合、路径规划、操纵控制等关键技术。

天津大学无人驾驶汽车交叉研究中心智能驾驶车队连续5年率领天津大学无人驾驶车队参赛，荣获无人驾驶、虚拟仿真组14项奖项。2021年，第五届世界智能驾驶大赛极限挑战赛金奖。2020年，第四届世界智能驾驶挑战赛中荣获无人驾驶组三等奖1项、优秀奖2项、商用车应用奖1项。2019年，第三届世界智能驾驶挑战赛中荣获虚拟场景挑战赛领先奖、无人驾驶——乡村越野赛赛优秀奖、无人驾驶最佳智能越野奖。2018年，第二届世界智能驾驶挑战赛中荣获虚拟场景组领先奖、无人驾驶——最佳乡村道路通行奖、无人驾驶-城市街区场景赛优秀奖、无人驾驶——越野赛优秀奖。2017年，第一届世界智能驾驶挑战赛中荣获无人驾驶组优秀奖、虚拟场景组领军奖等。

2020年6月23日，第四届世界智能大会开幕之际，海河教育园区天津大学智能网联公交常态化运行启动仪式在天津大学北洋园校区东门外举行。项目完成两辆智能巴士的研发和智能道路的一期改造，建成17个具有全方位感知能力的路口和4个智慧站点；初步形成光纤通信与5G通信相结合的车联网体系，完成了远程监控管理平台的第一期建设。智能巴士搭载了多个学院联合攻关的十大核心技术，具备站点接送、远程运营调度、绿波通行、人机交互等功能，基本可实现自主运行。

天津大学无人驾驶汽车交叉研究中心依托天津海教园智能网联汽车开放测试区的车、路、云平台，以解决智能网联汽车等无人系统的关键共性技术问题为牵引，以探索智能科技创新性、前瞻性和颠覆性技术为目的，引导和组织高校研究生开展跨学科协同攻关，探索产教融合和新工科建设的新模式。经过组织申报和评审，组建了由12所高校45个研究生小组构成的项目团队。2021年3月在天津大学新校区举行项目启动大会暨天津市教委、天津大学、天津联通合作签约及5G联合创新中心揭牌仪式。

为推动天津人工智能产业发展，破解人工智能应用场景建设供需两端对接瓶颈，拓展人工智能应用场景建设，市工信局从供需两端征集本市重点领域人工智能应用场景需求、人工智能应用场景优秀产品和技术以及人工智能应用场景建设典型案例。共征集需求及典型案例230项。其中典型案例74个，应用场景需求19个，产品和技术127个。经综合评价人工智能应用场景实施效果、技术的先进性、对经济社会形成的综合效益，智慧测试区智慧公交开发项目入选市工信局对外发布的首批十个人工智能应用场景典型案例。2020年8月项目依托平台被列入新一代人工智能国家试验区建设方案的车联网重点发展区域。

三、科研设施及科研能力建设

天津大学无人驾驶汽车交叉研究中心现有基于 PreScan 和 AmeSim 联合仿真的三维道路场景和多维车辆动力学联合仿真的无人驾驶汽车虚拟仿真平台，构建仿真案例达 1 000 多种，包含了环境感知数据集、驾驶行为数据集，数据覆盖各种不同环境、气候、光照等条件变化；具有国际先进的数据计算硬件仿真平台，采用无人驾驶领军技术的英伟达 PX2 计算 GPU 和深度学习主机对驾驶脑进行分区训练，实现了硬件在环测试和模型验证；基于 SUV、物流车和工程机械等多种车型的无人驾驶样车平台，包含 GPS 高精度车辆定位系统、双目摄像头视觉感知系统、64 线激光雷达、4 线激光雷达和多个毫米波雷达组成的无人驾驶雷达感知系统、先进的无人驾驶车辆线控系统、精确的 PX2 超运算车载系统，以及半实物仿真的视觉检测系统；可完成多种实车测试的无人驾驶封闭试验场，建有车辆进出口道闸和移动障碍物，可用于智能驾驶车辆障碍物识别技术测试，红绿灯、人行灯等多种交通信号系统可用于智能驾驶样车环境感知技术的测试，十字路口、环岛绕行、车库等多种复杂道路可用于无人驾驶样车车辆定位、惯性导航、自动泊车等技术测试，多种规格的车道线和交通标识符可用于无人驾驶样车图像识别、车道线识别等技术测试。

无人驾驶汽车是室外轮式移动机器人的一种，它依靠人工智能、传感器、定位系统和导航系统的协同合作，让计算机在没有任何人类主动的操作下，自动安全地操作机动车辆，为人类的交通安全和效率带来全新体验。无人驾驶技术可以分为感知和决策两个层面，一方面通过传感器数据获取局部数据（车辆自身及四周环境的数据），另一方面结合高精度地图和天气数据做到构建全局数据。数据综合起来将与决策层做协调应用，辅助系统做定位和导航，再结合算法模型做路径规划，控制车辆的转向和速度，实现驾驶自动化。决策层得到的数据部分也会反馈回高精度地图上。

交叉中心通过车辆控制、仪器工程、图像处理、机器学习、自动控制、数学优化和非线性系统等领域多年的研究优势，现有拥有环境感知、定位导航、路径规划、决策控制等无人驾驶关键技术的研究开发能力。

四、主要研究方向

无人驾驶环境感知技术：车辆的感知功能主要是通过传感器来获取数据。传感器相当于无人驾驶汽车的眼睛，用来观察行驶时的动态变化，它是无人驾驶汽车中不可或缺的重要组成部分，常用的传感器包括有摄像头、激光雷达、超声波雷达、GPS、陀螺仪等，摄像头和激光雷达是最主要的两种传感器。研究内容主要是基于视觉图像与深度学习的目标检测、分类与跟踪技术、于概率滤波的多传感器信息融合技术、基于视觉图像的交通标识符与车道线识别技术等。

GPS 定位和导航技术：准确感知自身在全局环境中的相对位置，将自身视作一个质点并与环境有机结合起来。导航技术是帮助无人驾驶汽车“知道”自己所要行驶的速度、方向、路径等信息。在实际应用中通过信息融合技术将二者组合，从而将环境信息和车身信息融合成一个系统的整体。其中高精度地图是无人驾驶实现导航以及后续做路径规划的基础。

路径规划技术：为无人驾驶提供最优的行车路径。在无人驾驶车行驶的过程中，从出行需求出发，在高精度地图的基础之上根据路网和宏观交通信息绘制一条自出发点至目标点、无碰撞、可通过的路径（包括计算道路长度、速度、路段等级、交通口等待时长等），再根据车辆在行驶过程中收集到的局部环境数据、自身状态数据来做最优路径选择。

无人驾驶控制算法：为了在行驶过程中避免与动态障碍物发生碰撞，无人驾驶系统需要算法的辅助来做到 3 个条件。（1）要可靠地检测出对行驶有影响的动态障碍物，需要传感器精确测量出障碍物的位置变化并能够提取出障碍物特征用于不同时刻的障碍物之间的匹配，完成对同一个障碍物的跟踪。（2）必须预测出动态障碍物的运动路径。（3）需要识别动态障碍物的种类，不同的障碍物具有不同的运动特性，直接影响着无人驾驶汽车最终采取的避障策略。

无人驾驶车辆动力学模型：在无人驾驶系统中，合理的车辆模型选择对规划、控制模块的复杂度和性能有着很大的影响。考虑实际车辆的运动学和动力学约束，车辆实际运动的跟踪控制性能会更好。

五、国内外交流

为了加强国际合作，联合英国拉夫堡大学、瑞典隆德大学、瑞典林雪平大学、美国休斯敦研究中心等，共同建立“先进发动机控制技术合作研究中心”，发起和组织了 12 届先进发动机控制技术国际研讨会，成为国际上有影响力的发动机控制新思想和新理论的学术交流和合作研究平台。天津大学无人驾驶汽车交叉研究中心与英国伦敦城市大学、英国 Brunel 大学、英国 Loughborough 大学、英国伦敦大学、英国帝国理工学院、德国卡尔斯鲁厄大学、美国 Wisconsin-Madison 大学、美国 University of California, Berkeley 大学、美国麻省理工学院（MIT）、美国 Michigan 大学、加拿大滑铁卢大学和韩国高等科技学院（KAIST）等建立了合作关系。每年邀请十余位国际知名专家来讲学。承办每两年一次的智能驾驶国际会议。组织暑期课堂，邀请国际知名教授授课，并向国内科研人员和在校研究生开放，聚集了国内外优秀人才来室工作。

交叉中心在依托单位天津大学的支持下，围绕国家重大需要，在我国人工智能驾驶领域发挥“开拓和牵引”作用。通过高水平的科学研究，高水平的人才培养，发展成为国际知名的知识创新基地、具有国际视野的领军人才培养基地和国际学术交流中心。

与海河教育园战略合作，启动无人公交示范应用项目，推动海教园的智能科技产学研用示范。海河教育园区依托项目平台被列入新一代人工智能国家试验区建设方案的车联网重点发展区域。“智慧测试区智慧公交开发项目”被市工信局列为首批 10 个人工智能应用场景典型案例经典案例之一，推动天津市人工智能产业发展。

六、发展规划

天津大学无人驾驶汽车交叉研究中心按照“平台基础建设”“原理创新验证”“竞争技术应用验证”“核心技术产业化”4个阶段逐步推进，通过已组建的平台管理委员会、工作委员会、专家委员会、战略咨询委员会和行政办公室的协同运行管理，完善多学科交叉合作机制，已充分掌握无人驾驶感知、规划、决策的关键算法，将针对若干优势领域推出一系列具有国际竞争力的原始创新技术，3～5年内成为有国际影响力的无人驾驶新技术发源地，为我国无人驾驶汽车领域培养一批高素质创新型人才。

重庆交通大学机电与车辆工程学院

一、发展概况

机电与车辆工程学院成立于1984年，拥有机械工程重庆市重点学科，“工程学”2019年进入ESI全球学科排名前1%；1995年获硕士学位授予权，2010年获机械工程一级学科硕士学位授予权；拥有国家一流专业建设点、机械工程留学生班，山区桥梁及隧道工程国家重点实验室（负责山区桥梁智能感知与维护方向）、6个省部级科研平台和5个省部级教学团队；专任教师62人，教授21人，博导6人，国家、省部级人才13人；获国家科技进步二等奖1项、省部级奖37项。近年来科研经费8 780万元，国家级项目经费比例21.6%。

学院形成了轨道交通车辆理论与设计、机电装备智能控制与健康管理、高性能基础件设计理论与方法、城市交通装备及零部件智能制造、车辆动力学及主动安全等特色鲜明的学科方向。在跨座式单轨车辆、交通基础设施监测技术及装备领域研究成果国内领先。承担“跨座式单轨装备研发”国家重大项目，攻克单轨转向架、车辆集成和道岔三大核心技术，打破国外技术垄断，首创新型宽轮距跨座式单轨车辆，获省部级科技进步一等奖；率先提出复杂环境下交通设施监测机器人空间多维度协同控制与集成匹配方法，研发桥梁索塔自动巡检与精准感知量测装备，成功应用于36座大跨度桥梁，获国家科技进步二等奖；研发的“高速干切滚齿加工关键技术及 其自动化生产线装备”广泛应用于汽车、轨道交通装备制造行业，成果获省部级科技进步一等奖2项。学科为绿色交通、智慧交通和新交通提供了技术支撑和高端装备保障，开辟了可持续健康发展的新路径。

学院为国家和重庆交通装备制造业发展提供了高水平人才、智力支撑。培养了交通部总工程师汪洋、中国兵器工业集团201所型号总师郑凯峰、中交生态公司董事长熊强、重庆市创新领军人才、劳模韩花丽等一批优秀人才；近年来承担国家重点研发计划、国家自然科学基金及横向重大课题等一大批科研项目，牵头组建重庆市轨道交通装备产业技术创新联盟，成果支撑我国跨座式单轨交通装备产业发展和技术出口，为我国重大交通基础设施安全运营提供技术及高端监测装备；与美国伊利诺伊大学芝加哥分校、德国亚琛工业大学等开展长期国际交流与合作，具有广泛的社会影响和良好的国内外声誉。

二、科研项目及成果

1. 系统性建立了跨座式单轨车辆多轮系耦合动力学理论，揭示走行轮磨耗机理，创新单轨转向架设计理论与方法，攻克单轨车辆转向架、整车系统集成等“卡脖子”关键技术，形成了具有自主知识产权的新理论、新方法、新技术，打破国外技术垄断，获重庆市科技进步一等奖；世界首创新型宽轮距跨座式单轨车辆，制定《单轨转向架通用技术条件》等3项核心技术标准，有力提升了我国单轨装备产业核心竞争力，促进单轨车辆行业技术进步。通过产学研合作，中车重庆长客集成研究成果自主研发了单轨转向架、牵引和制动控制装置、列控系统及整车，首次成功实现八编组、大运量单轨列车系统集成，形成整车生产能力，实现跨座式单轨交通车辆产业化，替代国外进口，为我国首条单轨线路——重庆市跨座式单轨的成功运行、重庆轨道3号线建设与车辆集成示范运行提供车辆和备件保证，研究成果产生直接经济效益超24亿元，间接经济效益超100亿元。

2. 充分利用重庆市作为全国齿轮制造装备基地的产业优势，与重庆大学机械传动国家重点实验室、齿轮制造装备排头兵企业重庆机床（集团）有限责任公司、齿轮制造领军企业浙江双环传动机械股份有限公司等单位开展产学研用通力合作，深度参与高速干切滚齿装备、刀具及生产自动化等技术难题攻关；重庆交通大学提出的高速干切滚齿多刃断续切削几何及力热特性三维瞬态分析方法，解决了切削几何参量的三维瞬态精确计算及其可视化表达的难题，为高速干切滚齿加工技术开发提供理论方法支撑。成功研制高速干切滚齿加工装备及自动化生产线，打破国外技术垄断，为我国齿轮产业提供绿色加工装备保障，在汽车、轨道交通、船舶等行业推广应用，2016—2018年实现新增产值24.02亿元、利润3.91亿元，有力促进了我国齿轮制造产业绿色发展，齿轮产品迈向中高端，取得显著社会经济效益，并先后获得中国机械工业科技进步一等奖和重庆市科技进步一等奖。

3. 通过产学研合作，开展高性能特种车桥湿式多片制动器、宽体重载车桥轮边齿轮减速器可靠性与减振降噪、大吨位非驱动转向桥快速制造与轻量化研究工作，开发新型湿式多片制动器、新型双曲面锥齿轮贯通式驱动桥、桥壳体构件加工新工艺及生产线等新技术、新产品，攻克特种车桥设计方法、制造工艺及性能评价体系等关键技术难题，形成特种车桥可靠性、轻量化、高性能承载与降噪设计理论与方法，整体技术达到国际先进水平。在国内外率先研制出的新型湿式制动器和贯通式车桥，形成具有自主知识产权的高性能宽体重载特种车桥系列产品，已为三一、徐工、同力重工等行业龙头企业供货，其中P23ASY-1A产品成功替代德国进口Kessler车桥，打破国外产品技术垄断和价格壁垒，为工程装备向高端化转型发展起到了引领与示范作用。为企业培养核心技术人才100余人，近5年实现销售收入2.29亿元，社会效益与间接经济效益为10.31亿元，用户满意度明显提高，获得2018年重庆市科学技术进步一等奖。

4. 针对预应力沿程分布难以长期稳定测控的问题，提出了预应力测控理论，研制了系列仪器和系统，建立了以结果验证为核心、各环节逐一控制的桥梁预应力精细化施工全过程智能测控技术体系，包括锚具综合性能测试系统、梳编穿束系统、张拉控制系统、锚下有效预应力检测系统以及智能评估系统。该研究成果获得多项专利，攻克了智能钢绞线的标定难题，提高了有效预应力沿程分布规律测试的精准度和稳定性。组织编写了《桥梁预应力及索力张拉施工质量检测验收规程》CQJTG/TF 81—2009、《重庆市政基础设施工程预应力施工质量验收规程》DBJ50-134—2012，其中核心部分"检测与验收"已被《公路桥涵施工技术规范》JTG/TF50—2011采用，纳入预应力混凝土工程质量控制与检验中。"预应力及索力测控技术"获重庆市科技进步三等奖。研究成果对交通、建筑等行业预应力施工规范化和信息化起到了引领、示范作用，已在全国十余个省市、40余家单位的100余个工程中推广应用，对提高预应力施工质量、保证结构耐久性、降低维修加固费用具有重要作用，经济效益显著。成果有力推动了预应力施工技术革命性的进步，可有效避免预应力施工质量隐患导致的结构提前退役甚至垮塌，社会效益显著。

三、科研设施及科研能力建设

城市轨道交通车辆系统集成与控制重庆市重点实验室于2016年批准立项建设。近3年来，实验室主持包括国家自然科学基金面上项目《跨座式单轨列车走行轮轮胎偏磨机理及控制方法研究》在内的国家级项目9项目，省部级项目40余项，发表高水平论文100余篇，授权发明专利60余项，获得省部级奖励3项。在城市单轨车辆橡胶轮胎偏磨机理、轮-轨耦合系统动力学及其控制方法、车辆传动系统关键零部件及检测理论与应用等方面取得了较好的突破，研究成果多次在重大国内、国际会议上宣讲，实验室支撑的城市轨道车辆学科方向在全国范围内取得了较大的影响力。在产学研结合和产业化方面，实验室单轨车辆装备创新创业省部级团队在跨座式单轨车辆方面的研究水平处于国内领先地位，并在国际单轨学术界形成了一定影响力。团队在新型动力转向架结构优化、轮胎磨损控制方法等方面的研究成果已经在国内一线轨道车辆企业如青岛四方、长春客车、唐山客车、株洲机车等到广泛应用，创造经济效益约2亿元。实验室占地面积2 000 m^2，科研设备台套数325台（套）。拥有的城市轨道装备系统集成与信号控制技术研发平台，能面向城市轨道交通装备系统，开展轨道交通装备研发、系统集成与安全保障技术、城市轨道交通信号监测与控制等领域的技术创新与服务。拥有的多能源动力传动系统（带步入式高低温环境仓）可进行串并联、混联以及纯电动驱动等多种结构型式的多能源动力总成台架试验，包括动力性、经济性和排放性能试验、疲劳耐久性能、低温冷启动及热冲击实验等。

重庆市交通工程应用机器人工程实验室成立于2010年6月，2017年9月由重庆市发展与改革委员会批准为重庆市工程实验室。该工程实验室针对轨道、桥梁、港口、隧道等交通基础设施开展相应检测、养护与服务机器人的结构设计、智能控制、关键零部件性能测试与服役可靠性评估、应用系统设计与集成等方面的研究与开发，进行交通工程应用机器人整机设计、集成与应用。拥有包括交通运输部交通运输青年科技英才、重庆市"三百"科技创新领军人才、重庆市青年拔尖人才等省部级人才在内的40余人研究人员。近5年，实验室主持包括国家自然科学基金面上项目《深度特征迁移的空间滚动轴承寿命状态评估方法研究院》《基于超完备稀疏分解信号解析的地面模拟真空耦合工况下空间滚动轴承寿命状态评估方法研究》在内的国家级项目8项，省部级项目50余项，授权《一种机器人控制方法和装置》等发明专利30余项，发表《Intelligent fault diagnosis method of planetary gearboxes based on convolution neural network and discrete wavelet transform》等SCI/EI检索论文150余篇，获得省部级奖励2项，指导学生参加中国机器人大赛、中国教育机器人大赛等比赛，获得国家一等奖20余项。实验室研制了包括轨道巡检车、缆索监测机器人、爬壁机器人、水下机器人在内的多款特种机器人并进行了相关应用。

特种车辆动力传动系统关键零部件设计与测试工程技术研究中心为机电学院与重庆铁马集团联合建设，2017年获重庆市科技局批准成立。实验室目前拥有仪器设备等100多台（套）。实验室具备适应重型载重车辆、地面装甲车辆等特种车辆动力系统测试与仿真所需要的软件平台，能够完成的实验有（1）特种车辆电控技术相关实验：转向、制动、发动机、电动车辆电控化技术与线控技术实验。（2）车辆平台动力学与运动学特性实验：复杂动力学系统的建模与仿真研究实验。（3）特种车辆关键零部件极端工况下的可靠性、耐久性、平顺性及操稳性实验。

四、主要研究方向

机电与车辆学院经过多年发展建设，形成了5个特色鲜明、享有较高学术声誉的研究方向：

（1）轨道交通车辆理论与设计。建立跨座式单轨车辆胎轨耦合、车岔耦合和弓网耦合等多轮系耦合动力学模型，发展轨道车辆动力学及轮轨耦合动力学理论，阐释车辆走行轮磨耗机理及控制方法，创新单轨转向架设计方法，构建单轨车辆性能评价体系和复杂工况下轨道列车运行安全评估体系，成果国内领先。

（2）机电装备智能控制与健康管理。提出两个混沌系统实现函数投影同步的鲁棒自适应控制方法，建立了"对外交流、对内抑制"人机交互新理论，在复杂多变环境下实现了机器人主从运动控制。创新性地提出精密传动零部件寿命的振动谱表征与评估方法，解决了寿命状态表征、寿命特征提取与智能识别等问题。

（3）高性能基础件设计理论与方法。围绕轨道、风电和舰船等高端装备高速重载传动系统高性能要求，在重载传动构型、宏-微观接触机理、瞬态动力学行为、全寿命周期抗疲劳制造等方面取得进展，提出了柔性销轴多浮动行星齿轮传动载荷均载构型方法和传动系统-结构系统耦合降噪承载设计方法。

（4）城市交通装备及零部件智能制造。面向汽车、轨道等装备传动系统齿轮高接触性能齿廓设计和绿色加工需求，在国家自然科学基金和国家重点研发计划课题等项目支持下，提出齿轮传动系统动态载荷分析和齿廓修形优化设计方法，突破齿轮高速干切绿色加工关键技术，相关成果支撑获得省部级科技进步一等奖。

（5）车辆动力学及主动安全。围绕智能电动汽车复合传动设计与优化、自动驾驶环境感知决策与控制、山地城市车路协同与主动安全、智能网联汽车系统集成及控制等理论与关键技术开展研究，在智能电动汽车传动系统和自动驾驶控制算法等方面成果突出，形成“优化设计—软件开发—系统集成—测试评价”智能电动汽车一体化研发体系，获重庆市科技进步二等奖1项。

五、国内外交流

重庆交通大学机械工程学科团队注重国内国际合作交流，组织牵头重庆市轨道交通装备产业技术创新联盟，并为重庆市机械工程学会、重庆市机器人及智能制造等创新联盟副理事长单位，并主办智能网联全领域关键技术交流培训会、参与举办国际绿色航空（重庆）论坛等多项国际会议与合作论坛。20余名教师担任国家科技部重点课题、国家自然科学基金评审人和国际国外高水平学术期刊编委。与美国伊利诺伊大学芝加哥分校、日本群马大学等开展了实质性的学科共建与科研合作，并通过重庆英才论坛、重庆市青少年创新人才培养雏鹰计划、高校科技服务队精准对接企业等帮扶活动，为重庆本地数千名中小学青少年、数十家本地企业进行了科技普及和企业技术对口帮扶。整建制高质量开办机械设计制作与制动化海外留学生班，已成功培养一届本科海外毕业生。

六、发展规划

围绕“交通特色，国内一流”的办院目标，培养兼具道德情怀、科学精神、人文素养、实践能力和创新思维的综合能力突出的工程应用型人才，为国家重大工程和国民经济作出贡献。全面深化人才培养综合改革，以校院两级管理机制局部重构为保障，重点实施本研培养供给侧改革，进一步营造教师潜心育人、科研，学生潜心学习、研究的学术氛围。瞄准国民经济领域重大需求，巩固城市轨道车辆方向领先优势，重点发展智能网联车辆、新能源车辆、绿色能源与高效动力智能交通等新兴科研方向。

工业和信息化部电子第五研究所

一、单位概况

工业和信息化部电子第五研究所（中国赛宝实验室），又名中国电子产品可靠性与环境试验研究所，始建于1955年，是中国最早从事可靠性研究的权威机构。广州总部（天河、花都、增城）占地面积122万m^2，科研生产用房面积约11万m^2，各类试验、分析测试和计量设备仪器10 555台（套），现有人员4 900余人。1979年引入“认证”新概念，1989年成为国内首个IECEE/CB实验室。年服务企业2万多家，各类证书报告40多万份。实验室可提供从材料到整机设备、从硬件到软件直至复杂大系统的认证计量、试验检测、分析评价、数据服务、软件评测、信息安全、技术培训、标准信息、工程监理、节能环保、专用设备和专用软件研发等技术服务。实验室具有多项认证、检测资质和授权，建立了良好的国际合作互认关系，可在世界范围内开展认证、检测业务，代表中国进行国际技术交流、标准和法规的制定。同时，作为工业和信息化部的直属单位，为部的行业管理和地方政府提供技术支撑。

二、测试技术及规范研究与制定

参与制定了多项新能源汽车领域相关标准，包括《道路车辆　电气/电子部件对窄带辐射电磁能的抗扰性试验方法第8部分：磁场抗扰法》，以及第7部分射频（RF）功率直接注入法、第10部分扩展音频范围的传导抗扰法、第9部分便携式发射机模拟法，《智能网联汽车测试场设计技术要求》《基于视觉的辅助驾驶系统离线测试方法》《汽车驾驶员异常行为监测系统技术要求》《车载毫米波雷达测试方法》《梯次利用锂离子蓄电池　检验方法》等。

检测技术能力具有实验室环境下的相关检测能力、封闭道路测试验证规范及半开放/开放道路的测试管理体系。基于上述3个方面的测试技术能力，已开展新能源及智能网联汽车电磁兼容、功能信息安全、硬件在环、车辆在环仿真等测试技术研究；建立了自动驾驶功能、研发，ADAS、V2X、网络安全等相关的测试能力并具备了全流程的测试管理办法。

三、检测能力建设

2017年牵头筹建“广州市智能网联汽车与智慧交通应用示范区”，2019年4月获批“国家汽车电子产品质量监督检验中心”，是中国强制产品认证（CCC）委托检测实验室、中国国家认证认可监督管理委员会CNAS认可实验室、中国科技成果检测国家级检测机构。参与编写国家车联网产业标准体系建设指南。2017年牵头申报工信部-广东省省部共建“广州市创建国家级基于宽带移动互联网智能网联汽车及智慧交通应用示范区”（2018年3月获批）。

四、国内外交流

牵头组建广州市智能网联汽车示范区运营中心，发起成立广州市智能网联汽车电子产业发展促进会、广州市智能网联汽车与智慧交通专家委员会，作为智能汽车测试评价的行业代表受邀成为中国电动汽车百人会“首批粤港澳大湾区智能汽车合作伙伴”。2017年底发起成立广东省无人智能技术标准化技术委员会（GD/TC 128）。与广州开发区共建国家级5G车联网先导区。2019年10月12日与广州公交集团、华为发起成立“粤港澳大湾区自动驾驶产业联盟”。2019年已举办已主办4次论坛，发表主题演讲5次。已主办5G创新发展大会——5G车联网（智能网联汽车）产业创新发展论坛、第一届深圳（国际）智能网联交通产业创新高峰论坛、第二届中国（广东）人工智能发展高峰论坛“AI赋能交通，为城市提速”、中国无人系统安全性和可靠性技术论坛，受邀参加第一届中国汽车质量技术大会、世界智能网联汽车大会并发表主题演讲，传播车联网政策和理念，扩大广州市车联网先导区影响力。2020 年 6 月与中汽研汽车检验中心(广州)有限公司签署了框架合作协议,推动新能源及智能网联汽车的前瞻性技术领域科技进步。2020 年 6 月,成立广州市新能源智能汽车发展促进会,促进广州市、粤港澳大湾区汽车工业的电动化、智能化发展。2020 年 12 月,承办世界智能汽车大会信息安全论坛并发表题为《智能网联汽车数据隐私保护的挑战》的主题演讲。

五、发展规划

2021 年,规划在新能源暨智能网联汽车领域完善能力并探索新的模式。旨在推进整车及关键零部件信息安全、功能安全与预期功能安全评价体系核心技术能力深入研究,完善自动驾驶在环仿真、封闭道路、开放道路三级测试体系建设,进一步推进广州市大数据平台应用落地,最终打造具备车联网的测试评价、科学研究、试验示范的多功能综合性平台,推动电子五所在长三角地区的测试能力建设,为新能源汽车相关技术发展提供理论支撑和技术体系,支撑粤港澳大湾区乃至全国范围内新能源与智能网联汽车检验业务的发展,继续以优质的技术服务能力为汽车电子信息行业和企业高质量发展贡献力量。

苏州电器科学研究院股份有限公司

一、单位概况

苏州电器科学研究院股份有限公司始建于 1965 年,经过 56 年的建设和发展,已成为中国输变电能源装备领域检测条件完备、技术能力突出的独立第三方认证检测机构之一,获工信部道路机动车整车公告资质,同时还是工业电器产品质量控制和技术评价实验室、工信部电器产业技术基础公共服务平台、国家中小企业公共服务示范平台。设有国家汽车电气产品质量监督检验中心、国家电器产品质量监督检验中心、国家智能电网中高压成套设备质量监督检验中心、国家防爆电气产品质量监督检验中心(江苏)、国家能源开关设备评定中心、国家能源变压器评定中心等 10 个国家行业质检中心,是 IECEE-CB 电工产品和 IECEx 防爆产品国际互认实验室,美国 UL 数据交换实验室,是国家信息技术设备、音视频设备、照明设备、低压成套开关设备和低压电器 CCC 强制性认证产品检测机构。在试验技术方面,苏州电器科学研究院股份有限公司勇于突破中国和世界的技术指标,3 项技术能力填补国内空白。2009 年,公司获得中国检验认证集团投资,2011 年在深交所上市。

国家汽车电气产品质量监督检验中心挂靠在苏州电器科学研究院股份有限公司,业务范围涵盖该领域的产品质量监督检验、委托检验、认证检测、标准验证试验、检测技术的研发等方面,是长三角以及全国的重要公共检测服务平台,为汽车电气行业及新能源汽车产业的发展起到强有力的推动作用,同时也将促使苏州电器科学研究院股份有限公司成为世界上电气领域的优秀实验室之一。着力于开展汽车电子电器的检测技术、新能源汽车检测技术、汽车整车及零部件的电磁兼容检测技术、汽车动力电池、电机与电控、充电装置的检测技术、强电磁脉冲试验技术、混响试验技术、汽车整车及零部件的环境和可靠性试验技术、汽车风压试验技术等方面的研究和实践;主要设有电磁兼容试验室、环境气候试验室、可靠性试验室、光照老化试验室、汽车电器试验室、汽车灯具试验室、电机试验室、充电桩试验室、电池系统试验室、有毒有害试验室、油化试验室。拥有海外人才、博士、硕士若干名和其他高级管理人才。人员总计为 220 名,其中技术研发人员为 40 名、管理人员 45 名、检测人员 135 名。

二、测试技术及规范研究与制定

积极参与有关汽车电气方面的国家标准和行业标准制修订工作,同时利用这个平台,积极承担或参与标准验证的试验,为标准的制修订提供技术支撑。公司是全国能源行业电动汽车充电设施标准化技术委员会、全国能源行业高温燃料电池标委会、全国太阳光伏能源系统标委会,全国汽车标准化技术委员会电动车辆分技术委员会、全国电磁兼容标准化技术委员会高频现象分技术委员会、全国汽车标准化技术委员会客车分技术委员会、全国无线电干扰技术委员会全国机动车辆和内燃机无线电干扰标准化分技术委员会等标委会委员。

近 3 年获国家专利 55 余项、制修订国家标准、行业标准 30 余项。

序号	标准名称	标准类别
1	电动汽车供电设备安全要求及试验规范 GB/T 39752	国家标准
2	电动汽车交流充电桩技术条件　NB/T 33002	行业标准
3	电动汽车充电设备检验试验规范　NB/T 33008.1	行业标准
4	电动汽车传导式供电设备安全要求与试验规范	行业标准
5	电动汽车充电设备现场检验技术规范	行业标准
6	电动汽车非车载充电机高温沿海地区特殊要求	行业标准
7	电动汽车 63A 交流充电系统特殊要求	行业标准
8	户外型光伏逆变成套装置技术规范	行业标准

三、检测能力建设

为响应国家新能源汽车《规划》和新能源汽车产业发展要求,公司结合在电器产品和大型装备检测方面优势,进一步整合汽车方面的资源,在传统汽车电子电气检测能力的基础上继续加大投入,积极打造新能源汽车及智能网联汽车检测平台,从而全面提升公司的综合技术服务能力,适应和满足我国汽车产业发展的要求。

2020 年,在原有 6 个电波暗室的基础上重点扩建了 2 个整车电磁兼容暗室、40 m×50 m 电磁混响室、OTA 暗室、整车 30 m×20 m 防雷盐雾研究室、136 m×80 m 强电磁脉冲实验室、高海拔覆冰多环境条件可靠性实验室,在复杂电磁条件下、复杂环境条件下尽可能满足国标、军标、美标、欧标,试验频率 30 MHz ~ 18 GHz，脉冲场强为 3 000 V/m，连续波场强 300 V/m，转台 24 m 承重 120 t 的电磁混响室。OTA 暗室频率范围远场 70 MHz ~ 6 GHz，球形近场 400 MHz ~ 18 GHz，特殊要求到 85 GHz。

主要的检测能力：

（1）环境试验能力：可模拟海拔 8 000 m 低气压状态、－55 ℃ ~ 80 ℃的试验环境。

（2）振动试验能力：平台尺寸 20 m × 4 m，承重 80 t，加速度最大 10g。

（3）电磁兼容试验能力：超大 10 m 法电波暗室的转台直径 11 m、承重 80 t，射频功率放大器 16 000 W、40 GHz。

（4）汽车电器的短路试验能力：满足全部标准要求。

（5）电池试验能力：1 000 V 2 000 A。

（6）充电桩试验能力：交流 380 V 45 kW，直流 1 000 V 300 kW。

（7）汽车电机试验能力：最大 500 kW。

（8）有毒有害物质检测：满足 IEC 62321 标准要求。

（9）碰撞试验能力：最大试验质量 2 200 kg，室内有效长度 80 m，最大牵引速度 65 km/h。

（10）汽车灯具试验能力：满足汽车外部照明、反光标记等标准要求。

（11）核电磁脉冲试验能力：最大场强 100 kV/m，试验区域 30 m × 26 m × 8 m。

（12）汽车混响试验能力：试验场地 90 m × 40 m，频率 30 MHz ~ 50 GHz，脉冲场强 3 000 V/m，连续波场强 300 V/m。

（13）汽车风洞试验能力：试验段尺寸 35 m × 28 m × 42 m，低速试验段 36 m/s，高速试验段 60 m/s。

主要的检测范围：

（1）新能源汽车充电装置全项目试验。

（2）汽车整车、汽车零部件的环境试验、可靠性试验。

（3）新能源汽车动力电池、蓄电池、电机和电控、DC-DC 等的全项目试验。

（4）汽车整车、汽车零部件的电磁兼容试验。

（5）汽车零部件的性能试验。

（6）汽车灯具的全项目试验。

（7）汽车零部件材料的有毒有害物质检测。

（8）汽车噪声检测。

（9）汽车强电磁脉冲试验。

（10）汽车风洞试验。

（11）汽车混响试验。

四、国内外交流

近年来，汽车的电动化、智能化、网联化发展已是大势所趋，汽车产业正处在由大变强、转型升级的战略机遇期。为推动汽车电气行业及新能源汽车产业的发展，加强国内外专业机构的技术合作和交流，全面提升检验检测认证能力，积极与天津汽车检测中心、襄阳汽车检测中心、法国 BV、TUV 莱茵、TUV 南德等机构开展有关汽车整车、零部件试验的交流。

2020 年，在整车方面，公司先后与金龙联合汽车、沃尔沃汽车、小鹏汽车、蔚来汽车等单位进行电磁兼容试验的合作，同时还与汇川技术、比亚迪、江苏万邦等公司开展技术交流。除此之外，持续主动地推进与相关机构的交流与合作，不仅踊跃参与中汽研组织的智能驾驶技术研讨会、汽车标准化技术委员会组织的电磁兼容标准起草以及新标准起草规划、电动汽车大功率充电需求及充电设施产业对接会议，为汽车智能化发展建言智能网联部、河北保定哈弗技术研究中心等机构进行技术交流，共同促进汽车产业的高质量发展。

五、发展规划

苏州电器科学研究院股份有限公司将紧紧抓住汽车强国的战略机遇期，进一步向智能化网联化发展。将积极组建智能网联部，加快筹划建设智能驾驶试验室、网联安全实验室、模拟仿真实验室等。同时，公司也将按照工信部关于智能网联汽车的检验要求，升级软件测评中心对标汽车软件的安全，并将在车辆道路测试基础上进行完善，以满足智能网联封闭场地测试要求。

上海机动车检测认证技术研究中心有限公司

一、单位概况

上海机动车检测认证技术研究中心有限公司（以下简称上海汽检）成立于 2003 年 9 月，2016 年上海机动车检测中心（上海汽检前身）完成事转企改制。上海汽检是经国家认可委员会认可，国家工业与信息化部，生态环境部、市场监督管理总局、交通运输部、认证认可监督管理委员会等政府主管部门授权，是华南华东地区唯一获得国内全部机动车检测资质具有独立第三方地位的国家级机动车产品检测机构。2012 年 11 月成立国家新能源机动车产品质量监督检验中心。上海汽检位于上海安亭国际汽车城内，占地面积 18 万 m^2，总资产超过 40 亿元，具有投资规模大、检测门类全、技术水平高、综合技术服务能力强等特点。

经过多年持续建设，上海汽检在新能源机动车检测领域已经形成了完整的检测技术能力和检测研究体系。除具有纯电动、混合动力、燃料电池、代用燃料等完整的机动车整车检测能力外，在驱动电机、车用动力电池、电驱动力系统总成、燃料电池发动机、燃料电池模块、燃料电池电堆、加氢口、车载氢系统等新能源机动车关键零部件方面，具有包括环境模拟和硬件在环在内较完整的试验评价能力，特别是在燃料电池汽车和电动汽车电磁兼容领域、燃料电池汽车涉氢性能测试领域，填补了国内空白，综合检测能力和设备水平处于国内领先地位。

上海汽检开展的动力电池关键材料的检测评价研究、车用电力电子系统及关键零部件检测评价技术研究、燃料电池系统和电堆在实际强化道路条件下的振动耐久性试验技术研究、基于数据监控平台的燃料电池汽车数据采集标准及测评方法研究、基于大功率氢燃料电池电堆的耐久可靠性及环境适应性研究、70 MPa 预冷加注一体化加氢机开发、低成本高效 PEMFCs 膜电极材料测评研究，从关键材料、关键零部件、产品寿命、测试设备开发、数据采集等多层面、全方位进行检测评价技术研究，为我国电动汽车的发展提供技术支撑。

上海汽检依托跨界融合方式打造的综合性第三方智能网联汽车公共检测研究服务平台，可满足智能网联汽车通讯性能、功能验证、场景模拟、示范运营的测试研究需求，为智能网联汽车领域前瞻技术研究和应用开发提供技术支持。深度聚焦智能网联汽车数据安全领域，与国家网信办合作建设智能网联汽车信息安全实验室，开展智能网联汽车的漏洞扫描、安全检测、渗透测试，逐步形成汽车网络信息安全试验能力和评价体系。

上海汽检紧密围绕国家在新能源及智能网联汽车领域的检测认证服务需求，建设的新能源及智能网联汽车检测认证公共服务平台，为上海及国家新能源及智能网联汽车产业化发展提供检测评价技术支撑，为新能源及智能网联汽车产业全面、可持续、健康发展提供保障。

二、测试技术及规范研究与制定

上海汽检积极参与节能新能源汽车领域相关标准、测试技术、规范的研究。参与制修订标准工作组的相关工作，主要有 GB/T 19233—2020 轻型汽车燃料消耗量试验方法、GB/T 19753—2021 轻型混合动力电动汽车能量消耗量试验方法及下一阶段轻型汽车和重型汽车排气污染物限值及测试方法预研究等工作。上海汽检牵头开展 2 项国家标准——《智能网联汽车　自动驾驶功能道路试验方法及要求　第 1 部分：试验环境要素及条件》和《道路交通参与者目标物　第 4 部分：自行车目标要求》的制定工作；参加《乘用车夜视系统性能要求及试验方法》等近 10 项标准研究制定和《车载操作系统架构研究》等 5 个标准研究项目；开展上海市智能网联汽车及应用标准化技术委员会筹建工作，获得组建批准并被推荐为秘书处承担单位。新能源地标委秘书处开展地标委组织建设工作，完成委员调整，并获市市场监管局批准；组织开展长三角一体化智能网联汽车团体标准研究制定工作，完成首批 3 项标准的起草、征求意见，组织标准审查；组织开展新能源汽车和智能网联汽车地方标准的立项征集、初审及上报工作，申请立项 9 项，获立项批准 7 项；加入中国智能交通产业联盟《港口无人驾驶集装箱卡车性能和测试方法》标准工作组并开展工作；上海汽检牵头制定的《燃料电池汽车及加氢站公共数据采集关键技术研究与标准》和《氢燃料电池汽车运行安全和维护保障技术规范》，已在上海市地标委立项，已进行多轮标准草案讨论修订工作。

技术研究方面，协同上研智联共同制定了《上海临港智能网联汽车示范应用方案》，向上海自贸区临港新片区管委会领导汇报方案，依托工业强基项目开展临港封闭测试场内车路协同系统建设，同时完成了临港环湖一路公开道路车路协同系统建设，实现了临港智能公交的示范应用。

三、检测能力建设

上海汽检在“十三五”期间计划投入 16.8 亿元，在机动车安全，环保，节能，氢能源和电动化，智能化，信息化等领域加快相关检测能力建设。

2020 年投资建设了重型汽车整车环境模拟及排放能耗测试系统，进一步完善和提升了节能与新能源汽车的检测能力，可涵盖企业研发领域的测试验证需求，可以为企业提供研发和检测认证的全方位服务。

在新能源汽车领域聚焦整车及关键零部件的驱动电机、车用动力电池（含管理系统）和燃料电池 4 个核心检测试验技术领域，建设纯电动、混合动力、代用燃料、燃料电池等新能源汽车整车及其关键零部件的安全、节能、环保等综合技术性能的试验和评价技术能力，可开展新能源汽车、关键零部件、电池、电控系统和电机系统的各项检测，实验室通过了中国国家计量认证和国家实验室认可。

在智能网联汽车领域，上海汽检明确了智能网联汽车数字孪生实验室的建设方向，完成了“智能汽车数字孪生及车路协同系统测试验证服务平台项目”的立项申请与建设规划工作；通过工信部项目开展其中模拟仿真和半实物仿真实验室的建设工作；利用在研的科研项目课题进行自动驾驶控制器硬件在环系统的建设工作；基于已购置的场景软件完成标准和法规场景库的建设工作，形成典型标准法规测试虚拟场景。

上海汽检加快推进布局全国的发展步伐，在湖南、江苏、安徽、福建、河南、天津等地采用多种投资合作模式，实现共赢发展。其中，2020 年 6 月，“嘉定氢能港”成为上海市经委授牌的 8 家智能制造特色产业园区之一。公司抓紧氢能发展契机，明确在嘉定环同济片区打造氢能检测基地，确保公司的氢燃料电池检测技术继续保持国内领先地位，并力争国际一流水平。

四、国内外交流

上海汽检非常注重与国内外汽车知名企业、科研院校和检测机构保持密切沟通，定期开展技术交流和合作。根据公司最新的发展方向和技术研究需求，为了更好地与其他行业融合发展、共渡难关，积极寻找行业协作和战略发展合作伙伴，陆续与华为科技、地平线、英博超算、中科创达、51WORLD、TUV NORD、SGS、吉林大学、同济大学、西华大学 10 家汽车行业内外的科技公司、认证机构、大专院校等开展技术交流，探讨智能网联汽车领域的产品研发与技术研究创新合作；与重要合作伙伴——51WORLD 签订了战略合作协议，在单车仿真和交通流协同仿真等方面建立联合实验室，共同开展相关技术研发和业务推广。

牵头联合博雷顿、上研智联、上海电科、中移智行、工业互联网创新中心、同济大学、当家移动和阿里云申报并取得交通运输部 2020“自动化作业技术”交通运输行业研发中心的资质认定，其间开展了项目申报、项目答辩、现场审核、项目公示等一系列工作。

在动力电池领域，先后与美国 UL 公司，Intertek 公司，TÜV 南德及 TÜV 莱茵公司建立了合作关系。

在驱动电机领域，检测能力获 TÜV 认证，可为电机产品出口提供认证检测服务，同时为特斯拉、大众、奥迪、沃尔沃等进口产品提供进口认证测试。

在燃料电池领域，开展了国内外燃料电池行业调研工作，与日本丰田东富士研究所、日本本田总部、加拿大巴拉德、大连化物所、清华大学、同济大学、Greenlight、AVL、MAXIMATOR、群奕、新源动力、亿华通、上海舜华、重塑能源、上海攀业等企事业单位和科研院所进行了调研考察及业务和项目洽谈工作。

五、发展规划

上海汽检已完成"十四五"发展规划的制定,"十四五"阶段公司将紧贴汽车产业发展趋势,围绕公司"新四化"发展路径,以传统检测及前瞻研发"两条腿"并行为总体思路,推进新兴技术发展,营造服务新生态。"十四五"期间将继续加强新能源汽车整车及关键零部件技术领域检测技术能力建设的投入力度和速度,不断提高技术能级,根据产业发展趋势进一步构建和提升测试评价体系,全面提升上海汽检的综合技术服务能力,适应和满足我国新能源机动车产业发展的要求。

根据产业发展趋势紧跟碳达峰及碳中和远期目标,聚焦臭氧污染和超细颗粒协同管控,进一步构建基于非常规污染物的测试技术能力,涵盖挥发性有机物排放、车辆运行损失排放等主要内容。新能源领域,针对混合动力电动汽车研究整车控制匹配技术,针对纯电动汽车和燃料电池汽车研究能量消耗量评价体系,对汽车整车产品全生命周期的污染物和碳排放进行研究。

在燃料电池汽车领域,重点建设燃料电池汽车整车氢电安全评价技术能力、燃料电池汽车氢排和氢耗评价测试能力、燃料电池汽车低温冷启动、燃料料电池电堆、燃料电池发动机系统关键零部件检测和评价技术能力,将开展燃料电池汽车和系统应用场景研究,扩充在应用端的测试和评价技术服务。

在氢能领域,将逐步开展氢气的制、运、储、加等各个环节的技术研究,拓展储氢瓶及其阀体、管路的检测和评价能力,研究加氢站技术规范,提供设计、校准等全流程技术服务。

针对智能网联汽车行业融合互通、协同发展的特点,结合技术发展方向和业务实现渠道,继续积极寻找战略合作伙伴,共同开展技术研究、标准制定、项目实施等工作。落实与重点企业客户的深度合作意向,转化为实际测试、标准验证、研究项目,进一步拓展优质企业的智能网联测试合作。以测试为基础支撑标准、方法及技术能力创新,并在现有基础上提升测试业务转化,实现以技术规划推动能力发展,以能力发展推动业务创新。

招商局检测车辆技术研究院有限公司

一、单位概况

招商局检测车辆技术研究院有限公司成立于2003年,是招商局集团控股的全国有公司,同时具备汽车、摩托车和智能网联汽车3个国家级质检中心。

公司拥有"试验室+试验场"一体化试验检测技术平台,是工信部、交通运输部、生态环境部、市场监管总局等行业主管部门指定和认可的第三方检测机构,与德国TÜV、英国VCA等国外十余家认证机构紧密合作,检测能力覆盖汽车、摩托车整车及零部件的法规检验、研发试验、进出口认证检测和技术咨询服务。

公司是国家火炬计划重点高新技术企业、重庆市创新型企业。现有从业人员500余人,其中:享受国务院政府特殊津贴专家2人,高级职称近30%,博士、硕士研究生约60%。拥有国内一流、国际先进的各种仪器设备1 750台(套)。

公司拥有交通运输部认定自动驾驶封闭场地测试基地(重庆)、自动驾驶技术行业研发中心,重庆市经信委汽车主动安全测试技术、电动汽车安全评价重点实验室等8个省部级技术平台和2个科普基地。立足重庆、辐射西南、放眼全国,设立了华南、华北、华东办事处,在黑河设立寒区试验基地,在重庆、大连、深圳设立控股子公司开展进口汽车和新能源汽车关键部件检测。

二、检测能力建设

公司拥有占地730余亩的高新区金凤和两江新区金山两个研究测试基地,其中金凤新基地总投资近20亿元,建有占地640余亩的"试验室+试验场"一体化的试验检测技术服务平台,包括近500亩的机动车强检试验场、全封闭、半开放和全开放道路的自动驾驶测试区域,同时建有10万m^2的整车、排放、动力、碰撞、电磁兼容、智能网联、新能源及汽车零部件等十余个专业试验楼和综合楼,可开展乘用车、商用车实车碰撞和零部件模拟碰撞、行人和乘员保护、NVH、底盘调校、动力电池、电机、电控和整车安全试验(火烧)、Scienlab综合测试、环境模拟、有害物质和贵金属化学分析、电磁兼容、发动机及零部件、ADAS标定匹配、自动驾驶在环仿真、V2X规模测试等法规检测和产品研发验证、供应商检测、出口认证检测等非法规测试。

三、发展规划

积极响应"质量强国"国家战略,主动加快市场化转型步伐,正大力开展汽车主被动安全、汽车节能减排、新能源汽车和智能网联汽车四大专业领域的产品研发验证和测试评价服务。汽车主被动安全方面,首创了国际领先的客车安全评价规程《中国客车安全评价规程》(C-SCAP);汽车节能减排方面,国六排放试验能力率先通过CNAS评审,获得工信部、生态环境部授权;新能源汽车方面,实现整车、电池、电机、电控检测全覆盖;智能网联汽车方面,打造了自动驾驶与车路协同封闭、半开放及开放一体化测试基地,具备单车智能与网联协同自动驾驶汽车的研发验证及测试评价能力。

襄阳达安汽车检测中心有限公司

一、单位概况

国家汽车质量监督检验中心(襄阳)、国家智能网联汽车质量监督检验中心(湖北)、国家燃料电池汽车质量监督检验中心(筹)暨襄阳达安汽车检测中心有限公司(以下简称襄阳中心),成立于1995年10月,是经中国合格评定国家认可委员会认可,国家工业与信息化部、国家环境保护部、国家质量监督检验检疫总局,国家交通运输部、国家认证认可监督管理委员会等政府主管部门授权,具有独立法律地位的第三方综合性汽车检测及技术服务机构。

经过20多年的发展,在能力形成、技术积累、人才培养、市场服务等方面奠定一定的基础,已成为国内检测设施及功能最完善、测试技术最先进、测试环境最优越的国际化汽车测试基地,拥有一个综合性汽车试验场和14个专业试验室,职工总数近600人,先进的仪器设备1 800余台(套),能够承担乘用车、商用车、电动车、燃料电池车、发动机/电机、动力电池、燃料电池、底盘、汽车零部件、机动车仪表、灯光、电器、非金属制品等各种产品的检验检测和检查;汽车及其零部件产品的CCC工厂检查;汽车专用测试仪器的校准。具备249大类汽车及零部件产品共计1 110项标准的国家授权的检测能力,21项汽车专用测试仪器的校准能力,14项汽车产品工厂审查能力,99项国家专利,参与国家标准制修订56项,行业标准制修订32项,连续多年被评为“优秀高新技术企业”。

襄阳中心具备新能源汽车产品准入管理要求的整车、驱动电机系统及车载储能装置的全部检测能力,具备新能源汽车减免税的全部检测项目的试验能力。主要设备从美国、德国、英国、日本等国进口,其中用于整车动力性、安全性、经济性相关的检测设备近100余台(套),驱动电机及其控制器的动态性能、安全性能及环境适应性相关的检测设备20余台(套),动力电池的充放电性能、安全性能的检测设备40余台(套),燃料电池单片、BOP、电堆、系统检测设备20余台(套)。

二、测试技术及规范研究与制定

襄阳中心积极参加国标和行业标准制修订,是全国汽车标准化技术委员会电动车辆分委会委员、燃料电池电动汽车标准工作组副组长单位、TC11秘书处单位、汽车节能分技术委员会委员、客车分委会委员,是电动汽车碰撞安全要求标准研究工作组、电动车整车标准研究工作组、插电式混合动力汽车标准项目组、电驱动系统及关键零部件EMC标准研究专项工作组、电动汽车电磁兼容工作组、混合动力城市客车技术要求标准工作组和纯电动城市客车通用技术条件标准工作组、电动车动力蓄电池标准工作组成员单位等。

2020年主持、参与以下18项已发布标准的制修订工作,以及100项正在制修订中的国行团体标准。

GB 18384—2020《电动汽车安全要求》;GB 38031—2020《电动汽车用动力蓄电池安全要求》;GB 38032—2020《电动客车安全要求》;GB/T 24549—2020《燃料电池电动汽车 安全要求》;GB/T 26779—2021《燃料电池电动汽车加氢口》;GB/T 39132—2020《燃料电池电动汽车定型试验规程》;GB 26512—2021《商用车驾驶室乘员保护》;GB/T 38679—2020《车辆行驶跑偏试验方法》;GB/T 38694—2020《车辆右转弯提示音要求及试验方法》;GB/T 38796—2020《汽车爆胎应急安全装置性能要求和试验方法》;GB/T 33014.9—2020《道路车辆 电气/电子部件对窄带辐射电磁能的抗扰性试验方法 第9部分:便携式发射机法》;GB/T 33014.10—2020《道路车辆 电气/电子部件对窄带辐射电磁能的抗扰性试验方法 第10部分:扩展音频范围的传导抗扰法》;GB/T 33014.7—2020《道路车辆 电气/电子部件对窄带辐射电磁能的抗扰性试验方法 第7部分:射频功率直接注入法》;GB/T 33014.8—2020《道路车辆 电气/电子部件对窄带辐射电磁能的抗扰性试验方法 第8部分:磁场抗扰法》;GB/T 39901—2021《乘用车自动紧急制动系统(AEBS)性能要求及试验方法》;JT/T 782—2020《营运车辆爆胎应急安全装置技术要求和试验方法》;JJF(机械)1046—2020《机动车燃油流量计校准规范》;JT/T 888—2020《公共汽车类型划分及等级评定》;JJF(机械)1045—2020《汽车操纵稳定性测试仪校准规范》。

三、检测能力建设

襄阳中心可按国家标准、欧盟指令,ECE法规、行标、团标,和企业标准的有关技术要求和试验规程进行新能源汽车整车、动力电池系统、驱动电机系统、燃料电池系统的性能试验和耐久性试验能力。包括新能源汽车及燃料电池汽车法规试验能力;新能源汽车(含燃料电池汽车)的动力性、经济性、可靠耐久性、“三高”试验及地区适应性、被动安全性试验;新能源汽车车辆动力学性能的开发(底盘调校、操纵稳定性试验);新能源汽车整车及零部件的电磁兼容试验,新能源汽车续驶里程和能量消耗率试验;电动汽车用驱动电机系统试验;电动汽车锂电池、镍氢电池、超级电容、铅酸电池等的性能及安全试验;燃料电池发动机系统性能测试、可靠性及耐久性测试等试验能力。

2020年新能源主要能力建设项目:

(1)燃料电池汽车开发试验能力建设。为填补氢能源汽车试验能力空白,启动定位“共享的新能源汽车试验验证平台”的专项能力建设,建成燃料电池系统试验台架、电堆试验台架、单片试验台架、燃料电池控制器在环仿真、燃料电池系统综合开发台架(含步入式环境舱)、35 MPa及70 MPa加氢站等关键设备能力。也是国内唯一现场加氢的汽车试验场。为广大客户燃料电池汽车产品及核心系统部件产品的开发验证提供整车试验场地、测试设备、试验技术等支持。

襄阳中心获批筹建国家燃料电池汽车质量监督检验中心,作为国家级燃料电池实验室服务国家主管部门,服务行业。

规划2021阶段重点工作:燃料电池系统3 500 h定功率工况、NEDC工况耐久性试验;大力推动国家燃料电池汽车质量监督检验中心的建设。

(2)新能源汽车碰撞专线。在已有汽车碰撞试验能力的基础上，新建了一条专为新能源汽车服务的汽车碰撞专线，全面升级了试验过程的全面监控能力、安全防护能力及环保能力。

规划2021阶段重点工作：70 MPa燃料电池乘用车碰撞试验。

（3）新能源EMC试验能力补充。形成了针对新能源汽车充电过程中的EMC测试能力。

建设了新能源部件EMC试验室，对如驱动电机系统、储能部件、车载充电机及DCDC等高压部件进行可设定工作状态的EMC测量。

（4）电池安全试验室建设。电池安全试验过程中常伴随冒烟、起火等环保事件，试验排放物及残余物质的处置一直是行业难点。我公司履行试验技术研究的职责，启动电池安全试验室建设，设计建设一座具备防爆、烟尘处理、污水处理为一体的"绿色"电池安全试验室。试验室内部，结合视频、音频、红外等监控设施，及对设备、消防设施的中远程操作，实现测试人员、技术人员与高危试验场景隔离，全面提升试验过程中的安全防护能力。预计2021年底投入使用。

规划2021阶段重点工作：

充电MAP测定和优化；电动车及其动力电池系统热管理试验及匹配优化。

四、国内外交流

2020年，襄阳中心积极组织与主管部门、认证机构、国内外企业开展标准法规、认证技术、检验检测方法等方面的交流，不断提升法规认证技术服务能力。长期向工信部、生态环境部、交通运输部等共派驻专家10多名，协助部委进行企业准入、产品准入、监督抽查、事故调查等工作。与国际知名试验室例如TUV、荷兰车辆认证中心、瑞典SGS、西班牙IDIADA等建立了紧密的合作关系。

五、发展规划

襄阳中心以"建设卓越的、可信赖的国际化汽车检测、认证技术服务机构"为目标，在汽车检测技术服务、法规、认证、先行技术研究四个关键领域进行了系统规划。

根据新能源汽车产品性能提升的需求，以及对国内外多个新能源汽车生产商的调研对标，2020—2021年补充完成燃料电池及燃料电池汽车相关检测能力、电机系统及其他高压部件电磁兼容检测能力、传导充电系统通信协议一致性及互操作性等检测能力等，并在此基础上构建新能源电池、电机、电控、电传动四电系统联调及能量管理核心试验技术。未来，襄阳中心将以集中度、前瞻性、备受信赖为战略目标，保证检测质量，提升新技术引领能力，在新能源、智能网联等新项目中实现"抢先、领先"，深化完成"1+1+N"战略布局。

已完成的重大项目有试验场三期、四期工程建设、汽车环境风洞试验室建设项目、新能源汽车法规检测能力补充投资项目、智能网联汽车试验场建设。积极推动的项目有筹建国家燃料电池汽车质量监督检验中心、涉氢环模中心项目、ADAS全领域全场景试验能力、试验场智能化管理系统建设项目、"三高"试验基地。在法规检测和认证服务领域，在国内外树立达安（NAST）品牌形象；作为独立企业法人，不断扩大业务领域，国有资产保值增值；注重科技创新，开展新能源、智能汽车、"互联网"+等先行技术研究；关爱员工，改善环境，打造更具活力、凝聚力、竞争力的技术服务机构。

国家汽车质量监督检验中心（长春）

一、单位概况

长春汽车检测中心有限责任公司/国家汽车质量监督检验中心（长春）位于中国汽车摇篮之城吉林省长春市，是经中国合格评定国家认可委员会认可的检测类实验室。1986年10月正式成立，有着深厚的底蕴和积淀。2017年12月，完成了公司化改制，成立了长春汽车检测中心有限责任公司。先后被国家有关部门授权为国家级汽车质量监督检验中心、汽车新产品申报《公告》国家级检测机构、汽车产品强制性认证国家级检测机构、机动车排气污染物国家级检测单位、道路运输车辆燃油消耗量检测机构、科技成果检测鉴定国家级检测机构。2017年12月，被批准为试验检测类产业技术基础公共服务平台。本部设在长春，同时在大连、天津、广州、无锡等地设有分公司。公司有员工237名、仪器设备900台（套）、固定资产51 000万元。具有汽车整车、发动机及其附件、底盘部件、车身及其附件、电气和电子部件、非金属制品及材料等的检测能力，同时具备标准制修订、认证制度和检测政策制定、检测技术和设备研发等能力。

在新能源领域，具备新能源汽车产品准入（除燃料电池）管理要求的整车、驱动电机系统及车载储能装置的全部检测能力。具备新能源汽车减免税及补贴检测项目的检测能力。具备进口汽车的CCC强制性产品认证检测能力。同时具备一汽集团企业标准、一汽-大众公司企业标准的大部分检测试验能力。

二、测试技术及规范研究与制定

积极参加国标和行业标准制修订，是全国汽车标准化委员会电动车辆分委会委员、汽车电子于电磁兼容分委会委员、全国无线电干扰委员会汽车分会委员、汽车节能分技术委员会委员、客车分委员会委员，是电动汽车整车标准研究制定工作组、电动汽车用驱动电机系统标准研究工作组、电动汽车动力电池标准研究工作组成员单位。作为国家认监委汽车及部件技术专家组副组长单位，在制定新能源汽车强制性产品认证项目、研究认证技术上，勇于承担，积极贡献。作为高寒地区新能源汽车产业联盟创始成员单位，积极推动新能源车辆在高寒地区推广应用。

三、检测能力建设

可按国家标准、行业标准及企业标准的有关技术要求和试验规程进行新能源汽车整车、动力电池系统、驱动电机系统的性能和环境测试试验。整车试验包括电动汽车安全要求、碰撞后安全要求、电磁兼容、能量消耗、电动汽车传导充电及车辆远程服务与管理系统等。电机试验包括机电性能、可靠性能、安全性及环境试验。电池试验品种包括铅酸电池、镍氢电池、超级电容、锂离子电池，试验范围包括单体、模块、包组，试验项目包括电性能、安全性能、环境性能、耐久性能。重视新能源汽车高压部件电磁兼容特性对车辆安全和环境的影响，在 2020 年 8 月建成高压部件电磁兼容试验室，可完成所有型号驱动电机、电池、DC-DC 等高压部件的 EMC 测试及检测，相关试验项目已通过 CNAS 能力认可，为提高产品的质量提供技术支持。

四、国内外交流

2020 年积极组织和参与主管部门、认证机构、国内外企业技术交流。在中国质量认证中心的协调下，与德国奔驰公司、英国路虎公司、中国一汽等公司进行车辆检测技术交流。同年与中国质量认证中心签署合作框架协议

五、发展规划

随着新能源汽车技术的进步和发展，不断加大检测试验能力的开发和投入。2021 年，将把新能源的发展重点向燃料电池方向倾斜，计划建设燃料电池汽车整车试验仓、燃料电池总成部件试验室、燃料电池加氢口试验室。购买 150 kW 燃料电池发动机系统试验设备、20 kW 和 150 kW 燃料电池堆试验设备、加氢口试验设备、车载氢系统试验设备。预计 2021 年第四季度具备试验能力。

国家汽车质量监督检验中心（广东）

一、单位概况

广东汽车检测中心有限公司（以下简称广东汽车检测中心），创立于 2008 年，是国家汽车质量监督检验中心（广东）的运营主体，是以汽车整车及零部件检验检测服务为主的国家级第三方检测机构。

广东汽车检测中心 2011 年开展整车企业的委托试验业务，2013 年“国家汽车质量监督检验中心（广东）”获得授权，2014 年率先在华南开展电动汽车动力电池检测业务，2015 年确立传统汽车和新能源汽车检测并行发展的思路，2018 年获得环保部“检测机构视频监控及数据传输联网”资质，2019 年成为国家认证认可监督管理委员会强制性产品指定实验室，2020 年成为广东省高新企业。可开展汽车（乘用车、货车、客车、专用车、挂车、新能源汽车整车及驱动电机、动力电池、BMS 等零部件）和三轮汽车等产品的《公告》检验，相关汽车及零部件产品的 CCC 认证检验，轻型车排放、发动机排放及整车加速行驶噪声检验等公告、CCC 和环保检验检测业务。具备在华南乃至全国范围提供一站式检测服务的能力。与中国汽车工程研究院合作联动，着力打造氢能动力、动力电池、电子安全等特色能力，为大湾区汽车产业蓬勃发展作出贡献。

二、测试技术及规范研究与制定

广东汽车检测中心是全国汽车标准化技术委员会制动分技术委员会委员单位、广东省汽车工程学会副理事长单位；曾参与制订 GB/T 5620—2020《道路车辆汽车和挂车制动名词术语及其定义》等多项国家标准和汽车行业标准，对数十项国家/地方/行业标准制修订提出修改意见，在汽车领域的测试技术评价研究及标准规范制定方面拥有良好的基础和丰富的经验。

三、检测能力建设

最早于 2014 年开始引入新能源汽车关键零部件检测设备，累计设备投入达 2 000 多万元。经过多年的检测实践，已锤炼出一支技术过硬的专业团队，并形成如下一系列特色检测能力：

1. 华南地区首个新能源汽车“三电”——电池、电机、电控工信部公告强检项目全覆盖检测机构。

2. 国内最早形成电池包外部火烧、热扩散室内实施能力检测机构。

3. 具备 3 种热失控引发方式全覆盖的电池包热扩散试验能力。

4. 广东地区唯一可室内实施整车状态电池包热扩散乘员保护验证试验检测机构。

5. 具备电池短路瞬变大电流信号精确捕捉能力。

同时还可以进行以下试验：高低温环境试验、全光谱阳光模拟试验、地热辐射模拟试验、空调降温/采暖试验、发动机热管理试验、续驶里程试验、新能源汽车整车常规性能试验、电安全要求试验、安全防护试验、碰撞测试试验、车载氢系统试验、各种温度的充电性能试验。

四、国内外交流

作为国家级的检验中心，努力承担起相应的社会责任，积极与检测同行及整车和零部件企业加强沟通交流，为华南地区汽车产业的发展贡献自己的力量。自 2018 年起连续 3 年举办华南地区汽车产品技术交流会，邀请比亚迪汽车股份有限公司、广州汽车集团乘用车有限公司、广州汽车集团本田汽车有限公司、广西玉柴机器股份有限公司、欣旺达电子股份有限公司等国内知名企业及中国质量认证中心、TÜV 南德认证检测（中国）有限公司等知名机构及高校的研发团队齐聚佛山，进行政策解读、市场趋势预判、专家解惑、新技术交流，为华南地区汽车产业蓬勃发展作出积极贡献。

国家氢能动力质量监督检验中心

一、单位概况

国家氢能动力质量监督检验中心将以氢能为核心，建成氢能和燃料电池产品全产业链的测试能力体系，将在检测认证、标准体系、测评研究、技术服务、应用推广、产业孵化等方面，为氢能产业化提供有力支撑，积极协助政府主管部门政策

制定及行业管理工作开展，促进我国氢能动力产业发展，提高氢能利用，加快能源结构优化升级和绿色、可持续发展，为我国能源、汽车和装备制造产业的战略转型发展提供有力保障。

二、测试技术及规范研究与制定

1. 新能源整车性能开发及测评：聚焦新能源整车/动力系统性能、策略测试评价，深化与拓展新能源汽车深度测试评价、整车热管理性能、整车 PE 性能、基于能量流的整车能耗综合优化、新能源汽车一体化测试评价、新能源汽车控制器 HIL 硬件在环仿真技术，打造新能源深度测评解决方案——新能源汽车典型性能开发解决方案，新能源测评产品开发三维度技术服务能力。形成以“标准”为抓手、“技术服务 + 软件工具”为支撑的业务新生态。

2. 氢能应用测评服务：建立氢能关键部件、燃料电池汽车深度测评体系，提供汽车领域各项资质准入技术服务，参与国标、企标等标准体系的制修订，构建全方位氢能测试评价能力。

3. 重庆市燃料电池汽车综合运营监控平台：协助重庆市经信委制定氢能产业发展规划、氢能产业发展规划和实施方案，开发重庆市燃料电池汽车综合运营监控平台，根据需求可提供产品性能、产品实车匹配性等大数据分析报告，协助产品的更新迭代，重点协助重庆市推动氢燃料电池汽车示范运营。

三、检测能力建设

公告及法规检测：具备新能源汽车电驱动系统的法规检测、开发验证及测评服务能力，涉及对象包含电机及控制器、控制器、动力总成、减速器、电驱动桥以及混合动力系统。具备新能源汽车关键零部件的公告检测、委托开发性试验和海外测试认证能力，涉及对象包含动力电池、电机及控制器、充电接口、通信协议、BMS、互操作性、车载充电机和 DC/DC 等。

四、国内外交流

2020 年 6 月 5 日，走访重庆庆铃汽车股份有限公司，双方深入交流，加强沟通，建立更全面的合作关系。

同日，接待宁德时代新能源科技有限公司测试验证中心来访，通过交流达成在电池检测良好合作的基础上，加强电池安全测评研究、电池安全测试设备开发方面的合作。

2020 年 8 月 7 日，接待重庆两江新区招商集团、重庆市物流与供应链协会、厚普清洁能源股份有限公司、上汽依维柯红岩商用车有限公司、德燃动力科技有限公司相关负责人来访，就进一步深化川渝氢能城际物流车示范运营工作进行讨论和交流。

2020 年 9 月 30 日，会见长安福特质量部负责人一行，双方就新能源整车热管理及能量流开发、企标领跑者、能效标识等方面做了深入交流。

2020 年 10 月 27 日，会见安徽明天氢能董事长一行，会上就氢能及燃料电池等方面展开交流，后续将围绕氢燃料电池产品认证、氢燃料测试设备、氢燃料电池汽车示范运营等方面展开合作。

2020 年 12 月 23 日，主办“2020 第三届新能源汽车测试评价技术国际论坛”线上会议。

2020 年 12 月 24 日，中国汽车工程研究院股份有限公司成为重庆市氢能装备产业技术创新联盟常务副理事长单位及秘书处单位。

2020 年 9 月 23—12 月 19 日，中国汽车工程研究院股份有限公司先后承办多次“企标领跑者”标准编制、审定大会，中国标准化研究院、中国汽车工业协会、中国节能协会共同归口、中国汽车工程学会、中国汽车动力电池产业创新联盟、应急管理部天津消防研究所、北京理工新源信息科技有限公司、深圳格瑞安能科技有限公司、北京新能源汽车股份有限公司、比亚迪汽车工业有限公司、北汽福田汽车有限公司、理想汽车、北京交通大学、北京工业大学会等多家行业协会、科研院所、整车、零部件企业专家出席会议参与交流。中国汽车工程研究院股份有限公司获汽车行业 2020 年的企业标准“领跑者”优秀评估机构称号。

五、发展规划

规划建设五大试验室：氢能整车试验室、燃料电池实验室、氢能辅件试验室、动力总成试验室、电机电池试验室，建成后将提供包括燃料电池电堆、燃料电池系统及关键零部件、储氢系统、氢能动力系统、燃料电池整车等领域的技术咨询服务。

国家汽车电气化产品及系统质量监督检验中心

一、单位概况

上海电器设备检测所有限公司（简称 STIEE）是上海电器科学研究所（集团）有限公司（简称 SEARI）下设的检测机构，SEARI 创建于 1953 年，业务领域涵盖电机与系统节能、智能电网、智慧城市与智能交通、船用电气、智能制造与工业互联网、智能电网用户端与能源互联网、检测与认证等，面向战略性新兴产业与传统产业转型升级，是系统解决方案与产业技术服务优秀提供者。

STIEE 六十余载专注电工领域，是支撑国家质量基础战略、推动产业发展的核心力量，结合产业发展阶段，面向产业需求，发展成为集检测、计量、认证、认可、检验评估、标准、技术研究、教育培训、技术咨询为一体的综合技术服务提供商。作为行业最具实力和影响力的品牌，具有深厚的技术底蕴和积淀，拥有一系列国际国内资质授权，是我国首个参加电工领域国际电工委员会 IECEE-CB 互认体系的机构，先后获得低压电器、中小电机、智能电网、机器人、汽车、工业互联网中心领域的国家质量监督检验中心授权，以极致的专业化服务支撑产业技术进步和质量提升，开展产品标准化检测方法研究及建模建标工作，通过标准引领我国电工行业检验检测整体技术发展。

国家汽车电气化产品及系统质量监督检验中心落户在上海奉贤基地，具备新能源汽车产品及系统的全面测试能力，专注于汽车电气化产品的委托检测及研发性测试，测试能力覆盖动力电池、驱动电机、电机控制器、充电系统、接触器、高压线缆等新能源汽车高压部件，共性技术实验室包括电磁兼容、环境适应性、绝缘、功能安全、材料、软件、射频通信等，可按国家标准、ISO/IEC、行业标准、企业标准的有关技术要求和试验规范进行相关性能试验和安全测试，已获得国内多家主流汽车企业的试验室认可，快速成长为华东地区规模最大、测试能力最全的检测中心之一。

STIEE 发展汽车电气化产品及检测能力的同时，以电磁兼容、可靠性、材料等电工领域学科技术实力为基础开展失效分析服务，STIEE 失效分析中心分析范围涵盖各类产品及材料，可提供电气产品、金属和非金属类构件、电子元器件、PCB 板等的故障定位与失效分析，并协助企业评估新器件/新工艺/新材料的可靠性，在产品大规模生产前识别可靠性风险，避免批量失效的产生。

二、测试技术及规范研究与制定

承担低压电器、旋转电机、无线电干扰等 7 个全国性标委会、4 个分标委和 2 个行业标委会秘书处工作，承担 9 个团标组织。深度参与国际标准化工作，承担 9 个 IEC/TC(SC)国内对口工作，担任 IEC/TC125 主席、CISPR 副主席，选派注册专家 20 人，承办国际标准化活动十余次。在智能电网用户端、低压、机器人、汽车等新领域积极开展标准化研究，参与国家智能制造标准体系建设。研究并主持完成 207 项国家及 138 行业标准制订，以标准化为引领，推动行业高质量发展。

搭建中国汽车工程学会电磁兼容分会行业平台，联合国内多家整车企业、研究院所及高校、检测认证机构、部件制造商，融合理论、检测、整车和产品的知识和经验，指导及运行汽车电磁兼容团体标准专家组，结合市场需要组织行业专家制定/维护汽车电磁兼容团体标准。

2020 年开展以下标准制修订工作：

T/CEEIA 415—2019 新能源汽车驱动电机绝缘结构技术要求。

T/CSAE 151—2020 电动汽车整车电磁兼容性能测试方法。

T/CSAE ×××—2××× 智能网联汽车电磁抗扰性能技术要求与测试评价方法(制订中)。

T/CSAE ×××—2××× 电动汽车高压屏蔽线缆及连接器表面转移阻抗测试方法(制订中)。

T/CSAE ×××—2××× 电动汽车 60～1 000 V 部件电源端口瞬态现象测试方法及要求(制订中)等。

国家标准：GB/T 39266—2020 工业机器人机械环境可靠性要求和测试方法等。

地方标准：公共汽(电)车车载信息系统一体化基本技术要求。

检测能力建设：专注于新能源汽车电气化产品及系统的委托检测及研发性测试。

动力电池：拥有单体电芯试验室、模组试验室、电池包试验室、BMS 试验室，提供电性能、环境适应性及安全等测试。PACK 试验设备最大功率 500 kW，最大电流 1 600 A，响应及切换时间控制在 5 ms 以内；电芯及模组试验设备电流最大 2 400 A，精度达到 0.05% FS；能够实现充放电设备—冷水机—温箱集成联动测试；热失控试验及分析；水冷板的冷热冲击耐久、流阻试验等。

驱动电机：覆盖新能源乘用车电机及控制器、商用车电机及控制器、电动重卡/工程牵引车电机、电机减速器、控制器测试，测试最大功率 250 kW 最高转速 15 000 r/min，直流供电能力 2 000 V 1 200 A，测功机最大功率 2 000 kW 最大扭矩 12 000 Nm。

汽车电器：试验能力覆盖高压继电器、高压熔断器、BDU、PDU 等产品的电性能测试需求。拥有大容量短路试验室，电寿命试验室，高压继电器试验室、高压熔断器试验室；短路试验能力达到电压 DC 250～2 000 V，电流 2 500 A～100 kA；电寿命试验能力可实现电压 DC 24～1 500 V，电流 100 A～6 kA；继电器试验能力范围 DC 200～1 500 V，电流 15～1 300 A；熔断器试验室能力可达试验电流 0～1 200 A。

充电设施：实验室具有一个 630 kW 大功率充放电测试平台、两个 240 kW 非车载及车载直流充电测试平台、3 个交流充电桩测试平台、电动汽车充电连接器实验室、电动汽车互操作性及协议一致性测试实验室、CAN 总线协议一致性实验室、光储充实车实桩验证平台等，测试对象覆盖所有规格电动汽车、车载与非车载充放电设备、汽车电气通信零部件、控制器及充电连接器等。

汽车线缆：实验室拥有 40 kV 交直流耐压试验仪、低温性能测试装置、导体电阻和绝缘电阻测试系统、垂直燃烧试验仪等，可进行线缆屏蔽性能、电性能、机械力学性能、环境适应性、安全性能等试验，覆盖产品包括低压线束、高压线束以及高频通信线束等。

电磁兼容：国内唯一一家同时拥有 30 m 法开阔试验场、10 m 法电波暗室、3 m 法电波暗室、全电波暗室、汽车零部件暗室等多个类型测试场地，且供电能力达到 600 kW，低压电流高达 15 000 A，测试对象覆盖动力电池、DC/DC、高压空调、充电系统、高压线缆等新能源汽车高压部件。拥有电机加载测试暗室，最大功率 250 kW，最大转速 12 000 r/min，最大扭矩 500 Nm。

通信测试：上海电科所 EMC 通讯实验室拥有丰富的车载网联测试经验和先进的测试设备，全电波暗室配备无线通信的输入端口，在该场地可完成 2/3/4/5G、Wi-Fi、蓝牙等无线通信的辐射杂散和发射测试；提供一站式的车载产品国内的 CCC，SRRC，NAL 服务，国外 CE、FCC、IC、E/e mark，Ecall 等认证服务；为车载智能网联客户提供 FM/AM、Bluetooth 射频性能测试、辐射杂散、功率等测试，为智能网联汽车的网联化提供优质的检测认证服务。

环境可靠性：提供完整的机械环境、气候环境、综合环境、安全防护试验测试条件，拥有 12 t 推力 15 m^3 三综合试验系统、可进行产品加速应力试验的 HALT&HASS 试验系统、60 m^3 步入式交变湿热房、15 m^3 复合盐雾房、IP69/IK10 防护试验系统、10 m^3 模拟高原/高空低气压试验箱、20 m^3 提篮式温度冲击箱等多台大型环境测试设备，试中可进行应力监测、交直流大功率加载等满足不同测试条件需求。

绝缘：实验室拥有 120 kV 交流耐压试验仪、40 kV 直流耐压试验仪，20 kV-1/2.5/5 kHz 高频电压试验仪，高精度高频介电损耗试验仪，10 T 高精度高阻计，最大承重 4 T，最大尺寸 45 m^3 高温箱，温度覆盖 −70 ℃ ~300 ℃，200 kN 万能试验机，测试对应覆盖汽车电机、电机绝缘系统和绝缘材料、汽车配件材料等新能源汽车的绝缘部件。新增 2.5/5 kHz 高频电压试验仪和绝缘系统耐油试验系统，满足更多新能源汽车电机绝缘系统高频电性能和耐油性能的检测。

功能安全：覆盖系统软件设计测试、基础测试及仿真测试等服务能力，包含软件设计、编码、集成全生命周期，为汽车产品软件的安全性和可靠性提供专业支撑，为智能汽车测评提供全新的解决方案。服务项目包含咨询、测试平台搭建、工具租赁、软件测试、培训等。

软件测试：软件测评中心服务能力覆盖软件设计、编码、集成全生命周期，为系统软件的安全性和可靠性提供专业支撑，为人工智能的算法测评提供全新的解决方案。软件测评中心提供功能、性能、代码安全、漏洞扫描、渗透测试、算法类的数据集测试、虚拟内场测试、外场测试等测评服务，针对控制器、控制系统的安全性及可靠性提供仿真测试模型设计、硬件在环测试以及相关系统的自动化测试服务，同时提供多种仿真应用环境。

天线测试：是国内仅有的两处天线校准开阔试验场地之一，也是国内唯一汽车方向图开阔测试场地。具备民品、汽车、军标 EMC 测试天线和场地确认天线的校准能力，覆盖 9 kHz ~ 18 GHz 的频率，被测对象包括杆天线、双锥天线、复合天线、对数周期天线、喇叭天线等不同类型的天线。

信息安全：工业互联网安全实验室聚焦工业互联网边缘侧设备和平台的网络安全及信息安全，研究工业安全与信息安全相融合。主要测试有漏洞扫描、漏洞挖掘、无线安全、安全审计、流量分析、App 安全检测等。

三、国内外交流

积极组织和参加行业技术交流活动，和国内外知名汽车厂商、部件制造商保持着技术交流与合作关系。

2020 年 4—6 月，中国汽车工程学会电磁兼容分会举办《智能网联车辆抗扰性能技术要求与测试评价方法》《电动汽车整车电磁兼容性能测试方法》等团体标准线上工作组会议。

2020 年 8 月，联合上海汽车集团股份有限公司开展“添唯课堂”，主题围绕《新能源汽车高压部件 EMC 技术》《新能源汽车动力电池测试要点解析》《基于 LTE 的车联网无线通信技术标准要求解读》的新能源 & 智能网联检测专题直播秀。

2020 年 10 月，中国汽车工程学会电磁兼容分会 2020 年会暨汽车电磁兼容技术研讨会在上海安亭召开，会议特邀中国汽车工程学会、整车企业、检测机构的领军人物与资深研究人员做技术报告分享，与参会人员共同探讨汽车电磁兼容标准发展趋势、相关团体标准工作研究成果以及汽车电磁兼容学科前沿技术等。

2020 年 11 月，组织人员参与 CISPR D 分会年度线上会议，与国内外专家就国际标准、技术动态等进行深入交流。

2020 年 11 月，举办的新能源及电力电子技术与产业专题闭门论坛，论坛聚焦新基建和工业互联网背景下的新能源发配用电及电子前沿应用技术，重点针对风电、核电、储能、新能源汽车、充换电设施、轨道交通等应用场景的超大容量电力电子逆变及变流设备、储能设备、电机电驱设备、关键元器件和集成系统的研发设计评估、软件评价、仿真评价、可靠性评价、稳定性评价、故障分析诊断、电能质量评价、检测设备开发和测试平台搭建等技术进行研讨。

2020 年 12 月，召开第三届风力发电设备可靠性与寿命试验技术研讨会，来自远景能源、明阳智慧能源、通用电气、上海电气风电等的 40 多位代表参加了此次研讨会。

四、发展规划

面向行业需求，以建设汽车专业化服务平台为目标，密切关注汽车电气领域技术水平提升与新技术发展。以电工领域经验为基础，面向汽车领域需求，做好新能源电气化产品及系统的技术支撑，开展技术培训、技术咨询服务，培养汽车电气化领域的人才，对电气化产品性能及质量水平提升积极贡献力量。搭建汽车电气领域交流平台，组织论坛、技术研讨会等行业活动，关注行业动向、产品新技术研发、共性学科技术需求、企业个性需求等，推动电工领域与汽车领域进行资源对接。发展共性学科技术优势，不断加深电磁兼容、可靠性、绝缘、功能安全等领域的技术研究深度。关注新能源汽车电气化产品研发检测需求，不断完善新能源电气化产品检测能力。

国家汽车质量监督检验中心（北京）

一、单位概况

根据北京市汽车产业调整与振兴发展的需求和国家质检中心服务当地经济发展的功能定位，2009 年 2 月 18 日，原国家质检总局批复，由原北京市质量技术监督局负责，在北京市产品质量监督检验院基础上，积极联合交通运输部公路科学研究院等北京及周边地区汽车检测优势资源，并通过市政府立项投资，建设国内第一个由质检系统内机构主导，多方参与的国家汽车质量监督检验中心（北京），打造功能齐全、设施完善的独立、公正、科学、权威的第三方汽车专业检测研究机构。

二、测试技术及规范研究与制定

中心作为北京市电动汽车产业标准化工作组成员，参与了北京市地方标准指导性技术文件《电动汽车电能供给与保障技术规范 充电站》《电动汽车电能供给与保障技术规范车载充电机》《电动汽车电能供给与保障技术规范 非车载充电机》等标准的研究和制修订工作。参与起草了国家计量技术规范《汽车正面碰撞试验用人形试验装置校准规范》《汽车侧面碰撞试验用人形试验装置校准规范》等。中心已承担国家科技部及北京市科委电动汽车领域科研课及冬奥会保障用车选型测试规范等工作

三、检测能力建设

中心占地总面积 14.3 万 m^2，建设用地面积 9.5 万 m^2，规划总面积 12.3 万 m^2，一期建设 7.8 万 m^2，建有碰撞安全实验室、零部件实验室、整车性能实验室、排放节能实验室、灯光电器实验室、电磁兼容实验室、材料与用品实验室、仿真分析实验室、新能源实验室、缺陷工程分析实验室，拥有先进设备 500 多台(套)。检测能力覆盖 217 个产品，3 053 个参数，具备汽车及相关产品强制性检验能力和研发测试能力。

四、国内外交流

多次参与汽车标准委员会年会等技术交流活动，积极开展汽车检测方法研究和标准制定。在电动汽车准入和检测方法研究、标准制修订和实施等工作中发挥积极作用。为打造合作共赢的战略目标，中心积极开展国际互认，与国际知名技术机构间进行检测结果互认，与中汽认证中心 CCAP 等机构签订互认协议，并先后同多家实验室开展交流合作，不断提升中心权威性和影响力。

五、发展规划

将以“创新业务模式、开展特色经营”为方向，建立现代企业管理制度，进行市场化运作，打造汽车检测专业服务品牌。积极为政府主管部门汽车产品市场准入、质量监管、政策研究以及促进产业创新发展等方面提供技术支撑与服务。与中国汽车工业协会、工程学会等深入合作，开展汽车产品自愿性认证、性能评价、信息发布、国际交流、标准制修订等工作，发挥行业引领作用。为汽车及零部件企业产品研发、质量提升和认证检测提供技术服务，与国际权威实验室进行互认合作，参与国际标准和贸易准则研究，为企业走向国际市场开拓绿色通道。中心将探索联合建设国家质检中心的管理机制，创新运营模式，实现合作单位的互利共赢。

汉阳专用汽车研究所

一、单位概况

汉阳专用汽车研究所隶属于中国汽车技术研究中心有限公司，是承担全国专用汽车行业技术归口管理的唯一科研机构。下设中汽研汽车检验中心(武汉)有限公司、武汉专用汽车杂志社有限责任公司及多个业务部门，同时是全国汽车标准化委员会专用汽车分技术委员会、全国汽车标准化委员会车身附件分技术委员会、中国汽车工业协会专用车分会和中国汽车工程学会专用车分会4行业分支机构秘书处的管理单位。主办有中国国际商用车展览会、中国专用汽车产业发展国际论坛等行业活动。截至2020年12月，汉阳专用汽车研究所全体员工约230人，总资产约7.8亿元，具备检测能力1 700余项，在湖北随州和山东梁山运营有2个综合检测试验场。

二、科研项目及成果

共开展科研项目29项，其中国家发改委重大技术攻关项目1项、国家自然科学基金在研项目1项、省部级在研项目2项。获得专利授权17项，其中发明专利3项。发表论文43篇，“专用运输车辆安全部件关键测试技术及成套设备开发”项目获湖北省科学技术进步奖三等奖；“车用起重尾板产品与应用标准化技术”项目获中国物流与采购联合会科学技术奖二等奖。

三、科研设施及科研能力建设

建成新能源试验室，包括电池包及系统测试区、电机电控测试区，电池单体模块测试区及化学、材料等测试区，总占地面积约 8 000 m^2。可提供公告认证测试和研发验证测试服务，测试能力覆盖国标、欧标和美标等多种标准体系，可提供新能源动力电池、电机电控和燃料电池的全项测试，拥有以博士、硕士为主要技术团队的专业检测服务人员20余人，先进测试设备300余台(套)。

四、主要研究方向

前瞻技术研究：搭建国内领先汽车测试技术平台，开展新能源汽车、燃料电池、汽车网联通信等前瞻测试技术研究，开展商专用车智慧运行系统标准法规、行业规范、测试技术等方面的研究。

行业技术研究：跟踪和分析国内外先进技术与产品，围绕轻量化、电动化、智能化等领域开展商专用车辆技术咨询、产品设计、测试验证等工作。

五、国内外交流

面向行业开设网络公开课“商(专)用车云课堂”，聚焦行业关心的新问题、新技术，开展广泛交流。

组织召开多次线下、线上标准研讨会，对 GB 29753、GB 15084、GB/T 25981 及多项行业标准开展专题研讨。

组织举办2020年度中国专用汽车产业发展国际论坛、2020中国(梁山)专用汽车产业高峰论坛、卡车轻量化材料加工及应用研讨会等行业技术研讨会。

六、发展规划

形成完善的燃料电池汽车及零部件强检及研发测试能力，建立从燃料电池整车级和核心零部件级的全流程、全周期的燃料电池测试中心。完善智能网联汽车实车测试平台的搭建，依托自动驾驶机器人模块、5G 通信模块、车路协同模块、假人假车系统、Launch Pad 移动平台等，构建完整的智能网联汽车实车测试技术硬件平台，形成对商用车、专用车、乘用车等具有自动驾驶功能车辆的测试评价能力。

山东省产品质量检验研究院

一、单位概况

山东省产品质量检验研究院实验室建筑面积10 000 m^2，总投资1.388亿元，其中实验室硬件建设8 000万元，设备投资5 880万元，是集检测、科研、标准制修订于一体的第三方综合性检验机构，承担产品质量监督、产品认证、企业公众委托等各类检验，进行检测设备研制、产品标准制修订、检测方法研究等科研开发，是山东省内检测范围最广、综合实力最强的专业化、科研型公共检测服务平台之一。设有博士后科研工作站，已打造了一支由20名研究员和55名高级工程师领军、以17名博士和188名硕士为骨干、总数为570余人的专业化人才队伍。在检验检测、科研与标准制修订、标准评估等方面经验丰富。拥有高水平的相关专业技术带头人和熟悉国际标准、准则的技术人才，制定了上百项国家和行业标准，在多个专业领域处于全国领先技术水平并具有相关技术优势和权威性。具备最全的产品检验资质。同类产品的检验能力和技术水平居国内机构领先水平，并具备可持续发展的能力和条件。团队中涌现出国家认监委强制性产品认证技术专家、山东省产品质量监督技术专家、山东省质检系统首席检测师、山东质检系统“十佳技术标兵”、山东质检系统“最美质监青年工匠”等高素质技术专家与骨干。

二、测试技术及规范研究与制定

紧紧围绕国家关于供给侧改革、新旧动能转换等战略部署，在新型石墨烯纺织材料、清洁供暖多能互补技术等新材料、新能源领域等领域开展科研攻关，相继承担科技部、国家质检总局、山东省科技厅、山东省质监局科技项目70余项，其中包括“十三五”国家重点专项、课题、任务8项、山东省重点研发计划6项。承担参与了500余项国际、国家、行业、地方以及团体标准的制定工作，其中已发布国际标准1项、国家标准63项、行业标准51项、地方标准300余项；在制修订中的国际标准3项、国家标准22项、行业与团体标准20余项、地方标准60余项。

山东省产品质量检验研究院建设了山东省唯一一家国家级标准验证检验检测点；开展了国家标准实施效果评价；参与了山东省企业标准“领跑者”试点相关工作；组织制定“泰山品质”认证团体标准9项；自主开展了30大类产品国内外标准比对研究工作。

三、检测能力建设

三大实验基地，实验室面积超过6万 m^2，配备了国内外各类先进检测仪器设备5 000余台（套），检验能力覆盖新能源汽车动力电池、电动汽车充电设施、低压成套开关设备、开关和控制设备等5 000多种产品。在电动汽车领域近几年来一直与比亚迪、东风等新能源汽车企业保持良好的合作关系，对新能源汽车相关标准有充分的研究。作为山东省市场监管局下属科研检测事业单位，近几年紧跟氢燃料电池行业动态，一直在为山东省新旧动能转换、氢燃料电池行业发展发挥力所能及的作用。为了更好地促进产业发展，山东省产品质量检验研究院计划打造氢燃料电池“一站式”检测科研公共服务平台，在行业发展初期，特别是整个产业链实施国产化初级阶段，尽快打造国际一流国内领先的检测实验室，共享测试装备、测试平台、科研技术，推动标准化和检测互认工作。为企业提供产品研发、测试、认证检测一站式高效服务。在动力电池、电动车及充电桩领域设有山东省发改委认定的“山东省工程实验室（工程研究中心）”。

联合山东省科学院自动化研究所、中国铁塔股份有限公司济南分公司获得山东省重大科技创新项目“退役动力锂电池梯次利用关键技术研究”，针对大量新能源汽车动力锂离子电池将面临退役和如何梯次利用的问题，针对梯次利用电池状态评估难、一致性差、安全风险高、经济代价大等问题，开展退役动力锂离子电池梯次利用关键技术的攻关，破解退役动力锂离子电池安全、性能、寿命、效益等瓶颈问题，将推动退役电池更经济、有效、安全地利用，进一步推动退役电池梯次利用的模式应用于储能领域，投放到商业住宅储能站、电动汽车充电储能站以及大型储能电站等场所，推动动力锂电池回收梯次利用商业模式的形成。山东省产品质量检验研究院主要负责梯次利用电池衰退性能的测试、分析及评估，研究国内外标准并起草了《退役动力电池梯次利用技术规范》山东省地方标准。

与山东省科学院自动化研究所、清华大学、中汽研汽车检验中心（天津）有限公司、深圳市福瑞电气有限公司和德州新动能铁塔发电有限公司合作进行联合申报了山东省新旧动能转换重大产业攻关项目“氢燃料电池关键零部件性能和可靠性检测研究”。

山东是工业和能源大省，正处于新旧动能转换、经济转型升级的关键阶段。作为省内检测范围最广、综合实力最强的专业化、科研型公共检测服务平台之一，研究院在燃料电池关键零部件性能和可靠性检测方面进行研究，具有得天独厚的实施条件，后期能够填补国内外在该领域的空白，由此也可顺利融入济南“中国氢谷”建设快车道，补齐产业链中检测认证等标准技术服务的最后这一关键环节，进一步助力山东省氢能及燃料电池产业，真正成为新旧动能转换的先行产业、创新引领的先导行业、经济发展的优势产业。

“氢燃料电池关键零部件性能和可靠性检测研究”项目围绕燃料电池关键零部件性能和可靠性检测开展关键技术研究，完善并制定相关装备的检测方法及标准，保障相关装备产业良性发展，有序提升燃料电池装备水平，积极推动燃料电池汽车、轨道交通、船舶、氢能分布式供电等装备的应用推广，贯通上下游产业链条，形成制造业核心竞争力，抢占氢能发展制高点，引领行业的技术发展。

四、国内外交流

2018年以来，山东省产品质量检验研究院电器所与德国TÜV集团、山大华天科技集团股份有限公司等中外三方合作开展了新能源汽车动力电池电气安全及可靠性测试项目，项目总投资820万元，依据德国五大车厂最新标准VW 80300及2018年底发布的国际标准ISO 21498，整个测试项目的硬件及软件系统完全自主开发，测试系统通过实时控制CAN总线分析软件CANoe与新能源汽车电池包BMS系统进行实时数据的交互与控制，并基于CAN总线、Modbus、TCP/IP等专用通信协议，全面实现新能源汽车电池包BMS系统、电机控制器的ECU、HBM高速数据采集系统、环境试验箱、水冷系统等内外围设备的实时互联互通，并基于测试指令进行自动控制，实现一键式全自动测试。

2020年9月，在此基础上，山东省产品质量检验研究院又联合德国国际合作机构（GIZ）、德国莱茵TÜV集团、安徽省产品质量检验研究院共同发起成立了中德政企合作战略联盟项目“提高新能源汽车高压零部件能效与安全性”，项目旨在以德国电动汽车高压零部件交付标准为蓝图，为中国的新能源汽车高压零部件建立比肩国际的测试标准和平台，共同推动提高整个新能源汽车产业链的安全性和节能性。

五、发展规划

为了紧跟山东省新旧动能转换综合试验区建设、国务院全面推进实施制造强国战略文件《中国制造2025》提出的“燃料电池汽车发展”重点发展战略，山东省产品质量检验研究院已将氢燃料电池项目作为院重点发展项目，并依托前期较为完善的、技术相近的新能源汽车动力电池、充电设施检测及科研基础，在原有检测能力的基础上又先后投资了500多万元予以升级和改进，未来在人员培养、仪器设备方面还要进一步加大资金投入，力求在氢燃料电池检测及技术研究领域做大做强。

中检西部检测有限公司

一、单位概况

2017年3月，中国检验认证集团测试技术有限公司与中国兵器装备集团摩托车检测技术研究所合资成立中检西部检测有限公司，注册资本8 000万元，承接中国兵器装备集团摩托车检测技术研究所全部检测业务，授权为国家摩托车质量监督检验中心。

二、测试技术及规范研究与制定

作为摩托车、电动车行业领军检测机构，中检西部积极开展法规标准研究、认证咨询、车辆评价等技术服务活动，为政府提供技术支撑，为企业提供技术咨询，包括摩托车及电动摩托车评价技术服务，摩托车及电动摩托车的生产准入技术咨询服务，CCC认证技术咨询服务，实验室认可咨询服务，国内外技术法规标准体系和情报研究服务，国家、行业技术标准研究与制修订。2019年，中检西部被认定为“国家高新技术企业”。公司主持了4项国家和行业标准的编制工作，荣获省部级科技成果奖3项，累计获得专利授权35件，其中发明专利8件。

三、检测能力建设

中检西部自建摩托车、电动车、零部件及LED照明灯具等领域试验室30余个，拥有世界先进的检测仪器、设备共868余台，能够满足73类729项授权检验项目要求。是摩托车、电动摩托车、电动自行车、零部件及LED照明灯具“3C”强制性认证产品检测指定实验室，是工业和信息化部摩托车《公告》管理指定车辆检测机构，摩托车环保信息公开管理制定检测机构，工信部工业产品（摩托车）质量控制与技术评价质量控制与技术评价实验室，主要承担摩托车、电动摩托车、汽车零部件《公告》管理强制性项目检测，摩托车、电动自行车、零部件及LED照明灯具等“3C”强制性产品认证检测，摩托车产品环保信息公开检测，摩托车整车、电动自行车、发动机、通用汽油机、零部件及电子电器等产品各类自愿认证检验、委托检验、进出口认证检验等工作。

四、国内外交流

中检西部始终坚持传播市场品牌文化及价值，举办了多次行业标准及技术交流会、座谈会、研讨会等，连续6年冠名摩托行业最具权威的车型评选活动，连续两年承办中国国际摩托车博览会技术论坛，中检西部品牌影响力及品牌价值得到了广泛传播与认可。公司始终以为客户提供臻诚服务为己任，致力于解决客户的“个性化”检测需求，与众多著名企业建立了战略合作伙伴关系。

五、发展规划

中检西部以创建“国内领先、国际知名”检测技术服务机构为目标，将始终秉承“公正、严谨、科学、创新”的理念，立足新发展阶段、贯彻新发展理念、着眼新发展格局，审时度势，乘势而为，根据摩托车行业和电动车行业发展变化，统筹谋划，积极应对，采取有力措施实现公司高质量发展。

四川新能源汽车创新中心有限公司

一、单位概况

四川新能源汽车创新中心是欧阳明高院士工作站的运营实体法人单位，是四川省《新能源与智能汽车产业2020年度工作要点》重点支持的创新平台，由中国科学院院士、清华大学欧阳明高教授团队带头发起，在宜宾市委市政府的支持下，依托清华大学汽车安全与节能国家重点实验室、清华新能源汽车产学研联盟的力量共同建设，落户于四川省宜宾市科技创新中心，致力于推动以动力电池为核心的新能源汽车全技术链和产业链发展。

创新中心重点聚焦新能源汽车电池材料体系、电池单体、电池系统、电驱动和混合电驱动系统、整车控制系统、充电与智慧能源系统方向，多个技术领域处于行业领先地位。创新中心具有一批多年从事新能源汽车领域研发相关工作经验的技术团队，除清华大学汽车安全与节能国家重点实验室参与创新中心建设的研究人员以外，创新中心 2021 年全职编制到岗科研人员 80 人、在站研究生 20 名，已成为西华大学、中国民用航空飞行学院硕士研究生培养基地，北理工、北航和清华大学研究生、博士生实践基地，建设了昆明理工大学博士研究生培养基地，并筹备博士后流动站建设工作。创新中心与中国汽研、清华四川能源互联网研究院、电子科技大学等科研院所建立了战略合作关系，致力于攻克转化一批产业前沿和共性关键技术，完成高水平的研究成果与产业应用。

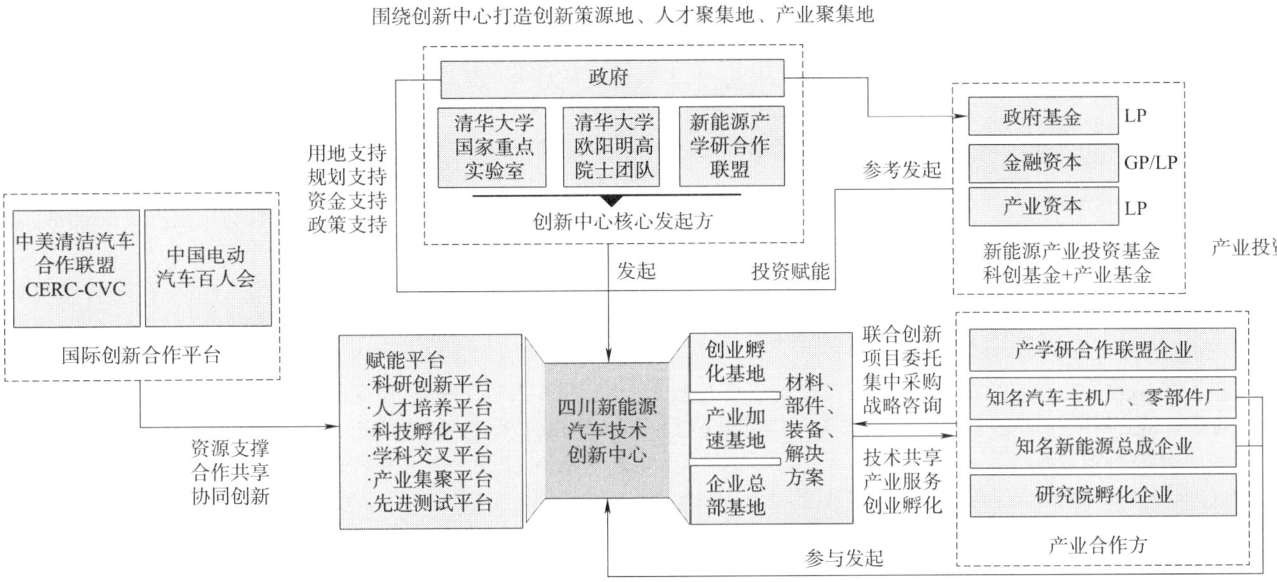

二、科研项目及成果

创新中心在电池安全、先进动力电池材料、BMS 管理、电池热管理、测试技术等动力电池领域，混合动力系统，以及充换电技术、充换电设备开发和新能源汽车大数据均有技术储备和布局，针对解决关键技术、核心技术和共性技术开展成果转化工作，创新中心成立以来共申请专利超 20 余项，现有包括发明专利在内的授权专利 10 项。创新中心正在推动的企业项目近 10 项，包括冬奥会超级快充示范项目、智能微网直流控制系统研究及应用、车载换电系统总成及其电池 PACK 开发、纯电动汽车低温续航能力提升项目、混合动力系统开发项目、基于大数据的电池安全监控以及新能源汽车年检技术研究等，同时还承担了多个四川省级和宜宾市科技成果转化项目。

三、科研设施及科研能力建设

“3 +2 +1”实验室体系。实验室与检测中心设备总投资近 2 亿元，占地面积 18 000 m²，由先进动力电池实验室、电池热分析实验室、材料分析检测实验室、下一代电芯智能制造中心、高性能电池系统智能制造中心及智慧能源系统实验平台构成的“3 实验室 +2 中心 +1 平台”组成。实验室与检测中心配备了包括锂电材料以及电池制备设备、材料表征分析测试设备、电池安全研究测试设备等约 210 台(套)专业试验设备，满足新能源汽车动力电池及储能系统研发、测试分析、试制验证和工程化要求。

(1)先进动力电池实验室。可全程实现 −40 ℃ ~ −60 ℃的低露点控制，可满足 NCM811、NCA、负极预锂化、固态电解质等多重材料特殊工艺环境控制要求，具备软包电池、固态电池、智能电池等技术开发能力。

(2)电池热分析实验室。凭借清华大学电池安全团队在动力电池及系统、储能系统的热蔓延、热管理与电池高温特性的多年研究，建成国际一流的电池热分析实验室，实验室及体系建设符合国家实验室认可(CNAS)、实验室资质认定(CMA)建设标准，可提供电池安全性及可靠性测试服务。

(3)材料分析检测实验室。能够进行锂离子电池正极材料、负极材料、电解液、固态电解质、隔膜等材料的表征、分析、测试，以及电池的热性能分析、电性能分析、电池性能测试、质量评估以及失效分析。

(4)下一代电芯智能制造中心。拥有全套锂离子电池生产设备，以及先进的下一代电芯研发设备，电池线设计为 10 万级洁净度，可全程实现 −40 ℃ ~ −60 ℃的低露点控制，可满足 NCM811、NCA、负极预锂化、固态电解质等多重材料特殊工艺环境控制要求。同时，能够进行 5 ~ 30 Ah 软包电芯试制，日产能 300 ~ 500 只电芯，可为行业以及产业链各产学研单位能够提供电芯定制服务。

(5)高性能电池系统智能制造中心。拥有全套电池模组、电池包生产测试设备，能够适应所有锂离子电池型号，制造高性能的动力电池系统与储能系统试制，并能全部满足开发过程中的安全性及可靠性测试需求，为行业以及产业链各产学研单位提供工程化服务。

(6)智慧能源系统实验平台。实验平台揭示面向能源互联网的“光储充检”直流微网系统内部运行机理，优化微电网系统结构与参数配置，降低微电网系统发电与维护成本，提升智慧能源系统全生命周期内的整体经济效益，能够开展光—储—V2G 智能充电系统、光—储—充一体化微网系统以及先进充换电技术等智慧能源系统的研究与产业化。

实验室具备以动力电池为特色的全产业链测试能力，可开展电池材料性能测试、环境测试以及全性和可靠性测试，满足动力电池相关国际检测、测试评价的要求；同时可提供智慧储能系统相关产品的环境与可靠性试验、兼容性试验以及数学仿真等专业测试服务。

先进动力电池技术与储能系统技术

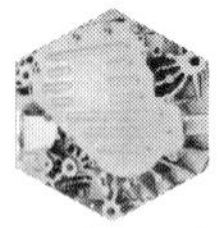
电驱动、混合电驱动系统与整车控制系统技术

先进智慧能源系统技术

新能源汽车大数据服务

四、主要研究方向

1. 先进动力电池技术与储能技术

高安全先进动力电池材料方向：高安全高能量密度 811 电芯、高能量密度磷酸铁锂电芯、下一代高安全新体系电芯、高安全高性能特种电池等。

高安全先进动力电芯方向：高安全 811 正极材料、高能量密度 LEP 正极材料、高安全硅碳负极材料高安全高压电解液、新体系电池材料等。

动力电池低温速加热解决方案，车端：面向电动汽车的低温续驶里程下降、充电困难等瓶颈问题，通过新型车载电机驱动芯片，实现整车电池系统的低温极速加热，实现 8 ℃/min 以上的高速均匀加热，达到国际先进水平。桩端：推出大功率双向充放电模块，为充电桩提供高频双向能力，结合脉冲算法，实现低温快速加热与充电；同时提供车网互动能力。

电池安全管理解决方案：电池失效诱因与失控预警、电池系统热蔓延与热管理、电池管理技术科研。

智能 BMS 核心技术：先进的电池状态参数估算、智能充电策略、智能电池热管理策略、热失控预警策略、Cloud-BMS、OTA（Over The Air）、无线通信技术等。

2. 电驱动、混合电驱动系统与整车控制技术

新能源汽车动力系统方向：新型动力系统控制平台、电机与电机控制器、混合动力系统平台、燃料电池动力系统。

动力电池系统方向：高安全车用动力电池系统、高安全长寿命储能电池系统、高安全高可靠性军用系统、高安全工业动力电池系统。

混合动力汽车双电机驱动解决方案，增程式电动车型适应性更高，NEDC 工况续驶里程超过 600 km、纯电模式里程 150 km，80% 时间使用纯电驱动，EV 电池容量 20 kWh、1.5 L Atkinson 循环发动机，油耗低至 4.0 L/100 km。

3. 智慧能源系统技术

智能微网：基于公司在电控、电池、燃料电池方面的技术积累，开展储能电池—光伏—V2G 智能充电系统、氢—光—电一体化微网系统、先进充换电技术等智慧能源系统的研究与产业化，推进新能源汽车与可再生能源网络的生态融合，优化社会能源结构，为实现“2030 碳达峰”“2060 碳中和”提供最优解决方案。

重卡换电：创新中心联合欧阳团队孵化公司科易动力、智理物联等企业提供 80 km、160 km、200 km 等不同的模块化、多应用场景的重卡充换电解决方案，包括重卡换电系统总成、换电智能机器人、车载换电底座、动力电池 PACK 储充设备及配套的控制信息系统、以及底盘换电、侧换电、顶部换电等多种形式的全自动换电装备。

4. 新能源汽车大数据服务技术

新能源汽车大数据中心智能管理云平台多场景智能应用：新能源汽车及配套设施发展建设决策分析、新能源汽车年检设备及检测技术、重卡换电数据资产管理、新能源汽车“车—桩—电池”综合管理、地区和企业新能源汽车的安全保障及预警技、动力电池的溯源及回收利用辅助支撑技术、动力电池认证技术及残值评估计算模型等。

通过开发关键技术、引育创新创业团队、成果转化与孵化等工作的开展，协同川渝地区的新能源汽车技术创新力量，形成符合产业创新重大需求、具有国际国内影响力和竞争力的技术创新网络，攻克转化一批产业前沿和共性关键技术，完成高水平的研究成果与产业应用，建成国家重大成果转化基地、清华大学等知名学府双创、校企联合研发基地、创新技术示范工程、创新人才实践培养示范基地，成为开放型、专业化的省级以上新型研发机构或创新中心，打造具有世界先进技术水平和行业影响力的新能源汽车创新平台。

五、国内外交流

1. 国际合作。与荷兰皇家壳牌、德国宝马等国际能源和汽车服务商开展新能源汽车全生命周期能源补给、电池安全、低碳应用等技术合作。

为解决充电时间长、低温充电难等新能源汽车行业难题，欧阳明高院士团队在超级快充技术领域进行了多年研究，在业界处于领先地位。为将超级快充技术进行成果转化，创新中心和荷兰皇家壳牌联合牵头发起，协同北汽新能源、长安新能源、清华大学等单位，在北京冬奥会期间，将研究成果以综合智慧能源示范站的形式向全世界展示。综合智慧能源示范站、整车匹配、超级快充电池系统由创新中心牵头研发，通过冬奥会示范展示新能源汽车创新技术力量。

2. 国内合作。与中国汽车工程研究院、中国兵器、中航工业、北京金茂科易、宜宾市长江上游区域大数据中心、宜宾凯翼汽车、宜宾天原锂宝展开紧密合作交流，推动新能源行业发展。

创新中心与中国汽车工程研究院等企业强强联手，依托成渝双城经济圈优势资源，共同筹建国家级新能源汽车检测平台和年检体系，主要内容包括新能源汽车年检技术研究、年检设备开发和年检标准制订等，并协助成渝地方政府出台新能源汽车年检法规，打造成渝年检试点示范工程。

与中国兵器、中航工业等展开将现代武器的传统动力产品升级为锂电动力的研究合作。满足现代化武器装备升级的需要，将产品体积缩小、重量减轻，功率提高，放电时间延长，提升装备武器的机动性能。

联合金茂科易合作建设宜宾电动重卡换电运营示范第一站，开发基于智慧运营与智能监控的重卡换电平台。基于示范站与换电平台，创新中心对电池系统结构集成及轻量化、电池管理系统优化展开深入研究，并加快推进建设宜宾重卡换电系统产业化生产基地，打造完整重卡换电生态产业链。

联合宜宾市长江上游区域大数据中心，创新中心牵头筹建四川省新能源汽车大数据监控分析云平台，以创新中心与欧阳明高院士课题组数据分析技术为基础，通过大数据分析为新能源汽车全生命周期及产业链上下游提供创新应用场景，打造完善的新能源汽车全产业链的数据应用生态，为地区新能源汽车产业发展持续赋能。

与凯翼汽车在新能源技术方面展开密切探讨与交流，积极推进新能源汽车电池大数据云平台、集成混合动力驱动、高安全消防电池系统、智能电池系统柔性制造线、试验室共建共享等科研合作项目的落地。

与天原锂宝围绕动力电池三元正极材料的安全性展开交流与合作。通过揭示高比能三元正极材料相变-释氧-产热耦合机制，确定提升高镍三元正极热稳定性的有效途径，从而指导企业研发具有高安全性高比能的三元正极材料。最终将研发的高安全性三元正极材料应用于动力电池产业中，为中国电动汽车产业健康发展贡献力量。

3. 高校合作。与清华大学、上海理工大学、北京理工大学、北京航空航天大学、四川大学、中国民用航空飞行学院、成都电子科技大学、西南交通大学、西华大学、宜宾学院、昆明理工大学等全国知名学府开展产学研深度融合形成创新合力，成为各大院校的人才培养实践基地，为新能源行业持续输出高精尖人才。

4. 中国电动重卡换电产业促进联盟。为推动电动重卡的标准化和产业化，创新中心联合中国汽车工程研究院、中国电子信息产业发展研究院、中国电力企业联合会、国网电动、宁德时代、中化金茂、北汽福田、清华大学、北京理工大学等单位成立了中国电动重卡换电产业促进联盟。由创新中心担任联盟秘书长单位。联盟以“构建电动重卡技术标准，促进电动重卡换电产业生态良性发展”为宗旨，共同协作填补国家标准、行业标准空白，并与现有标准保持协调统一，解决标准化问题、技术兼容性问题，探索换电商业模式，推动产业发展。服务政府、公众、行业，承担工业企业社会责任，协助主管部门、政府探索行业模式，搭建电池银行，帮助行业解决共性问题，研究、制订标准减少重复投资，提升社会效益，保护用户利益，确保运营安全，促进生态发展。

六、发展规划

围绕产业关键需求开展新能源汽车动力系统与电控、高安全先进动力电池、智慧能源管理等方向的研究，重点完成技术的工程化与产品化，推动产学研合作，打造一个中心（即新能源汽车前沿技术集成创新中心）、两个高地（即技术研发及服务输出高地、行业高端人才集聚高地）和3个平台（即科技成果产业化平台、行业交流及高端人才培养平台和科研转化的金融创投平台）。

强化实验室和公共研发服务平台建设，重点突出先进动力电池及材料领域为核心特色，实验室能力覆盖新能源汽车整车及其动力电池等关键系统完备的开发、小试、试验、仿真、大数据应用的五大服务平台，3年内分阶段建成并获得国家专业实验室资质认证，为四川省乃至面向全国范围内的产业链企业提供测试检验、研究试制、技术开发等专业技术服务。未来5年内，建成具有世界先进水平和行业影响力的新能源汽车动力电池创新平台，有效服务产业、孵化新能源汽车产业链上下游企业，建成四川新能源汽车技术创新中心、四川新能源汽车大数据中心、四川新能源汽车制造业创新中心等省级以上新型研发机构或创新中心，服务企业客户超100家。

上海市新能源汽车公共数据采集与监测研究中心

一、单位概况

上海市新能源汽车公共数据采集与监测研究中心成立于2014年，是由上海市经信委指导、上海市社会团体管理局批准成立的一家民办非企业组织。

2014年底，建成“上海市新能源汽车大数据平台”，是全国首个集公共领域和私人领域为一体的新能源汽车数据采集地方平台；发起并参与上海市地方标准《新能源汽车及充电设施公共数据采集技术规范》的起草，为新能源汽车数据采集国家标准提供了重要的参考依据。

2017年9月，建成上海市新能源汽车数据开放创新实验室并对外开放，作为新能源汽车领域第一个大数据开放平台，旨在探索“新能源汽车”和“大数据”两大战略融合的发展道路。

2018年，“上海市新能源汽车大数据平台”进一步升级，实现PB级数据存储能力，可满足30万辆级的车辆接入，数据分析能力大大提高；2019年，平台的车辆承载能力扩展到50万辆级，系统保障能力再次提升。

2020年，“上海市新能源汽车大数据平台”再次升级建设，数据全面上云，实现了私有云到公有云的全面技术转型；接入网关自研并产品化取得突破，平台具有弹性可扩展性；实时数据接入采用多层架构存储，实现增量数据归档全链路自动化。

二、生产与经营

开展新能源汽车产业相关公共数据采集、统计分析、监测与研究，科技传播与普及，软件开发与系统集成等技术服务。

三、产能建设

截至2020年底，“上海市新能源汽车大数据平台”已累计接入采集39.8万辆新能源汽车的运行数据。车辆类型包括乘用车、客车、专用车、纯电动汽车、插电式混合动力汽车、氢燃料电池车，用户类型包括私人用户和企业用户。日采集数据量约为 2 亿条,自 2014 年采集数据以来,总数据量达到 240 TB 以上。

四、技术进展与研发能力

数据中心已实现全面上云的技术转型,大数据平台具有弹性,扩展能力强;并且从海量大数据接入、数据存储、数据分析,到数据可视化具有一整套完整的技术解决方案,在数据治理(数据质量)、数据资产化方面逐步形成 SAAS 化产品服务。基于当前总车辆数,每天数据采集总量为 2 亿条左右,总数据量已超 245 TB,云上数据存储空间可根据实际需要进行扩展,本地存储空间已有 500 TB,可支持扩展到 PB 级别。根据客户需求,提供数十种组合维度的定制化数据咨询服务。

五、合资合作及重大项目建设

收入来源根据服务对象可分为两大块:政府采购服务及课题收入、市场化收入。

课题研究方面,数据中心累计已承担政府课题 9 个,其中国家级课题 3 个、上海市级课题 6 个,累计获得专项支持经费 1 343.24 万元,自配套资金 2 801.4 万元。课题聚焦于各类前沿技术研究,先锋示范应用。

市场化服务方面,逐步扩大市场服务范围,项目合作领域包含车企,桩企,保险业等,如华晨宝马、戴姆勒、丰田研发等。重点针对的研究方向有电池热失控研究、用户行为分析、市场营销、充电桩建桩布局、电池健康度等。

六、发展规划

开启“1 + X”大数据中心建设,“1”是以上海市新能源汽车数据平台为核心,“X”是积极推进与新能源汽车相关的多数据源整合。已启动的多数据源包括“上海市动力电池溯源管理平台”、“上海市加氢站与氢燃料电池汽车公共数据平台”和“GEF6 上海能源管理中心平台”建设,未来还将继续探索智能网联测试数据等数据源的融合接入工作。

节能与新能源汽车
年鉴

第五篇
成果篇

一、电 动 领 域

广汽埃安发布弹匣电池系统安全技术　重新定义三元锂电池安全标准

供稿：广汽埃安新能源汽车有限公司

当前，全球汽车产业电动化的趋势已不可逆，电池安全问题不仅是消费者购买电动车考虑的重要因素，更是关乎新能源汽车产业健康可持续发展的核心基石。广汽埃安自成立以来，始终把产品的品质放在首位，怀揣对安全的敬畏之心，致力成为社会信赖的企业。

2021 年 3 月 10 日，广汽埃安发布新一代动力电池安全技术——弹匣电池系统安全技术（简称弹匣电池），行业首次实现了三元锂电池整包针刺不起火，攻克了公认的行业难题，重新定义三元锂电池安全标准。

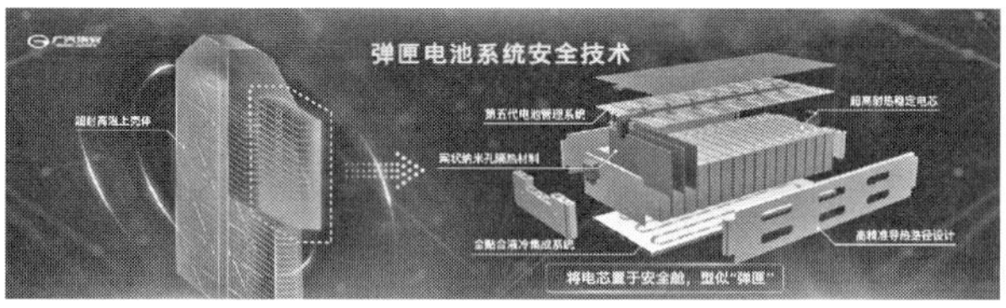

图 5-1　弹匣电池系统安全技术

攻克三元锂电池安全难题，打造“不起火”的电池系统安全技术。

目前，磷酸铁锂电池和三元锂电池是全球电动车行业的两大主流电池技术路线。磷酸铁锂电池因为寿命更长、成本更低，在中低续航车型中得到广泛的应用；三元锂电池因为能量密度高、整车电耗低，主要在中高续航车型中应用。根据当前市场实际使用情况来看，磷酸铁锂电池、三元锂电池两种技术路线，在未来很长一段时间内仍将并行发展。

磷酸铁锂电池的安全性大家已相对认可，但三元锂电池的安全仍然是行业公认的痛点和难点。新能源汽车产业链相关企业也都在开展电池安全技术的课题攻关，而“不起火”电池技术则是电池安全最重要，也是最难攻克的一座堡垒。

为验证弹匣电池的安全性，中国汽车技术研究中心首席专家、国家电池安全标准起草人之一刘仕强博士带领团队，对搭载了弹匣电池系统安全技术的三元锂电池整包进行了针刺热扩散试验。试验结果显示，广汽埃安的三元锂（弹匣电池）整包在试验过程中热事故信号发出 5 min 后，仅出现短暂冒烟，无起火和爆炸现象。静置 48 h 后，电压降至 0 V，温度恢复至室温。针刺后只有被刺电芯模块热失控，没有蔓延到其他电芯，打开电池整包，观察内部结构完好。这是行业首次通过三元锂电池整包针刺不起火试验，三元锂电池安全性取得了历史性的突破。

安全不止于“芯”，树立电池系统安全新标杆。

如今，电动车行业对于整车安全的共识已由单体安全转向系统安全，提升电池整包的安全性能已成为行业的主流趋势。

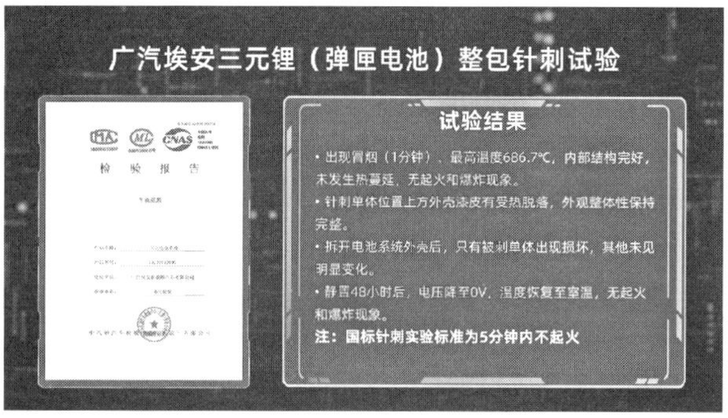

图 5-2　广汽埃安三元锂（弹匣电池）整包针刺试验结果

电池自燃多由于电芯出现内短路，导致温度升高、电芯内部反应产热最终出现热失控，随后蔓延到整个电池包所致。电芯安全解决的是电池本质安全，而整包安全是以系统思维解决从电芯、模组到系统的全方位安全，相比电芯安全更为重要，也更难实现。

广汽埃安的弹匣电池，是一个专门提升动力电池安全性的系统性技术，它不是纯粹的结构优化，也不是简单地增加隔热，而是从电芯本征安全提升、到被动安全强化、再到软件主动防控的一整套安全技术，同时也是一个软硬件一体化、具备超高防御能力的智能安全技术。

基于“防止电芯内短路，短路后防止热失控，以及热失控后防止热蔓延”的设计思路，弹匣电池采用类似安全舱的设计，可有效阻隔热失控电芯的蔓延、当侦测到电芯电压或温度等出现异常时，自动启动电池速冷降温系统为电池降温。

弹匣电池具备四大核心技术：

（1）超高耐热稳定的电芯。电芯通过正极材料的纳米级包覆及掺杂技术的应用，能有效提升热稳定性，防止热失控；电解液新型添加剂的应用实现了 SEI 膜的自修复，从而改善电芯寿命，降低电芯短路风险；高安全电解液，通过特殊电解液添加剂，在加热至 120 ℃以上时，在活性材料表面自发聚合形成高阻抗特性聚合物膜，大幅降低热失控反应产热。这些关键技术的应用，使电芯的耐热温度提升了 30%（如图 5-3 所示）。

（2）超强隔热的电池安全舱。通过网状纳米孔隔热材料和耐高温上壳体，弹匣电池构筑了超强隔热的安全舱，最终实现三元锂电芯热失控不蔓延至相邻电芯。同时，电池包上壳体能耐

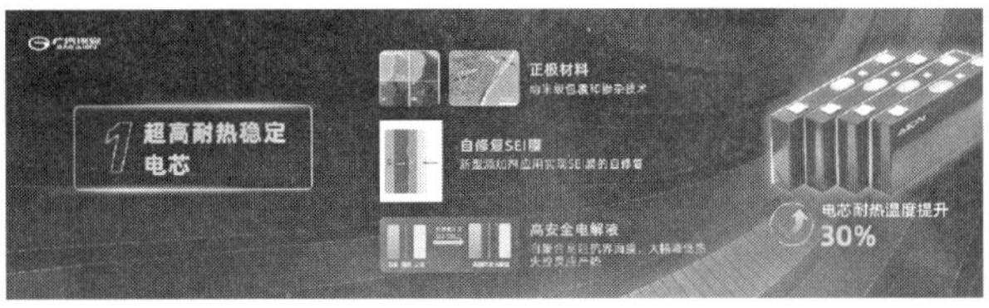

图 5-3　弹匣电池的电芯

温 1 400 ℃以上,从而有效保护电池整包(如图 5-4 所示)。

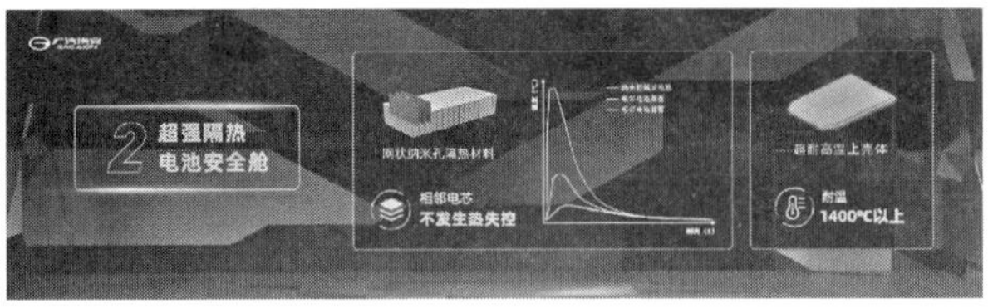

图 5-4　弹匣电池的安全舱

(3)极速降温的速冷系统。通过全贴合液冷系统、高速散热通道、高精准的导热路径的设计,弹匣电池实现了散热面积提升 40%,散热效率提升 30%,有效防止热蔓延(如图 5-5 所示)。

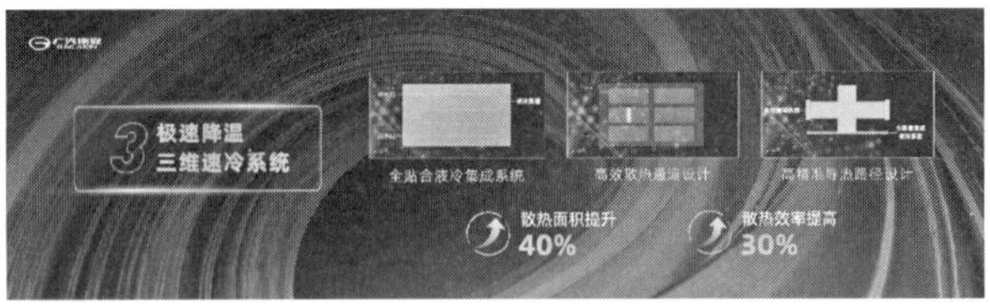

图 5-5　弹匣电池的速冷系统

(4)全时管控的第五代电池管理系统(如图 5-6 所示)。通过采用车规级最新一代电池管理系统芯片,可实现每秒 10 次全天候数据采集,相比前代系统提升 100 倍,以 24 h 全覆盖的全时巡逻模式,对电池状态进行监测。发现异常时,立即启动电池速冷系统为电池降温。全时巡逻模式和异常自救的应用,重新定义了三元锂电池主动安全的标准。

弹匣电池虽然增加了大量的安全设计,但同时在冷却系统、电芯设计、整包布置等方面进行全面优化。搭载弹匣电池系统安全技术的电池包,相对于同类普通电池包,体积能量密度提升 9.4%,重量能量密度提升 5.7%,成本下降 10%。因此,弹匣电池是在没有牺牲续航和提高成本的基础上,实现了高安全、长续航、低成本。

图 5-6　弹匣电池的第五代电池管理系统

长期研发投入和技术积累,铸就 80 余项发明专利。

广汽埃安之所以能在电池安全领域实现重大突破,主要源自广汽在电动化技术方面长期的资源投入和技术积累。早在 2011 年,广汽就开始了电动化技术的研究应用,并推出了国内首款中重度混合动力车型。在电动化技术研究方面,广汽的研发已经超过了 10 年,并形成了大量的技术成果和人才储备。

弹匣电池由广汽研究院、广汽硅谷研发中心、世界顶级电芯专家领衔开发,超过 600 人组成的国际顶级研发团队倾力打造,其中博士超过 60 位,体现了广汽埃安电池安全的最高技术水平。广汽从动力电池过流保护、电池热抑制方法、电池热失控监控及预警等方面进行研究开发,形成了国际领先的专利群,包含 80 多项专利,发明占比超过 70%。为新能源汽车产业健康可持续发展提供了广汽埃安的解决方案。

广汽已拥有业内领先的电池试验室、专业测试场和电池 PACK 生产车间,具备独立的电池包自主设计和生产制造能力。广汽自主研发的 BMS 电池管理系统经过持续迭代优化,已经升级到第五代,并应用在了弹匣电池技术上。同时,AION 系列产品拥有超 10 万用户,每天产生超 1 500 万 km 的行驶里程,带来了海量的电池运行数据,为弹匣电池的研发提供了坚实的数据支撑。系统级的电池安全技术,已经成为广汽埃安的独特优势和强项。

"弹匣电池"已开始在 AION 全系车型上陆续搭载,践行有 AI 相伴的移动出行的品牌初心。

广汽埃安弹匣电池系统安全技术的发布具有里程碑的意义,标志着电池安全上升到全新的高度,特别是在三元锂电池安全性上取得了历史性的突破,重新定义了三元锂电池的安全标准,对全球新能源汽车产业的发展具有重要的意义。广汽埃安再次以世界级的创新科技,为客户带来"先人一步的科技享受"。

车规级动力蓄电池热失控安全核心技术开发及产业化

供稿:安徽江淮汽车集团股份有限公司

1. 成果简介

近 10 年来,新能源汽车在系列政策的推动下,保持快速增长。但是在新能源汽车快速发展的过程中,安全事故时有发生,特别是电池热失控安全问题,成为行业公认的技术难题,为此行业也开始转向车规级动力蓄电池的研发。车规级动力蓄电池没有统一的标准,目前泛指为电动汽车提供驱动动力的电池,与普通锂离子电池相比,车规级动力蓄电池最重要的特征是高安全、长寿命、轻量化、一致性。热失控是指单个电芯爆炸引起邻域电芯温度上升,进而引起电池包或系统内引发其余电池接连发生热失控的现象。主要触发机理包括机械滥用、电气滥用、热滥用。因此突破车规级动力蓄电池热失控安全技术,对国家新能源战略和行业良性发展具有重要意义。项目通过高安全、长寿命、轻量化、一致性四大技术创新,解决当下动力蓄电池安全难题,实现核心技术自主开发和产业化应用。项目形成了完整的自主知识产权体系,获国家授权发明专利 49 项,实用新型专利 102 项,发表高水平论文 50 篇。通过本项目开发,形成了江淮车规级动力蓄电池热失控安全开发体系。应用该项目成果的江淮纯电动汽车累计销量达 17 万辆,安全行驶里程达 50 亿 km,历经 14 年 9 代技术 4 代产品的积累,形成了国际先进国内领先的江淮 iEV 平台。

2. 成果创新点及解决的难点问题

(1)高安全。基于定向爆破思路,建立了五层次动力电池热失控安全开发体系,发明了高安全模组和电池包,掌握了热失控安全试验方法。(学科:车辆工程;发明专利:一种纯电动轿车的动力电池壳体总成 ZL201510953496.9 等;论文:汽车工程学报,纯电动汽车锂离子电池成组热效应分析等)

2020 年 5 月 13 日新发布的《电动汽车用动力蓄电池安全要求》标准中,电池包或者系统在由于单个电池热失控引起热扩散进而导致乘员舱发生危险之前 5 min 应提供一个热事件报警信号供乘员逃生。江淮汽车历经十年技术积累,摸索建立五层次热失控安全开发体系,经过上万次电池爆炸试验,实现了一颗电芯爆炸,模组和电池包不发生热扩散,整车不失火,更不会导致乘员舱发生危险的技术,为驾乘人员提供更安全的保障,技术领先国内行业 3 ~5 年。

①基于定向爆破思路,提出了一种定向爆破的高安全电芯结构方案,主要通过设计壳体厚度、盖帽结构、正负极 Vent 刻痕深度和直径,实现定向爆破的安全性能。发明了一种动力电池模组安全试验装置及试验方法,针对 21700 电芯采用中部 1/3 处加热丝加热的试验方法,开展超过 5 000 余次电芯级别热失控安全试验,验证了加热法实现定向爆破的安全可靠性,并在模组、电池包及整车上验证了电池包热失控安全防护技术。

②自主开展电池模组安全设计,提出了电池成组热效应理论,建立了热仿真模型,发明了热防护、电隔离的模组热失控防护系统。a. 热防护:排气路径最大化设计,防止形成热集聚。发明了一种电池模组侧板以及电池模组,应用高耐温塑料,单个电芯爆炸过程,确保模组主体结构的稳定性。在电芯正负极侧设计定向排气通道,实现电芯爆炸后,高温气体及时被定向疏散。通过液冷扁管热传递和空气间隙的热阻隔,有效降低爆炸电芯对周边电芯的热辐射。b. 电隔离:同一并联区、相邻串联区防止发生电芯外短路。正极熔珠和喷出极组堆积在负极集流板是模组二次外短路的主要原因,通过优化正极耳材质、调整负极耳形状、增加跨片区灌胶层、跨片区的爬电距离和集流板二次绝缘喷涂等设计,防止模组二次短路。

③自主开展电池成组设计,开发高强度电池壳体,应用经典结构——纵横梁设计,桁架结构承载电池包,实现电池包壳体与车身结构一体化;在电池包前部位置,设计防托底防撞梁,可以实现底部磨损后防撞梁防锈性能不下降,防止整车极端使用工况下,路障与电池包直接接触,避免电池包因底部穿刺造成模组结构失效。

④与供应商联合开发电池管理安全设计,为确保整车在放电、充电、静置等状态下均可及时检测到电芯热失控故障,优化硬件电路设计,可实现 24 h 热失控监测。当电芯发生爆炸时,电池管理系统监控回路硬线断路,上报电池热失控故障。

⑤建立了电动汽车碰撞分析模型,发明了满足碰撞要求的电池包结构。发明了一种纯电动轿车的动力电池壳体总成,国内领先地应用传统商用车车架的经典结构——纵横梁设计,40 个零件,纵横交错的桁架结构有力地承载 200 kg 的电池,实现电池壳体与车身结构一体化;应用 DP780 双相钢、DC54 深冲钢,实现电池壳体轻量化,满足国标 63 h 随机振动、25 g 机械冲击、200 kN 挤压试验标准,满足电池组 15 m 高空跌落不起火、不爆炸要求。同时为防止电芯热失控造成整包失火的严重后果,整车通过开启热管理系统对电池包热失控进行防护。

(2)长寿命。发明了兼顾寿命与安全的动力电池智能温控系统,实现 -30 ℃ ~55 ℃环境温度范围内电池均可正常工作。(学科:车辆工程;发明专利:高效热管理功能的动力电池总成 ZL2201611054562. X 等;论文:合肥工业大学学报,EV 用三元动力电池使用寿命预测方法研究等)

①发明了一种兼顾寿命与安全的动力电池智能温控系统,包括水加热器、电池冷却器、液冷管、快插管路等九大关键部件。通过冷却液传导冷却和加热的功能,完全由 JAC 自主开发。实现 -30 ℃ ~55 ℃环境温度范围内电池均可正常工作,并将电池温度迅速控制在 15 ℃ ~35 ℃适宜范围,提高了电池寿命、快充性能、低温性能,并实现电池单体失效不引发电池包热失控。电池包循环寿命 1 500 次容量保持率 >80%,整车寿命最长达 8 年百万公里。

②发明了一种动力电池循环寿命测试方法,利用稳定的“慢充工况 + OCV 修正”的初始 SOC,估算电池额定容量,通过“均值滤波 + 最小二乘法曲线拟合大数据处理”方法,实现电池 SOH 算法的自学习和自适应。可大幅增加在线估算需求数据的采样频次,提高修正概率,兼顾各类特殊使用工况下 SOH 估算精度要求。以 iEV7S 为例,寿命台架试验,6 个月累计充电 90 000 Ah,实际 SOH 84%,估算 SOH 86%;iEV7S 运行数据验证,SOH 估算误差≤4%。

③发明了一种基于电池热管理的快速充电控制方法,核心是根据 SOC 及电池温度的变电流快充技术,常温及低 SOC 时大电流充电,高温、低温或者高 SOC 时小电流充电。以避免电池过充和过流为安全目标,分析电池控制器、整车控制器、充电桩、继电器等全路径 20 个失效点的失效模式、失效原因、失效结果,形成 39 条预防措施,全部实施到快充控制相关的软硬件中,实现快充功能诊断覆盖率达到 97% 以上,保障充电安全及寿命。

(3)轻量化。发明了一种轻质高强阻燃塑料上壳体,实现减重 47%,有效提升电池系统能量密度。(学科:车辆工程;发明专利:一种纯电动轿车的动力电池壳体总成 ZL201510953496.9;电池组箱体上盖 ZL201320764476.3 等)

发明了一种轻质高强阻燃塑料上壳体,以塑代钢,实现减重 47%。塑料上壳体具备轻量化程度高、保温性能好、绝缘等级高三大优势。开发应用五大工程塑料中的 PP 材料,通过改性设计,增加 35% 长玻纤,提高弯曲模量,实现 3 mm 厚度的塑料替代 1 mm 厚度的钢板;优化注塑过程的压力与温度,预防上壳体翘曲变形。开发应用不饱和酯聚酯树脂材料,应用真空导入工艺,降低模具开发成本,进一步提高塑料上壳体的刚度。开发应用PPO材料的模组塑料件、DC540材料的模组钣金件,实现模组减重7%;开发应用AL6061材质型材,采用搅拌摩擦焊工艺,实现电池下壳体减重30%。累计减重100 kg,实现电池包能量密度由120 Wh/kg提升至160 Wh/kg。

(4)一致性。建立一致性检测体系,发明了电芯检测方法,从电芯到电池包层层筛选,有效保证动力蓄电池性能。

(学科:车辆工程;发明专利:一种电动汽车电池包单体电压采集线断线检测方法及系统;201510417050.4)

电芯生产一致性,从原材料检测、生产过程检测到成品检测进行严格的品质管控,电芯生产的七大工序,25个子工序,全部自动化生产线,减少人为对产品制程的影响,厂房内部的温度、湿度、洁净度实时严密监控,关键工序粉尘等级提升到≤1万级,同时加强出厂筛选,提高出货标准,保障产品一致性。

电池包一致性,严格控制电芯出厂容差,按照电芯容量、内阻和k值分档成组装配,电池包出厂100%充放电检测,保证电池包容量一致性及压差一致性。

3. 国际水平对比分析

应用该项目技术成果的江淮iEV6ES、iEVS4产品,经专家鉴定整体技术达到国际先进水平;江淮iEVA50产品,经专家鉴定整体技术达到国内领先水平。

应用项目技术成果的iEV6ES,性能全面超越国际优秀标杆,在2018中国新能源汽车大赛中获小型纯电动组冠军;同年获得"中国心"年度新能源汽车动力系统优秀奖。

应用本项目技术成果的iEVA50在2018年9月参加CEVC-中国新能源汽车大赛,荣获紧凑型纯电动轿车组麋鹿测试单项冠军。

图5-7 江淮汽车应用项目获奖

4. 成果应用情况

车规级动力蓄电池热失控安全核心技术开发及产业化项目,核心是通过智能温控技术和热隔绝成组结构解决热失控安全问题。经过十余年的技术攻关,发明了一种基于定向爆破的高安全电芯技术及试验方法,实现电芯内短路后定向爆喷;开发了基于热防护、电隔离的模组热失控防护系统,突破了电隔离和热防护的关键核心技术,实现了一颗电芯爆炸后,模组不扩散,电池包不起火;发明了一种电池包防护结构,解决碰撞导致的电池热失控问题;发明了兼顾寿命与安全的动力电池智能温控系统,保障电池包工作在适宜的温度范围内,提高了电池寿命、快充性能、低温性能。

应用该项目成果的江淮纯电动汽车累计销量达16万辆,近3年未发生热失控安全事故,安全行驶里程达50亿km。

5. 社会及经济效益分析(创产值、节能减排效果等)

(1)经济效益

①直接经济效益,2018—2020年新增销售额89.45亿元,新增利润1.5亿元。

②间接经济效益,基于当前汽油价格6元/L,充电价格1元/kWh,燃油车百公里油耗7.5 L,电动车百公里电耗15 kWh,按单车年行驶里程10 000 km计算,每年可为用户节约3 000元。

(2)社会效益

①推动技术创新。本项目在高比能高安全电芯开发、模组热失控防护开发和液冷热管理系统方面取得多项突破,掌握了正向开发以安全为底线的电池包核心技术和能力,建立了电池包自主开发体系和大规模产业化体系,实现了大批量生产。产生了很好的经济效益,更为我国新能源汽车的发展和参与国际竞争作出了贡献。

②增加就业。应用该核心技术的江淮纯电动产品实现产业化,整个产业链可提供约3 000个就业岗位,实现3 000人员就业。

③减少尾气。应用该核心技术的江淮纯电动产品无尾气排放,具有良好的环境保护效果。我国在售轿车百公里油耗平均7.5 L,每升油二氧化碳排放2.3 kg,按单车年行驶里程10 000 km计算,15.5万辆车每年可节约燃油11 625万L,减排二氧化碳26.7万t。

④节约能源。据测算,传统燃油从开采到汽车利用的平均能量利用率仅为15%左右;煤、核能从产生电能到驱动纯电动车汽车行驶,能量利用率可以达到28%以上。

⑤优化能源结构。我国已探明的石油储量仅占世界石油储量的2%~3%,从1993年我国成为石油进口国。我国交通运输约占石油总消耗的一半。由于电动汽车具有能源来源多元化的特点,各种可再生能源可以转化为电能加以有效利用;同时,利用电网对电动汽车进行充电,增加了电力在交通能源领域中的应用,减少了对石油资源的依赖,优化了交通能源构成。

电池SOC精确算法及低能耗控制策略的纯电动物流车研发与运用

供稿:安徽江淮汽车集团股份有限公司

1. 成果简介

基于电池SOC精确算法及低能耗控制策略的4.5 t帅铃i5窄体纯电动物流车产品定位为城市物流车,应用6.5 t纯电动商用车平台技术,基于帅Ⅲ窄体3815纯电动基础车升级开发的一款高性能产品,匹配LFP电池,实现最高车速

90 km/h，C-WTVC 工况续驶里程大于 230 km，等速 40 km/h 续驶里程大于 425 km。该项目已授权发明专利 3 项，授权实用新型专利 4 项，主要技术指标达到国内领先水平。产品主要用于城市物流配送，凭借驾驶舒适性好、动力强劲、底盘承载力强、续航里程长、产品配置丰富等特点，深受用户信赖。自 2018 年 7 月上市以来，市场反应良好，得到邮政、顺丰、四通一达等客户认可，为公司高端纯电动商用车产品拓展起到了决定性的作用，而且极大地增加了公司的社会影响力。

关键技术。项目应用整车动力系统优化匹配技术，优化了电机、电池系统的高效区，采用高效能量管理策略，提高了能量利用率。应用 SOC 估算核心算法，确保全工况下 SOC 估算精度；电机控制器采用变频控制策略，减少电机控制器开关损耗，提升电机控制器的运行效率；结合驾驶性及制动安全性优化整车制动能量回收策略，有效降低整车电耗。产品研发过程中运用主动安全、被动安全指导思想，实现零部件、系统、整车三层次安全防护；按照高于行业标准的 IPX8 整车及高压 B 级部件防水标准，全面提升整车防水性能。

2. 成果创新点及解决的难点问题

创新成果(1)——自主开发的电池箱体 IP67 防水

攻关电池箱进水问题，为保证电池包批量生产过程中满足 IP67 防水，进行了 IP67 结构和工艺方面的专项提升，主要 3 方面：①取消衬板结构，接插件安装面厚度增加一倍，提升刚度，减小变形。②安装面加宽至 20 mm 以上，同时使用整体式密封圈取代拼接式密封圈。③在过线检测工艺中增加气密性检测项，使用气密性检测仪进行每套必检。经提升后，电池系统顺利通过上海地标 IP67 的抽检。

创新成果(2)——电池模组线束集成 FPC 线路板

电池单体采样集成 FPC 柔性电路板与模组连接处集成保险丝，采用标准模组集成改版设计，可靠性更高。有效预防电池包在极端情况下低压线束发生短路，最大限度提高电池安全性。方案通过震动、短路等试验验证其可靠性与安全性。

创新成果(3)——变开关频率控制策略

电驱动系统采用变开关频率的矢量控制策略，对于电机控制器来说，较低的开关频率有助于降低 IGBT 的开关损耗，从而提高电机控制器的运行效率。低速段(2 000 r/min 以下)采用 2 kHz 的开关频率，高速段(2 000 r/min 以上)采用 5 kHz 的开关频率，低速段采用较低开关频率，2 kHz 开关频率相比 5 kHz 开关频率能够降低电机控制器总损耗 10%，提升电机控制器效率约 0. 2%~0. 3%。

创新成果(4)——集成化设计

高压配电盒采用多合一方案(集成转向控制器 + DC/DC + DC/AC + BMS + 维修开关)，为 BMS 和绝缘模块预留安装位置，保证能够匹配多款动力电池。增加快充负极继电器规格，优化接线盒密封性及线束，实现动力电池到各高压用电器件的电力分配及控制，形成成本最优、性能最佳的高压系统开发方案。多合一高压盒集成高压部件如图 5-8 所示。

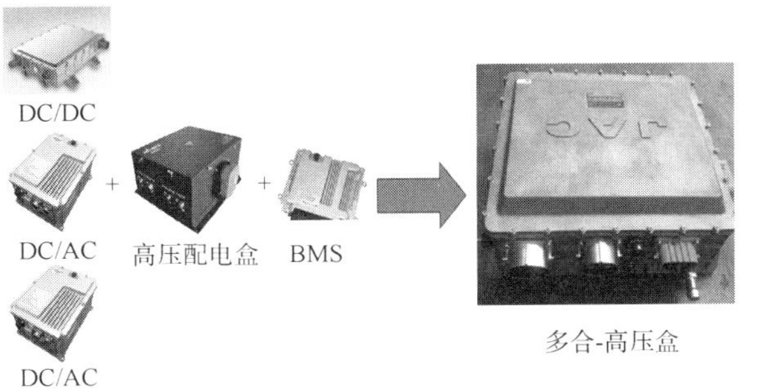

图 5-8 多合一高压盒集成高压部件示意图

创新成果(5)——电动化底盘

沿用帅Ⅲ窄体基础车，考虑通用化、轻量化设计，转向、制动、冷却系统根据整车性能目标，进行电动化匹配开发，电动化运用技术如图 5-9 所示。

①针对整车轻量化，通过性能验证及可靠性试验验证，确认转向控制器集成方案，采用 CAN 通信，实现流量随速调节，保证低速转向时的轻便性要求及高速行驶时的驾驶感。

②基于整车轴荷分配，匹配前盘后鼓制动器，标配 ABS，制动力矩大、稳定性好，同时开发电子式真空泵控制器，集成度高，真空按需供给，有效节约能源。

③电子风扇采用 PWM 控制，无级变速，可实现实时控制，节能降噪。

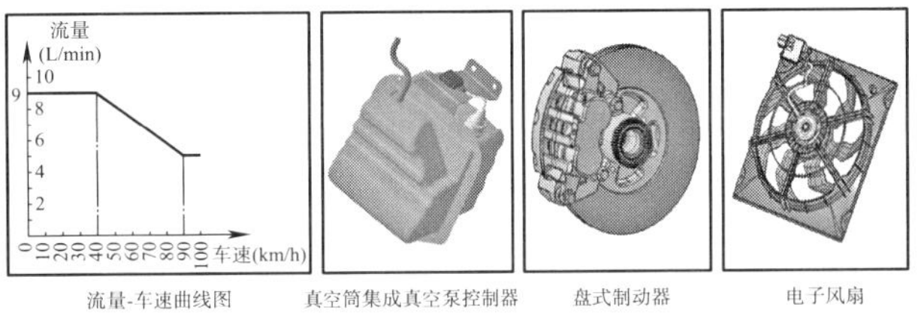

图 5-9 电动化技术运用

创新成果(6)——整车能量流分析及能耗优化

通过实车试验测试和理论分析相结合，掌握整车在 C-WTVC 工况下的能量流动及各部件能量消耗，继而通过整车控制策略、系统集成软件优化等措施降低整车能耗，整车能量流动情况(如图 5-10 所示)：

①单个 C-WTVC 工况消耗电量为 8. 5 kWh，制动能量回收能量为 0. 507 kWh，动力电池实际耗能 7. 993 kWh，能量回收贡献率约为 6%。

②电驱动系统耗能 8. 139 kWh，其中因控制器及电机效率损失能量 0. 876 kWh，循环中电驱动系统平均效率约为 89. 2% 左右；传动系统(包括传动轴、主减、差速器等)能量损失为 0. 464 kWh，传动效率约为 93. 6%。

③ 用于车辆驱动的能量为 6. 799 kWh，其中用于克服滚动阻力的能耗约为 2. 149 kWh(占比 25. 3%)，用于克服空气阻力的能耗约为 4. 65 kWh(占比 54. 7%)。

④ 电转向消耗能量为 0. 15 kWh，DC/DC(低压用电器)能量消耗为 0. 211 kWh，占比较小。

能耗优化措施：

①优化整车控制策略中制动能量回收策略，结合整车驾

驶性及制动安全性标定，最大限度提高车辆制动时回收的能量，使制动能量回收对整车经济性贡献提高 5%，有效降低整车能耗。

②优化电机控制器变频控制策略，在低速时采用低开关频率、高速时采用高开关频率，减少中低速时电机控制器开关损耗，有效降低整车能耗。

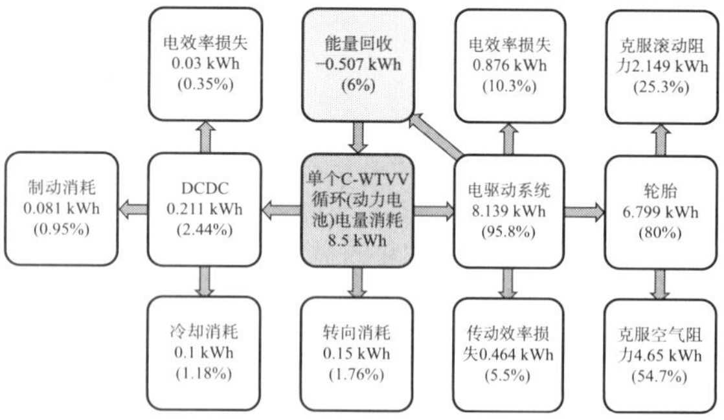

图 5-10　整车能量流动情况

3. 国际水平对比分析

得益于整车能量流分析及各部件能量消耗测试，凭借采用变开关频率矢量控制策略的电驱动系统、集成化轻量化的高压配电盒，以及高承载、低能耗的电动化底盘，实现整车最高车速 90 km/h，C-WTVC 工况续驶里程大于 230 km，等速 40 km/h 续驶里程大于 425 km，产品技术水平达到国内领先水平。

4. 成果应用情况

4.5 t 帅铃 i5 窄体纯电动物流车产品自诞生并投放市场以来，质量稳定可靠，市场反应良好，受到了邮政、京东、申通等大客户的欢迎和好评。

5. 社会及经济效益分析

4.5 t 帅铃 i5 窄体纯电动物流车的开发，丰富了中国新能源汽车产品品牌，同时也充实了安徽民族汽车业的发展，为带动地方经济良好发展、社会和谐稳定作出了应有的贡献。

自 2018 年 6 月上市以来该系列车型销量为 1 536 辆，实现销售收入 1.6 亿元，同时带动了安徽及周边省市配套企业的发展，促进了安徽及周边省市经济的发展。

探究模组中电芯不同针刺方向对热失控的影响

供稿：欣旺达电动汽车电池有限公司　陈晓娟　邓建娜　潘敏强　白莲花　廖丰行

【摘　要】 针刺测试是研究锂离子电池安全性能最重要的测试方法之一。本文参考中国电动汽车国家标准《电动汽车用动力蓄电池安全要求》，选用方形的三元锂离子电池模组作为研究对象，使用 5 mm 的圆锥形耐高温钢针分别对模组中单个电芯的大面、侧面和底面中心进行针刺实验。分析实验过程中针刺不同面时被针刺电芯的温度和电压变化及针刺触发单个电芯热失控后对模组中其他电芯的影响。实验结果表明：针刺触发模组中单个电芯的大面引起的热失控最为严重，且使得相邻电芯的温度变化最大。因此，针刺触发模组中单个电芯的大面最能验证模组的安全性能。

1. 前　　言

锂离子电池（LIB）因其高的能量密度、大的比容量、长的循环寿命以及对环境友好等优点，被逐步广泛应用于新能源汽车和电子消费类产品。过去几年，越来越多的城市都在大力推广使用锂离子电池的新能源汽车，使得电动汽车（EV）的销售量不断增加。根据汽车制造商和贸易商协会（SMMT）的数据，电动汽车的销售量在整个 2020 年不断增长，并且这一增长趋势还将持续。但是，在使用过程中电动汽车着火事件时有发生，锂离子电池存在的一些安全隐患也随之暴露。查阅新能源汽车发生火灾的调查研究报告发现，大多数的火灾事故起因于 LIB 的热失控。而 LIB 作为电动汽车（BEV 和 HEV）的动力源，在生命周期内可能会遇到极端环境或者遭受挤压、机械冲击以及过充等多种滥用形式，这些不恰当的使用方式往往会导致 LIB 温度的异常升高，从而引发火灾。因此，企业在大量生产之前在对电池进行各种测试，确保电池性能达标。针对 LIB 在实际的使用中可能遇到的各种安全风险，设计了针刺、挤压、短路、高低温、过充过放等安全性能的测试。针刺实验也是模拟 LIB 内短路最常用的一种手段，通过将钢针穿刺到电池内部，引发电子在两个电极之间自由流动而引起电池内部正负极之间的短路，在电池刺穿处产生大量的热量，并使得电池的各个面温度急剧上升，从而造成热失控的危害，实现对锂离子电池内短路的模拟。其中，针刺实验不仅对电池的破坏是不可逆性的，而且是触发电池发生热失控的重要因素类型。

按照形体分类，市场上最常见的电池包括圆柱形，方壳和软包 3 种类型。根据 3 种形状的电池设计，遵循电池本身的技术原理，在制造成型上分成了卷绕和叠加两种不同的极片卷绕工艺。从正极材料划分主要包括钴酸锂，锰酸锂，磷酸铁锂，镍钴锰（三元材料），而三元材料逐渐占据市场的主流。依据目前电动汽车的发展趋势，方形硬壳电池是应用范围最广，市场占有率达 90%。由于锂离子电池密封结构的设计，很难直接对锂离子电池在针刺过程中观测内部结构变化，因此在针刺测试过程中通过监测锂离子单体电压、电池表面温度和泄压等分析电池内部失控状态的变化。

本文主要是选用方形的三元锂电池模组作为研究对象，在相同的针刺条件下分别对模组中单个方形电池的大面、侧面和底面 3 个面进行针刺测试，从而进一步探究电池模组中电芯发生热失控时是否会引发热扩散，以及在不同面针刺后电池在发生热失控时的状态和温度、电压变化情况和模组内部产气等，为三元锂电池的安全设计和应用以及针刺预防提供有价值的参考。

2. 技术参数及测试方法

实验中采用的测试样品是方形三元电芯单体动力锂电池组成的模组(欣旺达电动汽车电池有限公司产,额定容量 5.8 Ah,1P24S,395.1 mm × 170 mm × 107.8 mm)。实验将 GB 38031—2020《电动汽车用动力蓄电池安全要求》中单体电芯针刺试验的测试要求作为参考,采用针刺试验模拟电池模组内部短路试验。测试实验中,在相同的针刺类型,针刺速度等针刺条件下,如图 5-11 所示,分别从 3 个不同方向对模组中单个电芯进行针刺(大面,侧面和底面),探究不同面针刺后电芯的温度、电压的变化情况,以及被针刺电芯发生热失控时对模组中其他电芯的影响,从而研究在不同面针刺时对动力电池安全性能的影响。

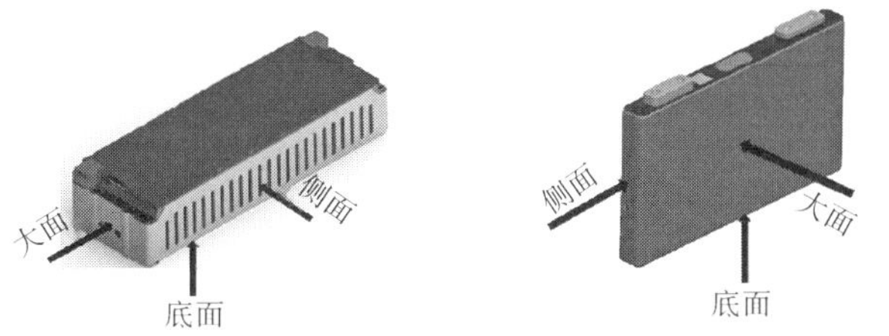

图 5-11 针刺模组位置示意图

模组在装配前被针刺一面的侧板需要开孔,孔的大小根据针的直径和电芯的侧面宽度决定。试验前,按照 GB 38031—2020《电动汽车用动力蓄电池安全要求》,对模组进行预处理。

针刺实验是在第三方检测公司完成测试,针刺平台的搭建如图 5-12 所示。针刺工装选用 5 mm 的圆锥形耐高温钢针,钢针是由耐高温钨钢,针尖的圆锥角度为 45° ~ 60°,针刺速度为 10 mm/s。为防止针刺过程中电芯短路释放的热量从针刺口泄露,测试前对针刺口实现密封,确保热量在模组内部传递。针刺试验过程中,钢针分别从 3 个面垂直于针刺面几何中心刺向电池,针刺深度为被针刺面厚度的一半,单体电池中心处触发热失控,钢针停留在蓄电池中,观察 1 h。模组上面布置温度传感器,在整个测试过程中采集温度和 24 pcs 电芯的单体电压。温度采集间隔为 100 ms,电压采集间隔为 100 ms,采集到的数据通过数据采集器后保存于上位机待后续处理。触发热失控的判定条件参考 GB 38031—2020《电动汽车用动力蓄电池安全要求》。①触发电池产生压降,且电压下降值超过初始电压的 25%。②监测点的温度达到制造商规定的最高温度。③监测点的温升速率 $dT/dt \geq$ 1 ℃/s 且持续 3 s。当①和②或者②和③发生时,则判定为热失控。

3. 结果与讨论

在模组针刺试验中,不同面针刺时的温度传感器布置如图 5-13 所示。T_1 监测的是被针刺面靠近针刺点的温度。T_2 和 T_3 监测的是与被针刺电芯相邻的电芯大面的温度。

图 5-14 所示针刺触发模组中电芯不同面热失控时,被触发热失控电芯的温度变化曲线。从曲线图中可以看出,大面针刺开始 12.2 s 后,被针刺面触发温度达到最高,最高温

图 5-12 三个面针刺平台的搭建图

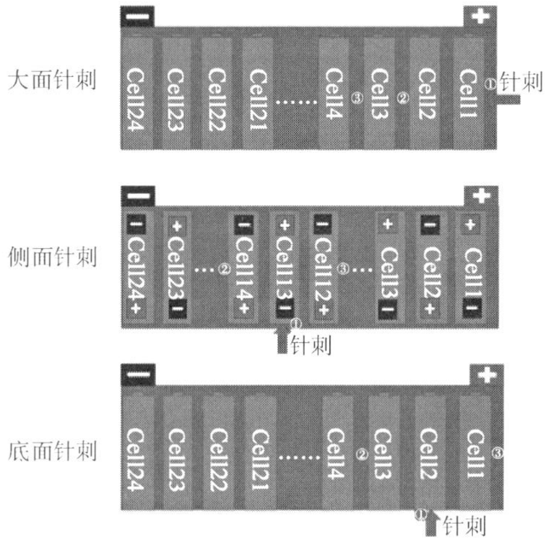

图 5-13 温度传感器的布置示意图

度为 202.1 ℃;侧面针刺开始 111 s 后,被针刺面触发温度达到最大,最大温度为 122.56 ℃;底面针刺开始 53.9 s 后,被针刺面的触发温度达到最大,最大温度为 146.9 ℃。对比 3 个面针刺后的数据分析可得到:大面针刺后被针刺面所触发的温度最高,且触发最高温度的时间最短;侧面针刺后被针刺面的温度最低,且达到温度最大值的时间最长。针刺触发模组中单个电芯热失控的过程可以分为 4 个阶段:

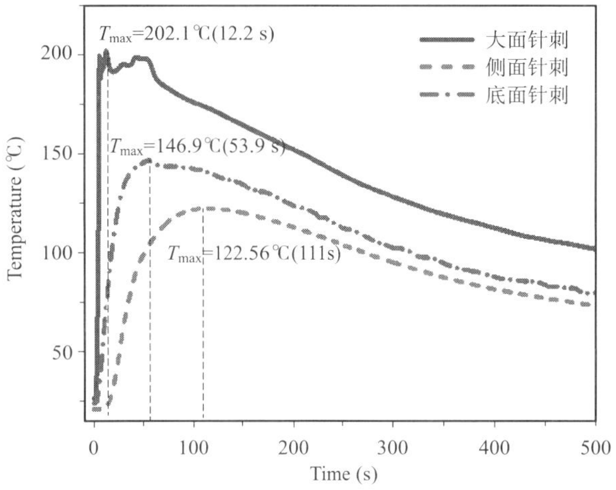

图 5-14 在不同面针刺时被针刺面的温度

阶段一：针刺开始时，电池内部的粒子迁移造成电池短路，电压下降，瞬间产生较大的电流，使电池局部温度急剧上升。

阶段二：温度骤升，Li 从负极嵌入锂结构中脱嵌出来并进入电解液，穿过隔膜迁移到正极，使得热稳性差的 SEI 膜和负极 LixC 分解放热。

阶段三：当电池被刺破之后，温度继续升高，电池各部分材料开始发生分解反应，释放出大量的热量，温度骤升。

阶段四：针刺后，电池温度达到最高值之后，电池材料分解反应结束，不再释放能量，电池进入缓慢降温阶段。

图 5-15 显示的是 3 个不同的面针刺时被针刺面的温度变化速率。从温升变化过程曲线图中可以看到：大面针刺时，钢针扎进电芯后温升速率突增，最大值达到 95 ℃/s；底面针刺时，底面针刺温升速率缓慢增加，温升速率较低，最大值达到 7.9 ℃/s；相比较大面针刺和底面针刺，侧面针刺时温升变化最缓慢；不同针刺方向温升速率：大面针刺 > 底面针刺 > 侧面针刺。3 个针刺面的温升速率均大于 1 ℃/s 且持续时间均超过 3 s，满足热失控判定条件②。

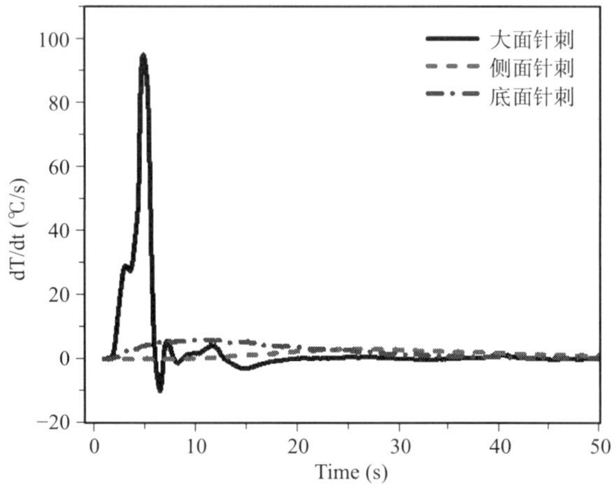

图 5-15　在不同面针刺时被针刺面的温升速率

图 5-16 所示 3 个不同的面针刺时被针刺面的电压变化曲线。从曲线图中可以观察到：大面和底面针刺开始时，被针刺电芯内部发生短路，电压迅速下降为 0；而对比发现，侧面针刺开始时，电芯电压先缓慢降低，再迅速降为 0。3 个不同的面在针刺过程中被针刺电芯的电压降均超过 25%。

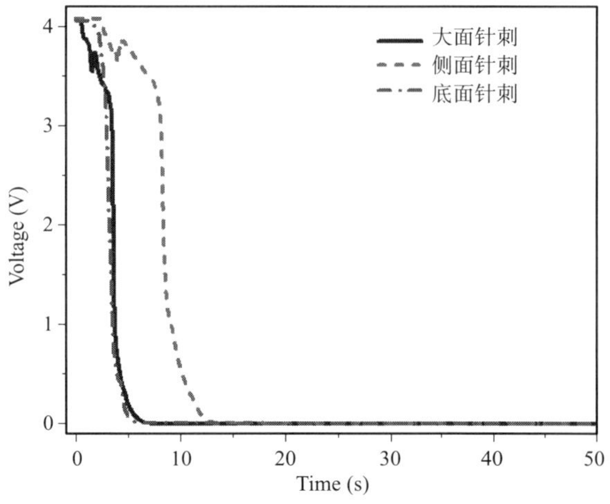

图 5-16　在不同面针刺时被针刺面的电压变化曲线

图 5-17 分别是与被针刺电芯相邻的电芯 T2 和 T3 的温度变化曲线图。从图中可以看出，相邻电芯 T2 的温度都缓慢升高。相邻电芯温度升高原因：①针刺电芯热失控产热发生热辐射；②电芯连接铜牌之间的热传导。由于大面针刺引发的热失控最为剧烈，大面针刺后引起相邻电芯的温度变化最大，侧面针刺引起相邻电芯的温度变化较小。而对比 T3 温度点的曲线图可以看出，大面针刺的 T3 温度点是与被针刺电芯相隔的电芯，所以针刺后传递到该电芯的温度低。底面针刺和侧面针刺的 T3 是与被针刺电芯相邻的温度，因此底面针刺和侧面针刺的 T3 和 T2 温度变化不大，但都低于大面针刺的 T2。

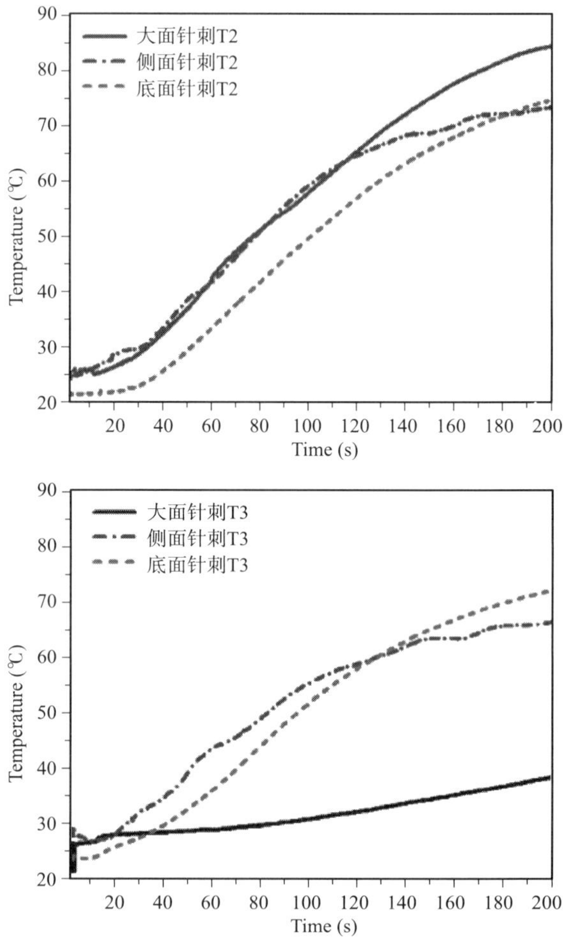

图 5-17　与被针刺电芯相邻的电芯温度变化曲线

为了进一步探究针刺大面时对模组的影响，对不同面针刺时防爆阀泄压产气进行了监测，通过监测瞬态压力值判定针刺不同面产气大小的影响。在针刺工装上分别布置3 个压力传感器，如图 5-18 所示。测试数据显示 P1 > P2 > P3，P1 位置压力值最大为 0.314 MPa，P2 和 P3 的值分别为 0.238 MPa 和 0.05 MPa。因此我们可以得出：模组在大面发生针刺时，产气压力值在 P1 处达到最大，且通过排气管道排出到位置 3 时，压力值大大减少。从产气压力值也可给出安全性参考，当气体压力值超过 P1 最大值时，应考虑排气管道的牢固性。

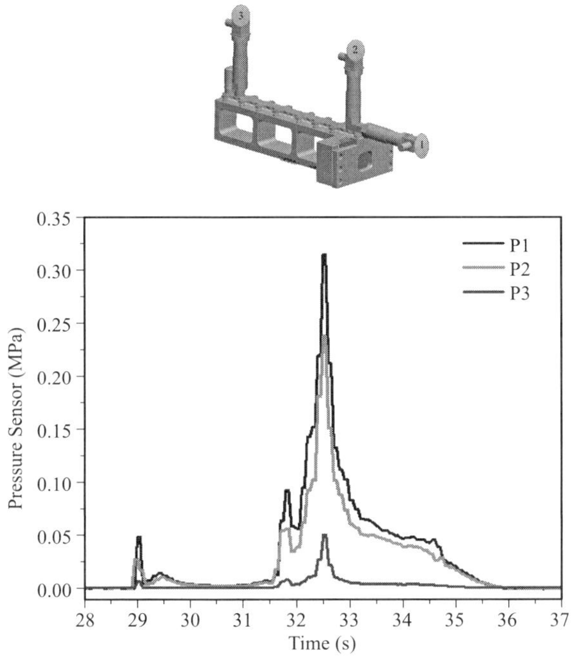

图 5-18　验证模组在大面针刺中产气压力的工装和测试后的压力示意图

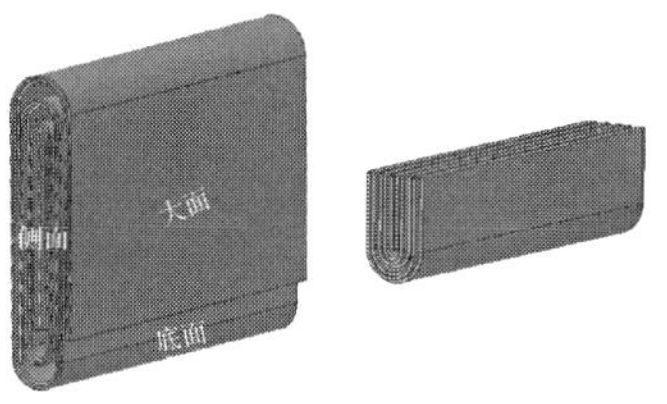

图 5-19　模组中单体电芯的极片卷绕示意图和切面示意图

针刺触发模组单个电芯不同的面(大面、侧面和底面)热失控时,对电池的影响不尽相同,这主要是和电芯内部极片的卷绕方式有关,图 5-19 是模组中单体电芯的极片卷绕示意图和切面示意图。大面针刺和底部针刺时,钢针的刺入方向垂直极片,针刺开始时,多个电极单元被刺破,被刺破的电极单元全部参与放电。侧面针刺时,针刺方向与极片平行,刺针时钢针只和少数电极单元接触,参与放电的电极单元数量相对较少,产生的热量也会相对较少,因此使得电池的热失控反应相对缓和。

通过数据对比分析可得出结论:针刺触发模组中单个电芯不同面时,均触发电芯发生热失控,且不会引起模组中其他电芯发生热失控。而针刺触发电芯大面热失控时,被针刺面的温度最高,温升变化速率最大,对电池的影响最大,且对模组中相邻电芯的影响最大。因此,针刺电芯大面时热失控反应更加严重。

4. 实验结论

本文选用的是 5 mm 的圆锥形耐高温钢针,对满电状态的方形三元电芯单体动力锂电池组成的模组进行针刺实验。分别对模组中单个电芯 3 个不同的面进行针刺(大面,侧面和底面),观察不同面针刺后电芯的温度、电压的变化情况。实验结果表明,针刺模组中电芯均会发生热失控,其他电芯不会发生热失控。对比 3 个不同的针刺方向,针刺电芯侧面对电芯的影响最小,热失控最小。而针刺电芯大面时,模组内部的反应最为剧烈,电池温度急剧上升,电池内部短路,电压降为零,电池热失控反应剧烈,这主要与电芯内部极片的卷绕方式有关。

对锂离子电池针刺热失控安全性能测试时,不同的针刺方向均能达到测试效果,但是反应剧烈程度不同,电芯大面针刺最剧烈,更能反映测试结果。实验测试时可参考本文对模组进行大面针刺,进而验证模组的安全性能,为锂电池的安全应用和针刺预防提供有价值的参考。

梯次利用锂离子电池 Pack 并联仿真研究

供稿:深圳市欣旺达综合能源服务有限公司　刘明爽

【摘要】 分析锂离子电池二阶 RC 电路模型参数辨识方法,通过安时法估算锂离子电池 SOC 状态,采用最小二乘法对大量测试数据进行拟合得到 Uoc-SOC 曲线,在 Matlab 中借助 simulink 建立锂离子电池模型,根据实际情况,建立锂离子电池 Pack 模型。以锂离子电池组 SOH 和循环次数两个测试变量进曲线拟合,得到电池组 SOH 与循环次数对应关系。通过仿真分析不同 SOH 状态的锂离子电池 Pack 并联使用时的出力情况,考虑锂离子电池使用时的约束条件,得到电池 Pack 并联使用时的 SOH 差值上限,为锂离子电池梯次利用提供筛选依据。

1. 引　言

动力锂离子电池技术的出现和发展颠覆性地改变了人类对能源的利用方式,明显又直接的变革发生在电动汽车领域,中国乃至全球电动汽车数量占汽车总量上的比例在加速攀升,各国对电动车的政策扶持也在持续加大,未来将有大量的电动汽车动力电池到达使用寿命而淘汰。大量淘汰的锂离子电池可以用在对锂离子电池性能要求较低的场合,如大规模锂离子电池储能系统、通信备电及数据机房系统等。通过在不同应用场景梯次利用的方式延长锂离子电池使用寿命,提升动力锂离子电池利用率、降低全寿命周期成本,对于动力锂离子电池行业的发展具有重要意义。

锂离子电池储能系统由锂离子电池串并联组合成 Pack(锂离子电池 Pack 结构如图 5-20 所示),通过 n 个 Pack 串联组合成簇,再由电池簇并联成堆,然后通过储能变流器(power conversion system,PCS)与电网相连。因锂离子电池无法做到完全一致,在参数方面存在一定的差异性,而淘汰的锂离子电池由于长时间运行,运行条件差异累积导致锂离子电池内阻、电压等差异性更加明显。老化程度不同的淘汰锂离子电池 Pack 组合到同一个电池堆时，由于内阻、电压等差异，导致各锂离子电池 Pack 运行特性不同，从而造成锂离子电池 Pack 出力不均，出力大的锂离子电池 Pack 发热严重，老化较快，且可能超过最大可持续电流，对寿命造成影响。

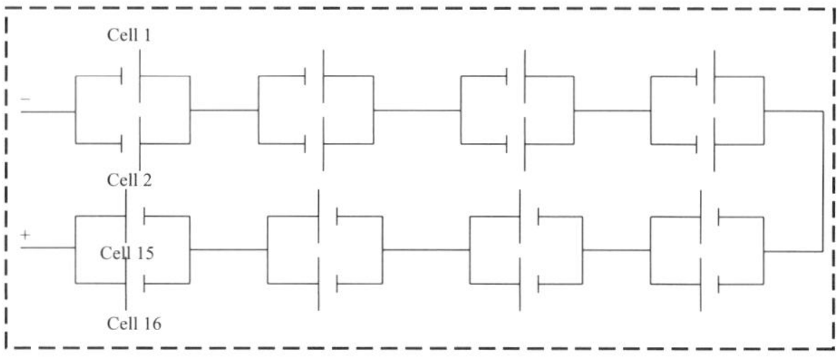

图 5-20　锂离子电池 Pack 结构

本文从淘汰锂离子电池健康度（state of health，SOH）出发，设计不同 SOH 状态的电池 Pack 并联方案，如图 5-21 所示。通过锂离子电池实际运行条件约束，对电池 Pack 并联出力进行仿真，得到电池 Pack 并联使用时的 SOH 约束条件，为锂离子电池梯次利用提供筛选依据。

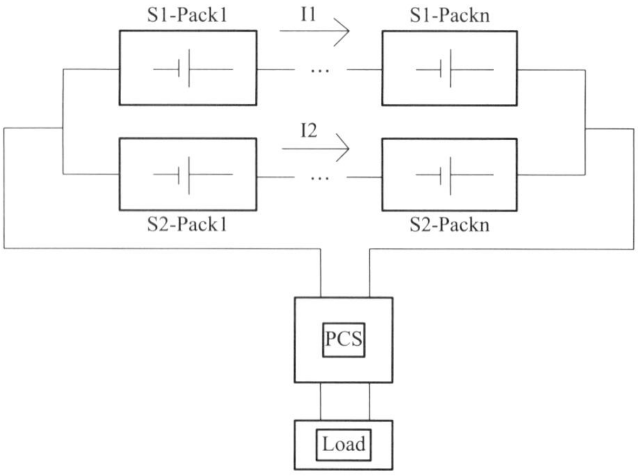

图 5-21　锂离子电池 Pack 并联方案

2. 锂离子电池模型

（1）锂离子电池模型

常见的锂离子电池建模模型有 Rint 模型、Thevenin 模型、PNGV 模型、RC 模型。Rint 模型结构简单，无法模拟锂离子电池动态曲线。Thevenin 模型与一阶 RC 模型结构相同，一阶 RC 模型精度低于二阶 RC 模型，不符合仿真要求，三阶及以上 RC 电路模型增加了系统复杂度，精度提升不明显。而且，大规模储能系统中，锂离子电池数量巨大，三阶 RC 电路模型将大大延长仿真时间。目前大规模储能系统的 BMS 电压电流测量精度不超过 1%，而二阶 RC 电路模型已经可以达到该精度要求，综合时效性和精度要求，此处选择二阶 RC 电路模型。RC 模型拓扑如图 5-22 所示，锂离子电池的开路电压用 Uoc 表示，该参数与 SOC 状态有关，锂离子电池的端电压用 U 表示，电池的极化内阻和极化电容分别为 R_{p1}、C_{p1}、R_{p2}、C_{p2}，电池的欧姆内阻用 R_0 表示。

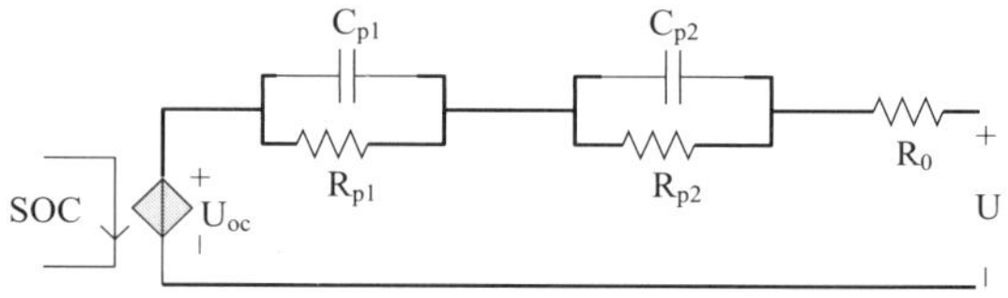

图 5-22　锂离子电池二阶 RC 模型

（2）二阶 RC 电路模型参数辨识

①二阶 RC 电路模型参数

美国《Freedom CAR 功率辅助型混合动力汽车用动力电池测试手册》中的混合动力脉冲功率特性试验（Hybrid Pulse Power Characterization，HPPC）可以测试电池充放电内阻，测试方法简单快捷，已被广泛采用。HPPC 脉冲测试曲线如图 5-23 所示。

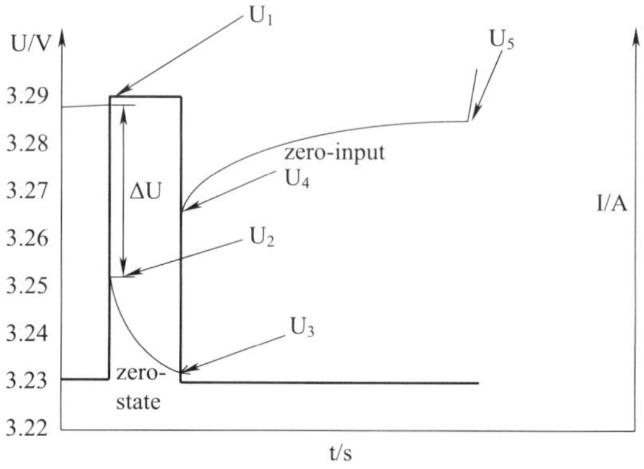

图 5-23　电芯 HPPC 测试曲线

图 5-23 中，$U_1 \sim U_4$ 是 10 s 放电脉冲区间，因为锂离子电池存在欧姆极化作用，放电初始阶段电池电压会迅速从 U_1 下降到 U_2。$U_2 \sim U_3$ 阶段继续放电，放电期间电化学极化和浓差极化共同产生压降，此区间被定义为零状态响应。当放电结束，电池电压从 U_3 跳变至 U_4，可认为是欧姆极化消失造成。$U_4 \sim U_5$ 是 40 s 搁置，这一区间由于电池开路，可看作零输入响应。根据测试数据，对零输入相应和零状态响应进行曲线拟合，可以求解二阶 RC 电路模型参数。

二阶 RC 模型参数计算过程如下：

根据测试曲线，$U_2 \sim U_3$ 之间是零状态响应，电池电压与时间关系为：

$$U = U_0 + U_1(1 - e^{-t/\tau_1}) + U_2(1 - e^{-t/\tau_2})$$

$U_4 \sim U_5$ 之间是零输入响应，电池电压与时间关系为：

$$U = U_0 + U_1 e^{-t/\tau_1} + U_2 e^{-t/\tau_2}$$

$$R_0 = \frac{\Delta U}{\Delta I}$$

式中　U_0——初始电压值；

U_1——R_{p1}、C_{p1} 电压值；

U_2——R_{p2}、C_{p2} 电压值；

τ——时间常数。

其中　$\tau_1 = R_{p1} \times C_{p1}$，$\tau_2 = R_{p2} \times C_{p2}$

根据测量曲线进行拟合，可以求解 R_1、R_2、C_1、C_2、R_0、U_{oc}。

根据测量数据进行拟合，计算结果如下：$R_0 = 0.31\text{m}\Omega$，

$R_{p1}=0.22\text{m}\Omega$，$C_{p1}=1\ 267\ \text{F}$，$R_{p2}=0.36\ \text{m}\Omega$，$C_{p2}=114\ \text{F}$。

②锂离子电池开路电压与 *SOC* 关系

锂离子电池的荷电状态 *SOC*（State of Charge）表示锂离子电池剩余能量的多少，定义为：

$$SOC=\frac{Q}{Q_N}\times100\%$$

式中 Q——锂离子电池剩余容量；

Q_N——锂离子电池额定容量。

锂离子电池的 *SOC* 与锂离子电池充放电效率、倍率、温度、电池老化程度等多种因素有关，若要实时准确的估算 *SOC*，需要建立 *SOC* 与这些影响因子的关系式，仿真的实时性会降低。对于锂离子电池单次充放电试验，外部环境和运行环境基本维持稳定，这些影响因素可以忽略。

储能系统 *SOC* 计算普遍采用安时法，该方法具有简单、精确、稳定等优势。安时法是通过锂离子电池的充放电电流对时间的积分来计算锂离子电池在充放电过程中的电荷变化量，电荷变化量与额定电荷量比值为荷电状态变化量，再根据初始荷电状态即可得出锂离子电池的实时荷电状态。

$$SOC=SOC_0-\frac{\int Idt}{Q_N}$$

式中 SOC_0——锂离子电池初始荷电状态；

I——锂离子电池充放电电流（放电为正，充电为负）；

Q_N——锂离子电池的额定电荷量。

磷酸铁锂电池开路电压与电池内部化学反应相关，由于内部化学反应难以直接衡量，且处于一个动态变化过程中，因此测量时认为当电池在开路状态下静置充分长的时间后，测量的端电压就是电池的电动势。研究发现锂离子电池的开路电压（Open Circuit Voltage，OCV）与锂离子电池的荷电状态有一定的函数关系，这种关系被称为 OCV-SOC 特性曲线。描述 OCV-SOC 曲线的模型有很多，这里采用锂离子电池化学模型。

锂离子电池电化学模型基于电化学理论来描述锂离子电池的特性，主要包括电压、电极特性，基于 Nerst 模型、Shepherd 模型、Unnewehr 模型组合得到典型电化学模型。

$$U=K_0-RI-\frac{K_1}{SOC}-K_2SOC+K_3\ln SOC+K_4\ln(1-SOC)$$

式中 U——电池工作电压；

I——电池工作电流；

K_0、K_1、K_2、K_3、K_4——模型系数

由于测量数据是以 1C 放电倍率测量，因此 I 是恒定，把 K_0-RI 合并为一个常数 K_0。依据实测数据进行曲线拟合，拟合结果如下：$K_0=3.381$，$K_1=0.000\ 654\ 9$，$K_2=-0.231\ 7$，$K_3=0.151\ 2$，$K_4=-0.028\ 47$（如图 5-24 所示）

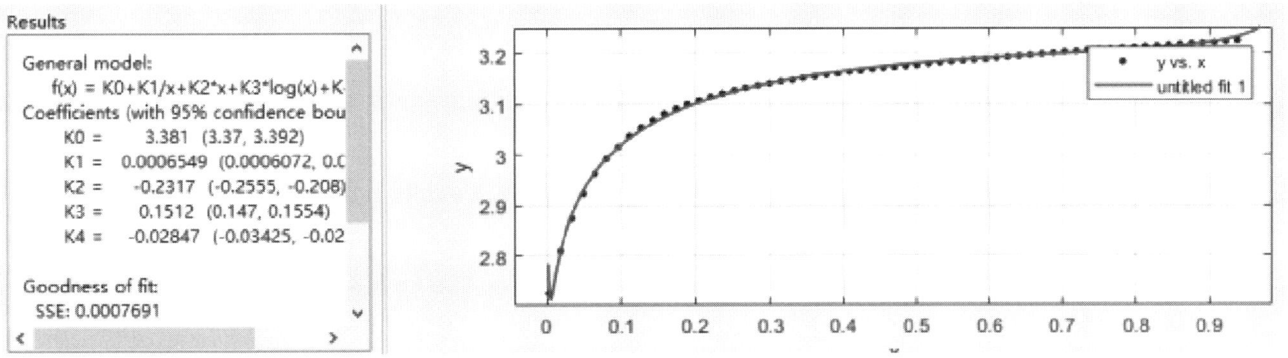

图 5-24 U_{oc}-SOC 拟合曲线

考虑到表达式中 *SOC* 取值范围为（0，1），在仿真时设置 *SOC* 幅值范围为［0.002，0.998］。

运用 Simulink 建立的锂离子电池模型如图 5-25 所示。

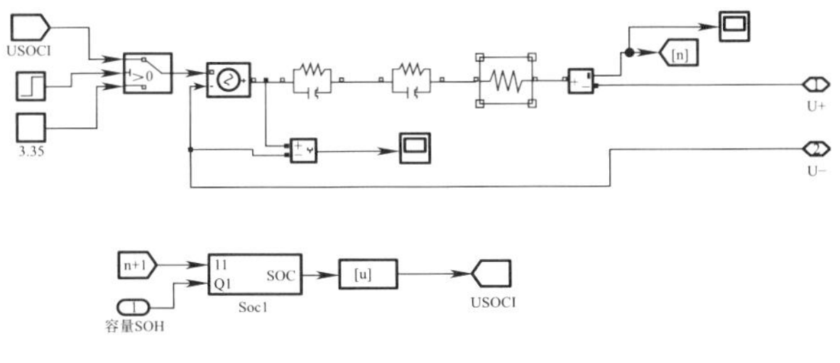

图 5-25 单个锂离子电池模型

（3）旧锂离子电池 Pack 并联不平衡电流

①锂离子电池 *SOH* 与循环次数关系

衡量锂离子电池健康度 *SOH* 有很多指标，如电芯内阻、剩余可用容量、循环寿命等。根据 IEE E1188—1996 标准所描述：电池充满电时的容量低于电池额定容量的 80% 后，电池就应该更换。据此，本文选择可用容量定义 SOH：

$$SOH=\frac{C}{C_0}$$

式中 C——电池现在的可用容量；

C_0——电池 BOL 时的可用容量。

C_0-C 即为锂离子电池循环使用过程中锂离子电池容量的衰减值，锂离子电池循环容量衰减主要由以下两个原因造成，其一是运行条件，如放电深度、运行温度等，其二是在运行过程中，锂离子电池内部发生了一些不可逆的电化学反应，如电池极化内阻增加、不可逆容量减小等。不同材料的锂离子电池循环容量衰减曲线不同，锂离子的放电倍率、运行温度等都会影响循环容量衰减曲线。为简化分析，本文仅考虑标准测试条件下锂离子电池容量衰减曲线。

锂离子电池的容量衰减曲线及根据测试数据进行拟合，采用最小二乘法。结果显示 3 阶及以上拟合曲线精度已经足够，这里采用 3 阶拟合公式。如图 5-26 所示。

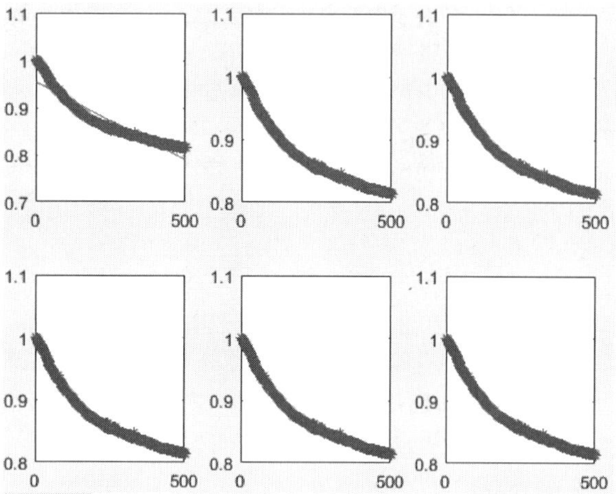

1	2	3	4	5	6	7
-3.2935e-04	8.4512e-07	-2.2979e-09	3.2978e-12	1.9240e-14	-2.2265e-17	-7.6615e-20
0.9542	-7.5276e-04	2.5720e-06	-5.6023e-09	-2.0800e-11	5.2703e-14	1.1208e-16
0	0.9897	-0.0011	3.6370e-06	5.1346e-09	-3.9859e-11	-4.0522e-14
0	0	1.0042	-0.0012	1.6167e-06	1.0233e-08	-7.3961e-12
0	0	0	1.0072	-0.0011	9.7656e-07	4.3079e-09
0	0	0	0	1.0047	-0.0010	1.5128e-06
0	0	0	0	0	1.0044	-0.0011
0	0	0	0	0	0	1.0045

图 5-26　锂离子电池 *SOH* 与循环次数图

因此，*SOH* 与循环次数 *n* 关系为：

$$SOH = 1.004\,2 - 0.001\,1n + 2.572\,0 \times 10^{-6}n^2 - 2.297\,9 \times 10^{-9}n^3$$

②不同 *SOH* 锂离子电池 Pack 并联运行情况

根据建立的锂离子电池模型建立 2 个 2P 8S 的电池 Pack，设定初始 *SOH* 为不同值，两 Pack 并联恒功率运行。由于锂离子电池 1 C 放电时间为 1 h，仿真耗时太久，此处把电池容量设置为 1 200 Ah，1C 放电电流为 120 A，仿真时间为 10 s，减小仿真时间，电流特性曲线不变。

设定 *SOH* = 100% 和 83.3%，负载为电阻性负载。结果如图 5-27 所示。

从仿真结果可以看到，当 *SOC* 低于 30% 时，电池组 2 电流显著下降，此时电池组 1 除了给负荷供电外，还对电池组 2 充电，电池组 1 电流急剧增大，最高到 287 A，超载 20%，对电池寿命有明显影响。另外，初始状态，由于 *SOH* 不同，导致端电压略有区别，有一个冲击电流。在放电末端，由于电池组端电压下降，导致电阻性负载电流下降，总有功出力下降。在整个放电过程中，由于电池组 1 对电池组 2 进行实时充电，两电池组 *SOC* 差别不大，如图 5-28 所示，最大 *SOC* 差值为 0.018。

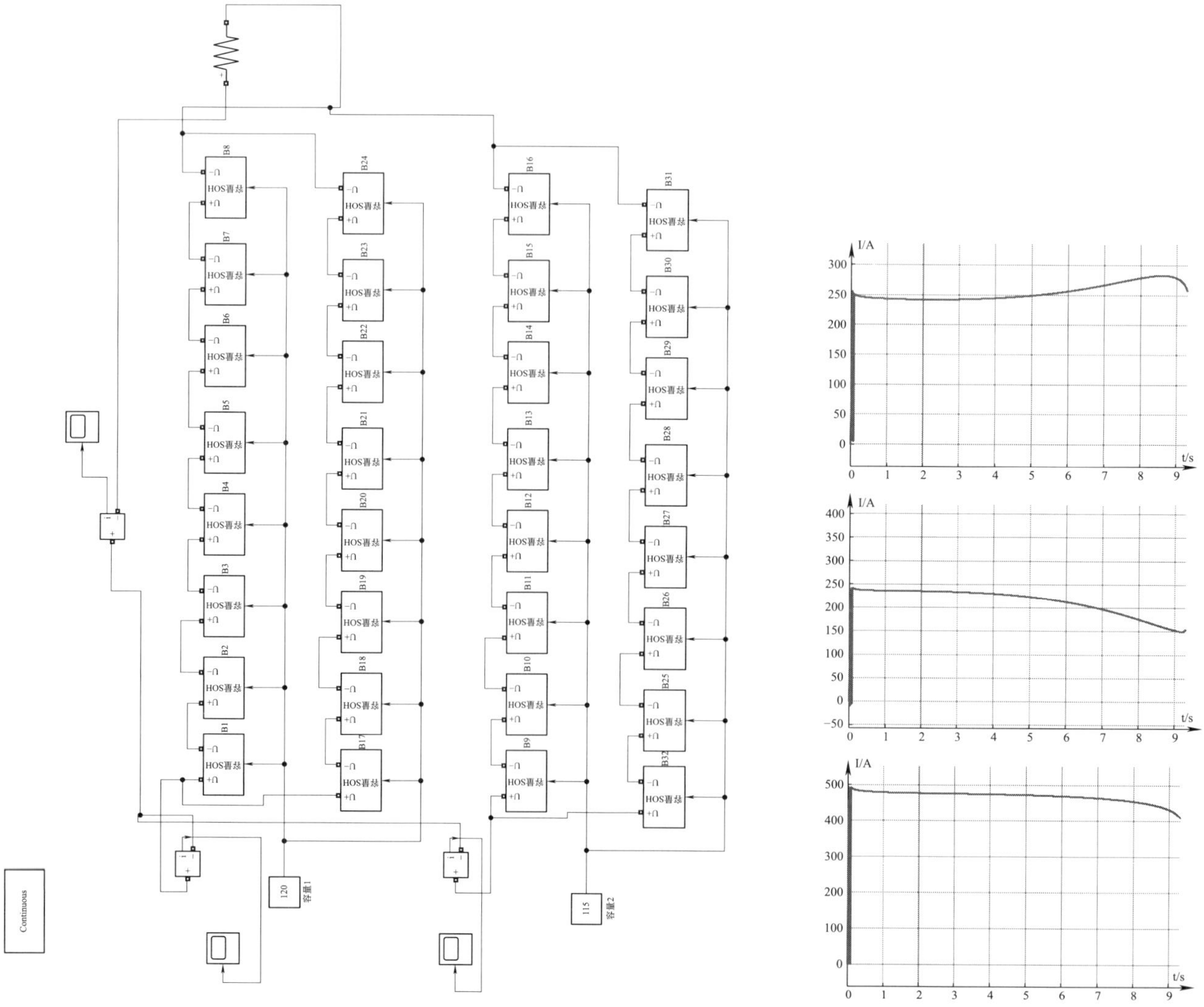

图 5-27　100%与 83.3% *SOH* 锂离子电池 Pack 并联

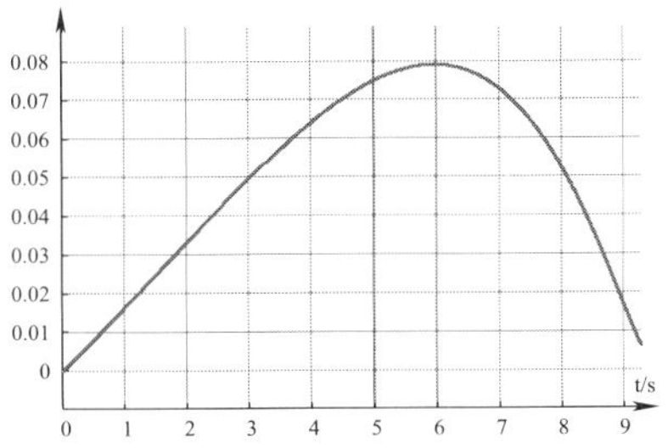

图 5-28　100%与 83.3% *SOH* 锂离子电池 Pack 并联 *SOC* 差值

根据该锂离子电池实际运行工况，最大持续充放电电流为 1C(120 A)。按照短时过载 5% 考虑，电池组最大短时充放电电流不超过 252 A，否则对电池寿命有影响。选择不同的 *SOH* 电池组进行仿真，结果如图 5-29 所示。

由仿真结果可知，当 *SOH* 分别为 100% 和 91.7% 时，电池组 1 最大电流为 252 A，过载 5%，过载时间持续 3 s，占比 30%，过载时间较长。由于实际电池 Pack 运行，并不是标准的一充一放模式，而是反复浅度充放电，*SOC* 长时间处于 0.3～0.8 范围内，而此范围内过载时间占比更大，因此对电池寿命影响更明显。根据仿真结果，该批次淘汰锂离子电池 *SOH* 差值不应超过 5%，否则将会对电池寿命造成影响。

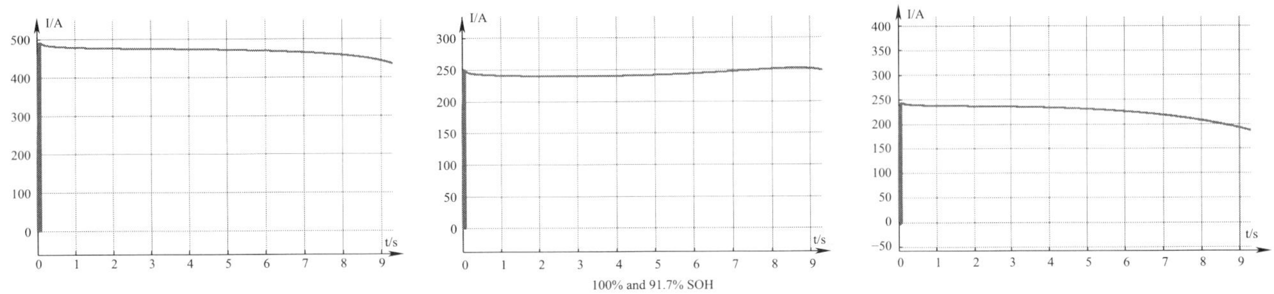

图 5-29　不同 *SOH* 锂离子电池 Pack 并联

根据之前 SOH 与 n 的关系式，可以计算出 5% 的 SOH 差值对应的 n 的取值范围，如 $n=0$，$SOH=1$，$n=101$，$SOH=0.917$。即全新的电池应与循环次数小于 101 次的电池并联使用，方能不影响电池寿命。*SOH* 不同，循环次数差值也不同。电池使用后期，*SOH* 下降速度变慢，此时循环次数差值会变大。电动汽车电池的充放电循环次数与行驶里程有关，因此可以根据电动汽车行驶里程数进行快速筛选退役锂离子电池。

3. 结　　论

本文根据储能系统实际精度需求选取二阶 RC 电路模型，通过测量已有淘汰锂离子电池得到的数据对二阶 RC 电路模型参数进行识别，对不同 *SOH* 的淘汰锂离子电池 Pack 并联输出进行仿真。研究表明：

(1)不同 *SOH* 锂离子电池并联使用，会导致锂离子电池出力不均，如本文选取的电池样本，*SOH* 差值超过 8.3% 时，将导致锂离子电池长期过载 5% 运行，对寿命有明显影响。

(2)*SOH* 与循环次数 *n* 是一一对应，可根据 *SOH* 差值计算出循环次数差值，并可根据电动汽车循环里程与循环次数的关系对电动汽车退役锂离子电池进行快速筛选。

32140 全极耳钢壳电池开发

供稿：大连中比能源科技有限公司

1. 成果简介

锂离子电池凭借其高能量密度、长循环使用寿命等优点率先在手机、笔记本电脑等 3C 数码领域得到广泛应用。近年来，全球温室效应日趋显著，世界各国政府均加大对可再生资源的重视程度，在政策大力支持下，全球新能源汽车市场进入快速发展通道。动力电池领域受全球新能源汽车市场快速发展带动，成为近年来拉动全球锂电池市场高速增长的主要因素。应用在新能源汽车上的单体动力电池主要为圆柱电池和方形电池。两者各有优劣，其中方形电池优于极耳数目较圆柱电池多，故通常倍率充放电性能优于圆柱电池，而本项成果 32140 型号钢壳电池(如图 5-30 所示)，采用全极耳结构，弥补了传统钢壳电池的倍率性能不足的问题，同时由于是钢壳电池，制程工艺较铝壳圆柱电池简化，成本降低。综上，32140 全极耳钢壳电池是一款高能量密度、低成本的动力电池，在未来的新能源汽车市场上具有广泛的前景。

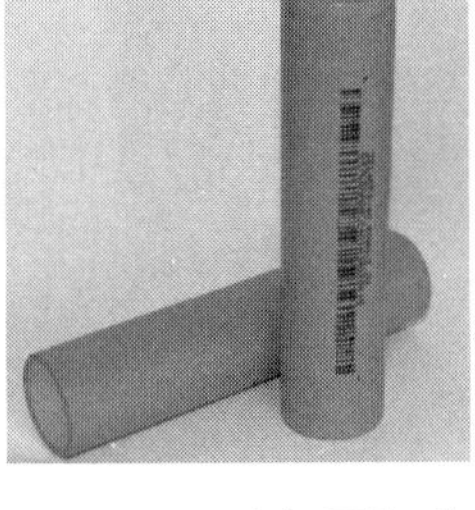

图 5-30　32140 全极耳钢壳电池

2. 成果创新点及解决的难点问题

32140 全极耳钢壳电池在工艺制造和结构设计上都区别于传统单双极耳钢壳电池;涂布工艺上采用条纹涂布的方式,极片两侧边缘处留白,对比传统钢壳电池采用间隙涂布,极大地提高了涂布速度;结构设计采用了钢壳的传统设计,具有两道安全设计、CID 翻转、切断电流回路、Vent 破裂、泄压、防爆炸;本成果最核心的是卷芯采用两侧空箔揉平挤压的方式,配合集流盘焊接,实现了钢壳全极耳的方式,降低了电芯内阻,提高了倍率性能。32140 全极耳钢壳通过工艺优化改善了电池的电解液浸润难的问题,攻克了无极耳设计导致的设计空间损失问题。

3. 国际水平对比分析

目前国际上圆柱电池企业从原来的小圆柱电池逐渐向大圆柱电池的技术方向进行发展;特斯拉于 2020 年下半年推出了"4680"大圆柱型电池,相较于特斯拉 4680 型电池在负极端的无极耳设计,中比研发的 32140 全极耳钢壳型电池在正负极两端均采用无极耳设计,成倍优化了电芯性能。

4. 成果应用情况

32140 型号容量涵盖 10/15/20/25 Ah 等容量范围,成组灵活,通过串并联方式,可适配各个模组,满足多方面市场应用。主要应用于小储能,带电量偏小的小动力,自行车、低速车、A00、A0 车等。上述领域中 32140 大圆柱磷酸铁锂电池凭借其更高的安全性、较低的成本、更长的使用寿命,以及灵活的布局,在相关领域中优势明显。

5. 成果的产能建设情况

中比集团在南京基地已经投入 32140 全极耳钢壳电池生产线,整个项目分为两期,一期已经投入已经完成,预计 5 月可以进入生产阶段,年产能达到 0.7 GWh。二期项目已经开始施工,预计产能达到 6 GWh。

沃尔沃 XC40 Recharge 纯电动 SUV 开发

供稿:沃尔沃汽车(亚太)投资控股有限公司　路华鹏　刘　莎　孙福明　卢嘉伟　郑皖苏

1. 成果简介

以习近平新时代中国特色社会主义思想为指引,坚持创新、协调、绿色、开放、共享的发展理念,以深化供给侧结构性改革为主线,坚持电动化、网联化、智能化发展方向,深入发展新能源汽车是我国从汽车大国迈向汽车强国的必由之路,是应对气候变化、推动绿色发展的战略举措。新能源汽车已成为全球汽车产业转型发展的主要方向和促进世界经济持续增长的重要引擎。当前,汽车产品形态、交通出行模式、能源消费结构和社会运行方式正在发生深刻变革,为新能源汽车产业提供了前所未有的发展机遇。

沃尔沃汽车的企业宗旨是以个性化、可持续和安全的方式为所有人提供畅行无忧的出行方案。为了让生活变得更简单,沃尔沃汽车致力于开发和构建最具个性化的出行解决方案,每个人可以更自由地将时间和精力投入在最重要的事情上。沃尔沃汽车致力于以最高标准提供可持续发展的出行解决方案;致力于在出行和日常生活中提供最安全、最智能的技术解决方案。

引领未来出行,沃尔沃汽车已在电气化、智能互联、自动驾驶和共享出行领域全面布局。围绕电气化转型、气候中和等领域,沃尔沃汽车计划在 2025 年实现全面电气化,届时纯电车型占比将达到 50%;2030 年成为纯电豪华车企;2040 年力求成为气候零负荷标杆企业;所有纯电车型将只在线上进行销售。

当前,沃尔沃汽车已经拥有一个由 48 V 轻度混合动力、插电式混合动力、纯电动组成的全电气化产品矩阵。XC40 Recharge(如图 5-31 所示)作为沃尔沃汽车首款纯电动车型,承载了公司在新能源领域的技术积累,并且与业界知名供应商展开合作,融汇了新能源、新材料和互联网、大数据、人工智能等多种变革性技术,为消费者打造智能出行体验。

图 5-31　沃尔沃 XC40Recharge 纯电动 SUV

XC40 Recharge 产品定位为紧凑型纯电 SUV,产品基于 CMA 基础模块架构(Compact Modular Architecture)打造。其中,动力系统采用前后双电机四驱布置,每个电机提供 150 kW 输出功率,系统最大输出功率 300 kW,系统最大扭矩 660 Nm,0～100 km/h 加速时间仅为 4.9 s。动力电池采用宁德时代 71 kWh 三元锂电池,NEDC 续航里程可达 420 km。XC40 Recharge 最高可支持 150 kW 直流快充,10 min 即可充满80～100 km;同时最高可支持 11 kW 交流充电,8 h 即可从零电量至完全充满。

为了更好地满足中国消费者对于智能出行的需求,沃尔沃汽车联合全球及本土科技巨头企业,共同打造了新一代车载智能互联系统。新一代智能互联系统基于谷歌原生安卓系统打造,在安全性、稳定性、开放性、兼容性等方面具有先天优势。针对中国用户使用习惯,系统还集合了华为、天猫、高德地图、科大讯飞、腾讯等业界知名服务伙伴的软件支持,应用大数据和云技术,实现用户场景和体验的无缝对接,并且支持整车 OTA。用户可以通过登录 App 账号的方式,将车载软件与移动端数据进行同步,满足每一位用户不同的使用习惯,为驾乘者打造了一套快速精准、便捷高效的车内智能生态系统。

驾驶辅助系统在日常交通状况下提供高度协同、便利智能的辅助，是汽车智能化的重要体现。沃尔沃汽车通过融合摄像头、毫米波雷达和超声波雷达等传感器，提供包括 ACC 自适应巡航控制系统、Pilot Assist 领航辅助系统、BLIS 盲点监测系统等在内的多项功能。

安全是沃尔沃汽车的核心 DNA。作为纯电动汽车的核心部件，动力电池包被全方位保护，电池封装达到了 IP67 标准，具有超高等级的防尘防水性能；电池包封闭居中布置于底盘中间，通过强化车身结构，配备安全笼铝框架等方式，减少碰撞对电池包产生的影响。除此之外，电池管理系统可实时监测每个电芯电压以及模组温度节点，维护每个电芯和模组一致性和安全性。

2. XC40 Recharge 成果创新及关键技术

（1）XC40 Recharge 新一代智能互联系统

XC40 Recharge 是首款搭载沃尔沃汽车新一代智能互联系统平台的车型。新平台采用了沃尔沃汽车开发的全球首款基于 Android Automotive 操作系统信息娱乐主机。沃尔沃汽车为此采用全新的开发与合作模式，实行硬软件分离，并运用敏捷开发模式自主开发主要软件。

在智能生态层面，沃尔沃汽车基于开放平台，与行业领先的合作伙伴合作，致力为用户提供更佳体验。依托于该智能开放平台的 OTA 能力，搭载于 XC40 Recharge 的所有服务可以持续升级迭代，给予用户持续优化的智能座舱体验。

在操作系统层面，沃尔沃汽车与谷歌 Google 进行深度合作，共同定义和完善了 Android Automotive OS，并将其将完整应用于 XC40 Recharge 车型，整体架构如图 5-32 所示。相较于公众所熟知的 Android，Android Automotive 是专门为车载信息娱乐系统设计并开发的开源软件平台，其与 Android 生态系统之间的关系至关重要。

Android Automotive 并非 Android 的分支或并行开发版本，它就是 Android 平台。Android Automotive 与手机和平板电脑等设备上搭载的 Android 使用相同的代码库，位于同一个存储区中。Android Automotive 基于开发时间超过 10 年的强大平台，能够利用现有的安全模型、兼容性计划、开发者工具和基础架构，同时拥有较高的可定制性和可移植性，免费提供并且开源。

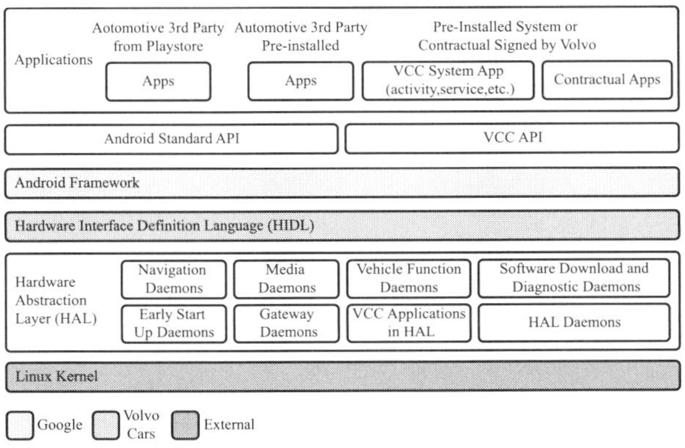

图 5-32 Android Automotive 平台

Android Automotive 对 Android 平台进行了扩展。在将 Android 打造为功能完善的车载信息娱乐平台的过程中，Android Automotive 增加了对汽车特定要求、功能和技术的支持。正如目前的 Android 系统之于移动设备，Android Automotive 是一个一站式全栈车载信息娱乐平台。

Android Automotive 为车载信息娱乐系统提供了更高的开放性、灵活性和规模化特性。免费的开源代码库中提供基本的车载信息娱乐功能，可进一步提升效率，体现了开放性。借助自定义特性，人员能够在适当的情况下实现商品的差异化。规模化特性则是通过 Android 的通用框架、语言和 API 实现。以上特性让全球数十万 Android 开发者的开发专长和成品软件得以重复使用。

基于 Android Automotive OS 进行软件开发，为 XC40 Recharge 的信息娱乐系统带来下面几个显著的优势。用户体验层面，XC40 Recharge 的车机使用体验可以在最大程度保持与 Android 手机体验的一致性。操作系统层面，XC40 Recharge 的车机可以随 Google 的 Android 版本发布周期同步发布最新的系统版本，带来新特性、新体验、新安全防护等。软件质量层面，Google 作为全世界顶尖的软件公司之一，在提供 AAOS 的同时也提供了诸多规程、测试套件等，确保 AAOS、App 的稳定和流畅。生态服务层面，所有 Android 开发者只需要参考 Google 发布的 Android 开发手册就可进行开发、提交 App 到 AAOS 应用商城，用户可以像在手机应用商城里下载 App 一样在沃尔沃汽车的车机上随心选择自己喜欢的 App。驾驶安全层面，沃尔沃汽车与 Google 合作制定了符合驾驶安全的交互设计，避免用户因使用车机而影响驾驶安全。

在车载导航方面，沃尔沃汽车选择与专业的导航服务提供商高德进行合作。XC40 Recharge 地图中 90% 的功能逻辑沿用高德地图公版功能，将移动端高德地图的使用体验延伸到车内。同时针对电动汽车的使用场景，沃尔沃汽车与高德合作开发了另外 10% 的功能，致力为电动汽车用户提供一键找电、精准的可行驶范围预测，智能路线规划：“可行驶里程 + 充电规划”，Range on map 精准的可行驶范围预测功能、Range on route 智能路线规划等贴心服务。

用户通过点击图面上的找电按钮，即可方便快捷地查看附近的充电桩设施，通过图标区分不同品牌的充电桩，便捷地筛选出需要的充电桩信息（如图 5-33 所示）。

图 5-33 一键找电

Range on map 精准的可行驶范围预测功能指，以车辆当前位置为原点，车载地图将直观显示车辆可达范围（车辆可达范围基于车辆实际的电量消耗模型实时计算），如图 5-34（一）所示。

（一）　　　　（二）

图 5-34　可行驶范围预测

Range on route 智能路线规划：“可行驶里程 + 充电规划”功能指，在路线规划过程中，如果车辆剩余电量可以到达目的地，则将显示车辆到达目的地的剩余电量；如有途经点，车辆到达途经点的剩余电量也会一并显示。如图 5-34（二）所示。如果根据车辆当前电量预计（可能）无法到达目的地，导航也会主动建议搜索、添加沿途的充电桩，同时在路线上标注出预计的电量耗尽点。

在智能语音助理领域，XC40 Recharge 系统语音集成了科大讯飞最先进的平台能力，为用户提供智能的车内语音控制体验，提供包括出行、音乐、生活服务、百科问答等在内的全服务领域。语音助理支持常规唤醒、“唤醒 + 指令”、免唤醒等多种交互方式，同时支持全双工自由打断功能，基于上下文理解，给予用户更灵活自由的智能对话体验。音区防串扰与防话痨模式，可以显著减少主副驾间的干扰以及误唤醒率，进一步提升了车内的交互体验。

应用生态方面，沃尔沃汽车选择与专业的安卓应用平台华为应用商店合作，共同打造开放的汽车领域安卓应用商店，为 XC40 Recharge 用户提供包含出行、音视频服务、智能推荐、智能家居等在内的丰富场景服务。应用市场还与系统语音助理进行深度对接，用户可以更方便安全地享受丰富的应用生态服务。

为了打造优质的听服务，沃尔沃汽车与腾讯爱趣听展开合作，共同打造基于车内场景的车载多媒体应用，让用户在开车的时候可以随时享受海量有声内容。爱趣听拥有丰富的内容，集成 QQ 音乐、喜马拉雅、微信读书等，内容涵盖音乐、电台、有声书、新闻等，全网头部资源多领域一站聚合。爱趣听支持用户使用微信手机扫码登录账号，关联相关服务即可实现账号联通，多端数据同步。如同步个人收藏、兴趣偏好、播放历史、会员权益、付费内容等。此外，爱趣听与系统语音助理深度集成，支持口语化的语音点播，例如可以说“播放我喜欢的歌”“来点新闻”，即可轻松实现内容点播。此外，还可以用语音控制“暂停播放”“继续播放”“上一首”“下一首”，实现语音控制内容的播放与切换，便捷、安全。

（2）XC40 Recharge 电池系统

图 5-35　电池系统

强大的电动动力总成是驾驶体验的核心。双重高性能 300 kW/408 hp 前后电动机为 XC40 Recharge 提供安静而精致的卓越驱动性能。该电机可提供 660 Nm 的瞬时扭矩，让车辆能够快速起步。四轮驱动系统在各种车速下均提供平稳、线性的加速度。XC40 Recharge 还具有再生制动功能，同时单踏板可实现全面控制驾驶。400 V 锂离子高压电池的标称容量为 71 kWh，可提供 420 km 的行驶距离（NEDC）。

强大的 11 kW 车载充电机让车辆不论在家中还是在市内都具有富有竞争力的充电能力。直流快速充电时，建议充电到 SOC 80%，预计行驶里程为 320 km。

电池包 500 kg 的重量均匀地分布在前后轮之间，让汽车具有较低的重力点和均匀的重量分布（接近 50/50），极大地提升了操控性和行驶稳定性。电池包还增加了整车的扭转刚度，进一步提升操控。宽幅轮胎的搭载则让 XC40 Recharge 拥有更佳的动态驾驶体验。

安全是重中之重。除电池本身的安全设计（包括化学成分以及电压等）外，电池还需要在车辆发生碰撞时得到车身结构的保护。XC40 Recharge 坚固的铝制框架在电池周围创建了一个内置的压溃区。

为了保持 XC40 Recharge 所有座位的舒适度和腿部空间，以及行李箱等装载能力，电池安装位置经过优化。此外，电池的尺寸和设计还有助于降低道路噪音，并具有强大的空调调节功能。

XC40 Recharge 电池系统设计亮点：

①高效的电池热管理系统（加热和冷却）有助于提升续驶里程以及快速充电，提供出色的性能及延长电池寿命。

②电池的位置重心较低，并且重量分布均匀，提高行驶稳定性。

③增加的扭转刚度使汽车驾驶更加有趣并且响应更快。

④电池设计有集成的硬质铝盒。

⑤独特的电池结构设计，有助于在碰撞事故中保护电池。

⑥电池尺寸和设计有助于降低路噪，乘客拥有更安静的乘车体验。

⑦大电池容量可实现强大的预气候处理（加热以及冷

却），乘客进入座舱便可享受舒适的温度。

⑧可靠的续航里程信息（基于道路的计算以及驾驶员显示屏中的导航数据、驾驶风格、室外温度、预气候等）有助于减少里程焦虑。

⑨优化的电池安装位置提供充足的后排腿部空间和储物空间。

（3）XC40 Recharge 充电系统

图 5-36 充电系统

XC40 Recharge 的充电方式包括使用车载 11 kW 充电机为 71 kWh 电池充电，或通过 1 相或 3 相线缆进行交流充电。如果使用 1 相交流电 3.7 kW，则可转换为 15～20 km/h。相比之下，三相交流电 11 kW 时，则为 50～60 km/h。这些充电情况多见于给电池补电（如 40%～80%）。也可以使用直流方式为汽车充电，高达 150 kW 的快速充电直流站可在 40 min 内将电池由空充电至 80% 左右（或 80～100 km/10 min）。对于直流快速充电，建议最多可充电至 80%（不建议充到 100%，会缩短电池使用寿命），这也有助于缩短充电时间，因为最后 20%充电需要最长的时间才能实现。如果驾驶员在导航系统中输入一个较远目的地，车辆可以针对该特定旅程建议驾驶员充电 90%～100% 或充电至到达选择的充电站。对于常规的交流充电，建议的最大充电量为 95%，且最好避免让电量降至 20% 以下。实际的充电状态及电池预计充满时间将清晰显示在驾驶员显示屏上。在充电过程中，驾驶员可以对座舱气温进行预处理，使驾驶员每次都能进入舒适的驾驶室。这也避免汽车在行驶中需要快速加热或冷却座舱，从而提升纯电续驶里程。

XC40 Recharge 充电系统亮点：

①即插即用：轻松安全的充电，既省时又省力。

②适配所有符合国标标准的快充桩。

③车辆“知道”驾驶员的意图并可以提出适当的建议根据不同情况进行充电，降低充电费用和时间。

（4）XC40 Recharge 电机驱动系统

XC40 Recharge 搭载永磁同步电机，采用电机和减速器同轴一体化的设计方案，实现动力总成的轻量化和小型化（如图 5-37 所示）。XC40 Recharge 电机峰值功率达到 150 kW，最高转速达到 13 900 r/min，最大扭矩达到 330 Nm；采用速比为 8.57 的减速器。XC40 Recharge 采用前后各一个电机的布局，共计 300 kW 功率输出，并采用四驱形式，能够实现瞬时5 656 Nm 的扭矩，为整车提供了极佳的加速性能（如图 5-38 所示）。

图 5-37 同轴式电机和减速器集成

图 5-38 电机四驱形式

对前后电机进行精确控制的两个控制器（图 5-39 前控制器，图 5-40 后控制器）达到了 IP6K9K 的防护等级要求，可在短时间内为电机提供达到 500 A 的瞬时电流。转矩的响应时间可短至 50 ms，精度达到 5%。

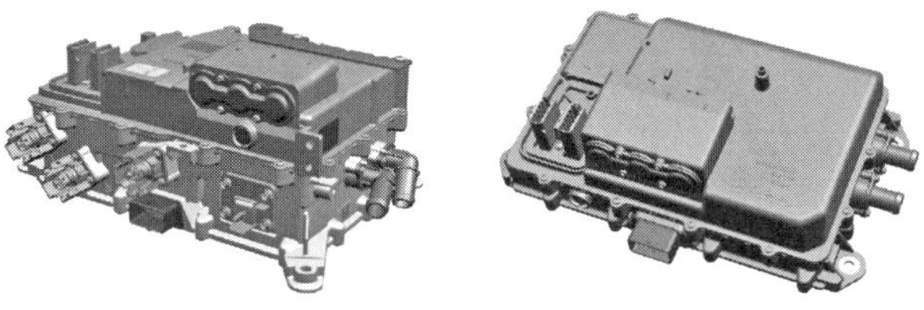

（前） （后）

图 5-39 电机控制器

驱动电机采用定子连续扭转斜槽设计。如图 5-41 所示。平稳的扭转斜槽有利于 NVH 性能。驱动电机＋控制器的系统最高效率可达 94.7%，驱动电机的功率密度可达 2.3 kW/kg。

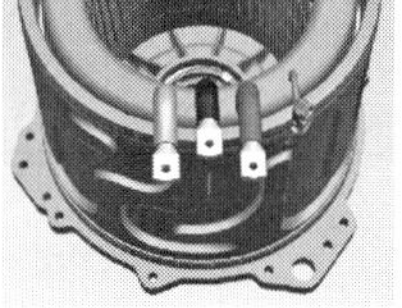

图 5-40 驱动电机定子连续扭转斜槽设计

（5）XC40 Recharge 整车高压安全

为了实现高压电池的全方位碰撞物理保护，沃尔沃汽车对碰撞中对电池安全威胁最大的柱碰进行专门结构设计，在侧面每隔 100 mm 的 32 km/h 的柱碰工况下，电池内所有电芯的变形不大于限定值，确保电芯在碰撞中冲击变形的安全性能。

XC40 Recharge 同时满足美国法规 FMVSS305 及欧盟 ECE R94/R95 关于电动汽车的碰撞安全标准。沃尔沃汽车以高于美国法规标准的碰撞速度对高压碰撞安全进行验证，各实验工况均满足 FMVSS305 的高压电安全要求中所有 3 个条件，而法规要求只需满足其中一个条件即可。高压电池管理系统会在检测到碰撞发生后，在 5 s 内将车辆的高压系统电压降到 60 V 以下的安全电压，而美国法规并未对电压下降速度有所要求。这一速度也远快于国标要求的 60 s 的时间。XC40 Recharge 在进行所有碰撞试验后，都会进行 360°静态翻滚，并实时测量高压系统的电压和绝缘电阻，确保时刻满足全部电安全要求，最大程度保证在碰撞发生后各种情况下的整车电安全。

针对欧盟法规 ECE R94/R95 扩展中规定的所有电安全要求，XC40 Recharge 的高压回路中并联放电电阻，在碰撞发生 5 s 后的整个高压闭合回路中的能量小于 2.0 J。

针对电动汽车的安全，中国已最新出台 GB18384—2020。XC40 Recharge 符合 GB18384—2020 的电动汽车安全要求，包括高压标记、直接接触防护、间接接触防护和防水要求等；且符合 GB/T 31498—2015 的电动汽车碰撞后要求。

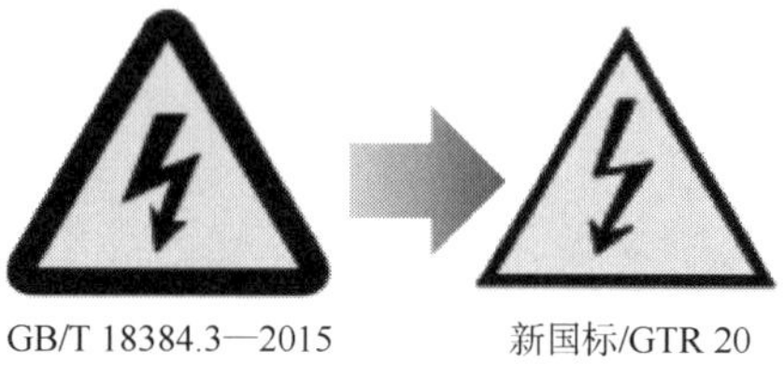

图 5-41　高压标记

此外，沃尔沃汽车对 XC40 Recharge B 级电压的电能存储系统或产生装置，如 REESS 和燃料电池堆，粘贴高压标记；B 级电压电路中电缆和线束的外皮应用橙色加以区别。

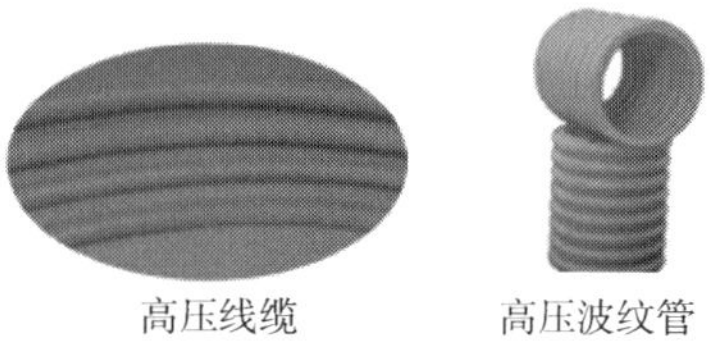

图 5-42　橙色标识

直接接触防护方面，沃尔沃汽车通过绝缘材料、外壳或遮拦实现人体与 B 级电压带电部件的物理隔离。针对遮拦或外壳，乘客舱内、货舱内使用 IPXXD（金属线），乘客舱外、货舱外使用 IPXXB（试指）。遮栏和外壳只能通过工具才能打开或者去掉。连接器和高压维修断开装置通过工具才能打开，打开后带电部分满足 IPXXB 要求。充电插座满足 IPXXB 要求，且断开后 1 min 内断电。

图 5-43　IPXXB（图左）与 IPXXD（图右）

对于间接防护的绝缘电阻要求，最大工作电压下，直流电路绝缘电阻应不小于 100 Ω/V，交流电路应不小于 500 Ω/V。其测试方法如图 5-44 所示。①车辆上电，所有电子、电力开关处于激活状态。②关闭绝缘监控功能。③用相同的两个测电压工具同时测量 REESS 的两个端子和电平台之间的电压，待读数稳定，较高的为 U_1，较低的为 U_1'。④添加一个已知电阻 R_0，阻值宜选 1 MΩ；并联在 REESS 的 U_1 侧端子与电平台之间，重复③，测得 U_2 和 U_2'。⑤计算出绝缘电阻 R_i。

$$R_i = \frac{1}{\frac{1}{R_0\left(\frac{U_i'}{U_3} - \frac{U_1'}{U_1}\right)} - \frac{1}{r}}$$

此外，XC40 Recharge 的间接防护满足绝缘电阻监控要求、点位均衡要求、电容耦合要求和充电插座要求。对于防水要求，模拟清洗和模拟涉水试验，并在结束后测量绝缘电阻，满足 500 Ω/V。

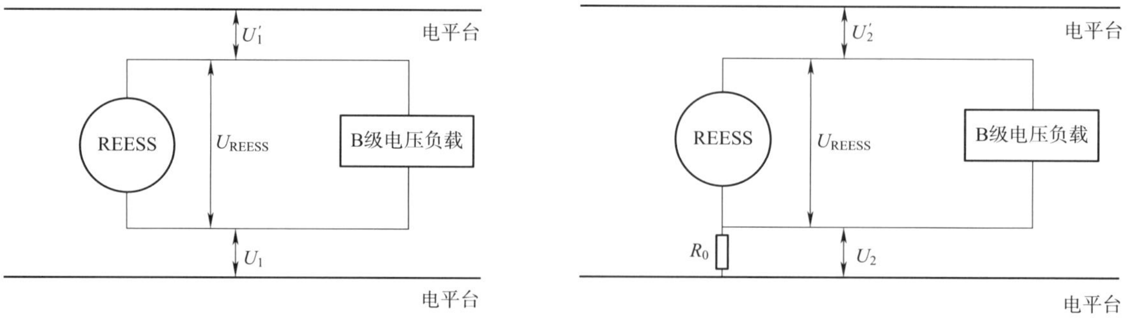

图 5-44　绝缘电阻测试方法

（6）沃尔沃汽车最新一代驾驶辅助平台——Argus 2

①产品架构（如图5-45所示）。车身周围16个传感器协同工作，感知车辆周围环境信息，保证目标检测的可靠性。传感器包括1个前向雷达（FLR）、1个前向摄像头（FLC2）、2个侧后向雷达（SOD）、8个超声波传感器（USS）、1个360°全景摄像头控制器（WAM）和4个泊车辅助摄像头（PAC）。

传感器探测到的障碍物信息传递给中央控制单元——主动安全域控制器（ASDM），由其对多个传感器探测到的目标信息进行融合处理，并根据车辆状态做出声光报警乃至车辆动态控制的决策。

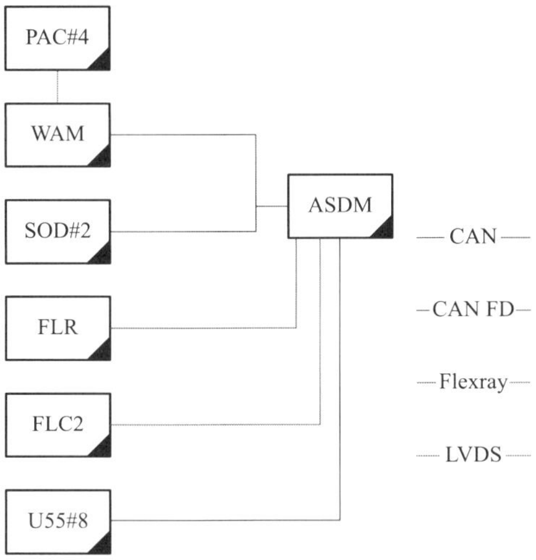

图5-45　驾驶辅助系统产品架构

②目标检测。以车辆前向目标的检测为例，相关功能主要由前向摄像头以及前向雷达实现。

前向摄像头采用单目摄像头，布置在前风挡中间的上方。如图5-46所示，前向摄像头可以实现对视觉目标的识别，如车辆、车道线、限速标识牌等，从而实现车道偏离预警，限速提醒等功能。相比于雷达，虽然摄像头的性能受光照、雾霾等气候条件的影响很大，且对目标距离和方位的识别准确度没有雷达好，但摄像头对于识别的目标可以进行更准确地分类，如车辆、行人、非机动车等。前向摄像头与主动安全域控制器直接通过Flexray总线通信，以确保通信的实时性和可靠性。前向摄像头通过主动安全域控制器获取车辆信息，并向主动安全域控制器实时回传探测的目标信息，如距离车道线的距离、限速标识的内容、探测目标的类型以及相对位置等。

图5-46　前向摄像头对目标的识别

前雷达采用77 GHz毫米波雷达，布置于前保险杠中间。其探测性能相比前向摄像头更加稳定，受雨、雪、雾等气候环境的干扰较小，具有良好的环境适应能力。此外，相比摄像头，前向雷达对目标的距离、方位以及速度的探测精度更高。前向雷达与主动安全域控制器之间通过CAN FD总线通信例，实时向主动安全域控制器回传检测到目标的信息（如图5-47所示）。

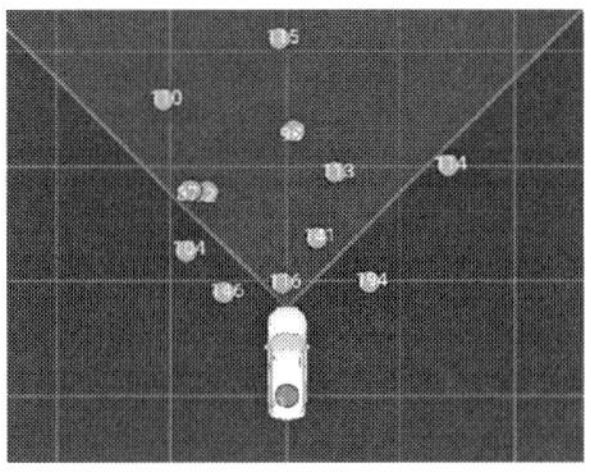

图5-47　前向雷达对目标的识别

③传感器融合及控制决策。以车辆前向目标的检测为例，前向雷达和前向摄像头分别在各自模块内完成对目标的分类和信息提取，通过总线将目标信息传送给主动安全域控制器。如图5-48所示，前向雷达和前向摄像头输出的目标信息统一采用车辆坐标系，因此，主动安全域控制器在收到目标信息后可以进行目标重合度计算，得到融合后的目标信息，确保能在复杂的现实道路中准确识别目标。

根据融合后的目标信息，结合车辆状态信息，例如车速、方向盘转角等，主动安全域控制器做出相应的控制决策，以实现相应的驾驶辅助功能，提升车辆的驾驶便捷性和安全性。例如，当车速介于65～200 km/h，且车道线清晰可见时，车道保持辅助功能会根据车道线位置和车辆姿态，来判断车辆是否有偏离道路风险，并在车辆即将越过车道线时，根据驾驶员设置，通过施加微小转向扭矩实现主动纠偏，或通过方向盘震动警告驾驶员。

3. 国际水平对标分析

（1）高压系统一体化集成设计方案。电机、电机控制器MCU、减速器、直流电源转换器DC/DC、车载充电机OBC、高压配电盒PDU一体化集成，具备模块化、轻量化和平台化优势，能够大幅减少线上安装工位，优化生产效率，实现管路和线束最优设计。

（2）率先推出电机与减速器同轴集成化方案，采用扁铜线电机技术。相比平行轴方案，电机和减速器同轴集成方案大幅减少减速器体积和重量，具有轻量化和体积小等优势。扁铜线相比圆筒线，槽满率提高15%，线圈电阻减少30%，电机系统效率大幅提升。

（3）创新性开发单踏板能量回收模式。采用单独油门踏板即可实现加速、减速及能量回收，相比传统并联式制动能量回收，续航里程提高5%。

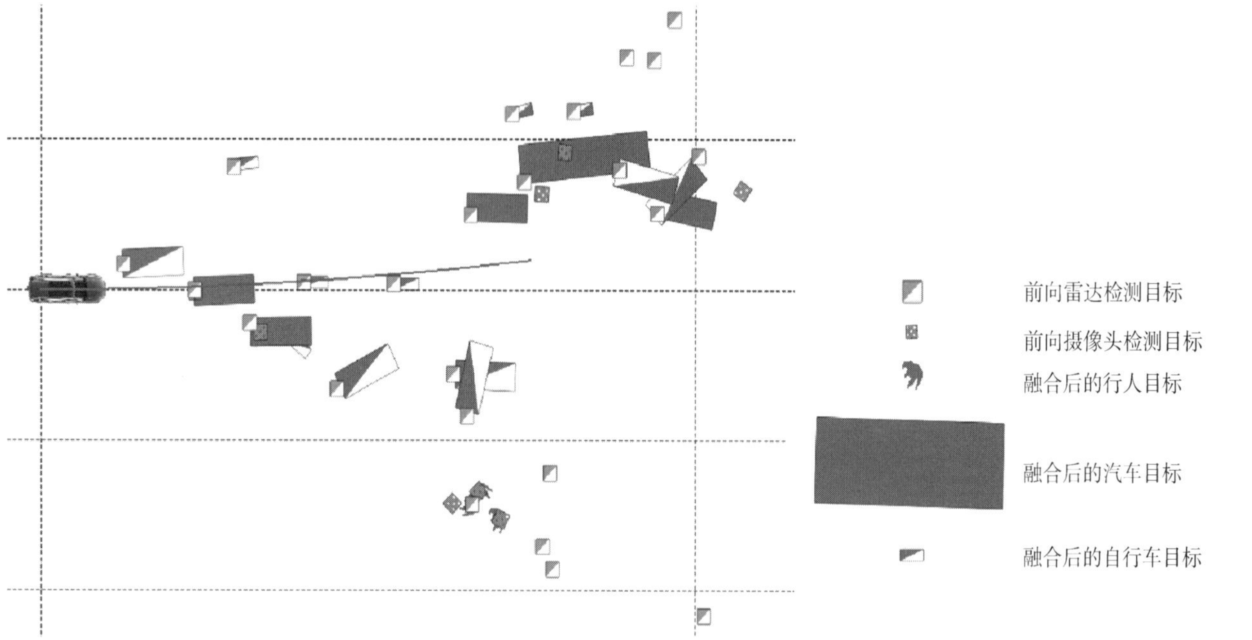

图 5-48 传感器目标的融合

4. 成果应用情况

XC40 Recharge 于 2020 年在广州车展正式上市，生产基地位于浙江省台州市。XC40 Recharge 以官方直售的方式进行销售，目前已获得广泛的市场认可，好评如潮，销量正逐步攀升。

福田商用车平台化电机控制器

供稿：北汽福田汽车股份有限公司　王永兴　郭凤刚　熊　建

1. 成果简介

福田新能源汽车覆盖福田几乎所有的产品线，包括微卡、轻卡、中卡、重卡、微面、小 VAN、中 VAN、大 VAN、皮卡和客车等，由于产品线众多，需求各不相同，通过软硬件平台化的电机控制器，根据需求进行硬件配置和软件裁剪来适应各种需求。

随着第二版 ISO 26262 功能安全标准的发布，对商用车的功能安全也提出了具体的要求。2020 年福田已经取得功能安全 ASIL D 流程认证证书，电机控制器正是按照该流程进行开发和验证。

福田自研电机控制器采用满足功能安全 ASIL-D 核心芯片组，基于 AUTOSAR 架构，采用 MBD 开发方式按照功能安全开发流程进行开发，从平台化、功能安全、功率密度提升、效率提升等方面进行了深入的研究，已申请专利 18 项。

2. 成果创新点及解决的难点问题

（1）基于功能安全的硬件架构平台化研究。为了满足电机控制器的多种集成形式，兼容 400 V 和 600 V 高压平台、12 V 和24 V 低压平台，电机控制器的设计从低压控制方案、高压方案等进行平台化、模块化设计。

①控制板设计。电机控制器的低压方案采用“Infineon TC275 主控芯片 + NXP FS5810 SBC 芯片 + TI PGA411 旋变解码芯片”方案，其均满足功能安全 ASIL-D 级要求，如图 5-49 所示。硬件电路兼容 12 V 和 24 V 系统，并设计高压备用电源，可以将直流母线电压转化为低压供电，作为低压输入电源冗余，实现双路电源供电，当整车低压电源出现问题，可以自动切换为高压备用电源，满足功能安全需求。

②驱动板设计。驱动板采用全桥电路设计，其中包括 6 路驱动电路，采用反激式开关电源来实现兼容 12 V/24 V 电源输入，输出 + 16 V 和 − 7 V 用于开通和关断 IGBT，架构图如图 5-50 所示。当功率在 180 kW 以下需求时，只需要采用一块驱动板和 3 个 IGBT 半桥模块即可实现功率输出；当功率在 180 kW 以上需求时，采用两块驱动板和 6 个 IGBT 半桥模块并联即可实现输出，从而实现硬件平台的模块化设计。

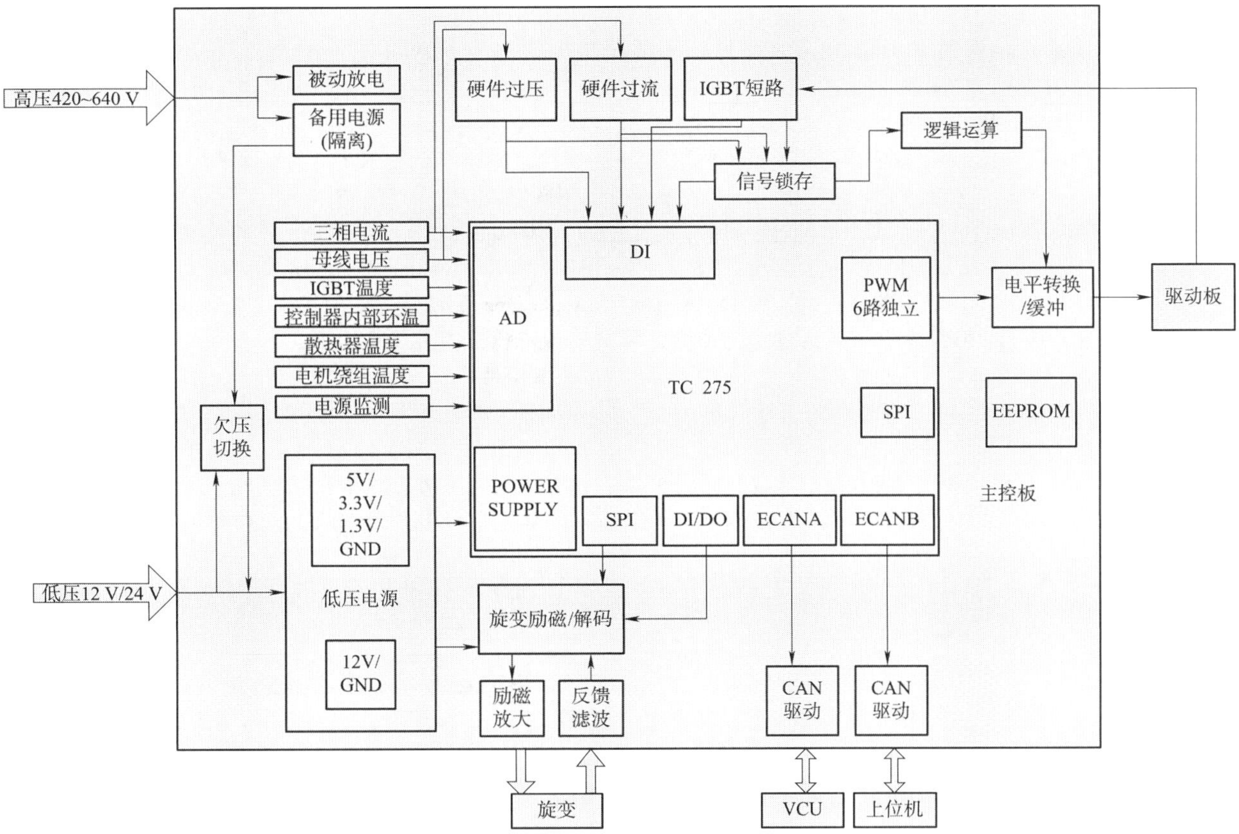

图 5-49　控制板架构

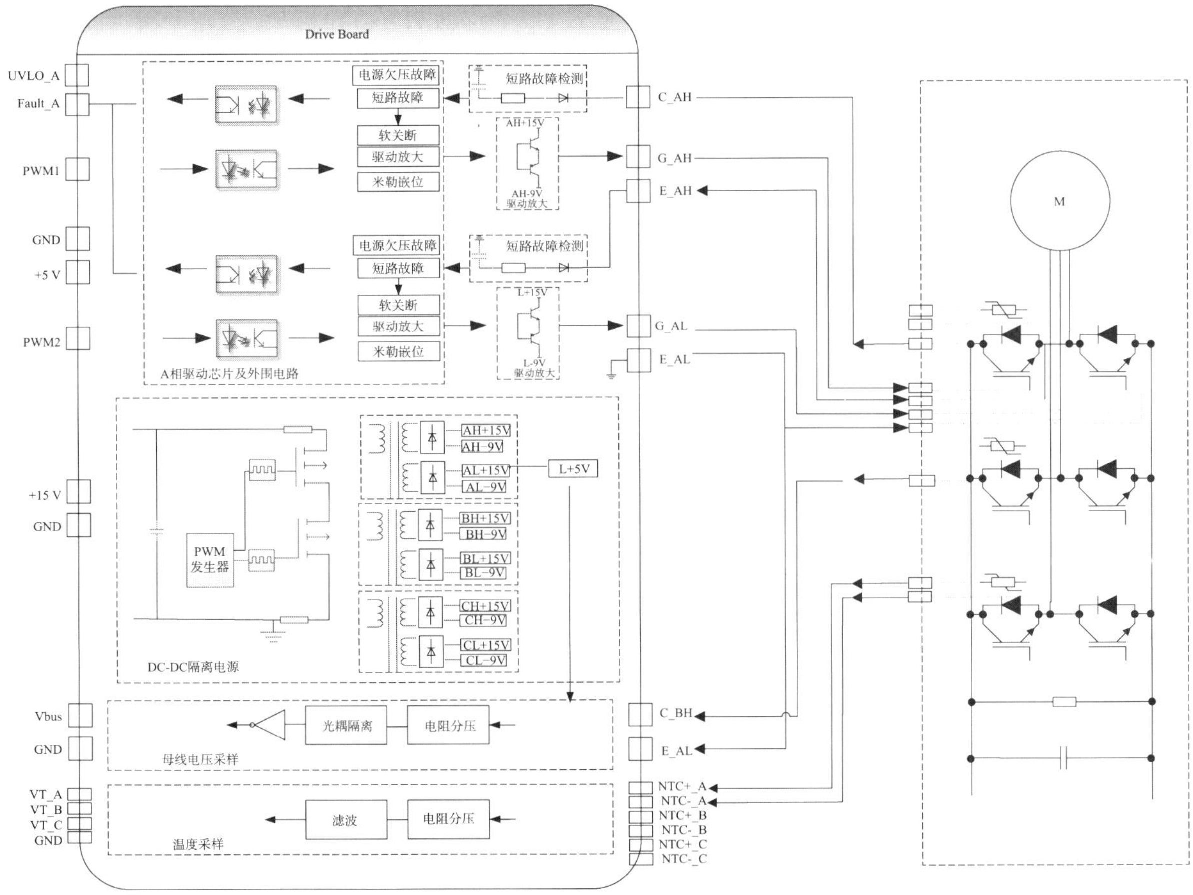

图 5-50　驱动板架构图

③功率模块平台化选择。市场上新能源汽车常用的IGBT模块主要为HPDriver封装和EconoDual封装的模块，HPDriver封装的IGBT耐压为750 V，EconoDual封装的IGBT耐压是1 200 V。直流母线电压600 V的应用场合，IGBT耐压需要至少达到800 V，因此，为了兼容400 V和600 V电压平台，选择EconoDual封装形式的IGBT模块组成三相全桥电路实现逆变功能。

EconoDual封装的模块主要有两个规格型号：1 200 V/450 A，1 200 V/600 A，分别可以输出的峰值电流为450 A和600 A，通过选用不同型号的IGBT模块或者通过模块并联实现不同功率的需求，方案如下。

a. 3个1 200 V/450 A模块组成三相全桥，最大功率可达到120 kW。b. 3个1200 V/600 A模块组成三相全桥，最大功率可达到180 kW。c. 6个1 200 V/450 A模块通过双模块并联组成半桥，再实现三相全桥，最大功率可达到250 kW；d. 6个1 200 V/600 A模块通过双模块并联组成半桥，再实现三相全桥，最大功率可达到350 kW。

通过上述方案的设计，可以实现硬件平台化、模块化的应用。

（2）基于AUTOSAR的软件架构平台化研究。汽车领域流行的软件架构是AUTOSAR架构，其是汽车工业中的一个开放的、标准化的软件架构。AUTOSAR整体框架为分层式设计，以中间件RTE（Runtime Environment）为界，隔离上层的应用层（Application Layer）与下层的基础软件（Basic Software）。

基础软件包括MCAL、ECU抽象层、服务层和复杂驱动，其主要跟硬件和基础服务相关，需要根据硬件进行相应的设计，从而实现应用层与硬件无关，实现多平台移植的便利性，并可以根据需求配置不同的功能，具有模块化和平台化的特点，福田电机控制器平台采用ETAS的AUTOSAR工具链实现了AUTOSAR软件架构，架构图如图5-51所示。

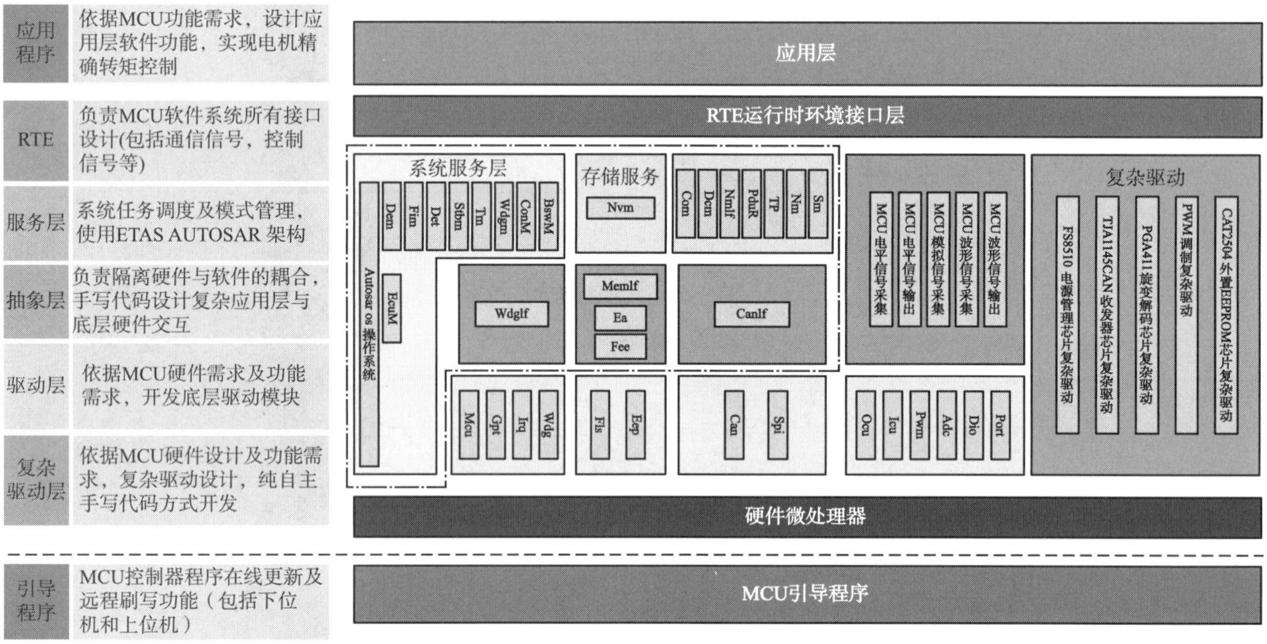

图5-51 基于AUTOSAR的软件架构图

应用层软件开发方式主要取决于建模和代码实现的方式，传统的代码实现方式为手写C语言代码，这种方式对开发人员的要求较高，需要其具有较高的C语言开发能力和经验，而且代码中Bug的排查复杂。基于模型的开发方式（MBD）是以模型为中心的开发方式，通过建模、仿真、代码生成等方式实现软件的开发。最大的好处是可以在开发初期发现Bug，如果开发晚期发现这些Bug，将需要花费很高的代价。

应用层软件基于MBD设计，采用模块化、平台化设计，如图5-52所示，共完成10个一级模块、33个二级模块的设计和建模，可以根据整车需求进行功能裁剪，满足不同的功能需求。

（3）提升电机控制器功率密度的关键技术研究。现在主流的电机控制器外壳的材质为铝材质，其在电机控制器的重量占比在30%左右，减少外壳重量是一种有效提高电机控制器功率密度的方法。

镁合金材料具有以下特点：

①重量轻、比强度高。镁合金是最轻的工程结构材料，密度比铝合金小33%，比刚小77%，是实现汽车等产品轻量化的基础；同等刚性条件下，1 lb镁的坚固程度等于1.8 lb的铝和2.1 lb的钢（见表5-1）。

表5-1 各种材料的特性对比

材料	轻质材料（铸造合金）			45钢（GB/T699—1999）
	铝合金（A380）	镁合金（AZ91D）	钛合金（Ti-6Al-4V）	
密度（g/cm^3）	2.70	1.81	4.4	7.85
比强度（强度/密度）	116	138	222	108
弹性模量（GPa）	71	45	110	210
比刚度（弹性模量/密度）	25.9	25.86	25	26.75

②降振、减噪、抗冲击。在相同载荷下，镁合金的减振效能是铝合金的 10 倍以上；镁合金能在各种冲击下保证电机控制器壳体不出现破裂、连接可靠、结构完好。

③电磁屏蔽效能高。镁合金材料的屏蔽效能良好，达到 4 级（优良）标准，超过了 GB/T 18387—2001《电动汽车的磁场强度测量方法及限值》中规定限值 47.4 dB 的要求，完全能满足电动汽车的电磁辐射屏蔽的要求（见表 5-2）。

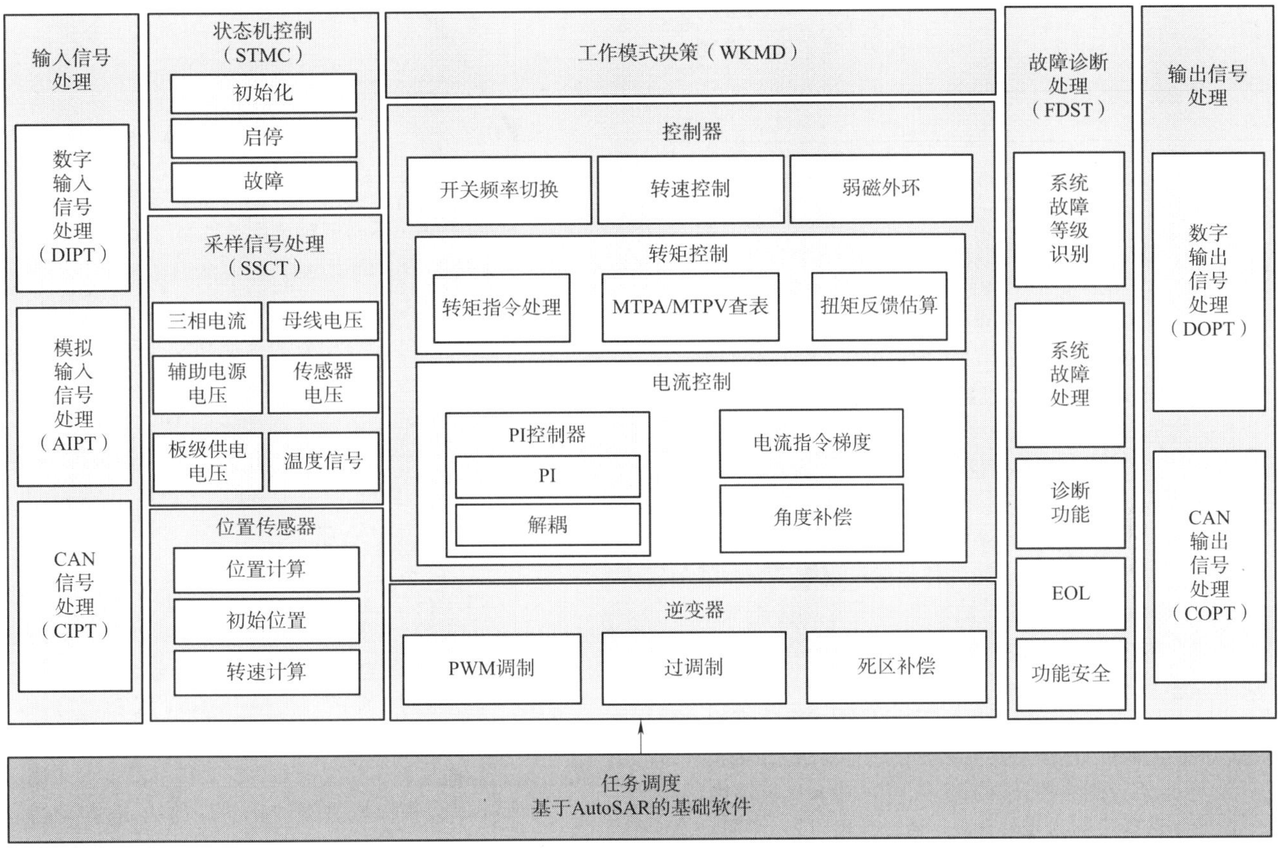

图 5-52 应用层软件模块划分图

表 5-2 镁合金与铝合金材料的电磁屏蔽效能（SE）比较

电磁辐射频率（MHz）	电磁辐射屏蔽效能 SE		比较（%）
	铝合金	镁合金	
30	68	72	5.9
400	52	68	31
800	40	70	75
1 200	32	68	112
1 500	33	69	109

④较好的导热性能。镁合金材质具有较好的导热性能，但相对于铝合金材质，其导热性能略差，不同材质的导热率见表 5-3。

表 5-3 不同材质的导热率

材 质	材料导热率（W/mK）
AZ91D 镁合金	72
压铸铝	100
6061-T4 铝合金	154
6063-T6/1060 铝合金	208

采用镁合金 AZ91D 材质进行壳体设计，由于其结构强度高、材质轻、电磁屏蔽效能高等优点，可以提高电机控制器的功率密度，且成本与铝合金材料基本一致，但由于其导热性能较铝合金材质差，因此在散热器设计上需要着重考虑。

相同损耗、冷却液参数，导热硅的情况下，6061 样件控制器温度分布如图 5-53 所示，AZ91D 镁合金材质温度分布如图 5-54 所示。

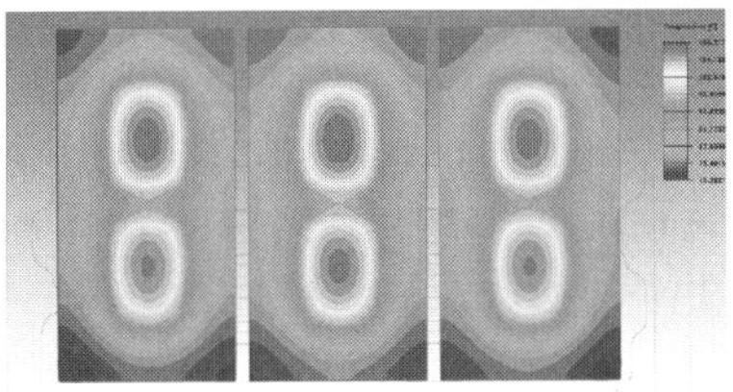

图 5-53 6061 材质时 IGBT 基板温度分布图

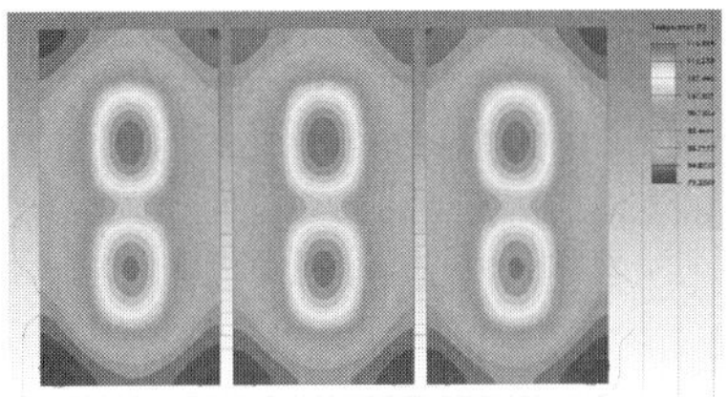

图 5-54 AZ9D 材质时 IGBT 桥臂温度分布图

对 IGBT 上 NTC 所在基板位置采集温度，以及对 IGBT 每个桥臂最热点温度采集，可得到如表 5-4 所示的温度分布表。

表 5-4　单 MCU 控制器不同材质下热点温度分布表

材质	U 相 IGBT			V 相 IGBT			W 相 IGBT		
	Top	Bottom	NTC	Top	Bottom	NTC	Top	Bottom	NTC
6061T4	106. 97	107. 98	83. 04	107. 4	108. 32	83. 49	106. 86	107. 76	82. 62
AZ91D	115. 43	116. 48	88. 63	115. 94	116. 88	89. 2	115. 34	116. 3	88. 29

从仿真分析结果上看，散热器采用镁合金材质较铝合金材质的散热性能较差，IGBT 结温有 9 ℃的差异，但从分析结果来看，AZ91D 镁合金材质可以满足电机控制器的散热需求，因此镁合金材质完全适合作为电机控制器的壳体材料，是提高电机控制器功率密度的一个有效方法。

（4）提升电机控制器效率的关键技术研究。机控制器的损耗主要与 IGBT 器件特性、反并联二极管的特性、电流、电压以及开关频率相关。在电机控制器应用中，IGBT 模块和电压平台是一定的，因此电机控制器的效率提升只能通过降低开关频率和减小电流来实现。福田电机控制器采用动态载频技术、PWM 调制、过调制技术等来实现电机控制器效率的提升。

①动态载频技术。动态载频技术是根据电机控制器的输出频率不断调整 IGBT 的开关频率，设计原则为电机控制器输出频率低，开关频率也较低，随着输出频率的增加，开关频率也逐渐提升，保证开关频率与输出电流频率之比在 15 以上，从而保证低开关频率的情况下，系统依然稳定可控，输出电流平稳无畸变，电驱动系统噪声在整车要求范围内。一般情况下，电机控制器的开关频率在 1 k ~ 10 kHz 范围内，根据上述原则选择不同的开关频率。通过试验可知，使用动态载频技术后，控制器效率最大可以提升 2% 左右，尤其在低转速，对载频要求不高的情况下，可以有效降低控制器的损耗，提升控制器的效率。

② DPWM 调制技术。与连续脉宽调制（continuous pulse width modulation，CPWM）策略相比，不连续脉宽调制（discontinuous pulse widthmodulation，DPWM）策略可以实现开关管在一个电压基波周期内的一定区间不动作，从而通过降低开关损耗来提高控制器效率。采用 DPWM 调制技术比 CPWM 调制技术减少 1/3 的开关次数，可以显著降低开关频率，达到降低开关损耗的目的，从而提高电机控制器效率。

如图 5-55 所示，当调制比 M > 0. 816，DPWM 调制下的谐波特性较 SVPWM 好，因此 DPWM 适合应用于高调制比工况，本方案选择在低速工况下采用 SVPWM，在高速弱磁工况下采用 DPWM 调制技术，可以有效降低开关损耗，电机控制器效率最大可提升 1% 左右。

③ 过调制技术。控制器损耗包括开关损耗和导通损耗。导通损耗与输出电流有直接关系，当电机控制器输出功率一定的情况下，当输出电流降低时，对应的输出电压需要相应提高。

通常情况下电机控制器的 PWM 调制都是在线性调制区，该区域内 PWM 调制的电压幅值与 PWM 脉宽成正比，波形畸变率低。过调制技术可以有效地提高直流母线的电压利用率，但同时也导致波形的谐波特性较差，可能会引起电机的转矩脉动和额外的损耗。

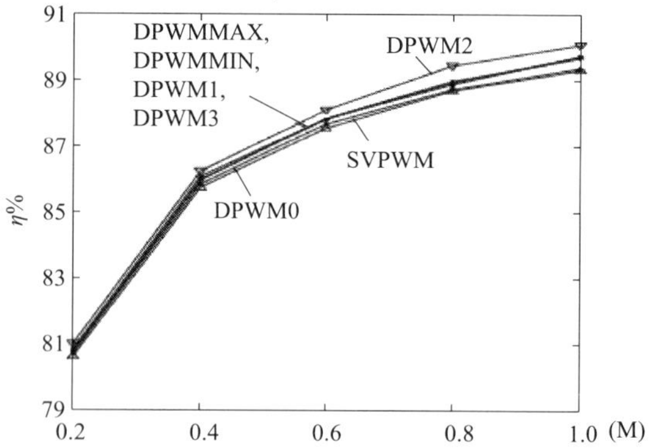

图 5-55　不同调制技术的效率对比

综合考虑谐波和电压利用率，在永磁同步电机的弱磁区域，能有效提高该区域的输出功率和输出转矩，过调制技术可提高输出电压 5% 以上，相应的峰值功率也可以提高 5% 左右，可以有效提高新能源汽车高速下的动力性能。加入过调制技术，能有效提高基波电压，在输出相同功率的情况下，电流会明显降低（0 ~ 8%），能减小系统发热，提高系统效率，有效延长新能源汽车的续驶里程，提高车辆的经济性。

3. 国际水平对比分析

轻量化材料必然是未来电动汽车零部件发展的必经之路，福田自研电机控制器采用镁合金材料可以有效降低重量，提高功率密度，实现轻量化设计，在镁合金材料的应用探索中走在了行业前列。福田积极推进 IGBT、传感器等核心器件的国产化应用，对应用国产化器件的电机控制器进行了测试验证，其性能见表 5-5，其性能指标与国外品牌处于同一水平。未来福田会积极推进国产化器件的应用，推动行业发展。

表 5-5　性能指标表

项目	内　容	数　值
重量尺寸	重量（kg）	8. 4
	体积（L）	7. 6
	尺寸（mm）	305 × 250 × 100
性能参数	控制器交流输出（有功）功率（kW）	170. 5
	匹配电机峰值输出（机械）功率（kW）	160. 2
	控制器最高效率（%）	98. 8
	系统效率（%）	高效区（≥85）86. 3
	重量功率密度（kW/kg）	20. 29
	体积功率密度（kW/L）	22. 43

4. 成果应用情况

根据硬件平台化设计，完成了多款集成平台化 MCU 的控制器产品，其中包括四合一控制总成 PEU（集成 MCU、DCDC、OBC 和 PDU），三合一动力总成 EDS（集成 MCU、电机和减速器）、五合一控制总成 PEU（集成 MCU、DCDC、气泵 DCAC、油泵 DCAC 和 PDU）以及单 MCU 等产品，如图 5-56 所示，采用镁合金外壳的电机控制器最高效率可达到 98. 8%，功率密度可以达到 20. 29 kW/kg。这些产品在福田商用车的轻卡、中 VAN 等车型上进行测试验证，即将量产。

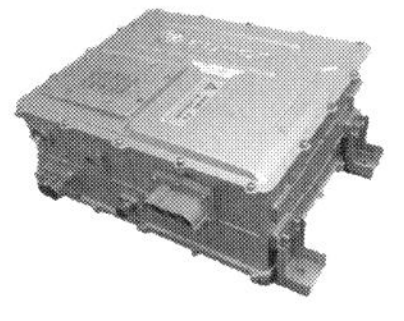
(a) 四合一控制总成PEU

(b) 三合一动力总车EDS

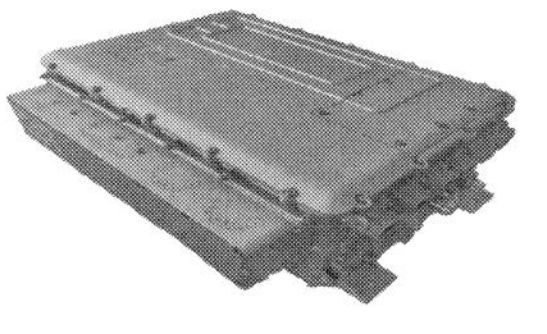
(c) 五合一控制总成PEU

(d) 单MCU

图 5-56 MCU 平台化产品

5. 成果的产能建设情况

福田汽车已经在山东潍坊建成核心三电生产工厂，电机控制器产线产能 4 万套/年，2021 年三季度可实现量产销售，工厂的柔性化生产线具有生产多款不同形式控制器的能力，将生产、物流、过程监控、质量监控、设备管理等所有环节联网，采用 MES 系统数字化管理，实现产品生产的全过程全监控、可追溯。

6. 社会及经济效益分析

福田电机控制器开发过程中，积极采用国产核心器件（IGBT、传感器等），为国产化核心器件的应用起到示范作用，加速了国产化核心器件的推广，有利于提高国内核心器件在国际上的竞争力，对提升新能源汽车的国产化率具有积极的作用。

一种搭载智能货厢的新能源货车的研发及产业化

供稿：湖南智点智能新能源汽车有限公司

1. 成果简介

项目以高性能、低成本纯电动商用车整车开发为目标，针对控制系统、动力系统、整车性能优化、整车人机交互智能化等共性关键技术进行攻关，通过提高电驱动系统效率、新动力总成开发应用、整车车身及零部件新材料轻量化应用、整车智能控制及互联网应用等先进技术完成高性能纯电动商用车的开发、试制试验及规模化推广应用，实现面向物流电动商用轻卡车的批量产业化。

2. 技术成果：

（1）整车控制系统快速原型平台开发

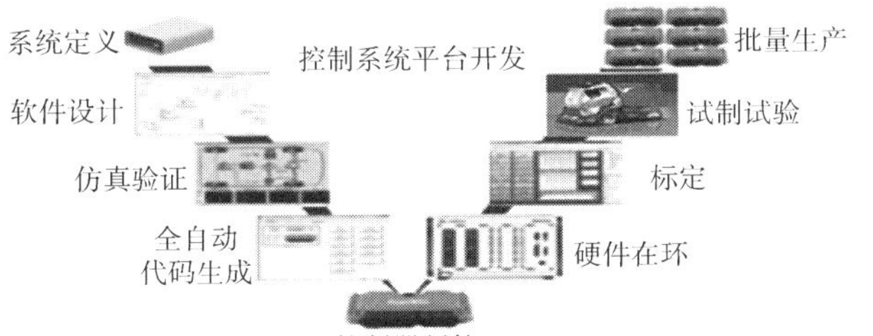

图 5-57 控制系统平台开发流程

重点研究整车控制系统的架构、核心控制算法与应用软件的开发方法，研究制定以提高动力系统能量利用效率和能量的回收并兼顾行驶平顺性为目的的整车驱动与制动控制策略和控制算法，满足整车行驶工况的安全控制策略及故障诊断和容错控制算法，构建基于 CAN 通信协议的纯电动汽车整车控制系统结构体系，建立低压、高压和智能网联控制系统快速原型开发与测试标定技术平台。内容包括：

①整车控制系统结构与 CAN 网络设计

从车辆形式的角度明确细化整车驱动、制动及能量管理、故障诊断等各项控制性能要求，提出纯电动汽车整车控制系统结构与 CAN 网络设计方案；基于整车电子电器架构，根据控制流、诊断流、网络管理的要求，建立纯电动平台 CAN 通信协议体系，保障整车电控系统协调工作的顺利实现。

②整车控制系统控制策略制定与控制算法研究

a. 整车驱动控制策略预算法研究开发；b. 整车制动能量回馈控制算法研究开发；c. 整车运行状态安全控制与故障诊断技术研究。

③VCU 快速原型开发与控制算法标定

在 AUTOSAR 架构下借助 V 型开发流程，应用高可靠性嵌入式控制系统及高性能 CPU 软硬件原型技术，进行整车控制快速控制原型开发；结合整车行驶循环工况，进行整车控制算法与控制参数的在线标定和优化；研究开发整车控制系统匹配标定和监控软件，对整车控制系统性能、动力系统能量利用效率以及整车经济性等指标进行评估与验证。

④整车 VCU 产品开发

基于汽车计算平台，整合控制算法、标定监控、故障诊断、网络管理、文件下载模块于一体，形成完整的汽车级用户产品。

⑤VCU 台架测试、装车调试及整车性能验证

完善动力系统试验台架，进行整车控制系统测试平台的调试，对主要控制参数进行标定和优化，完善系统控制策略和控制算法；完成整车 VCU 装车测试，对整车控制系统 CAN 网络性能、整车的动力性能、经济性能等进行比较全面的试验。

（2）纯电动商用轻卡车产业化最优配置研究

①车身、车架、货厢、电池系统和附件等轻量化技术研究及应用

a. 从保证整车结构力学性能及动力经济性出发，研究车身结构中非金属材料的使用需求、货厢轻量化材料使用需求和车架结构轻量化设计方案；总结相关的使用规律，提出相关结构件使用非金属材料的设计方法；总结轻量化货厢材料的选用及结构设计方法。

b. 从保证整车结构力学性能及整车轻量化出发，研究货厢结构中轻质材料的使用需求；总结相关的使用规律；提出相关结构件使用轻质材料的设计方法；配置蜂窝铝构件增强关键部位的吸能效果，总结轻质材料对轻量化货厢的贡献及经济性。

c. 研究车身覆盖件及内饰材料的相关力学特性，从保证结构件及内饰件力学性能的角度出发，总结整车结构件轻量化的特点和工艺要求；提出相关设计方法，实现轻量化工程可行性、效果、成本之间的优化匹配。

②整车电路安全与可靠性研究

研究整车的电路安全与可靠性，使电路安全满足国家《GBT 31485—2015 电动汽车用动力蓄电池安全要求及试验方法》《GBT 31467. 3—2015 电动汽车用锂离子动力蓄电池包和系统》标准。

③整车 NVH 与碰撞安全性能研究

对整车的 NVH 性能进行 CAE 分析，通过车身声源传动的结构分析并优化设计，总结 NVH 实施的方案和结构设计的思路，并满足驾驶的舒适性和安全性的法规要求。

④动力与传动系统匹配与优化

充分考虑整车成本，进行纯电动商用卡车产业化最优配置，完成 AMT 系统、高功率密度电机控制系统、高能量铁锂电池系统与整车搭载设计和试制，从车辆动力、操控等多方面性能入手，在控制成本满足动力经济性的前提下通过科学计算方法合理选择零部件，实现产业化最优配置。

（3）人机交互智能辅助应用与研发

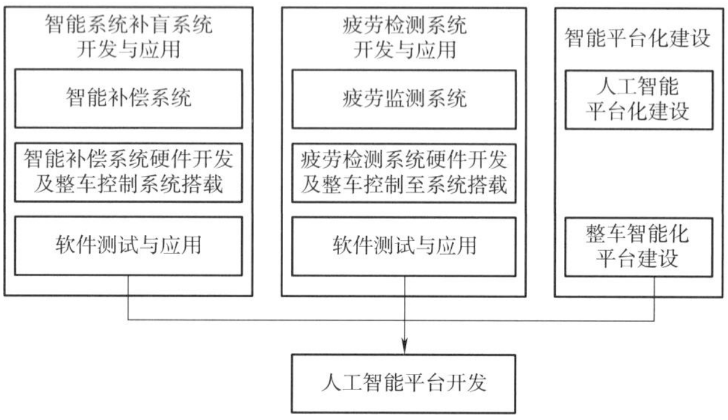

图 5-58　人工智能平台

充分考虑人工智能在汽车领域上应用，对驾驶安全方面的智能化系统进行研发，具体内容如下。

①智能视野补盲系统

开发智能视野补盲系统，大幅度地减少驾驶死角，辅助扩大视野范围，并在准备改变车道时，能确认后方更宽的视野范围，为车内所有人的安全提供更切合实际的保障。该系统由 4 路高清夜视流媒体摄像头、2 个高清电子竖屏组成。系统可以为驾驶人员提供实时左、右侧后视影像，消除左、右侧后视盲区。摄像头采用的是高感光芯片，在阴天、夜晚等弱光条件下，依旧可以保持高清画质、高色彩还原度。

②商用车疲劳监测系统

开发商用车疲劳监测系统，确保车辆行车安全，该系统可检测到驾驶员的抽烟动作、使用手机打电话、低头玩手机等危险驾驶行为。当驾驶员处于离岗状态或者驾驶员面部被遮挡时，会触发系统报警。系统也可将驾驶员的行为状态信息通过 GPRS 模块发送到网络后台或移动终端，实现对驾驶员状态和车辆运行状态的远程监控，支持远程监管、通话，同时对驾驶员的疲劳及注意力分散等不安全状态远程预警。该系统利用图像传感器采集驾驶员的面部信息，高速数字信号处理器进行图像的处理与分析，高鲁棒性的疲劳检测算法对驾驶员的疲劳及注意力分散等不安全状态进行实时监控和预警。

3. 成果创新点及解决的难点问题

（1）纯电动商用轻卡车整车控制系统开发和产业化一体平台

项目底层软件以 AUTOSAR 汽车软件开放式系统架构为标准，达到整车控制器作为整车网关，对整车多路总线间需要相互传输的数据进行传输共平台的发展目标，建立平台化、模块化的系统，支持同平台汽车的不同的控制系统；模块化软件组件以软件复用为目标，借助全自动代码生成技术，可缩短 50% 以上开发周期，降低 50% 以上开发成本。

（2）智能系统在商用轻卡车上的应用及平台化建设

项目智能系统为智能货厢装载提供便利条件，为实现智能化、无人化物流打下了基础，后续搭建智能化和互联网平台，可以实现软硬件平台化开发及拓展。人机交互智能辅助系统搭载整车控制系统，形成整车智能化互联网络系统，提高驾驶安全性，智能平台化的开发与拓展，实现商用车智能化领域的突破。

4. 成果应用情况

产品正处于调试标定阶段，后续将进行实地运营，对整车安全、可靠性做进一步验证。

5. 社会及经济效益分析

（1）经济效益分析

通过项目的实施，能有效提升湖南智点智能新能源汽车有限公司在新能源汽车领域的综合实力及市场占有率，产生良好的经济效益。项目实施后将建成一条产能超 50 000 辆/年纯新能源商用车生产线，生产线可满足多个平台车型以上多款车型共线混合生产，生产人员与传统生产线相比下降 20%，生产效率与传统生产线相比提升 25%、企业运营与传统生产线相比成本下降 15%，产品不良与传统生产线相比率下降 20%。项目实施后还将新增就业岗位 1 000 个以上，开发本土车身零部件、电机电控等配套供应商超 10 家，带动相关产业的发展，形成机械、电机电气、电控、电池等领域的配套产业链，可创造配套产值近 10 亿元。

（2）社会效益分析

①有利于促进我国汽车工业发展，加快产业结构转型升级。项目符合国家的产业政策和当地经济发展规划，项目建设将会给当地带来巨大的产业效应，促进我国商用汽车制造行业的进一步发展，加快产业升级和经济结构调整，我国汽车工业以纯电驱动作为技术转型的主要战略方向，重点突破电池、人工智能、电机和电控技术，推进纯电动商用汽车产业化，实现汽车工业跨越式发展。规划实施后，产业结构和布局更趋于合理，经济环境和投资环境将得到明显改善，对于

吸引外资、技术和人才,扩大招商的内容、范围和增强招商引资实力都有着积极的推进作用。项目建设是省、市重点支持的发展领域,本项目运营不仅可以为企业带来新的利益增长点,而且可拉动智能化应用及商用车产品链本地化进程,形成区域性经济区,为加速当地经济的发展添砖加瓦。

②有利于提升城市智能商用车研发和生产技术水平,提升本地经济实力,带动相关本行业和上下游产业的发展。通过全新智能化商用货车项目的开发,为本地商用车行业智能技术领域的发展奠定坚实的基础,同时也夯实智能化、网联化在商用车应用领域的基础。

该项目承担单位为湖南智点智能新能源汽车有限公司。项目建成后,不仅可为国家提供可观的税收,而且通过该产品的运营,带动株洲、长沙、湘潭乃至全省新能源汽车行业及上下游各行业的发展和繁荣,对推动城市经济良性、健康发展,促进地方经济的高效、快速腾飞具有重要意义。

③提供大量就业岗位,成为智能商用车中高端人才培育的洼地和摇篮。项目建成后可为本地提供近 3 000 就业岗位,解决附近居民就业问题,并将为区域引进和培育中高端人才提供基础和摇篮,对增加附近居民收入、吸引中高端人才来株洲发展起到一定的积极作用。

④有利于推动智能化物流发展及升级。项目符合时代发展需求,汽车制造都向无人驾驶,互联网络系统,大数据平台等方面进行,物流行业也出现智能物流运输车的需求。无人驾驶,智慧物流,减少货物搬运减低人机疲劳等方面,都符合智慧物流需求,本想搭载人工智能平台,可以实现后续智能物流的互联网络对接,人机智能交互,提高驾驶人员的安全性。

纯电动多功能抑尘车的研制与应用

供稿:甘肃建投重工科技有限公司

1. 成果简介

(1)纯电动多功能抑尘车主要应用领域

①城市 PM2.5 空气超标治理、治污降尘减霾、城市治理。②煤炭堆场、储煤仓或全封闭式煤炭储存场所、煤炭物流园区、煤炭集运站、露天煤开采、爆破后路面和空中等扬尘污染治理。③堆场扬尘治理,所有煤堆、料堆、灰堆,堆场露天装卸作业喷雾抑尘,喷洒或喷淋剂等抑尘。④建筑工地、施工工程、市政基础设施、建筑、废渣废料、装卸和堆放及其他产生扬尘污染的活动等扬尘治理。⑤物料运输,如运输煤焦、砂石、土方、渣土等易产生扬尘污染物料的车辆,在运输中因物料遗撒或泄漏而产生扬尘污染治理。⑥地面扬尘,实施绿化工程,有效进行绿化喷洒降尘措施。⑦煤码头、沿海港口堆料场、斗轮机作业、矿石、散装粉料搬运、装运、转运,河道整治等粉尘污染治理以及港口治理。⑧卡车卸料口自卸车卸料粉尘、大型装载车工作粉尘治理。⑨高速公路、车站、码头、公共场所和填埋场等,运动场地、炎热场地等降尘保湿降温。

(2)关键技术的研究

纯电动多功能抑尘车是集喷雾降尘、道路冲洗、道路喷洒等功能为一体的新能源环卫车辆,同时可通过监测 PM 值的变化而控制抑尘车雾炮喷雾量的大小,远距离喷洒清水或抑尘液来实现降尘,达到降低 PM2.5、PM10 的浓度和污染程度的目的。该车上装部分所有动力来源均取自底盘多合一控制器分配的电能。风机、水泵和液压站都由电机驱动来实现作业,在整车研制过程中关键技术主要有:①纯电动二类底盘与上装动力系统的匹配性。②上装电控系统与喷雾机控制和低压水路控制系统的融合。③动力系统一体化研究。④整车轻量化设计。

(3)专利情况

纯电动多功能抑尘车在研制过程中申报了国家实用新型专利 3 项,其中已授权 2 项、受理 1 项;外观设计专利 2 项,其中已授权 1 项、受理 1 项;《一种专用车上装组对通用工装》专利号:201920634905.2,授权日期:2019 年 12 月 17 日;《一种带有防冻装置的抑尘车》专利号 201921490889.0,授权日期 2020 年 6 月 23 日;《一种基于空气颗粒污染检测的变量雾炮风机系统》专利号:201920102861.9,受理日期:2019 年 1 月 22 日;《纯电动多功能抑尘车》专利号 202030405958.5,授权日期:2020 年 12 月 8 日;《多功能抑尘车》专利号 202130117458.6,受理日期:2021 年 3 月 4 日。

2. 成果创新点及解决的难点问题

(1)成果创新点

纯电动多功能抑尘车在研制过程中主要突破的创新点有:①采用电动集成桥技术将驱动电机、变速箱、取力器和车桥设计为一体;②低压水路控制系统与雾炮控制系统集成化设计;③运用 CAE 技术进行整车轻量化设计;④建立颗粒物浓度值与泵排量之间的逻辑关系。

(2)解决的难点问题

①纯电动二类底盘与上装动力系统的匹配性

选用纯电动汽车底盘时须考虑改装的车辆类型、总质量、工作特性、上装载荷需求等,底盘动力电池、驱动电机、控制系统、其他系统等布置须与上装结构协调、参数匹配。根据底盘现有的电源平台设计一套适应喷雾机和低压水路工作需要的动力系统,驱动电机是低压水路动力系统的核心动力部件,不仅要有利于整车上装轻量化和上装部件安装空间节约化,还要能根据实际使用需要进行转速切换,以保证上装执行部件能够满足各种工况需求。

②上装电控系统与喷雾机控制和低压水路控制系统的融合

为提高整车控制性能,开发一套上装电控系统,该系统将喷雾机控制和低压水路控制相融合,利用变频调速技术实现喷雾机无级调速,控制支持本地和远程操控,并且配置带有预充功能的永磁同步电机、电驱系统,以使整个高压系统运行更安全可靠。

③动力系统一体化研究

系统的总动力源取自底盘动力电池组,通过 CAN 网络通信从底盘 VCU 向上装控制分配直流高压电能，电机控制器一方面将直流高压电能二次分配置喷雾机动力柜，另一方面通过内部的逆变模块和功率模块将调制好的三相交流电输出至永磁同步电机。传统使用的三相交流异步电动机具有电机结构简单、维修费用低的特点，但是其功率损耗大，电机发热量高并且启动时对电网冲击大，逐渐不能适应车载状态下的应用，而永磁同步电机则是一种具有永磁体励磁机构的电机，这种电机几乎没有励磁功率损耗，而且水冷式的永磁同步电机具有体积小、重量轻等优点，尤其适合在车载状态下的装配。

④整车轻量化设计

通过对整车实际使用工况和使用要求的分析，对电池的电压、容量、驱动电机功率、转速和转矩、整车性能等车辆宏观参数进行优化，合理选择电池和电机参数；通过结构优化和集成化、模块化优化设计，减轻动力总成、车载能源系统的重量。

3. 国际水平对比分析

随着全球各国纷纷出台政策和确立目标促进新能源汽车行业的发展，全球新能源全车销量呈上涨趋势。根据 EVsales 数据，2020 年全年全球一共售出了约 312.48 万辆新能源汽车，同比增长了 41%。新能源汽车行业发展最为迅速的是美国、日本，以及欧盟国家。美国针对本国新能源汽车行业的发展方向，制定了阶段性的发展目标。阶段一是提高燃油经济性，发展混合动力汽车；阶段二是降低对石油的依赖程度，发展燃料电机；阶段三是实现混合动力汽车的商业化，并发展燃料电池汽车。日本政府要求汽车制造企业必须达到政府规定的燃料效率指标，在这样的政策驱动下，日本车企不断优化车型结构提高节能技术。日本的新能源汽车主要是混合动力汽车，未来看好氢燃料汽车，氢燃料汽车不排放任何污染物，被誉为终极环保车。相对于美国和日本，欧洲更加侧重于温室气体减排战略，通过控制温室气体的排放量和提高排放标准来达到节能减排的效果。欧盟严格的碳排放标准刺激和鼓励了新能源汽车的发展，目前欧盟着重发展纯电动汽车。2020 年的全球的新能源汽车市场还是在增长之中，并且纯电动汽车已经逐渐成为新能源汽车的主流产品。2020 年美国新能源汽车销量仅为 33.3 万辆，同比增长 3.1%，渗透率达到 2.2%，远低于中国和欧洲市场。在欧洲各国的努力下，欧洲成为全球最大的新能源汽车市场，欧洲新能源汽车占全球新能源汽车市场的 43.80%。

公司研发制造的纯电动多功能抑尘车冲洗宽度可达 24 m，洒水宽度 14 m，水枪射程 37 m，喷雾距离 100 m，喷雾流量每分钟 100～240 L，配置的 90 个喷嘴雾化形成的雾滴颗粒大小仅在 10～260 μm，雾炮能够在上下 －10°～40°，水平 －90°～90°自如旋转，喷洒覆盖面积达到20 900 m^2，比国外大多数国家新能源环卫汽车在保护环境、节能减排等方面更能满足市场需求，更加符合全球节能环保的生态理念。

4. 成果应用情况

纯电动多功能抑尘车研制成功后，依据《QGJZG 017—2020 纯电动多功能抑尘车》标准，对纯电动多功能抑尘车的使用性能在公司厂区进行了实际的考核，对各项作业指标，和关键零部件的可靠性进行了验证，整车的稳定性和可靠性均满足行业标准和企业标准，具备产业化市场化推广的要素。

5. 成果的产能建设情况

（1）生产线建设情况

公司拥有西北地区最大的专用汽车生产基地，引进了国内先进的生产、检测、试验和工艺装备，形成完整的的专用汽车产品生产线，并在已有的生产线基础上进行升级改造，建设成多条新能源环卫专用汽车生产线，同时配备成套生产设备163 台（套）、检测试验仪器设备 55 台（套），形成可实现年产 500 台新能源环卫车的生产能力。

（2）生产人员建设情况

公司新能源环卫专用汽车生产线配备专业新能源汽车制造一线员工 70 人，其中高级技师 1 人，技师 11 人。生产管理人员 9 人，专业检验人员 7 人。能够保质保量地完成新能源环卫车辆的生产制造。

6. 社会及经济效益分析

纯电动多功能抑尘车是新能源环卫车辆中的一员，而新能源环卫车作为新兴产业在我国产业结构中占据着重要的位置，新能源环卫车对保护环境、节能减排、新能源研发等方面都起到积极作用。纯电动多功能抑尘车是依托纯电动底盘为动力来源，结合上装动力系统，整车性能匹配，形成新理论、新结构、新技术的新能源环卫车辆。新能源环卫车辆的研发制造既可降低对石油的需求，又能达到节能环保以及储存低谷电的目的。同时可带动维修保养、节能环保、信息技术和零配件等其他产业的发展。因此，新能源环卫车辆产业将成为我国经济发展的另一驱动点，为我国经济、产业的发展注入新的活力。

江淮帅铃 i6 纯电动多功能商用车开发及产业化

供稿：安徽江淮汽车集团股份有限公司

1. 成果简介

（1）简介

基于星锐 6 系基础车开发的纯电动 X6021 产品，车型整车尺寸 5 995 mm×2 098 mm×2 645 mm，轴距 3 570 mm，整备质量 3 225 kg，采用峰值功率 120 kW，峰值扭矩 750 Nm，总能量 82.944 kWh 磷酸铁锂蓄电池，实现 C-WTVC 工况续驶里程（满载）215 km，0～50 km/h 加速时间 7.8 s。

产品定位主要以城市、城郊物流市场为主，兼顾城市客运、公商务及通勤用车等需求，采用高功率密度的电机、高比能动力电池、产业化的整车控制器软硬件关键技术，优化“六小电”核心部件，突破能量回馈式制动防抱死系统

(EABS)关键技术,开发的4.5 t纯电动物流车,该产品已经授权或受理专利8项,其中获证发明专利3项,获证实用新型专利5项。

(2)应用领域

广泛适用于厢式、电力工程车、冷藏、邮政、餐饮等领域,可以满足不同用户的需求。

(3)产品技术特点

①三层次的安全设计:运用主动安全、被动安全指导思想,实现零部件、系统、整车三层次安全防护。尤其是电动车特有的高压安全、整车碰撞安全、多功率元器件环境下电磁兼容安全。高压线束、连接器、高压盒等高压电气系统部件源自军工企业,防水防尘性能等级达到IP67;涉水安全性能达成目前行业内最严格的上海地标要求。

②智能互联:通过车联网(如图5-59所示),可实时查看车辆状态,PC终端查看历史数据,车辆实际使用的安全状态得到了实时监控。车辆连续静置60 h后,动力电池健康状态良好,T-box自动唤醒为铅酸电池充电,防止亏电,T-box应将自动充电状态信息上报服务器。

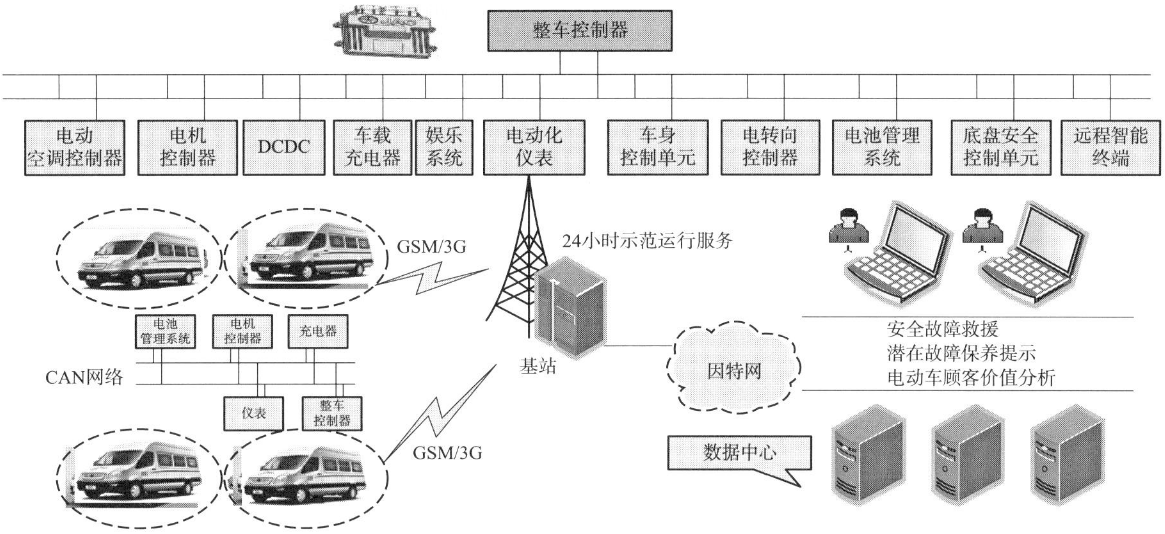

图5-59 车联网控制示意图

③电池热安全:基于电池系统重点零部件的安全性能,以热失控安全开发为核心,建立五层次(如图5-60所示)的开发过程。根据行业最严标准《电动客车安全技术条件》对电池的热安全要求,开展模组和电池包的热失控扩展试验,在单个电芯发生热失控的情况下,整个电池包不起火不爆炸,确保极端情况下的电池热安全。

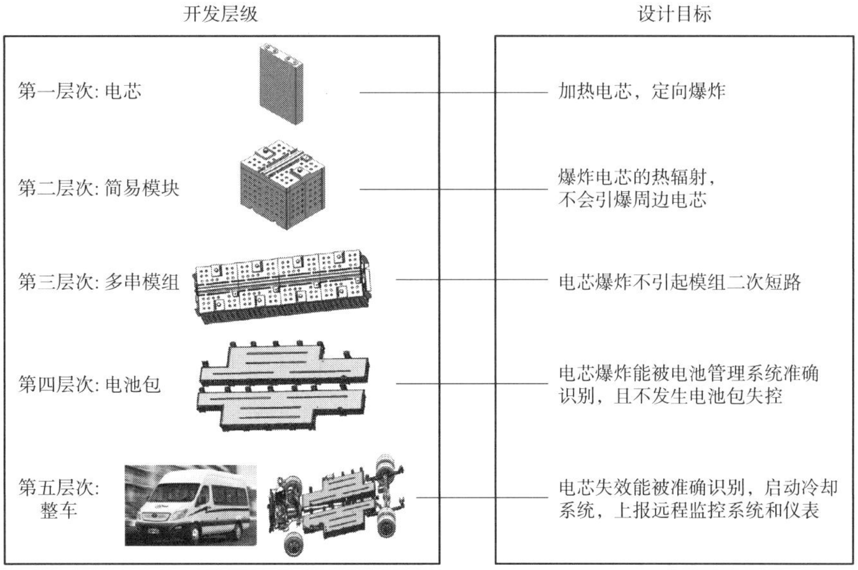

图5-60 五层次安全开发示意图

④驾乘愉悦:相比市场同级别竞品车型,X6021轴距3 570 mm,驾驶舱空间宽敞,前悬采用麦弗逊式独立悬架,舒适性好;电机最大功率120 kW,最大扭矩750 Nm,动力强劲,同行业处于领先水平;多功能方向盘,集成娱乐控制按键,行车操控更便利,提升行车安全性;双环电动化仪表,简洁、专业化的显示,使行车信息更加直观明了;遥控锁车,更方便用

户使用,为驾乘人员提供轿车化的驾乘体验。

2. 成果创新点及解决难题

(1)动力电池技术

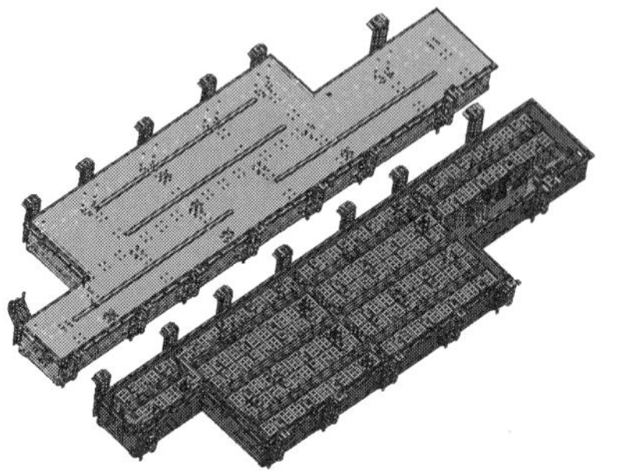

图 5-61　动力电池示意图

基于国轩电池单体型号 IFP20100140-27 Ah 开发,电池组 8P120S,总电量 82.9 kWh,额定电压 384 V,额定容量 216 Ah。采用轻量化电池模组成组设计,高低压主动被动安全,能够保证电池组的机械强度和安全防护,电池管理系统设计采用主从式 BMS,通过识别和控制电池系统的工作状态,实现与整车控制器 VCU 的控制策略匹配,保证在整车不同工况下对电池的充放电、安全性、状态估算等方面的管理和防护。热管理为自然冷却,加热方式为加热膜加热。电池组工作温度控制在 -20 ℃ ~55 ℃,实现整车在高温、高寒、高湿环境下稳定的动力性和经济性。

(2)电驱动系统技术

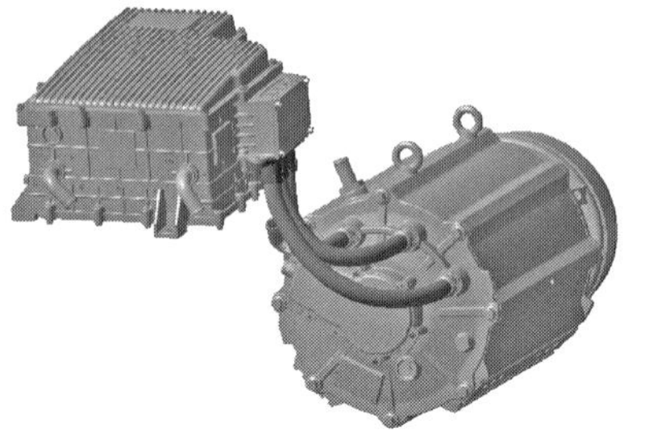

图 5-62　电驱动系统示意图

电机控制器、DC/DC 一体化设计,布置空间减小 40%,重量降低 10%,两者共享冷却面板和水槽,提高冷却效率,使电驱动系统峰值功率达到 120 kW,峰值扭矩 750 Nm。电机采用超薄硅钢片,瑞典 SKF 低摩擦系数轴承、电机控制器采用英飞凌和斯达 IGBT、瑞士 LEM 高精度电流传感器等核心零部件,使电机最高效率超过 97%,系统最高效率超过 95%,有效降低能耗。通过 IP67、振动、EMC、NVH、高低温、热冲击耐久等多项严苛试验,保证零部件使用可靠。

3. 国际水平对比分析

开展“三大电”“六小电”近 800 项功能性能验证,确保部件安全可靠,以及全方位开展 250 余项性能的整车开发验证,整车技术水平达到国内先进水平。

4. 成果应用情况

产品采用国轩磷酸铁锂电池,道一永磁电机电驱动系统的可靠性应用,实现“三大电”“六小电”纯电动车核心零部件的正向开发技术,产品通过系统的设计验证、小批量验证、试验验证具备量产要求,产品性能符合设计目标要求,动力性、经济型、操控、噪声等性能优于竞品性能,2017 年 10 月实现批量生产,12 月正式上市。

5. 成果的产能建设情况

采用同星锐燃油车共线生产的柔性化生产线设计,具备年产 2 000 台的生产能力。

6. 社会及经济效益分析

(1)社会效益。随着国家对环境整治力度的加大,新能源开发成为产品开发需考虑的核心内容,江淮帅铃 i6 纯电动物流车产品自全面投放市场以来,受到了广大用户的欢迎和好评,带动了安徽省及周边省份汽车零部件工业的发展,为安徽的经济发展作出很大贡献;也给用户带来了很大的经济效益,加快了我国纯电动轻型物流市场的发展。通过该项目的带动,一大批年轻的设计员在过程中得到锻炼并不断成长,在项目成功的同时逐渐成长为新能源商用车开发事业的技术骨干。

(2)经济效益。车型以 12.98 万元进入市场,具有很好的性价比,可以满足纯电动物流市场需求,按每辆将为公司带来 4 400 元的净利润,据市场容量以及公司的规划,按年产 2 000 台计算,将为公司带来 880 万元的经济效益,成为公司新的利润增长点。

帅铃 i3 T330 纯电动皮卡 3380 轴距产品

供稿:安徽江淮汽车集团股份有限公司

1. 成果简介

江淮汽车自主研发的帅铃 i3 T330 纯电动皮卡 3380 轴距产品(如图 5-63 所示),基于江淮新能源“九代技术、四代产品”打造,采用时尚流体式造型设计,结构简洁大气,融合国际化流行元素,凸显科技感和豪华感。整车匹配安全可靠的磷酸铁锂电池系统,电量达到 67.2 kWh,同时采用峰值功率 110 kW,峰值扭矩 330 Nm 的永磁同步电机,实现 NEDC 工况续航里程 330 km,0 ~50 km/h 加速时间 6.9 s。

整车产品定位于市政、建筑工程、电信电力抢修、公路维护、港口厂区等诸多领域,产品起步加速快,动力性强,低噪声的产品特点,深得终端用户的喜爱,满足用户的使用需求。

图 5-63 帅铃 i3-T330 纯电动物流车

图 5-64 高性能永磁同步电机

2. 应用领域

帅铃 i3 T330 纯电动皮卡 3380 轴距产品重点应用在市政、建筑工程、电信电力抢修、公路维护、港口厂区等诸多领域,并逐步向私人应用领域突破。

3. 产品的创新点及解决的难题

(1)高性能永磁同步电机的应用

整车匹配合肥道一永磁同步驱动电机,峰值功率达到 110 kW,最大扭矩 330 Nm,0 ~ 50 km/h 加速时间为 6.9 s,达到同级别领先水平。此外天然的自动挡和蠕行功能,使得车辆轻松应对频繁的停车、起步,有效减轻驾驶疲劳。

(2)云安全校验智能网络安全充电技术的应用。基于国家电网充电桩网络开发云安全校验充电功能,解决了江淮纯电动商用车在国家电网的充电桩上自动识别、即刻充电和远程监控充电的需求,简化的充电的流程,为国网用电动车实现既做工具又作为储能设备提供技术支持(如图 5-65 所示)。

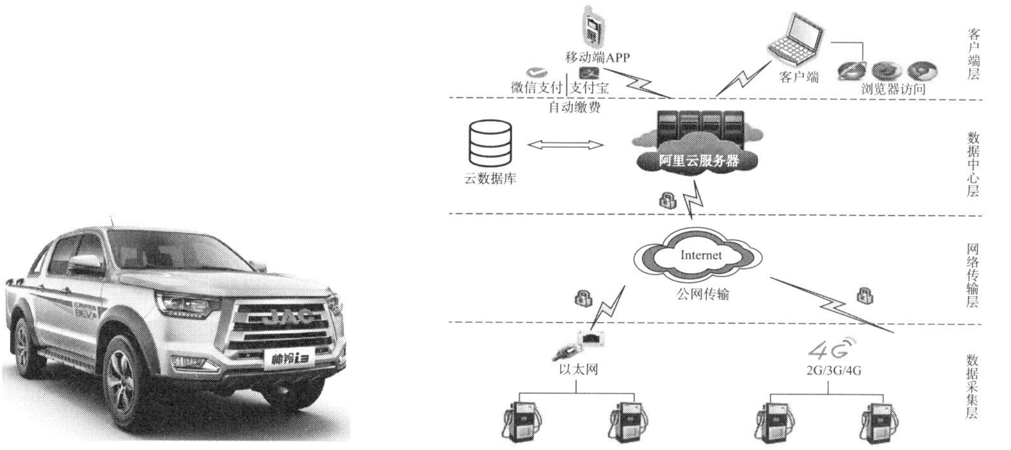

图 5-65 云安全校验智能网络

(3)高效制动及能量回收技术的应用。采用并联式制动能量回收系统,整车控制器实时监控整车、电机系统及动力电池系统的状态信息,根据电池当前可充电功率决定系统制动回收的功率,并将制动扭矩分配给电机控制器和机械制动模块,通过整车控制器实现能量管理,优化驱动系统的功率分配,最大化的提高系统制动回收的功率,保证了乘员舒适性的同时实现能量最大化回收,有效增加整车续驶里程。

(4)集成式智能转向控制系统的应用。采用电液助力方案来降低转向操纵力;采用永磁同步电机集成转向泵的整体方案,控制器采用 CAN 通信,根据接收的车速信号调整控制器的输出电流,进而调整电机转速及流量;控制逻辑分 3 档,车速越低时,电机转速越高,流量越大,车速越高时,电机转速越低,流量越小,从而保证低速的驾驶轻便性和高速行驶时的转向手感。

(5)研发出集安全、智能、监控为一体的数字化商用车平台。通过嵌入式软件向上迭代输入向下兼容的功能,实现一个终端适配不同车型的产品功能,形成该车型对应的电池数据格式上传企业平台或者国家大数据中心,解决了现有远程智能终端的终端图号和软件版本需与车型相符合才能准确上传电池实时数据的问题,有效改善电动汽车的生产效率和智能化程度,提高后期远程智能终端数据监控的准确性和软件升级维护的便利性。

4. 国际水平对比分析

得益于高性能永磁同步电机、高效制动机能量回收的技术应用,有效提升了整车续航里程和整车动力性能,整车技术水平达到国内先进水平。

5. 成果应用情况

产品通过系统的设计验证、试验验证和量产调试准备,产品性能符合设计目标要求,同时整车动力性、经济性、制动性能等优于国内主要竞品,产品于 2019 年 9 月实现 SOP,已广泛应用于国网、机场等重点销售市场。

6. 社会及经济效益分析

社会效益:(1)开发新一代纯电动皮卡产品平台,打造行业领先的新能源皮卡新标杆。(2)节约能源:据测算,传统燃油从开采到汽车利用平均能量利用率仅为14%,采用纯电动技术后能量利用率可以提高30%,同时电动汽车可以利用电网波谷充电,提升电网综合效率。(3)推动科技发展:新能源市场的繁荣,势必会吸引大量的企业和社会精英参与其中,在良性竞争体质下,科学技术的不断创新和变革是必然结果。

经济效益:车型以15.58万元进入市场,具有很好的性价比,可以满足国内纯电动皮卡市场主流需求,按每辆将为公司带来约1.5万元的净利润,据市场容量以及公司的规划,按销售670台计算,将为公司带来1 005万元的巨大经济效益,成为公司新的利润增长点,同时带动了安徽及周边省市配套企业的发展,促进了安徽及周边省市经济的发展。

帅铃i3纯电动物流车产品开发及产业化

供稿:安徽江淮汽车集团股份有限公司

1. 成果简介

帅铃i3纯电动物流车属帅铃i3纯电动系列产品基本型,尺寸5 165 mm×1 650 mm×2 610 mm(厢式车);轴距2 600 mm;整车整备质量1 975 kg;最大总质量2 980 kg;最高车速≥80 km/h;最大爬坡度≥20%;驱动电机额定/峰值功率25/50 kW;额定/峰值扭矩80/220 Nm;额定/峰值转速3 000/7 200 r/min;动力电池额定电压316.8 V;额定容量135 Ah;电量42.768 kWh;综合工况续驶里程≥180 km,等速60 km/h续驶里程≥220 km。

产品定位为城市环卫、物流车市场,应用2.5 t纯电动商用车平台技术,基于好微Ⅱ代基础车开发升级高性能的不同配置的产品。

通过开展整车及系统集成开发,整车安全开发,全新锂离子动力电池开发,高效率,高功率密度电驱动系统开发,安全的整车控制系统开发,电动化底盘开发,整车耐久性和可靠性试验开发,高效能量回收开发,远程信息监控平台开发,整车产业化生产技术与装备研究,整车生产工艺研究,攻关高功率密度的电机、高比能动力电池、产业化的整车控制器软硬件关键技术,优化"六小电"核心部件、突破能量回馈式制动防抱死系统(EABS)关键技术,研制3 t纯电动物流车产品,实现批量生产。基于项目的开发,完成10项发明专利。

2. 成果创新点及解决的难点问题

(1)载货空间大。尺寸3 110 mm×1 600 mm×1 700 mm(1 500 mm),最大容积可达8.45 m^3,载重0.5~2 t,相比纯电动物流面包车,货箱容积大,承载能力强,能为用户提供更加高效的单车次运输。

(2)整车和部件验证充分,识别不同用户需求,基于不同环境、不同工况,从"静置、充电、运行、异常"4个状态开发整车功能,从动力性、经济性、NVH、安全、操纵稳定性、EMC、环境适应性及整车热管理共14个方面开发整车性能。

(3)整车通过EMC并固化量产方案,整车电磁兼容性能符合国家标准(GB/T 18387—2008、GB 14023—2010)要求(如图5-66所示)。裕量为5 dB。从零部件和整车两层级开发电磁兼容性能,对人体不会有任何影响。EMC试验整改历时1年多,GB 14023窄带和宽带,GB/T 18387电场和磁场均已合格,并确定量产固化方案。

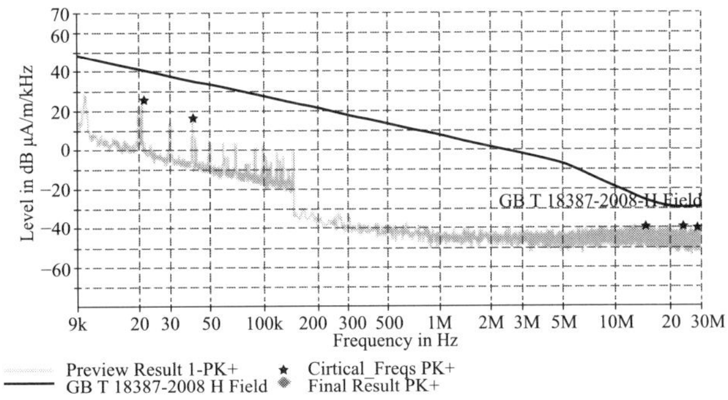

峰值测量结果:

频率(MHz)	峰值(dB µA/m/kHz)	限值(dB µA/m/kHz)	裕量(dB)	备注
0.020900	25.35	41.09	15.74	OK
0.040000	16.15	35.46	19.32	OK
14.764000	-39.57	-25.78	13.79	OK
23.936000	-39.35	-29.00	10.35	OK
28.464000	-40.61	-29.00	11.61	OK

GB/T 18387电场测试结果

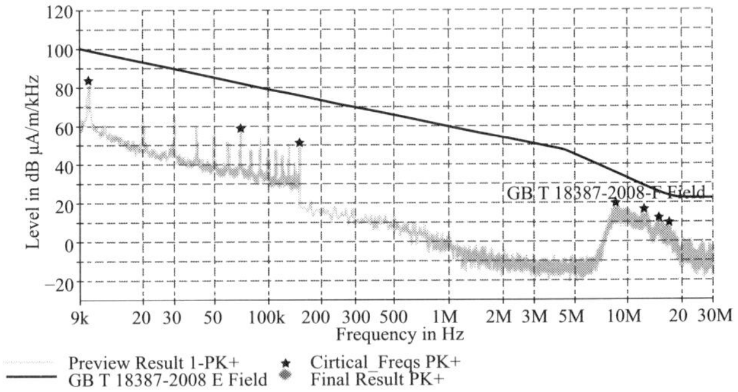

峰值测量结果:

频率(MHz)	峰值(dB µV/m/kHz)	限值(dB µV/m/kHz)	裕量(dB)	备注
0.010000	83.06	99.00	15.95	OK
0.070000	58.69	82.41	23.72	OK
0.150000	51.32	75.91	24.59	OK
8.552000	19.45	35.74	16.30	OK
12.444000	15.93	28.90	12.96	OK
15.172000	10.86	25.28	14.42	OK
17.044000	8.93	23.83	14.90	OK

GB/T 18387磁场测试结果

图 5-66

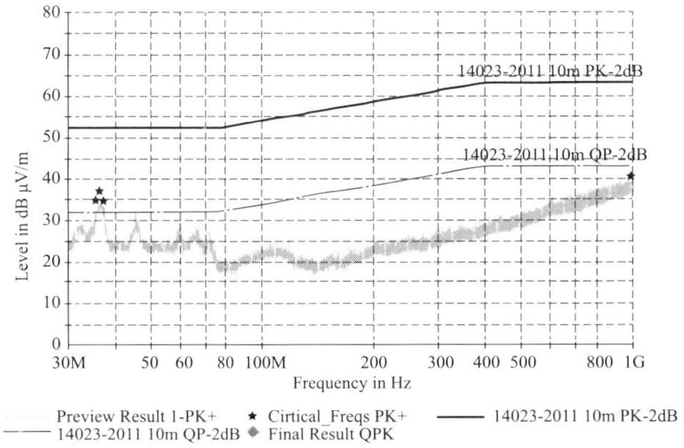

峰值测量结果：

频率(MHz)	峰值(dB μV/n)	限值(dB μV/n)	裕量(dB)	备注
35.800	34.90	52.00	17.10	OK
36.450	36.43	52.00	15.57	OK
36.850	34.59	52.00	17.41	OK
984.550	40.53	63.00	22.47	OK
993.300	40.65	63.00	22.35	OK

GB 14023 宽带测试结果

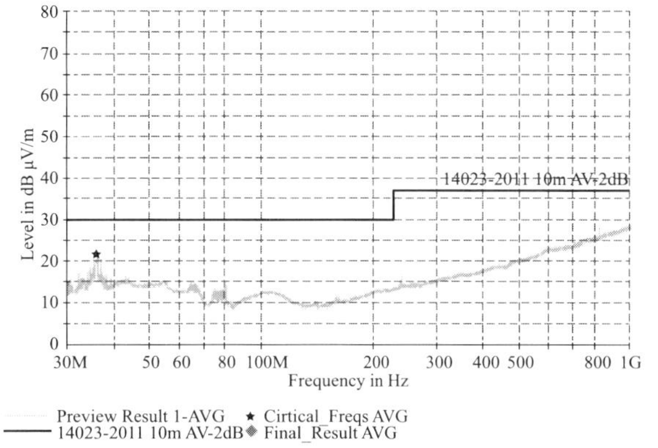

平均值测量结果：

频率(MHz)	平均值(dB μV/n)	限值(dB μV/n)	裕量(dB)	备注
35.900000	21.64	30.00	8.36	OK

GB 14023 窄带测试结果

图 5-66　整通过试验

(4)操作简单、驾驶顺畅,驾乘愉快,D/R/N 三个挡位,应对城市物流频繁的停车和起步,驾驶轻松;车辆动力性能好,输出平稳。

(5)智能互联(如图 5-67 所示)。通过车联网,可实时查看车辆状态,PC 终端查看历史数据,车辆实际使用的安全状态得到了实时监控。车辆连续静置 60 h 后,动力电池健康状态良好,T-box 自动唤醒为铅酸电池充电,防止亏电,T-box 应将自动充电状态信息上报服务器。

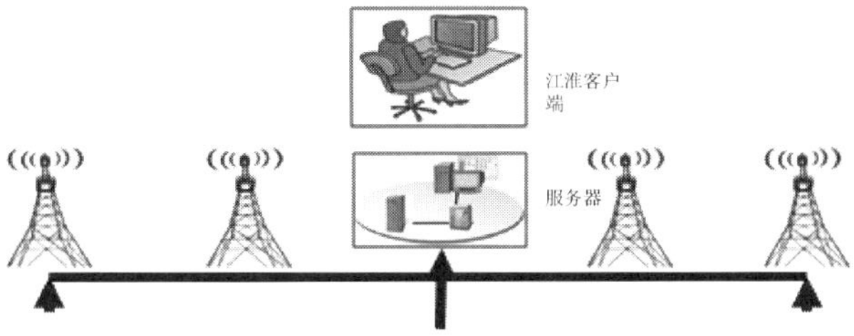

图 5-67　车辆智能互联

(6)充电便捷。具有充电桩慢充、充电桩快充两种充电模式。慢充采用输出功率为 6 kW 的液冷充电机,快充充电时间 2 h。快充和慢充充电口集中布置在左侧车架上。

(7)自主开发的电池箱体 IP67 防水,攻关电池箱进水问题,为确保电池系统在批量生产过程中满足 IP67 性能,进行了 IP67 结构和工艺方面的专项提升,主要是以下 3 方面:①取消衬板结构,接插件安装面厚度增加一倍,提升刚度,减小变形。②安装面加宽至 20 mm 以上,使用整体式密封圈取代拼接式密封圈。③在过线检测工艺中增加气密性检测项,使用气密性检测仪进行每套必检。

经提升后,电池系统顺利通过上海地标 IP67 的抽检。

(8)电池模组线束采用集成注塑保险设计,电池单体电压采样每根线束的电芯端增加集成注塑保险,更改模组结构对每个保险进行安装固定,有效的预防电池包在极端情况下低压线束发生短路,最大限度提高电池安全性。方案通过震动、短路等试验验证其可靠性与安全性。

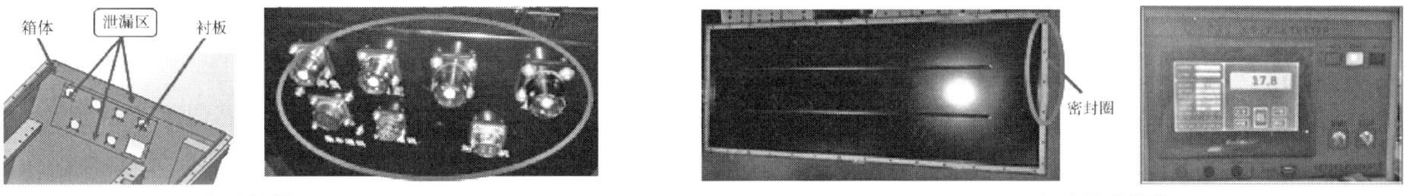

电池箱体　　气密性检测仪

图 5-68　自主研发的电池箱体

(9)远程智能终端唤醒技术,采用远程智能终端唤醒技术,车辆 Key off 一小时后,由远程智能终端唤醒整车,再通过 BMS 自检单体电压值,确认电池是否存在自放电,上传数据并提醒电池是否需要处理,保证了动力电池单体的压差一致性;同时,远程智能终端具有 60 h 唤醒整车功能,自检电池自放电之外,会给 12 V 蓄电池充电,防止其馈电,而导致车辆无法 Reday。

(10)随速感应 EPS 技术,采用随速感应 EPS 技术,助力特性曲线随车速变化而变化,助力大小同时取决于转向盘力矩信号和车速信号,原地转向时转向系统助力强度达到最大,保证了低速转向时的轻便性要求,随着车速增大,助力强度逐渐减弱,保证高速行驶时的舒适(图 5-69)。

3. 国际水平对比分析

帅铃 i3 纯电动物流车应用国内外最新的汽车产品技术,全新设计的传动系统,提高传动效率,降低整车能耗;EPS 在江淮纯电动商用车上首次应用,开发电动化底盘,脉冲直流充电、高效并行能量回收等各项新技术的应用,在国内同类产品中处于领先水平。

4. 成果应用情况

帅铃 i3 纯电动物流车自 2016 年投放市场以来,在安全和成熟可靠性方面具有独特优势,投放市场的产品得到客户长期使用和广泛赞誉。

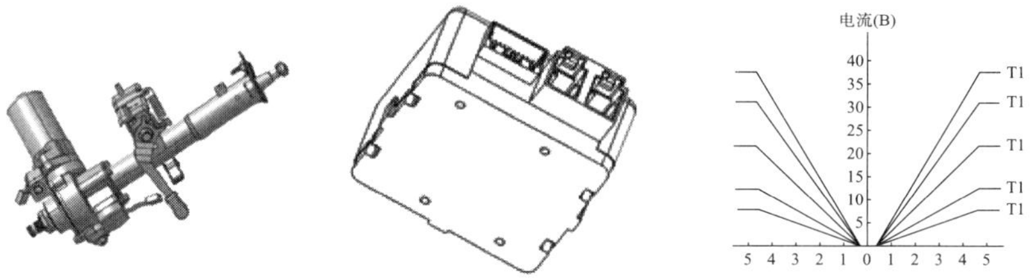

图 5-69 EPS 控制器结构图及助力特性曲线

5. 成果的产能建设情况

已完成生产线的建设,具备年产 20 万辆生产能力。

6. 社会及经济效益分析

(1)帅铃 i3 纯电动物流车的诞生为用户提供外形美观、性能优越、价格合理、性价比高的新产品,丰富了中国新能源汽车产品品牌;同时,研发过程中,培养了一批年轻有为的产品设计工程师,为中国的汽车事业走自主创新之路奠定了坚实的基础。

(2)帅铃 i3 纯电动物流车实现了产业化,培育和形成"三大电"和关键核心部件产业链,带动了本省和各大配套厂家周边地区经济发展,同时增加就业人数,为带动地方经济良好发展、社会和谐稳定作出了应有的贡献。

(3)车型以 4.98 万元进入市场,具有很好的性价比,可以满足国内 3 t 纯电动物流车市场需求,具有较高的利润空间,它的批量生产必将给公司带来可观的经济效益,成为公司新的利润增长点。

面向电动汽车的 2 挡平顺换挡电驱动系统

供稿:恩斯克投资有限公司,恩斯克(中国)研究开发有限公司

为了应对全球变暖对人类社会带来的挑战,全球各个国家均提出了减少温室气体排放的相应对策方案。2020 年 9 月 22 日,中国政府在第七十五届联合国大会上提出了中国将提高国家自主贡献力度,采取更加有力的政策和措施,二氧化碳排放力争于 2030 年前达到峰值,努力争取 2060 年前实现"碳中和"的发展目标。汽车工业作为人类活动中的重要部分,为实现对环境友好的长期的可持续发展,也面临着巨大的机遇和挑战。面对日新月异的汽车工业的发展趋势,2020 年 10 月,由工业和信息化部指导、中国汽车工程学会组织全行业 1 000 余名专家历时一年半修订编制的《节能与新能源汽车技术路线图 2.0》发布,不仅对传统汽车的低油耗提出了更高的要求,还对电动汽车的关键指标等提出了相应的目标。

1. NSK 的 2 挡平顺换挡电驱动系统解决方案

近年来,面对汽车工业百年一遇的"CASE"新四化的变革,NSK 作为全球领先的汽车零部件的供应商,一直不遗余力,坚持开发创新,为汽车工业的进步不断贡献自己的力量。面对电动汽车对驱动系统的小型轻量化需求,提出了面向电动汽车的 2 挡平顺换挡电驱动系统(以下简称 2 挡 eAxle)解决方案。

NSK 的 2 挡 eAxle 系统(如图 5-70 所示)通过使用牵引驱动减速机,可以匹配超高速(30 000 r/min 及以上)电机,实现驱动系统的小型化、轻量化。其搭载的 2 挡变速机构,还能使驱动电机在整个电动汽车的行驶过程中维持较高的效率,提高了电动汽车的续航里程。此外,该系统还配备了非接触式扭矩传感器,可以实现实时的扭矩反馈,有效地缓解了 2 挡变速过程中的换挡冲击。因为牵引驱动减速机依靠特殊的牵引驱动油膜来传递动力,没有齿轮的啮合振动和噪声,所以整个系统的运行更加安静平顺。

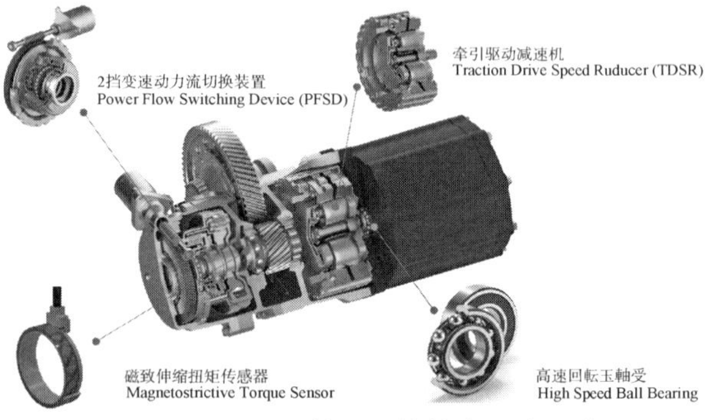

图 5-70 NSK 2 挡平顺换档电驱动系统

2. NSK 的 2 挡 eAxle 系统构成

NSK 的 2 挡 eAxle 系统主要由超高速电机、牵引驱动减

速机、2 挡变速装置、扭矩传感器以及差速器部分构成。其中，牵引驱动减速机、2 挡变速装置、扭矩传感器以及超高速电机使用的超高速轴承及各个部分支撑轴承为 NSK 产品。

(1) 牵引驱动减速机(Traction Drive Speed Reducer, TDSR)

①牵引驱动

牵引驱动是指驱动滚子和从动滚子通过油膜的剪切力来实现动力的传递(如图 5-71 所示)。这种特殊的牵引驱动油在滚子接触区域产生高压时会瞬间固化，因此可以通过油的摩擦力达到传递动力的目的。

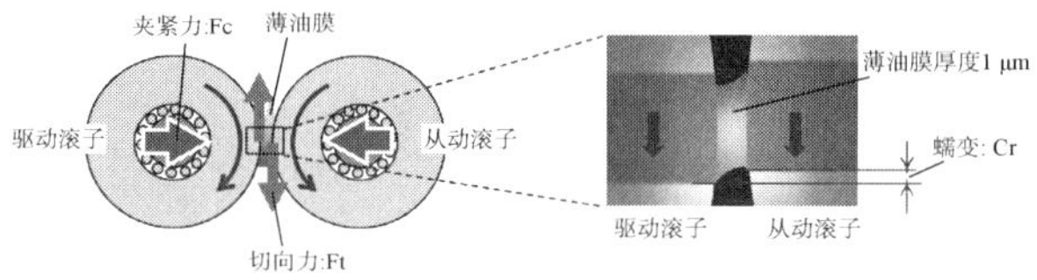

图 5-71　牵引驱动减速原理

②牵引驱动减速机的结构

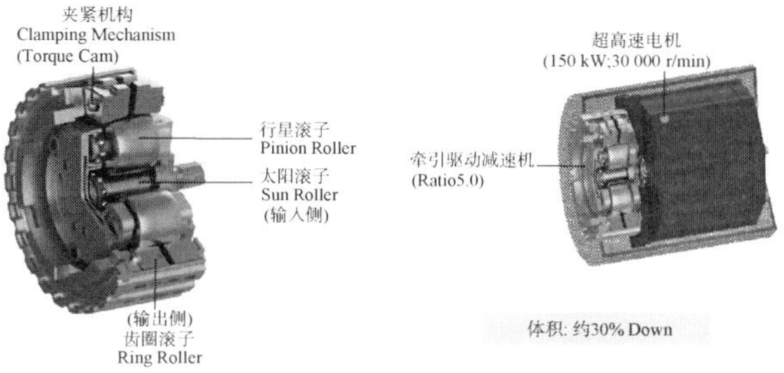

图 5-72　牵引驱动减速机(TDSR)

NSK 牵引驱动减速机具有类似行星齿轮的结构。太阳滚子通过花键与电机的输出轴连接，动力经太阳滚子—行星滚子—齿圈滚子后输出至差速器齿轮，最后将动力传递至车轮。通过匹配高速电机，可以实现电机及驱动系统的小型轻量化。

TDSR 代表样品参数为最大输入转速 40 000 r/min；功率 130 kW；减速比 5.0；重 10 kg。

③牵引驱动减速机的优点

市面上主流的驱动电机转速均在 20 000 r/min 以下。《节能与新能源汽车技术路线图 2.0》对驱动系统的功率密度提出了更高要求，小型化、轻量化成为重要的开发课题，电机的高速化已经成为新的发展趋势。目前绝大多数新能源汽车减速机均采用三平行轴构造。动力经 2 级齿轮减速后输出至车轮。但是，在电机转速提高到 20 000 r/min 甚至以上时，齿轮之间的啮合噪声及振动会显著增加，对传统的齿轮减速机是巨大的挑战。NSK 的 TDSR 提供了新的有效解决方案，与齿轮通过齿轮间齿与齿的啮合来传递动力不同，TDSR 通过滚子之间的油膜的剪切力来传递动力。因为滚子和滚子之间存在油膜，没有相互之间的金属接触，使得 TDSR 具有良好的高速性和静音性效果。

简而言之，TDSR 具有以下几个方面的显著优势。

a. 增加续航里程：实现驱动系统的小型化、轻量化。b. 高速性：能够匹配 30 000 r/min 及以上电机。c. 静音性：无齿轮的啮合，具有良好的 NVH。d. 高效率：较高的传递效率。

(2)2 挡变速装置(动力流切换装置，Power Flow Switching Device，PFSD)

NSK 的 2 挡变速装置(如图 5-73 所示)，通过使用 NSK 在汽车领域的丰富经验，创新地提出了仅使用一个电动执行器即可精确控制离合器和制动器耦合的方案，实现 Low、High、Parking 三种模式的切换(如图 5-74 所示)。该系统具有集成化、高效率的特点，可以使电机高效率运转，提升 7% 的电动汽车的续航里程(WLTC 工况计算值)。并且，通过配置 NSK 扭矩传感器，可以实现扭矩的实时反馈，极大程度降低换挡冲击，提升驾驶舒适性。

图 5-73　2 挡变速动力流切换装置(PFSD)

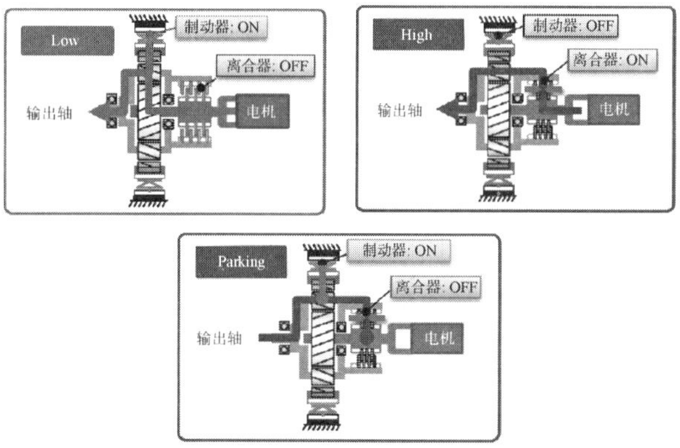

图 5-74　模式说明

(3) 磁致伸缩式扭矩传感器(Magnetostrictive Torque Sensor)

NSK 磁致伸缩式扭矩传感器是一种非接触式的扭矩传感器。其扭矩检出原理如图 5-75 所示，当铁磁性材料在受力时，轴的表面会分别在一定的方向上产生拉应力和压应力，因此导致轴表面的透磁率会发生改变。通过在一定的方向上配置耦合的线圈来检测透磁率的变化，就可以检测扭矩的大小。

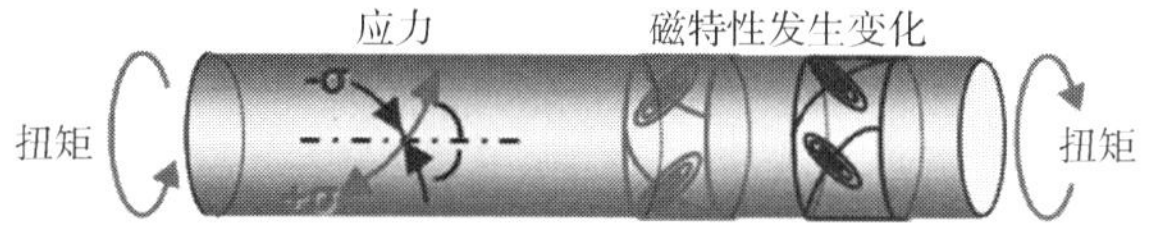

图 5-75　扭矩测量原理

NSK 扭矩传感器的结构如图 5-76 所示，为非接触测量，大部分汽车传动系统的轴不需要再进行额外处理即可和 NSK 扭矩传感器匹配使用，具有良好的测量精度且能迅速响应扭矩的急剧速度。通过装配扭矩传感器可以实现对扭矩的实时监控,对于提高控制系统的精确性具有巨大贡献。

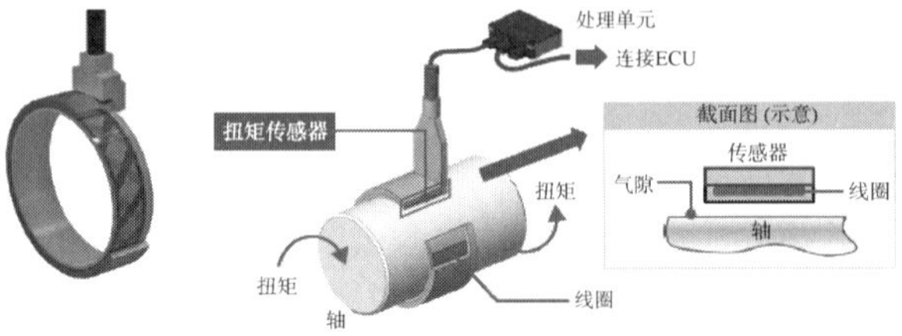

图 5-76　扭矩传感器照片及结构

(4)高速轴承

针对电动汽车驱动系统对电机更高转速的追求,2020 年 3 月,NSK 解决了轴承咬黏和保持架破损的课题,成功开发了 dmN①=140 万以上的高速球轴承(Gen2)(如图 5-76 所示)。其后,NSK 仍不遗余力,坚持高速球轴承的开发,以应对电动车驱动电机对更高转速的需求。2021 年 4 月,NSK 成功开发了电动车驱动电机用高速球轴承(Gen3),可实现 dmN=180 万以上的高速运转工况。本系列的脂润滑深沟球轴承可实现目前世界上最高的转速②,降低电动车能耗,延长续航里程,同时通过驱动电机小型化为扩展车内空间作出了贡献。

根据拓扑技术优化设计新形状树脂保持架。利用旨在最大程度减轻重量的设计方法[拓扑优化技术(如图 5-78 所示)],获得了 NSK 迄今为止最适用于高速旋转工况下的保持架形状。此外,利用切合实际情况的先进仿真技术,助力解决了保持架在性能方面和生产方面难题,从而使开发在短时间内取得了成功。

图 5-77　面向 EV 的高速球轴承

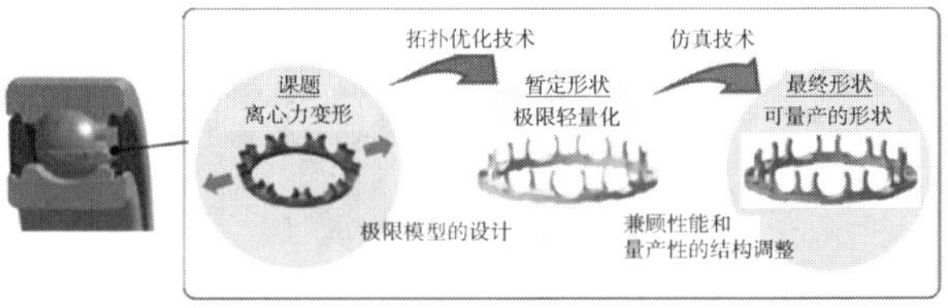

图 5-78　拓扑技术优化设计

使用 NSK 开发的抗咬黏性能优异的润滑脂和高刚性树脂保持架材料。该润滑脂可以通过降低搅拌阻力来降低摩擦力矩,并抑制发热提高抗咬黏性。另外,在高转速工况下高刚性树脂材料的应用可以降低保持架的变形。

通过使用本轴承,可实现电动车驱动电机的小型轻量化、以及高速下的高功率输出,为延长电动车续航距离、确保车内空间、降低环境负荷作出贡献。

NSK 作为全球领先的汽车零部件的供应商,紧跟汽车工业"CASE"的发展趋势,结合自身百年的"4CORE+1"的核心技术,在驱动、转向、制动等方面积极投入研发资源,为电动汽车的发展作出自己的贡献。

赋能·未来驱动　博格华纳电驱动解决方案助力中国新能源

供稿:博格华纳(中国)投资有限公司

电动汽车中如何提高电驱动的效率、集成度以及延长汽车续航里程也成为电动汽车发展的一大难题。因此博格华纳三合一电驱动模块 iDM 的推出标志着高度集成电驱动系统产品线的诞生,能为客户提供高效混合动力和电动汽车驱动解决方案。

图 5-79　博格华纳三合一电驱动模块

所谓的"三合一"iDM 就是指核心三大件——永磁同步电机、高性能电子控制模块和高效减速机构合而为一。其一,博格华纳的 iDM 系统中的电机是最高转速 16 000 r/min 的永磁同步电机,高于行业的平均水平。紧凑型设计,大幅提升电机的升功率密度。其二,博格华纳 iDM 系统集合了电子控制装置,目前采用了主流的碳化硅 Sic 技术或 IGBT (Insulated Gate Bipolar Transistor) 绝缘栅双极型晶体管技术。其三,博格华纳的 iDM 系统采用固定速比,可为客户提供 11.5 的减速比,基本覆盖大部分客户各种车型的动力传输需求(如图 5-80 所示)。

博格华纳 iDM 电驱系统将高效电机控制器技术、博格华纳获奖的发卡式定子绕组技术和先进的传动系统相结合,完美集成于可扩展的紧凑型封装模块中。其拥有高集成度、高效率和轻量化的优异特性,提供 iDM146、iDM200、iDM220、IDM220+,可根据设计架构和不同应用,轻松集成于乘用车和轻型商用车的前轴或后轴上。除纯电动汽车外,博格华纳的解决方案也适用于 P4 混合动力汽车,即电机位于前轮驱

① dmN:"轴承节圆径(dm)"和"转速(n)"的乘积,是轴承的高速性能指标。

② 基于 NSK 对全球行业内主要品牌的数据。

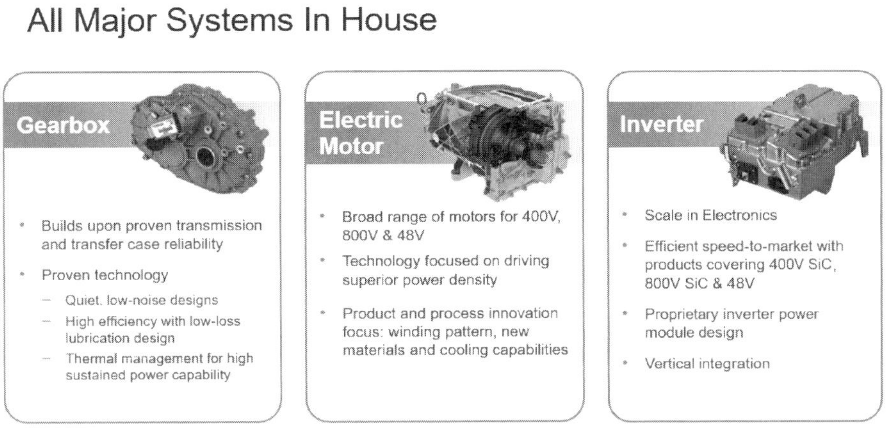

图 5-80　博格华纳三合一电驱动模块均实现自研自产

动车辆的后轴上。

iDM 系列产品的主要优势在于其可扩展和模块化的架构(如图 5-81 所示),且支持各种齿轮速比和电机尺寸。iDM 的工作电压为 220 ~ 800 V 直流电压(VDC),最高可提供高达 250 kW 的功率和 5 000Nm 的扭矩输出。这一先进电驱动产品可确保电机平稳安静地运行,而其发卡式扁线定子绕组电机技术提供卓越的性能表现和出色的噪声、振动与声振粗糙度。

图 5-81　博格华纳三合一电驱动模块爆炸图

电驱动产品可适用于 A 级和 A + 级乘用车和 SUV。值得一提的是,iDM 模块中使用的所有组件均为博格华纳全自主研发的成熟技术,且都可作为高集成模块或独立新能源汽车驱动系统解决方案。该产品支持整车平台各类软件功能需求,并提供支持车辆动态和能源管理的高级版本控制器。其软件架构符合当前市场需求,易集成于 AUTOSAR 等通用平台,可满足 ASIL D 安全等级需求。为应对现代车辆系统中不断增加的数据交换需求,博格华纳的先进控制器还可与 CAN,CAN FD 总线和 flexray 配合使用。

此外,博格华纳凭借其带冷却功能的碳化硅逆变器荣获欧洲汽车供应商协会(CLEPA)颁发的环境类创新奖。为博格华纳赢得该项殊荣的技术包含一款名为 Viper 的专利碳化硅电源开关,用于下一代逆变器。Viper 电源开关可在高达 800 V 的电气系统下工作,并带来多种优势,它能减少 70% 的开关损耗,提高 25% 的功率密度。它能利用电压的灵活性提升效率、缩短充电时间、延长续航里程、减小电池尺寸。

图 5-82　博格华纳碳化硅逆变器荣获欧洲汽车供应商协会(CLEPA)颁发的环境类创新奖

逆变器是电动汽车必不可少的零部件,它将电池组的直流电(DC)转化为交流电(AC),为驱动电机提供动力。每个逆变器内都有一个功率模块,通常由 6 个半导体开关组成,用于管理流向电机的功率。Viper(如图 5-83 所示)的全部 6 个开关的尺寸被压缩,位于两个小型散热器之间,用于吸收和分散热量。这种双面散热结构的设计更加紧凑,使得全新一代逆变器比前几代产品轻 40%、小 30%。全新碳化硅电源开关也提升了效率,并允许更高的功率输出,兼容 800 V 的电气系统。

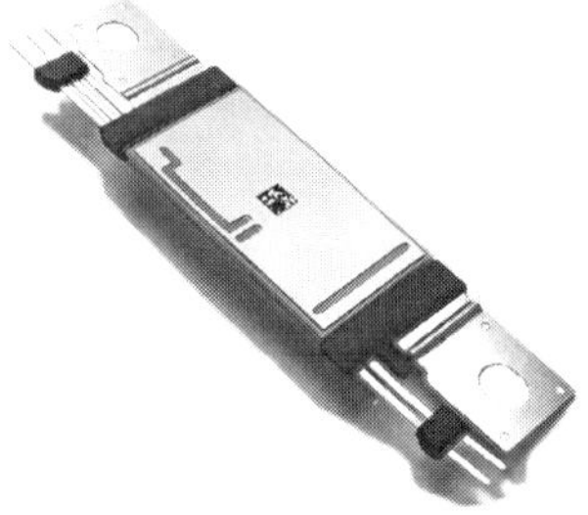

图 5-83　博格华纳碳化硅逆变器 Viper

得益于 Viper 的独特设计,可升级的解决方案能满足各种产品需求,并能适应较低和较高的电压系统,赋予原始设备制造商更高的灵活性,便于管理插电式混合动力汽车和纯电动汽车所需的多种电压等级。

精智机器充换电站项目

供稿：深圳精智机器有限公司

1. 成果简介

（1）薛家岛公交车标准充换电站

深圳精智机器结合多年在自动化设备制造行业的经验，与国家电网，许继集团公司积极协作，完成了电动公交与电动乘用车两大系列充换电装备的开发与应用，推出多款换电设备。由深圳精智机器完成的换电机器人（如图5-84所示）、充换电设备、动力电池的总成、车辆及系统的监控等关键设备的技术水平属自动化设备行业的领先地位。2011年7月，青岛薛家岛电动汽车智能充换储放一体化示范电站投入试运行，时为世界上功能最全、规模最大、服务能力最强的电动汽车充换电站。此后，深圳精智又参与了天津、南京、北京、西安、青岛等地上百个换电站的建设运营，积累了充换电服务网络规划、充换电EPC建设、运营与管理的丰富经验，能为城市公交网络建设提供完备的充换电服务网络系统解决方案。

图5-84 精智第一代换电机器人

（2）内蒙古重卡换电项目

项目位于伊敏煤电站，换电设备2台（套），包含电池集成箱4台、监控及功能集成箱4台，换电机器人4台，车辆检测引导系统2套。

（3）上海洋山深水港四期

国内正在运营的一些自动化码头，由于当时换电技术的限制，使用了充电式的AGV，AGV在充电过程中会导致本体的闲置。由于每台AGV的电池和车体都是一一对应，单独检修任何一部分，也都会导致另一部分的闲置。精智针对以上情况，提出了洋山港码头引导车“换电为主，充电为辅”的解决方案。

精智通过对整个港口AGV的工作规划，可以实现一台换电机器人24 h对100辆AGV不间断的换电工作。当AGV电量低时，通过车队管理系统，AGV可自行通过换电机器人，6 min完成一次电池更换，满电后可持续运行8 h，与传统充电模式相比，精智针对洋山港AGV的换电解决方案有以下技术优势：

①做到了动力电池集中充电，集中换电，在保证动力电池使用寿命的情况下也做到动力电池集中管理。

②动力电池的检修更独立，不会造成引导车本体的闲置。

③AGV不会出现在充电工位静止充电的情况，每台引导车有更多的时间作业，降低引导车的采购量，提高了每台引导车的产能。

④依托于大数据网络，合理分配每块动力电池的使用量，合理规划每台动力电池的维护管理日程。

⑤建立换电站后，可实现易维护、可扩展，更方便地进行应用扩展。

洋山港换电机器人将小载重的自动化仓库技术和重载堆垛类车库技术相结合，吸收了大巴车的自动换电理念。推出了重载堆垛式换电机器人。通过激光传感器自动定位AGV的位置，实现精准对接，在换电过程中启动自动跟随系统实时调整换电机器人与AGV的相对位置关系，做到平顺换电，快速换电。

图5-85 精智换电机器人

项目特点：码头AGV重型换电机器人；更换电池包单体达6 t；机器人重载定位精度2mm；电池更换6 min/次，满电后可持续运行高达8 h。

（4）金华市风山街公交车换电站

①项目背景

众所周知，里程焦虑是制约纯电动汽车普及推广的最大瓶颈。对于一辆纯电驱动的小轿车，人们尚且有这样的担心，何况是BRT这样的大家伙。每辆BRT载有10块能源电池，单次充满电约6 h，单纯采用充电方式效率极低无法满足正常的运行要求，同时面对以吨为单位的能源电池组，人工更换电池尤为困难。

为了解决充电时间长、效率低等问题，精智提出了最科学最先进的解决方案：充换电综合解决方案。方案通过换电机器人进行充换电结合的解决，解决了纯电动汽车远距离续航的瓶颈问题的同时也大大提高了BRT的运行效率。

②项目概况

浙江省金华市的BRT3号、4号线电动大巴正在跨城乡、跨城际运行。其中，3号线长达70 km。

金华风山街充换电站设计采用双通道双换电工位，总设计车辆运营能力为110～130辆纯电动公交车辆。充换电站设计为全户内换电站，站内建筑由2工位换电车间、配电室和辅助用房组成，换电车间设置公交车车道、电池箱更换设备、充电仓（充电架、充电机柜）、监控室、工具间、休息室、等。主要由充电系统、换电系统、监控系统、视频安防监控系统、应急辅助系统等组成。站内全智能化操控系统，换电机器人，稳定性强、可靠性高、科技感强。

图 5-86 换电机器人给公交车换电

车子进站停靠入位，换电机器人自动识别并更换公交车内能源电池。机器人通过识别，将车内的电池取下并放到两侧的充电架上，能源电池自动进入充电模式；机器人将根据系统提示，将充电架上充满的能源电池取出并更换至大巴车上，整个换电过程大约 9 min。

精智的充换电综合解决方案，对城市的节能减排、城市美化、提高能源利用率发挥了极大的作用。凤山街充换电站投入使用以来，充换电站内设备运行工作安全有序，同时也得到了当地上级有关部门和领导的充分肯定。同时接待了国内数十家公交单位和国内外各级政府前来参观交流。

2. 成果创新点及解决的难点问题

发展新能源汽车是我国从汽车大国迈向汽车强国的必由之路，是应对气候变化、推动绿色发展的战略举措。商用车使用强度普遍较高、燃料消耗和污染物排放量大。为缓解重卡带来的极度污染，只有被动的淘汰环节显然还不够，让重卡自身具备节能减排的能力更为重要，在当前所有可利用的新能源中，电动化重卡是最佳选择。

“重卡电动化”的必要性已在全球形成共识。为加大新能源汽车推广应用力度，工信部编制了《推动公共领域车辆电动化行动计划》，对重卡试点应用进行了重点部署安排，鼓励促进新能源重卡推广应用，推动新能源重卡在短途运输、城建物流以及矿场等特殊场景应用。

2019 年，我国工程机械和重卡保有量近 1 500 万台，如果全部实现电动化，替代电量将超过万亿千瓦时。我国汽车年消耗石油约 3 亿 t，而我国原油进口依存度达到 71%，所以重卡新能源替代对于调整能源结构，提升我国能源安全有巨大作用。

发展电动重卡可以促进风力、光伏等新能源的消纳，提升可再生能源应用比例；促进“光储充放”多功能综合一体站建设；促进 5G 技术、无人驾驶等技术在重卡领域的应用。电动重卡规模化应用能够带来巨大电量替代，对于国网公司主业将具有增量效益；也是电动汽车行业及新能源汽车基础设施产业布局不可或缺的一环，有利于保持其技术和行业领先地位。

3. 国际水平对比分析

国外在新能源汽车理论研究方面日本、美国和欧洲学者居多。新能源汽车产业尚处于起步阶段，对其研究通常采取的是企业、政府和研究机构共同参与的方式，在各大行业的会议报告中会见到以产业分析、技术分析、性能评估等形式的理论研究成果。

美国相关理论研究的重点主要在燃料电池汽车和氢动力车产业化领域。Griffin 、Burgh 等人 2003 年通过对氧能源的来源、制取、运输等内容的研究，认为用氢作为清洁能源不会产生温室气体和有害气体的排放，具有很好的环保效果。然而要真正实现氧能的大规模运用还需克服成本、安全等多方面的难题。此外，与氢能发展相配套的基础设施建设落后也阻碍了氢能的推广。但是美国国家氢能协会预计在未来氧能源技术将快速发展，因此政府还需有关氢能的推广。

欧洲学者的研究领域涉及混合动力技术、纯电动车技术和氢燃料汽车，其中氢燃料汽车是研发的重点，包括氧内燃机汽车和氢燃料电池汽车。Andre Martin 在欧洲氢能协会上发布了其关于欧洲汽车集团制定氢能共同技术计划和燃料电池的研究。Volker Blandow 和 LudwigBoelkow 总结了欧洲氧能源在交通示范项目方面的发展情况，其中包括欧洲成员国的示范项目和欧盟委员会的示范项目。

日本则偏重混合动力车的研发和产业化推广，已开发出了以 Leaf 和 Prius 为代表的油电混合动力技术和多款混合动力车。Yoichikaya 通过总结日本国内氧能加气站的发展现状，并提出在未来 10 年建设燃料电池和氢能基础设施的建议。2006 年 MasonoriMond 在评估了燃料电池和氢能的能量效率、环保效果后，认为随着全球变暖世界对氢能源的需求将更加紧迫，如果能有效解决氢能转化效率和基础设施建设问题，那么氧能源作为清洁能源在未来将拥有巨大的发展潜力。

然而新能源汽车产业在我国起步较晚，当我国正式提出发展新能源汽车产业时，美日欧等发达国家新能源汽车产业发展已相当成熟。我国将新能源汽车产业确定为战略性新兴产业后，研究文献也日益增多。马春梅通过分析发达国家新能源汽车的产业政策和发展战略，认为掌握新能源汽车发展的国际趋势，有助于我国制订和实施新能源汽车相关措施。汪波、邢洪金对我国新能源汽车竞争策略与战略进行了研究，提出发展我国新能源汽车的建议，并分析了纯电动汽车、燃料电池汽车和混合动力汽车的市场竞争策略。曾耀明、史忠良对我国和国外新能源汽车产业政策做了对比分析，并从合理配置科研力量、加大投入等多面提出促进我国新能源汽车产业发展的策略。现有研究文献中进行了全面国际比较研究并提出发展建议的文献很少，因此，有必要从国际比较的角度分析我国新能源汽车产业与发达国家的差距，知彼知己才能更好地发展我国新能源汽车产业。

4. 成果应用情况

2020 年内蒙古伊敏重卡换电站检修运维服务工作已完工，公司在服务过程中保证了换电站正常运行。项目位于内蒙古自治区呼伦贝尔市鄂温克族自治旗伊敏镇境内，距呼伦贝尔市海拉尔区 85 km。年平均温度 −2.4 ℃，最高气温达 36.8 ℃，最低气温为 −48.5 ℃。公司负责两个工位的纯电动宽体矿用卡车换电站设备的检修运维，提供检修所需的人工、配件、材料、润滑油脂等，现场配备相关工作人员共 15 人，并提供检修的辅助设备、设施、机具、工器具、安全用具及劳动保护用品等。服务过程中，公司严格执行甲方《发承包工程安全管理办法》规定的运维服务，按检修手册要求进行列级保养，主要内容包括日常检查、清洁清理、定点润滑等、易损件更换等工作，保证设备处于良好技术状态，与此同时，合理的安排保养间隔，不影响车辆正常作业。在故障检修工作过程中，公司对设备检修严格执行运维修手册的技术标准和工艺要求，对设备的临时故障及时处理，严格执行了煤矿安全规程相关要求，避免了设备带隐患运行，并在设备出现故障时及时处理完成。对于机器人备件及维修，公司储备了充足的机器人备品备件，做到了尽量减少维修停机时间。关于充电机故障及维修的工作中，公司在充电机故障报警后及时按充电机维修手册进行处理维修。遇到故障无法有效处理时，及时联系充电机生产厂家以获得远程支持或联系人员到现场维修；监控系统出现异常时，按维护手册进行临时处理，并及时通知监控系统支持工程师进行处理；电池出现异常时，根据换电站使用手册进行应急或屏蔽处理，并及时联系电池生产商进行维修。在整个检修运维工作过程中，公司对检修记录齐全并及时存档，与甲方检修内业管理统一，所使用的配件均为原厂产品，保证了配件和检修的高质量，所使用的配件满足环境要求。项目服务期间，公司在人员方面建立了健全的组织机构，派遣了足够数量的有资格、有经验、有技术、健康、能胜任工作的技术人员到现场从事技术服务工作，分别配置了项目管理负责人、技术负责人、品管专员、机械工程师、计划管理人员、文明施工管理人员、安装小组长、安全员及调度管理人员等。不仅如此，公司配备了齐全的检修工种，检修人员配置充分满足甲方交接班规定，夜班配置维修人员，人员工作时间符合劳动法规定。公司项目负责人、安全生产管理人员均具备“安全生产知识和管理能力考核合格证明”或资质能力证明文件。我公司严控运维服务人员流动、保持人员稳定性，人员变动率做到了 0 变动。

在物资管理方面，公司负责检修维护所需材料、配件及总成部件的采购、保管和使用，并向甲方提供了主要配件的合格证，供甲方检验，对于使用的配件、油脂如实登记，在承包期内保证备件充足。同型之间相互拆件、倒件等情况均经过了甲方同意，对于废旧物资自行处置。服务期满，公司将设备移交甲方，全部设备状态完好，性能可靠，满足生产需要，情况如下：①各部件外观完好，无短缺、损坏等现象。②设备各部位联结、紧固良好。③设备主要部件正常可靠运行，功能性能达到规定要求。④设备润滑正常，磨损、腐蚀程度不超过规定标准。⑤设备运转平稳，无异常振动和异常噪声。⑥各部密封良好，无跑、冒、滴、渗、漏现象。⑦各部机械性能良好，磨损正常，无异常变形，配合间隙符合技术要求。⑧电气配线整齐，线号明显，电路板固定良好，电气柜干净整洁。⑨油料、油脂清洁，未变质。⑩灭火器、防护罩等附件齐全，完好有效。⑪各种设备都按照规定进行编号，喷号规格、尺寸统一、美观、整洁、醒目。⑫设备内业资料规范、统一、齐全。

5. 社会及经济效益分析

（1）环境效益评价

燃油重卡主要使用柴油，其油耗和污染物排放量均较高。特别是氮氧化物和颗粒物的排放，对现场作业人员身体健康会产生负面影响。而电动汽车为“零排放”，其消耗电量换算成燃煤发电厂污染排放，明显少于化石能源汽车尾气的污染排放。世界气候组织分析表明，电动汽车能源利用效率比传统燃油车高出 46% 以上。将扩大矿区矿运车辆油改电的示范作用，可以产生巨大的环境效益。经调研，每替代 1 L 柴油，可减排二氧化碳 2. 63 kg、一氧化碳 145 g、碳氢化合物 6 g、氮氧化物 15 g。按照矿区现状每辆燃油重卡每年行驶里程 4. 8 万 km 测算，同等条件下，每辆电动重卡每年能够减排二氧化碳 233. 5 t、一氧化碳 12. 9 t、碳氢化合物 0. 5 t、氮氧化物 1. 3 t。

（2）社会效益评价

将为矿区大规模推广电气化运输起到良好的示范作用，彰显了国网公司的品牌形象和社会责任，也是“再电气化”战略的具体体现。随着电动重卡的推广，能够改善矿区的工作环境，减少车辆尾气对现场工作人员健康的影响。同时，采用电力作为终端能源，能够进一步促进光伏、风力等清洁能源的消纳，减少对化石能源的依赖。电能生产的绿色、低碳也将使电动汽车造成的污染物排放进一步降低，具有良好的社会效益。

（3）风险分析

①项目延期风险（包括疫情、供应商）。根据各方反馈信息，受新冠疫情影响，设备、车辆、各平台之间协议的研发和生产进度存在延迟风险。需要多任务并行开展，加快研发进度。

②电源及配电变压器容量不足风险。单个换电站负荷的功率之和为 4 218 kW，极端运行工况下会导致变压器过载以及超过 35 kV 外电源可用容量，因此，监控系统需进行实时功率监测和功率需求预测。另外，需结合充电需求以天为单位制定充电策略平滑功率曲线，同时具备限制功率措施，具备降低充电机功率输出或停止功率输出的功能。

③安全风险：站内 35 kV 配电装置、箱式变电站以及 0. 4 kV 配电装置根据相关规范配置了灭火器，目前没有针对电池以及电动车辆灭火装置配置的规范，运行期间应当根据电池参数及时发现潜在故障，并制定电池故障的应急预案，具备条件时引入就近水源或配置水箱作为电池灭火装置。

低成本电动汽车热泵空调系统

供稿：上海加冷松芝汽车空调股份有限公司

1. 开发背景

国务院办公厅印发的《规划》指出：到 2025 年，纯电动乘用车新车平均电耗降至 12. 0 kWh/100 km，新能源汽车新车销售量达到汽车新车销售总量的 20% 左右。EV-TEST（电动汽车测评）管理规则 2019 版提出，电动汽车低温行驶里程衰减不大于30%得满分;而目前市面上绝大多数电动汽车通过PTC进行供暖,行驶里程衰减超40%。热泵空调系统是电动汽车降低采暖能耗、提高采暖效率(COP>1)的可靠手段,受到各大主机厂的青睐。

但与当前空调系统相比,热泵系统结构相对复杂、成本明显增加(通常超过1 500元),形成了广泛应用的主要障碍之一。因此,简化系统架构、开发低成本热泵空调系统,对热泵空调在电动汽车中的大面积推广具有积极意义。

上海加冷松芝汽车空调股份有限公司经过多年努力,成功开发了多型直接式和间接式热泵空调系统,具有余热回收和补气增焓功能的低温热泵空调也已搭载样车。基于上述研发、结合对市场需求的充分理解,通过对热泵空调系统的结构简化和功能取舍,完成了高可靠、低成本的热泵空调系统开发,搭载车型江淮汽车iC5已于2020年中实现量产。

2. 松芝低成本热泵系统关键技术简介

(1)结构简单、功能完善的系统架构

系统原理如图5-87所示,包括热泵空调系统和电池热管理系统两部分。该系统采用节流短管替代电子膨胀阀,结构简单,易于控制,具有制冷、制热、除霜、除湿和化冰等功能。

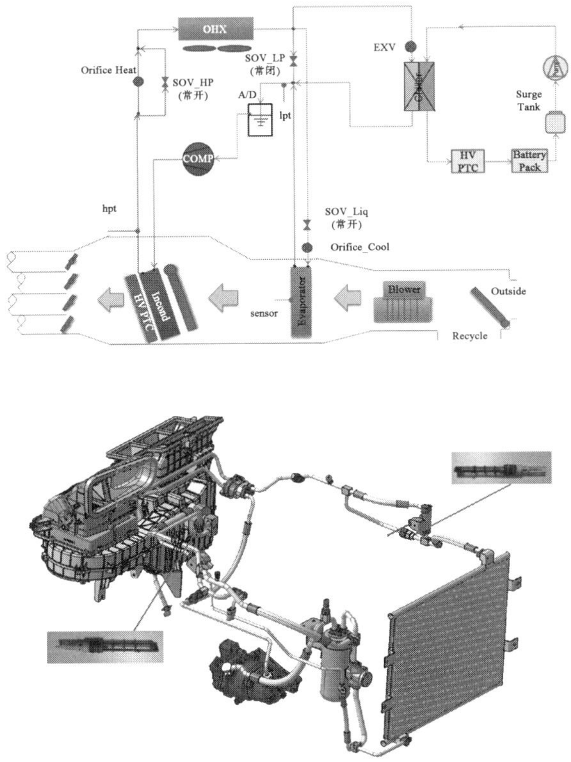

图5-87 松芝热泵系统原理

(2)高性能车内冷凝器

车内冷凝器是乘员舱采暖的直接部件。松芝采用双排12 mm平行流设计,借用成熟D型集流管、配备独特的穿透式双隔板,具有换热性能好、流阻小、重量轻等特点(如图5-88所示)。

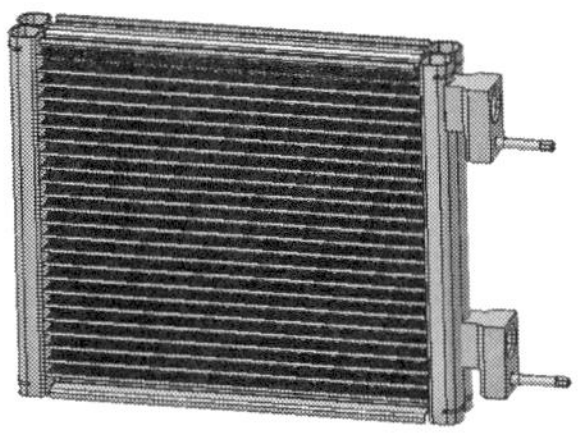

图5-88 松芝车内冷凝器

(3)专用外换热器,提高系统抗车外换热器结霜能力

采用16 mm竖流车外换热器设计(如图5-87所示),具有流阻小、排水水好等特点,兼顾其作为冷凝器和蒸发器的换热效率。竖流设计提了其冬天高湿情况的抗结霜能力,提升热泵系统在冬天的连续运行时间与可靠性。

图5-89 竖流车外换热器

(4)自主开发的热泵空调自动控制技术

开发了具有自主知识产权的热泵自动空调控制技术,根据环境温度、车内温度、设定温度、车速、阳光强度等输入参数进行自动调节控制压缩机转速,鼓风机档位和冷凝器风扇占空比等输出参数,实现舒适节能运行。

图5-90 热泵空调自动控制

3. 成果创新点

开发了高能效、低成本、智能化的电动汽车热泵空调,主要实现以下技术创新:

(1)−5 ℃环境,车速60 km/h,该热泵系统较PTC系统节能34%,行驶里程衰减仅为25%。

(2)大量采用低成本设计方案,如低成本节流短管替代高成本电子膨胀阀;明显降低了系统成本与控制难度,且制冷、制热效果与后者相当。

(3)具有自主知识产权的热泵自动空调控制技术,采用多变量耦合控制,确保乘员舱舒适性与电池包热管理在最优节能运行。

4. 技术水平和市场前景

热泵空调已成为电动汽车空调系统的主流方向,对改善行驶里程有显著作用;但同时,搭载热泵空调的整车售价增加不菲,阻碍其市场推广。松芝开发的低成本热泵空调系统针对市场痛点、在舒适性、节能和成本上实现了较好的平衡,具有很强的市场竞争力。该热泵空调系统的开发和量产，有助于促进热泵空调在电动汽车中的大规模推广，有助于松芝获得电动汽车热泵行业先机、提升市场份额、实现相关业务的快速增长。

酸洗、罩退热成形钢开发

供稿：湖南华菱涟源钢铁有限公司技术中心

1. 成果简介

随着汽车行业排放路线图和国家“碳中和”理念的深入，以及新车型碰撞测试标准的提高，汽车轻量化的需求越来越迫切。该项成果通过对普通热成形钢的成分、工艺优化和热成形工艺的研究，以及产品应用技术支持，解决了热成形钢的高温成形性能、极限冷弯性能、抗疲劳断裂、氢致延迟断裂等问题，成功实现了汽车结构件、加强件及安全件的高强减薄，充分满足了汽车行业的轻量化需求。

2. 成果创新点及解决的难点问题

创新点1：通过添加少量的Nb，细化热冲压后的组织，提高材料韧性的同时，极限冷弯性能由之前61.1°提升至72.7°，比普通连退产品的冷弯尖角高了10°以上。

创新点2：针对热成形钢普遍存在的氢致延迟断裂现象展开研究，通过增加固氢析出物，将材料热冲压后的抗氢脆性能从传统的5%盐酸浸泡约20 h提升到300 h以上。

创新点3：利用CSP连铸连轧薄规格轧制的优势，最薄可轧制1.2 mm，缩短生产流程，实现绿色低成本制造。

创新点4：针对汽车行业对热成形钢的测试和评价没有统一规范的问题，开展了热成形材料的特性研究，并与中汽研等单位共同起草了《CSAE 154—2020 超高强度汽车钢板极限尖冷弯性能试验方法》《CSAE 155—2020 超高强度汽车钢板氢致延迟断裂敏感性U形恒弯曲载荷试验方法》两项行业测试及评价标准。

3. 国际水平对比分析

表5-6 热成形钢性能优势

序号	指标名称	通用指标	成果指标
1	极限冷弯性能	61.1°	72.7°
2	抗氢致延迟断裂性能	20 h	300 h不开裂
3	热成形组织	低碳马氏体及少量铁素体和贝氏体	低碳马氏体和极少量铁素体

4. 成果应用情况

随着汽车轻量化的需求，该项成果研发的无涂层热成形产品迅速推向了市场，通过多次的成分、工艺优化和客户热成形工艺研究，以及产品应用技术支持，解决了热成形钢的高温成形性能、极限冷弯性能、抗疲劳断裂、氢致延迟断裂等问题，并形成了不同强度级别的产品系列。开发的LG1500/LR1500HS产品通过了长城、长安、北汽、吉利等主机厂认证，广泛应用于A柱、B柱、前后防撞梁、侧门防撞杆、后地板门槛梁等安全结构件，开发的LG1800通过了长城汽车的认证及试用，开发的LG2000产品除用于汽车零件外，还在防弹钢行业得到应用（如图5-91所示）。

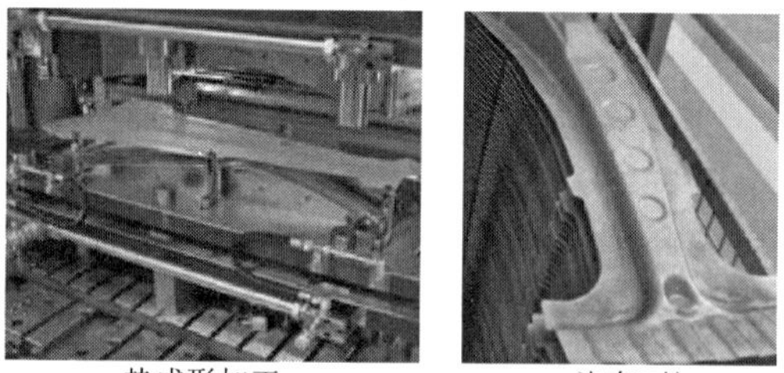

热成形加工　　汽车B柱

图5-91 热成形工艺及产品应用

5. 社会及经济效益分析

该项成果通过高强减薄，使汽车单体零件的减重比例达到15%以上，并为企业实现年创效超过1 000万元。

二、氢燃料电池领域

燃料电池商用车集成开发及示范应用

供稿：东风柳州汽车有限公司　覃记荣、马秋香、王善超

1. 成果简介

氢能源的开发与利用正处于蓬勃发展期，发展氢燃料电池汽车产业，既能够适应当下国家绿色环保的理念，摆脱传统汽车产业困局，又是我国汽车制造业赶超国外先进汽车企业的大好契机。东风柳州汽车有限公司时刻关注国家发展战略与市场发展方向，于2018年底正式把燃料电池商用车计划纳入公司一个新的发展方向，经过一年的技术攻关与整合，东风柳汽商用车研发的氢燃料电池车已经完成样车试制，通过工信部审查取得氢燃料电池商用车生产资质，完成整车可靠性实验及基本性能实验。目前，东风柳汽氢燃料电池商用车项目进展情况如图5-92所示。

图 5-92 氢燃料电池商用车目前进展情况

通过区域和线路的运行试点示范,建立燃料电池商用车示范运营技术服务体系,在运行过程中采集数据,为示范运营车辆的考核、评估和改进提供科学依据;在运营中逐步建立燃料电池汽车商业化运行的政策支持体系。

2. 创新点及解决的难点问题

(1)创新点

①燃料电池系统集成及核心组件生产关键技术。建立基于工况的燃料电池发动机各子系统和整机的参数化全生命周期预测模型,运用系统优化匹配技术,实现对燃料电池发动机的系统参数的精确调控,提高车载氢燃料电池的能效与寿命。

②通过对氢系统及关键部件的仿真与实验研究,分析系统失效机理与损伤模式,建立系统及关键部件的氢安全标准,采用新材料、新结构、新工艺实现氢安全多重防护策略。

③开发基于模型的需求电子电气架构正向开发流程,开发基于驾驶模式识别的转矩优化技术、单踏板能量回馈、多动力源驱动功率自适应分配技术、AMT 变速箱控制技术等,提高整车能量利用效率。

④依据多端口网络和传递函数理论建立整车 EMI 模型,降低 EMC 测试中面临的由于整车结构复杂、电磁干扰途径多样带来的建模和预测难题,形成一整套氢燃料电池商用车整车电磁兼容性能验证体系。

⑤实现整车正向设计技术突破,建立高精度参数化整车虚拟仿真分析平台、动力匹配优化技术、轻量化技术、NVH 评价体系等流程,提出智能数字化、定量化设计的正向开发模式。

⑥应用系统集成技术,开发氢燃料电池商用车,并运行示范。

(2)解决的难点问题

①燃料电池动力系统集成技术突破

a. 燃料电池动力系统集成方法与总体性能研究:研究高效率、长寿命燃料电池的总体技术路线和方案,包括电堆内部流场的仿真分析,优化外围零部件和电堆模块间的配流设计,针对电堆壳体和端板结构有限元分析;开展燃料电池总体建模和性能预测的研究。

b. 燃料电池电控系统研发:研发基于分布式网络的电控平台的燃料电池控制系统,集成了对供气系统、供氢系统、冷却系统、增湿系统的综合精准控制,具有巡检、故障诊断等安全功能;以长寿命、高效率、高安全性为控制目标,研究燃料电池动力总成的控制算法逻辑和对应的控制 MAP 标定技术。

c. 燃料电池发动机系统集成关键技术研发:开展燃料电池发动机的系统集成关键技术研发,包括燃料电池发动机的综合热管理系统集成关键技术研究、氢气再循环系统研究、空气系统研究,燃料电池系统装配工艺研究;研究燃料电池发动机各子系统和整机的参数匹配和性能优化;优化发动机的 NVH 性能,使得整机的噪声最低。

②燃料电池核心组件膜电极生产技术突破

a. 研发调试适用于燃料电池膜电极大规模生产线:通过成本、产量、性能、一致性等多维度对比目前较为成熟的膜电极 CCM 生产方式,如狭缝挤出、刮涂技术、热转印技术、真空喷涂等,选出现阶段适合燃料电池膜电极生产的最佳燃料电池膜电极 CCM 生产技术。在选定的产线基础上进行升级,实现燃料电池膜电极 CCM 与气体扩散层的大规模自动化集成技术,以实现燃料电池膜电极的量产。

b. 研发长寿命的燃料电池膜电极:通过燃料电池膜电极加速测试方法,确定膜电极中阳极催化剂、阴极催化剂、质子交换膜、微孔层和扩散层用量和选型,确定长寿命燃料电池膜电极的组合。

c. 研发和引入保证燃料电池膜电极性能以及结构特性一致性的成品检测技术:在燃料电池膜电极生产线上引入离线检测方法,离线测试是指燃料电池膜电极作为样品进行单独测试项目的检测。如光学对位检测,膜电极厚度检测等,对生产的膜电极进行连续的离线测试,保证生产膜电极的结构一致性。

③燃料电池核心组件双极板生产技术突破

a. 开发双极板表面涂层技术:通过比较不同镀层材料、镀层层数和镀层工艺,得出金属双极板防腐蚀和燃料电池性能的平衡点。同时,依据优化结果开发适合双极板量产的表面涂层技术。

b. 开发高精度双极板加工技术:比较不同的成型工艺软膜冲压成型、液压胀型、压力焊成型、辊压成型、磁脉冲成型、高液压成型、液态成形等,通过成本、加工难易程度、量产等多维度比较出现阶段适合量产的双极板加工技术。

④燃料电池电堆生产、活化和测试技术突破

a. 研发长寿命的燃料电池电堆:引进高效的电堆加速寿命测试方法,评价和分析电堆的失效模式,找出电堆寿命短板,有针对性对组件进行寿命的提升。另外,电堆需要充分活化后才能达到最佳性能。通过比较不同的活化工况(氮气氛下活化,变电流活化)对电堆活化时间的影响,减少活化时间。

b. 研发可靠的密封材料和在线检测方法:通过材料改性的方式改变传统密封材料的力学特性,保证密封材料在弹性变形情况下的密封性能;密封面的微表面处理,增大密封材料之间的接触面积;密封材料配比的改变,增加密封材料在高温、高湿度环境下的寿命。另外,需要在传统的泄压法的基础上研究快速气密性测试方法,加速成品电堆的气密性在线检测。

⑤燃料电池整车动力总成集成技术突破

a. 研发生产高效率集成电桥动力驱动系统,取消动力传递系统,将驱动电机、差速器和车桥高度集成,减少整车动力系统布置空间，紧凑化布置储氢系统和储电系统，最大限度释放整车有效利用空间。

b. 大功率燃料电池总成系统整车产业化应用：以小功率燃料电池与大容量动力电池混合动力系统为切入点，开始燃料电池商用车的示范运行及产业化推广，依据小功率燃料电池与大容量动力电池混合动力—大功率燃料电池与小容量动力电池混合动力的发展路线，逐步提升商用车燃料电池系统功率，降低动力电池容量，优化动力系统匹配与控制技术，提升整车性能。

⑥整车结构布置与设计技术突破

a. 燃料电池发动机及电动机的布置优化：基于多体动力学及有限元，建立整车动力学模型，分析结构部件的强度和可靠性，优化布置参数，保证在负荷变化情况下正常运转，并能耐受车辆在行驶时的振动和冲击。

b. 动力电池组的车身布置优化：商用车为动力电池包提供了充足的安装空间，相对于乘用车，商用车的电池包布置更多地考虑的是连接结构强度和电池包的稳定性问题。建立电池包的静态强度、振动冲击、热冲击等分析模型，优化电池包布置及安装连接，提高系统稳定性。

c. 整车轻量化及 NVH 技术研究：研发轻量化材料与结构的拓扑优化设计及其工艺技术，实现整车轻量化设计；相比于传统汽车的整车质量分配与激励源特性的差异，研发多动力源整车低噪声设计与声品质技术，研发基于运动学与动力学的整车平顺性控制与设计技术，提升 NVH 水平与舒适性。

⑦燃料电池商用车示范运营

a. 配套基础设施建设：在示范区域建立加氢站，满足示范车辆加氢需求；同时建立实时监控系统，实现对车辆的远程实时监控、提取车辆的运行故障分析与诊断，并对运行数据自动采集、记录和统计，为其技术及经济性评价提供原始数据。

b. 运行组织：为保证示范运行顺利实施，由研发单位牵头成立车辆、电池、基础设施及服务保障等工作组，建立各项规章制度及突发时间应急预案，保证示范运营工作安全、有序进行。

氢燃料商用车总体技术实现路线如图 5-93 所示。

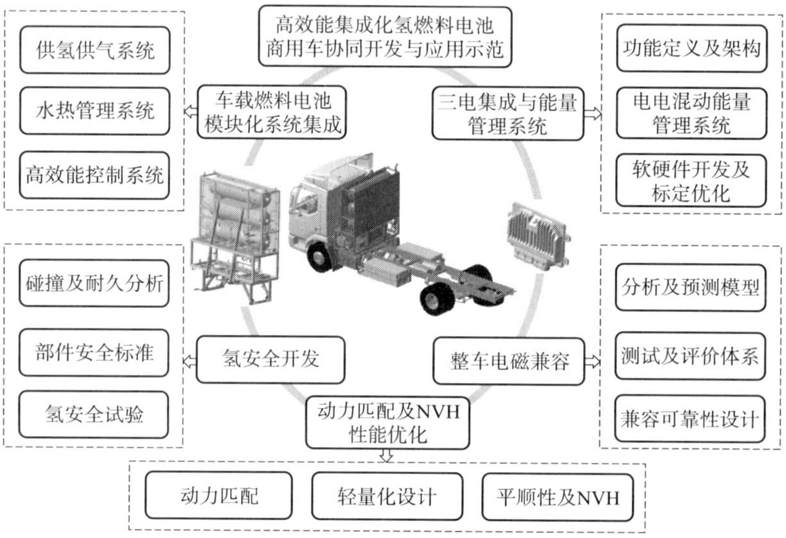

图 5-93　总体方案技术路线图

3. 国际水平对比分析

（1）加氢时间对比：国外某品牌量产燃料电池重型卡车，该车型最多可容纳 32 kg 左右的氢燃料，加氢所需时间约为 8 min。乘龙 H5FCEV 4X2 氢燃料物流车最大充装 15 kg 氢气，加氢需 6 min。乘龙 L3FCEV 4X2 氢燃料物流车，采用 35 MPa 大容积储氢瓶，最大充装 9.9 kg 氢气，加氢需 5 min。

（2）氢燃料电池关键部件国内外对比见表 5-7。

表 5-7　核心技术参数对比

技术参数	东风柳州汽车有限公司	国　外
储氢压力(MPa)	35	70
电堆寿命(h)	10 000	12 000
电堆功率(kW/L)	2	3

4. 成果应用情况

（1）东风柳汽氢燃料商用车 L3FCV(10 T 氢燃料车型)，续航最高可达 458 km，适用于城乡物流领域，累计运营里程达到 25 000km。L3FCV 整车集成布置如图 5-94 所示，实车如图 5-95 所示。

（2）乘龙 H5FCEV 4X2 氢燃料物流车如图 5-96 所示，国内首家采用大容量气瓶(320 L)，首家采用侧置方案、布置简洁、货箱容积大；采用知名品牌电堆，最高热效率可达 55% 以上。采用氢气主动安全防护设计，使用寿命可达 10 000 h 以上。续航方面：快速充装，续航无忧，采用 35 MPa 大容积储氢瓶，最大充装 15 kg 氢气，加氢仅需 6 min，续航达到 450 km。

图 5-94　L3FCV 集成结构图

图 5-95　L3FCV 实车图

图 5-96　H5FCE 物流车

5. 成果产能建设介绍

基于本项目的开展，企业通过生产线改造升级，达成生产能力达到 1 000 台/年，并配套使用的计算机各类软件达 800 多套。拥有开发设备 800 多台(套)，主要有三维数据采集用的 ATOS 全息照相检测仪，造型用的手绘屏、三维测量切削机，试制车身用的数控激光切割机系统及一大批中高端计算机工作站及服务器等。同时拥有较为先进的整车和零部件测试手段，拥有先进的整车及零部件试验设备，能够在整车和零部件的安全、环保、节能舒适及降噪等方面提供准确的试验数据；拥有动力电池包测试设备、可编程高低温试验箱、电力测功机、振动试验台、三维测量切削机、防爆型恒温恒湿试验机、电器电性能、EMC 暗室、氢实验室等 800 多台(套)。实验设备实物图如图 5-97 所示。

图 5-97　相关项目实验设备

6. 社会及经济效益分析

(1)社会效益

项目实施完成后，将在氢燃料电池商用车电池集成系统、氢安全管理、整车控制器开发、电磁兼容、动力学匹配等关键技术取得多项具有自主知识产权的创新性成果，将大大提高东风柳州汽车有限公司氢燃料电池商用车开发与系统集成等方面的技术水平，推动广西及全国新能源汽车的技术进步。

氢燃料电池商用车作为一项具备高科技含量、促进我国自主创新能力和经济社会发展的创新项目，产品切合国内市内物流市场的发展和需求。同时，有利于增强公司在公路运输市场上的竞争能力，提高企业在汽车开发、制造方面的专业化水平，提高设备利用率和贡献率。通过该项目，进一步强化了开放式联合设计能力，进一步将新科技、新技术应用到车型开发中来，并逐步健全完善了研发体系建设。项目实施并推广后，氢燃料电池商用车具有无污染、高效能的特点，改善空气质量和环境，项目具有环境友好特点，社会效益显著。

(2)经济效益

项目深入研究氢燃料电池商用车产业发展方向及发展趋势分析，开展车载燃料电池模块化集成、氢安全、三电集成、电磁兼容、动力特性等相关研究，按照逐级分级、逐级细化搭建项目子课题，通过技术创新、关键技术攻关、整合国内外先进技术，打造性能卓越、技术领先的氢燃料电池商用车产品。由于国家政策支持及限行限购城市数量增加，新能源汽车所具备的路权优势(不限行、不限购、专用号牌、可走公交车道等)对客户具备越来越强的吸引力。可以预期，项目车型开发将更好满足市场需求，增加产品销售量，完善和拓展公司汽车品种，稳定和提高产品市场占有率，增强企业应变能力，预计生产能力达到 1 000 台/年，新增销售收入 8 亿元。

氢燃料电池客车全天候安全监控系统研究与应用

供稿：北汽福田汽车股份有限公司　周恩飞　魏长河　齐孟彬
刘　凯　齐　帅　王　超　杨建锋　刘继红

1. 成果简介

基于当前国家对新能源汽车安全监控系统架构的要求及实际需求，制定了氢燃料电池客车全天候安全监控系统解决方案，全天候安全监控系统的拓扑图如图 5-98 所示。

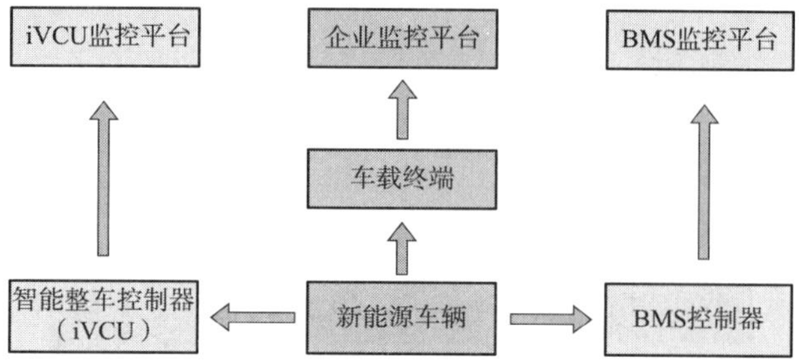

图 5-98　全天候安全监控系统拓扑

氢燃料电池客车安全监控系统，是以燃料电池客车燃料电池电堆、氢系统、动力电池、电机、电控系统等关键部件为主要管控对象，围绕整车设备整个生命周期的运行状态，利用实时监测、远程监控、移动通信、大数据分析等技术，搭建具备关键设备状态智能监测、故障诊断、故障预警、智能维修决策、管理优化等功能的安全监控数据平台，以达到安全水平提高、管理效率提升、工作强度降低、维修成本减少的目的，保证氢燃料电池客车的安全可靠运行。

全天候安全监控系统主要包含动力电池组、24 h 监控电源（自唤醒 DCDC）、电池管理系统（BMS）、安全监控平台以及智能整车控制器。全天候安全监控系统原理如图 5-99 所示。

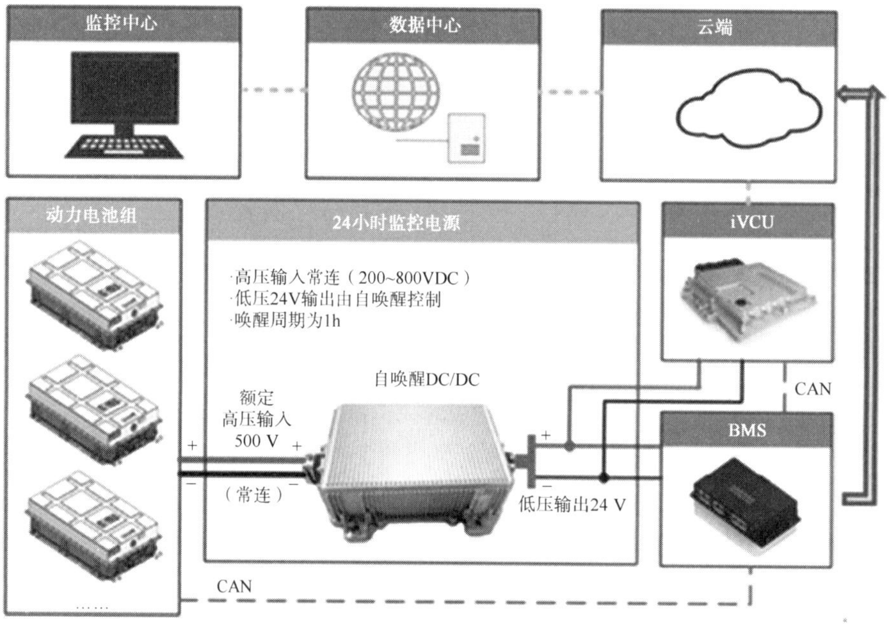

图 5-99　全天候安全监控系统原理

整车系统正常工作时，该车会有三套监控系统同时对车辆进行监控，保证数据安全可靠地存储，便于后期对数据进行分析、处理。当整车处于休眠状态时，通过自唤醒 DCDC 周期性唤醒车载终端、BMS、智能整车控制器，其中周期性唤醒的具体时间可以设定，如 0. 5 h、1h 等。被唤醒的 3 个模块采集车辆关键信息，并上传到各自对应的平台。车载终端装置同时也被唤醒，实时发送监控数据至企业监控平台。智能整车控制器和电池系统增加了除满足国标项目外的其他特有信息，实时上传至监控平台。通过此方案的设计可以确保燃料电池客车可实现 24 h 全天候的监控，同时会形成车载终端、BMS、智能整车控制器三维监控系统。

安全监控系统作为数据存储、应用、分析和共享的基本工具，在道路信息现代化建设中占有重要地位。科学地设计并建立监控系统体系，是在道路信息化建设中实现控制系统智能化并为各种智能应用提供支持的重要基础。

2. 成果创新点及解决的难点问题

随着国家对新能源汽车不断地推广与应用，国家及行业对新能源汽车的运行安全、使用安全十分重视；国家相继出台了整车与零部件的强制、推荐性标准与法规，旨在管理与引导新能源汽车行业朝着更加成熟、稳定、安全的道路前进。

针对目前新能源汽车的监控主要在放电和充电过程，但无法覆盖到车辆下电停驶状态，存在一定监控盲区的问题，该成果对氢燃料电池客车整车安全性及全天候监控进行研究，通过对燃料电池整车运行的监控，有助于对车辆安全性的研究，对整车关键部件技术标准的升级。另外，国家大力推广氢燃料电池客车，同时也需要高度关注氢燃料电池客车的安全；对于纯电动或混合动力客车来说主要是高压电的安全，然而对于氢燃料电池客车来说，除了新能源汽车所关注的高压电安全之外，氢安全也显得格外的重要。氢燃料电池客车整车安全监控，形成了车载终端、BMS、智能整车控制器三维一体监控系统，搭建了燃料电池客车全天候安全监控系统。

3. 国际水平对比分析

数据采集是安全监控系统的核心部分，从大数据平台架构来看，安全监控系统中数据的全生命周期大致可以分为：采集、传输、存储、分析、应用与反馈等几个环节。可以看出，作为整个安全监控系统的最前端，数据的采集将会是一个至关重要的环节，而数据的精度、数据量的大小、数据的涉及范围等因素对于整个安全监控系统的效能有重要奠基作用。

只有将设备数据顺利采集，才能够为后续数据分析工作提供数据支撑，达到统计核心数据、分析运能瓶颈、系统自适应优化等目的。对比国外目前车辆安全监控水平，率先将全天候安全检测系统的方案应用在燃料电池车型上弥补了车辆运营数据匮乏和对车辆安全性监控的缺陷，通过搭建三维全天候安全监控系统，可以充分保证车辆全生命周期无监控死角，更好地为新能源汽车推广作出积极的努力与贡献。

4. 成果应用情况

随着新能源客车运营规模的逐步扩大，车辆养护面临保障安全、提高效率、降低成本的迫切需求。针对车辆自身的各个系统和车辆运行过程进行的各种监测，并设置了一定程度的数据收集制度，产生了海量的、结构多样的数据，不仅包括描述设备的基本信息，也包括设计、制造、运营阶段的设备状态数据以及影响设备状态的外部数据。如何有效管理和充分应用这些数据，是实现新能源客车信息化、智能化运营的基础和关键。通过对动力电池信息、整车信息的无死角监控，在极大增加了车辆的安全性的同时，又能积累大量车辆运行使用数据，对后期产品开发有重要的借鉴意义。此成果已经逐步应用到燃料电池车型，并取得了较好的监控效果。实车应用的车载终端界面部分展示：包含但不限于《GB/T 32960—2016 电动汽车远程服务与管理系统技术规范》中规定的内容，界面如图 5-100 所示。

图 5-100　企业平台监控数据

电池信息部分展示（如图 5-101 所示）：包含电池的工作状态、故障报警等信息，对其实时监控，保证电池系统安全可靠。

图 5-101　电池平台监控数据

智能整车控制器部分展示（如图 5-102）

5. 社会及经济效益分析

我国新能源汽车产业发展迅速，呈现产业快速发展势头、产品体系已经建立、技术水平领先以及模式创新不断涌现等景象。但大力推广新能源汽车仍然面临着一些问题，如存在产品的核心技术仍未突破、产品设计质量控制以及售后服务等方面不足、安全风险等。

对于氢燃料电池，人们质疑其氢气瓶爆炸是因为相关知识匮乏，对氢燃料当前的技术水平、产业标准、性能指标还没有明确的认识。世界各国制定了相关的产业标准，虽然各国由于国情等情况不同，各自标准并不统一。但都定义了压力数据，同时也规范了安全性能（具体安全性能包括应力、腐蚀、泄漏、震动等规范及实验方式），在标准层面已经保证了安全。虽然氢系统在先期研发时会做相应的火烧、跌落、枪击、盐雾、振动等试验确保氢系统的安全，但实际应用过程中确保氢燃料电池系统与整车的安全也更加重要。

影响燃料电池车辆安全的氢相关因素主要涉及高压、氢的积聚和点火源，只要在这几个方面进行科学合理的设计，就可以大大提高燃料电池汽车的安全性。因此，在进行燃料电池汽车氢系统设计和整车氢安全设计时，应主要从以下几个方面入手：防止产生过压、防止产生过温、防止出现泄漏、

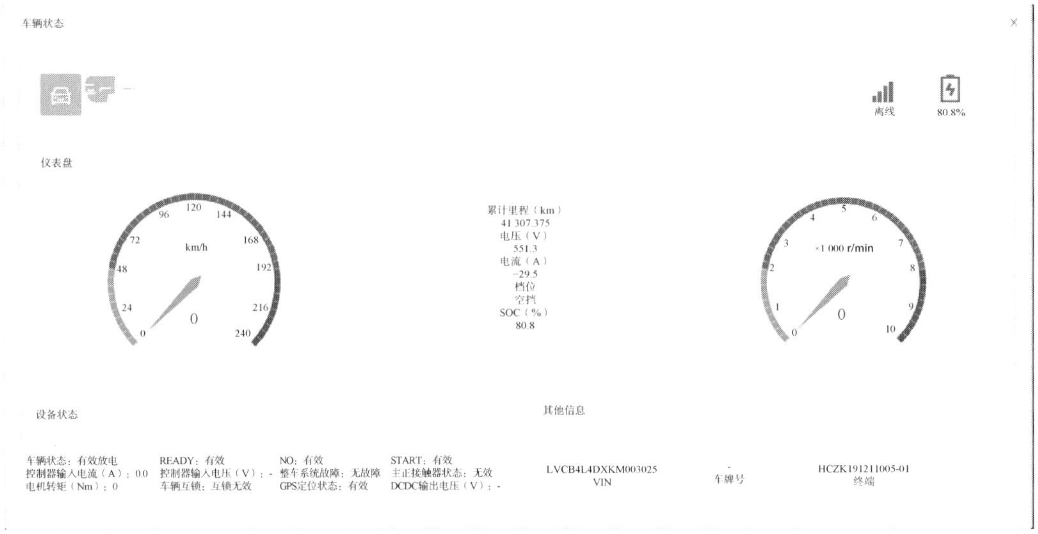

图 5-102　智能整车控制器监控数据

防止泄漏的氢气产生积聚、防止产生点火源、火灾情况、碰撞情况、外力拖曳、氢泄漏状态的可监控以及紧急状态处理等。其中对于车辆的全方面监控尤为重要，完善的车辆监控不但能够提前预警而且能够更全面的掌握燃料电池车辆生命周期中运行的状况，为后期产品升级提供重要的借鉴意义，同时通过 24 h 全天候对整车与关键零部件进行监控，使车辆更加具有高寒高温全气候适应能力，实现全自动无人自动自维护，使车辆的安全性能、适应性、使用寿命大大提升，此成果计划逐步全面推广应用到新能源车型。通过本成果的实施，将实现我国在氢燃料商用车型全天候监控方面关键技术领域的突破，显著推动我国燃料电池汽车产业化进程。

燃料电池堆余热管理在燃料电池客车上开发与应用

供稿：北汽福田汽车股份有限公司　秦志东　魏长河　周恩飞　王　超　曲　迪　周谷岚　刘继红

“节能减排”是我们时刻关注的课题，“零污染”的燃料电池汽车是汽车行业发展的一个趋势，但是当前国内燃料电池堆的技术还不是非常成熟，从效率方面来讲，燃料电池的效率只有 50% 左右，就意味着燃料电池在输出功率时，会有相同左右功率的热量产生。大功率质子交换膜燃料电池电动汽车，其热负荷可能达到传统汽车的两倍，同时这也导致热管理系统体积庞大，散热风扇、循环水泵等附属设备自耗增多。这些热量如果不能散掉，不仅影响燃料电池的工作效率（燃料电池堆是通过燃料氢气和氧气进行氧化还原反应，温度会影响反应速率），而且会降低燃料电池的使用寿命，所以将这些热量再利用起来是当前需要解决的一个重要技术问题。

1. 成果简介

针对低温环境余热的管理与利用这一实际使用场景，着重研究燃料电池余热载体，结合使用物理耦合各节点环节的效率；通过物理架构的搭建和软件系统的合理化分配，采用多点监控闭环测量的技术反馈手段，实现了燃料电池车辆燃料电池的余热合理利用。在保证燃料电池发动机在最适宜的温度环境工作，保证燃料电池效率和寿命的同时，有效地使车辆在低温环境下对加热需求得以有效满足，同时实现了高效和高响应的特点。福田欧辉自 2019 年始针对中国偏北区域如京冀地区的所有燃料电池车辆全面采用了余热利用技术，有效地提高了整车性能，在提高整车经济性的同时，增加了燃料电池车辆的续航里程。燃料电池余热利用类相关申报专利 2 项。

基于能源结构安全和环境保护压力，发展节能环保的新能源汽车是我国抢占国际竞争制高点的紧迫任务。燃料电池汽车作为清洁的交通工具，适应于社会需求和国家绿色 GDP 增长的发展要求，符合节约资源和保护环境的基本国策，其技术的完善就成为各个企业的重要目标。

2. 成果创新点及解决的难点问题

（1）燃料电池的产生背景

在冬季环境温度较低的时候，汽车需要整车供暖系统来提供热量升高乘客舱温度，提高驾驶员与乘客的舒适度。因此，将燃料电池堆冷却系统与整车供暖系统通过板式换热器连接到一起，将燃料电池产生的热量用于冬季车辆对乘客舱的升温，减小用电加热器对乘客舱升温的功率消耗，达到节能的效果，延长燃料电池客车的续驶里程。

现在客车的燃料电池堆冷却系统与整车供暖系统处于独立工作的状态，燃料电池堆通过消耗功率非常大且复杂的冷却装置散热，整车供暖系统通过电加热器装置加热冷却液的方法给乘客舱供暖，燃料电池堆的冷却装置和整车供暖系统的电加热器的使用会有很大的功率消耗。燃料电池堆冷却系统与整车供暖系统独自工作时，燃料电池堆产生的热量没有充分利用，导致了能量的浪费。

现有技术是整车供暖系统通过电加热器加热管路中的冷却液，高温度的冷却液流经车内时释放能量，升高乘客舱的温度，而电加热器的功率消耗是比较大的，电加热器长时间、高功率的工作对整车的续驶里程有很大的影响。

在经过板式换热器将冷却系统与整车供暖系统连接到一起时，将燃料电池堆工作产生的热量用于冬季车辆供暖，不仅将“废热”利用，而且降低了整车供暖系统在加热冷却液过程中的功率消耗，延长燃料电池客车的续驶里程。

（2）燃料电池电堆散热系统与整车供暖系统耦合结构搭建

燃料电池电堆的散热系统与整车供暖系统的耦合结构搭建研究（原理如图5-103所示）。两个系统是分别独立的，并且由于燃料电池电堆的散热系统所使用的是电堆专用的冷却液，以防止燃料电池电堆电导率超标引起触电危害，而整车供暖使用的是车辆常规冷却液；耦合的位置不仅要考虑到燃料电池堆的正常工作，同时要在最大的范围内减少对燃料电池堆冷却循环的影响。因此两系统耦合结构选择至关重要。攻克了关联的两个系统因耦合点选择不当造成的电堆散热能力失控和整车供暖效率降低，从结构上保证了燃料电池电堆散热需求，保证电堆在适宜的温度工作，保证电堆输出特性的稳定。

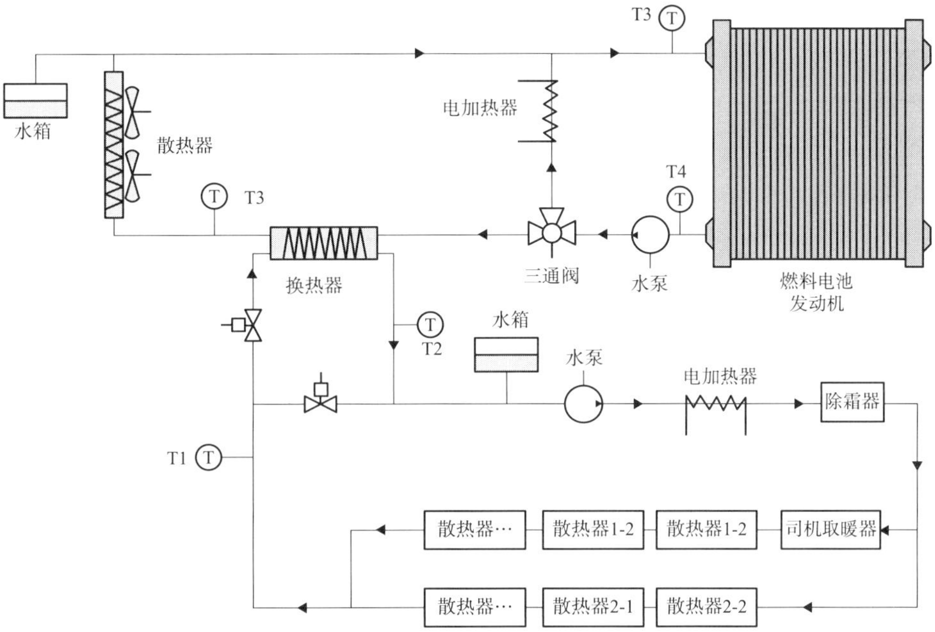

图5-103　燃料电池汽车余热管理物理架构原理图

（3）余热管理能量耦合策略研究

自主开发“功率—水温—流速—余热利用量”控制管理策略（如图5-104所示），结合多环节的策略闭环和监控闭环的双闭环的研究，攻克了燃料电池电堆的可控余热量控制，解决了燃料电池电堆可用热量和实际使用热量的平衡。提升动力系统的效率，提升了车内暖风系统的节能效果。解决了燃料电池车辆冬季能量使用效率低，整车氢耗偏高问题。

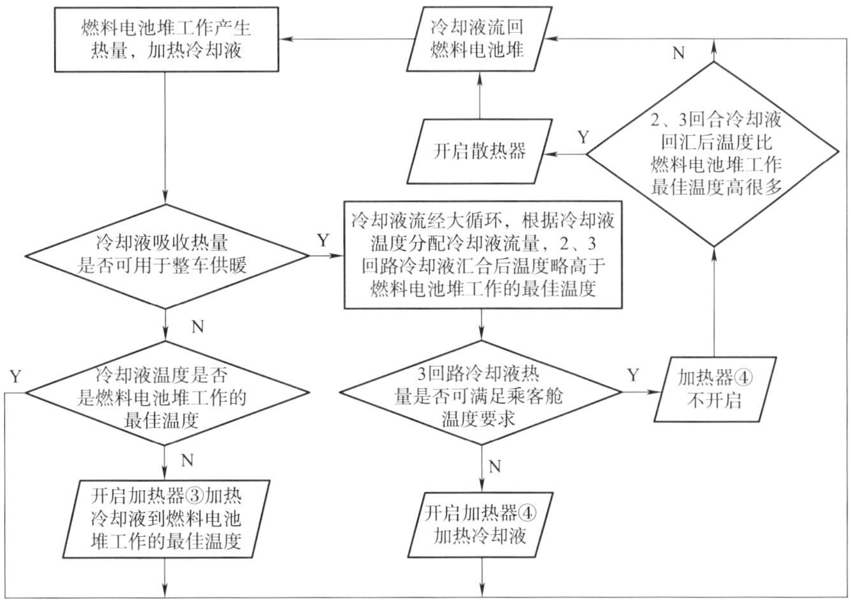

图5-104　燃料电池汽车余热管理耦合策略

3. 国际水平对比分析

在国际上绝大多数的产品开发中并未有燃料电池发动机余热利用的实例，批量应用的实例更少，多数处在试验探索阶段。处于极低温或低温环境应用场景较少，传统的采暖加热和余热再利用优劣势并不明显，因此余热再利用需求不是很明显。但是以冬奥使用为依托，运行在中国北部广大示范区域的场景的确立，对于余热再利用的实际意义非常重要，在保证了燃料电池极寒启动性能的基础上，充分挖掘了燃料电池余热的能量利用方式，使整车性能指标极大提高，为燃料电池客车的全气候适应性能力奠定了基础，从而进一步推动了产业化进程。

4. 成果应用情况

作为勇于担当的绿色品牌车企，早在2015年前就针对全国进行分区域性的制定燃料电池车辆的技术路线。依托冬奥的极低温的应用场景和运行区域，如何在确保车辆正常运行的同时即提高车辆性能，又同时使驾乘体验感优化，一直是研究拓展的重点。2018年张家口批量运营的12 m客车作为首批搭载燃料电池余热管理功能的燃料电池客车投入使用，初步奠定了公司规划的余热利用燃料电池技术路线的正确性（实测数据如图5-105所示）。在此基础上2018—2020年陆续投入运营的9 m城市客车、12 m城市客车、11 m旅游客车等车型在搜集批量运营大数据的同时，不断突破燃料电池余热利用的平衡点，至2021年针对极寒及山地特殊引用环境开发的9 m和12 m旅游车型，在海拉尔极寒测试中极大的体现的燃料电池车余热利用带来的优势（极寒测试如图5-106所示）。

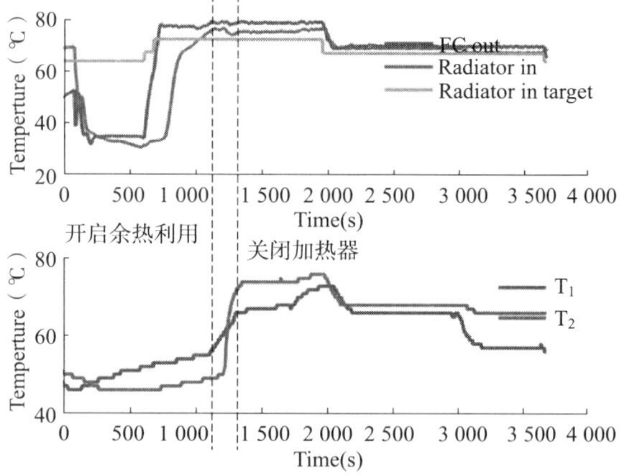

图5-105　12 m燃料电池车辆余热实测数据

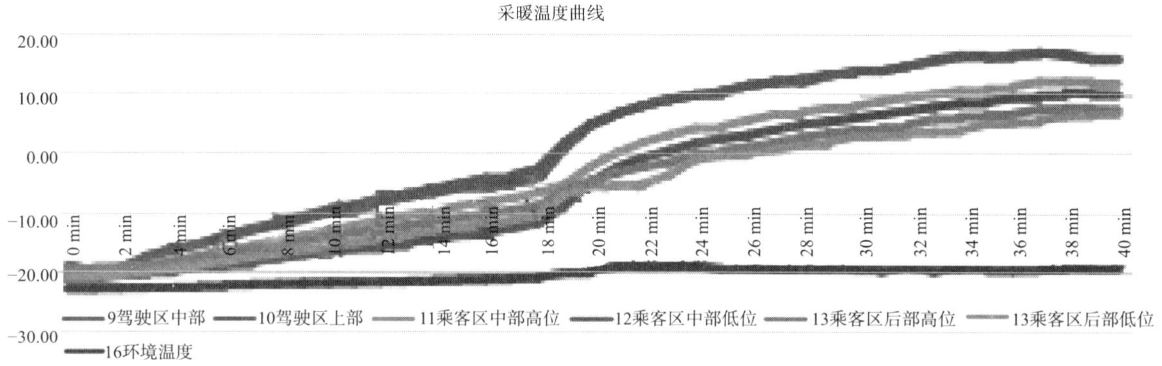

图5-106　12 m燃料电池车辆极寒余热实测数据

5. 社会及经济效益分析

（1）通过燃料电池的余热利用这一方式，践行了企业勇于担当创绿色品牌的奋斗目标。为北京地区蓝天保卫战和实现绿色冬奥，节能减排贡献力量。

（2）通过对燃料电池余热利用的技术研究，拓展了余热再利用的形式，为行业上能源利用和分配的形式拓展思路。

（3）通过对燃料电池余热利用的实际搭载车辆应用，在提高氢燃料利用率的同时，减少了整车电耗，辅助突破了燃料电池车辆的性能和驾乘舒适性。推动了氢燃料电池车辆这一清洁能源车辆的推广应用，促进汽车行业和环境保护的协调发展。

（4）通过对燃料电池车辆实施余热利用管理分配策略的使用，和大规模的推广，为用户带来一定的经济效益。12 m氢燃料客车在气温－25 ℃～－30 ℃条件下，应用燃料电池余热管理技术，在燃料电池功率达到75%时，即可实现全余热供暖。

（5）通过燃料电池余热利用的深入研究，可以带动热管理相关软硬件的发展，推动热管理技术向成熟和推广使用方向发展。

北奔氢燃料重卡能量管理控制研究

供稿：北奔重型汽车集团有限公司

纯电动商用车领域、受制于锂电池能量密度低、重量大、电池布置空间有限、续驶里程短等因素，为了尽可能提高整车性价比，燃料电池商用车作为关键技术的创新突破，有效解决了以上问题。但因目前市场上开发的燃料电池额定功率偏小，最多达到驱动电机额定功率的一半，整车控制器在制定能量分配管理策略要么注重动力性，采用分段式燃料电池定功率输出，这就导致当车辆平稳行驶时燃料电池大功率输出造成浪费。要么注重经济性，采用能量追随式功率输出，因为氢响应速率有限制，这就导致锂电池电量消耗远大于氢气消耗的速率，锂电池 SOC 低时，氢气剩余量还很多，因此造成车辆需要等待一定时间，由氢燃料电池向锂电池补电一段时间后才能继续行驶。因此单一的控制方式都不能有效解决，本文基于北奔氢燃料环卫车项目，针对环卫车工况的平顺性，同时结合自卸车、牵引车等复杂工况考虑，制定经济模式、动力模式两种能量控制策略，同时两种模式结合氢燃料发动机的稳定输出要求的特性，制定了定功率与能量追随的矩阵式控制方法，有效解决了目前氢燃料电池与动力电池能量分配的痛点。

1. 氢燃料环卫车系统架构

(1)系统架构介绍

氢燃料环卫车的动力源由氢燃料电池和锂电池组成，如图 5-107 所示。其中燃料电池作为主动力源提供车辆行驶的基本功率。锂电池作为辅助动力源，在燃料电池启动时提供高压电，当车辆处于加速、起步等大负荷中起辅助作用，同时进行制动能量的回收。

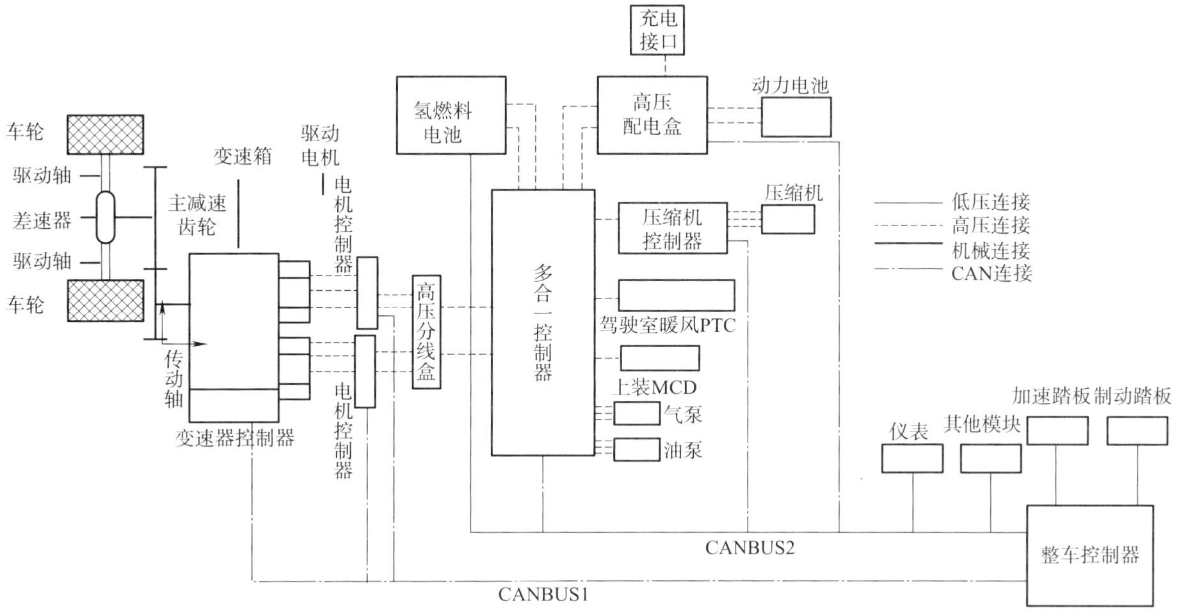

图 5-107　氢燃料环卫车系统架构

车辆工作模式支持纯电模式和混动模式，驾驶员根据整车实际情况自行切换或者当氢燃料发动机存在问题时，车辆可以按照纯电模式工作。纯电部分启停功能独立于燃料电池系统，整车控制器根据驾驶员意图控制 BMS、氢燃料电池、多合一控制器等进行高压回路继电器的开闭，以实现整车系统正常上下高压。

(2)针对燃料电池的系统特性选用合适的锂电池(燃料电池参数见表 5-8)。

表 5-8　燃料电池参数

序号	项目名称	技术参数	序号	项目名称	技术参数
1	额定净输出功率(kW)	97	5	系统效率(%)	44～56
2	怠速功率(kW)	11.5	6	冷启动温度(℃)	-30
3	怠速功率至峰值功率最小加载时间(s)	11	7	冷启动时间(min)	5
4	加载/降载速率(kW/s)	8.5	8	常温启动时间(s)	4

氢燃料环卫车采用氢燃料为主动力源、锂电池为辅助动力源的方式。当整车负载功率变化较大时又考虑纯电模式负载功率的需求，因此锂电池采用小容量、大倍率的电池。又考虑目前燃料电池存在低温启动时间长的问题，这时为了不影响车辆的正常使用，因此选用低温性能较好的镍氢锂电池见表 5-9。

表 5-9　锂电池选型参数

序号	项目名称	技术参数	序号	项目名称	技术参数
1	额定容量(Ah)	40	4	最大连续充电电流(A)	≥200
2	最大连续放电电流(A)	≥400	5	最大短时发电电流(A)	≥480
3	普通充电温度(℃)	-40,55	6	普通放电温度(℃)	-40,55

2. 整车能量分配策略模式

能量分配的控制策略根据车辆使用工况分为经济模式、动力模式。经济模式适用于高速物流车、环卫车等，动力模式适用于坑口、煤矿等车辆。根据环境使用工况，司机应将挡位切换到不同的模式下。不管是经济模式还是动力模式，每一种模式都以电池 SOC 为 VCU 请求功率的横坐标，以整车需求功率为 VCU 请求功率的纵坐标。通过两个维度来严格控制能量的经济性与能量输出的稳定性。

①整车需求功率 = 电机功率 + 附件功率。

②附件功率 = 空调功率 + PTC 功率 + 气泵功率 + DCDC 功率 + 油泵功率。

③气泵功率 = 气泵控制器电流 × 控制器母线电压。

④油泵功率 = 油泵控制器电流 × 控制器母线电压。

⑤DCDC 功率 = DCDC 控制器电流 × 控制器母线电压。

⑥空调功率 = 2.4 kW。

⑦PTC = 4 kW。

当能量回收时，防止锂电池回充过流因此整车控制器需严格限制能量回收电流的大小。限制模式：燃料电池当前输出电流 + 能量回收电流小于号动力电池允许充电电流。

经济模式：X 轴根据动力电池 SOC 值的变化来控制燃料电池的输出功率，当锂电池 SOC 越低时，整车控制器请求的功率越大，因为经济模式下，整车负载较小，燃料电池小功率输出面积增加，结合燃料电池的输出特性（如图 5-108 所示），燃料电池效率也较高。

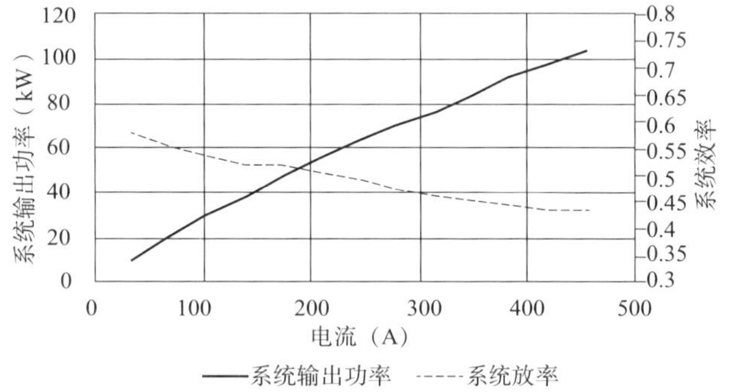

图 5-108 燃料电池输出特性

Y 轴根据整车需求功率的变化来控制燃料电池的输出功率，考虑整车的需求功率波动频率较快，因此采用功率分段的方式，保持燃料电池发动机的稳定性，因为经济模式下，整车负载较小，功率没有急性变化，因此为节省功率输出，低功率请求追随面积增大。

最终经济模式下得出如图 5-109 所示的能量分配控制模式。

动力模式下：

X 轴根据动力电池 SOC 值的变化来控制燃料电池的输出功率，当锂电池 SOC 越低时，整车控制器请求的功率越大，因为动力模式下，整车负载较高，燃料电池需大功率输出，大功率输出面积需要增加，大功率向 X 正方向延伸，防止 SOC 变化较快，X 轴斜率更加平滑。

Y 轴根据整车需求功率的变化来控制燃料电池的输出功率，考虑整车的需求功率波动频率较快，因此采用功率分段的方式，保持燃料电池发动机的稳定性，因为动力模式下，功率变化较快，因此恒功率面积增大，Y 方向变化斜率更加平滑，负载较高，Y 方向大功率输出面积增加。

最终动力模式下得出如图 5-110 所示的能量分配控制模式。

经济模式下VCU请求燃料电池系统功率查询表

整车需求功率\电池SOC	0% 20%	20% 30%	30% 40%	40% 50%	50% 60%	60% 70%	70% 80%	80% 90%	90% 100%
0~20 kW	100 kW	100 kW	80 kW	60 kW	40 kW	20 kW	12 kW	12 kW	0
20~40 kW	100 kW	100 kW	80 kW	60 kW	50 kW	30 kW	20 kW	12 kW	0
40~60 kW	100 kW	100 kW	80 kW	80 kW	60 kW	40 kW	30 kW	12 kW	0
60~80 kW	100 kW	100 kW	100 kW	80 kW	60 kW	50 kW	40 kW	12 kW	0
80~100 kW	100 kW	100 kW	100 kW	100 kW	80 kW	80 kW	60 kW	12 kW	0
≥100 kW	100 kW	100 kW	100 kW	100 kW	100 kW	100 kW	80 kW	12 kW	0

Y　X

图 5-109 经济模式下燃料电池功率输出模式

动力模式下VCU请求燃料电池系统功率查询表

整车需求功率\电池SOC	0% 20%	20% 30%	30% 40%	40% 50%	50% 60%	60% 70%	70% 80%	80% 90%	90% 100%
0~20 kW	100 kW	100 kW	80 kW	60 kW	60 kW	40 kW	40 kW	12 kW	0
20~40 kW	100 kW	100 kW	80 kW	80 kW	60 kW	60 kW	40 kW	12 kW	0
40~60 kW	100 kW	100 kW	80 kW	80 kW	80 kW	60 kW	40 kW	12 kW	0
60~80 kW	100 kW	100 kW	100 kW	80 kW	80 kW	60 kW	60 kW	12 kW	0
80~100 kW	100 kW	100 kW	100 kW	100 kW	80 kW	80 kW	60 kW	12 kW	0
≥ 100 kW	100 kW	100 kW	100 kW	100 kW	100 kW	100 kW	80 kW	12 kW	0

Y　X

图 5-110 动力模式下燃料电池功率输出模式

3. 结 束 语

燃料电池商用车通过建立经济模式和动力模式两种能量分配控制策略，能够使车辆灵活适用不同的环境工况。经济模式延长低功率运行时间，节省了氢燃料，适用于城区等干线物流工况，动力模式延长大负荷工作时间，大大缓解了车辆补电的问题。针对不同车型，该能量分配控制策略可以完全覆盖。

鸿芯 G Ⅰ 系列燃料电池电堆

供稿：广东国鸿氢能科技有限公司

鸿芯 G Ⅰ 系列产品是由国鸿氢能自主研发的以高性能柔性石墨双极板为原材料的燃料电池产品。产品中的膜电极、双极板等各种零部件及材料均实现 100% 国产化。电堆体积功率密度达到了 3.8 kW/L，可实现 –30 ℃下无辅助冷启动及 –40 ℃下低温存储，具有动态变载性能、低温启动能力优异、单电池均一性指标高等特点。

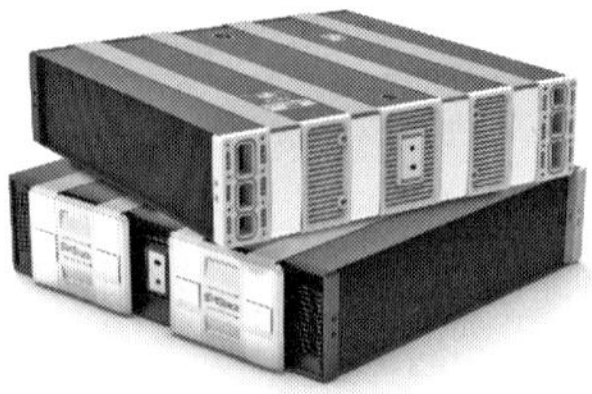

图 5-111 鸿芯 G1 系列燃料电池电堆

该系列电堆产品针对车用领域设计可以在电堆组装过程中调整单电池的片数，实现输出功率范围覆盖 6～84 kW，适合在公交车、城市物流车、长途客运、重载卡车、城市专用车、叉车、轨道交通等不同应用场景中使用，具有灵活配置的特点。同时为了适应长途客运、重载卡车、轨道交通等应用场景中长时间运行、高负载、运行环境复杂及持续高速工况等特点，本系列燃料电池电堆的设计寿命超过 20 000 h。系列电堆产品包含(1)模压膨胀石墨双极板减薄技术。(2)大功率燃料电池电堆设计技术。(3)石墨双极板燃料电池冷启动技术等多项领先的关键技术，已经申请相关专利超过 60 余项，其中发明专利超过 40 余项；授权专利超过 20 余项，其中发明专利 10 项。

产品成果主要包括三大创新点：

(1)采用模压膨胀石墨双极板减薄技术，降低了石墨双极板的厚度，克服了石墨双极板燃料电池电堆体积功率密度不高、低温启动能力较差的问题。在鸿芯 GⅠ系列燃料电池电堆中，国鸿氢能通过重新设计石墨双极板中的内部结构、改变极板基材组成及加入助剂等手段，在保证机械强度的前提下，对石墨双极板进行减薄。减薄后，鸿芯 GⅠ系列电堆中使用的双极板厚度仅为此前双极板的 80%，同时国鸿氢能还在进一步研究双极板减薄技术，预计下一代产品，双极板厚度还能减薄 20% 以上。减薄后的双极板不但可以提高燃料电池内流场与膜电极界面的气体分布均匀性，提高电池性能和电堆内单电池之间的一致性；同时有效地降低了电堆的体积及电堆中的热容，大幅提高燃料电池电堆的体积功率密度，实现电堆在 -30 ℃环境下低温冷启动。

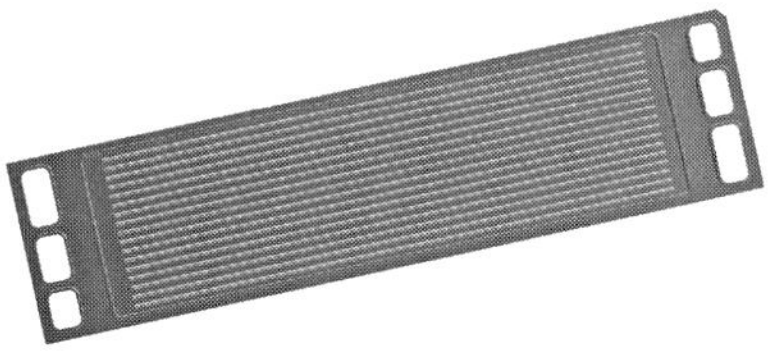

图 5-112　减薄模压柔性石墨双极板

(2)优化燃料电池电堆设计技术，克服石墨燃料电池电堆单堆功率不高的问题。在鸿芯 GⅠ系列燃料电池电堆中，国鸿氢能针对电堆的潜在应用场景，重新设计电堆的结构，在不影响耐久性的前提下，提高单电池中的有效面积及额定电压，使单电池能够释放更大的电能；同时优化流场及气体分配管的结构设计，一方面使得反应气体处于湍流状态，另外一方面使氢气及氧气处于逆流状态，增强氢氧两侧水分在膜电极内传递的能力；优化电堆的密封设计，保证密封结构一致性和稳定性的同时加强生产性。经过结构优化后，鸿芯 GⅠ系列燃料电池电堆的最大额定功率可达到 84 kW，有利于在重载卡车、大型客车等领域集成应用。

(3)通过优化控制策略、冷启动策略及水管理策略，提高了电堆的性能及寿命。控制策略方面，根据膜电极与双极板的特点，优化进气压力与进气速度，提高了电堆性能与加载的响应速度，满足功率的要求；水管理策略方面，根据流场结构，研究燃料电池电堆内部水管理过程，避免电堆中出现水过度积累、局部排水困难及欠气等情况影响电堆的性能及寿命；在冷启动策略方面，根据重新设计后的燃料电池电堆结构及减薄后模压柔性石墨双极板，对电堆的冷启动策略进行迭代优化，形成新的冷启动策略，突破石墨双极板燃料电池电堆冷启动性能较差的问题，可以实现了 -30 ℃下无辅助快速冷启动。

鸿芯 GⅠ系列燃料电池电堆的主要产品指标处于国内领先水平。其中电堆体积功率密度达到了 3.8 kW/L，在冷启动方面，鸿芯 G1 系列燃料电池电堆可以实现 -40 ℃低温存储及 -30 ℃低温冷启动，与 TFCS 及 HPS 处于同一技术水平，远优于 LCS 的 -25 ℃及 9SSL 的 -20 ℃。在电堆寿命方面，鸿芯设计寿命达到 20 000 h，远高于丰田的 TCFS 电堆的 5 000 h。在快速寿命测试中，该电堆已经进行了近 5 000 h 的道路工况模拟测试，电堆性能并没有出现明显衰减。

目前鸿芯 GⅠ系列燃料电池电堆主要搭载在国鸿氢能自主研发的鸿途 G 系列燃料电池系统中。其中搭载多个鸿芯 GⅠ系列燃料电池电堆的鸿途 G110 燃料电池系统(如图 5-113 所示)净输出功率可以达到 110 kW，体积功率密度达到了 550 W/L，系统最高效率可以达到 61%，额定点系统效率达到 44%，相关指标处于行业前列。该系统目前已经应用到 4.5 t 城市物流车、31 t 自卸车及 49 t 重载牵引车等多个车型中。其中搭载鸿途 G110 系统的飞驰 49 t 重载卡车，续航里程超过 400 km，已于 2020 年 9 月在河钢集团的首座加氢站投入示范运行，支持河钢探索重卡应用的新模式，成为国内首个重卡站、车同步运营案例。2021 年 4 月，又有多辆 49 t 重载卡车(如图 5-114 所示)进行投运，并将服务于河钢工业技术服务有限公司的港口运输工作。

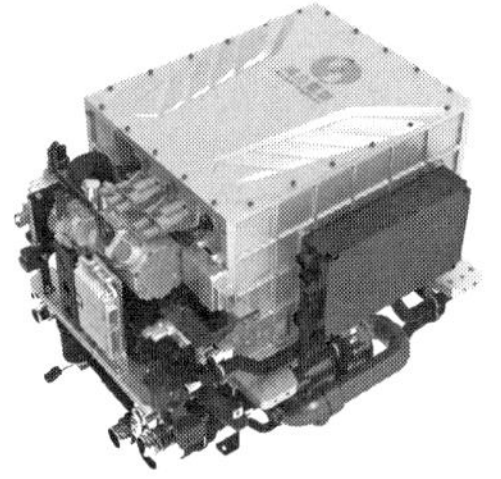

图 5-113　鸿途 G110 燃料电池系统

图 5-114　飞驰 49 t 重载卡车

国鸿氢能研发的减薄石墨双极板，采用成熟的模压技术制备。国鸿氢能原有的石墨双极板生产线，只需要在工艺上进行调整，即可以用于生产减薄石墨双极板，配合国鸿氢能现有的电堆组装生产线，鸿芯 GⅠ系列燃料电池电堆的年产能预计将超过 50 万 kW。此外，国鸿氢能燃料电池电堆生产线上的生产设备均为自主知识产权，已经完全掌握了工作母机，生产设备实现全面国产化，可以根据实际市场需要，快速建设生产线，并形成万台级电堆的生产能力。目前国鸿氢能正在浙江、重庆等重点市场筹备建设自动化程度更高的鸿芯 GⅠ系列燃料电池电堆生产线。

鸿芯 GⅠ系列燃料电池电堆自发布以来，已经创造了良好的经济效益。此外，鸿芯 G Ⅰ 系列燃料电池电堆全部材料均实现了 100% 国产化，带动了产业链上下游企业的发展，推动了国内氢能产业快速商业化进程。

鸿芯 G Ⅰ 系列燃料电池电堆也形成了良好的社会效益该系列产品将会替代传统柴油机，在重载卡车、公路客车等领域应用，切实降低该领域的碳排放量。据目前产能推算，搭载鸿芯 G Ⅰ 系列燃料电池电堆的燃料电池重载卡车，每年可以减少超过 5.2×10^5 t 的碳排放量，节能减排效果显著。

燃料电池汽车“氢-电”混合动力系统测试与研究平台技术

供稿：武汉海亿新能源科技有限公司

1. 成果简介

氢燃料电池“氢-电”混合动力系统测试平台，主要由供气系统、燃料电池控制柜、电子负载、储能电池控制柜、动力系统操作台、动力背载系统、动力加载系统、新能源电机测试系统等部分组成。采用模块化的结构设计，其中供气系统由氢气供应系统和氮气供应系统组成，氢电混合能源系统包括燃料电池控制柜和储能电池控制柜，是整个系统的能量来源系统，动力系统操作台为系统的数据采集与集控系统，用于能量管理策略等关键技术研究及系统性能测试，并可实现传感测量数据的实时虚拟显示、测试参数设定、过程控制、数据处理及分析以及数据库生成等，实时获取测试数据，并以虚拟仪表等动态图形化的界面进行显示，具有数据存储及数据分析功能。

该项目主要用于燃料电池汽车动力系统的性能试验与测试、控制与建模研究，具有燃料电池汽车动力系统的功能，配置燃料电池系统、储能电池等能量源，以及开放式的数据采集、管理与控制功能。用户可自行对动力系统进行配置、测试、控制、建模与管理，并基于该系统进行试验验证。氢燃料电池“氢-电”混合动力系统测试平台操作简单、维修保养方便，具有良好的人机界面及用户编程能力。集总测控系统具有整车控制器的功能，还可以实时动态监控及远程监控车辆动力系统的工作状态，并实现数据存储与管理。集总测控系统具有开放的程序接口，用户可以在集总测控系统上自行设计控制策略，并基于该系统进行试验与测试。

基于此平台，针对“燃料电池 + 动力电池”的“氢-电”混合动力系统，在整车处于起步、加速、巡航以及制动等不同工况状态下，如何高效发挥燃料电池及动力电池的各自特点及优势，对双能源能量进行优化分配是动力系统能量管理的核心和关键。平台提供用户自主能量管理策略的整车控制器在环测试和嵌入式仿真测试，可获得测试数据并进行研究分析。系统关键技术包括：

①氢燃料电池整车动力系统部件参数匹配测试与研究。

②氢燃料电池整车“氢-电”混合动力系统能量管理策略优化研究。

③氢燃料电池整车动力系统驾驶员模拟驾驶（前向仿真）测试与研究。

④氢燃料电池整车动力系统自动行驶工况（后向仿真）测试与研究。

⑤基于测试系统综合数据采集与存储管理的建模研究。

该动力系统平台主要用于整车动力的分配策略研究，使用新研发的整车控制器对燃料电池系统及锂电池系统做控制策略仿真和实验，通过实验数据建模及实际测试数据优化整车动力系统控制策略，以提高系统最大能量利用效率。基于该平台还可以实现不同功率燃料系统及不同型号锂电池系统匹配及研究，并验证动力系统装车可靠性和稳定性。

该平台模拟汽车车身，配置动力系统控制台、动力系统测试台架、燃料电池系统、电子负载以及动力测功系统。氢燃料电池“氢-电”混合动力系统测试平台主要由三大部分组成：

（1）基于氢燃料电池系统的“氢-电”混合动力系统总成。具体包括燃料电池控制柜，其中供气系统包括供氢系统和供氮系统，氢燃料电池系统，升压 DC/DC 变换器，对电压、电流、流量、压力、温度等采集系统，对电压、电流、流量、压力、温度的显示模块，燃料电池系统的高低压配电系统，燃料电池散热系统等；动力系统控制柜包括有辅助动力电池系统和 BMS 系统，还包括功率型锂电池的动力电池包，对电压、电流、温度、湿度的采集系统，对动力电池电压、电流、单片电压、单片温度的显示模块，动力电池散热系统，动力电池系统的高低压配电系统等。

（2）基于高性能整车控制器和工业控制机的集总测控系统。该集总测控系统包括了整车控制器和高性能工控机，该测控系统能完成硬件在环测试与整车模型开发测试。整车控制器在集总测控系统能完全模拟整车真实使用环境，根据驾驶者操作意图控制电机控制器运行；高性能工业控制机（含：A/D 转换卡、D/A 转换卡、I/O 接口卡、基于 PCI 接口的高实时性 TTCAN 通讯板卡等），液晶显示器，电压、电流、流量、压力、温度、湿度变送器单元，远程监控终端（RTU），高精度实时数据采样系统，驾驶模拟器，驾驶员操作踏板，系统测试和监控操作台等。

（3）交流电力测功机台架及驱动电机测试系统。交流电力测功机台架及驱动电机测试系统为燃料电池汽车的背载系统和加载系统。包括交流测功电机、ABB 高压变频系统、能量反馈装置、测功机控制系统（含工控机、信号采集、功率分析仪、电机测控软件等）、被测驱动电机和电机控制器、扭矩转速测量系统、铸铁平台等。

氢燃料电池“氢-电”混合动力系统测试平台采用模块化的结构技术形式，主要由氢气供应系统、氮气供应系统、电电混合能源系统、电子负载、动力背载系统、动力加载系统和数据采集及集控系统等部分组成（如图 5-115 所示）。其中供气系统由氢气供应系统和氮气供应系统组成，电电混合能源系统包括燃料电池控制柜和储能电池控制柜，是整个系统的能量来源系统，动力系统操作台为系统的数据采集与集控系统，用于能量管理策略等关键技术研究及系统性能测试，并可实现传感测量数据的实时虚拟显示、测试参数设定、过程控制、数据处理及分析以及数据库生成等，实时获取测试数据，并以虚拟仪表等动态图形化的界面进行显示，具有数据存储及数据分析功能。

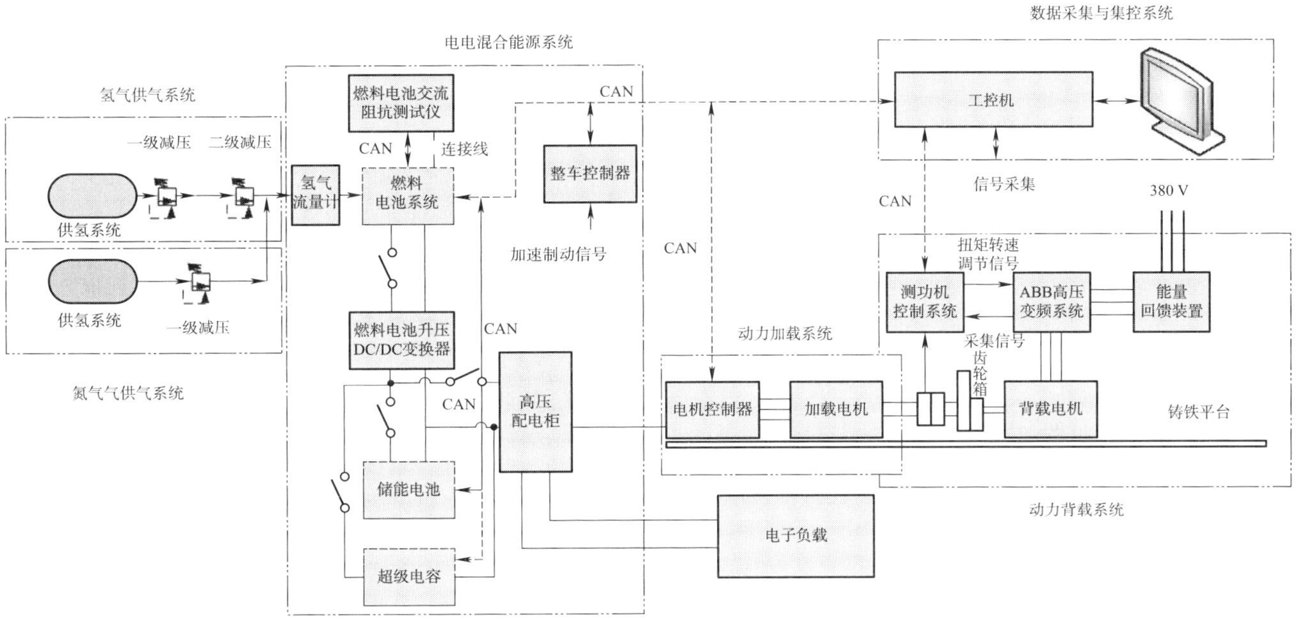

图 5-115 系统原理图

相关知识产权成果见表 5-10。

表 5-10 交流电力测功机台架及驱动电机测试系统为燃料电池汽车相关知识产权成果表

序号	申请号	发明名称(中文)	专利类型	全部申请人
1	2011102255158	基于燃料电池的增程式电动汽车动力系统及控制方法	发　明	武汉海亿新能源科技有限公司
2	2011103405684	一种燃料电池交流阻抗在线测试系统与测控方法	发　明	武汉海亿新能源科技有限公司
3	2012101777920	带超级电容的车载燃料电池与蓄电池直接并联动力系统的控制方法	发　明	武汉海亿新能源科技有限公司
4	2020SR0153124	整车动力系统纯电模式测试软件(简称整车动力系统纯电测试软件 V1.0)	软件著作	武汉海亿新能源科技有限公司
5	2020SR0257260	整车动力系统燃料电池模式测试软件 V1.0	软件著作	武汉海亿新能源科技有限公司
6	2020SR0257789	整车动力系统混合动力模式测试软件 V1.0	软件著作	武汉海亿新能源科技有限公司
7	2021SR0447545	燃料电池电堆测试台测试软件 V1.0	软件著作	武汉海亿新能源科技有限公司
8	2021SR0391833	氢燃料电池工程车测试软件 V1.0	软件著作	武汉海亿新能源科技有限公司
9	2020100610934	一种燃料电池动力系统平台模拟整车能量控制策略的方法	发明专利	武汉海亿新能源科技有限公司
10	2019113914456	一种整车控制器测试方法及系统	发明专利	武汉海亿新能源科技有限公司
11	2019224740580	一种氢燃料电池动力系统测试平台	实用新型	武汉海亿新能源科技有限公司
12	2020201790747	一种用于燃料电池测试平台的增湿调节装置	实用新型	武汉海亿新能源科技有限公司
13	2020201812958	氢燃料电池电堆测试平台结构	实用新型	武汉海亿新能源科技有限公司
14	202010098107X	燃料电池动力系统测试平台测试方法及装置	发明专利	武汉海亿新能源科技有限公司

2. 成果创新点及解决的难点问题

动力系统平台主要用于燃料电池“氢-电”混合动力系统测试平台的系统建模、检测与控制研究。该平台为新能源燃料电池汽车的全功能测试平台,系统组成包括有燃料电池系统、储能电池及 BMS 系统这两个能量动力源,还包括有整车工况模拟、数据采集、数据管理与控制平台。用户可以根据实际测试需要,选择测试工况,通过控制与管理,模拟实际行驶路况,动力系统平台完成能量分配与管理,为动力系统优化提供数据支撑,并且能验证能量管理策略的可靠性与稳定性。

(1)被测驱动电机测试系统关键技术

①可对被测驱动电机进行工况模拟,驾驶模式,工况模式。

②被测驱动电机控制器能与整车控制器实现 CAN 通信。

③系统软件预留接口,可用来控制驱动电机及测功电机,并对测试数据进行管理。

④被测驱动电机性能(含电压,电流,转速,转矩,温度等)测试与研究;驱动电机控制器的电压、电流等。

⑤测功电机具备转矩和转速控制功能,能四象限运行。

⑥测功电机发电状态时能量回馈电网,被测驱动电机发电时向电池充电。

⑦测功机控制系统与工控机监控系统实现信号数据与控制命令的通信。

⑧协助完成燃料电池整车动力系统前向仿真与后向仿真测试研究。

(2)动力系统总成部件各自独立测试关键技术

除驱动电机测试外,还可完成动力系统其他关键部件(整车控制器 VCU,燃料电池系统,储能动力电池,升压 DC/DC 变换器等)的手动或自动模式测试;基于此平台,通过大量的实验测试数据,用户可完成数学建模与分析,模型参数辨识等工作。具体包括:

①整车控制器 VCU 性能、参数测试与研究。

②燃料电池系统性能、参数测试与研究。

③升压 DC/DC 变换器性能、参数测试与研究。

④储能动力电池性能、参数测试与研究。

(3)“氢-电”混合动力系统能量管理策略整车控制器在环测试与嵌入式仿真测试与优化关键技术

基于此平台,针对“燃料电池 + 动力电池”的“氢-电”混合动力系统,在整车处于起步、加速、巡航及制动等不同工况状态下,如何高效发挥燃料电池及动力电池的各自特点及优势,对双能源能量进行优化分配是动力系统能量管理的核心和关键。平台提供用户自主能量管理策略的整车控制器在环测试和嵌入式仿真测试,可获得测试数据并进行研究分析。具体包括:

①氢燃料电池整车动力系统部件参数匹配测试与研究。

②氢燃料电池整车“氢-电”混合动力系统能量管理策略优化研究。

③氢燃料电池整车动力系统驾驶员模拟驾驶(前向仿真)测试与研究。

④氢燃料电池整车动力系统自动行驶工况(后向仿真)测试与研究。

⑤基于测试系统综合数据采集与存储管理的建模研究。

3. 成果应用情况

在国家政策大力扶持下,国内企业积极投入燃料电池整车动力系统开发,在武汉地区今年注册氢能相关企业达到 100 多家,燃料电池系统在整车模拟环境下的测试工作迫在眉睫,对不同工况、真实整车工作环境、司机驾驶习惯的真实模拟能有效降低路试风险和对各种测试数据的完整监控,实现在实验室环境对燃料电池汽车“氢-电”混合动力系统测试。

海亿新能核心技术人员来自武汉理工大学新能源汽车课题研发团队,依托于燃料电池湖北重点实验室,从 2001 年开始从事纯电动汽车、燃料电池电动汽车及混合动力汽车研发。核心团队开发了 5 ~ 150 kW 系列燃料电池系统、电动汽车动力系统测试平台、“楚天”系列燃料电池汽车,包括“楚天 1 号”燃料电池轿车和“楚天 2 号”轻型客车。其中“楚天 1 号”在第四届国际节能与清洁能源汽车展中,在天安门前进行了巡展;“楚天 2 号”于 2009 在深圳参加了第六届国际节能与清洁能源汽车展,获得了与会专家的高度评价。研发的电动汽车动力系统测试平台已应用于南非开普敦大学、广西大学等国内外高校。

课题组近年承担国家“863”计划项目十余项、国家自然科学基金项目 20 多项及省市科技攻关项目十余项,其中承担千万元以上的国家科技计划项目 4 项,累计研究经费及建设经费逾 1 亿元。课题组获电动汽车领域发明专利授权 50 多项,获湖北省技术发明二等奖 3 项。

核心团队为南非开普敦大学研发的“燃料电池 + 锂电池”电动汽车测试平台获得大学教授的高度认可和一致好评,为广西大学等单位研发的“锂电池 + 超级电容”电动汽车测试平台取得良好的使用效果,为高校培养大批新能源行业人才。

4. 社会及经济效益分析

如果每台氢燃料电池车动力系统匹配和调试时间为 3 个月,每个月每辆车的调试氢气费用为 5 000 元,如果 2021 年全国 1 000 台氢燃料车在调试阶段可以节省 1 500 万元整车氢气调试费用;按照人工成本 200 元/人计算,如果每辆车配备一名司机两名技术人员则在调试阶段可以节约 5 400 万元的人力成本。合计每年可以节约将近 7 000 万元的调试费用。

燃料电池汽车具备高载重、续航长、加氢快和环保等优势,非常契合公交车运营行驶场景,燃料电池公交车设计续航 300 ~ 700 km,加氢时间 5 ~ 10 min,具备路权优势,非常适合中长途距离的公交运行线路,完全符合零污染零排放的清洁能源使用标准。如果氢燃料取代传统燃油车,能节约减排约 39.5 kg 的二氧化碳(按照传统物流车每百公里油耗 15 L 计算)。1 000 辆氢燃料车每年运营 50 000 km,则减少 19 750 t 二氧化碳排放,即节约了 19 750 t 的碳,能为实现“碳达峰”和“碳中和”目标作出重大贡献。

三、智能网联领域

基于 5G-V2X 的产品技术成果

供稿:北京千方科技股份有限公司

1. 背　　景

车用无线通信技术发展到今天,已经从从单纯的车与云的通信技术,发展到了车联网技术阶段。车联网技术是物联网技术在汽车及交通行业的一种细分应用,也是综合利用通信技术、控制技术、系统工程技术、高精度定位技术及信息安全技术,实现车与车、车与人、车与路,以及车与城市基础设施之间智能互联的一种物联网应用技术。

2018 年 11 月,共有中外 11 家整车企业、8 家 LTE-V2X 终端提供商和 3 家通信模组厂商共同参与世界首例跨通信模组、跨终端、跨整车的互联互通。2019 年 10 月 C-V2X 全球首次"四跨"测试,芯片模组厂商、终端设备提供商、安全厂商、位置服务提供商和整车企业等产业链上下游企业共计 49 家参与。实现"跨芯片模组、跨终端、跨整车、跨安全平台"的车路协同应用测试,第一次将信息安全机制引入到 V2X 的体系中,增加安全的模块,意味着 C-V2X 的车路协同技术路线,进一步接近商用。

2019 年的"四跨"测试是基于 LTE-V2X 进行的应用示范,没有包括 5G 元素。而车联网产业和 5G 产业深度融合是大势所趋,5G 将丰富车联网业务,2020 年将开启 5G 车联网测试和验证工作,2021 年基于 5G 版本 V2X 将开始试点应用。

2. 趋　　势

5G 元素主要体现在两个方面,一方面基于 5G 公网(基于 5G Uu,或简称 5G),另外一方面是基于 5G 车联网专网(基于 5G NR-V2X,或简称 5G-V2X)。

随着运营商 5G 公网部署加速,将丰富车联网的信息服务、安全出行和交通效率等各类业务。5G 车联网专网方面,5G NR-V2X 标准在有序推进,已经完成 Rel-14 LTE-V2X 和 Rel-15 LTE-eV2X 制定,目前正在进行 5G NR Rel-16 制定和 Rel-17 规划。

5G NR-V2X 将主要实现 3GPP TR 22. 886 定义的自动驾驶功能,包括车辆编队、高级驾驶、扩展传感器、远程驾驶四大类功能,加上基础功能,共 25 种应用场景(数据来源《3GPP TR 22. 886 V15. 1. 0 (2017-03)》)。

3. 5G 版 V2X 技术定义

(1)产品技术定义

千方科技深知 5G-V2X 产品布局的重要性,并在 2020 年提出了 5G 版本的车载端 OBU 产品技术定义;研制下一代基于 5G 的乘用车车联网智能车载终端和 5G 车用无线通信路侧设备的技术路线规划。突破两个关键技术。

①车载端无线通信射频兼容技术

随着 5G 技术发展,与之而来的更大数据吞吐量、更低时延、更高安全性和更海量连接等特性,将会极大地促进智能驾驶和智慧交通发展。区别于传统的 4G LTE 天线,5G 系统将选用毫米波频段和可实现波束赋型、波束追踪的相控阵天线技术。在波束赋型方面采用混合架构的波束赋型方案。就车载终端天线而言,由于天线空间局限性和周边环境复杂性,同时又要向下兼容 3G/4G/WiFi/GPS 天线,应用符合波束赋型需求的毫米波 5G 天线方案设计成为不小的挑战。

②V2X 与 ADAS 系统多场景融合技术

充分利用 V2X 技术的高效环境感知能力,创新性的将下一代乘用车车联网终端与 ADAS 使用场景、编组行驶场景(自动驾驶技术)进行对接打通,即通过预留数据交换接口和标准通信协议,5G 车载终端 OBU 可向 ADAS 设备提供实时、可靠的环境感知信息,提升 ADAS 设备的工作稳定性和准确率,从而实现车与各交通要素的高效交互,大大提升 ADAS 设备对驾驶员的辅助驾驶能力。

(2)产品技术指标

①5G 版本 V2X 车载终端 OBU 技术指标

5G 车载终端 OBU 除具有 4G 版本的 V2X 技术指标外。还应该具备以下功能特性:

a. 支持 5G 通信及面向车联网无线直连通信通信技术。

b. 支持合作式智能运输系统专用短程通信系列标准。

c. 空旷路况通信距离可达 1 000 m,城市环境 500 ~ 800 m。

d. 具备自组网功能,通信时延小于 20 ms。

e. 内置北斗、GPS 双模定位模块,支持 RTK 差分高精度定位,定位精度亚米级。

f. 支持面向车身网络的 CAN 总线接口,通信速率 5 k ~ 1 Mbps。

g. 具有丰富的接口:10/100 M/1 000 M 以太网,USB、RS232、RS485。

h. 支持通过 USB/CAN 总线/WIFI 等方式与外接显示设备交互。

i. 内置用户开发支撑软件 V2X 软件开发套件。

j. 采用高性能处理器和前端通信芯片,核心功能模块满足车规级要求。

②5G 版本 V2X 路侧单元 RSU 技术指标

5G 版本 V2X 路侧信设备(RSU)支持基于 5G 的 C-V2X 通信技术,用于实现路侧与汽车以及路侧与行人之间可靠的高速数据通信,可搭载丰富的 V2X 应用场景。支持合作式智能运输系统专用短程通信系列标准。可为辅助驾驶、高级自动驾驶提供车路协同应用支撑。

a. 实现播报道路地图数据、道路事件和交通等信息。

b. 实现车速引导、道路危险提示、道路异常事件等应用场景。

c. 实现车路协同路侧设施与车辆的信息交互。

d. 实现向车辆播发路网基本信息、交通控制信息、交通事件信息等。

e. 可实现信息编辑、信息优先级设置,控制 RSU 路侧设备信息播发。

4. 产品研制实力

(1)成套的科研基础条件

千方科技拥有成熟的、成套的且完善的研究开发基础条件,可以进行智能交通技术与设备领域的各项研发活动。所有研发人员均配有高端电脑设备,使用正版的研究开发及测试软件,公司提供的研发服务器性能优异,在文档管理、研发部署与测试、产品展示等方面公司专门配备了专用的服务器等各种设备(如图 5-116 所示)。实验室硬件设备方面,千方科技拥有完善的实验室配套设备,专用仪器设备百余台,价值 5 000 万元。拥有微波专用的矢量信号源、频谱分析仪、网络分析仪等高端设备,在测试环节也非常重视,拥有高温箱、低温柜、室内移动专用测试平台、室外专用测试场等完整的测试环境(如图 5-117 所示)。

承担单位建设有独立的机房,建设有"基于互联网平台的综合交通服务与技术北京市工程实验室",拥有完善的实验室配套设备,大量的服务器及专业的研发仪器,并建有专业的呼叫中心,可以进行车联网领域的各项研发活动。拥有服务器近千台,数据容量达到 3 PB。

(2)外场测试验证场所资源

图 5-116 部件级 DPA 分析

①国家智能汽车与智慧交通（京冀）示范区海淀基地（如图 5-118 所示）

国家智能汽车与智慧交通（京冀）示范区海淀基地是北京首个自动驾驶封闭测试场，占地近 200 亩，道路里程 4.8 km。

图 5-117 实验室环境与可靠性实验室

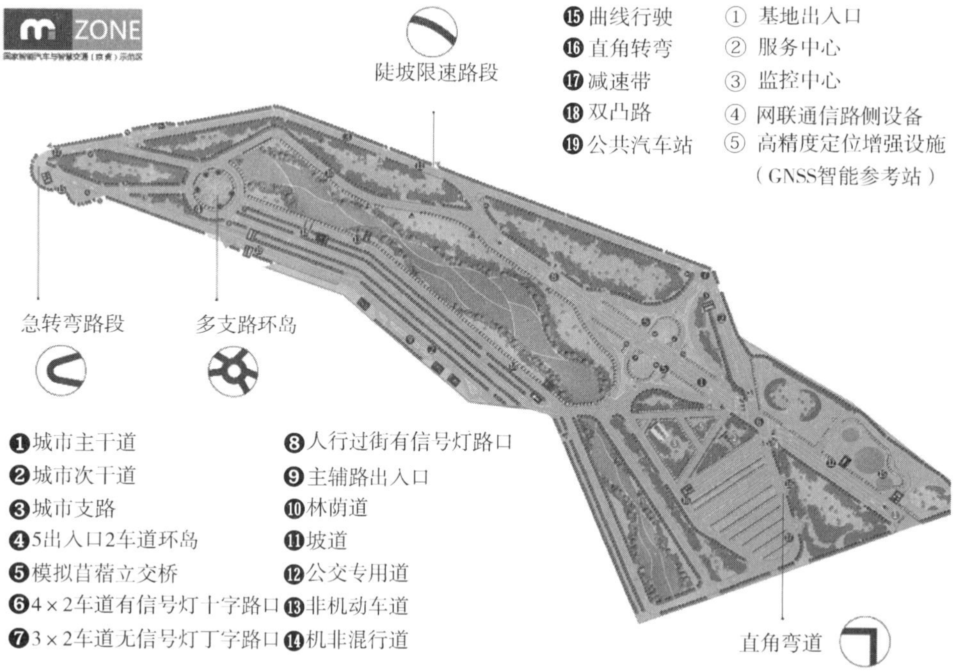

图 5-118 海淀基地

在示范区海淀基地部署路侧通信基站、路侧控制设备，接入基地已有路侧感知设备、交通控制设施，为智能网联车辆提实时交通信息、路网协同控制服务。

②国家智能汽车与智慧交通（京冀）示范区亦庄基地（如图 5-119 所示）

亦庄基地占地 650 亩的国家智能汽车与智慧交通（京冀）示范区亦庄基地即将投入使用，覆盖高速、城市、乡村道路环境，除了可提供常见的测试场景外，还可提供隧道、雨雾、模拟光照、湿滑路面、收费站、服务区、铁路道口等场景。

5. 5G 版 V2X 技术成果

千方科技经过科学规划、合理安排，经过内部严格检测以及第三方技术检测认证，所确定的产品技术于 2021 年 Q1 成功推出。

（1）QF-VX2000 车载终端 OBU

产品简介

车载终端（Onboard Unit，OBU）QF-VX2000，是千方 OBU 系列产品中的 5G 版本，采用业内领先的技术打造的面向商用车、两客一危等车辆使用的新一代的 5G 车载终端设备，用于实现车（V2V）、路（V2I）、人（V2P）、云（V2N）等多种 V2X 通信功能，支持内置的 5GUU 和 LTE-V2X 双模通信，搭载丰富的 V2X 应用场景和高精度定位能力，可为辅助驾驶、高级自动驾驶提供车路协同应用支撑。同时本产品主要还支持硬件加密和国密算法，为通信和设备提供可信赖的安全服务。

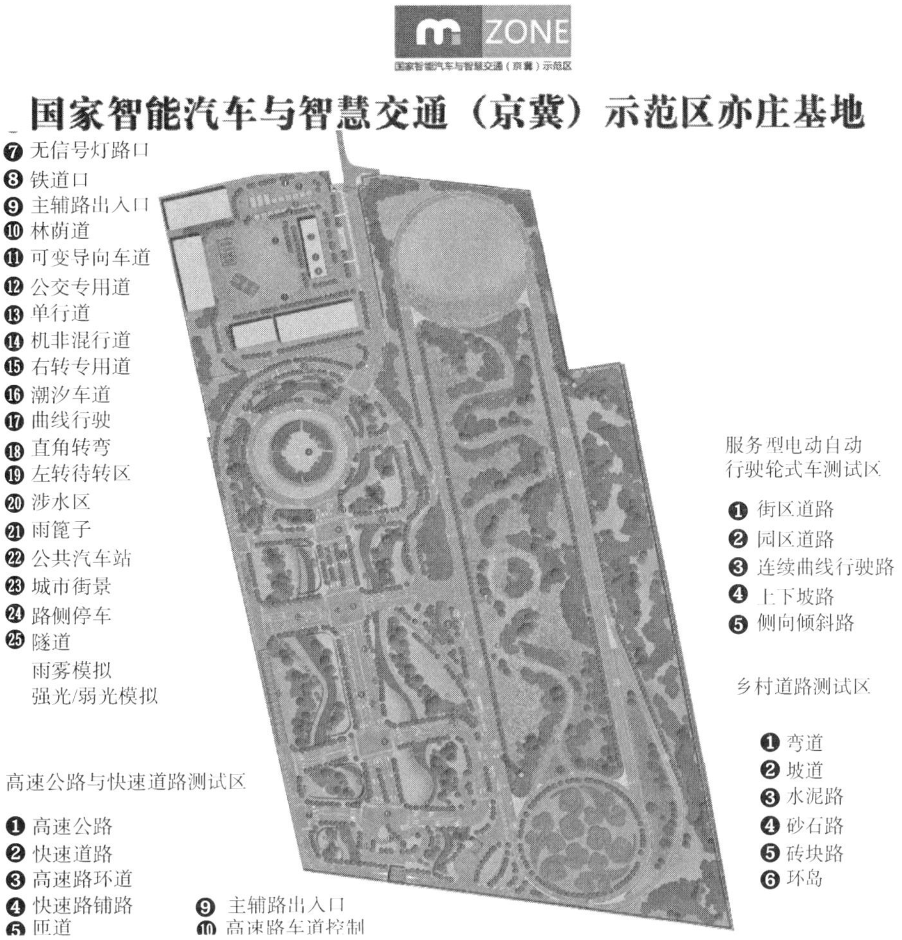

图 5-119　亦庄基地

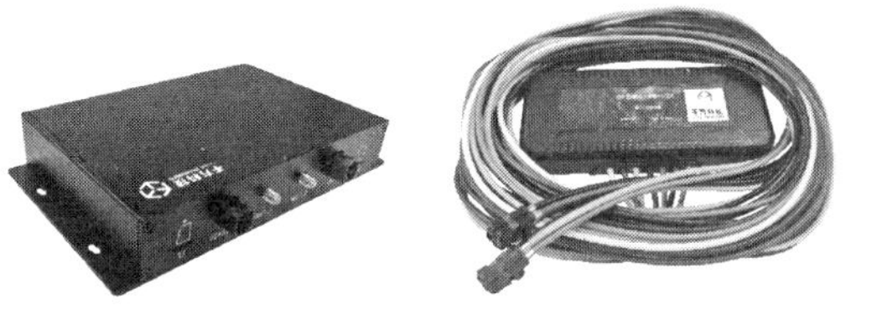

图 5-120

特点优势

①丰富多样的接口选择。天线接口：多合一天线，支持5G、PC5、GNSS 及 WIFI 通信能力。数据接口：千兆网口、USB 接口、RS232 接口。提供多种供电方式：12 V/24 V/48 V 直流电。

②强大的高精度定位。支持差分定位方式，向车辆提供亚米级精度定位服务。方便高效的远程管理。支持远程状态监控、远程算法固件升级、远程问题诊断。可靠安全的加密服务。集成 HSM 芯片、安全密钥，通过硬件的安全芯片和加密引擎，配合软件及平台的加密算法能有效地实现接入设备的安全认证，对传输信息进行加密。

③强大的处理能力。采用 NXP 公司四核应用处理器平台，运行频率最高可达 1.2 GHz，集成 GPU、FlexCAN、PCI Express® 和 SATA-2 和加密引擎，支持车辆高速行驶场景和城市道路行驶场景。

④丰富的行业应用。基于丰富的行业应用，V2X 核心产品已完整覆盖车端、路侧、云控管理服务平台等，并支持 L3 级以上车路协同感知的自动驾驶。

⑤先进的 V2X 协议栈。先进的 V2X 协议栈，在全面兼容中国 C-V2X 技术规范的同时，具有内存占用更低、时延更低和 SDK 种类更丰富等优势。

表 5-11　OF-VX2000 车载终端 OBU 技术参数

指　标	参　数	
CPU	主频 800MSPS 四核处理器	
存储	512 M DDR（可扩展）；2Gb Flash（存储可扩展）；SD 卡：最大支持 128 Gb	
接口	电源接口	DC 圆形接口 1 个和 V+/V-
	视频输出	USB 外接
	TF	1 个
	SIM	1 个

续上表

指　标		参　数
接口	网口	1 个 RJ45 1000M/100M/10M 自适应以太网接口
	USB	1 个 Micro USB OTG,1 个 TYPE A USB
	RS232	1 路
	RS485	1 路
	CAN 接口	支持 2 路 CAN,每路速度可达 1 Mbps
	FAKRA 接口	2 个四合一 FAKRA 接口
指示灯		电源灯、状态灯、GNSS 灯和 V2X 灯
LTE-V	电源接口	符合 3GPP Rel. 14 标准
	通信频率	5 905 ~ 5 925 MHz
	通信带宽	10/20 MHz
	通信距离	空旷地带不小于 1 000 m,城市不小于 500 m
	通信延时	小于 20 ms
	最大数据传输速率	26 Mbps
	发射功率	最大 23 dbm
	接收灵敏度	-95 dBm
Uu 通信		支持 5G NR LTE-FDD/LTE-TDD 全频段
通信距离		1 000 m 空旷地
GNSS(定位)		高精度亚米级定位,支持北斗卫星系统、GPS、QZSS、GLONASS、Galileo
IMU		支持 3 轴陀螺仪、3 轴磁力计、3 轴加速度计
Wi-Fi		支持双频 WIFI,802. 11a/b/g/n/ac/ax
硬件加密芯片		支持
静电等级		±6 kV/ ±15 kV
输入电压		DC 9 ~ 48 V
颜色		银色
防护设计/防护等级		IP5K0
环境条件	工作温度	-40 ℃ ~ 90 ℃
	存储温度	-45 ℃ ~ 95 ℃
	相对湿度	5% ~ 95%
基本结构/尺寸/结构尺寸		117 mm × 118 m × 35. 5 mm

(2) QF-VX1000 路侧单元 RSU

产品简介

QF-VX1000 路侧单元 RSU (Road-side Unit, RSU 如图 5-121 所示),是一款智能路侧设备,用于实现路侧与汽车以及路侧与行人之间可靠的高速数据通信,支持 LTE-V2X 通信技术,可搭载丰富的 V2X 应用场景。可为面向辅助驾驶、高级自动驾驶提供车路协同应用支撑。

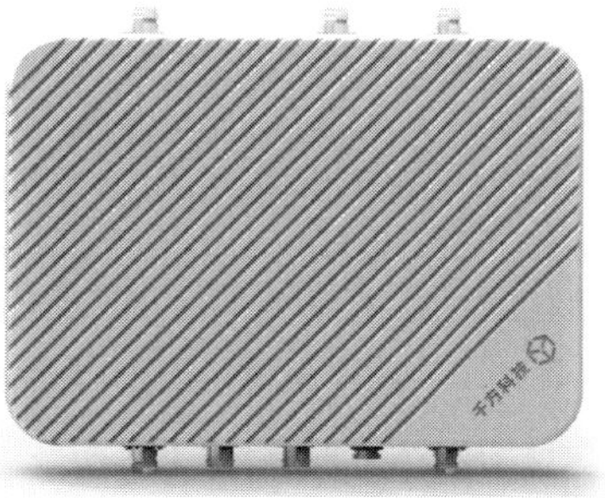

图 5-121　QF-VX1000 路侧单元 RSU

特点优势

①丰富多样的接口选择。天线接口:4G/5G 主天线和 WiFi 天线二选一、PC5 主副天线、GNSS 天线。数据接口:千兆网口。提供多种供电方式:POE 供电和市政交流供 220 V 电。

②方便高效的远程管理。支持远程状态监控、远程算法固件升级、远程问题诊断。

③强大的处理能力。采用 NXP 公司四核应用处理器平台,运行频率最高可达 1. 2 GHz,集成 GPU、FlexCAN、PCI Express® 和 SATA-2 和加密引擎,支持车辆高速行驶场景和城市道路行驶场景。

④丰富的行业应用。基于丰富的行业应用,V2X 核心产品已完整覆盖车端、路侧、云控管理服务平台等,并支持 L3 级以上车路协同感知的自动驾驶。

⑤先进的 V2X 协议栈。先进的 V2X 协议栈,在全面兼容中国 C-V2X 技术规范的同时,具有内存占用更低、时延更低和 SDK 种类更丰富等优势。

技术参数(见表 5-12)

表 5-12　QF-VX1000 路侧单元 RSU 技术参数

指　标	参　数	
CPU	主频 800MSPS 四核处理器	
存储	512 M DDR（可扩展）;2Gb Flash（存储可扩展）;SD 卡:最大支持 128 Gb	
指示灯	电源灯、状态灯、GNSS 灯和 V2X 灯	
LTE-V	通信频率	5 905 ~ 5 925 MHz
	通信带宽	10/20 MHz
	通信距离	空旷地带不小于 1 000 m,城市不小于 500 m
	通信延时	小于 20 ms
	最大数据传输速率	26 Mbps
	发射功率	最大 23 ± 2 dBm
	接收灵敏度	– 95 dBm
Uu 通信	频段支持 5 G	
通信距离	1 000 m 空旷地	
GNSS（定位）	高精度亚米级定位,支持北斗卫星系统、GPS、QZSS、GLONASS、Galileo	
IMU	支持 3 轴陀螺仪、3 轴磁力计、3 轴加速度计	
Wi-Fi	支持双频 Wi-Fi,802. 11a/b/g/n	
硬件加密芯片	支持	
静电等级	4 kV（空气）/ 4 kV（接触）A 级	
输入电压	12 ~ 48 V POE/AC 220v	
颜色	银色	
防护设计/防护等级	IP65	
环境条件	工作温度	– 40 ℃ ~ 85 ℃
	存储温度	– 40 ℃ ~ 85 ℃
	相对湿度	5% ~ 95%
基本结构/尺寸/结构尺寸	340 mm × 240 m × 60 mm	
接口	航空插头 1 个 V2X 天线接口 2 个（N 型头） GNSS 天线接口 1 个（N 型头） 5G 天线接口 4 个（N 型头） 透气阀 1 个	

镁佳基于智能座舱产品的技术成果

供稿:镁佳（北京）科技有限公司

1. 技术背景

汽车工业距今已有 100 多年的发展历史,在其发展过程中,座舱电子这一细分领域所占比重逐渐加大,汽车产品也经历了从纯机械到电气化结构的演变。伴随着全球汽车产业向电动化、智能化、网联化、共享化的趋势迈进,汽车产品正从传统的“功能汽车”向“智能汽车”转变。

2. 技术趋势

与手机的智能化变革相同,汽车智能化趋势逐步显现,其趋势已经不可逆转,而座舱作为人车交互的载体,承担着升级转型的重要作用。智能化趋势之下,让座椅产品的“智能体验”逐步升级,多屏联动、智能语音、无人驾驶等逐渐成为未来驾驶的代名词。

（1）从产业链角度看:智能座舱产业链呈现出明显的融合、跨界趋势①。

（2）从价值链角度看:在跨界合作的大背景下,互联网科技企业主要提供了数据支撑以及算法软件等部分,为传统汽车座舱产品赋能。而车企和 Tier 1 则提供了整车及零部件生产经验②。

（3）从产品角度看:汽车座舱产品的发展方向是集成化。

3. 产品成果——镁佳智能座舱整体解决方案

作为国内的高新技术企业,镁佳致力于成为互联网思维和人工智能技术驱动的汽车智能化和联网化零部件供应商。2018 年,镁佳开始布局座舱产品,已实现第一代产品的量产交付,第二代产品将在 2022 年多个车企项目中交付,第三代产品则正在进行内部的技术预研。智能座舱的相关技术成果目前已经申请了专利和软件著作权。

①② 2019 汽车智能座舱产业发展研究报告

图 5-122　镁佳智能座舱相关技术

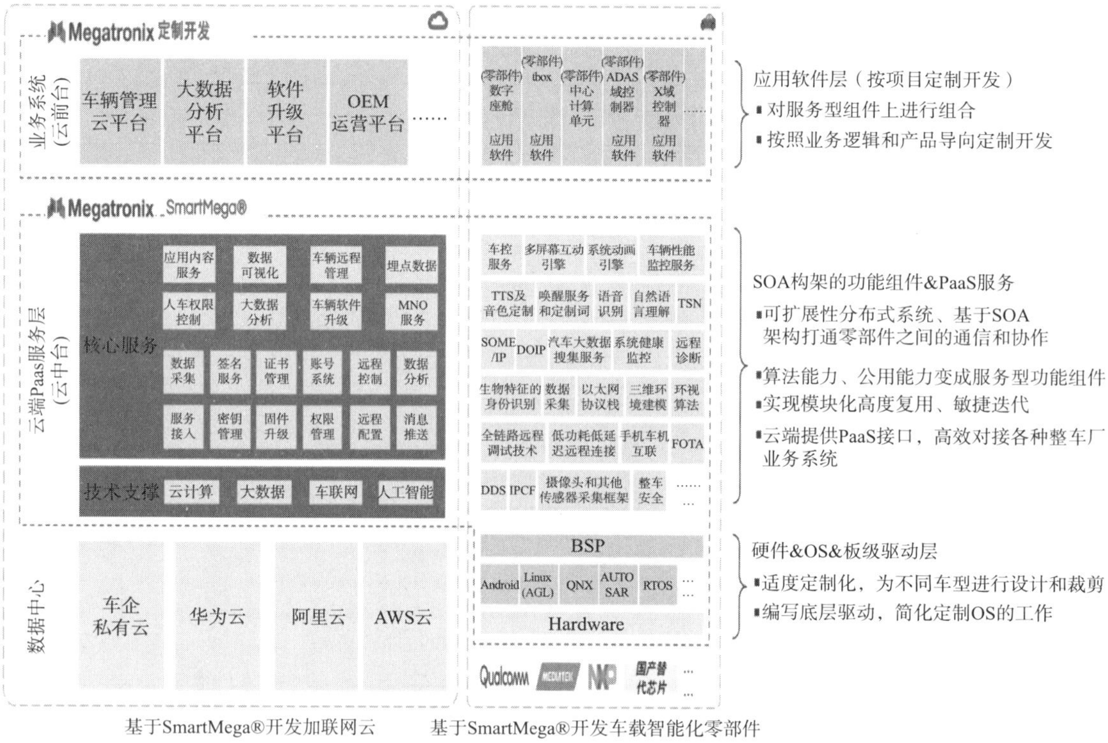

图 5-123　镁佳智能座舱整体解决方案

公司产品以硬件为载体，以软件和云服务作为核心竞争力，通过“软件定义硬件”的构架，将人工智能和大数据等学科领域的关键技术应用到汽车智能化产品中。从云到端赋能整车厂，制造更智能的联网汽车，并提供持续高效的用车服务。

镁佳的智能座舱方案采用了全新的SOA式架构，是车&云一体的整体解决方案，包含5个部分：座舱控制器、智能网联控制器、中央计算控制器、智能语音系统&车联网云平台。

(1)智能座舱控制器

镁佳智能座舱控制器由“软件+硬件”组成，硬件是基于MTK、高通、NXP和国产芯片开发的域控制器产品，软件是由镁佳自研的SmartMega® OS+和SmartMega® Core组成，镁佳的SmartMega®基于QNX、linux、安卓、RTOS等不同系统平台做中间件优化，可以赋能车企进行智能零部件开发&智能应用软件的开发，最终帮忙车企实现自研。镁佳智能座舱智能化用户体验如图5-124所示，第一代、第二代智能座控制器产品配置见表5-13、表5-14。

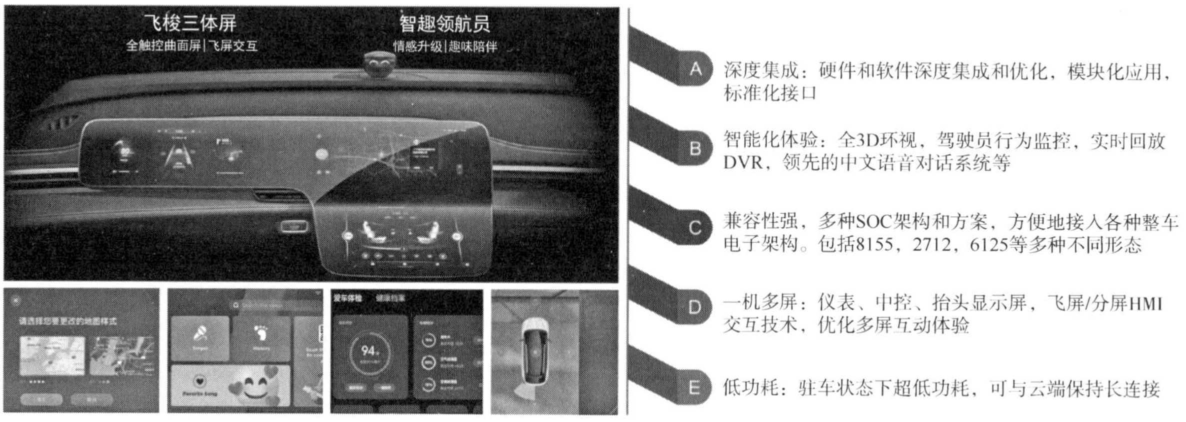

图 5-124　提供智能化的用户体验镁佳智能座舱

表 5-13　第一代智能座舱控制器的产品配置

系统架构	双芯片双操作系统的车载数字座舱
操作系统	Linux + Android
CPU	MTK2712 双车规 CPU 构架大小核:"4 大核 + 8 小核",总算力 50K DMIPS;支持降成本单 CPU 配置
内存	可以配置最高 8 GB LPDDR4
通信	板载千兆以太网网关(可选配)
视频输出	FPDLINK 视频输出: ①Linux:2 路,仪表 1 080 P + HUD(可选)720 P ②Android:3 路,中控 1 080 P + 副驾 1 080 P + 空调屏 720 P
视频输入	GMSL 摄像头输入: ①Linux:5 路,环视 + DMS,720 P ②Android:2 路,DVR 1 080 P + 车内环境识别 720 P
连接	FM/AM, WIFI/BT, GPS, USB3.0, CAN x3, LIN x1, DI x3, ADC x3;双 A2B 车载音频总线
可靠性	工作温度 -40 ℃ ~85 ℃;EMC 等环境试验通过 DV/PV 测试

表 5-14　第二代智能座舱控制器的产品配置

系统架构	双芯片双操作系统的车载数字座舱
操作系统	支持 QNX Hypervisor、纯 Android 等多种操作系统配置方案
CPU	CPU SA8155,8x Kyro; 105 K DMIPS 处理能力; 自带 GPU,NPU,视频音频 DSP 等多核心设计
内存	LPDDR4 8 GB、12 GB、16 GB
通信	板载千兆以太网网关(可选配)
视频输出	Mini DP 输出:1 路,2K; GMSL2 输出:4 路,仪表 + 中控 + 副驾 + 空调屏 1 080 P
视频输入	GMSL2 摄像头输入: ①环视:4 路,1 080 P ②其他:4 路,DVR + 车内环境识别 + DMS 1 080 P
连接	FM/AM, WIFI/BT, GPS + sensor, USB3.0 + USB2.0, CAN x3, LIN x1, DI x3, ADC x3;A2B 车载音频总线
可靠性	工作温度 -40 ℃ ~85 ℃;EMC 等环境试验通过 DV/PV 测试

基于安卓的 SmartMega®(如图 5-125 所示)

Mega Core Android 软件架构提供定制化面向服务的 System Server 中间件和服务层与完善的 API 调用接口定义。系统解耦需求依赖 Mega 面向服务的中间件设计与合理的 API 定义与 System Server 进行交互实现。Mega OS App SDK 提供开发例程与 UI 标准化模板,降低设计开发的复杂度,加速软件版本开发与迭代。优化系统响应性能依赖 HAL 层虚拟 HAL 服务与直接集成的方式。例如:FaceID, DMS,车辆信号、Audio、远端摄像头、方向盘按键等 Mega Core 核心算法

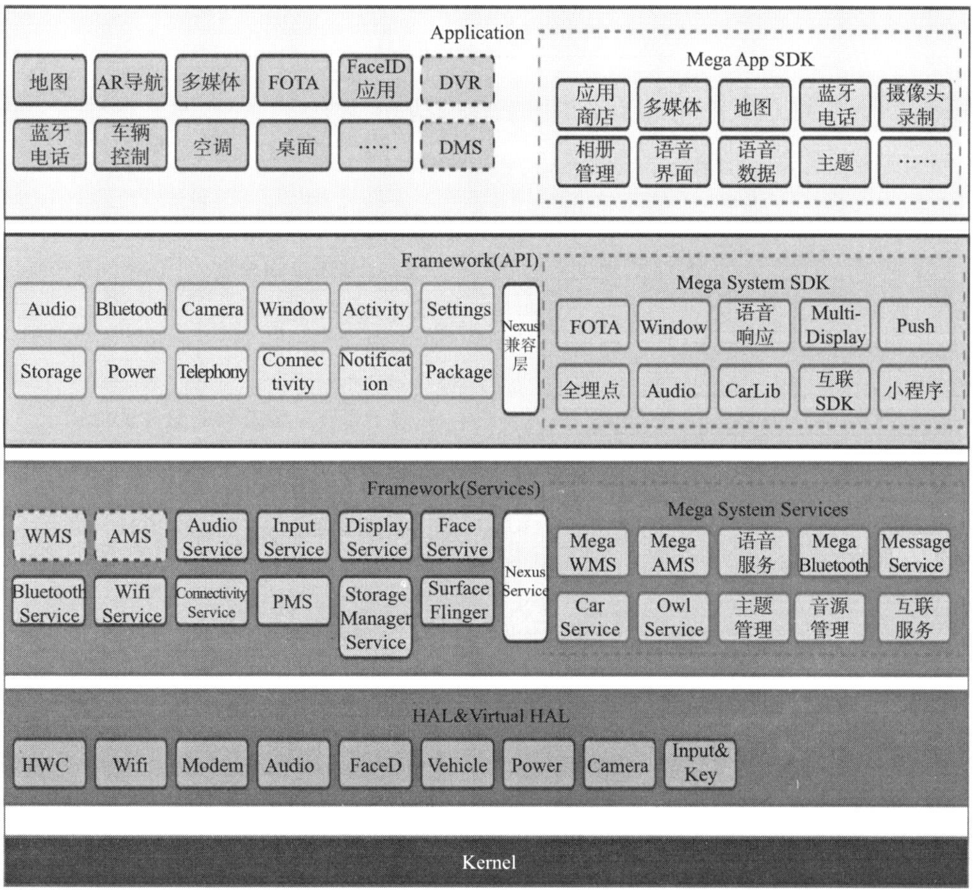

图 5-125　基于安卓的 SmartMega®

(2)智能网联控制器

智能网联控制器(简称 TGW 如图 5-126 所示)在智能座舱系统中主要是负责车辆内/外的通信控制。主要由 Cellular(4G/5G)/WIFI/BT/GNSS/Ethernet/V2X/G-Sensor/MCU 等组成。

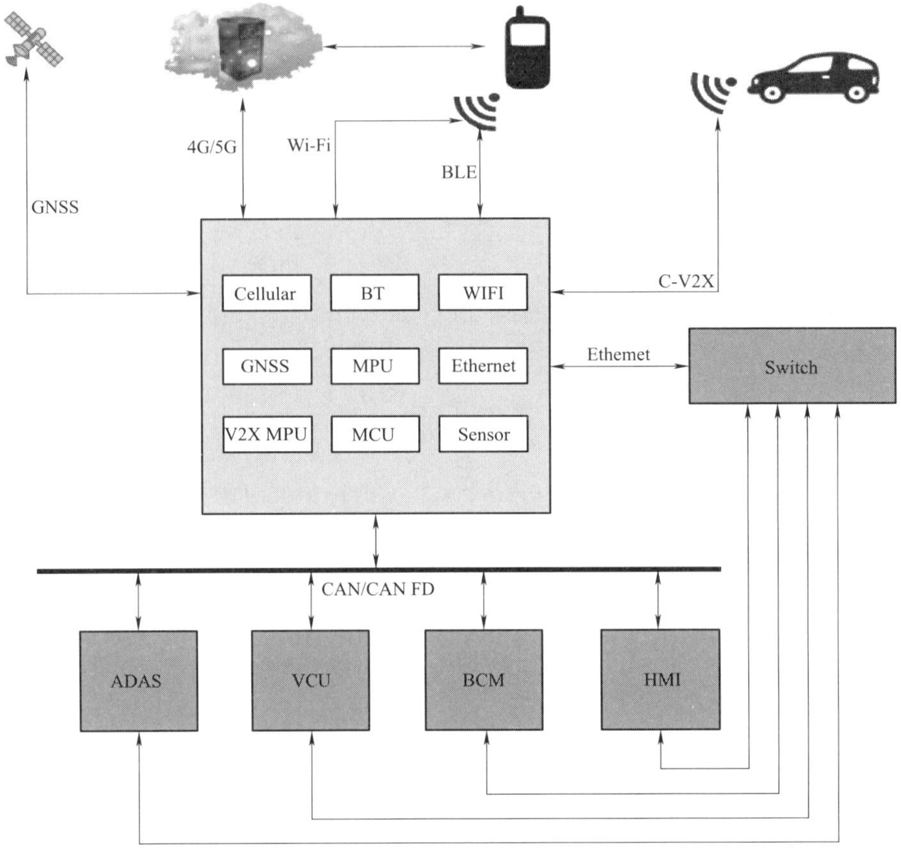

图 5-126　镁佳智能联网域控制器

①软件架构层级

从软件层级上看，智能网联控制器的软件架构如图 5-127 所示。

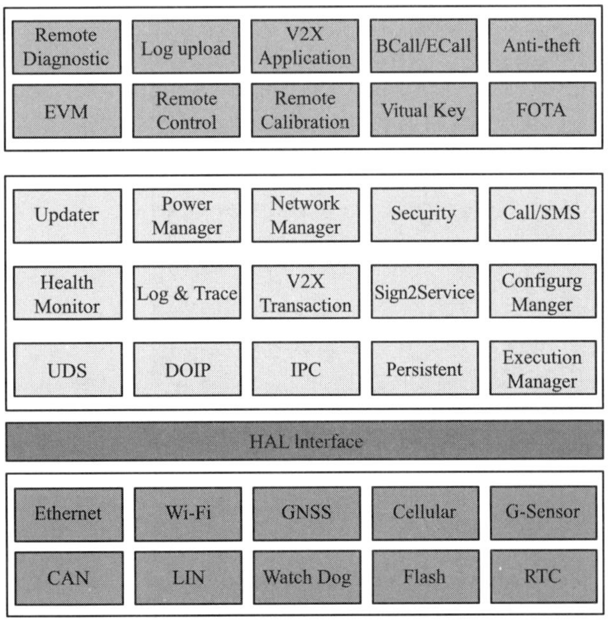

图 5-127　软件架构分层

TGW 软件由下到上分为驱动层，HAL 接口层，中间件层和应用层。

a. 驱动层和硬件一起提供了所有 TGW 上硬件上支持的功能。

b. HAL 接口则将硬件的功能封装为中间件层需要的功能接口。

c. 中间件层则实现了上图中间件层对应的软件模块，没有任何业务逻辑。

d. 业务层则基于中间件层实现了整车需要的相关功能。

②功能介绍

对于智能座舱系统的整体功能需求，TGW 实际上主要能完成以下功能。

a. CAN 网络路由和管理功能。

b. 近场通信服务 Wi-Fi/BLE。

c. 车身数据采集。

d. 远程车身控制。

e. 远程升级/FOTA。

f. 远程诊断。

g. V2X 传输服务。

h. 紧急呼叫服务。

i. 防盗服务。

(3)中央计算控制器

中央计算控制器在智能座舱系统中主要是负责车辆内的车身域控制。镁佳采用 S32G 作为下一代车身域控主控制器，S32G 是 3×M7＋4×A53 多核架构(如图 5-128 所示)，兼顾实时应用以及高算力应用场景，并且具有 ASIL D 的功能安全等级。集成了低延迟通信引擎 LLCE，数据包转发引擎 PFE，硬件安全引擎 HSE 等独立内核，可以整合传统网关，

BCM、VCU、BMS 等多个 ECU。

镁佳科技基于 S32G 设计了多个域控制器产品，包括底盘中央域控制器，中央网关，多总线数据采集器等，获得主机厂高度认可。

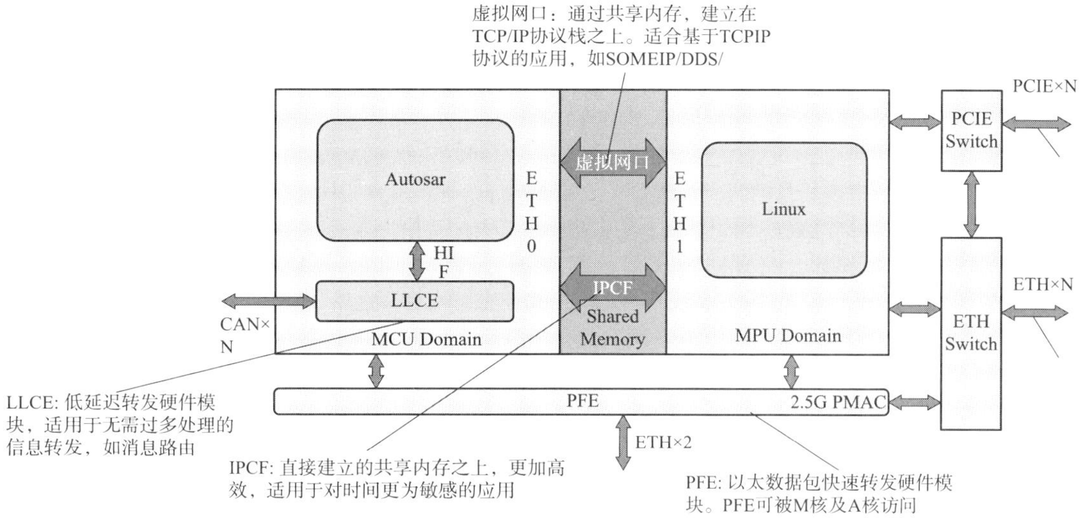

图 5-128 S32G 产品结构

整体分为 M 核实时处理域以及 A 核高性能计算域。M 核基于 AutoSar CP，处理 CAN/LIN 信号，系统启动，电源管理，健康管理等对实时性要求较高的应用。由于有 3 个 M 核，S32G 可以实现不同核心支持不同 ECU 的应用场景，使具有功能安全等级要求不同的应用进行隔离，以及多核之间的跨核部署应用。

A 核运行 Linux 或者 QNX，满足对于处理多路千兆以太网，大数据收集与分析，整车 OTA，远程诊断等功能。可部署多种通信协议和相关学习算法。M 核和 A 核之间既可以采用核间通信 IPCF，交换延迟要求非常低的数据，也可以通过 PFE 共享以太网接口，实现高吞吐量数据交换需求。

此类产品已经用于主机厂基于 SOME/IP 的 SOA 通信架构。

（4）智能语音系统

MegaVOS 语音是镁佳的车载语音对话系统，作为智能座舱系统的一部分，旨在为用户提供车内环境下的语音交互服务，与同行业对比，优势有：车载行业顶级的基础语音语义能力（见表 5-15）；最大化基础能力到集成体验的转化；持续成长的语音体验。

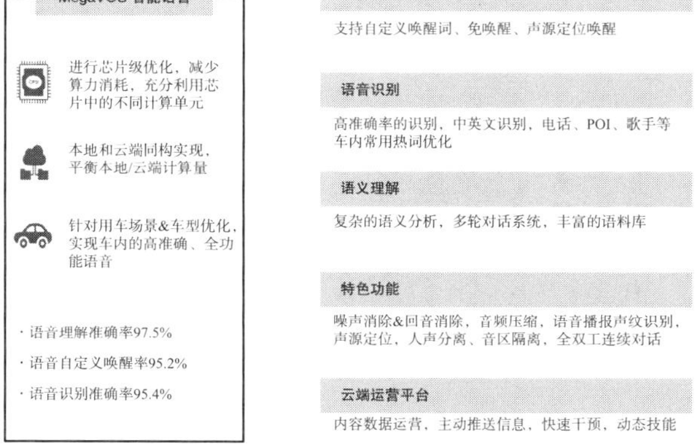

图 5-129 镁佳 MegaVOS 智能语音

此外，镁佳的语音服务已实现多个领域，200 多常用车载技能，能够灵活支持各种 CPSP 接入，同时支持客户的定制化服务。目前已经申请了相关专利和软件著作权。

①车载行业顶级的基础语音语义能力。

表 5-15 车载行业顶级的基础语音语义能力(一)

基本能力项目	镁佳科技	车载行业水平
实车真实场景唤醒率	98%，误唤醒＜1/24 h	95%，误唤醒＜1/24 h
实车语音识别句准确率	90%	87%
实车语义理解准确率	97%	95%

表 5-16 车载行业顶级基础语音语文能力(二)

车载特长项目	镁佳科技	车载行业水平
真正的全双工	语义上下文持续继承支持不同应用间灵活跳转	语义继承不超过三轮对话 不同应用间跳转受限
最彻底的全场景语音	语音控制所有应用功能 可持续扩展增加	固定不可增长的语音控制项目 随 GUI 变化，增加和调整 VUI 代价大
有温度的个性化	唤醒、会话内容、音色全方位定制	仅能定制部分项目

②最大化基础能力到集成体验的转化

镁佳科技在 SA8155 集成优化专有技术，通过优化预留巨大的硬件算力支持整车体验持续增长。

a. 基于高通 aDSP/cDSP/GPU 架构做算法开发——CPU 省下来给 GUI 交互体验。

b. 算法异构部署、根据系统负载动态调整。

案例：在合创 007 的智能座舱系统进行优化后，低算力芯片上可实现丰富的语音交互体验。

③持续成长的语音体验

镁佳给合作伙伴提供完善的运营功能。

a. 自主创建对话技能。

b. 回复话术可运营：细分场景、实时生效。

c. 运营数据实时分析：使用趋势、性能报表、对话成功率分析等。

④镁佳 MegaVOS 语音系统功能和能力

a. 语音唤醒。高达 98% 的高准确率的唤醒率；支持用户自定义唤醒词；支持免唤醒；支持声源定位唤醒、声纹识别唤醒等。

b. 语音识别。高达 98% 的高准确率的识别率；支持中英文识别、不同的方言识别；支持多种语音识别模型，GMM-HMM，DNN，CNN，RNN 等；支持车内场景的定向优化。

c. 语义理解。高达 97% 的高准确率的识别率；支持复杂的语义分析，集成了多轮对话系统；支持对 CPSP 的语音接入 & 融合。

d. 可见即可说。支持语音控制屏上的所有按键、选项。

e. 语音机器人。支持语音机器人横向、纵向转动；支持几十种不同场景表情；支持面向唤醒人对话。

f. 其他功能。噪声消除、回音消除、音频压缩、语音播报、声纹识别、声源定位、人声分离、音区隔离、全双工连续对话、打断、多模交互。

(5)智能座舱的云端服务和平台

镁佳的“钛立方智能车云平台”采用云原生的微服务架构，以搭积木方式构建产品，以面向服务的高内聚、低耦合的模块化架构为方向，最终形成车辆全生命周期管理方案，云平台将智能汽车、用户移动设备、互联网内容和服务、OEM 车企运营管理系统、政府监管平台进行连接，从而将车与车、车与人、车与 OEM、车与内容等连接在一起。

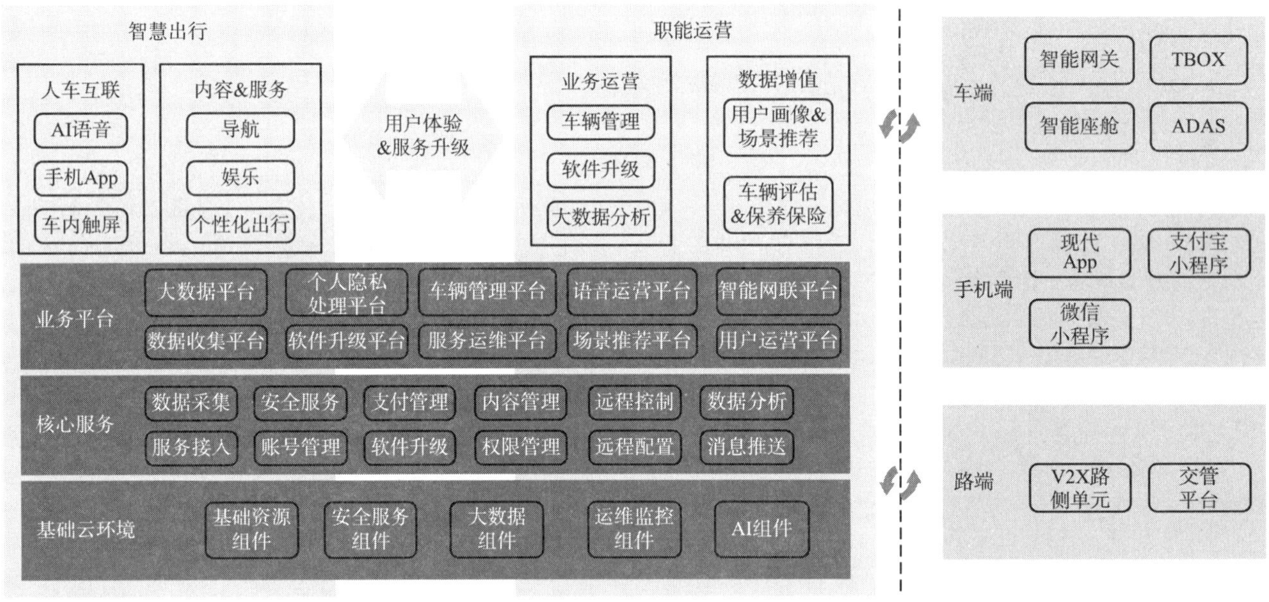

图 5-130　镁佳智能座舱云端方案

①镁佳的云平台特点

a. 全生命周期管理：支持车辆数据生命周期管理，关键资料永久存储。

b. 质量保证：采用开发、测试、试生产和生产 4 套独立环境，严格的工程质量保证体系。

c. 自动化运维：支持实时监控及运维自动化。

d. 云原生的架构：基于云平台的容器化微服务部署，可根据业务量自动横向弹性伸缩。

e. 高性能指标：关键业务系统亚秒级响应。

f. 安全隔离：内外网关分离，接口访问权限独立控制。

g. 高可用：采用负载均衡和容错架构，多可用区部署。

h. 容灾备份：支持数据冷、热备份方案，关键业务年度可用性 >99%。

i. 快速部署：支持客户指定的公有云 & 私有云平台。

j. 快速迭代：采用 CI/CD 自动化开发测试和部署流水线。

k. 容量：标准架构可支撑百万级车辆终端。

②镁佳的“钛立方智能车云平台”的交付内容和方式

a. 灵活的交付方式：从开箱即用，到源码赋能，镁佳支持不同的交付方式。

图 5-131　云平台的服务列表

b. 独立的 PaaS 原子服务：数十个“钛立方 PaaS 服务模块”（包含数百个 PaaS 接口）：OEM 可以基于这些 PaaS 模块/接口进行二次开发；赋能 OEM 构建和开发适合自己的智能车联网云。

c. 定制化的平台产品：成熟、安全、强大的“钛立方车联网运营管理平台”（如图 5-132 所示），可以帮助车企高效便捷地接入、满足国家法规要求，同时快速获得管理车辆的核心能力。镁佳团队基于“PaaS 服务模块”为客户做业务系统定制化开发，可以向客户提供定制开发部分的业务系统代码、帮助车企快速自建车联网云业务系统的软件基础和内部开发能力。

d. 赋能车企：提供整套的研发体系和工具链，从而让客户具备和镁佳一样的研发环境和基础能力。

图 5-132　车辆管理云平台

（6）系统安全

随着汽车功能越来越丰富，对外暴露的接口也越来越多，车内软件的漏洞也不断增加。因此，镁佳针对智能座舱系统的各个方面都做了相关的信息安全组件，实现安全加固。

①硬件安全

使用硬件安全模块，支持密钥管理。密码服务，支持 AES、RSA、ECC、SHA 等密码算法。支持 SM2、SM3、SM4 等国密算法。安全存储。为安全启动提供硬件级安全加解密计算。

②存储安全

支持对系统及应用的敏感数据进行安全防护，包括：敏感数据保护、关键数据保护、数据泄露防护、机密性保护算法、完整性保护算法。

③加解密安全

支持硬件安全模块实密码服务，包括：AES（256 bits）CBC，ECB，CTR，CCM，and GCM；RSA（2K、3K、4K）；DH（2K）；SHA-1/224/256/384/512；HMACSHA1/224/256/384/512；Triple-TDES CBC/ECB；PBKDF2。

④数据签名、验签服务

基于 RSA 算法 SHA256/SHA384/SHA512 的签名、验证服务

⑤随机数生成服务

基于可信硬件的随机数生成服务

⑥系统安全包括启动安全、通用的安全组件、代码安全、漏洞修复、防火墙机制、IDPS 机制。

苏州高铁新城车路协同云平台介绍

供稿：先导（苏州）数字交通产业投资有限公司

先导（苏州）数字交通产业投资有限公司承担苏州市相城区内数字交通道路、平台等基础设施建设，协助苏州市相城区成功创建江苏省首批车联网先导区。

苏州市相城区先导区先后于 2019 年、2020 年完成总长 63.4 km 高等级城市开放道路的智能化改造。以路口为单位建设多传感器智慧路口，共计包含 50 个智慧路口，全程包含丰富的城市开放道路场景，部署超过 400 套智能感知设备及边缘计算设备，其中，采用 300 线固态激光雷达，有效探测距离达到 280 m；毫米波雷达可同时支撑 40 个以上的有效目标输出，测速精度可达 0.1 m/s；高清摄像头可同时跟踪 60 个以上目标，识别距离达到 150 m；MEC 边缘计算单元算力达到 60 TOPS/10.6 T FLOPS；配套区域级超级边缘计算中心，打造 MEC 与 C-V2X 融合测试床，支持不同应用的差异化计算。通过激光雷达、毫米波雷达、感知摄像头等多源融合感知，精准识别乘用车、商用车、摩托车、非机动车、行人等多类型交通参与者，通过对道路障碍、交通事故的识别，有效输出障碍物尺寸及交通事件位置信息。定位精度达到厘米级，识别精度达到 90% 以上。通过路侧 RSU 和 5G 网络打通 PC5 口、Uu 口双链路通信，实时下发路端数据。在赛迪智库发布的《2020 中国智能网联汽车示范区评析》中，“苏州相城区智

能网联汽车公共测试道路”在全国综合排名位列第四。

建成车路协同云平台，集车路协同、高精度地图、车联网安全一体，实现服务接口的规范化、跨厂商设备管理的统一化、车联网多源数据分析的标准化，可面向市级车联网平台支持平台功能模块拓展，支持多样化的综合服务能力开放。

现将主要产品车路协同云平台介绍如下。

1. 产品概述

车路协同云控平台聚焦“安全、效率、服务”业务场景，依托 C-V2X、大数据、云计算、人工智能 4 项基本能力的产品，云控平台可为智能网联汽车及其用户、管理及服务机构等提供车辆运行、基础设施、交通环境、交通管理等动态基础数据，实现全方位信息化与数字化管理。

车路协同云控平台可接收并采集各类终端的上报数据，提供用户管理、设备统一管理等综合管控能力，同步进行数据挖掘、交通态势分析、交通事件检测与识别，实现人、车、路、网的智能协同与交通事件决策。苏州高铁新城智能网联云控平台（如图 5-133 所示）。

图 5-133　苏州高铁新城智能网联云控平台

2. 功能介绍

（1）云控平台接收终端侧（RSU、OBU）的 V2X 事件上报，提供 V2X 事件下发至路侧终端设备，平台视网架构如图 5-134 所示。

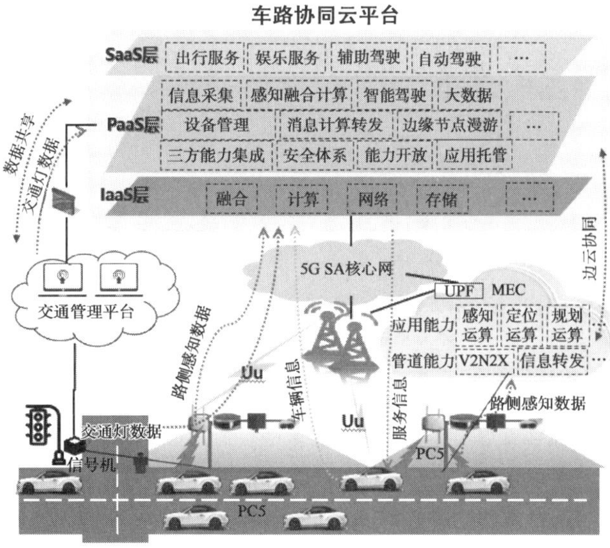

图 5-134　平台组网架构

（2）提供设备的统一接入、运维管理，允许实时查看设备状态、设备点位、在线设备数、实时监控预览、远程升级。

（3）提供交通状态实时把控，依托交通 AI 智能检测能力，通过路侧摄像头、毫米波雷达、激光雷达的融合感知检测识别，实现对交通事件、交通车流量、交通路网状况的实时上报。

（4）提供 V2X Server 的边云协同多级部署方案，保证处理时延。

V2X server

①针对不同场景下辅助驾驶应用及自动驾驶应用，通过车路协同云平台建立交通事件，下发至路侧单元，路侧单元转发给车载单元。交通事件主要包含以下类型：异常路况、异常车况、恶劣天气、标志标牌等。

②集成融合计算、数据存储、消息转发、安全管理、三方集成等能力。

③平台与外部交通管理平台等对接，实现信息的开放与共享边缘。

3. 车路协同云控平台特色与优势

（1）低时延：与 LET-V 和 5G 网络高效结合，实现毫秒级的端到端时延。

（2）高并发：支持 50 万级终端（500 万级消息）并发。

（3）全场景：覆盖标准中的 17 个 V2X 事件及 22 个 V2X 场景，支持多种典型网络协议接入，实现人、车、路、网全联接。

（4）边云协同：基于开放的 MEC 边缘计算架构，实现边缘智能算法更新、边缘管理规则更新和全局状态监控等能力，助力 C-V2X 与 MEC 的深度融合。

面向客户范围主要为智能网联示范区业主、交投/交建、交警、园区/港区业主等，平台主要应用在新一代国家交通控制网、智慧公路试点及各地方政府自动驾驶测试区的建设项目。

4. 产品支持场景

车路协同云控平台可支持《合作式智能运输系统 车用通信系统应用层及应用数据交互标准》中涵盖的 V2I、V2N 场景（包括但不限于），苏州市相城区车联网示范区支持应用场景见表 5-14，后续将持续扩展。

表 5-17　产品支持场景

序号	应用场景	场景说明
1	弱势交通参与者碰撞预警	路侧融合感知单元实时检测斑马线上游行驶的车辆及道路突然出现的行人、非机动车等弱势交通参与者，云平台实时获取融合感知单元上传的弱势交通参与者消息，高精度地图上动态显示行人和车辆的实时位置。并判断是否存在冲突预警，存在冲突预警则突出展示预警信息，并将冲突预警信息发送给附近的智能网联车辆
2	路侧停车检测预警	部署在十字路口的路侧融合感知单元实时检测道路路侧的静止车辆，云平台实时获取路侧融合感知单元上传的静止车辆位置信息。根据智能网联车辆位置、速度及航向角等数据判断是否存在碰撞风险，若存在碰撞风险则提醒智能网联车辆注意避让，避免因静止车辆在盲区内所引发的碰撞事故，并在高精度地图上显示静止车辆实时位置

续上表

序号	应用场景	场景说明
3	数字化标志标牌下发	智能网联车辆在行驶中，云平台提前获取高精度地图提供的标志标牌信息，并将数字化标识标牌信息广播给附近的智能网联车辆，附近的智能网联车辆接收数字化标识标牌信息后，在车载屏幕上显示前方的标志标牌，若车辆违反标志标牌规则，则发出安全预警信息，提醒车辆注意当前关键路段信息，避免事故和违章发生
4	多路口绿波通行	在连续的一系列交叉口上，云平台可以获取连续路段各路口交通信号灯相位及时间信息，高精度地图上实时展示各路口的交通信号灯状态。并广播交通信号灯实时状态给附近的智能网联车辆，智能网联车辆或者App根据自身路径结合信号灯计算建议车速，提高路口通行效率
5	多路口5G超视距透视	路侧摄像头拍摄的高清视频实时回传至云平台，云平台结合智能网联车辆上传的车辆位置信息及路侧摄像头位置信息，分析规划需要向智能网联车辆推送的前方路口摄像头监控画面并通过5G网络推送给智能网联车辆，智能网联车辆可提前获知遮挡区域或前方区域的实时视频，提高驾驶安全、行车效率及行车体验
6	特殊车辆优先	执行任务的救护车、消防车、工程抢险车、警备车等特种优先车辆广播优先请求，当非优先智能网联车辆在收到优先提醒时，对后方优先车辆进行主动让行。若路口红绿灯可支持反控，则特殊车辆在接近路口时发送优先请求，RSU通过反控信号机实现特殊车辆优先通行，当特殊车辆通过路口后恢复路口正常通行，提升特殊车辆在道路的通行效率
7	交通信息发布	云平台支持配置交通管制信息名称、内容(支持文字和图片)、发布范围及发布时间，并根据配置内容向电子诱导屏发布道路管制、交通限行等文字类或图片类交通管制信息，向社会车辆服务；同时智能网联车辆广播将道路管制、交通限行、限速等文字类或图片类交通管制信息下发给智能网联车辆
8	交通事故预警	路侧融合感知单元实时感知交通事故，云平台实时获取路侧融合感知单元上传的交通事故信息，将该信息广播给附近的智能网联车辆，提醒智能网联车辆注意降速避让，避免因交通事故避让不及时造成的二次事故，当发生交通事故时，高精度地图上动态显示交通事故发生位置及提醒信息
9	路网拥堵提醒	路侧融合感知单元实时感知道路拥堵程度，云平台实时获取路侧融合感知单元上传的交通拥堵信息，将该信息广播给附近的智能网联车辆，提醒智能网联车辆提前做好路径规划，当发生交通拥堵时，高精度地图上动态显示拥堵路段及提醒信息
10	全量信息交通展示	路口或路段的路侧融合感知单元，全天时、全天候监控路口，提取交通事件、车辆、行人等结构化数据并上传云平台，云平台结合高精度地图、信号灯状态等多元数据还原真实路口运行状态，在三维高精地图上展示路口视频画面，交通事故、路侧异常停车、交通施工等交通事件和车辆、行人、非机动车实时位置和轨迹。同时可提供车道级交通流数据分析能力，展示交通流量、排队长度、信号利用、行人效率等交通指标，并提供信号控制优化配时方案及动态车道管理方案，为路口精细化管理提供完备的数据基础及优化建议

续上表

序号	应用场景	场景说明
11	交通事故快速处理	路侧融合感知单元实时感知交通事故的位置及发生时间，云平台实时获取路侧融合感知单元上传的交通事故信息，将交通事故发生位置及预警信息广播给附近的智能网联车辆，减少次生事故风险。当发生交通事故时，平台高精度地图上显示车道级事故车辆轨迹，并生成证据视频，辅助交警判定事故责任
12	红绿灯反向配时方案	路侧感知融合单元采集交叉口各进口车道的交通流量、排队长度等数据，实时分析交叉口各流向交通需求，云平台基于以上数据自动生成信号配时优化方案，提升路口通行效率
13	交叉口动态车道管理	路侧感知融合单元采集交叉口各进口车道的交通流量、排队长度数据，实时确定交叉口各流向交通需求，云平台根据前端检测数据，通过动态车道分配模型对车道功能提出合理划分建议
14	交通流仿真	基于AI算法构建能灵活、精确再现路网实际状况的交通流仿真模型，辅助监管部门交通控制方案优化。感知融合单元感知道路上的车辆位置、速度及行驶方向，作为交通仿真的输入；仿真系统展示基础路网及交通管控信息，其通行规则与现实一致；将信号控制方案、交通流的路径、流量及速度输入到仿真软件中，仿真软件能够展示路网的车辆行驶状态；仿真系统可改变通行规则、交通流速度、路径，仿真模拟并以3D画面展示不同条件下的交通流状态
15	合流分流辅助	部署在道路合流分流岔口的路侧融合感知单元实时检测岔口附近合流、分流的车辆位置及车辆行驶速度，以及分流处出现的低速车辆、静止车辆、事故等危险，云平台实时获取路侧融合感知单元上传的合流车流信息或分流出现的低速、静止车辆或事故信息，将该信息广播给附近的智能网联车辆，提醒智能网联车辆降速，注意合流/分流安全，避免合流/分流时事故发生
16	道路施工提醒	路侧融合感知单元实时感知道路施工提醒物，云平台实时获取路侧融合感知单元上传的道路施工事件信息，将该信息广播给附近的智能网联车辆，提醒智能网联车辆注意安全绕道避让，避免因道路施工引发的交通事故，当发生施工事件时，高精度地图上动态显示施工区域及提醒信息
17	道路异物预警	路侧融合感知单元实时感知道路异物，云平台实时获取路侧融合感知单元上传的道路异物信息，将该信息广播给附近的智能网联车辆，提醒智能网联车辆注意降速避让，避免因车辆碰撞道路异物造成的交通事故，当出现道路异物时，高精度地图上动态显示道路异物位置
18	交通黑点治理	云平台通过接入交通实时轨迹及事故数据，计算交叉口内部的交通冲突数量，并生成冲突热力图及事故分布图，综合交通事故及交通冲突数据研判隐患交通黑点；对于交通黑点，根据冲突轨迹来源车道合理优化进口道渠化或信号相位，从时间和空间上避免交通冲突
19	混合交通流管控	基于车路协同技术，优化智能网联车辆与社会车辆构成的混合交通系统的道路资源配置与交通运行管理，提升智能网联车辆在混合交通系统的通行安全及通行效率。路侧融合感知单元实时感知道路上的车辆位置、速度，并将结果传输到云平台；云平台将感知的车辆信息广播给附近的智能网联车辆，智能网联车辆根据道路上的车辆信息判断是否需更换车道或减速行驶，提高混合交通系统的安全和效率

5. 社会及经济效益分析

(1)验证核心技术,加快产业研发

通过5G C-V2X大规模建设于应用,验证5G边缘计算与切片技术、高精度地图、C-V2X等自主可控的核心技术,加快5G C-V2X模组、设备的产业化研发。促进产业技术升级和结构优化,引导车联网产业良性发展。

(2)面向智慧城市,提升社会治理能力

智慧交通是智慧城市的核心组成部分,通过大规模5G车路协同网络及城市级平台构建,满足辅助驾驶及车路协同自动驾驶需求,协助政府部门提高安全和管控服务,提升社会治理能力,实现城市的可持续发展,助力智能汽车强国及交通强国建设。

(3)缓解道路拥堵,促进节能减排

5G车路协同下的智能交通在节能减排中的贡献不低于任何一项汽车节能技术,如果运用得当,智能交通完全可以承担20%的节能减排任务。人、车、路3者之间构成的流畅交通网络不仅可以缓解道路拥堵、停车难等出行问题减少由此带来的额外燃油消耗和污染。

(4)培育商业应用,推动产业可持续发展

构建车联网底层数据及核心算法,支撑上层应用生态,形成可落地、可复制、可推广的商业模式,为产业在全国普及创造商业基础和可借鉴的典范。

深圳智能网联交通测试示范平台

供稿:深圳市未来智能网联交通系统产业创新中心

1. 成果简介

(1)应用领域

主要应用于智能交通领域,对自动驾驶、智慧交通、网络通信、电子信息、汽车制造等行业有带动作用。

图5-135 深圳市未来智能网联交通测试示范区

(2)关键技术

①人工智能技术

a. 人工智能技术在环境感知中的应用。人工智能在环境感知中的应用主要在计算机视觉方面,基于深度学习的计算机视觉,可获得接近于人的感知能力,对如交通灯、交通标志牌以及车道线等静态物体的检测与识别和如车辆、行人等动态物体的识别与跟踪都有很好的效果。

b. 人工智能技术在规划决策中的应用。人工智能在规划决策中的应用主要在决策机制方面,主要基于强化学习,通过传感器与周围环境的交互来学习,进而在对应的场景下进行规划和决策,以达到最优驾驶行为。

②数字孪生技术。数字孪生是以数字化的方式建立物理实体的多维、多时空尺度、多学科、多物理量的动态虚拟模型来仿真和刻画物理实体在真实环境中的属性、行为、规则等。数字孪生系统在智能网联汽车上的应用主要在模拟仿真方面,如HIL(硬件在环)、SIL(软件在环)、VIL(车辆在环)等,在其与机器学习框架结合后,可以根据多重的反馈源数据进行自我学习,从而可以几乎实时地在数字世界里呈现物理实体的真实状况,并能够对即将发生的事件进行推测和预演。也可通过历史数据,或者是集成网络的数据来进行学习,在不断的自我学习与迭代中,大幅提升模拟精度和速度。

③C-V2X通信技术。C-V2X是基于蜂窝通信演进形成的车用无线通信技术(Vehicle to Everything,V2X)技术,可提供Uu接口(蜂窝通信接口)和PC5接口(直连通信接口)。作为车联网核心通信技术,V2X技术实现了车辆与其他实体之间的信息互换及连接需求,主要包括车车通信(V2V)、车路通信(V2I)、车云通信(V2N)及车人通信(V2P)四种。

④车路协同的信息安全技术。为了保障基于LTE的V2X车联网系统在网络通信、业务应用、车载终端、路侧设备等各个方面的通信安全和信息安全,必须建立能够有效支撑基于PKI公钥体系的应用层安全认证和安全通信机制和一套完整的证书管理系统。

⑤云计算技术。云计算一种计算资源集中分布和充分共享的效用计算模式。云计算可对大数据进行处理分析,并使处理结果共享,可以大大减少智能网联汽车系统的计算量。云计算技术特有的超强计算能力和动态资源调度、按需提供服务等优势以及海量信息集成化管理机制,支持完成应用系统分类部署,并实现跨云平台资源迁移和统一管理,为进一步加强智能网联测试及示范区的智慧应用系统建设提供有力支撑。

⑥边缘计算技术。边缘计算是云计算的延伸,它与云计算各有所长,云计算擅长全局性、非实时、长周期的大数据处理与分析;边缘计算擅长现场级、实时和短周期智能分析等。智能网联汽车对紧急情况的处置及车辆自身控制对车辆感知信息及路侧感知信息的整合与处理的计算速度与信息延迟要求毫秒级的延迟,利用边缘计算分布式、低延时、效率高的优势,在"边缘侧"完成对数据的处理与分析。边缘计算平台对智能网联汽车数据实时进行数据处理和分析,并将分析所得结果以极低延迟传送给临近区域内其他联网车辆,以便智能车辆做出正确决策。

(3)专利情况

3个专利通过初审:《一种交通环境融合感知在环VTHIL的车联网仿真测试平台与方法》《一种交通环境融合

感知在环的自动驾驶算法仿真测试》《一种交通环境融合感知在环 VTHIL 传感器物理建模方法》。

2. 成果创新点及解决的难点问题

(1)创新点

①结合目前智慧交通方面已有成果,进一步补充并完善五个平台功能框架、数据存储系统、数据中心、指挥中心等功能模块的详细内容。

②加强基于 5G 的智能网联交通系统设计、实际测试与仿真测试的互动融合设计以及信息安全方案设计,完善建设项目安全管理制度。

③聚集智能网联交通产业创新要素,全力探索突破行业内相关标准、法律、政策、监管空白。

(2)解决的难点问题

①测试路段典型性不足

问题描述:车辆行驶路段实际场景千差万别,如何保障现有测试路段覆盖各类测试场景成为关键。

应对策略:项目建成后,可提供 300 多个场景进行测试验证,覆盖了大部分自动驾驶典型场景,后续运营过程中,将持续丰富场景,最终实现自动驾驶各类场景全覆盖。

②测试标准差异,结果尚不互认

问题描述:深圳本地测试区以及外省市测试区的测试规程不一致,协同存在壁垒,各地测试结果未完全互认,重复测试增加负担。

应对策略:定期公布测试主体的测试数据,推进测试结果互认工作,加快发布符合深圳实际情况的智能网联汽车测试数据标准。

③数据收集和处理问题亟待解决

问题描述:自动驾驶测试数据收集与处理未有统一标准,缺乏数据管理依据,部分数据需后期脱敏处理。

应对策略:加强自动驾驶测试区自有数据平台建设,探索数据共享机制以及数据脱敏后的开发利用。

④安全隐患犹在,监管有待加强

问题描述:自动驾驶测试道路涉及自动驾驶车辆事故有别于常规道路交通事故,处理流程有待进一步规范,同时保险保障需加强。

应对策略:加强测试道路监管,实现视频全覆盖,支撑事故识别、事故原因追溯。建议进一步修订完善与智能网联汽车运行相关的法规,鼓励相关企业开发智能网联汽车保险产品。

3. 国际水平对比分析

智能网联汽车已成为全球新一轮产业竞争制高点,在战略布局、技术革新、标准法规、测试示范等方面加速推进智能网联产业化进程。欧盟国家,以及美国、日本等国家在智能网联汽车领域起步较早,已从技术研究逐渐向产业化应用过渡。

欧盟议会早在 1984 年即通过关于道路安全的决议,并于 1988 年正式启动了“车辆安全专用道路设施(Dedicated Road Infrastructure for Vehicle Safety in Europe, DRIVE)”项目,持续资助对智能网联汽车相关技术研发和应用。2015 年,欧盟发布 GEAR2030 战略,聚集汽车、IT、通信、保险和政府等方面,重点关注高度自动化和网联化驾驶领域等推进及合作。

美国从 20 世纪 90 年代初开始,通过实施“智能交通系统”项目,支持智能网联汽车相关技术和产业发展,2009 年和 2014 年分别以网联化和自动驾驶为重点发布战略研究计划,并于 2016 年发布自动驾驶汽车政策指南。日本也将自动驾驶和车辆间通信作为重要方向和目标,通过车辆信息与通信系统(Vehicle Information and Communication System, VICS)、先进安全汽车(Advanced Safety Vehicle, ASV)等项目支持技术研发与应用。2014 年,日本发布《战略性创新创造项目(Science Innovation Police, SIP)》,将自动驾驶作为十大战略领域之一。

2015 年是中国智能网联汽车发展的元年,智能网联汽车概念产生,并成为《中国制造 2025》制造强国战略的组成部分。2016 年,中国汽车工程学会正在制定新的智能网联汽车分级标准,将汽车按智能化和网联化两个发展方向进行分级。在智能化方面将汽车分为 5 级,分别是驾驶辅助(DA)、部分自动驾驶(PA)、有条件自动驾驶(CA)、高度自动驾驶(HA)、完全自动驾驶(FA)。在网联化方面将汽车分为 3 级,分别是辅助信息联网、环境感知信息联网、协同决策与控制。在智能化方面,国内整车、互联网等企业以及院校机构纷纷开展汽车自主式无人驾驶技术的研发。不同企业发展策略各有不同:百度等互联网企业直接切入高度自动驾驶;上汽、长安、吉利等整车企业采取从低级到高级逐级递进的发展策略。在网联化方面,相关企业积极推动 V2V/V2X 技术的发展。2014 年以来,许多整车企业与通信企业开展车联网合作,开展基于 LTE-V(LTE-Vehicle)综合通信解决方案研究,LTE-V 技术为客户提供 V2X 通信服务和信息娱乐服务,系统逐步具有 V2V(车车通信)、V2I(车路通信)、V2P(车人通信)、V2N(车云通信)等功能。

国际上美国、欧盟等较早开始智能汽车专用试验场建设,以支持智能汽车开发与测试需要。典型的测试场如美国密歇根大学主导的 Mcity、瑞典 AstaZero 封闭测试场、英国 MIRA City Circuit 试验场等。同时,结合试验场,国际上相关的研发单位也从测试要素、测试工具、测试方法等多个维度基于 V 模式构建开发测试体系。但是国际上相关试验场主要以自主驾驶测试为主,MIRA 的 City Circuit 试验场也仅针对 V2X 的部分通信功能做了初步的信息环境模拟。深圳智能网联交通测试示范平台将结合国家顶层战略规划,面向中国特色的自主与网联融合的智能汽车发展路线,充分发挥深圳在电子、通信产业领域的显著优势,在自主驾驶测试的基础上,应用 5G、LTE-V 等 V2X 技术构建完整信息环境,全面实现对智能网联、车路协同技术的应用与支持,有力推动深圳及大湾区智能网联汽车产业的发展。国内各地方正积极推进智能网联汽车测试示范区的建设,已经构建形成了包括京冀、上海、重庆、吉林(长春)、湖北(武汉)、湖南(长沙)、江苏(无锡)、浙江(嘉兴)、广州等国家级示范区。国内互联网、ICT 和整车企业也积极布局自动驾驶,创新创业势头迅猛。互联网企业以百度、腾讯、阿里、滴滴、京东、小马智行、科大讯飞为代表,ICT 企业以华为、移动、联通、大唐、千方科技等为代表，整车企业以上汽、北汽、一汽、长安、广汽、东风、蔚来等为代表，初创企业以图森未来、驭势科技、于万智驾、襄动智驾、新石器等为代表，均在进行重点布局，并推动技术研发和产品量产应用。自动驾驶技术是汽车产业与高性能计算芯片、人工智能、物联网、通信、电子信息、交通等新一代信息技术深度融合的产物，拥有巨大的经济价值和社会效益。自动驾驶作为未来市场最大、前景最好、应用最广的人工智能重要领域，正在积极有力支撑制造强国、科技强国、交通强国和智慧社会建设，并引领未来社会和生活变革。

4. 成果应用情况

(1)深圳智能网联交通测试示范平台

深圳智能网联交通测试示范平台以“三区五平台”为架构，其中“三区”为封闭、半开放和开放三类测试区（如图5-136所示），“五平台”为V2X网联化测试认证平台、自动驾驶仿真测试平台、数据存储及分析平台、信息安全测试评价与服务平台、前沿科技与共性技术研究平台。在此基础上开展多种形式的示范应用，打造集研发、测试、示范、产业化于一体的立体化测试示范平台。

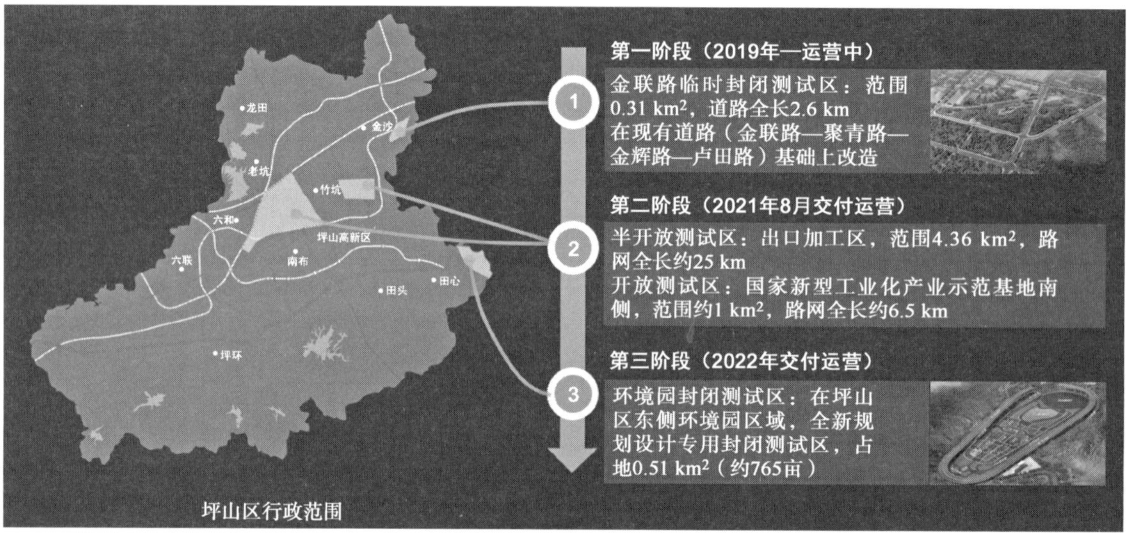

图5-136 深圳智能网联交通测试示范平台“三区”建设规划

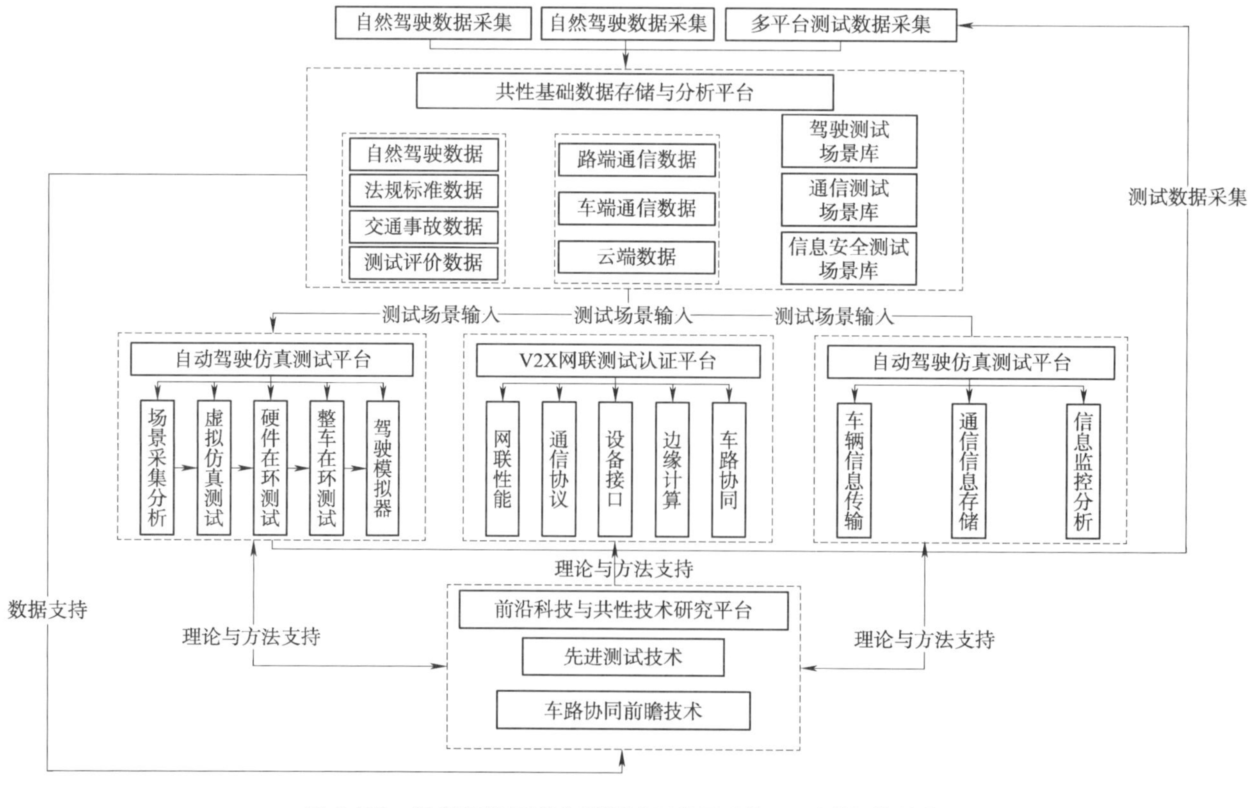

图5-137 深圳智能网联交通测试示范平台“五平台”拓扑结构

深圳智能网联交通测试平台围绕智能网联汽车和车路协同系统的研发以及应用，构建三大测试场和五大公共服务平台，通过丰富的云端服务覆盖实验室、封闭场地、半开放区及开放区内的各类测试需求，赋能企业研发测试，实现高效自动化的场景测试，充分验证智能网联车辆的安全性及可靠性，保障半开放及开放道路测试平稳有序开展。

（2）三大测试场

三大测试区全面支持《智能网联汽车道路测试管理规范》中涉及的各类测试场景，包括交通标志和标线的识别及响应，交通信号灯的识别及响应，前方车辆行驶状态识别及响应，障碍物识别及响应，行人和非机动车识别及避让，跟车行驶，靠路边停车、超车、并道、交叉路口通行，自动紧急制动，人工操作接管，网联通信。

①封闭道路测试区。测试区内通信环境及交通情况自主可控，为车辆提供危险、极端、通用等多场景的测试服务。

②半开放道路测试区。测试区经过道路智慧化改造，提供相对自主可控、低风险、低流量的交通环境，满足车辆在各种真实场景下测试的需求。

③开放道路测试区。测试区经过更加全面的道路智慧化改造，可以支持高级别自动驾驶及智能网联汽车在完全公开道路上测试的需求。

（3）五大公共服务平台

通过构建共性基础数据存储分析平台、自动驾驶仿真测试平台、信息安全测试评价与服务平台、V2X 网联化测试认证服务平台以及前沿科技与共性技术研究平台等五大平台，与封闭场地整车测试、公共道路测试共同构成了完整的智能网联汽车开发与测试的模式体系。其中自动驾驶仿真测试平台、V2X 网联化测试认证平台、信息安全测试评价平台是 3 项核心的测试平台，前沿科技与共性技术研究平台及共性基础数据存储分析平台作为基础平台是三大核心测试平台的支撑。

①场地测试服务。面向车企和自动驾驶相关企业，提供各种自动驾驶或高级驾驶辅助测试场景的场地服务。

②牌照认证服务。面向自动驾驶企业，提供自动驾驶牌照认证服务。

③网络运营服务。面向车辆信息综合服务商，提供网络推广、服务推介等服务。

④数据增值服务。面向车载设备商或用户，提供地图更新、数据分析、信息咨询等服务。

5. 成果产能建设情况

截至 2021 年 6 月，累计为 21 家企业提供自动驾驶功能测试和 V2X 网联测试服务，累计测试车辆 128 台，累计测试里程 33 986 km。测试企业包含整车制造商、科研单位、自动驾驶系统提供商、车路协同产品提供商，如深圳裹动智驾科技有限公司（Auto X）、深圳元戎启行科技有限公司、深圳轻舟智航科技有限公司、中国科学院深圳先进技术研究院，深兰科技（深圳）有限公司、华为技术有限公司、深圳市金溢科技有限公司、华励智行（武汉）科技有限公司等。

（1）社会效益

有研究表明，当具备高级驾驶辅助技术（Advanced Driving Assistant System，ADAS）、车-路协同技术（Vehicle-to-Everything，V2X）、高度自动驾驶技术（High Automation）等智能化的技术水平达到一定的渗透率比例时，汽车交通安全事故的比率可减少 50%～80%、交通通行效率可提升 10%～30%，通过协同式交通系统让整车燃油经济性的比率提高 20%～30%，通过高速公路编队行驶让油耗降 10%～15%。基于智能网联的人—车—路—环境实时通信，可以有效提升城市整体交通出行效率和安全水平。

当前深圳城市交通安全形势依然严峻，涉货、涉慢事故高居不下。2019 年全市道路交通事故死亡 277 人，10 万人死亡率 2. 33%，涉货、涉慢事故高居不下，其中以 107 国道、龙岗大道、南坪快速等主要货运走廊涉货事故最为频发，近 5 年涉货事故死亡人数均维持在 50% 以上，其中约 52% 的涉货事故均为货车与弱势群体相撞。

项目通过对智能网联技术的测试验证，探索构建人—车—路—云之间的通信桥梁，实现交通管理到人、到车辆的精准管理，通过车车通信提供车车碰撞预警、前车刹车预警、变道提醒、汇入汇出预警等警示信息，减少车车碰撞、追尾事故；通过人车通信提供人在斑马线警示、人在盲区等警示信息，警示车辆提前减速让行；通过车路通信提供车辆限速、施工区域提醒、车速引导等服务信息，提高行车安全性。

①交通安全水平效益。通过对 2020 年示范走廊及片区中的事故分析发现非酒驾事故占比 95%，其中涉慢事故占比 75%，涉货事故占比 25%，而这类事故中 50% 为盲区事故。基于在主要示范片区及客货走廊布局车联网 V2V、V2I、V2P 等可实现盲区告警、路口碰撞告警等功能，并结合近、中、远期车联网渗透率指标评估，当 V2X 车联网设备安装率达到 100% 时，所有的应用预计可减少 80% 的非酒驾交通事故率，深圳市主要货运走廊中的路口盲区事故、路口碰撞事故等总体发生率可降低 60%。

②交通通勤水平效益。交通拥堵问题持续加剧深圳市面临的另一难题，其中重点片区平均出行时长增长 15 min 以上。2020 年全市主干道及以上拥堵里程较 2019 年增长 10%，高峰平均车速进一步下降 2. 5%。城市级车联网技术可基于 V2V、V2I、V2P 等技术，通过 RSU 收集周边环境内的雷达设备、摄像头及其他 V2X 设备发出的广播信息，通过数据分析获得道路运行状态，动态调整路段限速和红绿灯切换时间，进而提升通勤效率。同时在特殊情况下，可实现特种车辆优先通行，对于安装车载单元 OBU 的特种车辆（公交车、救护车、公务车等），路侧单元根据接收的车辆实时位置和状态信息，及时向附近车辆广播消息，并实时动态调整红绿灯切换时间，在保证路口正常运行的同时，减少特种车辆在信号控制路口的延误。

（2）经济效益

2020 年，中国智能驾驶乘用车渗透率已超 50%，但其中大部分仍是处在智能辅助驾驶阶段。国家多项政策促进行业 2030 年达到半自动驾驶状态、2035 年达到全自动驾驶状态。预计到 2025 年，部分自动驾驶（PA）、有条件自动驾驶（CA）级别的智能网联汽车市场份额将超过 50%，到 2030 年可能超过 70%，政策与技术的双重利好使行业发展可能会快于预期。

2020 年，中国智能驾驶市场规模约 1 700 亿元，预计 2025 年将达到 3 214 亿元。智能网联汽车是基于移动互联网的大数据的典型应用，深圳作为国家首个全覆盖 5G 的城市，有必要、也有能力通过打造基于智能网联汽车的多种示范应用，推进智能网联汽车产业的发展，从而带动区域经济的发展和产业的提升。

X-IN-LOOP®智能驾驶仿真测试全栈式解决方案

供稿：苏州智行众维智能科技有限公司　安宏伟

1. 成果简介

苏州智行众维智能科技有限公司（以下简称：IAE）是智能驾驶仿真测试领域的专业服务商，我们致力于打造全栈式的 IAE X-IN-LOOP®技术及方案体系，通过结合虚拟仿真和混合仿真测试技术，可以实现软件在环、硬件在环、高级整车在环、车辆—交通—环境在环等覆盖智能网联研发全流程的仿真测试与验证，真正意义上实现了从整车级别的可靠性、功能性、安全性测试验证，弥补了单一测试方案的技术劣势，实现了研发、测试和验证阶段在时间和空间上的加速，助力智能驾驶更快、更安全地商业化落地。在智能网联仿真测试与验证领域，IAE 自研技术体系在某些核心方向领先欧洲同行业 1 ~2 年。

2. 核心业务及方案

公司已经具备行业领先的全面覆盖 L1 ~ L5 级别自动驾驶的仿真测试技术能力。围绕 IAE X-IN-LOOP®仿真测试平台，拥有多项核心知识产权，其中专利及软件著作权（含已授权与在申项目）26 项，查新报告 1 项、软件检测报告 2 项。X-IN-LOOP®仿真测试平台基于虚拟仿真和混合仿真测试融合的技术路线，包括虚拟仿真测试平台、数字孪生场景库、硬件在环测试及整车在环仿真测试等十余项行业领先的核心技术（如图 5-136 所示）。

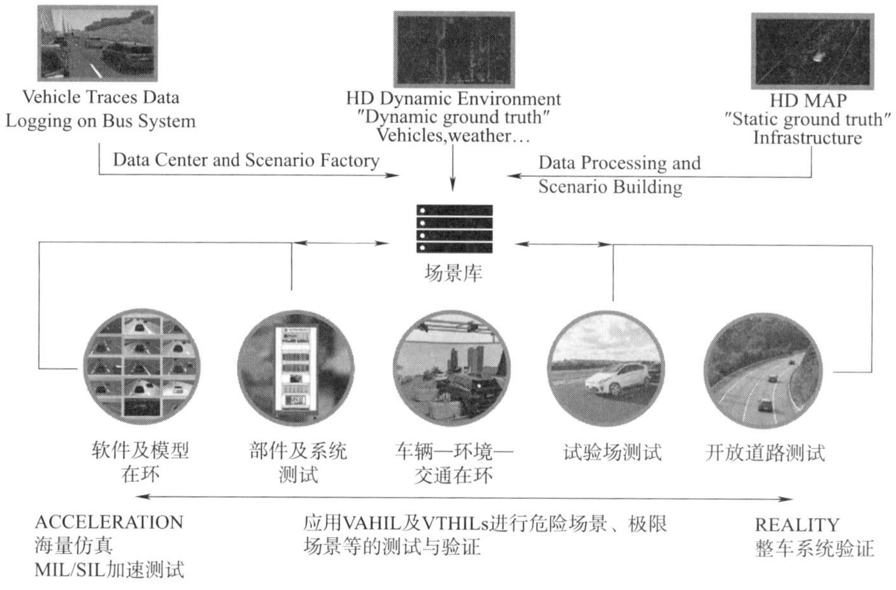

图 5-138　X-IN-LOOP®技术路线

3. 虚拟仿真测试方案

建立与真实场景相对应的高性能虚拟测试环境，采用高性能计算机以及云平台加速有效里程测试，以实现高效的智能网联功能性和安全性验证。

平台基于先进的云技术和 E-HPC 高性能计算平台、IAE 行业领先的仿真软件平台以及强大的工程研发能力和仿真场景数据库，打造完备的云算力海量仿真解决方案，以解决智能网联日益增长的技术复杂性、场景多样性以及对于海量有效里程测试的迫切需求。云算力海量仿真平台可以实现高达日行千万公里的虚拟里程仿真，将在最大维度上覆盖各类场景，通过海量里程及海量场景进行测试和验证（如图 5-139 所示），极大缩短开发验证的周期。

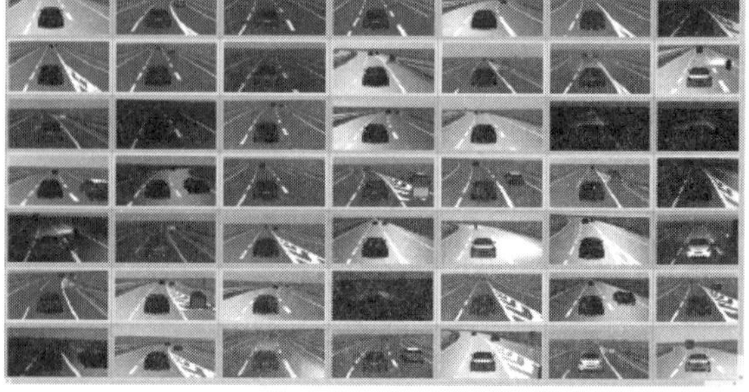

图 5-139　海量仿真多场景衍生

在 2020 世界智能网联汽车大会期间，IAE 携手先导（苏州）新基建科技发展有限公司联合发布了国内首个云算力海量仿真 SaaS 平台。该平台既是“软件即服务”（Software as a Service）、更是“仿真即服务“（Simulation as a Service），其仿真测试的算力和服务以“按需付费”的方式实现，帮助企业降低初始投入，让客户在较低启动预算的情况下同样享受到更好、更高效的产品和服务。平台面向不同规模的仿真测试需求配以标准的或定制化的方案，可以实现包括仿真测试任务管理、仿真实时监控、仿真测试过程视频分析以及仿真测试结果分析等多项测试需求，并可随时弹性扩展。

4. 数字孪生仿真场景库建设方案

IAE 场景库体系由典型场景库、极端场景库和故障注入场景库组成（如图 5-140 所示）。

典型场景库	极端场景库	故障注入场景库
· 自动驾驶系统特征分解 · L_3有条件的高速公路自驾 · L_3有条件的拥堵自驾 · L_4高速公路自驾 · 标准法规	· 基于典型场景库测试结果的关键场景提取 · 实际道路测试数据的关键场景提取 · 交通安全事故提取	· 自动驾驶系统传感器失效 · 自动驾驶系统执行器失效 · 自动驾驶系统控制器失效 · 自动驾驶系统算法功能模块失效 · 车辆底盘系统/部件/控制系统失效

图 5-140　IAE 场景库框架

三者共同搭建的 IAE 场景库可以全面的评测智能网联系统的功能性、安全性和可靠性，加速智能网联算法、软件和系统的迭代，推动智能网联车辆的加速落地。IAE 已完成构建服务于行业的 ADAS 法规测试场景、L3 高速场景、自动泊车场景、L4 Robo-taxi 场景、事故场景、V2X 等场景。

5. 混合仿真测试技术方案

相较于传统试验场测试，混合仿真测试技术极大地丰富了场景的灵活性，相比于实物目标构成的交通场景，该技术降低了碰撞等风险，能够更有针对性地对车辆的感知系统、智驾功能和执行机构进行评测。IAE 混合仿真测试平台主要包括硬件在环仿真测试（HIL）、场地车辆在环仿真测试（PGVIL）、高级整车在环仿真测试（VaHIL）以及车辆—交通—环境在环仿真测试（VTHILS）等。

（1）HIL 硬件在环测试技术方案（如图 5-141 所示）

采用实时仿真系统运行车辆动力学模型，采用高性能图形工作站运行仿真平台软件，两者同步仿真，模拟 ADAS/AD HIL 平台需要的各种传感器和场景。通过传感器数据注入模拟器 IAE SensorSim，与 ADAS/AD HIL 平台形成完整的闭环测试系统。

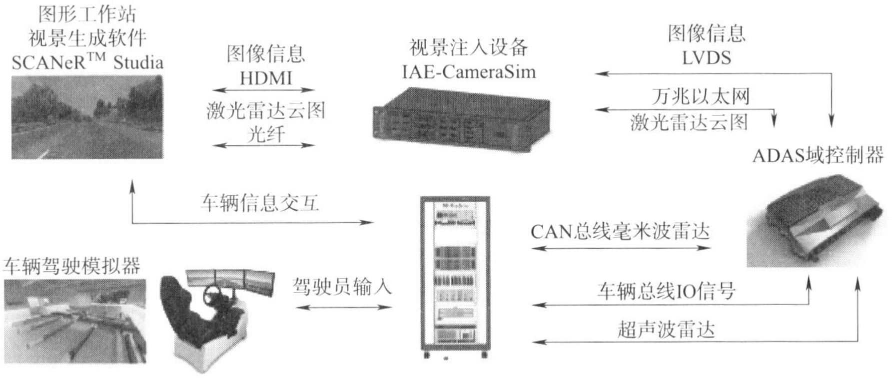

图 5-141　HIL 硬件在环仿真技术方案架构

（2）（PGVIL）场地车辆在环测试技术方案（如图 5-142 所示）

图 5-142　PGVIL 场地车辆在环测试方案

结合虚拟仿真与试验场测试，使用仿真工具创建基于场景的测试用例，将虚拟交通场景注入真实移动的车辆中，用以测试和评估实际车辆中智能驾驶系统的功能。这种方式相对于传统试验场测试，极大地丰富了场景的灵活性，相比于实物目标构成的交通场景，降低了碰撞风险，能够更有针对性的对车辆控制器智驾功能和车辆执行机构进行评测。

（3）VaHIL 高级整车在环测试技术方案

高级整车在环（VaHIL）是 IAE X-IN-LOOP® 技术体系的核心验证平台之一。VaHIL 主要针对 ADAS 及自动驾驶系统与整车的匹配、系统响应时间、安全冗余程度、极端危险工况、失效工况等，以及在试验场和道路上无法安全有效测试的场景、通过海量仿真测试筛选出的极限场景等，在充分保证安全的条件下，从整车的级别进行加速测试，适用于包括功能安全和 SOTIF 预期功能安全等在内的全场景测试认证。

自 2020 年以来，IAE 建设了国内唯有的 5 套 VaHIL 高级整车在环仿真测试平台，用户包括国家级检测认证机构、一线主机厂和相关科研院校等。

图 5-143　VaHIL 高级整车在环实验室效果图

基于 VaHIL 高级整车在环平台，用户可以完成不同层级的研究测试验证工作，如加速 L2 ~ L3 级别智能驾驶车辆的开发测试验证；进行危险场景和失效工况模拟，传感器安全冗余等测试；功能安全及 SOTIF 预期功能安全相关测试；结合“海量云仿真 + VaHIL + 封闭道路测试”，进行 L4 级别智能驾驶车辆的测试评价体系建设；进行制动失效等事故场景的复现和测试分析；智能驾驶制动和转向相关法规的研究起草；针对未来出行的 Robo-X（Robo-taxi，Robo-bus 等）城市应用场景的测试认证等。

VaHIL 高级整车在环的落地实现了国内智能驾驶仿真测试从集中于软硬件级在环测试向整车级在环测试的跨越。

IAE 已经为吉林大学青岛汽车研究院、苏州挚途科技、威马汽车等单位搭建了硬件在环测试平台，为一汽红旗、一汽解放、上汽捷能、中国汽车技术中心（CATARC）、重庆车检院、吉林大学等单位搭建了场地车辆在环和高级整车在环仿真测试平台。

（4）VTHILS 车辆—交通—环境在环仿真测试技术方案

智能驾驶发展到现阶段，迫切需要突破“理想天气”条件的限制，具备在恶劣天气条件下安全工作的能力。车辆—交通—环境在环实验室（VTHILS）正是对这一需求的响应。

VTHILS 是 IAE X-IN-LOOP® 技术体系中最为复杂的实验室之一，可以提供最接近真实交通环境的模拟测试环境。VTHILS 通过对真实环境（雨、雾、光照、地面结冰湿滑等）和交通状况（行人、车辆、交通信号灯等）的准确模拟，在真实、可控、可重复、安全的条件下快速进行“真实车辆 + 真实传感器 + V2X 通信 + 天气环境 + 交通环境 + 道路环境模拟”的测试认证，可充分保证试验的可重复性和一致性，为智能驾驶提供全天候赋能，也为相关标准、法规的研究制定提供量化的、关键的依据。

虚拟仿真与物理场景的数字孪生和协同、各子系统的同步、天气及道路条件的精准模拟和控制等，都是这一复杂实验室设计建设的重点也是难点。

6. 从海量场景到极限场景的技术闭环

基于 X-IN-LOOP® 技术路线，IAE 通过融合虚拟仿真和混合仿真测试技术实现技术闭环，从云算力海量仿真到高级整车在环，从海量场景到极限场景，为智能驾驶尤其是针对 Robo-X（Robo-taxi，Robo-bus，无人物流及环卫等）城市应用场景的研发、测试、认证和监管提供了有效的解决方案。其中，在海量仿真阶段，借助场景衍生和云算力高速并行能力，实现海量虚拟里程的加速测试（日行千万公里以上），从中筛选出的关键和极限场景，进一步用于基于整车、真实控制器及数字孪生仿真场景的功能和性能测试，完成智能驾驶软硬件综合能力的评估，实现车辆上路前的最终的安全确认。

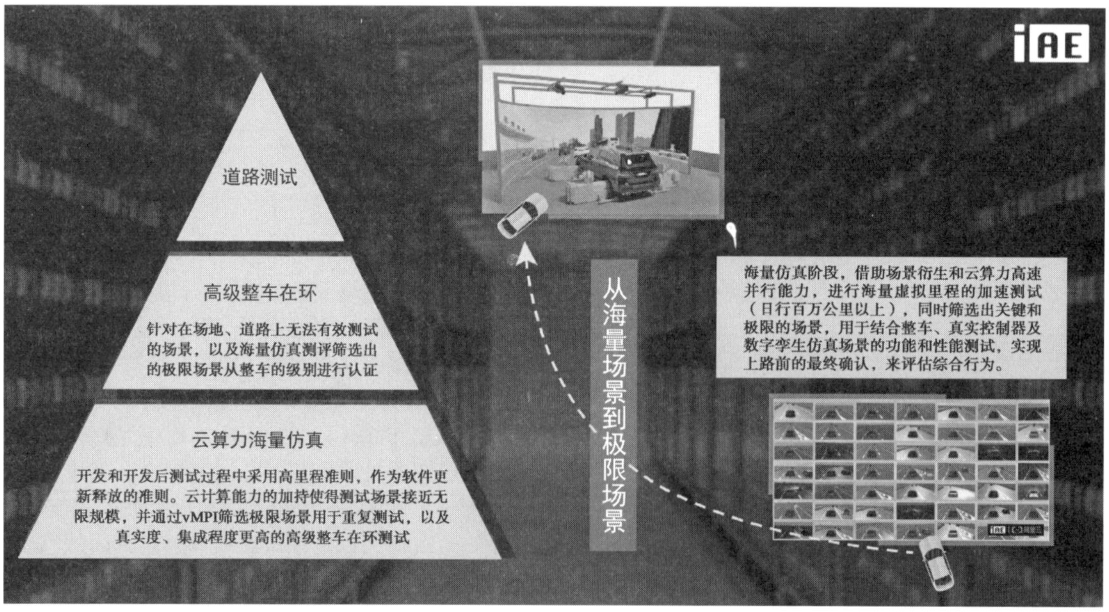

图 5-144　从海量场景到极限场景的技术闭环

IAE X-IN-LOOP® 是一个多层级的复杂体系。以共同的场景工厂为基础，各层级融合协同，将构建多层级、一体化的仿真测试验证体系（VxHIL）。如云算力海量仿真与 VaHIL 高级整车在环的协同，可以实现从海量场景到极限场景的技术闭环；VaHIL 与高保真驾驶模拟器 DIL 的联合仿真，将实现在不同地形地貌、不同车辆姿态等边界条件下，车辆安全可靠性验证与驾乘舒适性的(主客观)综合评价;多驾驶模拟器的联合仿真,可以进行自动驾驶行为文明性的评价;而多VaHIL参与的高动态协同仿真,可以实现多主(测试)车的对抗训练和测试。

在2020国家级江苏(无锡)车联网先导区发展峰会上,IAE"X-IN-LOOP仿真测试平台"和"iTT Plus智能网联汽车高速数据采集设备"凭借行业领先的技术实力以及突出的行业服务成绩,在"江苏省车联网十大先进技术产品奖"的评选中十占其二。

7. 社会及经济效益

仿真测试技术的价值日益凸显,不仅在于其高效的加速测试验证能力,更在于仿真测试是自动驾驶领域短期内最具商业变现潜力的业务之一。依据2019年6月发布的《中国自动驾驶仿真技术研究报告》,未来5年内,自动驾驶仿真软件与测试预计将达到百亿美元的市场规模。

近两年,我国中央及地方主管部门相继出台相关文件或部署任务,推动智能网联汽车向高级别发展,其中基于仿真测试技术的相关体系建设也被正式提上日程。

(1)2020年2月12日,国家十一部委发布《智能汽车创新发展战略》,相关政策要求:

完善测试评价技术:重点研发虚拟仿真、软硬件结合仿真、实车道路测试等技术和验证工具,以及多层级测试评价系统;推动企业、第三方技术试验及安全运行测试评价机构能力建设。

构建系统完善的智能汽车法规标准体系:健全法律法规;推动认证认可(推动测试示范区评价能力和体系建设)。

(2)2021年2月24日,国务院印发《国家综合立体交通网规划纲要(2021—2035年)》,加快路端智能化改造和示范区建设,推动智能网联汽车与智慧城市协同发展。

(3)2021年3月7日,工信部等三部门发布《智能网联汽车标准体系建设指南(智能交通相关)》,强调要进一步发挥标准在车联网产业生态环境构建中的引领和规范作用。

智能网联仿真测试工具链及服务的目标客户包括主机厂、第三方检测机构、高校及科研单位、智能网联汽车测试示范区、示范运营区、零部件厂商、自动驾驶算法开发等科技类公司。在国际市场上,自动驾驶仿真测试技术的商业化应用也越来越重要,美国相关领域企业估值最高已达73亿美元。

我国已经规划建设的20余家国家级智能网联汽车测试区,大部分都在尝试逐步构建仿真测试能力。通过虚实结合的方式,提升测试场景的丰富性,高效安全地完成自动驾驶汽车感知、控制、决策、通信等全部模块算法的闭环仿真测试,高并发处理大规模复杂场景,提升测试验证各个环节的准确性和高效性。

自动驾驶技术经过长时间的积累,已经来到了商业化落地前夜。而仿真测试技术是自动驾驶突破落地瓶颈的关键所在,更是短期内自动驾驶领域最具商业化潜力的方向之一。围绕自动驾驶仿真测试与验证市场的竞争,将成为影响自动驾驶乃至整个智慧交通行业未来发展格局的关键。

作为苏州相城高铁新城智能驾驶产业链头部企业之一,IAE整合苏州与国内外优质资源,发起成立苏州市相城区智能网联汽车产业联合会,并与奥地利汽车产业集群联合成立中奥智能驾驶创新中心,旨在打造开放、和谐、健康、国际化的智能网联汽车产业新生态体系,在积极促进联盟成员企业间协同交流合作与信息共享的同时,计划用3年时间在苏州及周边城市共同建设智能驾驶仿真测试验证加速中心,全力为区域产业生态、主机厂/主要零部件企业,以及国内外智能驾驶研发企业和科技公司服务,为智能驾驶技术开放和应用场景安全落地加速助力。

高精度融合定位总成

供稿:北斗星通智联科技有限责任公司

1. 成果简介

为满足新一代汽车智能驾驶技术对高精度定位的要求,结合北斗卫星组网完成并投入大规模商业化应用的背景,北斗智联结合公司自身在汽车前装市场系统应用开发/销售/生产/上下游朋友圈资源,集团母公司北斗星通在高精度定位芯片、惯导及RTK算法、多网天线组合技术等方面的优势,将北斗卫星导航技术与智能汽车进行技术融合,研发出高精度融合定位总成产品。定位终端如图5-145所示。

图5-145　定位终端

北斗智联高精度融合定位总成的设计如图5-146所示主要是为L3及以上级别自动驾驶的落地,需要车端感知定位系统实时获得自身的确切位置,解决"我在哪里"的问题。在不同的场景下实现准确可靠的汽车位置和姿态等定位信息,是自动驾驶落地的前提和基础,而采用普通导航地图、卫星定位及基站定位等现有的定位方案,不足以满足自动驾驶汽车对于高精度定位的需求,多种感知技术与定位技术的融合定位成为自动驾驶汽车高精度定位的技术趋势。北斗智联高精度融合定位总成的设计是将包括GNSS高精度定位,IMU惯导,车辆轮速及方向盘转角,V2X车联网,RSS实时信息,云端气候与交通信息,视觉摄像头信息,超声波和毫米波雷达信息,激光雷达信息与高精地图匹配信息,进行组合卡尔曼滤波算法融合后,输出车辆当前的位置、姿态、速度、高精地图EHP信息、交通动态信息、定位置信度等给予后端ADS控制器作决策。多种感知技术与定位技术的融合定位能有效解决自动驾驶在多种复杂场景下的定位准度和精度,满足自动驾驶对高精度定位的需求。

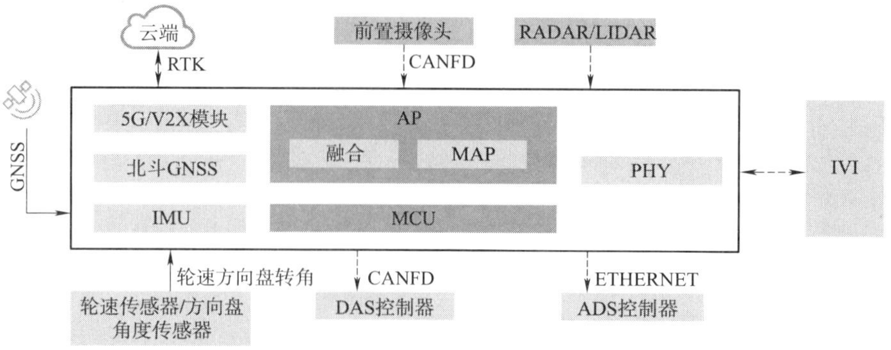

图 5-146 融合定位终端系统架构图

北斗智联高精度融合定位总成在内部算法上，高精度定位系统主要是依托高精地图的道路先验信息，通过惯性传感器（IMU）和全球定位系统（GNSS）配合地基融合定位（RTK）、星基融合定位（PPP-RTK），精确定位车辆所处的绝对位置和相对位置。其中，高精地图为车辆环境感知提供辅助，提供超视距路况信息，并辅助车辆进行规划决策。以惯导系统（IMU）的高频率 100～200 Hz 作为基准，各个数据通过系统输入源进入组合卡尔曼滤波进行最优定位预测，稳定输出 20 Hz 的定位数据。输出的定位结果与全球定位系统（GNSS），地基融合定位（RTK）的原始观测量数据回流到惯导系统的捷联式算法中，对惯导系统的误差进行校准，形成一个高精度定位的闭环。

2. 成果创新点及解决的难点问题

以北斗星通 22 nm N4 芯片多频全星座的多源融合定位实现高精度定位的稳定性，完好性，满足自动驾驶多场景应用下定位的需求。

3. 国际水平对比分析

在为智能驾驶汽车提供厘米级高精度 GNSS 导航定位技术领域，以国外 Trimble，NovAtel 为代表的企业使用全频点全系统的组合导航，配合地基融合定位（RTK）、星基融合定位（PPP-RTK）的系统方案已经量产上车，随着北斗智联使用自家 N4 量产芯片的定位总成出现，国内也能提供基于全频全星座，符合车规级的多源融合定位组合导航；与国际水平对比，有以下几个优点：

①单点定位精度，多源融合增强定位精度上与国际水平持平，全面增加对北斗三号的支持后，定位精度会有提升。

②N4 集成了新一代射频，基础一体化的 SOC 芯片，同时内置 2G 双核心运算单元，实现在单芯片上的卫星定位，多源融合定位功能。

③N4 支持 1 408 个超级通道，可提供更为强大的卫星导航处理能力。

同时，我们与国际水平对比，也存在以下不足：功能安全方面，国际上已经有符合功能安全 ASIL-B 等级的芯片即将走向量产，高精度融合定位总成目前使用的 GNSS 芯片只能达到 AECQ-104 车规级别。

4. 成果应用情况

已经和北京汽车、一汽红旗等客户达成商业化合作项目。

5. 社会及经济效益分析

北斗智联高精度定位总成产品具有成本低，架构科学，技术指标领先等优势，且这是基于完全自主知识产权的北斗高精度定位芯片首发车载应用，也是在传统 TCU 单元的基础上集成高精度定位融合技术的终端设备，一经量产，将对汽车智能驾驶的高精度卫星定位技术，对智能驾驶汽车的电子电气架构优化及成本降低，带来极大的示范性影响。同时，该产品的关键零部件使用设计充分符合自主可控的要求，零部件的国产化整体比例将超过 80%，解决汽车前装定位依赖进口 GPS 系统及芯片的问题，推动汽车领域北斗三号全球卫星导航系统大规模应用。实现北斗与行驶信息、驾驶娱乐、驾驶安全及周边生态的紧密位置赋能和关联应用，对于北斗卫星导航定位技术与汽车的跨界融合应用符合时代潮流、符合国家“十四五”规划和国家综合 PNT 体系建设目标，具有深远的战略意义。

中国典型驾驶场景库

供稿：中汽院智能网联科技有限公司

中汽院智能网联基于中国大规模自然驾驶数据、交通事故数据、自动系统路试数据等多源数据，结合不同级别自动驾驶系统的功能定义、测试需求、标准法规，构建了适用于自动驾驶系统算法开发、性能测试、监管认证的中国典型驾驶场景库，为智能驾驶规模测试与量化评价提供了大数据支撑。

1. 自然驾驶场景库

中汽院智能网联以 i-VISTA 智能网联汽车测试评价国际联合研究中心为基础，基于全国 29 个省、市、自治区的百万公里自然驾驶数据，结合大数据分析技术，构建了覆盖多种道路类型和多种天气类型的自然驾驶场景库 10 万余例，共计涵盖了150种交通要素。

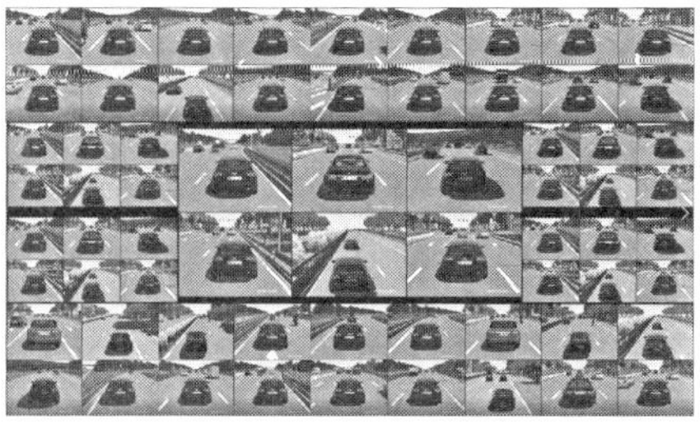

图 5-147 自然驾驶场景示意图

2. 标准法规场景库

结合第三方测试服务的深厚经验，中汽院智能网联基于i-VISTA智能汽车指数测试规程、C-NCAP、Euro NCAP、C-IASI、IIHS、ECE、ISO17387、JTT1242等标准法规，建立了全面覆盖AEB、ACC、FCW、LKA、TJP等ADAS，以及L3智能汽车功能的标准法规场景库，解决了虚拟仿真测试的基础共有需求（如图5-148）。

场景名称	道路（第一层）	交通基础设施（第二层）	临时路况（第三层）	动态参与要素（第四层）	环境（第五层）	数字信息（第六层）	用例来源	场景描述	场景示意图（示例）
AEB_CCRS_20_0	道路类型：[直道] 车道数：[3] 道路曲率：[∞]m 车道宽度：[3.5]m 道路边缘：[无] 道路分割：[车道线] 车道线类型：[白虚线] 车道线状态：[清晰] 特殊区域：[无]	交通设施：[无] 标志牌类型：[无] 信号灯类型：[无] 监控设施：[无]	路面情况：[平坦] 道路施工：[无]	自车状态：[直行] 自车速度：[20,40,60]km/h 目标物类型：[轿车] 前车速度：[0,20]km/h 前车加速度：[0]n/s2 前车与自车距离：[200]m	时间：[白天] 天气：[晴朗] 光照：[2500]lux		i-YIST2018	在直道上，驾驶员驾驶主车直行逐渐靠近前方静止的目标车	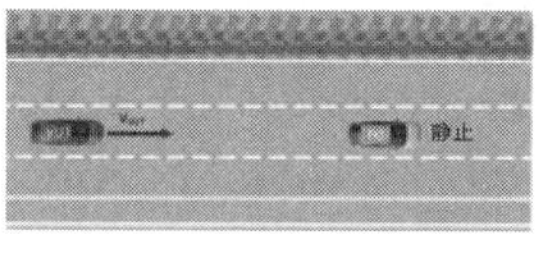
AEB_CCRS_40_0							i-YIST2018	在直道上，驾驶员驾驶主车直行逐渐靠近前方静止的目标车	
AEB_CCRN_40_20							i-YIST2018	在直道上，驾驶员驾驶主车直行逐渐靠近前方低速的目标车	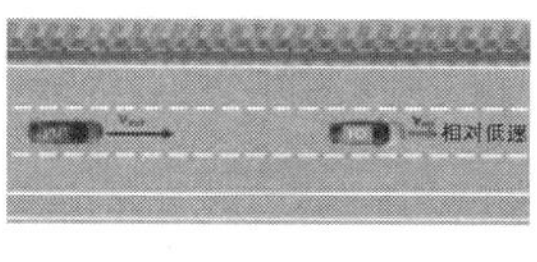
AEB_CCRN_60_20							i-YIST2018	在直道上，驾驶员驾驶主车直行逐渐靠近前方低速的目标车	
AEB_CCRS_72_0	道路类型：[直道] 车道数：[3] 道路曲率：[∞]m 车道宽度：[3.5]m 道路边缘：[无] 道路分割：[车道线] 车道线类型：[白虚线] 车道线状态：[清晰] 特殊区域：[无]	交通设施：[无] 标志牌类型：[无] 信号灯类型：[无] 监控设施：[无]	路面情况：[平坦] 道路施工：[无]	自车状态：[直行] 自车速度：[72]km/h 目标物类型：[轿车] 前车速度：[0,32,72]km/h 前车加速度：[0]n/s2 前车与自车距离：[150,30]m	时间：[白天] 天气：[晴朗] 光照：[2500]lux		C-IASI2017	在直道上，驾驶员驾驶主车直行逐渐靠近前方静止的目标车	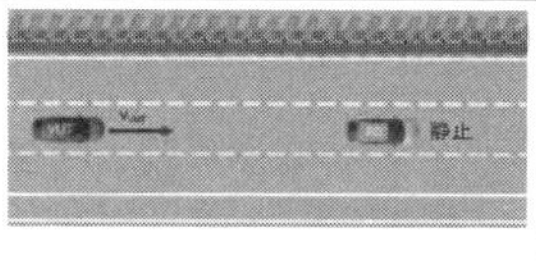
AEB_CCRN_72_32							C-IASI2017	在直道上，驾驶员驾驶主车直行逐渐靠近前方低速的目标车	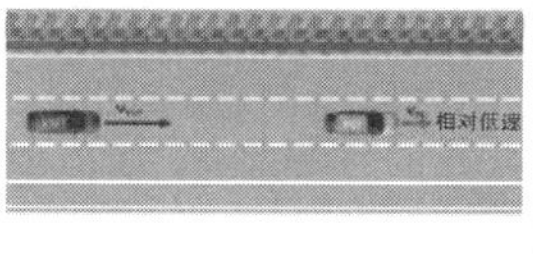

图 5-148 标准法规场景库描述文档示意图

3. 交通事故场景库

依托与国家市场监督管理总局缺陷产品管理中心国家车辆事故深度调查体系NAIS的合作，进行了NAIS事故数据到自动驾驶虚拟测试场景文件的全自动化转换，建立了1 000余例具有中国行为特征的交通事故场景库，形成了对自然驾驶场景库的强有力补充，为行业进行危险场景和特殊场景的仿真测试和算法开发提供了基础素材。

图 5-149 交通事故场景示意图

4. 预期功能安全场景库

积极参与和支撑中国智能网联汽车产业创新联盟智能网联汽车预期功能安全工作组，基于预期功能安全标准最新研究进展，中汽院智能网联根据场景要素的危险度评估，重点挖掘了智能网联汽车失效的边缘场景及危险场景，建立了预期功能安全场景库事故场景库（如图5-150所示），促进了预期功能安全方法体系的落地实施。

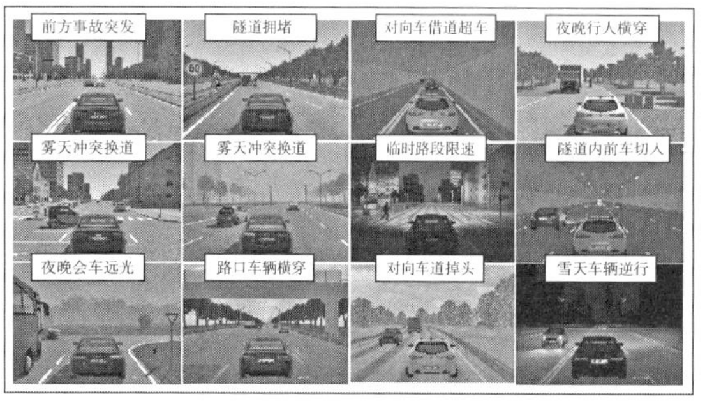

图 5-150 预期功能安全场景示意图

虚拟仿真测试工具链

高级别自动驾驶系统的真正落地必须实现如借道超车、路口避让行人等真实交通场景的打通，而虚拟仿真测试是解决传统测试效率低下问题的关键技术。中汽院智能网联以中国典型驾驶场景库研究为基础，构建了包含场景构建—虚拟仿真测试—结果评价的虚拟仿真测试工具链及平台（如图 5-151 所示），促进自动驾驶虚拟仿真技术的发展。

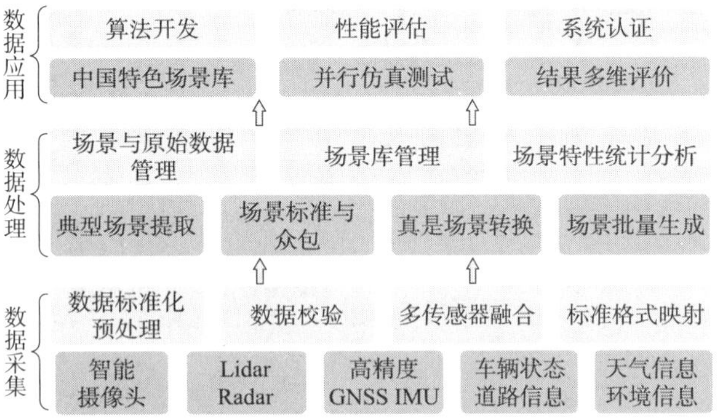

图 5-151 虚拟仿真测试平台示意图

1. 场景数据处理云

以原始交通数据为基，中汽院智能网联构建了场景数据预处理、场景标注、场景转换与生成的一体化标准云服务，提供了完善的大数据管理、监控与计算能力，实现对驾驶数据的宏观理解与微观分析。

基于典型场景动静态关键要素特性，发明了场景自动提取方法（如图 5-152 所示），实现了对天气、道路、交通目标、中国典型场景的自动识别，支持用户自定义场景提取规范编译，实现驾驶场景的定性和定量语义描述。

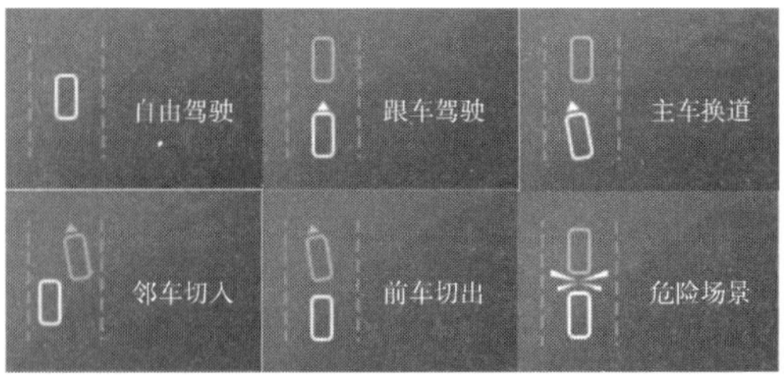

图 5-152 场景自动提取示意图

基于车辆运动学规律与道路拓扑特性，开发了交通动静态要素的虚拟重建算法，实现了真实场景向虚拟场景的 1:1 完整转换（如图 5-153 所示）；基于中国典型驾驶场景数据库，耦合车辆连续行为特性与道路信息离散分布特征，对多维场景要素进行分层抽样与相关性筛选，实现了海量场景加速生成，满足上亿公里场景要素全域覆盖需求。

图 5-153 场景转换效果示意图

2. 仿真测试平台

基于 Kubernetes 和 Docker 技术分布式架构开发了并行仿真测试云平台（如图 5-154 所示），打通了容器化仿真环境、车辆动力学、测试管理模块的数据传输与解析，根据用户需求可实现多节点部署、后台实时监控与进程管理、日志收集、测试报告与数据存储，为面向场景的多用户大规模并行仿真测试提供了强有力支撑。

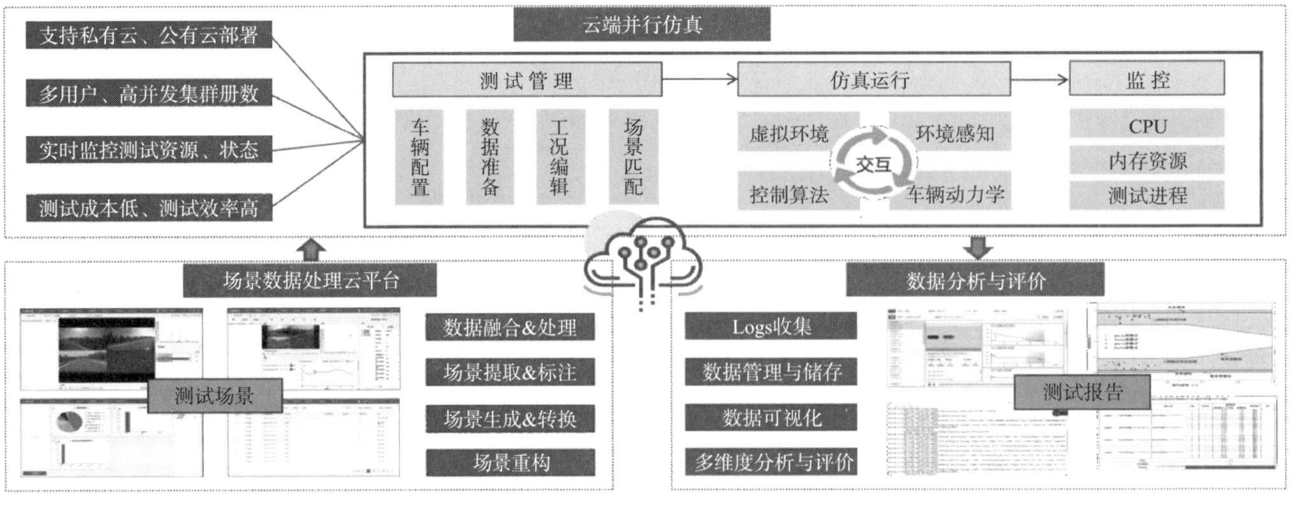

图 5-154 并行仿真测试平台示意图

建立了原始数据回注工具开发能力。实现了多路视频的 HDMI 转 GMSL,可以将路试视频或仿真场景软件中的视频注入控制器中,用于对控制器中的视觉感知算法进行测试评价。开发了 CAN 信号的回注设备,并且可以级联使用实现将多路 CAN 数据文件回注到控制器中。以自研板卡和回注系统(如图 5-155 所示)为基础,构建了面向不同等级测试需求的标准化硬件在环测试仿真测试平台方案(如图 5-156 所示),实现了基于场景库的标准化测试流程。

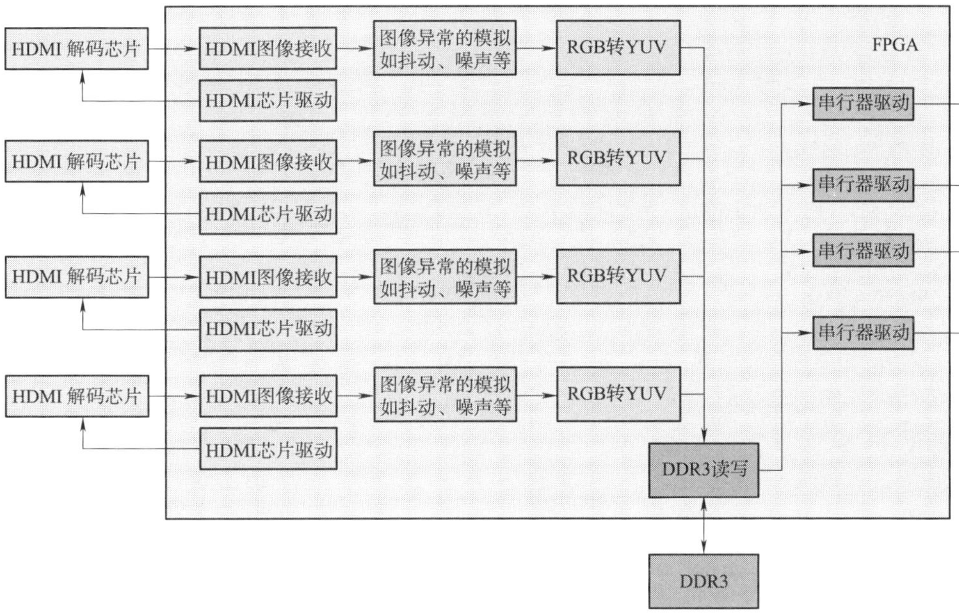

图 5-155 视频回注板卡示意图

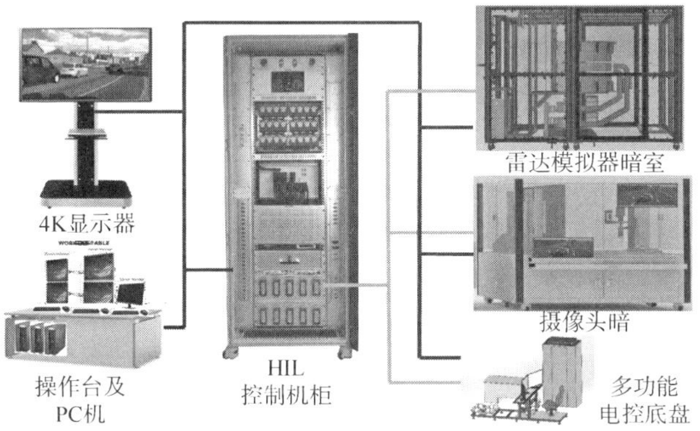

图 5-156 硬件在环测试平台示意图

基于中国典型驾驶场景库、自研板卡和感知信号处理技术,开发了数字孪生整车在环测试平台(如图 5-157 所示),建立了真实世界和虚拟世界的映射关系,实现了真实感知信息与虚拟目标物信息的耦合与注入,集仿真测试与实车测试的优势于一体进行整车在环测试,并可针对不同待测车型的电器架构和不同类型的自动驾驶功能进行平台建设。

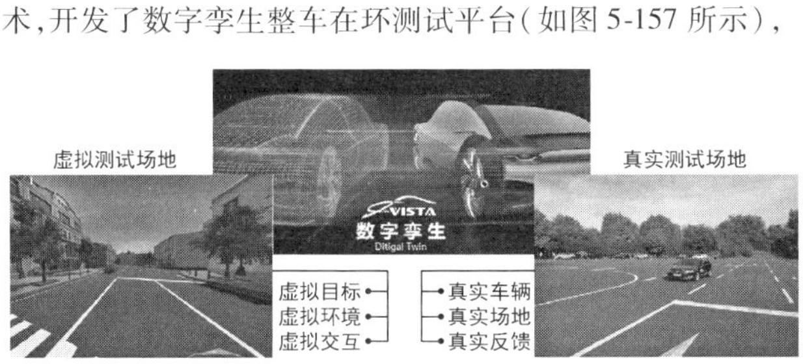

图 5-157 数字孪生测试平台示意图

3. 自动评价平台

中汽院智能网联以自然驾驶数据和交通数据研究为基础,基于对自动驾驶系统深厚的测试经验和深刻理解,开发了以合规性和安全性为主的评价工具,提供测试数据的后处理分析工具,支持多车型多功能测试数据的统计分析,并能够自动生成评价结果及评价报告。

自动评价平台提供数据可视化功能,能够逐个/批量选取信号通道,并根据已选择信号自动生成可视化曲线,可以进行数据回放、曲线缩放、单标尺/双标尺定位、局部放大等丰富的分析操作(如图 5-158 所示)。

自动评价平台可以进行多车型测试数据的统计分析,能够对连续性功能测试数据进行评价,通过设计相关统计性评价指标,评价被测系统在连续测试中的功能、性能表现,最终以各种统计分布图的形式直观综合呈现评价结果(如图 5-159 所示)。

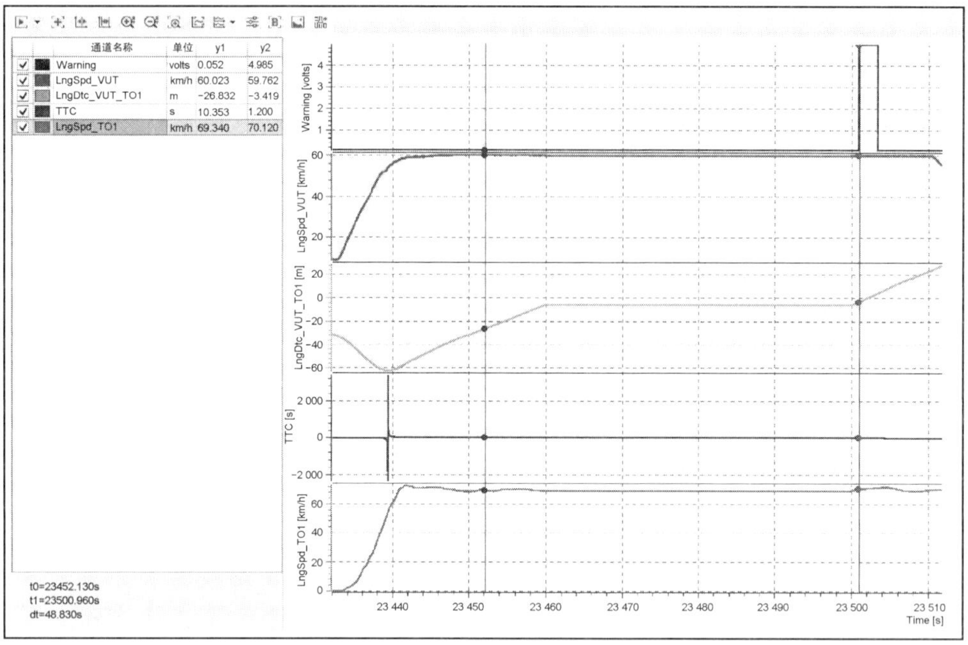

图 5-158　自动评价平台数据可视化示意图

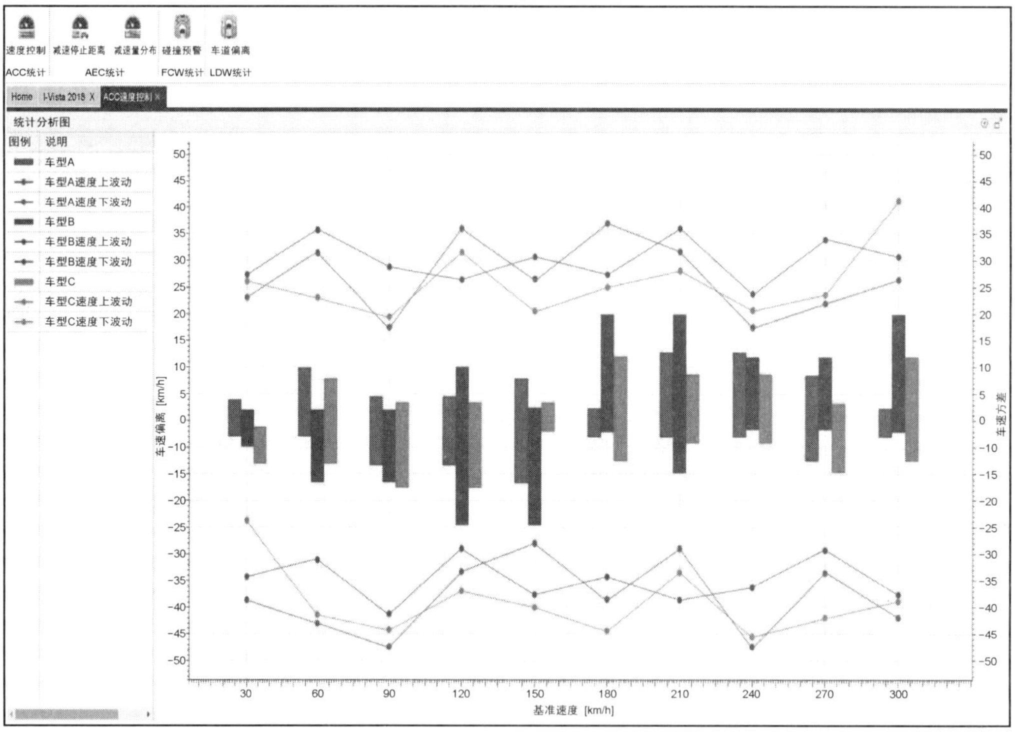

图 5-159　自动评价平台多车型对比示意图

实车测试装备

为了打破场地测试和道路测试装备长久以来依赖国外供应商的困局，提高国内智能汽车测试产业技术水平，中汽院智能网联以中国汽研数十年装备开发经验为基础，开发了 i-TESTER 智能网联汽车实车测试评价系统，提供从竞品对标到产品量产所有环节的测试解决方案，包括零部件测评、深度性能摸底、标准法规测评、环境适应性测评。

i-TESTER 智能网联汽车实车测试评价系统（如图 5-160 所示），根据封闭场地、开放道路不同的应用场景，分别搭配不同的软硬件模块,实现场景的搭建、测试过程的执行、试验数据的采集与计算、试验结果的评价与分析,并为仿真测试提供场景数据。

图 5-160 智能网联汽车实车测试评价系统示意图

1. 封闭场地测试评价系统

面向封闭场地测试对定位精度的要求,对测试数据深度挖掘、多维度联动分析的需求,中汽院智能网联开发了数据记录主机单元、视频采集模块、报警信号采集模块、高精度差分定位模块、多车通信模块以及智能采样小车,完成了封闭场地测试的数据采集功能。封闭场地测试评价系统(如图 5-161 所示)实现了高精度定位数据的实时生产、计算、采集与存储,以国内外标准法规测试为基础,同时可支持用户自定义测试,可以进行数据可视化显示及后处理分析,能实现对 ADAS/AD 系统的高精度性能测评。

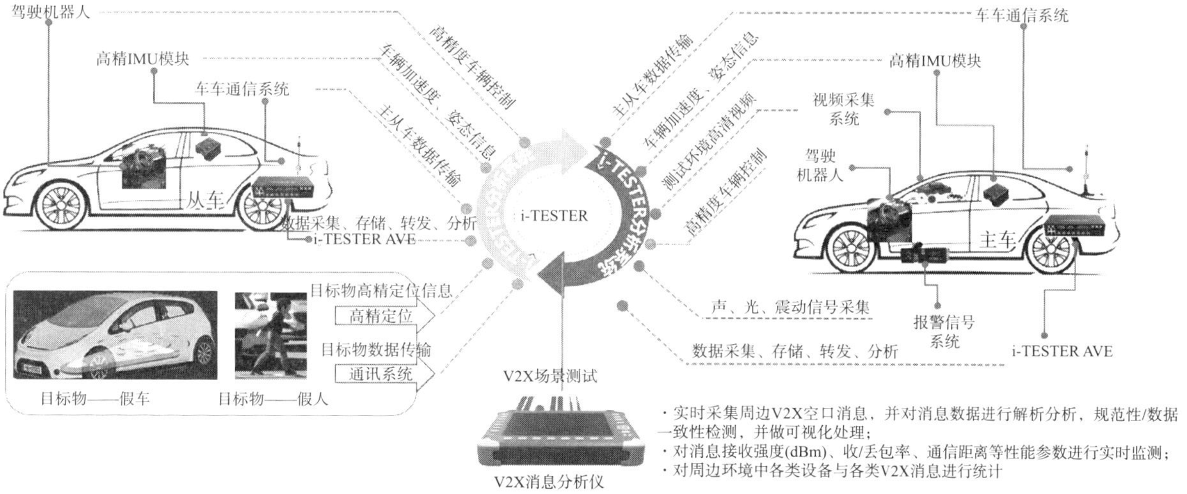

图 5-161 封闭场地测试数据采集系统示意图

为适应智能网联汽车测试对高精度定位系统的需求,中汽院智能网联结合差分定位—惯导双源信号鲁棒修正算法及定位信息零插值方法,实现了测试车辆位置信息多场景自适应高精度定位,基准站 1 km 范围内,静止定位信息漂移半径≤0.01 m + 1 ppm,移动轨迹最大偏移量≤0.02 m + 1 ppm,输出频率可达 100 Hz,多源传感器信息融合高精度定位设备达到了行业领先水平(如图 5-162 所示)。

在硬件系统开发的同时,中汽院智能网联也开发了一套封闭场地测试评价软件,包括工程/项目管理、目标车/车道线等对象管理、标准法规测试、自定义测试、在线监控、离线分析六大功能。为实现测试结果的自动评价,软件可以进行主车、从车进行数据配置,将被测车辆、目标车辆抽象为若干个特征点,将车道线、停车位抽象为若干个静态点,在线模式下,通过差分定位与车车通信,实时计算特征点与静态点之间的位置关系,得到被测 ADAS/AD 系统关键参数,提高测试效率的同时保证了用户的可操作性(如图 5-163 所示)。

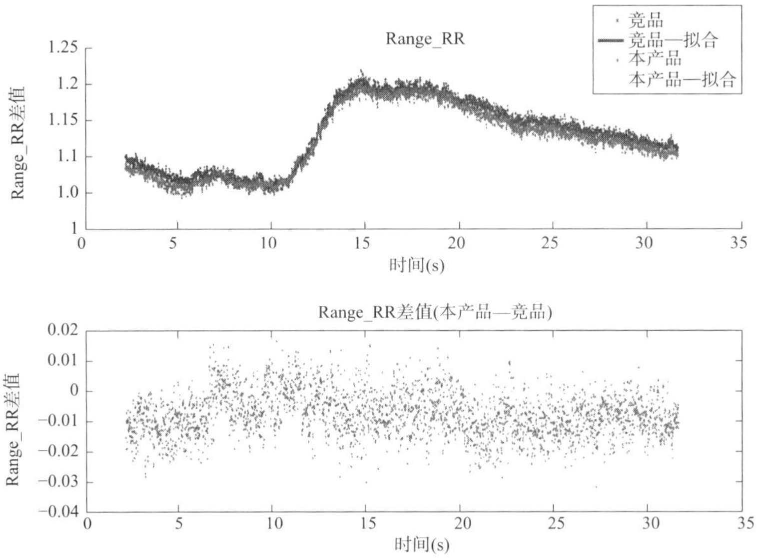

图 5-162 距离测量结果对比示意图

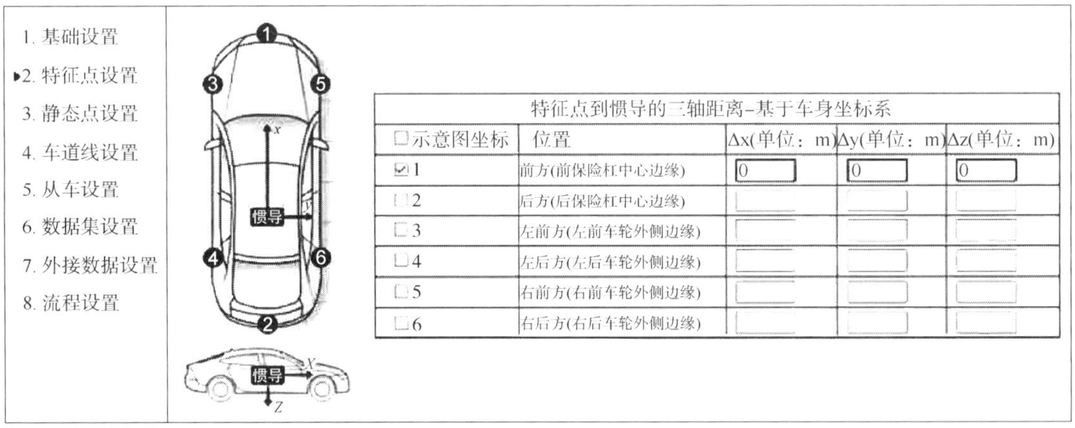

图 5-163 对象管理与特征点配置示意图

2. 开放道路测试评价系统

通过与封闭场地测试评价系统共用关键硬件基础，结合可编程打点器、拾音器、激光雷达、毫米波雷达、车道线及目标检测摄像头、可触屏显示屏、4G/5G 远程通信模块，中汽院智能网联开发了开放道路测试评价系统（如图 5-164 所示），提供基于手动打点记录、真值结果自动触发记录的 ADAS/AD 开放道路测试评价，为开发人员提供误报、漏报等问题事件，及切入、切出等特殊场景的数据信息，帮助开发人员快速定位问题，完成系统升级与优化。

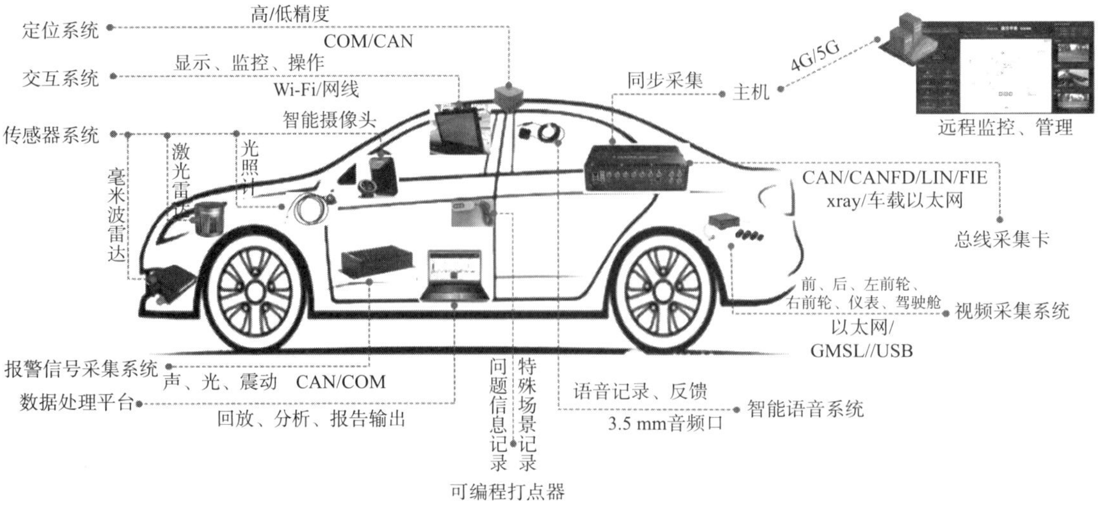

图 5-164 智能网联汽车开放道路测试评价系统示意图

开放道路测试评价系统的在线模式下，对被测系统测试过程中出现的故障事件及有价值的特殊场景，可通过可编程打点器和可编程软件触发面板进行记录（如图5-165所示），麦克风同步可记录对故障事件及特殊场景的基本信息描述，以减轻离线数据处理人员的工作量。

图 5-165　触发面板示意图

中汽院智能网联研发了一种智能化ADAS/AD道路测试路线规划的方法，记录被测系统漏报、误报等问题事件及对应的GPS数据，将所有系统故障映射到测试地图中，计算单位路段内每一故障类型的出现频率，将同一故障类型出现频率大于预设值的单位路段作为该故障类型的故障路段，并标注到测试地图中，以此设计ADAS/AD道路测试路线，极大地提高了智能网联汽车道路测试的效率（如图5-166所示）。

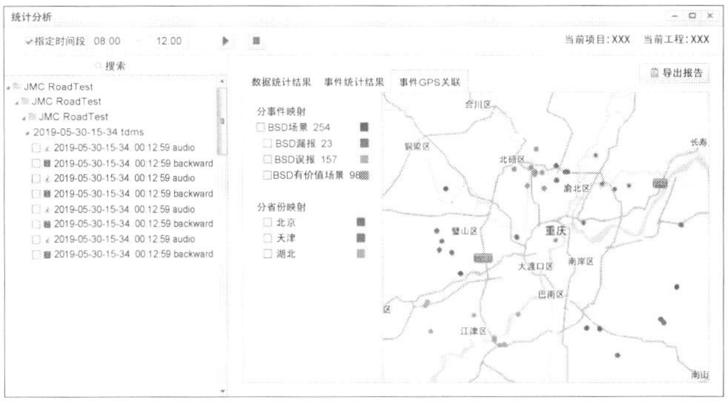

图 5-166　关键事件与地图关联示意图

车联网整体解决方案

面向5G专用车联网络环境、车路协同重要技术支持和相关技术产业典型应用等方向，中汽院智能网联重点研究5G和边缘计算、车联网通信及信息安全、路侧融合感知、车联网大数据，突破了车联网数据传输延时、通信可靠性、海量异构数据治理分析等技术瓶颈。

中汽院智能网联已经在中国汽研封闭园区、垫江试验场、大足园区进行车联网封闭测试示范环境的搭建，新建用于测试监控的摄像头百余套，能够实现200余种车联网信息服务。在重庆市仙桃数据谷已经建成全国首个5G自动驾驶半开放道路场景示范运营基地，完成了低时延、大宽带的5G网络建设和场地智能化、网联化改造。在重庆市两江新区打造车联网开放道路，车载终端已完成批量装车，涵盖乘用车、公交车、环卫车、大巴车等多种车型，针对重庆多弯道、多陡坡等复杂的道路环境，网联化改造了30个路口，部署超过90个路测感知设备，实现了30余种基于C-V2X的车联网应用场景，可开展自动驾驶开放道路测试。

图 5-167　智能网联测试服务平台示意图

1. C-V2X终端产品开发

中汽院智能网联自主研发了C-V2X技术中的核心设备（如图5-168所示），实现了C-V2X数据通信、应用算法、安全加密等核心技术的突破，有效地支撑了C-V2X从模组到终端产品的商业化和产业化落地。其中OBU具备车道级定位和用户身份认证功能，并可以提供数据模拟、自动驾驶数据服务等针对性功能；RSU具备RTK固定站、信号机模拟、交通参与者模拟等实用功能，并支持对MEC等设备提供精准授时服务；MEC实现了基于路侧传感器的目标亚米级定位，目标检出率超过99%，感知延时低于50 ms，达到行业一流工程技术水平。

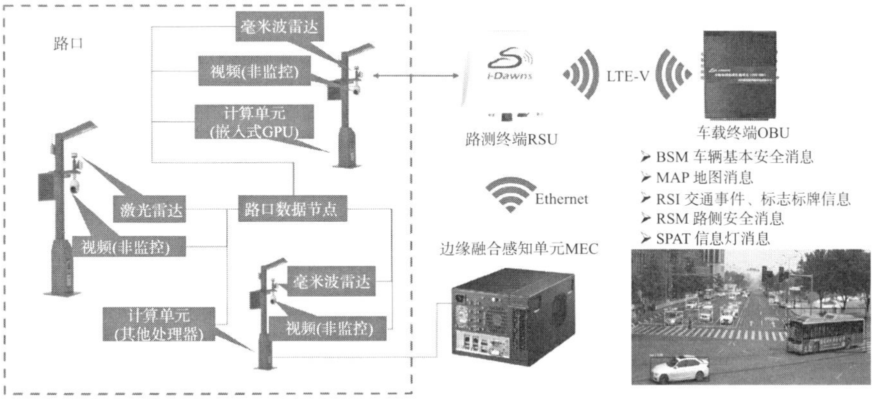

图 5-168　C-V2X终端产品示意图

2. 车联网大数据平台

针对自动驾驶开放道路测试监管、车路协同应用示范、高速道路精准协同场景、城市级综合智能网联运营分析等典型场景，中汽院智能网联提供技术支撑，依托车联网先导示范区域的海量数据，形成了设备运维、信息服务、数据开放、综合运营分析等应用系统（如图 5-169 所示），在大数据治理、融合分析、数据共享等方向取得了巨大进展。

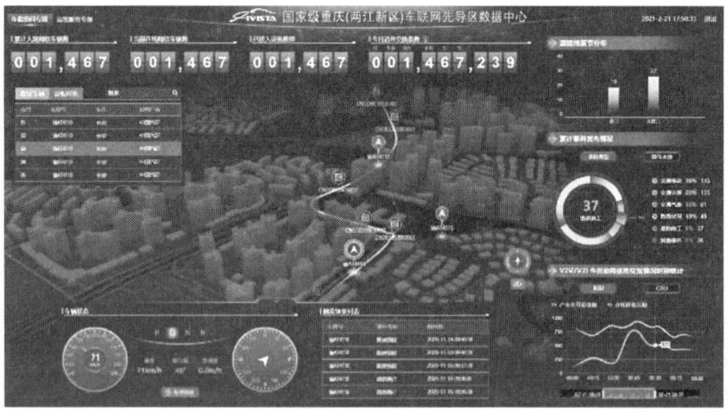

图 5-169　车联网大数据平台示意图

3. 智慧应用

结合智能网联技术，以乘客需求为核心，运营方需求为牵引，中汽院智能网联研发了智慧、平安、服务、绿色公交体系（如图 5-170 所示），采用以 ADAS 为主，V2X 为辅的安全类方案，开发了远中近全方位安全预警、乘客出行及安全信息服务，同时可以为后方被遮挡的社会车辆提供红绿灯信息和前方道路安全信息共享服务。

中汽院智能网联开发了 L4 及以上级别自动驾驶观光车（如图 5-171 所示），并在 i-VISTA 自动驾驶挑战赛场地观光路线示范运营，自动驾驶观光车可与路侧融合感知协同超视

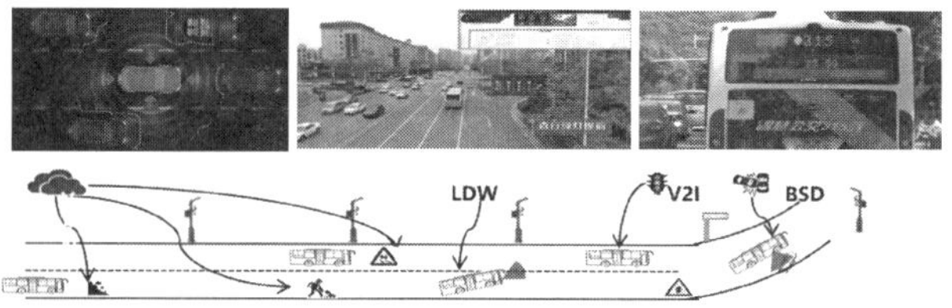

图 5-170　智慧公交示意图

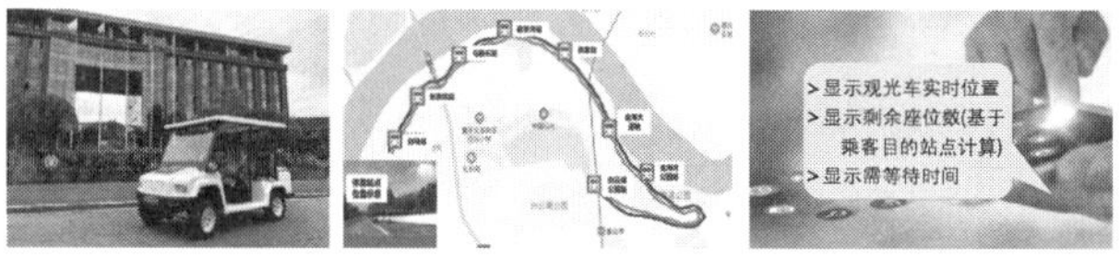

图 5-171　自动驾驶观光车示意图

距感知，对目标的识别率高于 99%，用户可于指定线路内通过 App 选择路线方向和乘坐站点进行一键呼叫。

中汽院智能网联利用 5G 低时延、高可靠的特点进行视频和控制命令的传输，研发了 5G 远程驾驶技术方案（如图 5-172 所示），实现了一对多和无距离限制的远程操控，视频延时低于 100 ms，用户在远程驾驶舱内即可完成对车辆的实时控制。该技术产品可用于排爆、救灾、异常车辆接管等多种场景，具有广泛应用价值。

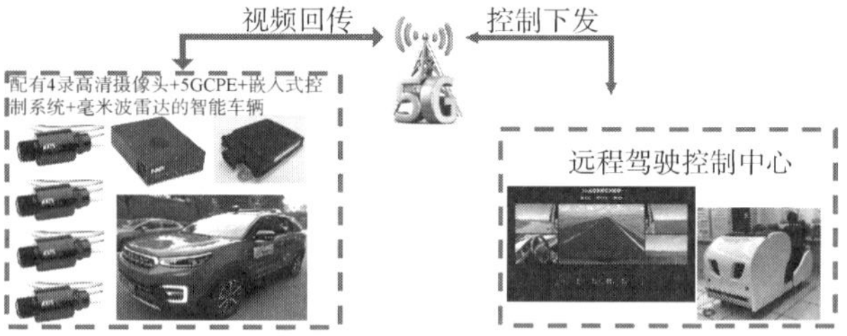

图 5-172　5G 远程驾驶示意图

四、混合动力领域

串联混合动力系统应用技术

供稿：阿尔特汽车技术股份有限公司

引言

阿尔特汽车技术股份有限公司（以下简称阿尔特）基于在汽车设计开发领域的多年研究，借鉴日本混合动力的前沿技术优势，开发自主知识产权多种混合动力系统。各类的混合动力系统都具有自身的独特技术的优点，需要根据企业发展需求，发展定位进行选择。本文主要介绍了串联式混合动力的应用技术，该系统具有成本低，动力性高，油耗低，驾驶感受优异等优点，可为中国整车厂家开发混合动力系统提供一套完成的解决方案，有效地提高产品的开发进度，降低开发风险。

1. 节能汽车发展趋势

我国《节能与新能源汽车技术路线图 2.0》进一步研究确认了全球汽车技术“低碳化、信息化、智能化”发展方向，路线明确分别以 2025 年、2030 年、2035 年作为关键节点，设立了产业总体发展里程碑。预计汽车产业实现全面电动化转型；节能汽车中，混动新车占传统能源乘用车的 100%。综合考虑节能技术进步和测试工况切换的影响，提出至 2025 年、2030 年、2035 年新车平均油耗进行了进一步要求。对比路线图 2.0 与 1.0 可发现两大明显变化：(1) 在节能汽车路线上，混合动力的重要性被进一步强调。(2) 新版技术路线图并不看好插电混动的前景。同时，随着侧重于鼓励纯电动汽车补贴政策逐步退出，新版双积分政策中增加了对低油耗车辆的鼓励，给混合动力车型的发展创造了更大的空间，汽车市场不断由政策驱动转向市场驱动。这将意味着，搭载混合

动力的节能汽车将回到主流车型中。

2. 混合动力类型解析

(1)混合动力分类

根据混合动力驱动的联结方式,混合动力分为:

① 串联式混合动力:发动机只用于发电,驱动电机用于车辆驱动及能量回收。其构造是用发动机驱动发电机,所产生的电力暂时储存在小型功率电池或大容量能量电池,该电力用于驱动电机使车辆行驶。

② 并联式混合动力:应用 2 种动力源用于车轮的驱动的方式。发动机通过变速器驱动车辆,同时也通过电机驱动车辆,驱动电机还可用于能量回收。

③ 混联式混合动力:将来自发动机动力及驱动电机的动力通过动力耦合器(一般采用行星齿轮进行动力分流,或者使用离合器进行动力连接通断)进行分配,分别输送到发电机和车辆驱动,或都将发动机和驱动电机驱动力通过动力耦合器合成后全部用于车辆驱动,或者用动力耦合器将来自车辆能量通过驱动电机和发电机进行回收储存于电池中。

(2)各种混合动力的优缺点解析

对上述串、并、混 3 种类型混合动力系统的优缺点对比分析,评估整体的技术难度、成本、节油效果等见表 5-18。

表 5-18　串、并、混 3 种类型混合动力系统对比

序号	分类	串联混合动力系统	并联混合动力系统	混联混合动力系统
1	代表车型	日产 NOTE E-Power,宝马 I3	奥迪 A3 e-tron,VOLVO XC90 新能源,	丰田 普锐斯,本田 i-MMD CRV,
2	特点	发动机在任何情况下都不参与驱动汽车的工作,它只能通过带动发电机为系统提供电能	只有一台驱动电机,可参与驱动和制动能量回收	中低速车速执行串联模式,高速执行并联模式
3	行驶模式	纯电模式	纯电模式,纯油模式,混合模式	纯电模式,纯油模式,混合模式
4	驾驶感受	如电动车线性加速,加速平稳	介乎于燃油车和电动车之间,有换挡感受;混合模式下,动力性高	串联模式下,加速平稳,但发动机介入时会有轻微顿挫感;混合模式下,动力性高
5	电池方案	HEV、REEV	PHEV	HEV、PHEV
6	相对燃油车成本变化	HEV:增加 2 万元左右	增加 2.8 万元左右(保留 AT 变速器,电池及充电部件成本增加)	HEV:增加 2.5 万元左右
		REEV:增加 2.5 万元左右(电池及充电部件成本增加)		PHEV(REEV):增加 3 万元左右
7	布置可行性	取消普通的变速箱,根据要求可实现电机分离布置,布置更加灵活,有利布置	增加一套电机布置,轴向尺寸增加明显,布置相对困难	增加两套电机,同时要求具备动力/能力分流的装置,轴向尺寸不利,布置难度适中
8	技术缺点	在高速巡航工况下,需要更高的功率需求,缺少发动机直驱的条件,增加额外的功率损失。	节油率效果相对无亮点	产品设计难度高,有专利限制,开发难度高,控制逻辑/标定控制困难。
9	排放减低量(相当传统车)	发动机相对稳态工作,发动机可处以最佳燃烧效率区间,并可以通过热管理系统可实现暖启动,减低冷启动排放物。综合排放可减低 35 以上	发动机与电机共同驱动,可降低发动机负荷,提高燃烧效率,降低排放。综合排放可减低 25 以上。	相对串联系统由于有直驱工况,对发动机的负荷和转速要求相当高,其他相当。综合排放可减低 30 以上
10	节油效果	节油效果优异,可达到 20%~30%。	油耗降低良好,可达 20%	节油效果最优,可达 35 以上%。

结论:串联式混合动力系统作为混合动力系统的一种重要发展技术路线。具有以下优点:结构简单,物料成本低,开发成本低。特别是 HEV 车型,电池小型化从而降低成本,并且减少了充电系统部件的成本;拥有和纯电动等同的加速性能和驾驶感受;技术相对简单容易实现,开发及生产难度低,产品开发周期短、风险低;节油效果明显,排放改善度高,迎合国家政策导向,为“2030 年前实现碳达峰、2060 年前实现碳中和”世界承诺的目标提供新的解决方案。

3. 阿尔特在串联式混合动力系统技术领域的开发与应用

基于终端用户对于传统燃油车的驾驶习惯,对新型动力系统提出更高的要求,要求具备接近传统车的最高车速,更快的加速要求,驾驶平稳,油耗低,同时续航无忧。串联式混合动力完全可满足整车的各项要求,并且在成本上占有很大的优势,减少终端用户的购车成本压力。

基于阿尔特在某款 1.75 t SUV 进行 HEV 车型的开发实绩,进行串联式混合动力系统技术开发应用的论述。其项目主要难点是使用小容量电池去控制整体的能量分配技术,同时对系统部件性能的匹配也是重要的课题;整车参数见表 5-19。

表 5-19　整车参数

项目	目标值	备注
整车整备质量(kg)	1 750	—
轴距(mm)	2 712	—
迎风面积(m^2)	2.749	—
轮胎型号	—	235/50 R18
机舱纵梁间距(mm)	848	靠近前围处 830

(1)整车控制策略应用

阿尔特掌握自主的核心整车控制策略,并已成功在多个项目上进行了应用。其中,串联式混合动力系统的控制策略，主要通过整车控制器（VCU）进行控制。整车控制器与驱动电机控制器（MCU）、发电机控制器（GCU）、电池管理系统（BMS）和发动机控制器（ECU）相连接，围绕最佳发电效率进行能量管理和驱动力控制。最优的发动机工作效率，可以保证系统有最高的燃油经济性，要达到这一目标，能量管理策略需要控制发动机始终工作在适当的输出功率范围和转速范围，由锂离子电池组承担大部分驱动功率波动，在车辆急加速时提供功率补偿，保证燃料电池系统输出功率上升曲线的平缓。典型工况如下。

电池电量充足时：发动机停止，不对驱动电池充电，车辆行驶十分安静，驾驶感受与纯电动汽车相同。电池电量不足时：汽油发动机工作，对驱动电池充电，车辆行驶噪声优于传统燃油车汽车，动力驾驶感受与纯电动汽车相同。急加速/爬坡时：发动机发电，电池包放电，共同为驱动电机供电，满足大功率输出需求，动力强进。减速/下坡时：发动机停止工作，电动机进行能量回收并给电池充电，提高能量利用率。

由于动力传动系统与发电系统从结构上相分离，使串联式混合动力汽车具有和纯电动汽车一样的 EV 行驶性能，平顺的加速性能、无换挡冲击、优越的驾驶体验。发动机始终在高效的工作点进行运转，最大程度提高了燃油效率，降低了油耗。同时，发动机的稳定工况运行，大幅度降低了发动机的噪声水平，提高了车辆的行驶舒适性。

（2）整车控制性能优化匹配

使用 MATLAB、Simulink 和 Cruise 等软件进行联合仿真是阿尔特在整车性能优化匹配分析中的技术亮点优势。建立串联混合动力系统的仿真模型，如图 5-173 所示。包括车辆模型、驾驶员模型、发动机模型、发电机模型、驱动电机模型、动力电池模型等。通过对整车能量管理策略、混合动力系统参数匹配，能量系统参数、总成参数匹配进行了验证和优化，优化零部件选型，从而降低整车成本。充分考虑工况和系统效率对整车性能的影响，采用基于联合仿真优化机制的全局优化方法，将整车经济性和整备质量作为多优化目标，以动力性为约束条件，对动力系统参数进行了综合寻优操作。

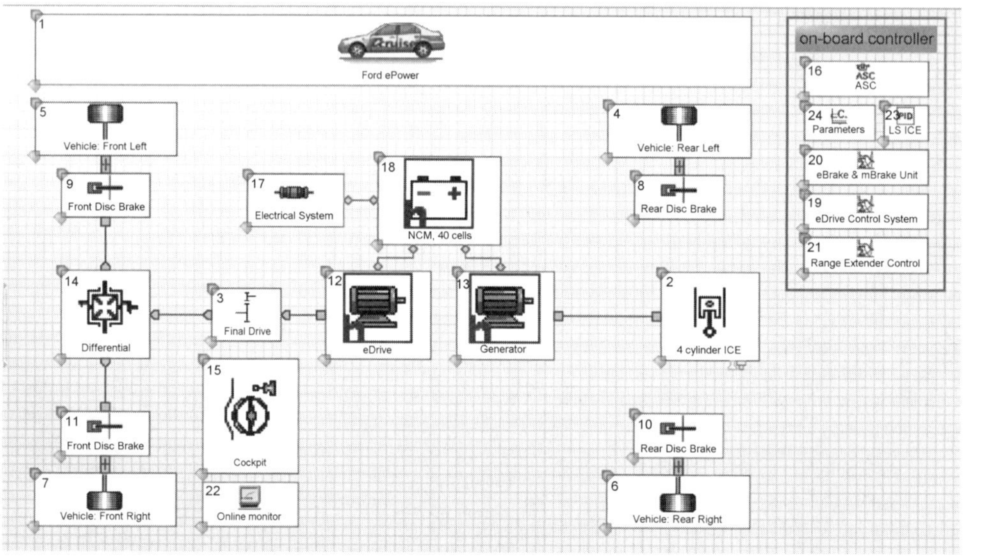

图 5-173　串联式混合动力汽车仿真原理图

（3）控制系统软硬件开发

①整车控制器。整车控制器如同汽车的大脑，指挥各个系统协调的工作，在整车动力性、经济性、舒适性之间取得最佳的平衡。整车控制器最主要的功能是进行车辆动力系统的控制，主要功能包括整车状态管理、上下电管理、发动机启停管理、发电功率管理、驱动扭矩管理、档位管理、能量管理、附件管理、故障管理等功能。阿尔特具备整车控制器开发能力，包括系统开发、硬件开发、软件开发、集成与测试和匹配标定等工作。

② 电池管理系统。电池管理系统对于提高动力电池系统的安全性和延长电池使用寿命，起着至关重要的作用。电池管理系统的主要功能包括 SOX 核心算法（SOC，SOP，SOH）、电池热管理、高压安全管理、电池安全监控、充放电管理、故障诊断等。通过 SOX 功能，可以准确地估计电池的充放电状态和老化状态，从而合理使用电池，避免电池的过度充电和过度放电；通过电池热管理功能，可以使电池始终维持在合理的温度范围，避免电池出现过温风险。

③ 基于 V 模型的开发流程。整车控制系统和电池管理系统，都采用了基于 ASPICE 和 ISO26262 的 V 模型开发流程体系进行开发。在设计之初即对系统进行满足 ISO 26262 功能安全性等级要求的技术需求分析，并制定相应的系统开发规格指标，在设计过程中严格落实各项功能安全性要求，以开发出满足 ISO 26262 功能安全性等级要求的软硬件系统。整车控制器和电池管理管理系统的软硬件系统设计均达到 ISO 26262 ASIL-C 功能安全等级标准。

对于软件开发，依照 AutoSAR 架构标准，使用完整 AutoSAR 开发环境和工具链，开发出符合 AutoSAR 标准的整车控制器和电池管理系统的软件，以保证软件的可靠性、可验证性要求和分层、模块化要求。

（4）混动系统部件匹配设计

① 发动机匹配设计。阿尔特在发动机设计开发领域专

研 10 多年，并成功实现 10 多款机型的量产，并成功应用如 VVT、GDI、VGT、可变机油泵、阿特金森循环、缸体缸盖独立冷却、LPEGR 等技术，并自主完成开发 VVL 系统。根据混合动力的工况需求和整车动力性需求，要求发动机具有较高的热效率和功率，可使用中置 VVT、阿特金森循环、涡轮增压、LPEGR、高滚流进气道、可变机油泵等主要技术。

根据整车 30 min 最高车速（半载）150 km/h 的要求，换算发动机功率需求在 60 kW 以上，考虑发动机过高转速带来的整车噪声和振动，将目标常用最高功率需求转速设定在 4 000 r/mim，同时考虑发动机油耗最佳区域，预留 15% ~ 20% 的上浮区域，需要发动机在 4 000 r/min 时具备 72 kW 的能力；考虑一定的超大功率需求，发动机最大功率需求最好在 80 kW 以上。根据 WLTC 循环 100 km/h 油耗 5.5 L 要求，反推发动机要求最低燃油消耗率 < 210 g/kWh，并且在常用转速下 2 000 ~ 4 000 r/min 中高负荷区域的燃油消耗率 < 220 g/kWh；发动机基础排放要求具备国六 b，排气温度设定在 950 ℃以下，满足 RDE（Real Drive Emission）要求，由于串联混动系统下发动机工作工况相对稳定，考虑去除 PDF 以降低成本；发动机轴向尺寸要求，根据整车横梁间距要求动力总成轴向最长尺寸要求 780 mm，发动机尺寸要求在 400 mm 以下。根据上述基本要求，结合发动机技术应用和成本控制，推荐使用发动机见表 5-20。

表 5-20 发动机参数表

序号	项 目	参 数
1	排量要求（L）	1.3 ~ 1.5
2	气缸数	3
3	是否增压	TC
4	喷油器布置形式	气道喷射
5	4 000 转功率（kW）	72@4 000 r/min
6	最大功率（kW）	80@5 000 r/min
7	整机长度（mm）	≤400
8	试验用油	RON 92
9	最低燃油消耗率（g/kWh）	210
10	2 000 r/min/8 bar 油耗（g/kWh）	220
11	2 000 r/min/10 bar 油耗（g/kWh）	215
12	3 000 r/min/10 bar 油耗（g/kWh）	215
13	3 000 r/min/12 bar 油耗（g/kWh）	215
14	3 500 r/min/12 bar 油耗（g/kWh）	215
15	4 000 r/min/12 bar 油耗（g/kWh）	220

假设发动机万有特性需求如图，只展示常用区间 2 000 ~ 4 000 r/min，并根据等功率曲线，设定最佳燃油消耗率区域（如图 5-174 中三角线区域）。

② 电机匹配设计。作为国内最早进入新能源领域的汽车研发机构，阿尔特在电机开发领域的研究及投入不断地加强。本项目电机采用扁线电机，扁线电机具有如下优点：

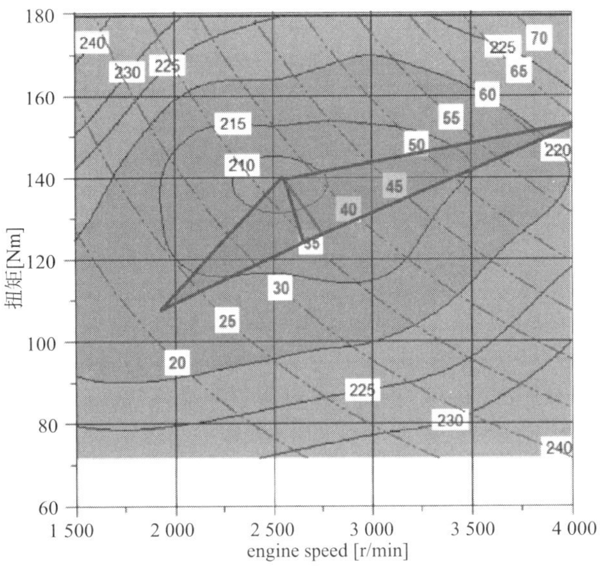

图 5-174 发动机万有特性、等功率图

a. 相同功率下，体积重量更小，用料更少，因此成本更低，扁线相对于圆线槽满率提升，这是功率密度能提升的主要原因。

b. 散热性能更好，配合油冷，有利于提升系统的持续运行功率。内部空隙变少，扁线与扁线之间的接触面积大，散热和热传导更好；绕组和铁心槽之间接触更好，热传导更好。

c. NVH 性能好。电枢具备更好的刚度，对电枢噪声具有抑制作用；可以取相对较小的槽口尺寸，有效降低齿槽力矩，进一步降低电机电磁噪声。

d. 端部短，节省铜材，提升效率。扁线电机对生产工艺、自动化、设备能力，一致性要求更高，供应商的选择是尤为重要，电机经过多年的发展，国内已经有多家企业具备该能力，产品设计开发、生产质量控制已经相对成熟，具备产业化的基础。

参数设计要点：驱动电机设计，为了减小电机体积和重量，电机最高转速为 16 000 r/min，冷却方式采用油冷方案，通过二级传动大速比减速器，将扭矩放大，以满足车辆动力性需求，根据整车参数设定轮边扭矩在 3 400 Nm 左右，换算驱动侧速比 12.86，驱动电机输出峰值扭矩 265 Nm，此时可以满足瞬时最高车速及轮边扭矩要求的需求。根据驱动电机输出峰值扭矩匹配电机，同时考虑整车加速度要求，匹配驱动电机峰值功率要求 150 kW。发电机传动系统采用一级齿轮传动，速比初步设定：0.6 与 0.7 之间，将发动机的转速提升至发电机的高效转速区间，串联式混动系统的控制策略，是尽可能让发动机工作在高效区。因此，先选定不同功率下的最优发动机工作点，以此作为输入，对比不同速比下，发电机在这些工作点的效率；经过最优化计算，当速比为 0.61 时，电机常用工况点的平均效率可以达到 96.4%，效率最优，因此选定此速比，如图 5-175 所示。匹配发动机功率及整车持续车速功率需求，将发电机额定功率设定在 65 kW。

转矩N·m	转速 rpm															
	2500	3000	3500	4000	4500	5000	5500	6000	6500	7000	7500	8000	8500	9000	9500	10000
0.00	0.00	0.00	0.00	0.00	0.00	0.00	0.00	0.00	0.00	0.00	0.00	0.00	0.00	0.00	0.00	0.00
-10.00	91.31	91.46	91.42	91.28	91.06	90.80	90.50	90.17	89.83	89.47	89.10	88.70	88.32	88.19	88.02	87.52
-20.00	94.60	94.79	94.85	94.84	94.77	94.66	94.53	94.38	94.22	94.04	93.86	93.67	93.56	93.53	93.36	93.07
-30.00	95.38	95.63	95.76	95.81	95.81	95.77	95.71	95.62	95.53	95.42	95.30	95.21	95.22	95.12	94.93	94.68
-40.00	95.57	95.89	96.07	96.16	96.21	96.21	96.19	96.14	96.08	96.01	95.93	95.96	95.90	95.77	95.57	95.35
-50.00	95.55	95.92	96.15	96.28	96.36	96.39	96.40	96.38	96.35	96.30	96.31	96.30	96.20	96.05	95.85	95.63
-60.00	95.44	95.86	96.13	96.29	96.40	96.46	96.49	96.49	96.48	96.46	96.50	96.44	96.32	96.15	95.96	95.73
-70.00	95.27	95.74	96.05	96.25	96.38	96.46	96.51	96.53	96.53	96.58	96.57	96.48	96.34	96.16	95.95	95.72
-80.00	95.08	95.60	95.94	96.17	96.32	96.43	96.49	96.53	96.54	96.61	96.56	96.45	96.29	96.10	95.88	95.63
-90.00	[illegible]	[illegible]	95.81	96.07	96.25	96.37	96.45	96.50	96.55	96.58	96.51	[illegible]	[illegible]	95.99	95.75	95.48
-100.00	94.64	[illegible]	95.67	95.96	96.15	96.29	96.39	96.45	96.54	96.53	96.43	[illegible]	[illegible]	95.83	95.57	95.28
-110.00	94.41	95.08	95.52	95.83	96.05	96.21	96.32	96.39	96.48	96.44	96.32	96.13	95.91	95.64	95.35	95.02
-120.00	94.18	94.89	95.37	95.70	95.94	96.12	96.24	96.34	96.40	96.33	96.18	95.97	95.71	95.41	95.08	94.70
-130.00	93.93	94.69	95.20	95.57	95.83	96.02	96.16	96.28	96.31	96.20	96.02	95.78	95.48	95.14	94.74	94.28
-140.00	93.69	94.49	95.04	95.43	95.71	95.91	96.06	96.20	96.19	96.06	95.84	95.56	95.22	94.81	94.32	93.69
-150.00	93.44	94.23	94.87	95.28	95.58	95.80	95.97	96.10	96.06	95.89	95.83	95.30	94.90	94.40	93.73	92.57
-160.00	93.18	94.08	94.69	95.13	95.45	95.69	95.87	95.99	95.90	95.70	95.39	95.01	94.51	93.83	92.60	0.00
-170.00	92.92	93.86	94.51	94.97	95.32	95.57	95.77	95.86	95.74	95.48	95.13	94.65	94.00	92.86	0.00	0.00
-180.00	92.65	93.64	94.32	94.81	95.18	95.45	95.67	95.71	95.55	95.25	94.81	94.21	93.22	0.00	0.00	0.00
-190.00	92.37	93.41	94.13	94.65	95.03	95.32	95.55	95.55	95.34	94.98	94.44	93.61	0.00	0.00	0.00	0.00
-200.00	92.09	93.18	93.94	94.48	94.88	95.19	95.42	95.38	95.11	94.66	93.97	0.00	0.00	0.00	0.00	0.00

0.66速比区域　0.61速比区域

图 5-175　发电机不同速比效率图

将驱动电机、发电机、减速器高度集成在一起,有利于总成尺寸的缩减并提高传动效率,同时对有成本控制有帮助。根据整车搭载要求,将耦合器及电机总成轴向尺寸设定在380 mm,以保证动力总成轴向最长尺寸要求780 mm。

根据上述基本要求,结合电机技术应用和成本控制,推荐电机参数见表5-21。

表 5-21　电机参数表

序号	项　目	驱动电机参数	发电机参数
1	电机类型	PMSM	PMSM
2	峰值扭矩(Nm)	265	不做要求
3	峰值功率(kW)	150	不做要求
4	持续扭矩(Nm)	125	100
5	持续功率(kW)	70	65
6	最高转速(r/min)	16 000	10 000
7	最高效率(%)	96.5	96.5
8	传动速比	12.86	0.61
9	冷却方案	油冷	油冷
10	轴向长度(含耦合器)(mm)	380	380

③ 动力电池匹配设计。电池系统匹配的核心要选择高充放电倍率的电芯,从而匹配目标的系统电量和电压,同时要注重低温时的热管理,根据目前国内电池供应商的电芯开发情况,将电池系统主要参数设定见表5-22。

表 5-22　电池系统主要参数表

序号	项　目	HEV 方案	备　注
1	电芯峰值充电倍率	>45C	—
2	电芯峰值放电倍率	>50C	—
3	工作温度(℃)	-30~55	GB/T 28183—2011,低温快速暖机时间≤10 min
4	电量(kWh)	2~3	—
5	额定电压(V)	350	—
6	峰值充电功率(kW)	180@10 s	—
7	峰值放电功率(kW)	145@10 s	—
8	推荐 SOC 工作范围(%)	30~70	在这个环境温度范围内正常工作
9	循环寿命	>15 000	—
10	冷却方式	液冷	实现可控的热管理
11	防护等级	IP67	—

续上表

④ 系统热管理系统整车热管理系统为保证动力系统正常运转提供条件,阿尔特在传统燃油汽车、纯电动汽车、混合动力汽车的热管理开发中积累了丰富的经验,拥有多种解决方案,项目设定为5路换热系统,如图5-176所示,保证整车驾驶环境的温度控制和系统的运行性能及可靠性:

a. 电机、控制器散热系统。

b. 空调制冷系统;空调系统为整车驾驶室提供制冷,同时根据电池系统的温度需求进行冷却,由电磁膨胀阀控制。

c. 发动机冷却系统;发动机冷却系统包含发动机自身的冷却散热功能,同时由发动机出水为整车驾驶室提供暖风热源,并通过电控三通阀向电池系统供热,由双效 CHILLER 完成电池系统的换热过程。其中在边路串联设置 WPTC 部件,在温度较低情况下,可通过电池制热为发动机和电池系统进行制热,加快系统温度建立,同时保持发动机水温在设定的范围内,运行过程中无冷启动环节,减少冷启动带来的不利排放、油耗的劣化。

d. 电池热循环系统;电池热循环系统为内部独立循环,由双效 CHILLER 进行热传递,为电池系统加热。

e. 进气冷却系统;通过中冷器降低增压发动机进气温度。

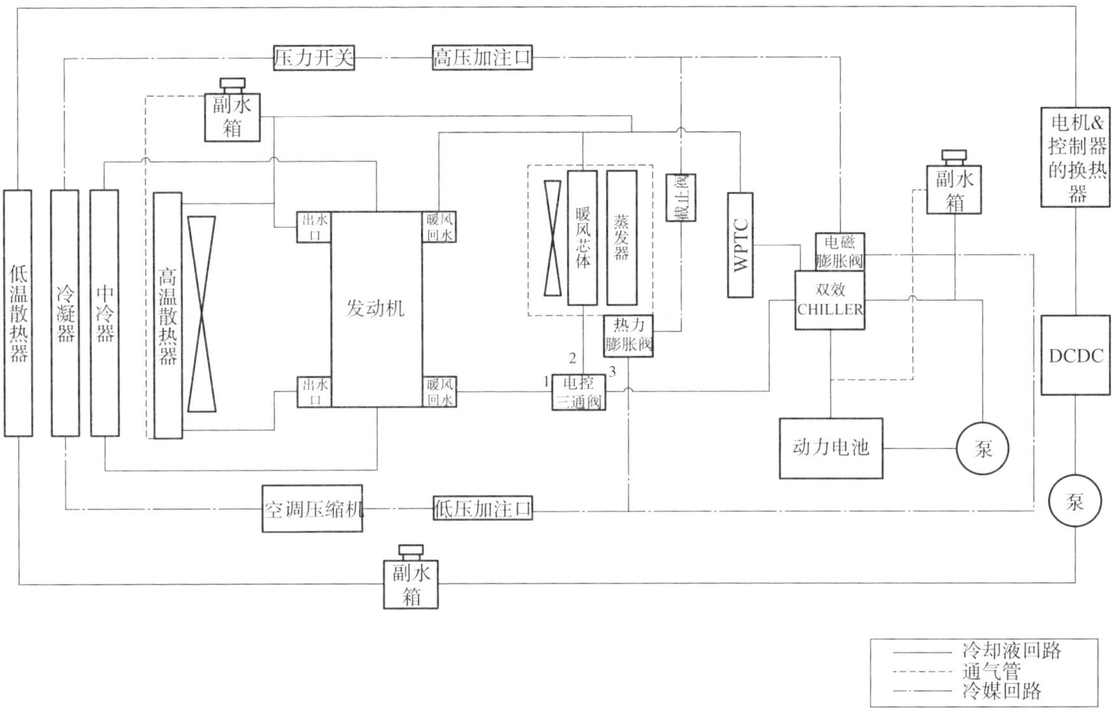

图 5-176　整车热管理系统图

(5)整车动力性、经济性分析(如表 5-23 所示)

根据上述匹配方案的串联式混合动力系统进行仿真分析,整车动力性、经济性满足开发目标值。

表 5-23　整车动力性、经济性分析

项　目		单位	目标值	分析值
动力性要求	1 km 最高车速(半载)	km/h	>160	163
	30 min 最高车速(半载)	km/h	>150	155
	最大爬坡度@20 km/h(满载)	%	>35	40
	0～100 km/h 加速时间(半载)	s	<9.0	7.5
经济性要求	WLTC 油耗	L/100 km	<5.5	5.2
	80 km/h 等速油耗	L/100 km	<5.3	5.0
	100 km/h 等速油耗	L/100 km	<6.8	6.5
	120 km/h 等速油耗	L/100 km	<9.0	8.8

4. 总　　结

混合动力快速发展不可阻挡,各大车厂已经在布局规划,其中串联式混合动力只是阿尔特可提供的解决方案中的一种,目前已经处于生产试制阶段。同时阿尔特会根据汽车行业的发展和整车厂家的需求、终端消费者的使用需求提供更多类型解决方案。

混合动力汽车及动力电池发展趋势探讨

供稿:欣旺达电子股份有限公司　梁　锐

过去 10 年来,节能和新能源汽车在世界范围内得到了快速发展。尤其是中国,很早就制定了节能和新能源汽车国家战略,从 2009 年就开始实施"十城千辆"新能源汽车推广示范工程,投入数千亿财政奖金予以补贴,逐步建立和完善了具有中国特色的以"电动化、智能化、网联化、共享化"为特征的新能源汽车实施规划,新能源汽车产量和保有量都占据世界一半以上,为践行中国在世界气候大会上的减排承诺作出了很大贡献,也是中国未来在新能源汽车行业的国际竞争力奠定了坚实的基础。

然而,虽然发展新能源汽车产业已是大势所趋,但也要看到,世界各国政府、车企和消费者对于发展新能源汽车的必要性、实现路径和车型选择,还存在着不同的认识和理念。这种理念的不同,直接导致了各国政策导向和强弱的差异,进而深刻影响车企的新能源汽车开发策略。尤其明显的是,对于纯电动(BEV)、油电混合动力(HEV)、插电混合动力(PHEV)以及燃料电池(FCV)的开发路径和优先级上,在世界范围内尚未取得高度的共识,也由此引发众多的讨论和思考。

1. 节能和新能源汽车发展的必要性不断提升

人类社会当今面临的三大问题是:石油短缺、大气污染和温室效应,在"地球村"范围内,任何一个国家都不能置身于外。人类造成的温室效应,在 2019 年开始显示出恶果,北极很多冰川都已经溶化,北极生物圈已经遭受严重破坏,未来人类的生存环境都会受到很大影响。在中国,现在70%的石油是依赖进口,对于国家能源安全提出了一个重要的课题。同时,雾霾等空气污染已经日趋严重,国内的研究结果是28%源于机动车的排放。现在中国汽车保有量是2.6亿辆,降低燃油车排放刻不容缓。

基于以上的问题不禁让人思考到,利用化石能源、利用传统的内燃汽车来支持交通运输,这种方式能不能有一些变化?

本来人类都是用煤、石油、天然气用于发电和交通,但大约有62%的二氧化碳是由于化石能源产生。随着社会不断发展与进步,出现了一些新型能源,如核能、生物质能、太阳能、风能、地热、潮汐能等,并且现在清洁煤发电技术在电厂广泛使用,使热电厂对环境的污染已经降到很低的程度。因此,人们便提出设想,可否使用节能或新能源汽车来降低碳排放?即用电而非汽油来直接驱动汽车,这样就可以在一定程度上缓解世界三大问题。

2. 节能和新能源汽车的政策和市场基础逐步建立

为了解决空气污染和温室效应、碳排放的问题,在联合国和世界气候组织引领下,世界各国相应出台了很多政策。当前"碳达峰""碳中和"是世界降低地球温室效应所达成的共识,自2015年《巴黎协定》设立了20世纪后半叶碳净零排放的目标后,越来越多的国家和地区陆续公布了"碳中和"的目标和减碳行动方案,将无碳化转化为国家长期发展战略目标,我们中国也提出了"2030年碳达峰""2060年碳中和"的目标,交通电动化已成大势。从2016年开始,许多国家发表了燃油车禁售规划,以德国、法国,以及北欧为代表的环保倡议国家更是提出了明确的时间表。根据国际清洁运输委员会资料,世界主要汽车国家对碳排放限值或油耗都进行了逐年递减的强制规定,其中欧盟2020年要做到每百公里油耗3.8 L,2025年3 L;中国政府规定是2020年5 L,2025年4 L。

从消费者的层面来说,由于大家环保的意识提升,以及各国对于使用端的政策加强,消费者对于新能源汽车的节能和新能源汽车的青睐有提升。根据《2019年全球汽车消费者调查》,在中国有65%的消费者愿意使用节能和新能源汽车、日本有59%、韩国有43%,从2018年到2019年是上升的趋势。其中,HEV由于没有里程焦虑、油耗低、成本增加少,是很多的消费者优先采用的。事实上,在节能和新能源汽车推广起步较早的中国和日本,HEV占有非常大的销售比重,中国是44%,日本是46%,日本HEV的市场普及率要高于中国。2020年全球新能源汽车销量312.48万辆,同比增长41%,其中中国销量为136.7万辆,同比增长10.9%。

基于以上法规要求和市场需求,国际车企基本采取了两步走的应对策略:第一步,从内燃机的汽车升级为HEV或PHEV,以减少油耗和尾气排放,达到国家法律的准入门槛;第二步,正向开发BEV车型,真正实现零排放。

纵观全球车企,主流车企对HEV车型均有布局。大众计划在2025年前推出80余款全新电动车型,到2030年全面实现电动化;丰田规划在2025年销售550万辆新能源汽车,其中HEV和PHEV销量超过400万辆;宝马在2025年新能源汽车销量占比15%~25%,2023年推出25款新能源车型;日产计划在2022年销售100台万辆电动汽车,其中HEV占比超过一半。

HEV开发的领先者均是日本企业,如丰田、本田、日产、铃木和雷克萨斯。丰田在2018年HEV销售125万辆,并且在2019年一次性投放3款主力HEV车型,继续加码欧洲市场。本田是26万辆,日产销售21万辆,"两丰一产"在HEV方面是属于市场上的领先地位。日产最近在HEV的开发力度更加的咄咄逼人。其已经提出,要对全品牌进行电动化拓展。大家可以看到E-Power作为混动车型,其油耗已能达到政府能耗标准。E-Power2018年在日本本土的销售量超过了丰田,销售了16万辆,全球21万辆。日产寄希望于进一步扩大HEV业务,来争取更多市场份额,抵销国际车市的低迷状态,并培育出支撑日产未来发展的核心竞争力。

3. HEV的发展对电池技术和供货企业提出了更高的要求

HEV电池在性能、可靠性、安全性等方面的要求和BEV不尽相同。一是BEV一般配置50 kWh以上,以保证400 km以上的续航;但HEV只有1~2 kWh,并且SOC使用区间只有30%~70%,因此高能量密度电池才能保证更强的动力性能。二是HEV电池要求有很高的功率性,一般要大于5 000 W/kg以满足快速充放电的需求。三是HEV电池循环寿命要达到10 000次以上,而BEV一般是1 500次。四是,从电池开发和产品质量管控难度上,HEV电池远远高于BEV电池。五是,HEV电池配置电量小,研发和制造成本更具挑战性,这也是大多电池企业都在优先开发BEV电池。

4. 欣旺达HEV成果

基于以上的高标准要求,世界上能够开发并量产配套的电池企业寥寥几,仅有PEVE、松下、日立、Blue Energy、LG和欣旺达。其中根据公开信息对比分析,欣旺达HEV电池性能与LG相当,欣旺达将HEV电池作为一个主攻方向,在2019年中旬,领先中国电池企业,率先获得了雷诺、日产等国际车企客户的定点,于2020年和日产签订MOU,开始持续5年以上的批量供货。欣旺达目前开发了两款HEV方型电芯,在能量密度、高倍率充放电、环境耐候性、高安全可靠性、长寿命等方面都具备一定优势,满足了客户的国际高端车企的苛刻要求。同时,已开发出了从模组到BMSR成熟的技术,得到国内外众多客户的普遍认可。欣旺达南京动力电池基地已经进入量产阶段,公司在广东惠州及江苏南京均布局了HEV产线,且现有HEV产能及未来产能规划均居于国内电池厂第一。产品已经获得雷诺、日产、吉利、广汽、东风柳汽等多家客户的定点,部分客户已经在批量交付中。随着市场不断扩张和产能快速增长,欣旺达未来必定会成为国际高端HEV车型最主要的供应商。

综上所述,由于各国排放政策发布及人们环保意识的提升,市场对于新能源车汽车的接受度逐日提高。为满足消费者诉求,车企通常将采取双重战略,首先,从过渡战略来说,优化现有的车用能源动力系统,先发展HEV。其次从转型战略来说,要开发新一代车用能源动力系统,发展新一代的BEV和FCV(燃料电池汽车)。有分析报告指出,世界电动汽车市场在未来几年会迎来爆发期，全球的新能源乘用车销量将会由2020年的312.5万辆暴增至2025年得1 640万辆，而中国的新能源车预计在2025年达到919.4万辆。考虑到HEV车型将占据一半以上的市场份额，并且各主流车企对于HEV规划逐步明确，我们认为HEV市场发展潜力巨大，中国市场销量也会快速提升，应引起各方面的高度重视。而作为HEV核心部件的HEV动力电池，将受到各主流车企的更多关注，国内动力电池企业必须在抢抓机遇的同时，实施超前研发和战略布局，以超越日韩同行占领配套市场的制高点。

上海馨联SHS混动技术——新型功率分流混动专用变速器

供稿：上海馨联动力系统有限公司

1. 成果简介

混动市场长期被日系车企垄断，尤其是丰田的THS混动系统，丰田THS依靠产品的优异性能和低成本，处于市场的绝对优势地位。上海馨联依靠自主技术创新，开发了一款可以与丰田THS相媲美的混动方案，能够实现相同的驱动模式，并且具有更低的产品成本，更易于制造和批量化，并具有完全的知识产权，让中国车企能够享受低成本的混动专用变速箱。

(1)应用领域

前驱和后驱的乘用车和商用车、工程机械等。

(2)关键技术

上海馨联的SHS(Synetec Hybrid System)混动系统，采用独创的无内齿圈台阶式行星排动力耦合装置，实现功率分流混动模式，实现整车节油率超过35%的目标，满足国家各时间点的油耗指标。产品方案如图5-177所示。

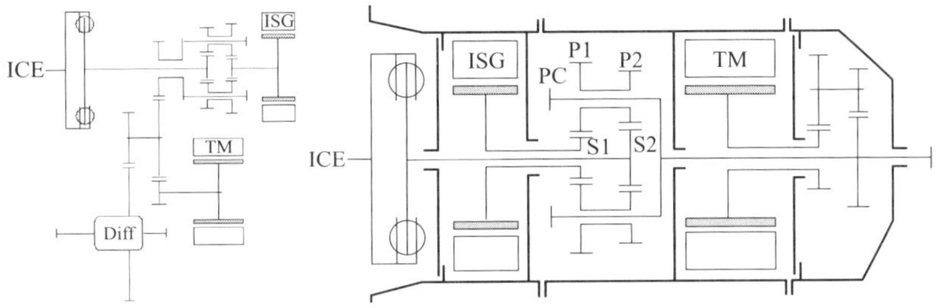

(a)前驱方案　　(b)后驱方案

图5-177　上海馨联SHS混动专用变速箱

上海馨联开发完整的系统控制策略，满足乘用车功能安全规范和批产要求，并建立整套产品验证系统，为车企提供安全可靠的混动产品。

(3)上海馨联SHS产品优势

①方案已经完成验证，样车性能得到车企认可。解决行驶中启动发动机问题，满足平顺性要求；产线开始制作，年底实现调试，能够快速批量生产；已与多家车企合作，年内完成3～4款HEV-Mule车交付并实测油耗。

②低成本，高可靠性、易于生产制造。机械机构简单，零件数量少，无换挡离合器，无液压系统；采用无内齿圈行星齿轮机构，加工容易。

③平台化应用，系列化产品开发。可用于强混HEV系统、插电混动系统及增程式电动系统，通过电机匹配实现系列化。

(4)完全的知识产权

上海馨联公司具体该技术权利完全的知识产权。

2. 成果创新点及解决的难点问题

首次采用无内齿圈的双联行星齿轮机构，无换挡离合器，无液压系统，易于生产制造，实现真正的低成本、高可靠。

3. 国际水平对比分析(如图5-178所示)

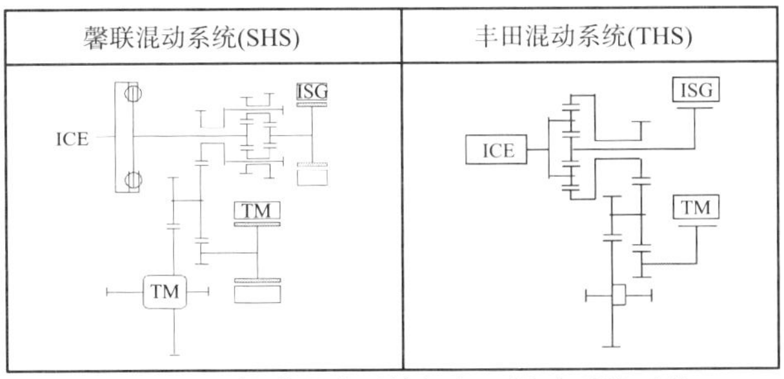

图5-178　馨联混动系统与丰田混动系统对比

丰田汽车公司的THS混动系统是市场上最成功的混动系统，并具有专利保护。上海馨联SHS混动系统具有与丰田THS相媲美的技术实力。在核心部件上实现自主创新，打破丰田汽车公司的技术封锁，方案对比见表5-24。

表5-24　馨联混动系统与丰田混动系统对比

对标项目	馨联混动(SHS)	丰田混动(THS)
驱动模式	相同	相同
可制造性	+ + +	+ +
可靠性	+ + +	+ + +
动力性	+ + +	+ +

上海馨联 SHS 混动产品在工作模式、成本及可靠性上与丰田混动系统基本相当，并且具有更好的可制造性，更适合国内齿轮加工的行业水平，有利于产品批量生产。

4. 成果应用情况

上海馨联已经与多家主机厂进行批产项目合作，截至 2021 年 6 月已经完成 2 台乘用车样车开发和 3 台后驱皮卡车型样车开发，样车性能优异，得到主机厂的高度认可，批产时间确定在 2023 年初。

5. 成果的产能建设情况

上海馨联致力于为车企提供高性价的混动专用变速箱（如图 5-179 所示），助力中国汽车行业电动化转型，已经在上东曲阜基地投入混动箱产线、电机产线建设，在安徽蚌埠基地投入电机控制产线建设。

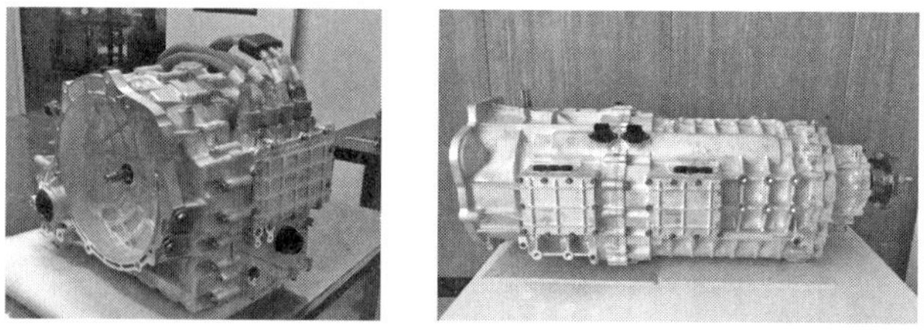

图 5-179　前驱和后驱混动变速箱实物展示

6. 社会及经济效益分析

上海馨联 SHS 创新产品打破丰田汽车在功率分流混动技术的长期垄断，使得中国车企能够有机会搭载中国企业的创新产品，增强中国自主汽车的竞争力。

节能与新能源汽车年鉴

第六篇

公告目录篇

一、道路机动车辆生产企业及产品（第327～339批新能源汽车节选）

1. 道路机动车辆生产企业及产品（第327批）——新能源汽车节选

道路机动车辆生产企业及产品（第327批）于2020年1月14日发布，共计67个新能源汽车生产厂家，涉及63个新能源汽车品牌，115个新能源汽车产品进入公告。其中，纯电动产品共计98个（客车20个、客车底盘3个、乘用车18个、专用车47个、专用车底盘10个）；插电式混合动力产品6个（客车1个、客车底盘1个、乘用车4个）；燃料电池产品11个（客车8个、客车底盘1个、专用车1个、专用车底盘1个）。

（1）汽车生产企业。共计49个生产厂家、46个品牌、87个产品进入公告，其中纯电动产品共计87个（客车16个、客车底盘3个、乘用车18个、专用车23个、专用车底盘10个）；插电式混合动力产品6个（客车1个、客车底盘1个、乘用车4个）；燃料电池产品11个（客车8个、客车底盘1个、专用车1个、专用车底盘1个）。

（2）民用改装车生产企业。共计18个生产厂家、18个品牌、28个产品进入公告，其中纯电动产品共计28个（客车4个、专用车24个）。

序号	企业名称	商标	《目录》序号	产品名称	产品型号
1	中国第一汽车集团有限公司	一汽牌	1	纯电动轿车	CA7003
2	东风汽车股份有限公司	东风牌	3	纯电动客车底盘	EQ6780
3	东风汽车集团有限公司	东风牌	3	燃料电池载货汽车底盘	EQ1090
4	东风汽车集团有限公司	东风牌	3	插电式混合动力客车底盘	EQ6700
5	东风汽车集团有限公司	东风牌	3	燃料电池城市客车	EQ6850
6	东风汽车集团有限公司	东风牌	3	燃料电池客车底盘	EQ6790
7	神龙汽车有限公司	东风标致牌	4	插电式混合动力轿车	DC7168
8	上汽大众汽车有限公司	大众汽车（VOLKSWAGEN）牌	5	插电式混合动力多用途乘用车	SVW6472
9	上汽大众汽车有限公司	大众汽车（VOLKSWAGEN）牌	5	纯电动多用途乘用车	SVW6451
10	北汽福田汽车股份有限公司	福田牌	9	纯电动载货汽车底盘	BJ1065
11	北汽福田汽车股份有限公司	福田牌	9	纯电动厢式运输车	BJ5065X
12	长城汽车股份有限公司	长城牌	15	纯电动多用途货车	CC1030
13	天津一汽丰田汽车有限公司	丰田（TOYOTA）牌	18	纯电动轿车	TV7001
14	山东凯马汽车制造有限公司	凯马牌	31	纯电动载货汽车	KMC1032、KMC1033
15	山东凯马汽车制造有限公司	凯马牌	31	纯电动载货汽车底盘	KMC1032、KMC1033
16	山东凯马汽车制造有限公司	凯马牌	31	纯电动自卸汽车	KMC3033
17	山东凯马汽车制造有限公司	凯马牌	31	纯电动自卸汽车底盘	KMC3033
18	山东凯马汽车制造有限公司	凯马牌	31	纯电动厢式运输车	KMC5032X、KMC5033X
19	威马汽车制造温州有限公司	威尔马斯特牌	34	纯电动多用途乘用车	SZS6460
20	上汽大通汽车有限公司	大通牌	41	插电式混合动力多用途乘用车	SH6483
21	上海申沃客车有限公司	申沃牌	42	纯电动低地板城市客车	SWB6129、SWB6109
22	东风悦达起亚汽车有限公司	起亚牌	47	纯电动轿车	YQZ7004
23	扬州亚星客车股份有限公司	亚星牌	49	燃料电池城市客车	JS6128
24	浙江吉利汽车有限公司	领克牌	52	插电式混合动力轿车	MR7152
25	安徽江淮汽车集团股份有限公司	蔚来牌	56	纯电动多用途乘用车	HFC6502
26	江西昌河汽车有限责任公司	北京牌	59	纯电动厢式运输车	CH5010X、CH5020X
27	江西昌河汽车有限责任公司	北京牌	59	纯电动疫苗冷链车	CH5032X
28	江西昌河汽车有限责任公司	北京牌	59	纯电动邮政车	CH5020X
29	江西江铃集团晶马汽车有限公司	晶马牌	62	纯电动低入口城市客车	JMV6101
30	郑州宇通客车股份有限公司	宇通牌	71	燃料电池低入口城市客车	ZK6126
31	郑州宇通客车股份有限公司	宇通牌	71	纯电动双层低地板城市客车	ZK6126
32	郑州宇通客车股份有限公司	宇通牌	71	纯电动城市客车	ZK6815
33	郑州日产汽车有限公司	东风牌	72	纯电动载货汽车底盘	ZN1040
34	郑州日产汽车有限公司	东风牌	72	纯电动厢式运输车	ZN5040X
35	安徽华菱汽车有限公司	华菱之星牌	81	纯电动自卸汽车	HN3311
36	安徽华菱汽车有限公司	华菱之星牌	81	纯电动自卸汽车底盘	HN3311
37	上汽通用五菱汽车股份有限公司	宝骏牌	92	纯电动轿车	LZW7003、LZW7001、LZW7002
38	庆铃汽车股份有限公司	庆铃牌（繁体）	95	纯电动载货汽车底盘	QL1070
39	庆铃汽车股份有限公司	庆铃牌（繁体）	95	纯电动邮政车	QL5041X
40	重庆长安汽车股份有限公司	长安牌	96	纯电动载货汽车	SC1031
41	重庆长安汽车股份有限公司	长安牌	96	纯电动载货汽车底盘	SC1031
42	中植一客成都汽车有限公司	中植汽车牌	100	纯电动铰接低地板城市客车	CDL6180
43	四川野马汽车股份有限公司	野马牌	101	纯电动多用途乘用车	SQJ6440

续上表

序号	企业名称	商标	《目录》序号	产品名称	产品型号
44	金龙联合汽车工业(苏州)有限公司	海格牌	112	纯电动城市客车	KLQ6856、KLQ6822
45	奇瑞商用车(安徽)有限公司	开瑞牌	119	纯电动厢式运输车	SQR5035X
46	上海汽车集团股份有限公司	荣威牌	122	纯电动多用途乘用车	CSA6471
47	厦门金龙旅行车有限公司	金旅牌	124	燃料电池城市客车	XML6855
48	厦门金龙旅行车有限公司	金旅牌	124	纯电动城市客车底盘	XML6125
49	厦门金龙旅行车有限公司	金旅牌	124	纯电动客车	XML6593
50	中通客车控股股份有限公司	中通牌	125	燃料电池低入口城市客车	LCK6126
51	中通客车控股股份有限公司	中通牌	125	燃料电池城市客车	LCK6860
52	中通客车控股股份有限公司	中通牌	125	纯电动客车	LCK6720
53	中通客车控股股份有限公司	中通牌	125	燃料电池保温车	LCK5095X
54	海马汽车有限公司	小鹏牌	128	纯电动轿车	HMA7000、HMA7001
55	中恒天智骏(赣州)汽车有限公司	国机智骏牌	135	纯电动轿车	ZHT7000
56	吉利四川商用车有限公司	远程牌	138	纯电动客车	DNC6110
57	吉利四川商用车有限公司	远程牌	138	纯电动厢式运输车	DNC5030X
58	南京金龙客车制造有限公司	开沃牌	142	纯电动载货汽车	NJL1030
59	南京金龙客车制造有限公司	开沃牌	142	纯电动载货汽车底盘	NJL1030
60	南京金龙客车制造有限公司	开沃牌	142	燃料电池城市客车	NJL6859
61	南京金龙客车制造有限公司	开沃牌	142	纯电动城市客车	NJL6100、NJL6520、NJL6117
62	南京金龙客车制造有限公司	开沃牌	142	纯电动轻型客车	NJL6520
63	南京金龙客车制造有限公司	开沃牌	142	纯电动厢式运输车	NJL5030X
64	南京金龙客车制造有限公司	开沃牌	142	纯电动吸粪车	NJL5100GXE
65	南京金龙客车制造有限公司	开沃牌	142	纯电动多功能抑尘车	NJL5180TDY
66	南京金龙客车制造有限公司	开沃牌	142	纯电动多用途乘用车	NJL6450
67	南京金龙客车制造有限公司	开沃牌	142	纯电动洗扫车	NJL5100TXS
68	万向集团公司	万向牌	150	纯电动低入口城市客车	WXB6122
69	中车时代电动汽车股份有限公司	中国中车牌	151	燃料电池城市客车	TEG6120、TEG6102
70	中车时代电动汽车股份有限公司	中国中车牌	151	纯电动城市客车	TEG6650
71	中车时代电动汽车股份有限公司	中国中车牌	151	纯电动城市客车底盘	TEG6854
72	中车时代电动汽车股份有限公司	中国中车牌	151	纯电动铰接城市客车	TEG6180
73	四川南骏汽车集团有限公司	南骏牌	152	纯电动载货汽车	NJA1040
74	四川南骏汽车集团有限公司	南骏牌	152	纯电动载货汽车底盘	NJA1040
75	程力汽车集团股份有限公司	程力牌	153	纯电动洗扫车	CL5180TXS
76	江苏吉麦新能源车业有限公司	凌宝牌	159	纯电动轿车	HXK7000
77	郑州宇通集团有限公司	宇通牌	166	纯电动载货汽车底盘	ZKH1101
78	杭州长江乘用车有限公司	零跑牌	170	纯电动轿车	FDH7000
79	浙江合众新能源汽车有限公司	哪吒牌	173	纯电动多用途乘用车	THZ6450
80	浙江合众新能源汽车有限公司	哪吒牌	173	纯电动轿车	THZ7000
81	奇瑞新能源汽车股份有限公司	奇瑞牌	174	纯电动轿车	NEQ7000
82	成都广通汽车有限公司	广通牌	180	纯电动低入口城市客车	CAT6122
83	奇瑞万达贵州客车股份有限公司	万达牌	184	插电式混合动力城市客车	WD6125
84	枫盛汽车(江苏)有限公司	枫叶牌	186	纯电动轿车	JWT7001
85	广西汽车集团有限公司	五菱牌	188	纯电动城市客车	GXA6520
86	广西汽车集团有限公司	五菱牌	188	纯电动厢式运输车	GXA5033X
87	重庆瑞驰汽车实业有限公司	瑞驰牌	189	纯电动封闭货车	CRC5030X
88	北京北重汽车改装有限公司	北重电牌	(一)03	纯电动多功能抑尘车	BZD5065TDY
89	中客涞水汽车有限责任公司	华北牌	(三)19	纯电动城市客车	HC6105
90	航天晨光股份有限公司	三力牌	(十)34	纯电动压缩式垃圾车	CGJ5187ZYS
91	航天晨光股份有限公司	三力牌	(十)34	纯电动吸粪车	CGJ5187GXE、CGJ5128GXE
92	航天晨光股份有限公司	三力牌	(十)34	纯电动洗扫车	CGJ5181TXS
93	江苏银宝专用车有限公司	银宝牌	(十)68	纯电动自装卸式垃圾车	SYB5101ZZZ
94	江苏悦达专用车有限公司	悦达牌	(十)69	纯电动压缩式垃圾车	YD5109ZYS
95	江苏悦达专用车有限公司	悦达牌	(十)69	纯电动自装卸式垃圾车	YD5109ZZZ
96	江苏悦达专用车有限公司	悦达牌	(十)69	纯电动车厢可卸式垃圾车	YD5043ZXX、YD5120ZXX
97	江苏悦达专用车有限公司	悦达牌	(十)69	纯电动邮政车	YD5044X
98	扬州金威环保科技有限公司	金驫牌	(十)128	纯电动餐厨垃圾车	YJW5100TCA
99	安徽爱瑞特新能源专用汽车股份有限公司	爱瑞特牌	(十二)59	纯电动压缩式垃圾车	ART5120ZYS
100	安徽爱瑞特新能源专用汽车股份有限公司	爱瑞特牌	(十二)59	纯电动密闭式桶装垃圾车	ART5030X

续上表

序号	企业名称	商标	《目录》序号	产品名称	产品型号
101	安徽爱瑞特新能源专用汽车股份有限公司	爱瑞特牌	(十二)59	纯电动自装卸式垃圾车	ART5041ZZZ
102	安徽爱瑞特新能源专用汽车股份有限公司	爱瑞特牌	(十二)59	纯电动餐厨垃圾车	ART5120TCA
103	福建龙马环卫装备股份有限公司	福龙马牌	(十三)16	纯电动洗扫车	FLM5120TXS
104	福建龙马环卫装备股份有限公司	福龙马牌	(十三)16	纯电动清洗车	FLM5180GQX
105	福建龙马环卫装备股份有限公司	福龙马牌	(十三)16	纯电动车厢可卸式垃圾车	FLM5041ZXX
106	山东沂星电动汽车有限公司	飞燕牌	(十五)25	纯电动城市客车	SDL6838、SDL6839、SDL6851
107	青岛中集环境保护设备有限公司	中集牌	(十五)99	纯电动餐厨垃圾车	ZJV5100TCA
108	山东科宇专用汽车制造有限公司	科宇牌	(十五)189	纯电动洗扫车	XQF5040TXS
109	郑州宇通重工有限公司	宇通牌	(十六)30	纯电动洗扫车	YTZ5101TXS
110	河南凯达汽车有限公司	凯恒达牌	(十六)70	纯电动餐厨垃圾车	HKD5090TCA
111	湖北五环专用汽车有限公司	华通牌	(十七)57	纯电动多功能抑尘车	HCQ5090TDY
112	湖北世纪中远车辆有限公司	中悦牌	(十七)86	纯电动路面养护车	ZYP5030TYH
113	长沙中联重科环境产业有限公司	中标牌	(十八)60	纯电动扫路车	ZBH5183TSL
114	中山市顺达客车有限公司	上佳牌	(十九)51	纯电动城市客车	HA6120
115	重庆穗通新能源汽车制造有限公司	穗通牌	(二十一)24	纯电动城市客车	YST6852

2. 道路机动车辆生产企业及产品(第328批)——新能源汽车节选

道路机动车辆生产企业及产品(第328批)于2020年2月14日发布,共计84个新能源汽车生产厂家,涉及81个新能源汽车品牌,154个新能源汽车产品进入公告。其中,纯电动产品共计135个(客车24个、客车底盘4个、乘用车24个、专用车72个、专用车底盘11个);插电式混合动力产品13个(客车1个、乘用车12个);燃料电池产品6个(客车4个、专用车1个、专用车底盘1个)。

(1)汽车生产企业。共计60个生产厂家、60个品牌、109个产品进入公告,其中纯电动产品共计90个(客车21个、客车底盘4个、乘用车24个、专用车30个、专用车底盘11个);插电式混合动力产品13个(客车1个、乘用车12个);燃料电池产品6个(包含:客车4个,专用车1个,专用车底盘1个)。

(2)民用改装车生产企业。共计24个生产厂家、24个品牌、45个产品进入公告,其中纯电动产品共计45个(客车3个、专用车42个)。

序号	企业名称	商标	《目录》序号	产品名称	产品型号
1	一汽-大众汽车有限公司	大众牌	2	插电式混合动力多用途乘用车	FV6462
2	东风汽车股份有限公司	东风牌	3	纯电动客车底盘	EQ6810
3	神龙汽车有限公司	富康牌	4	纯电动轿车	DC7002
4	上汽大众汽车有限公司	(VOLKSWAGEN)牌	5	纯电动轿车	SVW7005
5	上汽通用汽车有限公司	别克(BUICK)牌	6	插电式混合动力轿车	SGM7156
6	上汽通用汽车有限公司	别克(BUICK)牌	6	纯电动轿车	SGM7008
7	北京汽车制造厂有限公司	燕铃牌	9	纯电动轿车	BAW7000
8	北汽福田汽车股份有限公司	福田牌	9	插电式混合动力城市客车	BJ6855、BJ6127、BJ6123
9	北汽福田汽车股份有限公司	福田牌	9	纯电动城市客车	BJ6650、BJ6123
10	北汽福田汽车股份有限公司	福田牌	9	纯电动厢式运输车	BJ5039X
11	北京新能源汽车股份有限公司	北京牌	11	纯电动轿车	BJ7001
12	北京汽车股份有限公司	北京牌	11	纯电动轿车	BJ7000
13	长城汽车股份有限公司	欧拉牌	15	纯电动轿车	CC7001
14	长城汽车股份有限公司	魏派牌	15	插电式混合动力多用途乘用车	CC6481、CC6483
15	河北长安汽车有限公司	长安牌	22	纯电动城市客车	SC6805
16	山西新能源汽车工业有限公司	几何牌	25	纯电动轿车	JHC7003
17	山西新能源汽车工业有限公司	远程牌	25	纯电动低入口城市客车	JHC6120
18	丹东黄海汽车有限责任公司	黄海牌	29	纯电动除雪车	DD5032TCX
19	华晨汽车集团控股有限公司	中华牌	33	纯电动轿车	SY7001
20	上汽大通汽车有限公司	大通牌	41	纯电动多用途乘用车	SH6471
21	上汽大通汽车有限公司	跃进牌	41	燃料电池载货汽车底盘	SH1127
22	上汽大通汽车有限公司	跃进牌	41	燃料电池厢式运输车	SH5127X
23	上海申沃客车有限公司	申沃牌	42	纯电动低地板城市客车	SWB6109
24	南京汽车集团有限公司	依维柯牌	44	纯电动厢式运输车	NJ5047X
25	北汽(镇江)汽车有限公司	极狐(ARCFOX)牌	45	纯电动多用途乘用车	BJ6480
26	扬州亚星客车股份有限公司	亚星牌	49	燃料电池城市客车	JS6108
27	浙江飞碟汽车制造有限公司	飞碟牌	51	纯电动载货汽车底盘	FD1030
28	浙江飞碟汽车制造有限公司	飞碟牌	51	纯电动厢式运输车	FD5031X、FD5030X

续上表

序号	企业名称	商标	《目录》序号	产品名称	产品型号
29	浙江吉利汽车有限公司	吉利美日牌	52	插电式混合动力轿车	MR7153
30	浙江吉利汽车有限公司	英伦牌	52	插电式混合动力多用途乘用车	MR6490
31	浙江吉利汽车有限公司	英伦牌	52	插电式混合动力福祉车	MR5280X
32	浙江豪情汽车制造有限公司	领克牌	52	插电式混合动力多用途乘用车	JL6432
33	安徽安凯汽车股份有限公司	安凯牌	55	纯电动城市客车	HFF6829
34	安徽安凯汽车股份有限公司	安凯牌	55	纯电动客车	HFF6829
35	安徽江淮汽车集团股份有限公司	江淮牌	56	纯电动客车底盘	HFC6791
36	安徽江淮汽车集团股份有限公司	江淮牌	56	纯电动车厢可卸式垃圾车	HFC5040ZXX
37	安徽江淮汽车集团股份有限公司	江淮牌	56	纯电动轿车	HFC7000、HFC7002
38	安徽江淮汽车集团股份有限公司	江淮牌	56	纯电动邮政车	HFC5045X
39	江铃汽车股份有限公司	江铃牌	61	纯电动厢式运输车	JX5040X
40	江铃汽车股份有限公司	福特牌	61	纯电动多用途乘用车	JX6462
41	中国重型汽车集团有限公司	豪沃牌	63	燃料电池城市客车	ZZ6106、ZZ6126
42	中国重型汽车集团有限公司	豪沃牌	63	纯电动城市客车	ZZ6126、ZZ6806
43	中国重汽集团济南卡车股份有限公司	豪沃牌	63	纯电动载货汽车底盘	ZZ1257
44	中国重汽集团青岛重工有限公司	青专牌	65	纯电动车厢可卸式垃圾车	QDZ5180ZXX
45	山东唐骏欧铃汽车制造有限公司	欧铃牌	68	纯电动清洗车	ZB5040GQX
46	中国一拖集团有限公司	东方红牌	69	纯电动压缩式垃圾车	LT5081ZYS
47	中国一拖集团有限公司	东方红牌	69	纯电动多功能抑尘车	LT5183TDY
48	中国一拖集团有限公司	东方红牌	69	纯电动清洗车	LT5181GQX
49	中国一拖集团有限公司	东方红牌	69	纯电动车厢可卸式垃圾车	LT5181ZXX
50	中国一拖集团有限公司	东方红牌	69	纯电动餐厨垃圾车	LT5091TCA
51	比亚迪汽车工业有限公司	比亚迪牌	79	纯电动城市客车	BYD6100、BYD6660、BYD6810、BYD6600、BYD6101、BYD6850
52	比亚迪汽车工业有限公司	比亚迪牌	79	插电式混合动力轿车	BYD7200
53	比亚迪汽车工业有限公司	比亚迪牌	79	纯电动货车	BYD1040
54	比亚迪汽车工业有限公司	比亚迪牌	79	纯电动货车底盘	BYD1070
55	比亚迪汽车工业有限公司	比亚迪牌	79	纯电动轿车	BYD7002、BYD7009
56	安徽华菱汽车有限公司	华菱之星牌	81	纯电动载货汽车底盘	HN1310
57	安徽华菱汽车有限公司	华菱之星牌	81	纯电动混凝土搅拌运输车	HN5310GJB
58	广州广汽比亚迪新能源客车有限公司	广汽牌	89	纯电动压缩式垃圾车	GZ5180ZYS
59	广汽乘用车有限公司	合创牌	89	纯电动多用途乘用车	GAM6490
60	上汽通用五菱汽车股份有限公司	宝骏牌	92	纯电动轿车	LZW7003
61	重庆长安汽车股份有限公司	长安牌	96	纯电动载货汽车	SC1031
62	重庆长安汽车股份有限公司	长安牌	96	纯电动载货汽车底盘	SC1031
63	重庆长安汽车股份有限公司	长安牌	96	纯电动厢式运输车	SC5031X
64	重庆长安汽车股份有限公司	长安牌	96	纯电动仓栅式运输车	SC5031CCY
65	重庆长安汽车股份有限公司	长安牌	96	纯电动多用途乘用车	SC6484
66	中植一客成都汽车有限公司	中植汽车牌	100	纯电动城市客车	CDL6600
67	成都大运汽车集团有限公司	大运牌	101	纯电动载货汽车底盘	CGC1095
68	成都大运汽车集团有限公司	大运牌	101	纯电动厢式运输车	CGC5095X
69	成都大运汽车集团有限公司	大运牌	101	纯电动轿车	CGC7000
70	北汽云南瑞丽汽车有限公司	北京牌	103	纯电动轿车	BJ7000
71	东风云南汽车有限公司	东风牌	104	纯电动载货汽车底盘	EQ1046、EQ1040
72	东风云南汽车有限公司	东风牌	104	纯电动厢式运输车	EQ5046X
73	东风云南汽车有限公司	东风牌	104	纯电动洗扫车	EQ5040TXS
74	比亚迪汽车有限公司	比亚迪牌	108	插电式混合动力轿车	BYD7152
75	金龙联合汽车工业(苏州)有限公司	海格牌	112	纯电动城市客车	KLQ6590
76	奇瑞商用车(安徽)有限公司	小猬牌	119	纯电动多用途乘用车	SQR6465
77	奇瑞商用车(安徽)有限公司	开瑞牌	119	纯电动厢式运输车	SQR5034X、SQR5036X、SQR5033X
78	上海汽车集团股份有限公司	名爵牌	122	插电式混合动力轿车	CSA7152
79	上海汽车集团股份有限公司	荣威牌	122	插电式混合动力轿车	CSA7154
80	上海汽车集团股份有限公司	荣威牌	122	纯电动轿车	CSA7001
81	厦门金龙联合汽车工业有限公司	金龙牌	123	纯电动城市客车	XMQ6601
82	厦门金龙联合汽车工业有限公司	金龙牌	123	纯电动客车底盘	XMQ6500
83	厦门金龙旅行车有限公司	金旅牌	124	燃料电池城市客车	XML6105

续上表

序号	企业名称	商标	《目录》序号	产品名称	产品型号
84	厦门金龙旅行车有限公司	金旅牌	124	纯电动低入口城市客车底盘	XML6105
85	厦门金龙旅行车有限公司	金旅牌	124	纯电动城市客车	XML6885
86	厦门金龙旅行车有限公司	金旅牌	124	纯电动客车	XML6809
87	中通客车控股股份有限公司	中通牌	125	纯电动城市客车	LCK6826、LCK6108、LCK6720、LCK6669
88	中通客车控股股份有限公司	中通牌	125	纯电动客车	LCK6828
89	吉利四川商用车有限公司	远程牌	138	纯电动载货汽车底盘	DNC1047
90	吉利四川商用车有限公司	远程牌	138	纯电动低入口城市客车	DNC6100
91	吉利四川商用车有限公司	远程牌	138	纯电动冷藏车	DNC5047X
92	南京金龙客车制造有限公司	开沃牌	142	燃料电池低入口城市客车	NJL6100
93	南京金龙客车制造有限公司	开沃牌	142	纯电动低入口城市客车	NJL6129
94	中车时代电动汽车股份有限公司	中国中车牌	151	纯电动客车	TEG6900
95	四川南骏汽车集团有限公司	南骏牌	152	纯电动载货汽车	NJA1030
96	四川南骏汽车集团有限公司	南骏牌	152	纯电动载货汽车底盘	NJA1030
97	四川南骏汽车集团有限公司	南骏牌	152	纯电动厢式运输车	NJA5040X、NJA5030X
98	四川南骏汽车集团有限公司	南骏牌	152	纯电动仓栅式运输车	NJA5040CCY、NJA5030CCY
99	郑州宇通集团有限公司	宇通牌	166	纯电动载货汽车底盘	ZKH1102、ZKH1186、ZKH1081、ZKH1189、ZKH1080
100	珠海广通汽车有限公司	广通牌	169	纯电动城市客车	GTQ6121
101	浙江合众新能源汽车有限公司	哪吒牌	173	纯电动轿车	THZ7000
102	奇瑞新能源汽车股份有限公司	奇瑞牌	174	纯电动多用途乘用车	NEQ6460
103	奇瑞新能源汽车股份有限公司	奇瑞牌	174	纯电动轿车	NEQ7000
104	重庆金康新能源汽车有限公司	赛力斯牌	175	插电式增程混合动力多用途乘用车	SKE6470
105	中兴智能汽车有限公司	广客牌	181	纯电动城市客车	GTZ6817
106	东莞中汽宏远汽车有限公司	宏远牌	182	纯电动洗扫车	KMT5180TXS
107	奇瑞万达贵州客车股份有限公司	万达牌	184	纯电动城市客车	WD6600
108	天津清源电动车辆有限责任公司	清源牌	190	纯电动载货汽车底盘	QY1040
109	天津清源电动车辆有限责任公司	清源牌	190	纯电动厢式运输车	QY5040X
110	北京华林特装车有限公司	华林牌	(一)31	纯电动压缩式垃圾车	HLT5100ZYS
111	北京华林特装车有限公司	华林牌	(一)31	纯电动自装卸式垃圾车	HLT5042ZZZ
112	北京华林特装车有限公司	华林牌	(一)31	纯电动餐厨垃圾车	HLT5100TCA
113	北京事必达汽车有限责任公司	驰远牌	(一)32	纯电动压缩式垃圾车	BSP5080ZYS
114	北京天路通科技有限责任公司	天路牌	(一)44	纯电动检测车	BTL5031X
115	北京天路通科技有限责任公司	天路牌	(一)44	纯电动洗扫车	BTL5181TXS
116	航天晨光股份有限公司	三力牌	(十)34	纯电动压缩式垃圾车	CGJ5100ZYS
117	航天晨光股份有限公司	三力牌	(十)34	纯电动清洗车	CGJ5187GQX
118	江苏友谊汽车有限公司	友谊牌	(十)45	纯电动城市客车	ZGT6858
119	潍柴(扬州)特种车有限公司	金鸽牌	(十)57	纯电动清洗车	YZT5180GQX
120	江苏银宝专用车有限公司	银宝牌	(十)68	纯电动自装卸式垃圾车	SYB5042ZZZ
121	江苏悦达专用车有限公司	悦达牌	(十)69	纯电动邮政车	YD5030X
122	扬州三源机械有限公司	三联牌	(十)103	纯电动密闭式桶装垃圾车	YSY5040X
123	杭州西湖比亚迪新能源汽车有限公司	比亚迪牌	(十一)51	纯电动密闭式桶装垃圾车	XBE5070X
124	安徽爱瑞特新能源专用汽车股份有限公司	爱瑞特牌	(十二)59	纯电动压缩式垃圾车	ART5120ZYS
125	福建龙马环卫装备股份有限公司	福龙马牌	(十三)16	纯电动自装卸式垃圾车	FLM5040ZZZ
126	福建龙马环卫装备股份有限公司	福龙马牌	(十三)16	纯电动餐厨垃圾车	FLM5180TCA
127	江西凯马百路佳客车有限公司	江西牌	(十四)03	纯电动低入口城市客车	JXK6108
128	江西江铃汽车集团改装车股份有限公司	江铃牌	(十四)15	纯电动防弹运钞车	JX5045X
129	青岛中集环境保护设备有限公司	中集牌	(十五)99	纯电动压缩式垃圾车	ZJV5120ZYS
130	郑州宇通重工有限公司	宇通牌	(十六)30	纯电动压缩式垃圾车	YTZ5080ZYS
131	郑州宇通重工有限公司	宇通牌	(十六)30	纯电动密闭式桶装垃圾车	YTZ5080X
132	郑州宇通重工有限公司	宇通牌	(十六)30	纯电动洗扫车	YTZ5181TXS
133	郑州宇通重工有限公司	宇通牌	(十六)30	纯电动自卸式垃圾车	YTZ5180ZLJ
134	湖北五环专用汽车有限公司	华通牌	(十七)57	纯电动压缩式垃圾车	HCQ5090ZYS
135	湖北五环专用汽车有限公司	华通牌	(十七)57	纯电动自装卸式垃圾车	HCQ5030ZZZ
136	湖北五环专用汽车有限公司	华通牌	(十七)57	纯电动路面养护车	HCQ5030TYH
137	湖北五环专用汽车有限公司	华通牌	(十七)57	纯电动车厢可卸式垃圾车	HCQ5030ZXX
138	徐工湖北环保科技股份有限公司	徐工牌	(十七)119	纯电动多功能抑尘车	DXA5180TDY

续上表

序号	企业名称	商标	《目录》序号	产品名称	产品型号
139	长沙中联重科环境产业有限公司	中联牌	（十八）60	纯电动压缩式垃圾车	ZBH5180ZYS
140	长沙中联重科环境产业有限公司	中联牌	（十八）60	纯电动清洗车	ZBH5182GQX
141	长沙中联重科环境产业有限公司	中联牌	（十八）60	纯电动自装卸式垃圾车	ZBH5040ZZZ
142	长沙中联重科环境产业有限公司	中联牌	（十八）60	纯电动车厢可卸式垃圾车	ZBH5180ZXX
143	广东宝龙汽车有限公司	宝龙牌	（十九）20	纯电动密闭式桶装垃圾车	TBL5060X
144	广州穗景客车制造有限公司	广巴牌	（十九）33	纯电动城市客车	GB6850
145	重庆耐德新明和工业有限公司	山花牌	（二十一）08	纯电动压缩式垃圾车	JHA5183ZYS
146	贵州贵航云马汽车工业有限责任公司	云马牌	（二十三）08	纯电动压缩式垃圾车	YM5090ZYS
147	贵州贵航云马汽车工业有限责任公司	云马牌	（二十三）08	纯电动多功能抑尘车	YM5090TDY
148	贵州贵航云马汽车工业有限责任公司	云马牌	（二十三）08	纯电动密闭式桶装垃圾车	YM5030X
149	贵州贵航云马汽车工业有限责任公司	云马牌	（二十三）08	纯电动洒水车	YM5090GSS
150	贵州贵航云马汽车工业有限责任公司	云马牌	（二十三）08	纯电动自装卸式垃圾车	YM5030ZZZ
151	贵州贵航云马汽车工业有限责任公司	云马牌	（二十三）08	纯电动路面养护车	YM5030TYH
152	贵州贵航云马汽车工业有限责任公司	云马牌	（二十三）08	纯电动车厢可卸式垃圾车	YM5030ZXX
153	洛阳中集凌宇汽车有限公司	凌宇牌	ZY001	纯电动多功能抑尘车	CLY5180TDY
154	洛阳中集凌宇汽车有限公司	凌宇牌	ZY001	纯电动洒水车	CLY5180GSS

3. 道路机动车辆生产企业及产品（第 329 批）——新能源汽车节选

道路机动车辆生产企业及产品（第 329 批）于 2020 年 3 月 6 日发布，共计 43 个新能源汽车生产厂家，涉及 38 个新能源汽车品牌，57 个新能源汽车产品进入公告。其中，纯电动产品共计 51 个（客车 9 个、客车底盘 2 个、乘用车 15 个、专用车 25 个）；插电式混合动力产品 5 个（客车 1 个、专用车 1 个、专用车底盘 1 个、乘用车 2 个）；燃料电池产品 1 个（客车 1 个）。

（1）汽车生产企业。共计 27 个生产厂家、26 个品牌、38 个产品进入公告，其中纯电动产品共计 32 个（客车 9 个、乘用车 15 个、专用车 6 个、专用车底盘 2 个）；插电式混合动力产品 5 个（客车 1 个、专用车 1 个、专用车底盘 1 个、乘用车 2 个）；燃料电池产品 1 个（客车 1 个）。

（2）民用改装车生产企业。共计 16 个生产厂家、15 个品牌、19 个产品进入公告，其中纯电动产品共计 19 个（专用车 19 个）。

序号	企业名称	商标	《目录》序号	产品名称	产品型号
1	中国第一汽车集团有限公司	一汽牌	1	纯电动多用途乘用车	CA6463
2	东风特种汽车有限公司	东风牌	3	纯电动城市客车	EQ6850
3	北京宝沃汽车股份有限公司	宝沃牌	9	纯电动多用途乘用车	BW6472
4	北汽福田汽车股份有限公司	福田牌	9	插电式混合动力双层城市客车	BJ6128
5	北汽福田汽车股份有限公司	福田牌	9	纯电动清洗车	BJ5102GQX
6	北汽福田汽车股份有限公司	福田牌	9	纯电动餐车	BJ5048X
7	北京新能源汽车股份有限公司	北京牌	11	纯电动轿车	BJ7000
8	山西新能源汽车工业有限公司	远程牌	25	纯电动低入口城市客车	JHC6100
9	威马汽车制造温州有限公司	威尔马斯特牌	34	纯电动多用途乘用车	SZS6460、SZS6480
10	安徽江淮汽车集团股份有限公司	江淮牌	56	纯电动邮政车	HFC5049X
11	中国一拖集团有限公司	东方红牌	69	纯电动自卸式垃圾车	LT5181ZLJ
12	郑州宇通客车股份有限公司	宇通牌	71	纯电动城市客车	ZK6815
13	比亚迪汽车工业有限公司	比亚迪牌	79	纯电动载货汽车底盘	BYD1041
14	比亚迪汽车工业有限公司	比亚迪牌	79	纯电动货车底盘	BYD1120
15	广汽乘用车（杭州）有限公司	传祺（Trumpchi）牌	89	纯电动轿车	GAH7000
16	广汽乘用车有限公司	传祺（Trumpchi）牌	89	纯电动多用途乘用车	GAM6460
17	广汽乘用车有限公司	传祺（Trumpchi）牌	89	纯电动轿车	GAM7000
18	四川野马汽车股份有限公司	野马牌	101	纯电动多用途乘用车	SQJ6460
19	四川野马汽车股份有限公司	野马牌	101	纯电动轿车	SQJ7001
20	上海汽车集团股份有限公司	荣威牌	122	插电式混合动力多用途乘用车	CSA6454
21	上海汽车集团股份有限公司	荣威牌	122	纯电动轿车	CSA7002
22	中通客车控股股份有限公司	中通牌	125	纯电动城市客车	LCK6108
23	重庆恒通客车有限公司	恒通客车牌	127	纯电动城市客车	CKZ6852
24	海马汽车有限公司	小鹏牌	128	纯电动轿车	HMA7000
25	海马汽车有限公司	海马牌	128	插电式混合动力轿车	HMA7122
26	吉利四川商用车有限公司	远程牌	138	插电式混合动力载货汽车底盘	DNC1077
27	吉利四川商用车有限公司	远程牌	138	纯电动载货汽车	DNC1047
28	吉利四川商用车有限公司	远程牌	138	插电式混合动力厢式运输车	DNC5077X
29	南京金龙客车制造有限公司	开沃牌	142	纯电动轻型客车	NJL6520

续上表

序号	企业名称	商标	《目录》序号	产品名称	产品型号
30	南京金龙客车制造有限公司	开沃牌	142	纯电动厢式运输车	NJL5038X
31	中车时代电动汽车股份有限公司	中国中车牌	151	燃料电池城市客车	TEG6120
32	中车时代电动汽车股份有限公司	中国中车牌	151	纯电动城市客车	TEG6803
33	浙江合众新能源汽车有限公司	哪吒牌	173	纯电动轿车	THZ7001
34	奇瑞新能源汽车股份有限公司	奇瑞牌	174	纯电动轿车	NEQ7000
35	重庆金康新能源汽车有限公司	赛力斯牌	175	纯电动多用途乘用车	SKE6470
36	中兴智能汽车有限公司	广客牌	181	纯电动城市客车	GTZ6655
37	广西汽车集团有限公司	五菱牌	188	纯电动城市客车	GXA6600、GXA6601
38	特斯拉(上海)有限公司	特斯拉牌	194	纯电动轿车	TSL7000
39	北京北重汽车改装有限公司	北重电牌	(一)03	纯电动多功能抑尘车	BZD5183TDY
40	北京华林特装车有限公司	华林牌	(一)31	纯电动压缩式垃圾车	HLT5121ZYS
41	北京天路通科技有限责任公司	天路牌	(一)44	纯电动吸尘车	BTL5040TXC、BTL5041TXC
42	唐山亚特专用汽车有限公司	亚特重工牌	(三)03	纯电动压缩式垃圾车	TZ5090ZYS
43	邯郸市肥乡区远达车辆制造有限公司	永康牌	(三)44	纯电动洒水车	CXY5180GSS
44	扬州三源机械有限公司	三联牌	(十)103	纯电动压缩式垃圾车	YSY5100ZYS
45	徐州徐工环境技术有限公司	徐工牌	(十)153	纯电动车厢可卸式垃圾车	XGH5310ZXX
46	杭州西湖比亚迪新能源汽车有限公司	比亚迪牌	(十一)51	纯电动路面养护车	XBE5040TYH
47	烟台海德专用汽车有限公司	海德牌	(十五)20	纯电动洗扫车	CHD5100TXS
48	烟台海德专用汽车有限公司	海德牌	(十五)20	纯电动车厢可卸式垃圾车	CHD5250ZXX
49	聊城中通新能源汽车装备有限公司	东岳牌	(十五)70	纯电动压缩式垃圾车	ZTQ5181ZYS
50	青岛中集环境保护设备有限公司	中集牌	(十五)99	纯电动压缩式垃圾车	ZJV5180ZYS
51	青岛中集环境保护设备有限公司	中集牌	(十五)99	纯电动餐厨垃圾车	ZJV5120TCA、ZJV5180TCA
52	郑州宇通重工有限公司	宇通牌	(十六)30	纯电动压缩式垃圾车	YTZ5101ZYS
53	郑州宇通重工有限公司	宇通牌	(十六)30	纯电动餐厨垃圾车	YTZ5100TCA
54	徐工湖北环保科技股份有限公司	徐工牌	(十七)119	纯电动绿化喷洒车	DXA5180GPS
55	长沙中联重科环境产业有限公司	中联牌	(十八)60	纯电动环境监测车	ZBH5040X
56	柳州五菱汽车工业有限公司	五菱牌	(二十)09	纯电动厢式运输车	LQG5028X
57	云南航天神州汽车有限公司	神州牌	(二十四)04	纯电动厢式运输车	YH5032X

4. 道路机动车辆生产企业及产品(第330批)——新能源汽车节选

道路机动车辆生产企业及产品(第330批)于2020年4月1日发布,共计63个新能源汽车生产厂家,涉及59个新能源汽车品牌,107个新能源汽车产品进入公告。其中,纯电动产品共计88个(客车21个、客车底盘2个、乘用车12个、专用车45个、专用车底盘8个);插电式混合动力产品12个(客车2个、专用车5个、专用车底盘2个、乘用车3个);燃料电池产品7个(客车2个、专用车3个、专用车底盘2个)。

(1)汽车生产企业。共计43个生产厂家、44个品牌、80个产品进入公告,其中纯电动产品共计61个(客车21个、客车底盘2个、乘用车12个、专用车18个、专用车底盘8个);插电式混合动力产品12个(客车2个、专用车5个、专用车底盘2个、乘用车3个);燃料电池产品7个(客车2个、专用车3个、专用车底盘2个)。

(2)民用改装车生产企业。共计20个生产厂家、19个品牌、27个产品进入公告,其中纯电动产品共计27个(专用车27个)。

序号	企业名称	商标	《目录》序号	产品名称	产品型号
1	东风汽车有限公司	启辰牌	3	纯电动轿车	DFL7000
2	北京汽车制造厂有限公司	燕铃牌	9	纯电动轿车	BAW7000
3	北汽福田汽车股份有限公司	福田牌	9	插电式混合动力城市客车	BJ6147、BJ6107
4	北汽福田汽车股份有限公司	福田牌	9	插电式混合动力铰接城市客车	BJ6160
5	北汽福田汽车股份有限公司	福田牌	9	燃料电池客车	BJ6116
6	北京汽车股份有限公司	北京牌	11	纯电动轿车	BJ7000
7	威马汽车制造温州有限公司	威尔马斯特牌	34	纯电动多用途乘用车	SZS6460、SZS6480
8	上汽大通汽车有限公司	大通牌	41	纯电动厢式运输车	SH5041X、SH5042X
9	上汽大通汽车有限公司	大通牌	41	插电式混合动力多用途乘用车	SH6484
10	上汽大通汽车有限公司	跃进牌	41	燃料电池载货汽车底盘	SH1187
11	上汽大通汽车有限公司	跃进牌	41	纯电动载货汽车底盘	SH1047
12	上汽大通汽车有限公司	跃进牌	41	燃料电池厢式运输车	SH5187X
13	上汽大通汽车有限公司	跃进牌	41	纯电动厢式运输车	SH5047X
14	南京汽车集团有限公司	依维柯牌	44	纯电动客车底盘	NJ6567
15	徐州徐工汽车制造有限公司	徐工牌	48	纯电动载货汽车底盘	XGA1042
16	徐州徐工汽车制造有限公司	徐工牌	48	纯电动厢式运输车	XGA5042X

续上表

序号	企业名称	商标	《目录》序号	产品名称	产品型号
17	潍柴(扬州)亚星新能源商用车有限公司	亚星牌	49	燃料电池厢式运输车	YBL5040X
18	浙江吉利汽车有限公司	英伦牌	52	插电式混合动力福祉车	MR5030X
19	浙江豪情汽车制造有限公司	领克牌	52	插电式混合动力多用途乘用车	JL6432
20	安徽安凯汽车股份有限公司	安凯牌	55	纯电动城市客车	HFF6855
21	安徽江淮汽车集团股份有限公司	江淮牌	56	纯电动邮政车	HFC5031X
22	一汽解放青岛汽车有限公司	解放牌	64	纯电动载货汽车底盘	CA1047、CA1045、CA1044、CA1049
23	一汽解放青岛汽车有限公司	解放牌	64	纯电动厢式运输车	CA5047X、CA5044X、CA5049X、CA5045X、CA5046X
24	中国重汽集团青岛重工有限公司	青专牌	65	纯电动压缩式垃圾车	QDZ5180ZYS
25	山东汽车制造有限公司	陕汽牌	67	纯电动载货汽车底盘	YTQ1042
26	山东汽车制造有限公司	陕汽牌	67	纯电动厢式运输车	YTQ5042X
27	郑州宇通客车股份有限公司	宇通牌	71	纯电动客车	ZK6907
28	郑州宇通客车股份有限公司	宇通牌	71	纯电动客车底盘	ZK6867
29	比亚迪汽车工业有限公司	比亚迪牌	79	纯电动低入口城市客车	BYD6122、BYD6101
30	比亚迪汽车工业有限公司	比亚迪牌	79	纯电动厢式运输车	BYD5041X
31	比亚迪汽车工业有限公司	比亚迪牌	79	纯电动货车底盘	BYD104017BBEVD1
32	比亚迪汽车工业有限公司	比亚迪牌	79	纯电动轿车	BYD7002、BYD7009
33	安徽华菱汽车有限公司	华菱之星牌	81	纯电动载货汽车底盘	HN1311
34	安徽华菱汽车有限公司	华菱之星牌	81	纯电动混凝土搅拌运输车	HN5311GJB
35	广州广汽比亚迪新能源客车有限公司	广汽牌	89	纯电动低入口城市客车	GZ6122
36	广州广汽比亚迪新能源客车有限公司	广汽牌	89	纯电动城市客车	GZ6850、GZ6101
37	广汽乘用车有限公司	传祺(Trumpchi)牌	89	纯电动多用途乘用车	GAM6460
38	广汽乘用车有限公司	传祺(Trumpchi)牌	89	纯电动轿车	GAM7000
39	东风柳州汽车有限公司	乘龙牌	91	燃料电池载货汽车底盘	LZ1090
40	东风柳州汽车有限公司	乘龙牌	91	燃料电池厢式运输车	LZ5090X
41	上汽通用五菱汽车股份有限公司	五菱牌	92	纯电动轿车	LZW7004
42	重庆理想汽车有限公司	理想智动牌	93	插电式混合动力多用途乘用车	LXA6500
43	中植一客成都汽车有限公司	中植汽车牌	100	纯电动城市客车	CDL6590
44	金龙联合汽车工业(苏州)有限公司	海格牌	112	纯电动低入口城市客车	KLQ6606
45	金龙联合汽车工业(苏州)有限公司	海格牌	112	纯电动城市客车	KLQ6650、KLQ6822、KLQ6816
46	奇瑞汽车股份有限公司	奇瑞牌	119	纯电动轿车	SQR7000
47	上海汽车集团股份有限公司	名爵牌	122	插电式混合动力巡逻车	CSA5023TXU
48	上海汽车集团股份有限公司	荣威牌	122	纯电动多用途乘用车	CSA6471
49	上海汽车集团股份有限公司	荣威牌	122	纯电动轿车	CSA7002
50	厦门金龙联合汽车工业有限公司	金龙牌	123	纯电动城市客车	XMQ6810
51	厦门金龙联合汽车工业有限公司	金龙牌	123	纯电动客车	XMQ6706
52	厦门金龙旅行车有限公司	金旅牌	124	纯电动城市客车	XML6606
53	厦门金龙旅行车有限公司	金旅牌	124	纯电动厢式运输车	XML5043X
54	中通客车控股股份有限公司	中通牌	125	纯电动低入口城市客车	LCK6126
55	中通客车控股股份有限公司	中通牌	125	纯电动城市客车	LCK6118
56	上海申龙客车有限公司	申龙牌	129	纯电动低地板城市客车	SLK6115
57	吉利四川商用车有限公司	远程牌	138	插电式混合动力载货汽车底盘	DNC1087
58	吉利四川商用车有限公司	远程牌	138	纯电动载货汽车底盘	DNC1047、DNC1087
59	吉利四川商用车有限公司	远程牌	138	插电式混合动力厢式运输车	DNC5087X
60	吉利四川商用车有限公司	远程牌	138	纯电动厢式运输车	DNC5087X、DNC5047X
61	吉利四川商用车有限公司	远程牌	138	插电式混合动力防疫车	DNC5047X
62	南京金龙客车制造有限公司	开沃牌	142	纯电动载货汽车底盘	NJL1311、NJL1080、NJL1310、NJL1320
63	南京金龙客车制造有限公司	开沃牌	142	纯电动自卸汽车	NJL3310、NJL3311
64	南京金龙客车制造有限公司	开沃牌	142	纯电动城市客车	NJL6871
65	南京金龙客车制造有限公司	开沃牌	142	纯电动厢式运输车	NJL5026X、NJL5038X
66	南京金龙客车制造有限公司	开沃牌	142	纯电动压缩式垃圾车	NJL5080ZYS
67	南京金龙客车制造有限公司	开沃牌	142	纯电动混凝土搅拌运输车	NJL5320GJB
68	华晨鑫源重庆汽车有限公司	鑫源牌	146	纯电动冷藏车	JKC5034X
69	中车时代电动汽车股份有限公司	中国中车牌	151	纯电动城市客车	TEG6803、TEG6805、TEG6853
70	珠海广通汽车有限公司	广通牌	169	纯电动双层城市客车	GTQ6131

续上表

序号	企业名称	商标	《目录》序号	产品名称	产品型号
71	珠海广通汽车有限公司	广通牌	169	纯电动城市客车	GTQ6129、GTQ6600、GTQ6858、GTQ6105、GTQ6126
72	珠海广通汽车有限公司	广通牌	169	纯电动餐厨垃圾车	GTQ5121TCA
73	奇瑞新能源汽车股份有限公司	奇瑞牌	174	纯电动轿车	NEQ7000
74	佛山市飞驰汽车制造有限公司	飞驰牌	177	燃料电池城市客车	FSQ6121
75	佛山市飞驰汽车制造有限公司	飞驰牌	177	纯电动城市客车	FSQ6850
76	中兴智能汽车有限公司	广客牌	181	纯电动城市客车	GTZ6605
77	重庆瑞驰汽车实业有限公司	瑞驰牌	189	纯电动封闭货车	CRC5030X
78	山东丽驰新能源汽车有限公司	丽驰牌	192	插电式增程混合动力厢式运输车	HLD5040X
79	山东丽驰新能源汽车有限公司	丽驰牌	192	插电式增程混合动力厢式运输车底盘	HLD1040
80	延边国泰新能源汽车有限公司	长白山牌	197	纯电动城市客车	JYB6850
81	北京事必达汽车有限责任公司	驰远牌	(一)32	纯电动餐厨垃圾车	BSP5080TCA
82	邯郸市肥乡区远达车辆制造有限公司	永康牌	(三)44	纯电动多功能抑尘车	CXY5180TDY
83	邯郸市肥乡区远达车辆制造有限公司	永康牌	(三)44	纯电动洗扫车	CXY5180TXS
84	远大汽车制造股份有限公司	衡霸牌	(三)84	纯电动吸污车	YYD5180GXW
85	上海航空特种车辆有限责任公司	赛沃牌	(九)14	纯电动器材消防车	SHF5021TXF
86	航天晨光股份有限公司	三力牌	(十)34	纯电动吸粪车	CGJ5100GXE
87	航天晨光股份有限公司	三力牌	(十)34	纯电动洗扫车	CGJ5187TXS
88	徐州工程机械集团有限公司	徐工牌	(十)48	纯电动路面养护车	XZJ5040TYH
89	江苏银宝专用车有限公司	银宝牌	(十)68	纯电动餐厨垃圾车	SYB5122TCA
90	扬州三源机械有限公司	三联牌	(十)103	纯电动自装卸式垃圾车	YSY5100ZZZ
91	扬州三源机械有限公司	三联牌	(十)103	纯电动车厢可卸式垃圾车	YSY5120ZXX
92	扬州三源机械有限公司	三联牌	(十)103	纯电动餐厨垃圾车	YSY5100TCA
93	福建龙马环卫装备股份有限公司	福龙马牌	(十三)16	纯电动压缩式对接垃圾车	FLM5040ZDJ
94	山东沂星电动汽车有限公司	飞燕牌	(十五)25	纯电动厢式运输车	SDL5030X
95	郑州宏达汽车工业有限公司	郑龙牌	(十六)21	纯电动封闭货车	JYC5030X
96	郑州宇通重工有限公司	宇通牌	(十六)30	纯电动扫路车	YTZ5101TSL
97	郑州宇通重工有限公司	宇通牌	(十六)30	纯电动自卸式垃圾车	YTZ5100ZLJ
98	徐工湖北环保科技股份有限公司	徐工牌	(十七)119	纯电动路面养护车	DXA5040TYH
99	长沙中联重科环境产业有限公司	中联牌	(十八)60	纯电动吸粪车	ZBH5101GXE
100	长沙中联重科环境产业有限公司	中联牌	(十八)60	纯电动车厢可卸式垃圾车	ZBH5320ZXX
101	深圳开沃汽车有限公司	开沃牌	(十九)67	纯电动自卸式垃圾车	XQX5310ZLJ
102	柳州五菱汽车工业有限公司	五菱牌	(二十)09	纯电动厢式运输车	LQG5026X
103	重庆迪马工业有限责任公司	迪马牌	(二十一)05	纯电动银行车	DMT5042X
104	重庆凯瑞特种车有限公司	重特牌	(二十一)10	纯电动冷藏车	QYZ5030X
105	一汽(四川)专用汽车有限公司	远达牌	(二十二)01	纯电动洒水车	SCZ5180GSS
106	甘肃建投重工科技有限公司	高漠牌	(二十七)16	纯电动压缩式垃圾车	GSK5070ZYS
107	甘肃建投重工科技有限公司	高漠牌	(二十七)16	纯电动清洗车	GSK5180GQX

5. 道路机动车辆生产企业及产品(第331批)——新能源汽车节选

道路机动车辆生产企业及产品(第331批)于2020年4月27日发布,共计98个新能源汽车生产厂家,涉及96个新能源汽车品牌,187个新能源汽车产品进入公告。其中,纯电动产品共计177个(客车47个、客车底盘6个、乘用车30个、专用车82个、专用车底盘12个);插电式混合动力产品6个(客车2个、专用车3个、专用车底盘1个);燃料电池产品4个(客车3个、客车底盘1个)。

(1)汽车生产企业。共计64个生产厂家、62个品牌、140个产品进入公告,其中纯电动产品共计130个(客车41个、客车底盘6个、乘用车30个、专用车41个、专用车底盘12个);插电式混合动力产品6个(客车2个、专用车3个、专用车底盘1个);燃料电池产品4个(客车3个、客车底盘1个)。

(2)民用改装车生产企业。共计34个生产厂家、33个品牌、47个产品进入公告,其中纯电动产品共计47个(客车6个、专用车41个)。

序号	企业名称	商标	《目录》序号	产品名称	产品型号
1	中国第一汽车集团有限公司	红旗牌	1	纯电动轿车	CA7002
2	中国第一汽车集团有限公司	解放牌	1	燃料电池低入口城市客车	CA6100
3	一汽吉林汽车有限公司	解放牌	1	纯电动多用途乘用车	CA6440
4	一汽-大众汽车有限公司	大众牌	2	纯电动轿车	FV7002
5	一汽-大众汽车有限公司	奥迪(AUDI)牌	2	纯电动轿车	FV7001
6	东风汽车股份有限公司	东风牌	3	纯电动载货汽车底盘	EQ1040

续上表

序号	企业名称	商标	《目录》序号	产品名称	产品型号
7	东风汽车股份有限公司	东风牌	3	纯电动客车底盘	EQ6800、EQ6100、EQ6770
8	东风汽车股份有限公司	东风牌	3	纯电动厢式运输车	DFA5030X、DFA5040X
9	东风汽车集团有限公司	东风牌	3	纯电动载货汽车	EQ1040
10	东风汽车集团有限公司	东风牌	3	纯电动载货汽车底盘	EQ1040
11	东风汽车集团有限公司	东风牌	3	燃料电池客车底盘	EQ6100
12	东风汽车集团有限公司	东风牌	3	纯电动厢式运输车	EQ5040X
13	东风汽车集团有限公司	俊风牌	3	纯电动轿车	DFA7000
14	东风汽车集团有限公司	风神牌	3	纯电动轿车	DFM7000
15	北汽福田汽车股份有限公司	福田牌	9	纯电动载货汽车	BJ1045
16	北汽福田汽车股份有限公司	福田牌	9	纯电动客车	BJ6126
17	北汽福田汽车股份有限公司	福田牌	9	纯电动厢式运输车	BJ5039X、BJ5045X
18	北京新能源汽车股份有限公司	北京牌	11	纯电动轿车	BJ7000
19	北京汽车股份有限公司	北京牌	11	纯电动轿车	BJ7000
20	河北长安汽车有限公司	长安牌	22	纯电动冷藏车	SC5031X
21	山西新能源汽车工业有限公司	几何牌	25	纯电动轿车	JHC7003
22	上汽大通汽车有限公司	大通牌	41	纯电动多用途乘用车	SH6472、SH6485
23	上海申沃客车有限公司	申沃牌	42	纯电动城市客车	SWB6108、SWB6128
24	北汽蓝谷麦格纳汽车有限公司	极狐(ARCFOX)牌	45	纯电动多用途乘用车	BJ6480
25	浙江豪情汽车制造有限公司	极星牌	52	纯电动轿车	VCC7002
26	安徽安凯汽车股份有限公司	安凯牌	55	纯电动城市客车	HFF6600、HFF6800
27	安徽安凯汽车股份有限公司	安凯牌	55	纯电动客车	HFF6113
28	安徽江淮汽车集团股份有限公司	江淮牌	56	纯电动电力工程车	HFC5049X
29	安徽江淮汽车集团股份有限公司	江淮牌	56	纯电动轿车	HFC7000
30	福建新福达汽车工业有限公司	福达(FORTA)牌	58	纯电动载货汽车底盘	FZ1033
31	福建新福达汽车工业有限公司	福达(FORTA)牌	58	纯电动轻型客车	FZ6456
32	福建新福达汽车工业有限公司	福达(FORTA)牌	58	纯电动售货汽车	FZ5033X
33	福建新龙马汽车股份有限公司	福建牌	58	纯电动厢式运输车	FJ5020X、FJ5030X
34	江西五十铃汽车有限公司	江西五十铃牌	61	纯电动载货汽车底盘	JXW1040
35	江西五十铃汽车有限公司	江西五十铃牌	61	纯电动厢式运输车	JXW5040X
36	江铃汽车股份有限公司	江铃牌	61	纯电动客车	JX6571
37	江西江铃集团晶马汽车有限公司	晶马牌	62	纯电动器材消防车	JMV5021TXF
38	中国重型汽车集团有限公司	豪沃牌	63	纯电动城市客车	ZZ6106
39	一汽解放青岛汽车有限公司	解放牌	64	纯电动厢式运输车	CA5041X
40	一汽解放青岛汽车有限公司	解放牌	64	纯电动仓栅式运输车	CA5046CCY
41	中国一拖集团有限公司	东方红牌	69	纯电动压缩式垃圾车	LT5181ZYS
42	郑州宇通客车股份有限公司	宇通牌	71	纯电动低入口城市客车	ZK6126
43	郑州宇通客车股份有限公司	宇通牌	71	纯电动低地板城市客车	ZK6126
44	郑州宇通客车股份有限公司	宇通牌	71	纯电动双层低地板城市客车	ZK6126
45	郑州宇通客车股份有限公司	宇通牌	71	纯电动城市客车	ZK6820
46	郑州宇通客车股份有限公司	宇通牌	71	纯电动客车	ZK6820
47	郑州日产汽车有限公司	东风牌	72	纯电动多用途货车	ZN1033
48	湖北三环汽车有限公司	十通牌	76	纯电动厢式运输车	STQ5181X
49	比亚迪汽车工业有限公司	比亚迪牌	79	纯电动低入口城市客车	BYD6122
50	比亚迪汽车工业有限公司	比亚迪牌	79	纯电动低地板城市客车	BYD6123、BYD6100
51	比亚迪汽车工业有限公司	比亚迪牌	79	纯电动城市客车	BYD6810
52	比亚迪汽车工业有限公司	比亚迪牌	79	纯电动混凝土搅拌运输车	BYD5310GJB
53	比亚迪汽车工业有限公司	比亚迪牌	79	纯电动货车底盘	BYD1310
54	广州广汽比亚迪新能源客车有限公司	广汽牌	89	纯电动城市客车	GZ6660
55	广汽丰田汽车有限公司	广汽(GAC)牌	89	纯电动轿车	GTM70012BEV
56	广汽乘用车有限公司	传祺(Trumpchi)牌	89	纯电动多用途乘用车	GAM6480、GAM6460
57	广汽乘用车有限公司	传祺(Trumpchi)牌	89	纯电动轿车	GAM7000
58	东风柳州汽车有限公司	东风牌	91	纯电动救护车	LZ5030X
59	东风柳州汽车有限公司	乘龙牌	91	纯电动载货汽车	LZ1047
60	东风柳州汽车有限公司	乘龙牌	91	纯电动载货汽车底盘	LZ1040
61	上汽通用五菱汽车股份有限公司	五菱牌	92	纯电动厢式运输车	LZW5024X
62	上汽通用五菱汽车股份有限公司	五菱牌	92	纯电动多用途乘用车	LZW6450
63	上汽通用五菱汽车股份有限公司	五菱牌	92	纯电动轿车	LZW7004
64	上汽通用五菱汽车股份有限公司	宝骏牌	92	纯电动轿车	LZW7001

续上表

序号	企业名称	商标	《目录》序号	产品名称	产品型号
65	庆铃汽车股份有限公司	庆铃牌(繁体)	95	纯电动载货汽车底盘	QL1180
66	成都大运汽车集团有限公司	大运牌	101	纯电动载货汽车底盘	CGC1180
67	成都大运汽车集团有限公司	大运牌	101	纯电动洗扫车	CGC5180TXS
68	成都大运汽车集团有限公司	大运牌	101	纯电动清洗车	CGC5180GQX
69	陕西汽车集团有限责任公司	陕汽牌	110	纯电动自卸汽车	SX3317、SX3257
70	陕西汽车集团有限责任公司	陕汽牌	110	纯电动自卸汽车底盘	SX3317、SX3257
71	金龙联合汽车工业(苏州)有限公司	海格牌	112	插电式混合动力城市客车	KLQ6856
72	金龙联合汽车工业(苏州)有限公司	海格牌	112	纯电动低入口城市客车	KLQ6856、KLQ6106
73	金龙联合汽车工业(苏州)有限公司	海格牌	112	纯电动城市客车	KLQ6650、KLQ6816
74	奇瑞商用车(安徽)有限公司	开瑞牌	119	纯电动轿车	SQR7000
75	奇瑞汽车股份有限公司	奇瑞牌	119	纯电动轿车	SQR7000
76	江铃控股有限公司	爱驰牌	121	纯电动多用途乘用车	JX6473、JX6471
77	厦门金龙联合汽车工业有限公司	金龙牌	123	纯电动城市客车	XMQ6850、XMQ6810、XMQ6115、XMQ6106、XMQ6127、XMQ6900、XMQ6601
78	厦门金龙联合汽车工业有限公司	金龙牌	123	纯电动客车	XMQ6127
79	厦门金龙联合汽车工业有限公司	金龙牌	123	纯电动厢式运输车	XMQ5030X
80	厦门金龙旅行车有限公司	金旅牌	124	纯电动城市客车	XML6885
81	厦门金龙旅行车有限公司	金旅牌	124	纯电动客车	XML6112
82	厦门金龙旅行车有限公司	金旅牌	124	纯电动冷藏车	XML5036X
83	厦门金龙旅行车有限公司	金旅牌	124	纯电动邮政车	XML5036X
84	中通客车控股股份有限公司	中通牌	125	纯电动低入口城市客车	LCK6120
85	中通客车控股股份有限公司	中通牌	125	纯电动低地板城市客车	LCK6106
86	中通客车控股股份有限公司	中通牌	125	纯电动城市客车	LCK6900
87	中通客车控股股份有限公司	中通牌	125	纯电动厢式运输车	LCK5036X
88	上海申龙客车有限公司	申龙牌	129	纯电动双层城市客车	SLK6109
89	上海申龙客车有限公司	申龙牌	129	纯电动城市客车	SLK6859、SLK6109、SLK6129
90	上海申龙客车有限公司	申龙牌	129	纯电动客车	SLK6118
91	上海申龙客车有限公司	申龙牌	129	纯电动客车底盘	SLK6819、SLK6118、SLK6109、SLK6129
92	山西成功汽车制造有限公司	太行成功牌	130	纯电动多用途乘用车	SCH6450
93	明君汽车有限公司	华凯牌	133	纯电动轿车	MJC7000
94	吉利四川商用车有限公司	远程牌	138	插电式混合动力载货汽车底盘	DNC1100、DNC1042
95	吉利四川商用车有限公司	远程牌	138	纯电动载货汽车	DNC1047
96	吉利四川商用车有限公司	远程牌	138	纯电动载货汽车底盘	DNC1047
97	吉利四川商用车有限公司	远程牌	138	插电式混合动力低入口城市客车	DNC6100
98	吉利四川商用车有限公司	远程牌	138	燃料电池城市客车	DNC6850
99	吉利四川商用车有限公司	远程牌	138	纯电动低入口城市客车	DNC6100
100	吉利四川商用车有限公司	远程牌	138	纯电动城市客车	DNC6110、DNC6850
101	吉利四川商用车有限公司	远程牌	138	纯电动客车	DNC6110
102	吉利四川商用车有限公司	远程牌	138	插电式混合动力厢式运输车	DNC5100X
103	吉利四川商用车有限公司	远程牌	138	插电式混合动力冷藏车	DNC5042X
104	吉利四川商用车有限公司	远程牌	138	插电式混合动力旅居车	DNC5067X
105	吉利四川商用车有限公司	远程牌	138	纯电动救护车	DNC5037X
106	南京金龙客车制造有限公司	开沃牌	142	纯电动载货汽车底盘	NJL1043、NJL1080、NJL1312
107	南京金龙客车制造有限公司	开沃牌	142	纯电动自卸汽车	NJL3312
108	南京金龙客车制造有限公司	开沃牌	142	纯电动厢式运输车	NJL5026X、NJL5043X
109	南京金龙客车制造有限公司	开沃牌	142	纯电动冷藏车	NJL5043X
110	南京金龙客车制造有限公司	开沃牌	142	纯电动多用途乘用车	NJL6470、NJL6420、NJL6471
111	南京金龙客车制造有限公司	开沃牌	142	纯电动餐厨垃圾车	NJL5080TCA
112	中车时代电动汽车股份有限公司	中国中车牌	151	纯电动城市客车	TEG6661、TEG6110、TEG6591、TEG6129
113	中车时代电动汽车股份有限公司	中国中车牌	151	纯电动城市客车底盘	TEG6123
114	森源汽车股份有限公司	森源牌	155	纯电动邮政车	YBM5040X
115	江苏吉麦新能源车业有限公司	凌宝牌	159	纯电动轿车	HXK7000
116	成都客车股份有限公司	蜀都牌	162	纯电动城市客车	CDK6660、CDK6590
117	江西江铃集团新能源汽车有限公司	易至牌	165	纯电动轿车	JX7001

续上表

序号	企业名称	商标	《目录》序号	产品名称	产品型号
118	上海万象汽车制造有限公司	象牌	168	纯电动低地板城市客车	SXC6112、SXC6122
119	上海万象汽车制造有限公司	象牌	168	纯电动城市客车底盘	SXC6120
120	上海万象汽车制造有限公司	象牌	168	纯电动厢式运输车	SXC5032X
121	珠海广通汽车有限公司	广通牌	169	纯电动城市客车	GTQ6103、GTQ6105、GTQ6800
122	珠海广通汽车有限公司	广通牌	169	纯电动客车	GTQ6119
123	珠海广通汽车有限公司	广通牌	169	纯电动压缩式垃圾车	GTQ5181ZYS
124	浙江合众新能源汽车有限公司	哪吒牌	173	纯电动多用途乘用车	THZ6450
125	浙江合众新能源汽车有限公司	哪吒牌	173	纯电动轿车	THZ7002、THZ7003、THZ7001
126	奇瑞新能源汽车股份有限公司	奇瑞牌	174	纯电动多用途乘用车	NEQ6460
127	成都广通汽车有限公司	广通牌	180	纯电动城市客车	CAT6690
128	东莞中汽宏远汽车有限公司	宏远牌	182	纯电动客车底盘	KMT6101、KMT6760
129	广西申龙汽车制造有限公司	紫象牌	183	纯电动城市客车	HQK6109、HQK6859
130	广西申龙汽车制造有限公司	紫象牌	183	纯电动客车底盘	HQK6109、HQK6819
131	奇瑞万达贵州客车股份有限公司	万达牌	184	纯电动城市客车	WD6875、WD6105
132	广西汽车集团有限公司	五菱牌	188	纯电动城市客车	GXA6605、GXA6600、GXA6601、GXA6602
133	广西汽车集团有限公司	五菱牌	188	纯电动厢式运输车	GXA5030X、GXA5033X、
134	广西汽车集团有限公司	五菱牌	188	纯电动厢式运输车	GXA5031X、GXA5032X
135	广西汽车集团有限公司	创菱牌	188	纯电动城市客车	GXA6605、GXA6600、GXA6601、GXA6602
136	广西汽车集团有限公司	创菱牌	188	纯电动厢式运输车	GXA5030X、GXA5033X、
137	广西汽车集团有限公司	创菱牌	188	纯电动厢式运输车	GXA5031X、GXA5032X
138	河南德力新能源汽车有限公司	德帅牌	191	纯电动载货汽车底盘	DLP1030
139	河南德力新能源汽车有限公司	德帅牌	191	纯电动厢式运输车	DLP5030X
140	延边国泰新能源汽车有限公司	长白山牌	197	燃料电池城市客车	JYB6100
141	北京北重汽车改装有限公司	北重电牌	(一)03	纯电动压缩式垃圾车	BZD5090ZYS、BZD5120ZYS
142	北京事必达汽车有限责任公司	驰远牌	(一)32	纯电动检测车	BSP5030X
143	北京事必达汽车有限责任公司	驰远牌	(一)32	纯电动路面养护车	BSP5040TYH
144	北京天路通科技有限责任公司	天路牌	(一)44	纯电动洒水车	BTL5181GSS
145	唐山亚特专用汽车有限公司	亚特重工牌	(三)03	纯电动清洗车	TZ5180GQX
146	鞍山森远路桥股份有限公司	森远牌	(六)51	纯电动洗扫车	AD5040TXS
147	鞍山森远路桥股份有限公司	森远牌	(六)51	纯电动餐厨垃圾车	AD5100TCA、AD5120TCA
148	上海神舟精宜汽车制造有限公司	交大神舟牌	(九)44	纯电动扫路车	SSZ5040TSL
149	航天晨光股份有限公司	三力牌	(十)34	纯电动路面养护车	CGJ5046TYH
150	江苏银宝专用车有限公司	银宝牌	(十)68	纯电动餐厨垃圾车	SYB5101TCA
151	南京德兴汽车车辆改装有限公司	德欣牌	(十)96	纯电动餐厨垃圾车	NDX5080TCA
152	国唐汽车有限公司	国唐牌	(十)106	纯电动低入口城市客车	SGK6106、SGK6126
153	国唐汽车有限公司	国唐牌	(十)106	纯电动城市客车	SGK6856、SGK6106
154	扬州金威环保科技有限公司	金鼲牌	(十)128	纯电动清洗车	YJW5181GQX
155	徐州徐工环境技术有限公司	徐工牌	(十)153	纯电动洗扫车	XGH5180TXS
156	徐州徐工环境技术有限公司	徐工牌	(十)153	纯电动清洗车	XGH5180GQX
157	浙江中车电车有限公司	中国中车牌	(十一)17	纯电动城市客车	CSR6123
158	杭州西湖比亚迪新能源汽车有限公司	比亚迪牌	(十一)51	纯电动车厢可卸式垃圾车	XBE5320ZXX
159	安徽华信电动科技股份有限公司	皖信牌	(十二)81	纯电动自装卸式垃圾车	WHX5030ZZZ
160	福建龙马环卫装备股份有限公司	福龙马牌	(十三)16	纯电动桶装垃圾运输车	FLM5040CTY
161	江西宜春客车厂有限公司	中宜牌	(十四)14	纯电动低地板城市客车	JYK6102
162	江西宜春客车厂有限公司	中宜牌	(十四)14	纯电动城市客车	JYK6800
163	青岛索尔汽车有限公司	康福佳牌	(十五)48	纯电动高空作业车	QJM5033JGK
164	聊城中通新能源汽车装备有限公司	东岳牌	(十五)70	纯电动密闭式桶装垃圾车	ZTQ5070X
165	聊城中通新能源汽车装备有限公司	东岳牌	(十五)70	纯电动车厢可卸式垃圾车	ZTQ5040ZXX
166	郑州宇通重工有限公司	宇通牌	(十六)30	纯电动自装卸式垃圾车	YTZ5041ZZZ
167	河南宜和城保装备科技实业有限公司	宜和牌	(十六)41	纯电动照明车	HYH5033X
168	凯达环境科技有限公司	凯恒达牌	(十六)70	纯电动扫路车	HKD5040TSL
169	凯达环境科技有限公司	凯恒达牌	(十六)70	纯电动洗扫车	HKD5120TXS
170	郑州比克新能源汽车有限公司	比克牌	(十六)96	纯电动路面养护车	BAK5030TYH
171	湖北聚力汽车技术股份有限公司	聚尘王牌	(十七)05	纯电动吸尘车	HNY5100TXC
172	武汉客车制造股份有限公司	华中牌	(十七)49	纯电动城市客车	WH6810
173	湖北五环专用汽车有限公司	华通牌	(十七)57	纯电动洗扫车	HCQ5180TXS

续上表

序号	企业名称	商标	《目录》序号	产品名称	产品型号
174	湖北宏宇专用汽车有限公司	虹宇牌	(十七)90	纯电动路面养护车	HYS5030TYH
175	合加新能源汽车有限公司	合加牌	(十七)98	纯电动车厢可卸式垃圾车	HJK5040ZXX
176	徐工湖北环保科技股份有限公司	徐工牌	(十七)119	纯电动洗扫车	DXA5180TXS
177	徐工湖北环保科技股份有限公司	徐工牌	(十七)119	纯电动清洗车	DXA5180GQX
178	长沙中联重科环境产业有限公司	中联牌	(十八)60	纯电动垃圾桶清洗车	ZBH5120TQX
179	长沙中联重科环境产业有限公司	中联牌	(十八)60	纯电动多功能抑尘车	ZBH5181TDY
180	长沙中联重科环境产业有限公司	中联牌	(十八)60	纯电动密闭式桶装垃圾车	ZBH5070X
181	长沙中联重科环境产业有限公司	中联牌	(十八)60	纯电动护栏清洗车	ZBH5120GQX
182	长沙中联重科环境产业有限公司	中联牌	(十八)60	纯电动路面养护车	ZBH5040TYH
183	长沙中联重科环境产业有限公司	中联牌	(十八)60	纯电动车厢可卸式垃圾车	ZBH5251ZXX
184	深圳开沃汽车有限公司	开沃牌	(十九)67	纯电动自卸式垃圾车	XQX5310ZLJ
185	中国重汽集团柳州运力专用汽车有限公司	运力牌	(二十)05	纯电动洒水车	LG5180GSS
186	成都今创嘉蓝环保科技有限公司	今创嘉蓝牌	(二十二)52	纯电动自装卸式垃圾车	KTE5031ZZZ
187	甘肃建投重工科技有限公司	高漠牌	(二十七)16	纯电动多功能抑尘车	GSK5180TDY

6. 道路机动车辆生产企业及产品(第332批)——新能源汽车节选

道路机动车辆生产企业及产品(第332批)于2020年5月18日发布,共计11个新能源汽车生产厂家,涉及11个新能源汽车品牌,15个新能源汽车产品进入公告。其中,纯电动产品共计15个(客车4个、乘用车2个、专用车9个)。

(1)汽车生产企业。共计9个生产厂家、9个品牌、12个产品进入公告,其中纯电动产品共计12个(客车4个、乘用车2个、专用车6个)。

(2)民用改装车生产企业。共计2个生产厂家、2个品牌、3个产品进入公告,其中纯电动产品共计3个(专用车3个)。

序号	企业名称	商标	《目录》序号	产品名称	产品型号
1	北汽福田汽车股份有限公司	福田牌	9	纯电动冷藏车	BJ5045X
2	福建新龙马汽车股份有限公司	福建牌	58	纯电动厢式运输车	FJ5030X
3	东风柳州汽车有限公司	乘龙牌	91	纯电动厢式运输车	LZ5040X
4	奇瑞商用车(安徽)有限公司	开瑞牌	119	纯电动仓栅式运输车	SQR5043CCY、SQR5045CCY
5	奇瑞商用车(安徽)有限公司	开瑞牌	119	纯电动普通货车	SQR1046
6	中通客车控股股份有限公司	中通牌	125	纯电动低入口城市客车	LCK6106
7	中通客车控股股份有限公司	中通牌	125	纯电动城市客车	LCK6806
8	中通客车控股股份有限公司	中通牌	125	纯电动客车	LCK6806
9	广东福迪汽车有限公司	小鹏牌	140	纯电动轿车	NHQ7000
10	南京金龙客车制造有限公司	开沃牌	142	纯电动电源车	NJL5080X
11	中车时代电动汽车股份有限公司	中国中车牌	151	纯电动城市客车	TEG6110
12	奇瑞新能源汽车股份有限公司	奇瑞牌	174	纯电动轿车	NEQ7000
13	郑州比克新能源汽车有限公司	比克牌	(十六)96	纯电动封闭货车	BAK5021X
14	长沙中联重科环境产业有限公司	中联牌	(十八)60	纯电动洗扫车	ZBH5180TXS
15	长沙中联重科环境产业有限公司	中联牌	(十八)60	纯电动清洗车	ZBH5182GQX

7. 道路机动车辆生产企业及产品(第333批)——新能源汽车节选

道路机动车辆生产企业及产品(第333批)于2020年6月11日发布,共计106个新能源汽车生产厂家,涉及102个新能源汽车品牌,198个新能源汽车产品进入公告。其中,纯电动产品共计177个(客车43个、客车底盘6个、乘用车27个、专用车87个、专用车底盘14个);插电式混合动力产品16个(客车1个、专用车6个、乘用车9个);燃料电池产品5个(客车2个、客车底盘1个、专用车2个)。

(1)汽车生产企业。共计67个生产厂家、67个品牌、145个产品进入公告,其中,纯电动产品共计128个(客车38个、客车底盘6个、乘用车27个、专用车43个、专用车底盘14个);插电式混合动力产品13个(客车1个、专用车3个、乘用车9个);燃料电池产品4个(客车2个、客车底盘1个、专用车1个)。

(2)民用改装车生产企业。共计39个生产厂家、39个品牌、53个产品进入公告,其中纯电动产品共计49个(客车5个、专用车44个);插电式混合动力产品3个(专用车3个);燃料电池产品1个(专用车1个)。

序号	企业名称	商标	《目录》序号	产品名称	产品型号
1	一汽-大众汽车有限公司	奥迪(AUDI)牌	2	纯电动多用途乘用车	FV6494
2	东风汽车股份有限公司	东风牌	3	纯电动载货汽车底盘	EQ1090、EQ1040
3	东风汽车股份有限公司	东风牌	3	纯电动客车底盘	EQ6990、EQ6560、EQ6760
4	东风汽车股份有限公司	东风牌	3	纯电动厢式运输车	DFA5030X、DFA5040X

续上表

序号	企业名称	商标	《目录》序号	产品名称	产品型号
5	东风汽车集团有限公司	东风牌	3	燃料电池载货汽车底盘	EQ1090
6	东风汽车集团有限公司	东风牌	3	纯电动载货汽车底盘	EQ1040
7	东风汽车集团有限公司	东风牌	3	纯电动厢式运输车	EQ5040X
8	东风汽车集团有限公司	东风牌	3	纯电动仓栅式运输车	EQ5040CCY
9	东风汽车集团有限公司	东风牌	3	纯电动冷藏车	EQ5040X
10	东风汽车集团有限公司	风神牌	3	纯电动轿车	DFM7000
11	北汽福田汽车股份有限公司	福田牌	9	纯电动冷藏车	BJ5065X、BJ5045X
12	北汽福田汽车股份有限公司	福田牌	9	纯电动密闭式桶装垃圾车	BJ5062X
13	北汽福田汽车股份有限公司	福田牌	9	纯电动邮政车	BJ5039X
14	北京新能源汽车股份有限公司	北京牌	11	纯电动轿车	BJ7001
15	长城汽车股份有限公司	欧拉牌	15	纯电动轿车	CC7000
16	河北中兴汽车制造有限公司	田野牌	19	纯电动多用途乘用车	BQ6460
17	山西新能源汽车工业有限公司	几何牌	25	纯电动轿车	JHC7002、JHC7003
18	山西新能源汽车工业有限公司	远程牌	25	纯电动低入口城市客车	JHC6100
19	山西新能源汽车工业有限公司	远程牌	25	纯电动城市客车	JHC6850
20	一汽客车(大连)有限公司	解放牌	28	纯电动城市客车	CA6109
21	北汽(广州)汽车有限公司	北京牌	30	插电式混合动力多用途乘用车	BJ6472
22	华晨宝马汽车有限公司	宝马(BMW)牌	33	插电式混合动力多用途乘用车	BMW6462
23	华晨宝马汽车有限公司	宝马(BMW)牌	33	插电式混合动力轿车	BMW7201
24	华晨宝马汽车有限公司	宝马(BMW)牌	33	纯电动多用途乘用车	BMW6475
25	湖北星晖新能源智能汽车有限公司	威马牌	36	纯电动多用途乘用车	EXH6480
26	上汽大通汽车有限公司	大通牌	41	纯电动客车	SH6591
27	上汽大通汽车有限公司	大通牌	41	纯电动厢式运输车	SH5024X
28	上汽大通汽车有限公司	跃进牌	41	纯电动厢式运输车	SH5047X
29	上汽大通汽车有限公司	跃进牌	41	纯电动邮政车	SH5047X
30	上海申沃客车有限公司	申沃牌	42	纯电动城市客车	SWB6108
31	北汽蓝谷麦格纳汽车有限公司	极狐(ARCFOX)牌	45	纯电动多用途乘用车	BJ6480
32	扬州亚星客车股份有限公司	亚星牌	49	纯电动双层城市客车	JS6111
33	浙江吉利汽车有限公司	吉利牌	52	插电式混合动力多用途乘用车	MR6471
34	浙江吉利汽车有限公司	吉利美日牌	52	插电式混合动力多用途乘用车	MR6463
35	浙江吉利汽车有限公司	领克牌	52	插电式混合动力多用途乘用车	MR6453
36	浙江豪情汽车制造有限公司	帝豪牌	52	插电式混合动力多用途乘用车	JL6432
37	安徽安凯汽车股份有限公司*	安凯牌	55	纯电动城市客车	HFF6100、HFF6800
38	安徽江淮汽车集团股份有限公司	江淮牌	56	纯电动载货汽车底盘	HFC1031
39	安徽江淮汽车集团股份有限公司	江淮牌	56	纯电动客车底盘	HFC6621
40	安徽江淮汽车集团股份有限公司	江淮牌	56	纯电动厢式运输车	HFC5045X、HFC5037X、HFC5031X
41	安徽江淮汽车集团股份有限公司	江淮牌	56	纯电动多用途货车	HFC1037
42	安徽江淮汽车集团股份有限公司	江淮牌	56	纯电动多用途货车底盘	HFC1037
43	江西江铃集团晶马汽车有限公司	晶马牌	62	纯电动城市客车	JMV6821
44	江西江铃集团晶马汽车有限公司	晶马牌	62	纯电动客车	JMV6821
45	中国重型汽车集团有限公司	豪沃牌	63	纯电动城市客车	ZZ6126
46	中国重型汽车集团有限公司	豪沃牌	63	纯电动客车	ZZ6126
47	一汽解放青岛汽车有限公司	解放牌	64	纯电动仓栅式运输车	CA5045CCY、CA5047CCY
48	郑州宇通客车股份有限公司	宇通牌	71	纯电动低入口城市客车	ZK6106、ZK6126
49	郑州宇通客车股份有限公司	宇通牌	71	纯电动低地板城市客车	ZK6126
50	郑州宇通客车股份有限公司	宇通牌	71	纯电动城市客车	ZK6117、ZK6126、ZK6650、ZK6820
51	郑州宇通客车股份有限公司	宇通牌	71	纯电动客车	ZK6117、ZK6827
52	郑州宇通客车股份有限公司	宇通牌	71	纯电动客车底盘	ZK6117、ZK6780
53	湖北新楚风汽车股份有限公司	楚风牌	73	纯电动邮政车	HQG5037X、HQG5043X
54	比亚迪汽车工业有限公司	比亚迪牌	79	纯电动自卸汽车	BYD3310
55	比亚迪汽车工业有限公司	比亚迪牌	79	纯电动多用途乘用车	BYD6490
56	比亚迪汽车工业有限公司	比亚迪牌	79	纯电动货车底盘	BYD1310
57	广州广汽比亚迪新能源客车有限公司	广汽牌	89	纯电动自卸式垃圾车	GZ5310ZLJ
58	广汽丰田汽车有限公司	广汽(GAC)牌	89	纯电动轿车	GTM7002
59	广汽本田汽车有限公司	理念(EVERUS)牌	89	纯电动轿车	GHA7000
60	东风柳州汽车有限公司	东风牌	91	纯电动轿车	LZ7005

续上表

序号	企业名称	商标	《目录》序号	产品名称	产品型号
61	上汽通用五菱汽车股份有限公司	五菱牌	92	纯电动邮政车	LZW5024X
62	上汽通用五菱汽车股份有限公司	宝骏牌	92	插电式混合动力多用途乘用车	LZW6461
63	上汽通用五菱汽车股份有限公司	宝骏牌	92	纯电动轿车	LZW7003、LZW7001、LZW7002
64	重庆力帆乘用车有限公司	力帆牌	93	纯电动多用途乘用车	LF6440
65	重庆力帆乘用车有限公司	力帆牌	93	纯电动轿车	LF7002
66	庆铃汽车股份有限公司	庆铃牌(繁体)	95	纯电动载货汽车底盘	QL1041
67	庆铃汽车股份有限公司	庆铃牌(繁体)	95	纯电动厢式运输车	QL5041X
68	重庆长安汽车股份有限公司	长安牌	96	纯电动厢式运输车	SC5024X
69	长安福特汽车有限公司	福特牌	96	插电式混合动力多用途乘用车	CAF6461
70	中植一客成都汽车有限公司	中植汽车牌	100	纯电动低入口城市客车	CDL6101
71	中植一客成都汽车有限公司	中植汽车牌	100	纯电动城市客车	CDL6101、CDL6660
72	成都大运汽车集团有限公司	大运牌	101	纯电动载货汽车底盘	CGC1125
73	成都大运汽车集团有限公司	大运牌	101	纯电动冷藏车	CGC5045X
74	成都大运汽车集团有限公司	大运牌	101	纯电动多功能抑尘车	CGC5180TDY
75	成都大运汽车集团有限公司	大运牌	101	纯电动洗扫车	CGC5125TXS
76	北汽云南瑞丽汽车有限公司	北京牌	103	纯电动轿车	BJ7000
77	比亚迪汽车有限公司	比亚迪牌	108	纯电动多用途乘用车	BYD6470
78	比亚迪汽车有限公司	比亚迪牌	108	纯电动轿车	BYD7005、BYD7008
79	陕西汽车集团有限责任公司	陕汽牌	110	纯电动载货汽车底盘	SX1046
80	陕西汽车集团有限责任公司	陕汽牌	110	纯电动自卸汽车	SX3120
81	陕西汽车集团有限责任公司	陕汽牌	110	纯电动自卸汽车底盘	SX3120
82	陕西汽车集团有限责任公司	陕汽牌	110	纯电动厢式运输车	SX5046X
83	金龙联合汽车工业(苏州)有限公司	海格牌	112	纯电动低入口城市客车	KLQ6106
84	金龙联合汽车工业(苏州)有限公司	海格牌	112	纯电动低入口城市客车底盘	KLQ6106
85	金龙联合汽车工业(苏州)有限公司	海格牌	112	纯电动城市客车	KLQ6126、KLQ6829
86	金龙联合汽车工业(苏州)有限公司	海格牌	112	纯电动客车	KLQ6590
87	奇瑞商用车(安徽)有限公司	威麟牌	119	纯电动城市客车	SQR6100、SQR6880
88	奇瑞商用车(安徽)有限公司	开瑞牌	119	纯电动厢式运输车	SQR5034X、SQR5037X、SQR5033X、SQR5046X、SQR5035X
89	奇瑞商用车(安徽)有限公司	开瑞牌	119	纯电动货车底盘	SQR1033
90	奇瑞商用车(安徽)有限公司	开瑞牌	119	纯电动邮政车	SQR5035X
91	奇瑞汽车股份有限公司	奇瑞牌	119	纯电动轿车	SQR7000
92	上海汽车集团股份有限公司	科莱威牌	122	纯电动轿车	CSA7001
93	厦门金龙联合汽车工业有限公司	金龙牌	123	燃料电池城市客车	XMQ6850
94	厦门金龙联合汽车工业有限公司	金龙牌	123	纯电动双层城市客车	XMQ6108
95	厦门金龙联合汽车工业有限公司	金龙牌	123	纯电动客车	XMQ6112
96	厦门金龙联合汽车工业有限公司	金龙牌	123	纯电动厢式运输车	XMQ5030X
97	厦门金龙旅行车有限公司	金旅牌	124	纯电动城市客车	XML6105
98	厦门金龙旅行车有限公司	金旅牌	124	纯电动客车	XML6907、XML6112
99	中通客车控股股份有限公司	中通牌	125	纯电动城市客车	LCK6605、LCK6106
100	中通客车控股股份有限公司	中通牌	125	纯电动客车	LCK6605、LCK6116
101	中通客车控股股份有限公司	中通牌	125	燃料电池保温车	LCK5095X
102	中通客车控股股份有限公司	中通牌	125	纯电动保温车	LCK5095X
103	上海申龙客车有限公司	申龙牌	129	纯电动城市客车	SLK6819、SLK6663、SLK6118、SLK6109
104	上海申龙客车有限公司	申龙牌	129	纯电动客车底盘	SLK6789、SLK6109、SLK6623
105	山西成功汽车制造有限公司	太行成功牌	130	纯电动多用途乘用车	SCH6450
106	山西成功汽车制造有限公司	太行成功牌	130	纯电动封闭货车	SCH5010X
107	湖南恒润汽车有限公司	恒润牌	132	纯电动多用途乘用车	HRQ6351
108	吉利四川商用车有限公司	远程牌	138	纯电动载货汽车	DNC1107
109	吉利四川商用车有限公司	远程牌	138	纯电动载货汽车底盘	DNC1107、DNC1042
110	吉利四川商用车有限公司	远程牌	138	纯电动低入口城市客车	DNC6100
111	吉利四川商用车有限公司	远程牌	138	纯电动城市客车	DNC6850
112	吉利四川商用车有限公司	远程牌	138	插电式混合动力厢式运输车	DNC5042X
113	吉利四川商用车有限公司	远程牌	138	纯电动厢式运输车	DNC5042X
114	吉利四川商用车有限公司	远程牌	138	插电式混合动力冷藏车	DNC5042X
115	吉利四川商用车有限公司	远程牌	138	插电式混合动力救护车	DNC5067X

续上表

序号	企业名称	商标	《目录》序号	产品名称	产品型号
116	南京金龙客车制造有限公司	开沃牌	142	纯电动载货汽车底盘	NJL1311、NJL1160
117	南京金龙客车制造有限公司	开沃牌	142	纯电动城市客车	NJL6809、NJL6106、NJL6600、NJL6856
118	南京金龙客车制造有限公司	开沃牌	142	纯电动客车	NJL6117
119	南京金龙客车制造有限公司	开沃牌	142	纯电动客车底盘	NJL6791
120	南京金龙客车制造有限公司	开沃牌	142	纯电动密闭式桶装垃圾车	NJL5040X、NJL5080X
121	南京金龙客车制造有限公司	开沃牌	142	纯电动电源车	NJL5139X
122	华晨鑫源重庆汽车有限公司	鑫源牌	146	纯电动载货汽车	JKC1034
123	华晨鑫源重庆汽车有限公司	鑫源牌	146	纯电动载货汽车底盘	JKC1034
124	华晨鑫源重庆汽车有限公司	鑫源牌	146	纯电动厢式运输车	JKC5034X
125	中车时代电动汽车股份有限公司	中国中车牌	151	插电式混合动力城市客车	TEG6106
126	程力汽车集团股份有限公司	程力牌	153	纯电动压缩式垃圾车	CL5091ZYS
127	江苏吉麦新能源车业有限公司	凌宝牌	159	纯电动轿车	HXK7000
128	珠海广通汽车有限公司	广通牌	169	纯电动城市客车	GTQ6858、GTQ6105
129	前途汽车(苏州)有限公司	前途牌	171	纯电动轿车	QTE7000
130	佛山市飞驰汽车制造有限公司	飞驰牌	177	燃料电池城市客车	FSQ6111
131	中兴智能汽车有限公司	广客牌	181	纯电动城市客车	GTZ6107
132	枫盛汽车(江苏)有限公司	枫叶牌	186	纯电动多用途乘用车	JWT6470
133	广西汽车集团有限公司	五菱牌	188	纯电动城市客车	GXA6600、GXA6601
134	广西汽车集团有限公司	五菱牌	188	纯电动厢式运输车	GXA5030X、GXA5033X、GXA5031X、GXA5032X
135	广西汽车集团有限公司	五菱牌	188	纯电动冷藏车	GXA5030X
136	广西汽车集团有限公司	五菱牌	188	纯电动邮政车	GXA5030X
137	广西汽车集团有限公司	创菱牌	188	纯电动城市客车	GXA6520、GXA6600、GXA6601
138	广西汽车集团有限公司	创菱牌	188	纯电动厢式运输车	GXA5030X、GXA5033X、GXA5031X、GXA5032X
139	重庆瑞驰汽车实业有限公司	瑞驰牌	189	纯电动邮政车	CRC5030X
140	特斯拉(上海)有限公司	特斯拉牌	194	纯电动轿车	TSL7000
141	延边国泰新能源汽车有限公司	长白山牌	197	纯电动城市客车	JYB6850
142	贵州万仁汽车集团有限公司	万仁牌	200	纯电动厢式运输车	WR5010X
143	贵州万仁汽车集团有限公司	万仁牌	200	纯电动多用途货车	WR1010
144	贵州万仁汽车集团有限公司	万仁牌	200	纯电动多用途货车底盘	WR1010
145	江西博能新能源汽车有限公司	上观牌	201	纯电动低入口城市客车	BSR6106
146	北京北重汽车改装有限公司	北重电牌	(一)03	纯电动多功能抑尘车	BZD5090TDY
147	北京市政中燕工程机械制造有限公司	中燕牌	(一)04	纯电动自卸式垃圾车	BSZ5041ZLJ
148	北京华林特装车有限公司	华林牌	(一)31	纯电动密闭式桶装垃圾车	HLT5042X
149	北京环卫集团环卫装备有限公司	亚洁牌	(一)31	纯电动路面养护车	BQJ5040TYH
150	唐山亚特专用汽车有限公司	亚特重工牌	(三)03	纯电动压缩式垃圾车	TZ5180ZYS
151	华晨客车(大连)有限公司	佰斯威牌	(六)32	纯电动城市客车	WK6101
152	鞍山森远路桥股份有限公司	森远牌	(六)51	纯电动车厢可卸式垃圾车	AD5180ZXX
153	江苏紫琅汽车集团股份有限公司	紫琅牌	(十)11	纯电动低入口城市客车	NTT6105
154	江苏常隆客车有限公司	常隆牌	(十)17	纯电动城市客车	YS6600
155	航天晨光股份有限公司	三力牌	(十)34	纯电动洗扫车	CGJ5100TXS
156	江苏悦达专用车有限公司	悦达牌	(十)69	纯电动压缩式垃圾车	YD5182ZYS
157	南京金长江交通设施有限公司	路鑫牌	(十)82	纯电动密闭式桶装垃圾车	NJJ5040X
158	扬州金威环保科技有限公司	金驫牌	(十)128	纯电动洗扫车	YJW5184TXS、YJW5080TXS
159	中汽商用汽车有限公司(杭州)	中汽牌	(十一)37	插电式混合动力自装卸式垃圾车	ZQZ5080ZZZ
160	中汽商用汽车有限公司(杭州)	中汽牌	(十一)37	插电式混合动力餐厨垃圾车	ZQZ5080TCA
161	中汽商用汽车有限公司(杭州)	中汽牌	(十一)37	纯电动压缩式垃圾车	ZQZ5080ZYS
162	中汽商用汽车有限公司(杭州)	中汽牌	(十一)37	纯电动密闭式桶装垃圾车	ZQZ5040X
163	中汽商用汽车有限公司(杭州)	中汽牌	(十一)37	纯电动路面养护车	ZQZ5040TYH
164	杭州西湖比亚迪新能源汽车有限公司	比亚迪牌	(十一)51	纯电动多功能抑尘车	XBE5180TDY
165	杭州西湖比亚迪新能源汽车有限公司	比亚迪牌	(十一)51	纯电动清洗车	XBE5120GQX
166	安徽华信电动科技股份有限公司	皖信牌	(十二)81	纯电动桶装垃圾运输车	WHX5030CTY
167	安徽华信电动科技股份有限公司	皖信牌	(十二)81	纯电动路面养护车	WHX5030TYH
168	福建龙马环卫装备股份有限公司	福龙马牌	(十三)16	纯电动扫路车	FLM5080TSL
169	福建龙马环卫装备股份有限公司	福龙马牌	(十三)16	纯电动洗扫车	FLM5080TXS

续上表

序号	企业名称	商标	《目录》序号	产品名称	产品型号
170	烟台海德专用汽车有限公司	海德牌	（十五）20	纯电动洒水车	CHD5250GSS
171	烟台海德专用汽车有限公司	海德牌	（十五）20	纯电动车厢可卸式垃圾车	CHD5183ZXX
172	山东沂星电动汽车有限公司	飞燕牌	（十五）25	纯电动城市客车	SDL6810、SDL6811、SDL6660
173	山东沂星电动汽车有限公司	飞燕牌	（十五）25	纯电动餐车	SDL5020X
174	青岛索尔汽车有限公司	青索牌	（十五）48	纯电动电源车	QJM5310X
175	聊城中通新能源汽车装备有限公司	东岳牌	（十五）70	纯电动车厢可卸式垃圾车	ZTQ5041ZXX
176	山东奥特姆新能源汽车制造有限公司	奥特姆牌	（十五）234	纯电动冷藏车	YMK5010X
177	中福田意环境技术（青岛）有限公司	华司令牌	（十五）405	纯电动压缩式垃圾车	ZTY5030ZYS
178	中福田意环境技术（青岛）有限公司	华司令牌	（十五）405	纯电动洗扫车	ZTY5030TXS
179	安阳市德力专用汽车有限公司	德帅牌	（十六）48	纯电动厢式运输车	DSP5030X
180	安阳市德力专用汽车有限公司	德帅牌	（十六）48	纯电动车厢可卸式垃圾车	DSP5030ZXX
181	洛阳广通汽车有限公司	广通牌	（十六）112	纯电动清洗车	LGQ5181GQX
182	开封金诺车业有限公司	国马牌	（十六）120	纯电动自装卸式垃圾车	KJN5040ZZZ
183	合加新能源汽车有限公司	合加牌	（十七）98	纯电动压缩式垃圾车	HJK5100ZYS
184	合加新能源汽车有限公司	合加牌	（十七）98	纯电动路面养护车	HJK5040TYH
185	徐工湖北环保科技股份有限公司	徐工牌	（十七）119	纯电动自装卸式垃圾车	DXA5040ZZZ
186	徐工湖北环保科技股份有限公司	徐工牌	（十七）119	纯电动车厢可卸式垃圾车	DXA5180ZXX
187	广州市环境卫生机械设备厂	广环牌	（十九）06	纯电动洒水车	GH5183GSS
188	广州穗景客车制造有限公司	广巴牌	（十九）33	纯电动城市客车	GB6850
189	广州广日专用汽车有限公司	广和牌	（十九）48	燃料电池冷藏车	GR5091X
190	深圳开沃汽车有限公司	开沃牌	（十九）67	纯电动自卸式垃圾车	XQX5160ZLJ、XQX5310ZLJ
191	广东中电汽车有限公司	中电新能源牌	（十九）72	纯电动厢式运输车	GZD5031X
192	中国重汽集团柳州运力专用汽车有限公司	运力牌	（二十）05	纯电动压缩式垃圾车	LG5180ZYS
193	中国重汽集团柳州运力专用汽车有限公司	运力牌	（二十）05	纯电动车厢可卸式垃圾车	LG5180ZXX
194	柳州五菱汽车工业有限公司	五菱牌	（二十）09	纯电动厢式运输车	LQG5024X
195	成都新全义机械制造有限公司	鑫驰牌	（二十二）45	纯电动自卸式垃圾车	XQY5030ZLJ
196	成都今创嘉蓝环保科技有限公司	今创嘉蓝牌	（二十二）52	纯电动车厢可卸式垃圾车	KTE5031ZXX
197	昆明客车制造有限公司	云海牌	（二十四）06	纯电动保温车	KK5010X
198	国营四达机械制造公司	四达牌	（二十六）12	插电式混合动力自装卸式垃圾车	SDJ5100ZZZ

8. 道路机动车辆生产企业及产品（第334批）——新能源汽车节选

道路机动车辆生产企业及产品（第334批）于2020年7月21日发布，共计111个新能源汽车生产厂家，涉及102个新能源汽车品牌，239个新能源汽车产品进入公告。其中，纯电动产品共计223个（客车43个、客车底盘6个、乘用车34个、专用车120个、专用车底盘20个）；插电式混合动力产品8个（客车2个、专用车3个、专用车底盘1个、乘用车2个）；燃料电池产品8个（客车6个、客车底盘2个）。

（1）汽车生产企业。共计78个生产厂家、70个品牌、183个产品进入公告，其中纯电动产品共计167个（客车37个、客车底盘6个、乘用车34个、专用车70个、专用车底盘20个）；插电式混合动力产品8个（客车2个、专用车3个、专用车底盘1个、乘用车2个）；燃料电池产品8个（客车6个、客车底盘2个）。

（2）民用改装车生产企业。共计33个生产厂家、32个品牌、56个产品进入公告，其中纯电动产品共计56个（客车6个、专用车50个）。

序号	企业名称	商标	《目录》序号	产品名称	产品型号
1	中国第一汽车集团有限公司	红旗牌	1	纯电动低入口城市客车	CA6100
2	一汽-大众汽车有限公司	大众牌	2	纯电动多用途乘用车	FV6465
3	东风小康汽车有限公司	东风牌	3	纯电动多用途乘用车	DXK6450
4	东风本田汽车有限公司	毅威（M-NV）牌	3	纯电动轿车	DHW7003
5	东风汽车股份有限公司	东风牌	3	纯电动载货汽车底盘	EQ1090、EQ1121、EQ1042、EQ1181
6	东风汽车股份有限公司	东风牌	3	纯电动城市客车	DFA6100
7	东风汽车股份有限公司	东风牌	3	纯电动客车底盘	EQ6620、EQ6760
8	东风汽车集团有限公司	东风牌	3	燃料电池客车底盘	EQ6100
9	东风汽车集团有限公司	东风牌	3	插电式混合动力仓栅式运输车	EQ5045CCY
10	上汽大众汽车有限公司	大众汽车（VOLKSWAGEN）牌	5	插电式混合动力多用途乘用车	SVW6474
11	上汽大众汽车有限公司	大众汽车（VOLKSWAGEN）牌	5	纯电动多用途乘用车	SVW6461
12	北汽福田汽车股份有限公司	福田牌	9	燃料电池城市客车	BJ6956
13	北汽福田汽车股份有限公司	福田牌	9	燃料电池客车	BJ6906
14	北汽福田汽车股份有限公司	福田牌	9	纯电动城市客车	BJ6851、BJ6105、BJ6123
15	北汽福田汽车股份有限公司	福田牌	9	纯电动仓栅式运输车	BJ5045CCY

续上表

序号	企业名称	商标	《目录》序号	产品名称	产品型号
16	北汽福田汽车股份有限公司	福田牌	9	纯电动冷藏车	BJ5045X
17	北汽福田汽车股份有限公司	福田牌	9	纯电动邮政车	BJ5045X
18	北汽福田汽车股份有限公司	福田牌	9	纯电动餐车	BJ5045X
19	北京新能源汽车股份有限公司	北京牌	11	纯电动轿车	BJ7000
20	北京汽车股份有限公司	北京牌	11	纯电动轿车	BJ7000
21	长城汽车股份有限公司	欧拉牌	15	纯电动轿车	CC7001、CC7000
22	长城汽车股份有限公司	长城牌	15	纯电动厢式运输车	CC5032X
23	长城汽车股份有限公司	长城牌	15	纯电动多用途货车	CC1032
24	山西新能源汽车工业有限公司	几何牌	25	纯电动轿车	JHC7002
25	上汽大通汽车有限公司	大通牌	41	纯电动客车	SH6591
26	上汽大通汽车有限公司	大通牌	41	纯电动厢式运输车	SH5041X、SH5033X
27	上汽大通汽车有限公司	跃进牌	41	纯电动载货汽车底盘	SH1047
28	上汽大通汽车有限公司	跃进牌	41	纯电动厢式运输车	SH5047X
29	上汽大通汽车有限公司	跃进牌	41	纯电动冷藏车	SH5047X
30	上海申沃客车有限公司	申沃牌	42	燃料电池低地板城市客车	SWB6129
31	上海申沃客车有限公司	申沃牌	42	纯电动低地板城市客车	SWB6129
32	上海申沃客车有限公司	申沃牌	42	纯电动城市客车	SWB6868、SWB6128
33	北汽蓝谷麦格纳汽车有限公司	极狐（ARCFOX）牌	45	纯电动多用途乘用车	BJ6480
34	浙江飞碟汽车制造有限公司	飞碟牌	51	纯电动载货汽车底盘	FD1032
35	浙江飞碟汽车制造有限公司	飞碟牌	51	纯电动厢式运输车	FD5033X、FD5032X
36	浙江吉利汽车有限公司	帝豪牌	52	纯电动轿车	MR7002
37	安徽安凯汽车股份有限公司	安凯牌	55	纯电动城市客车	HFF6120、HFF6829
38	安徽江淮汽车集团股份有限公司	思皓牌	56	纯电动轿车	HFC7001
39	安徽江淮汽车集团股份有限公司	江淮牌	56	纯电动载货汽车底盘	HFC1031、HFC1045
40	安徽江淮汽车集团股份有限公司	江淮牌	56	纯电动厢式运输车	HFC5045X、HFC5031X
41	安徽江淮汽车集团股份有限公司	江淮牌	56	纯电动邮政车	HFC5045X
42	福建新福达汽车工业有限公司	福达（FORTA）牌	58	纯电动载货汽车底盘	FZ1020
43	福建新福达汽车工业有限公司	福达（FORTA）牌	58	纯电动密闭式桶装垃圾车	FZ5081X
44	福建新福达汽车工业有限公司	福达（FORTA）牌	58	纯电动扫路车	FZ5050TSL
45	福建新福达汽车工业有限公司	福达（FORTA）牌	58	纯电动洒水车	FZ5180GSS
46	江西江铃集团晶马汽车有限公司	晶马牌	62	纯电动城市客车	JMV6811
47	中国重型汽车集团有限公司	豪沃牌	63	纯电动城市客车	ZZ6650、ZZ6126
48	中国重型汽车集团有限公司	豪沃牌	63	纯电动客车	ZZ6126
49	中国重汽集团济南商用车有限公司	豪沃牌	63	纯电动载货汽车底盘	ZZ1077
50	中国重汽集团济南商用车有限公司	豪沃牌	63	纯电动厢式运输车	ZZ5077X
51	中国重汽集团福建海西汽车有限公司	豪曼牌	63	纯电动载货汽车底盘	ZZ1078
52	中国重汽集团福建海西汽车有限公司	豪曼牌	63	纯电动厢式运输车	ZZ5078X
53	山东汽车制造有限公司	陕汽牌	67	纯电动载货汽车底盘	YTQ1042
54	中国一拖集团有限公司	东方红牌	69	纯电动邮政车	LT5041X
55	郑州宇通客车股份有限公司	宇通牌	71	插电式混合动力城市客车	ZK6113
56	郑州宇通客车股份有限公司	宇通牌	71	纯电动低入口城市客车	ZK6106
57	郑州宇通客车股份有限公司	宇通牌	71	纯电动双层低入口城市客车	ZK6100
58	郑州宇通客车股份有限公司	宇通牌	71	纯电动城市客车	ZK6106、ZK6126
59	海马新能源汽车有限公司	奥路卡牌	72	纯电动封闭货车	ZQ5030X
60	郑州日产汽车有限公司	东风牌	72	纯电动多用途乘用车	ZN6530
61	郑州日产汽车有限公司	东风牌	72	纯电动多用途货车	ZN1030
62	郑州日产汽车有限公司	东风牌	72	纯电动工程车	ZN5030X
63	比亚迪汽车工业有限公司	比亚迪牌	79	纯电动载货汽车底盘	BYD10411N7BEVD4
64	比亚迪汽车工业有限公司	比亚迪牌	79	纯电动低地板双层城市客车	BYD6120
65	比亚迪汽车工业有限公司	比亚迪牌	79	纯电动低地板城市客车	BYD6122
66	比亚迪汽车工业有限公司	比亚迪牌	79	纯电动城市客车底盘	BYD6800
67	比亚迪汽车工业有限公司	比亚迪牌	79	纯电动客车	BYD6110
68	比亚迪汽车工业有限公司	比亚迪牌	79	纯电动客车底盘	BYD6110
69	比亚迪汽车工业有限公司	比亚迪牌	79	纯电动厢式运输车	BYD5042X
70	比亚迪汽车工业有限公司	比亚迪牌	79	纯电动多用途乘用车	BYD6470
71	比亚迪汽车工业有限公司	比亚迪牌	79	纯电动轿车	BYD7009
72	安徽华菱汽车有限公司	华菱之星牌	81	纯电动混凝土搅拌运输车	HN5310GJB、HN5311GJB
73	深圳东风汽车有限公司	东风牌	85	纯电动密闭式桶装垃圾车	EQ5083X

续上表

序号	企业名称	商标	《目录》序号	产品名称	产品型号
74	广汽乘用车有限公司	传祺(Trumpchi)牌	89	纯电动多用途乘用车	GAM6460
75	东风柳州汽车有限公司	东风牌	91	纯电动多用途乘用车	LZ6517、LZ6513
76	东风柳州汽车有限公司	乘龙牌	91	纯电动载货汽车底盘	LZ1040
77	东风柳州汽车有限公司	乘龙牌	91	纯电动厢式运输车	LZ5040X
78	上汽通用五菱汽车股份有限公司	五菱牌	92	纯电动厢式运输车	LZW5024X
79	上汽通用五菱汽车股份有限公司	五菱牌	92	纯电动多用途乘用车	LZW6450
80	上汽通用五菱汽车股份有限公司	五菱牌	92	纯电动邮政车	LZW5024X
81	上汽通用五菱汽车股份有限公司	宝骏牌	92	纯电动轿车	LZW7003、LZW7002
82	庆铃汽车股份有限公司	庆铃牌	95	纯电动载货汽车底盘	QL1101
83	合肥长安汽车有限公司	长安牌	96	纯电动轿车	SC7003
84	中植一客成都汽车有限公司	中植汽车牌	100	纯电动城市客车	CDL6810
85	中植一客成都汽车有限公司	中植汽车牌	100	纯电动厢式运输车	CDL5021X
86	四川野马汽车股份有限公司	野马牌	101	纯电动低入口城市客车	SQJ6101
87	北汽云南瑞丽汽车有限公司	北京牌	103	纯电动轿车	BJ7000
88	比亚迪汽车有限公司	比亚迪牌	108	纯电动轿车	BYD7005
89	陕西汽车集团有限责任公司	陕汽牌	110	纯电动载货汽车底盘	SX1041、SX1317
90	陕西汽车集团有限责任公司	陕汽牌	110	纯电动自卸汽车	SX3257
91	陕西汽车集团有限责任公司	陕汽牌	110	纯电动自卸汽车底盘	SX3257
92	陕西汽车集团有限责任公司	陕汽牌	110	纯电动厢式运输车	SX5041X
93	陕西汽车集团有限责任公司	陕汽牌	110	纯电动冷藏车	SX5046X
94	陕西汽车集团有限责任公司	陕汽牌	110	纯电动混凝土搅拌运输车	SX5317GJB
95	金龙联合汽车工业(苏州)有限公司	海格牌	112	纯电动城市客车	KLQ6856
96	现代商用汽车(中国)有限公司	现代牌	118	纯电动载货汽车底盘	CHM1042
97	现代商用汽车(中国)有限公司	现代牌	118	纯电动厢式运输车	CHM5042X
98	现代商用汽车(中国)有限公司	现代牌	118	纯电动冷藏车	CHM5042X
99	福建天际汽车制造有限公司	天际牌	118	纯电动多用途乘用车	QAC6461
100	江铃控股有限公司	江铃牌	121	纯电动轿车	JX70034
101	上海汽车集团股份有限公司	荣威牌	122	纯电动轿车	CSA7001
102	厦门金龙联合汽车工业有限公司	金龙牌	123	纯电动城市客车	XMQ6850、XMQ6106、XMQ6125、XMQ6601
103	厦门金龙联合汽车工业有限公司	金龙牌	123	纯电动客车底盘	XMQ6830
104	厦门金龙联合汽车工业有限公司	金龙牌	123	纯电动保温车	XMQ5045X
105	厦门金龙旅行车有限公司	金旅牌	124	纯电动城市客车	XML6105、XML6606、XML6532、XML6112、XML6805
106	厦门金龙旅行车有限公司	金旅牌	124	纯电动客车	XML6606
107	厦门金龙旅行车有限公司	金旅牌	124	纯电动厢式运输车	XML5030X、XML5036X
108	厦门金龙旅行车有限公司	金旅牌	124	纯电动电视车	XML5075X
109	中通客车控股股份有限公司	中通牌	125	纯电动低入口城市客车	LCK6106、LCK6126
110	中通客车控股股份有限公司	中通牌	125	纯电动城市客车	LCK6826、LCK6856、LCK6606、LCK6806、LCK6108、LCK6816
111	中通客车控股股份有限公司	中通牌	125	纯电动客车	LCK6116
112	中通客车控股股份有限公司	中通牌	125	纯电动厢式运输车	LCK5031X
113	中通客车控股股份有限公司	中通牌	125	纯电动保温车	LCK5048X
114	重庆恒通客车有限公司	恒通客车牌	127	燃料电池低入口城市客车	CKZ6102
115	重庆恒通客车有限公司	恒通客车牌	127	纯电动城市客车	CKZ6530
116	海马汽车有限公司	海马牌	128	纯电动轿车	HMA7000
117	上海申龙客车有限公司	申龙牌	129	纯电动载货汽车底盘	SLK1030
118	上海申龙客车有限公司	申龙牌	129	纯电动厢式运输车	SLK5035X
119	上海申龙客车有限公司	申龙牌	129	纯电动冷藏车	SLK5030X
120	山西成功汽车制造有限公司	太行成功牌	130	纯电动轿车	SCH7001
121	中恒天智骏(赣州)汽车有限公司	国机智骏牌	135	纯电动轿车	ZHT7000
122	吉利四川商用车有限公司	远程牌	138	插电式混合动力载货汽车底盘	DNC1049
123	吉利四川商用车有限公司	远程牌	138	纯电动载货汽车	DNC1032、DNC1042、DNC1047
124	吉利四川商用车有限公司	远程牌	138	插电式混合动力低入口城市客车	DNC6100
125	吉利四川商用车有限公司	远程牌	138	纯电动厢式运输车	DNC5032X、DNC5042X
126	吉利四川商用车有限公司	远程牌	138	插电式混合动力仓栅式运输车	DNC5042CCY

续上表

序号	企业名称	商标	《目录》序号	产品名称	产品型号
127	吉利四川商用车有限公司	远程牌	138	纯电动仓栅式运输车	DNC5047CCY
128	吉利四川商用车有限公司	远程牌	138	插电式混合动力冷藏车	DNC5049X
129	吉利四川商用车有限公司	远程牌	138	纯电动邮政车	DNC5047X
130	南京金龙客车制造有限公司	开沃牌	142	纯电动载货汽车底盘	NJL1100、NJL1180、NJL1041
131	南京金龙客车制造有限公司	开沃牌	142	燃料电池低入口城市客车	NJL6113
132	南京金龙客车制造有限公司	开沃牌	142	纯电动低入口城市客车	NJL6129、NJL6680
133	南京金龙客车制造有限公司	开沃牌	142	纯电动城市客车	NJL6809
134	南京金龙客车制造有限公司	开沃牌	142	纯电动厢式运输车	NJL5041X
135	南京金龙客车制造有限公司	开沃牌	142	纯电动多功能抑尘车	NJL5180TDY
136	南京金龙客车制造有限公司	开沃牌	142	纯电动多用途乘用车	NJL6420
137	南京金龙客车制造有限公司	开沃牌	142	纯电动护栏清洗车	NJL5100GQX
138	南京金龙客车制造有限公司	开沃牌	142	纯电动洒水车	NJL5180GSS
139	南京金龙客车制造有限公司	开沃牌	142	纯电动洗扫车	NJL5180TXS
140	南京金龙客车制造有限公司	开沃牌	142	纯电动清洗车	NJL5180GQX
141	南京金龙客车制造有限公司	开沃牌	142	纯电动自装卸式垃圾车	NJL5040ZZZ
142	南京金龙客车制造有限公司	开沃牌	142	纯电动路面养护车	NJL5040TYH
143	南京金龙客车制造有限公司	开沃牌	142	纯电动邮政车	NJL5026X、NJL5038X
144	华晨鑫源重庆汽车有限公司	鑫源牌	146	纯电动仓栅式运输车	JKC5034CCY
145	中车时代电动汽车股份有限公司	中国中车牌	151	燃料电池低入口城市客车底盘	TEG6102
146	中车时代电动汽车股份有限公司	中国中车牌	151	纯电动低入口城市客车	TEG6105、TEG6129
147	中车时代电动汽车股份有限公司	中国中车牌	151	纯电动城市客车	TEG6661、TEG6852、TEG6105
148	中车时代电动汽车股份有限公司	中国中车牌	151	纯电动城市客车底盘	TEG6530、TEG6853
149	中车时代电动汽车股份有限公司	中国中车牌	151	纯电动厢式运输车	TEG5042X
150	中车时代电动汽车股份有限公司	中国中车牌	151	纯电动路面养护车	TEG5040TYH
151	程力汽车集团股份有限公司	程力牌	153	纯电动压缩式垃圾车	CL5120ZYS
152	程力汽车集团股份有限公司	程力牌	153	纯电动洒水车	CL5092GSS
153	程力汽车集团股份有限公司	程力牌	153	纯电动清洗车	CL5180GQX
154	程力汽车集团股份有限公司	程力牌	153	纯电动餐厨垃圾车	CL5090TCA
155	江苏吉麦新能源车业有限公司	吉麦牌	159	纯电动轿车	HXK7000
156	江西江铃集团新能源汽车有限公司	易至牌	165	纯电动轿车	JX7001
157	郑州宇通集团有限公司	宇通牌	166	纯电动载货汽车底盘	ZKH1031
158	珠海广通汽车有限公司	广通牌	169	纯电动城市客车	GTQ6121、GTQ6129、GTQ6858
159	杭州长江乘用车有限公司	零跑牌	170	纯电动轿车	FDH7000
160	浙江合众新能源汽车有限公司	哪吒牌	173	纯电动轿车	THZ7000
161	奇瑞新能源汽车股份有限公司	奇瑞牌	174	纯电动多用途乘用车	NEQ6460
162	重庆金康新能源汽车有限公司	东风牌	175	插电式增程混合动力轿车	SKE7150
163	东莞中汽宏远汽车有限公司	宏远牌	182	纯电动城市客车	KMT6660
164	东莞中汽宏远汽车有限公司	宏远牌	182	纯电动客车底盘	KMT6620
165	东莞中汽宏远汽车有限公司	宏远牌	182	纯电动洒水车	KMT5090GSS
166	广西汽车集团有限公司	五菱牌	188	纯电动城市客车	GXA6606
167	广西汽车集团有限公司	五菱牌	188	纯电动厢式运输车	GXA5030X、GXA5034X
168	重庆瑞驰汽车实业有限公司	瑞驰牌	189	纯电动载货汽车底盘	CRC1031
169	重庆瑞驰汽车实业有限公司	瑞驰牌	189	纯电动翼开启厢式车	CRC5020X
170	重庆瑞驰汽车实业有限公司	瑞驰牌	189	纯电动封闭货车	CRC5020X、CRC5030X
171	河南德力新能源汽车有限公司	德帅牌	191	纯电动载货汽车底盘	DLP1070
172	河南德力新能源汽车有限公司	德帅牌	191	纯电动仓栅式运输车	DLP5040CCY
173	河南德力新能源汽车有限公司	德帅牌	191	纯电动冷藏车	DLP5040X
174	山东丽驰新能源汽车有限公司	丽驰牌	192	纯电动厢式运输车	HLD5011X
175	特斯拉(上海)有限公司	特斯拉牌	194	纯电动轿车	TSL7000
176	湖北世纪中远车辆有限公司	中悦牌	195	纯电动餐厨垃圾车	ZYP5070TCA
177	延边国泰新能源汽车有限公司	长白山牌	197	纯电动低入口城市客车	JYB6100
178	延边国泰新能源汽车有限公司	长白山牌	197	纯电动城市客车	JYB6850
179	浙江新吉奥汽车有限公司	吉奥牌	198	纯电动载货汽车	NGA1040
180	浙江新吉奥汽车有限公司	吉奥牌	198	纯电动载货汽车底盘	NGA1040
181	陕西秦星汽车有限责任公司	原点之星牌	199	燃料电池低地板城市客车	SYD6110
182	陕西秦星汽车有限责任公司	原点之星牌	199	纯电动低入口城市客车	SYD6103
183	陕西秦星汽车有限责任公司	原点之星牌	199	纯电动城市客车	SYD6102
184	北京北重汽车改装有限公司	北重电牌	(一)03	纯电动路面养护车	BZD5030TYH

续上表

序号	企业名称	商标	《目录》序号	产品名称	产品型号
185	北京北重汽车改装有限公司	北重电牌	(一)03	纯电动餐厨垃圾车	BZD5090TCA
186	北京华林特装车有限公司	华林牌	(一)31	纯电动密闭式桶装垃圾车	HLT5071X
187	北京环卫集团环卫装备有限公司	亚洁牌	(一)31	纯电动吸粪车	BQJ5040GXE
188	北京环卫集团环卫装备有限公司	亚洁牌	(一)31	纯电动扫路车	BQJ5040TSL
189	北京环卫集团环卫装备有限公司	亚洁牌	(一)31	纯电动自装卸式垃圾车	BQJ5040ZZZ
190	天津比亚迪汽车有限公司	金马牌	(二)04	纯电动密闭式桶装垃圾车	TJK5040X
191	天津广通汽车有限公司	广通牌	(二)20	纯电动车厢可卸式垃圾车	TJR5041ZXX
192	江苏紫琅汽车集团股份有限公司	紫琅牌	(十)11	纯电动城市客车	NTT6850
193	航天晨光股份有限公司	三力牌	(十)34	纯电动清洗车	CGJ5181GQX
194	江苏奥新新能源汽车有限公司	达福迪牌	(十)74	纯电动售货车	JAX5020X
195	扬州三源机械有限公司	三联牌	(十)103	纯电动洗扫车	YSY5180TXS
196	宁波比亚迪汽车有限公司	比亚迪牌	(十一)16	纯电动城市客车	BYD6850
197	浙江中车电车有限公司	中国中车牌	(十一)17	纯电动城市客车	CSR6853
198	杭州西湖比亚迪新能源汽车有限公司	比亚迪牌	(十一)51	纯电动扫路车	XBE5040TSL
199	杭州西湖比亚迪新能源汽车有限公司	比亚迪牌	(十一)51	纯电动自装卸式垃圾车	XBE5040ZZZ
200	杭州西湖比亚迪新能源汽车有限公司	比亚迪牌	(十一)51	纯电动餐厨垃圾车	XBE5120TCA
201	安徽丰源车业有限公司	丰源中霸牌	(十二)38	纯电动自装卸式垃圾车	FYK5040ZZZ
202	安徽爱瑞特新能源专用汽车股份有限公司	爱瑞特牌	(十二)59	纯电动洗扫车	ART5180TXS
203	安徽爱瑞特新能源专用汽车股份有限公司	爱瑞特牌	(十二)59	纯电动清洗车	ART5180GQX
204	福建龙马环卫装备股份有限公司	福龙马牌	(十三)16	纯电动洗扫车	FLM5182TXS
205	江西宜春客车厂有限公司	中宜牌	(十四)14	纯电动城市客车	JYK6660
206	聊城中通新能源汽车装备有限公司	东岳牌	(十五)70	纯电动多功能抑尘车	ZTQ5180TDY
207	聊城中通新能源汽车装备有限公司	东岳牌	(十五)70	纯电动洗扫车	ZTQ5180TXS
208	聊城中通新能源汽车装备有限公司	东岳牌	(十五)70	纯电动清洗车	ZTQ5180GQX
209	青岛中集环境保护设备有限公司	中集牌	(十五)99	纯电动密闭式桶装垃圾车	ZJV5040X
210	郑州宇通重工有限公司	宇通牌	(十六)30	纯电动自装卸式垃圾车	YTZ5031ZZZ
211	安阳市德力专用汽车有限公司	德帅牌	(十六)48	纯电动多功能抑尘车	DSP5070TDY、DSP5030TDY
212	安阳市德力专用汽车有限公司	德帅牌	(十六)48	纯电动自装卸式垃圾车	DSP5030ZZZ
213	安阳市德力专用汽车有限公司	德帅牌	(十六)48	纯电动车厢可卸式垃圾车	DSP5040ZXX
214	凯达环境科技有限公司	凯恒达牌	(十六)70	纯电动压缩式垃圾车	HKD5180ZYS
215	湖北聚力汽车技术股份有限公司	聚尘王牌	(十七)05	纯电动压缩式垃圾车	HNY5100ZYS
216	湖北五环专用汽车有限公司	华通牌	(十七)57	纯电动洗扫车	HCQ5180TXS
217	徐工湖北环保科技股份有限公司	徐工牌	(十七)119	纯电动路面养护车	DXA5040TYH
218	长沙中联重科环境产业有限公司	中联牌	(十八)60	纯电动多功能抑尘车	ZBH5181TDY
219	长沙中联重科环境产业有限公司	中联牌	(十八)60	纯电动扫路车	ZBH5183TSL
220	长沙中联重科环境产业有限公司	中联牌	(十八)60	纯电动洗扫车	ZBH5180TXS
221	长沙中联重科环境产业有限公司	中联牌	(十八)60	纯电动清洗车	ZBH5182GQX
222	长沙中联重科环境产业有限公司	中联牌	(十八)60	纯电动自卸式垃圾车	ZBH5101ZLJ
223	长沙中联重科环境产业有限公司	中联牌	(十八)60	纯电动路面养护车	ZBH5040TYH
224	长沙中联重科环境产业有限公司	中联牌	(十八)60	纯电动车厢可卸式垃圾车	ZBH5320ZXX
225	广州穗景客车制造有限公司	广巴牌	(十九)33	纯电动城市客车	GB6650
226	深圳开沃汽车有限公司	开沃牌	(十九)67	纯电动护栏清洗车	XQX5100GQX
227	深圳开沃汽车有限公司	开沃牌	(十九)67	纯电动洒水车	XQX5180GSS
228	深圳开沃汽车有限公司	开沃牌	(十九)67	纯电动洗扫车	XQX5180TXS
229	深圳开沃汽车有限公司	开沃牌	(十九)67	纯电动清洗车	XQX5180GQX
230	广东亿鼎新能源汽车有限公司	亿鼎牌	(十九)70	纯电动电源车	EVE5030X、EVE5031X
231	中国重汽集团柳州运力专用汽车有限公司	运力牌	(二十)05	纯电动压缩式垃圾车	LG5181ZYS
232	中国重汽集团柳州运力专用汽车有限公司	运力牌	(二十)05	纯电动洒水车	LG5182GSS
233	中国重汽集团柳州运力专用汽车有限公司	运力牌	(二十)05	纯电动清洗车	LG5180GQX、LG5181GQX
234	中国重汽集团柳州运力专用汽车有限公司	运力牌	(二十)05	纯电动绿化喷洒车	LG5181GPS、LG5180GPS
235	重庆凯瑞特种车有限公司	重特牌	(二十一)10	纯电动自装卸式垃圾车	QYZ5070ZZZ
236	云南航天神州汽车有限公司	神州牌	(二十四)04	纯电动厢式运输车	YH5033X
237	陕西汉中客车有限公司	汉龙牌	(二十六)07	纯电动城市客车	SHZ6811
238	甘肃建投重工科技有限公司	高漠牌	(二十七)16	纯电动压缩式垃圾车	GSK5180ZYS
239	甘肃建投重工科技有限公司	高漠牌	(二十七)16	纯电动洗扫车	GSK5180TXS

9. 道路机动车辆生产企业及产品(第 335 批)——新能源汽车节选

道路机动车辆生产企业及产品(第 335 批)于 2020 年 8 月 24 日发布,共计 102 个新能源汽车生产厂家,涉及 100 个新能源汽车品牌,209 个新能源汽车产品进入公告。其中,纯电动产品共计 177 个(客车 26 个、客车底盘 3 个、乘用车 23 个、专用车 110 个、专用车底盘 15 个);插电式混合动力产品 13 个(客车 3 个、专用车 7 个、专用车底盘 1 个、乘用车 2 个);燃料电池产品 19 个(客车 10 个、客车底盘 3 个、专用车 3 个、专用车底盘 3 个)。

(1)汽车生产企业。共计 67 个生产厂家、65 个品牌、143 个产品进入公告,其中纯电动产品共计 116 个(客车 22 个、客车底盘 3 个、乘用车 23 个、专用车 53 个、专用车底盘 15 个);插电式混合动力产品 10 个(客车 3 个、专用车 4 个、专用车底盘 1 个、乘用车 2 个);燃料电池产品 17 个(客车 9 个、客车底盘 3 个、专用车 2 个、专用车底盘 3 个)。

(2)民用改装车生产企业。共计 35 个生产厂家、34 个品牌、66 个产品进入公告,其中纯电动产品共计 61 个(客车 4 个、专用车 57 个);插电式混合动力产品 3 个(专用车 3 个);燃料电池产品 2 个(客车 1 个、专用车 1 个)。

序号	企业名称	商标	《目录》序号	产品名称	产品型号
1	中国第一汽车集团有限公司	红旗牌	1	纯电动多用途乘用车	CA6520
2	东风本田汽车有限公司	沁威(X-NV)牌	3	纯电动轿车	DHW7004
3	东风汽车股份有限公司	东风牌	3	纯电动载货汽车	DFA1040
4	东风汽车股份有限公司	东风牌	3	纯电动客车底盘	EQ6800、EQ6840
5	东风汽车股份有限公司	东风牌	3	纯电动冷藏车	DFA5040X
6	东风汽车集团有限公司	东风牌	3	插电式混合动力载货汽车底盘	EQ1310
7	东风汽车集团有限公司	东风牌	3	燃料电池载货汽车底盘	EQ1090
8	东风汽车集团有限公司	东风牌	3	燃料电池客车底盘	EQ6100
9	东风汽车集团有限公司	东风牌	3	插电式混合动力自卸式垃圾车	EQ5310ZLJ
10	东风汽车集团有限公司	东风牌	3	纯电动轿车	EQ7000
11	东风汽车集团有限公司	东风雷诺牌	3	纯电动轿车	EQ7000
12	神龙汽车有限公司	富康牌	4	纯电动轿车	DC7002
13	北京汽车制造厂有限公司	北京汽车制造厂有限公司牌	9	纯电动载货汽车底盘	BAW1040
14	北京汽车制造厂有限公司	北京汽车制造厂有限公司牌	9	纯电动厢式运输车	BAW5031X、BAW5030X、BAW5040X
15	北京汽车制造厂有限公司	北京汽车制造厂有限公司牌	9	纯电动多用途乘用车	BAW6451
16	北汽福田汽车股份有限公司	福田牌	9	纯电动载货汽车底盘	BJ1045
17	北汽福田汽车股份有限公司	福田牌	9	燃料电池城市客车	BJ6105
18	北汽福田汽车股份有限公司	福田牌	9	燃料电池客车	BJ6122
19	北汽福田汽车股份有限公司	福田牌	9	纯电动城市客车	BJ6105
20	北汽福田汽车股份有限公司	福田牌	9	纯电动厢式运输车	BJ5045X
21	北汽福田汽车股份有限公司	福田牌	9	纯电动医疗车	BJ5180X
22	北汽福田汽车股份有限公司	福田牌	9	纯电动车厢可卸式汽车	BJ5045ZKX
23	北京新能源汽车股份有限公司	北京牌	11	纯电动轿车	BJ7000
24	北京汽车股份有限公司	北京牌	11	纯电动轿车	BJ7000
25	长城汽车股份有限公司	欧拉牌	15	纯电动轿车	CC7000
26	河北中兴汽车制造有限公司	田野牌	19	纯电动多用途乘用车	BQ6460
27	河北长安汽车有限公司	长安牌	22	纯电动城市客车	SC6665
28	山西新能源汽车工业有限公司	远程牌	25	纯电动低入口城市客车	JHC6120
29	山西新能源汽车工业有限公司	远程牌	25	纯电动厢式运输车	JHC5032X、JHC5030X
30	威马汽车制造温州有限公司	威尔马斯特牌	34	纯电动多用途乘用车	SZS6460
31	上汽大通汽车有限公司	大通牌	41	纯电动多用途货车	SH1032
32	上汽大通汽车有限公司	大通牌	41	纯电动多用途货车底盘	SH1032
33	上汽大通汽车有限公司	大通牌	41	纯电动福祉车	SH5022X
34	上汽大通汽车有限公司	跃进牌	41	燃料电池载货汽车底盘	SH1127
35	上汽大通汽车有限公司	跃进牌	41	燃料电池厢式运输车	SH5127X
36	上汽大通汽车有限公司	跃进牌	41	纯电动仓栅式运输车	SH5047CCY
37	上海申沃客车有限公司	申沃牌	42	纯电动低地板城市客车	SWB6109
38	南京汽车集团有限公司	依维柯牌	44	纯电动监测车	NJ5047X
39	北汽蓝谷麦格纳汽车有限公司	极狐(ARCFOX)牌	45	纯电动轿车	BJ7001
40	扬州亚星客车股份有限公司	亚星牌	49	纯电动城市客车	JS6819
41	浙江吉利汽车有限公司	英伦牌	52	插电式混合动力福祉乘用车	MR6490
42	安徽安凯汽车股份有限公司	安凯牌	55	纯电动城市客车	HFF6104
43	安徽江淮汽车集团股份有限公司	江淮牌	56	换电式纯电动载货汽车底盘	HFC1045
44	安徽江淮汽车集团股份有限公司	江淮牌	56	纯电动载货汽车	HFC1047、HFC1045
45	安徽江淮汽车集团股份有限公司	江淮牌	56	纯电动载货汽车底盘	HFC1047、HFC1045

续上表

序号	企业名称	商标	《目录》序号	产品名称	产品型号
46	安徽江淮汽车集团股份有限公司	江淮牌	56	纯电动客车底盘	HFC6560
47	安徽江淮汽车集团股份有限公司	江淮牌	56	换电式纯电动厢式运输车	HFC5045X
48	安徽江淮汽车集团股份有限公司	江淮牌	56	纯电动仓栅式运输车	HFC5045CCY
49	安徽江淮汽车集团股份有限公司	江淮牌	56	纯电动多用途货车底盘	HFC1037
50	安徽江淮汽车集团股份有限公司	江淮牌	56	纯电动工程车	HFC5037X
51	安徽江淮汽车集团股份有限公司	江淮牌	56	纯电动教练车	HFC5021X
52	安徽江淮汽车集团股份有限公司	江淮牌	56	纯电动轿车	HFC7001
53	安徽江淮汽车集团股份有限公司	蔚来牌	56	换电式纯电动多用途乘用车	HFC6483
54	福建新龙马汽车股份有限公司	福建牌	58	纯电动载货汽车底盘	FJ1030
55	福建新龙马汽车股份有限公司	福建牌	58	纯电动厢式运输车	FJ5030X
56	福建新龙马汽车股份有限公司	福建牌	58	纯电动邮政车	FJ5030X
57	福建省汽车工业集团云度新能源汽车股份有限公司	云度牌	58	纯电动轿车	YDE7000
58	中国重型汽车集团有限公司	豪沃牌	63	纯电动城市客车	ZZ6126
59	中国重汽集团济宁商用车有限公司	豪瀚牌	63	纯电动载货汽车底盘	ZZ1255、ZZ1185
60	中国一拖集团有限公司	东方红牌	69	纯电动售货车	LT5041X
61	中国一拖集团有限公司	东方红牌	69	纯电动桶装垃圾运输车	LT5041CTY
62	郑州宇通客车股份有限公司	宇通牌	71	插电式混合动力低入口城市客车	ZK6106、ZK6126
63	郑州宇通客车股份有限公司	宇通牌	71	纯电动城市客车	ZK6856
64	郑州宇通客车股份有限公司	宇通牌	71	纯电动冷藏车	ZK5041X
65	湖北新楚风汽车股份有限公司	楚风牌	73	纯电动邮政车	HQG5045X
66	比亚迪汽车工业有限公司	比亚迪牌	79	纯电动轿车	BYD7003、BYD7007
67	三一汽车制造有限公司	三一牌	80	纯电动载货汽车底盘	SYM1312、SYM1311、SYM1313
68	三一汽车制造有限公司	三一牌	80	纯电动自卸汽车	SYM3311
69	三一汽车制造有限公司	三一牌	80	纯电动混凝土搅拌运输车	SYM5310GJB、SYM5316GJB
70	广汽乘用车有限公司	传祺(Trumpchi)牌	89	纯电动轿车	GAM7000
71	东风柳州汽车有限公司	东风牌	91	纯电动轿车	LZ7006
72	东风柳州汽车有限公司	乘龙牌	91	纯电动邮政车	LZ5040X
73	上汽通用五菱汽车股份有限公司	五菱牌	92	纯电动轿车	LZW7004
74	上汽通用五菱汽车股份有限公司	宝骏牌	92	纯电动轿车	LZW7001
75	中植一客成都汽车有限公司	中植汽车牌	100	燃料电池低入口城市客车	CDL6101
76	中植一客成都汽车有限公司	中植汽车牌	100	燃料电池保温车	CDL5090X
77	四川野马汽车股份有限公司	野马牌	101	燃料电池低地板城市客车	SQJ6111
78	成都大运汽车集团有限公司	大运牌	101	纯电动城市客车	CGC6101
79	东风云南汽车有限公司	东风牌	104	纯电动密闭式桶装垃圾车	EQ5030X
80	陕西汽车集团有限责任公司	陕汽牌	110	纯电动仓栅式运输车	SX5041CCY
81	金龙联合汽车工业(苏州)有限公司	海格牌	112	纯电动低入口城市客车	KLQ6656
82	金龙联合汽车工业(苏州)有限公司	海格牌	112	纯电动城市客车	KLQ6856、KLQ6816
83	金龙联合汽车工业(苏州)有限公司	海格牌	112	纯电动客车	KLQ6109
84	现代商用汽车(中国)有限公司	现代牌	118	纯电动检修车	CHM5042X
85	奇瑞商用车(安徽)有限公司	开瑞牌	119	纯电动自卸汽车	SQR3310
86	奇瑞捷豹路虎汽车有限公司	路虎(LANDROVER)牌	119	插电式混合动力多用途乘用车	CJL6460
87	厦门金龙联合汽车工业有限公司	金龙牌	123	燃料电池城市客车	XMQ6850
88	厦门金龙联合汽车工业有限公司	金龙牌	123	纯电动邮政车	XMQ5030X
89	厦门金龙旅行车有限公司	金旅牌	124	插电式混合动力城市客车	XML6855
90	厦门金龙旅行车有限公司	金旅牌	124	燃料电池城市客车	XML6105
91	厦门金龙旅行车有限公司	金旅牌	124	纯电动城市客车	XML6827
92	厦门金龙旅行车有限公司	金旅牌	124	纯电动客车	XML6606
93	厦门金龙旅行车有限公司	金旅牌	124	纯电动客车底盘	XML6700
94	厦门金龙旅行车有限公司	金旅牌	124	纯电动售货车	XML5040X
95	中通客车控股股份有限公司	中通牌	125	燃料电池城市客车	LCK6860
96	中通客车控股股份有限公司	中通牌	125	燃料电池客车底盘	LCK6106
97	中通客车控股股份有限公司	中通牌	125	纯电动低入口城市客车	LCK6126
98	中通客车控股股份有限公司	中通牌	125	纯电动城市客车	LCK6116、LCK6106、LCK6606
99	重庆恒通客车有限公司	恒通客车牌	127	燃料电池低入口城市客车	CKZ6102
100	山西成功汽车制造有限公司	太行成功牌	130	纯电动轿车	SCH7002
101	吉利四川商用车有限公司	远程牌	138	插电式混合动力厢式运输车	DNC5047X

续上表

序号	企业名称	商标	《目录》序号	产品名称	产品型号
102	吉利四川商用车有限公司	远程牌	138	插电式混合动力冷藏车	DNC5047X
103	集瑞联合重工有限公司	集瑞联合牌	139	纯电动载货汽车底盘	QCC1312
104	南京金龙客车制造有限公司	开沃牌	142	燃料电池载货汽车底盘	NJL1310
105	南京金龙客车制造有限公司	开沃牌	142	纯电动载货汽车	NJL1041
106	南京金龙客车制造有限公司	开沃牌	142	纯电动载货汽车底盘	NJL1041
107	南京金龙客车制造有限公司	开沃牌	142	插电式混合动力城市客车	NJL6129
108	南京金龙客车制造有限公司	开沃牌	142	燃料电池低入口城市客车	NJL6106
109	南京金龙客车制造有限公司	开沃牌	142	纯电动城市客车	NJL6106
110	南京金龙客车制造有限公司	开沃牌	142	纯电动厢式运输车	NJL5043X
111	南京金龙客车制造有限公司	开沃牌	142	纯电动冷藏车	NJL5041X
112	南京金龙客车制造有限公司	开沃牌	142	纯电动自装卸式垃圾车	NJL5030ZZZ
113	中车时代电动汽车股份有限公司	中国中车牌	151	燃料电池低入口城市客车底盘	TEG6102
114	中车时代电动汽车股份有限公司	中国中车牌	151	纯电动城市客车	TEG6900、TEG6661、TEG6805、TEG6650、TEG6110
115	中车时代电动汽车股份有限公司	中国中车牌	151	纯电动压缩式垃圾车	TEG5180ZYS
116	中车时代电动汽车股份有限公司	中国中车牌	151	纯电动自装卸式垃圾车	TEG5040ZZZ
117	程力汽车集团股份有限公司	程力牌	153	插电式混合动力餐厨垃圾车	CL5100TCA
118	程力汽车集团股份有限公司	程力牌	153	纯电动压缩式垃圾车	CL5181ZYS
119	程力汽车集团股份有限公司	程力牌	153	纯电动多功能抑尘车	CL5091TDY
120	程力汽车集团股份有限公司	程力牌	153	纯电动洒水车	CL5181GSS
121	程力汽车集团股份有限公司	程力牌	153	纯电动洗扫车	CL5181TXS
122	成都客车股份有限公司	蜀都牌	162	纯电动低入口城市客车	CDK6107
123	山东东方曼新能源汽车有限公司	东方曼牌	163	纯电动载货汽车	MAN1023
124	山东东方曼新能源汽车有限公司	东方曼牌	163	纯电动载货汽车底盘	MAN1023
125	郑州宇通集团有限公司	宇通牌	166	纯电动载货汽车底盘	ZKH1184
126	上海万象汽车制造有限公司	象牌	168	纯电动冷藏车	SXC5035X
127	珠海广通汽车有限公司	广通牌	169	纯电动城市客车	GTQ6853、GTQ6858
128	浙江合众新能源汽车有限公司	哪吒牌	173	纯电动轿车	THZ7000
129	河南速达电动汽车科技有限公司	速达牌	178	纯电动轿车	SDE7001
130	东莞中汽宏远汽车有限公司	宏远牌	182	纯电动客车	KMT6803
131	奇瑞万达贵州客车股份有限公司	万达牌	184	纯电动城市客车	WD6875、WD6117
132	广西汽车集团有限公司	五菱牌	188	纯电动厢式运输车	GXA5030X、GXA5033X、GXA5031X、GXA5032X、GXA5035X
133	重庆瑞驰汽车实业有限公司	瑞驰牌	189	纯电动载货汽车	CRC1030
134	重庆瑞驰汽车实业有限公司	瑞驰牌	189	纯电动载货汽车底盘	CRC1030、CRC1031
135	重庆瑞驰汽车实业有限公司	瑞驰牌	189	纯电动厢式运输车	CRC5030X
136	重庆瑞驰汽车实业有限公司	瑞驰牌	189	纯电动翼开启厢式车	CRC5030X
137	重庆瑞驰汽车实业有限公司	瑞驰牌	189	纯电动冷藏车	CRC5030X
138	河南德力新能源汽车有限公司	德帅牌	191	纯电动多用途货车	DLP1030
139	河南德力新能源汽车有限公司	德帅牌	191	纯电动邮政车	DLP5030X
140	山东丽驰新能源汽车有限公司	丽驰牌	192	纯电动厢式运输车	HLD5031X
141	广西玉柴新能源汽车有限公司	玉柴牌	202	纯电动载货汽车底盘	YCE1041、YCE1040
142	广西玉柴新能源汽车有限公司	玉柴牌	202	纯电动厢式运输车	YCE5040X
143	广西玉柴新能源汽车有限公司	玉柴牌	202	纯电动冷藏车	YCE5040X
144	北京北重汽车改装有限公司	北重电牌	(一)03	纯电动洒水车	BZD5188GSS
145	北京北重汽车改装有限公司	北重电牌	(一)03	纯电动洗扫车	BZD5128TXS、BZD5183TXS
146	北京北重汽车改装有限公司	北重电牌	(一)03	纯电动自装卸式垃圾车	BZD5030ZZZ
147	北京市政中燕工程机械制造有限公司	中燕牌	(一)04	纯电动多功能抑尘车	BSZ5181TDY
148	北京环卫集团环卫装备有限公司	亚洁牌	(一)31	纯电动压缩式垃圾车	BQJ5100ZYS
149	北京环卫集团环卫装备有限公司	亚洁牌	(一)31	纯电动扫路车	BQJ5120TSL
150	北京环卫集团环卫装备有限公司	亚洁牌	(一)31	纯电动洗扫车	BQJ5181TXS、BQJ5180TXS
151	北京环卫集团环卫装备有限公司	亚洁牌	(一)31	纯电动餐厨垃圾车	BQJ5100TCA
152	北京天路通科技有限责任公司	天路牌	(一)44	纯电动自卸式垃圾车	BTL5040ZLJ
153	山西皇城相府宇航汽车制造有限公司	山西牌	(四)01	燃料电池低入口城市客车	SXK6108
154	江苏常隆客车有限公司	常隆牌	(十)17	纯电动城市客车	YS6860
155	镇江天洋汽车有限公司	江天牌	(十)64	纯电动自装卸式垃圾车	ZKJ5040ZZZ

续上表

序号	企业名称	商标	《目录》序号	产品名称	产品型号
156	江苏银宝专用车有限公司	银宝牌	(十)68	纯电动自装卸式垃圾车	SYB5041ZZZ、SYB5073ZZZ
157	江苏银宝专用车有限公司	银宝牌	(十)68	纯电动车厢可卸式垃圾车	SYB5321ZXX
158	江苏悦达专用车有限公司	悦达牌	(十)69	纯电动邮政车	YD5038X
159	国唐汽车有限公司	国唐牌	(十)106	纯电动城市客车	SGK6856
160	扬州金威环保科技有限公司	金飍牌	(十)128	纯电动压缩式垃圾车	YJW5100ZYS
161	扬州金威环保科技有限公司	金飍牌	(十)128	纯电动洗扫车	YJW5185TXS
162	扬州金威环保科技有限公司	金飍牌	(十)128	纯电动餐厨垃圾车	YJW5120TCA
163	徐州徐工环境技术有限公司	徐工牌	(十)153	纯电动扫路车	XGH5040TSL
164	中汽商用汽车有限公司(杭州)	中汽牌	(十一)37	插电式混合动力压缩式垃圾车	ZQZ5080ZYS
165	安徽爱瑞特新能源专用汽车股份有限公司	爱瑞特牌	(十二)59	纯电动吸粪车	ART5040GXE
166	安徽爱瑞特新能源专用汽车股份有限公司	爱瑞特牌	(十二)59	纯电动洗扫车	ART5180TXS
167	安徽爱瑞特新能源专用汽车股份有限公司	爱瑞特牌	(十二)59	纯电动清洗车	ART5180GQX
168	福建龙马环卫装备股份有限公司	福龙马牌	(十三)16	插电式混合动力清洗车	FLM5180GQX
169	福建龙马环卫装备股份有限公司	福龙马牌	(十三)16	插电式混合动力餐厨垃圾车	FLM5180TCA
170	福建龙马环卫装备股份有限公司	福龙马牌	(十三)16	纯电动压缩式垃圾车	FLM5080ZYS
171	福建龙马环卫装备股份有限公司	福龙马牌	(十三)16	纯电动吸粪车	FLM5080GXE
172	福建龙马环卫装备股份有限公司	福龙马牌	(十三)16	纯电动餐厨垃圾车	FLM5080TCA
173	龙岩市海德馨汽车有限公司	海德馨牌	(十三)30	纯电动工程车	HDX5030X
174	聊城中通新能源汽车装备有限公司	东岳牌	(十五)70	纯电动压缩式垃圾车	ZTQ5180ZYS
175	聊城中通新能源汽车装备有限公司	东岳牌	(十五)70	纯电动自装卸式垃圾车	ZTQ5041ZZZ
176	山东汇强重工科技有限公司	新立德牌	(十五)375	纯电动照明车	HZV5030X
177	河南华茂骏捷车辆有限公司	华茂骏捷牌	(十六)23	纯电动压缩式垃圾车	LHC5090ZYS、LHC5120ZYS
178	河南华茂骏捷车辆有限公司	华茂骏捷牌	(十六)23	纯电动多功能抑尘车	LHC5090TDY
179	河南华茂骏捷车辆有限公司	华茂骏捷牌	(十六)23	纯电动洗扫车	LHC5080TXS、LHC5180TXS
180	河南华茂骏捷车辆有限公司	华茂骏捷牌	(十六)23	纯电动清洗车	LHC5180GQX
181	河南华茂骏捷车辆有限公司	华茂骏捷牌	(十六)23	纯电动餐厨垃圾车	LHC5090TCA
182	郑州宇通重工有限公司	宇通牌	(十六)30	纯电动洗扫车	YTZ5182TXS
183	郑州宇通重工有限公司	宇通牌	(十六)30	纯电动车厢可卸式垃圾车	YTZ5180ZXX
184	安阳市德力专用汽车有限公司	德帅牌	(十六)48	纯电动桶装垃圾运输车	DSP5070CTY
185	安阳市德力专用汽车有限公司	德帅牌	(十六)48	纯电动清洗车	DSP5070GQX
186	安阳市德力专用汽车有限公司	德帅牌	(十六)48	纯电动路面养护车	DSP5070TYH、DSP5030TYH
187	郑州比克新能源汽车有限公司	比克牌	(十六)96	纯电动冷藏车	BAK5030X
188	河南丰收新能源车辆有限公司	丰收牌	(十六)108	纯电动冷藏车	LER5030X
189	洛阳广通汽车有限公司	广通牌	(十六)112	纯电动扫路车	LGQ5041TSL
190	武汉客车制造股份有限公司	华中牌	(十七)49	纯电动城市客车	WH6600
191	湖北五环专用汽车有限公司	华通牌	(十七)57	纯电动压缩式垃圾车	HCQ5180ZYS
192	湖北五环专用汽车有限公司	华通牌	(十七)57	纯电动绿化喷洒车	HCQ5090GPS
193	湖北绿智精工科技有限公司	精工楚天牌	(十七)73	纯电动压缩式垃圾车	HJG5180ZYS
194	湖北绿智精工科技有限公司	精工楚天牌	(十七)73	纯电动多功能抑尘车	HJG5180TDY
195	合加新能源汽车有限公司	合加牌	(十七)98	纯电动压缩式垃圾车	HJK5180ZYS
196	徐工湖北环保科技股份有限公司	徐工牌	(十七)119	纯电动清洗车	DXA5180GQX
197	长沙中联重科环境产业有限公司	中联牌	(十八)60	纯电动多功能抑尘车	ZBH5181TDY
198	长沙中联重科环境产业有限公司	中联牌	(十八)60	纯电动密闭式桶装垃圾车	ZBH5070X
199	长沙中联重科环境产业有限公司	中联牌	(十八)60	纯电动扫路车	ZBH5123TSL
200	广州广日专用汽车有限公司	广和牌	(十九)48	燃料电池自卸式垃圾车	GR5310ZLJ
201	广州广日专用汽车有限公司	广和牌	(十九)48	纯电动自卸式垃圾车	GR5310ZLJ
202	中国重汽集团柳州运力专用汽车有限公司	运力牌	(二十)05	纯电动多功能抑尘车	LG5180TDY
203	中国重汽集团柳州运力专用汽车有限公司	运力牌	(二十)05	纯电动清洗车	LG5180GQX
204	中国重汽集团柳州运力专用汽车有限公司	运力牌	(二十)05	纯电动绿化喷洒车	LG5180GPS
205	中国重汽集团柳州运力专用汽车有限公司	运力牌	(二十)05	纯电动自装卸式垃圾车	LG5030ZZZ
206	柳州五菱汽车工业有限公司	五菱牌	(二十)09	纯电动厢式运输车	LQG5022X、LQG5021X
207	柳州五菱汽车工业有限公司	五菱牌	(二十)09	纯电动邮政车	LQG5025X
208	云南五龙汽车有限公司	威驰腾牌	(二十四)03	纯电动客车	FDE6720
209	甘肃建投重工科技有限公司	高漠牌	(二十七)16	纯电动自卸式垃圾车	GSK5040ZLJ

10. 道路机动车辆生产企业及产品(第336批)——新能源汽车节选

道路机动车辆生产企业及产品(第336批)于2020年9月23日发布,共计100个新能源汽车生产厂家,涉及89个新能源汽车品牌,192个新能源汽车产品进入公告。其中,纯电动产品共计158个(客车35个、客车底盘7个、乘用车17个、专用车90个、专用车底盘9个);插电式混合动力产品12个(客车3个、专用车5个、专用车底盘2个、乘用车2个);燃料电池产品22个(客车10个、客车底盘2个、专用车5个、专用车底盘5个)。

(1)汽车生产企业。共计61个生产厂家、56个品牌、135个产品进入公告,其中纯电动产品共计107个(客车28个、客车底盘7个、乘用车17个、专用车46个、专用车底盘9个);插电式混合动力产品9个(客车3个、专用车2个、专用车底盘2个、乘用车2个);燃料电池产品19个(客车9个、客车底盘2个、专用车3个、专用车底盘5个)。

(2)民用改装车生产企业。共计39个生产厂家、38个品牌、57个产品进入公告,其中纯电动产品共计51个(客车7个、专用车44个);插电式混合动力产品3个(专用车3个);燃料电池产品3个(客车1个、专用车2个)。

序号	企业名称	商标	《目录》序号	产品名称	产品型号
1	东风汽车股份有限公司	东风牌	3	纯电动客车底盘	EQ6800、EQ6990、EQ6100
2	东风汽车股份有限公司	东风牌	3	纯电动仓栅式运输车	DFA5040CCY
3	东风汽车股份有限公司	东风牌	3	纯电动冷藏车	DFA5040X
4	东风汽车集团有限公司	东风牌	3	燃料电池载货汽车底盘	EQ1090、EQ1250
5	东风汽车集团有限公司	东风牌	3	燃料电池客车底盘	EQ6810
6	东风特种汽车有限公司	东风牌	3	纯电动客车	EQ6603
7	北汽福田汽车股份有限公司	福田牌	9	燃料电池载货汽车底盘	BJ1088
8	北汽福田汽车股份有限公司	福田牌	9	纯电动载货汽车底盘	BJ1045
9	北汽福田汽车股份有限公司	福田牌	9	插电式混合动力城市客车	BJ6105
10	北汽福田汽车股份有限公司	福田牌	9	燃料电池城市客车	BJ6123
11	北汽福田汽车股份有限公司	福田牌	9	燃料电池客车	BJ6116
12	北汽福田汽车股份有限公司	福田牌	9	燃料电池厢式运输车	BJ5088X
13	北汽福田汽车股份有限公司	福田牌	9	纯电动厢式运输车	BJ5045X
14	北汽福田汽车股份有限公司	福田牌	9	纯电动路面养护车	BJ5044TYH
15	长城汽车股份有限公司	欧拉牌	15	纯电动轿车	CC7000
16	河北长安汽车有限公司	长安牌	22	纯电动城市客车	SC6105
17	山西新能源汽车工业有限公司	远程牌	25	纯电动厢式运输车	JHC5037X
18	山西新能源汽车工业有限公司	远程牌	25	纯电动冷藏车	JHC5047X
19	山西新能源汽车工业有限公司	远程牌	25	纯电动邮政车	JHC5037X
20	丹东黄海汽车有限责任公司	黄海牌	29	纯电动城市客车	DD6109、DD6129
21	威马汽车制造温州有限公司	威尔马斯特牌	34	纯电动多用途乘用车	SZS6460
22	湖北星晖新能源智能汽车有限公司	威马牌	36	纯电动多用途乘用车	EXH6460
23	上海申沃客车有限公司	申沃牌	42	燃料电池低地板城市客车	SWB6109
24	上海申沃客车有限公司	申沃牌	42	纯电动低地板城市客车	SWB6129
25	南京汽车集团有限公司	依维柯牌	44	纯电动客车底盘	NJ6567
26	南京汽车集团有限公司	依维柯牌	44	纯电动厢式运输车	NJ5047X
27	东风悦达起亚汽车有限公司	悦达牌	47	纯电动多用途乘用车	YQZ6520
28	扬州亚星客车股份有限公司	亚星牌	49	纯电动城市客车	JS6819、JS6859
29	浙江飞碟汽车制造有限公司	飞碟牌	51	纯电动载货汽车	FD1032
30	浙江豪情汽车制造有限公司	极星牌	52	插电式混合动力轿车	VCC7201
31	安徽安凯汽车股份有限公司	安凯牌	55	纯电动城市客车	HFF6100
32	安徽江淮汽车集团股份有限公司	思皓牌	56	纯电动轿车	HFC7002
33	安徽江淮汽车集团股份有限公司	江淮牌	56	纯电动厢式运输车	HFC5045X
34	福建新福达汽车工业有限公司	福达(FORTA)牌	58	纯电动轻型客车	FZ6456
35	中国重型汽车集团有限公司	豪沃牌	63	纯电动城市客车	ZZ6106、ZZ6126
36	中国重汽集团福建海西汽车有限公司	豪曼牌	63	插电式增程混合动力载货汽车底盘	ZZ1048
37	中国重汽集团福建海西汽车有限公司	豪曼牌	63	插电式增程混合动力厢式运输车	ZZ5048X
38	中国重汽集团青岛重工有限公司	青专牌	65	纯电动压缩式垃圾车	QDZ5180ZYS
39	中国重汽集团青岛重工有限公司	青专牌	65	纯电动车厢可卸式垃圾车	QDZ5180ZXX
40	中国一拖集团有限公司	东方红牌	69	纯电动洒水车	LT5182GSS
41	郑州宇通客车股份有限公司	宇通牌	71	插电式混合动力城市客车	ZK6106
42	郑州宇通客车股份有限公司	宇通牌	71	燃料电池低入口城市客车	ZK6126
43	郑州宇通客车股份有限公司	宇通牌	71	纯电动低地板铰接城市客车	ZK6186
44	郑州宇通客车股份有限公司	宇通牌	71	纯电动城市客车	ZK6117、ZK6605、ZK6820
45	郑州宇通客车股份有限公司	宇通牌	71	纯电动客车底盘	ZK6117
46	比亚迪汽车工业有限公司	比亚迪牌	79	纯电动城市客车	BYD6851
47	比亚迪汽车工业有限公司	比亚迪牌	79	纯电动厢式运输车	BYD5030X

续上表

序号	企业名称	商标	《目录》序号	产品名称	产品型号
48	比亚迪汽车工业有限公司	比亚迪牌	79	纯电动多用途乘用车	BYD6490
49	三一汽车制造有限公司	三一牌	80	纯电动混凝土搅拌运输车	SYM5311GJB
50	安徽华菱汽车有限公司	华菱之星牌	81	燃料电池载货汽车底盘	HN1080
51	安徽华菱汽车有限公司	华菱之星牌	81	纯电动载货汽车底盘	HN1310
52	安徽华菱汽车有限公司	华菱之星牌	81	燃料电池自卸汽车	HN3310
53	安徽华菱汽车有限公司	华菱之星牌	81	燃料电池自卸汽车底盘	HN3310
54	安徽华菱汽车有限公司	华菱之星牌	81	纯电动自卸汽车	HN3310
55	安徽华菱汽车有限公司	华菱之星牌	81	燃料电池厢式运输车	HN5080X
56	安徽华菱汽车有限公司	华菱之星牌	81	纯电动混凝土搅拌运输车	HN5312GJB
57	深圳东风汽车有限公司	东风牌	85	纯电动多功能抑尘车	EQ5180TDY
58	广州广汽比亚迪新能源客车有限公司	广汽牌	89	纯电动冷藏车	GZ5040X
59	东风柳州汽车有限公司	东风牌	91	纯电动轿车	LZ7007
60	上汽通用五菱汽车股份有限公司	五菱牌	92	纯电动轿车	LZW7004
61	上汽通用五菱汽车股份有限公司	宝骏牌	92	纯电动轿车	LZW7001
62	重庆长安汽车股份有限公司	长安牌	96	纯电动翼开启厢式车	SC5031X
63	重庆长安汽车股份有限公司	长安牌	96	纯电动轿车	SC7001
64	中植一客成都汽车有限公司	中植汽车牌	100	燃料电池城市客车	CDL6102
65	中植一客成都汽车有限公司	中植汽车牌	100	纯电动城市客车	CDL6102
66	中植一客成都汽车有限公司	中植汽车牌	100	纯电动铰接城市客车	CDL6180
67	中植一客成都汽车有限公司	中植汽车牌	100	纯电动自装卸式垃圾车	CDL5030ZZZ
68	成都大运汽车集团有限公司	大运牌	101	纯电动低入口城市客车	CGC6121
69	成都大运汽车集团有限公司	大运牌	101	纯电动城市客车	CGC6101
70	北汽云南瑞丽汽车有限公司	北京牌	103	纯电动轿车	BJ7000
71	陕西汽车集团有限责任公司	陕汽牌	110	纯电动载货汽车底盘	SX1041、SX1080、SX1040
72	陕西汽车集团有限责任公司	陕汽牌	110	纯电动厢式运输车	SX5040X、SX5041X
73	陕西汽车集团有限责任公司	陕汽牌	110	纯电动仓栅式运输车	SX5041CCY
74	陕西汽车集团有限责任公司	陕汽牌	110	纯电动密闭式桶装垃圾车	SX5080X
75	金龙联合汽车工业(苏州)有限公司	海格牌	112	纯电动低入口城市客车	KLQ6106
76	金龙联合汽车工业(苏州)有限公司	海格牌	112	纯电动低地板双层城市客车	KLQ6129
77	金龙联合汽车工业(苏州)有限公司	海格牌	112	纯电动低地板城市客车	KLQ6116
78	金龙联合汽车工业(苏州)有限公司	海格牌	112	纯电动低地板城市客车底盘	KLQ6129
79	金龙联合汽车工业(苏州)有限公司	海格牌	112	纯电动城市客车	KLQ6106
80	金龙联合汽车工业(苏州)有限公司	海格牌	112	纯电动洒水车	KLQ5180GSS
81	金龙联合汽车工业(苏州)有限公司	海格牌	112	纯电动清洗车	KLQ5180GQX
82	上海汽车集团股份有限公司	荣威牌	122	换电式纯电动轿车	CSA7002
83	厦门金龙联合汽车工业有限公司	金龙牌	123	纯电动客车底盘	XMQ6630、XMQ6830、XMQ6100
84	厦门金龙联合汽车工业有限公司	金龙牌	123	纯电动售货车	XMQ5041X
85	中通客车控股股份有限公司	中通牌	125	纯电动城市客车	LCK682 8、LCK6106、LCK6606
86	上海申龙客车有限公司	申龙牌	129	燃料电池低入口城市客车	SLK6129
87	中恒天智骏(赣州)汽车有限公司	国机智骏牌	135	纯电动轿车	ZHT7000
88	吉利四川商用车有限公司	远程牌	138	插电式混合动力载货汽车底盘	DNC1079
89	吉利四川商用车有限公司	远程牌	138	纯电动载货汽车	DNC1049
90	吉利四川商用车有限公司	远程牌	138	纯电动载货汽车底盘	DNC1049
91	吉利四川商用车有限公司	远程牌	138	燃料电池低入口城市客车	DNC6100
92	吉利四川商用车有限公司	远程牌	138	插电式混合动力冷藏车	DNC5079X
93	集瑞联合重工有限公司	集瑞联合牌	139	纯电动载货汽车底盘	QCC1312
94	集瑞联合重工有限公司	集瑞联合牌	139	纯电动自卸汽车	QCC3312
95	南京金龙客车制造有限公司	开沃牌	142	燃料电池载货汽车底盘	NJL1311
96	南京金龙客车制造有限公司	开沃牌	142	插电式混合动力低入口城市客车	NJL6129
97	南京金龙客车制造有限公司	开沃牌	142	纯电动城市客车	NJL6600
98	南京金龙客车制造有限公司	开沃牌	142	纯电动客车	NJL6902
99	南京金龙客车制造有限公司	开沃牌	142	纯电动厢式运输车	NJL5040X
100	南京金龙客车制造有限公司	开沃牌	142	纯电动自装卸式垃圾车	NJL5040ZZZ
101	中车时代电动汽车股份有限公司	中国中车牌	151	纯电动低入口城市客车	TEG6105
102	中车时代电动汽车股份有限公司	中国中车牌	151	纯电动城市客车	TEG6803、TEG6853
103	中车时代电动汽车股份有限公司	中国中车牌	151	纯电动客车底盘	TEG6599

续上表

序号	企业名称	商标	《目录》序号	产品名称	产品型号
104	中车时代电动汽车股份有限公司	中国中车牌	151	纯电动压缩式垃圾车	TEG5100ZYS
105	中车时代电动汽车股份有限公司	中国中车牌	151	纯电动清洗车	TEG5180GQX
106	中车时代电动汽车股份有限公司	中国中车牌	151	纯电动车厢可卸式垃圾车	TEG5030ZXX
107	程力汽车集团股份有限公司	程力牌	153	纯电动吸尘车	CL5080TXC
108	程力汽车集团股份有限公司	程力牌	153	纯电动自装卸式垃圾车	CL5031ZZZ
109	江苏吉麦新能源车业有限公司	吉麦牌	159	纯电动轿车	HXK7000
110	山东蓝诺汽车有限公司	吉海牌	160	纯电动载货汽车	JHN1032
111	山东蓝诺汽车有限公司	吉海牌	160	纯电动载货汽车底盘	JHN1032
112	山东蓝诺汽车有限公司	吉海牌	160	纯电动售货车	JHN5032CGX
113	成都客车股份有限公司	蜀都牌	162	纯电动城市客车	CDK6661、CDK6811
114	郑州宇通集团有限公司	宇通牌	166	纯电动载货汽车底盘	ZKH1185
115	奇瑞新能源汽车股份有限公司	奇瑞牌	174	纯电动多用途乘用车	NEQ6460
116	奇瑞新能源汽车股份有限公司	奇瑞牌	174	纯电动轿车	NEQ7000
117	重庆金康新能源汽车有限公司	赛力斯牌	175	插电式增程混合动力轿车	SKE7150
118	重庆金康新能源汽车有限公司	赛力斯牌	175	纯电动轿车	SKE7000
119	佛山市飞驰汽车制造有限公司	飞驰牌	177	燃料电池城市客车	FSQ6121
120	佛山市飞驰汽车制造有限公司	飞驰牌	177	燃料电池客车底盘	FSQ6820
121	奇瑞万达贵州客车股份有限公司	万达牌	184	纯电动城市客车	WD6105
122	奇瑞万达贵州客车股份有限公司	万达牌	184	纯电动客车底盘	WD6110
123	江西博能上饶客车有限公司	上饶牌	187	燃料电池城市客车	SR6860
124	广西汽车集团有限公司	五菱牌	188	纯电动厢式运输车	GXA5030X、GXA5031X
125	广西汽车集团有限公司	五菱牌	188	纯电动冷藏车	GXA5031X
126	广西汽车集团有限公司	五菱牌	188	纯电动邮政车	GXA5030X、GXA5031X
127	广西汽车集团有限公司	创菱牌	188	纯电动厢式运输车	GXA5032X
128	广西汽车集团有限公司	创菱牌	188	纯电动冷藏车	GXA5032X
129	重庆瑞驰汽车实业有限公司	瑞驰牌	189	纯电动厢式运输车	CRC5030X
130	河南德力新能源汽车有限公司	德帅牌	191	纯电动载货汽车底盘	DLP1030
131	河南德力新能源汽车有限公司	德帅牌	191	纯电动厢式运输车	DLP5030X
132	河南德力新能源汽车有限公司	德帅牌	191	纯电动多用途货车底盘	DLP1030
133	浙江新吉奥汽车有限公司	吉奥牌	198	纯电动厢式运输车	NGA5040X
134	江西博能新能源汽车有限公司	上观牌	201	纯电动低入口城市客车	BSR6106
135	江西博能新能源汽车有限公司	上观牌	201	纯电动城市客车	BSR6820
136	北京北重汽车改装有限公司	北重电牌	(一)03	纯电动洒水车	BZD5090GSS
137	北京北重汽车改装有限公司	北重电牌	(一)03	纯电动车厢可卸式垃圾车	BZD5123ZXX
138	北京市政中燕工程机械制造有限公司	中燕牌	(一)04	纯电动路面养护车	BSZ5041TYH
139	北京华林特装车有限公司	华林牌	(一)31	纯电动餐厨垃圾车	HLT5120TCA
140	北京环卫集团环卫装备有限公司	亚洁牌	(一)31	燃料电池扫路车	BQJ5120TSL
141	北京环卫集团环卫装备有限公司	亚洁牌	(一)31	纯电动压缩式垃圾车	BQJ5180ZYS
142	北京环卫集团环卫装备有限公司	亚洁牌	(一)31	纯电动吸粪车	BQJ5180GXE
143	北京环卫集团环卫装备有限公司	亚洁牌	(一)31	纯电动扫路车	BQJ5180TSL
144	北京环卫集团环卫装备有限公司	亚洁牌	(一)31	纯电动洒水车	BQJ5320GSS
145	北京环卫集团环卫装备有限公司	亚洁牌	(一)31	纯电动洗扫车	BQJ5180TXS
146	北京环卫集团环卫装备有限公司	亚洁牌	(一)31	纯电动清洗车	BQJ5180GQX
147	北京事必达汽车有限责任公司	驰远牌	(一)32	纯电动餐厨垃圾车	BSP5120TCA
148	北京天路通科技有限责任公司	天路牌	(一)44	纯电动压缩式垃圾车	BTL5180ZYS
149	河北微风新能源汽车有限公司	长鹿牌	(三)05	燃料电池城市客车	HB6860
150	呼和浩特开沃重工有限公司	开沃牌	(五)27	纯电动餐厨垃圾车	HKW5100TCA
151	上海神舟精宜汽车制造有限公司	交大神舟牌	(九)44	纯电动扫路车	SSZ5030TSL
152	无锡中车新能源汽车有限公司	中国中车牌	(十)10	纯电动车厢可卸式垃圾车	TEG5030ZXX
153	江苏紫琅汽车集团股份有限公司	紫琅牌	(十)11	纯电动低地板双层城市客车	NTT6129
154	江苏陆地方舟新能源车辆股份有限公司	陆地方舟牌	(十)28	纯电动城市客车	RQ6102
155	航天晨光股份有限公司	三力牌	(十)34	纯电动压缩式垃圾车	CGJ5254ZYS
156	江苏悦达专用车有限公司	悦达牌	(十)69	纯电动吸污车	YD5109GXW
157	江苏奥新新能源汽车有限公司	达福迪牌	(十)74	纯电动厢式运输车	JAX5036X
158	扬州三源机械有限公司	三联牌	(十)103	纯电动扫路车	YSY5080TSL
159	扬州三源机械有限公司	三联牌	(十)103	纯电动道路污染清除车	YSY5181TWQ
160	扬州金威环保科技有限公司	金驫牌	(十)128	纯电动车厢可卸式垃圾车	YJW5180ZXX
161	徐州徐工环境技术有限公司	徐工牌	(十)153	插电式混合动力洒水车	XGH5100GSS

续上表

序号	企业名称	商标	《目录》序号	产品名称	产品型号
162	徐州徐工环境技术有限公司	徐工牌	(十)153	插电式混合动力洗扫车	XGH5100TXS
163	中汽商用汽车有限公司(杭州)	中汽牌	(十一)37	纯电动密闭式桶装垃圾车	ZQZ5080X
164	杭州西湖比亚迪新能源汽车有限公司	比亚迪牌	(十一)51	纯电动压缩式垃圾车	XBE5120ZYS
165	杭州西湖比亚迪新能源汽车有限公司	比亚迪牌	(十一)51	纯电动多功能抑尘车	XBE5180TDY
166	安徽丰源车业有限公司	丰源中霸牌	(十二)38	纯电动餐厨垃圾车	FYK5100TCA
167	安徽爱瑞特新能源专用汽车股份有限公司	爱瑞特牌	(十二)59	纯电动自装卸式垃圾车	ART5040ZZZ
168	安徽爱瑞特新能源专用汽车股份有限公司	爱瑞特牌	(十二)59	纯电动餐厨垃圾车	ART5180TCA
169	福建龙马环卫装备股份有限公司	福龙马牌	(十三)16	纯电动吸粪车	FLM5040GXE
170	福建龙马环卫装备股份有限公司	福龙马牌	(十三)16	纯电动密闭式桶装垃圾车	FLM5070X
171	福建福迪车辆制造有限公司	众辰牌	(十三)43	插电式增程混合动力冷藏车	FDQ5040X
172	烟台海德专用汽车有限公司	海德牌	(十五)20	纯电动压缩式垃圾车	CHD5101ZYS
173	烟台海德专用汽车有限公司	海德牌	(十五)20	纯电动洗扫车	CHD5183TXS
174	聊城中通新能源汽车装备有限公司	东岳牌	(十五)70	纯电动自卸式垃圾车	ZTQ5041ZLJ
175	聊城中通新能源汽车装备有限公司	东岳牌	(十五)70	纯电动路面养护车	ZTQ5040TYH
176	郑州宇通重工有限公司	宇通牌	(十六)30	纯电动洗扫车	YTZ5183TXS
177	郑州宇通重工有限公司	宇通牌	(十六)30	纯电动清洗车	YTZ5180GQX
178	河南华路汽车有限公司	华路达牌	(十六)83	纯电动吸尘车	YHL5180TXC
179	武汉客车制造股份有限公司	华中牌	(十七)49	纯电动城市客车	WH6102、WH6650、WH6851
180	湖北五环专用汽车有限公司	华通牌	(十七)57	纯电动洒水车	HCQ5180GSS
181	徐工湖北环保科技股份有限公司	徐工牌	(十七)119	纯电动多功能抑尘车	DXA5180TDY
182	衡阳智电客车有限责任公司	雁城牌	(十八)02	纯电动低入口城市客车	HYK6121
183	长沙中联重科环境产业有限公司	中联牌	(十八)60	纯电动密闭式桶装垃圾车	ZBH5080X
184	长沙中联重科环境产业有限公司	中联牌	(十八)60	纯电动自装卸式垃圾车	ZBH5040ZZZ
185	广州广日专用汽车有限公司	广和牌	(十九)48	燃料电池自卸式垃圾车	GR5250ZLJ
186	中山市顺达客车有限公司	上佳牌	(十九)51	纯电动城市客车	HA6116
187	广西玉柴专用汽车有限公司	玉柴专汽牌	(二十)01	纯电动自装卸式垃圾车	NZ5030ZZZ
188	中国重汽集团柳州运力专用汽车有限公司	运力牌	(二十)05	纯电动多功能抑尘车	LG5181TDY、LG5180TDY
189	中国重汽集团柳州运力专用汽车有限公司	运力牌	(二十)05	纯电动路面养护车	LG5030TYH
190	中国重汽集团柳州运力专用汽车有限公司	运力牌	(二十)05	纯电动车厢可卸式垃圾车	LG5030ZXX
191	四川新筑通工汽车有限公司	通工牌	(二十二)06	纯电动低地板城市客车	TG6105
192	贵州长江汽车有限公司	贵州牌	(二十三)01	纯电动城市客车	GK6851

11. 道路机动车辆生产企业及产品(第337批)——新能源汽车节选

道路机动车辆生产企业及产品(第337批)于2020年10月31日发布,共计105个新能源汽车生产厂家,涉及92个新能源汽车品牌,207个新能源汽车产品进入公告。其中,纯电动产品共计172个(客车35个、客车底盘8个、乘用车18个、专用车95个、专用车底盘16个);插电式混合动力产品16个(客车4个、客车底盘2个、专用车6个、专用车底盘1个、乘用车3个);燃料电池产品19个(客车8个、客车底盘2个、专用车6个、专用车底盘2个、乘用车1个)。

(1)汽车生产企业。共计66个生产厂家、59个品牌、158个产品进入公告,其中纯电动产品共计132个(客车29个、客车底盘8个、乘用车18个、专用车61个、专用车底盘16个);插电式混合动力产品11个(客车3个、客车底盘2个,专用车2个、专用车底盘1个、乘用车3个);燃料电池产品15个(客车7个、客车底盘2个、专用车3个、专用车底盘2个、乘用车1个)。

(2)民用改装车生产企业。共计39个生产厂家、37个品牌、49个产品进入公告,其中纯电动产品共计40个(客车6个、专用车34个);插电式混合动力产品5个(客车1个、专用车4个);燃料电池产品4个(客车1个、专用车3个)。

序号	企业名称	商标	《目录》序号	产品名称	产品型号
1	东风商用车有限公司	东风牌	3	纯电动载货汽车底盘	DFH1180
2	东风本田汽车有限公司	思威(CR-V)牌	3	插电式混合动力多用途乘用车	DHW6471
3	东风汽车股份有限公司	东风牌	3	纯电动载货汽车底盘	EQ1181
4	东风汽车股份有限公司	东风牌	3	纯电动城市客车	DFA6100
5	东风汽车股份有限公司	东风牌	3	纯电动客车底盘	EQ6990、EQ6100、EQ6560、EQ6620、EQ6810
6	东风汽车股份有限公司	东风牌	3	纯电动客车底盘	EQ6620、EQ6810
7	东风汽车股份有限公司	东风牌	3	纯电动冷藏车	DFA5030X
8	东风汽车集团有限公司	东风牌	3	插电式混合动力载货汽车底盘	EQ1042
9	东风汽车集团有限公司	东风牌	3	燃料电池载货汽车底盘	EQ1181
10	东风汽车集团有限公司	东风牌	3	纯电动载货汽车	EQ1040

续上表

序号	企业名称	商标	《目录》序号	产品名称	产品型号
11	东风汽车集团有限公司	东风牌	3	纯电动载货汽车底盘	EQ1040
12	东风汽车集团有限公司	东风牌	3	燃料电池客车底盘	EQ6110、EQ6840
13	东风汽车集团有限公司	东风牌	3	纯电动厢式运输车	EQ5040X
14	东风汽车集团有限公司	东风牌	3	纯电动仓栅式运输车	EQ5040CCY
15	北京汽车制造厂有限公司	北京汽车制造厂有限公司牌	9	纯电动仓栅式运输车	BAW5040CCY
16	北汽福田汽车股份有限公司	福田牌	9	纯电动载货汽车底盘	BJ1045
17	北汽福田汽车股份有限公司	福田牌	9	插电式混合动力城市客车	BJ6105
18	北汽福田汽车股份有限公司	福田牌	9	纯电动城市客车	BJ6851、BJ6805
19	北汽福田汽车股份有限公司	福田牌	9	纯电动厢式运输车	BJ5045X
20	北汽福田汽车股份有限公司	福田牌	9	纯电动冷藏车	BJ5065X
21	北汽福田汽车股份有限公司	福田牌	9	纯电动密闭式桶装垃圾车	BJ5044X
22	北汽福田汽车股份有限公司	福田牌	9	纯电动桶装垃圾运输车	BJ5044CTY
23	北京现代汽车有限公司	北京现代牌	11	纯电动轿车	BH7000
24	长城汽车股份有限公司	欧拉牌	15	纯电动轿车	CC7001、CC7000
25	长城汽车股份有限公司	长城牌	15	纯电动厢式运输车	CC5030X
26	长城汽车股份有限公司	长城牌	15	纯电动多用途货车	CC1030
27	河北长安汽车有限公司	长安牌	22	纯电动载货汽车	SC1032
28	河北长安汽车有限公司	长安牌	22	纯电动载货汽车底盘	SC1032
29	河北长安汽车有限公司	长安牌	22	纯电动厢式运输车	SC5032X
30	河北长安汽车有限公司	长安牌	22	纯电动多用途乘用车	SC6443
31	山西新能源汽车工业有限公司	远程牌	25	纯电动厢式运输车	JHC5047X
32	山西新能源汽车工业有限公司	远程牌	25	插电式混合动力冷藏车	JHC5042X
33	北奔重型汽车集团有限公司	北奔牌	27	换电式纯电动自卸汽车	ND3310
34	北奔重型汽车集团有限公司	北奔牌	27	换电式纯电动自卸汽车底盘	ND3310
35	丹东黄海汽车有限责任公司	黄海牌	29	纯电动城市客车	DD6109
36	华晨汽车制造有限公司	华晨新日牌	33	纯电动轿车	SY7001
37	上汽大通汽车有限公司	大通牌	41	燃料电池多用途乘用车	SH6521
38	上海申沃客车有限公司	申沃牌	42	纯电动低地板城市客车	SWB6909
39	北汽蓝谷麦格纳汽车有限公司	极狐（ARCFOX）牌	45	纯电动多用途乘用车	BJ6480
40	扬州亚星客车股份有限公司	亚星牌	49	纯电动城市客车	JS6108、JS6859
41	潍柴（扬州）亚星新能源商用车有限公司	亚星牌	49	纯电动客车	YBL6591
42	浙江吉利汽车有限公司	英伦牌	52	插电式增程混合动力多用途乘用车	MR6490
43	浙江吉利汽车有限公司	英伦牌	52	插电式增程混合动力福祉多用途乘用车	MR6490
44	浙江豪情汽车制造有限公司	沃尔沃牌	52	纯电动轿车	VCC7003
45	安徽江淮汽车集团股份有限公司	江淮牌	56	纯电动餐车	HFC5049X
46	安徽江淮汽车集团股份有限公司	蔚来牌	56	换电式纯电动多用途乘用车	HFC6502
47	福建新福达汽车工业有限公司	福达（FORTA）牌	58	纯电动载货汽车底盘	FZ1120
48	福建新龙马汽车股份有限公司	福建牌	58	纯电动多用途乘用车	FJ6450
49	中国重汽集团青岛重工有限公司	青专牌	65	纯电动压缩式垃圾车	QDZ5180ZYS、QDZ5080ZYS
50	中国重汽集团青岛重工有限公司	青专牌	65	纯电动洒水车	QDZ5180GSS
51	中国重汽集团青岛重工有限公司	青专牌	65	纯电动餐厨垃圾车	QDZ5180TCA、QDZ5080TCA
52	山东汽车制造有限公司	陕汽牌	67	纯电动载货汽车底盘	YTQ1042
53	郑州宇通客车股份有限公司	宇通牌	71	纯电动客车	ZK6907、ZK6809
54	郑州宇通客车股份有限公司	宇通牌	71	纯电动客车底盘	ZK6867
55	湖北三江航天万山特种车辆有限公司	万山牌	78	纯电动载货汽车底盘	WS1251
56	比亚迪汽车工业有限公司	比亚迪牌	79	纯电动载货汽车	BYD1040、BYD1180
57	比亚迪汽车工业有限公司	比亚迪牌	79	纯电动载货汽车底盘	BYD1040、BYD1180、BYD1310
58	比亚迪汽车工业有限公司	比亚迪牌	79	纯电动低入口城市客车	BYD6700
59	比亚迪汽车工业有限公司	比亚迪牌	79	纯电动厢式运输车	BYD5040X
60	比亚迪汽车工业有限公司	比亚迪牌	79	纯电动混凝土搅拌运输车	BYD5310GJB
61	比亚迪汽车工业有限公司	比亚迪牌	79	纯电动轿车	BYD7002、BYD7009
62	三一汽车制造有限公司	三一牌	80	纯电动载货汽车底盘	SYM1251
63	三一汽车制造有限公司	三一牌	80	纯电动自卸汽车	SYM3251
64	湖南汽车制造有限责任公司	三一牌	83	纯电动混凝土搅拌运输车	HQC5310GJB
65	广州广汽比亚迪新能源客车有限公司	广汽牌	89	纯电动低入口双层城市客车	GZ6100
66	广州广汽比亚迪新能源客车有限公司	广汽牌	89	纯电动客车	GZ6710

续上表

序号	企业名称	商标	《目录》序号	产品名称	产品型号
67	广汽乘用车(杭州)有限公司	传祺(Trumpchi)牌	89	纯电动轿车	GAH7000
68	广汽乘用车有限公司	传祺(Trumpchi)牌	89	纯电动多用途乘用车	GAM6480
69	东风柳州汽车有限公司	东风牌	91	纯电动厢式运输车	LZ5032X、LZ5031X
70	上汽通用五菱汽车股份有限公司	五菱牌	92	纯电动轿车	LZW7004
71	上汽通用五菱汽车股份有限公司	宝骏牌	92	纯电动轿车	LZW7001
72	庆铃汽车股份有限公司	庆铃牌(繁体)	95	纯电动载货汽车底盘	QL1040、QL1100
73	庆铃汽车股份有限公司	庆铃牌(繁体)	95	纯电动厢式运输车	QL5100X
74	庆铃汽车股份有限公司	庆铃牌(繁体)	95	纯电动平板运输车	QL5040TPB
75	中植一客成都汽车有限公司	中植汽车牌	100	纯电动城市客车	CDL6122
76	中植一客成都汽车有限公司	中植汽车牌	100	纯电动厢式运输车	CDL5045X、CDL5021X
77	北汽云南瑞丽汽车有限公司	北京牌	103	纯电动轿车	BJ7001
78	一汽红塔云南汽车制造有限公司	解放牌	107	纯电动载货汽车底盘	CA1040
79	一汽红塔云南汽车制造有限公司	解放牌	107	纯电动厢式运输车	CA5040X
80	陕西汽车集团有限责任公司	陕汽牌	110	纯电动冷藏车	SX5040X
81	金龙联合汽车工业(苏州)有限公司	海格牌	112	纯电动城市客车	KLQ6111、KLQ6856、KLQ6106
82	金龙联合汽车工业(苏州)有限公司	海格牌	112	纯电动城市客车底盘	KLQ6856
83	奇瑞商用车(安徽)有限公司	开瑞牌	119	纯电动厢式运输车	SQR5036X
84	奇瑞汽车股份有限公司	凯翼牌	119	纯电动轿车	SQR7000
85	厦门金龙联合汽车工业有限公司	金龙牌	123	插电式混合动力城市客车	XMQ6850
86	厦门金龙联合汽车工业有限公司	金龙牌	123	燃料电池城市客车	XMQ6850
87	厦门金龙联合汽车工业有限公司	金龙牌	123	纯电动客车底盘	XMQ6500、XMQ6790、XMQ6100
88	厦门金龙联合汽车工业有限公司	金龙牌	123	纯电动铰接低地板城市客车	XMQ6180
89	厦门金龙联合汽车工业有限公司	金龙牌	123	纯电动邮政车	XMQ5030X
90	厦门金龙旅行车有限公司	金旅牌	124	燃料电池城市客车	XML6125
91	厦门金龙旅行车有限公司	金旅牌	124	纯电动城市客车	XML6700、XML6805
92	厦门金龙旅行车有限公司	金旅牌	124	纯电动厢式运输车	XML5038X、XML5036X
93	中通客车控股股份有限公司	中通牌	125	燃料电池低入口城市客车	LCK6126
94	中通客车控股股份有限公司	中通牌	125	纯电动保温车	LCK5048X
95	重庆恒通客车有限公司	恒通客车牌	127	插电式混合动力低入口城市客车	CKZ6106、CKZ6129
96	重庆恒通客车有限公司	恒通客车牌	127	纯电动低入口城市客车	CKZ6105
97	重庆恒通客车有限公司	恒通客车牌	127	纯电动城市客车	CKZ6852
98	上海申龙客车有限公司	申龙牌	129	燃料电池客车底盘	SLK6819
99	吉利四川商用车有限公司	远程牌	138	燃料电池低入口城市客车	DNC6120
100	吉利四川商用车有限公司	远程牌	138	纯电动低入口城市客车	DNC6121、DNC6101
101	吉利四川商用车有限公司	远程牌	138	插电式混合动力厢式运输车	DNC5049X
102	南京金龙客车制造有限公司	开沃牌	142	燃料电池载货汽车底盘	NJL1311、NJL1310
103	南京金龙客车制造有限公司	开沃牌	142	纯电动载货汽车底盘	NJL1043
104	南京金龙客车制造有限公司	开沃牌	142	燃料电池自卸汽车	NJL3311
105	南京金龙客车制造有限公司	开沃牌	142	纯电动城市客车	NJL6117
106	南京金龙客车制造有限公司	开沃牌	142	纯电动厢式运输车	NJL5041X、NJL5038X、NJL5043X
107	南京金龙客车制造有限公司	开沃牌	142	燃料电池车厢可卸式垃圾车	NJL5310ZXX
108	中车时代电动汽车股份有限公司	中国中车牌	151	插电式混合动力低入口城市客车底盘	TEG6106、TEG6129
109	中车时代电动汽车股份有限公司	中国中车牌	151	纯电动低入口城市客车底盘	TEG6105、TEG6129
110	中车时代电动汽车股份有限公司	中国中车牌	151	纯电动城市客车	TEG6605、TEG6530、TEG6800
111	中车时代电动汽车股份有限公司	中国中车牌	151	纯电动城市客车底盘	TEG6852
112	中车时代电动汽车股份有限公司	中国中车牌	151	纯电动多功能抑尘车	TEG5180TDY
113	中车时代电动汽车股份有限公司	中国中车牌	151	纯电动洗扫车	TEG5180TXS
114	中车时代电动汽车股份有限公司	中国中车牌	151	纯电动自装卸式垃圾车	TEG5030ZZZ
115	中车时代电动汽车股份有限公司	中国中车牌	151	纯电动路面养护车	TEG5030TYH
116	中车时代电动汽车股份有限公司	中国中车牌	151	纯电动餐厨垃圾车	TEG5120TCA
117	程力汽车集团股份有限公司	程力牌	153	纯电动厢式垃圾车	CL5030ZXL
118	程力汽车集团股份有限公司	程力牌	153	纯电动压缩式垃圾车	CL5080ZYS
119	程力汽车集团股份有限公司	程力牌	153	纯电动吸尘车	CL5040TXC、CL5180TXC

续上表

序号	企业名称	商标	《目录》序号	产品名称	产品型号
120	程力汽车集团股份有限公司	程力牌	153	纯电动扫路车	CL5040TSL
121	程力汽车集团股份有限公司	程力牌	153	纯电动桶装垃圾运输车	CL5030CTY
122	程力汽车集团股份有限公司	程力牌	153	纯电动洒水车	CL5182GSS
123	程力汽车集团股份有限公司	程力牌	153	纯电动洗扫车	CL5182TXS
124	程力汽车集团股份有限公司	程力牌	153	纯电动清洗车	CL5181GQX
125	程力汽车集团股份有限公司	程力牌	153	纯电动自装卸式垃圾车	CL5041ZZZ
126	江苏吉麦新能源车业有限公司	凌宝牌	159	纯电动轿车	HXK7000
127	兰州知豆电动汽车有限公司	知豆牌	167	纯电动轿车	LZD7004
128	上海万象汽车制造有限公司	象牌	168	燃料电池保温车	SXC5180X、SXC5181X
129	上海万象汽车制造有限公司	象牌	168	纯电动洗扫车	SXC5180TXS
130	上海万象汽车制造有限公司	象牌	168	纯电动餐厨垃圾车	SXC5120TCA
131	珠海广通汽车有限公司	广通牌	169	插电式混合动力客车底盘	GTQ6121、GTQ6105、GTQ6119
132	珠海广通汽车有限公司	广通牌	169	燃料电池低入口城市客车	GTQ6102
133	珠海广通汽车有限公司	广通牌	169	纯电动低入口城市客车	GTQ6102
134	珠海广通汽车有限公司	广通牌	169	纯电动城市客车	GTQ6858
135	珠海广通汽车有限公司	广通牌	169	纯电动客车底盘	GTQ6580
136	珠海广通汽车有限公司	广通牌	169	纯电动厢式运输车	GTQ5043X
137	奇瑞新能源汽车股份有限公司	奇瑞牌	174	纯电动多用途乘用车	NEQ6460
138	成都广通汽车有限公司	广通牌	180	纯电动城市客车	CAT6100
139	成都广通汽车有限公司	广通牌	180	纯电动多功能抑尘车	CAT5043TDY
140	中兴智能汽车有限公司	广客牌	181	纯电动城市客车	GTZ6127
141	东莞中汽宏远汽车有限公司	宏远牌	182	燃料电池城市客车	KMT6852
142	东莞中汽宏远汽车有限公司	宏远牌	182	纯电动低地板城市客车	KMT6107
143	东莞中汽宏远汽车有限公司	宏远牌	182	纯电动城市客车	KMT6600、KMT6802
144	东莞中汽宏远汽车有限公司	宏远牌	182	纯电动压缩式垃圾车	KMT5090ZYS
145	东莞中汽宏远汽车有限公司	宏远牌	182	纯电动多功能抑尘车	KMT5090TDY
146	东莞中汽宏远汽车有限公司	宏远牌	182	纯电动桶装垃圾运输车	KMT5030CTY
147	广西申龙汽车制造有限公司	紫象牌	183	纯电动城市客车	HQK6109
148	奇瑞万达贵州客车股份有限公司	万达牌	184	纯电动城市客车	WD6105
149	奇瑞万达贵州客车股份有限公司	万达牌	184	纯电动客车	WD6120
150	广西汽车集团有限公司	五菱牌	188	纯电动城市客车	GXA6521、GXA6609
151	广西汽车集团有限公司	五菱牌	188	纯电动厢式运输车	GXA5041X、GXA5038X、GXA5039X
152	重庆瑞驰汽车实业有限公司	瑞驰牌	189	纯电动载货汽车底盘	CRC1030
153	重庆瑞驰汽车实业有限公司	瑞驰牌	189	纯电动厢式运输车	CRC5030X
154	重庆瑞驰汽车实业有限公司	瑞驰牌	189	纯电动冷藏车	CRC5030X
155	延边国泰新能源汽车有限公司	长白山牌	197	纯电动载货汽车底盘	JYB1030
156	延边国泰新能源汽车有限公司	长白山牌	197	纯电动厢式运输车	JYB5030X
157	延边国泰新能源汽车有限公司	长白山牌	197	纯电动冷藏车	JYB5030X
158	陕西秦星汽车有限责任公司	秦星牌	199	燃料电池低入口城市客车	SYD6120
159	北京北重汽车改装有限公司	北重电牌	(一)03	纯电动车厢可卸式垃圾车	BZD5182ZXX
160	北京市政中燕工程机械制造有限公司	中燕牌	(一)04	纯电动自卸式垃圾车	BSZ5041ZLJ
161	北京环卫集团环卫装备有限公司	亚洁牌	(一)31	纯电动路面养护车	BQJ5040TYH
162	北京事必达汽车有限责任公司	驰远牌	(一)32	纯电动压缩式垃圾车	BSP5180ZYS
163	北京天路通科技有限责任公司	天路牌	(一)44	燃料电池洗扫车	BTL5182TXS
164	天津广通汽车有限公司	广通牌	(二)20	插电式混合动力城市客车	TJR6121、TJR6119、TJR6105
165	保定长安客车制造有限公司	长安牌	(三)192	纯电动厢式运输车	SC5021X、SC5031X
166	华晨兴达特种车辆(大连)有限公司	佰斯威牌	(六)41	燃料电池车辆运输车	HD5180TCL
167	南京市公共交通车辆厂	建康牌	(十)09	纯电动城市客车	NJC6657
168	无锡中车新能源汽车有限公司	中国中车牌	(十)10	纯电动多功能抑尘车	TEG5180TDY
169	无锡中车新能源汽车有限公司	中国中车牌	(十)10	纯电动洗扫车	TEG5180TXS
170	江苏紫琅汽车集团股份有限公司	紫琅牌	(十)11	纯电动城市客车	NTT6850
171	镇江天洋汽车有限公司	江天牌	(十)64	纯电动清洗车	ZKJ5180GQX
172	徐州徐工环境技术有限公司	徐工牌	(十)153	插电式混合动力密闭式桶装垃圾车	XGH5070X
173	徐州徐工环境技术有限公司	徐工牌	(十)153	纯电动洗扫车	XGH5180TXS
174	江苏法美瑞汽车发展有限公司	法美瑞牌	(十)162	插电式混合动力旅居车	FMR5066X
175	安徽爱瑞特新能源专用汽车股份有限公司	爱瑞特牌	(十二)59	纯电动吸粪车	ART5040GXE

续上表

序号	企业名称	商标	《目录》序号	产品名称	产品型号
176	安徽爱瑞特新能源专用汽车股份有限公司	爱瑞特牌	（十二）59	纯电动密闭式桶装垃圾车	ART5040X
177	山东汇强车辆制造有限公司	颜山牌	（十五）08	插电式混合动力餐厨垃圾车	BSQ5085TCA
178	青岛索尔汽车有限公司	青索牌	（十五）48	纯电动高空作业车	QJM5040JGK、QJM5060JGK
179	聊城中通新能源汽车装备有限公司	东岳牌	（十五）70	纯电动压缩式垃圾车	ZTQ5100ZYS
180	郑州宏达汽车工业有限公司	郑龙牌	（十六）21	纯电动自卸式垃圾车	JYC5310ZLJ
181	郑州宇通重工有限公司	宇通牌	（十六）30	纯电动多功能抑尘车	YTZ5180TDY
182	河南森源重工有限公司	森源牌	（十六）37	纯电动自卸式垃圾车	SMQ5310ZLJ
183	河南松川专用汽车有限公司	松川牌	（十六）43	插电式混合动力冷藏车	SCL5040X
184	河南华路汽车有限公司	华路达牌	（十六）83	纯电动多功能抑尘车	YHL5180TDY
185	河南中力新能源汽车制造有限公司	鹰城中力牌	（十六）107	纯电动自卸式垃圾车	ZLE5251ZLJ
186	武汉市汉福专用车有限公司	金银湖牌	（十七）33	纯电动自装卸式垃圾车	WFA5030ZZZ
187	武汉客车制造股份有限公司	华中牌	（十七）49	纯电动城市客车	WH6102、WH6811
188	武汉客车制造股份有限公司	华中牌	（十七）49	纯电动邮政车	WH5030X
189	湖北五环专用汽车有限公司	华通牌	（十七）57	纯电动扫路车	HCQ5040TSL
190	湖北五环专用汽车有限公司	华通牌	（十七）57	纯电动清洗车	HCQ5180GQX
191	合加新能源汽车有限公司	合加牌	（十七）98	纯电动清洗车	HJK5180GQX
192	徐工湖北环保科技股份有限公司	徐工牌	（十七）119	纯电动洗扫车	DXA5080TXS
193	襄阳九州汽车有限公司	九州牌	（十七）129	纯电动低入口城市客车	SYC6120
194	湖北凯力专用汽车有限公司	凯力风牌	（十七）180	纯电动多功能抑尘车	KLF5090TDY
195	衡阳智电客车有限责任公司	雁城牌	（十八）02	纯电动城市客车	HYK6603
196	衡阳智电客车有限责任公司	雁城牌	（十八）02	纯电动餐车	HYK5090X
197	中联重科股份有限公司	中联牌	（十八）20	纯电动混凝土搅拌运输车	ZLJ5318GJB
198	长沙中联重科环境产业有限公司	中联牌	（十八）60	纯电动垃圾转运车	ZBH5180ZLJ
199	长沙中联重科环境产业有限公司	中联牌	（十八）60	纯电动自装卸式垃圾车	ZBH5040ZZZ
200	广州广日专用汽车有限公司	广和牌	（十九）48	燃料电池自卸式垃圾车	GR5311ZLJ
201	一汽（四川）专用汽车有限公司	远达牌	（二十二）01	纯电动自装卸式垃圾车	SCZ5030ZZZ
202	四川国宏汽车有限公司	乐达牌	（二十二）03	纯电动城市客车	LSK6850、LSK6105
203	四川新筑通工汽车有限公司	通工牌	（二十二）06	燃料电池低入口城市客车	TG6901
204	贵州科驰汽车制造有限责任公司	万舆牌	（二十三）15	纯电动压缩式垃圾车	WZG5180ZYS
205	贵州科驰汽车制造有限责任公司	万舆牌	（二十三）15	纯电动洒水车	WZG5090GSS
206	贵州科驰汽车制造有限责任公司	万舆牌	（二十三）15	纯电动路面养护车	WZG5030TYH
207	贵州科驰汽车制造有限责任公司	万舆牌	（二十三）15	纯电动餐厨垃圾车	WZG5090TCA

12. 道路机动车辆生产企业及产品（第338批）——新能源汽车节选

道路机动车辆生产企业及产品（第338批）于2020年11月30日发布，共计98个新能源汽车生产厂家，涉及89个新能源汽车品牌，186个新能源汽车产品进入公告。其中，纯电动产品共计145个（客车29个、客车底盘5个、乘用车25个、专用车77个、专用车底盘9个）；插电式混合动力产品10个（客车4个、专用车5个、乘用车1个）；燃料电池产品31个（客车15个、客车底盘2个、专用车8个、专用车底盘5个、乘用车1个）。

（1）汽车生产企业。共计68个生产厂家、64个品牌、143个产品进入公告，其中纯电动产品共计105个（客车27个、客车底盘5个、乘用车25个、专用车39个、专用车底盘9个）；插电式混合动力产品9个（客车4个、专用车4个、乘用车1个）；燃料电池产品29个（客车15个、客车底盘2个、专用车6个、专用车底盘2个、乘用车1个）。

（2）民用改装车生产企业。共计30个生产厂家、30个品牌、43个产品进入公告，其中纯电动产品共计40个（客车2个、专用车38个）；插电式混合动力产品1个（专用车1个）；燃料电池产品2个（专用车2个）。

序号	企业名称	商标	《目录》序号	产品名称	产品型号
1	一汽-大众汽车有限公司	奥迪（AUDI）牌	2	纯电动多用途乘用车	FV6494
2	东风汽车股份有限公司	东风牌	3	纯电动客车	DFA6118
3	东风汽车股份有限公司	东风牌	3	纯电动邮政车	DFA5030X、DFA5040X
4	东风汽车集团有限公司	东风牌	3	插电式混合动力载货汽车底盘	EQ1045
5	东风汽车集团有限公司	东风牌	3	燃料电池载货汽车底盘	EQ1090、EQ1181
6	东风汽车集团有限公司	东风牌	3	纯电动载货汽车	EQ1040
7	东风汽车集团有限公司	东风牌	3	纯电动载货汽车底盘	EQ1320
8	东风汽车集团有限公司	东风牌	3	插电式混合动力自卸汽车	EQ3045
9	东风汽车集团有限公司	东风牌	3	燃料电池城市客车	EQ6850、EQ6100
10	东风汽车集团有限公司	东风牌	3	燃料电池客车底盘	EQ6790
11	东风汽车集团有限公司	东风牌	3	插电式混合动力厢式运输车	EQ5045X
12	东风汽车集团有限公司	东风牌	3	纯电动仓栅式运输车	EQ5040CCY

续上表

序号	企业名称	商标	《目录》序号	产品名称	产品型号
13	东风汽车集团有限公司	东风牌	3	插电式混合动力冷藏车	EQ5045X
14	东风汽车集团有限公司	富康牌	3	纯电动轿车	DFM7000
15	东风汽车集团有限公司	风神牌	3	换电式纯电动轿车	DFM7001
16	东风汽车集团有限公司	风神牌	3	纯电动轿车	DFM7001
17	神龙汽车有限公司	富康牌	4	纯电动轿车	DC7002
18	北汽福田汽车股份有限公司	福田牌	9	燃料电池载货汽车底盘	BJ1088
19	北汽福田汽车股份有限公司	福田牌	9	燃料电池城市客车	BJ6906
20	北汽福田汽车股份有限公司	福田牌	9	燃料电池客车	BJ6116
21	北汽福田汽车股份有限公司	福田牌	9	燃料电池冷藏车	BJ5088X
22	河北长安汽车有限公司	长安牌	22	纯电动城市客车	SC6665
23	河北长安汽车有限公司	长安牌	22	纯电动厢式运输车	SC5032X
24	山西新能源汽车工业有限公司	远程牌	25	纯电动低入口城市客车	JHC6101、JHC6121
25	一汽客车(大连)有限公司	解放牌	28	燃料电池低入口城市客车	CA6109
26	威马汽车制造温州有限公司	威尔马斯特牌	34	换电式纯电动多用途乘用车	SZS6460
27	威马汽车制造温州有限公司	威尔马斯特牌	34	纯电动多用途乘用车	SZS6460
28	湖北星晖新能源智能汽车有限公司	威马牌	36	纯电动多用途乘用车	EXH6460
29	广西华奥汽车制造有限公司	金华奥牌	40	纯电动城市客车	CCA6112
30	上汽大通汽车有限公司	大通牌	41	纯电动厢式运输车	SH5031X、SH5032X
31	上汽大通汽车有限公司	大通牌	41	纯电动多用途乘用车	SH6551
32	上汽大通汽车有限公司	跃进牌	41	燃料电池载货汽车底盘	SH1187
33	上汽大通汽车有限公司	跃进牌	41	燃料电池冷藏车	SH5187X
34	北汽蓝谷麦格纳汽车有限公司	极狐(ARCFOX)牌	45	纯电动轿车	BJ7001
35	东风悦达起亚汽车有限公司	悦达牌	47	纯电动多用途乘用车	YQZ6520
36	东风悦达起亚汽车有限公司	起亚牌	47	纯电动轿车	YQZ7005
37	徐州徐工汽车制造有限公司	徐工牌	48	换电式纯电动自卸汽车底盘	XGA3317
38	徐州徐工汽车制造有限公司	徐工牌	48	换电式纯电动自卸式垃圾车	XGA5317ZLJ
39	浙江飞碟汽车制造有限公司	飞碟牌	51	纯电动邮政车	FD5033X
40	安徽安凯汽车股份有限公司	安凯牌	55	纯电动城市客车	HFF6668、HFF6119
41	安徽江淮汽车集团股份有限公司	思皓牌	56	纯电动轿车	HFC7000、HFC7002
42	福建新龙马汽车股份有限公司	福建牌	58	纯电动载货汽车底盘	FJ1030
43	福建新龙马汽车股份有限公司	福建牌	58	纯电动厢式运输车	FJ5030X
44	江西江铃集团晶马汽车有限公司	晶马牌	62	纯电动城市客车	JMV6811
45	中国重型汽车集团有限公司	豪沃牌	63	燃料电池城市客车	ZZ6106
46	中国一拖集团有限公司	东方红牌	69	纯电动自卸式垃圾车	LT5311ZLJ
47	郑州宇通客车股份有限公司	宇通牌	71	燃料电池低入口城市客车	ZK6106
48	郑州宇通客车股份有限公司	宇通牌	71	纯电动城市客车	ZK6605、ZK6816、ZK6827
49	郑州宇通客车股份有限公司	宇通牌	71	纯电动客车	ZK6117、ZK6820
50	郑州宇通客车股份有限公司	宇通牌	71	纯电动客车底盘	ZK6117、ZK6780
51	湖北三江航天万山特种车辆有限公司	金旅牌	78	纯电动城市客车	WS6805、WS6105
52	比亚迪汽车工业有限公司	比亚迪牌	79	纯电动城市客车	BYD6810
53	比亚迪汽车工业有限公司	比亚迪牌	79	纯电动城市客车底盘	BYD6810
54	比亚迪汽车工业有限公司	比亚迪牌	79	纯电动冷藏车	BYD5040X
55	安徽华菱汽车有限公司	华菱之星牌	81	纯电动低入口城市客车	HN6101
56	安徽华菱汽车有限公司	华菱之星牌	81	纯电动城市客车	HN6851
57	深圳东风汽车有限公司	东风牌	85	纯电动车厢可卸式垃圾车	EQ5320ZXX
58	广州广汽比亚迪新能源客车有限公司	广汽牌	89	纯电动低入口城市客车	GZ6102
59	广州广汽比亚迪新能源客车有限公司	广汽牌	89	纯电动城市客车	GZ6851
60	广汽乘用车有限公司	传祺(Trumpchi)牌	89	燃料电池多用途乘用车	GAM6480
61	广汽本田汽车有限公司	广汽(GAC)牌	89	纯电动轿车	GHA7000
62	上汽通用五菱汽车股份有限公司	五菱牌	92	纯电动轿车	LZW7004
63	上汽通用五菱汽车股份有限公司	宝骏牌	92	纯电动轿车	LZW7003
64	上汽依维柯红岩商用车有限公司	红岩牌	94	燃料电池载货汽车底盘	CQ1180
65	重庆长安汽车股份有限公司	长安牌	96	纯电动轿车	SC7001、SC7003
66	中植一客成都汽车有限公司	中植汽车牌	100	燃料电池低入口城市客车	CDL6101
67	潍柴(重庆)汽车有限公司	天琴牌	102	纯电动多用途乘用车	YZ6460
68	北汽云南瑞丽汽车有限公司	北京牌	103	换电式纯电动轿车	BJ7000
69	比亚迪汽车有限公司	比亚迪牌	108	插电式混合动力轿车	BYD7152
70	陕西汽车集团有限责任公司	陕汽牌	110	纯电动载货汽车底盘	SX1167

续上表

序号	企业名称	商标	《目录》序号	产品名称	产品型号
71	陕西汽车集团有限责任公司	陕汽牌	110	纯电动翼开启厢式车	SX5040X
72	金龙联合汽车工业(苏州)有限公司	海格牌	112	燃料电池低入口城市客车	KLQ6106
73	金龙联合汽车工业(苏州)有限公司	海格牌	112	燃料电池保温车	KLQ5180X
74	福建天际汽车制造有限公司	天际牌	118	纯电动多用途乘用车	QAC6461
75	奇瑞商用车(安徽)有限公司	开瑞牌	119	纯电动清洗车	SQR5120GQX
76	奇瑞商用车(安徽)有限公司	开瑞牌	119	纯电动自装卸式垃圾车	SQR5040ZZZ
77	奇瑞汽车股份有限公司	奇瑞牌	119	纯电动轿车	SQR7000
78	厦门金龙联合汽车工业有限公司	金龙牌	123	纯电动载货汽车底盘	XMQ1040
79	厦门金龙联合汽车工业有限公司	金龙牌	123	插电式混合动力城市客车	XMQ6106
80	厦门金龙联合汽车工业有限公司	金龙牌	123	燃料电池城市客车	XMQ6850
81	厦门金龙联合汽车工业有限公司	金龙牌	123	纯电动城市客车	XMQ6115
82	厦门金龙联合汽车工业有限公司	金龙牌	123	纯电动厢式运输车	XMQ5040X
83	厦门金龙旅行车有限公司	金旅牌	124	燃料电池城市客车	XML6105、XML6855
84	厦门金龙旅行车有限公司	金旅牌	124	纯电动厢式运输车	XML5038X
85	中通客车控股股份有限公司	中通牌	125	纯电动客车	LCK6906
86	重庆恒通客车有限公司	恒通客车牌	127	纯电动城市客车	CKZ6530
87	上海申龙客车有限公司	申龙牌	129	燃料电池客车底盘	SLK6829
88	吉利四川商用车有限公司	嘉龙牌	138	纯电动载货汽车底盘	DNC1187
89	吉利四川商用车有限公司	嘉龙牌	138	纯电动仓栅式运输车	DNC5187CCY
90	吉利四川商用车有限公司	远程牌	138	纯电动厢式运输车	DNC5049X
91	南京金龙客车制造有限公司	开沃牌	142	燃料电池载货汽车底盘	NJL1311、NJL1310
92	南京金龙客车制造有限公司	开沃牌	142	燃料电池自卸汽车	NJL3311
93	南京金龙客车制造有限公司	开沃牌	142	燃料电池低入口城市客车	NJL6100
94	南京金龙客车制造有限公司	开沃牌	142	纯电动低入口城市客车	NJL6106
95	南京金龙客车制造有限公司	开沃牌	142	纯电动客车	NJL6706
96	南京金龙客车制造有限公司	开沃牌	142	纯电动自装卸式垃圾车	NJL5040ZZZ
97	中车时代电动汽车股份有限公司	中国中车牌	151	纯电动城市客车	TEG6530、TEG6650、TEG6853
98	中车时代电动汽车股份有限公司	中国中车牌	151	纯电动城市客车底盘	TEG6530
99	中车时代电动汽车股份有限公司	中国中车牌	151	纯电动客车	TEG6120
100	程力汽车集团股份有限公司	程力牌	153	纯电动压缩式垃圾车	CL5092ZYS
101	程力汽车集团股份有限公司	程力牌	153	纯电动吸粪车	CL5090GXE
102	程力汽车集团股份有限公司	程力牌	153	纯电动多功能抑尘车	CL5120TDY、CL5121TDY
103	程力汽车集团股份有限公司	程力牌	153	纯电动密闭式桶装垃圾车	CL5040X、CL5070X
104	程力汽车集团股份有限公司	程力牌	153	纯电动扫路车	CL5180TSL
105	程力汽车集团股份有限公司	程力牌	153	纯电动护栏清洗车	CL5090GQX
106	程力汽车集团股份有限公司	程力牌	153	纯电动洒水车	CL5093GSS
107	程力汽车集团股份有限公司	程力牌	153	纯电动洗扫车	CL5123TXS
108	程力汽车集团股份有限公司	程力牌	153	纯电动清洗车	CL5182GQX、CL5183GQX
109	程力汽车集团股份有限公司	程力牌	153	纯电动路面养护车	CL5040TYH
110	程力汽车集团股份有限公司	程力牌	153	纯电动餐厨垃圾车	CL5120TCA
111	成都客车股份有限公司	蜀都牌	162	燃料电池城市客车	CDK6851
112	上海万象汽车制造有限公司	象牌	168	燃料电池低入口城市客车	SXC6121
113	珠海广通汽车有限公司	广通牌	169	插电式混合动力低入口城市客车	GTQ6105
114	珠海广通汽车有限公司	广通牌	169	插电式混合动力城市客车	GTQ6105
115	珠海广通汽车有限公司	广通牌	169	纯电动城市客车	GTQ6105、GTQ6800
116	珠海广通汽车有限公司	广通牌	169	纯电动客车底盘	GTQ6630
117	浙江合众新能源汽车有限公司	哪吒牌	173	纯电动轿车	THZ7000
118	奇瑞新能源汽车股份有限公司	奇瑞牌	174	纯电动轿车	NEQ7000
119	佛山市飞驰汽车制造有限公司	飞驰牌	177	燃料电池厢式运输车	FSQ5040X
120	佛山市飞驰汽车制造有限公司	飞驰牌	177	燃料电池冷藏车	FSQ5040X
121	成都广通汽车有限公司	广通牌	180	纯电动城市客车	CAT6690
122	成都广通汽车有限公司	广通牌	180	纯电动医疗车	CAT5181X
123	中兴智能汽车有限公司	广客牌	181	纯电动客车	GTZ6118
124	东莞中汽宏远汽车有限公司	宏远牌	182	燃料电池城市客车	KMT6862
125	东莞中汽宏远汽车有限公司	宏远牌	182	纯电动密闭式桶装垃圾车	KMT5040X
126	东莞中汽宏远汽车有限公司	宏远牌	182	纯电动洗扫车	KMT5080TXS
127	广西申龙汽车制造有限公司	紫象牌	183	纯电动城市客车	HQK6118

续上表

序号	企业名称	商标	《目录》序号	产品名称	产品型号
128	奇瑞万达贵州客车股份有限公司	万达牌	184	插电式混合动力城市客车	WD6110
129	奇瑞万达贵州客车股份有限公司	万达牌	184	燃料电池城市客车	WD6120
130	奇瑞万达贵州客车股份有限公司	万达牌	184	纯电动城市客车	WD6666、WD6117、WD6815
131	枫盛汽车(江苏)有限公司	枫叶牌	186	换电式纯电动多用途乘用车	JWT6470
132	广西汽车集团有限公司	五菱牌	188	纯电动载货汽车	GXA1034、GXA1032、GXA1037、GXA1039、GXA1035、GXA1036、GXA1031
133	广西汽车集团有限公司	五菱牌	188	纯电动载货汽车底盘	GXA1034、GXA1032、GXA1037、GXA1039、GXA1035、GXA1036、GXA1031
134	广西汽车集团有限公司	五菱牌	188	纯电动厢式运输车	GXA5037X、GXA5036X、
135	广西汽车集团有限公司	五菱牌	188	纯电动厢式运输车	GXA5032X、GXA5035X
136	广西汽车集团有限公司	五菱牌	188	纯电动仓栅式运输车	GXA5032CCY
137	河南德力新能源汽车有限公司	德帅牌	191	纯电动载货汽车	DLP1180、DLP1181
138	河南德力新能源汽车有限公司	德帅牌	191	纯电动载货汽车底盘	DLP1180、DLP1040、DLP1181
139	河南德力新能源汽车有限公司	德帅牌	191	纯电动厢式运输车	DLP5040X
140	特斯拉(上海)有限公司	特斯拉牌	194	纯电动多用途乘用车	TSL6480
141	延边国泰新能源汽车有限公司	长白山牌	197	纯电动载货汽车底盘	JYB1031
142	江西博能新能源汽车有限公司	上观牌	201	纯电动城市客车	BSR6826、BSR6900
143	江西博能新能源汽车有限公司	上观牌	201	纯电动客车底盘	BSR6110
144	北京北重汽车改装有限公司	北重电牌	(一)03	纯电动压缩式垃圾车	BZD5186ZYS
145	北京北重汽车改装有限公司	北重电牌	(一)03	纯电动吸污车	BZD5121GXW
146	北京市政中燕工程机械制造有限公司	中燕牌	(一)04	纯电动洒水车	BSZ5181GSS
147	北京环卫集团环卫装备有限公司	亚洁牌	(一)31	纯电动多功能抑尘车	BQJ5180TDY
148	北京环卫集团环卫装备有限公司	亚洁牌	(一)31	纯电动餐厨垃圾车	BQJ5180TCA
149	北京事必达汽车有限责任公司	驰远牌	(一)32	纯电动压缩式垃圾车	BSP5120ZYS
150	北京天路通科技有限责任公司	天路牌	(一)44	纯电动混凝土搅拌运输车	BTL5310GJB、BTL5311GJB
151	天津广通汽车有限公司	广通牌	(二)20	纯电动城市客车	TJR6680
152	远大汽车制造股份有限公司	衡霸牌	(三)84	纯电动洒水车	YYD5182GSS、YYD5253GSS
153	无锡中车新能源汽车有限公司	中国中车牌	(十)10	纯电动厢式运输车	TEG5042X
154	江苏悦达专用车有限公司	悦达牌	(十)69	纯电动压缩式垃圾车	YD5181ZYS
155	江苏恒诚专用车有限公司	滨恒诚牌	(十)175	纯电动压缩式垃圾车	BHC5120ZYS、BHC5180ZYS
156	江苏恒诚专用车有限公司	滨恒诚牌	(十)175	纯电动洗扫车	BHC5180TXS
157	江苏恒诚专用车有限公司	滨恒诚牌	(十)175	纯电动清洗车	BHC5180GQX
158	江苏恒诚专用车有限公司	滨恒诚牌	(十)175	纯电动自装卸式垃圾车	BHC5070ZZZ
159	中汽商用汽车有限公司(杭州)	中汽牌	(十一)37	纯电动路面养护车	ZQZ5030TYH
160	中汽商用汽车有限公司(杭州)	中汽牌	(十一)37	纯电动除雪车	ZQZ5030TCX
161	杭州西湖比亚迪新能源汽车有限公司	比亚迪牌	(十一)51	纯电动扫路车	XBE5120TSL
162	安徽爱瑞特新能源专用汽车股份有限公司	爱瑞特牌	(十二)59	纯电动吸粪车	ART5030GXE
163	安徽爱瑞特新能源专用汽车股份有限公司	爱瑞特牌	(十二)59	纯电动路面养护车	ART5040TYH、ART5030TYH
164	中福田意环境技术(青岛)有限公司	华司令牌	(十五)405	纯电动吸粪车	ZTY5030GXE
165	武汉市汉福专用车有限公司	金银湖牌	(十七)33	纯电动路面养护车	WFA5032TYH
166	武汉客车制造股份有限公司	华中牌	(十七)49	纯电动邮政车	WH5040X
167	湖北五环专用汽车有限公司	华通牌	(十七)57	纯电动吸尘车	HCQ5080TXC
168	合加新能源汽车有限公司	合加牌	(十七)98	纯电动多功能抑尘车	HJK5180TDY
169	徐工湖北环保科技股份有限公司	徐工牌	(十七)119	纯电动清洗车	DXA5180GQX
170	长沙中联重科环境产业有限公司	中标牌	(十八)60	纯电动压缩式垃圾车	ZBH5090ZYS
171	长沙中联重科环境产业有限公司	中标牌	(十八)60	纯电动自卸式垃圾车	ZBH5030ZLJ
172	长沙中联重科环境产业有限公司	中标牌	(十八)60	纯电动自装卸式垃圾车	ZBH5030ZZZ
173	长沙中联重科环境产业有限公司	中标牌	(十八)60	纯电动路面养护车	ZBH5030TYH
174	长沙中联重科环境产业有限公司	中联牌	(十八)60	纯电动洗扫车	ZBH5100TXS
175	广州市环境卫生机械设备厂	广环牌	(十九)06	燃料电池自卸式垃圾车	GH5310ZLJ
176	广州广日专用汽车有限公司	广和牌	(十九)48	纯电动自卸式垃圾车	GR5311ZLJ
177	广西飞骏新能源车辆科技有限公司	龙贤牌	(二十)18	纯电动桶装垃圾运输车	GFJ5030CTY
178	广西飞骏新能源车辆科技有限公司	龙贤牌	(二十)18	纯电动清洗车	GFJ5030GQX
179	重庆凯瑞特种车有限公司	重特牌	(二十一)10	插电式混合动力车厢可卸式垃圾车	QYZ5080ZXX

续上表

序号	企业名称	商标	《目录》序号	产品名称	产品型号
180	四川新筑通工汽车有限公司	通工牌	(二十二)06	纯电动城市客车	TG6106
181	成都航天万欣科技有限公司	万欣牌	(二十二)19	燃料电池冷藏车	TJX5090X
182	成都今创嘉蓝环保科技有限公司	今创嘉蓝牌	(二十二)52	纯电动餐厨垃圾车	KTE5090TCA
183	贵州科驰汽车制造有限责任公司	万舆牌	(二十三)15	纯电动自装卸式垃圾车	WZG5030ZZZ
184	贵州科驰汽车制造有限责任公司	万舆牌	(二十三)15	纯电动车厢可卸式垃圾车	WZG5030ZXX
185	兰州广通新能源汽车有限公司	广通牌	(二十七)02	纯电动车厢可卸式垃圾车	LZG5041ZXX
186	甘肃建投重工科技有限公司	高漠牌	(二十七)16	纯电动自装卸式垃圾车	GSK5040ZZZ

13. 道路机动车辆生产企业及产品(第339批)——新能源汽车节选

道路机动车辆生产企业及产品(第339批)于2020年12月31日发布,共计94个新能源汽车生产厂家,涉及90个新能源汽车品牌,155个新能源汽车产品进入公告。其中,纯电动产品共计118个(客车26个、客车底盘3个、乘用车26个、专用车55个、专用车底盘8个);插电式混合动力产品17个(客车2个、专用车2个、专用车底盘1个、乘用车12个);燃料电池产品20个(客车10个、客车底盘2个、专用车5个、专用车底盘2个、乘用车1个)。

(1)汽车生产企业。共计66个生产厂家、65个品牌、121个产品进入公告,其中纯电动产品共计90个(客车23个、客车底盘3个、乘用车26个、专用车30个、专用车底盘8个);插电式混合动力产品15个(客车2个、专用车底盘1个、乘用车12个);燃料电池产品16个(客车8个、客车底盘2个、专用车3个、专用车底盘2个、乘用车1个)。

(2)民用改装车生产企业。共计28个生产厂家、28个品牌、34个产品进入公告,其中纯电动产品共计28个(客车3个、专用车25个);插电式混合动力产品2个(专用车2个);燃料电池产品4个(客车2个、专用车2个)。

序号	企业名称	商标	《目录》序号	产品名称	产品型号
1	东风汽车股份有限公司	东风牌	3	纯电动载货汽车	DFA1100
2	东风汽车股份有限公司	东风牌	3	纯电动载货汽车底盘	EQ1090、EQ1100
3	东风汽车股份有限公司	东风牌	3	纯电动城市客车	DFA6100
4	东风汽车集团有限公司	东风牌	3	插电式混合动力载货汽车底盘	EQ1042
5	东风汽车集团有限公司	东风牌	3	燃料电池载货汽车底盘	EQ1090、EQ1180
6	东风汽车集团有限公司	富康牌	3	纯电动轿车	DFM7000
7	东风汽车集团有限公司	风神牌	3	燃料电池多用途乘用车	DFM6460
8	东风汽车集团有限公司	风神牌	3	纯电动轿车	DFM7000
9	上汽通用汽车有限公司	别克(BUICK)牌	6	纯电动轿车	SGM7008
10	北汽福田汽车股份有限公司	福田牌	9	纯电动城市客车	BJ6816
11	北京奔驰汽车有限公司	梅赛德斯-奔驰(Mercedes-Benz)牌	10	插电式混合动力轿车	BJ7205
12	丹东黄海汽车有限责任公司	黄海牌	29	纯电动城市客车	DD6109
13	北汽(广州)汽车有限公司	北京牌	30	纯电动轿车	BJ7001
14	威马汽车制造温州有限公司	威尔马斯特牌	34	纯电动多用途乘用车	SZS6460
15	湖北星晖新能源智能汽车有限公司	威马牌	36	纯电动多用途乘用车	EXH6460
16	上汽大通汽车有限公司	大通牌	41	纯电动厢式运输车	SH5032X
17	北汽蓝谷麦格纳汽车有限公司	极狐(ARCFOX)牌	45	纯电动多用途乘用车	BJ6480
18	徐州徐工汽车制造有限公司	徐工牌	48	换电式纯电动自卸汽车底盘	XGA3313
19	徐州徐工汽车制造有限公司	徐工牌	48	换电式纯电动混凝土搅拌运输车	XGA5313GJB
20	徐州徐工汽车制造有限公司	徐工牌	48	纯电动多用途货车	XGA1030
21	徐州徐工汽车制造有限公司	徐工牌	48	纯电动多用途货车底盘	XGA1030
22	扬州亚星客车股份有限公司	亚星牌	49	纯电动客车	YBL6119
23	浙江吉利汽车有限公司	领克牌	52	插电式混合动力多用途乘用车	MR6432
24	浙江豪情汽车制造有限公司	吉利牌	52	换电式纯电动多用途乘用车	JL6471
25	浙江豪情汽车制造有限公司	帝豪牌	52	纯电动轿车	JL7002
26	安徽安凯汽车股份有限公司	安凯牌	55	纯电动城市客车	HFF6850、HFF6100
27	安徽安凯汽车股份有限公司	安凯牌	55	纯电动客车	HFF6710
28	安徽江淮汽车集团股份有限公司	思皓牌	56	纯电动轿车	HFC7000
29	安徽江淮汽车集团股份有限公司	江淮牌	56	纯电动厢式运输车	HFC5045X
30	福建新福达汽车工业有限公司	福达(FORTA)牌	58	纯电动城市客车	FZ6601
31	福建新龙马汽车股份有限公司	福建牌	58	纯电动多用途乘用车	FJ6440
32	福建省汽车工业集团云度新能源汽车股份有限公司	云度牌	58	纯电动轿车	YDE7000
33	江西江铃集团晶马汽车有限公司	晶马牌	62	纯电动城市客车	JMV6661、JMV6821
34	中国重型汽车集团有限公司	豪沃牌	63	纯电动城市客车	ZZ6186
35	中国重型汽车集团有限公司	豪沃牌	63	纯电动客车	ZZ6116、ZZ6126

续上表

序号	企业名称	商标	《目录》序号	产品名称	产品型号
36	中国重汽集团济南卡车股份有限公司	豪沃牌	63	纯电动自卸汽车	ZZ3317
37	中国重汽集团济南卡车股份有限公司	豪沃牌	63	纯电动自卸汽车底盘	ZZ3317
38	一汽解放青岛汽车有限公司	解放牌	64	纯电动载货汽车底盘	CA1250
39	郑州宇通客车股份有限公司	宇通牌	71	插电式混合动力城市客车	ZK6856
40	郑州宇通客车股份有限公司	宇通牌	71	燃料电池低入口城市客车	ZK6126、ZK6125
41	郑州宇通客车股份有限公司	宇通牌	71	燃料电池城市客车	ZK6106
42	郑州宇通客车股份有限公司	宇通牌	71	纯电动低地板双层城市客车	ZK6126
43	郑州宇通客车股份有限公司	宇通牌	71	纯电动城市客车	ZK6856、ZK6816、ZK6106
44	郑州宇通客车股份有限公司	宇通牌	71	纯电动医疗车	ZK5180X
45	海马新能源汽车有限公司	奥路卡牌	72	纯电动厢式运输车	ZQ5030X
46	郑州日产汽车有限公司	东风牌	72	纯电动工程车	ZN5032X
47	湖北新楚风汽车股份有限公司	楚风牌	73	纯电动客车底盘	HQG6981
48	比亚迪汽车工业有限公司	比亚迪牌	79	纯电动低入口城市客车	BYD6102
49	比亚迪汽车工业有限公司	比亚迪牌	79	插电式混合动力多用途乘用车	BYD6470
50	比亚迪汽车工业有限公司	比亚迪牌	79	纯电动多用途乘用车	BYD6490
51	三一汽车制造有限公司	三一牌	80	纯电动载货汽车底盘	SYM1315、SYM1312
52	三一汽车制造有限公司	三一牌	80	纯电动自卸汽车	SYM3312
53	安徽华菱汽车有限公司	华菱之星牌	81	燃料电池自卸汽车	HN3310
54	安徽华菱汽车有限公司	华菱之星牌	81	燃料电池自卸汽车底盘	HN3310
55	广汽丰田汽车有限公司	丰田	89	插电式混合动力多用途乘用车	GTM6470
56	广汽乘用车(杭州)有限公司	传祺(Trumpchi)牌	89	纯电动轿车	GAH7000
57	广汽乘用车有限公司	合创牌	89	纯电动多用途乘用车	GAM6490
58	广汽本田汽车有限公司	本田(HONDA)牌	89	插电式混合动力多用途乘用车	GHA6470
59	上汽通用五菱汽车股份有限公司	五菱牌	92	纯电动轿车	LZW7004
60	上汽通用五菱汽车股份有限公司	宝骏牌	92	纯电动轿车	LZW7002
61	庆铃汽车股份有限公司	庆铃牌(繁体)牌	95	纯电动载货汽车	QL1041
62	庆铃汽车股份有限公司	庆铃牌(繁体)牌	95	纯电动载货汽车底盘	QL1041
63	合肥长安汽车有限公司	长安牌	96	纯电动轿车	SC7001、SC7003
64	重庆长安汽车股份有限公司	长安牌	96	纯电动轿车	SC7001、SC7003
65	中植一客成都汽车有限公司	中植汽车牌	100	纯电动厢式运输车	CDL5045X
66	中植一客成都汽车有限公司	中植汽车牌	100	燃料电池冷藏车	CDL5090X
67	四川一汽丰田汽车有限公司	丰田(TOYOTA)牌	100	插电式混合动力多用途乘用车	CA6465
68	比亚迪汽车有限公司	比亚迪牌	108	插电式混合动力多用途乘用车	BYD6461
69	比亚迪汽车有限公司	比亚迪牌	108	插电式混合动力轿车	BYD7152
70	奇瑞商用车(安徽)有限公司	开瑞牌	119	纯电动厢式运输车	SQR5039X
71	奇瑞商用车(安徽)有限公司	开瑞牌	119	纯电动洗扫车	SQR5120TXS
72	奇瑞商用车(安徽)有限公司	开瑞牌	119	纯电动清洗车	SQR5180GQX
73	奇瑞商用车(安徽)有限公司	开瑞牌	119	纯电动自卸式垃圾车	SQR5030ZLJ
74	奇瑞商用车(安徽)有限公司	开瑞牌	119	纯电动车厢可卸式垃圾车	SQR5030ZXX
75	奇瑞汽车股份有限公司	奇瑞牌	119	纯电动轿车	SQR7000
76	上海汽车集团股份有限公司	名爵牌	122	插电式混合动力轿车	CSA7152
77	上海汽车集团股份有限公司	荣威牌	122	插电式混合动力多用途乘用车	CSA6454
78	上海汽车集团股份有限公司	荣威牌	122	插电式混合动力轿车	CSA7154
79	厦门金龙旅行车有限公司	金旅牌	124	燃料电池客车底盘	XML6835、XML6105
80	中通客车控股股份有限公司	中通牌	125	燃料电池低入口城市客车	LCK6106、LCK6126
81	中通客车控股股份有限公司	中通牌	125	纯电动城市客车	LCK6826、LCK6116
82	中通客车控股股份有限公司	中通牌	125	纯电动轻型客车	LCK6530
83	海马汽车有限公司	小鹏牌	128	纯电动轿车	HMA7001
84	南京金龙客车制造有限公司	开沃牌	142	燃料电池城市客车	NJL6859
85	华晨鑫源重庆汽车有限公司	鑫源牌	146	纯电动厢式运输车	JKC5035X
86	中车时代电动汽车股份有限公司	中国中车牌	151	燃料电池客车底盘	TEG6110
87	中车时代电动汽车股份有限公司	中国中车牌	151	纯电动低地板城市客车	TEG6105
88	中车时代电动汽车股份有限公司	中国中车牌	151	纯电动城市客车	TEG6803、TEG6853
89	中车时代电动汽车股份有限公司	中国中车牌	151	纯电动城市客车底盘	TEG6803
90	程力汽车集团股份有限公司	程力牌	153	纯电动压缩式垃圾车	CL5121ZYS
91	程力汽车集团股份有限公司	程力牌	153	纯电动多功能抑尘车	CL5181TDY、CL5180TDY
92	上海万象汽车制造有限公司	象牌	168	纯电动城市客车	SXC6120

续上表

序号	企业名称	商标	《目录》序号	产品名称	产品型号
93	珠海广通汽车有限公司	广通牌	169	纯电动客车底盘	GTQ6630、GTQ6770、GTQ6105、GTQ6800
94	浙江合众新能源汽车有限公司	哪吒牌	173	纯电动多用途乘用车	THZ6450
95	浙江合众新能源汽车有限公司	哪吒牌	173	纯电动轿车	THZ7000
96	重庆金康新能源汽车有限公司	赛力斯牌	175	插电式增程混合动力多用途乘用车	SKE6470
97	重庆金康新能源汽车有限公司	赛力斯牌	175	纯电动多用途乘用车	SKE6470
98	佛山市飞驰汽车制造有限公司	飞驰牌	177	燃料电池自卸汽车	FSQ3310
99	佛山市飞驰汽车制造有限公司	飞驰牌	177	燃料电池城市客车	FSQ6111
100	佛山市飞驰汽车制造有限公司	飞驰牌	177	燃料电池客车	FSQ6120
101	成都广通汽车有限公司	广通牌	180	纯电动城市客车	CAT6100
102	广西申龙汽车制造有限公司	紫象牌	183	燃料电池低入口城市客车	HQK6129
103	广西申龙汽车制造有限公司	紫象牌	183	纯电动城市客车	HQK6819、HQK6859
104	奇瑞万达贵州客车股份有限公司	万达牌	184	插电式混合动力城市客车	WD6127
105	奇瑞万达贵州客车股份有限公司	万达牌	184	纯电动城市客车	WD6865、WD6815
106	枫盛汽车(江苏)有限公司	枫叶牌	186	换电式纯电动多用途乘用车	JWT6470
107	广西汽车集团有限公司	五菱牌	188	纯电动载货汽车	GXA1032、GXA1039
108	广西汽车集团有限公司	五菱牌	188	纯电动载货汽车底盘	GXA1032、GXA1039
109	广西汽车集团有限公司	五菱牌	188	纯电动城市客车	GXA6810
110	广西汽车集团有限公司	五菱牌	188	换电式纯电动厢式运输车	GXA5034X
111	广西汽车集团有限公司	五菱牌	188	纯电动厢式运输车	GXA5034X、GXA5039X
112	广西汽车集团有限公司	五菱牌	188	纯电动仓栅式运输车	GXA5039CCY、GXA5034CCY、GXA5035CCY
113	广西汽车集团有限公司	五菱牌	188	纯电动冷藏车	GXA5039X
114	广西汽车集团有限公司	五菱牌	188	纯电动车厢可卸式垃圾车	GXA5032ZXX
115	重庆瑞驰汽车实业有限公司	瑞驰牌	189	纯电动厢式运输车	CRC5030X
116	重庆瑞驰汽车实业有限公司	瑞驰牌	189	纯电动冷藏车	CRC5030X
117	江苏国新新能源乘用车有限公司	达福迪牌	196	纯电动轿车	JGX7001
118	广西玉柴新能源汽车有限公司	玉柴牌	202	纯电动载货汽车	YCE1040
119	广西玉柴新能源汽车有限公司	玉柴牌	202	纯电动仓栅式运输车	YCE5040CCY
120	山西德志时代新能源汽车制造股份有限公司	德志时代牌	203	燃料电池城市客车	DZE6108
121	山西德志时代新能源汽车制造股份有限公司	德志时代牌	203	纯电动城市客车	DZE6108
122	北京市政中燕工程机械制造有限公司	(一)04	中燕牌	纯电动吸粪车	BSZ5181GXE
123	北京华林特装车有限公司	(一)31	华林牌	纯电动自卸式垃圾车	HLT5042ZLJ
124	北京天路通科技有限责任公司	(一)44	天路牌	纯电动吸尘车	BTL5120TXC
125	天津比亚迪汽车有限公司	(二)04	金马牌	纯电动清洗车	TJK5180GQX
126	天津比亚迪汽车有限公司	(二)04	金马牌	纯电动餐厨垃圾车	TJK5070TCA
127	南京广通汽车制造有限公司	(十)02	广通牌	纯电动城市客车	NJK6800、NJK6680、NJK6105
128	江苏悦达专用车有限公司	(十)69	悦达牌	纯电动压缩式垃圾车	YD5184ZYS
129	扬州金威环保科技有限公司	(十)128	金驫牌	纯电动车厢可卸式垃圾车	YJW5320ZXX
130	江苏恒诚专用车有限公司	(十)175	滨恒诚牌	纯电动路面养护车	BHC5030TYH
131	江苏恒诚专用车有限公司	(十)175	滨恒诚牌	纯电动餐厨垃圾车	BHC5120TCA
132	浙江中车电车有限公司	(十一)17	中国中车牌	燃料电池客车	CSR6110
133	安徽爱瑞特新能源专用汽车股份有限公司	(十二)59	爱瑞特牌	纯电动厢式垃圾车	ART5040ZXL
134	安徽华信电动科技股份有限公司	(十二)81	皖信牌	纯电动扫路车	WHX5030TSL
135	安徽华信电动科技股份有限公司	(十二)81	皖信牌	纯电动洗扫车	WHX5040TXS
136	福建龙马环卫装备股份有限公司	(十三)16	福龙马牌	纯电动洗扫车	FLM5180TXS
137	江西凯马百路佳客车有限公司	(十四)03	江西牌	插电式混合动力保温车	JXK5040X
138	中国重汽集团济南专用车有限公司	(十五)04	绿叶牌	纯电动多功能抑尘车	JYJ5187TDY
139	山东汇强车辆制造有限公司	(十五)08	颜山牌	插电式混合动力密闭式桶装垃圾车	BSQ5040X
140	烟台海德专用汽车有限公司	(十五)20	海德牌	纯电动压缩式垃圾车	CHD5180ZYS
141	山东豪驰智能汽车有限公司	(十五)340	极光骏牌	纯电动厢式运输车	HDY5010X
142	郑州宏达汽车工业有限公司	(十六)21	郑龙牌	纯电动自卸式垃圾车	JYC5310ZLJ
143	郑州宇通重工有限公司	(十六)30	宇通牌	纯电动自装卸式垃圾车	YTZ5043ZZZ
144	洛阳广通汽车有限公司	(十六)112	广通牌	纯电动自卸式垃圾车	LGQ5310ZLJ
145	襄阳九州汽车有限公司	(十七)129	九州牌	纯电动城市客车	SYC6800
146	湖北凯力专用汽车有限公司	(十七)180	凯力风牌	纯电动压缩式垃圾车	KLF5090ZYS
147	湖北凯力专用汽车有限公司	(十七)180	凯力风牌	纯电动路面养护车	KLF5030TYH

续上表

序号	企业名称	商标	《目录》序号	产品名称	产品型号
148	湖北凯力专用汽车有限公司	（十七）180	凯力风牌	纯电动车厢可卸式垃圾车	KLF5040ZXX
149	衡阳智电客车有限责任公司	（十八）02	雁城牌	纯电动低入口城市客车	HYK6105
150	长沙中联重科环境产业有限公司	（十八）60	中标牌	纯电动洗扫车	ZBH5120TXS
151	长沙中联重科环境产业有限公司	（十八）60	中联牌	燃料电池多功能抑尘车	ZBH5181TDY
152	广州市环境卫生机械设备厂有限公司	（十九）06	广环牌	燃料电池洒水车	GH5185GSS
153	广州穗景客车制造有限公司	（十九）33	广巴牌	燃料电池城市客车	GB6105、GB6850
154	成都雅骏汽车制造有限公司	（二十二）23	通途牌	纯电动压缩式垃圾车	CTT5090ZYS
155	贵州科驰汽车制造有限责任公司	（二十三）15	万舆牌	纯电动冷藏车	WZG5040X

二、免征车辆购置税的新能源汽车车型目录（第 30 ~38 批）

（一）免征车辆购置税的新能源汽车车型目录（第 30 批）

1. 纯电动汽车

（1）乘用车

序号	生产企业名称	车辆型号	产品名称	纯电动续驶里程（km）	整车整备质量（kg）	动力蓄电池组总质量（kg）	动力蓄电池组总能量（kWh）	备注
1	中国第一汽车集团有限公司	CA6463BEV	奔腾 E01	450	1810	391 ±2	61	
2		CA7003BEVF	奔腾 B30EV400	402	1463	335	51	
3	四川野马汽车股份有限公司	SQJ6440C1BEV	雷丁 i9	470	1595	405	59	
4		SQJ6460M7BEV	斯派卡 EV	350	1690	341	48	
5		SQJ7001SC5BEV	雷丁 i3	115	810	113	12	
6	成都大运汽车集团有限公司	CGC7000BEV2J3	悦虎 ES3	300	1165	230 ±4	33	
7	北汽云南瑞丽汽车有限公司	BJ7000C5D3K-BEV	EU5	416	1600	380	54	
8		BJ7000C5EDK-BEV	EU300	321	1593	350	48	
9		BJ7000URDK-BEV	EX360	318	1480	395	48	
10	北京新能源汽车股份有限公司	BJ7001BPHG-BEV	EC200	167	998	147	17	
11	北京汽车股份有限公司	BJ7000C5DA-BEV	EU5	401	1600	310	50	
12	奇瑞商用车（安徽）有限公司	SQR6465BEVK09	小猬 EV400	301	1611	325	46	
13	上海汽车集团股份有限公司	CSA6471FBEV1	荣威 Marvel X	500	1840	395	70	
14		CSA6471FBEV2	荣威 Marvel X	460	1950	395	70	
15		CSA7001SBEV1	荣威 Ei6	605	1600	395	70	
16		CSA7002FBEV8	荣威 Ei5	501	1560	365	61	
17	海马汽车有限公司	HMA7000EABEV	P7	568	1865/1890	450	71	
18		HMA7000EBBEV	P7	706	1910/1935	490	81	
19		HMA7000ECBEV	P7	656	1910/1935	490	81	
20		HMA7000EDBEV	P7	552	2060	490	81	
21		HMA7001DGBEV	G3	460	1609	360	58	
22	中恒天智骏（赣州）汽车有限公司	ZHT7000SU01EV	GX5	338	1402	255	44	
23	南京金龙客车制造有限公司	NJL6450EV	创业者 L	256	1510	294	40	
24	长城汽车股份有限公司	CC7001CE03BBEV	欧拉 iQ	421	1475	346.5 ±10	54	
25		CC7001ZM02CBEV	欧拉 R2	401	1032	230 ±6	36	
26	江苏吉麦新能源车业有限公司	HXK7000BEVA0	凌宝 BOX	150	1030	176	18	
27	兰州知豆电动汽车有限公司	LZD7002BEV02	D3	255	915	178	27	
28	杭州长江乘用车有限公司	FDH7000BEV06	leaptimo 02	403	1094	226.333 ±6.78	37	
29	浙江合众新能源汽车有限公司	THZ6450BEVS306	哪吒 U	401	1680	360	58	
30		THZ7000BEVS00F	哪吒 N01	288	1158	232	33	
31		THZ7000BEVS00H	哪吒 N01	301	1169	226	36	
32		THZ7000BEVS00J	哪吒 N01	301	1158	226	31	
33	奇瑞新能源汽车股份有限公司	NEQ6460BEVS61	e SUV	510	1760	451	70	
34		NEQ7000BEVJ72J	eQ1	251	905/925	190	26	
35		NEQ7000BEVJ72K	eQ1	151	835/855	121	16	
36	重庆金康新能源汽车有限公司	SKE6470SBEVR1	SF5	502	2240	585	88	

续上表

序号	生产企业名称	车辆型号	产品名称	纯电动续驶里程(km)	整车整备质量(kg)	动力蓄电池组总质量(kg)	动力蓄电池组总能量(kWh)	备注
37	天津一汽丰田汽车有限公司	TV7001BEV	奕泽 E 擎	400	1780	415	54	
38	枫盛汽车(江苏)有限公司	JWT7001BEV	30X	306	1300	249	37	
39	特斯拉(上海)有限公司	TSL7000BEVBR0	特斯拉 MODEL 3	668	1745	455	77	
40	山西新能源汽车工业有限公司	JHC7003BEV01	几何 C	400	1545/1607	340	53	
41		JHC7003BEV02	几何 C	520	1665	395	70	
42		JHC7003BEV03	几何 C	400	1545/1607	346	53	
43	华晨汽车集团控股有限公司	SY7001BEVDAC	中华 E5	480	1700	438	62	
44	威马汽车制造温州有限公司	SZS6460A35BEV	EX5500	475	1744	424	58	
45	神龙汽车有限公司	DC7002XAAXBEVD	e 爱丽舍	300	1230	217 ±5	31	
46		DC7002XAAYBEVE	e 爱丽舍	265	1260	217 ±5	31	
47	上汽大通汽车有限公司	SH6471P1BEV	上汽 MAXUS EUNIQ6	350	1820	335	53	
48	东风悦达起亚汽车有限公司	YQZ7004BEV	K3	490	1602	426	57	
49	上汽大众汽车有限公司	SVW6451AEV	e-THARU	315	1640	315	44	
50		SVW7005AEV	e-LAVIDA	346	1560	315	44	
51	安徽江淮汽车集团股份有限公司	HFC6502ECEV5-W	ES8	415	2425	525	70	
52		HFC6502ECEV6-W	ES8	485	2425	505	81	
53		HFC7000EWEV8	江淮 iEV6E	252	1150	217	27	
54		HFC7000WEV5	江淮 iEV6E	152	1020	140	15	
55		HFC7002BEV	江淮 iEVA5	530	1700	403	65	
56		HFC7002BEV1	江淮 iEVA5	450	1670	390	55	
57	上汽通用汽车有限公司	SGM7008GBBEV	VELITE 7	500	1660	429	56	
58	江铃汽车股份有限公司	JX6462P5BEV	领界 EV	435	1770	370	60	
59	比亚迪汽车工业有限公司	BYD7002BEV5	比亚迪 e2	305	1250	220	35	
60		BYD7002BEV6	比亚迪 e2	405	1325	300	47	
61		BYD7002BEVA5	比亚迪 e3	305	1255	220	35	
62		BYD7002BEVA6	比亚迪 e3	405	1330	300	47	
63		BYD7002BEVA7	比亚迪 e3	405	1330	300	47	
64		BYD7009BEV	比亚迪汉	550	2170	549	77	
65		BYD7009BEV1	比亚迪汉	605	2020	549	77	
66	广汽乘用车有限公司	GAM6490BEVN0A	HYCAN 007	523	1920	425	73	
67		GAM6490BEVN0B	HYCAN 007	643	2030	528	93	
68	北京汽车制造厂有限公司	BJ7000UL41BEV	小猫	108	600	88	10	
69	上汽通用五菱汽车股份有限公司	LZW7001EVBEAD	宝骏 E100	255	840	182	24	
70		LZW7001EVCHAD	宝骏 E100	255	840	191	24	
71		LZW7002EVBEAD	宝骏 E200	255	842	182	24	
72		LZW7003EVGEU	E300	155	960/970	176	17	
73		LZW7003EVGKAB	E300	305	1040/1052	250	32	
74		LZW7003EVMET	E300	260	936/948/945/962/980	208	26	
75		LZW7003EVMEU	E300	160	885/900/905/930	173	17	
76		LZW7003EVNET	E300	260	936/948/945/962/980	208	26	
77	重庆长安汽车股份有限公司	SC6484AAABEV	COSMOS EV	401	1890	455	58	

(2)客车

序号	生产企业名称	车辆型号	产品名称	纯电动续驶里程(km)	整车整备质量(kg)	动力蓄电池组总质量(kg)	动力蓄电池组总能量(kWh)	备注
1	中植一客成都汽车有限公司	CDL6180URBEV	纯电动铰接低地板城市客车	295	17700	1776	258	
2		CDL6600URBEV	纯电动城市客车	345	4800/5000/5200	609	95	
3	金龙联合汽车工业(苏州)有限公司	KLQ6590GEVN	纯电动城市客车	410	3125/3200	583	93	
4		KLQ6605GEVN1	纯电动城市客车	220	4950/5250	432	62	
5		KLQ6822GEVN3	纯电动城市客车	435	6600/6900	910	143	
6		KLQ6850GEVN8	纯电动城市客车	298	8150/8300/8450	931	134	
7		KLQ6856GAEVW1	纯电动城市客车	330	8050/8350/8650	837	134	

续上表

序号	生产企业名称	车辆型号	产品名称	纯电动续驶里程（km）	整车整备质量（kg）	动力蓄电池组总质量（kg）	动力蓄电池组总能量（kWh）	备注
8	厦门金龙联合汽车工业有限公司	XMQ6601AGBEVL	纯电动城市客车	305	3600/3800/3990	545±15	74	
9		XMQ6601AGBEVL1	纯电动城市客车	375	3600/3800/3990	579±17.4	90	
10	厦门金龙旅行车有限公司	XML6809JEVJ0	纯电动客车	333.5	6150	767	121	
11		XML6885JEVP0C	纯电动城市客车	466.7	7900/8250	1132	181	
12	中通客车控股股份有限公司	LCK6108EVG3A15	纯电动城市客车	396	10000/10500	1278	201	
13		LCK6108EVG3A16	纯电动城市客车	505	10400/10900	1612	255	
14		LCK6108EVG3A17	纯电动城市客车	356	9900/10400	1132	181	
15		LCK6108EVG3A18	纯电动城市客车	418	10100/10600	1338	211	
16		LCK6669EVGE	纯电动城市客车	475	5500/5650/5750	806	128	
17		LCK6720EVB	纯电动客车	541	5650/5900	1069	169	
18		LCK6720EVGA	纯电动城市客车	451	5650/5900	902	141	
19		LCK6826EVG3A12	纯电动城市客车	410	7950/7500/7070	1132	181	
20		LCK6828EVQD1	纯电动客车	350	8380/8880	983	158	
21	重庆恒通客车有限公司	CKZ6852HBEV	纯电动城市客车	622	8700/8400/8100	1456	229	
22	吉利四川商用车有限公司	DNC6100BEVG9	纯电动低入口城市客车	600	11200/11600	2102	338	
23		DNC6110BEV2	纯电动客车	330	11400	1368	194	
24	南京金龙客车制造有限公司	NJL6100EV23	纯电动城市客车	360	10330/10680/11030	1256	201	
25		NJL6117EVG7	纯电动城市客车	512	11800/12100	1840	258	
26		NJL6117EVG8	纯电动城市客车	388	11400/11850	1380	194	
27		NJL6129EV11	纯电动低入口城市客车	615	12300/12650/13000	2270	323	
28		NJL6180EV	纯电动铰接低入口城市客车	470	17600/18200/18700	2877	403	
29		NJL6520EV	纯电动轻型客车	305	2050	418	52	
30		NJL6520EVN	纯电动城市客车	305	2050	418	52	
31	万向集团公司	WXB6122GEV1	纯电动低入口城市客车	638	12700	2625	354	
32		WXB6122GEV2	纯电动低入口城市客车	597	12300	2450	330	
33	中车时代电动汽车股份有限公司	TEG6180BEV02	纯电动铰接城市客车	655	19290/19750/20235	3536	564	
34		TEG6650BEV01	纯电动城市客车	450	5300/5600	806	128	
35		TEG6803BEV04	纯电动城市客车	320	7150/6950	928	129	
36		TEG6900EV03	纯电动客车	390	8950/8650	1017	163	
37	珠海广通汽车有限公司	GTQ6121BEVB30	纯电动城市客车	575	12250/12450	2102±63	338	
38	成都广通汽车有限公司	CAT6122CRBEVT	纯电动低入口城市客车	163	12400/12800	2140	102	钛酸锂
39	中兴智能汽车有限公司	GTZ6655BEVB	纯电动城市客车	425	5800/5600	767	121	
40		GTZ6655BEVB1	纯电动城市客车	310	5600/5400	579	90	
41		GTZ6817BEVB1	纯电动城市客车	360	7290	928	129	
42	奇瑞万达贵州客车股份有限公司	WD6600BEVG01	纯电动城市客车	280	5050	579	90	
43	广西汽车集团有限公司	GXA6600BEVG1	纯电动城市客车	230	3610	428	54	
44		GXA6600BEVG4mm	纯电动城市客车	230	3610	428	54	
45		GXA6601BEVG1	纯电动城市客车	325	3650	442	70	
46		GXA6601BEVG4mm	纯电动城市客车	325	3650	442	70	
47		GXA6601BEVG3	纯电动城市客车	325	3650	442	70	
48		GXA6601BEVG4	纯电动城市客车	325	3650	442	70	
49	江苏友谊汽车有限公司	ZGT6858LBEV1	纯电动城市客车	380	8700/8500	930	129	
50	江西凯马百路佳客车有限公司	JXK6108BEV	纯电动低入口城市客车	467	11000	1612	255	
51	山东沂星电动汽车有限公司	SDL6838EVG	纯电动城市客车	450	8100	1145	181	
52		SDL6839EVG	纯电动城市客车	450	8100	1145	181	
53		SDL6851EVG	纯电动城市客车	420	7750	1145	181	
54	广州穗景客车制造有限公司	GB6850EVSC01	纯电动城市客车	459	8900	1456	229	
55	中山市顺达客车有限公司	HA6120BEVB11	纯电动城市客车	603	11300/11500	1898	303	
56	河北长安汽车有限公司	SC6805EBEV	纯电动城市客车	415	6800/7000	910	143	
57		SC6805GBEV	纯电动城市客车	351	6650/6850	767	121	
58	贵州长江汽车有限公司	GK6660GBEV1	纯电动城市客车	250	4950/5100	544	77	

续上表

序号	生产企业名称	车辆型号	产品名称	纯电动续驶里程(km)	整车整备质量(kg)	动力蓄电池组总质量(kg)	动力蓄电池组总能量(kWh)	备注
59	山西新能源汽车工业有限公司	JHC6100BEVG9	纯电动低入口城市客车	600	11400/11800	2102	338	
60		JHC6120BEVG9	纯电动低入口城市客车	501	11950/12350	2164	301	
61	东风特种汽车有限公司	EQ6671CTBEV2	纯电动城市客车	260	4960/5200	500	70	
62		EQ6850CTBEV2	纯电动城市客车	415	8200/8450	1166	187	
63	上海申沃客车有限公司	SWB6109BEV67G	纯电动低地板城市客车	605	11760	2492	345	
64		SWB6109BEV69G	纯电动低地板城市客车	615	11760	2150	314	
65		SWB6129BEV68G	纯电动低地板城市客车	616	11900	2440	351	
66	安徽安凯汽车股份有限公司	HFF6829GEV2	纯电动城市客车	422	8600/9000	1017	163	
67		HFF6829KEV	纯电动客车	540	8800/9200	1278	201	
68	江西江铃集团晶马汽车有限公司	JMV6101GRBEVL	纯电动低入口城市客车	455	11150	1612	255	
69	中国重型汽车集团有限公司	ZZ6126GBEVQ5	纯电动城市客车	525	11930/12280	1917	301	
70		ZZ6806GBEVQ2	纯电动城市客车	470	7550/7800	1338	211	
71	郑州宇通客车股份有限公司	ZK6126BEVGS5	纯电动双层低地板城市客车	465	17000/17700	2170	350	
72		ZK6815BEVG14	纯电动城市客车	250	6650/6950/7250/7590	666	106	
73		ZK6815BEVG4mm0	纯电动城市客车	410	7000/7300/7620/7950	1095	161	
74	湖北三江航天万山特种车辆有限公司	WS6105WEVJ0C3	纯电动城市客车	300	10800	1162	168	
75		WS6805WEVY0C2	纯电动城市客车	224	7300	780	111	
76	比亚迪汽车工业有限公司	BYD6100B3EV1	纯电动城市客车	410	9500/9900/10400/10800	1438	218	
77		BYD6100B3EV2	纯电动城市客车	600	10100/10600/11100/11500	2112	320	
78		BYD6100B3EV3	纯电动城市客车	505	9800/10300/10700/11100	1697	255	
79		BYD6101B3EV1	纯电动城市客车	600	11500/11150	2112	320	
80		BYD6600B3EV1	纯电动城市客车	365	4800/5050/5300/5500	650	98	
81		BYD6660B3EV1	纯电动城市客车	355	5050/5300/5550/5800	650	98	
82		BYD6660B3EV2	纯电动城市客车	515	5340/5500/5800/6100	962	145	
83		BYD6810B3EV1	纯电动城市客车	410	7090/7460/7820/8100	1174	178	
84		BYD6810HZEV12	纯电动城市客车	295	6770/7150/7510/7780	820	123	
85		BYD6810HZEV13	纯电动城市客车	340	6890/7260/7620/7890	962	145	
86		BYD6850B3EV1	纯电动城市客车	410	8650/8200/7750	1174	178	
87		BYD6850B3EV2	纯电动城市客车	540	8950/8500/8050	1467	222	
88	北汽福田汽车股份有限公司	BJ6123EVCA-55	纯电动城市客车	536	11600/12000/12400	1768	282	
89		BJ6650EVCA-9	纯电动城市客车	288	5450/5650	579	90	

(3)货车

序号	生产企业名称	车辆型号	产品名称	纯电动续驶里程(km)	整车整备质量(kg)	动力蓄电池组总质量(kg)	动力蓄电池组总能量(kWh)	备注
1	吉利四川商用车有限公司	DNC1047BEVK4	纯电动载货汽车	295	2150	435 ±12	67	
2	南京金龙客车制造有限公司	NJL1030EV2C	纯电动载货汽车	260	1365	294	40	
3	长城汽车股份有限公司	CC1030QA00BEV	纯电动多用途货车	415	2070	427 ±12	68	
4		CC1030QS00BEV	纯电动多用途货车	415	2045	427 ±12	68	
5	四川南骏汽车集团有限公司	NJA1030SDE30BEV	纯电动载货汽车	251	1340	308 ±9	42	
6		NJA1040EDF33BEV	纯电动载货汽车	367	3140	640 ±20	98	

续上表

序号	生产企业名称	车辆型号	产品名称	纯电动续驶里程(km)	整车整备质量(kg)	动力蓄电池组总质量(kg)	动力蓄电池组总能量(kWh)	备注
7	程力汽车集团股份有限公司	CL1040SBEV	纯电动载货汽车	220	2800	585	77	
8	山东凯马汽车制造有限公司	KMC1032BEV305D	纯电动载货汽车	200	1590	300	43	
9		KMC1033BEVB318X1	纯电动载货汽车	320	2116	424	59	
10		KMC3033BEVB318X1	纯电动自卸汽车	350	2370	424	59	
11	湖北三江航天万山特种车辆有限公司	WS4250BEV	纯电动牵引车	121	9500	1728	250	
12	比亚迪汽车工业有限公司	BYD104014BBEV1	纯电动货车	385	3050	601	84	
13	安徽华菱汽车有限公司	HN3311B36C7BEV	纯电动自卸汽车	190	21200	1804	282	
14	重庆长安汽车股份有限公司	SC1031XDD64BEV	纯电动载货汽车	282	1370	308±9	42	
15		SC1031XND64BEV	纯电动载货汽车	320	1350	308±9	42	
16		SC1031YGD51BEV	纯电动载货汽车	235	1780	400±5.0	53	

(4)专用车

序号	生产企业名称	车辆型号	产品名称	纯电动续驶里程(km)	整车整备质量(kg)	动力蓄电池组总质量(kg)	动力蓄电池组总能量(kWh)	备注
1	成都大运汽车集团有限公司	CGC5095XXYBEV1Z1	纯电动厢式运输车	170	4990	640	98	
2	奇瑞商用车(安徽)有限公司	SQR5033XXYBEVH12	纯电动厢式运输车	295	1630	339	45	
3		SQR5034XXYBEVK06	纯电动厢式运输车	252	1420	279	38	
4		SQR5035XXYBEVK06	纯电动厢式运输车	277	1480	306	41	
5		SQR5036XXYBEVK06	纯电动厢式运输车	289	1480	320±10	43	
6	吉利四川商用车有限公司	DNC5030XXYBEVK2	纯电动厢式运输车	235	2000	364	50	
7		DNC5030XXYBEVK3	纯电动厢式运输车	190	1950	308	42	
8		DNC5047XLCBEVK4	纯电动冷藏车	295	2580	435±12	67	
9	南京金龙客车制造有限公司	NJL5030XXYEV	纯电动厢式运输车	257	1440	294	40	
10		NJL5030XXYEVC	纯电动厢式运输车	260	1510	294	40	
11		NJL5100GXEBEV	纯电动吸粪车	280	6430	1267	177	
12		NJL5100TXSBEV	纯电动洗扫车	280	7650	1267	177	
13		NJL5180TDYBEV	纯电动多功能抑尘车	365	11300	1886	258	
14	四川南骏汽车集团有限公司	NJA5030CCYSDE30BEV	纯电动仓栅式运输车	251	1530	308±9	42	
15		NJA5030XXYSDE30BEV	纯电动厢式运输车	251	1530	308±9	42	
16		NJA5040CCYEDF33BEV	纯电动仓栅式运输车	367	3320	640±20	98	
17		NJA5040XXYEDF33BEV	纯电动厢式运输车	367	3320	640±20	98	
18	程力汽车集团股份有限公司	CL5180TXSBEV	纯电动洗扫车	400	13200	2150	314	
19	东莞中汽宏远汽车有限公司	KMT5180TXSBEV	纯电动洗扫车	400	13200	2150	314	
20	广西汽车集团有限公司	GXA5033XXYBEV	纯电动厢式运输车	270	1430	308	42	
21	重庆瑞驰汽车实业有限公司	CRC5030XXYFC2-BEV	纯电动封闭货车	275	1510	284±7	39	
22	天津清源电动车辆有限责任公司	QY5040XXYBEV	纯电动厢式运输车	325	2605	620	81	
23	湖北世纪中远车辆有限公司	ZYP5030TYHBEV	纯电动路面养护车	255	2080	355±10	47	
24	北京华林特装车有限公司	HLT5042ZZZEV	纯电动自装卸式垃圾车	275	3130	435	67	
25		HLT5100TCASHEV	纯电动餐厨垃圾车	430	6000	1108	162	
26		HLT5100ZYSSHEV	纯电动压缩式垃圾车	430	6450	1108	162	
27	石家庄煤矿机械有限责任公司	SMJ5180GQXJBEV	纯电动清洗车	300	8645	1536	219	
28	远大汽车制造股份有限公司	YYD5040XXYDBEV	纯电动厢式运输车	360	2995	663±10	93	
29	江苏银宝专用车有限公司	SYB5042ZZZSHBEV	纯电动自装卸式垃圾车	270	2700	435	67	
30		SYB5101ZZZSHBEV	纯电动自装卸式垃圾车	430	5790	1108	162	
31	扬州三源机械有限公司	YSY5040XTYBEV	纯电动密闭式桶装垃圾车	276	2670	435	67	
32		YSY5040ZZZBEV	纯电动自装卸式垃圾车	276	3020	435	67	
33		YSY5180ZXXBEV	纯电动车厢可卸式垃圾车	175	8650	1130	162	
34	徐州徐工环境技术有限公司	XGH5040TYHDBEV	纯电动路面养护车	280	2810	486±14	65	
35		XGH5180TDYDBEV	纯电动多功能抑尘车	365	12530/12370/12130	2150	314	
36		XGH5180TSLDBEV	纯电动扫路车	365	13200	2150	314	
37		XGH5180TXSDBEV	纯电动洗扫车	400	13850/13700	2150	314	
38	杭州西湖比亚迪新能源汽车有限公司	XBE5070XTYBEV1	纯电动密闭式桶装垃圾车	260	4580	566	85	

续上表

序号	生产企业名称	车辆型号	产品名称	纯电动续驶里程（km）	整车整备质量（kg）	动力蓄电池组总质量（kg）	动力蓄电池组总能量（kWh）	备注
39	安徽爱瑞特新能源专用汽车股份有限公司	ART5030GXEG28BEV	纯电动吸粪车	138	2080	306	41	
40		ART5041ZZZY50BEV	纯电动自装卸式垃圾车	235	2980	435	67	
41		ART5120TCAC92BEV	纯电动餐厨垃圾车	360	7650	1536	219	
42		ART5120ZYSY92BEV	纯电动压缩式垃圾车	360	8450/8050	1536	219	
43		ART5120ZYSY98BEV	纯电动压缩式垃圾车	330	8100/8500	1536	219	
44	福建龙马环卫装备股份有限公司	FLM5040ZZZNJBEVH	纯电动自装卸式垃圾车	276	2945	435	67	
45		FLM5041ZXXNJBEV	纯电动车厢可卸式垃圾车	276	2210	435	67	
46		FLM5120TXSDGBEVL	纯电动洗扫车	300	8460	1536	219	
47		FLM5180GQXNJBEV	纯电动清洗车	305	8900/8440	1536	219	
48		FLM5180TCADFBEV	纯电动餐厨垃圾车	250	10150/10450	1536	219	
49	聊城中通新能源汽车装备有限公司	ZTQ5181ZYSE1J45BEV	纯电动压缩式垃圾车	178	11850/12000/12360	1130	162	
50		ZTQ5180TXSCAJ53BEV	纯电动洗扫车	480	14590	2218	328	
51	青岛中集环境保护设备有限公司	ZJV5100TCAHBNBEV	纯电动餐厨垃圾车	430	6320	1108	162	
52		ZJV5100ZYSHBNBEV	纯电动压缩式垃圾车	430	6450/6600	1108	162	
53		ZJV5120TCAHBNBEV	纯电动餐厨垃圾车	406	8180	1536	219	
54		ZJV5120ZYSHBNBEV	纯电动压缩式垃圾车	406	8480/8800/9040	1536	219	
55		ZJV5180TCAHBNBEV	纯电动餐厨垃圾车	306	9500	1536	219	
56		ZJV5180ZYSHBNBEV	纯电动压缩式垃圾车	306	10100/10370	1536	219	
57	郑州宏达汽车工业有限公司	JYC5030ZZZEQBEV	纯电动自装卸式垃圾车	255	2250/2100	400 ± 5. 0	53	
58	郑州宇通重工有限公司	YTZ5080XTYD0BEV	纯电动密闭式桶装垃圾车	255	5250	669	105	
59		YTZ5100TCAD0BEV	纯电动餐厨垃圾车	300	7060/6970	983	158	
60		YTZ5101TXSD0BEV	纯电动洗扫车	350	7950	1085	175	
61		YTZ5101ZYSD0BEV	纯电动压缩式垃圾车	350	7950	983	158	
62		YTZ5180ZLJD0BEV	纯电动自卸式垃圾车	480	11370	2170	350	
63	洛阳广通汽车有限公司	LGQ5181TDYBEV	纯电动多功能抑尘车	390	11350	2150	314	
64	徐工湖北环保科技股份有限公司	DXA5180ZYSLBEV	纯电动压缩式垃圾车	260	11600	1536	219	
65	长沙中联重科环境产业有限公司	ZBH5180ZXXDFBEV	纯电动车厢可卸式垃圾车	310	9550/9300	1680	242	
66		ZBH5180ZYSDFBEV	纯电动压缩式垃圾车	310	12300/12580/12730/12880	1680	242	
67		ZBH5182GQXETBEV	纯电动清洗车	385	9800	1536	219	
68		ZBH5183TSLCABEV	纯电动扫路车	480	13500	2218	328	
69	柳州五菱汽车工业有限公司	LQG5028XXYBEV	纯电动厢式运输车	252	1407	283	35	
70	贵州长江汽车有限公司	GK5021XXYBEV1	纯电动厢式运输车	210	1130	232. 0 ± 7. 0	30	
71	云南航天神州汽车有限公司	YH5032XXYBEV	纯电动厢式运输车	320	1880	363. 6 ± 10	50	
72	山东凯马汽车制造有限公司	KMC5032XXYBEV305M6	纯电动厢式运输车	200	1660	300	43	
73		KMC5033XXYBEVB318X1	纯电动厢式运输车	320	2230	424	59	
74	南京汽车集团有限公司	NJ5047XXYEEV2	纯电动厢式运输车	355	2820	556 ± 16	78	
75	徐州徐工汽车制造有限公司	XGA5311ZLJBEVW	纯电动自卸式垃圾车	280	17500	2218	315	
76	洛阳中集凌宇汽车有限公司	CLY5180GSSBEV	纯电动洒水车	436	9655	2150	314	
77		CLY5180TDYBEV	纯电动多功能抑尘车	436	11000	2150	314	
78	浙江飞碟汽车制造有限公司	FD5030XXYBEV	纯电动厢式运输车	270	1560	305 ± 9	42	
79		FD5031XXYBEV	纯电动厢式运输车	290	1520	305 ± 9	42	
80	安徽江淮汽车集团股份有限公司	HFC5040ZXXEV2Z	纯电动车厢可卸式垃圾车	290	2540	461 ± 12	62	
81		HFC5045XYZEV1	纯电动邮政车	440	3090	728 ± 20	97	
82		HFC5049XYZEV6H	纯电动邮政车	430	3050	707 ± 10	92	
83	江西昌河汽车有限责任公司	CH5010XXYBEVFB1B4	纯电动厢式运输车	80	630/660	63 ± 2	8	
84		CH5020XXYBEVFB1B4	纯电动厢式运输车	103	660/700	82. 5 ± 2	10	
85		CH5020XYZBEVFB1B4	纯电动邮政车	103	660/700	82. 5 ± 2	10	
86		CH5032XLCBEVRA3B1	纯电动疫苗冷链车	260	1810	338	43	
87	山东唐骏欧铃汽车制造有限公司	ZB5040GQXBEVADC3	纯电动清洗车	230	2330	350	51	
88	郑州日产汽车有限公司	ZN5040XXYA5PBEV	纯电动厢式运输车	360	2850	554	81	
89	安徽华菱汽车有限公司	HN5310GJBB36C1BEV	纯电动混凝土搅拌运输车	235	16300	2170	350	
90	广州广汽比亚迪新能源客车有限公司	GZ5180ZYSEV	纯电动压缩式垃圾车	250	12450	1665	218	

续上表

序号	生产企业名称	车辆型号	产品名称	纯电动续驶里程(km)	整车整备质量(kg)	动力蓄电池组总质量(kg)	动力蓄电池组总能量(kWh)	备注
91	北汽福田汽车股份有限公司	BJ5039XXYEV3	纯电动厢式运输车	241	1980	363.6±10	50	
92		BJ5045XGCEV1	纯电动工程车	410	4300	766.0±22.9	105	
93		BJ5065XXYEV3	纯电动厢式运输车	220	3220	554±16	81	
94	重庆长安汽车股份有限公司	SC5031CCYXDD64BEV	纯电动仓栅式运输车	282	1525	308±9	42	
95		SC5031XXYXDD64BEV	纯电动厢式运输车	282	1510	308±9	42	

2. 插电式混合动力汽车

(1)乘用车

序号	生产企业名称	车辆型号	通用名称	纯电动续驶里程(km)	燃料消耗量(L/100 km)	发动机排量(mL)	整车整备质量(kg)	动力蓄电池总质量(kg)	动力蓄电池总能量(kWh)	备注
1	比亚迪汽车有限公司	BYD7152WT6HEVB2	比亚迪秦 Pro	82	4.3	1497	1690	142	14	
2		BYD7152WT6HEVB3	比亚迪秦 Pro	53	4.3	1497	1665	106	9	
3	上海汽车集团股份有限公司	CSA6454NEPHEV3	荣威 eRX5	52	4.9	1490	1771	110	11	
4		CSA7152SEPHEV3	名爵 eMG6	70	3.9	1490	1530	114	11	
5		CSA7154SEPHEV3	荣威 ei6MAX	70	3.9	1490	1515	114	11	
6	长城汽车股份有限公司	CC6481AD23BPHEV	VV7GT PHEV	70	6.1	1967	2281	145±4	18	
7		CC6483AD23BPHEV	VV7 PHEV	70	6.1	1967	2281	145±4	18	
8	重庆金康新能源汽车有限公司	SKE6470SHEVAS	金康赛力斯 SF5	150	7.3	1498	2370	247±5	35	
9		SKE6470SHEVR	金康赛力斯 SF5	150	6.9	1498	2230	247±5	35	
10	一汽-大众汽车有限公司	FV6462LCDCHEV	TAYRON GTE	54	6.2	1395	1835	125	13	
11	神龙汽车有限公司	DC7168KSABHEVC	508L	56	5.1	1598	1795	127±2	12	
12	上汽大通汽车有限公司	SH6483N1PHEV	上汽 MAXUS EUNIQ5 PLUG IN	62	5.0	1349	1772	130	13	
13	上汽大众汽车有限公司	SVW6472APV	TIGUAN L PHEV	52	6.2	1395	1830	125	13	
14	浙江吉利汽车有限公司	MR6490SHEV01	TX	200	7.3	1477	2210	267	35	
15		MR7152PHEV14	03 PHEV	51	4.8	1477	1680/1730	95	9	
16		MR7153PHEV23	博瑞	60	5	1477	1790/1840	116	11	
17		MR7153PHEV24	博瑞	60	5	1477	1790/1840	116	11	
18	浙江豪情汽车制造有限公司	JL6432PHEV08	06 PHEV	55	4.8	1477	1695	116	11	
19	上汽通用汽车有限公司	SGM7156LCCHEV	VELITE 6	60	4.6	1485	1580	121	10	
20	比亚迪汽车工业有限公司	BYD7200YT6HEV	比亚迪汉	81	5.9	1999	2020	164	15	

注:插电式混合动力汽车燃料消耗量仅包括传统燃料/不含电能折算。

(2)客车

序号	生产企业名称	车辆型号	通用名称	纯电动续驶里程(km)	燃料消耗量(L/100 km)	发动机排量(mL)	整车整备质量(kg)	动力蓄电池总质量(kg)	动力蓄电池总能量(kWh)	备注
1	奇瑞万达贵州客车股份有限公司	WD6125EHEVG01	插电式混合动力城市客车	51	24.65 kg/100 km	6871	12600	424	48	NG
2	北汽福田汽车股份有限公司	BJ6123SHEVCA-2	插电式混合动力城市客车	70	15.26	4500	12400/12700	612	86	
3		BJ6127SHEVCA-2	插电式混合动力城市客车	70	15.49	4500	12300/12700	612	86	
4		BJ6855SHEVCA-1	插电式混合动力城市客车	70	14.25 kg/100 km	4156	8800/9200	366±11	50	LNG
5		BJ6855SHEVCA-2	插电式混合动力城市客车	70	12.52	3800	8700/9100	483	53	

注:插电式混合动力汽车燃料消耗量仅包括传统燃料/不含电能折算。

(3)专用车

生产企业名称	车辆型号	通用名称	纯电动续驶里程(km)	燃料消耗量(L/100 km)	发动机排量(mL)	整车整备质量(kg)	动力蓄电池总质量(kg)	动力蓄电池总能量(kWh)	备注
浙江吉利汽车有限公司	MR5280XFZSHEV01	插电式混合动力福祉车	200	7.3	1477	2210	267	35	

注:插电式混合动力汽车燃料消耗量仅包括传统燃料/不含电能折算。

3. 燃料电池汽车

（1）客车

序号	生产企业名称	车辆型号	产品名称	续驶里程（km）	整车整备质量（kg）	燃料电池系统额定功率（kW）	驱动电机额定功率（kW）	备注
1	厦门金龙旅行车有限公司	XML6105JFCEVJ0CY	燃料电池城市客车	130 km（氢系统不工作）/650 km（氢系统工作）	11700	42	78	
2		XML6105JFCEVJ0CY1	燃料电池城市客车	140 km（氢系统不工作）/650 km（氢系统工作）	11900	45	78	
3		XML6855JFCEVJ0CT	燃料电池城市客车	115 km（氢系统不工作）/500 km（氢系统工作）	9900/9600	58	60	
4	中通客车控股股份有限公司	LCK6126FCEVGW1	燃料电池低入口城市客车	510（氢系统工作）/165（氢系统不工作）	12200/12600	60	100	
5		LCK6860FCEVG	燃料电池城市客车	145（氢系统不工作）/500（氢系统工作）	8700/9200	48	90	
6	南京金龙客车制造有限公司	NJL6100FCEV1	燃料电池低入口城市客车	200 km（氢系统不工作）/450 km（氢系统工作）	11500	45	90	
7		NJL6859FCEV7	燃料电池城市客车	120 km（氢系统不工作）/700 km（氢系统工作）	9150	50.4	80	
8	中车时代电动汽车股份有限公司	TEG6102FCEV01	燃料电池城市客车	165（氢系统不工作）/650（氢系统工作）	12100/11700/11300	60	100	
9		TEG6120FCEV02	燃料电池城市客车	180（氢系统不工作）/650（氢系统工作）	12300/12000/11700	61	100	
10	中车时代电动汽车股份有限公司	TEG6120FCEV03	燃料电池城市客车	160（氢系统不工作）/630（氢系统工作）	12300/12000/11700	63	100	
11	东风汽车集团有限公司	EQ6850CACFCEV	燃料电池城市客车	130（氢系统不工作）/500（氢系统工作）	7915/8295/8675	40	75	
12	扬州亚星客车股份有限公司	JS6108GHFCEV1	燃料电池城市客车	510（氢系统工作）/165（氢系统不工作）	10800/11200	45	80	
13		JS6128GHFCEV	燃料电池城市客车	600（氢系统工作）/140（氢系统不工作）	12000/12500	60	100	
14	中国重型汽车集团有限公司	ZZ6106GFCEVHQ1	燃料电池城市客车	210（氢系统不工作）/452（氢系统工作）	11550	50	100	
15		ZZ6126GFCEVHQ1	燃料电池城市客车	150（氢系统不工作）/520（氢系统工作）	12400	60	100	
16	郑州宇通客车股份有限公司	ZK6126FCEVG5	燃料电池低入口城市客车	150（氢系统不工作）/700（氢系统工作）	12350/12800/13250/13700	60	100	

（2）专用车

序号	生产企业名称	车辆型号	产品名称	续驶里程（km）	整车整备质量（kg）	燃料电池系统额定功率（kW）	驱动电机额定功率（kW）	备注
1	中通客车控股股份有限公司	LCK5095XBWFCEV7	燃料电池保温车	420	4900/5150	50.4	60	
2	上汽大通汽车有限公司	SH5127XXYZKFCEVWZ	燃料电池厢式运输车	400	6375	83.5	105	

（二）免征车辆购置税的新能源汽车车型目录（第31批）

1. 纯电动汽车

（1）乘用车

序号	生产企业名称	车辆型号	通用名称	纯电动续驶里程（km）	整车整备质量（kg）	动力蓄电池组总质量（kg）	动力蓄电池组总能量（kWh）	备注
1	东风汽车有限公司	DFL7000NA63BEV	D60EV	405	1505	340	50	
2	北京汽车制造厂有限公司	BAW7000UB42BEV	大猫	131	830	145	16	
3		BAW7000UL41BEV	小猫	108	600	88	10	
4	北京新能源汽车股份有限公司	BJ7000USD6-BEV	EX3	410	1585	320	51	
5	威马汽车制造温州有限公司	SZS6460A27BEV	EX5500 +	520	1778	420	66	
6		SZS6460A33BEV	EX5500 +	520	1783	425	66	
7		SZS6480A07BEV	EX6 PLUS	503	1881	420	66	
8		SZS6480A08BEV	EX6 PLUS	503	1886	425	66	
9	比亚迪汽车工业有限公司	BYD7002BEV7	比亚迪 e2	405	1325	300	47	
10		BYD7009BEV2	比亚迪汉	506	1940	462	65	
11	广汽乘用车（杭州）有限公司	GAH7000BEVN0A	传祺 AION. S	410	1610	340	49	
12	广汽乘用车有限公司	GAM6460BEVC0A	传祺 AION V	520	1860	425	73	
13		GAM6460BEVC0B	传祺 AION V	600	1930	455	80	
14		GAM6460BEVC0C	传祺 AION V	500	1860	428	70	
15		GAM6460BEVC0E	传祺 AION V	530	1860	435	73	
16		GAM6460BEVC0F	传祺 AION V	600	1930	472	80	
17		GAM7000BEVA0H	传祺 AION. S	410	1620	360	49	
18		GAM7000BEVA0L	传祺 AION. S	460	1610/1660	360	59	
19	上汽通用五菱汽车股份有限公司	LZW7004EVJDAG	E50	170	705	125	14	
20		LZW7004EVJDJ	E50	120	665	92	9	
21	上海汽车集团股份有限公司	CSA6471FBEV3	荣威 Marvel X	505	1840	395	70	
22		CSA7002FBEV7	荣威 Ei5	416	1560	381	50	
23	浙江合众新能源汽车有限公司	THZ7001BEVS009	哪吒 N01	351	1169	226	36	
24	奇瑞新能源汽车股份有限公司	NEQ7000BEVJ72H	eQ1	251	935/955	218	27	
25		NEQ7000BEVJ72L	奇瑞 eQ1	251	935/955	216	27	
26		NEQ7000BEVJ72M	奇瑞 eQ1	116	820/840	110	11	
27	丰田汽车（中国）投资有限公司	KMA10L-AWDBSC2	UX300e	400	1800	415	54	

（2）客车

序号	生产企业名称	车辆型号	产品名称	纯电动续驶里程（km）	整车整备质量（kg）	动力蓄电池组总质量（kg）	动力蓄电池组总能量（kWh）	备注
1	东风特种汽车有限公司	EQ6601CTBEV1	纯电动城市客车	250	3940/4100	432	62	
2	北京北方华德尼奥普兰客车股份有限公司	BFC6116GBEV	纯电动城市客车	329	10650	1162	168	
3	北京北方华德尼奥普兰客车股份有限公司	BFC6809GBEV7	纯电动城市客车	286	7050/7300	840	121	
4	安徽安凯汽车股份有限公司	HFF6855G03EV12	纯电动城市客车	526	9000/9200	1456	229	
5	郑州宇通客车股份有限公司	ZK6907BEVY36K	纯电动客车	621	10000/10300/10600	1622	255	
6	比亚迪汽车工业有限公司	BYD6101B2EV1	纯电动低入口城市客车	600	10900/11200/11500/11800	2112	320	
7	比亚迪汽车工业有限公司	BYD6122B2EV1	纯电动低入口城市客车	625	12100/12500	2230	338	
8	广州广汽比亚迪新能源客车有限公司	GZ6101LGEV1	纯电动城市客车	590	12050	2112	320	
9		GZ6122LGEV2	纯电动低入口城市客车	635	12700	2230	338	
10		GZ6850HZEV1	纯电动城市客车	620	9150	1697	255	
11	中植一客成都汽车有限公司	CDL6590URBEV1	纯电动城市客车	345	4800/5000/5200	609	95	
12	金龙联合汽车工业（苏州）有限公司	KLQ6606GAEVJL	纯电动低入口城市客车	310	3280/3560	545 ± 15	74	
13		KLQ6650GEVN5	纯电动城市客车	360	5350/5650	639	95	
14		KLQ6816GAEVN4	纯电动城市客车	305	7000/7300/7600	728	115	
15		KLQ6822GEVN4	纯电动城市客车	350	6600/6900	728	115	

续上表

序号	生产企业名称	车辆型号	产品名称	纯电动续驶里程（km）	整车整备质量（kg）	动力蓄电池组总质量（kg）	动力蓄电池组总能量（kWh）	备注
16	厦门金龙联合汽车工业有限公司	XMQ6706EYBEVL	纯电动客车	460	4850	728±22	115	
17		XMQ6810AGBEVL5	纯电动城市客车	350	7900/8200/8500	884±26.4	141	
18	厦门金龙旅行车有限公司	XML6606JEVY0C2	纯电动城市客车	415.4	3440	579	90	
19		XML6606JEVY0C3	纯电动城市客车	315.2	3340	442	70	
20	中通客车控股股份有限公司	LCK6108EVG3A19	纯电动城市客车	505	10400/10900	1612	255	
21		LCK6118EVGA1	纯电动城市客车	530	11530/11830	1612	255	
22		LCK6126EVGRA1	纯电动低入口城市客车	695	11650/12150/12550	2170	350	
23		LCK6126EVGRA2	纯电动低入口城市客车	612	12400/11900/11400	1966	315	
24	上海申龙客车有限公司	SLK6115UBEVN1	纯电动低地板城市客车	530	11600	2007	316	
25	南京金龙客车制造有限公司	NJL6520EV1	纯电动轻型客车	292	2050	363.6±10	50	
26	中车时代电动汽车股份有限公司	TEG6803BEV03	纯电动城市客车	388	7200/6900/6600	983	158	
27		TEG6805BEV01	纯电动城市客车	330	6450/6250	728	115	
28		TEG6853BEV01	纯电动城市客车	420	8000/7700/7400	1017	163	
29	珠海广通汽车有限公司	GTQ6105BEVB30	纯电动城市客车	530	11200/11550	1917	301	
30		GTQ6126BEVB30	纯电动城市客车	510	11800/12200	1917	301	
31		GTQ6129BEVB30	纯电动城市客车	550	12000/12350	2170±65	350	
32		GTQ6131BEVST6	纯电动双层城市客车	170	18000	3060	150	钛酸锂电池
33		GTQ6600BEVB30	纯电动城市客车	280	5000/5200	806±24.2	128	
34		GTQ6858BEVB30	纯电动城市客车	450	8750/9000	1612±48.4	256	
35	佛山市飞驰汽车制造有限公司	FSQ6850BEVG3S	纯电动城市客车	490	8960/8630	1648	237	
36	中兴智能汽车有限公司	GTZ6605BEVB	纯电动城市客车	350	5400/5200	579	90	
37	广西申龙汽车制造有限公司	HQK6109BEVB12	纯电动城市客车	298	10300/10700	1162	168	
38		HQK6109BEVB16	纯电动城市客车	234	10300/10700	1088	151	
39		HQK6109BEVB18	纯电动城市客车	545	11300/11750	2130	314	
40		HQK6109BEVB20	纯电动城市客车	543	11300/11750	2130	314	
41		HQK6109BEVB29	纯电动城市客车	363	10700/11300	1536	219	
42		HQK6109BEVB30	纯电动城市客车	413	10700/11300	1728	250	
43		HQK6109BEVB31	纯电动城市客车	366	10700/11300	1536	219	
44		HQK6109BEVB9	纯电动城市客车	386	10700/11300	1536	219	
45		HQK6129BEVB1	纯电动城市客车	470	12000	2260	325	
46		HQK6129BEVB2	纯电动城市客车	350	11600	1728	250	
47		HQK6819BEVB2	纯电动城市客车	234	7600/7900	768	109	
48		HQK6819BEVB20	纯电动城市客车	202	7600/7900	738	101	
49		HQK6819BEVB21	纯电动城市客车	201	7600/7900	738	101	
50		HQK6819BEVB22	纯电动城市客车	263	7700/8000	995	144	
51		HQK6819BEVB23	纯电动城市客车	223	7600/7900	840	121	
52		HQK6819BEVB6	纯电动城市客车	310	7600/7900	995	144	
53		HQK6819BEVB8	纯电动城市客车	215	7600/7900	738	101	
54		HQK6828BEVB10	纯电动城市客车	281	8250	995	144	
55		HQK6828BEVB11	纯电动城市客车	240	8100	840	121	
56		HQK6828BEVB8	纯电动城市客车	210	8000	738	101	
57		HQK6828BEVB9	纯电动城市客车	210	8000	738	101	
58		HQK6859BEVB3	纯电动城市客车	300	8500/9000	995	144	
59		HQK6859BEVB6	纯电动城市客车	212	8500/9000	738	101	
60	延边国泰新能源汽车有限公司	JYB6850BEV	纯电动城市客车	352	7780	1017	163	
61	重庆穗通新能源汽车制造有限公司	YST6852BEVG	纯电动城市客车	295	8500	1085	175	

（3）货车

序号	生产企业名称	车辆型号	产品名称	纯电动续驶里程（km）	整车整备质量（kg）	动力蓄电池组总质量（kg）	动力蓄电池组总能量（kWh）	备注
1	北汽福田汽车股份有限公司	BJ4259EVPA1	纯电动半挂牵引车	200	10900	1768	282	

续上表

序号	生产企业名称	车辆型号	产品名称	纯电动续驶里程(km)	整车整备质量(kg)	动力蓄电池组总质量(kg)	动力蓄电池组总能量(kWh)	备注
2	徐州徐工汽车制造有限公司	NXG1081BEVXA1	纯电动载货汽车	240	3900	770±21	96	
3		XGA1086BEVXA	纯电动载货汽车	240	4000/4150	624	91	
4	一汽解放青岛汽车有限公司	CA4250P26T1BEVA1	纯电动牵引车	285	11200	2706±78	423	

(4) 专用车

序号	生产企业名称	车辆型号	产品名称	纯电动续驶里程(km)	整车整备质量(kg)	动力蓄电池组总质量(kg)	动力蓄电池组总能量(kWh)	备注
1	北汽福田汽车股份有限公司	BJ5102GQXEV-H2	纯电动清洗车	220	5800	766.0±22.9	105	
2		BJ5048XCCEV1	纯电动餐车	350	3450	570	80	
3	丹东黄海汽车有限责任公司	DD5032TCXBEV	纯电动除雪车	345	2425	470±14.1	68	
4	上汽大通汽车有限公司	SH5041XXYJ7BEV-1	纯电动厢式运输车	405	2520	540	72	
5		SH5041XXYJ7BEV-2	纯电动厢式运输车	275	2340	385	52	
6		SH5042XXYJ7BEV-1	纯电动厢式运输车	430	2460	540	72	
7		SH5042XXYJ7BEV-2	纯电动厢式运输车	295	2300	385	52	
8		SH5047XXYZFEVNZ7	纯电动厢式运输车	330	2790	554	81	
9	徐州徐工汽车制造有限公司	XGA5042XXYBEV	纯电动厢式运输车	350	3000	676	88	
10	江铃汽车股份有限公司	JX5040XXYTCA-M5BEV	纯电动厢式运输车	420	2090	386	60	
11		JX5040XXYTHB-M5BEV	纯电动厢式运输车	460	2265	416	65	
12	一汽解放青岛汽车有限公司	CA5044XXYP40L2BEVA84	纯电动厢式运输车	330	3070	554±16	81	
13		CA5045XXYP40L2BEVA84	纯电动厢式运输车	355	3070	646.0±19.3	87	
14		CA5046XXYP40L2BEVA84	纯电动厢式运输车	450	3200	772	109	
15		CA5047XXYP40L2BEVA84	纯电动厢式运输车	370	3070	580	89	
16		CA5049XXYP40L2BEVA84	纯电动厢式运输车	370	3200	660±20	83	
17	山东汽车制造有限公司	YTQ5042XXYJEEV331	纯电动厢式运输车	360	2995	554	81	
18	中国一拖集团有限公司	LT5081ZYSBEV	纯电动压缩式垃圾车	261	6400	678±20.4	110	
19		LT5091TCABEV	纯电动餐厨垃圾车	321	6330/6050	1248±20	159	
20		LT5181GQXBEV	纯电动清洗车	254	9650	1536	219	
21		LT5181ZXXBEV	纯电动车厢可卸式垃圾车	314	9600	1680	242	
22		LT5183TDYBEV	纯电动多功能抑尘车	369	11900/11660	2150	314	
23	比亚迪汽车工业有限公司	BYD5041XXYBEV1	纯电动厢式运输车	385	3050	566	85	
24	安徽华菱汽车有限公司	HN5311GJBB36C1BEV	纯电动混凝土搅拌运输车	190	16300	1768	282	
25	东风云南汽车有限公司	EQ5040TXSPBEV	纯电动洗扫车	230	3540	380	52	
26	厦门金龙旅行车有限公司	XML5043XXYEVJ0	纯电动厢式运输车	355	2690	546	86	
27	吉利四川商用车有限公司	DNC5047XXYBEVK4	纯电动厢式运输车	295	2230	435±12	67	
28		DNC5047XXYBEVL1	纯电动厢式运输车	370	2925	554	81	
29		DNC5087XXYBEVL1	纯电动厢式运输车	300	4000	700	107	
30	南京金龙客车制造有限公司	NJL5038XXYEV4	纯电动厢式运输车	225	1850	363.6±10	50	
31	华晨鑫源重庆汽车有限公司	JKC5034XLCDLBEV0	纯电动冷藏车	300	2210	481	69	
32	广西申龙汽车制造有限公司	HQK5046BEVXXY	纯电动厢式运输车	291	2760	631	73	
33	重庆瑞驰汽车实业有限公司	CRC5030XXYFC3-BEV	纯电动封闭货车	285	1500	290.5±8.7	39	
34		CRC5030XXYFC4-BEV	纯电动封闭货车	285	1500	290.5±8.7	39	
35	北京华林特装车有限公司	HLT5121ZYSBYEV	纯电动压缩式垃圾车	400	8480	1174	178	
36	石家庄煤矿机械有限责任公司	SMJ5180TXSZBEV	纯电动洗扫车	400	13550	2150	314	
37	远大汽车制造股份有限公司	YYD5120ZYSCBEV	纯电动压缩式垃圾车	370	9950	1536	219	
38	航天晨光股份有限公司	CGJ5040ZDJEQBEV	纯电动压缩式对接垃圾车	230	2460	292±5	49	
39		CGJ5180GSSDFBEV	纯电动洒水车	250	9400	1536	219	
40		CGJ5181TDYCABEV	纯电动多功能抑尘车	480	11000/11700	2218	328	
41	江苏银宝专用车有限公司	SYB5122TCASHBEV	纯电动餐厨垃圾车	406	8100	1536	219	
42	扬州三源机械有限公司	YSY5100TCABEV	纯电动餐厨垃圾车	430	5980	1108	162	
43		YSY5100ZZZBEV	纯电动自装卸式垃圾车	430	5730	1108	162	
44		YSY5120ZXXBEV	纯电动车厢可卸式垃圾车	300	6300	1108	162	
45	杭州西湖比亚迪新能源汽车有限公司	XBE5040TYHBEV1	纯电动路面养护车	280	2400	424	64	
46	安徽爱瑞特新能源专用汽车股份有限公司	ART5030XTYY21BEV	纯电动密闭式桶装垃圾车	168	1980	306	41	
47		ART5040TYHQ48BEV	纯电动路面养护车	265	2720	435	67	

续上表

序号	生产企业名称	车辆型号	产品名称	纯电动续驶里程(km)	整车整备质量(kg)	动力蓄电池组总质量(kg)	动力蓄电池组总能量(kWh)	备注
48	福建龙马环卫装备股份有限公司	FLM5040ZDJNJBEV	纯电动压缩式对接垃圾车	276	2380/2520	435	67	
49	江西江铃汽车集团改装车股份有限公司	JX5045XYCMBEV-AM	纯电动防弹运钞车	471	3150	578	80	
50	烟台海德专用汽车有限公司	CHD5100TXSQLBEV	纯电动洗扫车	435	8460	1536	219	
51		CHD5250ZXXZQBEV	纯电动车厢可卸式垃圾车	290	14210	2150	314	
52	郑州宏达汽车工业有限公司	JYC5020XXYCABEV	纯电动封闭货车	301	1540	300±10	43	
53		JYC5030TYHEQBEV	纯电动路面养护车	250	2600	400±5.0	53	
54		JYC5090ZYSEQBEV	纯电动压缩式垃圾车	320	6950	1248±20	159	
55	郑州宇通重工有限公司	YTZ5080ZYSD0BEV	纯电动压缩式垃圾车	359	6250	1005	151	
56		YTZ5100ZLJD0BEV	纯电动自卸式垃圾车	300	6250	983	158	
57		YTZ5101TSLD0BEV	纯电动扫路车	350	7750	1085	175	
58		YTZ5181TXSD0BEV	纯电动洗扫车	440	12950	2010	302	
59	徐工湖北环保科技股份有限公司	DXA5120TCALBEV	纯电动餐厨垃圾车	320	8540/8240	1540±46	215	
60		DXA5180GPSLBEV	纯电动绿化喷洒车	220	8330/8430	1130	162	
61		DXA5180GQXBEV	纯电动清洗车	280	9500	1366	173	
62		DXA5180TDYLBEV	纯电动多功能抑尘车	380	12130	2150	314	
63	长沙中联重科环境产业有限公司	ZBH5040XJEQLBEV	纯电动环境监测车	370	3180	496	65	
64		ZBH5101GXESHBEV	纯电动吸粪车	430	6200	1108	162	
65		ZBH5320ZXXBYBEV	纯电动车厢可卸式垃圾车	240	15860/15160	2664	348	
66	贵州贵航云马汽车工业有限责任公司	YM5030TYHBEV	纯电动路面养护车	250	2100	400±5.0	53	
67		YM5030XTYBEV	纯电动密闭式桶装垃圾车	250	2300	400±5.0	53	
68		YM5030ZXXBEV	纯电动车厢可卸式垃圾车	250	1920	400±5.0	53	
69		YM5030ZZZBEV	纯电动自装卸式垃圾车	250	2250	400±5.0	53	

2. 插电式混合动力汽车

(1)乘用车

序号	生产企业名称	车辆型号	通用名称	纯电动续驶里程(km)	燃料消耗量(L/100 km)	发动机排量(mL)	整车整备质量(kg)	动力蓄电池总质量(kg)	动力蓄电池总能量(kWh)	备注
1	上汽大通汽车有限公司	SH6484N1PHEV	上汽 MAXUS EUNIQ5 PLUG IN	64	4.9	1349	1772	130	13	
2	浙江豪情汽车制造有限公司	JL6432PHEV13	06 PHEV	55	4.8	1477	1695	116	11	
3	长安标致雪铁龙汽车有限公司	CAP7161HEV6	DS9	50	5.5	1598	1880	127	12	

注:插电式混合动力汽车燃料消耗量仅包括传统燃料/不含电能折算。

(2)客车

序号	生产企业名称	车辆型号	产品名称	纯电动续驶里程(km)	燃料消耗量(L/100 km)	发动机排量(mL)	整车整备质量(kg)	动力蓄电池总质量(kg)	动力蓄电池总能量(kWh)	备注
1	北汽福田汽车股份有限公司	BJ6107SHEVCA	插电式混合动力城市客车	110	14.92	4500	11800/12150	612	86	
2		BJ6128SHEVCA-5	插电式混合动力双层城市客车	55	23.23 kg/100 km	4156	16600/17200	930	44	LNG,钛酸锂电池
3		BJ6147SHEVCA	插电式混合动力城市客车	70	20.61	4500	14200/14800	612	86	
4		BJ6160SHEVCA-3	插电式混合动力铰接城市客车	50	23.95 kg/100 km	4156	17500/18000	930	44	LNG,钛酸锂电池

注:插电式混合动力汽车燃料消耗量仅包括传统燃料/不含电能折算。

(3)专用车

序号	生产企业名称	车辆型号	产品名称	纯电动续驶里程(km)	燃料消耗量(L/100 km)	发动机排量(mL)	整车整备质量(kg)	动力蓄电池总质量(kg)	动力蓄电池总能量(kWh)	备注
1	浙江吉利汽车有限公司	MR5030XFZSHEV01	插电式混合动力福祉车	200	7.3	1477	2210	267	35	
2	上海汽车集团股份有限公司	CSA5023TXUEPHEV	插电式混合动力巡逻车	75	4.9	1490	1775	139	17	
3	吉利四川商用车有限公司	DNC5047XFYSHEVGL1	插电式混合动力防疫车	62	6.9	1477	4020	240	26	
4		DNC5077XXYSHEVGL1	插电式混合动力厢式运输车	60	11.5	1477	3350/3680	239	26	
5		DNC5087XXYSHEVGL1	插电式混合动力厢式运输车	55	8.4	1477	3650	239	26	
6	山东丽驰新能源汽车有限公司	HLD5040XXYSHEV	插电式增程混合动力厢式运输车	50	8.9	1488	2800	132	15	
7	福建龙马环卫装备股份有限公司	FLM5180ZYSDGPHEVK	插电式混合动力压缩式垃圾车	55	24.17	4500	10320/10030/10490	251 ±7.5	30	

注:插电式混合动力汽车燃料消耗量仅包括传统燃料/不含电能折算。

3. 燃料电池汽车

(1)客车

序号	生产企业名称	车辆型号	产品名称	续驶里程(km)	整车整备质量(kg)	燃料电池系统额定功率(kW)	驱动电机额定功率(kW)	备注
1	北汽福田汽车股份有限公司	BJ6116FCEVUH-1	燃料电池客车	200(氢系统不工作)/650(氢系统工作)	12000/12400	60	90	
2	佛山市飞驰汽车制造有限公司	FSQ6121FCEVG2	燃料电池城市客车	600	12500/12200	60	90	

(2)专用车

序号	生产企业名称	车辆型号	产品名称	续驶里程(km)	整车整备质量(kg)	燃料电池系统额定功率(kW)	驱动电机额定功率(kW)	备注
1	上汽大通汽车有限公司	SH5187XXYZQFCEVWZ	燃料电池厢式运输车	500	8385	83.5	100	
2	东风柳州汽车有限公司	LZ5090XXYL3AZFCEV101	燃料电池厢式运输车	420	5200	30.1	60	

(三)免征车辆购置税的新能源汽车车型目录(第32批)

1. 纯电动汽车

(1)乘用车

序号	生产企业名称	车辆型号	通用名称	纯电动续驶里程(km)	整车整备质量(kg)	动力蓄电池组总质量(kg)	动力蓄电池组总能量(kWh)	备注
1	一汽-大众汽车有限公司	FV70010CABEV	Q2L	302	1610	314	44	
2		FV7002CABEV	e-BORA	346	1560	315	44	
3	东风汽车集团有限公司	DFA7000C1A6BEV	EV30(教练车)	301	1310	295	38	
4		DFA7000C1A7BEV	EV30	301	1340	295	38	
5		DFA7000C1A8BEV	EV30	301	1340	295	38	
6		DFM7000G1F9BEV	东风风神 E70	400	1570	389	50	
7	北京新能源汽车股份有限公司	BJ7000C5EE-BEV	EU300	300	1553	336	41	
8	北京汽车股份有限公司	BJ7000C5DB-BEV	EU5	350	1640	358	44	
9		BJ7000C5DC-BEV	EU5	401	1570	295	50	
10	山西新能源汽车工业有限公司	JHC7003BEV06	几何 C/几何 B/几何 X	550	1665	395	70	
11	上汽大通汽车有限公司	SH6472P1BEV	上汽 MAXUS EUNIQ6	510	1900	400	70	
12	北汽蓝谷麦格纳汽车有限公司	BJ6480BSA-BEV	αT	480	2030	398	67	
13		BJ6480BSA1-BEV	αT	653	2125	532	94	

续上表

序号	生产企业名称	车辆型号	通用名称	纯电动续驶里程（km）	整车整备质量（kg）	动力蓄电池组总质量（kg）	动力蓄电池组总能量（kWh）	备注
14	浙江豪情汽车制造有限公司	VCC7002F01VBEV	极星 2	450	2132	478	71	
15	安徽江淮汽车集团股份有限公司	HFC7000WEV8	江淮 iEV6E	306	1125	240	30	
16	广汽丰田汽车有限公司	GTM70012BEV	iA5	510	1625	345	59	
17	广汽乘用车有限公司	GAM6460BEVC0G	传祺 AION V	530	1875/1900	430	73	
18		GAM6460BEVC0H	传祺 AION V	600	1933/1960	460	81	
19		GAM6480BEVB0F	传祺 AION LX	520	1950	430	73	
20		GAM6480BEVB0G	传祺 AION LX	650	2065	536	93	
21		GAM6480BEVB0H	传祺 AION LX	600	2215	540	93	
22		GAM7000BEVA0J	传祺 AION. S	510	1625/1650	345	59	
23		GAM7000BEVA0M	传祺 AION. S	410	1610/1660	360	59	
24		GAM7000BEVA0N	传祺 AION. S	510	1610/1660	360	59	
25	上汽通用五菱汽车股份有限公司	LZW6450EVHCAC	五菱荣光 EV	300	1470	315	42	
26		LZW7001EVPEAD	宝骏 E100	260	770	182	24	
27		LZW7001EVPHAN	宝骏 E100	305	840	201	28	
28		LZW7004EVJDAK	宏光 MINI EV	120	665	90	9	
29		LZW7004EVJDAM	宏光 MINI EV	170	700	122	14	
30	奇瑞汽车股份有限公司	SQR7000BEVJ606	凯翼 E5EV/ARRIZO e/ARRIZO5 e	401	1560	390	54	
31	江铃控股有限公司	JX6471UBEV	U5	405	1720/1770	365	53	
32		JX6473UBEV	U5	503	1720/1770	365	63	
33	山西成功汽车制造有限公司	SCH6450BEV	企鹅	350	1555	352	48	
34	南京金龙客车制造有限公司	NJL6420EV4	创业者	252	1450	296 ±8.8	40	
35		NJL6470BEV400	天美 ET5	410	1820	370	58	
36		NJL6470BEV500	天美 ET5	520	1920	442	72	
37		NJL6471BEV400	天美 ET5	404	1820	360	55	
38	江苏吉麦新能源车业有限公司	HXK7000BEVA1	凌宝 BOX	150	980	168 ±5	17	
39	江西江铃集团新能源汽车有限公司	JX7001EUCBEV	易至 EX5/博高 A500	405	1500	347	55	
40		JX7001EUDBEV	易至 EX5/博高 A500	405	1500	350	55	
41	浙江合众新能源汽车有限公司	THZ6450BEVS303	哪吒 U	401	1675	354	56	
42		THZ6450BEVS307	哪吒 U	501	1745	406	66	
43		THZ6450BEVS308	哪吒 U	401	1675	338	54	
44		THZ6450BEVS309	哪吒 U	401	1675	354	56	
45		THZ7001BEVS00F	哪吒 N01	301	1158	232	33	
46		THZ7001BEVS00H	哪吒 N01	301	1169	226	36	
47		THZ7001BEVS00J	哪吒 N01	301	1158	226	31	
48		THZ7003BEVS009	哪吒 N01	351	1169	226	36	
49	奇瑞新能源汽车股份有限公司	NEQ6460BEVS61A	eQ5	510	1760	451	70	

（2）客车

序号	生产企业名称	车辆型号	产品名称	纯电动续驶里程（km）	整车整备质量（kg）	动力蓄电池组总质量（kg）	动力蓄电池组总能量（kWh）	备注
1	北汽福田汽车股份有限公司	BJ6126EVUA	纯电动客车	405	10800	1428	214	
2		BJ6126EVUA-1	纯电动客车	550	12500/13000	2360 ±70	338	
3	上海申沃客车有限公司	SWB6108BEV74G	纯电动城市客车	560	11500	2007	316	
4		SWB6128BEV75G	纯电动城市客车	600	11900	2102	338	
5	安徽安凯汽车股份有限公司	HFF6113KEV2	纯电动客车	620	11800/12200	2102	338	
6		HFF6600G6EV21	纯电动城市客车	350	4850/5050	579	90	
7		HFF6800G9EV21	纯电动城市客车	345	7200/7500	884	141	
8	江铃汽车股份有限公司	JX6571TA-M5BEV	纯电动客车	458	2440/2505	416	65	
9	中国重型汽车集团有限公司	ZZ6106GBEVQ3	纯电动城市客车	627	10900/11300	2034	327	
10	郑州宇通客车股份有限公司	ZK6126BEVG5F	纯电动低入口城市客车	685	12850/11650/12100/12590	2190	350	
11		ZK6126BEVG5M	纯电动低地板城市客车	685	11800/12100/12590/12850	2190	350	

续上表

序号	生产企业名称	车辆型号	产品名称	纯电动续驶里程（km）	整车整备质量（kg）	动力蓄电池组总质量（kg）	动力蓄电池组总能量（kWh）	备注
12	郑州宇通客车股份有限公司	ZK6126BEVGS5A	纯电动双层低地板城市客车	480	17000/17400	2170	350	
13		ZK6820BEVG32	纯电动城市客车	370	8200/7150/7300/7590/7890	888	141	
14		ZK6820BEVG33	纯电动城市客车	465	8400/7350/7500/7800/8100	1095	175	
15		ZK6820BEVQZ32	纯电动客车	360	8200/7150/7300/7590/7890	888	141	
16		ZK6820BEVQZ33	纯电动客车	450	8400/7350/7500/7800/8100	1095	175	
17	比亚迪汽车工业有限公司	BYD6100B1EV1	纯电动低地板城市客车	700	11800/11500/11200/10800	2347	355	
18		BYD6122B2EV2	纯电动低入口城市客车	635	12650/12450/12250/12050	2344	331	
19		BYD6123LGEV1	纯电动低地板城市客车	680	12700/12500/12200/11800	2347	355	
20		BYD6810B3EV2	纯电动城市客车	420	8150/7700	1232	174	
21	广州广汽比亚迪新能源客车有限公司	GZ6660B3EV	纯电动城市客车	515	6100	962	145	
22	金龙联合汽车工业（苏州）有限公司	KLQ6106GAEVN8	纯电动低入口城市客车	690	11500/11800/11200/10900	2170	350	
23		KLQ6650GEVN6	纯电动城市客车	480	5350/5650/5950	806	128	
24		KLQ6816GAEVN3	纯电动城市客车	412	7400/7700/8000	1017	163	
25		KLQ6856GAEVN3A	纯电动低入口城市客车	545	8800/9100/9400	1456	229	
26	厦门金龙联合汽车工业有限公司	XMQ6106AGBEVL32	纯电动城市客车	625	10600/11200/11800	1898 ± 57	303	
27		XMQ6115FGBEVL	纯电动城市客车	630	9500/10000	1338 ± 40. 2	211	
28		XMQ6127BGBEVL1	纯电动城市客车	750	13300	2170 ± 65	350	
29		XMQ6127BYBEVL1	纯电动客车	750	13300	2170 ± 65	350	
30		XMQ6601BGBEVL	纯电动城市客车	470	3650/3850	579 ± 17. 4	90	
31		XMQ6810AGBEVL6	纯电动城市客车	480	8100/8400/8700	1132 ± 34	181	
32		XMQ6850AGBEVL23	纯电动城市客车	460	8600/8900/9200	1244	172	
33		XMQ6900FGBEVL	纯电动城市客车	490	8100/8450/8800	1132 ± 34	181	
34	厦门金龙旅行车有限公司	XML6112JEVY01	纯电动客车	362	11300/11900	1132	181	
35		XML6885JEVP0C1	纯电动城市客车	440	8650/8250	1132	181	
36	中通客车控股股份有限公司	LCK6106EVGDA	纯电动低地板城市客车	630	11000/11500	1966	315	
37		LCK6120EVG3D11	纯电动低入口城市客车	675	12250	2452	345	
38		LCK6806EVA	纯电动客车	325	7100/6700/6320	845	134	
39		LCK6806EVGA2	纯电动城市客车	330	7100/6700/6320	845	134	
40		LCK6900EVGA1	纯电动城市客车	460	7800/8100	1132	181	
41	上海申龙客车有限公司	SLK6109HFBEVZ1	纯电动双层城市客车	520	12900	1917	301	
42		SLK6109USBEVL1	纯电动城市客车	555	11000/11500	2007	316	
43		SLK6109USBEVL3	纯电动城市客车	430	10800/11200	1612	255	
44		SLK6118ASBEVL1	纯电动客车	415	11400	1612	255	
45		SLK6129USBEVZ1	纯电动城市客车	600	12150	2034	327	
46		SLK6859USBEVL7	纯电动城市客车	440	8900	1456	229	

续上表

序号	生产企业名称	车辆型号	产品名称	纯电动续驶里程（km）	整车整备质量（kg）	动力蓄电池组总质量（kg）	动力蓄电池组总能量（kWh）	备注
47	吉利四川商用车有限公司	DNC6100BEVG10	纯电动低入口城市客车	440	11150/11550	1456	229	
48		DNC6100BEVG11	纯电动低入口城市客车	500	11400/11800	1840	258	
49		DNC6100BEVG3	纯电动低入口城市客车	427	10800/11200	1536	219	
50		DNC6110BEV4	纯电动客车	450	11300/11700	1612	255	
51		DNC6110BEVG3	纯电动城市客车	600	11800/12070	2102	338	
52		DNC6110BEVG4	纯电动城市客车	450	11300/11700	1612	255	
53		DNC6850BEVG5	纯电动城市客车	350	8400/8800	949	152	
54		DNC6850BEVG6	纯电动城市客车	550	8900/9300	1688	236	
55	南京金龙客车制造有限公司	NJL6871EVLG	纯电动城市客车	408	8800/9100	1291	183	
56	中车时代电动汽车股份有限公司	TEG6110BEV05	纯电动城市客车	475	11900/11500	1612	255	
57		TEG6110BEV06	纯电动城市客车	590	12300/12000	1966	315	
58		TEG6129BEV15	纯电动城市客车	650	12550/12100/11800	2170	350	
59		TEG6129BEV16	纯电动城市客车	480	11800/11150	1612	255	
60		TEG6591BEV02	纯电动城市客车	220	4600/4850	419	67	
61		TEG6661BEV01	纯电动城市客车	440	5400/5700	767	121	
62	成都客车股份有限公司	CDK6590CBEV2	纯电动城市客车	400	4500/4800	669	105	
63		CDK6660CBEV	纯电动城市客车	452	5000/5300	767	121	
64	上海万象汽车制造有限公司	SXC6112GBEV	纯电动低地板城市客车	620	11100	1994	315	
65		SXC6112GBEV1	纯电动低地板城市客车	660	9800	1678	264	
66		SXC6122GBEV	纯电动低地板城市客车	660	12300	2102	338	
67	珠海广通汽车有限公司	GTQ6103BEVB30	纯电动城市客车	460	11100/11400	1612 ±48.4	256	
68		GTQ6105BEVB31	纯电动城市客车	370	11200/11550	1278	201	
69		GTQ6119BEVH23	纯电动客车	450	10900/11200	1690 ±50.6	269	
70		GTQ6800BEVB30	纯电动城市客车	300	6700/6900	845 ±25.3	134	
71	成都广通汽车有限公司	CAT6690CRBEV1	纯电动城市客车	320	5500/5750	888	124	
72	广西申龙汽车制造有限公司	HQK6109UGBEVL1	纯电动城市客车	555	11000/11500	2007	316	
73		HQK6859UGBEVL7	纯电动城市客车	440	8900	1456	229	
74	奇瑞万达贵州客车股份有限公司	WD6105BEVG13	纯电动城市客车	515	10600	1612	255	
75		WD6875BEVG01	纯电动城市客车	510	8600	1534	242	
76	广西汽车集团有限公司	GXA6600BEVG10	纯电动城市客车	230	3610	428	54	
77		GXA6600BEVG20	纯电动城市客车	230	3610	428	54	
78		GXA6601BEVG10	纯电动城市客车	325	3650	442	70	
79		GXA6601BEVG20	纯电动城市客车	325	3650	442	70	
80		GXA6601BEVG21	纯电动城市客车	325	3650	442	70	
81		GXA6602BEVG10	纯电动城市客车	325	3650	442	70	
82		GXA6602BEVG20	纯电动城市客车	325	3650	442	70	
83		GXA6602BEVG21	纯电动城市客车	325	3650	442	70	
84		GXA6605BEVG10	纯电动城市客车	230	3610	428	54	
85		GXA6605BEVG11	纯电动城市客车	235	3610	428	54	
86		GXA6605BEVG12	纯电动城市客车	230	3610	428	54	
87		GXA6605BEVG20	纯电动城市客车	230	3610	428	54	
88		GXA6605BEVG21	纯电动城市客车	230	3610	428	54	
89		GXA6605BEVG22	纯电动城市客车	230	3610	428	54	
90	国唐汽车有限公司	SGK6106BEVGK01	纯电动城市客车	578	11350/11650	1917	301	
91		SGK6106BEVGK02	纯电动城市客车	578	11200/11500	1917	301	
92		SGK6106BEVGK11	纯电动低入口城市客车	578	11650	1917	301	
93		SGK6126BEVGK11	纯电动低入口城市客车	630	12300	2034	327	
94		SGK6856BEVGK01	纯电动城市客车	500	8600/8800	1278	201	
95		SGK6856BEVGK02	纯电动城市客车	500	8300/8500	1278	201	
96	浙江中车电车有限公司	CSR6123GSEV1	纯电动城市客车	650	12200/12550	2170/335	350	
97	江西宜春客车厂有限公司	JYK6102GBEV3	纯电动低地板城市客车	540	11300/11500	1768	282	
98		JYK6800GBEV8	纯电动城市客车	340	7200/7400	845	134	
99	武汉客车制造股份有限公司	WH6810GBEV1	纯电动城市客车	330	7150/7430	882	141	

（3）货车

序号	生产企业名称	车辆型号	产品名称	纯电动续驶里程（km）	整车整备质量（kg）	动力蓄电池组总质量（kg）	动力蓄电池组总能量（kWh）	备注
1	东风汽车集团有限公司	EQ1040TTZBEV	纯电动载货汽车	220	2250	386	56	
2		EQ4250GTZBEV	纯电动半挂牵引车	180	9980	1840 ± 52	258	
3	北汽福田汽车股份有限公司	BJ1045EVJA10	纯电动载货汽车	300	2970	554 ± 16	81	
4		BJ1045EVJA9	纯电动载货汽车	400	3050	766.0 ± 22.9	105	
5	中国重汽集团济南卡车股份有限公司	ZZ4257N324GZ1BEV-C	纯电动牵引汽车	140	10505	1786	282	
6	郑州日产汽车有限公司	ZN1033U5PBEV	纯电动多用途货车	350	1970	386 ± 11.6	60	
7	东风柳州汽车有限公司	LZ1047L2AZBEV1	纯电动载货汽车	460	3150	760 ± 22	103	
8	陕西汽车集团有限责任公司	SX3317MF406BEV2	纯电动自卸汽车	178	21500	1804	282	
9	奇瑞商用车（安徽）有限公司	SQR1046BEVH16	纯电动普通货车	310	2930	550	74	
10	南京金龙客车制造有限公司	NJL3310ZHJBEV	纯电动自卸车	310	16800/17300	2679	423	
11		NJL3311KHKBEV	纯电动自卸车	351	18200	2679	423	
12		NJL3312KHKBEV	纯电动自卸车	290	18200	2170	350	
13		NJL4250ZEKBEV	纯电动半挂牵引车	255	10650	2679	423	

（4）专用车

序号	生产企业名称	车辆型号	产品名称	纯电动续驶里程（km）	整车整备质量（kg）	动力蓄电池组总质量（kg）	动力蓄电池组总能量（kWh）	备注
1	东风汽车股份有限公司	DFA5030XXYMBEV	纯电动厢式运输车	220	1640	308	42	
2		DFA5040XXYEBEV	纯电动厢式运输车	345/365	2920/3020	614 ± 20/ 660 ± 20	80/86	
3	东风汽车集团有限公司	EQ5040XXYTZBEV	纯电动厢式运输车	220	2500	386	56	
4	北汽福田汽车股份有限公司	BJ5039XXYEV6	纯电动厢式运输车	235	2050	363.6 ± 10	50	
5		BJ5045XXYEV10	纯电动厢式运输车	300	2970	554 ± 16	81	
6		BJ5045XXYEV9	纯电动厢式运输车	400	3050	766.0 ± 22.9	105	
7	河北长安汽车有限公司	SC5031XLCAAABEV	纯电动冷藏车	260	1885	309	42	
8	安徽江淮汽车集团股份有限公司	HFC5031XYZEV4	纯电动邮政车	295	1980	420 ± 20	55	
9		HFC5049XGCEV6H	纯电动电力工程车	430	3320	707 ± 10	92	
10	福建新福达汽车工业有限公司	FZ5033XSHBEV	纯电动售货汽车	210	2410	330	46	
11	福建新龙马汽车股份有限公司	FJ5020XXYBEVA23	纯电动厢式运输车	150	1220	173	22	
12		FJ5020XXYBEVA24	纯电动厢式运输车	220	1280	260	33	
13		FJ5020XXYBEVA26	纯电动厢式运输车	217	1240	260	33	
14		FJ5030XXYBEVA7	纯电动厢式运输车	280	1410	308 ± 9	42	
15	江西五十铃汽车有限公司	JXW5040XXYWDJ2BEV	纯电动厢式运输车	480	3065	700 ± 20	107	
16		JXW5040XXYWDJA2BEV	纯电动厢式运输车	365	2985	554 ± 16	81	
17	江西江铃集团晶马汽车有限公司	JMV5021TXFQC20/BEV	纯电动器材消防车	185	1875	265	33	
18	一汽解放青岛汽车有限公司	CA5041XXYP40L2BEVA84	纯电动厢式运输车	490	3250	772	109	
19		CA5046CCYP40L2BEVA84	纯电动仓栅运输车	490	3250	772	109	
20	中国一拖集团有限公司	LT5181ZLJBEV	纯电动自卸式垃圾车	314	11100	1680	242	
21		LT5181ZYSBEV	纯电动压缩式垃圾车	314	13200/13460	1680	242	
22	比亚迪汽车工业有限公司	BYD5310GJBBEV	纯电动混凝土搅拌运输车	260	15000	2488	355	
23	东风柳州汽车有限公司	LZ5030XJHMLAEV	纯电动救护车	420	1960	439	70	
24	上汽通用五菱汽车股份有限公司	LZW5024XXYEVHCAC	纯电动厢式运输车	300	1415/1429	315	42	
25	庆铃汽车股份有限公司	QL5070XXYBEVECCA	纯电动厢式运输车	245	3346	748 ± 20	97	
26	成都大运汽车集团有限公司	CGC5180GQXBEV1Z1	纯电动清洗车	250	10150	1588	247	
27		CGC5180TXSBEV1Z1	纯电动洗扫车	360	13700	2150	314	
28	东风云南汽车有限公司	EQ5046XXYPBEVE	纯电动厢式运输车	240	2050	360	53	
29	奇瑞商用车（安徽）有限公司	SQR5043CCYBEVH16	纯电动仓栅式运输车	450	3035	680	96	
30		SQR5045CCYBEVH16	纯电动仓栅式运输车	310	2930	550	74	
31	厦门金龙联合汽车工业有限公司	XMQ5030XXYBEVL03	纯电动厢式运输车	280	1660	308 ± 9	42	
32	厦门金龙旅行车有限公司	XML5036XLCEVL0C	纯电动冷藏车	220	2060	364	50	
33		XML5036XYZEVL06	纯电动邮政车	220	1820	364	50	
34	中通客车控股股份有限公司	LCK5036XXYEV1	纯电动厢式运输车	251	1500	332	43	
35	吉利四川商用车有限公司	DNC5037XJHBEVL1	纯电动救护车	235	2575	364	50	

续上表

序号	生产企业名称	车辆型号	产品名称	纯电动续驶里程（km）	整车整备质量（kg）	动力蓄电池组总质量（kg）	动力蓄电池组总能量（kWh）	备注
36	南京金龙客车制造有限公司	NJL5026XXYEV3	纯电动厢式运输车	278	1380	308 ±9	42	
37		NJL5026XXYEV5	纯电动厢式运输车	273	1380	305	41	
38		NJL5038XXYEV5	纯电动厢式运输车	220	1850	360	49	
39		NJL5043XLCEVA	纯电动冷藏车	350	3455	580 ±16	89	
40		NJL5043XXYEVA	纯电动厢式运输车	380	3000	580 ±16	89	
41		NJL5080TCABEV	纯电动餐厨垃圾车	280	5300	700	107	
42		NJL5080XDYBEV	纯电动电源车	280	8300	700	107	
43		NJL5080ZYSBEV	纯电动压缩式垃圾车	280	5920	700	107	
44		NJL5320GJBZHGBEV	纯电动混凝土搅拌运输车	260	14390	2206	350	
45	上海万象汽车制造有限公司	SXC5032XXYBEV	纯电动厢式运输车	230	1900	363.6 ±10	50	
46	珠海广通汽车有限公司	GTQ5121TCABEV1	纯电动餐厨垃圾车	406	7860/7560	1536	219	
47		GTQ5181ZYSBEV30	纯电动压缩式垃圾车	250	12250	1536	219	
48	广西汽车集团有限公司	GXA5030XXYBEV1	纯电动厢式运输车	255	1445	332	43	
49		GXA5030XXYBEV2	纯电动厢式运输车	255	1445	332	43	
50		GXA5030XXYBEV3	纯电动厢式运输车	255	1445	332	43	
51		GXA5031XXYBEV1	纯电动厢式运输车	270	1445	332	43	
52		GXA5031XXYBEV2	纯电动厢式运输车	270	1445	332	43	
53		GXA5031XXYBEV3	纯电动厢式运输车	270	1445	332	43	
54		GXA5032XXYBEV1	纯电动厢式运输车	270	1430	308	42	
55		GXA5032XXYBEV2	纯电动厢式运输车	270	1430	308	42	
56		GXA5032XXYBEV3	纯电动厢式运输车	270	1430	308	42	
57		GXA5033XXYBEV1	纯电动厢式运输车	270	1430	308	42	
58		GXA5033XXYBEV2	纯电动厢式运输车	270	1430	308	42	
59		GXA5033XXYBEV3	纯电动厢式运输车	270	1430	308	42	
60	河南德力新能源汽车有限公司	DLP5030XXYBEVT01L	纯电动厢式运输车	270	1520	329 ±9.8	41	
61	北京北重汽车改装有限公司	BZD5065TDYBEVH3	纯电动多功能抑尘车	290	3550	766.0 ±22.9	105	
62	北京北重汽车改装有限公司	BZD5090ZYSBEVH8	纯电动压缩式垃圾车	320	7050	1248 ±20	159	
63		BZD5120ZYSBEVH9	纯电动压缩式垃圾车	400	9110	1584	217	
64		BZD5183TDYBEVH2	纯电动多功能抑尘车	360	10520	2118	298	
65	远大汽车制造股份有限公司	YYD5080GXWDBEV	纯电动吸污车	300	5080	700	107	
66		YYD5180GXWDBEV	纯电动吸污车	250	9960	1536	219	
67	航天晨光股份有限公司	CGJ5042GXEEQBEV	纯电动吸粪车	255	3085	435	67	
68		CGJ5042TYHEQBEV	纯电动路面养护车	255	2950	435	67	
69		CGJ5044ZZZEQBEV	纯电动自装卸式垃圾车	255	3400	435	67	
70		CGJ5046TYHDNBEV	纯电动路面养护车	295	2830	435 ±12	67	
71		CGJ5101GXEJXBEV	纯电动吸粪车	440	6440	1108	162	
72		CGJ5101TSLJXBEV	纯电动扫路车	440	7930	1108	162	
73		CGJ5101TXSJXBEV	纯电动洗扫车	440	8030	1108	162	
74		CGJ5102GXESHBEV	纯电动吸粪车	430	5865	1108	162	
75		CGJ5128GXEEQBEV	纯电动吸粪车	420	7375	1536	219	
76		CGJ5185GXECABEV	纯电动吸粪车	300	9650	1536	219	
77		CGJ5185ZYSCABEV	纯电动压缩式垃圾车	300	10140/10290	1536	219	
78	江苏银宝专用车有限公司	SYB5101TCAQLBEV	纯电动餐厨垃圾车	435	7700	1536	219	
79	江苏悦达专用车有限公司	YD5109ZYSSHBEV	纯电动压缩式垃圾车	430	6350/6550/6750	1108	162	
80		YD5109ZZZSHBEV	纯电动自装卸式垃圾车	430	6050	1108	162	
81	徐州徐工环境技术有限公司	XGH5180GQXDBEV	纯电动清洗车	385	9500/9240	1536	219	
82		XGH5310ZXXXBEV	纯电动车厢可卸式垃圾车	305	17750	2724/2784/2824	387	
83	杭州西湖比亚迪新能源汽车有限公司	XBE5320ZXXBEV	纯电动车厢可卸式垃圾车	240	15200	2664	348	
84	安徽爱瑞特新能源专用汽车股份有限公司	ART5120TCAC98BEV	纯电动餐厨垃圾车	351	7800	1536	219	
85	福建龙马环卫装备股份有限公司	FLM5040CTYDGBEV	纯电动桶装垃圾运输车	220	2080	334	49	
86	山东沂星电动汽车有限公司	SDL5030XXYBEV	纯电动厢式运输车	220	1850	363.6 ±10	50	
87	聊城中通新能源汽车装备有限公司	ZTQ5040ZXXE2Y28BEV	纯电动车厢可卸式垃圾车	280	2350/2500	486	65	
88		ZTQ5070XTYHFY34BEV	纯电动密闭式桶装垃圾车	245	4250	796	95	

续上表

序号	生产企业名称	车辆型号	产品名称	纯电动续驶里程(km)	整车整备质量(kg)	动力蓄电池组总质量(kg)	动力蓄电池组总能量(kWh)	备注
89	郑州宏达汽车工业有限公司	JYC5030XXYCABEV	纯电动封闭货车	260	1500	308 ±9	42	
90	郑州宇通重工有限公司	YTZ5041ZZZD0BEV	纯电动自装卸式垃圾车	255	3500/3600	386	60	
91	郑州比克新能源汽车有限公司	BAK5021XXYBEV	纯电动封闭货车	252	1330	296 ±8. 8	40	
92		BAK5030TYHBEV	纯电动路面养护车	250	2250	400 ±5. 0	53	
93	湖北宏宇专用汽车有限公司	HYS5030TXCBEV	纯电动吸尘车	250	2950	400 ±5. 0	53	
94		HYS5030TYHBEV	纯电动路面养护车	250	2300	400 ±5. 0	53	
95		HYS5030ZXXBEV	纯电动车厢可卸式垃圾车	250	1980	400 ±5. 0	53	
96	合加新能源汽车有限公司	HJK5040ZXXASHBEV	纯电动车厢可卸式垃圾车	276	2130	435	67	
97	徐工湖北环保科技股份有限公司	DXA5040TYHSBEV	纯电动路面养护车	276	2780	435	67	
98	长沙中联重科环境产业有限公司	ZBH5040TYHETBEV	纯电动路面养护车	255	2850	435	67	
99		ZBH5040ZZZBYBEV	纯电动自装卸式垃圾车	250	3260	399	60	
100		ZBH5070XTYBYBEV	纯电动密闭式桶装垃圾车	310	5050/5130	752	106	
101		ZBH5120GQXSHBEV	纯电动护栏清洗车	406	8300	1536	219	
102		ZBH5120TQXSHBEV	纯电动垃圾桶清洗车	406	9600	1536	219	
103		ZBH5181TDYBYBEV	纯电动多功能抑尘车	380	13680	2664	348	
104		ZBH5251ZXXBYBEV	纯电动车厢可卸式垃圾车	300	15090/14390	2664	348	
105	广东宝龙汽车有限公司	TBL5046XYCBEV1	纯电动防弹运钞车	315	2350	424	58	
106		TBL5046XYCBEV3	纯电动防弹运钞车	350	2890	578	80	
107		TBL5060XTYBEV	纯电动密闭式桶装垃圾车	290	3995	554	81	
108	深圳开沃汽车有限公司	XQX5310ZLJBEV2	纯电动自卸式垃圾车	351	18200	2679	423	
109		XQX5310ZLJBEV3	纯电动自卸式垃圾车	310	16800/17300	2679	423	
110	贵州贵航云马汽车工业有限责任公司	YM5090GSSBEV	纯电动洒水车	320	4950	1248	159	
111		YM5090TDYBEV	纯电动多功能抑尘车	320	6000	1248 ±20	159	
112		YM5090ZYSBEV	纯电动压缩式垃圾车	320	6950	1248 ±20	159	

2. 插电式混合动力汽车

(1)乘用车

序号	生产企业名称	车辆型号	通用名称	纯电动续驶里程(km)	燃料消耗量(L/100 km)	发动机排量(mL)	整车整备质量(kg)	动力蓄电池总质量(kg)	动力蓄电池总能量(kWh)	备注
1	重庆理想汽车有限公司	LXA6500SHEVM2	理想 ONE	148	8. 8	1199	2300	250 ±7. 5	39	
2		LXA6500SHEVM3	理想 ONE	148	8. 8	1199	2300	250 ±7. 5	39	
3		LXA6500SHEVM5	理想 ONE	148	8. 8	1199	2300	250 ±7. 5	39	

(2)客车

序号	生产企业名称	车辆型号	产品名称	纯电动续驶里程(km)	燃料消耗量(L/100 km)	发动机排量(mL)	整车整备质量(kg)	动力蓄电池总质量(kg)	动力蓄电池总能量(kWh)	备注
1	金龙联合汽车工业(苏州)有限公司	KLQ6856GAHEVC6K	插电式混合动力城市客车	56	10. 73 kg/100 km	4156	9200/9540/9950	342	30	NG
2	吉利四川商用车有限公司	DNC6100CHEVNG1	插电式混合动力低入口城市客车	70	11. 9 kg/100 km	6871	11300/11600	366	50	NG

注:插电式混合动力汽车燃料消耗量仅包括传统燃料/不含电能折算。

(3)专用车

序号	生产企业名称	车辆型号	产品名称	纯电动续驶里程(km)	燃料消耗量(L/100 km)	发动机排量(mL)	整车整备质量(kg)	动力蓄电池总质量(kg)	动力蓄电池总能量(kWh)	备注
1	吉利四川商用车有限公司	DNC5042XLCSHEVGL1	插电式混合动力冷藏车	140	9. 5	1477	3700/3950	432	55	
2		DNC5067XLJSHEVGL1	插电式混合动力旅居车	62	9. 5	1477	4800/5250	239	26	

注:插电式混合动力汽车燃料消耗量仅包括传统燃料/不含电能折算。

3. 燃料电池汽车

(1)客车

序号	生产企业名称	车辆型号	产品名称	续驶里程(km)	整车整备质量(kg)	燃料电池系统额定功率(kW)	驱动电机额定功率(kW)	备注
1	吉利四川商用车有限公司	DNC6850FCEVG2	燃料电池城市客车	120(氢系统不工作)/405(氢系统工作)	9200	52	75	
2	延边国泰新能源汽车有限公司	JYB6100FCEV	燃料电池城市客车	170(氢系统不工作)/550(氢系统工作)	11000	51.12	100	

(2)货车

生产企业名称	车辆型号	产品名称	续驶里程(km)	整车整备质量(kg)	燃料电池系统额定功率(kW)	驱动电机额定功率(kW)	备注
东风汽车集团有限公司	EQ4180GTZFCEV	燃料电池半挂牵引车	320	7550	60	115	

(四)免征车辆购置税的新能源汽车车型目录(第33批)

1. 插电式混合动力汽车

(1)乘用车

序号	生产企业名称	车辆型号	通用名称	纯电动续驶里程(km)	整车整备质量(kg)	动力蓄电池组总质量(kg)	动力蓄电池组总能量(kWh)	备注
1	中国第一汽车集团有限公司	CA7002H0EVS	红旗 E-HS3	407	1752	374	54	
2	一汽-大众汽车有限公司	FV6494AABEV	e-tron	465	2625	683	97	
3	东风小康汽车有限公司	DXK6450EC9BEV	东风小康 EC36	302	1640	309±9	42	
4	东风本田汽车有限公司	DHW7003DHBEV	M-NV	480	1575/1610	368	61	
5	东风汽车集团有限公司	DFM7000G1FABEV	E70	500	1555	361	61	
6	上汽大众汽车有限公司	SVW6461BEV	ID.4 X	555	2120	476	83	
7	北京汽车制造厂有限公司	BAW6330CA41BEV	豹 200	112	960	148	15	
8	北京新能源汽车股份有限公司	BJ7001BPHH-BEV	EC3	301	1140	249	34	
9	长城汽车股份有限公司	CC7000ZM00EBEV	欧拉 R1	351	990	217.8±5.0	34	
10		CC7000ZM05ABEV	欧拉 R1	405	1000	230±6	36	
11		CC7001ZM01BBEV	欧拉 R2	360	1010	217.8±5.0	34	
12	河北中兴汽车制造有限公司	BQ6460NBEV	易电易行 K60EV	302	1611	284	43	
13	山西新能源汽车工业有限公司	JHC7002BEV47	几何 A	430	1560	340	53	
14		JHC7002BEV48	几何 A	600	1625	395	70	
15		JHC7002BEV64	几何 T	421	1535	346	53	
16	山西新能源汽车工业有限公司	JHC7003BEV04	几何 C	400	1545/1607	344	53	
17	华晨宝马汽车有限公司	BMW6475AAEV	宝马 X3 纯电动	500	2205	518	80	
18		BMW6475ABEV	宝马 X3 纯电动	490	2205	518	80	
19	湖北星晖新能源智能汽车有限公司	EXH6480A00BEV	EX6 PLUS	501	1909	425	66	
20	上汽大通汽车有限公司	SH6485N1BEV	上汽 MAXUS EUNIQ5	420	1810/1870	370	61	
21	北汽蓝谷麦格纳汽车有限公司	BJ6480BSA2-BEV	αT	600	2270	541	94	
22	浙江吉利汽车有限公司	MR7002BEV27	几何 A	410	1555	347	53	
23	安徽江淮汽车集团股份有限公司	HFC6483ECSEV-W	ES6	430	2345	525	70	
24		HFC6483ECSEV2-W	ES6	420	2290	525	70	
25		HFC6502ECSEV5-W	ES8	415	2425	525	70	
26		HFC7001E1AEV7	E·20X	402	1460	345	50	

续上表

序号	生产企业名称	车辆型号	通用名称	纯电动续驶里程(km)	整车整备质量(kg)	动力蓄电池组总质量(kg)	动力蓄电池组总能量(kWh)	备注
27	郑州日产汽车有限公司	ZN6530H5PBEV	锐骐 6	350	2055	398 ±3	67	
28	比亚迪汽车工业有限公司	BYD6470MBEV2	比亚迪 e6	500	1930	512	72	
29		BYD6490SBEV3	比亚迪唐	520	2175	514	83	
30		BYD7009BEV3	比亚迪汉	430	1840	407	57	
31	广汽丰田汽车有限公司	GTM70022BEV	iA5	510	1610/1660	360	59	
32	广汽乘用车有限公司	GAM6460BEVC0D		400	1725	325	52	
33	广汽本田汽车有限公司	GHA7000PAN0CBEV	理念 VE-1	470	1547/1557/1559/1593/1594	368	61	
34	东风柳州汽车有限公司	LZ6513MLANEV	菱智 M5EV	410	1980	439	70	
35		LZ6517MLAEV	菱智 M5EV	410	1980	439	70	
36	东风柳州汽车有限公司	LZ7005SLAEV	景逸 S50EV/风行 S50EV	415	1658	400	57	
37	上汽通用五菱汽车股份有限公司	LZW6450EVHEAT	五菱荣光 EV	260	1425	277	35	
38		LZW6450EVHEAU	五菱荣光 EV	300	1490	331	42	
39		LZW7001EVPCAN	宝骏 E100	305	840	199	28	
40		LZW7002EVBHAN	宝骏 E200	305	860	201	28	
41		LZW7002EVCCAN	宝骏 E200	305	860	199	28	
42		LZW7003EVGEAB	E300	305	1040/1052	256	32	
43		LZW7003EVGMAJ	E300	305	912/925/920/940	200	32	
44		LZW7003EVGNAJ	E300	305	912/925/920/940	202	31	
45	合肥长安汽车有限公司	SC7003AACBEV	逸动 EV460	405	1605	355	53	
46	北汽云南瑞丽汽车有限公司	BJ7000C5DAK-BEV	EU5	401	1600	310	50	
47		BJ7000C5FK-BEV	EU7	451	1725	425	60	
48	比亚迪汽车有限公司	BYD6470SBEV	比亚迪宋	505	1950	512	72	
49		BYD6470SBEV1	比亚迪宋	405	1840	407	57	
50		BYD7005BEVA8	比亚迪秦	450	1625	383	54	
51		BYD7005BEVA9	比亚迪秦	405	1531	339	48	
52		BYD7008BEVA8	比亚迪秦 Pro	500	1650	407	57	
53		BYD7008BEVA9	比亚迪秦 Pro	400	1580	339	48	
54	福建天际汽车制造有限公司	QAC6461BEVAB	天际 ME7	410	1968	427	54	
55	奇瑞汽车股份有限公司	SQR7000BEVT192	TIGGO e	401	1560	346	54	
56	上海汽车集团股份有限公司	CSA7001KBEV5	CLEVER	302	950	173	29	
57		CSA7001SBEV2	荣威 ER6	520	1600	365	61	
58		CSA7001SBEV3	荣威 ER6	620	1635	395	70	
59	山西成功汽车制造有限公司	SCH6450BEVC	企鹅	402	1555	395	57	
60	湖南恒润汽车有限公司	HRQ6351BEV	HR-S1	305	1020	225 ±3%	28	
61	肇庆小鹏新能源投资有限公司	NHQ7000BEVEA	P7	586	1865/1890	450	71	
62		NHQ7000BEVEB	P7	706	1910/1935	497	81	
63		NHQ7000BEVEC	P7	670	1910/1935	497	81	
64		NHQ7000BEVED	P7	562	2060	497	81	
65	南京金龙客车制造有限公司	NJL6420EV3	创业者	302	1490	308 ±9	42	
66		NJL6420EV6	创业者	302	1490	308 ±9	42	
67	江苏吉麦新能源车业有限公司	HXK7000BEVK0	K23	332	1420	293	41	
68	江西江铃集团新能源汽车有限公司	JX7001ESLBEV	易至 EV3	302	1125	208	31	
69	杭州长江乘用车有限公司	FDH7000BEV08	T03	403	1125	250.5 ±7	39	
70	浙江合众新能源汽车有限公司	THZ7002BEVS008	哪吒 N01	301	1216	274	37	
71		THZ7003BEVS008	哪吒 N01	351	1216	274	37	
72	奇瑞新能源汽车股份有限公司	NEQ6460BEVS61B	eQ5	510	1790	456	70	
73		NEQ7000BEVJ60C	ARRIZO5 e/ARRIZO e	401	1500	346	54	
74	枫盛汽车(江苏)有限公司	JWT6470BEV02	80v	362	1720	370	53	
75		JWT6470SEV01	80v	362	1720	370	53	
76	特斯拉(上海)有限公司	TSL7000BEVAR1	特斯拉 MODEL 3	468	1745	440	55	
77		TSL7000BEVBA0	特斯拉 MODEL 3	610	1836	455	77	
78		TSL7000BEVBA1	特斯拉 MODEL 3	635	1836	455	77	

(2)客车

序号	生产企业名称	车辆型号	产品名称	纯电动续驶里程(km)	整车整备质量(kg)	动力蓄电池组总质量(kg)	动力蓄电池组总能量(kWh)	备注
1	一汽客车(大连)有限公司	CA6109URBEV36	纯电动城市客车	465	10500/10300	1690	269	
2	万向集团公司	WXB6100GEV5	纯电动城市客车	274	10500	1200	165	
3		WXB6121GEV8	纯电动低入口城市客车	264	11800	1200	165	
4		WXB6730GEV	纯电动城市客车	415	6700	1068	144	
5		WXB6730GEV1	纯电动城市客车	282	6500	716	98	
6	上海申沃客车有限公司	SWB6108BEV79G	纯电动城市客车	605	11900	2492	345	
7		SWB6128BEV81G	纯电动城市客车	605	12400	2492	345	
8		SWB6129BEV71G	纯电动低地板城市客车	615	11900	2170	350	
9		SWB6868BEV82G	纯电动城市客车	543	8900	1714	238	
10	上海申龙客车有限公司	SLK6109USBEVL7	纯电动城市客车	350	10800/11200	1338	211	
11		SLK6109USBEVL9	纯电动城市客车	300	10800/11200	1132	181	
12		SLK6118UBEVL13	纯电动城市客车	565	11800	2034	327	
13		SLK6663USBEVL3	纯电动城市客车	267	5050	546	86	
14	上海申龙客车有限公司	SLK6819USBEVL1	纯电动城市客车	230	7600/7900	767	121	
15		SLK6819USBEVL3	纯电动城市客车	270	7700/8000	910	143	
16	东莞中汽宏远汽车有限公司	KMT6660GBEV	纯电动城市客车	414	5700/5500	669	105	
17	东风汽车股份有限公司	DFA6100CBEV3	纯电动城市客车	590	11100/11400/11700	2110	301	
18	中兴智能汽车有限公司	GTZ6107BEVB3	纯电动城市客车	475	11100	1534	242	
19	中国第一汽车集团有限公司	CA6100URBEV26	纯电动低入口城市客车	580	11700	1990±59.7(电池箱总重,不含高压箱、低压盒及线束)	282	
20	中国重型汽车集团有限公司	ZZ6126GBEVQ6	纯电动城市客车	590	11650/12000	2034	327	
21		ZZ6126GBEVQ7	纯电动城市客车	500	11200/11600	1612	255	
22		ZZ6126GBEVQ8	纯电动城市客车	370	11400/11000	1344	191	
23		ZZ6126HBEVQA3	纯电动客车	320	11100/11400	1051	169	
24		ZZ6126HBEVQA5	纯电动客车	505	11600/11900	1612	255	
25		ZZ6650GBEVQ1	纯电动城市客车	480	5300/5600	884	141	
26	中客涞水汽车有限责任公司	HC6105BEV	纯电动城市客车	466	11300	1824	258	
27		HC6820BEV	纯电动城市客车	396	7500	1162	163	
28	中植一客成都汽车有限公司	CDL6101URBEV2	纯电动城市客车	520	10400/10700/11100	1690	269	
29		CDL6101URBEV3	纯电动低入口城市客车	160	10600	1260	81	钛酸锂
30		CDL6101URBEV4	纯电动低入口城市客车	615	10600/11100	1966	315	
31		CDL6660URBEV1	纯电动城市客车	330	5200/5400	669	105	
32		CDL6810URBEV1	纯电动城市客车	345	7180/7400	910	143	
33	中车时代电动汽车股份有限公司	TEG6105BEV22	纯电动城市客车	610	11350/11050/10750	1898	303	
34		TEG6105BEV23	纯电动低入口城市客车	590	11850/11550/11250	2130	303	
35		TEG6110BEV07	纯电动城市客车	530	12600/12250	1898/335	303.4/.74	
36		TEG6129BEV17	纯电动低入口城市客车	620	12780/12100	2290	324	
37		TEG6661BEV03	纯电动城市客车	300	5200/5500	579	90	
38		TEG6852BEV07	纯电动城市客车	510	8700/8400/8100	1440	202	
39	中通客车控股股份有限公司	LCK6106EVGA1	纯电动城市客车	595	10900/11400	1917	301	
40		LCK6106EVGRA3	纯电动低入口城市客车	508	10800/11300	1612	255	
41		LCK6106EVGRL	纯电动低入口城市客车	610	11100/11600	2130	303	
42		LCK6106EVGRM	纯电动低入口城市客车	640	11200/11700	2210	323	
43		LCK6108EVG3A20	纯电动城市客车	602	10700/11200	1898	303	
44		LCK6116EV1A1	纯电动客车	530	11530/11830	1612	255	

续上表

序号	生产企业名称	车辆型号	产品名称	纯电动续驶里程（km）	整车整备质量（kg）	动力蓄电池组总质量（kg）	动力蓄电池组总能量（kWh）	备注
45	中通客车控股股份有限公司	LCK6116EVA	纯电动客车	300	11000/11500	983	158	
46		LCK6126EVGRL	纯电动低入口城市客车	635	11800/12350/12750	2290	324	
47		LCK6605EVA	纯电动客车	385	4700/4950	579	90	
48		LCK6605EVGA	纯电动城市客车	385	4700/4950	579	90	
49		LCK6606EVGA16	纯电动城市客车	340	3750	446	70	
50		LCK6606EVGB15	纯电动城市客车	503	3980	660	106	
51	中通客车控股股份有限公司	LCK6806EVGB	纯电动城市客车	305	6900/6500/6320	760	121	
52		LCK6816EVGD	纯电动城市客车	405	6800/7000/7200	1017	163	
53		LCK6826EVG3M1	纯电动城市客车	380	7950/7500/7070	1180	172	
54		LCK6856EVGA2	纯电动城市客车	420	8800/8300/7900	1166	187	
55	北汽福田汽车股份有限公司	BJ6851EVCA-18	纯电动城市客车	260	8400/8700	1000/979	141	
56	华晨客车（大连）有限公司	WK6101UREV3	纯电动城市客车	600	10400	1917	301	
57	南京金龙客车制造有限公司	NJL6106EV	纯电动城市客车	481	10870/11220/11570	1640	256	
58		NJL6106EV1	纯电动城市客车	630	11250/11600/11950	2047	315	
59		NJL6117EV11	纯电动客车	435	11300/11600	1338	211	
60		NJL6129EVG2	纯电动低入口城市客车	465	11510/11910	1480	230	
61		NJL6600EVQ2	纯电动城市客车	403	5100/5300	775	105	
62		NJL6680EV6	纯电动低入口城市客车	475	6360/6750	806	128	
63		NJL6809EV14	纯电动城市客车	343	7315/7615/7915	900	141	
64		NJL6809EV15	纯电动城市客车	390	6900/7300/7600	1085	175	
65		NJL6809EV16	纯电动城市客车	411	7450/7750	1130	175	
66		NJL6856EV	纯电动城市客车	525	8850/9100	1480	230	
67		NJL6856EV1	纯电动城市客车	452	8700/8900	1214	187	
68	厦门金龙旅行车有限公司	XML6105JEVP0C1	纯电动城市客车	650	10000	1612	255	
69		XML6112JEVJ0	纯电动客车	362	11300/11900	1178	183	
70		XML6606JEVY0	纯电动客车	401	3700/3500	579	90	
71		XML6805JEVJ0C8	纯电动城市客车	439	7000/7400	1085	175	
72		XML6907JEVJ0	纯电动客车	557.5	10900	1612	255	
73	厦门金龙联合汽车工业有限公司	XMQ6106AGBEVL33	纯电动城市客车	660	10900/11500/12100	2210±66.3	323	
74		XMQ6108SGBEVL	纯电动双层城市客车	620	12400/12700/13100	1898±57	303	
75		XMQ6112AYBEVL4	纯电动客车	360	11200/11900	1178.3±35.3	183	
76		XMQ6125AGBEVL1	纯电动城市客车	720	12100/12410/12750	2170±65	350	
77		XMQ6125AGBEVL2	纯电动城市客车	720	12100/12410/12750	2275.2±68.2	353	
78		XMQ6601BGBEVL1	纯电动城市客车	490	3650/3850	609.3±18.3	94	
79		XMQ6850AGBEVL24	纯电动城市客车	430	8400/8700/9000	1144.5±34.33	167	
80	吉利四川商用车有限公司	DNC6100BEVG12	纯电动低入口城市客车	500	11400/11800	1612	255	
81		DNC6100BEVG13	纯电动低入口城市客车	550	11800/12200	2164	301	
82		DNC6120BEVG3	纯电动低入口城市客车	416	11500/11900	1728	250	
83		DNC6850BEVG7	纯电动城市客车	460	8900/9300	1380	194	
84	四川野马汽车股份有限公司	SQJ6101BEV	纯电动低入口城市客车	518	11500/11800	1917	301	

续上表

序号	生产企业名称	车辆型号	产品名称	纯电动续驶里程（km）	整车整备质量（kg）	动力蓄电池组总质量（kg）	动力蓄电池组总能量（kWh）	备注
85	宁波比亚迪汽车有限公司	BYD6850NB3EV1	纯电动城市客车	540	8950/8500/8050	1467	222	
86	安徽安凯汽车股份有限公司	HFF6100G9EV21	纯电动城市客车	360	10550/11200	1278	201	
87		HFF6120G9EV11	纯电动城市客车	680	12150/12850	2499	345	
88		HFF6120G9EV21	纯电动城市客车	680	11400/12100/12800	2170	350	
89	安徽安凯汽车股份有限公司	HFF6800G9EV22	纯电动城市客车	410	7350/7650	1132	181	
90		HFF6829A6EV21	纯电动城市客车	300	8400/8800	806	128	
91	山东沂星电动汽车有限公司	SDL6660EVG	纯电动城市客车	330	5300	669	105	
92		SDL6810EVG	纯电动城市客车	350	6350	806	128	
93		SDL6811EVG	纯电动城市客车	410	6490	974	152	
94	山西新能源汽车工业有限公司	JHC6100BEVG10	纯电动低入口城市客车	440	11150/11550	1456	229	
95		JHC6100BEVG11	纯电动低入口城市客车	500	11400/11800	1840	258	
96		JHC6100BEVG12	纯电动低入口城市客车	500	11400/11800	1612	255	
97		JHC6100BEVG13	纯电动低入口城市客车	550	11800/12200	2164	301	
98		JHC6100BEVG3	纯电动低入口城市客车	427	10800/11200	1536	219	
99		JHC6120BEVG3	纯电动低入口城市客车	416	11500	1728	250	
100		JHC6850BEVG5	纯电动城市客车	350	8400/8800	949	152	
101		JHC6850BEVG7	纯电动城市客车	460	8900/9300	1380	194	
102	广州穗景客车制造有限公司	GB6650EVSC01	纯电动城市客车	353	5420	669	105	
103		GB6850EVSC02	纯电动城市客车	512	8850/9100	1456	229	
104	广西汽车集团有限公司	GXA6600BEVG11	纯电动城市客车	230	3610	428	54	
105		GXA6600BEVG21	纯电动城市客车	230	3610	428	54	
106		GXA6601BEVG12	纯电动城市客车	325	3650	442	70	
107		GXA6601BEVG22	纯电动城市客车	325	3650	442	70	
108		GXA6606BEVG10	纯电动城市客车	390	3850	609	95	
109		GXA6606BEVG30	纯电动城市客车	390	3850	609	95	
110	延边国泰新能源汽车有限公司	JYB6100BEV	纯电动低入口城市客车	420	10500/10100	1534	242	
111		JYB6850BEV01	纯电动城市客车	330	8100/7700	1017	163	
112		JYB6850BEV02	纯电动城市客车	265	7900/7500	845	134	
113	扬州亚星客车股份有限公司	JS6111SHBEV2	纯电动双层城市客车	536	12000/12600	1768	282	
114	比亚迪汽车工业有限公司	BYD6110C4EV1	纯电动客车	395	11600/11200	1174	178	
115		BYD6120BD1EV1	纯电动低地板双层城市客车	529	15900/16500	2347	355	
116		BYD6122B1EV1	纯电动低地板城市客车	690	12600/12400/12100	2347	355	
117	江苏常隆客车有限公司	YS6600GBEVN	纯电动城市客车	330	5000/5200	669	105	
118	江西博能新能源汽车有限公司	BSR6106BEVGS1	纯电动低入口城市客车	493	10890/11150	1612	255	
119	江西宜春客车厂有限公司	JYK6660GBEV2	纯电动城市客车	310	5300/5500	558	83	
120	江西江铃集团晶马汽车有限公司	JMV6811GRBEV	纯电动城市客车	410	7800	1085	175	
121		JMV6821BEV7	纯电动客车	455	6985	1085	175	
122		JMV6821GRBEV7	纯电动城市客车	455	6950	1085	175	
123		JMV6821GRBEV8	纯电动城市客车	455	6985	1085	175	
124	浙江中车电车有限公司	CSR6853GLEV3	纯电动城市客车	575	8700/9000	1686	236	
125	珠海广通汽车有限公司	GTQ6105BEVB32	纯电动城市客车	470	11100/11400	1612 ±48.4	256	
126		GTQ6121BEVB31	纯电动城市客车	500	12250/12450	1768 ±52.8	282	
127		GTQ6129BEVB26	纯电动城市客车	480	11800/12150	1768 ±52.8	282	
128		GTQ6858BEVB31	纯电动城市客车	340	8650/8900	1207.5 ±34	176	
129		GTQ6858BEVB32	纯电动城市客车	350	8650/8900	1132 ±34	181	
130	郑州宇通客车股份有限公司	ZK6100BEVGS2	纯电动双层低入口城市客车	550	11900/12300/12700	1768	282	
131		ZK6106BEVG12E	纯电动低入口城市客车	600	11800/11400/12100	2185	312	
132		ZK6106BEVG13	纯电动城市客车	515	10750/11250/9850/10300	1752	258	

续上表

序号	生产企业名称	车辆型号	产品名称	纯电动续驶里程(km)	整车整备质量(kg)	动力蓄电池组总质量(kg)	动力蓄电池组总能量(kWh)	备注
133	郑州宇通客车股份有限公司	ZK6106BEVG3E	纯电动低入口城市客车	400	10900/11300/10200/10600	1278	201	
134		ZK6106BEVG9E	纯电动低入口城市客车	680	11100/11500/11800	2122	338	
135		ZK6117BEVG33	纯电动城市客车	395	10500/10800/11200/11500/11900	1144	181	
136		ZK6117BEVG35	纯电动城市客车	500	10800/11200/11500/11900	1468	229	
137		ZK6117BEVG37K	纯电动城市客车	660	11200/11500/11900/12200/12600	1918	303	
138		ZK6117BEVY35	纯电动客车	480	10800/11200/11600/11950	1468	229	
139		ZK6117BEVY37K	纯电动客车	630	11200/11500/11900/12350	1918	303	
140		ZK6117BEVZ33	纯电动客车	375	10500/10800/11200/11500	1144	181	
141		ZK6126BEVG10	纯电动城市客车	620	11550/11900/10650/11100	2200	313	
142		ZK6126BEVG3E	纯电动低入口城市客车	580	12850/11300/11650/12100/12590	1917	301	
143		ZK6126BEVG4E	纯电动低入口城市客车	685	11650/12100/12590/12850	2170	350	
144		ZK6126BEVG4L	纯电动低地板城市客车	685	11800/12200/12590/12850	2170	350	
145		ZK6126BEVG5	纯电动城市客车	700	10650/11100/11550/11900	2190	350	
146		ZK6650BEVG30	纯电动城市客车	315	5050/5250/5450/5600/5700	589	93	
147		ZK6650BEVG31	纯电动城市客车	415	5200/5350/5550/5750/5950	773	121	
148		ZK6820BEVG31	纯电动城市客车	305	7050/7210/7500/7800/8100	773	121	
149		ZK6827BEVY32	纯电动客车	360	8600/8850/9100	888	141	
150		ZK6827BEVY35K	纯电动客车	550	9100/9450/9750	1332	211	
151	金龙联合汽车工业(苏州)有限公司	KLQ6106GAEVN5A	纯电动低入口城市客车	695	11500/11200/10900	1898	303	
152		KLQ6126GAEVN1A	纯电动城市客车	695	12850/12580/12130/11680	2170	350	
153		KLQ6590EV1N	纯电动客车	305	3105/3180	442	70	
154		KLQ6829ZGEVN1	纯电动城市客车	430	8600/8900	983	158	
155		KLQ6856GAEVH1	纯电动城市客车	446	8400/8700/9000	1178	183	
156	陕西汉中客车有限公司	SHZ6811GEV1	纯电动城市客车	325	7300/7055	1000	145	
157	陕西秦星汽车有限责任公司	SYD6102GBEV2	纯电动城市客车	500	10800/11000	1768	282	
158		SYD6103GBEV	纯电动低入口城市客车	518	11500/11800	1917	301	

(3)货车

序号	生产企业名称	车辆型号	产品名称	纯电动续驶里程(km)	整车整备质量(kg)	动力蓄电池组总质量(kg)	动力蓄电池组总能量(kWh)	备注
1	长城汽车股份有限公司	CC1032PA02BEV	纯电动多用途货车	310	1885	366	51	
2	安徽江淮汽车集团股份有限公司	HFC1037D1EV5	纯电动多用途货车	330	2100	490±10	67	
3	福建新福达汽车工业有限公司	FZ4250BEV	纯电动半挂牵引车	220	10250	3200	266	
4	郑州日产汽车有限公司	ZN1030U5PBEV	纯电动多用途货车	400	1955	398±3	67	
5	比亚迪汽车工业有限公司	BYD3310EL9BEV	纯电动自卸车	325	17050/17550/18450/18750	3110	444	
6	成都大运汽车集团有限公司	CGC4250BEV1Z4	纯电动牵引汽车	240	13000/11880	2446±74(kg)	385	
7	陕西汽车集团有限责任公司	SX3120BEV351L	纯电动自卸汽车	240	6600	876	124	
8		SX3257MF404BEV1	纯电动自卸汽车	267	17000	2206	350	
9		SX3317MF286BEV1	纯电动自卸汽车	310	18200	2679	423	
10	吉利四川商用车有限公司	DNC1032BEVL1	纯电动载货汽车	270	2040	432	55	
11		DNC1042BEVL2	纯电动载货汽车	360	2950	616±20	81	
12		DNC1047BEVL3	纯电动载货汽车	370	2925	554	81	
13	南京金龙客车制造有限公司	NJL4180ZAHBEV	纯电动半挂牵引车	318	8600	2428	385	
14	华晨鑫源重庆汽车有限公司	JKC1034D0X0BEV	纯电动载货汽车	280	1830	384	56	
15	贵州万仁汽车集团有限公司	WR1010BEV	纯电动多用途货车	130	774	125±4	16	

(4)专用车

序号	生产企业名称	车辆型号	产品名称	纯电动续驶里程(km)	整车整备质量(kg)	动力蓄电池组总质量(kg)	动力蓄电池组总能量(kWh)	备注
1	一汽解放青岛汽车有限公司	CA5045CCYP40L2BEVA84	纯电动仓栅式运输车	375	3070	646.0±19.3	87	
2		CA5047CCYP40L2BEVA84	纯电动仓栅式运输车	370	3070	646.0±19.3	87	
3	上汽大通汽车有限公司	SH5024XXYK6BEV-1	纯电动厢式运输车	240	1420	250	35	
4		SH5033XXYK6BEV-2	纯电动厢式运输车	325	1565	335	53	
5		SH5041XXYJ7BEV-3	纯电动厢式运输车	522	2640	645±19.3	89	
6		SH5047XXYZFEVMZ2	纯电动厢式运输车	485	3100	700	107	
7		SH5047XXYZFEVMZ3	纯电动厢式运输车	350	2900/3050	554	81	
8		SH5047XXYZFEVNZ6	纯电动厢式运输车	335	2800	554	81	
9		SH5047XYZZFEVNZ6	纯电动邮政车	335	2800	554	81	
10	上汽通用五菱汽车股份有限公司	LZW5024XXYEVHEAT	纯电动厢式运输车	260	1385/1410	277	35	
11		LZW5024XXYEVHEAU	纯电动厢式运输车	300	1420/1440	331	42	
12		LZW5024XYZEVHEAT	纯电动邮政车	260	1385	277	35	
13	上海申龙客车有限公司	SLK5030XLCSBEV1	纯电动冷藏车	280	1880	332	43	
14		SLK5035XXYBEV1	纯电动厢式运输车	255	1508	340	42	
15	东风柳州汽车有限公司	LZ5040XXYL2AZBEV131	纯电动厢式运输车	360	3050	676±20	88	
16		LZ5040XXYL2AZBEV151	纯电动厢式运输车	330	2950	554±16	81	
17	东风汽车股份有限公司	DFA5030XXYMBEV1	纯电动厢式运输车	220	1640	296	41	
18 19		DFA5040XXYEBEV1	纯电动厢式运输车	345/380	2880/2880/3030	614±20/660±20	80/86	
		DFA5040XXYTBEV5	纯电动厢式运输车	230	2350/2450	380±11.4	54	
20	东风汽车集团有限公司	EQ5040CCYTZBEV	纯电动仓栅式运输车	220	2500	386	56	
21		EQ5040XLCTZBEV2	纯电动冷藏车	220	2850	386	56	
22		EQ5040XXYTZBEV2	纯电动厢式运输车	320	2960	554	81	
23	中国重汽集团济南商用车有限公司	ZZ5077XXYG331CZ174BEV	纯电动厢式运输车	320	3965	816	117	
24	中汽商用汽车有限公司(杭州)	ZQZ5040TYHBEV	纯电动路面养护车	295	2650	435	67	
25		ZQZ5040XTYBEV	纯电动密闭式桶装垃圾车	295	2650	435	67	
26		ZQZ5080ZYSBEV	纯电动压缩式垃圾车	300	6030	700	107	
27	中车时代电动汽车股份有限公司	TEG5040TYHASDBEV1	纯电动路面养护车	275	2665	435	67	
28		TEG5042XXYEV01	纯电动厢式运输车	373	2850	554	81	
29	中通客车控股股份有限公司	LCK5031XXYEV8	纯电动厢式运输车	240	1830	360±10	48	
30		LCK5048XBWEV3E	纯电动保温车	405	3050	616±20	81	
31		LCK5048XBWEV5S	纯电动保温车	420	3150	580±16	89	
32		LCK5095XBWEV9	纯电动保温车	160	4100	552	70	

续上表

序号	生产企业名称	车辆型号	产品名称	纯电动续驶里程（km）	整车整备质量（kg）	动力蓄电池组总质量（kg）	动力蓄电池组总能量（kWh）	备注
33	云南航天神州汽车有限公司	YH5033XXYBEV	纯电动厢式运输车	280/300	1420/1500	308	42	
34	北京北重汽车改装有限公司	BZD5090TDYBEVH4	纯电动多功能抑尘车	320	6000	1248 ± 20	159	
35	北汽福田汽车股份有限公司	BJ5039XYZEV4	纯电动邮政车	235	2070	363.6 ± 10	50	
36		BJ5045XCCEV3	纯电动餐车	400	4300	766.0 ± 22.9	105	
37		BJ5045XLCEV10	纯电动冷藏车	300	2970	554 ± 16	81	
38		BJ5045XLCEV3	纯电动冷藏车	400	3050	766.0 ± 22.9	105	
39		BJ5062XTYEV-H1	纯电动密闭式桶装垃圾车	290	4060	766.0 ± 22.9	105	
40	华晨鑫源重庆汽车有限公司	JKC5034CCYD0X0BEV	纯电动仓栅式运输车	280	2000	384	56	
41		JKC5034XXYD0X0BEV	纯电动厢式运输车	280	1955	384	56	
42	南京金龙客车制造有限公司	NJL5026XYZEV5	纯电动邮政车	273	1380	305	41	
43		NJL5038XYZEV5	纯电动邮政车	220	1850	360	49	
44		NJL5040XTYBEV	纯电动密闭式桶装垃圾车	380	3455	580 ± 16	89	
45		NJL5041XXYEVC	纯电动厢式运输车	220	2280	371 ± 11	56	
46		NJL5080XTYBEV	纯电动密闭式桶装垃圾车	280	4410	700	107	
47	厦门金龙联合汽车工业有限公司	XMQ5030XXYBEVL02	纯电动厢式运输车	230	1830	280 ± 8.4	37	
48		XMQ5030XXYBEVL04	纯电动厢式运输车	320	1880	363.6 ± 10	50	
49		XMQ5045XBWBEVL	纯电动保温车	355	2890/2730	554	81	
50	合加新能源汽车有限公司	HJK5040TYHASHBEV	纯电动路面养护车	276	2540	435	67	
51		HJK5100ZYSASHBEV	纯电动压缩式垃圾车	430	7000/7080	1108	162	
52	吉利四川商用车有限公司	DNC5032XXYBEVL1	纯电动厢式运输车	270	2095	432	55	
53		DNC5042XXYBEVL2	纯电动厢式运输车	360	2950	616 ± 20	81	
54		DNC5042XXYBEVL3	纯电动厢式运输车	445	2995	748 ± 20	97	
55		DNC5047CCYBEVL1	纯电动仓栅式运输车	370	2925	554	81	
56		DNC5047XYZBEVL1	纯电动邮政车	360	2950	554	81	
57	天津广通汽车有限公司	TJR5041ZXXBEV1	纯电动车厢可卸式垃圾车	255	2350	435	67	
58	奇瑞商用车(安徽)有限公司	SQR5033XXYBEVH08	纯电动厢式运输车	246	1505	306	41	
59		SQR5034XXYBEVH12	纯电动厢式运输车	350	1730	399	56	
60	奇瑞商用车(安徽)有限公司	SQR5035XXYBEVH12	纯电动厢式运输车	270	1690	322	44	
61		SQR5035XYZBEVH12	纯电动邮政车	270	1690	322	44	
62		SQR5037XXYBEVK06	纯电动厢式运输车	266	1480	284 ± 7	39	
63		SQR5046XXYBEVH16	纯电动厢式运输车	310	2930	550	74	
64	安徽华菱汽车有限公司	HN5310GJBB36C5BEV	纯电动混凝土搅拌运输车	235	16800	2170	350	
65		HN5311GJBB36C5BEV	纯电动混凝土搅拌运输车	190	16800	1768	282	
66	安徽江淮汽车集团股份有限公司	HFC5031XXYEV8	纯电动厢式运输车	265	2020	420 ± 20	55	
67		HFC5037XXYD4EV2	纯电动厢式运输车	330	2150	490 ± 10	67	
68		HFC5045XXYEV1-2	纯电动厢式运输车	440	3050	728 ± 20	97	
69	安阳市德力专用汽车有限公司	DSP5030TDYBEVT01	纯电动多功能抑尘车	230	1980	329 ± 9.8	41	
70		DSP5030XXYBEVM21	纯电动厢式运输车	255	1530	309	42	
71		DSP5030ZXXBEVT01	纯电动车厢可卸式垃圾车	251	1480	329 ± 9.8	41	
72		DSP5030ZZZBEVT01	纯电动自装卸式垃圾车	240	1550	329 ± 9.8	41	
73		DSP5040ZXXBEVT20A	纯电动车厢可卸式垃圾车	370	3170	554 ± 16	81	
74		DSP5070TDYBEVT20A	纯电动多功能抑尘车	240	4240	554 ± 16	81	
75	山东沂星电动汽车有限公司	SDL5020XCCBEV	纯电动餐车	160	2220	270	34	
76	山西成功汽车制造有限公司	SCH5010XXYD-BEV	纯电动封闭货车	125	765	102 ± 3	10	
77		SCH5010XXYD-BEV1	纯电动封闭货车	200	825	150.5 ± 4.5	15	
78	广州市环境卫生机械设备厂	GH5183GSSBEV	纯电动洒水车	350	8755	1612	255	
79	广州广汽比亚迪新能源客车有限公司	GZ5310ZLJEV	纯电动自卸式垃圾车	325	17550	3110	444	
80	广西汽车集团有限公司	GXA5030XLCBEV	纯电动冷藏车	245	1670	308	42	
81		GXA5030XXYBEV5	纯电动厢式运输车	255	1445	332	43	
82		GXA5030XXYBEV6	纯电动厢式运输车	275	1445	332	43	
83		GXA5030XXYBEV7	纯电动厢式运输车	300	1445	332	43	
84		GXA5030XXYBEV8	纯电动厢式运输车	285	1445	332	43	
85		GXA5030XYZBEV	纯电动邮政车	285	1445	332	43	
86		GXA5031XXYBEV5	纯电动厢式运输车	270	1445	332	43	
87		GXA5031XXYBEV8	纯电动厢式运输车	285	1445	332	43	

续上表

序号	生产企业名称	车辆型号	产品名称	纯电动续驶里程(km)	整车整备质量(kg)	动力蓄电池组总质量(kg)	动力蓄电池组总能量(kWh)	备注
88	广西汽车集团有限公司	GXA5032XXYBEV5	纯电动厢式运输车	270	1430	308	42	
89		GXA5032XXYBEV6	纯电动厢式运输车	275	1430	308	42	
90		GXA5032XXYBEV8	纯电动厢式运输车	270	1430	308	42	
91		GXA5033XXYBEV5	纯电动厢式运输车	270	1430	308	42	
92		GXA5033XXYBEV8	纯电动厢式运输车	270	1430	308	42	
93	庆铃汽车股份有限公司	QL5041XXYBEVECHA4	纯电动厢式运输车	375	2900	732±20	97	
94	徐州工程机械集团有限公司	XZJ5040TYHSBEV	纯电动路面养护车	230	2340	405	49	
95	徐州徐工环境技术有限公司	XGH5180TXSQBEV	纯电动洗扫车	365	14560	2150	314	
96	徐工湖北环保科技股份有限公司	DXA5040ZZZDBEV	纯电动自装卸式垃圾车	226	3000	435	67	
97		DXA5180GQXSBEV	纯电动清洗车	306	10180/9900	1536	219	
98		DXA5180TXSLBEV	纯电动洗扫车	380	14420/14240	2150	314	
99		DXA5180ZXXLBEV	纯电动车厢可卸式垃圾车	260	9840	1536	219	
100	成都今创嘉蓝环保科技有限公司	KTE5031ZXXDEV	纯电动车厢可卸式垃圾车	250	1870	400	53	
101		KTE5031ZZZDEV	纯电动自装卸式垃圾车	250	2650/2540	400	53	
102	成都大运汽车集团有限公司	CGC5045XLCBEV1Z5	纯电动冷藏车	408	3150	640±18	98	
103	扬州三源机械有限公司	YSY5100ZYSBEV	纯电动压缩式垃圾车	430	7140/6500	1108	162	
104	扬州金威环保科技有限公司	YJW5040ZZZBEV	纯电动自装卸式垃圾车	222	3200	435	67	
105		YJW5080TXSBEV	纯电动洗扫车	420	6930	997	158	
106		YJW5100TCABEV	纯电动餐厨垃圾车	430	6110	1108	162	
107		YJW5100ZZZBEV	纯电动自装卸式垃圾车	430	5960	1108	162	
108		YJW5181GQXBEV	纯电动清洗车	300	9620	1536	219	
109		YJW5184TXSBEV	纯电动洗扫车	480	14270	2218	328	
110		YJW5310ZXXBEV	纯电动车厢可卸式垃圾车	320	16980	3330	435	
111	昆明客车制造有限公司	KK5010XBWEV01	纯电动保温车	85	750/800	63	8	
112	杭州西湖比亚迪新能源汽车有限公司	XBE5040TSLBEV	纯电动扫路车	280	3350	424	64	
113		XBE5040ZZZBEV1	纯电动自装卸式垃圾车	280	3250	424	64	
114		XBE5120GQXBEV	纯电动清洗车	480	7790/7490	1555	222	
115		XBE5120TCABEV	纯电动餐厨垃圾车	400	8250/7700	1174	178	
116		XBE5180TDYBEV	纯电动多功能抑尘车	250	11980/12380/11780/11530	1665	218	
117	柳州五菱汽车工业有限公司	LQG5024XXYBEV	纯电动厢式运输车	300	1437	315	42	
118	比亚迪汽车工业有限公司	BYD5042XXYBEV1	纯电动厢式运输车	280	2385/2290/2165	424	64	
119	江苏悦达专用车有限公司	YD5123TCAEQBEV	纯电动餐厨垃圾车	397	7400/7700	1536	219	
120	江西昌河汽车有限责任公司	CH5031XXYBEVRA3C6	换电式纯电动厢式运输车	320	1600	350（不带快换支架/快换接插件）	48	
121	江西江铃汽车集团改装车股份有限公司	JX5045XGCML2BEV	纯电动工程车	471	2780	578	80	
122	河南德力新能源汽车有限公司	DLP5040CCYBEVT20A	纯电动仓栅式运输车	370	2950	554±16	81	
123		DLP5040XLCBEVT20A	纯电动冷藏车	370	3100	554±16	81	
124	洛阳广通汽车有限公司	LGQ5181GQXBEV	纯电动清洗车	250	9800	1536	219	
125	浙江飞碟汽车制造有限公司	FD5032XXYBEV-1	纯电动厢式运输车	285	1480	308±9	42	
126		FD5033XXYBEV	纯电动厢式运输车	295	1460	308±9	42	
127	深圳开沃汽车有限公司	XQX5160ZLJBEV	纯电动自卸式垃圾车	315	7500	1696	264	
128		XQX5310ZLJBEV4	纯电动自卸式垃圾车	310	16800/17300	2679	423	
129	湖北五环专用汽车有限公司	HCQ5030ZXXEQBEV	纯电动车厢可卸式垃圾车	250	1950	400	53	
130	湖北宏宇专用汽车有限公司	HYS5090TDYBEV	纯电动多功能抑尘车	320	6000	1248±20	159	
131		HYS5090ZYSBEV	纯电动压缩式垃圾车	320	6950	1248±20	159	
132	湖北新楚风汽车股份有限公司	HQG5037XYZEV	纯电动邮政车	260	1530	306	40	
133		HQG5043XYZEV	纯电动邮政车	390	3030	748	97	
134	烟台海德专用汽车有限公司	CHD5183ZXXDFBEV	纯电动车厢可卸式垃圾车	310	9500	1680	242	
135		CHD5250GSSZQBEV	纯电动洒水车	290	12870	2150	314	
136	现代商用汽车(中国)有限公司	CHM5040XXYZDC33BEV	纯电动厢式运输车	430	3050/3290	804	115	
137		CHM5041XXYZDC33BEV	纯电动厢式运输车	340	2910	580	89	
138	福建新福达汽车工业有限公司	FZ5050TSLYTBEV	纯电动扫路车	368	4290	669	105	

续上表

序号	生产企业名称	车辆型号	产品名称	纯电动续驶里程(km)	整车整备质量(kg)	动力蓄电池组总质量(kg)	动力蓄电池组总能量(kWh)	备注
139	福建新福达汽车工业有限公司	FZ5081XTYBEV	纯电动密闭式桶装垃圾车	202	4980	640	98	
140		FZ5180GSSBEV	纯电动洒水车	350	8755	1612	255	
141	福建新龙马汽车股份有限公司	FJ5030XXYBEVA8	纯电动厢式运输车	261	1430	306	40	
142	福建龙马环卫装备股份有限公司	FLM5080TSLDGBEV	纯电动扫路车	280	6510	1108 ±32	162	
143		FLM5080TXSDGBEVL	纯电动洗扫车	280	7100	1108 ±32	162	
144		FLM5182TXSDFBEV	纯电动洗扫车	365	12665	2150	314	
145	聊城中通新能源汽车装备有限公司	ZTQ5041ZXXE2H28BEV	纯电动车厢可卸式垃圾车	220	2350/2500	386	56	
146		ZTQ5180GQXE2J50BEV	纯电动清洗车	385	9785	1536	219	
147		ZTQ5180TDYE2J53BEV	纯电动多功能抑尘车	400	11960	2150	314	
148		ZTQ5180TXSE2J53BEV	纯电动洗扫车	400	14190	2150	314	
149	航天晨光股份有限公司	CGJ5041GXESHBEV	纯电动吸粪车	276	2805	435	67	
150		CGJ5041XTYSHBEV	纯电动密闭式桶装垃圾车	276	2800	435	67	
151		CGJ5041ZDJSHBEV	纯电动压缩式对接垃圾车	276	2450	435	67	
152		CGJ5042ZZZSHBEV	纯电动自装卸式垃圾车	276	3150	435	67	
153		CGJ5043ZZZSHBEV	纯电动自装卸式垃圾车	276	3100	435	67	
154	贵州万仁汽车集团有限公司	WR5010XXYBEV	纯电动厢式运输车	130	774	125 ±4	16	
155	郑州日产汽车有限公司	ZN5030XGCH5PBEV	纯电动工程车	330	2100	398 ±3	67	
156	重庆凯瑞特种车有限公司	QYZ5030ZXXBEV	纯电动车厢可卸式垃圾车	250	1880/1950	400 ±5.0	53	
157		QYZ5040TYHBEV	纯电动路面养护车	262	2440	435	67	
158	重庆庆铃专用汽车有限公司	QL5042XLCBEVECHA2J	纯电动冷藏车	433	3375	700	107	
159	重庆瑞驰汽车实业有限公司	CRC5020XXYFK3-BEV	纯电动封闭货车	280	1175	225	31	
160		CRC5020XXYFK4-BEV	纯电动封闭货车	270	1185	235 ±6	30	
161		CRC5020XYKDC-BEV	纯电动翼开启厢式车	300	1510	293	41	
162		CRC5030XYZFC-BEV	纯电动邮政车	285	1480	290.5 ±8.7	39	
163	重庆长安汽车股份有限公司	SC5024XXYAAABEV	纯电动厢式运输车	245	1195	265	33	
164	长城汽车股份有限公司	CC5032XXYPA02BEV	纯电动厢式运输车	310	1935	366	51	
165	长沙中联重科环境产业有限公司	ZBH5101ZLJSHBEV	纯电动自卸式垃圾车	430	5020	1108	162	
166		ZBH5180TXSEQPBEV	纯电动洗扫车	365	13700	2150	314	
167		ZBH5182GQXEQPBEV	纯电动清洗车	250	9800	1536	219	
168	陕西汽车集团有限责任公司	SX5046XXYBEV331S	纯电动厢式运输车	410	3100	650	91	
169		SX5317GJBMF306BEV	纯电动混凝土搅拌运输车	280	15700	2206	350	
170	青岛中集环境保护设备有限公司	ZJV5040XTYHBNBEV	纯电动密闭式桶装垃圾车	276	2320	435	67	

2. 插电式混合动力汽车

(1)乘用车

序号	生产企业名称	车辆型号	通用名称	纯电动续驶里程(km)	燃料消耗量(L/100 km)	发动机排量(mL)	整车整备质量(kg)	动力蓄电池总质量(kg)	动力蓄电池总能量(kWh)	备注
1	上汽大众汽车有限公司	SVW6474APV	TIGUAN L PHEV	55	6.1	1395	1860	125	13	
2	北汽(广州)汽车有限公司	BJ6472U8XDKPHEV	X7	83	5.1	1499	1879	125	17	
3	华晨宝马汽车有限公司	BMW6462AEHEV (BMWX1)	宝马 X1 插电式混合动力	110	6.6	1499	1909	172	24	
4		BMW7201HMHEV	宝马 5 系插电式混合动力	95	6.8	1998	2005	124	18	
5		BMW7201JMHEV	宝马 5 系插电式混合动力	95	6.8	1998	2020	124	18	
6	浙江吉利汽车有限公司	MR6453PHEV10	01 PHEV	81	5.2	1477	1885	139 ±4	18	
7		MR6463DPHEV01	吉利星越	82	5.0	1477	1810	116	16	
8		MR6471PHEV10	嘉际	56	4.7	1477	1846/1780/1715	116	11	
9	浙江豪情汽车制造有限公司	JL6432PHEV12	缤越 PHEV	62	4.6	1477	1552	116	11	
10	上汽通用五菱汽车股份有限公司	LZW6461GK6PHEV	RS-5	50	5.7	1199	1885/1910	133	13	
11	海马汽车有限公司	HMA7122D184PHEV	6P	80	5.8	1196	1720	126	18	
12	重庆金康新能源汽车有限公司	SKE7150SHEVF2	金康汽车风光 E3	100	5.7	1498	1740	123	17	

注:插电式混合动力汽车燃料消耗量仅包括传统燃料/不含电能折算。

（2）客车

序号	生产企业名称	车辆型号	产品名称	纯电动续驶里程（km）	燃料消耗量（L/100 km）	发动机排量（mL）	整车整备质量（kg）	动力蓄电池总质量（kg）	动力蓄电池总能量（kWh）	备注
1	郑州宇通客车股份有限公司	ZK6113CHEVPG61	插电式混合动力城市客车	51	18	6234	13100/12700	251	30	
2	吉利四川商用车有限公司	DNC6100CHEVNG2	插电式混合动力低入口城市客车	70	18.2	6871	11500/11790	483	53	NG
3	中车时代电动汽车股份有限公司	TEG6106EHEVN13	插电式混合动力城市客车	73	18.6	6871	12100/11800/11500	483	53	NG

注：插电式混合动力汽车燃料消耗量仅包括传统燃料/不含电能折算。

（3）专用车

序号	生产企业名称	车辆型号	产品名称	纯电动续驶里程（km）	燃料消耗量（L/100 km）	发动机排量（mL）	整车整备质量（kg）	动力蓄电池总质量（kg）	动力蓄电池总能量（kWh）	备注
1	吉利四川商用车有限公司	DNC5042CCYSHEVGL1	插电式混合动力仓栅式运输车	140	7.9	1477	3805	432	55	
2		DNC5042XLCSHEVGL2	插电式混合动力冷藏车	140	7.9	1477	3700/3950	432	55	
3		DNC5042XXYSHEVGL1	插电式混合动力厢式运输车	140	7.9	1477	3555/3805	432	55	
4		DNC5049XLCSHEVGL1	插电式混合动力冷藏车	140	7.9	1477	3700/3950	400±10	54	
5		DNC5067XJHSHEVGL2	插电式混合动力救护车	62	9.5	1477	5715	239	26	
6	中汽商用汽车有限公司（杭州）	ZQZ5080TCASHEV	插电式混合动力餐厨垃圾车	55	11.5	1477	5675	239	26	
7		ZQZ5080ZZZSHEV	插电式混合动力自装卸式垃圾车	55	11.5	1477	5625	239	26	

3. 燃料电池汽车

（1）客车

序号	生产企业名称	车辆型号	产品名称	续驶里程（km）	整车整备质量（kg）	燃料电池系统额定功率（kW）	驱动电机额定功率（kW）	备注
1	上海申沃客车有限公司	SWB6129FCEV02G	燃料电池低地板城市客车	80（氢系统不工作）/570（氢系统工作）	12300	83.5	160	
2	中国第一汽车集团有限公司	CA6100URFCEV21	燃料电池低入口城市客车	72（氢系统不工作）/550（氢系统工作）	12100	50	100	
3	佛山市飞驰汽车制造有限公司	FSQ6111FCEVG	燃料电池城市客车	700	11850/11550	50	100	
4	南京金龙客车制造有限公司	NJL6113FCEV1	燃料电池低入口城市客车	168（氢系统不工作）/454（氢系统工作）	11550/11850	50	100	

续上表

序号	生产企业名称	车辆型号	产品名称	续驶里程(km)	整车整备质量(kg)	燃料电池系统额定功率(kW)	驱动电机额定功率(kW)	备注
5	厦门金龙联合汽车工业有限公司	XMQ6850AGFCEV1	燃料电池城市客车	625(氢系统工作)/100(氢系统不工作)	9400/9700/10000	46	90	
6	重庆恒通客车有限公司	CKZ6102HFCEV	燃料电池低入口城市客车	165(氢系统不工作)/650(氢系统工作)	12100/11700/11300	51.3	100	
7	陕西秦星汽车有限责任公司	SYD6110GFCEV	燃料电池低地板城市客车	550	11800/12400	47	100	

(2)专用车

序号	生产企业名称	车辆型号	产品名称	续驶里程(km)	整车整备质量(kg)	燃料电池系统额定功率(kW)	驱动电机额定功率(kW)	备注
1	中通客车控股股份有限公司	LCK5095XBWFCEV8	燃料电池保温车	420	5000/5260	51	60	
2	广州广日专用汽车有限公司	GR5091XLCFCEV	燃料电池冷藏车	400	5862	60	60	

(3)货车

生产企业名称	车辆型号	产品名称	续驶里程(km)	整车整备质量(kg)	燃料电池系统额定功率(kW)	驱动电机额定功率(kW)	备注
中国第一汽车集团有限公司	CA4250P66T1FCEV	燃料电池半挂牵引汽车	115(氢系统不工作)/370(氢系统工作)	10650	100	200	

(五)免征车辆购置税的新能源汽车车型目录(第34批)

1. 纯电动汽车

(1)乘用车

序号	生产企业名称	车辆型号	通用名称	纯电动续驶里程(km)	整车整备质量(kg)	动力蓄电池组总质量(kg)	动力蓄电池组总能量(kWh)	备注
1	中国第一汽车集团有限公司	CA6520H0EVX	E-HS9	460	2512	471	84	
2		CA6520H0EVXA	E-HS9	460	2515	471	84	
3		CA6520H0EVXB	E-HS9	510	2610	553	99	
4		CA6520H0EVXC	E-HS9	510	2640	553	99	
5	东风本田汽车有限公司	DHW7004DHBEV	X-NV	465	1562/1596	368	61	
6	东风汽车集团有限公司	EQ7000FD2F2BEV	EX1	321	921	191	29	
7		EQ7000FR2F2BEV	K-ZE	321	921	191	29	
8	神龙汽车有限公司	DC7002XABYBEVE	e爱丽舍	300	1260	217±5	31	
9	北京新能源汽车股份有限公司	BJ7000CTD1-BEV	EU5	401	1600	310	50	
10		BJ7000CTD2-BEV	EU5	401	1580	310	50	
11		BJ7000USD3-BEV	EX3	312	1530	290	39	
12		BJ7000USD4-BEV	EX3	416	1540	310	50	
13		BJ7000USD5-BEV	EX3	501	1570	330	61	

续上表

序号	生产企业名称	车辆型号	通用名称	纯电动续驶里程(km)	整车整备质量(kg)	动力蓄电池组总质量(kg)	动力蓄电池组总能量(kWh)	备注
14	北京汽车股份有限公司	BJ7000C5DE-BEV	EU5	350	1620	358	44	
15		BJ7000C5DF-BEV	EU5	501	1620	330	61	
16		BJ7000C5DH-BEV	EU5	416	1580	310	50	
17	长城汽车股份有限公司	CC7000BJ02ABEV	欧拉好猫/欧拉大猫/欧拉潮猫/欧拉电猫/欧拉萌猫	501	1510	370	59	
18		CC7000ZM02FBEV	欧拉 R1	301	990	220.6±6	30	
19	河北中兴汽车制造有限公司	BQ6460NYBEV	易电易行 K60EV	302	1611	284	43	
20	威马汽车制造温州有限公司	SZS6460A37BEV	EX5400	403	1715	342	53	
21		SZS6460A50BEV	EX5500+	520	1790	425	66	
22		SZS6460A51BEV	EX5400	403	1738	342	53	
23	北汽蓝谷麦格纳汽车有限公司	BJ6480BSA6-BEV	αT	480	1945	374	66	
24		BJ7001AUA1-BEV	αS	525	1940	398	67	
25		BJ7001AUA3-BEV	αS	708	2078	532	94	
26		BJ7001AUA5-BEV	αS	603	2245	541	94	
27	安徽江淮汽车集团股份有限公司	HFC6483ECSEV5-W	EC6	440	2299	525	70	
28		HFC6483ECSEV6-W	EC6	430	2250	525	70	
29		HFC7001AEV6	江淮 iEV7	320	1300	251	35	
30	福建省汽车工业集团云度新能源汽车股份有限公司	YDE7000BEV2P	π3Pro	401	1440	323	50	
31	比亚迪汽车工业有限公司	BYD7003BEV8	比亚迪元 EV	401	1605	358	50	
32		BYD7007BEV	比亚迪 D1/比亚迪秦 D1	418	1640	383	54	
33	广汽乘用车有限公司	GAM7000BEVA0K	传祺 AION.S	510	1610/1660	360	59	
34		GAM7000BEVA0Q	传祺 AION.S	460	1575/1600	360	59	
35		GAM7000BEVA0R	传祺 AION.S	410	1575/1600	360	59	
36		GAM7000BEVA0S	传祺 AION.S	510	1575/1600	360	59	
37	东风柳州汽车有限公司	LZ7006SLAEV	景逸 S50EV/风行 S50EV	415	1646	400	57	
38	上汽通用五菱汽车股份有限公司	LZW7001EVAHAN	宝骏 E100	305	849	201	28	
39		LZW7004EVPCAM	宏光 MINI EV	170	700	125	14	
40		LZW7004EVPDAG	宏光 MINI EV	170	700	125	14	
41		LZW7004EVPDAK	宏光 MINI EV	120	665	90	9	
42		LZW7004EVPDJ	宏光 MINI EV	120	665	92	9	
43		LZW7004EVPKAM	宏光 MINI EV	170	700	119	13	
44		LZW7004EVQEAW	宏光 MINI EV	200	730	147	16	
45	北汽云南瑞丽汽车有限公司	BJ7000C5EBK-BEV	EU300	305	1543	323	44	
46	海马汽车有限公司	HMA7000BABEV	E3	401	1430	348±3	51	
47	山西成功汽车制造有限公司	SCH7002BEV	小虎	175	830	150.5±4.5	15	
48	明君汽车有限公司	MJC7000BEV1	VE04	150	960	160	17	
49	中恒天智骏(赣州)汽车有限公司	ZHT7000KD06EV	GC1	305	1118	226	30	
50	浙江合众新能源汽车有限公司	THZ7000BEVS112	哪吒 V	301	1110	226±6	31	
51		THZ7000BEVS113	哪吒 V	401	1151	248±7.4	39	
52	河南速达电动汽车科技有限公司	SDE7001DBCBEV	SA03	152	1350	231	24	

(2)客车

序号	生产企业名称	车辆型号	产品名称	纯电动续驶里程(km)	整车整备质量(kg)	动力蓄电池组总质量(kg)	动力蓄电池组总能量(kWh)	备注
1	北汽福田汽车股份有限公司	BJ6105EVCA-52	纯电动城市客车	525	11400/11800	2116	303	
2		BJ6105EVCA-53	纯电动城市客车	509	11200/11600	1898	303	
3		BJ6123EVCA-58	纯电动城市客车	557	12200/12500	2296	324	
4		BJ6851EVCA-35	纯电动城市客车	486	8500/8900	1686.4±18	236	
5	河北长安汽车有限公司	SC6665ABEV	纯电动城市客车	315	5600/5850	668	93	
6	山西新能源汽车工业有限公司	JHC6120BEVG8	纯电动低入口城市客车	565	11950/12350	2102	338	
7		JHC6810BEVG2	纯电动城市客车	270	8300/8700	892	129	
8	上海申沃客车有限公司	SWB6109BEV83G	纯电动低地板城市客车	555	11700	2007	316	

续上表

序号	生产企业名称	车辆型号	产品名称	纯电动续驶里程(km)	整车整备质量(kg)	动力蓄电池组总质量(kg)	动力蓄电池组总能量(kWh)	备注
9	安徽安凯汽车股份有限公司	HFF6104G9EV21	纯电动城市客车	390	9200/9750	1017	163	
10	中国重型汽车集团有限公司	ZZ6126GBEVQ71	纯电动城市客车	510	11600/11900	1612	255	
11	郑州宇通客车股份有限公司	ZK6856BEVG7	纯电动城市客车	525	8500/8800/9100	1687	236	
12	成都大运汽车集团有限公司	CGC6101BEV1K6	纯电动城市客车	316	10000/10500	1162	168	
13	金龙联合汽车工业(苏州)有限公司	KLQ6109YAEVN	纯电动客车	335	10600/10900	1166	187	
14		KLQ6656GAEVN1	纯电动低入口城市客车	367	4150/4400	654	89	
15		KLQ6816GAEVN1B	纯电动城市客车	425	7400/7700/8000	1166	187	
16		KLQ6856GAEVN3B	纯电动城市客车	540	8800/9050	1456	229	
17	奇瑞商用车(安徽)有限公司	SQR6100BEVG13	纯电动城市客车	515	10600	1612	255	
18		SQR6880BEVG01	纯电动城市客车	510	8600	1534	242	
19	厦门金龙旅行车有限公司	XML6105JEVJ0CE	纯电动城市客车	390	10600/11100	1300	202	
20		XML6112JEVJ0C	纯电动城市客车	730	12100/11450	2170	350	
21		XML6532JEVL0C	纯电动城市客车	260	1950	364	50	
22		XML6606JEVJ0C2	纯电动城市客车	434	3440	609	94	
23		XML6827JEVJ0C1	纯电动城市客车	396	9000	1017	163	
24	中通客车控股股份有限公司	LCK6106EVGA3	纯电动城市客车	510	10700/11200	1612	255	
25		LCK6116EVGB	纯电动城市客车	700	12150/12450	2160	344	
26		LCK6126EVGRB	纯电动低入口城市客车	635	11800/12350/12750	2280	363	
27		LCK6606EVGA25	纯电动城市客车	390	3980	654	89	
28	南京金龙客车制造有限公司	NJL6600EVQ3	纯电动城市客车	353	4840/5050/5230	636	94	
29	中车时代电动汽车股份有限公司	TEG6110BEV08	纯电动城市客车	570	12550/12250	2130	303	
30		TEG6110BEV10	纯电动城市客车	680	12550/12250	2184	344	
31		TEG6650BEV02	纯电动城市客车	440	5300/5600	857	119	
32		TEG6661BEV02	纯电动城市客车	340	5400/5700	639	100	
33		TEG6805BEV02	纯电动城市客车	340	6400/6600	806	128	
34		TEG6900BEV02	纯电动城市客车	400	9450/9150	1440	202	
35	成都客车股份有限公司	CDK6107CBEV	纯电动低入口城市客车	556	11400/11100/10800/10400	1697	255	
36	珠海广通汽车有限公司	GTQ6853BEVB30	纯电动城市客车	360	8600/8850	1132	181	
37		GTQ6858BEVB33	纯电动城市客车	380	8650/8900	1140±34	182	
38	东莞中汽宏远汽车有限公司	KMT6803HBEV	纯电动客车	420	8200/8400	1166	187	
39	奇瑞万达贵州客车股份有限公司	WD6117BEVG01	纯电动城市客车	485	10600/10900	1768	282	
40		WD6875BEVG02	纯电动城市客车	300	8000	820	134	
41	江苏常隆客车有限公司	YS6860GBEVN2	纯电动城市客车	550	8150/7700	1456	229	
42	武汉客车制造股份有限公司	WH6600GBEV	纯电动城市客车	326	5120/4920	598	90	
43	云南五龙汽车有限公司	FDE6720LBABEV01	纯电动客车	490	6000/6200/6400	910	143	

(3)货车

序号	生产企业名称	车辆型号	产品名称	纯电动续驶里程(km)	整车整备质量(kg)	动力蓄电池组总质量(kg)	动力蓄电池组总能量(kWh)	备注
1	东风汽车股份有限公司	DFA1040KBEV2	纯电动载货汽车	355/365	2875/2960	554/675±20	81/86	
2		DFA1040TBEV5	纯电动载货汽车	230	2100	380±11.4	54	
3	长城汽车股份有限公司	CC1032PA03BEV	纯电动多用途货车	375	1890	404	57	
4	上汽大通汽车有限公司	SH1032D8BEV-9	纯电动多用途货车	535	2270	645	89	
5	安徽江淮汽车集团股份有限公司	HFC1045EV13	纯电动载货汽车	360	2890	616±20	81	
6		HFC1047D4EV3	纯电动载货汽车	430	2200	525.7±15.8	74	
7	三一汽车制造有限公司	SYM3311ZZX2BEV	纯电动自卸汽车	360	15800/16500	2744	424	
8	奇瑞商用车(安徽)有限公司	SQR3310BEVH35	纯电动自卸车	280	18400	3125	439	
9	南京金龙客车制造有限公司	NJL1041EV2C2	纯电动载货汽车	268	2150	444±12	62	
10	重庆瑞驰汽车实业有限公司	CRC1030DC2-BEV	纯电动载货汽车	300	1320	305±9	42	

(4)专用车

序号	生产企业名称	车辆型号	产品名称	纯电动续驶里程(km)	整车整备质量(kg)	动力蓄电池组总质量(kg)	动力蓄电池组总能量(kWh)	备注
1	东风汽车股份有限公司	DFA5040XLCKBEV2	纯电动冷藏车	355/365	3045/3045/3080	554/675±20	81/86	
2	北京汽车制造厂有限公司	BAW5030XXY6Z541BEV	纯电动厢式运输车	255	1445	332	43	
3		BAW5040XXY1B551BEV	纯电动厢式运输车	390	2995	660	86	
4	北汽福田汽车股份有限公司	BJ5045XXYEVB	纯电动厢式运输车	300	2970	579.4±17.2	81	
5		BJ5045ZKXEV10	纯电动车厢可卸式汽车	300	2970	554±16	81	
6		BJ5180XYLEV	纯电动医疗车	606	11000/11400/11800	1898	303	
7	长城汽车股份有限公司	CC5032XXYPA03BEV	纯电动厢式运输车	375	1940	404	57	
8	山西新能源汽车工业有限公司	JHC5030XXYBEVK2	纯电动厢式运输车	235	2000	364	50	
9		JHC5030XXYBEVK3	纯电动厢式运输车	190	1950	308	42	
10		JHC5032XXYBEVK1	纯电动厢式运输车	280	1415	306	40	
11	上汽大通汽车有限公司	SH5022XFZN1BEV	纯电动福祉车	420	1870	370	61	
12		SH5047CCYZFEVNZ4	纯电动仓栅式运输车	335	2870	554	81	
13	南京汽车集团有限公司	NJ5047XJEEVFC	纯电动监测车	300	4150	556	78	
14	安徽江淮汽车集团股份有限公司	HFC5021XLHAEV1	纯电动教练车	-	-	-	-	
15		HFC5031XXYEV7	纯电动厢式运输车	205	2000	318±10	44	
16		HFC5037XGCDEV1	纯电动工程车	330	2250	468±8	65	
17		HFC5045CCYEV1	纯电动仓栅式运输车	440	3050	728±20	97	
18		HFC5045XXYEV9	纯电动厢式运输车	425	3020	660±16	94	
19		HFC5045XXYSEV1	换电式纯电动厢式运输车	425	3020	660±16	94	
20		HFC5045XYZEV10	纯电动邮政车	360	2970	616±20	81	
21	福建新龙马汽车股份有限公司	FJ5030XXYBEVE1	纯电动厢式运输车	255	1500	306	40	
22		FJ5030XYZBEVA1	纯电动邮政车	261	1430	306	40	
23		FJ5030XYZBEVA2	纯电动邮政车	280	1410	308±9	42	
24	郑州宇通客车股份有限公司	ZK5041XLCBEV2	纯电动冷藏车	470	3130	670	102	
25	海马新能源汽车有限公司	ZQ5030XXYF0BEV	纯电动封闭货车	230	1785	346±10	48	
26	湖北新楚风汽车股份有限公司	HQG5045XYZEV	纯电动邮政车	230	2300	405±5	53	
27	三一汽车制造有限公司	SYM5310GJB3BEV	纯电动混凝土搅拌运输车	265	15300	2340	368	
28		SYM5316GJB1BEV	纯电动混凝土搅拌运输车	200	14000	1804±52	282	
29		SYM5316GJB2BEV	纯电动混凝土搅拌运输车	200	14000	1840±55.2	283	
30	深圳东风汽车有限公司	EQ5083XTYSBEV	纯电动密闭式桶装垃圾车	240	4950	710±25	107	
31	东风柳州汽车有限公司	LZ5040XYZL2AZBEV151	纯电动邮政车	330	2950	554±16	81	
32	成都大运汽车集团有限公司	CGC5125TXSBEV1Z1	纯电动洗扫车	380	8500	1680	242	
33		CGC5180TDYBEV1Z1	纯电动多功能抑尘车	360	12150	2150	314	
34	陕西汽车集团有限责任公司	SX5041CCYBEV331G	纯电动仓栅式运输车	440	3200	732	97	
35		SX5041XXYBEV331G	纯电动厢式运输车	440	3200	732	97	
36		SX5046XLCBEV331S	纯电动冷藏车	410	3200	650	91	
37	厦门金龙联合汽车工业有限公司	XMQ5030XYZBEVL01	纯电动邮政车	280	1660	308±9	42	
38	厦门金龙旅行车有限公司	XML5030XXYEVA7	纯电动厢式运输车	280	1410	308	42	
39		XML5036XXYEVL07	纯电动厢式运输车	200	1780	309	42	
40		XML5040XSHEVY0	纯电动售货车	351	3220/3030	442	70	
41		XML5075XDSEV10	纯电动电视车	570	6900	1158	180	
42	南京金龙客车制造有限公司	NJL5041XLCEVC2	纯电动冷藏车	268	2650	444±12	62	
43		NJL5043XXYEVA1	纯电动厢式运输车	380	2980	580±16	89	
44	中车时代电动汽车股份有限公司	TEG5040ZZZASDBEV1	纯电动自装卸式垃圾车	275	3015	435	67	
45		TEG5180ZYSADFBEV1	纯电动压缩式垃圾车	310	11650	1680	242	
46	上海万象汽车制造有限公司	SXC5035XLCBEV	纯电动冷藏车	255	2330	420±20	55	
47	东莞中汽宏远汽车有限公司	KMT5090GSSBEV	纯电动洒水车	300	4810	767	121	
48	广西汽车集团有限公司	GXA5030XXYBEV9	纯电动厢式运输车	300	1445	332	43	
49		GXA5031XXYBEV7	纯电动厢式运输车	300	1445	332	43	
50		GXA5032XXYBEV7	纯电动厢式运输车	300	1430	308	42	
51		GXA5033XXYBEV7	纯电动厢式运输车	300	1430	308	42	
52		GXA5034XXYBEV	纯电动厢式运输车	290	1465	332	43	
53		GXA5035XXYBEV	纯电动厢式运输车	300	1450	308	42	

续上表

序号	生产企业名称	车辆型号	产品名称	纯电动续驶里程（km）	整车整备质量（kg）	动力蓄电池组总质量（kg）	动力蓄电池组总能量（kWh）	备注
54	重庆瑞驰汽车实业有限公司	CRC5030XLCDC-BEV	纯电动冷藏车	280	1599	284±7	39	
55		CRC5030XXYDC3-BEV	纯电动厢式运输车	300	1435	305±9	42	
56		CRC5030XXYFC5-BEV	纯电动封闭货车	302	1520	309±9	42	
57		CRC5030XXYFC6-BEV	纯电动封闭货车	302	1540	309±9	42	
58		CRC5030XYKDC-BEV	纯电动翼开启厢式车	300	1520	305±9	42	
59		CRC5034XXYD-LBEV	纯电动封闭货车	295	1500	300	42	
60	河南德力新能源汽车有限公司	DLP5030XYZBEVM22	纯电动邮政车	130	1320	154±5	20	
61	北京北重汽车改装有限公司	BZD5030ZZZH5BEV	纯电动自装卸式垃圾车	253	2670/2500	400±5.0	53	
62		BZD5090TCAE6BEV	纯电动餐厨垃圾车	320	6600	1248±20	159	
63		BZD5128TXSADBEV	纯电动洗扫车	400	8695	1584	217	
64		BZD5183TXSA5BEV	纯电动洗扫车	360	12205	2118	298	
65		BZD5188GSSBEVK1	纯电动洒水车	360	9705	2118	298	
66	北京华林特装车有限公司	HLT5071XTYEV	纯电动密闭式桶装垃圾车	310	4480	752	106	
67	航天晨光股份有限公司	CGJ5041TYHSHBEV	纯电动路面养护车	276	2600	435	67	
68	镇江天洋汽车有限公司	ZKJ5040ZZZBEV	纯电动自装卸式垃圾车	250	3220	424	64	
69	江苏银宝专用车有限公司	SYB5041ZZZBYBEV	纯电动自装卸式垃圾车	280	3000	424	64	
70		SYB5073ZZZBYBEV	纯电动自装卸式垃圾车	310	5228	752	106	
71		SYB5321ZXXBYBEV	纯电动车厢可卸式垃圾车	240	15230	2664	348	
72	江苏奥新新能源汽车有限公司	JAX5020XSHBEVK04	纯电动售货车	170	1240	147.5±4.4	17	
73	扬州三源机械有限公司	YSY5180TXSBEV	纯电动洗扫车	435	12600	2150	314	
74	扬州金威环保科技有限公司	YJW5100ZYSBEV	纯电动压缩式垃圾车	430	6750	1108	162	
75	徐州徐工环境技术有限公司	XGH5040TSLSBEV	纯电动扫路车	275	3100	435	67	
76	安徽爱瑞特新能源专用汽车股份有限公司	ART5040GXEG48BEV	纯电动吸粪车	251	2840	435	67	
77		ART5180GQXG92BEV	纯电动清洗车	300	10000	2150	314	
78		ART5180TXSS92BEV	纯电动洗扫车	300	13310	2150	314	
79		ART5180TXSS98BEV	纯电动洗扫车	310	12450	2150	314	
80	福建龙马环卫装备股份有限公司	FLM5080GXEDGBEV	纯电动吸粪车	490	5305	1108±32	162	
81		FLM5080TCADGBEV	纯电动餐厨垃圾车	490	5830/6130	1108±32	162	
82		FLM5080ZYSDGBEV	纯电动压缩式垃圾车	490	6550/6350/6650/6600	1108±32	162	
83	聊城中通新能源汽车装备有限公司	ZTQ5041ZZZE2H28BEV	纯电动自装卸式垃圾车	220	2950	386	56	
84		ZTQ5180ZYSE2J53BEV	纯电动压缩式垃圾车	400	13100	2150	314	
85	郑州宇通重工有限公司	YTZ5180ZXXD0BEV	纯电动车厢可卸式垃圾车	360	9950	1612	255	
86		YTZ5182TXSD0BEV	纯电动洗扫车	410	12900/13200/13600	1912	300	
87	安阳市德力专用汽车有限公司	DSP5030TYHBEVT01	纯电动路面养护车	248	1805	329±9.8	41	
88		DSP5070CTYBEVT20A	纯电动桶装垃圾运输车	240	3120	554±16	81	
89		DSP5070GQXBEVT20A	纯电动清洗车	240	3540	554±16	81	
90	安阳市德力专用汽车有限公司	DSP5070TYHBEVT20A	纯电动路面养护车	240	3760	554±16	81	
91	洛阳广通汽车有限公司	LGQ5041TSLBEV	纯电动扫路车	275	2940	435	67	
92	合加新能源汽车有限公司	HJK5180ZYSAJFBEV	纯电动压缩式垃圾车	300	10550/10750	1536	219	
93	徐工湖北环保科技股份有限公司	DXA5040TYHDBEV	纯电动路面养护车	226	2850	435	67	
94	长沙中联重科环境产业有限公司	ZBH5040TYHSHPBEV	纯电动路面养护车	275	2670	435	67	
95		ZBH5070XTYBYPBEV	纯电动密闭式桶装垃圾车	310	5050	752	106	
96		ZBH5123TSLSAPBEV	纯电动扫路车	406	8780	1536	219	
97		ZBH5180TXSBYPBEV	纯电动洗扫车	380	14300	2664	348	
98		ZBH5181TDYBYPBEV	纯电动多功能抑尘车	380	13680	2664	348	
99		ZBH5181TDYEQAPBEV	纯电动多功能抑尘车	365	12250	2150	314	
100		ZBH5182GQXBYPBEV	纯电动清洗车	250	10400	1665	218	
101		ZBH5183TSLEQAPBEV	纯电动扫路车	365	13200	2150	314	
102		ZBH5320ZXXBYPBEV	纯电动车厢可卸式垃圾车	240	15860/15160	2664	348	
103	广东易山重工股份有限公司	ESN5180TXSBEV	纯电动洗扫车	365	13670	2150	314	
104	深圳开沃汽车有限公司	XQX5100GQXBEV	纯电动护栏清洗车	315	6830	1017	163	
105		XQX5180GQXBEV	纯电动清洗车	360	9620	1612	255	
106		XQX5180GSSBEV	纯电动洒水车	360	9290	1612	255	
107		XQX5180TXSBEV	纯电动洗扫车	480	13200	2034	327	

续上表

序号	生产企业名称	车辆型号	产品名称	纯电动续驶里程（km）	整车整备质量（kg）	动力蓄电池组总质量（kg）	动力蓄电池组总能量（kWh）	备注
108	广东中电汽车有限公司	GZD5031XXYBEV	纯电动厢式运输车	270	1580	296±8.8	41	
109	柳州五菱汽车工业有限公司	LQG5021XXYBEV	纯电动厢式运输车	260	1365	277	35	
110		LQG5022XXYBEV	纯电动厢式运输车	300	1410	331	42	
111		LQG5025XYZBEV	纯电动邮政车	260	1370	277	35	
112		LQG5026XXYBEV	纯电动厢式运输车	300	1437	330	42	
113	重庆凯瑞特种车有限公司	QYZ5030XLCSCBEV	纯电动冷藏车	305	1750	322	48	
114		QYZ5070ZZZBEV	纯电动自装卸式垃圾车	247	4800	748±20	97	
115	重庆庆铃专用汽车有限公司	QL5040XGCBEVENHW2	纯电动工程车	370	2380	496	65	
116		QL5070ZXXBEV	纯电动车厢可卸式垃圾车	245	3400	748±20	97	
117	成都新全义机械制造有限公司	XQY5030ZLJEV	纯电动自卸式垃圾车	250	2150	400	53	

2. 插电式混合动力汽车

(1)乘用车

生产企业名称	车辆型号	通用名称	纯电动续驶里程（km）	燃料消耗量（L/100 km）	发动机排量（mL）	整车整备质量（kg）	动力蓄电池总质量（kg）	动力蓄电池总能量（kWh）	备注
浙江吉利汽车有限公司	MR6490DSHEV03	TX	200	7.3	1477	2210	267	35	

注:插电式混合动力汽车燃料消耗量仅包括传统燃料/不含电能折算。

(2)客车

序号	生产企业名称	车辆型号	产品名称	纯电动续驶里程（km）	燃料消耗量（L/100 km）	发动机排量（mL）	整车整备质量（kg）	动力蓄电池总质量（kg）	动力蓄电池总能量（kWh）	备注
1	郑州宇通客车股份有限公司	ZK6106CHEVNPG1	插电式混合动力低入口城市客车	80	15(kg/100 km)	6871	12640/11350/11850/12250	534	59	LNG
2		ZK6126CHEVNPG1	插电式混合动力低入口城市客车	75	17(kg/100 km)	6871	13430/11900/12400/12900	534	59	LNG
3	厦门金龙旅行车有限公司	XML6855JHEVD6CN	插电式混合动力城市客车	59	11.4(kg/100 km)	4156	9485/9810	405	27	NG

注:插电式混合动力汽车燃料消耗量仅包括传统燃料/不含电能折算。

(3)专用车

序号	生产企业名称	车辆型号	产品名称	纯电动续驶里程（km）	燃料消耗量（L/100 km）	发动机排量（mL）	整车整备质量（kg）	动力蓄电池总质量（kg）	动力蓄电池总能量（kWh）	备注
1	东风汽车集团有限公司	EQ5310ZLJTZPHEV	插电式混合动力自卸式垃圾车	52	22	7698	16500	700	107	
2	吉利四川商用车有限公司	DNC5047XLCSHEVG4L2	插电式混合动力冷藏车	62	7.9	1477	3450/3700	240	26	
3		DNC5047XLCSHEVG4L3	插电式混合动力冷藏车	60	7.9	1477	3700/3950	239	26	
4		DNC5047XXYSHEVG4L3	插电式混合动力厢式运输车	60	7.9	1477	3280	239	26	
5	中汽商用汽车有限公司(杭州)	ZQZ5080ZYSSHEV	插电式混合动力压缩式垃圾车	55	11.5	1477	5850/6150/6310	239	26	
6	福建龙马环卫装备股份有限公司	FLM5180GQXDGPHEVS	插电式混合动力清洗车	55	24.17	4500	7770	251±7.5	30	
7		FLM5180TCADGPHEV	插电式混合动力餐厨垃圾车	55	24.17	4500	8400/8700	251±7.5	30	

注:插电式混合动力汽车燃料消耗量仅包括传统燃料/不含电能折算。

3. 燃料电池汽车

(1)客车

序号	生产企业名称	车辆型号	产品名称	续驶里程(km)	整车整备质量(kg)	燃料电池系统额定功率(kW)	驱动电机额定功率(kW)	备注
1	北汽福田汽车股份有限公司	BJ6105FCEVCH-1	燃料电池城市客车	150(氢系统不工作)/800(氢系统工作)	11600/12000	60	100	
2		BJ6906FCEVUH-1	燃料电池客车	90(氢系统不工作)/650(氢系统工作)	10350/10650	60	60	
3		BJ6956FCEVCH	燃料电池城市客车	160(氢系统不工作)/700(氢系统工作)	11150	80.5	120	
4	中植一客成都汽车有限公司	CDL6101URFCEV1	燃料电池低入口城市客车	60(氢系统不工作)/600(氢系统工作)	11150/11500	47	90	钛酸锂蓄电池
5		CDL6101URFCEV2	燃料电池低入口城市客车	150(氢系统不工作)/600(氢系统工作)	11150/11500	80	90	
6	四川野马汽车股份有限公司	SQJ6111B1FCEV	燃料电池低地板城市客车	550	11500/11800/12400	80	100	
7	厦门金龙联合汽车工业有限公司	XMQ6850AGFCEV2	燃料电池城市客车	625(氢系统工作)/100(氢系统不工作)	9400/9700/10000	40.5	59	
8	厦门金龙旅行车有限公司	XML6105JFCEVS0CR	燃料电池城市客车	130 km(氢系统不工作)/650 km(氢系统工作)	12000	47	85	
9	中通客车控股股份有限公司	LCK6860FCEVGT1	燃料电池城市客车	145(氢系统不工作)/500(氢系统工作)	8700/9200/9500	45	90	
10	重庆恒通客车有限公司	CKZ6102HFCEV01	燃料电池低入口城市客车	165(氢系统不工作)/650(氢系统工作)	12100/11700/11300	60	100	
11	山西皇城相府宇航汽车制造有限公司	SXK6108FCEVG	燃料电池低入口城市客车	550(氢系统工作)/165(氢系统不工作)	11000/11500	65	60	

(2)专用车

序号	生产企业名称	车辆型号	产品名称	续驶里程(km)	整车整备质量(kg)	燃料电池系统额定功率(kW)	驱动电机额定功率(kW)	备注
1	上汽大通汽车有限公司	SH5127XXYZKFCEVWZ1	燃料电池厢式运输车	500	6480	83.5	105	
2	中植一客成都汽车有限公司	CDL5090XBWFCEV	燃料电池保温车	101(氢系统不工作)/480(氢系统工作)	5450	48	60	

(3)货车

生产企业名称	车辆型号	产品名称	续驶里程(km)	整车整备质量(kg)	燃料电池系统额定功率(kW)	驱动电机额定功率(kW)	备注
南通皋开汽车制造有限公司	DYC4250A1FCEV	燃料电池半挂牵引车	140(氢系统不工作)/360(氢系统工作)	9995	60.5	115	

(六)免征车辆购置税的新能源汽车车型目录(第35批)

1. 纯电动汽车

(1)乘用车

序号	生产企业名称	车辆型号	通用名称	纯电动续驶里程(km)	整车整备质量(kg)	动力蓄电池组总质量(kg)	动力蓄电池组总能量(kWh)	备注
1	一汽-大众汽车有限公司	FV6465BBBEV	ID.4 CROZZ	550	2130	476	85	
2	上汽通用五菱汽车股份有限公司	LZW7001EVUCAN	宝骏 E100	305	840	199	28	
3		LZW7004EVPDBA	宏光 MINI EV	170	705	134	15	
4		LZW7004EVPDBB	宏光 MINI EV	120	665	94	9	
5		LZW7004EVPHAM	宏光 MINI EV	170	700	118	14	
6		LZW7004EVPKAK	宏光 MINI EV	120	665	88	10	
7	上海汽车集团股份有限公司	CSA7002FSEV1	荣威 Ei5	401	1600	403	50	
8		CSA7002FSEV2	荣威 Ei5	401	1600	403	50	
9	东风悦达起亚汽车有限公司	YQZ6520BEVHIPHI1A	Hiphi X	550	2580	557	94	
10		YQZ6520BEVHIPHI1B	Hiphi X	610	2440	557	94	
11		YQZ6520BEVHIPHI1C	Hiphi X	520	2380	493	81	

续上表

序号	生产企业名称	车辆型号	通用名称	纯电动续驶里程（km）	整车整备质量（kg）	动力蓄电池组总质量（kg）	动力蓄电池组总能量（kWh）	备注
12	东风柳州汽车有限公司	LZ7007SLAEV	景逸 S50EV/风行 S50EV	401	1676	369	51	
13	中恒天智骏(赣州)汽车有限公司	ZHT7000SU03EV	GX5	430	1497	355	56	
14	北京汽车制造厂有限公司	BAW6451MA4BEV	小河马 EV	301	1720	308/332	42/43	
15	北京汽车股份有限公司	BJ7000C5DD-BEV	EU5	401	1580	310	50	
16	北汽云南瑞丽汽车有限公司	BJ7000C5DBK-BEV	EU5	350	1640	358	44	
17	奇瑞新能源汽车股份有限公司	NEQ6460BEVS61C	eQ5	620	1910	520	88	
18		NEQ7000BEVJ60D	ARRIZO5 e/ARRIZO e	401	1510	378	53	
19		NEQ7000BEVJ72N	eQ1	408	965/985	238	41	
20		NEQ7000BEVJ72P	eQ1	301	955/975	229	31	
21	威马汽车制造温州有限公司	SZS6460A52BEV	EX5400	403	1770	384	52	
22		SZS6460A53BEV	EX5400	403	1770	384	53	
23	安徽江淮汽车集团股份有限公司	HFC7002BEV2	E・50A	530	1700	403	65	
24		HFC7002BEV3	E・50A	450	1670	390	55	
25		HFC7002MEV7	E・40X	420	1690	393	55	
26	比亚迪汽车工业有限公司	BYD6490SBEV4	比亚迪唐	565	2320	616	86	
27		BYD6490SBEV5	比亚迪唐	505	2455	617	86	
28	江苏吉麦新能源车业有限公司	HXK7000BEVA2	新特 XDAEVs	150	1030	176	18	
29		HXK7000BEVA3	新特 AEVs	150	980	168 ± 5	17	
30		HXK7000BEVX0	新特启能 GEV1	305	1120	249	35	
31	湖北星晖新能源智能汽车有限公司	EXH6460A00BEV	W5	520	1824	425	66	
32	重庆金康新能源汽车有限公司	SKE7000BEVF7	赛力斯 ix3	405	1690	350 ± 10	53	
33	长城汽车股份有限公司	CC7000BJ01CBEV	欧拉好猫/欧拉大猫/欧拉潮猫/欧拉电猫/欧拉萌猫	401	1510	346 ± 10	48	

（2）客车

序号	生产企业名称	车辆型号	产品名称	纯电动续驶里程（km）	整车整备质量（kg）	动力蓄电池组总质量（kg）	动力蓄电池组总能量（kWh）	备注
1	上海申沃客车有限公司	SWB6129BEV72G	纯电动低地板城市客车	615	11900	2170	350	
2	东风特种汽车有限公司	EQ6603LTBEV	纯电动客车	345	4650/4800	669	105	
3	中国重型汽车集团有限公司	ZZ6106GBEVQ4	纯电动城市客车	560	10700/11000	1917	301	
4		ZZ6126GBEVQ9	纯电动城市客车	655	11750/12100	2170	350	
5		ZZ6650GBEVQ2	纯电动城市客车	300	5000/5300	579	90	
6	中山市顺达客车有限公司	HA6116BEVB3	纯电动城市客车	513	11850	1612	255	
7	中植一客成都汽车有限公司	CDL6102URBEV	纯电动城市客车	520	10400/10700/11100	1690	269	
8		CDL6180URBEV1	纯电动铰接城市客车	250	17500/18000/18580	2520 ± 60	162	钛酸锂
9	中车时代电动汽车股份有限公司	TEG6105BEV24	纯电动低入口城市客车	630	11850/11550	2016 ± 54	315	
10		TEG6803BEV05	纯电动城市客车	403	7400/7100/6800	1008 ± 27	158	
11		TEG6853BEV02	纯电动城市客车	400	8000/7700/7400	1110 ± 30	175	
12	中通客车控股股份有限公司	LCK6106EVGA4	纯电动城市客车	510	10700/11200	1612	255	
13		LCK6606EVGA26	纯电动城市客车	412	3980	654	89	
14		LCK6606EVGA36	纯电动城市客车	487	3980	669	105	
15		LCK6828EVQGA4	纯电动城市客车	395	8380/8880	983	158	
16	丹东黄海汽车有限责任公司	DD6109EV15	纯电动城市客车	560	11100/11600	1917	301	
17		DD6129EV22	纯电动城市客车	660/670	12600/12200	2102/2170	338/350	
18	四川新筑通工汽车有限公司	TG6105GBEV2	纯电动低地板城市客车	68	10200/10500	1040	37	
19	奇瑞万达贵州客车股份有限公司	WD6105BEVG04	纯电动城市客车	420	10400	1256	201	
20	南京金龙客车制造有限公司	NJL6106EV2	纯电动城市客车	490	9800/10100/10400/10700	1840	258	
21		NJL6600EVQ52	纯电动城市客车	295	4800/5010/5190	579	90	
22		NJL6902BEV	纯电动客车	400	8750/9050/9400	1214	187	

续上表

序号	生产企业名称	车辆型号	产品名称	纯电动续驶里程（km）	整车整备质量（kg）	动力蓄电池组总质量（kg）	动力蓄电池组总能量（kWh）	备注
23	安徽安凯汽车股份有限公司	HFF6100G9EV22	纯电动城市客车	620	10200/10600/11200/11800	1917	301	
24	成都大运汽车集团有限公司	CGC6101BEV1K7	纯电动城市客车	582	10070/10500/10950/11450	1917	301	
25		CGC6121BEV1K1	纯电动低入口城市客车	688	11650/12100/12590	2170	350	
26	成都客车股份有限公司	CDK6811CBEV	纯电动城市客车	340	6890/7260/7620/7890	962	145	
27	扬州亚星客车股份有限公司	JS6819GHBEV	纯电动城市客车	272/316	6850/7250	767/884	121/141	
28		JS6819GHBEV1	纯电动城市客车	400	7200/7550	1132	181	
29		JS6859GHBEV	纯电动城市客车	367	7700/8100	1132	181	
30		JS6859GHBEV1	纯电动城市客车	487	8100/8500	1534	242	
31	武汉客车制造股份有限公司	WH6102GBEV	纯电动城市客车	490	10400/11000/11600	1632±44	256	
32		WH6650GBEV	纯电动城市客车	340	4900/5200/5530	664±19.8	100	
33		WH6851GBEV	纯电动城市客车	540	8600/8900/9300	1392±41.4	211	
34	比亚迪汽车工业有限公司	BYD6851B3EV1	纯电动城市客车	410	7550/7950/8250/8650	1174	178	
35		BYD6851B3EV2	纯电动城市客车	530	7850/8200/8550/8900	1467	222	
36	江苏陆地方舟新能源车辆股份有限公司	RQ6102GEVH0	纯电动城市客车	625	11000	1898	303	
37	河北长安汽车有限公司	SC6105CBEV	纯电动城市客车	595	10600/11000/11400	1966	315	
38		SC6105EBEV	纯电动城市客车	435	10100/10500/10900	1456	229	
39	江苏紫琅汽车集团股份有限公司	NTT6105GEVB1	纯电动低入口城市客车	695	11500/11200/10900	1898	303	
40		NTT6129GSEVN1	纯电动低地板双层城市客车	540	16900/17400	2400	385	
41		NTT6850GEVA1	纯电动城市客车	600	8800/9100/9400	1456±44	229	
42	江西博能新能源汽车有限公司	BSR6106BEVGS2	纯电动低入口城市客车	613	11180/11450	1898	303	
43		BSR6820BEVGS4	纯电动城市客车	299	7280/7450	884	141	
44	贵州长江汽车有限公司	GK6851GBEV4	纯电动城市客车	470	7750/7950	1166	187	
45	郑州宇通客车股份有限公司	ZK6117BEVG16	纯电动城市客车	560	10800/11200/11500/11900/12230	1612	255	
46		ZK6186BEVG1	纯电动低地板铰接城市客车	815	18800/19100/19540/20050	3536	564	
47		ZK6605BEVG2	纯电动城市客车	265	4600/4800/5000/5200	416	65	
48		ZK6605BEVG3	纯电动城市客车	370	4800/5000/5200/5400	589	93	
49		ZK6820BEVG13	纯电动城市客车	465	7350/7500/7800/8100/8400	1085	175	
50	重庆恒通客车有限公司	CKZ6530HBEV	纯电动城市客车	338	3600/3500	446	70	
51	金龙联合汽车工业（苏州）有限公司	KLQ6106GAEVN5B	纯电动城市客车	605	11300/11000/10700	1898	303	
52		KLQ6106GAEVN7B	纯电动低入口城市客车	520	11200/10900/10500	1612	255	
53		KLQ6116GAEVN7P	纯电动低地板城市客车	700	9500/10000	1612	255	
54		KLQ6129GSEVN1	纯电动低地板双层城市客车	540	16900/17400	2400	385	

(3)货车

序号	生产企业名称	车辆型号	产品名称	纯电动续驶里程(km)	整车整备质量(kg)	动力蓄电池组总质量(kg)	动力蓄电池组总能量(kWh)	备注
1	吉利四川商用车有限公司	DNC1049BEVL1	纯电动载货汽车	400	2860	620±18.6	87	
2	安徽华菱汽车有限公司	HN3310B36C5BEV	纯电动自卸汽车	257	19600/21500	2170	350	
3		HN4252H36C8BEV	纯电动牵引汽车	95	12000/11000	884	141	
4	徐州徐工汽车制造有限公司	XGA4252BEVWC	纯电动半挂牵引车	190	11800	1804	282	
5	浙江飞碟汽车制造有限公司	FD1032BEV-1	纯电动载货汽车	295	1430	308±9	42	

(4)专用车

序号	生产企业名称	车辆型号	产品名称	纯电动续驶里程(km)	整车整备质量(kg)	动力蓄电池组总质量(kg)	动力蓄电池组总能量(kWh)	备注
1	三一汽车制造有限公司	SYM5311GJB1BEV	纯电动混凝土搅拌运输车	220	15700	2340	368	
2	上汽大通汽车有限公司	SH5047XLCZFEVMZ2	纯电动冷藏车	485	3230	700	107	
3	上汽通用五菱汽车股份有限公司	LZW5024XYZEVHEAB	纯电动邮政车	252	1360	283	35	
4	东风汽车股份有限公司	DFA5040CCYKBEV2	纯电动仓栅式运输车	355/365	3035	554/675±20	81/86	
5		DFA5040XLCTBEV2	纯电动冷藏车	230/260	2520	380±11.4/444±12	54/62	
6	中植一客成都汽车有限公司	CDL5021XXYBEV1	纯电动厢式运输车	290	1475	360	49	
7		CDL5030ZZZBEV	纯电动自装卸式垃圾车	250	2540/2670	400±5.0	53	
8	中汽商用汽车有限公司(杭州)	ZQZ5080XTYBEV	纯电动密闭式桶装垃圾车	300	4490	700	107	
9	中车时代电动汽车股份有限公司	TEG5030ZXXAEQBEV1D	纯电动车厢可卸式垃圾车	250	1870	400	53	
10		TEG5100ZYSASDBEV1	纯电动压缩式垃圾车	430	6855	1108	162	
11		TEG5180GQXADFBEV1	纯电动清洗车	310	9995	1680	242	
12	凯达环境科技有限公司	HKD5030TYHEQBEV	纯电动路面养护车	247	2600	400±5.0	53	
13		HKD5030ZXXEQBEV	纯电动车厢可卸式垃圾车	224	1910	400±5.0	53	
14		HKD5030ZZZEQBEV	纯电动自装卸式垃圾车	252	2050	400±5.0	53	
15		HKD5040TSLSHBEV	纯电动扫路车	276	3100/2950	435	67	
16		HKD5090GSSEQBEV	纯电动洒水车	321	5080	1248±20	159	
17		HKD5090TCAEQBEV	纯电动餐厨垃圾车	321	6330	1248±20	159	
18		HKD5120TXSEQBEV	纯电动洗扫车	420	9700	1536	219	
19		HKD5180TXSEV	纯电动洗扫车	367	14105/12900	2150	314	
20		HKD5180ZYSDFBEV	纯电动压缩式垃圾车	314	13200/13460	1680	242	
21	北京华林特装车有限公司	HLT5042XTYEV	纯电动密闭式桶装垃圾车	385	3650	601	84	
22	北京天路通科技有限责任公司	BTL5031XJCSEV	纯电动检测车	308	2980	548	72	
23		BTL5041TXCSEV	纯电动吸尘车	276	3290	435	67	
24		BTL5180TXCDEV	纯电动吸尘车	367	11900/12150	2150	314	
25		BTL5181GSSBYEV	纯电动洒水车	250	10080	1665	218	
26		BTL5181TXSBYEV	纯电动洗扫车	380	14500	2664	348	
27	北京汽车制造厂有限公司	BAW5031XXY6B44BEV	纯电动厢式运输车	301	1450	308/332	42/43	
28	北京环卫集团环卫装备有限公司	BQJ5040GXEEV	纯电动吸粪车	275	2950	435	67	
29		BQJ5040TYHEV	纯电动路面养护车	275	2675	435	67	
30		BQJ5040ZZZEV	纯电动自装卸式垃圾车	275	3020	435	67	
31		BQJ5100TCASHEV	纯电动餐厨垃圾车	430	6200	1108	162	
32	北京环卫集团环卫装备有限公司	BQJ5100ZYSSHEV	纯电动压缩式垃圾车	430	6900	1108	162	
33		BQJ5120TSLBYDEV	纯电动扫路车	480	8910	1555	222	
34		BQJ5120TSLSHEV	纯电动扫路车	406	8990	1536	219	
35		BQJ5180GQXBYDEV	纯电动清洗车	250	11010	1665	218	
36		BQJ5180GXEBYDEV	纯电动吸粪车	250	10570	1665	218	
37		BQJ5180TXSBYDEV	纯电动洗扫车	380	15800	2664	348	
38		BQJ5180TXSQLEV	纯电动洗扫车	365	15380	2150	314	
39		BQJ5180ZYSBYEV	纯电动压缩式垃圾车	250	12300	1665	218	
40		BQJ5181TXSBYDEV	纯电动洗扫车	380	15080	2664	348	
41		BQJ5320GSSBYDEV	纯电动洒水车	240	15440	2664	348	

续上表

序号	生产企业名称	车辆型号	产品名称	纯电动续驶里程(km)	整车整备质量(kg)	动力蓄电池组总质量(kg)	动力蓄电池组总能量(kWh)	备注
42	北汽福田汽车股份有限公司	BJ5044TYHEV-H1	纯电动路面养护车	275	2750	435	67	
43		BJ5045CCYEV3	纯电动仓栅式运输车	400	3050	766.0±22.9	105	
44		BJ5045XYZEV7	纯电动邮政车	300	2970	554±16	81	
45	南京汽车集团有限公司	NJ5047XXYEEV3	纯电动厢式运输车	402	2890	614±18	91	
46	南京金龙客车制造有限公司	NJL5030ZZZBEV	纯电动自装卸式垃圾车	260	1890	294	40	
47		NJL5040TYHBEV1	纯电动路面养护车	220	2620	371±11	56	
48		NJL5040XXYEV2	纯电动厢式运输车	288	2720	610±18	74	
49		NJL5040ZZZBEV1	纯电动自装卸式垃圾车	205	2580	318±10	44	
50		NJL5040ZZZBEV2	纯电动自装卸式垃圾车	205	2730	318±10	44	
51		NJL5100GQXBEV1	纯电动护栏清洗车	315	6830	1017	163	
52	南京金龙客车制造有限公司	NJL5180GQXBEV2	纯电动清洗车	360	9620	1612	255	
53		NJL5180GSSBEV2	纯电动洒水车	360	9290	1612	255	
54		NJL5180TDYBEV1	纯电动多功能抑尘车	365	11300	1886	258	
55		NJL5180TXSBEV2	纯电动洗扫车	480	13200	2034	327	
56	厦门金龙联合汽车工业有限公司	XMQ5041XSHBEVL	纯电动售货车	305	3700/3900/4100	545±15	74	
57	安徽华菱汽车有限公司	HN5312GJBB36C5BEV	纯电动混凝土搅拌运输车	190	16800	1768	282	
58	安徽江淮汽车集团股份有限公司	HFC5045XXYEV13	纯电动厢式运输车	360	2970	616±20	81	
59		HFC5021XLHAEV1	纯电动教练车	320	1300	251	35	
60	安徽爱瑞特新能源专用汽车股份有限公司	ART5180GQXG98BEV	纯电动清洗车	310	9155	2150	314	
61	山东丽驰新能源汽车有限公司	HLD5031XXYBEV	纯电动厢式运输车	301	1450	308/332	42/43	
62	山西新能源汽车工业有限公司	JHC5037XXYBEVL1	纯电动厢式运输车	280	1415	308	42	
63		JHC5037XYZBEVL1	纯电动邮政车	280	1415	308	42	
64		JHC5037XYZBEVL2	纯电动邮政车	235	2000	364	50	
65		JHC5047XLCBEVL1	纯电动冷藏车	265	2300	364	50	
66	广州广日专用汽车有限公司	GR5310ZLJBEV	纯电动自卸式垃圾车	310	16800/17300	2679	423	
67	广州广汽比亚迪新能源客车有限公司	GZ5040XLCEV	纯电动冷藏车	480	3050	752	106	
68	广西汽车集团有限公司	GXA5030XXYBEV10	纯电动厢式运输车	300	1445	332	43	
69		GXA5030XXYBEV11	纯电动厢式运输车	300	1445	332	43	
70		GXA5030XXYBEV12	纯电动厢式运输车	300	1445	332	43	
71		GXA5030XXYBEV4	纯电动厢式运输车	290	1465	332	43	
72	广西汽车集团有限公司	GXA5030XXYBEVA	纯电动厢式运输车	300	1445	332	43	
73		GXA5030XXYBEVB	纯电动厢式运输车	300	1445	332	43	
74		GXA5030XYZBEV1	纯电动邮政车	285	1445	332	43	
75		GXA5030XYZBEV4	纯电动邮政车	300	1445	332	43	
76		GXA5031XLCBEV1	纯电动冷藏车	245	1670	308	42	
77		GXA5031XXYBEV9	纯电动厢式运输车	300	1445	332	43	
78		GXA5031XYZBEV	纯电动邮政车	300	1445	332	43	
79		GXA5032XLCBEV1	纯电动冷藏车	245	1670	308	42	
80		GXA5032XLCBEV2	纯电动冷藏车	245	1670	308	42	
81		GXA5032XXYBEV4	纯电动厢式运输车	300	1450	308	42	
82	广西玉柴专用汽车有限公司	NZ5030ZZZEV	纯电动自装卸式垃圾车	250	2600	400±5.0	53	
83	广西玉柴新能源汽车有限公司	YCE5040XLCBEV	纯电动冷藏车	440	3150	640	98	
84		YCE5040XXYBEV	纯电动厢式运输车	330	2990	660	86	
85	庆铃汽车股份有限公司	QL5041XYZBEVECHA1	纯电动邮政车	335	2880	554	81	
86	徐州徐工汽车制造有限公司	XGA5086XXYBEV	纯电动厢式运输车	240	3800/4100	624	91	
87	徐工湖北环保科技股份有限公司	DXA5180GQXLBEV	纯电动清洗车	260	9780/9480/9520	1536	219	
88	成都大运汽车集团有限公司	CGC5045XXYBEV2Z5	换电型纯电动厢式运输车	380	2995	558	91	
89	扬州三源机械有限公司	YSY5080TSLBEV	纯电动扫路车	420	6520	997	158	
90		YSY5181TWQBEV	纯电动道路污染清除车	306	12600	1536	219	
91	扬州金威环保科技有限公司	YJW5185TXSBEV	纯电动洗扫车	380	15390/15070	2664	348	
92	无锡中车新能源汽车有限公司	TEG5030ZXXAEQBEV3D	纯电动车厢可卸式垃圾车	250	1870	400±5.0	53	
93	杭州西湖比亚迪新能源汽车有限公司	XBE5120ZYSBEV	纯电动压缩式垃圾车	400	8450/8800	1174	178	
94		XBE5180TDYBEV1	纯电动多功能抑尘车	380	13950/13550/13300	2664	348	
95	比亚迪汽车工业有限公司	BYD5030XXYEV1	纯电动厢式运输车	330	1480	339	48	

续上表

序号	生产企业名称	车辆型号	产品名称	纯电动续驶里程(km)	整车整备质量(kg)	动力蓄电池组总质量(kg)	动力蓄电池组总能量(kWh)	备注
96	江苏奥新新能源汽车有限公司	JAX5036XXYBEVK02	纯电动厢式运输车	260	1540	305±9	42	
97	河南德力新能源汽车有限公司	DLP5030XXYBEVT11	纯电动厢式运输车	270	2130	432±12	55	
98	烟台海德专用汽车有限公司	CHD5101ZYSQLBEV	纯电动压缩式垃圾车	435	7670	1536	219	
99		CHD5183TXSZQBEV	纯电动洗扫车	400	13110/12560	2150	314	
100	现代商用汽车(中国)有限公司	CHM5042XJXZDC33BEV	纯电动检修车	410	4300	580	89	
101		CHM5042XLCZDC33BEV	纯电动冷藏车	410	3170	580	89	
102		CHM5042XXYZDC33BEV	纯电动厢式运输车	410	2960/3040	580	89	
103	甘肃建投重工科技有限公司	GSK5040ZLJBYBEV	纯电动自卸式垃圾车	280	2620	424	64	
104		GSK5180GQXBYBEV	纯电动清洗车	250	9900	1665	218	
105		GSK5180TDYBYBEV	纯电动多功能抑尘车	380	13060	2664	348	
106		GSK5180TXSBYBEV	纯电动洗扫车	380	15800/15300	2664	348	
107		GSK5180ZYSBYBEV	纯电动压缩式垃圾车	250	12970	1665	218	
108	福建龙马环卫装备股份有限公司	FLM5040GXENJBEV	纯电动吸粪车	276	2820	435	67	
109	程力汽车集团股份有限公司	CL5031ZZZBEV	纯电动自装卸式垃圾车	250	2600	400±5.0	53	
110		CL5080TXCBEV	纯电动吸尘车	300	6350	700	107	
111		CL5091TDYBEV	纯电动多功能抑尘车	300	5000	767	121	
112	程力汽车集团股份有限公司	CL5120ZYSBEV	纯电动压缩式垃圾车	430	8790	1472±40	230	
113		CL5180GQXBEV	纯电动清洗车	300	9030/9550	1472	230	
114		CL5181GSSBEV	纯电动洒水车	300	8945	1472	230	
115		CL5181TXSBEV	纯电动洗扫车	380	15800	2664	348	
116		CL5181ZYSBEV	纯电动压缩式垃圾车	250	12930	1665	218	
117	聊城中通新能源汽车装备有限公司	ZTQ5040TYHE2Y28BEV	纯电动路面养护车	220	2790	386	56	
118		ZTQ5041ZLJE2H28BEV	纯电动自卸式垃圾车	220	2565	386	56	
119	郑州宇通重工有限公司	YTZ5031ZZZD0BEV	纯电动自装卸式垃圾车	190	2660	221	35	
120		YTZ5180GQXD2BEV	纯电动清洗车	320	9580/9280	1468	229	
121		YTZ5180GQXD3BEV	纯电动清洗车	300	9485/9200	1338	211	
122		YTZ5183TXSD0BEV	纯电动洗扫车	410	12900/13200/13600	1912	300	
123	郑州比克新能源汽车有限公司	BAK5030XLCBEV	纯电动冷藏车	225	2100	346±10	48	
124	重庆瑞驰汽车实业有限公司	CRC5030XXYFC7-BEV	纯电动厢式运输车	275	1510	284±7	39	
125	重庆长安汽车股份有限公司	SC5031XYKXDD64BEV	纯电动翼开启厢式车	282	1590	308±9	42	
126	金龙联合汽车工业(苏州)有限公司	KLQ5180GQXEV	纯电动清洗车	270	9445	1536	219	
127		KLQ5180GSSEV	纯电动洒水车	270	8945	1536	219	
128	长沙中联重科环境产业有限公司	ZBH5042ZDJSHBEV	纯电动压缩式对接垃圾车	230	2220	405	49	
129	陕西汽车集团有限责任公司	SX5040XXYBEV281G	纯电动厢式运输车	240	2250	432±12	55	
130		SX5040XXYBEV331L1	纯电动厢式运输车	365	3100	584±17.4	81	
131		SX5041CCYBEV331N	纯电动仓栅式运输车	365	3100	554	81	
132		SX5041XXYBEV331N	纯电动厢式运输车	365	3100	554	81	
133		SX5080XTYBEV401N	纯电动密闭式桶装垃圾车	215	4980	640	98	
134	鞍山森远路桥股份有限公司	AD5040TXSSQBEV	纯电动洗扫车	276	3240	435	67	
135		AD5100TCASQBEV	纯电动餐厨垃圾车	430	6200	1108	162	
136		AD5120TCASQBEV	纯电动餐厨垃圾车	406	8300	1536	219	
137		AD5180ZXXDFBEV	纯电动车厢可卸式垃圾车	310	9680	1680	242	

2. 插电式混合动力汽车

(1)乘用车

序号	生产企业名称	车辆型号	通用名称	纯电动续驶里程(km)	燃料消耗量(L/100 km)	发动机排量(mL)	整车整备质量(kg)	动力蓄电池总质量(kg)	动力蓄电池总能量(kWh)	备注
1	奇瑞捷豹路虎汽车有限公司	CJL6460AL2HEV	发现运动版	54	6.3	1498	2250	123±3	16	
2	梅赛德斯-奔驰(中国)汽车销售有限公司	GLE 350 e 4MATIC 6B2A10(167154)	GLE 350 e 4MATIC	103	7.9	1991	2703	290	31	
3	重庆金康新能源汽车有限公司	SKE7150SHEVF3	赛力斯 ix3	100	5.7	1498	1740	123	17	

注:插电式混合动力汽车燃料消耗量仅包括传统燃料/不含电能折算。

(2)客车

序号	生产企业名称	车辆型号	产品名称	纯电动续驶里程(km)	燃料消耗量(L/100 km)	发动机排量(mL)	整车整备质量(kg)	动力蓄电池总质量(kg)	动力蓄电池总能量(kWh)	备注
1	北汽福田汽车股份有限公司	BJ6105SHEVCA	插电式混合动力城市客车	80	15.34	3800	10800/11000/11400	522±15	55	
2	南京金龙客车制造有限公司	NJL6129HEVN7	插电式混合动力城市客车	100	20.5	6871	12300/12800/13200	366	50	NG
3	南京金龙客车制造有限公司	NJL6129HEVN8	插电式混合动力低入口城市客车	100	20.5	6871	12300/12800/13200	366	50	NG
4	郑州宇通客车股份有限公司	ZK6106CHEVPG1	插电式混合动力城市客车	68	18	6234	10250/10750/11250/11750	378	50	

注:插电式混合动力汽车燃料消耗量仅包括传统燃料/不含电能折算。

(3)专用车

序号	生产企业名称	车辆型号	产品名称	纯电动续驶里程(km)	燃料消耗量(L/100 km)	发动机排量(mL)	整车整备质量(kg)	动力蓄电池总质量(kg)	动力蓄电池总能量(kWh)	备注
1	吉利四川商用车有限公司	DNC5079XLCSHEVGL1	插电式混合动力冷藏车	125	N/A	1477	3850/4200	400±12	54	
2	徐州徐工环境技术有限公司	XGH5100GSSYSHEV	插电式混合动力洒水车	55	N/A	1477	4600	239	26	
3	徐州徐工环境技术有限公司	XGH5100TXSYSHEV	插电式混合动力洗扫车	55	N/A	1477	6690	239	26	

3. 燃料电池汽车

(1)客车

序号	生产企业名称	车辆型号	产品名称	续驶里程(km)	整车整备质量(kg)	燃料电池系统额定功率(kW)	驱动电机额定功率(kW)	备注
1	上海申沃客车有限公司	SWB6109FCEV02G	燃料电池低地板城市客车	80(氢系统不工作)/550(氢系统工作)	11500	83.5	160	
2	上海申龙客车有限公司	SLK6129UFCEVH1	燃料电池低入口城市客车	160(氢系统不工作)/600(氢系统工作)	12500/12950	80.5	100	
3	中植一客成都汽车有限公司	CDL6102URFCEV	燃料电池城市客车	180(氢系统不工作)/580(氢系统工作)	11900/12300	72	100	
4	佛山市飞驰汽车制造有限公司	FSQ6121FCEVG3	燃料电池城市客车	600	12500/12200	67	90	
5	北汽福田汽车股份有限公司	BJ6116FCEVUH-2	燃料电池客车	200(氢系统不工作)/650(氢系统工作)	12000/12400	80	90	

续上表

序号	生产企业名称	车辆型号	产品名称	续驶里程（km）	整车整备质量（kg）	燃料电池系统额定功率（kW）	驱动电机额定功率（kW）	备注
6	北汽福田汽车股份有限公司	BJ6123FCEVCH-5	燃料电池城市客车	160 km（氢系统不工作）/655（氢系统工作）	12350/12850/13550	80.5	135	
7	南京金龙客车制造有限公司	NJL6106FCEV	燃料电池低入口城市客车	200 km（氢系统不工作）/450 km（氢系统工作）	11000/11500	50	90	
8	吉利四川商用车有限公司	DNC6100FCEVG3	燃料电池低入口城市客车	190（氢系统不工作）/500（氢系统工作）	11800	67	100	
9	江西博能上饶客车有限公司	SR6860FCEVGS1	燃料电池城市客车	172（氢系统不工作）/600（氢系统工作）	9150/9450	45	85	
10	郑州宇通客车股份有限公司	ZK6126FCEVG2	燃料电池低入口城市客车	150（氢系统不工作）/700（氢系统工作）	12350/12800/13250/13700	80.5	100	

（2）专用车

序号	生产企业名称	车辆型号	产品名称	续驶里程（km）	整车整备质量（kg）	燃料电池组总质量（kg）	驱动电机额定功率（kW）	备注
1	北京环卫集团环卫装备有限公司	BQJ5120TSLSHFCEV	燃料电池扫路车	500	8980	83.5	105	
2	安徽华菱汽车有限公司	HN5080XXYD12C8FCEV	燃料电池厢式运输车	110（氢系统不工作）/350（氢系统工作）	4450	32	60	
3	广州广日专用汽车有限公司	GR5250ZLJFCEV	燃料电池自卸式垃圾车	420	13710	88	143	
4	广州广日专用汽车有限公司	GR5310ZLJFCEV	燃料电池自卸式垃圾车	450	16300	100	250	

（七）免征车辆购置税的新能源汽车车型目录（第36批）

1. 纯电动汽车

（1）乘用车

序号	生产企业名称	车辆型号	通用名称	纯电动续驶里程（km）	整车整备质量（kg）	动力蓄电池组总质量（kg）	动力蓄电池组总能量（kWh）	备注
1	北京现代汽车有限公司	BH7000BEVDBA	MISTRA	520	1610	426	57	

续上表

序号	生产企业名称	车辆型号	通用名称	纯电动续驶里程（km）	整车整备质量（kg）	动力蓄电池组总质量（kg）	动力蓄电池组总能量（kWh）	备注
2	长城汽车股份有限公司	CC7000ZM00FBEV	欧拉 R1/欧拉黑猫	351	990	218 ±5	34	
3		CC7001ZM00ABEV	欧拉 R2/欧拉白猫	305	1015	221 ±6	30	
4	北汽蓝谷麦格纳汽车有限公司	BJ6480BSA4-BEV	αT	653	2120	532	94	
5		BJ6480BSA5-BEV	αT	480	1980	397	67	
6	浙江豪情汽车制造有限公司	VCC7003F01XBEV	XC40 P8	420	2157	478	71	
7	安徽江淮汽车集团股份有限公司	HFC6502ECSEV9-W	ES8	500	2460	555	100	
8	福建新龙马汽车股份有限公司	FJ6450BEVC3	EX7	451	1475/1500	379	61	
9	比亚迪汽车工业有限公司	BYD7002BEV8	比亚迪 e2	401	1365	309	43	
10		BYD7002BEV9	比亚迪 e2	401	1365	309	43	
11		BYD7002BEVA8	比亚迪 e3	401	1360	309	43	
12		BYD7002BEVA9	比亚迪 e3	401	1360	309	43	
13		BYD7009BEV4	比亚迪汉	535	2170	549	77	
14	广汽乘用车（杭州）有限公司	GAH7000BEVN0B	传祺 AION. S	460	1575/1600	360	59	
15		GAH7000BEVN0C	传祺 AION. S	410	1575/1600	360	59	
16	广汽乘用车有限公司	GAM6480BEVB0J	传祺 AION LX	520	1950	435	73	
17		GAM6480BEVB0K	传祺 AION LX	650	2065	538	93	
18		GAM6480BEVB0L	传祺 AION LX	600	2215	543	93	
19	上汽通用五菱汽车股份有限公司	LZW7001EVA1HAN	宝骏 E100	305	849	201	28	
20		LZW7001EVA2HAN	宝骏 E100	305	849	201	28	
21		LZW7001EVCHAN	宝骏 E100	305	849	201	28	
22		LZW7001EVUHAN	宝骏 E100	305	849	201	28	
23		LZW7004EVPCAK	宏光 MINI EV	120	665	88	9	
24		LZW7004EVPEAK	宏光 MINI EV	120	665	94	9	
25	上汽通用五菱汽车股份有限公司	LZW7004EVWEAW	宏光 MINI EV	200	730	147	16	
26	北汽云南瑞丽汽车有限公司	BJ7001U3D3K-BEV	EC5	403	1430	353	48	
27	奇瑞汽车股份有限公司	SQR7000BEVJ607	凯翼 E5EV	401	1560	390	54	
28	江苏吉麦新能源车业有限公司	HXK7000BEVA5	凌宝 BOX	351	980	218	35	
29	奇瑞新能源汽车股份有限公司	NEQ6460BEVS61D	eQ5	510	1790	456	70	

（2）客车

序号	生产企业名称	车辆型号	产品名称	纯电动续驶里程（km）	整车整备质量（kg）	动力蓄电池组总质量（kg）	动力蓄电池组总能量（kWh）	备注
1	东风汽车股份有限公司	DFA6100CBEV4	纯电动城市客车	520	10800/11100/11400	1810	258	
2	北汽福田汽车股份有限公司	BJ6805EVCA-33	纯电动城市客车	327	7500/7750	1017	163	
3	丹东黄海汽车有限责任公司	DD6109EV21	纯电动城市客车	470	11100/11350	1760	265	
4		DD6109EV22	纯电动城市客车	570	11350/11700	2116	301	
5	上海申沃客车有限公司	SWB6909BEV78G	纯电动低地板城市客车	497	10600	1612	255	
6	扬州亚星客车股份有限公司	JS6108GHBEV33	纯电动城市客车	501	10200/10700	1872	283	
7		JS6859GHBEV2	纯电动城市客车	394	7900/8300	1338	189	
8	潍柴（扬州）亚星新能源商用车有限公司	YBL6591QBEV	纯电动客车	475	3650	725	108	
9	郑州宇通客车股份有限公司	ZK6809BEVQZ18	纯电动客车	315	6320/6520/6800/7070	778	111	
10		ZK6907BEVY36L	纯电动客车	620	10000/10300/10600	1622	255	
11	比亚迪汽车工业有限公司	BYD6700B2EV1	纯电动低入口城市客车	480	6200/6400/6600/6750	848	128	
12	广州广汽比亚迪新能源客车有限公司	GZ6100LSEV1	纯电动低入口双层城市客车	480	12600	1697	255	
13		GZ6710HLEV	纯电动客车	410	5650	962	135	
14	中植一客成都汽车有限公司	CDL6122URBEV	纯电动城市客车	610	11900/12400	1966	315	
15	金龙联合汽车工业（苏州）有限公司	KLQ6106GAEVN5C	纯电动城市客车	605	11300/11000/10700	1898	303	
16		KLQ6111HZGEVN2	纯电动城市客车	590	11700	1768	282	
17		KLQ6856GAEVN3C	纯电动城市客车	545	8800/9050/9300	1456	229	

续上表

序号	生产企业名称	车辆型号	产品名称	纯电动续驶里程（km）	整车整备质量（kg）	动力蓄电池组总质量（kg）	动力蓄电池组总能量（kWh）	备注
18	厦门金龙联合汽车工业有限公司	XMQ6180AGBEVL	纯电动铰接低地板城市客车	615	19000/19500	2700±81.6	427	
19	厦门金龙旅行车有限公司	XML6700JEVY0C	纯电动城市客车	500	5350/5550	983	158	
20		XML6805JEVJ0C9	纯电动城市客车	354	7000/7400	884	141	
21	重庆恒通客车有限公司	CKZ6105HBEV01	纯电动低入口城市客车	630	11850/11550/11250	1966	315	
22	重庆恒通客车有限公司	CKZ6105HBEV02	纯电动低入口城市客车	500	11200/10800	1612	255	
23		CKZ6852HBEV01	纯电动城市客车	490	8500/8200/7900	1166	187	
24		CKZ6852HBEV02	纯电动城市客车	350	8350/8050/7750	915	131	
25		CKZ6852HBEV03	纯电动城市客车	360	8300/8000/7700	842	134	
26	吉利四川商用车有限公司	DNC6101BEVG12	纯电动低入口城市客车	505	11400	1948	304	
27		DNC6121BEVG12	纯电动低入口城市客车	545	11800/12200	2152	339	
28	南京金龙客车制造有限公司	NJL6117EVG11	纯电动城市客车	625	11900/12150	1898	303	
29	中车时代电动汽车股份有限公司	TEG6530BEV01	纯电动城市客车	338	3600/3500	446	70	
30		TEG6605BEV01	纯电动城市客车	430	4750/5000/5300	696±21	105	
31		TEG6800BEV02	纯电动城市客车	443	8650/8350	1085	175	
32	珠海广通汽车有限公司	GTQ6102BEVB30	纯电动低入口城市客车	540	11100/11300	1690±50.6	269	
33		GTQ6858BEVB35	纯电动城市客车	400	8800/9050	1278±38.4	201	
34	成都广通汽车有限公司	CAT6100CRBEVT3	纯电动城市客车	175	10600/10800	1600	77	钛酸锂
35		CAT6100CRBEVT4	纯电动城市客车	230	10950/11150	1905	102	钛酸锂
36	中兴智能汽车有限公司	GTZ6127BEVB1	纯电动城市客车	575	12000	1966	315	
37	东莞中汽宏远汽车有限公司	KMT6107GBEV	纯电动低地板城市客车	540	11300/11500	1768	282	
38		KMT6600GBEV2	纯电动城市客车	439	5000/5200	609	95	
39		KMT6802GBEV6	纯电动城市客车	370	7000/6800	767	121	
40		KMT6802GBEV7	纯电动城市客车	480	7150/7000	949	150	
41	广西申龙汽车制造有限公司	HQK6109UBEVU5	纯电动城市客车	330	10500/11000	1338	211	
42		HQK6109UBEVZ8	纯电动城市客车	330	10500/11000	1338	211	
43	奇瑞万达贵州客车股份有限公司	WD6105BEVG15	纯电动城市客车	450	10450	1338	211	
44		WD6120BEV01	纯电动客车	554	12800	1768	282	
45	广西汽车集团有限公司	GXA6521BEVG	纯电动城市客车	485	2450/2410	416	65	
46		GXA6609BEVG10	纯电动城市客车	445	3450	579	90	
47	南京市公共交通车辆厂	NJC6657GBEV	纯电动城市客车	429	5700	928	129	
48	江苏紫琅汽车集团股份有限公司	NTT6850GEVB1	纯电动城市客车	445	8300/8700	1166	187	
49	武汉客车制造股份有限公司	WH6102GBEV1	纯电动城市客车	635	10600/11200/11800	2084±56	327	
50		WH6811GBEV	纯电动城市客车	420	8000/8300/8600	1042±28	163	
51	襄阳九州汽车有限公司	SYC6120CBEV1	纯电动低入口城市客车	650	12550/12100/11800	2170	350	
52	衡阳智电客车有限责任公司	HYK6121GBEV	纯电动低入口城市客车	700	12290/12050	2102	338	
53		HYK6603GBEV	纯电动城市客车	305	4900/4700	600±18	90	
54	四川国宏汽车有限公司	LSK6105GEV3	纯电动城市客车	450	10500	1632	250	
55		LSK6850GEV3	纯电动城市客车	455	8400	1138	172	

（3）货车

序号	生产企业名称	车辆型号	产品名称	纯电动续驶里程（km）	整车整备质量（kg）	动力蓄电池组总质量（kg）	动力蓄电池组总能量（kWh）	备注
1	东风汽车集团有限公司	EQ1040TTZBEV1	纯电动载货汽车	330	2960	586±17.6	81	
2	长城汽车股份有限公司	CC1030QA01BEV	纯电动多用途货车	405	2070	427	62	
3		CC1030QS01BEV	纯电动多用途货车	405	2045	427	62	
4	比亚迪汽车工业有限公司	BYD1040A3EV1	纯电动载货汽车	280	2200/2300	424	64	
5		BYD1180C3EV	纯电动载货汽车	500	10250	2488	355	
6		BYD4180C3EV1	纯电动半挂牵引车	170	8320	1555	222	
7		BYD4260C3EV1	纯电动半挂牵引车	200	11300	2488	355	

续上表

序号	生产企业名称	车辆型号	产品名称	纯电动续驶里程（km）	整车整备质量（kg）	动力蓄电池组总质量（kg）	动力蓄电池组总能量（kWh）	备注
8	三一汽车制造有限公司	SYM3251ZZX1BEV	纯电动自卸汽车	320	14600/15000	2206	350	
9		SYM3251ZZX2BEV	纯电动自卸汽车	260	14100/14500	1804	282	
10		SYM42503Q1BEV	纯电动半挂牵引车	170	10700	1947	283	
11	河南德力新能源汽车有限公司	DLP1030BEVU31	纯电动多用途货车	360	2000	416	65	

（4）专用车

序号	生产企业名称	车辆型号	产品名称	纯电动续驶里程（km）	整车整备质量（kg）	动力蓄电池组总质量（kg）	动力蓄电池组总能量（kWh）	备注
1	东风汽车股份有限公司	DFA5030XLCMBEV	纯电动冷藏车	220	1800	308	42	
2	东风汽车集团有限公司	EQ5040CCYTZBEV1	纯电动仓栅式运输车	330	3100	586 ± 17. 6	81	
3		EQ5040XXYTZBEV3	纯电动厢式运输车	330	3100	586 ± 17. 6	81	
4	北京汽车制造厂有限公司	BAW5040CCY11551BEV	纯电动仓栅式运输车	390	3100	660	86	
5	北汽福田汽车股份有限公司	BJ5044CTYEV-H1	纯电动桶装垃圾运输车	280	2485	424	64	
6		BJ5044XTYEV-H1	纯电动密闭式桶装垃圾车	280	3000	424	64	
7		BJ5045XXYEV8	纯电动厢式运输车	300	2970	554 ± 16	81	
8		BJ5065XLCEV2	纯电动冷藏车	290	3500	766. 0 ± 22. 9	105	
9	长城汽车股份有限公司	CC5030XXYQA01BEV	纯电动厢式运输车	405	2110	427	62	
10		CC5030XXYQS01BEV	纯电动厢式运输车	405	2080	427	62	
11	山西新能源汽车工业有限公司	JHC5047XXYBEVL1	纯电动厢式运输车	370	2925	554	81	
12	安徽江淮汽车集团股份有限公司	HFC5049XCCEV6H	纯电动餐车	360	3750/3900	707 ± 10	92	
13	中国一拖集团有限公司	LT5041CTYBEV	纯电动桶装垃圾运输车	471	3000	700	107	
14		LT5041XSHBEV	纯电动售货车	332	2820	554	81	
15		LT5041XYZBEV	纯电动邮政车	332	2820	554	81	
16	比亚迪汽车工业有限公司	BYD5040XXYEV1	纯电动厢式运输车	485	3050	707	106	
17		BYD5040XXYEV2	纯电动厢式运输车	385	3050	566	85	
18		BYD5310GJBEV1	纯电动混凝土搅拌运输车	300	15590	2488	355	
19	深圳东风汽车有限公司	EQ5180TDYSBEV	纯电动多功能抑尘车	400	11700/12200	2150	314	
20	东风柳州汽车有限公司	LZ5031XXYMLAEV	纯电动厢式运输车	300	1600	316	51	
21		LZ5032XXYMLAEV	纯电动厢式运输车	300	1600	316	51	
22	中植一客成都汽车有限公司	CDL5021XXYBEV2	纯电动厢式运输车	271	1360	308 ± 9	42	
23		CDL5045XXYBEV	纯电动厢式运输车	440	3050	728 ± 20	97	
24	奇瑞商用车（安徽）有限公司	SQR5036XXYBEVH12	纯电动厢式运输车	346	1815	368	55	
25	厦门金龙联合汽车工业有限公司	XMQ5030XYZBEVL02	纯电动邮政车	320	1880	363. 6 ± 10	50	
26	厦门金龙旅行车有限公司	XML5036XXYEVL08	纯电动厢式运输车	235	1820	365	50	
27		XML5038XXYEV20	纯电动厢式运输车	210	1650	290	41	
28	中通客车控股股份有限公司	LCK5048XBWEV5SH	纯电动保温车	420	3200	580 ± 16	89	
29	南京金龙客车制造有限公司	NJL5038XXYEV6	纯电动厢式运输车	235	1850	363. 6 ± 10	50	
30		NJL5041XXYEVC2	纯电动厢式运输车	268	2340	444 ± 12	62	
31		NJL5043XXYEVA2	纯电动厢式运输车	375	3060	620 ± 18. 6	87	
32	中车时代电动汽车股份有限公司	TEG5030TYHAEQBEV1D	纯电动路面养护车	250	2240	400	53	
33		TEG5030ZZZAEQBEV1D	纯电动自装卸式垃圾车	250	2650	400 ± 5. 0	53	
34		TEG5120TCAAEQBEV1	纯电动餐厨垃圾车	420	7800	1536	219	
35		TEG5180TDYADFBEV1	纯电动多功能抑尘车	365	11900	2150	314	
36		TEG5180TXSADFBEV1	纯电动洗扫车	365	13250/13500	2150	314	
37	上海万象汽车制造有限公司	SXC5120TCABEV	纯电动餐厨垃圾车	360	6750	884	141	
38		SXC5180TXSBEV	纯电动洗扫车	450	12520	1917	301	
39	珠海广通汽车有限公司	GTQ5043XXYBEV7	纯电动厢式运输车	345	2950	546 ± 16. 5	86	
40	成都广通汽车有限公司	CAT5043TDYBEV	纯电动多功能抑尘车	345	4360	546 ± 16. 5	86	
41	东莞中汽宏远汽车有限公司	KMT5030CTYBEV	纯电动桶装垃圾运输车	238	1560	292	41	
42		KMT5090TDYBEV	纯电动多功能抑尘车	300	4940	767	121	
43		KMT5090ZYSBEV	纯电动压缩式垃圾车	300	6990	767	121	
44	广西汽车集团有限公司	GXA5038XXYBEV	纯电动厢式运输车	301	1445	301	42	
45		GXA5039XXYBEV	纯电动厢式运输车	302	1445	301	42	
46		GXA5041XXYBEV	纯电动厢式运输车	330	2890	588	77	

续上表

序号	生产企业名称	车辆型号	产品名称	纯电动续驶里程（km）	整车整备质量（kg）	动力蓄电池组总质量（kg）	动力蓄电池组总能量（kWh）	备注
47	重庆瑞驰汽车实业有限公司	CRC5030XLCDC1-BEV	纯电动冷藏车	330	1670	338	55	
48		CRC5030XXYFC8-BEV	纯电动厢式运输车	275	1510	284±7	39	
49	延边国泰新能源汽车有限公司	JYB5030XLCBEV	纯电动冷藏车	265	1880	332	43	
50		JYB5030XXYBEV	纯电动厢式运输车	270	1495	332	43	
51	北京市政中燕工程机械制造有限公司	BSZ5041ZLJBEV	纯电动自卸式垃圾车	220	2770	384	56	
52	北京环卫集团环卫装备有限公司	BQJ5040TSLEV	纯电动扫路车	275	3180	435	67	
53		BQJ5040TYHBYDEV	纯电动路面养护车	280	2780	424	64	
54	无锡中车新能源汽车有限公司	TEG5180TDYADFBEV3	纯电动多功能抑尘车	365	11900	2150	314	
55		TEG5180TXSADFBEV3	纯电动洗扫车	365	13250/13500	2150	314	
56	镇江天洋汽车有限公司	ZKJ5180GQXBEV	纯电动清洗车	250	10520	1665	218	
57	江苏悦达专用车有限公司	YD5043XYZEQBEV	纯电动邮政车	280	3100/3300	486±14	65	
58		YD5043ZXXEQBEV	纯电动车厢可卸式垃圾车	280	2550/2700	486±14	65	
59		YD5043ZZZEQBEV	纯电动自装卸式垃圾车	280	3650/3770	486±14	65	
60		YD5182ZYSEQBEV	纯电动压缩式垃圾车	400	11100/11400/11700/12000	2150	314	
61	徐州徐工环境技术有限公司	XGH5180TXSBBEV	纯电动洗扫车	380	14250	2664	348	
62	安徽泰新汽车工业有限公司	ATX5030XXYEV	纯电动厢式运输车	281	1750	370	50	
63	聊城中通新能源汽车装备有限公司	ZTQ5100ZYSSHY33BEV	纯电动压缩式垃圾车	430	6450/6600	1108	162	
64	郑州宇通重工有限公司	YTZ5180TDYD1BEV	纯电动多功能抑尘车	480	12200/11800	2170	350	
65	武汉客车制造股份有限公司	WH5030XYZEV	纯电动邮政车	259	1880	363.6±10	50	
66	衡阳智电客车有限责任公司	HYK5090XCCBEV	纯电动餐车	285	6350	600±18	90	
67	长沙中联重科环境产业有限公司	ZBH5040ZZZBYABEV	纯电动自装卸式垃圾车	280	3310	424	64	
68		ZBH5040ZZZSHAPBEV	纯电动自装卸式垃圾车	275	3150	435	67	
69		ZBH5080XTYEQPBEV	纯电动密闭式桶装垃圾车	240	4810	710±25	107	
70		ZBH5180ZLJCABEV	纯电动垃圾转运车	300	9700	1536	219	

2. 插电式混合动力汽车

（1）乘用车

序号	生产企业名称	车辆型号	通用名称	纯电动续驶里程（km）	燃料消耗量（L/100 km）	发动机排量（mL）	整车整备质量（kg）	动力蓄电池总质量（kg）	动力蓄电池总能量（kWh）	备注
1	东风本田汽车有限公司	DHW6471R7HEV	思威（CR-V）	84/85	4.6/4.7	1993	1998/2009/2018	284	16	
2	浙江吉利汽车有限公司	MR6490DSHEV02	LX	120	7.3	1477	2210/2270	258	25	
3		MR6490DSHEV04	LX	120	7.3	1477	2210	258	25	
4	浙江豪情汽车制造有限公司	VCC7201E01PPHEV	极星 1	135	6.6	1969	2349	前:113±2; 后:226.5±2	前:11.6; 后:23.2	
5	梅赛德斯-奔驰（中国）汽车销售有限公司	GLE 350 e 4MATIC 6B2A10（167354）	GLE 350 e 4MATIC coupe	103	7.9	1991	2662	290	31	

注:插电式混合动力汽车燃料消耗量仅包括传统燃料/不含电能折算

（2）客车

序号	生产企业名称	车辆型号	产品名称	纯电动续驶里程（km）	燃料消耗量（L/100 km）	发动机排量（mL）	整车整备质量（kg）	动力蓄电池总质量（kg）	动力蓄电池总能量（kWh）	备注
1	北汽福田汽车股份有限公司	BJ6105SHEVCA-2	插电式混合动力城市客车	80	15.36	3800	10800/11000/11400	366	50	
2	厦门金龙联合汽车工业有限公司	XMQ6850AGCHEVD61	插电式混合动力城市客车	70	12.7	4156	9000/9400/9800	251±7.5	30	
3	重庆恒通客车有限公司	CKZ6106EHEVN01	插电式混合动力低入口城市客车	75	18.31（kg/100 km）	6871	12100/11800/11500	370	50	NG

续上表

序号	生产企业名称	车辆型号	产品名称	纯电动续驶里程（km）	燃料消耗量（L/100 km）	发动机排量（mL）	整车整备质量（kg）	动力蓄电池总质量（kg）	动力蓄电池总能量（kWh）	备注
4	重庆恒通客车有限公司	CKZ6106EHEVN02	插电式混合动力低入口城市客车	78	18.24（kg/100 km）	6871	12100/11800/11500	483	53	NG
5	重庆恒通客车有限公司	CKZ6129EHEVN01	插电式混合动力低入口城市客车	72	20.60（kg/100 km）	6871	13400/13100/12800	483	53	NG
6	天津广通汽车有限公司	TJR6105CHEVBT1	插电式混合动力城市客车	70	14.84	6234	11500/12200	850	39	钛酸锂
7	天津广通汽车有限公司	TJR6119CHEVBT1	插电式混合动力城市客车	60	14.72	6234	11500	850	39	钛酸锂
8	天津广通汽车有限公司	TJR6121CHEVBT1	插电式混合动力城市客车	70	15.13	6234	11800/12500	850	39	钛酸锂

注：插电式混合动力汽车燃料消耗量仅包括传统燃料/不含电能折算。

（3）专用车

序号	生产企业名称	车辆型号	产品名称	纯电动续驶里程（km）	燃料消耗量（L/100 km）	发动机排量（mL）	整车整备质量（kg）	动力蓄电池总质量（kg）	动力蓄电池总能量（kWh）	备注
1	东风汽车集团有限公司	EQ5045CCYTZPHEV	插电式混合动力仓栅式运输车	52	10.67	2968	3805	178±5	17	
2	山西新能源汽车工业有限公司	JHC5042XLCSHEVGL1	插电式混合动力冷藏车	140	7.8	1477	3805/3950	432	55	
3	吉利四川商用车有限公司	DNC5049XXYSHEVGL1	插电式混合动力厢式运输车	140	7.9	1477	3555/3805	400±12	54	
4	远大汽车制造股份有限公司	YYD5180GSSZHEV	增程式混合动力洒水车	50	30.16（kg/100 km）	4165	9145	360	50	LNG
5	徐州徐工环境技术有限公司	XGH5070XTYYSHEV	插电式混合动力密闭式桶装垃圾车	125	11.5	1477	4190	400±12	54	

3. 燃料电池汽车

（1）乘用车

生产企业名称	车辆型号	通用名称	续驶里程（km）	整车整备质量（kg）	燃料电池系统额定功率（kW）	驱动电机额定功率（kW）	备注
上汽大通汽车有限公司	SH6521C1FCEV	EUNIQ7 FUELCELL	605	2550/2650	84	70	

（2）客车

序号	生产企业名称	车辆型号	产品名称	续驶里程（km）	整车整备质量（kg）	燃料电池系统额定功率（kW）	驱动电机额定功率（kW）	备注
1	厦门金龙联合汽车工业有限公司	XMQ6850AGFCEV3	燃料电池城市客车	450（氢系统工作）/195（氢系统不工作）	9400/9700/10000	52	90	
2	厦门金龙旅行车有限公司	XML6125JFCEVS0CX	燃料电池城市客车	180（氢系统不工作）/700（氢系统工作）	13100	90	110	
3	中通客车控股股份有限公司	LCK6126FCEVGY1	燃料电池低入口城市客车	510	12200/12600/13000	80.5	100	

续上表

序号	生产企业名称	车辆型号	产品名称	续驶里程（km）	整车整备质量（kg）	燃料电池系统额定功率（kW）	驱动电机额定功率（kW）	备注
4	吉利四川商用车有限公司	DNC6120FCEVG2	燃料电池低入口城市客车	600	12600/13000	80.5	120	
5	珠海广通汽车有限公司	GTQ6102FCEVBT31	燃料电池低入口城市客车	800（氢系统工作）/80（氢系统不工作）	11400	50	100	钛酸锂
6	东莞中汽宏远汽车有限公司	KMT6852GFCEV	燃料电池城市客车	188（氢系统不工作）/660（氢系统工作）	9500/9850	50/56	90	
7	陕西秦星汽车有限责任公司	SYD6120GFCEV	燃料电池低入口城市客车	150（氢系统不工作）/600（氢系统工作）	12700/13150	60	100	
8	四川新筑通工汽车有限公司	TG6901GFCEV2	燃料电池低入口城市客车	40（氢系统不工作）/380（氢系统工作）	9540/9840	47	100	

(3)专用车

序号	生产企业名称	车辆型号	产品名称	续驶里程（km）	整车整备质量（kg）	燃料电池系统额定功率（kW）	驱动电机额定功率（kW）	备注
1	北汽福田汽车股份有限公司	BJ5088XXYFCEV2	燃料电池厢式运输车	60（氢气不工作）/420（氢气工作）	4350	50	85	
2	南京金龙客车制造有限公司	NJL5310ZXXFCEV	燃料电池车厢可卸式垃圾车	320	15970	110	198	
3	上海万象汽车制造有限公司	SXC5180XBWFCEV	燃料电池保温车	450	11025	90	100	
4		SXC5181XBWFCEV	燃料电池保温车	450	10950	90	100	
5	北京天路通科技有限责任公司	BTL5182TXSEQFCEV	燃料电池洗扫车	400	13350	90	100	
6	广州广日专用汽车有限公司	GR5311ZLJFCEV	燃料电池自卸式垃圾车	450	16800	120	198	

(八)免征车辆购置税的新能源汽车车型目录(第37批)

1. 纯电动汽车

(1)乘用车

序号	生产企业名称	车辆型号	通用名称	纯电动续驶里程（km）	整车整备质量（kg）	动力蓄电池组总质量（kg）	动力蓄电池组总能量（kWh）	备注
1	一汽-大众汽车有限公司	FV6494AA1BEV	e-tron	500	2625	683	97	
2	上汽大通汽车有限公司	SH6551J1BEV-1	EV90	339	2820	540	72	
3	上汽通用五菱汽车股份有限公司	LZW7003EVA3EAB	E300	305	1040/1052	256	32	
4		LZW7004EVA4CAM	宏光 MINI EV	170	700	125	14	
5		LZW7004EVJCAM	宏光 MINI EV	170	700	125	14	

续上表

序号	生产企业名称	车辆型号	通用名称	纯电动续驶里程(km)	整车整备质量(kg)	动力蓄电池组总质量(kg)	动力蓄电池组总能量(kWh)	备注
6	东风悦达起亚汽车有限公司	YQZ6520BEVHIPHI1D	HiPhi X	630	2440	557	94	
7		YQZ7005BEV	K3	410	1570	397±5	49	
8	东风汽车集团有限公司	DFM7000G1F8PBEV	ES500	420	1555	346	53	
9		DFM7001G1F1BEV	E70	401	1550	389	50	
10		DFM7001G1F2BEV	E70	420	1515	346	53	
11		DFM7001G1F3BEV	E70	330	1550	346	43	
12	北汽云南瑞丽汽车有限公司	BJ7000C5DEK-BEV	EU5	350	1620	358	44	
13	北汽蓝谷麦格纳汽车有限公司	BJ7001AUA7-BEV	αS	525	1930	398	67	
14		BJ7001AUA8-BEV	αS	708	2068	532	94	
15		BJ7001AUA9-BEV	αS	525	1910	374	66	
16		BJ7001AUAA-BEV	αS	525	1900	374	66	
17	华晨汽车制造有限公司	SY7001BEVDXAA	i03/i03A	410	1070	256	39	
18	奇瑞新能源汽车股份有限公司	NEQ7000BEVJ72Q	eQ1	301	935/955	213	31	
19		NEQ7000BEVJ72R	eQ1	301	925/945	205	32	
20	奇瑞汽车股份有限公司	SQR7000BEVT194	TIGGO e	401	1560	348	54	
21		SQR7000BEVT195	TIGGO e	401	1560	346	54	
22	威马汽车制造温州有限公司	SZS6460A29BEV	EX5	475	1780	424	58	
23		SZS6460A54BEV	EX5	430	1813	368	55	
24	安徽江淮汽车集团股份有限公司	HFC7000WEV7	E · 10X	302	1180	240	30	
25	安徽江淮汽车集团股份有限公司	HFC7002BEV4	E · 50A	480	1700	408	59	
26	广汽本田汽车有限公司	GHA7000NAN0ABEV	EA6	510	1610/1650	360	59	
27	枫盛汽车(江苏)有限公司	JWT6470SEV02	80v	415	1700	370	53	
28	河北长安汽车有限公司	SC6443PAABEV	长安之星 9	245	1600	292	36	
29	浙江合众新能源汽车有限公司	THZ7000BEVS114	哪吒 V	401	1125	259±7.8	43	
30	湖北星晖新能源智能汽车有限公司	EXH6460A01BEV	W6	620	1882	470	83	
31		EXH6460A02BEV	W6	520	1824	425	66	
32	特斯拉(上海)有限公司	TSL6480BEVBA0	特斯拉 MODEL Y	594	1997	455	77	
33	神龙汽车有限公司	DC7002XAAXBEVG	e 爱丽舍	301	1310	295	38	
34		DC7002XAAYBEVH	e 爱丽舍	301	1340	295	38	
35		DC7002XAAYBEVJ	e 爱丽舍	301	1340	295	38	
36	福建天际汽车制造有限公司	QAC6461BEVAC	天际 ME7	530	2050	520	73	
37	重庆长安汽车股份有限公司	SC7001ABABEV	奔奔 E-Star	310	1160	228	31	
38		SC7003AGABEV	逸动 EV 460	401	1615	377	48	

(2)客车

序号	生产企业名称	车辆型号	产品名称	纯电动续驶里程(km)	整车整备质量(kg)	动力蓄电池组总质量(kg)	动力蓄电池组总能量(kWh)	备注
1	中兴智能汽车有限公司	GTZ6118BEVC1	纯电动客车	325	12000	1132	181	
2	中车时代电动汽车股份有限公司	TEG6120EV02	纯电动客车	550	12600/12200	1898	303	
3		TEG6530BEV02	纯电动城市客车	348	3660	446	70	
4		TEG6650BEV03	纯电动城市客车	460	5400/5700	816±24.48	128	
5		TEG6853BEV03	纯电动城市客车	620	8700/8400/8100	1456	229	
6	中通客车控股股份有限公司	LCK6906EVQA2	纯电动客车	650	9600/10150/10450	1612	255	
7	北汽福田汽车股份有限公司	BJ6851EVCA-36	纯电动城市客车	156	8400/8700	1260±30	81	钛酸锂
8	南京金龙客车制造有限公司	NJL6106EV3	纯电动低入口城市客车	640	10930/11280/11630/11980	1966	315	
9		NJL6706EV3	纯电动客车	317	4900/5100	705	105	
10	厦门金龙联合汽车工业有限公司	XMQ6115FGBEVL1	纯电动城市客车	650	10300/10800/11300	1612±48.4	255	
11	四川新筑通工汽车有限公司	TG6106GBEV1	纯电动城市客车	575	10700/11000	1898	300	
12	国唐汽车有限公司	SGK6856BEVGK03	纯电动城市客车	415	8200/8400	1017	163	
13	天津广通汽车有限公司	TJR6680BEVB1	纯电动城市客车	410	6400/6600	884±26.4	141	

续上表

序号	生产企业名称	车辆型号	产品名称	纯电动续驶里程(km)	整车整备质量(kg)	动力蓄电池组总质量(kg)	动力蓄电池组总能量(kWh)	备注
14	奇瑞万达贵州客车股份有限公司	WD6117BEVG03	纯电动城市客车	450	10400/10700/11200/11500	1612	255	
15		WD6666BEVG01	纯电动城市客车	280	5300	669	105	
16		WD6815BEVG13	纯电动城市客车	450	7750/8000	1338	211	
17	安徽华菱汽车有限公司	HN6101L20E2BEV	纯电动低入口城市客车	500	11400/11800	1612	255	
18		HN6851L15D2BEV	纯电动城市客车	350	8400/8800	949	152	
19	安徽安凯汽车股份有限公司	HFF6119A6EV11	纯电动城市客车	635	12000/12400	2370	327	
20		HFF6668GEV1	纯电动城市客车	303	5900	579	90	
21	山西新能源汽车工业有限公司	JHC6101BEVG12	纯电动低入口城市客车	505	11400	1948	304	
22		JHC6121BEVG12	纯电动低入口城市客车	545	11800/12200	2152	339	
23	广州广汽比亚迪新能源客车有限公司	GZ6102B2EV	纯电动低入口城市客车	610	11600	2112	320	
24		GZ6851B3EV	纯电动城市客车	530	8900	1467	222	
25	广西华奥汽车制造有限公司	CCA6112BEVG03	纯电动城市客车	526	11045	1690	269	
26	广西申龙汽车制造有限公司	HQK6118UBEVU2	纯电动城市客车	500	12100	1690	269	
27	成都客车股份有限公司	CDK6661CBEV	纯电动城市客车	525	5240/5400/5700/6000	848.4	128	
28	成都广通汽车有限公司	CAT6690CRBEV2	纯电动城市客车	250	5500/5750	632	95	
29	比亚迪汽车工业有限公司	BYD6810B3EV3	纯电动城市客车	295	6770/7150/7510/7780	820	123	
30		BYD6810B3EV4	纯电动城市客车	340	6890/7260/7620/7890	962	145	
31		BYD6810B3EV5	纯电动城市客车	410	7090/7460/7820/8100	1174	178	
32		BYD6810C4EV1	纯电动城市客车	435	8900/8500	1174	178	
33	江西博能新能源汽车有限公司	BSR6826BEVGS	纯电动城市客车	415	8260/8560/8310/8610/8360/8660	949	152	
34		BSR6900BEVGS1	纯电动城市客车	476	9450/9650	1338	211	
35	江西江铃集团晶马汽车有限公司	JMV6811GRBEV1	纯电动城市客车	270	7520	728	115	
36		JMV6811GRBEV2	纯电动城市客车	340	7680	884	141	
37	河北长安汽车有限公司	SC6665BBEV	纯电动城市客车	404	5650/5900	728	115	
38	湖北三江航天万山特种车辆有限公司	WS6105WEVS0C	纯电动城市客车	496	10600/10900	1632	256	
39		WS6805WEVS0C	纯电动城市客车	387	7350/7800	1008	158	
40	珠海广通汽车有限公司	GTQ6105BEVB35	纯电动城市客车	530	11550/11800	2065	301	
41		GTQ6800BEVB32	纯电动城市客车	285	6700/7000	776 ± 21	121	
42	郑州宇通客车股份有限公司	ZK6117BEVY16	纯电动客车	550	10800/11200/11600/11950	1612	255	
43		ZK6117BEVY33	纯电动客车	375	10500/10800/11200/11600/11950	1144	181	
44	郑州宇通客车股份有限公司	ZK6117BEVY37L	纯电动客车	630	11200/11500/11900/12350	1918	303	
45		ZK6605BEVG2C	纯电动城市客车	265	4600/4800/5000/5200	416	65	
46		ZK6605BEVG3C	纯电动城市客车	370	4800/5000/5200/5400	589	92	
47		ZK6816BEVG7	纯电动城市客车	270	6780/7100/7430/7790	666	106	
48		ZK6816BEVG9	纯电动城市客车	420	7100/7420/7750/8100	1017	163	
49		ZK6820BEVQZ13	纯电动客车	450	7350/7500/7800/8100/8400	1085	175	
50		ZK6827BEVG35C	纯电动城市客车	575	9100/9450/9650	1332	211	

(3)货车

序号	生产企业名称	车辆型号	产品名称	纯电动续驶里程(km)	整车整备质量(kg)	动力蓄电池组总质量(kg)	动力蓄电池组总能量(kWh)	备注
1	东风汽车集团有限公司	EQ1040TTZBEV2	纯电动载货汽车	320	2960	554	81	
2	北奔重型汽车集团有限公司	ND3310DBXJ7Z02BEV	换电式纯电动自卸汽车	250	21700	1804	282	
3	南京金龙客车制造有限公司	NJL4250ZEKBEV1	纯电动半挂牵引车	255	10650/11510	2679	423	
4	山东蓝诺汽车有限公司	JHN1032CGBEV4	纯电动载货汽车	240	1295	292 ± 10	36	
5	广西汽车集团有限公司	GXA1031BEV	纯电动载货汽车	300	1360	332	43	
6		GXA1032BEV	纯电动载货汽车	300	1335	308	42	
7		GXA1034BEV	纯电动载货汽车	300	1335	308	42	
8		GXA1035BEV	纯电动载货汽车	301	1335	301	42	
9		GXA1036BEV	纯电动载货汽车	256	1310	278	36	
10		GXA1037BEV	纯电动载货汽车	256	1310	278	36	
11		GXA1039BEV	纯电动载货汽车	301	1335	301	42	
12	徐州徐工汽车制造有限公司	XGA4252BEVWCA	换电式纯电动半挂牵引车	190	12500	1804	282	
13	河北长安汽车有限公司	SC1032DBAABEV	纯电动载货汽车	320	1425	359	47	
14		SC1032DBABBEV	纯电动载货汽车	320	1425	359	47	
15		SC1032SBAABEV	纯电动载货汽车	320	1480	359	47	
16		SC1032SBABBEV	纯电动载货汽车	320	1480	359	47	
17	上汽依维柯红岩商用车有限公司	CQ4180BEVSS441	换电式纯电动半挂牵引车	250	9400	1804	282	

(4)专用车

序号	生产企业名称	车辆型号	产品名称	纯电动续驶里程(km)	整车整备质量(kg)	动力蓄电池组总质量(kg)	动力蓄电池组总能量(kWh)	备注
1	一汽红塔云南汽车制造有限公司	CA5040XXYL3BEV-1	纯电动厢式运输车	455	3000	749	105	
2		CA5040XXYL3BEV-2	纯电动厢式运输车	375	3000	620	87	
3	上汽大通汽车有限公司	SH5031XXYK6BEV-4	纯电动厢式运输车	300	1535	308 ± 9	42	
4		SH5032XXYK6BEV-4	纯电动厢式运输车	310	1480	308 ± 9	42	
5	东莞中汽宏远汽车有限公司	KMT5080TXSBEV	纯电动洗扫车	280	7150	1108 ± 32	162	
6	东风汽车股份有限公司	DFA5030XYZMBEV	纯电动邮政车	220	1640	308	42	
7		DFA5040XYZEBEV	纯电动邮政车	345/355/365	2740/2800/2920/2975	140/141/147	80/81/86	
8	东风汽车集团有限公司	EQ5040CCYTZBEV2	纯电动仓栅式运输车	320	3030	554	81	
9	中植一客成都汽车有限公司	CDL5045XXYBEV1	纯电动厢式运输车	360	2990	554 ± 8	81	
10	中汽商用汽车有限公司(杭州)	ZQZ5030TCXBEV	纯电动除雪车	240	2275	500	66	
11		ZQZ5030TYHBEV	纯电动路面养护车	240	2325	500	66	
12	保定长安客车制造有限公司	SC5021XXYAAABEV	纯电动厢式运输车	245	1370	292 ± 10	36	
13		SC5031XXYAAGBEV	纯电动厢式运输车	300	1500	309	42	
14		SC5031XXYAAHBEV	纯电动厢式运输车	300	1500	309	42	
15	兰州广通新能源汽车有限公司	LZG5041ZXXBEV1	纯电动车厢可卸式垃圾车	255	2350	435	67	
16	北京北重汽车改装有限公司	BZD5090GSSBEVK2	纯电动洒水车	320	5140	1248 ± 20	159	
17		BZD5121GXWBEVH1	纯电动吸污车	400	7710	1584	217	
18		BZD5123ZXXFGBEV	纯电动车厢可卸式垃圾车	400	6750	1584	217	
19		BZD5182ZXXFFBEV	纯电动车厢可卸式垃圾车	360	9320	2118	298	
20		BZD5186ZYSBEVK2	纯电动压缩式垃圾车	360	12640	2118	298	
21	北京华林特装车有限公司	HLT5120TCABYEV	纯电动餐厨垃圾车	400	7470	1174	178	
22	北京环卫集团环卫装备有限公司	BQJ5180TCAEV	纯电动餐厨垃圾车	250	11300	1665	218	
23		BQJ5180TDYEQEV	纯电动多功能抑尘车	254	12500	1536	219	
24	北汽福田汽车股份有限公司	BJ5045XXYEVC	纯电动厢式运输车	400	2970	766	105	
25	南京金龙客车制造有限公司	NJL5040ZZZBEV3	纯电动自装卸式垃圾车	220	2800	371 ± 11	56	
26	厦门金龙旅行车有限公司	XML5038XXYEV30	纯电动厢式运输车	235	1640	291	39	
27	吉利四川商用车有限公司	DNC5049XXYBEVL1	纯电动厢式运输车	400	2890	620 ± 18.6	87	
28		DNC5187CCYBEVL1	纯电动仓栅式运输车	410	8950	1994	315	
29	奇瑞商用车(安徽)有限公司	SQR5040ZZZBEVEV4	纯电动自装卸式垃圾车	220	3000	435	67	
30		SQR5120GQXBEVEVJ	纯电动清洗车	300	6640	1536	219	

续上表

序号	生产企业名称	车辆型号	产品名称	纯电动续驶里程(km)	整车整备质量(kg)	动力蓄电池组总质量(kg)	动力蓄电池组总能量(kWh)	备注
31	安徽爱瑞特新能源专用汽车股份有限公司	ART5040GXEG47BEV	纯电动吸粪车	232	2990	435	67	
32		ART5040XTYY47BEV	纯电动密闭式桶装垃圾车	322	3110	554	81	
33		ART5040ZZZY49BEV	纯电动自装卸式垃圾车	285	3120	435	67	
34		ART5180TCAC97BEV	纯电动餐厨垃圾车	298	9820	1536	219	
35	山东蓝诺汽车有限公司	JHN5032CGXSHBEV4	纯电动售货车	230	1510	292±10	36	
36	广西汽车集团有限公司	GXA5032CCYEV	纯电动仓栅式运输车	300	1380/1405	308	42	
37		GXA5032XXYDEV	纯电动厢式运输车	301	1480	308	42	
38		GXA5032XXYEV	纯电动厢式运输车	300	1450/1475	308	42	
39		GXA5035XXYDEV	纯电动厢式运输车	301	1480	301	42	
40		GXA5035XXYEV	纯电动厢式运输车	301	1450/1475	301	42	
41		GXA5036XXYBEV	纯电动厢式运输车	256	1410	278	36	
42		GXA5037XXYBEV	纯电动厢式运输车	256	1410	278	36	
43	庆铃汽车股份有限公司	QL5040TPBBEVECHA2	纯电动平板运输车	455	2905	700	107	
44	徐州徐工汽车制造有限公司	XGA5317ZLJBEVWA	换电式纯电动自卸式垃圾车	170	18500/17950	1804	282	
45	徐工湖北环保科技股份有限公司	DXA5180TDYDBEV	纯电动多功能抑尘车	390	12100/12020/11670	2150	314	
46	成都今创嘉蓝环保科技有限公司	KTE5090TCADEV	纯电动餐厨垃圾车	320	6940	1248	159	
47	成都广通汽车有限公司	CAT5181XYLBEV	纯电动医疗车	350	15800/16200	1680±50	242	
48	扬州金威环保科技有限公司	YJW5120TCABEV	纯电动餐厨垃圾车	370	8900	1536	219	
49		YJW5180ZXXBEV	纯电动车厢可卸式垃圾车	300	8720	1536	219	
50	无锡中车新能源汽车有限公司	TEG5042XXYBEV3	纯电动厢式运输车	373	2850/2990	554	81	
51	杭州西湖比亚迪新能源汽车有限公司	XBE5120TSLBEV1	纯电动扫路车	480	8750	1555	222	
52	武汉客车制造股份有限公司	WH5040XYZEV	纯电动邮政车	360	2970	616±20	81	
53	比亚迪汽车工业有限公司	BYD5040XLCEV1	纯电动冷藏车	485	3050	707	106	
54	江苏悦达专用车有限公司	YD5030XYZSCBEV	纯电动邮政车	220	1530	309	42	
55		YD5038XYZDNBEV	纯电动邮政车	270	2095/2295	432	55	
56		YD5044XYZEQBEV	纯电动邮政车	360	3150/3460	663±10	93	
57		YD5093ZZZEQBEV	纯电动自装卸式垃圾车	320	6000/6300	1248±20	159	
58		YD5120ZXXCABEV	纯电动车厢可卸式垃圾车	370	7250/7500	1536	219	
59	河北长安汽车有限公司	SC5032XXYDBAABEV	纯电动厢式运输车	310	1575	359	47	
60		SC5032XXYDBABBEV	纯电动厢式运输车	310	1575	359	47	
61	河南森源重工有限公司	SMQ5310ZLJDFBEV	纯电动自卸式垃圾车	300	18450	2706	423	
62	河南森源重工有限公司	SMQ5310ZLJXGBEV	纯电动自卸式垃圾车	305	18450	2676	423	
63	浙江飞碟汽车制造有限公司	FD5033XYZBEV-1	纯电动邮政车	295	1460	308±9	42	
64	湖北五环专用汽车有限公司	HCQ5030TYHEQBEV	纯电动路面养护车	247	2100	400	53	
65		HCQ5090TDYEQBEV	纯电动多功能抑尘车	320	6000	1248	159	
66		HCQ5090ZYSEQBEV	纯电动压缩式垃圾车	320	6950	1248	159	
67	甘肃建投重工科技有限公司	GSK5040ZZZBYBEV	纯电动自装卸式垃圾车	280	3000	424	64	
68	福建新龙马汽车股份有限公司	FJ5030XXYBEVE2	纯电动厢式运输车	300	1500/1475/1535	306	40	
69	福建龙马环卫装备股份有限公司	FLM5070XTYQLBEV	纯电动密闭式桶装垃圾车	255	4100	700	107	
70	程力汽车集团股份有限公司	CL5030CTYBEV	纯电动桶装垃圾运输车	235	1560	292	41	
71		CL5040TSLBEV	纯电动扫路车	220	3580	435	67	
72		CL5040TXCBEV	纯电动吸尘车	220	3940	386	56	
73		CL5041ZZZBEV	纯电动自装卸式垃圾车	280	3010	424	64	
74		CL5080ZYSBEV	纯电动压缩式垃圾车	240	6850	710±25	107	
75		CL5090GXEBEV	纯电动吸粪车	300	4890	767	121	
76		CL5092GSSBEV	纯电动洒水车	300	4810	767	121	
77		CL5123TXSBEV	纯电动洗扫车	430	9640	1472±40	230	
78		CL5180TXCBEV	纯电动吸尘车	365	13700	2150	314	
79		CL5181GQXBEV	纯电动清洗车	250	9745/9810	1665	218	
80		CL5182GSSBEV	纯电动洒水车	310	9420	1680	242	
81		CL5182TXSBEV	纯电动洗扫车	365	12750	2150	314	
82	远大汽车制造股份有限公司	YYD5182GSSDBEV	纯电动洒水车	250	9140	1536	219	
83		YYD5253GSSDBEV	纯电动洒水车	250	13440	2150	314	
84	郑州宏达汽车工业有限公司	JYC5310ZLJXGBEV	纯电动自卸式垃圾车	305	18500	2676	423	

续上表

序号	生产企业名称	车辆型号	产品名称	纯电动续驶里程(km)	整车整备质量(kg)	动力蓄电池组总质量(kg)	动力蓄电池组总能量(kWh)	备注
85	长沙中联重科环境产业有限公司	ZBH5030TYHEQBEVB	纯电动路面养护车	250	2100	400 ± 5. 0	53	
86		ZBH5030ZLJEQBEVB	纯电动自卸式垃圾车	250	2210	400 ± 5. 0	53	
87		ZBH5030ZZZEQBEVB	纯电动自装卸式垃圾车	250	2600	400 ± 5. 0	53	
88		ZBH5090ZYSEQBEVB	纯电动压缩式垃圾车	320	7060	1248 ± 20	159	
89		ZBH5100TXSQLBEV	纯电动洗扫车	435	8100	1536	219	
90	陕西汽车集团有限责任公司	SX5040XYKBEV281G	纯电动翼开启厢式车	240	2450	432 ± 12	55	
91		SX5041XLCBEV331G	纯电动冷藏车	440	3200	732	97	

2. 插电式混合动力汽车

(1)乘用车

生产企业名称	车辆型号	通用名称	纯电动续驶里程(km)	燃料消耗量(L/100 km)	发动机排量(mL)	整车整备质量(kg)	动力蓄电池总质量(kg)	动力蓄电池总能量(kWh)	备注
比亚迪汽车有限公司	BYD7152WT6HEVSS	SONGSAN	82	4. 3	1497	1690	142	14	

注:插电式混合动力汽车燃料消耗量仅包括传统燃料/不含电能折算。

(2)客车

序号	生产企业名称	车辆型号	产品名称	纯电动续驶里程(km)	燃料消耗量(L/100 km)	发动机排量(mL)	整车整备质量(kg)	动力蓄电池总质量(kg)	动力蓄电池总能量(kWh)	备注
1	厦门金龙联合汽车工业有限公司	XMQ6106AGSHEVD61	插电式混合动力城市客车	85	15. 19	3800	11350/10750	360	50	
2		XMQ6106AGSHEVD62	插电式混合动力城市客车	65	15. 20	3800	11200/11800	825	39	钛酸锂
3	奇瑞万达贵州客车股份有限公司	WD6110CHEVG02	插电式混合动力城市客车	51	17. 89	7470	11400/11700/11900	424	48	NG
4	珠海广通汽车有限公司	GTQ6105SHEVBT30	插电式混合动力城市客车	70	15. 7	4156	11500/12200	850	39	钛酸锂
5		GTQ6105SHEVBT31	插电式混合动力低入口城市客车	70	15. 7	4156	11500/12200	850	39	钛酸锂

注:插电式混合动力汽车燃料消耗量仅包括传统燃料/不含电能折算。

(3)专用车

生产企业名称	车辆型号	产品名称	纯电动续驶里程(km)	燃料消耗量(L/100 km)	发动机排量(mL)	整车整备质量(kg)	动力蓄电池总质量(kg)	动力蓄电池总能量(kWh)	备注
重庆凯瑞特种车有限公司	QYZ5080ZXXSHEV	插电式混合动力车厢可卸式垃圾车	55	11. 51	1477	3940	239	26	

3. 燃料电池汽车

(1)乘用车

序号	生产企业名称	车辆型号	产品名称	续驶里程(km)	整车整备质量(kg)	燃料电池系统额定功率(kW)	驱动电机额定功率(kW)	备注
1	一汽客车(大连)有限公司	CA6109URFCEV31	燃料电池低入口城市客车	160(氢系统不工作)/500(氢系统工作)	12000	65	100	
2	上海万象汽车制造有限公司	SXC6121GFCEV1	燃料电池低入口城市客车	109(氢系统不工作)/555(氢系统工作)	12400	81	155	
3	东莞中汽宏远汽车有限公司	KMT6862GFCEV	燃料电池城市客车	190(氢系统不工作)/665(氢系统工作)	9900	51.7	90	

续上表

序号	生产企业名称	车辆型号	产品名称	续驶里程（km）	整车整备质量（kg）	燃料电池系统额定功率（kW）	驱动电机额定功率（kW）	备注
4	东风汽车集团有限公司	EQ6100CACFCEV3	燃料电池城市客车	160（氢系统不工作）/350（仅氢系统工作）	11200/11400/11850/12300	84	100	
5		EQ6850CACFCEV1	燃料电池城市客车	130（氢系统不工作），500（氢系统工作）	7915/8295/8675	50	75	
6	中国重型汽车集团有限公司	ZZ6106GFCEVHQ2	燃料电池城市客车	210（氢系统不工作）/452（氢系统工作）	10800/11200	50	100	
7	中植一客成都汽车有限公司	CDL6101URFCEV3	燃料电池低入口城市客车	154（氢系统不工作）/600（氢系统工作）	11150/11500	56	100	
8	北汽福田汽车股份有限公司	BJ6116FCEVUH	燃料电池客车	1100	12000/12400	109	100	
9		BJ6906FCEVCH-1	燃料电池城市客车	90（氢系统不工作）/650（氢系统工作）	10350/10650	80	60	
10	南京金龙客车制造有限公司	NJL6100FCEV3	燃料电池低入口城市客车	170（氢系统不工作）/450（氢系统工作）	10800/11200/11650	80	90	
11	厦门金龙旅行车有限公司	XML6105JFCEVJ0CH	燃料电池城市客车	125（氢系统不工作）/650（氢系统工作）	11800	67	120	
12		XML6855JFCEVJ0CQ	燃料电池城市客车	120（氢系统不工作）/700（氢系统工作）	9900/9600	56	90	
13	厦门金龙联合汽车工业有限公司	XMQ6850AGFCEV4	燃料电池城市客车	625（氢系统工作）/195（氢系统不工作）	9400/9700/10000	62.5	90	
14	奇瑞万达贵州客车股份有限公司	WD6120FCEVG01	燃料电池城市客车	60（氢系统不工作）/450（氢系统工作）	11800	55	100	
15	成都客车股份有限公司	CDK6851CFCEV1	燃料电池城市客车	500（氢系统工作）	9000/9400	68.5	90	
16	郑州宇通客车股份有限公司	ZK6106FCEVG1	燃料电池低入口城市客车	140（氢系统不工作）/725（氢系统工作）	11000/11500/12000/12500	63	120	
17	金龙联合汽车工业（苏州）有限公司	KLQ6106GAFCEV3	燃料电池低入口城市客车	纯电动续驶里程72/氢系统工作时续驶里程560	12400/12100/11750	92	100	

（2）专用车

序号	生产企业名称	车辆型号	产品名称	续驶里程（km）	整车整备质量（kg）	燃料电池系统额定功率（kW）	驱动电机额定功率（kW）	备注
1	上汽大通汽车有限公司	SH5187XLCZQFCEVWZ1	燃料电池冷藏车	680	8750	90	100	
2	佛山市飞驰汽车制造有限公司	FSQ5040XLCCFCEV	燃料电池冷藏车	500	3650	70	60	
3		FSQ5040XXYCFCEV	燃料电池厢式运输车	500	3150	70	60	
4	北汽福田汽车股份有限公司	BJ5088XLCFCEV1	燃料电池冷藏车	60（氢气不工作），480（氢气工作）	4900	50	85	
5	广州市环境卫生机械设备厂	GH5310ZLJFCEV	燃料电池自卸式垃圾车	450	16800	120	198	
6	金龙联合汽车工业（苏州）有限公司	KLQ5180XBWFCEV1	燃料电池保温车	纯电动续驶里程90，氢系统工作时续驶里程400	10140	101	100	

（3）货车

序号	生产企业名称	车辆型号	产品名称	续驶里程（km）	整车整备质量（kg）	燃料电池系统额定功率（kW）	驱动电机额定功率（kW）	备注
1	北汽福田汽车股份有限公司	BJ4189FCEVPH	燃料电池半挂牵引车	565（氢工作）/75（氢不工作）	9600	110	220	
2	南京金龙客车制造有限公司	NJL3311ZHJFCEV	燃料电池自卸汽车	450	18000	110/120	198	
3	南京金龙客车制造有限公司	NJL3311ZHJFCEV2	燃料电池自卸汽车	450	18000	110/120	198	
4	南京金龙客车制造有限公司	NJL4250ZEKFCEV1	燃料电池半挂牵引车	390	11000	100/110.5/120	198	
5	南京金龙客车制造有限公司	NJL4250ZEKFCEV2	燃料电池半挂牵引车	390	11000	120	198	
6	安徽华菱汽车有限公司	HN4180H25D3FCEV	燃料电池半挂牵引车	75（氢系统不工作）/480（氢系统工作）	9800	110	145	
7	成都大运汽车集团有限公司	CGC4250FCEV1Z3	燃料电池牵引汽车	60（氢系统不工作）/390（氢系统工作）	11400	97	189	
8	金龙联合汽车工业（苏州）有限公司	KLQ4180FCEV1	燃料电池半挂牵引车	50（氢系统不工作）/355（氢系统工作）	8800	120	210	

（九）免征车辆购置税的新能源汽车车型目录（第38批）

1. 纯电动汽车

（1）乘用车

序号	生产企业名称	车辆型号	通用名称	纯电动续驶里程（km）	整车整备质量（kg）	动力蓄电池组总质量（kg）	动力蓄电池组总能量（kWh）	备注
1	江苏国新新能源乘用车有限公司	JGX7001BEV1A	纯电动轿车	302	960	215	33.14	
2	重庆长安汽车股份有限公司	SC7001ABCBEV	奔奔 E-Star 国民版	301	1150	228	31.18	
3	重庆长安汽车股份有限公司	SC7003AGBBEV	逸动 EV 460 换充版	365	1630	360.4	44.43	
4	重庆长安汽车股份有限公司	SC7001ABDBEV	奔奔 E-Star 国民版	301	1150	230	32.2	
5	东风汽车集团有限公司	DFM7000G1F9PBEV	富康 ES500	400	1570	389	50.30	
6	东风汽车集团有限公司	DFM7000G1A3BEV	东风风神 E70	128	1270	164.5	18.43	
7	广汽乘用车有限公司	GAM6490BEVN0C	HYCAN 007	523	1945	435	73.3	
8	广汽乘用车有限公司	GAM6490BEVN0D	HYCAN 007	643	2060	538	93.3	
9	北汽蓝谷麦格纳汽车有限公司	BJ6480BSA7-BEV	αT	480	1935	374	65.6	
10	威马汽车制造温州有限公司	SZS6460A55BEV	EX5	403	1749	340	53.494	
11	湖北星晖新能源智能汽车有限公司	EXH6460A03BEV	W6	520	1815	425	66.231	
12	枫盛汽车（江苏）有限公司	JWT6470SEV03	80v	410	1770	370	52.56	
13	浙江豪情汽车制造有限公司	JL7002BEV06	帝豪 EV	400	1570	347	53.1（1C）	
14	浙江豪情汽车制造有限公司	JL6471SEV01	80v	415	1700	370	52.56	
15	浙江合众新能源汽车有限公司	THZ6450BEVS30B	哪吒 U	401	1675	338	54.34	
16	浙江合众新能源汽车有限公司	THZ7000BEVS111	哪吒 V	301	1081	211±6.3	31.7	
17	奇瑞汽车股份有限公司	SQR7000BEVT193	TIGGO e	451	1560	373	65	

续上表

序号	生产企业名称	车辆型号	通用名称	纯电动续驶里程(km)	整车整备质量(kg)	动力蓄电池组总质量(kg)	动力蓄电池组总能量(kWh)	备注
18	合肥长安汽车有限公司	SC7003AAFBEV	第二代逸动EV,逸动EV460	405	1605	350.4	52.56	
19		SC7003AGCBEV	逸动EV 460	401	1615	376.6	47.78	
20		SC7001ABBBEV	奔奔E-Star	310	1160	228	31.18	
21	福建新龙马汽车股份有限公司	FJ6440BEVA1	M70L EV	310	1475	308±9	41.86	
22	福建省汽车工业集团云度新能源汽车股份有限公司	YDE7000BEV1P	π1Pro	430	1390	331	56	
23		YDE7000BEV2Q	π3Pro	401	1450	331	56	
24	海马汽车有限公司	HMA7001DHBEV	G3	460	1657	396	55.9	
25	广汽乘用车(杭州)有限公司	GAH7000BEVN0D	传祺AION.S	410	1620	360	49.41	
26	比亚迪汽车工业有限公司	BYD6490SBEV6	比亚迪唐	505	2455	617	86.4	
27	重庆金康新能源汽车有限公司	SKE6470SBEVA1S	东风赛力斯SF5,赛力斯SF5,金康赛力斯SF5	500	2390	585	88.01	
28	安徽江淮汽车集团股份有限公司	HFC7000WEV6	E·10X	200	1000	157	19.66	
29	上汽通用汽车有限公司	SGM7008GCBEV	VELITE 7	500	1660	429	55.6	
30	上汽大通汽车有限公司	SH6551J1BEV-1	EV90	339	2820	540	72.000	
31	上汽通用五菱汽车股份有限公司	LZW7004EVA4KAK	宏光MINI EV	120	665	88	9.6	
32		LZW7002EVCHAN	宝骏E200	305	860	201	28.0	

(2)客车

序号	生产企业名称	车辆型号	产品名称	纯电动续驶里程(km)	整车整备质量(kg)	动力蓄电池组总质量(kg)	动力蓄电池组总能量(kWh)	备注
1	东风汽车股份有限公司	DFA6100CBEV6	纯电动城市客车	630	11100/11400/11700	2110	301.056	
2		DFA6100CBEV5	纯电动城市客车	520	10800/11100/11400	1810	258.04	
3	扬州亚星客车股份有限公司	YBL6119HBEV1	纯电动客车	334	10400/11000	1158	180.4	
4	北汽福田汽车股份有限公司	BJ6816EVCA-1	纯电动城市客车	340	8630	1085	175.03	
5	丹东黄海汽车有限责任公司	DD6109EV17	纯电动城市客车	590	11100/11600/11900	1898	303.4	
6		DD6109EV16	纯电动城市客车	590	11100/11600/11900	1898	303.4	
7		DD6109EV18	纯电动城市客车	490	10800/11200/11600	1690	268.7	
8	上海万象汽车制造有限公司	SXC6120GBEV12	纯电动城市客车	700	12610	2170	350.1	
9	金龙联合汽车工业(苏州)有限公司	KLQ6829ZGEVN2	纯电动城市客车	580	8900/9200	1338	210.56	
10	襄阳九州汽车有限公司	SYC6800BEV01	纯电动城市客车	400	7400/7100/6800	1017	163.36	
11	安徽安凯汽车股份有限公司	HFF6710K7EV21	纯电动客车	358	5150/5450	669	105.28	
12		HFF6850G9EV31	纯电动城市客车	510	8900/9200	1338	210.56	
13		HFF6100G9EV31	纯电动城市客车	660	11150/11800	2102	338.4	
14	福建新福达汽车工业有限公司	FZ6601UFBEV	纯电动城市客车	365	3980	580	89.12	
15	江西江铃集团晶马汽车有限公司	JMV6821GRBEVA	纯电动城市客车	340	6600	728	114.52	
16		JMV6821GRBEV9	纯电动城市客车	340	6600	728	114.52	
17		JMV6661GRBEV	纯电动城市客车	410	5170	728	114.52	
18	中国重型汽车集团有限公司	ZZ6186GBEVQ2	纯电动城市客车	340	18200/18700	1776	258.42	
19		ZZ6116HBEVQA1	纯电动客车	600	11900/12200	2034	326.73	
20		ZZ6126HBEVQA6	纯电动客车	600	12040/12340	2034	326.73	
21	中通客车控股股份有限公司	LCK6530EV1	纯电动轻型客车	280	1900/2020	363.6±10	50.232	
22		LCK6530EV	纯电动轻型客车	280	1900/2020	363.6±10	50.232	
23		LCK6826EVG3A13	纯电动城市客车	305	7450/7150/6750	845	134.35	
24		LCK6116EVGA	纯电动城市客车	700	12000/12300	2170	350.07	
25	郑州宇通客车股份有限公司	ZK6106BEVG14	纯电动城市客车	700	10400/10850/11300/11800	2190	322.560	
26		ZK6816BEVG2K	纯电动城市客车	365	6900/7220/7550/7900	884	140.949	

续上表

序号	生产企业名称	车辆型号	产品名称	纯电动续驶里程（km）	整车整备质量（kg）	动力蓄电池组总质量（kg）	动力蓄电池组总能量（kWh）	备注
27	郑州宇通客车股份有限公司	ZK6856BEVG2	纯电动城市客车	515	7800/8150/7450	1338	210.541	
28		ZK6816BEVG1K	纯电动城市客车	315	6780/7100/7430/7790	767	121.136	
29	郑州宇通客车股份有限公司	ZK6126BEVGS6	纯电动低地板双层城市客车	540	16700/17400	2170	350.078	
30		ZK6106BEVG18	纯电动城市客车	700	11150/11600/10250/10700	2034	326.703	
31	比亚迪汽车工业有限公司	BYD6102B2EV2	纯电动低入口城市客车	610	11800/11500/11200/10800	2112	319.936	
32	衡阳智电客车有限责任公司	HYK6105GBEV1	纯电动低入口城市客车	598	11700/11400	1768	281.91	
33	中车时代电动汽车股份有限公司	TEG6803BEV06	纯电动城市客车	370	7300/7000/6700	910	143.16	
34		TEG6853BEV04	纯电动城市客车	490	8550/8200/7900	1166	186.7	
35		TEG6105BEV25	纯电动城市客车	450	11050/10750	1456	229.05	
36	广西申龙汽车制造有限公司	HQK6819UBEVL4	纯电动城市客车	322	7800/8100	1017	163.36	
37		HQK6859UBEVZ10	纯电动城市客车	434	9200	1338	210.56	
38		HQK6859UBEVU9	纯电动城市客车	474	9300	1443	229.04	
39	广西汽车集团有限公司	GXA6810BEVG10	纯电动城市客车	480	8100/8400/8700	1132±34	180.87	
40	成都广通汽车有限公司	CAT6100CRBEVT5	纯电动城市客车	190	10950/11130	1905	90.528	钛酸锂
41	奇瑞万达贵州客车股份有限公司	WD6815BEVG15	纯电动城市客车	295	7300/7600/8000	884	140.95	
42		WD6865BEVG01	纯电动城市客车	250	6800/7050/7350	806	127.74	
43	兰州广通新能源汽车有限公司	LZG6850BEVB1	纯电动城市客车	310	8500	806	127.7	

（3）货车

序号	汽车生产企业名称	车辆型号	产品名称	纯电动续驶里程（km）	整车整备质量（kg）	动力蓄电池组总质量（kg）	动力蓄电池组总能量（kWh）	备注
1	东风汽车股份有限公司	DFA1100KBEV	纯电动载货汽车	420	4510	1085	175.03	
2	徐州徐工汽车制造有限公司	XGA1030BEVXA	纯电动多用途货车	405	2100	480±12	67.22	
3	福建新福达汽车工业有限公司	FZ4250BEV01	纯电动半挂牵引车	205	10250	3400	253.44	
4	中国重汽集团济南卡车股份有限公司	ZZ3317V326GZ1BEV	纯电动自卸汽车	355	18420	2652	422.9	
5	河南德力新能源汽车有限公司	DLP1181BEVT71	纯电动载货汽车	298	8150	1768	281.92	
6	三一汽车制造有限公司	SYM3312ZZX2BEV	纯电动自卸汽车	194	16500/16900	1804	281.917	
7	广西汽车集团有限公司	GXA1032BEV1	纯电动载货汽车	290	1335	308	41.860	
8		GXA1039BEV1	纯电动载货汽车	290	1335	301	41.600	

（4）专用车

序号	汽车生产企业名称	车辆型号	通用名称	纯电动续驶里程（km）	整车整备质量（kg）	动力蓄电池组总质量（kg）	动力蓄电池组总能量（kWh）	备注
1	安徽华信电动科技股份有限公司	WHX5030TYHBEV	纯电动路面养护车	160	1680	206	25.344	
2		WHX5030CTYBEV	纯电动桶装垃圾运输车	160	1235	206	25.344	
3		WHX5030ZZZBEV	纯电动自装卸式垃圾车	160	1695	206	25.344	
4	郑州日产汽车有限公司	ZN5032XGCU5PBEV	纯电动工程车	300	2120	386±11.6	60.16	
5	北京环卫集团环卫装备有限公司	BQJ5180TSLEQEV	纯电动扫路车	369	13400	2150	314.14	
6		BQJ5180TXSEQEV	纯电动洗扫车	369	14600	2150	314.14	
7	扬州金威环保科技有限公司	YJW5320ZXXBEV	纯电动车厢可卸式垃圾车	240	15480	2664	348	
8	徐州徐工汽车制造有限公司	XGA5313GJBBEVNEA	换电式纯电动混凝土运输搅拌车	200	15050	1804	281.91	
9	航天晨光股份有限公司	CGJ5102ZYSSHBEV	纯电动压缩式垃圾车	430	6615	1108	162.28	
10	奇瑞商用车（安徽）有限公司	SQR5039XXYBEVK06	纯电动厢式运输车	251	1440	282±8	36.8	
11		SQR5180GQXBEVEVT	纯电动清洗车	220	8420	1130	162.3	
12		SQR5120TXSBEVWZ1	纯电动洗扫车	300	8350	1108	162.28	
13		SQR5030ZXXBEVH08	纯电动车厢可卸式垃圾车	220	1780	306	41.34	
14		SQR5030ZLJBEVH08	纯电动自卸式垃圾车	238	1910	306	41.34	

续上表

序号	汽车生产企业名称	车辆型号	通用名称	纯电动续驶里程（km）	整车整备质量（kg）	动力蓄电池组总质量（kg）	动力蓄电池组总能量（kWh）	备注
15	安徽爱瑞特新能源专用汽车股份有限公司	ART5030GXEG27BEV	纯电动吸粪车	219	1920	329 ±9.8	41.165	
16		ART5040TYHQ46BEV	纯电动路面养护车	224	2860	435	66.84	
17	福建龙马环卫装备股份有限公司	FLM5180TXSDGBEV	纯电动洗扫车	390	12190	2150	314.14	
18	烟台海德专用汽车有限公司	CHD5180ZYSDFBEV	纯电动压缩式垃圾车	310	11550	1680	241.96	
19	中国一拖集团有限公司	LT5182GSSBEV	纯电动洒水车	388	8900	1536	218.54	
20		LT5311ZLJBEV	纯电动自卸式垃圾车	305	18500	2676	422.87	
21	郑州宇通客车股份有限公司	ZK5180XYLBEV1	纯电动医疗车	630	12350/13000	1918	303.40	
22	海马新能源汽车有限公司	ZQ5030XXYF1BEV	纯电动厢式运输车	305	1390	292 ±5	38.4	
23	洛阳广通汽车有限公司	LGQ5310ZLJBEV1	纯电动自卸式垃圾车	305	18000	2676	422.87	
24	河南德力新能源汽车有限公司	DLP5040XXYBEVT20B	纯电动厢式运输车	351	3020	658 ±19.7	82.326	
25	郑州宏达汽车工业有限公司	JYC5310ZLJNJLBEV	纯电动自卸式垃圾车	310	16800/17300	2679	422.87	
26	郑州宇通重工有限公司	YTZ5043ZZZD0BEV	纯电动自装卸式垃圾车	270	3680	386	60.16	
27	徐工湖北环保科技股份有限公司	DXA5080TXSDBEV	纯电动洗扫车	280	6950	1108 ±32	162.28	
28		DXA5180GQXDBEV	纯电动清洗车	270	9000/9030/9300	1536	218.55	
29	广州广日专用汽车有限公司	GR5311ZLJBEV	纯电动自卸式垃圾车	305	18500	2676	422.87	
30	广西汽车集团有限公司	GXA5032ZXXEV	纯电动车厢可卸式垃圾车	245	1700	308	41.860	
31		GXA5034XXYBEV1	换电式纯电动厢式运输车	271	1495	305.5	39.776	
32		GXA5039XLCBEV	纯电动冷藏车	245	1670	301	41.600	
33		GXA5035CCYEV	纯电动仓栅式运输车	300	1380/1405	301	41.600	
34		GXA5039XXYDEV	纯电动厢式运输车	301	1480	301	41.600	
35		GXA5034XXYDEV	纯电动厢式运输车	300	1480	308	41.860	
36		GXA5039XXYEV	纯电动厢式运输车	301	1450/1475	301	41.600	
37		GXA5034XXYEV	纯电动厢式运输车	300	1450/1475	308	41.860	
38		GXA5039CCYEV	纯电动仓栅式运输车	300	1380/1405	301	41.600	
39		GXA5034CCYEV	纯电动仓栅式运输车	300	1380/1405	308	41.860	
40	成都雅骏汽车制造有限公司	CTT5090ZYSGD3BEV	纯电动压缩式垃圾车	260	7300	752	102.5	
41	中植一客成都汽车有限公司	CDL5045XXYBEV2	纯电动厢式运输车	360	2990	554 ±8	81.14	
42	贵州科驰汽车制造有限责任公司	WZG5090TCACYBEV	纯电动餐厨垃圾车	320	6610/6800/7100	1248 ±20	158.72	
43		WZG5090GSSCYBEV	纯电动洒水车	320	5180	1248 ±20	158.72	
44		WZG5180ZYSCYBEV	纯电动压缩式垃圾车	300	12490	1472	229.632	
45		WZG5040XLCCYBEV	纯电动冷藏车	365	3385	660	86.016	
46	华晨鑫源重庆汽车有限公司	JKC5035XXYA0X1BEV	纯电动厢式运输车	305	1390	308 ±9	41.86	
47		JKC5035XXYA0X0BEV	纯电动厢式运输车	220	1330	247 ±7.4	32.14	
48	安徽江淮汽车集团股份有限公司	HFC5045XXYEV5-1	纯电动厢式运输车	470	3080	782 ±20	103.42	

2. 插电式混合动力汽车

（1）乘用车

序号	汽车生产企业名称	车辆型号	通用名称	纯电动续驶里程（km）	燃料消耗量（L/100 km）	发动机排量（mL）	整车整备质量（kg）	动力蓄电池总质量（kg）	动力蓄电池总能量（kWh）	备注
1	广汽丰田汽车有限公司	GTM6470FFCHEVM	WILDLANDER	95	5.2	2487	1885	155	15.984	
2		GTM6470FWCHEVM	WILDLANDER	87	5.5	2487	1990/1965	155	15.984	
3	比亚迪汽车工业有限公司	BYD6470MT6HEV5	比亚迪宋 MAX	105	4.5	1498	1807	164.5	18.316	
4		BYD6470MT6HEV6	比亚迪宋 MAX	51	4.4	1498	1715	96.5	8.320	
5	重庆金康新能源汽车有限公司	SKE6470SHEVA2S	金康赛力斯 SF5，赛力斯 SF5	150	7.3	1498	2350	247 ±5	34.56	
6	比亚迪汽车有限公司	BYD7152WT6HEVB5	比亚迪秦 PLUS	55	3.8	1498	1500	96.5	8.320	
7		BYD7152WT6HEVB4	比亚迪秦 PLUS	120	3.8	1498	1620	166	18.316	
8		BYD6461ST6HEV3	比亚迪宋 PRO	51	4.4	1498	1680	96.5	8.320	
9		BYD6461ST6HEV4	比亚迪宋 PRO	110	4.5	1498	1772	164.5	18.316	
10	上海汽车集团股份有限公司	CSA7152SEPHEV4	名爵 eMG6	70	3.9	1490	1530	110	11.1	
11		CSA7154SEPHEV4	荣威 ei6 MAX	70	3.9	1490	1515	110	11.1	
12		CSA6454NEPHEV4	荣威 eRX5 PLUS/荣威 RX5 ePLUS	52	4.9	1490	1771	114	11.1	

注：插电式混合动力汽车燃料消耗量仅包括传统燃料/不含电能折算。

(2)客车

序号	生产企业名称	车辆型号	通用名称	纯电动续驶里程(km)	燃料消耗量(L/100 km)	发动机排量(mL)	整车整备质量(kg)	动力蓄电池总质量(kg)	动力蓄电池总能量(kWh)	备注
1	郑州宇通客车股份有限公司	ZK6856CHEVPG1	插电式混合动力城市客车	55	13.70	4156	8000/8250/8600/8900/9190	251	30.134	
2	奇瑞万达贵州客车股份有限公司	WD6127CHEVG01	插电式混合动力城市客车	51	18.9(kg/100 km)	7470	11700/12000/12350	424	47.69	NG

注:插电式混合动力汽车燃料消耗量仅包括传统燃料/不含电能折算。

(3)专用车

序号	生产企业名称	车辆型号	通用名称	纯电动续驶里程(km)	燃料消耗量(L/100 km)	发动机排量(mL)	整车整备质量(kg)	动力蓄电池总质量(kg)	动力蓄电池总能量(kWh)	备注
1	江西凯马百路佳客车有限公司	JXK5040XBWCHEV	插电式混合动力保温车	60	9.1	1999	3650	135±4	17.52	
2	河南松川专用汽车有限公司	SCL5040XLCSHEV	插电式混合动力冷藏车	60	11	2360	3600	135±4	17.52	

注:插电式混合动力汽车燃料消耗量仅包括传统燃料/不含电能折算。

3. 燃料电池汽车

(1)客车

序号	汽车生产企业名称	车辆型号	产品名称	纯电动续驶里程(km)	整车整备质量(kg)	燃料电池系统额定功率(kW)	驱动电机额定功率(kW)	备注
1	东风汽车集团有限公司	EQ6100CACFCEV4	燃料电池城市客车	160(氢系统不工作)/350(仅氢系统工作)	11200/11400/11850/12300	669	105.28	
2	南京金龙客车制造有限公司	NJL6859FCEV8	燃料电池城市客车	200 km(氢系统不工作)/330 km(氢系统工作)	8800/9300	579	90.236	
3	浙江中车电车有限公司	CSR6110KFCEV1	燃料电池客车	200(氢系统不工作)/650(氢系统工作)	12400/12900	884	140.95	
4	中通客车控股股份有限公司	LCK6126FCEVGW2	燃料电池低入口城市客车	510	12200/12600/13000	669	105.28	
5		LCK6106FCEVGW1	燃料电池低入口城市客车	510	11400/11800	669	105.28	
6	郑州宇通客车股份有限公司	ZK6126FCEVG1	燃料电池低入口城市客车	150(氢系统不工作)/700(氢系统工作)	12250/12790/13250/13700	669	105.270	
7		ZK6106FCEVG6	燃料电池城市客车	170(氢系统不工作)/755(氢系统工作)	10700/11100/11600/12250	669	105.270	
8	广西申龙汽车制造有限公司	HQK6129UFCEVH1	燃料电池低入口城市客车	160(氢系统不工作)/600(氢系统工作)	12500/12950	767	121.13	
9	佛山市飞驰汽车制造有限公司	FSQ6111FCEVG1	燃料电池城市客车	700	11850/11550	366±11	50.45	
10		FSQ6120FCEVZA	燃料电池客车	600	13400/12650	579	90.24	
11	广州穗景客车制造有限公司	GB6850FCEVSC01	燃料电池城市客车	112 km(氢系统不工作)/700 km(氢系统工作)	9200/9600/9900	579	90.24	
12		GB6105FCEVSC01	燃料电池城市客车	125 km(氢系统不工作)/700 km(氢系统工作)	12000	728	114.52	

(2)货车

序号	汽车生产企业名称	车辆型号	产品名称	纯电动续驶里程(km)	整车整备质量(kg)	燃料电池系统额定功率(kW)	驱动电机额定功率(kW)	备注
1	安徽华菱汽车有限公司	HN3310B36C7FCEV	燃料电池自卸汽车	100(氢系统不工作)/470(氢系统工作)	18600/20200	884	140.95	
2	佛山市飞驰汽车制造有限公司	FSQ3310DEFCEV	燃料电池自卸汽车	350	18000	366±11	50.45	

(3)专用车

序号	汽车生产企业名称	车辆型号	产品名称	纯电动续驶里程(km)	整车整备质量(kg)	燃料电池系统额定功率(kW)	驱动电机额定功率(kW)	备注
1	广州市环境卫生机械设备厂	GH5185GSSFCEV	燃料电池洒水车	500	9200	424±12	47.69	
2	中植一客成都汽车有限公司	CDL5090XLCFCEV	燃料电池冷藏车	101(氢系统不工作)/440 km(氢系统工作)	5770	424	47.7	

三、享受车船税减免优惠的节约能源　使用新能源汽车车型目录（第13～22批）

1. 享受车船税减免优惠的节约能源　使用新能源汽车车型目录（第13批）

（1）插电式混合动力乘用车

序号	企业名称	商标	产品型号	通用名称	纯电动续驶里程（km）	燃料消耗量（L/100 km）	发动机排量（mL）	整车整备质量（kg）	动力蓄电池总质量（kg）	动力蓄电池总能量（kWh）	备注
1	神龙汽车有限公司	东风雪铁龙牌	DC6456KXBB16HEVA	C5 AIRCROSS	58	5.5	1598	1889	135±2	12.96	
2	浙江吉利汽车有限公司	领克牌	MR6453PHEV05	01 PHEV	51	4.8	1477	1769	95	9.4	
3	广汽乘用车有限公司	传祺（Trumpchi）牌	GAC6451CHEVA6	传祺 GS4 PHEV	61	4.6	1493	1705/1745	132	12.95	
4			XC90 T8 LFBMED1	XC90 T8 LFBMED1	50	6.7	1969	2351	114±2	11.6	

（2）纯电动商用车

序号	企业名称	商标	产品型号	产品名称	纯电动续驶里程（km）	整车整备质量（kg）	动力蓄电池组总质量（kg）	动力蓄电池组总能量（kWh）	备注
1	中国第一汽车集团有限公司	解放牌	CA3310P66N142L4T4BEV	纯电动自卸汽车	340	19600	2652	422.87	
2			CA5180XYKP62L4BEV	纯电动翼开启厢式车	300	8985/9810	1536	218.5	
3	金龙联合汽车工业（苏州）有限公司	海格牌	KLQ6106GAEVW1	纯电动城市客车	395	11100/10900/10600	1256.4	201.398	
4			KLQ6856GAEVN7	纯电动城市客车	465	8300/8700	1166	186.7	
5	四川现代汽车有限公司	致道牌	CHM5040XXYZDC33BEV	纯电动厢式运输车	430	3050/3290	804	115	
6			CHM5041XXYZDC33BEV	纯电动厢式运输车	340	2910	580	89.12	
7	奇瑞商用车（安徽）有限公司	开瑞牌	SQR5030TSLBEVH08	纯电动扫路车	180	2410	306	41.34	
8			SQR5032XYZBEVH12	纯电动邮政车	251	1630	339	44.5	
9	厦门金龙旅行车有限公司	金旅牌	XML6532JEVL0	纯电动轻型客车	240	1950	364	50.23	
10			XML6601JEVY01	纯电动客车	340.6	4800/5050	669	105.28	
11			XML6827JEVJ0	纯电动客车	436	9100	1132	180.87	
12	中通客车控股股份有限公司	中通牌	LCK6828EVQGA3	纯电动城市客车	388	8380/8880	1085	175.03	
13	上海申龙客车有限公司	申龙牌	SLK1035SBEVL	纯电动载货汽车	190	2005	370	46.33	
14			SLK6885UBEVP1	纯电动城市客车	412	7750	1017	163.36	
15	程力汽车集团股份有限公司	程力牌	CL5030XTYBEV	纯电动密闭式桶装垃圾车	250	2080	400±5.0	53	
16			CL5090TDYBEV	纯电动多功能抑尘车	320	6000	1248±20	158.72	
17			CL5091GSSBEV	纯电动洒水车	320	4950	1248±20	158.72	
18			CL5091ZYSBEV	纯电动压缩式垃圾车	320	6950	1248±20	158.72	
19	山东东方曼新能源汽车有限公司	东方曼牌	MAN5034XXYBEV0	纯电动厢式运输车	230	1310	260	37.962	
20	珠海广通汽车有限公司	广通牌	GTQ6853BEVB23	纯电动城市客车	310	8550/8800	1075	157.07	
21	成都广通汽车有限公司	广通牌	CAT6123CRBEVT	纯电动城市客车	310	14200	2780	149.04	钛酸锂
22	中兴智能汽车有限公司	广客牌	GTZ6107BEVB2	纯电动城市客车	585	11400	1917	300.8	
23	奇瑞万达贵州客车股份有限公司	万达牌	WD6815BEVG11	纯电动城市客车	420	7900	1085	175.03	

续上表

序号	企业名称	商标	产品型号	产品名称	纯电动续驶里程(km)	整车整备质量(kg)	动力蓄电池组总质量(kg)	动力蓄电池组总能量(kWh)	备注
24	广西汽车集团有限公司	五菱牌	GXA5031XXYBEV	纯电动厢式运输车	270	1445	332	43. 2	
25	广西汽车集团有限公司		GXA5032XXYBEV	纯电动厢式运输车	270	1430	308	41. 86	
26		创菱牌	GXA5040XXYBEV	纯电动厢式运输车	330	3050	590	79. 73	
27			GXA6600BEVG	纯电动城市客车	230	3610	428	54	
28		五菱牌	GXA6601BEVG	纯电动城市客车	325	3650	442	70. 47	
29			GXA6602BEVG	纯电动城市客车	325	3650	442	70. 47	
30	河南德力新能源汽车有限公司	德帅牌	DLP5040XXYBEVT20A	纯电动厢式运输车	320	2950	554 ± 16	81. 144	
31	石家庄煤矿机械有限责任公司	石煤牌	SMJ5040ZXXBEV	纯电动车厢可卸式垃圾车	230	2070	292 ± 5	49. 02	
32			SMJ5040ZZZBEV	纯电动自装卸式垃圾车	230	2850	292 ± 5	49. 02	
33	唐山上汽客车有限公司	德纳迪牌	SK6650BEV	纯电动城市客车	460	5600/5800	767	121. 13	
34	远大汽车制造股份有限公司	衡霸牌	YYD5120GQXBEV	纯电动清洗车	393	6580	1536	218. 54	
35			YYD5182TXSCBEV	纯电动洗扫车	480	14300/14390/14500/14590	2218	327. 82	
36	上海龙澄专用车辆有限公司	三环牌	SQN5181ZZZBEV	纯电动自装卸式垃圾车	175	11850	1130	162. 3	
37	河北红星汽车制造有限公司	红星牌	HX5010XXYBEV	纯电动厢式运输车	85	780	63	7. 95	
38			HX5010XYZBEV	纯电动邮政车	85	780	63	7. 95	
39	南京市公共交通车辆厂	建康牌	NJC6107GBEV	纯电动低入口城市客车	460	11100	1852. 8	258. 05	
40			NJC6807GBEV	纯电动城市客车	270	7400	912	129. 02	
41	航天晨光股份有限公司	三力牌	CGJ5101ZYSJXBEV	纯电动压缩式垃圾车	440	7060	1108	162. 28	
42			CGJ5109ZYSJXBEV	纯电动压缩式垃圾车	440	7060	1108	162. 28	
43			CGJ5127ZYSSHBEV	纯电动压缩式垃圾车	406	7745	1536	218. 54	
44			CGJ5128TCAEQBEV	纯电动餐厨垃圾车	420	7500	1536	218. 54	
45			CGJ5128ZLJEQBEV	纯电动自卸式垃圾车	420	6600	1536	218. 54	
46			CGJ5128ZYSEQBEV	纯电动压缩式垃圾车	420	7960	1536	218. 54	
47			CGJ5180TDYDFBEV	纯电动多功能抑尘车	365	11000/11700	2150	314. 14	
48			CGJ5180TSLDFBEV	纯电动扫路车	365	12230	2150	314. 14	
49	国唐汽车有限公司	国唐牌	SGK6600BEVGK01	纯电动城市客车	367	4900/5100	579	90. 24	
50	浙江中车电车有限公司	中国中车牌	CSR6123GLEV4	纯电动城市客车	600	11500/11800/12100	2254	322. 56	
51	杭州西湖比亚迪新能源汽车有限公司	比亚迪牌	XBE5120TXSBEV	纯电动洗扫车	480	9160	1665	217. 6	
52	江西宜春客车厂有限公司	中宜牌	JYK6800GBEV7	纯电动城市客车	265	7000/7200	792	108. 86	
53	郑州宇通重工有限公司	宇通牌	YTZ5180GQXD1BEV	纯电动清洗车	300	9950/9450	1338	210. 56	
54	河南森源重工有限公司	森源牌	SMQ5180XLCBEV	纯电动冷藏车	250	8750	1286	185. 47	
55	郑州比克新能源汽车有限公司	光翼牌	BAK5020XXYBEV	纯电动厢式运输车	260	1410	296	39. 8	
56	长沙中联重科环境产业有限公司	中联牌	ZBH5040XTYSHABEV	纯电动密闭式桶装垃圾车	275	2600	435	66. 84	

续上表

序号	企业名称	商标	产品型号	产品名称	纯电动续驶里程（km）	整车整备质量（kg）	动力蓄电池组总质量（kg）	动力蓄电池组总能量（kWh）	备注
57	云南五龙汽车有限公司	长江牌	FDE6101PBABEV01	纯电动低入口城市客车	355	10300/10050	1278	200.54	
58			FDE6101PBABEV02	纯电动城市客车	580	11200/11100/10850	1898	303.4	
59			FDE6121PDABEV01	纯电动低地板城市客车	600	12000/11900/11650	2126	338.4	
60			FDE6670PBABEV01	纯电动城市客车	350	5200/5050	546	85.89	
61			FDE6810PBABEV01	纯电动城市客车	320	7200/7000	845	134.35	
62			FDE6851PBABEV01	纯电动城市客车	375	7500/7300	1017	163.37	
63			FDE6851PBABEV02	纯电动城市客车	550	8400/8300/8100	1456	229.1	
64	东风特种汽车有限公司	东风牌	EQ6105CTBEV9	纯电动城市客车	480	11060/11400	1612	255.48	
65	上汽大通汽车有限公司	跃进牌	SH1047ZFEVMZ1	纯电动载货汽车	470	2990	700	106.95	
66			SH5047XYZZFEVNZ5	纯电动邮政车	333	2820	554	81.14	
67	上海申沃客车有限公司	申沃牌	SWB6129BEV39G	纯电动低地板城市客车	228	11300	888	129.21	
68	扬州亚星客车股份有限公司	亚星牌	JS6108GHBEV32	纯电动城市客车	371	8700/9150	1158	180.4	
69			YBL6119GHBEV2	纯电动城市客车	355	10000/10500	1158	180.4	
70			YBL6119HBEV	纯电动客车	526	10600/11100	1917	300.8	
71			YBL6829HBEV	纯电动客车	424	8050/8500	1278	200.5	
72	安徽安凯汽车股份有限公司	安凯牌	HFF6122K10EV	纯电动客车	400	10900	1338	210.56	
73		安凯牌	HFF6710BEV	纯电动客车	435	5500/5700	884	140.95	
74	四川江淮汽车有限公司	江淮牌	HFC1040EV1N	纯电动载货汽车	258	2550	435 ± 12	66.84	
75			HFC5040XXYEV1N	纯电动厢式运输车	255	2700	435 ± 12	66.84	
76	安徽江淮汽车集团股份有限公司	江淮牌	HFC5040ZZZEV2Z	纯电动自装卸式垃圾车	290	3120/3360	461 ± 12	62.05	
77	江西昌河汽车有限责任公司	北京牌	CH5031XXYBEVRA3C5	纯电动厢式运输车	380	1750	408	60.4	
78	中国重型汽车集团有限公司	豪沃牌	ZZ6106GBEVQ1	纯电动城市客车	545	11100/11400	2170	304.64	
79			ZZ6106GBEVQ2	纯电动城市客车	448	10480/10780	1612	255.48	
80			ZZ6126GBEVQ2	纯电动城市客车	426	11750/12100	1612	255.4	
81			ZZ6806GBEVQ1	纯电动城市客车	358	7550/7800	983	157.5	
82			ZZ6907HBEVQA	纯电动客车	465	9200/9000	1338	210.5	
83	中国一拖集团有限公司	东方红牌	LT5041TSLBEV	纯电动扫路车	276	3100/2950	435	66.84	
84			LT5091GSSBEV	纯电动洒水车	320	5080	1248 ± 20	158.72	
85			LT5121TXSBEV	纯电动洗扫车	420	8990/8910	1536	218.54	
86			LT5182TXSBEV	纯电动洗扫车	370	14100/12900	2150	314.14	
87			LT5251ZLJBEV	纯电动自卸式垃圾车	320	16700/17000/17300	2628	362.88	
88	郑州宇通客车股份有限公司	宇通牌	ZK6105BEVG67	纯电动城市客车	490	10100/10550/11000/11500	1622	255.48	
89			ZK6119BEVQY18P2	纯电动客车	670	13000	2102	338.4	
90			ZK6815BEVG18	纯电动城市客车	335	6850/7160/7500/7850	888	140.95	
91			ZK6828BEVG23	纯电动城市客车	370	9300/8900	1043	151.83	

续上表

序号	企业名称	商标	产品型号	产品名称	纯电动续驶里程（km）	整车整备质量（kg）	动力蓄电池组总质量（kg）	动力蓄电池组总能量（kWh）	备注
92	郑州宇通客车股份有限公司	宇通牌	ZK6828BEVG23C	纯电动城市客车	395	8510/8790/9070/9350	1043	151.83	
93			ZK6850BEVG59	纯电动城市客车	505	8100/8450/8800/9150	1468	229.05	
94	比亚迪汽车工业有限公司	比亚迪牌	BYD5020XFZBEV1	纯电动福祉车	360	1780	359	50.3	
95	北汽福田汽车股份有限公司	福田牌	BJ4259EVPA	纯电动半挂牵引车	270	11415	2628	372.32	
96			BJ5045XYZEV1	纯电动邮政车	310	2990	554±16	81.14	
97			BJ5065XYZEV1	纯电动邮政车	275	3450	766.0±22.9	104.7	
98			BJ5182ZYSEV-H1	纯电动压缩式垃圾车	310	12550/12200	1544	217.19	
99			BJ5186XXYEV	纯电动厢式运输车	320	7810	1338	210.56	
100			BJ6117EVCA-2	纯电动城市客车	435	11350/11500	1456	229.05	
101	湖南中车时代电动汽车股份有限公司	中国中车牌	TEG6129BEV12	纯电动城市客车	650	12300	2170	350.07	
102			TEG6129BEV14	纯电动城市客车	210	12900/12450	2485	116.84	钛酸锂
103			TEG6803BEV02	纯电动城市客车	320	7150/6950	845	134.35	
104	三一汽车制造有限公司	三一牌	SYM3311ZZX1BEV	纯电动自卸汽车	360	16500	2695.6	422.88	
105			SYM5310GJB2BEV	纯电动混凝土搅拌运输车	280	14930	2340	367.58	

（3）插电式混合动力商用车

序号	企业名称	商标	产品型号	产品名称	纯电动续驶里程（km）	燃料消耗量（L/100 km）	发动机排量（mL）	整车整备质量（kg）	动力蓄电池总质量（kg）	动力蓄电池总能量（kWh）	备注
1	奇瑞万达贵州客车股份有限公司	万达牌	WD6110CHEVG01	插电式混合动力城市客车	51	17.7（kg/100 km）	7470	11550	251	30.13	NG
2	中国重型汽车集团有限公司	豪沃牌	ZZ6106GPHEVN6Q	插电式混合动力城市客车	61	15.77（kg/100 km）	6870	11300/11700	366	50.45	NG
3			ZZ6126GPHEVN6Q	插电式混合动力城市客车	53	16.93（kg/100 km）	6870	11800/12200	366	50.45	NG
4	湖南中车时代电动汽车股份有限公司	中国中车牌	TEG6106EHEVN12	插电式混合动力城市客车	72	19.06（kg/100 km）	6871	12750/12350/11950	483	52.99	NG

（4）燃料电池商用车

序号	企业名称	商标	产品型号	产品名称	纯电动续驶里程（km）	整车整备质量（kg）	燃料电池系统额定功率（kW）	驱动电机额定功率（kW）	备注
1	中通客车控股股份有限公司	中通牌	LCK5095XBWFCEV6	燃料电池保温车	420	4900/5150	45	60	

续上表

序号	企业名称	商标	产品型号	产品名称	纯电动续驶里程（km）	整车整备质量（kg）	燃料电池系统额定功率（kW）	驱动电机额定功率（kW）	备注
2	南通皋开汽车制造有限公司	大禹牌	DYC4180A0FCEV	燃料电池半挂牵引车	140（氢系统不工作）/320（氢系统工作）	7550	60.5	115	
3	广西申龙汽车制造有限公司	紫象牌	HQK6859UFCEVT1	燃料电池城市客车	150（氢系统不工作）/550（氢系统工作）	9400/9900	58	85	
4	福建龙马环卫装备股份有限公司	福龙马牌	FLM5090TYHDGFCEV	燃料电池路面养护车	101（氢系统不工作）/480（氢系统工作）	6010	48	60	
5			FLM5180GQXDGFCEVS	燃料电池清洗车	320	9590	61	100	
6	广州广日专用汽车有限公司	广和牌	GR5090XLCFCEV	燃料电池冷藏车	50（氢系统不工作）/350（氢系统工作）	5860	46	60	
7	云南五龙汽车有限公司	长江牌	FDE6850PBFCEV01	燃料电池城市客车	100（氢不工作）/420（氢工作）	8300/8600/8700	45	59	
8			FDE6850PBFCEV02	燃料电池城市客车	100（氢不工作）/420（氢工作）	8300/8600/8700	52	59	
9			FDE6850PBFCEV03	燃料电池城市客车	100（氢不工作）/420（氢工作）	8300/8600/8700	46	59	
10			FDE6850PBFCEV04	燃料电池城市客车	180（氢不工作）/700（氢工作）	8600/8900/9000	46	90	
11			FDE6850PBFCEV05	燃料电池城市客车	120（氢不工作）/500（氢工作）	8300/8600/8700	45	90	
12	江铃重型汽车有限公司	江铃牌	SXQ4180J1A2FCEV	燃料电池半挂牵引车	401	8800	95	150	
13			SXQ5090XXYJ1CWFCEV	燃料电池厢式运输车	420	5880	30	60	
14	安徽安凯汽车股份有限公司	安凯牌	HFF6853G03FCEV	燃料电池城市客车	100（氢系统不工作）/405（氢系统工作）	8800/9300	35	80	
15	郑州宇通客车股份有限公司	宇通牌	ZK6105FCEVG5	燃料电池城市客车	145（氢系统不工作）/745（氢系统工作）	11400/11850/12300/12700	65	100	

2. 享受车船税减免优惠的节约能源　使用新能源汽车车型目录（第14批）

（1）插电式混合动力乘用车

序号	企业名称	商标	产品型号	通用名称	纯电动续驶里程（km）	燃料消耗量（L/100 km）	发动机排量（mL）	整车整备质量（kg）	动力蓄电池总质量（kg）	动力蓄电池总能量（kWh）	备注
1	比亚迪汽车有限公司	比亚迪牌	BYD7152WT6HEVB2	比亚迪秦 Pro	82	4.3	1497	1690	142	14.38	
2			BYD7152WT6HEVB3	比亚迪秦 Pro	53	4.3	1497	1665	106	9.03	
3	上海汽车集团股份有限公司	荣威牌	CSA6454NEPHEV3	荣威 eRX5	52	4.9	1490	1771	110	11.1	
4			CSA7154SEPHEV3	荣威 ei6MAX	70	3.9	1490	1515	114	11.1	
5		名爵牌	CSA7152SEPHEV3	名爵 eMG6	70	3.9	1490	1530	114	11.1	
6	长城汽车股份有限公司	魏派牌	CC6481AD23BPHEV	VV7GT PHEV	70	6.1	1967	2281	145±4	17.72	
7			CC6483AD23BPHEV	VV7 PHEV	70	6.1	1967	2281	145±4	17.72	
8	重庆金康新能源汽车有限公司	赛力斯牌	SKE6470SHEVAS	金康赛力斯 SF5	150	7.3	1498	2370	247±5	34.56	
9			SKE6470SHEVR	金康赛力斯 SF5	150	6.9	1498	2230	247±5	34.56	
10	一汽-大众汽车有限公司	大众牌	FV6462LCDCHEV	TAYRON GTE	54	6.2	1395	1835	125	13	
11	神龙汽车有限公司	东风标致牌	DC7168KSABHEVC	508L	56	5.1	1598	1795	127±2	11.88	
12	上汽大通汽车有限公司	大通牌	SH6483N1PHEV	上汽 MAXUS EUNIQ5 PLUG IN	62	5	1349	1772	130	13	
13	上汽大众汽车有限公司	大众汽车（VOLKSWAGEN）牌	SVW6472APV	TIGUAN L PHEV	52	6.2	1395	1830	125	13	

续上表

序号	企业名称	商标	产品型号	通用名称	纯电动续驶里程(km)	燃料消耗量(L/100 km)	发动机排量(mL)	整车整备质量(kg)	动力蓄电池总质量(kg)	动力蓄电池总能量(kWh)	备注
14	浙江吉利汽车有限公司	英伦牌	MR5280XFZSHEV01	TX	200	7.3	1477	2210	267	35	
15			MR6490SHEV01	TX	200	7.3	1477	2210	267	35	
16		领克牌	MR7152PHEV14	03 PHEV	51	4.8	1477	1680/1730	95	9.4	
17		吉利美日牌	MR7153PHEV23	博瑞	60	5	1477	1790/1840	116	11.3	
18	浙江吉利汽车有限公司	吉利美日牌	MR7153PHEV24	博瑞	60	5	1477	1790/1840	116	11.3	
19	浙江豪情汽车制造有限公司	领克牌	JL6432PHEV08	06 PHEV	55	4.8	1477	1695	116	11.3	
20	上汽通用汽车有限公司	别克(BUICK)牌	SGM7156LCCHEV	VELITE 6	60	4.6	1485	1580	121	9.5	
21	比亚迪汽车工业有限公司	比亚迪牌	BYD7200YT6HEV	比亚迪汉	81	5.9	1999	2020	164	15.2	

(2)纯电动商用车

序号	企业名称	商标	产品型号	产品名称	纯电动续驶里程(km)	整车整备质量(kg)	动力蓄电池组总质量(kg)	动力蓄电池组总能量(kWh)	备注
1	中植一客成都汽车有限公司	中植汽车牌	CDL6180URBEV	纯电动铰接低地板城市客车	295	17700	1776	258.42	
2			CDL6600URBEV	纯电动城市客车	345	4800/5000/5200	609	95.25	
3	成都大运汽车集团有限公司	大运牌	CGC5095XXYBEV1Z1	纯电动厢式运输车	170	4990	640	98.04	
4	金龙联合汽车工业(苏州)有限公司	海格牌	KLQ6590GEVN	纯电动城市客车	410	3125/3200	583	93.35	
5			KLQ6822GEVN3	纯电动城市客车	435	6600/6900	910	143.16	
6			KLQ6856GAEVW1	纯电动城市客车	330	8050/8350/8650	837	134.265	
7	奇瑞商用车(安徽)有限公司	开瑞牌	SQR5033XXYBEVH12	纯电动厢式运输车	295	1630	339	44.5	
8			SQR5034XXYBEVK06	纯电动厢式运输车	252	1420	279	37.784	
9			SQR5035XXYBEVK06	纯电动厢式运输车	277	1480	306	41.34	
10			SQR5036XXYBEVK06	纯电动厢式运输车	289	1480	320 ± 10	43.2	
11	厦门金龙联合汽车工业有限公司	金龙牌	XMQ6601AGBEVL	纯电动城市客车	305	3600/3800/3990	545 ± 15	73.67	
12			XMQ6601AGBEVL1	纯电动城市客车	375	3600/3800/3990	579 ± 17.4	90.24	
13	厦门金龙旅行车有限公司	金旅牌	XML6809JEVJ0	纯电动客车	333.5	6150	767	121.13	
14			XML6885JEVP0C	纯电动城市客车	466.7	7900/8250	1132	180.87	
15	中通客车控股股份有限公司	中通牌	LCK6108EVG3A15	纯电动城市客车	396	10000/10500	1278	200.54	
16			LCK6108EVG3A16	纯电动城市客车	505	10400/10900	1612	255.48	
17			LCK6108EVG3A17	纯电动城市客车	356	9900/10400	1132	180.87	
18			LCK6108EVG3A18	纯电动城市客车	418	10100/10600	1338	210.56	
19			LCK6669EVGE	纯电动城市客车	475	5500/5650/5750	806	127.74	
20			LCK6720EVB	纯电动客车	541	5650/5900	1069	169.2	
21			LCK6720EVGA	纯电动城市客车	451	5650/5900	902	140.95	
22			LCK6826EVG3A12	纯电动城市客车	410	7950/7500/7070	1132	180.87	
23			LCK6828EVQD1	纯电动客车	350	8380/8880	983	157.53	

续上表

序号	企业名称	商标	产品型号	产品名称	纯电动续驶里程（km）	整车整备质量（kg）	动力蓄电池组总质量（kg）	动力蓄电池组总能量（kWh）	备注
24	吉利四川商用车有限公司	远程牌	DNC1047BEVK4	纯电动载货汽车	295	2150	435 ±12	66. 84	
25			DNC5030XXYBEVK2	纯电动厢式运输车	235	2000	364	50. 23	
26			DNC5030XXYBEVK3	纯电动厢式运输车	190	1950	308	41. 86	
27			DNC5047XLCBEVK4	纯电动冷藏车	295	2580	435 ±12	66. 84	
28			DNC6100BEVG9	纯电动低入口城市客车	600	11200/11600	2102	338. 4	
29			DNC6110BEV2	纯电动客车	330	11400	1368	193. 53	
30	南京金龙客车制造有限公司	开沃牌	NJL1030EV2C	纯电动载货汽车	260	1365	294	40. 32	
31			NJL5030XXYEV	纯电动厢式运输车	257	1440	294	40. 32	
32			NJL5030XXYEVC	纯电动厢式运输车	260	1510	294	40. 32	
33			NJL5100GXEBEV	纯电动吸粪车	280	6430	1267	177. 4	
34			NJL5100TXSBEV	纯电动洗扫车	280	7650	1267	177. 4	
35			NJL5180TDYBEV	纯电动多功能抑尘车	365	11300	1886	258	
36			NJL6100EV23	纯电动城市客车	360	10330/10680/11030	1256. 4	201. 398	
37			NJL6117EVG7	纯电动城市客车	512	11800/12100	1840	258. 048	
38			NJL6117EVG8	纯电动城市客车	388	11400/11850	1380	193. 536	
39			NJL6129EV11	纯电动低入口城市客车	615	12300/12650/13000	2270	322. 56	
40			NJL6180EV	纯电动铰接低入口城市客车	470	17600/18200/18700	2876. 8	403. 2	
41			NJL6520EV	纯电动轻型客车	305	2050	418	52. 48	
42			NJL6520EVN	纯电动城市客车	305	2050	418	52. 48	
43	万向集团公司	万向牌	WXB6122GEV1	纯电动低入口城市客车	638	12700	2625	353. 76	
44			WXB6122GEV2	纯电动低入口城市客车	597	12300	2450	330. 18	
45	中车时代电动汽车股份有限公司	中国中车牌	TEG6180BEV02	纯电动铰接城市客车	655	19290/19750/20235	3536	563. 83	
46			TEG6650BEV01	纯电动城市客车	450	5300/5600	806	127. 74	
47			TEG6803BEV04	纯电动城市客车	320	7150/6950	928	129. 024	
48			TEG6900EV03	纯电动客车	390	8950/8650	1017	163. 36	
49	四川南骏汽车集团有限公司	南骏牌	NJA1030SDE30BEV	纯电动载货汽车	251	1340	308 ±9	41. 86	
50			NJA5030CCYSDE30BEV	纯电动仓栅式运输车	251	1530	308 ±9	41. 86	
51			NJA5030XXYSDE30BEV	纯电动厢式运输车	251	1530	308 ±9	41. 86	
52	程力汽车集团股份有限公司	程力牌	CL1040SBEV	纯电动载货汽车	220	2800	585	76. 65	
53			CL5180TXSBEV	纯电动洗扫车	400	13200	2150	314. 14	
54	珠海广通汽车有限公司	广通牌	GTQ6121BEVB30	纯电动城市客车	575	12250/12450	2102 ±63	338. 4	
55	成都广通汽车有限公司	广通牌	CAT6122CRBEVT	纯电动低入口城市客车	163	12400/12800	2140	101. 6	钛酸锂
56	中兴智能汽车有限公司	广客牌	GTZ6655BEVB	纯电动城市客车	425	5800/5600	767	121. 1	
57			GTZ6655BEVB1	纯电动城市客车	310	5600/5400	579	90. 2	
58			GTZ6817BEVB1	纯电动城市客车	360	7290	928	129	
59	奇瑞万达贵州客车股份有限公司	万达牌	WD6600BEVG01	纯电动城市客车	280	5050	579	90. 24	

续上表

序号	企业名称	商标	产品型号	产品名称	纯电动续驶里程（km）	整车整备质量（kg）	动力蓄电池组总质量（kg）	动力蓄电池组总能量（kWh）	备注
60	广西汽车集团有限公司	五菱牌	GXA5033XXYBEV	纯电动厢式运输车	270	1430	308	41.86	
61			GXA6600BEVG1	纯电动城市客车	230	3610	428	54	
62			GXA6600BEVG2	纯电动城市客车	230	3610	428	54	
63			GXA6601BEVG1	纯电动城市客车	325	3650	442	70.47	
64			GXA6601BEVG2	纯电动城市客车	325	3650	442	70.47	
65			GXA6601BEVG3	纯电动城市客车	325	3650	442	70.47	
66			GXA6601BEVG4	纯电动城市客车	325	3650	442	70.47	
67	远大汽车制造股份有限公司	衡霸牌	YYD5040XXYDBEV	纯电动厢式运输车	360	2995	663 ± 10	93.4	
68	江苏友谊汽车有限公司	友谊牌	ZGT6858LBEV1	纯电动城市客车	380	8700/8500	930	129	
69	扬州三源机械有限公司	三联牌	YSY5040XTYBEV	纯电动密闭式桶装垃圾车	276	2670	435	66.84	
70	徐州徐工环境技术有限公司	徐工牌	XGH5040TYHDBEV	纯电动路面养护车	280	2810	486 ± 14	64.64	
71			XGH5180TDYDBEV	纯电动多功能抑尘车	365	12530/12370/12130	2150	314.14	
72			XGH5180TSLDBEV	纯电动扫路车	365	13200	2150	314.14	
73			XGH5180TXSDBEV	纯电动洗扫车	400	13850/13700	2150	314.14	
74	杭州西湖比亚迪新能源汽车有限公司	比亚迪牌	XBE5070XTYBEV1	纯电动密闭式桶装垃圾车	260	4580	565.6	85	
75	安徽爱瑞特新能源专用汽车股份有限公司	爱瑞特牌	ART5030GXEG28BEV	纯电动吸粪车	138	2080	306	41.34	
76			ART5041ZZZY50BEV	纯电动自装卸式垃圾车	235	2980	435	66.84	
77			ART5120TCAC92BEV	纯电动餐厨垃圾车	360	7650	1536	218.54	
78			ART5120ZYSY92BEV	纯电动压缩式垃圾车	360	8450/8050	1536	218.54	
79			ART5120ZYSY98BEV	纯电动压缩式垃圾车	330	8100/8500	1536	218.54	
80	福建龙马环卫装备股份有限公司	福龙马牌	FLM5040ZZZNJBEVH	纯电动自装卸式垃圾车	276	2945	435	66.84	
81			FLM5041ZXXNJBEV	纯电动车厢可卸式垃圾车	276	2210	435	66.84	
82			FLM5120TXSDGBEVL	纯电动洗扫车	300	8460	1536	218.54	
83			FLM5180GQXNJBEV	纯电动清洗车	305	8900/8440	1536	218.54	
84			FLM5180TCADFBEV	纯电动餐厨垃圾车	250	10150/10450	1536	218.55	
85	江西凯马百路佳客车有限公司	江西牌	JXK6108BEV	纯电动低入口城市客车	467	11000	1612	255.48	
86	山东沂星电动汽车有限公司	飞燕牌	SDL6838EVG	纯电动城市客车	450	8100	1145	180.87	
87			SDL6839EVG	纯电动城市客车	450	8100	1145	180.87	
88			SDL6851EVG	纯电动城市客车	420	7750	1145	180.87	
89	聊城中通新能源汽车装备有限公司	东岳牌	ZTQ5181ZYSE1J45BEV	纯电动压缩式垃圾车	178	11850/12000/12360	1130	162.3	
90	郑州宏达汽车工业有限公司	郑龙牌	JYC5020XXYCABEV	纯电动封闭货车	301	1540	300 ± 10	42.5	
91			JYC5030ZZZEQBEV	纯电动自装卸式垃圾车	255	2250/2100	400 ± 5.0	53	
92	郑州宇通重工有限公司	宇通牌	YTZ5080XTYD0BEV	纯电动密闭式桶装垃圾车	255	5250	669	105.28	
93			YTZ5100TCAD0BEV	纯电动餐厨垃圾车	300	7060/6970	983	157.53	
94			YTZ5101TXSD0BEV	纯电动洗扫车	350	7950	1085	175.03	
95			YTZ5101ZYSD0BEV	纯电动压缩式垃圾车	350	7950	983	157.53	
96			YTZ5180ZLJD0BEV	纯电动自卸式垃圾车	480	11370	2170	350.07	

续上表

序号	企业名称	商标	产品型号	产品名称	纯电动续驶里程（km）	整车整备质量（kg）	动力蓄电池组总质量（kg）	动力蓄电池组总能量（kWh）	备注
97	洛阳广通汽车有限公司	广通牌	LGQ5041ZXXBEV	纯电动车厢可卸式垃圾车	255	2350	435	66.84	
98			LGQ5081TXSBEV	纯电动洗扫车	420	6780	997	157.54	
99			LGQ5121TXSBEV	纯电动洗扫车	406	9850	1536	218.54	
100			LGQ5181TDYBEV	纯电动多功能抑尘车	390	11350	2150	314.14	
101			LGQ5181TXSBEV	纯电动洗扫车	436	12785	2150	314.14	
102			LGQ5181ZYSBEV	纯电动压缩式垃圾车	270	12300	1536	218.55	
103	长沙中联重科环境产业有限公司	中联牌	ZBH5180ZXXDFBEV	纯电动车厢可卸式垃圾车	310	9550/9300	1680	241.96	
104			ZBH5180ZYSDFBEV	纯电动压缩式垃圾车	310	12300/12580/12730/12880	1680	241.96	
105			ZBH5182GQXETBEV	纯电动清洗车	385	9800	1536	218.54	
106			ZBH5183TSLCABEV	纯电动扫路车	480	13500	2218	327.82	
107	中山市顺达客车有限公司	上佳牌	HA6120BEVB11	纯电动城市客车	603	11300/11500	1898	303.4	
108	柳州五菱汽车工业有限公司	五菱牌	LQG5028XXYBEV	纯电动厢式运输车	252	1407	283	35.4	
109	山西新能源汽车工业有限公司	远程牌	JHC6100BEVG9	纯电动低入口城市客车	600	11400/11800	2102	338.4	
110			JHC6120BEVG9	纯电动低入口城市客车	501	11950/12350	2164	301.05	
111	东风特种汽车有限公司	东风牌	EQ6850CTBEV2	纯电动城市客车	415	8200/8450	1166	186.7	
112	上海申沃客车有限公司	申沃牌	SWB6109BEV67G	纯电动低地板城市客车	605	11760	2492	344.74	
113			SWB6109BEV69G	纯电动低地板城市客车	615	11760	2150	314.14	
114			SWB6129BEV68G	纯电动低地板城市客车	616	11900	2440	351.24	
115	浙江飞碟汽车制造有限公司	飞碟牌	FD5030XXYBEV	纯电动厢式运输车	270	1560	305 ±9	41.932	
116			FD5031XXYBEV	纯电动厢式运输车	290	1520	305 ±9	41.932	
117	安徽安凯汽车股份有限公司	安凯牌	HFF6829GEV2	纯电动城市客车	422	8600/9000	1017	163.36	
118			HFF6829KEV	纯电动客车	540	8800/9200	1278	200.54	
119	安徽江淮汽车集团股份有限公司	江淮牌	HFC5040ZXXEV2Z	纯电动车厢可卸式垃圾车	290	2540	461 ±12	62.05	
120			HFC5045XYZEV1	纯电动邮政车	440	3090	728 ±20	96.77	
121			HFC5049XYZEV6H	纯电动邮政车	430	3050	707 ±10	92.16	
122	江西昌河汽车有限责任公司	北京牌	CH5010XXYBEVFB1B4	纯电动厢式运输车	80	630/660	63 ±2	7.95	
123			CH5020XXYBEVFB1B4	纯电动厢式运输车	103	660/700	82.5 ±2	10.37	
124			CH5020XYZBEVFB1B4	纯电动邮政车	103	660/700	82.5 ±2	10.37	
125			CH5032XLCBEVRA3B1	纯电动疫苗冷链车	260	1810	338	43	
126	江西江铃集团晶马汽车有限公司	晶马牌	JMV6101GRBEVL	纯电动低入口城市客车	455	11150	1612	255.48	
127	中国重型汽车集团有限公司	豪沃牌	ZZ6126GBEVQ5	纯电动城市客车	525	11930/12280	1917	300.8	
128			ZZ6806GBEVQ2	纯电动城市客车	470	7550/7800	1338	210.5	
129	山东唐骏欧铃汽车制造有限公司	欧铃牌	ZB5040GQXBEVADC3	纯电动清洗车	230	2330	350	51.3864	
130	郑州宇通客车股份有限公司	宇通牌	ZK6126BEVGS5	纯电动双层低地板城市客车	465	17000/17700	2170	350.07	
131			ZK6815BEVG14	纯电动城市客车	250	6650/6950/7250/7590	666	105.71	

续上表

序号	企业名称	商标	产品型号	产品名称	纯电动续驶里程(km)	整车整备质量(kg)	动力蓄电池组总质量(kg)	动力蓄电池组总能量(kWh)	备注
132	郑州宇通客车股份有限公司	宇通牌	ZK6815BEVG20	纯电动城市客车	410	7000/7300/7620/7950	1095	161.28	
133	郑州日产汽车有限公司	东风牌	ZN5040XXYA5PBEV	纯电动厢式运输车	360	2850	554	81.14	
134	比亚迪汽车工业有限公司	比亚迪牌	BYD104014BBEV1	纯电动货车	385	3050	601.2	84.4	
135			BYD6100B3EV1	纯电动城市客车	410	9500/9900/10400/10800	1437.6	217.736	
136			BYD6100B3EV2	纯电动城市客车	600	10100/10600/11100/11500	2112	319.936	
137			BYD6100B3EV3	纯电动城市客车	505	9800/10300/10700/11100	1696.8	255.024	
138			BYD6101B3EV1	纯电动城市客车	600	11500/11150	2112	319.936	
139			BYD6600B3EV1	纯电动城市客车	365	4800/5050/5300/5500	650.4	97.758	
140			BYD6660B3EV1	纯电动城市客车	355	5050/5300/5550/5800	650.4	97.758	
141			BYD6660B3EV2	纯电动城市客车	515	5340/5500/5800/6100	961.5	144.513	
142			BYD6810B3EV1	纯电动城市客车	410	7090/7460/7820/8100	1173.6	177.744	
143			BYD6810HZEV12	纯电动城市客车	295	6770/7150/7510/7780	820.1	123.261	
144			BYD6810HZEV13	纯电动城市客车	340	6890/7260/7620/7890	961.5	144.513	
145			BYD6850B3EV1	纯电动城市客车	410	8650/8200/7750	1173.6	177.744	
146			BYD6850B3EV2	纯电动城市客车	540	8950/8500/8050	1467	222.18	
147	广州广汽比亚迪新能源客车有限公司	广汽牌	GZ5180ZYSEV	纯电动压缩式垃圾车	250	12450	1665	217.6	
148	北汽福田汽车股份有限公司	福田牌	BJ5039XXYEV3	纯电动厢式运输车	241	1980	363.6±10	50.23	
149			BJ5045XGCEV1	纯电动工程车	410	4300	766.0±22.9	104.7	
150			BJ5065XXYEV3	纯电动厢式运输车	220	3220	554±16	81.14	
151			BJ6123EVCA-55	纯电动城市客车	536	11600/12000/12400	1768	281.91	
152			BJ6650EVCA-9	纯电动城市客车	288	5450/5650	579	90.24	
153	上汽通用五菱汽车股份有限公司	五菱牌	LZW5023XXYEVHCAC	纯电动厢式运输车	310	1350	313	41.9	
154			LZW5023XXYEVHKAB	纯电动厢式运输车	260	1310	266	33.9	
155			LZW5024XXYEVHEAB	纯电动厢式运输车	252	1360/1400	283	35.4	
156			LZW5024XXYEVHEAC	纯电动厢式运输车	300	1400/1440	330	41.6	

续上表

序号	企业名称	商标	产品型号	产品名称	纯电动续驶里程(km)	整车整备质量(kg)	动力蓄电池组总质量(kg)	动力蓄电池组总能量(kWh)	备注
157	重庆长安汽车股份有限公司	长安牌	SC1031XDD64BEV	纯电动载货汽车	282	1370	308 ±9	41.86	
158			SC1031XND64BEV	纯电动载货汽车	320	1350	308 ±9	41.86	
159			SC1031YGD51BEV	纯电动载货汽车	235	1780	400 ±5.0	53	
160			SC5031CCYXDD64BEV	纯电动仓栅式运输车	282	1525	308 ±9	41.86	
161			SC5031XXYXDD64BEV	纯电动厢式运输车	282	1510	308 ±9	41.86	

(3)插电式混合动力商用车

序号	企业名称	商标	产品型号	产品名称	纯电动续驶里程(km)	燃料消耗量(L/100 km)	发动机排量(mL)	整车整备质量(kg)	动力蓄电池总质量(kg)	动力蓄电池总能量(kWh)	备注
1	奇瑞万达贵州客车股份有限公司	万达牌	WD6125EHEVG01	插电式混合动力城市客车	51	24.65(kg/100 km)	6871	12600	424	47.69	NG
2	北汽福田汽车股份有限公司	福田牌	BJ6123SHEVCA-2	插电式混合动力城市客车	70	15.26	4500	12400/12700	612	86.44	
3			BJ6127SHEVCA-2	插电式混合动力城市客车	70	15.49	4500	12300/12700	612	86.44	
4			BJ6855SHEVCA-1	插电式混合动力城市客车	70	14.25(kg/100 km)	4156	8800/9200	366 ±11	50.45	NG
5			BJ6855SHEVCA-2	插电式混合动力城市客车	70	12.52	3800	8700/9100	483	52.99	

(4)燃料电池商用车

序号	企业名称	商标	产品型号	产品名称	纯电动续驶里程(km)	整车整备质量(kg)	燃料电池系统额定功率(kW)	驱动电机额定功率(kW)	备注
1	厦门金龙旅行车有限公司	金旅牌	XML6105JFCEVJ0CY	燃料电池城市客车	130 km(氢系统不工作)/650 km(氢系统工作)	11700	42	78	
2			XML6105JFCEVJ0CY1	燃料电池城市客车	140 km(氢系统不工作)/650 km(氢系统工作)	11900	45	78	
3			XML6855JFCEVJ0CT	燃料电池城市客车	115 km(氢系统不工作)/500 km(氢系统工作)	9900/9600	58	60	
4	中通客车控股股份有限公司	中通牌	LCK5095XBWFCEV7	燃料电池保温车	420	4900/5150	50.4	60	
5			LCK6126FCEVGW1	燃料电池低入口城市客车	510(氢系统工作)/165(氢系统不工作)	12200/12600	60	100	
6			LCK6860FCEVG	燃料电池城市客车	145(氢系统不工作)/500(氢系统工作)	8700/9200	48	90	
7	南京金龙客车制造有限公司	开沃牌	NJL6100FCEV1	燃料电池低入口城市客车	200 km(氢系统不工作)/450 km(氢系统工作)	11500	45	90	
8			NJL6859FCEV7	燃料电池城市客车	120 km(氢系统不工作)/700 km(氢系统工作)	9150	50.4	80	
9	中车时代电动汽车股份有限公司	中国中车牌	TEG6102FCEV01	燃料电池城市客车	165(氢系统不工作)/650(氢系统工作)	12100/11700/11300	60	100	
10			TEG6120FCEV02	燃料电池城市客车	180(氢系统不工作)/650(氢系统工作)	12300/12000/11700	61	100	
11			TEG6120FCEV03	燃料电池城市客车	160(氢系统不工作)/630(氢系统工作)	12300/12000/11700	63	100	
12	东风汽车集团有限公司	东风牌	EQ6850CACFCEV	燃料电池城市客车	130(氢系统不工作)/500(氢系统工作)	7915/8295/8675	40	75	
13	上汽大通汽车有限公司	跃进牌	SH5127XXYZKFCEVWZ	燃料电池厢式运输车	400	6375	83.5	105	
14	扬州亚星客车股份有限公司	亚星牌	JS6108GHFCEV1	燃料电池城市客车	510(氢系统工作)/165(氢系统不工作)	10800/11200	45	80	
15			JS6128GHFCEV	燃料电池城市客车	600(氢系统工作)/140(氢系统不工作)	12000/12500	60	100	
16	中国重型汽车集团有限公司	豪沃牌	ZZ6106GFCEVHQ1	燃料电池城市客车	210(氢系统不工作)/452(氢系统工作)	11550	50	100	
17			ZZ6126GFCEVHQ1	燃料电池城市客车	150(氢系统不工作)/520(氢系统工作)	12400	60	100	

续上表

序号	企业名称	商标	产品型号	产品名称	纯电动续驶里程(km)	整车整备质量(kg)	燃料电池系统额定功率(kW)	驱动电机额定功率(kW)	备注
18	郑州宇通客车股份有限公司	宇通牌	ZK6126FCEVG5	燃料电池低入口城市客车	150(氢系统不工作)/700(氢系统工作)	12350/12800/13250/13700	60	100	

3. 享受车船税减免优惠的节约能源　使用新能源汽车车型目录(第15批)

(1)插电式混合动力乘用车

序号	企业名称	商标	产品型号	通用名称	纯电动续驶里程(km)	燃料消耗量(L/100 km)	发动机排量(mL)	整车整备质量(kg)	动力蓄电池总质量(kg)	动力蓄电池总能量(kWh)	备注
1	上汽大通汽车有限公司	大通牌	SH6484N1PHEV	上汽 MAXUS EUNIQ5 PLUG IN	64	4.9	1349	1772	130	13	
2	浙江吉利汽车有限公司	英伦牌	MR5030XFZSHEV01	TX	200	7.3	1477	2210	267	35	
3	浙江豪情汽车制造有限公司	领克牌	JL6432PHEV13	06 PHEV	55	4.8	1477	1695	116	11.3	
4	长安标致雪铁龙汽车有限公司	谛艾仕牌	CAP7161HEV6	DS9	50	5.5	1598	1880	127	11.88	
5	上海汽车集团股份有限公司	名爵牌	CSA5023TXUEPHEV	名爵 eHS	75	4.9	1490	1775	139	16.6	

(2)纯电动商用车

序号	企业名称	商标	产品型号	产品名称	纯电动续驶里程(km)	整车整备质量(kg)	动力蓄电池组总质量(kg)	动力蓄电池组总能量(kWh)	备注
1	北汽福田汽车股份有限公司	福田牌	BJ4259EVPA1	纯电动半挂牵引车	200	10900	1768	281.91	
2			BJ5102GQXEV-H2	纯电动清洗车	220	5800	766.0±22.9	104.7	
3			BJ5048XCCEV1	纯电动餐车	350	3450	570	80	
4	丹东黄海汽车有限责任公司	黄海牌	DD5032TCXBEV	纯电动除雪车	345	2425	470±14.1	67.89	
5	上汽大通汽车有限公司	大通牌	SH5041XXYJ7BEV-1	纯电动厢式运输车	405	2520	540	72	
6			SH5041XXYJ7BEV-2	纯电动厢式运输车	275	2340	385	51.5	
7			SH5042XXYJ7BEV-1	纯电动厢式运输车	430	2460	540	72	
8			SH5042XXYJ7BEV-2	纯电动厢式运输车	295	2300	385	51.5	
9		跃进牌	SH5047XXYZFEVNZ7	纯电动厢式运输车	330	2790	554	81.14	
10	徐州徐工汽车制造有限公司	徐工牌	XGA1086BEVXA	纯电动载货汽车	240	4000/4150	624	90.52	
11			XGA5042XXYBEV	纯电动厢式运输车	350	3000	676	88.16	
12	安徽安凯汽车股份有限公司	安凯牌	HFF6855G03EV12	纯电动城市客车	526	9000/9200	1456	229.05	
13	江铃汽车股份有限公司	江铃牌	JX5040XXYTCA-M5BEV	纯电动厢式运输车	420	2090	386	60.16	
14			JX5040XXYTHB-M5BEV	纯电动厢式运输车	460	2265	416	65.17	
15	山东汽车制造有限公司	陕汽牌	YTQ5042XXYJEEV331	纯电动厢式运输车	360	2995	554	81.14	
16	中国一拖集团有限公司	东方红牌	LT5081ZYSBEV	纯电动压缩式垃圾车	261	6400	678±20.4	110.376	
17			LT5091TCABEV	纯电动餐厨垃圾车	321	6330/6050	1248±20	158.72	
18			LT5181GQXBEV	纯电动清洗车	254	9650	1536	218.55	

续上表

序号	企业名称	商标	产品型号	产品名称	纯电动续驶里程(km)	整车整备质量(kg)	动力蓄电池组总质量(kg)	动力蓄电池组总能量(kWh)	备注
19	中国一拖集团有限公司	东方红牌	LT5181ZXXBEV	纯电动车厢可卸式垃圾车	314	9600	1680	241.96	
20			LT5183TDYBEV	纯电动多功能抑尘车	369	11900/11660	2150	314.14	
21	郑州宇通客车股份有限公司	宇通牌	ZK6907BEVY36K	纯电动客车	621	10000/10300/10600	1622	255.48	
22	比亚迪汽车工业有限公司	比亚迪牌	BYD5041XXYBEV1	纯电动厢式运输车	385	3050	565.6	85	
23			BYD6101B2EV1	纯电动低入口城市客车	600	10900/11200/11500/11800	2112	319.936	
24			BYD6122B2EV1	纯电动低入口城市客车	625	12100/12500	2229.6	337.712	
25	广州广汽比亚迪新能源客车有限公司	广汽牌	GZ6101LGEV1	纯电动城市客车	590	12050	2112	319.936	
26			GZ6122LGEV2	纯电动低入口城市客车	635	12700	2229.6	337.712	
27			GZ6850HZEV1	纯电动城市客车	620	9150	1696.8	255.024	
28	中植一客成都汽车有限公司	中植汽车牌	CDL6590URBEV1	纯电动城市客车	345	4800/5000/5200	609	95.25	
29	东风云南汽车有限公司	东风牌	EQ5030ZZZBEV2	纯电动自装卸式垃圾车	185	1790	226±20	32.25	
30			EQ5040TXSPBEV	纯电动洗扫车	230	3540	380	52.12	
31			EQ5046XXYPBEVC	纯电动厢式运输车	400	2925	625	89.85	
32			EQ5046XXYPBEVD	纯电动厢式运输车	450	3150	640	98.04	
33			EQ5046XXYPBEVE	纯电动厢式运输车	240	2050	360	53.47	
34			EQ6810GPBEV	纯电动城市客车	365	7860	884	140.95	
35	金龙联合汽车工业(苏州)有限公司	海格牌	KLQ6606GAEVJL	纯电动低入口城市客车	310	3280/3560	545±15	73.67	
36			KLQ6650GEVN5	纯电动城市客车	360	5350/5650	639	95.25	
37			KLQ6816GAEVN4	纯电动城市客车	305	7000/7300/7600	728	114.52	
38			KLQ6822GEVN4	纯电动城市客车	350	6600/6900	728	114.52	
39	厦门金龙联合汽车工业有限公司	金龙牌	XMQ6706EYBEVL	纯电动客车	460	4850	728±22	114.52	
40			XMQ6810AGBEVL5	纯电动城市客车	350	7900/8200/8500	884±26.4	140.95	
41	厦门金龙旅行车有限公司	金旅牌	XML5043XXYEVJ0	纯电动厢式运输车	355	2690	546	85.89	
42			XML6606JEVY0C2	纯电动城市客车	415.4	3440	579	90.24	
43			XML6606JEVY0C3	纯电动城市客车	315.2	3340	442	70.47	
44	中通客车控股股份有限公司	中通牌	LCK6108EVG3A19	纯电动城市客车	505	10400/10900	1612	255.48	
45			LCK6118EVGA1	纯电动城市客车	530	11530/11830	1612	255.48	
46			LCK6126EVGRA1	纯电动低入口城市客车	695	11650/12150/12550	2170	350.07	
47			LCK6126EVGRA2	纯电动低入口城市客车	612	12400/11900/11400	1966	315.07	
48	上海申龙客车有限公司	申龙牌	SLK6115UBEVN1	纯电动低地板城市客车	530	11600	2007	315.85	
49	吉利四川商用车有限公司	远程牌	DNC5047XXYBEVK4	纯电动厢式运输车	295	2230	435±12	66.84	
50			DNC5047XXYBEVL1	纯电动厢式运输车	370	2925	554	81.14	
51			DNC5087XXYBEVL1	纯电动厢式运输车	300	4000	700	106.95	
52	南京金龙客车制造有限公司	开沃牌	NJL5038XXYEV4	纯电动厢式运输车	225	1850	363.6±10	50.232	
53			NJL6520EV1	纯电动轻型客车	292	2050	363.6±10	50.232	
54	华晨鑫源重庆汽车有限公司	鑫源牌	JKC5034XLCDLBEV0	纯电动冷藏车	300	2210	481	68.6	

续上表

序号	企业名称	商标	产品型号	产品名称	纯电动续驶里程（km）	整车整备质量（kg）	动力蓄电池组总质量（kg）	动力蓄电池组总能量（kWh）	备注
55	中车时代电动汽车股份有限公司	中国中车牌	TEG6803BEV03	纯电动城市客车	388	7200/6900/6600	983	157.53	
56			TEG6805BEV01	纯电动城市客车	330	6450/6250	728	114.52	
57			TEG6853BEV01	纯电动城市客车	420	8000/7700/7400	1017	163.36	
58	四川南骏汽车集团有限公司	南骏牌	NJA1040EDF33BEV	纯电动载货汽车	367	3140	640±20	98.04	
59			NJA5040CCYEDF33BEV	纯电动仓栅式运输车	367	3320	640±20	98.04	
60			NJA5040XXYEDF33BEV	纯电动厢式运输车	367	3320	640±20	98.04	
61	珠海广通汽车有限公司	广通牌	GTQ6105BEVB30	纯电动城市客车	530	11200/11550	1917	300.81	
62			GTQ6126BEVB30	纯电动城市客车	510	11800/12200	1917	300.81	
63			GTQ6129BEVB30	纯电动城市客车	550	12000/12350	2170±65	350.1	
64	珠海广通汽车有限公司	广通牌	GTQ6131BEVST6	纯电动双层城市客车	170	18000	3060	150.14	
65			GTQ6600BEVB30	纯电动城市客车	280	5000/5200	806±24.2	127.7	
66			GTQ6858BEVB30	纯电动城市客车	450	8750/9000	1612±48.4	255.5	
67	中兴智能汽车有限公司	广客牌	GTZ6605BEVB	纯电动城市客车	350	5400/5200	579	90.2	
68	广西申龙汽车制造有限公司	紫象牌	HQK6109BEVB1	纯电动城市客车	140	10600/11000	1305	92.2	
69	远大汽车制造股份有限公司	衡霸牌	YYD5120ZYSCBEV	纯电动压缩式垃圾车	370	9950	1536	218.5	
70	航天晨光股份有限公司	三力牌	CGJ5040ZDJEQBEV	纯电动压缩式对接垃圾车	230	2460	292±5	49.02	
71			CGJ5180GSSDFBEV	纯电动洒水车	250	9400	1536	218.55	
72			CGJ5181TDYCABEV	纯电动多功能抑尘车	480	11000/11700	2218	327.82	
73	扬州三源机械有限公司	三联牌	YSY5100TCABEV	纯电动餐厨垃圾车	430	5980	1108	162.28	
74			YSY5100ZZZBEV	纯电动自装卸式垃圾车	430	5730	1108	162.28	
75			YSY5120ZXXBEV	纯电动车厢可卸式垃圾车	300	6300	1108	162.28	
76	杭州西湖比亚迪新能源汽车有限公司	比亚迪牌	XBE5040TYHBEV1	纯电动路面养护车	280	2400	424.2	63.75	
77	安徽爱瑞特新能源专用汽车股份有限公司	爱瑞特牌	ART5030XTYY21BEV	纯电动密闭式桶装垃圾车	168	1980	306	41.34	
78			ART5040TYHQ48BEV	纯电动路面养护车	265	2720	435	66.84	
79	福建龙马环卫装备股份有限公司	福龙马牌	FLM5040ZDJNJBEV	纯电动压缩式对接垃圾车	276	2380/2520	435	66.84	
80	江西江铃汽车集团改装车股份有限公司	江铃牌	JX5045XYCMBEV-AM	纯电动防弹运钞车	471	3150	578	80.4	
81	聊城中通新能源汽车装备有限公司	东岳牌	ZTQ5040ZZZE2Y28BEV	纯电动自装卸式垃圾车	280	3010	486	64.64	
82			ZTQ5180GQXE1J50BEV	纯电动清洗车	250	9785	1536	218.55	
83			ZTQ5180GQXZ7J45BEV	纯电动清洗车	325	9630	1680	241.96	
84			ZTQ5180TXSCAJ53BEV	纯电动洗扫车	480	14590	2218	327.82	
85			ZTQ5181TDYE1J53BEV	纯电动多功能抑尘车	365	12690	2150	314.14	
86			ZTQ5181TXSE1J53BEV	纯电动洗扫车	365	14750	2150	314.14	
87	郑州宏达汽车工业有限公司	郑龙牌	JYC5030TYHEQBEV	纯电动路面养护车	250	2600	400±5.0	53	
88			JYC5090ZYSEQBEV	纯电动压缩式垃圾车	320	6950	1248±20	158.72	
89	郑州宇通重工有限公司	宇通牌	YTZ5080ZYSD0BEV	纯电动压缩式垃圾车	359	6250	1005	150.88	
90			YTZ5100ZLJD0BEV	纯电动自卸式垃圾车	300	6250	983	157.53	
91			YTZ5101TSLD0BEV	纯电动扫路车	350	7750	1085	175.03	
92			YTZ5181TXSD0BEV	纯电动洗扫车	440	12950	2010	301.76	

续上表

序号	企业名称	商标	产品型号	产品名称	纯电动续驶里程（km）	整车整备质量（kg）	动力蓄电池组总质量（kg）	动力蓄电池组总能量（kWh）	备注
93	徐工湖北环保科技股份有限公司	徐工牌	DXA5180GPSLBEV	纯电动绿化喷洒车	220	8330/8430	1130	162.3	
94			DXA5180TDYLBEV	纯电动多功能抑尘车	380	12130	2150	314.14	
95	长沙中联重科环境产业有限公司	中联牌	ZBH5040XJEQLBEV	纯电动环境监测车	370	3180	496	64.64	
96			ZBH5101GXESHBEV	纯电动吸粪车	430	6200	1108	162.28	
97			ZBH5320ZXXBYBEV	纯电动车厢可卸式垃圾车	240	15860/15160	2664	348	
98	重庆穗通新能源汽车制造有限公司	穗通牌	YST6852BEVG	纯电动城市客车	295	8500	1085	175.03	
99	贵州贵航云马汽车工业有限责任公司	云马牌	YM5030TYHBEV	纯电动路面养护车	250	2100	400±5.0	53	
100			YM5030XTYBEV	纯电动密闭式桶装垃圾车	250	2300	400±5.0	53	
101			YM5030ZXXBEV	纯电动车厢可卸式垃圾车	250	1920	400±5.0	53	
102			YM5030ZZZBEV	纯电动自装卸式垃圾车	250	2250	400±5.0	53	

（3）插电式混合动力商用车

序号	企业名称	商标	产品型号	产品名称	纯电动续驶里程（km）	燃料消耗量（L/100 km）	发动机排量（mL）	整车整备质量（kg）	动力蓄电池总质量（kg）	动力蓄电池总能量（kWh）	备注
1	北汽福田汽车股份有限公司	福田牌	BJ6107SHEVCA	插电式混合动力城市客车	110	14.92	4500	11800/12150	612	86.44	
2			BJ6128SHEVCA-5	插电式混合动力双层城市客车	55	23.23（kg/100 km）	4156	16600/17200	930	44.16	钛酸锂/NG
3			BJ6147SHEVCA	插电式混合动力城市客车	70	20.61	4500	14200/14800	612	86.44	
4			BJ6160SHEVCA-3	插电式混合动力铰接城市客车	50	23.95（kg/100 km）	4156	17500/18000	930	44.16	钛酸锂/NG
5	吉利四川商用车有限公司	远程牌	DNC5047XFYSHEVGL1	插电式混合动力防疫车	62	6.9	1477	4020	240	25.9	
6			DNC5077XXYSHEVGL1	插电式混合动力厢式运输车	60	11.5	1477	3350/3680	239	25.9	
7			DNC5087XXYSHEVGL1	插电式混合动力厢式运输车	55	8.4	1477	3650	239	25.9	
8	福建龙马环卫装备股份有限公司	福龙马牌	FLM5180ZYSDGPHEVK	插电式混合动力压缩式垃圾车	55	24.17	4500	10320/10030/10490	251±7.5	30.13	

（4）燃料电池商用车

序号	企业名称	商标	产品型号	产品名称	纯电动续驶里程（km）	整车整备质量（kg）	燃料电池系统额定功率（kW）	驱动电机额定功率（kW）	备注
1	北汽福田汽车股份有限公司	福田牌	BJ6116FCEVUH-1	燃料电池客车	200（氢系统不工作）/650（氢系统工作）	12000/12400	60	90	
2	上汽大通汽车有限公司	跃进牌	SH5187XXYZQFCEVWZ	燃料电池厢式运输车	500	8385	83.5	100	
3	东风柳州汽车有限公司	乘龙牌	LZ5090XXYL3AZFCEV101	燃料电池厢式运输车	420	5200	30.1	60	

4. 享受车船税减免优惠的节约能源　使用新能源汽车车型目录(第16批)

(1)插电式混合动力乘用车

序号	企业名称	商标	产品型号	通用名称	纯电动续驶里程(km)	燃料消耗量(L/100 km)	发动机排量(mL)	整车整备质量(kg)	动力蓄电池总质量(kg)	动力蓄电池总能量(kWh)	备注
1	重庆理想汽车有限公司	理想智动牌	LXA6500SHEVM2	理想 ONE	148	8.8	1199	2300	250±7.5	38.5	
2			LXA6500SHEVM3	理想 ONE	148	8.8	1199	2300	250±7.5	38.5	
3			LXA6500SHEVM5	理想 ONE	148	8.8	1199	2300	250±7.5	38.5	

(2)纯电动商用车

序号	企业名称	商标	产品型号	产品名称	纯电动续驶里程(km)	整车整备质量(kg)	动力蓄电池组总质量(kg)	动力蓄电池组总能量(kWh)	备注
1	东风汽车股份有限公司	东风牌	DFA5030XXYMBEV	纯电动厢式运输车	220	1640	308	41.86	
2			DFA5040XXYEBEV	纯电动厢式运输车	345/365	2920/3020	614±20/660±20	79.872/86.016	
3	东风汽车集团有限公司	东风牌	EQ1040TTZBEV	纯电动载货汽车	220	2250	386	55.7	
4			EQ4250GTZBEV	纯电动半挂牵引车	180	9980	1840±52	258.048	
5			EQ5040XXYTZBEV	纯电动厢式运输车	220	2500	386	55.7	
6	北汽福田汽车股份有限公司	福田牌	BJ1045EVJA10	纯电动载货汽车	300	2970	554±16	81.14	
7			BJ1045EVJA9	纯电动载货汽车	400	3050	766.0±22.9	104.7	
8			BJ5039XXYEV6	纯电动厢式运输车	235	2050	363.6±10	50.23	
9			BJ5045XXYEV10	纯电动厢式运输车	300	2970	554±16	81.14	
10			BJ5045XXYEV9	纯电动厢式运输车	400	3050	766.0±22.9	104.7	
11			BJ6126EVUA	纯电动客车	405	10800	1428	214.44	
12			BJ6126EVUA-1	纯电动客车	550	12500/13000	2360±70	337.55	
13	上海申沃客车有限公司	申沃牌	SWB6108BEV74G	纯电动城市客车	560	11500	2007	315.85	
14			SWB6128BEV75G	纯电动城市客车	600	11900	2102	338.41	
15	安徽安凯汽车股份有限公司	安凯牌	HFF6113KEV2	纯电动客车	620	11800/12200	2102	338.4	
16			HFF6600G6EV21	纯电动城市客车	350	4850/5050	579	90.24	
17			HFF6800G9EV21	纯电动城市客车	345	7200/7500	884	140.95	
18	安徽江淮汽车集团股份有限公司	江淮牌	HFC5031XYZEV4	纯电动邮政车	295	1980	420±20	55.296	
19			HFC5049XGCEV6H	纯电动电力工程车	430	3320	707±10	92.16	
20	福建新龙马汽车股份有限公司	福建牌	FJ5020XXYBEVA23	纯电动厢式运输车	150	1220	173	21.824	
21			FJ5020XXYBEVA24	纯电动厢式运输车	220	1280	260	32.736	
22			FJ5020XXYBEVA26	纯电动厢式运输车	217	1240	260	32.736	
23			FJ5030XXYBEVA7	纯电动厢式运输车	280	1410	308±9	41.86	
24	江西五十铃汽车有限公司	江西五十铃牌	JXW5040XXYWDJ2BEV	纯电动厢式运输车	480	3065	700±20	106.95	
25			JXW5040XXYWDJA2BEV	纯电动厢式运输车	365	2985	554±16	81.14	
26	江铃汽车股份有限公司	江铃牌	JX6571TA-M5BEV	纯电动客车	458	2440/2505	416	65.17	
27	江西江铃集团晶马汽车有限公司	晶马牌	JMV5021TXFQC20/BEV	纯电动器材消防车	185	1875	265	33.28	

续上表

序号	企业名称	商标	产品型号	产品名称	纯电动续驶里程（km）	整车整备质量（kg）	动力蓄电池组总质量（kg）	动力蓄电池组总能量（kWh）	备注
28	中国重型汽车集团有限公司	豪沃牌	ZZ6106GBEVQ3	纯电动城市客车	627	10900/11300	2034	326. 73	
29	中国重汽集团济南卡车股份有限公司		ZZ4257N324GZ1BEV-C	纯电动牵引汽车	140	10505	1786	281. 9	
30	中国一拖集团有限公司	东方红牌	LT5181ZLJBEV	纯电动自卸式垃圾车	314	11100	1680	241. 96	
31			LT5181ZYSBEV	纯电动压缩式垃圾车	314	13200/13460	1680	241. 96	
32	郑州宇通客车股份有限公司	宇通牌	ZK6126BEVG5F	纯电动低入口城市客车	685	12850/11650/12100/12590	2190	350. 07	
33			ZK6126BEVG5M	纯电动低地板城市客车	685	11800/12100/12590/12850	2190	350. 07	
34			ZK6126BEVGS5A	纯电动双层低地板城市客车	480	17000/17400	2170	350. 07	
35			ZK6820BEVG32	纯电动城市客车	370	8200/7150/7300/7590/7890	888	140. 95	
36			ZK6820BEVG33	纯电动城市客车	465	8400/7350/7500/7800/8100	1095	175. 03	
37			ZK6820BEVQZ32	纯电动客车	360	8200/7150/7300/7590/7890	888	140. 95	
38			ZK6820BEVQZ33	纯电动客车	450	8400/7350/7500/7800/8100	1095	175. 03	
39	郑州日产汽车有限公司	东风牌	ZN1033U5PBEV	纯电动多用途货车	350	1970	386 ± 11. 6	60. 16	
40	比亚迪汽车工业有限公司	比亚迪牌	BYD5310GJBBEV	纯电动混凝土搅拌运输车	260	15000	2488	355. 49	
41			BYD6100B1EV1	纯电动低地板城市客车	700	11800/11500/11200/10800	2347. 2	355. 488	
42			BYD6122B2EV2	纯电动低入口城市客车	635	12650/12450/12250/12050	2343. 6	330. 752	
43			BYD6123LGEV1	纯电动低地板城市客车	680	12700/12500/12200/11800	2347. 2	355. 488	
44			BYD6810B3EV2	纯电动城市客车	420	8150/7700	1232	174. 08	
45	广州广汽比亚迪新能源客车有限公司	广汽牌	GZ6660B3EV	纯电动城市客车	515	6100	961. 5	144. 513	
46	东风柳州汽车有限公司	乘龙牌	LZ1047L2AZBEV1	纯电动载货汽车	460	3150	760 ± 22	103. 424	
47	上汽通用五菱汽车股份有限公司	五菱牌	LZW5024XXYEVHCAC	纯电动厢式运输车	300	1415/1429	315	41. 9	
48	成都大运汽车集团有限公司	大运牌	CGC5180GQXBEV1Z1	纯电动清洗车	250	10150	1588	246. 68	
49			CGC5180TXSBEV1Z1	纯电动洗扫车	360	13700	2150	314. 14	
50	陕西汽车集团有限责任公司	陕汽牌	SX3317MF406BEV2	纯电动自卸汽车	178	21500	1804	281. 91	
51	金龙联合汽车工业（苏州）有限公司	海格牌	KLQ6106GAEVN8	纯电动低入口城市客车	690	11500/11800/11200/10900	2170	350. 07	
52			KLQ6650GEVN6	纯电动城市客车	480	5350/5650/5950	806	127. 74	
53			KLQ6816GAEVN3	纯电动城市客车	412	7400/7700/8000	1017	163. 36	
54			KLQ6856GAEVN3A	纯电动低入口城市客车	545	8800/9100/9400	1456	229. 05	

续上表

序号	企业名称	商标	产品型号	产品名称	纯电动续驶里程（km）	整车整备质量（kg）	动力蓄电池组总质量（kg）	动力蓄电池组总能量（kWh）	备注
55	奇瑞商用车（安徽）有限公司	开瑞牌	SQR1046BEVH16	纯电动普通货车	310	2930	550	73. 88	
56			SQR5043CCYBEVH16	纯电动仓栅式运输车	450	3035	680	96	
57			SQR5045CCYBEVH16	纯电动仓栅式运输车	310	2930	550	73. 88	
58	厦门金龙联合汽车工业有限公司	金龙牌	XMQ5030XXYBEVL03	纯电动厢式运输车	280	1660	308 ± 9	41. 86	
59			XMQ6106AGBEVL32	纯电动城市客车	625	10600/11200/11800	1898 ± 57	303. 4	
60			XMQ6115FGBEVL	纯电动城市客车	630	9500/10000	1338 ± 40. 2	210. 56	
61			XMQ6127BGBEVL1	纯电动城市客车	750	13300	2170 ± 65	350. 07	
62			XMQ6127BYBEVL1	纯电动客车	750	13300	2170 ± 65	350. 07	
63			XMQ6601BGBEVL	纯电动城市客车	470	3650/3850	579 ± 17. 4	90. 24	
64			XMQ6810AGBEVL6	纯电动城市客车	480	8100/8400/8700	1132 ± 34	180. 87	
65			XMQ6850AGBEVL23	纯电动城市客车	460	8600/8900/9200	1244	172. 03	
66			XMQ6900FGBEVL	纯电动城市客车	490	8100/8450/8800	1132 ± 34	180. 87	
67	厦门金龙旅行车有限公司	金旅牌	XML5036XLCEVL0C	纯电动冷藏车	220	2060	364	50. 23	
68			XML5036XYZEVL06	纯电动邮政车	220	1820	364	50. 23	
69			XML6112JEVY01	纯电动客车	362	11300/11900	1132	180. 87	
70			XML6885JEVP0C1	纯电动城市客车	440	8650/8250	1132	180. 87	
71	中通客车控股股份有限公司	中通牌	LCK5036XXYEV1	纯电动厢式运输车	251	1500	332	43. 2	
72			LCK6106EVGDA	纯电动低地板城市客车	630	11000/11500	1966	315. 07	
73			LCK6120EVG3D11	纯电动低入口城市客车	675	12250	2452	344. 736	
74			LCK6806EVA	纯电动客车	325	7100/6700/6320	845	134. 35	
75			LCK6806EVGA2	纯电动城市客车	330	7100/6700/6320	845	134. 35	
76			LCK6900EVGA1	纯电动城市客车	460	7800/8100	1132	180. 87	
77	上海申龙客车有限公司	申龙牌	SLK6109HFBEVZ1	纯电动双层城市客车	520	12900	1917	300. 81	
78			SLK6109USBEVL1	纯电动城市客车	555	11000/11500	2007	315. 85	
79			SLK6109USBEVL3	纯电动城市客车	430	10800/11200	1612	255. 48	
80			SLK6118ASBEVL1	纯电动客车	415	11400	1612	255. 48	
81			SLK6129USBEVZ1	纯电动城市客车	600	12150	2034	326. 73	
82			SLK6859USBEVL7	纯电动城市客车	440	8900	1456	229. 05	
83	吉利四川商用车有限公司	远程牌	DNC5037XJHBEVL1	纯电动救护车	235	2575	364	50. 23	
84			DNC6100BEVG10	纯电动低入口城市客车	440	11150/11550	1456	229. 05	
85			DNC6100BEVG11	纯电动低入口城市客车	500	11400/11800	1840	258. 04	
86			DNC6110BEV4	纯电动客车	450	11300/11700	1612	255. 48	
87			DNC6110BEVG3	纯电动城市客车	600	11800/12070	2102	338. 4	
88			DNC6110BEVG4	纯电动城市客车	450	11300/11700	1612	255. 48	
89			DNC6850BEVG5	纯电动城市客车	350	8400/8800	949	151. 7	
90			DNC6850BEVG6	纯电动城市客车	550	8900/9300	1688	236. 16	

续上表

序号	企业名称	商标	产品型号	产品名称	纯电动续驶里程（km）	整车整备质量（kg）	动力蓄电池组总质量（kg）	动力蓄电池组总能量（kWh）	备注
91	南京金龙客车制造有限公司	开沃牌	NJL3310ZHJBEV	纯电动自卸车	310	16800/17300	2679	422.87	
92			NJL3311KHKBEV	纯电动自卸车	351	18200	2679	422.87	
93			NJL3312KHKBEV	纯电动自卸车	290	18200	2170	350.07	
94			NJL4250ZEKBEV	纯电动半挂牵引车	255	10650	2679	422.87	
95			NJL5026XXYEV3	纯电动厢式运输车	278	1380	308±9	41.86	
96			NJL5026XXYEV5	纯电动厢式运输车	273	1380	305	41.21	
97			NJL5038XXYEV5	纯电动厢式运输车	220	1850	360	48.63	
98			NJL5043XLCEVA	纯电动冷藏车	350	3455	580±16	89.12	
99	南京金龙客车制造有限公司	开沃牌	NJL5043XXYEVA	纯电动厢式运输车	380	3000	580±16	89.12	
100			NJL5080TCABEV	纯电动餐厨垃圾车	280	5300	700	106.95	
101			NJL5080XDYBEV	纯电动电源车	280	8300	700	106.95	
102			NJL5080ZYSBEV	纯电动压缩式垃圾车	280	5920	700	106.95	
103			NJL5320GJBZHGBEV	纯电动混凝土搅拌运输车	260	14390	2206	350.07	
104			NJL6871EVLG	纯电动城市客车	408	8800/9100	1291	182.784	
105	中车时代电动汽车股份有限公司	中国中车牌	TEG6110BEV05	纯电动城市客车	475	11900/11500	1612	255.48	
106			TEG6110BEV06	纯电动城市客车	590	12300/12000	1966	315.07	
107			TEG6129BEV15	纯电动城市客车	650	12550/12100/11800	2170	350.07	
108			TEG6129BEV16	纯电动城市客车	480	11800/11150	1612	255.48	
109			TEG6591BEV02	纯电动城市客车	220	4600/4850	418.5	67.13	
110			TEG6661BEV01	纯电动城市客车	440	5400/5700	767	121.13	
111	成都客车股份有限公司	蜀都牌	CDK6590CBEV2	纯电动城市客车	400	4500/4800	669	105.3	
112			CDK6660CBEV	纯电动城市客车	452	5000/5300	767	121.13	
113	上海万象汽车制造有限公司	象牌	SXC5032XXYBEV	纯电动厢式运输车	230	1900	363.6±10	50.232	
114			SXC6112GBEV	纯电动低地板城市客车	620	11100	1994	315.07	
115			SXC6112GBEV1	纯电动低地板城市客车	660	9800	1678	264.29	
116			SXC6122GBEV	纯电动低地板城市客车	660	12300	2102	338.4	
117	珠海广通汽车有限公司	广通牌	GTQ5121TCABEV1	纯电动餐厨垃圾车	406	7860/7560	1536	218.54	
118			GTQ5181ZYSBEV30	纯电动压缩式垃圾车	250	12250	1536	218.55	
119			GTQ6103BEVB30	纯电动城市客车	460	11100/11400	1612±48.4	255.5	
120			GTQ6105BEVB31	纯电动城市客车	370	11200/11550	1278	200.54	
121			GTQ6119BEVH23	纯电动客车	450	10900/11200	1690±50.6	268.7	
122			GTQ6800BEVB30	纯电动城市客车	300	6700/6900	845±25.3	134.36	
123	成都广通汽车有限公司	广通牌	CAT6690CRBEV1	纯电动城市客车	320	5500/5750	888	123.648	
124	广西申龙汽车制造有限公司	紫象牌	HQK6109UGBEVL1	纯电动城市客车	555	11000/11500	2007	315.85	
125			HQK6859UGBEVL7	纯电动城市客车	440	8900	1456	229.05	
126	奇瑞万达贵州客车股份有限公司	万达牌	WD6105BEVG13	纯电动城市客车	515	10600	1612	255.48	
127			WD6875BEVG01	纯电动城市客车	510	8600	1534	242.27	

续上表

序号	企业名称	商标	产品型号	产品名称	纯电动续驶里程(km)	整车整备质量(kg)	动力蓄电池组总质量(kg)	动力蓄电池组总能量(kWh)	备注
128	广西汽车集团有限公司	五菱牌	GXA5030XXYBEV2	纯电动厢式运输车	255	1445	332	43.2	
129			GXA5030XXYBEV3	纯电动厢式运输车	255	1445	332	43.2	
130			GXA5031XXYBEV2	纯电动厢式运输车	270	1445	332	43.2	
131			GXA5031XXYBEV3	纯电动厢式运输车	270	1445	332	43.2	
132			GXA5032XXYBEV2	纯电动厢式运输车	270	1430	308	41.86	
133			GXA5032XXYBEV3	纯电动厢式运输车	270	1430	308	41.86	
134			GXA5033XXYBEV2	纯电动厢式运输车	270	1430	308	41.86	
135			GXA5033XXYBEV3	纯电动厢式运输车	270	1430	308	41.86	
136			GXA6600BEVG10	纯电动城市客车	230	3610	428	54	
137			GXA6601BEVG10	纯电动城市客车	325	3650	442	70.47	
138			GXA6602BEVG10	纯电动城市客车	325	3650	442	70.47	
139			GXA6605BEVG10	纯电动城市客车	230	3610	428	54	
140			GXA6605BEVG11	纯电动城市客车	235	3610	428	54	
141			GXA6605BEVG12	纯电动城市客车	230	3610	428	54	
142		创菱牌	GXA5030XXYBEV1	纯电动厢式运输车	255	1445	332	43.2	
143			GXA5031XXYBEV1	纯电动厢式运输车	270	1445	332	43.2	
144			GXA5032XXYBEV1	纯电动厢式运输车	270	1430	308	41.86	
145			GXA5033XXYBEV1	纯电动厢式运输车	270	1430	308	41.86	
146			GXA6600BEVG20	纯电动城市客车	230	3610	428	54	
147			GXA6601BEVG20	纯电动城市客车	325	3650	442	70.47	
148			GXA6601BEVG21	纯电动城市客车	325	3650	442	70.47	
149			GXA6602BEVG20	纯电动城市客车	325	3650	442	70.47	
150			GXA6602BEVG21	纯电动城市客车	325	3650	442	70.47	
151			GXA6605BEVG20	纯电动城市客车	230	3610	428	54	
152			GXA6605BEVG21	纯电动城市客车	230	3610	428	54	
153	广西汽车集团有限公司	创菱牌	GXA6605BEVG22	纯电动城市客车	230	3610	428	54	
154	河南德力新能源汽车有限公司	德帅牌	DLP5030XXYBEVT01L	纯电动厢式运输车	270	1520	329 ±9.8	41.165	
155	延边国泰新能源汽车有限公司	长白山牌	JYB6850BEV	纯电动城市客车	352	7780	1017	163.36	
156	北京北重汽车改装有限公司	北重电牌	BZD5065TDYBEVH3	纯电动多功能抑尘车	290	3550	766.0 ±22.9	104.7	
157			BZD5090ZYSBEVH8	纯电动压缩式垃圾车	320	7050	1248 ±20	158.72	
158			BZD5120ZYSBEVH9	纯电动压缩式垃圾车	400	9110	1584	217.19	
159			BZD5183TDYBEVH2	纯电动多功能抑尘车	360	10520	2118	297.676	
160	远大汽车制造股份有限公司	衡霸牌	YYD5080GXWDBEV	纯电动吸污车	300	5080	700	106.952	
161			YYD5180GXWDBEV	纯电动吸污车	250	9960	1536	218.55	

续上表

序号	企业名称	商标	产品型号	产品名称	纯电动续驶里程(km)	整车整备质量(kg)	动力蓄电池组总质量(kg)	动力蓄电池组总能量(kWh)	备注
162	航天晨光股份有限公司	三力牌	CGJ5042GXEEQBEV	纯电动吸粪车	255	3085	435	66. 84	
163			CGJ5042TYHEQBEV	纯电动路面养护车	255	2950	435	66. 84	
164			CGJ5044ZZZEQBEV	纯电动自装卸式垃圾车	255	3400	435	66. 84	
165			CGJ5046TYHDNBEV	纯电动路面养护车	295	2830	435 ±12	66. 84	
166			CGJ5101GXEJXBEV	纯电动吸粪车	440	6440	1108	162. 28	
167			CGJ5101TSLJXBEV	纯电动扫路车	440	7930	1108	162. 28	
168			CGJ5101TXSJXBEV	纯电动洗扫车	440	8030	1108	162. 28	
169			CGJ5102GXESHBEV	纯电动吸粪车	430	5865	1108	162. 28	
170			CGJ5128GXEEQBEV	纯电动吸粪车	420	7375	1536	218. 54	
171			CGJ5185GXECABEV	纯电动吸粪车	300	9650	1536	218. 5	
172			CGJ5185ZYSCABEV	纯电动压缩式垃圾车	300	10140/10290	1536	218. 5	
173	扬州三源机械有限公司	三联牌	YSY5030TCXBEV	纯电动除雪车	330	2390	490	67. 2	
174			YSY5040ZZZBEV	纯电动自装卸式垃圾车	276	3020	435	66. 84	
175			YSY5180ZXXBEV	纯电动车厢可卸式垃圾车	175	8650	1130	162. 3	
176	国唐汽车有限公司	国唐牌	SGK6106BEVGK01	纯电动城市客车	578	11350/11650	1917	300. 81	
177			SGK6106BEVGK02	纯电动城市客车	578	11200/11500	1917	300. 81	
178	国唐汽车有限公司	国唐牌	SGK6106BEVGK11	纯电动低入口城市客车	578	11650	1917	300. 81	
179			SGK6126BEVGK11	纯电动低入口城市客车	630	12300	2034	326. 73	
180			SGK6856BEVGK01	纯电动城市客车	500	8600/8800	1278	200. 54	
181			SGK6856BEVGK02	纯电动城市客车	500	8300/8500	1278	200. 54	
182	徐州徐工环境技术有限公司	徐工牌	XGH5180GQXDBEV	纯电动清洗车	385	9500/9240	1536	218. 54	
183			XGH5310ZXXXBEV	纯电动车厢可卸式垃圾车	305	17750	2724/2784/2824	387	
184	浙江中车电车有限公司	中国中车牌	CSR6123GSEV1	纯电动城市客车	650	12200/12550	2170/335	350. 07/0. 74	
185	杭州西湖比亚迪新能源汽车有限公司	比亚迪牌	XBE5320ZXXBEV	纯电动车厢可卸式垃圾车	240	15200	2664	348	
186	安徽爱瑞特新能源专用汽车股份有限公司	爱瑞特牌	ART5120TCAC98BEV	纯电动餐厨垃圾车	351	7800	1536	218. 54	
187	福建龙马环卫装备股份有限公司	福龙马牌	FLM5040CTYDGBEV	纯电动桶装垃圾运输车	220	2080	334	48. 97	
188	江西宜春客车厂有限公司	中宜牌	JYK6102GBEV3	纯电动低地板城市客车	540	11300/11500	1768	281. 9	
189			JYK6800GBEV8	纯电动城市客车	340	7200/7400	845	134. 4	
190	山东沂星电动汽车有限公司	飞燕牌	SDL5030XXYBEV	纯电动厢式运输车	220	1850	363. 6 ±10	50. 232	
191	聊城中通新能源汽车装备有限公司	东岳牌	ZTQ5040ZXXE2Y28BEV	纯电动车厢可卸式垃圾车	280	2350/2500	486	64. 64	
192			ZTQ5070XTYHFY34BEV	纯电动密闭式桶装垃圾车	245	4250	796	94. 62	
193	郑州宏达汽车工业有限公司	郑龙牌	JYC5030XXYCABEV	纯电动封闭货车	260	1500	308 ±9	41. 86	
194	郑州宇通重工有限公司	宇通牌	YTZ5041ZZZD0BEV	纯电动自装卸式垃圾车	255	3500/3600	386	60. 16	
195	郑州比克新能源汽车有限公司	比克牌	BAK5021XXYBEV	纯电动封闭货车	252	1330	296 ±8. 8	39. 795	
196			BAK5030TYHBEV	纯电动路面养护车	250	2250	400 ±5. 0	53	

续上表

序号	企业名称	商标	产品型号	产品名称	纯电动续驶里程（km）	整车整备质量（kg）	动力蓄电池组总质量（kg）	动力蓄电池组总能量（kWh）	备注
197	徐工湖北环保科技股份有限公司	徐工牌	DXA5040TYHSBEV	纯电动路面养护车	276	2780	435	66.84	
198			DXA5120TCALBEV	纯电动餐厨垃圾车	320	8540/8240	1540±46	214.645	
199			DXA5180GQXBEV	纯电动清洗车	280	9500	1366	172.8	
200			DXA5180ZYSLBEV	纯电动压缩式垃圾车	260	11600	1536	218.54	
201	长沙中联重科环境产业有限公司	中联牌	ZBH5040TYHETBEV	纯电动路面养护车	255	2850	435	66.84	
202			ZBH5040ZZZBYBEV	纯电动自装卸式垃圾车	250	3260	399	60.225	
203			ZBH5070XTYBYBEV	纯电动密闭式桶装垃圾车	310	5050/5130	751.5	105.6	
204			ZBH5120GQXSHBEV	纯电动护栏清洗车	406	8300	1536	218.54	
205			ZBH5120TQXSHBEV	纯电动垃圾桶清洗车	406	9600	1536	218.54	
206			ZBH5181TDYBYBEV	纯电动多功能抑尘车	380	13680	2664	348	
207			ZBH5251ZXXBYBEV	纯电动车厢可卸式垃圾车	300	15090/14390	2664	348	
208	广东宝龙汽车有限公司	宝龙牌	TBL5046XYCBEV1	纯电动防弹运钞车	315	2350	424	58.1	
209			TBL5046XYCBEV3	纯电动防弹运钞车	350	2890	578	80.4	
210			TBL5060XTYBEV	纯电动密闭式桶装垃圾车	290	3995	554	81.14	
211	深圳开沃汽车有限公司	开沃牌	XQX5310ZLJBEV2	纯电动自卸式垃圾车	351	18200	2679	422.87	
212			XQX5310ZLJBEV3	纯电动自卸式垃圾车	310	16800/17300	2679	422.87	
213	贵州贵航云马汽车工业有限责任公司	云马牌	YM5090GSSBEV	纯电动洒水车	320	4950	1248	158.72	
214			YM5090TDYBEV	纯电动多功能抑尘车	320	6000	1248±20	158.72	
215			YM5090ZYSBEV	纯电动压缩式垃圾车	320	6950	1248±20	158.72	
216	广州市环境卫生机械设备厂	广环牌	GH5081XTYBEV	纯电动密闭式桶装垃圾车	200	4980	640	98.04	

（3）插电式混合动力商用车

序号	企业名称	商标	产品型号	产品名称	纯电动续驶里程（km）	燃料消耗量（L/100 km）	发动机排量（mL）	整车整备质量（kg）	动力蓄电池总质量（kg）	动力蓄电池总能量（kWh）	备注
1	金龙联合汽车工业（苏州）有限公司	海格牌	KLQ6856GAHEVC6K	插电式混合动力城市客车	56	10.73（kg/100 km）	4156	9200/9540/9950	342	30.01	NG
2	吉利四川商用车有限公司	远程牌	DNC5042XLCSHEVGL1	插电式混合动力冷藏车	140	9.5	1477	3700/3950	432	54.72	
3			DNC5067XLJSHEVGL1	插电式混合动力旅居车	62	9.5	1477	4800/5250	239	25.9	
4			DNC6100CHEVNG1	插电式混合动力低入口城市客车	70	11.9（kg/100 km）	6871	11300/11600	366	50.45	NG

（4）燃料电池商用车

序号	企业名称	商标	产品型号	产品名称	纯电动续驶里程（km）	整车整备质量（kg）	燃料电池系统额定功率（kW）	驱动电机额定功率（kW）	备注
1	东风汽车集团有限公司	东风牌	EQ4180GTZFCEV	燃料电池半挂牵引车	320	7550	60	115	

续上表

序号	企业名称	商标	产品型号	产品名称	纯电动续驶里程（km）	整车整备质量（kg）	燃料电池系统额定功率（kW）	驱动电机额定功率（kW）	备注
2	吉利四川商用车有限公司	远程牌	DNC6850FCEVG2	燃料电池城市客车	120（氢系统不工作）/405（氢系统工作）	9200	52	75	
3	广州市环境卫生机械设备厂	广环牌	GH5080XTYFCEV	燃料电池密闭式桶装垃圾车	90（氢系统不工作）/350（氢系统工作）	5500	32	60	
4			GH5181GSSFCEV	燃料电池洒水车	515	9230	46	80	
5			GH5091GSSFCEV	燃料电池洒水车	50（氢系统不工作）/350（氢系统工作）	5700	46	60	
6	延边国泰新能源汽车有限公司	长白山牌	JYB6100FCEV	燃料电池城市客车	170（氢系统不工作）;550（氢系统工作）	11000	51.12	100	

5. 享受车船税减免优惠的节约能源　使用新能源汽车车型目录（第17批）

（1）插电式混合动力乘用车

序号	企业名称	商标	产品型号	通用名称	纯电动续驶里程（km）	燃料消耗量（L/100 km）	发动机排量（mL）	整车整备质量（kg）	动力蓄电池总质量（kg）	动力蓄电池总能量（kWh）	备注
1	上汽大众汽车有限公司	大众汽车（VOLKSWAGEN）牌	SVW6474APV	TIGUAN L PHEV	55	6.1	1395	1860	125	13	
2	北汽（广州）汽车有限公司	北京牌	BJ6472U8XDKPHEV	X7	83	5.1	1499	1879	125	17.28	
3	华晨宝马汽车有限公司	宝马（BMW）牌	BMW6462AEHEV（BMWX1）	宝马 X1 插电式混合动力	110	6.6	1499	1909	171.5	23.97	
4			BMW7201HMHEV	宝马5系插电式混合动力	95	6.8	1998	2005	123.7	17.76	
5			BMW7201JMHEV	宝马5系插电式混合动力	95	6.8	1998	2020	123.7	17.76	
6	浙江吉利汽车有限公司	吉利牌	MR6471PHEV10	嘉际	56	4.7	1477	1846/1780/1715	116	11.3	
7		吉利美日牌	MR6463DPHEV01	吉利星越	82	5	1477	1810	116	15.5	
8		领克牌	MR6453PHEV10	01 PHEV	81	5.2	1477	1885	139±4	17.72	
9	浙江豪情汽车制造有限公司	帝豪牌	JL6432PHEV12	缤越 PHEV	62	4.6	1477	1552	116	11.3	
10	海马汽车有限公司	海马牌	HMA7122D184PHEV	6P	80	5.8	1196	1720	126	17.7	

（2）纯电动商用车

序号	企业名称	商标	产品型号	产品名称	纯电动续驶里程（km）	整车整备质量（kg）	动力蓄电池组总质量（kg）	动力蓄电池组总能量（kWh）	备注
1	东风汽车股份有限公司	东风牌	DFA5030XXYMBEV1	纯电动厢式运输车	220	1640	296	41.472	
2			DFA5040XXYEBEV1	纯电动厢式运输车	345/380	2880/2880/3030	614±20/660±20	79.872/86.016	
3			DFA5040XXYTBEV5	纯电动厢式运输车	230	2350/2450	380±11.4	53.76	
4	东风汽车集团有限公司	东风牌	EQ5040CCYTZBEV	纯电动仓栅式运输车	220	2500	386	55.7	
5			EQ5040XLCTZBEV2	纯电动冷藏车	220	2850	386	55.7	
6			EQ5040XXYTZBEV2	纯电动厢式运输车	320	2960	554	81.14	
7	北汽福田汽车股份有限公司	福田牌	BJ5039XYZEV4	纯电动邮政车	235	2070	363.6±10	50.23	
8			BJ5045XLCEV10	纯电动冷藏车	300	2970	554±16	81.14	
9			BJ5062XTYEV-H1	纯电动密闭式桶装垃圾车	290	4060	766.0±22.9	104.7	

续上表

序号	企业名称	商标	产品型号	产品名称	纯电动续驶里程（km）	整车整备质量（kg）	动力蓄电池组总质量（kg）	动力蓄电池组总能量（kWh）	备注
10	山西新能源汽车工业有限公司	远程牌	JHC6100BEVG10	纯电动低入口城市客车	440	11150/11550	1456	229.05	
11			JHC6100BEVG11	纯电动低入口城市客车	500	11400/11800	1840	258.04	
12			JHC6100BEVG12	纯电动低入口城市客车	500	11400/11800	1612	255.48	
13			JHC6100BEVG13	纯电动低入口城市客车	550	11800/12200	2164	301.05	
14			JHC6850BEVG5	纯电动城市客车	350	8400/8800	949	151.7	
15			JHC6850BEVG7	纯电动城市客车	460	8900/9300	1380	193.53	
16	一汽客车(大连)有限公司	解放牌	CA6109URBEV36	纯电动城市客车	465	10500/10300	1690	268.7	
17	上汽大通汽车有限公司	大通牌	SH5024XXYK6BEV-1	纯电动厢式运输车	240	1420	250	34.56	
18		跃进牌	SH5047XXYZFEVNZ6	纯电动厢式运输车	335	2800	554	81.14	
19			SH5047XYZZFEVNZ6	纯电动邮政车	335	2800	554	81.14	
20	上海申沃客车有限公司	申沃牌	SWB6108BEV79G	纯电动城市客车	605	11900	2492	344.74	
21	扬州亚星客车股份有限公司	亚星牌	JS6111SHBEV2	纯电动双层城市客车	536	12000/12600	1768	281.9	
22	安徽安凯汽车股份有限公司	安凯牌	HFF6100G9EV21	纯电动城市客车	360	10550/11200	1278	200.54	
23			HFF6800G9EV22	纯电动城市客车	410	7350/7650	1132	180.87	
24	安徽江淮汽车集团股份有限公司	江淮牌	HFC1037D1EV5	纯电动多用途货车	330	2100	490±10	67.2	
25			HFC5031XXYEV8	纯电动厢式运输车	265	2020	420±20	55.296	
26			HFC5037XXYD4EV2	纯电动厢式运输车	330	2150	490±10	67.2	
27			HFC5045XXYEV1-2	纯电动厢式运输车	440	3050	728±20	96.77	
28	福建新龙马汽车股份有限公司	福建牌	FJ5030XXYBEVA8	纯电动厢式运输车	261	1430	306	39.936	
29	江西江铃集团晶马汽车有限公司	晶马牌	JMV6821BEV7	纯电动客车	455	6985	1085	175.03	
30			JMV6821GRBEV7	纯电动城市客车	455	6950	1085	175.03	
31			JMV6821GRBEV8	纯电动城市客车	455	6985	1085	175.03	
32	郑州宇通客车股份有限公司	宇通牌	ZK6106BEVG12E	纯电动低入口城市客车	600	11800/11400/12100	2185	311.8	
33			ZK6117BEVG33	纯电动城市客车	395	10500/10800/11200/11500/11900	1144	180.87	
34	郑州宇通客车股份有限公司	宇通牌	ZK6117BEVG35	纯电动城市客车	500	10800/11200/11500/11900	1468	229.05	
35			ZK6117BEVG37K	纯电动城市客车	660	11200/11500/11900/12200/12600	1918	303.4	
36			ZK6117BEVY35	纯电动客车	480	10800/11200/11600/11950	1468	229.05	
37			ZK6117BEVY37K	纯电动客车	630	11200/11500/11900/12350	1918	303.4	
38			ZK6117BEVZ33	纯电动客车	375	10500/10800/11200/11500	1144	180.87	

续上表

序号	企业名称	商标	产品型号	产品名称	纯电动续驶里程(km)	整车整备质量(kg)	动力蓄电池组总质量(kg)	动力蓄电池组总能量(kWh)	备注
39	郑州宇通客车股份有限公司	宇通牌	ZK6126BEVG3E	纯电动低入口城市客车	580	12850/11300/11650/12100/12590	1917	300.81	
40			ZK6126BEVG4E	纯电动低入口城市客车	685	11650/12100/12590/12850	2170	350.07	
41			ZK6126BEVG4L	纯电动低地板城市客车	685	11800/12200/12590/12850	2170	350.07	
42			ZK6126BEVG5	纯电动城市客车	700	10650/11100/11550/11900	2190	350.07	
43			ZK6650BEVG30	纯电动城市客车	315	5050/5250/5450/5600/5700	589	92.5	
44			ZK6650BEVG31	纯电动城市客车	415	5200/5350/5550/5750/5950	773	121.13	
45			ZK6820BEVG31	纯电动城市客车	305	7050/7210/7500/7800/8100	773	121.13	
46			ZK6827BEVY32	纯电动客车	360	8600/8850/9100	888	140.95	
47			ZK6827BEVY35K	纯电动客车	550	9100/9450/9750	1332	211.43	
48	湖北新楚风汽车股份有限公司	楚风牌	HQG5037XYZEV	纯电动邮政车	260	1530	306	39.936	
49			HQG5043XYZEV	纯电动邮政车	390	3030	748	96.77	
50	比亚迪汽车工业有限公司	比亚迪牌	BYD3310EL9BEV	纯电动自卸车	325	17050/17550/18450/18750	3110	444	
51			BYD6110C4EV1	纯电动客车	395	11600/11200	1173.6	177.744	
52	广州广汽比亚迪新能源客车有限公司	广汽牌	GZ5310ZLJEV	纯电动自卸式垃圾车	325	17550	3110	444	
53	东风柳州汽车有限公司	乘龙牌	LZ5040XXYL2AZBEV131	纯电动厢式运输车	360	3050	676 ±20	88.17	
54	上汽通用五菱汽车股份有限公司	五菱牌	LZW5024XYZEVHEAB	纯电动邮政车	252	1360	283	35.4	
55	重庆长安汽车股份有限公司	长安牌	SC5024XXYAABEV	纯电动厢式运输车	245	1195	265	33.28	
56	中植一客成都汽车有限公司	中植汽车牌	CDL6101URBEV2	纯电动城市客车	520	10400/10700/11100	1690	268.7	
57			CDL6101URBEV3	纯电动低入口城市客车	160	10600	1260	81.144	钛酸锂
58			CDL6101URBEV4	纯电动低入口城市客车	615	10600/11100	1966	315.07	
59			CDL6660URBEV1	纯电动城市客车	330	5200/5400	669	105.28	
60	成都大运汽车集团有限公司	大运牌	CGC4250BEV1Z4	纯电动牵引汽车	240	13000/11880	2446 ±74(kg)	385.086	
61			CGC5045XLCBEV1Z5	纯电动冷藏车	408	3150	640 ±18	98.04	
62	陕西汽车集团有限责任公司	陕汽牌	SX3120BEV351L	纯电动自卸汽车	240	6600	876	124.11	
63			SX3257MF404BEV1	纯电动自卸汽车	267	17000	2206	350.07	
64	陕西汽车集团有限责任公司	陕汽牌	SX3317MF286BEV1	纯电动自卸汽车	310	18200	2679	422.88	
65			SX5046XXYBEV331S	纯电动厢式运输车	410	3100	650	91.104	
66	金龙联合汽车工业(苏州)有限公司	海格牌	KLQ6106GAEVN5A	纯电动低入口城市客车	695	11500/11200/10900	1898	303.4	

续上表

序号	企业名称	商标	产品型号	产品名称	纯电动续驶里程(km)	整车整备质量(kg)	动力蓄电池组总质量(kg)	动力蓄电池组总能量(kWh)	备注
67	金龙联合汽车工业(苏州)有限公司	海格牌	KLQ6126GAEVN1A	纯电动城市客车	695	12850/12580/12130/11680	2170	350.07	
68			KLQ6590EV1N	纯电动客车	305	3105/3180	442	70.47	
69			KLQ6829ZGEVN1	纯电动城市客车	430	8600/8900	983	157.53	
70	奇瑞商用车(安徽)有限公司	开瑞牌	SQR5033XXYBEVH08	纯电动厢式运输车	246	1505	306	41.34	
71			SQR5034XXYBEVH12	纯电动厢式运输车	350	1730	399	55.9	
72			SQR5035XXYBEVH12	纯电动厢式运输车	270	1690	322	43.5	
73			SQR5035XYZBEVH12	纯电动邮政车	270	1690	322	43.5	
74			SQR5037XXYBEVK06	纯电动厢式运输车	266	1480	284±7	38.7	
75			SQR5046XXYBEVH16	纯电动厢式运输车	310	2930	550	73.88	
76	厦门金龙联合汽车工业有限公司	金龙牌	XMQ5030XXYBEVL02	纯电动厢式运输车	230	1830	280±8.4	36.96	
77			XMQ5030XXYBEVL04	纯电动厢式运输车	320	1880	363.6±10	50.232	
78			XMQ6108SGBEVL	纯电动双层城市客车	620	12400/12700/13100	1898±57	303.4	
79			XMQ6112AYBEVL4	纯电动客车	360	11200/11900	1178.3±35.3	182.65	
80	厦门金龙旅行车有限公司	金旅牌	XML6105JEVP0C1	纯电动城市客车	650	10000	1612	255.48	
81			XML6112JEVJ0	纯电动客车	362	11300/11900	1178	182.65	
82			XML6907JEVJ0	纯电动客车	557.5	10900	1612	255.48	
83	中通客车控股股份有限公司	中通牌	LCK5095XBWEV9	纯电动保温车	160	4100	552	69.84	
84			LCK6106EVGA1	纯电动城市客车	595	10900/11400	1917	300.81	
85			LCK6106EVGRA3	纯电动低入口城市客车	508	10800/11300	1612	255.48	
86			LCK6116EV1A1	纯电动客车	530	11530/11830	1612	255.48	
87			LCK6605EVA	纯电动客车	385	4700/4950	579	90.24	
88			LCK6605EVGA	纯电动城市客车	385	4700/4950	579	90.24	
89	上海申龙客车有限公司	申龙牌	SLK5035XXYBEV1	纯电动厢式运输车	255	1508	340	42.04	
90			SLK6109USBEVL7	纯电动城市客车	350	10800/11200	1338	210.56	
91			SLK6109USBEVL9	纯电动城市客车	300	10800/11200	1132	180.87	
92			SLK6118UBEVL13	纯电动城市客车	565	11800	2034	326.73	
93			SLK6663USBEVL3	纯电动城市客车	267	5050	546	85.89	
94			SLK6819USBEVL1	纯电动城市客车	230	7600/7900	767	121.13	
95			SLK6819USBEVL3	纯电动城市客车	270	7700/8000	910	143.16	
96	山西成功汽车制造有限公司	太行成功牌	SCH5010XXYD-BEV	纯电动封闭货车	125	765	102±3	9.68	
97			SCH5010XXYD-BEV1	纯电动封闭货车	200	825	150.5±4.5	14.51	
98	吉利四川商用车有限公司	远程牌	DNC1032BEVL1	纯电动载货汽车	270	2040	432	54.72	
99			DNC5032XXYBEVL1	纯电动厢式运输车	270	2095	432	54.72	
100			DNC5042XXYBEVL2	纯电动厢式运输车	360	2950	616±20	80.64	
101			DNC6100BEVG12	纯电动低入口城市客车	500	11400/11800	1612	255.48	
102			DNC6100BEVG13	纯电动低入口城市客车	550	11800/12200	2164	301.05	
103			DNC6850BEVG7	纯电动城市客车	460	8900/9300	1380	193.53	

续上表

序号	企业名称	商标	产品型号	产品名称	纯电动续驶里程（km）	整车整备质量（kg）	动力蓄电池组总质量（kg）	动力蓄电池组总能量（kWh）	备注
104	南京金龙客车制造有限公司	开沃牌	NJL4180ZAHBEV	纯电动半挂牵引车	318	8600	2428	385.08	
105			NJL5026XYZEV5	纯电动邮政车	273	1380	305	41.21	
106			NJL5038XYZEV5	纯电动邮政车	220	1850	360	48.63	
107			NJL5040XTYBEV	纯电动密闭式桶装垃圾车	380	3455	580 ±16	89.12	
108			NJL5041XXYEVC	纯电动厢式运输车	220	2280	371 ±11	55.7	
109			NJL5080XTYBEV	纯电动密闭式桶装垃圾车	280	4410	700	106.95	
110			NJL6106EV	纯电动城市客车	481	10870/11220/11570	1640	256.128	
111			NJL6106EV1	纯电动城市客车	630	11250/11600/11950	2047	315.187	
112			NJL6117EV11	纯电动客车	435	11300/11600	1338	210.541	
113			NJL6600EVQ2	纯电动城市客车	403	5100/5300	775	104.832	
114			NJL6809EV14	纯电动城市客车	343	7315/7615/7915	900	141.312	
115			NJL6856EV	纯电动城市客车	525	8850/9100	1480	229.632	
116			NJL6856EV1	纯电动城市客车	452	8700/8900	1214	186.777	
117	华晨鑫源重庆汽车有限公司	鑫源牌	JKC1034D0X0BEV	纯电动载货汽车	280	1830	384	55.7	
118			JKC5034CCYD0X0BEV	纯电动仓栅式运输车	280	2000	384	55.7	
119			JKC5034XXYD0X0BEV	纯电动厢式运输车	280	1955	384	55.7	
120	中车时代电动汽车股份有限公司	中国中车牌	TEG6110BEV07	纯电动城市客车	530	12600/12250	1898/335	303.4/0.74	
121	珠海广通汽车有限公司	广通牌	GTQ6105BEVB32	纯电动城市客车	470	11100/11400	1612 ±48.4	255.5	
122			GTQ6129BEVB26	纯电动城市客车	480	11800/12150	1768 ±52.8	281.9	
123			GTQ6858BEVB32	纯电动城市客车	350	8650/8900	1132 ±34	180.87	
124	中兴智能汽车有限公司	广客牌	GTZ6107BEVB3	纯电动城市客车	475	11100	1534	242.3	
125	广西汽车集团有限公司	五菱牌	GXA5030XLCBEV	纯电动冷藏车	245	1670	308	41.86	
126			GXA5030XXYBEV6	纯电动厢式运输车	275	1445	332	43.2	
127			GXA5030XXYBEV8	纯电动厢式运输车	285	1445	332	43.2	
128			GXA5030XYZBEV	纯电动邮政车	285	1445	332	43.2	
129			GXA5031XXYBEV8	纯电动厢式运输车	285	1445	332	43.2	
130			GXA5032XXYBEV6	纯电动厢式运输车	275	1430	308	41.86	
131			GXA5032XXYBEV8	纯电动厢式运输车	270	1430	308	41.86	
132			GXA5033XXYBEV8	纯电动厢式运输车	270	1430	308	41.86	
133			GXA6600BEVG11	纯电动城市客车	230	3610	428	54	
134			GXA6601BEVG12	纯电动城市客车	325	3650	442	70.47	
135		创菱牌	GXA5030XXYBEV5	纯电动厢式运输车	255	1445	332	43.2	
136			GXA5031XXYBEV5	纯电动厢式运输车	270	1445	332	43.2	
137			GXA5032XXYBEV5	纯电动厢式运输车	270	1430	308	41.86	
138			GXA5033XXYBEV5	纯电动厢式运输车	270	1430	308	41.86	
139			GXA6600BEVG21	纯电动城市客车	230	3610	428	54	
140			GXA6601BEVG22	纯电动城市客车	325	3650	442	70.47	
141	延边国泰新能源汽车有限公司	长白山牌	JYB6850BEV01	纯电动城市客车	330	8100/7700	1017	163.36	

续上表

序号	企业名称	商标	产品型号	产品名称	纯电动续驶里程（km）	整车整备质量（kg）	动力蓄电池组总质量（kg）	动力蓄电池组总能量（kWh）	备注
142	贵州万仁汽车集团有限公司	万仁牌	WR1010BEV	纯电动多用途货车	130	774	125±4	15.9	
143			WR5010XXYBEV	纯电动厢式运输车	130	774	125±4	15.9	
144	北京北重汽车改装有限公司	北重电牌	BZD5090TDYBEVH4	纯电动多功能抑尘车	320	6000	1248±20	158.72	
145	华晨客车（大连）有限公司	佰斯威牌	WK6101UREV3	纯电动城市客车	600	10400	1917	300.81	
146	江苏常隆客车有限公司	常隆牌	YS6600GBEVN	纯电动城市客车	330	5000/5200	669	105.28	
147	扬州三源机械有限公司	三联牌	YSY5100ZYSBEV	纯电动压缩式垃圾车	430	7140/6500	1108	162.28	
148	扬州金威环保科技有限公司	金鼺牌	YJW5040ZZZBEV	纯电动自装卸式垃圾车	222	3200	435	66.84	
149			YJW5080TXSBEV	纯电动洗扫车	420	6930	997	157.54	
150			YJW5100TCABEV	纯电动餐厨垃圾车	430	6110	1108	162.28	
151			YJW5100ZZZBEV	纯电动自装卸式垃圾车	430	5960	1108	162.28	
152			YJW5181GQXBEV	纯电动清洗车	300	9620	1536	218.54	
153			YJW5184TXSBEV	纯电动洗扫车	480	14270	2218	327.82	
154			YJW5310ZXXBEV	纯电动车厢可卸式垃圾车	320	16980	3330	435.2	
155	徐州徐工环境技术有限公司	徐工牌	XGH5180TXSQBEV	纯电动洗扫车	365	14560	2150	314.14	
156	宁波比亚迪汽车有限公司	比亚迪牌	BYD6850NB3EV1	纯电动城市客车	540	8950/8500/8050	1467	222.18	
157	杭州西湖比亚迪新能源汽车有限公司	比亚迪牌	XBE5120GQXBEV	纯电动清洗车	480	7790/7490	1555	222.18	
158			XBE5180TDYBEV	纯电动多功能抑尘车	250	11980/12380/11780/11530	1665	217.6	
159	福建龙马环卫装备股份有限公司	福龙马牌	FLM5080TSLDGBEV	纯电动扫路车	280	6510	1108±32	162.28	
160			FLM5080TXSDGBEVL	纯电动洗扫车	280	7100	1108±32	162.28	
161			FLM5182TXSDFBEV	纯电动洗扫车	365	12665	2150	314.14	
162	山东沂星电动汽车有限公司	飞燕牌	SDL5020XCCBEV	纯电动餐车	160	2220	270	33.792	
163			SDL6660EVG	纯电动城市客车	330	5300	669	105.28	
164			SDL6810EVG	纯电动城市客车	350	6350	806	127.74	
165			SDL6811EVG	纯电动城市客车	410	6490	974	151.7	
166	洛阳广通汽车有限公司	广通牌	LGQ5181GQXBEV	纯电动清洗车	250	9800	1536	218.55	
167	湖北五环专用汽车有限公司	华通牌	HCQ5030ZXXEQBEV	纯电动车厢可卸式垃圾车	250	1950	400	53	
168	徐工湖北环保科技股份有限公司	徐工牌	DXA5180GQXSBEV	纯电动清洗车	306	10180/9900	1536	218.54	
169			DXA5180TXSLBEV	纯电动洗扫车	380	14420/14240	2150	314.14	
170	长沙中联重科环境产业有限公司	中联牌	ZBH5101ZLJSHBEV	纯电动自卸式垃圾车	430	5020	1108	162.28	
171			ZBH5180TXSEQPBEV	纯电动洗扫车	365	13700	2150	314.14	
172			ZBH5182GQXEQPBEV	纯电动清洗车	250	9800	1536	218.55	
173	广州市环境卫生机械设备厂	广环牌	GH5183GSSBEV	纯电动洒水车	350	8755	1612	255.48	
174	深圳开沃汽车有限公司	开沃牌	XQX5160ZLJBEV	纯电动自卸式垃圾车	315	7500	1696	264.29	
175			XQX5310ZLJBEV4	纯电动自卸式垃圾车	310	16800/17300	2679	422.87	
176	柳州五菱汽车工业有限公司	五菱牌	LQG5024XXYBEV	纯电动厢式运输车	300	1437	315	41.9	
177	昆明客车制造有限公司	云海牌	KK5010XBWEV01	纯电动保温车	85	750/800	63	7.95	

(3)插电式混合动力商用车

序号	企业名称	商标	产品型号	产品名称	纯电动续驶里程(km)	燃料消耗量(L/100 km)	发动机排量(mL)	整车整备质量(kg)	动力蓄电池总质量(kg)	动力蓄电池总能量(kWh)	备注
1	吉利四川商用车有限公司	远程牌	DNC5042XLCSHEVGL2	插电式混合动力冷藏车	140	7.9	1477	3700/3950	432	54.72	
2			DNC5042XXYSHEVGL1	插电式混合动力厢式运输车	140	7.9	1477	3555/3805	432	54.72	
3			DNC5067XJHSHEVGL2	插电式混合动力救护车	62	9.5	1477	5715	239	25.9	
4	中车时代电动汽车股份有限公司	中国中车牌	TEG6106EHEVN13	插电式混合动力城市客车	73	18.6	6871	12100/11800/11500	483	52.99	NG

(4)燃料电池商用车

序号	企业名称	商标	产品型号	产品名称	纯电动续驶里程(km)	整车整备质量(kg)	燃料电池系统额定功率(kW)	驱动电机额定功率(kW)	备注
1	中国第一汽车集团有限公司	解放牌	CA4250P66T1FCEV	燃料电池半挂牵引汽车	115(氢系统不工作)/370(氢系统工作)	10650	100	200	
2			CA6100URFCEV21	燃料电池低入口城市客车	72(氢系统不工作)/550(氢系统工作)	12100	50	100	
3	厦门金龙联合汽车工业有限公司	金龙牌	XMQ6850AGFCEV1	燃料电池城市客车	625(氢系统工作)/100(氢系统不工作)	9400/9700/10000	46	90	
4	中通客车控股股份有限公司	中通牌	LCK5095XBWFCEV8	燃料电池保温车	420	5000/5260	51	60	
5	广州广日专用汽车有限公司	广和牌	GR5091XLCFCEV	燃料电池冷藏车	400	5862	60	60	

6. 享受车船税减免优惠的节约能源 使用新能源汽车车型目录(第18批)

(1)插电式混合动力乘用车

序号	企业名称	商标	产品型号	通用名称	纯电动续驶里程(km)	燃料消耗量(L/100 km)	发动机排量(mL)	整车整备质量(kg)	动力蓄电池总质量(kg)	动力蓄电池总能量(kWh)	备注
1	浙江吉利汽车有限公司	英伦牌	MR6490DSHEV03	TX	200	7.3	1477	2210	267	35	
2	上汽通用五菱汽车股份有限公司	宝骏牌	LZW6461GK6PHEV	RS-5	50	5.7	1199	1885/1910	133	13	
3	重庆金康新能源汽车有限公司	东风牌	SKE7150SHEVF2	金康汽车风光 E3	100	5.7	1498	1740	123	17.28	

(2)纯电动商用车

序号	企业名称	商标	产品型号	产品名称	纯电动续驶里程(km)	整车整备质量(kg)	动力蓄电池组总质量(kg)	动力蓄电池组总能量(kWh)	备注
1	中国第一汽车集团有限公司	解放牌	CA6100URBEV26	纯电动低入口城市客车	580	11700	1990±59.7(电池箱总重,不含高压箱、低压盒及线束)	282	
2	东风汽车股份有限公司	东风牌	DFA1040KBEV2	纯电动载货汽车	355/365	2875/2960	554/675±20	81.14/86.016	
3			DFA1040TBEV5	纯电动载货汽车	230	2100	380±11.4	53.76	
4			DFA5040XLCKBEV2	纯电动冷藏车	355/365	3045/3045/3080	554/675±20	81.14/86.016	
5			DFA6100CBEV3	纯电动城市客车	590	11100/11400/11700	2110	301.056	

续上表

序号	企业名称	商标	产品型号	产品名称	纯电动续驶里程（km）	整车整备质量（kg）	动力蓄电池组总质量（kg）	动力蓄电池组总能量（kWh）	备注
6	北汽福田汽车股份有限公司	福田牌	BJ5045XCCEV3	纯电动餐车	400	4300	766.0 ±22.9	104.7	
7			BJ5045XLCEV3	纯电动冷藏车	400	3050	766.0 ±22.9	104.7	
8			BJ5045XXYEVB	纯电动厢式运输车	300	2970	579.4 ±17.2	81.14	
9			BJ5045ZKXEV10	纯电动车厢可卸式汽车	300	2970	554 ±16	81.14	
10			BJ6105EVCA-52	纯电动城市客车	525	11400/11800	2116	302.89	
11			BJ6123EVCA-58	纯电动城市客车	557	12200/12500	2296	323.78	
12			BJ6851EVCA-35	纯电动城市客车	486	8500/8900	1686.4 ±18	236.16	
13	长城汽车股份有限公司	长城牌	CC1032PA03BEV	纯电动多用途货车	375	1890	404	57.39	
14			CC5032XXYPA03BEV	纯电动厢式运输车	375	1940	404	57.39	
15	山西新能源汽车工业有限公司	远程牌	JHC5030XXYBEVK2	纯电动厢式运输车	235	2000	364	50.23	
16			JHC5030XXYBEVK3	纯电动厢式运输车	190	1950	308	41.86	
17			JHC5032XXYBEVK1	纯电动厢式运输车	280	1415	306	39.936	
18			JHC6120BEVG8	纯电动低入口城市客车	565	11950/12350	2102	338.4	
19	北奔重型汽车集团有限公司	北奔牌	ND3310DBXJ7Z00BEV	纯电动自卸车	210	22000/22600	1632	234.16	
20			ND3310DBXJ7Z01BEV	纯电动自卸车	250	20970	1804	281.92	
21			ND4250BBXJ7Z01BEV	纯电动牵引车	210	12800	1804	281.92	
22			ND4250BBXJ7Z02BEV	纯电动牵引车	210	11000/11880	1804	281.92	
23	上汽大通汽车有限公司	大通牌	SH1032D8BEV-9	纯电动多用途货车	535	2270	645	88.55	
24			SH5022XFZN1BEV	纯电动福祉车	420	1870	370	61.1	
25			SH5033XXYK6BEV-2	纯电动厢式运输车	325	1565	335	52.5	
26			SH5041XXYJ7BEV-3	纯电动厢式运输车	522	2640	645 ±19.3	88.55	
27		跃进牌	SH5047CCYZFEVNZ4	纯电动仓栅式运输车	335	2870	554	81.14	
28			SH5047XXYZFEVMZ2	纯电动厢式运输车	485	3100	700	106.95	
29			SH5047XXYZFEVMZ3	纯电动厢式运输车	350	2900/3050	554	81.14	
30	上海申沃客车有限公司	申沃牌	SWB6109BEV83G	纯电动低地板城市客车	555	11700	2007	315.85	
31			SWB6128BEV81G	纯电动城市客车	605	12400	2492	344.74	
32			SWB6129BEV71G	纯电动低地板城市客车	615	11900	2170	350.08	
33			SWB6868BEV82G	纯电动城市客车	543	8900	1714.4	237.89	
34	浙江飞碟汽车制造有限公司	飞碟牌	FD5032XXYBEV-1	纯电动厢式运输车	285	1480	308 ±9	41.86	
35			FD5033XXYBEV	纯电动厢式运输车	295	1460	308 ±9	41.86	
36	安徽安凯汽车股份有限公司	安凯牌	HFF6104G9EV21	纯电动城市客车	390	9200/9750	1017	163.36	
37			HFF6120G9EV11	纯电动城市客车	680	12150/12850	2499	344.73	
38			HFF6120G9EV21	纯电动城市客车	680	11400/12100/12800	2170	350.07	
39			HFF6829A6EV21	纯电动城市客车	300	8400/8800	806	127.74	
40	福建新福达汽车工业有限公司	福达（FORTA）牌	FZ4250BEV	纯电动半挂牵引车	220	10250	3200	266.112	
41			FZ5031XXYBEV	纯电动厢式运输车	260	1580	300	42.508	

续上表

序号	企业名称	商标	产品型号	产品名称	纯电动续驶里程（km）	整车整备质量（kg）	动力蓄电池组总质量（kg）	动力蓄电池组总能量（kWh）	备注
42	福建新龙马汽车股份有限公司	福建牌	FJ5030XXYBEVE1	纯电动厢式运输车	255	1500	306	39.936	
43			FJ5030XYZBEVA1	纯电动邮政车	261	1430	306	39.936	
44			FJ5030XYZBEVA2	纯电动邮政车	280	1410	308 ±9	41.86	
45	江西昌河汽车有限责任公司	北京牌	CH5031XXYBEVRA3C6	换电式纯电动厢式运输车	320	1600	350（不带快换支架/快换接插件）	47.6	
46	江西江铃集团晶马汽车有限公司	晶马牌	JMV6811GRBEV	纯电动城市客车	410	7800	1085	175.03	
47	中国重型汽车集团有限公司	豪沃牌	ZZ6126GBEVQ6	纯电动城市客车	590	11650/12000	2034	326.73	
48			ZZ6126GBEVQ7	纯电动城市客车	500	11200/11600	1612	255.48	
49			ZZ6126GBEVQ71	纯电动城市客车	510	11600/11900	1612	255.48	
50			ZZ6126GBEVQ8	纯电动城市客车	370	11400/11000	1344	191.09	
51			ZZ6126HBEVQA3	纯电动客车	320	11100/11400	1051	169.2	
52			ZZ6126HBEVQA5	纯电动客车	505	11600/11900	1612	255.48	
53			ZZ6650GBEVQ1	纯电动城市客车	480	5300/5600	884	140.95	
54	郑州宇通客车股份有限公司	宇通牌	ZK5041XLCBEV2	纯电动冷藏车	470	3130	670	102.49	
55			ZK6100BEVGS2	纯电动双层低入口城市客车	550	11900/12300/12700	1768	281.91	
56			ZK6106BEVG13	纯电动城市客车	515	10750/11250/9850/10300	1752	258.04	
57			ZK6106BEVG3E	纯电动低入口城市客车	400	10900/11300/10200/10600	1278	200.54	
58			ZK6106BEVG9E	纯电动低入口城市客车	680	11100/11500/11800	2122	338.4	
59			ZK6126BEVG10	纯电动城市客车	620	11550/11900/10650/11100	2200	313.34	
60			ZK6856BEVG7	纯电动城市客车	525	8500/8800/9100	1687	236.16	
61	郑州日产汽车有限公司	东风牌	ZN1030U5PBEV	纯电动多用途货车	400	1955	398 ±3	67.09	
62			ZN5030XGCH5PBEV	纯电动工程车	330	2100	398 ±3	67.09	
63	湖北新楚风汽车股份有限公司	楚风牌	HQG5045XYZEV	纯电动邮政车	230	2300	405 ±5	52.531	
64	比亚迪汽车工业有限公司	比亚迪牌	BYD5042XXYBEV1	纯电动厢式运输车	280	2385/2290/2165	424.2	63.75	
65			BYD6120BD1EV1	纯电动低地板双层城市客车	529	15900/16500	2347.2	355.488	
66			BYD6122B1EV1	纯电动低地板城市客车	690	12600/12400/12100	2347.2	355.488	
67	三一汽车制造有限公司	三一牌	SYM3311ZZX2BEV	纯电动自卸汽车	360	15800/16500	2743.6	423.936	
68	东风柳州汽车有限公司	乘龙牌	LZ5040XXYL2AZBEV151	纯电动厢式运输车	330	2950	554 ±16	81.14	
69			LZ5040XYZL2AZBEV151	纯电动邮政车	330	2950	554 ±16	81.14	
70	上汽通用五菱汽车股份有限公司	五菱牌	LZW5024XXYEVHEAT	纯电动厢式运输车	260	1385/1410	277	34.7	
71			LZW5024XXYEVHEAU	纯电动厢式运输车	300	1420/1440	331	41.5	
72			LZW5024XYZEVHEAT	纯电动邮政车	260	1385	277	34.7	
73	庆铃汽车股份有限公司	庆铃牌(繁体)牌	QL5041XXYBEVECHA2	纯电动厢式运输车	450	2940	700	106.95	
74	中植一客成都汽车有限公司	中植汽车牌	CDL6810URBEV1	纯电动城市客车	345	7180/7400	910	143.16	
75	四川野马汽车股份有限公司	野马牌	SQJ6101BEV	纯电动低入口城市客车	518	11500/11800	1917	300.81	
76	成都大运汽车集团有限公司	大运牌	CGC5125TXSBEV1Z1	纯电动洗扫车	380	8500	1680	241.96	
77			CGC5180TDYBEV1Z1	纯电动多功能抑尘车	360	12150	2150	314.14	

续上表

序号	企业名称	商标	产品型号	产品名称	纯电动续驶里程（km）	整车整备质量（kg）	动力蓄电池组总质量（kg）	动力蓄电池组总能量（kWh）	备注
78	陕西汽车集团有限责任公司	陕汽牌	SX5041CCYBEV331G	纯电动仓栅式运输车	440	3200	732	96. 768	
79			SX5041XXYBEV331G	纯电动厢式运输车	440	3200	732	96. 768	
80			SX5046XLCBEV331S	纯电动冷藏车	410	3200	650	91. 104	
81			SX5317GJBMF306BEV	纯电动混凝土搅拌运输车	280	15700	2206	350. 07	
82	金龙联合汽车工业（苏州）有限公司	海格牌	KLQ6109YAEVN	纯电动客车	335	10600/10900	1166	186. 7	
83			KLQ6656GAEVN1	纯电动低入口城市客车	367	4150/4400	654	89. 16	
84			KLQ6816GAEVN1B	纯电动城市客车	425	7400/7700/8000	1166	186. 7	
85			KLQ6856GAEVH1	纯电动城市客车	446	8400/8700/9000	1178. 3	182. 65	
86			KLQ6856GAEVN3B	纯电动城市客车	540	8800/9050	1456	229. 05	
87	现代商用汽车（中国）有限公司	现代牌	CHM5040XXYZDC33BEV	纯电动厢式运输车	430	3050/3290	804	115	
88			CHM5041XXYZDC33BEV	纯电动厢式运输车	340	2910	580	89. 12	
89	厦门金龙联合汽车工业有限公司	金龙牌	XMQ5030XYZBEVL01	纯电动邮政车	280	1660	308 ±9	41. 86	
90			XMQ5045XBWBEVL	纯电动保温车	355	2890/2730	554	81. 14	
91			XMQ6106AGBEVL33	纯电动城市客车	660	10900/11500/12100	2210 ±66. 3	322. 56	
92			XMQ6125AGBEVL1	纯电动城市客车	720	12100/12410/12750	2170 ±65	350. 07	
93			XMQ6125AGBEVL2	纯电动城市客车	720	12100/12410/12750	2275. 2 ±68. 2	352. 7	
94			XMQ6601BGBEVL1	纯电动城市客车	490	3650/3850	609. 3 ±18. 3	94. 47	
95			XMQ6850AGBEVL24	纯电动城市客车	430	8400/8700/9000	1144. 5 ±34. 33	166. 65	
96	厦门金龙旅行车有限公司	金旅牌	XML5030XXYEVA7	纯电动厢式运输车	280	1410	308	41. 86	
97			XML5036XXYEVL07	纯电动厢式运输车	200	1780	309	41. 86	
98			XML5075XDSEV10	纯电动电视车	570	6900	1158	180. 48	
99			XML6105JEVJ0CE	纯电动城市客车	390	10600/11100	1300	201. 55	
100			XML6112JEVJ0C	纯电动城市客车	730	12100/11450	2170	350. 07	
101			XML6532JEVL0C	纯电动城市客车	260	1950	364	50. 23	
102			XML6606JEVJ0C2	纯电动城市客车	434	3440	609. 3	94. 47	
103			XML6606JEVY0	纯电动客车	401	3700/3500	579	90. 24	
104			XML6805JEVJ0C8	纯电动城市客车	439	7000/7400	1085	175. 04	
105			XML6827JEVJ0C1	纯电动城市客车	396	9000	1017	163. 36	
106	中通客车控股股份有限公司	中通牌	LCK5031XXYEV8	纯电动厢式运输车	240	1830	360 ±10	48. 384	
107			LCK5048XBWEV3E	纯电动保温车	405	3050	616 ±20	80. 64	
108			LCK5048XBWEV5S	纯电动保温车	420	3150	580 ±16	89. 128	
109			LCK6106EVGA3	纯电动城市客车	510	10700/11200	1612	255. 48	
110			LCK6106EVGRL	纯电动低入口城市客车	610	11100/11600	2130	302. 89	
111			LCK6106EVGRM	纯电动低入口城市客车	640	11200/11700	2210	322. 56	
112			LCK6108EVG3A20	纯电动城市客车	602	10700/11200	1898	303. 4	
113			LCK6116EVA	纯电动客车	300	11000/11500	983	157. 53	
114			LCK6116EVGB	纯电动城市客车	700	12150/12450	2160	343. 58	

续上表

序号	企业名称	商标	产品型号	产品名称	纯电动续驶里程（km）	整车整备质量（kg）	动力蓄电池组总质量（kg）	动力蓄电池组总能量（kWh）	备注
115	中通客车控股股份有限公司	中通牌	LCK6126EVGRB	纯电动低入口城市客车	635	11800/12350/12750	2280	363.4	
116			LCK6126EVGRL	纯电动低入口城市客车	635	11800/12350/12750	2290	323.78	
117			LCK6606EVGA16	纯电动城市客车	340	3750	446	70.18	
118			LCK6606EVGA25	纯电动城市客车	390	3980	654	89.16	
119			LCK6606EVGB15	纯电动城市客车	503	3980	660	105.71	
120			LCK6806EVGB	纯电动城市客车	305	6900/6500/6320	760	121.13	
121			LCK6816EVGD	纯电动城市客车	405	6800/7000/7200	1017	163.36	
122			LCK6826EVG3M1	纯电动城市客车	380	7950/7500/7070	1180	172.03	
123			LCK6856EVGA2	纯电动城市客车	420	8800/8300/7900	1166	186.7	
124	上海申龙客车有限公司	申龙牌	SLK5030XLCSBEV1	纯电动冷藏车	280	1880	332	43.2	
125	吉利四川商用车有限公司	远程牌	DNC1042BEVL2	纯电动载货汽车	360	2950	616±20	80.64	
126			DNC1047BEVL3	纯电动载货汽车	370	2925	554	81.14	
127			DNC5042XXYBEVL3	纯电动厢式运输车	445	2995	748±20	96.76	
128			DNC5047CCYBEVL1	纯电动仓栅式运输车	370	2925	554	81.14	
129			DNC5047XYZBEVL1	纯电动邮政车	360	2950	554	81.14	
130	南京金龙客车制造有限公司	开沃牌	NJL6129EVG2	纯电动低入口城市客车	465	11510/11910	1480	229.632	
131			NJL6680EV6	纯电动低入口城市客车	475	6360/6750	806	127.725	
132			NJL6809EV15	纯电动城市客车	390	6900/7300/7600	1085	175.039	
133			NJL6809EV16	纯电动城市客车	411	7450/7750	1130	175.104	
134	中车时代电动汽车股份有限公司	中国中车牌	TEG5040TYHASDBEV1	纯电动路面养护车	275	2665	435	66.84	
135			TEG5040ZZZASDBEV1	纯电动自装卸式垃圾车	275	3015	435	66.84	
136			TEG5042XXYEV01	纯电动厢式运输车	373	2850	554	81.14	
137			TEG5180ZYSADFBEV1	纯电动压缩式垃圾车	310	11650	1680	241.96	
138			TEG6105BEV22	纯电动城市客车	610	11350/11050/10750	1898	303.4	
139			TEG6105BEV23	纯电动低入口城市客车	590	11850/11550/11250	2130	302.89	
140			TEG6110BEV08	纯电动城市客车	570	12550/12250	2130	302.89	
141			TEG6110BEV10	纯电动城市客车	680	12550/12250	2184	343.58	
142			TEG6129BEV17	纯电动低入口城市客车	620	12780/12100	2290	323.78	
143			TEG6650BEV02	纯电动城市客车	440	5300/5600	857.2	118.944	
144			TEG6661BEV02	纯电动城市客车	340	5400/5700	639	100.27	
145			TEG6661BEV03	纯电动城市客车	300	5200/5500	579	90.24	
146			TEG6805BEV02	纯电动城市客车	340	6400/6600	806	127.74	
147			TEG6852BEV07	纯电动城市客车	510	8700/8400/8100	1440	201.67	
148			TEG6900BEV02	纯电动城市客车	400	9450/9150	1440	201.67	

续上表

序号	企业名称	商标	产品型号	产品名称	纯电动续驶里程（km）	整车整备质量（kg）	动力蓄电池组总质量（kg）	动力蓄电池组总能量（kWh）	备注
149	山东东方曼新能源汽车有限公司	东方曼牌	MAN1023BEV0	纯电动载货汽车	81	840	82	10.37	
150			MAN5032XSHBEV1	纯电动售货车	245	1650	352	39.072	
151	上海万象汽车制造有限公司	象牌	SXC5035XLCBEV	纯电动冷藏车	255	2330	420 ±20	55.296	
152	珠海广通汽车有限公司	广通牌	GTQ6121BEVB31	纯电动城市客车	500	12250/12450	1768 ±52.8	281.9	
153			GTQ6853BEVB30	纯电动城市客车	360	8600/8850	1132	180.87	
154			GTQ6858BEVB31	纯电动城市客车	340	8650/8900	1207.5 ±34	176.2	
155			GTQ6858BEVB33	纯电动城市客车	380	8650/8900	1140 ±34	182.1	
156	奇瑞万达贵州客车股份有限公司	万达牌	WD6117BEVG01	纯电动城市客车	485	10600/10900	1768	281.9	
157			WD6875BEVG02	纯电动城市客车	300	8000	820	134.26	
158	广西汽车集团有限公司	五菱牌	GXA5030XXYBEV7	纯电动厢式运输车	300	1445	332	43.2	
159			GXA5030XXYBEV9	纯电动厢式运输车	300	1445	332	43.2	
160			GXA5031XXYBEV7	纯电动厢式运输车	300	1445	332	43.2	
161			GXA5032XXYBEV7	纯电动厢式运输车	300	1430	308	41.86	
162			GXA5033XXYBEV7	纯电动厢式运输车	300	1430	308	41.86	
163			GXA5034XXYBEV	纯电动厢式运输车	290	1465	332	43.2	
164			GXA5035XXYBEV	纯电动厢式运输车	300	1450	308	41.86	
165			GXA6606BEVG10	纯电动城市客车	390	3850	609	95.25	
166			GXA6606BEVG30	纯电动城市客车	390	3850	609	95.25	
167	重庆瑞驰汽车实业有限公司	瑞驰牌	CRC1030DC1-BEV	纯电动载货汽车	300	1280	293	41.1	
168			CRC1030DC2-BEV	纯电动载货汽车	300	1320	305 ±9	41.932	
169			CRC5020XXYFK3-BEV	纯电动封闭货车	280	1175	225	31.25	
170			CRC5020XXYFK4-BEV	纯电动封闭货车	270	1185	235 ±6	29.95	
171			CRC5020XYKDC-BEV	纯电动翼开启厢式车	300	1510	293	41.1	
172			CRC5030XLCDC-BEV	纯电动冷藏车	280	1599	284 ±7	38.7	
173			CRC5030XXYDC1-BEV	纯电动厢式运输车	300	1410	293	41.1	
174			CRC5030XXYDC3-BEV	纯电动厢式运输车	300	1435	305 ±9	41.932	
175			CRC5030XXYFC1-BEV	纯电动封闭货车	300	1520	309 ±9	41.86	

续上表

序号	企业名称	商标	产品型号	产品名称	纯电动续驶里程(km)	整车整备质量(kg)	动力蓄电池组总质量(kg)	动力蓄电池组总能量(kWh)	备注
176	重庆瑞驰汽车实业有限公司	瑞驰牌	CRC5030XXYFC2-BEV	纯电动封闭货车	275	1510	284 ±7	38. 7	
177			CRC5030XXYFC3-BEV	纯电动封闭货车	285	1500	290. 5 ±8. 7	38. 64	
178			CRC5030XXYFC4-BEV	纯电动封闭货车	285	1500	290. 5 ±8. 7	38. 64	
179			CRC5030XXYFC5-BEV	纯电动封闭货车	302	1520	309 ±9	41. 86	
180			CRC5030XXYFC6-BEV	纯电动封闭货车	302	1540	309 ±9	41. 86	
181			CRC5030XYKDC-BEV	纯电动翼开启厢式车	300	1520	305 ±9	41. 932	
182			CRC5030XYZFC-BEV	纯电动邮政车	285	1480	290. 5 ±8. 7	38. 64	
183			CRC5032XXYE-LBEV	纯电动封闭货车	290	1510	309 ±9	41. 86	
184			CRC5034XXYD-LBEV	纯电动封闭货车	295	1500	300	42. 04	
185			CRC5035XXYA-LBEV	纯电动厢式运输车	290	1450	335	41. 4	
186	河南德力新能源汽车有限公司	德帅牌	DLP5030XYZBEVM22	纯电动邮政车	130	1320	154 ±5	20. 16	
187			DLP5040CCYBEVT20A	纯电动仓栅式运输车	370	2950	554 ±16	81. 144	
188			DLP5040XLCBEVT20A	纯电动冷藏车	370	3100	554 ±16	81. 144	
189	延边国泰新能源汽车有限公司	长白山牌	JYB6100BEV	纯电动低入口城市客车	420	10500/10100	1534	242. 27	
190			JYB6850BEV02	纯电动城市客车	265	7900/7500	845	134. 35	
191	陕西秦星汽车有限责任公司	原点之星牌	SYD6102GBEV2	纯电动城市客车	500	10800/11000	1768	281. 91	
192			SYD6103GBEV	纯电动低入口城市客车	518	11500/11800	1917	300. 81	
193	江西博能新能源汽车有限公司	上观牌	BSR6106BEVGS1	纯电动低入口城市客车	493	10890/11150	1612	255. 48	
194	北京北重汽车改装有限公司	北重电牌	BZD5030ZZZH5BEV	纯电动自装卸式垃圾车	253	2670/2500	400 ±5. 0	53	
195			BZD5090TCAE6BEV	纯电动餐厨垃圾车	320	6600	1248 ±20	158. 72	
196			BZD5128TXSADBEV	纯电动洗扫车	400	8695	1584	217. 19	
197			BZD5183TXSA5BEV	纯电动洗扫车	360	12205	2118	297. 676	
198			BZD5188GSSBEVK1	纯电动洒水车	360	9705	2118	297. 676	
199	天津广通汽车有限公司	广通牌	TJR5041ZXXBEV1	纯电动车厢可卸式垃圾车	255	2350	435	66. 84	
200	航天晨光股份有限公司	三力牌	CGJ5041GXESHBEV	纯电动吸粪车	276	2805	435	66. 84	
201			CGJ5041XTYSHBEV	纯电动密闭式桶装垃圾车	276	2800	435	66. 84	
202			CGJ5041ZDJSHBEV	纯电动压缩式对接垃圾车	276	2450	435	66. 84	
203			CGJ5042ZZZSHBEV	纯电动自装卸式垃圾车	276	3150	435	66. 84	
204			CGJ5043ZZZSHBEV	纯电动自装卸式垃圾车	276	3100	435	66. 84	
205	扬州三源机械有限公司	三联牌	YSY5180TXSBEV	纯电动洗扫车	435	12600	2150	314. 14	
206	国唐汽车有限公司	国唐牌	SGK6856BEVGK03	纯电动城市客车	415	8200/8400	1017	163. 36	
207	浙江中车电车有限公司	中国中车牌	CSR6853GLEV3	纯电动城市客车	575	8700/9000	1686. 4	236. 16	
208	杭州西湖比亚迪新能源汽车有限公司	比亚迪牌	XBE5040TSLBEV	纯电动扫路车	280	3350	424. 2	63. 75	
209			XBE5040ZZZBEV1	纯电动自装卸式垃圾车	280	3250	424. 2	63. 75	
210			XBE5120TCABEV	纯电动餐厨垃圾车	400	8250/7700	1174	177. 74	
211	安徽爱瑞特新能源专用汽车股份有限公司	爱瑞特牌	ART5180TXSS92BEV	纯电动洗扫车	300	13310	2150	314. 14	
212			ART5180TXSS98BEV	纯电动洗扫车	310	12450	2150	314. 14	
213	福建龙马环卫装备股份有限公司	福龙马牌	FLM5080GXEDGBEV	纯电动吸粪车	490	5305	1108 ±32	162. 28	

续上表

序号	企业名称	商标	产品型号	产品名称	纯电动续驶里程（km）	整车整备质量（kg）	动力蓄电池组总质量（kg）	动力蓄电池组总能量（kWh）	备注
214	福建龙马环卫装备股份有限公司	福龙马牌	FLM5080TCADGBEV	纯电动餐厨垃圾车	490	5830/6130	1108 ± 32	162. 28	
215			FLM5080ZYSDGBEV	纯电动压缩式垃圾车	490	6550/6350/6650/6600	1108 ± 32	162. 28	
216	江西宜春客车厂有限公司	中宜牌	JYK6660GBEV2	纯电动城市客车	310	5300/5500	558	83. 46	
217	徐工湖北环保科技股份有限公司	徐工牌	DXA5040ZZZDBEV	纯电动自装卸式垃圾车	226	3000	435	66. 84	
218			DXA5180ZXXLBEV	纯电动车厢可卸式垃圾车	260	9840	1536	218. 54	
219	深圳开沃汽车有限公司	开沃牌	XQX5100GQXBEV	纯电动护栏清洗车	315	6830	1017	163. 36	
220			XQX5180GQXBEV	纯电动清洗车	360	9620	1612	255. 48	
221			XQX5180GSSBEV	纯电动洒水车	360	9290	1612	255. 48	
222			XQX5180TXSBEV	纯电动洗扫车	480	13200	2034	326. 73	
223	广东中电汽车有限公司	中电奔富牌	GZD5031XXYBEV	纯电动厢式运输车	270	1580	296 ± 8. 8	41. 472	
224	柳州五菱汽车工业有限公司	五菱牌	LQG5021XXYBEV	纯电动厢式运输车	260	1365	277	34. 7	
225			LQG5022XXYBEV	纯电动厢式运输车	300	1410	331	41. 5	
226			LQG5025XYZBEV	纯电动邮政车	260	1370	277	34. 7	
227			LQG5026XXYBEV	纯电动厢式运输车	300	1437	330	41. 6	
228	重庆庆铃专用汽车有限公司	庆铃牌	QL5040XGCBEVENHW2	纯电动工程车	370	2380	496	64. 64	
229			QL5042XLCBEVECHA2J	纯电动冷藏车	433	3375	700	106. 95	
230			QL5070ZXXBEV	纯电动车厢可卸式垃圾车	245	3400	748 ± 20	96. 77	
231	成都新全义机械制造有限公司	鑫驰牌	XQY5030ZLJEV	纯电动自卸式垃圾车	250	2150	400	53	
232	云南五龙汽车有限公司	威驰腾牌	FDE6720LBABEV01	纯电动客车	490	6000/6200/6400	910	143. 2	

（3）插电式混合动力商用车

序号	企业名称	商标	产品型号	产品名称	纯电动续驶里程（km）	燃料消耗量（L/100 km）	发动机排量（mL）	整车整备质量（kg）	动力蓄电池总质量（kg）	动力蓄电池总能量（kWh）	备注
1	郑州宇通客车股份有限公司	宇通牌	ZK6106CHEVNPG1	插电式混合动力低入口城市客车	80	15（kg/100 km）	6871	12640/11350/11850/12250	534	59. 17	NG
2			ZK6113CHEVPG61	插电式混合动力城市客车	51	18	6234	13100/12700	251	30. 13	
3			ZK6126CHEVNPG1	插电式混合动力低入口城市客车	75	17（kg/100 km）	6871	13430/11900/12400/12900	534	59. 17	NG
4	吉利四川商用车有限公司	远程牌	DNC5042CCYSHEVGL1	插电式混合动力仓栅式运输车	140	7. 9	1477	3805	432	54. 72	
5			DNC5047XLCSHEVG4L2	插电式混合动力冷藏车	62	7. 9	1477	3450/3700	240	25. 9	
6			DNC5047XLCSHEVG4L3	插电式混合动力冷藏车	60	7. 9	1477	3700/3950	239	25. 9	
7			DNC5047XXYSHEVG4L3	插电式混合动力厢式运输车	60	7. 9	1477	3280	239	25. 9	
8			DNC5049XLCSHEVGL1	插电式混合动力冷藏车	140	7. 9	1477	3700/3950	400 ± 10	53. 58	
9			DNC6100CHEVNG2	插电式混合动力低入口城市客车	70	18. 2（kg/100 km）	6871	11500/11790	483	52. 99	NG

续上表

序号	企业名称	商标	产品型号	产品名称	纯电动续驶里程(km)	燃料消耗量(L/100 km)	发动机排量(mL)	整车整备质量(kg)	动力蓄电池总质量(kg)	动力蓄电池总能量(kWh)	备注
10	福建龙马环卫装备股份有限公司	福龙马牌	FLM5180GQXDGPHEVS	插电式混合动力清洗车	55	24. 17	4500	7770	251 ±7. 5	30. 13	
11			FLM5180TCADGPHEV	插电式混合动力餐厨垃圾车	55	24. 17	4500	8400/8700	251 ±7. 5	30. 13	

(4)燃料电池商用车

序号	企业名称	商标	产品型号	产品名称	纯电动续驶里程(km)	整车整备质量(kg)	燃料电池系统额定功率(kW)	驱动电机额定功率(kW)	备注
1	北汽福田汽车股份有限公司	福田牌	BJ6906FCEVUH-1	燃料电池客车	90(氢系统不工作)/650(氢系统工作)	10350/10650	60	60	
2			BJ6956FCEVCH	燃料电池城市客车	160(氢系统不工作)/700(氢系统工作)	11150	80. 5	120	
3	上汽大通汽车有限公司	跃进牌	SH5127XXYZKFCEVWZ1	燃料电池厢式运输车	500	6480	83. 5	105	
4	上海申沃客车有限公司	申沃牌	SWB6129FCEV02G	燃料电池低地板城市客车	80(氢系统不工作)/570(氢系统工作)	12300	83. 5	160	
5	中植一客成都汽车有限公司	中植汽车牌	CDL5090XBWFCEV	燃料电池保温车	101(氢系统不工作)/480(氢系统工作)	5450	48	60	
6			CDL6101URFCEV1	燃料电池低入口城市客车	60(氢系统不工作)/600(氢系统工作)	11150/11500	47	90	钛酸锂
7			CDL6101URFCEV2	燃料电池低入口城市客车	150(氢系统不工作)/600(氢系统工作)	11150/11500	80	90	
8	四川野马汽车股份有限公司	野马牌	SQJ6111B1FCEV	燃料电池低地板城市客车	550	11500/11800/12400	80	100	
9	厦门金龙联合汽车工业有限公司	金龙牌	XMQ6850AGFCEV2	燃料电池城市客车	625(氢系统工作)/100(氢系统不工作)	9400/9700/10000	40. 5	59	
10	中通客车控股股份有限公司	中通牌	LCK6860FCEVGT1	燃料电池城市客车	145(氢系统不工作)/500(氢系统工作)	8700/9200/9500	45	90	
11	南京金龙客车制造有限公司	开沃牌	NJL6113FCEV1	燃料电池低入口城市客车	168(氢系统不工作)/454(氢系统工作)	11550/11850	50	100	
12	陕西秦星汽车有限责任公司	原点之星牌	SYD6110GFCEV	燃料电池低地板城市客车	550	11800/12400	47	100	

7. 享受车船税减免优惠的节约能源　使用新能源汽车车型目录(第19批)

(1)插电式混合动力乘用车

企业名称	商标	产品型号	通用名称	纯电动续驶里程(km)	燃料消耗量(L/100 km)	发动机排量(mL)	整车整备质量(kg)	动力蓄电池总质量(kg)	动力蓄电池总能量(kWh)	备注
奇瑞捷豹路虎汽车有限公司	路虎(LAND ROVER)牌	CJL6460AL2HEV	发现运动版	54	6. 3	1498	2250	123 ±3	15. 5	

(2)纯电动商用车

序号	企业名称	商标	产品型号	产品名称	纯电动续驶里程(km)	整车整备质量(kg)	动力蓄电池组总质量(kg)	动力蓄电池组总能量(kWh)	备注
1	北汽福田汽车股份有限公司	福田牌	BJ5045CCYEV3	纯电动仓栅式运输车	400	3050	766. 0 ±22. 9	104. 7	
2			BJ5045XYZEV7	纯电动邮政车	300	2970	554 ±16	81. 14	
3			BJ5180XYLEV	纯电动医疗车	606	11000/11400/11800	1898	303. 4	
4			BJ6105EVCA-53	纯电动城市客车	509	11200/11600	1898	303. 4	

续上表

序号	企业名称	商标	产品型号	产品名称	纯电动续驶里程（km）	整车整备质量（kg）	动力蓄电池组总质量（kg）	动力蓄电池组总能量（kWh）	备注
5	长城汽车股份有限公司	长城牌	CC1032PA02BEV	纯电动多用途货车	310	1885	366	50.77	
6			CC5032XXYPA02BEV	纯电动厢式运输车	310	1935	366	50.77	
7	上汽大通汽车有限公司	跃进牌	SH5047XLCZFEVMZ2	纯电动冷藏车	485	3230	700	106.95	
8	上海申沃客车有限公司	申沃牌	SWB6129BEV72G	纯电动低地板城市客车	615	11900	2170	350.08	
9	徐州徐工汽车制造有限公司	徐工牌	XGA4252BEVWC	纯电动半挂牵引车	190	11800	1804	281.91	
10	安徽江淮汽车集团股份有限公司	江淮牌	HFC1045EV13	纯电动载货汽车	360	2890	616 ± 20	80.64	
11			HFC1047D4EV3	纯电动载货汽车	430	2200	525.7 ± 15.8	73.6	
12			HFC5031XXYEV7	纯电动厢式运输车	205	2000	318 ± 10	43.546	
13			HFC5037XGCDEV1	纯电动工程车	330	2250	468 ± 8	65.3184	
14			HFC5045CCYEV1	纯电动仓栅式运输车	440	3050	728 ± 20	96.77	
15			HFC5045XXYEV9	纯电动厢式运输车	425	3020	660 ± 16	93.97	
16			HFC5045XXYSEV1	换电式纯电动厢式运输车	425	3020	660 ± 16	93.97	
17			HFC5045XYZEV10	纯电动邮政车	360	2970	616 ± 20	80.64	
18	福建新福达汽车工业有限公司	福达（FORTA）牌	FZ5050TSLYTBEV	纯电动扫路车	368	4290	669	105.28	
19			FZ5081XTYBEV	纯电动密闭式桶装垃圾车	202	4980	640	98.04	
20	福建新福达汽车工业有限公司	福达（FORTA）牌	FZ5180GSSBEV	纯电动洒水车	350	8755	1612	255.48	
21	郑州宇通客车股份有限公司	宇通牌	ZK6117BEVG16	纯电动城市客车	560	10800/11200/11500/11900/12230	1612	255.48	
22			ZK6186BEVG1	纯电动低地板铰接城市客车	815	18800/19100/19540/20050	3536	563.83	
23			ZK6820BEVG13	纯电动城市客车	465	7350/7500/7800/8100/8400	1085	175.03	
24	海马新能源汽车有限公司	奥路卡牌	ZQ5030XXYF0BEV	纯电动封闭货车	230	1785	346 ± 10	48.47	
25	三一汽车制造有限公司	三一牌	SYM5310GJB3BEV	纯电动混凝土搅拌运输车	265	15300	2340	367.58	
26			SYM5316GJB1BEV	纯电动混凝土搅拌运输车	200	14000	1804 ± 52	281.91	
27			SYM5316GJB2BEV	纯电动混凝土搅拌运输车	200	14000	1840 ± 55.2	282.62	
28	庆铃汽车股份有限公司	庆铃牌（繁体）牌	QL1040BEVENHW	纯电动载货汽车	370	2250	496	64.64	
29			QL1041BEVECHA1	纯电动载货汽车	330	2800	554	81.14	
30			QL5040XXYBEVENHW	纯电动厢式运输车	380	2380	496	64.64	
31			QL5041XXYBEVECHA1	纯电动厢式运输车	335	2880	554	81.14	
32			QL5041XXYBEVECHA4	纯电动厢式运输车	375	2900	732 ± 20	96.77	
33			QL5041XYZBEVECHA1	纯电动邮政车	335	2880	554	81.14	
34			QL5070XXYBEVECCA	纯电动厢式运输车	245	3346	748 ± 20	96.77	
35			QL5070XXYBEVECDA	纯电动厢式运输车	220	3685	748 ± 20	96.77	
36			QL5071XXYBEVECDA	纯电动厢式运输车	210	3600	748 ± 20	96.77	
37			QL5071XXYBEVECKA2	纯电动厢式运输车	255	3605	700	106.95	

续上表

序号	企业名称	商标	产品型号	产品名称	纯电动续驶里程（km）	整车整备质量（kg）	动力蓄电池组总质量（kg）	动力蓄电池组总能量（kWh）	备注
38	成都大运汽车集团有限公司	大运牌	CGC5045XXYBEV2Z5	换电型纯电动厢式运输车	380	2995	558	90.84	
39			CGC6101BEV1K6	纯电动城市客车	316	10000/10500	1162	167.54	
40	现代商用汽车（中国）有限公司	现代牌	CHM5042XJXZDC33BEV	纯电动检修车	410	4300	580	89.12	
41			CHM5042XXYZDC33BEV	纯电动厢式运输车	410	2960/3040	580	89.12	
42	奇瑞商用车（安徽）有限公司	威麟牌	SQR6100BEVG13	纯电动城市客车	515	10600	1612	255.48	
43			SQR6880BEVG01	纯电动城市客车	510	8600	1534	242.27	
44		开瑞牌	SQR3310BEVH35	纯电动自卸车	280	18400	3125	438.68	
45	厦门金龙旅行车有限公司	金旅牌	XML5040XSHEVY0	纯电动售货车	351	3220/3030	442	70.47	
46	南京金龙客车制造有限公司	开沃牌	NJL1041EV2C2	纯电动载货汽车	268	2150	444±12	61.82	
47			NJL5041XLCEVC2	纯电动冷藏车	268	2650	444±12	61.82	
48			NJL5043XXYEVA1	纯电动厢式运输车	380	2980	580±16	89.12	
49	南京金龙客车制造有限公司	开沃牌	NJL6600EVQ3	纯电动城市客车	353	4840/5050/5230	636	93.575	
50	程力汽车集团股份有限公司	程力牌	CL5091TDYBEV	纯电动多功能抑尘车	300	5000	767	121.13	
51			CL5120ZYSBEV	纯电动压缩式垃圾车	430	8790	1472±40	229.632	
52			CL5180GQXBEV	纯电动清洗车	300	9030/9550	1472	229.632	
53			CL5181GSSBEV	纯电动洒水车	300	8945	1472	229.632	
54	成都客车股份有限公司	蜀都牌	CDK6107CBEV	纯电动低入口城市客车	556	11400/11100/10800/10400	1696.8	255.024	
55	重庆瑞驰汽车实业有限公司	瑞驰牌	CRC5030XXYFC7-BEV	纯电动厢式运输车	275	1510	284±7	38.7	
56			CRC5030XXYK-LBEV	纯电动封闭货车	270	1510	308.5	38.62	
57			CRC5033XXYB-LBEV	纯电动封闭货车	302	1520	322	40.3	
58	北京环卫集团环卫装备有限公司	亚洁牌	BQJ5040GXEEV	纯电动吸粪车	275	2950	435	66.84	
59			BQJ5040TYHEV	纯电动路面养护车	275	2675	435	66.84	
60			BQJ5040ZZZEV	纯电动自装卸式垃圾车	275	3020	435	66.84	
61			BQJ5100ZYSSHEV	纯电动压缩式垃圾车	430	6900	1108	162.28	
62			BQJ5120TSLBYDEV	纯电动扫路车	480	8910	1555	222.18	
63			BQJ5120TSLSHEV	纯电动扫路车	406	8990	1536	218.54	
64			BQJ5180TXSBYDEV	纯电动洗扫车	380	15800	2664	348	
65			BQJ5180TXSQLEV	纯电动洗扫车	365	15380	2150	314.14	
66			BQJ5181TXSBYDEV	纯电动洗扫车	380	15080	2664	348	
67	江苏紫琅汽车集团股份有限公司	紫琅牌	NTT6105GEVB1	纯电动低入口城市客车	695	11500/11200/10900	1898	303.4	
68	江苏常隆客车有限公司	常隆牌	YS6860GBEVN2	纯电动城市客车	550	8150/7700	1456	229.05	
69	航天晨光股份有限公司	三力牌	CGJ5041TYHSHBEV	纯电动路面养护车	276	2600	435	66.84	
70	江苏奥新新能源汽车有限公司	达福迪牌	JAX5020XSHBEVK04	纯电动售货车	170	1240	147.5±4.4	17.28	
71	扬州金威环保科技有限公司	金驫牌	YJW5100ZYSBEV	纯电动压缩式垃圾车	430	6750	1108	162.28	
72	徐州徐工环境技术有限公司	徐工牌	XGH5040TSLSBEV	纯电动扫路车	275	3100	435	66.84	

续上表

序号	企业名称	商标	产品型号	产品名称	纯电动续驶里程（km）	整车整备质量（kg）	动力蓄电池组总质量（kg）	动力蓄电池组总能量（kWh）	备注
73	安徽爱瑞特新能源专用汽车股份有限公司	爱瑞特牌	ART5040GXEG48BEV	纯电动吸粪车	251	2840	435	66.84	
74			ART5180GQXG92BEV	纯电动清洗车	300	10000	2150	314.14	
75			ART5180GQXG98BEV	纯电动清洗车	310	9155	2150	314.14	
76	郑州宇通重工有限公司	宇通牌	YTZ5180ZXXD0BEV	纯电动车厢可卸式垃圾车	360	9950	1612	255.48	
77			YTZ5182TXSD0BEV	纯电动洗扫车	410	12900/13200/13600	1912	299.53	
78	郑州比克新能源汽车有限公司	比克牌	BAK5030XLCBEV	纯电动冷藏车	225	2100	346±10	48.47	
79	洛阳广通汽车有限公司	广通牌	LGQ5041TSLBEV	纯电动扫路车	275	2940	435	66.84	
80	徐工湖北环保科技股份有限公司	徐工牌	DXA5040TYHDBEV	纯电动路面养护车	226	2850	435	66.84	
81	长沙中联重科环境产业有限公司	中联牌	ZBH5040TYHSHPBEV	纯电动路面养护车	275	2670	435	66.84	
82			ZBH5070XTYBYPBEV	纯电动密闭式桶装垃圾车	310	5050	751.5	105.6	
83			ZBH5123TSLSAPBEV	纯电动扫路车	406	8780	1536	218.54	
84			ZBH5180TXSBYPBEV	纯电动洗扫车	380	14300	2664	348	
85			ZBH5181TDYBYPBEV	纯电动多功能抑尘车	380	13680	2664	348	
86			ZBH5181TDYEQAPBEV	纯电动多功能抑尘车	365	12250	2150	314.14	
87			ZBH5182GQXBYPBEV	纯电动清洗车	250	10400	1665	217.6	
88			ZBH5183TSLEQAPBEV	纯电动扫路车	365	13200	2150	314.14	
89			ZBH5320ZXXBYPBEV	纯电动车厢可卸式垃圾车	240	15860/15160	2664	348	
90	广州广日专用汽车有限公司	广和牌	GR5310ZLJBEV	纯电动自卸式垃圾车	310	16800/17300	2679	422.87	
91	成都今创嘉蓝环保科技有限公司	今创嘉蓝牌	KTE5031ZXXDEV	纯电动车厢可卸式垃圾车	250	1870	400	53	
92			KTE5031ZZZDEV	纯电动自装卸式垃圾车	250	2650/2540	400	53	

（3）插电式混合动力商用车

序号	企业名称	商标	产品型号	产品名称	纯电动续驶里程（km）	燃料消耗量（L/100 km）	发动机排量（mL）	整车整备质量（kg）	动力蓄电池总质量（kg）	动力蓄电池总能量（kWh）	备注
1	东风汽车集团有限公司	东风牌	EQ5310ZLJTZPHEV	插电式混合动力自卸式垃圾车	52	22	7698	16500	700	106.95	
2	厦门金龙旅行车有限公司	金旅牌	XML6855JHEVD6CN	插电式混合动力城市客车	59	11.4（kg/100 km）	4156	9485/9810	405	26.55	NG

（4）燃料电池商用车

序号	企业名称	商标	产品型号	产品名称	纯电动续驶里程（km）	整车整备质量（kg）	燃料电池系统额定功率（kW）	驱动电机额定功率（kW）	备注
1	北汽福田汽车股份有限公司	福田牌	BJ6105FCEVCH-1	燃料电池城市客车	150（氢系统不工作）/800（氢系统工作）	11600/12000	60	100	
2	郑州宇通客车股份有限公司	宇通牌	ZK6126FCEVG2	燃料电池低入口城市客车	150（氢系统不工作）/700（氢系统工作）	12350/12800/13250/13700	80.5	100	
3	厦门金龙旅行车有限公司	金旅牌	XML6105JFCEVS0CR	燃料电池城市客车	130 km（氢系统不工作）/650 km（氢系统工作）	12000	47	85	

续上表

序号	企业名称	商标	产品型号	产品名称	纯电动续驶里程 (km)	整车整备质量 (kg)	燃料电池系统额定功率 (kW)	驱动电机额定功率 (kW)	备注
4	上海申龙客车有限公司	申龙牌	SLK6129UFCEVH1	燃料电池低入口城市客车	160(氢系统不工作)/600(氢系统工作)	12500/12950	80.5	100	
5	吉利四川商用车有限公司	远程牌	DNC6100FCEVG3	燃料电池低入口城市客车	190(氢系统不工作)/500(氢系统工作)	11800	67	100	
6	南通皋开汽车制造有限公司	大禹牌	DYC4250A1FCEV	燃料电池半挂牵引车	140(氢系统不工作)/360(氢系统工作)	9995	60.5	115	
7	广州广日专用汽车有限公司	广和牌	GR5310ZLJFCEV	燃料电池自卸式垃圾车	450	16300	100	250	

8. 享受车船税减免优惠的节约能源 使用新能源汽车车型目录(第20批)

(1)插电式混合动力乘用车

企业名称	商标	产品型号	通用名称	纯电动续驶里程 (km)	燃料消耗量 (L/100 km)	发动机排量 (mL)	整车整备质量 (kg)	动力蓄电池总质量 (kg)	动力蓄电池总能量 (kWh)	备注
重庆金康新能源汽车有限公司	赛力斯牌	SKE7150SHEVF3	赛力斯 ix3	100	5.7	1498	1740	123	17.28	

(2)纯电动商用车

序号	企业名称	商标	产品型号	产品名称	纯电动续驶里程 (km)	整车整备质量 (kg)	动力蓄电池组总质量 (kg)	动力蓄电池组总能量 (kWh)	备注
1	东风汽车股份有限公司	东风牌	DFA5040CCYKBEV2	纯电动仓栅式运输车	355/365	3035	554/675 ±20	81.14/86.016	
2			DFA5040XLCTBEV2	纯电动冷藏车	230/260	2520	380 ±11.4/444 ±12	53.76/61.824	
3	东风特种汽车有限公司	东风牌	EQ6603LTBEV	纯电动客车	345	4650/4800	669	105.28	
4	北汽福田汽车股份有限公司	福田牌	BJ5044TYHEV-H1	纯电动路面养护车	275	2750	435	66.84	
5			BJ5065XLCEV2	纯电动冷藏车	290	3500	766.0 ±22.9	104.7	
6	山西新能源汽车工业有限公司	远程牌	JHC5037XXYBEVL1	纯电动厢式运输车	280	1415	308	41.86	
7			JHC5037XYZBEVL1	纯电动邮政车	280	1415	308	41.86	
8			JHC5037XYZBEVL2	纯电动邮政车	235	2000	364	50.23	
9			JHC5047XLCBEVL1	纯电动冷藏车	265	2300	364	50.23	
10			JHC5047XXYBEVL1	纯电动厢式运输车	370	2925	554	81.14	
11	丹东黄海汽车有限责任公司	黄海牌	DD6109EV15	纯电动城市客车	560	11100/11600	1917	300.8	
12			DD6129EV22	纯电动城市客车	660/670	12600/12200	2102/2170	338.4/350	
13	徐州徐工汽车制造有限公司	徐工牌	XGA5086XXYBEV	纯电动厢式运输车	240	3800/4100	624	90.52	
14	扬州亚星客车股份有限公司	亚星牌	JS6819GHBEV	纯电动城市客车	272/316	6850/7250	767/884	121.1/140.9	
15	扬州亚星客车股份有限公司	亚星牌	JS6819GHBEV1	纯电动城市客车	400	7200/7550	1132	180.9	
16			JS6859GHBEV	纯电动城市客车	367	7700/8100	1132	180.9	
17			JS6859GHBEV1	纯电动城市客车	487	8100/8500	1534	242.2	
18			YBL6117HBEV17	纯电动客车	230	10800/11400	1208	141.5	
19	潍柴(扬州)亚星新能源商用车有限公司	亚星牌	YBL6591QBEV	纯电动客车	475	3650	725	107.584	
20	浙江飞碟汽车制造有限公司	飞碟牌	FD1032BEV-1	纯电动载货汽车	295	1430	308 ±9	41.86	

续上表

序号	企业名称	商标	产品型号	产品名称	纯电动续驶里程(km)	整车整备质量(kg)	动力蓄电池组总质量(kg)	动力蓄电池组总能量(kWh)	备注
21	安徽安凯汽车股份有限公司	安凯牌	HFF6100G9EV22	纯电动城市客车	620	10200/10600/11200/11800	1917	300.81	
22	安徽江淮汽车集团股份有限公司	江淮牌	HFC5045XXYEV13	纯电动厢式运输车	360	2970	616±20	80.64	
23			HFC5049XCCEV6H	纯电动餐车	360	3750/3900	707±10	92.16	
24	中国重型汽车集团有限公司	豪沃牌	ZZ6106GBEVQ4	纯电动城市客车	560	10700/11000	1917	300.81	
25			ZZ6126GBEVQ9	纯电动城市客车	655	11750/12100	2170	350.1	
26			ZZ6650GBEVQ2	纯电动城市客车	300	5000/5300	579	90.24	
27	中国一拖集团有限公司	东方红牌	LT5041CTYBEV	纯电动桶装垃圾运输车	471	3000	700	106.95	
28			LT5041XSHBEV	纯电动售货车	332	2820	554	81.14	
29			LT5041XYZBEV	纯电动邮政车	332	2820	554	81.14	
30	郑州宇通客车股份有限公司	宇通牌	ZK6605BEVG2	纯电动城市客车	265	4600/4800/5000/5200	416	65.17	
31			ZK6605BEVG3	纯电动城市客车	370	4800/5000/5200/5400	589	92.5	
32			ZK6809BEVQZ18	纯电动客车	315	6320/6520/6800/7070	778	111.221	
33			ZK6907BEVY36L	纯电动客车	620	10000/10300/10600	1622	255.451	
34	比亚迪汽车工业有限公司	比亚迪牌	BYD5030XXYEV1	纯电动厢式运输车	330	1480	339	47.52	
35			BYD6851B3EV1	纯电动城市客车	410	7550/7950/8250/8650	1173.6	177.744	
36			BYD6851B3EV2	纯电动城市客车	530	7850/8200/8550/8900	1467	222.18	
37	三一汽车制造有限公司	三一牌	SYM5311GJB1BEV	纯电动混凝土搅拌运输车	220	15700	2340	367.58	
38	广州广汽比亚迪新能源客车有限公司	广汽牌	GZ5040XLCEV	纯电动冷藏车	480	3050	751.5	105.6	
39	重庆长安汽车股份有限公司	长安牌	SC5031XYKXDD64BEV	纯电动翼开启厢式车	282	1590	308±9	41.86	
40	中植一客成都汽车有限公司	中植汽车牌	CDL5030ZZZBEV	纯电动自装卸式垃圾车	250	2540/2670	400±5.0	53	
41			CDL5045XXYBEV1	纯电动厢式运输车	360	2990	554±8	81.14	
42			CDL6102URBEV	纯电动城市客车	520	10400/10700/11100	1690	268.7	
43			CDL6180URBEV1	纯电动铰接城市客车	250	17500/18000/18580	2520±60	162.288	钛酸锂
44	成都大运汽车集团有限公司	大运牌	CGC6101BEV1K7	纯电动城市客车	582	10070/10500/10950/11450	1917	300.81	
45			CGC6121BEV1K1	纯电动低入口城市客车	688	11650/12100/12590	2170	350.07	

续上表

序号	企业名称	商标	产品型号	产品名称	纯电动续驶里程（km）	整车整备质量（kg）	动力蓄电池组总质量（kg）	动力蓄电池组总能量（kWh）	备注
46	陕西汽车集团有限责任公司	陕汽牌	SX5040XXYBEV281G	纯电动厢式运输车	240	2250	432 ± 12	54. 72	
47			SX5040XXYBEV331L1	纯电动厢式运输车	365	3100	584 ± 17. 4	80. 6	
48			SX5041CCYBEV331N	纯电动仓栅式运输车	365	3100	554	81. 14	
49			SX5041XXYBEV331N	纯电动厢式运输车	365	3100	554	81. 14	
50			SX5080XTYBEV401N	纯电动密闭式桶装垃圾车	215	4980	640	98. 04	
51	金龙联合汽车工业（苏州）有限公司	海格牌	KLQ5180GQXEV	纯电动清洗车	270	9445	1536	218. 55	
52			KLQ5180GSSEV	纯电动洒水车	270	8945	1536	218. 55	
53			KLQ6106GAEVN5B	纯电动城市客车	605	11300/11000/10700	1898	303. 4	
54			KLQ6106GAEVN7B	纯电动低入口城市客车	520	11200/10900/10500	1612	255. 48	
55			KLQ6116GAEVN7P	纯电动低地板城市客车	700	9500/10000	1612	255. 48	
56			KLQ6129GSEVN1	纯电动低地板双层城市客车	540	16900/17400	2400	385. 08	
57	现代商用汽车（中国）有限公司	现代牌	CHM5042XLCZDC33BEV	纯电动冷藏车	410	3170	580	89. 12	
58	厦门金龙联合汽车工业有限公司	金龙牌	XMQ5041XSHBEVL	纯电动售货车	305	3700/3900/4100	545 ± 15	73. 67	
59	厦门金龙旅行车有限公司	金旅牌	XML6700JEVY0C	纯电动城市客车	500	5350/5550	983	157. 53	
60	中通客车控股股份有限公司	中通牌	LCK6106EVGA4	纯电动城市客车	510	10700/11200	1612	255. 48	
61			LCK6606EVGA26	纯电动城市客车	412	3980	654	89. 16	
62			LCK6606EVGA36	纯电动城市客车	487	3980	669	105. 28	
63			LCK6828EVQGA4	纯电动城市客车	395	8380/8880	983	157. 53	
64	吉利四川商用车有限公司	远程牌	DNC1049BEVL1	纯电动载货汽车	400	2860	620 ± 18. 6	86. 55	
65	南京金龙客车制造有限公司	开沃牌	NJL5030ZZZBEV	纯电动自装卸式垃圾车	260	1890	294	40. 32	
66			NJL5038XXYEV6	纯电动厢式运输车	235	1850	363. 6 ± 10	50. 232	
67			NJL5040TYHBEV1	纯电动路面养护车	220	2620	371 ± 11	55. 7	
68			NJL5040XXYEV2	纯电动厢式运输车	288	2720	610 ± 18	73. 6	
69			NJL5040ZZZBEV1	纯电动自装卸式垃圾车	205	2580	318 ± 10	43. 55	
70			NJL5040ZZZBEV2	纯电动自装卸式垃圾车	205	2730	318 ± 10	43. 55	
71			NJL5041XXYEVC2	纯电动厢式运输车	268	2340	444 ± 12	61. 82	
72			NJL5100GQXBEV1	纯电动护栏清洗车	315	6830	1017	163. 36	
73			NJL5180GQXBEV2	纯电动清洗车	360	9620	1612	255. 48	
74			NJL5180GSSBEV2	纯电动洒水车	360	9290	1612	255. 48	
75			NJL5180TDYBEV1	纯电动多功能抑尘车	365	11300	1886	258	
76			NJL5180TXSBEV2	纯电动洗扫车	480	13200	2034	326. 73	
77			NJL6106EV2	纯电动城市客车	490	9800/10100/10400/10700	1840	258. 048	
78	南京金龙客车制造有限公司	开沃牌	NJL6600EVQ52	纯电动城市客车	295	4800/5010/5190	579	90. 236	
79			NJL6902BEV	纯电动客车	400	8750/9050/9400	1214	186. 778	

续上表

序号	企业名称	商标	产品型号	产品名称	纯电动续驶里程(km)	整车整备质量(kg)	动力蓄电池组总质量(kg)	动力蓄电池组总能量(kWh)	备注
80	中车时代电动汽车股份有限公司	中国中车牌	TEG5030ZXXAEQBEV1D	纯电动车厢可卸式垃圾车	250	1870	400	53	
81	中车时代电动汽车股份有限公司	中国中车牌	TEG5100ZYSASDBEV1	纯电动压缩式垃圾车	430	6855	1108	162. 28	
82	中车时代电动汽车股份有限公司	中国中车牌	TEG5180GQXADFBEV1	纯电动清洗车	310	9995	1680	241. 96	
83	中车时代电动汽车股份有限公司	中国中车牌	TEG6105BEV24	纯电动低入口城市客车	630	11850/11550	2016 ±54	315. 18	
84	中车时代电动汽车股份有限公司	中国中车牌	TEG6803BEV05	纯电动城市客车	403	7400/7100/6800	1008 ±27	157. 59	
85	中车时代电动汽车股份有限公司	中国中车牌	TEG6853BEV02	纯电动城市客车	400	8000/7700/7400	1110 ±30	175. 104	
86	程力汽车集团股份有限公司	程力牌	CL5030ZXLBEV	纯电动厢式垃圾车	250	2380	400 ±5. 0	53	
87	程力汽车集团股份有限公司	程力牌	CL5031ZZZBEV	纯电动自装卸式垃圾车	250	2600	400 ±5. 0	53	
88	程力汽车集团股份有限公司	程力牌	CL5080TXCBEV	纯电动吸尘车	300	6350	700	106. 952	
89	程力汽车集团股份有限公司	程力牌	CL5093GSSBEV	纯电动洒水车	320	5050	1248 ±20	158. 72	
90	程力汽车集团股份有限公司	程力牌	CL5181TXSBEV	纯电动洗扫车	380	15800	2664	348	
91	程力汽车集团股份有限公司	程力牌	CL5181ZYSBEV	纯电动压缩式垃圾车	250	12930	1665	217. 6	
92	程力汽车集团股份有限公司	程力牌	CL5182TXSBEV	纯电动洗扫车	365	12750	2150	314. 14	
93	成都客车股份有限公司	蜀都牌	CDK6661CBEV	纯电动城市客车	525	5240/5400/5700/6000	848. 4	127. 512	
94	成都客车股份有限公司	蜀都牌	CDK6811CBEV	纯电动城市客车	340	6890/7260/7620/7890	961. 5	144. 513	
95	成都广通汽车有限公司	广通牌	CAT6100CRBEVT3	纯电动城市客车	175	10600/10800	1600	77. 28	钛酸锂
96	奇瑞万达贵州客车股份有限公司	万达牌	WD6105BEVG04	纯电动城市客车	420	10400	1256	201. 39	
97	广西汽车集团有限公司	五菱牌	GXA5030XXYBEV11	纯电动厢式运输车	300	1445	332	43. 2	
98	广西汽车集团有限公司	五菱牌	GXA5030XXYBEV12	纯电动厢式运输车	300	1445	332	43. 2	
99	广西汽车集团有限公司	五菱牌	GXA5030XXYBEVA	纯电动厢式运输车	300	1445	332	43. 2	
100	广西汽车集团有限公司	五菱牌	GXA5030XXYBEVB	纯电动厢式运输车	300	1445	332	43. 2	
101	广西汽车集团有限公司	五菱牌	GXA5030XYZBEV4	纯电动邮政车	300	1445	332	43. 2	
102	广西汽车集团有限公司	五菱牌	GXA5031XLCBEV1	纯电动冷藏车	245	1670	308	41. 86	
103	广西汽车集团有限公司	五菱牌	GXA5031XXYBEV9	纯电动厢式运输车	300	1445	332	43. 2	
104	广西汽车集团有限公司	五菱牌	GXA5031XYZBEV	纯电动邮政车	300	1445	332	43. 2	
105	广西汽车集团有限公司	五菱牌	GXA5032XLCBEV1	纯电动冷藏车	245	1670	308	41. 86	
106	广西汽车集团有限公司	创菱牌	GXA5030XXYBEV10	纯电动厢式运输车	300	1445	332	43. 2	
107	广西汽车集团有限公司	创菱牌	GXA5030XXYBEV4	纯电动厢式运输车	290	1465	332	43. 2	
108	广西汽车集团有限公司	创菱牌	GXA5030XYZBEV1	纯电动邮政车	285	1445	332	43. 2	
109	广西汽车集团有限公司	创菱牌	GXA5032XLCBEV2	纯电动冷藏车	245	1670	308	41. 86	
110	广西汽车集团有限公司	创菱牌	GXA5032XXYBEV4	纯电动厢式运输车	300	1450	308	41. 86	
111	重庆瑞驰汽车实业有限公司	瑞驰牌	CRC5020XXYFK1-BEV	纯电动封闭货车	260	1140	215. 5	27	
112	重庆瑞驰汽车实业有限公司	瑞驰牌	CRC5020XXYFK2-BEV	纯电动封闭货车	268	1190	239(不含托架)	29. 95	
113	重庆瑞驰汽车实业有限公司	瑞驰牌	CRC5030XLCDC1-BEV	纯电动冷藏车	330	1670	338	54. 89	
114	重庆瑞驰汽车实业有限公司	瑞驰牌	CRC5030XXYFC8-BEV	纯电动厢式运输车	275	1510	284 ±7	38. 7	
115	重庆瑞驰汽车实业有限公司	瑞驰牌	CRC5036XXYA-LBEV	纯电动封闭货车	300	1520	330	41. 47	
116	河南德力新能源汽车有限公司	德帅牌	DLP5030XXYBEVT11	纯电动厢式运输车	270	2130	432 ±12	54. 72	

续上表

序号	企业名称	商标	产品型号	产品名称	纯电动续驶里程（km）	整车整备质量（kg）	动力蓄电池组总质量（kg）	动力蓄电池组总能量（kWh）	备注
117	江西博能新能源汽车有限公司	上观牌	BSR6106BEVGS2	纯电动低入口城市客车	613	11180/11450	1898	303.4	
118			BSR6820BEVGS4	纯电动城市客车	299	7280/7450	884	140.95	
119	广西玉柴新能源汽车有限公司	玉柴牌	YCE5040XLCBEV	纯电动冷藏车	440	3150	640	98.04	
120			YCE5040XXYBEV	纯电动厢式运输车	330	2990	660	86.016	
121	北京环卫集团环卫装备有限公司	亚洁牌	BQJ5100TCASHEV	纯电动餐厨垃圾车	430	6200	1108	162.28	
122			BQJ5180GQXBYDEV	纯电动清洗车	250	11010	1665	217.6	
123			BQJ5180GXEBYDEV	纯电动吸粪车	250	10570	1665	217.6	
124			BQJ5180ZYSBYEV	纯电动压缩式垃圾车	250	12300	1665	217.6	
125			BQJ5320GSSBYDEV	纯电动洒水车	240	15440	2664	348	
126	北京天路通科技有限责任公司	天路牌	BTL5031XJCSEV	纯电动检测车	308	2980	548	71.8	
127			BTL5041TXCSEV	纯电动吸尘车	276	3290	435	66.84	
128			BTL5180TXCDEV	纯电动吸尘车	367	11900/12150	2150	314.14	
129			BTL5181GSSBYEV	纯电动洒水车	250	10080	1665	217.6	
130			BTL5181TXSBYEV	纯电动洗扫车	380	14500	2664	348	
131	江苏紫琅汽车集团股份有限公司	紫琅牌	NTT6129GSEVN1	纯电动低地板双层城市客车	540	16900/17400	2400	385.08	
132			NTT6850GEVA1	纯电动城市客车	600	8800/9100/9400	1456 ±44	229.05	
133	江苏陆地方舟新能源车辆股份有限公司	陆地方舟牌	RQ6102GEVH0	纯电动城市客车	625	11000	1898	303.4	
134	江苏奥新新能源汽车有限公司	达福迪牌	JAX5036XXYBEVK02	纯电动厢式运输车	260	1540	305 ±9	41.932	
135	扬州三源机械有限公司	三联牌	YSY5080TSLBEV	纯电动扫路车	420	6520	997	157.54	
136			YSY5181TWQBEV	纯电动道路污染清除车	306	12600	1536	218.54	
137	扬州金威环保科技有限公司	金驫牌	YJW5185TXSBEV	纯电动洗扫车	380	15390/15070	2664	348	
138	杭州西湖比亚迪新能源汽车有限公司	比亚迪牌	XBE5120ZYSBEV	纯电动压缩式垃圾车	400	8450/8800	1174	177.74	
139			XBE5180TDYBEV1	纯电动多功能抑尘车	380	13950/13550/13300	2664	348	
140	安徽泰新汽车工业有限公司	梦骏牌	ATX5030XXYEV	纯电动厢式运输车	281	1750	370	49.92	
141	福建龙马环卫装备股份有限公司	福龙马牌	FLM5040GXENJBEV	纯电动吸粪车	276	2820	435	66.84	
142	聊城中通新能源汽车装备有限公司	东岳牌	ZTQ5040TYHE2Y28BEV	纯电动路面养护车	220	2790	386	55.7	
143			ZTQ5041ZLJE2H28BEV	纯电动自卸式垃圾车	220	2565	386	55.7	
144			ZTQ5041ZXXE2H28BEV	纯电动车厢可卸式垃圾车	220	2350/2500	386	55.7	
145			ZTQ5041ZZZE2H28BEV	纯电动自装卸式垃圾车	220	2950	386	55.7	
146			ZTQ5180GQXE2J50BEV	纯电动清洗车	385	9785	1536	218.54	
147			ZTQ5180TDYE2J53BEV	纯电动多功能抑尘车	400	11960	2150	314.14	
148			ZTQ5180TXSE2J53BEV	纯电动洗扫车	400	14190	2150	314.14	
149			ZTQ5180ZYSE2J53BEV	纯电动压缩式垃圾车	400	13100	2150	314.14	
150	郑州宇通重工有限公司	宇通牌	YTZ5031ZZZD0BEV	纯电动自装卸式垃圾车	190	2660	221	35.23	
151			YTZ5180GQXD2BEV	纯电动清洗车	320	9580/9280	1468	229.05	
152			YTZ5180GQXD3BEV	纯电动清洗车	300	9485/9200	1338	210.56	
153			YTZ5183TXSD0BEV	纯电动洗扫车	410	12900/13200/13600	1912	299.53	

续上表

序号	企业名称	商标	产品型号	产品名称	纯电动续驶里程（km）	整车整备质量（kg）	动力蓄电池组总质量（kg）	动力蓄电池组总能量（kWh）	备注
154	凯达环境科技有限公司	凯恒达牌	HKD5030TYHEQBEV	纯电动路面养护车	247	2600	400±5.0	53	
155			HKD5030ZXXEQBEV	纯电动车厢可卸式垃圾车	224	1910	400±5.0	53	
156			HKD5030ZZZEQBEV	纯电动自装卸式垃圾车	252	2050	400±5.0	53	
157			HKD5040TSLSHBEV	纯电动扫路车	276	3100/2950	435	66.84	
158			HKD5090GSSEQBEV	纯电动洒水车	321	5080	1248±20	158.72	
159			HKD5090TCAEQBEV	纯电动餐厨垃圾车	321	6330	1248±20	158.72	
160			HKD5120TXSEQBEV	纯电动洗扫车	420	9700	1536	218.54	
161			HKD5180TXSEV	纯电动洗扫车	367	14105/12900	2150	314.14	
162	凯达环境科技有限公司	凯恒达牌	HKD5180ZYSDFBEV	纯电动压缩式垃圾车	314	13200/13460	1680	241.96	
163	徐工湖北环保科技股份有限公司	徐工牌	DXA5180GQXLBEV	纯电动清洗车	260	9780/9480/9520	1536	218.54	
164	中山市顺达客车有限公司	上佳牌	HA6116BEVB3	纯电动城市客车	513	11850	1612	255.48	
165	四川新筑通工汽车有限公司	通工牌	TG6105GBEV2	纯电动低地板城市客车	68	10200/10500	1040	37.2	
166	贵州长江汽车有限公司	贵州牌	GK6851GBEV4	纯电动城市客车	470	7750/7950	1166	186.7	
167	甘肃建投重工科技有限公司	高漠牌	GSK5040ZLJBYBEV	纯电动自卸式垃圾车	280	2620	424.2	63.75	
168			GSK5040ZZZBYBEV	纯电动自装卸式垃圾车	280	3000	424.2	63.75	
169			GSK5180GQXBYBEV	纯电动清洗车	250	9900	1665	217.6	
170			GSK5180TDYBYBEV	纯电动多功能抑尘车	380	13060	2664	348	
171			GSK5180TXSBYBEV	纯电动洗扫车	380	15800/15300	2664	348	
172			GSK5180ZYSBYBEV	纯电动压缩式垃圾车	250	12970	1665	217.6	

（3）插电式混合动力商用车

序号	企业名称	商标	产品型号	产品名称	纯电动续驶里程（km）	燃料消耗量（L/100 km）	发动机排量（mL）	整车整备质量（kg）	动力蓄电池总质量（kg）	动力蓄电池总能量（kWh）	备注
1	北汽福田汽车股份有限公司	福田牌	BJ6105SHEVCA	插电式混合动力城市客车	80	15.34	3800	10800/11000/11400	522±15	54.66	
2	山西新能源汽车工业有限公司	远程牌	JHC5042XLCSHEVGL1	插电式混合动力冷藏车	140	7.8	1477	3805/3950	432	54.72	
3	郑州宇通客车股份有限公司	宇通牌	ZK6106CHEVPG1	插电式混合动力城市客车	68	18	6234	10250/10750/11250/11750	378	50.45	
4	吉利四川商用车有限公司	远程牌	DNC5049XXYSHEVGL1	插电式混合动力厢式运输车	140	7.9	1477	3555/3805	400±12	53.58	
5			DNC5079XLCSHEVGL1	插电式混合动力冷藏车	125	11.5	1477	3850/4200	400±12	53.58	
6	南京金龙客车制造有限公司	开沃牌	NJL6129HEVN7	插电式混合动力城市客车	100	20.5（kg/100 km）	6871	12300/12800/13200	366	50.457	NG
7			NJL6129HEVN8	插电式混合动力低入口城市客车	100	20.5（kg/100 km）	6871	12300/12800/13200	366	50.457	NG
8	徐州徐工环境技术有限公司	徐工牌	XGH5070XTYYSHEV	插电式混合动力密闭式桶装垃圾车	125	11.5	1477	4190	400±12	53.58	
9			XGH5100GSSYSHEV	插电式混合动力洒水车	55	14	1477	4600	239	25.9	
10			XGH5100TXSYSHEV	插电式混合动力洗扫车	55	14	1477	6690	239	25.9	

(4)燃料电池商用车

序号	企业名称	商标	产品型号	产品名称	纯电动续驶里程(km)	整车整备质量(kg)	燃料电池系统额定功率(kW)	驱动电机额定功率(kW)	备注
1	北汽福田汽车股份有限公司	福田牌	BJ6116FCEVUH-2	燃料电池客车	200(氢系统不工作)/650(氢系统工作)	12000/12400	80	90	
2			BJ6123FCEVCH-5	燃料电池城市客车	160 km(氢系统不工作)/655(氢系统工作)	12350/12850/13550	80.5	135	
3	上海申沃客车有限公司	申沃牌	SWB6109FCEV02G	燃料电池低地板城市客车	80(氢系统不工作)/550(氢系统工作)	11500	83.5	160	
4	中植一客成都汽车有限公司	中植汽车牌	CDL6102URFCEV	燃料电池城市客车	180(氢系统不工作)/580(氢系统工作)	11900/12300	72	100	
5	南京金龙客车制造有限公司	开沃牌	NJL6106FCEV	燃料电池低入口城市客车	200 km(氢系统不工作)/450 km(氢系统工作)	11000/11500	50	90	
6	北京环卫集团环卫装备有限公司	亚洁牌	BQJ5120TSLSHFCEV	燃料电池扫路车	500	8980	83.5	105	
7	广州广日专用汽车有限公司	广和牌	GR5250ZLJFCEV	燃料电池自卸式垃圾车	420	13710	88	143	

9. 享受车船税减免优惠的节约能源　使用新能源汽车车型目录(第21批)

(1)插电式混合动力乘用车

序号	企业名称	商标	产品型号	通用名称	纯电动续驶里程(km)	燃料消耗量(L/100 km)	发动机排量(mL)	整车整备质量(kg)	动力蓄电池总质量(kg)	动力蓄电池总能量(kWh)	备注
1	东风本田汽车有限公司	思威(CR-V)牌	DHW6471R7HEV	思威(CR-V)	84/85	4.6/4.7	1993	1998/2009/2018	284	16.296	
2	浙江吉利汽车有限公司	英伦牌	MR6490DSHEV02	LX	120	7.3	1477	2210/2270	258	25.4	
3			MR6490DSHEV04	LX	120	7.3	1477	2210	258	25.4	
4	浙江豪情汽车制造有限公司	极星牌	VCC7201E01PPHEV	极星1	135	6.6	1969	2349	前:113±2;后:226.5±2	前:11.6;后:23.2	
5	比亚迪汽车有限公司	比亚迪牌	BYD7152WT6HEVSS	SONGSAN	82	4.3	1497	1690	142	14.38	

(2)纯电动商用车

序号	企业名称	商标	产品型号	产品名称	纯电动续驶里程(km)	整车整备质量(kg)	动力蓄电池组总质量(kg)	动力蓄电池组总能量(kWh)	备注
1	东风汽车股份有限公司	东风牌	DFA5030XLCMBEV	纯电动冷藏车	220	1800	308	41.86	
2			DFA5030XYZMBEV	纯电动邮政车	220	1640	308	41.86	
3			DFA5040XYZEBEV	纯电动邮政车	345/355/365	2740/2800/2920/2975	140.31/140.81/146.7	79.872/81.14/86.016	
4			DFA6100CBEV4	纯电动城市客车	520	10800/11100/11400	1810	258.04	
5	东风汽车集团有限公司	东风牌	EQ1040TTZBEV1	纯电动载货汽车	330	2960	586±17.6	80.6	
6			EQ1040TTZBEV2	纯电动载货汽车	320	2960	554	81.14	
7			EQ5040CCYTZBEV1	纯电动仓栅式运输车	330	3100	586±17.6	80.6	
8			EQ5040CCYTZBEV2	纯电动仓栅式运输车	320	3030	554	81.14	
9			EQ5040XXYTZBEV3	纯电动厢式运输车	330	3100	586±17.6	80.6	

续上表

序号	企业名称	商标	产品型号	产品名称	纯电动续驶里程(km)	整车整备质量(kg)	动力蓄电池组总质量(kg)	动力蓄电池组总能量(kWh)	备注
10	北汽福田汽车股份有限公司	福田牌	BJ5044CTYEV-H1	纯电动桶装垃圾运输车	280	2485	424.2	63.75	
11			BJ5044XTYEV-H1	纯电动密闭式桶装垃圾车	280	3000	424.2	63.75	
12			BJ5045XXYEV8	纯电动厢式运输车	300	2970	554±16	81.14	
13			BJ5045XXYEVC	纯电动厢式运输车	400	2970	766	104.7	
14			BJ6805EVCA-33	纯电动城市客车	327	7500/7750	1017	163.36	
15	长城汽车股份有限公司	长城牌	CC1030QA01BEV	纯电动多用途货车	405	2070	427	61.5	
16			CC1030QS01BEV	纯电动多用途货车	405	2045	427	61.5	
17			CC5030XXYQA01BEV	纯电动厢式运输车	405	2110	427	61.5	
18			CC5030XXYQS01BEV	纯电动厢式运输车	405	2080	427	61.5	
19	山西新能源汽车工业有限公司	远程牌	JHC6101BEVG12	纯电动低入口城市客车	505	11400	1948	303.51	
20			JHC6121BEVG12	纯电动低入口城市客车	545	11800/12200	2152	338.53	
21	北奔重型汽车集团有限公司	北奔牌	ND3310DBXJ7Z02BEV	换电式纯电动自卸汽车	250	21700	1804	281.92	
22	丹东黄海汽车有限责任公司	黄海牌	DD6109EV21	纯电动城市客车	470	11100/11350	1760	264.9	
23			DD6109EV22	纯电动城市客车	570	11350/11700	2116	301	
24	广西华奥汽车制造有限公司	金华奥牌	CCA6112BEVG03	纯电动城市客车	526	11045	1690	268.7	
25	上汽大通汽车有限公司	大通牌	SH5031XXYK6BEV-4	纯电动厢式运输车	300	1535	308±9	41.86	
26			SH5032XXYK6BEV-4	纯电动厢式运输车	310	1480	308±9	41.86	
27	上海申沃客车有限公司	申沃牌	SWB6909BEV78G	纯电动低地板城市客车	497	10600	1612	255.488	
28	徐州徐工汽车制造有限公司	徐工牌	XGA4252BEVWCA	换电式纯电动半挂牵引车	190	12500	1804	281.91	
29	扬州亚星客车股份有限公司	亚星牌	JS6108GHBEV33	纯电动城市客车	501	10200/10700	1872	282.6	
30			JS6859GHBEV2	纯电动城市客车	394	7900/8300	1338	188.9	
31	浙江飞碟汽车制造有限公司	飞碟牌	FD5033XYZBEV-1	纯电动邮政车	295	1460	308±9	41.86	
32	安徽安凯汽车股份有限公司	安凯牌	HFF6119A6EV11	纯电动城市客车	635	12000/12400	2370	326.59	
33			HFF6668GEV1	纯电动城市客车	303	5900	579	90.24	
34	福建新龙马汽车股份有限公司	福建牌	FJ5030XXYBEVE2	纯电动厢式运输车	300	1500/1475/1535	306	39.936	
35	江西江铃集团晶马汽车有限公司	晶马牌	JMV6811GRBEV1	纯电动城市客车	270	7520	728	114.52	
36			JMV6811GRBEV2	纯电动城市客车	340	7680	884	140.95	
37	中国重汽集团济南商用车有限公司	豪沃牌	ZZ5047XXYF331CZ145BEV	纯电动厢式运输车	335	2995	759	94.61	
38			ZZ5077XXYG331CZ174BEV	纯电动厢式运输车	320	3965	816	117.07	
39	郑州宇通客车股份有限公司	宇通牌	ZK6117BEVY16	纯电动客车	550	10800/11200/11600/11950	1612	255.451	
40			ZK6117BEVY33	纯电动客车	375	10500/10800/11200/11600/11950	1144	180.867	
41			ZK6117BEVY37L	纯电动客车	630	11200/11500/11900/12350	1918	303.389	
42			ZK6605BEVG2C	纯电动城市客车	265	4600/4800/5000/5200	416	65.169	

续上表

序号	企业名称	商标	产品型号	产品名称	纯电动续驶里程（km）	整车整备质量（kg）	动力蓄电池组总质量（kg）	动力蓄电池组总能量（kWh）	备注
43	郑州宇通客车股份有限公司	宇通牌	ZK6605BEVG3C	纯电动城市客车	370	4800/5000/5200/5400	589	92.499	
44			ZK6816BEVG7	纯电动城市客车	270	6780/7100/7430/7790	666	105.7	
45			ZK6816BEVG9	纯电动城市客车	420	7100/7420/7750/8100	1017	163.351	
46			ZK6820BEVQZ13	纯电动客车	450	7350/7500/7800/8100/8400	1085	175.039	
47			ZK6827BEVG35C	纯电动城市客车	575	9100/9450/9650	1332	211.401	
48	比亚迪汽车工业有限公司	比亚迪牌	BYD1040A3EV1	纯电动载货汽车	280	2200/2300	424	63.75	
49			BYD1180C3EV	纯电动载货汽车	500	10250	2488	355.488	
50			BYD4180C3EV1	纯电动半挂牵引车	170	8320	1555	222.18	
51			BYD4260C3EV1	纯电动半挂牵引车	200	11300	2488	355	
52			BYD5040XLCEV1	纯电动冷藏车	485	3050	707	106.3	
53			BYD5040XXYEV1	纯电动厢式运输车	485	3050	707	106.3	
54			BYD5040XXYEV2	纯电动厢式运输车	385	3050	565.6	85	
55			BYD5310GJBEV1	纯电动混凝土搅拌运输车	300	15590	2488	355.49	
56			BYD6700B2EV1	纯电动低入口城市客车	480	6200/6400/6600/6750	848.4	127.512	
57			BYD6810B3EV3	纯电动城市客车	295	6770/7150/7510/7780	820.1	123.261	
58			BYD6810B3EV4	纯电动城市客车	340	6890/7260/7620/7890	961.5	144.513	
59			BYD6810B3EV5	纯电动城市客车	410	7090/7460/7820/8100	1173.6	177.744	
60			BYD6810C4EV1	纯电动城市客车	435	8900/8500	1173.6	177.744	
61	三一汽车制造有限公司	三一牌	SYM3251ZZX1BEV	纯电动自卸汽车	320	14600/15000	2206	350.08	
62			SYM3251ZZX2BEV	纯电动自卸汽车	260	14100/14500	1804	281.899	
63			SYM42503Q1BEV	纯电动半挂牵引车	170	10700	1947	282.62	
64	安徽华菱汽车有限公司	华菱之星牌	HN3310B36C5BEV	纯电动自卸汽车	257	19600/21500	2170	350.07	
65			HN3311B36C7BEV	纯电动自卸汽车	190	21200/19500	1768/1804	281.92	
66			HN4180H20D2BEV	纯电动牵引汽车	220	9000/9880	1768/1804	281.92	
67			HN4250H36C8BEV	纯电动牵引汽车	190	12800/11900	1768/1804	281.92	
68			HN4252H36C8BEV	纯电动牵引汽车	95	12000/11000	884	140.96	
69			HN5311GJBB36C1BEV	纯电动混凝土搅拌运输车	190	16300	1768	281.92	
70			HN6101L20E2BEV	纯电动低入口城市客车	500	11400/11800	1612	255.488	
71			HN6851L15D2BEV	纯电动城市客车	350	8400/8800	949	151.701	

续上表

序号	企业名称	商标	产品型号	产品名称	纯电动续驶里程（km）	整车整备质量（kg）	动力蓄电池组总质量（kg）	动力蓄电池组总能量（kWh）	备注
72	广州广汽比亚迪新能源客车有限公司	广汽牌	GZ6100LSEV1	纯电动低入口双层城市客车	480	12600	1697	255.024	
73			GZ6102B2EV	纯电动低入口城市客车	610	11600	2112	319.936	
74			GZ6710HLEV	纯电动客车	410	5650	962	135.168	
75			GZ6851B3EV	纯电动城市客车	530	8900	1467	222.18	
76	中植一客成都汽车有限公司	中植汽车牌	CDL5021XXYBEV2	纯电动厢式运输车	271	1360	308 ±9	41.86	
77			CDL5045XXYBEV	纯电动厢式运输车	440	3050	728 ±20	96.77	
78			CDL6122URBEV	纯电动城市客车	610	11900/12400	1966	315.07	
79	一汽红塔云南汽车制造有限公司	解放牌	CA5040XXYL3BEV-1	纯电动厢式运输车	455	3000	749	104.96	
80			CA5040XXYL3BEV-2	纯电动厢式运输车	375	3000	620	86.55	
81	陕西汽车集团有限责任公司	陕汽牌	SX5040XYKBEV281G	纯电动翼开启厢式车	240	2450	432 ±12	54.72	
82	金龙联合汽车工业（苏州）有限公司	海格牌	KLQ6106GAEVN5C	纯电动城市客车	605	11300/11000/10700	1898	303.4	
83			KLQ6111HZGEVN2	纯电动城市客车	590	11700	1768	281.91	
84			KLQ6856GAEVN3C	纯电动城市客车	545	8800/9050/9300	1456	229.05	
85	奇瑞商用车（安徽）有限公司	开瑞牌	SQR5036XXYBEVH12	纯电动厢式运输车	346	1815	368	54.68	
86			SQR5040ZZZBEVEV4	纯电动自装卸式垃圾车	220	3000	435	66.84	
87			SQR5120GQXBEVEVJ	纯电动清洗车	300	6640	1536	218.54	
88	厦门金龙联合汽车工业有限公司	金龙牌	XMQ5030XYZBEVL02	纯电动邮政车	320	1880	363.6 ±10	50.232	
89			XMQ6115FGBEVL1	纯电动城市客车	650	10300/10800/11300	1612 ±48.4	255.487	
90			XMQ6180AGBEVL	纯电动铰接低地板城市客车	615	19000/19500	2700 ±81.6	426.585	
91	厦门金龙旅行车有限公司	金旅牌	XML5036XXYEVL08	纯电动厢式运输车	235	1820	365	50.112	
92			XML5038XXYEV20	纯电动厢式运输车	210	1650	290	40.861	
93			XML5038XXYEV30	纯电动厢式运输车	235	1640	291	38.64	
94			XML6805JEVJ0C9	纯电动城市客车	354	7000/7400	884	140.95	
95	中通客车控股股份有限公司	中通牌	LCK5048XBWEV5SH	纯电动保温车	420	3200	580 ±16	89.128	
96		中通牌	LCK6906EVQA2	纯电动客车	650	9600/10150/10450	1612	255.48	
97	吉利四川商用车有限公司	嘉龙牌	DNC5187CCYBEVL1	纯电动仓栅式运输车	410	8950	1994	315.07	
98		远程牌	DNC5049XXYBEVL1	纯电动厢式运输车	400	2890	620 ±18.6	86.55	
99			DNC6101BEVG12	纯电动低入口城市客车	505	11400	1948	303.51	
100			DNC6121BEVG12	纯电动低入口城市客车	545	11800/12200	2152	338.53	
101	南京金龙客车制造有限公司	开沃牌	NJL4250ZEKBEV1	纯电动半挂牵引车	255	10650/11510	2679	422.87	
102			NJL5040ZZZBEV3	纯电动自装卸式垃圾车	220	2800	371 ±11	55.7	
103			NJL5043XXYEVA2	纯电动厢式运输车	375	3060	620 ±18.6	86.552	
104			NJL6106EV3	纯电动低入口城市客车	640	10930/11280/11630/11980	1966	315.07	
105			NJL6117EVG11	纯电动城市客车	625	11900/12150	1898	303.389	
106			NJL6706EV3	纯电动客车	317	4900/5100	705	105.27	

续上表

序号	企业名称	商标	产品型号	产品名称	纯电动续驶里程(km)	整车整备质量(kg)	动力蓄电池组总质量(kg)	动力蓄电池组总能量(kWh)	备注
107	中车时代电动汽车股份有限公司	中国中车牌	TEG5030TYHAEQBEV1D	纯电动路面养护车	250	2240	400	53	
108			TEG5030ZZZAEQBEV1D	纯电动自装卸式垃圾车	250	2650	400 ±5. 0	53	
109			TEG5120TCAAEQBEV1	纯电动餐厨垃圾车	420	7800	1536	218. 54	
110			TEG5180TDYADFBEV1	纯电动多功能抑尘车	365	11900	2150	314. 14	
111			TEG5180TXSADFBEV1	纯电动洗扫车	365	13250/13500	2150	314. 14	
112			TEG6120EV02	纯电动客车	550	12600/12200	1898	303. 4	
113			TEG6530BEV01	纯电动城市客车	338	3600/3500	446	70. 18	
114			TEG6530BEV02	纯电动城市客车	348	3660	446	70. 18	
115			TEG6605BEV01	纯电动城市客车	430	4750/5000/5300	696 ±21	105. 28	
116			TEG6650BEV03	纯电动城市客车	460	5400/5700	816 ±24. 48	128. 06	
117			TEG6800BEV02	纯电动城市客车	443	8650/8350	1085	175. 03	
118			TEG6853BEV03	纯电动城市客车	620	8700/8400/8100	1456	229. 05	
119	程力汽车集团股份有限公司	程力牌	CL5030CTYBEV	纯电动桶装垃圾运输车	235	1560	292	41. 11	
120			CL5040TSLBEV	纯电动扫路车	220	3580	435	66. 84	
121			CL5040TXCBEV	纯电动吸尘车	220	3940	386	55. 7	
122			CL5041ZZZBEV	纯电动自装卸式垃圾车	280	3010	424. 2	63. 75	
123			CL5080ZYSBEV	纯电动压缩式垃圾车	240	6850	710 ±25	106. 95	
124			CL5090GXEBEV	纯电动吸粪车	300	4890	767	121. 13	
125	程力汽车集团股份有限公司	程力牌	CL5092GSSBEV	纯电动洒水车	300	4810	767	121. 13	
126			CL5123TXSBEV	纯电动洗扫车	430	9640	1472 ±40	229. 632	
127			CL5180TXCBEV	纯电动吸尘车	365	13700	2150	314. 14	
128			CL5181GQXBEV	纯电动清洗车	250	9745/9810	1665	217. 6	
129			CL5182GSSBEV	纯电动洒水车	310	9420	1680	241. 96	
130	山东蓝诺汽车有限公司	吉海牌	JHN1032CGBEV4	纯电动载货汽车	240	1295	292 ±10	35. 904	
131	上海万象汽车制造有限公司	象牌	SXC5120TCABEV	纯电动餐厨垃圾车	360	6750	884	140. 95	
132			SXC5180TXSBEV	纯电动洗扫车	450	12520	1917	300. 8	
133	珠海广通汽车有限公司	广通牌	GTQ5043XXYBEV7	纯电动厢式运输车	345	2950	546 ±16. 5	85. 89	
134			GTQ6102BEVB30	纯电动低入口城市客车	540	11100/11300	1690 ±50. 6	268. 7	
135			GTQ6105BEVB35	纯电动城市客车	530	11550/11800	2064. 8	301. 05	
136			GTQ6800BEVB32	纯电动城市客车	285	6700/7000	776 ±21	121. 44	
137			GTQ6858BEVB35	纯电动城市客车	400	8800/9050	1278 ±38. 4	200. 54	
138	成都广通汽车有限公司	广通牌	CAT5043TDYBEV	纯电动多功能抑尘车	345	4360	546 ±16. 5	85. 89	
139			CAT5181XYLBEV	纯电动医疗车	350	15800/16200	1680 ±50	241. 964	
140			CAT6100CRBEVT4	纯电动城市客车	230	10950/11150	1905	101. 844	钛酸锂
141			CAT6690CRBEV2	纯电动城市客车	250	5500/5750	632	95. 257	
142	中兴智能汽车有限公司	广客牌	GTZ6118BEVC1	纯电动客车	325	12000	1132	180. 9	
143			GTZ6127BEVB1	纯电动城市客车	575	12000	1966	315. 1	

续上表

序号	企业名称	商标	产品型号	产品名称	纯电动续驶里程(km)	整车整备质量(kg)	动力蓄电池组总质量(kg)	动力蓄电池组总能量(kWh)	备注
144	广西申龙汽车制造有限公司	紫象牌	HQK6109UBEVU5	纯电动城市客车	330	10500/11000	1338	210.56	
145			HQK6109UBEVZ8	纯电动城市客车	330	10500/11000	1338	210.56	
146			HQK6118UBEVU2	纯电动城市客车	500	12100	1690	268.7	
147	奇瑞万达贵州客车股份有限公司	万达牌	WD6105BEVG15	纯电动城市客车	450	10450	1338	210.56	
148			WD6117BEVG03	纯电动城市客车	450	10400/10700/11200/11500	1612	255.4	
149			WD6120BEV01	纯电动客车	554	12800	1768	281.91	
150			WD6666BEVG01	纯电动城市客车	280	5300	669	105.28	
151			WD6815BEVG13	纯电动城市客车	450	7750/8000	1338	210.56	
152	广西汽车集团有限公司	五菱牌	GXA1031BEV	纯电动载货汽车	300	1360	332	43.2	
153		五菱牌	GXA1032BEV	纯电动载货汽车	300	1335	308	41.86	
154			GXA1034BEV	纯电动载货汽车	300	1335	308	41.86	
155			GXA1035BEV	纯电动载货汽车	301	1335	301	41.6	
156			GXA1036BEV	纯电动载货汽车	256	1310	278	36.16	
157			GXA1037BEV	纯电动载货汽车	256	1310	278	36.16	
158			GXA1039BEV	纯电动载货汽车	301	1335	301	41.6	
159			GXA5032CCYEV	纯电动仓栅式运输车	300	1380/1405	308	41.86	
160			GXA5032XXYDEV	纯电动厢式运输车	301	1480	308	41.86	
161			GXA5032XXYEV	纯电动厢式运输车	300	1450/1475	308	41.86	
162			GXA5035XXYDEV	纯电动厢式运输车	301	1480	301	41.6	
163			GXA5035XXYEV	纯电动厢式运输车	301	1450/1475	301	41.6	
164			GXA5036XXYBEV	纯电动厢式运输车	256	1410	278	36.16	
165			GXA5037XXYBEV	纯电动厢式运输车	256	1410	278	36.16	
166			GXA5038XXYBEV	纯电动厢式运输车	301	1445	301	41.6	
167			GXA5039XXYBEV	纯电动厢式运输车	302	1445	301	41.6	
168			GXA5041XXYBEV	纯电动厢式运输车	330	2890	588	76.8	
169			GXA6521BEVG	纯电动城市客车	485	2450/2410	416	65.176	
170			GXA6609BEVG10	纯电动城市客车	445	3450	579	90.244	
171	河南德力新能源汽车有限公司	德帅牌	DLP1030BEVU31	纯电动多用途货车	360	2000	416	65.17	
172	延边国泰新能源汽车有限公司	长白山牌	JYB5030XLCBEV	纯电动冷藏车	265	1880	332	43.2	
173			JYB5030XXYBEV	纯电动厢式运输车	270	1495	332	43.2	
174	北京北重汽车改装有限公司	北重电牌	BZD5090GSSBEVK2	纯电动洒水车	320	5140	1248 ± 20	158.72	
175			BZD5121GXWBEVH1	纯电动吸污车	400	7710	1584	217.19	
176			BZD5123ZXXFGBEV	纯电动车厢可卸式垃圾车	400	6750	1584	217.19	
177			BZD5182ZXXFFBEV	纯电动车厢可卸式垃圾车	360	9320	2118	297.676	
178	北京市政中燕工程机械制造有限公司	中燕牌	BSZ5041ZLJBEV	纯电动自卸式垃圾车	220	2770	384	55.7	

续上表

序号	企业名称	商标	产品型号	产品名称	纯电动续驶里程（km）	整车整备质量（kg）	动力蓄电池组总质量（kg）	动力蓄电池组总能量（kWh）	备注
179	北京环卫集团环卫装备有限公司	亚洁牌	BQJ5040TSLEV	纯电动扫路车	275	3180	435	66.84	
180			BQJ5040TYHBYDEV	纯电动路面养护车	280	2780	424.2	63.75	
181			BQJ5180TCAEV	纯电动餐厨垃圾车	250	11300	1665	217.6	
182			BQJ5180TDYEQEV	纯电动多功能抑尘车	254	12500	1536	218.55	
183	天津广通汽车有限公司	广通牌	TJR6680BEVB1	纯电动城市客车	410	6400/6600	884 ± 26.4	140.95	
184	远大汽车制造股份有限公司	衡霸牌	YYD5182GSSDBEV	纯电动洒水车	250	9140	1536	218.55	
185			YYD5253GSSDBEV	纯电动洒水车	250	13440	2150	314.14	
186	南京市公共交通车辆厂	建康牌	NJC6657GBEV	纯电动城市客车	429	5700	928	129.02	
187	江苏紫琅汽车集团股份有限公司	紫琅牌	NTT6850GEVB1	纯电动城市客车	445	8300/8700	1166	186.7	
188	江苏悦达专用车有限公司	悦达牌	YD5030XYZSCBEV	纯电动邮政车	220	1530	309	41.86	
189			YD5038XYZDNBEV	纯电动邮政车	270	2095/2295	432	54.72	
190			YD5043XYZEQBEV	纯电动邮政车	280	3100/3300	486 ± 14	64.64	
191			YD5043ZXXEQBEV	纯电动车厢可卸式垃圾车	280	2550/2700	486 ± 14	64.64	
192			YD5043ZZZEQBEV	纯电动自装卸式垃圾车	280	3650/3770	486 ± 14	64.64	
193			YD5044XYZEQBEV	纯电动邮政车	360	3150/3460	663 ± 10	93.4	
194			YD5093ZZZEQBEV	纯电动自装卸式垃圾车	320	6000/6300	1248 ± 20	158.72	
195			YD5109ZYSSHBEV	纯电动压缩式垃圾车	430	6350/6550/6750	1108	162.28	
196			YD5120ZXXCABEV	纯电动车厢可卸式垃圾车	370	7250/7500	1536	218.5	
197			YD5123TCAEQBEV	纯电动餐厨垃圾车	397	7400/7700	1536	218.54	
198			YD5182ZYSEQBEV	纯电动压缩式垃圾车	400	11100/11400/11700/12000	2150	314.14	
199	扬州金威环保科技有限公司	金驫牌	YJW5120TCABEV	纯电动餐厨垃圾车	370	8900	1536	218.5	
200			YJW5180ZXXBEV	纯电动车厢可卸式垃圾车	300	8720	1536	218.54	
201	徐州徐工环境技术有限公司	徐工牌	XGH5180TXSBBEV	纯电动洗扫车	380	14250	2664	348	
202	杭州西湖比亚迪新能源汽车有限公司	比亚迪牌	XBE5120TSLBEV1	纯电动扫路车	480	8750	1555	222.18	
203	安徽爱瑞特新能源专用汽车股份有限公司	爱瑞特牌	ART5040GXEG47BEV	纯电动吸粪车	232	2990	435	66.84	
204			ART5040XTYY47BEV	纯电动密闭式桶装垃圾车	322	3110	554	81.14	
205			ART5040ZZZY49BEV	纯电动自装卸式垃圾车	285	3120	435	66.84	
206			ART5180TCAC97BEV	纯电动餐厨垃圾车	298	9820	1536	218.54	
207	福建龙马环卫装备股份有限公司	福龙马牌	FLM5070XTYQLBEV	纯电动密闭式桶装垃圾车	255	4100	700	106.95	
208	郑州宏达汽车工业有限公司	郑龙牌	JYC5310ZLJXGBEV	纯电动自卸式垃圾车	305	18500	2676	422.87	
209	郑州宇通重工有限公司	宇通牌	YTZ5180TDYD1BEV	纯电动多功能抑尘车	480	12200/11800	2170	350.07	
210	河南森源重工有限公司	森源牌	SMQ5310ZLJDFBEV	纯电动自卸式垃圾车	300	18450	2706	422.87	
211			SMQ5310ZLJXGBEV	纯电动自卸式垃圾车	305	18450	2676	422.87	
212	湖北五环专用汽车有限公司	华通牌	HCQ5030TYHEQBEV	纯电动路面养护车	247	2100	400	53	
213			HCQ5090TDYEQBEV	纯电动多功能抑尘车	320	6000	1248	158.72	
214			HCQ5090ZYSEQBEV	纯电动压缩式垃圾车	320	6950	1248	158.72	
215	徐工湖北环保科技股份有限公司	徐工牌	DXA5180TDYDBEV	纯电动多功能抑尘车	390	12100/12020/11670	2150	314.14	

续上表

序号	企业名称	商标	产品型号	产品名称	纯电动续驶里程（km）	整车整备质量（kg）	动力蓄电池组总质量（kg）	动力蓄电池组总能量（kWh）	备注
216	衡阳智电客车有限责任公司	雁城牌	HYK5090XCCBEV	纯电动餐车	285	6350	600 ± 18	90. 243	
217			HYK6121GBEV	纯电动低入口城市客车	700	12290/12050	2102	338. 4	
218			HYK6603GBEV	纯电动城市客车	305	4900/4700	600 ± 18	90. 243	
219	长沙中联重科环境产业有限公司	中标牌	ZBH5030TYHEQBEVB	纯电动路面养护车	250	2100	400 ± 5. 0	53	
220			ZBH5030ZLJEQBEVB	纯电动自卸式垃圾车	250	2210	400 ± 5. 0	53	
221			ZBH5030ZZZEQBEVB	纯电动自装卸式垃圾车	250	2600	400 ± 5. 0	53	
222			ZBH5090ZYSEQBEVB	纯电动压缩式垃圾车	N/A	7060	1248 ± 20	158. 72	
223		中联牌	ZBH5040ZZZBYABEV	纯电动自装卸式垃圾车	280	3310	424. 2	63. 75	
224			ZBH5040ZZZSHAPBEV	纯电动自装卸式垃圾车	275	3150	435	66. 84	
225			ZBH5080XTYEQPBEV	纯电动密闭式桶装垃圾车	240	4810	710 ± 25	106. 95	
226			ZBH5100TXSQLBEV	纯电动洗扫车	435	8100	1536	218. 54	
227			ZBH5180ZLJCABEV	纯电动垃圾转运车	300	9700	1536	218. 5	
228	四川新筑通工汽车有限公司	通工牌	TG6106GBEV1	纯电动城市客车	575	10700/11000	1898	299. 53	
229	成都今创嘉蓝环保科技有限公司	今创嘉蓝牌	KTE5090TCADEV	纯电动餐厨垃圾车	320	6940	1248	158. 72	
230	兰州广通新能源汽车有限公司	广通牌	LZG5041ZXXBEV1	纯电动车厢可卸式垃圾车	255	2350	435	66. 84	

（3）插电式混合动力商用车

序号	企业名称	商标	产品型号	产品名称	纯电动续驶里程（km）	燃料消耗量（L/100 km）	发动机排量（mL）	整车整备质量（kg）	动力蓄电池总质量（kg）	动力蓄电池总能量（kWh）	备注
1	北汽福田汽车股份有限公司	福田牌	BJ6105SHEVCA-2	插电式混合动力城市客车	80	15. 36	3800	10800/11000/11400	366	50. 45	
2	厦门金龙联合汽车工业有限公司	金龙牌	XMQ6106AGSHEVD61	插电式混合动力城市客车	85	15. 19	3800	11350/10750	360	50. 456	
3			XMQ6106AGSHEVD62	插电式混合动力城市客车	65	15. 2	3800	11200/11800	825	38. 64	钛酸锂
4			XMQ6850AGCHEVD61	插电式混合动力城市客车	70	12. 7	4156	9000/9400/9800	251 ± 7. 5	30. 13	
5	珠海广通汽车有限公司	广通牌	GTQ6105SHEVBT30	插电式混合动力城市客车	70	15. 7	4156	11500/12200	850	38. 64	钛酸锂
6			GTQ6105SHEVBT31	插电式混合动力低入口城市客车	70	15. 7	4156	11500/12200	850	38. 64	钛酸锂
7	奇瑞万达贵州客车股份有限公司	万达牌	WD6110CHEVG02	插电式混合动力城市客车	51	17. 89（kg/100 km）	7470	11400/11700/11900	424	47. 69	NG
8	天津广通汽车有限公司	广通牌	TJR6105CHEVBT1	插电式混合动力城市客车	70	14. 84	6234	11500/12200	850	38. 64	钛酸锂
9			TJR6119CHEVBT1	插电式混合动力城市客车	60	14. 72	6234	11500	850	38. 64	钛酸锂
10			TJR6121CHEVBT1	插电式混合动力城市客车	70	15. 13	6234	11800/12500	850	38. 64	钛酸锂
11	远大汽车制造股份有限公司	衡霸牌	YYD5180GSSZHEV	增程式混合动力洒水车	50	30. 16	4165	9145	360	50. 45	NG

（4）燃料电池商用车

序号	企业名称	商标	产品型号	产品名称	纯电动续驶里程（km）	整车整备质量（kg）	燃料电池系统额定功率（kW）	驱动电机额定功率（kW）	备注
1	东风汽车集团有限公司	东风牌	EQ6100CACFCEV3	燃料电池城市客车	160（氢系统不工作）/350（仅氢系统工作）	11200/11400/11850/12300	84	100	
2	东风汽车集团有限公司	东风牌	EQ6850CACFCEV1	燃料电池城市客车	130（氢系统不工作）/500（氢系统工作）	7915/8295/8675	50	75	
3	北汽福田汽车股份有限公司	福田牌	BJ4189FCEVPH	燃料电池半挂牵引车	565（氢工作）/75（氢不工作）	9600	110	220	
4	北汽福田汽车股份有限公司	福田牌	BJ5088XLCFCEV1	燃料电池冷藏车	60 km（氢气不工作）/480 km（氢气工作）	4900	50	85	
5	北汽福田汽车股份有限公司	福田牌	BJ5088XXYFCEV2	燃料电池厢式运输车	60 km（氢气不工作）/420 km（氢气工作）	4350	50	85	
6	北汽福田汽车股份有限公司	福田牌	BJ6116FCEVUH	燃料电池客车	1100	12000/12400	109	100	
7	北汽福田汽车股份有限公司	福田牌	BJ6906FCEVCH-1	燃料电池城市客车	90（氢系统不工作）/650（氢系统工作）	10350/10650	80	60	
8	一汽客车（大连）有限公司	解放牌	CA6109URFCEV31	燃料电池低入口城市客车	160（氢系统不工作）/500（氢系统工作）	12000	65	100	
9	上汽大通汽车有限公司	跃进牌	SH5187XLCZQFCEVWZ1	燃料电池冷藏车	680	8750	90	100	
10	中国重型汽车集团有限公司	豪沃牌	ZZ6106GFCEVHQ2	燃料电池城市客车	210（氢系统不工作）/452（氢系统工作）	10800/11200	50	100	
11	郑州宇通客车股份有限公司	宇通牌	ZK6106FCEVG1	燃料电池低入口城市客车	140（氢系统不工作）/725（氢系统工作）	11000/11500/12000/12500	63	120	
12	安徽华菱汽车有限公司	华菱之星牌	HN3310B36DLFCEV	燃料电池自卸汽车	100（氢系统不工作）/350（氢系统工作）	21500	88	145	
13	安徽华菱汽车有限公司	华菱之星牌	HN4180H25D3FCEV	燃料电池半挂牵引车	75（氢系统不工作）/480（氢系统工作）	9800	110	145	
14	成都大运汽车集团有限公司	大运牌	CGC4250FCEV1Z2	燃料电池牵引汽车	445（纯电 60/氢燃料 385）	13000	120	220	
15	成都大运汽车集团有限公司	大运牌	CGC4250FCEV1Z3	燃料电池牵引汽车	60（氢系统不工作）/390（氢系统工作）	11400	97	189	
16	金龙联合汽车工业（苏州）有限公司	海格牌	KLQ4180FCEV1	燃料电池半挂牵引车	50（氢系统不工作）/355（氢系统工作）	8800	120	210	
17	金龙联合汽车工业（苏州）有限公司	海格牌	KLQ5180XBWFCEV1	燃料电池保温车	纯电动续驶里程 90 km/氢系统工作时续驶里程 400 km	10140	101	100	
18	金龙联合汽车工业（苏州）有限公司	海格牌	KLQ6106GAFCEV3	燃料电池低入口城市客车	纯电动续驶里程 72 km/氢系统工作时续驶里程 560 km	12400/12100/11750	92	100	
19	厦门金龙联合汽车工业有限公司	金龙牌	XMQ6850AGFCEV3	燃料电池城市客车	450（氢系统工作）/195（氢系统不工作）	9400/9700/10000	52	90	
20	厦门金龙联合汽车工业有限公司	金龙牌	XMQ6850AGFCEV4	燃料电池城市客车	625（氢系统工作）/195（氢系统不工作）	9400/9700/10000	62.5	90	
21	厦门金龙旅行车有限公司	金旅牌	XML6125JFCEVS0CX	燃料电池城市客车	180 km（氢系统不工作）/700 km（氢系统工作）	13100	90	110	
22	厦门金龙旅行车有限公司	金旅牌	XML6855JFCEVJ0CQ	燃料电池城市客车	120 km（氢系统不工作）/700 km（氢系统工作）	9900/9600	56	90	
23	中通客车控股股份有限公司	中通牌	LCK6126FCEVGY1	燃料电池低入口城市客车	510	12200/12600/13000	80.5	100	
24	吉利四川商用车有限公司	远程牌	DNC6120FCEVG2	燃料电池低入口城市客车	600	12600/13000	80.5	120	
25	南京金龙客车制造有限公司	开沃牌	NJL3311ZHJFCEV	燃料电池自卸汽车	450	18000	110/120	198	
26	南京金龙客车制造有限公司	开沃牌	NJL3311ZHJFCEV2	燃料电池自卸汽车	450	18000	110/120	198	
27	南京金龙客车制造有限公司	开沃牌	NJL4250ZEKFCEV1	燃料电池半挂牵引车	390	11000	100/110.5/120	198	
28	南京金龙客车制造有限公司	开沃牌	NJL4250ZEKFCEV2	燃料电池半挂牵引车	390	11000	120	198	
29	南京金龙客车制造有限公司	开沃牌	NJL5310ZXXFCEV	燃料电池车厢可卸式垃圾车	320	15970	110	198	
30	南京金龙客车制造有限公司	开沃牌	NJL6100FCEV3	燃料电池低入口城市客车	170 km（氢系统不工作）/450 km（氢系统工作）	10800/11200/11650	80	90	
31	成都客车股份有限公司	蜀都牌	CDK6851CFCEV1	燃料电池城市客车	500（氢系统工作）	9000/9400	68.5	90	

续上表

序号	企业名称	商标	产品型号	产品名称	纯电动续驶里程(km)	整车整备质量(kg)	燃料电池系统额定功率(kW)	驱动电机额定功率(kW)	备注
32	上海万象汽车制造有限公司	象牌	SXC5180XBWFCEV	燃料电池保温车	450	11025	90	100	
33			SXC5181XBWFCEV	燃料电池保温车	450	10950	90	100	
34			SXC6121GFCEV1	燃料电池低入口城市客车	109(氢系统不工作)/555(氢系统工作)	12400	81	155	
35	珠海广通汽车有限公司	广通牌	GTQ6102FCEVBT31	燃料电池低入口城市客车	800(氢系统工作)/80(氢系统不工作)	11400	50	100	钛酸锂
36	佛山市飞驰汽车制造有限公司	飞驰牌	FSQ5040XLCCFCEV	燃料电池冷藏车	500	3650	70	60	
37			FSQ5040XXYCFCEV	燃料电池厢式运输车	500	3150	70	60	
38			FSQ6111FCEVG	燃料电池城市客车	700	11850/11550	50	100	
39			FSQ6121FCEVG3	燃料电池城市客车	600	12500/12200	67	90	
40	奇瑞万达贵州客车股份有限公司	万达牌	WD6120FCEVG01	燃料电池城市客车	60(氢系统不工作)/450(氢系统工作)	11800	55	100	
41	陕西秦星汽车有限责任公司	秦星牌	SYD6120GFCEV	燃料电池低入口城市客车	150(氢系统不工作)/600(氢系统工作)	12700/13150	60	100	
42	北京天路通科技有限责任公司	天路牌	BTL5182TXSEQFCEV	燃料电池洗扫车	400	13350	90	100	
43	广州市环境卫生机械设备厂	广环牌	GH5310ZLJFCEV	燃料电池自卸式垃圾车	450	16800	120	198	
44	广州广日专用汽车有限公司	广和牌	GR5311ZLJFCEV	燃料电池自卸式垃圾车	450	16800	120	198	
45	四川新筑通工汽车有限公司	通工牌	TG6901GFCEV2	燃料电池低入口城市客车	40(氢系统不工作)/380(氢系统工作)	9540/9840	47	100	

10. 享受车船税减免优惠的节约能源　使用新能源汽车车型目录(第22批)

(1)插电式混合动力乘用车

序号	企业名称	商标	产品型号	通用名称	纯电动续驶里程(km)	燃料消耗量(L/100 km)	发动机排量(mL)	整车整备质量(kg)	动力蓄电池总质量(kg)	动力蓄电池总能量(kWh)	备注
1	广汽丰田汽车有限公司	丰田(TOYOTA)牌	GTM6470FWCHEVM	WILDLANDER	87	5.5	2487	1990/1965	155	15.984	
2			GTM6470FFCHEVM	WILDLANDER	95	5.2	2487	1885	155	15.984	
3	浙江吉利汽车有限公司	领克牌	MR6432DPHEV02	06 PHEV	55	4.8	1477	1695/1661	116	11.3	
4	比亚迪汽车工业有限公司	比亚迪牌	BYD6470MT6HEV5	比亚迪宋 MAX	105	4.5	1498	1807	164.5	18.316	
5			BYD6470MT6HEV6	比亚迪宋 MAX	51	4.4	1498	1715	96.5	8.320	
6	比亚迪汽车有限公司	比亚迪牌	BYD7152WT6HEVB5	比亚迪秦 PLUS	55	3.8	1498	1500	96.5	8.320	
7			BYD7152WT6HEVB4	比亚迪秦 PLUS	120	3.8	1498	1620	166	18.316	
8			BYD6461ST6HEV3	比亚迪宋 PRO	51	4.4	1498	1680	96.5	8.320	
9			BYD6461ST6HEV4	比亚迪宋 PRO	110	4.5	1498	1772	164.5	18.316	
10	上海汽车集团股份有限公司	名爵牌	CSA7152SEPHEV4	名爵 eMG6	70	3.9	1490	1530	110	11.1	
11		荣威牌	CSA7154SEPHEV4	荣威 ei6 MAX	70	3.9	1490	1515	110	11.1	
12			CSA6454NEPHEV4	荣威 eRX5 PLUS/荣威 RX5 ePLUS	52	4.9	1490	1771	114	11.1	

（2）纯电动商用车

序号	企业名称	商标	产品型号	产品名称	纯电动续驶里程（km）	整车整备质量（kg）	动力蓄电池组总质量（kg）	动力蓄电池组总能量（kWh）	备注
1	安徽华信电动科技股份有限公司	皖信牌	WHX5030TYHBEV	纯电动路面养护车	160	1680	206	25. 344	
2			WHX5030CTYBEV	纯电动桶装垃圾运输车	160	1235	206	25. 344	
3			WHX5030ZZZBEV	纯电动自装卸式垃圾车	160	1695	206	25. 344	
4	郑州日产汽车有限公司	东风牌	ZN5032XGCU5PBEV	纯电动工程车	300	2120	386 ± 11. 6	60. 16	
5	东风汽车股份有限公司	东风牌	DFA6100CBEV6	纯电动城市客车	630	11100/11400/11700	2110	301. 056	
6			DFA6100CBEV5	纯电动城市客车	520	10800/11100/11400	1810	258. 04	
7			DFA1100KBEV	纯电动载货汽车	420	4510	1085	175. 03	
8	扬州亚星客车股份有限公司	亚星牌	YBL6119HBEV1	纯电动客车	334	10400/11000	1158	180. 4	
9	北汽福田汽车股份有限公司	福田牌	BJ6816EVCA-1	纯电动城市客车	340	8630	1085	175. 03	
10	北京北重汽车改装有限公司	北重电牌	BZD5186ZYSBEVK2	纯电动压缩式垃圾车	360	12640	2118	297. 676	
11	北京环卫集团环卫装备有限公司	亚洁牌	BQJ5180TXSEQEV	纯电动洗扫车	369	14600	2150	314. 14	
12			BQJ5180TSLEQEV	纯电动扫路车	369	13400	2150	314. 14	
13	丹东黄海汽车有限责任公司	黄海牌	DD6109EV17	纯电动城市客车	590	11100/11600/11900	1898	303. 4	
14			DD6109EV18	纯电动城市客车	490	10800/11200/11600	1690	268. 7	
15			DD6109EV16	纯电动城市客车	590	11100/11600/11900	1898	303. 4	
16	上海万象汽车制造有限公司	象牌	SXC6120GBEV12	纯电动城市客车	700	12610	2170	350. 1	
17	金龙联合汽车工业（苏州）有限公司	海格牌	KLQ6829ZGEVN2	纯电动城市客车	580	8900/9200	1338	210. 56	
18	扬州金威环保科技有限公司	金驫牌	YJW5320ZXXBEV	纯电动车厢可卸式垃圾车	240	15480	2664	348	
19	徐州徐工汽车制造有限公司	徐工牌	XGA1030BEVXA	纯电动多用途货车	405	2100	480 ± 12	67. 22	
20			XGA5313GJBBEVNEA	换电式纯电动混凝土运输搅拌车	200	15050	1804	281. 91	
21	航天晨光股份有限公司	三力牌	CGJ5102ZYSSHBEV	纯电动压缩式垃圾车	430	6615	1108	162. 28	
22	奇瑞商用车（安徽）有限公司	开瑞牌	SQR5120TXSBEVWZ1	纯电动洗扫车	300	8350	1108	162. 28	
23			SQR5030ZXXBEVH08	纯电动车厢可卸式垃圾车	220	1780	306	41. 34	
24			SQR5039XXYBEVK06	纯电动厢式运输车	251	1440	282 ± 8	36. 8	
25			SQR5180GQXBEVEVT	纯电动清洗车	220	8420	1130	162. 3	
26			SQR5030ZLJBEVH08	纯电动自卸式垃圾车	238	1910	306	41. 34	
27	安徽安凯汽车股份有限公司	安凯牌	HFF6710K7EV21	纯电动客车	358	5150/5450	669	105. 28	
28			HFF6100G9EV31	纯电动城市客车	660	11150/11800	2102	338. 4	
29			HFF6850G9EV31	纯电动城市客车	510	8900/9200	1338	210. 56	
30	安徽爱瑞特新能源专用汽车股份有限公司	爱瑞特牌	ART5030GXEG27BEV	纯电动吸粪车	219	1920	329 ± 9. 8	41. 165	
31	福建新福达汽车工业有限公司	福达（FORTA）牌	FZ4250BEV01	纯电动半挂牵引车	205	10250	3400	253. 44	
32			FZ6601UFBEV	纯电动城市客车	365	3980	580	89. 12	
33	福建龙马环卫装备股份有限公司	福龙马牌	FLM5180TXSDGBEV	纯电动洗扫车	390	12190	2150	314. 14	
34	江西江铃集团晶马汽车有限公司	晶马牌	JMV6821GRBEV9	纯电动城市客车	340	6600	728	114. 52	
35			JMV6661GRBEV	纯电动城市客车	410	5170	728	114. 52	
36			JMV6821GRBEVA	纯电动城市客车	340	6600	728	114. 52	

续上表

序号	企业名称	商标	产品型号	产品名称	纯电动续驶里程(km)	整车整备质量(kg)	动力蓄电池组总质量(kg)	动力蓄电池组总能量(kWh)	备注
37	江西博能新能源汽车有限公司	上观牌	BSR6826BEVGS	纯电动城市客车	415	8260/8560/8310/8610/8360/8660	949	151.7	
38			BSR6900BEVGS1	纯电动城市客车	476	9450/9650	1338	210.56	
39	中国重型汽车集团有限公司	豪沃牌	ZZ6186GBEVQ2	纯电动城市客车	340	18200/18700	1776	258.42	
40			ZZ6116HBEVQA1	纯电动客车	600	11900/12200	2034	326.73	
41			ZZ6126HBEVQA6	纯电动客车	600	12040/12340	2034	326.73	
42	中通客车控股股份有限公司	中通牌	LCK6530EV1	纯电动轻型客车	280	1900/2020	363.6±10	50.232	
43			LCK6826EVG3A13	纯电动城市客车	305	7450/7150/6750	845	134.35	
44			LCK6530EV	纯电动轻型客车	280	1900/2020	363.6±10	50.232	
45			LCK6116EVGA	纯电动城市客车	700	12000/12300	2170	350.07	
46	中国重汽集团济南卡车股份有限公司	豪沃牌	ZZ3317V326GZ1BEV	纯电动自卸汽车	355	18420	2652	422.9	
47	郑州宇通客车股份有限公司	宇通牌	ZK5180XYLBEV1	纯电动医疗车	630	12350/13000	1918	303.40	
48			ZK6816BEVG2K	纯电动城市客车	365	6900/7220/7550/7900	884	140.949	
49			ZK6816BEVG1K	纯电动城市客车	315	6780/7100/7430/7790	767	121.136	
50			ZK6126BEVGS6	纯电动低地板双层城市客车	540	16700/17400	2170	350.078	
51			ZK6106BEVG18	纯电动城市客车	700	11150/11600/10250/10700	2034	326.703	
52			ZK6106BEVG14	纯电动城市客车	700	10400/10850/11300/11800	2190	322.560	
53	海马新能源汽车有限公司	奥路卡牌	ZQ5030XXYF1BEV	纯电动厢式运输车	305	1390	292±5	38.4	
54	河南德力新能源汽车有限公司	德帅牌	DLP1180BEVT71	纯电动载货汽车	369	8620	2170	350.08	
55			DLP1181BEVT71	纯电动载货汽车	298	8150	1768	281.92	
56			DLP5040XXYBEVT20B	纯电动厢式运输车	351	3020	658±19.7	82.326	
57	郑州宏达汽车工业有限公司	郑龙牌	JYC5310ZLJNJLBEV	纯电动自卸式垃圾车	310	16800/17300	2679	422.87	
58	郑州宇通重工有限公司	宇通牌	YTZ5043ZZZD0BEV	纯电动自装卸式垃圾车	270	3680	386	60.16	
59	徐工湖北环保科技股份有限公司	徐工牌	DXA5080TXSDBEV	纯电动洗扫车	280	6950	1108±32	162.28	
60	安徽华菱汽车有限公司	华菱之星牌	HN5310GJBB36C5BEV	纯电动混凝土搅拌运输车	235	16800	2170	350.07	
61			HN4251H36C8BEV	纯电动牵引汽车	254	12800/11700	2170	350.07	
62			HN5310GJBB36C1BEV	纯电动混凝土搅拌运输车	235	16300	2170	350.07	
63			HN5311GJBB36C5BEV	纯电动混凝土搅拌运输车	190	16800	1800	281.92	
64	三一汽车制造有限公司	三一牌	SYM3312ZZX2BEV	纯电动自卸汽车	194	16500/16900	1804	281.917	
65	比亚迪汽车工业有限公司	比亚迪牌	BYD6102B2EV2	纯电动低入口城市客车	610	11800/11500/11200/10800	2112	319.936	
66	衡阳智电客车有限责任公司	雁城牌	HYK6105GBEV1	纯电动低入口城市客车	598	11700/11400	1768	281.91	
67	中车时代电动汽车股份有限公司	中国中车牌	TEG6803BEV06	纯电动城市客车	370	7300/7000/6700	910	143.16	
68			TEG6853BEV04	纯电动城市客车	490	8550/8200/7900	1166	186.7	

续上表

序号	企业名称	商标	产品型号	产品名称	纯电动续驶里程(km)	整车整备质量(kg)	动力蓄电池组总质量(kg)	动力蓄电池组总能量(kWh)	备注
69	广西申龙汽车制造有限公司	紫象牌	HQK6859UBEVZ10	纯电动城市客车	434	9200	1338	210.56	
70			HQK6859UBEVU9	纯电动城市客车	474	9300	1443	229.04	
71			HQK6819UBEVL4	纯电动城市客车	322	7800/8100	1017	163.36	
72	广西汽车集团有限公司	五菱牌	GXA1039BEV1	纯电动载货汽车	290	1335	301	41.600	
73			GXA5032ZXXEV	纯电动车厢可卸式垃圾车	245	1700	308	41.860	
74			GXA1032BEV1	纯电动载货汽车	290	1335	308	41.860	
75			GXA6810BEVG10	纯电动城市客车	480	8100/8400/8700	1132 ±34	180.87	
76			GXA5034XXYBEV1	换电式纯电动厢式运输车	271	1495	305.5	39.776	
77			GXA5035CCYEV	纯电动仓栅式运输车	300	1380/1405	301	41.600	
78			GXA5039XXYDEV	纯电动厢式运输车	301	1480	301	41.600	
79			GXA5039XLCBEV	纯电动冷藏车	245	1670	301	41.600	
80			GXA5034XXYDEV	纯电动厢式运输车	300	1480	308	41.860	
81			GXA5039XXYEV	纯电动厢式运输车	301	1450/1475	301	41.600	
82			GXA5034XXYEV	纯电动厢式运输车	300	1450/1475	308	41.860	
83			GXA5039CCYEV	纯电动仓栅式运输车	300	1380/1405	301	41.600	
84			GXA5034CCYEV	纯电动仓栅式运输车	300	1380/1405	308	41.860	
85	庆铃汽车股份有限公司	庆铃牌(繁体)	QL5040TPBBEVECHA2	纯电动平板运输车	455	2905	700	106.95	
86	成都广通汽车有限公司	广通牌	CAT6100CRBEVT5	纯电动城市客车	190	10950/11130	1905	90.528	钛酸锂
87	中植一客成都汽车有限公司	中植汽车牌	CDL5045XXYBEV2	纯电动厢式运输车	360	2990	554 ±8	81.14	
88	奇瑞万达贵州客车股份有限公司	万达牌	WD6815BEVG15	纯电动城市客车	295	7300/7600/8000	884	140.95	
89			WD6865BEVG01	纯电动城市客车	250	6800/7050/7350	806	127.74	
90	贵州科驰汽车制造有限责任公司	万舆牌	WZG5090TCACYBEV	纯电动餐厨垃圾车	320	6610/6800/7100	1248 ±20	158.72	
91			WZG5090GSSCYBEV	纯电动洒水车	320	5180	1248 ±20	158.72	
92	陕西汽车集团有限责任公司	陕汽牌	SX5041XLCBEV331G	纯电动冷藏车	440	3200	732	96.768	
93	华晨鑫源重庆汽车有限公司	鑫源牌	JKC5035XXYA0X1BEV	纯电动厢式运输车	305	1390	308 ±9	41.86	
94			JKC5035XXYA0X0BEV	纯电动厢式运输车	220	1330	247 ±7.4	32.14	
95	兰州广通新能源汽车有限公司	广通牌	LZG6850BEVB1	纯电动城市客车	310	8500	806	127.7	
96	安徽江淮汽车集团股份有限公司	江淮牌	HFC5045XXYEV5-1	纯电动厢式运输车	470	3080	782 ±20	103.42	

(3)插电式混合动力商用车

序号	企业名称	商标	产品型号	产品名称	纯电动续驶里程(km)	燃料消耗量(L/100 km)	发动机排量(mL)	整车整备质量(kg)	动力蓄电池总质量(kg)	动力蓄电池总能量(kWh)	备注
1	江西凯马百路佳客车有限公司	江西牌	JXK5040XBWCHEV	插电式混合动力保温车	60	9.1	1999	3650	135 ±4	17.52	
2	郑州宇通客车股份有限公司	宇通牌	ZK6856CHEVPG1	插电式混合动力城市客车	55	13.70	4156	8000/8250/8600/8900/9190	251	30.134	

续上表

序号	企业名称	商标	产品型号	产品名称	纯电动续驶里程（km）	燃料消耗量（L/100 km）	发动机排量（mL）	整车整备质量（kg）	动力蓄电池总质量（kg）	动力蓄电池总能量（kWh）	备注
3	重庆金康新能源汽车有限公司	赛力斯牌	SKE6470SHEVA2S	插电式增程混合动力多用途乘用车	150	7.3	1498	2350	247 ±5	34.56	
4	奇瑞万达贵州客车股份有限公司	万达牌	WD6127CHEVG01	插电式混合动力城市客车	51	18.9（kg/100 km）	7470	11700/12000/12350	424	47.69	NG

（4）燃料电池商用车

序号	企业名称	商标	产品型号	产品名称	纯电动续驶里程（km）	整车整备质量（kg）	燃料电池系统额定功率（kW）	驱动电机额定功率（kW）	备注
1	东风汽车集团有限公司	东风牌	EQ6100CACFCEV4	燃料电池城市客车	160（氢系统不工作）/350（仅氢系统工作）	11200/11400/11850/12300	56	100	
2	南京金龙客车制造有限公司	开沃牌	NJL6859FCEV8	燃料电池城市客车	200 km（氢系统不工作）/330 km（氢系统工作）	8800/9300	50.4	150	
3	浙江中车电车有限公司	中国中车牌	CSR6110KFCEV1	燃料电池客车	200（氢系统不工作）/650（氢系统工作）	12400/12900	65	240	
4	中通客车控股股份有限公司	中通牌	LCK6126FCEVGW2	燃料电池低入口城市客车	510	12200/12600/13000	65	100	
5	中通客车控股股份有限公司	中通牌	LCK6106FCEVGW1	燃料电池低入口城市客车	510	11400/11800	50	100	
6	郑州宇通客车股份有限公司	宇通牌	ZK6126FCEVG1	燃料电池低入口城市客车	150（氢系统不工作）/700（氢系统工作）	12250/12790/13250/13700	63	100	
7	郑州宇通客车股份有限公司	宇通牌	ZK6106FCEVG6	燃料电池城市客车	170（氢系统不工作）/755（氢系统工作）	10700/11100/11600/12250	84	120	
8	安徽华菱汽车有限公司	华菱之星牌	HN3310B36C7FCEV	燃料电池自卸汽车	100（氢系统不工作）/470（氢系统工作）	18600/20200	90	180	
9	广西申龙汽车制造有限公司	紫象牌	HQK6129UFCEVH1	燃料电池低入口城市客车	160（氢系统不工作）/600（氢系统工作）	12500/12950	80.5	100	
10	佛山市飞驰汽车制造有限公司	飞驰牌	FSQ3310DEFCEV	燃料电池自卸汽车	350	18000	110	198	
11	佛山市飞驰汽车制造有限公司	飞驰牌	FSQ6111FCEVG1	燃料电池城市客车	700	11850/11550	67	100	
12	佛山市飞驰汽车制造有限公司	飞驰牌	FSQ6120FCEVZA	燃料电池客车	600	13400/12650	110	136	
13	中植一客成都汽车有限公司	中植汽车牌	CDL5090XLCFCEV	燃料电池冷藏车	101（氢系统不工作）/440 km（氢系统工作）	5770	50.5	120	
14	中植一客成都汽车有限公司	中植汽车牌	CDL6101URFCEV3	燃料电池低入口城市客车	155（氢系统不工作）/600（氢系统工作）	11150/11500	56	100	

节能与新能源汽车

年鉴

第七篇
大事记篇

一、2020 年新能源汽车行业新增项目

1 月

1 日 佛山市禅城区南庄镇政府与湖南科力远新能源股份有限公司就“科力远氢燃料巴士线路服务项目”签约。根据协议,科力远芯 8.5 m 氢燃料电池客车将作为公交巴士上路运营。

2 日 江苏省生态环境厅公示《关于长城汽车股份有限公司泰州分公司年产 10 万辆纯电动轿车项目等 3 项环境影响评价文件拟审批意见》,项目投资主体为长城汽车股份有限公司泰州分公司,拟建设年产 10 万辆纯电动轿车项目,该项目投资 485 955.91 万元,占地面积 485 151 m^2,建设内容包括冲压、焊装、涂装、总装车间等生产用房,新购置四大工艺生产设备及检测设备等。

3 月

4 日 中石化福建石油漳州坑北加油站启动新能源汽车充电业务,福建石油首座“加油 + 充电”综合供能服务站正式为车主提供加油和充电双向服务。

6 日 深圳市德方纳米科技股份有限公司与曲靖经济技术开发区管理委员会签署《投资协议书》。根据协议,德方纳米将在曲靖经济技术开发区管理委员会辖区内投资建设“磷酸铁锂生产项目”,计划总投资额约10亿元,总用地约300 亩,建设内容包括生产车间、库房等配套附属设施。

8 日 山东开沃新能源汽车 20 万辆整车生产项目在威海南海新区开工建设,项目总投资 100 亿元,总建筑面积 38 万 m^2,新建整车冲压、焊装、涂装、总装生产线及关键核心零部件厂房等,完全达产后年产值达 200 亿元以上。

9 日 大同瑞湖新能源汽车服务城项目在大同经开区开工建设,该项目由大同泰瑞集团建设有限公司承建,项目总建筑面积 79 353.45 m^2,总投资约 5.6 亿元,将建 17 家 4S 店,并配套检车线、停车场及电动车充电桩等服务设施,构建以新能源汽车整车销售为主导的产业发展格局,形成新能源汽车集群供应链网络。

16 日 上海捷氢科技有限公司燃料电池项目正式开工,该项目位于嘉定氢能港,项目总投资 5 亿元,建成后园区将实现氢气供应等功能,项目一期产能将达到 12 000 台(套),于 2021 年 8 月投产,预计 2024 年实现产值 12 亿元。

17 日 山西国新正泰新能源有限公司建设的年制备 1 000 万 m^3 高纯氢技改项目在山西省临汾市古县启动,该项目总投资 1 亿元,制氢规模 1 000 万 m^3/年。

25 日 欣旺达电子股份有限公司与浙江省兰溪市人民政府签署《项目投资协议书》。根据协议,浙江欣旺达新能源将负责建设欣旺达锂离子电池项目,项目计划总投资 52 亿元,主要从事锂离子电池的研发、生产、检测、销售、运营等经营活动,达产后将形成 80 万只/天锂离子电池产能。

26 日 首钢新能源汽车材料项目在河北省迁安市开工建设,该项目占地 273 亩,总建筑面积 8.2 万 m^2,计划总投资 26 亿元,主要生产新能源汽车用驱动电机等,建设工期 30 个月。

27 日 广东猛狮新能源科技股份有限公司与四川省什邡市人民政府签署《战略合作协议》。根据协议,什邡市人民政府为猛狮科技及其关联方提供包括但不限于新能源新材料产业合作、产业资源对接与导入等服务;猛狮科技协助什邡市人民政府实现在新能源产业的业务布局。

30 日 广东猛狮新能源科技股份有限公司与宁波京威动力电池有限公司签署《战略合作协议》。根据协议,双方将采用多种合作方式,共同开发湖北猛狮新能源科技有限公司名下高端锂电池项目。

同日 在河北省招商引资重大项目(云)签约仪式上,河钢集团在唐山和邯郸的加氢示范站建设项目签约新能源板块。加氢站项目建成后,将具有 500 kg/d 的氢气加注能力,为氢燃料电池重卡率先示范运营提供供气保障,并以此为基础打造工业副产气制氢——氢燃料电池重卡物流产业链。

31 日 中国旭阳集团有限公司全资子公司河北旭阳能源有限公司与定州市人民政府就“氢气生产储运和加氢站建设运营项目”签订《战略合作框架协议》。根据协议,定州市政府负责制定氢能源利用产业规划,落实河北省支持京津冀经济圈氢能源规划,依法制定支持氢能源产业发展的优惠政策;河北旭阳将配套制氢、储氢、运氢、加氢站等项目建设和运营。项目主要包括:(1)氢气生产及供应。规划占地 60 亩,主要建设副产原料氢输送、变压吸附提氢纯化工序(大于纯度 99.97%)、氢气压缩充装系统等。一期项目计划建设期 6 个月,同时根据市场需要后续陆续扩大产能。(2)氢气利用。制定定州及周边地区氢气利用规划;具体落实氢能储运、加氢站建设和运营等;共同拓展氢能源利用产业链。

4 月

1 日 浙江金华武义县人民政府与洺源科技(大连)有限公司正式签署项目投资合作协议,一个氢能燃料电池制造项目将落地武义经济开发区。

同日 华晨宝马铁西新工厂正式开建,根据规划,铁西新工厂整体占地面积 3 km^2,2022 年建成投产后将拥有冲压、车身、涂装、总装车间和外部基础设施,主要生产纯电动、插混动力等新能源车。

5 日 辽源市汽车改装有限公司年产 20 万套新能源汽车锂电池包铝合金箱体项目正式投产,该项目总投资 12 000 万元,建设周期 3 年,建设 5 条新能源汽车锂电池包铝合金箱体生产线,购置设备、工装及模具 200 台(套)。项目建成达产后,年可实现销售收入 60 000 万元。

9 日 平湖市人民政府、平湖市浙石油综合能源销售有限公司、浙江锋源氢能科技有限公司、上海舜华新能源系统有限公司共同签署氢能产业发展战略合作协议。根据协议内容,各方将共同降低氢燃料电池汽车的制造、生产、运营成本,实现产业化、规模化的配套体系,将平湖打造成为氢能产业创新研发、装备制造、示范应用的高地。

14 日　国家电网有限公司2020年全面建设新能源汽车充电设施项目集中联动开工，此次启动建设的新能源汽车充电设施项目计划安排充电桩建设投资27亿元，新增充电桩7.8万个，项目分布在北京、天津、河北、上海、江苏、湖南、青海等24个省(市)，涵盖公共、专用、物流、环卫、社区以及港口岸电等多种类型充电基础设施，其中，居住区充电桩5.3万个，公共充电桩1.8万个，专用充电桩0.7万个，岸电设施150个。

同日　大众汽车集团零部件公司与上海度普新能源科技有限公司共同投资的灵活储能快充桩项目落户苏州，该项目总投资1.1亿欧元，是德国大众在苏州投资的首个项目，同时也是大众零部件集团成立后首个落户中国的项目。根据协议，大众将携手度普新能源，在苏州市吴中经济技术开发区成立埃诺威(苏州)新能源科技有限公司，双方各控股50%，注册资本3 800万欧元。合资公司将在吴中开发区先期租用1万 m^2 厂房建立研发及生产基地，后续将购置104亩工业用地扩大投资和生产规模。

15 日　2020年吉林省“三早”项目暨中国一汽红旗新能源汽车工厂项目正式开工，该项目总投资78亿元，建成后主要生产红旗品牌新能源汽车、智能网联汽车等，将于2022年竣工投产，整车年产能将达到20万辆，产值将达到600亿元。

同日　奇瑞控股集团与芜湖市政府签订战略合作协议。根据协议，芜湖市政府将支持奇瑞在皖江江北新兴产业集中区建设智能网联汽车创新园项目，该项目规划建设创新研发中心、汽车智造综合区、智能网联示范区等。项目以数字化、网络化、智能化为引领，实施智能制造、绿色制造和创新制造工程，以促进奇瑞汽车产业链向深度和广度延伸。

18 日　湖南省工业和信息化厅、湖南湘江新区管理委员会、中国汽车工程研究院股份有限公司在长沙签订战略合作框架协议。根据协议，三方将在产业发展规划、产业政策研究、应用场景打造、国家智能网联汽车质量检验中心建设、标准规范制定、行业影响力提升六大方面开展合作。

20 日　上海临港新片区管委会与申能集团签订战略合作框架协议。根据合作协议，双方将就发展氢能基础设施和产业、建设运营区域综合能源项目等方面开展深度合作。在签约仪式上，临港新片区第一座加氢站运营公司上海申能临港氢能科技有限公司同步揭牌并启动新片区第一座油氢合建示范站——平霄路站建设工作。

21 日　兰州市人民政府与恒大集团签署战略合作框架协议，双方就“兰州恒大新能源动力电池”等4个项目达成合作意向，兰州恒大新能源动力电池项目计划总投资约120亿元，规划年产能30亿Wh，首期规划年产能12亿Wh。

22 日　广州黄埔区、广州开发区人民政府与中国石化销售股份有限公司广东石油分公司签订战略合作协议。双方将在该区共同推进氢能产业建设。根据协议，黄埔区、广州开发区与中石化广东石油合作计划新建20座以上的加氢、加油、充电、非油、光伏发电等“五位一体”综合能源销售站，打造氢能汽车应用发展的基础设施先行区域，引领氢能产业发展。

23 日　东风汽车集团有限公司与重庆市政府签订《战略合作框架协议》，与重庆小康工业集团股份有限公司签订《东风与小康全产业链深化战略合作协议》，东风公司、重庆两江新区管理委员会、小康集团三方共同签署《关于共建中高端新能源汽车项目的协议》，促进重庆金康新能源汽车有限公司的中高端新能源汽车项目发展。根据两江新区管理委员会、东风公司、小康股份签署的三方协议，三方将重点加大对小康股份旗下金康新能源汽车的投资，在2025年前将之打造成为年产15万辆、产值在300亿元以上的中高端新能源汽车标杆企业。根据东风公司与重庆市政府签订的《战略合作框架协议》，东风和小康将在重庆打造中高端新能源汽车新基地。

26 日　浙江润丰氢发动机有限公司与北海工业园区管委会就“氢发动机生产制造基地及氢能源研究院项目”签约，项目总投资20亿元，建成达产后，可年产氢发动机10万台，预计年产值200亿元。

27 日　湖南省政府、长沙市政府与浙江吉利控股集团在长沙分别签署战略合作协议。根据协议，吉利集团将托管长丰集团下属湖南猎豹汽车股份有限公司，从事新能源汽车整车生产和销售，并致力打造吉利中部区域新能源产业链战略基地，共同推动湖南汽车产业高质量发展。

28 日　国网四川电动汽车服务有限公司与攀钢集团攀枝花坤牛物流有限公司签署战略合作协议，共同推进电动汽车充电设施建设。根据协议，国网四川电力与攀钢集团将以充电桩建设为核心，在电力资源、场站建设、物流资源等多个方面展开合作，力争解决面向社会化充电服务等需求。

同日　湖南长远锂科股份有限公司车用锂电池正极材料扩产项目在长沙高新区正式开工建设，该项目总投资约70亿元，总用地面积约772亩，总建筑面积33.7万 m^2，项目建成后预计可实现年产值122亿元，全部建成后可具备8万t/年动力电池三元材料产能。

同日　湖南时代联合新能源有限公司锂离子动力及储能电池智能产业化基地建设项目落户邵阳，该项目总投资10亿元，核心产品为60系列大圆柱无钴电池，项目于2020年4月开始建设，建设工期10个月，建设完成后，集电芯、PACK研发、生产、销售于一体，形成年产4 GWh锂离子电池生产能力，实现年销售收入约24亿元。

5月

7 日　嘉兴港区开发建设管理委员会与山西美锦能源股份有限公司、广东国鸿氢能科技有限公司就“美锦嘉兴氢能科技产业园”项目签署协议，该项目总投资超百亿元。根据合作协议，将利用美锦能源的氢能布局优势，积极引进氢能上下游产业链项目落户港区。首期实施的美锦国氢(嘉兴)氢动力科技项目，以美锦能源和国鸿氢能的氢能产业优势为基础，设计年产车用氢燃料电池动力系统总成5 000套，同时建设氢能源科技研发中心和展示销售中心等，项目达产后可实现年产值20亿元以上。

8 日　广州开发区与百度签订战略合作协议，双方在自动驾驶、智能交通等领域开展全面合作。根据双方战略合作协议，百度将与广州开发区共同打造粤港澳智能网联先导区，开展包括车路协同路网新型基础设施、智能信控、智能车联、智能停车泊车等相关应用生态的建设；共同落地Apollo智能汽车生态基地以及Apollo自动驾驶运营基地；共同探索共建“城市智能交通运营商”的新模式等。

17 日 塔菲尔新能源南京二、三期项目奠基。该项目共规划产能 6 GWh，其中二期和三期均规划为 3 GWh 的产线，产线设计涵盖三元和铁锂材料体系，采用先进工艺，打造新一代锂离子动力电池。项目总投资 30 亿元，总用地面积 234.7 亩，建筑面积 18.3 万 m^2，共有 26 个功能单体，项目二期的 3 GWh 产能于 2021 年 6 月实现投产；项目三期的 3 GWh 产能将于 2021 年 12 月实现顺利投产。

20 日 江苏中兴派能电池有限公司与江苏省仪征市政府就“锂离子电池及系统生产基地项目”签约，该项目总投资 15 亿元，分三期投资建设，主要从事锂离子电池及系统研发、生产、销售以及技术咨询服务。项目整体预计 2022 年底建成投产，年产能可实现 5 GWh。

22 日 浙江湖州南太湖新区总投资达 743 亿元的 22 个项目集中开工，其中包括恒大集团新能源汽车电驱动系统项目，该项目投资 150 亿元，年产 50 万台，用地 450 亩，含中央电机三合一动力总成技术研发中心、电机与自动驾驶技术研发中心、电机与电池集成研发中心及有关车间，达产后预计年产值 120 亿元。

26 日 江苏国富氢能技术装备有限公司与张家口市政府就“张家口氢能装备制造基地项目”签署合作框架协议。根据协议，国富氢能将在张家口设立子公司并建设氢能装备制造基地，项目按照三期实施，包括加氢站成套设备制造与集成、车载供氢系统集成制造与四型瓶生产线布局、燃料电池分布式能源和热电联供系统制造与集成等三项业务，全部投产后，年销售收入预计不少于 10 亿元。

6 月

3 日 张家口市“创建燃料电池汽车示范城市暨纬三路加氢站奠基仪式”在桥东区启动，该项目选址张家口纬三路，站内设置 2 台单台双枪双计量加氢机，2 座充装量 350 kg/车氢气长管拖车固定车位，1 组充装量 202 kg 的储压器，站总储氢量为 902 kg，氢压机处理能力为 1 000 kg/12 h，项目落成后可满足约 150 辆氢燃料电池汽车的能源供给。

4 日 鄂尔多斯市人民政府与开沃新能源汽车集团股份有限公司签署合作协议。根据协议，双方将在清洁能源运输、充电柱建设等方面开展深入合作。

11 日 安徽省国资委、江淮汽车集团与德国大众汽车集团通过云签约方式共同签署江淮汽车集团投资协议；江淮汽车集团与大众汽车集团签署江淮大众投资协议、产品组合框架协议。相关交易完成后，大众汽车（中国）投资有限公司将持有江汽控股 50% 股权和江淮大众 75% 股权，安徽省国资委对江汽控股保持控制权。大众集团承诺授予江淮大众 4 ~ 5 个纯电动汽车品牌产品，目标是在 2025 年生产 20 万 ~ 25 万辆，在 2029 年生产 35 万 ~ 40 万辆，届时总收入将分别达到 300 亿元、500 亿元。大众集团在中国法律允许且取得许可前提下，优先考虑在江淮大众生产大众 B 级车、C 级车等插电混动汽车和燃油车。

12 日 北斗航天汽车（北京）有限公司与中国中车新能源在北斗航天集团签署战略框架合作协议。根据协议，双方将联合推动超级电池在新能源汽车、特种装备车辆等领域的应用，促进超级电池产品产业化和市场化，双方还将在储能系统和储能式充电站、新能源电驱动技术及自动控制、新能源车变流系统等领域展开深度合作。

16 日 宁德时代新能源科技有限公司与东风汽车集团有限公司签署《深化战略合作框架协议》。根据协议，双方将进一步深化战略合作，共同助推中国新能源汽车产业生态构建和完善，为中国新能源汽车产业高质量发展助力。东风公司旗下智新科技、东风畅行、东风鸿泰分别与宁德时代，以及宁德时代旗下广东邦普签署《智新科技与宁德时代合作备忘录》《东风畅行与宁德时代合作协议》《东风鸿泰与广东邦普合作框架协议》等子协议。此外，双方共同颁布了《新能源汽车先进电池技术联合开发任务书》。

18 日 枣庄国家高新技术产业开发区与中国铁塔山东枣庄分公司、比亚迪电池事业群网络能源三方就“比亚迪动力电池山东梯次回收利用中心”签署协议，比亚迪动力电池山东梯次回收利用中心项目符合枣庄国家高新技术产业开发区“锂光医智大”特色主导产业发展规划，将会拉长其锂电产业链条。

29 日 一汽丰田新能源分公司项目在天津中新生态城正式启动，新能源车生产基地总投资 84 亿元，年产能 20 万辆，2022 年 6 月正式投产，将引入新能源汽车的全新平台。

30 日 长春国际汽车城旭阳中法智能产业园项目启动，该项目以旭阳高端汽车制造产品为基础，致力于打造“互联网 + 协同制造”的数字化、智能化制造体系，建设数字工厂、智能工厂。项目占地 100 万 m^2，总投资额约 80 亿元，全部达产后可生产超过 500 多种为网联汽车配套的系列产品，未来将整体形成百亿级规模的世界级汽车零部件产业和智能制造基地。

同日 江淮汽车与安徽省亳州市政府正式签署《江淮汽车中高端 MPV 项目投资协议》。根据协议，亳州市将在资金、政策、政府采购等方面全力支持江淮安驰公司打造成江汽集团股份公司全系列、专业化的 MPV 生产基地，以稳定和增加就业，促进地方经济的发展。

7 月

2 日 国网河南省电力公司与河南洛阳市签署新能源汽车充电设施建设运营战略合作协议。根据协议，河南省电力公司将在 2020 年内对洛阳市充电设施建设提供不低于 1.02 亿元的投资，持续为洛阳市建设副中心、打造增长及贡献力量；参与洛阳地区充电设施发展规划工作，推广“互联网 +”办电服务；建立优质运营合作平台，拓宽市场合作模式，构建电动汽车服务生态体系；推进技术创新应用，积极开展充电新技术迭代升级，提升充电服务智能化水平。

3 日 天津临港高新技术发展有限公司与北京氢璞创能科技有限公司、天津新氢动力科技有限公司签订三方合作协议。根据协议，2020—2024 年，高新公司将从新氢动力采购其自主研发制造的氢燃料电池叉车动力系统 2 000 套，并负责在天津港保税区内进行应用推广，提供氢燃料电池叉车应用场景；三方共同收集共享氢能产业大数据，在氢燃料电池技术领域深度合作，加强加氢技术研发力度，完善区域内加氢技术研发及基础设施建设；高新公司与氢璞创能、新氢动力初期围绕天津市区域进行合作，探索氢燃料电池叉车及配套加氢技术推广应用相结合模式，促进氢燃料叉车商业化进程，后期进一步扩大氢燃料电池叉车推广规模。

6日 北京汽车制造厂（青岛）有限公司整车制造总部基地项目在姜山镇新能源汽车产业集聚区集中开工，该总投资110亿元（一期投资77亿元），占地1 100亩，建筑面积50万m^2，拥有包括北京212吉普在内的传统和新能源乘用车、客车、专用车、二类军车全资质企业。一期生产能力为5万辆商用车（含新能源），二期生产能力为10万辆商用车（含新能源）及5万辆乘用车（含新能源），三期生产能力为15万辆商用车（含新能源）及10万辆乘用车（含新能源）。项目2021年下半年竣工投产。

同日 同济大学与嘉定区人民政府签署《共同建设“嘉定同济大学科技园”合作协议》，双方共建“嘉定同济大学科技园”。目标是到2025年，“嘉定同济大学科技园”在新能源与智能汽车、智能制造、智能出行与智能网联等产业领域达到千亿级规模。

同日 无锡·蜂巢能源全球锂电创新中心一期首条产品中试线正式启用，此次启用的中试线占地23亩，设备总投资1亿元，厂房建设投资1.5亿元，严格按照车规级制造标准建设，中试能力0.15 GWh/年。

7日 中国（上海）自由贸易试验区临港新片区2020年重点产业项目集中开工。其中，蓝湾进平新能源等项目由上海建工五建集团承建，该项目将加快完善新能源汽车产业发展结构，项目位于临港新片区奉贤园区，用地面积223亩，建成后将作为新能源锂电池生产基地，同时参与新能源汽车电池管理系统建设。项目专注于新能源汽车动力储能装备系统研发和制造，将填补新能源汽车产业“电池、电机、电控”领域的“结构短板”。

同日 辉能科技股份有限公司与浙江省杭州市临安区人民政府就“辉能科技大陆区总部及全球产业基地项目”签约。该项目由辉能科技、东方蜂巢等共同投资，选址于青山湖科技城，总投资380亿元，内容包括建设2 GWh、5 GWh固态锂陶瓷电池芯产业化项目，并将考虑与车企合资建置产线等。项目全部建成达产后预计将实现年销售产值300亿元以上。

9日 平顶山市政府与宁德时代新能源科技股份有限公司举行合作项目签约及合资公司成立揭牌仪式。现场揭牌成立宁德时代公司与河南跃薪公司的合资公司——河南跃薪时代新能源科技有限公司，跃薪时代公司致力于提供电动智慧无人矿山整体解决方案（Ener-magic系统），该系统以锂离子电池纯电驱动技术为基础，融合5G技术的高效传输和智能互联，通过大数据算法实现无人驾驶、智能管控，降低运营成本，提升生产效率，实现清洁生产、安全生产和高效生产。现场平顶山市政府与宁德时代公司签署战略合作协议、平高集团有限公司与宁德时代公司签署合作框架协议、跃薪时代公司与中国移动河南有限公司签署5G商务意向合作协议。

10日 欣旺达南京新能源项目一期工厂量产交付仪式在溧水举行。该项目总投资120亿元，分为三期建设，一期投入35亿元，建设约8 GWh电芯和8 GWh电池系统生产线项目，一期项目已于2019年4月启动，已建成两条HEV线和一条BEV线，集成行业前沿技术，具备年产4 GWh动力电池量产能力；二期计划投入40亿元，项目将新增10 GWh电芯和10 GWh电池系统生产线；三期计划投入45亿元，项目将新增12 GWh电芯和12 GWh电池系统生产线；项目达产后可分别形成30 GWh电芯和系统的产能。

同日 浙江金华氢途科技有限公司氢燃料电池发动机生产研发基地项目在飞扬智能制造小镇奠基，该项目计划总投资超5亿元，建成后将形成年产2万台氢燃料电池发动机的产能，共规划有燃料电池发动机自动化组装线、燃料电池发动机核心零部件生产线、燃料电池发动机与零部件检测中心及研发中心等领域。

11日 欣旺达电子股份有限公司浙江锂威锂离子电池项目在兰溪开工建设，锂离子电池项目总投资52亿元，总用地面积405亩，总建筑面积40万m^2，将配以全自动智能化生产线，引入先进的锂离子电芯生产设备与电池模组生产设备，主要从事锂离子电池的研发、生产、检测、销售、运营等经营活动，建成后可年产锂离子电芯2.4亿只、年产锂离子电池模组2.4亿只。

16日 合肥庐江高新技术产业开发区管委会与合肥国轩电池材料有限公司（国轩高科子公司）就“国轩年产3万t高镍三元正极材料项目”签署协议，该项目位于合肥庐江高新技术产业开发区内，由合肥国轩电池材料有限公司投资建设，占地约350亩，项目建设工期为36个月，预计到2023年初试运行。

17日 格林美股份有限公司全资下属公司格林美（无锡）能源材料有限公司与无锡空港经济开发区管理委员会就“投资新能源高值化循环利用项目（年回收处理10万套动力电池与年回收处理10万辆新能源汽车）”事宜签署《新能源高值化循环利用项目投资协议》。根据投资协议，无锡格林美将投资5.28亿元建设新能源高值化循环利用项目，形成高值化循环利用10万辆/年新能源汽车、高值化循环利用10万套/年动力电池包的产业规模，建成江苏省动力电池与新能源汽车绿色回收利用的产业示范基地和工程技术研究中心，成为世界先进的动力电池和新能源汽车回收利用与绿色处置中心。无锡空港经开区管委会全力协助无锡格林美项目成为江苏省动力电池与新能源汽车的回收利用产业示范基地与处置中心，并推进纳入工信部动力电池与新能源汽车的回收利用试点计划。该项目将在2020年10月前开工建设，预计2022年9月前竣工投产。

20日 南京越博动力系统股份有限公司与渭南高新技术产业开发区管理委员会在陕西渭南签订《渭南高新区新能源汽车动力系统基地项目入区协议》及《渭南高新区新能源汽车动力系统基地项目补充协议》等协议。根据协议，越博动力将在渭南高新区建设新能源汽车动力系统基地，规划总投资12.78亿元，主要从事新能源汽车核心部件及动力系统研发、生产和销售，产品包括整车控制系统、驱动电机系统、自动变速系统，适用于不同动力驱动的各类新能源汽车。

28日 河南省濮阳市人民政府与未名金石投资管理（北京）有限公司签订战略合作框架协议，计划在濮阳工业园区建设氢能源产业园项目。未名资本将在城乡新能源公交运营等方面与濮阳开展深入合作。

同日 中植一客成都汽车有限公司与大同市人民政府

签订《共建新能源商用车整车研发制造基地合作协议》。根据协议，双方合作主要内容：(1)在大同市建设新能源商用车整车制造基地，基地规划总投资70亿元，分两期建设。基地一期计划投资10亿元，规划年产能3 000辆（其中包括氢燃料及纯电动客车、专用车、物流车等），力争在2020年底前总装车间及检测线建设完毕并投产。2021年10月31日前，项目（包含四大工艺）全部建成。基地二期计划投资60亿元，规划产能12 000辆/年，其中氢燃料商业车产能2 000辆/年。重点投资氢能产业链、智能网联研发中心及扩大产能。二期为新选址新建设，实现新能源汽车本地规模化生产和运营，合力打造具有行业重要影响力的本地整车制造企业。(2)成立氢能基金，与大同市政府共同设立氢能产业发展基金，一期基金规模10亿元（暂定），开展氢能产业的推广应用，进一步推动大同市新能源产业的高质量发展。

29日 浙江省舟山市群岛新区六横管理委会与锡力科技（香港）有限公司就"氢燃料电池系统项目"签订投资协议。该项目总投资1亿元，其中一期计划投资1 000万元，于六横"5313"创业基地进行建设，协助六横公交公司打造全市首条氢燃料电池公交示范线，为六横氢能公交提供燃料电池驱动系统及后期维护；二期计划于小郭巨临港产业园建设氢燃料电池系统的研发中心及生产、检测基地，同时与六横相关企业在氢燃料电池开展物流、船舶、储能、用户侧热电联供等领域的推广应用拓展产业链条，打造六横氢能产业园。

同日 中国宝武钢铁集团邀请氢能产业链伙伴企业入驻中国宝武钢铁吴淞氢能产业园，共同在制氢、储氢、运氢、加氢、用氢各环节开展规模化的应用实践合作。上海重塑能源科技有限公司作为首批入驻的氢燃料电池技术供应商，与中国宝武旗下一级子公司宝武清洁能源有限公司、宝钢特钢有限公司共同签署了《氢产业合作及吴淞氢产业园意向协议》。

30日 国网（山东）电动汽车服务有限公司、国网山东省电力公司、烟台供电公司烟台市公交集团有限公司共同签署《烟台市区电动公交汽车应用及配套充电设施建设战略合作协议》。根据协议，各方围绕新能源汽车产业推广应用、构建车桩相随、智能高效的配套充电网路开展合作，推动电动公交汽车应用及配套充电基础设施建设。

8月

3日 上海重塑能源科技有限公司常熟产业化基地投产，基地占地面积超过105亩，拥有面积为12 500 m^2 的氢燃料电池系统生产车间，并建有2条先进生产线，首期规划年产能为20 000套氢燃料电池系统。

4日 开沃汽车集团呼和浩特智造基地奠基，开沃新能源汽车集团有限公司在土左旗投资新建的"开沃新能源汽车智造基地"项目占地649亩，总投资15亿元，建设年产（单班）5 000辆大中型客车、5 000辆纯电动半挂车、5 000辆纯电动专用车及配套零部件产业项目，打造国内一流的新能源汽车生产基地。项目分二期建设完成，一期2021年建成，总投资10亿元，建设年产5 000辆纯电动半挂车、5 000辆纯电动专用车及配套零部件生产基地；二期计划2023年建成，总投资5亿元，建设年产5 000辆纯电动客车生产基地。项目全部建成达产后，预计年可实现产值100亿元，年纳税额4亿元。

8日 爱驰汽车甲醇重整制氢燃料电池项目在山西高平奠基。爱驰汽车甲醇氢燃料电池动力系统工厂位于高平经济技术开发区米山园区，项目投资20亿元，占地100亩，建成后年产8万台（套）甲醇制氢燃料电池动力系统，达产后营业收入将不低于40亿元。

10日 宁德时代公司第二届董事会第十九次会议审议通过了《关于控股子公司时代吉利动力电池有限公司投资建设动力电池宜宾项目的议案》，控股子公司时代吉利动力电池有限公司将在四川省宜宾市临港经济技术开发区投资建设动力电池项目，项目投资总额不超过80亿元。项目建设期：自开工建设起不超过26个月（最终以实际建设情况为准）；项目建设规模：项目总占地面积约500亩（最终用地面积以实际情况为准）。

12日 吉安市和江西国特智慧能源有限公司就"新能源汽车智能充电网项目"签署协议。根据协议，双方将携手打造吉安区域内新能源汽车智能充电网。该项目是通过打造吉安区域新能源汽车赖以生存的基础设施新网络，构建链接充电网、车联网、互联网形成的三网融合新能源互联网，实现"智能制造+充电运营+数据服务"的价值闭环新生态，建立江西区域新能源和新交通双向深度融合的新产业。

同日 长城（威奕）汽车日照生产基地项目生产线——精工汽车（日照）底盘自动化线体进厂开工。日照精工总投资4.7亿元，规划年产能30万套。2020年9月中旬，底盘冲焊自动焊接生产线、自动化装配生产线陆续进厂调试。

13日 新源动力股份有限公司与鄂尔多斯市人民政府、伊金霍洛旗人民政府签署战略合作框架协议。根据协议，双方将围绕氢能产业示范园区建设、产业金融、燃料电池电堆和系统的研发及制造、燃料电池汽车整车开发及示范应用、氢气的制取存储运输、加氢站建设运营、燃料电池分布式发电等方面开展合作，助力中西部氢能产业发展。

18日 在东风公司十堰基地的东风零部件工业园里，东风零部件集团子公司——东科克诺尔公司新工厂项目开工。东科克诺尔公司新工厂项目规划占地75亩，一期用地58亩，总投资3亿元，2021年2月建成投产，年产值将达到12亿元。新工厂后期将以传动部件系统、空气供给系统、车辆控制系统、轮端系统、转向系统作为主要发展业务，建设成为以商用车自动辅助驾驶系统研发、制造、应用为主的智能化工厂，预期2025年产值达到15亿元。

同日 四川新锂想能源科技有限责任公司5万t/年锂电正极材料项目一期（年产10 000 t）投产，年产5万t锂电正极材料项目规划建设用地600亩，分三期建设周期5年。一期计划投资7.5亿元，建成1万t/年正极材料生产线；二期和三期将视情况逐步投入。

30日 上海重塑能源科技有限公司与大同市人民政府就"大同北方总部基地项目"签署协议并开工。该项目计划总投资约33亿元，占地200亩，投产后预计每年实现产值23亿元。项目以燃料电池发动机关键技术的自主可控为核心，致力于打造集研发、生产、销售、测试于一体的国际领先的氢能燃料电池基地。项目分三期建设，将先后建设燃料电池系统产业化基地、燃料电池技术研发中心和燃料电池核心零部件研发与产业化基地。

31日 一汽解放全资子公司一汽解放汽车有限公司拟投资9.98亿元建设一汽解放新能源轻卡基地;该项目的主导产品为解放品牌的轻型系列载货汽车及部分中型载货车。一汽解放拟利用一汽解放青岛汽车有限公司即墨工厂红线内预留土地,投资建设一汽解放新能源轻卡基地,建设内容包括总装线、驾驶室涂装线及相应的附属公用动力、库房、食堂等设施,项目达产后,可增加轻卡产能10万辆/年。

9月

6日 一汽解放集团股份有限公司与苏州市相城区人民政府签署合作协议。根据协议,双方将合作开展5G在V2X车路协同、车辆远程控制、云网融合、数据传输、信息安全等领域的新应用研究,共同探索智能商用车示范应用落地,加强通信运营商与自动驾驶企业合作,促进5G在智能交通行业应用的发展。

8日 能链集团(车主邦/团油/快电)旗下快电动力与厦门市思明区夏港街道、开元国投签署战略合作协议。根据协议,快电动力将利用两到三年时间与合作伙伴一起投资超过2亿元,进行新能源汽车充电桩项目建设,同时在厦门市公共区域打造一张全覆盖的新能源汽车优质充换电网络。快电还将与当地政府加强在数字化新基建方面的合作,将进一步完善厦门的能源数字基础设施,拓展快电新能源领域业务。

9日 陕西省榆林高新区管委会、榆能集团、榆林华秦新能源科技有限公司、开沃汽车集团有限公司、深圳市氢蓝时代动力科技有限公司签订五方合作协议。根据协议,五方正式结成战略合作伙伴,将在高新区投资逾300亿元,打造氢能产业集群,推动中国"西部氢谷"的建设。

13日 LG化学与华友钴业合资公司乐友新能源一期项目竣工,该项目总投资约10亿美元,注册资本约4.3亿美元,产能规划10万t,年产值达200亿元。本次竣工的项目一期可供生产一次充电里程320 km的高性能新能源汽车60万辆的动力电池。项目建设计划9月开始以5 000 t产能实现量产,预计2021年三季度实现一期4.5万t达产目标。

14日 长三角三省一市的经信部门签署《国家级长三角区域车联网先导区建设合作协议》,共同建设国家级长三角区域车联网先导区。先导区将涵盖统一的智能信号灯、5G通信基站,开发长三角区域标准统一的智能网联汽车高精度地图,统一车联网通信协议、道路交通管理平台和车路协同网络安全防护,探索私人、公交、共享、租赁、物流、环卫等领域的智能网联汽车发展模式。

15日 深圳市星源材质科技股份有限公司将以不超20亿元在欧洲建立锂离子电池隔膜厂(简称欧洲工厂),星源材质还将在瑞典设立全资子公司开展欧洲工厂一期项目的建设工作。欧洲工厂一期项目投资金额约1.3亿元,新建涂覆隔膜生产线4条,年产涂覆隔膜约9 000万m^2,预计2022年建设完成。

16日 国内首个国家氢能动力质量监督检验中心建设在重庆正式启动,该中心由中国通用技术集团中国汽车工程研究院股份有限公司投资5亿元建设,检测范围将覆盖氢能全产业链,规划建设五大试验室:整车试验室、动力总成试验室、燃料电池试验室、氢能辅件试验室、电池电机试验室,并将提供包括燃料电池电堆、燃料电池系统及关键零部件、储氢系统、氢能动力系统、燃料电池整车等领域的技术咨询服务。该中心还将打造氢能动力综合服务平台。

19日 宁德时代新能源科技股份有限公司与四川省人民政府在成都签署全面战略合作协议。根据协议,宁德时代将在四川宜宾等地布局生产和研发基地,构建锂电全产业链体系,努力打造世界级锂电产业集群。双方还将在下一代电池、新能源汽车、自动驾驶、先进储能、移动互联能源管理等领域全面合作,共建新能源产业综合基地。

22日 湖北宝乾新能源材料有限公司年产5万t负极材料项目正式开工,该项目投资总额6亿元,全部项目建设完成后,形成总体年产5万t负极材料的生产能力。

同日 国家电力投资集团有限公司与新疆维吾尔自治区人民政府签署《新疆维吾尔自治区人民政府国家电力投资集团有限公司战略合作框架协议》。根据框架协议,国家电投将把新疆作为重点发展区域,通过增加在疆清洁能源发展比重,打造综合智慧能源和工业互联网城市、产业园、乡村样板,推广换电重卡、绿色交通。自治区人民政府将支持国家电投在乌鲁木齐等地开展综合智慧能源、绿色交通、清洁供暖替代等新技术的试点示范和推广应用。

25日 浙江杭州桐庐开发区在2020年第三批重大项目"双集中"活动中集中签约重点项目7个,其中质子动力甲醇重整氢燃料电池动力总成系统产业化项目计划总投资约10亿元,用地面积100亩。一期投资约2亿元,主要用于建设高温质子交换膜燃料电池技术研发中心、动力总成生产线和相关技术的研发。

28日 南京荣盛盟固利新能源科技有限公司"年产30 GWh动力电池产业园一期12 GWh项目"正式开工,该项目计划总投资120亿元,一期达产后可实现年销售收入120亿元,计划2021年底竣工投产。

30日 北京亿华通科技股份有限公司西南基地项目正式开工,该项目将在制氢、加氢、燃料电池发动机生产、整车产业化应用环节参与四川氢能产业的发展。项目总投资15亿元,将建设氢燃料电池发动机研发中心及生产基地,设计年产能为1万套;一座固定式加氢站,设计日加氢量不低于500 kg。项目建成达产后,预计年销售收入达50亿元。

10月

9日 国内首座氢电油气合建站在大连自贸片区开工建设,预计年内建成并投入使用。该加氢站项目总投资约2 300万元,规划面积6 865 m^2。根据初期规划分为四大功能区域:氢能作业区、LNG作业区、公交车停靠场站、易捷跨境综合服务区。氢能作业区:设有加氢设备一套、储氢瓶组1组(9 m),双枪加氢机2座,加注能力达500 kg/12 h,提供氢能加注服务。LNG作业区:设有LNG撬装设备1套,单枪加液机2台,提供LNG加注服务。公交车停靠场站:可停靠20辆公交车,可满足区内公交车运营需求,并给未来发展做出预留。易捷跨境综合服务体区:主要提供跨境商品展示、销售服务及电动车辆充电服务。该项目建成后与现有盛港油气站合并，形成集氢、油、电、气、跨境电商等功能为一体的综合服务补给平台。

12日 长春市人民政府与中国一汽集团、国家电力投资集团签订了战略合作框架协议，将共同推动氢能、综合智慧能源、电能替代、车辆采购与移动出行服务等产业落地。

13日 河北省定州市举行2020氢能产业发展大会，对氢燃料电池车用大容70 MPa四型储氢瓶关键技术开发和产业化示范项目、定州市氢能源产业发展合作项目、绿氢制取及氢能助力车应用示范项目进行了现场签约。

15日 宁乡高新区举行比亚迪动力电池项目首条生产线投产仪式，比亚迪动力电池项目规划总投资100亿元，用地1 000亩，年产20 GWh新能源汽车动力电池，达产年产值200亿元。

同日 时代吉利“年产能12 GWh动力电池宜宾项目”在宜宾三江新区奠基。该项目由宁德时代和吉利汽车控股有限公司旗下浙江吉润汽车有限公司成立的合资公司时代吉利动力电池公司投资建设，项目总投资80亿元，规划占地面积约500亩，将在2022年7月开始投产，生产的产品将主要为吉利、领克等品牌新能源汽车提供配套。

同日 中国西部氢谷（榆林）氢能产业园暨华秦一期项目开工，氢能产业园规划总投资约180亿元，总占地面积1 110亩，计划用十年时间建成集氢能高端装备制造、氢气生产、营运、输出及综合利用等国家级氢能产业基地。

16日 上海重塑能源科技有限公司与襄阳市政府就“氢燃料电池发动机产业化基地项目”签署投资协议。该项目计划投资5亿元，在高新区建设氢燃料电池发动机产业化基地项目。分三期进行，一期将建设年产1 000套燃料电池发动机的手工生产线，二期拟建设厂房面积约14 000 m^2，三期将建设核心零部件生产基地，预计5年内全部达产后实现产值5亿元。

同日 攀枝花市政府与开沃集团签订合作协议。根据协议，开沃新能源汽车集团股份有限公司将在攀枝花开发投资新能源电池、新能源汽车、新能源汽车零部件及其关联产业，计划在钒钛高新技术产业开发区投资12亿元，建设9 000辆包含矿用车、渣土车等在内的新能源专用车生产基地项目。其中，一期将投资4.5亿元，建设3 000台专用车生产项目；二期将投资7.5亿元，建设6 000台专用车生产项目。

19日 浙江舟山群岛新区六横管理委员会、中山大洋电机股份有限公司、氢车熟路汽车发展（上海）有限公司在广东省中山市联合签署战略合作协议。根据协议，三方将共同构建以六横为中心的舟山群岛氢能示范应用场景，将六横打造成为“海上清洁能源岛”。未来三方将在氢燃料电池系统集成开发、氢能车辆示范、氢能源船舶示范、低碳制氢等多方面合作，加速氢能产业生态的闭环建设，扩展氢能在各领域的实际应用。

同日 长城汽车股份有限公司与湖北省荆门市政府在湖北武汉就“荆门整车生产基地项目”签署协议。根据协议，荆门市政府以股权转让的方式将荆门整车生产基地转让给长城控股。长城控股将对现有的荆门整车工厂进行升级改造，将原有的SUV专用生产线改造成SUV和皮卡两种车型同时生产的柔性生产线，在荆门生产SUV和皮卡车型，并将投资建设汽车座椅、内外饰、底盘、橡胶件4个零部件配套项目。未来，长城控股还将统筹建设配套产业园，供汽车产业相关的配套企业入驻，促进荆门市汽车产业发展。

22日 鹏辉能源绿色动力电池生产项目在河南驻马店市驿城区奠基，该项目总投资20亿元，计划建设两条锂离子电池生产线，项目全部建成后可实现年销售收入40亿元。

同日 横店集团东磁股份有限公司在浙江省东阳市横店光伏园区投资新建年产1.48亿支高性能锂电池项目，投资约61 238万元，计划利用一期原厂房改造14 200 m^2，新增建筑面积约24 600 m^2，新建18650圆柱型锂离子电池生产线，项目于2020年10月启动，2021年7月建成并逐步投产。

同日 在长沙举办的城市级大规模智能网联汽车示范应用发布会议上，长沙市、株洲市、湘潭市、岳阳市工业和信息化局共同签署《城市级大规模智能网联汽车道路测试及示范应用共建倡议书》，倡议书明确，四市将在智能网联汽车产业测试体系、应用场景、技术标准、商用示范、品牌活动等领域合作共建，并建立四市智能网联汽车联席会议机制。

同日 福建雪人股份有限公司、霍尔果斯经济开发区管理委员会、四六八科技有限公司共同签署《合作协议》。根据合作协议，三方将在伊犁州霍尔果斯市打造高端装备制造产业园等项目。该项目将发展氢能源冷链物流装备制造基地等项目，生产氢能源装备等设备，支撑氢能源体系。

23日 河北省张家口市人民政府和广东喜玛拉雅氢能科技签署《氢能产业链项目框架合作协议》；万全区人民政府和广东喜玛拉雅氢能科技签署《氢能产业链建设项目合作协议书》；广东喜玛雅氢能科技和龙辰博鳌签署《广东喜玛拉雅氢能科技有限公司与龙辰博鳌物流商贸产业园战略合作框架协议》。

26日 云南省举行新能源汽车推广应用和充电桩建设集中签约仪式，共签订7份协议，其中云南能投智慧能源股份有限公司与德宏、大理、丽江、普洱、昭通5个州市人民政府和昆明市公安局签订协议6份，云南省能投集团与版纳州人民政府签订协议1份。根据协议，云南能投智慧能源股份有限公司将与6州（市）在公务出行、执法执勤车、巡游出租车、网约车、充电基础设施建设等领域进行全面合作。此次集中签约，共涉及公共领域新能源汽车1 600辆，配套建设相应公共充电基础设施。协议明确在2020年底共推广新能源汽车900辆。

27日 湖南省工业和信息化厅就“2020年湖南省新能源汽车动力蓄电池回收利用系统集成解决方案项目”与项目中标联合体签订项目合同协议，中标联合体包括：长沙矿冶研究院有限责任公司、中车时代电动汽车股份有限公司、铁塔能源有限公司湖南省分公司、湘投云储科技有限公司、长沙市湘行交通新能源有限公司、金驰能源材料有限公司、湖南顺华锂业有限公司、湖南凯地众能科技有限公司、安化县泰森循环科技有限公司、湖南江冶机电科技股份有限公司、湖南大捷智能装备有限公司11家成员单位。

同日 武汉经开区7个重点项目开工，包括国家电投华中氢能产业基地及研发中心等项目。国家电投华中氢能产业基地及研发中心项目总投资70亿元。分三期建设实施，其中一期投资30亿元，二期投资40亿元，将基于国家电投集团氢能产业布局，在武汉经开区开展氢能燃料电池核心部件质子交换膜及配套产品的自主研发生产，以及电堆和系统的量产化。武汉项目达产后可实现销售收入产值429亿元。

30日 2020年青浦区氢能规划发布会暨氢能产业项目签约会上，共进行19个重点项目集中签约，其中包括加氢站及物流平台建设项目3个、纯氢站建设项目2个、氢燃料电池汽车及电池项目14个。首批3个油氢合建站建设项目、上海长三角氢能科技研究院已启动筹建。

11月

2日 保力新能源科技股份有限公司与三门峡市人民政府签订《战略合作框架协议》。根据协议，双方就保利新在三门峡市投资建立动力电池项目西北生产基地及设立项目公司等事项开展全面合作。保力新将在三门峡市建立西北生产基地，一期为在三门峡市城乡一体化示范区建设2 GWh的动力电池项目，投资12亿元，利用猛狮科技股份有限公司现有的厂房先行建设。同时保力新承诺：在三门峡市经济开发区投资建设2 GWh的PACK生产线，投资不低于5 000万元。

5日 天能帅福得能源股份有限公司（天能集团和法国帅福得集团共同成立的中外合资企业）天能锂电产业园首个建设项目——天能帅福得高能锂电池项目正式奠基，该项目总投资约82亿元，用于建设锂电材料及关键零部件、电芯、PACK生产项目。天能锂电产业园位于湖州南太湖产业集聚区长兴分区，规划占地面积约583亩，是集锂电池电芯、PACK及上游材料产、研、办、仓为一体的功能复合型现代化高科技产业园区。

8日 宝能汽车集团西安基地绿色智慧工厂正式建成，该基地规划总产能100万辆，一期50万辆，其中一期第一阶段规划产能达30万辆。该基地包括冲压、焊装、涂装、总装等四大主体车间，以及PACK车间等附属配套设施。其自主研发的新能源xEV平台首车暨宝能增程式电动汽车（REV）于当日下线。

10日 张家港市保税区（金港镇）公示苏州中车氢能动力技术有限公司中车张家港氢能基地建设项目，根据公示信息：该项目将新增工业用地50 230.115 m^2，新建研发中心、综合孵化中心、试验测试中心、动力系统及电堆孵化中心等，新建总建筑面积66 709.12 m^2；项目拟购置燃料电池测试平台、燃料电池发动机测试平台、膜电极生产线、电堆组装线、空压机、冷水机系统、纯水系统等生产公辅设备。项目建设期暂定为2年，项目建成后，主要用于氢能动力系统、氢能燃料电池发动机、氢能燃料电池电堆及核心零部件的研发、试验以及中试生产，中试规模为年产氢能燃料电池发动机1 000套、氢能燃料电池电堆1 000套。

13日 河北张家口市桥东区政府与张家口市交投壳牌新能源有限公司就氢能一体化示范基地建设项目签署合作协议。根据合作协议，项目建设总投资约5.8亿元，总占地面积100亩，建设内容包括1个制氢厂、3个加氢站。该项目将张家口丰富的可再生电力通过电解制备成绿色氢气，一期年产量近3 000 t，可满足400多辆氢燃料电池公交车的需求。项目包括氢气的生产、储存、运输、加注和应用，这也是荷兰壳牌在中国落地的第一个商业化的氢能项目。

同日 沈抚示范区管委会与氢电中科（广州）新能源设备有限公司就“沈抚氢燃料电池电源系统产业园项目”签署协议，该项目总投资22亿元，将建设氢燃料电池电源系统产业园，包括集催化剂、膜电极及电堆集成研发、生产、检测等功能于一体的综合氢燃料电池电源系统生产基地等。

16日 中国东方电气集团有限公司与内江市人民政府签订氢能产业发展合作框架协议。根据合作框架协议，双方将为成渝地区双城经济圈、成渝氢走廊燃料电池汽车应用提供能源保障和产业支撑。

17日 上海嘉定区授牌嘉定氢能港、汽车新能港等19家特色产业园区，特色产业园区包括3个市级特色园区和16个区级园区，3个市级特色园区分别为嘉定氢能港、汽车新能港、上海智能传感器产业园区。其中，嘉定氢能港总规划2.16 km^2，将重点聚焦氢能源和智能网联汽车等重点领域，引进一批关键技术研发、生产和示范应用等龙头企业，构建世界级汽车产业中心创新策源地。

同日 山东省淄博市博山区人民政府与爱德曼氢能源装备有限公司就“爱德曼氢能源产业项目”签署协议。

18日 东岳集团有限公司150万 m^2 燃料电池质子交换膜生产线一期工程投产，该项目一期工程年产量为50万 m^2，全部达产后可实现年产量150万 m^2。

19日 山东重工（济南莱芜）绿色智造产业城—中国重汽智能网联（新能源）重卡项目投产，该项目总投资150亿元，占地面积3 106亩，建筑面积100万 m^2，项目采用全球先进的智能制造生产线，主要生产“黄河”品牌高端重卡和全新一代豪沃TH7重卡，项目一期年产能力10万辆整车，可实现收入350亿元。

21日 青山实业旗下企业——上海兰钧新能源科技有限公司与浙江嘉善县人民政府就“兰钧16 GWh锂电池项目”签署协议，该项目总投资55亿元，达产后可实现年产值100亿元，年底开工建设。根据协议，上海兰钧将在嘉善经开区投建年产16 GWh锂离子电池电芯及模组研发、生产和销售基地，并设立兰钧新能源科技有限公司中国区域总部及锂离子电池研究院。

24日 长城汽车泰州智慧工厂竣工投产，该工厂位于江苏省泰州市高港区，总投资80亿元，占地面积约1 173亩，建设包含冲压、焊装、涂装、总装四大全工艺车间，年产能10万辆。

26日 上汽集团与上海市浦东新区人民政府签署战略合作协议，双方将深度融合与高效联动各自优势，促成全新用户型汽车科创公司——智己汽车首发落地浦东。

27日 深圳市中集产城发展集团有限公司“中集（仲恺）新能源汽车关键零部件智造项目”在惠州仲恺沥林镇奠基。该项目首期用地面积约15万 m^2，总建面约40万 m^2，投资约20亿元，建成投产后预计年产值可达25亿元。按照规划，该项目将集聚新能源汽车动力电池、驱动电机、电控电子细分行业相关尖端人才，整合重点院校、研究机构、检验检测和认证机构等核心资源，导入新能源汽车零部件权威检验检测和认证机构，共同构建新能源汽车动力技术创新平台。

12月

4日 成都郫都区人民政府与东方电气股份有限公司签订《东方氢能产业园》投资协议。根据协议，东方电气集团将牵头在郫都区建设中国西部氢能高端先进装备制造产业园区，携手产业上下游企业，构建燃料电池核心原材料及核心零部件企业集群。

10日 大陆集团康迪泰克氢能与燃料电池技术中心落户江苏常熟，该技术中心主要从事新能源汽车用氢能与燃料电池关键零部件的研发和生产工作，以加速推进氢能与燃料电池相关技术成果转化落地。在技术中心成立仪式上，常熟工厂和常熟高新区管委会签署合作协议。根据协议，双方将为氢能及燃料电池汽车产业发展继续贡献力量。

22日 蚌埠市人民政府与比亚迪股份有限公司就“比亚迪新能源动力电池生产基地项目”签署协议。该项目位于蚌埠市经开区临港产业园，总投资60亿元，主要从事新能源电池电芯、模组及相关配套产业等核心产品制造。项目一期投资约30亿元，年产10 GWh动力电池，2020年启动建设。一、二期项目全部达产后，预计年产值超百亿元。

同日 万山氢能源汽车生产制造项目在湖北省孝感市高新区正式开工，该项目总投资30亿元，由湖北三江航天万山特种车辆有限公司投资，项目将通过建设“研发+应用+投资”氢能源汽车生产基地，建成投产后，可形成3万辆整车及1万台大功率燃料电池发动机系统的生产能力。

26日 深圳市氢雄燃料电池有限公司与东风襄阳旅行车、苏州赫行新能源汽车科技有限公司和特百佳动力科技有限公司签订合作协议，未来双方将就氢能应用场景、零部件等进行深入合作，共同推进氢能产业健康发展。

28日 佛燃能源南庄制氢加氢加气一体化站在佛山南庄现场开工，南庄制氢加氢加气一体化站由佛燃能源集团属下佛山市天然气高压管网有限公司利用原南庄加气站用地及其基础设施改建而成，项目总投资额5 100万元，是集天然气制氢、光伏发电耦合电解水制氢、加氢、加气等功能于一体的综合能源供应站，属于站内制氢-加氢母站，日制氢加氢能力达到1 000 kg，可满足100辆氢能公交的使用需求，是全国首个综合能源制氢加氢加气一体化站。

29日 宁德时代新能源科技有限公司将在四川省宜宾市临港经济技术开发区内投资扩建动力电池宜宾制造基地项目，该项目总投资不超过100亿元；将在福建省宁德市福鼎市投资建设动力电池生产基地，项目总投资不超过170亿元；将在江苏省溧阳市中关村高新区内，投资建设江苏时代动力及储能锂电池研发与生产项目(四期)，项目总投资不超过120亿元。3个项目共计投资不超过390亿元，每个项目工期在24~26个月之间，全部完工最快将在两年之后。

30日 新源动力股份有限公司与北京阿雷斯氢能源科技有限公司签署战略合作协议，双方共同就氢能源重卡/大巴产品开展中国大陆及北美市场的产品推广销售。

同日 腾龙股份子公司新源动力股份有限公司与威驰腾(福建)汽车有限公司签署框架协议及首批系统订单，根据框架协议，新源动力将为威驰腾出口海外市场的氢燃料电池重卡提供燃料电池系统。

同日 徐州工程机械集团有限公司、青山实业集团、徐州国家高新技术产业开发区三方就“徐工青山新能源产业基地项目”签署投资协议。该项目总投资55亿元，占地1 000亩。基地主要从事新能源汽车整车、动力电池(电芯、电池包)、电机电控系统以及其他零部件等的研发、生产、销售和服务。其中一期投资25亿元，占地约500亩，规划年产整车1万辆、车身总成3万套，预计可实现年销售收入100亿元。

二、2020年新能源汽车行业合资合作

1月

2日 深圳市比克动力电池有限公司与美国新能源创新企业Cadenza Innovation签订《合作建设超级电池量产线》协议，该项目位于深圳比克电池工业园，根据协议，生产线于2020年上半年建成，产品将销往美国、澳洲、欧洲等地。

3日 泰州港经济开发区与长城汽车股份有限公司旗下全资子公司蜂巢易创科技有限公司签约两个核心部件项目，两个项目共投资17亿元，计划用地100余亩，一个是年产80万台涡轮增压器总成及3万台氢燃料电池空压机项目，总投资约11亿元；另一个是年产50万台变速器DCM/HCM(双离合器)项目，总投资约6亿元。

6日 拜腾汽车与日本丸红株式会社正式达成战略合作。根据合作协议，丸红将参与拜腾的C轮融资，双方将在出行服务、能源解决方案及海外生产和销售等多个领域探讨进一步合作。

7日 天津海易通供应链股份有限公司与天津银隆新能源有限公司在内蒙古乌海市投资设立控股子公司(内蒙古银隆新能源汽车有限公司)，新公司注册资本为5 000万元。经营范围为：氢能源技术的研发；锂离子动力电池和储能电池、燃料电池及其材料的研发等；混合动力、纯电动车动力总成、电机、电源管理系统及相关领域技术开发；新能源汽车整车、零部件、充电设施生产；新能源汽车充电网络的建设等；电动汽车以及动力电池的销售等；新能源汽车等及充电设备的租赁及销售。

8日 拜腾汽车与韩国移动通信运营商SK电讯达成合作，共同开发和拓展车内数字体验。根据协议，双方将探索在拜腾车内整合SK电讯的数字产品和服务，以满足韩国当地消费者的需求。拜腾和SK电讯还将共同开拓韩国电动汽车市场机会。

同日 浙江吉利控股集团和梅赛德斯-奔驰股份公司组建smart品牌全球合资公司“智马达汽车有限公司”(smart Automobile Co.,Ltd.)，合资公司注册资金54亿元人民币，全球总部设在中国宁波杭州湾新区，在中国及德国分别设立营销中心。双方致力于将smart打造成为全球领先的高端电动智能汽车品牌。

同日 蜂巢能源科技有限公司与华为技术有限公司签署战略合作协议。根据合作协议，华为公司将向蜂巢能源提

供信息化、数字化、智能化建设服务，支撑蜂巢能源数字化企业发展。蜂巢能源将借助华为云在数据治理、大数据分析方面的专业能力，推动电池管理系统数据价值的更好转化。

同日 宁波鲍斯能源装备股份有限公司与物拉邦物流供应链（上海）有限公司签订《战略合作协议》。根据协议，双方将在全国范围内就氢燃料电池汽车关键零部件的推广展开深度合作。物拉邦物流负责氢燃料汽车合作车型市场推广，宁波鲍斯负责提供氢燃料汽车部分核心零部件（包括但不限于氢燃料电池压缩机、氢循环泵、汽车刹车用螺杆压缩机等氢燃料部分核心产品）。物拉邦物流计划在协议有效期内推广搭载宁波鲍斯研发生产的氢燃料电池汽车部分核心零部件合作车型 1 500 台。

9 日 福田汽车股份有限公司与北京公共交通控股（集团）有限公司签署合资协议，将共同出资设立北京福田欧辉新能源汽车有限公司，合资公司注册资本为 22.365 亿元，经营范围包括汽车及新能源汽车开发、制造、销售；客车底盘的设计开发等；汽车及新能源汽车零部件技术开发等。

12 日 北京亿华通科技股份有限公司、北京汽车集团有限公司、北京-清华工业开发研究院、中国船舶重工集团公司第七一八研究所、中国汽车技术研究中心有限公司、中国长江三峡集团有限公司、河北省国控投资管理有限公司、张家口市氢能与可再生能源研究院 8 家单位共同签署了氢能战略合作框架协议，并成立国创氢能联盟。根据协议，各方将在《国家产业创新中心建设工作指引（试行）》政策引导下，在氢能这一战略性领域组建产业创新中心，围绕制氢、储运加注、燃料电池、应用示范和产业集聚发展、创新体系建设、标准体系建设等多个方面，服务关键共性技术，推动氢能产业链联合技术攻关，加快氢能产业布局，构筑氢能全产业链生态体系，发展绿色经济，促进能源结构调整，加强环境友好型和资源节约型社会建设。

14 日 小鹏汽车与北京联行网络科技有限公司签署合作协议。根据协议，联行科技将协助小鹏汽车获取更多优质公共充电资源。

15 日 本田汽车与五十铃汽车将联合研究氢燃料电池作为重型卡车动力的应用，将这种零排放技术应用在体积更大的车型上，从而扩大燃料电池的使用范围。

18 日 孚能科技（赣州）股份有限公司与华晨新日新能源汽车有限公司签署战略合作协议。根据协议，双将方力争在 2021—2023 年实现动力电池采购总电量超过 5 GWh 的目标。双方将共同开发新能源汽车动力电池及电动两轮车电池。孚能科技借助新能源汽车及电动两轮车配套经验为江苏新日提供在研项目，包括乘用车、物流等服务。在同等条件下，江苏新日在新能源汽车等产品上优先使用孚能科技动力电池。

3 月

6 日 宁德时代新能源科技股份有限公司与福建百城新能源科技有限公司成立上海快卜新能源科技有限公司，新公司经营范围包括新能源科技、电池科技、停车场（库）经营，新能源汽车充换电设施建设运营等。

11 日 露笑科技公司全资子公司露笑新能源技术有限公司与奇瑞商用车（安徽）有限公司签署合资合同，双方将合资成立新能源 PACK 项目公司。合资公司注册资金 1 亿元，2020 年计划生产 PACK 产品在 35 000 套，应用于商务电动车。除 PACK 电池包，双方将进一步拓展新能源电动车外围的其他核心技术。

12 日 上海重塑能源集团有限公司与轻程（上海）物联网科技有限公司、中石化氢能源（上海）有限公司三方签署战略合作协议。根据合作协议，三方将共同构建以上海为中心，逐步辐射至长三角区域的氢能源应用场景。

同日 宁德时代与福建百城新能源科技有限公司成立合资公司上海快卜新能源科技有限公司，上海快卜新能源注册资本 5 000 万元，业务涉及新能源科技、停车场运营、新能源汽车充换电设施建设运营等。

18 日 深圳市星源材质科技股份有限公司与 Northvolt 签订战略合作协议。根据合作协议，双方将就“锂离子电池项目”开展长期战略合作。其中星源材质计划在欧洲建立锂离子电池隔膜厂，2023 年开始向 Northvolt 配套提供锂离子电池隔膜，开拓欧洲市场，到 2024 年，星源材质的欧洲工厂将向 Northvolt 提供包括基膜、涂覆隔膜和分切在内的超过 50% 需求量的电池隔膜。

21 日 天津市东丽区人民政府与中国汽车技术研究中心有限公司签署战略合作协议和新能源汽车检验中心项目投资协议。根据协议，中汽中心将投资 19.9 亿元在东丽经开区无瑕片区建设新能源汽车检测中心，开展燃料电池、动力电池和电驱动的三大板块的检测业务。

26 日 北汽福田汽车股份有限公司、北京亿华通科技股份有限公司、北京民航机场巴士有限公司、中国石化销售股份有限公司北京石油分公司四方达成氢燃料电池汽车运营合作意向，将在氢燃料电池汽车研发、生产、运营及加氢站建设方面深度合作，四方将把氢燃料电池汽车导入北京机场绿色运输体系，开创国内氢燃料电池汽车应用场景先河。

4 月

1 日 丰田汽车公司与比亚迪股份有限公司合资的纯电动车研发公司——比亚迪丰田电动车科技有限公司正式成立，合资公司将于 5 月内正式开业。

2 日 天津中国汽车技术研究中心与重庆中国汽车工程研究院就认证领域的检测结果互认达成共识，未来双方将在标准、检测、认证、研发等领域加强合作，共同为推进汽车技术进步和汽车产业高质量发展贡献力量。

8 日 大众汽车集团零部件公司与初创企业上海度普新能源科技有限公司展开合作。根据合作内容，2020 年下半年开始在中国生产灵活储能快充桩，大众汽车汉诺威生产基地也将生产灵活储能快充桩。

10 日 浙江海康智联科技有限公司与浙江省智能网联汽车创新中心举行合作共建“浙江省智能网联汽车创新中心车路协同研究所”签约仪式。根据协议，双方将以研究所为载体，共同在车路协同领域开展技术研究、人才培养、科研项目等合作。

12 日 格林美股份有限公司下属公司福安青美能源材料有限公司与韩国 ECOPRO 公司签署动力电池用 NCA 和

NCM 高镍前驱体材料（48 000 t/年）投资协定备忘录（MOU），根据备忘录，福安青美和 ECOPRO 在中国宁德福安市福安青美园区内成立生产动力电池用 NCA&NCM 高镍前驱体的合资法人，合资公司以生产高镍前驱体 NCA 与 NCM 为主体，生产目标为 2022 年达到 24 000 t、2024 年达到 48 000 t。

17 日　均胜电子旗下子公司均胜群英与宁波新胜中压电器有限公司签订战略合作协议。根据协议，双方将就充电桩、新能源汽车充电运营系统设计开发、配套生产、安装服务等进行全方位的深入合作。双方将基于新一代充电网络的需求，联合开发充电网络及所需的充电设备，并积极推进车网互联技术（V2G）、新能源汽车动力电池梯级应用于电网等前瞻性技术的开发。

23 日　比亚迪股份有限公司和日野自动车株式会社签署战略商业联盟协议，双方将聚焦于合作开发纯电动商用车（BEVs）。根据协议，双方将加快开发纯电动商用车进程；结合双方在纯电动商用车领域的技术和经验优势，在零售和其他相关业务方面展开深度合作，以促进纯电动商用车的普及。

24 日　华为联合一汽红旗、一汽奔腾、一汽解放、上汽乘用车、上汽通用五菱、广汽新能源、比亚迪、长安汽车、长城汽车、东风小康、东风乘用车、北汽新能源、江淮汽车、宇通客车、奇瑞控股、金康赛力斯、南京依维柯、T3 出行等首批 18 家车企，正式发布成立“5G 汽车生态圈”，加速 5G 技术在汽车产业的商用进程，共同打造消费者感知的 5G 汽车。

25 日　江苏哈工智能机器人股份有限公司与浙江合众新能源汽车有限公司签署合作框架协议。根据协议，双方将在产品、商务、投融资、商业信息资源领域展开全方位的合作，共同开拓新能源汽车市场。

27 日　一汽轿车股份有限公司与零跑汽车在长春签署战略合作协议。根据协议，双方将在智能电动汽车关键零部件研发、制造和生产应用上开展合作，联合策划与开发智能电动汽车车型，双方还将利用各自整车平台资源和技术优势，进行国民智能电动汽车的联合策划与开发。

28 日　北京四维图新科技股份有限公司与中电海康集团旗下浙江海康智联科技有限公司签署《战略合作框架协议》。根据协议，双方将结合智慧交通与自动驾驶发展阶段，分阶段、分类型的在 5G-V2X、高精度地图、高精度定位、智能网联云控平台等技术领域开展全面合作。

5 月

8 日　宜宾市城市和交通投资集团有限公司、上海快卜新能源科技有限公司、宜宾宜行汽车科技有限公司签署战略合作协议。根据合作协议，上海快卜新能源科技公司将同宜宾方在资本合作、充电基础设施（储充检一体化示范站）、充电平台、储充检示范平台、储能示范、产学研方面展开全面合作，加快宜宾市储充检示范站及市级智能充电运营平台建设，全力将宜宾打造成为四川省电动化示范点和全国第一个城市级储充检示范城市、首个“新能源 + 大数据”全国示范城市。

同日　长安汽车与国药集团签署战略合作协议。根据协议，长安汽车与国药集团将围绕“健康汽车”开展健康研究和合作，涉及健康汽车产品开发及服务、医疗及生物制品专用运输车定制化开发等多方面内容。

同日　郑州天迈科技股份有限公司与北京百度网讯科技有限公司签订合作框架协议。根据框架协议，天迈科技加入百度 Apollo 智能交通生态，共同围绕自动驾驶国家新一代人工智能开放创新平台、百度 Apollo 智能交通白皮书探索新基建、新交通的市场机会，加速智能交通建设。

同日　东风汽车集团有限公司与中燃公司签署战略合作框架协议。根据协议，双方将在汽车销售、燃气项目、综合能源服务、电子商务等多领域、多区域实现深化合作，未来双方可以在清洁能源车辆等项目上展开深度合作。

同日　中国钢研科技集团与京华日钢控股集团签署《年产 50 万 t 氢冶金及高端钢材制造项目合作协议》。根据合作协议，双方将创新开发氢冶金全新工艺—装备—品种—用户应用，开展首台套年产 50 万 t 氢冶金及高端钢材制造项目建设。

同日　武汉雄韬氢雄燃料电池科技有限公司与武汉钢铁集团江南燃气热力有限责任公司以远程视频方式签署了战略合作协议，双方将在加速促进氢能技术在新能源汽车应用领域展开全面交流与合作，发挥各自优势，建立长期战略合作关系。

9 日　青岛国际院士港与青岛交运集团就氢能源客车运行签约。根据协议，双方将着力打造氢燃料汽车示范项目，进一步加快推进氢能产业发展布局与“新基建”工程，促进新旧动能转换和产业转型升级，推动我国氢能汽车装备制造业赶超国际先进水平。

同日　华为技术有限公司与南方电网电动汽车服务有限公司就“智慧能源技术联合创新实验室”签署协议。根据协议，双方将加强在智慧能源领域的联合技术创新，携手构建智慧能源新生态，提升研发创新效能，改善客户服务质量，以联合创新实验室为载体，重点开展技术、服务等方面的创新合作，更好地服务于能源行业。

13 日　大唐高鸿数据网络技术股份有限公司与北京百度网讯科技有限公司签订《百度 Apollo 智能交通生态合作框架协议》。根据框架协议，大唐高鸿加入百度 Apollo 智能交通生态，参与百度 Apollo 计划，共建围绕智能交通、自动驾驶、智能网联领域的技术、商业生态。

同日　长安汽车与联动云出行集团在重庆签署合作框架协议。根据框架协议，双方将共同为汽车消费者打造共享出行方案，并在产品定制、车辆采购物流运输等多方面开展深度合作。双方现场签订 3.5 万辆共享出行用车合作协议。

同日　海航集团与比亚迪在深圳比亚迪总部举行战略合作签约仪式，双方将建立战略合作伙伴关系。根据协议，双方将在品牌合作、新能源车采购等领域开展合作。

同日　嘉兴德燃动力有限公司与中车时代电动汽车股份有限公司签订《合作协议》。根据协议内容，双方将共同研发高质量的氢燃料电池汽车，推进燃料电池产业的示范与批量应用。

同日　海信网络科技与百度签署战略合作协议。根据协议，海信网络科技将与百度 Apollo 携手，基于车路协同、智能信控及交付等领域，开展深入的技术产品研发以及项目与市场资源的合作。

14 日 中国汽车技术研究中心有限公司与比亚迪汽车工业有限公司签署战略合作协议。根据战略合作协议，双方将在汽车行业标准与技术法规、产品检测试验认证相关服务、关键共性技术研究与产品开发、工程咨询、信息服务与软科学研究、大数据建设及决策支持、车辆安全与鉴定技术研究等领域进行战略合作，共同为推动汽车行业健康发展贡献力量。

同日 中国地质大学（武汉）与黄冈市政府就“格罗夫氢能产业生态园项目”举行战略合作签约，项目协议总投资88.6亿元，将打造氢能产业生态高地。格罗夫氢能产业生态园项目协议总投资88.6亿元，由一院五项目组成，包括黄冈新能源工业技术研究院，格罗夫（黄冈）整车制造基地项目，燃料电池中外合资项目，中极氢能源制氢和油氢站项目，泰歌燃料电池动力系统项目，氢骑氢能汽车出行服务运营平台项目。

同日 武汉中极氢能源有限公司与湖北祥云（集团）化工股份有限公司签订中极祥云年产1.5万t制氢项目合作框架协议。

15 日 南方电网电动汽车服务有限公司与腾讯云签订战略合作协议。根据协议，双方将共建“电动生态服务联合创新实验室”，促进互联网技术与电动汽车服务产业的深度融合，全面助推智慧能源领域“新基建”进程。

同日 国家电投集团五凌电力株洲新兴能源产业基地项目签约落户湖南株洲高新区，开展储能、氢能、综合智慧能源等新兴能源产业及新能源、配售电等项目投资开发。项目总投资36亿元，一期投资6亿元，用地100亩，建设铁铬液流电池产线及天然气制氢、油氢电综合一体站、氢能交通等氢能应用示范项目；二期投资30亿元，用地300亩，拟引进国家电投氢能公司氢燃料电池电堆产线落户株洲，并独立或联合产业联盟单位共同开展氢能设备、氢能叉车制造等产业项目。五凌电力株洲新兴能源产业基地项目还包括油氢电综合智慧能源站项目，项目建成后，将成为国内首座制氢、储氢、加氢、氢气充装、加油、充电一体化综合智慧能源站示范工程。同时建设省内首个发电侧储能项目，并在株洲参与建设2至3条氢燃料电池公交车示范线。

19 日 蓝谷智慧（北京）能源科技有限公司与法电长丰（三亚）能源有限公司、北京轻享科技有限公司就“三亚市新能源汽车换电项目”签约，正式启动海南换电市场布局。

20 日 华为技术有限公司与特来电新能源有限公司签订全面合作协议。根据协议，双方将推动桩联网建设和智能充电业务发展，升级新能源车的服务生态圈，创新用户最佳体验，共同开创智能充电产业未来。

同日 滴滴出行旗下青桔品牌与国网电动汽车公司旗下国网什马签署战略合作协议。根据协议，双方将围绕两轮出行能源服务展开深度合作，共同探索将大数据、人工智能、物联网等技术应用于绿色出行行业。

26 日 高新兴科技集团股份有限公司与北京百度网讯科技有限公司签订《百度Apollo智能交通生态合作框架协议》。根据协议，双方联合提供关于车路协同、智能信控、智能网联、自动驾驶的整体解决方案，共同推动市场。

28 日 大众汽车集团（中国）与国轩高科股份有限公司签署战略投资协议。根据协议，大众汽车将投资约11亿欧元获得国轩高科26.47%的股份并成为其大股东，国轩高科未来将成为大众汽车集团的认证供应商。双方开展战略合作，发挥各自优势提升国轩高科在新能源电池业务领域的核心竞争力，并实现双方在新能源电池业务领域的协同效应。

同日 宝武清洁能源有限公司、中国航天科技集团有限公司第八研究院第八一一研究所、上海毅信环保科技有限公司在把八一一所共同签订“氢能应用及氢储能联合研究实验室”合作协议书。根据协议，3家行业内优势单位将强强联合，共同推动氢能技术创新与产业发展。

29 日 安徽江淮汽车集团与德国大众汽车集团签署战略合资合作协议。根据协议，大众汽车将投资10亿欧元，获得安徽江淮汽车集团股份有限公司母公司——安徽江淮汽车集团控股有限公司50%的股份，同时增持电动汽车合资企业江淮大众股份至75%，获得合资公司管理权，实现企业管理模式变革。

6月

3 日 宝马与国网电动汽车公司在北京正式签署合作协议。根据协议，双方将就充电技术研究和创新、充电服务产品合作和推广、推动新能源车用新能源电力三大方面展开战略合作。根据规划，通过与国网电动汽车公司的合作，宝马将进一步拓展在全国统一的充电网络，2020年底，宝马将为车主提供超过27万根充电桩，其中将包括8万根提供快速充电的直流充电桩。通过接入国网“十纵十横两环”的高速公路快充网络，宝马充电网络将在全国覆盖超过5万km高速公路。

同日 中国汽车技术研究中心有限公司与沃尔沃汽车亚太区签署战略合作协议。根据战略合作协议，双方将在多年友好交流与合作的基础上，在汽车行业标准与技术法规、产品检测试验认证相关服务、关键共性技术研究与产品开发、工程咨询、信息服务与软科学研究、大数据建设及决策支持、车辆安全与鉴定技术研究等领域进行战略合作，共同为推动汽车行业健康发展贡献力量。

4 日 中国汽车技术研究中心有限公司与上汽乘用车公司签署战略合作协议。根据战略合作协议，双方将积极搭建平台、整合资源，在标准与技术法规、产品检测试验认证相关服务、工程咨询、信息服务与软科学研究、关键共性技术研究与产品开发、大数据建设及决策支持、车辆安全与鉴定技术研究等领域形成合力，共同助力中国汽车产业发展。

5 日 中国汽车技术研究中心有限公司与上汽大众汽车有限公司签署战略合作协议。根据战略合作协议，双方将在汽车行业标准与技术法规、产品检测试验与认证、关键共性技术研究与产品开发、工程咨询、设计与管理、管理体系认证与培训、信息服务与软科学研究、车辆安全与鉴定技术研究等领域展开合作，积极推动汽车行业持续发展。

同日 中国第一汽车股份有限公司、东风汽车集团有限公司、广州汽车集团股份有限公司、北京汽车集团有限公司、北京亿华通科技股份有限公司、丰田汽车公司等六家在北京亦庄签署合营合同，成立“联合燃料电池系统研发（北京）有限公司”，新公司投资总额约50.19亿日元，主要业务为在中国开展商用车燃料电池系统研发工作。

6日　宝能汽车有限公司与美的集团股份有限公司签订战略合作协议。根据协议，双方将在高端“智”造、大数据、物流和新零售模式等方面展开深度合作和资源共享。高端“智”造方面，宝能汽车将引进全球领先的工业机器人制造商、特斯拉、宝马和奔驰等一流车企的供应商——美的库卡的焊装机器人和焊装线以及汽车零部件，开启智能整车制造。新零售模式方面，双方将搭建共享平台，在大数据应用和零售渠道方面进行深度合作和创新升级，探索“中国智造零售生态圈”模式。

同日　申能（集团）有限公司、江苏省国信集团有限公司、浙江省能源集团有限公司、安徽省能源集团有限公司共同签约，根据协议，各方将建立长三角能源企业合作机制，探索开展大宗资源联合采购，推进区域间能源基础设施互联互通，打造长三角氢能物流示范线路。

7日　浙江合众新能源汽车有限公司与清陶（昆山）能源发展有限公司签署战略合作协议，双方将共同推进固态电池研发与应用。根据协议，双方将加快固态动力电池整车验证与测试，清陶将作为合众唯一的固态动力电池合作伙伴，为合众提供高安全固态动力电池解决方案。

9日　上汽大众与国网电子商务有限公司签署“上汽大众全品类车型领域”战略合作协议。根据协议，双方将基于上汽大众35年来丰富的渠道经验，以及国网电商公司的车辆与新零售板块业务实现协同发展，将围绕车辆销售、售后维保等方面开展合作，实现新能源汽车落地推广应用及车辆电商化采购模式深度发展。

10日　福特汽车和大众汽车正式签署协议。根据协议，双方将扩大其全球联盟，并在中型皮卡、商用和电动汽车领域发挥互补优势，两家公司预计双方合作的产量将达到800万辆。未来5年，上汽和大众计划共同投资1 400亿元，瞄准汽车行业转型升级，将重点发力新能源和智能网联方面。

11日　中国汽研与庆铃汽车（集团）有限公司在庆铃汽车股份有限公司签订智能驾驶战略深化合作协议。根据协议，双方将在智能网联汽车及智能交通领域进行合作，共同开展车路协同应用场景、自动驾驶技术的开发和测试验证；双方将在自动驾驶系统开发、测试准入等环节所用到的装备、自动驾驶仿真平台及硬件在环实验系统方面开展合作。

12日　大众汽车集团旗下新能源汽车合资企业江淮大众与苏宁汽车、博泰悦臻举行思皓品牌战略联盟签约仪式，三方的联盟将基于新型场景化的销售模式，打造电动汽车智慧零售，并在多个领域展开业务合作。

同日　长城汽车股份有限公司与光束汽车有限公司签订框架协议。根据框架协议，长城汽车及控股子公司将向光束汽车提供研发、采购研发、工厂建设管理、生产工艺开发等服务。

16日　嘉定区安亭镇政府和上海捷氢科技有限公司就“燃料电池项目”与嘉定氢能港合作签约，该项目总投资5亿元，建成后园区将实现研发办公、测试验证、生产制造、氢气供应四大功能，一期产能将达到12 000台（套）/年。

17日　广汽集团旗下广汽新能源汽车有限公司与巴斯夫签署《数字化合作协议》。根据合作协议，巴斯夫将为广汽新能源提供专有的数字化平台，在初始阶段，该平台可以实现零散数据的数字化和整合，并且通过数据分析评估数据的可用性和成熟度，之后通过更高效的数据报告、数据处理以及数据分析，巴斯夫的数字化平台将定制数字解决方案，着重提升广汽新能源喷涂车间的运营和决策。

19日　北汽集团与滴滴自动驾驶公司签署战略合作框架协议。根据协议，双方将通过在汽车、人工智能及共享出行领域的深度合作，共同研发高级别自动驾驶定制车型，推动自动驾驶技术在中国产业化落地。

23日　东风公司与武汉大学签署《东风武大战略合作框架协议》。根据框架协议，双方将主要围绕智能汽车发展领域的需求，以探索新型产学研融合的前沿研究和技术创新融通体系为切入点，在前瞻性原始创新、破解关键核心技术难题、提速科技成果转化、催生科学发展新动能等方面开展合作。会上同时签署的协议有：智新科技股份有限公司与武汉大学签订东风武大共建创新电驱动联合实验室协议和共建新一代电子电器架构联合实验室协议；东风畅行（武汉）科技股份有限公司与武汉大学签订东风武大共建东风出行联合实验室协议和共建大数据AI联合实验室协议；东风公司技术中心与武汉大学签订东风武大共建Sharing-X移动技术服务平台联合实验室协议和自动驾驶高精度地图定位项目协议。

26日　沃尔沃汽车集团与自动驾驶公司Waymo达成全球战略合作，Waymo将成为沃尔沃的L4级自动驾驶全球独家合作伙伴，其自动驾驶技术将应用于沃尔沃汽车、极星和领克。

30日　深圳市今天国际物流技术股份有限公司与南京市欣旺达新能源有限公司签署电动汽车电池自动化生产线物流系统《采购合同》，合同含税总价为5 020万元。根据合同内容，合同生效后，今天国际将为南京欣旺达提供2套动力电池自动化生产线化成分容段物流系统，具体包含设备供货、安装调试、验收、运营支持及售后服务等。

同日　温州威马汽车与温州城发集团签署战略合作协议。根据协议，双方将围绕新基建、5G智能驾驶产业方向，在新能源汽车智慧充电网络建设、V2X车路协同设施建设、“车、位、桩”一体化管理云平台等众多领域达成合作。

7月

2日　东风汽车集团有限公司旗下的东风公司技术中心、智新科技股份有限公司与小康集团签署HD120混动电驱动总成框架协议、iD系列电机框架协议。根据框架协议，三方将对HD120及iD系列电驱动搭载小康车型开展协同合作。

3日　福耀玻璃工业集团股份有限公司与北斗星通智联科技有限责任公司在深圳签订战略合作协议。根据协议，双方将共同致力于GNSS高精度定位与通信多模智能天线+汽车玻璃融合的解决方案创新开发与产品化，推动汽车智能网联化相关技术的商业应用。

同日　梅赛德斯-奔驰与中国动力电池制造商孚能科技（赣州）有限公司深化战略合作，并入股孚能科技，持有约

3%股份。双方合作内容包括开展高新电芯技术的开发和产业化，大力提升成本竞争力，技术重点包括通过提高能量密度、缩短充电时间来实现续驶里程的大幅提升。为满足德国的梅赛德斯-奔驰工厂在未来不断增长的需求，孚能科技将在德国东部的比特菲尔德-沃尔芬建造一座动力电池电芯工厂。

同日 广西玉柴机器股份有限公司与东风柳汽股份在柳州签订深化战略合作协议。根据合作协议，双方将联合规划、联合开发、联合制造、联合推广、联合服务，实施年度车型与年度机型对齐与管控，通过商企、研发、营销、后市场及制造五大板块协同实现市场突破。

5日 浙江氢谷亿邦科技有限公司与一汽解放汽车所属长春智慧客车分公司就"合作打造新能源汽车生产基地"签订合作协议。根据协议，双方将在浙江省境内共同建设以纯电动物流、轻卡汽车为主的新能源汽车生产基地。氢谷公司在中功率氢燃料电池、4EAT350A自动变速箱等方面的技术优势将与一汽品牌实现创新结合。

6日 同济大学党委与嘉定区委中心组举行联组学习会。会上，嘉定区安亭镇人民政府、同济创新创业控股公司分别与上海佛吉亚红湖排气系统有限公司、上海捷氢科技有限公司、堀场仪器（上海）有限公司、中盈优创资讯科技有限公司、上海滴滴沃芽科技有限公司、上海机动车检测认证技术研究中心有限公司等从事新能源、汽车和信息的企业签署《产学研合作协议书》。

8日 恒大新能源旗下新的分公司恒大新能源（广西）分公司注册成立，注册资本10亿元，经营范围包括汽车零部件及配件制造；新能源汽车整车销售；汽车新车销售；新能源汽车换电设施销售等。

同日 山西大同市人民政府分别与福建时代星云科技有限公司、国网时代（福建）储能发展有限公司、山西城市动力新能源有限公司签署3项《投资协议》。根据协议内容，山西城市动力新能源有限公司将联合宁德时代新能源科技有限公司、国网时代、时代星云，在大同共同打造新能源汽车核心零部件生产制造基地，为中国北方新能源汽车提供大同本地生产的电池、电机、电控等核心零部件。

同日 长城汽车股份有限公司与中国汽车技术研究中心有限公司签署战略合作协议。根据协议，双方将在汽车行业标准与技术法规、产品检测试验认证相关服务、工程咨询、信息服务与软科学研究、关键共性技术研究与产品开发、大数据建设及决策支持、车辆安全与鉴定技术研究等领域进行战略合作，促进双方技术实力提升，加快高新技术市场化应用。

9日 深圳市速腾聚创科技有限公司RoboSense与高新兴科技集团股份有限公司在5G智能网联领域达成战略合作并签署战略合作协议。根据协议，双方将围绕车路协同系统、车路协同系统软硬件环境搭建、激光雷达和摄像头视频融合算法等相关领域及项目展开研发与合作。

同日 深圳市蓝海华腾技术股份有限公司与惠州比亚迪电池有限公司签署战略合作框架协议。根据协议，双方将在电机控制器单元、集成式电控、动力电池、高压直流继电器、金属化薄膜电容器、高压直流熔断器等产品的应用与推广展开合作。

10日 蔚来中国与中国建设银行安徽省分行等6家银行举行蔚来中国银企战略合作签约仪式。根据战略协议，此次签约的6家银行将向蔚来中国提供104亿元综合授信，以支持蔚来中国业务的运营与发展。

同日 深圳市公安局交通警察局与比亚迪汽车工业有限公司签订战略合作框架协议，并为新能源汽车交通安全信息研究中心揭牌。根据框架协议，双方将致力于共同打造全球最大规模的纯电动交警巡逻车队，助力深圳加快成为全球首个公务车辆全面电动化的城市；同时还将在更多领域开展合作，促进城市道路交通安全的绿色发展。通过大数据、成果共享、信息反馈等机制，双方合作能够共同为新能源汽车的安全研究助力。

14日 东风时代（武汉）电池系统有限公司与鸿泰佛吉亚复合材料（武汉）有限公司签署战略合作协议，携手推动复合材料在新能源汽车动力电池系统中的应用。根据协议，双方将建立专注于应用的设计开发联合团队，将特别设计开发的电池壳体轻量化技术及成本优化专业知识应用于动力电池产品中，以推动电池壳体技术在整车上的应用。

同日 陕西坚瑞沃能股份有限公司与悍马（重庆）新能源科技发展有限公司签订《悍马（重庆）新能源科技发展有限公司与陕西坚瑞沃能股份有限公司战略合作协议》。根据协议，双方将共同合作开发悍马G1.5定制运营车型，并在车辆的电池配套、投放运营及电池回收等方面展开合作。

同日 宁德时代新能源科技股份有限公司与德国电池系统生产商HOPPECKE签署欧洲范围的合作伙伴协议。根据协议，HOPPECKE将代表CATL负责测试、维修和更换安装在电动汽车中的锂离子电池，最初的重点是面包车和公共汽车。

15日 上汽集团股份有限公司与中国宝武钢铁集团有限公司在上海正式签署全面战略合作框架协议。根据协议，中国宝武将充分发挥制氢、储氢、运氢、加氢等各环节优势，为上汽集团下属的燃料电池电堆和系统研发以及汽车租赁等用氢单位提供氢能保障及服务；提供或者协调燃料电池车落地试用的具体场景，提供车辆运行所需的氢能加注等配套设施。上汽集团将负责燃料电池汽车（物流重卡、自卸车、商务车、环卫车、通勤客车等）的研发、量产规划，同时根据应用场景需要，开发与之相适应的燃料电池动力车辆。上汽集团将支持中国宝武在燃料电池核心部件金属双极板的核心基材上，进行技术和产品的开发应用。上汽还将与宝武将上汽还将与宝武将合力建设氢能产业园区，在园区里形成产业集群，打造产业链的闭环。

16日 宁夏回族自治区宁东能源化工基地、宁夏京能宁东发电有限责任公司，氢力氢为新能源汽车运营（常熟）有限公司，上海重塑能源科技有限公司，塑云科技（深圳）有限公司、宁夏海卓劲新能源科技有限公司共同签署《宁东基地氢燃料电池卡车示范试点运营合作协议》。根据协议，六方合作将具体落实宁东基地内氢能源重卡商业化运营项目。从工业固废（灰渣）运输车开始，逐步完成煤炭、化工原料和产品重载运输汽车的氢能源车型的替换，实现宁东运输车辆"绿色、清洁、高效"运行，积极为二氧化碳减排，大气污染防治作贡献。

19日 比亚迪与蜀都客车（隶属于成都客车股份有限公司）签订战略合作协议。根据协议，双方将抢抓汽车行业低碳化、智能化的发展机遇，共同开发客车、环卫车、渣土车、城市物流车等纯电动与氢燃料电池汽车产品，建设比亚迪西南商用车总部基地，为低碳、智能交通及新能源及氢能产业发展作出更大贡献。

22日 燕山石化与北汽集团签署战略合作框架协议签约。根据框架协议，燕山石化作为氢能战略能源供应商，将同北汽集团共同推动氢燃料电池汽车研发推广和车用氢气燃料的生产供应。

23日 宇通集团与华为技术有限公司签约合作协议。根据协议，双方将在云计算、大数据、车联网、自动驾驶、新能源、智能交通、智慧园区、企业管理、智能工厂和国际化业务拓展等领域展开深入合作。

同日 一汽解放汽车有限公司与广汉市人民政府签署《一汽解放商用车广汉基地合作框架协议》，启动广汉商用车基地项目建设。项目用地总面积828亩，建成具备10万辆生产能力的一汽解放品牌中、高端商用车生产基地，前期主要生产J6系列车型，并根据市场情况逐步投放J7系列车型。

24日 中日（上海）地方发展合作示范区在上海自贸区临港新片区揭牌，揭牌仪式上，上海临港奉贤经济发展有限公司分别与日本长洲产业株式会社、三木太古株式会社签订合作协议。

同日 中国汽车技术研究中心有限公司与宁波市人民政府签署战略合作协议。根据协议，双方将继续发挥各自在资源、技术、规划、管理等方面的优势，促进汽车产业转型升级，推动汽车产业电动化、智能化、网联化、共享化、轻量化发展。

27日 北汽集团与国网电动汽车公司签署深化战略合作框架协议，北京新能源汽车股份有限公司、华夏出行有限公司（北京汽车集团有限公司的二级平台单位）分别与国网电动汽车公司签署相关合作协议。根据协议，北汽集团与国网电动汽车公司将在促进车电包与车辆销售业务、电池能源包业务、换电业务、绿电交易与智慧能源服务业务以及资本合作等方面展开深度合作。

28日 南方电网电动汽车服务有限公司与宁德时代新能源科技股份有限公司签署战略合作协议。根据协议，双方将在区域电动化、船舶电动化、重卡换电、电池系统检测、储能等方面，通过技术及模式创新方面的合作，共同构建智慧能源新生态。

同日 云度新能源汽车股份有限公司与福建新龙马汽车股份有限公司签署战略合作协议。根据协议，云度新能源汽车和新龙马汽车将在物流车、微客和小型货车等车型，在市场、技术和用户服务等方面合作，共同推动两地新能源资源整合和产业升级，助力“电动福建”战略实施。

29日 松下电器产业株式会社和北京四维图新科技股份有限公司就于中国针对新能源商用车的解决方案业务成立合资公司达成一致，双方将成立松下四维出行科技服务（北京）有限公司，松下四维将为中国物流配送行业提供新能源商用车运营相关解决方案，并在未来提供城市配送方面新能源商用车的普及。

8月

1日 北汽福田汽车股份有限公司联合北京天海工业有限公司等10家企业共同组建氢燃料电池商用车产业创新中心，共同设立北清智创（北京）新能源汽车科技有限公司。

4日 北京主线科技有限公司（自动驾驶卡车技术服务商）与南京福佑在线电子商务有限公司（科技物流公司）签署成立合资公司协议。根据协议，主线科技与福佑卡车将发挥各自在自动驾驶、人工智能等前沿技术的优势，实现自动驾驶系统与智能调度系统深度融合，推动自动驾驶技术在高速物流的落地。合资公司的战略是“三步走”：第一阶段先实现NATS在天津、宁波-舟山、深圳北中南“三大物流枢纽＋京沪高速沿线”的覆盖，打造高速自动驾驶货运样板间；第二阶段，实现在我国东部地区十大物流枢纽的全部覆盖，以及京雄高速、大兴机场高速、滨莱高速、沪宁高速、杭绍台高速、济潍高速、延崇高速、南宁沙吴高速、杭甬高速以及上面提到的京沪高速十大高速的全部覆盖，最终实现NATS在所有物流枢纽和高速干线的覆盖。

5日 苏宁易购集团股份有限公司与蔚来汽车签署战略合作协议。根据协议，双方将围绕智能制造等领域展开合作，并在苏宁广场落地“蔚来展厅”。苏宁将全面开放线上、线下渠道为蔚来汽车赋能，联手打造汽车智慧营销新模式。

6日 深圳地平线机器人科技有限公司（边缘AI芯片企业）与新石器慧通（北京）科技有限公司（AI无人车研发智造运营企业）达成战略合作，双方将面向低速自动驾驶场景开展深度合作，加速无人车的应用落地和规模化运营。按照计划，搭载地平线征程2芯片和感知算法的新石器无人车于2020年下半年量产。

同日 中汽中心与常州星宇车灯股份有限公司签署战略合作协议。根据战略合作协议，双方将在汽车行业标准与技术法规、产品检测试验认证相关服务、关键共性技术研究与产品开发、信息咨询与软科学研究、大数据建设及决策支持、车辆安全与鉴定技术研究等领域进行战略合作。

12日 浙江合众新能源汽车有限公司（哪吒汽车）与四川滴哥信息技术有限公司·365约车平台签署协议。根据协议，哪吒汽车将向成都滴哥出行·365约车提供至少1 000台纯电动汽车哪吒N01用于网约车，为成都市民提供优惠、便捷的绿色出行服务。

同日 安徽全柴动力股份有限公司、全椒全瑞投资控股集团有限公司、中能源工程集团氢能科技有限公司三方共同签署《合资协议》，将共同出资设立安徽中能元隽氢能科技股份有限公司，中能元隽注册资本1.1亿元，经营范围为燃料电池系统技术开发、技术服务、技术咨询、技术转让；氢燃料电池、其他燃料电池零部件制造及销售；新能源汽车动力系统集成和销售；新能源车辆销售等。根据协议，合资方各自在氢燃料电池产业链领域优势互补，双方均在同等条件下优先使用对方企业产品；积极协调全椒县人民政府，加快推进示范运营，自公司依法设立后的12个月内，给予配套中能元隽氢燃料电池系统的100辆氢能源公交车订单；积极争取滁州市及其他县区给予配套中能元隽氢燃料电池系统的500辆氢能源公交车开展示范运营；按照规定通过提供优惠商业用地等全力支持加氢站建设，对于加氢站设备投入给予一定比例的奖补等。

18日 地平线与一汽智能网联开发院签署战略合作协

议。根据协议,地平线将发挥在车规级 AI 芯片和人工智能算法方面的核心优势,并通过"天工开物"AI 开发平台开放赋能,向一汽智能网联开发院提供包括征程系列智能驾驶处理器、Matrix 自动驾驶计算平台、视觉感知算法、众包高精地图和定位、智能座舱在内的产品和技术。双方合作产品将率先应用于中国一汽的红旗品牌轿车。

20 日 宁德时代新能源科技股份有限公司与蔚来汽车、国泰君安国际控股有限公司、湖北省科技投资集团有限公司三家企业共同投资成立武汉蔚能电池资产有限公司,以推动"车电分离"新商业模式在新能源汽车行业的发展,并在此基础上推出 BaaS(Battery as a Service,电池租用服务)业务。武汉蔚能电池资产公司是基于"车电分离"模式下的电池资产管理公司。电池租用服务 BaaS,提供了车电分离、电池租用、可充可换可升级的全面服务,是技术与商业模式的突破式创新,指用户在购车时不需购买电池包,根据自身实际使用需求选择租用不同容量的电池包,按月支付服务费,并且和电池购买用户一样,可享受换电服务和电池灵活升级服务。

同日 大众出行与自动驾驶初创公司 AutoX 在上海嘉定无人驾驶示范区达成战略合作,将在全国范围内组建自动驾驶示范应用的规模化车队,推出面向中国的自动驾驶出行平台方案。大众出行将为车队提供流量入口,AutoX 将提供技术平台。

21 日 德燃(浙江)动力科技有限公司联合浙江清华长三角研究院氢燃料电池汽车技术研究中心、德国下萨克森州州立汽车研究中心在浙江嘉兴签订《合作备忘录》。根据备忘录,三方将建立长期战略合作伙伴关系,联合成立"中德氢燃料电池汽车联合研发中心",共同推动在新能源汽车及氢燃料电池领域的发展。

24 日 上海捷氢科技有限公司分别与常熟国家高新技术产业开发区、无锡中车新能源汽车有限公司、上海氢雄信息科技有限公司、德燃(浙江)动力科技有限公司战略签约,共同推进我国氢能及燃料电池产业发展与产品示范。根据协议,捷氢科技将与各方联合技术攻关,推动研发成果的产业化落地,共同探讨各类型燃料电池汽车的应用场景与合作配套,推进燃料电池汽车在各个地区进行推广示范。

26 日 上海重塑能源集团有限公司与烟台冰轮集团有限公司在山东省烟台市签订战略合作协议。根据协议,双方将在氢能和燃料电池关键技术及装备领域的多元化展开合作。

27 日 波兰丰田汽车公司与波兰石油天然气公司(PGNiG)签署在波兰推进氢技术合作的协议。根据协议,双方将共同建造一个试点加氢站。

同日 快电动力与泸州能投签署合作协议。根据协议,双方将以完善充电基础设施布局为目标,加强在新能源充电场站方面的合作,共同打造互联互通的智能充换电网络体系。

28 日 华电潍坊发电有限公司与潍柴动力股份有限公司签署《氢能合作框架协议》。根据协议,双方将加快氢能建设,赋能新能源发展。

9 月

1 日 东风汽车有限公司东风启辰汽车公司、广州市出租汽车协会和奥动新能源在广州花都签署战略合作协议。根据合作协议,三方将打通研发生产、换电站网络以及出租业务。

同日 国网分布式(北京)新能源技术有限公司与智充科技有限公司签署战略合作协议。根据协议,双方未来 3 年将在北京、上海铺设 1 500 个充电桩,全部使用智充科技的充电设备。

同日 国家电投氢能公司与中汽创智科技有限公司签署战略合作协议。根据协议,双方将围绕氢燃料汽车技术创新、产业孵化、市场推广开展合作并创新商业模式,实现氢燃料电池汽车的自主化、国产化,推动我国汽车产业向绿色零碳化的转型升级。

3 日 中国上海-杜邦(中国)研发管理有限公司与上海重塑能源科技有限公司在杜邦中国研发中心正式签署战略合作协议。根据协议,双方未来将在燃料电池系统及零部件材料应用解决方案领域开展合作,共同攻关车用燃料电池材料技术创新。

同日 重庆长安汽车股份有限公司与宁德时代新能源科技股份有限公司签订战略合作协议。根据战略合作协议,双方将在智能网联电动汽车、智慧能源生态等领域建立合作伙伴关系,助推中国新能源汽车产业生态的构建与发展。

同日 蜂巢能源科技有限公司与中国汽车工程研究院股份有限公司在常州金坛签署战略合作协议,确定双方在动力电池领域开展技术交流与研发合作。根据协议,双方将在动力电池法规与认证测试、开发性测试、标准制修订等方面开展战略合作。

4 日 深兰科技(上海)有限公司与上海清能合睿兹新能源科技有限公司达成战略合作。根据合作内容,双方将共同开发 AI 智能燃料电池整车系统平台,优化整车控制系统、动力电池系统、燃料电池系统和辅助系统的控制策略,让氢燃料电池物流车真正做到燃料高效率和运营低成本。此外,将 AI 技术深度应用于燃料电池的系统控制,自动了解系统运行状况,感知环境及运行工况信息,实时进行故障诊断,提高燃料电池系统的效率和安全性。

同日 中国汽车技术研究中心有限公司与重庆长安汽车股份有限公司签署战略合作协议。根据协议,双方未来将加强产研合作,本着立足全局,洞悉行业实际,围绕产业转型,不断深化专业领域,以科技为导向,以质量为准绳,积极搭建协同平台,展开定期研讨、研究,确保合作项目扎实落地,为长安汽车紧跟国家政策走向、顺应政策法规管理节奏,进行战略布局、产品规划,以及技术路线选择等提供有力支撑。

8 日 中国石化北京石油、北汽福田汽车有限公司、轻程(上海)物联网科技有限公司三方签署战略合作意向书。根据合作意向书,三方将成立合资公司,从氢燃料电池汽车运营场景出发,根据港口、经济区、物流园区等产业新区需求,为邮政、快递物流、渣土运输等商用运输车辆提供加氢服务。同时还将选取合适加油站增设加氢设施,建设油氢合建站,推动京津冀跨区域物流、长途客运等领域的氢能产业发展。

11 日 北京联行网络科技有限公司与北京北投静态交通投资运营有限责任公司达成战略合作。根据协议,双方将为停车行业、电动汽车充电行业提供定制化产品和整体解决方案，共同推动智慧“停车＋充电”的城市交通全产业链发展。

同日 北汽新能源与EDF法电中国签署深化战略合作协议。根据协议，双方将共同在新能源汽车推广、换电市场深耕、出行生态构建、储能项目应用及V2G等前瞻技术探索等领域深化合作，双方将重点围绕新能源汽车推广及换电模式应用，率先在海南、广东省试点城市深度合作。

同日 中国宝武钢铁集团与东风汽车公司签订《2020年战略合作框架协议》，合作范围涵盖汽车用材产品与服务、新材料、新工艺、新技术研发及应用等十大领域34个项目。根据协议，中国宝武将为东风公司提供从材料研发到生产制造、能源应用及汽车应用全流程的一揽子解决方案。

14日 奇瑞商用车（安徽）有限公司与南方电网电动汽车服务有限公司在深圳签署战略合作协议。根据协议，双方将大力推进新能源汽车，全面落地车、桩、网等一体化战略规划，在新能源汽车、充电基础设施、数据中心等新基建领域充分发挥带动作用，打造城市级新基建建设新典范。

同日 未势能源科技有限公司与同济大学汽车学院、上海交通大学机械与动力工程学院正式签署战略合作根据协议。根据协议，三方将重点围绕氢能及燃料电池领域关键技术研发开展合作，探索燃料电池制造前瞻技术及新工艺、新技术、新材料等方面的推广应用。

15日 上海重塑能源科技有限公司与德国莱茵TÜV在第五届国际氢能与燃料电池汽车（FCVC）全体大会当天正式签署全球战略合作协议。根据协议，双方未来将在全球范围内就燃料电池产品全球认证、标准规范等技术资源共享及联合推动试验室平台化服务等多项领域展开深度合作。

16日 上海重塑能源科技有限公司与大陆集团正式签署战略合作协议。根据协议，双方未来将在燃料电池流体系统、振动控制及相关创新工艺的开发等领域展开合作与交流，为实现燃料电池汽车更大规模商业化应用共同努力。

同日 中国铁塔与顺丰集团签署战略合作框架协议。根据协议，中国铁塔将依托现有的换电网络为顺丰超过55万快递、同城配送骑手提供换电、充电服务，为顺丰集团解决低速电动配送车辆充电不方便、不安全、效率低的问题。顺丰集团将在年底前为3万骑手开通铁塔换电业务，将直接按照铁塔换电业务2.0标准集中采购低速电动车车架，不再采购整车。

17日 斑马网络技术有限公司与一汽-大众签署战略合作协议。根据协议，双方未来将在人工智能、大数据分析、智能汽车操作系统和智能座舱领域建立战略合作关系，互为重要合作伙伴，打造跨产业融合数字化创新样本。

同日 腾讯与襄阳达安汽车检测中心有限公司签署战略合作协议。根据协议，双方将围绕智能网联示范区建设、自动驾驶仿真测试、云平台、车路协同、信息安全等领域进行全方位合作。

同日 亿咖通科技有限公司与华为技术有限公司正式签署合作协议。根据协议，双方将在车载智能座舱和消费者生态服务领域展开合作。

19日 苏州世椿新能源技术有限公司分别与武汉理工氢电科技有限公司、中科院大连化学物理研究所张家港产业技术研究院、惠州市杜科新材料有限公司、三键化工（上海）有限公司签订合作协议，协议共同推进氢燃料电池产业发展。

同日 孚能科技（赣州）股份有限公司与江西江铃集团新能源汽车有限公司、国机智骏汽车有限公司签署合作协议。根据协议，孚能科技将在2025年之前为江铃集团新能源提供合计15万套动力电池，为其相关车型共同开发高能源密度、高续航、低成本的动力电池，双方将在新能源汽车动力电池供应、动力电池核心技术研发等方面进一步加强合作。在2023年底之前，孚能科技将为国机智骏提供合计10万套动力电池。

22日 理想汽车与人工智能计算公司英伟达（NVIDIA）、英伟达中国合作伙伴德赛西威在北京签订三方战略合作协议，三方就理想汽车2022年推出的全尺寸增程式智能SUV展开合作，理想汽车将在增程式SUV上使用NVIDIA Orin系统级芯片。

同日 深兰科技（上海）有限公司与中通快递股份有限公司上海分公司、九双（上海）新能源科技有限公司签署AI氢能熊猫智能物流车三方合作协议，就氢燃料电池车匹配、运行及市场推广、加氢站的建设，以及人工智能赋能等领域开展落地合作。根据合作协议，未来两年内深兰科技将提供15个加氢站的智能化解决方案。同时三方还将“氢燃料电池车、加氢站、管理平台”三位一体的合作模式向全国进行推广。

同日 深兰科技（上海）有限公司、上海电力股份有限公司、上海氢能利用工程技术研究中心、上海舜华新能源系统有限公司及九双（上海）新能源科技有限公司共同签署《氢能人工智能应用一体化数据管理平台合作共建协议》。根据协议，未来将通过人工智能赋能加氢站以及氢燃料车辆，利用AI算法技术为依托实现区域的监控及预警监测，实现加氢车辆的自动设别、车辆的自动除静电、智能化加氢以及加氢数据中心的自动化更新等，最终实现加氢区、储氢区、办公区、氢燃料车辆之间信息的互相联动，达到各区域安全防护之目的。

同日 中通快递股份有限公司上海分公司、深兰科技（上海）有限公司、九双（上海）新能源科技有限公司签署《AI氢能熊猫智能物流车三方合作协议》，三方将就氢燃料电池汽车匹配、运行及市场推广、加氢站建设，以及人工智能赋能等领域开展合作。中通将根据九双的加氢站布局，制定氢燃料电池车的运营路线，九双向中通承租的运营车辆提供加氢服务，满足中通在实际运营中的气源供给需求；深兰通过深兰科学院自动化研究院和氢能源团队，协助九双规划加氢站并提供智能化加氢站的解决方案，利用人工智能等技术全面提升加氢站的管理、服务和运营的效率，降低成本以及增加安全性，并为中通、九双建设车辆调度管理平台以及为物流车赋能自动驾驶、自动识别、无人检测等技术。三方通过氢能物流车、加氢站、智能化加氢站解决方案的相结合，实现氢燃料电池车、加氢站、管理平台高效的统一。

同日 中国汽研与湘江新区签订《中国汽研智能网联国检中心项目合作协议》，双方将推动湘江新区已有智能网联相关硬件资产和数据资产的商业化运营，打造智能网联汽车检测市场化认证权威，推动相关技术的研发和验证工作，参与推进地方标准先行，助推国家标准和行业标准建立。中国汽研与湘江智能还签订了《设立合资公司之股东协议》。根据投资协议，中国汽研和湘江智能将成立合资公司，进一步完善长沙智能网联汽车研发测试、检测产业链体系，共同构建汽车产业生态圈，拓展产品技术场景应用，打造立足湖南、布局华中、辐射全国的智能网联汽车检测服务能力体系。

23日　宁德时代新能源科技股份有限公司与全球领先的投资管理与商业创新公司普洛斯签署战略合作协议，双方将组建资产管理合资公司。根据协议，合资公司结合双方领先优势，通过绿色能源资产服务化，大力推动新能源应用；为工商业场景应用新能源进行创新；探索电动化和智能化相结合的场景应用，共同致力于电动化无人驾驶运输在物流和商业上的新布局。

同日　武汉理工大学、佛山科学技术学院、佛山仙湖实验室三方签署战略合作协议。根据协议，三方将在氢能与燃料电池领域研究等方面开展全面战略合作。

24日　东风汽车集团有限公司与即联即用中国（Plug and Play China）共同出资成立武汉产业创新平台——即联即用（武汉）科技创新有限公司，合资公司将立足武汉经济技术开发区，以“智慧城市”为方向，以汽车产业为切入点，覆盖智慧出行、新能源、智能制造等优势行业，以“产业＋城市＋科技”的区域协同创新模式打造辐射华中地区的多产业联合创新平台。

同日　中国一汽与东软集团在汽车新一代整车软件平台领域达成全面合作，双方将共同成立“中国一汽智能网联开发院＆东软集团联合创新中心”。中国一汽智能网联开发院、东软集团、东软睿驰三方签署协议。根据协议，中国一汽与东软集团、东软睿驰三方将充分发挥各自在智能网联、整车设计、制造、软件开发、汽车电子等领域的技术及产品优势，探索在新的汽车产业格局下，面向“软件定义汽车”的合作新模式，共同构建以SOA架构为基础的未来整车计算平台。

25日　中国重汽集团济南卡车股份有限公司拟定增募资不超70亿元，将用于智能网联（新能源）重卡、高性能桥壳自动化智能生产线等项目。其中，智能网联（新能源）重卡项目在山东省济南市莱芜区山东重工绿色制造产业城规划迁建公司现有年产16万辆重型卡车产能项目，该项目投资总额869 760万元，其中固定资产投资623 990万元（含利用原有设备12 550万元），新增固定资产建设投资611 440万元，铺底流动资金245 770万元。项目建设期约为2年，预计2024年全部达产。

26日　中国（上海）自由贸易试验区临港新片区氢产业园举行成立一周年活动，上海交大-临港集团“通临智创”产学研基金正式启动。申能集团有限公司和通临智创基金共同签署了入股上海氢晨新能源科技有限公司投资协议。根据协议，申能集团有限公司将支持氢晨科技在燃料电池领域继续开拓创新，并与申能自身氢能产业发展产生良性互动，带动产业链上下游共同发展，助力临港新片区成为上海市乃至全国的氢能产业高地及综合示范区。

同日　小鹏汽车与广州开发区管委会的全资企业广州凯得投资控股有限公司签署协议。根据协议，双方将共同推动广州智能网联汽车智造基地项目的建设。广州智造基地计划于2022年底建成投产，设有冲压、焊装、涂装、总装、PACK五大工艺车间的智能汽车制造基地，用于旗下新款车型研发、整车生产等业务。

27日　东风商用车有限公司与宁德时代新能源科技股份有限公司签署战略合作协议，将深耕“新能源商用车”。根据协议，双方将实现多场景和新商业模式的研究开拓，推动新能源商用车项目快速落地。

28日　滴滴旗下北京小桔新能源汽车科技有限公司、滴滴智通（广州）科技有限公司与南方电网电动汽车服务有限公司签署《全面互联互通、直连合作战略合作协议》，为新能源车主打造车、桩、网“一体化”综合服务。根据合作协议，三方将在广东、广西、云南、贵州、海南五省区和港澳地区进行充电场站互联互通以及直连合作。在互联的合作站中，小桔用户可以通过小桔充电连接南网顺易充平台，便捷启动南网充电桩完成充电服务。在直连合作站中，小桔用户可以直接使用小桔充电启动南网充电桩完成充电服务。滴滴智通将针对双方合作站点定制推广方案，提供专属充电站点运营服务。

同日　大众汽车集团（中国）将携手合资企业伙伴——上汽大众、一汽-大众和江淮大众，在2020—2024年期间共同投资约150亿欧元，加速布局中国电动出行领域。

同日　滴滴旗下北京小桔新能源汽车科技有限公司、平安国际融资租赁有限公司签署战略合作协议。根据合作协议，双方同意并确认建立战略合作伙伴关系，在双方业务中进行深度战略合作，未来双方的合作将逐步拓展到充电站投资运营等领域。

30日　爱驰汽车与中科院大连化物所签署关于甲醇燃料电池的战略合作协议。根据协议，双方将在甲醇燃料电池的市场研发与车上应用展开深度合作，推动能源经济与智能制造双向突破。

10月

10日　山西美锦氢能科技有限公司子公司飞驰汽车与山西潞州贝贝能源科技有限公司签订100台氢燃料重卡牵引车意向采购合同。

11日　鸿基创能科技（广州）有限公司与深圳市通用氢能科技有限公司、广东济平新能源有限公司、东材科技有限公司签订战略合作协议，四方将共同为推进大湾区氢能示范城市群申报创造有利条件。根据协议，鸿基创能将与通用氢能、广东济平、东材科技通力合作，共谋膜电极及其核心材料自主化之路。

13日　中国第一汽车股份有限公司与奥迪汽车股份有限公司就“奥迪一汽高端新能源汽车合作项目”签署谅解备忘录。根据谅解备忘录，双方将共同成立一家生产PPE平台纯电动汽车的合资公司，新合资公司规划引入的PPE平台，是奥迪与保时捷共同为大型电动车开发的高端电动车平台，首款车型将于2024年投产。

同日　中汽创智科技有限公司与上海博泰车联网签署战略合作协议。根据协议，双方将共同探索智能车载软件开发、智能座舱关联产品、车联网应用服务、智慧出行服务、车载大数据应用与云计算等汽车科技，开发智能化汽车产品。

16日　苏州弗尔赛能源科技股份有限公司与苏州擎动

动力科技有限公司签署战略合作协议。根据协议，双方将围绕燃料电池催化剂、膜电极等核心零部件，在自主创新联合开发、前瞻性技术研究和产业化应用等领域开展合作，共推燃料电池自主核心技术的进步。

17日 上海骥翀氢能科技有限公司与苏州张家港经济技术开发区就“金属板电堆生产基地一期项目”签署协议。根据协议，骥翀氢能将在张家港经开区启动生产基地一期建设，整合上海研发中心全行业技术参数领先的电堆开发成果，以及深圳众为、常州翊迈等国内金属板产业链头部企业的双极板焊接、涂层等核心生产工艺与装备开发成果，形成2 000台的年产能（按100 kW/台核算）。

19日 未势能源全资子公司上海燃料电池汽车动力系统有限公司与北京氢璞创能科技有限公司签订《氢能产业链的市场共建战略合作协议》。根据协议，双方将通过共享市场机遇、共建运营场景，在各地申请燃料电池汽车示范试点城市进程中，共同助力京津冀氢能产业协同发展；将在山东、扬州等地区开展项目示范合作；将加强在氢能检测试验业务上的合作关系，加快在适配燃料电池系统业务的项目进度，提高燃料电池电堆的供应保障能力；探索氢能与燃料电池商业化模式生态建设等。

同日 瑞浦能源有限公司与东风汽车集团股份有限公司乘用车公司、秦欧动力科技（苏州）有限公司、博众精工科技股份有限公司签署“换电联盟”合作协议，签订“换电联盟”协议后，瑞浦能源将与东风乘用车一同推进应用换电E70进入出行系统市场。瑞浦能源于2019年4月起与东风乘用车接洽E70项目，经过技术对接，瑞浦能源为E70项目提供定制化45 kWh铁锂电池系统。该系统采用135 Ah磷酸铁锂电池，能量密度达170 Wh/kg以上，电池总成可满足60万km寿命要求。

21日 孚能科技（赣州）股份有限公司与TÜRKiYE’NiN OTOMOBiLi GiRiŞiM GRUBU SANAYi VE TiCARET A. Ş.签订了《合作意向书》，双方将合作生产电动汽车电池。根据意向书，TOGG汽车的动力电池电芯将由孚能科技提供，电池模组和PACK将在土耳其联合开发生产。除了提供电池，两家公司还将通过成立合资公司扩大合作范围，为土耳其及其周边国家/地区提供动力和储能电池解决方案。孚能科技作为TOGG首个电动车平台的独家供应商，预计未来7年的采购需求为30 GWh，已经被定点车型平台包括纯电动C级轿车、SUV、掀背车、MPV，以及B级SUV，其中首款纯电动C级SUV车型将于2022年第四季度在土耳其量产。TOGG将围绕智能网联汽车创建电动生态系统，规划到2035年达到100万辆的年产量目标。

同日 比亚迪汽车工业有限公司和日野自动车株式会社签署合资协议。根据协议，双方将成立一家新的公司来开发纯电动商用车（BEVs）。新合资公司将于2021年在中国成立，比亚迪和日野集团各出资50%。新公司将共同开发纯电动商用车及电动车零部件，将在2025年前推出日野品牌的纯电动商用车。

同日 北汽新能源与工业和信息化部计算机与微电子发展研究中心（中国软件评测中心）签署战略合作框架协议。根据框架协议，双方重点围绕技术融合、测评规范和标准研究、服务和产品推广等方向开展合作。致力于共同推进汽车产业智能化、数字化转型升级，提升核心产品研发效率和安全保障能力，在战略合作中实现优势互补和资源共享。

同日 比亚迪股份有限公司与正泰集团股份有限公司在深圳市比亚迪六角大楼总部举行战略合作签约仪式。根据协议，双方将在储能、城市智慧轨道交通、半导体等领域开启深度合作。

同日 厦门金龙联合汽车工业有限公司与深圳雄韬股份旗下的氢雄燃料电池有限公司决定就氢能源汽车项目全面开展合作，并签署战略合作协议。根据协议，金龙客车与雄韬氢雄将从氢燃料电池发动机研发设计、应用及产业化、氢燃料电池汽车产品开发及试验、车型示范及市场推广应用等方面入手，共同推进氢燃料汽车产业布局。

22日 广州雄韬氢恒科技有限公司（深圳市雄韬电源科技股份有限公司与恒运集团合资成立）与穗景客车、寰宇物流正式签署战略合作协议。根据协议，三方共同携手谋划氢能未来发展，助力黄埔、增城两区实现氢能产业链和基础设施跨区联动发展。通过三方强强合作，将正式打通氢能基础建设、氢燃料电池从生产、制造、整车装备和场景运营等环节的全方位产业链，打造广州氢能产业发展的新格局。

24日 江铃汽车集团有限公司与中国汽车工程研究院股份有限公司就“华东研发检测试验基地（池州）建设项目”签署投资意向书。根据意向书，中国汽研华东研发检测试验基地（池州）建设项目将建在安徽省池州市贵池区高新技术产业开发区，将分别设立试验场投资公司和试验检测公司。项目整体规划占地面积9 700亩，总投资约38亿元，主要建成满足55 t及以下汽车的各类法规检测试验、综合研发、部分关联的汽车驾乘体验及其产业链条上部分经营项目的综合性汽车试验场、配套试验室，以及项目所有附属设施设备。

26日 宝马与阿里巴巴在北京签署战略合作备忘录。根据该合作备忘录，宝马和阿里巴巴将联合推出首家高端汽车品牌的经销商在线销售和服务业务，打通端到端、线上线下无缝链接的数字化体验。

同日 内蒙古自治区鄂尔多斯市伊金霍洛旗、新源动力股份有限公司、一汽客车（大连）有限公司三方签署战略合作协议。根据协议，10台“海豚精灵”氢燃料城市公交客车将于2020年末交付伊金霍洛旗政府。此次签约的CA6109URFCEV31氢燃料电池城市客车是具有完全知识产权的全新产品，平均补充氢燃料时间为10～15 min，比纯电动充电时间缩短60%～70%，同等车型续驶里程提高50%。氢燃料可实现－40℃存储、－30℃的低温启动要求。

28日 现代汽车集团和科技公司安波福（Aptiv）合资成立的自动驾驶技术公司Motional与美国共享汽车服务公司Via建立合作伙伴协议，2021年上半年将在美国推出自动驾驶出租车服务。根据协议，Motional将推出Via车辆分配、预约管理系统与自动驾驶汽车结合的机器人出租车。

同日 上汽依维柯红岩商用车有限公司与内蒙古圣圆能源集团有限责任公司在重庆签署《氢燃料电池重卡采购协议》，红岩氢燃料电池牵引车作为一款新能源牵引车，最大承重可高达49 t。

11 月

2 日 德燃(浙江)动力科技有限公司与全球汽车一级配件供应商德国莱茵金属公司在德燃总部正式签署协议。根据协议,双方将在燃料电池系统领域探讨开展合作,共同推进全球氢能及燃料电池产业发展与产品示范。

同日 福建雪人股份有限公司与丰田汽车公司及其旗下公司签署合作协议,将在氢燃料电池动力系统领域展开合作。根据协议,雪人股份将经由丰田子公司丰田通商株式会社、丰田通商(广州)有限公司从丰田汽车采购 FC STACK 试制品及其相关零部件试制品,开发和制造引进丰田汽车上述零部件的 FC 动力系统产品,即丰田汽车将为雪人股份的 FC 系统提供丰田的 FC 电堆等零部件。雪人股份的 FC 系统将在国内汽车制造商生产及销售的 FC 冷藏物流车上进行搭载。

4 日 现代汽车与长江三角洲、京津冀地区的合作企业签署工作协议。根据工作协议,现代将在长三角洲构建集氢能生产、供应、氢能充电设施、推广和运营车辆为一体的氢燃料电池汽车项目平台并成立合作体系。现代汽车到 2025 年向长三角地区供应 3 000 辆以上的氢燃料电池卡车。

同日 安泰科技股份有限公司、河钢工业技术与现代汽车三方共同签订《氢燃料重卡应用推广项目合作协议》。根据协议,三方将在氢燃料重卡应用推广领域推进商业合作与技术创新,未来将以合适的形式成立合资公司,共同建立具备商业化运行条件的氢燃料重卡产业链。由河钢工业技术提供氢燃料重卡的应用场景和运行所需的氢气资源;现代汽车提供符合应用场景需求的氢燃料重卡车辆;安泰科技提供氢气的储运、加注技术和加氢站的配套建设。并在此基础上,逐步扩大三方在氢能的制取—储运—加注—应用方面的全方位技术合作,实现传统产业向氢能产业的转型升级,同时不断提升氢燃料重卡的市场占有率。

同日 苏州弗尔赛能源科技股份有限公司与陕汽大同专用汽车有限公司签订《氢能源汽车战略合作协议》。根据协议,双方将开展氢能源汽车多维度、全方位深入合作。将围绕大同市打造"氢能之都",着力发展新能源汽车产业这一利好条件,深入探讨氢能源汽车、氢燃料电池发展趋势,在协同申报、研发、示范等多方面达成共识,共同推动地方新能源汽车产业发展。

6 日 北汽模塑、敏实集团、上海李尔、科世得润、傲锐(上海)、南通烨达 6 家沃尔沃汽车供应商与成都经济技术开发区签署协议。根据协议,将投资 50 亿元在当地生产汽车座椅、新能源汽车电池包、保险杠等多种零部件。

11 日 上海捷氢科技有限公司与未势能源科技有限公司正式签署战略合作框架协议。根据双方协议,捷氢科技和未势能源在未来将围绕燃料电池核心部件研发及攻关、储氢系统核心部件研发及攻关、燃料电池测试及验证能力共享、燃料电池汽车及技术的规模化推广、科技项目申报等多个领域进行全方位合作。双方将深入开展氢能产业业务合作,持续推进燃料电池关键核心技术研发及产业化,进一步完善氢能产业链建设,助力国家燃料电池汽车示范城市群协同发展。

同日 内蒙古乌海化工有限公司与乌海市公共交通有限责任公司签署《燃料电池汽车供氢服务协议》。根据协议,乌海化工为乌海公交公司运行的燃料电池公交、大巴等用氢车辆提供氢气及加注服务,为期 3 年,每年供应及加注的氢气数量为 1 万 t,供应的氢气质量需要符合国家标准和行业标准,并且乌海化工需要对产品进行检测并出具《检测报告》。

13 日 北汽福田汽车股份有限公司与轻程(上海)物联网科技有限公司在北京举行战略合作暨 100 台智蓝氢燃料电池重卡项目签约仪式,首批 100 台智蓝氢燃料电池重卡将率先服务于宜家(上海)中长途运输场景中。此次签约交付的智蓝氢燃料重卡,是国内首次批量生产的 42 T 氢燃料电池重卡牵引车,车辆采用"燃料电池 + 动力电池"双动力驱动组合,搭载上海重塑科技股份有限公司生产的镜星系列燃料电池系统,匹配宁德时代高功率动力电池,以及大容积高压储氢系统。

16 日 汉马科技集团股份有限公司(原华菱星马汽车(集团)股份有限公司)、轻程(上海)物联网科技有限公司与上海重塑能源科技有限公司在杭州举行燃料电池重卡合作签约仪式,60 台华菱星马氢燃料电池重卡在现场成功签约,将在长三角区域投入运营。

17 日 德国汽车制造商戴姆勒将与中国吉利汽车合作,两家公司计划开发一种高效的模块化发动机,用于混合动力传动系统,并在欧洲和中国进行生产。

19 日 浙江方正电机股份有限公司与北京四维图新科技股份有限公司签署战略合作协议。根据协议,双方合作期限为 5 年,将共同致力于国产汽车电子芯片技术与应用领域的专业合作。根据方正电机的实际需求,四维图新为方正电机提供芯片级技术支持和服务。根据四维图新的实际需求,方正电机为四维图新自主研发的汽车电子芯片提供应用试点平台,同时为四维图新提供应用端的技术支持与服务。

同日 中航锂电科技有限公司就"中航锂电 A6 项目"与中国建设银行厦门市分行、中国银行厦门市分行、中国邮储银行厦门分行等 6 家银行签署银团贷款协议。中航锂电项目总投资 100 亿元,分两期建设,首期 A6 项目于 2019 年 9 月开工,总投资 50 亿元,在 2020 年第四季度投产,项目将建设一个高度智能化、绿色环保的先进电池和电池系统产业基地,预计达产后可形成年产 20 GW 的产能。

20 日 北汽蓝谷新能源科技股份有限公司与国家新能源汽车技术创新中心签署合作协议。根据协议,双方将基于 ARCFOX αT 打造开源整车验证平台,并利用各自优势,在新能源汽车技术创新领域实现优势互补。

同日 长沙市公安局交通警察支队与百度 Apollo 签署战略合作协议。根据协议,双方将以智能网联场景、智慧交通数据、大众出行诱导服务等多方面触达出行用户的应用为抓手,加速推进长沙市智能网联与智慧交通的深度融合发展。双方将运用百度在出行大数据、AI 视觉感知、智能网联、智能交通等方面的技术储备,实现城市交通出行特征分析、触达出行用户的精准信息推送以及智能化管理水平的提升。远期探索智能网联远期规划,共同推动制定长沙市智慧交通基础设施建设标准,探索建设具有长沙特色的、智能网联与智慧交通融合发展的城市智慧交通大脑。

23 日 上海联创汽车电子有限公司与大陆集团正式签署战略合作备忘录,双方将围绕智能驾驶汽车核心技术进行全方位合作,进一步推进智能汽车的产业化发展。根据协议,双方将从多维度共同推进 2-BOX 制动系统的应用落地。

26 日 上海张江高科技园区开发股份有限公司与上汽集团、恒旭资本共同出资 72 亿元成立上海元界智能科技股权投资基金合伙企业(有限合伙),基金计划与阿里巴巴联合专项投资于高端智能纯电汽车项目,该项目定位高端纯电动市场,将全新打造电子电器架构,从底层打通整车与驾乘体验高度相关的电子控制单元,应用数据驱动,聚焦客户感知,重构用户体验,鼓励用户进行高度自定义,实现汽车智能化宽度和深度的突破。

同日 东风汽车集团股份有限公司与国家电网有限公司在武汉签署战略合作协议。根据合作协议,双方将结合各自优势共同推动国家新能源汽车与能源互联网产业发展战略落地。双方共同签订了 7 个合作子协议:东风畅行科技有限公司与国网电动汽车服务有限公司签订《互联互通合作协议》《车电包框架协议》《有序充电合作协议》《车电分离合作协议》4 项协议,东风集团技术中心与国网电动汽车服务有限公司签订《V2G 试点合作协议》,东创紫联(武汉)新能源科技有限公司与国网电动汽车服务有限公司签订《电动汽车下乡合作协议》,东风集团岚图汽车科技分公司与国网电动汽车服务有限公司签订《深度合作意向协议》。

30 日 宇通客车与卡塔尔国家运输公司(Mowasalat)就"2020 年世界杯客车供应 & 纯电动客车 KD 工厂项目"签署战略框架协议。宇通客车与卡塔尔云签约1 002 辆 2022 年卡塔尔世界杯车辆供应及服务合同,订单总金额近 18 亿元。根据框架协议,宇通客车将在卡塔尔自由区建立电动客车 KD 工厂,以技术输出带动卡塔尔工业化水平,服务卡塔尔环保车辆转型战略,提升汽车产业配套能力、带动汽车产业集群发展。

12 月

1 日 瑞萨电子集团与中国一汽在中国长春成立联合实验室,助力中国一汽打造其智能驾驶自主开发平台,共同开发自动驾驶、智能座舱、动力总成、车身控制等车载电控系统解决方案,并将首先应用于一汽旗舰品牌红旗车型中。

2 日 极星汽车与北京亦庄国际投资发展有限公司签署战略合作协议,未来极星中国总部和极星汽车全国旗舰展厅将落户北京亦庄。

3 日 中国汽车技术研究中心有限公司与中国东方电气集团有限公司在四川成都正式签署战略合作协议。根据协议,双方将建立长期战略伙伴关系,构建双方合作发展的新平台、新机制,积极推进在标准制定、检测认证、信息服务、大数据、车辆安全、氢能研究等多领域的合作。

4 日 深圳市雄韬电源科技股份有限公司子公司雄韬氢雄分别与同济大学和华南理工大学签订校外实践基地合作协议,实现人才联合培养;与盈德气体签订战略合作协议,双方将就氢源制储运、液氢供应链、氢燃料电池应用及氢能重卡等领域开展全面合作;与武钢燃气将共建氢能联合研发中心,共同推进武汉市氢能基地示范;与上海华熵、湖北维斯曼新能源科技有限公司签订协议,共同探索氢能与燃料电池商业化模式生态建设。在终端运营上,雄韬氢雄与山西格润时代新能源集团有限公司在氢燃料装载机展开深度合作,未来 4 年在全国范围内共同推广氢燃料装载机 500 台;与地上铁租车有限公司签订战略合作,拟定未来采购冷链氢燃料物流车 600 台。深圳市雄韬电源科技股份有限公司全资子公司雄韬氢瑞与金华氢途科技有限公司签订战略协议,双方将共同推进燃料电池关键核心技术研发及产业化,并拟定将采购雄韬电堆 1 000 台。

7 日 安徽安凯汽车股份有限公司与合肥公交集团有限公司签署《工业品买卖同》,根据合同,安凯客车向合肥公交供应安凯牌客车 360 辆,合同总额 5.47 亿元。

同日 中国汽车技术研究中心有限公司与神龙汽车有限公司在天津签署战略合作协议。根据战略合作协议,双方将在汽车行业标准与技术法规、产品检测试验认证相关服务、关键共性技术研究与产品开发、工程咨询、信息服务与软科学研究、大数据建设及决策支持、车辆安全与鉴定技术研究等领域进行战略合作。

8 日 广汽集团与百度公司签署战略合作框架协议。根据协议,双方将共同进行智能驾驶、智能车联、数字化营销方面相关技术及产业的开拓,共同为自动驾驶与移动出行、智能网联和智慧交通领域提供全面系统可靠的解决方案。

14 日 美锦能源与河钢集团全资子公司河钢工业技术签订《河钢工业技术服务有限公司与山西美锦能源股份有限公司之氢能产业合作框架协议》。根据协议,双方将探索可盈利的运营模式,4 年推广 4 000 辆氢燃料商用车;双方将推进氢能基础设施建设,保障氢能车辆加氢需求,4 年建设不低于 30 座加氢站。按照双方的规划,未来河钢工业技术将与美锦能源携手共同打造氢能全产业链,在氢气制储运、加氢站建设运营、氢燃料电池汽车(重卡、公交、通勤车、环卫等)开发和生产销售、氢燃料电池动力系统、电堆、膜电极、双极板、加氢站智能装备生产制造、核心零部件、氢燃料汽车运营平台等领域共同布局发展。

同日 蔚来汽车与国网电动汽车服务有限公司在北京东方广场蔚来中心签署《充换电与能源服务深度合作框架协议》。根据协议,双方将探索车辆及充电商业模式创新,开展充换电站共建、车网互动等合作。

同日 深圳市雄韬电源科技股份有限公司下属子公司上海氢雄信息科技有限公司与德先汽车科技(上海)有限公司签署《燃料电池系统购销合同》。根据合同内容,采购产品为 52 kW 燃料电池系统及车载供氢系统,订单金额为 3 461.5 万元。

15 日 国家电力投资集团有限公司与中车株洲电力机车研究所有限公司签订业务合作协议。根据合作协议,双方将围绕氢能技术创新等方面建立长期战略合作伙伴关系。

16 日 奇瑞汽车股份有限公司与华为技术有限公司在芜湖签订全面合作框架协议。根据协议,双方将在智能汽车电子电器架构、智能网联、智能座舱、车载计算及自动驾驶、智能能源、智能车云服务等领域全面合作;双方将共同研究探索 5G 创新应用场景,在"5G + V2X"、车路协同、自动驾驶等方面开展合作;双方将在大数据基础设施、存储、分析、高性能计算、信息化等方面开展合作,助力奇瑞加快大数据时代的变革。

同日 英特尔与滴滴出行签署战略合作协议。根据协议,双方将在云计算和自动驾驶两大领域开展深入合作,并围绕计算、存储平台、网络和软件4个维度进行优化和探索。

17日 中国汽车技术研究中心有限公司与江苏省常州市武进国家高新区在常州市签署合作协议。根据协议,未来双方将继续发挥各自在资源、技术、规划、管理等方面的优势,促进汽车产业转型升级,推动汽车产业电动化、智能化、网联化、共享化、轻量化发展。

同日 乌海海易通银隆与乌海金财特来电新能源有限公司签署《购车合同》。根据合同,乌海海易通银隆向乌海金财特来电出售氢燃料电池公交车,并提供给乌海公交公司使用,充分利用双方的资源和优势,共同致力于在乌海市开展氢能车推广及示范应用,推动乌海市氢能城市建设,共同助力氢能社会发展。

22日 合肥四维图新科技有限公司与合肥工业大学汽车工程技术研究院,签署产学研合作协议。根据协议,双方将在产品研发、技术创新、人才培养、教学实践活动等方面开展一系列合作,并探索学校企业"双导师制"的培养模式联合共建。智能网联电动汽车技术创新联合实验室同期揭牌投入运营,该实验室将利用试验资源支持产品研发,并共同参与智能网联汽车项目申报及项目实施。

同日 眉山市东坡区人民政府与深圳大学深地科学与绿色能源研究院、四川安沃德新能源科技有限公司共同签署氢能技术研发及产业化战略合作协议。根据协议,三方将建立长期战略伙伴关系,以项目为纽带,建立"政—校—企"三方联合技术创新与产业化战略合作模式,深化氢能技术产业领域合作。

同日 博世中国与中国高端商用车制造商庆铃汽车(集团)有限公司在重庆签署合资协议。根据协议,双方将成立合资公司,共同开发和销售燃料电池解决方案。合资公司注册资本为8亿元,将主要负责燃料电池系统的开发、应用、组装、销售和服务。

同日 吉林电力股份有限公司与国家电投集团氢能科技发展有限公司在长春与签署战略合作框架协议。根据框架合作协议,未来双方将共同开拓氢能市场,围绕燃料电池推广应用、PEM制氢设备研发制造等开展广泛合作引导,推动燃料电池、PEM制氢等关键核心技术研发及产业发展。

24日 孚能科技与吉利科技集团有限公司签署《战略合作协议》。根据协议,双方计划合资公司建设动力电池生产工厂,合资公司股权比例和治理结构根据具体项目实际情况确定。

25日 开沃新能源汽车集团股份有限公司、"硅谷天堂新能源汽车换电网生态"旗下银能控股有限公司及展鹏科技股份有限公司共同签署《战略合作协议》,就纯电动换电型新能源汽车的技术应用达成战略合作。根据战略合作协议,三方将在物流、公交、环卫的换电车型下展开深入合作,创造高品质电动车产品和新能源交通解决方案,助力实现公共交通的自动化、信息化和智能化,开沃汽车将在"新能源汽车换电网生态一体化"中积极推进纯电动换电汽车的技术应用。

同日 浙江杭可科技股份有限公司与合肥国轩高科动力能源有限公司签署2020—2021年的《年度设备采购框架协议》。根据协议,杭可科技将向国轩高科销售锂离子电池后处理系统设备,预计金额合计不超过3.71亿元。

29日 广州鹏辉能源科技股份有限公司与爱玛科技集团股份有限公司、山东爱德邦智能科技有限公司在天津签订三方合作协议。根据协议,三方将共同在技术研发、产品创新、质量管控、售后服务、品牌推广、供应链建设等方面全方位开展合作,共同为消费者打造高品质、高性价比的锂电产品,推动安全出行、绿色出行和电动自行车行业的健康发展。

三、2020年新能源汽车行业重要事件

1月

2日 中国中车与国家电投联手开发的首台氢燃料电池客车在宁波隆重下线。此氢燃料电池客车加氢时间仅15 min,满载续航里程达600 km以上;能量转化效率高达53%~55%,是普通内燃机效率的3倍。

3日 一汽集团旗下子公司与东风汽车等成立合资公司——北京国创新能源汽车股权投资基金合伙企业,经营范围包括非证券业务的投资、投资管理、投资咨询。

6日 Uber和现代汽车公司宣布计划合作开发电动空中出租车,以缓解城市拥堵。这款空中出租车可以垂直起降,可搭载4名乘客,其巡航速度可达180 mi/h(290 km/h),巡航高度约为1 000~2 000英尺(304.8~609.6 m),飞行里程可达60 ft(100 km)。空中出租车将是全电动的,采用分布式电力推进,为机身周围的多个旋翼和螺旋桨提供动力。

8日 北京市发展改革委发布《关于组织好2020年度新能源小客车公用充电设施项目建设投资补助资金申报工作的通知》,通知明确启动2020年度新能源小客车公用充电设施项目建设投资补助资金申报工作,此次仅受理2018年1月1日以后备案的项目;接入北京市公用充电设施数据信息服务平台并符合北京市充电设施行业主管部门互联互通等相关要求。

12日 工业和信息化部副部长辛国斌主持召开第四届全球电动汽车发展与政策圆桌会议。工业和信息化部装备工业一司副司长罗俊杰在会上作了引导发言,从产业规划、技术创新、推广应用、充电设施和管理机制等方面阐述了中国推动新能源汽车发展的政策措施和下一步重点工作考虑。

13日 中国汽车工业协会发布新能源汽车年度产销数据,中国新能源汽车2019年产量为124.2万辆,销量为120.6万辆,同比分别下降2.3%、4.0%。其中,纯电动汽车生产完成102万辆,同比增长3.4%,销量为97.2万辆,同比下降1.2%;插电混动汽车产销分别完成22万辆和23.2万辆,同比分别下降22.5%和14.5%;燃料电池汽车产销分别完成2 833辆和2 737辆,同比分别增长85.5%和79.2%。

同日 伟巴斯特在浙江省嘉兴市新工厂及新能源动力电池系统研发中心落成，伟巴斯特全新的新能源动力电池系统研发中心拥有研发及测试、样件开发及设计的技术能力，并预留了2 400 m^2 的生产区域，能够为当地客户提供全方位的电池包系统解决方案。

14日 工业和信息化部发布第327批《道路机动车辆生产企业及产品公告》，共计67个新能源生产厂家63个品牌115个新能源车型进入公告。其中，纯电动产品共计98款（含乘用车18款、客车20款、专用车47款、客车底盘3款、专用车底盘10款）；插电式混合动力产品6款（含乘用车4款、客车1款、客车底盘1款）；燃料电池产品11款（含客车8款、专用车1款、客车底盘1款、专用车底盘1款）。

同日 工业和信息化部发布《新能源汽车推广应用推荐车型目录（2020年第1批）》，本批目录共有140款新能源汽车进入。其中，纯电动汽车125款（含客车29款、乘用车30款、专用车66款）；插电式混合动力汽车5款（含乘用车3款、客车2款）；燃料电池汽车10款（客车8款、专用车2款）。

15日 北汽新能源发布"2029计划"，将以锂离子电池、固态电池、燃料电池的能源驱动系统构建多元化能源体系。

16日 交通运输部公告第16批道路运输车辆达标车型，新能源汽车方面，本批次共有12家车企的32个新能源车型列入，其中22个纯电动车型（含客车17个、专用车5个）；燃料电池车型9个（含客车1个、专用车8个）；插电式混合动力客车1个。

17日 深圳市公共交通管理局发布《深圳市泥头车整治办关于2019年12月纯电动泥头车行驶运营里程公示的通报》，本批公示共有46家企业，其中有12家企业本期纯电动泥头车行驶运营里程数据为0，其余34家企业本期行驶运营里程总计4 921 383 km。

同日 宁德市人民政府办公室发布《进一步加快"电动宁德"建设的实施意见》，对于电动城区，意见明确：新建公共停车场（点）配建20%以上为新能源汽车专用充电车位，已建公共停车场（点）改装一定比例车位为新能源汽车专用充电车位。全市新增和更新执法执勤用车70%以上采用新能源汽车。全市新增和更新出租汽车100%使用新能源汽车；网约车使用新能源汽车比例较上年有所提高；分时租赁汽车100%采用新能源汽车。全市公交车100%实现纯电动化。

29日 交通运输部发布《交通运输部关于统筹做好疫情防控和交通运输保障工作的紧急通知》，通知明确：各地交通运输部门及相关部门不得采取封闭高速公路的措施，除因疫情防控外，不得向卫生健康部门外其他组织、机构或个人泄露有关信息。

2月

1日 交通运输部印发《关于切实保障疫情防控应急物资运输车辆顺畅通行的紧急通知》，通知明确要求在疫情防控特殊时期，将重要生活物资纳入应急运输保障范围，落实绿色通道政策，确保物资运输车辆"不停车、不检查、不收费"，优先便捷通行。

同日 广东省交通运输厅、省税务局联合印发《关于网络平台道路货物运输经营管理的实施细则》，细则围绕线上服务能力、线下操作规范、运输过程管控、网络安全、风险防范等方面，在既有管理制度框架体系内进一步健全完善监管体系，进一步强化对行业管理薄弱环节的监管，对网络货运经营者提出明确要求。

9日 工业和信息化部装备工业一司、电子信息司与主要汽车芯片供应企业代表进行了座谈交流。与会各方交流了近期汽车芯片供应短缺情况，对未来发展趋势进行了分析研判。汽车芯片供应企业代表均表示已针对当前市场情况，积极采取设立专项工作组、加强与整车零部件企业沟通交流、启动备用产能、加快物流运输等手段，增强市场供给能力。部装备工业一司、电子信息司建议汽车芯片供应企业高度重视中国市场，加大产能调配力度，提升流通环节效率，与上下游企业加强协同，努力缓解汽车芯片供应紧张问题，为中国汽车产业平稳健康发展提供有力支撑。

10日 工信部发布《关于修改〈新能源汽车生产企业及产品准入管理规定〉的决定（征求意见稿）》，意见稿明确将《新能源汽车生产企业准入审查要求》中的第一项"设计开发能力"，改为"技术保障能力"。

同日 国家发改委、国家网信办、工信部等11个国家部委联合发布《智能汽车创新发展战略》，明确我国发展智能汽车战略愿景和主要任务。战略提出，到2025年，中国标准智能汽车的技术创新、产业生态、基础设施、法规标准、产品监管和网络安全体系基本形成。到2035年，中国标准智能汽车体系全面建成的目标。

14日 工业和信息化部发布《新能源汽车推广应用推荐车型目录（2020年第2批）》，本批目录共有170款新能源汽车进入。其中，纯电动汽车145款（含客车42款、乘用车37款、专用车66款）；插电式混合动力汽车18款（含乘用车14款、客车4款）；燃料电池汽车7款（客车6款、专用车1款）。

同日 工业和信息化部发公告第328批《道路机动车辆生产企业及产品公告》，共计84个新能源生产厂家81个品牌154个新能源车型进入公告。其中，纯电动产品共计135款（含乘用车24款、客车24款、专用车72款、客车底盘4款、专用车底盘11款）；插电式混合动力产品13款（含乘用车12款、客车1款）；燃料电池产品6款（含客车4款、专用车1款、专用车底盘1款）。

15日 交通部发布《关于新冠肺炎疫情防控期间免收收费公路车辆通行费的通知》，通知明确，在新冠肺炎疫情防控期间免收收费公路车辆通行费，免收通行费的时间范围从2020年2月17日0时起，至疫情防控工作结束。

19日 深圳市发改委发布《深圳市2019—2020年新能源汽车推广应用财政补贴实施细则》，细则明确，在深圳市行政区域范围内依法注册登记并符合本政策规定条件的新能源汽车，在获得国家车辆购置补贴后，可按要求申领深圳市车辆购置补贴。财政补贴标准按3种情况执行：（1）2019年1月1日—2019年3月25日上牌的新能源汽车。按照财建〔2018〕18号文中《新能源汽车推广补贴方案及产品技术要求》中补贴标准的50%执行。（2）2019年3月26日—2019年6月25日上牌的新能源汽车。按照财建〔2019〕138号文有关要求，过渡期期间：符合2018年技术指标要求但不符合2019年技术指标要求的销售上牌车辆，按照财建〔2018〕18

号对应标准0.1倍的50%给予补贴。符合2019年技术指标要求的销售上牌车辆按2018年对应标准0.6倍的50%给予补贴。(3)2019年6月26日—2020年12月31日上牌的新能源汽车。2019年6月26日—2019年8月7日上牌的新能源汽车,仅对市公共交通主管部门批准新增或更新的纯电动公交车给予购置补贴。根据财建〔2019〕213号文要求,符合2018年技术指标要求但不符合2019年技术指标要求的纯电动公交车,按照财建〔2018〕18号对应标准0.1倍的50%给予补贴;符合2019年技术指标要求的纯电动公交车按2018年对应标准0.6倍的50%给予补贴。2019年8月7日以后上牌的新能源汽车不再给予购置补贴。

21日 财务部发布《关于修改节能减排补助资金管理暂行办法的通知》,通知明确:将第二条"专项资金"修改为"补助资金",删去"以奖代补主要根据节能减排工作绩效分配;据实结算项目主要采用先预拨、后清算的资金拨付方式。"新能源汽车补贴隶属于"节能减排补助资金"范畴,意味着新能源汽车补贴不再采用先预拨、后清算的资金拨付方式。

28日 广州市交通运输局、广州市财政局联合发布《关于印发广州市新能源公交车推广应用财政补贴奖励办法的通知》,办法明确:对符合标准的新能源公交车给予37万~59万元/台的减排奖励,办法自印发之日起施行,有效期至2023年8月21日。

3月

3日 广东省茂名市工业与信息化局发布《茂名市氢能产业发展规划(征求意见稿)》,规划分3个阶段设定产业发展目标。(1)近期目标:确保氢气资源供应能力,推进氢能基础设施建设,布局和培育氢能产业。推动规模化制氢项目落地;布局规划氢气输送管道及加氢站等基础配套设施;开展氢能安全有关检测认证服务;积极招引燃料电池汽车整车及核心零部件企业;加快培育燃料电池系统及核心零部件相关产业。建成从滨海新区博贺港到高新区化工园区之间的氢气输送管道和7座加氢站;至少投入运营1条燃料电池汽车公交专线,推广大约40辆燃料电池公交车、100辆燃料电池公共机构用车(环卫车、旅游观光车、校车等)和100辆燃料电池载货车;培育5家以上氢能相关企业;2022年氢能产业总产值预计达到30亿元。(2)中期目标:扩大氢气生产规模,参与建立广东省氢能走廊,融入粤港澳大湾区的氢能产业版图。扩大集中制氢规模,构建氢气输运网络;建成面向"珠三角"氢能产业聚集区的远距离氢运输线;燃料电池核心技术达到国际先进水平,推进燃料电池汽车产业;发展氢能化工,充分消纳氢气产能;试点燃料电池在工业发电、热电联供和船舶方面的应用。培育规模以上企业10家;输氢管道总里程达到大约50 km,建成超10座加氢站;推广大约100辆燃料电池公交车、250辆燃料电池公共机构用车和250辆燃料电池载货车;2025年氢能产业总产值预计达到100亿元,成为广东省氢能走廊的重要节点城市。(3)远期目标:实现茂名从"油城"向"氢城"的战略转变,建成具有国际影响力的氢能产业绿色示范城市。累计建成20座加氢站,氢能产业总产值突破300亿元,成为茂名市的支柱产业之一。技术层面上,拥有自主可控的规模化低成本制氢技术、燃料电池技术和常温常压有机氢化物储氢技术;燃料电池汽车设计水平和产品性能达到国内领先;氢能终端产品推广应用从公共领域为主向社会领域为主转移,氢能在交通、发电、供热、航运等方面得到一定程度的应用。

6日 海南省发展改革委发布《关于做好电动汽车充电基础设施建设运营补贴工作的函》,函明确:从2021年开始至2025年,充电基础设施建设运营补贴每年申报一次。为确保补贴资金纳入省财政年度预算,每年2月底前各市县充电基础设施建设主管部门要出具审核意见。

9日 北京市人民政府发布《北京市机动车和非道路移动机械排放污染防治条例》,自2020年5月1日起施行。条例明确:北京市将采取财政、税收、政府采购、通行便利等措施,推动新能源配套基础设施建设,推广使用节能环保型、新能源机动车和非道路移动机械,采取措施逐步淘汰高排放机动车和非道路移动机械。新能源机动车通行便利的具体规定,由市交通、公安机关交通管理和生态环境部门共同制定。

10日 北京市城市管理委员会发布《北京市电动汽车社会公用充换电设施安全生产管理办法(试行)》,管理办法明确了充换电设施行业安全生产管理责任和运营企业安全生产管理责任,并鼓励运营企业参加国家倡导的中国电动汽车充电基础设施促进联盟等行业组织开展的产品标识(检测、认证)评定等行业自律工作。

11日 天津市发展和改革委员会发布《2020年居民小区公共充电桩建设实施方案(征求意见稿)》。征求意见明确:2020年天津市各区确保完成1 000台公共充电桩建设。各承建企业要于2020年10月底前完成本年度的小区公共充电桩建设。市发展改革委将根据验收结果核发补贴资金。充电服务费按不高于0.4元/kWh优惠价格收取。

13日 工信部、国家税务总局联合发布《免征车辆购置税的新能源汽车车型目录(第三十批)》,本批目录共有321款新能源汽车进入。其中,纯电动277个(含客车89款、乘用车77款、专用车111款);插电式混合动力26个(含乘用车20款、客车5款、专用车1款);燃料电池18个(含客车16款、专用车2款)。

同日 工信部、国家税务总局联合发布《享受车船税减免优惠的节约能源使用新能源汽车车型目录(第十四批)》,本批目录共有205款新能源汽车进入。其中,插电式混合动力乘用车21款、纯电动商用车161款、插电式混合动力商用车5款、燃料电池商用车18款。

同日 国家发改委、商务部等23个部门联合发布《关于促进消费扩容提质 加快形成强大国内市场的实施意见》,在"鼓励使用绿色智能产品"一项中,意见提出要促进汽车限购向引导使用政策转变,鼓励汽车限购地区适当增加汽车号牌限额。此外,意见提出要落实好现行中央财政新能源汽车推广应用补贴政策和基础设施建设奖补政策,推动各地区按规定将地方资金支持范围从购置环节向运营环节转变。

16日 海南省工业和信息化厅、海南省财政厅联合发布《关于做好2016年至2019年新能源汽车推广应用地方财政补贴清算工作的通知》,补贴标准方面,2016年上牌车辆:按照《关于做好2016年全省新能源汽车推广应用财政补贴申报工作的通知》(琼工信高〔2016〕410号),《关于2016年全省新能源汽车推广应用财政补贴申报的补充通知》(琼工信高〔2017〕15号)相关标准执行。2017年及2018年上牌车辆:按照《关于做好2016年至2018年新能源汽车推广应用地方财政补贴清算工作的通知》(琼工信装科〔2019〕126号)相关标准执行。2019年上牌车辆:按照2019年4月18日《海南省财政厅　海南省工业和信息化厅　海南省发展和改革委员会转发关于进一步完善新能源汽车推广应用财政补贴政策的通知》并按照国家补贴标准的0.5倍执行。

17日　国家发展改革委、司法部联合印发《关于加快建立绿色生产和消费法规政策体系的意见》,汽车行业领域,意见明确:(1)扩大绿色产品消费。建立新能源汽车推广机制,有条件的地方对消费者购置节能型家电产品、节能新能源汽车、节水器具等给予适当支持。鼓励公交、环卫、出租、通勤、城市邮政快递作业、城市物流等领域新增和更新车辆采用新能源和清洁能源汽车。(2)促进能源清洁发展。加大对分布式能源、智能电网、储能技术、多能互补的政策支持力度,研究制定氢能、海洋能等新能源发展的标准规范和支持政策。(3)发展工业循环经济。以电器电子产品、汽车产品、动力蓄电池、铅酸蓄电池、饮料纸基复合包装物为重点,加快落实生产者责任延伸制度,适时将实施范围拓展至轮胎等品种,强化生产者废弃产品回收处理责任。支持建立发动机、变速箱等汽车旧件回收、再制造加工体系,完善机动车报废更新政策。

20日　广东省广州市政府第15届104次常务会议审议原则通过了《广州市促进汽车生产消费若干措施》,措施主要围绕提振新能源汽车消费、鼓励汽车加快更新换代、营造汽车消费环境3个方面进行改动,提出购车补贴、竞价奖励、新增巡游出租车指标和优化中小客车指标调控政策等措施,支持汽车产业持续健康发展,预计拉动总产值将超过200亿元。未来将增加中小客车指标发放,具体增加的数据将进行核改。

同日　重庆市经济和信息化委员会发布《重庆市氢燃料电池汽车产业发展指导意见》意见明确:(1)到2022年,氢燃料电池汽车产业链体系初步形成,自主创新能力显著提升,产业发展环境更加优越,示范应用初具规模。在技术链层面,实现电堆、系统集成与控制等核心技术达到国内先进水平。在产业链层面,制氢、储氢、运氢、加氢、氢燃料电池电堆、关键核心部件到氢燃料电池汽车产业集群初步形成,建成国家级质量检测机构1个,引进和培育氢燃料电池电堆和核心零部件企业6家,整车量产车型超过5个。在示范推广层面,建成加氢站10座,探索推进公交车、物流车、港区集卡车等示范运营,氢燃料电池汽车运行规模力争达到800辆。(2)到2025年,全市氢燃料电池汽车示范应用及产业规模大幅提升,创新发展能力进一步增强,基本形成氢燃料电池汽车全产业链竞争优势,成为具有全国影响力的氢燃料电池汽车产业基地。在技术链层面,氢燃料电池电堆、系统集成与控制、核心零部件、基础材料等关键技术达到国内先进水平。在产业链层面,产业集群进一步壮大,全市氢燃料电池汽车相关企业超过80家,其中有全国影响力的整车企业2家、动力系统企业3家、核心零部件企业10家。在示范推广层面,建成加氢站15座,在区域公交、物流等领域实现批量投放,氢燃料电池汽车运行规模力争达到1 500辆。

23日　由佛山市飞驰汽车制造有限公司生产制造的50辆氢燃料电池厢式运输车在广东鸿景物流有限公司正式投入运营,该款车搭载广东国鸿重塑能源科技有限公司燃料电池系统,额定功率为32 kW,车速达85 km/h,额定载货质量约3.5 t,一次加氢续航里程超过300 km。

24日　工业和信息化部发布《工业和信息化部关于推动5G加快发展的通知》,通知明确:丰富5G技术应用场景方面,促进"5G+车联网"协同发展。推动将车联网纳入国家新型信息基础设施建设工程,促进LTE-V2X规模部署。建设国家级车联网先导区,丰富应用场景,探索完善商业模式。

同日　商务部办公厅、国家发展改革委办公厅、国家卫生健康委办公厅联合发布《关于支持商贸流通企业复工营业的通知》,在第六条"扩大传统消费"中的第二项"稳定实物消费"中,通知明确:稳住汽车消费。各地商务主管部门要积极推动出台新车购置补贴、汽车"以旧换新"补贴、取消皮卡进城限制、促进二手车便利交易等措施,组织开展汽车促销活动,实施汽车限购措施地区的商务主管部门要积极推动优化汽车限购措施,稳定和扩大汽车消费。

25日　比亚迪丰田电动车科技有限公司成立,经营范围为纯电动车及其衍生车辆,包括纯电动汽车以及衍生车辆用零部件的设计开发等。

29日　长春市商务局发布《关于做好近期商贸领域促消费工作的指导意见》,在促进汽车消费方面,意见明确:长春市鼓励购买新车,购买长春市生产并在省内销售落籍的汽车,每辆给予购车价格3%的一次性补助,最高不超过4 000元;鼓励更新换代。

31日　国务院召开常务会议,为促进汽车消费,会议确定:将年底到期的新能源汽车购置补贴和免征车辆购置税政策延长2年。

4月

1日　工业和信息化部发布第330批《道路机动车辆生产企业及产品公告》,共计63个新能源生产厂家59个品牌107个新能源车型进入公告。其中,纯电动产品共计88款(含乘用车12款、客车21款、专用车45款、客车底盘2个、专用车底盘8款);插电式混合动力产品12款(含乘用车3款、客车2款、专用车5款、专用车底盘2款);燃料电池产品7款(含客车2款、专用车3款、专用车底盘2款)。

同日　工业和信息化部发布《新能源汽车推广应用推荐车型目录(2020年第4批)》,本批目录共有133款新能源汽车进入。其中,纯电动汽车114款(含客车33款、乘用车14款、专用车67款);插电式混合动力汽车15款(含乘用车7款、客车3款、专用车5款);燃料电池汽车4款(客车2款、专用车2款)。

2日　国家邮政局、工信部联合发布《关于促进快递业与制造业深度融合发展的意见》,在发展绿色物流方面,意见明确:鼓励快递企业加快推广甩挂运输和多式联运等先进运输组织模式,淘汰更新老旧车辆,提高新能源车辆使用比例。

3日　工信部公开征求对《道路机动车辆产品系族管理实施细则(征求意见稿)》的意见,实施细则明确:道路机动车辆生产企业申请道路机动车辆产品准入时，可依据本细则规定按系族进行申报。新能源汽车、危险货物运输车辆、校车、专用作业车、三轮汽车、电动摩托车产品暂不实施系族管理。

7 日 四川省领导联系指导新能源与智能汽车产业机制办公室发布《新能源与智能汽车产业 2020 年度工作要点》，工作要点明确：2020 年重点在推动龙头骨干企业加快升级改造，促进四川省新能源与智能汽车产业高质量发展，打造具有全国影响力的新能源汽车尤其是氢燃料电池汽车产品，推动中德合作智能网联汽车、车联网项目取得阶段性成果，建成封闭测试场，力争四川全省实现新能源汽车生产 3.5 万辆，同比增长 10%，新能源汽车累计推广应用达 12 万辆。

9 日 深圳市交通运输局发布《关于新增特定小汽车指标的通告》，通告明确：经研究，决定使用 2020 年新追加的小汽车指标额度，面向个人配置 1 万个混合动力小汽车指标。本次配置的 1 万个指标，只能用于办理小汽车注册登记（新购车辆上牌），不可办理转移登记和变更登记。同时，注册登记的小汽车必须为纯电续航里程超过 80 km 的插电式混合动力小汽车。

10 日 工信部公示《2019 年乘用车企业平均燃料消耗量与新能源汽车积分情况》，2019 年度中国境内 146 家乘用车企业共生产/进口乘用车 2 093. 11 万辆（含新能源乘用车，不含出口乘用车），平均燃料消耗量实际值为 5. 79/100 km，燃料消耗量正积分为 646. 24 万分，燃料消耗量负积分为 517. 13 万分，新能源汽车积分为 327. 18 万分。

13 日 广州市发布《广州市黄埔区　广州开发区促进氢能产业发展办法实施细则》，细则对日加氢能力 350 kg 及以上的加氢站给予建设补贴，加氢站建设补贴按以下标准进行。（1）固定式加氢站，日加氢能力 500 kg 及以上的新建站，2019 年 12 月 31 日（含）前建成补贴 600 万元，2020 年 12 月 31 日（含）前建成补贴 500 万元，2021 年后建成补贴 300 万元；日加氢能力 500 kg 及以上的改建站，2019 年 12 月 31 日（含）前建成补贴 500 万元，2020 年 12 月 31 日（含）前建成补贴 400 万元，2021 年后建成补贴 300 万元。（2）固定式加氢站，日加氢能力 500 kg 以下的新建站、改建站，2019 年 12 月 31 日（含）前建成补贴 400 万元，2020 年 12 月 31 日（含）前建成补贴 300 万元，2021 年后建成补贴 200 万元。（3）撬装式加氢站，2019 年 12 月 31 日（含）前建成的新建站、改建站补贴 250 万元；2020 年 12 月 31 日（含）前建成的新建站、改建站补贴 150 万元；2021 年后建成不再补贴。本条加氢站建设补贴不超过实际固定资产投资额的 50%。

同日 济南市发改委向社会公开征求《关于加快推进全市新能源汽车充电基础设施建设的实施意见（征求意见稿）》，征求意见明确：到 2022 年，全市充电基础设施保有量达到 16 000 个以上，力争突破 20 000 个，基本建成布局合理、管理规范、智能高效的充电基础设施体系，形成统一开放、竞争有序的充换电服务市场，满足不同领域、不同层次的充电需求。（1）加快推进居民小区充电基础设施建设。（2）完善公共停车场充电基础设施。（3）加快行业专用充电基础设施建设。（4）积极构建高等级公路城际快充网络。（5）推进公务用车充电基础设施建设。（6）鼓励旅游景区充电基础设施建设。

14 日 国家电网启动新一轮充电桩建设，计划安排充电桩建设投资 27 亿元，新增充电桩 7. 8 万个，项目分布在北京、天津、河北、上海、江苏等 24 个省（市）。

同日 浙江省经济和信息化厅发布《关于开展制造业高质量发展示范创建县（市、区）产业链协同创新项目库建设的通知》，通知明确：在项目库建设重点领域，涵盖节能与新能源汽车产业链，重点包括汽车关键零部件、汽车电子装置、汽车整车制造等领域。

15 日 河南省工信厅、省发展改革委、省财政厅等八部门共同制定的《河南省氢燃料电池汽车产业发展行动方案》已经省政府同意印发。方案明确：以客车为牵引，促进物流等商用车产业发展，以重点城市群辐射带动全省范围开展氢燃料电池汽车示范应用；到 2025 年，全省氢燃料电池汽车相关产业年产值要突破 1 000 亿元。在推动产业协同发展上，以郑州汽车产业基地为主体，推动氢燃料电池客车技术研发应用，加快氢燃料商用车研发布局；支持郑州、新乡等地重点企业和研发机构加快氢燃料电池电堆、动力系统、电驱动系统研发应用；加快开封、洛阳、新乡、焦作、平顶山、鹤壁、安阳、驻马店、濮阳等地氢制备产业布局；以建设氢燃料电池汽车产业创新中心、创建国家级氢燃料电池汽车检测中心、构建氢燃料电池汽车产业标准体系为重点，打造产业创新发展平台。

16 日 工信部发布《2020 年智能网联汽车标准化工作要点》，明确 2020 年智能网联汽车标准化工作，将以推动标准体系与产业需求对接协同、与技术发展相互支撑，建立国标、行标、团标协同配套新型标准体系为重点，促进智能网联汽车技术快速发展和应用，充分发挥标准的引领和规范作用，支撑我国汽车产业转型升级和高质量发展。

19 日 美锦能源（000723）拟定增募资 66 亿元，其中 15 亿投向氢燃料电池电堆及系统项目。

20 日 江苏吉麦新能源首款高速电动车——凌宝 BOX 正式量产下线，新车将基于集团现有低速车销售渠道，为三到五线城市乡镇青年提供更为优质的新能源车型。

同日 厦门金龙旅行车有限公司 1 000 辆金旅轻客运往埃及。

同日 国家市场监管总局发布《关于汽车用制动器衬片产品由生产许可转为强制性产品认证管理实施要求的公告》，公告明确：根据《国务院关于调整工业产品生产许可证管理目录加强事中事后监管的决定》（国发〔2019〕19 号）要求，市场监管总局对汽车用制动器衬片产品由生产许可转为强制性认证（CCC 认证）管理。

21 日 工信部公示《95 项行业标准名称及主要内容》，其中汽车行业涉及如下 9 项标准：甲醇汽车燃料消耗量试验方法、电动汽车用电动动力系噪声测量方法、汽车材料中多环芳烃的检测方法、发动机进气水分离试验方法、商用汽车空气滤清器安全滤芯、汽车用干式空气滤清器总成、汽车发动机水滤清器、摩托车和轻便摩托车空气滤清器、内燃机工业滤纸。

22 日 财政部、税务总局、工业和信息化部联合发布《关于新能源汽车免征车辆购置税有关政策的公告》，公告明确:自 2021 年 1 月 1 日—2022 年 12 月 31 日,对购置的新能源汽车免征车辆购置税。免征车辆购置税的新能源汽车是指纯电动汽车、插电式混合动力(含增程式)汽车、燃料电池汽车。2020 年 12 月 31 日前已列入《目录》的新能源汽车免征车辆购置税政策继续有效。

同日　上海重塑能源科技有限公司,日本丰田汽车公司、苏州金龙共同打造的首批 20 辆苏州金龙海格氢燃料电池公交车在江苏省常熟市虞山高新区正式投运。

23 日　华为发布旗下新一代 HiCharger 直流快充模块,此次所发布的直流快充模块分为国内版 30 kW 和国外版 20 kW 两个版本,相比上代产品,30 kW 快充模块最高效率达 96.4%,20 kW 的最高效率为 96.55%。年平均失效率为 0.6%,远低于业界平均值 3%~5%。

27 日　工业和信息化部发布第 331 批《道路机动车辆生产企业及产品公告》,共计 98 个新能源生产厂家 96 个品牌 187 个新能源车型进入公告。其中,纯电动产品共计 177 款(含乘用车 30 款、客车 47 款、专用车 82 款、客车底盘 6 个、专用车底盘 12 款);插电式混合动力产品 6 款(含客车 2 款、专用车 3 款、专用车底盘 1 款);燃料电池产品 4 款(含客车 3 款、客车底盘 2 款)。

同日　工业和信息化部发布《新能源汽车推广应用推荐车型目录(2020 年第 5 批)》,本批目录共有 243 款新能源汽车进入。其中,纯电动汽车 232 款(含客车 94 款、乘用车 53 款、专用车 85 款);插电式混合动力汽车 5 款(含乘用车 1 款、客车 2 款、专用车 2 款);燃料电池汽车 6 款(客车 4 款、专用车 2 款)。

同日　中国银联新能源汽车无感充电业务在深圳龙华清荣充电站正式上线。

同日　常熟市人民政府办公室发布《常熟市关于氢燃料电池产业发展的若干政策措施》,措施明确支持加氢站建设运营。建设补助为:单个加氢站按照项目实际建设中设备投资的 20% 给予一次性补贴,单个加氢站建设最高补贴额不超过 400 万元。运营奖励为:在常熟市内注册的加氢站运营主体,在加氢站运营 3 年内,给予加氢站加氢业务增值税和所得税地方留成部分全额返还奖励。运营补助为:在常熟市内注册的加氢站运营主体,在加氢站运营 3 年内,给予加氢运营补贴。35 MPa 氢气销售价格不高于 35 元/kg,按 20 元/kg 补助标准给予补助;70 MPa 氢气销售价格不高于 45 元/kg,按 25 元/kg 补助标准给予补助。每年最高不超过 100 万元。

28 日　湖南永杉锂业有限公司年产 4.5 万 t 锂盐项目开工建设,项目全部建成后可具备 8 万 t/年动力电池三元材料产能。

同日　青岛西海岸新区城市管理局《青岛西海岸新区汽车加氢站规划建设和运营管理暂行办法》,建设补助方面暂行办法明确:(1)固定式加氢站。日加氢能力≥500 kg,2020 年 12 月 31 日(含)前建成的新建站补贴900 万元,改建站补贴 600 万元;2021 年 1 月 1 日—2021 年 12 月 31 日(含)建成的新建站补贴 700 万元,改建站补贴 500 万元。日加氢能力<500 kg,2020 年 12 月 31 日(含)前建成的新建站补贴 700 万元,改建站补贴 500 万元;2021 年 1 月 1 日—2021—12 月 31 日(含)建成的新建站补贴 500 万元,改建站补贴 400 万元。(2)撬装式加氢站。日加氢能力≥350 kg,2020 年 12 月 31 日(含)前建成的新建站补贴400 万元,改建站补贴 300 万元;2021 年 1 月 1 日—2021 年 12 月 31 日(含)建成的新建站补贴 300 万元,改建站补贴 200 万元。

同日　工业和信息化部、国家税务总局联合公告《享受车船税减免优惠的节约能源使用新能源汽车车型目录》(第十五批),本批次中新能源汽车共列入 118 个车型,其中,插电式混合动力专用车进入 5 个;纯电动商用车进入 102 个;插电式混合动力商用车进入 8 个;燃料电池商用车进入 3 个。

同日　工业和信息化部党组成员、副部长辛国斌主持召开推进汽车行业复工复产视频会议,了解汽车产业当前运行情况及复工复产面临的主要问题,研究部署保障产业链供应链稳定工作。辛国斌强调,我国疫情防控向好态势进一步巩固,生产生活秩序加快恢复,汽车行业复工复产取得积极成效,但汽车产业链供应链还面临较大挑战,下一步要加强形势分析研判,统筹谋划推动解决,重点做好3 个方面的工作。一是巩固防控成果,抓紧抓实抓细常态化疫情防控。清醒认识经济发展面临前所未有的挑战,充分估计困难和风险,继续抓实抓细疫情防控,全面推动达产稳产,扎实做好汽车产业发展各项工作。二是积极稳妥应对,切实保障产业链供应链稳定。继续做好紧缺部件库存储备,加强产业链供需信息共享和对接,保障汽车产业链供应的整体稳定。三是加强统筹谋划,打好提升汽车产业链水平的攻坚战。加快建立国内、国外多渠道供货体系,坚持应用牵引、问题导向,全面提升我国产业链水平。

29 日　国家发展改革委、科技部、工业和信息化部、公安部、财政部、生态环境部、交通运输部、商务部人民银行税务总局、银保监会 11 部门联合发布《关于稳定和扩大汽车消费若干措施的通知》,通知明确:完善新能源汽车购置相关财税支持政策。将新能源汽车购置补贴政策延续至 2022 年底,并平缓 2020—2022 年补贴退坡力度和节奏,加快补贴资金清算速度。加快推动新能源汽车在城市公共交通等领域推广应用。将新能源汽车免征车辆购置税的优惠政策延续至 2022 年底。

同日　海南省充电产业投资有限公司建立的首个充电场站——“椰速充”世纪公园充电场站正式投入运营。

30 日　上海市发改委发布《上海市 2020 年节能减排和应对气候变化重点工作安排的通知》,通知明确:大力推广纯电动出租车和公交车,年内新增出租车中纯电动出租车占比不低于 80%、更新或新增公交车全部为新能源车。出台充(换)电设施互联互通有序发展暂行办法,破解充电桩进小区难及电动出租车充电难等问题,鼓励充电设施互联互通和自用、专用充电桩分时共享。完善充电设施建设布局,加快推进充电示范站和充电配套设施建设,新增 10~15 个出租车充电示范站点建设。推进 LNG 清洁能源应用,推进集装箱牵引车清洁能源替代。

同日　深圳市发展和改革委员会发布《关于应对新冠肺炎疫情影响促进深圳市新能源汽车推广应用的若干措施(征求意见稿)》,意见稿明确:放宽个人新能源小汽车增量指标申请条件、扩大个人增购新能源小汽车车型范围、对个人新购新能源小汽车给予综合使用财政补贴、对个人置换更新新能源小汽车实施财政补贴、加大新能源汽车停车优惠力度等措施。对新购新能源小汽车的个人消费者给予综合使用财政补贴，其中新购纯电动高级型或经济型乘用车补贴 2 万元/车、新购插电式混合动力高级型乘用车补贴 1 万元/车。

5 月

7 日　湖南长沙的中联重科股份有限公司一台 25 t 极光绿纯电动汽车起重机在长沙中联重科泉塘工业园下线，这是全球首台纯电动汽车起重机。

同日　绍兴市发改委发布《电动汽车充电基础设施建设运营管理暂行办法(征求意见稿)》，办法明确：逐步在市域范围内形成以住宅小区、办公场所自用、专用充电设施为主体，以公共停车位、道路停车位、独立充电站等公用充电设施为辅的充电基础设施服务网络。具体为：(1)在住宅小区、办公场所建设以慢充为主的自(专)用充电设施。(2)在办公场所建设快慢结合的专用充电设施。(3)在商业、公共服务设施、公共停车场、加油站以及具备停车条件的道路旁等场所建设以快充为主、慢充为辅的公用充电设施。

8 日　由海南联通开发建设的“5G＋无人驾驶车”体验项目在海南正式投入运营。该项目由海南联通、海南呀诺达圆融旅业股份有限公司、联通智网科技有限公司共同打造，是海南首个、国内首批实现商业化运营的无人驾驶项目。

10 日　江淮新能源紧凑型纯电轿跑 iC5 正式上市，新车是江淮新能源推出的一款全新纯电动车，新车共推出四款车型。

11 日　国家发展改革委发布关于印发《中韩(长春)国际合作示范区总体方案》的通知，在重点任务推动产业链协同合作——高端装备和智能制造中，总体方案明确：重点推进新能源汽车和智能网联汽车等产业国际合作；支持在示范区布局新能源汽车、智能网联汽车关键零部件产业。

同日　甘肃省政府办公厅印发《关于进一步促进消费扩大内需的实施意见》《关于进一步促进消费扩大内需的行动计划》，新能源汽车产业链方面，实施意见明确：通过引导各类社会资本投入，合理布局重点城市、重点景区、交通干线服务区充电桩建设，推动新能源汽车消费和汽车更新换代；创新完善旅游服务，加快新能源汽车充电桩等服务功能；大力促进汽车消费，加大公交、出租等公共领域燃油车置换为新能源汽车工作力度。行动计划明确：开展汽车与油银保联动促销活动。省市县政府投入 5 500 万元对新购家用车辆给予补贴，对销售前 10 名的经销商分类给予最高 30 万元奖励，刺激汽车消费。在保障措施方面，争取和落实新能源汽车推广应用补贴政策和基础设施建设奖补政策。

12 日　工业和信息化部组织制定的 GB 18384—2020《电动汽车安全要求》、GB 38032—2020《电动客车安全要求》和 GB 38031—2020《电动汽车用动力蓄电池安全要求》三项强制性国家标准由国家市场监督管理总局、国家标准化管理委员会批准发布，将于 2021 年 1 月 1 日起开始实施。

13 日　比亚迪旗下首款搭载刀片电池的纯电动车型汉 EV 在欧洲首发。

同日　天津试点新型车网互动充电桩，电动汽车接入新型车网互动充电桩后，除了可以充电，还能向电网反向送电，赚取峰谷电价差，并在电网发生故障时支撑紧急状态下的用电需求。

14 日　河北省沧州市第二批智能网联测试道路宣布开放，“Apollo 自动驾驶与车路协同(沧州)应用实验室”与“自动驾驶创新应用运营中心”也相继宣告成立。

15 日　北京规模最大的集中式电动汽车充电站在五棵松体育中心地下停车场投入使用，该充电站共有 200 个充电桩，包括 80 个 60 kW 直流充电桩和 120 个 7 kW 交流充电桩，单日可最大提供约 1 300 车次充电服务能力。

同日　国家能源集团直属全资子公司国华能源投资有限公司与湖北高投引导基金管理公司、东湖新技术开发区管委会、武汉资环工研院等各方签署了合作协议，由国家能源集团牵头发起成立的首个氢能产业基金落户武汉光谷，一期基金规模为 10 亿元，支持湖北、武汉疫后经济振兴、支持武汉氢能汽车推广应用示范城市建设、支持资环工研院加速氢能源与氢能汽车产业化、商业化进程。

18 日　上海市发展和改革委员会、上海市财政局联合发布《消费者购买新能源汽车充电补助实施细则》，对于补助标准，实施细则明确：对符合申领条件的消费者，本市给予每人 5 000 元充电补助，补助资金可以支付消费者在本市使用具有独立报桩电表的个人自有充电桩充电时产生的电费，也可以支付消费者在本市公共或专用充电设施充电并使用上海充电设施公共数据采集与监测市级平台支付的电费和服务费，但不得用于除上述范围外的其他用途。

同日　工业和信息化部发布第 332 批《道路机动车辆生产企业及产品公告》，共计 11 个新能源生产厂家 11 个品牌 15 个新能源车型进入公告。其中，纯电动产品共计 15 款(含乘用车 2 款、客车 4 款、专用车 9 款)。

同日　工业和信息化部发布《新能源汽车推广应用推荐车型目录(2020 年第 6 批)》，本批目录共有 1 815 款新能源汽车进入。其中，纯电动汽车 1 619 款(含客车 1 040 款、乘用车 240 款、专用车 339 款)；插电式混合动力汽车 130 款(含乘用车 79 款、客车 48 款、专用车 3 款)；燃料电池汽车 66 款(客车 65 款、专用车 1 款)。

同日　蜂巢能源科技有限公司正式推出无钴电池，无钴电池是传统的镍钴锰电池做了无钴化处理，正极材料为自主研发，其主材为镍锰，可以实现钴含量为 0。

19 日　广州市工业和信息化局发布《广州市电动汽车充电基础设施补贴资金管理办法(修订征求意见稿)》，管理办法明确了补贴标准：(1)充电设施建设补贴，按照充电设施额定输出功率给予一次性建设补贴。其中：直流充电桩、交直流一体化充电桩、无线充电设施：不高于 300 元/kW。交流充电桩：不高于 60 元/kW。换电设施：不高于 2 000 元/kW。(2)市平台运营补贴，根据每年省下达广州市的资金量情况，不高于 100 万元/年。

22 日　第十三届全国人民代表大会第三次会议在人民大会堂开幕。新能源汽车领域，2020 年政府工作报告指出：2020 年拟安排地方政府专项债券 3.75 万亿元，比 2019 年增加 1.6 万亿元，提高专项债券可用作项目资本金的比例，中央预算内投资安排 6 000 亿元。重点支持既促消费惠民生又调结构增后劲的“两新一重”建设，主要是：加强新型基础设施建设，发展新一代信息网络，拓展5G应用，建设充电桩，推广新能源汽车，激发新消费需求、助力产业升级。

25日　昆明市发展改革委发布《昆明市加快推进电动汽车充电基础设施建设实施意见》，意见明确：科学建设充电基础设施，主要包括适度超前建设公用充电设施，优先推进公共服务领域专用充电设施建设，切实推动自用充电设施建设。建立完善服务体系，主要包括优化昆明市新能源汽车运营信息管理及服务平台。对在昆明市投资建设、通过验收并对社会运营、已接入市级新能源平台的充换电设施、集中式充换电示范站、充电设施示范小区给予财政补贴。

同日　工业和信息化部公示《2018年度、2016年及以前年度新能源汽车推广应用补助资金清算审核和2018年度、2019年度补助资金预拨审核情况》。(1)2018年度新能源汽车推广应用补助资金清算审核公示车辆信息：专家组核定的推广数548 699辆；按整车企业取整后补助资金2 117 777万元；本次实际拨付资金98 078万元。(2)2016年度新能源汽车推广应用补助资金清算审核公示车辆信息：专家组核定的推广数56 866辆；按整车企业取整后补助资金682 020万元。(3)2015年度新能源汽车推广应用补助资金清算审核公示车辆信息：专家组核定的推广数2 085辆；按整车企业取整后补助资金28 467万元；本次实际拨付资金12 722万元。(4)2018年度、2019年度新能源汽车推广应用补助资金预拨审核情况：核定车辆数907 132辆；预拨金额283 869万元。

同日　蜂巢能源科技有限公司51 Ah叠片工艺电芯率先通过UL2580及IEC 62660-3动力电池安全测试，满足美国(UL)及国际电工委员会(IEC)所制定的相应标准以及技术要求。

同日　开沃汽车在拉萨成立新能源子公司(拉萨开沃新能源汽车有限公司)，该公司注册资本5 000万元，经营范围包括道路机动车辆生产，新能源汽车销售租赁，充电桩技术开发、充电设施运营管理等。

30日　深圳市宝能汽车有限公司在龙华区举行揭牌仪式，公司成立后将致力于建设全产业链深度整合的汽车全球总部，推动新能源汽车产业发展。

6月

1日　广东省科学技术厅发布《关于组织申报2020年度广东省重点领域研发计划“新能源汽车”重大专项项目的通知》，通知明确：鼓励企业牵头申报，牵头企业原则上应为高新技术企业或龙头骨干企业，建有研发机构，在本领域拥有国家级、省部级重大创新平台，且以本领域领军人物或中青年创新人才作为项目负责人。在申报指南中，共涉及纯电动汽车、氢燃料电池汽车、智能网联汽车3个专题，每个专题下设置4个研究方向，共有12个，12个研究方向中每个拟支持1个项目，均采用竞争性评审、无偿资助方式，经费从1 500万～3 000万元不等，项目实施周期为3～4年。项目申报要求产学研合作，须覆盖该研究方向的全部研究内容和考核指标，参研单位总数不超过6个。

同日　北京市交通委员会发布关于《北京市小客车数量调控暂行规定(修订草案征求意见稿)》《〈北京市小客车数量调控暂行规定〉实施细则(修订征求意见稿)》《关于一次性增发新能源小客车指标配置方案(征求意见稿)》公开征求意见的通告，新能源车方面，征求意见稿明确：每年将有80%的指标向“无车家庭”优先配置；将于2020年下半年一次性增发2万个新能源小客车指标，全部面向“无车家庭”配置；指标配置由现行每两月配置一次，改为每年5月配置新能源指标，6月和12月配置普通指标。

2日　工业和信息化部、国家税务总局联合公告《免征车辆购置税的新能源汽车车型目录(第三十二批)》。本批次免购置税新能源汽车车型目录共有86家企业、283个新能源车型列入，纯电动273个(含客车99款、乘用车49款、专用车125款)；插电式混合动力7个(含乘用车3款、客车2款、专用车2款)；燃料电池3个(含客车2款、专用车1款)。

3日　2020年全国两会《政府工作报告》中关于新基建的内容，将“建设充电桩”扩展为“增加充电桩、换电站等设施”。换电站作为新基建的重要组成部分第一次被写入政府工作报告。

同日　工业和信息化部装备工业一司组织召开加强新能源汽车安全监管工作会议。会议强调，安全是新能源汽车产业发展的命门，生产企业作为安全第一责任人，必须高度重视、常抓不懈，切实履行质量安全主体责任。各企业要不断提升整车设计制造和测试验证水平，加强对动力电池系统的安全防护和可靠性验证；加强对动力电池等关键零部件供应体系管理，严格把控质量；加强售后服务体系建设，提升新能源汽车专项维修保养水平，对出现问题的车辆，要采取必要措施消除隐患，坚决遏制新能源汽车安全事故发生。会议要求，有关各方要各负其责、综合施策、抓实抓好新能源汽车安全工作。一是组织开展安全隐患排查和事故调查，加大对闲置车辆、营运车辆的核查力度，对不按要求开展核查、弄虚作假、存在严重质量安全问题的企业和产品，要按有关规定从严从重处理处罚；二是进一步强化整车运行监测体系，组织开展新能源汽车三级监测体系运行情况检查与效能评估，切实发挥好监测平台作用，及早发现并消除安全隐患；三是做好新能源汽车三项强制性国家标准的实施，允许企业根据自身情况提前执行强制性国家标准，各检测机构要严格按照标准要求开展检测工作；四是加强行业自律，做好宣传引导，发挥行业组织作用，营造产业发展良好环境。

同日　北斗航天汽车(北京)有限公司与长丰集团有限责任公司签署合作协议，重组长丰猎豹，北斗航天汽车新技术和新产品将注入湖南汽车产业，合作将推动北斗航天新能源汽车快速拓产。

4日　重庆市发展和改革委员会发布《关于稳定和扩大汽车消费的若干措施(征求意见稿)》，征求意见明确：加大新能源汽车推广应用。落实国家新能源汽车购置相关财税支持政策。按年度实施支持新能源汽车推广应用的政策措施。加快新能源汽车在公共领域的推广应用和试点示范；持续优化新能源汽车使用环境。加快充电桩建设，对全市范围内满足单站装机功率和桩数有关条件的公用和专用直流充电设施给予400元/kW的建设补贴；对满足单站装机功率和桩数有关条件的党政机关及其所属公共机构内部停车场专用交流充电设施给予100元/kW的建设补贴。

5 日 福州市人民政府发布《关于印发福州市推进新型基础设施建设行动方案(2020—2022 年)的通知》,通知明确:2020 年将建立电动汽车充电基础设施 7 500 个,到 2020 年数量则增长到 9 500 个。加快清洁能源电力新型基础设施建设,推动核能、风能、太阳能等产业智能化发展。推进氢能“制、运、储、用、管”设施智能化升级,培育氢能燃料电池、加氢站、氢能源汽车等产业链。

同日 佛山市发展和改革局发布《佛山市燃料电池汽车推广应用地方财政补贴资金管理办法(征求公众意见稿)》,征求意见明确了补贴标准。(1)佛山市在中央财政专项资金补贴的基础上,对燃料电池汽车按照中央财政单车补贴金额的 100% 确定地方补贴标准。(2)各级财政对车辆购置补贴总额(国家补贴 + 地方补贴)最高不超过车辆销售价格(国家补贴 + 地方补贴 + 消费者支付金额)的 60%;如补贴总额高于车辆销售价格的 60%,按车辆销售价格的 60% 扣除上级补贴后计算佛山市地方补贴。

7 日 深圳市政府办公厅发布《深圳市应对新冠肺炎疫情影响促进新能源汽车推广应用若干措施》,措施明确:进一步推动新能源汽车推广应用,促进新能源汽车市场消费。(1)对新购新能源小汽车的个人消费者给予综合使用财政补贴,其中新购纯电动高级型或经济型乘用车补贴2 万元/车,新购插电式混合动力高级型乘用车补贴 1 万元/车。(2)对将原有深圳市牌照燃油小汽车(或新能源小汽车)旧车置换更新为新能源小汽车的个人消费者给予财政补贴,其中置换更新为纯电动高级型或插电式混合动力高级型乘用车补贴 2 万元/车,置换更新为纯电动经济型乘用车补贴1 万元/车。(3)对新购新能源小汽车的个人消费者给予综合使用财政补贴,其中新购纯电动高级型或经济型乘用车补贴 2 万元/车,新购插电式混合动力高级型乘用车补贴 1 万元/车。(4)对将原有深圳市牌照燃油小汽车(或新能源小汽车)旧车置换更新为新能源小汽车的个人消费者给予财政补贴,其中置换更新为纯电动高级型或插电式混合动力高级型乘用车补贴 2 万元/车,置换更新为纯电动经济型乘用车补贴 1 万元/车。

8 日 福田智蓝新能源在北京房山区举行 100 台新能源纯电抑尘车交车仪式。

同日 工业和信息化部装备工业发展中心发布《关于开展新能源汽车安全隐患排查工作的通知》,通知明确:各新能源汽车生产企业及动力电池供应商对生产的新能源汽车开展安全隐患排查工作。企业应承担新能源汽车安全第一责任,应建立并长期保持由研发、生产、售后、质量、监测等部门组成的安全分析和事故调查小组,由企业主管新能源和产品安全的领导担任调查小组负责人。对发生火灾事故的,企业应及时上报地方新能源汽车工作联席会议牵头部门和装备中心,并主动开展事故调查。

同日 交通运输部办公厅发布《关于做好交通运输促进消费扩容提质有关工作的通知》,通知明确:推进交通运输绿色消费发展。指导督促各地进一步做好新能源公交车、出租汽车推广应用,逐步推动城市公共交通工具和城市物流配送车辆实现电动化和清洁化。加快淘汰报废老旧柴油货车。研究建立道路运输领域新能源汽车使用安全和运维保养相关标准规范。

9 日 内蒙古首座高速公路服务区新能源汽车充电站在京藏高速呼和浩特西服务区正式建成投入使用。

10 日 北京市发展和改革委员会发布《北京市加快新型基础设施建设行动方案(2020—2022 年)》,行动方案涉及车联网、充电桩、氢燃料电池等内容。(1)车联网方面:加快建设可以支持高级别自动驾驶(L4 级别以上)运行的高可靠、低时延专用网络,加快实施自动驾驶示范区车路协同信息化设施建设改造。以高级别自动驾驶环境建设为先导,打造国内领先的智能网联汽车创新链和产业链,逐步形成以智慧物流和智慧出行为主要应用场景的产业集群。(2)产业创新共性平台方面:打造梯次布局、高效协作的产业创新平台体系。在集成电路、生物安全等领域积极创建 1 ~2 家国家产业创新中心,在集成电路、氢能、智能制造等领域探索组建 1 ~2 家国家级制造业创新中心,积极谋划创建京津冀国家技术创新中心。(3)智慧城市应用方面:推进人、车、桩、网协调发展,制定充电桩优化布局方案,增加老旧小区、交通枢纽等区域充电桩建设数量。到 2022 年新建不少于5 万个电动汽车充电桩,建设 100 个左右换电站。

同日 深圳市财政局公布《深圳市 2020 年市级财政专项资金清单目录》,新能源汽车推广应用领域,新能源汽车推广应用专项资金规模 72 000 万元,资金主要用于:纳入工信部新能源汽车推广应用车型目录的插电式混合动力汽车(含增程式汽车)、纯电动汽车及燃料电池汽车;深圳市范围充电设施建设财政补贴;深圳市范围新能源汽车动力电池回收补贴。

11 日 工业和信息化部发布第 333 批《道路机动车辆生产企业及产品公告》,共计 106 个新能源生产厂家 102 个品牌 198 个新能源车型进入公告。其中,纯电动产品共计 177 款(含乘用车 27 款、客车 43 款、专用车 87 款、客车底盘 6 款、专用车底盘 14 款);插电式混合动力产品共计 16 款(含乘用车 9 款、客车 1 款、专用车 6 款);燃料电池产品 5 款(含客车 2 款、专用车 2 款、客车底盘 1 款)。

同日 工业和信息化部发布《新能源汽车推广应用推荐车型目录(2020 年第 7 批)》,本批目录共有1 423 款新能源汽车进入。其中,纯电动汽车 1 254 款(含客车 564 款、乘用车 320 款、专用车 370 款);插电式混合动力汽车 90 款(含乘用车 67 款、客车 18 款、专用车 5 款);燃料电池汽车 79 款(客车 47 款、专用车 31 款、乘用车 1 款)。

同日 银隆新能源与武汉理工大学共建校企研发中心,地点位于银隆新能源珠海总部,下设“珠海广通汽车 & 武汉理工大学联合实验室”。

12 日 东风汽车集团有限公司技术中心自主开发的首款 L4 级 5G 自动驾驶汽车——东风 Sharing-VAN 1.0 Plus 在东风公司技术中心产品工程部试制线量产下线。

14 日 51 台江淮新能源环卫车交付深圳支氏环保,本次交付的首批 51 台车辆是基于江淮帅铃 i5 新能源轻卡底盘所打造的环卫专用车型。

15 日 捷氢科技配套的南京依维柯欧胜 FCV45 燃料电池功能样车正式下线,该车也是南京依维柯的首款高效率燃料电池样车。

16 日　理想 ONE 第 10 000 辆交付仪式在理想汽车常州基地举行。

同日　住房和城乡建设部办公厅公开征求国家标准《加氢站技术规范(局部修订条文征求意见稿)》,征求意见明确了本次修订的主要内容:(1)增加了液氢相关技术内容;(2)更新了加氢站及合建站等级划分;(3)细化了加氢站及合建站内设施防火间距要求;(4)补充完善了氢储存系统及设备技术要求;(5)补充细化了氢气加氢机技术要求;(6)补充完善了氢管道及附件技术要求;(7)增加了"6.6 临氢材料"一节;(8)补充完善了防雷、接地和防静电技术要求;(9)补充细化了氢气管道焊接要求;(10)补充完善了氢气系统运行管理要求。

同日　新宝骏与苏宁在南京举行战略签约仪式,双方将共同打造线上新宝骏新能源旗舰店,线下 i-Store 智慧体验店,完成一站式购车新体验,同时计划联合打造未来的智能跨界新物种。

18 日　生态环境部发布《废锂离子动力蓄电池处理污染控制技术规范(征求意见稿)》,征求意见明确规定了废锂离子动力蓄电池拆解、焙烧、破碎、分选和材料回收过程的污染控制技术要求、运行环境管理要求和环境应急管理要求,适用于废锂离子动力蓄电池拆解、焙烧、破碎、分选和材料回收过程的污染控制,并可用于指导废锂离子动力蓄电池处理企业建厂选址、工程建设与建成后的运行管理、环境监测工作,以及开展废锂离子动力蓄电池处理项目环境影响评价。

20 日　长城汽车和宝马集团合资的光束汽车工厂在江苏省张家港市开始打桩施工,整体项目按计划顺利推进。光束汽车是长城汽车和宝马集团设立的全新合资企业,总投资 51 亿元人民币,年标准产能为 16 万台。

同日　河南郑州自动驾驶公交车正式进入试运行阶段,该自动驾驶公交项目采用 5G 信号覆盖、车路协同、人工智能等先进技术,结合智慧站台、智慧场站等一体化管控系统,实现驾驶车辆智能监控、安全预警和与其他社会车辆的同域协同运营。项目首批上线宇通 L3 级自动驾驶车辆 12 台,是国内首个实现自动驾驶商业示范运营的智能公交线路。

21 日　工信部、财政部、商务部、海关总署、国家市场监督管理总局联合发布《关于修改〈乘用车企业平均燃料消耗量与新能源汽车积分并行管理办法〉的决定》,管理办法明确:本决定自 2021 年 1 月 1 日起施行。

1. 纯电动乘用车积分相关要求纯电动乘用车车型积分 = 标准车型积分 × 续驶里程调整系数 × 能量密度调整系数 × 电耗调整系数。

(1)当 $100 \leqslant R < 150$ 时,续驶里程调整系数为 0.7;当 $150 \leqslant R < 200$ 时,续驶里程调整系数为 0.8;当 $200 \leqslant R < 300$ 时,续驶里程调整系数为 0.9;当 $R \geqslant 300$ 时,续驶里程调整系数为 1。

(2)当纯电动乘用车动力电池系统的质量能量密度 <90 Wh/kg 时,能量密度调整系数为 0;当 90 Wh/kg≤质量能量密度 < 105 Wh/kg 时,能量密度调整系数为 0.8,当 105 Wh/kg≤质量能量密度 < 125 Wh/kg 时,能量密度调整系数为 0.9,质量能量密度≥125 Wh/kg,能量密度调整系数为 1。

(3)纯电动乘用车 30 min 最高车速不低于 100 km/h。按整备质量(m,kg)不同,设定纯电动乘用车电能消耗量目标值(Y)。车型电能消耗量(kWh/100 km,工况法)满足电能消耗量目标值的,电耗调整系数(EC 系数)为车型电能消耗量目标值除以电能消耗量实际值(计算结果按四舍五入原则保留两位小数,上限为 1.5 倍);其余车型 EC 系数按 0.5 倍计算,并且积分仅限本企业使用。

纯电动乘用车电能消耗量目标值:$m \leqslant 1\,000$ 时,$Y = 0.011\,2 \times m + 0.4$;$1\,000 < m \leqslant 1\,600$ 时,$Y = 0.007\,8 \times m + 3.8$;$m > 1\,600$ 时,$Y = 0.004\,8 \times m + 8.60$。

2. 插电式混合动力乘用车应符合《插电式混合动力电动乘用车　技术条件》(GB/T 32694)要求。车型电量保持模式试验的燃料消耗量(不含电能转化的燃料消耗量)与《乘用车燃料消耗量限值》(GB 19578)中车型对应的燃料消耗量限值相比应当小于 70%;其电量消耗模式试验的电能消耗量应小于前款纯电动乘用车电能消耗量目标值的 135%。无法同时满足以上两项指标的车型按照标准车型积分的 0.5 倍计算,并且积分仅限本企业使用。

3. 燃料电池乘用车续驶里程不低于 300 km,当 P 不低于驱动电机额定功率的 30% 且不小于 10 kW 时,车型积分按照标准车型积分的 1 倍计算;其余车型积分按照标准车型积分的 0.5 倍计算,并且积分仅限本企业使用。

注:2021 年 1 月 1 日之前获得型式批准并且满足 GB/T 32694—2016 要求的插电式混合动力乘用车,在 2023 年 1 月 1 日之前可以获得 1.6 分的标准车型积分,具体积分倍数按照上述第 2 条中插电式混合动力乘用车要求执行。

在核算乘用车企业新能源汽车积分实际值时,同一车型在核算年度有多个新能源乘用车车型积分的,按照不同的积分分开计算。

22 日　国家能源局印发《2020 年能源工作指导意见》,氢能产业方面,指导意见明确:(1)改革创新:稳妥有序推进能源关键技术装备攻关,推动储能、氢能技术进步与产业发展。(2)推动新技术产业化发展:制定实施氢能产业发展规划,组织开展关键技术装备攻关,积极推动应用示范。继续做好"互联网 +"智慧能源试点验收工作。

同日　财政部经济建设司发布《财政部关于下达 2020 年节能减排补助资金预算的通知》,通知明确:(1)高效电机推广补贴汇总:核定补助资金 49 077 万元。(2)2015 及以前年度新能源汽车推广应用补助资金清算车辆汇总:按整车企业取整后补助资金 28 467 万元;核定补助资金 12 722 万元。(3)2016 年度新能源汽车推广应用补助资金清算车辆汇总:核定补助资金 682 016.3021 万元;按整车企业取整后拟拨付补助资金 682 020 万元。(4)2018 年度新能源汽车推广应用补助资金清算车辆汇总:核定补助资金 2 117 773.947 5 万元;按整车企业取整后核定补助资金2 117 777 万元。(5)新能源汽车推广应用补助资金预拨汇总:核定车辆数 907 132 辆,预拨金额 283 869 万元。(6)2018 年度新能源汽车补贴将扣回预拨资金 2 289 530 万元,本次实际扣减预拨资金 2 019 699 万元,本次拨付资金98 078 万元。

24 日　国家发展和改革委员、商务部联合发布《外商投资准入特别管理措施(负面清单)(2020 年版)》,制造业——

汽车方面，措施明确：除专用车、新能源汽车、商用车外，汽车整车制造的中方股比不低于50%，同一家外商可在国内建立两家及两家以下生产同类整车产品的合资企业。（2022年取消乘用车制造外资股比限制以及同一家外商可在国内建立两家及两家以下生产同类整车产品的合资企业的限制）。2020年版外商投资准入负面清单将于7月23日施行。

28日　北京市科学技术委员会公示《北京市申报2016——2019年度新能源汽车推广应用补助资金清算车辆情况》，经统计，北京汽车股份有限公司推广数量总计60 566辆，申请补助资金总计259 887.605 6万元；北京新能源汽车股份有限公司推广数量总计23 956辆，申请补助资金总计71 043.109 4万元；北汽福田汽车股份有限公司推广数量总计4 804辆，申请补助资金总计61 177.138万元。

同日　四川省经信厅发布关于征求《四川省支持新能源与智能汽车产业发展若干政策措施（征求意见稿）》意见建议的公告，措施明确：对取得重大技术突破的新能源与智能汽车产业研发项目，按承担单位对项目的实际投入，给予不超过30%的奖励，单个项目奖励最高不超过500万元。支持新能源与智能汽车领域创新平台建设，对新获批的国家级制造业创新中心，按照国家支持建设资金的一定比例给予专项奖补，对新认定的省级制造业创新中心一次性给予1 000万元专项补助。

同日　宁德时代新能源科技股份有限公司联合河南跃薪智能机械有限公司成立新公司河南跃薪时代新能源科技有限公司，新公司经营范围涉及电动化无人矿卡和无人矿山技术研发；提供电动化无人矿卡和无人矿山技术解决方案等。

29日　工信部产业政策与法规司正式发布《乘用车企业平均燃料消耗量与新能源汽车积分并行管理办法》，办法所称乘用车，是指《汽车和挂车类型的术语和定义》（GB/T 3730.1—2001）第2.1.1.1款至第2.1.1.10款规定的、最大设计总质量不超过3 500 kg的车辆，包括新能源乘用车和传统能源乘用车。其中，新能源乘用车，是指采用新型动力系统，完全或者主要依靠新型能源驱动的乘用车，包括插电式混合动力（含增程式）乘用车、纯电动乘用车和燃料电池乘用车等。传统能源乘用车，是指除新能源乘用车以外的，能够燃用汽油、柴油、气体燃料或者醇醚燃料等的乘用车（含非插电式混合动力乘用车）。低油耗乘用车，是指综合燃料消耗量不超过《乘用车燃料消耗量评价方法及指标》（GB 27999）中对应的车型燃料消耗量目标值与该核算年度的企业平均燃料消耗量要求之积（计算结果按四舍五入原则保留两位小数）的传统能源乘用车。

同日　中汽创智科技有限公司成立，中汽智创由兵器装备集团、中国一汽、东风公司、长安汽车、江宁经开科技共同出资组建，聚焦智能电动底盘、氢燃料动力、智能网联汽车三大业务领域。

同日　济南市住房和城乡建设局公开征求《关于做好全市汽车加氢站规划建设运营管理工作的意见（征求意见稿）》，征求意见明确：（1）加氢站监管原则：汽车加氢站行业相关法律法规颁布实施前，济南市汽车加氢站参照天然气汽车加气站（CNG）管理模式进行管理。汽车加氢站与其他各类站点的合建站，其加氢部分按照汽车加氢站进行管理。（2）加氢站竣工后：建设单位向区县审批服务部门提出联合验收申请，区县审批服务部门牵头组织住建、自然资源和规划、市场监管、应急管理等部门及项目建设四方责任主体（设计、建设、施工、监理单位）进行联合验收。在国家明确加氢站建设经营管理办法之前，加氢站项目无需办理经营许可证。（3）加氢站经营服务行为：汽车加氢站的经营单位要向用户持续、稳定、安全供应符合国家质量标准的车用氢气，每3个月将车用氢气样本到具备资质的第三方检验检测机构进行检测，送燃气主管部门备案。对社会开放的汽车加氢站，经营单位计划停业、歇业的，必须在停业、歇业前60日内向当地燃气主管部门报告，经批准后方可停业、歇业，并提前24 h予以公告或者发布书面通知。

30日　中国·全新TX首批车辆交付仪式在吉利商用车义乌基地举行，50辆全新TX将“服役”曹操出行，共同推进全球新能源高端商务出行市场的战略布局。

7月

1日　鸿达兴业氢能通勤大巴在内蒙古乌海市化工股份有限公司正式投入运行。氢能通勤大巴由鸿达兴业自建的内蒙古第一座加氢站充装，充装压力为35 MP，百公里耗氢气4～5 kg，续航里程450 km，最高时速90 km。

同日　南昌市人民政府办公厅发布《关于加快新能源汽车推广应用及产业高质量发展若干措施（2019—2020）》，措施明确：新能源乘用车单一车型，年销售量超过（含）1 000辆，给予奖励160万元；年销售量超过（含）2 000辆，给予奖励320万元；年销售量超过（含）5 000辆，给予奖励640万元。新能源客车、货车及专用车单一车型，年销售量超过（含）50辆，给予奖励160万元；年销售量超过（含）100辆，给予奖励320万元。

2日　工业和信息化、部商务部、海关总署、市场监管总局联合公告《2019年度中国乘用车企业平均燃料消耗量与新能源汽车积分情况》。2019年度中国境内144家乘用车企业共生产/进口乘用车2 093.00万辆（含新能源乘用车，不含出口乘用车，下同），行业平均整车整备质量为1 480 kg，平均燃料消耗量实际值为5.56 L/100 km，燃料消耗量正积分为643.43万分，燃料消耗量负积分为510.73万分，新能源汽车正积分417.33万分，新能源汽车负积分85.53万分。（1）其中119家境内乘用车生产企业累计生产乘用车2 001.75万辆，平均整车整备质量为1 461 kg，平均燃料消耗量实际值为5.53 L/100 km，燃料消耗量正积分为604.65万分，燃料消耗量负积分为455.57万分，新能源汽车正积分为387.47万分，新能源汽车负积分80.50万分。（2）25家进口乘用车供应企业进口乘用车91.25万辆，平均整车整备质量为1 905 kg，平均燃料消耗量实际值为6.28 L/100 km，燃料消耗量正积分为38.79万分，燃料消耗量负积分为55.16万分，新能源汽车正积分为29.86万分，新能源汽车负积分5.04万分。

同日　山西省启动“新能源+电动汽车”智慧能源试点建设，通过构建“源（新能源）—网—荷（电动汽车）—储（蓄电池）”协同运行的“互联网+”智慧能源系统，努力提升用电需求侧主动响应能力和新能源消纳能力。

3日　西安市人民政府办公厅发布《关于印发创建国家绿色货运配送示范城市工作方案的通知》，方案明确：提高新能源车辆更新率，支持新能源配送车辆的研发制造，鼓励金融机构等针对物流企业车辆更新给予一定优惠；进一步完善城市配送车辆环保标准体系，提升新能源车辆比例，城市新增新能源城市配送营运车辆数量应不少于城市新能源配送车辆保有量的20%；新增新能源城市配送车辆应不少于新增城市配送车辆的50%。加快新能源汽车充电基础设施建设。到2021年底，城市配送新能源纯电动货车及插电式混合动力货车保有量之和与可用于新能源物流配送车辆充电桩总量的比值应小于或等于4比1。加快发展城市共同配送模式。到2021年底，中心城区商贸流通企业门店配送货运量占全部商品配送货运总量的比例达到50%以上。

同日　济南市发改委发布《济南市新能源汽车充电基础设施建设运营管理办法（征求意见稿）》，征求意见明确：充电基础设施建设运营企业在项目建设前期，应与物业所有权人或其授权代理人（管理人）签订协议，充电换设施的运营权归属于建设运营企业，同时协议须明确充换电设施运营时间不少于5年，对于非独立增容的充换电设施还需明确配电容量能满足充换电设施正常运营的需要。符合条件的充电基础设施建设运营企业可按照售电企业管理办法规定，注册成为售电企业，参与电力市场交易。

4日　安徽江淮汽车集团股份有限公司公告：为推进江汽控股增资引入大众汽车事项，江汽控股拟将其持有的江淮汽车1.53亿股股份（约占江淮汽车总股本的8.08%）无偿划转给安徽国控集团。

6日　福特汽车（中国）有限公司在长沙智能网联汽车开放测试道路上进行基于C-V2X（车联网无线通信）技术的车路协同功能测试，成为首个在长沙进行面向量产的车路协同功能测试和商业应用的整车企业。

同日　40辆宇通8.5 m宇光造型智能网联公交车正式交付湖北鄂州市公共汽车公司，并将全部投入到城市主干线路使用。这是鄂州公交2020年采购的第一批纯电动公交车，也是湖北省引入的首批宇通纯电动智能网联公交车。

8日　国家发改委、财政部、住建部等十二部门联合发布《关于支持民营企业参与交通基础设施建设发展的实施意见》，意见明确提出合理设置资格条件，不得以任何形式对民营企业参与交通基础设施建设运营设置限制性门槛。要拓宽社会资本参与城市停车设施建设运营渠道，加快探索政府投入公共资源产权与社会资本共同开发的PPP模式，构建政府引导、市场主导的城市智慧停车发展模式，支持和鼓励民营企业推动5G、物联网、互联网等智能技术与停车设施建设、管理、运营深度融合。完善政府采购政策，推动民营企业提供拥堵治理、交通大数据平台建设等服务。引导、鼓励和支持民营企业参与绿色维修、绿色驾培、绿色物流、绿色公路、绿色航运等绿色交通发展。

9日　中共济南市委、济南市人民政府联合发布《关于加快建设工业强市的实施意见》，在重点任务部分，意见明确：实施重点突破攻坚行动，加快工业经济跨越赶超发展。集中攻坚中国氢谷，依托山东重工百万整车整机绿色智造产业园项目，加快布局新能源汽车、智能网联汽车、氢能源及燃料电池产业。到2022年，智能制造与高端装备产业规模提升至5 000亿级。

同日　财政部下达河南省2020年节能减排补助资金3.6亿元，用于新能源汽车推广应用补助，其中清算资金0.6亿元，预拨资金3亿元。本次下达的资金共核定河南省有关车企推广新能源汽车数量46 042辆。

10日　文远知行WeRide获得全国首个智能网联汽车远程测试许可，在广州路测范围内，正式进行开放道路的全无人驾驶路测，并采取基于5G网络的远程操控等多重冗余手段，保障路测全过程的安全可控。

11日　上海在浦东金桥开发区推出首个中心城区自动驾驶开放测试道路，一期规划里程30.6 km，涉及申江路等10条道路，是国内超大城市中心城区率先开放的智能网联汽车开放道路测试场景。

13日　中国东方电气集团有限公司试制的首个撬装式加氢系统在东方锅炉德阳制造基地正式投入使用，为一辆搭载东方电气氢燃料电池的城际客车（试验车）提供了加氢服务。

14日　河北省发展和改革委员会发布关于印发《河北省氢能产业链集群化发展三年行动计划（2020—2022年）》的通知，通知明确：以培育壮大氢能产业为目标，加快构建"政策生态、产业生态、服务生态"三大氢能生态体系，率先将河北省打造成为全国氢能产业创新发展高地，推动氢能产业链集群化发展，为全省经济高质量发展提供新的战略引擎。到2022年，河北全省燃料电池公交车、物流车等示范运行规模达到4 000辆，其中张家口市不低于2 500辆。

15日　工业和信息化部办公厅、农业农村部办公厅、商务部办公厅联合发布《关于开展新能源汽车下乡活动的通知》，通知显示，共有北汽新能源、长城、上通五菱、重庆长安、奇瑞新能源、江淮汽车、比亚迪股份、东风汽车、一汽奔腾、合众新能源10家车企的16款车型参与此次新能源汽车下乡活动。

同日　财政部、税务总局、工业和信息化部联合发布《关于设有固定装置的非运输专用作业车辆免征车辆购置税有关政策的公告》，公告明确：设有固定装置的非运输专用作业车辆免征车辆购置税。免征车辆购置税的设有固定装置的非运输专用作业车辆，通过发布《免征车辆购置税的设有固定装置的非运输专用作业车辆目录》实施管理。

同日　深圳巴士新能源有限公司正式揭牌运营，公司主要经营范围：电动汽车充电桩、充电站、换电站及服务场站的投资、建设、运营、服务及维护；基于光伏发电和储能的能源管理；充电大数据业务和充电服务市场应用场景解决方案；整车专业检测、新能源汽车维保整体解决方案；动力电池梯级利用等。

17日　河北省工信厅印发《河北省汽车产业链集群化发展三年行动计划（2020—2022年）》，行动计划明确：培育3个新能源汽车和智能网联汽车产业链集群。分别是：石家庄新能源汽车产业集群、张家口、承德北方氢能和燃料电池汽车产业链集群、雄安新区及周边区域智能汽车关键零部件产业集群。

20日　柳州国轩电池生产基地项目正式奠基，该项目规划建设年产 10 GWh 动力电池生产基地，初定主要是配置 390 和 590 模组的软包铁锂电芯，该电芯单体能量密度可达 200 Wh/kg。

同日 广西壮族自治区人民政府办公厅印发《关于推进广西汽车工业转型升级发展工作方案的通知》，方案明确：加快汽车"新四化"发展。(1)加快新能源汽车(电动化)发展。推动新能源汽车产品提档升级，产品质量和技术达到国内先进水平。发展混合动力汽车，实现混合动力、纯电动、燃料电池等技术路线全覆盖。建立新能源汽车"三电系统"核心技术体系，培育设计研发和测试验证人才队伍。(2)加快智能化、网联化发展。着力提升汽车产品的人、车、路、后台等信息交互及决策能力，全面提高智能网联水平。(3)加快共享化发展。在南宁、柳州等城市建设新能源共享网点，鼓励企业探索数据共享的商业合作模式。

21 日 工业和信息化部发布《新能源汽车推广应用推荐车型目录(2020 年第 8 批)》，本批目录共有 422 款新能源汽车进入。其中，纯电动汽车 390 款(含客车 127 款、乘用车 63 款、专用车 200 款)；插电式混合动力汽车 23 款(含乘用车 12 款、客车 4 款、专用车 7 款)；燃料电池汽车 9 款(客车 8 款、专用车 1 款)。

同日 工业和信息化部发布第 334 批《道路机动车辆生产企业及产品公告》，共计 111 个新能源生产厂家 102 个品牌 239 个新能源车型进入公告。其中，纯电动产品共计 223 款(含乘用车 34 款、客车 43 款、专用车 120 款、客车底盘 6 款、专用车底盘 20 款)；插电式混合动力产品共计 8 款(含乘用车 2 款、客车 2 款、专用车 3 款、专用车底盘1 款)；燃料电池产品 8 款(含客车 6 款、专用车 2 款)。

同日 工业和信息化部公告《免征车辆购置税的新能源汽车车型目录(第三十三批)》。本批次免购置税新能源汽车车型目录共有 132 家企业、453 个新能源车型列入，其中纯电动 421 个(含客车 158 款、乘用车 78 款、专用车 185 款)；插电式混合动力 22 个(含乘用车 12 款、客车 3 款、专用车 7 款)；燃料电池 10 个(含客车 7 款、专用车 3 款)。

同日 工业和信息化部公告《享受车船税减免优惠的节约能源使用新能源汽车车型目录》(第十七批)，本批次新能源汽车共列入 196 个车型，其中插电式混合动力乘用车进入 10 个、纯电动商用车进入 177 个、插电式混合动力商用车进入 4 个、燃料电池商用车进入 5 个。

同日 国务院发布《关于进一步优化营商环境更好服务市场主体的实施意见》，意见明确：2020 年底前优化新能源汽车免征车辆购置税的车型目录和享受车船税减免优惠的车型目录发布程序，实现"一次申报、一并审查、一批发布"。

22 日 青岛市发展和改革委员会发布《青岛市氢能产业发展规划(2020—2030 年)(征求意见稿)》，发展目标方面，征求意见明确：在未来 10 年将青岛发展成为国际化氢能城市，打造国内重要的氢能产业基地，实现"东方氢岛"的总体发展目标。

24 日 交通运输部、国家发展改革委联合印发《绿色出行创建行动方案》的通知，创建标准方面，通知明确：基础设施更加完善，加快充电基础设施建设；新能源和清洁能源车辆规模应用。重点区域新能源和清洁能源公交车占所有公交车比例不低于 60%，其他区域新能源和清洁能源公交车占所有公交车比例不低于 50%。新增和更新公共汽电车中新能源和清洁能源车辆比例分别不低于 80%。空调公交车、无障碍公交车比例稳步提升，依法淘汰高耗能、高排放车辆。

25 日 广东省人民政府办公厅发布《关于印发广东省进一步做好稳外资工作若干措施的通知》，通知明确：鼓励外商投资新能源汽车领域，放宽商用车制造外资股比限制。支持中外合资乘用车企业的外方按规定转让平均燃料消耗量与新能源汽车积分。对符合条件的年实际外资金额(不含外方股东贷款)超过 5 000 万美元的新项目、超过 3 000 万美元的增资项目等按不低于 2% 的比例予以奖励，最高奖励 1 亿元。

27 日 梅赛德斯奔驰与吉利联合组建的 smart 全球合资公司"智马达汽车有限公司(smart)"在中国宁波杭州湾正式注册，合资公司首批全新纯电汽车架构 smart 产品预计将于 2022 年推出。

28 日 在广汽科技日上，广汽首款氢燃料电池汽车 Aion LX Fuel Cell 与广汽 3DG 石墨烯技术首次亮相。

同日 济南市人民政府办公厅印发《济南市氢能产业发展三年行动计划(2020—2022 年)》，重点工程方面，计划明确：重点实施七大工程。(1)产业园区建设工程。以"一核四区"为重点，深入挖掘承载项目、转化成果、增强投资等方面的潜力，打造具有鲜明特色和核心竞争力的产业园区。(2)产业链条完善工程。围绕氢能制备、生产、储运和装备研制、服务配套、示范应用等环节，培育和引进一批骨干企业，在关键零部件、动力系统集成、检验检测等领域，形成若干具有国际竞争力的优势企业，打造氢能全产业链发展格局。(3)创新平台补齐工程。围绕燃料电池汽车技术创新，建设氢能汽车创新中心。发挥济南市标准化公共服务云平台作用，建立完善氢能产业标准体系。围绕氢能应用大数据平台建设，聚焦氢能行业数据采集与分析、燃料电池发动机大数据分析等，打造集数据采集、会聚处理、挖掘分析、主动预测为一体的智能化氢能产业分析应用平台。(4)龙头企业培引工程。通过开放市场、资源合作等方式，引进国外先进技术，吸引国内外企业来济合作，重点加强与氢能乘用车整车制造企业的交流，培育本地龙头企业。(5)产业集群打造工程。打造制储氢装备产业集群、燃料电池产业集群、能整车产业集群等重点产业集群。(6)核心技术突破工程。明确了低成本制氢技术研发、储氢新材料研发、质子交换膜产业化、氢燃料电池整车生产技术方面的重点发展方向。(7)整车示范应用工程。鼓励有条件的区县，优先利用商用车、物流车、环卫车、公交车开展氢燃料电池车示范应用。积极申报燃料电池汽车示范城市。

29 日 东风汽车发布岚图汽车品牌战略，首款概念车 VOYAHi-Land 全球首发。

同日 开瑞新能源与及时雨新能源科技有限公司于天津、杭州两地同步开展首批 K60EV 的交车仪式，开瑞 K60EV 作为网约车正式进入天津、杭州两地运营。

30 日 重庆市发展和改革委员会等十二部门联合发布《关于稳定和扩大汽车消费的若干措施》，措施明确：重庆市对列入《免征车辆购置税的新能源汽车车型目录》的新能源汽车免征车辆购置税，政策有效期延长至2022年12月31日。加快新能源汽车在巡游出租车、网约出租车、驾考（驾培）车、公交车、公务用车等公共领域的推广应用和试点示范；鼓励生产企业出台相关促销政策，引导个人用户购买使用新能源汽车。持续优化新能源汽车使用环境。继续执行充电基础设施建设补贴，对全市范围内满足单站装机功率和桩数有关条件的公用和专用直流充电设施给予400元/kW的建设补贴；对满足单站装机功率和桩数有关条件的党政机关及其所属公共机构内部停车场非经营性专用交流充电设施给予100元/kW的建设补贴。

同日　理想汽车正式在美国纳斯达克挂牌上市。

同日　广州市发改委发布《广州市氢能产业发展规划（2019-2030）》，规划明确：到2022年，完成氢能产业链关键企业布局，落实一批核心技术研发项目，推动氢能基础设施建设及示范应用。环卫领域新增、更换车辆中燃料电池汽车占比不低于10%；公交、物流、工程服务、仓储、港口等领域燃料电池汽车示范运行不低于3 000辆。建设绿色氢能电综合调峰示范应用电站1座，建成加氢站不少于30座。氢能产业实现产值预计200亿元以上。到2025年，形成大湾区氢能运营中心，培育广州氢能及燃料电池相关企业100家，其中年营业收入突破50亿元的1~2家。公交、环卫领域燃料电池汽车占比不低于30%。建设绿色氢能电综合调峰电站4座，建成加氢站不少于50座。氢能产业实现产值预计600亿元以上。到2030年，建设绿色氢能电综合调峰电站不低于10座，建成加氢站100座以上。氢能产业实现产值预计2 000亿元以上。

同日　交通运输部办公厅发布《国家车联网产业标准体系建设指南（智能交通相关）（征求意见稿）》，建设目标方面，征求意见明确：针对车联网产业发展技术现状、未来发展趋势及智能交通行业发展状况，聚焦营运车辆和基础设施领域，建立支撑车联网应用和产业发展的智能交通相关标准体系，分阶段出台一批关键性、基础性智能交通标准。到2022年底，初步构建支撑车联网应用和产业发展的标准体系，完成一批智能交通基础设施、辅助驾驶等领域智能交通相关标准，制修订标准20项以上；到2025年，系统形成能够支撑车联网应用和产业发展的标准体系，形成一批智能管理和服务、车路协同等领域智能交通关键标准，再完成20余项标准制修订任务，标准体系完成总数达到40项以上。

同日　商务部、国家发展和改革委员会、工业和信息化部、公安部、生态环境部、交通运输部、国家市场监督管理总局联合发布《报废机动车回收管理办法实施细则》，实施细则明确：2020年9月1日起施行。新能源汽车动力蓄电池回收利用方面，涉及如下内容：（1）报废机动车“五大总成”和尾气后处理装置，以及新能源汽车动力蓄电池不齐全的，机动车所有人应当书面说明情况，并对其真实性负责。（2）回收拆解企业应当按照国家对新能源汽车动力蓄电池回收利用管理有关要求，对报废新能源汽车的废旧动力蓄电池或者其他类型储能装置进行拆卸、收集、贮存、运输及回收利用，加强全过程安全管理。回收拆解企业应当将报废新能源汽车车辆识别代号及动力蓄电池编码、数量、型号、流向等信息，录入“新能源汽车国家监测与动力蓄电池回收利用溯源综合管理平台”系统。（3）回收拆解企业拆卸的动力蓄电池应当交售给新能源汽车生产企业建立的动力蓄电池回收服务网点，或者符合国家对动力蓄电池梯次利用管理有关要求的梯次利用企业，或者从事废旧动力蓄电池综合利用的企业。（4）回收拆解企业未按照国家有关标准和规定要求，对报废新能源汽车的废旧动力蓄电池或者其他类型储能设施进行拆卸、收集、贮存、运输及回收利用的，或者未将报废新能源汽车车辆识别代号及动力蓄电池编码、数量、型号、流向等信息录入有关平台的，由县级以上地方商务主管部门会同工业和信息化主管部门责令改正，并处1万元以上3万元以下的罚款。

8月

3日　湖南阿波罗智行自动驾驶出租车Robotaxi正式开放洋湖新城试乘站点。

同日　恒大汽车集团在上海、广州同时发布恒驰首期6款车。从恒驰1到恒驰6，覆盖了从A到D所有级别，以及轿车、轿跑、SUV、MPV、跨界车等乘用车车型。

4日　四川省人民政府办公厅印发《四川省培育发展新消费三年行动方案（2020—2022年）》，新能源汽车方面，行动方案明确：升级汽车和家电消费。加快新能源汽车在城市公共交通等领域推广应用，延续购置补贴和免征车辆购置税优惠政策至2022年底。落实全面取消二手车限迁政策，推进老旧汽车报废更新。开展汽车下乡专项活动，推动乡镇以下有条件的地区建设加油站、加气站、充电桩等配套设施。

5日　宁德时代新能源科技股份有限公司与梅赛德斯-奔驰达成新共识，双方将共同开发领先的电池技术，支持梅赛德斯-奔驰车型的大规模电动化。双方已经开始下一代电池的研发工作，研发目标包括缩短研发周期，通过提高电池能量密度以大幅增加续航里程，并减少充电时间，研发成果也将应用于未来几年双方推出的合作车型中。

同日　深圳市政府推出4亿汽车置换补贴活动。活动期间，符合申领条件的消费者，可前往深圳市政府与腾讯乐销车联合推出的“深圳购车补贴”指定微信小程序，完成实名确认和资格激活后，即可申领“政府购车奖励”，深圳地区用户还可以通过“微信支付-出行服务”入口参与本次活动。

8日　成都市经济和信息化局、成都市应急管理局、成都市住房和城乡建设局、成都市市场监督管理局、成都市消防救援支队联合发布《成都市电动汽车充电设施安全管理办法（征求意见稿）》，办法所称电动汽车充电设施是指各类电动汽车集中式充换电站和分散式充电桩及其接入上级电源的相关设施，包括三类：（1）自用充电设施：指在个人所有或长期（一年以上）租赁的固定停车位建设，专为个人用户服务的充电设施。（2）专用充电设施：指在单位内部停车场建设，专为本单位及其职工服务的充电设施，以及在公交、客运、出租、环卫、物流等车场站建设，为对应专用车辆服务的充电设施。（3）公用充电设施：指在公共停车场、对社会开放场所的停车位和规划的独立地块等场地建设，为公众服务的充电设施。

同日　奇瑞新能源汽车股份有限公司和英博超算（南京）科技有限公司双方联合发布了中国第一款拥有自主核心

知识产权的 L2.99 智能驾驶系统的量产车型——小蚂蚁智驾版。

10 日 北京亿华通科技股份有限公司在科创板上市，发行价为 76.65 元，发行 17 630 523 股，募集资金 13.5 亿元。此次募集资金计划投向燃料电池发动机生产基地建设二期工程和面向冬奥的燃料电池发动机研发等项目。

11 日 国家发展改革委发布《汽车零部件再制造管理暂行办法(征求意见稿)》，征求意见明确，从事汽车零部件再制造的企业，应当符合下列条件:(1)具备能满足再制造生产的旧件回收能力;(2)具备拆解、清洗、制造、装配、产品质量检测等方面的技术装备和生产能力;(3)具备检测鉴定旧零部件性能指标的技术手段和能力;(4)具有相应的污染防治设施和能力，并满足相关废物处理等环保要求;(5)建立并实行产品再制造的相关技术质量标准和生产规范;(6)向社会进行公开承诺，包括产品质量性能、售后质保、标识使用等;(7)开展再制造的产品类型应符合国家相关法规要求。

12 日 国家发改委发布《西部地区鼓励类产业目录(2020 年本，征求意见稿)》，其中，在西部地区新增鼓励类产业中，涉及氢能、新能源汽车的有如下几个省份及产业:(1)陕西省:风电、光伏、氢能、地热等新能源及相关装置制造产业;太阳能光伏发电系统检测、建设及运营;风力发电场建设及运营;地热能勘探、开发和利用;地热、氢能等新能源产业运营服务。(2)贵州省:氢加工制造、氢能燃料电池制造、输氢管道、加氢站等涉氢产业。(3)青海省:新能源汽车充电站、充电桩建设。(4)内蒙古自治区:高性能稀土永磁、催化、抛光、合金、储氢、发光等稀土功能材料、器件开发及生产，稀土钢开发及应用。

16 日 河南省人民政府办公厅发布《河南省推动制造业高质量发展实施方案》，在智能网联及新能源汽车方面，方案明确:巩固新能源客车优势，支持氢燃料电池客车研发和示范应用，建设智能网联汽车测试应用示范区。到 2022 年、2025 年，产业规模分别达到 1 000 亿元、2 000 亿元。在新能源方面，发展锂电池、氢燃料电池等，建设智能电网，打造光伏、风电装备应用高地。到 2022 年、2025 年，产业规模分别达到 1 000 亿元、1 500 亿元。

17 日 郑州市发改委、科技局、工信局等10 部门联合发布《关于促进汽车消费若干措施的通知》，共包含 12 条措施，包括实施汽车消费专项奖励等。新能源汽车相关支持政策方面，通知明确:(1)落实新能源汽车财税支持政策。执行国家新能源汽车购置补贴、免征车辆购置税延续至 2022 年底政策，加快已有政策明确的补贴资金清算速度。(2)推进燃油出租车置换纯电动车。加快推动新能源汽车在城市公共交通等领域推广应用，2020 年年底前完成3 000 辆纯电动出租车替代目标。(3)鼓励郑州市整车生产企业研发适合本地市场需要的新能源出租车、网约车和物流车。对生产企业 2020—2021 年在郑州市销售、上牌的新能源巡游出租车、网约出租车和物流车给予奖励，奖励标准按照原有基础上顺延一年的标准执行。(4)加快充电基础设施建设，进一步提升新能源汽车充电能力。2020 年年底郑州市充电终端累计将达到 2 万个，满足电动汽车充换电需求。支持整车企业让利于民。2020 年 6 月 1 日至 12 月 31 日，在郑州市销售并进行机动车注册登记的本地整车产品(含燃油车、新能源车等)，在整车企业优惠的基础上，市财政配套5 000 元/辆优惠资金支持汽车消费。

18 日 工信部产业政策与法规司发布《新能源汽车生产企业及产品准入管理规定》，规定明确:申请新能源汽车生产企业准入的，应当符合国家有关法律、行政法规、规章和汽车产业发展政策及宏观调控政策的要求。申请人是已取得道路机动车辆生产企业准入的汽车生产企业，或者是已按照国家有关投资管理规定完成投资项目手续的新建汽车生产企业。汽车生产企业跨产品类别生产新能源汽车的，也应当按照国家有关投资管理规定完成投资项目手续。

20 日 蔚来电池租用服务(BaaS)正式发布。根据服务方案，在 70 kWh 电池包的情况下，用户购车可在车价上一次性减免 7 万元，需另付服务费 980 元/月。同时，享受非服务无忧服务的用户还需每月缴纳 80 元电池保障费用。

同日 重庆市经济和信息化委员会发布《重庆市新能源汽车推广应用有关备案管理办法(暂行)》的补充通知》，通知明确，对于新能源汽车生产企业及产品备案:(1)新能源汽车生产企业监测平台应接入重庆市新能源汽车与充电基础设施监测平台。(2)新能源汽车生产企业应在市内建立废旧动力蓄电池回收网点并提供网点基本信息。(3)提供工业和信息化部授权的国家级道路机动车辆产品检验检测机构出具的新能源客车安全专项检验报告。对于充电运营企业备案:(1)备案资料需补充提交属地管理部门出具的企业投资项目备案证、市新能源汽车与充电基础设施监测平台出具的平台接入证明。(2)充电场(站)需具有资质的充电运营企业进行运营日常管理，并要求与充电费用补贴申报单位主体保持一致。(3)新建充电场(站)在接入重庆市新能源汽车与充电基础设施监测平台起，一个月以内应提交备案资料。

24 日 上海捷氢科技有限公司发布全新一代车用质子交换膜燃料电池电堆 PROME M3H，PROME M3H 电堆是捷氢科技首个对外正式发布的电堆产品，作为燃料电池的核心，PROME M3H 电堆具有车规级、高性能、高可靠等特点，可满足客户多样化的需求。

同日 工业和信息化部发布《新能源汽车推广应用推荐车型目录(2020 年第 9 批)》，本批目录共有 263 款新能源汽车进入。其中，纯电动汽车 236 款(含客车 45 款、乘用车 57 款、专用车 134 款);插电式混合动力汽车 13 款(含乘用车 2 款、客车 4 款、专用车 7 款);燃料电池汽车 14 款(客车 10 款、专用车 4 款)。

同日 工业和信息化部发布第 335 批《道路机动车辆生产企业及产品公告》，共计 102 个新能源生产厂家 100 个品牌 209 个新能源车型进入公告。其中，纯电动产品共计 177 款(含乘用车 23 款、客车 26 款、专用车 110 款、客车底盘 3 款、专用车底盘 15 款);插电式混合动力产品共计 13 款(含乘用车 2 款、客车 3 款、专用车 7 款、专用车底盘 1 款);燃料电池产品 19 款(含客车 10 款、专用车 3 款、客车底盘 3 款、专用车底盘 3 款)。

同日 工业和信息化部公告《免征车辆购置税的新能源汽车车型目录(第三十四批)》。本批次免购置税新能源汽车车型目录共有 92 家企业、247 个新能源车型列入，其中，纯电动222个(含客车43款、乘用车52款、专用车127款);插电式混合动力11个(含乘用车1款、客车3款、专用车7款);燃料电池14个(含客车11款、专用车3款)。

25日 大连市首台自主研发、制造的"海豚精灵"氢燃料电池城市客车在金普新区一汽客车(大连)有限公司正式下线。

同日 江西省工业和信息化厅发布《2020年新能源汽车产业发展奖励方案》,对于奖励方案,方案明确:(1)车辆销售奖励。按车辆享受国家补贴前售价给予新能源汽车生产企业销售奖励。乘用车、专用车单车售价在10万元(含)以下的每辆奖励4 000元,售价10万以上的每辆奖励5 000元,单个企业奖励原则上不超过1 000万元;客车单车售价40万元(含)以下的每辆奖励6 000元,40万元以上的每辆奖励8 000元,单个企业奖励原则上不超过400万元。(2)车型研发奖励。对于2019—2020年上市的新能源汽车产品,销量达到规定数量的,给予车型研发奖励。乘用车单一车型累计销量500辆(含)以上的,奖励80万元;专用车单一车型累计销量200辆(含)以上的,奖励40万元;客车单一车型累计销量50辆(含)以上的,奖励40万元。(3)协同配套奖励。省内新能源汽车关键零部件系统生产企业与新能源汽车整车生产企业相互建立了协同配套合作关系,且形成实际配套的,按照实际采购金额,给予协同配套奖励。实际采购金额达到5 000万元(含)以上的,配套合作双方各给予奖励100万元;采购金额达到1亿元(含)以上的,配套合作双方各给予奖励200万元。(4)品牌营销补助。(5)运行监控补助。(6)车联网平台补助。

26日 住建部、教育部、工信部、公安部等十三部门联合发布《关于开展城市居住社区建设补短板行动的意见》,停车及充电设施方面,意见明确:新建居住社区按照不低于1车位/户配建机动车停车位,100%停车位建设充电设施或者预留建设安装条件。既有居住社区统筹空间资源和管理措施,协调解决停车问题,防止乱停车和占用消防通道现象。建设非机动车停车棚、停放架等设施。具备条件的居住社区,建设电动车集中停放和充电场所,并做好消防安全管理。

27日 深圳市发展和改革委员会发布《关于开展2016—2018年度新能源汽车推广应用车辆购置补贴清算资金申报》的通知,补贴标准方面,通知明确:

(一)2016年度车辆购置补贴标准

1. 纯电动乘用车。$100 \leqslant R < 150$ km(R为标准工况续驶里程,单位:km,下同)2.5万元/辆,$150 \leqslant R < 250$ km 4.5万元/辆,$R \geqslant 250$ km 6万元/辆。

2. 插电式混合动力乘用车(含增程式)。$R \geqslant 50$ km 3.15万元/辆。

3. 纯电动客车。对$R \geqslant 250$ km的标准车(指10 m $< L \leqslant$ 12 m,L为车身长度,单位:m下同),50万元/辆;6 m $< L \leqslant$ 8 m客车按照标准车0.5倍给予补助;8 m $< L \leqslant$ 10 m客车按照标准车0.8倍给予补助;12 m以上、双层客车按照标准车1.2倍给予补助。

4. 燃料电池汽车。燃料电池乘用车20万元/辆,燃料电池轻型客车、货车30万元/辆,燃料电池大中型客车、中重型货车50万元/辆。国家购车补贴加地方购车补贴资金总额不超过车辆价格60%。

(二)2017年度车辆购置补贴标准

1. 纯电动乘用车。$100 \leqslant R < 150$ km(R为标准工况续驶里程,单位:km,下同)1万元/辆,$150 \leqslant R < 250$ km 1.8万元/辆,$R \geqslant 250$ km 2.2万元/辆。

2. 插电式混合动力乘用车(含增程式)。$R \geqslant 50$ km 1.2万元/辆。

3. 纯电动客车。按非快充类纯电动客车、快充类纯电动客车的电池系统能量密度、快充倍率和车辆长度给予补助。

4. 纯电动货车和专用车。对取得深圳市交通运输管理部门营运许可的纯电动货车和专用车,按照中央单车购置补贴标准的50%,以提供驱动动力的动力电池总储电量为依据,采取分段超额累退方式给予补贴。

5. 燃料电池汽车。燃料电池乘用车20万元/辆,燃料电池轻型客车、货车30万元/辆,燃料电池大中型客车、中重型货车50万元/辆。

(三)2018年度车辆购置补贴标准

1. 2018年1月1日—2018年2月11日上牌的车辆按照《深圳市2017年新能源汽车推广应用财政支持政策》(深财规〔2017〕10号)对应标准补贴。

2. 2018年2月12日—2018年6月11日上牌的新能源乘用车、纯电动客车按照深财规〔2017〕10号文对应标准的0.7倍补贴,纯电动货车和专用车按对应标准的0.4倍补贴,燃料电池汽车补贴标准不变。

3. 2018年6月12日—2018年12月31日上牌的新能源乘用车、纯电动客车、纯电动货车和专用车按照《财政部工业和信息化部科技部发展改革委关于调整完善新能源汽车推广应用财政补贴政策的通知》(财建〔2018〕18号)对应标准的0.5倍补贴,燃料电池汽车按照财建〔2018〕18号文对应标准的1倍补贴。

同日 深圳市发展和改革委员会发布《关于组织开展深圳市2020年度新能源汽车充电设施建设补贴申报工作的通知》,补贴标准方面,通知明确:根据充电设施设备类型、装机功率和客户受电竣工验收时间,建设补贴标准为:(1)2013—2015年度充电设施建设补贴标准:按照集中式充电设备(站、桩、装置)投资的30%给予财政补贴。(2)2016年度充电设施建设补贴标准:按照充电设施(站、桩、装置)装机功率,直流充电设备补贴标准为300元/kW,交流充电设备补贴标准为150元/kW(注:专属充电站为在集中场地内,建设总功率不低于400 kW)。(3)2017年充电设施建设补贴标准:按照充电设施(站、桩、装置)装机功率,对直流充电设备给予600元/kW补贴;交流充电设备给予300元/kW补贴。(4)2018年充电设施建设补贴标准:按照充电设施(站、桩、装置)装机功率,对直流充电设备给予600元/kW补贴;交流充电设备(40 kW及以上)给予300元/kW补贴,交流充电设备(40 kW以下)给予200元/kW补贴。(5)2019—2020年充电设施建设补贴标准:按照充电设施装机功率,对直流充电设备给予400元/kW建设补贴;对40 kW及以上交流充电设备给予200元/kW建设补贴,40 kW以下交流充电设备给予100元/kW建设补贴。

28日 洛阳市商务局、洛阳市财政局、洛阳市交通运输局、洛阳市邮政管理局联合印发《洛阳市城市配送领域新能源汽车运营奖励政策及资金管理办法》，办法明确：城市配送领域新能源汽车是指总质量为4.5 t(含4.5 t)以下轻型物流货运(含冷藏等专用运输)车辆，且为工业和信息化部《新能源汽车推广应用推荐车型目录》中推荐车型。2020 年 9 月 1 日—2021 年 8 月 31 日为运营奖励考核期。奖励标准为：(1)奖励前500 辆〔动力电池总储电量50 k Wh(不含)以下的车辆〕，每辆车奖励 0.6 万元。(2)奖励前 1 000 辆〔动力电池总储电量 50 ~ 80 kWh(不含)的车辆〕，每辆车奖励 1.2 万元。(3)奖励前 1 500 辆〔动力电池总储电量 80 kWh(含)以上的车辆〕，每辆车奖励 2 万元。

29 日 河钢集团首座加氢示范站投入运行，该加氢示范站日加注能力为500 kg，具备 35 MPa 和 70 MPa 双压力，实现了燃料电池汽车加氢和氢气长管拖车充装，能够为近20 辆 49 t 氢燃料电池重卡提供加注服务。

同日 广州市商务局、广州市工业和信息化局、广州市公安局联合印发《关于加快老旧汽车置换鼓励汽车更新换代实施方案》，方案明确了符合补助条件的对象享受置换购车的补助标准：(1)符合享受置换购车补助条件的对象，2020 年 3 月 4 日—12 月 31 日期间购买"国六"标准汽车的，每辆给予 3 000 元补助。(2)符合享受置换购车补助条件的对象，2020 年 4 月 3 日—12 月 31 日期间购买安全高效且技术先进的低油耗汽油车、节油效果明显的非插电混合动力汽车的，每辆给予 6 000 元补助。以上两项不重复补助。

9 月

1 日 工信部下发关于《新能源汽车下乡活动第二批汽车企业及车型名单》的通知，第二批次共有上汽通用五菱、比亚迪、长安汽车、长城汽车、奇瑞商用车等 14 家车企 36 款新能源汽车车型列入。

同日 小鹏汽车推出电池租赁服务，该服务区别于全款购车、分期购车方案，能够降低客户的购车门槛，用 7 年超长分期服务分摊电池成本，7 年费用付完后，最终用户可获得电池所有权。

同日 武汉市交通运输局发布《关于做好 2019 年度电动出租汽车营运补助资金发放工作的通知》，通知明确：补贴对象为经市客管处注册的武汉市中心城区 2019 年度营运的电动出租汽车。补贴标准根据 2019 年实际营运月份，按 627.83 元/(辆・月)标准发放。

2 日 交通运输部发布《关于浙江省开展构筑现代综合立体交通网络等交通强国建设试点工作的意见》，在绿色交通发展方面，意见明确：(1)大力推进车辆装备清洁能源利用。推广使用清洁能源车辆，推进城市新增和更新的公交车、出租车、轻型物流配送车逐步实现清洁能源(含新能源)化，推动港口、机场、物流园区等新增和更新作业车辆采用新能源和清洁能源车。(2)全面推动综合功能服务站建设。通过与高速公路投资建设单位合作，推动土地招拍挂、存量用地合作、集体建设用地租赁、收购、租赁存量站点等多种方式加快建设综合功能服务站。优化供能业态配置，探索开展氢燃料电池汽车应用。(3)通过 1 ~ 2 年时间，全省新增和更新城市公交车、出租车中清洁能源车比例达到 80% 以上，杭州、宁波、温州、湖州(含德清)、绍兴、金华主城区公交车、出租车中清洁能源车比例达到 100%，建成330 座超标排放定点维修治理站。(4)通过 3 ~ 5 年时间，全省主城区公交车、出租车中清洁能源车比例达到 100%，建成500 座超标排放定点维修治理站。

同日 交通运输部发布《关于深圳市开展高品质创新型国际航空枢纽建设等交通强国建设试点工作的意见》，在智慧交通方面，意见提到：推动智能网联汽车在深圳测试及试点应用，促进智能网联技术相关产业加速发展。出台智能网联汽车测试及应用试点相关政策及标准，建成深圳智能网联交通测试示范区，打造 1 ~ 2 条智能网联汽车应用试点线路。(1)加强交通信息基础设施推广应用，推进基于 5G、物联网等技术的智慧交通新型基础设施示范建设。(2)推进综合交通大数据体系建设，提升覆盖海陆空铁全方式的一体化管控能力，实现全市信号灯"一张网"智慧化调控，推进智慧停车项目建设。(3)推动智能网联汽车在深圳测试及试点应用，促进智能网联技术相关产业加速发展。(4)推动北斗卫星导航系统在交通领域的应用，增强北斗的位置服务能力，为各类车辆提供更精细的监控管理服务。(5)研究应用新技术实现经济杠杆调节道路使用，提高核心区小汽车使用成本，优化出行结构。

3 日 重庆市经济和信息化委员会、重庆市公安局、重庆市城市管理局、重庆市交通局联合印发《重庆市自动驾驶道路测试管理办法(试行)》，对于测试车辆，办法明确要求：(1)包括乘用车、商用车，不包括低速汽车、摩托车。(2)未办理过机动车注册登记；但对于《智能网联汽车道路测试管理规范(试行)》(工信部联装〔2018〕66 号)施行前已经依法注册登记的车辆，经所属企业所在地区人民政府有关部门证明，可按照本办法申请道路测试。(3)应满足对应车辆类型除耐久性以外的强制性检验项目要求；对因实现自动驾驶功能而无法满足强制性检验要求的个别项目，测试主体需证明其未降低车辆安全性能。(4)具备人工操作和自动驾驶两种模式，且能够以安全、快速、便捷的方式实现模式转换并有相应的提示，保证在任何情况下都能将车辆即时转换为人工操作模式。(5)应配备自动驾驶数据记录装置，具备车辆状态记录、存储功能，应自动记录和存储下列各项信息在车辆发生碰撞、事故、脱离自动驾驶状态或失效状况发生前至少 90 s 的数据，数据存储时间不少于 3 年。

7 日 重庆市政府办公厅发布《关于印发重庆市支持新能源汽车推广应用激励措施(2020 年度)的通知》，措施明确：在私人和公共领域以降价优惠促销售的乘用车企业分别按照优惠价的 25% 和 30% 给予整车企业奖励，其中在巡游出租车方面，重庆市提出了 6 年周期内动力电池衰减 70% 以下免费更换，不限里程数。鼓励全市新增和到期更新的公交车使用新能源汽车，继续执行新能源公交车购置补贴政策，按照此前重庆市发布的 2020 年新能源汽车补贴方案，2020 年仅对新能源公交车给予购置补贴，补贴标准约为同期国家补贴的 20% 。另外对购买(或融资租赁)并运营纯电动(或燃料电池)公交车达到一定规模的市内运营企业，市财政按一定比例给予奖励。

8 日 北京市经济和信息化局发布《北京市氢燃料电池

汽车产业发展规划（2020—2025年）》，规划分两个阶段提出发展目标：2023年前，培育3~5家具有国际影响力的氢燃料电池汽车产业链龙头企业，力争推广氢燃料电池汽车3 000辆，氢燃料电池汽车全产业链累计产值突破85亿元；2025年前，培育5~10家具有国际影响力的氢燃料电池汽车产业链龙头企业，力争实现氢燃料电池汽车累计推广量突破1万辆，氢燃料电池汽车全产业链累计产值突破240亿元。

同日　大陆集团下属电气化和电动出行领域的领先企业纬湃科技（Vitesco Technologies）在天津启动其亚太区研发中心。该中心致力于开发混合动力和电气化动力总成技术，以满足快速增长的中国电动出行市场需求，该中心预计于2021年底落成投入使用。

同日　华为电动技术有限公司成立，公司经营范围包括：工程和技术研究和试验发展；智能车载设备销售；智能车载设备制造；智能车载设备销售。

同日　北汽福田32 T液氢重卡暨全球首款液氢重卡正式发布，车辆搭载亿华通大功率氢燃料电池发动机系统，采用液氢系统及大功率轮毂电机。

9日　浙江舟山市人民政府发布关于征求《舟山市加快氢能产业发展的实施意见（征求意见稿）》的公告，意见稿明确：推进氢燃料电池汽车应用示范。推进氢燃料电池汽车在城市公交领域的应用，优先选择普陀山景区内1~2条公交线路进行试点，引进氢能公交车、氢能观光车。根据宁波-舟山港口物流需求，试点推进氢燃料电池物流车、港区集卡、叉车等应用。

10日　云南省能源局发布《关于做好2020—2022年充电基础设施建设工作的通知》，通知明确：2020—2022年云南省充电基础设施建设任务为200 000个，其中2020年公用充电基础设施10 000个，换电站14座；2021年公用充电基础设施16 000个，换电站26座。通知要求各州（市）按省能源局要求报送充电基础设施建设实施方案和各企业规划、实施方案、建设计划，云南电网有限责任公司反馈省级充电基础设施建设运营监管平台充电基础设施接入进展。

同日　东风汽车股份有限公司发布全新一代正向开发的绿色智能城配专家——“东风凯普特e星”。该车型是东风股份首款正向开发的轻卡车型，其可选择电驱桥（直驱）、单级减速器和2挡AMT变速器三种驱动方案、80 kWh、86 kWh、92 kWh三种电池电量以及16.7 m^3、18.5 m^3、20.3 m^3三个容积的货箱。

同日　四川省人民政府办公厅发布关于印发《四川省加快推进新型基础设施建设行动方案（2020—2022年）》的通知，通知明确：到2022年底，全省5G基站总量达到12万个，在用数据中心机柜数达到10万架，设备联网数量达到1 000万台，建设区块链技术应用示范场景20个以上，打造车路协同示范线路3条以上，建成新能源汽车充电桩20万个以上。（1）加快构建新能源汽车充电基础设施网络体系。加快在学校、医院、旅游景区等公共服务区域建设公（专）用充电基础设施。积极布局高速公路、国省道沿线快速充电基础设施，形成连接全省主要城市的城际快充网络。实施“充电桩进小区”示范项目，推动建设集中式充换电站。支持将充电设施供电纳入配电网专项规划。推进智能充电试点。建立充电基础设施信息管理平台，提高充电基础设施监控、运营管理和服务的智能化水平。（2）加强政策实施。探索实行工业用电阶梯电价政策，进一步降低5G、数据中心、新能源汽车充电桩等新型基础设施用电价格。

13日　上汽集团氢战略发布会上，上汽集团发布全球首款高端氢燃料电池MPV上汽大通MAXUS EUNIQ 7，此款车型是上汽集团第三代燃料电池技术的首款战略车型。同日，上汽集团正式发布行业首个“氢战略”，规划未来5年上汽将力争实现“十、百、千、万”四大目标，即在2025年前，推出至少10款燃料电池整车产品，捷氢科技达到百亿级市值，建立起千人以上燃料电池研发运营团队，形成万辆级燃料电池整车产销规模，市场占有率在10%以上。

15日　哪吒汽车发布“哪吒加电”服务，其北京王四营自建充电站启用。“哪吒加电”服务包括“代客加电”和“哪吒智能快充站”两部分。车主可预约加电专员接单上门取车。

同日　广州市人民政府办公厅发布《关于促进汽车产业加快发展的意见》，意见明确：到2025年，全市汽车产业加快发展初见成效，力争实现以下目标。产业集群：广州市汽车产能突破500万辆，规模以上汽车制造业产值力争达到1万亿元，基本形成世界级汽车产业集群。新能源汽车：开发出具有自主核心技术的氢燃料电池乘用车，实现氢燃料电池汽车初步商业化运营，新能源汽车年产能进入全国城市前三名，占全市汽车产能30%以上。智能网联汽车：L3（含）以下级别自动驾驶汽车新车装配率超过80%，L4级别自动驾驶汽车实现产业化。建成全国领先的5G车联网标准体系和智能网联汽车封闭测试区，基本建成国家级基于宽带移动互联网智能网联汽车与智慧交通应用示范区。汽车零部件产业：打造智能网联汽车关键核心零部件、核心技术产业高地，形成较完备的世界级汽车零部件产业供应体系，其中汽车电子集成系统销售收入500亿元，配套能力涵盖内燃动力、混合动力、新能源和智能网联汽车产业链条体系。

同日　南通市人民政府办公室发布《南通市城市绿色货运配送示范工程创建工作方案》，方案明确：推进充电桩设施建设，示范工程建设期末，城市配送新能源纯电动货车与充电桩的配置比例达4∶1，充电需求热点区域配套设施实现全覆盖。支持社会资本参与新能源货车商业运营，探索融资租赁等创新运营模式。制定绿色货运配送车辆运营奖补办法。示范工程建设期末，新增新能源城市配送营运车辆数量不少于示范工程建设期初新能源配送车辆保有量的20%。落实国务院、公安部、交通运输部等部门关于新能源货车的便利通行政策，对新能源配送车辆发放专用通行证。城市建成区新增新能源城市配送营运车辆数量占示范工程建设期内全部新增和更新城市配送营运车辆数量的比例不小于50%。

同日　广东省市场监督管理局、广东省发展和改革委员会、广东省工业和信息化厅、广东省住房和城乡建设厅、广东省应急管理厅联合印发《广东省氢燃料电池汽车标准体系与规划路线图（2020—2024年）》，该标准体系与规划路线图全面整理了国内外氢燃料电池相关现行标准，编制了氢燃料电池产业标准体系框架，提出了氢燃料电池产业关键标准制修订建议和标准化路线图。旨在解决行业技术标准总体框架不清晰、关键标准缺失、自主标准推广不足、上下游协同度低、标准专利情报弱等制约广东省氢燃料电池汽车产业高效、健康发展的问题。广东省氢燃料电池汽车标准体系框架基于国内外氢能标准化现状和广东省氢能产业标准需求、技术发展情况,将氢燃料电池汽车标准体系划分为6个子体系:基础与管理、制备、储运、加注、燃料电池系统、整车。覆盖了氢燃料电池汽车产业的上、中、下游,保证了体系结构合理、层次分明、科学适用。

16日 吉利科技集团首次发布新能源汽车换电模式与智能换电站,在换电站内,新能源汽车能够快速更换电池确保续航。吉利科技"双仓式智能换电站"占地约126 m^2,内置39个充电仓位,车辆可在站内快速换电,单个站每天可服务近1 000车次。

17日 郑州市新能源车辆推广中心发布《关于郑州市存量新能源货车信息汇总的通知》,要求各单位将存量新能源车辆信息在9月30日前完成上报,以协助政府部门制定新能源物流车辆运营奖励方案。

同日 河南省首台氢燃料电池物流车在安阳试制成功,安阳市已形成从制氢、加氢、车辆制造、车辆运营的完整产业链条。

同日 天津市工业和信息化局发布《市工业和信息化局落实天津市关于进一步支持发展智能制造的政策措施实施细则》,细则明确:对列入国家新一代人工智能产业重点任务揭榜计划的项目,给予每个项目总投资30%的支持,最高2 000万元。对获批工业和信息化部人工智能、车联网产业发展及服务支撑等国家试点示范的项目(平台),给予每个项目总投资30%的支持,最高2 000万元。其中,对于国家专项资金支持的试点示范项目(平台),再给予1000万元支持。支持人工智能、车联网、大数据、区块链、虚拟现实/增强现实(VR/AR)等智能科技示范应用场景建设项目,给予项目总投资20%的支持,最高1 000万元。支持人工智能、车联网产业支撑平台建设项目,给予项目总投资20%的支持,最高1 000万元。

18日 江苏省昆山市发展和改革委员会公示《昆山市氢能产业发展规划(2020—2025)》,规划明确:昆山市计划通过15年的时间把昆山氢能产业打造成为县域经济引领性、支柱性的战略性新兴产业,具体目标分为期(2020—2025年)、中期(2026—2030年)和远期(2031—2035年)3个阶段。(1)近期目标(2020—2025年)产业空间布局初步形成,以氢燃料电池为核心的产业链加快构建,产业规模持续增长,氢能示范项目稳步推进,氢能综合利用水平不断提升。(2)中期目标(2026—2030年)氢能产业空间布局不断优化,氢能生产能力进一步提升,燃料电池汽车产业链日趋完善,氢能基础设施、推广应用实现大跨越,在长三角氢走廊版图中占据重要位置。(3)远期目标(2031—2035年)氢能产业成为昆山特色产业之一,在交通、厂用叉车、发电、供热等领域实现规模化应用,氢能汽车相关的研发设计、生产制造、装备制造、检验检测等具有国际国内领先水平,产值规模突破150亿元,建成自主可控的先进制造业集群,成为国际国内知名的氢能产业制造基地、产业创新中心和示范应用城市。

同日 工信部在对十三届全国人大三次会议第7609号建议的答复中表示:下一步,工信部将会同有关部门继续扎实推进低速电动车治理工作,加快低速电动车标准制定,进一步健全低速电动车生产、销售、税费、保险和使用管理、售后服务等环节具体管理措施,完善低速电动车管理体系。

19日 苏州世椿新能源技术有限公司举办氢电新品发布会,世椿新能源是张家港经开区引进的第一家氢能自动化装备生产企业,一期总投资5 000万元,租用华夏科技园7 600 m^2厂房,达产后将年产1 000台(套)氢能电池膜电极封装设备及生产线、氢能燃料电池石墨和双极板封装设备及生产线。

同日 武汉市人民政府办公厅发布《市政府办公厅关于印发武汉市氢能产业突破发展行动方案的通知》,方案明确:(1)把握燃料电池汽车产业市场导入期机遇,力争通过3年时间打造国内氢能产业创新研发、生产制造、示范应用引领区,为把武汉建设成为世界一流的氢能产业基地打下坚实基础。建设氢能源链,突破工业副产氢、常温常压液态储氢、超高温垃圾转化制氢、电解水制氢等技术应用,培育5~10家制氢(氢源)、氢储运重点企业,建成15座以上加氢站,打造沿三环线、四环线加氢走廊。(2)强化氢能技术链。强化氢能产业基础研发,突破燃料电池膜电极、燃料电池电堆等关键环节,在氢能产业领域形成国内领先的关键核心技术;力争燃料电池汽车纯氢续驶里程达到500 km,集聚一批国家、省、市级氢能与燃料电池研发和检测、认证机构。(3)打造国内领先的氢能产业链,以交通领域应用为引领,按照"十、百、千"辆的节奏,以城市公交车、城际物流车、中重载商用车为突破口,逐步应用到船舶、无人机、分布式发电等领域,燃料电池汽车示范运营规模不低于3 000辆,培育和引进50家以上整车生产、船舶制造等氢能行业领军企业。(4)以宝武清洁能源有限公司为重点,在青山区布局氢源产业集群,重点发展和引进燃料电池膜电极关键材料、氢气制储运、氢气干燥提纯等领域研发制造企业。以东风汽车集团有限公司为重点,在武汉经济技术开发区(汉南区)布局燃料电池汽车产业集群。

同日 大运汽车股份有限公司新能源汽车投产下线,下线车型为纯电动小型SUV远略S1、纯电动中型MPV远志M1。

同日 佛山市发展和改革局、佛山市财政局联合发布《关于印发佛山市燃料电池汽车市级财政补贴资金管理办法的通知》,通知明确:佛山燃料电池汽车的地方补贴标准,对燃料电池汽车按照中央财政单车补贴金额的100%确定地方补贴,即中央补贴与地方补贴比为1:1,中央补贴多少,佛山就补贴多少,但补贴总额不超过汽车销售价格的60%。补贴范围仅限于氢燃料电池汽车。

20日 新能源汽车下乡——江苏站在南京正式启动,国内15家新能源车企的30余款新能源汽车参展。

21日 财政部、工业和信息化部、科技部、发展改革委、国家能源局联合发布《关于开展燃料电池汽车示范应用的通知》,通知明确:五部门将对燃料电池汽车的购置补贴政策,调整为燃料电池汽车示范应用支持政策,对符合条件的城市群开展燃料电池汽车关键核心技术产业化攻关和示范应用给予奖励,形成布局合理、各有侧重、协同推进的燃料电池汽车发展新模式。示范期暂定为4年。示范期间，五部门将采取“以奖代补”方式，对入围示范的城市群按照其目标完成情况给予奖励。奖励资金由地方和企业统筹用于燃料电池汽车关键核心技术产业化，人才引进及团队建设，以及新车型、新技术的示范应用等，不得用于支持燃料电池汽车整车生产投资项目和加氢基础设施建设。

同日　佛山市交通运输局发布关于征求《佛山市城市物流配送氢能源货运车辆扶持资金管理办法（征求意见稿）》意见的通告，征求意见明确：对符合条件的氢能源货运车辆，原则上按照以下标准进行补贴：自车辆登记注册之日起至申报通知规定时间止，车辆行驶里程在2万～10万km的，补贴标准为2.2元/km（由市、区两级财政按照2∶8分担，其中市级补贴0.44元/km，区级补贴1.76元/km）。每辆车的补贴金额计算公式为：车辆补贴金额＝2.2元/km×核准的行驶里程数；自车辆登记注册之日起至申报通知规定时间止，车辆行驶里程超过10万km的，按最高22万元给予补贴。

同日　四川省经济和信息化厅印发关于《四川省氢能产业发展规划（2021—2025年）》的通知，通知明确总体目标为：到2025年，四川氢能产业发展初具规模，核心技术实现阶段性突破，保持国内领先、达到国际同步水平。形成一批具有自主知识产权和较强市场竞争力的氢能核心产品。氢能产业链进一步优化，应用场景进一步拓展，燃料电池汽车实现规模化商业应用，将四川打造成为国内国际知名的氢能产业基地、示范应用特色区域和绿氢输出基地。（1）提升技术水平。到2025年，燃料电池核心技术、氢气制储运加技术实现阶段性突破。车载电堆寿命、电堆体积功率密度、系统经济性、低温启动等燃料电堆各项指标显著提升。氢气制备、储运、加注等多个核心环节实现自主突破。（2）扩大示范效应。到2025年，燃料电池汽车（含重卡、中轻型物流、客车）应用规模达6000辆，氢能基础设施配套体系初步建立，建成多种类型加氢站60座；氢能示范领域进一步拓展，实现热电联供（含氢能发电和分布式能源）、轨道交通、无人机等领域示范应用，建设氢能分布式能源站和备用电源项目5座，氢储能电站2座。（3）培育产业龙头企业。到2025年，逐渐健全强化氢能产业链，培育国内领先企业25家，覆盖制氢、储运氢、加氢、氢能利用等领域。其中核心原材料企业2家，制氢企业7家，储运和加氢企业6家，燃料电池及整车制造企业10家。

22日　威马汽车完成总额100亿元的D轮融资，本轮融资由上海国资投资平台及上汽集团联合领投，募集资金将主要用于智能技术研发等。

同日　山西省能源局发布关于印发《“新能源＋电动汽车”协同互动智慧能源试点建设方案》的通知，方案明确：以扩大需求侧（储能）响应系统规模，提升新能源消纳及需求响应能力。市场主体包括电网企业、发电企业、充电站/电动汽车等。（1）试点阶段，遴选1～2户具备条件的企业作为负荷聚合商，通过价格引导聚集电动汽车负荷资源参与市场，探索“新能源＋电动汽车”协同互动模式。文件还指出需求侧响应结算次序高于电能量和辅助服务等市场化交易。（2）试点初期，本着将红利最大限度传导至终端用户的考虑，对公交、物流、环卫为主的公益服务行业场站以不低于70%红利传导至运营商；对出租、网约为主的社会运营性质场站以不低于60%红利传导至用户。本方案自2020年10月18日起施行，11月底前，将正式启动需求侧响应市场。（3）推广阶段（2022年以后），随着电动汽车保有量及充电电量持续增多，可充可放的双向充电桩得到普及，将改进负荷聚合商平台技术条件及各系统功能，逐步过渡至实时开展方式。实时调动电动汽车等柔性负荷聚合参与协同互动，负荷聚合商通过调整负荷充、放电时间等手段进行互动响应，消纳弃风弃光电量和满足高峰用电需求。

同日　国内首条自动驾驶汽车旅游专线在河北沧州正式开通，本次开通的自动驾驶旅游专线共10个参观点，采用智能等级L4级的百度Apollo自动驾驶汽车。

23日　工业和信息化部发布《新能源汽车推广应用推荐车型目录（2020年第10批）》，本批目录共有258款新能源汽车进入。其中，纯电动汽车231款（含客车59款、乘用车39款、专用车133款）；插电式混合动力汽车9款（含乘用车2款、客车3款、专用车4款）；燃料电池汽车18款（客车13款、专用车5款）。

同日　工业和信息化部发布第336批《道路机动车辆生产企业及产品公告》，共计100个新能源生产厂家89个品牌192个新能源车型进入公告。其中，纯电动产品共计158款（含乘用车17款、客车35款、专用车90款、客车底盘7款、专用车底盘9款）；插电式混合动力产品共计12款（含乘用车2款、客车3款、专用车5款、专用车底盘2款）；燃料电池产品22款（含客车10款、专用车5款、客车底盘2款、专用车底盘5款）。

同日　工业和信息化部公告《免征车辆购置税的新能源汽车车型目录（第三十五批）》。本批次免购置税新能源汽车车型目录共有91家企业、254个新能源车型列入，其中，纯电动229个（含客车54款、乘用车33款、专用车142款）；插电式混合动力10个（含乘用车3款、客车4款、专用车3款）；燃料电池15个（含客车10款、专用车5款）。

同日　在特斯拉“电池日”上，特斯拉展示了全新4680无极耳电池、原料硅阳极材料、不含钴的高镍阴极材料、全新电芯工厂等，并发布采用全新动力总成的Plaid Model S车型。特斯拉计划2022年自产100 GWh动力电池，2030年产能达到3 TWh，其中不包括外部采购电池。

同日　岳阳市人民政府发布关于向社会公开征求对《岳阳市加氢站建设管理暂行办法》（征求意见稿）意见的通知，征求意见明确：支持合法建设的汽车加油站、加气站、充电桩利用现有土地建设加氢站。在符合全市加氢站布点规划的前提下，在公交场站、物流园区内，可以使用工业、仓储用地建设企业自用的加氢站，并依法办理相关手续。

同日　领克汽车发布纯电车架构——SEA浩瀚，该架构覆盖1 800～3 300 mm轴距范围，动力电池寿命大幅延长，NEDC工况时可达到20万km以内无衰减，总行驶里程超过200万km。当天，基于SEA架构的首款车型领克ZERO CONCEPT纯电概念车发布，NEDC续航里程超过700 km。

同日　大众汽车全新纯电SUV（大众ID.4）正式发布。大众ID.4基于MEB平台开发，ID.4 Pure版搭载52 kWh电池，WLTP续航360 km；ID.4 Pro版搭载77 kWh电池，WLTP

续航 520 km，首批车辆将于 2020 年年底之前交付。

24 日 上海市经济和信息化委员会、中国（上海）自由贸易试验区临港新片区管委会、上海市发展和改革委员会、上海市商务委员会、上海市科学技术委员会、上海市交通委员会、上海市金融工作局联合印发关于《临港新片区创新型产业规划》的通知，新能源汽车产业链方面，规划明确：深度跨界融合的智能新能源汽车产业。（1）以跨界融合、绿色智能为驱动，推进智能网联示范应用，成为上海建设世界级汽车产业中心的重要增长极。聚焦关键技术研发和产业化。（2）支持开展新能源汽车新一代电池、动力系统一体化集成、燃料电池，以及智能网联汽车机器视觉环境感知、人工智能决策、线控制动及转向控制执行、V2X 通信、信息安全、高精度地图定位等技术攻关，加强核心零部件研发及产业化。（3）优化智能新能源汽车产业布局。（4）引入全球领先的智能新能源汽车整车企业及产业链上下游企业，构建智能新能源汽车核心部件创新产业集群，鼓励整车、重点零部件企业、高校和科研机构组建国家智能汽车研发应用平台，加快自动驾驶及智慧交通云平台建设。（5）开展智能网联示范应用。全面开展基于多场景的示范应用，加强车路协同技术的智慧道路基础设施建设，优化智能网联汽车综合测试示范区功能，推进洋山港智能重卡示范运营和规模化应用，扩大自动驾驶特定场景应用，探索智能网联汽车市场化应用模式，培育"平台 + 生态"服务新模式。（6）在产业空间布局——总体布局方面：四团海港组团，整合四团、海港板块，着力提升物流服务功能，布局智能新能源汽车上下游产业链，建设先进制造产业和生产性服务业集聚区。（7）在产业空间布局——先行启动区方面：积极引入氢能源汽车产业项目，依托智能新能源汽车龙头企业，集聚发展以关键配件为基础的产业集群。

同日 河北六骏新能源汽车有限公司的六骏氢燃料电池汽车正式下线，河北六骏威县新能源汽车生产基地，项目总投资近 6 亿元，总占地面积 1 300 亩，具有年产 3 000 辆汽车生产能力，产品系列涵盖氢燃料电池客车、物流车、重卡等各个细分市场。

同日 新疆维吾尔自治区商务厅、自治区发展和改革委员会等 15 部门联合发布《关于进一步促进汽车消费增长若干措施的通知》，新能源汽车方面，通知明确：大力推广新能源和清洁能源汽车。推广应用新能源物流配送有条件的城市加快加气站建设，优先采用新能源汽车和达到国六排放标准的天然气等清洁能源汽车。推进电动汽车充电设施建设。鼓励以"充电桩设施 + 分布式能源 + 储能项目 + 商业的综合体"方式，推动充电设施建设；鼓励在物流产业园、大型商业购物中心、居民区等人口密集地建设施；鼓励各地城市以特许经营权方式开展充电基础设施综合体建设。

26 日 上海氢晨新能源科技有限公司发布自主研发的新产品——H2150F 质子交换膜燃料电池堆，该电堆已完成了 5 000 h 以上的 NEDC 工况实测，并 100% 完成了 OTS 的实验验证和整车厂 PPAP 认证，此款产品的开发过程严格遵守车规级产品设计标准和开发流程。

27 日 小鹏汽车在北京汽车展上发布超充免费加电计划和电池租赁计划：首次购车的车主将享受每辆车每年 3 000 kWh 的免费充电服务。小鹏汽车将与包括国家电网、南方电网、特来电、星星充电、小桔充电在内的充电供应商合作，扩大其超级充电网络。

28 日 蜂巢能源发布无钴电池产品规划。蜂巢能源的无钴电池分为 E 平台和 H 平台，已规划 4 款产品，分别是容量 90 Ah 的 VDA1.5x（尺寸为 39 mm × 148 mm × 102.5 mm）无钴电芯、容量 115 Ah 的 VDA2x（尺寸为 52 mm × 148 mm × 112 mm）无钴电芯、容量 115 Ah 的 MEB1.5x（尺寸为 33.4 mm × 220 mm × 102.5 mm）无钴电芯和容量 226 Ah 的 L6（尺寸为 21.5 mm × 574 mm × 118 mm）无钴电芯。

29 日 广东省发展改革委、能源局、科技厅、工信厅、自然资源厅、生态环境厅联合发布《广东省培育新能源战略性新兴产业集群行动计划（2021—2025 年）》，行动计划明确：加快培育氢能、储能、智慧能源等新兴产业。（1）氢能技术攻关领域方面：开展 PEM 电解水制氢、太阳能光解水制氢等氢源低成本高效制备、低温和高温燃料电池电堆、关键材料、零部件及其系统集成的技术攻关，加快金属板氢燃料电池电堆、新一代碳板、膜电极、催化剂、碳纸以及高压储罐、低压固态储氢、低温液氢系统等技术研发。（2）重点任务加快能源新基建方面：探索削峰填谷的氢电综合调峰站建设，强化充电保障能力，优化完善电动汽车充电设施布局，实现车、桩与智能电网灵活互动。稳步推进加氢站、氢油综合能源补给站和液氢站建设，初步建成与氢能应用相适应的供氢网络。（3）氢能产业链培育工程方面：聚焦氢能核心技术研发和先进设备制造，加快培育从氢气制储、加运、燃料电池电堆、关键零部件和动力系统集成的全产业链。利用低温氢燃料电池产业区域先发优势，形成广州—深圳—佛山—环大湾区核心区车用燃料电池产业集群。基于在 SOFC（固体氧化物燃料电池）电解质隔膜片等核心零部件制造方面全球领先的优势，布局建设以 SOFC 为核心的清洁高效发电产业集群。结合省内炼厂分布，合理规划沿海城市加氢站布局。整合利用省内大型化工氢源，提升低成本氢源供给规模化水平。积极推进富余核电和可再生能源制氢，拓宽氢源渠道。依托中广核和中集集团推进低温液氢设备、高压储运、低压固态储氢产业建设。推广高温燃料电池冷热电三联供应用示范，支持建设大型民用液氢示范工程。

30 日 大同市人民政府发布关于印发《大同市氢能产业发展规划（2020—2030 年）》的通知，规划明确：大同市氢能产业发展目标分为近期（2020—2023 年）、中期（2023—2025 年）和远期（2026—2030 年）三个阶段：1. 近期发展目标（2020—2023 年），到 2023 年，全市氢能产业规模持续增长，氢能产业体系、产业技术支撑平台与配套设施不断完善，产业空间布局进一步优化，氢能示范项目有序推进，氢能产业集聚发展格局基本形成。2. 中期发展目标（2024—2025 年），到 2025 年，全市氢能产业规模实现跨越式增长，氢能产业体系、配套基础设施相对完善，氢能产业关键核心技术实现重大突破，氢能产业链布局趋于完善，氢能产业集群形成规模。3. 长期发展目标与未来展望（2026—2030 年）到 2030 年，大同市氢能产业在国内居于领先地位，氢能产业由示范带动转向市场拉动，氢能产业链产值规模突破1 600 亿元，氢能装备制造迈向高端，产业领军企业自主创新实力雄厚，氢气储运、氢燃料电池技术和制造达到国际先进水平;氢能交通体系和氢能物流运输体系基本完善,氢能社区建设取得较大进展。

同日 湖北省人民政府办公厅发布《关于印发稳定和扩大汽车消费若干措施的通知》,通知明确:落实新能源汽车购置财税支持政策。新能源汽车购置补贴政策延续至2022年底,平缓2020—2022年补贴退坡力度和节奏,及时拨付中央新能源汽车购置补贴资金。新能源汽车免征车辆购置税的优惠政策延续至2022年底。

10月

9日 蔚来汽车中国总部正式启用,蔚来汽车总部位于安徽自贸试验区合肥片区经开区块,蔚来中国业务已经全面展开,包括整车研发、供应链、销售与服务、能源服务等。

同日 工信部肖亚庆《人民日报》撰文:《制造强国和网络强国建设扎实推进》,文章中肖亚庆提到,新能源汽车领域,乘用车量产车型续驶里程达500 km以上,动力电池单体能量密度达270 Wh/kg,处于世界领先水平。

同日 国务院总理李克强主持召开国务院常务会议,会议通过《新能源汽车产业发展规划》,培育壮大绿色发展新增长点。明确充分发挥市场在资源配置中的决定性作用,强化企业在技术路线选择等方面的主体地位,更好发挥政府在标准法规制定、质量安全监管等方面作用。引导新能源汽车产业有序发展,推动建立全国统一市场,提高产业集中度和市场竞争力。一、加大关键技术攻关,鼓励车用操作系统、动力电池等开发创新。支持新能源汽车与能源、交通、信息通信等产业深度融合,推动电动化与网联化、智能化技术互融协同发展,推进标准对接和数据共享。二、加强充换电、加氢等基础设施建设,加快形成快充为主的高速公路和城乡公共充电网络。对作为公共设施的充电桩建设给予财政支持。鼓励开展换电模式应用。三、鼓励加强新能源汽车领域国际合作。四、加大对公共服务领域使用新能源汽车的政策支持。2021年起,国家生态文明试验区、大气污染防治重点区域新增或更新公交、出租、物流配送等公共领域车辆,新能源汽车比例不低于80%。

10日 南昌市商务局印发关于《南昌市城乡高效配送专项行动实施方案》的通知,新能源汽车相关方面,通知明确:(1)发展环境更加优化。制定出台新能源配送车辆通行管理规定,专项行动企业新能源配送车辆占比达20%。(2)简化城市配送车辆出行限制。研究制定新能源货车通行便利管理措施,适时放开轻型以下新能源货车在城区内的不受限通行,实现新能源货车差别化通行管理。调整城区货运交通管理政策,缩短禁货时段,对新能源货车达到一定数量的大型专业第三方商贸物流企业,放宽通行线路办理,为城市高效配送车辆进入城市快速路、高架道路通行,提供便利。在全市农贸市场实行线上线下协同发展基础上,组建全市新能源货车配送车队,提供统一配送服务。(3)推进城乡配送车辆标准化提升。积极推进符合国家标准的新能源车辆在城市配送中的应用,加快新能源车辆充电桩等配套设施的建设。

同日 工业和信息化部节能与综合利用司对《新能源汽车动力蓄电池梯次利用管理办法(征求意见稿)》公开征求意见,对于梯次利用企业要求,征求意见明确:梯次利用企业应符合《新能源汽车废旧动力蓄电池综合利用行业规范条件》(工业和信息化部公告〔2019〕第59号)相关要求。(1)鼓励采用先进适用的工艺技术及装备,对废旧动力蓄电池进行包(组)、模块级别的梯次利用。鼓励梯次利用企业研发生产适用于基站备电、储能、充换电等领域的梯次产品,不得开发充电宝、手持照明设备等不易回收的梯次产品。鼓励采用租赁、规模化利用等便于梯次利用产品回收的商业模式。(2)鼓励梯次利用企业与新能源汽车生产、动力蓄电池生产及报废机动车回收拆解等企业协议合作,加强信息共享,利用已有回收渠道,高效回收废旧动力蓄电池用于梯次利用。

12日 中国一汽发布中国一汽产品战略:新红旗在现有量产的8款产品基础上,未来5年再推出20款全新产品,实现纯电动车型销量占比达到总销量25%以上目标。

同日 广西壮族自治区财政厅、广西壮族自治区发展和改革委员会、广西壮族自治区工业和信息化厅、广西壮族自治区科技厅联合印发《广西新能源汽车充电基础设施建设及配套运营服务财政补贴办法实施细则的通知》,通知明确了补贴范围、补贴标准、申报条件、申报材料、补贴资金审批、支付及补贴资金安排等实施细则。

(1)充电设施建设或运营单位(企业)向项目所在地发展改革部门提出补贴申请需满足以下条件:充电设施已建成投运;属于向社会提供公共服务或单位专用的充电桩、充电插座;充电设施应通过有资质的第三方机构现场检测,并取得检验合格报告;按要求接入自治区电动汽车充电服务及政府监管平台(以下称八桂充),并由"八桂充"运营单位出具接入证明;充电设施项目在2019年10月1日—2020年12月31日(含)期间建成投运。(2)在全区范围内对新能源汽车推广应用攻坚行动期间(2019年10月1日—2020年12月31日)建成投运并向社会提供公共服务且已接入"八桂充"的充电桩、充电插座(含单位专用充电桩、充电插座)予以建设补贴及运营补贴。补贴标准:对充电设施建设和充电设施运营的补贴按成本(或费用)的20%进行补贴。直流充电桩建设补贴,每个桩体补贴总额不超过30 150元;交流充电桩建设补贴,每个桩体补贴总额不超过1 150元;充电插座建设补贴,每个插座补贴总额不超过500元。充电设施运营补贴连续补贴3年,自2019年10月1日—2022年9月30日。

13日 工信部对《关于2016—2018年度新能源汽车推广应用补助资金清算审核终审情况》进行公示,公示信息显示:(1)2016年度新能源汽车推广应用补助核定推广数18 387辆,核定补助资金187 448.107万元,按整车企业取整后补助资金187 449万元,本次实际安排资金116 163万元。(2)2017年度新能源汽车推广应用补助核定推广数94 170辆,核定补助资金792 872.550 6万元,按整车企业取整后补助资金792 876万元,本次实际安排资金631 784万元。(3)2018年度新能源汽车推广应用补助核定推广数202 070辆,核定补助资金1 574 195.186万元,按整车企业取整后补助资金1 574 195万元,本次实际安排资金1 413 559万元。

同日 济南市发展和改革委员会向社会公开征求《关于加快新能源汽车推广应用的若干政策(征求意见稿)》,征求意见明确:制定燃料电池汽车补助标准,安排专项资金用于补助燃料电池商用车生产企业,加快推进燃料电池商用汽车推广应用。(1)在氢燃料电池汽车方面,支持氢燃料电池公交车推广示范运行,按照燃料电池示范城市标准,推广不少于60辆氢燃料电池公交车,开通公交运营线路3条,投资建设公交加氢站一座,并将氢能源公交运营新增成本,纳入公交企业成本范围予以财政补贴。并制定燃料电池汽车补助标准,安排专项资金用于补助燃料电池商用车生产企业,加快推进燃料电池商用汽车推广应用。(2)在加氢站补贴方面,对日加氢能力500(含)~1 000 kg(不含)的固定式加氢站,2021年6月前、2022年6月前建成的,分别补贴400万元、300万元;对日加氢能力1 000 kg及以上的固定式加氢站,2021年6月前、2022年6月前建成的,分别补贴600万元、400万元。在氢气销售价格不高于35元/kg前提下,2021年度、2022年度对加氢站运营销售的氢气,分别给予10元/kg、5元/kg的奖补。

14日 绵阳新能源汽车下乡活动在绵阳车博汇新能源汽车城正式启动,参加活动的车型共有70多款,包括宝马、奥迪、蔚来等品牌。

同日 中国科学院大连化学物理研究所、中科院大连化学物理研究所张家港产业技术研究院、中科液态阳光(苏州)氢能科技发展有限公司合作开发的全球首套“液态阳光加氢站”一体化装置示范成功。

15日 保定市人民政府办公室发布《保定市氢燃料电池汽车产业发展三年行动方案(2020—2022年)》,行动方案明确:2021年底前,初步完成高碑店新发地至北京丰台新发地周边氢能路线规划并投入运营加氢站1座,推广燃料电池物流车20辆;2022年底前,新建加氢站1座,累计推广燃料电池物流车220辆,该线路氢能物流占比超20%。此外,为支持雄安新区建设,推广千辆规模的燃料电池自动驾驶渣土车经“容易线”承担雄安所需物料运输工作。

同日 欣旺达电子股份有限公司浙江锂威锂离子电池项目2号厂房顺利封顶,该项目总投资52亿元,总用地面积405亩,总建筑面积40万m^2,达产后可实现年产值超100亿元。

17日 丰田汽车向其在中国的合资伙伴——广州汽车集团提供汽油-电动混合动力技术系统,这是丰田首次向外国公司提供核心的混合动力技术。

18日 理想汽车向用户累计交付超过20 000辆理想ONE。理想汽车仅用10个月的时间创下国内造车新势力全新车型的最快交付20 000辆的纪录。

19日 东风汽车发布了C15TDR、Sharing VAN 2.0技术平台、My@ ADAS/AD智能驾驶技术产品3项产品和技术。同时启动了自动驾驶领航项目,该项目总投资达6亿元,2020—2022年,逐步投放自动驾驶汽车不少于200台。

21日 一汽解放氢燃料电池公交车交付白城市政府,本次交付的15辆氢燃料电池公交车,是吉林省首批成功上线运营的氢燃料电池公交车,整车实现零排放,加氢时间仅需15 min,续航里程超过500 km,可实现-30℃低温正常启动运行。

26日 国家市场监管总局发布《关于调整实施强制管理的计量器具目录的公告》,公告明确:国家市场监管总局决定调整实施强制管理的计量器具目录,对于电动汽车交(直)流充电桩/非车载直流充电机(用于贸易结算,向社会提供充电服务的电动汽车充电桩充电量的测量),要求强制检定、周期检定。电动汽车充电桩延期至2023年1月1日起实行强制检定。鼓励各地方对其具体强制检定方式予以探索。

同日 河南省许昌市芙蓉湖智能网联汽车测试基地被河南省工业和信息化厅、省交通运输厅、省公安厅联合认定为“河南省智能网联汽车测试基地”,承担智能网联汽车道路测试有关工作。

27日 上汽大众ID. 4 X在位于其安亭的新能源汽车工厂举行投产仪式。总投资170亿元、年产能30万辆的上汽大众安亭新能源汽车工厂是大众汽车集团全球首个专为MEB平台车型生产而新建的工厂。

28-29日 工业和信息化部党组成员、副部长辛国斌带队赴广东深圳、福建宁德开展新能源汽车产业发展情况调研,并在深圳主持召开产业发展座谈会。辛国斌指出,我国新能源汽车产业发展还处于滚石上山、爬坡过坎的关键时期,机遇与挑战并存,要充分肯定发展成绩、认真分析存在问题,坚定发展信心不动摇。辛国斌强调,安全是事关新能源汽车产业持续健康发展的第一要务,没有安全就没有产业的未来,要在产业发展中一手抓安全、一手抓发展。一方面,要严格执行安全标准,做好新车安全监管,管好“增量”安全;另一方面,企业要切实担负起安全主体责任,强化监测预警,实施技术升级,淘汰风险车辆,努力解决“存量”安全问题。为推动产业高质量可持续发展,下一步要重点抓好以下工作:一是贯彻落实即将发布的《新能源汽车产业发展规划(2021—2035年)》,加强工作统筹和政策衔接,协同推动产业发展,形成发展合力;二是加快推进公交、出租、物流等公共领域车辆电动化,积极推动“车电分离”商业模式创新发展,加大推广应用力度;三是围绕降低成本、提高安全等核心问题,加大核心技术和短板技术攻关,不断提升产业基础能力,提高供给质量;四是完善有关政策措施,加快充换电设施建设,提升互联互通水平,优化产业发展环境。

30日 北京市经济和信息化局印发《北京市氢燃料电池汽车产业发展规划(2020—2025年)》,规划明确了总体目标和阶段目标。(1)总体目标:以科技创新驱动为核心,强化政策引领和产业培育,努力把北京市建设成为具有国际影响力的氢燃料电池汽车科技创新中心、关键零部件制造中心和高端应用示范推广中心,在打造燃料电池汽车供氢链、产业协同发展链和车辆推广应用链方面夯实基础、筑成优势,着力打造“全球领先、国内尖端、区域协同、辐射发展”的氢燃料电池汽车产业创新高地。(2)阶段目标:2023年前,做好冬奥会和冬残奥会重大示范工程保障,培育3~5家具有国际影响力的氢燃料电池汽车产业链龙头企业,力争推广氢燃料电池汽车3 000辆、建成加氢站37座,氢燃料电池汽车全产业链累计产值突破85亿元。2025年前,培育5~10家具有国际影响力的氢燃料电池汽车产业链龙头企业,形成氢燃料电池汽车关键零部件和装备制造产业集群,建设2家国际一流的氢燃料电池产业研发创新平台，推动科技创新与产业化落地深度融合，力争实现氢燃料电池汽车累计推广量突破1万辆、再新建加氢站37座（共计74座），形成城市公交、旅游客运、重型货运和中型物流相结合的推广结构，氢燃料电池汽车全产业链累计产值突破240亿元。

31日　工业和信息化部发布《新能源汽车推广应用推荐车型目录(2020年第11批)》，本批目录共有214款新能源汽车进入。其中，纯电动汽车184款（含客车62款、乘用车29款、专用车93款）；插电式混合动力汽车14款（含乘用车3款、客车8款、专用车3款）；燃料电池汽车16款（乘用车1款、客车7款、专用车8款）。

同日　工业和信息化部发布第337批《道路机动车辆生产企业及产品公告》，共计105个新能源生产厂家92个品牌207个新能源车型进入公告。其中，纯电动产品共计172款（含乘用车18款、客车35款、专用车95款、客车底盘8款、专用车底盘16款）；插电式混合动力产品共计16款（含乘用车3款、客车4款、专用车6款、专用车底盘2款）；燃料电池产品19款（含乘用车1款、客车8款、专用车6款、客车底盘2款、专用车底盘2款）。

同日　工业和信息化部公告《免征车辆购置税的新能源汽车车型目录（第三十六批）》。本批次免购置税新能源汽车车型目录共有77家企业、199个新能源车型列入，其中，纯电动165个（含客车55款、乘用车29款、专用车81款）；插电式混合动力18个（含乘用车5款、客车8款、专用车5款）；燃料电池16个（含乘用车1款、客车8款、专用车7款）。

11月

2日　深圳市发展和改革委员会发布《关于深圳市新能源小汽车综合使用和置换更新补贴（第一批）项目拟资助情况的公示》，公示显示：深圳市将拨付2 448万元资金给首批补贴公示清单里的1 533位新能源车主。深圳市首批面向个人的新能源汽车补贴即将发放，后续申请补贴的消费者清单也将分批次公示，将进一步提振消费者信心，为新能源汽车市场注入强劲动力。

同日　国务院办公厅发布《关于印发新能源汽车产业发展规划（2021—2035年）的通知》，发展规划明确：到2025年，纯电动乘用车新车平均电耗降至12.0 kWh/百公里，新能源汽车新车销售量达到汽车新车销售总量的20%左右，高度自动驾驶汽车实现限定区域和特定场景商业化应用。到2035年，纯电动汽车成为新销售车辆的主流，公共领域用车全面电动化，燃料电池汽车实现商业化应用，高度自动驾驶汽车实现规模化应用，有效促进节能减排水平和社会运行效率的提升。发展规划部署5项战略任务：(1)坚持整车和零部件并重，强化整车集成技术创新，提升动力电池、新一代车用电机等关键零部件的产业基础能力，推动电动化与网联化、智能化技术互融协同发展。(2)建设动力电池高效循环利用体系。(3)推动新能源汽车与能源、交通、信息通信全面深度融合。(4)加快推动充换电、加氢等基础设施建设。(5)深化开放合作。发展规划要求：落实新能源汽车相关税收优惠政策，优化分类交通管理及金融服务等措施，对作为公共设施的充电桩建设给予财政支持，给予新能源汽车停车、充电等优惠政策。2021年起，国家生态文明试验区、大气污染防治重点区域的公共领域新增或更新公交、出租、物流配送等车辆中新能源汽车比例不低于80%。

3日　青岛美锦新能源汽车制造有限公司向青岛真情巴士集团有限公司交付50台氢燃料城市公交车，这是青岛市西海岸新区首批示范运行的氢燃料车辆。

同日　温州市发展和改革委员会公开征求《温州市级2020—2021年新能源汽车推广应用支持政策（征求意见稿）》，关于补贴标准，征求意见明确：购置补贴，对购置新能源公交车和氢燃料电池汽车按国家补助标准1∶0.5比例配套，技术标准按照部委年度文件执行；建设补贴，专用和公用充电基础设施建设已验收投入使用并接入市级服务平台的，按充电设施的直流给予250元/kW，交流给予100元/kW分类补助；运营补贴，以充电设施的实际充电量为基准，对充电设施建设运营单位给予运营补贴0.10元/kWh；电费补贴，个人消费者自用充电桩给予一次性600元/桩的充电费补贴，由电力部门以充值方式划入个人消费者自用充电桩电表账户。

5日　广东省人民政府办公厅发布《广东省推进新型基础设施建设三年实施方案（2020—2022年）》，方案明确：将支持粤港澳大湾区内地九市及重点城市创建国家氢燃料电池汽车推广示范城市，加快推进氢燃料电池车辆加氢设施建设，到2022年新建200个加氢站，重点建设广州—深圳、广州—珠海氢能运输走廊，规划建设沿海经济带氢能高速运输走廊。

同日　呼和浩特市工业和信息化局发布《呼和浩特市人民政府关于推进氢能产业高质量发展的实施意见（征求意见稿）》，意见稿明确：预计到2023年，呼和浩特将建设一批氢能重点项目。制氢、储运、加氢产业链形成规模，液氢制备能力达到30 t/d，建成加氢站5座以上，加氢能力超过3 000 kg/d，氢能产业链产值达到50亿元。到2025年，液氢制备能力达到60 t/d，建成加氢站10座以上，加氢能力超过6 000 kg/d，形成覆盖氢能装备、燃料电池电堆及核心零部件、整车制造及应用的完整产业链，氢能产业链年产值达到150亿元。

7日　江苏擎动新能源科技有限公司在常熟成立长三角研发中心，研发中心的建立，还将帮助擎动科技向国际一流催化剂和膜电极制造企业进军，并为提升中国企业在世界燃料电池行业中的国际竞争力发挥重要作用。

8日　京能集团首个超级充电站投产——京能工大桥超级充电站正式投用。站内充电桩总功率为1 800 kW，是北京地区首个大批量使用超大功率120 kW充电桩的充电站。新能源电动汽车中转停靠30～60 min即可完成充电，充电时间较常规充电桩节省约50%。

10日　金龙客车联合武汉雄韬氢雄燃料电池科技有限公司正式向京山市公共交通有限公司交付30辆氢燃料城市公交车。本次交付湖北的是金龙第三代燃料电池客车，采用武汉雄韬大功率的燃料电池系统，等速工况最长续航里程可达到450 km，加氢时间仅需10～15 min。

11日　《智能网联汽车技术路线图2.0》发布，对智能网联汽车的发展路线、愿景和战略目标进行详细介绍。到2035年,中国方案智能网联汽车技术和产业体系全面建成、产业生态健全完善,整车智能化水平显著提升,网联式高度自动驾驶网联汽车大规模应用。

13日 上海市经济信息化委、市发展改革委、市交通委、市科委、市住房城乡建设管理委、市财政局联合印发关于《上海市燃料电池汽车产业创新发展实施计划》的通知,计划明确:到2023年,上海燃料电池汽车产业发展实现"百站、千亿、万辆"总体目标,规划加氢站接近100座并建成运行超过30座,加氢网络全国最大,形成产出规模约1 000亿元,发展规模全国前列,推广燃料电池汽车接近10 000辆,应用规模全国领先;燃料电池汽车产业整体发展水平达到国际领先,关键技术实现自主掌握,创新产品推向全球市场,氢能基础设施趋于完善,推广应用规模持续扩大,核心竞争能力显著提升,产业创新生态基本形成。

14日 宁德时代与长安汽车、华为,联合打造高端智能汽车品牌,智能汽车高端品牌将搭载全球领先、自主可控的智能电动汽车平台,配备一系列智能汽车产品,还拥有超级"人车家"智慧生活和智慧能源生态。

17日 宝能汽车正式成立汽车软件公司——前海七剑科技(深圳)有限公司,致力于成为全球领先的智能汽车软件及创新业务模式提供商。前海七剑软件公司定位是成为智能汽车软件及创新业务模式提供商,开展包括智能汽车架构、车规级芯片、车云一体分布式计算平台、自动驾驶系统、智能座舱系统、车辆控制系统、车联网终端及云服务平台等领域的研发。

18日 精进电动发布一系列高功率碳化硅控制器,此次精进电动推出的碳化硅控制器,功率达到300～600 kW,根据车辆不同的工况循环,相对于硅基控制器的节能率在3%～6%。

19日 长城汽车自主研发的新一代动力总成,在蜂巢易创扬中产业园正式下线。新一代动力总成,分别是GW4N20发动机、全球首款横置9速湿式双离合变速器——9DCT变速器、9HDCT变速器和三合一电驱动总成,全面覆盖高效燃油、混动、纯电领域。

同日 工信部发布新能源汽车监督检查结果,25家企业的27个车型存在生产一致性问题。新能源乘用车:共有9家企业的9个车型产品,涉及动力电池容量和保护功能、行李箱容积、轮胎规格、标志标识等项目不符合国家标准或管理规定;新能源客车:共有10家企业的12个车型产品,涉及低速行驶提示音、车辆喇叭、三角警告牌、标志标识等项目不符合国家标准或管理规定;新能源专用车:共有6家企业的6个车型产品,涉及动力电池容量、报警信号、低速行驶提示音、标志标识等项目不符合国家标准或管理规定。

20日 财政部发布《关于提前下达2021年节能减排补助资金预算(第一批)的通知》,通知明确:财政部提前下达省(区、市)2021年节能减排补助资金,用于2019年度节能与新能源公交车运营补助资金、2016—2018年度新能源汽车推广应用补助资金清算。2021年共安排新能源汽车补贴375.852 9亿元。

同日 广汽集团"广汽埃安"品牌独立运营,"广汽埃安"定位为高端智能电动车品牌。广汽新能源汽车有限公司更名为广汽埃安新能源汽车有限公司。

同日 工业和信息化部党组成员、副部长辛国斌在京主持召开"十四五"汽车产业高质量发展座谈会,研判分析产业发展形势与存在问题,听取专家、企业家代表意见建议。与会代表围绕汽车产业整体发展、新能源汽车产业发展、智能网联汽车与跨界融合、行业管理改革4个方面进行了交流研讨。

同日 国内换电企业奥动新能源发布最新一代4.0换电站,将换电时间缩短至20 s。

23日 工业和信息化部装备工业发展中心发布《关于乘用车循环外节能技术/装置数据填报的通知》,通知明确:乘用车企业应使用新版双积分系统数据报送账号登录循环外节能技术数据采集系统,通过数据报送模板填报相关数据,并在线提交《承诺书》、相关循环外技术工作原理及车型产品搭载相关技术的证明材料。各企业于2020年12月15日之前完成乘用车循环外技术数据填报工作。

同日 工业和信息化部装备工业发展中心发布《关于乘用车企业提交2021年度积分预报告的通知》,通知明确:2020年12月20日前,各乘用车企业应向工业和信息化部递交2021年度积分预报告,预报告的内容包括本企业平均燃料消耗量预期达标值、预期实际值和新能源汽车积分预期值等。

25日 国家市场监管总局办公厅发布《关于进一步加强汽车远程升级(OTA)技术召回监管的通知》,通知明确:以下是通知原文:生产者采用OTA方式对已售车辆开展技术服务活动的,应按照相关要求,向市场监管总局质量发展局备案。生产者采用OTA方式消除汽车产品缺陷、实施召回的,应制定召回计划,按照相关要求向市场监管总局质量发展局备案。

27日 四川省经信厅发布《关于做好新能源与智能汽车相关政策奖励申报工作的通知》,关于政策支持范围,通知明确有如下8个方面:新能源汽车新车型奖励;新能源汽车市场开拓奖励;新能源与智能汽车展会活动支持;智能汽车公共平台支持;氢燃料电池汽车示范奖励;新能源与智能汽车研发支持;关键零部件支持;新能源汽车推广应用新业态新模式奖励。

30日 工业和信息化部发布《新能源汽车推广应用推荐车型目录(2020年第12批)》,本批目录共有236款新能源汽车进入。其中,纯电动汽车193款(含客车48款、乘用车41款、专用车104款);插电式混合动力汽车6款(含乘用车1款、客车5款);燃料电池汽车37款(乘用车1款、客车19款、专用车17款)。

同日 工业和信息化部发布第338批《道路机动车辆生产企业及产品公告》,共计98个新能源生产厂家89个品牌186个新能源车型进入公告。其中,纯电动产品共计145款(含乘用车25款、客车29款、专用车77款、客车底盘5款、专用车底盘9款);插电式混合动力产品共计10款(含乘用车1款、客车4款、专用车5款);燃料电池产品31款(含乘用车1款、客车15款、专用车8款、客车底盘2款、专用车底盘5款)。

同日 工业和信息化部公告《免征车辆购置税的新能源汽车车型目录(第三十七批)》。本批次免购置税新能源汽车车型目录共有92家企业、234个新能源车型列入,其中,纯电动196个(含客车50款、乘用车38款、专用车108款);插电式混合动力7个(含乘用车1款、客车5款、专用车1款);燃料电池31个(含客车17款、专用车14款)。

12月

2日 郑州市人民政府发布《关于实行机动车单双号限行措施的通告》,通告明确:自2020年12月4日起至2020年12月31日止,每天7时至21时实施限行。郑州市自2020年12月4日起开始施行单双号限行措施,但悬挂新能源汽车专用号牌的新能源汽车,不受上述措施限制。

同日 广东省科学技术厅发布《关于支持建立广东省大湾区新能源汽车产业技术创新联盟及征集成员单位的通知》,通知明确:为加速建立产学研深度融合的技术创新体系,支撑"新能源汽车"产业集群高质量发展,拟筹建"广东省大湾区新能源汽车产业技术创新联盟",同时面向省内外和港澳台地区新能源汽车领域及产业链上中下游相关的企业、高校、科研院所、事业单位,以及知识产权等服务机构征集成员单位,专业领域包括且不限于:纯电动汽车、混合动力汽车、氢燃料电池汽车、智能网联汽车等。

4日 一汽红旗旗下首款纯电动大型SUV——红旗E-HS9正式上市,新车共推出4款车型,综合续航里程510 km。

7日 北京市交通委员会等13部门联合发布《北京市小客车数量调控暂行规定实施细则(2020年修订)》,新能源汽车方面,细则明确:扣除向单位配置的指标和营运小客车指标,2021年度新能源小客车配置指标数量的60%优先向家庭配置,2022年度该比例调整为70%,2023年度及以后该比例调整为80%,其余向个人配置。按上述比例向家庭配置后指标有剩余的,一并向申请轮候的个人配置。

8日 大众汽车(安徽)有限公司在合肥揭牌,大众汽车(安徽)新的制造基地同时开工建设,该工厂最大年产量可达35万辆,将于2022年底竣工,由大众汽车(安徽)研发制造的首款纯电动车型计划于2023年投产。

同日 内蒙古自治区能源局发布《内蒙古自治区促进燃料电池汽车产业发展若干措施(试行)》(征求意见稿),征求意见稿明确:经过5年左右的努力,形成具有竞争力的氢能制取、存储、运输、应用一体化发展产业集群,打造全国重要的创新研发、装备制造、示范应用氢能产业基地。包括2个阶段性目标:(1)2020—2023年氢能产业发展全面起步。燃料电池在公交、物流、矿山等领域推广应用形成一定规模,累计推广燃料电池汽车3 830辆以上,建成加氢站(包括合建站)60座;基本形成覆盖氢的纯化与分离、储氢材料、燃料电池电堆及关键零部件等领域的技术研发体系。启动可再生能源电解水制氢示范项目,氢制备、氢储运、加氢站、燃料电池及核心零部件、燃料电池整车等产业链基本形成,培育或引进3~5家拥有自主知识产权、核心竞争力强的龙头企业,氢气制备能力达到4亿m^3/年,氢能产业总产值达到400亿元。(2)2024—2025年氢能产业发展加速推进。累计推广燃料电池汽车10 000辆,建成加氢站(包括合建站)90座。

10日 上海市人民政府发布《中共上海市委关于制定上海市国民经济和社会发展第十四个五年规划和二0三五年远景目标的建议》,在推动绿色低碳发展方面,建议明确:在公共领域全面推广新能源汽车,推进充电桩、换电站、加氢站建设,倡导低碳绿色出行,加快构建与超大城市相适应的绿色交通体系。

14日 BEIJING汽车4.0版换电站近日正式推出。新版换电站换电效率大幅度提升,单次换电30 s,换电全过程用时由原来的3 min缩减到1.5 min。

同日 智己汽车在与宁德时代共同开发"掺硅补锂电芯"技术,双方将共享技术专利,协同完成各项整车严苛测试,未来将在全球范围内率先应用该电池技术,并量产搭载该技术的动力电池。这款电池的能量密度较现在行业领先水平将高出30%~40%。这款电池在智己汽车的全新架构宽带内,最高可实现约1 000 km的续航、20万km零衰减。

同日 济南市发展和改革委员会、济南市住房和城乡建设局、济南市财政局联合发布《关于申报中央新能源汽车充电基础设施奖励资金的通知》,奖励标准方面,通知明确:(1)设备奖补:按照单桩参照额定输出功率,给予一次性奖补。其中,直流快充桩奖补400元/kW,奖励上限4.8万元/桩;交流慢充桩奖补300元/kW,奖励上限2 000元/桩;带有有序充电控制功能的交流充电桩奖补400元/kW,奖励上限为4 000元/桩。设备奖补金额不高于设备采购(招标)价格。(2)建设奖补:在充电服务示范居民小区内配套建设充电基础设施,按照总投资扣除充电设施购置费用外剩余投资的40%给予建设奖补。

16日 山西省阳泉市首家能源加氢站开始试运行,加氢站总投资2 104万元,加氢站设计加注能力1 000 kg/d(12 h),可满足70辆氢燃料电池重卡车的加氢需求。加氢站所配加氢枪的工作压力为35 MPa,可同时满足物流车和重卡的加氢需求,物流车单车加注时间约为5min,重卡单车加注时间约为15min。

同日 北京市大兴区人民政府印发《大兴区促进氢能产业发展暂行办法》,办法明确:企业入区后3年内任意一个年度区域综合贡献达到100万元(含)以上,自该年起连续3年每年按照其上年度区域综合贡献总额的40%给予资金支持。鼓励区内企业优先采购经本区认定的燃料电池汽车,对企业2021年、2022年、2023年购买区内认定的燃料电池汽车分别按照国家补贴额度的40%、30%、20%给予资金支持。对从事车用氢气运输的企业,按车辆购置费用总额的20%给予一次性补贴,每家企业每年最高补贴额度为500万元。

18日 岚图汽车首款量产车岚图FREE发布,该车定位为中大型智能电动SUV,将提供纯电动和增程电动两种动力方案,于2021年上市公布价格。

21日 平湖市人民政府发布《平湖市加快推进氢能产业发展和示范应用实施意见》,通知明确:(1)在产业发展层面,到2022年,以关键核心部件、燃料电池电堆、动力系统集成等核心装备制造和制氢、储氢、运氢、加氢为重点,引进和培育5家以上在行业内有影响力的企业或项目。不断完善氢能产业体系,成立氢能产业技术研发中心、氢能创新中心等。推动氢燃料电池龙头企业与知名整车制造企业建立战略联盟，燃料电池年销售突破 2 000 台。到 2025 年，氢能产业链产值达到 100 亿元以上。(2) 在应用示范层面，推动燃料电池公交车、燃料电池物流车及燃料电池产品实现市场化规模应用。到 2022 年，开通氢燃料电池公交车示范线路5 条以上，氢燃料电池公交车占新能源公交车总保有量的 30% 以上。全市运行氢能汽车 150 辆以上。(3) 在设施服务层面，加大氢能产业基础设施建设力度，在现有加油、加气站基础上，同步建设加氢设施服务体系。到 2022 年，新建加氢站 5 座以上，建成富余氢能资源综合利用试点项目 2 个以上。

23 日 温州市发展和改革委员会、温州市财政局、温州市综合行政执法局联合发布《温州市级 2020—2021 年新能源汽车推广应用支持政策》，通知明确：(1) 补贴对象为市区购买新能源公交车和燃料电池汽车的消费者、充电基础设施建设运营主体以及个人充电桩安装者。(2) 补贴标准。购置补贴：对购置新能源公交车和燃料电池汽车按国家补助标准 1:0. 5 比例配套，技术标准按照部委年度文件执行；建设补贴：专用和公用充电基础设施建设已验收投入使用并接入市级服务平台的，按充电基础设施的直流给予 250 元/kW、交流给予每千瓦 100 元/kW 分类补助；运营补贴：以充电基础设施的实际充电量为基准，对充电基础设施运营单位给予运营补贴 0. 10 元//kWh；电费补贴：个人消费者建设自用充电桩给予一次性 600 元/桩的充电费补贴，由电力部门以充值方式划入个人消费者自用充电桩电表账户。

25 日 由上汽集团、张江高科、阿里巴巴集团联合打造的智己汽车科技有限公司在浦东新区完成注册。

同日 舟山市人民政府办公室发布《关于加快培育舟山市氢能产业发展的指导意见》，指导意见明确：到 2022 年：引进 5 家以上国际或国内有较强竞争力、技术领先的氢能制备、储能企业；引进 5 家以上氢燃料电池海洋应用相关企业或项目；建设加氢站 2 座以上（包括综合供能站）；示范运行氢能公交车 15 辆以上；推进氢燃料电池港区集卡、叉车等应用等。到 2025 年：建成 5 座以上固定式加氢站（包括综合供能站）；示范运行氢能公交车 50 辆以上；氢能领域规模以上企业数量突破 30 家等。

29 日 泰安市人民政府办公室发布《关于加快推进氢能产业发展的实施意见》，意见明确：到 2022 年，储氢关键装备实现量产，电池重要零部件基本实现自主化，氢能产业链年营业收入实现 10 亿元。到 2023 年，建成加氢站 1 座，燃料电池汽车营运车辆示范运行规模达到 10 辆；到 2025 年，累计建成加氢站 3 座，燃料电池汽车规模达到300 辆，培育国内领先的企业 2 ~ 3 家，氢能产业链年营业收入达到 30 亿元。到 2030 年，累计建成加氢站 7 座，燃料电池汽车规模达到 1 500 辆。

30 日 交通运输部发布《交通运输部关于促进道路交通自动驾驶技术发展和应用的指导意见》，指导意见明确：到 2025 年，自动驾驶基础理论研究取得积极进展，道路基础设施智能化、车路协同等关键技术及产品研发和测试验证取得重要突破；出台一批自动驾驶方面的基础性、关键性标准；建成一批国家级自动驾驶测试基地和先导应用示范工程，在部分场景实现规模化应用，推动自动驾驶技术产业化落地。

31 日 财政部、工业和信息化部、科技部、发展改革委联合发布《关于进一步完善新能源汽车推广应用财政补贴政策的通知》，通知明确了 2021 年新能源汽车补贴政策，2021 年补贴较 2020 年退坡 20%，公共领域车辆退 10%，技术指标不变，测试循环由现行的 NEDC 变成了 WLTC。

同日 工业和信息化部发布《新能源汽车推广应用推荐车型目录（2020 年第 13 批）》，本批目录共有 175 款新能源汽车进入。其中，纯电动汽车 141 款（含客车 44 款、乘用车 31 款、专用车 66 款）；插电式混合动力汽车17 款（含乘用车 14 款、客车 2 款、专用车 1 款）；燃料电池汽车 17 款（乘用车 1 款、客车 13 款、专用车 3 款）。

同日 工业和信息化部发布第 339 批《道路机动车辆生产企业及产品公告》，共计 94 个新能源生产厂家 90 个品牌 155 个新能源车型进入公告。其中，纯电动产品共计 118 款（含乘用车 26 款、客车 26 款、专用车 55 款、客车底盘 3 款、专用车底盘 8 款）；插电式混合动力产品共计17 款（含乘用车 12 款、客车 2 款、专用车 2 款、专用车底盘1 款）；燃料电池产品 20 款（含乘用车 1 款、客车 10 款、专用车 5 款、客车底盘 2 款、专用车底盘 2 款）。

同日 工业和信息化部公告《免征车辆购置税的新能源汽车车型目录（第三十八批）》。本批次免购置税新能源汽车车型目录共有 77 家企业、163 个新能源车型列入，其中，纯电动 131 个（含客车 43 款、乘用车 32 款、专用车 56 款）；插电式混合动力 16 个（含乘用车 12 款、客车2 款、专用车 2 款）；燃料电池 16 个（含乘用车 12 款、客车2 款、专用车2 款）。

节能与新能源汽车年鉴

第八篇 标准篇

新能源汽车标准

序号	标准编号	标准名称	标准主要内容	发布单位	归口单位	起草单位	发布日期	实施日前
1	GB/T 38661—2020	电动汽车用电池管理系统技术条件	本标准规定了电动汽车用动力蓄电池管理系统的技术要求、试验方法、检验规则等；适用于电动汽车用锂离子动力蓄电池和镍氢动力蓄电池的管理系统，其他类型动力蓄电池的管理系统可参照执行	国家市场监督管理总局 中国国家标准化管理委员会	全国汽车标准化技术委员会	北京交通大学、中国汽车技术研究中心有限公司、合肥国轩高科动力能源有限公司、上海蔚来汽车有限公司、深圳市比亚迪锂电池有限公司坑梓分公司、宁德时代新能源科技股份有限公司、万向一二三股份公司、惠州市亿能电子有限公司、安徽力高新能源技术有限公司、杭州高特电子设备股份有限公司、东软睿驰汽车技术（沈阳）有限公司、湖南科霸汽车动力电池有限责任公司、华为技术有限公司、惠州市蓝微新源技术有限公司、比亚迪汽车工业有限公司、中国第一汽车股份有限公司、深圳市科列技术股份有限公司、北京新能源汽车股份有限公司、上汽大众汽车有限公司、福建星云电子股份有限公司、泛亚汽车技术中心有限公司	2020-03-01	2020-10-01
2	T/CFLP 0025—2020	城市配送电动汽车采购规范	本标准规定了物流企业在城市配送电动汽车采购活动中，对供应商、车辆和供应商服务等相关要求；适用于城市配送电动汽车及衍生服务的采购	中国物流与采购联合会	中国物流与采购联合会	中国物流与采购联合会物流装备专业委员会、中国物流与采购联合会电子商务物流与快递分会、地上铁租车（深圳）有限公司、京邦达贸易有限公司、圆通速递有限公司、顺丰速运（集团）有限公司、江苏苏宁物流有限公司	2020-03-02	2020-04-01
3	DB 5101/T71—2020	成都市电动汽车充电设施安全管理规范	本标准规定了成都市电动汽车充电设施的术语和定义、基本原则、主要流程、备案、安全预评价、设计、施工、试运行及验收、运营和报废；适用于成都市行政区域内从事电动汽车充电设施建设、运营的单位和个人	成都市市场监督管理局	成都市应急管理局	成都市应急管理局、成都市城市安全与应急管理研究院、川开电气有限公司、成都智邦科技有限公司、成都市标准化研究院	2020-03-09	2020-03-31
4	T/FZWLW 12—2020	纯电动汽车自动变速器技术规范	本标准规定了纯电动汽车自动变速器的技术要求和试验方法	福州经济技术开发区物联网产业协会	福州经济技术开发区物联网产业协会	福建中青合康新能源科技有限公司、福州大学、福建省汽车运输有限公司、厦门金龙旅行车有限公司、福建中青汽车技术有限公司、汉宇集团股份有限公司、深圳市法拉第电驱动有限公司、福建省海峡物联网应用促进中心、福建省汽车工业行业协会、北京中科标准科学技术研究院（有限合伙）	2020-03-27	2020-03-27
5	GB/T 38661—2020	电动汽车用电池管理系统技术条件	本标准规定了电动汽车用动力蓄电池管理系统的技术要求、试验方法、检验规则等；适用于电动汽车用锂离子动力蓄电池和镍氢动力蓄电池的管理系统，其他类型动力蓄电池的管理系统可参照执行	国家市场监督管理总局 国家标准化管理委员会	全国汽车标准化技术委员会	北京交通大学、中国汽车技术研究中心有限公司、合肥国轩高科动力能源有限公司、上海蔚来汽车有限公司、深圳市比亚迪锂电池有限公司坑梓分公司、宁德时代新能源科技股份有限公司、万向一二三股份公司、惠州市亿能电子有限公司、安徽力高新能源技术有限公司、杭州高特电子设备股份有限公司、东软睿驰汽车技术（沈阳）有限公司、湖南科霸汽车动力电池有限责任公司、华为技术有限公司、惠州市蓝微新源技术有限公司、比亚迪汽车工业有限公司、中国第一汽车股份有限公司、深圳市科列技术股份有限公司、北京新能源汽车股份有限公司、上汽大众汽车有限公司、福建星云电子股份有限公司、泛亚汽车技术中心有限公司	2020-03-31	2020-10-01

续上表

序号	标准编号	标准名称	标准主要内容	发布单位	归口单位	起草单位	发布日期	实施日前
6	GB/T 33598.2—2020	车用动力电池回收利用　再生利用　第2部分：材料回收要求	本部分规定了车用动力蓄电池材料回收的术语和定义、总体要求和污染控制及管理要求；适用于车用锂离子动力蓄电池和镍氢动力蓄电池单体的材料回收	国家市场监督管理总局 中国国家标准化管理委员会	全国汽车标准化技术委员会	广东邦普循环科技有限公司、宁德时代新能源科技股份有限公司、中国汽车技术研究中心有限公司、哈尔滨巴特瑞资源再生科技有限公司、格林美股份有限公司、浙江超威创元实业有限公司、张家港清研再制造产业研究院有限公司、深圳市沃特玛电池有限公司、合肥国轩高科动力能源有限公司、赣州市豪鹏科技有限公司、北京赛德美资源再利用研究院有限公司、广州中物高新科技有限公司、湖南邦普汽车循环有限公司、山东锂想新能源科技有限公司、浙江天能新材料有限公司、湖南邦普循环科技有限公司	2020-03-31	2020-10-01
7	GB/T 34015.2—2020	车用动力电池回收利用　梯次利用　第2部分：拆卸要求	本部分规定了电动汽车用动力蓄电池（或称动力电池）拆卸的术语和定义、总体要求、作业要求、暂存和管理要求；适用于回收利用环节动力锂离子蓄电池包和动力镍氢动力蓄电池包的拆卸过程，其他类型动力蓄电池包的拆卸过程可参照执行；不适用于汽车售后维修环节动力蓄电池的拆卸，也不适用于铅酸蓄电池的拆卸	国家市场监督管理总局 中国国家标准化管理委员会	全国汽车标准化技术委员会	广东邦普循环科技有限公司、宁德时代新能源科技股份有限公司、中国汽车技术研究中心有限公司、哈尔滨巴特瑞资源再生科技有限公司、格林美股份有限公司、浙江超威创元实业有限公司、张家港清研再制造产业研究院有限公司、深圳市沃特玛电池有限公司、合肥国轩高科动力能源有限公司、赣州市豪鹏科技有限公司、北京赛德美资源再利用研究院有限公司、广州中物高新科技有限公司、山东锂想新能源科技有限公司、湖南邦普汽车循环有限公司、浙江天能新材料有限公司	2020-03-31	2020-10-01
8	GB/T 38698.1—2020	车用动力电池回收利用　管理规范　第1部分：包装运输	本部分规定了车用退役动力电池回收利用包装运输的术语和定义、分类要求、一般要求、包装要求、运输要求以及标志要求；适用于电动汽车退役锂离子动力蓄电池包、模组、单体的包装和道路运输，其他类型车用动力蓄电池及其他运输方式（如铁路运输、水路运输等）可参照执行；不适用于铅酸蓄电池	国家市场监督管理总局 中国国家标准化管理委员会	全国汽车标准化技术委员会	宁德时代新能源科技股份有限公司、广东邦普循环科技有限公司、中国汽车技术研究中心有限公司、哈尔滨巴特瑞资源再生科技有限公司、格林美股份有限公司、浙江超威创元实业有限公司、张家港清研再制造产业研究院有限公司、深圳市沃特玛电池有限公司、合肥国轩高科动力能源有限公司、赣州市豪鹏科技有限公司、北京赛德美资源再利用研究院有限公司、广州中物高新科技有限公司、山东锂想新能源科技有限公司、湖南邦普汽车循环有限公司、浙江天能新材料有限公司、江苏世航国际货运代理股份有限公司	2020-03-31	2020-10-01
9	DB 4403/T46—2020	新能源公共汽车场、站、库安全管理与运营规范	本标准规定了深圳市新能源公共汽车场、站、库安全配套设施的基本要求、环境管理、人员管理、设施设备管理、安全管理、应急处置管理、服务、记录和评估与改进的技术要求；适用于深圳市新能源公共汽车永久性场、站、库和临时租赁场、站、库的安全管理和运营工作。未特殊说明的条文为该两种场、站、库均应符合的要求，有特殊说明条文按说明内容明确条文适用对象	深圳市市场监督管理局	深圳市交通运输局	深圳巴士集团股份有限公司、深圳市品牌建设促进中心、深圳市标准技术研究院	2020-04-07	2020-05-01

续上表

序号	标准编号	标准名称	标准主要内容	发布单位	归口单位	起草单位	发布日期	实施日前
10	DB 4403/T53—2020	纯电动公共汽车运营企业能源管理指南	本标准规定了纯电动公共汽车能源管理的术语和定义、基本原则、基础管理、能源使用管理、信息管理、能源计量器具管理、文化建设、评估管理、考核与改进等方面的要求;适用于纯电动公共汽车运营企业开展能源管理体系建立、实施、评估和改进,提升节能效益的相关活动	深圳市市场监督管理局	深圳市交通运输局	深圳巴士集团股份有限公司、深圳市品牌建设促进中心、深圳市标准技术研究院	2020-04-08	2020-05-01
11	DB 4403/T56—2020	住宅小区电动汽车充电设施安全管理规范	本标准规定了电动汽车充电设施建设技术要求、选址及消防、竣工验收、安全管理、检查等;;适用于深圳市住宅小区单台额定输入交流电压 220 V/380 V,单台单相额定输入交流电流不大于 32 A 的充电设施	深圳市市场监督管理局	深圳市住房和建设局	深圳市标准技术研究院、深圳市计量质量检测研究院、普天新能源(深圳)有限公司、比亚迪汽车工业有限公司、深圳奥特迅电力设备股份有限公司、深圳特来电新能源有限公司、中兴新能源汽车有限责任公司、深圳供电局有限公司、深圳中集智能停车有限公司、深圳怡丰自动化科技有限公司、云杉智慧新能源技术有限公司、深圳市科陆电子科技股份有限公司、深圳巴斯巴科技发展有限公司	2020-04-10	2020-05-01
12	T/GDC 49—2020	电动汽车智能充电系统 第3部分:运行维护管理规范	本标准规定了电动汽车智能充电系统运行维护管理规范的总则、运维服务、人员管理、安全管理、文档管理;适用于电动汽车充电桩和类似用途乘用车充电桩安装全流程运行维护管理	广东省产品认证服务协会	广东省产品认证服务协会	广州朗华汽车电子科技有限公司、广东省新能源汽车检验测试工程技术研究中心、广东农工商职业技术学院、广东省道路运输协会、华南理工大学、中华人民共和国黄埔海关、广州市朗悦秋华数据软件有限公司、广州市标准化研究院、广州城建职业学院	2020-04-13	2020-04-20
13	T/GDC 48—2020	电动汽车智能充电系统 第2部分:安装服务规范	本标准规定了电动汽车智能充电系统安装服务规范的基本要求、服务规范、文明施工、充电桩验收与维修、服务收费、服务闭环、用户档案建立、产品维护保养;适用于电动汽车充电桩和类似用途乘用车充电桩安装全流程服务,包括乘用车充电桩的现场勘察、安装、验收和运行维修服务的基本规范及实施要求	广东省产品认证服务协会	广东省产品认证服务协会	广州朗华汽车电子科技有限公司、广东省新能源汽车检验测试工程技术研究中心、广东省道路运输协会、华南理工大学、中华人民共和国黄埔海关、广东农工商职业技术学院、广州市标准化研究院、广州市朗悦秋华数据软件有限公司、广州城建职业学院	2020-04-13	2020-04-20
14	T/CSAE 125—2020	智能网联汽车测试场设计技术要求	本标准规定了智能网联汽车测试场设计所包含的测试道路类型、道路网联环境和配套服务设施等技术要求;适用于面向 M、N 类车型的智能网联汽车测试场的规划、设计与建设	中国汽车工程学会	中国汽车工程学会	上海淞泓智能汽车科技有限公司、湖南湘江智能科技创新中心有限公司、清华大学苏州汽车研究院、启迪云控(北京)科技有限公司、东风汽车有限公司东风日产乘用车公司、工业和信息化部电子第五研究所、四川紫荆花开智能网联汽车科技有限公司、苏州高铁新城大数据产业发展有限公司、北京智能车联产业创新中心有限公司、中汽中心盐城汽车试验场有限公司、国家智能商用车质量监督检验中心、上海机动车检测认证技术研究中心有限公司、公安部交通管理科学研究所、襄阳达安汽车检测中心有限公司、国家智能网联汽车应用(北方)示范区、上海国际汽车城(集团)有限公司、宝马(中国)服务有限公司、上汽大众汽车有限公司、华为技术有限公司、3M 中国有限公司、海南热带汽车试验有限公司、赢彻科技(上海)有限公司、同济大学、中汽研汽车工业工程(天津)有限公司、上海伊狄达汽车技术服务有限公司	2020-04-23	2020-04-23

续上表

序号	标准编号	标准名称	标准主要内容	发布单位	归口单位	起草单位	发布日期	实施日前
15	T/CAAMTB 14—2020	燃料电池电动汽车用 DC/DC 变换器	对燃料电池汽车动力系统用 DC/DC 关键性技术参数进行了定义,明确了试验方法和试验项目,并对试验过程进行了指导	中国汽车工业协会	中国汽车工业协会	上海磐动电气科技有限公司、上海重塑能源科技有限公司、株洲南车时代电动汽车股份有限公司、河北科技大学、北京重理能源科技有限公司、张家港氢云新能源研究院	2020-04-27	2020-05-01
16	T/CAAMTB 13—2020	燃料电池电动汽车用空气压缩机试验方法	对氢燃料电池系统用空压机:map 图、气密性、出气含油量、水阻、噪声、环境适应性、电磁兼容性、耐久运行、衰减测试及性能对比作出了规范	中国汽车工业协会	中国汽车工业协会	上海重塑能源科技有限公司、同济大学、上海机动车检测认证技术研究中心有限公司、北京重理能源科技有限公司、北京新能源汽车技术创新中心有限公司、济南大学	2020-04-27	2020-05-01
17	GB/T 38775. 4—2020	电动汽车无线充电系统第4部分:电磁环境限值与测试方法	本部分规定了在对电动汽车进行无线充电时,电动汽车内、外的电磁环境限值和测试方法;适用于电动汽车静态磁耦合无线充电系统,其供电电源额定电压最大值为 1 000 VAC 或 1 500 VDC,额定输出电压最大值为 1 000 VAC 或 1 500 VDC,原边设备采用地埋安装或地上安装的方式	国家市场监督管理总局 中国国家标准化管理委员会	中国电力企业联合会	中国电力科学研究院有限公司、国网江苏省电力有限公司、中国电力企业联合会、中兴新能源汽车有限责任公司、中国汽车技术研究中心、浙江万安科技股份有限公司、中惠创智无线供电技术有限公司、许继电源有限公司、国网江西省电力有限公司电力科学研究院、国网冀北电力公司电力科学研究院、国网上海市电力公司电力科学研究院、上海电器科学研究所(集团)有限公司、南瑞集团有限公司、上海汽车集团股份有限公司、浙江吉利汽车研究院有限公司、北京新能源汽车研究院股份有限公司、清华大学、天津工业大学、东南大学	2020-04-28	2020-11-01
18	GB/T 38775. 3—2020	电动汽车无线充电系统第3部分:特殊要求	本部分规定了电动汽车无线充电系统的特殊要求,包括分类、一般要求、通信要求、技术要求和测试方法等;适用于电动汽车静态磁耦合无线充电系统,其供电电源额定电压最大值为 1 000 VAC 或 1 500 VDC,额定输出电压最大值为 1 000 VAC 或 1 500 VDC	国家市场监督管理总局 中国国家标准化管理委员会	中国电力企业联合会	中国电力科学研究院有限公司、中国电力企业联合会、中兴新能源汽车有限责任公司、国网江西省电力有限公司电力科学研究院、中国汽车技术研究中心、浙江万安科技股份有限公司、中惠创智无线供电技术有限公司、许继电源有限公司、国网冀北电力公司电力科学研究院、国网上海市电力公司电力科学研究院、国网江苏省电力有限公司、上海汽车集团股份有限公司、浙江吉利汽车研究院有限公司、北京新能源汽车股份有限公司、清华大学、天津工业大学、东南大学、上海电器科学研究所(集团)有限公司	2020-04-28	2020-11-01
19	GB/T 38775. 2—2020	电动汽车无线充电系统第2部分:车载充电机和无线充电设备之间的通信协议	本部分规定了电动汽车静态无线充电系统地面通信控制单元(CSU)与车载通信控制单元(IVU)之间实现无线充电控制的通信协议;亦规定了无线充电控制管理系统(WCCMS)参与无线充电控制的通信协议;适用于地面通信控制单元(CSU)与控制管理系统(WCCMS)之间,以及车载通信控制单元(IVU)与地面通信控制单元(CSU)之间的管理和控制	国家市场监督管理总局 中国国家标准化管理委员会	中国电力企业联合会	中国电力科学研究院有限公司、中国电力企业联合会、中兴新能源汽车有限责任公司、国网江西省电力有限公司电力科学研究院、中国汽车技术研究中心、浙江万安科技股份有限公司、中惠创智无线供电技术有限公司、许继电源有限公司、国网冀北电力公司电力科学研究院、国网上海市电力公司电力科学研究院、国网江苏省电力有限公司、上海汽车集团股份有限公司、浙江吉利汽车研究院有限公司、北京新能源汽车股份有限公司、清华大学、天津工业大学、东南大学、上海电器科学研究所(集团)有限公司	2020-04-28	2020-11-01

续上表

序号	标准编号	标准名称	标准主要内容	发布单位	归口单位	起草单位	发布日期	实施日前
20	GB/T 38775.1—2020	电动汽车无线充电系统 第1部分:通用要求	本部分规定了电动汽车无线充电系统的总体要求、分类、互操作性要求、通信要求、环境测试、安全要求、结构要求、材料和部件强度要求、标识和说明要求等;适用于电动汽车静态磁耦合无线充电系统,其供电电源额定电压最大值为1 000 V(AC)或1 500 V(DC),额定输出电压最大值为1 000 V(AC)或1 500 V(DC)	国家市场监督管理总局 中国国家标准化管理委员会	全国汽车标准化技术委员会	中兴新能源汽车有限责任公司、中兴通讯股份有限公司、中国汽车技术研究中心有限公司、中国电力科学研究院有限公司、浙江万安科技股份有限公司、中惠创智无线供电技术有限公司、重庆长安新能源汽车有限公司、中国第一汽车集团有限公司、北京新能源汽车股份有限公司、上海汽车集团股份有限公司、北京航空航天大学、厦门新页科技有限公司	2020-04-28	2020-11-01
21	JT/T 888—2020	公共汽车类型划分及等级评定(行业标准)	本标准规定了公共汽车类型、等级划分及评定内容、规则和要求。本标准适用于公共汽车,其中包括电动公共汽车(纯电动公共汽车和混合动力电动公共汽车)。本标准是交通运输管理部门对公共汽车评级的依据。无轨电车可参照采用。本标准不适用于燃料电池电动公共汽车	中华人民共和国交通运输部	全国汽车标准化技术委员会客车分技术委员会	中国公路学会客车分会、安徽安凯汽车股份有限公司、中国公路车辆机械有限公司、江苏惠民交通设备有限公司、重庆车辆检测研究院有限公司、国家汽车质量监督检验中心(襄阳)、郑州宇通客车股份有限公司、中车时代电动汽车股份有限公司、厦门金龙联合汽车工业有限公司、厦门金龙旅行车有限公司、比亚迪汽车工业有限公司、上海机动车检测认证技术研究中心有限公司、杭州长运运输集团有限公司	2020-04-28	2021-07-01
22	JT/T 1307—2020	城市公共汽电车电子站牌技术要求	本标准规定了城市公共汽电车电子站牌的一般要求、功能要求、性能要求、通信协议;本标准适用于城市公共汽电车电子站牌的设计、生产、运行和维护	中华人民共和国交通运输部	全国港口标准化技术委员会	交通运输部公路科学研究院、中公华通(北京)科技发展有限公司、中关村中交国通智能交通产业联盟等	2020-04-28	2021-07-01
23	GB 38031—2020	电动汽车用动力蓄电池安全要求	本标准规定了电动汽车用动力蓄电池单体、电池包或系统的安全要求和试验方法;适用于电动汽车用锂离子电池和镍氢电池等可充电储能装置	国家市场监督管理总局 国家标准化管理委员会	工业和信息化部	宁德时代新能源科技股份有限公司、中国汽车技术研究中心有限公司、合肥国轩高科动力能源有限公司、万向一二三股份公司、上海卡耐新能源有限公司、中国电子科技集团公司第十八所、工业信息化部装备工业发展中心、比亚迪汽车工业有限公司、天津力神电池股份有限公司、湖南科霸汽车动力电池有限责任公司、北京新能源汽车股份有限公司、深圳市比亚迪锂电池有限公司、上海蔚来汽车有限公司、中信国安盟固利动力科技有限公司、奇瑞新能源汽车技术有限公司、上海汽车集团股份有限公司技术中心、中国第一汽车集团有限公司、广州汽车集团股份有限公司、重庆长安新能源汽车科技有限公司、浙江吉利控股集团有限公司、上海机动车检测认证技术研究中心有限公司、国家汽车质量监督检验中心(襄阳)、长春汽车检测中心有限责任公司、知豆电动汽车有限公司、深圳市沃特玛电池有限公司、长城汽车股份有限公司、天津市捷威动力工业有限公司、惠州市亿能电子有限公司、东风汽车集团有限公司技术中心、银隆新能源股份有限公司、中通客车控股股份有限公司、微宏动力系统(湖州)有限公司、泛亚汽车技术中心有限公司	2020-05-12	2021-01-01

续上表

序号	标准编号	标准名称	标准主要内容	发布单位	归口单位	起草单位	发布日期	实施日前
24	GB 38032—2020	电动客车安全要求	本标准规定了电动客车的安全要求和试验方法;适用于 M2 类、M3 类电动客车,包括纯电动客车、混合动力电动客车;不适用于燃料电池电动客车	国家市场监督管理总局 国家标准化管理委员会	工业和信息化部	郑州宇通客车股份有限公司、中国汽车技术研究中心有限公司、比亚迪汽车工业有限公司、宁德时代新能源科技股份有限公司、重庆车辆检测研究院有限公司、浙江吉利新能源商用车有限公司、上汽大通汽车有限公司、湖南中车时代电动汽车股份有限公司、国家汽车质量监督检验中心(襄阳)、上海机动车检测认证技术研究中心有限公司、长春汽车检测中心有限责任公司、中国汽车工程研究院股份有限公司、东风汽车集团有限公司技术中心、安徽安凯汽车股份有限公司、厦门金龙联合汽车工业有限公司、厦门金龙旅行车有限公司、北汽福田汽车股份有限公司、中通客车控股股份有限公司	2020-05-12	2021-01-01
25	GB 18384—2020	电动汽车安全要求	本标准规定了电动汽车的安全要求和试验方法;适用于车载驱动系统的最大工作电压是 B 级电压的电动汽车;不适用于行驶过程中持续与电网连接的道路车辆	国家市场监督管理总局 国家标准化管理委员会	工业和信息化部	比亚迪汽车工业有限公司、中国汽车技术研究中心有限公司、北京新能源汽车股份有限公司、中国第一汽车集团有限公司、上汽大通汽车有限公司、上海蔚来汽车有限公司、国家汽车质量监督检验中心(襄阳)、重庆车辆检测研究院有限公司、上海汽车集团股份有限公司技术中心、广州汽车集团股份有限公司、宁德时代新能源科技股份有限公司、浙江吉利新能源商用车有限公司、长春汽车检测中心有限责任公司、浙江吉利控股集团有限公司、湖南中车时代电动汽车股份有限公司、卡达克机动车质量检验中心(宁波)有限公司、重庆长安新能源汽车科技有限公司、奇瑞新能源汽车技术有限公司、一汽-大众汽车有限公司、泛亚汽车技术中心有限公司、郑州宇通客车股份有限公司、安徽江淮汽车集团股份有限公司、海马新能源汽车有限公司、华为技术有限公司、重庆金康新能源汽车有限公司、东风汽车集团有限公司技术中心、深圳腾势新能源汽车有限公司、苏州汇川联合动力系统有限公司、上汽通用五菱汽车股份有限公司	2020-05-12	2021-01-01
26	T/CASAS 007—2020	电动汽车用碳化硅(SiC)场效应晶体管(MOSFET)模块评测规范	本规范规定了电动汽车用 SiC MOSFET 模块(以下简称 SiC 模块)参数性能、技术要求、评测要求、试验方法及测试方法等;适用于电动汽车用 SiC 模块的生产、检验和交付的依据	北京第三代半导体产业技术创新战略联盟	北京第三代半导体产业技术创新战略联盟	中国电子科技集团公司第五十五研究所、中国科学院电工研究所、浙江大学、扬州国扬电子有限公司、株洲中车时代电气股份有限公司、天津大学	2020-05-25	2020-05-25
27	GB/T 38954—2020	无人机用氢燃料电池发电系统	本标准规定了无人机用氢燃料电池发电系统的通用要求、技术要求、试验方法以及标志、包装和运输要求;适用于以压缩氢气为燃料,为空载质量不超过 116 kg 且最大起飞质量不超过 150 kg 的无人机提供动力和非动力用电的燃料电池发电系统	国家市场监督管理总局 国家标准化管理委员会	全国燃料电池及液流电池标准化技术委员会	新研氢能源科技有限公司、首航国翼(武汉)科技有限公司、机械工业北京电工技术经济研究所、中国科学院大连化学物理研究所、新源动力股份有限公司、武汉理工大学、上海神力科技有限公司、航天新长征电动汽车技术有限公司、上海攀业氢能源科技有限公司、中国质量认证中心、武汉众宇动力系统科技有限公司、东莞众创新能源科技有限公司、北京上电科赛睿科技有限公司、上海市质量监督检验技术研究院、无锡市产品质量监督检验院、广东合即得能源科技有限公司、北京亿华通科技股份有限公司、上海恒劲动力科技有限公司、上海博暄能源科技有限公司、浙江高成绿能科技有限公司	2020-06-02	2020-12-01

续上表

序号	标准编号	标准名称	标准主要内容	发布单位	归口单位	起草单位	发布日期	实施日前
28	GB/T 38914—2020	车用质子交换膜燃料电池堆使用寿命测试评价方法	本标准规定了车用质子交换膜燃料电池堆的使用寿命测试和计算方法；适用于道路车辆和非道路车辆用质子交换膜燃料电池堆的寿命测试和评价。本标准暂不考虑实验室与道路环境空气质量差异的影响	国家市场监督管理总局 国家标准化管理委员会	全国燃料电池及液流电池标准化技术委员会	清华大学、中国科学院大连化学物理研究所、武汉理工大学、新研氢能源科技有限公司、广东国鸿氢能科技有限公司、新源动力股份有限公司、南京大学、机械工业北京电工技术经济研究所、北京上电科赛睿科技有限公司、中国质量认证中心、上海神力科技有限公司、上海市质量监督检验技术研究院、航天新长征电动汽车技术有限公司、广东合即得能源科技有限公司、北京氢璞创能科技有限公司、上海重塑能源科技有限公司、上海攀业氢能源科技有限公司、上海恒劲动力科技有限公司、东莞众创新能源科技有限公司、苏州弗尔赛能源科技股份有限公司、南京东焱氢能源科技有限公司、中国船舶重工集团公司第七一二研究所、福建亚南电机有限公司、无锡市产品质量监督检验院、上海机动车检测认证技术研究中心有限公司、丰田汽车（中国）投资有限公司、北京亿华通科技股份有限公司、上海博暄能源科技有限公司、浙江高成绿能科技有限公司、山东东岳未来氢能材料有限公司	2020-06-02	2020-12-01
29	GB/T 28816—2020	燃料电池术语	本标准以图表、定义和方程等方式界定了统一的燃料电池术语；适用于固定式、交通、便携式和微型发电等所有燃料电池技术相关的应用。本标准中未列入的词或短语，可在标准词典、工程参考资料或IEC60050系列标准中找到。IEC62282的第一版意在为使用IEC62282燃料电池标准的工作组和用户提供一个资源。本次为第三版，已经同第二版扩展为通用燃料电池术语源	国家市场监督管理总局 国家标准化管理委员会	全国燃料电池及液流电池标准化技术委员会	机械工业北京电工技术经济研究所、新研氢能源科技有限公司、深圳市标准技术研究院、北京上电科赛睿科技有限公司、上海神力科技有限公司、清华大学、武汉理工大学、中国科学院大连化学物理研究所、新源动力股份有限公司、上海攀业氢能源科技有限公司、航天新长征电动汽车技术有限公司、广东合即得能源科技有限公司、上海捷氢科技有限公司、无锡市产品质量监督检验院、上海市质量监督检验技术研究院、北京亿华通科技股份有限公司、上海恒劲动力科技有限公司、上海博暄能源科技有限公司、浙江高成绿能科技有限公司	2020-06-02	2020-12-01
30	T/ZAII 023—2020	智能网联汽车开放测试道路分类规范	本文件适用于智能网联汽车开放测试的公路、城市道路等机动车可通行道路的分类，可作为智能网联汽车开放测试道路选取的依据	浙江省物联网产业协会	浙江省物联网产业协会	浙江赛目科技有限公司、浙江大学建筑设计研究院有限公司、之江实验室、杭州市交通规划设计研究院、阿里巴巴达摩院（杭州）科技有限公司、新奇点智能科技集团有限公司	2020-07-01	2020-07-01
31	T/CSAE 143—2020	纯电动乘用车一体化电驱动总成测评规范	本标准规定了纯电动乘用车一体化电驱动总成的测试条件、测试要求、测试方法、判定标准等	中国汽车工程学会	中国汽车工程学会	中汽研汽车检验中心（天津）有限公司、上海捷能汽车技术有限公司、北汽新能源汽车股份有限公司、比亚迪汽车工业有限公司、吉利汽车研究院（宁波）有限公司、重庆长安新能源汽车科技有限公司、北京新能源汽车技术创新中心有限公司、上海蔚来汽车有限公司、苏州汇川联合动力系统有限公司、南京越博动力系统股份有限公司、株洲中车时代电气股份有限公司、株洲齿轮有限责任公司、广州小鹏汽车科技有限公司、上海电驱动有限公司	2020-08-07	2020-08-07

续上表

序号	标准编号	标准名称	标准主要内容	发布单位	归口单位	起草单位	发布日期	实施日前
32	T/CSAE 142—2020	电动汽车用模式 2 充电器测试规范	本规范规定了电动汽车模式 2 充电器的检验规则、测试条件及要求以及测试方法等	中国汽车工程学会	中国汽车工程学会	中汽研汽车检验中心(天津)有限公司、安徽江淮汽车集团股份有限公司、北京新能源汽车股份有限公司、吉利汽车研究院(宁波)有限公司、比亚迪汽车工业有限公司、苏州智绿环保科技有限公司、张家港友诚新能源科技股份有限公司、中航光电科技股份有限公司、南京康尼新能源汽车零部件有限公司、菲尼克斯亚太电气(南京)有限公司、深圳巴斯巴科技发展有限公司、立讯精密工业股份有限公司、威海市泓淋电力技术股份有限公司	2020-08-07	2020-08-07
33	SN/T 5247—2020	进口电线电缆检验技术要求新能源电动汽车充电电缆	本标准规定了进口电动汽车充电电缆检验技术要求、检验方法;本标准所规定的电缆包括额定电压交流 450 V/750 V 及以下、直流 1.0 kV 及以下的充电用电缆(可包括信号或控制线芯)	中华人民共和国海关总署	中华人民共和国海关总署	中华人民共和国拱北海关、金龙羽集团股份有限公司、珠海泰坦科技股份有限公司、中华人民共和国深圳海关	2020-08-27	2021-03-01
34	QC/T 1132—2020	电动汽车用电动动力系噪声测量方法	本标准规定了电动汽车用电动动力系的声功率级和表面声压级的测量方法;适用于电动汽车用电动动力系及其子系统,其他类似结构和部件可参考使用	中华人民共和国工业和信息化部	全国汽车标准化技术委员会	中汽研(天津)汽车工程研究院有限公司、中国汽车技术研究中心有限公司、合肥巨一动力系统有限公司、上海电驱动股份有限公司、联合汽车电子有限公司、上海蔚来汽车有限公司、北京理工大学、浙江尤奈特电机有限公司、苏州汇川联合动力系统有限公司、中国第一汽车集团有限公司、深圳市大地和电气有限公司、奇瑞新能源汽车技术有限公司、东风汽车有限公司日产乘用车公司、泛亚汽车技术中心有限公司	2020-08-31	2021-01-01
35	YD/T 3768. 1—2020	通信基站梯次利用车用动力电池的技术要求与试验方法 第 1 部分:磷酸铁锂电池	本部分适用于退役车用动力电池单体再成组或模块再成组的集成式或分立式 48 V 通信用梯次磷酸铁锂电池组	中华人民共和国工业和信息化部	中国通信标准化协会	中国铁塔股份有限公司、中国信息通信研究院、中通服咨询设计研究院有限公司、深圳市比亚迪锂电池有限公司、中航锂电(洛阳)有限公司、力神动力电池系统有限公司、深圳康普盾科技股份有限公司、山东圣阳电源股份有限公司、深圳博磊达新能源科技有限公司、中冶赛迪电气技术有限公司、杭州协能科技股份有限公司、深圳市超思维电子股份有限公司、深圳蓝锂科技有限公司、双登集团股份有限公司、华为技术有限公司、中兴通讯股份有限公司、北京动力源科技股份有限公司、兰州海红技术股份有限公司、中国信息通信科技集团有限公司、中达电通股份有限公司	2020-08-31	2020-10-01
36	T/SDAS 188—2020	氢能源有轨电车通用技术条件	本标准规定了氢能源有轨电车车辆的使用条件、技术规格、基本要求、车体及车辆连接、司机室、客室、空调系统、转向架、制动系统、氢动力系统、牵引及辅助电源系统、照明系统、控制及监控诊断系统、通信广播及信息显示、标记、质量保证及运输、试验、检查与验收等;适用于在地面轨道线路运营,采用氢燃料电池作为主动力源、储能电池或超级电容等作为辅助动力源,且可以与其他地面交通车辆混行的有轨电车车辆	山东标准化协会	山东标准化协会	中车青岛四方机车车辆股份有限公司、中车四方车辆有限公司	2020-09-08	2020-09-08

续上表

序号	标准编号	标准名称	标准主要内容	发布单位	归口单位	起草单位	发布日期	实施日前
37	T/SDAS 185—2020	燃料电池轨道车辆车载氢系统安全要求	本标准规定了燃料电池轨道车辆车载氢系统的危险因素及其风险控制的基本要求；适用于使用气态氢的燃料电池有轨电车和燃料电池城际动车组车载氢系统及部件，其他燃料电池轨道车辆可参考执行	山东标准化协会	山东标准化协会	中车青岛四方机车车辆股份有限公司、中车四方车辆有限公司	2020-09-08	2020-09-08
38	T/SDAS 184—2020	燃料电池轨道车辆车载氢系统技术条件	本标准规定了燃料电池轨道车辆用车载氢系统的术语和定义、组成、技术要求、试验方法及检验规则等内容；适用于使用压缩氢气作为燃料，在环境温度下，工作压力不超过的燃料电池轨道车辆	山东标准化协会	山东标准化协会	中车青岛四方机车车辆股份有限公司、中车四方车辆有限公司、清华大学	2020-09-08	2020-09-08
39	T/SDAS 183—2020	燃料电池轨道车辆安全要求	本标准规定了燃料电池轨道车辆燃料系统、燃料电池系统、动力电路系统、功能、故障防护和碰撞等方面的安全要求；适用于使用气态压缩氢作为燃料的燃料电池轨道车辆	山东标准化协会	山东标准化协会	中车青岛四方机车车辆股份有限公司、中车四方车辆有限公司、清华大学	2020-09-08	2020-09-08
40	T/SDAS 182—2020	燃料电池轨道车辆车载氢系统试验方法	本标准规定了燃料电池轨道车辆的车载氢系统整体安全性、完整性、气瓶气密性、管路气密性、系统气密性、电气功能、供气压力试验条件、试验方法等内容；适用于使用气态压缩氢作为燃料的燃料电池有轨电车和燃料电池城际动车组车载氢系统及部件，其他燃料电池轨道车辆可参考执行	山东标准化协会	山东标准化协会	中车青岛四方机车车辆股份有限公司、中车四方车辆有限公司、北京亿华通科技股份有限公司	2020-09-08	2020-09-08
41	T/ZZB 1710—2020	电动汽车用传导式车载充电机	本标准规定了电动汽车用传导式车载充电机的术语和定义、基本构成、基本要求、技术要求、检验与验收方法、标志、包装、贮存和运输及质量承诺；适用于纯电动汽车和可外接充电的混合动力电动汽车用传导式车载充电机	浙江省品牌建设联合会	浙江省品牌建设联合会	本标准由浙江方圆检测集团股份有限公司牵头组织制定。主要起草单位：杭州富特科技股份有限公司。参与起草单位（排名不分先后）：浙江方圆检测集团股份有限公司、金华职业技术学院	2020-09-16	2020-09-30
42	T/CSTE 0017—2020	氢燃料电池物流车运营管理规范	本标准规定了氢燃料电池物流车运营管理规范的术语和定义、一般要求、停车场管理、车辆管理、人员要求、作业要求和安全管理；适用于压缩氢系统的额定工作压力不大于 35 MPa 的氢燃料电池物流车的运营管理	中国技术经济学会	中国技术经济学会	佛山绿色发展创新研究院、佛山市质量和标准化研究院、中国标准化研究院、国能联盛（佛山）新能源汽车有限公司、中国汽车工程研究院股份有限公司、佛山市汽车运输集团有限公司、佛山市飞驰汽车制造有限公司、中能电卡（深圳）新能源科技有限公司、湖北绿驰精密电驱动系统有限公司、广东鸿景物流集团有限公司、广东国鸿氢能科技有限公司、佛山市粤运公共交通有限公司、佛山市特种设备协会、佛山市氢能产业协会	2020-09-17	2020-09-17
43	T/CSTE 0016—2020	氢燃料电池公交车运营管理规范	本规范规定了氢燃料电池公交车运营管理中术语和定义，一般要求、场站管理、车辆管理要求、人员要求、安全管理、服务监督管理和安全标志标识；适用于压缩氢系统的额定工作压力不大于 35 MPa 的氢燃料电池公交车运营服务管理	中国技术经济学会	中国技术经济学会	佛山市质量和标准化研究院、佛山绿色发展创新研究院、中国标准化研究院、佛山市汽车运输集团有限公司、深圳国氢新能源科技有限公司、中国汽车工程研究院股份有限公司、东风特汽（十堰）客车有限公司、广东鸿景物流集团有限公司、国能联盛（佛山）新能源汽车有限公司、佛山市飞驰汽车制造有限公司、佛山市粤运公交交通有限公司、南海区公交营运管理公司、佛山市特种设备协会、佛山市氢能产业协会	2020-09-17	2020-09-17

续上表

序号	标准编号	标准名称	标准主要内容	发布单位	归口单位	起草单位	发布日期	实施日前
44	T/CMAX 21002—2020	自动驾驶仿真测试场景集要求	本标准规定了自动驾驶仿真测试场景描述要求、自动驾驶仿真测试场景集要求和自动驾驶仿真测试场景数字格式要求，并在附录提供了自动驾驶仿真测试基础场景集样例；适用于3级及以上等级M1类在城市路况下运行的自动驾驶车辆，其他可参考使用	中关村智通智能交通产业联盟	中关村智通智能交通产业联盟	北京百度网讯科技有限公司、北京智能车联产业创新中心、厦门金龙联合汽车工业有限公司、上海蔚来汽车有限公司、北京小马智行科技有限公司、北京嘀嘀无限科技发展有限公司、中国科学院自动化研究所、北京汽车集团有限公司、北京新能源汽车技术创新中心有限公司、东风汽车集团有限公司技术中心、北京四维图新科技股份有限公司、威马汽车科技集团有限公司、北京赛目科技有限公司	2020-09-27	2020-09-28
45	GB/T 24549—2020	燃料电池电动汽车安全要求	本标准规定了燃料电池电动汽车整车、关键系统等方面的安全及手册要求；适用于使用压缩气态氢的燃料电池电动汽车	国家市场监督管理总局 国家标准化管理委员会	全国汽车标准化技术委员会	中国汽车技术研究中心有限公司、同济大学、上海捷氢科技有限公司、上汽大通汽车有限公司、上海重塑能源科技有限公司、上海汽车集团股份有限公司、襄阳达安汽车检测中心有限公司、浙江大学、中国科学院大连化学物理研究所、未势能源科技有限公司、中国第一汽车集团有限公司	2020-09-29	2020-04-01
46	GB/T 39086—2020	电动汽车用电池管理系统功能安全要求及试验方法	本标准规定了电动汽车用动力蓄电池管理系统（以下简称“电池管理系统”）的功能安全要求及试验方法；适用于电动乘用车用锂离子动力蓄电池管理系统，其他类型动力蓄电池的管理系统及其他类型车辆的动力蓄电池管理系统可参照执行	国家市场监督管理总局 国家标准化管理委员会	全国汽车标准化技术委员会	中国汽车技术研究中心有限公司、宁德时代新能源科技股份有限公司、泛亚汽车技术中心有限公司、蜂巢能源科技有限公司、上海蔚来汽车有限公司、上海炙云新能源科技有限公司、惠州市亿能电子有限公司、惠州市蓝微新源技术有限公司、东软睿驰汽车技术有限公司、华霆（合肥）动力技术有限公司、上海海拉电子有限公司南京研发分公司、万向一二三股份公司、深圳市科列技术股份有限公司、比亚迪汽车工业有限公司、力高（山东）新能源技术有限公司、东莞钜威动力技术有限公司、一汽-大众汽车有限公司、广州小鹏汽车科技有限公司、杭州华塑加达网络科技有限公司、上海汽车集团股份有限公司技术中心、上汽大众汽车有限公司、浙江吉利汽车研究院有限公司、华为技术有限公司、北京新能源汽车股份有限公司、北京宝沃汽车股份有限公司、英飞凌科技（中国）有限公司、重庆长安汽车股份有限公司、本田技研工业（中国）投资有限公司	2020-09-29	2021-04-01
47	T/GHDQ 69—2020	高寒地区智能网联乘用车智能前照灯系统　技术条件	本标准规定了高寒地区智能网联乘用车智能前照灯系统技术要求、试验条件及试验方法，其他车型可以参照执行；主要补充制定了乘用车智能前照灯系统（IHC）在-20℃以下温度的技术条件	吉林省汽车电子协会	吉林省汽车电子协会	吉林省汽车电子协会、高寒地区新能源汽车产业联盟、宽温动力电池产业技术创新联盟、中国第一汽车股份有限公司研发总院	2020-09-29	2020-10-09
48	T/GHDQ 68—2020	高寒地区智能网联乘用车自适应巡航　系统技术条件	本标准规定了高寒地区智能网联乘用车自适应巡航系统技术要求、试验条件及试验方法，其他车型可以参照执行；主要补充制定了乘用车自适应巡航系统（ACC）在-20℃以下温度的技术条件	吉林省汽车电子协会	吉林省汽车电子协会	吉林省汽车电子协会、高寒地区新能源汽车产业联盟、宽温动力电池产业技术创新联盟、中国第一汽车股份有限公司研发总院	2020-09-29	2020-10-09

续上表

序号	标准编号	标准名称	标准主要内容	发布单位	归口单位	起草单位	发布日期	实施日前
49	T/GHDQ 67—2020	高寒地区智能网联半挂牵引车前碰撞预警系统技术条件	本标准规定了高寒地区智能网联半挂牵引车前碰撞预警系统、试验条件及试验方法；适用于 GB/T 3730.1—2001 规定的半挂牵引车，其他车型可以参照执行；主要补充制定半挂牵引车前碰撞预警系统（FCW）在 -40℃温度下的技术条件	吉林省汽车电子协会	吉林省汽车电子协会	吉林省汽车电子协会、高寒地区新能源汽车产业联盟、宽温动力电池产业技术创新联盟、一汽解放汽车有限公司、中国第一汽车股份有限公司研发总院	2020-09-29	2020-10-09
50	T/GHDQ 66—2020	高寒地区智能网联半挂牵引车并道行驶及超车技术条件	本标准规定了高寒地区智能网联半挂牵引车并道行驶与超车技术要求、试验条件及试验方法；适用于 GB/T 3730.1—2001 规定的半挂牵引车，其他车型可以参照执行；主要补充制定了半挂牵引车并道行驶与超车系统在 -20℃下的技术条件	吉林省汽车电子协会	吉林省汽车电子协会	吉林省汽车电子协会、高寒地区新能源汽车产业联盟、宽温动力电池产业技术创新联盟、一汽解放汽车有限公司、中国第一汽车股份有限公司研发总院	2020-09-29	2020-10-09
51	T/GHDQ 65—2020	高寒地区智能网联半挂牵引车车道保持辅助系统技术条件	本标准规定了高寒地区智能网联半挂牵引车车道保持辅助系统技术条件及试验方法；适用于 GB/T 3730.1—2001 规定的半挂牵引车，其他车型可以参照执行；主要补充制定了半挂牵引车车道保持辅助系统在 -40℃温度下的技术条件	吉林省汽车电子协会	吉林省汽车电子协会	吉林省汽车电子协会、高寒地区新能源汽车产业联盟、宽温动力电池产业技术创新联盟、一汽解放汽车有限公司、中国第一汽车股份有限公司研发总院	2020-09-29	2020-10-09
52	T/GHDQ 64—2020	高寒地区智能网联半挂牵引车道偏离报警系统技术条件	本标准规定了高寒地区智能网联半挂牵引车道偏离报警系统试验条件及试验方法；适用于 GB/T 3730.1-2001 规定的半挂牵引车，其他车型可以参照执行；主要补充制定半挂牵引车车道偏离报警系统在 -40℃温度下的技术条件	吉林省汽车电子协会	吉林省汽车电子协会	吉林省汽车电子协会、高寒地区新能源汽车产业联盟、宽温动力电池产业技术创新联盟、一汽解放汽车有限公司、中国第一汽车股份有限公司研发总院	2020-09-29	2020-10-09
53	T/GHDQ 59—2020	高寒地区纯电动乘用车适应性试验方法	本标准规定了高寒地区纯电动乘用车适应性试验方法，其他车型可以参照执行；主要补充制定纯电动乘用车在高寒环境下的适应性试验方法	吉林省汽车电子协会	吉林省汽车电子协会	吉林省汽车电子协会、高寒地区新能源汽车产业联盟、宽温动力电池产业技术创新联盟、中国第一汽车股份有限公司研发总院	2020-09-29	2020-10-09
54	T/GHDQ 56—2020	高寒地区微型纯电动乘用车性能综合评价指数	本标准规定了高寒地区微型纯电动乘用车性能综合评价指数。参照《T/GHDQ X—2019 高寒地区微型纯电动乘用车技术条件》进行试验，应用此指数进行综合评价；主要规定了微型纯电动乘用车高寒性能综合评价指数	吉林省汽车电子协会	吉林省汽车电子协会	吉林省汽车电子协会、高寒地区新能源汽车产业联盟、宽温动力电池产业技术创新联盟、中国第一汽车股份有限公司研发总院	2020-09-29	2020-10-09
55	T/GHDQ 54—2020	纯电动物流车高寒性能综合评价指数	本标准规定了纯电动物流车高寒地区性能综合评价指数。参照《T/GHDQ 53—2020 高寒地区纯电动物流车技术条件》进行试验，应用此指数进行综合评价；主要规定了纯电动物流车高寒性能综合评价指数	吉林省汽车电子协会	吉林省汽车电子协会	吉林省汽车电子协会、高寒地区新能源汽车产业联盟、宽温动力电池产业技术创新联盟、一汽解放汽车有限公司、中国第一汽车股份有限公司研发总院	2020-09-29	2020-10-09

续上表

序号	标准编号	标准名称	标准主要内容	发布单位	归口单位	起草单位	发布日期	实施日前
56	T/GHDQ 53—2020	高寒地区纯电动物流车技术条件	本标准规定了高寒地区纯电动物流车的技术要求、试验条件及试验方法;适用于1 500 kg≤最大允许总质量≤18 000 kg的城市物流配送汽车,不适用于城市危险货物运输车辆;主要制定了纯电动物流车在-40℃温度下的性能指标,同时对GB/T 29912进行补充完善	吉林省汽车电子协会	吉林省汽车电子协会	吉林省汽车电子协会、高寒地区新能源汽车产业联盟、宽温动力电池产业技术创新联盟、一汽解放汽车有限公司、中国第一汽车股份有限公司研发总院	2020-09-29	2020-10-09
57	T/GHDQ 52—2020	高寒地区纯电动环卫清扫车综合评价指数	本标准规定了纯电动环卫清扫车高寒地区性能综合评价指数。参照《T/GHDQ 51—2020 高寒地区纯电动环卫清扫车技术条件》进行试验,应用此指数进行综合评价;主要规定了纯电动环卫清扫车高寒性能综合评价指数	吉林省汽车电子协会	吉林省汽车电子协会	吉林省汽车电子协会、高寒地区新能源汽车产业联盟、宽温动力电池产业技术创新联盟、一汽解放汽车有限公司、中国第一汽车股份有限公司研发总院	2020-09-29	2020-10-09
58	T/GHDQ 51—2020	高寒地区纯电动环卫清扫车技术条件	本标准规定了高寒地区纯电动环卫清扫车的术语和定义、技术要求、试验条件及试验方法。本标准适用于动力电池驱动的纯电动环卫清扫车;主要补充制定了纯电动环卫清扫车在-40℃温度下的性能指标	吉林省汽车电子协会	吉林省汽车电子协会	吉林省汽车电子协会、高寒地区新能源汽车产业联盟、宽温动力电池产业技术创新联盟、一汽解放汽车有限公司、中国第一汽车股份有限公司研发总院	2020-09-29	2020-10-09
59	T/GDGJ002—2020	城市客车用动力蓄电池系统安全技术要求	本技术要求规定了城市客车用动力蓄电池系统安全技术要求,其他类型动力蓄电池,如超级电容等可参照执行。本技术要求适用于广东省新能源城市客车新车。主要技术内容:单体电池和模块电池安全要求;蓄电池系统安全要求;蓄电池系统主动安全要求;整车蓄电池系统被动安全要求;整车蓄电池布置安全技术要求;蓄电池系统的使用安全要求;蓄电池安全问题下的应急控制策略;蓄电池水冷热管理系统;蓄电池液体灭火管理系统	广东省城市公共交通协会	广东省城市公共交通协会	哲弗智能系统(上海)有限公司、东莞中汽宏远汽车有限公司、郑州宇通客车股份有限公司、宁德时代新能源科技股份有限公司	2020-10-01	2021-01-01
60	GA 1744—2020	城市公共汽电车及场站安全防范要求	本标准规定了城市公共汽电车及场站安全防范的基本要求、重要部位和区域、公共汽电车防范要求、公交场站防范要求以及安全防范系统技术要求;适用于城市公共汽电车及场站的安全防范工作与管理	中华人民共和国公安部	全国安全防范报警系统标准化技术委员会	公安部治安管理局、公安部第一研究所、北京声迅电子股份有限公司、上海天跃科技股份有限公司、北京市公安局公共交通安全保卫总队、北京公共交通控股(集团)有限公司、安徽芯核防务装备技术股份有限公司	2020-10-09	2021-04-01
61	T/SDAS 187—2020	燃料电池轨道车辆燃料电池电堆测试方法	本标准规定了质子交换膜(PEM)燃料电池电堆性能测试方面的术语和定义、前测试要求、试验过程及测试方法、试验数据获取、分析和报告等内容;适用于质子交换膜燃料电池电堆性能的测试	山东标准化协会	山东标准化协会	中车青岛四方机车车辆股份有限公司、佛山(云浮)氢能产业与新材料发展研究院、北京亿华通科技股份有限公司	2020-10-09	2020-10-09

续上表

序号	标准编号	标准名称	标准主要内容	发布单位	归口单位	起草单位	发布日期	实施日前
62	T/SDAS 186—2020	燃料电池轨道车辆燃料电池冷却系统技术条件	本标准规定了氢能源有轨电车燃料电池冷却系统的术语和定义、使用条件、构成和技术要求、检验方法、检验规则、标志、包装、储存和运输等内容;适用于在地面轨道线路运营,采用氢动力系统作为动力源的有轨电车燃料电池冷却系统	山东标准化协会	山东标准化协会	中车青岛四方机车车辆股份有限公司、中车四方车辆有限公司、清华大学	2020-10-09	2020-10-09
63	GB/T 39132—2020	燃料电池电动汽车定型试验规程	本标准规定了燃料电池电动汽车新产品设计定型试验的实施条件、试验项目、试验方法、判定依据、试验程序和试验报告的内容;适用于使用压缩气态氢的燃料电池电动汽车	国家市场监督管理总局 国家标准化管理委员会	全国汽车标准化技术委员会	上海汽车集团股份有限公司、中国汽车技术研究中心有限公司、上海捷氢科技有限公司、同济大学、上汽大通汽车有限公司、襄阳达安汽车检测中心有限公司、长城汽车股份有限公司、中国汽车工程研究院股份有限公司、重庆长安新能源汽车科技有限公司、重庆车辆检测研究院有限公司、广州汽车集团股份有限公司、一汽丰田技术开发有限公司	2020-10-11	2021-05-01
64	T/ZAII 026—2020	新能源汽车基于规模化定制的总装数字化车间物流管理要求	本文件规定了新能源汽车基于规模化定制的总装数字化车间物流管理的体系架构、功能要求等;适用于总装数字化车间物流自动化存取、分拣智能防错和无人化 JIT 配送等	浙江省物联网产业协会	浙江省物联网产业协会	宁波吉利汽车研究开发有限公司、广东思谷智能技术有限公司、杭州吉利易云科技有限公司、华中科技大学、工业和信息化部电子工业标准化研究院、中机生产力促进中心、中国科学院自动化研究所、浙江省物联网产业协会、浙江大学	2020-10-18	2020-10-28
65	T/ZAII 025—2020	新能源汽车基于规模化定制的总装数字化车间终检线自动化检测系统集成要求	本文件规定了新能源汽车基于规模化定制总装数字化车间终检线自动化检测的总体要求、集成架构、信息集成模型、集成要求、数据字典要求;适用于新能源汽车的总装混线生产软件配置及车辆终检线自动化检测	浙江省物联网产业协会	浙江省物联网产业协会	宁波吉利汽车研究开发有限公司、工业和信息化部电子工业标准化研究院、中机生产力促进中心、杭州吉利易云科技有限公司、华中科技大学、中国科学院自动化研究所、广东思谷智能技术有限公司、浙江省物联网产业协会、浙江大学	2020-10-18	2020-10-28
66	T/ZAII 027—2020	新能源汽车基于规模化定制的总装数字化车间通用要求	本文件适用于指导新能源汽车总装数字化车间的规划、建设和改造;规定了基于规模化定制的新能源汽车总装数字化车间的体系架构、功能模块要求、信息交互要求等内容	浙江省物联网产业协会	浙江省物联网产业协会	宁波吉利汽车研究开发有限公司、工业和信息化部电子工业标准化研究院、中机生产力促进中心、杭州吉利易云科技有限公司、华中科技大学、中国科学院自动化研究所、广东思谷智能技术有限公司、浙江省物联网产业协会、浙江大学	2020-10-20	2020-10-30
67	JT/T 1342—2020	燃料电池客车技术规范	本标准规定了燃料电池客车的技术要求、试验方法,以及标志、运输和储存等要求;适用于 M2、M3 类氢燃料电池客车的生产、检验和使用	中华人民共和国交通运输部	全国汽车标准化技术委员会客车分技术委员会	北汽福田汽车股份有限公司、中国公路学会客车分会、安徽安凯汽车股份有限公司、国家汽车质量监督检验中心(襄阳)、银隆新能源股份有限公司、上汽大通汽车有限公司、上海机动车检测认证技术研究中心有限公司、上海申龙客车有限公司、比亚迪汽车工业有限公司、郑州宇通客车股份有限公司、厦门金龙联合汽车工业有限公司、重庆车辆检测研究院有限公司、厦门金龙旅行车有限公司、中车时代电动汽车股份有限公司、厦门理工大学、中汽客汽车零部件(厦门)有限公司、中通客车控股股份有限公司、金龙联合汽车工业(苏州)有限公司、东风襄阳旅行车有限公司、扬州亚星客车股份有限公司、成都客车股份有限公司、重庆恒通客车有限公司、金华青年汽车制造有限公司	2020-10-30	2021-02-01

续上表

序号	标准编号	标准名称	标准主要内容	发布单位	归口单位	起草单位	发布日期	实施日前
68	JT/T 1344—2020	纯电动汽车维护、检测、诊断技术规范	本标准规定了纯电动汽车维护的作业安全和作业要求等；适用于纯电动汽车	中华人民共和国交通运输部	全国汽车维修标准化技术委员会	交通运输部公路科学研究院、深圳市东部公共交通有限公司、宁德时代新能源科技股份有限公司、厦门金龙旅行车有限公司、天津优耐特教育科技有限公司、福建万润新能源科技有限公司、广东交通职业技术学院	2020-10-30	2021-02-01
69	JT/T 1343—2020	双源电动城市客车技术规范	本标准规定了双源电动城市客车的技术要求、试验方法，以及标志、运输和储存等要求；适用于双源电动城市客车的生产、检验和使用	中华人民共和国交通运输部	全国汽车标准化技术委员会客车分技术委员会	北汽福田汽车股份有限公司、中国公路学会客车分会、上海机动车检测认证技术研究中心有限公司、比亚迪汽车工业有限公司、郑州宇通客车股份有限公司、厦门金龙旅行车有限公司、重庆车辆检测研究院有限公司、中汽客汽车零部件（厦门）有限公司、中车时代电动汽车股份有限公司、金华青年汽车制造有限公司	2020-10-30	2021-02-01
70	T/ITS 0132—2020	自动驾驶车辆测试安全员专业技能要求	本文件规定了自动驾驶车辆测试安全员应具备的知识体系和专业操作技能；适用于企业在自动驾驶车辆道路测试工作中，对于测试安全员进行遴选与管理	中关村中交国通智能交通产业联盟	中关村中交国通智能交通产业联盟	北京百度网讯科技有限公司、上海汽车集团股份有限公司、上海淞泓智能汽车科技有限公司、上海国际汽车城（集团）有限公司、湖南湘江智能科技创新中心有限公司、东风汽车集团有限公司技术中心、威马汽车科技集团有限公司、上海蔚来汽车有限公司、赢彻科技（上海）有限公司	2020-10-30	2020-03-01
71	T/XYMES 001—2020	48 V 锂离子启停电池包及系统测试方法	本标准规定了48 V 锂离子启停电池包及系统的性能要求及测试方法，性能要求包括电气性能、安全性能、环境性能；主要适用于装载在电动汽车上的48 V 锂离子启停电池包及系统，主要以高功率应用为目的锂离子蓄电池包及系统	襄阳市机械工程学会	襄阳市机械工程学会	襄阳市公共检验检测中心、骆驼集团武汉新能源科技有限公司	2020-10-30	2020-12-01
72	T/XYMES 002—2020	动力电池全生命周期安全性快速评价规范	本规范规定了电动汽车用锂离子动力电池单体的安全性加速评价方法，主要内容包括对锂离子动力电池进行加速循环老化测试，并提出其安全性的加速评价方法	襄阳市机械工程学会	襄阳市机械工程学会	中国汽车技术研究中心有限公司、襄阳市公共检验检测中心、华中科技大学、北京理工大学	2020-10-30	2020-12-01
73	HJ 1137—2020	甲醇燃料汽车非常规污染物排放测量方法	本标准规定了燃用甲醇燃料的轻型汽车、重型汽车和发动机，包括使用甲醇单燃料和柴油/甲醇双燃料汽车和发动机排气中甲醛和甲醇的测量方法；其他燃用与甲醇燃料相关的汽车、发动机排放的非常规污染物，可参照本标准方法测量	中华人民共和国生态环境部	中华人民共和国生态环境部	北京理工大学、中国环境科学研究院、厦门环境保护机动车污染控制技术中心、广州广电计量检测股份有限公司	2020-11-10	2020-11-10
74	T/GDIA 001—2020	电动汽车充电设施运营站场安全责任评价规范	本规范规定了电动汽车充电运营站场安全责任遵循的基本原则和主要技术要求；适用于电动汽车充电站场运营安全	广东省充电设施协会	广东省充电设施协会	广东省充电设施协会，广汽新能源汽车有限公司，广东电网电动汽车服务有限公司，珠海泰坦科技股份有限公司，北京小桔新能源汽车科技有限公司，广州亿电邦科智能网络科技有限公司，珠海格力新元电子有限公司，广东拓杰机电工程有限公司，深圳江浩电子有限公司，广州市新栋力超声电子有限公司，深圳市锦联新能源运营管理有限公司，深圳市威华信新能源电气科技有限公司，深河公共（河源市）新能源有限公司等	2020-11-11	2020-12-11

续上表

序号	标准编号	标准名称	标准主要内容	发布单位	归口单位	起草单位	发布日期	实施日前
75	GB/T 39494—2020	新能源汽车驱动电机用稀土永磁材料表面涂镀层结合力的测定	本标准规定了新能源汽车驱动电机用稀土永磁材料表面涂镀层结合力的测定方法。共包含四种方法，拉开法、剪切法、划格法、热震法，均为破坏性试验方法；适用于新能源汽车驱动电机用稀土永磁材料表面的单层或多层涂镀层结合力的测定，涂镀层包括采用电镀、电泳、喷涂、物理气相沉积、化学镀等技术的涂镀层（拉开法和剪切法适用于拥有平整表面的涂镀层产品的测定，划格法和热震法适用于任意尺寸的涂镀层产品的测定）	国家市场监督管理总局 国家标准化管理委员会	全国稀土标准化技术委员会	中国科学院宁波材料技术与工程研究所、杭州永磁集团有限公司、宁波韵升股份有限公司、北京中科三环高技术股份有限公司、京磁材料科技股份有限公司、国合通用测试评价认证股份公司、国标（北京）检验认证有限公司、包头稀土研究院、安徽大地熊新材料股份有限公司、赣州富尔特电子股份有限公司、包头希迪瑞科技有限公司、福建省长汀金龙稀土有限公司	2020-11-19	2021-10-01
76	GB/T 39263—2020	道路车辆先进驾驶辅助系统（ADAS）术语及定义	本标准界定了道路车辆先进驾驶辅助系统（ADAS）相关的术语及定义；适用于M类、N类和O类车辆	国家市场监督管理总局国家标准化管理委员会	全国汽车标准化技术委员会	中国汽车技术研究中心有限公司、重庆长安汽车股份有限公司、中国第一汽车集团有限公司、奇瑞汽车股份有限公司、华晨汽车集团控股有限公司、厦门金龙汽车集团股份有限公司、浙江万安科技股份有限公司、戴姆勒大中华区投资有限公司、沃尔沃汽车（亚太）投资控股有限公司、宝马（中国）服务有限公司	2020-11-19	2021-06-01
77	T/ZS 0146—2020	纯电动公交车运营管理规范	本文件规定了纯电动公交车的排班、调度、充电与电量监管、安全与应急处理、信息化等管理要求；适用于纯电动公交车的运营管理	浙江省产品与工程标准化协会	浙江省产品与工程标准化协会	杭州市公共交通集团有限公司、杭州电子科技大学、杭州市综合交通运输研究中心、浙江省长三角标准技术研究院	2020-11-25	2020-12-01
78	DB 34/T3756—2020	新能源汽车数据共享接口规范	本文件规定了新能源汽车数据共享接口的术语和定义、基本要求接口协议、数据包、上报；适用于新能源汽车企业平台与新能源汽车公共服务平台之间的数据共享	安徽省市场监督管理局	安徽省信息技术标准化技术委员会	本文件由安徽省发展和改革委员会提出	2020-11-27	2021-12-27
79	QC/T 1136—2020	电动汽车用绝缘栅双极晶体管（IGBT）模块环境试验要求及试验方法	本标准规定了电动汽车用绝缘栅双极晶体管（IGBT）模块环境适应性要求和试验方法；适用于电动汽车用IGBT模块，其他半导体器件模块可参考使用	中华人民共和国工业和信息化部	全国汽车标准化技术委员会	中国第一汽车集团有限公司、中国汽车技术研究中心有限公司、重庆长安新能源汽车科技有限公司、英飞凌科技（中国）有限公司、合肥巨一动力系统有限公司、北京理工大学、比亚迪汽车工业有限公司、上海蔚来汽车有限公司、中车时代汽车股份有限公司、苏州汇川联合动力系统有限公司、合肥阳光电动力科技有限公司、联合汽车电子有限公司、上海电驱动股份有限公司、上海大郡动力控制技术有限公司、深圳市大地和电气股份有限公司、上海捷能汽车技术有限公司、奇瑞新能源汽车技术有限公司	2020-12-09	2021-04-01
80	HG/T5751—2020	动力电池外壳用绝缘阻燃胶粘带	本标准规定了动力电池外壳用绝缘阻燃胶粘带的分类、要求、试验方法、检验规则、标志、包装、运输及贮存；适用于以塑料薄膜为基材，单面均匀涂布压敏胶粘剂的单面绝缘阻燃胶粘带	中华人民共和国工业和信息化部	全国胶粘剂标准化技术委员会	深圳美信电子有限公司、佛山市顺德区永创翔亿电子材料有限公司、浙江欧仁新材料有限公司等	2020-12-09	2021-04-01

续上表

序号	标准编号	标准名称	标准主要内容	发布单位	归口单位	起草单位	发布日期	实施日前
81	T/CAAMTB21—2020	燃料电池电动汽车车载供氢系统振动试验技术要求	本文件规定了燃料电池电动汽车车载供氢系统振动试验的技术要求、设备要求及试验方法;适用于工作压力不超过 70 MPa、整体框架式、包含单个或多个压缩氢气储存瓶的燃料电池电动汽车的车载供氢系统	中国汽车工业协会	中国汽车工业协会	张家港氢云新能源研究院有限公司、江苏国富氢能技术装备股份有限公司、郑州宇通客车股份有限公司、张家港清研检测技术有限公司、上海重塑能源科技有限公司	2020-12-10	2020-12-30
82	GB/T 39710—2020	电动汽车充电桩壳体用聚碳酸酯/丙烯腈-丁二烯-苯乙烯(PC/ABS)专用料	本标准规定了电动汽车充电桩壳体用聚碳酸酯/丙烯腈-丁二烯-苯乙烯(以下简称PC/ABS)专用料的要求、试验方法、检验规则、标志、包装、运输及贮存等;适用于交流充电桩的外壳所使用的 PC/ABS 专用料	国家市场监督管理总局 国家标准化管理委员会	全国塑料标准化技术委员会	广州市聚赛龙工程塑料股份有限公司、金发科技股份有限公司、上海金发科技发展有限公司、金旸(厦门)新材料科技有限公司、中广核俊尔新材料有狠公司、重庆理工大学、上海普利特复合材料股份有限公司、合肥杰事杰新材料股份有限公司、武汉金发科技有限公司、华南理工大学、吉林省产品质量监督检验院、南京聚隆科技股份有限公司	2020-12-14	2021-11-01
83	GB/T 39631—2020	新能源汽车空调压缩机用伺服电动机系统通用规范	本标准规定了新能源汽车空调压缩机用伺服电动机系统的术语和定义、运行条件、型式与接口、技术要求和试验方法、检验规则、交付准备;适用于新能源汽车空调压缩机全(半)封闭式容积式制冷剂压缩机用伺服电动机系统,以及构成系统的伺服电动机、伺服电动机驱动器的设计、制造、检验和验收。其他结构型式的压缩机伺服电动机系统可参照执行	国家市场监督管理总局 国家标准化管理委员会	全国微电机标准化技术委员会	西安微电机研究所、珠海格力电器股份有限公司、深圳市正德智控股份有限公司、厦门莱凯盛智能科技有限公司、沈阳工业大学、西安伺服电机有限公司、江苏云能电器研究院有限公司、广东全庆检测有限公司、江苏华源防爆电机有限公司、南京金崎新能源动力研究院有限公司、南京高崎电机有限公司、东南大学、浙江巨龙自动化设备有限公司、浙江如晶科技有限公司	2020-12-14	2021-07-01
84	GB/T 39568—2020	驱动微电机通用技术要求	本标准规定了驱动微电机的外形、型号及运行条件、技术要求和试验方法、检验规则、交付准备及用户服务;适用于驱动微电机的设计、制造、检验和验收	国家市场监督管理总局 国家标准化管理委员会	全国微电机标准化技术委员会	西安微电机研究所、厦门日拓电器科技有限公司、合肥凯邦电机有限公司、浙江泰达微电机有限公司、深圳市正德智控股份有限公司、沈阳工业大学、东莞瑞景电器科技有限公司、福建闽光电机制造有限公司、福建瑾德质检技术服务有限公司、佛山市南海昇和电器有限公司、佛山市高明高盛铝业有限公司、荣成市恒力电机有限公司	2020-12-14	2021-07-01
85	T/ZSA 40—2020	自动驾驶仿真测试场景集要求	本文件规定了自动驾驶仿真测试场景描述要求、自动驾驶仿真测试场景集要求和自动驾驶仿真测试场景数字格式要求,并在附录提供了自动驾驶仿真测试基础场景集样例;适用于 3 级及以上等级 M1 类在城市路况下运行的自动驾驶车辆,其它可参考使用	中关村标准化协会	中关村标准化协会	中关村智通智能交通产业联盟、北京百度网讯科技有限公司、北京智能车联产业创新中心、厦门金龙联合汽车工业有限公司、上海蔚来汽车有限公司、北京小马智行科技有限公司、北京嘀嘀无限科技发展有限公司、中国科学院自动化研究所、北京汽车集团有限公司、北京新能源汽车技术创新中心有限公司、东风汽车集团有限公司技术中心、北京四维图新科技股份有限公司、威马汽车科技集团有限公司、北京赛目科技有限公司	2020-12-17	2020-12-18
86	DB 31/T 1265—2020	电动汽车充换电设施公共数据采集与监测规范	本文件规定了上海市参与电动汽车充换电业务的运营商服务平台与上海充换电设施公共数据采集与监测市级平台的信息交换体系、公共信息对象、业务流程、接口功能,以及信息传输与安全;适用于市级平台对在上海市参与电动汽车充换电业务的运营商服务平台进行充换电业务相关的公共数据采集、信息交换及审核	上海市市场监督管理局	上海市交通委员会	上海市电器科学研究所(集团)有限公司	2020-12-17	2021-04-01

续上表

序号	标准编号	标准名称	标准主要内容	发布单位	归口单位	起草单位	发布日期	实施日前
87	DB 31/T 845—2020	新能源汽车公共数据采集技术规范	本文件规定了新能源汽车远程服务与管理系统综合服务和管理平台与企业服务与管理平台之间数据交换的技术要求，包括通信协议结构、数据包结构和定义、数据单元格式和定义、数据信息采集间隔等内容；适用于在上海市注册的新能源汽车以及公共和专用充电设施。新能源汽车车型包括乘用车和商用车。（本文件规定的新能源汽车指的是在上海市注册的纯电动、插电式混合动力、燃料电池电动汽车）	上海市市场监督管理局	上海市新能源汽车及应用标准化技术委员会	同济大学、上海机动车检测认证技术研究中心有限公司、上海市新能源汽车公共数据采集与监测研究中心、上海汽车集团股份有限公司技术中心、上海蔚来汽车有限公司	2020-12-17	2021-04-01
88	DB 46/T 518—2020	新能源汽车售后服务规范	本文件规定了新能源汽车售后服务的术语和定义、经营者要求、流程要求、质量要求及投诉处理、紧急救援服务要求等要求；适用于海南省纯电动汽车、插电式混合动力汽车（含增程式）两种类型的新能源汽车经营者的售后服务	海南省市场监督管理局	海南省商务厅	海南省商务厅，海南省工信厅，海南省新能源汽车促进中心，海南省新能源汽车行业协会，海南绿动新能源研究院	2020-12-18	2021-01-15
89	DB11/T 880—2020	电动汽车充电站运营管理规范	本文件规定了电动汽车充电站运营管理的总体要求、运营服务要求、运营安全与保障要求、人员管理、消防安全管理、信息安全、投诉与评价改进等；适用于电动汽车社会公用充电站的运营管理。公共服务领域（公交、环卫、物流等）专用的充电站、单位内部充电站、居住区内部公用充电站，以及全部由交流充电设备组成的或充电设备数量3台以下的公共运营充电设施可参照执行	北京市市场监督管理局	北京市城市管理委员会	北京市产品质量监督检验院、北京华商三优新能源科技有限公司、中国质量认证中心、北京国际咨询有限公司、国网北京市电力公司、国网（北京）新能源汽车服务有限公司、北汽特来电（北京）新能源科技有限公司、普天新能源（北京）有限公司、万帮金之星科技（北京）有限公司	2020-12-24	2021-04-01
90	T/CAB 0078—2020	低碳氢、清洁氢与可再生氢的标准与评价	本标准规定了低碳氢、清洁氢和可再生氢的要求和评价方法；适用于按照生命周期评价方法对氢气生产过程中温室气体排放的评价	中国产学研合作促进会	中国产学研合作促进会	国家能源集团氢能科技公司、北京国氢中联氢能科技研究院有限公司、中国石化销售股份有限公司、中国石油股份公司石油化工研究院、国家电网公司、长江三峡集团科学技术研究院、中国宝武清洁能源有限公司、中国标准科技集团有限公司、中国船舶邯郸净化设备研究所、河钢工业技术服务有限公司、液化空气（中国）公司、林德中国、空气化工产品（中国）投资公司、上海环境能源交易所、南德认证检测（中国）有限公司、阳光电源有限公司、深圳华测国际认证有限公司、中标兴质科技（佛山）有限公司	2020-12-29	2020-12-29
91	DB 13/T 5316—2020	电动汽车充电站消防安全技术标准	本文件规定了电动汽车充电站的建筑防火设计和消防安全管理；适用于河北省城镇新建、扩建和改建的有运营单位专门管理，采用整车充电模式的电动汽车充电站和集中设置的分散充电设施场所	河北省市场监督管理局	河北省消防救援总队	本文件由河北省消防救援总队提出	2020-12-29	2021-01-29

续上表

序号	标准编号	标准名称	标准主要内容	发布单位	归口单位	起草单位	发布日期	实施日前
92	DB 41/T 2086—2020	加油加气站内电动汽车充电设施建设技术规范	本文件规定了加油加气站内电动汽车充电设施设置、安全、可燃气体泄漏监测和标识标志等要求；适用于加油加气站内采用整车充电模式的电动汽车充电设施的建设和改造，也适用于充电与加油、充电与加气、充电与加油、加气的新建合建站的电动汽车充电设施的建设	河南省市场监督管理局	河南省计量器具标准化委员会	河南省溯源计量工程技术研究中心有限公司、中国石化销售有限公司河南郑州石油分公司、中国石化销售有限公司河南石油分公司、河南省计量科学研究院、河南科诚节能环保检测技术有限公司、河南省华葳化工咨询服务有限公司、中国石化销售有限公司河南开封石油分公司、中国石化销售有限公司河南洛阳石油分公司、河南省国冀智慧新能源科技有限责任公司、平顶山市危险废物及辐射环境监督管理中心、深圳市佳晟宇科技有限公司、山西国冀电力工程股份有限责任公司、太原市鑫宇联电气有限责任公司	2020-12-30	2021-03-30

LOONXEM

企业简介 OUR BUSINESS SOLUTIONS

浙江龙芯电驱动科技有限公司是一家集新能源汽车驱动电机研发、制造、销售于一体的科技型企业。公司拥有多款核心技术和自主知识产权的高性能扁线电机产品。公司目前注册资金1.44亿元，规划总投资8亿元，可年产电机（主要为扁线电机）100万台，系列化产品覆盖A00级至C级车以及商用车动力需求，产品在功率密度、噪声、成本控制等关键性能指标上具备明显竞争优势。

产品型谱 PRODUCT TYPE SPECTRUM

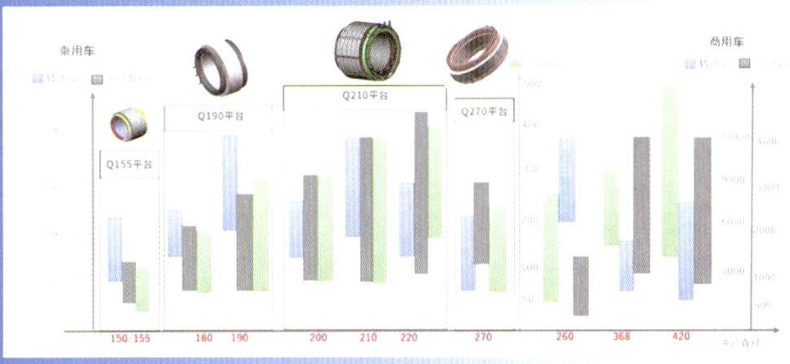

生产设备 PRODUCTION EQUIPMENT

定子产线

转子产线

滴漆机

转子产线

主营产品 MAIN PRODUCTS

30kW微车驱动电机扁线定子

100kW混动车用驱动电机

150kW油冷驱动电机

300kW商用车驱动电机扁线定子

浙江龙芯电驱动科技有限公司 www.longxin-emotor.com
电话:021-64026375 传真:021-64026511
地址:上海市闵行区申滨南路1226号新地中心B栋802室

LOONXEM

企业简介 OUR BUSINESS SOLUTIONS

浙江龙芯电驱动科技有限公司是一家集新能源汽车驱动电机研发、制造、销售于一体的科技型企业。公司拥有多款核心技术和自主知识产权的高性能扁线电机产品。公司目前注册资金1.44亿元，规划总投资8亿元，可年产电机（主要为扁线电机）100万台，系列化产品覆盖A00级至C级车以及商用车动力需求，产品在功率密度、噪声、成本控制等关键性能指标上具备明显竞争优势。

产品型谱 PRODUCT TYPE SPECTRUM

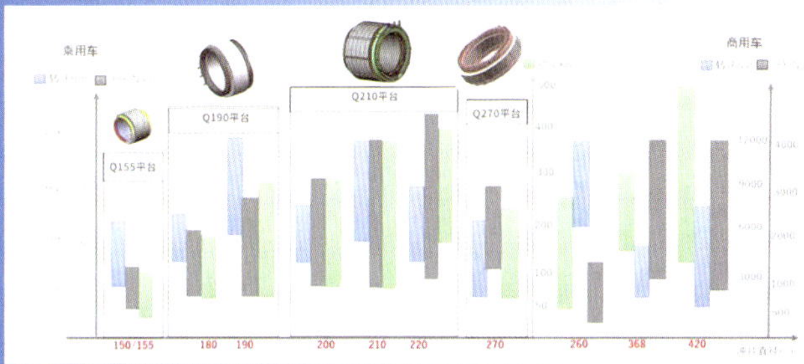

生产设备 PRODUCTION EQUIPMENT

定子产线

转子产线

滴漆机

转子产线

主营产品 MAIN PRODUCTS

30kW微车驱动电机扁线定子

100kW混动车用驱动电机

150kW油冷驱动电机

300kW商用车驱动电机扁线定子

浙江龙芯电驱动科技有限公司 www.longxin-emotor.com
电话:021-64026375 传真:021-64026511
地址:上海市闵行区申滨南路1226号新地中心B栋802室

EBA 智能科技
新能源与无人驾驶汽车
核心控制器研发生产及系统解决方案提供商
车用控制器全栈开发能力
「基础软件、核心算法、硬件、工具链、标定匹配、测试验证、远程升级」
VCU整车控制器
TCU变速箱控制器
增程器/AMT控制器
I-DC/AC智能能源模块
无人驾驶感知域控制器
无人驾驶底盘域控制器
无人驾驶转向/制动控制器
技术自主
软硬件完全自主开发，控制器主板硬件全新设计，
满足国际国内车规级芯片切换使用，突破欧美“卡脖子”技术壁垒
1
集成度高
硬件：可集成VCU、TCU、线控控制等需要的硬件功能；
软件：可集成VCU、TCU、线控转向、EPB等需要的软件功能
2
产品特点
通过EMC电磁兼容测试认证；
兼容24V / 12V系统
3
兼容性强
温度适应零下40℃至105℃；
通过中国船级社（CCS）认证，可适用于船机
4
适用面广
EBA 上海易巴汽车动力系统有限公司
SHANGHAI EBA AUTOMOTIVE POWERTRAIN SYSTEM CO.,LTD.
公司网址：www.sh-ebus.cn
企业邮箱：sales@sh-ebus.cn
公司地址：上海市松江区盛龙路951号9幢
021-64309775

公司简介

江苏奥易克斯汽车电子科技股份有限公司是清华大学科技成果转化企业，主要业务涵盖新能源汽车电控产品和传统动力汽车电控产品，具有自主知识产权，在国内处于前沿地位。公司目前包括南通生产基地、柳州生产基地和北京、重庆两个技术研发中心。

公司累计申请专利等知识产权超100项，目前授权数量近80项。公司通过了GB/T 24001—2016环境管理体系认证和IATF 16949:2016质量管理体系认证。

公司在近几年业务发展中获得客户高度认可，被客户授予技术合作奖、技术开发奖和交付贡献奖等诸多奖项。

产品介绍

发动机电控系统产品

支持FPI、GDI、CNG发动机，提供满足国五、欧五、国六等排放法规要求的发动机控制解决方案，具备升级国七的潜力。

整车控制器-VCU

①VCU LITE适用于物流车、A00-A级乘用车、增程式新能源汽车。实现能量统一管理、扭矩统一协调，确保整车驾驶性、动力性、经济性及行车安全。

②VCU PRO适用于纯电动、混合动力等新能源电动汽车。基于丰富的硬件平台，可实现对高压车辆、扭矩、能量的安全高效管理。

混动动力域控制器

集成VCU、ECU、APU的全部功能，将整车控制系统作为一个整体，提供混动集成控制方案。支持多种混动机构，包括：P1+P3、48V、REEV、PHEV等。

生产试验能力

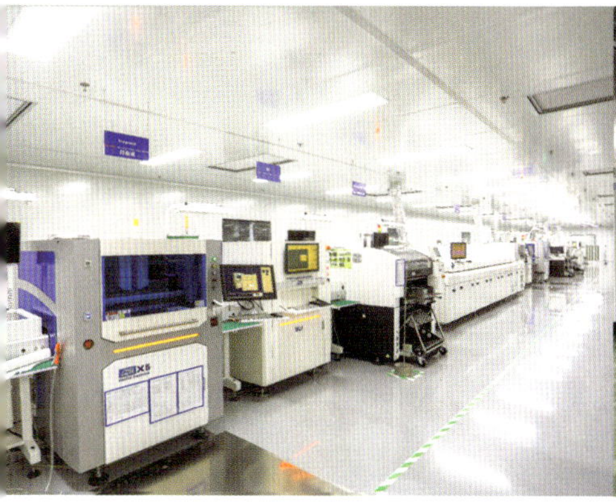

福建省闽铝轻量化汽车制造有限公司

Fujian MinLv Lightweight Auto Manufacturing co.,Ltd

闽铝轻量化

ML Lightweight Auto

• 公司优势 •

(1)全产业链优势：依托南铝公司年产 35 万吨的铝加工及精深加工的生产能力，60 多年的铝合金材料生产研发的技术积淀，为轻量化专用车所需的高品质铝合金型材原材料提供基本保障。

(2)技术创新优势：公司拥有稳定的产品研发团队，公司产品具有完全自主的知识产权，荣获国家授权的发明专利 13 项 / 实用新型专利 38 项 / 外观设计专利 42 项；与多家汽车研究机构、高等院校形成战略联盟。

(3)多元化产品：产品覆盖铝合金集装箱运输半挂车、钢铝混合集装箱运输半挂车、铝合金厢式运输半挂车、铝合金货箱系统、铝合金客车车身骨架、冷藏车、新能源城配货厢、电池托盘等近 30 余种轻量化专用车及上装产品。

(4) 行业标杆：公司产品成功应用于“通达系”快递物流巨头及各大快运物流平台，并与国内数家主机厂形成战略联盟，至 2021 年中，国内市场占用率大于 30%。

(5)制造基地：公司位于福建省南平市武夷高新技术园区，产品销售可辐射珠三角、长三角(均不超过 1000 公里)。

(6)企业文化：公司秉承“绿色低碳车，闽铝轻量造”的企业使命，依托“创新、严谨、高效”的企业作风，始终牢记“忠诚尽职，拼搏求变”的核心价值观；公司全体共同努力“打造中国引领智能制造专用车企业”的企业愿景。

专利证书 发明专利 13 项 / 实用新型专利 38 项 / 外观设计专利 42 项

• 产品优势 •

(1) 高强铝合金材料及专利结构设计，与同类型碳钢车相比可减重 30% 以上，轻量化效果明显；
(2) 耐腐蚀、长寿命，相当于传统钢车寿命的 2 倍；
(3) 残值高，绿色环保、循环经济；
(4) 风阻低，节能降耗，外观美观，可降低风阻 8% 以上；
(5) 独有的结构设计，可确保更优的密封性及抗涨厢能力。

铝合金车厢

冷藏车

客车车身骨架

铝合金集装箱运输半挂车

新能源城配货箱

铝轻量化公司拥有103家售后服务网点，遍布全国

紫光国微

智慧芯片引导者

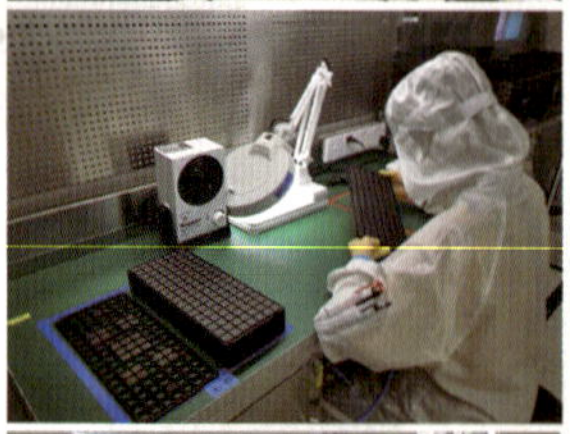

紫光国芯微电子股份有限公司（简称“紫光国微”，SZ002049）是紫光集团有限公司旗下的半导体行业上市公司，专注于集成电路芯片设计开发业务，是先进的集成电路芯片产品和解决方案提供商，产品及应用遍及国内外，在智能安全芯片、高可靠特种集成电路、存储器芯片、安全自主FPGA、功率半导体器件、超稳晶体频率器件等核心业务领域已形成居前的竞争态势和市场地位。

公司的前身是晶源电子，2010年加入清华产业体系，并积极推动公司业务转型，2012年，公司先后成功实施了收购紫光同芯微电子有限公司（原名北京同方微电子有限公司）和深圳市国微电子有限公司的重大资产重组，主要业务从石英晶体元器件拓展至集成电路领域。2016年，根据清华产业的统一布局及战略发展规划，公司成为紫光集团下属控股子公司，在紫光集团从“芯”到“云”战略的总体部署下，积极布局芯片设计领域，开启了新的发展历程。

目前公司的主营业务为集成电路芯片设计与销售，主要业务包括智能安全芯片、特种集成电路、存储器芯片等，分别由紫光同芯微电子有限公司、深圳市国微电子有限公司和西安紫光国芯半导体有限公司三个核心子公司承担。下属子公司深圳市紫光同创电子有限公司是国内较早推出千万门级自主知识产权高性能FPGA芯片的公司；控股子公司无锡紫光微电子有限公司涉足功率半导体业务。此外，公司子公司唐山国芯晶源电子有限公司的石英晶体元器件产品主要出口欧美市场，在业内具有良好的品牌认知度。

在车规级安全芯片核心研发技术，车规级安全芯片封测技术、车规级安全芯片的基础软件开发能力，处于国内前沿。公司推出了国内车载通信芯片T9，通过了AEC-Q100国际车规认证。自主研发的安全芯片软件平台通过整车厂的可靠性测试，已完成多家客户导入，并形成规模出货，在广汽、一汽等多款车型上得到适配。

YHAD1847

YHAD1849

YHAD1863

存储器芯片

T9

——智慧芯片引导者

联系方式：何明 TEL: 18810542082 Email: heming@gosinoic.com

中信泰富特钢全面深化质量管理体系建设，通过了ISO9001、IATF16949、ISO/TS29001质量管理体系认证，是奔驰、宝马、奥迪、大众、VOLVO、通用、丰田、雷诺日产、本田、一汽、东风汽车、上海汽车、福特、韩国现代、法国标致、长城汽车、吉利汽车、蔚来汽车等以及博世、博格华纳、ZF、伊顿、MAGNA、JATCO、爱信、法士特、上汽变速器、万里扬、上海纳铁福、Schaeffler、NHK、安国特、卡迈锡、内德史罗夫、慕贝尔、铃木加普腾、上海日泰、贝卡尔特等国内外知名汽车公司或其零部件企业的主要原材料供应商和服务商。

江阴兴澄特种钢铁有限公司

大冶特殊钢有限公司

青岛特殊钢铁有限公司

靖江特殊钢有限公司

地址：江苏省江阴市长山大道1号
总机：0510-86193388
传真：0510-86192800
邮编：214429
网址：www.citicsteel.com

CSSC 风帆有限责任公司

好马配好鞍 好车配风帆

■ 公司简介|Company Profile

风帆有限责任公司，直属中国船舶集团有限公司，始建于1958年，“一五”期间国家156个重点建设项目之一，一直承担着国家起动型、动力型军用电池的研发、生产任务。

风帆以支持国家战略、指引行业发展为己任，坚持军品融合，发挥品牌优势，加强资本运营，推进技术创新、组织创新、体制机制创新、商业模式创新、大力拓展国内外市场，做大做强汽车用蓄电池、储能用蓄电池、锂离子动力电池三大主业，产业链向纵深延伸，发展循环经济，打造成科技型电源产业集团。

风帆是一汽大众、上海大众、上汽通用、奇瑞汽车、东风汽车等国内大多数规模汽车制造商的常年合作方，国内汽车启动电池市场占有率达22%以上，并出口30多个国家和地区。汽车起停系统用AGM电池、EFB电池已正式通过德国大众实验室认可，并相继与奔驰、奥迪、宝马、通用等公司签署配套协议。风帆公司自主开发的，汽车用48V微混系统用电池、汽车用12V锂离子启动电池均以获得主机厂项目定点。48V产品于2021年7月顺利实现量产。

■ 产品介绍|Product introduction

项目	性能参数
尺寸	L304.5W180H96(mm)
重量	≤8Kg
额定电压	44.4V
标准容量	8Ah
电压范围	33.6~51V
可用能量	180Wh
放电功率	15kW
充电功率	15kW
工作温度	-30℃~65℃
IP等级	IP67
冷却方式	自然冷却
安全要求	GB/T 31485—2015 GB/T 31467.3—2015 Un38.3
通讯方式	CAN

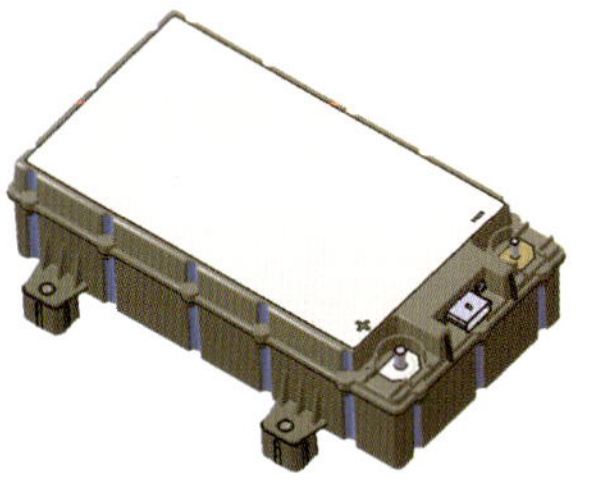

项目	性能参数
外部尺寸	336mm×186mm×90mm
电池电压	12.8V
工作电压范围	9V~14.6V
额定容量	>43Ah@25℃
工作温度	-30~65℃
存储温度	-30~65℃
通讯方式	LIN
电池冷却	自然冷却
重量	<7Kg
防护等级	IP67
交流内阻	≤5mΩ
直流内阻	≤7mΩ
海拔	≤4500m

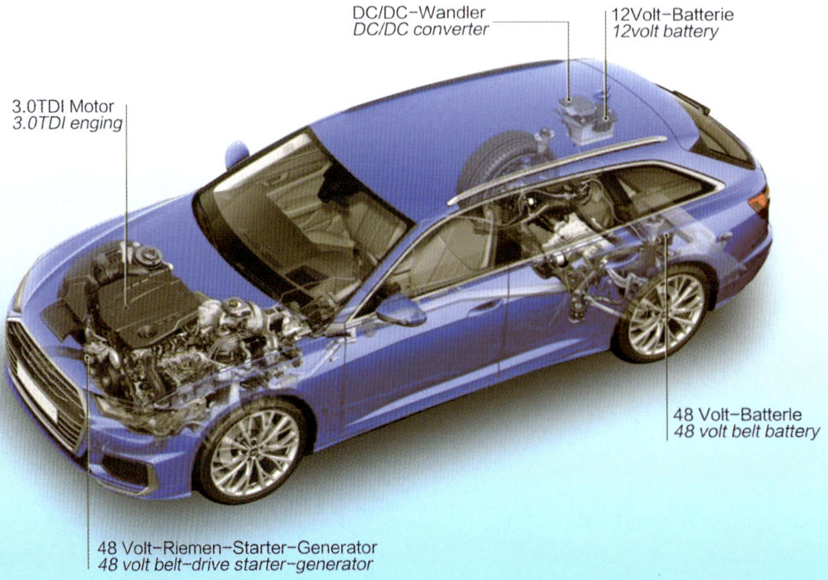

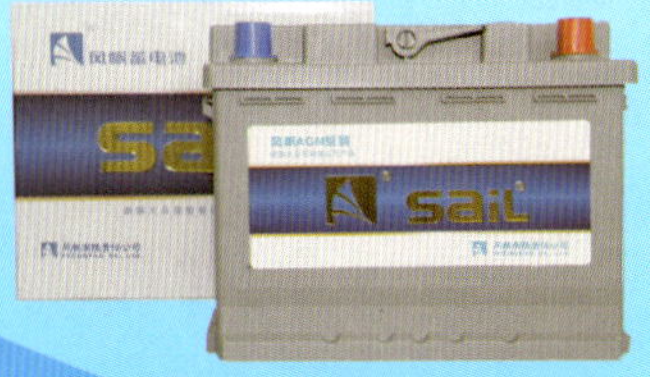

起/停技术专用
AGM蓄电池

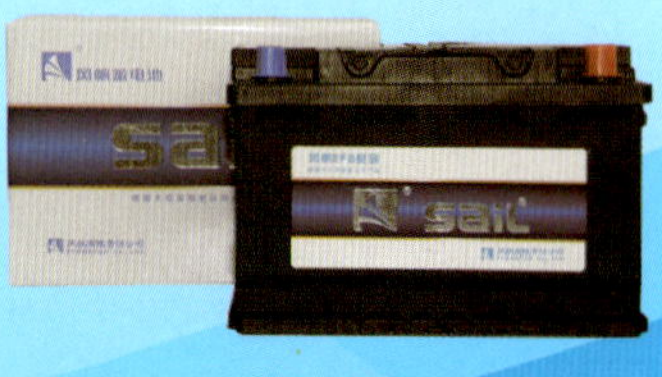

起/停技术专用
EFB蓄电池

联系电话：0312-3208330 0312-3208332

ProLogium

次世代电池革新领航者

NEXT-GEN BATTERY LEADER

辉能固态锂陶瓷电池

10亿瓦时级固态电池量产线
供货全球动力电池市场

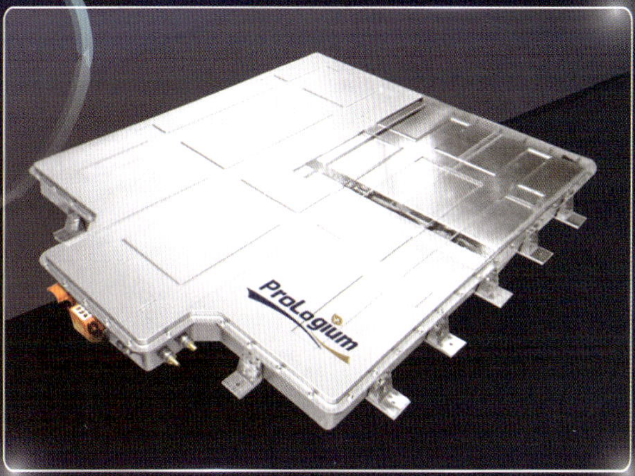

创新MAB固态电池包技术
全面安全/超长续航/封装成本低

驱动安全高效的绿能应用市场

ProLogium
PROLOGIUM TECHNOLOGY Co.,Ltd

辉能集团
辉齐新能源有限公司
ProLogium Innovation Pte. Ltd.

扫描二维码关注辉能微信公众号
即时收取最新消息

上海奥威科技开发有限公司成立于1998年，公司总部及研发基地位于中国（上海）自由贸易试验区郭守敬路188号，在浦东老港还拥有一个产业化基地。

作为“2017年度中国超级电容器行业十佳企业”之一，奥威是科技部“国家车用超级电容器系统工程技术研究中心”依托单位，多次承担“863计划”、国家科技支撑计划等国家重点科研项目，曾获“上海市科学技术一等奖”“全国职工优秀技术创新成果一等奖”等荣誉，2018年6月上海奥威科技开发有限公司获得“上海品牌”认证，成为通过该认证的53家企业之一。

奥威已申请国内外专利百余项，90%以上为发明专利，授权2项美国专利和1项日本专利。奥威主持和参与制定行业及地方标准8项，其中主持制定的国内行业标准《车用超级电容器》（QC/T 741）已被工信部作为准入管理的强制性检测依据，也是国际上一部覆盖各个体系超级电容器的检测标准。

奥威产品已覆盖了世界上所有商业化超级电容器产品的技术路线，其中UCK系列超级电容器的能量密度大于100Wh/kg，已达前沿水平，并能根据客户的技术要求量身定做超级电容产品。

奥威实现量产的UCK系列有机混合型超级电容器、UCR系列有机对称型超级电容器等产品已被广泛应用于超级电容电动城市客车、纯电动重型牵引车、矿用电机车、电动游览车、混合动力汽车、节能电梯、混合动力工程机械、港口机械、AGV智能化运载、后备电源等诸多领域，并出口以色列、奥地利、保加利亚、塞尔维亚、白俄罗斯、意大利和马其顿等国家及地区，在超级电容电动城市客车、现代有轨电车等领域的市场占有率均为行业前列。

2015年奥威科技超级电容技术作为新能源产业的代表，入选“中白工业园”项目，并于2018年8月29日下午正式投产运营，成为“中白工业园”竣工投产的中国高科技企业。

2020年7月15日，白俄罗斯一届“电动汽车日”在中白工业园举办，奥威科技与白俄罗斯知名车辆制造企业BKM合作生产的超级电容公交车备受关注与赞赏。

奥地利格拉茨超级电容公交车

以色列特拉维夫超级电容公交车

塞尔维亚贝尔格莱德超级电容公交车

保加利亚索菲亚街头超级电容公交车

丹麦奥尔堡超级电容公交车

意大利试运营的超级电容公交车

超级电容公交车备受关注与赞赏

中白工业园举办“电动汽车日”

地址：中国（上海）自由贸易试验区郭守敬路188号　邮编：201203　电话：021-50802888　传真：021-38953296　网址：www.aowei.com

长沙矿冶研究院有限责任公司

CHANGSHA RESEARCH INSTITUTE OF MINING AND METALLURGY CO.,LTD.

锂汇通

·动力电池回收服务平台·

平台页面

PC端　　移动端

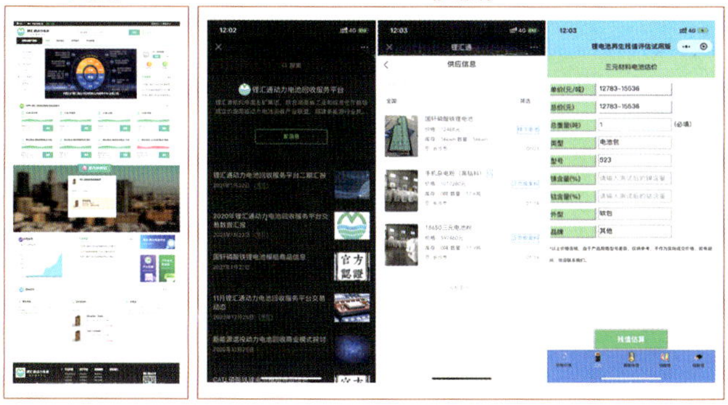

业务模式

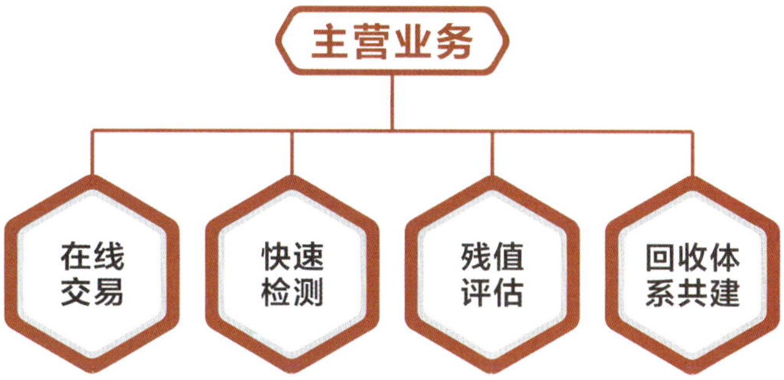

锂汇通退役动力电池回收服务平台目前隶属于长沙矿冶研究院有限责任公司双创项目，是国内得到国家工信部认可的第三方退役动力电池回收服务平台。平台以“建设高效电池回收体系，让电池回收实现高价值”为核心，主营业务：电池（废旧电池）及相关原料、副产品的在线交易（分析检测，认证估值），废旧电池状态快速检测分拣，梯次，再生残值评估，仓储物流，回收体系（中心）共建等服务。

我们的优势和资源

1. 打造第三方退役电池回收综合服务平台
2. 标准化的动力电池检测及评估能力，实现退役电池回收价值（梯次利用和再生利用）
3. 支持有价再生资源的闭环管理，具有动力电池产业链全流程处理的能力
4. 为相关利益者提供全球化合法合规安全环保指导，并协助对接国家动力电池回收溯源平台
5. 利用强大的IT系统和互联网平台实现分散电池的收集和回收体系的搭建
6. 通过规模效应降低系统操作管理成本，提供标准化的物流仓储服务支持

通过物质流、信息流、资金流的融合，提高回收环节效率，降低回收成本

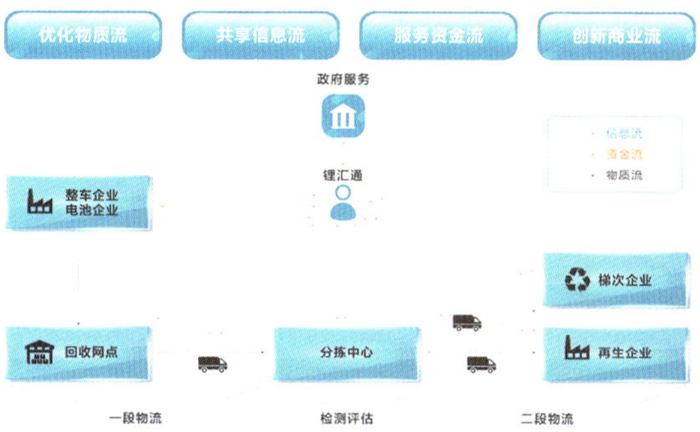

主要功能模块

1. 平台交易

商户认证（供求双方的审核认证，用户评估体系及保证金制度的运行）

交易认证（第三方检测报告，规范合作协议模板，货物价格标定前置）

交易风险控制（第三方资金账户，中间仓库及认证货物监管，交易双方行为的记录及规范）

2. 价值评估

锂汇通通过与上海有色网（SMM）合作，双方就行业回收商品进行联合报价，SMM-锂汇通废旧锂电池现货报价体系是一整套废旧锂电池回收价格测算披露机制，为上海有色网和锂汇通联合运营，报价结果信息以工作日为单位同时在SMM上海有色网新能源板块和锂汇通废旧动力电池回收价格区域发布。

SMM和锂汇通将顺应市场发展，为行业广大用户提供更贴合实际业务的报价服务。

3. 分拣仓储

锂汇通动力电池回收服务平台通过自建或共建回收中心，在回收中心提供电池检测，安全维护，培训指导，回收网点合作，物流交付等服务。

合作及市场情况

锂汇通动力电池回收服务平台于2020年3月底正式上线，截至2021年6月，注册用户达1480个，其中企业用户289家，累计交易额5000万元左右，注册用户类型包括：

行业上游企业，主机厂，电芯企业，PACK企业，报废车拆解公司，电池租赁运营企业

行业下游企业，贸易企业，回收企业，拆解破碎企业，梯次利用企业，再生利用企业

第三方服务企业，物流运输企业，分析检测机构（公司），行业设备企业

地址：湖南省长沙市岳麓区麓山南路966号
固定电话：0731-89870699
电话/微信：
15974100065（李先生）13973161500(徐先生)
13552980522（谭先生）15581017020(雷先生)

贵州红星电子材料有限公司

Guizhou Red star electronic material Co., Ltd

贵州红星电子材料有限公司成立于2016年3月，注册资本6850万元，坐落于贵州省铜仁市大龙经济开发区，占地50余亩。是由青岛红星新能源技术有限公司、贵州振华新材料股份有限公司等共同出资成立的股份制公司，主要致力于废旧锂电池回收及资源再生利用。

公司于2016年筹备建设年处理6000金属吨废旧锂电材料再生利用项目，项目总投资1.2亿元。该项目主要以废旧锂电材料为原材料，通过自主研发、无机化学工艺，同步回收钴、镍、锰、锂等金属元素，制备三元硫酸盐、三元复合氢氧化物、碳酸锂等锂电基础材料，回收过程工艺用水完全闭路循环，镍钴锰综合回收率达98%，锂综合回收率达95%。

公司注重二次资源循环利用技术的深度研究、开发，目前已掌握锰酸锂、三元、钴酸锂、磷酸铁锂、镍钴中间品等材料的无机回收工艺。计划在未来的三年里，将锂电材料再生利用产能提高至年处理1.2万金属吨，回收材料涉及锰酸锂、三元、磷酸铁锂，形成较为完整的材料回收体系。

公司始终遵循“减量化、再利用、资源化”的原则，以客户需求为导向，不断开发、推广新技术，竭诚为客户服务，努力将公司打造成绿色、科技、创新型的富有竞争力的企业。同时欢迎社会各界人士光临指导！

三元前驱体-Ni0.5Mn0.3Co0.2$(OH)_2$

电池级碳酸锂-$Li2CO_3$

镍钴锰硫酸盐晶体

镍钴锰三元溶液

联系人：谷川 13662561237　地址：贵州省铜仁市玉屏县大龙经济开发区草坪村　电话：0856-3375412

海亿新能
HYVITECH

公司简介
COMPANY PROFILE

武汉海亿新能源科技有限公司

武汉海亿新能源科技有限公司是一家专注于氢燃料电池发动机系统及其核心零部件、燃料电池电堆和系统相关检测和测试设备、燃料电池汽车动力系统技术平台及其产业化的高新技术企业。

武汉海亿新能源科技有限公司由湖北省“海外高层次人才引进计划”专家及行业资深大学教授技术专家等联合创办，国家高新技术企业、入选武汉市“千企万人”支持计划、“3551光谷人才计划”、湖北省“双创战略团队”等。

核心产品
CORE PRODUCTS

80kW燃料电池发动机系统

110kW燃料电池发动机系统

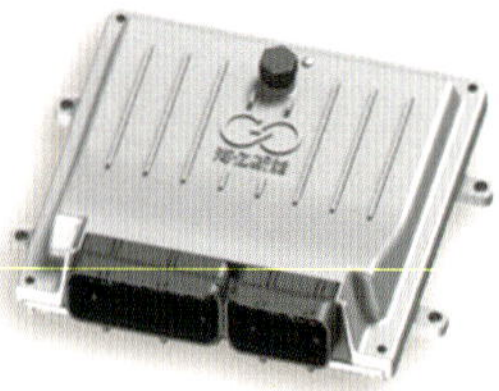
氢燃料电池系统控制器

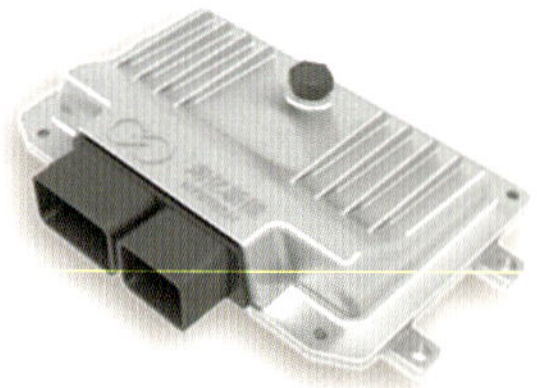
氢燃料电池整车控制器

氢燃料电池单片电压巡检仪

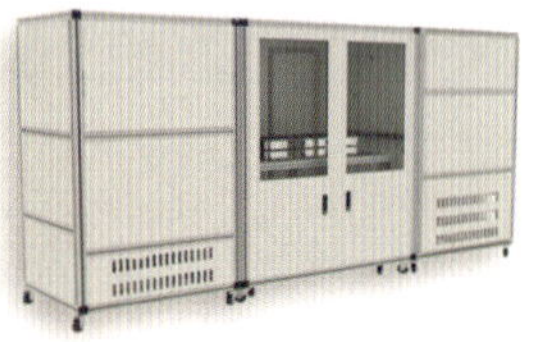
氢燃料电池电堆测试台

发动机系统测试平台

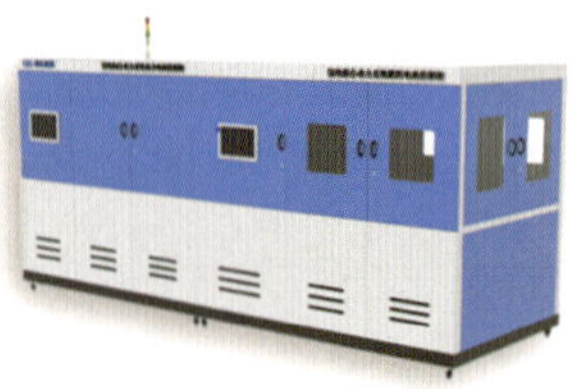
整车混合动力系统测试平台

项目案例

氢燃料电池抑尘车

襄阳市氢燃料电池公交车在老河口首发

氢新世界 能动未来

电话：027-59762535
网址：www.hyvitech.com
地址：湖北省武汉市东湖高新区大学园路25号理工科技园研发基地3号楼G1栋

治臻
ZHIZHEN

上海治臻新能源装备有限公司

治臻新能源主要从事氢燃料电池金属极板自主研发和规模化生产制造。在极板构型设计、超薄板精密成形和高速激光焊接、高性能复合纳米涂层和一体化密封等方面拥有完全自主知识产权的关键核心技术，金属极板设计与制造能力已经居于国内前列、达到设计先进水平。

公司荣誉与实力：

— 2017年获得中国汽车工业技术发明奖一等奖
— 2018年获得上海市高新技术企业称号
— 2019年通过IATF16949和ISO9001体系认证
— 2020年获得2019年度上海市科学技术奖特等奖
— 2020年获得上海市“专精特新”中小企业认定
— 累计申请专利70余项

荣誉证书：

高新技术企业
证书
企业名称：上海治臻新能源装备有限公司　证书编号：GR201831000925
发证时间：2018年11月2日　有效期：三年
批准机关：

中国汽车工业技术发明奖
为表彰在中国汽车工业科学技术发明工作中做出贡献的单位，特发此证，以资鼓励。
获奖项目：汽车燃料电池大面积超薄金属双极板设计与精密制造技术　奖励等级：一等
项目编号：17-04-29
主要完成单位：1上海交通大学　授奖日期：2017年12月20日
2新源动力股份有限公司
3上海汽车集团股份有限公司
4上海治臻新能源装备有限公司
中国汽车工程学会
科技奖励工作委员会

上海市科学技术奖
证书
为表彰上海市技术发明奖获得者，特颁发此证书。
项目名称：高功率密度燃料电池薄型金属双极板及批量化精密制造技术
获奖者：上海治臻新能源装备有限公司
奖励等级：特等奖
证书号：20193001-0-D04

产品介绍：

S05C

S06

上海治臻新能源装备有限公司
地址：中国（上海）自由贸易试验区临港新片区层林路1500号1幢厂房
电话：+86-021-50881731　鲍先生：152-1671-4455
网址：www.shanghaizhizhen.com
邮箱：sales@shanghaizhizhen.com

上海电气 SHANGHAI ELECTRIC

EXPO 2020 DUBAI CHINA PAVILION

2020迪拜世博会中国馆官方合作伙伴

CHINA PAVILION EXPO 2020 DUBAI UAE OFFICIAL PARTNER

公司及团队简介

上海电气是一家大型综合性高端装备制造企业，主导产业聚焦能源装备、工业装备、集成服务三大领域，致力于为全球客户提供绿色、环保、智能、互联于一体的技术集成和系统解决方案。

研究院是上海电气的综合性研发服务平台，成立于2004年，现有员工300余 人，拥有国内外近百名技术专家组成的智囊团，硕博士学历占比约为70%。

燃料电池电堆产品室

- 研发团队20人，均拥有5~10年燃料电池研发经验；
- 基于16949和ASPICE开发体系，拥有金属双极板微流道设计技术、电堆设计与集成技术、电堆活化和电堆测试评价分析能力，掌握系统集成与仿真、控制策略与仿真、系统及零部件测试与运维等核心技术，已实现自主开发燃料电池系统及部分核心零部件；
- 参加全国燃料电池标委会单位，高温燃料电池标委会，参与多项国家标准制订研究。

产品介绍

具备完整自主知识产权的一代金属板电堆 Fuel Power – INNO 。

功率覆盖30~120kW，能够针对不同场景应用特点，面向客户需求，提供不同功率等级的电堆产品和技术服务。

- ✓ 具有较高的集成灵活性，同时支持纵向布置和横向布置；
- ✓ 支持客户定制，可满足不同客户的个性化需求。

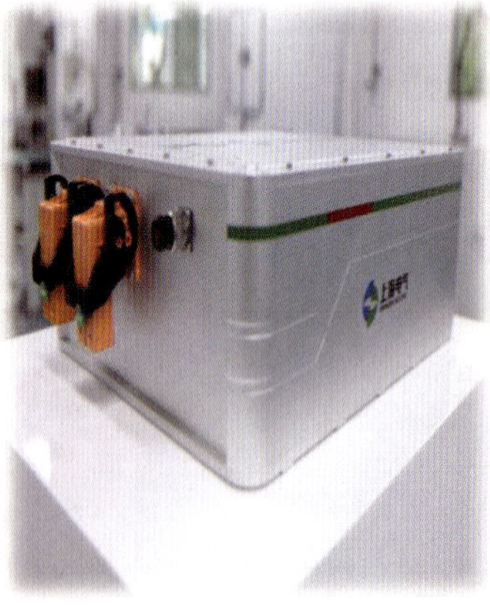

Fuel Power-INNO

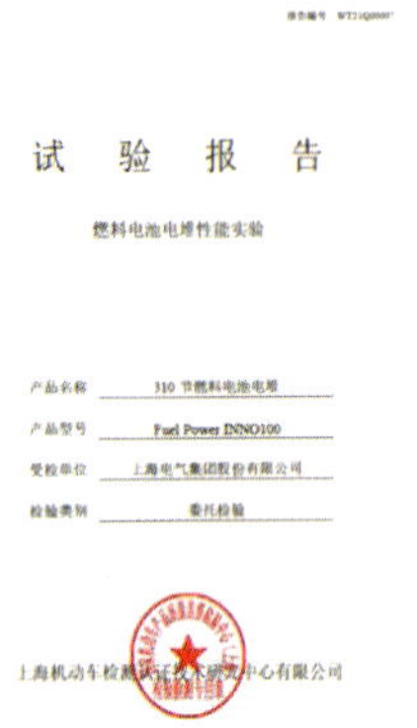

100kW电堆通过上海机动车检测中心测试

技术特点

- ✓ 运用低增湿电堆设计；
- ✓ 采用低铂载量、抗反极膜电极设计，体积功率密度3.7kW/L；
- ✓ -30℃低温启动；
- ✓ 可靠的密封设计，防护等级IP67；
- ✓ 电堆整体优化设计保证了堆内良好的水热管理，具有高可靠性、耐久性及环境适应性。

性能参数	额定功率(kW)	60	80	100
	峰值功率(kW)	72	96	120
	*体积功率密度（kW/L）	3.7		
	电压范围(V)	112 ~ 186	150~250	186~310
	模块效率	≥51%		
操作条件	燃料	氢气		
	氧化剂	空气		
	冷却剂	商用冷却剂或去离子水		
	操作温度(℃)	60 ~ 95		
	冷启动温度(℃)	−30		
	运行环境温度(℃)	−30 ~ 55		
物理参数	电堆尺寸(mm)	455×199×371	455×199×458	455×199×540
	质量(kg)	47	54	60
	防护等级	IP67		
	控制接口	CAN Bus		

[公司简介] COMPANY PROFILE

作为中国氢能产业先行者，北京亿华通科技股份有限公司（简称亿华通）创立于2012年，始终专注于氢燃料电池发动机系统技术研发与产业化，致力打造更好的氢能解决方案。目前，亿华通已形成以自主氢燃料电池发动机为核心，包括双极板、电堆、整车控制器、智能DC/DC、测试设备、燃料电池实验室全套解决方案等在内的纵向一体化产品与服务体系。建立在核心自主知识产权基础上的全新一代氢燃料电池发动机，提前完成国家燃料电池系统技术目标，达到国际先进水平。自主开发的全系列测试服务体系为众多主流商用车企燃料电池实验室提供全套解决方案。凭借多年来的产品优势，公司先后参与或承担了国家“863计划”“973计划”“国家重点研发计划”中众多燃料电池重大专项课题及联合国开发计划署（UNDP）GEF示范项目，并参与多个世界重大活动的燃料电池客车示范运营，率先建立起高效、专业的服务团队。产业化层面，亿华通既是先行者，也是核心推动者。公司分别与福田、宇通、中通、申龙、苏州金龙、安凯、中植、东风、重汽、陕汽、北汽、广汽、长安等企业合作，联合推出客车、物流车、乘用车、叉车、有轨电车、固定电源等全系列产品，企业覆盖与公告车型数量均居于前列。公司依托北京、上海、张家口、成都等核心城市的产业基础 采用 点—线—面 的发展模式 推动当地氢能产业生态构建。未来，公司将继续专注于氢燃料电池发动机系统技术创新，联合氢能产业上下游，持续引领中国氢燃料电池汽车工业产业化步伐，推动中国氢能产业健康发展。

[技术亮点] TECHNICAL HIGHLIGHTS

- **集成化** INTEGRATION

  EIS、DC/DC、低压配电、高压配电、空压机控制器五合一PCU集成，Pack和DC一体，BOP散热接口合并，线束连接点减少60%，更安全可靠。

- **通用化** GENERALIZATION

  系列发动机产品关键BOP通用性开发，方便维护保养。

- **平台化** PLATFORMIZATION

  采用模压工艺石墨双极板，充分发挥长寿命优势基础上，厚度大幅缩减23%，可实现单堆120kW/80kW净功率输出。

- **智能化** INTELLECTUALIZATION

  自动跟踪环境条件控制电堆输出性能稳定、大幅缩短开关机时间；自动跟踪海拔高度调整电堆工况条件提高氢气利用率；自动诊断发动机零部件功能状态 确保可靠稳定运行 确保整车功率需求；智能预测电堆健康状态与在线性能恢复；自适应调节引射器工作状态实现氢气压力流量宽范围解耦控制，响应电堆水管理需求提升环境适应性。

- **高可靠、长耐久、快响应、高耐受**

- **大功率、高集成、高效率、低噪声**

[产品参数] PARAMETER

型号 Type	G120氢燃料电池发动机 G120 hydrogen fuel cell engine
额定功率（kW） Rated Power	120
额定功率密度（W/kg） Rated Power Density	701
冷启动温度（°C） Cold Start Temperature	−35
形状及尺寸（mm） Shape and Size	969×742×722
防护等级 Protection	IP67

PROME

燃料电池系统

Fuel Cell System

P3X

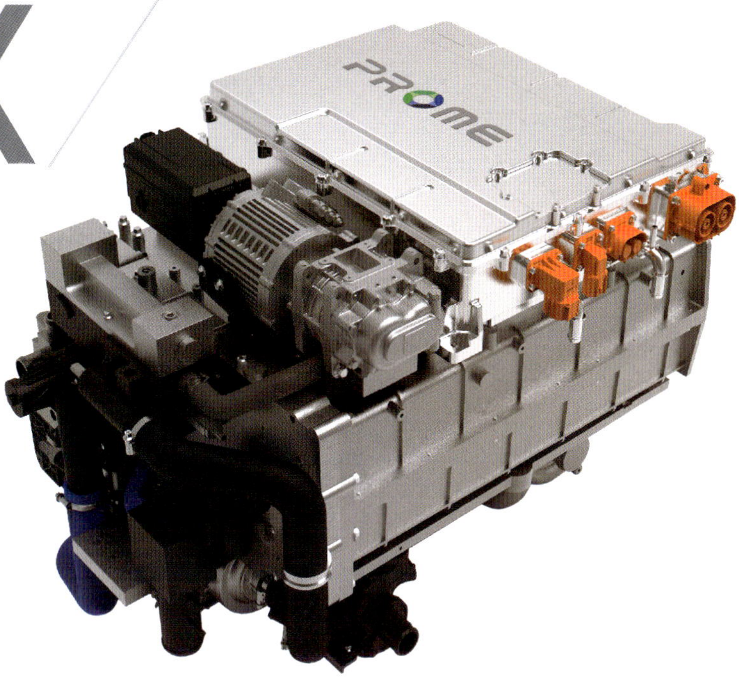

117

系统功率(kW)

System Power

60

最高效率(%)

Peak Efficiency

95

工作温度(°C)

Top Operating Temperature

-30

低温启动(°C)

Cold Start

862×700×673

产品尺寸(mm)

Dimension

本产品是为中重卡设计的大功率质子交换膜燃料电池系统，系统及电堆一级零部件实现100%国产化。系统额定功率117kW，电堆体积功率密度3.7kW/L。具有高集成度、易于商用车布置和维护、快速响应等优势，可应用于燃料电池中重型卡车、城际客车等领域。

This PEM fuel cell system product is specifically designed for medium and large commercial vehicle application with the advantages of integrated design, easy layout/maintenance and fast response. The system and stack level-one components achieve 100% domestication. It can be used in fuel cell medium & heavy duty trucks, city buses and other vehicle platforms. The system net nominal power is 117kW, and the stack volumetric power density is 3.7kW/L.

技术特点

Technical Features

- 具备自主知识产权
- 高功率密度：631W/kg
- 高耐久性：10,000hrs
- 无外增湿的一体化集成架构
- 强环境适应性
  - 工作温度：-30℃~95℃
  - 30s 内可实现-30℃低温启动，无需外加热
- 智能化燃料电池系统控制算法，实现30kW/s快速响应和控制误差<1%

- Self-owned intellectual property
- High power density: 631W/kg
- High durability : 10000hrs
- Integrated architecture without external humidification
- Strong environmental versatility
  - Operating temperature :-30℃ ~95℃
  - Start within 30s at - 30 ℃ environment with no external heating required
- Intelligent control algorithm can help the system achieve 30kW/s transient response and less than 1% control error

地址：上海市嘉定区谢春路1788号

电话：+86 21 3996 240

网址：www.shpt.com

邮箱：MD@shpt.com

捷氢科技 SHPT

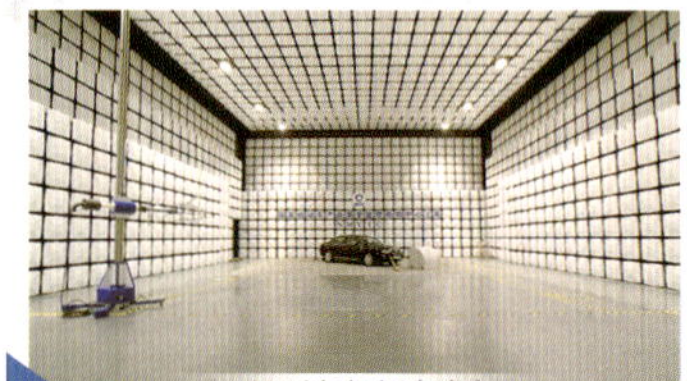

10M 法半电波暗室

新国六排放舱

NAST 襄阳达安汽车检测中心有限公司

XIANGYANG DA AN AUTOMOBILE TEST CENTER LIMITED CORPORATION

襄阳达安汽车检测中心有限公司，国家汽车质量监督检验中心（襄阳），国家智能网联汽车质量监督检验中心（湖北），是经中国合格评定国家认可委员会认可和授权的第三方综合性汽车检测及技术服务机构，获得国家认监委、工信部、交通部、生态环境部等对于汽车检测机构的全部资质授权：

- **国家汽车质量监督检验中心（襄阳）**
- **国家智能网联汽车质量监督检验中心（湖北）**
- **国家汽车试验场**
- **国家智能网联汽车自动驾驶封闭场地测试基地**
- **国家授权的《公告》车辆产品检测机构**
- **国家指定的强制性产品认证检测机构**
- **国家指定的新生产机动车噪声和排放污染检测机构**
- **国家指定的缺陷汽车产品检测和实验机构**
- **国家指定的道路营运车辆达标检测机构**
- **汽车专用仪器和汽车检测线的校准实验室**
- **国家认可的汽车产品检查中心**
- **汽车产品认证检测机构和科研成果技术鉴定试验机构**

环境风洞

燃料电池车辆加氢站

燃料电池100kW测试台

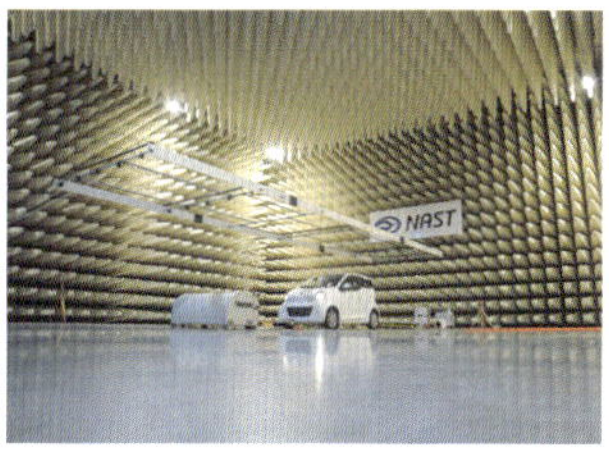

电磁兼容

智能网联试验

达安中心拥有35年的核心技术能力积累，5 680亩试验场地，试验道路长达100km。是全球较早高度集“乘用车、商用车、专用汽车、军用车、智能网联汽车、综合试验”六大汽车试验场地和17个专业方向试验室于一体的设施齐全、功能先进的汽车检测中心，建有黑龙江黑河寒区试验基地和新疆吐鲁番热区试验基地，与全球12个国家、地区的行业主管部门和机构开展合作，服务海内外1 200余家整车及零部件企业，累计服务超过50万台次车辆。

达安中心作为国内较早获得国家认证认可监督管理委员会授权的国家智能网联汽车质量监督检验中心（湖北），以及交通运输部、工信部联合认定的智能网联汽车自动驾驶封闭场地测试基地，始终秉持着为客户提供全方位的测试技术服务的经营理念，已形成完善的智能网联汽车测试技术服务能力，为客户提供从整车级到系统部件级的全方位测试技术服务。

达安中心新能源&氢燃料汽车试验中心主要负责新能源汽车、氢燃料标准法规、试验技术研究，新能源部件、燃料电池、新能源整车试验、检测工作，现已具备全面的新能源整车、零部件及氢燃料电池汽车试验检测能力，拥有襄阳、武汉两大试验基地。

新能源车试验

地址：湖北省襄阳市高新技术开发区汽车试验场　邮编：441004
电话：0710-3393243　传真：0710-3310965
http://www.nast.com.cn

"氢"洁检测 "能"创低碳 ——新动能 新发展 新作为

SDQI

山东省产品质量检验研究院

山东省产品质量检验研究院成立于1980年，是集检测、科研、标准制修订于一体的第三方综合性检验机构，承担产品认证、司法鉴定、企业公众委托等各类检验,进行检测设备研制、产品标准制修订、检测方法研究等科研开发，并为各类企业、检验机构提供专业的检测技术培训和优质的质量咨询服务，是目前省内检测范围较广、综合实力较强的专业化、科研型公共检测服务平台之一。研究院建有四大实验基地，实验室面积达8万余平方米，配备了国内外各类先进检测仪器设备5000余台（套），检验能力覆盖新能源汽车电池、电动汽车充电设施、高低压成套开关设备、开关和控制设备等5000多种产品。

目前在动力电池、电动车及充电桩领域设有山东省发改委认定的"山东省工程实验室(工程研究中心)"。2019年11月联合山东省科学院、中国铁塔获得山东省重大科技创新项目"退役动力锂电池梯次利用关键技术研究"。2021年1月申报了山东省新旧动能转换重大产业攻关项目"氢燃料电池关键零部件性能和可靠性检测研究"。2021年5月完成了氢燃料电池系统检测平台规划报告，先行投入氢燃料电池关键零部件性能和可靠性检测线，重点服务氢燃料电池在单片燃料电池、DC/DC及空压机等关键零部件性能和可靠性方面的检测，搭建氢燃料电池关键部件的检测大数据共享平台。下一步计划进行氢燃料电池在微电网及热电联供系统中的应用研究与示范，研制出"大功率、低成本、安全可靠"利用副产氢发电的民用及工业范围内的氢燃料电池微电网和热电联供系统，并开展供电应用示范，形成供电电源系统技术、测试方法和地方标准体系。

为助力双碳目标的实现，更好地促进氢能产业发展，我院已将氢燃料电池项目作为院重点发展项目，未来在人员培养、仪器设备方面进一步加大资金投入，全面建成氢燃料电池检测、认证、科研"一站式"公共服务平台，尽快打造国际先进国内标杆的检测实验室，共享测试装备、测试平台、科研技术，推动标准化和检测互认工作，为企业提供产品研发、测试、认证检测一站式高效服务。

项目研发条件

PROJECT R&D CONDITIONS

EMtest 30.x设备

环境试验箱

500kVA电源系统

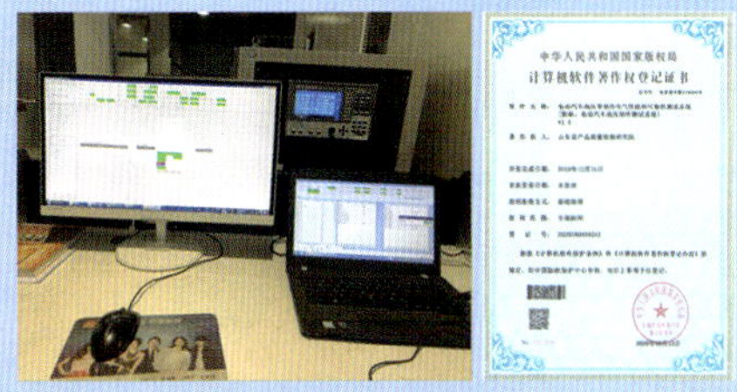
测试上位机及登记证书

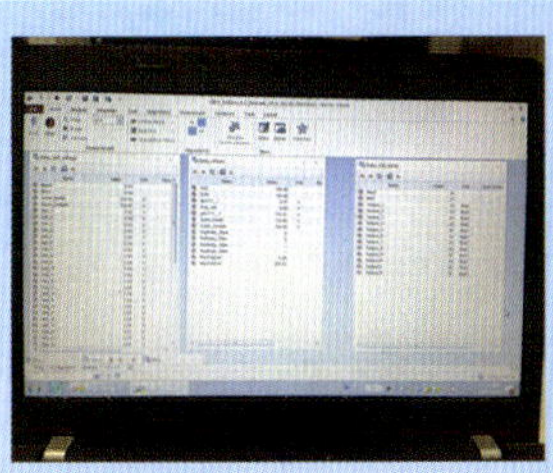
CANoe汽车总线模拟系统

冷却系统

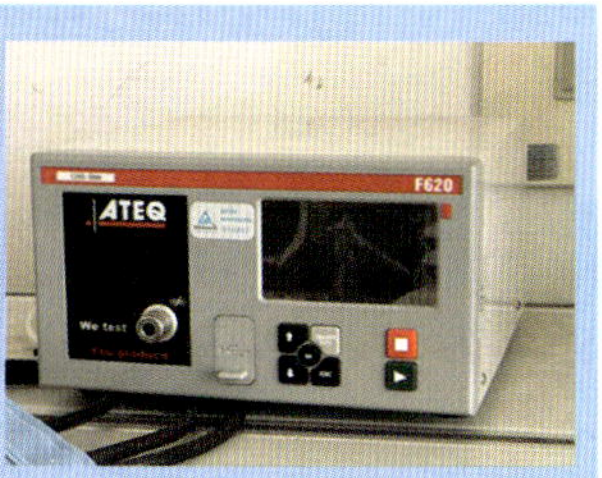

密封检验设备

冷却系统

可编程直流电源

密封检验设备

3米法电波暗室

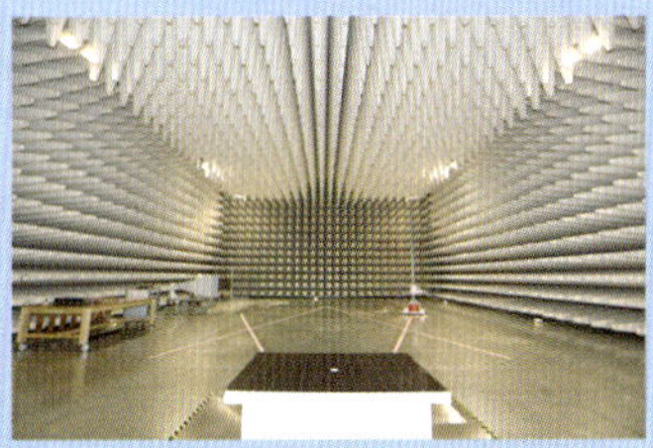
10米法电波暗室

地址：山东省济南市经十东路31000号、山东省济南市山大北路81号、山东省泰安市迎春路35号、聊城市茌平区茌东大道1号
邮编：250102 、250100、271000、252125　电话：（0531）88118799、88118761、（0538）8222026
传真：（0531）88118790、（0538）8222026/8226159　Http：//www.sdqi.com.cn　E-mail:scb_szjy@12365.sd.cn

授权证书及资质

获得政府有关部门和管理机构的认可和授权

- 中国实验室国家认可委员会国家认可实验室
- 中国国家认证认可监督管理委员会资质认定检测机构
- 国家摩托车质量监督检验中心
- 国防科技工业实验室认可委员会认可实验室
- 工信部《车辆公告管理》指定车辆及零部件检测机构
- 国家认证认可监督管理委员会“3C”强制产品认证指定实验室
- 生态环境部机动车排放信息公开授权实验室
- 工业（摩托车）产品质量控制和技术评价西安实验室
- 海关总署进出口商品检验鉴定机构

签约实验室

- 中国质量认证中心委托检测实验室
- 中汽认证中心签约实验室

技术服务

★ 摩托车及电动摩托车评价技术服务；

★ 摩托车及电动摩托车的生产准入技术咨询服务；

★ CCC认证技术咨询服务；

★ 实验室认可咨询服务；

★ 国内外技术法规标准体系和情报研究服务；

★ 国家、行业技术标准研究与制修订。

“中检西部杯”中国摩托车年度车型评选评审会

电动摩托车及电动自行车技术交流会

科技研究

贯彻科技部和中检集团科技创新指导方针，建立完善的科技管理体系，推动中高级技术人员“一人一项”实施，注重检验领域科技创新研究，并广泛开展技术交流活动，在科技研究、知识产权等方面取得突出成果，公司软、硬件综合科技实力不断提升。

公司大力发展科技创新工作，各项科技工作取得了突出成果，2019年被认定为“国家高新技术企业”。公司组织开展各类科技项目的研究，主持了4项国家和行业标准的编制工作，荣获省部级科技成果奖3项，累计获得专利授权35件，其中发明专利8件。

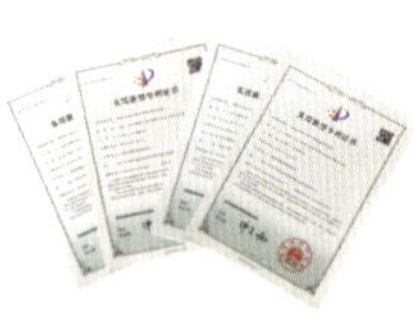

获得专利

制定主持国家标准

检测业务

检测业务主要有摩托车、电动摩托车、汽车零部件《公告》管理强制性项目检验，摩托车、电动自行车、零部件及LED照明灯具等“3C”强制性产品认证检验，摩托车产品环保信息公开检验，摩托车整车、电动自行车、发动机、通用汽油机、零部件及电子电器等产品各类自愿认证检验、委托检验、进出口认证检验等业务，同时承担国家及地方政府与行业主管单位组织的产品质量监督抽查检测服务工作。

检测能力

中检西部拥有摩托车整车和发动机、新能源电动车、机动车零部件、LED照明电器、电子电器、EMC电磁兼容暗室及屏蔽室、环境试验室等多个专业检测试验室，拥有世界先进的检测仪器，设备共计900余台（套），能够满足73大类700余项授权检验项目的检测要求。

可按国家标准（GB、GB/T）、国军标(GJB)、国际标准(ISO、IEC、CIE ）、欧盟指令和法规（EU法规、ECE法规)、美国联邦法规及行业标准(40CFR法规、EPA及DOT法规、SAE标准)、巴西法规（PROMOT ）、行业标准（QC/T)及其他区域标准等开展检测工作。

陕西省西安市浐灞生态区米秦路6号　邮编：710032

电话：029-86795288（总机）
029-86795296（传真）　www.ccicwest.com

整车检测事业部：029-86795288-8201
部件检测事业部：029-86795288-8251
新能源检测事业部：029-86795288-8281
电子电器检测事业部：029-86795288-8601

中检西部
CCIC WEST

西安试验场

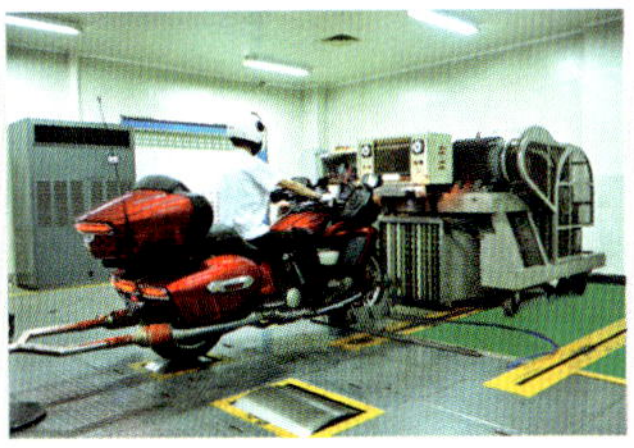
摩托车道路模拟及排放检测试验室

整车耐久试验室

发动机性能试验室

催化转化器试样制备试验室

电器安规性能试验室

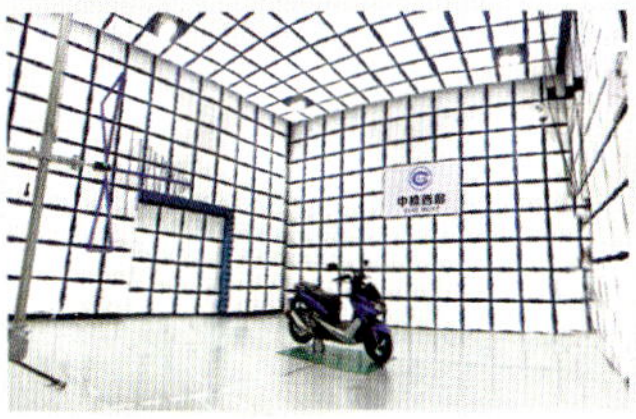
电磁兼容实验室

灯具及回复反射器性能试验室

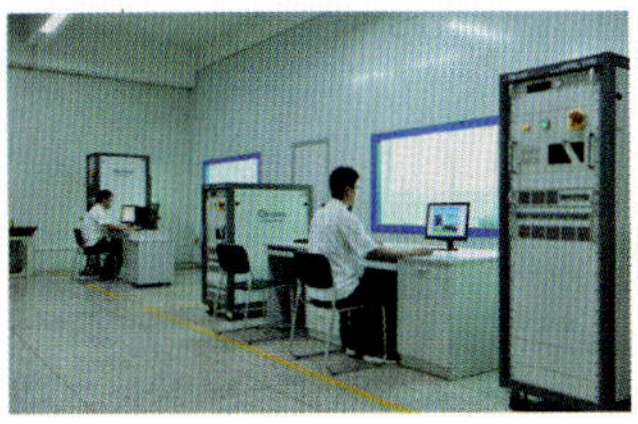
新能源试验室（蓄电池、充电器）

马来西亚标准雨淋试验设备

中检西部检测有限公司

CCIC WEST TESTING COMPANY LIMITED

2017年3月，中国检验认证集团测试技术有限公司与中国兵器装备集团摩托车检测技术研究所合资成立中检西部检测有限公司(以下简称中检西部)，注册资本为8000万元，承接中国兵器装备集团摩托车检测技术研究所全部检测业务，授权为国家摩托车质量监督检验中心。中检西部立足西部，面向全国，放眼世界，以摩托车、新能源电动车、电子电器等检测业务为基础，未来重点做大做强新能源电动车辆检测业务领域，建设成为西部地区技术能力引领、业务规模突出的第三方检测技术服务机构，打造中检集团西部工业品检测基地。

中检西部作为专业从事工业品类检测的机构，具有国家摩托车质量监督检验中心授权资质;是摩托车、机动车零部件、电动摩托车、电动自行车及LED照明灯具等“3C”强制产品认证指定实验室，工业和信息化部《车辆公告管理》指定摩托车检测机构，工业和信息化部工业产品（摩托车）质量控制与技术评价实验室，生态环境部机动车排放检验规范实验室，中国质量认证中心和中汽认证中心签约实验室。检测业务类别涉及摩托车、发动机（含通用小型汽油机）、新能源电动车、机动车灯具及零部件、电动自行车、LED照明电器、电子电器等产品的检测;技术服务涉及产品认证、国际认证和咨询、标准体系和情报技术研究、产品质量控制、产品技术评价改进、技术培训等服务，以及检测设备研制等领域。

中检西部以创建“国内先进、国际知名”技术标杆型检测技术服务机构为目标，面向国际国内市场，始终秉承“公正、严谨、科学、创新”的理念，着力提升核心竞争能力，不断创新管理举措，为政府有关部门和国内外广大客户提供值得信赖的检测服务和技术服务。

检测能力及试验室

- 摩托车道路模拟及排放检测试验室
- 160kW道路模拟整车性能试验室
- 整车耐久试验室
- 整车综合性能试验室
- 燃油蒸发排放试验室
- 催化转化器试样制备检测试验室
- 通机排放试验室
- 发动机性能检测试验室
- 发动机噪声试验室(含喇叭耐久试验台)
- 新能源试验室（电机、控制器）
- 新能源试验室（蓄电池、充电器）
- 步入式恒温恒湿试验室
- 电动摩托车涉水道
- 电动自行车机械安全试验室
- 电器安规性能试验室
- 防水等级试验室
- 机械强度试验室
- 防火阻燃性能试验室
- 灯具及回复反射器性能试验室
- 光信号装置性能试验室
- 零部件环境耐久试验室
- 后视镜及锁具试验室
- 燃油箱试验室
- 制动软管试验室
- 振动试验室
- 头盔性能试验室
- 电磁兼容实验室
- LED照明电器光电性能试验室
- LED照明电器光生物安全试验室
- LED照明电器寿命试验室
- LED光源光通维持率试验室
- 西安试验场

中检西部检测有限公司
CCIC WEST TESTING COMPANY LIMITED
国家摩托车质量监督检验中心
CHINA NATIONAL MOTORCYCLLE TESTING CENTER

創造更值得信賴的世界

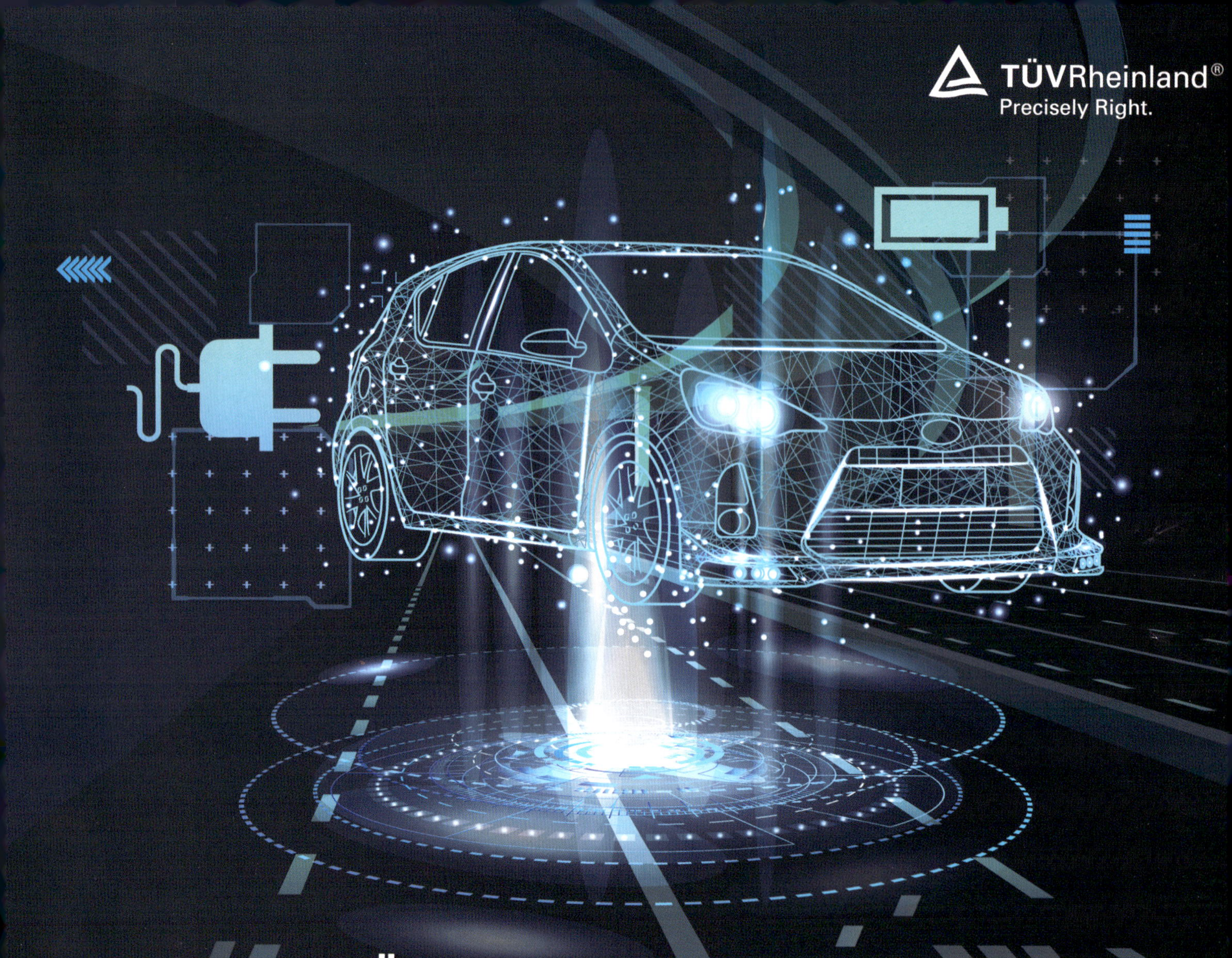
TÜVRheinland®
Precisely Right.

BiA Climatic

法国总部
HEADQUARTERS IN FRANCE

模拟小型城市环境试验箱
ENVIRONMENTAL TEST CHAMBER TO STIMULATE A SMALL CITY

- Volume 容积：4930 m^3
- Internal dimensions 内部尺寸：22.2mx 22.2mx8m
- External dimensions with machinery 含机组外部尺寸：27mx23mx13m
- Temperature 温度：-10°C to+40°C
- Rate of change 温变速率：5°C/24h
- Humidity 湿度：controllable on the range +5°C to +35°C
  湿度在 5°C~ 35 °C温度范围内可调

Specific equipment: 定制配置

- A working volume of 3,200m^3 with a 3-meters deep pit
  一个 3,200m^3 工作腔室带 3m 深坑
- 2 motorized guillotine doors 2 扇电动闸门
- Displacement of the chamber by electrical motor on rails (no disconnection needed)
  箱体可由电机驱动在轨道上移位（无需脱离）
- Thermo-regulated ceiling of 400 m^2, temperature from -10°C to +40°C
  带有可调面积达 400m^2 的恒温顶板，温度调节范围 -10°C~40 °C
- Rain simulation of 25 m^2 带有淋雨模拟 25m^2
- Introduction of gas pollutant SO_2 CO_2 NO and COV，可引入气体污染物 SO_2、CO_2、NO 和 COV
- Solar simulation 带阳光模拟

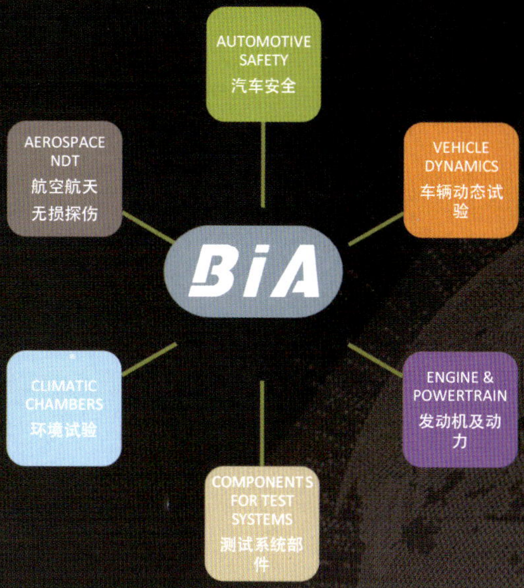

BIA 公司产品范围
BIA MARKET POSITIONING

高低温湿热试验箱
HIGH AND LOW TEMPERATURE DAMP HEAT TEST CHAMBER

步入式环境试验箱
WALK-IN TEST CHAMBERS

整车阳光模拟和红外模拟试验仓
VEHICLE SOLAR SIMULATION AND INFRARED SIMULATION TEST CHAMBER

MAST 振动台环境仓
MAST SHAKING TABLE TEST CHAMBER

三综合试验箱
CHAMBERS DEDICATED TO VIBRATION TESTING

部分产品图片
Some product pictures

环境试验箱
ENVIRONMENTAL TEST CHAMBERS

电池试验箱
BATTERY TESTS CHAMBERS

步入式试验箱(预制板库房板型)
WALK-IN TEST CHAMBERS
(PRE FABRICATED PANELS)

步入式试验箱(预制板库房板型)
WALK-IN TEST CHAMBERS
(PRE FABRICATED PANELS)

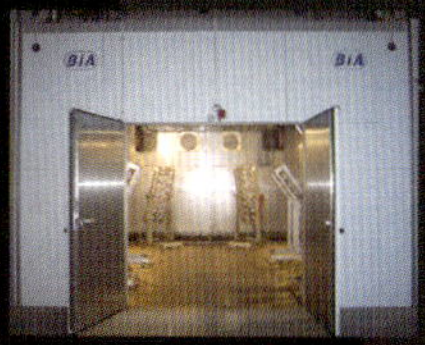

步入式试验箱(预制板库房板型)
WALK-IN TEST CHAMBERS
(PRE FABRICATED PANELS)

比艾克来检测技术（天津）有限公司 地址：天津市东丽区华明高新技术产业区华丰路6号A座2-575室 电话：17800237009

天津大学无人驾驶汽车交叉研究中心

无人驾驶样车平台

- GPS/IMU高精度车辆定位系统
- 双目摄像头视觉感知系统
- 4/16/32/64线激光雷达感知系统
- 前向/侧后方毫米波雷达感知系统
- NVIDIA PX/TX 系列车载计算控制系统
- 车辆线控执行系统

虚拟仿真平台

- 车辆动力学及3维虚拟场景仿真软件: PreScan、AmeSim、Scanerdt
- 驾驶模拟器驾驶员在环仿真测试平台: AAI、VI-grade
- 自动驾驶控制器硬件在环仿真平台: PX2
- 深度学习GPU计算集群

无人驾驶控制算法

- 基于高精度地图与gps惯导的车辆实时定位技术
- 基于高精度地图的车辆行驶轨迹规划技术
- 基于模型预测控制理论的车辆横纵向控制技术
- 基于强化学习与无人驾驶行为决策技术

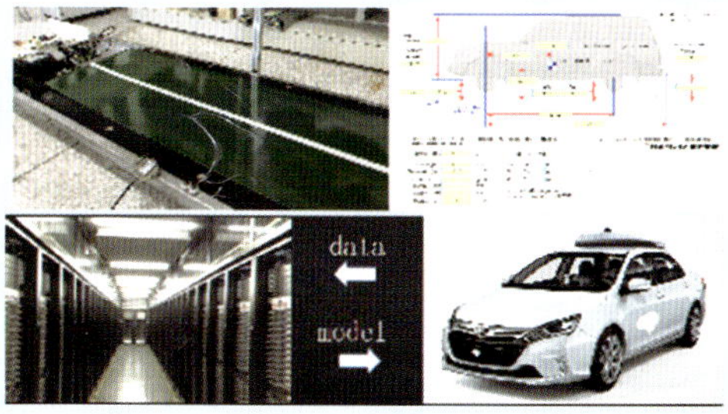

无人驾驶车辆动力学模型

- 车辆动力学软硬件在环实时仿真平台
- 车辆驾驶行为与行驶工况数据库
- 车辆驾驶模拟器驾驶员在环测试平台

无人驾驶试验场

- 交通标识，车道线及交通灯识别测试
- 十字路口，人行横道测试
- 环岛绕行测试
- 静止与运动障碍物避让测试

地址：天津市津南区天津大学　　邮箱：tjuae@tju.edu.cn

重庆交通大学机电与车辆工程学院

01 车辆动力学及主动安全

Vehicle dynamics and active safety

围绕智能电动汽车复合传动设计与优化、自动驾驶环境感知决策与控制、山地城市车路协同与主动安全、智能网联汽车系统集成及控制等理论与关键技术开展研究，在智能电动汽车传动系统和自动驾驶控制算法等方面成果突出，形成“优化设计—软件开发—系统集成—测试评价”智能电动汽车一体化研发体系，获重庆市科技进步二等奖1项。与独角兽企业深兰科技共同组建“重庆交通大学-深兰科技自动驾驶与车路协同联合实验室”，孵化环形山（武汉）科技有限公司等多自动驾驶科技公司。

02 轨道交通车辆理论与设计

Theory and design of rail transit vehicle

建立跨座式单轨车辆胎轨耦合、车岔耦合和弓网耦合等多轮系耦合动力学模型，发展轨道车辆动力学及轮轨耦合动力学理论，创新单轨转向架设计方法，构建单轨车辆性能评价体系和复杂工况下轨道列车运行安全评估体系。通过产学研合作，自主研发了单轨转向架、牵引和制动控制装置、列控系统及整车，成功实现八编组、大运量单轨列车系统集成，形成整车生产能力，实现跨座式单轨交通车辆产业化，替代国外进口，为我国单轨线路——重庆市跨座式单轨的成功运行、重庆轨道三号线建设与车辆集成示范运行提供车辆和备件保证，研究成果产生直接经济效益超 24亿元，间接经济效益超 100 亿元。

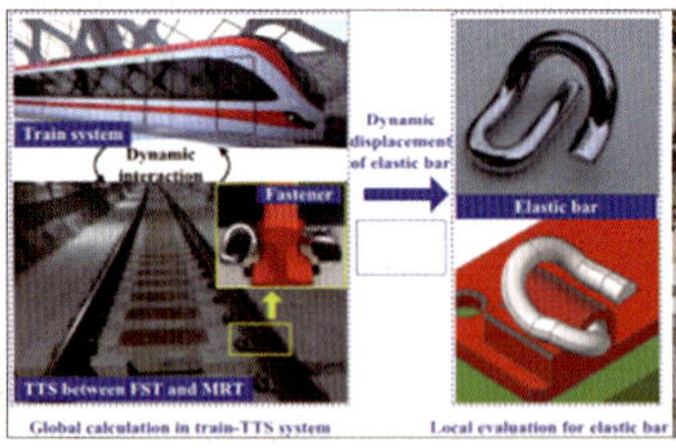

03 高性能基础件设计理论与方法

Design theory and method of high performance basic parts

围绕轨道、风电和舰船等高端装备高速重载传动系统高性能要求，在重载传动构型、宏-微观接触机理、瞬态动力学行为、全寿命周期抗疲劳制造等方面取得进展，提出了柔性销轴多浮动行星齿轮传动载荷均载构型方法和传动系统——结构系统耦合降噪承载设计方法。设计了新型排气结构及压力脉动缓冲流道，解决了压缩机排气脉动噪声异常问题。针对机转子扭转振动剧烈、瞬时动态功耗波动大，且难以直接测量等问题，研制了压缩机转子扭转振动测试装置，提出了压缩机转子振动测试方法，形成了压缩机转子与叶片背压、扭转振动、冲击等性能测试及评价方法。提出的降噪方法作为科技进步成果的一部分，已获得2019年重庆市科学技术进步奖三等奖。

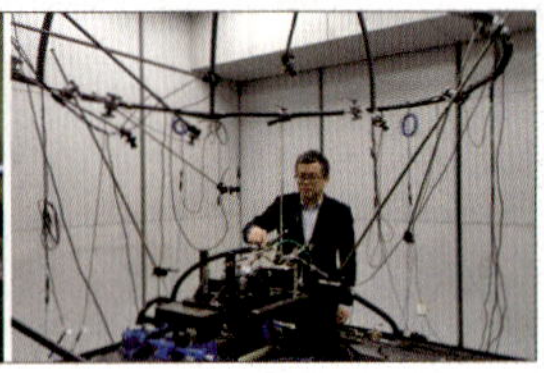

04 机电装备智能控制与健康管理

Intelligent control and health management of electromechanical equipment

提出两个混沌系统实现函数投影同步的鲁棒自适应控制方法，建立了“对外交流、对内抑制”人机交互新理论，在复杂多变环境下实现了机器人主从运动控制。创新性地提出精密传动零部件寿命的振动谱表征与评估方法，解决了寿命状态表征、寿命特征提取与智能识别等问题。

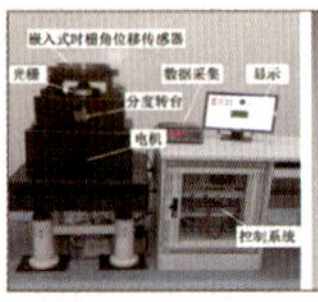

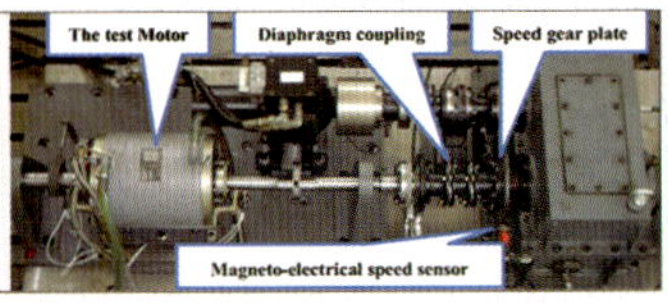

江苏大学汽车与交通工程学院

School of Automotive and Traffic Engineering

博学　求是　明德　务实创新

节能与新能源动力总成系统研究所

Energy Saving and New Energy Powertrain System Institute

依托江苏大学国家专业、江苏省 A 类品牌专业。江苏省优势学科：动力工程与工程热物理；国家特色专业、 国家专业、教育部较早成立“卓越工程计划”专业。 江苏省 A 类品牌专业：车辆工程。 江苏省 A 类品牌专业：电气工程。聚焦汽车行业节能减排的国家战略，服务动力总成系统电动化、智能化发展趋势，2019 年正式成立节能与新能源动力总成系统研究（以下简称“研究所”）。

研究所致力于发动机的高效清洁、节能减排、摩擦润滑，混合动力及纯电驱动系统的机电耦合、系统架构、控制策略、电控系统硬软件设计等方向的科学研究、人才培养、工程应用和产学研合作。研究所具有结构层次合理、学术水平高、事业心强的学术骨干队伍，现有专职教师 11 人，其中教授 5 人，副教授 6 人；江苏省产业教授 3 人；博、硕士研究生 90 人。研究所与坤泰车辆系统（常州）有限公司、长城汽车股份有限公司——蜂巢传动系统（江苏）有限公司、常柴股份有限公司、潍柴动力股份有限公司、上汽乘用车、里卡多（上海）等国内外知名企业建立了长期的战略合作关系。

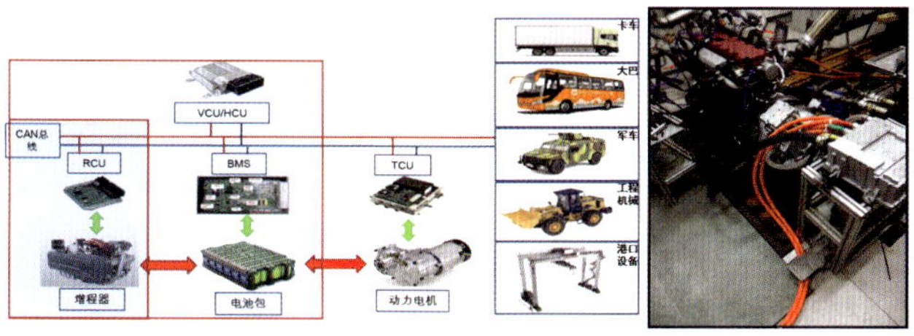

混合动力系统架构

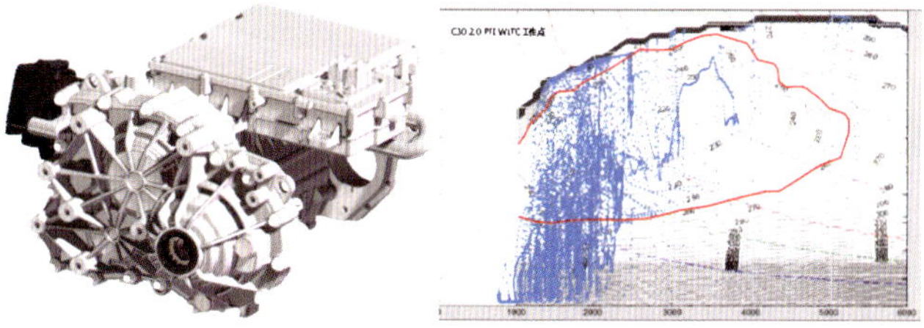

混合动力变速箱 DHT 及运行策略

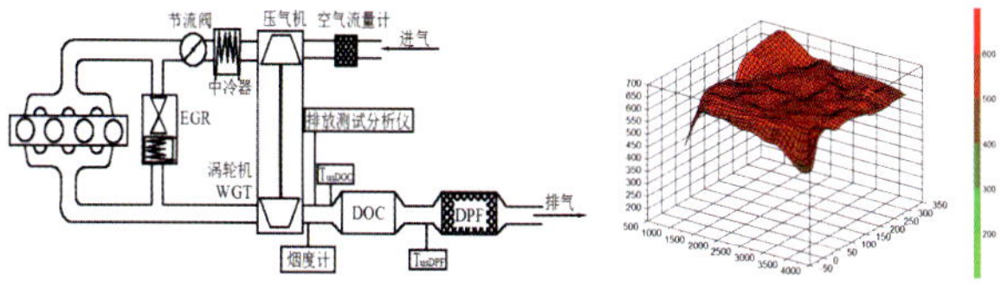

排气热管理技术

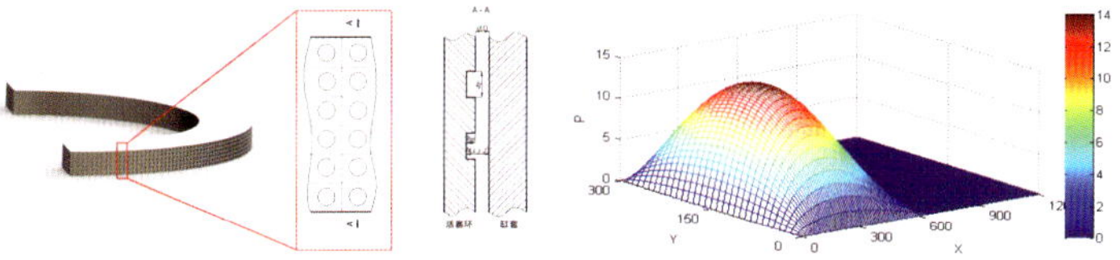

活塞环低摩擦设计

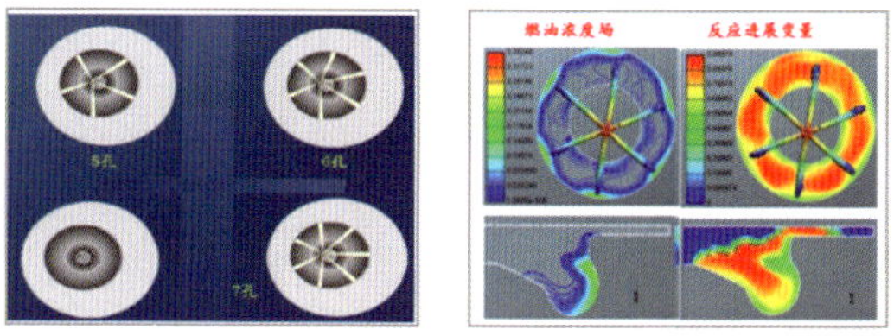

高效清洁燃烧

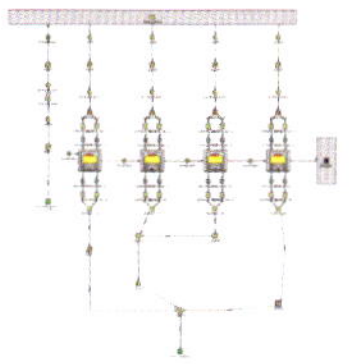

	CR9.5	CR10.5		CR11.5	
BMEP	BSFC	BSFC	节油%	BSFC	节油%
6	282.1	266.1	5.7	262.0	7.1
10	253.5	246.8	2.6	242.9	4.2
12	249.1	243.6	2.2	239.4	3.9
14	259.1	253.8	2.0	252.4	2.6

汽油机运行阿特金森循环节能研究

地址：江苏省镇江市学府路 301 号　　邮编：212013

邮箱：ybf@mail.ujs.edu.cn

汽车与交通工程学院

燃料电池发动机研究所

江苏大学燃料电池发动机研究所于2019年9月成立，充分利用整合的资源，形成了具有基础研究、高技术创新、人才和前瞻性评价功能的研发机构。以车规级燃料电池发动机为目标，通过高性能长寿命新型关键材料研发、关键部件技术攻关、智能化集成技术创新研究，突破发展瓶颈，大力研发并获得有自主知识产权的燃料电池发动机整机及核心零部件技术，使研究所成为研究成果向应用转化的有效渠道，起到产业技术自主创新能力的重要源头和强力支撑平台的作用，促使江苏省在相关领域获得技术标杆地位，形成国内新能源动力系统研发群体和相关专业技术人才培养基地。

研究所现为中国内燃机学会燃料电池发动机分委会理事单位，专职研究人员包括教授5人、副教授5人、外籍讲座教授2人、江苏省产业教授1人、全日制在读博硕士研究生30余人，为江苏省在先进新能源汽车领域重要的研发力量，承担和参与国家、各部委和地方纵向研究项目，同时与省内各科研机构、大专院校、企业单位开展广泛的合作。

研究所的研究方向：

1. 燃料电池能量管理技术
2. 燃料电池动力系统开发
3. 燃料电池发动机系统集成与智能控制
4. 燃料电池发动机测试
5. 燃料电池空压机先进润滑与密封

燃料电池发动机研究所

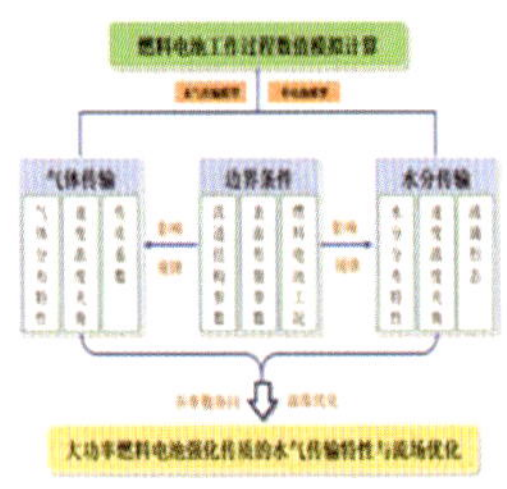

燃料电池水管理

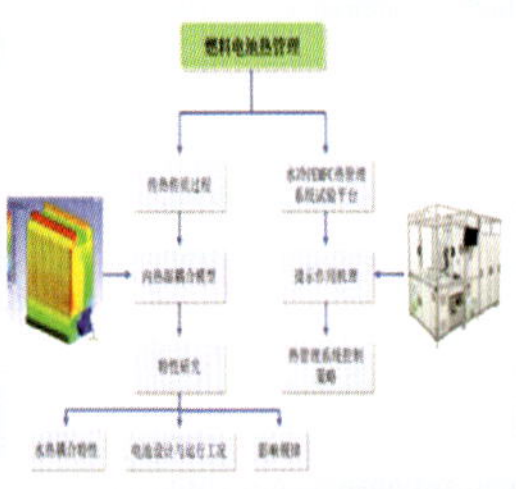

燃料电池热管理

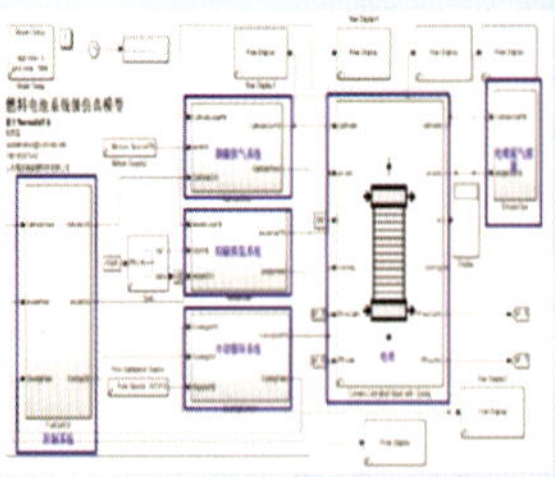

燃料电池控制策略模型

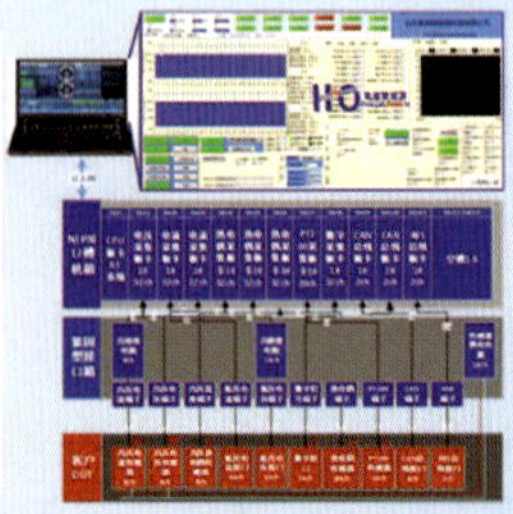

控制器开发

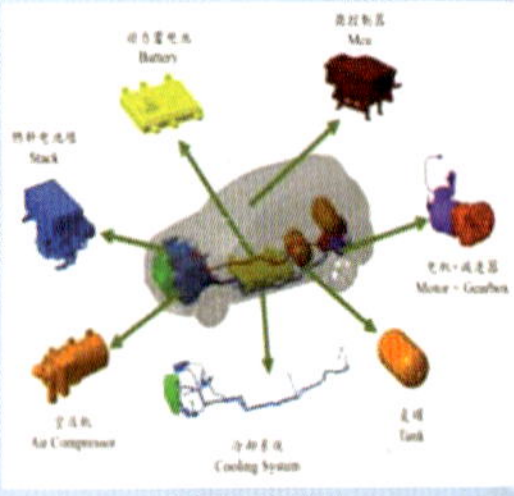

整车动力系统集成

燃料电池发动机

燃料电池观光车

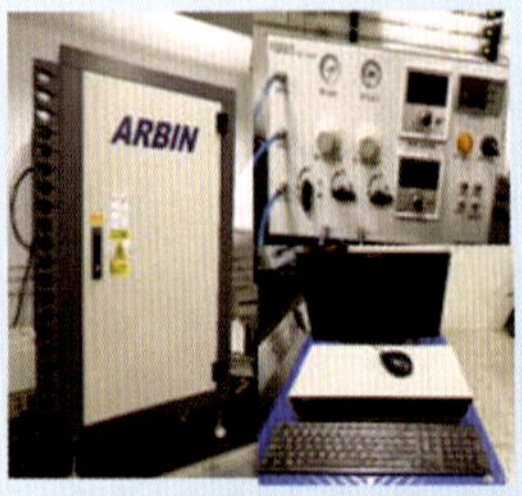

单电池测试台

电堆测试台

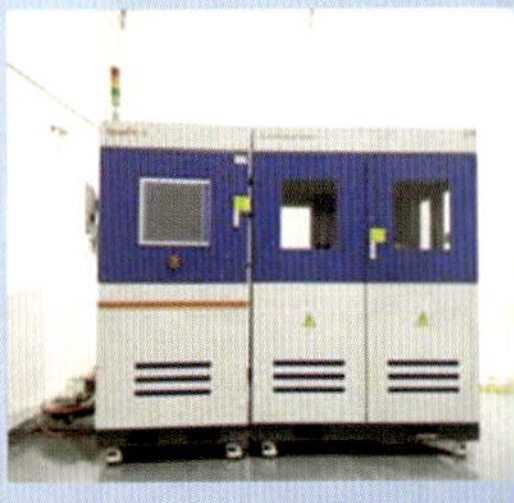

燃料电池发动机测试台

江苏大学燃料电池发动机研究所

联系人：董非　电话：0515-88797620　邮箱：jsdxdf@ujs.edu.cn

江苏大学先进燃烧与排放控制研究所

江苏大学具有60年的办学历史，是国内早期设立内燃机专业的高校之一，该专业1984年被国务院学位委员会特批为博士点，1987年被评为机械工业部重点学科。能源与动力工程（动力机械工程及自动化）是国家主要专业和江苏省品牌专业（A类），所属一级学科“动力工程与工程热物理”为江苏省第一期、第二期、第三期“优势学科”。现为中国内燃机学会常务理事、江苏省内燃机学会理事长兼秘书长单位。设有动力机械清洁能源与应用重点实验室、江苏省汽车工程重点实验室、江苏省中小功率内燃机工程研究中心和江苏省生物柴油动力机械应用工程中心。在国家大力推进节能减排，加快建设环境友好型社会的战略任务指导下，致力于开展燃烧与污染物生成机理及控制等相关问题研究，以及通过产学研合作平台，推进先进基础研究技术在工程领域中的实践应用，于2019成立了先进燃烧与排放控制研究所（以下简称“研究所”）。

研究所围绕燃料及燃料燃烧，内燃机燃烧过程及其优化控制，内燃机有害排放物的生产及其对大气环境的影响以及后处理技术，开展发动机关键科学问题的基础理论研究与工程新技术应用的创新研究，旨在创建国内标杆和国际先进的发动机知识创新基地、具有国际视野的出色人才培养基地和国际学术交流中心，培养高水平研究型人才，推动和促进我国发动机技术发展。目前先进燃烧与排放控制研究所现有专职教师12人，包括教授6人，副教授6人；此外还有2位客座教授、2位外国专家、16位知名高校专家委员、2位产业教授，50余位博士和硕士研究生。

研究所的研究方向主要包括：

1. 动力机械喷雾特性与燃烧机理
2. 新型燃料高效清洁燃烧
3. 可再生动力燃料催化合成
4. 基于催化燃烧的超低排放控制技术
5. 低温等离子体技术

先进燃烧与排放控制研究所

Advanced Combustion and Emission Control Institute

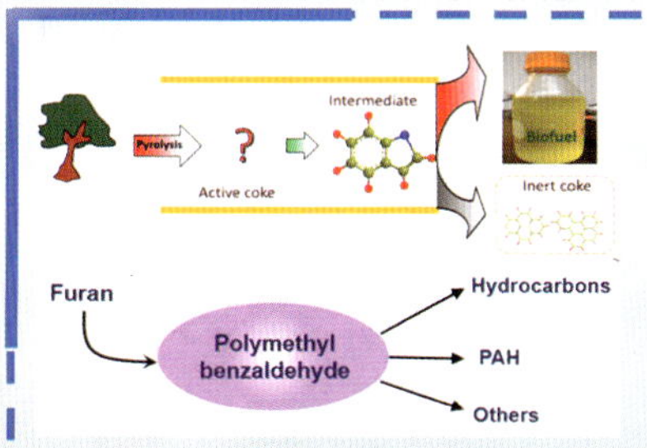

可再生动力燃料的催化合成

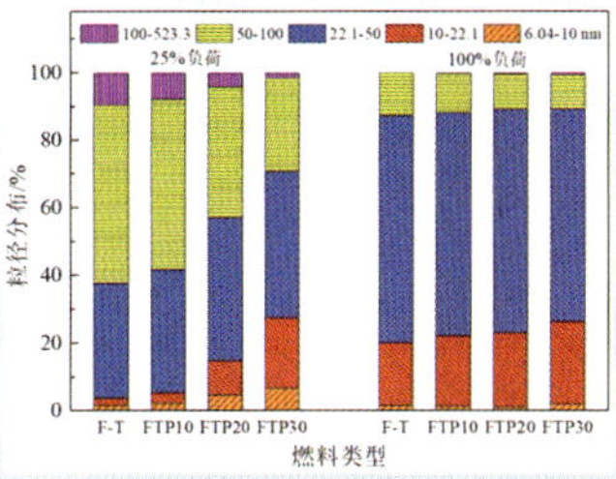

PODE/F-T油燃烧颗粒粒径分布

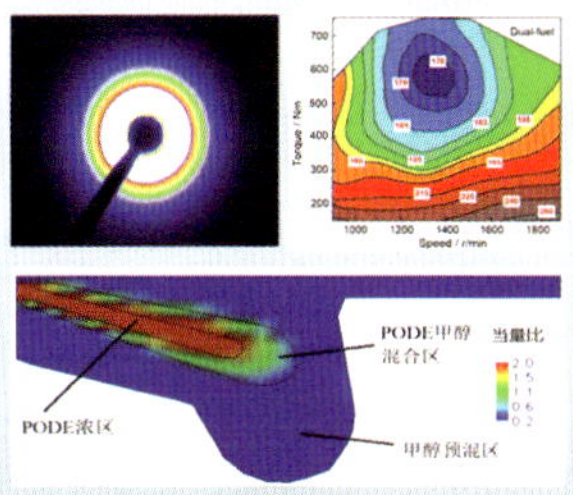
PODE/F-T油(甲醇)二元燃烧体系

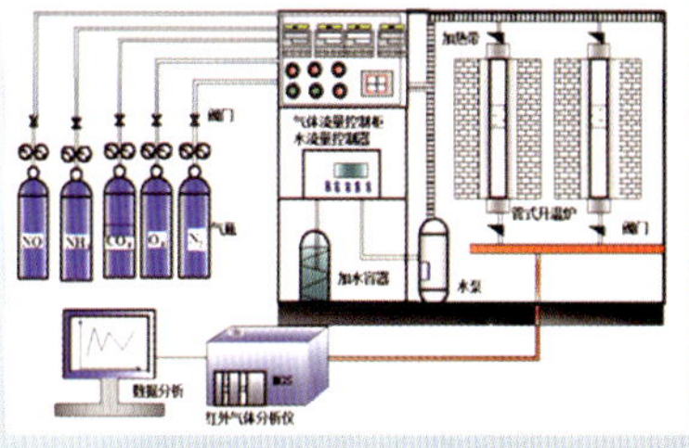
催化剂性能测试平台

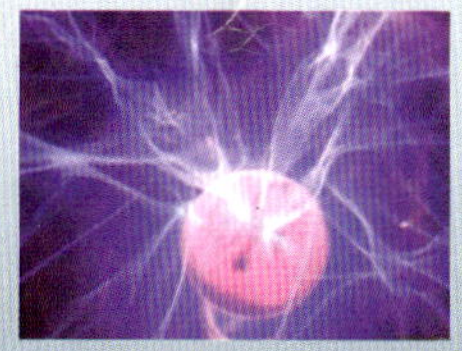
低温等离子体技术

DPF再生技术

催化剂集成系统

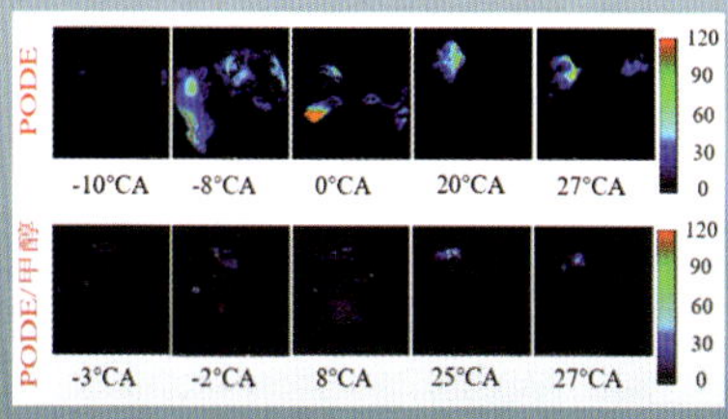

内窥镜测量缸内碳烟生成

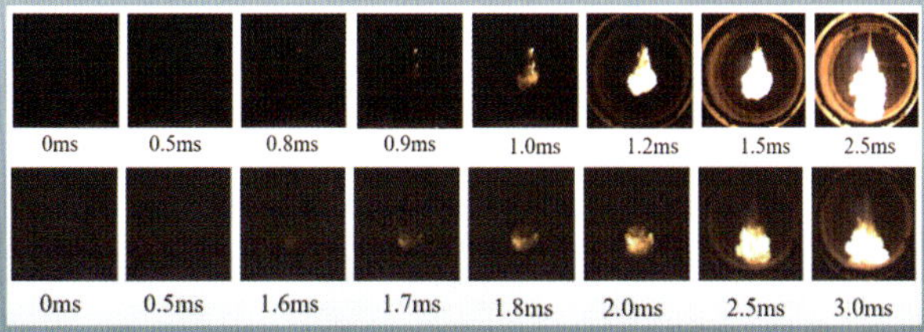

PODE在定容燃烧弹内着火特征

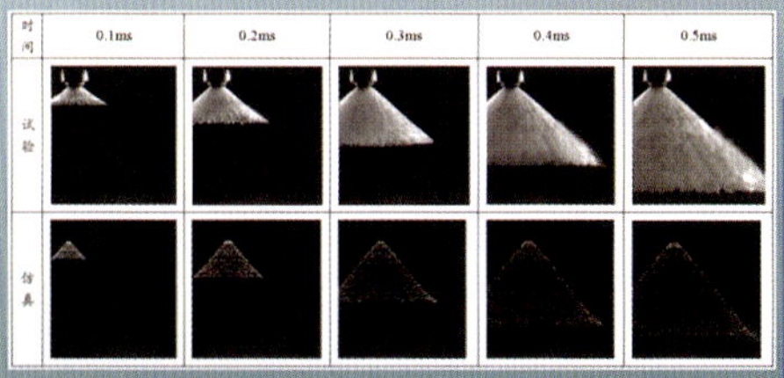

试验与仿真喷雾发展对比

江苏大学先进燃烧与排放控制研究所

地址：江苏省镇江市学府路301号　联系人：王攀　电话：13912809920　邮箱：wangpan@ujs.edu.cn

DENSO
Crafting
the Core

JIAHE NEW ENERGY

嘉和新能源

智控创未来

扬州嘉和新能源科技有限公司成立于2017年9月，总部坐落于高邮苏中循环经济产业园。公司总占地面积近百亩，是一家专业从事新能源汽车系统解决方案的供应商。

公司在新能源汽车领域的产品涵盖电池、电机、电控和电空调热管理，具体包括散热器、电子扇、冷凝器、空调箱、蒸发器、Chiller、PTC、电机冷却系统（MTS）、电池温度管理系统（TMS）和电控冷却系统，以及无人驾驶和电控系统。

公司是新能源汽车行业具有自主研发、创新能力的企业，在行业内处于国内标杆、国际先进水平。凭借良好的技术研发能力，优越的产品性能以及周到的售后服务等综合管理优势，业已在新能源汽车制造厂商及主流的电池厂家积累了丰富的客户资源。产品同时出口欧美、日本等地。

面对顾客要求的日益提高和新能源技术的不断发展，嘉和公司秉承“勇于创新、与时俱进、追求卓越”的企业精神，通过公司员工的共同努力，把公司打造成“国际先进、国内标杆”的新能源汽车专业供应商，为振兴中国汽车零部件工业和民族品牌作出贡献。

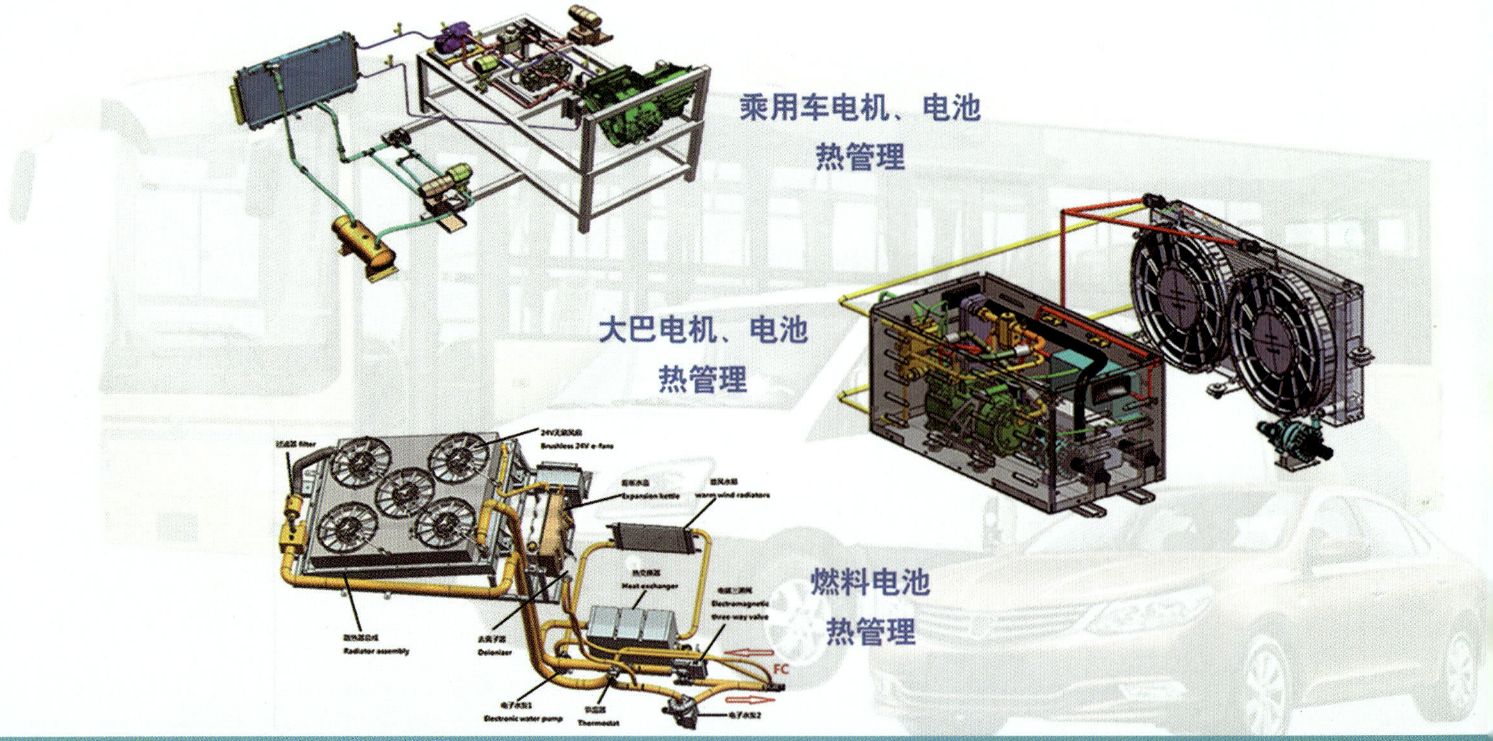

扬州嘉和新能源科技有限公司
网址：http：//www.jsjhmg.com　E-mail：president@jsjhmg.com　公司地址：高邮苏中循环经济产业园

浙江省汽车空调产品质量检验中心
汽车空调CNAS认可实验室

浙江省汽车空调产品质量检验中心于2014年5月经省质监局批复成立，检验中心占地1.23万㎡，投资1.6亿元，提供汽车空调产品材料（铝、铜、铁等金属材料）、零部件、综合性能、振动噪声四大方面的检验检测服务，检验检测认可项目达到157项。

2018年1月5日中心取得中国合格评定国家认可委员会（CNAS）实验室资质，检验报告获40多个国家认可。

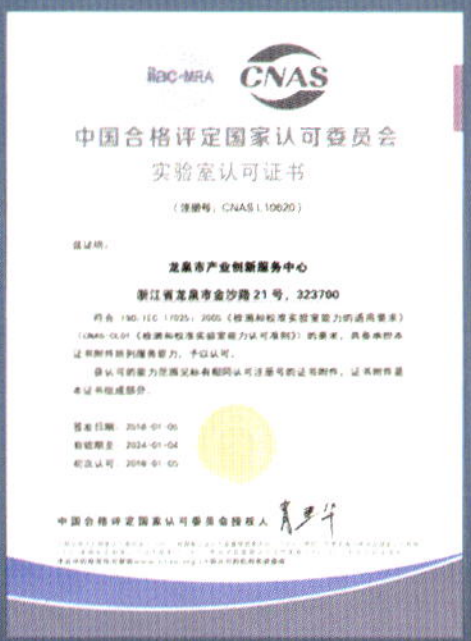

检验项目

1.材料检验

材料检验主要对汽车空调产品的铝、铜、铁等金属材料进行检验检测和质量分析。本中心拥有进口的金相显微镜、多通道直读光谱仪、三坐标检测仪、高分辨显微X射线荧光光谱仪、双洛氏和维氏硬度计等先进仪器设备。

2.零部件检验

零部件检验主要设备有：温湿度振动三综合试验台、高低温冲击试验台、自动氦气检漏试验台、膨胀阀容量台及耐久台、压缩机性能台和脉冲试验台等。

3.综合性能检验

中外合资的综合性能实验装置主要用于汽车空调总成及PTC、IHX、Chiller、热泵整车管路系统、油循环率、蒸发器、冷凝器、压缩机、膨胀阀、暖风装置、水箱散热器和风机等部件的性能检验。其测试精确度在国内外均处于先进地位。

4.振动噪声检验

振动噪声检验室主要用于汽车空调压缩机、风机、电动压缩机等部件的振动噪声检验分析，半消声室本底噪声达15dB以下，使用全进口设备采集振动噪声数据。

汽车空调性能试验台

汽车空调（新能源）综合性能试验台

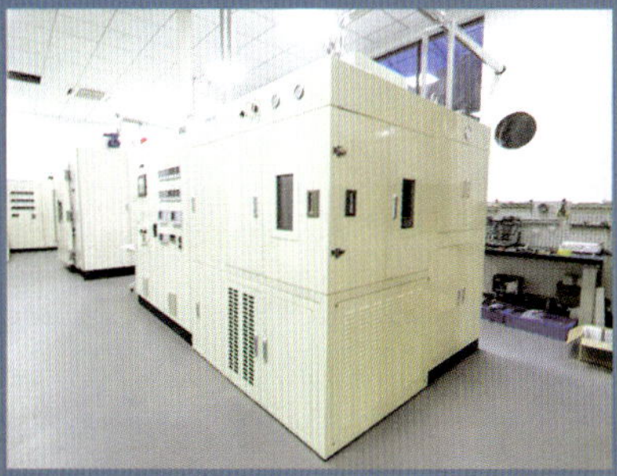

汽车空调（新能源）压缩机性能试验台

地址：浙江省龙泉市广济街27号 电话：0578-7115899 邮编：323700
邮箱：171112389@qq.com 网址：www.lqqpy.com

奥动
Aulton
奥动新能源
开启20秒极速换电共享时代
奥动
Aulton
12:01
Welcome to our car replacement power station
100
奥动新能源
换电站
全球先进的智慧能源服务平台

龙立电子
LONGLI ELECTRONIC

以质量为生命
以客户为中心

山东龙立电子有限公司

山东龙立电子有限公司位于临沂国家高新区，成立于2002年，是集研发、生产、销售高端光电连接器于一体的国家高新技术企业。

公司生产的新能源汽车连接器、智能电网连接器、军工连接器、铁路机车连接器等几十个系列、近万个规格品种，广泛应用于航空航天、军事电子装备、电网、铁路、新能源、通信、石油、煤矿等领域。其中，新能源汽车连接器系列产品主要包括交、直流充电连接器、车载高压大电流连接器、车载信号连接器和高低压线束总成等系列产品，并有高压配电盒（PDU），低压控制盒等新能源汽车小三电产品。

2019年推出了电单车充换电服务品牌“闪电客”，是龙立电子全新换电运营品牌，致力于改变人们的出行模式，打造持续续航的能源共享平台。“闪电客”智能充换电系统，采用自助式户外换电柜、换电小程序、GPS和云平台的模式，用户只需要通过手机操作就轻松换电，完美解决电池充电不安全、不方便和电池续航里程短的问题，开启了高效的换电模式和持续续航时代。

多年以来，公司专科研、重人才，不断加大研发经费的投入，积极建立高效执行力的人才梯队，先后获得了山东瞪羚企业、山东省创新型企业、山东隐形冠军企业、山东专精特新企业、临沂市十佳科技创新企业等荣誉，龙立牌新能源汽车连接器被认定为山东知名产品和山东优质品牌产品，在业内打响了品牌知名度，实现了公司的快速发展。

全新世界，从连接开始。公司将始终坚持“以质量为生命，以客户为中心”的经营宗旨，秉承“拼搏创新务实求精”的企业精神，努力打造成为国内技术标杆、实力雄厚的光电连接器品牌企业。

产品图片

新能源汽车国标交流充电连接器

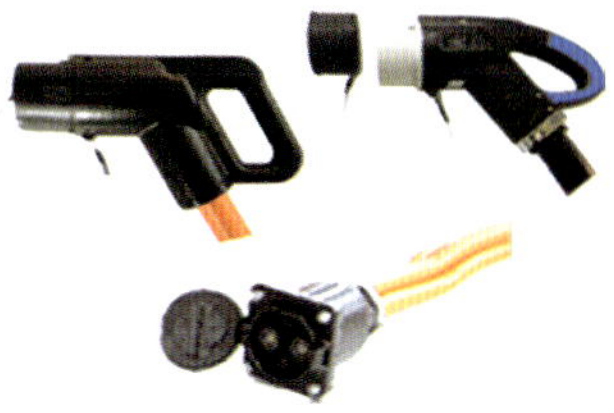
新能源汽车国标直流充电连接器

新能源汽车欧标充电连接器

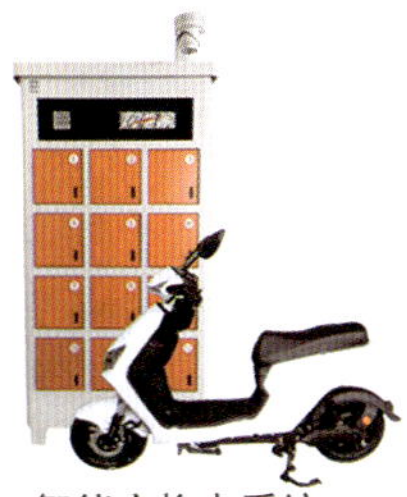
智能充换电系统

新能源汽车塑壳高压连接器

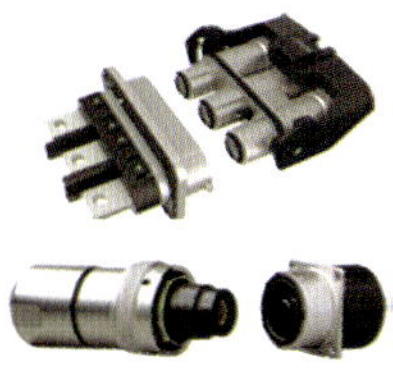
新能源汽车金属高压连接器

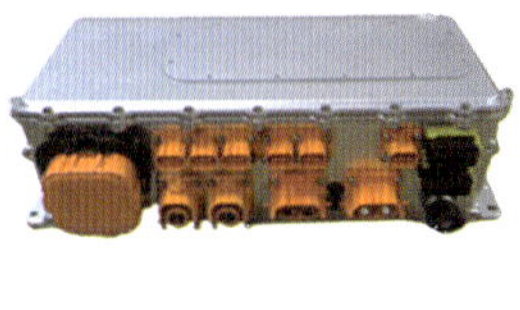
新能源汽车高压配电盒

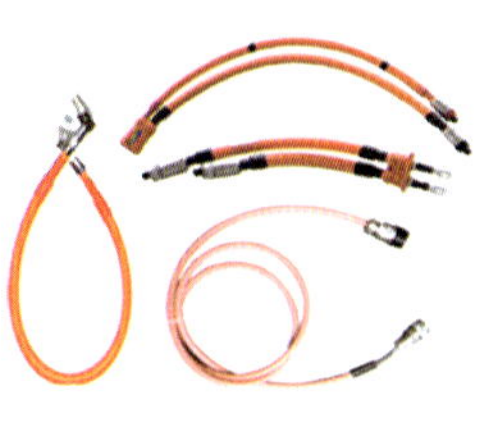
新能源汽车高压线束

新能源汽车低压信号连接器

邮箱：mail@sdlongli.com
邮编：276017
电话：86-539-8282399 8258858 8258996
网址：www.sdlongli.com
传真：86-539-8258985
地址：山东省临沂市高新技术产业开发区双月湖路龙湾科技园

贵州航天电器股份有限公司

◆公司简介◆

苏州华旃航天电器有限公司是贵州航天电器股份有限公司（航天电器）全资子公司，坐落于江苏省苏州市高新区。航天电器是中国航天科工集团第十研究院上市公司，始创于1968年，由原国营朝晖电器厂（三四一二厂）和国营朝阳电器厂（三四一九厂）改制而成，2004年7月在深圳交易所挂牌上市（股票代码：002025），是“全国五一劳动奖状”获得者、国家企业技术中心、国家精密微特电机工程技术研究中心、中国电子元器件百强企业、国家创新型企业、国家技术创新示范企业、全国企事业知识产权示范创建单位、国家火炬计划高新技术重点企业、中国市场电子元器件领军厂商、国家智能制造新模式应用示范企业。

航天电器始终坚守“致力高科技领域，追求卓越，共享成就”的使命，在高端连接器、微特电机、继电器、光电模块、集成化产品、智能装备等领域从事研制、生产和技术服务，是中国电子元器件行业高等级产品研制生产的骨干企业之一。航天电器现有员工6000余人，2020年营业收入42亿元，已形成集团化、跨地域、专业优势互补的产业化布局，在贵阳、上海、苏州、泰州、镇江、东莞和遵义设有8家子公司，2个研发中心，2个可靠性试验中心，每年研发投入不低于营业收入的8%，持有有效专利700余项。建有完备的ISO 9001质量管理体系、IATF 16949质量管理体系、GBT 24001环境管理体系、OHSAS 18001职业健康安全管理体系等体系，部分产品通过UL、3C、CE等认证。

航天电器产品应用于航天、航空和军工、通讯/数据通信、石油装备、轨道交通、电力设备、新能源汽车等高端装备领域，并承担我国载人航天、北斗导航、探月工程、深空探测、C919大飞机、复兴号高速动车、4G/5G网络、陆上和深海石油测井等重大工程和设备的配套研制任务，为我国高性能装备的发展作出贡献。

航天电器秉承“以客户为中心、勇于争先，体现奋斗价值”的核心价值观，以顾客需求为牵引，围绕新能源汽车市场开发了交/直流充电枪和充电插座、金属壳体高压圆形连接器、塑胶壳体高压自锁矩形连接器、高压线束、汇流排（软/硬）、Fakra射频连接器、HSD四同轴高速传输连接器、维护开关、PDU/BDU电源分配单元九大系列互连产品及大电流接触器产品，具备新能源汽车互连和电路保护的全套解决能力，已成为奇瑞等整车厂，以及众多电池、电机、电控、充电设施企业的供应商和合作伙伴。同时掌握了大电流传输、高速数据传输、防凝露、导线压接等多项核心技术，为客户创造价值。

◆产品展示◆

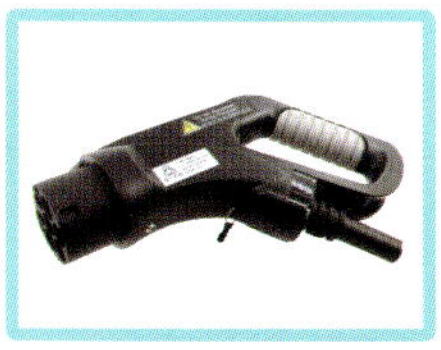
交/直流充电枪和充电插座

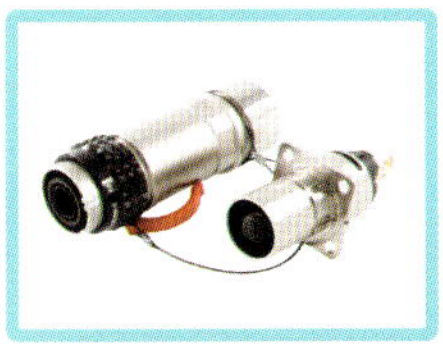
金属壳体高压圆形连接器

塑胶壳体高压自锁矩形连接器

维护开关

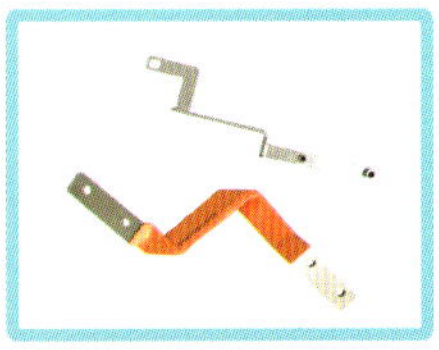
汇流排（软/硬）

FAKRA射频连接器

HSD四同轴高速传输连接器

高压线束

PDU/BDU电源分配单元

公司官网：http://www.gzhtdq.com.cn

企业介绍 COMPANY PROFILE

威迈斯宝龙基地

深圳威迈斯新能源股份有限公司成立于2005年，总部位于中国深圳，致力于电力电子与电力传动产品的研发、生产和销售。威迈斯与众多汽车制造商合作，为客户提供出色的汽车动力域产品和高效的解决方案，产品包括但不限于OBC、DCDC、逆变器、齿轮箱、电动汽车通信控制器（EVCC）、电动汽车无线充电系统（WEVC）等。公司以自主知识产权的电力电子技术为基础，以快速响应客户的定制需求为主要经营模式，实现企业价值与客户价值共同成长。

作为新能源车载电力电子和电机驱动的先行者，我们以客户需求和客户利益为中心，满足全球客户差异化的需求以及快速的创新追求,获得了行业内客户的普遍认可。公司获批国家高新技术企业（GR201744202135），在深圳和上海建立了国内先进的研发中心，拥有高端的电力电子变换技术、电源结构工艺技术，高质量的产品设计能力和高水平的技术研究能力。有着业界先进的研发团队，完善的企业流程体系，高效的管理结构，先进的软硬件系统，具备行业前端的研发设计技术和测试能力。专注于快速响应定制化的需求，为客户提供灵活的电源解决方案。VMAX公司是国内外众多知名企业的电源解决方案的主流供应商。

产品图片 PRODUCT PICTURE

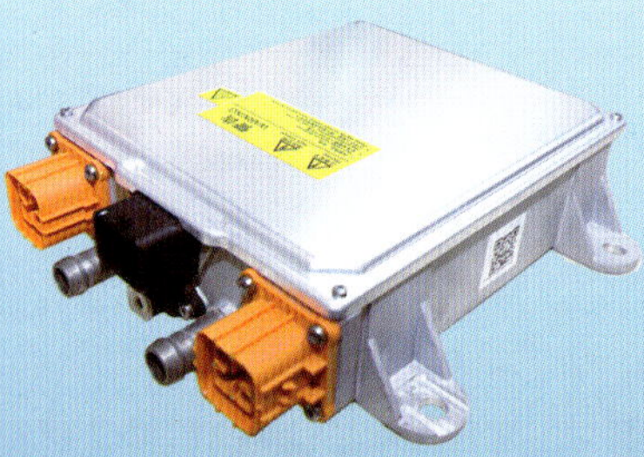

OBC (3.3kW) +DCDC (2.5kW)
二合一电源产品

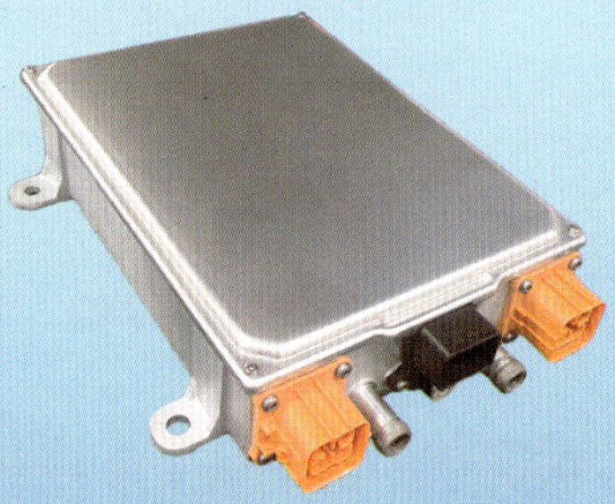

B-OBC (6.6kW) +DCDC (2.5kW)
二合一电源产品

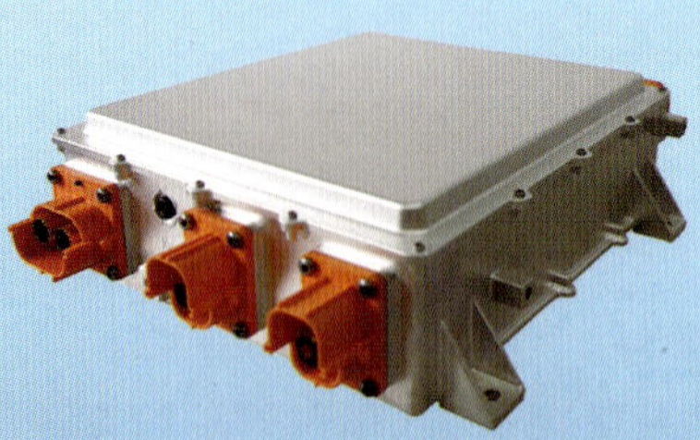

B-OBC (11KW) +DCDC (3KW) +PDU
三合一电源产品

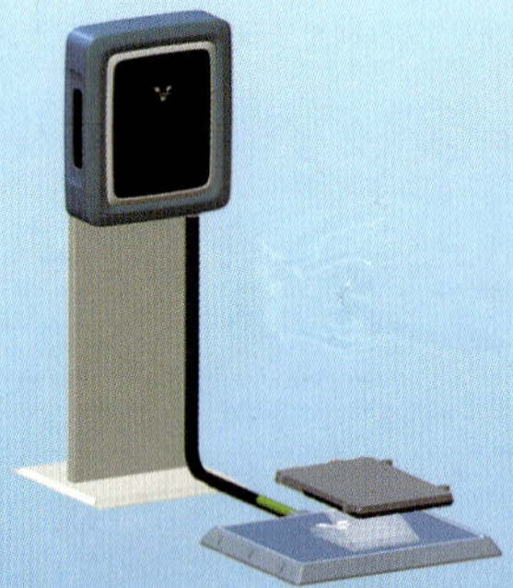

11kW电动车无线充电系统

致力于成为世界主要的电动汽车动力域整体解决方案供应商
提供有竞争力的电力电子解决方案和服务，持续为客户创造更大价值

联系方式：总机：+86 755 86020080　传真：+86 755 86137676

SHINRY 欣锐科技

股票简称
欣锐科技
股票代码
300745

全球技术居前
转换效率96%~99%+

汽车级设计
满足整车功能安全要求

为客户创造价值
助力全产业配套发展

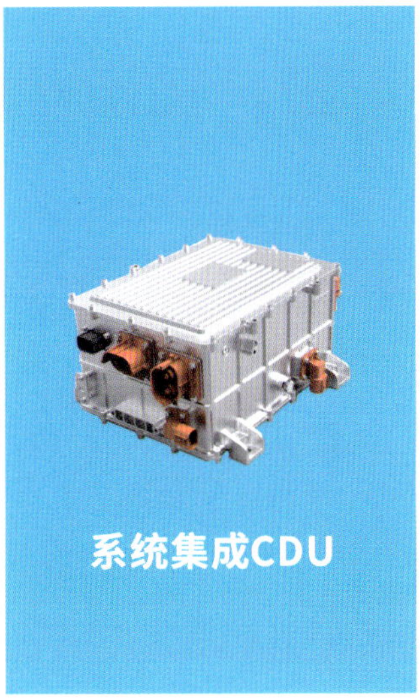

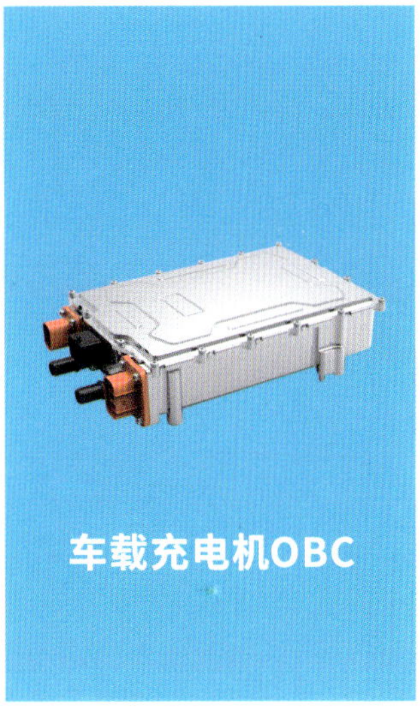

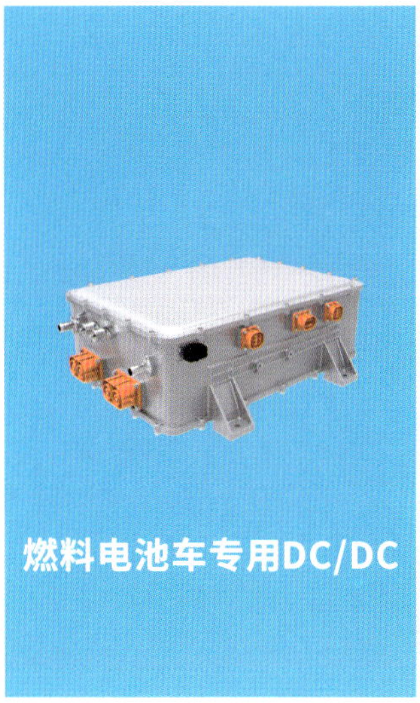

全球技术先进的
新能源汽车高压“电控”
解决方案供应商

欣锐科技专注新能源汽车车载电源的研发与制造15余年，拥有业界先进的研发创新能力和工程制造能力，产品技术水平位居行业前列。累计配套新能源汽车100余万辆，促进国内新能源汽车朝市场化方向发展。

深圳欣锐科技股份有限公司　SHINRY TECHNOLOGIES CO.,LTD.
总部&研发中心：深圳市南山区塘岭路1号金骐智谷大厦5层　深圳工厂：深圳市宝安区石岩塘头一号路领亚工业园
服务热线：+86-400 180 6868
总机：+86-755-8626 1588　邮箱：evcs@shinry.com　网址：www.shinry.com

机器人集成装备

ment

柳溪输送机应用于汽车零部件行业

Liush's conveyors applicable to the motor part and component industry

地面滑撬输送Hanging delivery

空中积放输送Power-free conveyor

重型积放输送Deliver conveyor

轻型智能积放输送Installation conveyor

柳溪机器人集成装备应用于汽车零部件行业

Liush's robot integrated equipment applicable to the motor part and component industry

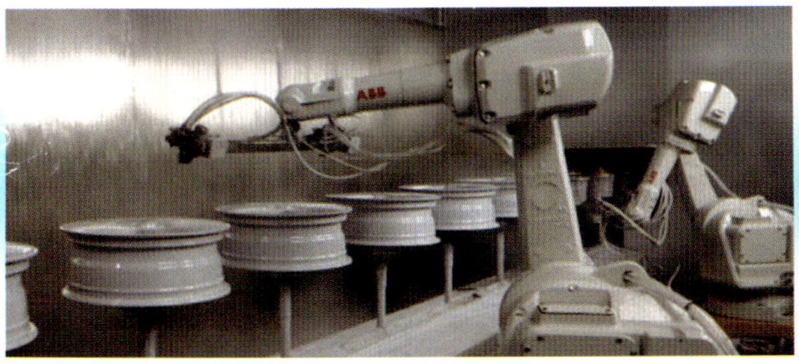

喷涂机器人Spray robot

搬运机器人Handling robot

转运包装机器人Transshipment packaging robot

转线机器人 Transline robot

浙江黎明智造股份有限公司

ZHEJIANG LIMING INTELLIGENT MANUFACTURING CO.,LTD.

浙江制造
ZHEJIANG MADE

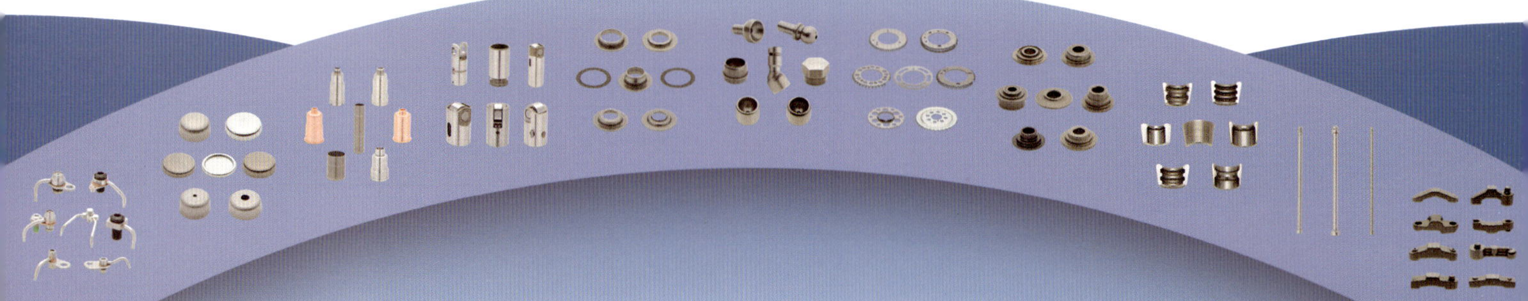

浙江黎明智造股份有限公司坐落在美丽的舟山群岛新区，是国内气门锁片、气门弹簧座、气门弹簧底座、气门挺柱、气门推杆、气门桥、气门旋转器、活塞冷却喷嘴等发动机配气机构零件专业化生产厂，2008 年被认定为国家高新技术企业。公司占地面积 11.28 万平方米，建筑面积 7.25 万平方米，2020 年销售额 55000 万元。公司通过 IATF16949 质量管理体系、ISO14001 环境管理体系和 ISO45001 职业健康管理体系认证，目前公司已具有年产气门锁片 30000 万片、气门弹簧座 25000 万件、推杆 100 万件、气门挺柱 80 万件、气门桥 2500 万件、信号盘 450 万件、密封塞 2500 万件、活塞冷却喷嘴 4500 万件、摇臂球头组合件 300 万套、其他各种冲压件 2000 万件的生产能力。

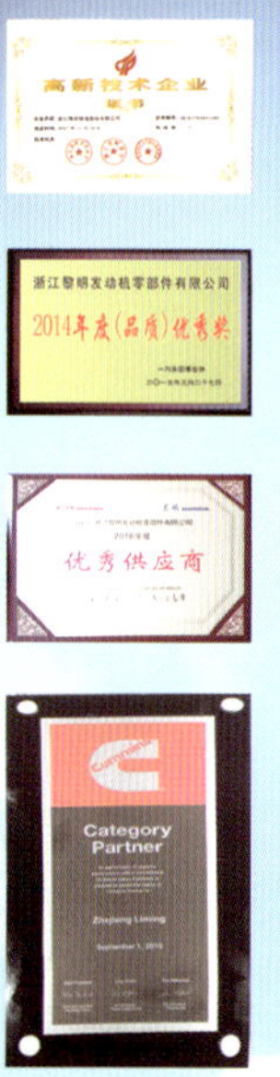

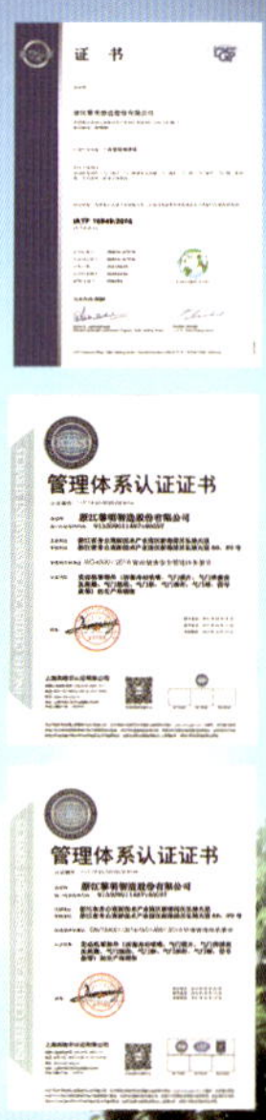

公司秉承“以质量求生存，以技术求发展”的经营理念，以“质量零缺陷，客户零报怨”为目标，开拓创新，不断进取，主要产品实物质量达到和超过国外发达国家的同类产品，产品工艺和模具获国家发明专利 4 项，实用新型专利 34 项，多次获一汽丰田事业体五家企业联合颁发的“品质优秀奖”，2016 年被本田评为“优秀供应商”、被康明斯评为“战略核心供应商”。

公司产品主要配套厂家有：一汽大众、上汽大众、斯堪尼亚、纳威司达、长春一汽丰田、天津一汽丰田、丰田常熟、广汽丰田、广汽本田汽车、东风本田汽车、东风本田发动机、北京福田康明斯、东风康明斯、西安康明斯、重庆康明斯、广西康明斯、安徽康明斯、潍柴、玉柴、长城、蜂巢传动、锡柴、大柴、上汽通用、上汽通用五菱、东安动力、东安汽发、沈阳航天三菱、一汽奔腾、红旗、济柴、重汽、全柴、三一、常州常发、奇瑞、江淮、安徽华菱、上柴、上海日野、爱达中国、上汽乘用车、吉利、新柴、中华汽车、江铃、广汽乘用车、东风日产、标致雪铁龙、一拖、东风商用车、东风汽车、上汽菲亚特红岩、长安、重庆小康、湖南容大、云内动力、北京汽车、北汽福田、海马汽车、柳州五菱、华晨汽车、比亚迪、德尔福、伊顿中国、湖北江华、东风粉末、康和等。

太航常青汽车安全系统（苏州）股份有限公司

Taihang Changqing Automobile Safety System(Su zhou) Co.,Ltd.

创造更安全的汽车生活

太航常青成立于2002年，主要从事汽车被动安全系统的研发、设计和制造，是国内自主品牌安全气囊和方向盘供应商之一。

公司位于江苏省苏州市相城区漕湖大道79号苏州工业园区——相城区合作经济开发区，占地面积6万平米，建筑面积6.44万平米，注册资金人民币18000万元，公司资产规模近10亿元。

太航常青是江苏省高新技术企业，建有国家博士后科研工作站、江苏省企业技术中心、江苏省汽车安全气囊系统工程技术研究中心和汽车整车碰撞实验室。实验室通过了国家CNAS认证，拥有世界先进的实验设备，具有正面碰撞、角度碰撞、柱撞、侧面碰撞等实车碰撞实验能力和台车实验能力，以及静态起爆、环境实验、疲劳实验、噪声实验和跌落实验等零部件实验能力，产品满足ISO 12097－2（GB19949－2）和客户标准，同时满足GB 11551、GB 20071、ECE R94、ECE R95、C－NCAP以及ENCAP的开发需求。

公司具有核心技术的自主知识产权，通过引进技术消化吸收再创新，拥有四十项专利技术，每年研发几十个新车型。产品技术与国际同步发展，在技术创新上始终居于国内前列。

太航常青建有国内先进的汽车安全气囊和方向盘研发生产基地，拥有美国西雅图、德国Messring滑车、整车试验设备，拥有国际国内主流的检测设备和生产流水线，具有年产150万套汽车安全气囊总成和方向盘总成的生产能力。公司拥有完整的零部件设计开发能力，具备模具设计与加工，方向盘骨架压铸与发泡，饰盖饰条注塑与喷涂，气袋设计缝制，方向盘缝皮，方向盘开关、时钟弹簧、线束的设计开发等能力。公司拥有优越的地理位置和供应商配套能力优势，拥有出色的管理团队、工程师队伍和各类专业技术工人。

太航常青成立以来，一直专注于汽车安全气囊和方向盘的开发研究，积累了丰富的经验，公司在方向盘加热、抖动提醒、心率监测等功能开发和应用上处于国际先进水平，在电动汽车安全系统开发领域处于国内前沿。

公司客户包括中国一汽、长安汽车、北汽汽车、北汽新能源、江淮汽车、江淮大众、上汽大通、吉利汽车、福田汽车、东风汽车、大运汽车、依维柯、昌河汽车、云度汽车、汉腾和新兴新能源企业等二十多家国内汽车厂商。

太航常青一直以“创造更安全的汽车生活”为己任，用心负责地做好每一件产品。

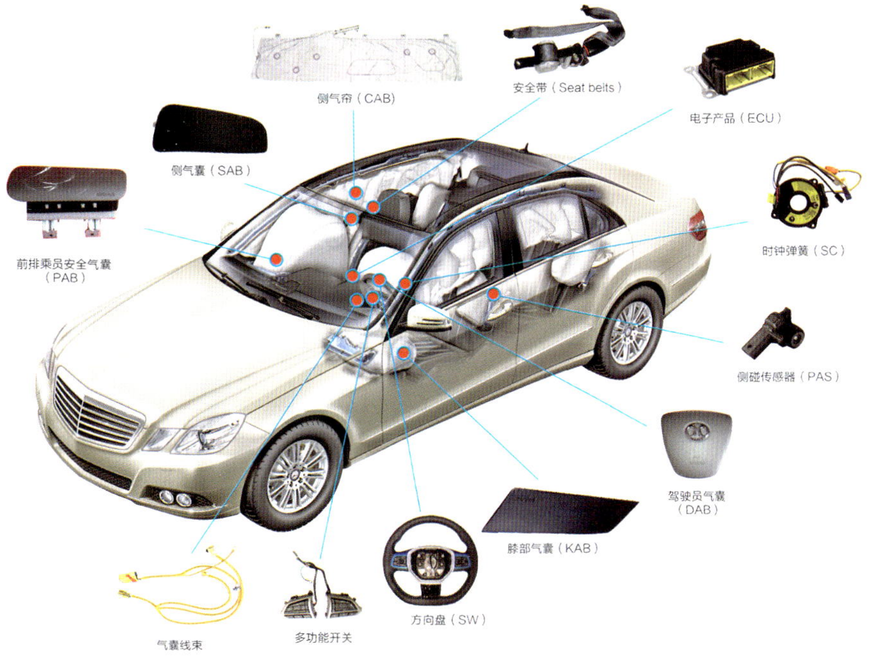

地址：江苏省苏州市相城区漕湖大道79号 电话：0512-66731097

Http://www.thcq.com

如何
让我们赖以生存的
空气更加洁净？
排放解决方案实现可持续未来
巴斯夫机动车排放控制催化剂广泛应用于多个领域，提供创新型经济有效的技术和解决方案,帮助全球汽车制造商降低排放,达到并超越日益严格的排放法规，使空气更洁净，实现更健康、更可持续发展的未来。
巴斯夫机动车排放催化剂亚太区业务部
电话：+86 21 6109 1982
www.catalysts.basf.com/mobilesources
BASF
We create chemistry

FOTON
福田康明斯

全球动力系统

北京福田康明斯发动机有限公司
地址：北京昌平区沙河镇沙阳路15-1号
Beijing Foton Cummins Engine Company Limited
Address:15-1 Shayang Road, Shahe Town, Changping District, Beijing
Web:www.bfcec.com.cn